BV-Nr. 235/18

Ausgesondert siehe
Beleg-Nr. 4/2024

NomosKommentar

Ernst Burger [Hrsg.]

TVöD | TV-L

Tarifverträge für den öffentlichen Dienst

Handkommentar

2. Auflage

Ernst Burger, Vorsitzender Richter am Landesarbeitsgericht München | **Dirk Clausen**, Rechtsanwalt, Fachanwalt für Arbeitsrecht und Fachanwalt für Miet- und Wohnungseigentumsrecht, Nürnberg | **Dr. Hans Dick,** Leitender Ministerialrat, Bayerisches Staatsministerium für Arbeit und Sozialordnung, Familie und Frauen, München | **Wolfgang Howald,** Vizepräsident des Sächsischen Landesarbeitsgerichts a. D. | **Christiane Nollert-Borasio**, weitere aufsichtführende Richterin am Arbeitsgericht München | **Bernd Spengler**, Rechtsanwalt, Fachanwalt für Arbeitsrecht, Würzburg | **Ralf Weinmann**, Rechtsanwalt, Fachanwalt für Arbeitsrecht und Fachanwalt für Sozialrecht, Regensburg

Die Deutsche Nationalbibliothek verzeichnet diese Publikation in
der Deutschen Nationalbibliografie; detaillierte bibliografische
Daten sind im Internet über http://dnb.d-nb.de abrufbar.

ISBN 978-3-8329-7229-5

2. Auflage 2012
© Nomos Verlagsgesellschaft, Baden-Baden 2012. Printed in Germany. Alle
Rechte, auch die des Nachdrucks von Auszügen, der fotomechanischen Wiedergabe und der Übersetzung, vorbehalten.

Vorwort

Die Neuauflage bringt die Kommentierungen auf den Stand von März 2012. Berücksichtigt ist bereits die neue Entgeltordnung zum TV-L, die rückwirkend zum 1.1.2012 in Kraft getreten und in wesentlichen Auszügen – Vorbemerkungen zu allen Teilen und Tätigkeitsmerkmale für zahlenmäßig bedeutsame Berufsgruppen – abgedruckt und im Allgemeinen Teil des TV-L (§§ 12 ff) erläutert ist.

Daneben wurden die zahlreichen Tarifänderungen seit der Erstauflage Anfang 2009 – auch der Tarifabschluss vom 31.3.2012 im Bereich des TVöD –, die aktuelle Gesetzgebung und insbesondere die umfangreiche Rechtsprechung des Bundesarbeitsgerichts und der Landesarbeitsgerichte eingearbeitet, die bis Frühjahr 2012 zum TVöD und zum TV-L, sowie, soweit einschlägig, zum Arbeitsrecht allgemein (v.a. zu den Arbeitszeitvorschriften [§§ 6 bis 9], zum Urlaub [§§ 26 f], zur Befristung [§ 30] und zur Kündigung/Beendigung von Arbeitsverhältnissen [§§ 33 f]) vorliegt. Auch das Urteil des Bundesarbeitsgerichts vom 20.3.2012 zur Unwirksamkeit der altersabhängigen Staffelung der Urlaubsdauer in § 26 TVöD (ebenso: § 26 TV-L) und die deshalb umgehend erfolgte Tarifänderung mit dem Tarifabschluss zum TVöD vom 31.3.2012 sind berücksichtigt.

Ziel des Kommentars ist es unverändert, praxisgerechte Auslegungshinweise und Hilfestellung für die Umsetzung der Bestimmungen des TVöD und des TV-L zu geben, nachdem diese vielfach wenig verständlich und für den unbefangenen Tarifanwender teilweise schwer handhabbar sind. Ein Schwerpunkt der Kommentierungen liegt auf den Arbeitszeitvorschriften, zumal diese gegenüber den einschlägigen Regelungen in den Vorgängertarifverträgen deutlich komplexer geraten sind. Bedeutsam für die Arbeitszeitgestaltungen in den Einrichtungen des Gesundheitswesens (Kliniken, Pflegeeinrichtungen u.ä.) sind die durch die Tariföffnungsklauseln in den §§ 7 und 12 Arbeitszeitgesetz zugelassenen Abweichungen von den dortigen gesetzlichen Bestimmungen durch tarifvertragliche Regelungen bzw auf deren Grundlage durch Betriebs- oder Dienstvereinbarungen – die gerade im Gesundheitswesen nahezu umfassend möglich und im TVöD und im TV-L auch weitestgehend so umgesetzt sind. Deshalb sind die einschlägigen Kommentierungen hierzu auch übertragbar auf die vergleichbaren Bestimmungen in den neuen Spartentarifverträgen für Ärzte, die vom Marburger Bund als Gewerkschaft abgeschlossen wurden (TV-Ärzte/VKA und TV-Ärzte/Länder 2006).

Der Kreis der Bearbeiter ist unverändert geblieben, was für die Kontinuität bei den Kommentierungen bürgt.

Herausgeber und Autoren begrüßen nach wie vor Anregungen und Kritik.

München, im Juli 2012   Ernst Burger

Bearbeiterverzeichnis

Ernst Burger, Vorsitzender Richter am Landesarbeitsgericht München
(§§ 6–9, 39 TVöD/TV-L)

Dirk Clausen, Rechtsanwalt, Fachanwalt für Arbeitsrecht und Fachanwalt für Miet- und Wohnungseigentumsrecht, Nürnberg
(§§ 19–23, 34 TVöD/TV-L)

Dr. Hans Dick, Leitender Ministerialrat, Bayerisches Staatsministerium für Arbeit und Sozialordnung, Familie und Frauen, München
(§§ 24, 25, 30–32, 35 TVöD/TV-L, 36 VKA/TV-L, 37 TVöD/TV-L)

Wolfgang Howald, Vizepräsident des Sächsischen Landesarbeitsgerichts a.D.
(§§ 1–5, 38 TVöD/TV-L)

Christiane Nollert-Borasio, weitere aufsichtführende Richterin am Arbeitsgericht München
(§§ 11, 26–29 TVöD/TV-L)

Bernd Spengler, Rechtsanwalt, Fachanwalt für Arbeitsrecht, Würzburg
(§§ 10, 15 TVöD/TV-L, 16 Bund/VKA/TV-L, 17 TVöD/TV-L, 18 Bund/VKA)

Ralf Weinmann, Rechtsanwalt, Fachanwalt für Arbeitsrecht und Fachanwalt für Sozialrecht, Regensburg
(§§ 12–14, 33 TVöD/TV-L)

Inhaltsverzeichnis

Vorwort 5

Bearbeiterverzeichnis 7

Abkürzungsverzeichnis 13

Literaturverzeichnis 17

Tarifvertrag für den öffentlichen Dienst (TVöD)

Vom 13.9.2005
zuletzt geändert durch ÄndTV Nr. 7 vom 31.3.2012

Tarifvertrag für den öffentlichen Dienst der Länder (TV-L)

Vom 12.10.2006
zuletzt geändert durch ÄndTV Nr. 4 vom 2.1.2012

A. Allgemeiner Teil

Abschnitt I Allgemeine Vorschriften

§ 1	Geltungsbereich (TVöD)	21
§ 1	Geltungsbereich (TV-L)	23
§ 2	Arbeitsvertrag, Nebenabreden, Probezeit (TVöD und TV-L)	36
§ 3	Allgemeine Arbeitsbedingungen (TVöD)	59
§ 3	Allgemeine Arbeitsbedingungen (TV-L)	60
§ 4	Versetzung, Abordnung, Zuweisung, Personalgestellung (TVöD)	82
§ 4	Versetzung, Abordnung, Zuweisung, Personalgestellung (TV-L)	83
§ 5	Qualifizierung (TVöD)	94
§ 5	Qualifizierung (TV-L)	95

Abschnitt II Arbeitszeit

§ 6	Regelmäßige Arbeitszeit (TVöD)	104
§ 6	Regelmäßige Arbeitszeit (TV-L)	106
§ 7	Sonderformen der Arbeit (TVöD)	149
§ 7	Sonderformen der Arbeit (TV-L)	150
§ 8	Ausgleich für Sonderformen der Arbeit (TVöD)	198

§ 8	Ausgleich für Sonderformen der Arbeit (TV-L)	200
§ 9	Bereitschaftszeiten (TVöD)	233
§ 9	Bereitschaftszeiten (TV-L)	234
§ 10	Arbeitszeitkonto (TVöD)	246
§ 10	Arbeitszeitkonto (TV-L)	247
§ 11	Teilzeitbeschäftigung (TVöD und TVL)	264

Abschnitt III Eingruppierung, Entgelt und sonstige Leistungen

§ 12	Eingruppierung (TVöD)	278
§ 12	Eingruppierung (TV-L)	278
§ 13	Eingruppierung in besonderen Fällen (TVöD)	279
§ 13	Eingruppierung in besonderen Fällen (TV-L)	279
§ 14	Vorübergehende Übertragung einer höherwertigen Tätigkeit (TVöD)	307
§ 14	Vorübergehende Übertragung einer höherwertigen Tätigkeit (TV-L)	308
§ 15	Tabellenentgelt (TVöD)	319
§ 15	Tabellenentgelt (TV-L)	320
§ 16	Stufen der Entgelttabelle (Bund)	327
§ 16	Stufen der Entgelttabelle (VKA)	329
§ 16	Stufen der Entgelttabelle (TV-L)	331
§ 17	Allgemeine Regelungen zu den Stufen (TVöD)	340
§ 17	Allgemeine Regelungen zu den Stufen (TV-L)	342
§ 18	Leistungsentgelt (Bund)	350
§ 18	Leistungsentgelt (VKA)	352
§ 18	(gestrichen) (TV-L)	355
§ 19	Erschwerniszuschläge (TVöD)	372
§ 19	Erschwerniszuschläge (TV-L)	372
§ 20	Jahressonderzahlung (TVöD)	376
§ 20	Jahressonderzahlung (TV-L)	377
§ 21	Bemessungsgrundlage für die Entgeltfortzahlung (TVöD)	386
§ 21	Bemessungsgrundlage für die Entgeltfortzahlung (TV-L)	387
§ 22	Entgelt im Krankheitsfall (TVöD)	394
§ 22	Entgelt im Krankheitsfall (TV-L)	395
§ 23	Besondere Zahlungen (TVöD)	413
§ 23	Besondere Zahlungen (TV-L)	414

§ 24	Berechnung und Auszahlung des Entgelts (TVöD und TV-L)	422
§ 25	Betriebliche Altersversorgung (TVöD)	431
§ 25	Betriebliche Altersversorgung (TV-L)	432

Abschnitt IV Urlaub und Arbeitsbefreiung

§ 26	Erholungsurlaub (TVöD)	438
§ 26	Erholungsurlaub (TV-L)	439
§ 27	Zusatzurlaub (TVöD)	464
§ 27	Zusatzurlaub (TV-L)	465
§ 28	Sonderurlaub (TVöD und TV-L)	470
§ 29	Arbeitsbefreiung (TVöD)	476
§ 29	Arbeitsbefreiung (TV-L)	477

Abschnitt V Befristung und Beendigung des Arbeitsverhältnisses

§ 30	Befristete Arbeitsverträge (TVöD und TV-L)	488
§ 31	Führung auf Probe (TVöD und TV-L)	527
§ 32	Führung auf Zeit (TVöD)	543
§ 32	Führung auf Zeit (TV-L)	543
§ 33	Beendigung des Arbeitsverhältnisses ohne Kündigung (TVöD)	553
§ 33	Beendigung des Arbeitsverhältnisses ohne Kündigung (TV-L)	554
§ 34	Kündigung des Arbeitsverhältnisses (TVöD)	579
§ 34	Kündigung des Arbeitsverhältnisses (TV-L)	580
§ 35	Zeugnis (TVöD und TV-L)	593

Abschnitt VI Übergangs- und Schlussvorschriften

§ 36	Anwendung weiterer Tarifverträge (VKA)	608
§ 36	Anwendung weiterer Tarifverträge (TV-L)	609
§ 37	Ausschlussfrist (TVöD und TV-L)	609
§ 38	Begriffsbestimmungen (TVöD)	624
§ 38	Begriffsbestimmungen (TV-L)	625
§ 38 a	Übergangsvorschriften (Bund)	629
§ 38 a	Übergangsvorschriften (VKA)	629
§ 39	Inkrafttreten, Laufzeit (TVöD)	629
§ 39	In-Kraft-Treten, Laufzeit (TV-L)	630
Anlage A zum TVöD/VKA		634

Inhaltsverzeichnis

Besonderer Teil Pflege- und Betreuungseinrichtungen (BT-B)	639
Besonderer Teil Entsorgung (BT-E)	659
Besonderer Teil Flughäfen (BT-F)	662
Besonderer Teil Krankenhäuser (BT-K)	663
Besonderer Teil Sparkassen (BT-S)	675
Besonderer Teil Verwaltung (BT-V)	680
Tarifvertrag zur Überleitung der Beschäftigten des Bundes in den TVöD und zur Regelung des Übergangsrechts (TVÜ-Bund)	715
Tarifvertrag zur Überleitung der Beschäftigten der kommunalen Arbeitgeber in den TVöD und zur Regelung des Übergangsrechts (TVÜ-VKA)	751
Tarifvertrag zur Überleitung der Beschäftigten der Länder in den TV-L und zur Regelung des Übergangsrechts (TVÜ-Länder)	801
Tarifvertrag für den öffentlichen Dienst der Länder (TV-L) – B. Sonderregelungen	851
Anlage A Entgeltordnung zum TV-L – Auszug –	886
Anlagen B bis F zum TV-L	949
Stichwortverzeichnis	955

Abkürzungsverzeichnis

aA	anderer Ansicht
aaO	am angegebenen Ort
AbgG	Abgeordnetengesetz
abl.	ablehnend
Abs.	Absatz
Abschn.	Abschnitt
abw.	abweichend
ADO	Allgemeine Dienstordnung für übertarifliche Angestellte im öffentlichen Dienst vom 10. Mai 1938 (RGBl. I S. 512)
aE	am Ende
aF	alte Fassung
AFKG	Arbeitsförderungskonsolidierungsgesetz
AG	Amtsgericht
allg.	allgemein
allgA	allgemeine Ansicht
allgM	allgemeine Meinung
aM	anderer Meinung
Anh.	Anhang
Anm.	Anmerkung
ArbGG	Arbeitsgerichtsgesetz
ArbPlSchG	Arbeitsplatzschutzgesetz
ArbEV	Arbeitsentgeltverordnung
ATO	Allgemeine Tarifordnung für Arbeitnehmer im öffentlichen Dienst
Aufl.	Auflage
ausdr.	ausdrücklich
ausf.	ausführlich
Az	Aktenzeichen
BAG	Bundesarbeitsgericht
BAnz.	Bundesanzeiger
BAT	Bundes-Angestelltentarifvertrag
BAT-O	Bundes-Angestelltentarifvertrag in der für die neuen Bundesländer geltenden Fassung
Bd.	Band
BBesG	Bundesbesoldungsgesetz
BBesGVwV	Allgemeine Verwaltungsvorschrift zum Bundesbesoldungsgesetz
Begr.	Begründung
Bek.	Bekanntmachung
ber.	berichtigt
BErzGG	Bundeserziehungsgeldgesetz
bes.	besonders
Beschl.	Beschluss
BesGr.	Besoldungsgruppe
BesO	Besoldungsordnung
bespr.	besprochen
bestr.	bestritten
BesÜV	Besoldungs-Übergangsverordnung
Bl.	Blatt
bspw	beispielsweise
BUKG	Bundesumzugskostengesetz
BUrlG	Bundesurlaubsgesetz
BVG	Bundesversorgungsgesetz
bzgl	bezüglich
bzw	beziehungsweise

Abkürzungsverzeichnis

ders.	derselbe
dh	das heißt
dies.	dieselbe
Dok.	Dokument
DVO	Durchführungsverordnung
DWV	Dienstwohnungsvorschriften
DWVA	Dienstwohnungsvorschriften Ausland
E.	Entwurf
e.V.	eingetragener Verein
ebd	ebenda
Einf.	Einführung
eingetr.	eingetragen
Einl.	Einleitung
einschl.	einschließlich
einschr.	einschränkend
Entsch.	Entscheidung
entspr.	entsprechend
Entw.	Entwurf
Erkl.	Erklärung
Erl.	Erlass; Erläuterung
etc.	et cetera
evtl	eventuell
EzulV	Erschwerniszulagenverordnung
f, ff	folgend, folgende
Fn	Fußnote
FPfZG	Familienpflegezeitgesetz
geänd.	geändert
gem.	gemäß
ggf	gegebenenfalls
grds.	grundsätzlich
hA	herrschende Auffassung
Hdb	Handbuch
hL	herrschende Lehre
hM	herrschende Meinung
Hrsg.	Herausgeber
hrsg.	herausgegeben
Hs	Halbsatz
HStruktG	Haushaltsstrukturgesetz
iA	im Auftrag
idF	in der Fassung
idR	in der Regel
idS	in diesem Sinne
iE	im Ergebnis
ieS	im engeren Sinne
IG	Industriegewerkschaft
iHv	in Höhe von
inkl.	inklusive
insb.	insbesondere
insg.	insgesamt
iS	im Sinne
iÜ	im Übrigen
iVm	in Verbindung mit
iwS	im weiteren Sinne
Kap.	Kapitel

KAV	Kommunaler Arbeitgeberverband
krit.	kritisch
LBG	Landesbeamtengesetz
lit.	littera
Lit.	Literatur
LS	Leitsatz
m.Anm.	mit Anmerkung
mE	meines Erachtens
MinBl.	Ministerialblatt
MinBlFin.	Amtsblatt des Bundesministers der Finanzen
mind.	mindestens
Mitt.	Mitteilung(en)
mN	mit Nachweisen
MTArb.	Manteltarifvertrag für Arbeiterinnen und Arbeiter des Bundes und der Länder
MTArb-O	Tarifvertrag zur Anpassung des Tarifrechts für Arbeiter an den MTB II und an den MTL II vom 10. Dezember 1990
mwN	mit weiteren Nachweisen
mWv	mit Wirkung von
n.r.	nicht rechtskräftig
n.v.	nicht veröffentlicht
Nachw.	Nachweise
nF	neue Fassung
Nov.	Novelle
Nr.	Nummer
oa	oben angegeben, angeführt
oä	oder ähnliches
og	oben genannt
RdErl.	Runderlass
resp.	respektive
Rn	Randnummer
Rspr	Rechtsprechung
RVO	Reichsversicherungsordnung
S.	Satz/Seite
s.	siehe
s.a.	siehe auch
s.o.	siehe oben
s.u.	siehe unten
SachbezV	Sachbezugsverordnung
SchwbG	Schwerbehindertengesetz
Slg	Sammlung
sog.	sogenannt
str.	streitig/strittig
TdL	Tarifgemeinschaft deutscher Länder
TOA	Tarifordnung A für Angestellte im öffentlichen Dienst
TOB	Tarifordnung B für Arbeitnehmer im öffentlichen Dienst
TV	Tarifvertrag
TVG	Tarifvertragsgesetz
u.a.	unter anderem
u.a.m.	und anderes mehr
uÄ	und Ähnliches
uE	unseres Erachtens
umstr.	umstritten
unstr.	unstreitig

Abkürzungsverzeichnis

Urt.	Urteil
usw	und so weiter
uU	unter Umständen
uVm	und Vieles mehr
v.	von
VergGr.	Vergütungsgruppe
vgl	vergleiche
VKA	Vereinigung der kommunalen Arbeitgeberverbände
VO	Verordnung
vorl.	vorläufig
wN	weitere Nachweise
zB	zum Beispiel
zit.	zitiert
zT	zum Teil
zust.	zustimmend
zutr.	zutreffend
zzgl	zuzüglich

Literaturverzeichnis

Altvater/Baden/Kröll/Lemcke/Peiseler, Bundespersonalvertretungsgesetz, Kommentar, 7. Aufl., Frankfurt a. M. 2011 (zit. Altvater u.a., BPersVG)
Annuß/Thüsing, Teilzeit- und Befristungsgesetz, Kommentar, 2. Aufl., Frankfurt a. M. 2006
Arnold/Gräfl/Imping/Lehnen/Rambach/Spinner/Vossen, Teilzeit- und Befristungsgesetz, Kommentar, 2. Aufl., Freiburg 2007
Ascheid/Preis/Schmidt, Kündigungsschutzrecht. Großkommentar zum gesamten Recht der Beendigung der Beendigung von Arbeitsverhältnissen, 4. Aufl., München 2012 (zit. APS/Bearbeiter)
Assheuer, TV-L, Kommentar für Verwaltung, Hochschulen und Forschung, 2. Aufl., Köln 2010
Baeck/Deutsch, Arbeitszeitgesetz, Kommentar, 2. Aufl., München 2004
Bepler/Böhle/Meerkamp/Stöhr, TVöD, Loseblatt-Kommentar, München Stand: 2011 (zit. Bepler/Böhle)
Boecken/Joussen, Teilzeit- und Befristungsgesetz, Kommentar, 2. Aufl., Baden-Baden 2010
Bredemeier/Neffke, BAT/BAT-O, Kommentar, 2. Aufl., München 2003 (zit. Bearbeiter in Bredemeier/Neffke)
Bredemeier/Neffke/Cerff/Weizenegger, TVöD/TV-L, Kommentar, 3. Aufl., München 2007
Breier/Dassau/Kiefer/Lang/Langenbrinck, TVöD, Loseblatt-Kommentar, Heidelberg Stand: 2011 (zit. Breier/Dassau)
Breier/Dassau/Kiefer/Thivessen, TV-L, Loseblatt-Kommentar, Heidelberg Stand: 2009
Bruse/Görg/Hamer/Hannig/Mosebach/Pieper/Rzadkowski/Schelter/Schmals/Wolf, BAT/ BAT-O – Bundesangestelltentarif, Kommentar für die Praxis, 2. Aufl. 1993 (zit. Praxiskommentar zum BAT-Bearbeiter)
Clemens/Scheuring/Steingen/Wiese (Hrsg.), Kommentar zum Tarifvertrag für den öffentlichen Dienst der Länder (TV-L), Loseblatt-Kommentar, Stuttgart Stand: 2009
Conze, Personalbuch Tarifrecht öffentlicher Dienst, 2. Aufl., München 2008
Dassau/Wiesend-Rothbrust, TVöD-Kompaktkommentar, 5. Aufl., Heidelberg 2006 (zit. Dassau/Wiesend-Rothbrust, TVöD)
Dassau/Wiesend-Rothbrust, TVöD, Verwaltung-VKA, 6. Aufl., Heidelberg 2008
Dassau/Wiesend-Rothbrust, TVöD, Krankenhäuser/Pflege- und Betreuungseinrichtungen, 1. Aufl., Heidelberg 2008
Däubler/Hjort/Schubert/Wolmerath, Arbeitsrecht. Individualarbeitsrecht mit kollektivrechtlichen Bezügen, Kommentar, 2. Aufl., Baden-Baden 2010 (zit. HK-ArbR/Bearbeiter)
Däubler/Kittner/Klebe, Betriebsverfassungsgesetz, Kommentar, 13. Aufl., Frankfurt a. M. 2012 (zit. DKK/Bearbeiter)
Dörner, Der befristete Arbeitsvertrag, 2. Aufl., München 2011
Dörring/Kutzki (Hrsg.), TVöD-Kommentar, 1. Aufl., Heidelberg 2007 (zit. Bearbeiter in Dörring/Kutzki)
Düwell (Hrsg.), Betriebsverfassungsgesetz, Kommentar, 3. Aufl., Baden-Baden 2010 (zit. HaKo-BetrVG/Bearbeiter)
Düwell/Lipke, Arbeitsgerichtsgesetz, Kommentar, 2. Aufl., Frankfurt a. M. 2005 (zit. Düwell, Lipke/Bearbeiter)
Etzel u.a., Gemeinschaftskommentar zum Kündigungsschutzgesetz und zu sonstigen kündigungsschutzrechtlichen Vorschriften, 9. Aufl., Köln 2009 (zit. KR/Bearbeiter)
Erfurter Kommentar zum Arbeitsrecht, 12. Auflage 2012 (zit. ErfK/Bearbeiter)
Fiebig/Gallner/Nägele/Mestwerdt (Hrsg.), Kündigungsschutzrecht, Kommentar, 4. Aufl., Baden-Baden 2012 (zit. HaKo-Kündigungsschutzrecht/Bearbeiter)
Fitting/Engels/Schmidt/Trebinger/Linsenmaier, Betriebsverfassungsgesetz, 25. Aufl., München 2010 (zit. Fitting u.a.)
Fürst (Hrsg.), Gesamtkommentar Öffentliches Dienstrecht, TVöD, Loseblatt, Berlin Stand: 2011 (zit. GKÖD-Bearbeiter)
Gagel, Sozialgesetzbuch III – Arbeitsförderung, Loseblatt-Kommentar, Stand: Dezember 2011 (zit. Gagel/Bearbeiter)

Literaturverzeichnis

Görg/Guth/Hamer/Pieper, TVöD – Tarifvertrag für den öffentlichen Dienst, Kommentar, 1. Aufl., Frankfurt a. M. 2007 (zit. Bearbeiter in Görg/Guth/Hamer/Pieper)
Hamer/Görg/Guth, Tarifvertrag für den öffentlichen Dienst, Basiskommentar, 4. Aufl., Frankfurt a. M. 2010 (zit. Hamer)
Harbauer, Rechtsschutzversicherung, ARB-Kommentar, 8. Aufl., München 2010 (zit. Harbauer/Bearbeiter)
Huber/Großblotekamp, Das Arbeitszeugnis in Recht und Praxis, 11. Aufl., Freiburg 2006
Hümmerich/Lücke/Mauer (Hrsg.), Arbeitsrecht, Vertragsgestaltung / Prozessführung / Personalarbeit / Betriebsvereinbarungen, 7. Aufl., Baden-Baden 2011 (zit. Hümmerich, Vertragsgestaltung/Prozessführung)
Hümmerich/Boecken/Düwell, Arbeitsrecht, 2. Auflage 2010
Kasseler Kommentar Sozialversicherungsrecht, Loseblatt-Kommentar, München Stand: 2011 (zit. Kasseler Kommentar/Bearbeiter)
Kittner/Däubler/Zwanziger, Kündigungsschutzrecht, Kommentar, 8. Aufl., Frankfurt a. M. 2011
Knobbe/Leis/Umnuß, Arbeitszeugnisse für Führungskräfte, 5. Aufl., Freiburg 2010
Kranz, TVöD-K – Spartentarifvertrag Krankenhäuser, 1. Aufl., München 2008
Krasemann, Das Eingruppierungsrecht des BAT/BAT-O, Handbuch, 8. Aufl., Frankfurt a. M. 2005 (zit. Krasemann)
Kreikebohm/Spellbrink/Waltermann, Kommentar zum Sozialrecht, München 2011
Kuner, Der neue TVöD – Allgemeiner Teil und TVÜ, 2. Aufl., München 2010
Kuner, Leistungsorientierte Bezahlung im TVöD und TV-L, 1. Aufl., München 2007
Küttner, Personalbuch 2011 – Arbeitsrecht, Lohnsteuerrecht, Sozialversicherungsrecht, 18. Aufl., München 2011
Leinemann/Linck, Urlaubsrecht, 2. Aufl. 2001
Lorenzen/Etzel/Gerhold/Schlatmann/Rehak/Faber (Hrsg.), Bundespersonalvertretungsgesetz, Loseblatt-Kommentar, Stand: 11/2011, (zit. Lorenzen/Bearbeiter)
Müller-Glöge/Preis/Schaub (Hrsg.), Erfurter Kommentar zum Arbeitsrecht, 12. Aufl., München 2012 (zit. ErfK/Bearbeiter)
Neumann/Fenski, BUrlG, 10. Aufl., München 2011
Palandt, Bürgerliches Gesetzbuch, Kommentar, 71. Aufl., München 2012 (zit. Palandt/Bearbeiter)
Plagemann (Hrsg.), Münchener Anwaltshandbuch Sozialrecht, 3. Aufl., München 2009 (zit. Plagemann/Bearbeiter)
Reinhardt, Sozialgesetzbuch VI – Gesetzliche Rentenversicherung, Lehr- und Praxiskommentar, 2. Aufl., Baden-Baden 2010 (zit. Reinhardt/Bearbeiter)
Richardi/Dörner/Weber, Personalvertretungsrecht, Kommentar, 3. Aufl., München 2008 (zit. Bearbeiter in Richardi, Dörner, Weber, Personalvertretungsrecht)
Richardi/Wlotzke u.a. (Hrsg.), Münchener Handbuch zum Arbeitsrecht, 3. Aufl., München 2009 (zit. MünchArbR-Bearbeiter)
Säcker/Rixecker (Hrsg.), Münchener Kommentar zum BGB, 5. Aufl., München 2009 (zit. MüKo-Bearbeiter)
Schaub, Arbeitsrechts-Handbuch, 14. Aufl., München 2011 (zit. Schaub/Bearbeiter)
Schelter, Das Tarifrecht der Angestellten in Krankenhäusern und Heimen (BAT/BAT-O), 7. Aufl., Frankfurt a. M. 2002
Schleßmann, Das Arbeitszeugnis, 19. Aufl., Frankfurt a. M. 2010
Schliemann, Arbeitszeitgesetz, Kommentar, 1. Aufl., Köln 2009
Schliemann/Meyer, Arbeitszeitrecht, 2. Aufl., Köln 2002
Schlottfeldt/Herrmann, Arbeitszeitgestaltung in Krankenhäusern und Pflegeeinrichtungen, 1. Aufl., Berlin 2008
Schulz, Der arbeitsrechtliche Zeugnisanspruch, 2006
Sonntag/Bauer/Bockholt, Eingruppierung im öffentlichen Dienst, 9. Aufl., Köln 2007 (zit. als Sonntag/Bauer)

Sponer/Steinherr, Tarifvertrag für den öffentlichen Dienst – TVöD, Loseblatt-Kommentar, Stand: 01/2012 (zit. Sponer/Steinherr)
Stahlhacke/Bachmann/Bleistein, GK-BUrlG, 4. Aufl. 1983 (zit. GK-BUrlG-Bearbeiter)
Thivessen/Kulok, TV-L Schnelleinstieg ins neue Tarifrecht der Länder, 1. Aufl., Heidelberg 2006
Thüsing, AGB-Kontrolle im Arbeitsrecht, 1. Aufl., München 2007
Weuster/Scheer, Arbeitszeugnisse in Textbausteinen, 12. Aufl., Stuttgart 2010
Zepf/Gussone, Das Tarifrecht in Krankenhäusern, Universitätskliniken, Heimen und sozialen Einrichtungen, 1. Aufl., Frankfurt a. M. 2009
Zöller (Hrsg.), Zivilprozessordnung, Kommentar, 29. Aufl., Köln 2012 (zit. Zöller-Bearbeiter)

Tarifvertrag für den öffentlichen Dienst (TVöD)

Vom 13. September 2005
zuletzt geändert durch ÄndTV Nr. 7 vom 31. März 2012

Tarifvertrag für den öffentlichen Dienst der Länder (TV-L)

Vom 12. Oktober 2006
zuletzt geändert durch ÄndTV Nr. 4 vom 2. Januar 2012

A.
Allgemeiner Teil
Abschnitt I Allgemeine Vorschriften

§ 1 Geltungsbereich (TVöD)

(1) Dieser Tarifvertrag gilt für Arbeitnehmerinnen und Arbeitnehmer – nachfolgend Beschäftigte genannt –, die in einem Arbeitsverhältnis zum Bund oder zu einem Arbeitgeber stehen, der Mitglied eines Mitgliedverbandes der Vereinigung der kommunalen Arbeitgeberverbände (VKA) ist.

(2) Dieser Tarifvertrag gilt nicht für
a) Beschäftigte als leitende Angestellte im Sinne des § 5 Abs. 3 BetrVG, wenn ihre Arbeitsbedingungen einzelvertraglich besonders vereinbart sind, sowie Chefärztinnen/Chefärzte,
b) Beschäftigte, die ein über das Tabellenentgelt der Entgeltgruppe 15 hinausgehendes regelmäßiges Entgelt erhalten,
c) bei deutschen Dienststellen im Ausland eingestellte Ortskräfte,
d) Arbeitnehmerinnen/Arbeitnehmer, für die der TV-V oder der TV-WW/NW gilt, sowie für Arbeitnehmerinnen/Arbeitnehmer, die in rechtlich selbstständigen, dem Betriebsverfassungsgesetz unterliegenden und dem fachlichen Geltungsbereich des TV-V oder des TV-WW/NW zuzuordnenden Betrieben mit in der Regel mehr als 20 zum Betriebsrat wahlberechtigten Arbeitnehmerinnen/Arbeitnehmern beschäftigt sind und Tätigkeiten auszuüben haben, welche dem fachlichen Geltungsbereich des TV-V oder des TV-WW/NW zuzuordnen sind,

Protokollerklärung zu Absatz 2 Buchst. d:

[1]Im Bereich des Kommunalen Arbeitgeberverbandes Nordrhein-Westfalen (KAV NW) sind auch die rechtlich selbstständigen Betriebe oder sondergesetzlichen Verbände, die kraft Gesetzes dem Landespersonalvertretungsgesetz des Landes Nordrhein-Westfalen unterliegen, von der Geltung des TVöD ausgenommen, wenn die Voraussetzungen des § 1 Abs. 2 Buchst. d im Übrigen gegeben sind. [2]§ 1 Abs. 3 bleibt unberührt.

e) Arbeitnehmerinnen/Arbeitnehmer, für die ein TV-N gilt, sowie für Arbeitnehmerinnen/Arbeitnehmer in rechtlich selbstständigen Nahverkehrsbetrie-

ben, die in der Regel mehr als 50 zum Betriebs- oder Personalrat wahlberechtigte Arbeitnehmerinnen/Arbeitnehmer beschäftigen,
f) Beschäftigte, für die der TV-Fleischuntersuchung gilt,
g) Beschäftigte, für die ein Tarifvertrag für Waldarbeiter tarifrechtlich oder einzelarbeitsvertraglich zur Anwendung kommt, sowie die Waldarbeiter im Bereich des Kommunalen Arbeitgeberverbandes Bayern,
h) Auszubildende, Schülerinnen/Schüler in der Gesundheits- und Krankenpflege, Gesundheits- und Kinderkrankenpflege, Entbindungspflege und Altenpflege, sowie Volontärinnen/Volontäre und Praktikantinnen/Praktikanten,
i) Beschäftigte, für die Eingliederungszuschüsse nach den §§ 217 ff. SGB III gewährt werden,
k) Beschäftigte, die Arbeiten nach den §§ 260 ff. SGB III verrichten,
l) Leiharbeitnehmerinnen/Leiharbeitnehmer von Personal-Service-Agenturen, sofern deren Rechtsverhältnisse durch Tarifvertrag geregelt sind,
m) geringfügig Beschäftigte im Sinne von § 8 Abs. 1 Nr. 2 SGB IV,
n) künstlerisches Theaterpersonal, technisches Theaterpersonal mit überwiegend künstlerischer Tätigkeit und Orchestermusikerinnen/Orchestermusiker,
o) Seelsorgerinnen/Seelsorger bei der Bundespolizei,
p) Beschäftigte als Hauswarte und/oder Liegenschaftswarte bei der Bundesanstalt für Immobilienaufgaben, die aufgrund eines Geschäftsbesorgungsvertrages tätig sind,
q) Beschäftigte im Bereich der VKA, die ausschließlich in Erwerbszwecken dienenden landwirtschaftlichen Verwaltungen und Betrieben, Weinbaubetrieben, Gartenbau- und Obstbaubetrieben und deren Nebenbetrieben tätig sind; dies gilt nicht für Beschäftigte in Gärtnereien, gemeindlichen Anlagen und Parks sowie in anlagenmäßig oder parkartig bewirtschafteten Gemeindewäldern,
r) Beschäftigte in Bergbaubetrieben, Brauereien, Formsteinwerken, Gaststätten, Hotels, Porzellanmanufakturen, Salinen, Steinbrüchen, Steinbruchbetrieben und Ziegeleien,
s) Hochschullehrerinnen/Hochschullehrer, wissenschaftliche und studentische Hilfskräfte und Lehrbeauftragte an Hochschulen, Akademien und wissenschaftlichen Forschungsinstituten sowie künstlerische Lehrkräfte an Kunsthochschulen, Musikhochschulen und Fachhochschulen für Musik,

Protokollerklärung zu Absatz 2 Buchst. s:
Ausgenommen sind auch wissenschaftliche Assistentinnen/Assistenten, Verwalterinnen/Verwalter von Stellen wissenschaftlicher Assistentinnen/Assistenten und Lektorinnen/Lektoren, soweit und solange entsprechende Arbeitsverhältnisse am 1. Oktober 2005 bestehen oder innerhalb der Umsetzungsfrist des § 72 Abs. 1 Satz 7 HRG begründet werden (gilt auch für Forschungseinrichtungen); dies gilt auch für nachfolgende Verlängerungen solcher Arbeitsverhältnisse.

t) Beschäftigte des Bundeseisenbahnvermögens.

(3) ¹Durch landesbezirklichen Tarifvertrag ist es in begründeten Einzelfällen möglich, Betriebe, die dem fachlichen Geltungsbereich des TV-V oder des TV-WW/NW entsprechen, teilweise oder ganz in den Geltungsbereich des TVöD einzubeziehen. ²Durch landesbezirklichen Tarifvertrag ist es in begründeten Ein-

zelfällen (z.b. für Bereiche außerhalb des Kerngeschäfts) möglich, Betriebsteile, die dem Geltungsbereich eines TV-N entsprechen, in den Geltungsbereich
a) des TV-V einzubeziehen, wenn für diesen Betriebsteil ein TV-N anwendbar ist und der Betriebsteil nicht mehr als 50 zum Betriebs- oder Personalrat wahlberechtigte Arbeitnehmerinnen/Arbeitnehmer beschäftigt, oder
b) des TVöD einzubeziehen.

§ 1 Geltungsbereich (TV-L)

(1) Dieser Tarifvertrag gilt für Arbeitnehmerinnen und Arbeitnehmer (Beschäftigte), die in einem Arbeitsverhältnis zu einem Arbeitgeber stehen, der Mitglied der Tarifgemeinschaft deutscher Länder (TdL) oder eines Mitgliedverbandes der TdL ist.

Protokollerklärungen zu § 1 Absatz 1:
1. *Der TV-L findet in Bremen und Bremerhaven keine Anwendung auf Beschäftigte, die unter den Geltungsbereich des Tarifvertrages über die Geltung des VKA-Tarifrechts für die Arbeiter und die arbeiterrentenversicherungspflichtigen Auszubildenden des Landes und der Stadtgemeinde Bremen sowie der Stadt Bremerhaven vom 17. Februar 1995 fallen. Für die Bestimmung des persönlichen Geltungsbereichs findet § 38 Absatz 5 Satz 2 entsprechende Anwendung.*
2. *Die Tarifvertragsparteien werden bis spätestens zum 31. Dezember 2006 eine abschließende Regelung zum Geltungsbereich des TV-L in Bremen und Bremerhaven entsprechend einer Einigung auf landesbezirklicher Ebene vereinbaren.*

(2) Dieser Tarifvertrag gilt nicht für
a) Beschäftigte als leitende Angestellte im Sinne des § 5 Absatz 3 Betriebsverfassungsgesetz, wenn ihre Arbeitsbedingungen einzelvertraglich besonders vereinbart sind, sowie für Chefärztinnen und Chefärzte.
b) Beschäftigte, die ein über das Tabellenentgelt der Entgeltgruppe 15 beziehungsweise Ä 4 hinausgehendes regelmäßiges Entgelt erhalten, die Zulage nach § 16 Absatz 5 bleibt hierbei unberücksichtigt.

Niederschriftserklärung zu § 1 Absatz 2 Buchstabe b:
Bei der Bestimmung des regelmäßigen Entgelts werden Leistungsentgelt, Zulagen und Zuschläge nicht berücksichtigt.

c) Beschäftigte, für die der TV-Fleischuntersuchung-Länder gilt,
d) Beschäftigte, für die die Tarifverträge für Waldarbeiter tarifrechtlich oder einzelarbeitsvertraglich zur Anwendung kommen,
e) Auszubildende, Schülerinnen/Schüler in der Gesundheits- und Krankenpflege, Gesundheits- und Kinderkrankenpflege, Entbindungspflege und Altenpflege, sowie Volontärinnen/Volontäre und Praktikantinnen/Praktikanten,
f) Beschäftigte, für die Eingliederungszuschüsse nach den §§ 217 ff. SGB III gewährt werden,
g) Beschäftigte, die Arbeiten nach den §§ 260 ff. SGB III verrichten,
h) Leiharbeitnehmerinnen/Leiharbeitnehmer von Personal-Service-Agenturen, sofern deren Rechtsverhältnisse durch Tarifvertrag geregelt sind,
i) geringfügig Beschäftigte im Sinne von § 8 Absatz 1 Nr. 2 SGB IV,

j) künstlerisches Theaterpersonal, technisches Theaterpersonal mit überwiegend künstlerischer Tätigkeit und Orchestermusikerinnen/Orchestermusiker,
k) Beschäftigte, die
   aa) in ausschließlich Erwerbszwecken dienenden landwirtschaftlichen Verwaltungen und Betrieben, Weinbaubetrieben, Gartenbau- und Obstanbaubetrieben und deren Nebenbetrieben tätig sind,
   bb) in landwirtschaftlichen Verwaltungen und Betrieben einschließlich der einer Verwaltung oder einem Betrieb nicht landwirtschaftlicher Art angegliederten Betriebe (zum Beispiel Lehr- und Versuchsgüter), Gartenbau-, Weinbau- und Obstanbaubetrieben und deren Nebenbetrieben tätig sind und unter den Geltungsbereich eines landesbezirklichen Tarifvertrages fallen,
l) Beschäftigte in den Bayerischen Spielbanken,
m) bei deutschen Dienststellen im Ausland eingestellte Ortskräfte,
n) Beschäftigte der Bayerischen Verwaltung der staatlichen Schlösser, Gärten und Seen, die bei der Bayerischen Seenschifffahrt GmbH in den Betriebsteilen Ammersee und Starnberger See in einer Beschäftigung tätig sind, die vor dem 1. Januar 2005 der Rentenversicherung der Arbeiter unterlag,
o) Beschäftigte, die mit der Wartung von Wohn-, Geschäfts- und Industriegebäuden in einer vor dem 1. Januar 2005 der Rentenversicherung der Arbeiter unterliegenden Beschäftigung beauftragt sind, wie zum Beispiel Hauswarte, Liegenschaftswarte.

Protokollerklärung zu § 1 Absatz 2 Buchstabe k:

Vom Geltungsbereich dieses Tarifvertrages nicht ausgenommen sind die Beschäftigten
1. *in Gärten, Grünanlagen und Parks einschließlich der dazu gehörenden Gärtnereien,*
2. *des Staatsweingutes Meersburg,*
3. *der den Justizvollzugsanstalten in Bayern angegliederten landwirtschaftlichen Betriebe,*
4. *im landwirtschaftlichen Betriebszweig der Schloss- und Gartenverwaltung Herrenchiemsee,*
5. *der Bayerischen Landesanstalt für Landwirtschaft hinsichtlich der dort beschäftigten Pferdewärter, Gestütswärter und Pferdewirte, des Landesgestütes Celle und des Landgestüts Warendorf,*
6. *in Rheinland-Pfalz in den Dienstleistungszentren Ländlicher Raum (DLR) Westerwald-Osteifel, Eifel, Rheinpfalz, Mosel, Rheinhessen-Nahe-Hunsrück, Westpfalz.*

(3) Dieser Tarifvertrag gilt ferner nicht für
a) Hochschullehrerinnen und Hochschullehrer,
b) wissenschaftliche und künstlerische Hilfskräfte,
c) studentische Hilfskräfte,
d) Lehrbeauftragte an Hochschulen, Akademien und wissenschaftlichen Forschungseinrichtungen.

Protokollerklärungen zu § 1 Absatz 3:
1. *Ausgenommen sind auch wissenschaftliche und künstlerische Assistentinnen/Assistenten, Oberassistentinnen/Oberassistenten, Oberingenieurin-*

Abschnitt I Allgemeine Vorschriften § 1

nen/Oberingenieure und Lektoren beziehungsweise die an ihre Stelle treten-
den landesrechtlichen Personalkategorien, deren Arbeitsverhältnis am
31. Oktober 2006 bestanden hat, für die Dauer des ununterbrochen fortbestehenden Arbeitsverhältnisses.
2. Ausgenommen sind auch künstlerische Lehrkräfte an Kunst- und Musikhochschulen, deren Arbeitsverhältnis am 31. Dezember 2011 bestanden hat,
für die Dauer des ununterbrochen fortbestehenden Arbeitsverhältnisses.

Niederschriftserklärung zu § 1 Absatz 3:
Die Tarifvertragsparteien gehen davon aus, dass studentische Hilfskräfte Be-
schäftigte sind, zu deren Aufgabe es gehört, das hauptberufliche wissenschaftli-
che Personal in Forschung und Lehre sowie bei außeruniversitären Forschungs-
einrichtungen zu unterstützen.

Niederschriftserklärung zu § 1 Absatz 3 und § 40:
Soweit es vereinbart ist, gilt dieser Tarifvertrag auch an außeruniversitären For-
schungseinrichtungen, die nicht unter den Geltungsbereich des TV-L fallen.

(4) ¹Neben den Regelungen des Allgemeinen Teils (§§ 1 bis 39) gelten Sonderregelungen für nachstehende Beschäftigtengruppen:
a) Beschäftigte an Hochschulen und Forschungseinrichtungen (§ 40),
b) Ärztinnen und Ärzte an Universitätskliniken (§ 41),
c) Ärztinnen und Ärzte außerhalb von Universitätskliniken (§ 42),
d) Nichtärztliche Beschäftigte in Universitätskliniken und Krankenhäusern
   (§ 43),
e) Beschäftigte als Lehrkräfte (§ 44),
f) Beschäftigte an Theatern und Bühnen (§ 45),
g) Beschäftigte auf Schiffen und schwimmenden Geräten (§ 46),
h) Beschäftigte im Justizvollzugsdienst der Länder und im feuerwehrtechnischen Dienst der Freien und Hansestadt Hamburg (§ 47),
i) Beschäftigte im forstlichen Außendienst (§ 48),
j) Beschäftigte in landwirtschaftlichen Verwaltungen und Betrieben, Weinbau-
   und Obstanbaubetrieben (§ 49).
²Die Sonderregelungen sind Bestandteil des TV-L.

I. Normstruktur	1	3. § 1 Abs. 2 b) TVöD und	
1. TVöD	1	§ 1 Abs. 2 b) TV-L	15
2. TV-L	2	IV. Weitere Ausnahmen im TVöD	16
II. Geltungsbereich (Abs. 1)	3	1. Abs. 2 c)	16
1. Geltungsbereich des TVöD allgemein	3	2. Abs. 2 d)	17
2. Geltungsbereich des TV-L allgemein	6	3. Abs. 2 e)	18
3. Beschäftigte iSd Tarifvertrages, Arbeitnehmerbegriff	8	4. Abs. 2 f)	19
a) Beschäftigte	8	5. Abs. 2 g)	20
b) Arbeitnehmerbegriff	9	6. Abs. 2 h)	21
		7. Abs. 2 i)	23
III. Ausgenommene Arbeitnehmergruppen (Abs. 2)	12	8. Abs. 2 k)	24
1. Allgemeines	12	9. Abs. 2 l)	25
2. Zu § 1 Abs. 1 a) TVöD und		10. Abs. 2 m)	26
§ 1 Abs. 1 a) TV-L	13	11. Abs. 2 n)	27
		12. Abs. 2 o)	28
		13. Abs. 2 p)	29
		14. Abs. 2 q)	30

15. Abs. 2 r)	31	4. Abs. 2 k)	38
16. Abs. 2 s)	32	5. Abs. 2 l)	39
17. Abs. 2 t)	33	6. Abs. 2 m)	40
V. Abs. 3 TVöD	34	7. Abs. 2 n)	41
VI. Weitere Ausnahmen im TV-L	35	8. Abs. 2 o)	42
1. Abs. 2 c)	35	9. Abs. 3	43
2. Abs. 2 d)	36	VII. § 1 Abs. 4 TV-L	45
3. Abs. 2 e) bis j)	37		

I. Normstruktur

1 **1. TVöD.** In Abs. 1 wird der betriebliche und persönliche Geltungsbereich des Tarifvertrages bezeichnet. Abs. 2 zählt die Ausnahmen auf, Abs. 3 lässt Abweichungen von den Ausnahmen in bestimmten VKA-Bereichen, nämlich den Geltungsbereichen der Spartentarifverträge TV-V, TV-N und TV-WW/NW, zu.

2 **2. TV-L.** Abs. 1 bezeichnet ebenfalls den betrieblichen und persönlichen Geltungsbereich. In den Abs. 2 und 3 sind die Ausnahmen aufgezählt. Abs. 4 weist auf Sonderregelungen für bestimmte Beschäftigtengruppen hin.

II. Geltungsbereich (Abs. 1)

3 **1. Geltungsbereich des TVöD allgemein.** Der TVöD ist am 1.10.2005 in Kraft getreten (§ 39 Abs. 1) und gilt für Arbeitnehmerinnen und Arbeitnehmer des Bundes oder eines Arbeitgebers, der Mitglied eines der in der Vereinigung kommunaler Arbeitgeberverbände (VKA) zusammengeschlossenen kommunalen Arbeitgeberverbände ist. Ist der Arbeitnehmer seinerseits tarifgebunden, dh Mitglied einer am Abschluss des TVöD beteiligten Gewerkschaft (ver.di, GdP, IG BAU, GEW, dbb tarifunion), so sind die tariflichen Rechte grds. **unabdingbar** (§ 4 TVG).

Auf die im Marburger Bund (MB) organisierten Ärztinnen und Ärzte insbesondere an kommunalen Krankenhäusern ist der eigenständig mit der VKA vereinbarte TV Ärzte/VKA mit Übergangsregelungen im TVÜ-Ärzte anzuwenden. Nachdem das BAG seine bisherige Rechtsprechung zum Grundsatz der Tarifeinheit zugunsten der Tarifpluralität aufgegeben hat,[1] gilt bei Tarifgebundenheit des Arbeitgebers in der VKA also für ver.di-Mitglieder der TVöD, für MB-Mitglieder der TV Ärzte/VKA.

Die Arbeitnehmer des öffentlichen Dienstes stehen, anders als die Beamten, in einem **privatrechtlichen Arbeitsverhältnis**. Ähnlich wie der BAT, jedoch in geringerem Umfang, enthält allerdings auch der TVöD einige Vorschriften, die mit dem allein durch Gesetz geregelten Beamtenrecht vergleichbar sind (zB § 41 TVöD-BT-V).

4 **Räumlich** bezieht sich der TVöD auf das gesamte Bundesgebiet. Er unterscheidet grds. nicht mehr nach den **Tarifgebieten Ost und West**. Wichtige Ausnahmen bilden v.a. noch die Regelungen über die Arbeitszeit (§ 6).

5 **Betrieblich** fallen unter den TVöD alle Behörden, Dienststellen, Einrichtungen und Betriebe des Bundes, nicht aber die bundesunmittelbaren Anstalten, Körperschaften und Stiftungen des öffentlichen Rechts, ferner der Mitglieder kom-

---

1 BAG v. 7.7.2010, 4 AZR 549/08, NZA 2010, 1068; ausführlich zu den verfassungsrechtlichen Gründen der Rechtsprechungsänderung s. Löwisch, RdA 2010, 263; Konzen, JZ 2010, 1036; ferner auch Reichold, öAT 2010, 219.

munaler Arbeitgeberverbände, auch solche in privater Rechtsform mit Ausnahme der nicht tarifgebundenen sog. „Gastmitglieder".

2. Geltungsbereich des TV-L allgemein. Der TV-L ist am 1.11.2006 in Kraft getreten und gilt für alle Arbeitnehmerinnen und Arbeitnehmer der Länder, die Mitglied in der TdL sind, und derjenigen Arbeitgeber, die Mitglied in einem Mitgliedsverband der TdL sind. Im Übrigen gilt das unter Rn 3 Ausgeführte entsprechend.

Mitglieder der TdL sind die Bundesländer, derzeit mit Ausnahme der Länder Berlin und Hessen. Mittels des Angleichungs-TV Land Berlin vom 14.10.2010 ist allerdings die Rückkehr Berlins in den TV-L bis zum 31.12.2011 vorgezeichnet. Dagegen hat Hessen mit den Gewerkschaften des TV-L einen eigenständigen TV-H vom 1.9.2009 geschlossen, der jedoch bis auf wenige Sonderregelungen dem TV-L entspricht.

Mitgliedsverbände der TdL können **an Stelle** eines Bundeslandes Arbeitgeberverbände sein, in denen das jeweilige Bundesland einen beherrschenden Einfluss hat (s. § 4 Abs. 1 der TdL-Satzung). Dies gilt derzeit für die Länder **Nordrhein-Westfalen** (AdL NRW, Mitglieder sind neben dem Land auch die Hochschulen und Universitätskliniken) und **Baden-Württemberg** (AVdöD BW, dessen Mitglieder neben dem Land derzeit nur die Zentren für Psychiatrie sind).

Für **Bremen** musste in der Protokollerklärung Nr. 1 eine Klarstellung getroffen werden. Denn vor Inkrafttreten des TVöD (VKA) galt für die Arbeiter und die arbeiterrentenversicherungspflichtigen Auszubildenden des Landes und der Stadtgemeinden Bremen und Bremerhaven der BMT-G (VKA), für die übrigen Beschäftigten der BAT (TdL). Seit dem Inkrafttreten des TVöD am 1.10.2005 gilt nun anstelle des BMT-G der TVöD. Diese gespaltene Situation wollen die Tarifvertragsparteien, wie sich aus der Verhandlungszusage in Nr. 2 der Protokollerklärung ergibt, lösen. Die Lösung soll im Rahmen der noch nicht abgeschlossenen Verhandlungen zu einem Solidarpakt Bremen erfolgen.

Der betriebliche Geltungsbereich erfasst somit alle Behörden, Dienststellen, Einrichtungen und Betriebe der Länder (mit den genannten Ausnahmen) sowie der Mitgliedsverbände der TdL, nicht jedoch **landesunmittelbare Körperschaften, Anstalten und Stiftungen des öffentlichen Rechts**, die nicht Mitglied eines Mitgliedsverbandes der TdL sind. Durch Gesetz bzw Satzung kann jedoch eine Verpflichtung, den TdL anzuwenden, vorgesehen werden, umzusetzen durch gesonderten Tarifvertrag oder einzelvertraglich.

Für das ärztliche Personal an Universitätskliniken, welches überwiegend Aufgaben in der Patientenversorgung wahrnimmt, ist bei Mitgliedschaft im Marburger Bund der TV Ärzte/TdL anzuwenden. Dasselbe gilt grundsätzlich auch in Landeskrankenhäusern. Jedoch fehlen für diesen Bereich in mehreren Bundesländern noch Tarifabschlüsse zwischen der TdL und dem MB: Insoweit wirkt für die betroffenen Arbeitsverhältnisse dann der BAT/BAT-O gemäß § 4 Abs. 5 TVG nach.

3. Beschäftigte iSd Tarifvertrages, Arbeitnehmerbegriff. a) Beschäftigte. TVöD und TV-L unterscheiden, anders als das bisherige Tarifrecht, grundsätzlich nicht mehr zwischen Arbeitern und Angestellten. Der Begriff „Beschäftigter" stellt die für diese Tarifverträge maßgebliche geschlechtsneutrale Bezeichnung für „Arbeitnehmerinnen und Arbeitnehmer" dar. Voraussetzung ist das Bestehen eines **Arbeitsverhältnisses**. Der Begriff erfasst somit nicht jede Beschäftigung im Sinne des Sozialversicherungsrechts (s. § 7 Abs. 1 S. 1 SGB IV). Ebenfalls nicht gemeint sind die sog. 1-Euro-Jobs (s. § 16 Abs. 3 S. 2 SGB II).

9 **b) Arbeitnehmerbegriff.** Arbeitnehmer ist nach herkömmlicher Definition, „wer aufgrund eines privatrechtlichen Vertrages zur Arbeit im Dienste eines anderen verpflichtet ist".[2]

Mit dem Arbeitsvertrag verpflichtet sich der Arbeitnehmer, weisungsgebundene Arbeit, wenn auch nur in geringem Umfang oder befristet, zu leisten. Entscheidend ist nicht die Bezeichnung des Vertrages oder die steuer- und sozialversicherungsrechtliche Behandlung, sondern die praktische Durchführung der vereinbarten Arbeitsaufgabe.[3] In Randbereichen, insbesondere bei Diensten höherer Art, für die das Weisungsrecht nicht typisch ist, kommt es zu Abgrenzungsschwierigkeiten gegenüber einem freien Dienstverhältnis. Entscheidend ist, ob ein **persönliches Abhängigkeitsverhältnis** vorliegt. Das bestimmt sich durch einen Umkehrschluss aus § 84 Abs. 1 S. 2 HGB. Persönlich abhängig ist danach derjenige, der nicht im Wesentlichen frei seine Tätigkeit gestalten und seine Arbeitszeit bestimmen kann.[4]

10 Nicht durch Vertrag, sondern durch Gesetz sind, neben den Beamten, die Beschäftigungsverhältnisse der **Helfer im freiwilligen sozialen Jahr**, der **Zivildienstleistenden und Entwicklungshelfer** geregelt. Die **Beschäftigten zur stufenweisen Wiedereingliederung** nach § 74 SGB V stehen in einem Rechtsverhältnis eigener Art (§ 305 BGB).[5]

Rot-Kreuz-Schwestern verrichten Arbeiten in der Krankenpflege regelmäßig nicht aufgrund eines Arbeitsverhältnisses, sondern kraft ihrer Zugehörigkeit zur Schwesternschaft, somit aufgrund Vereinsrechts.[6]

11 Schwierigkeiten kann die Abgrenzung zu den Rechtsverhältnissen der „**freien Mitarbeiter**" bereiten.

Die Rechtsprechung unterscheidet nach dem Grad der persönlichen Abhängigkeit, zB Dozenten an Volkshochschulen,[7] Jugendarbeiter in einer Jugendfreizeitstätte,[8] Betreuerin in einem Jugendhaus.[9]

Lässt sich ein Rechtsverhältnis nicht eindeutig als Arbeitsverhältnis einordnen, liegt also nach der tatsächlichen Vertragsdurchführung eine Mischung der Vertragstypen vor, so kann es auf den (frei gebildeten) Vertragswillen ankommen.[10]

III. Ausgenommene Arbeitnehmergruppen (Abs. 2)

12 **1. Allgemeines.** Die Tarifvertragsparteien können bis zur Grenze der Willkür bestimmte Beschäftigtengruppen aus dem persönlichen Geltungsbereich des TV

---

2 BAG v. 15.3.1978, 5 AZR 819/76, AP Nr. 26 zu § 611 BGB Abhängigkeit.
3 BAG v. 22.3.1995, 5 AZB 21/94, NZA 1995, 823; BAG v. 12.9.1996, 5 AZR 104/95, NZA 1997, 600.
4 BAG v. 15.12.1999, 5 AZR 3/99, NZA 2000, 534.
5 BAG v. 28.7.1999, 4 AZR 192/98, NZA 1999, 1295.
6 BAG v. 6.7.1995, 5 AZR 9/93, NZA 1996, 33.
7 BAG v. 13.11.1991, 7 AZR 31/91, NZA 1992, 1125; BAG v. 29.5.2002, 5 AZR 161/01, NZA 2002, 1232 (nur LS).
8 BAG v. 9.5.1984, 5 AZR 195/82, AP Nr. 45 zu § 611 BGB Abhängigkeit.
9 BAG v. 20.10.1993, 7 AZR 235/93, ZTR 1994, 255.
10 BSG v. 14.5.1981, 12 RK 11/80, BB 1981, 1581; ErfK-Rolfs, § 7 SGB IV, Rn 18.

ausnehmen. Dies folgt aus dem insoweit gegenüber Art. 3 Abs. 1 GG vorrangigen Grundrecht der Koalitionsfreiheit (Art. 9 Abs. 3 GG).[11]

Abs. 2 enthält eine **abschließende Aufzählung** der, obwohl bei einem Arbeitgeber gem. Abs. 1 beschäftigt, nicht unter den TVöD/den TV-L fallenden Beschäftigten. Allerdings ist es grds. zulässig, die Anwendung des TVöD/des TV-L oder einzelner seiner Bestimmungen auch mit diesen Beschäftigten im Arbeitsvertrag zu vereinbaren.

2. Zu § 1 Abs. 1 a) TVöD und § 1 Abs. 1 a) TV-L. Wer zum Kreis der **leitenden Angestellten** gehört, wird im Arbeitsrecht nicht einheitlich beantwortet (s. zB §§ 14, 17 Abs. 5 Nr. 3 KSchG, 22 Abs. 2 Nr. 2 ArbGG). TVöD und TV-L entscheiden sich für die detaillierte Begriffsbestimmung in § 5 Abs. 3 BetrVG. Es handelt sich um Beschäftigte, die rechtlich und tatsächlich typische Arbeitgeberaufgaben mit einem eigenen erheblichen Entscheidungsspielraum wahrnehmen. Die Notwendigkeit einer bloßen „Abstimmung" mit der Leitung reicht hierfür nicht.[12] In Grenzfällen kann auf § 5 Abs. 4 BetrVG zurückgegriffen werden, welcher jedoch nur als Orientierungshilfe verstanden werden kann.[13] In Betracht kommen hierfür, wie bereits unter der Geltung des BAT, zB Werks-, Hafen- und Kurdirektoren, Verwaltungsdirektoren größerer Krankenhäuser, Die leitenden Befugnisse müssen sich auch aus dem Arbeitsvertrag ergeben (§ 5 Abs. 3 S. 2 BetrVG). 13

Darüber hinaus bedarf es der **vertraglichen Regelung der Arbeitsbedingungen.** Das bedeutet nicht, dass die Bedingungen völlig vom TVöD/vom TV-L abweichen müssten. Eine Bezugnahme auf Teile des Tarifvertrages ist möglich.

Diese Einschränkung gilt, anders als nach BAT, nicht für **Chefärzte,** zu welchen auch die leitenden Ärzte der Abteilungen bzw Kliniken gehören. 14

Nicht vom Geltungsbereich des TVöD/des TV-L ausgenommen sind dagegen die Stellvertreter der leitenden Angestellten bzw die ständigen Vertreter der Chefärzte.

3. § 1 Abs. 2 b) TvöD und § 1 Abs. 2 b) TV-L. Durch Vereinbarung eines regelmäßig über das Tabellenentgelt der höchsten **Entgeltgruppe 15** (und der höchsten jeweiligen Stufe) hinausgehenden Entgelts können Beschäftigte, auch ohne die Voraussetzungen des Buchstaben a) zu erfüllen, vom Geltungsbereich des TVöD/des TV-L ausgenommen werden. Sinkt das Entgelt während des Arbeitsverhältnisses unter den Grenzbetrag, gilt wieder der TVöD/der TV-L. 15

Neben dem Tabellenentgelt der Entgeltgruppe 15 nennt der TV-L zusätzlich die Gruppe Ä 4 des TV-Ärzte (Länder) und sieht vor, dass die Zulage nach § 16 Abs. 5 TV-L, ebenso wie die in der Niederschriftserklärung genannten Zulagen, unberücksichtigt bleibt.

IV. Weitere Ausnahmen im TVöD

1. Abs. 2 c). Die Regelung für **ortsansässige, also nicht entsandte, Kräfte bei deutschen Dienststellen im Ausland** („local nationals") entspricht den bisherigen §§ 3 b BAT, 3 Abs. 1 h MTArb. Sie gilt wie bisher sowohl für Deutsche iS des Art. 116 GG (diese werden allerdings meist entsandt sein und deshalb unter den 16

---

11 BAG v. 30.8.2000, 4 AZR 563/98, NZA 2001, 613.
12 BAG v. 5.5.2010, 7 ABR 97/08, NZA 2010, 955.
13 Fitting, § 5 Rn 324 mwN.

TVöD fallen) wie für ausländische Staatsangehörige. Für die nach dem 31.3.2000 eingestellten Arbeitnehmer gilt stattdessen der TV AN Ausland v. 30.11.2001, der ortsübliche Arbeitsbedingungen vorsieht. Allerdings können auch Ortskräfte vom TVöD erfasst werden, wenn ihnen durch Arbeitsvertrag mit der obersten Bundesbehörde der Status entsandter Kräfte verliehen wurde.

17 **2. Abs. 2 d).** Beschäftigte, für die die (Sparten-)Tarifverträge für Versorgungsbetriebe (**TV-V**) oder für die Unternehmen der Wasserwirtschaft in Nordrhein-Westfalen (**TV-WW/NW**) gelten, sind ebenso vom Geltungsbereich des TVöD ausgenommen wie Beschäftigte in rechtlich selbstständigen, dem BetrVG und dem fachlichen Geltungsbereich des TV-V oder des TV-WW/NW unterliegenden Betrieben mit mehr als 20 zum Betriebsrat Wahlberechtigten mit entsprechenden Tätigkeiten. Unter den TVöD fallen somit die Beschäftigten kleiner Eigengesellschaften mit weniger als 21 Beschäftigten.

Die **Protokollerklärung** berücksichtigt eine Sonderregelung in Nordrhein-Westfalen.

Zu beachten ist die **Öffnungsklausel** in § 1 Abs. 3 (s. die Erläuterungen unter Rn 34).

18 **3. Abs. 2 e).** In gleicher Weise aus dem Geltungsbereich des TVöD ausgenommen sind Beschäftigte, für die ein (Bezirks-)Tarifvertrag für Nahverkehrsunternehmen (**TV-N**) gilt. Die Ausnahme erstreckt sich auch ohne Geltung des TV-N auf Beschäftigte in rechtlich selbstständigen Nahverkehrsunternehmen mit mehr als 50 Wahlberechtigten. Für diese Beschäftigten gilt bis zur Vereinbarung einer (Sparten-)Tarifregelung das bisherige Tarifrecht weiter.

Auch hier ist die Öffnungsklausel des § 1 Abs. 3 anwendbar.

19 **4. Abs. 2 f).** Hier sind im Bereich der VKA erfasst die nicht voll beschäftigten **Arbeitnehmer innerhalb und ausserhalb öffentlicher Schlachthöfe**, insb. amtliche Tierärzte und Fleischkontrolleure, die die Voraussetzungen des TV-Fleischuntersuchung erfüllen. Dieser löste zum 1.9.2008 die Tarifverträge Ang iöS, Ang-O iöS, Ang aöS und Ang-O aöS ab.

20 **5. Abs. 2 g).** Für **Waldarbeiter** gibt es herkömmlich spezielle Akkord- und Leistungslohnverfahren, die der TVöD nicht kennt. Sie sind deshalb von der Geltung des TVöD auch dann ausgeschlossen, wenn ein TV für Waldarbeiter nur arbeitsvertraglich vereinbart wurde. Für die Waldarbeiter des Bundes gilt der TV-WaB, für die Waldarbeiter im kommunalen Bereich der MTW bzw der MTW-O mit Ausnahme der KAV-Bezirke Hessen, Niedersachsen und Nordrhein-Westfalen; hier gelten (landes- oder orts-)bezirkliche Regelungen.

Eine weitere Ausnahme bildet der KAV-Bezirk Bayern. Hier werden idR tarifliche Regelungen einzelvertraglich in Bezug genommen.

21 **6. Abs. 2 h).** Für **Auszubildende** gilt (neben dem BBiG) allein der TVAöD (AT und BT BBiG) vom 13.9.2005.

Die Arbeitsbedingungen für **Schülerinnen/Schüler im Pflegebereich** (nicht: Pflegehilfe) sind im TVAöD – AT und BT Pflege – geregelt.

Auch bei einem **Volontär** steht die Ausbildung im Vordergrund, jedoch nicht im Sinne einer Berufsausbildung gem. dem BBiG (vgl § 26 BBiG). Liegt, anders als bei einem bloßen sog. „Gastvertrag", eine vertragliche Pflichtenbindung vor, darf die Tätigkeit des Volontärs nicht unentgeltlich sein (§§ 26, 17 BBiG).[14]

Ein **Praktikant** wird im Rahmen einer Gesamtausbildung, ohne in einem Ausbildungsverhältnis zu stehen, zeitweilig betrieblich tätig, um praktische Kenntnisse und Erfahrungen zu sammeln. Es handelt sich ebenfalls um ein „anderes Vertragsverhältnis" iSd § 26 BBiG. Aus dem Geltungsbereich des TVöD ausgenommen sind insbesondere die Praktikanten, die dem TVPrakt bzw dem TV-Prakt-O unterfallen. 22

7. Abs. 2 i). Beschäftigte sind für die Zeit der **Gewährung von Eingliederungszuschüssen nach den §§ 217 ff SGB III** ebenfalls aus dem TVöD ausgenommen. Einen Eingliederungszuschuss erhält der Arbeitgeber, der einen Arbeitnehmer mit „Vermittlungshemmnissen" (§ 217 SGB III) – das können ältere, jugendliche, schwerbehinderte und sonstig behinderte Personen sein – beschäftigt. Eine erweiterte Förderung gibt es für ältere Arbeitnehmer (§ 421 f SGB III). 23

Nicht ausdrücklich erwähnt sind die Fälle der Eingliederung von erwerbsfähigen Hilfebedürftigen mit Vermittlungshemmnissen gemäß § 16 e SGB II idF des Gesetzes zur Neuausrichtung der arbeitsmarktpolitischen Instrumente vom 21.12.2008.[15] Entstehungsgeschichte, Struktur und Zielsetzung dieser Vorschrift lassen sich jedoch mit den Regelungen der §§ 217 ff SGB III weitestgehend vergleichen, so dass von einem redaktionellen Versehen gesprochen werden kann, welches zur analogen Anwendung der Ausnahmevorschrift des Buchstaben f auch auf die Fälle des § 16 e SGB II führt.[16]

8. Abs. 2 k). Die Herausnahme von **ABM-Kräften** iSd §§ 260 ff SGB III beruht auf den gleichen (nicht unproblematischen) Erwägungen wie sie bei dem Buchstaben i maßgebend waren: Die Befürchtung einer bei Anwendbarkeit des TVöD beschäftigungshemmenden Wirkung. Das BAG hatte unter der Geltung der vergleichbaren Regelung des § 3 d BAT jedenfalls keinen Verstoß gegen Art. 3 Abs. 1 GG festgestellt, soweit ABM-Kräfte von den Vergütungsregelungen des BAT ausgenommen waren und eine niedrigere Vergütung erhielten.[17] 24

Darüber hinaus sind ABM-Kräfte entsprechend der regelmäßig nur befristeten Förderung (s. § 267 SGB III) in aller Regel nur befristet beschäftigt (sachlicher Grund iSd § 14 Abs. 1 TzBfG).[18]

Dagegen ist der TVöD grundsätzlich auf ein unbefristetes Arbeitsverhältnis ausgelegt. ABM-Kräfte unterliegen auch nicht der Versicherungspflicht in der Zusatzversorgung.[19] Eine, auch nachträgliche, Versicherung bei der VBL ist jedoch einzelvertraglich möglich.

ABM-Kräfte werden von der Agentur für Arbeit zugewiesen. Die Zuweisung, auf deren Grundlage der Arbeitsvertrag abgeschlossen wird, stellt einen Verwaltungsakt dar, nach dessen Bestandskraft es nicht mehr darauf ankommt, ob die Voraussetzungen des § 263 SGB III tatsächlich vorliegen.

---

14 Vgl auch ErfK/Schlachter, § 26 BBiG, Rn 2.
15 BGBl. I S. 2917.
16 S. auch Clemens/Scheuring/Steingen/Wiese, TV-L, Teil II, § 1 Rn 94.
17 BAG v. 18.6.1997, 5 AZR 259/96, AP Nr. 2 zu § 3 d BAT.
18 BAG v. 12.6.1987, 7 AZR 389/86, AP Nr. 114 zu § 620 BGB Befristeter Arbeitsvertrag.
19 BAG v. 12.5.1992, 3 AZR 226/91 sowie v. 15.9.1992, 3 AZR 438/91, AP Nrn. 35 und 39 zu § 1 BetrAVG Zusatzversorgungskassen; BAG v. 13.12.94, 3 AZR 367/94, AP Nr. 23 zu § 1 BetrAVG Gleichbehandlung.

25 **9. Abs. 2 l).** **Leiharbeitnehmer von Personal-Service-Agenturen** (PSA, s. § 37 c SGB III) fallen dann nicht unter den TVöD, wenn das Arbeitsverhältnis durch einen eigenen Tarifvertrag geregelt ist. Mit einzelnen Arbeitgeberverbänden der Zeitarbeit, zu denen auch Verleihunternehmen gehören, die mit dem Betrieb einer PSA beauftragt sind, sind bereits Tarifverträge abgeschlossen worden (so mit dem IGZ und dem BZA).

Durch die Herausnahme soll die Konkurrenzfähigkeit der Leiharbeitnehmer auf dem Arbeitsmarkt gesichert werden.

26 **10. Abs. 2 m).** Mit dem Buchstaben m sind zur Erleichterung des personalwirtschaftlichen Aufwandes für die Arbeitgeber die **geringfügig Beschäftigten iSd § 8 Abs. 1 Nr. 2 SGB IV** aus dem Geltungsbereich des TVöD herausgenommen. Betroffen ist also nur der Teil der geringfügig beschäftigten Arbeitnehmer, deren Beschäftigung innerhalb eines Kalenderjahres auf längstens 2 Monate oder 50 Arbeitstage nach ihrer Eigenart begrenzt zu sein pflegt (zB Urlaubs- oder Krankheitsvertretungen, Saisonarbeiten, projektbezogene Beschäftigung) oder im Voraus vertraglich begrenzt ist, es sei denn, die Beschäftigung würde berufsmäßig ausgeübt (dh, sie diente überwiegend oder doch zu einem erheblichen Teil dem Lebensunterhalt) und ihr Entgelt überstiege 400 Euro im Monat; im Übrigen kommt es auf die Höhe des Arbeitsentgelts nicht an.

Die entgeltgeringfügigen Beschäftigungen iS des § 8 Abs. 1 Nr. 1 SGB IV („400-Euro-Kräfte") sind dagegen nicht ausgenommen. Andernfalls läge ein Verstoß gegen das Benachteiligungsverbot des § 4 Abs. 1 TzBfG (vgl § 2 Abs. 2 TzBfG) vor.[20]

Mehrere geringfügige Beschäftigungen nach § 8 Abs. 1 Nr. 2 SGB IV sind zusammenzurechnen. Die geringfügige Beschäftigung entfällt in dem Zeitpunkt, in dem die Voraussetzungen nicht mehr vorliegen.

27 **11. Abs. 2 n).** Die Herausnahme des (überwiegend) künstlerisch tätigen **Theaterpersonals und der Orchestermusiker** entspricht, wie auch die meisten nachfolgenden Ausnahmen, den Regelungen in den abgelösten Tarifverträgen (s. bisher: SR 2 k zum BAT). Für diesen Personenkreis gilt das Bühnentarifrecht (zB der Normalvertrag Bühne) bzw. für Musiker in Kulturorchestern, der Tarifvertrag für die Musiker in Kulturorchestern (TVK) nebst ergänzenden Tarifverträgen. Für das nicht überwiegend künstlerisch tätige Bühnenpersonal findet der TVöD dagegen Anwendung (vgl zB § 55 TVöD-BT-V-VKA).

28 **12. Abs. 2 o).** **Seelsorger bei der Bundespolizei** sind ausgenommen, weil ihre Rechtsbeziehungen durch besondere Dienstverträge nach Maßgabe von Vereinbarungen zwischen dem Bund und den Kirchen geregelt werden.

29 **13. Abs. 2 p).** Die Tätigkeit der **Haus- und Liegenschaftswarte bei der BfI**, meist nebenberuflich tätige Versorgungsempfänger oder Rentner, beruht idR auf Geschäftsbesorgungsverträgen (§§ 675 ff BGB), ist also selbstständiger Art.

30 **14. Abs. 2 q).** Beschäftigte in **Landwirtschafts-, Weinbau-, Gartenbau- und Obstbaubetrieben** im Bereich der VKA sind entgegen dem abgelösten Tarifrecht (s. § 31 BAT) nur noch dann ausgenommen, wenn der Betrieb, unabhängig davon, ob mit oder ohne eigene Rechtspersönlichkeit, ausschließlich Erwerbszwe-

---

20 BAG v. 25.4.2007, 6 AZR 746/06, NZA 2007, 881.

cken dient. Im Vordergrund stehen muss also eine landwirtschaftliche oder eine auf Gewinn orientierte Nutzung.

Nicht ausgenommen sind dagegen die Beschäftigten in Gärtnereien, gemeindlichen Anlagen und Parks sowie in vergleichbar bewirtschafteten Gemeindewäldern.

15. Abs. 2 r). Mit dem Buchstaben r sind die Beschäftigten **weiterer Wirtschaftsbetriebe** erfasst. Kantinen gehören nicht zu den dort genannten „Gaststätten".

16. Abs. 2 s). Der Buchstabe s. nimmt die Herausnahmeregelung des § 3 g BAT für das **angestellte wissenschaftliche und künstlerische Hochschulpersonal**, soweit es an sich dem Geltungsbereich des § 1 Abs. 1 unterfällt, auf und modifiziert sie etwas. Die Bezeichnungen stimmen teilweise nicht mit denjenigen des HRG idF des 5. HRGÄndG vom 16.2.2002 (BGBl. I, 693), wiederhergestellt durch das HdaVÄndG vom 27.12.2004 (BGBl. I, 3835), überein.

Mit dem Begriff „**Hochschullehrer**" sind die Professoren, Juniorprofessoren und Hochschuldozenten gemeint. Die Juniorprofessur wurde mit dem 5. HRGÄndG neu geschaffen, ist zeitlich befristet und idR Einstellungsvoraussetzung für eine Universitätsprofessur (§ 44 Abs. 2 HRG) Das HRG verzichtet seitdem auf die Kategorie des Hochschuldozenten. Soweit noch Hochschuldozenten vorhanden sind, verbleiben diese jedoch in ihren Dienstverhältnissen (§ 74 HRG).

Wissenschaftliche Hilfskräfte erbringen entsprechend der früheren Bestimmung des § 57 a HRG nebenberuflich wissenschaftliche Dienstleistungen, auch wenn sie, nach Abschluss ihres Studiums, hauptberuflich iSd allgemeinen Arbeitsrechts im Rahmen eines (einzigen) Teilzeitverhältnisses tätig sind. Bei den **studentischen Hilfskräften** ergibt sich die Nebenberuflichkeit ohne Weiteres.

Wissenschaftliche Dienstleistungen sind solche, mit denen bei Forschung und Lehre anderen Hochschulangehörigen unterstützend zugearbeitet wird. Dazu gehört die Mitarbeit bei allen den Professoren obliegenden Dienstaufgaben, so auch bei Prüfungen und bei der Unterstützung Studierender in ihrem Studium. Nicht zu den wissenschaftlichen Dienstleistungen gehören dagegen ärztliche Tätigkeiten im Rahmen der Patientenversorgung an Universitätskliniken sowie die Weiterbildung zum Facharzt, die überwiegend im Stationsdienst abzuleisten ist.[21]

Die Hochschulgesetze der Länder mit Ausnahme Sachsens und Schleswig-Holsteins enthalten gesonderte Festlegungen der Beschäftigungsvoraussetzungen der wissenschaftlichen und studentischen Hilfskräfte.

Lehrbeauftragte (§ 55 HRG) werden neben den hauptberuflich Beschäftigten im wissenschaftlichen Bereich der Hochschulen nebenberuflich tätig. Soweit überhaupt ausnahmsweise ein Arbeitsverhältnis vorliegt, findet der TVöD keine Anwendung.

Künstlerische Lehrkräfte sind Lehrkräfte für besondere Aufgaben an den Kunst- und Musikhochschulen sowie den Fachhochschulen für Musik (zB für das Spielen einzelner Instrumente).

Übergangsweise ausgenommen werden nach der Protokollerklärung zu Buchstabe s. **wissenschaftliche (erg.: auch künstlerische) Assistenten nebst den Verwaltern solcher Stellen sowie Lektoren**, deren Arbeitsverhältnis innerhalb der

---

[21] BAG v. 24.10.1990, 6 AZR 37/89, NZA 1991, 378.

Umsetzungsfrist des § 72 Abs. 1 S. 8 HRG, also bis 3.9.2007, begründet wurde. Die Herausnahme gilt ebenso bei späteren Verlängerungen oder der späteren Übernahme in ein unbefristetes Arbeitsverhältnis. Auch diese Beschäftigtengruppen waren bereits vom Geltungsbereich des BAT ausgenommen (§ 3 g BAT).
Mit dem 5. HRGÄndG wurde die Kategorie der wissenschaftlichen und künstlerischen Assistenten aus dem HRG entfernt. Die vorhandenen Beschäftigten dieser Kategorie verbleiben in ihrem bisherigen Status (§ 74 HRG). Der Begriff des Lektors war lediglich in § 57 b Abs. 3 HRG aF gesetzlich definiert; danach handelte es sich um eine Beschäftigung „überwiegend für die Ausbildung in Fremdsprachen". Derart eng wird der Lektorenbegriff auch im TVöD zu verstehen sein.[22]

Ob auch die in § 53 HRG genannten wissenschaftlichen und künstlerischen Mitarbeiter, die weiteren Lehrkräfte für besondere Aufgaben, Tutoren und Mentoren sowie weiteres wissenschaftliches Personal, sofern es in einem Arbeitsverhältnis beschäftigt wird, von der Geltung des TVöD ausgenommen sind, hängt davon ab, ob das Arbeitsverhältnis den Merkmalen der in § 1 Abs. 2 s. TVöD genannten Beschäftigtengruppen entspricht. So entsprechen Tutoren und Mentoren idR wissenschaftlichen Hilfskräften iSd Buchstabens s.

33   17. Abs. 2 t). Die Deutsche Bundesbahn und die Deutsche Reichsbahn wurden durch das EisenbahnneuordnungsG v. 27.12.1993 (BGBl. I S. 2378) zu einem nichtrechtsfähigen Sondervermögen des Bundes **„Bundeseisenbahnvermögen"** zusammengeführt. Dessen Beschäftigte, auch soweit sie nicht der ausgegliederten „Deutschen Bahn AG" zugehörig sind, unterfallen nach dem Buchstaben t nicht dem TVöD.

V. Abs. 3 TVöD

34   Nach der Öffnungsklausel des Abs. 3 ist es in begründeten Ausnahmefällen möglich, Betriebe, die dem fachlichen Geltungsbereich des TV-V oder des TV-WW/NW (s. unter Rn 17) entsprechen, durch einen landesbezirklichen Tarifvertrag ganz oder teilweise in den Geltungsbereich des TVöD einzubeziehen. Ein begründeter Fall kann zB vorliegen, wenn aus Gründen der Struktur des Betriebes der TVöD eine sachgerechtere Lösung, auch in ökonomischer Hinsicht, bietet.

Aus den gleichen Gründen und auf dem gleichen Wege können dem Geltungsbereich des TV-N entsprechende Betriebsteile in den Geltungsbereich des TVöD oder, bei Vorliegen weiterer Voraussetzungen, in den Geltungsbereich des TV-V einbezogen werden.

VI. Weitere Ausnahmen im TV-L

35   1. Abs. 2 c). Erfasst ist hier das **Fleischuntersuchungspersonal**, für welches seit dem 1.11.2009 der TV-Fleischuntersuchung-Länder gilt.

36   2. Abs. 2 d). Die Vorschrift entspricht § 1 Abs. 2 g) TVöD. Kommt für **Waldarbeiter** der Tarifvertrag für Waldarbeiter der Länder und Gemeinden (MTW bzw MTW-O) tarifrechtlich(§§ 3 Abs. 1, 4 Abs. 1 TVG) oder einzelvertraglich zur Anwendung, so scheidet die Anwendung des TV-L aus.

---

22 Vgl zur Auslegung des Begriffs in § 3 g BAT BAG v. 12.10.2004, 3 AZR 571/03, NZA 2005, 1127; s. auch Clemens/Scheuring, TVöD, § 1 Rn 163.

3. Abs. 2 e) bis j). Diese Ausnahmen sind inhaltsgleich mit § 1 Abs. 2 h) bis n) TVöD. Auf die Hinweise unter Rn 21 bis 27 wird Bezug genommen. 37

4. Abs. 2 k). aa) ist i.W. inhaltsgleich mit § 1 Abs. 2 q) TVöD (s. Rn 30). Eine dem 2. Halbsatz in der TVöD-Vorschrift entsprechende Einschränkung enthält die Protokollnotiz Nr. 1. 38

Gem. bb) kommt es auf den Erwerbszweck nicht an, wenn Beschäftigte in den dort genannten Verwaltungen und Betriebe dem Geltungsbereich eines landesbezirklichen Tarifvertrages unterfallen. Für diese gilt der TV-L nicht.

Umgekehrt findet der TV-L auf die in der Protokollerklärung zu k) genannten Beschäftigten ungeachtet eines Erwerbszwecks wiederum Anwendung.

5. Abs. 2 l). Erwähnt sind hier nur die Beschäftigten der **Bayerischen Spielbanken**. Denn nur diese stehen, im Gegensatz zu Beschäftigten anderer Spielbanken, in einem Arbeitsverhältnis zum Land. 39

6. Abs. 2 m). Die Vorschrift entspricht § 1 Abs. 2 c) TVöD (s. Rn 16). 40

7. Abs. 2 n). Für die dort genannten Beschäftigten der **Bayerischen Seenschiffahrt** gilt der Tarifvertrag vom 23.7.2007 über die Arbeitsbedingungen der Beschäftigten der Bayerischen Verwaltung der staatlichen Schlösser, Gärten und Seen in den Betriebsteilen Ammersee und Starnberger See der Bayerischen Seenschiffahrt GmbH (BayFMBl. 2007, 389). 41

8. Abs. 2 o). Die hier genannten Beschäftigten waren bereits durch § 1 Abs. 1 l) MTArb/MTArb-O aus den manteltariflichen Regelungen herausgenommen. 42

Das wird nun fortgesetzt. Zu prüfen ist, ggf fiktiv, ob vor dem 1.1.2005 Versicherungspflicht in der Rentenversicherung der Arbeiter bestand/bestanden hätte.

9. Abs. 3. Die Vorschrift entspricht weitgehend dem § 1 Abs. 2 s) TVöD. Allerdings sind gem. der Protokollerklärung Nr. 2 künstlerische Lehrkräfte an Kunst- und Musikhochschulen für die Dauer des ununterbrochenen Arbeitsverhältnisses von der Geltung des TV-L nur ausgenommen, soweit das Arbeitsverhältnis am 31.12.2011 bestanden hat. Im Übrigen wird auf die Rn 32 Bezug genommen. 43

Nach der Niederschriftserklärung zu § 40 Nr. 1 TV-L sind **Hochschulen** iSd TV-L die Hochschulen nach dem jeweiligen Landesrecht, damit etwa auch die Fachhochschulen.

Mit dem, an sich selbstverständlichen, Hinweis in der Niederschriftserklärung zu § 1 Abs. 3 und § 40 wollten die Tarifvertragsparteien wohl eine Anregung geben, die spezifischen und gegenüber der bisherigen Tarifsituation verbesserten Regelungen auch auf **außeruniversitäre Forschungseinrichtungen** zur Anwendung zu bringen.

Ausgenommen sind auch die in der Protokollerklärung Nr. 1 zu § 1 Abs. 3 genannten Beschäftigten, deren Arbeitsverhältnis am 31.10.2006 bestanden hat, für die Dauer des ununterbrochen fortbestehenden Arbeitsverhältnisses (vgl zu § 1 Abs. 2 s) TVöD Rn 32). Neuverträge dieser Beschäftigten fallen dagegen unter den TV-L. 44

VII. § 1 Abs. 4 TV-L

Abs. 4 weist auf **Sonderregelungen für bestimmte Beschäftigtengruppen** in den §§ 40 bis 49 hin, für die klargestellt wird, dass sie Bestandteil des TV-L sind. 45

Dies war notwendig, da sich die Unterschriften der Tarifvertragsparteien bereits unter § 39 befinden.

§ 2 Arbeitsvertrag, Nebenabreden, Probezeit (TVöD und TV-L)

(1) Der Arbeitsvertrag wird schriftlich abgeschlossen.

(2) ¹Mehrere Arbeitsverhältnisse zu demselben Arbeitgeber dürfen nur begründet werden, wenn die jeweils übertragenen Tätigkeiten nicht in einem unmittelbaren Sachzusammenhang stehen. ²Andernfalls gelten sie als ein Arbeitsverhältnis.

(3) ¹Nebenabreden sind nur wirksam, wenn sie schriftlich vereinbart werden. ²Sie können gesondert gekündigt werden, soweit dies einzelvertraglich vereinbart ist.

(4) ¹Die ersten sechs Monate der Beschäftigung gelten als Probezeit, soweit nicht eine kürzere Zeit vereinbart ist. ²Bei Übernahme von Auszubildenden im unmittelbaren Anschluss an das Ausbildungsverhältnis in ein Arbeitsverhältnis entfällt die Probezeit.

I. Normstruktur 1	c) Beteiligung weiterer Organe vor der Einstellung 37
II. Der Arbeitsvertrag (Abs. 1) 2	4. Erlaubnis/Genehmigung zur Einstellung 38
1. Vor Abschluss des Arbeitsvertrages 2	5. Inhalt des Arbeitsvertrages .. 40
a) Ausschreibung 2	6. Einstellung Schwerbehinderter 48
b) Vertragsverhandlungen ... 4	7. Zustandekommen des Arbeitsvertrages 49
c) Fragerecht des Arbeitgebers 7	8. Änderung des Arbeitsvertrages 54
d) Eignungsuntersuchungen 20	III. Mehrere Arbeitsverhältnisse zu demselben Arbeitgeber (Abs. 2) 55
2. Auswahlgrundsätze 23	IV. Nebenabreden (Abs. 3) 56
3. Mitbestimmung bei Einstellung und Eingruppierung 26	1. Nebenabreden 56
a) Im Personalvertretungsrecht 26	2. Betriebliche Übung 64
aa) „bei der Einstellung" 26	V. Probezeit (Abs. 4) 67
bb) Bei der Eingruppierung .. 34	
cc) Einigungsstelle 35	
b) Im Betriebsverfassungsrecht 36	

I. Normstruktur

1 § 2 TVöD ist mit § 2 TV-L identisch.

Die Absätze 1 bis 3 entsprechen im Wesentlichen dem bisherigen § 4 BAT. Die Regelung der Probezeit in Abs. 4 weist Unterschiede zum bisherigen § 5 BAT und entsprechenden Regelungen in anderen abgelösten Tarifverträgen auf.

§ 2 TVöD/§ 2 TV-L setzt den Begriff des Arbeitsvertrages als eines Unterfalls des Dienstvertrages gemäß § 611 BGB voraus und regelt i.w., in Ergänzung der Regeln des BGB, seine Form. Der Arbeitsvertrag ist ein privatrechtlicher Vertrag über den Austausch von (abhängiger) Arbeit gegen Vergütung; diese Hauptleistungspflichten stehen (mit Modifikationen) grds. im Synallagma, also in einer

Gegenseitigkeitsbindung. Anwendung finden die Vorschriften des ersten Buches des BGB und wesentlicher Teile des zweiten Buches, des Schuldrechts, wenn auch Teile des allgemeinen Teils des Schuldrechts durch Sonderregelungen des Arbeitsrechts verdrängt werden, so etwa in bestimmten Bereichen des Leistungsstörungsrechts. Zu beachten ist, dass das SchuldrechtsmodernisierungsG vom 26.11.2001 (BGBl. I, 3138) die Bedeutung des BGB für das Arbeitsrecht wieder erhöht hat (vgl nur § 310 Abs. 4 BGB).

II. Der Arbeitsvertrag (Abs. 1)

1. Vor Abschluss des Arbeitsvertrages. a) Ausschreibung. Eine **Ausschreibung** freier Stellen ist weder gesetzlich noch tariflich ausdrücklich vorgeschrieben. Vereinzelt wird, gestützt auf Art. 33 Abs. 2 GG, eine Ausschreibungspflicht für „öffentliche Ämter" – hierzu gehören auch die durch Arbeitnehmer zu besetzenden Stellen im öffentlichen Dienst – vertreten.[1] Wird dieser Ansicht gefolgt, dann müssen sich die Anforderungen an die Ausschreibung (zB ob nur regional oder auch überregional) jeweils nach den Umständen des Einzelfalles richten.

Von einer internen Ausschreibung spricht man, wenn der Arbeitgeber sämtliche bei ihm beschäftigten Arbeitnehmer oder eine bestimmte Gruppe hiervon schriftlich unter Bezeichnung des zu besetzenden Arbeitsplatzes und seiner Anforderungen zu Bewerbungen auffordert.[2] In Betrieben mit privater Rechtsform, die dem BetrVG unterfallen, kann der Betriebsrat eine solche Ausschreibung allgemein oder für bestimmte Arten von Tätigkeiten verlangen (§ 93 BetrVG). Ein solches Verlangen hindert den Arbeitgeber nicht, die Stelle auch außerbetrieblich mit den gleichen Anforderungen auszuschreiben, etwa über Zeitungsannoncen.[3] Der unter Verstoß gegen eine nach § 93 BetrVG erforderliche Ausschreibung erfolgten Einstellung kann der Betriebsrat seine Zustimmung verweigern (§ 99 Abs. 2 Nr. 5 BetrVG).

Das BPersVG enthält keine dem § 93 BetrVG vergleichbare Vorschrift. Allerdings hat der Personalrat gem. § 75 Abs. 3 Nr. 14 BPersVG über das „Absehen von der Ausschreibung von Dienstposten, die besetzt werden sollen", mitzubestimmen. Das BPersVG setzt somit eine allgemeine Verpflichtung der Dienststelle zur internen Ausschreibung dann voraus, wenn eine solche in Frage kommt.[4] Sieht die Dienststelle von einer an sich notwendigen Ausschreibung ab, ohne die Zustimmung des Personalrats eingeholt zu haben, so kann der Personalrat seine Zustimmung zur Einstellung verweigern (§ 75 Abs. 1 Nr. 1 BPersVG).

Gem. § 6 Abs. 2 BGleiG sind Arbeitsplätze des Bundes in Bereichen, in denen Frauen unterrepräsentiert sind, öffentlich auszuschreiben, wenn das Ziel, die Zahl der Bewerberinnen zu erhöhen, durch eine interne Ausschreibung nicht erreicht werden kann. Ähnliche Vorschriften enthalten die Frauenförder- und Gleichstellungsgesetze der Länder.[5] Darüber hinaus sind sämtliche Arbeitsplätze, auch solche in leitender Position, auch als Teilzeitarbeitsplätze auszuschrei-

---

1 Sächs. OVG v. 11.4.2001, 3 BS 83/01 und 3 BS 84/01, ZBR 2001, 372 und 368; dagegen BVerwG v. 16.10.1975, II C43.73, DÖD 1976, 225 und BVerwG v. 13.10.1978, 6 P 6/78, BVerwGE 56, 324, 327.
2 BAG v. 23.2.1988, 1 ABR 82/86, NZA 1988, 551.
3 BAG v. 23.2.1988, aaO.
4 BVerwG v. 8.3.1988, 6 P 32.85, ZTR 88, 469; zu den Ausnahmen s. BVerwG v. 29.1.1996, 6 P 38.93, AP Nr. 63 zu § 75 BPersVG.
5 ZB der jeweilige § 8 des HessGlG, des ChancengleichheitsG Bad.-Württ., des LGG NRW.

ben, soweit einer solchen Tätigkeitsform nicht zwingende dienstliche Gründe entgegenstehen (§ 6 Abs. 1 S. 3 BGleiG; s. auch § 7 Abs. 1 TzBfG).
Die Ausschreibung hat die Benachteiligungsverbote des § 7 Abs. 1 AGG (s. § 11 AGG) zu beachten.
Eine Ausschreibung nur für Beamte ist dann zulässig, wenn sie vom Funktionsvorbehalt des Art. 33 Abs. 4 GG (dazu gehören v.a. Aufgaben der klassischen Eingriffsverwaltung) gedeckt ist. Eine Pflicht hierzu besteht allerdings nicht; der Dienstherr kann derartige Stellen auch mit Arbeitnehmern besetzen.[6] Ist die Ausschreibung nicht auf Beamte beschränkt, so dürfen ohne sachlichen Grund keine Anforderungen gestellt werden, die nur von Beamten erfüllt werden können.[7]

4 **b) Vertragsverhandlungen.** Dem Abschluss des Arbeitsvertrages geht häufig ein Vorstellungsgespräch voraus, in dessen Rahmen **Vertrags(vor)verhandlungen** stattfinden können. Mit Aufnahme dieser Verhandlungen entsteht ein vorvertragliches Schuldverhältnis gem. § 311 Abs. 2 BGB, dessen Pflichten sich aus § 241 Abs. 2 BGB ergeben, deren Verletzung Schadensersatzansprüche gem. § 280 BGB nach sich ziehen können. Zu diesen Pflichten gehören insb. beiderseitige Rücksichtnahmepflichten, aber auch Aufklärungspflichten über wesentliche, das Arbeitsverhältnis berührende, Umstände (zB mit dem Vertragsgegenstand verbundene Gefahren oder Umstände, die zu einer vorzeitigen Beendigung des Arbeitsverhältnisses führen können), es sei denn, diese ergäben sich aus der Sachlage selbst. Schadensersatzpflichtig kann sich auch der Arbeitgeber machen, welcher in dem Bewerber die nicht gerechtfertigte Annahme erweckt, es werde mit Sicherheit zum Abschluss eines Arbeitsvertrages kommen, so dass der Bewerber seine bisherige Stelle kündigt.[8]

5 Ausnahmsweise kann dann von einem (formfrei möglichen) **Vorvertrag** gesprochen werden, wenn die Verhandlungspartner sich zum Abschluss eines Arbeitsvertrages rechtsgeschäftlich verpflichten wollten. Eine solche vorzeitige Verpflichtung vor Klärung aller Vertragspunkte und Hindernisse (zB Gesundheitszeugnisse, behördliche Zustimmungen, Beteiligung des Personalrats) muss bereits die wesentlichen Bestandteile des Arbeitsvertrages erkennbar machen. Das ist gerade im öffentlichen Dienst denkbar, da hier die Vertragsbedingungen weitgehend durch Tarifvertrag vorgegeben sind.

6 Hat der Arbeitgeber eine **Einstellungszusage** abgegeben, so handelt es sich häufig um ein bindendes Angebot zum Abschluss eines Arbeitsvertrages. Von einer mindestens konkludent bestimmten Annahmefrist iSd § 148 BGB wird hier auszugehen sein.

7 **c) Fragerecht des Arbeitgebers.** Das **Fragerecht des Arbeitgebers** im Rahmen der Bewerbungs- und Vertragsgespräche wird durch die Grundrechte des Arbeitnehmers, insb. das Persönlichkeitsrecht (Art. 2 Abs. 1 iVm Art. 1 Abs. 1 GG) und das Diskriminierungsverbot gem. Art. 3 Abs. 3 GG sowie durch die §§ 2 Abs. 1 Nr. 1, 1 AGG begrenzt. Für den Bereich des Bundes enthält § 7 Abs. 2 BGleiG einen Katalog unzulässiger Fragen. Die Rechtsprechung des BAG lässt im Übri-

---

6 BAG v. 11.8.1998, 9 AZR 155/97, NZA 1999, 767 ff; s. auch Art. 33 Abs. 4 GG: „in der Regel".
7 BAG v. 18.9.2001, 9 AZR 410/00, NZA 2002, 271.
8 BAG v. 15.5.1974, 5 AZR 393/73, AP Nr. 9 zu § 276 BGB Verschulden bei Vertragsabschluss.

gen nur solche Fragen zu, an deren wahrheitsgemäßer Beantwortung der Arbeitgeber ein **berechtigtes, billigenswertes und schutzwürdiges Interesse** hat.[9] Die Beantwortung der Frage muss danach für den angestrebten Arbeitsplatz und die zu verrichtende Tätigkeit selbst von Bedeutung sein. Nur die Falschbeantwortung derartiger zulässiger Fragen kann eine Anfechtung des darauf abgeschlossenen Arbeitsvertrages gem. § 123 BGB rechtfertigen. Wird dagegen eine unzulässige Frage unwahr beantwortet, fehlt es am Merkmal der Arglist iSd § 123 BGB.[10]

Zu einzelnen Fragen:

Ohne Weiteres zulässig sind Fragen nach dem **beruflichen Werdegang**. Insb. bei einem nach § 14 Abs. 2 TzBfG zu befristenden Arbeitsvertrag ist der Arbeitgeber auch gehalten, zu fragen, ob der Bewerber bereits früher in einem Arbeitsverhältnis zu ihm stand. 8

Nach **Vorstrafen** darf nur gefragt werden, soweit sie einschlägig sind, dh wenn und soweit die Arbeitsaufgabe dies erfordert (zB Verkehrsvorstrafen bei einem Kraftfahrer, Vermögensvorstrafen bei einem Angestellten mit Kassieraufgaben) und soweit sie gem. §§ 32, 34, 51 BZRG nicht oder nicht mehr in ein amtliches Führungszeugnis aufzunehmen sind. Üblicherweise wird im öffentlichen Dienst jedenfalls bei unbefristet einzustellenden Bewerbern und soweit hoheitliche Aufgaben (das sind sämtliche Aufgaben, die dem Staat kraft öffentlichen Rechts obliegen) zu erfüllen sind ein solches Führungszeugnis beim zuständigen Bundesamt für Justiz eingeholt, sofern der Bewerber es nicht selbst vorlegt (§ 31 Abs. 1 BZRG). Hierzu hatte der Arbeitgeberkreis der (früheren) BAT-Kommission Grundsätze erarbeitet, die vom Bund und den Ländern in Form von Rundschreiben bzw Richtlinien weitergegeben wurden. U.a. wurde festgelegt, dass der Bewerber keinen Anspruch auf Erstattung der Kosten des Führungszeugnisses hat. Das Führungszeugnis enthält naturgemäß nicht nur „einschlägige" Vorstrafen. Die insoweit gegenüber den Möglichkeiten eines privaten Arbeitgebers erweiterte Offenbarungspflicht ist jedoch aus Gründen der besonderen Gesetzesbindung und des Ansehens des öffentlichen Dienstes gerechtfertigt.[11] 9

Die Frage nach den **Vermögensverhältnissen des Bewerbers** ist nur zulässig, wenn es um Tätigkeiten leitender Art oder solche mit besonderer finanzieller Verantwortung geht. Im Übrigen sind derartige Fragen, auch Fragen nach Lohnpfändungen, unzulässig. 10

Unzulässig sind Fragen nach der **Religionszugehörigkeit**. Dies ergibt sich jetzt bereits aus den §§ 2 Abs. 1 Nr. 1, 1 AGG. Anders verhält es sich nur in Einrichtungen, die zwar den TVöD/TV-L anwenden, jedoch maßgeblichem kirchlichen Einfluss (vgl § 118 Abs. 1 Nr. 1, Abs. 2 BetrVG) unterliegen (§ 9 Abs. 1 AGG). 11

Die sog. Scientology Kirche gilt nach der Rechtsprechung des BAG weder als Religions- noch als Weltanschauungsgemeinschaft.[12] Vielmehr sind dort Mitgliedschaft und „kirchliche" Dienste kommerzialisiert. Die Unzulässigkeit der Frage nach einer Mitgliedschaft kann sich deshalb nicht bereits aus dem AGG

---

9 BAG v. 5.10.1995, 2 AZR 923/94, NZA 1996, 371; BAG v. 18.10.2000, 2 AZR 380/99, NZA 2001, 315.
10 BAG v. 5.10.1995, aaO.
11 Zur Vorlage eines erweiterten Führungszeugnisses, so bei Prüfung der persönlichen Eignung nach § 72 a SGB VIII, s. § 30 a BZRG.
12 BAG v. 22.3.1995, 5 AZB 21/94, NZA 1995, 823.

ergeben. Da Anhaltspunkte dafür bestehen, dass die Scientology Organisation Bestrebungen verfolgt, die sich gegen die freiheitliche demokratische Grundordnung richten und sie deshalb unter zulässiger Beobachtung des Verfassungsschutzes steht,[13] ist die Frage im öffentlichen Dienst und bei Tendenzbetrieben als zulässig anzusehen.[14]

12 Fragen nach der **Gewerkschaftszugehörigkeit** verbieten sich aus Gründen der in Art. 9 Abs. 3 GG garantierten Koalitionsfreiheit.

13 Ebenso unzulässig sind Fragen nach der **Mitgliedschaft in einer politischen Partei**, es sei denn, für den öffentlichen Dienst, in einer verfassungsfeindlichen Partei.[15]

14 Fragen nach einer **Tätigkeit für das Ministerium für Staatssicherheit der DDR** sind dann unzulässig, wenn diese bereits vor dem Jahre 1970 abgeschlossen war, es sei denn, es habe sich um eine besonders schwerwiegende, Persönlichkeitsrechte Anderer in besonderem Ausmaß verletzende, Mitarbeit gehandelt.[16]

Gem. den §§ 20, 21 StUG (Stasi-Unterlagen-Gesetz) hatte der Arbeitgeber des öffentlichen Dienstes die Möglichkeit, bei Beschäftigten in Leitungsfunktionen deren Angaben zu einer Tätigkeit für das MfS durch Einholung einer Auskunft des BStU zu überprüfen. Diese anlasslose Überprüfung sollte zum 31.12.2011 auslaufen. Mit dem 8. Änderungsgesetz hat der Bundestag am 30.9.2011 eine Verlängerung bis Ende 2019 sowie eine (geringfügige) Ausweitung auf Beschäftigte ab der Entgeltgruppe E 9, soweit diese eine leitende Funktion ausüben, beschlossen.[17]

15 Fragen nach **Krankheiten** greifen in besonderem Maße in die Persönlichkeitssphäre ein. Das Fragerecht muss sich deshalb auf Krankheiten beschränken, welche die Eignung für die vorgesehene Tätigkeit auf Dauer oder in periodisch wiederkehrenden Abständen erheblich einschränkt.[18] Hierzu gehört auch eine Alkohol- oder Drogenkrankheit (-abhängigkeit). Daneben kann nach ansteckenden Krankheiten gefragt werden, welche Kollegen und Publikum gefährden können. Weitergehend lässt das BAG auch Fragen danach zu, ob bei Dienstantritt oder in absehbarer Zeit mit einer Arbeitsunfähigkeit zu rechnen ist.[19]

Entsprechende Grundsätze gelten im Übrigen für Einstellungsuntersuchungen.[20]

16 Den Grundsätzen entspricht die Zulässigkeit der Frage nach einer **AIDS-Erkrankung**. Denn diese bringt oft Leistungseinschränkungen mit sich und ist (noch) nicht heilbar. Dagegen kann die Frage nach einer **HIV-Infektion** nur dann für zulässig erachtet werden, wenn der Bewerber sich oder andere im Rahmen der vorgesehenen Tätigkeit gefährden würde.[21] Von einem relevanten Ansteckungs-

---

13 OVG NRW v. 12.2.2008, 5 A 130/05, n.v.
14 Vgl ErfK-Preis, § 611 BGB Rn 351.
15 BAG v. 6.2.1980, 5 AZR 848/77, AP Nr. 5 zu Art. 33 Abs. 2 GG; BAG v. 5.3.1980, 5 AZR 604/78, AP Nr. 6 zu Art. 33.
16 Im Anschluss an die Entscheidung des BVerfG v. 8.7.1997, 1 BvR 2111/94, 1 BvR 195/95 und 1 BvR 2189/95, NZA 1997, 992; die Urteile des BAG v. 28.5.1998, 2 AZR 549/97, NZA 1998, 1052 und v. 6.7.2000, 2 AZR 543/99, NZA 2001, 317.
17 Die Fraktionen von SPD und Bündnis 90/Die Grünen hatten gegen diese Ausweitung der anlasslosen Überprüfung verfassungsrechtliche Bedenken erhoben.
18 BAG v. 7.6.1984, 2 AZR 270/83, NZA 85, 57.
19 BAG v. 7.6.1984, aaO.
20 Eingehend hierzu Zeller, Die Einstellungsuntersuchung, BB 1987, 2439.
21 ErfK/Preis, § 611 BGB Rn 344.

risiko kann allerdings nur in wenigen, vom TVöD/TV-L erfassten, Bereichen gesprochen werden, so in chirurgischen Abteilungen der Kliniken und bei Erste-Hilfe-Stationen.[22]

Bei der Zulässigkeit der Frage nach einer **Schwerbehinderteneigenschaft** (oder einer Gleichstellung iSd § 2 Abs. 3 SGB IX) ist zu differenzieren: § 2 Abs. 1 Nr. 1 iVm § 1 AGG verbietet die Benachteiligung von Schwerbehinderten bei der Einstellung und verstärkt damit § 81 Abs. 2 S. 1 SGB IX. Die umstrittene Rechtsprechung des BAG vor Geltung des AGG und des (bisherigen) § 81 Abs. 2 Nr. 1 SGB IX[23] ist deshalb hinfällig. Eine allgemeine Frage nach Vorliegen einer Schwerbehinderung ist nun als unzulässig zu betrachten.[24] Dagegen ist die Frage dann zulässig, wenn und soweit die Schwerbehinderung die Ausübung der vorgesehenen Tätigkeit erheblich erschweren oder unmöglich machen würde (s. § 8 Abs. 1 AGG).[25] In diesem Falle hat der Bewerber die Schwerbehinderteneigenschaft oder eine Gleichstellung sogar ungefragt zu offenbaren. 17

Die bereits früher angenommene generelle Unzulässigkeit der Frage nach einer **Schwangerschaft** ergibt sich jetzt aus § 3 Abs. 1 S. 2 AGG. Vor einer befristeten Einstellung ist die Frage auch dann unzulässig, wenn feststeht, dass die Bewerberin während eines wesentlichen Teils der Vertragszeit wegen der Beschäftigungsverbote des MuSchG nicht wird arbeiten können.[26] Im Bereich der Bundesverwaltung ist die Frage gem. § 7 Abs. 2 BGleiG ausnahmslos untersagt. Diese Vorschrift verbietet auch Fragen nach dem Familienstand und der Sicherstellung der Betreuung der Kinder, behinderter oder pflegebedürftiger Angehöriger.[27] 18

Verwendet der Arbeitgeber formularmäßig zusammengestellte Fragen (**Personalfragebogen**), so steht dem Personalrat über den Inhalt ein **Mitbestimmungsrecht** zu, soweit nicht bereits tarifliche oder gesetzliche Regelungen – hier etwa § 7 Abs. 2 BGleiG – bestehen (§ 75 Abs. 3 Nr. 8 BPersVG und entsprechende Vorschriften in den Landespersonalvertretungsgesetzen). Ähnliches gilt für Personalfragebögen und persönliche Angaben in schriftlichen, allgemein verwendeten, Arbeitsverträgen im Bereich der Privatwirtschaft (§ 94 BetrVG). Die fehlende Zustimmung des Personal- oder Betriebsrats berechtigt den Bewerber allerdings nicht, zulässige Fragen falsch zu beantworten.[28] 19

d) **Eignungsuntersuchungen.** Die ärztliche Prüfung der **gesundheitlichen Eignung** des Bewerbers (Eignungsuntersuchung) ist teilweise gesetzlich oder durch Verordnung vorgeschrieben, so gem. den §§ 32 ff JArbSchG für Jugendliche, § 43 Abs. 1 IfSG für Tätigkeiten im Bereich von Lebensmitteln sowie gem. einer Vielzahl von ArbeitsschutzVOen. Eine darüber hinausgehende Pflicht des Bewerbers kann sich aus Tarifvertrag ergeben. TVöD und TV-L schreiben im Un- 20

---

22 Ablehnend gegenüber einem Fragerecht insb. Löwisch, Arbeitsrechtliche Fragen von AIDS-Erkrankung und AIDS-Infektion, DB 87, 936.
23 S. noch BAG v. 3.12.1998, 2 AZR 754/97, NZA 1999,584.
24 S. LPK-SGB IX/Düwell, § 85 Rn 16 ff; aA im Hinblick auf die „positiven Maßnahmen" des SGB IX iSd § 5 AGG: Fieberg in Fürst GKÖD IV E § 2 Rn 20.
25 Vgl auch LAG Hamm v. 19.10.2006, 15 Sa 740/06, n.v.
26 EuGH v. 4.10.2001, C-109/00, AP Nr. 27 zu EWG-RL Nr. 76/207; zur Unzulässigkeit der Frage bei unbefristetem Arbeitsverhältnis BAG v. 6.2.2003, 2 AZR 621/01, NZA 2003, 848; Feldhoff, Die Frage nach Schwangerschaft, ZTR 2004, 58.
27 Näher hierzu Scheuring, Das Bundesgleichstellungsgesetz, ZTR 2002, 314, 317.
28 BVerwG v. 28.1.1998, 6 P 2.97, ZTR 98, 566; BAG v. 2.12.1999, 2 AZR 724/98, NZA 2001, 107.

terschied zum BAT (§ 7 Abs. 1) eine solche Untersuchung nicht ausdrücklich vor, Allerdings verlangt sie die Praxis jedenfalls bei unbefristeten Einstellungen auch weiterhin und kann sich an § 3 Abs. 4 TVöD/§ 3 Abs. 5 TV-L orientieren, auch hinsichtlich der Auswahl des Arztes. Im Übrigen stellt die gesundheitliche Eignung für die vorgesehene Tätigkeit ein Eignungsmerkmal iSd Art. 33 Abs. 2 GG dar.[29] Es gelten dieselben Grenzen wie für das Fragerecht des Arbeitgebers. Die Erörterung, ob eine solche Untersuchung freiwillig oder zwingend vorgeschrieben ist, verliert angesichts dessen an Bedeutung, als der Bewerber bei einer Verweigerung seine Chancen auf eine Einstellung erheblich reduziert.

21 Gem. den §§ 14 Abs. 1, 21 TzBfG zulässig ist die Vereinbarung einer **auflösenden Bedingung** dahin, dass das Arbeitsverhältnis endet, wenn eine nachträgliche Untersuchung die gesundheitliche Nichteignung des Arbeitnehmers ergibt.[30] Tritt diese Bedingung ein, so endet das Arbeitsverhältnis frühestens 2 Wochen nach Zugang der schriftlichen Unterrichtung durch den Arbeitgeber (§§ 21, 15 Abs. 2 entspr. TzBfG).

22 **Genetische Untersuchungen oder Analysen** dürfen wegen des besonders starken Eingriffs in das Persönlichkeitsrecht und der Möglichkeiten ihrer Auswertung grundsätzlich weder verlangt noch verwendet werden (§ 19 GenDG [Gendiagnostikgesetz]).[31] Dagegen sind gebräuchliche **Testverfahren** wie Assessment-Center und graphologische Gutachten bei Einwilligung des Bewerbers dann zulässig, wenn der Arbeitgeber ein berechtigtes, schützenswürdiges und billigenswertes Interesse hieran hat. Problematisch ist, ob in der Übersendung eines handgeschriebenen Lebenslaufs bereits die konkludente Einwilligung in ein graphologisches Gutachten liegt.[32] Besteht die Absicht, ein solches Gutachten einzuholen, sollte bereits bei Anforderung des Lebenslaufs hierauf hingewiesen werden.

23 **2. Auswahlgrundsätze.** Grds. ist der Arbeitgeber frei in der Entscheidung, mit wem er einen Arbeitsvertrag abschließt (Abschluss- und Auswahlfreiheit). Es gelten allerdings die **Diskriminierungsverbote** insb. gem. den §§ 2 Abs. 1 Nr. 1, 1 AGG. Deren Verletzung führt jedoch ebenso wenig zu einem Einstellungsanspruch (s. § 15 Abs. 6 AGG) wie der Verstoß gegen die (öffentlich-rechtliche) Verpflichtung des Arbeitgebers nach § 71 SGB IX, in einem bestimmten Maße **Schwerbehinderte** zu beschäftigen; in diesem Falle wird auf den Arbeitgeber lediglich ein mittelbarer Druck insofern ausgeübt, als er gem. § 77 SGB IX eine Ausgleichsabgabe, ggf auch gem. § 156 Abs. 1 Nr. 1 SGB IX ein Bußgeld zu zahlen hat. Gleiches gilt bei schuldhafter Verletzung der Pflichten des Arbeitgebers aus § 81 Abs. 1 SGB IX. Diese Vorschrift verpflichtet den Arbeitgeber u.a. zu prüfen, ob freie Arbeitsplätze mit Schwerbehinderten besetzt werden können, und sich von der Agentur für Arbeit Vermittlungsvorschläge machen zu lassen. Diese Pflichten bestehen auch dann, wenn der Arbeitgeber die freie Stelle mit einem Leiharbeitnehmer besetzen will.[33] Aus einer Verletzung dieser Pflichten

---

29 Ebenso Conze, Rn 55.
30 LAG Berlin v. 16.7.1990, 9 Sa 43/90, LAGE Nr. 2 zu § 620 BGB Bedingung; LAG Köln v. 12.3.1991, 4 Sa 1057/90, LAGE Nr. 3 zu § 620 BGB Bedingung; Hess. LAG v. 8.12.1994, 12 Sa 1103/94, LAGE Nr. 4 zu § 620 BGB Bedingung.
31 Vgl auch Däubler, Erhebung von Arbeitnehmerdaten, CR 1994, 101, 105, dort auch zu der eingeschränkten Zulässigkeit psychologischer Tests.
32 Zum Meinungsstand s. ErfK/Preis § 611 BGB Rn 376.
33 BAG v. 23.6.2010, 7 ABR 3/09, NZA 2010, 1361.

kann dem Beschäftigten ein Anspruch auf Schadensersatz oder Entschädigung nach § 81 Abs. 2 SGB IX iVm § 15 AGG erwachsen.

Darüber hinaus können **Integrationsvereinbarungen** gem. § 83 SGB IX Vorschriften über eine verstärkte Berücksichtigung schwerbehinderter Menschen bei der Einstellung, etwa bei gleicher Eignung, enthalten.[34] Auch hier führt ein Verstoß jedoch nicht zu einem Einstellungsanspruch.

Im öffentlichen Dienst ergibt sich eine gewichtige Beschränkung der Auswahlfreiheit aus **Art. 33 Abs. 2 GG,** welcher auch für den Zugang zu Arbeitsverhältnissen gilt (Grundsatz der „Bestenauslese"), ergänzt durch § 9 BGleiG, welcher allgemeingültige Maßstäbe enthält, sowie entsprechende Vorschriften der Gleichstellungsgesetze der Länder. Nach Art. 33 Abs. 2 GG steht jedem Deutschen (uU aber auch EU-Ausländern, s. Rn 25) ein grundrechtsgleiches Recht auf gleichen Zugang zu jedem öffentlichen Amt (dazu zählen auch alle Stellen, die von Arbeitnehmern besetzt werden können) nach Eignung, Befähigung und fachlicher Leistung zu. Eine Verletzung dieser Auswahlgesichtspunkte kann dann zu einem Einstellungsanspruch führen, wenn jede andere Entscheidung als gerade die Einstellung des abgelehnten Bewerbers rechtsfehlerhaft ist. Allerdings steht dem öffentlichen Arbeitgeber ein erheblicher Beurteilungsspielraum zu. Eine Klage gegen eine auf ein Arbeitsverhältnis bezogene Einstellungsentscheidung (sog. „Konkurrentenklage") wird sich deshalb meist nicht auf die Übertragung der Stelle richten, sondern zunächst nur das Ziel haben, die getroffene Auswahlentscheidung ermessensfehlerfrei unter Beachtung der Rechtsauffassung des Gerichts zu wiederholen, ohne die Stelle zuvor mit dem Konkurrenten zu besetzen.[35] Die zuständigen Arbeitsgerichte prüfen dann lediglich, ob bei der Entscheidung alle wesentlichen Umstände berücksichtigt und allgemeine Beurteilungsgrundsätze beachtet sind sowie ein fehlerfreies Verfahren eingehalten worden ist.[36]

Hat der öffentliche Arbeitgeber das Stellenbesetzungsverfahren aus nachvollziehbaren sachlichen Gründen abgebrochen, so gehen die Verfahrensrechte des Bewerbers aus Art. 33 Abs. 2 GG unter.[37]

Ist die Stelle bereits anderweitig endgültig besetzt worden, steht dem zu Unrecht abgelehnten Bewerber lediglich ein Schadensersatzanspruch zu (§ 823 Abs. 2 BGB iVm Art. 33 Abs. 2 GG,[38] bei bestehendem Arbeitsverhältnis auch §§ 280 Abs. 1, 283 BGB), dies auch nur dann, wenn ihm an Stelle des Konkurrenten das Amt hätte übertragen werden müssen.[39]

Die „**Eignung**" zielt auf die körperlichen (gesundheitlichen, s.o.), geistigen, seelischen und charakterlichen Eigenschaften des Bewerbers ab, die „**Befähigung**" umfasst die Vorbildung des Bewerbers, sein fachrelevantes Allgemeinwissen, seine Lebenserfahrung und Begabung, unter der „**fachlichen Leistung**" schließlich ist das spezifisch fachliche Wissen und Können, die berufliche Erfahrung

---

34 Neumann, § 83 Rn 5 ff.
35 Vgl BAG v. 5.11.2002, 9 AZR 451/01, NZA 2003, 798; zum Verfahren der Konkurrentenklage vgl Groeger/Hauck-Scholz, Teil 15 Rn 20 ff.
36 BAG v. 29.10.1998, 7 AZR 676/96, NZA 1999, 717.
37 BAG v. 17.8.2010, 9 AZR 347/09, öAT 2010, 228.
38 BAG v. 19.2.2008, 9 AZR 70/07, NZA 2008, 1016.
39 BAG v. 12.10.2010, 9 AZR 554/09, NZA-RR 2011, 216 ff, NZA 2011, 824 (nur Orientierungssätze).

und Bewährung zu verstehen. Um eine sachgerechte leistungsbezogene Auswahl treffen zu können, hat der Arbeitgeber vor der Auswahlentscheidung ein Anforderungsprofil für die zu besetzende Stelle festzulegen und zu dokumentieren. Da nur dann die Auswahlentscheidung überprüft werden kann, stellt das Unterlassen dieser Pflicht einen Verfahrensmangel dar.[40] Es ist empfehlenswert, das Anforderungsprofil bereits in eine Stellenausschreibung einzuarbeiten. Im Geltungsbereich des BGleiG ist dies durch § 6 Abs. 3 vorgeschrieben. Nicht von Art. 33 Abs. 2 GG gedeckt ist es, Beförderungsstellen allein aus haushaltsrechtlichen Gründen bevorzugt mit Beamten zu besetzen.[41]

25 Auch **Angehörige der EU-Staaten**, die am uneingeschränkten EU-Binnenmarkt teilhaben, können sich auf Art. 33 Abs. 2 GG berufen, soweit sie nicht von einer Beschäftigung im öffentlichen Dienst ausgeschlossen werden können (s. Art. 39 Abs. 4 EGV). Der Ausschluss betrifft nach der gemeinschaftsrechtlich gebotenen engen Auslegung des Art. 39 Abs. 4 EGV[42] nur Tätigkeiten, die eine besondere Verbundenheit des Stelleninhabers zum Staat erfordern, weil die Tätigkeit mit der Ausübung hoheitlicher Befugnisse und mit der Verantwortung für die Wahrung der allgemeinen Belange des Staates oder seiner sonstigen öffentlichen Körperschaften zu tun hat. Nicht zu diesem Personenkreis gerechnet hat der EuGH zB Lehrer.[43]

26 **3. Mitbestimmung bei Einstellung und Eingruppierung. a) Im Personalvertretungsrecht. aa) „bei der Einstellung".** Auslöser des Mitbestimmungsrechts nach dem BPersVG (§ 75 Abs. 1 Nr. 1 BPersVG) und den Personalvertretungsgesetzen der Länder ist der Entschluss des Dienststellenleiters, einen bestimmten Bewerber einzustellen. Die Rechtsprechung versteht unter dem Begriff der Einstellung die **Eingliederung in die Dienststelle**, die durch die tatsächliche Aufnahme der Tätigkeit bewirkt wird;[44] kennzeichnend hierfür ist der Beginn des auf die Person des Arbeitnehmers bezogenen Weisungsrechts des Dienststellenleiters. Soll allerdings, wie regelmäßig, der Abschluss des Arbeitsvertrages der tatsächlichen Eingliederung vorausgehen, so ist hierauf abzustellen und der Personalrat bereits vor der rechtlichen Begründung des Arbeitsverhältnisses zu beteiligen. Das Personalvertretungsrecht weicht insoweit nicht vom Mitbestimmungsrecht des Betriebsrats nach § 99 BetrVG ab.[45]

27 Da es jedoch auf die (tatsächliche) Eingliederung ankommt, ist es ohne Belang, ob ein Arbeitsvertrag abgeschlossen werden soll. Auch der Einsatz von **Fremdpersonen** (zB Rot-Kreuz-Schwestern) und **Leiharbeitnehmern** löst deshalb das Mitbestimmungsrecht aus, wenn diese Personen dem Weisungsrecht des Dienststellenleiters hinsichtlich Art, Zeit und Umfang ihrer Arbeitsleistung unterliegen und die Tätigkeit nicht lediglich vorübergehend und geringfügig ist.[46]

28 Ein Beteiligungsrecht des Personalrats noch im Stadium der **Bewerberauswahl** kennt nur das Personalvertretungsrecht des Landes Nordrhein-Westfalen (s. § 65 Abs. 2 LPersVG NRW: Teilnahmerecht eines Mitglieds des Personalrats

---

40 BAG v. 21.1.2003, 9 AZR 72/02, ZTR 2003, 463.
41 BAG v. 5.11.2002, 9 AZR 451/01, NZA 2003, 798.
42 GS/Wölker/Grill, Rn 156.
43 EuGH v. 27.11.1991 „Bleis", C-4/91, Slg 1991, I-5627, 5641.
44 BVerwG v. 29.1.2003, 6 P 19/01, ZTR 2003, 252.
45 BAG v. 28.4.1992, 1 ABR 73/91, NZA 1992, 1141.
46 BVerwG v. 25.9.1995, 6 P 44/93, ZTR 1996, 278.

an Bewerbergesprächen zur Vorbereitung der Auswahlentscheidungen).[47] Der Arbeitgeber hat allerdings bei Bewerbung **Schwerbehinderter** oder bei Vermittlungsvorschlägen der Bundesagentur für Arbeit nach § 81 Abs. 1 SGB IX der Schwerbehindertenvertretung neben dem Recht auf Einsicht in die entscheidungsrelevanten Teile der Bewerbungsunterlagen die Teilnahme an Vorstellungsgesprächen zu ermöglichen (§ 95 Abs. 2 SGB IX).

Als „**Einstellung**" iSd § 75 Abs. 1 Nr. 1 BPersVG und ähnlicher Vorschriften in den Personalvertretungsgesetzen der Länder sind auch zu behandeln 29

- befristete Arbeitsverhältnisse, ihre Verlängerung und ihre Umwandlung in ein Dauerarbeitsverhältnis;[48]
- die Umwandlung eines Teilzeit- in ein Vollzeitarbeitsverhältnis;[49] anders verhält es sich nur bei vorübergehenden und geringfügigen Aufstockungen, denn diese verändern das Arbeitsverhältnis nur unwesentlich und berühren die Belange der übrigen Mitarbeiter nicht oder kaum.[50] Ebenfalls nicht mitbestimmungspflichtig ist die Umwandlung eines Vollzeit- in ein Teilzeitarbeitsverhältnis, etwa bei Inanspruchnahme der Altersteilzeit;[51]
- die Weiterbeschäftigung über die tarifliche Altersgrenze (s. § 33 Abs. 1 a) hinaus.[52]

Dagegen ist, entgegen der früheren Auffassung,[53] der Wechsel in eine andere Beschäftigtengruppe (Arbeiter – Angestellter) nicht mehr als eine mitbestimmungspflichtige Einstellung hinsichtlich der aufnehmenden Gruppe zu betrachten, da das Tarifrecht des öffentlichen Dienstes nur noch einen einheitlichen Beschäftigtenstatus kennt. 30

Ob dem Einsatz von erwerbsfähigen Hilfebedürftigen gemäß § 16 Abs. 3 SGB II (sog. Ein-Euro-Jobs) eine Einstellung nach dem Personalvertretungsrecht zugrunde liegt, war lange Zeit umstritten.[54] Zwar erfolgt der Einsatz regelmäßig aufgrund eines öffentlich-rechtlichen Vertrages, nicht eines Arbeitsvertrages.[55] Nach Ansicht des BVerwG handelt es sich aber um eine Eingliederung im Sinne dieses Einstellungsbegriffs, da die Hilfebedürftigen im Rahmen der sozialrechtlichen Rechtsbeziehung der Weisungsbefugnis der Dienststelle unterliegen.[56] Voraussetzung der Mitbestimmung sei allerdings, dass, wie in der Regel, die Einstellung auf einer Entscheidung der Dienststelle beruhe, die diese selbst zu verantworten habe.

Gegenstand des Mitbestimmungsrechts „bei Einstellung" sind nicht Abschluss und Inhalt des Arbeitsvertrages, etwa die Befristung des Arbeitsvertrages (Ausnahme: § 72 Abs. 1 S. 1 Nr. 1 LPVG NRW), sondern die Person des Einzustel- 31

---

47 BVerwG v. 2.6.1993, 6 P 23/91, PersR 1993, 444.
48 BVerwG v. 1.2.1989, 6 P.2/86, ZTR 1989, 323.
49 BVerwG v. 2.6.1993, 6 P 3/92, PersR 1993, 525.
50 BVerwG v. 23.3.1999, 6 P 10/97, PersR 1999, 395.
51 BVerwG v. 12.6.2001, 6 P 11/00, NZA 2001, 1091.
52 BAG v. 12.7.1988, 1 ABR 85/86, ZTR 1989, 38.
53 OVG Münster v. 14.2.1990, CL 42/87, ZTR 1990, 533.
54 Vgl Lorenzen/Rehak, § 75 Rn 21 l mwN.
55 S. BAG v. 8.11.2006, 5 AZR 36/06, NZA 2007, 53 ff; BAG v. 17.1.2007, 5 AZB 43/06, NZA 2007, 644 ff; BAG v. 19.11.2008, 10 AZR 658/07, NZA 2009, 269 ff.
56 BVerwG v. 21.3.2007, 6 P 4/06 und 6 P 8/06, PersR 2007, 301 ff und 309 ff; vgl im Übrigen Lorenzen/Rehak, aaO.

lenden und die von ihr auszuübende Tätigkeit.[57] Zu diesem Zweck sind dem Personalrat die **Bewerbungsunterlagen** aller Bewerber vorzulegen unabhängig von einer vorherigen Ausschreibung[58] sowie zusätzlich die Informationen zu erteilen, die es dem Personalrat ermöglichen, sich ein Bild von der Person der Bewerber zu machen. Eine Auswahlentscheidung ist zu begründen, in manchen LPVG jedoch erst auf Verlangen des Personalrats (s. etwa § 79 Abs. 2 S. 2 SächsPersVG).

Erst mit dem Vorliegen der notwendigen Informationen beginnt die **Frist zur Stellungnahme** zu laufen.

32 Der Personalrat kann eine **Erörterung** mit dem Dienststellenleiter zu allen ihm wichtig erscheinenden Gesichtspunkten der Einstellung verlangen. Die **Zustimmung** kann jedoch nur aus den in den Personalvertretungsgesetzen enumerativ aufgeführten Gründen (s. zB § 77 Abs. 2 BPersVG) **verweigert** werden. Hierzu gehören etwa die drohende Benachteiligung anderer Beschäftigter,[59] uU auch das Absehen von einer Ausschreibung ohne vorherige Zustimmung des Personalrats.[60] Die **Auswahlentscheidung** des Dienststellenleiters kann dagegen nur dann angegriffen werden, wenn eine vergleichende Betrachtung mit den Mitbewerbern fehlt oder auf sachfremden Erwägungen beruht oder wenn Begriff und gesetzlicher Rahmen der Auswahlkriterien des Art. 33 Abs. 2 GG verkannt sind oder ein unrichtiger Sachverhalt zugrunde gelegt wurde.[61]

Verweigert der Personalrat die Zustimmung nicht unter Angabe der Gründe innerhalb der gesetzlichen Frist, so gilt die Einstellung als **gebilligt**.

33 Die ordnungsgemäße Durchführung des Mitbestimmungsverfahrens ist **Wirksamkeitsvoraussetzung** der Einstellung. Fehlt die Zustimmung des Personalrats, darf der Arbeitnehmer nicht beschäftigt werden; ein bereits abgeschlossener Arbeitsvertrag bleibt jedoch wirksam,[62] so dass Lohnansprüche aus Annahmeverzug (§§ 615, 293 ff BGB) entstehen können.

34 **bb) Bei der Eingruppierung.** Dem Personalrat steht auch bei der Eingruppierung des Arbeitnehmers ein **Mitbestimmungsrecht** zu (s. § 75 Abs. 1 Nr. 2 BPersVG, ebenso in den LPVG der Länder). Unter der Eingruppierung versteht man die Zuordnung des Beschäftigten zu einer Entgeltgruppe einer Vergütungsordnung, unabhängig davon, ob diese sich aus einem Tarifvertrag ergibt oder einseitig vom Arbeitgeber erlassen wurde. Für den Bereich des TVöD/des TV-L ist die neue Entgeltordnung idR maßgebend.

Regelmäßig geschieht die erste Eingruppierung mit der Einstellung. Die den beiden Vorgängen zugeordneten Mitbestimmungstatbestände stehen jedoch nebeneinander. Sie können im Beteiligungsverfahren zwar verbunden werden, sind aber unterschiedlich zu beurteilen.[63] So kann der Personalrat der Einstellung nicht aus Gründen der Eingruppierung widersprechen. Umgekehrt verhindert die fehlende Zustimmung zur Eingruppierung nicht die Einstellung.

---

57 BVerwG v. 3.2.1993, 6 P 28/91, ZTR 1993, 433.
58 BVerwG v. 11.2.1981, 6 P 3/79, PersV 1982, 106.
59 BVerwG v. 23.9.1992, 6 P 24/91, PersR 1993, 24.
60 BVerwG v. 29.1.1996, 6 P 38/93, ZTR 1996, 570.
61 BVerwG v. 30.11.1994, 6 P 11/93, PersR 1995, 130.
62 BAG v. 26.2.2002, 7 AZR 92/01, NZA 2003, 176.
63 BAG v. 21.3.1995, 1 ABR 46/94, ZTR 95,569; BVerwG v. 8.12.1999, 6 P 3/98, PersR 2000, 106.

Da die Eingruppierung kein Gestaltungsakt des Arbeitgebers ist, sondern sich aufgrund der auszuübenden oder ausgeübten Tätigkeit zwingend aus dem Tarifvertrag („Tarifautomatik") oder einer ansonsten maßgeblichen Vergütungsordnung des Arbeitgebers ergibt, ist das Mitbestimmungsrecht hierbei **kein Mitgestaltungsakt**, sondern dient der „**Richtigkeitskontrolle**".[64] Der Personalrat hat damit die Funktion eines Hüters des Tarifgefüges.

Die sich nach Abschluss des Mitbestimmungsverfahrens ergebende Eingruppierung ist zwar für den Arbeitgeber verbindlich. Der Arbeitnehmer ist jedoch nicht gehindert, seine Eingruppierung im Wege der Klage vor dem Arbeitsgericht überprüfen zu lassen.

cc) **Einigungsstelle.** Will der Arbeitgeber trotz verweigerter Zustimmung des Personalrats an seiner Entscheidung festhalten, so hat er nach § 71 BPersVG bzw entsprechender Vorschriften der LPVG die Einigungsstelle anzurufen und über diese zu versuchen, eine Ersetzung der Zustimmung zu erreichen. Einzelne LPVG sehen allerdings nur eine Empfehlung der Einigungsstelle an die oberste Dienstbehörde bzw an das oberste Organ vor (s. zB § 79 Abs. 3 SächsPVG). **35**

b) **Im Betriebsverfassungsrecht.** Soweit das BetrVG anwendbar ist, bedarf die Einstellung und Eingruppierung in „Unternehmen"[65] mit mehr als 20 wahlberechtigten Arbeitnehmern der **Zustimmung des Betriebsrats**, § 99 Abs. 1 S. 1 BetrVG. **36**

Der Betriebsrat kann die Zustimmung ebenso wie der Personalrat nur aus den im Gesetz enumerativ aufgeführten Gründen verweigern, § 99 Abs. 2 BetrVG. Ein Zustimmungsverweigerungsgrund kann sich beispielsweise daraus ergeben, dass bei einer unbefristeten Einstellung ein gleich geeigneter befristet Beschäftigter nicht berücksichtigt wurde (§ 99 Abs. 2 Nr. 3 BetrVG). Dagegen kann der Betriebsrat nicht schon deswegen die Zustimmung gem. § 99 Abs. 2 Nr. 5 BetrVG verweigern, weil die Stellenausschreibung seiner Ansicht nach unrichtige Angaben über die tarifliche Vergütung enthalte.[66] Denn der Streit über die zutreffende Eingruppierung soll nicht in die Befugnis zur Einstellung vorverlagert werden. Die Frist beträgt 1 Woche; Schweigen innerhalb dieser Frist gilt als Zustimmung. Auch im Übrigen ist Form und Inhalt des Mitbestimmungsverfahrens mit dem Personalvertretungsrecht vergleichbar. Will der Arbeitgeber an seiner Einstellungsentscheidung bzw an der Eingruppierung trotz fristgerechter Ablehnung des Betriebsrats festhalten, so hat er allerdings das **Arbeitsgericht** anzurufen, § 99 Abs. 4 BetrVG.

c) **Beteiligung weiterer Organe vor der Einstellung.** Neben dem Unterrichtungs- und Anhörungsrecht der **Schwerbehindertenvertretung** nach § 95 Abs. 2 SGB IX (s. Rn 28) ist in der Bundesverwaltung auch das Beteiligungsrecht der **Gleichstellungsbeauftragten** gem. § 19 BGleiG zu beachten. **37**

In den in privater Rechtsform geführten Betrieben mit mindestens 10 leitenden Angestellten iSd § 5 BetrVG ist die beabsichtigte Einstellung eines **leitenden Angestellten** nach § 31 Abs. 1 SprAuG rechtzeitig dem **Sprecherausschuss** mitzuteilen.

---

64 BAG v. 28.4.1998, 1 ABR 50/97, NZA 1999, 52.
65 Zum Unternehmensbegriff s. BAG v. 23.9.1980, 6 ABR 8/78, AP Nr. 4 zu § 47 BetrVG 1972.
66 BAG v. 10.3.2009, 1 ABR 93/07, NZA 2009, 622; anders jedoch, wenn die Angaben über die Tarifvergütung offensichtlich falsch sind (so auch BAG).

38 **4. Erlaubnis/Genehmigung zur Einstellung.** Der Abschluss eines Arbeitsvertrages kann der **Genehmigung durch eine vorgesetzte Behörde** unterstellt werden. Wird ein solcher Vorbehalt nicht ausdrücklich erklärt, so kann der Arbeitnehmer idR davon ausgehen, die vertragsabschließende Behörde sei hierzu ermächtigt, es sei denn, die Unzuständigkeit wäre offensichtlich.[67]

39 **Ausländische Arbeitnehmer** benötigen zur Ausübung einer Beschäftigung einer **Aufenthaltserlaubnis** (§§ 4, 18, 39 ff AufenthG). Dies gilt nach § 4 Abs. 1 S. 1 AufenthG nicht für Angehörige der EG-Mitgliedsstaaten und der EWR-Staaten. Gem. § 284 SGB III bedürfen einer **Arbeitsgenehmigung** (Arbeitserlaubnis oder Arbeitsberechtigung) jedoch, nach Ablauf der Übergangsregelungen für die 2003 der EU beigetretenen Staaten wie Polen, Tschechien und Ungarn, noch Bürger aus Rumänien und Bulgarien. Wird die Erteilung einer Arbeitsgenehmigung abgelehnt, so führt dies nicht zur Nichtigkeit eines bereits abgeschlossenen Arbeitsvertrages nach § 134 BGB, sondern lediglich zu einem Beschäftigungsverbot.[68] Eine einseitige Beendigung des Arbeitsverhältnisses kann dann nur durch eine Kündigung erreicht werden.

Entsprechendes gilt, sollte, wie etwa bei der Einstellung von **Lehrern** möglich, eine behördliche Genehmigung der Aufsichtsbehörde notwendig sein.

40 **5. Inhalt des Arbeitsvertrages.** Das Arbeitsverhältnis wird durch Abschluss eines Arbeitsvertrages begründet, kraft dessen die gegenseitigen Pflichten entstehen (§§ 241 Abs. 1, 311 Abs. 1 BGB). Die Möglichkeit **privatautonomer Gestaltung** wird dabei begrenzt insbesondere durch zwingende gesetzliche und tarifliche Bestimmungen. Vom Gesetzgeber als **wesentlich** erachtete **Arbeitsbedingungen** ergeben sich aus § 2 Abs. 1 NachwG. Dieser Katalog bindet die Arbeitsvertragsparteien jedoch nicht. Sie können selbst das für sie Wesentliche bestimmen.

Notwendig für das Zustandekommen eines Arbeitsvertrages wären allerdings nur Vereinbarungen über die Tätigkeit, den Umfang der Arbeitszeit und (mit Einschränkungen, s. § 612 Abs. 2 BGB) die Vergütung als essentialia negotii. Je weniger im Übrigen vereinbart ist, desto größer sind die Möglichkeiten für den Arbeitgeber, das nicht Geregelte mittels des Direktionsrechts unter Wahrung billigen Ermessens auszufüllen (s. §§ 106 GewO, 315 BGB).

Üblich, gerade auch im öffentlichen Dienst, ist der vom **Arbeitgeber vorformulierte standardisierte Vertrag**, der auch dem nicht tarifgebundenen Beschäftigten kaum einen eigenen Verhandlungsspielraum lässt. Soweit nicht eine weitgehende Verweisung auf den Tarifvertrag eine angemessene Berücksichtigung der Arbeitnehmerinteressen schafft, sind die Vorschriften der §§ 305 ff BGB zur Inhaltskontrolle heranzuziehen.

Festzulegen ist zunächst der **Beginn des Arbeitsverhältnisses**.

41 Soll der Arbeitsvertrag lediglich **auf eine begrenzte Zeit** (s. § 30 Abs. 1 S. 1 TVöD/TV-L) abgeschlossen werden, so ist dies ausdrücklich (schriftlich, s. Rn 52) zu vereinbaren (§§ 620 Abs. 3 BGB, 3 Abs. 1 TzBfG). Andernfalls (und bei Unwirksamkeit der Befristungsabrede, § 16 TzBfG) gilt der Arbeitsvertrag als auf unbestimmte Zeit geschlossen.

---

67 BAG v. 9.6.1971, 4 AZR 268/70, AP Nr. 42 zu §§ 22, 23 BAT.
68 BAG v. 7.2.1990, 2 AZR 359/89, NZA 1991, 341.

Bei kalendermäßigen Befristungen (§ 15 Abs. 1 TzBfG) ist das Enddatum, bei Zweckbefristungen (§ 15 Abs. 2 TzBfG) der Zweck, mit dessen Erreichen das Arbeitsverhältnis enden soll, anzugeben.

Es ist ferner möglich, im Arbeitsvertrag die Tätigkeit auf einen bestimmten **Ort/** **eine bestimmte Dienststelle** zu begrenzen. Inwieweit eine solche Vereinbarung das Direktionsrecht des Arbeitgebers einschränkt, ist durch Auslegung zu ermitteln. Nennt der Arbeitsvertrag den Ort/die Dienststelle lediglich im Zusammenhang mit Beginn und Art der Tätigkeit, so will sich der Arbeitgeber regelmäßig nicht dahin festlegen, den Arbeitnehmer ausschließlich dort einzusetzen.[69] Hiervon wird gerade bei Anwendbarkeit des TVöD/des TV-L im Hinblick auf § 4 auszugehen sein. Der im Arbeitsvertrag genannte Arbeitsort wird dann als bloßer (erster) Einsatzort zu verstehen sein. 42

Möglich ist es, die vom Arbeitnehmer zu verrichtende **Tätigkeit** nur rahmenmäßig zu umschreiben, so dass der Arbeitgeber in die Lage versetzt ist, Art und Weise der Tätigkeit im Wege des Direktionsrechts näher zu bestimmen. So genügt die im öffentlichen Dienst übliche Vereinbarung, der Arbeitnehmer werde für Tätigkeiten einer bestimmten Entgeltgruppe eingestellt. Die zugewiesenen Tätigkeiten müssen dann, unter Beachtung des § 315 BGB, den Merkmalen dieser Entgeltgruppe entsprechen; eine Tätigkeit, welche lediglich den Bewährungsaufstieg in diese Entgeltgruppe ermöglicht, zählt nicht hierzu.[70] 43

In derartigen Fällen konkretisiert sich die Leistungspflicht des Arbeitnehmers nicht allein durch eine langjährige Ausübung einer bestimmten Tätigkeit. Vielmehr müssen besondere Umstände hinzutreten, die den Arbeitnehmer in seinem Vertrauen, nicht mehr zu anderen Arbeiten herangezogen zu werden, zu schützen in der Lage sind.[71]

Hat der Arbeitgeber die auszuübende Tätigkeit kraft seines Direktionsrechts näher bestimmt, ist aber der Beschäftigte aus Gründen in seiner Person zur Erfüllung nicht mehr in der Lage, so kann der Arbeitgeber verpflichtet sein, durch erneute Ausübung des Direktionsrechts die Tätigkeit neu („leidensgerecht") zu bestimmen. Voraussetzung ist, dass der Beschäftigte die Umsetzung verlangt und mitgeteilt hat, wie er sich seine weitere Tätigkeit vorstellt. Dem Verlangen hat der Arbeitgeber zu entsprechen, wenn ihm die Umsetzung zumutbar und rechtlich möglich ist.[72]

Das **Arbeitsentgelt** ergibt sich regelmäßig aus der Tätigkeitsvereinbarung. Ist nicht bereits die Tätigkeit an die Merkmale einer Entgeltgruppe angekoppelt, so ist die Entgeltgruppe durch einen Abgleich der Tätigkeit mit den tariflichen Tätigkeitsmerkmalen zu bestimmen (Eingruppierung); in diesem Fall spiegelt die im Arbeitsvertrag genannte Entgeltgruppe nur die, möglicherweise unrichtige und nicht bindende, Rechtsansicht der Arbeitsvertragsparteien wider. 44

Der Umfang der **Arbeitszeit** ist in den §§ 6 ff TVöD/§§ 6 ff TV-L geregelt. Abweichende Vereinbarungen im Arbeitsvertrag müssen sich an deren Grenzen so- 45

---

69 BAG v. 21.1.2004, 6 AZR 583/02, NZA 2005, 61.
70 BAG v. 24.4.1996, 4 AZR 976/94, NZA 1997, 104.
71 BAG v. 24.4.1996, 5 AZR 1032/94, PersR 1997, 179; BAG v. 13.3.2007, 9 AZR 433/06, NZA-RR 2008, 504 (red. Leitsätze); LAG Brandenburg v. 2.6.2006, 5 Sa 653/05, NZA-RR 2007, 448; LAG Schleswig-Holstein v. 2.5.2007, 6 Sa 504/06, NZA-RR 2007, 402.
72 BAG v. 19.5.2010, 5 AZR 162/09, NZA 2010, 1119.

wie an das sonstige allgemeine und besondere Arbeitszeitrecht (AZG, JArbSchG, MuSchG, SGB IX) halten.

Ist die **Verteilung der** (wöchentlichen) **Arbeitszeit**, wie in aller Regel, nicht ausdrücklich vertraglich bestimmt, so obliegt sie dem Arbeitgeber, der wiederum an die genannten Arbeitszeitbestimmungen des TV und der Gesetze gebunden ist.

46 Die Musterarbeitsverträge des öffentlichen Dienstes[73] enthalten eine **Bezugnahme auf den TVöD bzw den TV-L** einschließlich der besonderen Teile sowie des jeweiligen TVÜ und die diese ergänzenden, ändernden oder ersetzenden Tarifverträge in der jeweils geltenden Fassung. Einer solche (kleine, dh auf bestimmte Tarifverträge bezogene) **dynamische Verweisung**, die als klar und unmissverständlich gilt (§ 307 Abs. 1 S. 2 BGB) und einer Besonderheit im Arbeitsrecht entspricht (§ 310 Abs. 4 S. 2 BGB)[74] wurde bisher als **Gleichstellungsabrede** (Abrede der Gleichstellung mit den tarifgebundenen Beschäftigten des Arbeitgebers) verstanden. Das führte allerdings zu Schwierigkeiten, wenn der Arbeitgeber seinerseits bei Abschluss des Vertrages nicht tarifgebunden war (zB Gemeinden, teilweise auch schon Landkreise). In einem solchen Fall scheidet eine Gleichstellungsabrede idR aus,[75] dies im Unterschied zu dem Fall, dass der Arbeitgeber erst später aus dem Geltungsbereich des Tarifvertrages ausscheidet. Das BAG will deshalb für nach dem 1.1.2002 abgeschlossene Arbeitsverträge (für „Altverträge" bleibt es aus Gründen des Vertrauensschutzes bei der früheren Rechtsprechung) nicht mehr an der These der Gleichstellungsabrede festhalten, sondern die Unklarheitenregelung des § 305c Abs. 2 BGB anwenden,[76] sieht die Bezugnahmeklausel somit als eine echte arbeitsvertragliche Abrede an. Auslegungszweifel gehen damit zulasten des Arbeitgebers; von der weiteren Anwendbarkeit des bisherigen Tarifvertrages müsste idR auch bei späteren Veränderungen auf Seiten des Arbeitgebers (zB Verbandsaustritt) ausgegangen werden. Hiervor kann sich der Arbeitgeber nur schützen, wenn er seine Tarifgebundenheit in einer für den Beschäftigten erkennbaren Weise zur auflösenden Bedingung der Verweisungsklausel gemacht hat.[77]

Kommt es nach dem 1.1.2002 zu einer Änderung des Altvertrages mit Bezugnahmeklausel, so ist für die Auslegung dieser Klausel von einem Neuvertrag dann auszugehen, wenn die Klausel zum Gegenstand der rechtsgeschäftlichen Willensbildung der Vertragsparteien gemacht worden ist.[78]

47 Fraglich ist, wie bei **Altverträgen** ohne beiderseitige Tarifgebundenheit mit einer Verweisung auf die bisherigen Tarifverträge des öffentlichen Dienstes zu verfahren ist. Teilweise wurde die Auffassung vertreten, der TVöD/der TV-L fände nur bei einer sog. Tarifwechselklausel[79] (inhaltsdynamische Verweisung, zB Ver-

---

73 Für den Bund s. Rdschr. des BMI v. 28.9.2005, D II 2-220 210/644 und v. 22.12.2005, D II 2-220 210-2/0.
74 BAG v. 3.4.2007, 9 AZR 283/06, ZTR 2008, 40.
75 BAG v. 1.12.2004, 4 AZR 50/04, NZA 2005, 478.
76 BAG v. 14.12.2005, 4 AZR 536/04, NZA 2006, 607; BAG v. 18.4.2007, 4 AZR 652/05, NZA 2007, 965 m.Anm. Boemke, Bedeutung einer einzelvertraglich veeinbarten dynamischen Bezugnahme auf Tarifvertrag, jurisPR-ArbR 51, 2007 Anm. 1.
77 BAG v. 18.4.2007, aaO,; Formulierungsvorschlag bei Hunold, Kontrolle arbeitsrechtlicher Absprachen nach der Schuldrechtsreform, NZA-RR 2006, 117.
78 BAG v. 18.11.2009, 4 AZR 514/08, NZA 2010, 170 ff.
79 BAG v. 16.10.2002, 4 AZR 467/01, NZA 2003, 390.

weisung auf den BAT und alle ihn ersetzenden Tarifverträge) Anwendung.[80] Zu Recht ist das BAG jedoch der Auffassung, dass auch die bloße zeitdynamische Verweisung (zB „es gilt der BAT in seiner jeweils geltenden Fassung" oder „das Arbeitsverhältnis bestimmt sich nach dem BAT und den diesen ergänzenden oder ändernden TV") als Verweisung auf den Nachfolgetarifvertrag TVöD bzw TV-L verstanden werden kann.[81] Denn da der in Bezug genommene Tarifvertrag (zB der BAT) nicht mehr weiterentwickelt, sondern im Wege der Tarifsukzession ersetzt worden ist, fehlt das Objekt der Bezugnahme, so dass die Verweisung, obwohl dynamisch angelegt, nur noch statisch wirkt. Die so entstandene nachträgliche unbewusste und planwidrige Regelungslücke ist durch eine ergänzende Vertragsauslegung zu schließen. In gleicher Weise sind zu behandeln Vertragsklauseln, in denen lediglich bestimmt wurde, dass der Arbeitnehmer „in Anlehnung an den BAT" vergütet wird.[82]

6. Einstellung Schwerbehinderter. Gem. § 71 Abs. 1 SGB IX haben Arbeitgeber mit jahresdurchschnittlich monatlich mindestens 20 Arbeitsplätzen iSd § 73 SGB IX auf wenigstens 5 Prozent der Arbeitsplätze schwerbehinderte Menschen – hierzu zählen auch die diesen gem. § 2 Abs. 3 SGB IX gleichgestellten behinderten Menschen, s. § 68 Abs. 1 SGB IX – zu beschäftigen. Arbeitgeber in diesem Sinne sind auch juristische Personen des öffentlichen Rechts mit Dienstherrnqualität, so dass die von Beamten und Richtern besetzten Arbeitsplätze einzubeziehen sind. 48

Ein **Einstellungsanspruch** des Schwerbehinderten lässt sich daraus jedoch **nicht** herleiten. Erfüllt der Arbeitgeber die Pflichtquote nicht, hat er nach § 77 SGB IX eine **Ausgleichsabgabe** zu zahlen, mit deren Hilfe die Teilhabe schwerbehinderter Menschen am Arbeitsleben gefördert werden soll (s. § 77 Abs. 5 SGB IX).

Zusätzlich sind die öffentlichen Arbeitgeber nach § 82 SGB IX verpflichtet, den Agenturen für Arbeit frühzeitig frei werdende oder neue Arbeitsplätze zu melden und schwerbehinderte Bewerber, auch solche, die von der Agentur für Arbeit vorgeschlagen werden, zu einem Vorstellungsgespräch zu laden, es sei denn, die fachliche Eignung fehlte offensichtlich.

Zur Benachteiligung Schwerbehinderter bei der Einstellung vgl Rn 23.

7. Zustandekommen des Arbeitsvertrages. Der Arbeitsvertrag ist gegenseitiger Vertrag, so dass auf ihn grundsätzlich die Vorschriften des Allgemeinen Teils des BGB und des Allgemeinen Schuldrechts Anwendung finden. Sein Zustandekommen setzt übereinstimmende Willenserklärungen voraus (**Angebot und Annahme**, s. §§ 145 ff BGB). 49

---

80 Hümmerich/Mäßen, TVöD – ohne Tarifwechselklausel ade!, NZA 2005, 961.
81 BAG v. 19.5.2010, 4 AZR 796/08, NZA 2010, 1183; BAG v. 25.8.2010, 4 AZR 14/09, ZTR 2011, 152, NZA-RR 2011, 248, öAT 2011, 63; zustimmend etwa Henssler/Seidensticker, RdA 2011, 247. So bereits Fieberg, TVöD – ohne Tarifwechselklausel ade! – oder doch nicht?, NZA 2005,1226; Werthebach, Tarifreform im öffentlichen Dienst – zur Entbehrlichkeit einer Tarifwechselklausel, NZA 2005, 1224; Möller/Welkoborsky, Bezugnahmeklauseln unetr Berücksichtigung des Wechsels vom BAT zum TVöD, NZA 2006, 1382 ff; vgl auch LAG Rheinland-Pfalz v. 22.8.2008, 9 Sa 198/08, ZTR 2008, 686 ff; aA für vor dem 1.1.2002 geschlossene Verträge s. von Steinau-Steinrück/Schmidt, Überblick zum TVöD: „Ein weiter so im neuen Gewand?", NZA 2006, 518 ff, 519; eine Übersicht zum Problemkreis bei Günther, ZTR 2011, 203 ff.
82 BAG v. 23.3.2011, 5 AZR 153/10, öAT 2011, 186; BAG v. 27.1.2010, 4 AZR 591/08, ZTR 2010, 479, öAT 2010, 156 mit ähnlichjer Fallgestaltung.

Ausschreibungen und Stellenangebote sind idR keine Vertragsangebote, sondern lediglich Aufforderungen zur Abgabe von Angeboten der Bewerber. Eine Annahme des Angebots unter Abänderungen stellt gem. § 150 Abs. 2 BGB eine Ablehnung verbunden mit einem neuen Angebot dar. Dies gilt auch für eine Annahme unter einem Vorbehalt.

Notwendig ist eine Einigung über diejenigen Arbeitsbedingungen, die weder durch Rückgriff auf gesetzliche oder tarifliche Vorschriften noch durch das Direktionsrecht des Arbeitgebers ausgefüllt werden können (essentialia negotii, s. Rn 40), andernfalls der Vertrag nicht wirksam ist. Gleiches gilt darüber hinaus im Zweifel, wenn auch nur in einem Punkt, über welchen eine Vereinbarung getroffen werden sollte, keine Einigung erzielt worden ist (offener und versteckter Dissens, §§ 154, 155 BGB), es sei denn, die Parteien hätten dennoch die Gültigkeit gewollt.

50 Auf den Abschluss eines Arbeitsvertrages gerichtete Willenserklärungen **beschränkt Geschäftsfähiger** (§§ 2, 106 BGB) bedürfen der Einwilligung ihres gesetzlichen Vertreters, § 107 BGB. Fehlt diese Einwilligung bei Vertragsschluss, so kann der Vertreter durch Genehmigung die Wirksamkeit herbeiführen, § 108 BGB. Willenserklärungen des Arbeitgebers gegenüber dem minderjährigen Arbeitnehmer, etwa die Annahmeerklärung, werden erst mit Zugang an den gesetzlichen Vertreter wirksam, § 131 BGB.

Der Minderjährige kann jedoch dann selbst wirksam auf den Arbeitsvertrag gerichtete Willenserklärungen abgeben und annehmen, wenn und soweit ihn der gesetzliche Vertreter allgemein ermächtigt hat, Arbeitsverhältnisse dieser Art einzugehen, § 113 BGB.

51 Sowohl Arbeitnehmer wie Arbeitgeber können sich beim Abschluss des Arbeitsvertrages durch **Bevollmächtigte** nach Maßgabe der §§ 164 ff BGB vertreten lassen. Üblich ist dies insbesondere auf Seiten des öffentlichen Arbeitgebers. Die Bevollmächtigung kann hier auch durch schlüssiges Verhalten erfolgen. In der Übertragung personalleitender Befugnisse liegt regelmäßig zugleich eine Einstellungsvollmacht.

52 Zur Wirksamkeit des Arbeitsvertrages bedarf es nicht der **Schriftform**. Auch ein mündlich vereinbarter Arbeitsvertrag ist demnach wirksam. § 2 Abs. 1 TVöD/ § 2 Abs. 1 TV-L ist wie bereits den entsprechenden Formulierungen der Vorgängertarifverträge (zB § 4 Abs. 1 BAT) lediglich die Verpflichtung zu entnehmen, den Arbeitsvertrag – ggf später – schriftlich zu fixieren.[83] Anders verhält es sich bei einer Befristungsabrede (s. § 14 Abs. 4 TzBfG) und gem. § 2 Abs. 3 TVöD/§ 2 Abs. 3 TV-L bei Nebenabreden (s. Rn 60). Für diese Vertragsbestandteile ist die Einhaltung der Schriftform konstitutiv; lediglich mündliche Abreden sind gem. § 125 S. 1 BGB nichtig. Dies hat idR keinen Einfluss auf die Wirksamkeit des Arbeitsvertrages im Übrigen (für den Fall einer unwirksamen Befristungsabrede s. § 16 TzBfG).

53 Enthält nicht bereits der (dem Arbeitnehmer ausgehändigte) schriftliche Arbeitsvertrag die wesentlichen Arbeitsbedingungen des Katalogs gem. § 2 Abs. 1 S. 2 NachwG, so hat der Arbeitgeber diese spätestens einen Monat nach dem vereinbarten Beginn des Arbeitsverhältnisses niederzulegen bzw zu ergänzen und die unterzeichnete **Niederschrift** dem Arbeitnehmer auszuhändigen, **§ 2 Abs. 1**

---

83 BAG v. 1.6.1994, 7 AZR 7/93, NZA 1995, 465.

S. 1 NachwG. In die Niederschrift aufzunehmen ist auch ein allgemein gehaltener Hinweis auf die anwendbaren Tarifverträge und Betriebs- oder Dienstvereinbarungen, § 2 Abs. 1 S. 2 Nr. 10 NachwG. Eine Information über deren Inhalt ist nach wohl überwiegender Ansicht[84] nicht notwendig; dies gilt auch, soweit der Hinweis auf Kollektivverträge die in § 2 Abs. 3 NachwG erwähnte Ersetzungsfunktion erfüllen soll. Eine Pflicht zur Auslage/Bekanntmachung im Betrieb oder in der Dienststelle ergibt sich jedoch für Tarifverträge aus § 8 TVG, für Betriebsvereinbarungen aus § 77 Abs. 2 S. 3 BetrVG, für Dienstvereinbarungen aus § 73 Abs. 1 BPersVG bzw entsprechenden Vorschriften der LPVG. Da ein Verstoß gegen diese Pflichten nicht sanktioniert ist, bleibt fraglich, ob das Informationsinteresse des Arbeitnehmers genügend geschützt ist.

Enthält weder der schriftliche Arbeitsvertrag noch die Niederschrift einen Hinweis auf den einschlägigen Tarifvertrag, so ist dem Arbeitgeber die Berufung auf die im Tarifvertrag enthaltene Ausschlussfrist verwehrt.

Auch bei Verwendung der Formularverträge des öffentlichen Dienstes bedarf es regelmäßig zusätzlicher Angaben in der Niederschrift über den Arbeitsort und die Tätigkeit (§ 2 Abs. 1 S. 2 Nr. 4 und 5 NachwG). Das BMI und die TdL[85] sowie die VKA haben hierzu Empfehlungen gegeben.

8. Änderung des Arbeitsvertrages. Die jederzeit mögliche einvernehmliche Änderung arbeitsvertraglicher Regelungen unterliegt den gleichen Voraussetzungen wie der ursprüngliche Arbeitsvertrag selbst. Auch hier gilt das lediglich deklaratorisch wirkende Schriftformerfordernis des § 2 Abs. 1 TVöD/§ 2 Abs. 1 TV-L. 54

Anders verhält es sich, wenn die Änderung der Arbeitsbedingungen auch die Auflösung des Arbeitsverhältnisses, wenn auch erst zu einem weit hinausgeschobenen Zeitpunkt, oder die Befristung des Arbeitsvertrages umfasst. Im ersteren Fall handelt es sich entweder um einen dem konstitutiven Schriftformerfordernis des § 623 BGB unterworfenen **Auflösungsvertrag** oder, wie auch im zweiten Fall, um eine **Befristungsabrede**, die gem. § 14 Abs. 4 TzBfG der Schriftform bedarf.

Umfasst die Änderung wesentliche Arbeitsbedingungen iSd § 2 Abs. 1 NachwG, so ist gem. § 3 NachwG eine weitere Niederschrift erforderlich, die lediglich diese Änderung umfassen muss. Die Mitteilungspflicht gilt nicht für Änderungen der Gesetze sowie der einschlägigen Tarifverträge, Betriebs- und Dienstvereinbarungen sowie ähnlicher Regelungen, die für das Arbeitsverhältnis gelten, soweit auf diese im ursprünglichen Nachweis hingewiesen worden war.

III. Mehrere Arbeitsverhältnisse zu demselben Arbeitgeber (Abs. 2)

§ 2 Abs. 2 TVöD/§ 2 Abs. 2 TV-L ist identisch mit § 4 Abs. 1 Unterabs. 2 BAT. Danach sind mehrere auf jeweils rechtlich selbstständigen Arbeitsverträgen beruhende Arbeitsverhältnisse zu demselben Arbeitgeber möglich, wenn die jeweils übertragenen Tätigkeiten nicht in einem unmittelbaren Sachzusammenhang stehen. Von solchen getrennt zu sehenden Arbeitsverhältnissen, idR wird es sich 55

---

[84] BAG v. 29.5.2002, 5 AZR 105/01, ZTR 2003, 87; kritisch hierzu ErfK-Preis, § 2 NachwG Rn 25 mwN, Bepler, ZTR 2001, 241, 243 ff; Groeger/Grimm, Teil 3 B, Rn 8, empfiehlt aus Sicherheitsgründen und zur Klarstellung, die für die Durchführung des Arbeitsverhältnisses relevantesten Regelungen des TVöD/TV-L, namentlich die Ausschlussfrist aus § 37, ausdrücklich aufzunehmen.

[85] S. Musterformular in Anl 1 E zum Rdschr. des BMI v. 22.12.2005, D II 2-220 210-2/0, Rdschr. der TdL v. 24.10.2006 – 2-06/1078/06-D/2.

um Teilzeitarbeitsverhältnisse handeln, ist zB auszugehen, wenn die Arbeitsverträge mit verschiedenen zum Abschluss von Arbeitsverträgen befugten Dienststellen oder Betrieben desselben Arbeitgebers abgeschlossen sind unabhängig davon, ob es sich um die jeweils vergleichbare Beschäftigung handelt. Ein unmittelbarer Sachzusammenhang iSd § 2 Abs. 2 TVöD/§ 2 Abs. 2 TV-L ist auch dann nicht anzunehmen, wenn die Arbeitsverträge zwar mit derselben Dienststelle/demselben Betrieb, jedoch für unterschiedliche, organisatorisch getrennte Arbeitsbereiche und Tätigkeiten abgeschlossen wurden.

Konsequenz dieser Trennung ist, dass die Tätigkeiten nicht gemeinsam an den Tätigkeitsmerkmalen der Entgeltgruppen gemessen werden können.[86]

Sozialversicherungsrechtlich liegt allerdings in diesen Fällen ein einheitliches Beschäftigungsverhältnis vor.

IV. Nebenabreden (Abs. 3)

56 1. **Nebenabreden.** § 2 Abs. 3 S. 1 TVöD/§ 2 Abs. 3 S. 1 TV-L ist wortgleich mit § 4 Abs. 2 S. 1 BAT. Die zu dieser Bestimmung ergangene Rechtsprechung hat deshalb weiterhin Bedeutung.

Nebenabreden sind die Vertragsbestandteile, die nicht zur „Hauptabrede" gehören. Nur diese bedürfen zu ihrer Wirksamkeit der **Schriftform**.

57 Unter der **Hauptabrede** versteht das BAG die Hauptrechte und -pflichten aus dem Arbeitsvertrag, somit die Vereinbarungen, die die Arbeitsleistung und das Arbeitsentgelt zum Gegenstand haben.[87] Dies sind insbesondere Abreden und deren Änderungen, die die wöchentliche Arbeitszeit, die Tätigkeit und das Arbeitsentgelt, somit die „Hauptsache", das Wesentliche des Arbeitsvertrages, betreffen. Das bedeutet indessen nicht, dass sämtliche Leistungen des Arbeitgebers mit Entgeltcharakter zu den Hauptabreden rechneten. Die Abgrenzung zu den Nebenabreden ist vielmehr vom **Regelungsziel** des Abs. 3 her zu bestimmen. Zweck der Regelung ist es, die Einheitlichkeit der Arbeitsbedingungen des öffentlichen Dienstes zu sichern. Ungewöhnliche, insbesondere nicht tariflich geregelte, Leistungen sollen deshalb mittels Schriftformerfordernis offengelegt werden, um sie überprüfbar zu machen.[88] Allerdings ist, da etwa die Zusage einer übertariflichen Vergütung den Primäransprüchen zuzurechnen ist,[89] dieses Ziel nur bei Sekundäransprüchen zu erreichen.

---

86 BAG v. 21.8.1991, 5 AZR 634/90, ZTR 1992, 73.
87 BAG v. 6.9.1972, 4 AZR 422/71, AP Nr. 2 zu § 4 BAT; BAG v. 7.5.1986, 4 AZR 556/83, AP Nr. 12 zu § 4 BAT.
88 BAG v. 7.9.1982, 3 AZR 5/80, AP Nr. 1 zu § 3 TV Arb Bundespost.
89 BAG v. 6.9.1972, 4 AZR 422/71, AP Nr. 2 zu § 4 BAT; BAG v. 9.9.1981, 4 AZN 213/81, AP Nr. 7 zu § 4 BAT.

Zu den **Hauptabreden** hat die Rechtsprechung im Übrigen beispielsweise gerechnet: 58
- Übertragung zusätzlicher Arbeiten,[90]
- Vereinbarung von Bereitschaftsdienst und entsprechender Vergütung,[91] nicht jedoch die Einordnung in die einzelnen Stufen des Bereitschaftsdienstes, s. § 46 TVöD-BT-K,[92]
- Schicht- und Wechselschichtzuschläge bei Schichtarbeit.[93]

Zu den **Nebenabreden** sind nach der Rechtsprechung des BAG zB zu rechnen: 59
- Gewährung außertariflicher Leistungen wie zB Essenszuschuss,[94] zusätzliche Trennungsentschädigung,[95] unentgeltliche Beförderung zu und vom Arbeitsplatz,[96]
- Gewährung eines Mankogeldes an Kantinenverkäuferin,[97]
- Rückzahlung von Ausbildungskosten.[98]

Ferner sind als Nebenabreden anzusehen:
- Ausschluss oder Verkürzung der Probezeit des § 2 Abs. 4 TVöD/§ 2 Abs. 4 TV-L,
- Qualifizierungsvereinbarung gem. § 5 Abs. 5 TVöD/§ 5 Abs. 6 TV-L.

Nebenabreden bedürfen nach § 2 Abs. 3 S. 1 TVöD/§ 2 Abs. 3 S. 1 TV-L zu ihrer 60 Wirksamkeit ebenso wie eine Befristungsabrede (§ 14 Abs. 4 TzBfG) der **Schriftform**, andernfalls sie nichtig sind, § 125 BGB. Damit sind allein die eigentlichen Hauptabreden des Arbeitsvertrages formfrei.

Bei dieser tariflichen konstitutiven Schriftform handelt es sich um eine **gesetzliche Form iSd § 125 S. 1 BGB**.[99] Zwar stellen Tarifverträge keine Gesetze im formellen Sinne dar. Unter einem „Gesetz" iSd BGB ist gem. Art. 2 EGBGB jedoch jede Rechtsnorm zu verstehen.[100] Tarifliche Vorschriften, die den Inhalt, den Abschluss oder die Beendigung des Arbeitsverhältnisses regeln, sind, da sie normative Wirkung entfalten, derartige Rechtsnormen (vgl auch §§ 1 Abs. 1, 4 Abs. 1 TVG). Voraussetzung ist die Geltung des Tarifvertrages kraft beiderseitiger Tarifgebundenheit. Wird die Anwendbarkeit des Tarifvertrages – etwa beim tarifungebundenen Beschäftigten – erst durch die **einzelvertragliche Bezugnahme** erreicht, so liegt ein **vertragliches Formerfordernis iSd § 125 S. 2 BGB** vor.[101]

---

90 BAG v. 12.7.1983, 3 AZR 129/81, AP Nr. 9 zu § 17 BAT; BAG v. 26.1.1989, 6 AZR 566/86, ZTR 1989, 318.
91 BAG v. 13.11.1986, 6 AZR 567/83, NZA 1987, 635.
92 Vgl BAG v. 9.8.1978, 4 AZR 77/77, AP Nr. 5 zu § 17 BAT.
93 BAG v. 3.8.1982, 3 AZR 503/79, AP Nr. 12 zu § 242 BGB Betriebliche Übung; BAG BAG v. 7.9.1982, 3 AZR 5/80, AP Nr. 1 zu § 3 TV Arb Bundespost v. 7.9.1982, 3 AZR 5/80, AP Nr. 1 zu § 3 TV Arb Bundespost.
94 BAG v. 9.12.1981, 4 AZR 312/79, AP Nr. 8 zu § 4 BAT.
95 BAG v. 7.9.1982, 3 AZR 5/80, AP Nr. 1 zu § 3 TV Arb Bundespost.
96 BAG v. 18.9.2002, 1 AZR 477/01, NZA 2003, 337.
97 BAG v. 27.10.1988, 6 AZR 177/87, ZTR 1989, 109.
98 BAG v. 16.5.1972, 5 AZR 459/71, AP Nr. 11 zu § 4 TVG.
99 BAG v. 16.11.1989, 6 AZR 168/89, ZTR 1990, 339; Richardi, Formzwang im Arbeitsverhältnis, NZA 2001, 57 f; aA Görg-Guth, TVöD, § 2 Rn 18.
100 BGH v. 1.7.1999, I ZR 181/96, NJW 2001, 600 f.
101 BAG v. 28.1.1981, 4 AZR 869/78, AP Nr. 3 zu § 19 TV Arb Bundespost m.Anm. Herschel; aA LAG Köln v. 19.6.2001, 13 Sa 1571/00, NZA-RR 2002, 163 f.

Denn Rechtsgrund für die Geltung der tariflichen Vorschrift ist hier nicht, über § 4 Abs. 1 TVG, der Tarifvertrag selbst, sondern die vertragliche Vereinbarung. Findet § 2 Abs. 3 TVöD/§ 2 Abs. 3 TV-L unmittelbar Anwendung, so muss die Nebenabrede, um wirksam zu sein, von beiden Arbeitsvertragsparteien auf derselben Urkunde **eigenhändig unterzeichnet** sein, § 126 Abs. 2 S. 1 BGB. Werden mehrere gleichlautende Urkunden hergestellt, so genügt es, wenn jede Partei die für die andere Seite bestimmte Urkunde unterzeichnet, § 126 Abs. 2 S. 2 BGB. Die Unterzeichnung jeweils eigener Erklärungen wie etwa im Falle von Angebot und Annahme im Rahmen eines Briefwechsels ist dagegen nicht ausreichend.

61 § 126 Abs. 3 BGB lässt anstelle der Schriftform auch die **elektronische Form** zu; hierzu muss das elektronische Dokument mit einer qualifizierten elektronischen Signatur nach dem SignaturG vom 16.5.2001 (BGBl. I S. 876) versehen werden (s. § 126a BGB), wofür derzeit in aller Regel die technischen Voraussetzungen fehlen dürften. Schließlich genügt gem. § 126 Abs. 4 BGB eine notarielle Beurkundung, welche auch durch einen gerichtlichen Vergleich erfüllt werden kann, § 127a BGB.

Eine vertragliche Bezugnahme auf § 2 Abs. 3 TVöD/§ 2 Abs. 3 TV-L wird idR als (auf diesen Regelungsgegenstand begrenzte) Gleichstellungsabrede zu verstehen sein. Der selbst tarifgebundene Arbeitgeber will damit den Arbeitnehmer insoweit so stellen, als sei dieser ebenfalls tarifgebunden. Es kann deshalb nicht angenommen werden, den Arbeitsvertragsparteien stünden, anders als bei beiderseitiger Tarifgebundenheit, die erleichterten Möglichkeiten der Einhaltung der Schriftform gem. § 127 Abs. 2 BGB zur Verfügung. Aus der auf Gleichstellung abzielenden Vereinbarung folgt im Übrigen, dass diese nicht, wie sonst möglich, stillschweigend, etwa auch durch betriebliche Übung, abbedungen werden kann.[102] Ansonsten ist eine Aufhebungsvereinbarung jederzeit möglich im Gegensatz zur unmittelbaren zwingenden Geltung des § 2 Abs. 3 TVöD/§ 2 Abs. 3TV-L.

62 Ausnahmsweise kann die Berufung auf eine Formnichtigkeit **rechtsmissbräuchlich** sein (§ 242 BGB). Das ist nur dann anzunehmen, wenn es nach den Beziehungen der Parteien und den gesamten Umständen mit Treu und Glauben unvereinbar wäre, die Nebenabrede am Formmangel scheitern zu lassen; dieses Ergebnis muss für die Parteien nicht nur hart, sondern unter dem Gesichtspunkt des Vertrauensschutzes schlechthin untragbar sein.[103] Ein solcher Fall kann etwa dann vorliegen, wenn der sich auf die Nichtigkeit Berufende den Vertragspartner davon abgehalten hat, den Abschluss einer schriftlichen Vereinbarung zu verlangen[104] oder bereits Vorteile aus der Vereinbarung gezogen hat[105] oder durch Erklärungen, Zusicherungen und sonstiges Verhalten beim Vertragspartner den Eindruck erweckt hat, als solle auch ohne Einhaltung der Schriftform erfüllt bzw von der Einhaltung der Form überhaupt abgesehen werden.[106]

63 § 2 Abs. 3 S. 2 TVöD/§ 2 Abs. 3 S. 2 TV-L sieht, wie schon bisher, vor, dass Nebenabreden gesondert **gekündigt** werden können, wenn dies vertraglich verein-

---

102 BAG v. 6.3.1984, 3 AZR 1048/79, n.v.; BAG v. 27.3.1987, 7 AZR 527/85, AP Nr. 29 zu § 242 BGB Betriebliche Übung; krit. hierzu ErfK/Preis, §§ 125-127 BGB, Rn 48.
103 BAG v. 27.3.1987, 7 AZR 527/85, NZA 1987, 778.
104 BAG v. 9.2.1972, 4 AZR 149/71, AP Nr. 1 zu § 4 BAT.
105 BAG v. 16.5.1972, 5 AZR 459/71, AP Nr. 1 zu § 4 TVG.
106 BAG v. 6.9.1972, 4 AZR 422/71, AP Nr. 2 zu § 4 BAT.

bart wurde. Eine solche Teilkündigung, die die übrigen Bestimmungen des Arbeitsvertrages unberührt lässt, ist von einer Änderungskündigung zu unterscheiden, welche zwar auch auf eine Änderung einzelner Abreden gerichtet ist, im Unterschied zur Teilkündigung jedoch die Auflösung des Arbeitsverhältnisses als Mittel einsetzt (vgl § 2 KSchG). Es gilt deshalb auch nicht das KSchG. Die Teilkündigung, ohne ausdrückliche Vereinbarung ohnehin unzulässig, darf jedoch nicht zur Umgehung des KSchG führen. Sie stellt der Sache nach einen Widerrufsvorbehalt dar und unterliegt den hierfür entwickelten Grundsätzen.[107] So untersteht die Ausübung eines Widerrufs der Billigkeitskontrolle gem. § 315 BGB. Die Bezeichnung „Kündigung" stellt allerdings klar, dass eine Frist zu wahren ist. Mangels ausdrücklicher Vereinbarung sind die für die Kündigung des Arbeitsvertrages maßgebenden Fristen (regelmäßig die des § 34 TVöD/§ 34 TV-L) zu beachten.

2. Betriebliche Übung. Von einer betrieblichen Übung als einem eigenständigen arbeitsrechtlichen Rechtsinstitut spricht man, wenn der Arbeitgeber regelmäßige Leistungen oder Vergünstigungen über einen längeren Zeitraum – mindestens 3 Jahre – ohne anderweitige Anspruchsgrundlage erbringt, welche vom Arbeitnehmer stillschweigend angenommen werden (§ 151 BGB). Ein solches Leistungsverhalten kann der Arbeitnehmer je nach den Begleitumständen unabhängig vom tatsächlichen Bestehen eines Verpflichtungswillens als Willenserklärung dahin verstehen, die Leistung solle auch in Zukunft gewährt werden (Vertragstheorie, angereichert mit Elementen der Vertrauenshaftung).[108] Der Arbeitgeber kann jedoch durch ausdrückliche oder konkludente Erklärung, etwa durch einen Vorbehalt, eine Bindung für die Zukunft ausschließen. 64

Eine erheblich geringere Bedeutung hat die **betriebliche Übung im öffentlichen Dienst**. Hier muss der Beschäftigte grundsätzlich davon ausgehen, der an das Haushaltsrecht gebundene Arbeitgeber wolle nur die Leistungen gewähren, zu denen er gesetzlich oder tarifvertraglich verpflichtet ist.[109] Selbst bei einer langjährigen Leistung darf der Arbeitnehmer des öffentlichen Dienstes nicht ohne besonderen Anhaltspunkt annehmen, die übertarifliche Leistung sei Vertragsbestandteil geworden.[110] Anders verhält es sich, wenn der Zusatzleistung eine besondere Anordnung einer befugten Stelle zugrunde liegt oder aus sonstigen Erklärungen des Arbeitgebers hervorgeht, dieser wolle bewusst eine übertarifliche Leistung auf Dauer erbringen.[111] 65

Der Entstehung einer betrieblichen Übung, die eine vertragliche Nebenpflicht iS einer **Nebenabrede** betrifft, steht überdies das Schriftformgebot des § 2 Abs. 3 S. 1 TVöD/§ 2 Abs. 3 S. 1 TV-L entgegen. Es gelten die unter Ziff. 1 genannten Grundsätze.[112] 66

---

107 BAG v. 12.2.1987, 6 AZR 129/84, EzBAT Nr. 3 zu § 35 BAT; vgl auch KR-Rost, § 2 KSchG, Rn 51, 47 ff.
108 BAG v. 14.8.1996, 10 AZR 69/96, NZA 1996, 1323.
109 BAG v. 14.9.1994, 5 AZR 679/93, NZA 1995, 419.
110 S. für eine Zulage ohne tarifliche Grundlage BAG v. 3.8.1982, 3 AZR 503/79, AP Nr. 12 zu § 242 BGB Betriebliche Übung; vgl auch BAG v. 29.9.2004, 5 AZR 528/03, ZTR 2005, 97.
111 BAG v. 3.8.1982, aaO; BAG v. 7.9.1982, 3 AZR 5/80, AP Nr. 1 zu § 3 TVArb Bundespost.
112 S. auch BAG 18.9.2002, 1 AZR 477/01, NZA 2003, 337.

V. Probezeit (Abs. 4)

67 Die Erprobung des Arbeitnehmers ist im Rahmen sowohl eines unbefristeten wie eines befristeten (s. § 14 Abs. 1 Nr. 5 TzBfG) Arbeitsverhältnisses möglich. § 2 Abs. 4 TVöD/§ 2 Abs. 4 TV-L stellt auf ein **unbefristetes** Arbeitsverhältnis ab (zum befristeten Arbeitsverhältnis s. Rn 73), welches mit einer Probezeit beginnt, die, sofern nichts anderes vereinbart ist, 6 Monate dauert. Diese Frist entspricht der Wartefrist für den Kündigungsschutz gem. § 1 Abs. 1 KSchG.

Soll die Probezeit verkürzt oder auf sie völlig verzichtet werden, so bedarf es einer Nebenabrede gem. § 2 Abs. 3 TVöD/§ 2 Abs. 3 TV-L.

Die Probezeit dient den Parteien des Arbeitsvertrages dazu, zu prüfen, ob die Voraussetzungen und Erwartungen für ein dauerhaftes Arbeitsverhältnis zutreffen. Der Arbeitgeber soll Gelegenheit erhalten, seine Einstellungsentscheidung zu überprüfen.

68 In Betracht kommt die Probezeit nicht nur bei einer **erstmaligen Einstellung**, sondern auch bei einer **Wiedereinstellung**, wenn sich die zu verrichtenden Tätigkeiten oder sonstige wesentliche Umstände verändert haben.[113] Ähnlich verhält es sich, wenn der Beschäftigte aus einer Arbeitsbeschaffungsmaßnahme (§§ 260 f SGB III) in ein unbefristetes Arbeitsverhältnis mit (regelmäßig) anderen Aufgaben übernommen wird.[114]

69 Nach § 2 Abs. 4 S. 2 TVöD/§ 2 Abs. 4 S. 2 TV-L entfällt die Probezeit bei **Übernahme eines Auszubildenden** im unmittelbaren Anschluss an das Ausbildungsverhältnis. Die Vorschrift rechtfertigt sich aus der Überlegung, dass der Arbeitgeber die Kenntnisse, Leistungen und Fähigkeiten eines Beschäftigten, den er vorher ausgebildet hat, bereits in der Ausbildungszeit kennengelernt und beurteilt hat. Anders als nach § 5 BAT kommt es nicht mehr darauf an, ob die Ausbildung bei derselben Dienststelle oder demselben Betrieb absolviert wurde.[115] Für die gegenteilige, über den Wortlaut hinausgehende, Auslegung besteht keine Notwendigkeit. Der Auszubildende wird vom Arbeitgeber übernommen, weil er sich, wenn auch an anderer Stelle, in der Ausbildung bewährt hat. Im Falle der unmittelbaren Übernahme sind die Zeiten der beruflichen Ausbildung bei der Berechnung der Wartefrist des § 1 Abs. 1 KSchG zu berücksichtigen, so dass dem übernommenen Beschäftigten sofort der Kündigungsschutz zusteht. Entsprechendes gilt für die Berechnung der Beschäftigungszeit gem. § 34 Abs. 3 TVöD/§ 34 Abs. 3 TV-L.[116]

70 Der **Beginn der Probezeit** entspricht dem im Arbeitsvertrag festgelegten (rechtlichen) Beginn des Arbeitsverhältnisses, welcher nicht mit dem Tag der tatsächlichen Arbeitsaufnahme übereinstimmen muss. Das **Fristende** berechnet sich nach § 188 Abs. 2 BGB. Da nach § 188 Abs. 2 BGB der erste Tag der Frist mitzählt, endet die sechsmonatige Frist (oder eine andere nach Wochen oder Monaten vereinbarte Frist) mit Ablauf desjenigen Tages des letzten Monats (oder der letzten Woche), welcher dem Tage vorhergeht, der durch seine Bennennung oder seine Zahl dem Anfangstage der Frist entspricht. Ist also der Beginn des

---

113 BAG v. 16.3.2000, 2 AZR 828/98, NZA 2000, 1337.
114 BAG v. 12.2.1981, 2 AZR 1108/78, AP Nr. 1 zu § 5 BAT.
115 Ebenso Görg/Guth, § 2 Rn 30; aA Bepler/Schwill, § 2 TVöD-AT Rn 36; Clemens/Scheuring, § 2 Rn 490.
116 BAG v. 2.12.1999, 2 AZR 139/99, NZA 2000, 720.

Arbeitsverhältnisses auf den 1. März vereinbart, so endet eine sechsmonatige Probezeit mit dem 31. August.

Haben die Arbeitsvertragsparteien eine kürzere Probezeit als sechs Monate vereinbart, so können sie durch eine weitere (schriftliche) Nebenabrede vor Ablauf dieser Frist eine **Verlängerung** jedenfalls bis zu sechs Monaten erreichen. Abs. 4 schließt sogar eine darüber hinausgehende Verlängerung nicht aus, ist doch die noch in § 5 BAT enthaltene Begrenzung einer Verlängerung nicht übernommen worden.[117] Allerdings müssen hierfür sachliche Gründe vorliegen, die auch die Dauer der Überschreitung der 6-Monats-Regelfrist zu rechtfertigen geeignet sind (zB längere Krankheitsabwesenheit des Beschäftigten). 71

Diese Verlängerung hat jedoch Einfluss weder auf den Beginn des Kündigungsschutzes nach § 1 KSchG noch auf die verkürzte **Kündigungsfrist** des § 34 Abs. 1 S. 1 TVöD/§ 34 Abs. 1 S. 1 TV-L; diese beträgt – unabhängig von der Vereinbarung (iU zu § 622 Abs. 3 BGB) und der Dauer einer Probezeit – bis zum Ende des sechsten Monats des Arbeitsverhältnisses zwei Wochen zum Monatsschluss. 72

Die Kündigung muss spätestens am letzten Tag der 6-Monats-Frist zugegangen sein.[118]

Will der Arbeitgeber innerhalb einer sechsmonatigen Probezeit **kündigen**, so ist er lediglich an die Grundsätze des § 242 BGB gebunden. Insbesondere darf er sich nicht in Widerspruch zu seinem Vorverhalten setzen. Dies kann dann der Fall sein, wenn er die Erprobung als gescheitert ansieht, ohne den Beschäftigten auf Mängel hingewiesen und ihm Gelegenheit zur Abhilfe gegeben zu haben,[119] es sei denn, die Mängel beruhten auf dauerhaften körperlichen oder geistigen Defiziten des Arbeitnehmers.

Die Ungeeignetheit des Beschäftigten stellt regelmäßig keinen wichtigen Grund für eine außerordentliche Kündigung dar.

Abs. 4 schließt den Abschluss **befristeter Probearbeitsverhältnisse** nicht aus. Diese sind vielmehr nach Maßgabe der § 14 Abs. 1 Nr. 5 TzBfG, § 30 TVöD/§ 30 TV-L zulässig. Die Dauer der Probezeit ergibt sich aus § 30 Abs. 4 (s. die Kommentierung zu § 30). 73

§ 3 Allgemeine Arbeitsbedingungen (TVöD)

(1) Die Beschäftigten haben über Angelegenheiten, deren Geheimhaltung durch gesetzliche Vorschriften vorgesehen oder vom Arbeitgeber angeordnet ist, Verschwiegenheit zu wahren; dies gilt auch über die Beendigung des Arbeitsverhältnisses hinaus.

(2) [1]Die Beschäftigten dürfen von Dritten Belohnungen, Geschenke, Provisionen oder sonstige Vergünstigungen in Bezug auf ihre Tätigkeit nicht annehmen. [2]Ausnahmen sind nur mit Zustimmung des Arbeitgebers möglich. [3]Werden den Beschäftigten derartige Vergünstigungen angeboten, haben sie dies dem Arbeitgeber unverzüglich anzuzeigen.

---

117 So auch Clemens/Scheuring, § 2 Rn 474.
118 BAG v. 21.4.1966, 2 AZR 264/65, AP Nr. 1 zu § 53 BAT.
119 BAG v. 21.2.2001, 2 AZR 579/99, NZA 2001, 951.

(3) ¹Nebentätigkeiten gegen Entgelt haben die Beschäftigten ihrem Arbeitgeber rechtzeitig vorher schriftlich anzuzeigen. ²Der Arbeitgeber kann die Nebentätigkeit untersagen oder mit Auflagen versehen, wenn diese geeignet ist, die Erfüllung der arbeitsvertraglichen Pflichten der Beschäftigten oder berechtigte Interessen des Arbeitgebers zu beeinträchtigen. ³Für Nebentätigkeiten bei demselben Arbeitgeber oder im übrigen öffentlichen Dienst (§ 34 Abs. 3 Satz 3 und 4) kann eine Ablieferungspflicht zur Auflage gemacht werden; für die Beschäftigten des Bundes sind dabei die für die Beamtinnen und Beamten des Bundes geltenden Bestimmungen maßgeblich.

(4) ¹Der Arbeitgeber ist bei begründeter Veranlassung berechtigt, die/den Beschäftigte/n zu verpflichten, durch ärztliche Bescheinigung nachzuweisen, dass sie/er zur Leistung der arbeitsvertraglich geschuldeten Tätigkeit in der Lage ist. ²Bei der beauftragten Ärztin/dem beauftragten Arzt kann es sich um eine Betriebsärztin/einen Betriebsarzt handeln, soweit sich die Betriebsparteien nicht auf eine andere Ärztin/einen anderen Arzt geeinigt haben. ³Die Kosten dieser Untersuchung trägt der Arbeitgeber.

(5) ¹Die Beschäftigten haben ein Recht auf Einsicht in ihre vollständigen Personalakten. ²Sie können das Recht auf Einsicht auch durch eine/n hierzu schriftlich Bevollmächtigte/n ausüben lassen. ³Sie können Auszüge oder Kopien aus ihren Personalakten erhalten.

(6) Die Schadenshaftung der Beschäftigten, die in einem Arbeitsverhältnis zu einem Arbeitgeber stehen, der Mitglied eines Mitgliedverbandes der VKA ist, ist bei dienstlich oder betrieblich veranlassten Tätigkeiten auf Vorsatz und grobe Fahrlässigkeit beschränkt.

(7) Für die Schadenshaftung der Beschäftigten des Bundes finden die Bestimmungen, die für die Beamtinnen und Beamten des Bundes gelten, entsprechende Anwendung.

§ 3 Allgemeine Arbeitsbedingungen (TV-L)

(1) ¹Die arbeitsvertraglich geschuldete Leistung ist gewissenhaft und ordnungsgemäß auszuführen. ²Die Beschäftigten müssen sich durch ihr gesamtes Verhalten zur freiheitlich demokratischen Grundordnung im Sinne des Grundgesetzes bekennen.

(2) Die Beschäftigten haben über Angelegenheiten, deren Geheimhaltung durch gesetzliche Vorschriften vorgesehen oder vom Arbeitgeber angeordnet ist, Verschwiegenheit zu wahren; dies gilt auch über die Beendigung des Arbeitsverhältnisses hinaus.

(3) ¹Die Beschäftigten dürfen von Dritten Belohnungen, Geschenke, Provisionen oder sonstige Vergünstigungen mit Bezug auf ihre Tätigkeit nicht annehmen. ²Ausnahmen sind nur mit Zustimmung des Arbeitgebers möglich. ³Werden den Beschäftigten derartige Vergünstigungen angeboten, haben sie dies dem Arbeitgeber unverzüglich anzuzeigen.

(4) ¹Nebentätigkeiten gegen Entgelt haben die Beschäftigten ihrem Arbeitgeber rechtzeitig vorher schriftlich anzuzeigen. ²Der Arbeitgeber kann die Nebentätigkeit untersagen oder mit Auflagen versehen, wenn diese geeignet ist, die Erfüllung der arbeitsvertraglichen Pflichten der Beschäftigten oder berechtigte In-

teressen des Arbeitgebers zu beeinträchtigen. ³Für Nebentätigkeiten im öffentlichen Dienst kann eine Ablieferungspflicht nach den Bestimmungen, die beim Arbeitgeber gelten, zur Auflage gemacht werden.

(5) ¹Der Arbeitgeber ist bei begründeter Veranlassung berechtigt, Beschäftigte zu verpflichten, durch ärztliche Bescheinigung nachzuweisen, dass sie zur Leistung der arbeitsvertraglich geschuldeten Tätigkeit in der Lage sind. ²Bei dem beauftragten Arzt kann es sich um einen Amtsarzt handeln, soweit sich die Betriebsparteien nicht auf einen anderen Arzt geeinigt haben. ³Die Kosten dieser Untersuchung trägt der Arbeitgeber.

(6) ¹Die Beschäftigten haben ein Recht auf Einsicht in ihre vollständigen Personalakten. ²Sie können das Recht auf Einsicht auch durch eine/n hierzu schriftlich Bevollmächtigte/n ausüben lassen. ³Sie können Auszüge oder Kopien aus ihren Personalakten erhalten. ⁴Die Beschäftigten müssen über Beschwerden und Behauptungen tatsächlicher Art, die für sie ungünstig sind oder ihnen nachteilig werden können, vor Aufnahme in die Personalakten gehört werden. ⁵Ihre Äußerung ist zu den Personalakten zu nehmen.

(7) Für die Schadenshaftung der Beschäftigten finden die Bestimmungen, die für die Beamten des jeweiligen Landes jeweils gelten, entsprechende Anwendung.

I. Normstruktur	1	2. Einsichtsrechte	56
II. Verschwiegenheitspflicht, § 3 Abs. 1 TVöD, § 3 Abs. 2 TV-L	4	3. Anhörungsrechte des Beschäftigten	67
III. Annahme von Vergünstigungen, Abs. 2 (§ 3 Abs. 3 TV-L)	13	4. Entfernungsanspruch	71
IV. Nebentätigkeiten, § 3 Abs. 3 TVöD, § 3 Abs. 4 TV-L	21	5. Speicherungsrechte und Datenschutz	77
V. Ärztliche Untersuchungen, § 3 Abs. 4 TVöD/ § 3 Abs. 5 TV-L	36	VII. Arbeitnehmerhaftung § 3 Abs. 6 und 7 TVöD, § 3 Abs. 7 TV-L	80
VI. Einsicht in die Personalakte, § 3 Abs. 5 TVöD/ § 3 Abs. 6 TV-L	49	1. Allgemeines	80
1. Begriff der Personalakte	49	2. Dienstlich oder betrieblich veranlasste Tätigkeiten	81
		3. Verschuldensgrad	82
		4. Darlegungs- und Beweislast	83

I. Normstruktur

§ 3 TVöD/§ 3 TV-L greift einige wesentliche bisher verstreut geregelte (vgl etwa §§ 7, 9-11, 13 BAT) Nebenpflichten auf, ändert und strafft sie. Verweisungen auf beamtenrechtliche Bestimmungen entfallen. Die Pflichten werden nunmehr eigenständig geregelt, wie insbesondere bei der Vorschrift zu Nebentätigkeiten in Abs. 3 deutlich wird. Gänzlich verzichtet der TVöD auf beamtenrechtsähnliche Komponenten wie die Gelöbnispflicht oder eine Regelung zu den **allgemeinen Pflichten** wie noch in den §§ 6, 8 BAT. In § 41 TVöD-BT-V (s. auch § 3 Abs. 1 TV-L) aufgenommen ist lediglich die (selbstverständliche) Verpflichtung des Beschäftigten, die geschuldete Leistung gewissenhaft und ordnungsgemäß auszuführen. Die bisher auf alle Angestellten erstreckte **politische Treuepflicht** (s. § 8 Abs. 1 S. 2 BAT) ist auf Beschäftigte der Sparte „Verwaltung" des Bundes und anderer Arbeitgeber, in deren Aufgabenbereichen auch hoheitliche Tätigkeiten wahrgenommen werden, beschränkt (§ 41 S. 2 TVöD-BT-V).

1

Für die Beschäftigten der **Länder** ist die politische Treuepflicht in § 3 Abs. 1 S. 2 TV-L ohne Begrenzung auf hoheitliche Tätigkeiten aufgenommen.[1]
Für Ärzte im Bereich des TV-L gilt § 3 in der Fassung der §§ 41 Nr. 2, 42 Nr. 2 TV-L.

2 Im Bereich des Bundes und der VKA fehlte seit Inkrafttreten des TVöD bis zur Tarifeinigung am 31.3.2008 eine an das Beamtenrecht angeglichene **Haftungsregelung** wie in § 14 BAT (anders jedoch von vornherein in § 3 Abs. 7 TV-L). Es galten deshalb die allgemeinen arbeitsrechtlichen Grundsätze der eingeschränkten Haftung des Arbeitnehmers.[2] Lediglich im Geltungsbereich des § 40 TVöD-BT-K fand sich mit § 56 TVöD-BT-K noch eine dem Beamtenrecht vergleichbare Beschränkung der Haftung auf Vorsatz und grobe Fahrlässigkeit.

Nunmehr enthält auch der § 3 TVöD in den Abs. 6 und 7 das beamtenrechtliche Haftungsprivileg.

3 Sofern der Beschäftigte nicht als Amtsträger iSd § 11 Abs. 1 Nr. 2 StGB anzusehen ist, ist er nach dem Verpflichtungsgesetz vom 2.3.1974 (BGBl. I, 469, 547) auf die gewissenhafte Erfüllung seiner Obliegenheiten und die strafrechlichen Folgen einer Pflichtverletzung **hinzuweisen**.[3]

II. Verschwiegenheitspflicht, § 3 Abs. 1 TVöD, § 3 Abs. 2 TV-L

4 Aus § 242 BGB folgt die Pflicht der Vertragspartner auf gegenseitige Rücksicht, auf Schutz und Förderung des Vertragszwecks. Eine Ausprägung dieser Nebenpflicht ist die Pflicht des Arbeitnehmers, Betriebs- oder Geschäftsgeheimnisse nicht zu offenbaren, sofern hieran ein berechtigtes betriebliches Interesse besteht. Weitere Geheimhaltungspflichten ergeben sich aus spezialgesetzlichen Vorschriften.

Im Bereich des öffentlichen Dienstes geht es um solche dienstlichen Vorgänge, deren Geheimhaltung im öffentlichen Interesse liegt und deren Veröffentlichung ein rechtlich einwandfreies Funktionieren der öffentlichen Verwaltung gefährden würde. Geschützt sind in diesem Zusammenhang auch die im Rahmen eines Dienstvorgangs bekanntgewordenen privaten Daten des Bürgers sowie die Betriebs- und Geschäftsgeheimnisse von Privatunternehmen (vgl § 30 VwVfG).

§ 3 Abs. 1 TVöD bzw § 3 Abs. 2 TV-L konkretisiert die Verschwiegenheitspflicht der Beschäftigten des öffentlichen Dienstes. und beschränkt sie gegenüber den erweiterten Pflichten der Beamten (s. § 39 BRRG, § 61 BBG): Sie gilt nur, wenn und soweit sie in gesetzlichen Vorschriften vorgesehen oder vom Arbeitgeber angeordnet ist.

5 Geheimhaltungspflichten in **gesetzlichen Vorschriften** gelten ohne Weiteres. Bei Zweifeln hat der Beschäftigte sich beim Arbeitgeber zu erkundigen. Lediglich in außergewöhnlichen Fällen kann der Arbeitgeber gehalten sein, von sich aus auf die Schweigepflicht hinzuweisen. Ratsam ist darüber hinaus aber eine Informa-

---

1 Zum unterschiedlichen Ausmaß der politischen Treuepflicht je nach ausgeübter Funktion vgl BAG v. 31.3.1976, 5 AZR 104/74, NJW 1976, 1708 ff.
2 BAG v. 12.11.1998, 8 AZR 221/97, NZA 1999, 263; BAG v. 18.1.2007, 8 AZR 250/06, NZA 2007, 1230.
3 Muster der Niederschrift s. die Durchführungshinweise zum TVöD im BMI-Rundschr. vom 22.12.05, D II 2-220 210-2/0, Anl. 1 G.

tion des Beschäftigten über die in seinem Arbeitsbereich in Betracht kommenden Schweigepflichten.

Zu den gesetzlichen Verschwiegenheitsspflichten zählen v.a.:
1. das Verfahrensgeheimnis gem. § 30 VwVfG,
2. das Sozialgeheimnis gem. § 35 SGB I (eine Sondervorschrift enthält § 130 SGB IX),
3. das Steuergeheimnis gem. § 30 AO,
4. das Datengeheimnis gem. § 5 BDSG und der entspr. Vorschriften der Landesdatenschutzgesetze,
5. Geheimhaltungsverpflichtungen der im öffentlichen Gesundheitsdienst tätigen Personen aufgrund von Landesgesetzen,
6. die ärztliche Schweigepflicht der Betriebsärzte gem. § 8 Abs. 1 S. 3 ASiG,
7. Schweigepflichten für Beschäftigte beim Bundesaufsichtsamt für das Kreditwesen und bei der Deutschen Bundesbank,
8. Schweigepflichten für Beschäftigte im Archivwesen.

Daneben hat der Beschäftigte Verschwiegenheit über die Angelegenheiten zu wahren, deren Geheimhaltung der Arbeitgeber **angeordnet** hat. Die Anordnung muss durch dienstliche Interessen gedeckt sein (s. auch § 315 BGB). Sie kann sich deshalb grds. nur auf Angelegenheiten des Dienstes, insbesondere innerdienstliche Vorgänge wie Personaldaten und -akten, Beurteilungen und Personalentscheidungen, Organisationsmaßnahmen, Gesetzgebungsvorgänge im internen nichtparlamentarischen Stadium, nichtöffentliche Sitzungen beziehen. Die Anordnung bedarf keiner Form, sollte aber im Interesse der Klarheit und Bestimmtheit schriftlich erfolgen. Üblich sind Vermerke wie „Vertraulich", „Nur für den Dienstgebrauch" uä Sog. „All-Klauseln", die den Beschäftigten verpflichten, über alle dienstlichen Angelegenheiten Stillschweigen zu bewahren, sind unwirksam. Denn sie stellen eine unangemessene Benachteiligung des Beschäftigten dar und können darüber hinaus zu einer sittenwidrigen Vertragsbindung führen.[4]

6

Unterliegt der Beschäftigte einer Verschwiegenheitspflicht, so hat er, auch durch geeignete **Sicherungsmaßnahmen** (etwa: Abschließen der Tür bei Verlassen des Büroraums), zu gewährleisten, dass kein Dritter unbefugten Zugang zu den geheimhaltungsbedürftigen Informationen erlangt.

7

Soll der zur Verschwiegenheit verpflichtete Beschäftigte des öffentlichen Dienstes als Zeuge über Umstände, auf die sich die Verschwiegenheitspflicht erstreckt, vernommen werden, so bedarf es hierzu einer **Aussagegenehmigung** des Arbeitgebers (§ 376 Abs. 1 ZPO, § 54 Abs. 1 StPO). Insbesondere § 376 Abs. 1 ZPO ist auch auf die Beschäftigten anzuwenden. Die Verweisung auf die „besonderen beamtenrechtlichen Vorschriften" bezieht sich nur auf die Erteilung oder Versagung der Aussagegenehmigung.[5] Ohne die Genehmigung ist eine Vernehmung sowie eine Aussage nicht zulässig. Eine gegen § 376 Abs. 1 ZPO verstoßende Aussage steht jedoch nicht unter einem Verwertungsverbot.

8

---

4 ErfK/Preis, § 611 BGB Rn 876.
5 So auch Zöller-Greger, § 376 Rn 4; aA BayObLG v. 21.3.1990, BReg 1 a Z 1/90, NJW 1990, 1857; Görg/Guth, § 3 Rn 9; Fieberg in Fürst, GKÖD IV E § 3 TVöD/TVL Rn 29.

9 Dem Schutz von Geheimnissen Dritter dient im Übrigen auch das **Zeugnisverweigerungsrecht** gem. § 383 Abs. 1 Nr. 6 ZPO (für Sachverständige s. § 408 ZPO).
Die genannten Vorschriften der ZPO sind auch in den Verfahren vor den Arbeits-, Sozial- und Verwaltungsgerichten anwendbar (§§ 46 Abs. 2, 80 Abs. 2 ArbGG, § 118 Abs. 1 SGG, § 98 VwGO).

10 Insbesondere in Rechtsstreitigkeiten zwischen den Arbeitsvertragsparteien kann die Weigerung des Arbeitgebers, den Beschäftigten von der Schweigepflicht zu entbinden, einen Verstoß gegen die **Fürsorgepflicht** dann darstellen, wenn anders der Beschäftigte zur Wahrung eigener Interessen nicht in der Lage ist. So ist dem Arbeitgeber in aller Regel eine Entbindung von der Schweigepflicht, die sich auf eine Information des Rechtsanwalts des Beschäftigten zur Durchsetzung streitiger Ansprüche beschränkt, zuzumuten.[6] Eine derartige Notwendigkeit kann sich etwa in Eingruppierungsstreitigkeiten ergeben, in welchen die Beschäftigten gehalten sind, zur Darstellung ihres Aufgabengebiets und seiner Bedeutung Tatsachen vorzutragen, die als Verschlusssachen der Verschwiegenheitspflicht unterliegen.[7]

11 Die Verschwiegenheitspflicht beginnt mit dem Abschluss des Arbeitsvertrages und **dauert über die Beendigung des Arbeitsverhältnisses hinaus,** wie Abs. 1 letzter Hs klarstellt. Eine Entschädigung wie bei einem nachvertraglichen Wettbewerbsverbot (vgl § 110 GewO, § 74 Abs. 2 HGB) ist hierfür nicht Voraussetzung. Allerdings darf die nachvertragliche Schweigepflicht den Beschäftigten in seinem Fortkommen nicht unzumutbar beeinträchtigen.

12 Die **Verletzung einer Verschwiegenheitspflicht** kann je nach Bedeutung und Vorwerfbarkeit eine verhaltensbedingte ordentliche, ggf auch eine außerordentliche Kündigung rechtfertigen. Neben haftungsrechtlichen Folgen drohen dem Beschäftigten uU auch strafrechtliche Konsequenzen (s. § 203 StGB und die Amtsdelikte der §§ 353 b, 355 StGB).
Einen Verstoß gegen die Verschwiegenheitspflicht stellt es jedoch nicht dar, wenn der Beschäftigte gesetzeswidrige, insbesondere strafbare, Handlungen und Verhaltensweisen des Arbeitgebers offenbart, diese Informationen weder wissentlich unwahr noch leichtfertig falsch erhoben sind und eine vorherige innerdienstliche Klärung unzumutbar war, erfolglos blieb oder jedenfalls keinen Erfolg verspricht.[8] Der Pflicht zur Wahrung der Interessen des Arbeitgebers ist Genüge getan, wenn der Beschäftigte seinen Arbeitgeber für den Fall, dass diesem das gesetzwidrige Verhalten in seinem Bereich bisher nicht bekannt bzw nicht grob fahrlässig unbekannt geblieben ist, vor Erstattung einer Anzeige zu informieren und diesem Gelegenheit zu geben hat, entsprechende Abhilfemaßnahmen zu ergreifen.[9]

---

6 BAG v. 25.8.1966, 5 AZR 525/65, AP Nr. 1 zu § 611 BGB Schweigepflicht.
7 BAG v. 10.8.1989, 6 AZR 373/87, EzBAT Nr. 1 zu § 9 BAT.
8 S. auch BVerfG v. 2.7.2001, 1 BvR 2049/00, NZA 2001, 888; BAG v. 7.12.2006, 2 AZR 400/05, NZW 2007, 502 ff; zur Problematik des „Whistleblowing" vgl auch Mahnhold, NZA 2008, 737 ff, Deiseroth, AuR 2007, 198 ff, Binkert, AuR 2007, 195 ff.
9 Vgl auch ErfK/Preis, § 611 BGB Rn 878.

III. Annahme von Vergünstigungen, Abs. 2 (§ 3 Abs. 3 TV-L)

Die Vorschrift greift einen allgemeinen arbeitsrechtlichen Grundsatz auf, wonach es dem Beschäftigten untersagt ist, Vorteile von Dritten für seine Tätigkeit entgegenzunehmen. Ein derartiges Verhalten birgt die Gefahr in sich, der Beschäftigte handele weniger im Interesse seines Arbeitgebers als im Interesse des zuwendenden Dritten. Im öffentlichen Dienst kommt dem Verbot der Vorteilsnahme eine besondere Bedeutung zu. Mit ihm soll bereits dem Anschein entgegengewirkt werden, die öffentliche Verwaltung sei für sachfremde Einflüsse offen. Weder sollen Bürger veranlasst werden, für Dienste, auf die sie einen Rechtsanspruch haben, zusätzliche Leistungen zu erbringen, noch sollen Bürger, die diese Leistungen nicht aufbringen können, befürchten müssen, benachteiligt zu werden.[10] Abs. 2 entspricht i.w. der Vorgängerregelung des § 10 BAT/BAT-O.[11]

13

Im Unterschied zu beamtenrechtlichen Vorschriften (v.a. § 71 BBG, § 43 BRRG) und zu § 3 Abs. 1 TVöD erstreckt sich das Verbot in § 3 Abs. 2 TV-L **nicht auf die Zeit nach Beendigung des Arbeitsverhältnisses**. Jedoch setzt die Vorschrift ebenso wie das Beamtenrecht im Interesse einer wirksamen Korruptionsbekämpfung nicht wie die Straftatbestände der Vorteilsnahme und der Bestechlichkeit (§§ 331, 332 StGB) ein Zusammenwirken zwischen dem Beschäftigten und dem Dritten voraus.

14

Die Vorschrift verwendet den Oberbegriff der „**Vergünstigung**" und greift über die auf „Belohnungen oder Geschenke" begrenzten Vorgängervorschriften (etwa § 10 Abs. 1 BAT) hinaus, ohne allerdings sachlich etwas ändern zu wollen. Mit dieser weiten Formulierung sollen jedenfalls besser als bisher **alle denkbaren Vorteile**, auch solche immaterieller Art, erfasst werden. Nur beispielhaft nennt der Tarifvertrag „Belohnungen", „Geschenke" und „Provisionen", daneben auch Rabatte, Einladungen, Vermittlung lukrativer Nebeneinkünfte.[12] Einer genauen Abgrenzung bedarf es im Einzelfall nicht, wenn es sich nur um einen für den Beschäftigten irgendwie gearteten Vorteil handelt, der eine objektive, unparteiische Tätigkeit des Beschäftigten beeinflussen könnte.

15

Beispiele finden sich auch im Rdschr. des BMI zum Verbot der Annahme von Belohnungen oder Geschenken in der Bundesverwaltung v. 8.11.2004[13] sowie in entsprechenden Rdschr. der Landesinnenministerien (etwa: Gutscheine, Freikarten, Kreditvorteile, Einladung mit Bewirtung). „**Provisionen**", an sich eine typische Vergütungsform für Handelsvertreter (s. §§ 65, 87 ff HGB), sind Beteiligungen am Wert von Geschäften (Lieferungen, Dienstleistungen), mit denen der Beschäftigte befasst war.

Es kommt nicht darauf an, ob der Beschäftigte die Vergünstigung selbst oder nur mittelbar (etwa durch Weitergabe an Verwandte, Freunde oder auch als Spende) verwertet. **Angenommen** ist die Vergünstigung, wenn der Beschäftigte sie sich aneignet oder sie nutzt oder sie zur gemeinsamen Nutzung mit weiteren Beschäftigten an eine Personal-, Kaffee-, Stationskasse o.ä. weiterleitet.

16

---

10 BAG v. 17.4.1984, 3 AZR 97/82, AP Nr. 1 zu § 10 BAT.
11 Zu § 10 BAT vgl Burger, Die Annahme von Belohnungen und Geschenken, Pflege- und Krankenhausrecht 2000, 57 ff.
12 Vgl § 14 HeimG; ferner Fieberg in Fürst GKÖD IV E § 3 TVöD/TVL Rn 35 f.
13 D I 3 – 210 170/1, GMBl. 2004, 1074 ff.

17 Die Vergünstigung muss einen **Bezug zur dienstlichen Tätigkeit** haben, darf also nicht lediglich der Privatbeziehung des Beschäftigten zuzuordnen sein.[14] Ergab sich die private Beziehung aus einer dienstlichen Tätigkeit, so steht eine Vergünstigung auch dann grundsätzlich in Bezug zur dienstlichen Tätigkeit, wenn sie der zuwendende Dritte aus Sympathie oder Freundschaft geleistet haben will.[15]

18 Die Annahme der Vergünstigung kann hier wie in anderen Fällen ausnahmsweise durch den Arbeitgeber, auch durch nachträgliche Genehmigung (§ 184 BGB), **gestattet** werden (Abs. 2 S. 2). Diese Entscheidung, eine rechtsgeschäftliche Erklärung, ist unter Abwägung der wesentlichen Umstände des Einzelfalls nach billigem Ermessen zu treffen (§ 315 BGB).[16] Die Gestattung wird dann möglich sein, wenn auch nicht der Anschein der Einflussnahme auf die Verwaltungstätigkeit entstehen kann. Üblich ist die generelle Zustimmung zur Annahme geringwertiger Werbeartikel wie einfache Kugelschreiber, Kalender uÄ.[17] Dem entsprechen die gebräuchlichen Formblätter. Die Zustimmung kann auch mit Auflagen versehen werden (zB Begrenzung, Abführung als Spende). Empfehlenswert sind in jedem Falle klare Regelungen durch Dienstanweisung.

19 Ist eine solche Zustimmung nicht von vornherein erteilt, so hat der Beschäftigte das Angebot der Vergünstigung dem Arbeitgeber unverzüglich, dh ohne schuldhaftes Zögern (§ 121 Abs. 1 BGB), **anzuzeigen** (§ 3 Abs. 2 S. 3 TVöD, § 3 Abs. 3 S. 3 TV-L). Die Pflicht zur Anzeige besteht nicht nur dann, wenn der Beschäftigte eine Annahme der Vergünstigung in Betracht zieht. Vielmehr soll die Information den Arbeitgeber in die Lage versetzen, ggf geeignete Schritte gegen den Dritten zu unternehmen.

20 **Verstöße gegen** § 3 Abs. 2 TVöD, § 3 Abs. 3 TV-L stellen Vertragspflichtverletzungen dar, die je nach Gewicht mit einer Abmahnung oder einer verhaltensbedingten Kündigung geahndet werden können. Mehrfache Verstöße etwa gegen das Schmiergeldverbot (ggf bereits ein einmaliger schuldhafter Verstoß) sind als ein wichtiger Grund an sich iSd § 626 Abs. 1 BGB anzusehen, welcher regelmäßig zum Ausspruch einer außerordentlichen Kündigung berechtigt.[18] Im Übrigen ist bei Fehlen einer Zustimmung des Arbeitgebers jedoch nicht von einer Nichtigkeit der den Vergünstigungen zugrundeliegenden Rechtsgeschäfte (Schenkungsvertrag, Übereignung etc.) gem. § 134 BGB auszugehen, da sich die Tarifvorschriften nur an den Beschäftigten, nicht an den Vorteilsgeber richten.[19] Bei Schmiergeldzahlungen uÄ kommen Herausgabeansprüche des Arbeitgebers gem. § 687 Abs. 2 BGB iVm §§ 681, 667 BGB in Betracht.[20] Auf die Möglichkeit der Strafbarkeit wurde bereits hingewiesen.

---

14 Vgl BVerwG v. 20.1.2000, 2 C 19/99, ZTR 2000, 284.
15 S. zur Erbeinsetzung durch eine Pflegeperson BAG v. 17.6.2003, 2 AZR 62/02, ZTR 2004, 25.
16 Dazu näher Burger (Fn 10), aaO, S. 59 f.
17 Vgl Müller, öAT 2011, 223.
18 S. BAG v. 15.1.2001, 2 AZR 605/00, AP Nr. 175 zu § 626 BGB; BAG v. 21.6.2001, 2 AZR 30/00, ZTR 2002, 45; BAG v. 17.6.2003, 2 AZR 62/02, ZTR 2004, 25; BAG v. 17.3.2005, 2 AZR 245/04, NZA 2006, 101.
19 Vgl BGH v. 14.12.1999, X ZR 34/98, NJW 2000, 1186.
20 S. BAG v. 26.2.1971, 3 AZR 97/70, AP Nr. 5 zu § 687 BGB; vgl auch Reinecke, Herausgabe von Schmiergeldern im öffentlichen Dienst, ZTR 2007, 414 ff.

IV. Nebentätigkeiten, § 3 Abs. 3 TVöD, § 3 Abs. 4 TV-L

Die Vorgängervorschriften (zB § 11 BAT) verwiesen für das Nebentätigkeitsrecht auf die für die Beamten des Arbeitgebers geltenden, eher restriktiven, Vorschriften. Zu Recht haben die Tarifvertragsparteien auch hier zu eigenständigen Regelungen gefunden. Denn das Beamtenrecht geht u.a. vom Alimentationsprinzip aus, welches dem Arbeitsrecht fremd ist. So folgt aus dem Alimentationsprinzip die Pflicht des Beamten, Einnahmen aus der Nebentätigkeit bei Überschreiten bestimmter Grenzen an den Dienstherrn abzuführen. Arbeitsrechtlich ist eine solche Abführungspflicht jedoch nur ausnahmsweise gerechtfertigt. Das Recht zur Ausübung einer Nebentätigkeit ist im Übrigen durch die Art. 2, 12 Abs. 1 GG geschützt.[21] Nebentätigkeiten liegen in der nicht dem Arbeitgeber zur Verfügung gestellten Zeit. Über diese Zeit kann der Beschäftigte deshalb unbeeinflusst vom Arbeitgeber verfügen, es sei denn, gewichtige Interessen des Arbeitgebers wären berührt. An diese Vorgaben halten sich § 3 Abs. 3 TVöD, § 3 Abs. 4 TV-L.

21

Denn die für sämtliche Arbeitsverhältnisse ungeachtet ihres Umfangs und ihrer Dauer geltende Vorschrift stellt Nebentätigkeiten, anders als das Beamtenrecht (vgl § 65 BBG), nicht mehr unter einen Erlaubnisvorbehalt. Diese sind vielmehr lediglich anzeigepflichtig und dürfen nur bei Vorliegen bestimmter Gründe untersagt bzw mit Auflagen versehen werden.

22

Der **Begriff der Nebentätigkeit** in § 3 Abs. 3 TVöD, § 3 Abs. 4 TV-L umfasst sämtliche Tätigkeiten, die der Beschäftigte außerhalb des Arbeitsverhältnisses unabhängig von seiner Dauer ausübt, sei es aufgrund eines (freien) Dienst- oder Werkvertrages, eines (weiteren) Arbeitsvertrages oder handelte es sich um eine ehrenamtliche Tätigkeit. Auf etwaige für Beamte geltende Ausnahmen kommt es nicht an.

23

Wesentlich ist lediglich, ob die Nebentätigkeit **gegen Entgelt** ausgeübt wird, ob der Beschäftigte also eine Gegenleistung im Sinne eines geldwerten Vorteils erhält. Auch ein geringfügiges Entgelt zählt hierzu, nicht jedoch eine bloße Aufwandsentschädigung wie bei ehrenamtlicher Tätigkeit üblich, wenn diese die Angemessenheitsgrenze nicht überschreitet.

24

Derartige Nebentätigkeiten hat der Beschäftigte rechtzeitig vorher dem Arbeitgeber schriftlich anzuzeigen. Die **Anzeige** muss geeignet sein, dem Arbeitgeber eine Überprüfung iSd Abs. 3 S. 2 zu ermöglichen, ohne weitere Nachforschungen anstellen zu müssen. Deshalb umfasst die Anzeigepflicht neben der Beschreibung der Nebentätigkeit auch deren zeitliche Komponenten (Lage und Umfang), Art und Höhe des Entgelts, Daten des Arbeit- bzw Auftraggebers.

25

Die Anzeige muss **schriftlich** erfolgen. Es gilt § 126 BGB. Zwar stellt die Anzeige lediglich eine rechtsgeschäftsähnliche Handlung dar. Jedoch finden auch auf diese die Vorschriften des BGB über Rechtsgeschäfte entsprechend ihrer Eigenart analoge Anwendung. Mit der Anzeige erfüllt der Beschäftigte eine Vertragspflicht, die auf mögliche Rechtsfolgen gerichtet ist. Dieser Bedeutung entspricht die Anforderung der (strengen) Schriftform des § 126 BGB, so dass eine telekommunikative Übermittlung nicht ausreicht.[22]

26

---

21 S. BAG v. 26.6.2001, 9 AZR 343/00, NZA 2002, 98.
22 S. auch Breier/Dassau, § 3 TVöD, Rn 43; aA Görg/Guth, § 3 Rn 24.

27 Die Nebentätigkeit ist **rechtzeitig vorher** anzuzeigen. Die Anzeige muss den Arbeitgeber mit allen notwendigen Angaben so frühzeitig vor Aufnahme der Nebentätigkeit erreichen, dass diesem ausreichend Zeit zur Prüfung nach § 3 Abs. 3 S. 2 TVöD, § 3 Abs. 4 S. 2 TV-L verbleibt. Die beabsichtigte Nebentätigkeit aufgrund eines Vertrages sollte der Beschäftigte im eigenen Interesse bereits vor Abschluss des Vertrages anzeigen. Die Anzeige ist an die für Personalentscheidungen zuständige Stelle zu richten.

28 Unterlässt der Beschäftigte die Anzeige, erstattet er sie verspätet oder bewusst unvollständig, so liegt jeweils eine **Vertragspflichtverletzung** vor, die mit einer Abmahnung oder ggf, insbesondere bei einer Wiederholungshandlung nach vorheriger einschlägiger Abmahnung, mit einer Kündigung geahndet werden kann.

29 Ergibt sich aufgrund der Prüfung die Besorgnis, dass die Nebentätigkeit geeignet ist, die Erfüllung der vertraglichen Pflichten des Beschäftigten oder die berechtigten Interessen des Arbeitgebers zu beeinträchtigen, so ist die Nebentätigkeit **zu untersagen oder mit Auflagen zu versehen** (§ 3 Abs. 3 S. 2 TVöD, § 3 Abs. 4 S. 2 TV-L). Fehlen genauere, für eine Prüfung notwendige, Informationen und ist aufgrund der bisher vorliegenden Angaben eine Beeinträchtigung der berechtigten Interessen des Arbeitgebers zu befürchten, kommt auch eine vorläufige Untersagung bis zum Vorliegen vollständiger Informationen in Betracht.

Die Vorschrift enthält im Gegensatz zum Beamtenrecht nur einen Verbotsvorbehalt. Daraus wird deutlich, dass dem Beschäftigten eine **Nebentätigkeit grundsätzlich gestattet** ist, ohne dass er eine förmliche Genehmigung benötigte. Er hat nach Anzeige lediglich eine angemessene Zeit abzuwarten, ob der Arbeitgeber von der Möglichkeit einer Untersagung oder der Erteilung von Auflagen Gebrauch macht.

Dem Arbeitgeber steht ein Ermessen nicht zu; § 315 BGB findet keine Anwendung. Vielmehr hat der Arbeitgeber im Interesse der Funktionsfähigkeit der öffentlichen Verwaltung die Nebentätigkeit zu untersagen oder sie mit Auflagen zu verbinden, wenn die tatbestandlichen Voraussetzungen des Abs. 3 S. 2 vorliegen. Daran ändert auch die Verwendung des Wortes „kann" nichts, welches lediglich das Eingriffsrecht des Arbeitgebers verdeutlichen soll.[23] Nach dem Verhältnismäßigkeitsgrundsatz kommt die Erteilung von Auflagen als milderes Mittel immer dann in Frage, wenn diese zur Verhinderung der befürchteten Beeinträchtigungen geeignet ist.

30 Die **Erfüllung arbeitsvertraglicher Pflichten** kann insbesondere dann gefährdet sein, wenn die Nebentätigkeit den Beschäftigten zeitlich oder in anderer Weise so beansprucht, dass seine Leistungsfähigkeit beeinträchtigt ist.[24] Überschreitet die Summe der Tätigkeiten nicht die aus Gründen des Gesundheitsschutzes normierten Höchstarbeitszeitgrenzen des § 3 ArbZG (8 bzw 10 Stunden pro Werktag), so wird allein wegen der zeitlichen Beanspruchung eine Untersagung der Nebentätigkeit nicht in Frage kommen. Teilzeitbeschäftigten wird deshalb grundsätzlich die Möglichkeit einer Nebentätigkeit offenstehen. Dagegen wird eine Nebentätigkeit, die auch nur geringfügig während der Arbeitszeit ausgeübt werden müsste, regelmäßig zu untersagen sein.[25] Ein Untersagungsgrund kann

---

23 Vgl auch Breier/Dassau, § 3 TVöD Rn 49.
24 BAG v. 18.1.1996, 6 AZR 314/95, NZA 1997, 41.
25 BAG v. 21.9.1999, 9 AZR 759/98, NZA 2000, 723.

auch vorliegen, wenn die Nebentätigkeit die Verfügbarkeit des Beschäftigten bei Schichtdienst einschränkt.

Kollidiert die Nebentätigkeit mit der Erfüllung arbeitsvertraglicher Pflichten, so sind auch **berechtigte Interessen des Arbeitgebers** berührt. Denn das vornehmliche Interesse des Arbeitgebers ist es, dass der Beschäftigte seine Vertragspflichten erfüllt. Darüber hinaus gehören zu den berechtigten Interessen alle Umstände, die für den Bestand und die Verwirklichung der Ziele des Arbeitgebers sowie für dessen Wahrnehmung in der Öffentlichkeit von Bedeutung sind. § 3 Abs. 3 S. 2 TVöD, § 3 Abs. 4 S. 2 TV-L verlangt weder eine Beeinträchtigung von erheblichem Gewicht noch ein hohes Maß an Wahrscheinlichkeit einer Beeinträchtigung in absehbarer Zeit.[26] Es genügt, dass sich aufgrund einer sorgfältigen Prognose unter Berücksichtigung der Umstände des Einzelfalls die Möglichkeit einer Beeinträchtigung in nicht ferner Zukunft ergibt. 31

Zu den berechtigten Interessen können alle Umstände gehören, die das Verhältnis des Arbeitgebers zu den übrigen Beschäftigten, zu Vertragspartnern, zu mit der Verwaltung in Kontakt stehenden Bürgern und Institutionen betreffen, die das Vertrauen in einen sachgemäßen, rechtstaatlichen, bürgerfreundlichen öffentlichen Dienst berühren (Fälle aus der Rechtsprechung, in denen berechtigte Interessen des Arbeitgebers als beeinträchtigt angesehen wurden: Nebentätigkeit eines Krankenpflegers als Leichenbestatter,[27] Nebentätigkeit eines Arztes im Med. Dienst der Krankenkassen als Gutachter für private Krankenversicherungen,[28] Nebentätigkeit eines Jugendgerichtshelfers als astrologischer Berater,[29] Nebentätigkeit eines für Auskünfte in Rentenfragen zuständigen Angestellten im Sozialamt als privater Rentenberater,[30] Nebentätigkeit eines Beschäftigten im Bau- und Liegenschaftsbetrieb eines Bundeslandes, der für ein Ingenieurbüro Planungsunterlagen erstellte, deren Prüfung ihm als Sachbearbeiter oblag).[31] Die Nebentätigkeit darf allerdings nicht allein deswegen untersagt werden, weil sie in der Öffentlichkeit angesichts des sicheren Arbeitsplatzes im öffentlichen Dienst und des garantierten Einkommens auf Unverständnis stoßen könnte.[32]

Können Beeinträchtigungen der betrieblichen Interessen bereits durch **Auflagen** abgewendet werden, so kommen allein diese und nicht eine Untersagung der Nebentätigkeit in Betracht. Falls zu diesem Zwecke notwendig, kann der Arbeitgeber auch mehrere Auflagen erteilen. Üblich sind insbesondere Auflagen, die den Beschäftigten verpflichten, bestimmte Höchstarbeitszeiten nicht zu überschreiten, die gesetzlichen Regelungen einzuhalten, bei Gestattung der Inanspruchnahme von Personal, Material, Einrichtungen des Arbeitgebers ein angemessenes Entgelt zu entrichten und eine Schadensversicherung abzuschließen. 32

Zur Auflage gemacht werden kann auch eine **Ablieferungspflicht** für die Nebentätigkeitsvergütung, § 3 Abs. 3 S. 3 TVöD, § 3 Abs. 4 S. 3 TV-L. Im Gegensatz

---

26 BAG v. 7.12.1989, 6 AZR 241/88, ZTR 1990, 379.
27 BAG v. 28.2.2002, 6 AZR 357/01, ZTR 2002, 490.
28 BAG v. 28.2.2002, 6 AZR 33/01, NZA 2002, 928.
29 BAG v. 7.12.1989, 6 AZR 241/88, ZTR 1990,379.
30 LAG Niedersachsen v. 19.7.1985, 2 Sa 141/84, EzBAT Nr. 3 zu § 11 BAT.
31 BAG v. 18.9.2008, 2 AZR 827/06, NZA-RR 2009, 393 ff.
32 LAG Düsseldorf v. 14.2.1995, 8 Sa 1894/94, AP Nr. 1 zu § 611 BGB Nebentätigkeit.

zum BAT gilt die Ablieferungspflicht somit nicht mehr automatisch.[33] Die Einzelheiten bestimmen sich sodann nach dem jeweiligen Beamtenrecht.[34]
Der Begriff „öffentlicher Dienst" wird im TVöD durch die Bezugnahme auf § 34 Abs. 3 eigenständig definiert, während der TV-L auf das jeweilige Nebentätigkeitsrecht für Beamte verweist.

33 Auch **nach Beginn der Nebentätigkeit** hat der Arbeitgeber noch die Möglichkeit, durch Auflagen oder Untersagung in die Nebentätigkeit einzugreifen, allerdings nur dann, wenn entweder bisher eine umfassende Prüfung nicht möglich war (s. Rn 29) oder sich neue Umstände ergeben haben, die zu einer anderen Bewertung möglicher Beeinträchtigungen führen. So kann eine Beeinträchtigung einerseits durch eine Änderung des Aufgabenbereichs des Beschäftigten, andrerseits durch Änderung der Nebentätigkeit, die der Beschäftigte unverzüglich anzuzeigen hat, eintreten. Gerade vor einer nachträglichen Untersagung hat der Arbeitgeber jedoch die rechtliche und wirtschaftliche Interessenlage des Beschäftigten, der sich etwa in einer bisher unbeanstandeten Vertragsbindung befindet, besonders zu berücksichtigen. Dies gilt insbesondere, wenn der Arbeitgeber selbst die Beeinträchtigung durch eigenes Handeln herbeigeführt hat.

34 Untersagt der Arbeitgeber nachträglich die Nebentätigkeit, so ist dem Beschäftigten regelmäßig (Ausnahme: Gefahr im Verzug) eine angemessene Frist für die Abwicklung zu gewähren.

35 Untersagung der Nebentätigkeit und Erteilung von Auflagen unterliegen dem **Mitbestimmungsrecht des Personalrats** gem. § 75 Abs. 1 Nr. 7 BPersVG. Entsprechende Vorschriften enthalten die Personalvertretungsgesetze der Länder. Zwar sind diese Vorschriften noch nicht dem § 3 Abs. 3 S. 2 TVöD, § 3 Abs. 4 S. 2 TV-L angepasst. Sinn und Zweck des Mitbestimmungsrechts sprechen jedoch dafür, dieses gerade bei einem bloßen Verbotsvorbehalt eingreifen zu lassen.[35] Ist eine nach der Tarifvorschrift gebotene Untersagung lediglich aus personalvertretungsrechtlichen Gründen unwirksam, so hat der Beschäftigte noch keinen Anspruch auf Ausübung dieser Nebentätigkeit.[36]
Im **BetrVG** findet sich kein vergleichbares Recht des Betriebsrats.

V. Ärztliche Untersuchungen, § 3 Abs. 4 TVöD/§ 3 Abs. 5 TV-L

36 Die Pflicht, sich zum Nachweis der gesundheitlichen Leistungsfähigkeit einer ärztlichen Untersuchung zu unterziehen, kann sich zunächst **aus Gesetz, Unfallverhütungsvorschriften und sonstigen Arbeitsschutzbestimmungen** ergeben. Zu nennen sind hier v.a. § 32 Abs. 1 JArbSchG, § 60 StrlSchVO, §§ 37 ff RöVO, §§ 4 ff ArbMedVV. Gem. § 11 ArbSchG hat der Arbeitgeber den Beschäftigten unter gewissen Voraussetzungen die Möglichkeit zu einer arbeitsmedizinischen Untersuchung zu geben.

37 Eine allgemeine Pflicht des Arbeitnehmers zur ärztlichen Untersuchung kennt das Arbeitsrecht dagegen nicht. **Vertragliche Vereinbarungen** sind zwar möglich. Vom Arbeitgeber formulierte Vertragsbestimmungen über Gesundheitsuntersu-

---

33 IÜ zu den Krankenhausärzten im Bereich des TV-L, s. § 5 Abs. 1 TV-Ärzte und § 3 Abs. 12 idF der §§ 41, 42 TV-L.
34 Für den Bundesdienst hat das BMI mit Rdschr. vom 3.12.2008 – D 5 – 220 233 – 51/1 eine einheitliche Regelung getroffen.
35 Clemens/Scheuring, Teil II/1 § 3 Rn 188.
36 BAG v. 28.2.2002, 6 AZR 357/01, ZTR 2002, 490.

chungen unterliegen jedoch der Inhaltskontrolle gem. § 307 BGB. Hierbei ist insbesondere zu berücksichtigem, dass die Anordnung einer ärztlichen Untersuchung einen Eingriff in die Persönlichkeitsrechte des Arbeitnehmers darstellt (Art. 2 Abs. 1 iVm Art. 1 Abs. 1 GG).[37]

Auch **tarifliche Bestimmungen**, die eine Untersuchungspflicht statuieren, haben einen Ausgleich zu schaffen zwischen dem Interesse des Arbeitgebers an einem Nachweis über die gesundheitliche Eignung des Arbeitnehmers und dem Interesse des Arbeitnehmers an der Wahrung seiner Intimsphäre. Hatten die Vorgängerregelungen (zB § 7 Abs. 2 BAT) noch eine „gegebene Veranlassung" vorausgesetzt, so verlangt § 3 Abs. 4 TVöD/§ 3 Abs. 5 TV-L jetzt einen **begründeten Anlass**. Ein inhaltlicher Unterschied besteht jedoch nicht, so dass auf die bisherige Rechtsprechung Bezug genommen werden kann. Die Anordnung einer ärztlichen Untersuchung bedarf danach eines sachlichen Grundes. Demgemäß darf von der Anordnungsbefugnis nicht willkürlich Gebrauch gemacht werden; auf eine Formulierung wie in § 7 Abs. 2 S. 2 BAT, die dies ausdrücklich erwähnte, konnte deshalb verzichtet werden. 38

Der **sachliche Grund** für die Anordnung kann sich aus der Fürsorgepflicht des Arbeitgebers für den Beschäftigten und die mit ihm arbeitenden Personen oder aus dem sonstigen Pflichtenkreis der Verwaltung oder des Betriebes ergeben.[38] Ein solcher Grund liegt im Falle der Einstellung sowie etwa dann vor, wenn begründete Zweifel an der Arbeitsfähigkeit des Beschäftigten bestehen,[39] Die Zweifel müssen, wie sich aus dem Wortlaut des § 3 Abs. 4 S. 1 TVöD/§ 3 Abs. 5 S. 1 TV-L erschließt, durch hinreichende tatsächliche Anhaltspunkte gestützt die Vermutung veranlassen, dass der Beschäftigte nicht nur momentan für kurze Zeit, sondern für einen unabsehbaren Zeitraum arbeitsunfähig[40] oder auf Dauer berufs- bzw erwerbsunfähig iSd Rentenversicherungsrechts[41] ist. 39

Zwar sehen TVöD und TV-L eine **Einstellungsuntersuchung** entgegen den bisherigen Regelungen nicht mehr ausdrücklich vor. Für eine solche Untersuchung besteht jedoch idR eine begründete Veranlassung iSd § 3 Abs. 4 S. 1 TVöD, § 3 Abs. 5 S. 1 TV-L, sofern diese sich auf die Prüfung der gesundheitlichen Eignung, ein Aspekt der Eignung iSd Art. 33 Abs. 2 GG, für die vorgesehene Tätigkeit beschränkt (Parallele zum Fragerecht des Arbeitgebers bei Einstellungen: Der Arbeitgeber darf sich über eine Einstellungsuntersuchung nicht die Auskünfte verschaffen, die er über das Fragerecht nicht erhalten könnte). Eine Untersuchung auf **Alkohol- und Drogenabhängigkeit** kann der Arbeitgeber, außer bei deutlichen Anzeichen hierfür, nur verlangen, wenn die vorgesehene Tätigkeit mit einem besonderen Risiko verbunden ist (zB bei Kraftfahrern, Piloten, Chirurgen). 40

Eine Entbindung von der ärztlichen **Schweigepflicht** (§ 203 Abs. 1 StGB, für Betriebsärzte § 8 Abs. 1 ASiG) ist dem Beschäftigten nur insoweit abzuverlangen, als der rechtlich zulässige Zweck der Untersuchung gem. Abs. 4 S. 1 reicht; sie 41

---

37 Vgl BAG v. 6.11.1997, 2 AZR 801/96, NZA 1998, 326 ff.
38 BAG v. 23.2.1967, 2 AZR 124/66, AP Nr. 1 zu § 7 BAT.
39 BAG v. 28.2.1990, 2 AZR 401/89, NZA 1990, 727.
40 BAG 7.11.2002, 2 AZR 475/01, NZA 2003, 719; das BAG bezieht sich auf den in den bisherigen Tarifnormen verwendeten Begriff der Dienstunfähigkeit, der jedoch dem der Arbeitsunfähigkeit entspricht, s. BAG v. 15.7.1993, 6 AZR 512/92, NZA 1994, 851.
41 BAG v. 6.11.1997, 2 AZR 801/96, NZA 1998, 326.

erstreckt sich deshalb nur auf das Untersuchungs**ergebnis**, also dahin, ob der (potenzielle) Beschäftigte für die vorgesehene Aufgabe geeignet ist. Insoweit ist bei einem Bewerber, der sich dieser Untersuchung unterzieht, von einer stillschweigenden Entbindung auszugehen. Ist die Einstellungsuntersuchung vor Abschluss des Arbeitsvertrages nicht möglich, so kann der Vertrag unter der auflösenden Bedingung der gesundheitlichen Eignung geschlossen werden. Die Anordnung einer Einstellungsuntersuchung steht im Übrigen, soweit nicht zwingende gesetzliche Bestimmungen vorhanden sind, im Ermessen des Arbeitgebers.

42 Bei **bestehendem Arbeitsverhältnis** liegt eine begründete Veranlassung iSd Abs. 4 S. 1 nicht bereits dann vor, wenn der Arbeitgeber Zweifel an der Arbeitsunfähigkeit des Beschäftigten hegt.[42] Für diesen Fall steht dem Arbeitgeber lediglich die Möglichkeit des § 275 Abs. 1 a SGB V offen. Danach kann der Arbeitgeber eine Überprüfung der Arbeitsunfähigkeit durch die Krankenkasse und deren medizinischen Dienst verlangen. Abs. 4 geht von der umgekehrten Situation aus: Der Beschäftigte hält sich für arbeitsfähig, der Arbeitgeber hegt (begründete) **Zweifel an der Arbeitsfähigkeit** und hat diese, will er bei Ablehnung der Arbeitskraft nicht in Annahmeverzug geraten, klären zu lassen. Solche Zweifel richten sich darauf, ob der Beschäftigte infolge körperlicher Gebrechen oder wegen der Schwäche seiner körperlichen und geistigen Kräfte noch in der Lage ist, die geschuldete Tätigkeit auszuüben, und können etwa bestehen bei lang andauernden Erkrankungen,[43] bei auffälligen Verhaltensstörungen, bei häufigeren Verkehrsverstößen eines Kraftfahrers.[44] Dem Arbeitgeber ist es allerdings verwehrt, eine allgemeine Tauglichkeits- und Eignungsuntersuchung losgelöst vom konkreten Arbeitsplatz zu veranlassen.[45]

43 Mit der Untersuchung nach Abs. 4 S. 1 ist nach der etwas missverständlichen Formulierung des S. 2 ein **Betriebsarzt** (im Bereich des TV-L der Amtsarzt) zu beauftragen, es sei denn, die Betriebsparteien hätten sich auf einen anderen Arzt geeinigt; dann tritt dieser Arzt anstelle des Betriebsarztes. Dem Beschäftigten steht somit die Wahl des zu beauftragenden Arztes nicht frei.[46] Betriebsärzte werden als Arbeitnehmer oder als Freiberufliche gem. dem ASiG mit Zustimmung des Betriebsrats (§ 9 Abs. 3 ASiG) bestellt. Die Bestellung kann durch die Verpflichtung eines überbetrieblichen Dienstes von Betriebsärzten ersetzt werden, § 19 ASiG. In der öffentlichen Verwaltung ist ein gleichwertiger arbeitsmedizinischer Schutz zu gewährleisten, § 16 ASiG. Die Bestellung von Betriebsärzten unterliegt beim Bund der Mitbestimmung des Personalrats (§ 75 Abs. 3 Nr. 10, 11 BPersVG).

Ein **anderer Arzt** kann beauftragt werden, wenn sich die Betriebsparteien, dh Arbeitgeber und Personalrat/Betriebsrat, entsprechend geeinigt haben. Die Einigung kann nicht erzwungen werden. Der Beschäftigte kann eine Untersuchung durch einen solchen Arzt nur dann ablehnen, wenn er begründete Zweifel an dessen Fachkunde hegt.

---

42 S. auch Görg/Guth, § 3 Rn 48; aA wohl Breier/Dassau, § 3 TVöD Rn 97, 101, 109.
43 S. BAG v. 25.6.1992, 6 AZR 279/91, NZA 1993, 81: Chronische Entzündung der Nasennebenhöhle eines Orchestermusikers.
44 S. LAG Düsseldorf, v. 8.4.1993, 12 Sa 74/93, ZTR 1994, 73.
45 S. LAG Rheinland-Pfalz v. 10.7.2007, 3 Sa 186/07, n.v.
46 Ebenso Görg/Guth, § 3 Rn 49; Fieberg in Fürst GKÖD IV E § 3 Rn 99; aA Breier/Dassau, § 3 TVöD Rn 126.

Bei einer Anordnung des Arbeitgebers nach § 3 Abs. 4 TVöD/§ 3 Abs. 5 TV-L 44
bestehen grds. **keine Beteiligungsrechte** der Personalvertretung, insb. nicht gem.
§ 75 Abs. 3 Nr. 11 und 15 BPersVG[47] bzw nach § 87 Abs. 1 Nr. 1 und 7 BetrVG.
Denn bei der Anordnung handelt es sich um die individuelle Feststellung der
Arbeitsfähigkeit, nicht aber um eine kollektive Maßnahme. Anders verhält es
sich nach einer Entscheidung des BVerwG jedoch im öffentlichen Dienst des
Landes Schleswig-Holstein. Die Allzuständigkeit des Personalrats gem. §§ 2
Abs. 1, 51 Abs. 1 MBGSH führt dort, soweit der betroffene Beschäftigte zustimmt, zur Mitbestimmungspflicht bei Anordnungen einer amtsärztlichen Untersuchung.[48]

Die **Kosten der Untersuchung** einschließlich aller im Zusammenhang mit der 45
Untersuchung stehenden erforderlichen Nebenkosten (zB Reisekosten) trägt
gem. § 3 Abs. 4 S. 3 TVöD/§ 3 Abs. 5 S. 3 TV-L der Arbeitgeber.

Die Untersuchung hat, soweit möglich, während der Arbeitszeit stattzufinden; 46
die **Vergütungspflicht** ergibt sich dann aus § 29 Abs. 1 f TVöD, § 29 Abs. 1 f TV-L. Kann der Beschäftigte jedoch nur außerhalb der Arbeitszeit untersucht werden, steht ihm ein Anspruch auf (Überstunden-) Vergütung, auch in Form von
Freizeitausgleich, nicht zu.[49]

Verweigert sich der Beschäftigte einem berechtigten Untersuchungsverlangen des 47
Arbeitgebers, so begeht er eine **Vertragspflichtverletzung**, die mit den arbeitsrechtlichen Sanktionen (Abmahnung, im Wiederholungsfall Kündigung, ggf
auch eine fristlose Kündigung) beantwortet werden kann. Ein wichtiger Grund
zur fristlosen Kündigung liegt jedenfalls dann nicht vor, wenn der Beschäftigte
dem Arbeitgeber vor oder bei der Weigerung vertretbare Gründe mitteilt, auf
deren Richtigkeit er vertraut.[50] Ggf kann der Beschäftigte auch eine negative
Feststellungsklage erheben.[51]

Dem Beschäftigten obliegt bei einer berechtigten Untersuchungsanordnung eine
Mitwirkungspflicht dahin, dem untersuchenden Arzt eine Einsichtsmöglichkeit
in die ärztlichen Vorbefunde zu verschaffen.[52]

Untersuchungen aus besonderem Anlass kann der Arbeitgeber gem. § 45 Nr. 3 48
(Bund) BT-V, § 47 Nr. 2 Abs. 1 (VKA) BT-V anordnen. Weitere Sonderregelungen finden sich in § 46 Nr. 2 (Bund) BT-V, §§ 41 Nr. 2, 42 Nr. 2, 43 Nr. 2 TV-L.

VI. Einsicht in die Personalakte, § 3 Abs. 5 TVöD/§ 3 Abs. 6 TV-L

1. Begriff der Personalakte. § 3 Abs. 5 TVöD/§ 3 Abs. 6 TV-L greift, ohne selbst 49
eine Begriffsbestimmung zu enthalten, ebenso wie etwa § 83 BetrVG auf den im
Arbeits- und Beamtenrecht üblichen Begriff der Personalakte zurück und setzt
als selbstverständlich voraus, dass Personalunterlagen gesammelt werden, ohne
eine Pflicht hierzu vorzusehen. Allein die beamtenrechtlichen Vorschriften erläutern näher, woraus die Personalakte besteht. So gehören gem. § 90 Abs. 1
BBG, § 56 Abs. 1 BRRG zur Personalakte „alle Unterlagen einschließlich der in
Dateien gespeicherten, die den Beamten betreffen, soweit sie mit seinem Dienst-

---

47 BVerwG v. 23.1.1986, 6 P 8/83, ZBR 1986, 213.
48 BVerwG v. 5.11.2010, 6 P 18.09, PersR 2011, 38.
49 BAG v. 16.12.1993, 6 AZR 325/93, ZTR 1994, 288.
50 BAG v. 6.11.1997, 2 AZR 801/96, NZA 1998, 326.
51 BAG v. 15.7.19936 AZR 512/92, NZA 1994, 851.
52 BAG v. 7.11.2002, 2 AZR 475/01, NZA 2003, 719.

verhältnis in einem unmittelbaren inneren Zusammenhang stehen". Entsprechendes gilt im Arbeitsrecht. Die beamtenrechtlichen Vorschriften galten bisher als Richtschnur. § 32 BDSG nF regelt nunmehr für alle Beschäftigungsverhältnisse, dass nur Daten erhoben, verarbeitet und genutzt werden dürfen, „wenn dies für die Entscheidung über die Begründung eines Beschäftigungsverhältnisses oder nach Begründung des Beschäftigungsverhältnisses für dessen Durchführung oder Beendigung erforderlich ist". Dies gilt gem. § 32 Abs. 2 BDSG auch für Erhebungen und Verarbeitungen in nicht automatisierten Dateien, also etwa auch für manuell geführte Personalakten. Einige Landesdatenschutzgesetze sind dem bereits gefolgt.[53] Näheres regeln üblicherweise interne Personalaktenrichtlinien.

50 Es kommt auf den Inhalt der Unterlagen, nicht auf die Kennzeichnung durch den Arbeitgeber an. Maßgebend ist der Begriff der **materiellen Personalakte**, der sich auf alle Dokumente im weiteren Sinne bezieht, die mit dem Arbeitshältnis in einem inneren Zusammenhang stehen,[54] unabhängig davon, in welcher (äußeren) Akte (Sonder- oder Nebenakte) sie geführt werden. Dazu gehören – als **zulässige Bestandteile** der Personalakte – die Bewerbungsunterlagen, daneben Personalfragebögen, Arbeitsvertrag, Beurteilungen und Zeugnisse, Abmahnungen, Vergütungsänderungen, Unterlagen über Arbeitsausfälle, Arbeitsunfähigkeitsbescheinigungen, Urlaubsanträge und -bewilligungen, Schriftwechsel zwischen Arbeitgeber und Beschäftigtem, rechtskräftige gerichtliche Entscheidungen in Verfahren zwischen Arbeitgeber und Beschäftigtem und anderen Verfahren, die für das Arbeitsverhältnis von Bedeutung sind, Kopie des Schwerbehindertenausweises.

51 Zu den aufnahmefähigen Unterlagen gehören auch die Ergebnisse der vom Arbeitgeber veranlassten **ärztlichen Untersuchungen**, die Aufschluss über die gesundheitlichen Beeinträchtigungen des Beschäftigten im einzelnen geben,[55] ferner Angaben über ansteckende Krankheiten sowie Suchterkrankungen des Beschäftigten. Diese besonders sensiblen Daten sind jedoch zum Schutz der Privatsphäre des Beschäftigten besonders geschützt, etwa in einem verschlossenen Umschlag, aufzubewahren. Eine Einsicht in diese Unterlagen ist nur aus besonderem Anlass möglich, welcher zu vermerken ist.[56]

52 **Nicht** in die Personalakte **aufzunehmen** sind dagegen: Prozessakten eines laufenden Verfahrens zwischen den Arbeitsvertragsparteien, Prüfungsakten, sog. Sicherheitsakten,[57] Beihilfeakten, Aufzeichnungen des Betriebsarztes (die der Schweigepflicht gem. § 8 Abs. 1 S. 3 ASiG unterliegen), Statistiken, die auch Personaldaten anderer Beschäftigter enthalten, Unterlagen, die die Tätigkeit in einer Personalvertretung betreffen, Strafurteile, die weder ein strafbares Verhalten im dienstlichen Bereich betreffen noch in das Führungszeugnis aufzunehmen sind

---

53 Vgl Franz, PersR 2011, 194.
54 BAG v. 7.5.1980, 4 AZR 214/78, AuR 1981, 124.
55 Vgl Rdschr. des BMI an die obersten Bundesbehörden vom 23.3.1981 – D I 3 – 215 080/1.
56 BAG v. 12.9.2006, 9 AZR 271/06, NZA 2007, 269; kritisch zur Ansicht des BAG, bei berechtigtem Anlass könne jede vom Arbeitgeber ermächtigte Person die sensiblen Daten einsehen, s. Kammerer, Personalakte – Aufbewahrung sensibler Gesundheitsdaten im verschlossenen Umschlag, AuR 2007, 189 ff, 193, der eine Beschränkung auf den in §§ 90 Abs. 3 BBG, 56 Abs. 3 BRRG genannten Personenkreis empfiehlt.
57 BVerwG v. 26.1.1978, 2 C 66/73, NJW 1978, 1643.

noch gem. § 51 Abs. 2 BZRG offenbarungspflichtig sind.[58] Es versteht sich von selbst, dass der Arbeitgeber auch Unterlagen, die aus unzulässigen Auskunftsersuchen etwa anlässlich der Bewerbung herrühren, nicht zur Personalakte nehmen darf. Zulässig erhobene graphologische Gutachten und Eignungstests dürfen aus Gründen des Persönlichkeitsschutzes des Beschäftigten nur mit dessen Einwilligung in die Personalakte gelangen.

Alle Unterlagen, die zur materiellen Personalakte gehören, sind in der körperlichen, meist zwischen Aktendeckeln eingeordneten, Personalakte (**formelle Personalakte**) unterzubringen (Grundsatz der **Vollständigkeit der Personalakte**). Hierauf hat der Beschäftigte einen Anspruch. Umgekehrt kann er verlangen, Unterlagen, die nicht zur materiellen Personalakte gehören, aus der formellen Personalakte zu entfernen. Um einer Manipulation der Akten vorzubeugen sollten die Aktenblätter paginiert (fortlaufend nummeriert) werden; ein Anspruch hierauf steht dem Beschäftigten jedoch nicht zu. Denn über die Art und Weise der Personalaktenführung entscheidet der Arbeitgeber.[59] 53

Nach früherer Auffassung war die formelle Personalakte nur dann **Datei** iSd BDSG, wenn sie durch automatisierte Verfahren nach bestimmten Merkmalen umgeordnet und ausgewertet werden konnte.[60] Diese Einschränkung hat das 2009 novellierte BDSG beseitigt (§§ 46 Abs. 1 Ziff. 2, 32 Abs. 2 BDSG nF).[61] 54

Zulässig und üblich ist es, neben der Personalhauptakte über bestimmte regelmäßige Vorgänge wie Urlaub, Beihilfe, Beurteilungen **Personalnebenakten** zu führen; diese sind Bestandteil der formellen Personalakte. Weitere Akten außerhalb der formellen Personalakte, die Angaben über persönliche oder dienstliche Vorgänge enthalten, dürfen nicht geführt werden. 55

2. Einsichtsrechte. § 3 Abs. 5 TVöD/§ 3 Abs. 6 TV-L übernimmt im Wesentlichen die Regelung aus den Vorgängertarifverträgen (s. zB § 13 Abs. 1 BAT). Anstelle der bisherigen Protokollnotiz, welche lediglich die Anfertigung von „Abschriften" gestattete, ist – den § 90c BBG, § 56c BRRG angeglichen – das Recht auf „Auszüge oder Kopien" enthalten. Ein Einsichtsrecht ist auch in § 83 Abs. 1 BetrVG geregelt. 56

Der Beschäftigte kann sein Recht auf Akteneinsicht während des Arbeitsverhältnisses **jederzeit, auch wiederholt**, ohne Angabe von Gründen geltend machen. Grenzen ergeben sich lediglich aus dem Gesichtspunkt des Rechtsmissbrauchs. Nach Beendigung des Arbeitsverhältnisses besteht ein Anspruch auf Einsicht aus der nachwirkenden arbeitgeberseitigen Schutz- und Rücksichtnahmepflicht gem. § 241 Abs. 2 BGB iVm Art. 2 Abs. 1, Art. 1 Abs. 1 GG. Eines konkreten berechtigten Interesses bedarf es hierfür nicht.[62] Denn der Beschäftigte kann seine über das Ende des Beschäftigungsverhältnisses hinaus fortbestehenden Rechte auf Beseitigung oder Korrektur unrichtiger Daten nur geltend machen, wenn er von deren Inhalt Kenntnis hat. 57

Regelmäßig können die Akten nur während der Dienststunden und bei der Dienststelle eingesehen werden, welche die Akten führt. Um das Einsichtsrecht

---

58 BAG v. 9.2.1977, 5 AZR 2/76, AP Nr. 83 zu § 611 BGB Fürsorgepflicht.
59 BAG v. 16.10.2007, 9 AZR 110/07, NZA 2008, 367.
60 BAG v. 6.6.1984, 5 AZR 286/81, NZA 1984, 321; s. auch Küttner/Reinecke, Stichwort „Personalakte" Rn 3.
61 S. bei Ziff. 5 (Rn 77).
62 BAG v. 16.11.2010, 9 AZR 573/09, NZA 2011, 453 ff, NJW 2011, 1306 ff.

nicht unzumutbar zu erschweren, wird die Einsicht auch am Beschäftigungsort zu gestatten sein, sofern dieser räumlich weit entfernt ist und die Verhältnisse dies zulassen.

58 Damit der Arbeitgeber organisatorische Vorkehrungen treffen kann, bedarf die Inanspruchnahme des Einsichtsrechts eines **Antrages** an den Leiter der Behörde, welche die Akten führt. Dem Antrag ist regelmäßig stattzugeben. Der Arbeitgeber bestimmt Zeit und Ort der Einsichtnahme, wobei er den Wünschen des Beschäftigten zu entsprechen hat, soweit der Dienstbetrieb nicht beeinträchtigt wird. Er kann auch bestimmen, dass ein von ihm Beauftragter anwesend ist.

59 Die dem Beschäftigten entstehenden **Kosten** (insb. Reisekosten) sind nicht erstattungsfähig. Im Übrigen ist die Einsicht kostenlos (vgl auch § 34 Abs. 8 BDSG) während der Arbeitszeit unter Fortzahlung der Bezüge[63] zu gewähren.

60 Das Einsichtsrecht bezieht sich auf die **vollständigen Personalakten** einschließlich aller Nebenakten (zum Einsichtsrecht in das Führungszeugnis s. auch §§ 28, 29 BZRG). Elektronisch gespeicherte Teile sind lesbar zu machen (Ausdruck oder Datensichtgerät). Allerdings kann das Recht auf Einsicht in (geschützt) zu den Personalakten genommene ärztliche Gutachten und Zeugnisse dann beschränkt werden, wenn zu besorgen ist, der Beschäftigte könne Schaden nehmen. Besteht zu einer solchen Vermutung Veranlassung, sollte zunächst der begutachtende Arzt gehört werden. Dem Beschäftigten muss jedoch – durch Benennung eines zur Einsicht Bevollmächtigten – die Möglichkeit eingeräumt werden, ein solches Gutachten dann zu entkräften, wenn der Arbeitgeber hierauf eine dem Beschäftigten nachteilige Entscheidung stützt oder stützen könnte.

61 Das Einsichtsrecht, seiner Natur nach ein höchstpersönliches Recht des Beschäftigten, kann dieser auch durch eine **bevollmächtigte** (natürliche, geschäftsfähige) Person wahrnehmen. Die Vollmacht ist auf eine einmalige Einsicht zu beschränken und muss, um einen Missbrauch auszuschließen, schriftlich erteilt werden. Als Vertreter können auch Personen gewählt werden, die nicht Beschäftigte des Arbeitgebers sind, zB Rechtsanwälte, Gewerkschaftssekretäre etc., Diesen ist zum Zwecke der Einsichtnahme Zutritt zur Dienststelle/zum Betrieb zu gewähren. Dem Arbeitgeber steht im Unterschied zu § 13 Abs. 1 S. 4 BAT kein Recht zu, den Bevollmächtigten zurückzuweisen.

62 Der Beschäftigte kann sich während der Einsichtnahme Notizen machen. Gem. § 3 Abs. 5 S. 3 TVöD/§ 3 Abs. 6 S. 3 TV-L kann der Beschäftigte auch **Auszüge oder Kopien** aus der Personalakte erhalten. Aus der Formulierung „kann" geht hervor, dass dem Arbeitgeber eine vorherige Kontrolle zusteht. Diese dient dem Zweck, Rechte anderer Personen, die in der Personalakte erwähnt sind, zu schützen. Im Übrigen ist dem Begehren des Beschäftigten insbesondere auf Überlassung von Kopien idR zu entsprechen, sofern es nicht rechtsmissbräuchlich ist. Eine vollständige Kopie der Personalakte kann jedoch, wie der Wortlaut der Vorschrift nahelegt, nicht verlangt werden.

63 Die Personalakten sind sorgfältig zu verwahren, vor dem Einblick Unbefugter zu schützen und, soweit elektronisch gespeichert, besonders zu sichern. Der Kreis der mit den Personalakten dienstlich befassten Personen ist möglichst eng zu

---

63 Vgl MünchArb-Blomeyer, § 98 Rn 23; Görg/Guth, § 3 Rn 62.

begrenzen.[64] Das Recht zur **bestimmungsgemäßen Nutzung der Personalakte** steht allerdings nicht nur dem Behördenleiter und seinem Stellvertreter, sondern auch anderen Bediensteten zu, welche maßgeblich mit den Personalangelegenheiten des Beschäftigten befasst sind. Nach dem Grundsatz der Verhältnismäßigkeit und der Vertraulichkeit der Personalakte hat jedoch die Erteilung einer Auskunft aus der Personalakte grundsätzlich Vorrang vor der Einsicht in die gesamte Akte.

Mit Einverständnis des Beschäftigten kann **dritten Personen** der Einblick in die Personalakte gestattet werden. Ohne dieses Einverständnis sind dem Einsichtsrecht Dritter mit Rücksicht auf die Vertraulichkeit der Personalakte enge Grenzen gesetzt. 64

Soweit aus dienstlichen oder betrieblichen Gründen notwendig können die Personalakten ohne Zustimmung des Beschäftigten auch **anderen Behörden oder Dienststellen** desselben Arbeitgebers (vgl die für Beamte geltenden Vorschriften der § 90 d Abs. 1 BBG, § 56 d Abs. 1 BRRG) oder, im Wege der Amtshilfe gem. Art. 35 GG, eines anderen Arbeitgebers des öffentlichen Dienstes zur Verfügung gestellt werden, v.a. bei Abordnungen, Versetzungen, Zuweisungen, Bewerbungen. Bewirbt sich der Beschäftigte bei einem anderen Arbeitgeber des öffentlichen Dienstes, so ist darüber hinaus idR sein stillschweigendes Einverständnis mit der Bekanntgabe seiner Personalakte anzunehmen. Dies gilt nicht gegenüber einem privaten Arbeitgeber.

Weder dem **Personalrat** (vgl etwa § 68 Abs. 2 S. 3 BPersVG) noch dem **Betriebsrat** steht ein eigenständiges Einsichtsrecht zu. Das schließt nicht aus, dass die Personalvertretung im Rahmen ihrer Aufgaben einen Informationsanspruch über den Inhalt bestimmter Teile der Personalakte hat; in Einzelfällen sind zur Aufgabenerfüllung der Personalvertretung auch Kopien (zB Abmahnungsschreiben) zur Verfügung zu stellen. Ein Einsichtsrecht mit Zustimmung des Beschäftigten erwähnen die § 68 Abs. 2 S. 3 BPersVG, § 83 Abs. 1 S. 2 BetrVG und, im Falle eines Schwerbehinderten, § 95 Abs. 3 SGB IX. Das beteiligte Mitglied der Personalvertretung/Schwerbehindertenvertretung unterliegt der (strafbewehrten) Schweigepflicht. 65

Verschiedene Vorschriften der Prozessordnungen geben dem erkennenden **Gericht** die Möglichkeit, die Vorlage von Akten, auch Personalakten, anzuordnen. Im Arbeitsgerichtsverfahren zwischen dem Beschäftigten und seinem Arbeitgeber wird dies selten aktuell werden. Keinesfalls darf der Arbeitgeber die Akten ohne Einverständnis des Beschäftigten von sich aus dem Gericht vorlegen.[65] Nicht selten wird dies von (öffentlichen) Arbeitgebern übersehen. 66

3. Anhörungsrechte des Beschäftigten. Enthielt § 13 Abs. 2 BAT noch das Recht des Angestellten, vor Aufnahme ihm ungünstiger Tatsachen in die Personalakte angehört zu werden, so fehlt, im Unterschied zu § 3 Abs. 6 S. 4 TV-L, eine entsprechende Bestimmung im TVöD. Hieraus könnte der Schluss gezogen werden, im Bereich des TVöD sei das Recht zur Anhörung entfallen.[66] 67

---

64 BAG v. 15.7.1987, 5 AZR 215/86, NZA 1988, 53; BAG v. 4.4.1990, 5 AZR 299/89, NZA 1990, 933 f.
65 BAG v. 20.2.1975, 2 AZR 534/73, n.v.
66 So wohl Groeger/Grimm, Arbeitsrecht im öffentlichen Dienst, Teil 3 I Rn 5 mwN.

Einer Nachfolgevorschrift zu § 13 Abs. 2 BAT bedarf es indessen nach der hier vertretenen Ansicht nicht. Vielmehr ergibt sich das Anhörungsrecht bereits aus dem Grundsatz auf rechtliches Gehör sowie aus der dem Arbeitgeber obliegenden Fürsorgepflicht.[67] Es dient auch dem Arbeitgeber, den die Stellungnahme des Beschäftigten nicht selten vor einem aufwändigen Rechtsstreit bewahren, ihn ferner häufig zu einer rechtzeitigen Konkretisierung der Vorwürfe veranlassen kann. Das Anhörungsrecht kann in angemessenem Rahmen während der entgeltpflichtigen Arbeitszeit wahrgenommen werden.[68]

Das Anhörungsrecht bezieht sich auf **Beschwerden und Behauptungen tatsächlicher Art**, die für den Beschäftigten nachteilig sind oder werden können. Damit sind alle Tatsachen erfasst, die dem Beschäftigten nicht zu einem erkennbaren Vorteil gereichen. Nicht hierzu zählen Werturteile, wie etwa dienstliche Beurteilungen.

Allerdings stehen diese oft in Zusammenhang mit Tatsachenbehauptungen, so dass insoweit das Anhörungsrecht greift.

Eine Benachrichtigungspflicht über die (erstmaligeSpeicherung personenbezogener Daten ergibt sich im Übrigen aus § 33 BDSG.

68 In der Personalakte ist über die Anhörung Aufschluss zu geben, ebenso darüber, ob der Beschäftigte eine **Stellungnahme** abgegeben hat; liegt diese in schriftlicher Form vor, so ist sie zur Akte zu nehmen (so ausdrücklich in § 3 Abs. 6 S. 5 TV-L). Auch darüber hinaus sind Erklärungen des Beschäftigten zum Inhalt der Personalakte auf dessen Verlangen, sofern nicht rechtsmissbräuchlich, dieser beizufügen (vgl § 83 Abs. 2 BetrVG, welcher einen auch im öffentlichen Dienst geltenden Rechtsgedanken zum Ausdruck bringt).

69 Eine unter Verletzung des Anhörungsrechts zur Personalakte genommene Beschwerde oder Behauptung ist wieder zu entfernen; die nachträgliche Anhörung heilt den Mangel nicht.[69]

70 Anhörungspflichtige Vorgänge sind v.a. in **Abmahnungen** enthalten. Eine Verletzung des Anhörungsrechts bei Aufnahme in die Personalakte hat hier jedoch nur geringe Bedeutung. Denn die Abmahnung als Form der Ausübung des vertraglichen Rügerechts ist lediglich eine rechtsgeschäftsähnliche Handlung, die Formvorschriften nicht untersteht und deshalb auch ohne vorherige Anhörung (auch: mündlich) und ohne (wirksame) Aufnahme in die Personalakte die für Abmahnungen wesentliche Warnfunktion entfalten kann.[70]

71 **4. Entfernungsanspruch.** Die Personalakte soll ein zutreffendes, objektives Bild des Beschäftigten, seiner Leistungen und des Verlaufs seines Arbeitsverhältnisses wiedergeben und nur solche Bestandteile enthalten, die für die Beurteilung des Beschäftigten (noch) erforderlich sind. Ein Anspruch des Beschäftigten auf Entfernung von Unterlagen aus der Personalakte, die diesen Anforderungen nicht entsprechen, folgt deshalb bereits **aus Vertrag (§§ 611, 242 BGB)**, darüber hinaus bei Verletzung des Persönlichkeitsrechts (Art. 2 Abs. 1 iVm Art. 1 Abs. 1 GG) **aus einer analogen Anwendung der §§ 12, 862, 1004 BGB**. In Betracht

---

67 Vgl auch § 82 Abs. 1 BetrVG; s. BAG v. 21.5.1992, 2 AZR 551/91, NZA 1992, 1028.
68 Vgl auch ErfK-Kania, § 82 BetrVG Rn 2.
69 BAG v. 16.11.1989, 6 AZR 64/88, NZA 1990, 477.
70 BAG v. 21.5.1992, 2 AZR 551/91, NZA 1992, 1028; BAG v. 15.12.1994, 2 AZR 251/94, ZTR 1995, 265.

kommt ein Entfernungsanspruch über den Fall der formell fehlerhaften Aufnahme hinaus somit, soweit die Personalakte unrichtige Tatsachenbehauptungen, unzutreffende Wertungen, für die weitere Beurteilung des Beschäftigten überflüssige oder aus Gründen des Persönlichkeitsrechts des Beschäftigten nicht aufnahmefähige Aktenstücke enthält, ferner aus Gründen des Verhältnismäßigkeitsgrundsatzes sowie kraft „Zeitablaufs".

Ein Anspruch auf Entfernung ergibt sich ferner aus § 35 Abs. 2 BDSG bzw aus entsprechenden Landesdatenschutzgesetzen.

Die Geltendmachung des Anspruchs ist **nicht** auf den Zeitraum der tariflichen **Ausschlussfrist** des § 37 TVöD begrenzt.[71] Das schließt eine Verwirkung nach den allgemeinen Grundsätzen nicht aus.

Der Entfernungsanspruch kann mit dem Grundsatz der **Vollständigkeit der Personalakte** kollidieren. Die Personalakte kann durch die Herausnahme unvollständig oder lückenhaft werden. Dies ist im Rahmen einer Interessenabwägung zu berücksichtigen.[72] Regelmäßig wird das Interesse des Beschäftigten wegen der Auswirkungen ihm nachteiliger Aktenbestandteile auf seine berufliche Entwicklung vorrangig sein.[73]

Der Beschäftigte wird einen Entfernungsanspruch insbesondere bei **Abmahnungen** geltend machen. Neben dem Fall der Nichtanhörung (s. Rn 69) ist ein solcher Anspruch durchsetzbar, wenn die Abmahnung auf unrichtigen oder nicht beweisbaren Tatsachenbehauptungen beruht oder zutreffende Tatsachen unzutreffend rechtlich wertet (v.a. unverhältnismäßig ist) bzw überreagierende, insb. ehrverletzende Äußerungen enthält oder kein schutzwürdiges Interesse des Arbeitgebers mehr am Verbleib in der Personalakte besteht.[74]

72

Besteht, insb. im Falle ehrverletzender Äußerungen, trotz Entfernung der Abmahnung aus der Personalakte die Rechtsbeeinträchtigung fort, so kann der Beschäftigte zusätzlich einen **Widerruf** verlangen.[75] Dagegen fehlt einem oft gesondert neben dem Entfernungsanspruch geltend gemachten Anspruch auf „Rücknahme" der Abmahnung im arbeitsgerichtlichen Verfahren meist das Rechtsschutzinteresse. Denn der Arbeitgeber darf das Abmahnungsschreiben, welches Teil der materiellen Personalakte wäre, nach Entfernung nicht anderweitig außerhalb der formellen Personalakte verwahren und die Abmahnung bei einer Entfernung, die nicht lediglich auf formellen Gründen beruht, auch nicht, etwa als mündliche Abmahnung,[76] verwerten.

73

Werden in einem Abmahnungsschreiben **mehrere Vertragsverstöße** gerügt, so besteht der Entfernungsanspruch bereits dann, wenn lediglich eine dieser Rügen ungerechtfertigt ist; die Abmahnung kann nicht teilweise (etwa durch Schwärzen des unwirksamen Teils) aufrechterhalten bleiben. Jedoch kann der Arbeitgeber, sofern die Voraussetzungen ansonsten vorliegen, eine neue, auf die zulässig gerügten Verstöße beschränkte, Abmahnung aussprechen.[77]

74

---

71 BAG v. 14.12.1994, 5 AZR 137/94, NZA 1995, 676.
72 BAG v. 16.11.1989, 6 AZR 64/88, NZA 1990, 477.
73 BAG v. 30.1.1979, 1 AZR 342/76, AP Nr. 2 zu § 87 BetrVG 1972 Betriebsbuße.
74 BAG v. 11.12.01, 9 AZR 464/00, NZA 2002, 965.
75 Auch noch nach Entfernung der Abmahnung aus der Personalakte, s. BAG v. 15.4.1999, 7 AZR 716/97, NZA 1999,1037.
76 BAG v. 5.8.1992, 5 AZR 531/91, NZA 1993, 838.
77 BAG v. 13.3.1991, 5 AZR 133/90, NZA 1991, 768.

75 Nach Beendigung des Arbeitsverhältnisses hat der Beschäftigte einen Entfernungsanspruch nur dann, wenn ihm aus der Abmahnung (bzw aus anderen nachteiligen Eintragungen) weitere Nachteile entstehen können,[78] etwa bei einem Wechsel zu einem anderen Arbeitgeber des öffentlichen Dienstes; in derartigen Fällen ist es üblich, die Einstellung u.a. von der Zustimmung des Beschäftigten zur Einsichtnahme in die (bisherige) Personalakte abhängig zu machen.

76 Eine allgemeine **Frist zur Tilgung** bestimmter dem Beschäftigten abträglicher Bestandteile der Personalakte enthielten weder die Vorgängertarifverträge noch enthalten sie der TVöD und der TV-L. Allerdings kann insb. eine Abmahnung durch Zeitablauf wirkungslos werden. Es kommt auf den Einzelfall an. Wesentlich sein können neben dem reinen Zeitablauf die Art des gerügten Vertragsverstoßes und das weitere Verhalten des Beschäftigten nach der Abmahnung.[79] Richtschnur für den Zeitablauf kann die Tilgungsfrist von 3 Jahren in den Beamtengesetzen bilden (s. § 90e Abs. 1 Nr. 2 BBG, § 56e Abs. 1 Nr. 2 BRRG). Die Praxis des öffentlichen Dienstes bewegt sich eher um einen Zeitraum von 2 Jahren.

Ist das Recht aus einer Abmahnung verwirkt, so bedarf es vor einer verhaltensbedingten Kündigung einer erneuten (vergeblichen) Abmahnung.

77 5. **Speicherungsrechte und Datenschutz.** Der Arbeitnehmerdatenschutz ist bisher nicht gesondert gesetzlich geregelt.

Seit dem 25.8.2010 liegt ein, zwischen den Parteien und Verbänden umstrittener, Entwurf des Bundeskabinetts für ein Beschäftigtendatenschutzgeset vor, der neben Regelungen zur Datenerhebung, zur Verwendung der Daten und zum Einsichts- und Korrekturrecht des Beschäftigten u.a. auch Klarstellungen zum Fragerecht des Arbeitgebers im Bewerbungsverfahren und Vorschriften zur Zulässigkeit ärztlicher Untersuchungen und Videoüberwachungen enthält.

Die Datenschutzbestimmungen des Beamtenrechts gelten nicht für die unter den TVöD oder den TV-L fallenden Beschäftigten. Es ist deshalb auf die Bestimmungen des BDSG und der Datenschutzgesetze der Länder zurückzugreifen.

Das **BDSG** findet Anwendung auf die Erhebung, Verarbeitung und Nutzung personenbezogener Daten, hierzu gehören nicht nur Personalakten im formalen Sinne, durch öffentliche und durch nichtöffentliche Stellen (§ 1 Abs. 2 BDSG). Jede Datenverarbeitung und -nutzung setzt eine Rechtsgrundlage oder die schriftliche Einwilligung des Betroffenen voraus (§ 4 Abs. 1 BDSG). Die Datenverarbeitung durch öffentliche Stellen ist in den §§ 12 bis 26 BDSG, die durch nicht-öffentliche Stellen in §§ 27 bis 38a BDSG geregelt. Für die Daten der Beschäftigten des öffentlichen Dienstes gelten dem. § 12 Abs. 4 BDSG die §§ 28 Abs. 2 Nr. 2 sowie 32 bis 35 BDSG. Auf das verwendete Speichermedium kommt es hier nicht an. Danach ist das Erheben, Verarbeiten oder Nutzen personenbezogener Daten der Beschäftigten nur zulässig, wenn dies für die Entscheidung über die Begründung eines Beschäftigungsverhältnisses oder nach Begründung des Beschäftigungsverhältnisses für dessen Durchführung oder Beendigung erforderlich ist (§ 32 Abs. 1 BDSG). Maßgebend ist der Grundsatz der **Verhältnismäßigkeit**. Es muss ein unmittelbarer Zusammenhang zwischen der Speicherung der Daten und dem konkreten Verwendungszweck bestehen, die Daten müssen,

---

78 BAG v. 14.9.1994, 5 AZR 632/93, NZA 1995, 220.
79 BAG v. 27.1.1988, 5 AZR 604/86, ZTR 1988, 309.

wie schon die frühere Rechtsprechung betont hat, zur Erfüllung des konkreten Vertragszwecks erforderlich sein.[80] Das korrespondiert mit den Informationen, die der Arbeitgeber zulässigerweise einholen darf. **Gespeichert werden dürfen** danach folgende Daten des Beschäftigten: Geschlecht, Familienstand, schulische und Berufsausbildung, Fachschul- bzw Hochschulausbildung mit Abschlüssen und Prüfungsdaten, beruflicher Werdegang, Sprachkenntnisse.

Diese gespeicherten Daten können an die **Personalvertretung** weitergegeben werden, wenn dies zur Erfüllung ihrer Aufgaben notwendig ist (§ 68 Abs. 2 BPersVG). Bei größeren Dienststellen kann auch die Personalvertretung Grunddaten des Beschäftigten zur Erfüllung seiner Aufgaben speichern,[81] ist dann aber den Datenschutzbestimmungen des BDSG unterworfen. 78

Die in der Datenverarbeitung beschäftigten Personen unterliegen einem besonderen Datengeheimnis, auf welches sie bei Aufnahme ihrer Tätigkeit zu verpflichten sind (§ 5 BDSG). Die Einhaltung der Datenschutzbestimmungen bei den Bundesbehörden kontrolliert der Bundesbeauftragte für den Datenschutz (§ 24 BDSG). An ihn kann sich jeder wenden, der meint, durch öffentliche Stellen des Bundes in seinen Datenschutzrechten verletzt zu sein. Entsprechendes gilt gem. den Landesdatenschutzgesetzen auf Länderebene, auf welcher Landesbeauftragte für den Datenschutz bestellt sind. 79

VII. Arbeitnehmerhaftung § 3 Abs. 6 und 7 TVöD, § 3 Abs. 7 TV-L

1. Allgemeines. § 3 Abs. 7 TVöD und § 3 Abs. 7 TV-L verweisen für die Schadenshaftung der Beschäftigten des Bundes bzw der Länder auf die jeweiligen beamtenrechtlichen Bestimmungen, für den Bund somit auf § 78 BBG. Diese sehen eine Haftungsbegrenzung nach dem Verschuldensgrad auf Vorsatz und grobe Fahrlässigkeit vor. Für Beschäftigte im Bereich der VKA enthält § 3 Abs. 6 TVöD eine entsprechende eigenständige Vorschrift. 80

2. Dienstlich oder betrieblich veranlasste Tätigkeiten. Die in § 3 Abs. 6 TVöD enthaltene Begrenzung auf dienstlich oder betrieblich veranlasste Tätigkeiten gilt auch im Übrigen. Fügt der Beschäftigte dem Arbeitgeber außerhalb einer solchen Tätigkeit einen Schaden zu, so steht ihm das Haftungsprivileg nicht zur Seite. 81

Zur dienstlich oder betrieblich veranlassten Tätigkeiten gehören alle Tätigkeiten, die der Beschäftigte zur Erfüllung der geschuldeten Arbeitsleistung vornimmt. Dazu zählt nicht der Weg zur Arbeitsstätte.

3. Verschuldensgrad. Der Beschäftigte haftet, wie der Beamte, nur für Vorsatz und grobe Fahrlässigkeit. Bezugspunkt des Verschuldens ist dabei nicht nur die Pflichtverletzung, sondern auch der eingetretene Schaden.[82] 82

Vorsätzlich handelt der Beschäftigte, der eine konkrete vertragliche oder gesetzliche Verhaltenspflicht wissentlich und willentlich verletzt, den Schaden als möglich voraussieht und diesen billigend in Kauf nimmt.

Grobe Fahrlässigkeit liegt dann vor, wenn der Beschäftigte die im Verkehr erforderliche Sorgfalt nach den gesamten Umständen in ungewöhnlich hohem Maße verletzt und unbeachtet lässt, was jedem im gegebenen Fall hätte ein-

---

80 BAG v. 22.10.1986, 5 AZR 660/85, NZA 1987, 415.
81 VG München v. 6.10.1986, M 14 a P 85.6060, ZTR 1987, 222.
82 BAG v. 18.1.2007, 8 AZR 250/06, NZA 2007, 1230 ff.

leuchten müssen.[83] Das ist der Fall, wenn schon einfachste, ganz nahe liegende Überlegungen nicht angestellt wurden. Zu einer objektiv schwerwiegenden Pflichtverletzung muss – unter Berücksichtigung der individuellen Fähigkeiten des Beschäftigten – ein auch subjektiv schlechthin unentschuldbares Verhalten treten.[84]

83 **4. Darlegungs- und Beweislast.** Besteht Streit, ob der Schaden im Rahmen einer dienstlich oder betrieblich veranlassten Tätigkeit entstanden ist, so trifft den Beschäftigten die Darlegungs- und Beweislast insoweit.

Dagegen hat der Arbeitgeber sowohl die objektive Pflichtverletzung wie auch den für die Haftung erforderlichen Grad des Verschuldens darzulegen und ggf zu beweisen. Dies folgt aus der Sondervorschrfift des § 619a BGB abweichend von § 280 Abs. 1 S. 2 BGB.

§ 4 Versetzung, Abordnung, Zuweisung, Personalgestellung (TVöD)

(1) ¹Beschäftigte können aus dienstlichen oder betrieblichen Gründen versetzt oder abgeordnet werden. ²Sollen Beschäftigte an eine Dienststelle oder einen Betrieb außerhalb des bisherigen Arbeitsortes versetzt oder voraussichtlich länger als drei Monate abgeordnet werden, so sind sie vorher zu hören.

Protokollerklärungen zu Absatz 1:
1. *Abordnung ist die Zuweisung einer vorübergehenden Beschäftigung bei einer anderen Dienststelle oder einem anderen Betrieb desselben oder eines anderen Arbeitgebers unter Fortsetzung des bestehenden Arbeitsverhältnisses.*
2. *Versetzung ist die Zuweisung einer auf Dauer bestimmten Beschäftigung bei einer anderen Dienststelle oder einem anderen Betrieb desselben Arbeitgebers unter Fortsetzung des bestehenden Arbeitsverhältnisses.*

(2) ¹Beschäftigten kann im dienstlichen/betrieblichen oder öffentlichen Interesse mit ihrer Zustimmung vorübergehend eine mindestens gleich vergütete Tätigkeit bei einem Dritten zugewiesen werden. ²Die Zustimmung kann nur aus wichtigem Grund verweigert werden. ³Die Rechtsstellung der Beschäftigten bleibt unberührt. ⁴Bezüge aus der Verwendung nach Satz 1 werden auf das Entgelt angerechnet.

Protokollerklärung zu Absatz 2:
Zuweisung ist – unter Fortsetzung des bestehenden Arbeitsverhältnisses – die vorübergehende Beschäftigung bei einem Dritten im In- und Ausland, bei dem der Allgemeine Teil des TVöD nicht zur Anwendung kommt.

(3) ¹Werden Aufgaben der Beschäftigten zu einem Dritten verlagert, ist auf Verlangen des Arbeitgebers bei weiter bestehendem Arbeitsverhältnis die arbeitsvertraglich geschuldete Arbeitsleistung bei dem Dritten zu erbringen (Personalgestellung). ²§ 613a BGB sowie gesetzliche Kündigungsrechte bleiben unberührt.

---

83 BAG v. 15.11.2001, 8 AZR 95/01, NZA 2002, 612 ff.
84 BAG v. 18.1.2007, 8 AZR 250/06, NZA 2007, 1230 ff.

Protokollerklärung zu Absatz 3:

¹*Personalgestellung ist – unter Fortsetzung des bestehenden Arbeitsverhältnisses – die auf Dauer angelegte Beschäftigung bei einem Dritten.* ²*Die Modalitäten der Personalgestellung werden zwischen dem Arbeitgeber und dem Dritten vertraglich geregelt.*

§ 4 Versetzung, Abordnung, Zuweisung, Personalgestellung (TV-L)

(1) ¹Beschäftigte können aus dienstlichen oder betrieblichen Gründen versetzt oder abgeordnet werden. ²Sollen Beschäftigte an eine Dienststelle oder einen Betrieb außerhalb des bisherigen Arbeitsortes versetzt oder voraussichtlich länger als drei Monate abgeordnet werden, so sind sie vorher zu hören.

Protokollerklärungen zu § 4 Absatz 1:

1. *Abordnung ist die vom Arbeitgeber veranlasste vorübergehende Beschäftigung bei einer anderen Dienststelle oder einem anderen Betrieb desselben oder eines anderen Arbeitgebers unter Fortsetzung des bestehenden Arbeitsverhältnisses.*
2. *Versetzung ist die vom Arbeitgeber veranlasste, auf Dauer bestimmte Beschäftigung bei einer anderen Dienststelle oder einem anderen Betrieb desselben Arbeitgebers unter Fortsetzung des bestehenden Arbeitsverhältnisses.*

Niederschriftserklärung zu § 4 Abs. 1:

Der Begriff „Arbeitsort" ist ein generalisierter Oberbegriff; die Bedeutung unterscheidet sich nicht von dem bisherigen Begriff „Dienstort".

(2) ¹Beschäftigten kann im dienstlichen/betrieblichen oder öffentlichen Interesse mit ihrer Zustimmung vorübergehend eine mindestens gleich vergütete Tätigkeit bei einem Dritten zugewiesen werden. ²Die Zustimmung kann nur aus wichtigem Grund verweigert werden. ³Die Rechtsstellung der Beschäftigten bleibt unberührt. ⁴Bezüge aus der Verwendung nach Satz 1 werden auf das Entgelt angerechnet.

Protokollerklärung zu § 4 Absatz 2:

Zuweisung ist – unter Fortsetzung des bestehenden Arbeitsverhältnisses – die vorübergehende Beschäftigung bei einem Dritten im In- und Ausland, bei dem der TV-L nicht zur Anwendung kommt.

(3) ¹Werden Aufgaben der Beschäftigten zu einem Dritten verlagert, ist auf Verlangen des Arbeitgebers bei weiter bestehendem Arbeitsverhältnis die arbeitsvertraglich geschuldete Arbeitsleistung bei dem Dritten zu erbringen (Personalgestellung). ²§ 613 a BGB sowie gesetzliche Kündigungsrechte bleiben unberührt.

Protokollerklärung zu § 4 Absatz 3:

¹*Personalgestellung ist – unter Fortsetzung des bestehenden Arbeitsverhältnisses – die auf Dauer angelegte Beschäftigung bei einem Dritten.* ²*Die Modalitäten der Personalgestellung werden zwischen dem Arbeitgeber und dem Dritten vertraglich geregelt.*

I. Normstruktur	1	III. Zuweisung (Abs. 2)	18
II. Versetzung und Abordnung (Abs. 1)	5	IV. Personalgestellung (Abs. 3)	25
1. Versetzung	5	V. Beteiligungsrechte der Personalvertretung	32
2. Abordnung	9	1. Nach dem Personalvertretungsrecht	32
3. Dienstliche und betriebliche Gründe	12	2. Nach dem Betriebsverfassungsrecht	36
4. Anhörung des Beschäftigten	13		

I. Normstruktur

1 Zum Wesen des Arbeitsverhältnisses gehört das Recht des Arbeitgebers, neben der Zeit der Arbeitsleistung auch deren Inhalt und Ort näher zu bestimmen (**Direktionsrecht**), nunmehr kodifiziert in § 106 GewO. Diese Vorschrift enthält in S. 1 auch die sich bereits aus der Systematik der Rechtsquellen ergebenden Grenzen dieses Rechts, die sich aus Vorschriften des Gesetzes, eines Kollektiv- oder des Einzelarbeitsvertrages ergeben können. Zulässig ist die Ausübung des Direktionsrechts im Übrigen nur nach billigem Ermessen (§ 315 BGB).

2 § 4 besteht in einer Konkretisierung und Erweiterung des auf den **Ort der Arbeitsleistung** bezogenen Direktionsrechts. Dabei entsprechen die Abs. 1 und 2 zur Versetzung, Abordnung und Zuweisung im Wesentlichen den Vorgängerregelungen (zB in § 12 Abs. 1 und 2 BAT). Wurde die Definition dieser Personalinstrumente bisher dem Beamtenrecht entnommen, so enthält der Tarifvertrag nun eine eigenständige Begriffsbestimmung in den Protokollerklärungen zu den Abs. 1 und 2. Neu aufgenommen wurde im Interesse eines flexibleren Personaleinsatzes das bisher nur mittels einzelvertraglicher Vereinbarung mögliche Mittel der Personalgestellung in Abs. 3. Mit der Zuweisung und der Personalgestellung sind dem Arbeitgeber Instrumente an die Hand gegeben, den Beschäftigten auch ohne dessen Zustimmung vorübergehend (Zuweisung) bzw auf Dauer (Personalgestellung) bei einem Dritten unter Beibehaltung des bisherigen Arbeitsverhältnisses einzusetzen.

3 Nicht erfasst (und nicht erwähnungsbedürftig) ist im TVöD und im TV-L das Recht des Arbeitgebers zur Änderung des **Arbeitsinhalts**. Dieses richtet sich deshalb nach den allgemeinen Grundsätzen des Direktionsrechts. Das Recht zur einseitigen Übertragung anderer Aufgaben innerhalb derselben Dienststelle/desselben Betriebes (**Umsetzung**), auch wenn es mit einer Maßnahme nach § 4 verbunden ist, hängt davon ab, inwieweit die Tätigkeit arbeitsvertraglich konkretisiert wurde. Üblicherweise enthält der Arbeitsvertrag im öffentlichen Dienst keine Beschränkung auf eine bestimmte Tätigkeit. Dann kann der Arbeitgeber dem Beschäftigten grundsätzlich, in den Grenzen billigen Ermessens (§ 315 BGB, § 106 GewO), jede, seinen Fähigkeiten und seinem Leistungsvermögen entsprechende, Tätigkeit übertragen, die mit den Merkmalen der Entgeltgruppe übereinstimmt, in die der Beschäftigte zutreffend eingruppiert ist.[1] Ob die neuen Tätigkeitsmerkmale ebenso wie die bisherigen einer den Bewährungsaufstieg ermöglichenden Fallgruppe zugeordnet sind, ist dabei unerheblich.[2]

---

[1] BAG v. 30.8.1995, 1 AZR 47/95, NZA 1996, 440.
[2] BAG v. 24.4.1996, 4 AZR 976/94, NZA 1997, 104.

Denkbar ist zwar, dass sich die Arbeitspflicht des Beschäftigten auch ohne ausdrückliche Vereinbarung im Arbeitsvertrag durch langjährigen gleichbleibenden Einsatz konkludent auf eine bestimmte Tätigkeit **konkretisiert**. Dieser Wirkung könnte zum einen durch einen entsprechenden Vorbehalt im Arbeitsvertrag begegnet werden. Darüber hinaus führt nicht bereits der bloße Zeitablauf zu einer Konkretisierung. Vielmehr müsste auch aus anderen Umständen auf den mutmaßlichen Willen des Arbeitgebers geschlossen werden können, den Beschäftigten nur noch derart eingeschränkt zu beschäftigen. Ein solcher Wille kann im öffentlichen Dienst, der vielfältige Dienstleistungsfunktionen erfüllen muss und deshalb auf einen sachgerechten Einsatz seiner Mitarbeiter angewiesen ist, kaum jemals unterstellt werden.[3]

II. Versetzung und Abordnung (Abs. 1)

1. Versetzung. Der Versetzungsbegriff des TVöD/des TV-L ist in der **Protokollerklärung Nr. 2 zu Abs. 1** definiert (iÜ hierzu die Legaldefinition in § 95 Abs. 3 BetrVG) und iSd Auslegung der Vorgängervorschriften in BAT und MTArb verdeutlicht. Er entspricht dem des Personalvertretungsrechts.

Die Versetzung unterscheidet sich von der Abordnung durch ihren **Dauercharakter**. Sämtliche Bestimmungen des Arbeitsvertrages bestehen im Übrigen fort. Die Tätigkeit ist lediglich bei der zugewiesenen **anderen Dienststelle** oder dem zugewiesenen **anderen Betrieb** zu verrichten. Demgegenüber erfasst § 95 Abs. 3 BetrVG auch die Zuweisung eines anderen Tätigkeitsbereiches ohne Wechsel des Arbeitsplatzes.

Eine Versetzung ist – im Gegensatz zur Abordnung und iU zum Beamtenrecht (§§ 123, 18 BRRG) – begrifflich nur möglich innerhalb der Einrichtungen **desselben Arbeitgebers**.

Der Begriff der **Dienststelle im** TVöD und im TV-L ist organisationsrechtlich zu verstehen.[4] Dienststelle ist danach eine organisatorische Einheit von Personen und sächlichen Mitteln eines Trägers öffentlicher Verwaltung mit einer bestimmten Selbstständigkeit.[5] Demgegenüber wird der Begriff der Dienststelle in § 6 BPersVG als Oberbegriff verwendet.

Als **Betrieb** im arbeitsrechtlichen Sinn, insb. für den Bereich des BetrVG, bezeichnet die Rechtsprechung eine organisatorische Einheit, innerhalb derer ein Arbeitgeber allein oder mit seinen Arbeitnehmern mithilfe von technischen oder immateriellen Mitteln bestimmte arbeitstechnische Zwecke fortgesetzt verfolgt, die sich nicht in der Befriedigung von Eigenbedarf erschöpfen.[6]

Der Wechsel der Dienststelle/des Betriebes muss nicht zwingend mit einem **Ortswechsel** verbunden sein (zB 2 Dienststellen in demselben Gebäude). Umgekehrt geht mit einer bloßen örtlichen Verlagerung einer Dienststelle/eines Betriebes noch keine Versetzung einher. Der Arbeitsplatz des Beschäftigten bleibt in diesem Falle in seiner Beziehung zum Arbeitsumfeld unverändert.[7]

---

3 BAG v. 7.12.2000, 6 AZR 444/99, NZA 2001, 780.
4 BAG v. 22.1.2004, 1 AZR 495/01, ZTR 2004, 268.
5 BVerwG v. 24.1.1991, 2 C 16/88, BVerwGE 87, 310; s. auch § 38 Rn 7.
6 St. Rspr des BAG, s.u.a. v. 14.12.1994, 7 ABR 26/94, NZA 1995, 906; v. 11.2.2004, 7 ABR 27/03, NZA 2004, 618: s. auch § 38 Rn 6.
7 S. LAG Berlin v. 14.12.1998, 9 Sa 95/98, ZTR 1999, 223.

9 2. Abordnung. Die Abordnung geht nicht selten einer Versetzung voraus. Es handelt sich nach der Protokollnotiz Nr. 1 zu Abs. 1 im Unterschied zur Versetzung um die Zuweisung einer nur **vorübergehenden Beschäftigung** bei einer anderen Dienststelle oder einem anderen Betrieb, welche, unter Fortsetzung des bisherigen Arbeitsverhältnisses, **auch bei einem anderen Arbeitgeber** stattfinden kann.

10 Dieser andere Arbeitgeber muss ebenfalls an den TVöD/an den TV-L gebunden sein. Dies ist im Umkehrschluss aus der Definition der Zuweisung in der Protokollerklärung zu Abs. 2 zu entnehmen.[8] Nach dem Wortlaut der Bestimmung wäre in diesem Rahmen eine Abordnung zu jedem Arbeitgeber, dessen Einverständnis vorausgesetzt, möglich; eine „Dienstherrenfähigkeit" wäre im Gegensatz zum Beamtenrecht (vgl etwa § 27 Abs. 3 BBG) nicht Voraussetzung. Eine derart ungewöhnliche Erweiterung des Direktionsrechts bedarf einer **besonderen Eingrenzung und Rechtfertigung** über die allgemein erforderlichen „dienstlichen oder betrieblichen Gründe" hinaus.[9] Andernfalls wäre auch das Institut der Zuweisung gem. Abs. 2 nahezu überflüssig. Der Abordnungsgrund muss deshalb in einem inneren Zusammenhang mit der bisherigen oder (insbesondere) der beabsichtigten zukünftigen Tätigkeit des Beschäftigten stehen, so etwa eine Abordnung zur weiteren Qualifikation, zum Zwecke einer späteren Versetzung oder eines Arbeitgeberwechsels, bei einem arbeitgeberübergreifenden Projekt. Zu beachten ist, dass eine Abordnung, sollte sie vornehmlich den Betriebszwecken des „anderen Arbeitgebers" dienen, eine Arbeitnehmerüberlassung iSd AÜG darstellen könnte.[10]

11 Die Abordnung ist auf einen **vorübergehenden** Zeitraum beschränkt. Mindest- und Höchstgrenzen geben der TVöD und der TV-L nicht vor. Auch eine nur eintägige Abordnung ist möglich. Ebenso ist eine Teilabordnung denkbar (zB wöchentlich oder täglich nur einige Stunden.[11] Bei einer Abordnung über eine längere Zeit kann die Abgrenzung zur Versetzung schwierig sein. Der die Abordnung rechtfertigende dienstliche/betriebliche Grund (s. Rn 12 ff) muss sich auch auf die Dauer beziehen. Die Dauer der Abordnung muss zwar nicht von vornherein feststehen. Der Charakter der Abordnung als einer vorübergehenden Maßnahme muss sich jedoch aus der Natur der übertragenen Aufgaben ergeben. Ist die Dauer der Abordnung völlig ungewiss, so kann es deshalb an einem sachlichen Grund fehlen.[12]

Bei **längeren Abordnungen zu einem anderen Arbeitgeber** wird sich der Beschäftigte oft in das Gefüge dieses Arbeitgebers einordnen müssen. Da sich damit auch der Inhalt des Arbeitsvertrages ändern kann, könnte eine solche Abordnung schon aus diesem Grund rechtlich bedenklich, weil rechtsmissbräuchlich verwendet, sein.

12 3. Dienstliche und betriebliche Gründe. Sowohl Versetzung wie Abordnung bedürfen gem. Abs. 1 **dienstlicher oder betrieblicher Gründe.** Dies folgt im Übrigen bereits aus der Anforderung billigen Ermessens der §§ 106 GewO, 315 BGB. Die

---

8 S. Preis/Greiner, Die Personalgestellung nach § 4 Abs. 3 TVöD – eine innovative Stärkung der Binnenflexibilität im Arbeitsverhältnis, ZTR 2006, 290, 291.
9 Vgl auch Fieberg in Fürst GKÖD IV E § 4 Rn 43.
10 BAG v. 25.10.2000, 7 AZR 487/99, NZA 2001, 259.
11 BAG v. 11.6.1992, 6 AZR 218/91, NZA 1993, 576.
12 BAG v. 15.2.1984, 4 AZR 595/82, AP Nr. 8 zu § 24 BAT.

Gründe können sowohl organisatorischer Art unabhängig von der Person sein wie ihre Ursachen in der Person des Beschäftigten haben.
Derartiger Gründe bedarf es nur dann nicht, wenn der Beschäftigte in eine Versetzungs- oder Abordnungsabsicht, soweit man hierin gleichzeitig ein Vertragsänderungsangebot des Arbeitgebers sehen könnte, **eingewilligt** hat. Denn damit handelt es sich um einen Änderungsvertrag, nicht aber um einen Fall des Abs. 1. Gleiches gilt, wenn die „Versetzung" sogar auf einem **Antrag des Beschäftigten** beruht. Einem solchen Antrag hat der Arbeitgeber uU aus Gründen der sich aus § 242 BGB ergebenden Schutz-, Rücksichts- und Förderpflichten („Fürsorgepflicht") zu entsprechen.[13]

Dienstliche/betriebliche Gründe **organisatorischer Natur** werden v.a. bei einer (im Falle der Abordnung auch nur vorübergehenden) Änderung des Arbeitskräftebedarfs, in Fällen der Rationalisierung, Aufgabenverlagerung und des Aufgabenwegfalls, der Auflösung von Abteilungen uä vorliegen.[14]

Gründe in der **Person** des Beschäftigten können sich zunächst aus fehlenden persönlichen Voraussetzungen[15] ergeben. Soll der Beschäftigte wegen Leistungs- oder Verhaltensdefiziten versetzt werden, so ist dann eine vorherige (vergebliche) Abmahnung notwendig, wenn mit einer Besserung hätte gerechnet werden können.[16] Nicht selten wird eine Versetzung auch in Frage kommen, wenn sich Probleme in der Zusammenarbeit, die sich abträglich auf den Arbeitablauf auswirken, nicht auf schonenderem Wege lösen lassen. Die Versetzung darf jedoch nicht lediglich einer Maßregelung dienen (s. § 612 a BGB).

4. Anhörung des Beschäftigten. Liegen dienstliche/betriebliche Gründe vor, so hat der Arbeitgeber zu prüfen, ob der Beschäftigte, insb. bei einem Ortswechsel, ein begründetes **Interesse an der Beibehaltung seines bisherigen Arbeitsplatzes** hat. Dem dient die Pflicht zur Anhörung gem. Abs. 1 S. 2. Der Beschäftigte ist danach anzuhören, wenn er an eine Dienststelle oder einen Betrieb versetzt oder voraussichtlich länger als 3 Monate abgeordnet werden soll. Eine solche Anhörung ist allerdings auch dann ratsam, wenn die Voraussetzungen des S. 2 nicht vorliegen. Denn die dem Arbeitgeber abzuverlangende **Interessenabwägung** setzt die Kenntnis der Gesichtspunkte voraus, die aus Sicht des Beschäftigten gegen eine Versetzung sprechen könnten. Versetzt oder abgeordnet werden darf der Beschäftigte gegen seinen Willen nur dann, wenn seine Interessen hinter das Interesse der Allgemeinheit an einer ordnungsgemäßen Durchführung der Aufgaben des öffentlichen Dienstes zurücktreten müssen.[17]

13

Unter dem Begriff des **Arbeitsorts**, der nach der Niederschriftserklärung zu Abs. 1 gleichbedeutend mit dem bisherigen Begriff des Dienstorts (s. § 12 Abs. 1 BAT) ist, versteht man die Gemeinde, innerhalb welcher sich der Arbeitsplatz befindet, einschließlich ihres Einzugsgebietes im umzugsrechtlichen Sinn.[18]

14

---
13 BAG v. 25.3.1959, 4 AZR 236/56, AP Nr. 27 zu § 611 BGB Fürsorgepflicht.
14 BAG v. 30.10.1985, 7 AZR 216/83, NZA 1985, 713.
15 Fehlende fachliche oder gesundheitliche Eignung, s. BAG v. 21.6.1978, 4 AZR 816/76, AP Nr. 3 zu § 25 BAT.
16 BAG v. 30.10.1985, aaO.
17 BAG v. 30.10.1985, aaO.
18 BAG v. 22.1.2004, 1 AZR 495/01, PersR 2005, 162.

15 Zur **Anhörungspflicht** gehört zunächst die genaue Information über die beabsichtigte Versetzung bzw Abordnung einschließlich der sie veranlassenden dienstlichen/betrieblichen Gründe. Sodann ist dem Beschäftigten Gelegenheit zu geben, etwaige Gründe in seiner Person, die dagegen sprächen, vorzubringen. Hierbei wird es sich oft um Gründe handeln, die das soziale Umfeld des Beschäftigten betreffen und insbesondere bei einem mit der Versetzung/Abordnung verbundenen Ortswechsel zu berücksichtigen sind (zB schulpflichtige Kinder, Berufstätigkeit des Ehepartners, pflegebedürftige enge Verwandte, Wohnungseigentum).

16 Kommen **mehrere Beschäftigte** für eine Versetzung/Abordnung in Betracht, so hat der Arbeitgeber die jeweiligen persönlichen Gründe, die der Maßnahme entgegenstehen könnten, nach billigem Ermessen gegeneinander abzuwägen, ohne allerdings an die Kriterien der Sozialauswahl gem. § 1 Abs. 3 KSchG gebunden oder auf diese beschränkt zu sein.

17 Der Beschäftigte kann die Rechtmäßigkeit der Versetzung oder Abordnung mittels **Feststellungs- oder Leistungsklage** zum Arbeitsgericht überprüfen lassen. Die Klagefrist des § 4 KSchG findet hierbei keine Anwendung; es gelten lediglich die allgemeinen Verwirkungsgrundsätze. In dringenden Fällen ist bei Vorliegen der Voraussetzungen der §§ 935, 940 ZPO auch einstweiliger Rechtsschutz möglich.

III. Zuweisung (Abs. 2)

18 Ebenso wie die Abordnung ist auch die Zuweisung **vorübergehend**, findet jedoch unter Fortsetzung des bisherigen Arbeitsverhältnisses bei einem anderen Arbeitgeber im In- und Ausland statt, bei welchem **der Allgemeine Teil des TVöD/des TV-L nicht zur Anwendung** kommt (Protokollerklärung zu Abs. 2). Die Regelung knüpft an tarifliche Vorgängerbestimmungen (zB. § 12 Abs. 2 BAT, eingefügt 1991, um insb. den Einsatz im Ausland und im Gebiet der ehemaligen DDR zu ermöglichen) an und fasst die Voraussetzungen genauer, teilweise enger, teilweise weiter. Eine ähnliche Vorschrift für die Auslandstätigkeit eines Beamten findet sich in § 123 a BRRG.

Die Zuweisung ermöglicht damit, zusammen mit der Abordnung, die vorübergehende Beschäftigung bei grds. jedem anderen Arbeitgeber des In- und Auslandes (einem „**Dritten**" im Tarifsinne) unabhängig von seiner Rechtsform. Im Unterschied zu § 12 Abs. 2 BAT ist also auch eine Zuweisung zu einem privatrechtlichen Träger im Inland möglich. Nicht selten wird die Zuweisung zum Zwecke einer vorübergehenden Beschäftigung bei zwischen- oder überstaatlichen Organisationen etwa der EU oder der UN oder bei Behörden anderer Staaten verwendet.

Während der Zuweisung bleibt „die Rechtsstellung des Beschäftigten", dh die beiderseitigen Rechte und Pflichten aus dem Arbeitsvertrag, „unberührt" (Abs. 2 S. 3); das Direktionsrecht geht jedoch auf den „Dritten" über.

19 Die Zuweisung muss im **dienstlichen/betrieblichen oder öffentlichen Interesse** liegen. Die unterschiedliche Wortwahl gegenüber Abs. 1 („Gründe") lässt vermuten, dass die Tarifvertragsparteien dem Arbeitgeber einen weniger eng ge-

fassten Beurteilungsspielraum zukommen lassen wollten.[19] Auch das dienstliche „Interesse" muss jedoch aus objektiven Faktoren (nachweisbarer dienstlicher Nutzen) bestehen, die sodann an dienstliche „Gründe" heranreichen (vgl auch. § 123 a BRRG „dringendes öffentliches Interesse").

Da die Zuweisung weit über den Rahmen des bestehenden Arbeitsverhältnisses hinausgeht, ist sie im Übrigen an gegenüber der Abordnung strengere Voraussetzungen gebunden: 20

Insbesondere bedarf die Zuweisung der **Zustimmung** des Beschäftigten (zum Begriff Zustimmung vgl §§ 183, 184 BGB). Die Zuweisung ist somit ein vertragsändernder Akt, die erforderliche Zustimmung des Beschäftigten die rechtsgeschäftliche Annahmeerklärung des Angebots der Zuweisung.

Allerdings kann die Zustimmung nur aus **wichtigem Grunde verweigert** werden. Der unbestimmte Rechtsbegriff des „wichtigen Grundes" wird im Zivil- und Arbeitsrecht v.a. als Voraussetzung der fristlosen Kündigung eines Dauerschuldverhältnisses verwendet (s. zB §§ 314, 543 Abs. 1, 626 Abs. 1 BGB). Die dortigen Anforderungen an den wichtigen Grund. auf die Zuweisung übertragen bedeutete, der Beschäftigte könnte nur dann die Zustimmung verweigern, wenn Gründe vorlägen, die zur Unzumutbarkeit der Tätigkeit bei dem „Dritten" führten. Die Interessenlage unterscheidet sich jedoch grundlegend von derjenigen einer fristlosen Kündigung. Soll der „wichtige Grund" in § 626 BGB eine (hohe) Schranke für die außerordentliche Auflösung des Vertragsverhältnisses darstellen, so beschreibt die Voraussetzung des „wichtigen Grundes" in Abs. 2, unter welchen Voraussetzungen ein (gravierender) Eingriff in den Inhalt des Arbeitsverhältnisses abgewehrt werden kann. Der unterschiedlichen Eingriffsintensität und Zielrichtung des Eingriffs muss ein unterschiedlicher Schutzbereich entsprechen. Es sind deshalb an den „wichtigen Grund" iSd Abs. S. 2 nicht die gleichen Anforderungen zu stellen wie an denjenigen des § 626 Abs. 1 BGB. In Betracht kommen danach gewichtige sachliche Gründe, die noch nicht an die Zumutbarkeitsgrenze heranreichen,[20] so etwa schlechtere Arbeitsbedingungen, familiäre oder gesundheitliche Gründe. Diese Gründe müssen, um berechtigt die Zuweisung ablehnen zu können, die Interessen des Arbeitgebers an der Zuweisung überwiegen. 21

Verweigert der Beschäftigte die Zustimmung, so fehlt es an der notwendigen Annahmeerklärung. Ein Vertragsverstoß, auf welchen der Arbeitgeber mit Sanktionen (Abmahnung, Kündigung) reagieren könnte, kann hierin in aller Regel nicht gesehen werden. Der Streit über das Vorliegen eines wichtigen Grundes kann jedoch im Rahmen einer Klage des Arbeitgebers auf Abgabe der „Zustimmung" (der Annahmeerklärung, vgl § 894 ZPO) vor dem Arbeitsgericht geklärt werden. 22

---

19 S. auch Görg/Guth, § 4 TVöD-AT, Rn 32; Fieberg in Fürst GKÖD IV E § 4 Rn 51; Beppler/Stier, § 4 TVöD-AT, Rn 21; aA Preis/Greiner, Die Personalgestellung nach § 4 Abs. 3 TVöD - eine innovative Stärkung der Binnenflexibilität im Arbeitsverhältnis, ZTR 2006, 290, 291.
20 S. auch Görg/Guth, § 4 TVöD-AT Rn 36; ähnlich Bepler/Stier, § 4 TVöD-AT, Rn 22; aA Clemens/Scheuring, § 4 TVöD, Rn 28; Fieberg in Fürst GKÖD IV E § 4 Rn 55; Brediendiek/Fritz/Tewes, Neues Tarifrecht für den öffentlichen Dienst, ZTR 2005, 230, 240; wohl auch Breier/Dassau, § 4 TVöD, Rn 35.

23 Zugewiesen werden darf nur eine **mindestens gleich vergütete Tätigkeit**. Maßgeblich sind die bisherigen Entgeltbestandteile.

24 Zahlt der „Dritte" seinerseits **Bezüge** an den zugewiesenen Beschäftigten, so werden diese, nicht aber Dienstaufwandsentschädigungen, auf sein Entgelt angerechnet (Abs. 2 S. 4). Der Beschäftigte ist verpflichtet, unaufgefordert Auskunft über derartige Bezüge zu erteilen. Außertariflich hat das BMI bei Bezügen aus Tätigkeiten bei der EU sein Einverständnis damit erklärt, dass unter bestimmten Voraussetzungen von einer Anrechnung der Bezüge abgesehen wird.[21]

IV. Personalgestellung (Abs. 3)

25 Mit der Personalgestellung, ist nach der Protokollerklärung zu Abs. 3 die **dauerhafte Beschäftigung bei einem anderen Arbeitgeber** unter Fortsetzung des bisherigen Arbeitsverhältnisses gemeint. Zwar handelt es sich um ein neues tarifliches Instrument des Personaleinsatzes ohne Vorgängerregelungen (Ausnahme: § 13 TVUmBW v. 18.7.2001). Jedoch wurde es schon bisher gelegentlich im Wege einer Vertragsänderung verwendet, etwa bei Privatisierungen einzelner kommunaler oder staatlicher Einrichtungen.[22] Praktiziert wurden bisher auch Gestellungsverträge zwischen Schwesternschaften des Roten Kreuzes oder anderer Verbände und (insb.) Krankenhausträgern. In besonderem Umfang findet sich das Mittel der Personalgestellung im Bereich der Bundeswehr.[23]

26 Die Personalgestellung setzt eine **Verlagerung von Aufgaben** der Beschäftigten zu einem Dritten mittels einer Organisationsentscheidung des Arbeitgebers voraus. Die bisher beim Arbeitgeber zu verrichtenden Aufgaben müssen sich mit den zu dem Dritten verlagerten und nunmehr dort zu verrichtenden Aufgaben in ihrem wesentlichen Charakter[24] decken. Mit Abs. 3 ist es deshalb nicht zu vereinbaren, wenn der Beschäftigte auch originäre Aufgaben des Dritten übernehmen soll.[25] Möglich ist jedoch eine Personalgestellung für einen Teil der Aufgaben des Beschäftigten; den restlichen Teil verrichtet der Beschäftigte weiterhin beim Arbeitgeber. Auch stehen einer Personalgestellung die Erweiterung des Betriebszwecks und die Veränderung der Organisation bei dem Dritten im Zuge der Aufgabenverlagerung nicht entgegen.[26]

27 Es handelt sich in der Regel um eine echte Arbeitnehmerüberlassung. Diese fiel bisher, da es am Merkmal der „Gewerbsmäßigkeit" (hierzu gehört wesentlich die Gewinnerzielungsabsicht) fehlte, **nicht unter das AÜG**.[27] Hieran dürfte sich auch nach ersatzloser Streichung des Begriffs „gewersmäßig" in der ab 1.12.2011 geltenden Fassung des AÜG[28] nichts geändert haben. Denn das AÜG

---

21 RdSchr. v. 11.10.2006 – D II 2 – 220 215/12 – GMBl. S. 1124.
22 Vom BAG inzidenter als zulässiges Mittel angesehen, s. BAG v. 27.6.2002, 2 AZR 367/01, ZTR 2003, 140; vgl auch Bredendiek/Fritz/Tewes, Neues Tarifrecht für den öffentlichen Dienst, ZTR 2005, 230, 242.
23 S. die fortgeltenden Bestimmungen des TVUmBw; vgl Fieberg in Fürst GKÖD IV E § 4 Rn 63.
24 Vgl Thüsing/Schorn, ZTR 2008, 651, 653; s. auch LAG Düsseldorf v. 23.9.2009, 12 Sa 357/09, ZTR 2010, 134 ff.
25 Preis/Greiner, (Anm. 19) ZTR 2006, 290, 292.
26 S. Preis/Greiner, aaO.
27 Vgl § 1 Abs. 1 AÜG aF; s. Bredendiek/Fritz/Tewes, Neues Tarifrecht für den öffentlichen Dienst, ZTR 2005, 230, 241; Conze, Personalbuch TVöD, Rn 1120; aA Görg/Guth, § 4 TVöD-AT, Rn 58.
28 BGBl. I 2011, 642.

betont nun an mehreren Stellen, gleichsam als „Ausgleich",[29] erfasst sei nur eine „vorübergehende" Überlassung. Außerdem entspricht das Instrument der Personalgestellung den Voraussetzungen der Ausnahmevorschrift des § 1 Abs. 3 Nr. 2 a AÜG.

Die zugrundeliegenden Rechtsbeziehungen des Arbeitgebers zu dem Dritten können sich in unterschiedlichen Vertragstypen ausdrücken (zB Werk- oder Dienstvertrag, Dienstverschaffungsvertrag, in Einzelfällen aber auch Arbeitnehmerüberlassungsvertrag). In einem solchen Vertrag sind gem. S. 2 der Protokollerklärung zu Abs. 3 die Modalitäten der Personalgestellung zu regeln.

Die Wortwahl „**Dritter**" entspricht derjenigen in Abs. 2. Die Personalgestellung 28 verlangt im Gegensatz zur Zuweisung nicht, dass der Dritte nicht an den Allgemeinen Teil des TVöD/des TV-L gebunden ist. Auch gibt es, vorbehaltlich der Ausübungskontrolle gem. §§ 106 GewO, 315 BGB, keine räumlichen Beschränkungen.

Das Mittel der Personalgestellung wird durch eine **direktionsrechtliche Anwei-** 29 **sung** des Arbeitgebers zur Ausübung der (bisherigen – vgl den Unterschied zur Zuweisung) Arbeitsleistung bei dem Dritten („auf Verlangen") ausgeübt. Eine Zustimmung oder auch nur Beteiligung des Beschäftigten ist nicht notwendig.[30] Gerade hierin zeigt sich die durch Abs. 3 ermöglichte besondere Flexibilisierung des Personaleinsatzes; denn Abs. 3 als tarifliche Vorschrift unterliegt keiner Inhaltskontrolle (§ 310 Abs. 4 S. 1 BGB), lediglich die konkrete Anwendung kann gem. § 106 GewO dahin überprüft werden, ob sie billigem Ermessen entspricht.

Abs. 3 S. 2 betont etwas Selbstverständliches: **§ 613 a BGB sowie die gesetzlichen** 30 **Kündigungsrechte** bleiben von der Tarifvorschrift unberührt. Denn es handelt sich um zwingendes, nicht tarifdispositives Recht. Die Personalgestellung weist eine **Nähe zu einem Betriebsübergang** (§ 613 a BGB) auf. In der Aufgabenverlagerung liegt zwar eine bloße Funktionsnachfolge. Zu einem Betriebsübergang kann es jedoch dann kommen, wenn ein nach Anzahl oder Sachkunde („knowhow-Träger") wesentlicher Teil der Belegschaft übernommen wird. Dies setzte nach bisheriger Rechtsprechung den Wechsel des Arbeitsverhältnisses oder die Beschäftigung des bisherigen Arbeitnehmers als freier Mitarbeiter voraus. Diskutiert wird jedoch, ob nicht in der Gestellung eines gewichtigen Teils des Personals im o.g. Sinne von einer faktischen Übernahme der Hauptbelegschaft gesprochen werden könnte, die zu einer zumindest analogen Anwendung des § 613 a BGB u.a. mit der Widerspruchsmöglichkeit des § 613 a Abs. 6 BGB führte.[31] Ein Betriebsübergang kann demnach nur dann sicher ausgeschlossen werden, wenn die Personalgestellung lediglich einen nicht erheblichen Teil des Personals betrifft.

Das Mittel der Personalgestellung könnte sich als „milderes Mittel" im Rahmen des ultima-ratio-Grundsatzes auf die **Kündigungsbefugnis** des Arbeitgebers auswirken. So könnte der Arbeitgeber bei einer Aufgabenverlagerung auf einen Dritten und damit verbundenem Wegfall der Beschäftigungsmöglichkeit gerade auf das Mittel der Personalgestellung anstelle einer betriebsbedingten Kündigung

---

29 Vgl Leuchten, NZA 2011, 608, 609.
30 S. Breier/Dassau, § 4 TVöD Rn 43; aA Jordan, Personalgestellung nach § 4 Abs. 3 TVöD/TV-L, PersR 2007, 380.
31 S. Preis/Greiner, (Anm. 19) ZTR 2006, 290, 294.

verwiesen sein. Aktuell wird ein solcher Fall u.a. bei einem Betriebsübergang iSd § 613 a BGB und einem Widerspruch des Beschäftigten gem. § 613 a Abs. 6 BGB. Das ultima-ratio-Prinzip ist allerdings für Kündigungen in § 1 Abs. 2 S. 2 Nr. 1 b KSchG konkretisiert. Danach kann nur eine Weiterbeschäftigungsmöglichkeit in demselben oder in einem anderen Betrieb desselben Unternehmens der Kündigung entgegenstehen, jedoch nicht die Möglichkeit der Personalgestellung, wie durch Abs. 3 S. 2 (deklaratorisch) ausgedrückt werden soll. In Anlehnung an die Rechtsprechung des BAG, welche unter bestimmten Voraussetzungen die Weiterbeschäftigungsmöglichkeit in einem anderen Konzernunternehmen einbezieht,[32] wäre allerdings im Einzelfall zu prüfen, ob es sich bei einer Personalgestellung um einen vergleichbaren Fall handelt, ob also der Arbeitgeber auf den (konzernfremden) „Dritten" einen bestimmenden Einfluss zur „Übernahme" des Beschäftigten im Wege der Personalgestellung ausüben kann.[33] Sollte dies bejaht werden können, stünde Abs. 3 S. 2 einer Ausweitung des Kündigungsschutzes insoweit nicht entgegen.

Bei tariflich unkündbaren Beschäftigten (vgl § 34 Abs. 2 TVöD, § 34 Abs. 2 TV-L) ist der öffentliche Arbeitgeber bei einer Verlagerung von Aufgaben des Beschäftigten auf Dritte („outsourcing"), die nicht die Voraussetzungen eines Betriebsübergangs erfüllt, verpflichtet, vor Ausspruch einer Kündigung die Personalgestellung in Erwägung zu ziehen, um der mit der Unkündbarkeit verbundenen Beschäftigungsgarantie nachzukommen.[34]

31 Die Beschäftigung bei dem Dritten muss ferner gem. der Protokollerklärung „**auf Dauer angelegt**" sein. Dieses Merkmal ist erfüllt, wenn der Beschäftigte bis zum Ende seines Arbeitsvertragsverhältnisses, auch wenn dieses nur befristet ist, bei dem Dritten eingesetzt werden soll, eine Rückkehr zum Arbeitgeber also weder absehbar noch beabsichtigt ist. Lediglich der Gestellungsvertrag muss somit unbefristet sein; eine dort vereinbarte Kündigungsmöglichkeit ist unschädlich.[35] Ist dagegen ein nur vorübergehender Personaleinsatz bei dem Dritten beabsichtigt, ist der Arbeitgeber auf die Möglichkeiten der Abordnung und Zuweisung verwiesen.

V. Beteiligungsrechte der Personalvertretung

32 **1. Nach dem Personalvertretungsrecht.** Gem. § 75 Abs. 1 Nr. 3 bis 4 a BPersVG sowie der entsprechenden Bestimmungen in den Landespersonalvertretungsgesetzen (hier sind Abweichungen möglich) hat der Personalrat **mitzubestimmen** bei der

a) Umsetzung innerhalb der Dienststelle, wenn sie mit einem Wechsel des Dienstortes verbunden ist,
b) Versetzung,
c) Abordnung für eine Dauer von mehr als 3 Monaten,
d) Zuweisung für eine Dauer von mehr als 3 Monaten.

---

32 BAG v. 21.1.1999, 2 AZR 648/97, NZA 1999, 539.
33 Vgl zu dieser Voraussetzung BAG v. 27.11.1991, 2 AZR 255/91, NZA 1992, 644.
34 LAG Hamm v. 18.11.2010, 8 Sa 483/10, ZTR 2011, 300 ff, PersR 2011, 173 ff, im Anschluss an BAG v. 27.6.2002, 2 AZR 367/01, ZTR 2003, 140, PersR 2004, 118; s. auch Guth, PersR 2011, 285, 288 f; Fieberg in Fürst GKÖD IV E § 4 Rn 66.
35 S. auch Görg/Guth, § 4 TVöD-AT, Rn 46; Preis/Greiner, (Anm. 19) ZTR 2006, 290, 292.

In den Fällen a), c) und d) ist nur der Personalrat (bzw die Stufenvertretung) der über die Maßnahme entscheidenden abgebenden, nicht derjenige der aufnehmenden Dienststelle zu beteiligen; dies kann, wie des Öfteren, die Stufenvertretung der beiden Dienststellen übergeordneten Dienststelle sein, wenn diese die Entscheidung getroffen hat.

Bei der **Versetzung** ist auch der Personalrat der aufnehmenden Dienststelle zu beteiligen, wenn diese selbst einen bestimmenden Einfluss auf die Versetzung ausgeübt hat oder hätte ausüben können.[36] Das wird regelmäßig der Fall sein, da mit der Versetzung eine Eingliederung in die aufnehmende Dienststelle und somit ein Handeln dieser Dienststelle verbunden ist.[37]

Das neue Mittel der **Personalgestellung** ist bisher vom Wortlaut der Personalvertretungsgesetze nicht erfasst. Da dieses Mittel in seinen Folgen für den Beschäftigten über die in § 75 Abs. 1 Nr. 4, 4a BPersVG geregelte Abordnung und Zuweisung hinausgeht, unterfällt es ebenfalls der Mitbestimmung.[38]

Das Verfahren der Mitbestimmung richtet sich nach § 69 BPersVG. Die der Mitbestimmung unterliegende Personalmaßnahme ist nur dann wirksam, wenn der zuständige Personalrat ordnungsgemäß beteiligt wurde und der Maßnahme zugestimmt hat (§ 69 Abs. 1 BPersVG). Lehnt der Personalrat die Maßnahme ab, so kann der Streit letztlich bis vor die Einigungsstelle getragen werden (§ 69 Abs. 4 BPersVG). Allerdings darf der Personalrat seine Zustimmung nur aus den in § 77 Abs. 2 BPersVG genannten Gründen verweigern.

2. Nach dem Betriebsverfassungsrecht. Beteiligungsrechte des Betriebsrats können sich allein aus § 99 BetrVG, welcher nur für Unternehmen mit in der Regel mehr als 20 Arbeitnehmern gilt, ergeben. Von den in § 4 erfassten Maßnahmen ist dort lediglich die **Versetzung** genannt. Jedoch ist der betriebsverfassungsrechtliche Begriff der Versetzung, wie sich aus der **Legaldefinition in § 95 Abs. 3 BetrVG** ergibt, erheblich weiter gefasst als derjenige in § 4. Versetzung ist danach die Zuweisung eines anderen Arbeitsbereichs, die voraussichtlich die Dauer von einem Monat überschreitet, oder die mit einer erheblichen Änderung der Umstände verbunden ist, unter denen die Arbeit zu leisten ist.

Ohne Weiteres sind deshalb **Versetzungen** und **Personalgestellungen** iSd § 4 als mitbestimmungspflichtig anzusehen.

Aber auch **Abordnungen** und **Zuweisungen können** den Versetzungsbegriff des § 95 Abs. 3 BetrVG erfüllen, wenn sie, wie häufig, mit einer Änderung des Arbeitsbereiches iSd § 81 Abs. 2 BetrVG und erheblichen Änderungen der Umstände verbunden sind, unter denen die Arbeit zu leisten ist. Der Begriff des Arbeitsbereichs ist dabei durch die Aufgabe und die Verantwortung sowie die Art der Tätigkeit und ihre Einordnung in den Arbeitsablauf des Betriebes umschrieben. Maßgebend ist damit der konkrete Arbeitsplatz und seine Beziehung zur betrieblichen Umgebung in räumlicher, technischer und organisatorischer Hinsicht.[39]

---

36 S. BVerwG v. 19.7.1994, 6 P 33/92, PersR 1995, 128 ff.
37 S. BVerwG v. 16.6.2000, 6 P 6/99, AP Nr. 21 zu § 72 LPVG NW.
38 Analoge Anwendung des § 75 Abs. 1 Nr. 4a BPersVG, s. Fischer/Goeres/Gronimus, GKÖD Bd. V, K § 75 BPersVG Rn 35; Jordan, Personalgestellung nach § 4 Abs. 3 TVöD/TV-L, PersR 2007, 378; aA Groeger/Laber, Arbeitsrecht im öffentlichen Dienst, S. 238.
39 Fitting, § 99 Rn 103 mwN.

37 Ist die Maßnahme nach § 4 als echte oder unechte Leiharbeit zu qualifizieren, so bedeutet der Einsatz des Beschäftigten im Entleiher- bzw Einsatzbetrieb (der „andere Betrieb" bei einer Abordnung, der „Dritte" bei Zuweisung und Personalgestellung) eine **Einstellung** iSd § 99 BetrVG.[40] Dagegen ist die Rückkehr in den „Verleihbetrieb" keine (erneute) Einstellung in diesen Betrieb.

38 Versetzungen und Einstellungen iSd § 99 BetrVG ohne oder mit unzureichender (insb. bei eindeutig unvollständiger Unterrichtung) Beteiligung des Betriebsrats sind unwirksam. Der Betriebsrat kann die **Zustimmung** nur aus den in § 99 Abs. 2 BetrVG genannten Gründen **verweigern**. Eine Verweigerung, die offensichtlich auf keinen dieser Verweigerungsgründe Bezug nimmt, ist unbeachtlich.[41] Die Zustimmung gilt dann als erteilt. Im Übrigen ist der Arbeitgeber, will er trotz Zustimmungsverweigerung des Betriebsrats an der Versetzung festhalten, verpflichtet, die Ersetzung der Zustimmung beim Arbeitsgericht zu beantragen (§ 99 Abs. 4 BetrVG). Für Eilfälle gilt § 100 BetrVG.

§ 5 Qualifizierung (TVöD)

(1) ¹Ein hohes Qualifikationsniveau und lebenslanges Lernen liegen im gemeinsamen Interesse von Beschäftigten und Arbeitgebern. ²Qualifizierung dient der Steigerung von Effektivität und Effizienz des öffentlichen Dienstes, der Nachwuchsförderung und der Steigerung von beschäftigungsbezogenen Kompetenzen. ³Die Tarifvertragsparteien verstehen Qualifizierung auch als Teil der Personalentwicklung.

(2) ¹Vor diesem Hintergrund stellt Qualifizierung nach diesem Tarifvertrag ein Angebot dar, aus dem für die Beschäftigten kein individueller Anspruch außer nach Absatz 4 abgeleitet, aber das durch freiwillige Betriebsvereinbarung wahrgenommen und näher ausgestaltet werden kann. ²Entsprechendes gilt für Dienstvereinbarungen im Rahmen der personalvertretungsrechtlichen Möglichkeiten. ³Weitergehende Mitbestimmungsrechte werden dadurch nicht berührt.

(3) ¹Qualifizierungsmaßnahmen sind
a) die Fortentwicklung der fachlichen, methodischen und sozialen Kompetenzen für die übertragenen Tätigkeiten (Erhaltungsqualifizierung),
b) der Erwerb zusätzlicher Qualifikationen (Fort- und Weiterbildung),
c) die Qualifizierung zur Arbeitsplatzsicherung (Qualifizierung für eine andere Tätigkeit; Umschulung) und
d) die Einarbeitung bei oder nach längerer Abwesenheit (Wiedereinstiegsqualifizierung).

²Die Teilnahme an einer Qualifizierungsmaßnahme wird dokumentiert und den Beschäftigten schriftlich bestätigt.

(4) ¹Beschäftigte haben – auch in den Fällen des Absatzes 3 Satz 1 Buchst. d – Anspruch auf ein regelmäßiges Gespräch mit der jeweiligen Führungskraft, in dem festgestellt wird, ob und welcher Qualifizierungsbedarf besteht. ²Dieses Gespräch kann auch als Gruppengespräch geführt werden. ³Wird nichts anderes geregelt, ist das Gespräch jährlich zu führen.

---

40 Fitting, § 99 Rn 53.
41 BAG v. 6.8.2002, 1 ABR 49/01, NZA 2003, 386.

(5) ¹Die Kosten einer vom Arbeitgeber veranlassten Qualifizierungsmaßnahme – einschließlich Reisekosten – werden, soweit sie nicht von Dritten übernommen werden, grundsätzlich vom Arbeitgeber getragen. ²Ein möglicher Eigenbeitrag wird durch eine Qualifizierungsvereinbarung geregelt. ³Die Betriebsparteien sind gehalten, die Grundsätze einer fairen Kostenverteilung unter Berücksichtigung des betrieblichen und individuellen Nutzens zu regeln. ⁴Ein Eigenbeitrag der Beschäftigten kann in Geld und/oder Zeit erfolgen.

(6) Zeiten von vereinbarten Qualifizierungsmaßnahmen gelten als Arbeitszeit.

(7) Gesetzliche Förderungsmöglichkeiten können in die Qualifizierungsplanung einbezogen werden.

(8) Für Beschäftigte mit individuellen Arbeitszeiten sollen Qualifizierungsmaßnahmen so angeboten werden, dass ihnen eine gleichberechtigte Teilnahme ermöglicht wird.

§ 5 Qualifizierung (TV-L)

(1) ¹Ein hohes Qualifikationsniveau und lebenslanges Lernen liegen im gemeinsamen Interesse von Beschäftigten und Arbeitgebern. ²Qualifizierung dient der Steigerung von Effektivität und Effizienz des öffentlichen Dienstes, der Nachwuchsförderung und der Steigerung von beschäftigungsbezogenen Kompetenzen. ³Die Tarifvertragsparteien verstehen Qualifizierung auch als Teil der Personalentwicklung.

(2) ¹Vor diesem Hintergrund stellt Qualifizierung nach diesem Tarifvertrag ein Angebot dar. ²Aus ihm kann für die Beschäftigten kein individueller Anspruch außer nach Absatz 4 abgeleitet werden. ³Es kann durch freiwillige Betriebsvereinbarung wahrgenommen und näher ausgestaltet werden. ⁴Entsprechendes gilt für Dienstvereinbarungen im Rahmen der personalvertretungsrechtlichen Möglichkeiten. ⁵Weitergehende Mitbestimmungsrechte werden dadurch nicht berührt.

(3) ¹Qualifizierungsmaßnahmen sind
a) die Fortentwicklung der fachlichen, methodischen und sozialen Kompetenzen für die übertragenen Tätigkeiten (Erhaltungsqualifizierung),
b) der Erwerb zusätzlicher Qualifikationen (Fort- und Weiterbildung),
c) die Qualifizierung zur Arbeitsplatzsicherung (Qualifizierung für eine andere Tätigkeit; Umschulung) und
d) die Einarbeitung bei oder nach längerer Abwesenheit (Wiedereinstiegsqualifizierung).

²Die Teilnahme an einer Qualifizierungsmaßnahme wird dokumentiert und den Beschäftigten schriftlich bestätigt.

(4) ¹Beschäftigte haben – auch in den Fällen des Absatzes 3 Satz 1 Buchstabe d – Anspruch auf ein regelmäßiges Gespräch mit der jeweiligen Führungskraft. ²In diesem wird festgestellt, ob und welcher Qualifizierungsbedarf besteht. ³Dieses Gespräch kann auch als Gruppengespräch geführt werden. ⁴Wird nichts anderes geregelt, ist das Gespräch jährlich zu führen.

(5) Zeiten von vereinbarten Qualifizierungsmaßnahmen gelten als Arbeitszeit.

(6) ¹Die Kosten einer vom Arbeitgeber veranlassten Qualifizierungsmaßnahme – einschließlich Reisekosten – werden grundsätzlich vom Arbeitgeber getragen,

soweit sie nicht von Dritten übernommen werden. ²Ein möglicher Eigenbeitrag wird in einer Qualifizierungsvereinbarung geregelt. ³Die Betriebsparteien sind gehalten, die Grundsätze einer fairen Kostenverteilung unter Berücksichtigung des betrieblichen und individuellen Nutzens zu regeln. ⁴Ein Eigenbeitrag der Beschäftigten kann in Geld und/oder Zeit erfolgen.

(7) ¹Für eine Qualifizierungsmaßnahme nach Absatz 3 Satz 1 Buchstabe b oder c kann eine Rückzahlungspflicht der Kosten der Qualifizierungsmaßnahme in Verbindung mit der Bindung der/des Beschäftigen an den Arbeitgeber vereinbart werden. ²Dabei kann die/der Beschäftigte verpflichtet werden, dem Arbeitgeber Aufwendungen oder Teile davon für eine Qualifizierungsmaßnahme zu ersetzen, wenn das Arbeitsverhältnis auf Wunsch der/des Beschäftigten endet. ³Dies gilt nicht, wenn die/der Beschäftigte nicht innerhalb von sechs Monaten entsprechend der erworbenen Qualifikation durch die Qualifizierungsmaßnahme beschäftigt wird, oder wenn die Beschäftigte wegen Schwangerschaft oder Niederkunft gekündigt hat oder einen Auflösungsvertrag geschlossen hat. ⁴Die Höhe des Rückzahlungsbetrages und die Dauer der Bindung an den Arbeitgeber müssen in einem angemessenen Verhältnis stehen.

(8) Gesetzliche Förderungsmöglichkeiten können in die Qualifizierungsplanung einbezogen werden.

(9) Für Beschäftigte mit individuellen Arbeitszeiten sollen Qualifizierungsmaßnahmen so angeboten werden, dass ihnen eine gleichberechtigte Teilnahme ermöglicht wird.

I. Normstruktur, Allgemeines 1	V. Kostentragung und gesetzliche Förderungsmöglichkeiten,
1. Begriff und Bedeutung der Qualifizierung im öffentlichen Dienst 1	§ 5 Abs. 5 und 7 TvöD / § 5 Abs. 6 und 8 TV-L 20
2. Anderweitige Rechtsgrundlagen 3	VI. Qualifizierungsmaßnahmen und Arbeitszeit,
II. Betriebs-/Dienstvereinbarungen (Abs. 2) 4	§ 5 Abs. 6 und 8 TVöD / § 5 Abs. 5 und 9 TV-L 31
1. Abs. 2 als Rahmen für Vereinbarungen 4	1. Qualifizierungszeiten als Arbeitszeit einschließlich der Auswirkungen bei Teilzeitbeschäftigten 31
2. Möglicher Inhalt von Dienst- und Betriebsvereinbarungen 7	2. Regelungen in Besonderen Teilen 33
III. Die Qualifizierungsmaßnahmen im Einzelnen (Abs. 3) 8	
IV. Das Qualifizierungsgespräch (§ 5 Abs. 4 TvöD / § 5 Abs. 4 TV-L) 15	

I. Normstruktur, Allgemeines

1. Begriff und Bedeutung der Qualifizierung im öffentlichen Dienst. Eine umfassende tarifliche Regelung zur Qualifizierung der Beschäftigten im öffentlichen Dienst fehlte bisher. Lediglich für Angestellte im Pflegedienst gab es eine ins Einzelne gehende, Kosten und Vergütungsansprüche regelnde, Tarifvorschrift in der SR 2 a Nr. 7 zum BAT. Insoweit kann diese Regelung auch für § 5, der – unter Beachtung der einschlägigen Rechtsprechung – Einzelheiten einer Kostenbeteiligung und einer Rückzahlungsverpflichtung (Vorgaben hierfür enthält nur

der TV-L in § 5 Abs. 7 TV-L) der einzelvertraglichen Qualifizierungsvereinbarung vorbehält, einen Anhaltspunkt bieten.[1]
Einzelne Bereiche der Privatwirtschaft (etwa die Metallindustrie) kennen dagegen schon seit längerem tarifvertragliche Qualifizierungsregelungen.

Begriff und Zweck der „Qualifizierung" werden in § 5 ausführlich erläutert. Die 2
Qualifizierung setzt eine Ausbildung, voraus, welche idR aber nur den Grundstock der für die Ausübung der übertragenen Arbeitsaufgabe notwendigen Kenntnisse legt. Besonderheiten und Änderungen der Aufgabe, insbesondere aber der stetige Wandel der rechtlichen, technischen und sonstigen Umstände, denen die Tätigkeit unterliegt, machen ein lebenslanges Lernen notwendig, Qualifizierung bedeutet deshalb nicht nur Erhalt, Auffrischung und Steigerung der erworbenen, sondern Erwerb neuer Kenntnisse. Dies dient der ständigen Anpassung der öffentlichen Verwaltung an die gestiegenen Anforderungen und damit auch der Sicherung der Arbeitsplätze sowie der Planung der Personalentwicklung. Dem entspricht der Katalog der Qualifizierungsmaßnahmen in Abs. 3.
Mit Ausnahme der (wichtigen) zusätzlichen Vorschrift des Abs. 7 zur Kostenbeteiligung und zur Rückzahlungsverpflichtung entspricht § 5 TV-L dem § 5 TVöD.

2. Anderweitige Rechtsgrundlagen. Im Berufsbildungsrecht wird der Begriff der 3
Fortbildung verwendet (§§ 1 Abs. 4, 53 ff BBiG). Dort ist die berufliche Fortbildung angesprochen. Sie kann inner- und außerbetriebliche Schulungsmaßnahmen wie auch schulische Lehrgänge umfassen. Rechtsverordnungen regeln auf der Grundlage des BBiG Fortbildungsabschlüsse und Prüfungsordnungen. Daneben ist der Begriff „Fortbildung" aus dem Recht der Berufsförderung der BA bekannt. Im SGB III ist die Fortbildung mit der Umschulung unter dem Oberbegriff der Weiterbildung zusammengefasst.
Für seine **Fortbildung im Arbeitsverhältnis** hat der Arbeitnehmer iw selbst zu sorgen. Nur wenige gesetzliche Vorschriften geben dem Arbeitgeber auf, für bestimmte Arbeitnehmergruppen eine Fortbildung zu ermöglichen, so insb. die §§ 2 Abs. 3 und 5 Abs. 3 ASiG (Betriebsärzte, Fachkräfte für Arbeitssicherheit). § 1 Abs. 2 S. 3 KSchG kann die Verpflichtung des Arbeitgebers entnommen werden, dem Arbeitnehmer in bestimmten Fällen zur Vermeidung einer betriebsbedingten Kündigung eine Fortbildungsmaßnahme anzubieten.
Auch kollektivrechtliche Verträge enthalten idR keinen Anspruch des Arbeitnehmers auf Fortbildung. Vereinzelt gibt es Regelungen, insb. in Sozialplänen, die die Kostenübernahme sowie Freistellungsansprüche enthalten.
Mit § 5 identische Regelungen für die Qualifizierung bestimmter Beschäftigter enthält der TVöD in § 45 BT-E und § 47 BT-S. § 43 BT-K und § 44 BT-B ergänzen § 5 für Ärzte und erleichtern deren Weiterbildung. Auch diesen Vorschriften ist jedoch kein genereller Rechtsanspruch auf Qualifizierung zu entnehmen.

II. Betriebs-/Dienstvereinbarungen (Abs. 2)

1. Abs. 2 als Rahmen für Vereinbarungen. Abs. 2 S. 1 stellt klar, dass der TVöD 4
und der TV-L dem Beschäftigten **keinen Individualanspruch** auf Teilnahme an

---
1 Breier/Dassau, § 5 TVöD, Rn 2.

Qualifizierungsmaßnahmen gewähren. Die Formulierung, der Tarifvertrag stelle ein „Angebot" dar, soll verdeutlichen, dass ein Rahmen geschaffen ist, der durch **freiwillige Dienst- bzw Betriebsvereinbarungen** ausgefüllt werden kann. Da Abs. 1 die Bedeutung und Notwendigkeit der Qualifizierung betont, wird man der Vorschrift auch eine Aufforderung an die Betriebsparteien entnehmen können, dem durch Abschluss von Vereinbarungen mit den notwendigen Detailregelungen zu entsprechen.

5 Abs. 2 lässt **weitergehende Mitbestimmungsrechte** unberührt. Im Bereich des **BetrVG** ist, neben dem Vorschlags- und Beratungsrecht des Betriebsrats gem. § 92 a BetrVG, an die Rechte aus den §§ 96-98 BetrVG zu denken. Die **Einführung** von Maßnahmen der betrieblichen Berufsbildung kann der Betriebsrat jedoch nur im Falle des § 97 Abs. 2 BetrVG erzwingen. Hintergrund sind die sowohl Arbeitgebern wie Arbeitnehmern durch § 2 SBG III auferlegten arbeitsförderungsrechtlichen Pflichten. Der Betriebsrat wird in die Lage versetzt, präventiv Bildungsmaßnahmen für solche Arbeitnehmer durchzusetzen, bei denen durch tätigkeitsändernde Maßnahmen des Arbeitgebers technischer oder organisatorischer Art Qualifikationsrückstände entstehen. Damit soll der Gefahr eines Arbeitsplatzverlustes vorgebeugt werden. Im Übrigen besteht ein Mitbestimmungsrecht des Betriebsrats nur bei der **Durchführung** von Maßnahmen der betrieblichen Berufsbildung, wenn sich also der Arbeitgeber (mitbestimmungsfrei) entschlossen hat, derartige Maßnahmen durchzuführen (§ 98). Es erstreckt sich auch auf die Auswahl der Ausbilder und sonstigen mit der Berufsbildung betrauten Personen sowie der teilnehmenden Arbeitnehmer.

6 Im Bereich des **Personalvertretungsrechts** ist auf die §§ 75 Abs. 3 Nr. 7, 13 und 76 Abs. 2 Nr. 6, 10 BPersVG sowie die entsprechenden Landesvorschriften zu verweisen. I.w. sind hier Mitbestimmungsrechte bei der Auswahl der Teilnehmer und der Ausgestaltung der Maßnahmen vorhanden.

7 **2. Möglicher Inhalt von Dienst- und Betriebsvereinbarungen.** § 5, insb. Abs. 3 mit der Aufzählung der Qualifizierungsmaßnahmen im Einzelnen, stellt einen Rahmen dar, der durch freiwillige Betriebs- bzw Dienstvereinbarungen ausgefüllt wird.

Diese können zB regeln:
- die für den Betrieb/die Dienststelle geplanten Qualifizierungsmaßnahmen,
- Inhalt, Dauer und Teilnehmerkreis der Maßnahmen,
- Auswahl der Teilnehmer,
- Grundsätze zur Überprüfung des Erfolgs der Maßnahmen,
- regelmäßige Gespräche mit Betriebs-/Personalrat über den Stand der Maßnahmen,
- Ausgestaltung der für die Maßnahmen notwendigen Formulare,
- allgemeine Regelungen zur Kostenbeteiligung der Beschäftigten (s. Abs. 5) und zur Rückzahlungsverpflichtung.

III. Die Qualifizierungsmaßnahmen im Einzelnen (Abs. 3)

8 Die abschließende Aufzählung der Qualifizierungsmaßnahmen verdeutlicht, dass § 5 ausschließlich die berufsbezogene Qualifizierung, nicht aber eine allgemeine Weiterbildung, die Grundausbildung oder die bloße Einweisung und Unterrichtung iSd § 81 BetrVG, zum Gegenstand hat.

Die **Erhaltungsqualifizierung** (Abs. 3 a) soll sicherstellen, dass der Beschäftigte 9
über die aktuellen fachlichen, methodischen und sozialen Kenntnisse verfügt,
welche zur Ausübung der übertragenen Tätigkeit notwendig sind (Aktualisierung des vorhandenen Wissens).

Die **Fort- und Weiterbildung** (Abs. 3 b) soll dagegen zusätzliches berufliches 10
Wissen vermitteln und dient deshalb dem Erwerb zusätzlicher Qualifikationen.
Hierdurch werden die Voraussetzungen für einen anderweitigen, insb. höherwertigen, Einsatz des Beschäftigten geschaffen.

Mit der **Qualifizierung für eine andere Tätigkeit oder einer Umschulung** 11
(Abs. 3 c) soll der Beschäftigte vor einem Verlust des Arbeitsplatzes geschützt
werden. Der Beschäftigte soll insb. bei Wegfall seiner bisherigen Arbeitsaufgaben, etwa infolge von Rationalisierungsmaßnahmen, für einen anderen (freien
oder zum Abschluss der Qualifikation freiwerdenden) Arbeitsplatz fortgebildet
werden.[2]

Die **Wiedereinstiegsqualifizierung** (Abs. 3 d) ähnelt der Erhaltungsqualifizie- 12
rung. Mit ihr sollen die Kenntnisse bei oder nach längerer Abwesenheit vom
bisherigen Arbeitsplatz (zB aufgrund von Krankheit oder Elternzeit) aufgefrischt
werden. Für freigestellte Personalrats- und Betriebsratsmitglieder sind Sonderregelungen zu beachten (s. § 38 Abs. 4 BetrVG).

Gem. § 5 Abs. 3 S. 2 TVöD / § 5 Abs. 3 S. 2 TV-L hat der Arbeitgeber die Teil- 13
nahme an einer Qualifikationsmaßnahme zu **dokumentieren** und dem Beschäftigten schriftlich zu **bestätigen**. Die in die Personalakte aufzunehmende Dokumentation enthält ebenso wie die Bestätigung die Erklärung, dass der Beschäftigte an einer inhaltlich und zeitlich näher zu bezeichnenden Maßnahme teilgenommen hat.

Weitere Vorgaben, insb. zu Inhalt, Methoden, Dauer, Kostentragung, enthält 14
der TVöD/der TV-L nicht. Die genaue Festlegung der Qualifizierungsmaßnahme
ist Sache der Arbeitsvertragsparteien, die eine **Qualifizierungsvereinbarung** treffen. Zu regeln sind insbesondere die Dauer der Maßnahme, die Freistellung
hierfür sowie Fragen der Kostenbeteiligung und einer etwaigen Rückzahlungsverpflichtung[3] (zur Kostenvereinbarung s. Rn 22 ff).

IV. Das Qualifizierungsgespräch (§ 5 Abs. 4 TvöD / § 5 Abs. 4 TV-L)

Ob und welcher Qualifizierungsbedarf besteht, ist v.a. in einem Qualifizierungs- 15
gespräch zu klären. Gem. Abs. 4 hat der Beschäftigte **Anspruch** auf ein **regelmäßiges**, dh, soweit durch Dienst- oder Betriebsvereinbarung nicht anderweitig geregelt, jährliches Führungsgespräch mit seinem weisungsberechtigten Vorgesetzten. In diesem Gespräch kann der Beschäftigte Wünsche äußern und Vorschläge
machen. Der Verweis auf Abs. 3 d stellt klar, dass das Gespräch auch während
eines **ruhenden Arbeitsverhältnisses** beansprucht werden kann, um den Bedarf
einer Wiedereinstiegsqualifizierung zu prüfen.

Abs. 4 lässt auch Gespräche mit mehreren Beschäftigten gemeinsam (**Gruppen-** 16
gespräch) zu. Da bei einem solchen Gespräch auch vertrauliche Dinge zur Sprache kommen können, ist jedoch die Einwilligung sämtlicher als Teilnehmer vorgesehenen Beschäftigten notwendig. Dem Wunsch eines Beschäftigten nach ei-

---

2 Vgl auch § 1 Abs. 5, 58 ff BBiG.
3 S. auch Natzel, DB 2005, 612 f.

nem Einzelgespräch sollte sich der Arbeitgeber nicht verschließen. Hat der Beschäftigte sachlich begründete Einwendungen gegen ein **Gruppengespräch** vorgebracht, so ist der Arbeitgeber jedenfalls zu einem Einzelgespräch verpflichtet.

17 Unabhängig von dem jährlichen oder anderweitig festgelegten Turnus sollte der Arbeitgeber, kommt zur Abwendung einer betriebsbedingten **Kündigung** eine Weiterbeschäftigung nach zumutbaren Umschulungs- oder Fortbildungsmaßnahmen in Betracht, die Möglichkeit einer Qualifizierungsmaßnahme nach Abs. 3 c im Rahmen eines Qualifizierungsgesprächs erörtern.

18 Die Abfrage notwendiger Informationen kann mittels eines **Formblattes** strukturiert werden. Hierbei ist das Mitbestimmungsrecht des Betriebsrats gem. § 94 Abs. 1 BetrVG[4] und des Personalrats gem. § 75 Abs. 3 Ziff. 8 BPersVG zu beachten.

19 Auch wenn als Ergebnis des Qualifizierungsgesprächs ein Qualifizierungsbedarf festgestellt wird, resultiert hieraus weder ein Anspruch des Beschäftigten auf eine Maßnahme noch eine Verpflichtung, ein Qualifizierungsangebot des Arbeitgebers anzunehmen. (Ausnahme: Aufstellung eines Weiterbildungsplanes für Ärzte gem. § 44 Abs. 1 TVöD-BT-K, § 5 Abs. 10 idF des § 42 Nr. 3 TV-L). Das Ergebnis des Gesprächs sollte schriftlich festgehalten werde. Eine Verpflichtung hierzu besteht jedoch nicht.

V. Kostentragung und gesetzliche Förderungsmöglichkeiten, § 5 Abs. 5 und 7 TvöD / § 5 Abs. 6 und 8 TV-L

20 Gem. § 5 Abs. 5 TVöD / § 5 Abs. 6 TV-L sind die **Kosten** einer vom Arbeitgeber veranlassten Qualifizierungsmaßnahme einschließlich der Reisekosten, sofern sie nicht von Dritten (s. zB § 5 Abs. 7 TVöD, § 5 Abs. 8 TV-L) übernommen werden, grundsätzlich vom Arbeitgeber zu tragen. Zu den Kosten gehört auch das Arbeitsentgelt, wenn die Maßnahme während der Arbeitszeit stattfindet.[5]

21 Vom Arbeitgeber „**veranlasst**" ist die Maßnahme immer dann, wenn sie erkennbar seinem Interesse entspricht, insb. dann, wenn sie der Anpassung an betriebliche Veränderungen dient. Im Zweifel wird dies bereits aus der Zustimmung des Arbeitgebers zu einer Qualifizierungsvereinbarung als Ergebnis eines Qualifizierungsgesprächs folgen. Weder ein Eigeninteresse noch sogar eine Eigeninitiative des Beschäftigten stehen dem entgegen.[6]

22 § 5 Abs. 5 S. 2 TVöD / § 5 Abs. 6 S. 2 TV-L lässt eine Regelung in der Qualifizierungsvereinbarung, dh vor Beginn der Maßnahme, über eine **Eigenbeteiligung** des Beschäftigten an den Kosten zu. Soweit nicht der Arbeitgeber in Ausnahmefällen die Kosten bereits kraft Gesetzes selbst zu tragen hat (v.a. für Betriebsärzte und Fachkräfte für Arbeitssicherheit, s. §§ 2 Abs. 3 S. 3, 5 Abs. 3 S. 3 ASiG), ist in der Regel eine solche Vereinbarung dann und nicht zulässig, wenn die Qualifizierungsmaßnahme vor allem dem Interesse des Arbeitgebers dient, ohne dem Beschäftigten einen relevanten „individuellen Nutzen" (s. § 5 Abs. 5

---

4 S. LAG Köln v. 21.4.1997, 3 TaBV 79/96, AiB 1997, 664; ArbG Bonn v. 31.10.2003, 2 BVGa 15/03, PersR 2004, 190 f.
5 S. Fitting, § 97 Rn 31; aA Franzen, Das Mitbestimmungsrecht des Betriebsrats bei der Einführung von Maßnahmen der betrieblichen Berufsbildung nach § 97 Abs. 2 BetrVG, NZA 2001, 865.
6 S. auch zum Begriff „auf Veranlassung des Arbeitgebers" in Nr. 7 SR 2 a BAT: BAG v. 15.3.2000, 5 AZR 584/98, NZA 2001, 39.

S. 3 TVöD; § 5 Abs. 6 S. 3 TV-L) zu bringen. Ein solcher „Nutzen" kann sich insb. dann ergeben, wenn die erworbenen Kenntnisse die Berufsaussichten und Aufstiegschancen des Beschäftigten verbessern.

Der **Eigenbeitrag** des Beschäftigten kann auch darin bestehen, dass dieser ein vorhandenes Zeitguthaben (s. § 10) einbringt oder die Maßnahme außerhalb der Arbeitszeit (unbezahlt) stattfindet (§ 5 Abs. 5 S. 4 TVöD; § 5 Abs. 6 S. 4 TV-L).

Regelmäßig wird ein kollektiver Bezug vorhanden sein, v.a. wenn eine Gruppe von Beschäftigten betroffen ist. Regelungen über einen Eigenbeitrag unterliegen dann dem **Mitbestimmungsrecht** des Personal-/Betriebsrats.[7] Mitbestimmungsfrei sind somit lediglich Regelungen, die sich auf die individuellen Besonderheiten eines Arbeitsverhältnisses beziehen.[8] 23

Mit der Annahme eines Mitbestimmungsrechts korrespondiert § 5 Abs. 5 S. 3 TVöD / § 5 Abs. 6 S. 3 TV-L. Den Betriebsparteien ist danach vorgegeben, die **Grundsätze einer fairen Kostenverteilung** durch Dienst-/Betriebsvereinbarungen zu regeln. Unter Abwägung des jeweiligen Nutzens ist darin Art und Umfang der Kostenbeteiligung des Beschäftigten abzustufen (für den kommunalen Bereich in Niedersachsen ist allerdings der Arbeitszeit-TV Niedersachsen zu beachten, der die dortigen Beschäftigten verpflichtet, unbezahlte Zeit einzubringen). 24

Trägt der Arbeitgeber die Kosten ganz oder auch nur teilweise, so wird er sich für den Fall eines zeitnahen Ausscheidens des Beschäftigten schützen wollen. In Abs. 5 nicht erwähnt, aber auch nicht ausgeschlossen sind **Rückzahlungsklauseln**. Dagegen enthält § 5 **Abs. 7 TV-L** eine Rahmenregelung für derartige Klauseln, die die Möglichkeiten für den Arbeitgeber einengen. 25

Während derartige Klauseln im Berufsausbildungsverhältnis und in gleichgestellten Ausbildungsgängen untersagt sind (s. §§ 12 Abs. 2, 26 BBiG), können die Arbeitsvertragsparteien im Übrigen Regelungen über die Rückzahlung der vom Arbeitgeber getragenen Fort- und Weiterbildungskosten in den durch die Rechtsprechung gezogenen Grenzen treffen. Die Regelung ist vor Beginn der Qualifizierungsmaßnahme abzuschließen,[9] zweckmäßigerweise in der Qualifizierungsvereinbarung, obgleich Schriftform nicht vorgeschrieben ist.

Wurden Rückzahlungsklauseln früher nach Maßgabe des Art. 12 GG sowie des § 242 BGB überprüft, so sind jetzt idR die AGB-Vorschriften der §§ 305 ff **BGB** maßgebend. Die Rückzahlungsverpflichtung muss verständlich und klar abgefasst sein (Transparenzgebot des § 307 Abs. 1 S. 2 BGB). Der Beschäftigte muss bereits bei Abschluss der Vereinbarung erkennen können, welche Kosten in welchen Fällen auf ihn zukommen.[10] Bei der **Angemessenheitskontrolle** gem. § 307 BGB[11] kann allerdings in Grenzen auf die bisherige Rechtsprechung zurückgegriffen werden, So muss die Rückzahlungspflicht bei verständiger Betrachtung einem billigenswerten Interesse des Arbeitgebers entsprechen. Zu diesem Interesse gehört die Erwartung des Arbeitgebers, der Beschäftigte werde die 26

---

7 Annexrecht zum Mitbestimmungsrecht nach §§ 97 Abs. 2 BetrVG, 75 Abs. 3 Nr. 7, ggf auch Nr. 13 BPersVG; s. ErfK-Kania, § 97 BetrVG Rn 7 unter Bezug auf § 2 SGB III; Küttner-Reinecke, Betriebliche Berufsbildung, Rn 10; Görg/Guth, § 5 TVöD-AT Rn 26; aA Fitting, § 97 Rn 30.
8 S. BAG v. 3.12.1991, GS 1/90 und GS 2/90, NZA 1992, 967, 749.
9 BAG v. 19.3.1980, 5 AZR 362/78, AP Nr. 5 zu § 611 BGB Ausbildungsbeihilfe.
10 Vgl BAG v. 18.3.2008, 9 AZR 186/07, NZA 2008, 1004 ff.
11 S. BAG v. 11.4.2006, 9 AZR 610/05, NZA 2006, 1042.

erworbenen Kenntnisse jedenfalls für eine gewisse Zeit dem Arbeitgeber zur Verfügung stellen. Für den Beschäftigten muss die Erstattungspflicht zumutbar sein.

Insgesamt ist die durch eine Rückzahlungspflicht erzeugte Bindung des Beschäftigten einer **Güter- und Interessenabwägung** zu unterziehen. Zu berücksichtigen ist insb., in welchem Maße der Beschäftigte durch die Qualifizierung einen geldwerten Vorteil erlangt (v.a. realistische Chancen auf höhere Vergütung und Aufstiegsmöglichkeiten, Erwerb allgemein verwertbarer Kenntnisse), welche Kosten der Arbeitgeber aufgewendet hat. Qualifizierungs- und Bindungsdauer müssen in einem angemessenen Verhältnis stehen. Hierzu existiert eine umfangreiche Rechtsprechung des BAG.[12]

27 Grundsätzlich kann die Bindungsdauer umso länger sein, je länger die Maßnahme gedauert hat und je höher die vom Arbeitgeber aufgewendeten Mittel und der Wert der erworbenen Qualifikation für den Beschäftigten sind. Nach der Rechtsprechung des BAG gilt im Regelfall: Bei einer Dauer der Maßnahme von bis zu 1 Monat ohne Arbeitsleistung ist höchstens eine Bindung bis zu 6 Monaten zulässig, bei einer Dauer von bis zu 2 Monaten eine höchstens einjährige Bindung, bei einer Dauer von 3 bis 4 Monaten eine zweijährige Bindung, bei einer Dauer von 6 Monaten bis zu einem Jahr eine dreijährige Bindung. Dauert die Maßnahme ohne Arbeitsleistung länger als 2 Jahre, kann die Bindungsdauer bis zu 5 Jahren betragen.[13] Abweichungen hiervon sind jedoch möglich. Eine verhältnismäßig lange Bindung kann auch bei kürzerer Ausbildung gerechtfertigt sein, wenn der Arbeitgeber ganz erhebliche Mittel aufwendet oder die Teilnahme an der Fortbildung dem Arbeitnehmer überdurchschnittlich große Vorteile bringt.[14] Für jeden Monat der Tätigkeit nach Beendigung der Qualifizierungsmaßnahme verringert sich die Rückzahlungsverpflichtung anteilig.

Eine **zu lange Bindungsdauer** führt zur **Unwirksamkeit**, nicht lediglich zur Anpassung der Klausel.[15]

28 Die Rückzahlungsklausel muss ausweisen, **welche Kosten** zurückzuzahlen sind. Erstattungsfähig sind Lehrgangskosten, Fahrt- und Logiskosten sowie Lohnkosten (das Bruttoentgelt, nicht jedoch die Arbeitgeberbeiträge zur Sozialversicherung).[16] Insb. eine hohe Rückzahlungspflicht ist, um dem Zumutbarkeitserfordernis zu genügen, während der Bindungsdauer **jährlich zeitanteilig zu mindern**; eine monatliche Staffelung ist nicht geboten.[17]

Die Rückzahlungspflicht wird im Geltungsbereich des TVöD nur **ausgelöst**, wenn der Beschäftigte die vorzeitige Beendigung des Arbeitsverhältnisses zu vertreten hat, also regelmäßig bei einer Kündigung seitens des Beschäftigten oder

---

12 Überblick etwa in Küttner-Reinecke, Rückzahlungsklausel, Rn 11; Burger, Fort- und Weiterbildung der Pflegekräfte – Kostentragung und Rückzahlung, Pflege- und Krankenhausrecht 1998, 67 ff, 90 ff, 107 ff.
13 Einen Überblick über diese Rechtsprechung bietet BAG v. 6.9.1995, 5 AZR 241/94, NZA 1996, 321; zuletzt BAG v. 14.1.2009, 3 AZR 900/07, NZA 2009, 666 ff; BAG v. 15.9.2009, 3 AZR 173/08, NZA 2010, 342 ff.
14 BAG v. 15.9.2009, 3 AZR 173/08, NZA 2010, 342 ff.
15 Verbot der geltungserhaltenden Reduktion, s. BAG v. 11.4.2006, 9 AZR 610/05, NZA 2006, 1042; ErfK/Preis, § 611 BGB, Rn 558; Küttner-Reinecke, Rückzahlungsklausel Rn 13; aA MüKo-Müller-Glöge, § 611 BGB Rn 884; Görg/Guth, § 5 TVöD-AT Rn 32.
16 S. BAG v. 17.11.2005, 6 AZR 160/05, NZA 2006, 872.
17 BAG v. 23.4.1986, 5 AZR 159/85, NZA 1086, 741.

bei einer verhaltensbedingten Kündigung durch den Arbeitgeber, nicht jedoch bei einer betriebsbedingten Kündigung und regelmäßig auch nicht bei einer rein personenbedingten Kündigung. Dem steht gleich ein Aufhebungsvertrag, der auf Wunsch und im Interesse des Beschäftigten geschlossen wird. Dies gilt allerdings nur dann, wenn die Rückzahlungsklausel deutlich ausweist, dass die (ggf anteilige) Rückzahlungspflicht nur bei Beendigung des Arbeitsverhältnisses aus Gründen in der Sphäre des Beschäftigten ausgelöst wird.[18] Andernfalls ist die Klausel wegen unangemessener Benachteiligung des Beschäftigten (§ 307 Abs. 1 S. 1 BGB) unwirksam.[19]

Eine ansonsten zulässige Rückzahlungsverpflichtung entfällt jedoch, wenn der Beschäftigte das Arbeitsverhältnis aus vom Arbeitgeber gesetzten Gründen beendet (zB fristlose Kündigung wegen eines vom Arbeitgeber veranlassten wichtigen Grundes gem. § 626 Abs. 1 BGB).

Im **Geltungsbereich des TV-L** ist die Möglichkeit einer Rückzahlungsklausel 29 ausdrücklich in **Abs. 7** vorgesehen und gleichzeitig erheblich eingegrenzt. Dem § 5 Abs. 7 S. 2 TV-L ist zu entnehmen, dass eine arbeitgeberseitige Beendigung des Arbeitsverhältnisses, aus welchen Gründen auch immer, idR eine Rückzahlungsverpflichtung nicht auslösen kann.[20] Lediglich dann, wenn der Beschäftigte durch sein Verhalten eine arbeitgeberseitige Kündigung geradezu herausgefordert hat, wie es bei Vorliegen eines außerordentlichen Kündigungsgrundes gem. § 626 Abs. 1 BGB regelmäßig zu unterstellen ist, wird hiervon abzuweichen sein. Denn in einem solchen Fall zeigt der Beschäftigte, dass ihm an einer weiteren Betriebstreue gerade nicht gelegen ist.

Darüber hinaus greift die Rückzahlungsklausel auch im Falle eines Ausscheidens auf Wunsch des Beschäftigten dann nicht, wenn diesem nicht innerhalb von sechs Monaten eine Tätigkeit übertragen wird, die den erworbenen Qualifikationen entspricht. Ebenso entfällt die Rückzahlungspflicht, wenn die Beendigung auf Schwangerschaft oder Niederkunft beruht.

In den Bundesländern Berlin, Brandenburg, Bremen, Hamburg, Hessen, Nieder- 30 sachsen, Nordrhein-Westfalen, Rheinland-Pfalz, Saarland und Schleswig-Holstein steht dem Beschäftigten aufgrund eines meist als (Weiter-)Bildungsgesetz bezeichneten Landesgesetzes ein Anspruch auf bezahlte Freistellung für einen Bildungsurlaub zu. Gem. § 5 Abs. 7 TVöD / § 5 Abs. 8 TV-L können derartige wie auch weitere **gesetzliche Förderungsmöglichkeiten** in die Qualifizierungsplanung einbezogen werden. Weitere gesetzliche Angebote finden sich etwa im Aufstiegsfortbildungsförderungsgesetz.[21] Macht der Beschäftigte den gesetzlichen Anspruch geltend, so ist diesbezüglich insoweit eine Rückzahlungsvereinbarung nicht zulässig.

VI. Qualifizierungsmaßnahmen und Arbeitszeit, § 5 Abs. 6 und 8 TVöD / § 5 Abs. 5 und 9 TV-L

1. Qualifizierungszeiten als Arbeitszeit einschließlich der Auswirkungen bei Teil- 31 **zeitbeschäftigten.** Zeiten einer mit Zustimmung des Arbeitgebers durchgeführten Qualifizierungsmaßnahme aufgrund einer Qualifizierungsvereinbarung oder

---

18 BAG v. 23.1.2007, 9 AZR 482/06, NZA 2007, 748.
19 Zum früheren Recht vgl BAG v. 24.6.2004, 6 AZR 383/03, NZA 2004, 1035.
20 AA Clemens/Scheuring/Steinge/Wiese, TV-L, § 5 Rn 65 f.
21 Sog. Meister-BAföG, s. BGBl. I 2002, 402.

einer Dienst-/Betriebsvereinbarung gelten gem. § 5 Abs. 6 TVöD / § 5 Abs. 5 TV-L als Arbeitszeit. Da jedoch § 5 Abs. 5 S. 4 TVöD / § 5 Abs. 6 S. 4 TV-L einen Eigenbeitrag des Beschäftigten auch durch Einbringen von Arbeitszeit zulässt (s. Rn 22), gilt dies nur im Grundsatz. Auch im Übrigen kann die Qualifizierungsvereinbarung Modifikationen der Einzelansprüche des Beschäftigten, etwa über Urlaub und Entgeltfortzahlung im Krankheitsfall, als Eigenbeitrag enthalten. Dabei sind allerdings die Grundsätze einer fairen Kostenverteilung (§ 5 Abs. 5 S. 3 TVöD / § 5 Abs. 6 S. 3 TV-L, s. Rn 24) zu beachten.

Soweit es sich nach dem Grundsatz des § 5 Abs. 6 TVöD / § 5 Abs. 5 TV-L um Arbeitszeit handelt, gelten die gesetzlichen und tariflichen **Arbeitszeitbestimmungen,** insb. diejenigen des AZG und der §§ 6 ff TVöD/TV-L. So sind die arbeitszeitrechtlichen Grenzen der §§ 3 ff AZG zu beachten. Vergütungsrechtlich finden die §§ 6 ff TVöD/TV-L Anwendung (zur Vergütung von Reisezeiten s. § 44 TVöD-BT-V).

32 Teilzeitbeschäftigten ist nicht selten ein beruflicher Aufstieg auch deshalb verwehrt, weil es an für sie geeigneten, Familie und Beruf in Einklang bringenden, Fortbildungsmöglichkeiten fehlt. Dem Diskriminierungsverbot des § 4 Abs. 1 TzBfG Rechnung tragend fordert § 5 **Abs. 8** TVöD / § 5 Abs. 9 TV-L Qualifizierungsangebote, die auch Teilzeitbeschäftigten eine „gleichberechtigte", dh eine auf ihre Möglichkeiten und Bedürfnisse zugeschnittene, Teilnahme ermöglicht.

33 2. **Regelungen in Besonderen Teilen.** Während die Sondervorschriften für Beschäftigte der Sparkassen und der Entsorgungsbetriebe (§§ 47 TVöD-BT-S und 45 TVöD-BT-E) sich inhaltlich nicht von § 5 TVöD unterscheiden, ergänzen § 43 TVöD-BT-K und § 42 Nr. 3 TV-L den § 5 für **Ärzte,** die sich in Facharzt-, Schwerpunktweiterbildung oder Zusatzausbildung nach dem G über befristete Arbeitsverträge mit Ärzten in der Weiterbildung befinden (s. Rn 3). Für diese Beschäftigten ist ein Weiterbildungsplan aufzustellen. Da diese Weiterbildung in die (befristete) Beschäftigung integriert ist, kommen dem Arbeitgeber bestimmte Organisationspflichten zu.

Abschnitt II Arbeitszeit
§ 6 Regelmäßige Arbeitszeit (TVöD)

(1) ¹Die regelmäßige Arbeitszeit beträgt ausschließlich der Pausen für
a) die Beschäftigten des Bundes durchschnittlich 39 Stunden wöchentlich,
b) die Beschäftigten der Mitglieder eines Mitgliedverbandes der VKA im Tarifgebiet West durchschnittlich 39 Stunden wöchentlich, im Tarifgebiet Ost durchschnittlich 40 Stunden wöchentlich.

²Bei Wechselschichtarbeit werden die gesetzlich vorgeschriebenen Pausen in die Arbeitszeit eingerechnet. ³Die regelmäßige Arbeitszeit kann auf fünf Tage, aus notwendigen betrieblichen/dienstlichen Gründen auch auf sechs Tage verteilt werden.

(2) ¹Für die Berechnung des Durchschnitts der regelmäßigen wöchentlichen Arbeitszeit ist ein Zeitraum von bis zu einem Jahr zugrunde zu legen. ²Abweichend von Satz 1 kann bei Beschäftigten, die ständig Wechselschicht- oder Schichtarbeit zu leisten haben, ein längerer Zeitraum zugrunde gelegt werden.

(3) ¹Soweit es die betrieblichen/dienstlichen Verhältnisse zulassen, wird die/der Beschäftigte am 24. Dezember und am 31. Dezember unter Fortzahlung des Entgelts nach § 21 von der Arbeit freigestellt. ²Kann die Freistellung nach Satz 1 aus betrieblichen/dienstlichen Gründen nicht erfolgen, ist entsprechender Freizeitausgleich innerhalb von drei Monaten zu gewähren. ³Die regelmäßige Arbeitszeit vermindert sich für jeden gesetzlichen Feiertag, sowie für den 24. Dezember und 31. Dezember, sofern sie auf einen Werktag fallen, um die dienstplanmäßig ausgefallenen Stunden.

Protokollerklärung zu Absatz 3 Satz 3:
Die Verminderung der regelmäßigen Arbeitszeit betrifft die Beschäftigten, die wegen des Dienstplans am Feiertag frei haben und deshalb ohne diese Regelung nacharbeiten müssten.

(4) Aus dringenden betrieblichen/dienstlichen Gründen kann auf der Grundlage einer Betriebs-/Dienstvereinbarung im Rahmen des § 7 Abs. 1, 2 und des § 12 ArbZG von den Vorschriften des Arbeitszeitgesetzes abgewichen werden.

Protokollerklärung zu Absatz 4:
In vollkontinuierlichen Schichtbetrieben kann an Sonn- und Feiertagen die tägliche Arbeitszeit auf bis zu zwölf Stunden verlängert werden, wenn dadurch zusätzliche freie Schichten an Sonn- und Feiertagen erreicht werden.

(5) Die Beschäftigten sind im Rahmen begründeter betrieblicher/dienstlicher Notwendigkeiten zur Leistung von Sonntags-, Feiertags-, Nacht-, Wechselschicht-, Schichtarbeit sowie – bei Teilzeitbeschäftigung aufgrund arbeitsvertraglicher Regelung oder mit ihrer Zustimmung – zu Bereitschaftsdienst, Rufbereitschaft, Überstunden und Mehrarbeit verpflichtet.

(6) ¹Durch Betriebs-/Dienstvereinbarung kann ein wöchentlicher Arbeitszeitkorridor von bis zu 45 Stunden eingerichtet werden. ²Die innerhalb eines Arbeitszeitkorridors geleisteten zusätzlichen Arbeitsstunden werden im Rahmen des nach Absatz 2 Satz 1 festgelegten Zeitraums ausgeglichen.

(7) ¹Durch Betriebs-/Dienstvereinbarung kann in der Zeit von 6 bis 20 Uhr eine tägliche Rahmenzeit von bis zu zwölf Stunden eingeführt werden. ²Die innerhalb der täglichen Rahmenzeit geleisteten zusätzlichen Arbeitsstunden werden im Rahmen des nach Absatz 2 Satz 1 festgelegten Zeitraums ausgeglichen.

(8) Die Absätze 6 und 7 gelten nur alternativ und nicht bei Wechselschicht- und Schichtarbeit.

(9) Für einen Betrieb/eine Verwaltung, in dem/der ein Personalvertretungsgesetz Anwendung findet, kann eine Regelung nach den Absätzen 4, 6 und 7 in einem landesbezirklichen Tarifvertrag – für den Bund in einem Tarifvertrag auf Bundesebene – getroffen werden, wenn eine Dienstvereinbarung nicht einvernehmlich zustande kommt und der Arbeitgeber ein Letztentscheidungsrecht hat.

Protokollerklärung zu § 6:
¹Gleitzeitregelungen sind unter Wahrung der jeweils geltenden Mitbestimmungsrechte unabhängig von den Vorgaben zu Arbeitszeitkorridor und Rahmenzeit (Absätze 6 und 7) möglich. ²Sie dürfen keine Regelungen nach Absatz 4 enthalten.

Anhang zu § 6 (VKA)
Arbeitszeit von Cheffahrerinnen und Cheffahrern
(1) Cheffahrerinnen und Cheffahrer sind die persönlichen Fahrer von Oberbürgermeisterinnen/Oberbürgermeistern, Bürgermeisterinnen/Bürgermeistern, Landrätinnen/Landräten, Beigeordneten/Dezernentinnen/Dezernenten, Geschäftsführerinnen/Geschäftsführern, Vorstandsmitgliedern und vergleichbaren Leitungskräften.

(2) ¹Abweichend von § 3 Satz 1 ArbZG kann die tägliche Arbeitszeit im Hinblick auf die in ihr enthaltenen Wartezeiten auf bis zu 15 Stunden täglich ohne Ausgleich verlängert werden (§ 7 Abs. 2 a ArbZG). ²Die höchstzulässige Arbeitszeit soll 288 Stunden im Kalendermonat ohne Freizeitausgleich nicht übersteigen.

(3) Die tägliche Ruhezeit kann auf bis zu neun Stunden verkürzt werden, wenn spätestens bis zum Ablauf der nächsten Woche ein Zeitausgleich erfolgt.

(4) Eine Verlängerung der Arbeitszeit nach Absatz 2 und die Verkürzung der Ruhezeit nach Absatz 3 sind nur zulässig, wenn

1. geeignete Maßnahmen zur Gewährleistung des Gesundheitsschutzes getroffen sind, wie insbesondere das Recht des Fahrers/der Fahrerin auf eine jährliche, für den Beschäftigten kostenfreie arbeitsmedizinische Untersuchung bei einem Betriebsarzt oder bei einem Arzt mit entsprechender arbeitsmedizinischer Fachkunde, auf den sich die Betriebsparteien geeinigt haben, und/oder die Gewährung eines Freizeitausgleichs möglichst durch ganze Tage oder durch zusammenhängende arbeitsfreie Tage zur Regenerationsförderung,
2. die Cheffahrerin/der Cheffahrer gemäß § 7 Abs. 7 ArbZG schriftlich in die Arbeitszeitverlängerung eingewilligt hat.

(5) § 9 TVöD bleibt unberührt.

§ 6 Regelmäßige Arbeitszeit (TV-L)

(1) ¹Die durchschnittliche regelmäßige wöchentliche Arbeitszeit ausschließlich der Pausen

a) wird für jedes Bundesland im Tarifgebiet West auf der Grundlage der festgestellten tatsächlichen durchschnittlichen wöchentlichen Arbeitszeit im Februar 2006 ohne Überstunden und Mehrarbeit (tariflich und arbeitsvertraglich vereinbarte Arbeitszeit) wegen der gekündigten Arbeitszeitbestimmungen von den Tarifvertragsparteien nach den im Anhang zu § 6 festgelegten Grundsätzen errechnet,
b) beträgt im Tarifgebiet West 38,5 Stunden für die nachfolgend aufgeführten Beschäftigten:
   aa) Beschäftigte, die ständig Wechselschicht- oder Schichtarbeit leisten,
   bb) Beschäftigte an Universitätskliniken, Landeskrankenhäusern, sonstigen Krankenhäusern und psychiatrischen Einrichtungen, mit Ausnahme der Ärztinnen und Ärzte nach Buchstabe d,
   cc) Beschäftigte in Straßenmeistereien, Autobahnmeistereien, Kfz-Werkstätten, Theatern und Bühnen, Hafenbetrieben, Schleusen und im Küstenschutz,
   dd) Beschäftigte in Einrichtungen für schwerbehinderte Menschen (Schulen, Heime) und in heilpädagogischen Einrichtungen,
   ee) Beschäftigte, für die der TVöD gilt oder auf deren Arbeitsverhältnis vor der Einbeziehung in den TV-L der TVöD angewandt wurde,
   ff) Beschäftigte in Kindertagesstätten in Bremen,

gg) Beschäftigte, für die durch landesbezirkliche Vereinbarung eine regelmäßige wöchentliche Arbeitszeit von 38,5 Stunden festgelegt wurde,
c) beträgt im Tarifgebiet Ost 40 Stunden,
d) beträgt für Ärztinnen und Ärzte im Sinne des § 41 (Sonderregelungen für Ärztinnen und Ärzte an Universitätskliniken) im Tarifgebiet West und im Tarifgebiet Ost einheitlich 42 Stunden.

²Bei Wechselschichtarbeit werden die gesetzlich vorgeschriebenen Pausen in die Arbeitszeit eingerechnet. ³Die regelmäßige Arbeitszeit kann auf fünf Tage, aus dringenden betrieblichen/dienstlichen Gründen auch auf sechs Tage verteilt werden.

⁴Die unterschiedliche Höhe der durchschnittlichen regelmäßigen wöchentlichen Arbeitszeit nach Satz 1 Buchstaben a und b bleibt ohne Auswirkung auf das Tabellenentgelt und die in Monatsbeträgen festgelegten Entgeltbestandteile.

(2) ¹Für die Berechnung des Durchschnitts der regelmäßigen wöchentlichen Arbeitszeit ist ein Zeitraum von bis zu einem Jahr zugrunde zu legen. ²Abweichend von Satz 1 kann bei Beschäftigten, die ständig Wechselschicht- oder Schichtarbeit zu leisten haben, sowie für die Durchführung so genannter Sabbatjahrmodelle ein längerer Zeitraum zugrunde gelegt werden.

(3) ¹Soweit es die betrieblichen/dienstlichen Verhältnisse zulassen, wird die/der Beschäftigte am 24. Dezember und am 31. Dezember unter Fortzahlung des Tabellenentgelts und der sonstigen in Monatsbeträgen festgelegten Entgeltbestandteile von der Arbeit freigestellt. ²Kann die Freistellung nach Satz 1 aus betrieblichen/dienstlichen Gründen nicht erfolgen, ist entsprechender Freizeitausgleich innerhalb von drei Monaten zu gewähren. ³Die regelmäßige Arbeitszeit vermindert sich für jeden gesetzlichen Feiertag, sowie für den 24. Dezember und 31. Dezember, sofern sie auf einen Werktag fallen, um die dienstplanmäßig ausgefallenen Stunden.

Protokollerklärung zu § 6 Absatz 3 Satz 3:
Die Verminderung der regelmäßigen Arbeitszeit betrifft die Beschäftigten, die wegen des Dienstplans am Feiertag frei haben und deshalb ohne diese Regelung nacharbeiten müssten.

(4) Aus dringenden betrieblichen/dienstlichen Gründen kann auf der Grundlage einer Betriebs-/Dienstvereinbarung im Rahmen des § 7 Absatz 1, 2 und des § 12 Arbeitszeitgesetz von den Vorschriften des Arbeitszeitgesetzes abgewichen werden.

Protokollerklärung zu § 6 Absatz 4:
In vollkontinuierlichen Schichtbetrieben kann an Sonn- und Feiertagen die tägliche Arbeitszeit auf bis zu zwölf Stunden verlängert werden, wenn dadurch zusätzliche freie Schichten an Sonn- und Feiertagen erreicht werden.

(5) Die Beschäftigten sind im Rahmen begründeter betrieblicher/dienstlicher Notwendigkeiten zur Leistung von Sonntags-, Feiertags-, Nacht-, Wechselschicht-, Schichtarbeit sowie – bei Teilzeitbeschäftigung aufgrund arbeitsvertraglicher Regelung oder mit ihrer Zustimmung – zu Bereitschaftsdienst, Rufbereitschaft, Überstunden und Mehrarbeit verpflichtet.

(6) ¹Durch Betriebs-/Dienstvereinbarung kann ein wöchentlicher Arbeitszeitkorridor von bis zu 45 Stunden eingerichtet werden. ²Die innerhalb eines Ar-

beitszeitkorridors geleisteten zusätzlichen Arbeitsstunden werden im Rahmen des nach Absatz 2 Satz 1 festgelegten Zeitraums ausgeglichen.

(7) ¹Durch Betriebs-/Dienstvereinbarung kann in der Zeit von 6 bis 20 Uhr eine tägliche Rahmenzeit von bis zu zwölf Stunden eingeführt werden. ²Die innerhalb der täglichen Rahmenzeit geleisteten zusätzlichen Arbeitsstunden werden im Rahmen des nach Absatz 2 Satz 1 festgelegten Zeitraums ausgeglichen.

(8) Die Absätze 6 und 7 gelten nur alternativ und nicht bei Wechselschicht- und Schichtarbeit.

(9) Für einen Betrieb/eine Verwaltung, in dem/der ein Personalvertretungsgesetz Anwendung findet, kann eine Regelung nach den Absätzen 4, 6 und 7 in einem landesbezirklichen Tarifvertrag getroffen werden, wenn eine Dienstvereinbarung nicht einvernehmlich zustande kommt und der Arbeitgeber ein Letztentscheidungsrecht hat.

(10) ¹In Verwaltungen und Betrieben, in denen auf Grund spezieller Aufgaben (zum Beispiel Ausgrabungen, Expeditionen, Schifffahrt) oder saisonbedingt erheblich verstärkte Tätigkeiten anfallen, kann für diese Tätigkeiten die regelmäßige Arbeitszeit auf bis zu 60 Stunden in einem Zeitraum von bis zu sieben Tagen verlängert werden. ²In diesem Fall muss durch Verkürzung der regelmäßigen wöchentlichen Arbeitszeit bis zum Ende des Ausgleichszeitraums nach Absatz 2 Satz 1 ein entsprechender Zeitausgleich durchgeführt werden. ³Die Sätze 1 und 2 gelten nicht für Beschäftigte gemäß §§ 41 bis 43.

(11) ¹Bei Dienstreisen gilt nur die Zeit der dienstlichen Inanspruchnahme am auswärtigen Geschäftsort als Arbeitszeit. ²Für jeden Tag einschließlich der Reisetage wird jedoch mindestens die auf ihn entfallende regelmäßige, durchschnittliche oder dienstplanmäßige Arbeitszeit berücksichtigt, wenn diese bei Nichtberücksichtigung der Reisezeit nicht erreicht würde. ³Überschreiten nicht anrechenbare Reisezeiten insgesamt 15 Stunden im Monat, so werden auf Antrag 25 v.H. dieser überschreitenden Zeiten bei fester Arbeitszeit als Freizeitausgleich gewährt und bei gleitender Arbeitszeit im Rahmen der jeweils geltenden Vorschriften auf die Arbeitszeit angerechnet. ⁴Der besonderen Situation von Teilzeitbeschäftigten ist Rechnung zu tragen. ⁵Soweit Einrichtungen in privater Rechtsform oder andere Arbeitgeber nach eigenen Grundsätzen verfahren, sind diese abweichend von den Sätzen 1 bis 4 maßgebend.

Anhang zu § 6 TV-L
Regelung der durchschnittlichen regelmäßigen wöchentlichen Arbeitszeit im Tarifgebiet West
(1) Grundsätze der Berechnung
a) Die durchschnittliche regelmäßige wöchentliche Arbeitszeit ausschließlich der Pausen wird für jedes Bundesland im Tarifgebiet West auf der Grundlage der festgestellten tatsächlichen durchschnittlichen wöchentlichen Arbeitszeit im Februar 2006 ohne Überstunden und Mehrarbeit (tariflich und arbeitsvertraglich vereinbarte Arbeitszeit) von den Tarifvertragsparteien einvernehmlich festgelegt.
b) Die Differenz zwischen der bisherigen tariflichen Arbeitszeit zur tatsächlichen Arbeitszeit wird verdoppelt, dabei werden aber nicht mehr als 0,4 Stunden für den zweiten Teil der Verdoppelung der Differenz berücksichtigt. Das Ergebnis ist die Gesamtdifferenz. Die Gesamtdifferenz wird der bisherigen tariflichen Arbeitszeit zugerechnet.
c) Für die Beschäftigten beziehungsweise Beschäftigtengruppen, welche die Tarifvertragsparteien in § 6 Absatz 1 Satz 1 Buchstabe b Doppelbuchstabe aa bis ff festgelegt haben beziehungsweise die durch landesbezirkliche Vereinbarung nach § 6 Absatz 1 Satz 1

Abschnitt II Arbeitszeit § 6

Buchstabe b Doppelbuchstabe gg einbezogen sind, beträgt die durchschnittliche regelmäßige wöchentliche Arbeitszeit ausschließlich der Pausen 38,5 Stunden. Das auf diese Beschäftigten (einschließlich der Ärzte nach § 6 Absatz 1 Satz 1 Buchstabe d) entfallende Volumen der Differenz zu der Arbeitszeit nach Buchstabe b wird auf die Beschäftigten in den anderen Beschäftigungsbereichen übertragen und erhöht beziehungsweise verringert für diese das Ergebnis der nach Buchstabe b errechneten regelmäßigen wöchentlichen Arbeitszeit. Unter Berücksichtigung der Ergebnisse nach Satz 1 und 2 wird die Gesamtdifferenz mit einem ermittelten Faktor multipliziert.

(2) Feststellungen und Berechnungen
¹Die tatsächliche durchschnittliche wöchentliche Arbeitszeit im Monat Februar 2006, ermittelt nach § 6 Absatz 1 Satz 1 Buchstabe a, beträgt nach den Feststellungen der Tarifvertragsparteien in

Baden-Württemberg	38,95 Stunden
Bayern	39,33 Stunden
Bremen	38,795 Stunden
Hamburg	38,73 Stunden
Niedersachsen	38,92 Stunden
Nordrhein-Westfalen	39,20 Stunden
Rheinland-Pfalz	38,75 Stunden
Saarland	38,80 Stunden
Schleswig-Holstein	38,60 Stunden.

²Ergebnisse der Berechnungen nach Absatz 1 Buchstabe b:

Land	§ 6 Absatz 1 Satz 1 Buchstabe a	Bisherige tarifliche Arbeitszeit § 15 Absatz 1 BAT	Differenz	Gesamtdifferenz nach Absatz 1 Buchstabe b
Baden-Württemberg	38,95	38,50	0,45	0,85
Bayern	39,33	38,50	0,83	1,23
Bremen	38,795	38,50	0,295	0,59
Hamburg	38,73	38,50	0,23	0,46
Niedersachsen	38,92	38,50	0,42	0,82
Nordrhein-Westfalen	39,20	38,50	0,70	1,10
Rheinland-Pfalz	38,75	38,50	0,25	0,50
Saarland	38,80	38,50	0,30	0,60
Schleswig-Holstein	38,60	38,50	0,10	0,20

³Die Tarifvertragsparteien in den Ländern errechnen aufgrund der Daten nach Absatz 1 Buchstabe b und Buchstabe c die regelmäßige wöchentliche Arbeitszeit für die Beschäftigten nach § 6 Absatz 1 Satz 1 Buchstabe a. ⁴Ist eine Einigung über die Daten und das ermittelte Ergebnis zur Arbeitszeit in einem Land nicht zu erzielen, werden die Tarifvertragsparteien auf Bundesebene in einer gemeinsamen Kommission eine abschließende Festlegung vornehmen.

⁵Zur praktischen Umsetzung ermitteln die Tarifvertragsparteien auf Bundesebene entsprechend dem festgestellten Ergebnis unter Berücksichtigung des Absatzes 1 Buchstabe c einen Faktor, mit dem die Gesamtdifferenz nach Absatz 1 Buchstabe b multipliziert wird.
⁶Danach ergibt sich für die Ermittlung der regelmäßigen wöchentlichen Arbeitszeit in den einzelnen Bundesländern jeweils folgender Faktor:

Land	Faktor
Baden-Württemberg	46,47
Bayern	32,60
Bremen	66,44
Hamburg	84,78
Niedersachsen	48,54
Nordrhein-Westfalen	36,21
Rheinland-Pfalz	78,00
Saarland	65,83
Schleswig-Holstein	193,50

⁷Die Ergebnisse werden auf volle Hundertstel gerundet.

I. Normstruktur 1	d) Schwankungsbreite der Arbeitszeit innerhalb des Ausgleichszeitraums 25
II. Regelmäßige (Grund-)Arbeitszeit (Abs. 1) 2	
1. Wochenarbeitszeiten – Übersicht 2	e) Ausgleichszeitraum bei Teilzeitbeschäftigten 28
2. Pausen 3	3. Berechnung von Urlaub und Arbeitsunfähigkeit (Krankheit) 29
3. Beginn und Ende der Arbeitszeit 5	
4. Reisezeiten 9	a) Vergütung von Ausfallzeiten wegen Urlaub und Krankheit 30
5. Verteilung der Arbeitszeit ... 10	
a) Zahl der Arbeitstage je Woche und Begriff der „Woche" 10	b) Berechnung der ausgefallenen Arbeitszeit bei Urlaub und Krankheit 31
b) Pflege- und Betreuungseinrichtungen (BT-B) und Krankenhäuser (BT-K) 16	aa) Berechnung von Urlaubszeiträumen 32
III. Berechnung der „durchschnittlichen" Arbeitszeit (Abs. 2) 17	bb) Berechnung von Krankheitszeiträumen 33
1. Bedeutung des „Durchschnitts" 17	IV. Vorfesttage und Feiertage (Abs. 3) 35
2. Jahreszeitraum für den „Durchschnitt" der Wochenarbeitszeit 19	1. Arbeitsfreistellung an „Vorfesttagen" 36
	2. Arbeitszeitregelung und Zeitzuschläge an Vorfesttagen und an Feiertagen 38
a) Grundsätzlicher (Jahres-)Ausgleichszeitraum ... 19	
b) Ausgleichszeitraum bei Wechselschicht- und Schichtarbeit 22	a) Vorfesttage 38
	aa) Verringerung der Soll-Arbeitszeit bei Vorfesttagen 38
c) Jeweiliger Beginn und Ende des (Jahres-)Ausgleichszeitraum 23	
	bb) Kausalität des Arbeitsausfalls entscheidend 39

cc) Arbeitsleistung an Vorfesttagen	40	2. Verpflichtung zur Sonderformen der Arbeit für Teilzeitbeschäftigte	63
b) Feiertage	42	a) Einschränkung von besonderen Arbeitsanordnungen bei Teilzeitbeschäftigten	63
aa) Arbeitsleistung an Feiertagen	42	b) Schriftform für arbeitsvertragliche Regelungen	64
bb) Arbeitsfrei an Wochenfeiertagen	46	c) Vorrangige Heranziehung von Teilzeitbeschäftigten problematisch	66
cc) Feiertagsregelung in Pflege- und Betreuungseinrichtungen und in Krankenhäusern (§ 49 BT-B und BT-K zum TVöD, § 43 Nr. 3 TV-L)	49	d) Keine konkludente Vertragsregelung	67
(1) Vorwegabzug von 20 % der Wochenarbeitszeit	49	VII. Wöchentlicher Arbeitszeitkorridor (Abs. 6)	68
		1. Begriff des Wochenkorridors	68
(2) Erbrachte Feiertagsarbeit	51	2. Mitbestimmung des Personalrats	72
(3) Feiertage in Krankenhäusern uä.	53	VIII. Tägliche Rahmenzeit (Abs. 7)	73
		1. Begriff der Tages-Rahmenzeit	73
(4) Dienstplanmäßige Nichtarbeit in Krankenhäusern uä. Einrichtungen	54	2. Potential der Tages-Rahmenzeit überschaubar	77
V. Abweichungen vom Arbeitszeitgesetz (Abs. 4)	55	3. Mitbestimmung des Personalrats	79
1. Tariföffnungsklauseln des Arbeitszeitgesetzes	55	IX. Korridor und Rahmenzeit bei Wechselschicht-/Schichtarbeit (Abs. 8)	80
2. Absatz 4: Betriebs- oder Dienstvereinbarungen	56	X. Mitbestimmung (Abs. 9)	82
3. Abweichungsmöglichkeiten im Einzelnen	57	1. Mitbestimmung des Betriebsrats	82
4. Durch Absatz 4 eröffnete Spielräume für die Arbeitszeitgestaltung	58	2. Mitbestimmung des Personalrats	83
5. Mitbestimmung der Personalvertretung	59	3. Generelle Konsequenzen der Mitbestimmungspflichtigkeit	84
VI. Umfassendes Weisungsrecht bei der Arbeitszeit (Abs. 5)	60	XI. Arbeits- und Ruhezeiten von Cheffahrerinnen und Cheffahrern	86
1. Verpflichtung zu Sonderformen der Arbeit für Vollzeitbeschäftigte	60		

I. Normstruktur

Ähnlich § 15 BAT, der die gleiche Überschrift trug, enthält diese Regelung die grundlegenden Bestimmungen zur Arbeitszeit, erweitert durch zusätzliche Flexibilisierungsmöglichkeiten. Neben der Regelarbeitszeit für Vollzeitbeschäftigte (Abs. 1) und der (nunmehr zeitlich ausgeweiteten) Formel für die Berechnung der flexiblen Arbeitszeit (Abs. 2) sind erstmals, in der Umsetzung der Tariföffnungsklauseln des Arbeitszeitgesetzes, Möglichkeiten der Abweichung vom Arbeitszeitgesetz auf der Basis der betrieblichen Mitbestimmung (Abs. 4) und weitergehende Optionen der Einführung eines Arbeitszeitkorridors (Abs. 6) oder einer Rahmenzeit (Abs. 7) normiert. Das Direktionsrecht des Arbeitgebers ist bei Teilzeitbeschäftigten allerdings erstmals ausdrücklich eingeschränkt (Abs. 5). Absatz

3 enthält die frühere Vorfesttagsregelung und, in leicht veränderter Fassung, die Behandlung von Feiertagen.

II. Regelmäßige (Grund-)Arbeitszeit (Abs. 1)

1. Wochenarbeitszeiten – Übersicht. Die regelmäßige (Grund-)Arbeitszeit für **Vollzeitbeschäftigte** beträgt seit 1.7.2008, nach Abschluss der Tarifrunde 2008 (für den Bereich des Bundes und der VKA)

a) für die Beschäftigten des **Bundes:** bundesweit durchschnittlich 39 Stunden wöchentlich,

b) für die Beschäftigten im **kommunalen** (Gemeinden, Städte, Landkreis, Bezirke usw) **Bereich** (wenn der Arbeitgeber Mitglied eines Verbandes der Vereinigung der Kommunalen Arbeitgeberverbände – VKA – ist):
   - im Tarifgebiet VKA-Ost: durchschnittlich 40 Stunden wöchentlich,
   - im Tarifgebiet VKA-West: durchschnittlich 39 Stunden wöchentlich.

Soweit hier der Besondere Teil Krankenhäuser (BT-K) zur Anwendung kommt:
   - außerhalb Baden-Württembergs: durchschnittlich 38,5 Stunden wöchentlich;
   - in Baden-Württemberg: durchschnittlich 39 Stunden wöchentlich (in Baden-Württemberg bei Auszubildenden, Schülerinnen/Schülern und Praktikantinnen/Praktikanten: 38,5 Stunden wöchentlich);
   - in **Hamburg:** gestaffelt nach Entgeltgruppen:
   - EG 1 bis 9: bis 49 Jahren: 39 Stunden/Wo., ab dem 50. Lebensjahr: 38 Stunden/Wo.,
   - EG 10 und 11: bis 55 Jahre: 39,5 Stunden/Wo., ab dem 56. Lebensjahr: 39 Stunden/Wo.,
   - EG 12 bis 15 Ü: 40 Stunden/Wo.
   - (bei mindestens einem leiblichen oder angenommenen Kind bis zur Vollendung dessen 12. Lebensjahres: Ermäßigung um 0,5 Stunden/Wo. In allen Entgeltgruppen
   - für **Ärztinnen/Ärzte** (bundesweit). 40 Stunden wöchentlich (was hier elektronisch oder in ähnlicher Form zu dokumentieren ist);

c) im Tarifgebiet **Länder-West:**
   - bei den in **Abs. 1 lit. b** TV-L aufgelisteten privilegierten Beschäftigungsbereichen, insbesondere in Kliniken und (dort) bei Wechselschicht- oder Schichtarbeit sowie in Schulen/Heimen für schwerbehinderte Menschen: durchschnittlich 38,5 Stunden wöchentlich,
   - für **Ärztinnen/Ärzte** in Universitätskliniken: durchschnittlich 42 Wochenstunden,
   - bei allen **anderen Angestellten** länderspezifisch unterschiedlich, errechnet aus dem Durchschnitt der im Februar 2006 festgestellten Arbeitszeit, durchschnittlich in

Baden-Württemberg:	39 Stunden 30 Minuten
Bayern:	40 Stunden 6 Minuten
Bremen:	39 Stunden 12 Minuten
Hamburg:	39 Stunden
Niedersachsen:	39 Stunden 48 Minuten

Nordrhein-Westfalen: 39 Stunden 50 Minuten
Rheinland-Pfalz: 39 Stunden
Saarland: 39 Stunden 30 Minuten
Schleswig-Holstein: 38 Stunden 42 Minuten;
d) im Tarifgebiet **Länder-Ost**: durchschnittlich 40 Stunden wöchentlich (für **Ärztinnen/Ärzte** in Universitätskliniken: durchschnittlich **42** Stunden wöchentlich).
e) Eine nach den Bestimmungen einer Vorgängerregelung zum TVöD/TV-L geschlossene Zusatzvereinbarung zum Arbeitsvertrag, mit der die dortige vertragliche Arbeitszeit einzelvertraglich verlängert wurde, steht unter dem ungeschriebenen Vorbehalt, dass auch die aktuelle Regelung des TVöD/TV-L eine entsprechende Verlängerungsoption enthält. Da dies nicht der Fall ist, entfällt mit Überleitung in den TVöD/TV-L die Verlängerungsvereinbarung.[1]

2. Pausen. Pausen zählen nicht zur Arbeitszeit. Als Pausen sind auch hier Arbeitsunterbrechungen im Sinne des öffentlich-rechtlichen Arbeitsschutzrechts – § 4 ArbZG – gemeint. Pausen werden durch die Rechtsprechung definiert als im voraus feststehende Unterbrechungen der Arbeitszeit, in denen der/die Beschäftigte weder Arbeit zu leisten noch sich auch nur dafür bereit zu halten braucht, sondern freie Verfügung darüber hat, wo und wie er/sie die Pause verbringen will – entscheidend ist, dass der/die Beschäftigte von jeder Dienstverpflichtung und jeder Verpflichtung, sich zum Dienst nur bereitzuhalten, freigestellt ist.[2] Ruhepausen stellen deshalb vorhersehbare Unterbrechungen der Arbeitszeit von vorher bestimmter Dauer dar, die der Erholung dienen.[3] Maßgeblich ist somit das Vorliegen einer Arbeitssituation – einer Arbeitseinteilung etwa durch Schichtplan-/Dienstplangestaltung –, die es dem Beschäftigten ermöglicht, sich für die Dauer der Pausenzeit (nach der gesetzlichen Grundregelung in § 4 ArbZG: mindestens 15 Minuten) von der Arbeit zu entfernen, sich aus der Arbeitsverpflichtung auszuklinken. Es darf also nicht einmal eine latente Präsenzverpflichtung, eine notwendige Hintergrundpräsenz oder Bereitschaftshaltungsverpflichtung, etwa durch Bereitschaftsdienst,[4] bestehen. Der Beschäftigte muss „die Station", den Arbeitsbereich, „verlassen können", so die in der Praxis etwa der Kliniken verbreitete und treffende Übersetzung dieser Anforderung. Nur unter diesen Voraussetzungen kann somit vom Vorliegen von einer Pause im Rechtssinn, die nicht als vergütungspflichtige Arbeitszeit zählt und auch den Anforderungen des Arbeitszeitgesetzes zur Notwendigkeit von Pausen als Unterbrechungen der Ar-

---

1 BAG v. 28.1.2009, 4 AZR 904/07, NZA 2009, 444; dazu Kawik, ZTR 2009, 564.
2 Vgl BAG v. 13.10.2009, 9 AZR 139/08, ZTR 2010, 79 (Rn 30); hierzu Fieberg in GKÖD, Bd. IV (2010), Rn 25; vgl auch BAG v. 9.3.1993, 1 AZR 41/92, NZA 1993, 1094, BAG v. 27.2.1992, 6 AZR 478/90, ZTR 1992, 378, und BAG v. 23.9.1992, 4 AZR 562/91, NZA 1993, 752.
3 Schliemann, ArbZG, 2009, § 4 Rn 6.
4 So jetzt BAG v. 16.12.2009, Der Betrieb (DB) 2010, 680 (LS – vollständig in Juris), Rn 10: Auch in der inaktiven Zeit des Bereitschaftsdienstes kann der Arbeitnehmer nicht frei darüber verfügen, wo und wie er seine Ruhepausen verbringt – deshalb liegt auch hier keine freie Verfügung über die Nutzung dieses Zeitraums und damit keine Pause vor.

beitszeit zur Erholung genügt, gesprochen werden; die gelegentliche Möglichkeit zum „Sitzen" während der Arbeitszeit erfüllt diese Anforderungen nicht.[5]

Beispiel: Wird vom Beschäftigten verlangt, während seiner eingeplanten Pause („Pause") erreichbar zu sein, etwa wenigstens in der Kantine oder innerhalb der Behörde/Einrichtung greifbar und abrufbar zu bleiben, liegt keine Pause im Rechtssinn vor, die dem gesetzlichen Pausenerfordernis genügt und die erst dann keine vergütungsfähige/-pflichtige Arbeitszeit darstellt.

Die Pause muss nach ihrem Begriff „im voraus" feststehen, etwa im Dienstplan enthalten sein: Dies will sicherstellen, dass der Arbeitnehmer sich auf die Pause mental einstellen kann, er weiß, wann eine Erholungsphase stattfindet, und diese nicht etwa vergessen wird.[6] Nicht erforderlich ist, dass von vornherein eine exakte – feste – Pausenzeit bestimmt ist. Die Vorgabe eines bestimmten zeitlichen Rahmens („Pausenrahmen" oder „Pausenfenster") genügt (zB: 30 min Pause im Zeitraum von 11.00 Uhr bis 12.30 Uhr – über mehr als ca. zwei Stunden Dauer dürfte ein solches „Pausenfenster" nicht zulässig sein, da andernfalls die Anforderung der „im voraus" erforderlichen Pausenfestlegung endgültig konturenlos und leerlaufen würde. Die Pausendauer muss spätestens bei Beginn der Pause bekannt sein.[7] Nachträglich kann nicht eine Arbeitsunterbrechung in eine Ruhepause „umgewidmet" werden.

4 Bei „**Wechselschichtarbeit**" (Definition in § 7 Abs. 1, s. dort) werden die gesetzlich vorgeschriebenen Pausen (§ 4 ArbZG – insgesamt 30 oder 45 Minuten je Arbeitstag/Schicht) in die Arbeitszeit eingerechnet, also als Bestandteil der jeweiligen Tages- und Wochenarbeitszeit angesehen und als solche vergütet.

In dem Bereich jedoch, der gerade typisch von Wechselschichtarbeit geprägt ist – diese dort zwangsläufig notwendig und üblich ist –, in **Krankenhäusern, Heimen** und anderen stationären Einrichtungen, wird durch den TVöD-K und durch den TV-L (§ 42 Nr. 4 Ziff. 1 – Ärztinnen/Ärzte außerhalb von Universitätskliniken – und § 43 Nr. 3 Ziff. 1 – nichtärztliche Beschäftigte in Universitätskliniken und Krankenhäusern –, nicht aber für Ärztinnen/Ärzte in Universitätskliniken: § 41 Nr. 3 Ziff. 1 mit Neufassung des § 6 Abs. 1!) die Anrechnung der Pausen als vergütungspflichtige Arbeitszeit wieder beseitigt. Da außerhalb dieser Bereiche Wechselschichtarbeit selten denkbar ist, läuft diese – auf den ersten Blick plakativ für Arbeitnehmer attraktive – Regelung im Ergebnis damit weitgehend leer.

5 **3. Beginn und Ende der Arbeitszeit.** Im TVöD/TV-L fehlt eine Definition, wo – ab welchem lokalen Punkt – die Arbeitszeit beginnt und endet. Die Vorgängerregelung hatte in § 15 Abs. 7 BAT und der Protokollnotiz hierzu auf die „**Arbeitsstelle**" – als den gemeinten weiteren Begriff gegenüber dem unmittelbaren „Arbeitsplatz" – abgestellt. Nach ständiger Rechtsprechung bedeutete „Arbeitsstelle" in diesem Sinn damit (mindestens) das gesamte Gebäude, in dem sich der konkrete Arbeitsplatz befand, so dass die Arbeitszeit grundsätzlich bereits mit

---

5 Zum Begriff der „Ruhepausen" vor allem in den in der Praxis besonders strittigen Bereichen der Schichtarbeit in Krankenhäusern und Pflegeeinrichtungen vgl grundsätzlich: Burger, Pflege- & Krankenhausrecht 1999, 72 f, 90 f und 75 f mwN; siehe auch Zepf/Gussone, Das Tarifrecht in Krankenhäusern, Universitätskliniken, Heimen und sozialen Einrichtungen, 2009, S. 62 f.
6 BAG v. 13.10.2009, 9 AZR 139/08, ZTR 2010, 179 (Rn 47, mwN).
7 BAG v. 13.10.2009, 9 AZR 139/08, ZTR 2010, 179 (Rn 47, mwN).

dem Betreten des Gebäudes – ggf sogar des Geländes mit dem (Klinik- o.ä.)Gebäude – begann und wieder endete. Nachdem die Protokollnotiz zu § 15 Abs. 7 BAT Anfang der 90-er Jahre durch die einschränkende Formulierung der Arbeitsstelle als „Verwaltungs-/Betriebs**bereich** in dem Gebäude/Gebäude**teil**" konkretisiert worden war, war davon auszugehen, dass die Arbeitszeit mit dem Betreten und Verlassen des engeren Arbeitsbereiches innerhalb des Gebäudes – Labor, Büro, Krankenhausstation usw – begann und endete. Das BAG stellte allerdings auch hiernach entscheidend darauf ab, an welcher Stelle exakt der Beschäftigte erst-(und letzt-)mals dem Direktionsrecht unterlag.[8]

Nunmehr fehlt im Allgemeinen Teil des TVöD/TV-L eine Regelung zu Beginn und Ende der Arbeitszeit, weshalb offen ist, wo, an welchem räumlichen Punkt, insbesondere in den Großeinrichtungen – Kliniken, große Verwaltungsgebäude – exakt die Arbeitszeit zu erfassen ist. Nach Ansicht des Verfassers ist unabhängig von der früheren Rechtsgrundlage im BAT jeweils maßgeblich, wo, an welchem räumlichen Punkt im Gebäude, erstmals (und letztmals) das Weisungsrecht des Arbeitgebers eingreift – also im Regelfall beim **Betreten/Verlassen** des Büros, Labors usw als des konkreten Arbeitsplatzes/Arbeitsbereiches. Ist zuvor zwingend Dienstkleidung anzulegen oder eine vom Arbeitgeber vorgeschriebene Vorbereitungshandlung zu treffen, beginnt und endet die Arbeitszeit exakt mit Beginn und Ende dieser Verrichtungen,[9] weshalb in diesem Fall insbesondere das

6

---

[8] „Schreibt der Arbeitgeber vor, dass eine Dienstkleidung, die von ihm unentgeltlich zur Verfügung gestellt und gereinigt wird und nicht mit nach Hause genommen werden darf, vor Dienstbeginn in einem bestimmten Raum im Betrieb anzulegen und nach Dienstende dort abzulegen ist, so gehört das Umkleidezimmer zur Arbeitsstelle. Dort beginnt und endet die Arbeitszeit": so im Fall einer Krankenschwester in einem Klinikum BAG v. 28.7.1994, 6 AZR 220/94, NZA 1995, 437, die Praxis in den Krankenhäusern hatte sich hieran zunehmend orientiert und auch eine etwaige Zeiterfassung auf das Betreten und Verlassen der Umkleideräumlichkeiten abgestellt.

[9] So jetzt auch LAG München v. 1.3.2011, 6 Sa 969/10, PflR 2012, 19, ebenso Juris und Homepage des LAG München – hierzu zustimmende Anm. von Roßbruch in PflR 2012, 28: Umkleidezeiten und nachfolgende/am Schichtende vorausgehende Wegezeiten zum/ vom Arbeitsplatz (Station) einer Krankenschwester stellen vergütungspflichtige Arbeitszeiten dar, da das Umkleiden fremdnützig und der Ort des Umkleidens vorgegeben sind, aufgrund der Ausübung des Weisungsrechtes des Arbeitgebers geschehen, deshalb nur gegen Vergütung zu erwarten sind. Nach BAG v. 10.11.2009, 1 ABR 54/08, ZTR 2010, 214 (Rn 15) gehören Umkleidezeiten zur vertraglich geschuldeten Arbeitsleistung, wenn das Umkleiden einem fremden Bedürfnis dient und nicht zugleich ein eigenes Bedürfnis erfüllt: Deshalb sei das Ankleiden in beruflich vorgeschriebene Dienstkleidung – dann – nicht lediglich fremdnützig und nicht Arbeitszeit, wenn diese zu Hause angelegt und mangels besonderer Auffälligkeit auch auf dem Weg zur Arbeitsstelle getragen werden kann – letzteres ist bei der Dienstkleidung etwa einer Pflegeperson, die zumal aus hygienischen und unfallversicherungsrechtlichen Gründen erst in der Klinik angelegt werden kann, nicht der Fall!; hierzu jetzt ausführlich und grundsätzlich zustimmend Weiß, Pflege- & Krankenhausrecht 2012, 18; auch Springer/Wrieske, AuR 2010, 303; ebenso wohl auch Welkoborsky in Bepler/Böhle/Meerkamp/Stöhr (2011), Rn 50; Zepf/Gussone, Das Tarifrecht in Krankenhäusern, Universitätskliniken, Heimen und sozialen Einrichtungen, 2009, S. 60 f; vgl auch Görg/Guth/Hamer/Pieper, Rn 7 (noch: Umkleidezeiten); LAG Baden-Württemberg v. 8.2.2010, 3 Sa 24/08, ZTR 2010, 238 (rechtskräftig, da im Revisionsverfahren beim BAG durch U. v. 18.5.2011, 5 AZR 181/10, Juris, hierzu keine Entscheidung ergangen ist), nimmt an, dass zwar das Umkleiden vor/nach der Arbeitszeit fremdnützig ist und deshalb Arbeitszeit iSd § 612 Abs. 1 BGB darstellt, hierfür jedoch, ausgehend von einem objektiven Maßstab, nach der „Verkehrssitte" keine Vergütung zu erwarten ist – anders als bei in

Umkleiden selbst und eine etwaige nachfolgende/am Arbeitsende vorausgehende Wegezeit zum/vom konkreten Arbeitsplatz bereits als vergütungsrechtliche Arbeitszeit im tariflichen Sinn zählen.[10][11]

7 Nach § 22 Abs. 4 TVÜ (VKA) zum TVöD bleiben „bestehende Regelungen zur Anrechnung von Wege- und Umkleidezeiten auf die Arbeitszeit ... durch das Inkrafttreten des TVöD unberührt". Dies bezieht sich ersichtlich auf in der Praxis früher, im Hinblick auf die angezogene Rechtsprechung des BAG zu § 15 Abs. 7 BAT und der Protokollnotiz hierzu, verbreiteten Regelungen v.a. in Krankenhäusern zur pauschalen Ein-/Anrechnung von Zeitguthaben für Umkleidezeiten oder auch Überstundenpauschalzahlungen ("Wegegelder" o.ä.) hierfür – die durch diese defensiv formulierte Übergangsregelung nicht etwa abgesichert/"garantiert" werden (können), sondern eben nicht „berührt" werden. Da solche Regelungen kaum jemals als – wirksame – förmliche Rechtsgrundlage fixiert wurden,[12] sind diese weitestgehend obsolet.

8 Zu beachten ist allerdings, dass der tarifpolitisch tradierte Begriff der „**Arbeitsstelle**" als Anknüpfungspunkt für Beginn und Ende der Arbeitszeit noch in einigen Teilen des BT-V zum TVöD (Bund) zB für Beschäftigte im Verwaltungsdienst im Bereich des Bundesministeriums für Verteidigung (§ 46 Kap. I. Nr. 3) und für die Beschäftigten des Bundesministeriums für Verkehr, Bau- und Wohnungswesen (§ 47 Kap. II. – Beschäftigte der Wasser- und Schifffahrtsverwaltung des Bundes – Nr. 9 Abs. 1) verwendet wird.

9 **4. Reisezeiten.** Reisezeiten zu wechselnden Einsatzorten außerhalb der regelmäßigen Arbeitszeit sind keine Arbeitsstunden.[13]

10 **5. Verteilung der Arbeitszeit. a) Zahl der Arbeitstage je Woche und Begriff der „Woche".** Die Regelarbeitszeit kann auf **fünf** Wochentage, nach dem Tarifwortlaut nur bei Vorliegen notwendiger betrieblicher/dienstlicher Gründe auf bis zu maximal **sechs Wochentage** (durchschnittlich), verteilt werden. Ein Abweichen von der üblichen Verteilung der Arbeitszeit auf – durchschnittlich – fünf

---

diesem Fall zusätzlich erforderlicher qualifizierter Desinfizierung der Hände; kritisch hierzu Weiß, Pflege- & Krankenhausrecht 2010, 40; s. auch Weiß, Pflege- & Krankenhausrecht 2012, 18; zur Bedeutung der Entscheidung des BAG v. 18.5.2011, aaO, Lipinski/Praß, BB 2011, 2496; s. auch Zwanziger, DB 2007, 1356/1357 (III.1.b bb); Adam, AuR 2011, 481.

10 AA Breier/Dassau/Kiefer/Lang/Langenbrinck, Bd. 1, Rn 14; Dörring/Kutzki, Rn 18; hierzu Fieberg in GKÖD, Bd. IV (2010), Rn 29.

11 Ein Mitbestimmungsrecht des Betriebsrats bei der Frage, ob das Umkleiden des Arbeitnehmers bereits zur vergütungspflichtigen Arbeitszeit zählt, besteht nach LAG Hamm v. 23.4.2008, Az 10 TaBV 131/07, und nach LAG München v. 1.3.2011, 6 Sa 969/10 (PflR 2012, 19, Juris und Homepage des LAG München) nicht, da es hierbei – der Frage einer Einrechnung der Umkleide-/Wegezeiten in die Arbeitszeit – um die, mitbestimmungsfreie, Dauer der tariflich geregelten Wochenarbeitszeitdauer gehen würde: Dienst- oder Betriebsvereinbarungen, die bestimmen, an welcher örtlichen Stelle die (vergütungspflichtige) Arbeitszeit beginnt/endet und wie Umkleide- und Wegezeiten behandelt werden sollen, sind hiernach unwirksam.

12 Als Betriebs- oder Dienstvereinbarungen auch als unwirksam anzusehen sind: vgl die Angaben in der vorigen Fußnote!

13 So jetzt, für den Bereich des Besonderen Teils Verwaltung (BT-V zum TVöD): BAG v. 14.12.2010, 9 AZR 686/09, NZA 2011, 760; hierzu Fieberg in GKÖD, Bd. IV (2010), Rn 34 a; s. auch BAG v. 22.4.2009, 5 AZR 292/08, NZA-RR 2010, 231; zur notwendigen Anwesenheitszeit für Besatzungsmitglieder auf Schiffen, auf deren Arbeitsverhältnis der TVöD Anwendung findet (§ 47 Nr. 3 Abs. 1 TVöD-BT-V [Bund]), vgl BAG v. 28.5.2009, 6 AZR 141/08, ZTR 2009, 495; vgl hierzu Fieberg in GKÖD, Bd. IV (2011), Rn 34 a.

Arbeitstage je Woche (entsprechend einer üblichen Tagesarbeitszeit von 7,7 Stunden bei einer Wochenarbeitszeit von angenommen 38,5 Stunden) setzt damit tarifrechtlich das Vorliegen besonderer betrieblicher Notwendigkeiten voraus – was allerdings in der Praxis meist ohne Weiteres unterstellt wird.[14]

Diese Tarifregelungen schließen nicht aus, die Arbeitszeit nicht exakt auf (durchschnittlich) **fünf oder sechs Tage** wöchentlich zu verteilen, sondern auf einen Zwischenwert. In stationären Einrichtungen (etwa Alten- und Pflegeheimen) wird die Arbeitszeit häufig, zulässig, auf – durchschnittlich – 5,5 Arbeitstage/Schichten je Woche verteilt, bei linearer Schichtlänge von, bei 38,5 Stunden Wochenarbeitszeit, damit sieben Stunden Tagesarbeitszeit (bei durchschnittlich zB 5,25 Arbeitstagen/Woche und gleicher Schichtlänge: 7 Stunden 20 Minuten Tagesarbeitszeit usw). Weiter steht diese Tarifregelung nicht einer – in der Praxis ebenfalls vorkommenden – Verteilung der Wochenarbeitszeit auf weniger als fünf Arbeits-/Schichttage entgegen (bei durchschnittlich vier Arbeitstagen je Woche und gleicher Wochenarbeitszeit wie vor ergibt dies eine lineare Schichtlänge von ca. 9 Stunden und 40 min, ggf von zehn Stunden, mit Ansparung eines entsprechenden Zeitguthabens). 11

Dies entspricht im Ergebnis den bisherigen BAT-Regelungen zu den von, meist unregelmäßiger, Schichtarbeit geprägten Einrichtungen insbes. des Gesundheitswesens.[15] Innerhalb des Rahmens der öffentlich-rechtlichen Arbeitszeitschutzbestimmungen (ArbZG, MuSchG, JArbSchG, SGB IX u.a.) kann die Arbeitszeit im Grundsatz beliebig verteilt werden. Allerdings muss wegen § 11 Abs. 3 ArbZG bei **Sonn- und Feiertagsarbeit** ein **Ersatzruhetag**, auch längerfristig, gewährt werden.[16] Deshalb kann schon aus diesem Grund die Arbeitszeit auf nicht mehr als – durchschnittlich – sechs Arbeitstage/Woche verteilt werden, was bei gleichlangen Arbeitstagen/Schichten und zB 38,5 Stunden Wochenarbeitszeit einer Tagesarbeitszeit/Schichtzeit von 6 Stunden 25 min entspricht. Wegen der grundsätzlich flexiblen Arbeitszeitberechnung muss jedoch nicht in jeder Woche ein freier Tag gewährt werden. 12

Exkurs: Im TVöD/TV-L fehlt eine tarifliche Definition der „Woche". Die Vorgängerregelung im BAT hatte in § 15 Abs. 8 Unterabs. 1 den Begriff der „Woche" mit dem (üblichen) Zeitraum von Montag (0.00 Uhr) bis Sonntag (24.00 Uhr) festgelegt (ebenso für den arbeitsschutzrechtlichen Bereich § 4 Abs. 4 JArbSchG). 13

Die „**Woche**" ist damit erst zu definieren:

Als Wochenbegriff könnte neben einem festen Zeitblock als Woche – insbes.: Montag bis Sonntag – alternativ auch eine rollierende Sieben-Tage-Periode gelten: also jeweils der einzelne/aktuelle Tag und die folgenden sechs Kalendertage

---

14 Pieper in Görg/Guth/Hamer/Pieper, Rn 14 aE sieht eine dauerhafte Sechstagewoche als deshalb nur ganz ausnahmsweise zulässig an.
15 SR 2 a Nr. 5 Abs. 1 (Pflegekräfte in Krankenhäusern usw); SR 2 b Nr. 4 Abs. 1 SR 2 b (andere stationäre Einrichtungen, insbes. Altenheime); SR 2 c Nr. 7 Abs. 1 (Ärzte).
16 Ein Ersatzruhetag für Sonntags- oder Feiertagsarbeit in diesem Sinn ist an einem Werktag zu gewähren, wobei dieser jeder sowieso arbeitsfreie Werktag sein kann; es ist nicht notwendig, dass dies eine zusätzliche bezahlte Freistellung an einem eigentlich vorgesehenen Arbeitstag ist: BAG v. 12.12.2001, 5 AZR 294/00, NZA 2002, 505; vgl auch Schliemann, ArbZG, 2009, § 11 Rn 17; ein Anspruch auf einen finanziellen Zuschlag für Sonn- und Feiertagsarbeit ergibt sich aus dieser gesetzlichen Regelung nicht: BAG v. 11.1.2006, 5 AZR 97/05, ZTR 2006, 278.

(zB: Dienstag bis Montag, Mittwoch bis Dienstag, Donnerstag bis Mittwoch, usw).[17]

Sinnvoll und vor allem allein praktikabel erscheint es dem Verfasser, wie in der Vorgängerregelung von einem festen Wochenbegriff im ersteren Sinn – und zwar wie bisher: **Montag (0.00 Uhr) bis Sonntag (24.00 Uhr)** – auszugehen, da alle anderen Überlegungen schwer nachvollziehbar sind und in der praktischen Handhabung zu einem Rattenschwanz von Folgeproblemen führen.

14 Es genügt, wenn bei einer Arbeitszeitverteilung auf sechs Tage in zwei aufeinander folgenden Wochen zwei freie Tage, bei sonach noch 12 Arbeitstagen/Schichten, eingeplant werden, weshalb theoretisch am Anfang eines Zeitraums von zwei Wochen ein freier Tag und erst am Ende dieser Periode wieder ein freier Tag festgesetzt werden könnten (anders als bei Feiertagsbeschäftigung steht bei Sonntagsarbeit einer über zwei Wochen hinausgehenden Flexibilisierung der nach § 11 Abs. 3 ArbZG hierfür zu gewährende Ersatzruhetag entgegen, der nach § 12 ArbZG insoweit auch tarifvertraglich nicht anders zu regeln ist!). (Allein) vom Wortlaut dieser Regelung wäre damit auch ein Arbeitszeitmodell gedeckt, das in zwei aufeinander folgenden Wochen am Anfang zwei freie Tage und anschließend 12 Arbeitstage vorsieht und umgekehrt, und dies dann, im Einzelfall, so umgesetzt wird, dass in einem ersten Zweiwochenblock auf die anfänglich zwei freien Tage 12 Arbeitstage folgen und der anschließende Zweiwochenblock umgekehrt sofort mit 12 Arbeitstagen beginnt und die beiden notwendigen freien Tage an dessen Ende festlegt – mit der Folge, dass in diesem Fall tatsächlich 24 – wenngleich relativ kurze – Arbeitstage/Schichten hintereinander zu leisten wären (was zwar noch dem Wortlaut, aber schwerlich dem Sinn der Arbeitnehmerschutzregelungen entspricht).

Sinnvoll erscheint es deshalb, auch in von, unregelmäßiger, Wechselschicht-/Schichtarbeit geprägten Arbeitsbereichen nicht mehr als sechs Arbeitstage am Stück einzuplanen.

15 **Exkurs:** Die arbeitsmedizinische Literatur empfiehlt weitgehend, überlange Arbeitsperioden zu vermeiden.

Das BAG hat zwar in einem Einzelfall angenommen,[18] dass es keine gesicherten arbeitsmedizinischen Erkenntnisse darüber gebe, ob eine kurze oder längere Schichtfolge die Gesundheit der Arbeitnehmer stärker beeinträchtige – allerdings ging es dort allein um die Zahl der im Block zu leistenden Nachtschichten einer Pflegekraft in einer Klinik; auch schienen nach den Gründen dieser Entscheidung dort sehr überschaubare Unterlagen hierzu vorgelegt worden zu sein: Stellungnahmen des Landesministeriums und des Staatlichen Amtes für Arbeitsschutz einerseits – für kurze Schichtfolge – und der Deutschen Krankenhausgesellschaft andererseits – diese (nicht überraschend) für längere Schichtfolgen.

Die Praxis in den von dieser Problematik vorrangig betroffenen Kliniken und (Alten-)Pflegeheimen orientiert sich in jüngerer Zeit, arbeitsmedizinisch beraten, bei den besonders belastenden Nachtschichten weitgehend an zwei bis maximal

---

17 So ohne weiteres Brock in Groeger, Arbeitsrecht im öffentlichen Dienst, 2010, Teil 3 L Rn 35.
18 BAG v. 11.2.1998, 5 AZR 472/97, NZA 1998, 647.

vier Nachtdiensten am Stück, selten darüber hinaus (zumal traditionell Nachtdienste in diesen Bereichen neun bis zehn Stunden Dauer aufweisen ...!).[19]
Des weiteren ist es sinnvoll, bei einem rotierenden Schichtsystem nur wenige Tage in der gleichen Schicht zu leisten – also nur drei oder vier Frühschichten hintereinander – und beim Schichtwechsel nach vorn zu rotieren – nach Frühschichten Spätdienste, dann Nachtdienste, nicht umgekehrt – und Nachtschichten grundsätzlich kürzer als Tagschichten zu planen (nicht, wie in den Einrichtungen des Gesundheitswesen – Krankenhäuser, Pflegeheime – noch weitgehend verbreitet, Nachtdienste länger als die Tagschichten). Weiter sollten bei Wechsel der Schichtform, also dem Wechsel von zB Frühschichten auf Spätdienste, grundsätzlich freie Tage festgelegt werden, um Erholungs-/Anpassungsphasen zu gewährleisten.

b) Pflege- und Betreuungseinrichtungen (BT-B) und Krankenhäuser (BT-K). Beschäftigte, die unter den Anwendungsbereich des BT-B oder des BT-K des TVöD fallen, müssen, wenn sie regelmäßig an Sonn- und Feiertagen arbeiten, innerhalb von **zwei Wochen zwei arbeitsfreie Tage** erhalten, wovon ein (freier) Tag auf einen **Sonntag** fallen soll (jeweils § 49 Abs. 3).[20] Gleiches gilt nach den Sonderregelungen für die nichtärztlichen Beschäftigten in Universitätskliniken und Krankenhäusern im Bereich des TV-L (dort § 43 Nr. 3 Ziff. 3 Satz 2 und Satz 3). In diesen typischerweise von Wechselschicht-/Schichtarbeit geprägten Arbeitssituationen sind lediglich die Sechs-Tage-Woche verbindlich und die Arbeitsfreistellung jedes zweite Wochenende nicht zwingend festgelegt.

16

Dies stellt keinen wesentlichen Unterschied zur allgemeinen Regelung dar (auch die in der Praxis verbreitete informelle Regelung, dass bei Beschäftigten im Schichtdienst jedes zweite Wochenende (Sonntag) frei sein soll, ist nach dem Tarifwortlaut eine „Soll"-Regelung, damit nicht zwingend).

III. Berechnung der „durchschnittlichen" Arbeitszeit (Abs. 2)

1. Bedeutung des „Durchschnitts". Da die Regelwochenarbeitszeit nur als „durchschnittlich" (Abs. 1) und somit als grundsätzlich flexible Rechengröße festgesetzt ist, als flexible Arbeitszeit, kann die Verteilung der Arbeitszeit auf die einzelnen Wochen und Wochentage im Grundsatz beliebig erfolgen, unter Beachtung der öffentlich-rechtlichen Arbeitszeitschutzbestimmungen (ArbZG, MuSchG, JArbSchG, SGB IX u.a.).

17

Allerdings muss bei Festlegung einer Wochenarbeitszeit als lediglich flexibler Durchschnittswert logisch zwingend immer ein Zeitraum – Berechnungs- oder **Ausgleichszeitraum** – definiert werden, auf den bezogen/in dem sich der Durchschnittswert berechnet. Es muss ein Zeitrahmen vorgegeben werden, innerhalb dessen sich Unter- und/oder Überschreitungen einer fiktiv nach dem Durch-

---

19 Näher zB Engelhardt, Sozial und gesundheitlich verträgliche Schichtpläne, AiB 2008, 316; s. auch die Wedderburn-Leitlinien für Schichtarbeiter, Bulletin of European Shiftworks Topics (BEST) Nr. 3/1991 im Einzelnen; hierzu Schliemann, ArbZG, 2009, § 6 Rn 14; dagegen will Böhme, Pflege- & Krankenhausrecht 2010, 111, auch eine Nachtdienstperiode von acht Nächten hintereinander mit jeweils 10 Stunden Arbeitszeit als zulässig ansehen, wenn der Nachtdienst frühestens am Dienstag beginne, da dann die Wochenhöchstarbeitszeit von 60 Stunden nicht überschritten werde – ein naives Verständnis des Begriffs der „Woche" und der hierauf bezogenen „Wochenarbeitszeit".
20 Dies entspricht der BAT-Regelung für diese Beschäftigten: SR 2 a Nr. 5 Abs. 1 (Krankenhäuser uä) und SR 2 b Nr. 4 Abs. 1 (Altenpflegeeinrichtungen uä).

schnittswert weiter geschriebenen Wochenarbeitszeit auszugleichen haben, nach dessen Ablauf sich somit die entsprechende **Sollarbeitszeit** ergibt. Dieser Zeitraum könnte prinzipiell grundsätzlich beliebig festgesetzt werden, von zwei Wochen an aufwärts. Je länger dieser Zeitraum ist, desto größer ist die Möglichkeit – und damit der Spielraum für den Arbeitgeber/Vorgesetzten –, die in einzelnen Wochen/an einzelnen Tagen zu leistenden Arbeitszeiten im Rahmen des Weisungsrechts, durch Schichtplan/Dienstplan, am ggf schwankenden Arbeitsanfall orientiert auch längerfristig flexibel festzusetzen, also in Zeiten erwartbar starken Arbeitsanfalls verstärkt Arbeitszeiten, längere Tagesarbeitszeiten und Schichtfolgen einzuplanen, in Zeiten geringerer Belastung dagegen weniger Arbeitszeit (was insoweit sonst erforderliche Überstunden – mit Überstundenzuschlag (vgl §§ 7 Abs. 8, 8 Abs. 1 lit. a) – oder notwendige Personalreserven für Zeiten erhöhten Arbeitsanfalls vermeiden kann).

18 **Exkurs zur früheren Regelung:** Die Vorgängerregelung des BAT enthielt jahrzehntelang einen Ausgleichszeitraum von acht Wochen (entsprechend, bei einer Wochenarbeitszeit von angenommen 38,5 Stunden, einer Sollarbeitszeit von hier [38,5 Std./Woche x 8 Wochen =] 308 Stunden), der Anfang der 90er Jahre auf 26 Wochen – vorübergehend und zeitlich befristet auf 52 Wochen, also einem Jahreszeitraum – ausgedehnt worden war und diese Fassung bis zum Inkrafttreten des TVöD/TV-L beibehielt. Bei einer Wochenarbeitszeit von 38,5 Stunden entsprach dies somit einer Sollarbeitszeit von (38,5 Std./Woche x 26 Wochen =) 1.001 Stunden je 26-Wochen-Periode (bei einer Wochenarbeitszeit von 39 Stunden somit (39 Std./Woche x 26 Wochen =) 1014 Stunden (usw).

19 **2. Jahreszeitraum für den „Durchschnitt" der Wochenarbeitszeit. a) Grundsätzlicher (Jahres-)Ausgleichszeitraum.** Der TVöD/TV-L legt den **Ausgleichszeitraum** nunmehr, der jüngeren Tarifentwicklung in anderen Tarifbereichen folgend, mit (bis zu) **einem Jahr** fest. „Bis zu" einem Jahr bedeutet, dass dies – außerhalb von Wechselschicht- oder Schichtarbeit – an sich einen maximalen Ausgleichszeitraum darstellt, der sonach auch unterschritten werden könnte. Da jedoch ein konkreter Ausgleichszeitraum vorhanden, definiert, sein muss, lässt sich der konkret, im Einzelfall, geltende Ausgleichszeitraum nicht etwa seinerseits flexibel und kurzfristig anpassen, sondern kann nur grundsätzlich festgesetzt sein.

„Ein Jahr" bedeutet nicht zwingend den Zeitraum des Kalenderjahres (1. KW bis 52. KW), sondern einen Zyklus von 52 Wochen, der somit (s.u. c) auch im Laufe eines Kalenderjahres beginnen könnte.

20 Ein von der tariflichen Normalsituation eines Ausgleichszeitraums von **52 Wochen** abweichender Ausgleichszeitraum kann nur vor dessen Beginn festgelegt sein. Ist in der Dienststelle (in der Einrichtung, im Betrieb) – wie in der Praxis bei unregelmäßigen, flexiblen, Schichtfestlegungen/Dienstplanregelungen üblich – keine besondere und abweichende Festlegung des Ausgleichszeitraums erfolgt, ist ohne Weiteres vom Normalmodell eines 52-wöchigen Ausgleichszeitraums auszugehen.[21] Die Rechtsprechung lässt eine – ausdrückliche – einvernehmliche Regelung zwischen Arbeitgeber und Beschäftigtem über einen abweichenden –

---

21 Das BAG ging bei der identischen Regelung eines Ausgleichszeitraums „von bis zu einem Jahr" in § 15 Abs. 1 Satz 2 BAT-O in dessen damals geltender Fassung bei Fehlen einer besonderen, abweichenden, Festlegung eines Ausgleichszeitraums ohne weiteres von genau diesem einen Jahr aus: v. 30.3.2000, 6 AZR 680/98, NZA 2001, S. 111.

kürzeren oder längeren – Ausgleichszeitraum als den tariflich festgelegten zu, wenn hierfür ein sachlicher Grund gegeben ist.[22]

Exkurs zur Abweichung (Mitbestimmung): Eine solche Abweichung ist nach 21 Ansicht des Verfassers mitbestimmungspflichtig nach den Regelungen des Betriebsverfassungsgesetzes (§ 87 Abs. 1 Nr. 2) bzw der Personalvertretungsgesetze und kann damit rechtswirksam nur im Rahmen der betrieblichen Mitbestimmung im Regelfall durch Betriebsvereinbarung (ggf auch formlose Regelungsabsprache) zwischen Arbeitgeber und Betriebsrat bzw durch Dienstvereinbarung zwischen Arbeitgeber und Personalrat (im kirchlichen Bereich durch Dienstvereinbarung zwischen Dienstgeber und Mitarbeitervertretung) erfolgen.[23]

b) Ausgleichszeitraum bei Wechselschicht- und Schichtarbeit. Bei **Wechsel-** 22 **schicht- oder Schichtarbeit** (Definition in § 7 Abs. 1 und Abs. 2 TVöD/TV-L) kann nach dieser Vorschrift auch ein längerer, über ein Jahr hinausgehender Zeitraum zugrunde gelegt werden.

Zum einen ist eine solche Verlängerung nur unter Beachtung der betrieblichen Mitbestimmung möglich. Zum anderen ist es zwar erkennbar Sinn und Zweck dieser tarifvertraglichen Verlängerungsoption, dass bei Wechselschicht- und Schichtarbeit – typischerweise in Krankenhäusern und anderen stationären Pflege- und Betreuungseinrichtungen – Schwankungen im Arbeitsanfall und damit Abweichungen und ggf Abweichungsnotwendigkeiten von der Durchschnittswochenarbeitszeit größer als anderswo sein können. Jedoch ist ein hier theoretisch möglicher längerfristiger Ausgleichszeitraum – etwa zwei Jahre – in der Dienstplanpraxis schwierig zu handhaben, da sich in einem solchen Fall in besonderer Weise Fragen der Behandlung des Ein- oder Austritts – damit von Teil-Jahreszeiträumen und entsprechend anteiligen Sollarbeitszeiten –, der Berechnung der Arbeitszeit während längerer Ausfallzeiten (Arbeitsunfähigkeit) innerhalb des Ausgleichszeitraums u.ä stellen, bei denen Zwischenabrechnungen notwendig werden können und die erhebliche Kontierungsfragen aufwerfen würden.

c) Jeweiliger Beginn und Ende des (Jahres-)Ausgleichszeitraum. Der **Beginn** und 23 damit das **Ende** dieses nunmehr 52-wöchigen Ausgleichszeitraums können grundsätzlich beliebig festgelegt werden – also beginnend mit der 1. Kalenderwoche im Jahr (dann bis zur 52 KW desselben Jahres), auch beginnend zB mit der 10. oder 27. KW (bis zur 9. KW bzw bis zur 26. KW des Folgejahres) usw.

Ist keine besondere Festlegung vorhanden, beginnt nach ständiger Rechtsprechung des BAG dieser Zeitraum in jeder Woche neu (und endet damit auch mit jeder Woche als letzter Woche des jeweils abgelaufenen 52-wöchigen Zeitraums),[24] was zwangsläufig zu einem rollierenden 52-Wochen-Block führt (also: in der, angenommen, 41. KW des Jahres beginnt der Ausgleichszeitraum ab der

---

22 Vgl etwa BAG v. 13.2.1992, 6 AZR 426/90, ZTR 1992, 328; BAG v. 10.6.1987, 4 AZR 68/87, EzBAT Nr. 11 zu § 15 BAT.
23 So auch Welkoborsky in Bepler/Böhle/Meerkamp/Stöhr (2012), Rn 6 und 39.
24 Das BAG formuliert jeweils, dass in die Durchschnittsberechnung damit in jeder Woche sowohl die vorangegangenen 51 Wochen als auch die folgenden 51 Wochen einzubeziehen seien, also dieser Zeitraum jede Woche neu beginnt und den entsprechenden zurückliegenden Zeitraum gleichzeitig jeweils beendet: Urt. v. 30.3.2000, 6 AZR 680/98, NZA 2001, 111 (II.2. d. Gr.); BAG v. 13.2.1992, 6 AZR 426/90, ZTR 1992, 328; BAG v. 10.6.1987, 4 AZR 68/87; EzBAT Nr. 11 zu § 15 BAT; BAG v. 15.10.1987, 6 AZR 530/85, ZTR 1988, 300 (II.3. c und d d. Gr.).

41. KW bis zur 40. KW des Folgejahres und es endet gleichzeitig der Ausgleichszeitraum ab der 42. KW des Vorjahres bis eben zur 41. KW des laufenden Jahres, usw).[25]

Es müsste in diesem Fall am Ende jeder einzelnen Woche (unverändert oder sinnvollerweise: Sonntag, 24.00 Uhr) und bei jedem Arbeitnehmer eine Sollarbeitszeit von exakt (bei einer Wochenarbeitszeit von durchschnittlich 38,5 Stunden) 2002 Stunden (bei einer Wochenarbeitszeit von durchschnittlich zB 40 Stunden: exakt 2080 Stunden) herauskommen. In diesem Fall müsste zwangsläufig in jeder Woche und bei jedem Beschäftigten individuell darauf geachtet werden, dass keine höhere Arbeitszeit geplant wird, als dies der jeweils individuell geltenden Soll-Arbeitszeit für den 52-wöchigen Zeitraum entspricht (2.002/2.080 Stunden o.ä.). Logisch bedeutet dieses Modell auch, dass als Differenz zur Erreichung der entsprechenden Sollarbeitszeit jeweils genau das Zeitvolumen zur Verfügung steht, das in der 52. Woche zuvor geplant/geleistet war[26] – was im Ergebnis dazu führen müsste, dass sich die Arbeitszeitfestlegung exakt alle 52 Wochen wiederholen würde! Dies würde nicht nur jede, mit der tariflichen Festlegung einer flexiblen und erst auf ein Jahr auszugleichenden Wochenarbeitszeit angestrebte Flexibilität aushebeln. Dies würde auch zu einem tendenziell bürokratischen, aufwändigen und in der Praxis – auch mit den verbreiteten, marktüblichen, EDV-Dienstplanprogrammen – kaum jemals zu leistenden Berechnungsverfahren führen.

24 Als nach Auffassung des Verfassers einzig praktikable und umsetzbare Umsetzung des einjährigen – 52-wöchigen – Ausgleichszeitraums bietet sich deshalb ein **fest**, statisch, **definierter (Jahres-)Ausgleichszeitraum** an, also

- für **alle Beschäftigten** der Dienststelle (Abteilung, Bereich, Station …) **einheitlich**,
- der **gleiche 52-wöchige Ausgleichszeitraum**,
- der **zu einem** festen und **einheitlichen Zeitpunkt beginnt** (sinnvoller Weise: **1. KW** des Kalenderjahres – die nicht notwendig mit dem 1.1., sondern, bei einem Wochenbegriff von Montag bis Sonntag, auch mit dem 28.12. oder 29.12. des Vorjahres beginnen kann – **bis Ende der 52. KW** desselben **Kalenderjahres** – also bis 26.12. oder 27.12. oder 28.12.).

Nur in einem solchen Modell lässt sich die mit der bloßen Festlegung einer Durchschnittsarbeitszeit tariflich vorgegebene/gewollte Flexibilität in der betrieblichen Praxis nachvollziehbar und einfach handhabbar umsetzen.

25 **d) Schwankungsbreite der Arbeitszeit innerhalb des Ausgleichszeitraums.** Innerhalb des 52-wöchigen Ausgleichszeitraums kann sonach die wöchentliche Arbeitszeit im Grundsatz beliebig festgelegt werden, etwa durch Einzeldienstpläne oder Schichtpläne von wenigen Wochen oder einem Monat Dauer, wie sie in der Praxis bei atypischen Arbeitszeitgestaltungen auch weitgehend verbreitet sind. Theoretisch kann dabei die jeweils konkret festgelegte Wochenarbeitszeit

---

25 Der rollierende Jahresausgleichszeitraum führt nicht etwa im Ergebnis zu einem zweijährigen Ausgleichszeitraum, wie dies Breier/Dassau et al., Bd. 1, Rn 83 aE im Anschluss an die zit. Rechtsprechung des BAG annehmen wollen: dies würde dann eine Soll-Arbeitszeit von (2 Jahre x 52 Wochen/Jahr x (zB) 38,5 Stunden/Woche =) 4.004 Stunden bewirken … – dass dies tariflich nicht festgelegt und gewollt ist, liegt allerdings auf der Hand!
26 Weil dies die Differenz zur Erreichung der 52-wöchentlichen Sollarbeitszeit darstellt.

zwischen 0 Stunden – der Beschäftigte hat die ganze Woche arbeitsfrei – und 60 Stunden[27] als äußerst denkbarer Grenzen nach unten und nach oben schwanken. Nach dem gängigen Verständnis befindet sich der Beschäftigte damit teilweise im „Minus" und teilweise im „Plus", was die geplante und weitersaldierte Arbeitszeit im Verhältnis zur fiktiv mitlaufenden Ideallinie einer regelmäßigen und gleichmäßigen Wochenarbeitszeit betrifft. Jedoch muss am Ende des 52-wöchigen Ausgleichszeitraums exakt die 52-wöchige Sollarbeitszeit (bei zB 38,5 Stunden Wochenarbeitszeit somit 2.002 Stunden Jahresarbeitszeit, bei 40 Stunden Wochenarbeitszeit somit 2.080 Stunden) erreicht werden. Eine planmäßige Festsetzung einer überschießenden Jahresarbeitszeit ist systematisch hiernach nicht zulässig, weil die Überschreitung zu einer höheren als der tarifvertraglich geltenden durchschnittlichen Regel-Wochenarbeitszeit führen würde:

Beispiel: Wären etwa innerhalb eines mit dem Kalenderjahr kompatiblen 52-wöchigen Ausgleichszeitraums (s.o.), zB wegen erhöhten Arbeitsanfalls/Arbeitskräftebedarfs gegen Jahresende, an dessen Ende insgesamt 2060 Arbeitsstunden (statt rechnerischer 2028 Jahresarbeitsstunden (52 x 39) bei 39 Stunden durchschnittlicher Wochenarbeitszeit) festgesetzt – dienstplanmäßig als Grundarbeitszeit für diesen 52-wöchigen Zeitraum geplant – worden, würde sich hieraus rechnerisch eine geplante Wochenarbeitszeit von (2060 Stunden : 52 Wochen =) 39,62 Stunden ergeben – was erkennbar eine tarifrechtlich nicht erlaubte, weil überhöhte Arbeitszeiteinteilung, eine zu hohe Wochenarbeitszeit und damit Absenkung des Stundensatzes (da gleichbleibendes Gehalt) darstellen würde (damit im Ergebnis eine tarifrechtlich und deshalb auch einzelvertraglich unzulässige, insoweit unwirksame, Arbeitszuweisung bedeutet – mit Konsequenzen bis zur Zulässigkeit der Verweigerung solcher „Mehrarbeit" über die Sollarbeitszeit im Jahreszeitraum hinaus). 26

Exkurs – Ausgleichszeitraum und Überstundendefinition: Allerdings wird dies im Fall von Schicht- bzw Wechselschichtarbeit im Ergebnis konterkariert durch die nunmehrige Definition der Überstunden für diese Arbeitsbereiche in § 7 Abs. 8 lit. c, wonach diese (auch) auf die Überschreitung der Regelarbeitszeit innerhalb des jeweiligen Dienstplanturnus bezogen sind: 27

Ist somit hier der Dienstplanturnus kürzer als der Ausgleichszeitraum von einem Jahr – etwa, wie in der Praxis der Krankenhäuser und stationären Betreuungseinrichtungen etc. nahezu durchgängig üblich, nur vier Wochen/ein Monat –, entstehen schnell zuschlagspflichtige Überstunden (vgl näher die Kommentierung zu § 7 Abs. 8 lit. c) – was der Flexibilität, die mit der Festlegung einer nur langfristig zu erreichenden Wochendurchschnittsarbeitszeit verbunden ist, gerade entgegenwirkt!

e) Ausgleichszeitraum bei Teilzeitbeschäftigten. Zumindest sinnvoll – wenn nicht in praktischer Hinsicht fast unabdingbar – ist es, auch bei **Teilzeitbeschäftigten** vom gleichen Ausgleichszeitraum von idR einem (Kalender)Jahr (KW 1 28

---

27 60 Stunden werden von der nahezu einhelligen Kommentarliteratur zum Arbeitszeitgesetz als nach § 3 des ArbZGes hiernach höchstzulässige Wochenarbeitszeit (sechs Arbeitstage à 10 Stunden Arbeitszeit) angesehen, vgl nur Schliemann, ArbZG, 2009, § 3 Rn 24; Baeck/Deutsch, ArbZG, 2. Aufl. 2004, § 3 Rn 25; Schliemann/Meyer, Arbeitszeitrecht, 2. Aufl. 2002, Rn 192.

bis KW 52) auszugehen, mit einer ihrer proportional verringerten Durchschnittsjahresarbeitszeit entsprechenden Sollarbeitszeit.[28]

29 **3. Berechnung von Urlaub und Arbeitsunfähigkeit (Krankheit).** Bei Ausfallzeiten – insbesondere Urlaub und Arbeitsunfähigkeit (auch Zeiten der Arbeitsbefreiung nach § 29) – ist **bei unregelmäßiger Arbeitszeitverteilung,** bei unterschiedlich langen Tagesarbeitszeiten/Schichtzeiten und bei unterschiedlich langen Schichtfolgen, zu differenzieren:

30 **a) Vergütung von Ausfallzeiten wegen Urlaub und Krankheit.** Die **Vergütung** für diese Zeiträume erfolgt nach den jeweiligen tariflichen Regelungen, die im Ergebnis auf etwa das **Durchschnittsentgelt** ohne Überstunden- und Mehrarbeitsvergütung abstellen (jeweils tarifliche Entgeltfortzahlung: bei Erkrankung/Arbeitsunfähigkeit gemäß § 22 Abs. 1 Satz 1 iVm 21, bei Urlaub gemäß § 26 Abs. 1 Satz 1 iVm § 21 TVöD/TV-L, s. dort).

31 **b) Berechnung der ausgefallenen Arbeitszeit bei Urlaub und Krankheit.** Was die in diesen Zeiträumen entschuldigter Abwesenheit **konkret** ausgefallene und damit anzurechnende Arbeitszeit betrifft, ist zu unterscheiden:

32 **aa) Berechnung von Urlaubszeiträumen.** Bei **Urlaub** – auch Zusatzurlaub nach § 27 – werden die Urlaubstage als „Arbeitstage" definiert, weshalb grundsätzlich soviel Arbeitszeit – so viele **Arbeitsstunden** – während der Urlaubstage als erbracht, geleistet, gilt, als an diesen Tagen konkret **vorgesehen** war:

Erhält ein Beschäftigter zB fünf Urlaubstage an fünf Arbeitstagen mit geplanten langen Arbeitszeiten (etwa Nachtdiensten mit jeweils 10 Stunden Netto-Arbeitszeit, wie im Klinikbereich verbreitet), sind hier (5 x 10 =) 50 Arbeitsstunden als „geleistet" – entschuldigt ausgefallen – anzurechnen, und umgekehrt bei Urlaub an Arbeitstagen mit geplanten kurzen Arbeitszeiten entsprechend weniger Arbeitsstunden.

Dies zwingt in der Praxis den Arbeitgeber im eigenen Interesse, bei unterschiedlich langen Arbeits-/Schichtzeiten die individuellen Urlaubszeiten hinsichtlich der betroffenen Arbeits-/Urlaubstage annähernd adäquat, repräsentativ, zu mischen, etwa über ein paralleles Zeitkonto oder Aufzeichnungen für diese Zeiten, also Urlaub möglichst etwa gleichwertig bzw proportional zum individuellen Anteil der einzelnen Schichtzeiten an langen Arbeitstagen und kürzeren Arbeitstagen zu gewähren. Andernfalls würden durch überproportional viele Urlaubstage an mit längerer Arbeitszeit geplanten Arbeitstagen im Ergebnis mehr Arbeitsstunden ausfallen als einem Durchschnittswert entsprechend und umgekehrt.

Die in der Praxis bei unterschiedlich langen Arbeits-/Schichtzeiten verbreitete Berechnung der durch Urlaub verbrauchten Arbeitszeit mit einem fiktiven Durchschnittswert (zB bei einer Wochenarbeitszeit von 38,5 Stunden und einer Verteilung auf durchschnittlich fünf Arbeitstage/Woche: jeweils (: 5 =) 7,7 Stunden für einen Urlaubstag, ohne Rücksicht auf die konkrete Tagesarbeitszeit), ist

---

[28] Wenngleich das BAG die Vorgängerregelung in § 15 Abs. 1 BAT nicht auf Teilzeitbeschäftigte erstrecken wollte: Urt. v. 23.2.1995, 6 AZR 586/94, ZTR 1996, 24.

deshalb inkorrekt,[29] die **Urlaubsvergütung** in Höhe der Entgeltfortzahlung (§ 26 Abs. 1 Satz 1 iVm § 21) ist jedoch in allen Fällen identisch!

bb) Berechnung von Krankheitszeiträumen. Auch bei **Krankheit/Arbeitsunfähigkeit** richtet sich die in diesen Zeiträumen entschuldigter Abwesenheit konkret ausgefallene/anzurechnende Arbeitszeit nach den in/für diese Zeiten jeweils konkret **festgelegten Arbeitszeiten**/Schichtzeiten, nicht etwa einem abstrakten (Durchschnitts-)Ansatz von Arbeitsstunden:[30]

33

Beispiel: Waren für den Beschäftigten während einer, angenommen, einwöchigen Arbeitsunfähigkeit sechs Arbeitstage/Schichten mit zB insgesamt 48 Arbeitsstunden festgelegt/geplant gewesen, sind hier 48 Arbeitsstunden zu verbuchen, und umgekehrt: ist der Beschäftigte eine Woche erkrankt, während der er für lediglich drei Dienste eingeplant war, sind dann in diesem Zeitraum auch nur, angenommen (je nach Schichtlänge), ca. 24 Arbeitsstunden ausgefallen.[31]

Die **Vergütung** (die Höhe der **Entgeltfortzahlung** gemäß § 21 ist jedoch in beiden Fällen, unabhängig von der ausgefallenen/anzurechnenden Arbeitszeit, gleich!

Auch hier ist die häufig anzutreffende Praxis, Zeiten der Arbeitsunfähigkeit trotz feststehender konkreter Arbeitszeitfestlegung mit Durchschnittstundenansätzen zu berechnen, nicht korrekt (wenngleich sich längerfristig uU tendenziell ausgleichend).

War bei längerer **Arbeitsunfähigkeit** die Arbeitszeit noch nicht festgelegt, weil etwa der Dienst-/Schichtplan für den folgenden Dienst-/Schichtplanzeitraum von vier Wochen oder das Folgemonat noch nicht erstellt war, lässt sich in der Praxis nur mit einer Prognose durch – seriöse – **Schätzung** der hier für den erkrankten Beschäftigten mutmaßlich einzuplanenden Arbeitszeiten/Schichtzahlen arbeiten,[32] anderenfalls mit dem Durchschnittsansatz im Umfang der regelmäßigen Wochenarbeitszeit (von zB 38,5 Stunden/Woche bzw hier, bei Verteilung auf fünf Arbeitstage/Woche, von 7,7 Stunden/Tag).

34

IV. Vorfesttage und Feiertage (Abs. 3)

Eine gegenüber der BAT-Regelung[33] veränderte Regelung zu den „Vorfesttagen" und zu den Feiertagen enthält der nunmehrige Absatz 3.

35

1. Arbeitsfreistellung an „Vorfesttagen". Soweit nach der Aufgabenstellung der Behörde/Einrichtung/dem Betrieb durchführbar, ist der/die Beschäftigte (nur noch) an Heiligabend und Silvester ganztägig, unter Fortzahlung des Entgelts (in Höhe der Entgeltfortzahlung gemäß § 21), von der Verpflichtung zur Arbeitsleistung **freizustellen**. Diese Tage zählen somit im Ergebnis als geleistete Arbeits-

36

---

29 Obwohl sich langfristig bei Urlaubstagen an ähnlich viel kürzeren und längeren Arbeitstagen uU ein statistischer Ausgleich herstellen – und dieses Problem entschärfen – kann; vgl auch BAG v. 24.5.2007, 6 AZR 706/06, NZA 2007, 1175/1178 (Rn 21 f); LAG Niedersachsen v. 14.11.2006, 12 Sa 773/06, ZTR 2007, 144.
30 LAG München v. 28.4.2006, 3 Sa 1173/05; zutreffend auch Zetl, ZMV 2009, 15.
31 S. auch Beispiele bei Zepf/Gussone, Das Tarifrecht in Krankenhäusern, Universitätskliniken, Heimen und sozialen Einrichtungen, 2009, S. 68 f, wenngleich mit missverständlicher Diktion: „Vorleistung" und Entgeltfortzahlung für spezifische Arbeitszeiten).
32 Vor allem, wenn kein bestimmter Arbeitsrhythmus, eine regelmäßige Arbeitstage-/Schichtfolge, abzusehen ist.
33 § 16 Abs. 2, § 35 Abs. 1 Satz 2 lit. d BAT – hier differenziert hinsichtlich der Vorfesttage Heiligabend und Silvester einerseits (mit stärkerer Bewertung) und Ostersamstag sowie Pfingstsamstag andererseits (mit geringerer Bewertung).

tage, im Umfang der an diesen Tagen vorgesehenen oder üblicherweise anfallenden Arbeitszeit.

37 **Beispiel:** Fallen Heiligabend und damit auch Silvester auf einen Freitag – oder einen anderen Wochentag mit ggf betriebsüblich oder individuell verkürzter Arbeitszeit –, zählt die an diesem Freitag oder anderen Wochentag konkret ausgefallene Arbeitszeit als geleistet, nicht etwa eine fiktive statistische Arbeitszeit (also etwa, bei einer Wochenarbeitszeit von 38,5 Stunden und einer Verteilung auf eine Fünf-Tage-Woche, 7,7 Stunden).

Die **Vergütung** für diese (freien) Vorfesttage erfolgt nach § 21 Satz 1 TVöD/TV-L in Höhe der Entgeltfortzahlung, also des durchschnittlichen Entgelts.

38 **2. Arbeitszeitregelung und Zeitzuschläge an Vorfesttagen und an Feiertagen. a) Vorfesttage. aa) Verringerung der Soll-Arbeitszeit bei Vorfesttagen.** Abs. 3 Satz 3 legt fest, dass sich die regelmäßige Arbeitszeit – also die jeweils geltende Wochenarbeitszeit gemäß Abs. 1 – auch für die beiden Vorfesttage Heiligabend und Silvester, sofern diese auf einen Werktag (Montag bis Samstag) fallen, um „die dienstplanmäßig ausgefallenen Stunden" verringert.

39 **bb) Kausalität des Arbeitsausfalls entscheidend.** Nach der Protokollnotiz hierzu betrifft dies (nur) die Beschäftigten, die **wegen** des **Dienstplans** am Feiertag (!) **frei** haben und damit sonst nacharbeiten müssten. Nach ihrem Wortlaut bezieht sich die Protokollnotiz somit nicht auf die beiden Vorfesttage Heiligabend und Silvester, da diese beiden Tage als Vorfesttage von den Feiertagen gerade abgesetzt werden.[34]

Meinen dürfte diese (nicht als einzige missverständlich formulierte) Regelung, dass die Beschäftigten, die nach ihrer Dienstplaneinteilung an Heiligabend und/oder Silvester – also zB über Weihnachten und/oder die Jahreswende – von vornherein freihaben, die entsprechende Zeit an diesen beiden Tagen (oder einem dieser Tage) gutgeschrieben erhalten, weil sie andernfalls von diesen Vorfesttagen nicht profitieren würden (sondern ihre Sollarbeitszeit unabhängig von diesen Vorfesttagen an anderen Tagen erbringen müssten). Diese nach Dienstplan tätigen Beschäftigten (etwa im Krankenhaus oder anderen stationären Pflege-/Betreuungseinrichtungen) erhalten damit eine **Zeitgutschrift** in Höhe der Stundenzahl, die sie sonst, üblicherweise oder konkret, an Heiligabend und/oder Silvester erbringen hätten müssen.

40 **cc) Arbeitsleistung an Vorfesttagen.** Wird dagegen an Heiligabend und/oder Silvester **Arbeit geleistet** (weil eine Freistellung betrieblich nicht möglich ist, da etwa ein Teil der Arbeitnehmer zwangsläufig auch an diesen Tagen arbeiten muss – Krankenhaus, Altenheim, stationäre Betreuungseinrichtungen usw –), erhält der Beschäftigte

- zum einen für die an diesen Tagen ab 6.00 Uhr geleistete Arbeit einen **Zeitzuschlag** von **35 %** (§ 8 Abs. 1 Satz 2 lit. e) und
- zusätzlich einen **Freizeitausgleich** (Ersatzfreistellung) in Höhe der geleisteten Arbeitsstunden (Satz 2); dieser Freizeitausgleich kann systematisch nur als bezahlter Freizeitausgleich gemeint sein und ist ausdrücklich auf den Zeitraum der nächsten drei Monate begrenzt. Die Entscheidung über den Zeitpunkt der Gewährung von (bezahltem) Freizeitausgleich für die erbrachte

---

34 Dassau/Wiesend-Rothbrust (TVöD, 5. Aufl. 2006, Rn 62) dagegen scheinen die Protokollnotiz ohne weiteres auch auf die Vorfesttagsregelung erstrecken zu wollen.

Arbeit an diesen Tagen trifft, wie bei Freizeitausgleich sonst auch, grundsätzlich der Arbeitgeber – der für die Arbeitszeiteinteilung zuständige Vorgesetzte – im Rahmen seines Direktionsrechtes (nach den Grundsätzen des § 106 GewO).

Beispiel: Die Frist für den bezahlten Freizeitausgleich endet bei Arbeit am 24.12., somit am 24.3. des Folgejahres und bei Arbeit an Silvester am 31.3. des Folgejahres (§ 188 Abs. 2 BGB). 41

Fraglich ist, ob nach Ablauf dieses Zeitraums anstelle des Freizeitausgleichsanspruches unmittelbar ein Vergütungsanspruch entsteht – was konsequent wäre – oder lediglich Fälligkeit des Freizeitausgleichsanspruches eintritt, der bei erfolgloser Mahnung durch den Beschäftigten zu einem Freizeitausgleichsanspruch im Wege des Schadensersatzanspruches (Naturalrestitution, § 249 f BGB) führt und andernfalls – ohne rechtzeitige schriftliche Geltendmachung – bei Versäumung der sechsmonatigen Ausschlussfrist des § 37 Abs. 1 verfällt.

b) Feiertage. aa) Arbeitsleistung an Feiertagen. Arbeitet der Beschäftigte an einem **Wochenfeiertag** (Montag bis Samstag)[35] tatsächlich – wozu er (als Vollzeit-)Beschäftigter verpflichtet sein kann (Abs. 5)[36] – erhält er, wie nach der bisherigen Tarifregelung,[37] hierfür entweder 42

- einen finanziellen **Zeitzuschlag** von **135 %** (§ 8 Abs. 1 Satz 2 lit. d) oder
- einen **Zeitzuschlag** von **35 % zuzüglich** (bezahlten) **Freizeitausgleich** für die konkret gearbeitete Zeit (ebenso § 8 Abs. 1 Satz 2 lit. d). Dieser Freizeitausgleich ist – anders als bei Vorfesttagsarbeit (Heiligabend und Silvester) – zeitlich nicht begrenzt festgelegt, muss allerdings insoweit im Dienst-/Schichtplan besonders ausgewiesen und gekennzeichnet werden (Protokollerklärung zu § 8 Absatz 1 Satz 2 Buchst. d).

Dies kann durch übliche Symbolisierungstechnik geschehen, dass (damit bezahlte) Freistellung an späteren dienstplanmäßig vorgesehenen Arbeitstagen mit etwa dem Code „FZA" o.ä. festgelegt wird und in diesem Umfang Freizeitausgleichs-Arbeitszeitguthaben abgebaut werden.[38]

Im Gegensatz zur bisherigen BAT-Regelung[39] ist der Freizeitausgleich weder an einen Antrag – damit ein Wahlrecht – des Beschäftigten geknüpft noch zeitlich begrenzt. 43

Exkurs zum Ersatzruhetag für Feiertagsarbeit: Nach dem Arbeitszeitgesetz als öffentlich-rechtlicher Schutzvorschrift muss der Beschäftigte, der an einem auf 44

---

35 Maßgebend sind die am Beschäftigungsort geltenden ländergesetzlich festgelegten (Wochen-)Feiertage: BAG v. 17.8.2011, 10 AZR 347/10, ZTR 2011, 727.
36 Wenn dem nicht das gesetzliche Feiertagsarbeitsverbot in § 9 ArbZG entgegensteht, sondern in der konkreten Arbeitssituation Feiertagsarbeit nach § 10 ArbZG erlaubt ist (eher humoristisch deshalb das Beispiel bei Breier/Dassau et al., Bd. 1, unter Rn 101, wonach eine Beschäftigte im Einwohnermeldeamt an Christi Himmelfahrt liegen gebliebene Arbeit aufarbeiten – in diesem Fall ist Feiertagsarbeit nach der gesetzlichen Regelung offensichtlich nicht erlaubt!).
37 ZB § 15 Abs. 6, § 35 Abs. 1 Satz 2 lit. d BAT.
38 Ist bei der etwa im Dienst-/Schichtplan festgesetzten/geplanten Soll-Stundenzahl bereits eine Verringerung der Sollstunden für die zu leistende Feiertagsarbeit erfolgt, stellt dies den Freizeitausgleich hierfür dar: so auch LAG Köln v. 26.1.2009, 2 Sa 934/08, ZTR 2009, 310 (LS).
39 § 15 Abs. 6 Unterabsätze 2 und 3 – die allerdings in der Praxis kaum jemals wörtlich – geschweige denn ernst – genommen wurden.

einen Werktag fallenden Feiertag Arbeit erbringt, einen Ersatzruhetag im Zeitrahmen von acht Wochen um den Feiertag herum haben (§ 11 Abs. 3 Satz 2 ArbZG – dieser Zeitrahmen kann deshalb auch schon vor der Woche, in der der Feiertag liegt, beginnen).[40]

Dies meint jedoch nur einen ersatzweise zu gewährenden anderen Ruhetag, nicht eine bezahlte Freistellung als Freizeitausgleich (und Teil des Feiertagszeitzuschlags) auf der arbeits-/tarifvertraglichen Ebene.[41] Dieser Ersatzfreitag/Ersatzruhetag kann jeder, turnusgemäß oder schicht-/dienstplanmäßig, sowieso freie Werktag sein, also auch der Freizeitausgleichstag als Teil des tariflichen Feiertagszuschlags – falls dieser spätestens nach acht Wochen nach der Feiertagsarbeit gewährt ist (was in der Praxis unschwer möglich sein wird).

45 Wird planmäßig **Arbeit an Feiertagen geleistet**,[42] ist diese Bestandteil der (dienst-/schichtplanmäßigen) Regelarbeitszeit.

Über die Frage der **Vergütung** der geleisteten Feiertagsarbeit mit dem vollen Feiertagszuschlag (gemäß § 8 Abs. 1 Satz 2 lit. d: 135 %) oder die Zahlung des verringerten Zuschlages (35 %) und dann zusätzlich des bezahlten Freizeitausgleichs (gemäß § 8 Abs. 1 Satz 2 lit. d Alternative 2) – und dessen Zeitpunkts – anstelle der restlichen 100 % Geldzuschlag der Feiertagsarbeit entscheidet wiederum der Arbeitgeber – der zuständige Vorgesetzte mit Arbeitszeitanweisungskompetenz – im Rahmen seines Direktionsrechts nach den hierbei geltenden Grundsätzen autonom.

Es ist nach Ansicht des Verfassers nicht nur sinnvoll, sondern geboten, dass der Zeitzuschlag und ggf der zusätzliche Freizeitausgleich für die Feiertagsarbeit **zeitnah** gewährt werden – nicht langfristig, irgendwann später einmal ... Entsprechend der bisherigen Verfahrensweise nach den Regelungen des BAT empfiehlt es sich, mit der nächst erreichbaren Entgeltabrechnung nach erfolgter Feiertagsarbeit zunächst einen Zeitzuschlag von 35 % zu bezahlen und im Übrigen innerhalb eines überschaubaren Zeitraums von nicht mehr als drei Monaten (s. die Regelung zum Freizeitausgleich bei Vorfesttagsarbeit im selben Absatz dieser Regelung [s.o.] sowie im BT-B für Pflege- und Betreuungseinrichtungen [s.u.]) dann die restlichen 100 % des Feiertagszeitzuschlages entweder durch entsprechend langen bezahlten Freizeitausgleich oder durch finanzielle Zahlung in dieser Höhe zu leisten.

Eine klare innerbetriebliche Regelung hierzu – sinnvollerweise im Rahmen der betrieblichen Mitbestimmung – ist auch im Hinblick auf die Fälligkeit des Zeitzuschlagsanspruches und die hieran angeknüpfte Frage des An-/Ablaufs der sechsmonatigen Ausschlussfrist des § 37 Abs. 1 erforderlich.

46 bb) **Arbeitsfrei an Wochenfeiertagen.** Hat der Beschäftigte an **Wochenfeiertagen**[43] frei, vermindert sich nach dieser Regelung seine Soll-Arbeitszeit um „die

---

40 Ein solcher nach der gesetzlichen Regelung erforderliche Ersatzruhetag kann auch vor dem Sonntagarbeitstag oder der festgelegten Feiertagsschicht eingeplant werden – damit „vorab" gewährt werden –: Schliemann, ArbZG, 2009, § 11 Rn 18.
41 BAG v. 23.3.2006, 6 AZR 497/05, DB 2006, 1435 (LS).
42 Wenn dies öffentlich-rechtlich (arbeitsschutzrechtlich) nach § 10 ArbZG zulässig ist.
43 „Wochenfeiertage" in diesem Sinn sind die durch das jeweilige Landesrecht festgelegten Feiertage an Werktagen während der Woche, also nicht zB Ostersonntag und Pfingstsonntag: so, für den tariflichen Feiertagszuschlag, BAG v. 17.8.2011, 10 AZR 347/10; ebenso (Ostersonntag): BAG v. 17.3.2010, 5 AZR 317/09, ZTR 2010, 421.

dienstplanmäßig ausgefallenen" Arbeitsstunden. Dies betrifft nach der Protokollnotiz hierzu die Beschäftigten, die „wegen" des Dienstplans am Feiertag frei haben und deshalb andernfalls – ohne Vorwegabzug einer fiktiven Feiertagsarbeitszeit – nacharbeiten müssten.

Dies bedeutet: 47

- Besteht ein **Dienstplan** (oder Schichtplan), dann muss bei allen Beschäftigten, die an Wochenfeiertagen innerhalb des Dienstplanzeitraums frei haben, ihre **Sollarbeitszeit** (für diese Woche bzw für den Dienstplanzeitraum) um die feiertagsbedingt **dienstplanmäßig ausgefallenen Arbeitsstunden reduziert** werden.[44] Hat der Beschäftigte (v.a. bei unregelmäßigen Arbeitszeiten, die erst durch einen Dienstplan zeitabschnittsweise, für meist vier Wochen/einen Monat im voraus, konkretisiert werden müssen) **aufgrund „Dienstplans"** am **Feiertag frei** – weil hier keine Arbeitsleistung generell oder für diesen Beschäftigten (Arbeitseinsatz nur für einen Teil der Beschäftigten) erforderlich ist –, wird also der Feiertag aus diesem Grund aus den dienstplanmäßig festgesetzten Arbeitsschichten des Beschäftigten ausgeklammert, ist für ihn die dienstplanmäßig festgesetzte Nichtarbeit der eigentliche, unmittelbare, Grund für den Arbeitsausfall und nicht der Feiertag.[45] Der Beschäftigte hätte hier keinen Anspruch auf Feiertagsvergütung und müsste damit die notwendigen Regelarbeitsstunden ungekürzt an anderen Tagen erbringen – die Feiertagsarbeit „nacharbeiten" –, weshalb der/die Beschäftigte in diesem Fall nach dieser Tarifvorschrift eine Zeitgutschrift für die sonst am Wochenfeiertag festgesetzten Arbeitsstunden erhält (seine dienstplanmäßige Soll-Arbeitszeit sich im Ergebnis um die am Feiertag „ausgefallenen" Arbeitsstunden verringert).[46]

- „Reduzierung" der Sollarbeitszeit für den Dienstplanzeitraum bedeutet, dass diese von vornherein entsprechend (um die an Feiertagen „dienstplanmäßig" ausgefallenen Arbeitsstunden) **vermindert** werden muss – es besteht damit **kein Anspruch auf Gutschrift** von „Arbeitszeit" auf einem Arbeitszeitkonto.[47] Am/durch den Feiertag „dienstplanmäßig ausgefallene Stunden" stellt auf die Arbeitsstunden ab, die sonst – ggf erfahrungs- oder schätzungsweise – am arbeitsfreien Feiertag individuell von diesem Beschäftigten geleistet worden wären, wäre es ein normaler Werktag (oder Feiertagsarbeit angeordnet) gewesen.

- Dies ist neu gegenüber der **bisherigen Rechtslage** vor Inkrafttreten des TVöD/ 48 TV-L:

Die Tarifverträge des öffentlichen Dienstes – etwa § 15 Abs. 6 BAT – enthielten seit Ende der sechziger Jahre des 20. Jahrhunderts keine Regelung zur Bezahlung nicht-gearbeiteter – dienstplanmäßig freier – Feiertage mehr, weshalb auf die gesetzliche Regelung (nunmehr in § **2 EntgeltFG**) zurückgegriffen werden musste. Diese gesetzliche Vorschrift bestimmt aber nicht etwa,

---

44 BAG v. 8.12.2010, NZA 2011, 927 (Rn 13 f); hierzu Fieberg in GKÖD, Bd. IV (2010), Rn 41 b; anders noch zB LAG Düsseldorf v. 13.3.2009, 10 Sa 95/09, Juris; LAG Nürnberg v. 5.6.2008, 3 Sa 625/08, Juris; LAG München v. 13.12.2007, 2 Sa 590/07, Juris.
45 BAG, etwa v. 16.11.2000, 6 AZR 338/99, NZA 2001, 796.
46 So auch Dassau in Dassau/Wiesend-Rothbrust, TVöD, 5. Aufl. 2006, Rn 57 – die, als Teilnehmerin der Tarifverhandlungen, meint, dass so etwas „hiermit wohl gemeint" sei (!).
47 BAG v. 8.12.2010, NZA 2011, 927 (Rn 13 f).

dass jeder Arbeitnehmer im positiven Sinn immer bezahlte Freizeit für jeden Feiertag erhält (ihm der Feiertag immer angerechnet wird), sondern verhindert lediglich einen durch den jeweiligen Feiertag im konkreten Fall bedingten Lohnverlust:

§ 2 EntgeltFG legt nur, im defensiven Sinn, fest, dass bei Nichtarbeit an Feiertagen allein diejenige Arbeitszeit zu bezahlen ist, die **infolge** des Feiertages ausgefallen war, also der Feiertag die einzige Ursache für die Arbeitsbefreiung war, also nicht – auch – ein anderer Grund dafür bestand, dass der/die Beschäftigte ohne den Feiertag an diesem Werktag gearbeitet hätte. Diese gesetzliche Regelung will den Beschäftigten deshalb nur vor einem – allein – feiertagsbedingten Lohnverlust schützen, nicht etwa jeglichen Feiertag durch einen Anspruch auf eine entsprechende bezahlte Freizeit prämieren.

■ Für die Feststellung, ob ein allein feiertagsbedingter Arbeitsausfall vorliegt, kam es deshalb allein darauf an, ob an diesem Tag überhaupt Arbeit zu leisten gewesen wäre und welche Arbeitszeit dann für den betreffenden Arbeitnehmer gegolten hätte, falls der entsprechende Tag kein Feiertag gewesen wäre. Nur dann ist der Arbeitnehmer so zu stellen, als hätte er an dem Feiertag die schicht-/dienstplanmäßige Arbeitszeit gearbeitet. Es kommt also allein darauf an, ob überhaupt und ggf welche Arbeitszeit für den Beschäftigten gegolten hätte, wenn der betreffende Tag kein Feiertag gewesen wäre. Eine dienstplanmäßige Freistellung des Beschäftigten am Feiertag schloss einen Anspruch auf dessen Berücksichtigung – durch Abzug von fiktiver Feiertagsarbeitszeit von der Dienstplan-Sollarbeitszeit oder Entgeltzahlung – dann aus, wenn sich die Nichtarbeit am Feiertag aus einem Schema ergibt, das von der Feiertagsruhe an bestimmten Tagen individuell unabhängig ist.[48] Das bedeutet jedoch, dass dann, wenn an diesem Tag unabhängig vom Wochenfeiertag keine Arbeitsleistung zu erbringen gewesen wäre, kein Anspruch auf Bezahlung des Feiertages bestand.[49] Hat der Beschäftigte am Feiertag dienstplanmäßig – also sowieso – frei, ist grundsätzlich diese Freistellung als Grund für seine Nichtarbeit anzusehen, weshalb er keinen Anspruch auf Vergütung für einen nicht-gearbeiteten Feiertag hatte – es sei denn, er konnte im Einzelfall und aufgrund besonderer Umstände nachweisen, dass er ohne Feiertag an eben diesem Werktag sonst zum Dienst eingeteilt worden wäre (weil etwa der Arbeitskräftebedarf, die Besetzung der Schichten, in ei-

---

48 Siehe etwa BAG v. 8.12.2010, 5 AZR 667/09, NZA 2011, 927 (Rn 12), v. 14.8.2002, 5 AZR 417/01, ZTR 2003, 248; so auch LAG München v. 13.12.2007, 2 Sa 590/07; siehe auch LAG Köln v. 26.1.2009, 2 Sa 934/08, ZTR 2009, 310 (LS). Dies ergibt sich nunmehr auch im Umkehrschluss zu § 6 Abs. 3 in den durchgeschriebenen Fassungen des BT-K und des BT-B, wonach sich die regelmäßige Arbeitszeit nur für den 24.12. und den 31.12., sofern diese auf einen Werktag fallen, um die dienstplanmäßig ausgefallenen Stunden verringert – nicht mehr auch bei Feiertagen (die dort gesondert geregelt sind). Damit ist wohl eindeutig intendiert, dass bei Nichteinteilung zur Arbeit an Feiertagen (außerhalb der beiden Vorfesttage 24.12. und 31.12.) diese nur Berücksichtigung finden können (sollen), wenn an diesen Tagen sonst – wären sie keine Feiertage, sondern normale Werktage gewesen – nachweisbar auch gearbeitet worden wäre!
49 BAG, st. Rspr, etwa Urt. v. 16.11.2000, 6 AZR 338/99, NZA 2001, 796; v. 14.8.2002, 5 AZR 417/01, ZTR 2003, 248; v. 14.6.2006, 5 AZR 405/05, ZTR 2006, 592.

nem Krankenhaus, im Pflegebereich, geringer als an normalen Werktagen ist.)[50]

Durch eine abweichende – großzügigere – Praxis in der Vergangenheit, etwa der durchgängigen Gewährung eines freien Tages für jeden Wochenfeiertag unabhängig von der Frage eines jeweiligen konkreten Arbeitsausfalls bzw einem bisherigen unbesehenen Vorwegabzug des Feiertags von der Dienst-/Schichtplan-Sollarbeitszeit, wird nicht ohne besondere Voraussetzungen ein Anspruch auf Beibehaltung einer solchen Handhabung aus dem Rechtsinstitut der Betriebsübung begründet.[51]

cc) **Feiertagsregelung in Pflege- und Betreuungseinrichtungen und in Krankenhäusern (§ 49 BT-B und BT-K zum TVöD, § 43 Nr. 3 TV-L. (1) Vorwegabzug von 20 % der Wochenarbeitszeit.** Wenn Beschäftigte in den unter diese Bereiche fallenden stationären Einrichtungen (Krankenhäuser, Pflege- und Betreuungseinrichtungen) im Anwendungsbereich des TVöD bzw nichtärztliche Beschäftigte in Universitätskliniken und Krankenhäusern im Anwendungsbereich des **TV-L** 49

- regelmäßig nach Dienstplan,
- an allen sieben Tagen in der Woche,
- mit Schicht- oder Wechselschichtarbeit (§ 7 Abs. 2 und § 7 Abs. 1)

eingesetzt werden, erhalten sie für jeden Wochenfeiertag (Montag – Samstag) – unabhängig von einer tatsächlichen Arbeitsleistung an diesen Tagen – grundsätzlich einen **Vorwegabzug von 20 % ihrer individuellen Wochenregelarbeitszeit** (bei 38,5 Stunden durchschnittlicher Wochenarbeitszeit somit 7,7 Stunden, bei zB 25 Stunden durchschnittlicher Wochenarbeitszeit somit fünf Stunden):[52] jeweils § 49 Abs. 2 BT-B und BT-K zum TVöD, § 43 Nr. 3 Ziff. 2. Satz 8 TV-L.[53]

Voraussetzung ist immer, dass der individuelle Beschäftigte diese Anforderungen erfüllt, er also selbst prinzipiell an allen (sieben) Wochentagen im Rahmen der Schicht- oder Wechselschichtarbeit eingesetzt wird – es genügt nicht, dass dies andere Beschäftigte, für die der gleiche Dienstplan (etwa für dieselbe Station) gilt, leisten, der betreffende Angestellte, zB im Dauernachtdienst tätig, dagegen nicht.[54]

Exkurs zur Intention dieser Neuregelung: Diese reichlich missverständliche Formulierung erklärt sich nach der erkennbaren Intention der Tarifvertragsparteien aus der Verärgerung der Beschäftigten im unregelmäßigen Schichtdienst – insbesondere Pflegekräfte in Krankenhäusern und Heimen –, die aus ihrer Sicht 50

---

50 Im Urteil v. 9.10.1996, 5 AZR 345/95, NZA 1997, 444 stellt das BAG darauf ab, ob sich die Arbeitsbefreiung am Feiertag aus einem Schema ergibt, das von der Feiertagsruhe an Feiertagen unabhängig ist (!?).
51 BAG v. 13.6.2007, 5 AZR 849/06, DB 2007, 1932 (LS).
52 Dieser Abzugsregelung liegt nicht etwa die Fünf-Tage-Woche zugrunde. Ein Abzug von 20 % der regelmäßigen Wochenarbeitszeit ist auch dann vorzunehmen, wenn die Wochenarbeitszeit (durchschnittlich) auf sechs Tage oder 5,5 Tage (s. Abs. 1 Satz 3 und die Kommentierung dort) verteilt ist.
53 So der Wortlaut dieser (nicht nur sprachlich) missglückten Regelung, enthaltend einen Rechtsgrundverweis; § 49 TVöD ist für den Bereich der Krankenhäuser eine Sonderregelung, die dort die allgemeine Bestimmung des § 6 Abs. 3 Satz 3 TVöD verdrängt: LAG München v. 13.12.2007, 2 Sa 590/07, ZMV 2008, 334.
54 So zu Recht LAG Nürnberg v. 6.10.2010, 4 Sa 444/09, Juris; LAG München v. 28.4.2008, 6 Sa 967/07, Juris.

nicht verstehen konnten und wollten, dass bei ihnen nach der Rechtslage vor Inkrafttreten des TVöD/TV-L der arbeitsfreie Wochenfeiertag im Regelfall keine finanziellen oder Zeitgutschriftsauswirkungen (bzw Arbeitszeitabzugskonsequenzen) hatte, beim Verwaltungsangestellten uä mit regelmäßiger und rhythmischer Wochenarbeitszeit (insbes.: Montag bis Freitag) dagegen schon. Mit dem unter diesen Voraussetzungen jetzt normierten Vorwegabzug kommen auch diese Beschäftigten in den Genuss von Zeitgutschriften und damit im Ergebnis bezahlten freien Tagen für Feiertage. Diese Tarifregelung sichert diesem Personenkreis jetzt trotzdem, häufig entgegen der gesetzlichen Regelung in § 2 EntgeltFG und der bisherigen Rechtsprechung hierzu, Vergütung bzw bezahlte Freistellung durch Vorwegabzug von 20 % ihrer individuellen Wochenarbeitszeit.[55]

Allerdings ergibt sich dies in ähnlicher Weise nunmehr bereits aus der allgemeinen Tarifregelung in § 6 Abs. 3 Satz TVöD/TV-L iVm der Protokollerklärung und der Rechtsprechung hierzu, wonach sich die „regelmäßige Arbeitszeit ... für jeden gesetzlichen Feiertag ... um die dienstplanmäßig ausgefallenen Stunden" verringert – was nach der nunmehrigen Rechtsprechung hierzu bedeutet (s.o.), dass die dienstplanmäßige Sollarbeitszeit – in den Kliniken uä wird regelmäßig nach Dienstplan gearbeitet – bei Vorliegen von Feiertagen während des Dienstplanzeitraums von vornherein um die entsprechende Arbeitszeit zu verringern ist.[56] Der Unterschied besteht nur darin, dass im Anwendungsbereich des Besonderen Teils Krankenhäuser für Feiertage (egal, ob an diesen gearbeitet wird) ein pauschaler, abstrakter, Vorwegabzug von 20 % der individuellen Wochenarbeitszeit vorzunehmen ist, während im Rahmen der allgemeinen Regelung in § 6 Abs. 3 Satz 3 individuell festgestellt werden muss, wie viele Stunden der betreffende Arbeitnehmer arbeiten hätte müssen, wenn er dienstplanmäßig zur Feiertagsarbeit eingeteilt worden wäre – nur dieser hypothetische Stundenumfang ist von der dienstplanmäßigen Sollarbeitszeit abzuziehen.[57]

51 **(2) Erbrachte Feiertagsarbeit.** Für **Arbeitsstunden**, die diese Beschäftigten in Krankenhäusern uä an Wochenfeiertagen **tatsächlich** erbringen, erhalten die unter den TVöD fallenden Beschäftigten

- neben dem Vorwegabzug von 20 % der individuellen Wochenarbeitszeit unter den vorstehenden Voraussetzungen (regelmäßiger Einsatz nach Dienstplan an sieben Tagen/Woche mit Schicht-/Wechselschichtarbeit)

einen **Zeitzuschlag von 135 %** – entweder in vollem Umfang als Geldzuschlag oder 35 % als Geldzuschlag und die weiteren 100 % des Zuschlags als bezahlten Freizeitausgleich (s. vorstehende Ausführungen): jeweils § 49 Abs. 2 Satz 1 lit. a und Satz 3 BT-B und BT-K (§ 43 Nr. 3 Ziff. 2 TV-L) iVm § 8 Abs. 1 Satz 2 lit. d. Nach dem Wortlaut dieser Bestimmung und vor allem dem dortigen Verweis auf die Zeitzuschlagsregelung in § 8 Abs. 1 Satz 2 lit. d bedeutet dies, dass dieser Beschäftigte damit

---

55 Vgl mit Beispielen: Zetl, ZMV 2006, 124.
56 BAG v. 8.12.2010, NZA 2011, 927 (Rn 13 f); s. hierzu Fieberg in GKÖD, Bd. IV (2010), Rn 41 b.
57 BAG v. 8.12.2010, NZA 2011, 927 (Rn 16 aE).

- einen Vorwegabzug von 20 % seiner individuellen Wochenarbeitszeit und
- zusätzlich einen Zeitzuschlag von 135 % für die erbrachte Feiertagsarbeit erhalten muss,

also insgesamt 235 % Zuschlag/Bonus für Feiertagsarbeit.

Andererseits verweist hier § 49 Abs. 2 letzter Satz auf § 8 Abs. 1 Satz 2 Buchst. d der allgemeinen Feiertagsregelung und damit mittelbar auch auf die Protokollerklärung hierzu mit einer Begrenzung der Feiertagsvergütung – Grundvergütung inkl. des Feiertagszeitzuschlags – auf 235 % inkl. der Grundvergütung. Deshalb stellt die **Arbeitszeitreduzierung um 20 % der Wochenarbeitszeit gleichzeitig den Freizeitausgleich als Teil des Zuschlags** für die Feiertagsarbeit dar.

(3) **Feiertage in Krankenhäusern uä.** Für nichtärztliche Beschäftigte in Universitätskliniken und Krankenhäusern, die unter den TV-L fallen, ist die geleistete Arbeitszeit an einem gesetzlichen Wochenfeiertag durch entsprechende Arbeitsfreistellung an einem anderen Werktag bis zum Ende des dritten folgenden Kalendermonats auszugleichen, wenn die betrieblichen Verhältnisse dies zulassen – andernfalls erhält der Beschäftigte das Stunden-Tabellenentgelt zuzüglich des Feiertags-Zeitzuschlages von 35 % gezahlt (§ 43 Nr. 3 Ziff. 2 Satz 4 und Satz 5 TV-L).

(4) **Dienstplanmäßige Nichtarbeit in Krankenhäusern uä. Einrichtungen.** Hat der/die Beschäftigte am **Feiertag** dienstplanmäßig **frei**, ist der Vorwegabzug von 20 % der individuellen Wochenarbeitszeit nur dann vorzunehmen,[58] wenn die Freistellung nicht „wegen" des Feiertags, sondern unabhängig hiervon „dienstplanmäßig" erfolgt ist, also dann die durchschnittliche Soll-Arbeitszeit an anderen Werktagen erbracht werden müsste.

V. Abweichungen vom Arbeitszeitgesetz (Abs. 4)

1. **Tariföffnungsklauseln des Arbeitszeitgesetzes.** Diese Tarifbestimmung setzt die sehr weitreichenden Möglichkeiten der **Tariföffnungsklauseln** des Arbeitszeitgesetzes um:[59]

Nach den hier in Bezug genommenen Regelungen in § 7 Abs. 1 und Abs. 2 ArbZG sowie in § 12 ArbZG (letztere Norm betreffend die Arbeit an Sonn- und Feiertagen) können alle wesentlichen Arbeitszeitschutzbestimmungen des ArbZG im Rahmen der dort festgelegten Spielräume entweder „in einem Tarifvertrag"[60] unmittelbar oder mittelbar „aufgrund eines Tarifvertrages in einer Betriebs- oder Dienstvereinbarung" abweichend neu geregelt werden.

---

58 Instruktiv für die praktische Handhabung in Krankenhäusern und Pflege- und Betreuungseinrichtungen nach dem TVöD-BT-B und dem TVöD-BT-K: Zetl, ZMV 2009, 132.
59 Grundsätzlich hat der Beschäftigte sonst Anspruch darauf, dass eine Arbeitszeiteinteilung/Dienstplangestaltung erfolgt, die die Einhaltung der gesetzlichen Arbeitsschutzvorschriften (ArbZG, ggf MuSchG, JArbSchG u.a.) gewährleistet – vgl BAG v. 18.11.2008, 9 AZR 737/07, NZA-RR 2009, 354.
60 Die **Kirchen** können nach § 7 Abs. 4 (§ 12 Satz 2 iVm § 7 Abs. 4) ArbZG die gleichen Abweichungen „in ihren Regelungen" vorsehen – also insbesondere in den „**Arbeitsvertragsrichtlinien** des Deutschen **Caritasverbandes**" und in den „Arbeitsvertragsrichtlinien des Deutschen **Diakonischen Werkes** der Evangelischen Kirche in Deutschland" – letztere mit länderspezifischen bzw für einzelne Gliedkirchen der EKD geltenden speziellen Re-

Diese gesetzlichen Regelungen fordern damit als Rechtsgrundlage für Abweichungen vom ArbZG entweder

- eine **tarifvertragliche Regelung**, die diese Abweichung selbst, unmittelbar, regelt oder
- eine tarifvertragliche Regelung, die ihrerseits nur den Rahmen für die Öffnung festlegt und deren konkrete Ausgestaltung auf die Ebene der betrieblichen Mitbestimmung durch **Betriebsvereinbarung** (mit dem Betriebsrat gemäß § 77 BetrVG) bzw durch **Dienstvereinbarung** (mit dem Personalrat nach § 73 BPersVG bzw den entsprechenden Regelungen der Länder-Personalvertretungsgesetze) delegiert.

Immer muss damit (zunächst) eine tarifvertragliche Regelung (abschließend oder als Basis für die betriebliche Mitbestimmungskonkretisierung) vorliegen.[61]

56 **2. Absatz 4: Betriebs- oder Dienstvereinbarungen.** Abs. 4 nimmt (außerhalb der dortigen Protokollerklärung) Bezug auf die zweite Option der gesetzlichen Tariföffnungsklauseln in § 7 Abs. 1 und Abs. 2 sowie § 12 ArbZG und ermächtigt als tarifvertragliche Regelung die Betriebsparteien – Arbeitgeber und Betriebsrat/Personalrat – zum Abschluss entsprechender **Betriebs-/Dienstvereinbarungen** zur Abweichung vom Arbeitszeitgesetz.[62] Betriebsvereinbarungen, die solche Abweichungen regeln, stellen jedenfalls im Regelfall freiwillige Betriebsvereinbarungen gemäß § 88 BetrVG dar, die deshalb nicht durch ein Einigungsstellenverfahren und dort letztlich durch einen Spruch einer Einigungsstelle (§ 76 BetrVG) erzwungen werden können, da es insoweit auch um die Verteilung und die Lage der Arbeitszeit einschließlich der Pausen iSd § 87 Abs. 1 Nr. 2 und Nr. 3 geht.[63]

Es erscheint fraglich, ob diese gänzlich **pauschale Ermächtigung der Betriebsparteien** – Arbeitgeber und Betriebsrat bzw Personalrat – durch den Tarifvertrag **wirksam** ist: Der Tarifvertrag muss eine klare und eindeutige Delegation auf die Ebene der betrieblichen Mitbestimmung vornehmen,[64] die durch eine solche undifferenzierte Ermächtigung kaum gewahrt ist. Abs. 4 bezieht sich jedoch gänzlich undifferenziert auf das komplette dort normierte/aufgezählte Spektrum der

---

gelungen –, die bei den genannten großen kirchlichen Sozialträgern anstelle tarifvertraglicher Regelungen gelten. In den Arbeitsvertragsrichtlinien des Deutschen Caritasverbandes (AVR) wurde hiervon bereits seit 1998 in einer Reihe von Punkten Gebrauch gemacht.

61 Die insbesondere vor Inkrafttreten und Geltung des TVöD/TV-L in Einrichtungen v.a. des Gesundheitswesens verschiedentlich geschlossenen Betriebs-/Dienstvereinbarungen mit abweichenden Festlegungen zur Tageshöchstarbeitszeit, zu Pausen, zu Ruhezeiten etc. (§§ 3 f. ArbZG) waren zwingend nichtig, da es an jeglicher – unabdingbaren – zugrunde liegenden tarifvertraglichen Rechtsgrundlage hierfür fehlte (nachdem die bisherigen Tarifverträge des öffentlichen Dienstes keinerlei Umsetzungen der Tariföffnungsklauseln des Arbeitszeitgesetzes als notwendige Rechtsgrundlage hierfür enthielten!).

62 Zu solchen Abweichungsregelungen generell vgl jetzt BAG v. 23.6.2010, 10 AZR 543/09, NZA 2010, 1081; BAG v. 13.10.2009, 9 AZR 139/08, ZTR 2010, 179.

63 BAG v. 23.2.2010, 1 ABR 65/08, NZA 2010, 728 (LS)= AP Nr. 100 zu § 77 BetrVG 1972 (Volltext auch in Juris); näher: LAG Hamburg v. 17.12.2008, 5 TaBV 8/08, AuR 2010, 339; siehe näher Schliemann, ArbZG, 2009, § 7 Rn 28 f; aA Zepf/Gussone, Das Tarifrecht in Krankenhäusern, Universitätskliniken, Heimen und sozialen Einrichtungen, 2009, S. 87; Welkoborsky in Bepler/Böhle/Meerkamp/Stöhr (2/2011), Rn 41, der offensichtlich von einer auch hier durch Einigungsstellenverfahren erzwingbaren Regelung ausgeht; differenzierend Brock in Groeger, Arbeitsrecht im öffentlichen Dienst, 2010, Teil 3 L Rn 96 f.

64 Schliemann, ArbZG, 2009, § 7 Rn 25 und Rn 26.

möglichen Abweichungen durch Tarifvertrag, jeweils mit notwendiger Umsetzung durch die betriebliche Mitbestimmung – durch „Betriebs-/Dienstvereinbarung".[65]

Der Begriff der "**dringenden betrieblichen/dienstlichen Gründe**" als tariflich normierte weitere Voraussetzung für den Abschluss einer entsprechenden Betriebsvereinbarung zur Umsetzung dieser Abweichungsoptionen des Arbeitszeitgesetzes lehnt sich erkennbar an den Wortlaut der gesetzlichen Regelungen in § 1 Abs. 2 Satz 1 KSchG und § 7 Abs. 1 Satz 1 BUrlG an und erfordert, komprimiert ausgedrückt, einen erkennbaren wirtschaftlichen/betrieblichen Handlungsdruck, die Unvermeidbarkeit und damit erhebliche betriebswirtschaftliche Zwänge für entsprechende Abweichungen durch Abschluss solcher Betriebs-/Dienstvereinbarungen.[66] Allerdings haben die Betriebsparteien (Arbeitgeber und Betriebs- oder Personalrat) hierbei einen erheblichen Beurteilungsspielraum hinsichtlich des Vorliegens solcher betrieblicher/ wirtschaftlicher Gegebenheiten und deren „Dringlichkeit", weshalb eine gerichtliche Überprüfung des Vorliegens dieser Voraussetzungen im Regelfall kaum oder großzügig und zurückhaltend stattfinden wird[67] In den Tarifverhandlungen wurde dieser Begriff offensichtlich bewusst als unterhalb der engeren Schwelle der „außergewöhnlichen Fälle" (etc.) iSd § 14 ArbZG – aber oberhalb bloßer, einfacher, „betrieblicher Gründe" (vgl § 8 Abs. 4 Satz 1 TzBfG, dort ohne Verstärkung durch den Begriff „dringend") – angesiedelt formuliert.

3. Abweichungsmöglichkeiten im Einzelnen. Ausgehend vom Wortlaut dieser Regelung können damit

- bei Vorliegen „dringender betrieblicher/dienstlicher Gründe" und
- durch Abschluss einer einrichtungs-/dienststellenbezogenen Betriebs- oder Dienstvereinbarung mit dem Betriebsrat oder dem Personalrat:

  a) die **werktägliche Arbeitszeit** (Montag–Samstag) – auch bei „Nachtarbeitnehmern"[68] – **über zehn Stunden** (§ 3 ArbZG) hinaus verlängert werden, wenn in sie „regelmäßig und in erheblichem Umfang" Arbeitsbereitschaft oder Bereitschaftsdienst fällt (§ 7 Abs. 1 Ziff. 1. lit. a ArbZG),[69]

  b) in **Schichtbetrieben** oder in **Verkehrsbetrieben** die **Gesamtdauer** der gesetzlichen **Ruhepausen** (von insgesamt 30 Minuten bei einer Arbeitszeit von mehr als sechs Stunden und von insgesamt 45 Minuten bei einer Arbeitszeit über neun Stunden – § 4 ArbZG) auf „**Kurzpausen** von angemessener Dauer" aufgeteilt werden (§ 7 Abs. 1 Ziff. 2 ArbZG) – also anstelle von 2 x 15 Minuten Pause(n) zB auch 3 x 10 Minuten oder ein-

---

65 Instruktive Beispiele bei Boemke/München, Pflegerecht 2006, 552.
66 Brock in Groeger, Arbeitsrecht im öffentlichen Dienst, 2010, Teil 3 L Rn 100, will auf „jeweils gute und gewichtige Gründe aus dem Betriebsablauf" abstellen.
67 Vgl auch Dassau/Wiesend-Rothbrust, § 6 Rn 64.
68 Ein „Nachtarbeitnehmer" in diesem Sinn liegt nach der gesetzlichen Definition vor, wenn mehr als zwei Stunden Arbeitszeit zwischen 23.00 Uhr und 6.00 Uhr im Wechselschicht oder an mindestens 48 Tagen im Kalenderjahr zu leisten ist: § 2 Abs. 3 bis Abs. 5 ArbZG.
69 Ob die Tarifvertragsparteien durch das Arbeitszeitgesetz (dort § 7) auch ermächtigt wurden, die Neuregelung zu den „Bereitschaftszeiten" in § 9 TVöD/TV-L zu regeln – einem Mittelding zwischen „Bereitschaftsdienst" und „Arbeitsbereitschaft" im bisherigen Sinn, sei hier dahin gestellt.

mal 10 Minuten sowie 4 x 5 Minuten Pausen (§ 7 Abs. 1 Ziff. 2 ArbZG),[70]

c) die **Ruhezeit** von elf Stunden (§ 5 Abs. 1 ArbZG) auf bis zu **neun Stunden** verkürzt werden, wenn „die Art der Arbeit dies erfordert und die Kürzung der Ruhezeit innerhalb eines festzulegenden Zeitraums ausgeglichen wird" (§ 7 Abs. 1 Ziff. 3 ArbZG) und nach § 7 Abs. 2 ArbZG **zusätzlich**, sofern der **Gesundheitsschutz durch einen entsprechenden Zeitausgleich** gewährleistet wird,[71]

d) die elfstündige **Ruhezeit** bei Leistung von **Rufbereitschaft** abweichend von § 5 Abs. 1 ArbZG geregelt und den Besonderheiten der Rufbereitschaft angepasst werden[72] (§ 7 Abs. 2 Ziff. 1 ArbZG),

e) bei der **Behandlung, Pflege und Betreuung von Personen** – also in den stationären und ambulanten Einrichtungen des Gesundheitswesens (Krankenhäuser, (Alten)Pflegeheime, andere Heimeinrichtungen, Sozialstationen usw) – **alle grundsätzlichen Regelungen** zur maximal zehnstündigen **Tageshöchstarbeitszeit** (§ 3 ArbZG, auch für „Nachtarbeitnehmer": § 6 Abs. 2 ArbZG), zu den **Pausen** (insgesamt 30/45 Minuten je Schicht, § 4 ArbZG) und zur **Tagesruhezeit** von elf Stunden (§ 5 Abs. 1 ArbZG)[73] „der Eigenart dieser Tätigkeit" (also der Pflege-/Betreuungstätigkeit) „und dem Wohl dieser Personen" (also der Patienten, Bewohner, Klienten usw) „entsprechend" angepasst werden (§ 7 Abs. 2 Ziff. 3 ArbZG),

f) bei Verwaltungen und Betrieben des gesamten **öffentlichen Dienstes** in Bund, Ländern, den Gemeinden usw, sofern sie – auch an dem TVöD/TV-L inhaltsgleiche Tarifverträge – tarifgebunden sind, **alle Regelungen** zur maximal zehnstündigen **Tageshöchstarbeitszeit** (§ 3 ArbZG, auch für „Nachtarbeitnehmer": § 6 Abs. 2 ArbZG), zu den **Pausen** (30/45 Minuten je Schicht, § 4 ArbZG) und zur **Tagesruhezeit** von elf Stunden (§ 5 Abs. 1 ArbZG) „der Eigenart der Tätigkeit bei diesen Stellen" angepasst werden (§ 7 Abs. 2 Ziff. 4 ArbZG),

g) in wesentlichen Dienstleistungsbereichen, die von Schicht-/Wechselschichtarbeit geprägt sind, die gesetzliche garantierte **Mindestzahl von**

---

70 Zu einer vergleichbaren Tarifregelung zu bezahlten „Kurzpausen" und deren Umsetzung durch Dienstvereinbarung vgl BAG v. 13.10.2009, 9 AZR 139/08, ZTR 2010, 179 (Rn 36 f), und BAG v. 24.5.2007, 6 AZR 706/06, NZA 2007, 1175 (Rn 19 f).
71 Es müssen also besondere Zeitausgleichsregelungen geregelt werden, die die besonderen Belastungen solcher Aufweichungsbestimmungen egalisieren können – finanzielle Ausgleichsregelungen allein sind hier nicht zulässig; vgl zB Schliemann, ArbZG, 2009, § 7 Rn 65 und 66.
72 In den wesentlichen Arbeitsbereichen, in denen typischerweise Rufbereitschaft geleistet wird – v.a. Krankenhäuser und Pflege-/Betreuungseinrichtungen –, können bereits nach der gesetzlichen Regelung unmittelbar, ohne Abweichungen erst durch Tarifvertrag, Verkürzungen der elfstündigen Ruhezeit durch Abrufe – „Inanspruchnahmen" – während der Rufbereitschaft, soweit diese maximal 50 % der Ruhezeit betragen, zu anderen Zeiten ausgeglichen werden: § 5 Abs. 3 ArbZG idF v. 1.1.2004.
73 Die gesetzliche Regelung unmittelbar (§ 5 Abs. 2 ArbZG) erlaubt ungeachtet dessen in Krankenhäusern und vergleichbaren Pflege-/Betreuungseinrichtungen und in anderen Dienstleistungsbereichen (Gaststätten und Hotels/Beherbergungsbetriebe, Verkehrsbetriebe …) die Verkürzung der Grundruhezeit (elf Stunden) auf zehn Stunden (wenn dies – zum „Ausschlafen" – innerhalb eines Monats/vier Wochen durch Verlängerung einer anderen Ruhezeit auf zwölf Stunden ausgeglichen wird – was angesichts dienst-/schichtplanmäßig freier Tage im Regelfall unproblematisch realisierbar ist).

15 **arbeitsfreien Sonntagen** im Jahr auf zehn (und weniger) Sonntage verringert werden (§ 12 Satz 1 Ziff. 1 ArbZG),

h) die bei **Sonntags-** und bei **Feiertagsarbeit** erforderlichen **Ersatzruhetage** (§ 11 Abs. 3 ArbZG) gestrichen oder zeitlich nur längerfristig gewährt werden (§ 12 Satz 1 Ziff. 2 ArbZG) und

i) in vollkontinuierlichen Schichtbetrieben die **Arbeitszeit an Sonn- und Feiertagen** über zehn Stunden (§ 11 Abs. 2, § 3 ArbZG) hinaus auf zwölf Stunden verlängert werden, wenn dadurch zusätzliche freie Schichten an Sonn- und Feiertagen erreicht werden (§ 12 Satz 1 Ziff. 4 ArbZG).

4. Durch Absatz 4 eröffnete Spielräume für die Arbeitszeitgestaltung. Bereits 58 durch diese Tarifregelung – ihre Wirksamkeit unterstellt! – bestehen bei Vorliegen betrieblicher (wirtschaftlicher) Notwendigkeiten gerade in den/für die Betriebe(n)/Einrichtungen, die durch Schichtarbeit und unregelmäßige und Rundum-die-Uhr-Arbeit geprägt sind, damit **maximale Spielräume**, im Wege der (freiwilligen) betrieblichen Mitbestimmung – also durch (wohl nicht durch Einigungsstellenspruch erzwingbare) Betriebs-/Dienstvereinbarung mit dem Betriebsrat oder dem Personalrat – von den gesetzlichen Arbeitszeitschutzbestimmungen des ArbZG abzuweichen. Die hier auch in Bezug genommenen Regelungen in § 7 Abs. 1 Ziff. 1 lit. a und vor allem in Abs. 2 Ziff. 3 ArbZG erlauben in den **Einrichtungen des Gesundheitswesens** – wenn hier der Gesundheitsschutz durch entsprechenden Zeitausgleich gewährleistet ist: § 7 Abs. 2 ArbZG – durch Betriebs-/Dienstvereinbarung generell **nahezu jegliche Abweichung vom ArbZG:**

Im Grundsatz beliebig lange Tageshöchstarbeitszeiten, deutlich verkürzte – äußerstenfalls bis auf Null reduzierte – Einzelpausen und Gesamtpausenzeiten, erhebliche Verkürzungen der Ruhezeiten.[74]

Wesentliche Teile der weiteren tarifvertraglichen Abweichungsmöglichkeiten in den einschlägigen Besonderen Teilen (§ 45 Abs. 2 und Abs. 3 BT-K und § 45 Abs. 2 und Abs. 3 BT-B, § 43 TV-L) sind deshalb im Grundsatz bereits in § 6 Abs. 4 enthalten und damit insoweit partiell überflüssig! Bereits durch § 6 Abs. 4 iVm mit § 7 Abs. 2 Nr. 3 ArbZG könnten etwa auf Krankenhausstationen oder in Altenpflegeeinrichtungen bei Nachtdiensten, die mit einer einzigen Pflegekraft besetzt sind und eine gesetzeskonforme Pausenregelung deshalb mindestens erschweren (was bisher zu allen möglichen phantasievollen Umgehungsstrategien und in sich widersprüchlichen „Pausen"-Hypothesen geführt hat), auf formal legaler Grundlage „Abhilfe" geschaffen werden:

Unter den flankierenden Notwendigkeiten des Abs. 4 (dringende betriebliche Gründe) und ggf nach § 7 Abs. 2 Einleitungssatz ArbZG (Gesundheitsschutz durch Zeitausgleich) können nach näherer Regelung durch eine Betriebs-/Dienst-

---

[74] Das BAG hat die Tarifregelungen des BAT für Ärzte (SR 2 c Nr. 8 zum BAT) dann, wenn und soweit sie es erlauben, dem Beschäftigten ein die allgemeine menschliche Leistungsfähigkeit und die Zumutbarkeit schlechthin überschreitendes Arbeitsvolumen abzuverlangen, am Maßstab des § 306 BGB aF und des Art. 1 Abs. 1 GG (Menschenwürde) gemessen und tarifliche Möglichkeiten zur Heranziehung zu tagelangen (34-/36-Stunden-)Diensten (Volldienst-Bereitschaftsdienst und sofort wieder Volldienst) für unwirksam erklärt: v. 24.2.1982, 4 AZR 223/80, NJW 1982, 2140.

vereinbarung die Pausen auf ein Minimum reduziert[75] oder im Einzelfall auch ganz „abgeschafft" werden.[76]
Weitgehend überflüssig – und missverständlich – ist es, wenn in der Protokollerklärung zu Abs. 4, die Regelung in § 12 Satz 1 Ziff. 4 ArbZG wörtlich wiederholend, zusätzlich festgehalten wird, dass „in vollkontinuierlichen Schichtbetrieben ... an Sonn- und Feiertagen die tägliche Arbeitszeit auf bis zu zwölf Stunden verlängert werden (kann), wenn dadurch zusätzliche freie Schichten an Sonn- und Feiertagen erreicht werden" (obwohl Abs. 4 auf diese Regelung bereits ebenfalls verwiesen hatte): Wenn der Status dieser „Regelung" als Protokollerklärung nicht indizieren soll, dass diese – wenig bedeutsame – Möglichkeit ohne betriebliche Mitbestimmung im Wege der Betriebs-/Dienstvereinbarung – damit durch Direktionsrecht des Arbeitgebers/Vorgesetzten – umgesetzt werden kann (wie aufgrund systematischer und teleologischer Auslegung nicht ohne Weiteres anzunehmen),[77] dann ist diese Protokollerklärung allerdings obsolet.
Abs. 4.1 des TVöD-K bestimmt ergänzend, dass bei **Ärztinnen und Ärzten** unter den Voraussetzungen des Arbeitszeitgesetzes und des Arbeitsschutzgesetzes (insbesondere einer Gefährdungsbeurteilung nach § 5 ArbSchG) die tägliche Arbeitszeit – nicht in Kombination mit Bereitschaftsdiensten – auf bis zu zwölf Stunden zuzüglich der Pausen ausgedehnt werden kann, mit maximal vier Zwölf-Stunden-Schichten hintereinander und acht Zwölf-Stunden-Schichten innerhalb von zwei Kalendermonaten. Auch dies scheint weitgehend überflüssig im Hinblick darauf, dass die allgemeine Regelung in Abs. 4 mit ihrem (problematisch) undifferenzierten Verweis auf sämtliche Optionen in § 7 Abs. 1 und Abs. 2 ArbZG bereits grundsätzlich weitergehende Spielräume öffnet.

59 **5. Mitbestimmung der Personalvertretung.** Zu beachten ist, dass nach **Abs. 9** TVöD/TV-L in Einrichtungen, in denen ein **Personalvertretungsgesetz** Anwendung findet, die zur Umsetzung dieser Möglichkeiten erforderliche **Dienstvereinbarung** nur **einvernehmlich**, im Verhandlungsweg – also nicht durch kontroverse Entscheidung der Einigungsstelle – (s. § 38 Abs. 3), zustande kommen kann, andernfalls, wenn der Arbeitgeber/Dienststellenleiter ein Letztentschei-

---

75 Siehe den Fall in BAG v. 13.10.2009, 9 AZR 139/08, ZTR 2010, 179.
76 Die AVR-Caritas – die zwar nicht den Status eines Tarifvertrages, jedoch als kirchenspezifische Regelungen aufgrund der Ermächtigung in § 7 Abs. 4 ArbZG die gleichen Befugnisse wie Tarifverträge haben – haben bereits seit 1998 festgelegt, dass durch Dienstvereinbarung mit der Mitarbeitervertretung zum einen in Schichtbetrieben die Gesamtdauer der Ruhepausen (von 30/45 Minuten) auf Kurzpausen von angemessener Dauer aufgeteilt werden kann und darüber hinaus bei der Behandlung, Pflege und Betreuung von Personen sowohl die Lage als auch „die Dauer" der Ruhepausen der Eigenart dieser Tätigkeiten entsprechend unter Berücksichtigung des Wohls dieser Personen angepasst werden kann (§ 1 Abs. 7 Satz 3 lit. a und lit. b der Anlage 5 – Arbeitszeitregelung –). Dies übernahm jeweils vollständig wörtlich die Regelungen in § 7 Abs. 1 Nr. 2 und Abs. 2 Nr. 3 (Pausen) ArbZG, wurde aber in der Praxis selten umgesetzt!
77 Kaum verständlich hierzu Dassau/Wiesend-Rothbrust, § 6 Rn 66, die einerseits annehmen wollen, dass diese Regelung zum Erhalt einer „regelmäßigen Schichtfolge" vorgesehen sei – was deren Wortlaut weder hergibt noch indiziert –, diese andererseits als unmittelbare Öffnung des Arbeitszeitgesetzes – ohne Notwendigkeit einer Betriebs-/Dienstvereinbarung – ansehen und zum dritten gleichzeitig meinen, dass von dieser Öffnungsklausel auch im Rahmen einer mitbestimmten Arbeitszeitregelung – der der Betriebs-/Personalrat lediglich zugestimmt habe, Gebrauch gemacht werden könne ... – auf welche Form der (notwendigen?) Mitbestimmung hiernach abgestellt werden solle, bleibt damit allerdings unklar. Für eine Umsetzung dieser Regelung ohne Betriebs-/Dienstvereinbarung auch Görg/Guth/Hamer/Pieper, Rn 23; GKÖD-Fieberg, Rn 47.

dungsrecht hat, kann eine entsprechende Regelung auch in einem landesbezirklichen Tarifvertrag (beim Bund: in einem Bundestarifvertrag) vereinbart werden. Auch im Bereich des Betriebsverfassungsgesetzes dürfte von der Unzulässigkeit einer nicht-einvernehmlichen Regelung, durch Spruch einer Einigungsstelle (§ 76 BetrVG), in diesem Zusammenhang auszugehen sein.[78]

VI. Umfassendes Weisungsrecht bei der Arbeitszeit (Abs. 5)

1. Verpflichtung zu Sonderformen der Arbeit für Vollzeitbeschäftigte. Abs. 5 begründet ein erweitertes Direktionsrecht für Sonderformen der Arbeit, schränkt dies für Teilzeitbeschäftigte aber gleichzeitig – erstmalig – ein:

Exkurs zum Weisungsrecht: Der äußere Rahmen für die Ausübung des Weisungs-/Direktionsrechtes im konkreten Einzelfall findet sich in § 106 GewO, wonach der Arbeitgeber – also der für ihn jeweils handelnde weisungsbefugte Vorgesetzte – Inhalt, Ort und Zeit der Arbeitsleistung „nach billigem Ermessen" (§ 315 BGB) näher bestimmen kann, soweit dem nicht Festlegungen im Arbeitsvertrag, Bestimmungen einer Betriebsvereinbarung oder eines, anwendbaren, Tarifvertrages oder gesetzliche Vorschriften entgegenstehen.

Die arbeitsgerichtliche Rechtsprechung sieht dies durchaus großzügig und geht davon aus, dass eine Leistungsbestimmung des Arbeitgebers in Form einer Weisung dann die Grenzen billigen Ermessens (§ 315 Abs. 3 BGB) wahrt, wenn die wesentlichen Umstände des Falles abgewogen und die beiderseitigen Interessen angemessen berücksichtigt worden sind, wobei auf die Interessenlage zum Zeitpunkt der Ausübung des Direktionsrechts abzustellen ist.[79]

Der zuständige Vorgesetzte muss also nicht etwa bei jeglicher Einzelanordnung vorweg umfassend überlegen, ob seine Weisung auch alle (mutmaßlichen) Interessen des Beschäftigten mit einbezieht. Nur bei erkennbaren oder ihm mitgeteilten besonderen individuellen Umständen (familiären Verpflichtungen – Betreuungsnotwendigkeiten bei Kindern –, besonderen sozialen Belangen – pflegebedürftige Angehörige usw –, gesundheitlichen Einschränkungen etc.) muss er dies nach konkreter Möglichkeit (personellen Ressourcen und betrieblichen Erfordernissen) zu berücksichtigen versuchen.

In Übereinstimmung mit den bisherigen Tarifregelungen[80] legt Abs. 5 Hs 1 zum Umfang des Direktionsrechts des Arbeitgebers, also des zuständigen Vorgesetzten, zur Arbeitszeit weitreichend fest, dass **Vollzeitbeschäftigte** bei dienstlicher/ betrieblicher Notwendigkeit auch zur Leistung von **Schicht- und Wechselschichtarbeit** (Definition in § 7 Abs. 2 und Abs. 1 iVm Besonderen Teilen, s. dort), (auch solcher) **Arbeit an Sonn- und Feiertagen**,[81] zur **Nachtarbeit** (§ 7 Abs. 5: 21.00

---

[78] BAG v. 23.2.2010, 1 ABR 65/08, NZA 2010, 728 (LS) = AP Nr. 100 zu § 77 BetrVG 1972 (Volltext auch in Juris); näher: LAG Hamburg v. 17.12.2008, 5 TaBV 8/08, AuR 2010, 339.
[79] So die Formel der ständigen Rechtsprechung des BAG, etwa v. 23.9.2004, 6 AZR 567/03, NZA 2005, S. 359.
[80] Vgl etwa § 15 Abs. 6 Unterabs. 1 BAT.
[81] Vgl BAG v. 15.9.2009, 9 AZR 757/08, NJW 2010, 394: hier nimmt das BAG sogar an, dass eine Einschränkung des Weisungsrechtes des Arbeitgebers hinsichtlich gesetzlich und kollektivrechtlich grundsätzlich erlaubter, betrieblich notwendiger Sonn- und Feiertagsarbeit nur bei Vorliegen besonderer, konkreter, Anhaltspunkte angenommen werden kann.

Uhr bis 6.00 Uhr), zu **Überstunden** (§ 7 Abs. 7 und Abs. 8)[82] und zu Hintergrunddiensten in Form von **Bereitschaftsdienst** und **Rufbereitschaft** (§ 7 Abs. 3 und Abs. 4 sowie die Regelungen in Besonderen Teilen hierzu) verpflichtet sind. Ungeachtet genereller Vorgaben der Arbeitszeitgestaltung durch die betriebliche Mitbestimmung – durch Betriebs-/Dienstvereinbarung – können Beschäftigte damit, sofern die Aufgabenstellung, die Notwendigkeit des Betriebes/der Einrichtung dies erfordert, im Wege des Weisungsrechtes grundsätzlich zur Leistung dieser Arbeitsformen/zu diesen Arbeitszeiten verpflichtet werden.[83]

63 **2. Verpflichtung zur Sonderformen der Arbeit für Teilzeitbeschäftigte. a) Einschränkung von besonderen Arbeitsanordnungen bei Teilzeitbeschäftigten.** Halbsatz 2 dieser Regelung ist dagegen neu und bestimmt nunmehr – in Übereinstimmung mit einem Teil der bisherigen Rechtsprechung und Literatur –, dass Teilzeitbeschäftigte[84] anders als Vollzeitbeschäftigte, einzelne dieser genannten Sonderformen der Arbeit, nämlich Mehrarbeit (§ 7 Abs. 6), Überstunden (§ 7 Abs. 7 und Abs. 8) sowie Bereitschaftsdienst und Rufbereitschaft[85] (§ 7 Abs. 3 und Abs. 4) – alle als Sonderfälle von „Überstunden"/Überarbeit – grundsätzlich nur dann zu leisten haben, wenn dies im Arbeitsvertrag **vereinbart** ist- andernfalls müssen sie diesen besonderen Arbeitszeitregelungen jeweils im Einzelfall „**zustimmen**", was deren Freiwilligkeit bedeutet.

64 **b) Schriftform für arbeitsvertragliche Regelungen.** Die arbeitsvertragliche Vereinbarung mit Teilzeitbeschäftigten über die Verpflichtung zur Leistung von Mehrarbeit/Überstunden usw ist als Nebenabrede (§ 2 Abs. 3) damit an die zwingende **Schriftform** geknüpft. Fehlt eine solche, schriftliche, arbeitsvertragliche Regelung, kann eine derartige Verpflichtung nachträglich in genereller Form nur noch durch Änderungsvertrag – also mit Zustimmung des Beschäftig-

---

82 Die hier gleichzeitig in Bezug genommene „Mehrarbeit" ist bei Vollzeitbeschäftigten irrelevant, da dies nach der ausdrücklichen Definition (§ 7 Abs. 6) nur noch die Arbeitszeit betrifft, die Teilzeitbeschäftigte über ihre individuell vereinbarte Wochenarbeitszeit bis zur Regel-Wochenarbeitszeit von Vollzeitbeschäftigten leisten.

83 Zur grundsätzlichen Verpflichtung des Beschäftigten zur Leistung von Rufbereitschaft und die möglichen Konsequenzen der Weigerung bis hin zur (hier außerordentlichen) Kündigung vgl LAG Köln v. 16.4.2008, 7 Sa 1520/07, ZTR 2009, 77 (dort werden allerdings mehrfach Rufbereitschaft und Bereitschaft synonym gebraucht); hierzu Anm. von Schwarz-Seeberger in ZMV 2009, 171.

84 Mangels Definition im Tarifvertrag kann auf die gesetzliche Regelung im Teilzeit- und Befristungsgesetz (TzBfG) zurückgegriffen werden, wonach „**teilzeitbeschäftigt**" jeder Arbeitnehmer ist, dessen Wochenarbeitszeit kürzer ist als die eines vergleichbaren vollzeitbeschäftigten Arbeitnehmers (§ 2 Abs. 1 TzBfG). Teilzeit tätig sind deshalb alle Beschäftigten, deren Wochenarbeitszeit weniger als die durchschnittliche Vollzeitarbeitszeit von 38,5 (39, 40) Stunden beträgt.

85 In einer für die Praxis schwer verständlichen und umzusetzenden Weise hatte das BAG in der Vergangenheit in zwei Urteilen zweier verschiedener Senate kurz hintereinander widersprüchlich entschieden und einerseits festgestellt, dass die Regelungen des BAT aus sich heraus keine Pflicht für Teilzeitangestellte normierten, Überstunden in Form des Bereitschaftsdienstes zu leisten (Urteil des 6. Senats v. 21.11.1991, 6 AZR 551/89, DB 1992, 1091), während andererseits im fast zeitgleich veröffentlichten Urteil des 5. Senats vom 12.2.1992 (5 AZR 566/90, NZA 1992, 839) festgestellt wurde, dass Teilzeitangestellte tarifvertraglich auch ohne gesonderte Regelung selbstverständlich verpflichtet seien, Überstunden in Form der Rufbereitschaft zu leisten (wobei aE der Originalfassung letzteren Urteils festgehalten ist, dass bei dieser Entscheidung die Entscheidungsgründe des Urteils des 6. Senats vom 21.11.1991 noch nicht vorgelegen haben): vgl hierzu auch Debong/Andreas/Siegmund-Schultze, Die Schwester/Der Pfleger 1992, 870.

ten (die dieser im Regelfall nicht ohne Weiteres erteilen wird!)[86] – oder im Wege der entsprechenden Änderungskündigung rechtsverbindlich begründet werden (wobei selbst ein grundsätzliches betriebliches/dienstliches Erfordernis zur Leistung von Mehrarbeit/Überstunden usw den von der Rechtsprechung entwickelten Anforderungen an eine darauf gestützte betriebsbedingte – ordentliche – Änderungskündigung selten genügen dürfte).[87]

Es wird sich auch kaum damit argumentieren lassen, dass Teilzeitbeschäftigte, bei denen eine solche arbeitsvertragliche Regelung fehlt, ihre damit jeweils erforderliche Zustimmung zur Mehrarbeit/zu Überstunden usw „treuwidrig" (§ 242 BGB) verweigerten, weil sie anscheinend keinen nachvollziehbaren oder vorrangigen oder triftigen Grund für seine Ablehnung hätten: Einen Anspruch des Arbeitgebers/Vorgesetzten auf Zustimmung zu Mehrarbeit/Überstunden usw oder einen Rechtfertigungszwang für die fehlende Zustimmung zu diesen Zusatzarbeiten will diese Tarifregelung erkennbar gerade verhindern.[88]

Formulierungsbeispiel: Übliche Klauseln/Nebenabreden in den Arbeitsverträgen mit Teilzeitbeschäftigten können etwa lauten:

„Der/Die Teilzeitbeschäftigte verpflichtet sich, im Falle dienstlichen/betrieblichen Bedarfs (und unter Beachtung der Regelungen der Dienst-/Betriebsvereinbarung vom … sowie der gesetzlich erlaubten Grenzen) auch Mehrarbeit, Überstunden, Bereitschaftsdienst und Rufbereitschaft zu leisten".

c) Vorrangige Heranziehung von Teilzeitbeschäftigten problematisch. Die vielfach (und grundsätzlich nachvollziehbar) anzutreffende Praxis, bei zusätzlichem und kurzfristigem **Arbeitsbedarf** vorrangig auf die – oft große Zahl der – Teilzeitbeschäftigten zurückzugreifen (da diese im Regelfall als zeitlich eher verfügbar angesehen werden …), erweist sich hiernach als risikoreich, falls eine entsprechende arbeitsvertragliche Regelung mit den Teilzeitkräften fehlt.

d) Keine konkludente Vertragsregelung. Zu beachten ist, dass allein dadurch, dass ein Teilzeitbeschäftigter selbst über längere Zeit hinweg, mit oder ohne sein Einverständnis, tatsächlich in überproportionalem (und ggf seine Teilarbeitszeit übersteigenden) Umfang eingesetzt wurde (zB regelmäßig ca. 30 Stunden je Woche statt der arbeitsvertraglich vereinbarten Halbtagsbeschäftigung), sich hier-

---

86 Dasssau/Wiesend-Rothbrust, Rn 73 aE, und Breier/Dassau et al., Bd. 1, Rn 143, argumentieren eher humoristisch, dass die am 1.10.2005 (dieser Stichtag des Inkrafttretens des TVöD ist hier nicht zwingend) bestehenden Arbeitsverträge der Teilzeitbeschäftigten (ohne eine solche Verpflichtung) „zur Sicherheit" (dies ist nicht lediglich absichernd, sondern zwingend) durch eine entsprechende Vereinbarung ergänzt werden sollten! (allerdings - aber wie individuell umzusetzen?).
87 Vgl aus jüngerer Zeit nur BAG v. 22.4.2004, 2 AZR 385/03, ZTR 2005, 102; v. 23.6.2005, 2 AZR 642/04, NZA 2006, 92 und v. 21.9.2006, 2 AZR 607/05.
88 Kranz, TVöD-K Spartentarifvertrag Krankenhäuser, 2008, Rn 98 f empfiehlt, bereits bei Abschluss eines Vollzeitarbeitsvertrages eine Vertragsregelung dahin aufzunehmen, dass sich der Beschäftigte für den Fall einer künftigen Arbeitszeitreduzierung bereits vorweg verpflichtet, „an Bereitschaftsdiensten und Rufbereitschaftsdiensten teilzunehmen sowie Überstunden und Mehrarbeit zu leisten". Dies stellt eine sehr fragliche Auffassung/Regelung im Hinblick auf die gesetzliche Bestimmung des § 8 TzBfG und die dortigen Anforderungen an einen einseitigen späteren Wunsch auf Teilreduzierung dar.

aus noch **keine Vertragsänderung** hin zu einer dauerhaften Festschreibung der höheren Arbeitszeit ergibt.[89]

VII. Wöchentlicher Arbeitszeitkorridor (Abs. 6)

68 1. **Begriff des Wochenkorridors.** Nach dieser Regelung kann im Rahmen der betrieblichen Mitbestimmung durch Betriebs-/Dienstvereinbarung ein **wöchentlicher Arbeitszeitkorridor** von maximal 45 Stunden eingeführt werden. Diese Bestimmung gilt alternativ (Abs. 8) zur Festlegung einer täglichen Rahmenzeit nach Abs. 7 (s.u.) und ist nicht anwendbar bei Wechselschicht- und Schichtarbeit iSd § 7 Abs. 1 und § 7 Abs. 2 (iVm den Sonderregelungen etwa im BT-K).

Dies kann jedoch immer nur zusammen mit der Vereinbarung eines – umfassenderen – Arbeitszeitkontos nach den Regelungen des § 10 erfolgen (§ 10 Abs. 1 Satz 3).

69 Sinn dieser Regelung ist es, die Arbeitszeit weiter zu flexibilisieren und die Möglichkeit der Anordnung/Leistung von zusätzlichen Arbeitsstunden zu erleichtern, ohne dass dies bereits zum Anfall von – definitionsgemäß notwendig zuschlagspflichtigen (§ 8 Abs. 1 Satz 2 lit. a) – Überstunden führt.[90] Dies soll dadurch erreicht werden, dass bei Vorhandensein eines solchen Arbeitszeitkorridors als **wöchentlichen** Flexibilitätsspielraums hierin erbrachte Mehr-/Plusstunden[91] lediglich verbucht – angespart – werden und im Rahmen des, regelmäßig einjährigen, Ausgleichszeitraums nach Abs. 2 (s. dort) durch Freizeit ausgeglichen/eingebracht werden. Überstunden entstehen in diesem Fall nur dann und nur insoweit, als durch zusätzlichen Arbeitsanfall die festgelegte Obergrenze des Wochenkorridors überschritten wird (§ 7 Abs. 8 lit. a).

Nach dem Zweck dieser Regelung dürfte auch ausscheiden, wochenweise unterschiedlich lange Arbeitszeitkorridore zu vereinbaren – etwa für einen Teil der (oder bestimmte) Wochen 40 Stunden und im Übrigen 45 Stunden. Der Korridor kann nur generell festgelegt werden.[92]

---

[89] BAG v. 25.4.2007, 5 AZR 504/06, NZA 2007, 801; nur dann, wenn weitere Umstände hinzutreten, könnte im Einzelfall eine konkludente Erhöhung der arbeitsvertraglich vereinbarten Wochenarbeitszeit in Betracht kommen.

[90] Information hierzu Brock in Groeger, Arbeitsrecht im öffentlichen Dienst, 2010, Teil 3 L Rn 55 f.

[91] Damit hat der Arbeitgeber – Vorgesetzte – ohne weiteres (erst recht, da hier noch keine Überstunden vorliegen, solche hierdurch gerade vermieden werden, sollen) die Befugnis, zusätzliche Arbeitsleistungen über die angepasste Wochenarbeitszeit hinaus anzuordnen; vgl auch Welkoborsky in Bepler/Böhle/Meerkamp/Stöhr, § 6 Rn 28.

[92] Ebenso Welkoborsky in Bepler/Böhle/Meerkamp/Stöhr, § 6 Rn 27 – der allerdings gleichzeitig argumentiert, dass mit dieser Korridorregelung eine Ausdehnung der durchschnittlichen Wochenarbeitszeit gemäß Abs. 1 nicht erreicht werden „soll", die Tagesarbeitszeiten hierbei nicht gleichzeitig festgelegt werden „müssen" und hiermit die Flexibilität der Festlegung der Wochenarbeitszeit innerhalb des (einjährigen) Ausgleichszeitraums gemäß Abs. 2 verbessert werden soll!?: Diese schlichte Korridorlösung will lediglich weitgehender zuschlagspflichtige Überstunden vermeiden und will kann nichts weiter: Die tarifvertraglich vorgegebene Wochenarbeitszeit gemäß Abs. 1 kann durch Betriebs-/Dienstvereinbarung von vornherein nicht verändert werden (§ 87 Abs. 1 BetrVG und die entsprechenden Regelungen in den Personalvertretungsgesetzen), mit einer Tagesarbeitszeit hat die Regelung eines Wochenkorridors aber auch gar nichts zu tun, der einjährige Ausgleichszeitraum in Abs. 2 beinhaltet eine grundlegende und vorgeschaltete Flexibilisierung im Rahmen einer Jahresarbeitszeit, damit auf anderer Ebene.

Beispiel: Ist durch Betriebs-/Dienstvereinbarung der maximal zulässige Arbeitszeitkorridor von 45 Wochenstunden eingeführt worden und sieht der Schicht-/Dienstplan für eine bestimmte Woche zB 42 Arbeitsstunden vor, führt die Überschreitung dieser festgelegten Wochensollarbeitszeit um, angenommen, zwei Stunden (weil mit somit insgesamt 44 Stunden noch innerhalb dieses Korridors) auch dann nicht zu Überstunden, wenn diese zwei „Plusstunden" nicht – gemäß der nunmehrigen grundlegenden Überstundendefinition in § 7 Abs. 7 – bis zum Ende der folgenden Woche ausgeglichen/in Freizeit eingebracht werden. (Begrifflich zuschlagspflichtige) Überstunden fallen in diesem Fall erst an, wenn auch nach Ablauf des, im Regelfall, 52-wöchigen Ausgleichszeitraums noch kein (Freizeit-)Ausgleich für diese beiden Stunden erfolgt ist. 70

Aus diesem Grund ist es zwingend erforderlich, bei Abschluss einer Betriebs-/Dienstvereinbarung über einen solchen Arbeitszeitkorridor – innerhalb des Arbeitszeitkontos gemäß § 10 – ein Parallelkonto zu vereinbaren (jedenfalls zu führen), in dem Überschreitungen der jeweiligen Wochenarbeitszeit bis zur Obergrenze des Korridors (max. 45 Stunden/Woche) verbucht werden.

Der durch diese Regelung eröffnete Spielraum sollte allerdings nicht überschätzt werden: 71

Bereits nach dem Grundmodell der grundsätzlich auf einen jetzt einjährigen Ausgleichszeitraum flexibilisierten Wochenarbeitszeit (Soll-Arbeitszeit sonach: 52 Wochen x zB 38,5 Stunden/Woche = 2002 Stunden, s.o.) kann die für die einzelne Woche geplante Arbeitszeit auf bis zu 60 Stunden (als anzunehmende gesetzliche Obergrenze der Wochenarbeitszeit ausgehend von § 3 ArbZG) ausgedehnt werden, so dass auch bei Festlegung des tariflich maximal zulässigen Korridors von 45 Wochenstunden die Vermeidung von Überstunden im tariflichen Sinn nur in dem Fall erfolgt, in dem die konkrete geplante Wochenarbeitszeit (deutlich) unter 45 Stunden liegt – ist sie bereits nah an 45 Stunden oder darüber festgelegt, läuft diese Regelung, zumindest rasch, ins Leere.

2. Mitbestimmung des Personalrats. Zu beachten ist auch hier, dass nach Abs. 9 in Einrichtungen, in denen ein **Personalvertretungsgesetz** Anwendung findet, die zur Umsetzung dieser Möglichkeiten erforderliche Dienstvereinbarung nur **einvernehmlich** im Verhandlungsweg – also nicht etwa durch kontroverse Entscheidung der Einigungsstelle – zustande kommen kann (§ 38 Abs. 3). Andernfalls – wenn der Arbeitgeber/Dienststellenleiter ein Letztentscheidungsrecht hat – kann eine entsprechende Regelung auch in einem landesbezirklichen Tarifvertrag (beim Bund: in einem Bundestarifvertrag) vereinbart werden. 72

Zu beachten ist weiter, dass nach der Protokollerklärung zu § 6 Gleitzeitregelungen unabhängig von einer Korridorfestlegung – damit auch innerhalb einer Korridorlösung – möglich sind (soweit nicht grundsätzliche Abweichungen vom Arbeitszeitgesetz nach Abs. 4 erfolgen – dann lassen sich Wochenkorridor und Gleitzeit nicht zusätzlich und gleichzeitig regeln).

VIII. Tägliche Rahmenzeit (Abs. 7)

1. Begriff der Tages-Rahmenzeit. Alternativ (Abs. 8) zu einem Wochenkorridor kann, wiederum zwingend auf der Grundlage einer Betriebs-/Dienstvereinbarung im Rahmen der betrieblichen Mitbestimmung, auch eine **Tages-Rahmen-** 73 zeit von maximal **12 Stunden** eingeführt werden.[93] Auch diese Option scheidet nach Abs. 8 bei Wechselschicht- und Schichtarbeit isd § 7 Abs. 1 und § 7 Abs. 2 aus (iVm Sonderregelungen etwa im BT-K). Diese Tagesrahmenzeit kann nur innerhalb des 14-stündigen Tageszeitraums von 6.00 Uhr bis 20.00 Uhr (also dem Zeitrahmen üblicher Tagesarbeitsschichten) fixiert werden[94] – also zB, bei Ausschöpfung des maximal zulässigen 12-stündigen Tagesrahmens und einem Abstellen auf jeweils volle Stunden, von 6.00 Uhr bis 18.00 Uhr oder von 7.00 Uhr bis 19.00 Uhr oder von 8.00 Uhr bis 20.00 Uhr (7.30 Uhr bis 19.30 Uhr).

Wie beim wöchentliche Arbeitszeitkorridor nach Absatz 6 kann auch diese Tagesrahmenzeit nur zusammen mit der Vereinbarung eines – umfassenderen – Arbeitszeitkontos nach den Regelungen des § 10 erfolgen (§ 10 Abs. 1 Satz 3).

74 Sinn dieser, nur alternativ zur auf die Woche bezogenen Korridorfestlegung gemäß Abs. 6 möglichen, Tageskorridorregelung ist es wiederum, die Arbeitszeit zu flexibilisieren und die Möglichkeit der Anordnung/Erbringung von zusätzlichen Arbeitsstunden zu erleichtern, ohne dass dies zum Anfall von – definitionsmäßig notwendig zuschlagspflichtigen (§ 8 Abs. 1 Satz 2 lit. a) – Überstunden führt. Das Vorhandensein einer solchen Betriebs- oder Dienstvereinbarung soll dem Arbeitgeber ohne Weiteres das Recht einräumen, die konkrete Arbeitszeit der Beschäftigten kraft Direktionsrechts ohne weitere Beteiligung des Betriebs- oder Personalrats festzulegen und zu verändern.[95] Wie beim Wochenkorridor nach Abs. 6 soll auch hier erreicht werden, dass bei Vorhandensein einer solchen täglichen Rahmenzeit erbrachte Mehr-/Plusstunden,[96] die in diesen Rahmen fallen, lediglich auf das hier unabdingbare Arbeitszeitkonto verbucht – angespart – werden und innerhalb des, grundsätzlich einjährigen, Ausgleichszeitraums nach Abs. 2 (s. dort) durch Freizeit ausgeglichen/eingebracht werden. Überstunden entstehen auch in diesem Fall erst dann und insoweit, als durch zusätzlichen Arbeitsanfall die festgelegte tägliche Rahmenzeit überschritten wird (§ 7 Abs. 8 lit. b) – also mehr als 12 Arbeitsstunden (bei Festlegung dieses Maximalrahmens) geleistet wurden oder die Mehrleistung die Rahmenzeitgrenzen überschreitet, was beides nach der gesetzlichen Grundregelung zur gesetzlich erlaubten Tages-Höchstarbeitszeit (10 Stunden, § 3 ArbZG) kaum denkbar sein kann.

75 Nach dem Zweck dieser Regelung dürfte es wie beim Wochenkorridor nach Abs. 6 ausscheiden, tageweise unterschiedlich lange Tagesarbeitszeitrahmen oder solche nur für einzelne Arbeitstage festzulegen – etwa für einen Teil der (oder bestimmte) Tage neun Stunden und im Übrigen 12 Stunden. Auch hier kann der Tagesrahmen nur generell und einheitlich festgelegt werden.

76 Beispiel: Ist durch Betriebs-/Dienstvereinbarung die maximal zulässige tägliche Rahmenzeit von 12 Stunden eingeführt und sieht der Schicht-/Dienstplan für einen bestimmten Arbeitstag zB acht Arbeitsstunden vor, führt die kurzfristige

---

93 Vgl Brock in Groeger, Arbeitsrecht im öffentlichen Dienst, 2010, Teil 3 L Rn 62 f.
94 Im Bereich des TVöD kann für Beschäftigte der Entsorgungsbetriebe, unabhängig von deren Rechtsform, die tägliche Rahmenzeit (von ebenfalls maximal 12 Stunden) innerhalb des 16-stündigen Korridors von 6 bis 22 Uhr vereinbart werden: § 41 BT-E zum TVöD.
95 So jedenfalls, unter Bezugnahme auf die Kommentarliteratur, LAG München v. 30.10.2009, 7 Ta 372/09.
96 Damit hat der Arbeitgeber – Vorgesetzte – auch ohne weiteres (erst recht, da hier noch keine Überstunden vorliegen, solche hierdurch gerade vermieden werden sollen) die Befugnis, zusätzliche Arbeitsleistungen über die geplante Tagesarbeitszeit hinaus anzuordnen; vgl auch Welkoborsky in Bepler/Böhle/Meerkamp/Stöhr, § 6 Rn 34 f.

Überschreitung dieser festgelegten Tages-Sollarbeitszeit wegen unvorhersehbaren Zusatzarbeitsanfalls um zwei Stunden – mit insgesamt 10 Stunden somit noch innerhalb dieses Tagesrahmens – auch dann nicht zu Überstunden, wenn diese zwei „Plusstunden" nicht – gemäß der nunmehrigen grundsätzlichen Überstundendefinition in § 7 Abs. 7 – bis zum Ende der folgenden Woche ausgeglichen/in Freizeit eingebracht werden. (Begrifflich zuschlagspflichtige) Überstunden fallen in diesem Fall erst an, wenn auch nach Ablauf des, im Regelfall, 52-wöchigen Ausgleichszeitraums noch kein (Freizeit-)Ausgleich für diese beiden Stunden erfolgt ist.

Aus diesem Grund ist es zwingend erforderlich, bei Abschluss einer Betriebs-/Dienstvereinbarung über einen solchen Arbeitszeitkorridor – im Arbeitszeitkonto gemäß § 10 – ein Parallelkonto zu vereinbaren (jedenfalls zu führen), in dem Überschreitungen der jeweiligen geplanten Tagesarbeitszeit bis zur Obergrenze des Tagesrahmenzeit (max. 12 Stunden/Woche) verbucht werden.

2. Potential der Tages-Rahmenzeit überschaubar. Wie bei der Option eines wöchentlichen Arbeitszeitkorridors nach Abs. 6 sollte der durch die Möglichkeit der mitbestimmten Einführung einer täglichen Rahmenzeit eröffnete Spielraum zur Vermeidung zuschlagspflichtiger Überstunden ebenfalls nicht überschätzt werden: Sind praxisübliche Tagesarbeitszeiten von (etwa) acht Stunden geplant, wäre hiernach an sich, bei erfolgter Festlegung der maximalen Tagesrahmenzeit von 12 Arbeitsstunden, eine zusätzliche Arbeitsleistung von weiteren vier Arbeitsstunden möglich, ohne dass diese vier Mehrstunden bei unterbliebenem Ausgleich bis zum Ende der folgenden Woche (§ 7 Abs. 7) bereits als zuschlagspflichtige Überstunden gelten müssten.

Allerdings begrenzt die gesetzliche Regelung in § 3 Satz 2 ArbZG die zulässige Tagesarbeitszeit auf grundsätzlich zehn Stunden.[97] Dass diese Tarifregelung in Abs. 7 mit der Option einer täglichen Rahmenzeit zum Zweck der Vermeidung von Überstundenzuschlägen aufgrund der möglichen Ausdehnung einer solchen Tagesrahmenzeit auf mehr als zehn – bis 12 – Arbeitsstunden gleichzeitig, neben und über Abs. 4 hinaus (s. dort), die gesetzlich zulässige Tageshöchstarbeitszeit gemäß § 7 ArbZG ausdehnen hätte wollen, erscheint dem Verfasser abwegig. Eine konkrete, individuelle, Ausschöpfung einer über mit über zehn Stunden hinaus festgelegten täglichen Rahmenzeit mit dem Ziel einer weitergehenden Vermeidung von Überstunden ist deshalb nur in Verbindung mit einer Erhöhung der zulässigen Tageshöchstarbeitszeit innerhalb einer Betriebs-/Dienstvereinbarung zu Abs. 4 (s. dort) zulässig.

Da sowohl die tägliche Rahmenzeit nach Abs. 7 nur durch Betriebs-/Dienstvereinbarung festgelegt werden kann und dies die gleichzeitige Einrichtung eines umfassenderen Arbeitszeitkontos – ebenfalls zwingend auf der Grundlage einer Betriebs-/Dienstvereinbarung – voraussetzt (§ 10 Abs. 1 S. 1 bis 3) als auch die Ausschöpfung des maximal festlegbaren Tagesrahmens einer Betriebs-/Dienstvereinbarung gemäß Abs. 4 iVm § 7 ArbZG sowie der Einrichtung eines Arbeitszeitkontos nach § 10 (dort Abs. 1 Satz 3) bedarf, ist der Abschluss einer

---

97 Was nur in „Notfällen" und „außergewöhnlichen Fällen" unter den sehr engen, restriktiven, Voraussetzungen des § 14 ArbZG überschritten werden kann; instruktive Beispiele hierzu bei Schlottfeldt/Herrmann, Arbeitszeitgestaltung in Krankenhäusern und Pflegeeinrichtungen (2008), 54 f.

umfassenden Arbeitszeit-Betriebs-/Dienstvereinbarung sonach nahezu zwingend.

79 **3. Mitbestimmung des Personalrats.** Nach Abs. 9 können im Geltungsbereich der **Personalvertretungsgesetze** – anders als im Bereich des Betriebsverfassungsgesetzes – Dienstvereinbarungen zum Arbeitszeitkonto (§ 10 Abs. 1 Satz 2) und zur täglichen Rahmenzeit (Abs. 9, s.u.) nur durch eine einvernehmliche, nicht durch kontroverse Entscheidung eines Einigungsstellenverfahrens ggf erzwingbare (§ 38 Abs. 3), Regelung erreicht werden – was bedeutet, dass im unmittelbaren öffentlichen Dienst und damit Anwendung eines Personalvertretungsgesetzes maßgebliche Flexibilisierungsspielräume dieses Tarifvertrages nur im Verhandlungsweg, ohne Schlichtungszwang durch ein Einigungsstellenverfahren, umgesetzt werden können! Wenn der Arbeitgeber/Dienststellenleiter ein Letztentscheidungsrecht hat, kann eine entsprechende Regelung auch in einem landesbezirklichen Tarifvertrag (beim Bund: in einem Bundestarifvertrag) vereinbart werden.

IX. Korridor und Rahmenzeit bei Wechselschicht-/Schichtarbeit (Abs. 8)

80 Wochenkorridor nach Abs. 6 und tägliche Rahmenzeit nach Abs. 7 können nicht zusammen, parallel, sondern nur **alternativ** eingeführt werden.

81 Die Einführung eines Wochenkorridors oder einer Tages-Rahmenzeit **scheidet** grundsätzlich **aus** bei Vorliegen von **Schichtarbeit** (§ 7 Abs. 2) oder **Wechselschichtarbeit** (§ 7 Abs. 1 iVm zB dem BT-K). Damit sind gerade diejenigen Arbeitsbereiche, die am stärksten von Arbeitsschwankungen, unterschiedlichen Arbeitszeiten und wechselnder Zahl der Schichten/Einsätze je Woche geprägt sind – Krankenhäuser, Pflegeeinrichtungen, Heime usw, insbesondere im Gesundheitswesen –, von diesen Optionen, die durch verstärkte Flexibilität Überstunden(-zuschläge) vermeiden wollen, ausgenommen.

X. Mitbestimmung (Abs. 9)

82 **1. Mitbestimmung des Betriebsrats.** Findet im Betrieb – der Einrichtung etc. – das **Betriebsverfassungsgesetz** Anwendung,[98] ist die zur Umsetzung von Abweichungen vom Arbeitszeitgesetz gemäß Abs. 4 und zur Einführung eines wöchentlichen Arbeitszeitkorridors (Abs. 6) oder einer täglichen Rahmenzeit (Abs. 7) – letzteres notwendig innerhalb einer Arbeitszeitkontoregelung nach § 10 – jeweils zwingend notwendige (förmliche) **Betriebsvereinbarung** (§ 77 BetrVG) im Rahmen der Mitbestimmungsbefugnisse des BetrVGes (insbes.: § 87 Abs. 1 Ziff. 2. und 3.) abzuschließen, also im Verhandlungsweg zwischen Arbeitgeber und Betriebsrat. Wenn keine Verhandlungslösung zustande kommt, kann hier eine Regelung im Rahmen eines Einigungsstellenverfahrens (§ 76 BetrVG) nur dann und insoweit erfolgen und damit ggf auch, mit der Stimme des unparteiischen Vorsitzenden, durch Spruch der Einigungsstelle erzwungen

---

98 Weil der Rechtsträger/juristische Arbeitgeber privatrechtlich in Form einer GmbH (auch: gemeinnützige „gGmbH"), AG, KG, e.V., auch Stiftung des privaten Rechts organisiert ist – es sei denn, es handelt sich um eine kirchliche Einrichtung, die nach dem Selbstverständnis der Kirche karitative und erzieherische Zwecke verfolgt: in diesem Fall ist sie aus dem Geltungsbereich des BetrVGes vollständig ausgenommen (§ 118 Abs. 2 BetrVG): vgl dazu BAG v. 23.10.2002, 7 ABR 59/01, NZA 2004, 334.

werden,⁹⁹ als es um die Verteilung der Arbeitszeit und der Pausen, um die Festlegung von Beginn und Ende der einzelnen Schichten und Pausen(-längen) und Überstunden/Mehrarbeit iSd § 87 Abs. 1 Nr. 2 und Nr. 3 BetrVG geht, nicht, wenn die Wochenhöchstarbeitszeit in den Fällen des Absatzes 4 iVm mit den §§ 7 und 12 ArbZG verlängert werden soll.¹⁰⁰

2. Mitbestimmung des Personalrats. Findet im konkreten Betrieb – der Dienststelle, Verwaltung, Einrichtung in unmittelbarer öffentlicher Trägerschaft – ein **Personalvertretungsgesetz** Anwendung, kann eine **Dienstvereinbarung** als jeweils zwingend normierte Voraussetzung für Abweichungen vom Arbeitszeitgesetz gemäß Abs. 4 und/oder zur Festlegung eines wöchentlichen Korridors (Abs. 6) oder einer täglichen Rahmenzeit (Abs. 7) – ebenso wie eine damit verbundene Dienstvereinbarung über ein Arbeitszeitkonto gemäß § 10 (dort Abs. 1 Satz 3) – nur „**einvernehmlich**" geschlossen werden.

83

Dies schließt hier eine, ggf kontroverse, Mehrheitsentscheidung durch eine betriebliche Einigungsstelle ausdrücklich aus (§ 38 Abs. 3). Eine solche Dienstvereinbarung kann hier also nur im Verhandlungsweg, ohne eine latente Zwangsschlichtungsdrohung durch die Anrufung der Einigungsstelle, zustandekommen. Dies begründet damit eine Art tariflich abschließend gewollter („Zwangs"-) Mediation: Nur wenn die Betriebsparteien – Arbeitgeber/Dienststellenleiter und Personalrat – außerhalb eines Abschlussdruckes eine Lösung im Verhandlungsweg erzielen, können sie in deren Rahmen mögliche Abweichungen vom Arbeitszeitgesetz (Abs. 4) und einen wöchentlichen Arbeitszeitkorridor (Abs. 6) bzw eine tägliche Rahmenzeit (Abs. 7) – sowie eine damit zwangsläufig verbundene umfassendere Arbeitszeitkontovereinbarung (§ 10) – festlegen und damit die tariflich ausgewiesenen Flexibilisierungspotentiale nutzen. Gelingt eine einvernehmliche Verhandlungslösung nicht, kann von den Flexibilisierungsoptionen in § 6 und § 10 nicht Gebrauch gemacht werden. Hier kann alternativ ein landesbezirklicher **Tarifvertrag** (im Bereich des Bundes: ein Bundestarifvertrag) geschlossen werden, wenn – weil hier – der Arbeitgeber in den einschlägigen Fällen regelmäßig ein Letztentscheidungsrecht hat. 2006/2007 wurden landesbezirkliche Tarifverträge zur Arbeitszeit für Baden-Württemberg, Niedersachsen und Schleswig-Holstein abgeschlossen, die jeweils (u.a.) für den kommunalen Bereich und für die meisten Beschäftigten-/Tätigkeitsbereiche eine Wochenarbeitszeit von 39 Stunden festlegen.

3. Generelle Konsequenzen der Mitbestimmungspflichtigkeit. Abgesehen von den durch Absatz 9 normierten Einschränkungen der betrieblichen Mitbestimmung im Geltungsbereich der Personalvertretungsgesetze sowie der Abweichungen vom Arbeitszeitgesetz nach Abs. 4 auch im Bereich des Betriebsverfassungsgesetzes unterliegt die Arbeitszeitregelung im Übrigen – die Einzelheiten der Schichtplangestaltung, die Festlegung der Zahl der Schichten, der jeweiligen Dauer der Schichten, des Beginns und Endes der Schichten, die Schichtfolge usw,

84

---

99 Hieran ändert sich, entgegen einer verbreiteten Auffassung, auch nichts, wenn der privatrechtliche Rechtsträger den Status eines „Tendenzbetriebes" iSd § 118 Abs. 1 BetrVG hat – weil er, als Träger eines gemeinnützigen Krankenhauses oder eines nicht auf Gewinnerzielung ausgelegten Vereines, unmittelbar und überwiegend karitativen Zwecken dient, vgl etwa BAG v. 18.4.1989, 1 ABR 2/88, NZA 1989, 807.
100 BAG v. 23.2.2010, 1 ABR 65/08, NZA 2010, 728 (LS) = AP Nr. 100 zu § 77 BetrVG 1972 (Volltext auch in Juris); näher: LAG Hamburg v. 17.12.2008, 5 TaBV 8/08, AuR 2010, 339.

die Regelung zu Mehrarbeit und Überstunden, ebenso zur Einführung und Durchführung von Bereitschaftsdienst – der innerbetrieblichen Mitbestimmung nach § 87 Abs. 1 Nr. 2 und Nr. 3 BetrVG.[101] Kommt es hierbei zu keiner Lösung im Verhandlungsweg, kann die **Einigungsstelle** angerufen werden (§ 76 BetrVG). Diese kann ggf kontrovers, mit der Mehrheitsstimme des unparteiischen Vorsitzenden der Einigungsstelle, über die Arbeitszeitregelung, über den Schichtplan, entscheiden.

85 **Exkurs zu den Konsequenzen übergangener Mitbestimmung:** Nach ständiger Rechtsprechung des Bundesarbeitsgerichts gilt bei der Verletzung dieser zwingenden, erzwingbaren, Mitbestimmungsrechte des § 87 Abs. 1 BetrVG die **Theorie der Wirksamkeitsvoraussetzungen:**

Verstößt der Arbeitgeber gegen diese Mitbestimmungsrechte, weil er Arbeitsanweisungen – Arbeitszeiteinteilungen, Dienstpläne, Mehrarbeits-/Überstundenanordnungen, die Anordnung von Bereitschaftsdiensten usw – ohne Beachtung und Ausschöpfung der Mitbestimmung des Betriebsrats einseitig vornimmt, sind diese Anordnungen im Verhältnis zu den Beschäftigten – gegenüber diesen – unwirksam und damit unverbindlich, auch in Tendenzbetrieben! Dies gilt grundsätzlich auch in Eilfällen.

Konkret besteht damit im Geltungsbereich des Betriebsverfassungsgesetzes, also selbst in (auch nur formal privatisierten) privatrechtlichen Einrichtungen (gGmbH, AG, e.V., soweit nicht kirchlich dominiert), das Risiko, dass sich Beschäftigte im Konfliktfall darauf berufen können, ihre Arbeitseinteilung durch den entsprechenden Dienstplan, die Anweisung zur Ableistung von Mehrarbeit oder Überstunden oder Bereitschaftsdienst (…) sei ohne Beachtung der Mitbestimmungsrechte ergangen, ohne Zustimmung des Betriebsrats, insbesondere ohne Vorliegen einer entsprechenden Betriebsvereinbarung zur Arbeitszeit, und damit für sie unwirksam, was sie von der Arbeitspflicht entbindet und etwaige Sanktionen durch Abmahnung/Kündigung verhindert!

XI. Arbeits- und Ruhezeiten von Cheffahrerinnen und Cheffahrern

86 Nach dem 2008 angefügten Anhang zu § 6 TVöD wird auch für den kommunalen Bereich, wie bisher im Bereich des Bundes durch den Kraftfahrer-TV-Bund, die zulässige Arbeitszeit für Cheffahrerinnen und Cheffahrer tarifvertraglich verlängert.
1. Cheffahrerinnen und Cheffahrer sind die persönlichen Fahrer von (Ober-)Bürgermeistern, Landräten, Beigeordneten/Dezernenten, Geschäftsführern, Vorstandsmitgliedern und vergleichbaren Leitungskräften.
2. Die tägliche Arbeitszeit dieser Beschäftigten kann im Hinblick auf die in ihr enthaltenen
3. Wartezeiten im Rahmen der Opt-Out-Regelung in § 7 Abs. 2a ArbZG auf
   – bis zu 15 Stunden am Tag, ohne Ausgleich, also dauerhaft, verlängert werden und
   – „soll" 288 Stunden im Kalendermonat nicht übersteigen.

Gleichzeitig kann die tägliche Ruhezeit auf bis zu neun Stunden verkürzt werden, wenn bis zum Ablauf der jeweils folgenden Woche ein Zeitausgleich erfolgt. Der

---

101 Grundlegend BAG v. 29.9.2004, 5 AZR 559/03, ZTR 2005, 274; Zetl, ZMV 2008, 285 (auch zur Beteiligung der Mitarbeitervertretung [MAV]) bei der Dienstplangestaltung.

Zeitausgleich – dessen Zeitumfang – ist nicht bestimmt. Im Hinblick auf die vergleichbare Fälle regelnde Bestimmung in § 5 Abs. 2 ArbZG ist davon auszugehen, dass dies bedeutet, dass bis zum Ende der Folgewoche jeweils eine andere Ruhezeit zum Ausgleich mindestens elf oder 12 Stunden betragen muss.

Als ausdrücklich normierte Opt-Out-Regelung nach 7 Abs. 2 a ArbZG[102] sind hierfür

- die **schriftliche Einwilligung** der Cheffahrerin/des Cheffahrers erforderlich und
- geeignete **Maßnahmen zur Gewährleistung des Gesundheitsschutzes** erforderlich, insbesondere das Recht auf jährliche kostenfreie arbeitsmedizinische Untersuchung bei einem Betriebsarzt oder arbeitsmedizinisch fachkundigen Arzt (auf den sich Personal-/Betriebsrat und Arbeitgeber geeinigt haben, vergleichbar § 3 Abs. 4 TVöD bzw § 3 Abs. 5 TV-L) und/oder die Gewährung von Freizeitausgleich möglichst durch ganze Tage zur Regenerationsförderung.

Die Regelung zu den nunmehrigen Bereitschaftszeiten in § 9 bleibt ausdrücklich unberührt.

§ 7 Sonderformen der Arbeit (TVöD)

(1) ¹Wechselschichtarbeit ist die Arbeit nach einem Schichtplan, der einen regelmäßigen Wechsel der täglichen Arbeitszeit in Wechselschichten vorsieht, bei denen Beschäftigte durchschnittlich längstens nach Ablauf eines Monats erneut zur Nachtschicht herangezogen werden. ²Wechselschichten sind wechselnde Arbeitsschichten, in denen ununterbrochen bei Tag und Nacht, werktags, sonntags und feiertags gearbeitet wird. ³Nachtschichten sind Arbeitsschichten, die mindestens zwei Stunden Nachtarbeit umfassen.

(2) Schichtarbeit ist die Arbeit nach einem Schichtplan, der einen regelmäßigen Wechsel des Beginns der täglichen Arbeitszeit um mindestens zwei Stunden in Zeitabschnitten von längstens einem Monat vorsieht, und die innerhalb einer Zeitspanne von mindestens 13 Stunden geleistet wird.

(3) Bereitschaftsdienst leisten Beschäftigte, die sich auf Anordnung des Arbeitgebers außerhalb der regelmäßigen Arbeitszeit an einer vom Arbeitgeber bestimmten Stelle aufhalten, um im Bedarfsfall die Arbeit aufzunehmen.

(4) ¹Rufbereitschaft leisten Beschäftigte, die sich auf Anordnung des Arbeitgebers außerhalb der regelmäßigen Arbeitszeit an einer dem Arbeitgeber anzuzeigenden Stelle aufhalten, um auf Abruf die Arbeit aufzunehmen. ²Rufbereitschaft wird nicht dadurch ausgeschlossen, dass Beschäftigte vom Arbeitgeber mit einem Mobiltelefon oder einem vergleichbaren technischen Hilfsmittel ausgestattet sind.

(5) Nachtarbeit ist die Arbeit zwischen 21 Uhr und 6 Uhr.

(6) Mehrarbeit sind die Arbeitsstunden, die Teilzeitbeschäftigte über die vereinbarte regelmäßige Arbeitszeit hinaus bis zur regelmäßigen wöchentlichen Arbeitszeit von Vollbeschäftigten (§ 6 Abs. 1 Satz 1) leisten.

---

102 Vgl zu einer solchen „Opt-Out-Regelung" BAG v. 23.6.2010, 10 AZR 543/09, NZA 2010, 1081.

(7) Überstunden sind die auf Anordnung des Arbeitgebers geleisteten Arbeitsstunden, die über die im Rahmen der regelmäßigen Arbeitszeit von Vollbeschäftigten (§ 6 Abs. 1 Satz 1) für die Woche dienstplanmäßig bzw. betriebsüblich festgesetzten Arbeitsstunden hinausgehen und nicht bis zum Ende der folgenden Kalenderwoche ausgeglichen werden.

(8) Abweichend von Absatz 7 sind nur die Arbeitsstunden Überstunden, die
a) im Falle der Festlegung eines Arbeitszeitkorridors nach § 6 Abs. 6 über 45 Stunden oder über die vereinbarte Obergrenze hinaus,
b) im Falle der Einführung einer täglichen Rahmenzeit nach § 6 Abs. 7 außerhalb der Rahmenzeit,
c) im Falle von Wechselschicht- oder Schichtarbeit über die im Schichtplan festgelegten täglichen Arbeitsstunden einschließlich der im Schichtplan vorgesehenen Arbeitsstunden, die bezogen auf die regelmäßige wöchentliche Arbeitszeit im Schichtplanturnus nicht ausgeglichen werden,

angeordnet worden sind.

§ 7 Sonderformen der Arbeit (TV-L)

(1) ¹Wechselschichtarbeit ist die Arbeit nach einem Schichtplan, der einen regelmäßigen Wechsel der täglichen Arbeitszeit in Wechselschichten vorsieht, bei denen Beschäftigte durchschnittlich längstens nach Ablauf eines Monats erneut zur Nachtschicht herangezogen werden. ²Wechselschichten sind wechselnde Arbeitsschichten, in denen ununterbrochen bei Tag und Nacht, werktags, sonntags und feiertags gearbeitet wird. ³Nachtschichten sind Arbeitsschichten, die mindestens zwei Stunden Nachtarbeit umfassen.

(2) Schichtarbeit ist die Arbeit nach einem Schichtplan, der einen regelmäßigen Wechsel des Beginns der täglichen Arbeitszeit um mindestens zwei Stunden in Zeitabschnitten von längstens einem Monat vorsieht, und die innerhalb einer Zeitspanne von mindestens 13 Stunden geleistet wird.

(3) Bereitschaftsdienst leisten Beschäftigte, die sich auf Anordnung des Arbeitgebers außerhalb der regelmäßigen Arbeitszeit an einer vom Arbeitgeber bestimmten Stelle aufhalten, um im Bedarfsfall die Arbeit aufzunehmen.

(4) ¹Rufbereitschaft leisten Beschäftigte, die sich auf Anordnung des Arbeitgebers außerhalb der regelmäßigen Arbeitszeit an einer dem Arbeitgeber anzuzeigenden Stelle aufhalten, um auf Abruf die Arbeit aufzunehmen. ²Rufbereitschaft wird nicht dadurch ausgeschlossen, dass Beschäftigte vom Arbeitgeber mit einem Mobiltelefon oder einem vergleichbaren technischen Hilfsmittel ausgestattet sind.

(5) Nachtarbeit ist die Arbeit zwischen 21 Uhr und 6 Uhr.

(6) Mehrarbeit sind die Arbeitsstunden, die Teilzeitbeschäftigte über die vereinbarte regelmäßige Arbeitszeit hinaus bis zur regelmäßigen wöchentlichen Arbeitszeit von Vollbeschäftigten (§ 6 Absatz 1 Satz 1) leisten.

(7) Überstunden sind die auf Anordnung des Arbeitgebers geleisteten Arbeitsstunden, die über die im Rahmen der regelmäßigen Arbeitszeit von Vollbeschäftigten (§ 6 Absatz 1) für die Woche dienstplanmäßig beziehungsweise betriebsüblich festgesetzten Arbeitsstunden hinausgehen und nicht bis zum Ende der folgenden Kalenderwoche ausgeglichen werden.

(8) Abweichend von Absatz 7 sind nur die Arbeitsstunden Überstunden, die
a) im Falle der Festlegung eines Arbeitszeitkorridors nach § 6 Absatz 6 über 45 Stunden oder über die vereinbarte Obergrenze hinaus,
b) im Falle der Einführung einer täglichen Rahmenzeit nach § 6 Absatz 7 außerhalb der Rahmenzeit,
c) im Falle von Wechselschicht- oder Schichtarbeit über die im Schichtplan festgelegten täglichen Arbeitsstunden einschließlich der im Schichtplan vorgesehenen Arbeitsstunden, die bezogen auf die regelmäßige wöchentliche Arbeitszeit im Schichtplanturnus nicht ausgeglichen werden,

angeordnet worden sind.

I. Normstruktur 1	6. Pausen im Bereitschaftsdienst 41
II. Wechselschichtarbeit (Abs. 1) ... 2	7. Vergütung von Bereitschaftsdienstarbeit 42
1. Wechselschichten 3	
2. Nachtschichten 6	8. Keine zahlenmäßige Begrenzung der Bereitschaftsdienste 44
3. Wechselschichtarbeit 7	
a) Schichtplan 8	
b) Regelmäßigkeit 9	9. Pflege-/Betreuungseinrichtungen, Krankenhäuser 45
c) Abstand der Nachtschichten 10	a) Maximal 49 % Arbeitszeitanteil 46
d) Ausfall von Nachtschichten durch Arbeitsunfähigkeit, Krankheit u.a. 12	b) Tarifabweichungen vom Arbeitszeitgesetz 47
4. Besonderheiten im Gesundheitswesen 13	aa) 16/13 Stunden Tagesarbeitszeit 48
5. Aufteilung von Einsatzphasen 22	(1) Möglichkeiten, Nachtarbeitnehmer, Ruhezeit 49
III. Schichtarbeit (Abs. 2) 23	(2) Direktionsrecht 50
1. Definition 24	bb) Weitergehende Abweichungen 51
2. Unterschiedliche Arbeitszeiten, Wechsel 25	(1) Verlängerung auf 24 Stunden/Tag 52
3. Abstand der Beginnzeiten 26	(2) „Regelmäßig" 53
4. Wechselfrequenz 27	(3) „Erheblicher Umfang".. 54
5. Zeitspanne 28	(4) Flexibilisierungspotentiale 55
6. Auswirkungen 30	
IV. Bereitschaftsdienst (Abs. 3) 31	(5) Immer: Betriebs-/Dienstvereinbarung 56
1. Begriff des Bereitschaftsdienstes 32	
2. Voraussetzungen des Bereitschaftsdienstes 33	(6) Max. durchschnittlich 48 Wochenstunden 57
a) Anordnung des Bereitschaftsdienstes 33	cc) Zusätzliche Abweichungen vom Arbeitszeitgesetz 58
b) (Kein) Anspruch auf Leistung von Bereitschaftsdiensten 34	(1) Opt-Out-Regelung 59
	(2) „Regelmäßig" und „in erheblichem Umfang" ... 60
c) Schwerbehinderte Beschäftigte 35	(3) Erweiterte durchschnittliche Wochenarbeitszeit ... 61
3. Außerhalb der regelmäßigen Arbeitszeit 36	
4. Aufenthaltsbestimmungsrecht i.e. 38	(4) Immer: Betriebs-/Dienstvereinbarung 62
5. Arbeitszeitschutzrecht (EuGH) 39	c) Krankenhäuser uä: Feiertagszeitzuschläge 63

V. Rufbereitschaft (Abs. 4) 64
  1. Begriff der Rufbereitschaft. . 64
  2. Voraussetzungen der Rufbereitschaft 66
     a) Anordnung der Rufbereitschaft 66
     b) Schwerbehinderte Beschäftigte 69
  3. Außerhalb der regelmäßigen Arbeitszeit 70
  4. Wahl des Aufenthaltsorts.... 71
  5. Rufbereitschaft und Arbeitszeitgesetz 72
  6. Zeitvorgaben zulässig? 73
  7. Sonderbestimmungen für Kliniken, Heime uä 76
     a) Überschreitung der Tageshöchstarbeitszeit 77
     b) „Ausnahmefälle" 78
     c) Zu hoch belastete Rufbereitschaften (und Vergütung) 81
  8. Keine Begrenzung der Zahl der Rufbereitschaften 83
VI. Nachtarbeit (Abs. 5) 84
VII. Mehrarbeit (Abs. 6) 85
  1. Regelung nur für Teilzeitbeschäftigte 86
  2. Schwerbehinderte Beschäftigte 88
  3. Vergütung von Mehrarbeit. . 89
VIII. Überstunden (Abs. 7) 90
  1. Begriff/Definition der Überstunden 90
  2. Anordnung von Überstunden 92
     a) Anordnungsbefugnis 93
     b) Begriff der Anordnung.... 94
     c) Anordnung während Freizeit? 96
  3. Öffentlich-rechtliche Arbeitnehmerschutzbestimmungen 97
  4. Wochenarbeitszeit maßgeblich 98
     a) Überschreitung der Wochenarbeitszeit 99
     b) Begriff der „Woche" 101
     c) Ausgleich bis Ende der Folgewoche 102
     d) Planwochenarbeitszeit.... 103
IX. Überstunden in Sonderfällen (Abs. 8) 104
  1. Überstunden bei wöchentlichem Arbeitszeitkorridor oder täglicher Rahmenzeit gemäß § 6 Abs. 6 und Abs. 7 105
  2. Überstunden bei Wechselschicht- oder Schichtarbeit. . 106
     a) Einzelmerkmale 107
     b) Probleme 108
  3. Ausgleich von Überstunden 114
     a) Freizeitausgleich, Vergütung 115
     b) TV-L 118

I. Normstruktur

1 Diese Vorschrift enthält – ähnlich wie die Vorgängerregelungen in § 15 Abs. 8 und § 17 Abs. 1 BAT – unter der Überschrift „Sonderformen der Arbeit" Definitionen für spezifische Arbeitszeitformen insbesondere als Grundlage für die Zeitzuschläge je Stunde (§ 8), die sich aus diesen speziellen Dienstarten ergeben, und monatliche Zulagen (vor allem die Wechselschicht- und Schichtzulagen in § 8 Abs. 5 und Abs. 6) sowie weitere hieran anknüpfende Leistungen wie den Zusatzurlaub ebenfalls für Wechselschicht- und Schichttätigkeit (§ 27). Einzelne dieser Arbeitszeitdefinitionen werden für spezifische Tätigkeitsfelder durch die Besonderen Teile in ihren Voraussetzungen geändert. Einige dieser Regelungen sind, wohl auch aufgrund langwieriger Verhandlungen der Tarifvertragsparteien des TVöD, missverständlich bis unverständlich formuliert und auch deshalb für den Tarifanwender kaum umsetzbar – es bedarf keiner besonderen Prophetie, davon auszugehen, dass diese Bestimmungen die Arbeitsgerichte auch künftig beschäftigen werden.

In der Praxis haben diese Regelungen Bedeutung insbesondere in den Tätigkeitsbereichen, die durch atypische Arbeitseinsätze, unregelmäßige Arbeitszeiten und

(Wechsel-)Schichtarbeit sowie die Notwendigkeit von Hintergrunddiensten geprägt sind, also insbesondere in den Einrichtungen des Gesundheitswesens (Krankenhäuser, Pflegeheime), auch sonstige Heim- und Erziehungseinrichtungen.

II. Wechselschichtarbeit (Abs. 1)

Diese Regelung enthält eine gegenüber der Formulierung im BAT als Vorgängertarifvertrag in einzelnen Facetten neue Definition der „Wechselschichtarbeit". Der Oberbegriff der Wechselschichtarbeit baut in Satz 1 auf den weiteren Begriffen der „Wechselschicht(en)" – konkretisiert in Satz 2 – und der „Nachtschicht(en)" – definiert in Satz 3 – auf und verlangt hierfür – als „Nachtschichtfolge" – eine Mindestfrequenz an Nachtschicht(en).

1. Wechselschichten. „Wechselschichten" als erste Voraussetzung sind nach Satz 2 solche Schichten, in denen

- ununterbrochen
- rund um die Uhr (weil bei Tag und Nacht, werktags, sonntags und feiertags)

gearbeitet wird.

Es muss also im Arbeitsbereich des Beschäftigten[1] organisatorisch rund um die Uhr gearbeitet werden, 24 Stunden am Tag und sieben Tage in der Woche. Es spielt dabei keine Rolle, in wie viele Schichten der 24-Stunden-Tag aufgeteilt wird, ebenso wenig, ob in jeder Schicht die gleiche Anzahl von Arbeitnehmern eingesetzt wird.[2] Eine, selbst kurze, Unterbrechung des Arbeitsablaufs, etwa am Wochenende oder an Sonn-/Feiertagen oder während des Tages sonst, darf nicht stattfinden.[3] Auch Bereitschaftsdienstphasen (Abs. 3 und Sonderregelungen in Besonderen Teilen) stellen (anders als die stärker belasteten „Bereitschaftszeiten" nach § 9 TVöD/TV-L) eine Unterbrechung des 24-Stunden-Tages dar, weil sie außerhalb der regelmäßigen Arbeitszeit liegen und keine volle Arbeitstätigkeit, sondern teilweise nur Hintergrundpräsenz bedeuten.[4]

Der Beschäftigte selbst muss grundsätzlich auch mit seinen individuellen Schichten, zu denen er eingeteilt ist, – also mit Frühschichten, Spätdiensten und Nachtschichten, ggf Zwischenschichten – den kompletten Zeitrahmen der **Rund-um-die-Uhr Arbeit** abdecken, somit an allen Kalendertagen und zu allen Tageszeiten,

---

[1] Es ist nicht erforderlich, dass im gesamten Betrieb, der gesamten Einrichtung (zB Krankenhaus), rund um die Uhr gearbeitet wird, ausreichend ist eine solche Arbeitsorganisation im Arbeitsbereich des konkret betroffenen Beschäftigten: BAG v. 24.9.2008, 10 AZR 770/07 (Rn 23).
[2] BAG v. 18.5.2011, 10 AZR 255/10, ZTR 2011, 724 (Rn 13); BAG v. 24.3.2010, 10 AZR 58/09, NZA 2010, 958 (Rn 15).
[3] BAG v. 18.5.2011, 10 AZR 255/10, ZTR 2011, 724 (Rn 13); BAG v. 24.3.2010, 10 AZR 58/09, NZA 2010, 958 (Rn 15); BAG v. 20.1.2010, 10 AZR 990/08, ZTR 2010, 240 (zum Tarifvertrag für die Charité Berlin – insoweit identisch mit dem TVöD/TV-L; BAG v. 24.9.2008, 10 AZR 669/07, NZA 2009, 45 (Rn 22).
[4] BAG v. 18.5.2011, 10 AZR 255/10, PflR 2011, 335 (mit zust. Anm. Roßbruch), Rn 14; BAG v. 24.3.2010, 10 AZR 58/09, NZA 2010, 958 (Rn 15); BAG v. 20.1.2010, 10 AZR 990/08, ZTR 2010, 240; s. auch Reinfelder, ZTR 2010, 555 (556) mwN; Wahlers, ZTR 2009, 465 (467/468).

also 24 Stunden, eingesetzt werden,[5] wobei die folgende Definition der „Nachtschichten" (s. dort) als Nachtschicht zwei Arbeitsstunden in der Zeit zwischen 21.00 Uhr und 6.00 Uhr genügen lässt. Hiernach würden die Tarifvertragsparteien es für das Vorliegen von Arbeit in Wechselschichten bereits ausreichen lassen, wenn Beschäftigte durch ihre individuellen Schichten lediglich 17 Stunden des 24-stündigen Tageszyklus abdecken – weil Nachtschichten bereits vorliegen, wenn nur zwei von neun Stunden der so definierten Nachtarbeitsperiode gearbeitet werden, also sieben Stunden in diesem Zeitraum arbeitsfrei bleiben; ebenso müsste es nach dem Wortlaut sonach ausreichen, wenn selbst in wechselschichtgeprägten Arbeitsbereichen – zB Krankenhäuser uä, wo monatsrhythmisch sogar zwei Nachtschichten erforderlich sind (§ 48 Abs. 2 BT-K) – minimal vier Nachtarbeitsstunden im Monatszyklus erbracht werden.[6] Dies widerspricht jedoch dem grundsätzlichen Erfordernis der Rund-um-die-Uhr-Arbeit, als Vollarbeit, für das Vorliegen von „Wechselschichten".

4 Nach ihrem Wortlaut verlangt diese Regelung, dass ununterbrochen „**gearbeitet**" wird. Die Aufteilung der Schichten spielt hierbei keine Rolle. Dies setzt nach dem Wortlaut jedoch Vollarbeit voraus, nicht fragmentierte Arbeitsleistungen durch Hintergrunddienste (Bereitschaftsdienst, Rufbereitschaft). Wird im Arbeitsbereich oder vom individuellen Beschäftigten zu einzelnen Tages- oder Nachtzeiten nur Bereitschaftsdienst oder Rufbereitschaft erbracht, liegt sonach (noch) keine Wechselschichtarbeit vor.[7] Anders ist es bei den nunmehr definierten. „Bereitschaftszeiten" gemäß § 9 – diese liegen innerhalb der regelmäßigen Arbeitszeit und verlangen eine durchgängige Präsenz am Arbeitsplatz oder einer anderen vom Arbeitgeber vorgegebenen Stelle und beinhalten eine höhere Intensität der Belastung als Bereitschaftsdienste und zählen deshalb als Arbeitszeit in diesem Sinn.[8]

5 Ein auch nur annähernd gleichmäßiger Einsatz des einzelnen Beschäftigten in allen Schichtformen – etwa ungefähr gleichviel Frühdienste, Spätschichten und Nachtdienste –, in welchem hierbei notwendig dann festzulegenden Referenzzeitraum auch immer, muss allerdings nicht vorliegen.[9]

---

[5] BAG v. 24.9.2008, 10 AZR 140/08, ZTR 2009, 20 (Rn 15); BAG v. 24.9.2008, 10 AZR 669/07, NZA 2009, 45 (Rn 22); Reinfelder, ZTR 2010, 555 (557 – unter 2.2.1) will es als unschädlich ansehen, wenn zwar im Arbeitsbereich kontinuierlich gearbeitet wird, lediglich in die Schicht des einzelnen Arbeitnehmers Bereitschaftsdienstzeiten gelegt werden – dies stelle keine individuelle Dienstunterbrechung dar.
[6] So konsequent Peter, ZTR 2007, 646/649.
[7] So für den Bereitschaftsdienst BAG v. 18.5.2011, 10 AZR 255/10, ZTR 2011, 724 (Rn 13); BAG v. 24.3.2010, 10 AZR 58/09, NZA 2010, 958 (Rn 15); BAG v. 20.1.2010, 10 AZR 990/08, ZTR 2010, 240 (Rn 16); BAG v. 24.9.2008, 10 AZR 770/07 (Rn 27 f); LAG Niedersachsen v. 8.2.2011, 16 Sa 218/10, Juris; LAG Berlin-Brandenburg v. 4.11.2011, 6 Sa 854/11, Juris (1.1.1.2 d. Gr.); ebenso unter Verweis auf BAG v. 5.2.1997, 10 AZR 639/96, NZA 1997, 1179 (wo allerdings im Ergebnis das Gegenteil ausgesagt ist): LAG Düsseldorf v. 27.7.2007, 9 Sa 625/07, ZTR 2007, 613; und LAG Niedersachsen v. 10.9.2007, 12 Sa 62/07, ZTR 2008, 42; LAG Berlin-Brandenburg v. 17.10.2008, 6 Sa 1777/08, NZA-RR 2009, 319.
[8] BAG v. 18.5.2011, 10 AZR 255/10, ZTR 2011, 724 (Rn 13); BAG v. 24.9.2008, 10 AZR 669/07, NZA 2009, 45 (Rn 27 f); BAG v. 24.9.2008, 10 AZR 770/07 (Rn 29 aE); ebenso LAG Schleswig-Holstein v. 18.3.2009, 6 Sa 383/07.
[9] BAG v. 24.9.2008, 10 AZR 669/07, NZA 2009, 45 (Rn 23); BAG v. 24.9.2008, 10 AZR 770/07 (Rn 26).

2. Nachtschichten. Die für die Wechselschichtarbeit notwendigen „Nachtschichten" setzen nach Satz 3 tatbestandlich voraus, dass in der entsprechenden Arbeitsschicht mindestens zwei Stunden „Nachtarbeit" (Abs. 5: Arbeit im Zeitraum von 21 Uhr bis 6 Uhr) geleistet werden. Damit würde es für die Erbringung der notwendigen Nachtschicht genügen, dass – etwa in einem späten Spätdienst, einer ersten Nachtschicht o.ä. (die betriebsinterne, übliche, Bezeichnung ist grundsätzlich irrelevant) – nur bis 23 Uhr/24 Uhr gearbeitet wird oder eine Frühschicht bereits um 4 Uhr morgens angetreten wird, ohne dass der restliche (siebenstündige) Teil der Nachtarbeit erbracht wird; es wurde vorstehend bereits darauf hingewiesen, dass dies auf den ersten Blick die im Begriff der Wechselschichten (Wechselschichtarbeit) implizierte Rund-um-die-Uhr-Arbeit konterkariert, weil dann eine individuelle Arbeitszeitabdeckung von lediglich 17 Stunden/Tag ausreicht. 6

Da der Tarifwortlaut auf den Tatbestand der „Nachtschicht" im Singular abstellt, sind nicht mehrere Nachtschichten erforderlich (zusammenhängend oder einzeln in welchem Zeitraum auch immer), sondern es genügt hiernach auch eine einzelne solche Nachtschicht[10] (dies ergibt sich auch im Umkehrschluss aus der engeren Regelung hierzu in § 48 Abs. 2 BT-B/BT-K, s.u.).

3. Wechselschichtarbeit. „Wechselschichtarbeit" setzt auf diesen Grundlagen somit Arbeitsleistung nach einem Schichtplan (Dienstplan) voraus, der einen regelmäßigen Arbeitszeit-/Schichtwechsel in Wechselschichten – also grundsätzlich in Form der individuellen (Fast-)Rund-um-die-Uhr-Arbeit, damit einen Einsatz in allen Schichtarten (idR Frühschicht, Spätschicht, Nachtschicht)[11] – beinhaltet und eine **Nachtschichtfolge** umfasst, also die Heranziehung 7

- zur Nachtschicht
- durchschnittlich längstens nach Ablauf eines Monats

festlegt.

a) Schichtplan. „Schichtplan" (Dienstplan) verlangt eine Vorausfestlegung der zu leistenden Arbeitszeiten/Arbeitsschichten über eine bestimmte – zu bestimmende – Dauer im Voraus. Der Schicht-/Dienstplan stellt die Festsetzung der zu erbringenden Arbeitszeit/Schichten kraft Weisungs-/Direktionsrechtes des Arbeitgebers für einen bestimmten Zeitraum „in einer zeitlich geregelten Reihenfolge" – dar. Es muss nicht einmal ein schriftlicher „Plan" vorliegen – entscheidend ist nur, dass die abzudeckende Gesamtarbeitszeit länger ist als die individuellen Arbeits-/Schichtzeiten der einzelnen Beschäftigten, weshalb ein „Plan", eine Regelung für die Verteilung der Arbeitszeiteinsätze für die Beschäftigten in einer zeitlichen Reihenfolge erforderlich ist.[12] Ein Schichtplan in diesem Sinn liegt aber selbst dann vor, wenn die Schichteinteilung den Beschäftigten selbst, 8

---

10 So zur insoweit identischen Regelung in § 15 Abs. 8 Unterabs. 6 BAT BAG v. 19.10.1989, 6 AZR 111/88, NZA 1990, 504 – II. 3. d.Gr.
11 BAG v. 13.10.1993, 10 AZR 294/92, NZA 1994, 805 – II.1.b d. Gr.; ein Einsatz in nur einer oder zwei Schichten genügt nicht: LAG München v. 28.4.2008, 6 Sa 967/07.
12 BAG v. 23.6.2010, 10 AZR 548/09, ZTR 2010, 523 (Rn 16); BAG v. 8.7.2009, 10 AZR 589/08, ZTR 2009, 576 (Rn 26 f); Reinfelder, ZTR 2010, 555 – liegen dagegen lediglich unregelmäßige Arbeitszeiten vor, ohne dass eine die individuellen Arbeitszeiten übergreifende Aufgabenabdeckung erforderlich ist, fehlt es dagegen am Vorhandensein eines „Schichtplans": BAG v. 23.6.2010, 10 AZR 548/09, aaO („Mautkontrolleure"!); ebenso die Vorinstanz: LAG Schleswig-Holstein v. 10.6.2009, 1 Sa 245 b/09, ZTR 2009, 578 (LS).

deren Absprache, überlassen wird.[13] In der Praxis der weitgehend von Schichtarbeit nach Dienstplan geprägten Einrichtungen des Gesundheitswesens wird regelmäßig ein Dienstplan für einen überschaubaren Zeitraum von vier Wochen oder einen Monat im Voraus erstellt.[14]

Mit dem Schichtplan legt der Arbeitgeber „die Arbeitsaufgabe, die für diese Arbeitsaufgabe eingesetzten Arbeitnehmer und den zeitlichen Umfang ihres Einsatzes fest".[15] Ob diese Festsetzung einem bestimmten Rhythmus, einer (annähernd) systematischen Strukturierung, unterliegt oder innerhalb des zeitlichen Dienstplanintervalls im Wesentlichen allein nach dienstlichen Bedürfnissen und/oder etwa unter Berücksichtigung individueller Belange der einzelnen Arbeitnehmer frei und ohne Grundstruktur festgelegt wird, ist zunächst ohne Bedeutung. Beim üblichen Schicht-/Dienstplan sind die Schichtzeiten und Schichtlängen sowie (ggf unterschiedliche) Schichtbesetzungen vorgegeben und es werden lediglich die Arbeitszeiten der einzelnen Arbeitnehmer individuell festgelegt: welche/r Arbeitnehmer am Montag, Dienstag usw jeweils in den Frühschicht, welche/r Arbeitnehmer in der Spätschicht und welche/r Arbeitnehmer jeweils in der Nachtschicht – bzw in anderen Schichten – zu arbeiten hat.

9 **b) Regelmäßigkeit.** Die geforderte „**Regelmäßigkeit**" des Wechsels der täglichen Arbeitszeit bedeutet nach dem allgemeinen Sprachgebrauch eine sich wiederholende Regelhaftigkeit, wobei die Schichten sich nicht zwingend rhythmisch, in gleichen Abständen, wiederholen müssen.[16]

10 **c) Abstand der Nachtschichten.** Die hinsichtlich des **Abstandes** der erforderlichen **Nachtschichten** ansatzweise widersprüchliche Regelung in Absatz 1 Satz 2 verlangt, dass die erneute Heranziehung zur Nachtschicht zwar einerseits „**längstens**" nach Ablauf eines Monats – nicht Kalendermonats, sondern einer jeweils 30 oder 31 Kalendertage umfassenden Zeitraums/Zyklus (vgl auch § 191 BGB)[17] – stattfindet, andererseits dies hier aber nur „**durchschnittlich**" zu erfolgen hat. D.h., dass der Abstand zwischen den Nachtdiensteinsätzen nicht in jedem Fall maximal 30/31 (28/29) Kalendertage, je nach Länge des laufenden Kalendermonats, betragen muss, sondern im Einzelfall auch 35 oder 40 Tage (etc.) betragen kann – der erforderliche Abstand eben nur im Durchschnitt der Zeitabstände erreicht werden muss.[18]

---

13 BAG v. 23.6.2010, 10 AZR 548/09, ZTR 2010, 523 (Rn 16); BAG v. 8.7.2009, 10 AZR 589/08, ZTR 2009, 576 (Rn 26 f); Reinfelder, ZTR 2010, 555.
14 Die Dauer des Schichtplans ist grundsätzlich beliebig festlegbar und, sofern nicht in einer mit dem Betriebs-/Personalrat abgeschlossenen Betriebs- oder Dienstvereinbarung vorgegeben, ebenfalls im Rahmen des Weisungsrechtes durch den Arbeitgeber, möglichst einheitlich, festzulegen; auch übliche Monatsdienstpläne sind, selbstverständlich, Schichtpläne in diesem Sinn: BAG v. 24.9.2008, 10 AZR 106/08, NZA 2008, 1424 (Rn 18); vgl auch BAG v. 19.9.2007, 4 AZR 617/06, AP Nr. 205 zu § 1 TVG Tarifverträge: Metallindustrie (Rn 17).
15 Siehe BAG v. 20.4.2005, 10 AZR 302/04, ZTR 2005, 484 – II.1.b d.Gr.
16 Vgl auch BAG v. 19.9.2007, 4 AZR 617/06, AP Nr. 205 zu § 1 TVG Tarifverträge: Metallindustrie (Rn 16).
17 So auch Böhme in Pflege- & Krankenhausrecht 2006, 99/100.
18 Zur früheren Regelung der Wechselschichtarbeit in § 15 Abs. 8 Unterabs. 6 BAT hat das BAG – im Zusammenhang mit der Wechselschichtzulage des § 33 a BAT – für die Berechnung des Durchschnitts des Abstands der Nachtschichten auf einen nicht näher definierten zurückliegenden Zeitraum abgestellt und einfach die addierten Abstände durch deren Anzahl dividiert: Urt. v. 5.6.1996, 10 AZR 610/95, NZA 1997, 214.

Da die Tarifvertragsparteien jedoch – anders als etwa bei der Definition der regelmäßigen Wochenarbeitszeit in § 6 Abs. 1, die ebenfalls nur als „durchschnittlich" festgelegt und hierzu zwangsläufig gleichzeitig ein Referenz-/Ausgleichszeitraum für die Berechnung des Durchschnitts bestimmt ist (grundsätzlich ein Jahr, § 6 Abs. 2, s. dort) – hier für die Bestimmung des Durchschnitts keinen **Ausgleichs-/Referenzzeitraum** vorgeben, muss dieser deshalb, notwendig, allererst **festgelegt** werden: Zumindest sinnvoll, sogar geboten, erscheint es dem Verfasser, einen solchen Ausgleichszeitraum betriebsintern, etwa im Rahmen einer umfasssenderen Betriebs-/Dienstvereinbarung zur Arbeitszeit (auch zu einem Arbeitszeitkonto gemäß § 10, mit flankierenden Regelungen), zu bestimmen, wobei dessen Länge – die Zahl der für die Durchschnittsermittlung maßgeblichen Monatszyklen (der jeweils 30/31 Kalendertage umfassenden Intervalle) – repräsentativ vor allem von der konkreten, erfahrungsmäßigen, Schwankungsbreite und -häufigkeit bei der Heranziehung zu Nachtschichten abhängig gemacht werden kann. Erfolgt die Heranziehung zu den Nachtschichten, wie im Absatz 1 definiert, sehr unregelmäßig – manchmal häufiger, in kurzen Abständen, gelegentlich auch seltener, in längeren Abständen –, würde es sich empfehlen, den Ausgleichs-/Referenzzeitrahmen für die Durchschnittsermittlung weiträumiger festzulegen – etwa, analog zum tariflichen Ausgleichszeitraum für die Ermittlung des Durchschnitts der regelmäßigen Wochenarbeitszeit, auf ein Jahr (§ 6 Abs. 2). Dies würde bedeuten, dass innerhalb eines (Kalender-)Jahres in mindestens 12 Fällen eine Heranziehung zur Nachtschicht notwendig wäre, wenngleich in ggf sehr unterschiedlichen Abständen. Bei einem kürzeren Referenz-/Ausgleichszeitraum müsste demgemäß entsprechend rascher die Durchschnittsformel von 30/31 Kalendertagen erreicht werden.[19]

Exkurs zum Ausgleichszeitraum für einen „Durchschnitt" bei der Nachtschichtfolge: Problematisch erschiene es dem Verfasser, bereits bei der Festlegung des Referenz-/Ausgleichszeitraums für die Durchschnittsberechnung der Nachtschichtfolge auf die Rechtsprechung des BAG zur früheren Wechselschichtzulage gemäß § 33 a BAT abzustellen, wonach der dortige Durchschnittszeitraum schlicht verdoppelt wurde: 11

Dies war ausdrücklich aus dem Sinn der Wechselschichtzulage als – notwendig zeitnah zu gewährenden – Ausgleichs für die mit der Wechselschichtarbeit verbundenen besonderen Erschwernisse begründet. Hier geht es jedoch nicht schon um die Rechtsfolgenseite einer besonderen finanziellen Entschädigung für die Wechselschichtarbeit, sondern erst um die Definition deren Vorliegens als solcher – die zeitliche Frequenz der erforderlichen Nachtschichtfolge –, und damit den Rechtsgrund des Vorliegens von Wechselschichtarbeit überhaupt.

d) Ausfall von Nachtschichten durch Arbeitsunfähigkeit, Krankheit u.a. Fallen geplante oder üblicherweise zu leistende Nachtschichten – ebenso für den Begriff der Wechselschichten sonst erforderliche Schichten – entschuldigt aus, aufgrund von **Arbeitsunfähigkeit** (Krankheit), **Urlaubs**, Arbeitsbefreiung oder **Freizeitausgleichs** für Arbeitszeitguthaben, ändert dies nichts am Vorliegen von Wechselschichtarbeit, soweit diese Ausfallzeiten einen üblichen Umfang, etwa sechs Wochen im (Kalender)Jahr, nicht überschreiten. Insoweit kann unproblematisch auf 12

---

19 Ebenso könnte es in Grenzbereichen eine Rolle spielen, ob auf einen Durchschnittsabstand von 30 oder 31 Kalendertagen abgestellt wird (unter Berücksichtigung der geringeren Zahl der Kalendertage im Monat Februar: auch nur knapp 30 Kalendertage).

die tarifliche Protokollerklärung zu § 27 Abs. 1 und Abs. 2 zurückgegriffen werden, wo zum Vorliegen ständiger Wechselschicht- oder Schichtarbeit als Voraussetzung für einen Anspruch auf den entsprechenden Zusatzurlaub festgehalten ist, dass „eine Unterbrechung durch Arbeitsbefreiung, Freizeitausgleich, bezahlten Urlaub oder Arbeitsunfähigkeit in den Grenzen des § 22 unschädlich" ist.[20]

13 **4. Besonderheiten im Gesundheitswesen.** In den von Wechselschichtarbeit maßgeblich geprägten **Einrichtungen des Gesundheitswesens** – Krankenhäuser und andere medizinische Einrichtungen, Altenpflegeeinrichtungen, Heime usw – werden jedoch durch die hier geltenden Sonderregelungen die Voraussetzungen für das Vorliegen von Wechselschichtarbeit gegenüber der Definition in § 6 Abs. 1 entscheidend verschärft:

Nach den für Krankenhäuser uä Einrichtungen jeweils geltenden Sonderregelungen jeweils in **§ 48 BT-B** und **BT-K** zum **TVöD** liegt in deren Geltungsbereich Wechselschichtarbeit nur vor, falls abweichend von der allgemeinen Regelung in § 7 Abs. 1 die Heranziehung zu

- **mindestens zwei Nachtschichten**
- „**längstens**" (nicht lediglich, wie in § 7 Abs. 1 Satz 2: „durchschnittlich längstens") nach **Ablauf eines Monats**

erfolgt (in den Regelungen für Krankenhäuser uä Einrichtungen im Bereich des **TV-L** sind dagegen ebenfalls zwei Nachtschichten – die nicht zwingend aufeinander folgen müssen –, jedoch deren Abstand jeweils nur „**durchschnittlich längstens**" nach Ablauf eines Monats erforderlich: § 41 Nr. 4 Ziff. 1., § 42 Nr. 5 Ziff. 1. und § 43 Nr. 4 Ziff. 1 TV-L).

14 In den Institutionen, in denen typischerweise und von einem Großteil der Beschäftigten Rund-um-die-Uhr-Arbeit erbracht wird/werden muss, wird im Bereich des TVöD somit die erforderliche Nachtschichtfolge für das Vorliegen von Wechselschichtarbeit überhaupt doppelt verschärft, weil zum einen eine Durchschnittsberechnung und damit der Ausgleich von Schwankungen des zeitlichen Abstands nicht möglich sind und zum anderen nach jeweils einem festen/maximalen Abstand von 30/31 Kalendertagen die Heranziehung zu jeweils mindestens zwei Nachtschichten (im definierten Sinn, s.o.) erfolgt sein muss. Hier ist es also für die Erfüllung der Anforderungen der „Wechselschichtarbeit" zwingend erforderlich, dass spätestens nach Ablauf von 30/31 Kalendertagen wiederum die Einteilung auch zu mindestens zwei Nachtschichten im vorstehenden Sinn erfolgt war.[21] Ist der Abstand zwischen den Nachtschicht(period)en länger, auch nur 32 Kalendertage, fehlt es somit bereits am Vorliegen der „Wechselschichtarbeit" überhaupt – damit an den Voraussetzungen für die Gewährung der Wechselschichtzulage (§ 8 Abs. 5) und des Zusatzurlaubs für Wechselschichtarbeit (§ 27).[22] Gleiches gilt, wenn zwar nach spätestens 30/31 Kalendertagen eine erneute Heranziehung zum Nachtdienst erfolgt war, aber insoweit nur zu einer

---

20 BAG v. 24.3.2010, 10 AZR 58/09, NZA 2010, 958 (Rn 23); BAG v. 24.3.2010, 10 AZR 570/09, ZTR 2010, 407; BAG v. 24.3.2010, 10 AZR 152/09, PflR 2010, 360 (Rn 22).
21 Siehe auch LAG München v. 6.8.2008, 9 Sa 261/08.
22 Siehe auch Böhme in Pflege- & Krankenhausrecht 2006, 99/100.

einzelnen Nachtschicht, nicht – wie hier erforderlich – zu mindestens zwei Nachtschichten.[23]

Anders als bei der auf eine bloße Durchschnittsberechnung abstellenden Monatsperiode im Allgemeinen Teil wirkt sich hier aus, dass der Tarifwortlaut auf die „**Heranziehung**" zu den (mindestens zwei) Nachtschichten abstellt, also nicht deren tatsächliche Leistung nach diesem Zeitraum. Dies muss zur Folge haben, dass zum einen bereits die schicht-/dienstplanmäßige **Einteilung** zu entsprechend rasch aufeinander folgenden Nachtdiensten genügt – nicht auch deren nachfolgende Erbringung zwingend ist, weshalb kurzfristige Ausfallzeiten wegen Arbeitsunfähigkeit oder Urlaubs nicht schädlich sind –, und zum anderen für den Begriff der „Heranziehung" der Beginn der folgenden Nachtdienstperiode nach spätestens 30/31 Kalendertagen ab Ende der vorausgegangenen Nachtdienstperiode maßgeblich ist, nicht deren zu diesem Zeitpunkt bereits erfolgte Absolvierung.

Beispiel: Sind im Dienstplan für September drei aufeinander folgende Nachtdienste im Zeitraum 18./19.9., 19./20.9. und 20./21.9. enthalten, genügt es nach dem Tarifwortlaut hierfür, wenn die erneute Heranziehung zu (mindestens zwei) Nachtschichten im Oktober-Dienstplan nach 30 Kalendertagen (September), also spätestens am 21./22.10. und 22./23.10. erfolgt, somit bis 21.10. wiederum mindestens zwei Nachtdienste geplant – nicht zwingend bereits „geleistet" worden – sein müssen.

Zur Niederschriftserklärung zu § 48 Abs. 2 TVöD-BT und TVöD-BT-B.[24]

In der Praxis der Betriebe/Einrichtungen, die unter den Geltungsbereich der Besonderen Teile Pflege- und Betreuungseinrichtungen (BT-B) und Krankenhäuser (BT-K) sowie des TV-L fallen, werden in aller Regel Nachtdienste zusammengefasst, schon aus arbeitsphysiologischen Gründen (körperliche Umstellungsschwierigkeiten), nicht lediglich einzelne isolierte Nachtdienste geplant, sondern mehrere – in der Regel zwei bis vier – Nachtdienste am Stück. In diesem Fall ist die Berechnung der hier notwendigen Nachtschichtfolge einfach:

Leistet ein Beschäftigter, zB eine Pflegekraft, etwa drei Nachtdienste nacheinander im Zeitraum 8./9.3., 9./10.3. und 10./11. 3., liegt – wenn die weiteren Voraussetzungen hierfür gegeben sind – „Wechselschichtarbeit" vor, wenn spätestens am 11./12.4. und 12./13.4. erneut Nachtdienste eingeplant wurden.[25] Ist dieser Beschäftigte erst am 13./14.4. und 14./15.4. (oder danach) zu weiteren Nachtschichten eingeteilt, fehlt es in diesem Zeitraum schon deshalb am Vorliegen von „Wechselschichtarbeit" überhaupt, weil der zeitliche Abstand beider Nachtdienstintervalle zu lang ist.

---

23 Missverständlich Kranz, TVöD-K Spartentarifvertrag Krankenhäuser, (2008), der unter Rn 116 von der ersten geleisteten Nachtschicht aus zu zählen scheint.
24 Nach der (offensichtlich aufgehobenen) Niederschriftserklärung jeweils zu § 48 Abs. 2 BT-B und BT-K zum TVöD und ebenso zu den zitierten Sonderregelungen im Bereich des TV-L war „der Anspruch auf Wechselschichtzulage ... auch erfüllt, wenn unter Einhaltung der Monatsfrist zwei Nachtdienste geleistet wurden, die nicht unmittelbar aufeinander folgen müssen". Hierbei handelte es sich ersichtlich um eine, eigentlich überflüssige, Klarstellung, da bereits der unmittelbare Tarifwortlaut nicht die Notwendigkeit eines Zusammenhangs der erforderlichen mindestens zwei Nachtschichten – dass diese unmittelbar aufeinander folgen müssten – enthält.
25 So auch Hock/Kramer/Schwerdle, ZTR 2006, 622/634 f (unter 7.1.1).

17 Erfolgt die Heranziehung zu Nachtdiensten in der Praxis jedoch, eher ausnahmsweise, nicht unmittelbar hintereinander, zu mehreren Nachtschichten am Stück, sondern einzeln (wie dies die – früheren – Niederschriftserklärungen zu § 48 Abs. 2 BT-B und BT-K sowie zu den einschlägigen Regelungen des TV-L (§§ 41 bis 43) ausdrücklich als unschädlich ansahen), ist fraglich, auf welchen Zeitraum abzustellen ist. Muss hier die Heranziehung zu weiteren mindestens zwei Nachtdiensten nach spätestens 30/31 Kalendertagen ab – welchem? – Ende der vorausgegangenen Nachtdienstperiode beginnen oder enden?

Beispiel: Der Beschäftigte ist im Dienstplan für Juni am 7./8.6. und am 14./15.6. zu jeweils einer Nachtschicht eingeteilt:

Genügt es, wenn der folgende Juli-Dienstplan weitere Nachtdienste etwa am 9./10.7. und am 19./20.7. vorsieht? Zwar ist hier der Abstand zwischen Ende des letzten Juni-Nachtdienstes (14./15.6.) zum ersten Juli-Nachtdienst (9./10.7.) nicht länger als 30 Kalendertage. Jedoch war nach spätestens 30 Kalendertagen ab dem zweiten Nachtdienst im Juni nicht die Heranziehung zu bereits zwei Nachtdiensten erfolgt – der 2. Nachtdienst im Juli war dienstplanmäßig deutlich nach 30 Kalendertagen, gerechnet ab dem 15.6., festgesetzt.

18 Nach Ansicht des Verfassers sprechen nach den allgemeinen Grundsätzen der Tarifauslegung Wortlaut und Sinn und Zweck der Tarifregelung dafür, den Begriff der „Wechselschichtarbeit" in diesen Arbeitsbereichen und damit die Voraussetzungen für die Zahlung der entsprechenden Wechselschichtzulage sowie des Zusatzurlaubs hierfür an das Erfordernis mehr als eines (sondern mindestens zwei) und rasch aufeinander folgenden Nachtdienstintervalls zu knüpfen – dafür anzunehmen, dass die Planung (dienstplanmäßige Festlegung) von jeweils mindestens zwei Nachtschichten bei einer solchen Aufsplittung so erfolgen muss, dass der zweite Nachtdienst der Folgeperiode spätestens nach 30/31 Kalendertagen ab dem zweiten Nachtdienst der Vorperiode festgelegt werden muss.

Beispiel: Ist der Beschäftigte im Dienstplan für Juni wie vor am 7./8.6. und am 14./15.6. zu jeweils einen Nachtdienst eingeteilt, müssen die Nachtdienste im folgenden Dienstplan für Juli so geplant sein, dass der zweite Nachtdienst dort am 15.7. beginnt.

19 Zur Vermeidung auch solcher Schwierigkeiten – von denen eben v.a. die Zahlung der Wechselschichtzulage sowie die Gewährung des Zusatzurlaubs jeweils für „Wechselschichtarbeit" abhängen – ist es sinnvoll, **Nachtdienste am Stück** und hiernach annähernd rhythmisch, systematisch festzulegen.[26]

20 Ein weiteres vom Tarifwortlaut auch nicht ansatzweise gelöstes Problem stellt es dar zu definieren, **ab wann** bei erstmaligem Wechsel in die Arbeitseinteilung in „Wechselschichten" mit „Nachtschichtfolge" tatbestandlich tatsächlich „Wechselschichtarbeit" vorliegt.

Beispiel: Die bisher nur in Tagschichten tätige Beschäftigte leistet erstmals Mitte Februar zusätzlich drei Nachtdienste und in der Folge im März, April ff weiter:

Die Heranziehung zu mindestens zwei Nachtschichten spätestens Mitte März (ff) führt dazu, dass nunmehr „Wechselschichtarbeit" vorliegt: ab März oder damit im Nachhinein bereits ab Februar, mit der Folge des Anspruchs auf monatliche Wechselschichtzulage für ständige Wechselschichtarbeit ab (Mitte?)

---

26 Vorschläge und Beispiele zu „Sozial und gesundheitlich verträglichen Schichtplänen" zB Engelhardt, AiB 2008, 316.

März, oder bereits ab Februar (im/für Februar oder im/für März etwa nur als Stundenzulage von 0,63 Euro/Stunde für nicht-ständige Wechselschichtarbeit, ab Mitte Februar oder Mitte März).

Wie ausgeführt ist das Vorliegen von „Wechselschichtarbeit" in diesem Sinn Voraussetzung für die **Wechselschichtzulage** nach § 8 Abs. 5 sowie den Anspruch auf **Zusatzurlaub** für Wechselschichtarbeit in § 27. 21

5. Aufteilung von Einsatzphasen. Die **Aufteilung** längerer Präsenz am Arbeitsplatz in Zeiten „echter" Überstunden (Abs. 7 und Abs. 8) und in Zeiträume eines Hintergrunddienstes in Form des Bereitschaftsdienstes kann – wenn die jeweiligen Voraussetzungen hierfür vorliegen – der Arbeitgeber/Vorgesetzte im Rahmen seines Weisungsrechtes grundsätzlich beliebig vorgeben,[27] ggf unter Beachtung von Mitbestimmungsrechten insbesondere des Betriebsrats (§ 87 Abs. 1 Nrn. 2 und 3 BetrVG). 22

III. Schichtarbeit (Abs. 2)

Diese Regelung definiert „**Schichtarbeit**" nunmehr unter Einbeziehung eines Zeitfaktors wie bei der Schichtzulage der Vorgängerregelung (§ 33 a BAT), was dort erst Rechtsfolge war. 23

Hiernach muss Arbeitsleistung
- nach einem Schicht-/Dienstplan (w.o., Abs. 1),
- mit unterschiedlichen Arbeitszeiten im regelmäßigen Wechsel,
- mit Abstand der Anfangszeiten von mindestens zwei Stunden,
- in Zeitabschnitten von längstens einem Monat und
- einer Zeitspanne (Schichtspreizung) von 13 Stunden

vorliegen.

1. Definition. Hinsichtlich der Anforderungen an den **Schicht-/Dienstplan** gilt das vorstehend zur Wechselschichtarbeit hierzu Ausgeführte (II.3.a). 24

2. Unterschiedliche Arbeitszeiten, Wechsel. Unterschiedliche Arbeitszeiten und deren regelmäßiger Wechsel liegen vor, wenn der einzelne Beschäftigte in unterschiedlichen Schichten eingesetzt wird und die Schichtart mehr oder weniger häufig – jedoch spätestens nach einem Monat – wechselt, er also etwa nach mehreren Frühschichten Spätdienst oder Nachtdienst (oder Arbeit in weiteren Schichten) verrichtet.[28] Auch hier wird nicht vorausgesetzt, dass der Einsatz in den unterschiedlichen Schichten gleichmäßig – nicht allzu ungleichmäßig – erfolgt.[29] Es kommt lediglich auf den Einsatz in unterschiedlichen Schichten an[30] (mit entsprechend unterschiedlichen Beginnzeiten und Zeitspannenspreizung und den rechtzeitigen Wechsel der Schichten, s.u.). 25

---

27 BAG v. 27.1.1994, 6 AZR 465/93, NZA 1994, 1003.
28 Vgl BAG v. 23.6.2010, 10 AZR 548/09, ZTR 2010, 523 (Rn 19 f): lediglich individuelle unregelmäßige Arbeitszeiten außerhalb eines „Schichtplan"-Modells („Mautkontrolleur"); abstrakt BAG v. 20.4.2005, 10 AZR 302/04, ZTR 2005, 484; s. auch LAG Nürnberg v. 12.11.2008, 4 Sa 176/08, ZTR 2009, 254, mit Differenzierung dahin, dass der Begriff der Schichtarbeit zu trennen sei von einer zeitversetzten Ableistung der Arbeit an einzelnen Arbeitstagen, mit unterschiedlichen Beginnzeiten, außerhalb eines Schichtwechsels.
29 BAG v. 24.9.2008, 10 AZR 770/08, ZTR 2010, 240; Reinfelder, ZTR 2010, 555/556 (unter 2.1.3).
30 Zum Begriff der Schichtarbeit im tariflichen Sinn vgl auch BAG v. 20.5.2005, 10 AZR 302/04, ZTR 2005, 484.

26 **3. Abstand der Beginnzeiten.** Jedoch müssen sich für den Begriff der „Schichtarbeit" die **Beginnzeiten** der unterschiedlichen Schichten, die der einzelne Beschäftigte leistet, um **mindestens zwei Stunden** unterscheiden (zB Beginn der 1. Frühschicht. 6.30 Uhr, Beginn der 2. Frühschicht: 9.30 Uhr). Absolviert der Beschäftigte lediglich Schichten, deren Anfangszeiten nur weniger als zwei Stunden auseinander liegen, liegt Schichtarbeit in diesem Sinn definitionsgemäß nicht vor (also: bei Beginn des 2. Frühdienstes im vorstehenden Beispiel bereits um 8.00 Uhr).

Bei üblichen Schichtarbeitssystemen in der Praxis, in denen längere Tagesarbeitsperioden abgedeckt werden müssen, ist dies ohne Weiteres gegeben, da die einzelnen Schichtzeiten gewöhnlich – mit gewissen Überlappungszeiten („Übergabezeiten" uä) – aufeinander aufbauen, also deren Beginnzeiten sich etwa 6 bis 7 Stunden unterscheiden. Da die Schichtspreizung daneben 13 Stunden betragen muss (s.u.), ist bei üblichen Schichtlängen von (inkl. Pause(n)) 8 bis 9 Stunden die notwendige zeitliche Differenz des Beginns der unterschiedlichen Schichten von mindestens zwei Stunden hier von vornherein gegeben.

27 **4. Wechselfrequenz.** Der **Wechsel** von der einen in eine andere(n) Schichtart(en) muss nach spätestens **einem Monat** stattfinden.

Beispiel: Eine Beschäftigte darf hierfür nicht länger als einen Monat nur im Frühdienst eingesetzt werden.

Sinn dieser Regelung ist ersichtlich, dass von „Schichtarbeit" in diesem tariflichen Sinn nicht gesprochen werden kann, wenn der Wechsel zwischen den Schichtarten nur relativ selten stattfindet. In diesem Fall sind die mit der besonderen Arbeitsform „Schichtarbeit" und dem Wechsel der Schichten verbundenen Belastungen und Erschwernisse, deren Auswirkungen auf den individuellen Lebensrhythmus, die gerade durch die an diesen Begriff anknüpfende Schichtzulage (§ 8 Abs. 6) und den Anspruch auf Zusatzurlaub für Schichtarbeit (§ 27) ausgeglichen werden sollen, nicht in tarifrechtlich erheblicher Weise gegeben. Entscheidend ist somit allein, dass der Beschäftigte spätestens nach 30/31 Kalendertagen die Schicht wechselt, also etwa statt (auch mehreren Wochen) Frühschicht dann Spätdienst verrichtet oder Nachtschicht(en) leistet.

28 **5. Zeitspanne.** Die Schichtarbeit muss innerhalb einer „**Zeitspanne**" von **13 Stunden** geleistet werden. Dieses Tatbestandsmerkmal ist offensichtlich dem Anspruch auf Schichtzulagen zB in § 33a Abs. 2 lit. b BAT entnommen, wo die Kompensation der Schichtarbeit durch eine Schichtzulage vom Umfang einer Zeitspanne, innerhalb der Schichtarbeit zu leisten ist, abhängig gemacht worden war (dort 13 bzw 18 Stunden).

Nach der dortigen Protokollnotiz war als „Zeitspanne" die Zeit zwischen dem Beginn der frühesten und dem Ende der spätesten Schicht, die der Angestellte zu absolvieren hatte, innerhalb von 24 Stunden, im Durchschnitt der Arbeitstage (ausgehend vom Modell von fünf Arbeitstagen je Woche), definiert. Da eine derartige Definition im TVöD/TV-L fehlt, kommt es sonach nur darauf an, dass grundsätzlich – nicht innerhalb eines Zeitmodells oder Referenzzeitraums nur „durchschnittlich" oder am selben Wochentag – die Endpunkte der Schichten, die der einzelne Beschäftigte überhaupt (in welcher zeitlichen Häufigkeit auch immer) leistet, 13 Stunden gespreizt sind.[31]

Bei einer Rund-um-die-Uhr Schichtabdeckung und dort beim üblichen 3-Schicht-Modell von Frühschicht (zB von 6.00 Uhr bis 14.15 Uhr), abgelöst durch Spätdienst (zB von 13.30 Uhr bis 21.45 Uhr) und sodann Nachtschicht (zB von 21.00 Uhr bis 6.30 Uhr), bereitet diese Anforderung keine Probleme, da in solchen aufeinander annähernd aufbauenden Schichtzeiten die Spreizung von zwei vollen Schichten zwangsläufig immer mehr als 13 Stunden (im Beispiel: 15 Stunden [45 Minuten]) beträgt. Bei drei oder auch vier Schichtzeiten, die das Tages-(24-Stunden-)Intervall abdecken, sind zwei solcher Schichtzeiten fast immer und zwangsläufig über mehr als 13 Stunden gespreizt. Diese notwendige, wiederum Basisanforderungen an die Belastung durch Arbeit in unterschiedlichen Schichten festlegende, Schichtdifferenzierung hat nur Bedeutung, wenn im Arbeitsbereich des Beschäftigten sehr unterschiedliche Schichten geleistet werden, die sich zeitlich weitgehend überlappen und damit nach Beginn- und Endzeiten wenig gespreizt sind, oder das 24-Stundenintervall durch zahlreiche (kürzere) Schichten abgedeckt wird (und einzelne Beschäftigte auch nur Schichten mit diesen geringen zeitlichen Differenzen – ggf im Bereich des sowieso notwendigen Wechselabstandes von zwei Stunden – absolvieren). 29

Beispiel: An der erforderlichen „Zeitspanne" und damit am Vorliegen von „Schichtarbeit" fehlt es, wenn lediglich ein Frühdienst von 6.00 Uhr bis 14.15 Uhr und ein (erster) Zwischendienst von 9.00 Uhr bis 17.30 Uhr absolviert werden, da die Zeitspanne zwischen 6.00 Uhr und 17.30 Uhr lediglich 11,5 Stunden beträgt. Ebenso fehlt es hieran, wenn in saisonal unterschiedlich gespreizten Schichtmodellen in der Winterperiode kurze Früh- und Spätschichten nur den Zeitraum von 6.00 Uhr bis 18.00 Uhr abdecken, anders als in der Sommerperiode mit längeren Schichtzeiten und Schichtspreizungen von zB 6.00 Uhr bis 21.00 Uhr.

6. Auswirkungen. Wie ausgeführt ist das Vorliegen von „Schichtarbeit" im Sinn des Absatzes 2 Voraussetzung für die **Schichtzulage** nach § 8 Abs. 6 sowie den Anspruch auf **Zusatzurlaub** für Schichtarbeit in § 27. 30

IV. Bereitschaftsdienst (Abs. 3)

Diese Regelung enthält die Definition des „**Bereitschaftsdienst**es", der neben der „Rufbereitschaft" (Abs. 4) eine der beiden klassischen Formen des Hintergrunddienstes darstellt. 31

---

[31] BAG v. 21.10.2009, 10 AZR 70/09, NZA 2010, 349 (Rn 18 f); BAG v. 21.10.2009, 10 AZR 807/08, ZTR 2010, 78 (Rn 13 f) unter Bezugnahme auf Sinn und Zweck dieser Regelung zur Schichtarbeit – weil die Schichtzulage (in § 8 Abs. 6) einen finanziellen Ausgleich für die Auswirkungen der Schichtarbeit auf den Lebensrhythmus gewähren soll, was bei Abstand von Beginn und Ende der Arbeitszeit auch an unterschiedlichen Tagen der Fall sei; so bereits auch, unter Ablehnung einer Durchschnittsberechnung gemäß § 33 a BAT, LAG Baden-Württemberg v. 30.1.2008, 10 Sa 66/07, unter Bestätigung von ArbG Freiburg v. 20.11.2007, 5 Ca 369/07. Konkret bedeutet dies, dass auch dann, wenn die Schichtspreizung im Dienst/Schichtplan nur an einem Tag in der Woche mehr als 13 Stunden beträgt, diese Voraussetzung gegeben ist, da, wie nach der Neuregelung maßgeblich, bereits durch den Dienstplan in dieser erforderlichen Weise belastend in den Lebensrhythmus des Beschäftigten eingegriffen wird: LAG Baden-Württemberg v. 30.1.2008, aaO, Rn 35 aE.

"Bereitschaftsdienst" leistet hiernach der Beschäftigte, der
- sich auf „Anordnung" des Arbeitgebers
- außerhalb der regelmäßigen Arbeitszeit
- an einer vom Arbeitgeber bestimmten Stelle aufhält,
- um im Bedarfsfall die Arbeit aufzunehmen.

32 **1. Begriff des Bereitschaftsdienstes.** Beim Bereitschaftsdienst handelt es sich damit nicht um durchgängige Vollarbeit – die dann eine zur Regelarbeitszeit zählende Tätigkeit darstellen würde –, sondern um einen zusätzlichen **Hintergrunddienst** („außerhalb der regelmäßigen Arbeitszeit", also damit einen Sonderfall von „Überstunden" oder Überarbeit), der durch einen Wechsel von Arbeitsphasen/Inanspruchnahmen und Nichtarbeits-/Ruhephasen gekennzeichnet ist – eine **Aufenthaltsbeschränkung mit der Verpflichtung, bei Bedarf unverzüglich tätig zu werden**[32] (was wegen der hier im Regelfall vorgegebenen Präsenz innerhalb des Arbeitsbereiches, innerhalb der Einrichtung, auch möglich ist, anders als bei der Rufbereitschaft). Im Unterschied zur Rufbereitschaft (Abs. 4) als der schwächeren Form des Hintergrunddienstes hat beim Bereitschaftsdienst der Arbeitgeber das Aufenthaltsbestimmungsrecht und kann damit vorschreiben, wo sich der Beschäftigte zur Arbeitsaufnahme bereitzuhalten hat. Der Bereitschaftsdienst ist andererseits schwächer belastet als die „Arbeitsbereitschaft" (oder die jetzt in § 9 geregelten „Bereitschaftszeiten"), da die „Arbeitsbereitschaft" durchgängig „wache Achtsamkeit", idR mit Präsenz am Arbeitsplatz, und Tätigwerden aus Initiative des Beschäftigten selbst verlangt, während beim Bereitschaftsdienst zunächst nur (Hintergrund-)Präsenz im Bereich der Arbeitsstelle besteht, der Beschäftigte nicht ständig „wache Achtsamkeit" zeigen muss, sondern in den inaktiven Zeiten ruhen oder sich anderweitig beschäftigen kann und er bei Bedarf auch nicht von sich aus, sondern erst auf Anweisung tätig werden muss.[33]

33 **2. Voraussetzungen des Bereitschaftsdienstes. a) Anordnung des Bereitschaftsdienstes.** Die ausdrückliche Befugnis, das Weisungsrecht, zur hiernach erforderlichen „**Anordnung**" des Arbeitgebers ist – für Vollzeitbeschäftigte – nunmehr in § 6 Abs. 5 geregelt.

Beim Bereitschaftsdienst muss der Begriff der Anordnung enger als beim gleichen Begriff bei den Voraussetzungen der „Überstunden (Abs. 7 und Abs. 8) gesehen werden. Er kann hier nicht auch etwa konkludente „Anordnungen" durch tatsächliche Zuweisung entsprechender Arbeitsleistungen oder durch schlichtes Einverständnis bzw Duldung etwaiger Hintergrunddienste des Beschäftigten beinhalten. Es sind hier jeweils ausdrückliche Anweisungen – Festlegung – solcher Zusatzdienste notwendig, etwa durch dienstplanmäßige Einteilung zu Bereitschaftsdienst(en). Andernfalls könnte sich der Beschäftigte nicht im Klaren sein, ob er zusätzliche Vollarbeit oder lediglich, finanziell niedriger abzurechnende und deutlich geringer belastete, Zusatzarbeit in Form eines durch fragmentierte Arbeitseinsätze geprägten Hintergrunddienstes zu leisten hat.

Allerdings darf der Arbeitgeber, soweit er durch gesetzliche, tarifrechtliche oder individualvertragliche Vorschriften nicht gehindert ist, über die Anordnung von

---

32 So etwa BAG v. 24.9.2008, 10 AZR 669/07, NZA 2009, 45 (Rn 28); BAG v. 24.9.2008, 10 AZR 770/07 (juris Rn 29); BAG v. 25.4.2007, 6 AZR 799/06, NZA 2007, 1108.
33 Vgl zur Abgrenzung BAG v. 28.1.2004, 5 AZR 503/02, ZTR 2004, 413 (I.2.a d. Gr.).

Bereitschaftsdienst(en) oder „echten" Überstunden (Abs. 7 und Abs. 8) grundsätzlich frei entscheiden:
War zB im unmittelbaren Anschluss an die um 16.30 Uhr endende reguläre Arbeitszeit ab diesem Zeitpunkt Bereitschaftsdienst angeordnet und wird die reguläre Arbeit erst nach 16.30 Uhr beendet, stellt die Zeit ab 16.30 Uhr trotzdem bereits Bereitschaftsdienst dar – nicht Vollarbeit in Form von Überstunden (selbst wenn dies zuvor so betrachtet/praktiziert worden war) –. Dies könnte nur dann als („echte") Überstundenanordnung angesehen werden, wenn der Vorgesetzte seine vorherige Bereitschaftsdienstanordnung (etwa durch Dienstplan) ausdrücklich aufgehoben und durch die Anordnung von Überstunden ersetzt hätte.[34]

b) (Kein) Anspruch auf Leistung von Bereitschaftsdiensten. Ein **Anspruch** des Beschäftigten **auf Leistung von/Teilnahme am Bereitschaftsdienst besteht nicht.** Die Entscheidung, ob der Beschäftigte Bereitschaftsdienst zu erbringen hat, bestimmt im Rahmen seines Weisungsrechtes – damit nach Maßgabe der hierbei zu beachtenden Grenzen (§ 106 GewO, § 315 BGB) – allein der Arbeitgeber, also der zuständige Vorgesetzte, allerdings unter Beachtung der tarifvertraglichen und gesetzlichen Grenzen. Auch bei finanziellen Interessen, möglichst viele Dienste erbringen und viel (hinzu)verdienen zu wollen, kann der Beschäftigte nicht durchsetzen, zum Bereitschaftsdienst eingeteilt zu werden und zusätzlich „Überstunden" in dieser Form leisten zu dürfen.[35]

34

c) Schwerbehinderte Beschäftigte. Schwerbehinderte (oder ihnen gleichgestellte) Beschäftigte (§ 2 Abs. 2 und Abs. 3 SGB IX) haben nach der gesetzlichen Regelung (§ 124 SGB IX) einen Anspruch, auf ihr Verlangen hin von **Mehrarbeit freigestellt** zu werden. Mehrarbeit in diesem Sinn ist jede über die gesetzlich geregelte Höchstarbeitszeit von acht Stunden täglich (§ 3 Satz 1, § 11 Abs. 2 ArbZG) hinausgehende Arbeitszeit. Dies bedeutet, dass ein schwerbehinderter Beschäftigter geltend machen kann,[36] einschließlich eines Bereitschaftsdienstes **nicht über acht Stunden** am Tag eingesetzt zu werden[37] – was die Anordnung üblicher Bereitschaftsdienste im Anschluss an die normale Arbeits-(Schicht-)Zeit in diesem Fall von der Zustimmung des schwerbehinderten Arbeitnehmers abhängig macht.

35

3. Außerhalb der regelmäßigen Arbeitszeit. „**Außerhalb der regelmäßigen Arbeitszeit**" bezieht sich auf den Begriff der regelmäßigen Arbeitszeit in **§ 6 Abs. 1**, also der durchschnittlichen Wochenarbeitszeit des Vollzeitbeschäftigten von zB 38,5 (39 usw) Stunden – beim Teilzeitbeschäftigten damit dessen (ggf ebenfalls als durchschnittlich verteilter) Wochenarbeitszeit. Bereitschaftsdienst wird zusätzlich zur Normalarbeitszeit – der „regelmäßigen Arbeitszeit" von durchschnittlich 38,5 (39/40 usw) Wochenstunden – geleistet. Die Grundarbeitszeit von 38,5/39 f Wochenstunden darf nicht durch Bereitschaftsdienst aus-

36

---

34 BAG v. 25.4.2007, 6 AZR 799/06, NZA 2007, 1108; so auch LAG Schleswig-Holstein v. 25.7.2006, 5 Sa 60/06, PflR 2007, 162 mit Anm. Roßbruch.
35 So BAG v. 4.12.1986, 6 AZR 123/84, EzBAT Nr. 1 zu SR 2 c BAT Bereitschaftsdienst; s. auch Dassau/Wiesend-Rothbrust, Rn 25.
36 Die gesetzliche Regelung verbietet damit „Mehrarbeit" des schwerbehinderten Menschen nicht automatisch, sondern räumt diesem nur das Recht, die Möglichkeit, ein, einen solchen zeitlichen Arbeitsumfang zu verweigern.
37 BAG, zuletzt v. 21.11.2006, 9 AZR 176/06, NZA 2007, 446.

gefüllt – aufgefüllt – werden.[38] Beim „Bereitschaftsdienst" handelt es sich damit um eine Zusatzleistung, eine besondere Form **besonderer Überstunden**, einen zusätzlich zur üblichen Arbeitszeit erbrachten Hintergrunddienst, bei dem sich Phasen voller Arbeit mit Zeiten der Nichtarbeit, aber Bereithaltungspräsenz im Bereich des Arbeitsplatzes abwechseln und deshalb die (Durchschnitts-)Belastung insgesamt geringer als bei normalen Überstunden ist.

Liegen solche Zeiten der Hintergrundpräsenz am/beim Arbeitsplatz innerhalb der regelmäßigen Arbeitszeit, kann es sich um die nunmehr gesondert definierten „**Bereitschaftszeiten**" iSd § 9 (s. dort) handeln.

37 Die in manchen typischerweise von Schichtarbeit und Hintergrunddiensten geprägten Einrichtungen (Krankenhäuser, Heime usw) anzutreffende Praxis, Bereitschaftsdienst einseitig auch als Teil der Grundarbeitszeit – also innerhalb der „regelmäßigen Arbeitszeit" – festzulegen/anzuordnen, ist unzulässig. Dies verstößt nicht nur gegen Wortlaut und Sinn und Zweck der tarifvertraglichen Regelung, die Bereitschaftsdienst außerhalb der regelmäßigen (also Grund-) Arbeitszeit ansiedelt, sondern führt dazu, dass durch die Faktorisierung/Quotierung der Bereitschaftsdienstzeit als vergütungspflichtiger Arbeitszeit und der konsequenten Anrechnung nur der sonach prozentual ermittelten Arbeitszeit eine längere zeitliche Präsenz, eine längere Grundarbeitszeit erforderlich ist als nach § 6 Abs. 1 (durchschnittlich zB 38,5 Stunden/Woche) vorgegeben. Dies umgeht damit die tarifvertraglichen Entgelt- und Arbeitszeitbestimmungen.

38 **4. Aufenthaltsbestimmungsrecht** i.e. Der **Arbeitgeber** hat bei dieser Form von Hintergrunddiensten – hier gegenteilig zu deren schwächerer Form der „Rufbereitschaft" (Abs. 4, s. dort) – das **Aufenthaltbestimmungsrecht** („… an einer vom Arbeitgeber bestimmten Stelle …").

Es handelt sich also um eine Aufenthaltsbeschränkung, verbunden mit der Pflicht, bei einem **vom Arbeitgeber** (Vorgesetzten) **erkannten Bedarf** auf dessen Aufforderung hin (nicht unbedingt von sich aus, wie dies bei der „Arbeitsbereitschaft" oder den „Bereitschaftszeiten" nach § 9 – s. dort den Wortlaut des § 9 Abs. 1 Satz 1 – vorausgesetzt wird) tätig zu werden[39] (wenngleich ohne die die „Arbeitsbereitschaft" – oder auch die nunmehrigen „Bereitschaftszeiten" nach § 9 – prägende ständige „wache Achtsamkeit" als intensiverer Bereithaltungsform).

Der Arbeitgeber/Vorgesetzte legt somit fest, wo sich der Beschäftigte während der festgesetzten Zeit des „Bereitschaftsdienstes" aufhält, er sich (meist innerhalb der Einrichtung, zB der Klinik), zur Arbeitsaufnahme bereithält. Auch wenn nicht, wie systematisch eigentlich konsequent, bereits an dieser Stelle der Definition des Bereitschaftsdienstes, sondern erst bei der Vergütungsregelung für Bereitschaftsdienste in § 46 BT-K die dort zulässige Arbeitsleistung mit „erfahrungsgemäß durchschnittlich" maximal 49 % Gesamtarbeitsleistung vorgegeben ist, so kennzeichnet den „Bereitschaftsdienst" grundsätzlich, dass ein häufigeres/längeres Tätigwerden, eine im Normal- und Durchschnittsfall insgesamt deutlich höhere Einsatzbelastung als bei der Rufbereitschaft vorausgesetzt ist. Beim Bereitschaftsdienst ist eine schnellere Arbeitsaufnahme als beim Hinter-

---

38 So konsequent LAG Berlin-Brandenburg v. 4.11.2011, 6 Sa 854/11, ZTR 2012, 29 (LS) und Juris (1.2.1 d. Gr.).
39 Etwa BAG v. 18.5.2011, PflR 2011, 336.

grunddienst in Form der Rufbereitschaft erforderlich – sofort oder zeitnah[40] –, weshalb der Arbeitgeber hier das Recht hat, den Ort zu bestimmen, an dem der Beschäftigte sich zur kurzfristigen Arbeitsaufnahme bereitzuhalten hat (typischerweise in Krankenhäusern für Ärzte und Pflegekräfte im OP: die Klinik – das dort häufig vorgehaltene Bereitschaftsdienstzimmer).

5. Arbeitszeitschutzrecht (EuGH). Im Sinn des öffentlichen **Arbeitszeitschutzrechts** ist Bereitschaftsdienst nach nunmehr ständiger Rechtsprechung des **Europäischen Gerichtshofes**[41] und nachfolgend des **Bundesarbeitsgerichts**[42] die Zeit des Bereitschaftsdienstes insgesamt, einschließlich der dort enthaltenen arbeitsfreien Bereithaltungszeiten – nicht lediglich die Zeit der Inanspruchnahme mit aktiver Arbeit[43] – vollständig **Arbeitszeit** im Sinne des Arbeitszeitgesetzes. Als „Arbeitszeit" iSd maßgeblichen EWG-Richtlinie Nr. 93/104 (nunmehr RL 2003/88/EG v. 18.11.2003, in Kraft seit 2.8.2004) wird hiernach jede Zeit(spanne) verstanden, während deren ein Arbeitnehmer nach den einzelstaatlichen Rechtsvorschriften und/oder Gepflogenheiten aktuell arbeitet, dem Arbeitgeber zur Verfügung steht und seine Tätigkeit ausübt oder seine Aufgaben wahrnimmt, was auch dann gegeben ist, wenn der Arbeitnehmer verpflichtet ist, sich zur Erbringung der Arbeitsleistung am Arbeitsplatz aufzuhalten und verfügbar zu sein – verkürzt und komprimiert ausgedrückt:

39

Kann der Arbeitnehmer den Ort, an dem er sich während des Hintergrunddienstes zur Arbeitsaufnahme bereit hält, nicht selbst bestimmen (wie dies definitionsgemäß während einer Rufbereitschaft gegenteilig der Fall ist), sondern muss sich vor Ort, in der Einrichtung (Klinik etc.) oder in Arbeitsplatznähe aufhalten und auf mögliche Arbeitseinsätze warten, dann ist die komplette Präsenz – Wartezeit und tatsächliche Inanspruchnahme/Arbeitserbringung – „Arbeitszeit" in diesem Sinne, im Sinne des Arbeitsschutzrechts.

Exkurs: Bereitschaftsdienst und Arbeitszeitgesetz Weil § 3 des deutschen Arbeitszeitgesetzes die maximal erlaubte Arbeitszeit auf 10 Stunden (werk)täglich begrenzt, waren und sind damit – solange und sofern die Tariföffnungsklauseln des § 7 ArbZG keine Abweichung wie nunmehr durch den TVöD/TV-L zuließen/ zulassen – Bereitschaftsdienste im Anschluss an eine normale Arbeitsschicht grundsätzlich nicht möglich, da damit die höchstzulässige Tagesarbeitszeit bzw jedenfalls die auch hier geltende Grenze von (jahresdurchschnittlich) 48-Wochenstunden nahezu zwangsläufig überschritten werden musste – obwohl sie per Definition besondere Formen von Überstunden darstellen (woran sich auch nach der befristeten Übergangsregelung in § 25 ArbZG [idF v. 1.1.2004] nichts Entscheidendes ändern konnte, was aber die gängige Schichtpraxis, aus einer gewissen Not geboren, taktisch durchgängig anders sehen wollte).

40

In diesem Sinn lag der bis 31.12.2003 geltenden Fassung des Arbeitszeitgesetzes zugrunde – und entsprach der damaligen Rechtsprechung –, dass Bereitschafts-

---

40 So wörtlich etwa BAG v. 5.6.2003, 6 AZR 114/02, NZA 2004, 164 – A. II. 2.a bb d. Gr.
41 Vgl nur EuGH v. 3.10.2000, NZA 2002, 126 (Simap) und v. 9.9.2003, NZA 2003, 1019 (Jaeger).
42 Etwa BAG v. 11.7.2006, 9 AZR 519/05, NZA 2007, 155; v. 28.1.2004, 5 AZR 530/02, NZA 2004, 656; v. 16.3.2004, 9 AZR 93/03, NZA 2004, 927.
43 BAG, Urt. v. 24.1.2006, 1 ABR 6/05, NZA 2006, 862; aA zur früheren Rechtslage, ersichtlich interessegeleitet, immer noch Dassau/Wiesend-Rothbrust, Rn 20/21.

dienste im Ausgangspunkt zum Bereich der Ruhezeit gehörten,[44] auch nach der früheren üblichen Tarifregelung, (wenngleich durchschnittlich) nur maximal 49 % tatsächliche Arbeitszeit beinhalten durften und somit 51 % Nichtarbeit aufweisen mussten – allerdings die jeweiligen Einsatzzeiten (Inanspruchnahmen) während eines Bereitschaftsdienstes naturgemäß als Arbeitszeit galten. Letzteres bedeutete, dass unter Einschluss der Arbeitseinsätze innerhalb eines Bereitschaftsdienstes zwangsläufig die Höchstgrenzen des Arbeitszeitgesetzes zur zulässigen täglichen Arbeitszeit – und/auch die Höchstarbeitszeit von 48-Stunden je Woche im Jahresdurchschnitt – zu beachten waren, was selbst nach der befristeten Übergangsregelung in § 25 ArbZG idF v. 1.1.2004 galt:

Deshalb heben die Besonderen Teile für Pflege- und Betreuungseinrichtungen (BT-B) und für Krankenhäuser (BT-K) – dort jeweils § 45 – bzw § 43 Nr. 4 TV-L auf der Basis der Tariföffnungsklauseln in § 7 ArbZG die Tagesarbeitszeitgrenzen in § 3 ArbZG jetzt weitestgehend auf und erlauben unter weiteren Voraussetzungen die Leistung von Bereitschaftsdiensten ohne Rücksicht auf die gesetzlichen Arbeitszeithöchstgrenzen.

41 **6. Pausen im Bereitschaftsdienst.** Auch während eines Bereitschaftsdienstes müssen Pausen im gesetzlichen Sinn eingeplant werden: also nach spätestens sechs Stunden Bereitschaftsdienstphase eine – insgesamt – mindestens halbstündige Pause und nach mehr als neun Stunden Bereitschaftsdienstzeit eine (oder mehrere) Pause(n) im Umfang von insgesamt 45 Minuten. Im arbeitsschutzrechtlichen Sinn (des Arbeitszeitgesetzes) ist Bereitschaftsdienst vollständig Arbeitszeit. Die inaktiven Zeiten während des Bereitschaftsdienstes stellen deshalb keine Ruhepause(n) dar. Beim Bereitschaftsdienst kann der Vorgesetzte gerade den Aufenthaltsort des Beschäftigten bestimmen und ihn jederzeit zur Arbeitsaufnahme auffordern. Damit kann der Beschäftigte hier nicht – wie dies der Definition der Pause entspricht – frei darüber entscheiden, wo und wie er seine Ruhepausen verbringt.[45]

Allerdings lässt sich diese Pausennotwendigkeit auch hier unter den Voraussetzungen des § 6 Abs. 4 und des § 45 Abs. 3 f TVöD-BT-K bzw § 7 Abs. 7 f TV-L (gemäß § 41 Nr. 4 Ziff. 3., § 42 Nr. 5 Ziff. 3 und § 43 Nr. 4 Ziff. 3 TV-L) mittels Betriebs- oder Dienstvereinbarung verändern – Pausen im Extremfall auch weitgehend reduzieren/abschaffen.

42 **7. Vergütung von Bereitschaftsdienstarbeit.** Bereitschaftsdienst muss, auch bei höherer oder rechtswidriger – geplanter oder tatsächlicher – Belastung mit Arbeitseinsätzen, **nicht** wie **Vollarbeit bezahlt** werden. Das Arbeitszeitgesetz und die zugrunde liegenden europarechtlichen Vorschriften regeln nur den öffentlich-rechtlichen Arbeitsschutz, nicht zivilrechtliche Folgen und Ansprüche von Bereitschaftsdienstarbeit – dies findet sich allein im Tarifvertrag oder im Arbeitsvertrag. Die Tarifvertragsparteien (Arbeitsvertragsparteien) können die Bezahlung von Bereitschaftsdiensten weitgehend autonom regeln. Auch wenn die Festlegung der Bereitschaftsdienste im Ergebnis oder von vornherein rechtswidrig ist/war, weil etwa die tatsächliche Belastung langfristig höher als der jeweils

---

44 BAG v. 24.9.2008, 10 AZR 770/07 (juris, Rn 33); v. 11.7.2006, 9 AZR 519/05, NZA 2007, 155 – II. 1. a) bb d. Gr.
45 BAG v. 16.12.2009, 5 AZR 157/09, NZA 2010, 505.

festgelegten Stufe entsprechend ist, bleibt es bei der Bezahlung der (niedrigeren) Bereitschaftsvergütung.[46]

Die **Vergütung** des Bereitschaftsdienstes soll künftig neu geregelt werden – für den Bereich des Bundes durch einen Tarifvertrag auf Bundesebene, im übrigen durch landesbezirkliche Tarifverträge (§ 8 Abs. 4) –; bis zu einer entsprechenden Neuregelung bleibt es bei den bisherigen, zum Zeitpunkt des Inkrafttretens des TVöD geltenden tariflichen Bestimmungen.[47] 43

In den einschlägigen Besonderen Teilen zum TVöD wird die Vergütung des Bereitschaftsdienstes nunmehr neu festgelegt, nach durchschnittlichen Arbeitsleistungsquoten und deren prozentualer Bewertung als Arbeitszeit (für den Krankenhausbereich im Bereich des TVöD in drei Stufen I bis III: § 46 Abs. 1 BT-K, für den Bereich der sonstigen Pflege- und Betreuungseinrichtungen (TVöD) in vier Stufen A bis D, wiederum nach durchschnittlichen Arbeitsleistungsquoten und deren prozentualer Bewertung als Arbeitszeit, entsprechend den bisherigen Tarifregelungen: § 46 BT-B –, für den Krankenhausbereich im Geltungsbereich des TV-L in den §§ 41 bis 43 ebenfalls in den bisherigen vier Stufen A bis D).

8. Keine zahlenmäßige Begrenzung der Bereitschaftsdienste. Anders als in den Vorgängerregelungen (etwa SR 2 a Nr. 6 Abschn. B. Abs. 7 – Pflegepersonal – und SR 2 c Nr. 8 Abs. 7 – Ärzte – BAT) gibt es **keine Begrenzung** der je Monat maximal zu leistenden Bereitschaftsdienste mehr.[48] 44

9. Pflege-/Betreuungseinrichtungen, Krankenhäuser. Im Bereich des TVöD enthalten die Besonderen Teile für **Pflege- und Betreuungseinrichtungen (BT-B)** und für **Krankenhäuser (BT-K)** jeweils unter § 45 und im Bereich des **TV-L** die § 41 (Sonderregelungen für Ärztinnen und Ärzte an Universitätskliniken – dort Nr. 4 Ziff. 2 und 3), § 42 (Sonderregelungen für Ärztinnen und Ärzte außerhalb von Universitätskliniken – dort Nr. 5 Ziff. 2 und 3) und § 43 (Sonderregelungen für die nichtärztlichen Beschäftigten in Universitätskliniken und Krankenhäusern – dort Nr. 4 Ziff. 2 und 3) im wesentlichen (abgesehen von den Belastungsstufeneinteilungen) übereinstimmende Erweiterungsregelungen zum Bereitschaftsdienst:[49] 45

a) Maximal 49 % Arbeitszeitanteil. Die Befugnis zur Anordnung von Bereitschaftsdiensten ist hier – in Übereinstimmung mit den früheren Regelungen des BAT (§ 15 Abs. 6 a Unterabs. 1 Satz 2) – jeweils dadurch eingeschränkt, dass die Anordnung nur zulässig ist, wenn (selbstverständlich) Arbeitsanfall zu erwarten ist, „erfahrungsgemäß aber **die Zeit ohne Arbeitsleistung überwiegt**" (als kom- 46

---

46 St. Rspr des BAG, zB v. 5.6.2003, 6 AZR 114/02, NZA 2004, 164, und v. 28.1.2004, 5 AZR 530/02, NZA 2004, 656 – hier werden auch mögliche Ansprüche des rechtswidrig, weil überlastete Bereitschaftsdienste leistenden Arbeitnehmers auf höhere oder Vollvergütung aus § 612 Abs. 1 BGB und Schadensersatz bzw Bereicherungsrecht abgelehnt. Im Urteil v. 27.2.1985 (7 AZR 552/82, AP Nr. 12 zu § 17 BAT) hatte das BAG einen realen Arbeitsleistungsanteil von durchschnittlich 61 % während des – somit auch dort rechtswidrig – geleistete Bereitschaftsdienst nicht bereits als Rechtfertigung für einen höheren Vergütungsanspruch als die entsprechende tarifliche Bereitschaftsdienstvergütung aus allgemeinen arbeitsrechtlichen Grundsätzen angesehen.
47 SR 2 c Nr. 8 BAT (Ärzte), SR 2 a Nr. 6 Abschnitt B. BAT (Pflegepersonal).
48 Für Beschäftigte im Bereich des Bundesministeriums der Verteidigung im allgemeinen Verwaltungsbereich des Bundes wird nach § 46 Kap. I. zu Abschn. II. Nr. 4 Abs. 1 die Zeit des Bereitschaftsdienstes für die Entgeltbemessung mit 50 % bewertet.
49 Kritisch Mayer, Bereitschaftsdienste vier Jahre nach der Novellierung des ArbZG, AiB 2008, 307.

plementäre Regelung zur Einschränkung der zulässigen Anordnung von Rufbereitschaften auf einen hier nur „in Ausnahmefällen" erwartbaren Arbeitsanfall gemäß § 45 Abs. 8 Satz 1 BT-K/BT-B und den zit. Regelungen des TV-L).

Dies bedeutet, dass aufgrund der bisherigen Erfahrungen mit vergleichbaren Bereitschaftsdiensten Arbeitsanfall im kumulierten Umfang von nicht mehr als 49 % der gesamten formalen Bereitschaftsdienstzeit (= Maximalbelastung nach der höchsten Belastungsstufe III gemäß § 46 Abs. 1 BT-K (Belastungsstufe II gemäß § 41 Nr. 5 Ziff. 4 TV-L) bzw nach der höchsten Belastungsstufe D gemäß § 46 Abs. 1 BT-B (bzw gemäß § 42 Nr. 6 Ziff. 3 und § 43 Nr. 5 Ziff. 2 TV-L) zu **prognostizieren** sein darf. Es kommt bei dieser Prognose damit nicht auf einen einzelnen Bereitschaftsdienstzeitzeitraum an; in einem isolierten Bereitschaftsdienst kann die dortige kumulierte Gesamtarbeitsleistung aufgrund zufälliger besonderer Arbeitsanforderungen auch einmal höher als 49 % sein. Ist jedoch nach den gewonnenen Erfahrungen aus einem aktuellen repräsentativen Zeitraum der zurückliegenden Zeit von, etwa, 10 Bereitschaftsdiensten die Durchschnittsbelastung mutmaßlich höher als 49 %, ist die Einteilung zur Leistung von Bereitschaftsdiensten nicht zulässig.[50] Der Beschäftigte hätte in letzterem Fall wegen tarifwidriger und damit unzulässiger Anordnung von Bereitschaftsdiensten ein Leistungsverweigerungsrecht.[51]

In der Praxis insbesondere des Klinikbetriebes dürfte die erwartbare Überlastung von Bereitschaftsdiensten eine nicht völlig ungewöhnliche Situation darstellen – wenngleich häufig die Qualifizierung und der Nachweis der Dauer von Arbeitsperioden streitig sind.

47 b) **Tarifabweichungen vom Arbeitszeitgesetz.** Diese Tarifregelungen machen in mehrfacher Hinsicht von den **Tarifabweichungsoptionen des Arbeitszeitgesetzes** (§ 7) Gebrauch:

48 aa) **16/13 Stunden Tagesarbeitszeit.** Nach § 45 Abs. 2 BT-K/BT-B (§ 42 Nr. 5 Ziff. 3 und § 43 Nr. 4 Ziff. 3 TV-L) kann die gesetzlich zulässige **Tageshöchstarbeitszeit** (§ 3 ArbZG) **über acht Stunden** hinaus ohne Weiteres **verlängert** werden, wenn mindestens die darüber hinausgehende Arbeitszeit (nur) im Rahmen eines Bereitschaftsdienstes geleistet wird, und zwar[52]

- auf **insgesamt (inkl. Pausen) 16 Stunden** bei den erfahrungsgemäß geringer belasteten Bereitschaftsdiensten der **Stufe I** (BT-K) bzw der Stufen A und B (BT-B und §§ 42 und 43 TV-L wie zit. – Arbeitsleistungsanteil jeweils durchschnittlich maximal 25 %: jeweils § 46 BT-K/BT-B),

---

50 Auch bei erwartbar überlastetem und damit tarifwidrigem Bereitschaftsdienst besteht kein voller Vergütungsanspruch, sondern unverändert ein Anspruch (lediglich) auf Zahlung der (niedrigeren) Bereitschaftsdienstvergütung: BAG v. 27.2.1985, 7 AZR 552/82, AP Nr. 12 zu § 17 BAT (Scheuring) – in diesem Fall waren Klinikbereitschaftsdienste jeweils unstreitig mit über 50 %, im Einzelfall mit bis zu 61 % Arbeitszeitanteil belastet; das BAG hat offen gelassen, ob sich bei dauerhaft höherer Überlastung ein Anspruch auf höhere oder volle Vergütung aus allgemeinen arbeitsrechtlichen Grundsätzen – § 612 BGB oder Grundsätze des faktischen Arbeitsverhältnisses oder Schadensersatz – ergeben könnte.
51 Wobei auf der Hand liegt, dass die für eine solche Unzulässigkeit der Bereitschaftsdiensteinteilung erforderliche Prognose des Arbeitgebers/Vorgesetzten, nach den aktuellen Erfahrungen sei mit mindestens 50 % und mehr Arbeitsanteil der Bereitschaftsdienstzeit zu rechnen, in der Praxis schwierig nachzuweisen sein wird!
52 Vgl die Beispiele hierzu bei Zetl, ZMV 2011, 237.

- auf insgesamt (inkl. Pausen) **13 Stunden** bei den erfahrungsgemäß höher belasteten Bereitschaftsdiensten der **Stufen II und III** (BT-K – Stufe I in § 41 Nr. 5 Ziff. 4 TV-L) bzw der Stufen C und D (BT-B und §§ 42 und 43 TV-L wie zit. – Arbeitsleistungsanteil durchschnittlich über 25 % bis maximal 49 %: jeweils § 46 BT-K/BT-B und TV-L wie zit.).

(1) Möglichkeiten, Nachtarbeitnehmer, Ruhezeit. Dies ermöglicht eine entsprechende Verlängerung der gesetzlich begrenzten Tagesarbeitszeit, auch für „**Nachtarbeitnehmer**" iSd §§ 6 Abs. 2 und 2 Abs. 3 bis 5 ArbZG, über acht/zehn Stunden (§ 3 ArbZG) hinaus auf insgesamt 16 Stunden (Grundarbeitszeit von acht Stunden und anschließender Bereitschaftsdienst der Stufe I bzw der Stufen A/B im Umfang von weiteren acht Stunden) bzw auf insgesamt 13 Stunden (Grundarbeitszeit von acht Stunden und anschließender Bereitschaftsdienst der Stufen II/III bzw C/D im Umfang von weiteren fünf Stunden) und (da diese Tarifregelung auch auf die gesetzlichen Ruhezeitenvorschriften des § 5 ArbZG Bezug nimmt) eine damit verbundene **Verkürzung der gesetzlichen Ruhezeit** von 11 Stunden bzw 10 Stunden zwischen zwei Schichten, § 5 Abs. 1 und Abs. 2 ArbZG).

(2) Direktionsrecht. Dies kann mittels des **Direktionsrecht**es, also nicht erst bei Vorliegen einer entsprechenden Dienst-/Betriebsvereinbarung im Rahmen der betrieblichen Mitbestimmung, erfolgen, was sich auch im Umkehrschluss aus den folgenden Optionen des § 45 Abs. 3 und Abs. 4 BT-K/BT-B und den zit. Regelungen des TV-L jeweils ergibt, die (gemäß der zweiten Möglichkeit in § 7 Abs. 1 und Abs. 2 Einleitungssatz ArbZG) dort gerade jeweils die Umsetzung durch Betriebs-/Dienstvereinbarung verlangen.

bb) Weitergehende Abweichungen. Darüber hinaus kann unter weitergehend flankierenden Maßnahmen im Rahmen des § 7 ArbZG **vom Arbeitszeitgesetz abgewichen** werden, wenn zunächst

- eine **Prüfung alternativer Arbeitszeitmodelle** stattgefunden hatte (somit überprüft war, ob es weniger belastende Schicht-/Dienstplangestaltungsmöglichkeiten gibt)[53] und
- eine **Belastungsanalyse** gemäß § 5 Arbeitsschutzgesetz und ggf daraus resultierende Maßnahmen zur Gewährleistung des Gesundheitsschutzes (arbeitsmedizinische Betreuung, optimierte Schichtplangestaltung durch Begrenzung der in der Folge zu leistenden Dienste, Mindestruhezeiten, Mindestzahl freier Wochenenden, ausreichende Ruhepausen etc.) erfolgt waren (§ 45 Abs. 3 Satz 1 BT-K/BT-B, § 41 Nr. 4 Ziff. 3., § 42 Nr. 5 Ziff. 3. und § 43 Nr. 4 Ziff. 3. TV-L).

(1) Verlängerung auf 24 Stunden/Tag. Die erforderliche **Prüfung "alternativer Arbeitszeitmodelle"** verlangt, dass vorrangig ermittelt werden muss, ob es Möglichkeiten der Arbeitsorganisation gibt, die weniger einschneidende Auswirkungen haben. Zu untersuchen ist deshalb, ob Arbeitszeitmodelle vorhanden und in der konkreten Situation ausführbar sind, die kürzere als die hier ansonsten alternativ erlaubten Arbeitszeiten beinhalten können.

---

53 Vgl Schlottfeldt/Herrmann, Arbeitszeitgestaltung in Krankenhäusern und Pflegeeinrichtungen, 2008, 37.

Eine „**Belastungsanalyse**" nach § 5 ArbSchG, eine Gefährdungsbeurteilung – auf die die Beschäftigten einen bürgerlich-rechtlichen Anspruch haben[54] – dient dazu, bereits im Vorfeld mögliche Risiken aufgrund des Arbeitsinhalts und des Arbeitsablaufs zu ermitteln, das Gefährdungspotential eines Arbeitsplatzes und Abhilfeoptionen zu untersuchen, also bereits vor einer unmittelbaren Gefahr oder Risikolage präventiv vorzugehen.[55] Beim „Wie" der Durchführung einer Belastungsanalyse, den Überprüfungskriterien und Methoden, hat der Arbeitgeber einen Beurteilungsspielraum. Der Beschäftigte kann nicht verlangen, dass der Arbeitgeber diese Gefährdungsbeurteilung nach vom Beschäftigten vorgegebenen Kriterien durchführt.[56]

Die genannten, aus einer Belastungsanalyse in diesem Sinn ggf resultierenden Maßnahmen zur Gewährleistung des Gesundheitsschutzes können sein zB verlängerte Pausen, zahlenmäßige Begrenzungen solcher langer Schichten, eine arbeitsmedizinische Betreuung oder auch Zusatzurlaubstage uä.

Unter diesen Voraussetzungen kann die nach dem Arbeitszeitgesetz zulässige **Tageshöchstarbeitszeit** von acht Stunden (§ 3 ArbZG) auf – ausschließlich der Pausen – **24 Stunden** verlängert werden, wenn in die Arbeitszeit „regelmäßig und in erheblichem Umfang" Bereitschaftsdienst fällt (§ 45 Abs. 3 Satz 3 und Satz 4 BT-K, § 41 Nr. 4 Ziff. 3, § 42 Nr. 5 Ziff. 3 und § 43 Nr. 4 Ziff. 3 TV-L).[57]

Das quantitative Vorkommen von Bereitschaftsdienst „**regelmäßig und in erheblichem Umfang**" knüpft, wie die fast wortgleiche Regelung zu den „Bereitschaftszeiten" in § 9 Abs. 1 Satz 2 TVöD/TV-L (s. dort), offensichtlich an die entsprechenden Begriffe in § 7 Abs. 1 Ziff. 1 lit. a und Ziff. 4 lit. a, Abs. 2 a ArbZG an, wo normiert ist, dass dann, wenn „in die Arbeitszeit" „regelmäßig und in erheblichem Umfang" Bereitschaftsdienst oder Arbeitsbereitschaft fällt, dies zu einer Verlängerung der täglichen Arbeitszeit (auch für Nachtarbeitnehmer) führen kann, falls dies entweder ein Tarifvertrag unmittelbar oder auf dessen Basis eine Betriebs-/Dienstvereinbarung zulassen (ebenso bereits die Vorgängerregelung in § 7 Abs. 2 AZO). Da die Tarifformulierung auf die „Arbeitszeit" der Beschäftigten abstellt, in der Bereitschaftsdienstzeiten stattfinden, dürfte es genügen, wenn der hiernach erforderliche quantitative Umfang solcher Bereitschaftsdienstzeiten erst in die dadurch verlängerte Arbeitszeit (unten c) fällt, hierdurch erreicht wird, nicht schon in der Grundarbeitszeit vorhanden sein

---

54 Nach BAG v. 12.8.2008, 9 AZR 1117/06, ZTR 2008, 623 haben Arbeitnehmer eine bürgerlich-rechtlichen, arbeitsvertraglichen Anspruch darauf, dass der Arbeitgeber eine Belastungsanalyse/Gefährdungsbeurteilung nach § 5 ArbSchG iVm § 618 BGB durchführt. Hierzu näher Gäbert, AiB 2008, 640.
55 Instruktiv zu den Inhalten einer Belastungsanalyse – Gefährdungsbeurteilung – nach § 5 ArbSchG: Schlottfeldt/Herrmann, Arbeitszeitgestaltung in Krankenhäusern und Pflegeeinrichtungen, 2008, 32–37.
56 BAG v. 12.8.2008, 9 AZR 1117/06, ZTR 2008, 623.
57 Der Aufbau des § 45 Abs. 3 BT-K/BT-B zum TVöD ist missverständlich und unsystematisch, als dort erst in den letzten Sätzen 3 und 4 eine, isoliert betrachtet, weitere, eigenständig klingende Abweichungsregelung, abgesetzt von den allgemeinen Abweichungsoptionen der Sätze 1 und 2, festgehalten ist – gemeint sein dürfte, wie in den zit. Regelungen des TV-L, eine einheitliche Abweichungsmöglichkeit mit potentieller Verlängerung der Tageshöchstarbeitszeit auf 24 Stunden unter den dort genannten Voraussetzungen (der Verfasser wird den Eindruck nicht los, dass missverständliche/ungenaue Regelungen im TVöD/TV-L nicht Versehen, sondern Programm sind).

muss („regelmäßige Arbeitszeit" gemäß § 6 Abs. 1)[58] und Voraussetzung einer solchen Verlängerung ist. Dies bedeutet, dass auch dann, wenn erst in der verlängerten Tagesarbeitszeit von, angenommen, (maximal) 24 Stunden kumuliert ein maßgeblicher Anteil von Bereitschaftsdienstzeiten vorkommt (auch schwerpunktmäßig am Ende der Tagesarbeitszeit), dies ausreicht.[59]

(2) „Regelmäßig". „Regelmäßig" bedeutet eine gewisse Regelhaftigkeit des Vorkommens solcher Bereitschaftsdienstzeiten als zunächst überwiegend inaktiver Präsenzphasen, in Abgrenzung zu einem Ausnahmefall, zum lediglich sporadischen Auftreten solcher Situationen. Dies erfordert eine erkennbare Häufigkeit – Wiederholung – solcher Wartezeiten, wenngleich noch keine Rhythmik.

(3) „Erheblicher Umfang". Die weitere Voraussetzung des **erheblichen Umfangs** bedeutet die Überschreitung einer zeitlichen Minimalschwelle solcher überwiegend inaktiver Präsenzphasen in ihrer Gesamtheit. Im Zusammenhang mit der zusätzlich verlangten „Regelmäßigkeit" dieser Situationen nach dem weiteren Tatbestandserfordernis mag dies einen durchschnittlichen Zeitanteil von 25 %/30 %/33 %, wie vielfach angenommen, bedeuten[60] – letztlich also kumulierte (durchschnittliche) Bereitschaftszeiten im möglichen Korridor zwischen ca. 25 % und max. 49 % der Gesamtpräsenzzeit.

(4) **Flexibilisierungspotentiale.** Damit sind – sofern dies notwendig im Wege der betrieblichen Mitbestimmung umgesetzt werden kann – **maximale Flexibilitätsmöglichkeiten für den Schichtbetrieb** insbesondere in Kliniken und Heimen (u.ä.) eröffnet.

(5) **Immer: Betriebs-/Dienstvereinbarung.** Dies setzt jedoch (gemäß der jeweils zweiten Option in § 7 Abs. 1 und Abs. 2 Einleitungssatz ArbZG) zwingend die Umsetzung durch den Abschluss einer **Betriebs- oder Dienstvereinbarung** im Rahmen der betrieblichen Mitbestimmung voraus, die bei Anwendung des Betriebsverfassungsgesetzes auch im Rahmen eines (erzwingbaren) Einigungsstellenverfahrens (§ 76 BetrVG) verhandelt werden kann, jedoch im Bereich des öffentlichen Dienstes und damit dem Geltungsbereich eines Personalvertretungsgesetzes nur im Verhandlungsweg, nicht durch ein Einigungsstellenverfahren hergestellt werden kann (§ 38 Abs. 3 TVöD/TV-L) – im öffentlichen Dienst anstelle einer solchen einvernehmlichen Dienstvereinbarung auch durch landesbezirklichen Tarifvertrag.

(6) **Max. durchschnittlich 48 Wochenstunden.** Bei der Umsetzung dieser Regelung darf jedoch eine **Wochenarbeitszeit von 48 Stunden im Jahresdurchschnitt**

---

58 So auch Dassau/Wiesend-Rothbrust § 9 Rn 10; Sickert in Bepler/Böhle/Meerkamp/Stöhr, § 9 Rn 26; ebenso BAG, u.a. v. 24.9.1992, 6 AZR 101/90, NZA 93, 517 – II.2.d d. Gr. zur Regelung zur „Arbeitsbereitschaft" in § 15 Abs. 2 BAT.
59 Vgl zur „Arbeitsbereitschaft" im früheren tarifrechtlichen Sinn BAG v. 24.9.1992, 6 AZR 101/90, NZA 93, 517.
60 Vgl etwa Dassau/Wiesend-Rothbrust Rn 9; Görg/Guth/Hamer/Pieper, Rn 9 f (30 %); Sickert in Bepler/Böhle/Meerkamp/Stöhr, Rn 26, und Dannenberg dort zu § 45 TVöD-BT-K, Rn 34; GKÖD-Fieberg, Bd. IV/1, Rn 12; Hamer, Rn 2 (25 %); Zepf/Gussone, Das Tarifrecht in Krankenhäusern, Universitätskliniken, Heimen und sozialen Einrichtungen, 2009, S. 94; die Kommentarliteratur zum Arbeitszeitgesetz übersetzt den dort positiv formulierten Begriff des „erheblichen Umfangs" (nicht: „nicht unerheblichen Umfangs" wie im TVöD/TV-L) in § 7 Abs. 1 ArbZG weitgehend mit etwa 30 % bzw einem Drittel Zeitanteil.

– somit von (48 Stunden/Woche x 52 Wochen =) 2.496 Stunden/Jahr nicht überschritten werden (§ 7 Abs. 8 ArbZG).

58 cc) **Zusätzliche Abweichungen vom Arbeitszeitgesetz.** Darüber hinaus kann ebenfalls unter flankierenden Maßnahmen im Rahmen des § 7 ArbZG vom Arbeitszeitgesetz **abgewichen** werden, wenn
- eine Prüfung alternativer Arbeitszeitmodelle stattgefunden hatte (s.o.),
- eine Belastungsanalyse gemäß § 5 Arbeitsschutzgesetz und ggf daraus resultierende Maßnahmen zur Gewährleistung des Gesundheitsschutzes erfolgt waren (s.o.),
- in die Arbeitszeit regelmäßig und in erheblichem Umfang Bereitschaftsdienst fällt und der Beschäftigte **schriftlich einwilligt** (§ 45 Abs. 4 BT-K/BT-B, § 41 Nr. 4 Ziff. 3, § 42 Nr. 5 Ziff. 3 und § 43 Nr. 4 Ziff. 3 TV-L).

59 (1) **Opt-Out-Regelung.** Dies setzt die sogenannte **Opt-out-Regelung** in § 7 Abs. 2 a iVm Abs. 7 ArbZG um, die zum 1.1.2004 als Konsequenz aus den Bereitschaftsdienstentscheidungen des EuGH in das ArbZG eingefügt wurde.

Hiernach kann mit **schriftlicher Einwilligung** des Beschäftigten seine Arbeitszeit dauerhaft, ohne längerfristigen Ausgleich, über acht Stunden je Arbeitstag (bzw 48 Arbeitsstunden je Woche) hinaus verlängert werden, wobei der Beschäftigte seine schriftliche Einwilligung jederzeit, jedoch mit einer Frist von sechs Monaten (ebenfalls notwendig schriftlich) **widerrufen** kann.[61] Gleichzeitig ist ausdrücklich das **Verbot einer Benachteiligung** eines Beschäftigten geregelt, der seine erforderliche Einwilligung zu dieser Verlängerung der Arbeitszeit von vornherein verweigert oder die erteilte Einwilligung später widerruft (§ 7 Abs. 7 ArbZG).

60 (2) „**Regelmäßig**" **und** „**in erheblichem Umfang**". Für die Voraussetzung, dass in die Arbeitszeit „regelmäßig und in erheblichem Umfang" Bereitschaftsdienst fallen muss, gelten die Ausführungen zu bb) (Rn 51) entsprechend.

Allerdings verlangt § 7 Abs. 2 a ArbZG zusätzlich, dass „durch besondere Regelungen sichergestellt wird, dass die Gesundheit der Arbeitnehmer nicht gefährdet wird". Die Erstellung einer Gefährdungsanalyse gemäß § 5 ArbSchG reicht insoweit jedoch nicht aus – erforderlich sind zusätzliche, über die gesetzliche Bestimmung hinausgehende Regelungen (zB zusätzliche Pausenvorschriften, besondere Ruhezeitregelungen oder spezielle arbeitsmedizinische Maßnahmen).[62] Ob dem hier ausreichend Genüge getan ist, muss bezweifelt werden.

61 (3) **Erweiterte durchschnittliche Wochenarbeitszeit.** Unter diesen Voraussetzungen, hier eben zusätzlich einer schriftlichen Einwilligung des Beschäftigten, kann die **Wochenhöchstarbeitszeit** über jahresdurchschnittlich 48 Stunden/Woche (s.o.) hinaus auf, wiederum im Jahresdurchschnitt, **54 Stunden** (somit 2.808 Stunden im Jahr) bei Vorliegen der höher belasteten Bereitschaftsdienststufen II und III bzw C und D (durchschnittlich mehr als 25 % bis 49 % Arbeitszeitanteil)

---

61 Allerdings verlangt § 7 Abs. 2 a ArbZG zur Sicherstellung der Gesundheit der Arbeitnehmer „besondere Regelungen". Hierfür reichen allgemeine Vorgaben des Arbeitsschutzrechts wie etwa die Erstellung einer Gefährdungsanalyse gemäß § 5 Arbeitsschutzgesetz nicht aus. Erforderlich sind zusätzliche, über das Gesetz hinausgehende Regelungen, also zB zusätzliche Pausenvorschriften, besondere Ruhezeitregelungen oder spezielle arbeitsmedizinische Maßnahmen: BAG v. 23.6.2010, 10 AZR 543/09, NZA 2010, 1081 (Rn 27 f).
62 BAG v. 23.6.2010, 10 AZR 543/09, NZA 2010, 1081/1084 (Rn 27).

und sogar auf **58 Stunden** (somit 3.016 Stunden im Jahr) bei Vorliegen der geringer belasteten Bereitschaftsdienststufen I bzw A und B (bis durchschnittlich 25 % Arbeitszeitanteil) ausgedehnt, also **dauerhaft verlängert** werden. Dies begründet in Umsetzung der tarifvertraglichen Abweichungsoptionen des Arbeitszeitgesetzes die legale Möglichkeit maximaler Arbeitsbelastung

(4) Immer: Betriebs-/Dienstvereinbarung. Auch diese Regelung verlangt jedoch wiederum (gemäß der jeweils zweiten Option in § 7 Abs. 1 und Abs. 2 Einleitungssatz ArbZG) zwingend die Umsetzung durch den Abschluss einer **Betriebs- oder Dienstvereinbarung** im Rahmen der betrieblichen Mitbestimmung, die bei Anwendung des Betriebsverfassungsgesetzes auch im Rahmen eines (damit erzwingbaren) Einigungsstellenverfahrens (§ 76 BetrVG) verhandelt werden kann, jedoch im Bereich des öffentlichen Dienstes und damit dem Geltungsbereich eines Personalvertretungsgesetzes nur im Verhandlungsweg, nicht durch ein Einigungsstellenverfahren durchgeführt werden kann (§ 38 Abs. 3 TVöD/TV-L) – im Bereich des öffentlichen Dienstes anstelle einer (einvernehmlichen) Dienstvereinbarung auch durch landesbezirklichen Tarifvertrag. Im Anwendungsbereich des TVöD sind über Verhandlungen zum Abschluss einer entsprechenden Betriebs- oder Dienstvereinbarung die landesbezirklichen Tarifvertragsparteien zu informieren (§ 45 Abs. 6 BT-K/BT-B). 62

c) Krankenhäuser uä: Feiertagszeitzuschläge. Beschäftigte, die unter den Geltungsbereich des BT-K zum TVöD fallen, und die Beschäftigten gemäß §§ 41 bis 43 TV-L (i. w. **Krankenhäuser**) erhalten zusätzlich zum pauschalierten Bereitschaftsdienstentgelt nach der von der Bereitschaftsdienststufe und damit der durchschnittlichen Belastungsquote abhängigen Arbeitszeitquote für Bereitschaftsdienstzeiten an Feiertagen nunmehr einen 25 %-igen Stunden-Zeitzuschlag, jedoch wie bisher keinen sonstigen Zeitzuschlag gemäß § 8 Abs. 1 für Nachtarbeit, Sonntagsarbeit usw [§ 46 Abs. 4 BT-K zum TVöD, § 41 Nr. 5 Ziff. 4 Satz 3, § 42 Nr. 6 Ziff. 3 (§ 8 Abs. 6 lit. c) und § 43 Nr. 5 Ziff. 2 (§ 8 Abs. 6 lit. C) TV-L]. 63

V. Rufbereitschaft (Abs. 4)

1. Begriff der Rufbereitschaft. Dieser Bestimmung enthält eine gegenüber der früheren Definition leicht veränderte Regelung der „**Rufbereitschaft**". 64

Diese schwächere Form des Hintergrunddienstes leisten hiernach Beschäftigte, die

- sich auf „Anordnung" des Arbeitgebers,
- außerhalb der regelmäßigen Arbeitszeit,
- an einer dem Arbeitgeber (nur) anzuzeigenden Stelle aufhalten,

um auf Abruf die Arbeit aufzunehmen (was auch bei Ausstattung mit einem dienstlich zur Verfügung gestellten Mobiltelefon o.ä. gegeben sein kann).

Wie beim Bereitschaftsdienst soll der Beschäftigte auch bei der Rufbereitschaft zusätzlich zu („außerhalb") seiner normalen (regelmäßigen) Arbeitszeit, in seiner Freizeit, im Hintergrund verfügbar sein, um im Bedarfsfall zur Arbeit herangezogen werden zu können.[63] Es handelt sich um eine zusätzliche Arbeitsverpflichtung in Form des **Hintergrunddienst**es, die allerdings von der Belastungsinten- 65

---

63 Während der Regelarbeitszeit ist die Anordnung von Rufbereitschaft damit nicht möglich: BAG v. 9.10.2003, 6 AZR 447/02, NZA 2004, 390.

sität, vom Eingriff in die private/persönliche Lebensführung des Beschäftigten her, schwächer ausgestaltet ist, weil dieser während der Rufbereitschaftsphase selbst seinen Aufenthaltsort bestimmen kann – im Gegensatz zum Bereitschaftsdienst, der grundlegend dadurch gekennzeichnet ist, dass hier der Aufenthaltsort (im Betrieb, in der Dienststelle, in der Klinik) vorgegeben wird/werden kann.

66 **2. Voraussetzungen der Rufbereitschaft. a) Anordnung der Rufbereitschaft.** Die ausdrückliche Befugnis zur erforderlichen „**Anordnung**" des Arbeitgebers/ Vorgesetzten zur Erbringung von Rufbereitschaft ist – für Vollzeitbeschäftigte – nunmehr ebenfalls in § 6 Abs. 5 geregelt (eingeschränkt in den wesentlichen Anwendungsbereichen dadurch, dass Rufbereitschaft „**nur in Ausnahmefällen**" angeordnet werden darf, s.u.).

Hier kann, wie bei den „normalen" Überstunden, auch eine konkludente, nicht unbedingt ausdrückliche „Anordnung" von Rufbereitschaftsverpflichtung gegeben sein, wie sich jetzt aus Satz 2 dieser Regelung erschließt. Auch dann, wenn der Arbeitgeber – Vorgesetzte – zwar nicht ausdrücklich und förmlich Rufbereitschaft anordnet, aber für Zeiträume außerhalb der üblichen Arbeitszeit, also in die Freizeit hinein, irgendeine Form der Erreichbarkeit oder Kontaktierbarkeit etwa für Not-/Bedarfsfälle vorschreibt, kann Rufbereitschaft vorliegen. Entscheidend ist, ob über die normale vergütungspflichtige Arbeitszeit hinaus, somit während der Freizeit und deren grundsätzlich freier Gestaltung, die Notwendigkeit einer Aufmerksamkeit auf mögliche Dienstverpflichtungen/-einsätze angeordnet wird.

Die Anordnung von Rufbereitschaft ist in Einrichtungen, in denen das Betriebsverfassungsgesetz oder ein Personalvertretungsgesetz zur Anwendung kommt, grundsätzlich mitbestimmungspflichtig.[64]

67 Satz 2 dieser Regelung bestimmt nunmehr erstmals (offensichtlich im Hinblick auf die Entscheidung des BAG vom 29.6.2000),[65] dass – so die erkennbar defensive Formulierung – das Vorliegen von Rufbereitschaft nicht dadurch „ausgeschlossen" ist, dass der Beschäftigte „vom Arbeitgeber" mit einem **Mobiltelefon** o.ä. ausgestattet worden ist. Dies kann nur bedeuten, dass dann, wenn der Arbeitgeber dem Beschäftigten ein „Handy" o.ä. zur Verfügung stellt und anweist, dass dieses auch während der Freizeit (insgesamt oder während eines bestimmten Zeitraums) eingeschaltet mitgeführt werden muss, eine mittelbare Anordnung von Rufbereitschaft vorliegen „kann" und in der Regel auch gegeben sein wird, da damit zwangsläufig eine gewisse Erreichbarkeits- und damit Arbeitsverpflichtung (wenn auch ggf nur von zuhause oder vom Telefon aus), ein Abrufrisiko bestehen. Entscheidend ist der mit einer solchen Hintergrundverpflichtung zwangsläufig verbundene Eingriff in die Freizeit des Arbeitnehmers, das damit vorgegebene Risiko, angerufen werden zu können und den Dienst aufnehmen zu müssen.

Nach Ansicht des Verfassers muss es sich nicht zwingend um ein dienstlich zur Verfügung gestelltes Mobiltelefon handeln, sondern es reicht, wenn ein privates Handy – über das heute praktisch jeder Beschäftigte verfügt – innerhalb eines bestimmten Zeitraums der Freizeit jederzeit auf Empfang gehalten werden muss,

---

64 Näher Wahlers, ZTR 2010, 341; mwN zur einschlägigen Rechtsprechung des Bundesarbeitsgerichts und des Bundesverwaltungsgerichts.
65 6 AZR 900/98, NZA 2001, 165.

um ggf kontaktiert werden zu können. Entscheidend ist nicht, wer konkret die Infrastruktur für die Erreichbarkeit zur Verfügung stellt, sondern dass ein entsprechender Eingriff in die Freizeit durch möglicher An-/Abrufbarkeit stattfindet (auch die Entscheidung des BAG v. 29.6.2000 stellt auf die mit der Verpflichtung zum Mitführen eines eingeschalteten Mobiltelefons zwangsläufig verbundene ständige Erreichbarkeit als solche, nicht das Eigentumsrecht am mitgeführten, zur Verfügung gestellten, Funktelefon ab).

Anders als Bereitschaftsdienst (oder, erst recht, Arbeitsbereitschaft oder „Bereitschaftszeit" iSd § 9) gehört Rufbereitschaft als der grundsätzlich am wenigsten belastete Hintergrunddienst nach dem öffentlich-rechtlichen Arbeitsschutzrecht insgesamt zur „Ruhezeit".[66]

Arbeitszeit iSd öffentlich-rechtlichen **Arbeitsschutzbestimmungen (ArbZG)** stellt bei der Rufbereitschaft damit, anders als beim Bereitschaftsdienst, nicht der gesamte Zeitraum der Abrufbarkeit dar – da der Beschäftigte hier definitionsgemäß seinen Aufenthaltsort selbst wählen kann –, sondern lediglich die Zeit einer tatsächlichen Arbeitsleistung während einer Rufbereitschaft, die Inanspruchnahmephasen, was bedeutet, dass durch die normale (Grund)Arbeitszeit vor oder nach einer Rufbereitschaft zusammen mit während einer nachfolgenden Rufbereitschaft ggf erbrachten Arbeitseinsätzen die höchstzulässige Arbeitszeit von 10 Stunden je „Werktag" (§ 3 ArbZG, Rahmen von 24 Stunden) nicht überschritten werden darf (wobei allerdings für den Bereich der Krankenhäuser uä. Einrichtungen, bei denen Rufbereitschaften typischerweise geleistet werden, durch § 45 Abs. 8 Satz 2 BT-K und BT-B die Tageshöchstarbeitszeit von 10 Stunden tariflich, ohne Obergrenze, aufgehoben wird).

Wenn ein dienstliches **Mobiltelefon** (oä.) zum Zweck der schnellen Erreichbarkeit zur Verfügung gestellt wird, ändert dies nach der nunmehrigen Regelung in Abs. 4 Satz 2 nichts am Charakter der Rufbereitschaft. Eine Inanspruchnahme der Arbeitsleistung während der Rufbereitschaft liegt auch dann vor, wenn der Beschäftigte angerufen und dann vom Telefon aus tätig wird, Anweisungen oder Hinweise erteilt.[67]

68

Exkurs: Mobiltelefon Die Tarifvertragsparteien haben mit dieser Regelung in Abs. 4 Satz 2 gerade nicht den deutlichen Hinweis des BAG in der Entscheidung vom 29.6.2000 (dort aE) aufgenommen, wo bereits zum Ausdruck gebracht wurde, dass die moderne Kommunikationstechnik (Mobiltelefon) die Ausübung von Rufbereitschaft erheblich erleichtert, weil sich hierdurch die mit der Rufbereitschaft verbundene örtliche Beschränkung gegenüber der früheren Situation eines Festnetztelefons verringert hat – es jedoch allein Sache der Tarifparteien sei zu entscheiden, ob sie solche Regelungen für die Anordnung und Dotierung von Hintergrunddiensten dem technischen Fortschritt und damit verbundenen Arbeitserleichterungen anpassen wollen!

b) Schwerbehinderte Beschäftigte. Bei **schwerbehinderten** (und diesen gleichgestellten) **Beschäftigten** (§ 2 Abs. 2 und Abs. 3 SGB IX) ist allerdings eine Anordnung von Rufbereitschaft nur schwer und eingeschränkt möglich:

69

---

66 So die ständige Rechtsprechung des BAG, des BVerwGes und des EuGH; vgl hierzu näher Wahlers, ZTR 2010, 341, mwN.
67 BAG v. 23.9.2010, 6 AZR 330/09, Der Betrieb (DB) 2010, 2730 (Rn 14/15); BAG v. 23.9.2010, 6 AZR 331/09, ZTR 2011, 24 (I.1.c d. Gr.) – jeweils zu den gleichlautenden Regelungen in den Ärzte-Tarifverträgen (§§ 10, 11 TV-Ärzte/VKA ua.).

Schwerbehinderte Arbeitnehmer haben nach § 124 SGB IX einen Anspruch, auf ihr Verlangen hin von **Mehrarbeit** freigestellt zu werden (§ 124 SGB IX), wobei Mehrarbeit in diesem Sinn die gesetzlich zulässige Arbeitszeit von acht Stunden täglich (§ 3 Satz 1, § 11 Abs. 2 ArbZG) meint.[68]

Bei **Rufbereitschaft** gilt als Arbeitszeit in diesem – gesetzlichen – Sinn die Zeit einer tatsächlichen Inanspruchnahme, also einer nach Abruf erbrachten Arbeitsleistung. Hatte der betroffene Beschäftigte jedoch an diesem (Arbeits-)Tag vor seinem Wechsel in die Rufbereitschaft bereits acht – oder nicht wesentlich weniger – Stunden Arbeitsleistung erbracht, kann er sich weigern, Mehrarbeit darüber hinaus zu leisten, weshalb er einen Arbeitseinsatz nach/auf Abruf – sofern dieser, uU nur wahrscheinlich, seine Arbeitszeit an diesem Tag auf insgesamt über acht Stunden ausdehnen würde – ablehnen könnte.[69] Die tarifrechtliche Aufhebung der Höchstarbeitszeitgrenze von 10 Stunden/Tag (§ 3 ArbZG) durch die nachfolgende Regelung in § 45 Abs. 8 Satz 2 TVöD-BT-K und § 43 Nr. 4 Ziff. 2 Abs. 4 Satz 4 TV-L ist in diesem Fall gegenstandslos, da sie zum einen nur die allgemeine Arbeitszeitschutzregelung in § 3 ArbZG, nicht diejenige in § 124 SGB IX – diese ist die speziellere Bestimmung – betrifft und die (engere) Regelung in § 124 SGB IX nicht tarifdispositiv ist.

Damit scheidet bei diesem Personenkreis die Anordnung von Rufbereitschaft im Anschluss an eine normale Arbeits-(Schicht-)Zeit faktisch aus (wenn nicht der schwerbehinderte Beschäftigte vor Einteilung zur Rufbereitschaft etwa – wie rechtsverbindlich oder widerruflich auch immer – erklärt haben sollte, von seinem gesetzlichen Weigerungsrecht (§ 124 SGB IX) nicht Gebrauch machen zu wollen; ein Anspruch des Arbeitgebers auf eine entsprechende Einwilligung des Schwerbehinderten zur Mehrarbeit lässt sich kaum denken).

70 **3. Außerhalb der regelmäßigen Arbeitszeit.** „Außerhalb der regelmäßigen Arbeitszeit" meint (wie beim gleichen Begriff bei der Definition des Bereitschaftsdienstes (Abs. 3) als des komplementären, wenngleich höher belasteten und hinsichtlich des örtlichen Aufenthalts umgekehrt durch den Arbeitgeber/Vorgesetzten vorgegebenen, Hintergrunddienstes), dass diese Bereithaltungsleistung zusätzlich zur Normalarbeitszeit – der „regelmäßigen Arbeitszeit" von durchschnittlich 38,5 (39/40 usw) Wochenstunden – geleistet wird, weshalb es sich auch hierbei um einen Sonderfall der „Überstunden", von zusätzlicher Leistungserbringung über die Normalarbeitszeit hinaus, handelt, also ein Eingriff in die Freizeit stattfindet.

„Außerhalb der regelmäßigen Arbeitszeit" bezieht sich auf den Begriff der regelmäßigen Arbeitszeit in § 6 Abs. 1, die durchschnittliche Wochenarbeitszeit des Vollzeitbeschäftigten von zB 38,5 (39 usw) Stunden.[70]

71 **4. Wahl des Aufenthaltsorts.** Die Ableistung der Rufbereitschaft „an einer dem Arbeitgeber anzuzeigenden Stelle" bedeutet, dass bei dieser Form des „Hintergrunddienstes" – hier im Gegensatz zum Bereitschaftsdienst – der Beschäftigte

---

68 BAG, zuletzt v. 21.11.2006, 9 AZR 176/06, NZA 2007, 446 – abweichende Tarifregelungen, die eine Überschreitung der gesetzlichen Höchstarbeitszeit durch Inanspruchnahmen/Abruf-Arbeitsleistungen während einer Rufbereitschaft erlauben, sind hiernach nichtig (BAG, aaO).
69 So auch LAG Hamm v. 30.3.2006, 8 Sa 1992/04, PflR 2006, 429.
70 BAG v. 22.1.2004, 6 AZR 544/02, ZTR 2005, 27; vgl auch BAG v. 9.10.2003, 6 AZR 447/02, NZA 2004, 390.

damit grundsätzlich selbst seinen Aufenthaltsort frei bestimmen kann, an dem er während der Zeit der Rufbereitschaft abrufbereit sein will.

5. Rufbereitschaft und Arbeitszeitgesetz. Abrufe – Inanspruchnahmen – während der Rufbereitschaft können dazu führen, dass die **gesetzliche Mindestruhezeit** von elf (zehn) Stunden gemäß § 5 Abs. 1 (Abs. 2) ArbZG nicht mehr eingehalten werden kann. Zwar stellt Rufbereitschaft grundsätzlich „Ruhezeit" iSd § 5 ArbZG dar – auch während der und parallel zur Ruhezeit kann Rufbereitschaft angeordnet werden. Eine Heranziehung zur Arbeit aus der Rufbereitschaft heraus beendet jedoch die Ruhezeit.[71] Diese beginnt nach Beendigung des Arbeitseinsatzes neu,[72] was dazu führen kann, dass der Beginn der folgenden Arbeits-/Schichtzeit hinausgeschoben werden muss, um nunmehr die volle Ruhezeit zu gewährleisten. Anders ist es nur, wenn in rechtlich zulässiger Weise die gesetzliche Ruhezeit von vornherein etwa durch Betriebs-/Dienstvereinbarung auf der Grundlage des § 6 Abs. 4 iVm einschlägigen Regelungen des § 7 Abs. 1 und Abs. 2 ArbZG verkürzt war (vgl näher dort).

In **Krankenhäusern und anderen Einrichtungen** zur Behandlung, Pflege und Betreuung von Personen sind jedoch nach der gesetzlichen Regelung unmittelbar (§ 5 Abs. 3 ArbZG) **Kürzungen der Ruhezeit durch Arbeitseinsätze während der Rufbereitschaft unschädlich**, soweit diese, zusammengerechnet, nicht über die Hälfte der Ruhezeit hinausgehen (zB, bei der Mindestruhezeit von elf Stunden – § 5 Abs. 1 ArbZG –, nicht saldiert 5,5 Stunden übersteigen). In diesen Bereichen kann also auch innerhalb der gesetzlichen Grundruhezeit von mindestens elf Stunden Rufbereitschaft angeordnet werden, die hier am Stattfinden der Ruhezeit solange nichts ändert, als nicht – höchst ungewöhnlich – die Summe fragmentierter Arbeitsinanspruchnahmen während dieser „Ruhezeit" 50 Prozent dieses (uU damit wenig „ruhe"trächtigen) Ruhezeitraums überschreitet.

6. Zeitvorgaben zulässig? Es erstaunt, dass die Tarifvertragsparteien die antiquierte Formulierung einer „dem Arbeitgeber anzuzeigenden Stelle" unbesehen aus den Vorgängerregelungen übernommen haben, nachdem es in Zeiten des Mobiltelefons den Arbeitgeber/Vorgesetzten grundsätzlich nicht interessieren wird und kann, „wo" er den rufverpflichteten Beschäftigten tatsächlich erreicht, ob dieser sich gerade zuhause oder sonstwo aufhält[73] – er will ihn nur erreichen und – s.u. – zur raschen Arbeitsaufnahme abrufen, auffordern können!

Fraglich ist, ob der Arbeitgeber/Vorgesetzte dem Beschäftigten bei der Anordnung von Rufbereitschaft eine **Zeitvorgabe** machen darf, innerhalb der dieser seine Arbeitsleistung im Betrieb/der Einrichtung (zB Klinik, Heim) aufnehmen muss (in der Praxis verbreitete Vorgabe: Arbeitsaufnahme zB innerhalb von 20 Minuten nach Anruf/Abruf).

Nach der Rechtsprechung des BAG darf der Beschäftigte seinen Aufenthaltsort bei der Rufbereitschaft einerseits „frei und selbstbestimmt",[74] andererseits aber gleichzeitig nur so wählen, dass er seine Arbeitsstelle in angemessen kurzer Zeit

---

71 Vgl auch BAG v. 13.12.2007, 6 AZR 197/07, NZA 2008, 1201 (LS).
72 Schliemann, ArbZG, 2009, § 5 Rn 10 mwN.
73 Dies würde auch einen im Zweifel unzulässigen, weil durch den Zweck der Rufbereitschaft nicht gebotenen, Eingriff in den privaten Lebensbereich und damit in das verfassungsrechtlich geschützte Persönlichkeitsrecht darstellen.
74 BAG v. 25.4.2007, 6 AZR 799/06, NZA 2007, 1108 (Rn 24); BAG v. 26.11.1992, 6 AZR 455/91, NZA 1993, 659 – II. 2. b) bb) d. Gr. mwN.

erreichen kann.[75] Zwischen Abruf und Arbeitsaufnahme dürfe nur eine solche Zeitspanne liegen, durch die der Einsatz nicht gefährdet wird und im Bedarfsfall die Arbeitsaufnahme gewährleistet ist. Der Beschäftigte darf sich hiernach während der Rufbereitschaft nicht in eine Entfernung von der Arbeitsstelle begeben, die dem Zweck der Rufbereitschaft zuwiderläuft und den Einsatz gefährden würde.[76]

74 Diese im Ansatz nicht unmissverständlichen und widerspruchsfreien Formulierungen – wenngleich die zugrunde liegenden Entscheidungen des BAG die Zulässigkeit von Zeitvorgaben im konkreten Fall tatsächlich fast immer verneint haben – lassen sich so zusammenfassen:

Wenn der Beschäftigte bei der Rufbereitschaft qua Definition seinen Aufenthaltsort selbst bestimmen kann, dann ist als üblicher und regelmäßig, im Zweifel („gewöhnlich", für den Normalfall), zu unterstellender Aufenthaltsort seine **Wohnung** anzunehmen. Der Arbeitgeber muss deshalb ab Abruf mit einer Wegezeit rechnen, der der üblichen, durchschnittlichen, Wegezeit des Beschäftigten von seiner Wohnung **zur Dienststelle/Klinik** entspricht (auch wenn dies aufgrund Abhängigkeit von den jeweiligen Verkehrsverhältnissen/benutzten Verkehrsmitteln/Fahrplänen etc. meist nicht ganz exakt kalkuliert werden kann).

In Zeiten des Mobiltelefons kann sich der Beschäftigte während der Zeit, in der er sich in Rufbereitschaft befindet, unproblematisch (auch von zuhause weg) bewegen, privaten Neigungen nachgehen, sich um eigene Angelegenheiten kümmern und Besorgungen machen usw[77] – er darf sich allerdings aus einem vom Betrieb/der Klinik aus zur Wohnung gezogenen Entfernungsradius nicht wesent-

---

75 Den Sachschaden bei einem Pkw-Unfall auf dem Weg zum Arbeitsantritt muss hier uU der Arbeitgeber tragen: BAG v. 22.6.2011, 8 AZR 102/10, NZA 2012, 91: Zwar ist die Fahrt zum Arbeitseinsatz während einer Rufbereitschaft keine Arbeitszeit, weshalb der Arbeitnehmer (mangels abweichender Vereinbarung) seine Aufwendungen auch für Sach-Unfallschäden auf Fahrten zwischen Wohnung und Arbeitsstelle selbst zu tragen hat – wird der Arbeitnehmer während einer Rufbereitschaft allerdings zum Arbeitsantritt aufgefordert (dies ist hier jedoch systemimmanent und nahezu zwingend!) und kann der Beschäftigte die Benutzung seines Privatfahrzeugs für erforderlich halten, um rechtzeitig am Arbeitsplatz zu erscheinen (auch dies dürfte fast immer der Fall sein!), dann kann ein Aufwendungsersatzanspruch entsprechend § 670 BGB nach den Regeln des innerbetrieblichen Schadensausgleichs bestehen (mit der Folge eines vollen Ausgleichsanspruchs außerhalb grober Fahrlässigkeit des abgerufenen und verunglückten Beschäftigten: § 3 Abs. 6 und Abs. 7 TVöD bzw § 3 Abs. 7 TV-L; siehe hierzu Mayer, AiB 2011, 711/715.
76 Zuletzt BAG v. 22.6.2011, 8 AZR 102/10, NZA 2012, 91 (Rn 30); ebenso BAG v. 31.1.2002, 6 AZR 214/00, ZTR 2002, 432 f (hierzu Pieper, ZTR 2002, 420); v. 19.12.1991, 6 AZR 592/89, ZTR 1992, 247; s. auch LAG München v. 22.3.2006, 7 Sa 1124/05 (n.v.); Breier/Dassau et al., Bd. 1, Rn 49 meinen, dass die bisherige Rechtsprechung den Schluss zulasse, dass jedenfalls ab einer Zeitspanne von 30 Minuten aufwärts eine Aufenthaltsbestimmung nicht mehr angenommen würde. Böhme, Pflege- & Krankenhausrecht 2006, 14/15, meint locker, dass im Arbeitsvertrag ein weiteres geregelt werden könne, in welchem Zeitraum ab Abruf der Beschäftigte am Arbeitsplatz zu erscheinen habe – in dieser schlichten Weise allerdings nicht vertretbar. Dagegen erfrischend einfach und klar LAG Hamm v. 19.3.1992, 17 Sa 1739/91, ZTR 1992, 381 – unter d) aa) –, wonach Rufbereitschaft dann vorliegt, „wenn der Arbeitnehmer seinen Aufenthaltsort außerhalb der regelmäßigen Arbeitszeit grundsätzlich selbst wählen und infolgedessen in dieser Zeit auch wechseln kann, er lediglich verpflichtet ist, den Arbeitgeber stets zu unterrichten, wo er zu erreichen ist, und in der Lage bleiben muss, auf Abruf Arbeit aufzunehmen".
77 So wörtlich BAG v. 31.1.2002, 6 AZR 214/00, ZTR 2002, 432 – B: I. 2. (juris Rn 22) d. Gr.

lich hinausbegeben, falls und soweit dies mit einer erheblichen Verlängerung der Wegezeit, also der zu erwartenden Abruf-/Wegezeit, verbunden wäre und damit dem Zweck der Rufbereitschaft zuwiderlaufen würde (zumal auch der Arbeitgeber hier die Wegezeit als vergütungspflichtige Arbeitszeit, sogar aufgerundet, bezahlen muss: § 8 Abs. 3 Satz 4).

Macht der Arbeitgeber jedoch eine Zeitvorgabe, die zwangsläufig zu einer kürzeren als der üblichen Wegezeit von der Wohnung zur Dienststelle führt, widerspricht dies der Grundvoraussetzung der Rufbereitschaft, dass der Beschäftigte hier seinen Aufenthaltsort gerade „frei und selbstbestimmt" wählen kann. Der Arbeitgeber übt in einem solchen Fall im Ergebnis eine Aufenthaltsvorgabe aus, weil er den Beschäftigten dadurch zu einem Aufenthaltsort im örtlichen Bereich zwischen seiner Wohnung und der Dienststelle zwingen, also ein Aufenthaltsbestimmungsrecht im Sinn der Bereitschaftsdienstdefinition (Abs. 3) ausüben würde – was der Definition der Rufbereitschaft grundsätzlich widerspricht und im Ergebnis zur Anordnung von Bereitschaftsdienst oder Arbeitsbereitschaft (oder Bereitschaftszeit iSd § 9)[78] führt.

Die vom BAG mehrfach angesprochene hypothetische Überlegung, dass eine ungewöhnlich lange und dem Zweck der Rufbereitschaft zuwiderlaufende Wegezeit zur Folge haben könnte, dass sich der Arbeitnehmer bei der Rufbereitschaft nicht zuhause aufhalten darf[79] – was in den konkreten Fällen/Entscheidungen jedoch immer auch bei längeren Wegezeiten als nicht veranlasst angesehen wurde –, ist nach Ansicht des Verfassers bereits im Ansatz und systematisch verfehlt, weil damit eben, der insoweit eindeutigen Tarifdefinition zuwider, im Ergebnis ein Aufenthaltsbestimmungsrecht ausgeübt und dadurch ein Bereitschaftsdienst angeordnet würden. Will der Arbeitgeber über einen im Hintergrunddienst befindlichen Beschäftigten im Bedarfsfall innerhalb kurzer Zeit verfügen, dessen unverzügliches oder zumindest kurzfristiges Erscheinen nach Abruf sicherstellen, muss er Bereitschaftsdienst einer niedrigeren Belastungsstufe anordnen.[80] Er kann nicht bei einem Beschäftigten mit einer Wohnung in üblicher – dem Arbeitgeber naturgemäß bekannten – Entfernung mit, angenommen, 30 Minuten Wegezeit ein Erscheinen aus der Rufbereitschaft heraus innerhalb von 20 Minuten anordnen und ihn damit zwingen wollen, in größerer Nähe zur Einrichtung/zum Arbeitsplatz ein Zimmer zu nehmen oder ein Zelt aufzustellen.

Exkurs: Rufbereitschaft und „Arbeitsbereitschaft". Die einschlägige Rechtsprechung trennt diese Konsequenz – Bereitschaftsdienst oder Arbeitsbereitschaft als hypothetische Folie einer unzulässig engen örtlichen Vorgabe – gelegentlich nicht

---

78 So BAG v. 31.1.2002, 6 AZR 214/00, ZTR 2002, 432 – B: I. 2. (juris Rn 22) d. Gr.; BAG.v. 22.1.2004, 6 AZR 544/02, ZTR 2005, 27 – hier hat allerdings das BAG angenommen, dass eine Vorgabe von 45 Minuten nach Abruf für die Arbeitsaufnahme noch zulässig war, weil der Beschäftigte in diesem Fall sich zwar nicht in seiner Wohnung, aber in einer vom Arbeitgeber kostenlos zur Verfügung gestellten Unterkunft aufhalten konnte; BAG v. 31.1.2002, 6 AZR 214/00, ZTR 2002, 432; BAG v. 19.12.1991, AP Nr. 1 zu § 67 BMT-G II; s. auch LAG Nürnberg v. 14.3.2007, 3 Sa 588/06; Brock in Groeger, Arbeitsrecht im öffentlichen Dienst, 2010, Teil 3 L Rn 156, will als Grenze von einer Zeitvorgabe von 30 Minuten ausgehen; ähnlich Breier/Dassau/Kiefer/Lang/Langenbrinck, TVöD (2011), Rn 49.
79 BAG v. 31.1.2002, 6 AZR 214/00, ZTR 2002, 432/433 – unter B.I.2. d.Gr.; iE ähnlich auch BAG v. 19.12.1991, 6 AZR 592/89, ZTR 1992, 247 – unter II.2. d.Gr.
80 So für solche Situationen ausdrücklich: BAG v. 31.1.2002, 6 AZR 214/00, ZTR 2002, 432 – B. I. 2. (juris Rn 22) d. Gr.

ganz sauber. Wenn eine wegezeitbeschränkte Rufbereitschaft als im Ergebnis „Arbeitsbereitschaft" (nicht: Bereitschaftsdienst) bezeichnet wird, wird übersehen, dass diese durch die übliche Begrifflichkeit der „wachen Achtsamkeit im Zustand der Entspannung" umschrieben wird, was bedeutet, dass der Arbeitnehmer hier immer im Bedarfsfall von selbst – nicht erst auf Abruf wie schon nach dem Begriff bei der Rufbereitschaft (und ebenso beim Bereitschaftsdienst) – die Arbeit aufnehmen muss (ähnlich jetzt der Begriff der „Bereitschaftszeiten" in § 9).

Der Arbeitgeber wird deshalb im eigenen Interesse Rufbereitschaft nicht bei einem Beschäftigten anordnen, dessen – ihm naturgemäß bekannte – Wohnung sich in einer solchen Entfernung zur Einrichtung/zum Arbeitsplatz befindet, dass er mit einer dem Zweck der Rufbereitschaft zuwiderlaufenden längeren Wegezeit rechnen muss (und hier auch zu bezahlen hat: § 8 Abs. 3 Satz 4). Eine atypisch weite oder den anzunehmenden Einsatzsituationen zuwiderlaufende Entfernung der Wohnung zur Dienststelle steht damit der Anordnung von Rufbereitschaft faktisch von vornherein entgegen – weder wird und kann der Arbeitgeber in diesem Fall sinnvoller Weise Rufbereitschaft anordnen noch, geschweige denn, hat der Beschäftigte zumal in einem solchen Fall einen Anspruch hierauf.

76 **7. Sonderbestimmungen für Kliniken, Heime uä.** Zu beachten ist, dass in den Tätigkeitsbereichen, in denen typischerweise Rufbereitschaften geleistet werden und in denen der **BT-B** oder der **BT-K** zum TVöD gelten (**Kliniken, Heime** usw), jeweils ergänzend bestimmt ist (jeweils § 45 Abs. 8), dass

- zum einen Rufbereitschaft nur angeordnet werden kann, wenn „erfahrungsgemäß lediglich **in Ausnahmefällen Arbeit anfällt**"[81] und
- zum anderen durch Arbeitsleistungen während der Rufbereitschaft die gemäß § 3 ArbZG öffentlich-rechtlich maximal **zulässige tägliche Arbeitszeit von zehn Stunden überschritten** werden kann.

77 **a) Überschreitung der Tageshöchstarbeitszeit.** Letzteres bedeutet, dass der Tarifvertrag selbst im Rahmen der Tariföffnungsklauseln des § 7 ArbZG (als exakte Rechtsgrundlage lässt sich hierbei wohl nur § 7 Abs. 2 Ziff. 3 ArbZG heranziehen) die gesetzlich zulässige Tageshöchstarbeitszeit ohne weitere Einschränkung/Höchstgrenze anhebt, da durch erfolgte Abrufe/Inanspruchnahmen innerhalb einer Rufbereitschaft, die sich üblicherweise an eine Tagesarbeitszeit anschließt, die Höchstarbeitszeit fast zwangsläufig überschritten werden muss.[82]

78 **b) „Ausnahmefälle".** Den tradierten Begriff der „**Ausnahmefälle**" hat die Rechtsprechung, ausgehend vom unmittelbaren Wortlaut, eng definiert.

„Ausnahmefall" bedeutet nach dem üblichen Sprachgebrauch das Gegenteil des „Regelfalls". Ist nach den bisherigen Erfahrungen voraussichtlich mit dem Anfall von Arbeit zu rechnen, liegt kein Ausnahmefall mehr vor. Dies heißt, dass Rufbereitschaft hiernach nur angeordnet werden darf, wenn zwar gelegentlich, aus-

---

81 Siehe hierzu BAG v. 25.4.2007, 6 AZR 799/06, NZA 2007, 1108.
82 Auch wenn dies hiernach ohne Auswirkungen ist: Als Zeit der Inanspruchnahme/tatsächlichen Arbeitsleistung während der Rufbereitschaft iSd Arbeitszeitgesetzes zählt insoweit nicht auch die tariflich vergütete (§ 8 Abs. 3 Satz 4) Wegezeit, nur die tatsächliche Präsenzzeit in der Einrichtung/Klinik vor, etc.

nahmsweise – **unvorhergesehen**[83] – Arbeit anfallen kann, **Rufbereitschaftszeiten ohne Arbeitsanfall** – Abruf – jedoch **die Regel** sind.[84] Ist also nach den bisherigen Erfahrungen, nach dem Vorkommen in einem repräsentativen Vergleichsturnus von bisher angefallenen Rufbereitschaftsperioden, damit zu rechnen, dass während einer Rufbereitschaft, zB während der Nacht oder über das Wochenende, regelmäßig oder häufig ein Abruf erfolgen wird, liegt kein Ausnahmefall mehr vor und durfte Rufbereitschaft nicht angeordnet werden.

Durch die Beschränkung auf den „Ausnahmefall" soll es sich bei der Rufbereitschaft um einen reinen Not- und Hintergrunddienst handeln, der unkalkulierbare Arbeitsanfälle auffangen, nicht aber Personalreserven für häufiger, also regelhaft, vorkommende Arbeitseinsatzsituationen herstellen soll.

Exkurs zum „Ausnahmefall": Nach Ansicht des Verfassers liegt kein „Ausnahmefall" mehr vor – sondern im Gegenteil ein „Regelfall" –, wenn in mindestens (oder mehr als) der Hälfte der bisherigen Rufbereitschaften tatsächlich (auch nur einmal) Arbeitsabrufe erfolgt waren, da dann davon auszugehen ist, dass eine Regelhaftigkeit der Arbeitsabrufsituationen gegeben ist.[85] Im Zweifelsfall muss dies mit der tatsächlichen Abruffrequenz in einem repräsentativen Vergleichszeitraum in der Vergangenheit – etwa 10 bis 12 Rufbereitschaften zu vergleichbaren Zeiten und mit vergleichbarer Dauer, je nach Frequenz – abgeglichen werden. 79

Der in den hier maßgeblichen Bereichen insbesondere der Krankenhäuser in der Praxis häufig anzutreffende „Deal", anstelle eines niedriger belasteten Bereitschaftsdienstes – bei dem sich der Beschäftigte wegen des hier gegebenen Aufenthaltsbestimmungsrechtes des Arbeitgebers üblicherweise in der Klinik aufzuhalten hat – Rufbereitschaft anzuordnen mit der augenzwinkernden Geschäftsgrundlage, dass der Arbeitnehmer dann allerdings nicht nur ausnahmsweise damit rechnen muss, von zu Hause aus, was der Beschäftigte regelmäßig als Aufenthaltsort vorzieht, mehrfach zum Dienst abgerufen zu werden, ist tarifwidrig und damit unzulässig. 80

c) Zu hoch belastete Rufbereitschaften (und Vergütung). Allerdings: Nach wiederum ständiger Rechtsprechung[86] des BAG wandelt sich eine tarifwidrige – weil nicht antizipierbar auf „Ausnahmefälle" begrenzte – Anordnung von Rufbereitschaft nicht automatisch in die Anordnung von Bereitschaftsdienst um oder kann 81

---

83 Im Urteil v. 25.4.2007, 6 AZR 799/06, NZA 2007, 1108 stellt das Bundesarbeitsgericht ausdrücklich auf die Voraussetzung der „Unvorhersehbarkeit" der Rufbereitschaft ab (dort Rn 21 f mwN); hierzu auch Roßbruch, PflR 2008, 68; Schwarz-Seeberger, ZMV 2008, 46.
84 So zB BAG v. 4.8.1988, 6 AZR 48/86, ZTR 1989, 147/148 – II.2.a d. Gr.; der Kirchengerichtshof der EKD verlangt zur gleichlautenden Regelung in § 7 Abs. 4 BAT-KF im Beschluss vom 8.12.2008, ZMV 2009, 100, überzeugend, dass ein „Ausnahmefall" für die Heranziehung zur Arbeitsleistung während der Rufbereitschaft nur gegeben ist, wenn „die weit überwiegende Zahl" der Rufbereitschaften ohne Arbeitsabruf stattfindet.
85 Der Kirchengerichtshof der EKD v. 8.12.2008, I-0124/P16-08, ZMV 2009, 100 verlangt zur gleichlautenden Regelung in § 7 Abs. 4 BAT-KF sogar, dass in der weit überwiegenden Zahl der Rufbereitschaften kein Arbeitsabruf – ungeachtet dessen möglicher Dauer – stattfinden darf, andernfalls würde es bereits am „Ausnahmefall" fehlen.
86 BAG v. 24.3.2011, NZA 2011, 6 AZR 796/09, 698 (Rn 36 f) – zu den gleichlautenden Bestimmungen im BAT-KF; so zum BAT in ständ. Rspr BAG, Urt. v. 4.8.1988, 6 AZR 48/86, ZTR 1989, 147; v. 4.12.1986, 6 AZR 123/84, EzBAT Nr. 1 zu SR 2c BAT Bereitschaftsdienst; vgl hierzu auch Debong/Andreas/Siegmund-Schultze, Die Schwester/Der Pfleger 1990, 65.

als Bereitschaftsdienst umgedeutet werden – mit entsprechend höherem Vergütungsanspruch –, sondern bleibt, wenngleich unzulässige, Rufbereitschaft und wird als solche abgerechnet. Anders wäre dies allenfalls zu sehen, wenn während einer Rufbereitschaft in einem solchen Umfang Arbeit geleistet werden musste, dass praktisch Vollarbeit oder jedenfalls ein krasses Missverhältnis iSd § 138 BGB zwischen der Arbeitsleistung und der gezahlten Rufbereitschaftsvergütung vorliegen würde.[87]

Dies öffnet der Umgehung der tarifvertraglichen Regelungen Tür und Tor: Auch wenn, wie in der Krankenhauspraxis fast „regelmäßig", aufgrund der bisherigen konkreten Erfahrungen in einer Abteilung/auf dieser Station während der Zeit der angeordneten Rufbereitschaft mit Abrufen zu rechnen war – die Rufbereitschaftsanordnung somit hier unzulässig war –, kann der Beschäftigte hierfür lediglich die Rufbereitschaftsvergütung geltend machen, weshalb sich der Arbeitgeber der Zahlung höherer Vergütung für einen in diesem Fall alternativ erforderlichen Bereitschaftsdienst erspart. Dies lässt sich zum Zweck der Personalkostenreduzierung bei notwendigen Hintergrunddiensten systematisch einsetzen. Den Beschäftigten auf die Möglichkeit der Verweigerung unzulässiger – weil wahrscheinlich/mutmaßlich zu hoch belasteter – Rufbereitschaften zu verweisen, ist in der Praxis kaum durchführbar und unzumutbar, da für den betroffenen Beschäftigten in der konkreten Situation risikoreich und konfliktträchtig.

82 Zur Vergütung der Rufbereitschaft vgl § 8 Abs. 3.

83 **8. Keine Begrenzung der Zahl der Rufbereitschaften.** Anders als in den Vorgängerregelungen (etwa SR 2 a Nr. 6 Abschn. B. Abs. 6 und SR 2 c Nr. 8 Abs. 6 BAT) gibt es **keine Begrenzung** der je Monat maximal zu leistenden Rufbereitschaften mehr.[88]

VI. Nachtarbeit (Abs. 5)

84 Die tarifliche „Nachtarbeit" wird nunmehr, gegenüber der bisherigen Regelung zeitlich eingeschränkt,[89] mit dem neunstündigen Zeitraum von 21 Uhr bis 6 Uhr

---

87 BAG v. 24.3.2011, 6 AZR 796/09, NZA 2011, 698 (702/703, Rn 40); so iE bereits BAG v. 4.8.1988, 6 AZR 48/86, ZTR 1989, 147 /149 – 4. aE und 5. – und vom 4.12.1986, 6 AZR 123/84, EzBAT Nr. 1 zu SR 2 c BAT Bereitschaftsdienst: hier hat das BAG angedeutet, dass „daneben ... allenfalls nichttarifliche Ansprüche in Betracht" kämen. Solche Ansprüche, insbesondere aus § 612 BGB (stillschweigende/übliche Vergütung) oder aus Schadensersatz oder auch Bereicherungsrecht lassen sich jedoch kaum berechnen/nachweisen und sind damit allenfalls theoretischer Natur.
Das LAG Nürnberg (v. 5.10.2009, 6 Sa 103/07, Juris) hat angenommen, dass zu hoch belastete Rufbereitschaften, mit behaupteter Notwendigkeit ständiger Erreichbarkeit, trotzdem noch keinen Bereitschaftsdienst (bzw Arbeitsbereitschaft) darstellen.
88 Für Beschäftigte im Bereich des Bundesministeriums der Verteidigung im allgemeinen Verwaltungsbereich des Bundes kann nach § 46 Kap. I. zu Abschn. II. Nr. 4 Abs. 1 Rufbereitschaft an höchstens 10 Tagen im Monat, in Ausnahmefällen bis zu höchstens 30 Tagen im Vierteljahr, angeordnet werden – außer in Fällen erhöhter Bereitschaft der Bundeswehr insgesamt, wobei die Zeit des Bereitschaftsdienstes für die Entgeltbemessung mit 50 % bewertet wird.
89 Etwa § 15 Abs. 8 Satz (Unterabs.) 5 BAT: 20 Uhr bis 6 Uhr.

definiert. Auch Zeiten eines Bereitschaftsdienstes im Zeitraum von 21.00 Uhr bis 6.00 Uhr sind Nachtarbeitsstunden in diesem Sinn.[90]

Maßgeblich ist dies insbesondere für den entsprechenden **Nachtarbeitszuschlag** (§ 8 Abs. 1 Satz 2 lit. b und § 50 lit. a BT-K).[91]

Nachtarbeit (im dortigen Sinn: § 2 Abs. 3 und Abs. 4 ArbZG) ist nach § 6 ArbZG durch eine angemessene Zahl von zusätzlichen freien Tagen oder einen finanziellen Nachtarbeitszeitzuschlag auszugleichen – wenn keine tarifvertragliche Ausgleichsregelung besteht.[92] Solche Ausgleichsregelungen sind hier jedoch durch den Nachtarbeitszeitzuschlag von 20 % in § 8 Abs. 1 Satz 2 lit. b und den Anspruch auf Zusatzurlaub nach § 27 (soweit dieser mittelbar auf Nachtarbeit im tariflichen Sinn aufbaut) gegeben.

VII. Mehrarbeit (Abs. 6)

Diese Bestimmung definiert nunmehr erstmals den Begriff der „**Mehrarbeit**" (in Abgrenzung zu den in den folgenden Absätzen 7 und 8 fixierten „Überstunden").[93]   85

Mehrarbeit liegt hiernach dann vor, wenn **Teilzeitbeschäftigte**[94] Arbeitsstunden über die mit ihnen vereinbarte regelmäßige Wochenarbeitszeit hinaus bis zur regelmäßigen Wochenarbeitszeit von Vollzeitbeschäftigten (38,5 Stunden ff gemäß § 6 Abs. 1) leisten.

Beispiel: Ein Teilzeitbeschäftigter mit einem „Halbtagsarbeitsvertrag" von zB (39 Arbeitsstunden/Woche : 2 =) 19,50 Wochenstunden arbeitet in einer Woche 25 Stunden – die überschießenden 5,5 Stunden sind hiernach Mehrarbeitsstunden, jedoch (noch) nicht Überstunden.

1. Regelung nur für Teilzeitbeschäftigte. Ausgangspunkt für diese Regelung ist die alte Streitfrage, ob Arbeitsstunden, die ein Teilzeitbeschäftigter zwar über seine individuelle Wochenarbeitszeit hinaus, aber nicht über die (kalkulatorische) Wochenarbeitszeit eines Vollbeschäftigten leistet, „Überstunden" im tariflichen Sinn, damit mit Zuschlagsberechtigung, § 8 Abs. 1 lit. a, sind oder nicht – vor dem Hintergrund einer unmittelbaren **Diskriminierung von Teilzeitbeschäftigten**, vgl jetzt § 4 Abs. 1 TzBfG, und/oder einer mittelbaren geschlechtsbezogenen Diskriminierung von Frauen, nachdem der weitaus größte Teil der Teilzeitbeschäftigten weibliche Beschäftigte sind, vgl jetzt § 3 Abs. 2, § 1 f AGG. Nach ständiger (wenngleich sehr umstrittener) Rechtsprechung des BAG war dies nicht der Fall.[95]   86

---

90 BAG v. 23.2.2011, 10 AZR 579/09, ZTR 2011, 495 (Rn 11 f) zur gleichlautenden Regelung in § 9 Abs. 3 TV-Ärzte/VKA: dies ergebe sich aus der Auslegung der Tarifvorschrift nach ihrem Sinn und Zweck unter Berücksichtigung des arbeitsschutzrechtlichen Arbeitsbegriffs, der auch Bereitschaftsdienst umfasst; so, für den TVöD/BT-K, auch LAG Düsseldorf v. 7.12.2010, 17 Sa 883/09, ZTR 2011, 293 (LS).
91 Ggf auch für einen Anspruch auf Zusatzurlaub, soweit dieser an den Umfang geleisteter Nachtarbeit(sstunden) anknüpft: etwa § 28 Abs. 3 TV-Ärzte/VKA und § 27 Abs. 6 TV-Ärzte (Länder).
92 Vgl näher BAG v. 18.5.2011, 10 AZR 369/10, NZA-RR 2011, 581.
93 Vgl Wulff, Überstunden und Mehrarbeit, AiB 2008, 311.
94 Der allgemeine, auch hier geltende, Begriff des Teilzeitbeschäftigten ist jetzt geregelt in § 2 TzBfG.
95 BAG etwa v. 21.11.1991, 6 AZR 551/89, ZTR 1992, 198, kritisch hierzu zu Recht Stöckel/Wulff, AiB 2011, 731 (733).

87 **Exkurs zur Rechtsprechung des Europäischen Gerichtshofs:** Nachdem der EuGH mit Urt. v. 15.12.1994[96] die entsprechenden Vorlagefragen mehrerer deutscher Arbeitsgerichte, insbesondere zur Auslegung des BAT zu dieser Frage, im Ergebnis im Sinne der Rechtsprechung des BAG entschieden und ausgesprochen hatte, dass die einschlägigen europarechtlichen Regelungen tarifvertraglichen Regelungen nicht entgegenstehen, die auch bei Teilzeitbeschäftigten die Zahlung von Überstundenzuschlägen nur bei Überschreitung der für Vollzeitbeschäftigte festgelegten Regelarbeitszeit vorsehen, hielt das BAG im Anschluss hieran, nicht überraschend, an seiner bisherigen Rechtsprechung fest.[97] Gerechtfertigt wurde dies insbesondere damit, dass mit den Überstundenzuschlägen die mit Überstunden verbundene erhöhte (nicht nur körperliche) Belastung ausgeglichen werden soll, welche Situation bei Teilzeitbeschäftigten, die lediglich über ihre niedrigere individuelle Wochenarbeitszeit hinaus tätig werden, nicht in derselben Weise wie bei Vollzeitbeschäftigten vorliege.[98]

Der TVöD/TV-L regelt dies nunmehr (in tarifpolitisch bemerkenswerter Weise) im Sinn der ständigen Rechtsprechung des BAG, allerdings flankiert durch die ebenfalls neue Festlegung/Einschränkung, dass Teilzeitbeschäftigte zur Leistung von Mehrarbeit (und Überstunden) nicht ohne Weiteres, sondern nur bei entsprechender arbeitsvertraglicher Vereinbarung oder ihrer Zustimmung im Einzelfall verpflichtet sind: § 6 Abs. 5.

88 **2. Schwerbehinderte Beschäftigte. Schwerbehinderte** Beschäftigte und ihnen Gleichgestellte (§ 2 Abs. 2 und Abs. 3 SGB IX) müssen auf ihr Verlangen von Mehrarbeit freigestellt werden (§ 124 SGB IX).

Dieser gesetzliche Begriff der Mehrarbeit ist unabhängig von der spezifischen Tarifdefinition der „Mehrarbeit" in § 7 Abs. 6 TVöD/TV-L. Mehrarbeit im Sinne der gesetzlichen Regelung in § 124 SGB IX ist nach ständiger Rechtsprechung des BAG jede über die gesetzlich zulässige Regelarbeitszeit von acht Stunden täglich (§ 3 Satz 1 ArbZG) hinausgehende Arbeitszeit – der schwerbehinderte Beschäftigte hat somit Anspruch darauf, auf sein Verlangen hin nicht über acht Stunden (werk)täglich[99] beschäftigt zu werden, wobei auch Bereitschaftsdienst als Arbeitszeit zählt.[100] Die Arbeitsleistung von mehr als acht Stunden täglich ist damit auch bei Teilzeitbeschäftigten freiwillig, weil von ihrer Einwilligung abhängig.

89 **3. Vergütung von Mehrarbeit.** Die Vergütung der Mehrarbeit erfolgt damit grundsätzlich ohne Überstundenzuschlag gemäß § 8 Abs. 1 Satz 2 lit. a, weil Überstunden eben begrifflich nicht vorliegen.[101]

---

96 EuGH C 399/92, AP Nr. 7 zu § 611 BGB Teilzeit.
97 BAG v.a. v. 25.7.1996, 6 AZR 138/94, ZTR 1997, 84.
98 Dagegen allerdings überzeugend LAG Baden-Württemberg, v. 9.6.1993, 12 Sa 35/93, BB 1993, 1948; ArbG Hamburg, Urt. v. 21.10.1991, DB 1992, 482 (LS); Schüren, RdA 1990, 18 f, und Schüren, NZA 1993, 529 f; aA Jesse, ZTR 1994, 91 f; Stückmann, DB 1995, 826 f.
99 Darf der Arbeitnehmer ausnahmsweise an Sonn- und Feiertagen beschäftigt werden (§§ 9, 10 und 13 ArbZG), gelten die gleichen Regelungen – also auch die Tageshöchstarbeitszeit gemäß § 3 ArbZG – ebenso für die Beschäftigung an diesen Tagen: § 11 Abs. 2 ArbZG.
100 BAG v. 21.11.2006, 9 AZR 176/06, NZA 2007, 446.
101 Nach Hock/Kramer/Schwerdle, ZTR 2006, 622/625 f (unter 3.) müssten jedoch sonstige Zulagen proportional auch an Teilzeitbeschäftigte gezahlt werden.

VIII. Überstunden (Abs. 7)

1. Begriff/Definition der Überstunden. Die Absätze 7 und 8 enthalten die Definition der Überstunden, die als solche zuschlagspflichtig sind (§ 8 Abs. 1 Satz 2 lit. a). Diese Regelung gilt nur für **Vollzeitbeschäftigte** (in Abgrenzung zur Definition der „Mehrarbeit" bei Teilzeitbeschäftigten in Abs. 6). 90

Dem nunmehrigen Überstundenbegriff liegt die Überstundendefinition in § 17 Abs. 1 BAT zugrunde (an der sich die Praxis in den Behörden/Einrichtungen und Betrieben zwar orientiert, sie aber nach Erfahrung des Verfassers allerdings selten exakt angewandt hatte).

Absatz 7 enthält die nunmehrige Grundsatzdefinition der Überstunden, Absatz 8 drei Ausnahmen hiervon für spezifische, atypische, Arbeitszeitregelungen – was insgesamt zu einer kaum mehr nachvollziehbaren und in die Praxis umsetzbaren Komplexität führt (und erwarten lässt, dass diese Regelung noch weniger als die Vorgängerbestimmung in der Praxis tarifkonform angewandt wird/werden kann).

Nach der Grunddefinition sind nunmehr „Überstunden" solche Arbeitsstunden, die

- auf „Anordnung"
- über die im Rahmen der flexiblen Einsatzplanung für die konkrete Woche planmäßig festgesetzten Arbeitsstunden hinaus geleistet
- und nicht bis zum Ende der Folgewoche ausgeglichen werden.

Überstunden sind damit zunächst nicht die bereits üblicherweise oder dienstplanmäßig festgesetzt zu leistenden[102] Arbeitsstunden (s. jedoch Abs. 8 lit. c) – insoweit handelt es sich um die, wenngleich flexibel festsetzbare, Arbeitszeit im Rahmen der „regelmäßigen (Grund-)Arbeitszeit" des § 6 Abs. 1 und Abs. 2. Überstunden sind allein **zusätzliche** Arbeitsleistungen, die **ungeplant und unplanbar** in dringenden Fällen außerhalb der regelmäßigen – dienstplanmäßigen oder betriebsüblichen – Arbeitszeit **kurzfristig** notwendig werden.[103] „Geplante" Überstunden gibt es – anders als in einer durchaus verbreiteten Praxis – nicht, da es sich hierbei im Ergebnis um die Überschreitung der tariflichen Wochenarbeitszeit von, im Durchschnitt, 39 (40 usw) Wochenstunden handeln würde, weil damit die Grundarbeitszeit = Regelarbeitszeit von vornherein planmäßig, systematisch, überschritten würde.[104] 91

2. Anordnung von Überstunden. Voraussetzung des Entstehens vergütungspflichtiger Überstunden ist grundsätzlich (auch unabhängig von der ausdrücklichen Vorgabe dieses Begriffs in der Tarifdefinition) deren „**Anordnung**". Hiermit soll verhindert werden, dass der Beschäftigte eigenmächtig Mehrstunden in 92

---

102 Siehe auch LAG Niedersachsen v. 8.12.2011, 5 Sa 982/11, ZTR 2012, 285.
103 Vgl etwa BAG v. 25.4.2007, 6 AZR 799/06, NZA 2007, 1108.
104 So zu recht auch Goodson in Bepler/Böhle/Meerkamp/Stöhr, § 7 Rn 35; vgl auch Schelter, Das Tarifrecht der Angestellten in Krankenhäusern und Heimen (BAT/BAT-O), 7. Aufl. 2002, § 17 Rn 2; allerdings sprechen jetzt § 20 Abs. 2 Satz 1 und § 21 Satz 3 von „im Dienstplan vorgesehenen Überstunden", was zumindest missverständlich (wenngleich für den TVöD/TV-L nicht ungewöhnlich) ist und die Zulässigkeit einer geplanten Arbeitszeitfestlegung über die durchschnittliche Regelarbeitszeit hinaus suggerieren könnte – sich aber zwanglos durch Verweis auf den Wortlaut des § 7 Abs. 8 (lit. c) entschärfen lässt.

Form zuschlagspflichtiger Überstunden erbringt, sich Arbeitszeitguthaben als vergütungs-/zuschlagspflichtige Arbeitszeit verschafft.

93 **a) Anordnungsbefugnis.** Die **Befugnis** zur **Anordnung** geschieht im Rahmen der Ausübung des Weisungs-/**Direktionsrecht**es durch den Arbeitgeber, den zuständigen Vorgesetzten, damit grundsätzlich unter Beachtung der hierbei maßgeblichen Grundsätze billigen Ermessens (§ 106 GewO, § 315 BGB). Sie ist an keine Form gebunden, kann also auch mündlich erfolgen.

Dies bedeutet, dass der zuständige Vorgesetzte nicht etwa bei jeder Überstundenanordnung von vornherein umfangreiche Abwägungsüberlegungen anstellen und diskutieren müsste – nur dann, wenn sich der einzelne Beschäftigte im Einzelfall, ausnahmsweise, auf besondere Umstände, die einer Überstundenerbringung entgegenstehen sollen, beruft (private Verpflichtungen, gesundheitliche Belange, besondere familiäre Situationen etc.), muss dies (nur) dann im Einzelfall mit den dienstlichen Belangen vernünftig abgewogen werden.[105]

94 **b) Begriff der Anordnung.** Die Notwendigkeit der „Anordnung" von Überstunden meint die besondere Erforderlichkeit solcher Zusatzarbeitsleistungen. Dies will auch eine Eigenmächtigkeit der Weiterarbeit und den Erwerb vergüteter Arbeitszeit verhindern. Die ständige arbeitsgerichtliche Rechtsprechung versteht den Begriff der „Anordnung" über den unmittelbaren Wortlaut hinaus aus pragmatischen Gründen eher großzügig.

Eine Anordnung zur Leistung von Überstunden liegt vor

- entweder bei ausdrücklicher **Anweisung** durch einen weisungsbefugten Vorgesetzten,
- oder auch, ohne ausdrückliche Anweisung, mittelbar und konkludent bei **Übertragung/Zuweisung einer unaufschiebbaren** – notwendigen, sofort oder kurzfristig zu erledigenden – **Arbeit**, die in der normalen Arbeitszeit nicht zu bewältigen ist, also bei **Erforderlichkeit** von Weiterarbeit über die normale Arbeitszeit hinaus zur Erledigung der geschuldeten Aufgaben,
- wobei eine Anordnung schließlich auch dann gegeben sein **kann**, wenn überhaupt – nicht unbedingt dringende – Arbeit tatsächlich erbracht wird, der Arbeitgeber (Vorgesetzte) hiervon Kenntnis hat und mit der Leistung dieser zusätzlichen Arbeit (im positiven Sinn) **einverstanden** ist oder dies (im eher negativen Sinn) lediglich **duldet**.[106]

95 Dies bedeutet, dass eine Anordnung nicht allein bei expliziter Aufforderung zur Weiterarbeit, sondern ohne Weiteres und ohne besondere Anweisung auch bei Übertragung umfangreicher Aufgaben gegeben ist, die in der normalen Arbeitszeit nicht zu erledigen sind, und eine „Anordnung" selbst dann vorliegen „kann" – letztlich im Regelfall vorliegen wird, im negativen Fall (nur) begrenzt durch rechtsmißbräuchliches Verhalten des Beschäftigten –, wenn in Kenntnis des Vorgesetzten auch ohne besondere Notwendigkeit weitergearbeitet wird, ohne dass, durch Untersagung oder „Nach-Hause-Schicken", hierauf reagiert wird (also Einverständnis hiermit zu unterstellen oder jedenfalls „Duldung" der Weiterarbeit anzunehmen ist).

---

105 Vgl auch Laber, ArbRB 2006, 364.
106 Vgl nur BAG v. 25.4.2007, 6 AZR 799/06, NZA 2007, 1108 (Rn 14 u. 23); v. 28.1.2004, 5 AZR 530/02, NZA 2004, 656; Urt. v. 3.11.2004, 5 AZR 648/03, AP Nr. 49 zu § 611 BGB Mehrarbeitsvergütung; s. auch LAG München, U. v. 15.2.2007, 4 Sa 1163/06 und v. 14.4.2005, 4 Sa 1258/04 jeweils mwN.

c) **Anordnung während Freizeit?** Insbesondere in den von unregelmäßigen Arbeits-/Schichtzeiten und informellen Arbeitszeitverlängerungen geprägten Arbeitssituationen (Krankenhäuser, Heime uä.) ist sehr streitig, ob grundsätzlich auch eine Befugnis des Arbeitgebers besteht, Zusatzarbeitsleistung gegenüber nicht im Dienst – in der Freizeit, im „arbeitsfrei" – befindlichen Beschäftigten anzuordnen.

Beispiel: Eine Beschäftigte teilt zu Beginn der vorgesehenen Frühschicht ihre Arbeitsunfähigkeit mit, weshalb häufig eine Ersatzkraft, die gerade dienstplanmäßig frei hat, herangezogen werden muss.

Zwar liegt in einem solchen Fall naturgemäß ein Eingriff in den nicht-dienstlichen, also den vom Arbeitsvertrag grundsätzlich nicht erfassten Privatbereich vor – allerdings ist dies auch bei jeder angeordneten Weiterarbeit über das zunächst festgelegte Arbeitszeitende hinaus der Fall.

Nach Auffassung des Verfassers ist zwar die Überstundenanordnungsbefugnis, die Ausübung des Weisungsrechtes, zur Heranziehung des nicht-eingeteilten Beschäftigten auch hier nicht grundsätzlich und von vornherein ausgeschlossen, jedoch im Rahmen der bei der Ausübung des Weisungsrechtes zu beachtenden Grundsätze billigen Ermessens (s. Rn 92) an das Vorliegen besonderer, (sehr) dringender betrieblicher Gründe geknüpft, gegenüber denen andererseits hier auch weniger essentielle persönliche Hinderungsgründe (selbst verschiebbare private Termine) beachtlich sein müssen.[107] In der Praxis wird eine Weigerung des dienstfreien Beschäftigten, sich zur erbetenen Arbeitsaufnahme einzufinden, deshalb kaum zu beanstanden sein und zu Recht kaum jemals tatsächlich (durch Abmahnung usw) sanktioniert.[108]

3. Öffentlich-rechtliche Arbeitnehmerschutzbestimmungen. Zu beachten ist, dass durch die öffentlichrechtlichen **Arbeitnehmerschutzbestimmungen** zwingende Schranken für die Arbeitsleistung bestehen können, die eine Anordnung von Überstunden erschweren oder ausschließen:

- Das ArbZG erlaubt für volljährige Beschäftigte eine **tägliche Höchstarbeitszeit** von maximal acht bis 10 Stunden (§ 3 ArbZG), die nur bei Vorliegen eines, allerdings restriktiv definierten, Notfalls/außergewöhnlichen Falls (§ 14 ArbZG) oder bei ausdrücklicher behördlicher Erlaubnis (§ 15 Abs. 1 Ziff. 1 und 2 ArbZG) oder insbesondere im Rahmen der tarifrechtlichen Abweichungsoptionen des TVöD/TV-L (§ 7 und § 12 ArbZG) überschritten werden dürfen;
- **schwerbehinderte** Menschen oder diesen **gleichgestellte Beschäftigte** (§ 2 Abs. 2 und Abs. 3 SGB IX) müssen auf ihr Verlangen von Mehrarbeit freigestellt werden (§ 124 SGB IX), wobei unter Mehrarbeit in diesem Sinn die Überschreitung der gesetzlich erlaubten Arbeitszeit von acht Stunden täglich zu verstehen ist[109] – bei diesem Personenkreis ist somit die Leistung von

---

107 AA etwa Schelter, Das Tarifrecht der Angestellten in Krankenhäusern und Heimen (BAT/BAT-O), § 16 a Rn 7, der eine nachdrückliche Aufforderung zur Arbeitsaufnahme an den sich im Dienstfrei befindlichen Beschäftigten unter bestimmten Voraussetzungen sogar als Nötigung im strafrechtlichen Sinn betrachten will.
108 Für die grundsätzliche Einhaltung einer viertägigen Frist bei Überstundenanordnung (entsprechend § 12 Abs. 2 TzBfG von vereinbarter Arbeit auf Abruf) Schroth, Pflege- & Krankenhausrecht 2008, 42 (mit im Übrigen nicht unproblematischen rechtlichen Überlegungen).
109 BAG v. 21.11.2006, 9 AZR 176/06, NZA 2007, 446.

Überstunden an sein, grundsätzliches nicht erzwingbares, Einverständnis, die Nichtäußerung eines entsprechenden Verlangens, geknüpft;
- bei **Schwangeren** darf keine „Mehrarbeit" angeordnet werden, die über 8,5 Stunden Gesamtarbeitszeit täglich und gleichzeitig über 90 Stunden in jeweils zwei aufeinander folgenden Wochen hinausgeht (§ 8 Abs. 1 und Abs. 2 Ziff. 2 MuSchG – bei minderjährigen Schwangeren: über acht Stunden täglich und gleichzeitig 80 Stunden in der Doppelwoche: § 8 Abs. 2 Ziff. 1 MuSchG);
- **Jugendliche** dürfen ebenfalls nicht mehr als acht (ausnahmsweise 8,5) Stunden täglich an maximal fünf Tagen in der Woche und höchstens 40 Stunden wöchentlich beschäftigt werden (§§ 8 und 15 JArbSchG).

98 4. **Wochenarbeitszeit maßgeblich.** Im Anschluss an die Regelung des BAT stellt Abs. 7 für das Entstehen von Überstunden im tariflichen Sinn zunächst auf die **Überschreitung der** – betriebsüblich festgesetzten oder dienstplanmäßig vorgegebenen – **Wochenarbeitszeit** ab.

99 a) **Überschreitung der Wochenarbeitszeit.** Die Überschreitung der jeweiligen Tagesarbeitszeit ist damit für das Entstehen von Überstunden irrelevant. Entscheidend ist allein, ob durch die Zusatzleistung die festgesetzte individuelle **Wochenplanarbeitszeit** – also, aufgrund der flexiblen und langfristig angelegten Arbeitszeitberechnung in § 6 Abs. 1: zB 20 Stunden oder 39 Stunden oder 57 Stunden (usw) – endgültig überschritten wird, ob also kurzfristig erforderliche Mehrleistungen an einzelnen Wochenarbeitstagen nicht mehr durch Verkürzung anderer Wochenarbeitstage in derselben Woche und nunmehr bis zum Ende der Folgewoche (s.u.) ausgeglichen werden konnten.[110]

100 Damit ist zwangsläufig des Weisungsrecht des zuständigen Vorgesetzten verbunden, geleistete „Mehr-/Überarbeit" (hier nicht iSd Abs. 6) an einzelnen Arbeitstagen **kurzfristig** – bereits am Folgetag oder wenige Arbeitstage später innerhalb des maßgeblichen Wochenzeitraums – durch entsprechende freie Zeiten auszugleichen, also nachfolgende Schichten/Arbeitstage in der Weise zu verkürzen, dass der Beschäftigte angewiesen werden kann, an einem der folgenden Arbeitstage erst entsprechend später zum Dienst zu erscheinen oder/und diesen entsprechend früher zu beenden.[111] Entscheidend ist somit ein **Wochen-Soll-Ist-Arbeitszeitvergleich** – dienstplanmäßig bzw betriebsüblich festgelegte Soll-Arbeitszeit und erbrachte Ist-Arbeitszeit.

Kurzfristig geleistete Mehrstunden müssen deshalb präzise erfasst und dadurch der jeweilige Ausgleichszeitraum zur Vermeidung des Entstehens von Überstunden markiert werden. Durch geschicktes rasches Reagieren des Vorgesetzten, der damit gefordert ist, können unvorhersehbar erbrachte Zusatzarbeitszeiten kurzfristig wieder eingebracht/ausgeglichen werden und der Anfall von (begrifflich zuschlagspflichtigen) Überstunden vermieden werden.

Beispiel: Röntgenassistentin F. ist in der 28. KW dienstplanmäßig von Dienstag bis Sonntag jeweils zur Frühschicht (6.00 Uhr bis 14.15 Uhr) eingeteilt. Am

---

110 Vgl auch Steinigen, ZTR 2010, 509 (511, unter 3.3).
111 Dies weicht damit zwangsläufig die eigentlich grundsätzliche Verbindlichkeit von Dienstplänen als endgültige Festlegung der Arbeitszeitschuld des Beschäftigten auf, macht seine Arbeitszeitvorgaben weniger verlässlich und flexibilisiert seine Arbeitszeit zusätzlich.

Donnerstag muss sie wegen kurzfristigen Ausfalls einer Kollegin bis 16.30 Uhr weiterarbeiten.

Am Donnerstagnachmittag nach endgültigem Arbeitsschluss kann Frau F. noch keine Überstunden im tarifvertraglichen Sinn aufzeichnen, sondern nur 2,25 „Plus"-Stunden (14.15 Uhr bis 16.30 Uhr) festhalten. Ist es ihrem Vorgesetzten möglich, diese Plusstunden noch im Laufe dieser oder der folgenden Woche auszugleichen, durch entsprechende Verkürzung nachfolgender Schichten (Frau F. hat in einer der folgenden Schichten 2,25 Stunden später zum Dienst zu erscheinen oder kann eine Schicht in diesem Zeitraum 2,25 Stunden früher als festgelegt beenden, ggf Verkürzungen kombiniert), entstehen keine Überstunden, da die Plan-Wochenarbeitszeit dieser Zwei-Wochen-Periode, was allein maßgeblich ist, unverändert geblieben ist.

b) Begriff der „Woche". Die tarifvertragliche Definition der Überstunden stellt auf die Überschreitung der „**Wochen**"-Arbeitszeit ab. Im Gegensatz zum BAT[112] enthält der TVöD/TV-L keine Definition der Woche mehr (s. auch die Kommentierung zu § 6 Absch. II.4.a). 101

Grundsätzlich könnte damit weiter auf den herkömmlichen statischen Wochenbegriff – Montag (0.00 Uhr) bis Sonntag (24.00 Uhr) – abgestellt werden oder auch auf einen rollierenden Wochenbegriff von jeweils sieben Kalendertagen, der den jeweiligen Tag des Geschehnisses (des Anfalls von Zusatzarbeit) und die jeweils folgenden sechs Kalendertage umfasst (zB Mittwoch bis zum folgenden Dienstag).[113] Allerdings bezieht sich der letzte Halbsatz dieser Regelung ausdrücklich auf den Begriff der (folgenden) „**Kalenderwoche**", so dass dieser Begriff als generelle Wochendefinition herangezogen werden kann.[114] Auch aus Gründen der Praktikabilität und Eindeutigkeit empfiehlt es sich, vom herkömmlichen, in der bisherigen Tarifpraxis etablierten, statischen **Wochenbegriff Montag 0.00 Uhr bis Sonntag 24.00 Uhr** auszugehen[115] – andernfalls müsste bei jedem Zusatzstundenanfall ein individueller Zeitraum von sieben bzw 14 Kalendertagen festgehalten werden, der das mögliche Entstehen von Überstunden im tariflichen Sinn definiert. Letzteres überfordert, soweit ersichtlich, sämtliche auf dem Markt befindlichen EDV-Dienstplanprogramme und müsste bei händischer Aufzeichnung umfangreiche bürokratische Erfassungs-, Überwachung- und Abrechnungsmechanismen zur Folge haben.

c) Ausgleich bis Ende der Folgewoche. Mit der erkennbaren Absicht der weitergehenden Vermeidung von Überstunden im tarifvertraglichen Sinn ist nunmehr geregelt, dass es für das Entstehen von Überstunden zwar zunächst auf die Überschreitung der betriebsüblich bzw insbesondere dienstplanmäßig festgesetzten konkreten Wochenarbeitszeit ankommt, jedoch, anders als bei der Vor- 102

---

112 Dort § 15 Abs. 8 Satz (Unterabs.) 1 (zuletzt): „Woche ist der Zeitraum von Montag 0.00 Uhr bis Sonntag 24.00 Uhr".
113 Widersprüchlich Dassau/Wiesend-Rothbrust, 5. Aufl. 2006, die unter Rn 47 zum einen meinen, dass diese Regelung beide Alternativen zulasse – zumal hier, anders als beim Ausgleichszeitraum in § 6, nicht der Begriff „Kalenderwoche" verwendet werde (der jedoch auch in § 6 Abs. 1 nicht auftaucht) –, während dort im folgenden, unter Rn 51, ohne weiteres vom tradierten Wochenbegriff Montag 0.00 Uhr bis Sonntag 24.00 Uhr und einem Wochenschluss am Sonntag 24.00 Uhr ausgegangen wird.
114 So auch Görg/Guth/Hamer/Pieper, Rn 32 aE; Hamer, Basiskommentar, 2. Aufl. 2006, § 7 Rn 8.
115 So ohne weiteres auch Goodson in Bepler/Böhle/Meerkamp/Stöhr, § 7 Rn 41 aE.

gängerregelung des BAT, der Zeitraum für einen möglichen Ausgleich erbrachter Zusatzarbeitsstunden (und damit das Nichtentstehen von Überstunden) auf das **Ende der folgenden Woche** ausgedehnt wird.

Dies erhöht wesentlich die Flexibilität und die Möglichkeit für den Arbeitgeber – den Vorgesetzten –, zusätzlich angefallene Arbeitsleistungen durch entsprechende Schichtverkürzung in der Folge ausgleichen zu können und damit das Entstehen (begrifflich zuschlagspflichtiger) Überstunden zu vermeiden, da hierfür nunmehr mehr Arbeitstage – auch diejenigen der jeweils folgenden Woche – zur Verfügung stehen.

103 **d) Planwochenarbeitszeit.** Entscheidend ist immer die betriebsüblich oder dienst**plan**mäßig festgesetzte Wochenarbeitszeit, nicht die – unabhängig vom Anfall von zusätzlichen Arbeitsstunden – aufgrund von Erkrankung oder Urlaubs (usw) tatsächlich geleistete (geringere) Arbeitszeit. Auch in diesem Fall zählt die geplante Wochenarbeitszeit, so dass dann, wenn etwa bei sechs dienstplanmäßig festgesetzten Arbeitsschichten einer Woche die letzten vier Schichten wegen Erkrankung nicht geleistet werden (können), bereits zusätzliche Arbeitsstunden hier an den ersten beiden Arbeitstagen zu Überstunden werden, wenn sie bis zum Ende der Folgewoche nicht ausgeglichen werden (können).

IX. Überstunden in Sonderfällen (Abs. 8)

104 Diese Regelung enthält erstmals drei Ausnahmen vom allgemeinen Überstundenbegriff, wie er nunmehr erweitert in Absatz 7 definiert ist. Sinn dieser Regelung ist es erkennbar, in drei Sonderfällen das Entstehen von Überstunden weiter zurückzudrängen, die Zuschlagspflichtigkeit von Mehrstunden als Überstunden weitergehend zu begrenzen.

105 **1. Überstunden bei wöchentlichem Arbeitszeitkorridor oder täglicher Rahmenzeit gemäß § 6 Abs. 6 und Abs. 7.** Sind, notwendig durch Betriebs-/Dienstvereinbarung mit dem Betriebsrat bzw Personalrat, (außerhalb von Schicht- oder Wechselschichtarbeit: § 6 Abs. 8), ein wöchentlicher **Arbeitszeitkorridor** gemäß § 6 Abs. 6 oder eine tägliche **Rahmenzeit** gemäß § 6 Abs. 7 eingeführt worden, gelten nach Abs. 8 lit. a und lit. b kurzfristig angeordnete Mehrstunden, auch wenn sie sich außerhalb der individuellen betriebsüblich bzw dienstplanmäßig festgesetzten Wochenarbeitszeit bewegen, solange nicht als Überstunden, als der festgelegte wöchentliche Arbeitszeitkorridor (von max. 45 Stunden) oder die tägliche Rahmenzeit (von max. 12 Stunden) nicht überschritten sind.[116]

Dies erlaubt eine weitergehende Flexibilisierung der Arbeitszeit ohne Verteuerung der Personalkosten durch Überstundenzuschläge, sofern in Bereichen, die durch Arbeitszeitschwankungen geprägt – aber nicht bereits durch Wechselschicht-/Schichtarbeit organisiert – sind entsprechende Regelungen über einen wöchentlichen Arbeitszeitkorridor oder eine tägliche Rahmenzeit im Wege der betrieblichen Mitbestimmung eingeführt sind.

106 **2. Überstunden bei Wechselschicht- oder Schichtarbeit.** Da aufgrund ausdrücklicher Regelung (§ 6 Abs. 8) in den üblich und zwangsläufig von Rund-um-die-Uhr-Arbeitszeitmodellen gekennzeichneten Bereichen, insbesondere in Kliniken,

---

116 Ob die Einführung einer Rahmenzeit oder eines Arbeitszeitkorridors dem erzwingbaren Mitbestimmungsrecht des Betriebsrats unterliegen, vgl Steinigen, ZTR 2010, 509 (511, unter 3.4 f).

Heimen etc., die Möglichkeit der mitbestimmten Einführung eines wöchentlichen Arbeitszeitkorridors oder einer täglichen Rahmenzeit nicht besteht, haben die Tarifvertragsparteien in lit. c für die hier im Regelfall praktizierte **Wechselschicht-** oder **Schichtarbeit** (Abs. 1 und Abs. 2) eine gesonderte Überstundendefinition zu kreieren versucht (die vorliegende Regelung hierzu ist jedoch nicht nur für den unbefangenen Tarifanwender, sondern auch für Juristen nicht lediglich kompliziert, missverständlich und auslegungsbedürftig, sondern bereits sprachlich nahezu unverständlich formuliert – ein Musterbeispiel für Tarifnormen, die nicht anwendbar sind, selbst wenn sie angewendet werden wollten!).[117]

a) Einzelmerkmale. Bei Zerlegung der einzelnen Satzteile dieser Regelung in Tatbestandsmerkmale scheint diese Bestimmung meinen zu wollen, dass bei Vorliegen von Schicht- oder Wechselschichtarbeit (Abs. 1 und Abs. 2) Überstunden dann vorliegen, wenn 107

- über die im Schichtplan festgelegten täglichen Arbeitsstunden und die dort vorgesehenen Arbeitsstunden hinaus (1),
- angeordnete Mehrstunden anfallen (2),
- die bezogen auf die regelmäßige Wochenarbeitszeit (§ 6 Abs. 1) (3),
- innerhalb des Schichtplanturnus nicht mehr ausgeglichen werden (4).

b) Probleme. Es kommt somit zunächst auf die Überschreitung der im jeweiligen Schicht-(Dienst-)Plan festgesetzten **täglichen Arbeitsstunden** – was insoweit selbstverständlich ist! – und weiter darauf an, dass diese Zusatzarbeitsstunden im weiteren Verlauf der **Dienstplanperiode** nicht mehr ausgeglichen werden[118] – allerdings bezogen auf die „**regelmäßige wöchentliche Arbeitszeit**" des § 6 Abs. 1 (38,5 Stunden ff) –. Parallel dazu sollen in diesen Arbeitssystemen Überstunden auch dann entstehen, wenn die im Schicht-/Dienstplan bereits **vorgesehenen** – also von vornherein planmäßig festgelegten – überschießenden Arbeitsstunden innerhalb der jeweiligen Dienstplanperiode nicht auf die jeweils geltende regelmäßige (Durchschnitts-)Wochenarbeitszeit des § 6 Abs. 1 ausgeglichen/zurückgeführt werden.[119] 108

Ausgehend von den in der Dienst-/Schichtplanpraxis der Krankenhäuser, Heime usw, die eben typischerweise von Schicht-/Wechselschichtarbeit geprägt sind, weitestgehend – wenn nicht sogar durchgängig – üblichen Dienstplänen für einen 109

---

117 Da diese Norm sprachlich und damit inhaltlich eigentlich unverständlich ist, sind die hier gemeinten Arbeitsbereiche nachgerade gezwungen, eigene handgestrickte Überstundendefinitionen für Beschäftigte in Schicht-/Wechselschichtarbeit zu (er)finden – was sie nach Kenntnis des Verfassers jetzt auch regelmäßig machen; Goodson in Bepler/Böhle/Meerkamp/Stöhr, § 7 Rn 48 a will diese als „missverständlich formuliert" bezeichnete Regelung aus der tariflichen Verhandlungsgeschichte erklären. Kranz, TVöD-K Spartentarifvertrag Krankenhäuser, 2008, Rn 130, und andere machen sich nicht einmal die Mühe eines Versuches der Übersetzung dieser Tarifregelung, sondern zitieren sie, im Wesentlichen unkommentiert, lediglich nochmals im vollen Wortlaut.
118 Dies übersieht in bemerkenswerter Weise Steinigen, ZTR 2010, 509 (512 f, unter 3.7.1.), der meint, dass Überstunden hier schon dann entstünden, wenn die im Schichtplan festgesetzte Tagesarbeitszeit überschritten wird, wobei (wie im letzten Satz vorgesehen) ein Ausgleichszeitraum gelte (was er in der Folge jedoch wieder anders sehen will und letztlich den neuen Ausgleichszeitraum bis zum Ende der Folgewoche für das Entstehen von Überstunden in § 7 Abs. 7 auch hier heranzieht).
119 So auch LAG Mecklenburg-Vorpommern v. 15.9.2011, 5 Sa 268/10, Juris (Rn 97); vgl auch Zetl, ZMV 2011, 133/136 (unter III. 4.).

Zeitraum von vier Wochen oder einem Monat kann dies am **Beispiel** zu verdeutlichen versucht werden:

MTA B. (regelmäßige Wochenarbeitszeit gemäß TVöD: 39 Stunden) ist in Schichtarbeit tätig und hat gemäß 4-Wochen-Dienstplan ihrer Abteilung für die 21. bis 24. KW 22 Früh- und Spätschichten von jeweils 7,7 Arbeitsstunden, somit insgesamt 169,4 Arbeitsstunden zu leisten. In der 4. Schicht der 2. Woche muss sie zwei zusätzliche Arbeitsstunden erbringen.

110 Nach der Tarifregelung in lit. c muss dies bedeuten:

- Werden, zum einen, die beiden in der 2. Woche erbrachten Mehrstunden nicht bis zum Ende der 4. Woche als Ende dieses Dienstplanturnus ausgeglichen (durch Verkürzung späterer Schichten, s. Abs. 7), werden diese – erst – dann zu Überstunden, wenn und soweit dadurch gleichzeitig die regelmäßige Wochenarbeitszeit von hier (4 x 39 =) 156 Arbeitsstunden im Dienstplanturnus überschritten wird.[120]
- Zum anderen aber und gleichzeitig werden auch diejenigen von vornherein im Dienstplan festgelegten („vorgesehenen") 13,4 Arbeitsstunden, die die regelmäßige Wochenarbeitszeit von in diesem Fall (39 Stunden/Woche x 4 Dienstplanwochen =) 156 Stunden (hier: 169,4 Stunden – 156 Stunden, ergibt 13,4 Stunden) nach Ablauf des Dienstplanturnus von 4 Wochen immer noch überschreiten, also nicht während dieser 4 Wochen nachträglich „ausgeglichen" werden konnten, zu Überstunden.

111 Die eine Alternative des **Ausgleichs** von üblich ungeplanten Mehrstunden hier **innerhalb des** jeweiligen konkreten **Dienstplanturnus** ist ambivalent und auch keine wesentliche Abweichung zur allgemeinen (partiell neuen) Überstundenregelung in Abs. 7:

Dort steht bei aufgrund eines Arbeitszeit-Wochen-Soll-/Ist-Vergleichs geleisteten Mehrstunden jetzt immer auch noch die nächstfolgende Woche für einen Ausgleich dieser zusätzlichen Stunden zur Vermeidung von Überstunden zur Verfügung, während hier der Ausgleich im gesamten Dienstplanturnus erfolgen kann – was bei den in der Praxis fast durchgängig üblichen 4-Wochen- bzw Monatsdienstplänen bei Mehrstunden in den ersten beiden Wochen den Ausgleichsspielraum zwar zeitlich (bis zum Ablauf der folgenden drei/zwei Wochen) erweitert, bei Mehrstunden in der 3. Woche keinen Unterschied zum allgemeinen Überstundenbegriff in Abs. 7 ausmacht (weil hier die nächste Woche gleichzeitig das Ende dieses Dienstplanturnus markiert), bei Mehrstunden in der 4. Woche,

---

120 Zepf/Gussone, Das Tarifrecht in Krankenhäusern, Universitätskliniken, Heimen und sozialen Einrichtungen, 2009, S. 150; Goodson in Bepler/Böhle/Meerkamp/Stöhr, Rn 48 b und c – ihm folgend Pieper in Görg/Guth/Hamer/Pieper, Rn 45 – wollen bei dieser Alternative lediglich auf die Überschreitung der jeweils im Schichtplan vorgesehenen Tagesarbeitszeit, ohne Berücksichtigung des Einbringens solcher Plusstunden innerhalb der Dienstplanperiode als Ausgleichszeitraums, abstellen, was der Wortlaut dieser Bestimmung so nicht hergibt. Im Ergebnis würde diese Ansicht bedeuten, dass bei Wechselschicht- und Schichtarbeit jede Überschreitung der vorgesehenen Tagesarbeitszeit zuschlagspflichtige Überstunden zur Folge haben würde – was selbst beide Tarifvertragsparteien – soweit auf deren innere Vorstellungswelt bei den Verhandlungen bei der Tarifauslegung abzustellen wäre – nicht im Auge gehabt haben werden.

also kurz vor Ende des Schichtplanturnus, die Ausgleichsmöglichkeiten jedoch zeitlich verkürzt.[121]

Die andere, nach dem Satzaufbau parallele, Alternative der „**vorgesehenen**" **Arbeitsstunden**, die „bezogen auf die regelmäßige wöchentliche Arbeitszeit" im Dienst-/Schichtplanturnus nicht ausgeglichen werden, muss bei den in Dienstplanperioden von 4 Wochen/einem Monat, wie sie in den von Wechselschicht-/Schichtarbeit geprägten Einrichtungen weitgehend üblich sind, zu unnachvollziehbaren Konsequenzen führen. Dann müssen auch dienstplanmäßig von vornherein erfolgte „Überplanungen" (über die regelmäßige Wochenarbeitszeit x der Zahl der Wochen des Dienstplanzeitraums hinaus), die im Rahmen der grundsätzlich nunmehr auf ein Jahr als Ausgleichszeitraum festgelegten flexiblen Berechnung der regelmäßigen Grund-/Normalarbeitszeit gemäß § 6 Abs. 1 und Abs. 2 ohne Weiteres möglich und sogar tarifpolitisch grundsätzlich angelegt sind, bereits innerhalb des kurzen etwa vierwöchigen Schichtplanzeitraum ausgeglichen werden, um Überstunden zu vermeiden.[122] 112

Beim in der Praxis verbreiteten 4-Wochen-Dienstplan bedeutet dies, dass – bei einer regelmäßigen Wochenarbeitszeit von zB 38,5 Stunden – auch Überplanungen über 154 (4 x 38,5 Arbeitsstunden) Stunden hinaus innerhalb dieses Schichtplanturnus ausgeglichen werden müssten. Dies muss konsequent zur faktischen Notwendigkeit – und das entsprechende Weisungsrecht des Vorgesetzten – führen, über 154 Stunden hinaus festgesetzte/geplante Arbeitszeiten/Schichten nachträglich innerhalb des vierwöchigen Dienstplanzeitraums wieder durch Freizeit auszugleichen (die erfolgte Überplanung nachträglich zu streichen). Dies ist nicht nur schwer nachzuvollziehen, sondern auch mit den Grundsätzen zur Ausübung des Weisungsrechtes und einer Verbindlichkeit von Dienstplänen schwierig zu vereinbaren (würde zu einem nachträglichen Wegfall von Schichten im überplanten Umfang oberhalb der Idealarbeitszeit zwingen).

Diese Regelung erschwert damit nicht nur jede Planung – provoziert in der Praxis bereits eine entsprechende „Überplanung", um Spielraum für entsprechende Freischichten zur Rückführung der Überplanung zu haben –, sondern konterkariert im Ergebnis auch die gerade erweiterte Flexibilität des nunmehr grundsätzlich auf ein Jahr ausgeweiteten Ausgleichszeitraums zur Errechnung der durchschnittlichen Wochenarbeitszeit in § 6 Abs. 1 und Abs. 2.[123]

Die offensichtliche Intention dieser Tarifregelung, auch bei Schicht-/Wechselschichtarbeit Überstunden – Überstundenzuschläge – möglichst zu vermeiden, jedenfalls zu reduzieren, ließe sich damit nur dadurch erreichen, dass Dienst-/**Schichtplanturnus und** (der einjährige) **Ausgleichszeitraum** für die Berechnung der regelmäßigen Wochenarbeitszeit gemäß § 6 Abs. 2 weitgehend **zeitlich pa-** 113

---

121 Dagegen will Böhme in Pflege- & Krankenhausrecht 2006, 99/102 unnachvollziehbar auch hier den 2-Wochen-Zeitraum des Abs. 7 kumulativ anwenden.
122 So auch das Beispiel im Erläuterungspapier TS Nr. 76/05 vom 30.9.2005 – dort S. 5 – der Gewerkschaft ver.di; so auch Fieberg in GKÖD, Bd. IV (2010), Rn 68.
123 Wieso Breier/Dassau et al., Bd. 1, Rn 89, und Dassau/Wiesend-Rothbrust, TVöD, 5. Aufl. 2006, Rn 62 meinen wollen, dass nach dieser Regelung die regelmäßige Wochenarbeitszeit im Schichtplanturnus nicht ausgeglichen werden muss (also beim 4-Wochen-Dienstplan und einer Wochenarbeitszeit von zB 38,5 Stunden: 154 Stunden), sondern der Ausgleichszeitraum von einem Jahr (§ 6 Abs. 2) zur Verfügung stünde, ist nicht nachvollziehbar, da dies im Widerspruch zum Wortlaut und auch erkennbaren „Sinn" und der Zwecksetzung dieser Bestimmung steht.

rallel, gleich lang, festgelegt werden, identisch sind – im Ergebnis somit der Dienstplanturnus ebenfalls auf ein (Kalender)Jahr ausgelegt wird.[124]

114 3. **Ausgleich von Überstunden.** Keine Regelungen enthält der Allgemeine Teil des TVöD zum **Ausgleich** von definitionsgemäß geleisteten Überstunden, insbesondere zur Frage eines Freizeitausgleichs.[125]

115 a) **Freizeitausgleich, Vergütung.** Während etwa § 17 Abs. 5 BAT ausdrücklich die Optionen des – vorrangigen, wenngleich zeitlich befristeten – Freizeitausgleichs erbrachter Überstunden zuzüglich des Überstundenzeitzuschlages in Geld oder alternativ, hilfsweise, der vollständigen Vergütung der Überstunden mit einem festen Satz (125 % bzw 120 %/115 % des Tabellenstundensatzes) vorsah, ist nunmehr allein der finanzielle Zeitzuschlag geregelt (§ 8 Abs. 1 Satz 2 lit. a). Auch wenn dort weiter die Möglichkeit der Verbuchung der „Überstunden als solche" auf ein eingerichtetes Arbeitszeitkonto gemäß § 10 erwähnt ist (§ 8 Abs. 1 Satz 5 iVm Satz 3), schließt dies nicht etwa im Umkehrschluss aus, dass auch ohne ein solches, durch Betriebs-/Dienstvereinbarung eingerichtetes, formelles Arbeitszeitkonto nach § 10 **Freizeitausgleich** für geleistete Überstunden gewährt – solches zumindest, auch konkludent durch entsprechendes Verhalten, vereinbart – wird.[126] Durch Freizeitausgleich soll die erhöhte Arbeitsbelastung durch die erbrachten Mehrstunden wenigstens längerfristig wieder auf das Normalmaß der – sowieso nur als durchschnittlich geregelten (§ 6 Abs. 1) – Wochenarbeitszeit zurückgeführt wird, solche ausgeweiteten Arbeitszeiten nicht zum Normalfall werden und **Überstundenvergütungs**ansprüche nicht zum Besitzstand erwachsen.[127]

Der Arbeitgeber kann Freizeitausgleich für Überstunden jedoch nur nach einer angemessenen Ankündigungsfrist festlegen/einplanen.[128] Hierbei sind nach den

---

124 Was Breier/Dassau u.a., TVöD, Bd. 1 (noch Stand 9/2005), unter § 7 Rn 90 als Konsequenz aus dieser Tarifregelung so ausdrücklich empfehlen (aus ihrer erkennbar interessengeleiteten Sicht konsequent empfehlen müssen). Ebenso Brock in Groeger, Arbeitsrecht im öffentlichen Dienst, 2010, Teil 3 L Rn 146 f; dagegen rät Goodson in Bepler/Böhle/Meerkamp/Stöhr, § 7 Rn 49 aE, aus seiner gegenteiligen Intention, die Anordnung von Überstunden zu erschweren bzw angeordnete Mehrarbeit schneller als Überstunde(n) ausgeglichen zu erhalten, wiederum konsequent, möglichst kurzfristige (gemeint: kurze Zeiträume umfassende) Schichtpläne aufzustellen.

125 Für den Bereich der Allgemeinen Verwaltung enthält der BT-V zum TVöD (§ 43 Abs. 1) im wesentlichen die „alte" Regelung in § 17 Abs. 5, § 35 Abs. 3 BAT, wonach Überstunden „grundsätzlich" – bis spätestens bis zum Ende des 3. folgenden Kalendermonats nach Entstehen – mit Freizeit auszugleichen sind – zuzüglich Zeitzuschlag nach § 8 Abs. 1 (30 %/15 %) –, andernfalls sind sie finanziell zu vergüten, ersichtlich ebenfalls zuzüglich des Zeitzuschlages (anders nur bei in Auslandsdienststellen des Bundes entsandten Beschäftigten: § 45 zu Abschn. II, zu § 8.

126 So jetzt BAG v. 17.12.2009, 6 AZR 716/08, ZTR 2010, 197 für den Ausgleich des Bereitschaftsdienstes als Sonderfalls von Überstunden: Nimmt ein Beschäftigter der Freizeitausgleich = die bezahlte Freizeit (Arbeitsfreistellung) hierfür ohne Vorbehalt entgegen, erklärt er damit konkludent seine Zustimmung zur Abgeltung der Bereitschaftsdienste durch Freizeitausgleich. Diese Zustimmung kann er aber jederzeit widerrufen.

127 Zepf/Gussone, Das Tarifrecht in Krankenhäusern, Universitätskliniken, Heimen und sozialen Einrichtungen, 2009, S. 152 f gehen von der alleinigen Möglichkeit der Auszahlung von Überstunden(vergütung) aus.

128 Sehr weitgehend BAG v. 19.5.2009, 9 AZR 433/08, NZA 2009, 1211 (Rn 28): Selbst eine widerrufliche Arbeitsfreistellung führt zum Abbau von Arbeitszeitguthaben und entspricht den Anforderungen bei der Ausübung des Weisungsrechts nach § 106 GewO.

maßgeblichen Grundsätzen billigen Ermessens (§ 106 GewO, § 315 BGB) auch die Interessen des Beschäftigten zu berücksichtigen, um es diesem zu ermöglichen, sich auf die Freistellung einzustellen und die zusätzliche freie Zeit sinnvoll nutzen zu können.[129] In der Regel müssen also mehrere Tage zwischen Festlegung des Freizeitausgleichs und diesem liegen – sinnvollerweise sollte dies bereits mit Erstellung des Schicht-/Dienstplans erfolgen. Bei Einverständnis des Beschäftigten kann Freizeitausgleich für Arbeitszeitguthaben auch kurzfristig festgelegt – vereinbart – werden. Im Wege der individualvertraglichen Vereinbarung ist auch festzulegen, in welchem Zeitraum bzw bis zu welchem Zeitpunkt die Überstunden durch Freizeitausgleich abzubauen sind. Der finanzielle **Überstunden-Zeitzuschlag** gemäß § 8 Abs. 1 Satz 2 lit. b kann allerdings auch in diesem Fall nur ausbezahlt werden (nur im Falle des Bestehens eines förmlichen Arbeitszeitkontos gemäß § 10 dort als umgewandeltes Zeitguthaben verbucht werden: § 8 Abs. 1 Satz 4).

Exkurs zum Überstunden-Freizeitausgleich und Krankheit: Sind Freizeitausgleich zum Abbau von Überstunden im förmlichen Sinn oder Arbeitszeitguthaben sonst fest **eingeplant** – etwa im Dienst-/Schichtplan verbindlich eingetragen – und wird der Beschäftigte **danach**, vor der Inanspruchnahme des Freizeitausgleichs, **arbeitsunfähig krank** (also, ohne dass dies bereits bei Festlegung des Freizeitausgleichs **absehbar** war),[130] wird der Freizeitausgleich trotzdem eingebracht – werden damit die Überstunden abgebaut, weshalb keine Nachgewährungspflicht besteht –, da der Arbeitgeber mit der zuvor erfolgten Arbeitsbefreiung den Anspruch auf bezahlten Abbau von Arbeitszeitguthaben erfüllt hatte und das Nutzungsrisiko dieser festgelegten Zeit sodann beim Beschäftigten liegt.[131]

116

Ist allerdings zum Zeitpunkt der beabsichtigten Festlegung von Freizeitausgleich bereits bekannt oder abzusehen, dass der Beschäftigte – ggf weiterhin – arbeitsunfähig krank sein wird, kann Freizeitausgleich begrifflich nicht festgesetzt werden, da Freizeitausgleich Freistellung von einer bestehenden Arbeitspflicht bedeutet. Bei (fortbestehender) Krankheit besteht jedoch keine Arbeitspflicht (wobei des Weiteren bei Festlegung von „Freizeitausgleich" während bereits bekannter Arbeitsunfähigkeit auch die Regelungen über die Entgeltfortzahlung im Krankheitsfall umgangen würden).

Trotz des engen Wortlauts des § 24 Abs. 6 können auch, regelmäßig anfallende, Überstundenentgelte **pauschaliert** werden, worüber sinnvoller Weise eine Nebenabrede gemäß § 2 Abs. 3 zu schließen ist.

117

---

129 BAG v. 17.1.1995, 3 AZR 399/94, NZA 1995, 1000; zur Notwendigkeit einer Ankündigungsfrist bei Freizeitausgleich vgl Schroth, Pflege- & Krankenhausrecht 2008, 42.

130 Zur hiernach maßgeblichen Frage, ob zum Zeitpunkt der Dienstplanerstellung bekannt oder absehbar war, dass der Beschäftigte, ggf weiter, arbeitsunfähig krank sein würde – dann mangels bestehender Arbeitspflicht die Möglichkeit eines Abbau von Arbeitszeitguthaben/Freizeitausgleich zwangsläufig aus – oder nicht: vgl auch LAG Düsseldorf, 16 (18) Sa 167/06; hierzu Schroth, Pflege- & Krankenhausrecht 2007, 102.

131 So die ständige Rechtsprechung, etwa BAG v. 4.9.1985, 7 AZR 531/82, AP Nr. 13 zu § 17 BAT; BAG v. 25.2.1986, 3 AZR 328/84, NZA 1986, 716; BAG v. 21.8.1991, 5 AZR 91/91, NZA 1992, 76; aA Städler, NZA 2012, 304 (mit Abstellen auf eine – systematisch verfehlte – analoge Anwendung des § 9 BUrlG, wonach ärztlich attestierte Erkrankungen während eines Urlaubs auf diesen nicht angerechnet werden); s. auch LAG Rheinland-Pfalz v. 30.9.1999, 6 Sa 566/99, ZTR 2000, 274 (LS); LAG Berlin v. 20.3.1991, 13 Sa 113/90, BB 1991, 1341.

118 b) **TV-L.** Der TV-L enthält demgegenüber in § 8 Abs. 2 im Wesentlichen die „alte" Regelung des § 17 Abs. 5 (iVm § 35 Abs. 1 Satz 2 lit. a) BAT. Ob Überstunden durch Freizeit oder durch Vergütung auszugleichen sind, entscheidet hiernach der Arbeitgeber,[132] innerhalb der vorgesehenen Frist von maximal drei Monaten – danach besteht grundsätzlich ein Vergütungsanspruch.[133] Dies gilt auch bei Einrichtung eines Arbeitszeitkontos, wenn keine Umwandlung der Zeitzuschläge („Faktorisierung") und/oder der Überstunden selbst gewünscht wurde: § 8 Abs. 1 Satz 4 und Satz 5, § 10 Abs. 3 Satz 1 TV-L. Hiernach sind Überstunden „grundsätzlich" – also nach dem Wortlaut und auf den ersten Blick: in jedem Fall – durch Freizeitausgleich auszugleichen, wobei der im Vordergrund stehende **Freizeitausgleich** „möglichst" bis zum Ende des folgenden, spätestens bis zum Ende des dritten nachfolgenden, Kalendermonats[134] zu gewähren ist und hierbei das Tabellenentgelt zuzüglich des **Zeitzuschlags** für Überstunden zu bezahlen ist – ansonsten **Überstundenvergütung** iHv 130 %/115 % fällig wird (letztere Option macht den eigentlich nach dem Obersatz verbindlichen Freizeitausgleich damit im Ergebnis zur Sollvorschrift).

Im Bereich der Länder sieht § 8 Abs. 3 des TV-L nunmehr vor, dass – außerhalb der Freien Hansestadt Bremen und der Freien und Hansestadt Hamburg – Beschäftigte der Entgeltgruppen 15/15 Ü bei obersten Landesbehörden sowie Dienststellenleiter und deren Vertreter ab Entgeltgruppe 14 keine Vergütung für Überstunden oder Mehrarbeit erhalten. Ebenso ist bei den weiteren Beschäftigten ab Entgeltgruppe 13 – also dem „**höheren Dienst**" im beamtenrechtlichen Sinn – die über die regelmäßige Arbeitszeit hinaus geleistete Arbeit durch ihr (Tabellen-)Entgelt abgegolten[135] – letztere erhalten Überstundenvergütung nur dann, wenn Überstunden für sämtliche Beschäftigte der jeweiligen Behörde angeordnet waren.

§ 8 Ausgleich für Sonderformen der Arbeit (TVöD)

(1) ¹Der/Die Beschäftigte erhält neben dem Entgelt für die tatsächliche Arbeitsleistung Zeitzuschläge. ²Die Zeitzuschläge betragen – auch bei Teilzeitbeschäftigten – je Stunde

a) für Überstunden
    in den Entgeltgruppen 1 bis 9   30 v.H.,
    in den Entgeltgruppen 10 bis 15   15 v.H.,

---

132 So reichlich apodiktisch BAG v. 20.7.1989, 6 AZR 774/87, ZTR 1990, 155 – wonach der Angestellte/Beschäftigte nicht verpflichtet ist, sich selbst um Freizeitausgleich zu bemühen, sondern die Ausübung des Wahlrechts hinsichtlich Freizeitausgleich oder Überstundenvergütung allein Sache des Arbeitgebers ist.
133 Siehe näher die Kommentierung zu § 8 Abs. 2 TVöD/TV-L.
134 Allerdings können sich nach BAG v. 7.12.1982, 3 AZR 1218/79, AP Nr. 8 zu § 17 BAT Arbeitgeber/Vorgesetzter und Beschäftigter auf Freizeitausgleich auch über die maximal dreimonatige Frist hinaus, zu einem späteren Zeitpunkt, einigen (ohne Verstoß gegen das Günstigkeitsprinzip des § 4 Abs. 3 TVG), wobei eine solche Einigung uU sogar in einer widerspruchslosen Hinnahme der späteren Gewährung von Freizeitausgleich liegen können soll (eine fragwürdige Ableitung).
135 Das BAG (v. 15.10.1992, 6 AZR 349/91, NZA 1993, 1088) hatte die Wirksamkeit der Vorgängerregelung in § 17 Abs. 6 Satz BAT zum Ausschluss von Überstundenabgeltungsansprüchen bei Angestellten in höheren Vergütungsgruppen nicht problematisiert.

b) für Nachtarbeit	20 v.H.,
c) für Sonntagsarbeit	25 v.H.,
d) bei Feiertagsarbeit	
– ohne Freizeitausgleich	135 v.H.,
– mit Freizeitausgleich	35 v.H.,
e) für Arbeit am 24. Dezember und am 31. Dezember jeweils ab 6 Uhr	35 v.H.,
f) für Arbeit an Samstagen von 13 bis 21 Uhr, soweit diese nicht im Rahmen von Wechselschicht- oder Schichtarbeit anfällt	20 v.H.

des auf eine Stunde entfallenden Anteils des Tabellenentgelts der Stufe 3 der jeweiligen Entgeltgruppe. [3]Beim Zusammentreffen von Zeitzuschlägen nach Satz 2 Buchst. c bis f wird nur der höchste Zeitzuschlag gezahlt. [4]Auf Wunsch der/des Beschäftigten können, soweit ein Arbeitszeitkonto (§ 10) eingerichtet ist und die betrieblichen/dienstlichen Verhältnisse es zulassen, die nach Satz 2 zu zahlenden Zeitzuschläge entsprechend dem jeweiligen Vomhundertsatz einer Stunde in Zeit umgewandelt und ausgeglichen werden. [5]Dies gilt entsprechend für Überstunden als solche.

Protokollerklärung zu Absatz 1 Satz 1:
Bei Überstunden richtet sich das Entgelt für die tatsächliche Arbeitsleistung nach der jeweiligen Entgeltgruppe und der individuellen Stufe, höchstens jedoch nach der Stufe 4.

Protokollerklärung zu Absatz 1 Satz 2 Buchst. d:
[1]Der Freizeitausgleich muss im Dienstplan besonders ausgewiesen und bezeichnet werden. [2]Falls kein Freizeitausgleich gewährt wird, werden als Entgelt einschließlich des Zeitzuschlags und des auf den Feiertag entfallenden Tabellenentgelts höchstens 235 v.H. gezahlt.

(2) Für Arbeitsstunden, die keine Überstunden sind und die aus betrieblichen/dienstlichen Gründen nicht innerhalb des nach § 6 Abs. 2 Satz 1 oder 2 festgelegten Zeitraums mit Freizeit ausgeglichen werden, erhält die/der Beschäftigte je Stunde 100 v.H. des auf eine Stunde entfallenden Anteils des Tabellenentgelts der jeweiligen Entgeltgruppe und Stufe.

Protokollerklärung zu Absatz 2:
Mit dem Begriff „Arbeitsstunden" sind nicht die Stunden gemeint, die im Rahmen von Gleitzeitregelungen im Sinne der Protokollerklärung zu § 6 anfallen, es sei denn, sie sind angeordnet worden.

(3) [1]Für die Rufbereitschaft wird eine tägliche Pauschale je Entgeltgruppe bezahlt. [2]Sie beträgt für die Tage Montag bis Freitag das Zweifache, für Samstag, Sonntag sowie für Feiertage das Vierfache des tariflichen Stundenentgelts nach Maßgabe der Entgelttabelle. [3]Maßgebend für die Bemessung der Pauschale nach Satz 2 ist der Tag, an dem die Rufbereitschaft beginnt. [4]Für die Arbeitsleistung innerhalb der Rufbereitschaft außerhalb des Aufenthaltsortes im Sinne des § 7 Abs. 4 wird die Zeit jeder einzelnen Inanspruchnahme einschließlich der hierfür erforderlichen Wegezeiten jeweils auf eine volle Stunde gerundet und mit dem Entgelt für Überstunden sowie mit etwaigen Zeitzuschlägen nach Absatz 1 bezahlt. [5]Wird die Arbeitsleistung innerhalb der Rufbereitschaft am Aufenthaltsort im Sinne des § 7 Abs. 4 telefonisch (z.B. in Form einer Auskunft) oder mittels

technischer Einrichtungen erbracht, wird abweichend von Satz 4 die Summe dieser Arbeitsleistungen auf die nächste volle Stunde gerundet und mit dem Entgelt für Überstunden sowie mit etwaigen Zeitzuschlägen nach Absatz 1 bezahlt. [6]Absatz 1 Satz 4 gilt entsprechend, soweit die Buchung auf das Arbeitszeitkonto nach § 10 Abs. 3 Satz 2 zulässig ist. [7]Satz 1 gilt nicht im Falle einer stundenweisen Rufbereitschaft. [8]Eine Rufbereitschaft im Sinne von Satz 7 liegt bei einer ununterbrochenen Rufbereitschaft von weniger als zwölf Stunden vor. [9]In diesem Fall wird abweichend von den Sätzen 2 und 3 für jede Stunde der Rufbereitschaft 12,5 v.H. des tariflichen Stundenentgelts nach Maßgabe der Entgelttabelle gezahlt.

Protokollerklärung zu Absatz 3:

Zur Ermittlung der Tage einer Rufbereitschaft, für die eine Pauschale gezahlt wird, ist auf den Tag des Beginns der Rufbereitschaft abzustellen.

(4) [1]Das Entgelt für Bereitschaftsdienst wird landesbezirklich – für den Bund in einem Tarifvertrag auf Bundesebene – geregelt. [2]Bis zum In-Kraft-Treten einer Regelung nach Satz 1 gelten die in dem jeweiligen Betrieb/der jeweiligen Verwaltung/Dienststelle am 30. September 2005 jeweils geltenden Bestimmungen fort.

(5) [1]Beschäftigte, die ständig Wechselschichtarbeit leisten, erhalten eine Wechselschichtzulage von 105 Euro monatlich. [2]Beschäftigte, die nicht ständig Wechselschichtarbeit leisten, erhalten eine Wechselschichtzulage von 0,63 Euro pro Stunde.

(6) [1]Beschäftigte, die ständig Schichtarbeit leisten, erhalten eine Schichtzulage von 40 Euro monatlich. [2]Beschäftigte, die nicht ständig Schichtarbeit leisten, erhalten eine Schichtzulage von 0,24 Euro pro Stunde.

§ 8 Ausgleich für Sonderformen der Arbeit (TV-L)

(1) [1]Beschäftigte erhalten neben dem Entgelt für die tatsächliche Arbeitsleistung Zeitzuschläge. [2]Die Zeitzuschläge betragen – auch bei Teilzeitbeschäftigten – je Stunde

a) für Überstunden
   - in den Entgeltgruppen 1 bis 9   30 v.H.,
   - in den Entgeltgruppen 10 bis 15   15 v.H.,
b) für Nachtarbeit   20 v.H.,
c) für Sonntagsarbeit   25 v.H.,
d) bei Feiertagsarbeit
   - ohne Freizeitausgleich   135 v.H.,
   - mit Freizeitausgleich   35 v.H.,
e) für Arbeit am 24. Dezember und am 31. Dezember jeweils ab 6 Uhr   35 v.H.,
f) für Arbeit an Samstagen von 13 bis 21 Uhr, soweit diese nicht im Rahmen von Wechselschicht- oder Schichtarbeit anfällt,   20 v.H.

des auf eine Stunde entfallenden Anteils des Tabellenentgelts der Stufe 3 der jeweiligen Entgeltgruppe. [3]Beim Zusammentreffen von Zeitzuschlägen nach Satz 2 Buchstabe c bis f wird nur der höchste Zeitzuschlag gezahlt. [4]Auf Wunsch der Beschäftigten können, soweit ein Arbeitszeitkonto (§ 10) eingerichtet ist und die betrieblichen/dienstlichen Verhältnisse es zulassen, die nach Satz 2 zu zahlenden Zeitzuschläge entsprechend dem jeweiligen Vomhundertsatz einer Stunde in Zeit umgewandelt (faktorisiert) und ausgeglichen werden. [5]Dies gilt entsprechend für Überstunden als solche.

Protokollerklärung zu § 8 Absatz 1:
Bei Überstunden richtet sich das Entgelt für die tatsächliche Arbeitsleistung nach der jeweiligen Entgeltgruppe und der individuellen Stufe, höchstens jedoch nach der Stufe 4.

Protokollerklärung zu § 8 Absatz 1 Satz 2 Buchstabe d:
[1]*Der Freizeitausgleich muss im Dienstplan besonders ausgewiesen und bezeichnet werden.* [2]*Falls kein Freizeitausgleich gewährt wird, werden als Entgelt einschließlich des Zeitzuschlags und des auf den Feiertag entfallenden Tabellenentgelts höchstens 235 v.H. gezahlt.*

(2) [1]Überstunden sind grundsätzlich durch entsprechende Freizeit auszugleichen; für die Zeit des Freizeitausgleichs werden das Tabellenentgelt sowie die sonstigen, in Monatsbeträgen festgelegten Entgeltbestandteile weitergezahlt. [2]Sofern kein Arbeitszeitkonto nach § 10 eingerichtet ist, oder wenn ein solches besteht, die/der Beschäftigte jedoch keine Faktorisierung nach Absatz 1 geltend macht, erhält die/der Beschäftigte für Überstunden (§ 7 Absatz 7), die nicht bis zum Ende des dritten Kalendermonats – möglichst aber schon bis zum Ende des nächsten Kalendermonats – nach deren Entstehen mit Freizeit ausgeglichen worden sind, je Stunde 100 v.H. des auf die Stunde entfallenden Anteils des Tabellenentgelts der jeweiligen Entgeltgruppe und Stufe, höchstens jedoch nach der Stufe 4. [3]Der Anspruch auf den Zeitzuschlag für Überstunden nach Absatz 1 besteht unabhängig von einem Freizeitausgleich.

(3) [1]Für Beschäftigte der Entgeltgruppen 15 und 15 Ü bei obersten Landesbehörden sind Mehrarbeit und Überstunden durch das Tabellenentgelt abgegolten. [2]Beschäftigte der Entgeltgruppen 13, 13 Ü und 14 bei obersten Landesbehörden erhalten nur dann ein Überstundenentgelt, wenn die Leistung der Mehrarbeit oder der Überstunden für sämtliche Beschäftigte der Behörde angeordnet ist; im Übrigen ist über die regelmäßige Arbeitszeit hinaus geleistete Arbeit dieser Beschäftigten durch das Tabellenentgelt abgegolten. [3]Satz 1 gilt auch für Leiterinnen/Leiter von Dienststellen und deren ständige Vertreterinnen/Vertreter, die in die Entgeltgruppen 14 und 15 und 15 Ü eingruppiert sind. [4]Die Sätze 1 bis 3 gelten nicht für Beschäftigte der Freien Hansestadt Bremen sowie der Freien und Hansestadt Hamburg.

(4) Für Arbeitsstunden, die keine Überstunden sind und die aus betrieblichen/dienstlichen Gründen nicht innerhalb des nach § 6 Absatz 2 Satz 1 oder 2 festgelegten Zeitraums mit Freizeit ausgeglichen werden, erhält die/der Beschäftigte je Stunde 100 v.H. des auf eine Stunde entfallenden Anteils des Tabellenentgelts der jeweiligen Entgeltgruppe und Stufe.

Protokollerklärung zu § 8 Absatz 4:
Mit dem Begriff „Arbeitsstunden" sind nicht die Stunden gemeint, die im Rahmen von Gleitzeitregelungen im Sinne der Protokollerklärung zu Abschnitt II anfallen, es sei denn, sie sind angeordnet worden.

(5) ¹Für die Rufbereitschaft wird eine tägliche Pauschale je Entgeltgruppe gezahlt. ²Für eine Rufbereitschaft von mindestens zwölf Stunden wird für die Tage Montag bis Freitag das Zweifache, für Samstag, Sonntag sowie für Feiertage das Vierfache des tariflichen Stundenentgelts nach Maßgabe der Entgelttabelle gezahlt. ³Maßgebend für die Bemessung der Pauschale nach Satz 2 ist der Tag, an dem die Rufbereitschaft beginnt. ⁴Für Rufbereitschaften von weniger als zwölf Stunden werden für jede angefangene Stunde 12,5 v.H. des tariflichen Stundenentgelts nach der Entgelttabelle gezahlt. ⁵Die Zeit jeder einzelnen Inanspruchnahme innerhalb der Rufbereitschaft mit einem Einsatz außerhalb des Aufenthaltsorts im Sinne des § 7 Absatz 4 einschließlich der hierfür erforderlichen Wegezeiten wird auf eine volle Stunde gerundet und mit dem Entgelt für Überstunden sowie etwaiger Zeitzuschläge nach Absatz 1 bezahlt. ⁶Wird die Arbeitsleistung innerhalb der Rufbereitschaft am Aufenthaltsort im Sinne des § 7 Absatz 4 telefonisch (zum Beispiel in Form einer Auskunft) oder mittels technischer Einrichtungen erbracht, wird abweichend von Satz 5 die Summe dieser Arbeitsleistungen am Ende des Rufbereitschaftsdienstes auf die nächsten vollen 30 oder 60 Minuten gerundet und mit dem Entgelt für Überstunden sowie etwaiger Zeitzuschläge nach Absatz 1 bezahlt; dauert der Rufbereitschaftsdienst länger als 24 Stunden (zum Beispiel an Wochenenden), erfolgt die Aufrundung nach jeweils 24 Stunden. ⁷Absatz 1 Satz 4 gilt entsprechend, soweit die Buchung auf das Arbeitszeitkonto nach § 10 Absatz 3 Satz 2 zulässig ist. ⁸Für die Zeit der Rufbereitschaft werden Zeitzuschläge nicht gezahlt.

Protokollerklärung zu § 8 Absatz 5:

Zur Ermittlung der Tage einer Rufbereitschaft, für die eine Pauschale gezahlt wird, ist auf den Tag des Beginns der Rufbereitschaft abzustellen.

Niederschriftserklärung zu § 8 Absatz 5:

a) *Zur Erläuterung von § 8 Absatz 5 und der dazugehörigen Protokollerklärung sind sich die Tarifvertragsparteien über folgendes Beispiel einig: „Beginnt eine Wochenendrufbereitschaft am Freitag um 15 Uhr und endet am Montag um 7 Uhr, so erhalten Beschäftigte folgende Pauschalen: Zwei Stunden für Freitag, je vier Stunden für Samstag und Sonntag, keine Pauschale für Montag. Sie erhalten somit zehn Stundenentgelte."*

b) *Zur Erläuterung von § 8 Absatz 5 Satz 6 sind sich die Tarifvertragsparteien über folgendes Beispiel einig:*

Während eines Rufbereitschaftsdienstes von Freitag 16 Uhr bis Montag 8 Uhr werden Arbeitsleistungen am Aufenthaltsort in folgendem Umfang geleistet:

– *Freitag 21.00 Uhr bis 21.08 Uhr (8 Minuten)*
– *Samstag 8.00 Uhr bis 8.15 Uhr (15 Minuten) sowie 15.50 Uhr bis 16.18 Uhr (28 Minuten)*
– *Sonntag 9.00 Uhr bis 9.35 Uhr (35 Minuten) sowie 22.00 Uhr bis 22.40 Uhr (40 Minuten)*

Es werden aufgerundet:

– *8 und 15 Minuten = 23 Minuten auf 30 Minuten*
– *28 und 35 Minuten = 63 Minuten auf 1 Stunde 30 Minuten,*
– *40 Minuten auf 60 Minuten (1 Stunde)*

(6) ¹Das Entgelt für Bereitschaftsdienst wird durch besonderen Tarifvertrag geregelt. ²Bis zum In-Kraft-Treten einer Regelung nach Satz 1 gelten die in dem jeweiligen Betrieb/der jeweiligen Verwaltung/Dienststelle am 31. Oktober 2006 jeweils geltenden Bestimmungen fort. ³Das Bereitschaftsdienstentgelt kann, soweit ein Arbeitszeitkonto (§ 10) eingerichtet ist und die betrieblichen/dienstlichen Verhältnisse es zulassen (Absatz 1 Satz 4), im Einvernehmen mit der/dem Beschäftigten im Verhältnis 1:1 in Freizeit (faktorisiert) abgegolten werden. ⁴Weitere Faktorisierungsregelungen können in einer einvernehmlichen Dienst- oder Betriebsvereinbarung getroffen werden.

Protokollerklärung zu § 8 Absatz 6:
Unabhängig von den Vorgaben des Absatzes 6 kann der Arbeitgeber einen Freizeitausgleich anordnen, wenn dies zur Einhaltung der Vorschriften des Arbeitszeitgesetzes erforderlich ist.

Niederschriftserklärung zu § 8 Absatz 6:
Die Faktorisierung erfolgt entsprechend dem jeweiligen Vomhundertsatz einer Stunde des vereinbarten Bereitschaftsdienstentgeltes.

(7) ¹Beschäftigte, die ständig Wechselschichtarbeit leisten, erhalten eine Wechselschichtzulage von 105 Euro monatlich. ²Beschäftigte, die nicht ständig Wechselschichtarbeit leisten, erhalten eine Wechselschichtzulage von 0,63 Euro pro Stunde.

(8) ¹Beschäftigte, die ständig Schichtarbeit leisten, erhalten eine Schichtzulage von 40 Euro monatlich. ²Beschäftigte, die nicht ständig Schichtarbeit leisten, erhalten eine Schichtzulage von 0,24 Euro pro Stunde.

I. Normstruktur 1	3. Zeitzuschlag für Nachtarbeit (Satz 2 lit. b) 13
II. Zeitzuschläge (Abs. 1) 2	a) Höhe allgemein 13
1. Grundfragen der Zeitzuschläge 3	b) Geringere Höhe in Kliniken, Heimen usw (Problematik) 14
a) Zuschlagspflichtige Zeiten: tatsächliche Arbeitsleistung 3	c) Kumulierbar mit anderen Zeitzuschlägen 16
b) Prozentualer Zuschlag zum Tabellenentgelt 4	4. Zeitzuschlag für Sonntagsarbeit (Satz 2 lit. c) 17
c) Zusammentreffen mehrerer zuschlagspflichtiger Zeiten 5	a) Höhe 17
	b) Begriff des Sonntags 18
d) Zeitzuschläge im Rahmen eines Arbeitszeitkontos ... 6	c) Einteilung in Sonn- und Feiertagsarbeit 19
e) Bruchteile von Stunden ... 7	5. Zeitzuschlag für Feiertagsarbeit (Satz 2 lit. d) 21
f) Pauschalierung möglich ... 8	a) Länderrechtliche Feiertagsregelung 21
g) Fälligkeit, Ausschlussfrist 9	b) Höhe des Feiertagszuschlags 22
2. Zeitzuschlag für Überstunden (Satz 2 lit. a) 10	c) Begriff des Feiertags 23
a) Höhe: Zwei Zuschlagssätze 10	d) Freizeitausgleich/Geldzuschlag – Verfahren – 24
b) Arbeitszeitkonto 11	aa) Kein Antrag auf Freizeitausgleich 25
c) Kumulierbar mit anderen Zeitzuschlägen 12	

bb) Zeitnaher Freizeitausgleich 26
cc) Freizeitausgleich und Erkrankung.............. 28
dd) Kennzeichnung des Freizeitausgleichs 29
e) Zusammenfallen von Feiertags- und Sonntagsarbeit 31
f) Begrenzung der Feiertagsvergütung 33
6. Zeitzuschlag für „Vorfesttagsarbeit" (Satz 2 lit. e) 34
7. Zeitzuschlag für Samstagsarbeit 35
   a) Höhe 35
   b) Ausnahme: Wechselschicht- und Schichtarbeit 36
   c) Ausnahmen: Krankenhäuser, Heime u.a. 37
8. Arbeitszeitkonto 38
III. Abgeltung von Arbeitszeitguthaben (Abs. 2 TVöD = Abs. 4 TV-L) ... 40
1. Neuregelung 40
2. Fälligkeit 42
3. Konsequenzen in der Praxis 43
   a) Zeitguthaben/Zeitschulden 44
   b) Risikoverteilung bei Zeitdefiziten 45
   c) Zwang zur effizienten Arbeitszeiteinteilung 47
IV. Vergütung für Rufbereitschaft (Abs. 3 TVöD = Abs. 5 TV-L) ... 49
1. Aufbau der Neuregelung 49
2. Vergütungsregelungen im Einzelnen 50
   a) „Sockelvergütung" 50
   aa) Unter 12 Stunden Rufbereitschaftsdauer 52
   bb) Ab 12 Stunden Rufbereitschaftsdauer 54
   cc) Arbeitszeitkonto 57
   b) Tatsächliche Arbeitsleistung während der Rufbereitschaft 58
   aa) Vergütung auch der (erforderlichen) Wegezeit 59

bb) Aufrundung „jeder" angefangenen Stunde 60
cc) Bezahlung mit Überstundenvergütung und Zeitzuschlägen (Rundung?) 63
dd) Arbeitszeitkonto 64
V. Vergütung für Bereitschaftsdienst (Abs. 4 TVöD und Abs. 6 TV-L) 65
1. Regelungsstruktur 65
2. Vorläufige Fortgeltung und Inhalt der bisherigen Tarifregelungen zur Berechnung/Vergütung des Bereitschaftsdienstes 66
3. Sonderregelungen 68
   a) Sonderregelungen in Kliniken usw (BT-K) 69
   b) Sonderregelungen in anderen unter den BT-K fallenden Einrichtungen 70
   c) Beschäftigte im Bereich des BT-B 74
   d) TV-L 75
VI. Wechselschicht- und Schichtzulagen (Abs. 5 und Abs. 6 TVöD und Abs. 7 und Abs. 8 TV-L) ... 76
1. Sinn und Zweck dieser Zulagen 77
2. Vorgängerregelung 78
3. Wechselschicht- und Schichtzulage für Vollzeitbeschäftigte und für Teilzeitbeschäftigte 79
   a) Vollzeitbeschäftigte 79
   aa) Monatszulagen (Voraussetzungen – „ständige" Leistung, Unterbrechungen) 79
   (1) Vorliegen von Wechselschicht oder Schichtarbeit 80
   (2) Unterbrechungen durch Erkrankung und Urlaub 82
   bb) Stundenzuschlag („nicht-ständig") 83
   cc) Völlige Unklarheit 84
   b) Teilzeitbeschäftigte 85

I. Normstruktur

Unter der Überschrift „Ausgleich für Sonderformen der Arbeit" werden in dieser umfangreichen Regelung die Zeitzuschläge für Arbeit zu ungünstigen Zeiten (Abs. 1: Überstunden, Nachtarbeit, Sonntagsarbeit usw) ebenso festgelegt wie u.a. die Vergütung von Rufbereitschaften (Abs. 3) und – die neu geregelten – Wechselschicht- und Schichtzulagen (Abs. 5 und Abs. 6). 1

II. Zeitzuschläge (Abs. 1)

Hier sind, ähnlich wie in den Vorgängerregelungen, etwa in § 35 BAT, die Zeitzuschläge für Arbeitsleistungen zu ungünstigen Zeiten festgelegt, grundsätzlich in Prozentsätzen des individuellen Tabellenentgelts. 2

1. Grundfragen der Zeitzuschläge. a) Zuschlagspflichtige Zeiten: tatsächliche Arbeitsleistung. Zeitzuschläge sind nach dem Wortlaut dieser Regelung nur für die „**tatsächliche Arbeitsleistung**" zu zahlen.[1] Keine Zeitzuschlagspflicht besteht demnach für die Zeiten der Entgeltfortzahlung ohne Arbeitsleistung (Arbeitsunfähigkeit/Krankheit: § 22; Urlaub: §§ 26, 27; Arbeitsbefreiung aus persönlichen Gründen nach § 29; 24.12./31.12.: § 6 Abs. 3).[2] Innerhalb der Arbeitszeit liegende „**Bereitschaftszeiten**" iSd § 9 (hier: Rettungsassistent) stehen jedoch der tatsächlichen Arbeitsleistung gleich und sind deshalb ebenfalls **zeitzuschlagspflichtig**.[3] 3

b) Prozentualer Zuschlag zum Tabellenentgelt. Der prozentuale Zeitzuschlag bestimmt sich grundsätzlich nach der **Stufe 3 des Tabellenentgelts** der jeweiligen Entgeltgruppe (Abs. 1 Satz 2 aE). 4

c) Zusammentreffen mehrerer zuschlagspflichtiger Zeiten. Beim **Zusammentreffen mehrerer zeitzuschlagspflichtiger Tatbestände** – zB Samstags- oder Sonntagsarbeit an beweglichen Feiertagen oder an Heiligabend/Silvester – wird nur einer der betreffenden Zeitzuschläge, der höchste, gezahlt. Dies gilt jedoch nicht, wenn Überstunden und/oder Nachtarbeit zB mit Feiertags- oder Sonntagsarbeit zusammenfallen; in diesem Fall werden die jeweiligen Zuschläge addiert: Abs. 1 Satz 3. 5

d) Zeitzuschläge im Rahmen eines Arbeitszeitkontos. Sofern im Wege der innerbetrieblichen Mitbestimmung durch Betriebs-/Dienstvereinbarung – ggf durch landesbezirklichen Tarifvertrag – ein **Arbeitszeitkonto** gemäß § 10 eingerichtet ist, können die finanziellen Zeitzuschläge nach ihrem jeweiligen Prozentsatz in Arbeitszeitguthaben/-quoten umgewandelt werden (zB der Zuschlag für Sonntagsarbeit in Höhe von 25 % in 15 min je geleisteter Sonntagsarbeitsstunde) und in dieser Höhe auf das Arbeitszeitkonto verbucht werden, allerdings doppelt eingeschränkt dadurch, dass dies 6

- zum einen nur auf Wunsch des Beschäftigten erfolgen kann und
- zum anderen (auch dann) nur, wenn „die betrieblichen/dienstlichen Verhältnisse" dies zulassen (Abs. 1 Satz 4) – was letztlich Freiwilligkeit auf beiden Seiten impliziert.

---

[1] S. auch BAG v. 24.9.2008, 6 AZR 259/08, ZTR 2009, 22.
[2] BAG v. 28.7.2010, 5 AZR 342/09, ZTR 2011, 19.
[3] BAG v. 28.7.2010, 5 AZR 342/09, ZTR 2011, 19.

Dies regelt erstmals die tarifpolitisch seit vielen Jahren umstrittene und verhandelte Frage der **Faktorisierung** der Zeitzuschläge, deren – nunmehr wenigstens optionale und freiwillige – Umwandlung in Arbeitszeitguthaben.[4]

7 e) **Bruchteile von Stunden.** Es handelt sich um – nach dem Allgemeinen Teil: prozentuale – Zuschläge auf die jeweilige Stundenvergütung, die für die konkret geleisteten Arbeitsstunden anfallen, **auch für Bruchteile von Stunden.**[5] Die bisherige Tarif- und Abrechnungspraxis ging zu recht von einer „spitzen" Abrechnung auch von anteiligen Stunden aus.[6]

8 f) **Pauschalierung möglich.** Statt einer präzisen Abrechnung der jeweils anfallenden Zeitzuschläge können diese durch einzelvertragliche Regelung (wohl zwingend als schriftliche Nebenabrede gemäß § 2 Abs. 3) **pauschaliert** werden (§ 24 Abs. 6).

9 g) **Fälligkeit, Ausschlussfrist.** Zeitzuschläge sind **zur Zahlung fällig** jeweils am letzten Kalendertag (allgemeiner Zahltag) des übernächsten Kalendermonats nach dem Monat, in dem sie entstanden sind: § 24 Abs. 1 Satz 3 und Satz 2.

Beispiel: Zuschläge für Nachtarbeit und/oder Sonntagsarbeit, die im März geleistet wird, sind am 31. Mai zur Zahlung fällig.

Da die **Ausschlussfrist**enregelung in § 37 Abs. 1 an die Fälligkeit von Ansprüchen anknüpft, läuft ab diesem Zeitpunkt – im Beispielsfall: ab 31.5. – die Ausschlussfrist von **sechs Monat**en, innerhalb der Ansprüche schriftlich geltend zu machen sind. Erfolgt hier keine – schriftliche – Geltendmachung bis 30.11. desselben Jahres, sind die entsprechenden Ansprüche verfallen.

10 2. **Zeitzuschlag für Überstunden (Satz 2 lit. a). a) Höhe: Zwei Zuschlagssätze.** Es gibt nunmehr nur noch **zwei Überstundenzuschlagssätze:** für die unteren Entgeltgruppen 1 bis 9 in (gegenüber der Vorgängerregelung angehobener) Höhe von 30 %, in den höheren Entgeltgruppen 10 bis 15 in Höhe von 15 %.

11 b) **Arbeitszeitkonto.** Die **Grundvergütung** für Überstunden als solche – nicht den entsprechenden Zeitzuschlag – ist individuell festgelegt, jedoch auf maximal die Stufe 4 der jeweiligen Entgeltgruppe begrenzt: Protokollerklärung zu Absatz 1 Satz 1 (gemeint: Satz 2). Hier können auch die **Überstunden** als solche – nicht lediglich die Zeitzuschläge hierfür – unter den Maßgaben des Satzes 4 (Freiwilligkeit auf beiden Seiten) auf ein förmlich eingerichtetes **Arbeitszeitkonto** gemäß § 10 verbucht werden: Satz 5.

---

4 Letztlich hat eine Faktorisierung von Zeitzuschlägen für Arbeit zu ungünstigen Zeiten zur Folge, dass die umgewandelten Zeitguthaben als Ersatz für finanzielle Zuschläge zu entsprechenden Freizeitausgleichsansprüchen führen, was bedeutet, dass der Beschäftigte, der solche Dienste zu leisten hat, insgesamt und längerfristig eine geringere Arbeitszeitbelastung hat – was wiederum zwar vernünftigerweise die mit der (regelmäßigen) Arbeit zu ungünstigen Zeiten verbundene erhöhte (gesundheitliche, soziale) Belastung kompensiert, andererseits aber dem Beschäftigten aus seiner Sicht die, steuerrechtlich privilegierte und damit attraktive, finanzielle Entschädigung solcher Arbeitsleistungen nimmt.
5 Breier/Dassau et al., Bd. 1, Rn 7 f, erwägen, dass Bruchteile von Stunden hinsichtlich der Zeitzuschläge unberücksichtigt bleiben und solche nur für volle Stunden anfallen – eine kaum vertretbare Überlegung.
6 Allerdings lässt § 24 Abs. 6 gerade für Zeitzuschläge (soweit diese regelmäßig anfallen) eine Pauschalierung zu, was eine uU aufwändige spitze Abrechnung überflüssig macht, jedoch immer nur durch – notwendig schriftliche – Nebenabrede nach § 2 Abs. 3 erfolgen sollte.

c) **Kumulierbar mit anderen Zeitzuschlägen.** Dieser Zuschlag ist ggf mit weiteren Zeitzuschlägen für Nacht-, Sonntags-, Samstags- oder Feiertagsarbeit zu kumulieren.

3. Zeitzuschlag für Nachtarbeit (Satz 2 lit. b). a) Höhe allgemein. Der Nachtarbeitszuschlag beträgt nunmehr im definierten Nachtarbeitszeitraum von 21.00 Uhr bis 6.00 (§ 7 Abs. 5) **20 %** des jeweiligen fixierten Tabellenentgelts.[7] Nach § 6 Abs. 5 ArbZG muss eine tarifvertragliche Ausgleichsregelung für Nachtarbeit (iSd Arbeitszeitgesetzes: § 2 Abs. 4 ArbZG) bestehen, andernfalls sind ein „angemessener" finanzieller Nachtarbeitszeitzuschlag oder eine „angemessene" Zahl bezahlter freier Tage für die geleisteten Nachtarbeitsstunden zu gewähren.[8]

b) Geringere Höhe in Kliniken, Heimen usw (Problematik). In den Arbeitsbereichen/Einrichtungen, in den typischerweise und umfänglich Nachtarbeit stattfindet (**Kliniken, Heime** usw), ist durch § **50 lit. a BT-K** im Bereich des **TVöD** der Nachtarbeitszuschlag nunmehr – mit Wirkung vom 1.1.2010[9] (BT-K) – auf 15 % des Tabellenentgelts (Stufe 3) angehoben worden; der alte, reduzierte, feste (damit weder entgeltgruppenmäßig differenzierte noch dynamisierte) Satz von lediglich **1,28 €** (zuvor: 2,50 DM) ist hier aufgehoben und ersetzt worden.

Exkurs zum Nachtarbeitszuschlag in Kliniken, Heimen usw: Für den Bereich des **TVöD** bedeutet dies:

Bei diesen Beschäftigtengruppen, deren Tätigkeit gerade typischerweise und in meist erheblichem Umfang von Nachtarbeit und deren besonderen Erschwernissen geprägt ist, der Zeitzuschlag hierfür zwar nunmehr – nach über 20 Jahren! – um etwa die Hälfte angehoben worden (der seit 1989 bis 31.12.2009 gültige Zeitzuschlag von fix 1,28 € (brutto) betrug damit zuletzt lediglich noch ca. 10 % des tariflichen Eckentgelts der Entgeltgruppen 4/5, also ca. die Hälfte des allgemeinen Nachtarbeitszeitzuschlages von 20 % in § 8 (in niedrigeren Entgeltgruppen etwas höher, in höheren Entgeltgruppen entsprechend proportional niedriger). Zumal im Hinblick darauf, dass dieser Zuschlag undifferenziert auch über die gesamte Nachtarbeitszeit von 21.00 Uhr bis 6.00 Uhr morgens gleich bleibt, dürfte es sich hierbei um einen der niedrigsten Nachtarbeitszuschläge des deutschen Tarifrechts – gerade in den von häufiger Nachtarbeit geprägten Arbeitsbereichen – gehandelt haben, wobei man sich bis dahin und nach wie vor die Frage stellen muss, ob auch der neue Zeitzuschlag von 15 % für diese Beschäftigtengruppen (auch unter Berücksichtigung des Zusatzurlaubs nach § 27, der im Fall der Wechselschichtarbeit zwangsläufig, im Fall der Schichtarbeit uU,

---

[7] Nach LAG Schleswig-Holstein v. 18.3.2009, 6 Sa 383/07 sind die Nachtarbeitszuschläge auch in den Phasen weiterzuzahlen, in denen lediglich „Bereitschaftszeiten" nach der neuen Regelung unter § 9 anfallen, da nach der nunmehrigen Rechtsprechung des BAG (v. 24.9.2008, 10 AZR 669/07, ZTR 2009, 72) in diesen Zeiten – anders als bei Bereitschaftsdienst – durchgängig eine tatsächliche entgeltpflichtige Arbeitszeit erbracht wird.
[8] S. auch BAG v. 18.5.2011, 10 AZR 369/10, ZTR 2011, 557 (LS). Diese Tarifregelung schließt damit eine Mitbestimmung des Betriebsrats – ebenso des Personalrats – zur näheren Festlegung/Ausgestaltung eines Ausgleichs für Nachtarbeit nach dem Arbeitszeitgesetz aus: BAG v. 17.1.2012, 1 ABR 62/10, NZA 2012, 513.
[9] § 1 Nr. 1 des Änderungstarifvertrages Nr. 4 zum TVöD – Besonderer Teil Krankenhäuser (BT-K) – vom 1.2.2011, rückwirkend in Kraft getreten zum 1.1.2011.

Nachtarbeit umfasst) noch einen „angemessenen" Geldzuschlag für Nachtarbeitnehmer gemäß § 6 Abs. 5 ArbZG[10] darstellt.[11]

Im Bereich des TV-L ist zum Zeitpunkt der Erstellung der Neukommentierung der bisherige Zeitzuschlag für Nachtarbeit für die Beschäftigten in Krankenhäusern (Ärztinnen und Ärzte an Universitätskliniken – § 41 TV-L (dort Nr. 8) –, Ärztinnen und Ärzte außerhalb von Universitätskliniken – § 42 TV-L (dort Nr. 6) – und nichtärztliche Beschäftigte in Universitätskliniken und Krankenhäuser – § 43 TV-L (dort Nr. 5) –) unverändert bei 1,28 €/Stunde geblieben. Dieser Zeitzuschlag, der zumal undifferenziert über die gesamte Nachtarbeitszeit von 21.00 Uhr bis 6.00 Uhr gleichbleibend gezahlt wird, stellt erst recht einen der auch absolut niedrigsten Nachtarbeitszuschläge des deutschen Tarifrechts dar (im Durchschnitt etwa 10 % des individuellen Stundensatzes), was insbesondere die Frage aufwirft, ob dies überhaupt noch als ein „angemessener" Geldzuschlag für Nachtarbeitnehmer gemäß § 6 Abs. 5 ArbZG angesehen werden kann. Des weiteren ist insbesondere hiernach die Relation der Zeitzuschläge im TVöD/TV-L in bemerkenswerter – tarifpolitisch wiederum nahezu einmaliger – Weise inkonsistent, als in den zwangsläufig von Nachtarbeit geprägten Arbeitsbereichen des BT-K dem 5 15 %-prozentigen – und im Bereich des TV-L (mit einem festen Satz von nur 1,28 €/Nachtarbeitsstunde) nicht-dynamisierten – **Nachtarbeitszeitzuschlag** der **Feiertagszuschlag** von 135 % – durchgängig wiederum für sämtliche Feiertage gleichbleibend – gegenübersteht, die Feiertagsstunde somit immer mit dem etwa 9-fachen (13,5-fachen) Zeitzuschlag des Nachtarbeitszuschlages bewertet wird (obwohl im Regelfall Nachtarbeit schwieriger physiologisch zu verkraften sein wird als Arbeit zB am 1.5., am 3.10., an Christi Himmelfahrt und anderen „hohen" Feiertagen).[12]

---

10 Zwar gilt das gesetzliche Kriterium der Angemessenheit unmittelbar nur außerhalb von tarifvertraglichen Kompensationsregelungen. Trotzdem ist zu prüfen, ob mit der tarifvertraglichen Zuschlagshöhe die allgemeinen Grenzen des § 6 Abs. 5 ArbZG eingehalten sind (vgl Schliemann, ArbZG, 2009, § 6 Rn 85). Das BAG hat eine einzelvertragliche Vereinbarung über einen Nachtarbeitszuschlag von 10 % mit einem Beschäftigten im Rettungsdienst deshalb für angemessen gehalten, weil dort zu einem erheblichen Teil der Nachtarbeitszeit Arbeitsbereitschaft und damit Zeiten der Entspannung anfielen: BAG v. 31.8.2005, 5 AZR 545/07, NZA 2006, 324 (hierzu näher Krause in Anm. zu BAG, AP Nr. 8 zu § 6 ArbZG): Auf die übliche Nachtarbeitsbelastung in Akutkliniken kann dies jedoch regelmäßig keinesfalls übertragen werden. Es kann auch nicht übersehen werden, dass der Begriff des „Nachtarbeitnehmers" iSd §§ 6 Abs. 5, 2 Abs. 5 iVm Abs. 4 und Abs. 3 ArbZG nicht in jedem Fall der tarifrechtlichen Nachtarbeit hier gemäß § 7 Abs. 5 und § 8 Abs. 1 Satz 2 lit. b TVöD/TV-L erfüllet sein muss.
Zum Nachtarbeitszuschlag als „angemessenen Ausgleich" für Nachtarbeit iSd § 6 Abs. 5 ArbZG grundsätzlich BAG v. 15.7.2009, 5 AZR 867/08, NZA 2009, 1366.

11 Das BAG geht in ständiger Rechtsprechung davon aus, dass ein „angemessener" Nachtarbeitszuschlag, der an „Nachtarbeitnehmer" nach § 6 Abs. 5 ArbZG außerhalb von tarifvertraglicher Ausgleichsregelungen zu zahlen ist, erst bei einer Zuschlagshöhe von 25 % vorliegt, als Geldzuschlag oder als entsprechender Freizeitausgleichsanspruch: BAG v. 27.5.2003, 9 AZR 180/02, ZTR 2004, 212; BAG v. 1.2.2006, 5 AZR 422/04, NZA 2006, 494. Das LAG Köln (v. 16.10.2007, 9 TaBV 52/07, 45) hat den ungekürzten Nachtarbeitszeitzuschlag von 20 % in § 8 Abs. 1 Satz 2 lit. b TVöD ohne weiteres als ausreichende Kompensationsregelung iSd § 6 Abs. 5 ArbZG angesehen.

12 Honni soit qui mal y pense ...; die arbeitsgerichtliche Rechtsprechung sieht das Regelungsermessen der Tarifvertragsparteien allerdings grundsätzlich sehr weit und lehnt eine Inhaltskontrolle von Tarifverträgen im Regelfall ab.

c) Kumulierbar mit anderen Zeitzuschlägen. Dieser Zuschlag (lit. c) ist ggf mit weiteren Zeitzuschlägen für Überstunden-, Sonntags-, Samstags- oder Feiertagsarbeit zu kumulieren. — 16

4. Zeitzuschlag für Sonntagsarbeit (Satz 2 lit. c). a) Höhe. Wie in den Vorgängerregelungen beträgt der Zeitzuschlag für – nach §§ 10, 13 Abs. 1 ArbZG erlaubte – Sonntagsarbeit **25 %**. — 17

b) Begriff des Sonntags. Es ist jedoch nicht mehr definiert, wann Sonntagsarbeit im zuschlagsrelevanten Sinn vorliegt. Deshalb ist, in Übereinstimmung etwa mit der Definition der Sonntagsarbeit in § 15 Abs. 8 (Unterabs.) Satz 3 BAT, auf den Begriff des **Kalender(sonn)tags = 0.00 Uhr bis 24.00 Uhr** an Sonntagen als insoweit zuschlagspflichtigen Zeitraums abzustellen.[13] — 18

c) Einteilung zu Sonn- und Feiertagsarbeit. Zu beachten ist, dass im Geltungsbereich des **BT-K und des BT-B** (dort jeweils § 49 Abs. 3) Beschäftigte, die regelmäßig an Sonn- und Feiertagen arbeiten müssen, innerhalb von zwei Wochen zwei freie Tage erhalten, von denen einer auf einen Sonntag fallen „soll". — 19

Dies entspricht den Vorgängerregelungen etwa im BAT (SR 2 a Nr. 5 Abs. 1, SR 2 b Nr. 4 Abs. 1, SR 2 c Nr. 7 BAT) und führt bei diesem Personenkreis im Ergebnis dazu, dass zum einen, entsprechend üblichen Dienstplangestaltungsritualen in der Praxis, im Regelfall etwa jedes zweite Wochenende frei sein soll – wenngleich damit nicht zwingend frei sein muss – und zum anderen maximal 12 Arbeitstage am Stück gearbeitet werden können (nachdem in zwei zwangsläufig aufeinander folgenden Wochen zwei von 14 Kalendertagen arbeitsfrei sein müssen).

Exkurs zur maximalen Zahl von Arbeitstagen: Es widerspricht zwar nicht dem unmittelbaren Wortlaut, jedoch dem tarifpolitischen Sinn und Zweck dieser Regelung – und den bei der Arbeitseinteilung/Dienstplangestaltung zu beachtenden Grundsätzen billigen Ermessen (§§ 106 GewO, 315 BGB), hier auch arbeitsphysiologischen und Sicherheitsgrundsätzen –, von festen, nicht rollierenden, Zwei-Wochen-Blöcken auszugehen und die Arbeitsphasen von maximal 12 Arbeitstagen an den Rändern zu verknüpfen, also: in den ersten beiden von vier aufeinander folgenden Wochen zwei freie Tage und danach 12 Arbeitstage, in den folgenden beiden Wochen gleich anfangs 12 Arbeitstage und die beiden letzten beiden Kalendertage als arbeitsfrei festzusetzen (vgl auch die Kommentierung zu § 6 Absch. II. 4. a). — 20

Dieses in der Dienstplanpraxis von Kliniken und Heimen etc. diskutierte – und praktizierte – System mit im Ergebnis 24 Arbeitstagen am Stück verstößt gegen die in solchen Fällen zwingend zu beachtenden Grundsätze des § 6 Abs. 1 ArbZG.

5. Zeitzuschlag für Feiertagsarbeit (Satz 2 lit. d). a) Länderrechtliche Feiertagsregelung. Feiertage sind die jeweils **länderrechtlich bestimmten Wochenfeiertage** am konkreten Beschäftigungsort.[14] **Sonntage sind keine Feiertage**.[15] — 21

---

13 So ohne weiteres auch Welkoborsky in Bepler/Böhle/Meerkamp/Stöhr, Rn 2; Dassau/Wiesend-Rothbrust, 5. Aufl. 2006, Rn 7.
14 BAG v. 17.8.2011, 10 AZR 347/10, ZTR 2011, 727.
15 So, für Ostersonntag und Pfingstsonntag – die nach dem maßgeblichen Landesrecht (hier: Sachsen-Anhalt) nicht als Feiertage bestimmt sind –, BAG v. 17.8.2011, 10 AZR 347/10; BAG v. 17.3.2010, 5 AZR 317/09, ZTR 2010, 421 – zu einer anderen tarifvertraglichen Regelung, jedoch in grundsätzlicher Weise.

22 **b) Höhe des Feiertagszuschlags.** Der Zeitzuschlag für Feiertagsarbeit beträgt unverändert **135 %**, wobei hier von vornherein, außerhalb einer **Faktorisierung** durch Verbuchung auf ein Arbeitszeitkonto gemäß § 10, alternativ

- entweder die Zahlung des Zeitzuschlages als vollen Geldzuschlages (135 %)
- oder die Gewährung des verringerten Geldzuschlages (35 %) zuzüglich Freizeitausgleiches für die geleisteten Feiertagsarbeitsstunden vorgesehen sind.[16] In diesem Fall muss der zu gewährende Freizeitausgleich im Dienstplan „besonders ausgewiesen und bezeichnet werden" (Protokollerklärung hierzu).

23 **c) Begriff des Feiertags.** Auch hier (s. lit. c – Sonntagsarbeit) ist nicht mehr definiert, wann Feiertagsarbeit im zuschlagsrelevanten Sinn vorliegt, weshalb in Übereinstimmung mit der Definition der Feiertagsarbeit in § 15 Abs. 8 (Unterabs.) Satz 3 Hs 2 BAT auf den Begriff des **Kalender(feier)tags = 0.00 Uhr bis 24.00 Uhr** an Feiertagen als insoweit zuschlagspflichtigen Zeitraums abzustellen ist.[17]

24 **d) Freizeitausgleich/Geldzuschlag – Verfahren –.** Anders als in der Vorgängernorm etwa im BAT (dort § 15 Abs. 6 Unterabs. 3 – die allerdings nicht nur weitgehend unbekannt, sondern auch nahezu durchgängig missachtet worden war) ist nicht mehr geregelt, ob und unter welchen Voraussetzungen **Freizeitausgleich** – mit der Folge des verringerten Zeitzuschlages – für Feiertagsarbeit und wann der ungekürzte **finanzielle Zuschlag** zu gewähren waren.[18]

25 **aa) Kein Antrag auf Freizeitausgleich.** Der Freizeitausgleich ist deshalb weder mehr an einen besonderen „Antrag" – damit ein Wahlrecht – des Beschäftigten geknüpft noch zeitlich limitiert. Über die Frage der Bezahlung der Feiertagsarbeit mit dem vollen Feiertagszuschlag (135 %) oder der Zahlung des verringerten Zuschlages (35 %) zuzüglich des bezahlten Freizeitausgleichs – und die Festlegung dessen Zeitpunkts – für die restlichen 100 % Zuschlag der Feiertagsarbeit entscheidet damit grundsätzlich der Arbeitgeber, der zuständige Vorgesetzte mit Arbeitszeitanweisungskompetenz, im Rahmen seines Direktionsrechts nach den hierbei geltenden Grundsätzen (§ 106 GewO, § 315 BGB).

26 **bb) Zeitnaher Freizeitausgleich.** Allerdings ist es nach Ansicht des Verfassers nicht nur sinnvoll, sondern geboten, dass der Zeitzuschlag und ggf der zusätzliche Freizeitausgleich für die Feiertagsarbeit **zeitnah** zur erbrachten Feiertagsarbeit gewährt werden – nicht erst langfristig, irgendwann einmal. Bei einer lediglich informellen „Verbuchung" eines Freizeitausgleichsanspruchs als Teils des Zeitzuschlags für geleistete Feiertagsarbeit (außerhalb eines formellen Arbeitszeitkontos gemäß § 10), wie dies in der Praxis verbreitet ist, besteht die Gefahr, dass es erst längerfristig zur Erfüllung des Freizeitausgleichsanspruchs kommt, was jedenfalls Sinn und Zweck der Tarifregelungen zu den Zeitzuschlägen widerspricht.

Entsprechend der bisherigen Verfahrensweise im Bereich des BAT empfiehlt es sich, mit der nächst erreichbaren Entgeltabrechnung nach geleisteter Feiertagsarbeit zunächst einen Zeitzuschlag von 35 % zu bezahlen und im übrigen inner-

---

16 So, wenngleich missverständlich, LAG Hessen v. 17.5.2011, 19 Sa 1573/10, öAT 2012, 21 mit Anm. Stier.
17 So auch ohne weiteres Dassau/Wiesend-Rothbrust, Rn 8.
18 Siehe hierzu BAG v. 27.1.1994, 6 AZR 597/93, ZTR 1995, 117.

halb eines überschaubaren Zeitraums von nicht mehr als drei Monaten (s. die Regelung zum vergleichbaren Freizeitausgleich bei Vorfesttagsarbeit in § 6 Abs. 3 S. 2 sowie in § 49 Abs. 1 BT-B für Pflege- und Betreuungseinrichtungen) die restlichen 100 % des Feiertagszeitzuschlages entweder durch bezahlten Freizeitausgleich oder Auszahlung in dieser Höhe vorzunehmen.

Eine klare innerbetriebliche Regelung hierzu – sinnvoller Weise durch betriebliche Mitbestimmung – ist auch im Hinblick auf die Fälligkeit des Zeitzuschlagsanspruches und die hieran angeknüpfte Frage des An-/Ablaufs der sechsmonatigen Ausschlussfrist des § 37 Abs. 1 erforderlich. 27

cc) Freizeitausgleich und Erkrankung. Freizeitausgleich als Teil des Feiertagszeitzuschlages kann naturgemäß nur gewährt werden an **Tagen**, an denen auch **Arbeitspflicht** und damit ein Vergütungsanspruch bestehen, nicht etwa in Zeiträumen, die von vornherein, aus welchen Gründen auch immer, dienst-/schichtplanmäßig arbeitsfrei sind. Freizeitausgleich ist begrifflich die Erteilung entsprechender Freizeit unter Fortzahlung der Vergütung an einem anderen Arbeitstag und nicht bloße Arbeitsbefreiung.[19] Besteht von vornherein keine Arbeitspflicht, wegen normaler schichtplanmäßiger freier Tage oder auch Erkrankung/Arbeitsunfähigkeit, kann auch keine Freistellung von einer – nicht bestehenden – Arbeitspflicht stattfinden. 28

dd) Kennzeichnung des Freizeitausgleichs. Der vorgesehene Freizeitausgleich muss nach der Protokollerklärung zu dieser Regelung im Dienstplan entsprechend **gekennzeichnet** werden, durch übliche dienstplantechnische Symbolisierung – etwa: Eintrag/Ersetzung bei vorgesehenen Dienstzeiten mit „FZA", Freizeitausgleich für Feiertagsarbeit am zB 3.10. Damit wird verhindert, dass dieser Freizeitausgleichs als Bestandteil des Feiertagszeitzuschlages undifferenziert vermengt wird mit etwa Freizeitausgleich für Überstunden als solche. 29

Die exakte Identifizierung des Freizeitausgleichs als Zeitzuschlagsteil geleisteter Feiertagsarbeit ist auch bedeutsam in dem Fall, in dem der Beschäftigte die vorgesehene **Feiertagsarbeit** insbesondere wegen **Erkrankung** nicht erbringen kann. Dann sind zwar, bei Arbeitsunfähigkeit, die dienstplanmäßig vorgesehenen Arbeitsstunden am Feiertag entschuldigt ausgefallen, der Beschäftigte braucht sie (selbstverständlich) nicht nachzuarbeiten, und er bekommt hierfür die übliche Entgeltfortzahlung im Krankheitsfall nach den §§ 21, 22. Er erhält jedoch **kein**en **Feiertagszeitzuschlag**, der – als Zuschlag für Arbeit zu ungünstigen Zeiten – an die tatsächlich zu diesen ungünstigen Zeiten (hier am Feiertag) erbrachte Arbeitsleistung geknüpft ist. Also hat der Beschäftigte in diesem Fall keinen Anspruch auf einen Zeitzuschlag in Form bezahlten Freizeitausgleichs an einem anderen Arbeitstag. 30

Ist jedoch in einem Voraus-Dienstplan der Freizeitausgleich für die zunächst vorgesehene Feiertagsarbeit bereits undifferenziert – ohne exakte Codierung etwa als vorgesehener „FZA" für die erst geplante Feiertagsarbeit an einem bestimmten Tag, erst recht lediglich durch schlichte Reduzierung der dienstplanmäßigen Soll-Arbeitszeit der Dienst-/Schichtplanperiode im Umfang des angenommenen Freizeitausgleichs – festgelegt, muss dem dann erkrankten Beschäftigten im nachhinein begreiflich gemacht werden, dass er diesen an sich eingeplanten Freizeitausgleichszeitraum zwangsläufig später „nacharbeiten" muss, da

---

[19] St. Rspr, etwa BAG v. 13.12.2001, 6 AZR 709/00, NZA 2002, 1221.

er ja mangels tatsächlich erbrachter Feiertagsarbeit und damit Zuschlagsberechtigung keinen Feiertagszuschlagsanspruch hat. Dies kann zu erheblichen Irritationen und Begründungszwängen führen, weil der Beschäftigte dies subjektiv häufig als „Bestrafung", als Benachteiligung durch seine Erkrankung empfindet.
Beispiel: Im 4-Wochen-Dienstplan des Beschäftigten P. für die 39. bis 42. KW ist für Arbeit/Spätdienst am Feiertag 3.10. vorgesehen. Der als Teil des 135 %-igen Zeitzuschlages (für 100 % hiervon) vorgesehene spätere Freizeitausgleich in diesem Umfang (an einem anderen, entsprechend langen Arbeitstag) wird in diesem Dienstplan – oder einem der nachfolgenden Schichtpläne – ohne nähere Bezugnahme auf den 3.10. vorgesehen/eingeplant bzw es wird schlicht die Soll-Arbeitszeit in diesem Zeitraum von, angenommen, 21 Arbeitstagen à 8 Stunden (= 168 Stunden) um den vorgesehenen Freizeitausgleich saldiert, also gekürzt (Soll-Arbeitszeit sonach nur noch 160 Arbeitsstunden).

Am 28.9. erkrankt der Arbeitnehmer P. über den 3.10. hinaus und kann deshalb die Arbeit an diesem Tag nicht erbringen:

Mangels geleisteter Feiertagsarbeit hat der Beschäftigte P. keinen Anspruch auf Zeitzuschlag gemäß § 8 Abs. 1 hierfür, deshalb keinen Anspruch auf Freizeitausgleich als Teil dieses Zeitzuschlages – er muss deshalb den als Freizeitausgleich für die tatsächlich stattgefundene Feiertagsarbeit vorgesehenen Freistellungstag zwangsläufig (nach)arbeiten. War dies in der beschriebenen hemdsärmeligen Weise nicht näher identifiziert/symbolisiert und damit für den Beschäftigten einsichtig gemacht, wird sich der Beschäftigte subjektiv immer benachteiligt sehen, wenn er den (zum Zweck des Freizeitausgleichs für die geleistete Feiertagsarbeit) vorgesehenen freien Tag tatsächlich (nach)arbeiten bzw – bei schlechter Saldierung der Soll-Arbeitszeit – im Ergebnis einen zusätzlichen Tag Arbeit erbringen muss. Er fühlt sich in aus subjektiver Sicht nachvollziehbar durch seine Erkrankung benachteiligt, „bestraft".

31 **e) Zusammenfallen von Feiertags- und Sonntagsarbeit.** Fallen **Feiertagsarbeit und Sonntagsarbeit** zusammen – einer der (je nach Feiertagskalender des Bundeslandes) fünf bis acht beweglichen Feiertage im Kalenderjahr, zB der 3.10.) fällt gleichzeitig auf einen Sonntag –, liegen grundsätzlich beide zeitzuschlagspflichtigen Tatbestände vor und es besteht damit Anspruch nur auf den **Feiertagszuschlag als höheren** der beiden Zeitzuschläge (Satz 3).[20]

32 **Exkurs:** Die frühere Rechtsprechung des BAG dürfte damit nicht mehr anwendbar sein, nach der bei Arbeitsleistung an einem auf einen Sonntag fallenden Feiertag nur ein Anspruch auf einen Zeitzuschlag von 35 % – bzw von 50 % gemäß § 35 Abs. 1 S. 2 lit. c bb BAT idF des 71. Änderungstarifvertrages v. 12.6.1995 –, nicht auch auf einen zusätzlichen freien Tag als Freizeitausgleich, bestehen sollte.[21] Dies war, in schwer nachvollziehbarer Weise, wesentlich mit der damaligen – im TVöD/TV-L nicht mehr vorhandenen – Regelung in § 15 Abs. 6 Unterabs. 1 Satz 3 BAT begründet, dass erbrachte Sonntagsarbeit bis zum Ende der folgenden Woche durch entsprechende Freizeit auszugleichen war (welches allerdings nach allgemeiner Auffassung tarifrechtlich kein bezahlter Freizeitausgleich im eigentlichen Sinn sollte!), was das BAG gleichzeitig auch als Freizeit-

---

20 S., auch zur entsprechenden Neuregelung in der Anlage 33 zu den AVR-Caritas (2011), Zetl, ZMV 2011, 66/67.
21 BAG u.a. v. 22.9.1981, 3 AZR 330/79, AP Nr. 1 zu § 35 BAT, u. v. 18.3.1986, 3 AZR 541/84, NZA 1986, 715.

ausgleich als Bestandteil des Zeitzuschlages für Feiertagsarbeit ansah. Nachdem es nunmehr an dieser komplexen Differenzierung der Vorgängerregelung des BAT fehlt, muss konsequent auch auf einen Sonntag fallende Feiertagsarbeit als solche allein mit dem hierfür vorgesehenen höheren Zuschlagsanspruch gewertet werden.

f) Begrenzung der Feiertagsvergütung. Der volle finanzielle Zeitzuschlag für Feiertagsarbeit iHv 135 % führt dazu, dass für die geleistete Feiertagsarbeit – maximal (Satz 2 der Protokollerklärung) – 235 % des Entgelts gezahlt werden.[22] 33

6. Zeitzuschlag für „Vorfesttagsarbeit" (Satz 2 lit. e). Neben dem zusätzlichen, zeitlich befristeten, Freizeitausgleich für geleistete Arbeit an den beiden Tagen („Vorfesttagen") Heiligabend (**24.12.**) und Silvester (**31.12.**) ganztags (§ 6 Abs. 3 Satz 1 und Satz 2) ist daneben für an diesen Tagen erbrachte Arbeitsleistung ab 6 Uhr (bis 24 Uhr), ein Zeitzuschlag von 35 % zu zahlen. An diesen beiden Tagen ab 6 Uhr entspricht die Höhe des Zeitzuschlages damit derjenigen für Feiertagsarbeit (lit. d). 34

7. Zeitzuschlag für Samstagsarbeit. a) Höhe. Der Zeitzuschlag für Samstagsarbeit ab **13.00 Uhr bis 21.00 Uhr** – entsprechend in etwa dem Spätschichtzeitraum in gebräuchlichen 3-Schicht-Systemen bei Wechselschichtarbeit etwa in Kliniken – beträgt **20 %**. 35

b) Ausnahme: Wechselschicht- und Schichtarbeit. Dieser Zuschlag fällt jedoch nach der ausdrücklichen Tarifregelung nicht an bei solcher Samstagsarbeit im Rahmen von **Wechselschicht-** oder **Schichtarbeit** (§ 7 Abs. 1 und Abs. 2). 36

c) Ausnahmen: Krankenhäuser, Heime u.a. In **Krankenhäusern, Heimen** usw, die unter den Geltungsbereich des **BT-K** fallen, ist der Samstagszuschlag auf **0,64 €/Stunde**, dem entsprechenden Zuschlagssatz der Vorgängerregelung (§ 35 Abs. 1 Satz 2 lit. f BAT), reduziert (§ 50 lit. b BT-K und § 8 Abs. 1 lit. f idF des § 43 Nr. 5 Ziff. 1 Abs. 1 TV-L). 37

Allerdings überschneiden sich im Regelfall beide Ausnahmen:
In Krankenhäusern usw im Geltungsbereich des BT-K (TV-L) wird Samstagsarbeit, zumal im üblichen Spätschichtbereich von 13.00 Uhr bis 21.00 Uhr, gewöhnlich gleichzeitig mindestens im Rahmen von Schichtarbeit geleistet, so dass in diesen Bereichen ein Anspruch auf den allgemeinen Samstagszeitzuschlag von 20 % nunmehr in aller Regel ausgeschlossen sein wird und dort lediglich 0,64 €/Stunde zu zahlen ist.

8. Arbeitszeitkonto. Wie vorstehend ausgeführt können bei Bestehen eines förmlichen **Arbeitszeitkontos** durch Betriebs-/Dienstvereinbarung gemäß § 10 die Zeitzuschläge – sowie die Überstunden als solche, also auch hinsichtlich ihrer Zeit, neben dem hierauf entfallenden Zeitzuschlag – **faktorisiert**, dh nach ihrer prozentualen Quote in Zeitguthaben umgewandelt und auf das Konto verbucht werden, jedoch 38

- zum einen nur auf Wunsch des Beschäftigten, also nicht gegen seinen Willen und
- zum anderen auch dann nur bei betrieblicher/dienstlicher Möglichkeit, also dann, wenn ein Ausgleich dieser umgewandelten Zeitguthaben innerhalb der in der Arbeitszeitkontovereinbarung festgelegten Frist(en) sichergestellt ist.

---

[22] Vgl auch BAG v. 9.7.2008, 5 AZR 902/07, ZTR 2008, 600.

Unter diesen Voraussetzungen kann somit durch umgewandelte Zeitguthaben für Zeitzuschläge für Arbeit zu ungünstigen Zeiten im längerfristigen Zeitraum die Wochenarbeitszeit verkürzt werden.

39 **Exkurs zur exakten Faktorisierung:** Fraglich ist allerdings, mit welchem Zeitquote, dh mit welchem Minutenansatz, die gemäß § 50 BT-K reduzierten Zeitzuschläge für Nachtarbeit (und Samstagsarbeit, soweit hier überhaupt noch denkbar) in den hierunter fallenden Bereichen (Kliniken, Heime usw umgewandelt werden sollen, da dort diese Zeitzuschläge als einzige nicht prozentual, sondern mit einem festen Geldbetrag (1,28 € – TV-L – bzw 0,64 €) festgelegt sind. Tarifsystematisch konsequent müsste dieser Zeitzuschlagsbetrag in einen Prozentsatz des Tabellenentgelts (der Stufe 3) der jeweiligen individuellen Entgeltgruppe (Satz 2) umgerechnet und mit diesem Prozentsatz wiederum ein, notwendig gerundeter, Minutenwert für die Verbuchung auf dem Zeitkonto errechnet werden.

Um dieses kompliziert-bürokratische (im Ergebnis: reichlich wahnwitzige) Verfahren zu vermeiden, empfiehlt sich ein pragmatisches Vorgehen durch Pauschalierung nach § 24 Abs. 6 – ausgehend von einem Eck-Vergütungssatz, wonach 0,64 € je Stunde Samstagsarbeit etwa 5 % des Tabellenentgelts und somit, für alle Beschäftigtengruppen (unabhängig von deren individueller Entgeltgruppe) einem Zeitguthaben von drei Minuten entspricht, oder einer differenzierten Pauschallösung je nach Vergütungsgruppe (iE: zwei bis vier Minuten Zeitguthaben für den Samstagsarbeitszeitzuschlag).

III. Abgeltung von Arbeitszeitguthaben (Abs. 2 TVöD = Abs. 4 TV-L)

40 **1. Neuregelung.** Neu ist die Regelung, dass **Arbeitsstunden**, die keine Überstunden sind und die aus betrieblichen/dienstlichen Gründen innerhalb des in § 6 Abs. 2 festgelegten Ausgleichszeitraums – im Regelfall ein (Kalender)Jahr (s. dort) – nicht ausgeglichen werden konnten, nach Ablauf dieses Zeitraums mit dem individuell errechneten Stunden-Tabellenentgelt **abzugelten** sind. Dies betrifft auch Mehrarbeitsstunden von Teilzeitbeschäftigten iSd § 7 Abs. 6.[23]

Dies bedeutet, dass (auch außerhalb der Regelungen zu einem formellen Arbeitszeitkonto nach § 10)[24] nach Ablauf des – idR einjährigen – Ausgleichszeitraums (§ 6 Abs. 2) Arbeitszeitguthaben, „Ist-Stunden", die das auf den Ausgleichszeitraum bezogene allgemeine Soll-„Stundenkonto" des Beschäftigten überschreiten, glattzustellen und Plus-/Überschussstunden auszuzahlen sind.

Beispiel: Die **Soll-Arbeitszeit** des vollzeitbeschäftigten Angestellten F – regelmäßige durchschnittliche Wochenarbeitszeit (§ 6 Abs. 1) : 39 Stunden – ist ohne Besonderheiten nach einem Ausgleichszeitraum von einem (Kalender-)Jahr – 52 Wochen, somit (52 x 39 Stunden =) 2028 Stunden – zu errechnen. Nach Ablauf des Kalenderjahres beträgt seine **Ist-Arbeitszeit** (inkl. an-/umgerechneter Urlaubszeiträume, Arbeitsunfähigkeitszeiten etc.) jedoch 2065 tatsächlich geleistete Stunden.

---

23 So Dassau/Wiesend-Rothbrust, Rn 37; ebenso Görg/Guth/Hamer/Pieper, Rn 20.
24 Zumindest missverständlich Welkoborsky in Bepler/Böhle/Meerkamp/Stöhr, Rn 9, der offensichtlich ohne weiteres davon ausgeht, dass diese Regelung auch im Rahmen einer Arbeitszeitkontoregelung nach § 10 Anwendung findet – im übrigen von einer „Mehrarbeitsstunde" (iSd § 7 Abs. 6) spricht.

Der Überhang von (2065 Stunden abzgl. 2028 Stunden Sollarbeitszeit =) 37 Stunden ist nach Ablauf des (Kalender) Jahreszeitraums, also im Regelfall mit der Vergütung für den Monat Januar des Folgejahres, mit der individuellen Stundenvergütung auszuzahlen.

Reisezeiten eines Beschäftigten, der außerhalb der regelmäßigen täglichen Arbeitszeit zu wechselnden Einsatzorten anreist, stellen keine „Arbeitsstunden" iSd Abs. 2 dar.[25]   41

2. Fälligkeit. Der Abgeltungsanspruch für Arbeitszeitguthaben beginnt damit nach Ablauf des einjährigen Ausgleichszeitraums (s. die Kommentierung zu § 6 Abs. 2) – von diesem Zeitpunkt der **Fälligkeit** des Abgeltungsanspruches läuft damit auch die sechsmonatige **Ausschlussfrist** des § 37.[26]   42

3. Konsequenzen in der Praxis. Diese Regelung zwingt erstmals zu einem Abrechnen – Glattstellen – der Arbeitszeitfortschreibung nach dem üblichen Ausgleichszeitraum von einem (Kalender)Jahr (§ 6 Abs. 2). Sie verhindert damit insbesondere ein, allerdings bislang häufig praktiziertes, konturenloses und tendenziell unbegrenztes Fortschreiben von Arbeitszeitguthaben, da nunmehr nach Ablauf des, in aller Regel einjährigen, Ausgleichs-/Berechnungszeitraums für die flexible Arbeitszeit (§ 6 Abs. 2) ein überhängendes „Zeitkonto" (die verbreitete Zeitguthabenfortschreibung außerhalb eines förmlichen Arbeitszeitkontos nach § 10) zwingend auf Null zu stellen ist: Der Übertrag eines Zeitguthabens über den einjährigen Ausgleichszeitraum hinaus kommt im Ergebnis einem längerfristigen – mehrjährigen – Ausgleichszeitraum gleich, was die Tarifregelung gerade verhindern will.   43

a) Zeitguthaben/Zeitschulden. Zeitguthaben sind nach Ablauf des Jahreszeitraums finanziell auszugleichen und etwaige **Zeit-Unterdeckungen**, Zeit-Minussaldi, sind ebenfalls glattzustellen.   44

b) Risikoverteilung bei Zeitdefiziten. War in letzterem Fall nicht der Beschäftigte selbst der Verursacher des Zeitdefizits (vor allem, weil er annähernd zeitsouverän über den Umfang seiner Arbeitszeit, das Entstehen von Zeitschulden und den Ausgleich eines negativen Saldos entscheiden kann)[27] – was wegen der Befugnis und damit gleichzeitig Pflicht des Arbeitgebers/Vorgesetzten zur Arbeitszeiteinteilung durch Direktionsrecht (Erstellung des Dienstplans!) kaum vorkommen wird –, ist das Zeitkonto nach Ablauf des (einjährigen) Ausgleichszeitraums ebenfalls auf Null zu stellen – Unterdeckungen gelten damit im Regelfall als „geschenkt", sind nicht etwa weiter zu übertragen, künftig nachzuarbeiten oder finanziell vom Beschäftigten auszugleichen.[28]   45

Exkurs zu den Problemen von langfristigen Arbeitszeitguthaben: Personal- und betriebswirtschaftlich stellen Arbeitszeitguthaben, die nie (umfänglicher) ausgeglichen, sondern einfach langfristig weitergeschrieben/-saldiert werden, im Ein-   46

---

25 So, für den Bereich des Besonderen Teils Verwaltung (BT-V) zum TVöD, BAG v. 14.12.2010, 9 AZR 686/09, NZA 2011, 760.
26 Vgl auch BAG v. 24.10.1990, 6 AZR 37/89, NZA 1991, 378.
27 BAG v. 26.1.2011, 5 AZR 819/09, NZA 2011, 640; BAG v. 13.12.2000, 5 AZR 334/99, NZA 2002, 390.
28 Der Arbeitgeber befand sich mit der Nicht-Inanspruchnahme der Arbeitsleistung des Beschäftigten in Annahme-/Gläubigerverzug mit seiner Arbeitsleistung (§§ 615, 293 f BGB), was am Vergütungsanspruch des Arbeitnehmers nichts ändert; vgl BAG v. 26.1.2011, 5 AZR 819/09, NZA 2011, 640; BAG v. 13.12.2000, 5 AZR 334/99, NZA 2002, 390.

zelfall und erst recht in ihrer betrieblichen Gesamtheit ein unverzinstes Darlehen des/der Beschäftigten an den Arbeitgeber in Höhe deren finanziellen Werts dar – was gleichzeitig auch realistische, den tatsächlichen Bedarfsfall abbildende, Stellenpläne verhindert/verschleiert (und was zugespitzt bedeutet: zu wenig Personal arbeitet zu viel, jedenfalls mehr als selbst im Rahmen der sehr flexiblen Arbeitszeitgestaltungsoptionen im TVöD/TV-L vorgesehen ist, das betrieblich erforderliche Gesamtarbeitszeitvolumen verteilt sich auf weniger, im Ergebnis mehr verdienende, Beschäftigte als von den Arbeitszeitbestimmungen vorgesehen).

Es soll allerdings nicht übersehen werden, dass dies häufig auch den Interessen einzelner Beschäftigter entsprechen mag, die ihre Zeitguthaben nicht ungern behalten und nicht stärker abbauen wollen (was wiederum häufig auch mit tradierten Ritualen und psychologischen Mechanismen zusammenhängen mag: zum einen scheint es zu beruhigen, über Zeitpolster zu verfügen, auf die im (hypothetischen) Bedarfsfall zurückgegriffen werden könnte, zum anderen zeugen Zeitguthaben/Arbeitszeitüberhänge von einer gewissen Überlastung und damit indizierten Unentbehrlichkeit).

47 **c) Zwang zur effizienten Arbeitszeiteinteilung.** Damit wird mittelbar ein **Zwang zur effizienten Arbeitszeiteinteilung** und Dienst-/Schichtplangestaltung erzeugt. Da der Arbeitgeber nach dieser Regelung zwangsläufig damit rechnen muss, dass das (informelle) Zeit„konto" aller Beschäftigten nach Ablauf des in aller Regel einjährigen Ausgleichszeitraums – also meist zum Kalenderjahresende – auf Null zu stellen ist, also Zeitguthaben auszuzahlen sind und etwaige Unterdeckungen (Minussaldi) verfallen, wird er in eigenem Interesse dafür Sorge tragen, dass die Zeitsaldi der Beschäftigten zu diesem Zeitpunkt möglichst ausgeglichen sind. Dies verhindert damit sinnvollerweise die in vielen Einrichtungen, die von unregelmäßigen Arbeitszeiten und unrhythmischen Arbeitszeitfestlegungen geprägt sind (v.a. im Gesundheitswesen: Kliniken etc.), etablierten Rituale, dass Zeitguthaben häufig unbegrenzt und ohne Rücksicht auf den Ausgleichszeitraum weitergeschrieben/übertragen werden, der Beschäftigte langfristig einen, wechselnden, Berg von „Plus"-Stunden vor sich her schiebt. Personalwirtschaftlich und bilanztechnisch bedeutet dies, dass für Arbeitszeitguthaben während des Jahreszeitraums Rückstellungen zu bilden sind, die nach Ablauf des Jahreszeitraums aufgelöst werden müssen.

48 **Exkurs zur Vergütungsänderung:** Da solche Ausgleichsguthaben erst am Ende des Ausgleichszeitraums, also im Regelfall am (Kalender)Jahresende, feststellbar sind – entstehen und dann fällig werden (§ 24 Abs. 1) –, muss sich das hierfür auszuzahlende Stundenentgelt konsequenterweise nach den dann aktuell geltenden Tabellenentgelten richten – Vergütungserhöhungen während des Ausgleichszeitraums erhöhen damit auch diesen Abgeltungsbetrag.

Eine Alternativüberlegung – Auszahlung der Stundenguthaben entsprechend der vorherigen/jeweils geltenden Vergütung – scheidet schon deshalb aus, weil sich während des Ausgleichszeitraums ein etwaiges Stundenguthaben – Abweichung von der Durchschnittsarbeitszeit nach oben – gar nicht feststellen lässt. Der Ausgleichszeitraum (von regelmäßig einem Jahr) dient ja gerade dazu, flexibel durch Schwankungen nach unten und nach oben reagieren zu können, weshalb sich ein

Zeitpunkt für ein Entstehen von Guthaben während des Ausgleichszeitraums nicht lokalisieren ließe.[29]

IV. Vergütung für Rufbereitschaft (Abs. 3 TVöD = Abs. 5 TV-L)

1. Aufbau der Neuregelung. Diese Neuregelung der Vergütung für geleistete Rufbereitschaften (§ 7 Abs. 4) ist vor allem hinsichtlich der „Sockelvergütung" gegenüber der bisherigen Regelung[30] stärker differenziert und damit komplizierter. Der Wortlaut und systematische Aufbau dieser Regelung in Abs. 3 TVöD und in Abs. 5 TV-L unterscheiden sich, jedoch nicht substantiell in der Sache. Diese Bestimmung legt, wie bisher, zum einen eine Grundvergütung für die mit der Rufbereitschaft verbundene Bereithaltungsverpflichtung („Sockelvergütung", 2.a) – nunmehr differenziert nach deren Dauer – und zum anderen die zusätzliche Vergütung für während der Rufbereitschaft erbrachte Arbeitsleistungen fest (2.b). 49

2. Vergütungsregelungen im Einzelnen. a) „Sockelvergütung". Die Vergütung für die angeordnete Rufbereitschaft als solche, also für die bloße Verpflichtung des Beschäftigten zur **Bereithaltung** zur Arbeit auf jederzeitigen Abruf, wird üblicherweise als „**Sockelvergütung**" bezeichnet. Diese Vergütung soll die mit der Verpflichtung zur jederzeitigen Abrufbarkeit verbundenen Einschränkungen der privaten Lebensführung (örtliche Beweglichkeit, Absehen von Alkohol-/Drogenkonsum oder anderen, einem jederzeitigen Arbeitseinsatz entgegenstehenden Betätigungen während der Freizeit) ausgleichen. Dieses Grundentgelt ist nunmehr differenziert nach Dauer der Rufbereitschaftszeit – ab 12 Stunden (bb) oder darunter (aa). 50

Exkurs zur Arbeitszeit im Sinne des Arbeitszeitgesetzes bei Rufbereitschaft: Arbeitszeit iSd öffentlichrechtlichen **Arbeitsschutzbestimmungen (ArbZG)** stellt bei der Rufbereitschaft nicht der gesamte Zeitraum der abstrakten Ruf-Bereitschaft, der Abrufbarkeit, dar – da der Beschäftigte hier definitionsgemäß seinen Aufenthaltsort selbstbestimmt wählen kann –, sondern lediglich die Zeit einer tatsächlichen Arbeitsleistung während einer Rufbereitschaft, was bedeutet, dass durch die normale (Grund)Arbeitszeit vor oder nach einer Rufbereitschaft zusammen mit während einer nachfolgenden Rufbereitschaft ggf erbrachten Arbeitseinsätzen die höchstzulässige Arbeitszeit von 10 Stunden je „Werktag" (§ 3 ArbZG, Rahmen von 24 Stunden) nicht überschritten werden darf (wobei allerdings für den Bereich der Krankenhäuser uä Einrichtungen, bei denen Rufbereitschaften typischerweise geleistet werden, durch § 45 Abs. 8 Satz 2 BT-K und BT-B die gesetzliche Tageshöchstarbeitszeit von 10 Stunden tariflich, ohne Obergrenze, aufgehoben wird – was nach § 7 Abs. 2 Nr. 3 ArbZG durch Tarifvertrag zulässig erfolgen kann). 51

aa) Unter 12 Stunden Rufbereitschaftsdauer. Bei einer ununterbrochenen Rufbereitschaft von **weniger** als **12 Stunden** Dauer („stundenweise" Rufbereitschaft, 52

---

29 Unverständlich deshalb Dassau/Wiesend-Rothbrust, Rn 36, die meinen, dass hier das jeweilige Entgelt im Monat der Leistung dieser „Mehrstunden" zugrunde zu legen sei und spätere Vergütungserhöhungen unberücksichtigt bleiben müssten (und die dort im Übrigen die hier auszugleichenden Arbeitsstunden als solche ansehen, die über die im Dienstplanzeitraum festgelegten Arbeitszeiten hinaus geleistet waren); anders zu recht Görg/Guth/Hamer/Pieper, Rn 19.
30 ZB § 15 Abs. 6 b Unterabs. 2 f BAT.

Satz 7 TVöD in der seit 1.7.2008 geltenden Fassung) erhält der Beschäftigte, ähnlich der Vorgängerregelung, für jede Rufbereitschaftsstunde **12,5 %** (**1/8**) des tariflichen **Tabellen-Stundenentgelts** – bei angenommen einer achtstündigen Rufbereitschaft somit einen vollen Stundensatz.[31]

Der Arbeitgeber ist nicht gehindert, innerhalb eines kurzen Zeitraums, etwa einem 24-stündigen Zeitraum, zwischen Arbeitsperioden oder auch arbeitsfreien Zwischenzeiten mehrere solche stundenweisen Rufbereitschaftsphasen anzuordnen. Auch dann liegen im tariflichen Sinn mehrere kurze Rufbereitschaften vor, für die jeweils isoliert der Satz von 12,5 % des tariflichen Stundenentgelts zu zahlen ist. Der Beschäftigte kann nicht verlangen, dass diese stundenweisen Rufbereitschaften innerhalb einer Tagesperiode zunächst zusammengezählt (und dann mit der tariflichen Tagespauschale nach § 7 Abs. 3 Satz) statt des 12,5 %-igen Stundenentgeltsatzes) bezahlt werden.[32]

53 Diese Sockelvergütung wird grundsätzlich für die gesamte Dauer der Rufbereitschaftszeit, also auch während Zeiten einer tatsächlichen Inanspruchnahme, eines Arbeitseinsatzes, während der Rufbereitschaft durchgezahlt – diese Zeiten werden nicht etwa aus der für die Sockelvergütung berücksichtigungsfähigen Rufbereitschaftszeit ausgenommen.[33]

54 **bb) Ab 12 Stunden Rufbereitschaftsdauer.** Bei einer ununterbrochenen Rufbereitschaftszeit von **12 Stunden und länger** wird nunmehr eine tägliche **Pauschale** gezahlt, abhängig von den Wochentagen:
- bei Rufbereitschaften im Zeitraum Montag bis Freitag das Zweifache,
- bei Rufbereitschaften an Samstagen, Sonntagen oder Feiertagen das Vierfache
- jeweils des individuellen tariflichen Tabellen-Stundenentgelts (Satz 1).

Diese Pauschalierung greift damit erst bei längerer, mindestens halbtägiger (12 Stunden dauernder), Rufbereitschaft und differenziert nunmehr weiter zwischen Rufbereitschaften am Wochenende und an Feiertagen, bei denen der doppelte Pauschalsatz anfällt, und solchen an normalen Wochentagen.

55 Dies bedeutet konkret, dass bei Rufbereitschaftszeiten außerhalb von Wochenenden/Feiertagen zwischen 12 und knapp 16 Stunden durch die hier anfallenden zwei Stundenentgeltsätze mehr als 12,5 % der Bereithaltungszeit als Arbeitszeit – wie in den Vorgängerregelungen und hier noch bei Rufbereitschaftszeiten von unter 12 Stunden geregelt – als Arbeitszeit vergütet werden, bei Rufbereitschaftszeiten von mehr als 16 Stunden dagegen (ggf deutlich) weniger (bei solchen Rufbereitschaftszeiten außerhalb von Wochenenden/Feiertagen, von, im Maximalfall, 24 Stunden werden nunmehr nur noch zwei Stunden Sockelzeit angesetzt – nach der Vorgängerregelung dagegen bei 12,5 % (einem Achtel der Zeit) drei Stunden –, während durch die Verdoppelung dieser Pauschale auf vier Stundensätze an Samstagen, Sonntagen und (Wochen)Feiertagen die Sockelzeit jetzt al-

---

31 Vgl näher Wahlers, ZTR 2009, 465/470 (unter 3.2). Die Vorgängerregelung (zB § 16 Abs. 6 b Satz 3 bzw Unterabs. 2 BAT) hatte diese Sockelzeit noch mit der gleichen Quote von 12,5 %, jedoch mit der Überstundenvergütung – somit überstundenzuschlagspflichtig – bewertet.
32 BAG v. 5.2.2009, 6 AZR 114/08, NZA 2009, 559.
33 So zur insoweit übereinstimmenden Vorgängerregelung BAG v. 9.10.2003, 6 AZR 512/02, NZA 2004, 390.

lerdings zwischen einem Drittel (12 Stunden Rufbereitschaftszeit) und einem Sechstel (24 Stunden Rufbereitschaftszeit) als Arbeitszeit vergütet wird.[34]

Maßgebend bei einer Rufbereitschaftszeit, die in den Samstag/Sonntag/Feiertag hineinreicht, ist für die Pauschale der **Wochentag**, an dem die **Rufbereitschaft beginnt** (Satz 3 TVöD bzw Protokollerklärung zu Abs. 5 TV-L), wobei die Tarifvertragsparteien hierzu offensichtlich ohne Weiteres auf den Kalendertag (0.00 bis 24.00 Uhr) abstellen (bei einer Rufbereitschaft von Freitag, 17.00 Uhr, bis Samstag, 8.00 Uhr, fällt damit nur eine Zwei-Stunden-Pauschale an). 56

Nach der – systematisch wiederum schwer einzuordnenden – **Protokollerklärung zu Abs. 3** TVöD soll jedoch „zur Ermittlung der Tage einer Rufbereitschaft, für die eine Pauschale gezahlt wird, ... auf den Tag des Beginns der Rufbereitschaft abzustellen" sein. Dies kann entweder meinen, dass es gleichwohl, insoweit, auf 24-Stunden-Zyklen ankommen würde, oder, dass angebrochene Folgetage unberücksichtigt bleiben[35] (vollständig oder nur, soweit diese im Zeitraum 0.00 Uhr bis 24.00 Uhr 12 Stunden unterschreiten?). Für letztere Auffassung kann die zusätzlich zur Protokollerklärung zu Absatz 3 TVöD angefügte „Niederschriftserklärung" der Tarifvertragsparteien sprechen, da im dort festgehaltenen Beispiel einer **Wochenendrufbereitschaft** von Freitag 15.00 Uhr bis Montag 7.00 Uhr der angefangene Montag unberücksichtigt bleibt (und nur die anderen drei hierdurch berührten Wochentage – auch der bis 24.00 Uhr lediglich mit 9 Stunden Rufbereitschaftszeit belegte Freitag – mit der jeweiligen Pauschale von zwei bzw vier Stunden angesetzt werden).

Wie ist es jedoch mit einer Rufbereitschaft, die etwa von Freitag, 16.00 Uhr, bis Samstag, 23.00 Uhr, dauert – wird auch hier für Freitag beginnend lediglich eine Pauschale von zwei Stunden angesetzt oder wird auch der Samstag mit einer weiteren Pauschale von vier Stunden bewertet?[36]

Bezahlter Freizeitausgleich ist bei der Rufbereitschaft nach dem Wortlaut der Tarifregelung weder für die Sockelzeit noch für die Arbeitsabrufzeiten vorgesehen.[37]

cc) **Arbeitszeitkonto.** Fraglich ist, ob eine Verbuchung auch der **Sockelvergütung** als umgewandelte **Arbeitszeit** auf ein förmlich eingerichtetes **Arbeitszeitkonto** nach § 10 möglich ist. 57

§ 10 Abs. 3 Satz 2 sieht vor, dass durch die dort erforderliche Betriebs-/Dienstvereinbarung auch „Rufbereitschaftsentgelte" zur Buchung als Zeitguthaben

---

34 Feiertagsbezahlung enthält nicht die Rufbereitschaftsvergütung für Rufbereitschaften an Feiertagen: BAG v. 9.10.2003, 6 AZR 512/02, NZA 2004, 390.
35 Letzteres nehmen Dassau/Wiesend-Rothbrust, Rn 41 und Görg/Guth/Hamer/Pieper, Rn 23 an.
36 Der Verfasser kann nicht anders als auch hier seine Faszination über die Unfähigkeit der Tarifvertragsparteien festzuhalten, trotz umfangreicher Verhandlungen eine wenigstens annähernd, ansatzweise, klare und in der Praxis umsetzbare Tarifregelung zu schaffen – wie hier unschwer möglich.
37 Nur im Falle eines förmlichen Arbeitszeitkontos möglich – vgl LAG Rheinland-Pfalz v. 28.10.2011, 9 Sa 238/11, Juris (nicht rechtskräftig): Deshalb ist trotz, tarifwidrig, erfolgten Freizeitausgleichs noch ein Anspruch auf Bezahlung gegeben (der in diesem Fall jedoch wegen des Verbots widersprüchlichen Verhaltens (§ 242 BGB) abgelehnt wurde, da der Arbeitgeber den Beschäftigten ein Wahlrecht, unter Verweis auf die Möglichkeit des Freizeitausgleichs entgegen den einschlägigen Tarifbestimmungen, eingeräumt worden war, und der Beschäftigte dann über Jahre hinweg bewusst den Freizeitausgleich für die Rufbereitschaftszeiten beantragt hatte.

freigegeben werden können – was auch die Sockelvergütung erfassen könnte. Allerdings regelt Satz 5 durch den dortigen Verweis auf Satz 4 ausdrücklich, dass die Vergütung tatsächlich angefallener Arbeitszeit nach § 10 Abs. 3 Satz auf das Arbeitszeitkonto erfolgen kann – was im Umkehrschluss bedeuten müsste, dass, mangels entsprechender Regelung dort, die Sockelvergütung nicht als Zeitguthaben auf ein Arbeitszeitkonto verbucht werden könnte, eine Betriebs-/Dienstvereinbarung zum Arbeitszeitkonto dies damit auch nicht wirksam festlegen könnte.

Unabhängig von der Frage, ob es sich hierbei um eine – zu füllende – Regelungslücke oder ein (für den TVöD/TV-L allerdings keinesfalls untypisches) Redaktionsversehen handelt, spricht nach Ansicht des Verfassers bereits nach dem Sinn und Zweck eines Arbeitszeitkontos nichts dagegen, durch die dort notwendige Betriebs-/Dienstvereinbarung auch die Sockelvergütung als umgewandelte Arbeitszeit zur Verbuchung vorzusehen.[38] Im Übrigen dürfte es selbst bei zwingender Tarifgeltung aufgrund beiderseitiger Tarifbindung (§ 3 Abs. 1, § 4 Abs. 1 TVG) auch im Hinblick auf § 4 Abs. 3 und Abs. 4 TVG (sog. Günstigkeitsprinzip und Verzichtsverbot) nicht grundsätzlich unwirksam sein, durch einzelvertragliche Vereinbarung anstelle der Sockelvergütung für Rufbereitschaft, ganz oder teilweise, Freizeitausgleich festzulegen.

58 **b) Tatsächliche Arbeitsleistung während der Rufbereitschaft.** Zusätzlich erhält der Beschäftigte für Arbeitsleistungen, die er auf Abruf innerhalb der Rufbereitschaft erbringt,[39] diese Zeit in der Weise bezahlt[40] (Abs. 2 Satz 4 ff TVöD, Abs. 5 Satz 5 TV-L), dass

- hier auch die erforderliche **Wegezeit** als Arbeitszeit angesetzt wird,
- hierbei im Regelfall **die Zeit jeder einzelnen Inanspruchnahme** auf eine volle Stunde aufgerundet wird und
- für die dergestalt ermittelte Zeit die **Überstundenvergütung** (30 % bzw 15 % je nach Entgeltgruppe: Abs. 1 Satz 2 lit. a) und des Weiteren auch et-

---

38 Görg/Guth/Hamer/Pieper, Rn 27, sowie Bepler/Böhle/Meerkamp/Stöhr, Rn 13, gehen unbesehen und ohne weitere Differenzierung davon aus, dass auch die Verbuchung der Sockelvergütung auf ein Arbeitszeitkonto möglich ist.
39 Wobei dies gerade in den Arbeitsbereichen, bei denen Rufbereitschaft regelmäßig anfällt – Krankenhäuser, Heime usw –, nur in Ausnahmefällen der Fall sein soll: § 45 Abs. 8 Satz 1 BT-K.
40 Den Sachschaden bei einem Pkw-Unfall auf dem Weg zum Arbeitsantritt muss hier uU der Arbeitgeber tragen: BAG v. 22.6.2011, 8 AZR 102/10, NZA 2012, 91: Zwar ist die Fahrt zum Arbeitseinsatz während einer Rufbereitschaft keine Arbeitszeit, weshalb der Arbeitnehmer (mangels abweichender Vereinbarung) seine Aufwendungen auch für Sach-Unfallschäden auf Fahrten zwischen Wohnung und Arbeitsstelle selbst zu tragen hat – wird der Arbeitnehmer während der Rufbereitschaft zum Arbeitsantritt aufgefordert (dies ist hier jedoch nahezu zwingend!) und kann der Beschäftigte die Benutzung seines Privatfahrzeugs für erforderlich halten, um rechtzeitig am Arbeitsplatz zu erscheinen (auch dies dürfte fast immer der Fall sein!), dann kann ein Aufwendungsersatzanspruch entsprechend § 670 BGB nach den Regeln des innerbetrieblichen Schadensausgleichs bestehen (mit der Folge eines vollen Ausgleichsanspruchs außerhalb grober Fahrlässigkeit des abgerufenen und verunglückten Beschäftigten: § 3 Abs. 6 und Abs. 7 TVöD bzw § 3 Abs. 7 TV-L. S. hierzu Mayer, AiB 2011, 711/715.

waige **Zeitzuschläge** für Nacht-, Sonntags-, Feiertagsarbeit (usw) (Abs. 1 lit. b bis f) gezahlt werden.[41]

aa) Vergütung auch der (erforderlichen) Wegezeit. „Inanspruchnahmen" während der Rufbereitschaft sind nicht nur Abrufe zur Arbeitsaufnahme am Arbeitsplatz – etwa Klinik –, also außerhalb des selbst gewählten Aufenthaltsortes. Solche Inanspruchnahmen liegen, wie sich bereits aus den Sätzen 4 und 5 ergibt, auch bei nur **telefonischer Beratung**, Auskunftserteilung uä. vor[42] – allerdings findet in diesem Fall keine isolierte Aufrundung der Inanspruchnahmezeit auf eine volle Stunde statt, sondern eine solche Aufrundung erst nach Zusammenfassung sämtlicher solcher „Abrufe": Sätze 4 und 5.[43]

Der Ansatz auch der notwendigen **Wegezeit** als vergütungspflichtige Arbeitszeit entspricht den Vorgängerregelungen.

„Erforderliche" Wegezeit bedeutet, dass die konkret aufgewendete Wegezeit maßgeblich ist, soweit diese, bei Benutzung eines Pkw, unter den gegebenen Verkehrsverhältnissen aufgewendet werden musste bzw bei Nutzung öffentlicher Verkehrsmittel anfiel. Da eine (etwa satellitengestützte) Zeiterfassung der Wegezeit des Beschäftigten ab Verlassen der Wohnung nicht stattfinden wird/kann, ist zwangsläufig von nachvollziehbaren, glaubhaften Angaben des Beschäftigten hierzu, notfalls von verifizierbaren Erfahrungswerten (Durchschnittswerten üblicher Routenplaner), auszugehen.

bb) Aufrundung „jeder" angefangenen Stunde. Nach der zum **1.7.2008** in Kraft getretenen **Neuregelung** zum TVöD wurde die in der bis dahin geltenden Fassung des TVöD missverständlich formulierte Bestimmung zur Aufrundung der einzelnen Arbeitseinsätze – „Inanspruchnahmen" – während einer Rufbereitschaft klargestellt und der Regelung im TV-L angepasst. Nunmehr wird eindeutig die Zeit jeder einzelnen Inanspruchnahme dann auf eine volle Stunde aufgerundet und in der gerundeten Form mit dem Überstundenentgelt sowie ggf Zeitzuschlägen vergütet, wenn diese Arbeitsleistung nicht bloß vom Aufenthaltsort aus oder nur telefonisch erbracht wird. Nur in letzterem Fall werden abweichend zuerst alle Arbeitsleistungen addiert und nur einmal je Rufbereitschaft auf die nächste volle Stunde gerundet (Abs. 3 Sätze 4 und 5 nF).[44] Die Zeitzuschläge (s. unten) werden aber nur für die Zeit tatsächlich geleisteter zeitzuschlagsberechtigter Arbeitszeit gezahlt, nicht für die aufgerundete Zeit.[45]

Exkurs zur bis 30.6.2008 geltenden Rufbereitschaftsregelung im TVöD: Nach der bis 30.6.2008 geltenden Bestimmung sollte „für die Arbeitsleistung inner-

---

41 Zur Vergütung von Inanspruchnahmezeiten während einer Rufbereitschaft an Feiertagen nach den Tarifregelungen für Ärzte (TV-Ärzte/VKA): LAG Nürnberg v. 23.5.2011, 7 Sa 757/10, ZTR 2011, 726 (nicht rechtskräftig); zur Vergütung der Rufbereitschaft an Vorfest- und Brückentagen: Lerch/Weinbrenner, PersR 2008, 445.
42 BAG v. 23.9.2010, 6 AZR 330/09, Der Betrieb 2010, 2730; BAG v. 23.9.2010, 6 AZR 331/09, ZTR 2011, 24.
43 Ist durch Inanspruchnahmen während der Rufbereitschaft anschließend eine Ruhezeit nach § 5 ArbZG notwendig und muss deshalb die dort eigentlich geplante Arbeitsschicht entfallen, besteht kein Anspruch auf Gutschrift der deshalb ausgefallenen Arbeitszeit (hier: auf einem Arbeitszeitkonto nach dem Arbeitszeittarifvertrag der DB Netz-AG): BAG v. 13.12.2007, 6 AZR 197/07, NZA-RR 2008, 418.
44 Instruktive Beispiele bei Zetl, ZMV 2008, 239/242.
45 BAG v. 24.9.2008, 6 AZR 259/08, ZTR 2009, 22; für die Zeitzuschläge noch anders – ausgehend vom spezifischen, unmittelbaren, Tarifwortlaut – LAG München v. 21.2.2008, 4 Sa 942/07.

halb einer Rufbereitschaft einschließlich der hierfür erforderlichen Wegezeiten ... jede angefangene Stunde auf eine volle Stunde gerundet und mit dem Entgelt für Überstunden ..." bezahlt werden. Der – absehbare – Streit bestand in der Praxis hinsichtlich der Bedeutung des im Satzzusammenhang nicht unmissverständlichen Begriffs der Aufrundung „jeder" angefangenen Stunde einer Arbeitsleistung (Abs. 2 Satz 4) innerhalb der Rufbereitschaft.

Nach einer – vom, hierbei ohne Weiteres unterstellten, Sinn und Zweck der Tarifregelung ausgehenden – Auffassung waren zuerst sämtliche Arbeitseinsätze innerhalb einer jeweiligen Rufbereitschaft zeitlich zu addieren und die Summe sodann nur einmal auf eine volle Stunde zu runden,[46] während nach der anderen – stärker am Wortlaut dieser Tarifregelung orientierten – Meinung bei „jedem" einzelnen Arbeitseinsatz, jeder einzelnen Inanspruchnahme, während einer Rufbereitschaft eine entsprechende Rundung vorzunehmen war,[47] also bei zB zwei Inanspruchnahmen innerhalb einer Rufbereitschaft von einmal 1 Stunde 25 Minuten und zum anderen 2 Stunden 15 Minuten nach isolierter Rundung insgesamt (2 + 3 =) 5 Stunden anzusetzen waren, während nach der ersten Auffassung in diesem Fall lediglich die kumulierte Arbeitszeit von 3 Stunden 40 Minuten auf 4 Stunden aufzurunden gewesen wäre. Für letztere Auffassung sprachen nicht nur der – bei der Tarifauslegung zunächst maßgebliche – Wortlaut dieser Tarifbestimmung, sondern auch die Tarifsystematik und die Tarifgeschichte:[48]

Diese Bestimmung soll ersichtlich die frühere Regelung zur Stundengarantie bei der Rufbereitschaft ersetzen, wonach für eine Heranziehung außerhalb des jeweiligen Aufenthaltsortes einmal, für die kürzeste Inanspruchnahme, mindestens drei Stunden anzusetzen waren.[49] Eine nachvollziehbare Bedeutung gewann der tarifvertragliche Begriff in der Vorgängerregelung des TVöD, wonach „jede" angefangene Stunde auf eine volle Stunde gerundet wird, zwanglos nur, wenn eben auch jede Stunde – jede einzelne Inanspruchnahme –, nicht ein erst kumuliertes Arbeitszeitkontingent, gerundet wird.[50]

Im Übrigen hätten sich bei tarifkonformem Verhalten die Auswirkungen dieser Frage in Grenzen halten sollen, da in den Tätigkeitsbereichen und Einrichtungen, in denen Rufbereitschaften umfänglicher anfallen (Kliniken, Heime, Pflege- und

---

46 So LAG Nürnberg v. 26.7.2007, 7 Sa 891/06, ZTR 2007, 549 – hierzu ablehnend Roßbruch, PflR 2008, 491; ebenso Dassau/Wiesend-Rothbrust, Rn 47; Breier/Dassau et al., Bd. 1, Rn 40; Sponer/Steinherr, § 8 Rn 95; Clemens/Scheuring/Steingen/Wiese, § 8 Rn 57; Görg/Guth/Hamer/Pieper, Rn 26 – sämtliche ohne jegliche Begründung.
47 So LAG Rheinland-Pfalz v. 14.6.2007, 11 Sa 57/07, ZTR 2007, 548 = DÖD 2008, 41; LAG München v. 21.2.2008, 4 Sa 942/07, zustimm. Anmerkung von Roßbruch in PflR 2008, 279; ebenso Welkoborsky in Bepler/Böhle/Meerkamp/Stöhr, Rn 12; Hock/Kramer/Schwerdle, ZTR 2006, 622/629 f (unter 5.).
48 Näher BAG v. 24.9.2008, 6 AZR 259/08, ZTR 2009, 22.
49 Etwa § 15 Abs. 6 b Unterabs. 3 Satz 2 BAT (entsprechend § 16 a Abs. 2 BAT bei „nichtdienstplanmäßiger Arbeit"); so auch LAG Rheinland-Pfalz, das im Urteil v. 14.6.2007 (11 Sa 57/07, Rn 60 f) tarifsystematisch überzeugend auch auf die Regelungen in den vom Marburger Bund abgeschlossenen Tarifverträgen für Ärzte verwies, nach denen – bei auch sonst weitgehend mit dem TVöD/TV-L übereinstimmendem Wortlaut – ausdrücklich bei jeder einzelnen Inanspruchnahme aufgerundet wird: § 9 Abs. 1 Satz 5 TV-Ärzte (Länder) und § 11 Abs. 3 Satz 4 TV-Ärzte (VKA) – deutlicher noch im TV-L, wonach ausdrücklich „die Zeit jeder einzelnen Inanspruchnahme" außerhalb des Aufenthaltsorts auf eine volle Stunde gerundet wird; so bereits auch Hock/Kramer/Schwerdle, ZTR 2006, 622/629 f (unter 5.).
50 S. hierzu Wahlers, ZTR 2009, 465/469 (unter 3.1).

Betreuungseinrichtungen uä), als Voraussetzung für die zulässige Rufbereitschaftsanordnung der erwartbare Arbeitsanfall dort tarifvertraglich ausdrücklich auf „Ausnahmefälle" begrenzt ist (§ 45 Abs. 8 Satz 1 BT-K/BT-B) – mehrfache Inanspruchnahmen während einer Rufbereitschaft also nach Auffassung der Tarifvertragsparteien erst recht sehr selten vorkommen dürften.[51] Auch konnte nicht unberücksichtigt bleiben, dass die Tarifvertragsparteien im TV-L (dort § 8 Abs. 5 Satz 5) und in den parallelen Tarifverträgen des öffentlichen Dienstes für Ärzte die nämliche Rundungsvorschrift bei Rufbereitschaften, erkennbar klarstellend, ausdrücklich auf jeden einzelnen Arbeitseinsatz präzisiert hatten.[52]

Nunmehr ebenso die Regelung im TV-L (Absatz 5 Satz 5 bis Satz 7):[53] Hier werden bei einem Einsatz außerhalb des Aufenthaltsortes (also wenn der Beschäftigte im Regelfall nicht lediglich telefonisch agieren kann, sondern zum Arbeitsplatz fahren muss): 62

- **jede** einzelne **Inanspruchnahme** inkl. erforderlicher Wegezeit auf eine volle Stunde **gerundet** und in diesem Umfang mit der Überstundenvergütung sowie etwa anfallender weiterer Zeitzuschläge vergütet (s.u.) und
- weiter bei einem Einsatz am Aufenthaltsort bei telefonischer (oder sonstiger technischer) Erledigung diese Arbeitsleistungen (von zuhause aus) zunächst **addiert** und erst dann einmal – bzw bei längerer Rufbereitschaft: nach jeweils 24 Stunden – auf die nächste halbe Stunde gerundet und in diesem Umfang mit der Überstundenvergütung sowie etwa anfallender weiterer Zeitzuschläge (s.u.) vergütet (s. das instruktive Beispiel in der Niederschriftserklärung zu § 8 Abs. 5 TV-L hierzu).

cc) **Bezahlung mit Überstundenvergütung und Zeitzuschlägen (Rundung?).** Für die – im Regelfall jeweils – auf volle Stunden gerundeten einzelnen Arbeitseinsätze (inkl. jeweils einer Wegezeit) während der Rufbereitschaft werden zusätzlich zur Sockelvergütung (oben a)[54] die **Überstundenvergütung** gemäß Absatz 1 Satz 2 lit. a sowie ggf (in der Praxis häufig, da Rufbereitschaften vielfach nachts oder an Wochenenden usw geleistet werden) weitere **Zeitzuschläge** nach Absatz 1 Satz 2 für dabei angefallene Sonntagsarbeit oder Feiertagsarbeit[55] oder Nachtarbeit (usw) gezahlt.[56] 63

---

51 LAG München v. 21.2.2008, 4 Sa 942/07 II.2.d aE d. Gründe.
52 So auch LAG München v. 21.2.2008, 4 Sa 942/07; sowohl § 9 Abs. 1 Satz 5 TV-Ärzte (TdL) als auch § 11 Abs. 3 Satz 4 TV-Ärzte (VKA) bestimmen identisch, dass „jede einzelne Inanspruchnahme innerhalb der Rufbereitschaft ... auf eine volle Stunde gerundet" wird. Genau dies sollte bereits mit der, für sich betrachtet noch nicht unmissverständlichen, Regelung in § 8 Abs. 3 Satz 4 TVöD normiert werden.
53 Ebenso die nunmehrigen Ärztetarifverträge: § 9 Abs. 1 Satz 5 TV-Ärzte (Länder) und § 11 Abs. 3 Satz 4 TV-Ärzte (VKA).
54 Die Sockelvergütung wird auch während eventueller Inanspruchnahmezeiten innerhalb der Rufbereitschaft weitergezahlt, also für den gesamten vorgegebenen Rufbereitschaftszeitraum durchgezahlt: BAG v. 9.10.2003, 6 AZR 512/02, NZA 2004, 393; s. hierzu auch LAG Rheinland-Pfalz v. 28.10.2011, 9 Sa 238/11, Juris (nicht rechtskräftig).
55 So – für Zeiten der Inanspruchnahme während einer Rufbereitschaft an Feiertagen im Bereich des TV-Ärzte/VKA – LAG Nürnberg v. 23.5.2011, 7 Sa 757/10 (Juris); hierzu auch Zetl, ZMV 2011, 19/20.
56 Damit müssen auch die Kumulierungsregelungen bei Zusammentreffen mehrerer zeitzuschlagspflichtiger Tatbestände nach Abs. 1 Satz 3 Anwendung finden.

Diese Zeitzuschläge für Nachtarbeit, für Sonn- und Feiertagsarbeit (etc.) werden jedoch nach Auffassung des BAG nur für die tatsächlich geleistete, konkrete, Arbeitszeit innerhalb der Rufbereitschaft gezahlt, nicht für die aufgerundete Arbeitszeit.[57]

64 **dd) Arbeitszeitkonto.** Die gleichen Regelungen für die Rundung angefallener Arbeitseinsätze und die Verbuchung als Überstunden sowie der Zeitzuschläge hierfür gelten bei der Möglichkeit einer Verbuchung auf ein förmlich eingerichtetes **Arbeitszeitkonto** nach § 10, soweit nach der dort zwingend erforderlichen Betriebs- oder Dienstvereinbarung auch Rufbereitschaftsvergütungen als umgewandelte Zeitguthaben verbucht werden können (Satz 5 iVm Satz 4, § 10 Abs. 3 Satz 2). Nach dem Wortlaut und dem systematischen Aufbau dieser Bestimmung sollte dies allerdings nur möglich sein für die (Überstunden-)Vergütung angefallener Arbeitszeit während der Rufbereitschaft einschließlich darauf entfallender Zeitzuschläge, nicht für die Sockelvergütung der Rufbereitschaft (s. Rn 50).

V. Vergütung für Bereitschaftsdienst (Abs. 4 TVöD und Abs. 6 TV-L)

65 **1. Regelungsstruktur.** Die Vergütung der Bereitschaftsdienste wird künftig
- im kommunalen Bereich (VKA) durch landesbezirkliche Tarifverträge,
- im Bereich des Bundes durch einen Bundes-Tarifvertrag,
- im Länderbereich durch gesonderten Tarifvertrag

geregelt.

66 **2. Vorläufige Fortgeltung und Inhalt der bisherigen Tarifregelungen zur Berechnung/Vergütung des Bereitschaftsdienstes.** Bis zu einer Neuregelung gelten die bis zum Inkrafttreten des TVöD bzw des TV-L geltenden **bisherigen Bestimmungen** fort (insbes.: § 15 a Unterabs. 2 und 3 BAT und die SR 2 a (für Pflegekräfte in Krankenhäusern uä) Nr. 6 Abschn. B, die SR 2 b (für Pflegekräfte in sonstigen Anstalten/(Alten)Heimeinrichtungen) Nr. 5 Abs. 3 und die SR 2 c (für Ärzte in den Einrichtungen gemäß SR 2 a und 2 b) Nr. 8), nach denen

a) zunächst die gesamte **Bereitschaftsdienstzeit** für die Abrechnung prozentual **quotiert** wird – nach der durchschnittlichen Arbeitsbelastung (§ 15 Abs. 6 a BAT) bzw mit 25 % (SR 2 b, ggf 40 %) bzw nach Belastungsstufen A bis D bzw nunmehr I bis III mit insgesamt 40 % bis 80 % (bei mehr als 8 Bereitschaftsdiensten: bis 100%) nach den SR 2 a und 2 c –,

---

57 BAG v. 24.9.2008, 6 AZR 259/08, ZTR 2009, 22; allerdings bezieht sich nach dem Wortlaut dieser Regelung der Tatbestandsbegriff der „Zeitzuschläge" semantisch auf die für volle Stunde(n) aufgerundete Arbeitszeit während der Rufbereitschaft. Die Vergütungsregelung dieses Satzes – Bezahlung mit dem Überstundenentgelt „sowie mit etwaigen Zeitzuschlägen" – nimmt Bezug auf das Satzsubjekt der innerhalb der Rufbereitschaft erbrachten jeder einzelnen Inanspruchnahme inkl. Wegezeit. Das BAG stellt jedoch wesentlich auf den Zweck der Zeitzuschläge als Erschwerniszuschläge ab, was rechtfertige, die Zeitzuschläge nur auf die konkret angefallene erschwernisrelevante Arbeitsleistung zu beziehen.

b) und die hieraus errechnete Arbeitszeit sodann
   – entweder mit der **Überstundenvergütung**, ohne weitere Zeitzuschläge,[58] vergütet wird (ohne Fälligkeitsregelung),
   – **oder**, fakultativ (ohne Vorrang für diese Option), die (auf 30 Minuten gerundete) Arbeitszeitquote durch **Freizeitausgleich** unter Fortzahlung der Grundvergütung ausgeglichen wird (hier ohne Zahlung von Überstundenzuschlägen und weiteren Zeitzuschlägen), zeitlich begrenzt auf das Ende des dritten folgenden Monats.[59]

Exkurs – Bereitschaftsdienst und Freizeitausgleich: Dies löste allerdings insofern eine mittelbare Veranlassung zum Freizeitausgleich aus, als hier nur die Weiterzahlung der Vergütung, ohne Überstundenzuschlag wie bei der Zahlung von Bereitschaftsdienstvergütung, festgelegt/geschuldet ist – wenngleich hier grundsätzlich in einem engen zeitlichen Korsett von (gut) drei Monaten (dass diese Regelungen in den Einrichtungen – Kliniken etc. –, in denen Bereitschaftsdienste regelmäßig geleistet wurden, nach Kenntnis des Verfassers kaum jemals stringent umgesetzt wurden/werden, steht auf einem anderen Blatt). 67

3. Sonderregelungen. Allerdings enthalten im Bereich des TVöD die einschlägigen Besonderen Teile für Kliniken uä (**BT-K**) und sonstige Pflege- und Betreuungseinrichtungen (**BT-B**), in denen Bereitschaftsdienste typischerweise geleistet werden, bereits Regelungen zu deren Bewertung und Abgeltung (weshalb der Handlungsdruck für die Tarifvertragsparteien zu Neuregelungen für sonstige Arbeitsbereiche durch gesonderte Tarifverträge, wie nunmehr festgelegt, nicht allzu ausgeprägt sein dürfte): 68

a) Sonderregelungen in Kliniken usw (BT-K). Nach § 46 BT-K (nF) wird (ähnlich der Regelungen des BAT, s.o.) in einem **1. Schritt** die gesamte Zeit des Bereitschaftsdienstes nach der Durchschnittsquote der erfahrungsgemäß anfallenden Arbeitsleistung **zeitlich** prozentual **quotiert** (Abs. 1): 69

bis zu 25 % Arbeitsanfall:	60 %
über 25 % bis 40 % Arbeitsanfall:	75 %
über 40 % bis 49 % Arbeitsanfall:	90 %,

wobei die Zuweisung zur jeweiligen Stufe bei **Ärzten** durch (mit einer Frist von drei Monaten zum Halbjahresende kündbaren) schriftliche **Nebenabrede** zum Arbeitsvertrag (§ 2 Abs. 3) und bei den anderen Beschäftigten durch die Betriebsparteien – also durch **Betriebs- oder Dienstvereinbarung** zwischen Betriebsrat bzw Personalrat und Arbeitgeber – festgelegt werden muss (Abs. 2).

---

58 Fraglich ist, ob die tarifvertraglichen Regelungen den Anforderungen des § 6 Abs. 5 Arbeitszeitgesetz genügen, wonach der Arbeitgeber dem Nachtarbeitnehmer (iSd ArbZG: § 2 Abs. 5 iVm Abs. 4 iVm Abs. 3 ArbZG) als Ausgleich für die während der Nachtzeit geleisteten Arbeitsstunden eine angemessene Zahl bezahlter freier Tage oder einen angemessenen finanziellen Zuschlag zu gewähren hat – es sei denn, es bestünden tarifliche Ausgleichsregelungen hierfür –: nach LAG Hamm v. 10.7.2008, 16 Sa 44/08, PflR 2009, 228 enthalten die tarifvertraglichen Regelungen des BAT (uä) für während der Nachtzeit geleistete Bereitschaftsdienste keinen angemessenen tariflichen Zuschlag hierfür. Dies müsste bedeuten, dass dann auch hier ein finanzieller Zeitzuschlag für Nachtarbeit, von grundsätzlich 10 % der Stundenvergütung (BAG v. 31.8.2005, 5 AZR 545/04, NZA 2006, 1273), zu zahlen wäre.
59 Der EuGH lässt es ausdrücklich zu, bei der Vergütung von Bereitschaftsdiensten zu differenzieren nach Arbeitsphasen und Wartephasen: v. 11.1.2007, C-437/05 (Vorel); ebenso bereits BAG v. 28.1.2004, 5 AZR 503/02, ZTR 2004, 413.

70 **b) Sonderregelungen in anderen unter den BT-K fallenden Einrichtungen.** In anderen Einrichtungen, die unter den Geltungsbereich des BT-K fallen – insbes. Altenpflegeeinrichtungen, Erholungsheime uä –, legt die Tarifregelung unmittelbar die Bewertung der Bereitschaftsdienstzeit mit **28,5 %** fest (Abs. 3).

In einem 2. Schritt wird in beiden Fällen die hiernach errechnete **Arbeitszeitquote**
- entweder mit dem Tabellenentgelt nach der nunmehrigen Anlage G **vergütet** (100 %, Abs. 4), zuzüglich eines (besonderen) **Feiertagszuschlages** von 25 % des jeweiligen rechnerischen Stundensatzes nach der Anlage C (§ 46 Abs. 4 und Abs. 5 TVöD-BT-K nF), jedoch **ohne** weitere **Zeitzuschläge** (für Sonntags-, Nachtarbeit usw), Abs. 5[60]
- oder **Freizeitausgleich** in diesem Umfang gewährt, dergestalt, dass
  - bei **Ärzten** bis zum Ablauf des dritten folgenden Monats eine entsprechende bezahlte Arbeitsbefreiung (auch für einen etwaigen Zuschlag wegen quotierter Feiertagsarbeit) erfolgt,
  - bei den **anderen Beschäftigten** bezahlter Freizeitausgleich (auch für einen etwaigen Zuschlag wegen quotierter Feiertagsarbeit) entweder zur erforderlichen Einhaltung der Vorschriften des Arbeitszeitgesetzes[61] oder nach einer etwaigen Regelung in einer Betriebs-/Dienstvereinbarung oder sonst mit Zustimmung des Beschäftigten erfolgt, ebenfalls zeitlich begrenzt bis zum Ablauf des dritten folgenden Monats (Abs. 6 und Abs. 7).[62]

71 Nur bei **Ärzten** kann nach dem Tarifwortlaut (§ 46 Abs. 4 TVöD-BT-K und § 8 Abs. 6 TV-L idF des § 41 Nr. 5 Ziff. 4 [Ärzte an Universitätskliniken], § 42 Nr. 6 Ziff. 3 lit. e [Ärzte an anderen Krankenhäusern] und § 43 Nr. 5 Ziff.2 lit. e und f [nichtärztliche Beschäftigte in Universitätskliniken und Krankenhäusern] TV-L) durch den Arbeitgeber im Rahmen der Ausübung seines Weisungsrechtes zwischen **Freizeitausgleich** (als bezahlter Arbeitsfreistellung) oder Zahlung von **Bereitschaftsdienstvergütung** entschieden werden, der Beschäftigte kann sich dies nicht selbst aussuchen.[63] Der Freizeitausgleich kann auch den in den Zeitguthaben Zeitzuschlag für an Feiertagen geleistete Bereitschaftsdienststunden umfassen (§ 46 Abs. 6 Satz 2 iVm Abs. 5 TVöD) und ist nur bis zum Ende

---

60 Die Bereitschaftsdienstvergütung kann bei Vorhandensein eines förmlichen Arbeitszeitkontos nach § 10 auch als Arbeitszeitguthaben verbucht werden, wobei die prozentualen Quoten der Stufen I bis III jeweils um eine Minute erhöht werden (Abs. 8): Eine Stunde Bereitschaftsdienst entspricht hiernach in Stufe I (60 %) 37 Minuten, in Stufe II (75 %) 46 Minuten und Stufe III (90 %) 55 Minuten – für Beschäftigte in anderen Einrichtungen, die unter den Geltungsbereich des BT-K fallen (insbes. Altenpflegeeinrichtungen, Erholungsheime), entsprechen 28,5 % 17,5 Minuten –, bei Feiertagsarbeit zusätzlich 15 Minuten.
61 Die Erforderlichkeit der einseitigen Anordnung von Freizeitausgleich für geleistete Bereitschaftsdienste zur Einhaltung der Vorschriften des Arbeitszeitgesetzes (Ruhezeit nach § 5 ArbZG) ist zu verneinen, wenn der Arbeitgeber selbst bei der Anordnung dieser Bereitschaftsdienste gegen das Arbeitszeitgesetz verstoßen hatte (weil er, in diesem Fall, lange Gesamtarbeitszeiten inkl. Bereitschaftsdienstphasen ohne Beachtung der tarifrechtlichen Voraussetzungen nach § 45 TVöD-BT-K hierzu angeordnet hatte): LAG Niedersachsen v. 21.7.2008, 6 Sa 5/08, PflR 2009/08, 542 mit Anm. Roßbruch.
62 Vgl zum Freizeitausgleich für Bereitschaftsdienst grundsätzlich: Schlottfeldt/Kutscher, NZA 2009, 697.
63 BAG v. 22.7.2010, 6 AZR 78/09, NZA 2010, 1194 – Rn 11; BAG v. 7.12.1989, 6 AZR 129/88, Juris, – II.2.a d. Gr.; Schlottfeldt/Kutscher, NZA 2009, 697/699/700, unter VI. und VIII.

des auf die Bereitschaftsdienstleistung folgenden dritten Kalendermonats möglich: Danach muss das Bereitschaftsdienstentgelt bezahlt werden.

Alle anderen, **nichtärztlichen Beschäftigten** sollen dagegen grundsätzlich Zahlung von **Bereitschaftsdienstentgelt** erhalten (wenn kein Arbeitszeitkonto nach § 10 eingerichtet ist). Dies gilt jedenfalls dann, wenn nicht Freizeitausgleich zur Einhaltung der Vorschriften des Arbeitszeitgesetzes – Ruhezeit gemäß § 5 ArbZG – erforderlich ist oder eine solche Regelung durch (einvernehmliche) Betriebs- bzw Dienstvereinbarung getroffen ist oder der Beschäftigte dem Freizeitausgleich zustimmt.[64] Eine solche Zustimmung kann ausdrücklich – auch mündlich – oder **auch konkludent**, durch schlichte tatsächliche Inanspruchnahme der tatsächlich gewährten bezahlten Freischichten, erfolgen. Selbst fehlender Protest gegen die, tarifrechtlich hier an sich nicht vorgesehene, Einplanung bezahlten Freizeitausgleichs zum Abbau der durch Bereitschaftsdienst entstandenen Zeitguthaben führt im Regelfall zur Annahme, der Beschäftigte habe dieser Kompensation zugestimmt.[65] Allerdings ist eine solche Zustimmung zum Abbau von durch Bereitschaftsdienst erworbener Zeitguthaben durch bezahlten Freizeitausgleich nicht für allemal verbindlich, sondern jederzeit, formlos – somit auch mündlich –, widerrufbar, weshalb es dann bei der tarifrechtlich allein vorgesehenen Zahlung von Bereitschaftsdienstvergütung verbleibt.[66]

Der **Freizeitausgleich für Bereitschaftsdienstzeiten** kann grundsätzlich auch in die **gesetzliche Ruhezeit** gelegt werden.[67]

Beispiel: Beschäftigter A. leistet, außerhalb der regulären Arbeitszeit, am Donnerstagnacht/Freitag, 13./14.9., zusätzlich einen zwölfstündigen Bereitschaftsdienst der Stufe II. Den am Freitag, 14.9., eigentlich geplanten Dienst von acht Stunden kann er dann wegen der nach § 5 ArbZG erforderlichen **Ruhezeit** nicht leisten. Der Arbeitgeber/Vorgesetzte stellt ihn deshalb – auch von vornherein, durch **Reduzierung seiner Sollarbeitszeit**[68] – von diesem Dienst am Freitag frei und deklariert dies gleichzeitig als (bezahlten) Freizeitausgleich für den vorausgegangenen Bereitschaftsdienst im Umfang von diesen acht Stunden geplanter Arbeitszeit (Bereitschaftsdienst der Stufe II wird mit 75 % = hier 9 Stunden als Arbeitszeit bewertet).

Dies ist zulässig, da auch in diesem – zwingenden – Freistellungsfall tatsächlich bezahlte Freizeit für den Bereitschaftsdienst im Umfang der geplanten Arbeitszeit gewährt wird. Die notwendige Arbeitsfreistellung während der Ruhezeit nach § 5 ArbZG liegt nicht nur bei unentgeltlicher Freistellung vor, sondern auch bei bezahlter Freistellung als Freizeitausgleich im tariftechnischen Sinn. Auch in die-

---

64 LAG Baden-Württemberg v. 23.6.2008, 4 Sa 2/08 und 4 Sa 3/08, ZTR 2008, 432; hierzu zustimmend Roßbruch, PflR 2008, 431; nach LAG Niedersachsen v. 21.7.2008, 6 Sa 5/08 ist eine einseitige Anordnung von Freizeitausgleich für geleistete Bereitschaftsdienste (zur Einhaltung der Ruhezeitvorschriften in § 5 ArbZG) dann nicht möglich, wenn der Arbeitgeber bei der Anordnung der Bereitschaftsdienste zuvor selbst gegen das Arbeitszeitgesetz verstoßen hatte.
65 BAG v. 19.11.2009, 6 AZR 624/08, ZTR 2010, 195; BAG v. 17.12.2009, 6 AZR 716/08, ZTR 2010, 197 – mit zust. Anm. von Roßbruch in PflR 2010, 180/185.
66 BAG v. 19.11.2009, 6 AZR 624/08, ZTR 2010, 195, hierzu (mit fehlerhaft zitiertem Entscheidungsdatum) Mayer, AiB 2011, 711/713; BAG v. 17.12.2009, 6 AZR 716/08, ZTR 2010, 197 – mit zust. Anm. von Roßbruch in PflR 2010, 180/185.
67 BAG v. 22.7.2010, 6 AZR 78/09, NZA 2010, 1194; hierzu ausführlich Meinel in zust. Anm. in AP Nr. 14 zu § 1 TVG Tarifverträge: Arzt.
68 S. auch BAG v. 17.3.2010, 5 AZR 296/09, Juris – Rn 17.

sem Fall wird die vorgearbeitete Bereitschaftsdienstzeit im Umfang ihrer Quotierung als Arbeitszeit (hier: 75 %) durch bezahlte Arbeitsfreistellung ausgeglichen/abgebaut. Entscheidend ist, **dass** der Beschäftigte tatsächlich frei – Ruhezeit – hat, nicht, auf welchen (tarifrechtlichen) Gründen dies beruht.[69]

74 c) **Beschäftigte im Bereich des BT-B.** Die Regelung für Beschäftigte im Bereich des **BT-B** entspricht im Wesentlichen den bisherigen Bestimmungen zur Bereitschaftsvergütung im BAT und den Sonderregelungen hierzu, wie unter Rn 66 dargestellt (hier vier Belastungsstufen nach dem herkömmlichen Modell mit einer Gesamtquotierung als Arbeitszeit von 40 % (Stufe A), von 50 % (Stufe B), von 65 % (Stufe C) und von 80 % (Stufe D), ggf – bei mehr als 8 Bereitschaftsdiensten/Monat – bis zu 100 %; Stufenzuweisung durch die Betriebsparteien – also durch Betriebs-/Dienstvereinbarung –, für die errechnete Arbeitszeitquote Vergütung oder Freizeitausgleich, ggf Verbuchung auf ein förmliches Arbeitszeitkonto gemäß § 10 Abs. 3).

75 d) **TV-L.** Nach **Abs. 6 Satz 4 TV-L** und der Protokollerklärung zu Abs. 6 TV-L können weitere **Faktorisierungsregelungen** in einer einvernehmlichen – also nicht durch ein Einigungsstellenverfahren ggf erzwingbaren (§ 38 Abs. 3 TV-L) – Dienst- oder Betriebsvereinbarung erfolgen.

VI. Wechselschicht- und Schichtzulagen (Abs. 5 und Abs. 6 TVöD und Abs. 7 und Abs. 8 TV-L)

76 Diese Bestimmungen enthalten eine neu geregelte Definition des Anspruchs auf Wechselschichtzulage oder Schichtzulage.

77 **1. Sinn und Zweck dieser Zulagen.** Sinn und Zweck der Wechselschicht- oder Schichtzulage ist ein (idR monatlicher) finanzieller Ausgleich für die mit den besonderen Bedingungen der **Wechselschichtarbeit** (§ 7 Abs. 1) oder der **Schichtarbeit** (§ 7 Abs. 2) verbundenen Belastungen, die vor allem durch den ständigen – häufig auch (Krankenhäuser) unrhythmischen – Wechsel der täglichen Arbeitszeiten, außerhalb üblicher Arbeitszeiten, und den damit verbundenen sich häufig ändernden Dienstbeginn – am (frühen) Morgen (wiederum: Kliniken) zu mittags/nachmittags bis abends – und der dadurch bedingten Umstellung entstehen, was wesentliche Auswirkungen auf die private Lebensführung und den Lebensrhythmus haben kann.[70]

78 **2. Vorgängerregelung.** Die Vorgängerregelung (zuletzt: § 33 a BAT)[71] enthielt vier Wechselschicht- und Zulagen mit, belastungsabhängigen, Beträgen von 102,26 € (200,- DM – anfänglich 150,- DM -), 61,36 € (120,- DM), 46,02 € (90,- DM) und 35,79 € (70,- DM).

Dies wird nunmehr auf eine **Wechselschichtzulage (105,- €, Abs. 5)** und eine **Schichtzulage (40,- €, Abs. 6)** vereinfacht. Gleichzeitig wird erstmals alternativ

---

69 Hierzu Mayer, AiB 2011, 711/713.
70 BAG v. 24.9.2008, 10 AZR 634/07, NZA 2008, 1422 – Rn 19; BAG v. 24.9.2008, 10 AZR 770/07 – Rn 23; BAG v. 24.9.2008, 10 AZR 106/08, NZA 2008, 1424 – Rn 14 und 22; dies hatte bereits die Rechtsprechung des BAG zur Vorgängerregelung immer wieder deutlich hervorgehoben, vgl nur BAG v. 16.2.1994, 10 AZR 516/93, NZA 1994, 852; BAG v. 16.8.2000, 10 AZR 512/99, ZTR 2001, 28 (aE).
71 Diese Zulage war im Rahmen des „Pflegenotstandstarifvertrages" 1989 zunächst nur für Pflegekräfte in Kliniken in die einschlägige SR 2 a zum BAT aufgenommen und dann – wie tarifpolitisch nicht selten – später in den Manteltarifvertrag BAT übernommen worden.

zur Monatszulage auch eine umgerechnete Stundenzulage für kurzzeitige, nicht „ständige", Wechselschicht- oder Schichtarbeit normiert – damit im Ergebnis eine Art zusätzlicher Stunden-Zeitzuschlag für Arbeit unter diesen Bedingungen. Bereits die Vorgängerregelung war sehr abstrakt und auslegungsbedürftig formuliert und hatte deshalb zu einer Fülle von arbeitsgerichtlichen Streitigkeiten geführt, in deren Zusammenhang das BAG in einer Reihe von Grundsatzentscheidungen die wesentlichen Streitfragen in für die Schichtplan- und Abrechnungspraxis nachvollziehbarer und umsetzbarer Weise geklärt hatte. Die nunmehrige Regelung ist zwar tatbestandlich vereinfacht, wirft aber gänzlich neue Auslegungsfragen auf.

3. Wechselschicht- und Schichtzulage für Vollzeitbeschäftigte und für Teilzeitbeschäftigte. a) Vollzeitbeschäftigte. aa) Monatszulagen (Voraussetzungen – „ständige" Leistung, Unterbrechungen). Die **Monatszulage** von 105,- € (Wechselschichtarbeit) bzw 40,- € (Schichtarbeit)[72] erhalten die Beschäftigten, 79

- die Wechselschichtarbeit iSd § 7 Abs. 1 oder Schichtarbeit iSd § 7 Abs. 2 (s. dort)[73]
- „ständig" leisten.

(1) Vorliegen von Wechselschicht oder Schichtarbeit. Zum Vorliegen von Wechselschicht- oder Schichtarbeit überhaupt vgl die Kommentierung zu § 7 Abs. 1 (Wechselschichtarbeit) und § 7 Abs. 2 (Schichtarbeit). Zu beachten ist, dass die erforderliche „ununterbrochene" Tätigkeit in wechselnden Arbeitsschichten rund um die Uhr (§ 7 Abs. 1 Satz 2) nicht vorliegt, wenn zu bestimmten Zeiten nur Bereitschaftsdienste erbracht werden, da diese definitionsgemäß (§ 7 Abs. 3) nur außerhalb der regelmäßigen Arbeitszeit geleistet werden und in der Intensität weniger belastend als Vollarbeit oder auch Arbeit in Bereitschaftszeiten sind.[74] Dagegen zählen Phasen von „Bereitschaftszeiten" iSd § 9, die deutlich höher belastet sind und innerhalb der regelmäßigen (Grund-)Arbeitszeit liegen, als regelmäßige und „ununterbrochene" Arbeitszeit und damit als Wechselschichtarbeitszeit.[75] 80

Der Begriff der „ständigen" Leistung kann nach dem allgemeinen Sprachgebrauch nur meinen, dass Wechselschicht- oder Schichtarbeit „sehr häufig" oder „regelmäßig" oder „andauernd" oder „ununterbrochen" oder „fast ausschließlich" – nicht nur zeitlich überwiegend, mehr als 50 % der Gesamtarbeitszeit – geleistet wird.[76] „Ständig" setzt also voraus, dass der Beschäftigte fast aus-

---

72 Unter exakt derselben Voraussetzung der Erbringung „ständiger" Wechselschichtarbeit oder Schichtarbeit erhalten diese Beschäftigten auch einen Zusatzurlaub von bis zu sechs/drei Urlaubstagen/Jahr: § 27 Abs. 1.
73 Wird in einer Schicht (Nachtschicht) ausschließlich Bereitschaftsdienst geleistet, liegt begrifflich keine Wechselschichtarbeit iSd § 7 Abs. 1 vor: LAG Niedersachsen v. 10.9.2007, 12 Sa 62/07, ZTR 2008, 42.
74 BAG v. 20.1.2010, 10 AZR 990/08, ZTR 2010, 240 – mit zust. Anm. von Roßbruch in PflR 2010, 237/240; BAG v. 24.9.2008, 10 AZR 770/07, NZA 2009, 272; ebenso LAG Niedersachsen v. 10.9.2007, 12 Sa 62/07, ZTR 2008, 42; wohl aA LAG Niedersachsen v. 13.11.2007, 13 Sa 549/07, ZTR 2008, 258.
75 BAG v. 24.9.2008, 10 AZR 669/07, NZA 2009, 45.
76 BAG v. 20.1.2010, 10 AZR 990/08, ZTR 2010, 240, Rn 20 – mit zust. Anm. von Roßbruch in PflR 2010, 237/240; Reinfelder, ZTR 2010, 555/557.

schließlich solche Wechselschicht- oder Schichtarbeit verrichtet, er damit aufgrund von Dienst-/Schichtplänen auf Dauer hierzu eingesetzt wird.[77]
Da es sich um eine Monatszulage handelt, könnte als Referenzzeitraum für die notwendige Abgrenzung „ständiger" zu nicht-ständiger Wechselschicht- oder Schichtarbeit die Verdoppelung des Monatszeitraums herangezogen werden[78] – was bedeutet, dass erst dann, wenn zwei Monate hintereinander die Voraussetzungen von Wechselschichtarbeit (§ 7 Abs. 1) oder Schichtarbeit (§ 7 Abs. 2) erfüllt waren, diese auch (erst) als „ständig" – prägend – anzusehen ist.[79]

81 Allerdings stellt sich – wie bei jedem anderen möglichen Referenzzeitraum – immer die Frage, wann dieser (Zwei-Monats-)Zeitraum beginnt (und damit endet): Mit dem Beginn des Kalendermonats oder dem Beginn etwa einer potenziell wechselschichtzulagenrelevanten Nachtschichtfolge als Voraussetzung der Arbeit in Wechselschichten (s. § 7 Abs. 1) – damit unabhängig vom Kalendermonat –, und ob, wiederum unabhängig hiervon, die Zäsur des Vorliegens „ständiger" Wechselschicht- oder Schichtarbeit dazu führt, dass erst in der Folge, bei fortbestehendem Vorliegen der entsprechenden Voraussetzungen, dann die Monatszulage zu zahlen ist oder dieser Anspruch dann bereits rückwirkend ab Zäsur besteht!?

Beispiel: Pflegkraft P. leistet im Klinikum O. seit langem Schichtarbeit (iSd § 7 Abs. 2). Nunmehr erbringt sie erstmals am 19./20.3. eine Nachtschicht (21.00 bis 6.00 Uhr), sodann erneut zwei Nachtschichten hintereinander am 23./24.4. und 24./25.4. und solche wiederum am 16./17.5. und am 17./18.5.

Hier fehlt es im Zeitraum März/April – bzw 19.3. bis Ende April – bereits am Vorliegen der für den Begriff der „Wechselschichtarbeit" erforderlichen Nachtschichtfolge, weil der hier geltende § 48 Abs. 2 Satz 2 BT-K die Heranziehung zu zwei Nachtschichten „längstens" nach Ablauf eines Monats (30/31 Kalendertagen) verlangt, was in diesem Zeitraum fehlt (s. die Kommentierung zu § 7 Abs. 1).

Allerdings liegt diese Voraussetzung im Monatszeitraum (30-Tages-Zeitraum) 23.4. bis 23.5. vor:

Ist dann erstens „Wechselschichtarbeit" iSd § 7 Abs. 1 und zum zweiten „ständige" Wechselschichtarbeit etwa ab 1.4. oder ab 1.5. oder ab 18.5. – oder ab

---

77 So BAG v. 20.4.2005, 10 AZR 302/04, ZTR 2005, 484 – II.2 d. Gr.; v. 16.8.2000, 10 AZR 512/99, ZTR 2001, 28; v. 12.11.1997, 10 AZR 27/97, ZTR 1998, 181; LAG Niedersachsen v. 9.12.2008, 11 Sa 836/08 – 2.b d. Gr.; ebenso – unter Bezugnahme auf BAG v. 16.8.2000, aaO – Dassau/Wiesend-Rothbrust, Rn 53, was nach deren Ansicht zur Folge habe, dass Wechselschicht- oder Schichtarbeit jedenfalls länger als einen Monat geleistet worden sein müsse, um als „ständig" angesehen werden zu können; für einen Zwei-Monats-Referenzzeitraum auch Zetl, ZMV 2011, 189/193 (unter V.).
78 Auch im Anschluss an die Verdoppelung des Zeitraums für die durchschnittlich erforderlichen 40 Nachtschichtstunden in je 5 bzw 7 Wochen als Referenzzeitraum zur Vorgängerregelung in § 33 a BAT nach der ständigen Rechtsprechung des BAG hierzu; Dassau/Wiesend-Rothbrust, Rn 59, gehen offensichtlich davon aus, dass bereits nach Erbringung entsprechender Tätigkeit von mehr als einem (Kalender-?)Monat „ständige" Wechselschicht- oder Schichtarbeit vorliege.
79 Hamer, Basiskommentar, Rn 7 stellt – offensichtlich im Anschluss an die Rechtsprechung zur entsprechenden Vorgängerzulage – für das Vorliegen „ständiger" Wechselschicht- oder Schichtarbeit auch hier ohne weiteres auf einen Referenzzeitraum von 10 aufeinander folgenden Wochen ab; so auch Hock/Kramer/Schwerdle, ZTR 2006, 622/635 (unter 7.1.1).

wann – gegeben (und was wäre, wenn der Abstand zur folgenden Nachtschichtperiode im Juni erneut länger als 30 Kalendertage wäre, der nächste Nachtschichtblock nach dem 18.6. stattfinden würde)?[80]

Nach dem Tarifwortlaut und der Tarifsystematik lässt sich keine Klärung und Abgrenzung dazu finden, wann überhaupt tatbestandlich Wechselschicht- oder Schichtarbeit vorliegt – und wann diese sodann auch als „ständig" anzusehen ist.

„Leisten" bedeutet, dass der Beschäftigte auch in allen Schichten tatsächlich eingesetzt sein muss, er auch real Wechselschichtarbeit isd § 7 Abs. 1, also Rund-um-die-Uhr-Arbeit erbringt.[81] Wird zwar im Arbeitsbereich, in der Abteilung, auf der Station etc., im Rund-um-die-Uhr Arbeitszeitsystem gearbeitet, aber vom einzelnen Beschäftigten nur in einer oder mehreren Schichten gearbeitet, die nicht den gesamten Tageszeitraum abdecken, liegt von vornherein keine wechselschichtzulagenrelevante Wechselschichtarbeit vor.[82]

(2) Unterbrechungen durch Erkrankung und Urlaub. (Übliche) Unterbrechungen durch **Erholungsurlaub** und **Erkrankung** (ebenso am 24./31.12.) unter Fortzahlung des Arbeitsentgelts nach § 21 Satz 1, also von maximal 6 Wochen (zuzüglich eines Zusatzurlaubs für Wechselschicht- oder Schichtarbeit nach § 27) ändern allerdings nichts am Vorliegen von „ständiger" Wechselschicht- oder Schichtarbeit: Dies ergibt sich aus Satz 2 der Protokollerklärung zu § 27 (Zusatzurlaub für Wechselschicht- oder Schichtarbeit) und dem Entgeltausfallprinzip bei Urlaub und Arbeitsunfähigkeit/Krankheit. Deshalb besteht der Anspruch auf Wechselschicht- oder Schichtzulage auch über diese Ausfallzeiten mit Vergütungsfortzahlungsanspruch ungekürzt fort.[83]

bb) Stundenzuschlag ("nicht-ständig"). Wird die Wechselschicht- oder Schichtarbeit **nicht "ständig"**[84] geleistet,[85] wird die Wechselschichtzulage oder die

---

80 Um einem naheliegenden Einwand vorzubeugen: hier handelt es sich nicht um ein spekulativ verzerrtes Beispiel, sondern eine in/für die Krankenhauspraxis nicht seltene Dienstplangestaltung, die für den Praktiker kaum lösbare tarifliche Umsetzungsprobleme aufwirft.
81 BAG v. 24.9.2008, 10 AZR 140/08, ZTR 2009, 20; auch das HessLAG (v. 28.11.2008, 3/11 Sa 535/08, Juris Rn 16 ff) stellt zutreffend auf die tatsächlich erfolgte Leistung entsprechend erschwerter Arbeit – Erbringung der erforderlichen Nachtschichtfrequenz – ab, nicht die zunächst erst abstrakte Einteilung im Schicht-/Dienstplan; das LAG Niedersachsen (v. 9.12.2008, 11 Sa 836/08, Juris Rn 54 ff) bezieht sich dagegen offensichtlich, unter Außerachtlassung dieser Rechtsprechung und wenig nachvollziehbar, auf die im Schichtplan geplanten Arbeitsstunden, nicht die real geleisteten Stunden.
82 BAG v. 18.5.2011, 10 AZR 255/10, Juris – hierzu zust. Anm. von Roßbruch in PflR 2011, 335/337; BAG v. 20.1.2010, 10 AZR 990/08, ZTR 2010, 240, Rn 20 – hierzu zust. Anm. von Roßbruch in PflR 2010, 237/240; BAG v. 24.9.2008, 10 AZR 669/07, NZA 2009, 45 – Rn 19 aE; LAG Niedersachsen v. 29.11.2007, 4 Sa 1061/07, ZTR 2008, 314.
83 BAG v. 24.3.2010, 5 AZR 570/09, ZTR 2010, 407; BAG v. 24.3.2010, 10 AZR 58/09, ZTR 2010, 405 = NZA 2010, 958; BAG v. 24.3.2010, 10 AZR 152/09, PflR 2010, 360 mit zust. Anm. von Roßbruch; vgl hierzu Fieberg in GKÖD, Bd. IV (2010), Rn 50 a.
84 Auf den gleichen Begriff der Erbringung „nicht ständiger" Wechselschicht- oder Schichtarbeit nimmt die Regelung zum Zusatzurlaub in § 27 Abs. 2 und Abs. 3 Bezug und regelt (grundsätzlich, s. dort) die Gewährung zusätzlicher Urlaubstage.
85 Die Literaturmeinung verweist hier insbesondere auf nur vertretungs- oder aushilfsweise Erbringung von Wechselschicht- oder Schichtarbeit: etwa Dassau/Wiesend-Rothbrust, Rn 59, oder Hamer, Rn 7 – in diesen Fällen wird es aber regelmäßig wohl bereits tatbe-

Schichtzulage als **Stundenzuschlag** gezahlt, in Höhe von 0,63 € bei Wechselschichtarbeit und von 0,24 € bei Schichtarbeit (was als fester Satz im Fall der Wochenarbeitszeit von 38,5 Stunden proportional der Monatszulage entspricht).[86]

84 cc) **Völlige Unklarheit.** Entscheidend ist hier somit, wann überhaupt vom Vorliegen einer, vorübergehenden, Wechselschichtarbeit oder Schichtarbeit auszugehen ist und für welchen Zeitraum dann die stündliche Zulage hierfür zu zahlen ist.[87]

Die von systematischer Wechselschichtarbeit oder Schichtarbeit geprägten Arbeitsbereiche (Kliniken, Heime usw) werden sich in der Praxis angesichts dieser völlig unklaren Tarifregelung, wie üblich, zu arrangieren haben und – zwangsläufig – regelmäßig hausintern handgestrickte Abrechnungsrituale entwickeln.

85 b) **Teilzeitbeschäftigte.** Fraglich, lange streitig war ob Teilzeitbeschäftigte die Wechselschicht- oder Schichtzulage **nur anteilig** erhalten.[88]

Zwar bestimmt § 24 Abs. 2, dass Teilzeitbeschäftigte sämtliche Entgeltbestandteile nur anteilig, im Umfang ihrer individuell vereinbarten Wochenarbeitszeit zur Regelarbeitszeit vergleichbarer Vollzeitbeschäftigter, erhalten (Halbtagsbeschäftigte somit zu 50 % usw). Jedoch hielt/hält eine verbreitete Auffassung die Anwendung des § 24 Abs. 2 hier für einen – nicht gerechtfertigten – Verstoß gegen den Gleichbehandlungsgrundsatz bei Teilzeitbeschäftigung in § 4 Abs. 1 Satz 1 TzBfG, so dass auch Teilzeitbeschäftigte diese Zulage ungekürzt zu erhalten hätten.[89]

Nach Ansicht des BAG besteht nur ein anteiliger, arbeitszeitproportionaler, Anspruch des Teilzeitbeschäftigten auf die Wechselschicht- oder Schichtzulage, da bei Teilzeitbeschäftigten die mit dieser Art der Tätigkeit verbundenen Belastungen eben auch nur anteilig, proportional niedriger, vorliegen – weshalb kein durchgreifender Grund ersichtlich ist, die allgemeine Tarifregelung des § 24

---

standlich überhaupt, von vornherein, am Vorliegen von Wechselschicht- oder Schichtbeit fehlen, nicht deren dann erst maßgeblicher „ständiger" Erbringung. Ausführlich: Peter, ZTR 2007, 646.

86 ZB: 105,- €/Monat : (38,5 Stunden/Woche x 13 Wochen/Quartal : 3 Monate =) 166,83 Stunden/Monat = 0,63 €/Stunde; bei einer rechnerisch – „durchschnittlich" (§ 6 Abs. 1) – höheren Wochenarbeitszeit ist der rechnerische Wert der stündlichen Wechselschicht-/Schichtzulage geringfügig niedriger – die umgerechnete Monatssumme etwas höher als 105,- €.

87 Vgl (schwer nachvollziehbar) Reinfelder, ZTR 2010, 555/559.

88 Hierzu ausführlich Wahlers, ZTR 2009, 465/471 (unter 4.), mwN.

89 Insbesondere LAG Schleswig-Holstein v. 30.5.2007, 5 Sa 59/07 – (volle) Wechselschichtzulage für Teilzeitbeschäftigte; ebenso LAG Schleswig-Holstein v. 27.3.2007, 5 Sa 557/06, ZTR 2007, 545 – (ungekürzte) Schichtzulage für Teilzeitbeschäftigte; ebenso LAG Bremen v. 17.7.2007, 1 Sa 49/07, ZTR 2007, 614; LAG Düsseldorf v. 15.5.2007, 8 Sa 405/07, ZTR 2007, 615, und LAG Düsseldorf v. 2.8.2007, 5 Sa 682/07, ZTR 2007, 679 – hierzu Roßbruch, PflR 2008, 436 –; ArbG Bielefeld v. 25.10.2006, 6 Ca 1877/06, Pflege- & Krankenhausrecht 2007, 21 – hierzu ebenda Böhme –; ArbG Kiel v. 2.11.2006, 5 Ca 1374/06, ZTR 2007, 144 (LS); Welkoborsky in Bepler/Böhle/Meerkamp/Stöhr, Rn 18. Diese Auffassung orientiert sich weitgehend am Urteil des BAG v. 23.6.1993 (10 AZR 127/92, NZA 1994, 41) zur Vorgängerregelung, wonach (in einem atypischen Fall) eine nur anteilige Zahlung der Wechselschichtzulage (aF) an eine teilzeitbeschäftigte Krankenschwester gegen das damals geltende Diskriminierungsverbot für Teilzeitbeschäftigung in § 2 Abs. 1 BeschFG verstieß – im Ergebnis näher und differenzierter allerdings BAG v. 11.6.1997, 10 AZR 784/96, NZA 1998, 665 (hierzu auch Peter, ZTR 2007, 646/647).

Abs. 2 nicht auch, wie vom Tarifvertrag nicht vorgesehen, auf Teilzeitbeschäftigte anzuwenden.[90] Dies verstößt weder gegen den Gleichbehandlungsgrundsatz bei Teilzeitbeschäftigung gemäß § 4 Abs. 1 Satz 2 TzBfG[91] noch, etwa als mittelbare Diskriminierung, das Verbot der Benachteiligung wegen des Geschlechts nach § 3 Abs. 2 AGG.[92]

§ 9 Bereitschaftszeiten (TVöD)

(1) ¹Bereitschaftszeiten sind die Zeiten, in denen sich die/der Beschäftigte am Arbeitsplatz oder einer anderen vom Arbeitgeber bestimmten Stelle zur Verfügung halten muss, um im Bedarfsfall die Arbeit selbständig, ggf. auch auf Anordnung, aufzunehmen und in denen die Zeiten ohne Arbeitsleistung überwiegen. ²Für Beschäftigte, in deren Tätigkeit regelmäßig und in nicht unerheblichem Umfang Bereitschaftszeiten fallen, gelten folgende Regelungen:
a) Bereitschaftszeiten werden zur Hälfte als tarifliche Arbeitszeit gewertet (faktorisiert).
b) Sie werden innerhalb von Beginn und Ende der regelmäßigen täglichen Arbeitszeit nicht gesondert ausgewiesen.
c) Die Summe aus den faktorisierten Bereitschaftszeiten und der Vollarbeitszeit darf die Arbeitszeit nach § 6 Abs. 1 nicht überschreiten.
d) Die Summe aus Vollarbeits- und Bereitschaftszeiten darf durchschnittlich 48 Stunden wöchentlich nicht überschreiten.

³Ferner ist Voraussetzung, dass eine nicht nur vorübergehend angelegte Organisationsmaßnahme besteht, bei der regelmäßig und in nicht unerheblichem Umfang Bereitschaftszeiten anfallen.

(2) ¹Im Bereich der VKA bedarf die Anwendung des Absatzes 1 im Geltungsbereich eines Personalvertretungsgesetzes einer einvernehmlichen Dienstvereinbarung. ²§ 6 Abs. 9 gilt entsprechend. ³Im Geltungsbereich des Betriebsverfassungsgesetzes unterliegt die Anwendung dieser Vorschrift der Mitbestimmung im Sinne des § 87 Abs. 1 Nr. 2 BetrVG.

(3) Im Bereich des Bundes gilt Absatz 1 für Beschäftigte im Sinne des Satzes 2, wenn betrieblich Beginn und Ende der täglichen Arbeitszeit unter Einschluss der Bereitschaftszeiten für diese Beschäftigtengruppen festgelegt werden.

---

90 So BAG v. 24.9.2008, 10 AZR 634/07, NZA 2008, 1422; ebenso bereits LAG Hamm v. 10.5.2007, 17 Sa 1890/06, ZTR 2007, 543; LAG Brandenburg v. 22.6.2007, ZTR 2007, 615; HessLAG v. 28.8.2007, 5 Sa 1872/06, PflR 2008, 122, mit abl. Anm. Roßbruch; ebenso als Vorinstanz ArbG Kassel v. 28.9.2006, 3 Ca 191/06; auch: ArbG Brandenburg a.d.H. v. 18.1.2007, 2 Ca 729/06; ArbG München v. 7.12.2006, 11 Ca 9706/06, ZTR 2007, 144 (LS); hierzu – und in diesem Sinn – ausführlich Peter, ZTR 2007, 646; Reinfelder, ZTR 2010, 555/560; ebenso (naturgemäß) Dassau/Wiesend-Rothbrust, Rn 61, allerdings gleichzeitig unter lapidarem Verweis, dass die Rechtsprechung des BAG zur Vorgängerzulage nicht auf den TVöD übertragen werden könne.
91 BAG v. 24.9.2008, 10 AZR 634/07, NZA 2008, 1422 (Rn 20 f); ebenso LAG Berlin-Brandenburg v. 21.10.2011, 8 Sa 1136/11, ZTR 2012, 283.
92 BAG v. 24.9.2008, 10 AZR 639/07, ZTR 2009, 20.

Protokollerklärung zu § 9:
Diese Regelung gilt nicht für Wechselschicht- und Schichtarbeit.

Anhang zu § 9 (TVöD)

A. Bereitschaftszeiten Hausmeisterinnen/Hausmeister

¹Für Hausmeisterinnen/Hausmeister, in deren Tätigkeit regelmäßig und in nicht unerheblichem Umfang Bereitschaftszeiten fallen, gelten folgende besondere Regelungen zu § 6 Abs. 1 Satz 1 TVöD: ²Die Summe aus den faktorisierten Bereitschaftszeiten und der Vollarbeitszeit darf die Arbeitszeit nach § 6 Abs. 1 nicht überschreiten. ³Die Summe aus Vollarbeits- und Bereitschaftszeiten darf durchschnittlich 48 Stunden wöchentlich nicht überschreiten. ⁴Bereitschaftszeiten sind die Zeiten, in denen sich die Hausmeisterin/der Hausmeister am Arbeitsplatz oder einer anderen vom Arbeitgeber bestimmten Stelle zur Verfügung halten muss, um im Bedarfsfall die Arbeit selbständig, ggf. auch auf Anordnung, aufzunehmen und in denen die Zeiten ohne Arbeitsleistung überwiegen. ⁵Bereitschaftszeiten werden zur Hälfte als Arbeitszeit gewertet (faktorisiert). ⁶Bereitschaftszeiten werden innerhalb von Beginn und Ende der regelmäßigen täglichen Arbeitszeit nicht gesondert ausgewiesen.

B. Bereitschaftszeiten im Rettungsdienst und in Leitstellen

(1) ¹Für Beschäftigte im Rettungsdienst und in den Leitstellen, in deren Tätigkeit regelmäßig und in nicht unerheblichem Umfang Bereitschaftszeiten fallen, gelten folgende besondere Regelungen zu § 6 Abs. 1 Satz 1 TVöD: ²Die Summe aus den faktorisierten Bereitschaftszeiten und der Vollarbeitszeit darf die Arbeitszeit nach § 6 Abs. 1 nicht überschreiten. ³Die Summe aus Vollarbeits- und Bereitschaftszeiten darf durchschnittlich 48 Stunden wöchentlich nicht überschreiten. ⁴Bereitschaftszeiten sind die Zeiten, in denen sich die/der Beschäftigte am Arbeitsplatz oder einer anderen vom Arbeitgeber bestimmten Stelle zur Verfügung halten muss, um im Bedarfsfall die Arbeit selbständig, ggf. auch auf Anordnung, aufzunehmen und in denen die Zeiten ohne Arbeitsleistung überwiegen. ⁵Bereitschaftszeiten werden zur Hälfte als tarifliche Arbeitszeit gewertet (faktorisiert). ⁶Bereitschaftszeiten werden innerhalb von Beginn und Ende der regelmäßigen täglichen Arbeitszeit nicht gesondert ausgewiesen.

(2) Die zulässige tägliche Höchstarbeitszeit beträgt zwölf Stunden zuzüglich der gesetzlichen Pausen.

(3) Die allgemeinen Regelungen des TVöD zur Arbeitszeit bleiben im Übrigen unberührt.

(4) Für Beschäftigte, die unter die Sonderregelungen für den kommunalen feuerwehrtechnischen Dienst fallen, gilt § 46 Nr. 2 Abs. 1 BT-V (VKA), auch soweit sie in Leitstellen tätig sind.

§ 9 Bereitschaftszeiten (TV-L)

(1) ¹Bereitschaftszeiten sind die Zeiten, in denen sich die/der Beschäftigte am Arbeitsplatz oder einer anderen vom Arbeitgeber bestimmten Stelle zur Verfügung halten muss, um im Bedarfsfall die Arbeit selbständig, gegebenenfalls auch auf Anordnung, aufzunehmen; in ihnen überwiegen die Zeiten ohne Arbeitsleistung. ²Für Beschäftigte, in deren Tätigkeit regelmäßig und in nicht unerheblichem Umfang Bereitschaftszeiten fallen, gelten folgende Regelungen:

a) Bereitschaftszeiten werden zur Hälfte als tarifliche Arbeitszeit gewertet (faktorisiert).
b) Sie werden innerhalb von Beginn und Ende der regelmäßigen täglichen Arbeitszeit nicht gesondert ausgewiesen.

c) Die Summe aus den faktorisierten Bereitschaftszeiten und der Vollarbeitszeit darf die Arbeitszeit nach § 6 Absatz 1 nicht überschreiten.
d) Die Summe aus Vollarbeits- und Bereitschaftszeiten darf durchschnittlich 48 Stunden wöchentlich nicht überschreiten.

³Ferner ist Voraussetzung, dass eine nicht nur vorübergehend angelegte Organisationsmaßnahme besteht, bei der regelmäßig und in nicht unerheblichem Umfang Bereitschaftszeiten anfallen.

(2) ¹Die Anwendung des Absatzes 1 bedarf im Geltungsbereich eines Personalvertretungsgesetzes einer einvernehmlichen Dienstvereinbarung. ²§ 6 Absatz 9 gilt entsprechend.

Protokollerklärung zu § 9 Absatz 1 und 2:
Diese Regelung gilt nicht für Wechselschicht- und Schichtarbeit.

(3) ¹Für Hausmeisterinnen/Hausmeister und für Beschäftigte im Rettungsdienst und in Rettungsdienstleitstellen, in deren Tätigkeit regelmäßig und in nicht unerheblichem Umfang Bereitschaftszeiten fallen, gilt Absatz 1 entsprechend; Absatz 2 findet keine Anwendung. ²Für Beschäftigte im Rettungsdienst und in Rettungsdienstleitstellen beträgt in diesem Fall die zulässige tägliche Höchstarbeitszeit zwölf Stunden zuzüglich der gesetzlichen Pausen.

I. Übersicht 1	a) Hälftige Wertung als tarifliche Arbeitszeit 15
II. Ausnahmen von der Anwendung von „Bereitschaftszeiten" 2	b) Keine Überschreitung der regelmäßigen Wochenarbeitszeit 16
1. Wechselschicht- oder Schichtarbeit 2	
2. Hausmeister, Rettungsdienst 3	c) Grenze: durchschnittlich 48 Wochenstunden 18
3. Sonderregelung beim Bund .. 4	d) Präzise Erfassung/Aufzeichnung erforderlich 19
III. Anwendung auf Teilzeitbeschäftigte? 5	4. Keine Entgelterhöhung durch „Bereitschaftszeiten" 21
IV. Begriff und Folgen der „Bereitschaftszeiten" 6	V. Sonderregelungen für Hausmeister und den Rettungsdienst 23
1. Begriff der „Bereitschaftszeiten" 6	1. Allgemeines 23
a) Ähnlichkeit mit „Bereitschaftsdienst" 7	2. Verlängerung der Tageshöchstarbeitszeit 25
b) Zusammenfassende Definition 9	VI. Betriebliche Mitbestimmung 26
2. Voraussetzungen der Bereitschaftszeiten 10	1. Keine Mitbestimmung bei der Arbeitszeitverlängerung 26
a) Organisationsmaßnahme des Arbeitgebers 11	2. Mitbestimmung im Einzelnen 28
b) „Regelmäßig" 12	a) Bund 29
c) „Nicht unerheblicher Umfang" 13	b) Länder, Kommunen 30
3. Rechtsfolgen 14	c) Privatisierte Einrichtungen (außerhalb des Bundes) ... 31

I. Übersicht

Der TVöD/TV-L enthält nicht mehr den tradierten Begriff der „**Arbeitsbereitschaft**", wie er in den Vorgängertarifverträgen enthalten war (zB § 15 Abs. 2 BAT) und auch Eingang ins Arbeitszeitgesetz gefunden hatte (zB § 7 Abs. 1

1

Ziff. 1 lit. a und Ziff. 4 lit. a – mit vielfachen Konsequenzen). Mit diesem Begriff waren Phasen innerhalb der regelmäßigen Arbeitszeit/Schichtzeit gemeint, die zwar von notwendiger Präsenz am Arbeitsplatz, aber vorübergehender Inaktivität – Wartestellung – gekennzeichnet waren,[1] mit der jederzeitigen Verpflichtung, im Bedarfsfall von sich aus, auch ohne ausdrückliche Anordnung, die aktive Arbeit aufzunehmen (typische Situation: Rettungssanitäter/Rettungsleitstellen, Hausmeister – vgl jetzt diese im Anhang zu § 9 genannten Berufsgruppen, unten V.).

Wegen der hier gegebenen minderen Gesamtbelastung durch (zeitlich überwiegende) Teilphasen einfacher Hintergrundpräsenz konnte nach den bisherigen Tarifregelungen die tarifvertragliche Wochenarbeitszeit auf bis zu 54 Stunden wöchentlich – im (theoretischen) Fall ausschließlicher Arbeitsbereitschaft: auf bis zu 60 Wochenstunden – verlängert werden,[2] und zwar nach ständiger Rechtsprechung des BAG hierzu im Wege der bloßen Ausübung des Direktionsrechts, ohne Mitbestimmung des Betriebs-/Personalrats.[3]

Die Neuregelung fasst solche Zeiten mit teilweise inaktiver, aber notwendiger Präsenz am Arbeitsplatz (oder einer anderen vorgegebenen Stelle), unterbrochen durch bedarfsweise Arbeitsleistung, unter den neuen Begriff der „**Bereitschaftszeiten**", die als Konsequenz ebenfalls die Durchschnittswochenarbeitszeit verlängern.

II. Ausnahmen von der Anwendung von „Bereitschaftszeiten"

2   1. **Wechselschicht- oder Schichtarbeit**. **Keine Anwendung** findet diese Regelung bei **Wechselschicht-** oder **Schichtarbeit** isd § 7 Abs. 1 und Abs. 2 (Protokollerklärung zu § 9). Bei diesen von vornherein atypisch belasteten Arbeitsformen entfällt damit die Möglichkeit einer 50 %-igen Faktorisierung von Arbeitsbereitschaftszeiten und der damit verbundenen Verlängerung der regelmäßigen Arbeitszeit.

3   2. **Hausmeister, Rettungsdienst.** Besondere Regelungen gelten für Bereitschaftszeiten in diesem Sinn bei **Hausmeistern** (Anhang A. zu § 9) und für den **Rettungsdienst** sowie Rettungsleitstellen (Anhang B zu § 9: s. unten V.).

---

[1] Nach der bekannten Definition des BAG bis zuletzt: Zeiten „wacher Achtsamkeit im Zustand der Entspannung" – etwa BAG v. 24.9.2008, 10 AZR 669/07, NZA 2009, 45 – Rn 32; BAG v. 18.2.2003, 1 ABR 2/02, NZA 2003, 742 und 883; BAG v. 29.10.2002, 1 AZR 603/01, NZA 2003, 1212 – I. 3. c aa d. Gr.; vgl auch Görg/Guth/Hamer/Pieper, Rn 1.

[2] Ob dies vom Arbeitszeitgesetz, in jedem Fall, gedeckt war (§ 25 ArbZG), ließe sich allerdings diskutieren.

[3] Dagegen wurde der **Bereitschaftsdienst** als die schwächere Form der Hintergrundpräsenz definiert: Zum einen findet dieser grundsätzlich außerhalb der regelmäßigen Arbeitszeit, also zusätzlich zu dieser statt – stellt also eine Form von Mehrarbeit/Überstunden dar –, zum anderen wird hier keine ständige „wache Achtsamkeit" wie bei der Arbeitsbereitschaft verlangt, sondern nur eine Präsenz an einem vom Arbeitgeber vorgegebenen Ort („Bereitschaftsdienstzimmer" o. ä., im Regelfall in der Einrichtung bzw in der Nähe des Arbeitsplatzes) mit der Pflicht, (nur) auf Anweisung tätig zu werden; außerhalb von Arbeitsanforderungen kann der Beschäftigte im Bereitschaftsdienst deshalb auch schlafen. Dagegen findet die „Arbeitsbereitschaft" im Regelfall während der normalen (Grund-)Arbeitszeit und örtlich am Arbeitsplatz statt und verlangt die durchgängige Wachsamkeit und die eigene Initiative des Beschäftigten zur Arbeitsaufnahme – stellt damit eine gegenüber dem Bereitschaftsdienst stärkere Anforderung und Belastung dar; vgl zur Abgrenzung BAG v. 28.1.2004, 5 AZR 503/02, ZTR 2004, 413 – I. 2. d. Gr.; s. auch nachstehend unter IV. 1.a.

3. Sonderregelung beim Bund. Im Bereich des **Bundes** gilt diese Regelung nur für Beschäftigte iSd Absatzes 1 Satz 2 – in deren Tätigkeit somit „regelmäßig und in nicht unerheblichem Umfang Bereitschaftszeiten fallen" – und auch nur dann, wenn **Beginn und Ende der täglichen Arbeitszeit einschließlich der Bereitschaftszeiten** betrieblich exakt festgelegt werden (Abs. 3).

III. Anwendung auf Teilzeitbeschäftigte?

Fraglich ist, ob „Bereitschaftszeiten" in diesem Sinn ohne Weiteres, ohne ausdrückliche Vereinbarung im Arbeitsvertrag, auch von **Teilzeitbeschäftigten** zu leisten sind.

Für die jetzt erstmals so definierte „Mehrarbeit" der Teilzeitbeschäftigten (§ 7 Abs. 6) und Überstunden sowie Bereitschaftsdienst und Rufbereitschaft als Sonderformen von Überstunden bestimmt nunmehr § 6 Abs. 5 ausdrücklich, dass Teilzeitbeschäftigte zu solchen Arbeitsleistungen nur bei ausdrücklicher arbeitsvertraglicher Vereinbarung oder einzelfallbezogener Zustimmung verpflichtet sind. „Bereitschaftszeiten" sind hierbei nicht erwähnt.

Da allerdings die nunmehr tariflich definierten „Bereitschaftszeiten" zur Hälfte innerhalb der „regelmäßigen täglichen Arbeitszeit" liegen – deren Bestandteil sind –, müsste dies konsequent bedeuten, dass sie – bei Vorliegen der weiteren Voraussetzungen – ohne Weiteres Bestandteil der regelmäßigen (Grund)Arbeitszeit auch der Teilzeitbeschäftigten sind, somit auch ohne ausdrückliche Regelung im Arbeitsvertrag oder einzelfallbezogene Zustimmung zur Leistung von Bereitschaftszeiten diese unmittelbar kraft Tarifvertrages zu leisten sind.[4] Andererseits verlängern Bereitschaftszeiten die vereinbarte Wochenarbeitszeit und ähneln auch sehr den „Bereitschaftsdiensten" (s.u. IV.1.a), weshalb nach Ansicht des Verfassers mehr dafür spricht, dass in Anwendung von § 6 Abs. 5 eine Verpflichtung zur Leistung solcher „Bereitschaftszeiten" nur dann besteht, wenn dies im Arbeitsvertrag ausdrücklich so vorgesehen ist – andernfalls im Einzelfall eine Zustimmung des/der Beschäftigten vorliegen müsste (was dann Freiwilligkeit bedeutet).

IV. Begriff und Folgen der „Bereitschaftszeiten"

1. Begriff der „Bereitschaftszeiten". „Bereitschaftszeiten" in diesem Sinn setzen nach Abs. 1 voraus,

- dass sich der Beschäftigte am Arbeitsplatz (oder einer anderen vom Arbeitgeber bestimmten Stelle) zur Verfügung halten muss,
- um im Bedarfsfall entweder von sich aus oder auch auf Anordnung (s. § 7 Abs. 7 – Überstunden –) die Arbeit aufzunehmen,
- -jedoch während dieser Bereitschaftszeit die Phasen ohne Arbeitsleistung überwiegen.

a) Ähnlichkeit mit „Bereitschaftsdienst". Dies lehnt sich zum erheblichen Teil an den Begriff, an die Voraussetzungen, des „Bereitschaftsdienstes" (§ 7 Abs. 3)[5] an, allerdings mit dem wesentlichen Unterschied, dass „Bereitschaftszeiten" nicht – wie dies beim Bereitschaftsdienst als Sonderfall von Überstunden der Fall ist – außerhalb der regelmäßigen (Grund)Arbeitszeit, sondern **innerhalb**

---

4 So im Ergebnis auch Sickert in Bepler/Böhle/Meerkamp/Stöhr, Rn 38/39.
5 BAG v. 24.9.2008, 10 AZR 669/07, NZA 2009, 45 – Rn 32/33 f.

der (verlängerten) **Grundarbeitszeit** stattfinden/anfallen (die Gesamtarbeits-/Präsenzzeit wegen nur Teilanrechnung der Bereitschaftszeit allerdings verlängern: s.u. Rn 15 f).

8 Die Arbeitsaufnahme findet auch hier „im Bedarfsfall" (als selbstverständliche Voraussetzung, wie beim Bereitschaftsdienst) entweder **auf Abruf** – also durch (ausdrückliche) Anordnung, wie dort –, oder aber, im Unterschied zum Bereitschaftsdienst, auch **selbstständig** durch den Beschäftigten statt.[6]
Im Regelfall entscheidet damit der Beschäftigte während Bereitschaftszeitphasen selbst, ob/dass er die volle Arbeit aufzunehmen hat.

Auch hier bestimmt zum einen der Arbeitgeber/**Vorgesetzte** im Rahmen seines Weisungsrechtes den **Ort** der Bereithaltungspflicht (zumal wegen der notwendig engen Verzahnung mit den Phasen der aktiven Arbeitserbringung regelmäßig grundsätzlich die passive Präsenz am Arbeitsplatz/im Arbeitsbereich notwendig sein wird).

Zum anderen erfolgt die aktive Arbeitsleistung ebenfalls auf Anweisung – bzw insoweit wie bei der früheren Arbeitsbereitschaft, durch Entscheidung des Beschäftigten selbst –. Zum dritten müssen die Zeitphasen der Nicht-Arbeitsleistung insgesamt überwiegen,[7] weshalb auch hier, zusammengerechnet, maximal 49 % Arbeitsleistung zulässig sind (wobei hier kein Erfahrungs- oder prognostischer Zeitansatz von insgesamt maximal 49 % Arbeitszeitphasen festgelegt ist, wie dies beim Bereitschaftsdienst insbesondere in Kliniken und ähnlichen Einrichtungen vorgegeben ist – vgl etwa § 45 BT-K: „erfahrungsgemäß die Zeit ohne Arbeitsleistung überwiegt). Im Regelfall können die Zeiten, in denen bei den Bereitschaftszeiten keine Arbeitsleistung anfällt, nicht gesondert ausgewiesen werden – der Wechsel zwischen Vollarbeit und Bereithaftszeit wird deshalb vom Arbeitsanfall bestimmt, ergeben sich aus der Art der Tätigkeit selbst.[8] Auch der kumulierte Anteil von Arbeitsleistungsphasen innerhalb der Bereitschaftszeit(en) kann nicht vorab festgelegt und kalkuliert werden. Deshalb kann die Grenze von 49 % maximaler zeitlicher Arbeitsleistungsanteile während der Bereitschaftszeit(en) auch ohne entsprechende ausdrückliche Vorgabe im Tariftext zwangsläufig nur als Durchschnittswert im längerfristigen Rahmen (eines repräsentativen Zeitraums, zB von 10 Bereitschaftszeiten) betrachtet werden.

Bei den Bereitschaftszeiten muss sich der Beschäftigte wie bei Vollarbeit und im Bereitschaftsdienst – und der „Arbeitsbereitschaft" – am Arbeitsplatz oder einer anderen vom Arbeitgeber bestimmten Stelle verfügbar halten, muss aber, anders als bei Bereitschaftsdiensten, die aktive Arbeit bei Bedarf auch selbsttätig, aus eigenem Antrieb, aufnehmen.[9]

9 **b) Zusammenfassende Definition.** Bereitschaftszeiten sind damit zeitlich überwiegend **inaktive, passive, stand-by-Zeiten**, keine Pausen, andererseits keine durchgehende Vollarbeit – **passive Präsenzpflicht** am Arbeitsplatz oder einer an-

---

6 BAG v. 17.12.2009, NZA-RR 2010, 440/442 (Rn 21).
7 Vgl instruktiv Dassau/Wiesend-Rothbrust Rn 3 f; Görg/Guth/Hamer/Pieper, Rn 1 f und 5, gehen wenig präzise davon aus, dass der nunmehrige Begriff der „Bereitschaftszeit" im wesentlichen identisch sei mit dem Begriff der Arbeitsbereitschaft in den früheren Tarifverträgen.
8 BAG v. 17.12.2009, 6 AZR 729/08, NZA-RR 2010, 440/444 (Rn 34).
9 BAG v. 17.12.2009, 6 AZR 729/08, NZA-RR 2010, 440 (Rn 21); BAG v. 24.9.2008, 10 AZR 669/07, NZA 2009, 45 – Rn 35 f.

deren vom Arbeitgeber vorgegebenen Stelle mit ausgefahrener Wahrnehmungsantenne für die Notwendigkeit aktiver Arbeitsaufnahme im Bedarfsfall, selbstständig oder auf Anordnung.[10]

2. Voraussetzungen der Bereitschaftszeiten. Fallen in der konkreten Arbeitssituation solche Bereitschaftszeiten/-phasen häufiger an, sowohl zeitlich „regelmäßig" als auch „in nicht unerheblichem Umfang" – weil dauerhaft hierauf gerichtete Organisationsmaßnahmen bestehen (Abs. 1 Satz 3), die umfänglich solche bloßen Warte-/Präsenzphasen bewirken[11] –, führt dies im Ergebnis zu einer **Verlängerung** der – zum selben Entgelt – geschuldeten Gesamt**arbeits**zeit (über durchschnittlich 38,5/39/40 Stunden usw/Woche hinaus).

a) Organisationsmaßnahme des Arbeitgebers. Voraussetzung ist zunächst eine „nicht nur vorübergehend angelegte **Organisationsmaßnahme**" des Arbeitgebers, aufgrund der solche Bereitschaftszeiten häufiger vorkommen. Dies stellt somit – insoweit eigentlich selbstverständlich – auf eine dauerhafte oder auf jedenfalls unbestimmte Zeit erfolgte Arbeitsorganisation ab, bei der derartige Hintergrunddienste – Arbeitssituationen, bei der sich aktive Arbeitsleistung und inaktive Präsenz häufiger abwechseln – typisch auftreten.

b) „Regelmäßig". „Regelmäßig" bedeutet eine gewisse Regelhaftigkeit des Vorkommens solcher zunächst überwiegend inaktiver Präsenzphasen, in Abgrenzung zu einem Ausnahmefall, zum lediglich sporadischen Auftreten solcher Situationen. Dies erfordert eine erkennbare Häufigkeit – Regelhaftigkeit – solcher Wartezeiten, wenngleich noch keine Rhythmik.[12]

c) „Nicht unerheblicher Umfang". Die – unterstellt durch die Tarifvertragsparteien bewusst so normierte – doppelt verneinende und damit defensive Formulierung des daneben zeitlich „**nicht unerheblichen Umfangs**" der Bereitschaftszeiten bedeutet die Überschreitung einer zeitlichen Minimalschwelle solcher überwiegend inaktiver Präsenzphasen in ihrer Gesamtheit.

Unmittelbar nach dem Wortlaut und dem üblichen semantischen Verständnis solcher Begriffe wäre ein sonach nicht mehr zu vernachlässigender (unerheblicher) Zeitanteil von Bereitschaftszeitphasen sicher bereits bei insgesamt etwa 10 % der Gesamtarbeitszeit – also durchschnittlich ca. 4 Stunden je Woche, ausgehend von der regelmäßigen Arbeitszeit iSd § 6 Abs. 1 – gegeben.

Im Zusammenhang mit der zusätzlich verlangten „Regelmäßigkeit" dieser Situationen nach dem weiteren Tatbestandserfordernis mag dies einen durchschnittlichen Zeitanteil von **20/25/30/33 %** implizieren, wie vielfach angenom-

---

10 Dies entspricht damit im Wesentlichen der herkömmlichen Definition der „Arbeitsbereitschaft", wie sie etwa in § 15 Abs. 2 BAT geregelt ist: „wache Achtsamkeit im Zustand der Entspannung", vgl etwa BAG v. 29.10.2002, 1 AZR 603/01, AP Nr. 11 zu § 611 BGB Arbeitsbereitschaft (I.3 c aa d. Gr., mwN).
11 GKÖD-Fieberg, Bd. IV/1, Rn 13, verweist zurecht darauf, dass der Begriff der „Organisationsmaßnahme" lediglich eine Selbstverständlichkeit zum Ausdruck bringt – natürlich wird der Arbeitsablauf in diesen Fall so organisiert sein, dass damit im Regelfall zwangsläufig Bereitschaftszeiten im erforderlichen Erheblichkeitsumfang anfallen.
12 Vgl näher auch BAG v. 19.9.2007, 4 AZR 617/06, AP Nr. 205 zu § 1 TVG Tarifverträge: Metallindustrie (Rn 16).

Burger

men[13] – letztlich also kumulierte (durchschnittliche) Bereitschaftszeiten im möglichen Korridor zwischen ca. 20/25 % und max. 49 % der Gesamtpräsenzzeit.

14 3. **Rechtsfolgen.** Rechtsfolge des Vorliegens von Bereitschaftszeiten im genannten zeitlichen Umfang ist nach Satz 2 lit. a bis d:

15 a) **Hälftige Wertung als tarifliche Arbeitszeit.** Die Bereitschaftszeiten werden nur **hälftig als tarifliche Arbeitszeit** (Grundarbeitszeit, zB 39 Wochenstunden) gewertet (zu 50 % faktoriziert – lit. a).

Werden zB in einer konkreten Woche zusammengerechnet 12 Stunden solcher kumulierter Bereitschaftszeiten geleistet, zählen diese damit lediglich mit 6 Stunden als Teil der regelmäßigen Wochenarbeitszeit von zB 38,5 Stunden.

Konkret bedeutet dies, dass bei Leistung solcher Bereitschaftszeiten der Beschäftigte damit im Umfang von 50 % dieser Bereitschaftszeiten länger am Arbeitsplatz anwesend sein muss, um seine durchschnittliche (Vollzeit-)Wochenarbeitszeit zu erbringen.

Eine **Unterschreitung** der tariflichen Regelwochenarbeitszeit gemäß § 6 Abs. 1 darf auch durch Bereitschaftszeiten nicht verbunden sein: Fallen in eine Gesamt-Wochenpräsenzzeit von, angenommen, 48 Stunden neben, zB 28 Voll-Arbeitsstunden weitere 20 Stunden Bereitschaftszeit iSd § 9, zählen letztere hälftig – also mit 10 Arbeitsstunden – als tarifliche Arbeitszeit, so dass dieses Modell eine Gesamt-Wochenarbeitszeit von 38 Stunden ergibt. Beträgt die tarifliche Wochenarbeitszeit gemäß § 6 Abs. 1 hier angenommen 40 Stunden, würde der Beschäftigte damit wöchentlich zwei Arbeitsstunden „Minus" aufbauen. Dies kann im Rahmen der Jahresausgleichsregelung der flexiblen Arbeitszeit nach § 6 Abs. 2 durch zusätzliche Arbeitsleistungen wieder ausgeglichen werden, kann aber andernfalls nicht etwa zu einem Entgeltabzug bei dauerhaftem „Minus" führen.

16 b) **Keine Überschreitung der regelmäßigen Wochenarbeitszeit.** Die **Summe** der Vollarbeitsstunden und der Hälfte der Bereitschaftszeiten darf die **regelmäßige Wochenarbeitszeit** (Grundarbeitszeit) gemäß § 6 Abs. 1 (38,5/39 Stunden usw), also die vergütungspflichtige tarifliche Arbeitszeit nicht überschreiten (lit. c).

Beispiel: Ein Beschäftigter hat eine Arbeitszeit von insgesamt 44,5 Stunden im Durchschnitt, davon 12 Stunden Bereitschaftszeitphasen:

Hier sind die auf 6 Arbeitsstunden herunter gerechneten (faktorisierten) Bereitschaftszeiten in diesem Umfang von 6 Stunden Bestandteil der regelmäßigen (Grund-)Arbeitszeit von zB 38,5 Stunden/Woche, die eigentliche Vollarbeitszeit beträgt damit nur 32,5 Stunden, die weiteren 6 + 6 Stunden der tatsächlichen 12-stündigen Bereitschaftszeit bedeuten allerdings eine reale Präsenzzeit von 44,5 Stunden.

17 Da diese Regelung auf die „Arbeitszeit nach § 6 Abs. 1" verweist, ist damit ersichtlich auch darauf Bezug genommen, dass in § 6 Abs. 1 die Wochenarbeitszeit grundsätzlich nur als Durchschnittswert (innerhalb des meist einjährigen Ausgleichszeitraums des § 6 Abs. 2, s. dort) ausgewiesen ist – worauf auch die nach-

---

13 Vgl etwa Dassau/Wiesend-Rothbrust Rn 9; Breier/Dassau/Kiefer/Lang/Langenbrinck, TVöD (2011), Rn 7 (25 %); Görg/Guth/Hamer/Pieper, Rn 9 f (30 %); Sickert in Bepler/Böhle/Meerkamp/Stöhr, Rn 26; GKÖD-Fieberg, Bd. IV/1, Rn 12; Hamer, Rn 2 (25 %); die Kommentarliteratur zum Arbeitszeitgesetz übersetzt den dort positiv formulierten Begriff des „erheblichen Umfangs" (nicht: „nicht unerheblichen Umfangs" wie im TVöd/TV-L) in § 7 Abs. 1 ArbZG weitgehend mit etwa 30% bzw ca. einem Drittel Zeitanteil.

folgende Regelung in § 9 Abs. 1 Satz 2 lit. d abstellt –, mit weitgehend möglichen Schwankungen nach unten und nach oben. Das bedeutet, dass die Summe aus herunter gerechneten (faktorisierten) Bereitschaftszeiten und normalen Arbeitsstunden in der einzelnen Woche durchaus die Regel-Wochenarbeitszeit von zB 39 Stunden überschreiten darf, lediglich im Jahresdurchschnitt nicht (also: in der Jahressumme Bestandteil der (39 Std./Woche x 52 Wochen/Jahr =) 2.028 Stunden Soll-Arbeitszeit/Jahr bleiben muss). Im Regelfall muss hier der Beschäftigte selbst dafür Sorge tragen, dass innerhalb des, gemäß § 6 Abs. 2 einjährigen, Ausgleichszeitraums die tarifliche Höchstgrenze der Jahresarbeitszeit eingehalten wird.[14] Ggf muss er deshalb eine prognostizierbare Überschreitung der Jahresarbeitszeit seinem Vorgesetzten anzeigen und dann uU Arbeiten, die nicht dringend sind, aufschieben.[15]

c) **Grenze: durchschnittlich 48 Wochenstunden.** Als weitere Schranke ist festgelegt (lit. d), dass die **Summe** der Vollarbeitsstunden und der (voll, nicht lediglich hälftig gerechneten) Bereitschaftsstunden durchschnittlich **48 Stunden wöchentlich** nicht überschreiten darf.[16]   18

Dies übernimmt tarifrechtlich, also letztlich vertragsrechtlich, die arbeitsschutzrechtliche Maximalarbeitszeit von – jahresdurchschnittlich – 48 Wochenstunden (§ 7 Abs. 8 ArbZG). Hier ist sogar ausdrücklich auf den Begriff der „Durchschnitts"berechnung abgestellt, weshalb die Gesamtpräsenzzeit des Beschäftigten am Arbeitsplatz, zusammengesetzt aus normalen Arbeitsstunden und zusammengezählten, ungekürzten, Bereitschaftszeitphasen, in einzelnen Wochen durchaus mehr als 48 Stunden betragen kann – allerdings nicht mehr als 60 Stunden als Obergrenze der Wochenarbeitszeit, wie sie üblicherweise aus dem Arbeitszeitgesetz abgeleitet wird (s. die Kommentierung zu § 6) –, jedoch im Durchschnitt diese Grenze von 48 Wochenstunden nicht überschritten werden darf. Analog zum Ausgleichszeitraum für die Bestimmung des Durchschnitts der regelmäßigen Wochenarbeitszeit in § 6 Abs. 2 und Abs. 1 sollte auch hier auf einen einjährigen Referenzzeitraum abgestellt werden, so dass im Durchschnitt eines Jahres (Kalenderjahres oder jeweils 52 Wochen, vgl die Kommentierung zu § 6 Abs. 2) die gesamte Präsenzzeit hiernach (48 Std. x 52 Wochen =) 2.496 Stunden nicht überschreiten darf.[17] Ausgehend wiederum vom obigen Beispiel:

Probleme mit dieser Schranke können nur entstehen, wenn ein relativ hoher durchschnittlicher Umfang von kumulierten Bereitschaftszeiten – von mehr als, durchschnittlich, 19 Stunden/Woche – anfällt:

Angenommene 22 Bereitschaftsstunden in einer Woche zählen zwar nur hälftig mit somit 11 Stunden zur regelmäßigen tariflichen Wochenarbeitszeit, führen

---

14 So für den typischen Anwendungsfall des Schulhausmeisters: BAG v. 17.12.2009, 6 AZR 729/08, NZA-RR 2010, 440 (Rn 35);.
15 BAG v. 17.12.2009, 6 AZR 729/08, NZA-RR 2010, 440 (Rn 35).
16 Die 48-Wochenstunden-Grenze leitet sich ab aus der nach allgemeiner Auffassung dem Arbeitszeitgesetz zugrunde liegenden entsprechenden (durchschnittlichen) Wochenarbeitszeit: 8 Stunden/(Werk)Tag (§ 3 ArbZG) x 6 Werktage/Woche – ausgehend von Art. 6 Ziff. 2 der EU-Richtlinie 93/104/EG.
17 Was auch gelten muss, wenn etwa die Wochenarbeitszeit im Rahmen der tariflichen Bestimmungen, zB des BT-K, auf über 48 Stunden/Woche (durchschnittlich) verlängert worden ist – außerhalb von Wechselschicht- und Schichtarbeit, bei der nach der Protokollerklärung zu § 9 diese Regelung zu den Bereitschaftszeiten von vornherein keine Anwendung findet.

aber zu einer Präsenzzeit von (zB 39 Stunden/Woche − 11 Stunden = 28 Stunden/ Wochen + 22 Stunden oder: 39 Stunden/Woche + 50 % aus 22 Stunden = jeweils) 50 Stunden/Woche, was zwar in einzelnen Wochen zulässig, als dauerhafte Durchschnittsstundenzahl aber tarifrechtlich und arbeitszeitschutzrechtlich (ArbZG) unzulässig wäre. Wird diese maximal zulässige Jahresarbeitszeit jedoch überschritten, führt dies nicht auch zu zusätzlichen Vergütungsansprüchen.[18]

19 **d) Präzise Erfassung/Aufzeichnung erforderlich.** Die Bereitschaftszeiten werden nach Abs. 1 Satz 2 lit. b zwar innerhalb des Rahmens der regelmäßigen Tagesarbeitszeit nicht gesondert ausgewiesen (sondern ergeben sich als nicht-planbare bloße Präsenzphasen aus der Art der Tätigkeit selbst)[19] – allerdings:

Sie müssen aus nachfolgenden Gründen **präzise erfasst und aufgezeichnet** werden, da sie nur prozentual als Arbeitszeit rechnen und die Regel-Wochenarbeitszeit einzuhalten ist;[20] dies ist in der Praxis naturgemäß schwer einzuhalten/umzusetzen:

20 Ist jede mutmaßlich kurze Zeit, in der der Beschäftigte sich innerhalb der Arbeitszeit mal schnell hinsetzen kann, bereits als (potenzieller) Beginn einer Bereitschaftszeitphase im Sinn des § 9 zu betrachten? – und: wenn er dann wieder die Arbeit aufnehmen muss: ist dies die, endgültige oder vorübergehende, Rückkehr zur Vollarbeit oder eine Arbeitsaufnahme noch während der Fortdauer der Bereitschaftszeit? –. Wann beginnt und vor allem wann enden definitorisch und tatsächlich (und aufzeichnungs-/erfassungstechnisch) Bereitschaftszeitphasen, mit eben nur hälftiger Anrechnung?[21] Zeiten der Bereitschaftszeit müssen deshalb exakt vorgegeben – im Dienstplan eingeplant – werden.

Außerdem sind Bereitschaftszeiten ausdrücklich als Arbeitsplatzpräsenzphasen definiert, in denen (wie im Regelfall beim Bereitschaftsdienst) die Zeit ohne Arbeitsleistung überwiegt (Abs. 1 Satz 1), also maximal 49 % aktive Arbeitseinsätze anfallen und mindestens 51 % bloße „Wartezeiten" gegeben sind. Dies lässt sich nur einhalten und kontrollieren, wenn die „Bereitschaftszeiten" gesondert abgegrenzt und erfasst werden. Nur dann kann ihre hälftige Faktorisierung als Arbeitszeit und in diesem Umfang die Anrechnung auf die tarifliche Durchschnittswochenarbeitszeit (Abs. 1 Satz 2 lit. a und lit. c) sichergestellt werden. Andernfalls würden aus einer konturenlosen Gemengelage von Vollarbeit und unkalkulierten Zwischenphasen mit geringerer Belastung und gelegentlichem „Sitzenkönnen" einschneidende und entscheidende Folgen, in arbeitszeitrechtlichen und in vergütungsrechtlicher Hinsicht, getroffen.

21 **4. Keine Entgelterhöhung durch „Bereitschaftszeiten".** Wird bei Anfall von Bereitschaftszeiten – im erforderlichen erheblichen Umfang, aufgrund entsprechender organisatorischer Maßnahmen des Arbeitgebers – von dieser Regelung Gebrauch gemacht, **erhöht** dies **das Entgelt** des Beschäftigten **nicht**.[22] Dieser erhält

---

18 BAG v. 17.12.2009, 6 AZR 729/08, NZA-RR 2010, 440 (Rn 45 f) mwN.
19 BAG v. 17.12.2009, 6 AZR 729/08, NZA-RR 2010, 440 (Rn 34).
20 So iE auch GKÖD-Fieberg, Bd. IV/1, Rn 19.
21 Das BAG (v. 12.2.1986, 7 AZR 358/84, NJW 1986, 2957) ging von einer Mindestdauer von 10 Minuten als Warte- und Entspannungsphase bei einer Arbeitsbereitschaft iSd § 15 Abs. 2 BAT aus – unterhalb einer Pause von mindestens 15 Minuten (jetzt: § 4 ArbZG) und oberhalb eines Verschnaufens von 2/3 Minuten.
22 BAG v. 22.7.2010, 6 AZR 78/09, NZA 2010, 1194/1196 (Rn 21); so für die nach § 15 Abs. 2 BAT aufgrund Arbeitsbereitschaft verlängerte Grundarbeitszeit: BAG v. 26.3.1998, 6 AZR 537/96, NZA 1998, 1177.

für die um die Hälfte der Bereitschaftszeiten (theoretisch bis zu 48 Stunden/Woche) verlängerte tatsächliche Arbeitszeit kein höheres Grundentgelt, da dieses für die tarifliche Regelarbeitszeit gezahlt wird und auch die hiernach (unter Einbeziehung der vollständigen Bereitschaftszeit) verlängerte Arbeits-/Präsenzzeit keine vergütungspflichtigen Mehrarbeit oder Überstunden im tariflichen Sinn (§ 7 Abs. 6 und Abs. 7) enthält.

Zu 50 % ist die Bereitschaftszeit eben bereits Bestandteil der (durchschnittlich festgelegten) regelmäßigen Grundarbeitszeit. Damit sind auch **keine Überstundenzuschläge** gemäß § 8 Abs. 1 Satz 2 lit. a zu zahlen – wohl aber ggf andere **Zeitzuschläge** gemäß § 8 Abs. 1 Satz 2 lit. b ff bei/für Sonntags-, Samstags-, Feiertags- oder Nachtarbeit,[23] wobei diese Zeitzuschläge nicht für die herunter gerechneten (faktorisierten) Bereitschaftszeitstunden – also im Ergebnis hälftig – zu zahlen sind, sondern für die vollständigen, realen, Präsenzzeiten, also die gesamten Bereitschaftszeitstunden.[24]

V. Sonderregelungen für Hausmeister und den Rettungsdienst

Der **Anhang** zu § 9 enthält besondere Vorschriften zu den Bereitschaftszeiten
- für Hausmeisterinnen/**Hausmeister** (dort Abschnitt A.)[25] und
- für Beschäftigte im **Rettungsdienst** und in **Leitstellen** (dort Abschnitt B.).[26]

1. Allgemeines. Inhaltlich stimmen diese Regelungen im wesentlichen mit den allgemeinen Vorschriften des § 9 überein (die Definition der Bereitschaftszeit ist identisch, die Summe aus herunter gerechneten (hälftig faktorisierten) Bereitschaftszeiten und Vollarbeitsstunden darf die regelmäßige Wochenarbeitszeit gemäß § 6 Abs. 1 – zB 39 Stunden – nicht überschreiten, die Summe der vollständigen Bereitschaftszeiten und der Vollarbeitsstunden darf durchschnittlich 48 Wochenstunden nicht übersteigen).

Jedoch gelten für diese Personengruppen, anders als für die sonstigen Beschäftigten, – wenn „regelmäßig und in nicht unerheblichem Umfang" solche Arbeitsbereitschaftsphasen anfallen – diese Sonderregelungen zum einen ohne die etwaige Notwendigkeit der Umsetzung durch die betriebliche Mitbestimmung (Betriebs-/Dienstvereinbarung).

Sehr fraglich erscheint, ob die dortigen „besonderen Regelungen" für Bereitschaftszeiten bei Hausmeistern und Beschäftigten im Rettungsdienst/in Rettungsleitstellen nach der Formulierung unter den Abschnitten A. und B. des Anhangs zu § 9 konkludent auch die Protokollerklärung zu § 9 aufheben, wonach diese Bereitschaftszeitregelung für in **Wechselschicht- oder Schichtarbeit** tätige Beschäftigte nicht gilt. Der Wortlaut dieser „besonderen Regelungen" für Bereitschaftszeiten bei Hausmeistern und Beschäftigten im Rettungsdienst/in Rettungsleitstellen in den Abschnitten A. und B. des Anhangs zu § 9 spricht nicht

---

23 So für Arbeitsbereitschaftszeiten BAG v. 26.3.1998, 6 AZR 537/96, NZA 1998, 1177 – II.1.d der Gr.; vgl auch Sickert in Bepler/Böhle/Meerkamp/Stöhr, Rn 55.
24 So für den Fall des Rettungsassistenten: BAG v. 28.7.2010, 5 AZR 342/09, ZTR 2011, 19 (Rn 13 f); LAG Schleswig-Holstein v. 18.3.2009, 6 Sa 383/07, Juris, Rn 95 f; so für die Zeitzuschläge bei einer nach § 15 Abs. 2 BAT aufgrund Arbeitsbereitschaft verlängerten Arbeitszeit: BAG v. 30.1.1985, 7 AZR 446/82, AP Nr. 2 zu § 35 BAT; GKÖD-Fieberg, Bd. IV/1, Rn 18 zieht dagegen in Erwägung, dass auch die Zeitzuschläge konsequent nur für die auf die Hälfte faktorisierten Bereitschaftszeiten zu zahlen sein müssten.
25 Hierzu näher BAG v. 17.12.2009, 6 AZR 729/08, NZA-RR 2010, 440.
26 Hierzu näher BAG v. 28.7.2010, 5 AZR 342/09, ZTR 2011, 28.

dafür. Dies müsste konsequent bedeuten, dass auch Hausmeister und Beschäftigte im Rettungsdienst/in Leitstellen dann keine solche Bereitschaftszeiten leisten können, wenn sie in Wechselschichtarbeit oder in Schichtarbeit (§ 7 Abs. 1 und Abs. 2) eingesetzt sind.

24 **Exkurs zur Anwendung dieser Regelung:** Zwar geht die Tarifregelung im Anhang zu § 9 in beiden Abschnitten davon aus, dass sie, bei Vorliegen eines entsprechenden Umfangs von Bereitschaftszeiten, ohne Weiteres Anwendung findet. Es wird jedoch erforderlich sein, dass der Arbeitgeber gegenüber diesen Beschäftigtengruppen eine entsprechende Erklärung zur Anwendung dieser Regelung abgibt – das Vorliegen deren Voraussetzungen und deren tariflicher Rechtsfolgen feststellt.[27]

25 **2. Verlängerung der Tageshöchstarbeitszeit.** Durch Abschnitt B. wird für **Beschäftigte im Rettungsdienst und in Leitstellen** die nach den Arbeitsschutzbestimmungen zulässige tägliche Höchstarbeitszeit von 10 Stunden (§ 3 Satz 2 ArbZG) im Rahmen des § 7 ArbZG zusätzlich auf **12 Stunden** zuzüglich der gesetzlich erforderlichen Pausen (45 Minuten gemäß § 4 ArbZG) verlängert (dort Abs. 2).

Dem liegt tarifpolitisch offensichtlich zugrunde, dass bei dieser Tätigkeit erfahrungsgemäß und typischerweise, auch ohne sonst erforderliche organisatorische Maßnahmen, ein erheblicher Anteil an inaktiven Präsenzphasen anfällt.[28]

Allerdings erscheint es sehr zweifelhaft, ob diese tarifvertragliche Verlängerung der gesetzlichen Tageshöchstarbeitszeit (§ 3 ArbZG) noch durch die **Tariföffnungsklausel in § 7 ArbZG** (insbesondere dort Abs. 1 Nr. 1 lit. a und Nr. 4 lit. a) als einzig möglicher Ermächtigungsgrundlage **gedeckt** ist: Dort ist jeweils auf die Voraussetzung des Vorliegens von Arbeitsbereitschaft oder Bereitschaftsdienst („regelmäßig und in erheblichem Umfang") abgestellt. „Bereitschaftszeiten" iSd § 9 TVöD/TV-L stellen aber unmittelbar weder Arbeitsbereitschaft noch Bereitschaftsdienst im bisherigen Verständnis dar, sondern ein rechtliches aliud, ein neues Konstrukt der Tarifvertragsparteien. Dies müsste, außerhalb einer (schwer begründbaren) Analogie o.ä., einer tarifvertraglichen Ausweitung der durch Bereitschaftszeiten erlaubten Verlängerung der gesetzlichen Tageshöchstarbeitszeit von zehn Stunden (§ 3 ArbZG) durch Tarifvertrag grundsätzlich entgegenstehen (und diese Tarifregelung als zumindest teilunwirksam erscheinen lassen).

VI. Betriebliche Mitbestimmung

26 **1. Keine Mitbestimmung bei der Arbeitszeitverlängerung.** Die unmittelbare tarifrechtliche **Verlängerung** der regelmäßigen tariflichen (Wochen)Arbeitszeit aufgrund eines erheblichen Anteils von Phasen der Arbeitsbereitschaft unterliegt nach der Rechtsprechung des BAG zur Vorgängerregelung des BAT (dort § 15 Abs. 2 – „Arbeitsbereitschaft") **nicht der** betrieblichen **Mitbestimmung**, da die

---

27 Görg/Guth/Hamer/Pieper, Rn 26, sprechen von einer „Anordnung" des Arbeitgebers hierzu, also offensichtlich einer konstitutiven Anweisung im Rahmen des Direktionsrechtes des Arbeitgebers (§ 106 GewO); zum notwendigen Vortrag des Arbeitgebers im Prozess vgl LAG Schleswig-Holstein v. 18.3.2009, 6 Sa 383/07.
28 BAG v. 24.9.2008, 10 AZR 669/07; NZA 2009, 45.

Dauer der Wochenarbeitszeit mitbestimmungsfrei ist (und wohl auch eine, die betriebliche Mitbestimmung ausschließende, tarifliche Regelung vorliegt).[29]

Allerdings kann fraglich sein, ob die nunmehrige Regelung zu den „Bereitschaftszeiten" in § 9 ebenfalls grundsätzlich die betriebliche Mitbestimmung ausschließt, da diese Zeiten nicht zu einer unmittelbaren tarifrechtlichen Verlängerung der regelmäßigen tariflichen Wochenarbeitszeit führen – vielmehr, in quotierter Form, deren Bestandteil sind (s. Rn 15 f).[30] Auch aus dem Umkehrschluss der Regelung in Abs. 2 ergibt sich, dass außerhalb des dort geregelten Falles der Tarifvertrag wohl von einer uneingeschränkten Mitbestimmungspflichtigkeit der betrieblichen Umsetzung von Bereitschaftszeiten ausgeht. 27

2. Mitbestimmung im Einzelnen. Ausgehend von einer Mitbestimmungsfähigkeit und damit Mitbestimmungspflichtigkeit gilt folgendes: 28

a) Bund. Im Bereich des **Bund**es ist die Mitbestimmung gemäß § 87 Abs. 1 Nr. 2 BetrVG (privatisierte Träger) und im Bereich des Bundespersonalvertretungsgesetzes § 75 Abs. 3 Nr. 1 BPersVG zu beachten; in beiden Fällen gilt danach die erzwingbare Mitbestimmung, dh, dass eine entsprechende Regelung notfalls auch vor der vom Arbeitgeber oder Betriebsrat bzw Personalrat angerufenen Einigungsstelle zu verhandeln ist. 29

b) Länder, Kommunen. Nach Abs. 2 kann im Bereich der des unmittelbaren öffentlichen Dienstes der **Länder und kommunaler Einrichtungen (VKA)**, also bei Einrichtungen mit öffentlichrechtlichen Rechtsträgern und damit im Geltungsbereich eines Personalvertretungsgesetzes, von dieser Regelung nur durch **einvernehmliche Dienstvereinbarung** (die also nicht etwa durch ein Einigungsstellenverfahren erzwingbar ist, sondern nur im Verhandlungsweg abgeschlossen werden kann: Abs. 2 iVm § 6 Abs. 9 und § 38 Abs. 3) oder durch landesbezirklichen Tarifvertrag Gebrauch gemacht werden. Dies soll jedoch nicht im Bereich der Schulhausmeister nach Anhang A. zu § 9 gelten: hier bedarf die Anordnung von Bereitschaftszeiten keiner einvernehmlichen Dienstvereinbarung, da dies eine Sonderregelung zu § 9 Abs. 2 darstelle.[31] 30

c) Privatisierte Einrichtungen (außerhalb des Bundes). In **privatisierten Einrichtungen (außerhalb** des Bereichs des **Bundes)**, auf die somit das Betriebsverfassungsgesetz zur Anwendung kommt, gilt die Mitbestimmung nach § 87 Abs. 1 Nr. 2 BetrVG, wo auch ein Einigungsstellenverfahren nicht ausgeschlossen ist (Abs. 2 iVm § 6 Abs. 9, s. § 6 Rn 80). Hier unterliegen Schicht-/Dienstpläne mit Einplanung von Phasen von Bereitschaftszeiten deshalb der uneingeschränkten betrieblichen Mitbestimmung hinsichtlich der Verteilung der Arbeitszeit-/Präsenzphasen, nicht deren Dauer bzw deren Vorliegens überhaupt. 31

---

29 BAG v. 12.2.1986, 7 AZR 358/84, NJW 1986, 2957, und BAG v. 17.3.1988, 6 AZR 268/85, NJW 1988, 1564.
30 Allerdings sieht Sickert in Bepler/Böhle/Meerkamp/Stöhr, Rn 77/78, auch hier wohl keinen Raum für die betriebliche Mitbestimmung; aA Pieper in Görg/Guth/Hamer/Pieper, Rn 16/17, der von der uneingeschränkten Mitbestimmungspflichtigkeit bei der Anwendung dieser Regelung ausgeht.
31 LAG Niedersachsen v. 30.9.2008, 13 Sa 640/08, Juris.

§ 10 Arbeitszeitkonto (TVöD)

¹Durch Betriebs-/Dienstvereinbarung kann ein Arbeitszeitkonto eingerichtet werden. ²Für einen Betrieb/eine Verwaltung, in dem/der ein Personalvertretungsgesetz Anwendung findet, kann eine Regelung nach Satz 1 auch in einem landesbezirklichen Tarifvertrag – für den Bund in einem Tarifvertrag auf Bundesebene – getroffen werden, wenn eine Dienstvereinbarung nicht einvernehmlich zustande kommt und der Arbeitgeber ein Letztentscheidungsrecht hat. ³Soweit ein Arbeitszeitkorridor (§ 6 Abs. 6) oder eine Rahmenzeit (§ 6 Abs. 7) vereinbart wird, ist ein Arbeitszeitkonto einzurichten.

(2) ¹In der Betriebs-/Dienstvereinbarung wird festgelegt, ob das Arbeitszeitkonto im ganzen Betrieb/in der ganzen Verwaltung oder Teilen davon eingerichtet wird. ²Alle Beschäftigten der Betriebs-/Verwaltungsteile, für die ein Arbeitszeitkonto eingerichtet wird, werden von den Regelungen des Arbeitszeitkontos erfasst.

(3) ¹Auf das Arbeitszeitkonto können Zeiten, die bei Anwendung des nach § 6 Abs. 2 festgelegten Zeitraums als Zeitguthaben oder als Zeitschuld bestehen bleiben, nicht durch Freizeit ausgeglichene Zeiten nach § 8 Abs. 1 Satz 5 und Abs. 2 sowie in Zeit umgewandelte Zuschläge nach § 8 Abs. 1 Satz 4 gebucht werden. ²Weitere Kontingente (z.B. Rufbereitschafts-/Bereitschaftsdienstentgelte) können durch Betriebs-/Dienstvereinbarung zur Buchung freigegeben werden. ³Die/Der Beschäftigte entscheidet für einen in der Betriebs-/Dienstvereinbarung festgelegten Zeitraum, welche der in Satz 1 genannten Zeiten auf das Arbeitszeitkonto gebucht werden.

(4) Im Falle einer unverzüglich angezeigten und durch ärztliches Attest nachgewiesenen Arbeitsunfähigkeit während eines Zeitausgleichs vom Arbeitszeitkonto (Zeiten nach Absatz 3 Satz 1 und 2) tritt eine Minderung des Zeitguthabens nicht ein.

(5) In der Betriebs-/Dienstvereinbarung sind insbesondere folgende Regelungen zu treffen:
a) Die höchstmögliche Zeitschuld (bis zu 40 Stunden) und das höchstzulässige Zeitguthaben (bis zu einem Vielfachen von 40 Stunden), die innerhalb eines bestimmten Zeitraums anfallen dürfen;
b) nach dem Umfang des beantragten Freizeitausgleichs gestaffelte Fristen für das Abbuchen von Zeitguthaben oder für den Abbau von Zeitschulden durch die/den Beschäftigten;
c) die Berechtigung, das Abbuchen von Zeitguthaben zu bestimmten Zeiten (zB an so genannten Brückentagen) vorzusehen;
d) die Folgen, wenn der Arbeitgeber einen bereits genehmigten Freizeitausgleich kurzfristig widerruft.

(6) ¹Der Arbeitgeber kann mit der/dem Beschäftigten die Einrichtung eines Langzeitkontos vereinbaren. ²In diesem Fall ist der Betriebs-/Personalrat zu beteiligen und – bei Insolvenzfähigkeit des Arbeitgebers – eine Regelung zur Insolvenzsicherung zu treffen.

§ 10 Arbeitszeitkonto (TV-L)

(1) ¹Durch Betriebs-/Dienstvereinbarung kann ein Arbeitszeitkonto eingerichtet werden. ²Für einen Betrieb/eine Verwaltung, in dem/der ein Personalvertretungsgesetz Anwendung findet, kann eine Regelung nach Satz 1 auch in einem landesbezirklichen Tarifvertrag getroffen werden, wenn eine Dienstvereinbarung nicht einvernehmlich zustande kommt und der Arbeitgeber ein Letztentscheidungsrecht hat. ³Soweit ein Arbeitszeitkorridor (§ 6 Absatz 6) oder eine Rahmenzeit (§ 6 Absatz 7) vereinbart wird, ist ein Arbeitszeitkonto einzurichten.

(2) ¹In der Betriebs-/Dienstvereinbarung wird festgelegt, ob das Arbeitszeitkonto im ganzen Betrieb/in der ganzen Verwaltung oder Teilen davon eingerichtet wird. ²Alle Beschäftigten der Betriebs-/Verwaltungsteile, für die ein Arbeitszeitkonto eingerichtet wird, werden von den Regelungen des Arbeitszeitkontos erfasst.

(3) ¹Auf das Arbeitszeitkonto können Zeiten, die bei Anwendung des nach § 6 Absatz 2 festgelegten Zeitraums als Zeitguthaben oder als Zeitschuld bestehen bleiben, nicht durch Freizeit ausgeglichene Zeiten nach § 8 Absatz 1 Satz 5 und Absatz 4 sowie in Zeit umgewandelte Zuschläge nach § 8 Absatz 1 Satz 4 gebucht werden. ²Weitere Kontingente (zum Beispiel Rufbereitschafts-/Bereitschaftsdienstentgelte) können durch Betriebs-/Dienstvereinbarung zur Buchung freigegeben werden. ³Die/Der Beschäftigte entscheidet für einen in der Betriebs-/Dienstvereinbarung festgelegten Zeitraum, welche der in Satz 1 beziehungsweise Satz 2 genannten Zeiten auf das Arbeitszeitkonto gebucht werden.

(4) Im Falle einer unverzüglich angezeigten und durch ärztliches Attest nachgewiesenen Arbeitsunfähigkeit während eines Zeitausgleichs vom Arbeitszeitkonto (Zeiten nach Absatz 3 Satz 1 und 2) tritt eine Minderung des Zeitguthabens nicht ein.

Niederschriftserklärung zu § 10 Absatz 4:
Durch diese Regelung werden aus dem Urlaubsrecht entlehnte Ansprüche nicht begründet.

(5) In der Betriebs-/Dienstvereinbarung sind insbesondere folgende Regelungen zu treffen:
a) Die höchstmögliche Zeitschuld (bis zu 40 Stunden) und das höchstzulässige Zeitguthaben (bis zu einem Vielfachen von 40 Stunden), die innerhalb eines bestimmten Zeitraums anfallen dürfen;
b) Fristen für das Abbuchen von Zeitguthaben oder für den Abbau von Zeitschulden durch die/den Beschäftigten;
c) die Berechtigung, das Abbuchen von Zeitguthaben zu bestimmten Zeiten (zum Beispiel an so genannten Brückentagen) vorzusehen;
d) die Folgen, wenn der Arbeitgeber einen bereits genehmigten Freizeitausgleich kurzfristig widerruft.

(6) ¹Der Arbeitgeber kann mit der/dem Beschäftigten die Einrichtung eines Langzeitkontos vereinbaren. ²In diesem Fall ist der Betriebs-/Personalrat zu beteiligen und – bei Insolvenzfähigkeit des Arbeitgebers – eine Regelung zur Insolvenzsicherung zu treffen.

I. Allgemeines 1
II. Besonderheiten des Arbeitszeitkonto nach § 10 TVöD 6
III. Erfasster Personenkreis (Abs. 2) 7
IV. Einführung von Arbeitszeitkonten und Mitbestimmungsrechte (Abs. 1) 8
   1. Einführung und Mitbestimmung nach Betriebsverfassungsgesetz 9
   2. Einführung und Mitbestimmung nach Personalvertretungsrecht 10
   3. Betriebsvereinbarungen/ Dienstvereinbarungen 11
   4. Einführung durch Tarifvertrag 12
   5. Arbeitszeitkonto als Voraussetzung für Rahmenzeit und Arbeitszeitkorridor 13
V. Buchung von Zeitguthaben und Zeitschulden (Abs. 3) 14
   1. Allgemeines 14
   2. Übersicht über die buchbaren Zeiten 15
   3. Zeitsalden am Ende des Ausgleichszeitraums 16
   4. Überstunden 17
   5. Mehrarbeit 18
   6. Zeitzuschläge 19
   7. Rufbereitschaft/Bereitschaftsdienstentgelte 20
   8. Wechselschichtzulagen/ Schichtzulagen 21
   9. Festlegung eines Buchungszeitraums 22
   10. Unzulässigkeit von Kappungsgrenzen 23
VI. Zeitgutschriften bei Krankheit (Abs. 4) 24
VII. Inhalte einer Betriebsvereinbarung / Dienstvereinbarung (Abs. 5) 27
   1. Höchstgrenzen pro Zeitabschnitt 28
   2. Gestaffelte Fristen für Freizeitausgleich (Abs. 5 b) 29
   3. Berechtigung zur Abbuchung von Zeitguthaben (Abs. 5 c) 30
   4. Folgen des kurzfristigen Widerrufs eines Freizeitausgleichs (Abs. 5 d) 31
   5. Musterinhalt einer BV/DV Arbeitszeitkonto 32
VIII. Langzeitkonten 33
IX. Bestimmungen des TV-L 34

I. Allgemeines

1 Obwohl der BAT keine Regelung dazu kannte, sind im öffentlichen Dienst Arbeitszeitmodelle, die auf Arbeitszeitkonten basieren, schon seit langem weit verbreitet. Sie stellen dabei in der Regel die Grundlage für Gleitzeitmodelle dar, finden sich aber auch in Betriebs- oder Dienstvereinbarungen zu Schicht- und Dienstplanmodellen. Gemeinsam ist allerdings all diesen Modellen nur das charakteristische Merkmal des Buchens von Plus- und Minusstunden, wodurch Zeitguthaben oder Zeitschulden entstehen. Unter dem Oberbegriff „Arbeitszeitkonto" hatten sich also bereits vor Inkrafttreten des TVöD die unterschiedlichsten Varianten und Spielarten der Flexibilisierung der Arbeitszeit der Beschäftigten des öffentlichen Dienstes herausgebildet. Denn selbst ohne irgendein vereinbartes Kontenmodell war der Arbeitgeber nach § 16 Abs. 2 ArbZG verpflichtet, seinen Betrieb oder seine Dienststelle so zu organisieren, dass die tatsächliche Arbeitszeit der Arbeitnehmer erfasst und dokumentiert wird.[1]

2 Grundsätzlich unterscheidet man zwei Formen der Arbeitszeitkonten, nämlich das „Ist-Konto" und das „Plan-Konto".[2]

Das **Ist-Konto** ist ein klassisches Zeitkonto, bei dem in kurzen Abständen (täglich, wöchentlich) die tatsächlich geleistete Arbeitszeit mit der durchschnittli-

---

1 BAG v. 6.5.2003, 1 ABR 13/02, NZA 2003, 1348.
2 Breier/Dassau, TVöD § 10 Rn 3.

chen tarifvertraglichen Sollarbeitszeit für diesen Zeitraum saldiert wird. Hierdurch entstehende Differenzen werden wie auf einem Girokonto gebucht und ausgewiesen. Solche Konten sind in der betrieblichen Praxis in der Regel mit Höchstgrenzen ausgestattet, bei denen die Mitbestimmungsrechte der Betriebs- und Personalräte in abgestufter Form ausgestaltet sind. Unter dem Begriff „Ampelmodell" hat sich dabei eine Abstufung in 3 Phasen etabliert. Dabei ist allerdings in vielen Betriebs- und Dienstvereinbarungen festzustellen, dass diese Ampel in allen Phasen nur den Modus des Zeitausgleichs zwischen Beschäftigtem und Vorgesetztem regelt. Dies verkennt die eigentliche Aufgabe des Ampelmodells, nämlich das grundsätzliche Mitbestimmungsrecht der Betriebs- und Personalräte bei Überstunden und Mehrarbeit im Vorfeld generalisiert auszugestalten.

Beim **Plankonto** wird auf Basis der tariflichen durchschnittlichen Wochenarbeitszeit für einen längeren, überplanten Zeitraum eine geschuldete Sollarbeitszeit errechnet und diese dem Mitarbeiter als Defizit gebucht (Monatssoll, Jahressoll). Der Mitarbeiter arbeitet dann erst einmal stets mit einer psychologisch als Schuld empfundenen negativen Sollvorgabe auf die Null zu. Dabei ist allerdings zu beachten, dass die Kontrolldichte für die Betriebsrats- und Personalratsgremien deutlich erschwert sind. Solche Modelle sind daher vor allem in Betrieben und Dienststellen geeignet, in denen saisonell sehr stark schwankende Arbeitszeitanforderungen gegeben sind. Die Ausgestaltung der Mitbestimmungsrechte im Rahmen einer klassischen Ampelsteuerung ist hier nicht möglich.

Der TVöD schafft in § 10 nunmehr erstmals eine tarifliche Grundlage für Arbeitszeitkonten. Dabei ist der Begriff „Arbeitszeitkonto" nicht nur ungeschickt, sondern fast schon fahrlässig gewählt. Mit den bisher im öffentlichen Dienst unter dem Begriff „Zeitkonto" oder „Arbeitszeitkonto" in Betriebs- oder Dienstvereinbarungen geregelten und praktizierten Dokumentationen der täglichen oder wöchentlichen Plus- oder Minusstunden hat dieses tarifliche Arbeitszeitkonto nach § 10 fatalerweise nur den Namen gemeinsam.[3] Dies führt zu erheblichen Problemen im Umgang mit bestehenden Vereinbarungen. Das tarifliche Arbeitszeitkonto entspricht nämlich eher einem Arbeitszeitsparbuch. Es erfasst erst die am Ende eines Ausgleichszeitraums (folglich oft erst nach einem Jahr) angesammelten Plusstunden. Für das in der Praxis oft gewünschte tägliche oder wöchentliche Saldieren ist das tarifliche Konto nach § 10 weit hinter den früher praktizierten Modellen zurückgeblieben und unterscheidet sich erheblich.[4] Diese bisher bewährten Gleitzeitmodelle, die bereits bei Inkrafttreten zum 1.10.2005 in Betriebs- oder Dienstvereinbarungen bestanden, bleiben nach der Protokollerklärung zum Abschnitt II (§§ 6–11 TVöD) unberührt und weiterhin gültig. Eine Anpassung an die Vorgaben des § 10 TVöD ist dabei – bis zu einem Neuabschluss und einer Änderung – nicht notwendig.[5] 3

Ob beim Abschluss neuer Betriebs- oder Dienstvereinbarungen zu Arbeitszeitmodellen die Vorgaben des § 10 zwingend zu beachten sind, ist nicht eindeutig geregelt. Sieht man in § 10 lediglich eine tariflich normierte Variante eines Arbeitszeitkontos von denkbar vielen, wäre daneben im Rahmen der allgemeinen

---
3 Im Ergebnis auch Dassau/Wiesend-Rothbrust, § 10 Rn 2.
4 Bepler/Böhle Vorbem. zu § 10.
5 Dassau/Wiesend-Rothbrust § 10 Rn 3.

Mitbestimmungsrechte den Betriebsparteien die Einrichtung anderer Zeitkontenmodelle (zB Mehrarbeitskonten, Gleitzeitkonten) weiterhin möglich. Obwohl dies teilweise den Bedürfnissen der Praxis entspräche, liefe dann die tarifliche Vorschrift leer. Warum sollten die Tarifvertragsparteien dieses eine Konto normiert haben, wenn daneben viele weitere auf betrieblicher Ebene möglich wären. Indiziert wird die Ausschließlichkeit durch die Protokollerklärung zu Abschnitt II, in der lediglich beim Inkrafttreten des Tarifvertrages bereits bestehenden Gleitzeitregelungen ein Besitzstand eingeräumt wird.[6] Die teilweise vertretene Auffassung,[7] dass auch neue Gleitzeit- und Flexi-Modelle sehr wohl mit anderen Zeitkonten abgeschlossen werden könnten, stützt sich auf die Protokollnotiz zu § 6 am Ende. Dort ist geregelt, dass Gleitzeitregelungen unabhängig von den Vorgaben zu Arbeitszeitkorridor und Rahmenzeit abgeschlossen werden können. Das besagt aber gerade nicht, dass in solchen Modellen andere Konten als das tarifliche zulässig wären, sondern lediglich, dass Gleitzeit nicht zwingend die neuen tariflichen Instrumente Arbeitszeitkorridor oder Rahmenzeit benötigt.

4 Die Tarifvertragsparteien richten bei den Rahmenbedingungen für ein Arbeitszeitkonto tatsächlich ihren Fokus sehr stark auf die neu eingeführten Instrumente der Flexibilisierung der Arbeitszeit in § 6 TVöD. Für die Einrichtung eines Arbeitszeitkorridors oder einer Rahmenarbeitszeit muss das Arbeitszeitkonto nämlich zwingend für die davon erfassten Mitarbeiter eingeführt werden. Wird von diesen beiden Gestaltungsmöglichkeiten, denen viele Betriebs- und Personalräte mit großer Skepsis begegnen, kein Gebrauch gemacht, ist die Einrichtung eines Arbeitszeitkontos möglich, aber nicht zwingend. Genau das haben die Tarifvertragsparteien mit der Protokollnotiz am Ende zu § 6 für den Gleitzeitbereich klargestellt.

Die Flexibilisierungsmöglichkeiten **Rahmenarbeitszeit** (s. § 6 Rn 73 ff) und **Arbeitszeitkorridor** (s. § 6 Rn 68 ff) tragen vor allem den Bedürfnissen der Arbeitgeberseite Rechnung, nämlich bei ungünstiger Lage von Tages- und Wochenarbeitszeit ohne Zuschläge eine höhere Arbeitsleistung der Beschäftigten in Anspruch nehmen zu können. Die im Gegenzug übliche größere Zeitsouveränität der Beschäftigten ist gerade in diesen beiden neuen Modellen erst einmal nicht ausreichend gegeben. Dies haben die Tarifvertragsparteien durch die Einräumung einer größeren Verfügungsbefugnis der Zeitguthaben auf dem Arbeitszeitkonto kompensiert. Deswegen gibt § 10 TVöD dem Arbeitnehmer die Möglichkeit, zu bestimmen, welche Zeiten oder Vergütungsbestandteile er für welche Zeiträume zur Buchung freigibt und wann und in welchem Umfang er diese zum Freizeitausgleich abruft.[8]

5 Die weitere Ausgestaltung dieses Arbeitszeitkontos wurde mit tariflichen Rahmenvorgaben zu Höchstgrenzen und Modalitäten des Abbuchens solcher Zeiten den Betriebspartnern bzw Personalräten und Dienststellen überlassen. Dies gilt auch für die Einführung von Langzeitkonten.

II. Besonderheiten des Arbeitszeitkonto nach § 10 TVöD

6 Das Arbeitszeitkonto nach § 10 TVöD ist erst einmal kein klassisches Zeitkonto zur Dokumentation von Salden im Ausgleichszeitraum. Zwar kann es nur als

---

6 Bepler/Böhle Vorbem. zu § 10.
7 Bepler/Böhle Vorbem. zu § 10; Dessau/Wiesend-Rothbrust § 10 Rn 2.
8 Bepler/Böhle Vorbem. zu § 10.

saldierendes „Ist-Konto" (vgl Rn 2) ausgestaltet werden, weil die tarifliche Definition (Abs. 3) ein Plankonto ausschließt. Die Darstellung, es handele sich um ein Girokonto „als Gegenleistung der Arbeitgeberseite",[9] ist nur bedingt zutreffend. Buchbar sind nach der durch die Verweisungen mehr als unleserlichen Regelung in Abs. 3 S. 1 nur Zeiten, die bei Anwendung des nach § 6 Abs. 2 festgelegten Zeitraumes, also am Ende des Ausgleichszeitraumes, als Zeitguthaben oder -schulden bestehen bleiben.

Da der Ausgleichszeitraum in § 6 Abs. 2 bis zu einem Jahr betragen kann (und nicht zwingend muss), bedeutet dies für ein Arbeitszeitkonto nach § 10 TVöD:

- Auf dem Arbeitszeitkonto relevante Plus- oder Minusstunden können erstmalig am Ende des Ausgleichszeitraums gebucht werden.
- Eine im Januar geleistete Mehrstunde würde demnach bei einem Jahresausgleichszeitraum erst zum 01.01. des Folgejahres dem Arbeitszeitkonto gutgeschrieben.
- Die während eines Ausgleichszeitraumes entstehenden Salden wären auf dem Arbeitszeitkonto gar nicht dokumentiert.
- Eine unterjährige Steuerung zum frühzeitigen Freizeitausgleich und eine Kontrolle (zB Ampelprinzip) sind nicht möglich.

Das Arbeitszeitkonto nach § 10 TVöD ist bei dieser Ausgestaltung, mit langen Ausgleichszeiträumen (die den Arbeitgebern ja in der Regel vorschweben) eher ein Sparbuch, auf das nur einmal jährlich Guthaben oder Zeitschulden gebucht werden. Dies ist weit entfernt von den bisher im öffentlichen Dienst gebräuchlichen Modellen, die in der Regel einen täglichen oder zumindest wöchentlichen Buchungsvorgang vorsehen. Bei einem solchen langen Ausgleichszeitraum gewinnen die Mitarbeiter als Ausgleich für die Mehrbelastung der Flexibilisierung keine Zeitsouveränität. Erarbeitete Zeitguthaben können teilweise erst Monate später im Freizeitausgleich eingesetzt werden. Dabei darf aber nicht der Eindruck entstehen, das tarifliche Arbeitszeitkonto sei ein Langzeitkonto. Ein solches will Arbeitnehmern einen zeitweisen Ausstieg aus dem Berufsleben oder ein vorzeitiges Eintreten in den Ruhestand erleichtern. Die Möglichkeit solche Langzeitkonten einzurichten, haben die Tarifvertragsparteien nämlich als Spezialfall in Abs. 6 geregelt und folglich in den vorherigen Absätzen gerade nicht geregelt.[10]

Praxishinweis: Will man das tarifliche Arbeitszeitkonto also sinnvoll nutzen, kann dies nur funktionieren, wenn ein kürzerer Ausgleichszeitraum vereinbart wird, zB 1 Woche oder maximal in Schichtbetrieben 1 Monat oder ein Schichtturnus. Die durch Dienstplan oder Zeiterfassung festgestellten Plus- oder Minusstunden würden dann tatsächlich zeitnah auf dem Konto saldiert.

III. Erfasster Personenkreis (Abs. 2)

Die Anwendung des Arbeitszeitkontos nach § 10 TVöD kann grundsätzlich für alle Beschäftigten vereinbart werden. Die Einrichtung ist insbesondere unabhängig von der Frage, ob für die Abteilungen oder Bereiche eine Rahmenzeit (§ 6 Abs. 6) oder ein Arbeitszeitkorridor (§ 6 Abs. 7) vorgesehen ist. Für die Nutzung dieser tariflichen Instrumente ist zwar das Arbeitszeitkonto zwingend vorgeschrieben (Satz 3). Aber auch andere Arbeitszeitmodelle, insbesondere ver-

7

---

9 Breier/Dassau, TVöD § 10 Rn 6; Dassau/Wiesend-Rothbrust § 10 Rn 4.
10 So auch Dassau/Wiesend-Rothbrust, § 10 Rn 5.

setzte Dienste, Schichtarbeit oder Wechselschichtarbeit sowie klassische Kern- und Gleitzeit können mit dem Arbeitszeitkonto nach § 10 TVöD kombiniert werden,[11] so dass auch für die dortigen Beschäftigten das Arbeitszeitkonto vereinbart werden kann.

Voraussetzung ist jedoch in jedem Fall, dass hierzu eine Betriebs- oder Dienstvereinbarung abgeschlossen wurde.

Die Betriebsparteien vereinbaren darin insbesondere, ob das Arbeitszeitkonto für alle Beschäftigten oder nur für bestimmte Abteilungen und Betriebsteile eingeführt wird.[12]

Praxishinweis: In einer Betriebs-/Dienstvereinbarung ist hier darauf zu achten, dass der Anwendungsbereich genau abgegrenzt wird. Mit der Festlegung des persönlichen Geltungsbereichs sind nämlich weitreichende Konsequenzen verbunden. Alle Beschäftigten, die vom Geltungsbereich erfasst sind, müssen zwingend unter dem Konto geführt werden. Individuelle Abweichungen (auch für bestimmte Leistungsträger) beispielsweise in Form einer Vertrauensarbeitszeit sind damit ausgeschlossen,[13] soweit die Betriebs-/Dienstvereinbarung dies nicht ausdrücklich zulässt.

IV. Einführung von Arbeitszeitkonten und Mitbestimmungsrechte (Abs. 1)

8 Zwingende Voraussetzung für die Einführung von Arbeitszeitkonten nach § 10 TVöD ist die Vereinbarung einer Betriebs- oder Dienstvereinbarung. Dabei ist zwischen der Anwendung der Landes- bzw des Bundespersonalvertretungsgesetzes und dem Betriebsverfassungsgesetz zu unterscheiden. Die folgenden Ausführungen gelten nicht für das Langzeitkonto in Abs. 6.[14]

9 **1. Einführung und Mitbestimmung nach Betriebsverfassungsgesetz.** Dem Betriebsrat steht nach §§ 87 Abs. 1 Nr. 2 und 3 BetrVG ein umfassendes Mitbestimmungsrecht in allen Fragen der Verteilung der Arbeitszeit (nicht jedoch der Dauer der Wochenarbeitszeit)[15] sowie bei der vorübergehenden Verlängerung und Verkürzung der Arbeitszeit zu. Demnach ist auch die Einführung und Ausgestaltung eines Arbeitszeitkontos mitbestimmungspflichtig.[16] Die Einführung von Arbeitszeitkorridor und Rahmenzeit kann hingegen nicht im Rahmen dieses Einigungsstellenverfahrens erzwungen werden. § 38 Abs. 3 TVöD definiert, dass freiwillige Betriebs- und Dienstvereinbarungen nur solche sind, die gerade nicht im Einigungsstellenverfahren zustande kommen. Wurden hingegen Arbeitszeitkorridor oder Rahmenzeit vereinbart, ist die Einführung des tariflichen Kontos nach § 10 TVöD notfalls per Einigungsstellenspruch durchzusetzen (Abs. 1 Satz 3).

Die Einigung der Betriebsparteien ist für § 10 zwingend im Rahmen einer Betriebsvereinbarung herbeizuführen. Kommt eine Einigung nicht zu Stande, so kann von beiden Betriebspartnern die Einigungsstelle angerufen werden. Der

---

11 Hamer § 10 Rn 1; Bepler/Böhle § 10 Rn 1.
12 Dassau/Wiesend-Rothbrust § 10 Rn 9.
13 So auch Breier/Dassau, TVöD § 10 Rn 17.
14 Zutreffend auch Breier/Dessau § 10 Rn 16.
15 BAG v. 22.7.2003, 1 ABR 28/02, NZA 2004, 507.
16 Grundsätzlich zur Mitbestimmung bei Arbeitszeitkonten: BAG v. 22.7.2003, 1 ABR 28/02, NZA 2004, 507; DKK § 87 Rn 80.

Spruch der Einigungsstelle ersetzt dann die fehlende Einigung und hat die Wirkung einer Betriebsvereinbarung.

Praxishinweis: Für Betriebsräte bedeutet dies also, dass die Einführung eines Arbeitszeitkontos nach § 10 sowohl von Arbeitgeberseite als auch durch den Betriebsrat aufgrund seines umfassenden Initiativrechts im Rahmen des Einigungsstellenverfahrens erzwungen werden kann.

Daneben berührt das Arbeitszeitkonto nach § 10 aber noch weitere Mitbestimmungstatbestände. Durch die Möglichkeit, Zeitguthaben zu übertragen und Zuschläge in Zeit umzuwandeln, ändern sich die Modalitäten der Auszahlung.[17] Insofern ist das Mitbestimmungsrecht nach § 87 Abs. 1 Nr. 4 BetrVG zu beachten. Wird im Rahmen der Einführung des Arbeitszeitkontos auch eine elektronische Zeiterfassung installiert oder die Software samt Anwendungsmodalitäten verändert, berührt dies das Recht des Betriebsrates aus § 87 Abs. 1 Nr. 6 BetrVG bezüglich der technischen Kontrolleinrichtungen.

2. Einführung und Mitbestimmung nach Personalvertretungsrecht. Im Bereich des Bundespersonalvertretungsrechts, also für Dienststellen des Bundes, sieht § 75 Abs. 3 BPersVG ebenfalls ein umfassendes Mitbestimmungsrecht des Personalrats vor. Auch hier gilt ein Initiativrecht der Mitarbeitervertretung in allen Fragen von Beginn und Ende der täglichen Arbeitszeit sowie der Verteilung auf die einzelnen Wochentage (§§ 75 Abs. 3 Nr. 1 iVm § 70 BPersVG). Da nach dem BPersVG kein Letztentscheidungsrecht des Arbeitgebers besteht, kann in den Dienststellen des Bundes die Dienstvereinbarung zum Arbeitszeitkonto auch im Wege des Einigungsstellenverfahrens herbeigeführt werden. 10

In Ländern mit dem Bundespersonalvertretungsrecht nachempfunderer Mitbestimmung über eine Einigungsstelle ohne Letztentscheidungsrecht des Arbeitgebers (zB Niedersachsen, NRW) gelten die Ausführungen zum Bundespersonalvertretungsrecht entsprechend.

Anders jedoch in Bundesländern, in denen die Einigungsstelle keine abschließende Entscheidung trifft (so zB in Bayern). Da der Tarifvertrag eine „einvernehmliche" Dienstvereinbarung im Sinne des § 38 Abs. 3 vorschreibt, was bei einem Letztentscheidungsrecht des Arbeitgebers nicht der Fall ist, kommt nach diesen Landespersonalvertretungsgesetzen dann keine Dienstvereinbarung zu Stande. Für diesen Fall haben die Tarifvertragsparteien nur die Möglichkeit der Herbeiführung durch einen Tarifvertrag vorgesehen (s. Rn 12).

3. Betriebsvereinbarungen/Dienstvereinbarungen. Die klassischen Mittel der Mitbestimmung in Arbeitszeitfragen sind Betriebsvereinbarungen bzw Dienstvereinbarungen. Regelungsabreden scheiden daher als Grundlage für ein Arbeitszeitkonto aus. Einige Personalvertretungsgesetze (zB § 73 Abs. 1 BPersVG) verbieten jedoch den Abschluss von Dienstvereinbarungen über Regelungstatbestände, die nicht ausdrücklich im Gesetz aufgeführt sind. Dies kann der Einführung von Arbeitszeitflexibilisierung und Arbeitszeitkonten entgegenstehen, wenn der Gesetzgeber Arbeitszeitkonten nicht ausdrücklich aufgezählt hat. In diesen Fällen kann eine solche Dienstvereinbarung nicht wirksam abgeschlossen werden. Es verbleibt dort nur die Möglichkeit, die Arbeitszeitkonten durch Bezirkstarifvertrag einzuführen. 11

---

17 BAG v. 15.1.2002, 1 AZR 165/01, NZA 2002, 1112; zutreffend Bepler/Böhle § 10 Rn 2.

12 4. Einführung durch Tarifvertrag. Die Einrichtung eines Arbeitszeitkontos kann nach Abs. 1 Satz 2 auch durch einen landesbezirklichen Tarifvertrag bzw in einem Tarifvertrag auf Bundesebene erfolgen. Diese Übertragung der Kompetenz auf die Tarifvertragsparteien greift aber nur unter folgenden Voraussetzungen:
- In dem Betrieb oder der Verwaltung findet ein Personalvertretungsgesetz Anwendung. Für Betriebe, die dem Betriebsverfassungsgesetz unterfallen, findet diese Ersetzungsmöglichkeit also grundsätzlich keine Anwendung.
- Die Verhandlungen zwischen Personalrat und Arbeitgeber über die Einführung des Arbeitszeitkontos scheitern. Es kommt also gerade eine Dienstvereinbarung auf dem Verhandlungswege nicht zustande. Der TVöD definiert in § 38 Abs. 3 das einvernehmliche Zustandekommen von Dienstvereinbarungen: Nur wenn diese ohne Entscheidung der Einigungsstelle unmittelbar zwischen Arbeitgeber und Personalrat vereinbart werden, liegt ein „Einvernehmen" vor.
- Das anzuwendende Personalvertretungsgesetz sieht ein Letztentscheidungsrecht des Arbeitgebers vor. Die Regelungskompetenz der Tarifvertragsparteien besteht also dort wo selbst nach Durchlaufen eines Einigungsstellenverfahrens der Arbeitgeber das ausschließliche Entscheidungsrecht besitzt. Hier schützt die Vorschrift die Beschäftigten davor, dass der Arbeitgeber einseitig die Einführung eines Arbeitszeitkontos vornimmt. Im Bereich des Bundespersonalvertretungsgesetzes ist dieses nicht der Fall, weil zu Fragen der Ausgestaltung der Arbeitszeit (§ 75 Abs. 3 Nr. 1 BPersVG) ein Mitbestimmungsrecht besteht, bei dem die Einigungsstelle nach § 69 Abs. 4 BPersVG eine Letztentscheidungskompetenz besitzt. Im Bereich der Landespersonalvertretungsgesetze, in denen die Einigungsstelle die Einigung zu Fragen der Lage und Verteilung der Arbeitszeit nicht ersetzen kann, kann daher bei Scheitern der Verhandlungen nicht einseitig durch den Arbeitgeber ein Arbeitszeitkonto eingerichtet werden, sondern nur durch die Tarifvertragsparteien.
- Zu beachten ist auch, dass bestimmte Landespersonalvertretungsgesetze den Abschluss von Dienstvereinbarungen nur zu den abschließend im Gesetz aufgeführten Tatbeständen zulassen. Danach ist es dem Arbeitgeber und den Personalräten untersagt, per einvernehmlicher Dienstvereinbarung Arbeitszeitkonten zu regeln, wenn das Gesetz nicht ausdrücklich den Abschluss auch auf die Arbeitszeitflexibilisierung oder Arbeitszeitkonten ausgedehnt hat. Die ausschließliche Mitbestimmung bei Beginn und Ende der täglichen Arbeitszeit und die Verteilung auf die Wochentage reicht noch nicht als gesetzgeberische Grundlage für die einvernehmliche Vereinbarung einer Dienstvereinbarung zu Arbeitszeitkonten nach § 10 TVöD aus.[18] Käme auch eine tarifliche Regelung nicht zustande, bliebe der Arbeitgeber bei flexibler Arbeitszeit verpflichtet, die Arbeitszeit der Arbeitnehmer zu erfassen und zu dokumentieren.[19]

13 5. Arbeitszeitkonto als Voraussetzung für Rahmenzeit und Arbeitszeitkorridor. Der TVöD sieht für die neu eingerichteten tariflichen Instrumente der Arbeitszeitflexibilisierung Rahmenzeit und Arbeitszeitkorridor die obligatorische Einrichtung eines Arbeitszeitkontos nach § 10 vor. Ohne eine entsprechende Be-

---

18 So auch zutreffend Bepler/Böhle § 10 Rn 8.
19 BAG v. 6.5.2003, 1 ABR 13/02, NZA 2003, 1348.

triebs- oder Dienstvereinbarung, bzw ausnahmsweise einem Tarifvertrag nach Satz 2 zu Arbeitszeitkonten kommen die neuen Instrumente in § 6 Abs. 6 und 7 nicht zur Anwendung. Anders ausgedrückt: Wenn in einer Dienst- oder Betriebsvereinbarung Rahmenzeiten oder Arbeitszeitkorridore eingeführt werden, so müssen auch die Regelungen zum tariflichen Arbeitszeitkonto nach § 10 enthalten sein.[20]

Praxishinweis: Viele Betriebs- und Personalräte verkennen jedoch die Begriffe Rahmenarbeitszeit und Arbeitszeitkorridor. Sie unterzeichnen Vereinbarungen zu Arbeitszeitkonten, in denen der Arbeitgeber sich diese Instrumente einräumen lässt, in dem Irrglauben, es handele sich dabei um eine Kern- und Gleitzeitvariante.

V. Buchung von Zeitguthaben und Zeitschulden (Abs. 3)

1. Allgemeines. Im Gegensatz zum alten Tarifrecht wurden die Möglichkeiten, 14
Überstunden durch Freizeit auszugleichen, für die Arbeitgeber in § 7 Abs. 7 („Ende der folgenden Kalenderwoche") deutlich reduziert. Damit besteht im Grundsatz eine sehr frühe Abgeltungspflicht. Das tarifliche Arbeitszeitkonto soll hier den Arbeitnehmern den Vorteil verschaffen, Mehrbelastung im Rahmen der Arbeitszeitflexibilisierung durch erhöhte Zeitsouveränität auszugleichen. Anstatt der Auszahlung gesteht der TVöD den Beschäftigten zu, allein zu entscheiden, ob und welche Zeitgutschriften aus Plusstunden, Mehrarbeit und Überstunden auf dem Arbeitszeitkonto gebucht werden. Dieses Alleinentscheidungsrecht des Mitarbeiters in Abs. 3 verbietet also ein automatisches oder zwangsweises Buchen und Umwandeln in Zeit. Zu beachten ist, dass das BAG[21] eine Verrechnung von Zeitguthaben mit Minusstunden nur zulässig erachtet, wenn dafür eine rechtliche Grundlage in Form eines Tarifvertrag oder einer Betriebsvereinbarung existiert. Andererseits verliert der Mitarbeiter mit der Entscheidung für das Buchen auf das Arbeitszeitkonto die Möglichkeit, gebuchte Guthaben zu einem späteren Zeitpunkt doch noch zu entgelten und sich auszahlen zu lassen. Diese früher üblichen Auszahlungen am Ende des Abrechnungszeitraumes sind tariflich gerade nicht mehr vorgesehen.

Den Betriebsparteien sind darüber hinaus weitgehende Gestaltungsspielräume im Rahmen der Betriebs- bzw Dienstvereinbarungen an die Hand gegeben worden. Sie können weitere Kontingente zur Buchung freigeben. Auch für diese gilt das Alleinentscheidungsrecht der Beschäftigten, auch wenn Abs. 3 mit seinem Verweis auf Satz 1 redaktionell verunglückt ist. Auch bei den anderen Kontingenten ist mit „Freigabe" nur die Einräumung des Wahlrechts für den Arbeitnehmer gemeint.

Bei der Ausgestaltung und in der praktischen Anwendung sind die zwingenden, höherrangigen tariflichen und gesetzlichen Vorgaben zu beachten. Grundsätzlich (zu den Ausnahmen vgl insbesondere § 7 ArbZG) darf die werktägliche Höchstarbeitszeit von 10 Stunden nicht überschritten werden (§ 3 ArbZG); die Mindestruhezeit von 11 Stunden (§ 5 ArbZG) ist ebenso zu beachten wie die arbeitszeitrechtlichen Sonderregelungen nach dem Mutterschutzgesetz, dem Jugendarbeitsschutzgesetz sowie dem SGB IX für schwerbehinderte Menschen.

---

20 Bepler/Böhle § 10 Rn 7.
21 BAG v. 21.3.2012, 5 AZR 676/11, Pressemitteilung.

Auch die zwingenden Vorschriften zur 30- bzw 45-minütigen Ruhepause können nicht im Rahmen der Flexibilisierung umgangen werden.

Praxishinweis: Oftmals sieht die Zeiterfassungssoftware rechtswidrige Programmierungen vor. So ist im Schichtbetrieb bei Krankheit nach dem Lohnausfallprinzip die Schichtdauer und nicht ein Fünftel der Wochenarbeitszeit gutzuschreiben. Und ein automatischer Pausenabzug, der dazu führt, dass bei einer Tagesarbeitszeit von 6 Std. 3 Min nur 5 Std. 33 Min. erfasst werden, ist ebenfalls fehlerhaft.

2. Übersicht über die buchbaren Zeiten. Absatz 3 regelt welche Zeiten als Gutschrift oder Schulden auf dem Arbeitszeitkonto gebucht werden können. Diese sind im Überblick:

- Plus- oder Minusstunden am Ende des Ausgleichszeitraums,
- nicht durch Freizeit ausgeglichene Überstunden,
- nicht durch Freizeit ausgeglichene Mehrarbeit,
- in Zeit umgewandelte Zeitzuschläge,
- Ruf- und Bereitschaftsdienstentgelte,
- Wechselschicht- oder Schichtzulagen.

3. Zeitsalden am Ende des Ausgleichszeitraums. Von gängigen Zeitkonten unterscheidet sich das Arbeitszeitkonto nach § 10 TVöD dadurch, dass auf ihm als Plus- oder Minusstunden nur die Differenzen gebucht werden, die nach Ende des Ausgleichszeitraums im Vergleich zu der in diesem Zeitraum geschuldeten durchschnittlichen Wochenarbeitszeit entstanden sind. Insofern handelt es sich bei längeren Ausgleichszeiträumen weniger um ein „Girokonto" als vielmehr um ein Sparbuch. Die bisher in weiten Teilen des öffentlichen Dienstes verbreiteten Modelle sahen einen Abgleich der täglichen oder wöchentlichen Arbeitszeit mit dem geschuldeten Tages- oder Wochen-Soll vor. Hohe Zeitsalden während des Ausgleichszeitraumes mit einer enormen Belastung der Beschäftigten sind aus dem Arbeitszeitkonto nach § 10 nicht erkennbar. Die Schwankungen im Ausgleichszeitraum sind zwar auch zu erfassen. Für diese Dokumentation greifen jedoch die Regelungen des § 10 erst einmal nicht, jedenfalls nicht bis zum Ende des Ausgleichszeitraums. Diese Unzulänglichkeit des Arbeitszeitkontos nach § 10 wollen einige Vertreter[22] durch ein weiteres „Jahresausgleichskonto" beseitigen, ohne jedoch dabei einzuräumen, dass dies einfacher durch einen sehr kurzen Ausgleichszeitraum erreicht werden könnte.

Praxishinweis: Es ist genau in der Betriebs/Dienstvereinbarung zu regeln, ob die Plus- und Minusstunden durch Abgleich der IST mit der SOLL Arbeitszeit täglich, wöchentlich, monatlich, quartalsweise oder jährlich entstehen. Empfehlenswert ist die wöchentliche Erfassung, also den Ausgleichszeitraum nach § 6 Abs. 2 TVöD auf eine Woche festzulegen. Da die auf das Arbeitszeitkonto gebuchten Stunden ja nur in Freizeit genommen werden können, besteht gar kein Grund längere Zeiträume zu vereinbaren.

4. Überstunden. Dem Arbeitszeitkonto können Überstunden (s. § 7 Rn 117) gutgeschrieben werden, die nicht (im Regelfall bis zum Ende der Folgewoche) durch Freizeit ausgeglichen werden. Eine solche Überstunde würde dann mit dem Überstundenzuschlag zur Auszahlung kommen. § 8 Abs. 1 S. 5 schafft insofern mit der Formulierung „Überstunde als solche" Klarheit. Nicht nur der Zuschlag,

---

22 Breier/Dassau, TVöD § 10 Rn 4.

auch die Zeit an sich kann nach Wahl des Beschäftigten dem Arbeitszeitkonto gutgeschrieben werden.

Zu beachten sind dabei aber die besonderen abweichenden Definitionen für Überstunden bei Arbeitszeitkorridor (nur solche Arbeitszeiten außerhalb des Korridors) und Rahmenzeit (nur solche Arbeitszeiten außerhalb der täglichen Rahmenzeit), s. § 7 Rn 117.

Auch in Schichtbetrieben können auf das Arbeitszeitkonto Überstunden gebucht werden. Überstunden sind danach bereits nur diejenigen Stunden außerhalb des Dienstplanes, die nicht zum Ende des Schichtplanturnus ausgeglichen wurden.

Praxishinweis: In Schichtbetrieben empfiehlt sich daher, den jeweiligen Ausgleichszeitraum dem jeweiligen Dienstplanturnus anzupassen.

5. Mehrarbeit. Auch die Stunden, die keine Überstunden sind, aber am Ende des Ausgleichszeitraumes als Guthaben verblieben sind, können anstelle des zuschlagspflichtigen Entgeltanspruchs nach § 6 Abs. 2 dem Arbeitszeitkonto gutgeschrieben. 18

6. Zeitzuschläge. Desweiteren besteht das Wahlrecht des Arbeitnehmers, Zuschläge für Nachtarbeit, Feiertags-, Samstags- oder Sonntagsarbeit sowie an Heiligabend und Silvester mit dem jeweiligen Prozentsatz einer Stunde alternativ zur Auszahlung in Zeit zu buchen. Eine solche Umrechnung von Geld in Zeit kann der Beschäftigte jedoch – im Gegensatz zur tariflichen Regelung bei Überstunden – nur wählen, wenn diese Variante in einer Betriebs- oder Dienstvereinbarung zugelassen wurde. 19

7. Rufbereitschaft/Bereitschaftsdienstentgelte. Ebenso bedarf es einer ausdrücklichen Regelung in einer Kollektivvereinbarung, wenn Rufbereitschaftsentgelte (§ 8 Abs. 3) oder Bereitschaftsdienstentgelte (§ 9 Abs. 1) in Zeitgutschriften umgewandelt werden sollen. Der Wunsch einzelner Arbeitnehmer ist nicht ausreichend. 20

Dies gilt auch im Bereich der Pflege und Betreuungseinrichtungen sowie in Krankenhäusern. Für diese Einrichtungen sind jedoch die spezielleren Ausgleichs- und Faktorisierungsregelungen (zB § 46 Abs. 8 TVöD BT-K; § 46 Abs. 5 TVöD BT-B) zu beachten.

Besonders im Bereich Pflege und Gesundheitswesen sind immer noch viele Dienstplanmodelle üblich, die bereits im Turnus den faktorisierten Freizeitausgleich vorsehen. Hat der Mitarbeiter aufgrund der Freigabe in einer Kollektivvereinbarung die Gutschrift auf dem Arbeitszeitkonto gewählt, ist ein Verrechnen des Bereitschaftsdienstes im Turnus nicht mehr möglich.

Dies gilt auch für Fälle, in denen noch immer der Freizeitausgleich für einen nächtlichen Bereitschaftsdienst während der gesetzlichen Ruhezeit am Morgen des Folgetages geplant und verrechnet wird. Der 6. Senat des BAG[23] hat diese Modelle für zulässig erachtet. Er verkennt aber zweierlei:

Die Mitarbeiter weisen in den konkreten Schichtplänen für den Folgetag gerade keine Arbeitsverpflichtung auf. Die Situation entspräche der Bürokraft, wenn Überstundenabbau am Sonntag gewährt würde, an dem auch gesetzlich schon

---

23 BAG v. 22.7.2010, 6 AZR 78/09, AP Nr 14 zu § 1 TVG Tarifverträge; aA ArbG Hamburg v. 10.7.2002.

gar keine Arbeitsverpflichtung besteht. Freizeitausgleich setzt aber ursprüngliche Arbeitsverpflichtung voraus.

Gerade das Arbeitszeitkonto nach § 10 TVöD belegt dies. Hat eine Pflegekraft bei Bereitschaftsdiensten für die Zeitgutschrift votiert, ist dieser Kraft am nächsten Tag gesetzlich ihre Ruhezeit zu gewähren – und das Guthaben wird dennoch unverrechnet auf dem Arbeitszeitkonto zusätzlich gebucht. Das mag zwar rechnerisch im Ergebnis dasselbe sein wie die sofortige Verrechnung mit dem Soll des Ruhetages, allerdings bestimmt auf diese Weise der Arbeitnehmer, wann der Freizeitausgleich erfolgt.

21 **8. Wechselschichtzulagen/Schichtzulagen.** Als weitere Kontingente, für die eine Umrechnung von Geld in Zeit denkbar ist, kommen Wechselschichtzulagen oder Schichtzulagen in Betracht. Hierbei handelt es sich aber um Pauschalen, so dass die Umrechnung in Zeit auf Basis der Stundenvergütung im Sinne des § 8 Abs. 2 erfolgen muss.[24]

22 **9. Festlegung eines Buchungszeitraums.** Da der Abbau von Zeitguthaben immer Auswirkungen auf den Personalbedarf hat, benötigt der Arbeitgeber eine gewisse Planungssicherheit. Dem trägt Abs. 3 Satz 3 Rechnung. Danach hat die Betriebs- oder Dienstvereinbarung einen Buchungszeitraum zu definieren. Für diesen Zeitraum müssen die Beschäftigten erklären, welche Kontingente sie in Zeitgutschriften umwandeln und dem Arbeitszeitkonto zuführen. Nach Ablauf dieses Buchungszeitraumes besteht dann für die Beschäftigten ein erneutes Wahlrecht, ob und wenn ja, welche Zeiten und Kontingente sie im nächsten Zeitraum dem Arbeitszeitkonto zuführen.[25]

Praxishinweis: Wenn als Ausgleichszeitraum die Woche oder der Monat gewählt wird, sollte der Buchungszeitraum jedenfalls ein halbes Jahr betragen, da zu kurzfristige laufende Änderungen eine Personalplanung erschweren.

23 **10. Unzulässigkeit von Kappungsgrenzen.** In der Vergangenheit waren insbesondere in Gleitzeitmodellen sogenannte Kappungsgrenzen vereinbart. Danach verfielen nicht in Freizeit ausgeglichene Zeitguthaben am Ende eines Wochen- oder Monatszeitraums. Diesen Regelungen hat der TVöD die Grundlage entzogen. Für Überstunden besteht im neuen Tarifrecht bis zum Ende der Folgewoche Auszahlungspflicht. Wandelt ein Arbeitnehmer die Zeitguthaben samt Zuschlag stattdessen in Zeit um, können ihm diese nicht verfallen. Das tarifliche Arbeitszeitkonto nach § 10 TVöD kennt gerade keine Kappungsgrenzen. Für Zeitguthaben während des Ausgleichszeitraumes ist eine Kappung erst Recht nicht möglich, denn die Tarifvertragsparteien wollten ja gerade als Ausgleich für Schwankungen in der Arbeitsbelastung mit dem Buchen als Zeitgutschrift dem Beschäftigten Souveränität bei der Lage des Freizeitausgleichs zugestehen. Das BAG[26] hat für Minusstunden entschieden, dass diese ausnahmsweise nicht nach dem Gesichtspunkt des Annahmeverzugs verfallen, wenn der Arbeitnehmer ganz allein entscheidet, ob und in welchem Umfang das negative Guthaben entsteht. Nur in diesem Fall eines alleinigen Rechts des Arbeitnehmers dürfe der Arbeitgeber bei Beendigung des Arbeitsverhältnisses mit Vergütungsansprüchen verrechnen, weil der Arbeitgeber mit der Vergütung in Vorleistung getreten ist. Im

---

24 Bepler/Böhle § 10 Rn 17.
25 Bepler/Böhle § 10 Rn 19.
26 BAG v. 13.10.2000, 5 AZR 334/99, NZA 2002, 390.

Umkehrschluss ist aber danach eine Kappung von Zeitguthaben unzulässig, weil der Arbeitnehmer durch Arbeitsleistung in Vorleistung getreten ist und den Anspruch gehabt hätte, dass seine Mehrarbeit finanziell abgegolten wird.[27] Aktuell hat das BAG[28] laut Pressemitteilung entschieden, dass Zeitguthaben nicht einfach mit Minusstunden verrechnet werden dürfen. Erst recht dürfen Plusstunden dann nicht gekappt werden.

VI. Zeitgutschriften bei Krankheit (Abs. 4)

Auch im Rahmen von Arbeitszeitkonten ist das **Lohnausfallprinzip** zu beachten. Das BAG[29] sieht eine Verletzung des § 4 Abs. 1 EFZG richtigerweise auch dann als gegeben an, wenn auf einem Arbeitszeitkonto weniger als die durch die krankheitsbedingte Arbeitsunfähigkeit tatsächlich ausgefallene Arbeitszeit gebucht wird. Abs. 4 verhindert nun zusätzlich eine Minderung des Zeitguthabens in den Fall, dass der Beschäftigte während eines Freizeitausgleichs vom Arbeitszeitkonto arbeitsunfähig erkrankt. Die Regelung wurde eingeführt, weil das BAG[30] entschieden hatte, dass beim Freizeitausgleich durch die Bewilligung der Freistellung der Anspruch des Arbeitnehmers bereits erfüllt sei. Diese Entscheidung ist nicht unumstritten,[31] weil der Beschäftigte ja bereits in Vorleistung getreten ist und den Entgelt-Anspruch bereits erworben hatte. Dieser Kritik folgen die Tarifvertragsparteien mit Abs. 4. Wenn der Beschäftigte statt Entgelt in Zeit bucht, so soll ihm dieses Guthaben nach der tariflichen Regelung jedenfalls nicht mehr bei Arbeitsunfähigkeit während des Freizeitausgleichs entzogen werden können.

Dies darf gerade im Schichtbetrieb nicht mit dem regulären „Frei" verwechselt werden, also einem Arbeitstag, an dem der Beschäftigte nach dem Schichtturnus nicht arbeiten muss. Da hier keine Arbeitsverpflichtung besteht, trifft diesen Mitarbeiter eine krankheitsbedingte Arbeitsunfähigkeit genauso wie einen Arbeitnehmer in einer 5-Tage-Woche von Montag bis Freitag, der Samstag erkrankt. Wichtig ist daher, in solchen Dienstplänen klar zwischen „Frei" und „Freizeitausgleich" zu unterscheiden.

Zwei Voraussetzungen für die neutrale Behandlung von Krankheitszeiten während gewährtem Freizeitausgleich sind zu beachten:

- die unverzügliche Anzeige der Arbeitsunfähigkeit und
- der Nachweis durch ärztliches Attest.

Unverzüglich im Sinne des § 121 BGB ist ein Handeln ohne schuldhafte Verzögerung. Insofern wird kein „sofort" verlangt, jedoch ein Zuwarten durch die Umstände des Einzelfalles nicht geboten ist.[32] Starre Zeitvorgaben verbieten sich daher. Der Beschäftigte muss die Arbeitsunfähigkeit **anzeigen**, sobald er von seiner Erkrankung Kenntnis erlangt und die Möglichkeit hat, den Arbeitgeber zu unterrichten.

Als weitere Voraussetzung muss ein **Nachweis durch ärztliches Attest** erfolgen. Es handelt sich dabei um die ärztliche Arbeitsunfähigkeitsbescheinigung nach

---

27 Im Ergebnis auch: Breier/Dassau § 10 Rn 28.
28 BAG v. 21.3.2012, 5 AZR 676/11.
29 BAG v. 13.2.2002, 5 AZR 470/00, NZA 2002, 683.
30 BAG v. 11.9.2003, 6 AZR 374/02, NZA 2004, 738.
31 So auch Spengler in HK-ArbR § 3 EFZG Rn 27.
32 BAG v. 2.2.2006, 2 AZR 57/02, NZA-RR 2006, 440.

§ 5 Abs. 1 EFZG. Im Gegensatz zur gesetzlichen Regelung im Rahmen der Entgeltfortzahlung ist nach § 10 Abs. 3 der Nachweis nicht erst bei einer Dauer der Arbeitsunfähigkeit von länger als 3 Kalendertagen zu führen.[33]

Praxishinweis: Da eine solche Arbeitsunfähigkeitsbescheinigung nicht im Nachgang ausgestellt werden kann, ist ein zeitnahes Aufsuchen des Arztes am ersten Tag der Erkrankung anzuraten.

26 Mit der Niederschriftserklärung zu Abs. 4 stellen die Tarifvertragsparteien klar, dass durch die neutrale Behandlung von Krankheitszeiten, die der Regelung des § 9 BUrlG nachempfunden ist, nicht noch weitergehende Parallelen zum Urlaubsrecht beabsichtigt sind. Eine Abgeltung beispielsweise in analoger Anwendung des § 7 Abs. 4 BUrlG soll ausgeschlossen sein. Soweit teilweise[34] vertreten wird, dass damit auch eine Übertragung von Zeitguthaben in den folgenden Ausgleichszeitraum verhindert wird, ist dies mit den Besonderheiten des Arbeitszeitkontos nach § 10 TVöD nicht vereinbar. Eine Regelung, wonach Zeitguthaben verfallen, lässt sich aus der Tarifvorschrift nicht entnehmen und wäre im Übrigen auch wegen der oben beschriebenen Besonderheiten dieses Arbeitszeitkontos im TVöD nicht systemgerecht.

VII. Inhalte einer Betriebsvereinbarung / Dienstvereinbarung (Abs. 5)

27 Die Tarifvertragsparteien haben außer den Grundregeln in § 10 Abs. 2 und 3 TVöD den Betriebspartnern die nähere Ausgestaltung der Kollektivvereinbarungen überlassen. Allerdings haben Sie in Abs. 5 einige wesentliche Eckpunkte als Rahmen vorgegeben, die zwingend zu beachten sind.

28 **1. Höchstgrenzen pro Zeitabschnitt.** Das Höchstmaß der Zeitschulden wurde dabei auf maximal 40 Minusstunden begrenzt. Diese maximale Größe müssen die Betriebspartner aber nicht ausschöpfen. Bei den Zeitguthaben steht es den Betriebspartnern hingegen frei, welche Höchstgrenze sie zulassen. Diese muss lediglich ein Vielfaches von 40 Stunden in einem bestimmten Zeitraum darstellen. Maßstab für die Ausgestaltung sind einerseits die betrieblichen Bedürfnisse und die zu erwartenden Schwankungen, andererseits aber auch die Einhaltung des Arbeitszeitgesetzes. Deswegen sollten über das 3-fache (=120 Stunden) hinausgehende Höchstgrenzen vermieden werden, soweit es sich nicht um typische Saisonarbeit handelt.

Des Weiteren ist zwingend ein Zeitraum zu definieren, innerhalb dessen Zeitguthaben und Zeitschulden maximal entstehen dürfen. Es handelt sich also nicht um einen Ausgleichszeitraum zur Rückführung des Kontos auf Null, sondern um eine Beschränkung der Menge an weiteren Zufügungen in einem bestimmten Zeitraum. Es empfiehlt sich, dieses Zeitfenster dem Ausgleichszeitraum sowie dem Buchungszeitraum anzupassen, da drei unterschiedliche Zeiträume wenig praktikabel und transparent sind.

Beispiel: Der Zeitraum wird halbjährig mit maximal 40 Std. vereinbart. Stand das Arbeitszeitkonto zum 01.01. auf 30 Std. und werden jeweils zum 30.06. und am Jahresende je 40 Std. zugeführt, ohne dass Freizeit genommen wurde, ist dies zulässig, obwohl der Kontostand zum 30.06. dann 70 Std und zum 31.12. dann 110 Std. aufweist.

---

33 Bepler/Böhle § 10 Rn 21.
34 Bepler/Böhle § 10 Rn 22; Breier/Dassau § 10 Rn 29.

2. Gestaffelte Fristen für Freizeitausgleich (Abs. 5 b).

In der Kollektivvereinbarung sind weiterhin obligatorisch nach dem Umfang des beantragten Freizeitausgleichs gestaffelte Fristen für das Abbuchen von Zeitguthaben oder Zeitschulden festzulegen. Grundsätzlich soll der Beschäftigte im Rahmen der Zeitsouveränität über das Abbuchen von Zeitguthaben durch Freizeitausgleich entscheiden. Da der Arbeitgeber den Abbau einiger weniger Stunden organisatorisch leichter kompensieren kann als den Abbau von vielen Plusstunden durch eventuell mehrere Tage andauernden Freizeitausgleich, sieht der Tarifvertrag ein abgestuftes System der Vorankündigung vor. Empfehlenswert ist zeitgleich ein gestaffeltes Prinzip der Zustimmungsfiktion zu vereinbaren, wenn arbeitgeberseits nicht widersprochen wird.

Beispiel: Bei einem Abbuchen von mehreren Stunden bis zu einem Tag ist eine Vorankündigungsfrist von 1 Arbeitstag einzuhalten, bei 1 bis 3 Tagen eine Frist von drei Arbeitstagen und bei mehr als 3 Tagen eine Frist von einer Woche. Wird dem Antrag bei Freizeitausgleich bis zu 1 Tag nicht unmittelbar nach Beantragung, bei Freizeitausgleich von 1 bis 3 Tagen nicht bis zum Ende des Tages der Beantragung und bei Freizeitausgleich von mehr als 3 Tagen nicht bis Ende des Folgetages der Beantragung widersprochen, gilt die Zustimmung des Arbeitgebers als erteilt.

In der Praxis werden solchen Ausgleichsbegehren gerne betriebliche Belange entgegengehalten oder der Arbeitgeber gar versucht sein, Freizeitausgleich entsprechend seinen betrieblichen Belangen und entgegen dem Wunsch des Beschäftigten anzuordnen. Grundsätzlich ist jedoch allein der Beschäftigten aufgrund der Zeitsouveränität berechtigt, über Zeitguthaben auf seinem Arbeitszeitkonto zu verfügen. Als derjenige, der mit den Stunden bereits in Vorleistung getreten ist, besitzt er einen Rechtsanspruch auf Genehmigung eines beantragten Freizeitausgleichs. Daher kann der Arbeitgeber nur in wenigen Ausnahmesituationen die Zustimmung zum beantragten Freizeitausgleich verweigern, wenn dringende betriebliche Belange entgegenstehen.

3. Berechtigung zur Abbuchung von Zeitguthaben (Abs. 5 c).

Dieses Prinzip der Zeitsouveränität kann durch die Festlegung zur Berechtigung von Freizeitausgleich an bestimmten Tagen modifiziert werden. Die Regelung wird teilweise so verstanden, dass die Betriebsparteien als Durchbrechung des Prinzips der Zeitsouveränität dem Arbeitgeber die einseitige Abbuchung von Zeitguthaben im Wege der Betriebsvereinbarung ermöglichen können.[35] So könnte der Arbeitgeber für bestimmte Brückentage oder regionale Festtage den Beschäftigten zulasten ihres Arbeitszeitkontos Dienstbefreiung erteilen. Dass Abs. 5 c aber eine Berechtigung zum Abbuchen von Zeitguthaben durch den Arbeitgeber meint, lässt sich dem Wortlaut nicht entnehmen.[36] Einer generellen Arbeitsbefreiung für alle Beschäftigten mit der Buchung einer Zeitschuld auf dem Arbeitszeitkonto steht entgegen, dass gar nicht alle Beschäftigten über hinreichende Zeitguthaben für einen solche Befreiung verfügen müssen, eine Berechtigung zum Aufbau von Minusstunden durch den Arbeitgeber aber nach dem Wortlaut gerade nicht vorgesehen ist.

---

35 Bepler/Böhle § 10 Rn 30; Dassau/Wiesend-Rothbrust § 10 Rn 21; Dörring/Kutzki § 10 Rn 18; Sponer/Steinherr, TVöD § 10 Rn 28.
36 Hamer, § 10 Rn 3 a.

Mit dem Prinzip der Zeitsouveränität ist daher ein anderes Verständnis des Abs. 5 c eher vereinbar. Die Betriebsparteien sollen berechtigt sein, den Abbau von Zeitguthaben auch an Tagen zu ermöglichen, an denen oftmals wegen Urlaubsanträgen anderer Beschäftigter Interessenkollisionen vorliegen werden, die dem Arbeitgeber grundsätzlich dringende betriebliche Gründe für eine Ablehnung eröffnen würden. Gerade an den beispielhaft aufgezeigten Brückentagen neigen Arbeitgeber nämlich dazu, nur Urlaubsanträge berücksichtigen zu wollen.

31 **4. Folgen des kurzfristigen Widerrufs eines Freizeitausgleichs (Abs. 5 d).** Ein bereits genehmigter Freizeitausgleich ist grundsätzlich nicht widerrufbar. Der Arbeitgeber hat sein Direktionsrecht aus § 106 GewO abschließend ausgeübt. Das BAG[37] hat für die vergleichbare Situation eines genehmigten Urlaubs klargestellt, dass der Arbeitgeber keinen Anspruch auf einen Abbruch oder eine Unterbrechung des Urlaubs aus dringenden, betrieblichen Gründen besitzt.

Der Tarifvertrag trägt dieser rechtlichen Ausgangslage Rechnung und gibt es den Betriebsparteien an die Hand, eine solche kurzfristige Widerrufsmöglichkeit in einer Betriebs-/Dienstvereinbarung zu schaffen. Es handelt sich dann um eine Gewährung des Freizeitausgleichs unter dem Vorbehalt des kurzfristigen Widerrufs.[38] Es sollten dann aber die Fallkonstellationen genau definiert (zB Drohen eines erheblichen finanziellen Schadens) und von der Zustimmung des Betriebsrates bzw Personalrats abhängig gemacht werden.

Wenn ein solcher kurzfristiger Widerruf des Freizeitausgleichs in die Kollektivvereinbarung aufgenommen wird, dann verlangt Abs. 5 d zwingend auch die Folgen zu regeln. Solche Konsequenzen eines Eingriffs in die Zeitsouveränität können beispielsweise sein:

- Schadenersatz für nachgewiesene Kosten bei disponierten Aktivitäten in der Freizeit (zB verfallende Eintrittskarten, Hotelkosten einer Reise etc.),
- vorrangiger Anspruch auf Nachgewährung,
- erhöhte Zeitgutschrift für diese aufgrund Widerrufs erbrachten Arbeitszeiten.

32 **5. Musterinhalt einer BV/DV Arbeitszeitkonto.** Die Aufzählungen der zu regelnden Themen in einer Kollektivvereinbarung zu Arbeitszeitkonten nach § 10 TVöD ist nicht abschließend. Neben den zwingenden Bestandteilen sind weitere Regelungen möglich. Das folgende Aufbauschema zeigt, an welchen Inhalt insgesamt zu denken ist:

- Präambel: nicht zwingend notwendig, jedoch empfehlenswert für spätere Auslegungsfragen, weil die grundsätzlichen Ziele der Vereinbarung kurz skizziert werden.
- Hinweis auf freiwillige oder zwingende Einführung (zwingend: Abs. 1 und 3): Festzuhalten ist in der Kollektivvereinbarung, ob diese freiwillig oder wegen der Instrumente Arbeitszeitkorridor oder Rahmenzeit zwingend notwendig war.
- Festlegung des räumlichen Geltungsbereichs (zwingend: Abs. 2 S. 1): Es ist den Betriebspartnern überlassen, ob sie das Arbeitszeitkonto für bestimmte

---

37 BAG v. 20.6.2000, 9 AZR 405/99, NZA 2001, 100.
38 So auch Bepler/Böhle § 10 Rn 33.

Bereiche und Abteilungen einführen oder den gesamtem Betrieb, bzw. die gesamte Dienststelle.
- Festlegung des persönlichen Geltungsbereichs (zwingend: Abs. 2 S. 2): Einbeziehung aller vom räumlichen Geltungsbereich umfassten Beschäftigten in das Arbeitszeitkonto.
- Genaue Definition des Ausgleichszeitraums (empfehlenswert nicht zu lang).
- Festlegung der buchbaren Zeiten („Buchungszeitraum"). Dabei sind für Bereitschaftsdienstentgelte und Zuschläge die Zeiträume der Wahl festzulegen.
- Definition, wie Zeitguthaben und Zeitschulden erfasst werden – Methodik der Zeiterfassung.
- Höchstgrenzen für das Arbeitszeitkonto (bis zu 40 Minusstunden und ein vielfaches von 40 Plusstunden als Höchstgrenze – Abs. 5 a) innerhalb des festzulegenden Zeitraums.
- Beteiligungsverfahren der Betriebs- und Personalräte, wenn bestimmte Minus- oder Pluskontenstände erreicht werden (Ampelmodell).
- Gestaffelten Fristen für das Abbuchen von Zeitguthaben (Abs. 5 b).
- Sanktionsregelungen bei Widerruf eines bereits genehmigten Freizeitausgleichs (Abs. 5 d).
- Möglichkeit der Übertragung und Auszahlung von Zeitguthaben.
- Mitbestimmungsrechte für den Fall der Herausnahme einzelner Beschäftigter aus dem Arbeitszeitkonto.
- Schlussbestimmungen, Laufzeit, Kündigungsfristen, Nachwirkung.

VIII. Langzeitkonten

Systematisch an unpassender Stelle regelt der TVöD in Abs. 6 die Berechtigung zur Einrichtung von Langzeitkonten. Mit den vorhergehenden Absätzen zum Arbeitszeitkonto hat Abs. 6 nichts zu tun und ist losgelöst davon zu verstehen. Das Langzeitkonto kann vielmehr individuell zwischen Arbeitgeber und Beschäftigtem vereinbart werden. Ein Rechtsanspruch des Arbeitnehmers auf Einrichtung des Langzeitkontos besteht also nicht. Zweck solcher Langzeitkonten ist es, über einen längeren Zeitraum Plusstunden ansammeln zu können, die dann zusammenhängend in Anspruch genommen werden, um dem Beschäftigten eine Familienpause, ein Sabbatical oder einen vorzeitigen Eintritt in den Ruhestand zu ermöglichen.

Neben den buchbaren Zeiten, wie sie beispielhaft Abs. 3 für das Arbeitszeitkonto vorsieht, sind im Rahmen der Individualvereinbarung die Freigabe weiterer Kontingente bis hin zur teilweisen Gehaltumwandlung denkbar. Im letzteren Fall handelt es sich quasi um eine Spielart der Altersteilzeit.

Bei insolvenzfähigen Arbeitgebern (also natürlichen oder juristischen Personen des Privatrechts) verlangt § 10 Abs. 6 Satz 2 zwingend eine vertragliche Fixierung des Insolvenzschutzes für diese Zeitguthaben auf dem Langzeitkonto entsprechend § 7 d SGB IV. Bundes- oder Landesbehörden und die Kommunen sowie die juristischen Personen des öffentlichen Rechts sind hingegen nicht insolvenzfähig.

Leider versäumt es der TVöD, die Form der Insolvenzsicherung vorzuschreiben. In der Regel werden sich Bürgschaften, Verpfändungen oder andere Kreditsicherungselemente anbieten.

Satz 2 schreibt des Weiteren die Beteiligung des Betriebs- bzw Personalrates vor. Umstritten ist, ob dieses ein Mitbestimmungsrecht oder nur ein Informationsrecht des Betriebsrates/Personalrates darstellt.

Teilweise[39] wird die Auffassung vertreten, dass es sich nur um eine individuelle Vereinbarung handelt und deswegen ein kollektiver Tatbestand der Mitbestimmung ausgeschlossen ist. Dies kann aber nur gelten, wenn in dem Betrieb oder der Dienststelle tatsächlich nicht beabsichtigt ist, dieses Instrument mehreren Beschäftigten anzubieten.

Sobald erkennbar ist, dass es sich um Regelungen handelt, die bei mehreren Beschäftigten in ähnlicher Form wieder Anwendung finden sollen, liegt ein kollektiver Tatbestand vor. Die Betriebs- und Personalräte sind dann im Rahmen einer echten Mitbestimmung betreffend die Verteilung der Arbeitszeit nach § 87 BetrVG bzw der personalvertretungsrechtlichen Pendantvorschriften zu beteiligen. Es besteht dann nämlich ein Regelungsbedarf aus dem Gesichtspunkt der gleichmäßigen Behandlung der Beschäftigten.[40] Daher empfiehlt es sich dann, dass dieses Mitbestimmungsrecht abstrakt und generell im Rahmen einer Dienst- bzw Betriebsvereinbarung ausgeübt wird.

IX. Bestimmungen des TV-L

34 Die Regelung ist inhaltsgleich im TV-L enthalten. Für die Laufzeit des Ausgleichszeitraums haben die Tarifvertragsparteien eine Dokumentation als notwendig erkannt, wie die Protokollerklärung jetzt klarstellt. Dies ist insbesondere notwendig, weil die ärztlichen Tarifverträge kein Arbeitszeitkonto kennen.

§ 11 Teilzeitbeschäftigung (TVöD und TVL)

(1) ¹Mit Beschäftigten soll *(muss)* auf Antrag eine geringere als die vertraglich festgelegte Arbeitszeit vereinbart werden, wenn sie
a) mindestens ein Kind unter 18 Jahren oder
b) einen nach ärztlichem Gutachten pflegebedürftigen sonstigen Angehörigen

tatsächlich betreuen oder pflegen und dringende dienstliche bzw. betriebliche Belange nicht entgegenstehen. ²Die Teilzeitbeschäftigung nach Satz 1 ist auf Antrag auf bis zu fünf Jahre zu befristen. ³Sie kann verlängert werden; der Antrag ist spätestens sechs Monate vor Ablauf der vereinbarten Teilzeitbeschäftigung zu stellen. ⁴Bei der Gestaltung der Arbeitszeit hat der Arbeitgeber im Rahmen der dienstlichen bzw. betrieblichen Möglichkeiten der besonderen persönlichen Situation der/des Beschäftigten nach Satz 1 Rechnung zu tragen.

(2) Beschäftigte, die in anderen als den in Absatz 1 genannten Fällen eine Teilzeitbeschäftigung vereinbaren wollen, können von ihrem Arbeitgeber verlangen, dass er mit ihnen die Möglichkeit einer Teilzeitbeschäftigung mit dem Ziel erörtert, zu einer entsprechenden Vereinbarung zu gelangen.

(3) Ist mit früher Vollbeschäftigten auf ihren Wunsch eine nicht befristete Teilzeitbeschäftigung vereinbart worden, sollen sie bei späterer Besetzung eines

---

39 Sponer/Steinherr § 10 Rn 38.
40 So auch Bepler/Böhle § 10 Rn 37.

Vollzeitarbeitsplatzes bei gleicher Eignung im Rahmen der dienstlichen bzw. betrieblichen Möglichkeiten bevorzugt berücksichtigt werden.

Protokollerklärung zu Abschnitt II (TVöD):
Bei In-Kraft-Treten dieses Tarifvertrages bestehende Gleitzeitregelungen bleiben unberührt.

Protokollerklärung zu Abschnitt II (TV-L):
¹*Gleitzeitregelungen sind unter Wahrung der jeweils geltenden Mitbestimmungsrechte unabhängig von den Vorgaben zu Arbeitszeitkorridor und Rahmenzeit (§ 6 Absatz 6 und 7) möglich; dies gilt nicht bei Schicht- und Wechselschichtarbeit.* ²*In den Gleitzeitregelungen kann auf Vereinbarungen nach § 10 verzichtet werden.* ³*Sie dürfen keine Regelungen nach § 6 Absatz 4 enthalten.* ⁴*Bei In-Kraft-Treten dieses Tarifvertrages bestehende Gleitzeitregelungen bleiben unberührt.*

I. Normstruktur 1	2. Antragserfordernis 17
II. Verhältnis zu gesetzlichen Ansprüchen auf Teilzeitbeschäftigung 3	3. Entscheidung des Arbeitgebers 20
III. Persönlicher Anwendungsbereich 6	4. Mitbestimmung des Personal- bzw Betriebsrats 21
IV. Sachlicher Anwendungsbereich 7	VI. Befristete Verringerung der Arbeitszeit 22
V. Verringerung der Arbeitszeit aus familiären Gründen (Abs. 1) 9	VII. Verringerung der Arbeitszeit aus anderen Gründen (Abs. 2) 24
1. Voraussetzungen 9	VIII. Rückkehr zur Vollbeschäftigung bzw Erhöhung der Arbeitszeit ... 25
a) Kind iSd Abs. 1 a 9	IX. Auswirkungen der Teilzeitvereinbarung 27
b) Sonstige Angehörige iSv Abs. 1 S. 1 b 10	1. Entgelt nach Änderung des Arbeitsumfangs 27
c) Pflegebedürftigkeit 11	2. Urlaub 29
d) Tatsächliche Betreuung oder Pflege 12	3. Sonstige Folgen 30
e) Entgegenstehende dringende betriebliche oder dienstliche Belange 13	X. Streitigkeiten 35

I. Normstruktur

Abs. 1 enthält einen **Anspruch auf** Abschluss einer **Teilzeitvereinbarung** zur Verringerung der Arbeitszeit. Neben den gesetzlichen Regelungen (insbesondere §§ 8 TzBfG, § 15 Abs. 5 und 6 BEEG) besteht damit zusätzlich eine tarifvertragliche Anspruchsgrundlage, die bei Vorliegen der Anspruchsvoraussetzungen die Vertragsfreiheit des Arbeitgebers einschränkt. Außerhalb der konkret geregelten Ansprüche von Beschäftigten auf Vereinbarung einer Teilzeitbeschäftigung sind die Parteien auf eine freiwillige Vereinbarung angewiesen, da im Übrigen weder Arbeitgebern noch Beschäftigten ein Teilzeitarbeitsverhältnis durch die andere Seite aufgezwungen werden kann.[1] **Abs. 3** sieht einen Anspruch auf bevorzugte Berücksichtigung der Teilzeitbeschäftigten bei der **Rückkehr zur Vollzeitbeschäftigung** vor.

1

---

1 Siehe auch § 5 Nr. 2 der Rahmenvereinbarung über Teilzeitarbeit, Richtlinie 97/81/EG des Rates vom 15.12.1997, 397 L 0081, ABl. L 14 vom 20.1.1998, 9–14.

2   Nach § 11 bedürfen sowohl die Reduzierung der Arbeitszeit, als auch die Rückkehr zur Vollbeschäftigung einer entsprechenden **vertraglichen Vereinbarung** gemäß § 2 Abs. 1. § 11 stimmt weitgehend mit § 15 b BAT überein, so dass auf die hierzu ergangene Rechtsprechung zurückgegriffen werden kann. Demgegenüber kann die Rechtsprechung und Kommentierung der zum Teil wortgleichen, beamtenrechtlichen Regelungen (§ 72 a BBG und die entsprechenden Vorschriften des Landesbeamtengesetzte) nur mit Einschränkungen herangezogen werden, da es sich um eigenständige Regelungen handelt, die, anders als der TVöD, beamtenrechtlichen Grundsätzen folgen.[2]

II. Verhältnis zu gesetzlichen Ansprüchen auf Teilzeitbeschäftigung

3   § 11 enthält keine abschließende Regelung der Teilzeitbeschäftigung im öffentlichen Dienst.[3] Im **Verhältnis** zu den **gesetzlichen Regelungen** (§ 8 TzBfG; § 15 Abs. 6 und 7, § 81 Abs. 5 SGB IX, § 3 Abs. 4, 4 PflegeZG, AltTzG iVm dem TV ATZ, sowie den Frauengleichstellungsgesetzen des Bundes und der Länder) gelten **Rangprinzip** und **Günstigkeitsprinzip**. Danach sind gesetzliche Regelungen zwar grundsätzlich vorrangig vor tariflichen Regelungen (Rangprinzip). Soweit aber der Anspruch in § 11 in seinem Anwendungsbereich weitergehend und damit günstiger ist, geht die tarifliche Regelung den gesetzlichen Regelungen vor (Günstigkeitsprinzip) und wird von diesen nicht verdrängt.[4] Im Einzelnen:

4   § 8 TzBfG sieht einen zeitlich unbefristeten Rechtsanspruch auf Verringerung der vertraglich vereinbarten Arbeitszeit vor, wenn betriebliche Gründe nicht entgegenstehen und geht damit weit über den Anwendungsbereich von Abs. 1 hinaus. Die **tarifliche Regelung** ist aber **günstiger**, solange Beschäftigte wegen der **Wartezeit** von sechs Monaten und der sich daran anschließenden dreimonatigen Frist zur Geltendmachung noch keinen Anspruch auf Teilzeittätigkeit aus § 8 Abs. 1 und Abs. 2 S. 1 TzBfG durchsetzen können. Außerdem kann der Arbeitgeber nach Abs. 1 eine Teilzeitbeschäftigung aus familiären Gründen nur dann versagen, wenn **dringende betriebliche Belange** entgegenstehen. Bei § 8 Abs. 4 TzBfG reicht es, wenn der Arbeitgeber entgegenstehende betriebliche Belange geltend machen kann. Günstiger ist auch die nach Abs. 1 bestehende **Möglichkeit einer Befristung** bis zu 5 Jahren mit Verlängerungsoption. Den Beschäftigten steht deshalb ein **Wahlrecht** zu, ob ein Teilzeitantrag auf § 11 oder auf § 8 TzBfG gestützt wird.[5]

5   Gem. **§ 15 Abs. 6 und 7 BEEG** besteht ein Anspruch auf befristete Verringerung der Arbeitszeit während der **Elternzeit**, der insoweit vorrangig ist. Abs. 1 kommt dem gegenüber eine Bedeutung allenfalls während der sechsmonatigen Wartefrist zu.[6] Die **§§ 3 und 4 PflegeZG** sehen für die **Pflege eines pflegebedürftigen nahen Angehörigen** in häuslicher Umgebung einen Anspruch auf volle oder teil-

---

2 Feldhoff, Anspruch auf Teilzeitbeschäftigung – Zum Verhältnis der rechtlichen Grundlagen der §§ 8 TzBfG, 15 BErzGG und 15 b BAT/11 TVöD im Kontext der aktuellen Rechtsprechung des Bundesarbeitsgerichts, ZTR 2006, 58.
3 Pielenz, Teilzeitmöglichkeiten im öffentlichen Dienst, PersR 2010, 228.
4 BAG v. 18.5.2004, 9 AZR 319/03, NZA 2005, 108; BAG v. 21.11.2006, 9 AZR 138/06, NZA 2007, 712.
5 BAG v. 18.3.2003, 9 AZR 126/02, ZTR 2004, 143.
6 Zum Verhältnis von § 8 TzBfG und § 15 Abs. 6 und 7 BEEG s. BAG v. 27.4.2004, 9 AZR 21/04, NZA 2004, 1039; Rudolf/Rudolf, Zum Verhältnis der Teilzeitansprüche nach § 15 BErzGG, § 8 TzBfG, NZA 2002, 602.

weise Freistellung oder eine Verringerung der Arbeitszeit für die Dauer bis zu sechs Monaten (Höchstdauer) vor. Ein Anspruch besteht in diesem Zusammenhang sowohl hinsichtlich der Reduzierung, als auch der Verteilung der Arbeitszeit, soweit den Wünschen der Beschäftigten keine dringenden betrieblichen Gründe entgegenstehen.[7] Bei einem Teilzeitwunsch bis zu sechs Monaten kann daher der Anspruch nach dem PflegeZG günstiger sein. Das FPfZG sieht keinen Anspruch auf Teilzeittätigkeit vor, sondern fördert bei Einhaltung bestimmter Voraussetzungen lediglich eine freiwillige Teilzeitvereinbarung im Rahmen einer Familienpflege. § 81 Abs. 5 SGB IX enthält einen Anspruch auf Teilzeitbeschäftigung, soweit diese wegen Art und Schwere einer Schwerbehinderung erforderlich ist. Wenn die Voraussetzungen vorliegen ist dieser Anspruch gegenüber § 11 vorrangig, weil bei § 81 Abs. 5 SGB IX das Verlangen des Schwerbehinderten ausreicht, um die unmittelbare Verringerung der Arbeitszeit herbeizuführen, ohne dass eine Zustimmung des Arbeitgebers zur Änderung der vertraglichen Arbeitszeit erforderlich ist.[8] Der Schwerbehinderte hat ein **Wahlrecht**, auf welchen Teilzeitanspruch er seinen Antrag stützt.[9]

III. Persönlicher Anwendungsbereich

§ 11 gilt für **alle Beschäftigten** und unterscheidet nicht zwischen Arbeitern und Angestellten, aber auch nicht zwischen Vollzeit- und Teilzeitmitarbeitern, da es um einen Anspruch auf **Verringerung der vertraglich festgesetzten Arbeitszeit** geht. Die Tarifvertragsparteien haben damit der Entscheidung des BAG Rechnung getragen, nach der ein Ausschluss von Teilzeitbeschäftigten von der Möglichkeit zur Reduzierung der Arbeitszeit im früheren § 15 b BAT rechtswidrig war.[10] Ein Anspruch kann ebenso während der Inanspruchnahme von Elternzeit in Betracht kommen.[11] Auch Beschäftigte, die vom Umfang der Arbeit her unter der Geringfügigkeitsschwelle des § 8 Abs. 1 Nr. 1 SGB IV bleiben, können einen Anspruch auf Verringerung der vereinbarten Arbeitszeit geltend machen. Lediglich kurzzeitig geringfügig Beschäftigte nach § 8 Abs. 1 Nr. 2 SGB IV fallen gem. § 1 Abs. 2 m) nicht in den Geltungsbereich des TVöD.

6

IV. Sachlicher Anwendungsbereich

Abs. 1 ermöglicht die Verringerung der vereinbarten Arbeitszeit in einem bereits **bestehenden Beschäftigungsverhältnis**. Ein Antrag kann deshalb auch dann gestellt werden, wenn das Arbeitsverhältnis zB aufgrund Sonderurlaubs oder Elternzeit ruht. So kann frühzeitig eine Reduzierung der Arbeitszeit für den Zeitpunkt der Wiederaufnahme der Tätigkeit vereinbart werden. Eine Antragsmöglichkeit besteht gleichermaßen für Beschäftigte, die bereits einen Arbeitsvertrag abgeschlossen, aber ihre Beschäftigung noch nicht aufgenommen haben. Vor Abschluss eines Arbeitsvertrages gilt Abs. 1 nicht. Der Arbeitgeber hat allerdings bei öffentlicher oder innerbetrieblicher Ausschreibung eines Arbeitsplatzes gem. § 7 Abs. 1 TzBfG bzw § 6 Abs. 1 BGleiG oder den entsprechenden Gleichstel-

7

---

7 ErfK/Gallner, § 3 PflegeZG, Rn 4.
8 BAG v. 14.10.2003, 9 AZR 100/03, NZA 2004, 614.
9 Hanau, Offene Fragen zum Teilzeitgesetz, NZA 2001, 1168, 1173.
10 BAG v. 18.3.2003, 9 AZR 126/02, ZTR 2004, 143.
11 LAG Bremen v. 23.11.2000, 4 Sa 123/00, ZTR 2001, 133 zu § 15 b BAT: keine Verdrängung der insoweit günstigeren und weitergehenden tarifvertraglichen Regelung durch § 15 Abs. 4 BErzGG (ab. 1.1.2007 § 15 Abs. 4 BEEG).

Nollert-Borasio

lungsgesetzen der Länder die Pflicht, die Eignung des Arbeitsplatzes als Teilzeitarbeitsplatz anzugeben.

8 Für einen **Teilzeitwunsch des Arbeitgebers** besteht keine tarifliche oder gesetzliche Regelung. Der Arbeitgeber ist auf eine **freiwillige Vereinbarung** mit dem betroffenen Beschäftigten angewiesen oder kann in Ausnahmefällen eine Änderungskündigung aussprechen (zB als milderes Mittel gegenüber einer Beendigungskündigung, um einer krankheitsbedingten Leistungseinschränkung Rechnung zu tragen). Die bestehende Vertragsfreiheit zur individuellen Vereinbarung von Teilzeitarbeit darf jedoch nicht dazu genutzt werden, durch eine generelle Vereinbarung von Teilzeitarbeit die tariflich vorgesehene **Normalarbeitszeit** des § 6 Abs. 1 zu umgehen. Die Rechtswidrigkeit einer solchen Praxis ergibt sich auch aus einem Umkehrschluss zu § 3 TVSozA.[12] Deshalb ist es unzulässig, Berufsanfängern grundsätzlich nur ½ oder ¾ Stelle anzubieten.[13]

V. Verringerung der Arbeitszeit aus familiären Gründen (Abs. 1)

9 **1. Voraussetzungen. a) Kind iSd Abs. 1 a.** Ein Anspruch gem. Abs. 1 a und 1 b kommt für Beschäftigte in Betracht, die entweder ein noch nicht volljähriges Kind oder einen anderen nach ärztlichem Gutachten pflegebedürftigen Angehörigen tatsächlich betreuen oder pflegen. Für die Definition, wer „Kind" iS dieser Vorschrift ist, wird allgemein auf die Regelungen der §§ 32 und 64 EStG zurückgegriffen,[14] die inhaltlich mit § 10 Abs. 4 SGB V übereinstimmt. Danach sind Kinder

- die im ersten Grad mit dem Steuerpflichtigen verwandten Kinder (leibliche Kinder und Adoptivkinder),
- Pflegekinder, dh Personen, mit denen der Steuerpflichtige durch ein familienähnliches, auf längere Dauer berechnetes Band verbunden ist, sofern er sie nicht zu Erwerbszwecken in seinen Haushalt aufgenommen hat und das Obhuts- und Pflegeverhältnis zu den Eltern nicht mehr besteht,
- vom Beschäftigten in seinen Haushalt aufgenommene Kinder seines Ehegatten,
- vom Beschäftigten in seinen Haushalt aufgenommene Enkel.

10 **b) Sonstige Angehörige iSv Abs. 1 S. 1 b.** Dies sind zunächst die volljährigen Kinder. Hinzu kommen alle Personen, die nach der Definition in § 20 Abs. 5 **VerwVerfG** unter diesen Begriff fallen. Angehörige sind danach der Verlobte, der Ehegatte, Verwandte und Verschwägerte gerader Linie, Geschwister, Kinder der Geschwister, Ehegatten der Geschwister und Geschwister der Ehegatten, Geschwister der Eltern sowie Personen, die durch ein auf längere Dauer angelegtes Pflegeverhältnis mit häuslicher Gemeinschaft wie Eltern und Kind miteinander verbunden sind (Pflegeeltern und Pflegekinder). Die Eigenschaft des „Angehörigen" bleibt auch dann bestehen, wenn sich durch Scheidung oder Adoption die Familienverhältnisse verändert haben oder im Falle von Pflegeeltern und -kindern die häusliche Gemeinschaft nicht mehr besteht. Auch **Lebenspartner** nach § 11 LPartG sind Angehörige. Lebensgefährten außerhalb einer Lebens-

---

12 TV zur sozialen Absicherung v. 9.7.1992 in der Fassung des 2. ÄnderungsTV v. 5.5.1998.
13 Hamer, TVöD, § 6 Rn 2; Pieper in Praxiskommentar zum BAT, § 15 Rn 7.
14 Breier/Dassau/Kiefer/Lang/Langenbrinck, TVöD, § 11, Rn 22, Buschmann/Guth in Beppler/Böhle/Martin/Stöhr, TVöD, § 11 Rn 8; Görg in Görg/Guth/Hamer/Pieper, TVöD, § 11 Rn 9.

partnerschaft sind dann als Angehörige zu sehen, wenn sie mit dem Beschäftigten in eheähnlicher Gemeinschaft leben und deshalb nicht nur ethisch-moralische, sondern darüber hinausgehend auch gesetzliche Einstandspflichten im Rahmen von Bedarfsgemeinschaften gem. §§ 7 Abs. 3 Nr. 3 a und 9 Abs. 2 SGB II bestehen.[15]

c) Pflegebedürftigkeit. Die Betreuung und Pflege von Angehörigen berechtigt nur dann zu einer Verringerung der vereinbarten Arbeitszeit, wenn die **Pflegebedürftigkeit** durch ein ärztliches Gutachten festgestellt wurde. Die Pflegebedürftigkeit wird im TVöD nicht näher definiert. Nach der **Legaldefinition in § 14 Abs. 1 SGB XI** ist pflegebedürftig, wer wegen einer körperlichen, geistigen oder seelischen Krankheit oder Behinderung für die gewöhnlichen und regelmäßig wiederkehrenden Verrichtungen im Ablauf des täglichen Lebens auf Dauer, voraussichtlich für mindestens sechs Monate in erheblichem oder höherem Maße der Hilfe bedarf. Liegt nach dieser Definition eine Pflegebedürftigkeit vor, ist der Grad der Pflegebedürftigkeit nicht maßgeblich, so dass für einen Anspruch auf Teilzeitbeschäftigung Pflegestufe 1 ausreicht.[16] Da der TVöD keinen Bezug auf die sozialrechtlichen Vorschriften nimmt, kommt ein Anspruch auf Teilzeitbeschäftigung auch in Betracht, wenn ein Arzt eine Pflegebedürftigkeit für einen kürzeren Zeitraum feststellt. Die Feststellung der Pflegebedürftigkeit im sozialrechtlichen Sinne geschieht nach § 18 SGB XI durch eine Begutachtung des medizinischen Dienstes der KV. Gem. § 11 Abs. 1 b reicht für die Feststellung der Pflegebedürftigkeit ein **ärztliches Gutachten**.

d) Tatsächliche Betreuung oder Pflege. Weitere Voraussetzung ist die **tatsächliche Betreuung oder Pflege** des minderjährigen Kindes oder sonstigen Angehörigen. Die **Absicht**, nach der Arbeitszeitreduzierung die Betreuung oder Pflege zu übernehmen, ist **ausreichend, um den Anspruch geltend zu machen**. Bei einem Kind, das in dem gemeinsamen Haushalt der Eltern lebt, können diese wählen, wer von beiden das Kind betreuen soll. Der Anspruch besteht auch dann, wenn eine anderweitige Betreuung oder Pflege möglich ist, der Beschäftigte aber tatsächlich die Betreuung oder Pflege übernehmen möchte.

e) Entgegenstehende dringende betriebliche oder dienstliche Belange. Dem Teilzeitwunsch des Beschäftigten dürfen keine **dringenden betrieblichen oder dienstlichen Belange** entgegenstehen. Abs. 1 enthält insoweit eine **günstigere Regelung**, als § 8 TzBfG, der das Entgegenstehen lediglich „betrieblicher" Gründe verlangt. Ob betriebliche Gründe entgegenstehen, ist nach der ständigen Rechtsprechung in **drei Stufen** zu prüfen und hängt davon ab:

(1) ob ein betriebliches Organisationskonzept des Arbeitgebers der als erforderlich angesehenen Arbeitszeitregelung zugrunde liegt und ggf welches (unternehmerische Entscheidung),

(2) ob das Organisationskonzept unter Beachtung zumutbarer Änderungen von betrieblichen Abläufen dem Teilzeitwunsch des Beschäftigten tatsächlich entgegensteht und

---

15 So auch Buschmann/Guth in Beppler/Böhle/Martin/Stöhr, TVöD, § 11 Rn 10; aA Breier/Dassau/Kiefer/Lang/Langenbrinck, TVöD, § 11 Rn 23.
16 Buschmann/Guth in Beppler/Böhle/Martin/Stöhr, TVöD, § 11 Rn 10; Breier/Dassau/Kiefer/Lang/Langenbrinck, TVöD, § 11 Rn 25.

(3) ob die in § 8 Abs. 4 TzBfG genannten besonderen betrieblichen Belange oder das betriebliche Organisationskonzept wesentliche Beeinträchtigungen durch die Gewährung der Teilzeittätigkeit erfahren würde.[17]

Als **betriebliche Gründe** kommen gem. § 8 Abs. 4 TzBfG insbesondere wesentliche Beeinträchtigungen der Organisation, des Arbeitsablaufs oder der Sicherheit des Betriebs, sowie die Verursachung unverhältnismäßiger Kosten in Betracht.

14 Der Begriff der „**dringenden**" betrieblichen oder dienstlichen Belange in Abs. 1 entspricht der Regelung in § 15 Abs. 7 Nr. 4 BEEG bzw dem früheren § 15 Abs. 7 Nr. 4 BErzGG. Der Arbeitgeber kann sich also, wie bei den betrieblichen Belangen iSd § 8 TzBfG, nur auf solche Interessen berufen, die mit den Verhältnissen in der Dienststelle oder dem Betrieb zusammenhängen. Ob ein Organisationskonzept des Arbeitgebers vorliegt, dass der beantragten Reduzierung der Arbeitszeit entgegensteht, ist in Stufe 1 und 2 genauso zu prüfen wie bei § 8 TzBfG. Die Unterscheidung erfolgt bei der 3. Stufe der Prüfung: die betrieblichen oder dienstlichen Belange müssen objektiv ein so erhebliches Gewicht haben, dass es sich um **zwingende Hindernisse** für die beantragte Verkürzung der Arbeitszeit und deren Verteilung handelt.[18] Solche dringenden Gründe können insbesondere dann vorliegen, wenn es dem Arbeitgeber nicht möglich ist, für das verbleibende Arbeitszeitvolumen, um das sich die Arbeitszeit des Beschäftigten verringern soll, eine Ersatzkraft zu finden.[19] Allerdings hat der Arbeitgeber vorrangig Möglichkeiten zu prüfen, ob dem Teilzeitwunsch innerhalb der bestehenden Betriebsorganisation durch Umsetzungen und andere Aufgabenverteilungen Rechnung getragen werden kann.[20] Eine unternehmerische Entscheidung, nur Vollzeitkräfte zu beschäftigen, widerspricht der Wertung des Gesetzgebers in § 8 TzBfG und ist daher unbeachtlich.[21] Organisatorische und finanzielle Belastungen, die notwendig mit der Einrichtung einer Teilzeitstelle verbunden sind, können vom Arbeitgeber genauso wenig eingewandt werden, wie erforderliche Einarbeitszeiten für eine Ersatzkraft.[22] Ein dringender dienstlicher oder betrieblicher Belang ergibt sich auch nicht daraus, dass der Arbeitgeber bei Teilzeitbeschäftigten gemäß § 6 Abs. 5 TVöD dazu verpflichtet ist, vor der Anordnung von Bereitschaftsdienst, Rufbereitschaft, Überstunden und Mehrarbeit eine arbeitsvertragliche Regelung oder eine Zustimmung im Einzelfall herbeizuführen.[23] Regelmäßig kann sich der Arbeitgeber auch nicht darauf berufen, dass eine leitende Tätigkeit Teilzeitarbeit ausschließt (Wertung des Gesetzgebers in § 6 TzBfG und § 13 Abs. 1 S. 1 BGleiG).

---

17 BAG v. 21.11.2006, 9 AZR 138/06; NZA 2007, 712; BAG v. 21.6.2005, 9 AZR 409/04, NZA 2006, 316; BAG v. 18.3.2003, 9 AZR 126/02, ZTR 2004, 143.
18 BAG v. 18.3.2003, 9 AZR 126/02, ZTR 2004, 143; BAG v. 18.5.2004, 9 AZR 319/03, NZA 2005, 108.
19 BAG v. 14.10.2003, 9 AZR 100/03, NZA 2004, 614; BAG v. 9.12.2003, 9 AZR 16/03, NZA 2004, 921.
20 ArbG Celle v. 11.2.2004, 2 Ca 667/03, LAGE § 15 BErzGG Nr. 6.
21 BAG v. 16.10.2007, 9 AZR 239/07; BB 2008, 105 (Organisationskonzept: „one face to the customer" allein reicht nicht aus, wenn keine wesentliche Beeinträchtigung durch eine konkrete Teilzeitbeschäftigung eintritt); BAG v. 18.2.2003, 9 AZR 164/02, NZA 2003, 1392.
22 AA LAG Niedersachsen v. 18.11.2002, 17 Sa 487/02, ZTR 2003, 294 für den Fall, dass erforderliche Sachmittel zur Ermöglichung des Teilzeitwunsches nicht vorhanden sind.
23 ArbG Darmstadt v. 25.2.2010, 7 Ca 453/09, PersR 2010, 253.

Nach Abs. 1 findet **keine Interessenabwägung** der Interessen des Arbeitgebers 15
mit den Interessen des Beschäftigten statt. Liegen zwingende Hindernisse auf
Seiten des Arbeitgebers vor, scheidet ein Anspruch auf Verringerung der Arbeitszeit aus, so dass es auf die Wichtigkeit der Gründe des Beschäftigten für
seinen Teilzeitwunsch nicht ankommt.[24]

Nach dem Wortlaut der Vorschrift müssen die dringenden Belange einer Redu- 16
zierung der Arbeitszeit und damit dem **Umfang** der gewünschten Teilzeittätigkeit
entgegenstehen. Den Umfang der Teilzeittätigkeit, also die gewünschte Wochenstundenzahl, kann der oder die Beschäftigte grundsätzlich selber bestimmen.
Dem Arbeitgeber muss allerdings eine sinnvolle Beschäftigung möglich bleiben.
Einwendungen des Arbeitgebers, die sich gegen die gewünschte **Lage der Teilzeittätigkeit** richten, bleiben daher grundsätzlich außer Betracht. Anders ist die
Frage nur dann zu beurteilen, wenn der Beschäftigte Lage und Umfang der Arbeitszeit ausdrücklich so miteinander verbindet, dass er das Eine nicht ohne das
Andere möchte. Der Antrag auf Verringerung der Arbeitszeit muss aber nicht
mit dem Verlangen einer bestimmten Arbeitszeitverteilung einhergehen. In diesem Fall hat der Arbeitgeber nach Abs. 1 S. 4 im Rahmen des billigen Ermessens
gem. § 315 BGB hinsichtlich der Lage der Arbeitszeit der besonderen persönlichen Situation des oder der Beschäftigten Rechnung zu tragen, soweit dies möglich ist. Zur gewünschten Lage der Arbeitszeit s. auch Rn 18.

2. Antragserfordernis. Zur Reduzierung der vertraglich vereinbarten Arbeitszeit 17
bedarf es eines Antrags des Beschäftigten, der als Angebot auf Abschluss eines
Änderungsvertrages zu verstehen ist.[25] Ein bestimmtes Formerfordernis für den
Antrag oder die Teilzeitvereinbarung besteht nicht. Zwar sieht § 2 Abs. 1 die
schriftliche Abfassung der Teilzeitvereinbarung vor. In Abgrenzung zur Nebenabrede gem. § 2 Abs. 3 besteht aber keine Schriftform als Wirksamkeitsvoraussetzung. Dennoch ist ein schriftlicher Antrag sinnvoll, weil er die Geltendmachung des Anspruchs aus Abs. 1 dokumentiert und geeignet ist, Missverständnisse über den gewünschten Umfang und gegebenenfalls die gewünschte Lage
der Teilzeitarbeit zu vermeiden. Der Antrag sollte klarstellen, ab welchem Datum, in welchem Umfang und nach welcher Anspruchsgrundlage eine Verringerung der Arbeitszeit gewünscht wird. Bei einem Antrag nach § 11 sollten die
konkreten familiären Gründe genannt sein, damit der Arbeitgeber erkennen
kann, ob ein Anspruch nach Abs. 1 vorliegt oder es sich lediglich um einen Fall
des Abs. 2 handelt.

Abs. 1 enthält keine Regelung hinsichtlich der **Lage der Arbeitszeit**. Der Arbeit- 18
geber ist grundsätzlich im Rahmen seines **Direktionsrechts** befugt, die Lage der
Arbeitszeit einseitig festzulegen, soweit keine konkrete Reglung im Arbeitsvertrag getroffen ist. Er entscheidet insoweit nach **billigem Ermessens (§ 106 GewO,
§ 315 Abs. 3 BGB)**. Etwas anderes gilt dann, wenn für die oder den Beschäftigten
nur eine ganz konkrete Form der Arbeitszeitverteilung in Betracht kommt und
es für den Fall der Ablehnung des Teilzeitwunsches bei der vorherigen Arbeitszeit
verbleiben soll. In einem solchen Fall muss die gewünschte Lage der Arbeitszeit
im Antrag genannt sein und der Arbeitgeber muss prüfen, ob dringende betrieb-

---

24 So auch Buschmann/Guth in Beppler/Böhle/Martin/Stöhr, TVöD, § 11 Rn 11; Breier/
Dassau/Kiefer/Lang/Langenbrinck, TVöD, § 11 Rn 29.
25 BAG v. 20.7.2004, 9 AZR 626/03, NZA 2004, 1090; BAG v. 18.5.2004, 9 AZR 319/03,
NZA 2005, 108.

liche oder dienstliche Belange der gewünschten Kombination von Umfang und Lage der Arbeitszeit entgegenstehen. Sind Beschäftigte nicht auf die Fixierung der konkreten Arbeitszeiten angewiesen, ist es dennoch sinnvoll, einen Wunsch über die nähere Ausgestaltung der Arbeitszeit zu äußern, denn der Arbeitgeber hat im Rahmen seiner Ermessensentscheidung nach Abs. 1 S. 4 bei der Festlegung der Arbeitszeit den persönlichen Bedürfnissen der Beschäftigten Rechnung zu tragen. Er darf deshalb nicht auf Arbeitszeiten bestehen, die die Vereinbarkeit von Familie und Beruf in Frage stellen, wenn keine betrieblich zwingenden Gründe hierfür bestehen.[26] Bei einer gerichtlichen Überprüfung, ob die Entscheidung des Arbeitgebers „billigem Ermessen" entspricht, sind die im konkreten Konflikt berührten Grundrechtspositionen der Vertragspartner zu beachten und zu würdigen. Die Überschreitung der Grenzen billigen Ermessens durch den Arbeitgeber fällt in den Schutzbereich des Grundrechts des Arbeitnehmers auf freie Entfaltung seiner Persönlichkeit (Art. 2 Abs. 1 GG).[27]

19 Die gleichen Grundsätze gelten für die **Anordnung von Sonderformen der Arbeit**, wie Sonntags- oder Schichtarbeit. § 6 Abs. 5 sieht vor, dass Bereitschaftsdienst, Rufbereitschaft, Überstunden und Mehrarbeit für Teilzeitbeschäftigte nur dann angeordnet werden können, wenn dies im Arbeitsvertrag vorgesehen ist oder eine Zustimmung der Betroffenen vorliegt.

20 **3. Entscheidung des Arbeitgebers.** Der Arbeitgeber kann im Rahmen der geltenden Vertragsfreiheit einem Teilzeitwunsch jederzeit freiwillig zustimmen. Wenn alle Voraussetzungen des § 11 Abs. 1 erfüllt sind haben Beschäftigte einen **Anspruch auf Annahme ihres Angebots** durch den Arbeitgeber und auf Abgabe einer entsprechenden Willenserklärung (§ 151 BGB).[28] Der Wortlaut der Vorschrift („soll") ist nach allgemeinem juristischen Sprachgebrauch mit „muss" gleichzusetzen, wenn nicht eine atypische Situation vorliegt.[29] Beschäftigte haben zudem einen Anspruch darauf, dass der Arbeitgeber ihr Angebot und die relevanten betrieblichen Belange gewissenhaft prüft.[30] Eine § 8 Abs. 5 TzBfG entsprechende Verpflichtung, spätestens vier Wochen vor dem gewünschten Inkrafttreten der Teilzeitregelung die Ablehnung schriftlich mitzuteilen, besteht nicht.

21 **4. Mitbestimmung des Personal- bzw Betriebsrats.** In der Änderung der Arbeitszeit liegt keine mitbestimmungspflichtige Einstellung oder Versetzung.[31] Die Personalvertretungsgesetze der Länder sehen mit Ausnahme von Berlin und Baden-Württemberg ein ausdrücklich geregeltes, förmliches Beteiligungsrecht des Personalrats für den Fall der vorgesehenen Ablehnung oder teilweisen Ablehnung des Antrags eines Angestellten auf Verringerung der Arbeitszeit vor. Ein Mitbestimmungsrecht hinsichtlich Beginn und Ende der täglichen Arbeitszeit und Verteilung auf die einzelnen Wochentage kommt gem. § 87 Abs. 1 Nr. 2 BetrVG und § 75 Abs. 3 Nr. 1 BPersVG nur dann in Betracht, wenn eine Teil-

---

26 BAG v. 23.9.2004, 6 AZR 567/03, NZA 2005, 359; ArbG Hamburg v. 4.12.95, 21 Ca 290/95, NZA-RR 1996, 365.
27 BVerfG v. 30.7.2003, 1 BvR 792/03, NZA 2003, 959; ArbG Berlin v. 5.5.2006, 28 Ca 6409/06, AuR 2007, 58.
28 BAG v. 14.10.2003, 9 AZR 636/02, NZA 2004, 975.
29 BAG v. 18.5.2004, 9 AZR 319/03, NZA 2005, 108.
30 Riesenhuber, Anspruch auf Teilzeitbeschäftigung nach § 15 b BAT, NZA 1995, 56 (57).
31 BAG v. 25.1.2005, 1 ABR 59/03, NZA 2005, 945; BVerwG v. 12.6.2001, 6 P 11/00, NZA 2001, 1091.

zeitvereinbarung einen kollektivem Tatbestand darstellt und scheidet deshalb regelmäßig aus, wenn Beschäftigte individuell die Verringerung ihrer Arbeitszeit wünschen.[32]

VI. Befristete Verringerung der Arbeitszeit

Besteht ein Anspruch auf Verringerung der Arbeitszeit nach Abs. 1 S. 1, kann gem. Abs. 1 S. 2 gleichzeitig die Erteilung der Zustimmung des Arbeitgebers zu einer **Befristung von bis zu fünf Jahren** verlangt werden, ohne dass es hierzu weiterer Voraussetzungen bedarf. Die Befristung der Teilzeitbeschäftigung ist **nur auf Antrag** zu gewähren. Nach Ablauf der Befristung wird das Arbeitsverhältnis automatisch mit der vorhergehenden Arbeitszeit fortgesetzt, ohne dass es einer Bewerbung auf eine Vollzeitstelle gem. Abs. 3 bedarf. Die Beschäftigung hat vertragsgemäß mit der vorherigen Stundenzahl, aber nicht notwendig auf dem alten Arbeitsplatz zu erfolgen. Der Arbeitgeber ist nach dem Fürsorgeprinzip nicht verpflichtet, Beschäftigte, die einen Antrag auf Reduzierung ihrer Arbeitszeit stellen, auf die Befristungsmöglichkeit hinzuweisen. Aus einem fehlenden Hinweis können Beschäftigte daher keinen Anspruch auf eine Rückkehr zur Vollzeitbeschäftigung herleiten.[33] Die Möglichkeit der Befristung stellt **gegenüber** dem Anspruch aus § 8 TzBfG, der keine Möglichkeit einer Befristung der Teilzeittätigkeit vorsieht, eine **günstigere Regelung** dar. Machen Beschäftigte von ihrem Wahlrecht Gebrauch und beantragen dennoch ausdrücklich die Gewährung von befristeter Teilzeittätigkeit nicht im Rahmen des Abs. 1, sondern nach § 8 TzBfG, ist ihr Antrag mangels einer entsprechenden Regelung nicht geeignet einen Anspruch auf Zustimmung des Arbeitgebers nach § 8 Abs. 4 TzBfG auszulösen.[34] 22

Eine **vorzeitige Beendigung** der befristeten Teilzeitbeschäftigung ist nur mit dem Einverständnis des Arbeitgebers möglich, der einen entsprechenden Wunsch der Beschäftigten nach billigem Ermessen zu prüfen hat (§ 315 BGB). Ein Wegfall der Voraussetzungen des Abs. 1 S. 1 während des Laufs der Befristung führt nicht zu einer vorherigen Beendigung der Teilzeitbeschäftigung und stellt keinen Wegfall der Geschäftsgrundlage gem. § 313 BGB dar.[35] Nach Abs. 1 S. 3 ist auf Antrag der Beschäftigten, der spätestens 6 Monate vor Ablauf der Befristung gestellt werden muss, eine **Verlängerung der Befristung** möglich. Die Zustimmung zu der Verlängerung liegt im Ermessen des Arbeitgebers („kann"). Für einen Anspruch auf Verlängerung einer vereinbarten befristeten Teilzeittätigkeit sind an die Gewichtung der etwa entgegenstehenden Belange keine geringeren Anforderungen als bei der ursprünglichen Gewährung zu stellen.[36] 23

VII. Verringerung der Arbeitszeit aus anderen Gründen (Abs. 2)

Abs. 2 eröffnet in allen Fällen, die nicht unter Abs. 1 lit. a) oder b) fallen, lediglich einen Anspruch auf Erörterung eines bestehenden Teilzeitwunsches und tritt daher regelmäßig gegenüber der weitergehenden Anspruchsnorm des § 8 TzBfG zurück. Der Anspruch auf Erörterung macht für Beschäftigte Sinn, wenn sie we- 24

---

32 BAG v. 16.3.2004, 9 AZR 323/03, NZA 2004, 1047.
33 BAG v. 13.11.2001, 9 AZR 442/00, NZA 2002, 1047.
34 BAG v. 12.9.2006, 9 AZR 686/05, NZA 2007, 253.
35 Breier/Dassau/Kiefer/Lang/Langenbrinck, TVöD, § 11 Rn 67.
36 ArbG Darmstadt v. 25.2.2010, 7 Ca 453/09, PersR 2010, 253.

gen Nichterfüllung der Wartezeit von 6 Monaten noch keinen Antrag auf Teilzeitbeschäftigung nach § 8 TzBfG stellen können. Der Arbeitgeber hat dann eine Ermessensentscheidung über die Gewährung von Teilzeittätigkeit zu treffen und im Rahmen einer Interessenabwägung zu prüfen, ob dienstliche oder betriebliche Verhältnisse dem Teilzeitwunsch entgegenstehen.

VIII. Rückkehr zur Vollbeschäftigung bzw Erhöhung der Arbeitszeit

25 Abs. 3 regelt die **Berücksichtigung von früher Vollbeschäftigten**, die eine nicht befristete Teilzeitbeschäftigung vereinbart haben, bei der Besetzung von Vollzeitarbeitsplätzen. Der Wortlaut von Abs. 3 ist **europarechtskonform auszulegen**, da § 5 Abs. 3 b) der auch für den öffentlichen Dienst geltenden Rahmenvereinbarung über Teilzeitarbeit[37] eine bevorzugte Berücksichtigung von Teilzeitbeschäftigten bei der gewünschten Erhöhung der Arbeitszeit auch auf eine Stundenzahl unterhalb der Vollbeschäftigung vorsieht. Die bevorzugte Berücksichtigung von Teilzeitbeschäftigten für eine gewünschte Erhöhung ihrer Arbeitszeit darf also weder davon abhängen, dass sie ehemals vollbeschäftigt waren, noch davon, dass sie eine Vollzeittätigkeit anstreben. § 9 TzBfG trägt dem Rechnung und sieht einen **Anspruch** auf bevorzugte Berücksichtigung für „alle in Teilzeit Beschäftigten" bei der Besetzung eines Arbeitsplatzes mit höherer Stundenzahl vor. Hierdurch sind auch diejenigen eingeschlossen, die mit einer Teilzeitvereinbarung eingestellt worden sind.

26 Der Anspruch richtet sich auf eine bevorzugte Berücksichtigung bei der Besetzung eines freien Arbeitsplatzes, der für eine höhere Wochenstundenzahl vorgesehen ist und führt **bei im wesentlichen gleicher Eignung** zu einer Einschränkung des Auswahlermessens des Arbeitgebers. Die Eignung für eine zu besetzende Stelle, für die eine höhere Stundenzahl vorgesehen ist, richtet sich nach den Anforderungen, die der Arbeitgeber i.R. seiner unternehmerischen Gestaltungsfreiheit für die zu verrichtende Tätigkeit festlegt. Allerdings müssen die festgelegten Anforderungskriterien mit der Art der Tätigkeit auch tatsächlich in Verbindung stehen.[38] Ist die oder der Teilzeitbeschäftigte nach Ausbildung und Berufserfahrung in der Lage, die Stelle zu übernehmen, kann der Arbeitgeber sie oder ihn nicht allein deswegen ablehnen, weil andere Bewerber geringfügig besser qualifiziert sind, da durch die Regelung den Teilzeitbeschäftigten ein „gewisser Vorrang" eingeräumt wird und sie insofern „bevorzugt" zu berücksichtigen sind, um Ihnen eine Erhöhung ihrer Arbeitszeit zu erleichtern.[39] Der Arbeitgeber kann ihre Bewerbung deshalb nur noch dann ablehnen, wenn es für die Beschäftigung des anderen Stellenbewerbers dringende betriebliche Gründe gibt.[40] Soweit kein neuer Arbeitsplatz eingerichtet wird, ist der Arbeitgeber in der Auswahl frei, welchen Teilzeitbeschäftigten er eine Verlängerung der Arbeitszeit anbietet. Das Gebot billigen Ermessens findet in diesem Zusammenhang keine Anwendung, denn es betrifft gem. § 106 Satz 1 GewO nur das Weisungsrecht des Arbeitgebers

---

37 Richtlinie 97/81/EG des Rates vom 15. Dezember 1997 zu der von UNICE, CEEP und EGB geschlossenen Rahmenvereinigung über Teilzeitarbeit, 397 L 0081, ABl. L 14 vom 20.1.1998, 9–14.
38 BAG v. 15.8.2006, 9 AZR 8/06, NZA 2007, 255.
39 BAG v. 25.10.1994, 3 AZR 987/93, AuR 2001, 146.
40 LAG Berlin v. 2.12.2003, 3 Sa 1041/03, ZTR 2004, 324.

und nicht eine Änderung des Arbeitsvertrages durch Vereinbarung einer höheren Stundenzahl.[41]

IX. Auswirkungen der Teilzeitvereinbarung

1. Entgelt nach Änderung des Arbeitsumfangs. Gem. § 24 Abs. 2 erhalten Teilzeitbeschäftigte das Tabellenentgelt und alle sonstigen Entgeltbestandteile in dem Umfang, der dem Anteil ihrer individuell vereinbarten durchschnittlichen Arbeitszeit im Verhältnis zur Vollzeitbeschäftigung entspricht. Die Regelung übernimmt damit die nach dem Diskriminierungsverbot in § 4 Abs. 1 S. 2 TzBfG vorgeschriebene Vergütung „pro rata temporis". Eine anteilige Kürzung der Vergütung darf nur dann erfolgen, wenn die Dauer der Arbeitszeit die Bemessungsgrundlage für die Vergütung ist. Dies ist der Fall bei der Entgeltfortzahlung gem. § 21 iVm § 6 Abs. 3 S. 1 (Freistellung am 24./31.12.), der Entgeltzahlung im Krankheitsfall gem. § 22 Abs. 1 und bei Erholungsurlaub nach § 26 Abs. 1 S. 1, Zusatzurlaub nach § 27, bezahlter Arbeitsbefreiung nach § 29, sowie vermögenswirksamen Leistungen gem. § 23 Abs. 1 S. 2 und tariflichen Zusatzleistungen wie Urlaubsgeld. Demgegenüber bleiben nach § 7 Abs. 4 Mehrarbeitsstunden von Teilzeitbeschäftigten i.R. der regelmäßigen Arbeitszeit für Vollzeitbeschäftigte gem. § 6 Abs. 1 S. 1 zuschlagsfrei.[42] Ist die anteilige Vergütung im Vergleich zu einer Vollzeitkraft bei einer festgelegten Zahl an Arbeitsstunden vereinbart, führt die Anhebung der Stundenzahl für Vollzeitkräfte zu einer Minderung der Vergütung des oder der Teilzeitbeschäftigten.[43] Leistungen des Arbeitgebers, bei denen die **Dauer der Arbeitszeit ohne Bedeutung** ist, stehen den Teilzeitbeschäftigten **in voller Höhe** zu. Dies ist ausdrücklich geregelt in § 23 Abs. 2 S. 2 für das Jubiläumsgeld, gilt aber auch für erfolgsabhängige Vergütungsbestandteile. Bei Zielvereinbarungen hängt eine etwaige Entgeltminderung von den vereinbarten Anspruchsvoraussetzungen ab,[44] Für die Schichtzulage und die Wechselschichtzulage sieht § 8 Abs. 5 und 6 keine Differenzierung vor. Da die Zulagen, die sich aus der ständigen Schicht- bzw Wechselschicht ergebenden Belastungen ausgleichen sollen, ist eine Kürzung auf einen der Arbeitszeit eines Teilzeitbeschäftigten entsprechenden Anteil nicht möglich.[45] Eine trotz Teilzeittätigkeit in voller Höhe gewährte Besitzstandszulage nach TVÜ darf nicht aufgrund einer Veränderung des Umfangs der Teilzeittätigkeit nach § 24 Abs. 2 neu berechnet und entsprechend dem Verhältnis der Teilzeitbeschäftigung zu einer Vollzeitbeschäftigung reduziert werden.[46] Die Besitzstandszulage für Kinder nach § 11 TVÜ-Bund ist nicht im Verhältnis der Teilzeittätigkeit zu kürzen, wenn der Ehegatte des Teilzeitbeschäftigten ebenfalls im öffentlichen Dienst be-

27

---

41 BAG v. 13.2.2007, 9 AZR 575/05; NZA 2007, 807.
42 BAG v. 21.11.1991, 6 AZR 551/89, NZA 1992, 545; EuGH v. 15.12.1994, C-34/93, NZA 1995, 218; BAG v. 16.6.2004, 5 AZR 448/03, NZA 2004, 1119.
43 BAG 17.5.2000, 5 AZR 783/98, NZA 2001, 799.
44 Küttner-Reinecke, Teilzeitbeschäftigung, Rn 58.
45 BAG v. 23.6.1993, 10 AZR 127/92, NZA 1994, 41; LAG Schl-Holst 27.3.2007, 5 Sa 557/06, ZTR 2007, 545; LAG Düsseldorf v. 15.5.2007, 8 Sa 405/07, ZTR 2007,615; LAG Bremen v. 17.5.2007, 1 Sa 49/07, ZTR 2007, 614; aA LAG Berlin-Brandenburg v. 22.6.2007, 8 Sa 788/07, ZTR 2007, 615; LAG Hamm v. 10.5.2007, 17 Sa 1890/06, ZTR 2007, 543.
46 LAG Hamm v. 18.3.2010, 17 Sa 1465/09 zu § 11 Abs. 1 TVÜ-VKA.

schäftigt ist und ein Elternteil vollbeschäftigt oder beide mit Teilzeit zusammen mindestens die regelmäßige Arbeitszeit einer Vollbeschäftigung erreichen.[47]

28 Eine Vereinbarung, die gegen das **Diskriminierungsverbot** des § 4 Abs. 1 TzBfG verstößt, ist gem. § 134 BGB nichtig. Den Teilzeitbeschäftigten steht dann ein Anspruch auf Zahlung der üblichen Vergütung, bzw die Teilhabe an einer den Vollzeitbeschäftigten zusätzlich gewährten Leistung zu.[48] So ist eine Vollzeitbeschäftigten gewährte Ermäßigung aus Altersgründen den gleichaltrigen Teilzeitbeschäftigten anteilig zu gewähren.[49] Bei einer rechtswidrigen Benachteiligung von Teilzeitbeschäftigten kommen außerdem Ansprüche auf Entschädigung oder Schadensersatz wegen einer mittelbaren Benachteiligung wegen des Geschlechts nach § 15 Abs. 1 und 2 AGG in Betracht (s. Rn 32).

29 **2. Urlaub.** Der Urlaubsanspruch besteht für Teilzeitbeschäftigte grundsätzlich in gleicher Höhe wie für Vollzeitbeschäftigte und richtet sich nach der Verteilung der Arbeitszeit auf die Wochentage: Wird an 5 Tagen in der Woche gearbeitet, besteht der Urlaubsanspruch gem. § 26 Abs. 1 S. 4 in voller Höhe. Wird beispielsweise nur an 2 Tagen in der Woche gearbeitet, beträgt der Urlaubsanspruch anteilig bei Zugrundelegung von 30 Urlaubstagen im Jahr 2/5 hiervon und damit 12 Urlaubstage im Jahr.

30 **3. Sonstige Folgen.** Einen Sonderfall bildet die Teilzeitbeschäftigung während der Elternzeit. Auch dann, wenn für die Dauer der Elternzeit zusätzlich ein befristeter Teilzeitvertrag abgeschlossen wird, bleibt es bei einem **einheitlichen Arbeitsverhältnis**. Nur für den Fall, dass die jeweils übertragenen Tätigkeiten nicht in einem unmittelbaren Sachzusammenhang stehen, kann gem. § 2 Abs. 2 TVöD ausnahmsweise ein weiteres Arbeitsverhältnis begründet werden.[50]

31 Nach § 6 Abs. 5 besteht bei Teilzeitbeschäftigung keine Verpflichtung zur Leistung von **Bereitschaftsdienst, Rufbereitschaft, Überstunden und Mehrarbeit**, wenn dies nicht ausdrücklich im Arbeitsvertrag geregelt ist. Der Arbeitgeber muss dann im Einzelfall die Zustimmung des oder der betroffenen Beschäftigten einholen (s. hierzu im Einzelnen § 6 Rn 63 ff). Der Arbeitgeber kann die Gewährung von Teilzeitarbeit aus familiären Gründe nicht davon abhängig machen, dass sich der Beschäftigte zur Leistung von Überstunden, Mehrarbeit und Rufbereitschaft verpflichtet.[51]

32 Die Teilzeitbeschäftigung darf auch im Übrigen zu keiner Benachteiligung führen. Auf die Beschäftigungszeit sind gem. § 34 Abs. 3 Zeiten einer Teilzeitbeschäftigung in vollem Umfang anzurechnen. Neben dem **Diskriminierungsverbot** des § 4 Abs. 1 TzBfG gilt für Teilzeitbeschäftigte regelmäßig auch das Verbot einer mittelbaren Benachteiligung wegen des Geschlechts gem. §§ **7 Abs. 1, 1, 3 Abs. 2 AGG**. Nach den aktuellen Statistiken sind ganz überwiegend Frauen in Teilzeit beschäftigt. Ein Verstoß gegen das Benachteiligungsverbot löst daher nicht nur einen Anspruch auf Teilhabe an der für Vollzeitbeschäftigte günstige-

---

47 BVerwG v. 16.12.2010, 2 C 41/09, PersR 2011, 234.
48 BAG v. 26.9.2001, 10 AZR 714/00, ZTR 2002, 40; BAG v. 17.4.2002, 5 AZR 413/00, NZA 2002, 1334; BAG v. 24.9.2003, 10 AZR 675/02, NZA 2004, 611.
49 BAG v. 16.1.2003, 6 AZR 222/01, NZA 2003, 971.
50 BAG v. 21.8.1991, 5 AZR 634/90, ZTR 1992, 73.
51 ArbG Darmstadt v. 25.2.2010, 7 Ca 453/09, PersR 2010, 253 mit zustimmender Anmerkung Senser-Joester, PersR 2010, 255; s. auch Zetl, Ablehnung von Teilzeitbeschäftigten zur Leistung von besonderen Diensten, ZMV 2011, 90.

ren Regelung, sondern auch Ansprüche auf Schadensersatz und Entschädigung gem. § 15 Abs. 1 und 2 AGG aus.

Eine **einseitige Veränderung der Lage der Arbeitszeit** durch den Arbeitgeber ist im Rahmen seines Direktionsrechts nur möglich, soweit hierüber keine bindende Vereinbarung getroffen wurde. Bei der Ausübung des billigen Ermessens hat der Arbeitgeber entsprechend Abs. 1 S. 4 der besonderen persönlichen Situation der Beschäftigten Rechnung zu tragen. Ist die Lage der Arbeitszeit Teil der zwischen Arbeitgeber und Beschäftigten getroffenen Teilzeitvereinbarung, kann diese nur einvernehmlich geändert werden. Gegebenenfalls ist der Arbeitgeber auf den Ausspruch einer Änderungskündigung angewiesen, die dann entsprechend begründet werden muss. 33

Eine ergänzende Regelung gilt nach § 45 BT-K für den Bereich der **Krankenhäuser**. In den für den **Bereitschaftsdienst** getroffenen Regelungen verringern sich für Teilzeitbeschäftigte die Höchstgrenzen der wöchentlichen Arbeitszeit entsprechend der Verringerung der regelmäßigen Arbeitszeit. Hiervon kann nur mit Zustimmung der Beschäftigten oder aufgrund von dringenden dienstlichen oder betrieblichen Belangen abgewichen werden. 34

X. Streitigkeiten

Lehnt der Arbeitgeber die Verringerung der Arbeitszeit gem. Abs. 1 ab, kann der oder die Beschäftige auf Zustimmung zu einer Reduzierung der Arbeitszeit klagen. Bei einer Klage müssen die Anspruchsvoraussetzungen von dem oder der Antragsteller/in dargelegt und im Streitfall bewiesen werden. Dies gilt nach dem Tarifvertrag auch für die Anspruchsvoraussetzung, dass dem Teilzeitwunsch keine dringenden betrieblichen oder dienstlichen Belange entgegenstehen.[52] Allerdings reicht es im Rahmen der abgestuften Darlegungs- und Beweislast gem. § 138 ZPO zunächst aus, wenn Beschäftigte das fehlende Entgegenstehen dringender betrieblicher oder dienstlicher Belange zunächst behaupten, da sie regelmäßig hierzu keine konkreten Angaben machen können. Der Arbeitgeber muss dann in der Folge darlegen, welche entgegenstehenden Belange er geltend macht, die objektiv ein so erhebliches Gewicht haben, dass es sich um **zwingende Hindernisse** für die beantragte Verkürzung der Arbeitszeit und deren Verteilung handelt.[53] Erst dann muss der oder die Beschäftigte hierzu weiter vortragen und gegebenenfalls den Beweis führen, dass der Vortrag des Arbeitgebers nicht zutrifft. 35

Der **Klageantrag** richtet sich darauf, den Arbeitgeber zur Zustimmung zu der gewünschten Teilzeitvereinbarung zu verurteilen. 36

Musterantrag:

„Der Beklagte wird verurteilt, gemäß § 11 Abs. 1 a) TVöD mit Wirkung ab 10.4.2008 für den Zeitraum von fünf Jahren einer Reduzierung der regelmäßigen wöchentlichen Arbeitszeit der Klägerin von bisher 30 Stunden auf nunmehr 10 Stunden zuzustimmen."

oder

„Der Beklagte wird verurteilt, der Verringerung der Arbeitszeit und der Änderung der Lage der Arbeitszeit dahin gehend zuzustimmen, dass die Klägerin mit Wirkung ab dem

---

[52] LAG Bremen v. 23.11.2000, 4 Sa 123/00, ZTR 2001, 133.
[53] BAG v. 18.3.2003, 9 AZR 126/02, ZTR 2004, 143; BAG v. 18.5.2004, 9 AZR 319/03, NZA 2005, 108.

10.4.2008 eine wöchentliche Arbeitszeit von 10 Stunden hat und diese Arbeitszeit auf zwei Vormittage, und zwar donnerstags und freitags zu je fünf Stunden verteilt wird." Ein auf Abgabe einer solchen Willenserklärung gerichtetes zusprechendes Urteil wird **nach § 894 ZPO vollstreckt**. Die Zustimmung gilt mit Rechtskraft des Urteils als abgegeben.[54] Gem. § 311 a Abs. 1 BGB ist auch die Verurteilung zu einer rückwirkenden Verringerung der Arbeitszeit zulässig.[55]

37 Kann eine Entscheidung über den Antrag auf Zustimmung zur Teilzeitbeschäftigung nicht rechtzeitig vor dem für den oder die Beschäftigte notwendigen Beginn erreicht werden, kommt der Antrag auf Erlass einer **einstweiligen Verfügung** in Betracht. Eine solche ist grundsätzlich zulässig, um einen effektiven Rechtsschutz zu gewähren. Es handelt sich um eine Leistungsverfügung, die bis zur Entscheidung in der Hauptsache zu einer zumindest teilweisen Befriedigung des streitigen Anspruchs führt. Wegen der Befriedigungswirkung sind an die Voraussetzungen, also an die Darlegung und Glaubhaftmachung von Verfügungsanspruch und Verfügungsgrund, strenge Anforderungen zu stellen sind.[56] Ein Verfügungsgrund liegt nur dann vor, wenn für den oder die Beschäftigte bei Abwarten einer Entscheidung in der Hauptsache wesentliche Nachteile drohen.[57]

Abschnitt III Eingruppierung, Entgelt und sonstige Leistungen
§ 12 Eingruppierung (TVöD)

(Derzeit nicht belegt, wird im Zusammenhang mit der Entgeltordnung geregelt.)

§ 12 Eingruppierung (TV-L)

(1) ¹Die Eingruppierung der/des Beschäftigten richtet sich nach den Tätigkeitsmerkmalen der Entgeltordnung (Anlage A). ²Die/Der Beschäftigte erhält Entgelt nach der Entgeltgruppe, in der sie/er eingruppiert ist. ³Die/Der Beschäftigte ist in der Entgeltgruppe eingruppiert, deren Tätigkeitsmerkmalen die gesamte von ihr/ihm nicht nur vorübergehend auszuübende Tätigkeit entspricht. ⁴Die gesamte auszuübende Tätigkeit entspricht den Tätigkeitsmerkmalen einer Entgeltgruppe, wenn zeitlich mindestens zur Hälfte Arbeitsvorgänge anfallen, die für sich genommen die Anforderungen eines Tätigkeitsmerkmals oder mehrerer Tätigkeitsmerkmale dieser Entgeltgruppe erfüllen. ⁵Kann die Erfüllung einer Anforderung in der Regel erst bei der Betrachtung mehrerer Arbeitsvorgänge festgestellt werden (z.B. vielseitige Fachkenntnisse), sind diese Arbeitsvorgänge für die Feststellung, ob diese Anforderung erfüllt ist, insoweit zusammen zu beurteilen. ⁶Werden in einem Tätigkeitsmerkmal mehrere Anforderungen gestellt, gilt das in Satz 4 bestimmte Maß, ebenfalls bezogen auf die gesamte auszuübende

---

54 BAG v. 18.3.2003, 9 AZR 126/02, ZTR 2004, 143.
55 BAG v. 27.4.2004, 9 AZR 522/03, NZA 2004, 1225.
56 LAG Köln v. 23.12.2005, 9 Ta 397/05, ZTR 2006, 332; LAG Rh-Pf v. 12.4.2002, 3 Sa 161/02, NZA 2002, 856; LAG Berlin v. 20.2.2002, 4 Sa 2243/91, NZA 2002, 858.
57 Zur prozessualen Durchsetzung des Teilzeitanspruch s. Grobys/Braun, Die prozessuale Durchsetzung des Teilzeitanspruchs, NZA 2001, 1175; Gotthart, Teilzeitanspruch und einstweiliger Rechtsschutz, NZA 2001, 1183; Dütz, Einstweiliger Rechtsschutz beim Teilzeitanspruch, AuR 2003, 161.

Tätigkeit, für jede Anforderung. ⁷Ist in einem Tätigkeitsmerkmal ein von Satz 4 oder 6 abweichendes zeitliches Maß bestimmt, gilt dieses. ⁸Ist in einem Tätigkeitsmerkmal als Anforderung eine Voraussetzung in der Person der/des Beschäftigten bestimmt, muss auch diese Anforderung erfüllt sein.

Protokollerklärung zu § 12 Absatz 1:
1. ¹*Arbeitsvorgänge sind Arbeitsleistungen (einschließlich Zusammenhangsarbeiten), die, bezogen auf den Aufgabenkreis der/des Beschäftigten, zu einem bei natürlicher Betrachtung abgrenzbaren Arbeitsergebnis führen (z.B. unterschriftsreife Bearbeitung eines Aktenvorgangs, eines Widerspruchs oder eines Antrags, Betreuung bzw. Pflege einer Person oder Personengruppe, Fertigung einer Bauzeichnung, Erstellung eines EKG, Durchführung einer Unterhaltungs- bzw. Instandsetzungsarbeit).* ²*Jeder einzelne Arbeitsvorgang ist als solcher zu bewerten und darf dabei hinsichtlich der Anforderungen zeitlich nicht aufgespalten werden.*
2. *Eine Anforderung im Sinne der Sätze 4 und 5 ist auch das in einem Tätigkeitsmerkmal geforderte Herausheben der Tätigkeit aus einer niedrigeren Entgeltgruppe.*

(2) Die Entgeltgruppe der/des Beschäftigten ist im Arbeitsvertrag anzugeben.

Niederschriftserklärung zu § 12:
[aufgehoben]

§ 13 Eingruppierung in besonderen Fällen (TVöD)

(Derzeit nicht belegt, wird im Zusammenhang mit der Entgeltordnung geregelt.)

§ 13 Eingruppierung in besonderen Fällen (TV-L)

¹Ist der/dem Beschäftigten eine andere, höherwertige Tätigkeit nicht übertragen worden, hat sich aber die ihr/ihm übertragene Tätigkeit (§ 12 Absatz 1 Satz 3) nicht nur vorübergehend derart geändert, dass sie den Tätigkeitsmerkmalen einer höheren als ihrer/seiner bisherigen Entgeltgruppe entspricht (§ 12 Absatz 1 Satz 4 bis 8) und hat die/der Beschäftigte die höherwertigere Tätigkeit ununterbrochen sechs Monate lang ausgeübt, ist sie/er mit Beginn des darauffolgenden Kalendermonats in der höheren Entgeltgruppe eingruppiert. ²Für die zurückliegenden sechs Kalendermonate gilt § 14 sinngemäß. ³Ist die Zeit der Ausübung der höherwertigen Tätigkeit durch Urlaub, Arbeitsbefreiung, Arbeitsunfähigkeit oder Vorbereitung auf eine Fachprüfung für die Dauer von insgesamt nicht mehr als sechs Wochen unterbrochen worden, wird die Unterbrechungszeit in die Frist von sechs Monaten eingerechnet. ⁴Bei einer längeren Unterbrechung oder bei Unterbrechung aus anderen Gründen beginnt die Frist nach der Beendigung der Unterbrechung von neuem. ⁵Wird der/dem Beschäftigten vor Ablauf der sechs Monate wieder eine Tätigkeit zugewiesen, die den Tätigkeitsmerkmalen ihrer/seiner bisherigen Entgeltgruppe entspricht, gilt § 14 sinngemäß.

I. Grundsätze der Regelungen im
TVöD und TV-L 1
II. Überleitungsvorschriften 4
  1. Verweisung auf das bisherige Tarifrecht, Wegfall der Vergütungsgruppe I, Anpassung des Überleitungsrechts bei den Ländern aufgrund der Tarifeinigung vom 10.3.2011 4
  2. Funktionssystem der Absicherung des Besitzstandes ... 6
  3. Bewährungs-, Fallgruppen- und Tätigkeitsaufstiege sowie Zulagen 7
III. Eingruppierungsgrundsätze des Tarifrechts im öffentlichen Dienst am Beispiel der Regelungen im Geltungsbereich des TV-L ab 1.1.2012 8
  1. Die wesentlichen Grundsätze und Grundbegriffe des Eingruppierungsrechts am Beispiel von §§ 12, 13 TV-L und der Entgeltordnung zum TV-L 8
    a) Normstruktur, Teile der Entgeltordnung, Entgeltgruppen 8

    b) Tarifautomatik, auszuübende Tätigkeit, Übertragung, besondere Fälle gem. § 13 TV-L 12
    c) Arbeitsvorgang, § 12 Abs. 1 S. 4 ff TV-L iVm Protokollerklärung zu Abs. 1, zeitliches Maß 15
    d) Beispiele für Tätigkeitsmerkmale der Entgeltordnung zum TV-L 21
  2. Eingruppierung: Grundlage der Vergütungsfestlegung und der Ausübung des Direktionsrechts 28
  3. Die Geltendmachung des Höhergruppierungsanspruchs, Eingruppierungsprozess 29
  4. Angabe der Vergütungsgruppe im Arbeitsvertrag, korrigierende Rückgruppierung 34
IV. Beteiligungsrechte von Betriebs- und Personalräten 38

I. Grundsätze der Regelungen im TVöD und TV-L

1 In den §§ 12 und 13 TVöD sind **Rahmenvorschriften** für die **Eingruppierung** vorgesehen, wie sie bislang in den §§ 22 ff BAT und den entsprechenden Vorschriften der Arbeitertarifverträge (vgl zB Rahmentarifvertrag zu § 20 Abs. 1 BMT-G II) enthalten waren. Diese **Eingruppierungsregelungen** des **BAT** und der **Arbeitertarifverträge** gelten derzeit nach Maßgabe des Überleitungsrechts (vgl § 17 TVÜ-Bund, ebenso § 17 TVÜ-VKA) fort. Das Funktionssystem des **Überleitungsrechts** wird nachfolgend in den wesentlichen Zügen dargestellt (vgl Rn 4-7, Abdruck der Überleitungstarifverträge im Anhang S. 715 ff). Den Regelungen der §§ 15, 16 TVöD, die in Kraft gesetzt wurden, ist die neue Vergütungsstruktur bereits zu entnehmen (vgl Kommentierung §§ 15, 16 TVöD). Eine Eingruppierung in diese Entgeltgruppen ist mit Ausnahme der unterhalb des bisherigen Lohn- und Gehaltsniveaus geschaffenen Entgeltgruppe 1 derzeit nicht möglich, weil es an der beabsichtigten einheitlichen Entgeltordnung zum TVöD noch fehlt. Die Zuordnung zu den neuen Entgeltgruppen und damit die Ermittlung des zu zahlenden Tabellenentgelts kann gegenwärtig nur durch Eingruppierung in das frühere Tarifrecht und die Überleitung erfolgen (vgl § 17 Abs. 1 TVÜ-Bund und TVÜ-VKA). Dies gilt sowohl für übergeleitete Beschäftigte wie auch für nach dem 1.10.2005 neueingestellte Mitarbeiterinnen und Mitarbeiter, ausgenommen sind nur diejenigen, für die bereits tarifliche Eingruppierungsmerkmale bestehen (vgl § 17 Abs. 2 TVÜ-Bund und TVÜ-VKA). Ärztinnen und Ärzte (zB § 4 TVÜ-Ärzte an Universitätskliniken iVm § 12 TV-Ärzte) und Be-

schäftigte, die der neuen Entgeltgruppe 1 zugeordnet werden können, werden also bereits nach den neuen Vorschriften eingruppiert, es bedarf somit einer Überleitung nicht mehr. Eine Ausnahmeregelung gibt es auch für die bisherige Vergütungsgruppe I des BAT, solche Beschäftigungsverhältnisse werden zukünftig außertariflich gestaltet. Eine Entsprechung im oberen Randbereich der tariflichen Vergütungsordnung sieht der TVöD also für die Zukunft nicht mehr vor.[1]

Aufgrund der Tarifeinigung vom 10.3.2011 haben sich die Tarifgemeinschaft deutscher Länder (TDL) und die Gewerkschaften ver.di und dbb tarifunion auf die Neufassung des Eingruppierungsrechts der §§ 12, 13 TV-L und der neuen **Entgeltordnung** (gegliedert in vier Teile; abgedruckt auf S. 886 ff) geeinigt.[2] Diese Regelungen sind am 1.1.2012 in Kraft getreten (mit Ausnahme der Länder Berlin und Hessen). Vergleicht man die Neufassung der §§ 12, 13 TV-L mit den Vorschriften der §§ 22, 23 BAT/BAT-O, so sieht man eine weitgehende inhaltliche Übereinstimmung. Unterschiede bestehen vor allem in der sprachlichen Fassung, nicht aber in den tragenden Tarifbegriffen, so dass auch die hierzu ergangene Rechtsprechung in hohem Umfang Bedeutung behalten wird.

Da auch das grundsätzliche Verständnis der Tarifpartner im Bereich des Bundes und der Kommunen wohl dahin gehend besteht, dass das neue Tarifrecht die Unterscheidung zwischen Arbeiter- und Angestelltentätigkeit weitgehend aufgeben will, der Tätigkeitsbezug der Eingruppierung – möglicherweise abgeschwächt – beibehalten werden soll und bisher nicht erkennbar ist, dass die Tarifpartner in diesen Bereichen völlig neue Funktionsmechanismen und Begriffe anstelle von Tarifautomatik, Arbeitsvorgangsbegriff etc. einführen wollen, wird nachstehend unter III. (Rn 8 ff) das Eingruppierungsrecht unter Bezugnahme auf den TV-L kommentiert. Dabei erfolgt eine Erläuterung der verwendeten Tarifbegriffe anhand von Rechtsprechung und Literatur zu diesen Begriffen, wie sie bereits im Geltungsbereich des BAT der Arbeitertarifverträge ergangen ist. Soweit Abweichungen als von den Tarifpartnern des TV-L gewollt erkennbar sind, wird hierauf eingegangen. Auch die in der Praxis bedeutsamen Verzahnungen des tariflichen Eingruppierungsrechts mit dem Mitbestimmungsrecht des BetrVG und der Personalvertretungsgesetze des Bundes und der Länder sowie die Grundsätze zur prozessualen Durchsetzung von Höhergruppierungsverlangen bzw. zur Abwendung von Rückgruppierungen werden aufbauend auf den bisher geltenden Grundsätzen aus Rechtsprechung und Literatur erläutert.

II. Überleitungsvorschriften

1. Verweisung auf das bisherige Tarifrecht, Wegfall der Vergütungsgruppe I, Anpassung des Überleitungsrechts bei den Ländern aufgrund der Tarifeinigung vom 10.3.2011. Das Überleitungsrecht im **Bereich der Länder** ist aufgrund der Tarifeinigung vom 10.3.2011 verändert worden. Es erfüllte bislang die gleiche Funktion wie im Geltungsbereich des TVöD, da es bis zur Schaffung der neuen Vorschriften mangels einer Belegung der §§ 12, 13 TV-L und dem Fehlen einer eigenständigen Entgeltordnung insoweit eine identische Situation gab. Nunmehr flankiert es die ab 1.1.2012 geltenden Neuregelungen, sichert Besitzstände ab

---

[1] Vgl Hamer in Görg/Guth/Hamer/Pieper §§ 12, 13 Rn 10 f.
[2] Geyer/Baschnagel, Die Entgeltordnung zum TV-L, ZTR 2011, 331 ff mit ausführlich erläuterter Übersicht zu den Neuregelungen.

und regelt einen möglichst stimmigen Anschluss der Neuregelungen an das damit abgelöste Recht der Arbeiter- und Angestelltentarifverträge. Die Tarifvertragsparteien haben dabei als System festgelegt, dass **keine Herabgruppierungen** stattfinden und alle aus dem BAT übergeleiteten Beschäftigten und auch diejenigen, die nach Inkrafttreten des TV-L vor Schaffung der Entgeltordnungen eingestellt wurden, in ihrer bisherigen Entgeltgruppe eingruppiert bleiben, wenn sie die für die Eingruppierung zugrunde gelegte Tätigkeit weiterhin ausüben. Ergibt sich nunmehr eine **höhere Entgeltgruppe** als nach der bisherigen Eingruppierung, werden die Beschäftigten auf **Antrag** in die Entgeltgruppe übergeleitet, die nunmehr zutrifft. Dieser Antrag ist **innerhalb eines Jahres** ab Inkrafttreten der Entgeltordnung zu stellen (**Ausschlussfrist**).[3] Diese Regelungen finden sich sämtlich in der Vorschrift des § 29 a TVÜ-Länder (abgedruckt auf S. 821 f).

5 Nachfolgend ist auf die Überleitungstarifverträge in ihrer bisherigen und im Bereich des Bundes und der Kommunen auch noch fortbestehenden Funktion einzugehen (zu den Neuregelungen im Überleitungsrecht der Länder vgl auch Kommentierung zu den §§ 15 ff). Die **Überleitungstarifverträge** regeln die Eingruppierung in eigenen Vorschriften – jeweils § 17. Die Grundregeln wurden bereits oben (vgl Rn 1) wiedergegeben, die Eingruppierung erfolgt, soweit nicht bereits Vorschriften des neuen Rechts gelten, nach den Regelungen des BAT und der Arbeitertarifverträge, vgl **§ 17 Abs. 1 TVÜ-Bund und TVÜ-VKA**, **§ 17 TVÜ-Länder**.[4] Etwas anderes gilt für die Eingruppierung von Ärztinnen und Ärzten (eigene Tarifverträge) und für neueingestellte Beschäftigte, die in die Entgeltgruppe 1 zutreffend eingruppiert werden können (vgl dazu Rn 24 f).

Es wurde bereits darauf hingewiesen, dass eine Eingruppierung in **Vergütungsgruppe I BAT** nicht mehr erfolgt. Hier sind die Arbeitsvertragsparteien gehalten, eine entsprechende außertarifliche Vergütung zu verhandeln. Diese Beschäftigten fallen dann auch im Hinblick auf alle anderen tariflichen Regelungen nicht mehr unter den Anwendungsbereich des TVöD (vgl dazu § 1 Abs. 2 lit. b TVöD, s. § 1 Rn 9 ff).[5] Für die Ausgestaltung der außertariflichen Regelungen enthalten weder das Überleitungsrecht noch § 1 Abs. 2 TVöD Vorgaben. Bisher in **Vergütungsgruppe I BAT** eingruppierte Beschäftigte werden übergeleitet, in Bezug auf das Entgelt gilt dann **Entgeltgruppe 15 Ü** (vgl § 19 der Überleitungstarifverträge mit den dazugehörigen Anlagen).

6 **2. Funktionssystem der Absicherung des Besitzstandes.** Die Vorschriften zur eigentlichen **Überleitung** finden sich in den §§ 3 ff der **Überleitungstarifverträge**. Da bislang die Überleitung noch nicht in neue inhaltlich definierte Entgeltgruppen erfolgen konnte, bezieht sich die Überleitung allein auf das Entgelt. Insoweit ist auf die Kommentierung zu den §§ 15 ff TVöD zu verweisen. Eingruppierungsrechtlich enthält im Vorgriff auf die zu schaffende Entgeltordnung § 17 der Überleitungstarifverträge die Festlegung, dass die Eingruppierung dann an die neue Entgeltordnung anzupassen ist. Alle sich bis dahin ergebenden Eingruppierungsvorgänge haben nur **vorläufige Wirkung für die Zukunft**, vgl § 17 **Abs. 3 TVÜ-Bund und TVÜ-VKA**. Dies kann zu Herabgruppierungen wie auch

---

3 Geyer/Baschnagel, Die Entgeltordnung zum TV-L, ZTR 2011, 331 ff.
4 Vgl auch Überblick b. Treber in Schaub, Arbeitsrechts-Handbuch, § 183 Rn 27 ff.
5 Dassau/Wiesend-Rothbrust, TVöD § 1 TVöD Rn 41 f; Hamer in Görg/Guth/Hamer/Pieper §§ 12, 13 TVöD, Rn 11; Dörring in Dörring/Kutzki § 1 TVöD Rn 55, Treber in Schaub, Arbeitsrechts-Handbuch, § 183 Rn 33.

zu Höhergruppierungen führen, wobei im Fall einer Rückgruppierung gem. § 17 Abs. 4 TVÜ ein Ausgleich des finanziellen Nachteils durch eine nicht dynamische Besitzstandszulage erfolgt.[6] Die Besitzstandssicherung bezieht sich nach § 17 Abs. 5 TVÜ auch auf Bewährungs-, Fallgruppen- und Tätigkeitsaufstiege, die es ab dem 1.10.2005 nicht mehr gibt (vgl dazu auch Rn 7). Das Überleitungsrecht sieht darüber hinaus noch weitere Regelungen zum Wegfall von Zulagen und dem Ausgleich durch eine persönliche Besitzstandszulage vor (vgl § 17 Abs. 6 TVÜ-Bund und TVÜ-VKA Techniker-, Meister- und Programmiererzulagen, vgl auch § 17 Abs. 6 TVÜ-Länder). Vergleichbares gilt im Rahmen des § 17 Abs. 9 TVÜ-Bund und TVÜ-VKA und des § 17 TVÜ-Länder auch für Funktionszulagen für Vorarbeiterinnen und Vorarbeiter.

3. Bewährungs-, Fallgruppen- und Tätigkeitsaufstiege sowie Zulagen. Das Entgeltgruppensystem des TVöD kennt keine **Bewährungs-, Fallgruppen- und Tätigkeitsaufstiege** mehr. Diese Regelung gilt seit dem 1.10.2005, ausdrücklich festgehalten ist sie in den **Überleitungstarifverträgen** (jeweils **§ 17 Abs. 5 TVÜ-Bund und TVÜ-VKA und § 17 Abs. 5 TVÜ-Länder**). Die Vorschriften enthalten ferner Übergangsregelungen. Übergeleitete Beschäftigte, die am Stichtag 1.10.2005 nach dem bisherigen Recht die Voraussetzungen für die genannten Aufstiege in zeitlicher Hinsicht zur Hälfte erfüllt hatten, werden in die nächsthöhere Entgeltgruppe des TVöD eingereiht. Dies erfolgt zu dem Zeitpunkt, in dem sie nach bisherigem Recht höhergruppiert worden wären. Eine vergleichbare Regelung gilt auch für Vergütungsgruppenzulagen. Das einschlägige Überleitungsrecht findet sich hier in den §§ 8, 9 TVÜ. Da es, soweit derzeit eine Prognose möglich ist, im zukünftigen Tarifrecht keine Regelungen mit Bewährungs-, Fallgruppen- und Tätigkeitsaufstiegen mehr geben wird, wird nachfolgend auf die bisherigen Regelungen der §§ 23 a BAT (Bund/Länder) und 23 b BAT (Bund, Länder und VKA) nicht mehr eingegangen. Auch prozessual wird die Versagung von Bewährungsaufstiegen an Bedeutung verlieren (vgl dazu Rn 29 ff). 7

Im Rahmen der **Tarifeinigung** im **öffentlichen Dienst** der **Länder** vom 10.3.2011 haben sich die Tarifpartner darauf verständigt, für nach Inkrafttreten des TV-L eingestellte Beschäftigte die Aufstiege in den **Entgeltgruppen 2 bis 8** anders auszugestalten, um Verbesserungen für aus Arbeitnehmersicht benachteiligte Beschäftigtengruppen zu erreichen (vgl dazu Anlage 4 TVÜ-Länder, abgedruckt ab S. 847, und Kommentierung zu §§ 15, 16).[7]

III. Eingruppierungsgrundsätze des Tarifrechts im öffentlichen Dienst am Beispiel der Regelungen im Geltungsbereich des TV-L ab 1.1.2012

1. Die wesentlichen Grundsätze und Grundbegriffe des Eingruppierungsrechts am Beispiel von §§ 12, 13 TV-L und der Entgeltordnung zum TV-L. a) Normstruktur, Teile der Entgeltordnung, Entgeltgruppen. Auf das **bisherige Eingruppierungssystem** wurde bereits oben beim Aufzeigen möglicher Perspektiven eingegangen. Dieses System war einerseits durch die Unterscheidung der Arbeitnehmergruppen Angestellte und Arbeiter geprägt, andererseits versuchte es, ein hohes Maß an Lohngerechtigkeit anzustreben, indem es an die jeweiligen spezi- 8

---

6 Vgl auch Hamer in Görg/Guth/Hamer/Pieper §§ 12, 13 TVöD Rn 14; Dörring in Dörring/Kutzki, § 12 AT, Rn 6 f, vgl auch Hock/Klapproth, Eingruppierung, Höhergruppierung und Stufenzuordnung im TVöD, ZTR 2006, 118.
7 Siehe auch Geyer/Baschnagel, aaO, S. 333.

fischen Anforderungen der einzelnen übertragenen Aufgaben anknüpfte. Die Konsequenz waren viele einzelne Fallgruppen innerhalb der Vergütungsgruppen und sehr viele Tarifmerkmale. Verwendet wurden häufig unbestimmte Rechtsbegriffe wie zB „sonstiger Angestellter". Bei den einzelnen Tätigkeitsmerkmalen wurden Begriffe wie „selbstständig", „schwierig" oder „umfassend" zur Charakterisierung der Tätigkeit oder der Leistungen angewandt.[8] Beabsichtigt war, von vielen tausend Einzelmerkmalen zu etwas mehr als hundert Merkmalen zu kommen und ein insgesamt leichter handhabbares und transparenteres System zu schaffen.[9] Die Vielzahl der bisher verwendeten Tätigkeitsmerkmale und auch die zahlreichen unbestimmten Rechtsbegriffe haben immer wieder Zweifel an der Bestimmtheit dieser Normen iSv Art. 20 Abs. 3 GG und der Justitiabilität aufkommen lassen.[10]

9 Die vorstehend abgedruckte Fassung des § 12 TV-L macht deutlich, dass auch das **zukünftige Eingruppierungsrecht** durch zahlreiche Begriffe geprägt wird, die schon bisher bekannt sind. Dies gilt insbesondere für den nachstehend (vgl Rn 15 ff) näher erläuterten Begriff des Arbeitsvorgangs aber auch für einzelne Rechtsbegriffe zur Charakterisierung der Tätigkeit und Leistungen (zB „schwierig", „gründlich und vielseitig", „selbstständig", „besondere Schwierigkeit und Bedeutung", vgl Rn 22). Nicht aufgegeben wird der Tätigkeitsbezug bei der Eingruppierung. Teilweise spielen auch Ausbildungen und zB durch Studium erworbene Qualifikationen eine Rolle. Insgesamt ist bereits an dieser Stelle festzustellen, dass die Entgeltordnung zum TV-L stärker als erwartet die bisherigen Strukturen übernimmt. Es ist sogar so, dass durch Schaffung eines Teils III der Entgeltordnung mit Tätigkeitsmerkmalen für Beschäftigte mit körperlich/handwerklich geprägten Tätigkeiten die Unterscheidung in Arbeiter und Angestellte deutlicher spürbar bleibt, als dies beispielsweise in Tarifverträgen der Metallindustrie und der chemischen Industrie der Fall ist.[11]

Damit wird durch das neue Eingruppierungsrecht im Geltungsbereich des TV-L deutlich, dass es wohl auch in Zukunft ein rechtliches Spezialistentum im Bereich der Eingruppierung im öffentlichen Dienst geben wird. Betriebs- und Personalräte werden es auch in Zukunft nicht leichter haben im Interesse der Beschäftigten in diesem verästelten System ihre Mitbestimmungsrechte wahrzunehmen. Auch für die Beschäftigten wird es kaum einfacher werden, eine zutreffende Eingruppierung und damit eine richtige Entgelthöhe geltend zu machen und notfalls zu erstreiten.

---

8 Bredemeier/Neffke Vorbemerkungen zu §§ 22 bis 25 BAT, Rn 4 ff; Hamer in Görg/Guth/Hamer/Pieper, § 22 BAT Rn 1 ff; einen guten Überblick über das Eingruppierungsrecht im öffentlichen Dienst unter Berücksichtigung der aktuellen Rechtsprechung mit dem Stand Sommer 2011 bietet Treber in Schaub, Arbeitsrechts-Handbuch, § 183, die Grundsätze zum Aufbau von Entgelt- und Vergütungsordnungen sind in den Rn 16 bis 22 dargestellt.
9 Zur Zielrichtung auch Hamer in Görg/Guth/Hamer/Pieper § 22 BAT Rn 3 f; Bredendiek/Fritz/Tewes, Neues Tarifrecht für den öffentlichen Dienst, ZTR 2005, 230; Fieg/Rothländer ZTR 2008, 410 zum ver.di-Modell.
10 Vgl dazu Hamer in Görg/Guth/Hamer/Pieper § 22 BAT Rn 2; BAG v. 29.1.1986, 4 AZR 465/84, AP Nr. 115 zu §§ 22, 23 BAT 1975; BAG v. 16.3.1986, 4 AZR 642/84, AP Nr. 116 zu §§ 22, 23 BAT 1975, s. auch Treber in Schaub, Arbeitsrechts-Handbuch, § 183 Rn 18.
11 Geyer/Baschnagel, Die Entgeltordnung zum TV-L, ZTR 2011, 331 ff.

Das **bisherige Vergütungssystem des BAT** arbeitete mit Vergütungsgruppen mit römischer Zählweise, wobei die kleinste Zahl (Vergütungsgruppe I) für die höchste Bezahlung stand. Die Tabellen sahen niedrige Vergütungsgruppen bis hinab zur Vergütungsgruppe X vor. Nur der Begriff „Vergütungsgruppe" markierte die zu zahlende Grundvergütung, auf die Eingruppierung in die Vergütungsgruppe ist grundsätzlich der Anspruch auf vergütungsgruppengerechten Einsatz bezogen, allerdings galten Besonderheiten bei sog. Bewährungs- und Zeitaufstiegen (vgl Rn 7). Das Lohngruppensystem der Arbeitertarifverträge arbeitete nach ähnlichen Prinzipien, wobei allerdings eine andere Zählweise angewandt wurde (arabische Ziffern). Mit aufsteigenden Zahlen wurde die höhere Vergütung bezeichnet. 10

Die **Entgeltordnung zum TV-L** (vgl S. 886 ff) enthält nunmehr korrespondierend mit dem bereits in Kraft getretenen Vergütungssystem (vgl §§ 15 ff TVöD und TV-L) **Entgeltgruppen von 1 bis 15.** Durchgehend wird mit arabischen Zahlen gearbeitet, die höheren Zahlen markieren die höhere Vergütung. Die Entgeltordnung zum TV-L gliedert sich in **vier Teile,** die mit römischen Ziffern bezeichnet sind. **Teil I** enthält eine Spannbreite von einfachsten Tätigkeiten (Entgeltgruppe 1) bis zu Tätigkeiten, für die eine wissenschaftliche Hochschulausbildung (gleichgestellt sind Masterabschlüsse an Fachhochschulen) erforderlich ist (Entgeltgruppen 13 bis 15). In den Entgeltgruppen 5 bis 12 finden sich Tätigkeitsmerkmale, die bisher auch im BAT eine große Rolle gespielt haben (zB gründliche und vielseitige Fachkenntnisse zur Charakterisierung von sachbearbeitenden Tätigkeiten in der Verwaltung). **Teil II** der Entgeltordnung enthält dann Tätigkeitsmerkmale für bestimmte Beschäftigtengruppen (zB Sozial- und Erziehungsdienst, technische Berufe oder Beschäftigte an Theater und Bühnen). **Teil III** beinhaltet allgemeine und besondere Tätigkeitsmerkmale für Beschäftigte mit körperlich/handwerklich geprägten Tätigkeiten, wobei die unteren Entgeltgruppen gleiche Tätigkeitsmerkmale enthalten wie in Teil I (zB einfachste Tätigkeiten in der Entgeltgruppe 1 oder einfache Tätigkeiten in der Entgeltgruppe 2). Ab Entgeltgruppe 4 stellt Teil III auf die Ausbildung in einem anerkannten Ausbildungsberuf ab. Mit Entgeltgruppe 7 endet im allgemeinen Bereich die Eingruppierung nach diesem Teil (mit Entgeltgruppe 9 in vielen besonderen Bereichen). **Teil IV** beinhaltet Regelungen für Beschäftigte im Pflegedienst (bislang Anlage 1 b zum BAT). Das System der **Differenzierung in Fallgruppen** innerhalb der Vergütungsgruppen mit unterschiedlichen Zeit- und Bewährungsaufstiegen **wurde aufgegeben,**[12] es finden sich aber an vielen Stellen abweichende Regelungen zu den Stufen gem. der §§ 16, 17 TV-L (vgl Kommentierung dort) und Regelungen in der Entgeltordnung. 11

b) Tarifautomatik, auszuübende Tätigkeit, Übertragung, besondere Fälle gem. § 13 TV-L. Die **Grundnorm** des tariflichen Eingruppierungsrechts im öffentlichen Dienst war bisher § 22 Abs. 1 S. 1 BAT, für den Bereich des TV-L übernimmt nunmehr § **12 Abs. 1 S. 1 TV-L** diese Funktion. Inhaltsgleich ist hier festgelegt, dass sich die Eingruppierung nach den Tätigkeitsmerkmalen richtet. Eine Schlüsselrolle bei der Anwendung des § 22 BAT kam der sog. **Tarifautomatik** zu. Dieser Begriff war im BAT nicht enthalten, er fehlt auch in der neuen Vorschrift von § 12 TV-L. Allerdings ist er bei genauem Studium des Wortlauts weiterhin dem Tarifrecht zu entnehmen. Es heißt in § 12 Abs. 2 S. 2 TV-L, dass der 12

---

12 Geyer/Baschnagel, Die Entgeltordnung zum TV-L, ZTR 2011, 331 ff.

Beschäftigte Entgelt nach der Entgeltgruppe enthält, in der sie/er „eingruppiert ist", es ist also auch im neuen Tarifrecht nicht von „eingruppiert werden" die Rede. Auch die Tarifpartner des TV-L gehen somit davon aus, dass durch die Übertragung einer Tätigkeit automatisch eine Eingruppierung bewirkt wird und sich dann die praktischen Vorgänge wie zB die vertragliche Fixierung, die Durchführung der Mitbestimmung von Betriebs- oder Personalrat und auch der Streit um die Eingruppierung als Fragen der Beurteilung darstellen.[13] Wie beim BAT ist auch bei § 12 TV-L auf die gesamte von den Beschäftigten **nicht nur vorübergehend auszuübende Tätigkeit** abzustellen (§ 12 Abs. 1 S. 3 TV-L). Es scheiden also vorübergehend zu verrichtende Tätigkeiten aus. Hierfür gilt die Vorschrift von § 14 TV-L, die bereits seit längerem in Kraft ist (ebenso § 14 TVöD, vgl Kommentierung zu § 14). Es geht also bei der Eingruppierung um die dauerhaft zu verrichtende Tätigkeit. Es muss nach § 12 Abs. 1 S. 3 TV-L wie früher nach Unterabs. 1 von § 22 Abs. 2 BAT die gesamte Tätigkeit betrachtet werden. Diese Betrachtung richtet sich nach den Vorschriften von § 12 Abs. 1 S. 4 ff TV-L (vgl nachstehend Rn 15 ff).

13 Wichtig ist es, zunächst zu erfassen, dass in **§ 12 Abs. 1 S. 4 TV-L** von der **auszuübenden Tätigkeit** die Rede ist (ebenso wie früher bei § 22 Abs. 1 Unterabs. 1 BAT). Der Tarifvertrag spricht also weiterhin nicht von der ausgeübten Tätigkeit, was rechtlich bedeutet, dass nicht auf die tatsächliche Tätigkeit abzustellen ist, sondern auf die, die der Arbeitnehmer beanspruchen kann. Hierfür ist auch im öffentlichen Dienst zuerst der Arbeitsvertrag maßgebend.[14] Es ist also zunächst zu fragen, ob bspw die Einstellung als Ingenieur erfolgt und im Arbeitsvertrag ausgewiesen ist. Daraus folgt dann der Rechtsanspruch auf Übertragung einer entsprechenden Tätigkeit. Hiernach bestimmt sich die Eingruppierung. Dabei können die Parteien im Arbeitsvertrag allerdings auch vereinbaren, dass ein Einsatz auf einer Stelle erfolgt, die sich nicht als eine der Ausbildung entsprechende Tätigkeit darstellt (bspw bei einem Juristen, den ein kommunales Wohnungsbauunternehmen, das das Tarifrecht des öffentlichen Dienstes anwendet, auf einer Sachbearbeiterstelle bei der Wohnungsbewirtschaftung einsetzt, wenn nicht überwiegend juristische Qualifikationen abverlangt werden).[15] Wird ein Beschäftigter arbeitsvertraglich eingesetzt und ist er zutreffend eingruppiert, so kommt es für einen Höhergruppierungsanspruch darauf an, ob ihm Tätigkeiten übertragen werden, die bei Anwendung der Vorschriften von § 12 Abs. 1 TV-L einen Höhergruppierungsanspruch auslösen. Die früher zu Höhergruppierungsansprüchen führenden Fälle von Zeit- oder Bewährungsaufstiegen spielen wie oben festgehalten (vgl Rn 7) keine Rolle mehr. Aus **§ 13 TV-L** (früher § 23 Abs. 1 BAT) ergibt sich dabei, dass bei der **auszuübenden Tätigkeit** von den Tarifpartnern als Regelfall angenommen wird, dass diese im **Wege des Direktionsrechts zugewiesen** wird. Auch § 13 TV-L spricht von der übertragenen Tätigkeit.[16] Die **Übertragung** ist durch ausdrückliche Weisung aber auch

---

13 Dassau/Wiesend-Rothbrust, TVöD § 17 TVÜ-VKA Rn 14 f zu § 22 BAT; Dörring in Dörring/Kutzki § 22 BAT, Rn 33; BAG v. 31.10.1990, 4 AZR 260/90, ZTR 1991, 115; Treber in Schaub, Arbeitsrechts-Handbuch, § 183 Rn 10.
14 Dies wird von Dassau/Wiesend-Rothbrust, TVöD § 17 TVÜ-VKA Rn 20 f zu § 22 BAT vernachlässigt, zutreffend Hamer in Görg/Guth/Hamer/Pieper § 22 BAT Rn 15.
15 Beispiel nachgebildet LAG München v. 14.12.2004, 8 Sa 818/04, n.v.
16 Vgl dazu die zutreffende Darstellung bei Hamer in Görg/Guth/Hamer/Pieper § 23 BAT Rn 1 ff.

durch schlüssiges Verhalten denkbar. Aus § 13 TV-L ist wie bisher aus § 23 Abs. 1 BAT abzuleiten, dass der Begriff der Übertragung weit zu fassen ist und alles beinhaltet, was sich aus der Sphäre der Ausübung der Organisationsgewalt des Arbeitgebers auf den Tätigkeitszuschnitt des Beschäftigten auswirkt.[17] Demgegenüber erfasst § 13 TV-L wie § 23 Abs. 1 BAT Fälle, in denen sich unabhängig von der Organisation des Aufgabenbereichs durch den Arbeitgeber zB durch äußere Einflüsse die Tätigkeit ändert.[18]

Bei der Abgrenzung zwischen übertragender Tätigkeit und den von § 23 Abs. 1 BAT bzw jetzt von § 13 TV-L erfassten Fällen besteht Klärungsbedarf für **Sonderfälle**, in denen ein irgendwie gearteter ausdrücklicher oder schlüssiger Übertragungsakt nicht festgestellt werden kann, aber tatsächlich sich die Tätigkeit als nicht durch äußere Umstände gewandelt darstellt. Wenn bspw nach einem Ausscheiden eines Mitarbeiters und fehlender Nachbesetzung ohne Übertragung auf andere Mitarbeiter faktisch ein Beschäftigter Aufgaben aus diesem Bereich miterledigt, weil sie nicht in Wegfall gekommen und nach wie vor sinnvoll sind, so wird zumindest in den Fällen, in denen dies mit Wissen und stillschweigender Duldung des Arbeitgebers erfolgt, ein Höhergruppierungsanspruch gegeben und im weitesten Sinne von einer Übertragung auszugehen sein.[19] 14

c) Arbeitsvorgang, § 12 Abs. 1 S. 4 ff TV-L iVm Protokollerklärung zu Abs. 1, zeitliches Maß. § 12 Abs. 1 TV-L knüpft in den Sätzen 4 ff an die Regelungen von § 22 Abs. 2 BAT mit der Verwendung des **zentralen Begriffs Arbeitsvorgang** an. Grundsätzlich ist von der „gesamten auszuübenden Tätigkeit" die Rede, dieses Tatbestandsmerkmal ist allerdings bereits erfüllt, wenn **mindestens zur Hälfte Arbeitsvorgänge** anfallen, die für sich genommen den Anforderungen des Tätigkeitsmerkmales einer Vergütungsgruppe genügen (Beispiele für Tätigkeitsmerkmale vgl Rn 21 ff). Die Funktion dieser aus dem BAT übernommenen Regelung ist klar: Nur ganz selten ist die Tätigkeit von Beschäftigten so strukturiert, dass das Anforderungsniveau in Bezug auf alle Aufgaben, die erfüllt werden müssen, gleich ist. IdR ist es so, dass Beschäftigte verschiedene Tätigkeiten mit unterschiedlichem Anforderungsniveau zu verrichten haben, so dass es mit Blick auf die Subsumtion unter Tätigkeitsmerkmalen notwendig ist, einen Anknüpfungspunkt für das zeitliche Maß zu haben. Dieses Problem löst nun § 12 TV-L im Unterschied zu den in den Bereichen Bund und VKA noch fortgeltenden unterschiedlichen Regelungen des BAT und der Arbeitertarifverträge einheitlich so, 15

---

17 Hamer in Görg/Guth/Hamer/Pieper § 23 BAT Rn 2; differenzierend und auf Zuständigkeiten in Personalfragen abstellend Treber in Schaub, Arbeitsrechts-Handbuch, § 183 Rn 39 mwN.
18 Dassau/Wiesend-Rothbrust, TVöD § 17 TVÜ-VKA, Rn 2 zu § 23 BAT, nennen hier das Beispiel der Änderung gesetzlicher Anforderungen, was durchaus als zutreffend angesehen werden kann, wenn zB auf Grund einer Änderung gesetzlicher Vorgaben gebundene Verwaltungsentscheidungen zu Ermessensentscheidungen werden und dadurch einem Sachbearbeiter mehr Entscheidungsgewalt zuwächst. Dies kann für das oben genannte Tarifmerkmal „selbstständige Leistungen" von Bedeutung sein und nach ununterbrochener sechsmonatiger Verrichtung zu einer Höhergruppierung führen.
19 Dassau/Wiesend-Rothbrust, TVöD § 17 TVÜ-VKA Rn 21 zu § 22 BAT, erzielen dieses Ergebnis dadurch, dass sie den Einwand, eine rechtswirksame Übertragung sei in solchen Fällen nicht erfolgt, als rechtsmissbräuchlich ansehen; wie hier über die Zuweisung zur arbeitgeberseitigen Sphäre wohl Hamer in Görg/Guth/Hamer/Pieper § 23 BAT Rn 2; Treber in Schaub, Arbeitsrechts-Handbuch, § 183 Rn 39 mwN geht davon aus, dass je nach Fallgestaltung die Grundsätze des Vertrauensschutzes zugunsten des Arbeitnehmers eingreifen können.

dass mit dem Begriff Arbeitsvorgang gearbeitet wird und idR auf das hälftige Maß der Gesamttätigkeit abgestellt wird.[20] Es soll an dieser Stelle bereits darauf hingewiesen werden, dass auch die neue Entgeltordnung zum TV-L in Abweichung der Regel von § 12 Abs. 1 S. 4 TV-L für bestimmte Tätigkeitsmerkmale abweichende zeitliche Anforderungen definiert. So verlangt eine Eingruppierung in Entgeltgruppe 8 des Teils I zusätzlich zur Verrichtung von Tätigkeiten, die gründliche und vielseitige Fachkenntnisse erfordern, mindestens die Erbringung von selbstständigen Leistungen mit einem zeitlichen Maß von mindestens einem Drittel. An diesem Beispiel wird deutlich, dass mindestens fünfzig Prozent der Tätigkeit auf Arbeitsvorgänge entfallen müssen, in denen gründliche und vielseitige Fachkenntnisse verlangt werden und selbstständige Leistungen müssen in Arbeitsvorgängen erbracht werden, die mindestens ein Drittel der Gesamttätigkeit ausmachen. Das an diesem Beispiel deutlich gemachte Funktionsprinzip zur Bestimmung des jeweils erforderlichen zeitlichen Maßes ergibt sich aus § 12 Abs. 1 Satz 6 und Satz 7. Am vorgenannten Beispiel der Entgeltgruppe 8 des Teils I der Entgeltordnung zum TV-L lässt sich auch die Bedeutung von § 12 Abs. 1 S. 5 TV-L deutlich machen. In dieser Vorschrift ist bereits im Tariftext das Beispiel „vielseitige Fachkenntnisse" genannt. Dieses Tätigkeitsmerkmal weist die Besonderheit auf, dass sich von der Struktur des Merkmals her die Erfüllung durch Beschäftigte selten innerhalb eines Arbeitsvorgangs beurteilen lässt. Es ist also eine Gesamtschau über mehrere Arbeitsvorgänge anzustellen. Diese hält der Tarifvertrag nicht nur für zulässig, sondern gibt sie bei in dieser Art strukturierten Merkmalen ausdrücklich vor.

16 Der **Begriff Arbeitsvorgang** ist auch aus dem Wortlaut des § 12 Abs. 1 TV-L heraus nicht handhabbar, ebenso wie dies bereits bei § 22 Abs. 2 BAT der Fall war. Die Tarifpartner haben deshalb wiederum eine **Protokollerklärung** angefügt. Diese enthält eine nähere Definition (vgl Abdruck der Protokollerklärung vor der Kommentierung). Auch unter Heranziehung der Definition in der Protokollerklärung bleibt der Arbeitsvorgangsbegriff jedoch kompliziert. Verschiedene Aspekte sind zu beachten. Die Abgrenzungsfunktion, die der Arbeitsvorgangsbegriff erfüllen soll, wird von den Tarifpartnern vom **Arbeitsergebnis** her angegangen. Das jeweilige Arbeitsergebnis muss sich von anderen Arbeitsergebnissen, die der Beschäftigte erzielt, inhaltlich unterscheiden. Die Arbeitsleistungen, die zum Aufgabenkreis des Beschäftigten gehören, müssen zu diesem Ergebnis führen. Dies verdeutlichen die **Beispiele**, die in der **Protokollerklärung** zu Abs. 1 unter 1. enthalten sind. Ist der Beschäftigte als technischer Zeichner oder Ingenieur tätig, so ist die Anfertigung einer Zeichnung oder eines Plans ein solches abgrenzbares Arbeitsergebnis und alle Leistungen, die hierauf bezogen sind, gehen in die zeitliche Erfassung ein. Die Tarifpartner stellen bereits eingangs der Ziffer 1 der Protokollerklärung dar, dass auch **Zusammenhangsarbeiten** miterfasst werden. Erfordert also bspw die Anfertigung eines Konstruktionsplanes als Vorarbeit die Analyse bereits vorhandener Planungen, von Fotos vom Ist-Zustand eines Objekts oder andere vorbereitende Tätigkeiten, so sind diese der Anfertigung des Plans zuzurechnen. Die Überwachung der Ausführung der Pla-

---

20 Bei den Regelungen für Arbeiterinnen und Arbeiter fehlt dieser Begriff häufig und es wird auf die Tätigkeit abgestellt, vgl zB § 2 Lohngruppenverzeichnis für Arbeiterinnen und Arbeiter bei Gemeinden in Bayern, wo die Tätigkeit maßgebend ist, die mindestens zur Hälfte nicht nur vorübergehend verrichtet wird.

nungen durch Baufirmen auf der Baustelle stellt dagegen einen eigenen Arbeitsvorgang eines Ingenieurs, der sowohl planerisch wie auch bauleitend tätig ist, dar. Auch die Abrechnung der Bauleistungen durch diesen Beschäftigten wäre, um im Beispiel zu bleiben, ein eigener Arbeitsvorgang. Die auf das Arbeitsergebnis bezogene Arbeitsleistung ist also nicht so zu zerstückeln, dass auf die kleinste abgrenzbare Einheit die Betrachtung herunterzubrechen ist.[21] Der Begriff der Zusammenhangsarbeiten, den auch die Tarifpartner verwenden, macht deutlich, dass eine dem tatsächlichen Arbeitsablauf nicht gerecht werdende **Zerstückelung** von den Tarifpartnern nicht gewünscht ist. Vielmehr ist arbeitsergebnisbezogen vorzugehen.[22] Bei dieser Betrachtungsweise sind **gleichartige Vorgänge** hinsichtlich des zeitlichen Maßes zusammenzufassen und mit dem insgesamt hierauf entfallenen **Zeitanteil Tätigkeitsmerkmalen zuzuordnen**. Diese Zusammenfassung darf vom Sinn her nur erfolgen, wenn grundsätzlich Gleichartigkeit in Bezug auf die Tätigkeitsmerkmale und das darin vorkommende Anforderungsmaß gegeben ist.[23] Nachstehend wird allerdings darauf einzugehen sein, dass innerhalb eines Arbeitsvorganges hinsichtlich des Anforderungsprofils nicht aufgespalten werden darf. Die vorstehende Feststellung bezieht sich also auf die Frage, welche Arbeitsvorgänge gleichartig sind. Beim in der Protokollnotiz genannten Beispiel der **Bearbeitung von Aktenvorgängen** sind alle **zusammenzufassen**, die grds. ein **gleiches Anforderungsniveau aufweisen**. Hat also ein Sachbearbeiter Aktenvorgänge zu bearbeiten, bei denen er einen eigenen Beurteilungs- oder Entscheidungsspielraum iS des Tarifmerkmals selbstständige Leistungen hat, so sind diese Vorgänge zusammenzufassen (zB Einkaufssachbearbeitung mit einem Entscheidungsspielraum innerhalb bestimmter betragsmäßiger Grenzen in Bezug auf anzuschaffende Geräte, Materialien, etc.). Sind dem Beschäftigten auch Aufgaben übertragen, bei denen er lediglich zB Buchungsvorgänge kontrollieren muss, so sind diese hinsichtlich des Zeitanteils gesondert zu erfassen. Setzt sich dagegen die Einkaufssachbearbeitung aus einem Bearbeitungsabschnitt zusammen, in dem es keine Entscheidungsspielräume gibt und einem Bereich, in dem selbstständige Leistungen abverlangt werden, so bezieht sich dies auf Vorgänge innerhalb des Arbeitsvorgangs. Somit darf nicht aufgespalten werden (vgl dazu Rn 18).

Die vorstehende differenzierende Betrachtung zeigt auch, dass gerade dann, 17 wenn von einem Beschäftigten komplexere Aufgaben zu bewältigen sind und ein Arbeitsergebnis von der Struktur der Aufgabe her nicht so klar abgrenzbar ist wie bspw die Anfertigung einer Zeichnung oder die Bearbeitung eines Aktenvorgangs bis hin zum Bescheiderlass, der Arbeitsvorgangsbegriff schwer handhabbar ist und die **Gefahr** besteht, eine **lebensfremde „Atomisierung" oder Zer-

---

21 Zum Arbeitsbegriff vgl auch Treber in Schaub, Arbeitsrechts-Handbuch, nach § 183 Rn 43 ff mit zahlreichen Beispielen aus der Rechtsprechung des BAG, zur Zusammenhangstätigkeit vgl insbesondere Rn 47 f.
22 BAG v. 14.2.1979, 4 AZR 414/77, AP Nr. 15 zu §§ 22, 23 BAT 1975, Hamer in Görg/Guth/Hamer/Pieper § 22 BAT Rn 20 f; Dassau/Wiesend-Rothbrust, § 17 TVÜ-VKA Rn 24 ff zu § 22 BAT; vgl auch Überblick in Bredemeier/Neffke § 22 BAT Rn 15 ff; Treber in Schaub, Arbeitsrechts-Handbuch, § 183 Rn 44 ff.
23 Vgl aber BAG v. 20.10.1993, 4 AZR 45/93, NZA 1994, 560: Eine Zusammenfassung ist nur ausgeschlossen, wenn eine tatsächliche Trennbarkeit der Tätigkeiten besteht; siehe auch BAG v. 23.9.2009, 4 AZR 308/08, ZTR 2010, 243; vgl auch Treber in Schaub, Arbeitsrechts-Handbuch, § 183 Rn 46.

stückelung vorzunehmen.[24] Dies hat dazu geführt, dass in der Rechtsprechung zur gleichen Frage im Geltungsbereich des Eingruppierungsrechts des BAT verstärkt von „großen oder einheitlichen Arbeitsvorgängen" ausgegangen wurde (zB bei der Tätigkeit einer Krankenpflegerin oder einer Altenpflegehelferin oder bei Leitungstätigkeiten). Dies ist allerdings in Teilen der Literatur auf Kritik gestoßen.[25] Bei der Bildung des Arbeitsvorgangs ist auch zu beachten, dass dann, wenn im Tarifmerkmal Beispiele genannt sind, diese idR einen Fingerzeig geben sollen, was die Tarifpartner als abgrenzbares Arbeitsergebnis und hierauf gerichtete Tätigkeiten sehen. Solche Hinweise der Tarifpartner finden sich vor allem in den Tätigkeitsmerkmalen für bestimmte Beschäftigtengruppen (zB im Fremdsprachendienst, bei Ingenieuren und Restauratoren).

18 Es ist bereits darauf hingewiesen worden, dass dann, wenn Tätigkeiten zu einem Arbeitsvorgang zusammengefasst werden, innerhalb des Arbeitsvorgangs hinsichtlich der Anforderungen zeitlich nicht aufgespalten werden darf. Dieses **Aufspaltungsverbot** fand sich bereits in S. 2 der Ziff. 1 der Protokollnotiz zu § 22 Abs. 2 BAT und ist nun auch in der **Protokollerklärung zu Abs. 1 des § 12 TV-L in Ziff. 1 S. 2** als zweiter Halbsatz enthalten. Die Regelung spielte in der Praxis bisher eine nicht unwichtige Rolle und diese Bedeutung wird erhalten bleiben. Bezug nehmend auf das Beispiel Ingenieurtätigkeit kann dies vereinfacht veranschaulicht werden: Bei der Konstruktion einer Brücke durch einen Ingenieur gibt es im Konstruktionsvorgang Elemente, die für sich genommen nicht die Ausbildung als Ingenieur verlangen und sich somit auch nicht als entsprechende Tätigkeit eines Beschäftigten mit dieser Ausbildung darstellen (zB einfache Rechnungen, Messungen, Kopiervorgänge etc.). Hierfür sind jedoch keine eigenen Zeitwerte anzusetzen und aus dem auf den Arbeitsvorgang entfallenen Zeitanteil herauszurechnen, weil diese Arbeiten zum gesamten Bündel der Arbeitsleistungen gehören, die zu einem abgrenzbaren Arbeitsergebnis führen. Sie sind damit Bestandteil des Arbeitsvorgangs, so dass der gesamte zeitliche Anteil in vollem Umfang zu berücksichtigen ist.[26]

19 Die Ziff. 2 der Protokollerklärung zu Abs. 1 stellt wie ihre Vorgängervorschrift in § 22 BAT klar, dass Anforderungen im Sinne der tariflichen Regelung auch die sog. **Heraushebungsmerkmale** aus einer niedrigeren Vergütungsgruppe sind.[27] Solche Heraushebungsmerkmale sind auch in der neuen Entgeltordnung zum TV-L enthalten. Bereits im Teil I findet sich zB in Entgeltgruppe 10 das Heraushebungsmerkmal „durch besondere Schwierigkeit und Bedeutung". Auch in zahlreichen Regelungen für bestimmte Beschäftigungsgruppen gibt es solche Merkmale (zB im Sozial- und Erziehungsdienst und bei Ingenieuren und

---

24 Vgl in diesem Sinne auch BAG v. 15.9.2004, 4 AZR 396/03, ZTR 2005, 30 für die Tätigkeit eines Lagerverwalters; Treber in Schaub, Arbeitsrechts-Handbuch, § 183 Rn 47 ff mwN.
25 Vgl hierzu BAG v. 28.2.1998, 4 AZR 552/96, ZTR 1998, 321; BAG v. 17.5.2001, 8 AZR 277/00, ZTR 2001, 510 mwN; Hamer, § 22 BAT Rn 8 ff; Hamer in Görg/Guth/Hamer/Pieper § 22 BAT Rn 20; ErfK/Koch § 46 ArbGG Rn 45 ff; Treber in Schaub, Arbeitsrechts-Handbuch, § 183 Rn 49 ff mit zahlreichen Beispielen; zT kritisch Dassau/Wiesend-Rothbrust, TVöD § 17 TVÜ-VKA Rn 25 f zu § 22 BAT.
26 Vgl zum Aufspaltungsverbot Treber in Schaub, Arbeitsrechts-Handbuch, § 183 Rn 54 mit zahlreichen weiteren Nachweisen und einem Praxisbeispiel zum wichtigen Tarifmerkmal „selbstständige Leistungen"; siehe auch BAG v. 25.8.2010, 4 AZR 5/09, ZTR 2011, 165.
27 Vgl auch Treber in Schaub, Arbeitsrechts-Handbuch, § 183 Rn 58 ff.

Technikern). Kommt in Frage, dass ein Heraushebungsmerkmal auf die Tätigkeit eines Beschäftigten zutrifft, so ist zu prüfen, in welchen Arbeitsvorgängen diese Anforderungen bestehen und welcher Zeitanteil hierauf entfällt. Beim Beispiel der Entgeltgruppe 10 des allgemeinen Teils der Entgeltordnung zum TV-L (Teil I) ist also bei einem Sachbearbeiter, der die Voraussetzungen der Entgeltgruppe 9 erfüllt (Tätigkeiten, die gründliche und umfassende Fachkenntnisse und selbstständige Leistungen erfordern) zu fragen, in welchen Arbeitsvorgängen Tätigkeiten zu verrichten sind, die sich durch besondere Schwierigkeit und Bedeutung herausheben. Es ist sodann der Zeitanteil dieser Arbeitsvorgänge zu bestimmen und zu prüfen, ob hierauf mindestens ein Drittel der Gesamttätigkeit entfällt. Auch in Bezug auf **Heraushebungsmerkmale** ist das **Aufspaltungsverbot** zu beachten.

In der Praxis spielt neben der Anwendung des Arbeitsvorgangsbegriffs auf die dem Beschäftigten übertragenen Tätigkeiten auch die **zeitliche Erfassung und Bewertung** eine große Rolle. Die Grundlage bilden hier **Aufzeichnungen** über die **Tätigkeit der Beschäftigten**, die entweder selbst oder im Rahmen einer Überprüfung erstellt wurden. Eine solche Tätigkeitsaufzeichnung muss noch nicht nach Arbeitsvorgängen gegliedert geschehen, zumal uU erst in einem zweiten Gang der Betrachtung auf der Basis der Tätigkeitsaufzeichnungen eine sinnvolle Bildung von Arbeitsvorgängen erfolgen kann. Es bleibt idR nichts anderes übrig, als die einzelnen Tätigkeiten genau zu benennen und die hierauf entfallenen Zeitanteile zu erfassen. Da es uU gerade bei Arbeitsplätzen, denen verschiedene Aufgaben zugeordnet sind, im Laufe eines Jahres erhebliche Schwankungen hinsichtlich des Anfalls der einzelnen Aufgaben geben kann, bedarf es eines aussagefähigen Zeitraums, wenn die Wertigkeit der Aufgaben unterschiedlich ist.[28] Zur Darlegungs- und Beweislast im Streitfall ist auf die nachfolgenden Ausführungen zu verweisen (Rn 29 ff). 20

d) Beispiele für Tätigkeitsmerkmale der Entgeltordnung zum TV-L. Die Entgeltordnung zum TV-L besteht – wie bereits oben ausgeführt – aus vier Teilen, die nachstehend abgedruckt sind. Es kann im Rahmen dieser Kommentierung nur darum gehen, die Struktur dieser Entgeltordnung zu erläutern und mit den wesentlichen Prinzipien, die sich darin erkennen lassen, vertraut zu machen.[29] Da die Tarifpartner sich in vielerlei Hinsicht am bisherigen Tarifrecht orientiert haben, wird die bislang ergangene Rechtsprechung des Vierten Senats des Bundesarbeitsgerichts große Bedeutung behalten. Aufgegeben wurde die Unterscheidung in Vergütungsgruppen und Fallgruppen. Es gibt nur noch Tätigkeitsmerkmale für die Entgeltgruppen, wobei nicht zu übersehen ist, dass in Teil II durch Aufgliederung in 25 Abschnitte für bestimmte Beschäftigtengruppen und Schaffung jeweils spezifischer Tätigkeitsmerkmale nach wie vor eine große Zersplitterung besteht (auch Teil III enthält zahlreiche besondere Merkmale). Andererseits ermöglicht dies, die Eingruppierung weiterhin für die Gegebenheiten in stark spezialisierten Bereichen zuzuschneiden. Es ist sicher nicht von der Hand zu weisen, dass zB Forschungseinrichtungen oder der Sozial- und Erziehungs- 21

---

28 Vgl zu den erforderlichen arbeitnehmerseitigen Darlegungen Treber in Schaub, Arbeitsrechts-Handbuch, § 183 Rn 127 mwN („bei einfachen Arbeiten reicht eine Zeitspanne von einem Monat aus, bei schwierigeren werden im Allgemeinen mindestens sechs Monate zugrunde zu legen sein"); Dassau/Wiesend-Rothbrust, TVöD § 17, TVÜ-VKA Rn 27 ff zu § 22 BAT: „Zeitraum von sechs Monaten in vielen Fällen zu lang".

29 Geyer/Baschnagel, Die Entgeltordnung zum TV-L, ZTR 2011, 331 ff.

dienst oder auch technische Berufe starke Unterscheidungen zum allgemeinen Verwaltungsdienst aufweisen und somit sinnvollerweise in eigenen Abschnitten Tätigkeitsmerkmale definiert werden. Vergleichbar dem bisherigen Allgemeinen Teil der Anlage 1a zum BAT/BAT-O wurden die **allgemeinen Tätigkeitsmerkmale** für den **Verwaltungsdienst** als **Teil I** festgelegt. Einige Bereiche, die bisher hier integriert waren (zB Ingenieurstätigkeiten), finden sich nun in Teil II. Damit ist Teil I nun wirklich ein allgemeiner Teil für den Verwaltungsdienst und kommt deshalb mit relativ wenig Tätigkeitsmerkmalen aus. Dieser Teil besitzt im Übrigen eine gewisse Leitfunktion, indem er deutlich macht, welche Qualifikationen grundsätzlich für die Entgeltgruppen 1 bis 4 einerseits und 5 bis 12 andererseits abverlangt werden. **Ab Entgeltgruppe 13** kommt der Ausbildung eine wichtige Rolle zu, ohne dass der Tätigkeitsbezug aufgegeben wird. Hier sind Tätigkeiten erfasst, die sich als Anwendung von Kenntnisse darstellen, die idR eine **wissenschaftliche Hochschulbildung** verlangen. Gleichgestellt sind Masterabschlüsse an Fachhochschulen (Protokollerklärung Nr. 1). Die Erwartung, dass sich in den Entgeltgruppen 5 bis 8 und 9 bis 12 ein stärkerer Ausbildungsbezug niederschlägt, hat sich nicht erfüllt.[30] Allerdings ist es so, dass der Ausbildungsbezug eine große Rolle spielt in den einzelnen Abschnitten des Teils II für besondere Beschäftigtengruppen und im Teil IV für Pflegekräfte (Erfordernis einer abgeschlossenen Ausbildung als Krankenpfleger/Krankenschwester oder in anderen anerkannten Ausbildungsberufen in diesem Bereich ab Entgeltgruppe KR 7a). Auch in Teil III spielt die Ausbildung ab Entgeltgruppe 4 eine entscheidende Rolle, wobei auch hier der Tätigkeitsbezug nicht aufgegeben wird. Erforderlich ist beispielsweise für eine Eingruppierung in Entgeltgruppe 4 eine erfolgreich abgeschlossene Ausbildung in einem anerkannten Ausbildungsberuf mit körperlich/handwerklich geprägten Tätigkeiten mit einer Ausbildungsdauer von weniger als drei Jahren und eine Tätigkeit in diesem oder einem verwandten Beruf. Eine Ausbildung mit der regelmäßigen Ausbildungsdauer von drei Jahren, ein erfolgreicher Abschluss und eine Tätigkeit im Ausbildungsberuf oder einem verwandten Beruf führt zu einer Eingruppierung in Entgeltgruppe 5. Gleichgestellt werden mindestens dreijährige ununterbrochene Beschäftigungen in einem solchen Beruf, wenn eine verwaltungseigene Prüfung erfolgreich abgelegt wird und eine entsprechende Tätigkeit verrichtet wird. Die Entgeltgruppen 6 und 7 arbeiten auf dieser Grundlage mit den Heraushebungsmerkmalen „hochwertige Arbeiten" und „besonders hochwertige Arbeiten" (vgl zum Begriff Heraushebungsmerkmal Rn 26). In den Entgeltgruppen 1, 2 und 3 sind die einzelnen Teile der Entgeltordnung weitgehend inhaltsgleich. Dies ergibt sich daraus, dass diese Entgeltgruppen „einfachste" Tätigkeiten (Entgeltgruppe 1, vgl dazu Rn 24f), „einfache" Tätigkeiten (Entgeltgruppe 2) und Tätigkeiten mit dem Erfordernis von Anlern- bzw Einarbeitungszeiten erfassen. Zu einer Eingruppierung in Entgeltgruppe 4 wird im Teil I eine schwierige Tätigkeit verlangt. Damit sind Aufgaben gemeint, die ein Niveau erreichen, für das eine eingehende Einarbeitung oder ein fachliches Anlernen allein nicht ausreichend ist. Im Bereich von ehemaligen Angestelltentätigkeiten im Verwaltungsbereich wird alternativ ein Anteil von Arbeitsvorgängen von mindestens einem Viertel verlangt, in dem gründliche Fachkenntnisse erforderlich sind. Ab Entgeltgruppe 5 werden im Verwaltungsbereich dann gründliche Fachkenntnisse in zumindest der Hälfte der Tätigkeit

---

30 Vgl auch Geyer/Baschnagel, aaO, 334ff.

unter Zugrundelegung des Arbeitsvorgangsbegriffs (vgl Rn 15 ff) gefordert. Auf die Begriffe, die im Teil I die Entgeltgruppen ab 5 prägen, wird nachstehend in Rn 26 eingegangen werden. Auch im Teil III der Entgeltordnung, der Tätigkeitsmerkmale für Beschäftigte mit körperlich/handwerklich geprägten Tätigkeiten enthält, erfassen die Entgeltgruppen 1 bis 3 einfachste Tätigkeiten, einfache Tätigkeiten und Tätigkeiten mit eingehender Einarbeitung. Ab Entgeltgruppe 4 wird dann bereits eine abgeschlossene Ausbildung, wenn auch unterhalb der regelmäßigen dreijährigen Ausbildungsdauer, verlangt. Dieses Grundprinzip gilt auch in den besonderen Bereichen, die in Teil III geregelt sind.

Die allgemeinen Merkmale der Entgeltgruppen des Teils I für den Verwaltungsdienst und auch des Teils III für die körperlich/handwerklich geprägten Tätigkeiten haben eine Auffangfunktion, die immer dann greift, wenn die Tätigkeit nicht einem besonderen Merkmal zugeordnet ist. Die Tarifvertragsparteien haben in **Nr. 1 Abs. 3 der Vorbemerkungen zu allen Teilen der Entgeltordnung festgeschrieben**, dass für Beschäftigte, deren Tätigkeit nicht in Teil II aufgeführt wird, die Tätigkeitsmerkmale des Teils I gelten. Allerdings wird in dieser Vorschrift auch klargestellt, dass grds. die auszuübende Tätigkeit einen unmittelbaren Bezug zu den eigentlichen Aufgaben der betreffenden Verwaltungsdienststellen, -behörden oder -institutionen haben muss. Eine Niederschriftserklärung zu diesem Abs. 3 bekräftigt die Einigkeit der Tarifvertragsparteien, dass die allgemeinen Merkmale für den Verwaltungsdienst eine Auffangfunktion in dem gleichen Umfang besitzen, wie sie bisher die Fallgruppen des Allgemeinen Teils der Anlage 1a zum BAT/BAT-O hatten. Insoweit wird auf die ständige Rechtsprechung des BAG verwiesen[31] (anders bei Entgeltgruppe 1, vgl Protokollerklärung Nr. 5, Rn 24). 22

Der **Teil III der Entgeltordnung** enthält für die **körperlich/handwerklich geprägten Tätigkeiten** sowohl allgemeine Tätigkeitsmerkmale wie auch besondere Merkmale. Es wird idR nicht mehr mit Obermerkmalen und Beispielsmerkmalen gearbeitet. Dies bedeutet, dass auf eine Eingruppierung gemäß der besonderen Merkmale dieses Teils nur die Beschäftigten Anspruch haben, die dieses Merkmal erfüllen. Alle anderen Arbeitnehmer werden nach den allgemeinen Merkmalen eingruppiert. An dieser Stelle ist darauf hinzuweisen, dass in verschiedenen Bereichen keine speziellen Merkmale für Arbeitnehmer mit körperlich/handwerklich geprägten Tätigkeiten in Teil III der Entgeltordnung geschaffen wurden, trotzdem aber auch keine Eingruppierung nach den allgemeinen Merkmalen des Teils III zu erfolgen hat. Vielmehr sind bestimmte Arbeitertätigkeiten in speziellen Bereichen in Merkmale für Angestelltentätigkeiten integriert worden (zB Bühnenarbeiter wie Gewandmeister in Teil II Ziff. 23). Hausmeistertätigkeiten werden nicht mehr in verschiedenen Abschnitten erfasst und sind sämtlich in Teil III geregelt. Für fast alle Bereiche konnten Lösungen gefunden werden, im Bereich der Datenverarbeitung haben die Tarifvertragsparteien vereinbart, dass eine Überarbeitung der Merkmale erfolgen soll. Für Lehrkräfte konnte keine allgemeine Lösung gefunden werden, erfasst sind allerdings Lehrkräfte, die spezielle Tätigkeitsmerkmale erfüllen (zB in der Pflege oder in technischen Berufen).[32] 23

---

31 Siehe auch Geyer/Baschnagel, aaO, 332.
32 Vgl auch Geyer/Baschnagel, aao, 333.

24 Im Vorgriff auf die Aufstellung einer neuen Entgeltordnung haben sich die Tarifpartner in allen Bereichen auf eine **neue Entgeltgruppe 1** („**einfachste Tätigkeiten**") am unteren Rand des Vergütungsbereiches im öffentlichen Dienst verständigt (vgl jeweils § 17 TVÜ-Bund und TVÜ-VKA mit den dazugehörigen Anlagen 3, beim TVÜ-Länder galt Anlage 4 zu § 17 TVÜ). Die Regelungen wurden in die Entgeltordnung zum TV-L sowohl für den früheren Angestelltenbereich als auch für frühere Arbeitertätigkeiten mit Beispielskatalogen in den Teilen I und III übernommen. Es ist bei Anwendung dieser Regelungen weiterhin zunächst zu prüfen, ob sie unter die neuen Tarifmerkmale zu subsumieren sind. Kann dies geschehen, so sind die Beschäftigten in die neue Entgeltgruppe eingruppiert, auch wenn sie grundsätzlich unter die bisherigen untersten Eingruppierungen der Arbeitertarifverträge einschließlich landesbezirklicher Regelungen fallen würden. Insoweit gilt der Grundsatz der Spezialität.[33] Die Vergütung, die aus einer Eingruppierung in Entgeltgruppe 1 resultiert, ist niedriger als diejenige, die sich aus den bisher niedrigsten Vergütungsgruppen nach Überleitung in die höheren Gruppen ergeben würde. Die Tarifpartner haben sich auf diese Niedriglohngruppe verständigt, weil sie darin wohl eine Möglichkeit gesehen haben, Ausgliederungstendenzen entgegen zu wirken. Sie wollen auf diesem Wege erreichen, auch Beschäftigte, die solche Tätigkeiten verrichten, im Tarifbereich des öffentlichen Dienstes mit dem Gesamtpaket seiner Regelungen einschließlich der Zusatzversorgung, Kündigungsschutz etc. zu halten.[34] Durch die Beschränkung auf Neueinstellungen wird vermieden, dass in existente Besitzstände von Beschäftigten, die bereits im öffentlichen Dienst beschäftigt sind und unter den Geltungsbereich der früheren Tarifverträge fallen, eingegriffen wird. Die Tarifpartner haben hier mit einer Technik gearbeitet, die auch aus anderen Vorschriften und anderen Tarifverträgen bekannt ist. Man operiert mit einem **Obermerkmal** („einfachste Tätigkeiten") und gibt dafür **Beispielsmerkmale** an. Es ist durch die Rechtsprechung geklärt, wie in solchen Fällen bei der Eingruppierung vorzugehen ist: Zunächst ist zu fragen, ob ein Beispielsmerkmal erfüllt ist. Ist dies nicht der Fall, so ist zu prüfen, ob eine Eingruppierung unter das Obermerkmal (hier: „einfachste Tätigkeiten") möglich ist.[35] Die Auslegung der Einzelmerkmale, soweit es sich hier um auslegungsfähige und auslegungsbedürftige Begriffe handelt, muss im Einklang mit dem Obermerkmal erfolgen. Beispielsweise dürfte die Bezeichnung eines Mitarbeiters als Hausgehilfe nicht ohne Weiteres trotz der Nennung als Beispiel zu einer Eingruppierung in Entgeltgruppe 1 führen. Vielmehr ist zu fragen, ob das Bild der Tätigkeit dieses Hausgehilfen sich von seiner Struktur her wirklich als Aufgabenerfüllung mit einfachstem Anforderungsniveau darstellt. Das Beispiel Hausgehilfe/Hausgehilfin ist also bei der Subsumtion durch das ungeschriebene Tatbestandsmerkmal mit „einfachsten Tätigkeiten" zu ergänzen.

25 Bereits kurze Zeit nach Inkrafttreten dieser Regelung ergaben sich eine Reihe von Subsumtionsproblemen, so dass der Vierte Senat des BAG gefordert war, Vorgaben zu machen. Es ist nicht zu verkennen, dass die Gefahr besteht, dass

---

33 So auch Hamer in Görg/Guth/Hamer/Pieper, TVöD, § 13 TVöD-AT Rn 7; Dassau/Wiesend-Rothbrust, § 17 TVÜ-VKA Rn 8.
34 Hamer in Görg/Guth/Hamer/Pieper, TVöD, § 13 TVöD-AT Rn 5.
35 Vgl zB BAG v. 14.5.1986, 4 AZR 134/85, AP Nr. 119 zu §§ 22, 23 BAT 1975; BAG v. 25.9.1991, 4 AZR 87/91, NZA 1992, 273; BAG v. 21.6.2000, 4 AZR 394/99, ZTR 2001, 127.

Entgeltgruppe 1 genutzt wird, Tätigkeiten, die bisher höher vergütet wurden, abzusenken, obwohl dies nicht der Zielrichtung der Vorschrift nach den Bekundungen der Tarifpartner entspricht. Der Begriff „einfachst" ist also nicht extensiv auszulegen. In den Bereichen **Bund und VKA** besteht weiterhin die Schwierigkeit, dass keine Entgeltordnung mit Tarifmerkmalen ab Entgeltgruppe 2 existiert. Im **TV-L** schließt an das Merkmal **„einfachste Tätigkeiten"** der Entgeltgruppe 1 nunmehr **Entgeltgruppe 2 mit „einfachen Tätigkeiten"** an (sowohl in Teil I für Tätigkeiten in Verwaltungsbereichen wie auch in Teil III für körperlich/handwerklich geprägte Tätigkeiten). Nach diesseitiger Einschätzung muss weiterhin klar sein, dass jede nennenswerte Einarbeitungs- oder Einweisungsphase der Annahme einer einfachsten Tätigkeit nach Analyse der Beispielsmerkmale entgegensteht.[36] Problematisch bleibt gerade bei diesen Merkmalen auch, dass beim **Überleitungsrecht** in allen Bereichen des öffentlichen Dienstes auf die **überwiegende Tätigkeit** abzustellen ist. Im **TV-L** ist nun allerdings klar, dass der **Arbeitsvorgangsbegriff** anzuwenden ist. Es fragt sich also, wie der Fall zB einer Küchenhilfe zu erfassen ist, die Tätigkeiten verrichtet, die nicht nur aus den als einfachst beispielhaft genannten Verrichtungen Spülen und Gemüseputzen besteht, sondern die auch Essen zu portionieren hat.[37] Bei zutreffender Anwendung des Arbeitsvorgangsbegriffes wird man in solchen Fällen zu dem Ergebnis kommen, dass die gesamte Tätigkeit ein einheitlicher Arbeitsvorgang ist. Wenn innerhalb dieses Arbeitsvorgangs Tätigkeiten zu verrichten sind, die für sich genommen keine einfachste Tätigkeit darstellen, weil sie eine nennenswerte Einarbeitungszeit erfordern, so ist unter Anwendung des Aufspaltungsverbotes in einem Arbeitsvorgang (vgl Rn 18) das Ergebnis zu gewinnen, dass insgesamt keine einfachste Tätigkeit mehr vorliegt.

Die Entgeltordnung des TV-L arbeitet weiterhin mit dem Funktionsprinzip, dass aufbauend auf grundsätzlichen **Tarifmerkmalen** mit **Heraushebungsmerkmalen** gearbeitet wird.[38] In den Entgeltgruppen 5 und höher des Teils I der Entgeltordnung werden die Tarifmerkmale **„gründlich", „vielseitig"** und **„selbstständig"** weiter verwendet. Diese Merkmale waren auch bisher im Allgemeinen Teil der Anlage 1a zum BAT/BAT-O von zentraler Bedeutung. **Gründlich** ist dabei als das Vorliegen nicht nur oberflächlicher Fach- oder Gesetzeskenntnisse zu definieren.[39] Die **Vielseitigkeit** ergibt sich daraus, dass der/die Beschäftigte gründliche Fachkenntnisse in mehreren Bereichen unter Beweis zu stellen hat, wobei hier § 12 Abs. 1 S. 5 TV-L besondere Bedeutung bekommt (vgl Rn 15).[40] Im Mittelpunkt von Streitigkeiten über die Anwendung des bisherigen Rechts stand nicht selten der **Begriff der Selbstständigkeit**, der auch weiterhin verwendet wird (ab Entgeltgruppe 8). Die Selbstständigkeit im Tarifsinne ist et- 26

---

36 So auch Hamer in Görg/Guth/Hamer/Pieper TVöD, § 13 TVöD-AT Rn 6.
37 Vgl Überblick bei Hock/Hock „Die neue EG 1 – Geltungsbereich und Verfahren der Eingruppierung", ZTR 2009, 243 ff; BAG v. 28.1.2009, 4 ABR 92/07, ZTR 2009, 474 (Reiniger); BAG v. 20.5.2009, 4 ABR 99/08, ZTR 2010, 22 (Küchenhilfe, hier überwogen die einfachsten Tätigkeiten, so dass EG 1 im Ergebnis bejaht wurde); BAG v. 1.7.2009, 4 ABR 18/08, ZTR 2010, 25 ff (Hausarbeiter/Hausarbeiterinnen).
38 Zur Komplexität und schwierigen Justitiabilität dieses Systems vgl zB BAG v. 19.3.1986, 4 AZR 642/84, AP Nr. 116 zu §§ 22, 23 BAT 1975, vgl auch BAG v. 6.6.2007, 4 AZR 505/06, ZTR 2008, 156.
39 Vgl zum Begriff „gründlich" zB BAG v. 28.9.1994, 4 AZR 542/93, ZTR 1995, 120; BAG v. 11.5.2005, 4 AZR 386/04; vgl auch Sonntag/Bauer S. 96.
40 Vgl zur „Vielseitigkeit" im Tarifsinne zB BAG aaO; vgl auch Sonntag/Bauer S. 96.

was anderes als die Selbstständigkeit im allgemeinen Sprachgebrauch. Sie kann definiert werden als Nutzung von Spielräumen bei einem nicht eng vorgegebenen Weg der Bearbeitung, zB wenn Ermessen ausgeübt werden muss oder Entscheidungs-, Beurteilungs- oder Gestaltungsspielräume vorhanden sind.[41] Entgeltgruppe 8 (ein Drittel selbstständige Leistungen) führt derzeit zu einer Vergütung von ca. 2.150,00 € bis ca. 2.750,00 €. Vielfach wird es auch weiterhin nicht möglich sein, diese Entgeltgruppe zu erreichen, weil wesentliche Beurteilungs- und Entscheidungskompetenzen zB verbeamteten oder deutlich höher eingruppierten Sachgebiets- oder Referatsleitern vorbehalten bleiben. Nach wie vor gehen also von einer Eingruppierung in den Entgeltgruppen 5-8 wenig Motivationsimpulse aus. Zusammen mit fehlenden Zeit- oder Bewährungsaufstiegen ist festzuhalten, dass die Tarifpartner hier keine Verbesserung für die Beschäftigten vereinbart haben. Die höheren Entgeltgruppen sind durch **weitere Heraushebungsmerkmale** geprägt, die auch nicht unbekannt sind (zB „**umfassende**" **Fachkenntnisse** oder „**besonders verantwortungsvolle**" **Tätigkeiten**). Entgeltgruppe 10 verlangt eine Tätigkeit, die sich mindestens zu einem Drittel durch besondere Schwierigkeit und Bedeutung aus einer Tätigkeit in Entgeltgruppe 9, die bereits besonders verantwortungsvoll sein muss, heraushebt. Die **besondere Schwierigkeit und Bedeutung** ist nach der Rechtsprechung des BAG so definiert, dass sich die Schwierigkeit auf die fachliche Qualifikation des Arbeitnehmers bezieht und die Bedeutung an den Aufgabenkreis anknüpft. Dieses Merkmal ist im jeweils geforderten zeitlichen Maß erfüllt (ein Drittel in Entgeltgruppe 10, die Hälfte in Entgeltgruppe 11), wenn Beschäftigte zB fachlich eine besondere Breite und Tiefe ihrer Fähigkeiten aufweisen. Denkbar ist auch, dass der Aufgabenbereich besonders groß ist oder die Tätigkeit innerdienstlich im Gefüge der Dienststelle oder des Betriebes oder nach außen für die Bürgerinnen und Bürger von besonderer Tragweite ist. Es dürfte klar sein, dass es im Streitfall gerade bei diesem Merkmal (Vergütung für Entgeltgruppe 11 ca. 2.700,00 € – 4.000,00 €) einem Arbeitnehmer sehr schwer fallen wird, einen Höhergruppierungsprozess erfolgreich zu gestalten (zu Fragen der Schlüssigkeit, Darlegungs- und Beweislast vgl Rn 29 ff).[42] Festzuhalten ist also auch in Bezug auf die höheren Entgeltgruppen unterhalb der Gruppen, die an eine wissenschaftliche Hochschulausbildung oder eine gleichgestellte Ausbildung anknüpfen, dass die Tarifpartner des TV-L das bisherige System mit seinen Problemen übernommen haben. Da ein Ausbildungsbezug erst ab einem Masterabschluss auf einer Fachhochschule zwingend eine höhere Eingruppierung (ab Entgeltgruppe 13) verlangt, bleibt es dabei, dass zT sehr anspruchsvoll definierte Tätigkeitsmerkmale in einem erheblichen zeitlichen Maß erfüllt sein müssen, damit eine Eingruppierung oberhalb der Entgeltgruppe 6 erreicht werden kann.

27 Die Tarifpartner sehen weiterhin an vielen Stellen in den besonderen Bereichen, an denen eine bestimmte Ausbildung verlangt wird, vor, dass „**sonstige Beschäf-**

---

41 Vgl zu „selbstständigen Leistungen" BAG v. 14.8.1985, 4 AZR 21/84, AP Nr. 109 zu §§ 22, 23 BAT 1975, im Zusammenhang mit dem hier in der Praxis häufig bedeutsamen Arbeitsvorgangsbegriff BAG v. 7.7.2004, 4 AZR 507/03, ZTR 2004, 639; aus jüngerer Zeit vgl BAG v. 22.4.2009, 4 AZR 166/08, ZTR 2009, 581; vgl auch Sonntag/Bauer S. 97 f.
42 Zu den wichtigsten Tarifmerkmalen in der bisherigen Rechtsprechung des BAG hierzu vgl Treber in Schaub, Arbeitsrechts-Handbuch, § 183 Rn 58 ff mit zahlreichen weiteren Nachweisen auf die Rechtsprechung des BAG.

tigte", die aufgrund gleichwertiger Fähigkeiten und ihrer Erfahrungen entsprechende Tätigkeiten ausüben" in die Entgeltgruppe eingruppiert werden, die bei Erfüllung des Ausbildungserfordernisses vorgesehen ist. Hiermit wird angeknüpft an die Verwendung des Begriffs „sonstiger Angestellter", der auch bislang bereits von Bedeutung war. Ein Beispiel stellten staatlich geprüfte Techniker dar, die grds. niedriger eingruppiert waren als Ingenieure, aber als sonstige Angestellte die Möglichkeit hatten, bei Nachweis gleichwertiger Fähigkeiten und Erfahrungen und der Ausübung entsprechender Tätigkeiten (Tätigkeiten ingenieursmäßigen Zuschnitts) eine Eingruppierung wie ein Ingenieur zu erreichen, wobei es auch hier hohe Hürden bedingt durch die Darlegungs- und Beweislast gibt. Auch ist nicht zu verkennen, dass bei entsprechender Organisation der Aufgabenverteilung verhindert werden kann, dass bspw das erforderliche zeitliche Maß für die höherwertigen Aufgaben erfüllt wird.[43]

2. Eingruppierung: Grundlage der Vergütungsfestlegung und der Ausübung des Direktionsrechts. Von der Eingruppierung in eine Vergütungsgruppe hängt die **Grundvergütung** ab. Beim BAT folgte daraus auch die Zuordnung zu einer Tarifklasse des Ortszuschlages. Die Vergütungsrelevanz der Eingruppierung ergibt sich unmittelbar aus dem Wortlaut der Tarifvorschriften (nunmehr § 12 Abs. 1 S. 2 TV-L). Nicht unmittelbar dem Wortlaut zu entnehmen, aber in der Praxis durchaus von Bedeutung, ist die Wechselbeziehung zwischen **Direktionsrechtsausübung** und **Eingruppierung**.[44] Der „Korridor" der Direktionsrechtsausübung ergibt sich auch im öffentlichen Dienst grds. aus den arbeitsvertraglichen Festlegungen. IdR sind diese jedoch wenig aussagekräftig für den Inhalt der Arbeit, weil häufig nur angegeben ist, dass der Beschäftigte als Tarifmitarbeiter im Sinne des geltenden Tarifvertrages tätig ist. Auf die Bedeutung der Angaben zur Eingruppierung im Arbeitsvertrag wird noch näher eingegangen (Rn 34 ff). Überträgt der Arbeitgeber dann gem. dieser Rahmenfestlegung einen konkreten Aufgabenbereich, so übt er damit das ihm zustehende Direktionsrecht aus. Nach der Tarifautomatik (vgl Rn 12) führt dies zu einer Eingruppierung des Beschäftigten, die zu beurteilen und zu erfassen ist. Im Rahmen dieser Eingruppierung ist der Arbeitgeber berechtigt, andere Aufgaben zuzuweisen bzw verpflichtet, Aufgaben auch weiterhin zu übertragen, die der Eingruppierung entsprechen. Beschäftigte haben also einen **Anspruch** auf einen **Einsatz**, der der **Wertigkeit der Vergütungsgruppe entspricht**.[45] Dagegen ist die Übertragung von Tätigkeiten, die unter Beachtung der Grundsätze des § 12 TV-L und der Entgeltordnung einer niedrigeren Eingruppierung entsprechen, vom Direktionsrecht nicht gedeckt.[46] Abzustellen ist dabei auf die tätigkeitsbezogene Eingruppierung. Soweit nach früherem Recht Höhergruppierungen im Wege von Zeit- oder Bewährungsaufstiegen vorgenommen wurden, berühren diese die Wertigkeit nicht.[47] Wenig thematisiert wird die Frage, was eigentlich die **Rechtsgrundlage** für die **Zuwei-**

28

---

43 Zu den Begriffen „sonstiger Angestellter" und „entsprechende Tätigkeit" vgl zB BAG v. 28.9.1994, 4 AZR 830/93, AP Nr. 192 zu §§ 22, 23 BAT 1975; BAG v. 15.3.2006, 4 AZR 157/05, ZTR 2006, 590.
44 Vgl auch Guth in Görg/Guth/Hamer/Pieper, TVöD, § 4 TVöD-AT Rn 3 ff.
45 Ständige Rspr, vgl zB BAG v. 30.8.1995, 1 AZR 47/95, NZA 1996, 440 mwN, Guth in Görg/Guth/Hamer/Pieper, TVöD, § 4 TVöD-AT Rn 6 ff, Bredemeier/Neffke § 8 BAT/BAT-O Rn 8.
46 Vgl die Rechtsprechung zum BAT, zB BAG aaO und zB BAG v. 24.4.1996, 4 AZR 976/94, NZA 1997, 104; Guth in Görg/Guth/Hamer/Pieper TVöD, § 4 TVöD-AT Rn 7.
47 BAG v. 24.4.1996, 4 AZR 976/94, NZA 1997, 104.

sung von **Aufgaben** ist, die zu einer **Höhergruppierung** führen. Man wird angesichts fehlender Festlegungen im Arbeitsvertrag zur konkreten Aufgabenübertragung nicht ohne Weiteres das Direktionsrecht des Arbeitgebers darauf erstrecken können, dass er berechtigt ist, einem Beschäftigten, der aufgrund seiner bisher ausgeübten Tätigkeit eine bestimmte Eingruppierung erreicht hat, Aufgaben zu übertragen, die zu einer Höhergruppierung führen. IdR wird es zumindest stillschweigend zu einer Vertragsänderung kommen, da auch der Beschäftigte nicht zuletzt wegen der vergütungsbezogenen Folgen an der Zuweisung der höherwertigen Aufgaben interessiert ist. Auch wird häufig im Nachhinein eine Änderung zum Arbeitsvertrag oder zumindest eine Mitteilung der Höhergruppierung ausgefertigt werden. Es kann jedoch auch Fälle geben, in denen Beschäftigte nicht mit der Übertragung bestimmter Aufgaben einverstanden sind. Dann stellt sich die Frage, ob das Direktionsrecht hierfür eine ausreichende Grundlage bildet (vgl zur vorübergehenden Übertragung § 14 TVöD, Rn 5 f).[48] Geht man davon aus, dass dann, wenn der Arbeitsvertrag nichts Entgegenstehendes enthält, die Übertragung höherwertiger Aufgaben durch das Direktionsrecht gedeckt ist, so ist aber im Einzelfall dann, wenn bspw eine Überforderung des Arbeitnehmers angesichts seines bisherigen Ausbildungsstandes oder angesichts gesundheitlicher Einschränkungen zu besorgen ist und der Arbeitgeber nicht zu entsprechenden flankierenden Maßnahmen (anderweitigen Entlastungen, Angebot von Fortbildungsmaßnahmen etc.) bereit ist, von einer **Direktionsrechtsüberschreitung** auszugehen.

29 **3. Die Geltendmachung des Höhergruppierungsanspruchs, Eingruppierungsprozess.** Vertreten Beschäftigte die Ansicht, die Eingruppierung, aus der der Arbeitgeber die Vergütungszahlung ableitet, entspricht nicht den tariflichen Vorgaben, so ist es an ihnen, einen **Höhergruppierungsanspruch** geltend zu machen. Es kommt dabei nicht darauf an, ob die Eingruppierung bereits bei Übertragung der Tätigkeit nach Ansicht des Beschäftigten unzutreffend war oder ob sie zB durch eine Veränderung der zu verrichtenden Aufgaben nicht mehr den Vorgaben entspricht. Der Angabe der Eingruppierung im Arbeitsvertrag, die nach § 12 Abs. 2 TV-L zu erfolgen hat, kommt letztlich keine entscheidende Bedeutung zu, da nach der Rechtsprechung der Arbeitgeber mit dieser Angabe nur die tarifvertragliche Pflicht erfüllt, die von ihm als zutreffend erachtete Eingruppierung vertraglich zu dokumentieren (vgl zur Bedeutung dieser Sichtweise für die sog. korrigierende Rückgruppierung auch Rn 35 ff).[49]

30 Es sind verschiedene Konstellationen denkbar, in denen Arbeitnehmer und Arbeitgeber unterschiedliche Ansichten über die zutreffende Eingruppierung haben. Die besondere **Schwierigkeit** des **Eingruppierungsrechtsstreits** ist vor allem in den Fällen gegeben, in denen es um die richtige Zuordnung zu den Tätigkeitsmerkmalen geht. Etwas einfacher gelagert können Streitigkeiten sein, in denen grundsätzlich Einigkeit über die Tätigkeit und deren tarifliche Wertigkeit herrscht, aber bspw in Streit steht, ob eine Aufgabe wirklich übertragen wurde oder ob ein Fall des § 13 TV-L (früher § 23 BAT) vorliegt (vgl dazu Rn 13 f). Streitigkeiten um die Durchführung von Bewährungsaufstiegen werden zukünftig keine Bedeutung mehr haben (vgl dazu Rn 25 der Vorauflage). Geht es um

---

48 S. dazu auch GKÖD/Fieberg E § 14 TVöD Rn 17 ff.
49 Vgl zB BAG v. 8.8.1996, 6 AZR 1013/94, ZTR 1997, 26 und BAG v. 9.12.1999, ZTR 2000, 460; Treber in Schaub, Arbeitsrechts-Handbuch, § 183 Rn 13 mwN.

die **Eingruppierung nach Tätigkeitsmerkmalen**, so trägt der **Beschäftigte** die **Darlegungs- und Beweislast** dafür, dass die tariflichen Voraussetzungen einer Höhergruppierung vorliegen. Dabei muss er zwar keine Arbeitsvorgänge selbst bilden, er muss aber seine Tätigkeit so schildern, dass die Anwendung des Tarifbegriffs Arbeitsvorgang möglich ist und auch das zeitliche Maß bestimmt werden kann. Zwar wäre es überspitzt, ein minutiöses Tagebuch zu verlangen; es muss aber klar werden, welche Tätigkeiten er verrichtet hat, auf welche Arbeitsergebnisse diese gerichtet waren und welche Anforderungen dabei erfüllt wurden. Es müssen also zB Bewertungsvorgänge oder vorgenommene Entscheidungen deutlich werden, wenn es um das Merkmal „selbstständige Leistungen" geht. Da der Arbeitnehmer für den von ihm behaupteten Zeitaufwand die Darlegungslast trägt, müssen Tätigkeitsaufzeichnungen, die einen repräsentativen Zeitraum zu erfassen haben (vgl dazu Rn 20) auch hierzu präzise Angaben enthalten. Der Arbeitnehmer hat im Bestreitensfall auch die Beweislast hierfür, so dass es hilfreich sein kann, sich solche Angaben vom Vorgesetzten bestätigen zu lassen. Andererseits ist es dem Arbeitgeber verwehrt, bei substantiierten Tatsachenschilderungen mit Nichtwissen gem. § 138 Abs. 4 ZPO zu bestreiten, da er es ist, der die Tätigkeit in Ausübung seines Direktionsrechts übertragen hat.[50] Zulässig dürfte es sein, aus schlüssigem Vortrag zu bestimmten Tätigkeiten und die hierauf entfallenden Zeitanteile im Wege der Schätzung gem. § 287 ZPO auf vergleichbare Arbeitsvorgänge zu schließen.[51] Der Hinweis auf die höhere Eingruppierung anderer Arbeitnehmer mit vergleichbaren Tätigkeiten und Zeitanteilen hilft für sich genommen nichts, da die Tarifautomatik insoweit der Anwendung des Gleichbehandlungsgrundsatzes entgegensteht.[52] Arbeitgeberseitige Arbeitsplatz- oder Stellenbeschreibungen, Geschäftsverteilungspläne oder auch die Tätigkeit der Kolleginnen und Kollegen können allenfalls ein Bild abrunden, sie ersetzen eine konkrete Tätigkeitsschilderung mit Zeitanteilen jedoch nicht. In Bezug auf Heraushebungsmerkmale ist konkret darzutun, dass die hier erforderlichen besonderen Fähigkeiten oder Leistungen tatsächlich erbracht werden.[53] Es ist also bspw konkret darzulegen, warum ein Bauingenieur, der sich auf ein bestimmtes Heraushebungsmerkmal beruft, über spezielle Kenntnisse bei bestimmten Bauten verfügen muss und wie diese in die Tätigkeit tatsächlich einfließen (zB spezielle Kenntnisse bei Museums- oder Bibliotheksbauten mit besonderen Anforderungen an Raumtemperatur, Raumfeuchtigkeit, Sicherungseinrichtungen etc.).

Für die **Eingruppierung als solche** gilt die **Ausschlussfrist** des **§ 37 TVöD** genau wie zB früher die Ausschlussfrist des § 70 BAT **nicht**.[54] Gegen eine unzutreffende Eingruppierung ohne Vergütungsrelevanz des Fehlers kann der Arbeitnehmer prozessual erfolgversprechend nichts unternehmen, weil insoweit ein Feststellungsinteresse von den Gerichten verneint wird.[55] Bedeutsam war dies früher bei fehlerhafter Fallgruppenzuordnung und Folgen für einen Bewährungsaufstieg. Diese Konstellation hat ihre Bedeutung verloren. Auch in Zukunft gilt aber, dass 31

---

50 Ebenso Hamer in Görg/Guth/Hamer/Pieper § 22 BAT Rn 44.
51 Treber in Schaub, Arbeitsrechts-Handbuch, § 183 Rn 127 mwN.
52 ErfK/Koch § 46 ArbGG, Rn 34; Hamer in Görg/Guth/Hamer/Pieper § 22 BAT Rn 45.
53 Treber in Schaub, Arbeitsrechts-Handbuch, § 183 Rn 130 mwN.
54 Görg in Görg/Guth/Hamer/Pieper, § 37 TVöD-AT Rn 37.
55 Vgl zB BAG v. 22.1.2003, 4 AZR 700/01, NZA 2003, 1111; vgl auch Treber in Schaub, Arbeitsrechts-Handbuch, § 183 Rn 122.

bei Vergütungsgruppen, die aufeinander aufbauen, einem Beschäftigten nicht entgegengehalten werden kann, wenn er seinen Anspruch erst in Bezug auf eine höhere Aufbaufallgruppe und die darin festgelegten Heraushebungsmerkmale geltend macht, dass er nicht hinsichtlich der unteren Gruppe tätig wurde und somit die Ausschlussfrist verpasst hat.[56] Zu beachten ist allerdings, dass es Beschäftigten typischerweise nicht um die Eingruppierung als solche, sondern vor allem um die Vergütungsdifferenz geht. Der konkrete Differenzbetrag bzw die Bezahlung aus der höheren Vergütungsgruppe werden von den Ausschlussfristen erfasst und können nur sechs Monate rückwirkend geltend gemacht werden.[57]

32 Die Klage muss im öffentlichen Dienst nicht als konkret bezifferte Leistungsklage erhoben werden, zumal eine Berechnung für den Beschäftigten schwierig sein kann. Auch darf unterstellt werden, dass der öffentliche Arbeitgeber sich einem Feststellungsurteil beugt.[58] Eine solche Eingruppierungsfeststellungsklage kann etwa wie folgt formuliert werden:

Muster: Eingruppierungsfeststellungsantrag
„Es wird beantragt, festzustellen, dass die Beklagte verpflichtet ist, der Klägerin seit ... Vergütung nach Vergütungsgruppe ... zu bezahlen."

Wichtig ist für die Antragstellung, dass das **Feststellungsinteresse** von der Rechtsprechung nur dann bejaht wird, wenn eine konkrete Rechtsfolge (idR eine höhere Vergütung) begehrt wird.[59] Eine lediglich auf Eingruppierung in einer bestimmten Vergütungsgruppe gerichtete Klage ohne Bezug zur Vergütung ist regelmäßig wegen fehlendem Feststellungsinteresse unzulässig.[60] Zulässig ist die Kombination des auf die Zahlung der höheren Vergütung gerichteten Feststellungsantrags mit der Feststellung der Verpflichtung, ab einem bestimmten Zeitpunkt (zB ab Rechtshängigkeit) aus der Bruttodifferenz **Zinsen** zu zahlen.[61] Ist der Feststellungsantrag auf Höhergruppierung gerichtet, kommt eine Auslegung in dem Sinne in Frage, dass die Klagepartei begehrt, die Feststellung zu erhalten, dass die beklagte Partei verpflichtet ist, die Vergütung aus dieser höheren Gruppe zu zahlen.

33 Ob ein Antrag auf Zahlung aus einer **Entgeltgruppe**, die bspw um **zwei Gruppen höher** ist, so auszulegen ist, dass im Falle der Erfolglosigkeit dieses Begehrens die Vergütung aus der **nächstniedrigeren Gruppe** beansprucht wird, ist umstritten.[62] Das BAG verlangt regelmäßig, weil es von zwei verschiedenen Streitgegenständen ausgeht, die Geltendmachung der nächstniedrigeren Vergütung mit

---

56 Mit dem Hinweis, dass aber denknotwendig die Erfüllung der Voraussetzungen der niedrigeren Vergütungsgruppe für die höhere Gruppe im Sinne einer „echten Aufbaufallgruppe" gegeben sein muss BAG v. 3.8.2005, 10 AZR 559/04, NZA 2006, 64.
57 Görg in Görg/Guth/Hamer/Pieper, § 37 TVöD-AT Rn 37.
58 So schon BAG v. 17.5.1972, 4 AZR 283/71; AP BAT 1975 §§ 22, 23 Nr. 52; Hamer in Görg/Guth/Hamer/Pieper § 22 BAT Rn 41.
59 Vgl BAG v. 16.4.1997, 4 AZR 270/96, ZTR 1998, 32; Treber in Schaub, Arbeitsrechts-Handbuch, § 183 Rn 122 mit Vorschlag zu einem umfassenden Klageantrag.
60 BAG aaO, Kloppenburg, Ziemann in Düwell, Lipke, ArbGG, § 46 ArbGG Rn 296 ff; Treber in Schaub, Arbeitsrechts-Handbuch, § 183 Rn 122 mwN.
61 Vgl BAG v. 11.6.1997, 10 AZR 613/96, ZTR 1997, 512; Kloppenburg, Ziemann in Düwell, Lipke, ArbGG, § 46 ArbGG Rn 302 f; vgl zum Zinsanspruch auch Treber in Schaub, Arbeitsrechts-Handbuch, § 183 Rn 132 mwN.
62 Vgl Kloppenburg, Ziemann in Düwell, Lipke, ArbGG, § 46 ArbGG Rn 304.

einem **Hilfsantrag**.[63] Bei dem oben wiedergegebenen Antrag liegt der Streitgegenstand sowohl in der Vergangenheit wie auch in der Zukunft. Die Entscheidung hat damit auch **Rechtskraft** für die Zukunft, es sei denn, es sind Änderungen im Sachverhalt oder im Tarifvertrag eingetreten. Der **Streitwert** wird idR gem. § 42 Abs. 4 S. 2 GKG in Höhe des dreijährigen Bruttounterschiedsbetrages angesetzt und der bei anders gelagerten Feststellungsbegehren übliche Abschlag ist wegen des Charakters der Eingruppierungsfeststellungsklage nicht als sachgerecht anzusehen.[64] In Bezug auf Rechtsschutzversicherungen ist zu beachten, dass hier der Rechtspflichtverstoß bereits ab dem Zeitpunkt gesehen wird, ab dem der Versicherte behauptet, der Arbeitgeber habe eine unzutreffende Eingruppierung vorgenommen. Ob der Arbeitnehmer zB unter Beachtung der Ausschlussfrist erst ab einem späteren Zeitpunkt Zahlungen verlangen kann, ist insoweit ohne Belang.[65]

4. Angabe der Vergütungsgruppe im Arbeitsvertrag, korrigierende Rückgruppierung. § 22 Abs. 2 TV-L bestimmt, dass die **Entgeltgruppe** im **Arbeitsvertrag anzugeben** ist, diese Vorschrift ist inhaltsgleich mit der früheren Regelung in § 22 Abs. 3 BAT.[66] Die Angabe stellt nach Ansicht des BAG eine Erfüllung der tarifvertraglichen Vorgaben dar. Eine eigenständige vertragliche Wirkung hat dies nicht.[67] Im Ausgangspunkt wird man konsequent auf der Basis der Tarifautomatik der Ansicht des BAG zu folgen haben.[68] Anderseits ist es natürlich denkbar, dass eine Abweichung zugunsten des Beschäftigten, die auch bei beiderseitiger Tarifbindung gem. § 4 Abs. 3 TVG zulässig ist, im Arbeitsvertrag fixiert ist. Ist die **Vereinbarung** zwischen den Arbeitsvertragsparteien als eine **bewusste und gewollte Abweichung** zugunsten des Beschäftigten/der Beschäftigten vom Tarifvertrag anzusehen, so ist diese **wirksam**.[69] Ob an eine vertragliche Vereinbarung einer höheren Einstiegsvergütung dann auch noch weitere Aufstiegsfolgen zu knüpfen sind, muss der Auslegung der Reichweite der Vereinbarung vorbehalten bleiben.[70]

34

An die Bewertung des Verhältnisses zwischen der sich aus der Tarifautomatik ergebenden Eingruppierung und der rechtlichen Bedeutung der **vertraglichen Festlegung** knüpft die weitere Frage an, welche Rechtsfolgen es hat, wenn die arbeitsvertraglichen Bestimmungen von der tarifautomatischen Eingruppierung

35

---

63 BAG v. 30.5.1990, 4 AZR 40/90, AP Nr. 149 zu §§ 22, 23 BAT 1975; BAG v. 20.9.1995, 4 AZR 450/94, NZA-RR 1996, 380, anders aber bei „logisch zwingend" aufeinander aufbauenden Vergütungsgruppen BAG v. 6.6.2007, 4 AZR 505/06, ZTR 2008, 156; vgl auch Treber in Schaub, Arbeitsrechts-Handbuch, § 183 Rn 123 mwN.
64 Wie hier Krönig in Düwell, Lipke, § 12 ArbGG Rn 41 mwN auch für die Gegenansicht.
65 Vgl grds. zu Zahlungsansprüchen aus dem Arbeitsverhältnis Harbauer, § 14 ARB 75 Rn 53.
66 Im Sinne des NachwG ist nach Ansicht des BAG eine Arbeitsplatz- oder Stellenbeschreibung ausreichend, vgl BAG v. 8.6.2005, 4 AZR 406/04, ZTR 2005, 582.
67 ZB BAG v. 9.12.1999, 6 AZR 291/98, ZTR 2000, 460, zustimmend zB Dassau/Wiesend-Rothbrust, TVöD § 17 TVÜ-VKA Rn 57 zu § 22 BAT; kritisch mwN. Hamer in Görg/Guth/Hamer/Pieper § 22 BAT Rn 29 f; LAG Köln v. 29.11.2001, 5 Sa 514/01, ZTR 2002, 125 ff.
68 Vgl auch Treber in Schaub, Arbeitsrechts-Handbuch, § 183 Rn 114.
69 ZB BAG v. 17.5.2000, 4 AZR 237/99, NZA 2001, 1316, bei dieser Konstellation auch zustimmend Dassau/Wiesend-Rothbrust, TVöD § 17 TVÜ-VKA Rn 57 zu § 22 BAT; vgl auch BAG v. 22.7.2004, 8 AZR 203/03, ZTR 2005, 198 bei Lücken im Eingruppierungssystem.
70 Zu einer solchen Konstellation BAG v. 26.4.2000, 4 AZR 157/99, ZTR 2001, 317 ff.

zugunsten des Beschäftigten abweichen, die vertragliche Festlegung aber bei den Vertragsparteien mit der subjektiven Vorstellung verbunden war, man vollziehe die tarifliche Eingruppierung nur nach. Entdeckt dann der Arbeitgeber die zu hohe Eingruppierung und Vergütung des Beschäftigten, so ist zu fragen, welche Mittel ihm zur Verfügung stehen, eine Korrektur herbeizuführen. Solche Konstellationen sind unter dem Begriff „**korrigierende Rückgruppierung**" häufig problematisiert worden. Diese Rechtsfigur ist nur verständlich, wenn man zugleich mit der Annahme einer tarifautomatischen Eingruppierung die Prämisse zu Grunde legt, dass der Arbeitgeber des öffentlichen Dienstes auch deshalb, weil er öffentliche Mittel sparsam zu verwalten hat, grds. nicht mehr an Vergütung zahlen will, als sich aus dieser Eingruppierung ergibt.[71] Es ist nicht zu verkennen, dass diese Herangehensweise im Widerspruch zu dem steht, was nach allgemeinen zivilrechtlichen Grundsätzen für die Auslegung von Willenserklärungen und Verträgen zu gelten hat. Hier kommt es entscheidend auf den Empfängerhorizont an,[72] der regelmäßig so sein wird, dass der Arbeitnehmer davon ausgeht, dass ihm die vertraglich festgehaltene Vergütung gezahlt wird und dass diese gegen einseitige Eingriffe des Arbeitgebers abgesichert ist. Diese Herangehensweise steht auch im Einklang mit den kündigungsschutzrechtlichen Vorgaben zB des Kündigungsschutzgesetzes. Aus § 2 KSchG ist die eindeutige gesetzliche Wertung zu entnehmen, dass der Schutz nicht nur den Bestand des Arbeitsverhältnisses als solchen umfasst, sondern sich auch auf die wesentlichen materiellen Arbeitsbedingungen erstreckt.[73] Dieser Schutz gegen sog. Teilkündigungen kollidiert bei grundsätzlicher Betrachtungsweise mit der Einräumung der Möglichkeit einer korrigierenden Rückgruppierung mit Wirkung für die Zukunft ohne Anwendbarkeit kündigungsschutzrechtlicher Regelungen. Andererseits ist gerade angesichts eines ausgefeilten tariflichen Eingruppierungssystems die Annahme nicht völlig von der Hand zu weisen, dass der tarifgebundene öffentliche Arbeitgeber nichts anderes tun will, als Beschäftigte zutreffend in dieses System einzugruppieren und entsprechend zu bezahlen. Auch haushaltsrechtliche Grundsätze, die mit gutem Grund bei der Verwaltung öffentlicher Mittel einzuhalten sind, sprechen für diese Annahme. Das BAG versucht dem Spannungsverhältnis zwischen solchen Erwägungen und dem grds. schützenswerten Vertrauen des Arbeitnehmers auf die vertragliche Festlegung dadurch gerecht zu werden, dass man für die **korrigierende Rückgruppierung** mit sofortiger Wirkung für die Zukunft eine **abgestufte Darlegungs- und Beweislast** aufstellt.[74] Die

---

[71] Vgl grundlegend BAG v. 23.4.1986, 4 AZR 90/85, AP Nr. 118 zu §§ 22, 23 BAT 1975; BAG v. 7.5.1986, 4 AZR 556/83, AP Nr. 12 zu § 4 BAT; Treber in Schaub, Arbeitsrechts-Handbuch, § 183 Rn 112; Dassau/Wiesend-Rothbrust, § 17 TVÜ-VKA Rn 57 f zu § 22 BAT; Dörring in Dörring/Kutzki § 22 BAT Rn 40; Hamer in Görg/Guth/Hamer/Pieper § 22 BAT Rn 31 ff; kritisch Gewehr: Die „korrigierende Rückgruppierung" – eine Ausnahme, kein Grundsatz!, ZTR 1997, 211, Überblick auch bei Müller-Uri, ZTR 2004, 176 ff, Leschnig, Die korrigierende Rückgruppierung, FS 25 Jahre Arbeitsgemeinschaft Arbeitsrecht, S. 909; die Grundsätze der korrigierenden Rückgruppierung gelten auch im Zusammenhang mit Bewährungsaufstiegen BAG v. 8.10.1997, 4 AZR 167/96, ZTR 1998, 31; aktuell die bisherigen Grundsätze bestätigend BAG v. 15.6.2011, 4 AZR 737/09, ZTR 2012, 26 ff.
[72] Statt aller Palandt/Heinrichs § 133 BGB Rn 7 ff.
[73] Vgl Überblick bei APS/Künzl, § 2 KSchG Rn 268 ff; HaKo-KSchR/Pfeiffer § 2 KSchG Rn 44 ff, KR/Rost § 2 KSchG Rn 108.
[74] Vgl zB BAG v. 17.5.2000, 4 AZR 237/99, NZA 2001, 1316, vgl Treber in Schaub, Arbeitsrechts-Handbuch, § 183 Rn 115 f mwN.

Darlegungs- und Beweislastregeln sind typischerweise auf die Situation anzuwenden, dass der Arbeitgeber zunächst einmal, nachdem er den aus seiner Sicht bestehenden Irrtum entdeckt hat, die Rückgruppierung vornimmt und in Form einer Verringerung der Vergütungszahlung auch umsetzt. Der Arbeitnehmer, der die Vergütungszahlung in bisheriger Höhe behalten will, muss damit nach erfolgloser außergerichtlicher Geltendmachung seines Anspruchs gerichtlich vorgehen, wobei hier idR die Differenz angesichts der Vorgeschichte unproblematisch bezifferbar ist, so dass eine Leistungsklage erhoben werden kann.

Geht der **Arbeitnehmer** wie der Arbeitgeber davon aus, dass die frühere Eingruppierung nicht der Tarifautomatik entspricht, sondern zu hoch war, und behauptet er eine **eigenständige arbeitsvertragliche Vereinbarung** in Bezug auf die höhere Vergütung, so trägt er hierfür die **Darlegungs- und Beweislast**.[75] Der **Regelfall** der Konstellationen, bei denen es um eine **korrigierende Rückgruppierung** geht, wird allerdings so sein, dass der/die Beschäftigte nicht vortragen kann, es habe eine eigenständige Vereinbarung einer höherwertigen Vergütung gegeben. Vielmehr wird von Arbeitnehmerseite darauf verwiesen werden, dass man die vertraglich vereinbarte Vergütung auch für die tariflich zutreffende halte und im Übrigen darauf vertraut habe, dass die Angabe im Arbeitsvertrag der tariflichen Eingruppierung entspricht. Dann liegt es am Arbeitgeber darzutun, dass die arbeitsvertragliche Festlegung nicht der tarifautomatischen Eingruppierung entspricht. Auf dieser Stufe hat der **Arbeitgeber** – zugespitzt gesagt – einen **Eingruppierungsprozess mit umgekehrten Vorzeichen** zu führen (zu den Anforderungen an schlüssige Darlegungen im Eingruppierungsprozess vgl Rn 20, 29 ff). Allerdings muss der Arbeitgeber bei dieser Konstellation nur erfolgreich dartun und ggf beweisen, dass eine der tariflichen Voraussetzungen für die bisherige Eingruppierung tatsächlich nicht besteht. Bereits dann ist objektiv der Anspruch nicht gegeben.[76] Der Arbeitgeber kann aber im Prozess nicht allein damit erfolgreich sein, dass er auf eine inzwischen vorgenommene Stellenbewertung verweist, diese ersetzt keinen Vortrag nach den oben genannten Grundsätzen.[77] Nach der hier vertretenen Auffassung zu einer angemessenen **Berücksichtigung** des **Vertrauensschutzes** auch von Beschäftigen im öffentlichen Dienst in Bezug auf vertragliche Festlegungen der Eingruppierung kann auf der nächsten Stufe der Arbeitnehmer ggf dartun und beweisen, dass besondere Umstände vorliegen, aufgrund derer der Arbeitgeber nach Treu und Glauben gehindert ist, die objektiv gerechtfertigte korrigierende Rückgruppierung umzusetzen.[78] Dies kann in den Fällen vorliegen, in denen die ursprüngliche vertragliche Festlegung zB angesichts von Veränderungen des Aufgabenzuschnitts oder Umsetzungen arbeitgeberseits überprüft und als tarifgerecht befunden wurde.[79] Eine **wiederholte**

36

---

75 Hierzu BAG v. 26.4.2000, 4 AZR 157/99, ZTR 2001, 317, BAG v. 17.5.2000, 4 AZR 237/99, NZA 2001, 1316; Treber in Schaub, Arbeitsrechts-Handbuch, § 183, Rn 112.
76 BAG v. 17.5.2000, 4 AZR 232/99, ZTR 2001, 365; BAG v. 7.5.2008, 4 AZR 206/07, ZTR 2008, 553.
77 BAG v. 22.3.2000, 4 AZR 116/99, ZTR 2000, 465 mwN.
78 Zu Vertrauensschutzgesichtspunkten vgl auch BAG v. 26.1.2005, 4 AZR 287/03, ZTR 2005, 584; BAG v. 14.9.2005, 4 AZR 348/04, ZTR 2006, 253, LAG Köln v. 20.3.2006, 2 Sa 1501/05, ZTR 2006, 376; vgl auch BAG v. 15.6.2011, 4 AZR 737/09, ZTR 2012, 26 ff.
79 Wie hier Hamer in Görg/Guth/Hamer/Pieper § 22 BAT Rn 31; LAG Köln v. 29.11.2001, 5 Sa 414/01, ZTR 2002, 125.

korrigierende **Rückgruppierung** dürfte aus Vertrauensschutzgesichtspunkten regelmäßig unzulässig sein.[80]

37 Wegen der Befugnis zur Vornahme der korrigierenden Rückgruppierung unter Beachtung der vorstehend wiedergegebenen Grundsätze zur Darlegungs- und Beweislast ist eine **Änderungskündigung** in den Fällen der irrtümlich zu hohen Eingruppierung idR nach den Maßstäben des Kündigungsschutzgesetzes nicht sozial gerechtfertigt.[81] Von den vorstehend erörterten Konstellationen zu unterscheiden sind diejenigen, in denen Beschäftigte zutreffend eingruppiert sind, sich dann aber die **Tätigkeit ändert**, zB weil Aufgaben in Wegfall kommen und somit die Voraussetzungen der bisherigen Eingruppierung nicht mehr erfüllt sind. Die Beschäftigten haben dann zunächst den Anspruch, andere Aufgaben mit einer der bisherigen Eingruppierung entsprechenden Wertigkeit übertragen zu bekommen (vgl dazu Rn 28). Kann dies nicht erfolgen, so gelten die kündigungsschutzrechtlichen Grundsätze in Bezug auf eine ordentliche oder außerordentliche Änderungskündigung aus betriebsbedingten Gründen.

IV. Beteiligungsrechte von Betriebs- und Personalräten

38 Sowohl das **Betriebsverfassungsgesetz** wie auch das **Bundespersonalvertretungsgesetz** sehen **Mitbestimmungsrechte** der Arbeitnehmervertretungen bei **Eingruppierungen** und **Umgruppierungen** vor (vgl § 75 Abs. 1 Ziff. 2 BPersVG und § 39 Abs. 1 S. 1 BetrVG). Für Eingruppierungs- und Umgruppierungsvorgänge im öffentlichen Dienst sind daneben noch die gleichartigen Mitbestimmungsrechte der Länderpersonalvertretungsgesetze von Bedeutung (zB Art. 75 Abs. 1 Ziff. 4, 5 BayPVG). Soweit im **kirchlichen Bereich** individualrechtlich auf Tarifverträge des öffentlichen Dienstes verwiesen wird oder Eingruppierungsvorgänge nach den Arbeitsvertragsrichtlinien (AVR) der Kirchen und ihrer Organisationen vorgenommen werden, greifen die Mitbestimmungsrechte der jeweils geltenden kirchlichen Regelungen ein (vgl zB § 42 lit. c MVG-EKD). Nachstehend wird der **Funktionsmechanismus** der **Mitbestimmungsrechte** anhand des **BetrVG** und des **BPersVG** erläutert.

39 Das **Betriebsverfassungsgesetz** verwendet die Begriffe **Eingruppierung** und **Umgruppierung**, das **Bundespersonalvertretungsgesetz** arbeitet neben der Verwendung der Bezeichnung **Eingruppierung** mit den Worten **Höher-** oder **Rückgruppierung**, wobei diese Mitbestimmungstatbestände in § 75 Abs. 1 Ziff. 2 BPersVG mit der **Übertragung** einer **höher oder niedriger zu bewertenden Tätigkeit** zusammengefasst sind. Solche Vorgänge erfasst § 95 Abs. 3 BetrVG regelmäßig als **Versetzungen**, da dort der Versetzungsbegriff umfassender ist als in § 75 Abs. 1 Ziff. 3 BPersVG mit einem auf den Dienstort bezogenen Versetzungsbegriff (ebenso § 75 Abs. 1 Ziff. 4 BPersVG für den vorübergehenden Einsatz an einer anderen Dienststelle, Abordnung).

40 Die **Eingruppierung** ist sowohl im betriebsverfassungsrechtlichen wie auch im personalvertretungsrechtlichen Sinne als **erstmalige Zuordnung** zu einem Ver-

---

80 BAG v. 23.8.2006, 4 AZR 417/05, ZTR 2007, 139; BAG v. 23.9.2009, 4 AZR 220/08, ZTR 2010, 298; zustimmend Treber in Schaub, Arbeitsrechts-Handbuch, § 183 Rn 114.
81 BAG v. 9.7.1997, 4 AZR 635/95, NZA 1998, 494, Hamer in Görg/Guth/Hamer/Pieper § 22 BAT Rn 33; vgl zur korrigierenden Rückgruppierung mit dem Mittel der Änderungskündigung auch über den öffentlichen Dienst hinaus HK-ArbR/Manske § 2 KSchG Rn 80.

gütungssystem zu verstehen, also zB die Eingruppierung in eine Vergütungsgruppe eines Teils der Entgeltordnung zum TV-L.[82] Aus dem Abstellen auf die Erstmaligkeit der Zuordnung beim Begriff Eingruppierung folgt, dass für die nachfolgende Änderung mit einem anderen Begriff zu arbeiten ist. Betriebsverfassungsrechtlich ist dies eine **Umgruppierung**, personalvertretungsrechtlich werden die Bezeichnungen **Höhergruppierung** und **Rückgruppierung** verwendet[83] (zur Mitbestimmung bei Stufenzuordnung vgl Kommentierung zu §§ 16, 17 TVöD). Das Mitbestimmungsrecht bezieht sich, was vor allem bei der Vergütungsordnung zum BAT von großer Bedeutung war, nicht nur auf die Vergütungsgruppe sondern auch auf die **Fallgruppe**. Dies war vor allem wichtig, weil es Fallgruppen innerhalb einer Vergütungsgruppe gab, aus denen ein Zeit- oder Bewährungsaufstieg möglich war.[84] Diese Konstellation verliert nun an Bedeutung. Die zuvor erörterte **korrigierende Rückgruppierung** (vgl oben Rn 34 ff) unterliegt ebenfalls der Mitbestimmung der Arbeitnehmervertretungen, obwohl typischerweise die zugrundeliegende Aufgabenübertragung gleich bleibt und insoweit kein Anknüpfungspunkt für einen neuen Mitbestimmungstatbestand besteht. Da die Mitbestimmung bei Ein- oder Umgruppierungsvorgängen jedoch gerade im öffentlichen Dienst wegen der Tarifautomatik letztlich immer nur eine Mitbeurteilung und Rechtmäßigkeitskontrolle ist, muss konsequenterweise die Korrektur eines aus Sicht des Arbeitgebers vorliegenden Irrtums ebenfalls der Mitbestimmung unterworfen werden.[85]

Inhaltlich sind das **Mitbestimmungsrecht** des Betriebsrats gem. § 99 BetrVG und das des Personalrats nach § 75 BPersVG als **Zustimmungsverweigerungsrechte** ausgestaltet, was sich aus § 99 **Abs. 2 BetrVG** bzw aus § 77 **Abs. 2 BPersVG** ergibt. Sollen in einem Betrieb **Richtlinien** über Umgruppierungen aufgestellt werden, so gilt das anders strukturierte Mitbestimmungsrecht gem. § 95 **Abs. 1 BetrVG** (erzwingbare Mitbestimmung ggf mit Spruch der Einigungsstelle). Im Bundespersonalvertretungsrecht ist die Mitbestimmung über Richtlinien in Form des Abschlusses von Dienstvereinbarungen geregelt in § 76 **Abs. 2 Ziff. 8 BPersVG**. Das Mitbestimmungsverfahren ist hier gem. § 69 **BPersVG** als **eingeschränkte Mitbestimmung** ausgestaltet, vgl § 69 Abs. 4 S. 3 BPersVG. Die Ausübung des Zustimmungsverweigerungsrechts gem. § 99 Abs. 2 BetrVG bzw § 77 Abs. 2 BPersVG ist an gesetzlich vorgegebene Zustimmungsverweigerungsgrün-

41

---

82 Vgl auch zur Eingruppierung nach dem BAT BAG v. 23.11.1993, 1 ABR 34/93, NZA 1994, 461; ErfK/Kania § 99 BetrVG Rn 10 f; Treber in Schaub, Arbeitsrechts-Handbuch, § 183 Rn 118 ff; Fitting u.a. § 99 Rn 79 ff; HaKo-BetrVG/Kreuder, § 99 BetrVG Rn 25; BVerwG v. 14.6.1995, 6 P 43.93 ZTR 1995, 425; Altvater u.a., BPersVG, § 75 BPersVG Rn 36 ff; zur Mitbestimmung bei der Stufenzuordnung vgl BVerwG v. 13.10.2009, 6 P 15.08, ZTR 2010, 41; Vogelgesang, Die Rechtsprechung des Bundesverwaltungsgerichts in Personalvertretungssachen in den Jahren 2008 und 2009, ZTR 2010, 170 ff.
83 Vgl zur Umgruppierung Fitting u.a., § 99 BetrVG Rn 104 ff; HaKo-BetrVG/Kreuder, § 99 BetrVG Rn 31; zu den personalvertretungsrechtlichen Begriffen Altvater u.a., BPersVG, § 75 BPersVG Rn 41 ff; Kaiser in Richardi/Dörner/Weber, Personalvertretungsrecht, § 75 BPersVG Rn 44 ff; vgl auch BAG v. 20.3.1990, 1 ABR 20/89, ZTR 1990, 351, BAG v. 26.10.2004, 1 ABR 37/03, NZA 2005, 367.
84 BVerwG v. 8.10.1997, 6 P 5.95, Altvater u.a., BPersVG, § 75 BPersVG Rn 42; Kaiser in Richardi/Dörner/Weber, Personalvertretungsrecht, § 75 BPersVG Rn 49.
85 BAG v. 30.5.1990, 4 AZR 74/90, ZTR 1990, 485; BVerwG v. 6.10.1992, 6 P 22.90 ZTR 93, 125; Treber in Schaub, Arbeitsrechts-Handbuch, § 183 Rn 117; Fitting u.a., § 99 BetrVG Rn 111; Altvater BPersVG, § 75 BPersVG Rn 44; Kaiser in Richardi/Dörner/Weber, Personalvertretungsrecht, § 75 BPersVG Rn 52, § 77 BPersVG Rn 27 ff.

de gebunden. Die jeweiligen Kataloge sind abschließend.[86] Für die Arbeitnehmervertretungen gilt es **innerhalb der geregelten Fristen schriftlich** unter **Angabe von Gründen** die **Zustimmungsverweigerung** mitzuteilen (vgl zB § 99 Abs. 3 S. 1 BetrVG). Es kommt dabei nicht darauf an, ob die Begründung des Betriebs- oder Personalrats letztendlich zutreffend ist, sie muss jedoch Bezug nehmen auf einen in den gesetzlichen Katalogen genannten Verweigerungsgrund. Sie darf sich nicht auf eine bloße Wiederholung des Gesetzeswortlauts beschränken, sondern muss nachvollziehbar einen Bezug zum tatsächlich gegebenen Sachverhalt herstellen.[87] Gerade bei den Zustimmungsverweigerungsgründen, die sich auf konkrete Benachteiligungen von Beschäftigten beziehen, darf sich die Arbeitnehmervertretung nicht mit pauschalen Behauptungen begnügen. Es müssen konkrete Tatsachen, die die Besorgnis der Benachteiligung begründen, angegeben werden.[88] Typischerweise wird bei Eingruppierungsvorgängen die **Tarifwidrigkeit** als Zustimmungsverweigerungsgrund die entscheidende Rolle spielen (also § 99 Abs. 2 Ziff. 1 BetrVG oder § 77 Abs. 2 Ziff. 1 BPersVG).

42 Das **weitere Mitbestimmungsverfahren** richtet sich nach den jeweiligen gesetzlichen Vorschriften für die Mitbestimmung in diesen personellen Angelegenheiten. **Personalvertretungsrechtlich** führt die **Zustimmungsverweigerung** im Beispiel des Bundespersonalvertretungsrechts über § 77 Abs. 2, § 69 Abs. 4 S. 1 zu einer Entscheidung der **Einigungsstelle**. Diese überprüft inhaltlich, ob tatsächlich ein Zustimmungsverweigerungsgrund vorliegt und entscheidet, da es insoweit eine uneingeschränkte Mitbestimmung gibt, endgültig.[89] Die Beschlüsse der Einigungsstelle unterliegen allerdings einer Rechtmäßigkeitskontrolle durch die Gerichte, bei Ermessensentscheidungen überprüfen diese, ob Fälle des Ermessensfehlgebrauchs vorliegen.[90] Das **betriebsverfassungsrechtliche Verfahren** ist in den §§ 99 ff geregelt, nach einer beachtlichen Zustimmungsverweigerung hat der Arbeitgeber beim **Arbeitsgericht** gem. § 99 Abs. 4 BetrVG die **Zustimmungsersetzung zu beantragen**. Wird eine Eingruppierung überhaupt nicht vorgenommen oder beantragt der Arbeitgeber die Zustimmungsersetzung nicht, so kann der Betriebsrat ein arbeitsgerichtliches Beschlussverfahren einleiten. Dies hat das Ziel, den Arbeitgeber zu verpflichten, das Mitbestimmungsverfahren durchzuführen. Ob die **Aufhebung** einer **unzutreffenden Eingruppierung** durch den Arbeitgeber gem. § 101 BetrVG verlangt werden kann, ist streitig. Das BAG geht wegen der Tarifautomatik davon aus, dass der Betriebsrat nur ein **Mitbeurteilungsrecht** hat, so dass er lediglich ein Beteiligungsverfahren erzwingen kann, darüber hinaus kommt die Aufhebung einer mitbestimmungswidrigen Maßnahme nicht in Betracht.[91] Auch wenn man dem Ausgangspunkt zustimmt und bei Eingruppierungsmaßnahmen letztendlich von Beurteilungsvorgängen ausgeht, so folgt daraus nicht zwingend, dass eine rechtsfehlerhafte Eingruppierung nicht rückgängig gemacht werden kann (zB bei einer ungerechtfertigten

---

86 Fitting u.a. § 99 BetrVG Rn 187; Altvater BPersVG, § 77 BPersVG Rn 20.
87 Zur Beachtlichkeit bspw einer Zustimmungsverweigerung des Betriebsrats vgl Fitting u.a. § 99 BetrVG Rn 262 f, HaKo-BetrVG/Kreuder, § 99 BetrVG Rn 55.
88 Fitting u.a. § 99 BetrVG Rn 262 f; Altvater u.a. BPersVG, § 77 BPersVG Rn 22 ff.
89 Vgl zum Einigungsstellenverfahren im Bundespersonalvertretungsrecht Altvater u.a. BPersVG, § 69 BPersVG Rn 46 ff, § 71 Rn 23 ff.
90 Altvater u.a. BPersVG, § 71 BPersVG Rn 36; BVerwG v. 19.12.1990, 6 P 24.88, PersR 91, 133.
91 BAG v. 3.5.1994, 1 ABR 95/93, NZA 1995, 484; vgl auch Fitting u.a. § 101 BetrVG Rn 8 f.

korrigierenden Rückgruppierung).[92] Bei der Struktur des Mitbestimmungsrechts des Personalrats zB im Bundespersonalvertretungsgesetz dürfte Einigkeit darüber bestehen, dass der Personalrat lediglich die Möglichkeit hat, verwaltungsgerichtlich die Feststellung zu erwirken, dass ein Beteiligungsverfahren durchzuführen ist.[93]

Ersetzt in einem arbeitsgerichtlichen Verfahren nach dem Betriebsverfassungsgesetz das Arbeitsgericht die Zustimmung des Betriebsrates nicht, so steht damit fest, dass die arbeitgeberseitige Eingruppierung unzutreffend ist. Der Betriebsrat hat jedoch nach Ansicht des Bundesarbeitsgerichts nicht die Möglichkeit über § 101 BetrVG die richtige Eingruppierung durchzusetzen.[94] Der **Arbeitnehmer** hat völlig unabhängig davon, ob ein Mitbestimmungsverfahren durchgeführt wurde und mit welchem Ergebnis dies geschah, einen **eigenen klagbaren Anspruch**, der idR mit der sog. Eingruppierungsfeststellungsklage verfolgt werden kann (vgl Rn 29 ff). Dies gilt auch im Geltungsbereich der Personalvertretungsgesetze des Bundes und der Länder.[95] Die **Beurteilung** der **zutreffenden Eingruppierung** durch das **Arbeitsgericht** in einem **Zustimmungsersetzungsverfahren** hat bei Rechtskraft des Beschlusses **Bindungswirkung** für einen **Eingruppierungsprozess** des **Arbeitnehmers**.[96]

43

§ 14 Vorübergehende Übertragung einer höherwertigen Tätigkeit (TVöD)

(1) Wird der/dem Beschäftigten vorübergehend eine andere Tätigkeit übertragen, die den Tätigkeitsmerkmalen einer höheren als ihrer/seiner Eingruppierung entspricht, und hat sie/er diese mindestens einen Monat ausgeübt, erhält sie/er für die Dauer der Ausübung eine persönliche Zulage rückwirkend ab dem ersten Tag der Übertragung der Tätigkeit.

Niederschriftserklärung zu § 14 Abs. 1:
1. ¹*Ob die vorübergehend übertragene höherwertige Tätigkeit einer höheren Entgeltgruppe entspricht, bestimmt sich nach den gemäß § 18 Abs. 3 TVÜ-Bund/VKA fortgeltenden Regelungen des § 22 Abs. 2 BAT/BAT-O bzw. den entsprechenden Regelungen für Arbeiterinnen und Arbeiter.* ²*Die Tarifvertragsparteien stellen klar, dass diese Niederschriftserklärung im Zusammenhang mit der neuen Entgeltordnung überprüft wird.*
2. *Die Tarifvertragsparteien stellen klar, dass die vertretungsweise Übertragung einer höherwertigen Tätigkeit ein Unterfall der vorübergehenden Übertragung einer höherwertigen Tätigkeit ist.*

(2) Durch landesbezirklichen Tarifvertrag – für den Bund durch einen Tarifvertrag auf Bundesebene – wird im Rahmen eines Kataloges, der die hierfür in Frage

---

92 Wie hier HaKo-BetrVG/Kreuder, § 101 BetrVG Rn 2; vgl auch ErfK/Kania, § 101 BetrVG Rn 2.
93 Weber in Richardi/Dörner/Weber, Personalvertretungsrecht, § 69 BPersVG Rn 126, Rn 129 ff.
94 BAG aaO, hiergegen HaKo-BetrVG/Kreuder § 101 BetrVG Rn 2; vgl auch ErfK/Kania, § 101 BetrVG Rn 2.
95 HaKo-BetrVG/Kreuder, § 99 BetrVG Rn 70, Weber in Richardi/Dörner/Weber, Personalvertretungsrecht, § 69 BPersVG Rn 129; vgl auch ErfK/Kania, § 101 BetrVG Rn 2.
96 BAG v. 3.5.1994, 1 ABR 95/93, NZA 1995, 484; ErfK/Kania § 99 BetrVG Rn 47; DKK/Bachner § 99 BetrVG Rn 220.

kommenden Tätigkeiten aufführt, bestimmt, dass die Voraussetzung für die Zahlung einer persönlichen Zulage bereits erfüllt ist, wenn die vorübergehend übertragene Tätigkeit mindestens drei Arbeitstage angedauert hat und die/der Beschäftigte ab dem ersten Tag der Vertretung in Anspruch genommen worden ist.

(3) ¹Die persönliche Zulage bemisst sich für Beschäftigte, die in eine der Entgeltgruppen 9 bis 14 eingruppiert sind, aus dem Unterschiedsbetrag zu dem Tabellenentgelt, das sich für die/den Beschäftigte/n bei dauerhafter Übertragung nach § 17 Abs. 4 Satz 1 bis 3 ergeben hätte. ²Für Beschäftigte, die in eine der Entgeltgruppen 1 bis 8 eingruppiert sind, beträgt die Zulage 4,5 v.H. des individuellen Tabellenentgelts der/des Beschäftigten.

§ 14 Vorübergehende Übertragung einer höherwertigen Tätigkeit (TV-L)

(1) Wird Beschäftigten vorübergehend eine andere Tätigkeit übertragen, die den Tätigkeitsmerkmalen einer höheren Entgeltgruppe entspricht, und wurde diese Tätigkeit mindestens einen Monat ausgeübt, erhalten sie für die Dauer der Ausübung eine persönliche Zulage rückwirkend ab dem ersten Tag der Übertragung der Tätigkeit.

Niederschriftserklärung zu § 14 Absatz 1:

a) ¹*Ob die vorübergehend übertragene höherwertige Tätigkeit einer höheren Entgeltgruppe entspricht, bestimmt sich bis zum 31. Dezember 2011 nach den gemäß § 18 Absatz 3 TVÜ-Länder fortgeltenden Regelungen des § 22 Absatz 2 BAT/BAT-O bzw den entsprechenden Regelungen für Arbeiterinnen und Arbeiter. ²Für Beschäftigte, die gemäß Teil II Abschnitt B der Anlage 1 a zum BAT/BAT-O eingruppiert sind, sowie für Beschäftigte, die unter § 17 Abs. 10 TVÜ-Länder fallen, gilt Satz 1 auch über den 31. Dezember 2011 hinaus fort. ³Die Tarifvertragsparteien stellen klar, dass diese Niederschriftserklärung im Zusammenhang mit einer neuen Entgeltordnung überprüft wird.*

b) *Die Tarifvertragsparteien stellen klar, dass die vertretungsweise Übertragung einer höherwertigen Tätigkeit ein Unterfall der vorübergehenden Übertragung einer höherwertigen Tätigkeit ist.*

(2) ¹Durch landesbezirklichen Tarifvertrag kann für bestimmte Tätigkeiten festgelegt werden, dass die Voraussetzung für die Zahlung einer persönlichen Zulage bereits erfüllt ist, wenn die vorübergehend übertragene Tätigkeit mindestens drei Arbeitstage angedauert hat. ²Die Beschäftigten müssen dann ab dem ersten Tag der Vertretung in Anspruch genommen worden sein.

(3) ¹Die persönliche Zulage bemisst sich für Beschäftigte in den Entgeltgruppen 9 bis 14 aus dem Unterschiedsbetrag zu dem Betrag, der sich für die/den Beschäftigte/n bei dauerhafter Übertragung nach § 17 Absatz 4 Satz 1 und 2 ergeben hätte. ²Für Beschäftigte, die in eine der Entgeltgruppen 1 bis 8 eingruppiert sind, beträgt die Zulage 4,5 v.H. des individuellen Tabellenentgelts der/des Beschäftigten; bei vorübergehender Übertragung einer höherwertigen Tätigkeit über mehr als eine Entgeltgruppe gilt Satz 1 entsprechend.

I. Zahlung einer persönlichen Zulage bei vorübergehender Übertragung einer anderen Tätigkeit (Abs. 1)	1	d) Bedeutung der Niederschriftserklärung, Überleitungsregelungen	15
1. Normstruktur, Vorläufervorschriften	1	II. Sonderfall der Zahlung der Zulage bereits bei Übertragung einer Tätigkeit für mindestens drei Arbeitstage (Abs. 2)	16
2. Regelungsinhalt	2	III. Bemessung der Zulage (Abs. 3)	17
a) Höherwertige Tätigkeit	2	1. Struktur der Bemessungsvorschriften	17
aa) Tarifliche Wertigkeit	3	2. Bemessung der Eingruppierung in den Entgeltgruppen 9 bis 14	18
bb) Übertragung höherwertiger Aufgaben im Wege der Direktionsrechtsausübung	5	3. Bemessung bei den Entgeltgruppen 1 bis 8	19
b) Vorübergehende Übertragung	7	4. Sonstiges	20
aa) Übertragungsvorgang	7	a) Fälligkeit	20
bb) Abgrenzung zur dauerhaften Übertragung und Missbrauchsgefahr, einzelne Fallgestaltungen	8	b) Anwendbarkeit der Regelungen gem. § 24 Abs. 3, Abs. 5	21
cc) Beteiligungsrechte von Betriebs- oder Personalrat	11	c) Ende des Gewährungszeitraums	22
c) Monatsfrist, Zahlungszeitraum	14	d) Zeiten ohne Arbeitsleistung	23
		IV. Sonderregelungen, § 14 TV-L	24

I. Zahlung einer persönlichen Zulage bei vorübergehender Übertragung einer anderen Tätigkeit (Abs. 1)

1. Normstruktur, Vorläufervorschriften. § 14 Abs. 1 TVöD ist im Zusammenhang zu sehen mit den Eingruppierungsregelungen in den §§ 12, 13 TVöD. Trotz der zu erwartenden Veränderungen im Vergleich zu den Vorschriften der früheren Arbeiter- und Angestelltentarifverträge ist weiterhin im Eingruppierungsrecht im öffentlichen Dienst davon auszugehen, dass die **dauerhafte Übertragung** einer Aufgabe **Grundlage** der **tariflichen Eingruppierung** mit entsprechenden Rechtsfolgen für die Ausübung des Direktionsrechts des Arbeitgebers und die Höhe der Vergütung ist (s. §§ 12, 13 Rn 28).[1] Da dies bereits bei Schaffung des TVöD vor Inkrafttreten der neuen Entgeltgruppen klar war, wurde mit dem TVöD die Vorschrift des § 14 TVöD in Kraft gesetzt, die nach dem Vorbild der bisherigen Regelungen vor allem des § 24 BAT (im Arbeiterbereich galten zB gem. § 9 Abs. 2 MTArb ähnliche Regelungen) den Fall regelt, dass nur vorübergehend eine andere Tätigkeit übertragen wird.[2] Da die tarifliche Eingruppierung zur Folge hat, dass durch Direktionsrecht eine niederwertige Tätigkeit nicht gegen den Willen des Beschäftigten übertragen werden darf (s. §§ 12, 13 Rn 28)[3] und Tätigkeitszuweisungen im Rahmen des Korridors, der sich aus der Eingruppierung in eine Vergütungsgruppe ergibt, insoweit unproblematisch sind, haben

---

[1] So bereits BAG v. 12.4.1973, 2 AZR 291/72, AP Nr. 24 zu § 611 BGB Direktionsrecht; vgl zB Bredemeier/Neffke, BAT/BAT-O § 8 BAT Rn 8; Guth in Görg/Guth/Hamer/Pieper, § 4 TVöD-AT Rn 6 ff.
[2] GKÖD/Fieberg E § 14 TVöD Rn 1; Kutzki in Bepler/Böhle, § 14 TVöD-AT Rn 1, 11.
[3] BAG v. 29.8.1991, 6 AZR 593/88, NZA 1992, 67; Bredemeier/Neffke, BAT/BAT-O § 8 BAT Rn 8; Guth in Görg/Guth/Hamer/Pieper, § 4 TVöD-AT Rn 7.

die Tarifpartner nur den Fall der **vorübergehenden Übertragung** einer höherwertigen Tätigkeit als regelungsbedürftig erachtet. Da hier keine dauerhafte Übertragung vorliegt, ist der Arbeitgeber nicht verpflichtet, eine Höhergruppierung vorzunehmen.[4] Weil in solchen Fällen allerdings den Beschäftigten eine Arbeitsleistung abverlangt wird, die von der Wertigkeit her über das tariflich vergütete Maß hinausgeht, ist im TVöD weiterhin die **Zahlung einer persönlichen Zulage** vorgesehen. Hinsichtlich der Bemessung ist in § 14 Abs. 3 TVöD eine differenzierende Regelung aufgenommen worden (vgl unten Rn 17 ff). Die Systeme der bisherigen Arbeiter- und Angestelltentarifverträge sind dabei kombiniert worden.

2 **2. Regelungsinhalt. a) Höherwertige Tätigkeit.** Voraussetzung der Anwendbarkeit von § 14 Abs. 1 TVöD und damit Anknüpfungspunkt für die Rechtsfolge Zulagengewährung ist die vorübergehende Übertragung einer **höherwertigen Tätigkeit**. Zu klären ist also zunächst, wie sich die tarifliche Wertigkeit bestimmt und wie die Übertragung von Aufgaben, die von ihrer Wertigkeit her einen Unterschied aufweisen zu den bisher nach den arbeitsvertraglichen und tarifvertraglichen Grundlagen zugewiesenen Tätigkeiten, in das arbeitsrechtliche System insgesamt einzuordnen ist.

3 **aa) Tarifliche Wertigkeit.** Ob eine **Tätigkeit höherwertig** ist, ist nach den **tariflichen Vorgaben** festzustellen. In § 14 Abs. 1 TVöD wird definiert, dass eine höhere Wertigkeit im Sinne dieser Vorschrift vorliegt, wenn die vorläufig übertragene Tätigkeit den Tätigkeitsmerkmalen einer höheren Eingruppierung, als sie vor Übertragung bei dem/der Beschäftigten gegeben war, entspricht. Maßstab ist also das tarifliche Eingruppierungsschema, maßgeblich sind grundsätzlich die Entgeltgruppen des TVöD.[5] Da zum jetzigen Zeitpunkt noch kein Entgeltschema vorliegt, bekommt die **Niederschriftserklärung zu § 14 Abs. 1 TVöD**, die vorstehend abgedruckt wurde, Bedeutung. Es ist also iVm § 18 Abs. 3 TVÜ-Bund/VKA zu fragen, ob sich aus den fortgeltenden Regelungen für die Eingruppierung von Arbeitern und Angestellten ergibt, dass ein/eine Beschäftigter/Beschäftigte eine Tätigkeit vorübergehend übertragen bekommen hat, die einer höheren Vergütungsgruppe zuzuordnen ist (zur Niederschriftserklärung vgl auch Rn 15). Ist zwischen dem Arbeitgeber und dem/der Beschäftigten streitig, ob die vorübergehend übertragene Tätigkeit höherwertig im Tarifsinne ist, so ist, wie das BAG zB im Orientierungssatz 1 seiner Entscheidung vom 16.6.2004[6] deutlich gemacht hat, eine hypothetische Bewertung nach den Regeln des Eingruppierungsprozesses vorzunehmen. Es kommt also nicht darauf an, wie derjenige, der vertreten wird, vergütet wurde. War es so, dass dieser nur deshalb eine Vergütungsgruppe höher als der Vertreter oder die Vertreterin eingruppiert war, weil er bereits einen Bewährungsaufstieg hinter sich hatte, so heißt dies für die Wertigkeit der Tätigkeit nichts. Ebenso ist es nicht ausreichend, dass die Tätigkeit einer anderen Fallgruppe derselben Vergütungsgruppe zugeordnet ist, die mit einer Zulage verbunden ist. Gefordert wird die **Erfüllung der Tätigkeitsmerkmale** einer höheren Vergütungs- oder Lohngruppe mit der Folge der Überleitung in eine höhere Entgeltgruppe des TVöD, um den Zulagenanspruch auszulösen.[7]

---

4 Zur Ausgangslage allgemein GKÖD/Fieberg E § 14 TVöD Rn 16 f.
5 Vgl Sponer/Steinherr, TVöD, § 14 TVöD Rn 59 ff; Breier/Dassau, TVöD, § 14 TVöD Rn 9.
6 BAG v. 16.6.2004, 4 AZR 407/03, ZTR 2005, 27.
7 Sponer/Steinherr, TVöD, § 14 TVöD Rn 59 ff; Breier/Dassau, TVöD, § 14 TVöD Rn 9.

Aus der Anwendung des Eingruppierungsrechts folgt, dass auch die **subjektiven** 4
Voraussetzungen der höheren Gruppe erfüllt sein müssen (zB ein bestimmter
Schul- oder Studienabschluss oder eine tätigkeitsbezogene Prüfung).[8] Im Streitfall gelten hinsichtlich der Darlegungs- und Beweislast die für die Eingruppierung
geltenden Grundsätze (s. §§ 12, 13 Rn 30).[9] Hinzuweisen ist noch darauf, dass
sich aus § 14 Abs. 3 und den dort genannten Entgeltgruppen ergibt, dass dann,
wenn Beschäftigte eine Tätigkeit oberhalb der Entgeltgruppe E 15 übertragen
bekommen, § 14 TVöD keine Anwendung mehr findet. Aus älteren Entscheidungen des BAG[10] ist jedoch zu folgern, dass Beschäftigte dann einen Anspruch
aus § 612 BGB auf höhere Vergütung auf Dauer oder vorübergehend, je nach
Übertragung der Tätigkeit, geltend machen können.

bb) Übertragung höherwertiger Aufgaben im Wege der Direktionsrechtsausübung. Inhalt von § 14 TVöD ist es, an den geregelten Tatbestand (vorübergehende Übertragung einer höherwertigen Tätigkeit) die Rechtsfolge der Gewährung einer persönlichen Zulage zu knüpfen. Wie schon die Vorgängerregelungen
enthält die Vorschrift keine Rechtsgrundlage für die Berechtigung des Arbeitgebers den **Übertragungsvorgang** als solchen vorzunehmen. Hierfür ist auf allgemeine Rechtsgrundsätze zurückzugreifen. Nicht zuletzt aus § 2 KSchG ist ableitbar, dass gegen den Willen eines Beschäftigten eine niederwertige Tätigkeit
per Weisungsrecht nicht übertragen werden darf, egal ob dies vorübergehend
oder dauerhaft geschieht (s. §§ 12, 13 Rn 28).[11] Ausgangspunkt bildet immer
der Arbeitsvertrag, wobei typischerweise im öffentlichen Dienst hinsichtlich der
Art der zu verrichtenden Tätigkeit der bei Einstellung abgeschlossene Arbeitsvertrag wenig Aussagekraft für den Anspruch des Arbeitnehmers auf die Wertigkeit der übertragenen Aufgaben hat. Einzubeziehen sind daher die seit der
Einstellung erfolgten Eingruppierungsvorgänge und der auf die Vergütungsgruppe bezogene Anspruch auf Übertragung von in der Wertigkeit der Eingruppierung entsprechenden Tätigkeiten. Niederwertige Aufgaben können daher nur
bei Einverständnis des Arbeitnehmers und einer entsprechenden Vertragsänderung oder mit einer kündigungsschutzrechtlich wirksamen Änderungskündigung übertragen werden. Bei aller Klarheit und Richtigkeit dieser Erwägungen
ergibt sich daraus noch nicht quasi automatisch im Umkehrschluss, dass die
Zuweisung höherwertiger Tätigkeiten qua Direktionsrecht in jedem Fall zulässig
ist. Immerhin stellt auch dies eine Übertragung von Aufgaben dar, die den arbeitsvertraglichen Festlegungen bzw den Festlegungen im Zusammenhang mit
dem letzten Eingruppierungsvorgang nicht entsprechen. Diese Frage wird in der
Literatur bisweilen angesprochen, häufig jedoch nicht vertieft diskutiert.[12] Der
Arbeitnehmer wird darauf verwiesen, Aspekte, die gegen eine Übertragung der
höherwertigen Tätigkeit sprechen, im Rahmen der Überprüfung der Ermessensausübung geltend machen zu können (vgl dazu Rn 6). Es ist davon auszugehen, 5

---

8 BAG v. 26.4.2001, 8 AZR 281/00, ZTR 2002, 77; Kutzki in Bepler/Böhle, § 14 TVöD-AT Rn 10.
9 Hamer in Görg/Guth/Hamer/Pieper § 14 TVöD-AT Rn 7.
10 Sponer/Steinherr, TVöD, § 14 TVöD Rn 67 ff mwN.
11 ErfK/Preis § 106 GewO Rn 3, 12 ff; vgl auch APS/Künzl § 2 KSchG Rn 55.
12 Vgl GKÖD/Fieberg E § 14 TVöD Rn 11 ff, der darauf hinweist, dass auch das BAG ohne vertiefte Problematisierung bei einem Arbeitnehmer des öffentlichen Dienstes davon ausgeht, dass dieser grundsätzlich verpflichtet ist, höherwertige Tätigkeiten zu übernehmen. Insoweit wird ohne nähere Präzisierung von einem „weiten Direktionsrecht" gesprochen, vgl zB BAG v. 17.4.2002, 4 AZR 174/01, NZA 2003, 159.

dass auch bei Anwendung des § 14 TVöD diese Herangehensweise von Rechtsprechung und Literatur beibehalten wird, so dass idR die Übertragung höherwertiger Aufgaben auf das arbeitgeberseitige Direktionsrecht rechtlich gestützt werden kann. Nicht zu Unrecht wird auch darauf aufmerksam gemacht, dass der Arbeitnehmer dann, wenn sich die Übertragung höherwertiger Aufgaben im Bereich dessen abspielt, was er mit seinen Kenntnissen und Fähigkeiten bewältigen kann, regelmäßig mit dieser Entwicklung einverstanden sein wird, vor allem dann, wenn dies zu einer höheren Eingruppierung oder zumindest vorübergehend zu einer höheren Vergütung führt.[13] Aspekte, die aus der Sicht des/der Beschäftigten dagegenstehen, können bspw die Angst vor Überforderung und/oder die Gefahr sein, mit höheren (Schadensersatz-)Risiken konfrontiert zu werden. Wird dies arbeitgeberseits nicht berücksichtigt und werden zB keine ausreichenden Einweisungen oder Schulungen vorgenommen, so dürfte eine Direktionsrechtsüberschreitung vorliegen, so dass die Beschäftigten auch unter diesem Gesichtspunkt geschützt sind.

6 In früheren Entscheidungen hat das BAG verlangt, dass für die vorübergehende Übertragung einer höherwertigen Tätigkeit ein sachlicher Grund vorliegen muss.[14] Auf diese Rechtsprechung ist nicht mehr näher einzugehen, da das BAG nunmehr eine **Überprüfung der Direktionsrechtsausübung** in Form einer sog **doppelten Billigkeitsprüfung** durchführt.[15] Die Bezeichnung als doppelte Billigkeitsprüfung ist berechtigt, weil zwei Aspekte eine Rolle spielen. Zum einen muss die Übertragung der Tätigkeit nach allgemeinen Grundsätzen der Billigkeit entsprechen (früher aus § 315 BGB hergeleitet, jetzt arbeitsrechtlich in **§ 106 GewO** für alle Bereiche des Arbeitsrechts auch außerhalb des öffentlichen Dienstes verankert).[16] Die zweite Prüfung der Billigkeit hat sich auf die Frage zu beziehen, ob die **Übertragung vorübergehend** erfolgen darf oder ob unter dem Gesichtspunkt der Umgehung der Vorschriften des Eingruppierungsrechts eine **dauerhafte Übertragung** mit entsprechenden Eingruppierungskonsequenzen zu erfolgen hat (vgl dazu Rn 8 ff). Die Billigkeitsprüfung hinsichtlich der Übertragung selbst muss vor allem danach fragen, ob es unter Abwägung der beiderseitigen Interessen vom Direktionsrecht des Arbeitgebers gedeckt ist, die Aufgaben zuzuweisen. Grundsätzlich ist im öffentlichen Dienst als Maßstab für den Inhalt der Arbeitsaufgabe auf Tarifmerkmale der Vergütungsgruppe, in die eingruppiert wurde, abzustellen (s. §§ 12, 13 Rn 28).[17] Dieser Maßstab versagt jedoch im Zusammenhang mit § 14 TVöD, da hier gerade Aufgaben übertragen werden, die der Eingruppierung der/des Beschäftigten nicht entsprechen. Im Rahmen der Billigkeitsüberprüfung auf dieser Ebene wird es daher vor allem darum gehen, ob die übertragene Aufgabe bei Abwägung der arbeitgeberseitigen Interessen (im öffentlichen Dienst typischerweise auch unter Bezugnahme auf die gegenüber den Bürgerinnen und Bürgern bestehenden Pflichten) für den/die Beschäftigte

---

13 GKÖD/Fieberg E § 14 TVöD Rn 14.
14 Vgl dazu Breier/Dassau, TVöD, § 14 TVöD Rn 11 mit zahlreichen weiteren Nachweisen; GKÖD/Fieberg E § 14 TVöD Rn 17; Sponer/Steinherr, TVöD, § 14 TVöD Rn 14 ff mit ausführlichen Hinweisen auf die Rspr d. BAG.
15 Grundlegend BAG v. 17.4.2002, 4 AZR 174/01, NZA 2003, 159; Breier/Dassau, TVöD, § 14 TVöD Rn 13 f; GKÖD/Fieberg E § 14 TVöD Rn 18 ff; Kutzki in Bepler/Böhle, § 14 TVöD-AT Rn 3.
16 Vgl dazu statt aller ErfK/Preis Rn 1 ff zu § 106 GewO.
17 Bredemeier/Neffke, BAT/BAT-O, § 8 BAT Rn 8.

zumutbar ist. Wenn die neue Tätigkeit zB belastendere Arbeitszeiten oder längere Wegstrecken mit sich bringt, sind diese Aspekte mit den persönlichen Umständen des Arbeitnehmers, wenn er beispielsweise Betreuungspflichten im privaten Bereich wahrzunehmen hat, abzuwägen (s. §§ 12, 13 Rn 28). Auf den Aufgabeninhalt bezogen dürften in der Praxis hier vor allem die bereits angedeuteten Konstellationen (Überforderung bei fehlender Routine oder Einweisung, höhere Risiken etc.) eine Rolle spielen. Unter Berücksichtigung der Stellung im öffentlichen Dienst und der Verpflichtung gegenüber den Bürgern gelten hier allgemeine Grundsätze, und es hat stets eine Einzelfallprüfung zu erfolgen.[18]

b) Vorübergehende Übertragung. aa) Übertragungsvorgang. Einigkeit besteht hier darüber, dass die **Übertragung** grundsätzlich **durch Erklärung des Arbeitgebers** erfolgt. Einer bestimmten Form bedarf diese nicht.[19] Denkbar ist auch eine Übertragung durch schlüssiges Verhalten im Rahmen einer arbeitgeberseitigen Weisung, eine bestimmte Aufgabe zu verrichten.[20] Will der Arbeitgeber keine dauerhafte Zuweisung der höherwertigen Aufgabe mit der Folge, dass der Arbeitnehmer höher eingruppiert und eine entsprechende Vergütung dauerhaft zu zahlen ist und auch alle weiteren Rechtsfolgen einer Höhergruppierung eintreten, so muss er deutlich machen, dass es sich nur um eine vorübergehende Übertragung der Aufgabe im Sinne des § 14 TVöD handelt. Wegen der nachstehend zu erörternden Abgrenzungsproblematik zur dauerhaften Eingruppierung ist dem Arbeitgeber im Streitfall die Darlegungs- und Beweislast dafür aufzuerlegen, dass er erkennbar für den Arbeitnehmer nur eine vorübergehende Aufgabenzuweisung vorgenommen hat.[21] 7

bb) Abgrenzung zur dauerhaften Übertragung und Missbrauchsgefahr, einzelne Fallgestaltungen. Solange das BAG vergleichbar mit der Befristung von Arbeitsverträgen bzw der Befristung einzelner Arbeitsbedingungen[22] einen sachlichen Grund für eine vorübergehende Übertragung von höherwertigen Aufgaben im öffentlichen Dienst verlangte, wobei es sowohl auf die Aufgabe selbst wie auch auf deren Dauer abstellte, war für die Rechtsfolgenseite (Zulage oder Höhergruppierung) eine Trennungslinie gegeben. Bei einer Daueraufgabe fehlte es regelmäßig an einem sachlichen Grund für die vorübergehende Übertragung, es sei denn, es handelt sich um einen Vertretungsfall bei Krankheit, Mutterschutz, Erziehungsurlaub etc. Mit Aufgabe dieser Rechtsprechung ist jedoch das Bedürfnis für eine Abgrenzung zwischen den Fällen des § 14 TVöD bzw seiner Vorgängervorschriften und einer dauerhaften Höhergruppierung keineswegs weggefallen. Deshalb kommt es zur vorstehend bereits erwähnten doppelten Billigkeitskontrolle. Auch hinsichtlich des Tatbestandsmerkmals „vorübergehend" ist eine rechtliche Überprüfung vorzunehmen.[23] Grundsätzlich ist – von Vertretungsfällen abgesehen – davon auszugehen, dass die arbeitgeberseitig als vorübergehend bezeichnete Übertragung einer höherwertigen Aufgabe dann 8

---

18 Vgl zB ErfK/Preis § 106 GewO Rn 13.
19 Breier/Dassau, TVöD, § 14 TVöD Rn 18; GKÖD/Fieberg E § 14 TVöD Rn 28 f; Kutzki in Bepler/Böhle, § 14 TVöD-AT Rn 2.
20 Breier/Dassau, TVöD, § 14 TVöD aaO.
21 BAG v. 19.3.1986, 4 AZR 642/84, AP Nr. 116 zu §§ 22, 23 BAT; vgl auch Breier/Dassau, TVöD, aaO; Hamer in Görg/Guth/Hamer/Pieper, TVöD, § 14 TVöD-AT Rn 5; Kutzki in Bepler/Böhle, § 14 TVöD-AT Rn 2.
22 Vgl dazu APS/Backhaus, TzBfG, vor § 14 Rn 42 ff; ErfK/Müller-Glöge § 3 TzBfG Rn 16.
23 BAG v. 17.4.2002, 4 AZR 174/01, NZA 2003, 159.

nicht mehr billigem Ermessen entspricht, wenn es sich objektiv um eine **Daueraufgabe** handelt, also beispielsweise von einer Dienststelle im öffentlichen Dienst eine bisher nicht verrichtete Aufgabe übernommen wird und diese Tätigkeit bei der/dem Beschäftigten, die/der nun hier eingesetzt wird, die Merkmale einer höheren Entgeltgruppe erfüllt. Anders kann dies im Beispielsfall sein, wenn diese neue Aufgabe nur im Rahmen eines zunächst klar abgegrenzten befristeten Projekts erfolgt. Liegt eine Daueraufgabe vor und handelt es sich um einen Vertretungsfall, so dürfte grundsätzlich von einer Direktionsrechtsausübung im Rahmen des billigen Ermessens auszugehen sein. Anders ist dies allerdings dann, wenn bereits bei Übertragung der Aufgabe klar ist, dass ein ständiger Vertretungsbedarf vorliegt.[24] Liegt zum Zeitpunkt der Übertragung der höherwertigen Aufgabe bspw nach dem Ausscheiden eines Angestellten eine Organisationsentscheidung des öffentlichen Arbeitgebers mit dem Inhalt vor, die Aufgabe zukünftig mit einer Beamtin oder einem Beamten zu besetzen und dafür einen Dienstposten zu schaffen, so dürfte die Übertragung an einen Beschäftigten oder eine Beschäftigte im Tarifbereich bis zum Vorliegen der Möglichkeit, die Stelle mit einem Beamten besetzen zu können, im Rahmen des billigen Ermessens liegen, auch wenn die Aufgabe an sich eine Daueraufgabe ist.[25] Ähnlich wie beim Befristungsrecht wächst bei mehrfacher nur als vorübergehend bezeichneter Übertragung die Anforderung an den Arbeitgeber, darzulegen und zu beweisen, dass es sich nicht um eine dauerhafte Wahrnehmung durch den Beschäftigten/die Beschäftigte handelt. Dies gilt auch in Fällen, in denen der Arbeitgeber die vorübergehende Übertragung mit der späteren Besetzung durch einen Beamten begründet, diese dann aber nicht vornimmt.[26]

9 Einzelfälle der **vertretungsweisen Übertragung** können vor allem bei Mutterschutz, Elternzeit, längeren Erkrankungen, aber auch bei Sonderurlaub gem. § 28 TVöD oder bei vorübergehendem Freiwerden einer Stelle, wenn zB ein Beamter nicht versetzt, sondern nur abgeordnet wird, vorliegen.[27] Die Vorschrift des § 14 Abs. 1 TVöD unterscheidet zwischen den verschiedenen Begründungen für eine vorübergehende Tätigkeit nicht, dies stellt einen Unterschied bspw zu § 24 BAT dar. Allerdings enthält die **Niederschriftserklärung in Ziff. 2** die Klarstellung, dass die Tarifpartner die vertretungsweise Übertragung einer höherwertigen Tätigkeit als einen Unterfall der vorübergehenden Übertragung einer solchen Tätigkeit ansehen. Teilweise sehen die derzeit noch zur Anwendung zu bringenden Eingruppierungsschemata das Tarifmerkmal des „ständigen Vertreters" vor. Wird jemand zu einem solchen bestellt, so ist er entsprechend einzugruppieren. Allerdings geht dieses Merkmal davon aus, dass der ständige Vertreter die üblichen Vertretungsfälle bei Abwesenheit, Wahrnehmung einer anderen Aufgabe, Urlaub, Erkrankung etc. wahrnimmt. Der längerfristige Vertretungsfall (zB bei einer Abordnung des ständig zu Vertretenden für eine längere Zeit an eine andere Dienststelle) führt faktisch zu einem Aufrücken des ständigen Vertreters an dessen Stelle mit der Folge, dass dann die Eingruppierung als ständiger Vertreter einer Zulagengewährung nach § 14 TVöD bzw den Vorgänger-

---

24 BAG v. 16.1.1991, 4 AZR 301/90, NZA 1991, 490; Kutzki in Bepler/Böhle, TVöD, § 14 TVöD-AT Rn 3.
25 Ebenso Breier/Dassau, TVöD, § 14 TVöD Rn 28 mit Hinweis auf BAG v. 17.4.2002, 4 AZR 174/01, NZA 2003, 159.
26 Vgl dazu BAG v. 15.5.2002, 4 AZR 433/01, ZTR 2003, 80.
27 Vgl dazu Empfehlung bei Dassau/Wiesend-Rothbrust, TVöD § 14 TVöD Rn 19.

vorschriften nicht als entgegenstehend anzusehen ist, wenn die Tätigkeit des ständig Vertretenen einer höheren Gruppe zuzuordnen ist.[28]

Andere Einzelfälle der **vorübergehenden Übertragung** können **Überbrückungsmaßnahmen** bei Umstrukturierungen oder während eines sich über längere Zeit hinziehenden Ausschreibungsverfahrens mit dem Ziel sein, einen geeigneten Bewerber/eine geeignete Bewerberin für die dauerhafte Besetzung zu erhalten. Hier ist zu verlangen, dass arbeitgeberseits dargetan wird, dass die vorübergehende Übertragung nur einem Überbrückungszweck dient. Ein personenbezogener Einzelfall kann die **Erprobung** sein, so dass die vorübergehende Übertragung hier ein „Probelauf" vor der Entscheidung über die dauerhafte Übertragung sein soll. Hier ist zu verlangen, dass die Erprobungszeit in einem angemessenen Verhältnis zur übertragenen Aufgabe steht. Regelmäßig wird verlangt, dass Zeiten, die länger als sechs Monate andauern, einer besonderen Begründung bedürfen.[29] Dabei ist zu beachten, dass für **Führungspositionen** nunmehr in **§ 31 Abs. 2 TVöD** eine spezielle, § 14 TVöD gegenüber vorrangige Regelung geschaffen wurde (vgl auch § 31 Rn 6 ff).[30] 10

cc) **Beteiligungsrechte von Betriebs- oder Personalrat.** Soweit in einem Betrieb im betriebsverfassungsrechtlichen Sinne ein von § 14 TVöD geregelter Sachverhalt vorliegt, bestimmt sich die Frage des **Mitbestimmungsrechts des Betriebsrats** nach dem **Versetzungsbegriff von § 95 Abs. 3 BetrVG**, die Ausübung des Mitbestimmungsrechts richtet sich nach den **§§ 99 BetrVG**. § 99 BetrVG regelt über die Versetzung hinaus weitere Mitbestimmungstatbestände, deren Erfüllung bei einer Maßnahme im Rahmen des § 14 TVöD ebenfalls in Frage kommt. So kann zB die vorübergehende Übertragung einer höherwertigen Tätigkeit damit verbunden sein, dass ein Arbeitnehmer eines Betriebes des Unternehmens, das den TVöD anwendet, in einem anderen Betrieb dieses Unternehmens tätig wird. Selbst dann, wenn dies vorübergehend ist, stellt sich die Maßnahme als Einstellung mit einem Mitbestimmungsrecht des Betriebsrats des aufnehmenden Betriebes dar. Dies gilt jedenfalls in den Fällen, in denen bei der Verrichtung der Aufgabe von einer Eingliederung in den Organisationszusammenhang des aufnehmenden Betriebes auszugehen ist.[31] Nach nicht unumstrittener Rechtsprechung ist in solchen Fällen das Mitbestimmungsrecht des Betriebsrats des abgebenden Betriebes unter dem Gesichtspunkt der Versetzung dann nicht gegeben, wenn der Arbeitnehmer dauerhaft mit seinem Einverständnis aus diesem Betrieb ausscheidet.[32] Bei Fällen im Rahmen des § 14 TVöD dürfte allerdings die Rückkehrperspektive in den früheren Betrieb der Regelfall sein. Dann ist ein Mitbestimmungsrecht des Betriebsrats des abgebenden Betriebes wegen fehlendem dauerhaften Ausscheiden unter dem Gesichtspunkt der Versetzung im betriebsverfassungsrechtlichen Sinne gegeben.[33] 11

---

28 Vgl dazu auch Dassau/Wiesend-Rothbrust, TVöD § 14 TVöD Rn 20 f.
29 BAG Rechtsprechung sowohl aus früherer Zeit, als auf den sachlichen Grund abgestellt wurde, als auch in jüngerer Zeit, vgl zB BAG v. 18.6.1997, 4 AZR 728/95, ZTR 1998, 87 und BAG v. 12.6.2002, 4 AZR 431/01, ZTR 2003, 82.
30 Guth in Görg/Guth/Hamer/Pieper § 31 TVöD-AT Rn 18 ff.
31 Vgl dazu DKK/Bachner § 99 BetrVG Rn 42; Fitting § 99 BetrVG Rn 19, BAG v. 20.9.1990, 1 ABR 37/90, AP Nr. 84 zu § 99 BetrVG 1972, und BAG v. 26.1.1993, 1 AZR 303/92, NZA 1993, 714.
32 BAG v. 20.9.1990, 1 ABR 37/90, NZA 1991, 195, vgl auch dazu DKK/Bachner § 99 BetrVG Rn 95 und Fitting u.a. § 99 BetrVG Rn 146 ff.
33 Fitting u.a. § 99 BetrVG Rn 148 mwN.

12 Fraglich könnte eine **Mitbestimmung** unter dem Gesichtspunkt der **Ein- bzw Umgruppierung** sein, da ja tarifrechtlich gerade keine Höhergruppierung erfolgt. Dies macht, wie oben gezeigt, letztendlich den Regelungsgehalt des § 14 TVöD aus. Betriebsverfassungsrechtlich wird jedoch auch von einer Umgruppierung ausgegangen, wenn zB bei einer Tätigkeitsänderung Zulagen gezahlt werden, die im Vergütungssystem eine ähnliche Bedeutung haben wie Vergütungsgruppen. Dies ist bei Zuschlägen für bestimmte punktuelle Erschwernisse regelmäßig nicht der Fall, wird jedoch dann bejaht, wenn Zulagenzahlungen zB die Funktion einer Zwischengruppe zwischen zwei Vergütungsgruppen erfüllen.[34] Für die Fälle des § 14 TVöD ist wegen der Bezugnahme auf das Vergütungssystem aufgrund einer Veränderung der zugewiesenen Tätigkeit aus der Ratio des Mitbestimmungsrechts eine Mitbestimmungspflichtigkeit zu bejahen.

Dabei ist auch im Auge zu behalten, dass § 95 Abs. 3 BetrVG eine Versetzung im Regelfall bereits dann als gegeben ansieht, wenn die Zuweisung eines anderen Arbeitsbereichs voraussichtlich die Dauer von einem Monat überschreitet. Dies macht deutlich, dass der vorübergehende Charakter einer Maßnahme dem Mitbestimmungsrecht nicht entgegensteht. IdR ist bei der Übertragung einer höherwertigen Tätigkeit im Sinne von § 14 TVöD die Zuweisung eines neuen Arbeitsbereiches im Sinne von § 95 Abs. 3 BetrVG zu bejahen, im Einzelfall kann auch zB durch Veränderungen bei den Umständen, unter denen die Arbeit zu leisten ist, eine Veränderung eintreten (zB geänderte Arbeitszeit und dadurch geänderte Bedingungen in Bezug auf die Verkehrsbedingungen im öffentlichen Nahverkehr). Zu beachten ist, dass der im Gesetz genannte Monatszeitraum an die Prognose bei Übertragung der Tätigkeit geknüpft ist. Dann, wenn die Maßnahme von vornherein für einen geringeren Zeitraum geplant ist, sie aber zu einer erheblichen Änderung der Umstände, unter denen die Arbeitsleistung zu erbringen ist, führt, unterliegt sie dem Mitbestimmungsrecht.[35] Die genannten **Mitbestimmungsrechte** des Betriebsrates sind auszuüben im Rahmen der Regelung des § **99 BetrVG**, der Betriebsrat ist an die Zustimmungsverweigerungsgründe von § 99 Abs. 2 BetrVG gebunden. Der Arbeitgeber muss bei einer Zustimmungsverweigerung die **Ersetzung** durch das **Arbeitsgericht** gem. § 99 Abs. 4 beantragen. **Vorläufige Regelungen** sind betriebsverfassungsrechtlich an die Voraussetzungen des § **100 BetrVG** gebunden. Bei mitbestimmungswidrigem Vorgehen des Arbeitgebers steht dem Betriebsrat vor allem der Weg über § 101 BetrVG zur Verfügung.

13 **Personalvertretungsrechtlich** kommt es auf die jeweils anzuwendenden gesetzlichen Regelungen an. Im Geltungsbereich des **BPersVG** ist zB vor allem an die Regelungen in § **75 Abs. 1 Ziff. 2** (Übertragung einer höher- oder niederwertigen Tätigkeit),[36] § **75 Abs. 1 Ziff. 3** (Versetzung oder Umsetzung)[37] und § 75 Abs. 1

---

34 BAG v. 2.4.1996, 1 ABR 50/95, NZA 96, 1105; DKK/Bachner § 99 BetrVG Rn 79; vgl auch Sponer/Steinherr, TVöD, § 14 TVöD Rn 112.
35 Vgl zum Versetzungsbegriff im Einzelnen Fitting § 99 BetrVG Rn 118 ff, zum Zeitfaktor Rn 128 ff und DKK/Bachner § 99 BetrVG Rn 86 ff, Rn 108 ff; vgl auch insgesamt HaKo-BetrVG/Kreuder, § 99 BetrVG Rn 33 ff.
36 Vgl Altvater u.a. § 75 BPersVG Rn 5, 12 mit ausdrücklichem Hinweis auf das Bestehen des Mitbestimmungsrechts bei vorübergehenden Maßnahmen, BVerwG v. 22.10.1991, 6 ER 502.91, PersR 92, 104.
37 Zu den einschlägigen Begriffen vgl Altvater u.a. § 75 BPersVG Rn 14 ff, 33 ff, 55 ff; für Anwendbarkeit von § 75 Abs. 1 Nr. 3 in Bezug auf vorübergehende Umsetzungen auch Kaiser in Richardi/Dörner/Weber § 75 BPersVG Rn 82.

Ziff. 4 (Abordnung für eine Dauer von mehr als drei Monaten)[38] zu denken. Die **Ausübung des Mitbestimmungsrechts** ist auch hier an bestimmte formale und inhaltliche Regelungen gebunden (zB § 77 Abs. 2 BPersVG). Im Geltungsbereich des Bundespersonalvertretungsgesetzes sind vorläufige Regelungen unter Beachtung der Vorgaben des § 69 Abs. 5 BPersVG zulässig.

c) Monatsfrist, Zahlungszeitraum. Der Tarifvertrag bindet in § 14 Abs. 1 die Zahlung der Zulage an die tatsächliche Ausübung der **Tätigkeit** über einen Zeitraum von **mind. einem Monat**, wobei hierauf die Fristberechnung nach § 187 Abs. 2 iVm § 188 Abs. 2 BGB Anwendung findet. Im Falle einer Unterbrechung ergibt sich aus § 191 BGB die Bewertung eines Monats als 30-tägiger Zeitraum. Es kommt nicht auf die vollständige Erfüllung während eines Kalendermonats an.[39] Entscheidend ist die tatsächliche Verrichtung, nicht die zeitliche Prognose bei Vornahme der Übertragung. Ergibt sich aus einer Rückschau, dass eine Aufgabenerfüllung von einem Monat nach den genannten Berechnungsregelungen erfüllt ist, so ist die Zulage rückwirkend ab dem ersten Tag der Übertragung zu zahlen (§ 14 Abs. 1 aE). Hinsichtlich der Fälligkeit des Anspruchs kommen die allgemeinen Entgeltregelungen des § 24 TVöD zur Anwendung.[40]

14

d) Bedeutung der Niederschriftserklärung, Überleitungsregelungen. Die bereits oben (vgl Rn 3) angesprochene **Niederschriftserklärung zu § 14 Abs. 1 TVöD** hat derzeit auch die Funktion zu regeln, wie mit der Situation umzugehen ist, dass der TVöD noch keine Vorschriften für die Eingruppierung enthält und insoweit abzuwarten ist, bis eine Entgeltordnung vereinbart ist. Es wird deshalb in **Nr. 1 S. 1** der **Niederschriftserklärung** klargestellt, dass die Frage der Höherwertigkeit der Tätigkeit unter Berücksichtigung der Überleitungstarifverträge nach den fortgeltenden Regelungen des bisherigen Eingruppierungsrechts der Arbeiter- und Angestelltentarifverträge zu prüfen ist. Die Tarifvertragsparteien haben insoweit konsequent aufgenommen, dass diese Erklärung im Zusammenhang mit der Schaffung einer neuen Entgeltordnung überprüft wird. § 14 TVöD gilt also uneingeschränkt nur für nach dem 30.9.2005 neu eingestellte Beschäftigte. Für übergeleitete Angestellte gelten die Regelungen der **Überleitungstarifverträge** (insbesondere §§ 10, 18).[41] Auf die Bedeutung der **Ziff. 2** der **Niederschriftserklärung zu § 14 Abs. 1** TVöD für die **vertretungsweise Übertragung** wurde bereits hingewiesen (s. Rn 9).

15

II. Sonderfall der Zahlung der Zulage bereits bei Übertragung einer Tätigkeit für mindestens drei Arbeitstage (Abs. 2)

In diese Vorschrift haben die Tarifvertragsparteien die Ermächtigung aufgenommen, dass im kommunalen Bereich durch landesbezirkliche Tarifverträge und im Bundesbereich durch einen gesonderten Tarifvertrag für bestimmte Tätigkeiten Regelungen geschaffen werden, die einen kürzeren Übertragungszeitraum

16

---

38 Zum Begriff vgl Altvater u.a. § 75 BPersVG Rn 70 ff.
39 Dassau/Wiesend-Rothbrust, TVöD § 14 TVöD Rn 22 ff; Sponer/Steinherr, TVöD, § 14 TVöD Rn 87 ff.
40 Sponer/Steinherr, TVöD, § 14 TVöD Rn 105 f.
41 Vgl dazu Sponer/Steinherr, TVöD, § 14 TVöD Rn 134 ff, wobei zu differenzieren ist zwischen der Fortführung der vorübergehend übertragenen höherwertigen Tätigkeit über den 1.10.2005 hinaus und der erstmaligen Übertragung einer höherwertigen Tätigkeit nach dem 30.9.2005 an einen übergeleiteten Beschäftigten/eine übergeleitete Beschäftigte (vgl dazu § 10 TVÜ-VKA/Bund, § 18 TVÜ-VKA/Bund, §§ 10, 18 TVÜ-Länder).

umfassen. Gleiches gilt auch gem. § 14 Abs. 2 TV-L für landesbezirkliche Tarifverträge im Geltungsbereich des TV-L. Vorbildcharakter hatten hier Regelungen im Arbeiterbereich, wobei diese für übergeleitete Arbeiter ohnehin Anwendung finden.[42] Die Tarifverträge, für die hier die Ermächtigungsgrundlage enthalten ist, müssen eine **Mindestfrist von drei Tagen** vorsehen, es besteht also ein Gestaltungsspielraum für die Tarifvertragsparteien zwischen drei Tagen und der Monatsfrist des § 14 Abs. 1 TVöD.

III. Bemessung der Zulage (Abs. 3)

17 1. **Struktur der Bemessungsvorschriften.** Die Zulage orientiert sich am Entgeltgruppenschema des TVöD bzw den Entgelttabellen. Dabei wird unterschieden zwischen den Entgeltgruppen 1 bis 8 und den Entgeltgruppen 9 bis 14. Insoweit unterscheidet sich die Vorschrift zB von der Vorgängerregelung des § 24 BAT.

18 2. **Bemessung der Eingruppierung in den Entgeltgruppen 9 bis 14.** In diesen Entgeltgruppen erhält der Beschäftigte, dem eine höherwertige Tätigkeit übertragen wurde, den **Unterschiedsbetrag** zwischen seinem bisherigen Tabellenentgelt und dem Tabellenentgelt, das er erhalten würde, wenn er bei dauerhafter Übertragung höhergruppiert werden würde. Dabei ist also insoweit sowohl auf die Entgeltgruppen wie auf die Stufen abzustellen.[43] Das System für die Entgeltgruppen 9 bis 14 beruht also auf den gleichen Mechanismen, wie sie bei der „echten" Höhergruppierung anzuwenden sind. Vor den Veränderungen aufgrund der Tarifverhandlungen im Frühjahr 2008 für die Tarifbereiche Bund und VKA sah der Tariftext hier auch noch eine Einbeziehung der Entgeltgruppe 15 vor. Dies wurde redaktionell geändert. Inhaltlich ergibt sich daraus keine Veränderung, weil oberhalb der Entgeltgruppe 15 der übertarifliche Entgeltbereich beginnt. Gleiches gilt auch für den TV-L.

19 3. **Bemessung bei den Entgeltgruppen 1 bis 8.** Für die niedrigeren Entgeltgruppen hat der neue Tarifvertrag nicht das Prinzip gewählt, den Unterschiedsbetrag zwischen der bisherigen Eingruppierung und der Eingruppierung, die sich bei einer Höhergruppierung aus der höherwertigen Tätigkeit ergeben würde, zur Grundlage der Zulage zu machen, sondern stellt allein auf das Entgelt der Vergütungsgruppe ab, in die der/die Beschäftigte eingruppiert ist. Die **Zulage beträgt 4,5 %** des sich hieraus ergebenden individuellen Tabellenentgelts.[44] Im Falle einer Übertragung einer höherwertigen Tätigkeit über **mehr als eine Entgeltgruppe** verweist § 14 Abs. 3, S. 2 TV-L auf die Regelungen von S. 1 (Zahlung des Unterschiedsbetrages). Diese Regelung enthält der TVöD nicht.

20 4. **Sonstiges. a) Fälligkeit.** Hinsichtlich der Fälligkeit ist auf § 24 Abs. 1 TVöD zu verweisen. Die Zulage ist Entgeltbestandteil.

21 **b) Anwendbarkeit der Regelungen gem. § 24 Abs. 3, Abs. 5.** Übt der/die Beschäftigte die Tätigkeit in Teilzeit aus oder endet oder beginnt der Tätigkeitszeitraum so, dass nur Teile eines Kalendermonats mit den Voraussetzungen der Zulagenzahlung belegt sind, so gelten die Vorschriften für die anteilige Berechnung gem. § 24 Abs. 3 und Abs. 5 TVöD.

---

42 Vgl dazu GKÖD/Fieberg E § 14 TVöD Rn 56 f.
43 Vgl Dassau/Wiesend-Rothbrust, TVöD § 14 TVöD Rn 26.
44 Vgl dazu mit Beispielen Sponer/Steinherr, TVöD, § 14 TVöD Rn 125 ff.

c) **Ende des Gewährungszeitraums.** Ist die höherwertige Tätigkeit von vornherein befristet, so ergibt sich durch den Ablauf einer **kalendermäßig bestimmten** oder **bestimmbaren Befristung** auch das Ende des Gewährungszeitraums. Fehlt eine kalendermäßige Befristung, so kann sich das Ende zB aus dem Wiedererscheinen des Vertretenen am Arbeitsplatz ergeben. Zulässig ist auch, dass die Übertragung der Tätigkeit widerrufen wird. Der **Widerruf** ist von seinem Rechtscharakter der Übertragungserklärung gleichzustellen (mit umgekehrter Wirkung, vgl Rn 7). Durch die genannten Ereignisse endet der Gewährungszeitraum.[45] Hat der Arbeitgeber den Übertragungszeitraum von vornherein befristet oder zweckbefristet und widerruft er vor Ablauf dieses Zeitraums, ist zu fragen, ob der Widerruf rechtsmissbräuchlich bspw unter dem Gesichtspunkt des Verbots widersprüchlichen Verhaltens ist.[46]

22

d) **Zeiten ohne Arbeitsleistung.** Die Zulagengewährung gem. § 14 TVöD bildet die Berechnungsgrundlage für die Entgeltfortzahlung[47] (§ 21 Abs. 1 S. 1 TVöD) in Zeiten der Übertragung der höherwertigen Tätigkeit, sie fließt auch ein in die Berechnung einer Jahressonderzahlung[48] (§ 20 Abs. 2 TVöD).

23

IV. Sonderregelungen, § 14 TV-L

Der **TV-L** enthält eine weitgehend inhaltlich gleiche, sich in der Verwendung des Plurals beim Wort „Beschäftigte(r)" sprachlich unterscheidende Regelung. Auch die Niederschriftserklärung ist gleich abgefasst.[49] Auf die in der Höhe abweichende Regelung für die Entgeltgruppen 1-8 bei einer Übertragung über mehr als eine Entgeltgruppe wurde bereits hingewiesen (vgl Rn 19). Mit Schaffung des neuen Eingruppierungsrechts und der Entgeltordnung bilden diese den Bezugsrahmen für die Zulage gem. § 14 und nicht mehr das frühere Eingruppierungsrecht und die Überleitungsvorschriften.

24

Eine **Sonderregelung** findet sich in § 41 Nr. 9 TV-L für **Ärztinnen** und **Ärzte** an **Universitätskliniken** (inhaltlich entsprechend § 14 Abs. 1 TVöD und in der Höhe bezogen auf die Unterschiedsbeträge zwischen den Gruppen Ä 1 bis Ä 4), wobei anspruchsberechtigt nur Ärztinnen und Ärzte sind, die nicht bereits in der höchsten Gruppe eingruppiert sind (Ä 4). Ferner gilt eine einschränkende Sonderregelung für Urlaubsvertretungen von **Beschäftigten** in den **Auslandsdienststellen** des Bundes, § 45 Nr. 7 TVöD-BT-V (**Bund**).

§ 15 Tabellenentgelt (TVöD)

(1) ¹Die/Der Beschäftigte erhält monatlich ein Tabellenentgelt. ²Die Höhe bestimmt sich nach der Entgeltgruppe, in die sie/er eingruppiert ist, und nach der für sie/ihn geltenden Stufe.

---

45 Vgl dazu Dassau/Wiesend-Rothbrust, TVöD § 14 TVöD Rn 30.
46 So auch zutreffend Dassau/Wiesend-Rothbrust, TVöD § 14 TVöD Rn 30 mit Hinweis auf BAG v. 25.3.1981, 4 AZR 1037/78, AP Nr. 5 zu § 24 BAT.
47 Dassau/Wiesend-Rothbrust, TVöD § 21 TVöD Rn 6; Hamer in Görg/Guth/Pieper/Hamer § 14 TVöD-AT Rn 12.
48 Dassau/Wiesend-Rothbrust, TVöD § 20 TVöD Rn 14; GKÖD/Fieberg E § 14 TVöD Rn 75.
49 Zu den Durchführungshinweisen vgl Sponer/Steinherr, TV-L, Vorbem. § 14 TV-L, Ziff. 6.

(2) ¹Alle Beschäftigten des Bundes erhalten Entgelt nach Anlage A (Bund). ²Die Beschäftigten der Mitglieder eines Mitgliedverbandes der VKA erhalten Entgelt nach Anlage A (VKA).

(3) ¹Im Rahmen von landesbezirklichen bzw. für den Bund in bundesweiten tarifvertraglichen Regelungen können für an- und ungelernte Tätigkeiten in von Outsourcing und/oder Privatisierung bedrohten Bereichen in den Entgeltgruppen 1 bis 4 Abweichungen von der Entgelttabelle bis zu einer dort vereinbarten Untergrenze vorgenommen werden. ²Die Untergrenze muss im Rahmen der Spannbreite des Entgelts der Entgeltgruppe 1 liegen. ³Die Umsetzung erfolgt durch Anwendungsvereinbarung, für den Bund durch Bundestarifvertrag.

§ 15 Tabellenentgelt (TV-L)

(1) ¹Die/Der Beschäftigte erhält monatlich ein Tabellenentgelt. ²Die Höhe bestimmt sich nach der Entgeltgruppe, in die sie/er eingruppiert ist, und nach der für sie/ihn geltenden Stufe.

Protokollerklärung zu § 15 Absatz 1:

¹Für Beschäftigte, bei denen die Regelungen des Tarifgebiets Ost Anwendung finden, beträgt der Bemessungssatz für das Tabellenentgelt und die sonstigen Entgeltbestandteile in diesem Tarifvertrag sowie in den diesen Tarifvertrag ergänzenden Tarifverträgen und Tarifvertragsregelungen 92,5 v.H. der nach den jeweiligen Tarifvorschriften für Beschäftigte im Tarifgebiet West geltenden Beträge. ²Der Bemessungssatz Ost erhöht sich am 1. Januar 2008 auf 100 v.H. für Beschäftigte, auf die die Regelungen des Tarifgebietes Ost Anwendung finden und die nach dem BAT-O (einschließlich des § 2 Nr. 3 des Änderungstarifvertrages Nr. 1 zum BAT-O vom 8. Mai 1991) in die Vergütungsgruppen X bis Vb, Kr. I bis Kr. VIII eingruppiert oder nach dem MTArb-O in die Lohngruppen 1 bis 9 eingereiht wären. ³Für die übrigen Vergütungsgruppen erhöht sich der Bemessungssatz nach Satz 1 am 1. Januar 2010 auf 100 v.H. ⁴Satz 1 gilt nicht für Ansprüche aus § 23 Absatz 1 und 2.

(2) Die Höhe der Tabellenentgelte ist in den Anlagen B und C festgelegt.

(3) ¹Im Rahmen von landesbezirklichen Regelungen können für an- und ungelernte Tätigkeiten in von Outsourcing und/oder Privatisierung bedrohten Bereichen in den Entgeltgruppen 1 bis 4 Abweichungen von der Entgelttabelle bis zu einer dort vereinbarten Untergrenze vorgenommen werden. ²Die Untergrenze muss im Rahmen der Spannbreite des Entgelts der Entgeltgruppe 1 liegen. ³Die Umsetzung erfolgt durch Anwendungsvereinbarung.

Niederschriftserklärung zu § 15:

Als Tabellenentgelt gilt auch das Entgelt aus der individuellen Zwischenstufe und der individuellen Endstufe.

I. Allgemeines 1	2. Entgeltordnung 5
II. Tabellenentgelt nach Eingruppierung (Abs. 1) 3	a) Allgemeines 5
1. Tabellenentgelt 3	b) Besonderheiten Sozial- und Erziehungsdienst 6
a) Allgemeines 3	c) Entgeltordnung im TV-L 7
b) Besonderheiten im Tarifgebiet Ost 4	3. Stufenzuordnung 8

III. Tabellen (Abs. 2) 9	4. Abweichung durch Landesbe-
1. Allgemeines 9	zirklichen Tarifvertrag/Bun-
2. Auswirkungen von Tarifer-	destarifvertrag 14
höhungen 10	a) Landesbezirkliche Tarif-
IV. Abweichungen von der Entgelt-	verträge 15
tabelle (Abs. 3) 11	b) Bundestarifvertrag 16
1. Allgemeines 11	V. Bestimmungen des TV-L 17
2. Entgeltgruppen 1 bis 4 12	
3. Bedrohung durch Outsour-	
cing und/oder Privatisie-	
rung 13	

I. Allgemeines

Eine der maßgeblichen Neuerungen im Tarifrecht des öffentlichen Dienstes ist **1** die Einführung einer **einheitlichen Entgelttabelle** aus 15 Entgeltgruppen mit in der Regel jeweils 6 Stufen. Damit ist die bisher vorherrschende Unterscheidung zwischen Arbeitern (BtMG) und Angestellten (BAT) sowie die gesonderte Vergütungsstruktur für den Bereich Pflegedienst nunmehr endgültig weggefallen. Diese war zum einen nicht mehr zeitgemäß, zum anderen immer weniger praktisch zu rechtfertigen.

Die Entgelttabellen sind nunmehr als Anlage Bestandteil des TVöD selbst und nicht mehr wie bisher Gegenstand eigener Lohn- und Gehaltstarifverträge.[1] Neben der sich hieraus ergebenden Vereinheitlichung der Entgeltstrukturen ist im Rahmen des TVöD noch ein weiterer grundlegender Wandel im Vergleich zu den bisherigen Regeln vollzogen worden.

Mit dem neuen Entgeltsystem der Tabelle wurden bisherige tarifliche Bewer- **2** tungskriterien wie Senioritätsprinzip, familien- und kinderbezogene Vergütung, kurz die Alimentation, durch ein einfaches Besoldungssystem,[2] das **Erhöhungen nach reinem Zeitablauf** vorsieht, ersetzt. Die leistungsbezogenen Bestandteile verkürzter oder verlängerter Stufenaufstiegs (§ 17) einerseits und leistungsorientierte Zusatzvergütung (§ 18) andererseits ersetzen die bisherigen Bewährungs-, Zeit- und Tätigkeitsaufstiege. Die strukturell entscheidende Veränderung oder Zäsur[3] ist die Abschaffung der Aufstiegsmöglichkeiten in eine höhere Entgeltgruppe. Bei Beibehaltung der beruflichen Tätigkeit ist der Aufstieg in eine höhere Entgeltgruppe ausgeschlossen; die Entwicklung findet nur horizontal in den Stufen statt, abhängig von der Betriebszugehörigkeit.

II. Tabellenentgelt nach Eingruppierung (Abs. 1)

1. Tabellenentgelt. a) Allgemeines. Grundlage des neuen Besoldungssystems ist **3** das Tabellenentgelt, das als Kernbereich der tariflichen Vergütung bezeichnet werden kann.[4] Dieses besteht aus festgelegten Monatsbeträgen und ersetzt das bisherige System aus Grundvergütung, Ortszuschlag und allgemeiner Zulage, wie es im Bereich des BAT für Angestellte galt, sowie den Monatstabellenlohn für Arbeiter. Die Tabellenbeträge der Entgeltgruppen finden sich in den Anlagen, getrennt für den Bereich Bund und VKA, bzw in den Anlagen zum TV-L.

---

1 Bredemeier/Neffke § 15 Rn 5.
2 Dörring/Kutzki § 15 Rn 2; Bepler/Böhle § 15 Rn 1.
3 Breier/Dessau § 15 Rn 70.
4 Breier/Dessau § 15 Rn 7.

Über das Tabellenentgelt hinausgehende Vergütungsbestandteile finden sich im neuen Tarifrecht nur noch selten und unter ganz speziellen Voraussetzungen, beispielsweise Leistungsentgelt, Erschwerniszuschläge, Jahressonderzahlung und Strukturausgleich. Nach Abs. 1 hat der Beschäftigte also erst einmal nur einen Anspruch auf Zahlung des Entgeltes der für ihn maßgeblichen Entgelttabelle. Die Höhe seines Tabellenvergütungsanspruches bestimmt sich einzig nach der Eingruppierung in eine Entgeltgruppe und dann nach der von der Beschäftigungszeit abhängigen Stufe.

4 **b) Besonderheiten im Tarifgebiet Ost.** Ursprünglich sah der TVöD bei Inkrafttreten in § 15 niedrigere Vergütungen für die Beschäftigten im Tarifgebiet Ost gegenüber den Beschäftigten in den alten Bundesländern in Protokollnotizen und Anlagen vor.[5] Durch die Änderungstarifverträge und Anpassungen der Anlagen wurden mittlerweile die Entgelte im Tarifgebiet Ost denen im Westen angepasst. Im Bund erhalten die Mitarbeiter bereits seit 1.4.2008 ein einheitliches Tabellenentgelt, im Bereich der VKA seit dem 1.1.2010. Insofern wurden die entsprechenden Protokollerklärungen 1 bis 3, die die gesonderten Bemessungsgrenzen für das Tarifgebiet Ost aufwiesen, aufgehoben. Im Bereich der Länder erfolgte die Anpassung abhängig von den Vergütungsgruppen ebenfalls zum 1.1.2008 bzw 1.1.2010.

5 **2. Entgeltordnung. a) Allgemeines.** Die Tarifvertragsparteien hatten sich auf eine Neugestaltung des Eingruppierungsrechts verständigt, die künftig in den §§ 12 und 13 neu und reformiert geregelt werden sollte. Es bestand eine Grundsatzübereinkunft, wonach eine Eingruppierung in nur 15 Entgeltgruppen nach Qualifikationsebenen erfolgen sollte. Diese Eckpunkte der neuen Entgeltordnung sehen wie folgt aus:

Entgeltgruppe 1:	Beschäftigte mit einfachsten Tätigkeiten.
	Diese Entgeltgruppe wurde geschaffen, um dem Outsourcing von Reinigungsdiensten, Spülküchen etc. zu begegnen und eine Rückführung solcher Bereiche in den öffentlichen Dienst zu ermöglichen.
Entgeltgruppen 2–4:	Beschäftigte mit an- und ungelernten Tätigkeiten.
Entgeltgruppen 5–8:	Beschäftigte mit Tätigkeiten, die eine abgeschlossene, mindestens 3-jährige Ausbildung nach dem BBiG erfordern.
Entgeltgruppen 9–12:	Beschäftigte mit Tätigkeiten, die einen Fachhochschulabschluss/Bachelor erfordern.
Entgeltgruppen 13–15:	Beschäftigte mit Tätigkeiten, die einen Universitätsabschluss/Master erfordern.

In der Folgezeit zeigte sich jedoch, wie ambitioniert dieses Vorhaben war. Gerade im Bereich der Beschäftigten mit mindestens 3-jähriger Ausbildung sind die verschiedenen technischen, kaufmännischen, handwerklichen und sozialen Berufe in nur 4 Entgeltgruppen äußerst schwierig zu verteilen und miteinander ins Verhältnis zu setzen.

6 **b) Besonderheiten Sozial- und Erziehungsdienst.** Mittlerweile haben die Tarifvertragsparteien im Bereich VKA gezeigt, dass sie allein für die ergänzende An-

---

5 Vgl zur alten Textfassung Vorauflage § 15 Rn 4; Breier/Dassau Rn 3 ff.

lage C „Sozial- und Erziehungsdienste" zum TVöD BT-V eine eigenständige Entgelttabelle mit 17 Kategorien benötigt haben. Diese eigenständige Tabelle SuE als Anlage C zum BT-V abgeschlossen, gilt jedoch auch für die Besonderen Teile in der Pflege, Betreuung und Kliniken (§ 36 Abs. 2). Systemtreu ist dies weder im Hinblick auf die Spartenlogik noch die Eckpunkte.

c) **Entgeltordnung im TV-L.** Was im TVöD noch nicht gelungen ist, haben die 7
Tarifvertragsparteien im TV-L erreicht. In der Tarifeinigung vom 10.3.2011 wurde eine Einigung über die neue Entgeltordnung erzielt. Diese trat zum 1.1.2012 in Kraft. Es handelt sich aber eher um ein Scheitern der Reformierung. Letztlich konnten sich die Tarifpartner faktisch nur auf eine redaktionelle Überarbeitung des alten Eingruppierungsrechts verständigen, also alter Wein in neuen Schläuchen. Die neue Entgeltordnung enthält daher lediglich die überarbeiteten früheren Tätigkeitsmerkmale für Angestellte und Arbeiter (vgl im Einzelnen § 12 Rn 8).

Besonders auffallend ist die Tatsache, dass die Tarifvertragsparteien letztlich in Anlage 4 TVÜ-Länder in den Entgeltgruppen 2–8 frühere Aufstiegsverläufe mit bis zu 6-jähriger Bewährungszeit abbilden und insofern das System „eine Entgelgruppe für eine Tätigkeit" wieder aufweichen.[6]

3. Stufenzuordnung. Die Einordnung in die jeweilige Stufe erfolgt gem. § 16. 8
Auf die dortige Kommentierung wird verwiesen.

III. Tabellen (Abs. 2)

1. Allgemeines. § 15 Abs. 2 verweist auf die im Anhang festgelegten Tabellen. 9
Diese unterscheiden zwischen TVöD VKA (Anhang A) und Bund (Anhang B). Die Unterscheidung zwischen den Tarifgebieten Ost und West ist mittlerweile entfallen. Die einzelnen Beträge stehen zueinander in keiner prozentualen Beziehung, sondern sind das Ergebnis der Verhandlungen der Tarifparteien. Dies war bereits deshalb notwendig, da durch die Zusammenführung von Arbeitern und Angestellten sowie die Eingliederung der Pflegekräfte entsprechend viele Faktoren zu berücksichtigen waren, so dass nur auf diesem Wege ein gerechtes Ergebnis zu erreichen war.[7]

Hierbei wurde bewusst ein Wandel vollzogen. Die Höhe der unteren Stufen wurde gegenüber den bisher im BAT geltenden Prinzipien stark angehoben, im Gegenzug jedoch die höheren Stufen sowie Endstufen gegenüber der Vergütung im BAT entsprechend abgesenkt.

Gleichzeitig wurde die Koppelung der Entgelthöhe an die Lebensaltersstufe (bisher § 27 BAT) aufgehoben. Diese Koppelung hatte effektiv zur Folge, dass jüngere Angestellte lediglich aufgrund ihres geringeren Lebensalters weniger verdienten, auch wenn ihre Leistung die älteren Kollegen erreichte oder aber sogar übertraf.

Die Tarifvertragsparteien beachteten mit der Loslösung von dieser Koppelung bereits vor Inkrafttreten des AGG die Antidiskriminierungsrichtlinie 78/2000 EG vom 27.11.2000. Ziel war es, dass der neue Tarifvertrag keine Jugenddiskriminierung enthält. Bereits bei Abschluss des TVöD war erkennbar, dass ein Abstellen allein auf das Lebensalter ohne sachliche Kriterien wie Leistung oder

---

6 Geyer/Baschnagel, Die Entgeltordnung zum TV-L, ZTR 2011, 333.
7 Dassau/Wiesend-Rothbrust § 15 Rn 3.

Betriebszugehörigkeit, wie es das alte Tarifrecht vorsah, eine Diskriminierung wegen des Merkmals Alter darstellt.[8] Mittlerweile hat der **EuGH in Sachen Hennigs**[9] aufgrund eines Vorabentscheidungsersuchens[10] des 6. Senats des BAG klargestellt, dass das altersbemessene Vergütungssystem des BAT mit der Richtlinie nicht vereinbar ist. Der EuGH hat aber die durch die besitzstandswahrende Überleitung in das neue Vergütungssystem vorübergehend fortbestehende Altersdiskriminierung nicht beanstandet. Dabei vermag die Argumentation, dass es sich um einen befristeten Zeitraum handeln würde, nicht unbedingt zu überzeugen, da für den Auswirkungszeitraum von mehr als einem Jahrzehnt Übergangszeit nicht unbedingt der richtige Ausdruck ist.

Generell wurde der Bewährungs-, Fallgruppen- und Tätigkeitsaufstieg abgeschafft. Bei der Höherstufung ist vielmehr die Leistung des einzelnen Mitarbeiters ein maßgebliches Kriterium geworden.[11]

Die Eingangsstufen 1 und 2 wurden gegenüber der vergleichbaren Vergütung des BAT bewusst in der Höhe der Vergütung abgesenkt, um dem Trend zum Outsourcing in nicht tarifgebundene Servicegesellschaften, beziehungsweise zur Fremdvergabe gerade gering qualifizierter Tätigkeiten entgegenzuwirken.[12]

Im Bereich des VKA wurden jedoch gerade für Ärzte und Pflegepersonal eigene Tabellenwerte festgelegt. Diese sind in den Anlagen A (VKA), B (VKA) sowie im Anhang zu den Anlagen A (VKA) und B (VKA) festgelegt.

Somit ist in diesem Bereich letztlich wieder eine eigene Entgelttabelle entstanden, die durch die Tarifvertragsparteien in einer sog. „Anwendungstabelle" in den Anlagen 4 und 5 zum TVöD-VKA festgelegt haben.[13]

10 **2. Auswirkungen von Tariferhöhungen.** Aufgrund der Tariferhöhungen der Vergangenheit, die zu einer Angleichung der Ost-Vergütung an das West-Niveau führten, haben sich die Unterscheidungen in den Anhängen A und B erübrigt.

Werden von den Tarifvertragsparteien lineare Erhöhungen vereinbart (zuletzt zB Tarifabschluss 2010: 1,2 % ab 1.1.2010; 0,6 % ab 1.1.2011 und weitere 0,6 % ab 1.8.2011), werden diese Erhöhungen in den absoluten Zahlenwerten der Tabellen umgesetzt.

Als Automatismus erhöhen sich damit auch andere Entgeltbestandteile, soweit sie auf die Tabellen Bezug nehmen, also insbesondere die Zeitzuschläge nach § 8 Abs. 1 S 2 TVöD. Auf die statischen Entgeltbestandteile ohne Bezug zum Tabellenentgelt (zB Wechselschichtzulage) hat eine lineare Tabellenentgelterhöhung folglich keine Auswirkung.

IV. Abweichungen von der Entgelttabelle (Abs. 3)

11 **1. Allgemeines.** Der dritte Absatz des TVöD ist bewusst als tarifliche Öffnungsklausel ausgestaltet, die es den Tarifparteien ermöglichen soll, auf bestimmte Entwicklungen in der allgemeinen Lohnstruktur zu reagieren und so Outsourcing-Bestrebungen entgegenzuwirken. Um dies zu erreichen, eröffnet § 15

---

8 Vgl Vorauflage Rn 7; Döring/Kutzki § 15 Rn 4.
9 EuGH v. 8.9.2011, C 297/10 und C298/10, NZA 2010, 1100.
10 BAG v. 20.5.2010, 6 AZR 148/09, NZA 2010, 961.
11 Döring/Kutzki § 15 Rn 7.
12 Döring/Kutzki § 15 Rn 7 f.
13 Bredemeier/Neffke § 15 Rn 7.

Abs. 3 die Möglichkeit, durch landesbezirklichen Tarifvertrag (VKA) oder durch einen Bundestarifvertrag die Vergütung in den Entgeltgruppen 1 bis 4 abzusenken. Durch diese einheitlichen Tarifverträge soll verhindert werden, dass in verschiedenen Betrieben bzw Verwaltungen bei an- und ungelernten Tätigkeiten ein unterschiedliches Lohnniveau herrscht und öffentliche Anbieter so untereinander in Konkurrenz treten.

Anlass dieser Bestrebungen der Lohnsenkung waren Erfahrungen aus der Vergangenheit, wonach dieser Lohnsektor in öffentlichen Betrieben mehr und mehr durch Privatisierung austrocknet. Gewisse Bereich (zumeist Küche und Reinigung) wurden im öffentlichen Dienst zunehmend in private Betriebe ohne Tarifbindung übergeführt. In der Privatwirtschaft lag die Vergütung in diesen Bereichen um 20 bis 50 % unter dem Lohnniveau im öffentlichen Dienst.[14]

Letztlich soll also durch die Möglichkeit, durch einen Tarifvertrag das Lohnniveau zu senken, eine weitere Tarifflucht im öffentlichen Dienst verhindert werden.

2. Entgeltgruppen 1 bis 4. Anwendung findet die tarifliche Öffnungsklausel für die Entgeltgruppen 1 bis 4. Diese umfassen den großen Bereich der gering qualifizierten Tätigkeiten und einfache Hilfstätigkeiten. 12

Zugeordnet sind diesen Entgeltgruppen Tätigkeiten, die durch ungelernte Kräfte ausgeführt werden können oder aber zumindest keine abgeschlossene dreijährige Berufsausbildung in einem anerkannten Beruf voraussetzen, wie beispielsweise Boten, Essensausgeber, Spülköche oder ähnliche Tätigkeiten.[15]

Die bisherige Praxis in den tarifvertraglich gebundenen Bereichen zeigt, dass gerade solche gering qualifizierten Tätigkeiten im Wege des Outsourcings ausgegliedert werden, um dann mangels Tarifbindung geringere Gehälter zahlen zu können.

3. Bedrohung durch Outsourcing und/oder Privatisierung. Voraussetzung, um von der tarifvertraglichen Öffnungsklausel des § 15 Abs. 3 TVöD Gebrauch machen zu können, ist, dass der entsprechende Bereich durch Outsourcing und/oder Privatisierung bedroht ist. 13

Outsourcing meint dabei die Abgabe von Aufgaben an Drittunternehmen.[16] Privatisierung setzt zusätzlich voraus, dass diese Aufgaben an ein Unternehmen der Privatwirtschaft abgegeben werden.

Bereits aus dem Wortlaut der Regelung ergibt sich, dass eine konkrete Gefährdung vorliegen muss. Eine solche kann – schon aus dem Sinn und Zweck der Vorschrift – nur dann gegeben sein, wenn Hintergrund der Privatisierung/des Outsourcing, ist, sich von Tarifzwängen zu lösen, um konkurrenzfähig bleiben zu können. Genau diese Tarifflucht soll letztlich durch die Möglichkeit, auch tariflich das Lohnniveau zu senken, verhindert werden.

Die Tarifvertragsparteien können sich also nicht darauf berufen, dass typischerweise entsprechende Tätigkeitsbereiche (beispielsweise eine Essensausgabe einer Kantine) davon bedroht sind, an private Anbieter vergeben zu werden.

---

14 Dörring/Kutzki § 15 Rn 15.
15 Hamer § 15 Rn 4.
16 Bepler/Böhle § 15 Rn 16.

Daher müssen zumindest konkrete Bestrebungen vorliegen, beispielsweise die Tätigkeit fremd zu vergeben oder einen Eigenbetrieb in eine Service-GmbH umzuwandeln, und zwar gerade aufgrund des wirtschaftlichen Kostendrucks durch private Anbieter.

Wann eine entsprechende Bedrohung angenommen werden kann, wird sich erst noch im Laufe der Zeit durch die Rechtsprechung herausbilden.

Eine gesicherte Rechtsprechung zu dem Fall existiert naturgemäß bisher nicht.

Praxishinweis: Betriebsräte sollten daher im Rahmen ihrer Möglichkeiten in § 92 a BetrVG zur Beschäftigungssicherung solche gefährdeten Bereiche im Auge behalten und Entwicklungen an die Gewerkschaft frühzeitig zur Kenntnis bringen. Ebenso wie für Personalräte kann dies auch über den allgemeinen Auskunftsanspruch erfolgen.

Es ist jedoch zu beachten, dass hierdurch nicht die prinzipiell durch die Tarifvertragsparteien getroffenen Entscheidungen unterlaufen werden dürfen, sondern dass die Regelung des § 15 Abs. 3 TVöD lediglich die Ausnahme darstellen darf.

Die Abweichungen von den festgelegten Werten der Entgelttabelle können sich lediglich in dem vorgegebenen Rahmen bewegen.

Die Untergrenze wurde durch die Tarifvertragsparteien auf die Spannbreite des Entgeltes der Entgeltgruppe 1 festgelegt.

14 **4. Abweichung durch Landesbezirklichen Tarifvertrag/Bundestarifvertrag.** Die Abweichung von den Tabellenentgelten der Entgeltgruppen 1 bis 4 erfordert im VKA-Bereich einen landesbezirklichen Tarifvertrag, im Bereich Bund einen Bundestarifvertrag. In diesen Tarifverträgen kann in verschiedener Hinsicht von den Tabellenentgelten abgewichen werden. So könnten beispielsweise die Beträge reduziert werden, es kann aber auch die Tabellenstruktur verändert werden.[17] Es können etwa die Entgeltgruppen 1 bis 4 durch nur eine Entgeltgruppe ersetzt werden, die Stufen reduziert oder auch gänzlich abgeschafft werden.

Die Untergrenze muss jedoch zwingend im Rahmen der Spannbreite des Entgelts der Entgeltgruppe 1 liegen, § 15 Abs. 3 Satz 2.

15 **a) Landesbezirkliche Tarifverträge.** Eine entsprechende landesbezirkliche Regelung erfolgt durch tarifvertragliche Regelungen.

Diese müssen also zwingend zwischen VKA und der entsprechenden zuständigen Gewerkschaftsorganisation auf Landesebene geschlossen werden.[18] Diese gilt jedoch nicht flächendeckend.[19] Die Umsetzung der Regelungen erfolgt auf Landesebene durch eine zwischen den Tarifvertragsparteien geschlossene Anwendungsvereinbarung.[20] Als tarifvertragliche Regelung ist hierbei zwingend das Schriftformerfordernis des § 1 Abs. 2 TVG zu beachten.

16 **b) Bundestarifvertrag.** Auf Bundesebene ist die Regelung durch einen Bundestarifvertrag vorgesehen. Hieraus ergibt sich im Umkehrschluss, dass entsprechende Regelungen nicht durch Betriebs- beziehungsweise Dienstvereinbarung getroffen werden können. Entsprechende Regelungen wären wirkungslos. Durch

---

17 Sponer/Steinherr, TVöD Vorbem. zu § 15 Ziff. 6.2.
18 Sponer/Steinherr, TVöD Vorbem. zu § 15 Ziff. 6.2.
19 Bredemeier/Neffke § 15 Rn 8.
20 Dassau/Wiesend-Rothbrust § 15 Rn 12.

diese relativ hohe Hürde soll augenscheinlich verhindert werden, dass von der Regelung in zu großem Maße Gebrauch gemacht und somit die grundlegende Entscheidung der Tarifvertragsparteien unterlaufen wird.

V. Bestimmungen des TV-L

Die Regelungen des § 15 Abs. 3 TV-L sind weitestgehend wortgleich mit denen des § 15, lediglich fehlen naturgemäß die Regelungen für den Bund.

§ 16 Stufen der Entgelttabelle (Bund)

(1) ¹Die Entgeltgruppen 9 bis 15 umfassen fünf Stufen und die Entgeltgruppen 2 bis 8 sechs Stufen. ²Die Abweichungen von Satz 1 sind im Anhang zu § 16 (Bund) geregelt.

(2) ¹Bei Einstellung in eine der Entgeltgruppen 9 bis 15 werden die Beschäftigten zwingend der Stufe 1 zugeordnet. ²Etwas anderes gilt nur, wenn eine mindestens einjährige einschlägige Berufserfahrung aus einem vorherigen befristeten oder unbefristeten Arbeitsverhältnis zum Bund vorliegt; in diesem Fall erfolgt die Stufenzuordnung unter Anrechnung der Zeiten der einschlägigen Berufserfahrung aus dem vorherigen Arbeitsverhältnis zum Bund.

Protokollerklärung zu Absatz 2 Satz 2:

Ein vorheriges Arbeitsverhältnis besteht, wenn zwischen Ende des vorherigen und Beginn des neuen Arbeitsverhältnisses mit dem Bund ein Zeitraum von längstens sechs Monaten liegt; bei Wissenschaftlerinnen/Wissenschaftlern ab der Entgeltgruppe 13 verlängert sich der Zeitraum auf längstens zwölf Monate.

(3) ¹Bei Einstellung in eine der Entgeltgruppen 2 bis 8 werden die Beschäftigten der Stufe 1 zugeordnet, sofern keine einschlägige Berufserfahrung vorliegt. ²Verfügt die/der Beschäftigte über eine einschlägige Berufserfahrung von mindestens drei Jahren, erfolgt bei Einstellung nach dem 31. Dezember 2008 in der Regel eine Zuordnung zur Stufe 3. ³Ansonsten wird die/der Beschäftigte bei entsprechender Berufserfahrung von mindestens einem Jahr der Stufe 2 zugeordnet. ⁴Unabhängig davon kann der Arbeitgeber bei Neueinstellungen zur Deckung des Personalbedarfs Zeiten einer vorherigen beruflichen Tätigkeit ganz oder teilweise für die Stufenzuordnung berücksichtigen, wenn diese Tätigkeit für die vorgesehene Tätigkeit förderlich ist.

(3 a) Bei Einstellung von Beschäftigten in unmittelbarem Anschluss an ein Arbeitsverhältnis im öffentlichen Dienst (§ 34 Abs. 3 Satz 3 und 4) oder zu einem Arbeitgeber, der einen dem TVöD vergleichbaren Tarifvertrag anwendet, kann die in dem vorhergehenden Arbeitsverhältnis erworbene Stufe bei der Stufenzuordnung ganz oder teilweise berücksichtigt werden; Absatz 3 Satz 4 bleibt unberührt.

Protokollerklärungen zu den Absätzen 2 und 3:

1. *Einschlägige Berufserfahrung ist eine berufliche Erfahrung in der übertragenen oder einer auf die Aufgabe bezogen entsprechenden Tätigkeit.*
2. *Ein Berufspraktikum nach dem Tarifvertrag für Praktikantinnen/Praktikanten des öffentlichen Dienstes (TVPöD) vom 27. Oktober 2009 gilt grundsätzlich als Erwerb einschlägiger Berufserfahrung.*

(4) ¹Die Beschäftigten erreichen die jeweils nächste Stufe – von Stufe 3 an in Abhängigkeit von ihrer Leistung gemäß § 17 Abs. 2 – nach folgenden Zeiten einer ununterbrochenen Tätigkeit innerhalb derselben Entgeltgruppe bei ihrem Arbeitgeber (Stufenlaufzeit):
– Stufe 2 nach einem Jahr in Stufe 1,
– Stufe 3 nach zwei Jahren in Stufe 2,
– Stufe 4 nach drei Jahren in Stufe 3,
– Stufe 5 nach vier Jahren in Stufe 4 und
– Stufe 6 nach fünf Jahren in Stufe 5 bei den Entgeltgruppen 2 bis 8.

²Die Abweichungen von Satz 1 sind im Anhang zu § 16 (Bund) geregelt.

(5) ¹Die Entgeltgruppe 1 umfasst fünf Stufen. ²Einstellungen erfolgen zwingend in der Stufe 2 (Eingangsstufe). ³Die jeweils nächste Stufe wird nach vier Jahren in der vorangegangenen Stufe erreicht; § 17 Abs. 2 bleibt unberührt.

Anhang zu § 16 (Bund)
Besondere Stufenregelungen für vorhandene und neu eingestellte Beschäftigte (Bund)
¹Abweichend von § 16 (Bund) Abs. 1 ist Endstufe
a) in der Entgeltgruppe 9 die Stufe 4 bei Tätigkeiten entsprechend
 – Vergütungsgruppe V a ohne Aufstieg nach IV b BAT/BAT-O,
 – Vergütungsgruppe V b ohne Aufstieg nach IV b BAT/BAT-O,
 – Vergütungsgruppe V b nach Aufstieg aus V c BAT/BAT-O (vorhandene Beschäftigte),
 – Lohngruppe 9 MTArb/MTArb-O;
b) in der Entgeltgruppe 3 die Stufe 5 bei Tätigkeiten entsprechend der
 – Vergütungsgruppe VIII mit und ohne Aufstieg nach VII BAT sowie nach Aufstieg aus IX/IX b BAT/BAT-O,
 – Lohngruppe 3 nach Aufstieg aus Lohngruppe 2 und 2 a MTArb/MTArb-O (vorhandene Beschäftigte),
 – Lohngruppe 2 a nach Aufstieg aus Lohngruppe 2 MTArb/MTArb-O (vorhandene Beschäftigte),
 – Lohngruppe 2 mit Aufstiegen nach Lohngruppe 2 a und 3 MTArb/MTArb-O;
c) in der Entgeltgruppe 2 die Stufe 5 bei Tätigkeiten entsprechend der
 – Vergütungsgruppe IX b nach Aufstieg aus X BAT/BAT-O (vorhandene Beschäftigte),
 – Vergütungsgruppe X mit Aufstieg nach IX b BAT/BAT-O,
 – Vergütungsgruppe X BAT/BAT-O (vorhandene Beschäftigte),
 – Lohngruppe 1 a MTArb/MTArb-O (vorhandene Beschäftigte),
 – Lohngruppe 1 mit Aufstieg nach Lohngruppe 1 a MTArb/MTArb-O.

Protokollerklärung:
Vorhandene Beschäftigte sind Beschäftigte im Sinne des § 1 Abs. 1 TVÜ-Bund.

²Abweichend von § 16 (Bund) Abs. 4 Satz 1 gelten für die Stufenlaufzeiten folgende Sonderregelungen: In der Entgeltgruppe 9 (Bund) wird die Stufe 3 nach fünf Jahren in Stufe 2 und die Stufe 4 nach neun Jahre in Stufe 3 bei Tätigkeiten entsprechend der
– Vergütungsgruppe V a ohne Aufstieg nach IV b BAT/BAT-O,
– Vergütungsgruppe V b ohne Aufstieg nach IV b BAT/BAT-O (einschließlich in Vergütungsgruppe V b vorhandener Aufsteiger aus Vergütungsgruppe V c BAT/BAT-O)

erreicht; bei Tätigkeiten entsprechend der Lohngruppe 9 MTArb/MTArb-O wird die Stufe 3 nach zwei Jahren in Stufe 2 und die Stufe 4 nach sieben Jahren in Stufe 3 erreicht.

§ 16 Stufen der Entgelttabelle (VKA)

(1) ¹Die Entgeltgruppen 2 bis 15 umfassen sechs Stufen. ²Die Abweichungen von Satz 1 sind im Anhang zu § 16 (VKA) geregelt.

(2) ¹Bei Einstellung werden die Beschäftigten der Stufe 1 zugeordnet, sofern keine einschlägige Berufserfahrung vorliegt. ²Verfügt die/der Beschäftigte über eine einschlägige Berufserfahrung von mindestens einem Jahr, erfolgt die Einstellung in die Stufe 2; verfügt sie/er über eine einschlägige Berufserfahrung von mindestens drei Jahren, erfolgt bei Einstellung nach dem 31. Dezember 2008 in der Regel eine Zuordnung zur Stufe 3. ³Unabhängig davon kann der Arbeitgeber bei Neueinstellungen zur Deckung des Personalbedarfs Zeiten einer vorherigen beruflichen Tätigkeit ganz oder teilweise für die Stufenzuordnung berücksichtigen, wenn diese Tätigkeit für die vorgesehene Tätigkeit förderlich ist.

(2 a) Bei Einstellung von Beschäftigten in unmittelbarem Anschluss an ein Arbeitsverhältnis im öffentlichen Dienst (§ 34 Abs. 3 Satz 3 und 4) oder zu einem Arbeitgeber, der einen dem TVöD vergleichbaren Tarifvertrag anwendet, kann die in dem vorhergehenden Arbeitsverhältnis erworbene Stufe bei der Stufenzuordnung ganz oder teilweise berücksichtigt werden; Absatz 2 Satz 3 bleibt unberührt.

Protokollerklärung zu Absatz 2:
Ein Berufspraktikum nach dem Tarifvertrag für Praktikantinnen/Praktikanten des öffentlichen Dienstes (TVPöD) vom 27. Oktober 2009 gilt grundsätzlich als Erwerb einschlägiger Berufserfahrung.

(3) ¹Die Beschäftigten erreichen die jeweils nächste Stufe – von Stufe 3 an in Abhängigkeit von ihrer Leistung gemäß § 17 Abs. 2 – nach folgenden Zeiten einer ununterbrochenen Tätigkeit innerhalb derselben Entgeltgruppe bei ihrem Arbeitgeber (Stufenlaufzeit):
– Stufe 2 nach einem Jahr in Stufe 1,
– Stufe 3 nach zwei Jahren in Stufe 2,
– Stufe 4 nach drei Jahren in Stufe 3,
– Stufe 5 nach vier Jahren in Stufe 4 und
– Stufe 6 nach fünf Jahren in Stufe 5.

²Die Abweichungen von Satz 1 sind im Anhang zu § 16 (VKA) geregelt.

(4) ¹Die Entgeltgruppe 1 umfasst fünf Stufen. ²Einstellungen erfolgen in der Stufe 2 (Eingangsstufe). ³Die jeweils nächste Stufe wird nach vier Jahren in der vorangegangenen Stufe erreicht; § 17 Abs. 2 bleibt unberührt.

Anhang zu § 16 (VKA)
Besondere Stufenregelungen für vorhandene und neu eingestellte Beschäftigte (VKA)
I.
(1) Abweichend von § 16 (VKA) Abs. 1 Satz 1 ist Endstufe
a) in der Entgeltgruppe 2 die Stufe 5 bei Tätigkeiten entsprechend
  – Vergütungsgruppe X BAT/BAT-O/BAT-Ostdeutsche Sparkassen,
  – Vergütungsgruppe IX BAT/BAT-O/BAT-Ostdeutsche Sparkassen nach Aufstieg aus X,
  – Lohngruppe 1 BMT-G/BMT-G-O mit ausstehendem Aufstieg nach 1 a,
  – Lohngruppe 1 a BMT-G/BMT-G-O,

b) in der Entgeltgruppe 9 die Stufe 4 bei Tätigkeiten entsprechend
   - Lohngruppe 9 BMT-G/BMT-G-O,
c) in der Entgeltgruppe 9 die Stufe 5 bei Tätigkeiten entsprechend
   - Vergütungsgruppe V b BAT/BAT-O/BAT-Ostdeutsche Sparkassen ohne Aufstieg nach IV b,
   - Vergütungsgruppe V b BAT/BAT-O/BAT-Ostdeutsche Sparkassen nach Aufstieg aus V c,
   - Vergütungsgruppe V b BAT/BAT-O nach Aufstieg aus VI b (Lehrkräfte),
d) in der Entgeltgruppe 15 die Stufe 5 bei Tätigkeiten entsprechend
   - Vergütungsgruppe I b BAT/BAT-O/BAT-Ostdeutsche Sparkassen mit ausstehendem Aufstieg nach I a.

(2) Abweichend von § 16 (VKA) Abs. 2 werden Beschäftigte mit Tätigkeiten entsprechend der Vergütungsgruppe V b BAT/BAT-O/BAT-Ostdeutsche Sparkassen mit ausstehendem Aufstieg nach IV b und IV a der Stufe 1 zugeordnet.

(3) Abweichend von § 16 (VKA) Abs. 3 Satz 1 gelten für die Stufenlaufzeiten folgende Sonderregelungen:

a) In der Entgeltgruppe 9 wird die Stufe 4 nach sieben Jahren in Stufe 3 bei Tätigkeiten entsprechend der Lohngruppe 9 BMT-G/BMT-G-O erreicht.
b) In der Entgeltgruppe 9 wird die Stufe 5 nach neun Jahren in Stufe 4 bei Tätigkeiten entsprechend der Vergütungsgruppe V b BAT/BAT-O/BAT-Ostdeutsche Sparkassen ohne Aufstieg nach IV b und der Vergütungsgruppe V b BAT/BAT-O/BAT-Ostdeutsche Sparkassen nach Aufstieg aus V c erreicht.

II.

(1) Abweichend von § 16 (VKA) Abs. 1 Satz 1 ist für die Beschäftigten im Pflegedienst (Anlage 1 b zum BAT/BAT-O) Eingangsstufe

a) in den Entgeltgruppen 9 und 11 die Stufe 4 bei Tätigkeiten entsprechend
   - Kr. XI mit Aufstieg nach Kr. XII
   - Kr. VIII mit Aufstieg nach Kr. IX
   - Kr. VII mit Aufstieg nach Kr. VIII (9 b)
b) in den Entgeltgruppen 7 und 9 bis 12 die Stufe 3 bei Tätigkeiten entsprechend
   - Kr. XII mit Aufstieg nach Kr. XIII
   - Kr. X mit Aufstieg nach Kr. XI
   - Kr. IX mit Aufstieg nach Kr. X
   - Kr. VI mit Aufstieg nach Kr. VII
   - Kr. VII ohne Aufstieg
   - Kr. VI ohne Aufstieg
c) in der Entgeltgruppe 7 die Stufe 2 bei Tätigkeiten entsprechend
   - Kr. V a mit Aufstieg nach Kr. VI
   - Kr. V mit Aufstieg nach Kr. V a und weiterem Aufstieg nach Kr. VI
   - Kr. V mit Aufstieg nach Kr. V a

(2) Abweichend von § 16 (VKA) Abs. 1 Satz 1 ist für die Beschäftigten im Pflegedienst (Anlage 1 b zum BAT/BAT-O) Endstufe in den Entgeltgruppen 7 und 9 bis 11 die Stufe 5 bei Tätigkeiten entsprechend

- Kr. X mit Aufstieg nach Kr. XI
- Kr. IX mit Aufstieg nach Kr. X
- Kr. VI mit Aufstieg nach Kr. VII
- Kr. VII ohne Aufstieg
- Kr. VI ohne Aufstieg
- Kr. IV mit Aufstieg nach Kr. V.

(3) Abweichend von § 16 (VKA) Abs. 3 Satz 1 gelten für die Beschäftigten im Pflegedienst (Anlage 1 b zum BAT/BAT-O) für die Stufenlaufzeiten folgende Sonderregelungen:

a) in der Entgeltgruppe 12 wird die Stufe 4 nach zwei Jahren in Stufe 3 und die Stufe 5 nach drei Jahren in Stufe 4 bei Tätigkeiten entsprechend der Vergütungsgruppe Kr. XII mit Aufstieg nach Kr. XIII,
b) in der Entgeltgruppe 11 wird die Stufe 4 nach zwei Jahren in Stufe 3 und die Stufe 5 nach fünf Jahren in Stufe 4 bei Tätigkeiten entsprechend der Vergütungsgruppe Kr. X mit Aufstieg nach Kr. XI,
c) in der Entgeltgruppe 10 wird die Stufe 4 nach zwei Jahren in Stufe 3 und die Stufe 5 nach drei Jahren in Stufe 4 bei Tätigkeiten entsprechend der Vergütungsgruppe Kr. IX mit Aufstieg nach Kr. X,
d) in der Entgeltgruppe 9 wird die Stufe 6 nach zwei Jahren in Stufe 5 bei Tätigkeiten entsprechend der Vergütungsgruppe Kr. VIII mit Aufstieg nach Kr. IX,
e) in der Entgeltgruppe 9 (9 b) wird die Stufe 5 nach fünf Jahren in Stufe 4 bei Tätigkeiten entsprechend der Vergütungsgruppe Kr. VII mit Aufstieg nach Kr. VIII,
f) in der Entgeltgruppe 9 wird die Stufe 4 nach fünf Jahren in Stufe 3 und die Stufe 5 (9 b) nach fünf Jahren in Stufe 4 bei Tätigkeiten entsprechend der Vergütungsgruppen Kr. VI mit Aufstieg nach VII, Kr. VII ohne Aufstieg,
g) in der Entgeltgruppe 9 wird die Stufe 4 (9 b) nach fünf Jahren in Stufe 3 und die Stufe 5 (9 b) nach fünf Jahren in Stufe 4 bei Tätigkeiten entsprechend der Vergütungsgruppe Kr. VI ohne Aufstieg erreicht.

§ 16 Stufen der Entgelttabelle (TV-L)

(1) ¹Die Entgeltgruppen 9 bis 15 umfassen fünf Stufen und die Entgeltgruppen 2 bis 8 sechs Stufen. ²Die Abweichungen von Satz 1 sind in den jeweiligen Tätigkeitsmerkmalen in der Entgeltordnung geregelt.

(2) ¹Bei der Einstellung werden die Beschäftigten der Stufe 1 zugeordnet, sofern keine einschlägige Berufserfahrung vorliegt. ²Verfügen Beschäftigte über eine einschlägige Berufserfahrung von mindestens einem Jahr aus einem vorherigen befristeten oder unbefristeten Arbeitsverhältnis zum selben Arbeitgeber, erfolgt die Stufenzuordnung unter Anrechnung der Zeiten der einschlägigen Berufserfahrung aus diesem vorherigen Arbeitsverhältnis. ³Ist die einschlägige Berufserfahrung von mindestens einem Jahr in einem Arbeitsverhältnis zu einem anderen Arbeitgeber erworben worden, erfolgt die Einstellung in die Stufe 2, beziehungsweise – bei Einstellung nach dem 31. Januar 2010 und Vorliegen einer einschlägigen Berufserfahrung von mindestens drei Jahren – in Stufe 3. ⁴Unabhängig davon kann der Arbeitgeber bei Neueinstellungen zur Deckung des Personalbedarfs Zeiten einer vorherigen beruflichen Tätigkeit ganz oder teilweise für die Stufenzuordnung berücksichtigen, wenn diese Tätigkeit für die vorgesehene Tätigkeit förderlich ist.

Protokollerklärungen zu § 16 Absatz 2:
1. *Einschlägige Berufserfahrung ist eine berufliche Erfahrung in der übertragenen oder einer auf die Aufgabe bezogen entsprechenden Tätigkeit.*
2. *Ein Berufspraktikum nach dem Tarifvertrag über die vorläufige Weitergeltung der Regelungen für die Praktikantinnen/Praktikanten beziehungsweise nach dem Tarifvertrag über die Regelung der Arbeitsbedingungen der Praktikantinnen/Praktikanten der Länder gilt grundsätzlich als Erwerb einschlägiger Berufserfahrung.*
3. *Ein vorheriges Arbeitsverhältnis im Sinne des Satzes 2 besteht, wenn zwischen dem Ende des vorherigen und dem Beginn des neuen Arbeitsverhältnisses ein Zeitraum von längstens sechs Monaten liegt; bei Wissenschaftle-*

rinnen/Wissenschaftlern ab der Entgeltgruppe 13 verlängert sich der Zeitraum auf längstens zwölf Monate.

(2 a) Der Arbeitgeber kann bei Einstellung von Beschäftigten im unmittelbaren Anschluss an ein Arbeitsverhältnis im öffentlichen Dienst (§ 34 Absatz 3 Satz 3 und 4) die beim vorherigen Arbeitgeber nach den Regelungen des TV-L, des TVÜ-Länder oder eines vergleichbaren Tarifvertrages erworbene Stufe bei der Stufenzuordnung ganz oder teilweise berücksichtigen; Absatz 2 Satz 4 bleibt unberührt.

(3) ¹Die Beschäftigten erreichen die jeweils nächste Stufe – von Stufe 3 an in Abhängigkeit von ihrer Leistung gemäß § 17 Absatz 2 – nach folgenden Zeiten einer ununterbrochenen Tätigkeit innerhalb derselben Entgeltgruppe bei ihrem Arbeitgeber (Stufenlaufzeit):

– Stufe 2 nach einem Jahr in Stufe 1,
– Stufe 3 nach zwei Jahren in Stufe 2,
– Stufe 4 nach drei Jahren in Stufe 3,
– Stufe 5 nach vier Jahren in Stufe 4 und
– Stufe 6 nach fünf Jahren in Stufe 5 bei den Entgeltgruppen 2 bis 8.

²Die Abweichungen von Satz 1 sind in den jeweiligen Tätigkeitsmerkmalen in der Entgeltordnung geregelt.

Niederschriftserklärung zu § 16 Absatz 3 Satz 2:
Die Tarifvertragsparteien sind sich darüber einig, dass stichtagsbezogene Verwerfungen zwischen übergeleiteten Beschäftigten und Neueinstellungen entstehen können.

(4) ¹Die Entgeltgruppe 1 umfasst fünf Stufen. ²Einstellungen erfolgen zwingend in der Stufe 2 (Eingangsstufe). ³Die jeweils nächste Stufe wird nach vier Jahren in der vorangegangenen Stufe erreicht; § 17 Absatz 2 bleibt unberührt.

(5) ¹Zur regionalen Differenzierung, zur Deckung des Personalbedarfs, zur Bindung von qualifizierten Fachkräften oder zum Ausgleich höherer Lebenshaltungskosten kann Beschäftigten abweichend von der tarifvertraglichen Einstufung ein bis zu zwei Stufen höheres Entgelt ganz oder teilweise vorweg gewährt werden. ²Beschäftigte mit einem Entgelt der Endstufe können bis zu 20 v.H. der Stufe 2 zusätzlich erhalten. ³Die Zulage kann befristet werden. ⁴Sie ist auch als befristete Zulage widerruflich.

I. Allgemeines 1	5. Stufenberücksichtigung bei Vorbeschäftigung 13
1. Normstruktur 1	6. Individuelle Zwischen- und Endstufen 14
2. Regelstufen 2	III. Stufenaufstieg 15
II. Eingangsstufen 4	1. Normstruktur 15
1. Normstruktur 4	2. Stufenaufstieg 16
2. Einstellung ohne Berufserfahrung 5	3. Unterbrechungen 20
3. Einstellung mit einschlägiger Berufserfahrung 6	IV. Stufen in der Entgeltgruppe 1 ... 21
4. Förderliche Berufserfahrung 9	V. Sonderbestimmungen 23

Abschnitt III Eingruppierung, Entgelt und sonstige Leistungen § 16

I. Allgemeines

1. Normstruktur. In § 16 haben die Tarifvertragsparteien ein von der Vorgängernorm des § 27 BAT/BAT-O abweichendes Eingruppierungs- und Aufstiegssystem geschaffen: Nach altem Tarifrecht erfolgte die Eingruppierung wie auch der innerhalb einer Vergütungsgruppe vorzunehmende Aufstieg ausschließlich nach Lebensaltersstufen. Dieses frühere System erklärte der EuGH mittlerweile zurecht für altersdiskrminierend.[1] Der TVöD knüpft an solche Lebensaltersstufen nicht mehr an. In §§ 16 und 17 ist vielmehr nunmehr die alleinige horizontale Gliederung des Tabellenentgelts in Stufen geregelt; maßgeblich ist danach nur noch eine etwaige Berufserfahrung sowie beim Stufenaufstieg nur noch die Beschäftigungszeit. Die Tarifvertragsparteien unterstellen dabei eine Steigerung der Arbeitsgüte und Arbeitsmenge durch über die Jahre steigende Kenntnisse und Erfahrungen.[2]   1

2. Regelstufen. Nach dem neuen Grundprinzip umfasst jetzt in Bund, Ländern und Kommunen jede Entgeltgruppe mehrere Regelstufen.   2

Im Bereich **VKA** umfassen die Entgeltgruppen 2 bis 15 sechs Stufen, einzige Ausnahme stellt die Entgeltgruppe 1 dar, in der nur 5 Stufen festgelegt wurden, § 16 Abs. 4 Satz 1, Abs. 1 Satz 1 VKA.

Im Bereich **Bund** und im **TV-L** enthalten die Entgeltgruppen 2 bis 8 insgesamt sechs Stufen, die Entgeltgruppen 9 bis 15 hingegen nur 5 Stufen, § 16 Abs. 1. Die Beschäftigten verbleiben für die Dauer der jeweiligen von der Beschäftigungszeit abhängigen Laufzeit in der entsprechenden Stufe und rücken danach in die nächst höhere Stufe horizontal vor.

Von der Systematik der Regelstufen sind jedoch in den **Anhängen zu § 16** zahlreiche Abweichungen und Ausnahmen für bestimmte Tätigekeiten bei bestimmten Berufsbildern geregelt (vgl Rn 22), die unter anderem für eine Vielzahl von Beschäftigten abweichende Endstufen vorsehen. Hintergrund dafür ist, dass manche Tätigkeiten, die nach BAT/BAT-O noch unterschiedlichen Vergütungsgruppen zugeordnet waren, nunmehr zum Teil derselben Entgeltgruppe zugeordnet sind.   3

II. Eingangsstufen

1. Normstruktur. Bei der Ermittlung der **Eingangsstufen**, in welche Beschäftigte nach der **Einstellung** eingruppiert werden, ist nicht mehr – wie bei der Vorgängernorm des § 27 BAT/BAT-O – das Lebensalter maßgeblich, sondern nur noch die Frage, ob Berufserfahrung vorliegt und wenn ja, ob diese einschlägig ist oder lediglich förderlich. Aus dem Kontext erscheint nur für die Neueinstellung gemeint. Das BAG[3] hat jedoch entschieden, dass mit Einstellung nicht nur die erstmalige Begründung des Arbeitsverhältnisses, sondern auch die erneute Wiedereinstellung nach Befristung oder Unterbrechung gemeint sei. Diese Entscheidung führt gerade bei Anschlussbefristungen nicht wirklich zu sachgerechten Ergebnissen. Das BAG hält dennoch die Regelung mit dem Verbot der Benachteiligung befristet beschäftigter Arbeitnehmer gemäß § 4 Abs. 2 S. 1 TzBfG für vereinbar, weil diese Folge auch bei Wiedereinstellungen nach Kündigungen eintreten wür-   4

---

1 EuGH v. 8.9.2011, C 297/10 und C298/10, NZA 2010, 1100.
2 So auch BAG v. 27.1.2011, 6 AZR 578/09, ZTR 2011, 365.
3 BAG v. 27.1.2011, 6 AZR 382/09, ZTR 2011, 214.

Spengler

de. Unbedingt überzeugend ist dies angesichts der Vielzahl der Befristungen im Verhältnis zum eher seltenen Fall der Wiedereinstellungen nach Kündigung aus dem Gesichtspunkt der mittelbaren Diskriminierung nicht.

Die Zuordnung zu der richtigen Stufe ist dabei genau wie die richtige Entgeltgruppe im Rahmen der Mitbeurteilungskompetenz der Betriebs- und Peronalräte bei Eingruppierungen mitbestimmungspflichtig.[4]

5 **2. Einstellung ohne Berufserfahrung.** Verfügt der in eine der Entgeltgruppen 2 bis 15 einzugruppierende Beschäftigte in der Fassung **VKA** und **Länder** bei der Einstellung nicht über einschlägige Berufserfahrung, so erfolgt die Eingruppierung zwingend in Stufe 1, § 16 Abs. 2 Satz 1. In der Entgeltgruppe 1 ist ein neueinzustellender Beschäftigter ohne Berufserfahrung in Stufe 2 einzuordnen, § 16 Abs. 4 Satz 2.

Im Bereich **Bund** erfolgen Neueinstellungen ohne Berufserfahrung stets in Stufe 1. Mittlerweile musste der Bund jedoch erkennen, dass diese Vorgabe zu erheblichen Problemen bei der Personalgewinnung führt. In mehreren Rundschreiben wurden zur Mitarbeitergewinnung von außerhalb des öffentlichen Dienstes Einstiegsstufenzuordnungen bis maximal Stufe 4 ermöglicht.[5] Im Bereich der Forschungseinrichtungen und der IT-Fachkräfte wurde ebenfalls zu speziellen übertariflichen Regelungen ermächtigt. Dies führt zu Widersprüchlichkeiten, weil gleichwertig qualifizierte Bewerber aus den Kommunen und Ländern für eine solche Stelle beim Bund nur Stufen nach Beschäftigungszeit im öffentlichen Dienst angerechnet bekämen und nicht maximal die Stufe 4, wobei in Forschungseinrichtungen sogar Stufe 5 zugelassen wurde. Dies meinen die Tarifvertragsparteien wohl mit den in der Niederschriftserklärung tolerierten Verwerfungen.

6 **3. Einstellung mit einschlägiger Berufserfahrung.** Verfügt der Beschäftigte bei der Einstellung im Bereich **VKA** und **Länder** in den Entgeltgruppen 2 bis 15, im **Bund**-Bereich nur in den Entgeltgruppen 2 bis 8 über einschlägige Berufserfahrung von mindestens **einem Jahr**, so ist er in die Stufe 2 einzugruppieren, § 16 Abs. 2 Satz 2 Hs 1 VKA, § 16 Abs. 3 Satz 3 Bund. Im Bereich des TV-L besteht die Besonderheit, dass für die einschlägige Berufserfahrung aus einem bereits früher bestehenden Arbeitsverhältnis zu demselben Arbeitgeber die Stufenzuordnung unter Anrechnung der Zeiten der einschlägigen Berufserfahrung aus diesem vorherigen Arbeitsverhältnis efolgt.

Dem Wortlaut aller Bereiche ist zu entnehmen, dass eine Einordnung in eine höhere Stufe als Stufe 2 unzulässig ist.

Erfolgt die Einstellung nach dem 31.12.2008 und verfügt der Beschäftigte in den Entgeltgruppen 2 bis 15 **VKA** über eine einschlägige Berufserfahrung von mindestens **drei Jahren**, so ist er in der Regel der Stufe 3 zuzuordnen, § 16 Abs. 2 Satz 2 Hs 2 VKA. Gleiches gilt im Bereich **Bund** bei den Entgeltgruppen 2 bis 8, § 16 Abs. 3 Satz 2 Bund. Im Bereich der Länder gilt dies für Einstellungen nach dem 31.1.2010.

Für die Entgeltgruppen 9 bis 15 im Bereich **Bund** gilt eine weitere Besonderheit: Besitzen Beschäftigte dieser Entgeltgruppen einschlägige Berufserfahrung von mindestens einem Jahr, so kann diese nur dann bei der Stufenzuordnung ange-

---

4 BVerwG v. 7.3.2011, 6 P 15/10, ZTR 2011, 385-390.
5 Vgl ausführlich Breier/Dassau Rn 46.

rechnet werden, wenn das vorherige Beschäftigungsverhältnis zum Bund bestanden hat und noch nicht länger als sechs Monate (bei Wissenschaftlern zwölf Monate) zurückliegt.

Insofern besitzen Beschäftige mit einschlägiger Berufserfahrung einen **Anspruch** auf Eingruppierung in Stufe 2 bzw. 3.

Voraussetzung für die höhere Stufe ist das **Vorliegen einschlägiger Berufserfahrung**. Im Bereich des **Bundes** und der **Länder** haben die Tarifvertragsparteien in der Protokollerklärung zu § 16 Abs. 2, 3 diesen unbestimmten Rechtsbegriff als berufliche Erfahrung in der übertragenen oder einer auf die Aufgabe bezogenen entsprechenden Tätigkeit definiert. Obwohl im Bereich **VKA** diese Protokollerklärung fehlt, kann auf diese Definition auch dort zurückgegriffen werden.[6] Desweiteren soll nach der Protokollerklärung zu Abs. 2 ein Berufspraktikum nach einem Tarifvertrag über die vorläufige Weitergeltung der Regelungen für die Praktikantinnen/Praktikanten vom 13. September 2005 grundsätzlich als Erwerb einschlägiger Berufserfahrung gelten. Im Ergebnis wird man eine einschlägige Berufserfahrung jedenfalls bejahen können, wenn sie in einer gleichen oder gleichartigen Tätigkeit[7] erworben wurde, die bezüglich des Wissens und Könnens auf einem vergleichbaren Niveau anzusiedeln ist,[8] und die eine gründliche Einarbeitung überflüssig macht.[9] Dies bedeutet in der Regel, dass die vorherige Tätigkeit in der Wertigkeit der nunmehrigen Eingruppierung entspricht. Dementsprechend ist die Frage der Einschlägigkeit sowohl im Rahmen der Eingruppierung durch die Betriebs- und Personalräte deren Mitbeurteilung als auch der vollständigen gerichtlichen Kontrolle zugänglich.[10]

7

Wann und wo die einschlägige Berufserfahrung erworben worden sein muss, ist im VKA-Bereich nicht geregelt. Insofern gibt es diesbezüglich keine Einschränkungen. § 16 Abs. 2 VKA setzt weder voraus, dass sie bei demselben Arbeitgeber erworben worden sein muss noch dass sie nicht länger als einen bestimmten Zeitraum zurückliegen darf. Die Berufserfahrung muss auch nicht als **Arbeitnehmer** erworben worden sein, sondern es genügt eine Tätigkeit als **Freiberufler**.[11]

8

Hingegen dürften solche Kenntnisse, die im Rahmen einer **Ausbildung** erworben wurden, nicht genügen, sofern es sich nicht um ein Berufspraktikum nach dem Tarifvertrag über die vorläufige Weitergeltung der Regelungen für die Praktikantinnen/Praktikanten vom 13. September 2005 handelt. Dafür spricht die Protokollerklärung zu Abs. 2, die andernfalls keinen Sinn ergäbe. Im Übrigen spricht bereits der Begriff der Berufserfahrung dafür, dass die Kenntnisse im Rahmen der Ausübung eines Berufs erworben werden müssen. Bei einer Ausbildung hingegen handelt es sich nicht um einen Beruf im eigentlichen Sinne, sondern diese dient schließlich erst der Erlangung der für die Ausübung des Berufs erforderlichen Kenntnisse.

Im Bereich **Bund** existiert eine Einschränkung, die aber ausschließlich die Entgeltgruppen 9 bis 15 betrifft: Für diese setzt die Anrechnung der Vorbeschäfti-

---

6 Bredemeier/Neffke § 16 Rn 13.
7 Sponer/Steinherr TVöD § 16 S. 11.
8 Bredemeier/Neffke § 16 Rn 5.
9 Dörring/Kutzki § 16 Rn 15.
10 Breier/Dassau TVöD § 16 Rn 65.
11 Bredemeier/Neffke § 16 Rn 14.

gungszeit voraus, dass sie in einem Arbeitsverhältnis zum Bund erbracht wurde und nicht länger als sechs Monate zurückliegt.

9 **4. Förderliche Berufserfahrung.** Gem. § 16 Abs. 2 Satz 3 **VKA** sowie § 16 Abs. 2 Satz 4 TV-L kann der Arbeitgeber bei Neueinstellungen zur Deckung des Personalbedarfs Zeiten einer vorherigen beruflichen Tätigkeit ganz oder teilweise für die Stufenzuordnung berücksichtigten, wenn diese Tätigkeit für die vorgesehene Tätigkeit förderlich ist.

Gleiches gilt im **Bund-Bereich**, jedoch nur für die Entgeltgruppen 2 bis 8, § 16 Abs. 3 Satz 4 Bund. Für alle anderen Entgeltgruppen kommt im Bereich Bund eine Anrechnung förderlicher Berufserfahrung nicht in Betracht.

Es handelt sich also um eine Ermessensentscheidung des Arbeitgebers, ob und inwieweit er förderliche Zeiten in Anrechnung bringt. Das BAG[12] hat entschieden, dass bei der Stufenzuordnung eine vorherige berufliche Tätigkeit, die bereits im Rahmen der einschlägigen Berufserfahrung für die Zuordnung in Stufe 2 oder 3 maßgeblich war, nochmals im Rahmen der förderlichen Berufserfahrung berücksichtigt werden kann. Der Wortlaut-Argumention des 6. Senats („unabhängig davon") ist dabei nichts entgegenzuhalten.[13]

10 Die Einstellung muss zunächst zur **Deckung des Personalbedarfs** erfolgen. Diese Tatbestandsvoraussetzung wäre aber in der Regel bei jeder Einstellung gegeben, denn aus welchem anderen Grund sollten Einstellungen sonst wohl erfolgen. Offensichtlich wollten die Tarifvertragsparteien zum Ausdruck bringen, dass förderliche Zeiten ausnahmsweise nur dann Berücksichtigung finden sollten, wenn Schwierigkeiten bei der Personalbeschaffung auftreten, also etwa aufgrund Bewerbermangels.[14]

11 Eine Definition dieser **förderlichen Berufserfahrung** haben die Tarifvertragsparteien nicht vorgenommen. An die förderliche Berufserfahrung dürften jedoch geringere Anforderungen zu stellen sein als an die einschlägige Berufserfahrung. Es muss sich jedenfalls um Kenntnisse und Erfahrungen handeln, die eine Einarbeitung zumindest erleichtern oder verkürzen[15] und die für die auszuübende Tätigkeit von Nutzen sind.

Auch hier ist Voraussetzung, dass sie im Rahmen eines Berufs erworben wurden, und nicht etwa lediglich einer Ausbildung oder einem Praktikum entstammen (siehe Rn 8). Nicht erforderlich ist, dass die Kenntnisse in exakt dem nunmehr auszuübenden Beruf erworben wurden, denn ansonsten würde es sich bereits um einschlägige Berufserfahrung handeln. Jedoch müssen die Kenntnisse wohl zumindest einem artverwandten Beruf entstammen,[16] andernfalls dürften sie kaum förderlich sein.

12 Ein Beschäftigter hat **keinen Anspruch** auf Berücksichtigung dieser förderlichen Tätigkeit bei der Stufenzuordnung. Dies ergibt sich aus dem Wortlaut des § 16, wonach der Arbeitgeber die förderliche Tätigkeit ausdrücklich berücksichtigen **kann**; also ein freies Ermessen vorliegt, ob und inwieweit der Arbeitgeber diese Zeiten berücksichtigt. Der Arbeitgeber ist hierbei jedoch an den arbeitsrechtli-

---

12 BAG v. 23.9.2010, 6 AZR 174/09, ZTR 2011, 23.
13 So auch unter Aufgabe der Ansicht der Vorauflage: Beier/Dessau TVöD § 16 Rn 81.
14 Bredemeier/Neffke TVöD § 16 Rn 20; Beier/Dessau TVöD § 16 Rn 83.
15 Bredemeier/Neffke TVöD § 16 Rn 21.
16 Bredemeier/Neffke TVöD § 16 Rn 21.

chen Gleichbehandlungsgrundsatz gebunden, der von ihm verlangt, vergleichbare Mitarbeiter nicht unterschiedlich zu behandeln, ohne dass dies durch einen sachlichen Grund gerechtfertigt ist.

Ausnahmsweise kann sich ein Anspruch auf Berücksichtigung ergeben, wenn dieses Ermessen des Arbeitgerbers auf Null reduziert ist. Das BAG[17] hat dies in einem Fall entschieden, bei dem der abwerbende öffentliche Arbeitgeber im Einstellungsgespräch Gehaltszusagen tätigte, die mit Einstiegsstufen nicht denkbar waren, sondern eine Zuordnung zur höchsten Stufe 5 voraussetzte.

Entscheidet sich der Arbeitgeber, solche Zeiten zu berücksichtigen, ist dies für die einmalige erste Stufenzuweisung maßgeblich, eine weitergehende Verwendung, wonach die Stufe dann schon wiederum mit bestimmten Zeiten zurückgelegt gilt, findet nicht statt.[18]

5. Stufenberücksichtigung bei Vorbeschäftigung. Mit dem eingefügten Abs. 3 a (Bund) bzw Abs. 2 a (VKA) tragen die Tarifvertragsparteien dem Gedanken Rechnung, dass ein Wechsel qualifizierter Beschäftigter im öffentlichen Dienst zu anderen Arbeitgebern unattraktiv sein kann, wenn erworbene Stufen beim neuen Arbeitgeber zwingend verloren gingen. Insofern wurde hier das Prinzip der reinen Berücksichtigung der bei „diesem" Arbeitgeber abgeleisteten Zeiten wieder aufgeweicht – einem Bedürfnis der Praxis Rechnung tragend.

13

6. Individuelle Zwischen- und Endstufen. Abweichend von der dargestellten Systematik der Stufen existieren bei manchen Arbeitnehmern sog. **Zwischen- und Endstufen**. Es handelt sich dabei um Arbeitnehmer, die bereits vor dem Inkrafttreten des jeweiligen Tarifvertrags beschäftigt waren. Im Rahmen der Überleitungstarifverträge (TVÜ) stellten diese individuellen Stufen letztendlich eine Form der Besitzstandswahrung dar. Auf diese Weise wurde allerdings für Altbeschäftigte die alterspriviligierende, und damit jugenddiskriminierende Vergütungsstruktur aus Besitzstandsaspekten heraus in das neue Stufensystem übertragen. Der EuGH[19] hat auf Vorlage des BAG[20] mittlerweile im Rahmen eines Vorabentscheidungsverfahrens das alte BAT-System als Altersdiskriminierung mit Europarecht unvereinbar erklärt, eine gewisse vorübergehende Fortsetzung nach der Überführung in die neue diskriminierungsfreie Struktur als hinnehmbar toleriert.

14

III. Stufenaufstieg

1. Normstruktur. Im Gegensatz zum früheren Aufstieg nach Lebensalter (§ 27 BAT), erfolgt der Stufenaufstieg nur noch abhängig von den Beschäftigungszeiten. Genauer gesagt ist die Dauer der zuletzt ausgeübten Tätigkeit gemeint – und nicht die Beschäftigungszeit im Sinne des § 34 TVöD, was sich insbesondere bei zuvor ausgeübten anderen Tätigkeiten auswirkt.[21]

15

---

17 BAG v. 23.9.2010, 6 AZR 174/09, ZTR 2011, 23.
18 Zutreffend Breier/Dessau TVöD § 16 Rn 87.
19 EuGH v. 8.9.2011, C 297/10 und C298/10, NZA 2010, 1100.
20 BAG v. 20.5.2010, 6 AZR 148/09, NZA 2010, 961.
21 BAG v. 27.1.2011, 6 AZR 590/09, ZTR 2011, 369 im Falle eines Fahrers eines Sonderfahrzeugs, der vor der Überleitung 19 Jahre Friedhofsarbeiter war, aber erst die letzten 6 Jahre Fahrer und die Stufenzuordnung Stufe 5 verlangte.

Bezüglich des Stufenaufstiegs sind § 16 Bund, § 16 VKA und § 16 TV-L nahezu identisch. Die Arbeitnehmer erreichen nach der jeweiligen Verweildauer in der Stufe automatisch die nächsthöhere Stufe.
Lediglich die Entgeltgruppe 1 wurde abweichend geregelt (s. Rn 19). Eine weitergehende individuelle Ausnahme von diesem System findet sich in § 17 Abs. 3 mit einem leistungsabhängigen Beschleunigen bzw Hemmen des Stufenaufstiegs.

16 **2. Stufenaufstieg.** Grundsätzlich erreichen die Beschäftigten in den **Entgeltgruppen 2 bis 15** die Stufe 2 nach einem Jahr in Stufe 1, die Stufe 3 nach zwei Jahren in Stufe 2, die Stufe 4 nach drei Jahren in Stufe 3, die Stufe 5 nach vier Jahren in Stufe 4 und im Bereich der VKA letztlich die Stufe 6 nach fünf Jahren in Stufe 5. Im Bereich Bund und Länder fehlt ab der EG 9 die Stufe 6. Am Beispiel der VKA bedeutet der Regelstufenaufstieg also, dass ein Arbeitnehmer immer in derselben Tätigkeit nach 15 Jahren die letzte Stufe erreicht hat und keine Aufstiege mehr zu erwarten hat. Dem Gedanken des steigenden Erfahrungsschatzes durch länger andauernde Ausübung der Tätigkeit wollten die Tarifvertragsparteien mit dieser Systematik Ausdruck verleihen.

Für die Berechnung der Stufenlaufzeit ist also immer der erste Tag der Einstellung maßgeblich. Wurde der Arbeitnehmer jedoch im Laufe der Zeit höhergruppiert, gilt dies nicht mehr. Dann beginnt die Laufzeitberechnung mit dem Tag der Übertragung in der dann maßgeblichen Entgeltstufe der höheren Entgeltgruppe neu (§ 17 Abs. 4).

17 Die Stufen 1 und 2 bilden dabei die **Grundstufen**. In diesem müssen zwingend die vorgeschriebenen Jahre vollendet werden, um in die nächste Stufe zu gelangen.

18 Bei den Stufen 3 bis 6 handelt es sich um sog. **Entwicklungsstufen**. Ab der Stufe 3 kann in alle Fassungen, also bei Bund, Ländern und Kommunen, die nächste Stufe in Abhängigkeit von der individuellen Leistung des Beschäftigten erreicht werden. Dieser sog. **leistungsabhängige Stufenaufstieg** gem. § 17 Abs. 2 ermöglicht sowohl eine Verkürzung als auch eine Verlängerung der Regelstufenlaufzeiten (s. § 17 Rn 3 ff).

19 Nach der Überleitung in den TVöD/TV-L waren Beschäftigte übergangsweise im Rahmen des Besitzstandes in einer individuellen Zwischenstufe eingeordnet bzw, wenn ihre besitzstandsgeschützte Vergütung bereits höher dotiert war als die letzte Stufe ihrer Entgeltgruppe, in einer sogenannten individuellen Endstufe.

Abweichungen von den Regelstufenlaufzeiten finden sich in den Anhängen zu § 16 Bund und VKA sowie in einigen berufsgruppenspezifischen Abweichungen (s. Rn 23).

20 **3. Unterbrechungen.** Der Stufenaufstieg setzt ausdrücklich eine ununterbrochene Tätigkeit innerhalb derselben Entgeltgruppe bei demselben Arbeitgeber voraus. Daraus folgt also, dass Unterbrechungen den Stufenaufstieg verzögern. Der Stufenaufstieg im Entgeltsystem des TVöD soll die gewonnene Berufserfahrung honorieren. In der Zeit, in der das Arbeitsverhältnis unterbrochen ist, wird aber keine Berufserfahrung gewonnen. § 16 Abs. 3 TVöD (VKA), § 16 Abs. 4 Bund bzw § 16 Abs. 4 TV-L werden jedoch ergänzt durch § 17 Abs. 3: Dieser enthält einige Tatbestände, die nicht als Unterbrechungen zu bewerten und damit also unschädlich sind. Namentlich sind dies die Schutzfristen nach dem MuSchG, Zeiten einer Arbeitsunfähigkeit nach § 22 bis zu 39 Wochen, Zeiten bezahlten

Urlaubs, Zeiten eines Sonderurlaubs, bei dem der Arbeitgeber vor Antritt schriftlich ein dienstliches bzw betriebliches Interesse anerkannt hat, Zeiten einer sonstigen Unterbrechung von weniger als einem Monat sowie zuletzt auch Zeiten der vorübergehenden Übertragung einer höherwertigen Tätigkeit.

Alle weiteren Unterbrechungen, die nicht aufgezählt sind und die nicht länger als drei Jahre (bei Elternzeit fünf Jahre)[22] dauern, werden auf die Zeiten des Stufenaufstieg nicht angerechnet und bleiben unberücksichtigt. Hier fehlt es dann gerade an der hinzugewonnenen Berufserfahrung. Dauert die Unterbrechung länger als drei bzw fünf Jahre, erfolgt quasi eine Rückstufung in diejenige Stufe, die der Stufe vor der Unterbrechung vorangeht. Sie muss aber mindestens die Stufe sein, die der Beschäftigte bei der Neueinstellung erworben hätte, § 17 Abs. 3 S. 2, 3.

IV. Stufen in der Entgeltgruppe 1

Die Entgeltgruppe 1 umfasst fünf Stufen und gilt für Beschäftigte mit einfachsten Tätigkeiten (vgl hierzu § 12 Rn 24). Für diese von den Tarifvertragsparteien neu geschaffene Niedriglohngruppe, die den zunehmenden Ausgliederungstendenzen entgegenwirken sollte, wurde die Systematik der Stufenzuordnung aufgebrochen. Einstellungen erfolgen hier zwingend in der Stufe 2 (**Eingangsstufe**). Eine etwaige Berufserfahrung – gleich ob einschlägig oder nicht – wird nicht berücksichtigt, darf folglich nicht zu einer Zuordnung in eine höhere Stufe als Stufe 2 führen.

21

Nach der Einstellung in die Entgeltgruppe 1 Stufe 2 wird die jeweils nächste Stufe nach jeweils vier Jahren erreicht. Unabhängig davon kann jedoch nach dem **leistungsorientierten Stufenaufstieg** ab der Stufe 3 die grundsätzliche vierjährige Stufenlaufzeit verlängert oder verkürzt werden, was durch den Hinweis auf § 17 Abs. 2 klargestellt wurde.

22

V. Sonderbestimmungen

Sowohl für den Bereich Bund als auch für den Bereich VKA existiert jeweils ein Anhang zu § 16, welcher abweichende Endstufen und Stufenlaufzeiten für einzelne Beschäftigtengruppen vorsieht. Dies resultiert daraus, dass verschiedene Beschäftigtengruppen, die vorher unterschiedlichen Vergütungsgruppen nach dem BAT zugeordnet waren, nunmehr in dieselbe Entgeltgruppe des TVöD fallen.

23

Auch für Beschäftigte, die in die Entgeltgruppen 2Ü oder 15Ü übergeleitet wurden, sowie für Lehrkräfte existieren Sonderregelungen bei der Stufenlaufzeit in § 19 TVÜ-VKA.

24

Im Bereich TdL ist zu beachten, dass im Falle einschlägiger Berufserfahrung diese nach dem Tarifvertrag der Länder im Gegensatz zum TVöD bei demselben Arbeitgeber erworben worden sein muss. Im Übrigen enthält § 16 TV-L in seinem Abs. 5 eine Regelung, die im TVöD keine Entsprechung gefunden hat: Hiernach kann Beschäftigten abweichend von den Regelstufenlaufzeiten ein ein bis zwei Stufen höheres Entgelt ganz oder teilweise vorweg gewährt werden. Als Gründe

25

---

22 BAG v. 27.1.2011, 6 AZR 526/09, ZTR 2011, 357-364 sieht in der Unterbrechungswirkung der Elternzeit keine mittelbare geschlechtsdiskriminierende Wirkung, vgl § 17 Rn 13.

hierfür werden ausdrücklich und abschließend benannt die regionale Differenzierung, die Deckung des Personalbedarfs, die Bindung qualifizierten Fachpersonals und der Ausgleich höherer Lebenshaltungskosten.

Befindet sich der Beschäftigte bereits in der Endstufe, kann ihm anstatt der Vorweggewährung eine Zulage iHv 20 % der Stufe 2 gewährt werden.

Die Vereinbarung der Entgeltordnung vom 10.3.2011 führte im Bereich des TV-L zu einer Besonderheit in der Stufenregelung. Auf Druck der Gewerkschaftsseite wurden in den Entgeltgruppen 2-8 frühere Aufstiegsverläufe mit bis zu 6-jähriger Bewährung abgebildet.[23] Danach sieht die Anlage 4 TVÜ-Länder nun besondere Stufenlaufzeiten in der EG 8 vor. In dieser als „kleine EG 9" bezeichneten EG 8 für „bis zu 6-jährige Aufstiege" wird die Stufe 3 nach 5 Jahren in der Stufe 2, Stufe 4 nach 9 Jahren in der Stufe 3 erreicht, Stufen 5 und 6 entfallen.[24] Die Tarifvertragsparteien scheinen damit von ihrem ursprünglichen Gedanken der Vereinfachung und Vereinheitlichung des Tarifrechts endgültig Abstand genommen zu haben.

§ 17 Allgemeine Regelungen zu den Stufen (TVöD)

(1) Die Beschäftigten erhalten vom Beginn des Monats an, in dem die nächste Stufe erreicht wird, das Tabellenentgelt nach der neuen Stufe.

(2) ¹Bei Leistungen der/des Beschäftigten, die erheblich über dem Durchschnitt liegen, kann die erforderliche Zeit für das Erreichen der Stufen 4 bis 6 jeweils verkürzt werden. ²Bei Leistungen, die erheblich unter dem Durchschnitt liegen, kann die erforderliche Zeit für das Erreichen der Stufen 4 bis 6 jeweils verlängert werden. ³Bei einer Verlängerung der Stufenlaufzeit hat der Arbeitgeber jährlich zu prüfen, ob die Voraussetzungen für die Verlängerung noch vorliegen. ⁴Für die Beratung von schriftlich begründeten Beschwerden von Beschäftigten gegen eine Verlängerung nach Satz 2 bzw. 3 ist eine betriebliche Kommission zuständig. ⁵Die Mitglieder der betrieblichen Kommission werden je zur Hälfte vom Arbeitgeber und vom Betriebs-/Personalrat benannt; sie müssen dem Betrieb/der Dienststelle angehören. ⁶Der Arbeitgeber entscheidet auf Vorschlag der Kommission darüber, ob und in welchem Umfang der Beschwerde abgeholfen werden soll.

Protokollerklärung zu Absatz 2:

¹Die Instrumente der materiellen Leistungsanreize (§ 18) und der leistungsbezogene Stufenaufstieg bestehen unabhängig voneinander und dienen unterschiedlichen Zielen. ²Leistungsbezogene Stufenaufstiege unterstützen insbesondere die Anliegen der Personalentwicklung.

Protokollerklärung zu Absatz 2 Satz 2:

Bei Leistungsminderungen, die auf einem anerkannten Arbeitsunfall oder einer Berufskrankheit gemäß §§ 8 und 9 SGB VII beruhen, ist diese Ursache in geeigneter Weise zu berücksichtigen.

---

23 Geyer/Baschnagel, Die Entgeltordnung zum TV-L, ZTR 2011, 333 f.
24 Geyer/Baschnagel, Die Entgeltordnung zum TV-L, ZTR 2011, 333 f.

Protokollerklärung zu Absatz 2 Satz 6:
Die Mitwirkung der Kommission erfasst nicht die Entscheidung über die leistungsbezogene Stufenzuordnung.

(3) ¹Den Zeiten einer ununterbrochenen Tätigkeit im Sinne des § 16 (Bund) Abs. 4 Satz 1 und des § 16 (VKA) Abs. 3 Satz 1 stehen gleich:
a) Schutzfristen nach dem Mutterschutzgesetz,
b) Zeiten einer Arbeitsunfähigkeit nach § 22 bis zu 39 Wochen,
c) Zeiten eines bezahlten Urlaubs,
d) Zeiten eines Sonderurlaubs, bei denen der Arbeitgeber vor dem Antritt schriftlich ein dienstliches bzw betriebliches Interesse anerkannt hat,
e) Zeiten einer sonstigen Unterbrechung von weniger als einem Monat im Kalenderjahr,
f) Zeiten der vorübergehenden Übertragung einer höherwertigen Tätigkeit.

²Zeiten der Unterbrechung bis zu einer Dauer von jeweils drei Jahren, die nicht von Satz 1 erfasst werden, und Elternzeit bis zu jeweils fünf Jahren sind unschädlich, werden aber nicht auf die Stufenlaufzeit angerechnet. ³Bei einer Unterbrechung von mehr als drei Jahren, bei Elternzeit von mehr als fünf Jahren, erfolgt eine Zuordnung zu der Stufe, die der vor der Unterbrechung erreichten Stufe vorangeht, jedoch nicht niedriger als bei einer Neueinstellung; die Stufenlaufzeit beginnt mit dem Tag der Arbeitsaufnahme. ⁴Zeiten, in denen Beschäftigte mit einer kürzeren als der regelmäßigen wöchentlichen Arbeitszeit eines entsprechenden Vollbeschäftigten beschäftigt waren, werden voll angerechnet.

(4) ¹Bei Eingruppierung in eine höhere Entgeltgruppe werden die Beschäftigten derjenigen Stufe zugeordnet, in der sie mindestens ihr bisheriges Tabellenentgelt erhalten, mindestens jedoch der Stufe 2. ²Beträgt der Unterschiedsbetrag zwischen dem derzeitigen Tabellenentgelt und dem Tabellenentgelt nach Satz 1
– in den Entgeltgruppen 1 bis 8
  – vom 1. März 2012 bis 31. Dezember 2012 weniger als 51,75 Euro,
  – vom 1. Januar 2013 bis 31. Juli 2013 weniger als 52,47 Euro,
  – ab 1. August 2013 weniger als 53,20 Euro,
– in den Entgeltgruppen 9 bis 15
  – vom 1. März 2012 bis 31. Dezember 2012 weniger als 82,80 Euro,
  – vom 1. Januar 2013 bis 31. Juli 2013 weniger als 83,96 Euro,
  – ab 1. August 2013 weniger als 85,14 Euro,

so erhält die/der Beschäftigte während der betreffenden Stufenlaufzeit anstelle des Unterschiedsbetrages den vorgenannten jeweils zustehenden Garantiebetrag. ³Wird die/der Beschäftigte nicht in die nächsthöhere, sondern in eine darüber liegende Entgeltgruppe höhergruppiert, ist das Tabellenentgelt für jede dazwischen liegende Entgeltgruppe nach Satz 1 zu berechnen; Satz 2 gilt mit der Maßgabe, dass auf das derzeitige Tabellenentgelt und das Tabellenentgelt der Entgeltgruppe abzustellen ist, in die die/der Beschäftigte höhergruppiert wird. ⁴Die Stufenlaufzeit in der höheren Entgeltgruppe beginnt mit dem Tag der Höhergruppierung. ⁵Bei einer Eingruppierung in eine niedrigere Entgeltgruppe ist die/der Beschäftige der in der höheren Entgeltgruppe erreichten Stufe zuzuordnen. ⁶Die/Der Beschäftigte erhält vom Beginn des Monats an, in dem die Veränderung wirksam wird, das entsprechende Tabellenentgelt aus der in Satz 1 oder

Satz 5 festgelegten Stufe der betreffenden Entgeltgruppe, ggf. einschließlich des Garantiebetrags.

Protokollerklärung zu Absatz 4 Satz 2:

Die Garantiebeträge nehmen an allgemeinen Entgeltanpassungen teil.

Protokollerklärung zu Absatz 4 Satz 3:

Satz 3 gilt bis zum Inkrafttreten der Eingruppierungsvorschriften des TVöD (Entgeltordnung) nicht für Beschäftigte im Sinne von § 38 Abs. 5 Satz 1, wenn sie von der Entgeltgruppe 3 in die Entgeltgruppe 5 oder von der Entgeltgruppe 6 in die Entgeltgruppe 8 höhergruppiert werden.

§ 17 Allgemeine Regelungen zu den Stufen (TV-L)

(1) Die Beschäftigten erhalten das Tabellenentgelt nach der neuen Stufe vom Beginn des Monats an, in dem die nächste Stufe erreicht wird.

(2) [1]Bei Leistungen der Beschäftigten, die erheblich über dem Durchschnitt liegen, kann die erforderliche Zeit für das Erreichen der Stufen 4 bis 6 jeweils verkürzt werden. [2]Bei Leistungen, die erheblich unter dem Durchschnitt liegen, kann die erforderliche Zeit für das Erreichen der Stufen 4 bis 6 jeweils verlängert werden. [3]Bei einer Verlängerung der Stufenlaufzeit hat der Arbeitgeber jährlich zu prüfen, ob die Voraussetzungen für die Verlängerung noch vorliegen. [4]Für die Beratung von schriftlich begründeten Beschwerden von Beschäftigten gegen eine Verlängerung nach Satz 2 beziehungsweise 3 ist eine betriebliche Kommission zuständig. [5]Die Mitglieder der betrieblichen Kommission werden je zur Hälfte vom Arbeitgeber und vom Betriebs-/Personalrat benannt; sie müssen dem Betrieb/der Dienststelle angehören. [6]Der Arbeitgeber entscheidet auf Vorschlag der Kommission darüber, ob und in welchem Umfang der Beschwerde abgeholfen werden soll.

Protokollerklärung zu § 17 Absatz 2:

Die Instrumente des § 17 Absatz 2 unterstützen die Anliegen der Personalentwicklung.

Protokollerklärung zu § 17 Absatz 2 Satz 2:

Bei Leistungsminderungen, die auf einem anerkannten Arbeitsunfall oder einer Berufskrankheit gemäß §§ 8 und 9 SGB VII beruhen, ist diese Ursache in geeigneter Weise zu berücksichtigen.

Protokollerklärung zu § 17 Absatz 2 Satz 6:

Die Mitwirkung der Kommission erfasst nicht die Entscheidung über die leistungsbezogene Stufenzuordnung.

(3) [1]Den Zeiten einer ununterbrochenen Tätigkeit im Sinne des § 16 Absatz 3 Satz 1 stehen gleich:
a) Schutzfristen nach dem Mutterschutzgesetz,
b) Zeiten einer Arbeitsunfähigkeit nach § 22 bis zu 39 Wochen,
c) Zeiten eines bezahlten Urlaubs,
d) Zeiten eines Sonderurlaubs, bei denen der Arbeitgeber vor dem Antritt schriftlich ein dienstliches beziehungsweise betriebliches Interesse anerkannt hat,

e) Zeiten einer sonstigen Unterbrechung von weniger als einem Monat im Kalenderjahr,
f) Zeiten der vorübergehenden Übertragung einer höherwertigen Tätigkeit.

²Zeiten der Unterbrechung bis zu einer Dauer von jeweils drei Jahren, die nicht von Satz 1 erfasst werden, und Elternzeit sowie Zeiten einer Unterbrechung bei Beschäftigten, die für eine jahreszeitlich begrenzte regelmäßig wiederkehrende Tätigkeit in einem Beschäftigungsverhältnis stehen (Saisonbeschäftigte), sind unschädlich; sie werden aber nicht auf die Stufenlaufzeit angerechnet. ³Bei einer Unterbrechung von mehr als drei Jahren erfolgt eine Zuordnung zu der Stufe, die der vor der Unterbrechung erreichten Stufe vorangeht, jedoch nicht niedriger als bei einer Neueinstellung; die Stufenlaufzeit beginnt mit dem Tag der Arbeitsaufnahme. ⁴Zeiten, in denen Beschäftigte mit einer kürzeren als der regelmäßigen wöchentlichen Arbeitszeit eines entsprechenden Vollbeschäftigten beschäftigt waren, werden voll angerechnet.

(4) ¹Bei Eingruppierung in eine höhere Entgeltgruppe werden die Beschäftigten derjenigen Stufe zugeordnet, in der sie mindestens ihr bisheriges Tabellenentgelt erhalten, mindestens jedoch der Stufe 2; bei Eingruppierung über mehr als eine Entgeltgruppe wird die Zuordnung zu den Stufen so vorgenommen, als ob faktisch eine Eingruppierung in jede der einzelnen Entgeltgruppen stattgefunden hätte. ²Beträgt der Unterschiedsbetrag zwischen dem derzeitigen Tabellenentgelt und dem Tabellenentgelt nach Satz 1 weniger als 25 Euro in den Entgeltgruppen 1 bis 8 beziehungsweise weniger als 50 Euro in den Entgeltgruppen 9 bis 15, so erhält die/der Beschäftigte während der betreffenden Stufenlaufzeit anstelle des Unterschiedsbetrags einen Garantiebetrag von monatlich 25 Euro (Entgeltgruppen 1 bis 8) beziehungsweise 50 Euro (Entgeltgruppen 9 bis 15); steht der/dem Beschäftigten neben dem bisherigen und/oder neuen Tabellenentgelt eine Entgeltgruppenzulage oder eine Besitzstandszulage nach § 9 oder § 17 Absatz 5 Satz 2 TVÜ-Länder zu, wird für die Anwendung des Halbsatzes 1 die Entgeltgruppenzulage bzw. Besitzstandszulage dem jeweiligen Tabellenentgelt hinzugerechnet und anschließend der Unterschiedsbetrag ermittelt. ³Die Stufenlaufzeit in der höheren Entgeltgruppe beginnt mit dem Tag der Höhergruppierung. ⁴Bei einer Eingruppierung in eine niedrigere Entgeltgruppe ist die/der Beschäftige der in der höheren Entgeltgruppe erreichten Stufe zuzuordnen. ⁵Die/Der Beschäftigte erhält vom Beginn des Monats an, in dem die Veränderung wirksam wird, das entsprechende Tabellenentgelt aus der in Satz 1 oder Satz 4 festgelegten Stufe der betreffenden Entgeltgruppe, gegebenenfalls einschließlich des Garantiebetrags.

Protokollerklärung zu § 17 Absatz 4 Satz 1 2. Halbsatz:
Für Lehrkräfte im Sinne von Nr. 4 der Vorbemerkungen zu allen Teilen der Entgeltordnung als „Erfüller" gilt die Höhergruppierung von der Entgeltgruppe 11 in die Entgeltgruppe 13 nicht als „Eingruppierung über mehr als eine Entgeltgruppe".

Protokollerklärung zu § 17 Absatz 4 Satz 2:
¹Die Garantiebeträge nehmen an allgemeinen Entgeltanpassungen teil. ²Sie betragen

a) in den Entgeltgruppen 1 bis 8
   – 27,22 Euro ab 1. April 2011
   – 27,74 Euro ab 1. Januar 2012
b) in den Entgeltgruppen 9 bis 15
   – 54,43 Euro ab 1. April 2011
   – 55,46 Euro ab 1. Januar 2012.

Niederschriftserklärung zu § 17:
¹*Sofern Beschäftigten, die am 1. Januar 2008 in Entgeltgruppen eingruppiert sind, für die ein Bemessungssatz von 100 v.H. gilt, zwischen dem 1. Januar 2008 und dem 31. Dezember 2009 auf Dauer Tätigkeiten übertragen werden, die einer Vergütungsgruppe zugeordnet wären, für die nach der Protokollerklärung zu § 15 Absatz 1 TV-L noch ein Bemessungssatz von 92,5 v.H. maßgebend ist, gelten in der neuen Entgeltgruppe die Tabellenwerte der Anlage B 2 beziehungsweise B 3 zum TV-L.* ²*Als Entgeltstufe ist diejenige Stufe maßgebend, die sich ergeben würde, wenn für alle Tabellenwerte ein einheitlicher Bemessungssatz gelten würde.* ³*Liegt der neue Tabellenwert unter dem bisherigen Tabellenentgelt, wird eine Besitzstandszulage in Höhe des Differenzbetrages und zusätzlich der Garantiebetrag in sinngemäßer Anwendung des § 17 Absatz 4 Satz 2 TV-L gezahlt.*

I. Allgemeines 1	4. Mitbestimmung 12
II. Stufenänderung (Abs. 1) 2	IV. Behandlung von Unterbrechungen, Teilzeitbeschäftigung
III. Leistungsabhängiger Stufenaufstieg (Abs. 2) 3	(Abs. 3) 13
1. Allgemeines 3	1. Unterbrechungen 13
2. Verlängerung oder Verkürzung der Stufenlaufzeit 4	2. Teilzeitbeschäftigung 14
3. Betriebliche Kommission 10	V. **Stufenzuordnung bei Höher-/Herabgruppierung** 15

I. Allgemeines

1 § 17 normiert für Bund, VKA und die Länder die **allgemeinen Regelungen** zum Aufstieg in den Stufen. Dabei wird in Absatz 2 das neue Instrument einer leistungsabhängigen Verkürzung oder Verlängerung des Stufenaufstiegs abgehandelt, für das die Einführung des Beschwerderechts bei einer betrieblichen Kommission notwendig wurde. Diese leistungsbezogenen Stufenaufstiege ersetzen das alte System des Bewährungsaufstiegs und sollen die Personalentwicklung unterstützen. Absatz 4 regelt die Einstufungen bei Höher- und Abgruppierungen.

II. Stufenänderung (Abs. 1)

2 In Absatz 1 ist geregelt, wann der Anspruch auf das Tabellenentgelt einer neuen Stufe entsteht. Die Beschäftigten erhalten demnach vom **Beginn des Monats** an, in dem die neue Stufe erreicht wird, das Tabellenentgelt nach der neuen Stufe, und zwar auch dann, wenn die nächste Stufe erst im Laufe des Monats erreicht worden ist. Dies gilt für die Regelstufenlaufzeit gem. § 16 wie auch für den leistungsabhängigen Stufenaufstieg gem. § 17 Abs. 2. Die Vollendung des Sufenaufstiegs im laufenden Monats hat also **Rückwirkung** zum Monatsbeginn.[1]

---

1 Breier/Dassau, TVöD § 17 Rn 4.1.

Beispiel: Wenn die Stufenlaufzeit eines Beschäftigten der Stufe 3 zum 15.3. endet, so hat er bereits zum 1.3. Anspruch auf das Tabellenentgelt der Stufe 4.

Die reguläre Höherstufung als reines Nachvollziehen der tariflichen Stufenlaufzeiten ohne Verkürzung oder Verlängerung nach Abs. 2 bedarf **keines Mitbestimmungsverfahrens**, sondern ergibt sich als tariflicher Automatismus. Anders bei Veränderungen durch den leistungsbezogenen Aufstieg (dazu Rn 12).

III. Leistungsabhängiger Stufenaufstieg (Abs. 2)

1. **Allgemeines.** Nach § 17 Abs. 2 kann das Erreichen der Entwicklungsstufen 3 4, 5 und 6 leistungsabhängig verkürzt oder verlängert werden, wenn die Leistung des Beschäftigten erheblich über- oder unterdurchschnittlich ist. Dieses **Leistungsanreizinstrument** wurde im TVöD erstmalig eingeführt, findet also keine Entsprechung im BAT. Nach der Protokollerklärung zu Abs. 2 soll dieses Instrument die Anliegen der Personalentwicklung unterstützen. Der leistungsabhängige Stufenaufstieg ist aber nicht identisch mit der leistungsorientierten Vergütung iSd § 18. Insbesondere soll eine Doppelvergütung vermieden werden. Im Gegensatz zum Leistungsentgelt nach § 18 TVöD, das einen relativ kurzen Zeitraum bewertet und honoriert, dient der leistungsabhängige Stufenaufstieg eher der Reaktion auf langfristige Beobachtungszeiträume.[2] Gerade der leistungsabhängige Stufenaufstieg soll also nicht die Regel sein, sondern nur in **Einzelfällen** angewendet werden.

2. **Verlängerung oder Verkürzung der Stufenlaufzeit.** Ob das Instrument des 4 leistungsabhängigen Stufenaufstiegs in einem Betrieb bzw einer Dienststelle generell genutzt wird, obliegt der **freien Entscheidung des Arbeitgebers**. Bei § 17 Abs. 2 handelt es sich um eine Kann-Vorschrift. Einen **Anspruch** auf Einführung besitzen die Arbeitnehmer also **nicht**. Entscheidet sich der Arbeitgeber allerdings, das Instrument anzuwenden, besitzen die Betriebs- und Personalräte ein Mitbestimmungsrecht bezüglich der Ausgestaltung (s. Rn 12).

Was unter einer erheblich über- bzw unterdurchschnittlichen Leistung zu verstehen ist, haben die Tarifvertragsparteien nicht geregelt. Fest steht lediglich, dass die individuelle Leistung **erheblich** von der eines Normalleisters zu erbringenden Leistung abweichen muss. Eine unter- oder überdurchschnittliche Leistung an sich reicht also für eine Verkürzung oder Verlängerung nicht aus. Erheblich wird diese wohl erst werden, wenn sie um mindestens 20 % bis 25 % vom Durchschnitt abweicht. Welche Leistung aber von einem Normalleister zu erwarten ist, also den Durchschnitt darstellt, hängt letztlich von dessen **persönlicher Leistungsfähigkeit,** insbesondere aber von der Art der Tätigkeit ab. Die Leistungspflicht ist nicht starr zu bestimmen, sondern orientiert sich eben an der Leistungsfähigkeit des Arbeitnehmers. „Der Arbeitnehmer muss tun, was er soll, und zwar so, wie er kann."[3] Es gilt hier also gerade kein objektiver Maßstab, erst recht nicht bestimmt der Arbeitgeber in eigener Entscheidung, was unter einer durchschnittlichen Leistung zu verstehen ist. Nach der Protokollerklärung zu Abs. 2 Satz 2 sind letztlich auch persönliche Leistungsminderungen, die auf einem anerkannten Arbeitsunfall oder einer Berufskrankheit gem. §§ 8 und 9 SGB VII beruhen, in geeigneter Weise zu berücksichtigen. Im Rahmen billigen

---

2 Kuner, Leistungsorientierte Bezahlung im TVöD und TV-L, Rn 80.
3 BAG v. 11.12.2003, 2 AZR 667/02, NZA 2004, 1506.

Ermessens gem. § 315 BGB dürften aber auch andere körperliche oder geistige Einschränkungen, die nicht auf einem solchen Unfall oder Krankheit beruhen, angemessen zu berücksichtigen sein.

6 Bewertet werden darf lediglich das **Leistungsverhalten** des Arbeitnehmers, das sich auf die vertraglich geschuldete Tätigkeit bezieht. Sonstige Erwägungen (zB politische Gesinnung, außerdienstliches Verhalten) dürfen hier keine Rolle spielen. Dies wäre mit dem Sinn und Zweck des leistungsabhängigen Stufenaufstiegs nicht zu vereinbaren. In die Bewertung dürfen nur Leistungen im Zeitraum seit Beginn der Stufenlaufzeit einfließen.[4]

Zur **Bewertung der Leistung** können verschiedenste **Kriterien** herangezogen werden, zB die Arbeitsqualität und -quantität, Wirtschaftlichkeit, Zusammenarbeit und Mitarbeiterführung, Selbstständigkeit oder Innovationsfähigkeit. Zu berücksichtigen ist, dass nach dem Tariftext sowie nach einem Rundschreiben des Bundesministeriums des Innern vom 8.12.2005 die Leistungsbewertung weder schematisch an der Leistungsbewertung nach § 18 noch anhand dienstlicher Regelbeurteilungen festgestellt werden kann. Der leistungsabhängige Stufenaufstieg soll also gerade nicht mittels Zielvereinbarung oder systematischer Leistungsbewertung wie bei § 18 (siehe § 18 Rn 17 ff) umgesetzt werden. Vielmehr ist eine Gesamtbetrachtung im Einzelfall erforderlich, die neben den erbrachten Leistungen auch andere Aspekte der beruflichen Entwicklung, zB die Übernahme von Sonderaufgaben, einbeziehen kann.[5] Entsprechend der unterschiedlichen Zielsetzung müssen hier längere Zeiträume als 1 Jahr zugrunde gelegt werden, denn für das kurzfristige Honorieren von Leistungen im positiven wie negativen Sinne dient das Leistungsentgelt. Maximaler Betrachtungszeitraum für die Leistung kann aber nur die Zeit der derzeitigen Entgeltstufe sein,[6] denn sonst würde sich ein früher bereits relevanter Leistungsaspekt beim letzten Stufenaufstieg ja immer wieder auswirken.

7 Die **Beweislast** für eine erheblich unterdurchschnittliche Leistung trägt der Arbeitgeber, da es sich um eine für ihn günstige Tarifnorm handelt. Zur Rechtfertigung einer Stufenlaufzeitverkürzung muss er also zweistufig die unterdurchschnittliche Leistung und deren Erheblichkeit darlegen und nötigenfalls beweisen. Insofern ist die Rechtsprechung zur Beweislastverteilung bei Zeugnisstreitigkeiten übertragbar.[7] Bei einer Stufenlaufzeitverkürzung werden sich kaum Beweislastprobleme stellen, allenfalls Begründungsnotwendigkeiten im Rahmen der Mitbestimmung.

8 Wird in einem Einzelfall die Stufenlaufzeit verlängert, ist der Arbeitgeber verpflichtet, **jährlich zu prüfen**, ob die Voraussetzungen für die Verlängerung noch vorliegen, § 17 Abs. 3 Satz 3. Die Entscheidung des Arbeitgebers bedarf also einer jährlich neuen Rechtfertigung auf Basis allgemeiner Beurteilungskriterien. Der betroffene Mitarbeiter sollte diesen Zeitpunkt überwachen und auf eine Prüfung, ggf unter Einschaltung der betrieblichen Kommission, hinwirken.

Praxishinweis: Für Beschäftigte, bei denen eine Verlängerung gerechtfertigt ist, sollte im Rahmen der Kollektivvereinbarung ein individueller Coaching-Anspruch vereinbart werden, für die der Arbeitgeber die eingesparten Vergütungen

---

4 Sponer/Steinherr Vorbem. zu § 17 S. 4.
5 Bepler/Böhle § 17 Rn 8 ff mit Beispielen.
6 AA Breier/Dessau TVöD § 17 Rn 11 mit Abstellen auf alle Zeiten in der Entgeltgruppe.
7 BAG v. 14.10.2003, 9 AZR 12/03, NZA 2004, 843.

verwenden muss. Ziel ist ja nicht das Sparen von Vergütung, sondern die Heranführung des Mitarbeiters an den Durchschnitt.

Viele Fragen lässt der Tariftext offen. Umstritten ist, ob bei erheblich überdurchschnittlicher Leistung auch eine oder gar mehrere Entgeltgruppen gänzlich **übersprungen** werden dürfen. Nach überwiegender und zutreffender Auffassung soll dies nicht zulässig sein.[8] **9**

Nicht geklärt ist auch, ob es **Laufzeithöchstgrenzen** gibt, um so zu verhindern, dass ein Mitarbeiter sein Arbeitsleben lang in einer Stufe ausgebremst wird. Solche Vorgehensweisen dürften unzulässig sein, da sie mit dem Zweck des leistungsabhängigen Stufenaufstiegs nicht vereinbar ist. § 17 ist nämlich kein Sanktionselement. Letztendlich ergibt der Hinweis auf die Personalentwicklung in der Protokollnotiz die Obliegenheit des Arbeitgebers, die eingesparte Vergütung für ein Coaching oder andere Maßnahmen zu verwenden, um die Leistung des Arbeitnehmers wieder an den Durchschnitt heranzuführen. Wenn der Arbeitgeber solche Unterstützungen unterlässt, wird er sich im Folgezeitraum nicht mehr auf die dann von ihm geduldete erheblich unterdurchschnittliche Leistung berufen können.

Praxishinweis: In Betriebs-/Dienstvereinbarungen sollten Höchstgrenzen festgelegt werden, wie oft das Instrument der Stufenlaufzeitverlängerung bezüglich eines Mitarbeiters genutzt werden darf.

3. Betriebliche Kommission. Wendet sich ein Beschäftigter gegen eine Laufzeitverkürzung, besitzt er das Recht, sich in Form einer schriftlichen und begründeten **Beschwerde** an eine nach § 17 zu installierende paritätisch besetzte **Betriebliche Kommission** zu wenden. Diese tritt jedoch nicht an die Stelle der Mitarbeitervertretung, so dass der Beschäftigte sich natürlich auch anstelle oder zeitgleich an den **Personalrat** oder **Betriebsrat** im Rahmen des allgemeinen Beschwerderechts wenden kann. Gerade in kleineren Verwaltungen werden Beschäftigte die Arbeitgebervertreter in der Betrieblichen Kommission als für eine Beschwerde hinderlich erachten und sich eher nur an die von den Beschäftigten gewählte Mitarbeitervertretung halten wollen. **10**

Die Einrichtung der Betrieblichen Kommission ist in § 17 verpflichtend vorgesehen. Sie hat sich aus **Betriebsangehörigen** zusammenzusetzen; ihre Mitglieder werden **je zur Hälfte** von Arbeitgeber und Betriebsrat bzw Personalrat benannt. Besteht kein Betriebs- oder Personalrat, sind die Arbeitnehmervertreter aus der Belegschaft zu wählen.[9] Dienststellenleiter, Bürgermeister oder Geschäftsführer können ihr daher nicht angehören, ebenso wenig Externe wie Rechtsanwälte, Gewerkschaftssekretäre oder Gemeinderatsmitglieder. Die Zusammensetzung, ggf auch Freistellungen, und eine Geschäftsordnung sollten im Rahmen von Dienst- und Betriebsvereinbarungen genau geregelt werden. Denn wann auf wessen Veranlassung die Kommission zusammentritt, dass ihre Tätigkeit Arbeitszeit ist und evtl Schulungen voraussetzt, haben die Tarifvertragsparteien nicht geregelt. Die betriebliche Kommission nach § 17 ist dieselbe, die auch im Rahmen des § 18 die Durchführung des Leistungsentgeltes begleitet.[10] Die Tarifvertragsparteien verwenden den Begriff so, dass diese eine Kommission diese **11**

---
8 Sponer/Steinherr, TVöD Vorbem. zu § 17 S. 5; Dörring/Kutzki § 17 Rn 7.
9 Kuner, Leistungsorientierte Bezahlung im TVöD und TV-L, Rn 75.
10 AA Breier/Dassau TVöD § 17 Rn 22: auch unterschiedliche Kommissionen zu § 17 und § 18 möglich.

Aufgaben zugewiesen bekommt. Näheres zur Betrieblichen Kommission siehe daher § 18 Rn 36 f. Im Bereich Bund wurde im Tarifvertrag über das Leistungsentgelt für die Beschäftigten des Bundes (**LeistungsTV-Bund**) vom 25.8.2006 die Betriebliche Kommission ausführlich geregelt.

Die Kommission hat nach der Protokollerklärung zu Abs. 2 Satz 6 lediglich beratende Funktion. Sie ist berechtigt, dem Arbeitgeber Vorschläge zu unterbreiten, ob und in welchem Umfang der Beschwerde abgeholfen werden kann. Das **Letztentscheidungsrecht** jedoch besitzt jedoch der Arbeitgeber, § 17 Abs. 2 Satz 6, allerdings unter Beachtung der gesetzlich geregelten Mitbestimmungsrechte.

12 **4. Mitbestimmung.** Die Entscheidung, **ob** das Instrument des leistungsabhängigen Stufenaufstiegs in Betrieben oder Dienststellen angewandt wird, obliegt dem Arbeitgeber. Die Verkürzung des Stufenaufstiegs ist vom Betriebsrat bzw Personalrat ebenso wenig erzwingbar wie die Verlängerung.

Führt der Arbeitgeber aber den leistungsabhängigen Stufenaufstieg ein, so unterliegt das „**Wie**" der Mitbestimmung. Letztlich stellt der Arbeitgeber hier abstrakt-generelle Beurteilungsgrundsätze auf, die gem. § 94 Abs. 2 BetrVG, § 75 Abs. 3 Nr. 9 BPersVG und den Landespersonalvertretungsgesetzen mitbestimmungspflichtig sind. Außerdem hat der leistungsabhängige Stufenaufstieg auch immer mittelbare Auswirkungen auf die Vergütung im Betrieb, so dass auch die Mitbestimmung zur Lohngestaltung berührt ist.

Damit unterliegen aber auch die jeweiligen Einzelfallentscheidungen des Arbeitgebers über eine Verkürzung oder Verlängerung der Mitbestimmung.[11] Aufgrund der Ausstrahlung der Verkürzung oder Verlängerung auf andere Mitarbeiter, insbesondere aber wegen des immer gegebenen Vergleichs mit Leistungen anderer Beschäftigter (Durchschnitt) hat jede solche Beurteilung einen kollektiven Bezug. Insofern ersetzt das Beschwerderecht bei der Betrieblichen Kommission diese Mitbestimmungsrechte nicht.

IV. Behandlung von Unterbrechungen, Teilzeitbeschäftigung (Abs. 3)

13 **1. Unterbrechungen.** § 16 verlangt für den Stufenaufstieg – gleich ob der Regelstufenaufstieg oder der leistungsabhängige –, dass die Zeiten **ununterbrochen** bei demselben Arbeitgeber zurückgelegt wurden. Es kommt also darauf an, dass der Beschäftigte in diesen Zeiten auch tatsächlich gearbeitet hat. Der rechtliche Bestand des Arbeitsverhältnisses ist nicht entscheidend.

Allerdings gibt es zahlreiche Unterbrechungen, die für den Stufenaufstieg gänzlich **unschädlich** sind. Liegen diese explizit in § 17 Abs. 3 Satz 1 a bis f genannten Tatbestände vor, werden sie für die Berechnung der Laufzeiten also hinzugerechnet. Diese sind:
- Schutzfristen nach dem Mutterschutzgesetz,
- Zeiten einer Arbeitsunfähigkeit nach § 22 bis zu 39 Wochen,
- Zeiten eines unbezahlten Urlaubs,
- Zeiten eines Sonderurlaubs, bei denen der Arbeitgeber vor dem Antrag schriftlich ein dienstliches bzw betriebliches Interesse anerkannt hat,

---

11 AA Dassau/Wiesend-Rothbrust § 17 Rn 5, 6.

- Zeiten einer sonstigen Unterbrechung von weniger als einem Monat im Kalenderjahr,
- Zeiten einer vorübergehenden Übertragung einer höherwertigen Tätigkeit.

Dagegen normiert § 17 Abs. 3 Satz 2 zwar ebenfalls **unschädliche** Zeiten, aber solche, die bei der Laufzeit nicht dazugerechnet werden sollen. Es sind die Unterbrechungen, die in Abs. 3 Satz 1 nicht genannt sind und maximal drei Jahre dauern bzw bei Elternzeit bis fünf Jahren. Das BAG[12] hat in der Unterbrechungswirkung durch die Elternzeit keine mittelbare geschlechtsdiskriminierende Wirkung gesehen. Der Stufenaufstieg im Entgeltsystem des TVöD soll ja gerade die gewonnene Berufserfahrung honorieren. In der Zeit, in der das Arbeitsverhältnis wegen Elternzeit unterbrochen ist, wird aber keine Berufserfahrung gewonnen.

Daneben existieren aber auch sog. **schädliche** Zeiten, in denen nämlich gem. § 17 Abs. 3 Satz 3 die Unterbrechung länger als drei Jahre dauert oder die länger als fünf Jahre dauernde Elternzeit. In diesen Fällen erfolgt eine Rückstufung: Der Beschäftigte, der an den Arbeitsplatz zurückkehrt, wird der Stufe zugeordnet, die derjenigen vorausgeht, in die er vor der Unterbrechung eingestuft war. Es muss jedoch mindestens die Stufe sein, welcher er bei einer Neueinstellung zugeordnet wäre.

2. Teilzeitbeschäftigung. Nach § 17 Abs. 3 Satz 4 spielt es für die Berechnung der Laufzeit keine Rolle, ob der Arbeitnehmer während seiner Beschäftigungszeit in Vollzeit oder in Teilzeit gearbeitet hat. Dies ist bereits vor dem Hintergrund des AGG und TzBfG zwingend.

V. Stufenzuordnung bei Höher-/Herabgruppierung

Mit dem System der Stufenzuordnung wurde nunmehr in Abs. 4 die Eingruppierung in eine höhere oder niedrigere Entgeltgruppe im Gegensatz zur komplizierten Methode im BAT wesentlich vereinfacht. In § 17 TVöD wird nur die Veränderung der Stufenzuordnung für den Fall der Höhergruppierung bzw Herabgruppierung als Folge festgelegt. Wann die für diese Stufenzuordnung maßgebliche Übertragung höherwertiger oder niederwertigerer Tätigkeiten vorliegt, ergibt sich aus der Entgeltordnung (§§ 12, 13 TV-L) bzw den Übergangsvorschriften im TVÜ-VKA/TVÜ-Bund. Es wird insofern auf die umfassende Kommentierung zu §§ 12, 13 verwiesen.

Eine Höhergruppierung iSd § 17 setzt die dauerhafte, nicht nur vorübergehende Übertragung von Aufgaben einer höheren Entgeltgruppe voraus; vorübergehende Übertragungen sind ein Fall der persönlichen Zulage oder der §§ 31 und 32 TVöD.[13] Bei einer solchen Höhergruppierung ist im TVöD keine stufengleiche Einstufung in die höhere Entgeltgruppe vorgesehen. Vielmehr rückt der Beschäftigte in der neuen Entgeltgruppe in diejenige Stufe ein, in welcher er mindestens das bisherige Tabellenentgelt erhält, mindestens aber in Stufe 2.

Beispiel: Der Beschäftigte war in Entgeltgruppe 9 Stufe 3 (2.410 €) eingruppiert. Nach einer Höhergruppierung in Entgeltgruppe 10 wird er nun in die Stufe 2 (2.600 €) eingruppiert.

---

12 BAG v. 27.1.2011, 6 AZR 526/09, ZTR 2011, 357-364.
13 Breier/Dessau TVöD § 17 Rn 51.

17 Dieses System führt aufgrund der Entgelttabelle zu teilweise sehr geringen Vergütungssteigerungen, teilweise zu sehr hohen Beträgen. Deshalb mussten sog. Garantiebeträge festgelegt werden, die ein Beschäftigter bei einer Höhergruppierung in jedem Fall erhält: Diese Garantiebeträge sollen einen Mindestansporn darstellen, denn ohne ihn würde der Mitarbeiter für die in der Regel größere Verantwortung oder schwierigeren Aufgaben, die er mit der neuen, höhergruppierten Aufgabe übernommen hat, keinen finanziellen Anreiz spüren.

Die Zahlung dieses vereinbarten Garantiebetrages erfolgt **anstelle des Unterschiedsbetrages** – und zwar solange, bis eine neue Stufe der Entgeltgruppe erreicht wird. Solange ist der Garantiebetrag dynamisch, nimmt also prozentual an allgemeinen Entgelterhöhungen teil.[14]

18 Im Gegensatz zu dem Verfahren bei der Höhergruppierung wird der Beschäftigte bei der Herabgruppierung **stufengleich** einer niedrigeren Entgeltgruppe zugeordnet, unabhängig vom Tabellenentgelt. Die bisher in der höheren Entgeltgruppe absolvierte Stufenlaufzeit wird in die niedrigere Entgeltgruppe mitgenommen und dort in Anrechnung gebracht. Der Wortlaut des § 16 Abs. 4 (Bund) bzw § 16 Abs. 3 (VKA) steht dem nicht entgegen, da die Herabgruppierung insofern eine speziellere Regelung darstellt.[15]

Beispiel: Ein Beschäftigter der Entgeltgruppe 8 Stufe 4 (2.330 €) wird herabgruppiert in Entgeltgruppe 7, dort ebenfalls wieder Stufe 4 (2.230 €).

Die Systematik kann zu einem Wertungswiderspruch führen. Wird ein Arbeitnehmer höhergruppiert und gelangt in eine niedrigere Stufe, später aber herabgruppiert und zwar stufengleich, würde er schlechter gestellt als er vor der Höhergruppierung stand. Dieser Fall wäre systemwidrig. Da er ja über die entsprechenden Tätigkeitszeiten in der alten Entgeltgruppe verfügt, ist er korrigierend wieder der höheren Stufe zuzuweisen.[16]

19 Bei der Höhergruppierung beginnt die Stufenlaufzeit ab dem Tag der Höhergruppierung, § 17 Abs. 3 Satz 3. Bereits in der alten Stufe zurückgelegte Zeiten werden also nicht übertragen. Das Tabellenentgelt aus der höheren Entgeltgruppe erhält ein Beschäftigter jedoch bereits ab dem ersten Tag des Monats, § 17 Abs. 3 Satz 5.

Auch der herabgruppierte Beschäftigte erhält ab Beginn des Monats der Herabgruppierung das niedrigere Entgelt.

20 Unabhängig vom tariflichen System bleiben die Mitbestimmungsrechte der Betriebs- und Personalräte nach dem BetrVG bzw den Personalvertretungsgesetzen bei Höher- und Herabgruppierungen unberührt und sind in jedem Einzelfall zu beachten.

§ 18 Leistungsentgelt (Bund)

(1) ¹Ab dem 1. Januar 2007 wird ein Leistungsentgelt eingeführt. ²Das Leistungsentgelt ist eine variable und leistungsorientierte Bezahlung zusätzlich zum **Tabellenentgelt**.

---

14 Bepler/Böhle § 17 Rn 38.
15 Bepler/Böhle § 17 Rn 44.
16 AA Breier/Dessau § 17 Rn 52.

(2) ¹Ausgehend von einer vereinbarten Zielgröße von 8 v.H. entspricht bis zu einer Vereinbarung eines höheren Vomhundertsatzes das für das Leistungsentgelt zur Verfügung stehende Gesamtvolumen 1 v.H. der ständigen Monatsentgelte des Vorjahres aller unter den Geltungsbereich des TVöD fallenden Beschäftigten des jeweiligen Arbeitgebers. ²Das für das Leistungsentgelt zur Verfügung stehende Gesamtvolumen ist zweckentsprechend zu verwenden; es besteht die Verpflichtung zu jährlicher Auszahlung der Leistungsentgelte.

Protokollerklärung zu Absatz 2 Satz 1:

Ständige Monatsentgelte sind insbesondere das Tabellenentgelt (ohne Sozialversicherungsbeiträge des Arbeitgebers und dessen Kosten für die betriebliche Altersvorsorge), die in Monatsbeträgen festgelegten Zulagen einschließlich Besitzstandszulagen sowie Entgelt im Krankheitsfall (§ 22) und bei Urlaub, soweit diese Entgelte in dem betreffenden Kalenderjahr ausgezahlt worden sind; nicht einbezogen sind dagegen insbesondere Abfindungen, Aufwandsentschädigungen, Auslandsdienstbezüge einschließlich Kaufkraftausgleiche und Auslandsverwendungszuschläge, Einmalzahlungen, Jahressonderzahlungen, Leistungsentgelte, Strukturausgleiche, unständige Entgeltbestandteile und Entgelte der außertariflichen Beschäftigten.

(3) Nähere Regelungen werden in einem Bundestarifvertrag vereinbart.

Protokollerklärungen zu Absatz 3:

1. ¹*Die Tarifvertragsparteien sind sich darüber einig, dass die zeitgerechte Einführung des Leistungsentgelts sinnvoll, notwendig und deshalb beiderseits gewollt ist.* ²*Kommt bis zum 30. September 2007 kein Bundestarifvertrag zu Stande, erhalten die Beschäftigten mit dem Tabellenentgelt des Monats Dezember 2008 6 v.H. des für den Monat September jeweils zustehenden Tabellenentgelts.* ³*Das Leistungsentgelt erhöht sich im Folgejahr um den Restbetrag des Gesamtvolumens.* ⁴*Solange in den Folgejahren keine Einigung nach Absatz 3 zu Stande kommt, gelten die Sätze 2 und 3 entsprechend.* ⁵*Für das Jahr 2007 erhalten die Beschäftigten mit dem Tabellenentgelt des Monats Dezember 2007 12 v.H. des für den Monat September 2007 jeweils zustehenden Tabellenentgelts ausgezahlt, insgesamt jedoch nicht mehr als das Gesamtvolumen gemäß § 18 Abs. 2 Satz 1, wenn bis zum 31. Juli 2007 keine Einigung nach Absatz 3 zustande gekommen ist.*
2. *Die Tarifvertragsparteien bekennen sich zur weiteren Stärkung der Leistungsorientierung im öffentlichen Dienst.*

(4) Die ausgezahlten Leistungsentgelte sind zusatzversorgungspflichtiges Entgelt.

Protokollerklärungen zu § 18 (Bund):

1. ¹*Eine Nichterfüllung der Voraussetzungen für die Gewährung eines Leistungsentgelts darf für sich genommen keine arbeitsrechtlichen Maßnahmen auslösen.* ²*Umgekehrt sind arbeitsrechtliche Maßnahmen nicht durch Teilnahme an einer Zielvereinbarung bzw. durch Gewährung eines Leistungsentgelts ausgeschlossen.*
2. ¹*Leistungsgeminderte dürfen nicht grundsätzlich aus Leistungsentgelten ausgenommen werden.* ²*Ihre jeweiligen Leistungsminderungen sollen angemessen berücksichtigt werden.*

§ 18 Leistungsentgelt (VKA)

(1) ¹Die leistungs- und/oder erfolgsorientierte Bezahlung soll dazu beitragen, die öffentlichen Dienstleistungen zu verbessern. ²Zugleich sollen Motivation, Eigenverantwortung und Führungskompetenz gestärkt werden.

(2) ¹Ab dem 1. Januar 2007 wird ein Leistungsentgelt eingeführt. ²Das Leistungsentgelt ist eine variable und leistungsorientierte Bezahlung zusätzlich zum Tabellenentgelt.

(3) ¹Ausgehend von einer vereinbarten Zielgröße von 8 v.H. entspricht bis zu einer Vereinbarung eines höheren Vomhundertsatzes das für das Leistungsentgelt zur Verfügung stehende Gesamtvolumen
- ab 1. Januar 2010 1,25 v.H.,
- ab 1. Januar 2011 1,50 v.H.,
- ab 1. Januar 2012 1,75 v.H. und
- ab 1. Januar 2013 2,00 v.H.

der ständigen Monatsentgelte des Vorjahres aller unter den Geltungsbereich des TVöD fallenden Beschäftigten des jeweiligen Arbeitgebers. ²Das für das Leistungsentgelt zur Verfügung stehende Gesamtvolumen ist zweckentsprechend zu verwenden; es besteht die Verpflichtung zu jährlicher Auszahlung der Leistungsentgelte.

Protokollerklärung zu Absatz 3 Satz 1:

¹Ständige Monatsentgelte sind insbesondere das Tabellenentgelt (ohne Sozialversicherungsbeiträge des Arbeitgebers und dessen Kosten für die betriebliche Altersvorsorge), die in Monatsbeträgen festgelegten Zulagen einschließlich Besitzstandszulagen sowie Entgelt im Krankheitsfall (§ 22) und bei Urlaub, soweit diese Entgelte in dem betreffenden Kalenderjahr ausgezahlt worden sind; nicht einbezogen sind dagegen insbesondere Abfindungen, Aufwandsentschädigungen, Einmalzahlungen, Jahressonderzahlungen, Leistungsentgelte, Strukturausgleiche, unständige Entgeltbestandteile und Entgelte der außertariflichen Beschäftigten. ²Unständige Entgeltbestandteile können betrieblich einbezogen werden.

(4) ¹Das Leistungsentgelt wird zusätzlich zum Tabellenentgelt als Leistungsprämie, Erfolgsprämie oder Leistungszulage gewährt; das Verbinden verschiedener Formen des Leistungsentgelts ist zulässig. ²Die Leistungsprämie ist in der Regel eine einmalige Zahlung, die im Allgemeinen auf der Grundlage einer Zielvereinbarung erfolgt; sie kann auch in zeitlicher Abfolge gezahlt werden. ³Die Erfolgsprämie kann in Abhängigkeit von einem bestimmten wirtschaftlichen Erfolg neben dem gemäß Absatz 3 vereinbarten Startvolumen gezahlt werden. ⁴Die Leistungszulage ist eine zeitlich befristete, widerrufliche, in der Regel monatlich wiederkehrende Zahlung. ⁵Leistungsentgelte können auch an Gruppen von Beschäftigten gewährt werden. ⁶Leistungsentgelt muss grundsätzlich allen Beschäftigten zugänglich sein. ⁷Für Teilzeitbeschäftigte kann von § 24 Abs. 2 abgewichen werden.

Protokollerklärungen zu Absatz 4:

1. *¹Die Tarifvertragsparteien sind sich darüber einig, dass die zeitgerechte Einführung des Leistungsentgelts sinnvoll, notwendig und deshalb beiderseits gewollt ist. ²Sie fordern deshalb die Betriebsparteien dazu auf, rechtzeitig vor dem 1. Januar 2007 die betrieblichen Systeme zu vereinbaren. ³Kommt*

bis zum 30. September 2007 keine betriebliche Regelung zustande, erhalten die Beschäftigten mit dem Tabellenentgelt des Monats Dezember 2008 6 v.H. des für den Monat September jeweils zustehenden Tabellenentgelts. ⁴Das Leistungsentgelt erhöht sich im Folgejahr um den Restbetrag des Gesamtvolumens. ⁵Solange auch in den Folgejahren keine Einigung entsprechend Satz 2 zustande kommt, gelten die Sätze 3 und 4 ebenfalls. ⁶Für das Jahr 2007 erhalten die Beschäftigten mit dem Tabellenentgelt des Monats Dezember 2007 12 v.H. des für den Monat September 2007 jeweils zustehenden Tabellenentgelts ausgezahlt, insgesamt jedoch nicht mehr als das Gesamtvolumen gemäß Absatz 3 Satz 1, wenn bis zum 31. Juli 2007 keine Einigung nach Satz 3 zustande gekommen ist.
2. Die Tarifvertragsparteien bekennen sich zur weiteren Stärkung der Leistungsorientierung im öffentlichen Dienst.

Protokollerklärung zu Absatz 4 Satz 3:
1. ¹Die wirtschaftlichen Unternehmensziele legt die Verwaltungs-/Unternehmensführung zu Beginn des Wirtschaftsjahres fest. ²Der wirtschaftliche Erfolg wird auf der Gesamtebene der Verwaltung/des Betriebes festgestellt.
2. ¹Soweit Beschäftigte im Sinne von § 38 Abs. 5 Satz 1 eine Tätigkeit ausüben, bei der sie nach Maßgabe von § 33 Abs. 1 Buchst. b BAT/BAT-O in Verbindung mit den Abschnitten IV und V der Verordnung über die Vergütung für Beamte im Vollstreckungsdienst (Vollstreckungsvergütungsverordnung) in der Fassung der Bekanntmachung vom 6. Januar 2003 (BGBl. I S. 8) nach dem 30. September 2005 eine Vollstreckungsdienstzulage hätten beanspruchen können, erhalten sie diejenigen Leistungen, die sie bei Fortgeltung des bis zum 30. September 2005 geltenden Rechts beanspruchen könnten, als Erfolgsprämie, die neben dem im Übrigen nach § 18 zustehenden Leistungsentgelt zu zahlen ist. ²Darüber hinaus bleibt die Zahlung höherer Erfolgsprämien bei Überschreiten vereinbarter Ziele möglich.

(5) ¹Die Feststellung oder Bewertung von Leistungen geschieht durch das Vergleichen von Zielerreichungen mit den in der Zielvereinbarung angestrebten Zielen oder über eine systematische Leistungsbewertung. ²Zielvereinbarung ist eine freiwillige Abrede zwischen der Führungskraft und einzelnen Beschäftigten oder Beschäftigtengruppen über objektivierbare Leistungsziele und die Bedingungen ihrer Erfüllung. ³Leistungsbewertung ist die auf einem betrieblich vereinbarten System beruhende Feststellung der erbrachten Leistung nach möglichst messbaren oder anderweitig objektivierbaren Kriterien oder durch aufgabenbezogene Bewertung.

(6) ¹Das jeweilige System der leistungsbezogenen Bezahlung wird betrieblich vereinbart. ²Die individuellen Leistungsziele von Beschäftigten bzw. Beschäftigtengruppen müssen beeinflussbar und in der regelmäßigen Arbeitszeit erreichbar sein. ³Die Ausgestaltung geschieht durch Betriebsvereinbarung oder einvernehmliche Dienstvereinbarung, in der insbesondere geregelt werden:
– Verfahren der Einführung von leistungs- und/oder erfolgsorientierten Entgelten,
– zulässige Kriterien für Zielvereinbarungen,
– Ziele zur Sicherung und Verbesserung der Effektivität und Effizienz, insbesondere für Mehrwertsteigerungen (zB Verbesserung der Wirtschaftlichkeit, – der Dienstleistungsqualität, – der Kunden-/Bürgerorientierung),

- Auswahl der Formen von Leistungsentgelten, der Methoden sowie Kriterien der systematischen Leistungsbewertung und der aufgabenbezogenen Bewertung (messbar, zählbar oder anderweitig objektivierbar), ggf differenziert nach Arbeitsbereichen, uU Zielerreichungsgrade,
- Anpassung von Zielvereinbarungen bei wesentlichen Änderungen von Geschäftsgrundlagen,
- Vereinbarung von Verteilungsgrundsätzen,
- Überprüfung und Verteilung des zur Verfügung stehenden Finanzvolumens, ggf Begrenzung individueller Leistungsentgelte aus umgewidmetem Entgelt,
- Dokumentation und Umgang mit Auswertungen über Leistungsbewertungen.

Protokollerklärung zu Absatz 6:
Besteht in einer Dienststelle/in einem Unternehmen kein Personal- oder Betriebsrat, hat der Dienststellenleiter/Arbeitgeber die jährliche Ausschüttung der Leistungsentgelte im Umfang des Vomhundertsatzes der Protokollerklärung Nr. 1 zu Absatz 4 sicherzustellen, solange eine Kommission im Sinne des Absatzes 7 nicht besteht.

(7) [1]Bei der Entwicklung und beim ständigen Controlling des betrieblichen Systems wirkt eine betriebliche Kommission mit, deren Mitglieder je zur Hälfte vom Arbeitgeber und vom Betriebs-/Personalrat aus dem Betrieb benannt werden. [2]Die betriebliche Kommission ist auch für die Beratung von schriftlich begründeten Beschwerden zuständig, die sich auf Mängel des Systems bzw. seiner Anwendung beziehen. [3]Der Arbeitgeber entscheidet auf Vorschlag der betrieblichen Kommission, ob und in welchem Umfang der Beschwerde im Einzelfall abgeholfen wird. [4]Folgt der Arbeitgeber dem Vorschlag nicht, hat er seine Gründe darzulegen. [5]Notwendige Korrekturen des Systems bzw. von Systembestandteilen empfiehlt die betriebliche Kommission. [6]Die Rechte der betrieblichen Mitbestimmung bleiben unberührt.

(8) Die ausgezahlten Leistungsentgelte sind zusatzversorgungspflichtiges Entgelt.

Protokollerklärungen zu § 18:
1. [1]*Eine Nichterfüllung der Voraussetzungen für die Gewährung eines Leistungsentgelts darf für sich genommen keine arbeitsrechtlichen Maßnahmen auslösen.* [2]*Umgekehrt sind arbeitsrechtliche Maßnahmen nicht durch Teilnahme an einer Zielvereinbarung bzw durch Gewährung eines Leistungsentgelts ausgeschlossen.*
2. [1]*Leistungsgeminderte dürfen nicht grundsätzlich aus Leistungsentgelten ausgenommen werden.* [2]*Ihre jeweiligen Leistungsminderungen sollen angemessen berücksichtigt werden.*
3. *Die Vorschriften des § 18 sind sowohl für die Parteien der betrieblichen Systeme als auch für die Arbeitgeber und Beschäftigten unmittelbar geltende Regelungen.*
4. *Die Beschäftigten in Sparkassen sind ausgenommen.*
5. *Die landesbezirklichen Regelungen in Baden-Württemberg, in Nordrhein-Westfalen und im Saarland zu Leistungszuschlägen zu § 20 BMT-G bleiben unberührt.*

§ 18 (gestrichen) (TV-L)

I. Allgemeines	1
II. Unterschiedliche Ausgestaltung der LOV in Bund, Ländern und Kommunen	2
III. Einführung des Leistungsentgeltes	3
IV. Festlegung des Volumens für die LOV	4
V. Formen des Leistungsentgelts	8
1. Leistungszulage	11
2. Leistungsprämie	12
3. Erfolgsprämie	13
VI. Formen der Leistungsfeststellung	15
1. Allgemeines zur Leistungsfeststellung	15
2. Zielvereinbarung	17
3. Systematische Leistungsbewertung	20
VII. Betriebs-/Dienstvereinbarung zur Ausgestaltung eines betrieblichen Systems	21
1. Mitbestimmung	21
2. Persönlicher Geltungsbereich	22
a) Unterjähriger Eintritt und Probezeit	23
b) Schwerbehinderte Arbeitnehmer	24
c) Ältere Beschäftigte	25
d) Langzeiterkrankte	26
e) Betriebs-/Personalräte	27
f) Teilzeitkräfte/Altersteilzeit	28
g) Vorzeitiges Ausscheiden	29
3. Ausgestaltung des Systems des leistungsorientierten Entgeltes	30
4. Verteilungsgrundsätze	31
a) Festlegung von Fixbeträgen	32
b) Vorabaufteilung des Gesamtbudgets auf Abteilungen und Bereiche	33
c) Vorabaufteilung des Gesamtbudgets auf Entgeltgruppen	34
d) Gesamtpunktesystem	35
e) Modifiziertes Gießkannenprinzip	36
VIII. Betriebliche Kommission	37
1. Aufgabe	37
2. Zusammensetzung	38
3. Geschäftsordnung der betrieblichen Kommission	39
IX. Musteraufbau einer Betriebs-/Dienstvereinbarung zur leistungsorientierten Vergütung	40

I. Allgemeines

Das **Herzstück der neuen Leistungsorientierung** in den Vergütungsregelungen des öffentlichen Dienstes bildet das Leistungsentgelt in § 18 TVöD. Die bisherigen Tarifwerke kannten bis 30.9.2005 faktisch keine leistungsbezogenen Vergütungsbestandteile. Zwar existierten im Bereich der kommunalen Arbeitgeber seit 17.11.1995 Richtlinien zur Gewährung von Leistungszulagen und Leistungsprämien. Bis auf Nordrhein-Westfalen (TV-L NW vom 21.3.2003)[1] wurden diese jedoch kaum im öffentlichen Dienst umgesetzt. 1

Die Tarifvertragsparteien wollen mit dem Element der leistungsorientierten Vergütung (LOV) die Motivation, Eigenverantwortung und Führungskompetenz stärken – so ausdrücklich für den VKA-Bereich in § 18 Abs. 1 normiert.

In der Praxis begegnet die Einführung der LOV jedoch vor allem bei Betriebs- und Personalräten großer Skepsis. Der „Dämon Leistungsentgelt"[2] wird wegen befürchteter mangelnder Befähigung der Führungskräfte abgelehnt. Da die leistungsorientierte Vergütung für die Arbeitgeber aufkommensneutral sein sollte, speiste sich das Gesamtvolumen aus dem Wegfall bzw der Reduzierung des frü-

---
1 Veröffentlicht in ZTR 2003, 285 ff.
2 Hornauer, Dämon Leistungsentgelt im öffentlichen Dienst; Spengler, dbr 2007, Nr. 2, 29–31.

heren Urlaubs- und Weihnachtsgeldes sowie früherer Familienzuschläge. Die Tatsache, dass die LOV von Beschäftigten nicht als zusätzliche Vergütung, sondern als Umwandlung bisheriger Vergütungsbestandteile aus dem alten Tarifrecht verstanden wird, lässt bisher vielfach die gewünschte Akzeptanz und Motivation nicht eintreten. Bei vielen Betriebs- und Personalräten ist bei der Ausgestaltung der Wunsch einer möglichst gleichen Ausschüttung an alle Beschäftigten nach dem **Gießkannenprinzip** zu verzeichnen. Kritisch ist auch festzuhalten, dass viele Personalräte in kleineren Kommunen mit der Umsetzung überfordert scheinen und eine weitgehende Orientierung an teilweise sehr unausgewogenen **Mustervereinbarungen** die Folge ist. Die tariflichen Vorgaben im Bereich VKA sind teilweise so detailliert, aber auch praxisuntauglich, dass die Umsetzung sowohl von vielen kommunalen Arbeitgebern als auch den Gremien schlicht verweigert wird. Dessen ungeachtet haben die Tarifvertragsparteien im Abschluss 2008 nochmals ihr Bekenntnis zur Leistungsorientierung bekräftigt.

II. Unterschiedliche Ausgestaltung der LOV in Bund, Ländern und Kommunen

2 Die Ausgestaltung des Leistungsentgelts in § 18 erfolgte sehr unterschiedlich. In der Fassung für den **kommunalen Bereich** wurde bereits in § 18 eine sehr detaillierte Regelung geschaffen. Abweichungen davon existieren in den besonderen Teilen der Sparten Sparkasse und Entsorgung (§§ 41 bis 43 BT-S; § 44 BT-E).

Für den **Bund** hingegen bedurfte es eines gesonderten Tarifvertrages, dem **Leistungs-TV Bund**, der zum 1.1.2007 in Kraft getreten ist, jedoch im Wesentlichen dieselben Elemente nutzt wie die VKA-Fassung.

Für die **Länder** wurde hingegen mit Tarifabschluss 2009 die ursprünglich im Jahr 2006 vereinbarte Leistungsbezahlung wieder gestrichen. Die Ablehnung bei Arbeitgebern und Beschäftigten führte dazu, dass die vorgesehene Entgeltsumme zur Erhöhung des Sockelbetrags verwendet wurde.

Leistungsbezahlung ist noch für den Bereich der Hochschulen und Forschungseinrichtungen möglich. Die Gewährung von Leistungsprämien und -zulagen nicht ausgeschlossen.

III. Einführung des Leistungsentgeltes

3 Für Bund (Abs. 1) und Kommunen (Abs. 2) wurde ab dem 1.1.2007 verpflichtend ein Leistungsentgelt eingeführt. Der Tarifvertrag sieht dieses als zusätzliche Zahlung zum Tabellenentgelt (§ 15) vor. Nach der tariflichen Definition für Bund und VKA sind dabei zwei Merkmale vorgegeben:

- **Variabel:** Die Bezahlung erfolgt also nicht verstetigt, sondern in der Höhe schwankend. Insofern verbieten sich Pauschalbeträge für einzelne Beschäftigte und Gruppen von Beschäftigten.
- **Leistungsorientiert:** Die Höhe der Vergütung ist von einer Leistung abhängig. Gemeint ist die Arbeitsleistung eines Beschäftigten oder einer Gruppe von Beschäftigten (vgl § 18 Abs. 5 Satz 2 VKA). Das Leistungsentgelt stellt also grundsätzlich keine erfolgsorientierte, an betriebswirtschaftlichen Kennzahlen orientierte Vergütung dar (zur Ausnahme Erfolgsprämie siehe Rn 13).

Die Tarifvertragsparteien haben in § 18 Abs. 4 TVöD (VKA) und der Protokollerklärung Nr. 1 geregelt, was bis zur Einführung einer entsprechenden Betriebsbzw Dienstvereinbarung passieren soll. Für diesen Fall erhalten die Beschäftigten mit dem Tabellenentgelt des Monats Dezember 6 % von der Höhe des für den

Monat September jeweils zustehenden Tabellenentgelts. Der Restbetrag wird für das Leistungsentgelt „aufgehoben" und spart sich dafür an. Sinn und Zweck der Tarifregelung ist es, die Differenzbeträge „anzusparen", um den Druck auf die Betriebsparteien zum Abschluss der Vereinbarung zu erhöhen.[3] Der Anspruch auf dieses undifferenzierte Leistungsentgelt hängt dabei nicht vom Bestehen eines Entgelt- oder Entgeltersatzanspruchs für den Monat September ab,[4] da eine solche Stichtagsregelung dem Zweck der Vorschrift nicht zu entnehmen ist.[5]

IV. Festlegung des Volumens für die LOV

In Abs. 3 (VKA) bzw Abs. 2 (Bund) wird das Gesamtvolumen für die Leistungsentgelte festgelegt. Maßgebliche Berechnungseinheit sind dabei **die ständigen Monatsentgelte des Vorjahres aller unter den Geltungsbereich des TVöD fallenden Beschäftigten des jeweiligen Arbeitgebers**. Vorjahr ist dabei der Zeitraum 1.1. bis 31.12. des dem Auszahlungszeitraum vorausgegangenen Kalenderjahres. Personelle Veränderungen im Auszahlungsjahr sind unbeachtlich.

Beispiel: Waren in einer Kommune im Jahr 2007 noch 25 Arbeitnehmer beschäftigt und sind dies im Jahr 2008 nur noch 21 Beschäftigte, so wird das Gesamtvolumen für 2008 dennoch aus der Bruttoentgeltsumme der damals 25 Beschäftigten gebildet.

Ausgehend von 1 % dieser Bruttoentgeltsumme im Jahr 2007 soll dieses Gesamtvolumen eines Tages bis auf 8 % anwachsen können. Die Anhebung der Prozentzahlen ist dabei den jeweils künftigen Tarifverhandlungen vorbehalten.[6] Im Bereich VKA wurde mittlerweile ein stufenweiser Anstieg von 1.1.2010 mit 1,25 Prozent bis 1.1.2013 auf 2 % vereinbart.

Die Brutto-Entgeltsumme ermittelt sich aus den ständigen Monatsentgelten aller unter den **Geltungsbereich des TVöD** fallenden Beschäftigten des jeweiligen Arbeitgebers. Tarifverträge gelten aber erst einmal nach § 3 Abs. 1 TVG nur zwischen den Mitgliedern der Tarifvertragsparteien. Dennoch sind für die Ermittlung des Gesamtvolumens auch die **nicht gewerkschaftlich organisierten Beschäftigten** zu berücksichtigen, auf die aufgrund einer Bezugnahme im Arbeitsvertrag der TVöD Anwendung findet. Problematisch erweist sich § 18 beispielsweise derzeit im Gesundheitsbereich aufgrund der Ärzte-Tarifverträge des Marburger Bundes. Entgegen der noch in der Vorauflage vertretenen Auffassung hat der umstrittene Rechtsprechungswandel des BAG zur Tarifeinheit[7] dazu geführt dass die Tarifverträge mehrerer Gewerkschaften in einem Betrieb Anwendung finden können. Dementsprechend wären die Gehälter der unter einen anderen Tarifvertrag fallenden Mitarbeiter nicht in die Berechnung des Leistungstopfes miteinzubeziehen.[8] Da die Frage nach der Gewerkschaftszugehörigkeit nicht gestattet ist, belegt die Tarifvorschrift anschaulich und beispielhaft die praktischen Probleme des Rechtsprechungswandels.

---

3 Zutreffend LAG Niedersachsen 1.8.2011, 8 Sa 500/11; LAG Düsseldorf 26.4.2011, 16 Sa 30/11, ZTR 2011, 552 f.
4 BAG 23.9.2010, 6 AZR 338/09, NZA-RR 2011, 388–391.
5 Kuner, Leistungsorientierte Bezahlung im TVöD und TV-L, Rn 85.
6 Rüsen/Rocke, Leistungsorientierte Bezahlung nach dem Tarifvertrag für den öffentlichen Dienst (TVöD), Recht im Amt 2/2006 S. 54.
7 BAG v. 27.1.2010, 4 AZR 549/08, NZA 2010, 1068–1081.
8 Breier/Dassau § 18 Rn 66.

Für die Bruttoentgeltsumme sind entsprechend der Protokollnotiz maßgeblich:
- Tabellenentgelt (ohne Sozialversicherungsbeiträge und dessen Kosten für die betriebliche Altersversorgung),
- in Monatsbeträgen festgelegte Zulagen inkl. Besitzstandszulagen,
- Entgelt im Krankheitsfall sowie Krankengeldzuschuss[9] und
- Entgelt im Erholungsurlaub.

Nicht zu berücksichtigen sind hingegen:
- Abfindungen,
- Aufwandsentschädigungen,
- Einmalzahlungen,
- Jahressonderzahlungen,
- Leistungsentgelte,
- Strukturausgleichszahlungen,
- unständige Entgeltbestandteile und
- Entgelte der außertariflich Beschäftigten.

Praxishinweis: Betriebs- und Personalräte haben im Rahmen des allgemeinen Informations- und Unterrichtungsrechts sowie der Einsicht in die Gehaltslisten die Möglichkeit, die Berechnung und die Höhe des Gesamtvolumens zu kontrollieren. Dasselbe Recht wird man auch der betrieblichen Kommission einräumen müssen. Selbst im Rahmen eines Individualrechtsstreits über die Höhe des Leistungsentgeltes werden Arbeitgeber hier genau die Ermittlung des Gesamtvolumens darlegen müssen, beispielsweise wenn ein Beschäftigter für sich einen höheren Leistungsentgeltbetrag fordert, weil aus seiner Sicht das Gesamtvolumen zu gering berechnet wurde.

Beispiel für die Formulierung in einer BV/DV:

„Der Arbeitgeber bestimmt den jährlichen Leistungstopf nach Absatz 1 bis spätestens 31. Januar und informiert umgehend den Betriebsrat sowie die Betriebliche Kommission über die festgestellte Höhe des Gesamtvolumens. Der Betriebsrat ist berechtigt, insbesondere durch Vorlage der Bruttolohn- und Gehaltslisten, die Höhe des Gesamtvolumens nachzuprüfen. Soweit eine Nachprüfung ergibt, dass das Gesamtvolumen fehlerhaft festgestellt ist, erfolgt eine Neubestimmung durch den Arbeitgeber unter Mitwirkung der Betrieblichen Kommission."

7 Gerade wegen der beschriebenen Umwandlung von früheren Vergütungsbestandteilen in Leistungsentgelt besteht für die Arbeitgeber eine **Ausschüttungspflicht** (vgl § 18 Abs. 3 Satz 2 VKA). Damit ist sichergestellt, dass die öffentlichen Arbeitgeber die Einsparungen nicht zur Konsolidierung des Haushalts benutzen. Das Gesamtvolumen aus dem Leistungstopf ist demzufolge **vollständig** an die Beschäftigten auszuzahlen. Es ist weder ganz noch in Teilbeträgen in das Folgejahr übertragbar.[10] Eine Rückstellung für jahresübergreifende Projekte würde die Verteilung des Gesamtvolumens verändern und damit das Verhältnis der Auszahlungsbeträge. Ebenso ist eine Umwandlung des Leistungsentgeltes in Zeitguthaben auf das Arbeitszeitkonto unzulässig, heißt es doch „Auszahlung".[11] Des Weiteren ist der Leistungstopf **zweckgebunden** zu verwenden. Ins-

---

9 Zutreffend zum Leistungs-TV Bund: Bepler/Böhle § 9 Leistungs-TV Bund Rn 8.1.
10 AA Kuner, Leistungsorientierte Bezahlung im TVöD und TV-L, Rn 194.
11 So auch Breier/Dessau Rn 69; aA Kuner, Leistungsorientierte Bezahlung im TVöD und TV-L, Rn 201.

besonderen dürfen aus ihm nicht die Erfolgsprämien finanziert werden, wie in Abs. 4 Satz 3 (VKA) ausdrücklich („neben dem") geregelt wurde. Das errechnete Gesamtvolumen ist als Betrag einzig für die LOV zur Verfügung zu stellen und zur Auszahlung zu bringen, für andere Zwecke besteht ein tarifliches Verwertungsverbot.[12]

Beispiel für eine Formulierung in einer BV/DV:
„Der jährlich zur Verfügung stehende Leistungstopf ist ausschließlich für das Leistungsentgelt, dh für die Auszahlung der Leistungsprämien zu verwenden. Eine andersartige Verwendung ist ausgeschlossen. Der Leistungstopf muss jährlich voll ausgeschüttet werden. Eine Übertragung in das Folgejahr ist ausgeschlossen."

V. Formen des Leistungsentgelts

In der Fassung des TVöD VKA wird bereits abschließend normiert, dass es grundsätzlich drei Formen des Leistungsentgelts gibt, nämlich 8
- Leistungszulage,
- Leistungsprämie,
- Erfolgsprämie.

Eine Verbindung der verschiedenen Formen als Mischform ist nach der Protokollnotiz zu Abs. 3 Satz 1 VKA zulässig. Dies kann sich aber ohne Weiteres nur auf Leistungsprämie und Leistungszulage beziehen, denn die Erfolgsprämie wird gerade nicht aus dem Gesamtvolumen finanziert („neben dem gemäß Abs. 3 vereinbarten Startvolumen"). 9

In der Fassung des Bundes wurde die Ausgestaltung dem Leistungs-TV vorbehalten, der nach Inkrafttreten zum 1.1.2007 das Leistungsentgelt auf die zwei Erscheinungsformen Leistungszulage und Leistungsprämie reduziert hat. 10

1. Leistungszulage. Die **Leistungszulage** wird im TVöD als zeitlich befristete, widerrufliche und in der Regel monatlich wiederkehrende Zahlung definiert. Die Formulierung ist irreführend. Eine Leistungszulage wird in der Regel eine Leistung prognostizieren und für künftig erwartete Leistung monatlich ausbezahlt werden. Insofern bezieht sich die Widerrufsmöglichkeit auf die Prognose, wenn sich diese nicht erfüllt. Gemeint ist also letztlich nicht der Widerruf des Leistungsentgelts an sich, sondern der zugrunde gelegten Prognose für die Zulagengewährung. Gerade wegen der zwingenden Merkmale[13] „zeitliche Befristung" und „Widerruflichkeit" ist die Handhabung dieses Instruments bei der Festlegung von Verteilungsgrundsätzen deutlich schwieriger als die einmal jährlich zur Auszahlung kommende Leistungsprämie. Gefordert wird in der Literatur die Verbindung mit der systematischen Leistungsbeurteilung.[14] Zwingend ist dies nicht. 11

Praxishinweis: Gerade solange der Leistungstopf noch sehr gering ausgestattet ist, erscheint die Leistungszulage mit wenigen Ausnahmen ein eher ungeeignetes Instrument zu sein.

2. Leistungsprämie. Die Leistungsprämie ist als Einmalzahlung auf Grundlage einer Zielvereinbarung angelegt. Sie kann aber auch in Kombination mit der 12

---
12 Kuner, Leistungsorientierte Bezahlung im TVöD und TV-L, Rn 191.
13 Rüsen/Rocke aaO S. 54.
14 Bepler/Böhle § 18 VKA Rn 21.

systematischen Leistungsbeurteilung ausgestaltet werden, was sich gerade bei der Einführung als die einfachste Umsetzung erwiesen hat.[15] Nicht umsonst ist im Leistungs-TV des Bundes in der Protokollnotiz diese Kombination erst einmal bis auf weiteres als der „Regelfall" festgelegt worden.

In der Praxis zeigt sich bereits, dass diese Form des Leistungsentgelts in den Betrieben und Dienststellen tatsächlich favorisiert wird. Bei der Frage der Verteilung des Gesamtbudgets aufgrund der Leistungsfeststellung ist sie am einfachsten zu einem festen Zeitpunkt im Jahr zu errechnen.

13 **3. Erfolgsprämie.** Die Erfolgsprämie, die nur die Fassung VKA und TV-L, nicht hingegen der TVöD (Bund) kennt, unterscheidet sich nachhaltig von den anderen beiden Leistungsentgelten. Bereits systematisch stellt sie in § 18 einen Fremdkörper[16] dar. Es handelt sich nämlich nicht um eine leistungsorientierte, sondern um eine **erfolgsorientierte** Vergütung. Nicht die erbrachte Qualität oder Quantität, sondern einzig die **Erreichung eines bestimmten wirtschaftlichen Erfolgs** wird mit ihr honoriert. Dieses Instrument der flexiblen Vergütung macht also nur für Beschäftigte Sinn, die in ihrem Verantwortungsbereich oder Unternehmensbereich tatsächlich messbar für einen bestimmten Umsatz oder Gewinn bzw. ein Budget verantwortlich sind.

Genau aus diesem Grund werden Erfolgsprämien **nicht aus dem Gesamttopf der LOV** gespeist, sondern **neben** dem in Abs. 1 vereinbarten Startvolumen gezahlt. Sie unterliegen daher auch nicht der Ausschüttungspflicht.[17] In der Protokollerklärung zu Abs. 4 Satz 4 VKA wird verlangt, das die wirtschaftlichen Unternehmensziele zu Beginn des Wirtschaftsjahres festgelegt werden.

14 Obwohl die Erfolgsprämie nicht aus dem Gesamtbudget finanziert wird, stellt sie natürlich eine Form der betrieblichen Lohngestaltung dar und unterfällt damit den Mitbestimmungsrechten der Betriebs- und Personalräte. Insofern erfordert die Einführung der Erfolgsprämie natürlich im Gegenzug eine Vereinbarung mit der Arbeitnehmervertretung, in der auch die Offenlegung der Bilanzen und Wirtschaftsdaten notwendig ist, damit die jeweiligen Kennzahlen für eine bestimmte Höhe der Erfolgsprämie und die Kontrolle der Erreichung festgelegt werden können.[18]

VI. Formen der Leistungsfeststellung

15 **1. Allgemeines zur Leistungsfeststellung.** Für die Frage der Leistungsfeststellung und -bewertung sieht § 18 Abs. 5 (VKA) bzw § 3 Leistungs-TV Bund zwei Methoden vor, nämlich

- Zielvereinbarung und
- systematische Leistungsbeurteilung.

Andere Formen sind nicht zulässig, insofern ist die tarifliche Aufzählung abschließend.[19] Diese beiden Methoden sind allerdings theoretisch auch miteinander kombinierbar, wovon in der Praxis aber wegen der weiteren Verkomplizierung abzuraten ist.

---

15 Kuner, Leistungsorientierte Bezahlung im TVöD und TV-L, Rn 240.
16 Kuner, Leistungsorientierte Bezahlung im TVöD und TV-L, Rn 241.
17 Bepler/Böhle § 18 VKA Rn 24.
18 Bepler/Böhle § 18 VKA Rn 26.
19 Kuner, Leistungsorientierte Bezahlung im TVöD und TV-L, Rn 250.

Wenn Leistungsentgelt die Beschäftigen motivieren soll, so ist es kontraproduktiv, wenn hierbei Ängste vor arbeitsrechtlichen Sanktionen bestehen. Allein das Nichterreichen von Zielen oder unterdurchschnittliche Leistungsbewertungen rechtfertigen nämlich noch keine arbeitsrechtlichen Sanktionen wie Kündigung oder Abmahnung.[20]   16

Praxishinweis: In der Betriebs-/Dienstvereinbarung sollte geregelt werden, dass die Ergebnisse der Leistungsfeststellung nicht zur Begründung arbeitsrechtlicher Sanktionen herangezogen werden. Dies erhöht die Akzeptanz bei den Beschäftigten.

2. Zielvereinbarung. Die Zielvereinbarung ist ursprünglich ein Personalführungs- und -entwicklungsinstrument. Sie ist personalpolitisch nur dort sinnvoll, wo ein kooperativer Führungsstil den Mitarbeitern weitreichende Kompetenzen und Gestaltungsspielräume lässt. In einem hierarchischen System, das in vielen Bereichen die Verwaltung noch immer dominiert, ist eine solche Methode zum Scheitern verurteilt.   17

Die Zielvereinbarung ist nämlich **keine einseitige Zielvorgabe** durch den Arbeitgeber oder Vorgesetzten, sondern eine in sogenannten **Zielvereinbarungsgesprächen** durch Gedanken- und Interessenaustausch entwickelte Herausbildung von Zielen. Sie dient der Förderung der Mitarbeiter ebenso wie dem optimalen Ausnutzen und Einbringen vorhandener Fähigkeiten und Interessen der Beschäftigten zum Nutzen des Arbeitgebers. Aus diesem Grund handelt es sich um eine **rein freiwillige Abrede** (vgl Protokollerklärung zu Abs. 5 Satz 2 VKA) zwischen Mitarbeiter und Führungskraft, in der man gemeinsam dem Beschäftigten „hohe Ziele steckt", die dieser aber realistisch auch erreichen kann. Genau aus diesem Grund ist die Zielvereinbarung als Element der Personalentwicklung eigentlich für eine leistungsorientierte Vergütung völlig ungeeignet. Hat der Mitarbeiter nämlich vor Augen, dass er sich mit dem Stecken hoher Ziele dem Risiko aussetzt, trotz aller Bemühung diese verfehlen und damit finanzielle Einbußen erleiden zu können, wird er versuchen, möglichst geringe Ziele zu vereinbaren.

Ist durch Betriebs- oder Dienstvereinbarung die Einführung des Leistungsentgelts mittels Zielvereinbarung vorgesehen, so besitzen die Beschäftigten einen Anspruch auf Abschluss einer Zielvereinbarung und auf Feststellung der Leistung,[21] andernfalls steht ihnen ein Schadensersatzanspruch zu.   18

Der TVöD legt nicht fest, welche Ziele für solche Vereinbarungen in Betracht kommen. Sie müssen aber, wie die detaillierteste tarifliche Vorgabe im VKA-Bereich in Abs. 6 klarstellt: 19

- von den Beschäftigten beeinflussbar sein,
- innerhalb der regelmäßigen Arbeitszeit erreichbar sein und
- sich im Rahmen des arbeitsvertraglich geschuldeten Aufgabenbereichs bewegen (ungeschriebenes Tatbestandsmerkmal).

Die Betriebsparteien vor Ort sollen bzw müssen (Abs. 6 VKA) in einer Betriebs- oder Dienstvereinbarung die zulässigen Ziele definieren. Dabei sind nicht die einzelnen Ziele der jeweiligen Beschäftigten gemeint, sondern die Themenfelder, aus denen Ziele definiert werden können. Solche sind beispielsweise

---

20 Bepler/Böhle § 18 VKA Rn 32.
21 Dörring/Kutzki Rn 20; BAG v. 12.12.2007, 10 AZR 97/07, NZA 2008, 409.

- Arbeitsqualität,
- Arbeitsquantität,
- Selbstständigkeit,
- Innovationsfähigkeit,
- Wirtschaftlichkeit,
- Mitarbeiterführung,
- Kundenfreundlichkeit.

Ebenso sind sie verpflichtet, Regelungen zur Anpassung der Zielvereinbarungen bei wesentlicher Änderung der Geschäftsgrundlage (zB Langzeiterkrankung) zu treffen.

Die Zielvereinbarung wird daher in der Praxis als sehr aufwendiges System der Leistungsfeststellung nur bei Führungskräften eine Rolle spielen. Eine Vielzahl von Mitarbeitern, insbesondere bei weniger verantwortungsvollen Tätigkeiten, mit diesem Instrument beurteilen zu wollen, dürfte sich als unverhältnismäßig, kosten- und zeitintensiv darstellen.

Praxishinweis: Inhaltlicher Bestandteil einer BV/DV mit Zielvereinbarungen:
- Definition der Zielvereinbarung: freiwillig, keine einseitige Zielvorgabe durch Arbeitgeber.
- Regelungen für Uneinigkeit bei Zielen, Benachteiligungsverbot bei Verweigerung einer vom Arbeitnehmer nicht gewollten Zielvorgabe.
- Zulässige Bereiche, aus denen Ziele vereinbart werden dürfen.
- Zulässige Kriterien für Ziele (messbar, erreichbar).
- Höchstanzahl der zu vereinbarenden Ziele.
- Vorankündigungsfrist vor Zielvereinbarungsgespräch (mindestens 14 Tage).
- Vorgaben zum Ablauf des Zielvereinbarungsgesprächs.
- Jederzeitiges Recht, während Zielvereinbarungsgespräch den Betriebsrat/Personalrat hinzuziehen.
- Kriterien der Zielerreichungskontrolle (empfehlenswert in Prozent).
- Anonymisierte Kontrolle durch den Betriebsrat/Personalrat, ob die vereinbarten Ziele sich aus zulässigen Bereichen zusammensetzen.
- Schulung der Vorgesetzten zu dem Thema Zielvereinbarung.

3. Systematische Leistungsbewertung. Bei der systematischen Leistungsbewertung werden die erbrachten Leistungen anhand vorher vereinbarter Kriterien festgestellt. Es handelt sich also in der Regel um eine rückblickende Beurteilung erbrachter Leistungen der Beschäftigten.[22] Diese Kriterien sollen (vgl Abs. 6 VKA)
- messbar,
- objektivierbar,
- aufgabenbezogen

sein.

Beispielsweise können im Vorfeld in der Betriebs- oder Dienstvereinbarung folgende Kategorien festgelegt werden:
- Arbeitsqualität,
- Arbeitsquantität,

---

[22] Rüsen, Leistungsorientierte Bezahlung in Kommunen gemäß § 18 TVöD VKA, KommunalPraxis Spezial Nr. 3/2006 S. 96; aA Sponer/Steinherr, TVöD, Vorbem. zu § 18 TVöD VKA S. 12.

- Arbeitsergebnis,
- Fachkompetenz,
- Führungskompetenz,
- Soziale Kompetenz,
- Kundenorientierung.

Zu diesen Themen werden dann Bewertungen durch den Vorgesetzten vorgenommen, die zu Unterpunkten von deutlich unterdurchschnittlich über normal zu überdurchschnittlichen Bewertungen führen können.

Beispiel: Im Rahmen der Arbeitsqualität könnte für die Bewertung wie in einem Schulnotensystem Folgendes vereinbart werden:

0 Punkte	2 Punkte	4 Punkte	6 Punkte	8 Punkte	10 Punkte
Hemmt den Arbeitsablauf und vergeudet Zeit	Kommt gerade so mit – benötigt ständig Vorgaben	Arbeitet gleichmäßig ohne besondere Eigeninitiative	Arbeitet gleichmäßig ohne Schwankungen	Arbeitet zügig und gleichmäßig flüssig	Außerordentlich konstante Arbeitsleistung auf hohem Niveau

Die systematische Leistungsbewertung erinnert daher an Bestandteile des Arbeitszeugnisses. Sie ist jedoch klar von der dienstlichen Beurteilung zu trennen. Diese basiert auf den Elementen der Eignung, Befähigung und fachlichen Leistung mit dem Ziel der Bestenauslese für ein höher qualifiziertes Amt.[23] Diese Kriterien sind daher für die systematische Leistungsbeurteilung nicht heranzuziehen.

Für die systematische Leistungsbeurteilung spricht vor allem ihre einfachere Handhabung bezüglich der breiten Masse der Beschäftigten und die Tatsache, dass Vorgesetzte im öffentlichen Dienst mit ihr wegen der Ähnlichkeit zur dienstlichen Beurteilung besser vertraut sind. Andererseits birgt sie die Gefahr subjektiver Verzerrung, wenn zwischen Vorgesetztem und Beschäftigtem bestimmte Antipathien oder Konflikte bestehen.

Praxishinweis: Um dieser Gefahr zu begegnen, sollte ein Zweitbeurteilungssystem für Fälle der Beschwerden von Beschäftigten im Rahmen der Ausgestaltung im Betrieb bzw. der Dienststelle vorgesehen sein.

VII. Betriebs-/Dienstvereinbarung zur Ausgestaltung eines betrieblichen Systems

1. Mitbestimmung. Die Ausgestaltung des Systems der leistungsorientierten Vergütung ist nach § 18 in den Betrieben, Einrichtungen und Dienststellen im Rahmen einer Betriebs- bzw Dienstvereinbarung vorzunehmen. Vor Ort haben also die Betriebsparteien je nach der Eigenart ihrer Tätigkeiten und Aufgaben selbstständig „ihr" passendes Modell zur Art des Leistungsentgelts, der Form der Leistungsbewertung und der Verteilung selbstständig zu entwickeln. Deswegen können die im Umlauf befindlichen Mustervereinbarungen allenfalls als Orientierungshilfe verstanden werden.

Im Rahmen des Betriebsverfassungsgesetzes ist eine Betriebsvereinbarung im Rahmen des § 87 Abs. 1 Nr. 10 und 11 BetrVG nötigenfalls über die Einigungs-

---

23 Kuner, Leistungsorientierte Bezahlung im TVöD und TV-L, Rn 269.

stelle erzwingbar.²⁴ Im Bereich der Personalvertretungsgesetze wird hingegen in § 18 eine „einvernehmlich Dienstvereinbarung" verlangt. Eine solche liegt nach § 38 Abs. 3 aber nur vor, wenn die Einigungsstelle gerade nicht eingeschaltet wird. Dies trägt der Besonderheit Rechnung, dass in einigen Landespersonalvertretungsgesetzen die Einigungsstelle im Gegensatz zum BetrVG nur empfehlenden Charakter besitzt und dies letztendlich dennoch zu einem Alleinentscheidungsrecht des Arbeitgebers führen würde.

Ein solches wollten die Tarifvertragsparteien aber nur in den Betrieben und Dienststellen zulassen, in denen keine Arbeitnehmervertretung existiert.²⁵

22 **2. Persönlicher Geltungsbereich.** In der Betriebs- bzw Dienstvereinbarung ist bei der Ausgestaltung des Systems zur leistungsorientierten Vergütung ein besonderes Augenmerk auf den persönlichen Geltungsbereich zu richten.

Grundsätzlich muss das Leistungsentgelt nämlich allen Beschäftigten, die unter den Geltungsbereich des TVöD fallen, zugänglich sein (§ 18 Abs. 4 Satz 6 VKA). Ausnahmen vom Geltungsbereich sind sehr sorgfältig vor dem Hintergrund gesetzlicher Diskriminierungsverbote zu überlegen. In der Protokollerklärung Nr. 2 zu § 18 VKA betonen die Tarifvertragsparteien, dass Leistungsgeminderte nicht grundsätzlich aus dem Leistungsentgelt ausgenommen werden dürfen.

23 **a) Unterjähriger Eintritt und Probezeit.** Bei einem unterjährig eintretenden Mitarbeiter fehlt es oftmals an einem hinreichend langen Beurteilungsspielraum. Gerade in der Probezeit will ein Arbeitgeber für einen gewissen Zeitraum prüfen, ob der Beschäftigte die von ihm gewünschten Fähigkeiten und Kenntnisse für den Arbeitsplatz besitzt. Insofern werden in dieser Zeit des „Einlernens" keine mit anderen eingearbeiteten Beschäftigten schon vergleichbaren Leistungen vorliegen. Ein Ausschluss von Probezeitbeschäftigten und zu kurz für den aktuell relevanten Leistungsbeurteilungsspielraum Beschäftigten ist daher sachlich zu rechtfertigen und zulässig.²⁶

24 **b) Schwerbehinderte Arbeitnehmer.** Das AGG verbietet Diskriminierungen wegen einer Behinderung. § 81 Abs. 2 SGB IX regelt für schwerbehinderte Menschen ein Verbot der Benachteiligung. Zwar mag bei schwerbehinderten Menschen bezüglich bestimmter Kriterien eine Leistungsminderung im Vergleich zu nicht behinderten Beschäftigten vorliegen. Dies rechtfertigt jedoch nicht die Herausnahme aus dem Anwendungsbereich der leistungsorientierten Vergütung, sondern verlangt lediglich, dass der Beurteiler bei Zielvereinbarungen oder der systematischen Leistungsbewertung eine etwaige Leistungsminderung entsprechend berücksichtigt.²⁷ Dies entspricht auch den Vorgaben in der Protokollnotiz Nr. 2 zu § 18 VKA.

25 **c) Ältere Beschäftigte.** Dem Vorurteil, ältere Beschäftigte seien in der Regel leistungsgemindert und im Vergleich zu jüngeren Mitarbeitern diesen unterlegen, wurde in Vereinbarungen zum Akkord beispielsweise früher gerne mit der Festlegung von Alterssockeln oder Fixbeträgen Rechnung getragen. Seit Inkrafttre-

---

24 Kuner, Leistungsorientierte Bezahlung im TVöD und TV-L, Rn 285; aA Bepler/Böhle § 18 VKA 29.
25 Bepler/Böhle § 18 VKA Rn 27; Kuner aaO Rn 285.
26 Kuner, Leistungsorientierte Bezahlung im TVöD und TV-L, Rn 152; Breier/Dessau § 18 Rn 80.
27 Zutreffend Kuner, Leistungsorientierte Bezahlung im TVöD und TV-L, Rn 121 mit einem zu empfehlenden Formulierungsvorschlag.

ten des AGG stellt dies je nach Sichtweise eine unzulässige Seniorenprivilegierung oder Jugenddiskriminierung dar. Menschen einer bestimmten Altersgrenze aus der leistungsorientierten Vergütung auszuschließen, verstößt demnach ebenso gegen höherrangiges Recht wie diesen im Rahmen der Verteilung einen Fixbetrag ohne Leistungsabhängigkeit zuzuweisen.

d) Langzeiterkrankte. Kurzfristige Arbeitsunfähigkeitszeiten wirken sich auf eine Leistungsbeurteilung nicht aus. Auch bei Langzeiterkrankungen während großer Zeiträume der Periode der Leistungsfeststellung darf der Arbeitnehmer nicht aus dem Anwendungsbereich der leistungsorientierten Vergütung ausgeschlossen werden. Die Auffassung,[28] länger Erkrankte seien nicht beurteilbar und dann ohne Anspruch auf Leistungsentgelt, ist abzulehnen. Langzeitkranke sind oftmals „Behinderte" im Sinne des AGG. Im Übrigen zählt das Leistungsentgelt zu den Vergütungsbestandteilen, die das EFZG bei Krankheit nach dem Lohnausfallprinzip schützt. Insbesondere ist es keine Sondervergütung iSd § 4a EFZG und somit auch nicht wegen Krankheitstagen kürzbar. Der Arbeitnehmer hat die Vergütung zu erhalten, die er ohne die Erkrankung verdient hätte.[29] Wenn keine zur Bewertung ausreichende Arbeitsleistung wegen der Erkrankung vorlag, wird die Leistung fiktiv errechnet. Dabei können die Leistungen der letzten Jahre als Indiz ebenso herangezogen werden wie die Entwicklung von dem Beschäftigten vergleichbaren Arbeitnehmern.

Beispiel: Die Kundenfreundlichkeit am Telefon hat in einer Abteilung nach Durchführung mehrerer Seminare um durchschnittlich einen Punkt auf der Bewertungsskala zugenommen. Der in der Abteilung Langzeiterkrankte war aber bereits in vergangenen Bewertungen zu diesem Thema ca. 1 Punkt über dem Durchschnittswert. Für ihn führt diese Verbesserung der Abteilung fiktiv ebenfalls zur Steigerung um einen Punkt gegenüber seiner früheren Bewertung. Er würde so gestellt, wie er (wahrscheinlich) stünde, wenn er gearbeitet hätte.

e) Betriebs-/Personalräte. Mitglieder der Mitarbeitervertretung dürfen wegen ihrer Tätigkeit nicht bevorzugt oder benachteiligt werden, § 78 BetrVG, § 8 BPersVG. Sie dürfen daher weder wegen des Zeitaufwandes für die Gremienarbeit eine Schlechterstellung erfahren noch dürfen sie besser gestellt werden geschweige denn dürfen sie aus dem Geltungsbereich der Betriebs- oder Dienstvereinbarung herausgenommen werden.

Dies gilt auch für freigestellte Mitglieder. Das BAG[30] sieht eine Verpflichtung des Arbeitgebers für teil- oder vollfreigestellte Betriebs- oder Personalräte den beruflichen Werdegang fiktiv nachzuzeichnen, so wie er ohne das Mandat verlaufen wäre. Insofern sind für eine fiktive Leistungsbewertung wiederum die Leistung der letzten Jahre und die Entwicklung anderer, dem Betriebs- oder Personalratsmitglied vergleichbarer Arbeitnehmer als Indiz heranzuziehen.

Eine **Pauschalierung** oder ein Ausschluss aus der LOV ist **tarif- und gesetzeswidrig**.

f) Teilzeitkräfte/Altersteilzeit. Teilzeitkräfte unterfallen dem besonderen Diskriminierungsschutz aus § 4 TzBfG, wonach sie nicht schlechter gestellt werden dürfen als vergleichbare Vollzeitbeschäftigte. Im Rahmen der LOV führt dieses

---

28 Breier Dessau § 18, Rn 79.
29 Spengler in HK-ArbR § 4 EFZG Rn 3 ff.
30 BAG v. 19.3.2003, 7 AZR 334/02, NZA-RR 2004, 53.

zu einer vielfach nicht erkannten Besonderheit. **Maßstab** für die Vergütung im Rahmen der LOV ist einzig **nur die Leistung**, nicht das Tabellenentgelt und nicht die Menge der Arbeitszeit.

Insofern erhält eine Teilzeitkraft bei einer bestimmten Zielerreichung **denselben Betrag** wie ein Vollzeitbeschäftigter. Eine anteilige Berechnung des Leistungsentgeltes im Sinne von § 24 Abs. 3 TVöD würde das Element der Wochenarbeitszeit berücksichtigen, das für die Leistung gerade unerheblich ist und eine Teilzeitdiskriminierung darstellen würde.

Beispiel: Eine Vollzeitkraft und eine Teilzeitkraft (50 %) im Bereich der Kasse einer Kommune erreichen beide eine Zielvereinbarungsbewertung von 103 %, was einem Leistungsentgelt von 228,00 EUR entspricht. In diesem Falle wäre die Gewährung von nur 114,00 EUR an die Teilzeitbeschäftigte eine Diskriminierung, da für 103 % Leistung – unabhängig von der Arbeitszeit – dieser Betrag festgelegt wurde. Ähnlich hatte das Bundesarbeitsgericht[31] bereits früher im Falle der Wechselschichtzulage bei Teilzeitkräften im BAT entschieden. Auch dort war Maßstab der Vergütung einzig die biorhythmische Belastung, die bei Vollzeitkräften und Teilzeitbeschäftigten gleich ist.

Einen Sonderfall stellt die **Altersteilzeit** dar. Im Teilzeitmodell gelten dabei die obigen Grundsätze wie bei jeder anderen Teilzeitkraft. Im Blockmodell hingegen, in dem der Arbeitnehmer mit der Arbeitsleistung in Vorleistung geht, sind die Leistungsentgelte in voller Höhe erfasst. Die andere Hälfte wird dann in der Freistellungspause ausbezahlt.[32]

29 **g) Vorzeitiges Ausscheiden.** Mitarbeiter, die im Laufe des Leistungsbewertungszeitraums ausscheiden, haben in Erwartung des Leistungsentgeltes ihr Engagement gezeigt. Leistungsentgelt will gerade nur dieses Motiv honorieren und beinhaltet also gerade keine Treue- und Bindepflicht.[33] Auch wenn der Verwaltungsaufwand größer wird, besteht beim vorzeitigen Ausscheiden Anspruch auf eine Teilbewertung und am Ende des regulären Zeitraums auf Nachzahlung des für die Bewertung ermittelten, anteiligen Betrags.[34] Insofern ist eine systematische Ähnlichkeit zu den Grundzügen des Betriebsrentenrechts gegeben.

30 **3. Ausgestaltung des Systems des leistungsorientierten Entgeltes.** Es obliegt den Arbeitgebern und Arbeitnehmervertretungen, aus den oben beschriebenen Elementen für ihre Betriebe, Dienststellen und einzelne Abteilungen das jeweils passende System für die leistungsorientierte Vergütung festzulegen. Sie haben also zu vereinbaren, welche Form des Leistungsentgeltes sie mit welcher Form der Leistungsfeststellung kombinieren.

Für den Bereich der Kommunen haben die Tarifvertragsparteien in § 18 Abs. 5 eine zwingende Vorgabe für die Ausgestaltung festgelegt, die aber nicht abschließend („insbesondere") ist.

---

31 BAG v. 23.6.1993, 10 AZR 127/92, NZA 1994, 41; die jetzige neuere Entscheidung zur Wechselschichtzulage (BAG v. 24.9.2008, 10 AZR 634/07) ist insofern unerheblich, da diese der Besonderheit zur Wechselschichtzulage im jetzigen TVöD Rechnung tragen musste.
32 Breier/Dassau § 18, Rn 87; BAG v. 21.1.2011, 9 AZR 870/09, NZA 2011, 593–595.
33 AA Litschen/Kratz/Weiß/Zempel, Leistungsorientierte Bezahlung im öffentlichen Dienst, 196.
34 AA Breier/Dassau § 18 Rn 81.

In der Betriebsvereinbarung muss danach aber geregelt sein:
- Verfahren der Einführung von leistungs- und/oder erfolgsorientierten Entgelten.
- Zulässige Kriterien für Zielvereinbarungen.
- Ziele zur Sicherung und Verbesserung der Effektivität und Effizienz, insbesondere für Mehrwertsteigerungen (zB Verbesserung der Wirtschaftlichkeit, der Dienstleistungsqualität, der Kunden-/Bürgerorientierung).
- Auswahl der Form von Leistungsentgelten, der Methoden, sowie Kriterien der systematischen Leistungsbewertung und der aufgabenbezogenen Bewertung (messbar, zählbar oder anderweitig objektivierbar), ggf differenziert nach Arbeitsbereichen, unter Umständen Erreichungsgrade.
- Anpassung von Zielvereinbarungen bei wesentlichen Änderungen von Geschäftsgrundlagen.
- Vereinbarung von Verteilungsgrundsätzen.
- Überprüfung und Verteilung des zur Verfügung stehenden Finanzvolumens, ggf Begrenzung individueller Leistungsentgelte aus umgewidmetem Entgelt.
- Dokumentation und Umgang mit Auswertung über Leistungsbewertungen.

4. Verteilungsgrundsätze. Die Praxis zeigt, dass bei der Ausgestaltung der leistungsorientierten Vergütung vor allem die **Verteilungsgrundsätze** die Betriebsparteien vor große Herausforderungen stellen. Während arbeitgeberseits oftmals angedacht ist, den Gesamttopf möglichst nur unter wenigen überdurchschnittlichen Leistungsbewerteten auszuschütten, favorisieren die Arbeitnehmervertreter in der Regel breitgefächerte Aufteilungen, so dass möglichst viele Beschäftigte zumindest eine gewisse Honorierung erfahren. Die völlig gleichwertige Verteilung auf alle Beschäftigten im Sinne des „**Gießkannenprinzips**", die aus Scheu vor Konflikten von manchen Arbeitgebern und den Gremien bevorzugt würde, ist jedenfalls mit den Tarifvorgaben einer leistungsabhängigen Vergütung nicht vereinbar. Danach besteht nämlich ein **Gebot der Differenzierung**.[35] Im Detail sind jedoch sehr unterschiedliche Ansätze denkbar: 31

a) Festlegung von Fixbeträgen. Auf den ersten Blick würde sich die Festlegung von Fixbeträgen für bestimmte Leistungen anbieten. Dies birgt aber das Risiko, dass das Gesamtbudget entweder nicht ausgeschöpft wird oder der Arbeitgeber in die Nachschussverpflichtung geraten könnte. 32

b) Vorabaufteilung des Gesamtbudgets auf Abteilungen und Bereiche. Gerade in großen Kommunen, Betrieben oder Dienststellen mit äußerst unterschiedlichen Aufgaben und Arbeitsbereichen kann es empfehlenswert sein, den Gesamttopf für die LOV erst einmal auf bestimmte Einheiten zu verteilen, um so zu verhindern, dass bei völlig unterschiedlichen Verantwortungsbereichen und Gestaltungsmöglichkeiten im Arbeitsbereich „Äpfel mit Birnen" verglichen werden. 33

Beispiel: In einer Kommune können die Beschäftigten im Schwimmbad, bei der Feuerwehr, im Bauamt sowie bei der Müllabfuhr teilweise nur schwer miteinander verglichen werden. Insofern kann vorab eine Aufteilung des Gesamtbudgets in Untertöpfe sinnvoll sein.

c) Vorabaufteilung des Gesamtbudgets auf Entgeltgruppen. Vielfach empfinden sich die Beschäftigten aus den höheren Entgeltgruppen benachteiligt, wenn der 34

---

35 Sponer/Steinherr, TVöD Vorbem. zu § 18 Ziffer 14; Breier/Dessau, Rn 72.

Gesamttopf unter allen Beschäftigten aufgeteilt wird. Gerade weil sie im Vergleich hohe Beiträge in das Gesamtbudget eingebracht haben, wollen sie diesen Anteil auch gerne wieder zurück erhalten.

Die Beschäftigten der niedrigeren Entgeltgruppen hingegen befürchten, dass sie oftmals Tätigkeiten verrichten, bei denen individuelle Ziele nicht wirklich vereinbart werden können und so das Gesamtbudget von den Beschäftigten der höheren Entgeltgruppen aufgezehrt wird.

Hier kann sich anbieten, das Gesamtbudget vorab auf bestimmte Entgeltgruppen auszuteilen, insbesondere auf die vier Qualifikationsebenen (EG 1-4, EG 5-8, EG 9-12, EG 13-15). Dies geht in eine ähnliche Richtung wie der Vorschlag, von vornherein getrennte Budgets für Führungskräfte und andere Mitarbeiter auszuweisen, um der Furcht zu begegnen, wenige Führungskräfte würden den Topf zulasten der Belegschaft leeren.[36]

35 **d) Gesamtpunktesystem.** Denkbar ist auch ein Verteilungsschlüssel, bei dem die erzielten Ergebnisse aller Beschäftigten in Punkten zusammenaddiert werden. Diese Gesamtpunktezahl entspricht dann dem Betrag des Gesamtbudgets. Daraus lässt sich dann der €-Wert eines Punktes ermitteln, und so der Auszahlungsbetrag für jeden Mitarbeiter berechnen.

Klarer Vorteil dieses Systems ist, dass das Gesamtbudget rechnerisch vollständig ausgeschöpft wird und eine breitere Auszahlung erfolgt. Dieses System funktioniert aber nur, wenn die Bewertungen aus der systematischen Leistungsbeurteilung und den Zielvereinbarungen in eine einheitliche Punkteskala umgerechnet werden.

Beispiel: 273 Mitarbeiter erreichen insgesamt 1014 Punkte. Das Gesamtbudget beträgt 47.000 €. Mitarbeiter A erreichte 120 % Zielerreichung, was 5 Punkten entspricht, Mitarbeiter B erreichte in der systematischen Leistungsbeurteilung 2 Punkte.

Ein Punktwert = 47.000 € / 1014 = 46,35 €

Mitarbeiter A: 5 x 46,35 € = 231,75 €

Mitarbeiter B: 2 x 46,35 € = 97,70 €

36 **e) Modifiziertes Gießkannenprinzip.** Wohl ebenfalls noch mit dem Prinzip der Leistungsorientierung vereinbar dürfte eine leistungsabhängige Ausgestaltung des „Gießkannenprinzips" sein, wie dies viele Personalräte bevorzugen. Danach wird für alle Mitarbeiter erst einmal ein gleicher **Sockelbetrag** errechnet. Von diesem werden dann abhängig von der Leistungsbewertung prozentuale Abschläge oder Aufschläge vorgenommen.

Dieses System garantiert allerdings nicht, dass das Gesamtbudget völlig aufgebraucht wird bzw. könnte sogar bei zu positiver Leistungsbewertung zu einer Nachschusspflicht des Arbeitgebers führen.

Beispiel: Wie oben, nur wird erst einmal der Betrag von 47.000 € auf alle 273 Mitarbeiter verteilt. Für jeden Mitarbeiter ergäbe sich dann eine LOV von 172,16 €. Bei einem Punkt würden 40 % gekürzt, bei 2 Punkten 20 %. Im Gegenzug würde bei 4 Punkten ein Aufschlag von 20 % gewährt, bei 5 Punkten ein Aufschlag von 40 %.

---

36 Breier/Dessau § 18 Rn 73.

Mitarbeiter A mit 5 Punkten erhielte dann 172,16 € x 1,4 = 241,02 €. Mitarbeiter B mit 2 Punkten bekäme 172,16 € x 0,8 = 137,72 €.

VIII. Betriebliche Kommission

1. Aufgabe. Im Bereich der Kommunen ist für die Einführung des betrieblichen Systems der leistungsbezogenen Bezahlung eine **paritätisch besetzte betriebliche Kommission** zu bilden, § 18 Abs. 7 VKA. Eine korrespondierende Regelung ist im Bund in § 14 Leistungs-TV festgelegt.

Diese betriebliche Kommission ist identisch mit der für die Fragen des Stufenaufstiegs zuständigen betrieblichen Beschwerdestelle.

Der Tarifvertrag regelt nicht, wie die Arbeitnehmervertreter der betrieblichen Kommission ermittelt werden, wenn kein Betriebs- oder Personalrat existiert. Sie sind dann im Rahmen eines demokratischen Wahlvorgangs aus der Belegschaft zu ermitteln.

Die betriebliche Kommission hat folgende **Aufgaben**:

- Mitwirkung bei der Entwicklung des betrieblichen Systems,
- Mitwirkung beim „Controlling" des Systems,
- Betriebliche Beschwerdestelle sowohl für das Leistungsentgelt als auch für den Stufenaufstieg.

Da die Installation des Systems der LOV im öffentlichen Dienst für alle Beteiligten neu ist und einen enormen Aufwand verursacht, wollen die Tarifvertragsparteien über die betriebliche Kommission sicherstellen, dass im Rahmen des „Controllings" schnell Fehlentwicklungen, Fehler im System oder unzureichende Umsetzung durch Vorgesetze erkannt werden und geeignete Vorschläge zur Abhilfe unterbreitet werden.[37] Dazu wird man der betrieblichen Kommission auch zugestehen müssen, bei Bedarf externe Berater, Fachanwälte für Arbeitsrecht oder Sachverständige auf Kosten des Arbeitgebers analog § 80 Abs. 3 BetrVG hinzuzuziehen.

Sie hat jedoch stets nur **empfehlenden Charakter**. Sowohl für Beschwerden als auch für notwendige Korrekturen des Systems im Rahmen des Controllings verbleibt es beim **Letztentscheidungsrecht des Arbeitgebers**.

Gerade weil die betriebliche Kommission keine Möglichkeit hat, ihre Empfehlung auch gegen den Willen des Arbeitgebers durchzusetzen, hat § 18 Abs. 7 Satz 6 TVöD VKA eine wichtige, klarstellende Funktion. Neben der betrieblichen Kommission bleiben nämlich die Mitbestimmungsrechte der Betriebs- und Personalräte vollständig erhalten. Die Kommission ist also nur ein zusätzliches, unterstützendes Instrument. Es ist nach wie vor die originäre Aufgabe der Betriebs- und Personalratsgremien per Kollektivvereinbarung das System der leistungsbezogenen Bezahlung im Rahmen der Mitbestimmungsrechte mit dem Arbeitgeber zu verhandeln und zu vereinbaren.

Auf die betriebliche Kommission können diese Aufgaben nicht delegiert werden. Dasselbe gilt für ihre Funktion als betriebliche Beschwerdestelle. Die tarifliche Regelung verdrängt nicht die gesetzlichen Rechte der Beschäftigten, sich mit Beschwerden an das frei von Arbeitgebervertretern gewählte Gremium Betriebs- und Personalrat zu wenden. Gerade in kleinen Betrieben oder Dienststellen (zum

---

37 Sponer/Steinherr, TVöD Vorbem. zu § 18 Ziff. 22.

Beispiel Gemeindeverwaltungen) wird zum Betriebsrat bzw Personalrat auch ein größeres Vertrauensverhältnis bestehen als zu einer Kommission, der eventuell der die Beschwerde verursachende Vorgesetzte sogar als Arbeitgebervertreter angehört.

38 **2. Zusammensetzung.** In die paritätisch besetzte Kommission entsenden der Arbeitgeber und der Betriebsrat bzw Personalrat **je die Hälfte** der Mitglieder. Jede Seite ist dabei **frei in der Entscheidung**. Ein Ablehnungsrecht für Mitglieder durch die andere Seite besteht nicht. Die Mitglieder müssen jedoch alle **Angehörige des Betriebs bzw der Dienststelle** sein und in einem Arbeitsverhältnis dazu stehen.

Die Kommissionsmitglieder auf der Arbeitgeberseite können Mitglieder des Personalrats bzw Betriebsrats sein, zwingend ist dies jedoch nicht.[38]

Externe Vertreter wie Rechtsanwälte, Steuerberater, Arbeitgeberverbands- oder Gewerkschaftsvertreter sind ebenso ausgeschlossen wie Bürgermeister, Landräte, Dienststellenleiter oder Gemeinderatsmitglieder.

Eine Anzahl von 2, maximal 3 Mitgliedern auf jeder Seite dürfte ausreichend sein, um eine effektive Arbeit der Kommission zu gewährleisten. Deswegen sollte jede Seite auch mindestens ein Ersatzmitglied benennen.

39 **3. Geschäftsordnung der betrieblichen Kommission.** Die Tarifvertragsparteien haben es unterlassen, die Kompetenzen und Rechte der Kommissionsmitglieder näher zu regeln. Es ist daher zur Vermeidung von späteren Streitigkeiten im Rahmen einer zwischen Arbeitgeber und Betriebsrat bzw Personalrat zu vereinbarenden **Geschäftsordnung** (als Anlage zur Betriebs-/Dienstvereinbarung) in wesentlichen Punkten Klarheit zu schaffen.

Zu einer solchen Geschäftsordnung sollte geregelt werden:

- Vorsitz der Kommission (zum Beispiel jährlich alternierend, Stellvertretungsregelung),
- Schriftführung/Protokollierungsfragen,
- Verpflichtung des Vorsitzenden bei Beschwerden innerhalb von 14 Tagen eine Sitzung einzuberufen,
- das Recht Unterlagen bei Beschwerden vom Arbeitgeber anzufordern,
- Einladungsfristen für Sitzungen,
- Sitzungsrhythmus bei Einführung des Systems,
- Zeitpunkt der Sitzungen während der Arbeitszeit, Teilnahme zählt als Arbeitszeit,
- Freistellungsanspruch der Kommissionsmitglieder für die Kommissionsarbeit (analog Betriebsratsmitglieder),
- Schulungsanspruch der Kommissionsmitglieder, um ihre Aufgabe überhaupt sachkundig erfüllen zu können,
- Annahme eines Antrags zur Empfehlung bei Stimmenmehrheit, Ablehnung bei Stimmengleichheit,
- Benachteiligungs- bzw Bevorzugungsverbot für Kommissionsmitglieder,
- Vertraulichkeitsaspekte, Geheimhaltungspflichten.

---

38 Bredemeier/Neffke § 18 Rn 31.

IX. Musteraufbau einer Betriebs-/Dienstvereinbarung zur leistungsorientierten Vergütung

- Rubrum
- Präambel (Grundsätze und Ziele der LOV Einführung; Stichworte: Motivation, Transparenz, Personalförderung)
- § 1 Geltungsbereich
  Alle Beschäftigte, auf die der TVöD Anwendung findet
- § 2 Einführung des Leistungsentgeltes
  Zeitpunkt, Einmalige Auszahlung, Keine Umwandlung in Zeitguthaben
- § 3 Finanzierung des Leistungsentgeltes
  Leistungstopf: Jahresmonatsentgelte des Vorjahres aller im Betrieb Beschäftigten; Bestimmung des Gesamtvolumens bis 31.1.; Kontrolle durch BR/PR und Kommission; Ausschließliche Verwendung für LOV – keine Übertragung in Folgejahr
- § 4 Auszahlung
  Beurteilungszeitraum, Abschluss und Zeitpunkt der Auszahlung
- § 5 Verfahren der systematischen Leistungsbewertung
  Kriterienkatalog; Bewertungsformulare; Bekanntgabe in einem Mitarbeitergespräch; Schriftliche Dokumentation; Bewertung nur durch den Vorgesetzten, von keinen anderen Personen; Beweislast und Begründungszwang bei unterdurchschnittlichen Bewertungen für den Arrbeitgeber; Anonymisierte Information an den Betriebsrat/Personalrat über Ergebnisse; Beschwerderecht der Arbeitnehmer
- § 6 Definition und Verfahren bei Zielvereinbarungen
  Definition; Personenkreis für Zielvereinbarungen; Formular für Zielvereinbarungen
- § 7 Grundsatz der Freiwilligkeit
  Vereinbarung, freiwillig, keine Zielvorgaben; Benachteiligungsverbot bei Weigerung; Bei Scheitern: systematische Leistungsbeurteilung
- § 8 Vorbereitung des Zielvereinbarungsgesprächs
  14 tägige Ankündigungsfrist
- § 9 Beteiligte bei Zielvereinbarungsgespräch/Ablauf
  Nur fachlich Vorgesetzter und Mitarbeiter; Recht jederzeit BR oder PR hinzuziehen; Fester Ablauf eines Zielvereinbarungsgesprächs
- § 10 Anforderungen an Zielvereinbarungen
  Definition der Ziele; Objektiv, angemessen, steuerbar; Im Rahmen des arbeitsvertraglich Geschuldeten; Katalog der Kriterien; SMART-Ziele; Höchstanzahl von Zielen; Veränderungen während der Laufzeit, Anpassungen
- § 11 Zielvereinbarungsbewertung
  Prozentuale Erreichungsgrade (nicht JA/NEIN); Umrechnung in Punkte
- § 12 Sonderregelungen für besondere Beschäftigungsgruppen
  Teilzeit, Schwerbehinderte, Langzeitkranke, Probezeitler, Betriebs- und Personalräte
- § 13 Unterjähriges Eintreten/Ausscheiden/Ruhen des Arbeitsverhältnisses
- § 14 Verteilungsgrundsätze
  Festlegung des individuellen Systems der Verteilung im Betrieb/Dienststelle

40

- § 15 Dokumentation/Datenschutz/Vertraulichkeit
  Schriftliche Erfassung der Leistungsbewertung; Aufbewahrung in Personalakte für 3 Jahre; Vertraulichkeit; Keine Heranziehung zu arbeitsrechtlichen Sanktionen
- § 16 Betriebliche Kommission
  Errichtung, Aufgabe, Besetzung; Geschäftsordnung; Schulungsanspruch
- § 17 Beschwerderechte der Beschäftigten
- § 18 Qualifikation der Führungskräfte für dieses System
- § 19 Schlussbestimmungen.

§ 19 Erschwerniszuschläge (TVöD)

(1) ¹Erschwerniszuschläge werden für Arbeiten gezahlt, die außergewöhnliche Erschwernisse beinhalten. ²Dies gilt nicht für Erschwernisse, die mit dem der Eingruppierung zugrunde liegenden Berufs- oder Tätigkeitsbild verbunden sind.

(2) Außergewöhnliche Erschwernisse im Sinne des Absatzes 1 ergeben sich grundsätzlich nur bei Arbeiten
a) mit besonderer Gefährdung,
b) mit extremer nicht klimabedingter Hitzeeinwirkung,
c) mit besonders starker Schmutz- oder Staubbelastung,
d) mit besonders starker Strahlenexposition oder
e) unter sonstigen vergleichbar erschwerten Umständen.

(3) Zuschläge nach Absatz 1 werden nicht gewährt, soweit der außergewöhnlichen Erschwernis durch geeignete Vorkehrungen, insbesondere zum Arbeitsschutz, ausreichend Rechnung getragen wird.

(4) ¹Die Zuschläge betragen in der Regel 5 bis 15 v.H. – in besonderen Fällen auch abweichend – des auf eine Stunde entfallenden Anteils des monatlichen Tabellenentgelts der Stufe 2 der Entgeltgruppe 2. ²Teilzeitbeschäftigte erhalten Erschwerniszuschläge, die nach Stunden bemessen werden, in voller Höhe; sofern sie pauschaliert gezahlt werden, gilt dagegen § 24 Abs. 2.

(5) ¹Die zuschlagspflichtigen Arbeiten und die Höhe der Zuschläge werden im Bereich der VKA landesbezirklich – für den Bund durch einen Tarifvertrag auf Bundesebene – vereinbart. ²Für den Bund gelten bis zum In-Kraft-Treten eines entsprechenden Tarifvertrages die bisherigen tarifvertraglichen Regelungen des Bundes fort.

§ 19 Erschwerniszuschläge (TV-L)

(1) ¹Erschwerniszuschläge werden für Arbeiten gezahlt, die außergewöhnliche Erschwernisse beinhalten. ²Dies gilt nicht für Erschwernisse, die mit dem der Eingruppierung zugrunde liegenden Berufs- oder Tätigkeitsbild verbunden sind.

(2) Außergewöhnliche Erschwernisse im Sinne des Absatzes 1 ergeben sich grundsätzlich nur bei Arbeiten
a) mit besonderer Gefährdung,
b) mit extremer nicht klimabedingter Hitzeeinwirkung,
c) mit besonders starker Schmutz- oder Staubbelastung,

d) mit besonders starker Strahlenexposition oder
e) unter sonstigen vergleichbar erschwerten Umständen.

(3) Zuschläge nach Absatz 1 werden nicht gewährt, soweit der außergewöhnlichen Erschwernis durch geeignete Vorkehrungen, insbesondere zum Arbeitsschutz, ausreichend Rechnung getragen wird.

(4) ¹Die Zuschläge betragen in der Regel 5 bis 15 v.H. – in besonderen Fällen auch abweichend – des auf eine Stunde entfallenden Anteils des monatlichen Tabellenentgelts der Stufe 2 der Entgeltgruppe 2. ²Teilzeitbeschäftigte erhalten Erschwerniszuschläge, die nach Stunden bemessen werden, in voller Höhe; sofern sie pauschaliert gezahlt werden, gilt dagegen § 24 Abs. 2.

(5) ¹Die zuschlagspflichtigen Arbeiten und die Höhe der Zuschläge werden tarifvertraglich vereinbart. ²Bis zum In-Kraft-Treten eines entsprechenden Tarifvertrages gelten die bisherigen tarifvertraglichen Regelungen fort.

(6) Beschäftigte im Sinne von § 38 Absatz 5 Satz 2 im Außendienst des Straßenbetriebsdienstes und Straßenbaus und im Außendienst des Küstenschutzes der Wasserbauverwaltung erhalten für jeden Kalendermonat, für den ihnen Erschwerniszuschläge nach den Abschnitten A, M oder R des Zuschlagskataloges zum Tarifvertrag über die Lohnzuschläge gemäß § 29 MTL II (TVZ zum MTL) bzw. der entsprechenden Regelungen im Tarifvertrag über die Lohnzuschläge gemäß § 29 MTArb-O für Arbeiter der Länder (TVZ zum MTArb-O-TdL) zustehen, zusätzlich einen Pauschalbetrag von monatlich 25 Euro; § 24 Absatz 2 findet Anwendung.

Niederschriftserklärung zu § 19 Absatz 6:

Die Tarifvertragsparteien sind sich einig, dass die Pauschalzahlung nach § 19 Absatz 6 TV-L nur für diejenigen Monate gezahlt wird, für die der/dem Beschäftigten Erschwerniszuschläge aufgrund tatsächlicher Arbeitsleistung oder im Wege der Entgeltfortzahlung nach § 21 TV-L zustehen.

I. Normstruktur 1	4. Berechnung der Zuschläge (Abs. 4) 7
II. Die tarifliche Regelung 2	5. Regelung durch Tarifverträge (Abs. 5) 10
1. Begriff der außergewöhnlichen Erschwernisse (Abs. 1) 2	6. Sonderregelung im TV-L (Abs. 6) 12
2. Arten der Erschwernis (Abs. 2) 3	III. Übergangsregelung im Bereich der VKA (§ 23 TVÜ-VKA) 13
3. Abwendung durch geeignete Vorkehrungen (Abs. 3) 5	

I. Normstruktur

§ 19 beinhaltet eine **Rahmenregelung**. Abstrakt wird festgelegt, für welche Arbeiten Zuschläge gezahlt werden können. Auch für die Höhe der Zuschläge wird ein Rahmen vorgegeben. Die Ausgestaltung bleibt speziellen Tarifverträgen vorbehalten, die bisher noch nicht vereinbart wurden. 1

II. Die tarifliche Regelung

1. Begriff der außergewöhnlichen Erschwernisse (Abs. 1). Zuschläge sollen nur für außergewöhnliche Erschwernisse gezahlt werden. Gewöhnliche Erschwernisse, die bei vielen Arbeiten einmal vorkommen können, bleiben außer Betracht. 2

Ebenso wenig werden Erschwernisse berücksichtigt, die mit dem der Eingruppierung zugrunde liegenden Berufs- oder Tätigkeitsbild verbunden sind (berufstypische Erschwernisse), da vorausgesetzt wird, dass diese Erschwernisse mit der Eingruppierung bereits abgegolten sind. Diese Regelung geht über die Einschränkungen hinaus, die bisher in § 23 Abs. 2 BMTG bzw § 29 Abs. 3 MTArb enthalten waren und die vorsahen, dass Zuschläge bei einer Eingruppierung in eine höhere Lohngruppe nicht gezahlt werden.[1]

Beispiel: Eine Beschäftigte der Stadtreinigung leert Mülltonnen. Ein Zuschlag wegen besonders starker Schmutz- oder Staubbelastung kommt nicht in Betracht, weil diese zum Tätigkeitsbild gehört. Es kommt nicht darauf an, ob die Eingruppierung deswegen höher ist, als sie es ohne die Schmutz- oder Staubbelastung wäre.

3 **2. Arten der Erschwernis (Abs. 2).** Abs. 2 nennt vier **Regelbeispiele** für außergewöhnliche Erschwernisse, nämlich
a) besondere Gefährdung,
b) extreme nicht klimabedingte Hitzeeinwirkung,
c) besonders starke Schmutz- oder Staubbelastung,
d) besonders starke Strahlenexposition.

4 Daneben können außergewöhnliche Erschwernisse aber auch vorliegen, wenn sonstige vergleichbar erschwerte Umstände gegeben sind. Die Aufzählung ist somit nicht abschließend. Als Arbeiten unter vergleichbar erschwerten Umständen kommen zB in Betracht besonders Ekel erregende Arbeiten oder Arbeiten, die die Körperkräfte des Beschäftigten in außergewöhnlicher Weise beanspruchen[2] oder Arbeiten unter besonderer Kälteeinwirkung, zB in Kühlhäusern.[3] Auch Arbeiten mit besonderer seelischer Belastung kommen in Betracht. Die Tätigkeit auf einer Baustelle im Allgemeinen fällt nicht darunter, auch wenn es im Einzelfall Baustellen geben mag, bei denen besondere Erschwernisse gegeben sind.[4] § 47 BT-V Bund Nr. 6 sieht Zuschläge bei Bergungen und Hilfeleistungen sowie Havariearbeiten sowie auf Schadstoffbekämpfungsschiffen vor. Anspruch auf die Zuschläge hat aber nur, wer selbst die entsprechenden Arbeiten ausführt, nicht derjenige, der den Einsatz leitet oder koordiniert.[5] Die Auswärtszulage nach Nr. 13 Abs. 1 Buchst. e der SR 2 b zum MTArb war keine Erschwerniszulage gem. § 19 und ist daher mit Inkrafttreten des TVöD weggefallen.[6]

5 **3. Abwendung durch geeignete Vorkehrungen (Abs. 3).** Zuschläge werden nicht gewährt, soweit den Erschwernissen bereits durch geeignete Vorkehrungen ausreichend Rechnung getragen wird. Zunächst gehen die zwingenden Vorschriften des Arbeitsschutzes vor. Diese dürfen nicht vernachlässigt und etwa durch Zahlung von Zuschlägen abgelöst werden. Solche Bestimmungen sind insbesondere

- Unfallverhütungsvorschriften (§ 21 SGB VII),
- Das Arbeitssicherheitsgesetz (ASiG),
- Das Arbeitsschutzgesetz (ArbSchG),
- Das Geräte- und Produktsicherheitsgesetz (GPSG).

---

1 GKÖD-Fieberg, § 19 Rn 21.
2 Breier/Dassau, § 18 Rn 12.
3 GKÖD-Fieberg, § 19 Rn 20.
4 BAG v. 21.4.2010, 10 AZR 303/09, NZA 2010, 1088.
5 BAG v. 11.2.2009, 10 AZR 48/08, NZA 2009, 512.
6 BAG v. 27.10.2010, 10 AZR 410/09, ZTR 2011, 172.

Diese Aufzählung ist nicht vollständig. Daneben kommen auch Schutzmaßnahmen des Arbeitgebers in Betracht, die nicht durch Rechtsvorschriften vorgeschrieben sind.

4. Berechnung der Zuschläge (Abs. 4). Die Zuschläge betragen in der Regel 5–15 v.H. des monatlichen Tabellenentgelts der Stufe 2 der Entgeltgruppe 2. Sie sind also für alle Entgeltgruppen gleich, weil Beschäftigte ungeachtet ihrer Eingruppierung in gleicher Weise von den Erschwernissen betroffen sind.

Ab dem 1.8.2011 errechnet sich daraus im Bereich des Bundes bei einer wöchentlichen Arbeitszeit von 39 Stunden eine Spanne zwischen 0,53 und 1,60 € im Tarifgebiet West und 0,50 bis 1,50 € im Tarifgebiet Ost. Im Bereich der VKA und der Länder weichen die Beträge davon etwas ab, weil sich wegen unterschiedlicher Wochenarbeitszeiten abweichende Vergütungen je Arbeitsstunde ergeben. Werden die Zuschläge nach Stunden berechnet, erhalten Teilzeitbeschäftigte diese in voller Höhe für die von ihnen geleisteten Stunden. Pauschalierte Zuschläge erhalten sie zeitanteilig.

In besonderen Fällen können auch abweichende Zuschläge festgesetzt werden. Es kommen in erster Linie höhere Zuschläge für extreme Belastungen in Betracht, weil Erschwernisse, die keinen Zuschlag von 5 v.H. rechtfertigen, kaum außergewöhnlich sein werden.

5. Regelung durch Tarifverträge (Abs. 5). Die zuschlagspflichtigen Arbeiten werden für den Bereich des Bundes durch einen **Tarifvertrag auf Bundesebene** und im Bereich der VKA durch **landesbezirkliche Tarifverträge** festgelegt. Solche Tarifverträge liegen immer noch nicht vor. Tarifverträge auf örtlicher oder betrieblicher Ebene sind im Bereich des TVöD nicht möglich. § 19 Abs. 5 TV-L sieht nur allgemein den Abschluss von Tarifverträgen vor. Danach wären auch örtliche oder betriebliche Regelungen denkbar.

Im Bereich des Bundes und der Länder (§ 19 Abs. 5 TV-L) gelten bis zum Abschluss der vorgesehenen Tarifverträge die bisherigen Regelungen unverändert weiter. Dies ist insbesondere der Tarifvertrag über die Gewährung von Zulagen gemäß § 33 Abs. 1 c BAT vom 11.1.1962 (Tarifgebiet West). Die Zulagen nach dem BAT sind statisch. Die Baustellenzulage nach § 33 Abs. 2 BAT/BAT-O ist mit Inkrafttreten des TV-L ersatzlos weggefallen.[7] Das BAG hat dies zwar ausdrücklich nur für den Bereich des TV-L entschieden. Die Argumentation des BAG ist auf den TVöD aber entsprechend anzuwenden.

Weiter gelten fort:
- der Tarifvertrag über Zulagen an Angestellte vom 8.5.1991 (Tarifgebiet Ost),
- der Tarifvertrag über Lohnzuschläge gemäß § 29 MTB II vom 9.5.1969,
- der Tarifvertrag über Lohnzuschläge gemäß § 29 MTArb-O vom 8.5.1991,
- der Tarifvertrag über Lohnzuschläge gemäß § 29 MTL vom 9.10.1963.

Die Zulagen nach diesen Tarifverträgen sind dynamisch und erhöhen sich um 12 v.H., sobald sich die Entgelte allgemein um 12 v.H. erhöht haben. Dies war mit der Lohnerhöhung um 2,8 v.H. ab dem 1.1.2009 der Fall, die gemäß der Niederschriftserklärung zu berücksichtigen ist (§ 5 LohnzuschlagsTV).

---

[7] BAG v. 21.4.2010, 10 AZR 303/09, NZA 2010, 1088.

12 **6. Sonderregelung im TV-L (Abs. 6).** Der TV-L sieht für Arbeiter (Beschäftigte iS des § 38 Abs. 5 S. 2) im Außendienst des Straßenbetriebsdienstes, des Straßenbaus und des Küstenschutzes der Wasserbauverwaltung einen zusätzlichen Pauschalbetrag von monatlich 25 € vor. Für Teilzeitbeschäftigte wird der Betrag anteilig gezahlt (§ 24 Abs. 2). Die Niederschriftserklärung stellt klar, dass der Zuschlag nur bei tatsächlicher Arbeitsleistung, bei Entgeltfortzahlung im Krankheitsfall und im Urlaub gezahlt wird (§§ 21 S. 1, 22, 26 und 27). Voraussetzung ist, dass die Beschäftigten Arbeiten entsprechend den Abschnitten A, M oder R des Zuschlagskataloges zum TV über die Lohnzuschläge verrichten (zB Arbeiten mit Streusalzen, Unkrautbekämpfen mit Flammenwerfern, Arbeiten im Schlamm).

III. Übergangsregelung im Bereich der VKA (§ 23 TVÜ-VKA)

13 Im Bereich der VKA gelten die bisherigen Regelungen ebenfalls bis zum Abschluss neuer Tarifverträge fort. Außer den oben genannten Tarifverträgen für Angestellte sind dies die entsprechenden bezirklichen Tarifverträge zu § 23 Abs. 3 BMT-G. Zu prüfen ist aber jeweils, ob es sich überhaupt um Erschwerniszulagen iSd § 19 handelt. Nur dann gelten die Regelungen weiter.[8]

14 Es gelten hier aber die Grenzen und Bemessungsgrundlagen des § 19 Abs. 4. Dies bedeutet, dass die Zuschläge bei einer wöchentlichen Arbeitszeit von 39 Stunden je Stunde nicht weniger als 0,53 € im Tarifgebiet West und 0,50 € im Tarifgebiet Ost und nicht mehr als € 1,60 € bzw 1,50 € betragen dürfen, sofern nicht ein besonderer Fall mit extremen Erschwernissen vorliegt. Bei geringeren oder höheren wöchentlichen Arbeitszeiten erhöhen oder verringern sich die Beträge entsprechend.

§ 20 Jahressonderzahlung (TVöD)

(1) Beschäftigte, die am 1. Dezember im Arbeitsverhältnis stehen, haben Anspruch auf eine Jahressonderzahlung.

(2) ¹Die Jahressonderzahlung beträgt bei Beschäftigten, für die die Regelungen des Tarifgebiets West Anwendung finden,

in den Entgeltgruppen 1 bis 8	90 v.H.,
in den Entgeltgruppen 9 bis 12	80 v.H. und
in den Entgeltgruppen 13 bis 15	60 v.H.

des der/dem Beschäftigten in den Kalendermonaten Juli, August und September durchschnittlich gezahlten monatlichen Entgelts; unberücksichtigt bleiben hierbei das zusätzlich für Überstunden und Mehrarbeit gezahlte Entgelt (mit Ausnahme der im Dienstplan vorgesehenen Überstunden und Mehrarbeit), Leistungszulagen, Leistungs- und Erfolgsprämien. ²Der Bemessungssatz bestimmt sich nach der Entgeltgruppe am 1. September. ³Bei Beschäftigten, deren Arbeitsverhältnis nach dem 30. September begonnen hat, tritt an die Stelle des Bemessungszeitraums der erste volle Kalendermonat des Arbeitsverhältnisses. ⁴In den Fällen, in denen im Kalenderjahr der Geburt des Kindes während des Bemessungszeitraums eine elterngeldunschädliche Teilzeitbeschäftigung ausgeübt

---

8 BAG v. 27.10.2010, 10 AZR 410/09, ZTR 2011, 172.

wird, bemisst sich die Jahressonderzahlung nach dem Beschäftigungsumfang am Tag vor dem Beginn der Elternzeit.

Protokollerklärung zu Absatz 2:
[1]Bei der Berechnung des durchschnittlich gezahlten monatlichen Entgelts werden die gezahlten Entgelte der drei Monate addiert und durch drei geteilt; dies gilt auch bei einer Änderung des Beschäftigungsumfangs. [2]Ist im Bemessungszeitraum nicht für alle Kalendertage Entgelt gezahlt worden, werden die gezahlten Entgelte der drei Monate addiert, durch die Zahl der Kalendertage mit Entgelt geteilt und sodann mit 30,67 multipliziert. [3]Zeiträume, für die Krankengeldzuschuss gezahlt worden ist, bleiben hierbei unberücksichtigt. [4]Besteht während des Bemessungszeitraums an weniger als 30 Kalendertagen Anspruch auf Entgelt, ist der letzte Kalendermonat, in dem für alle Kalendertage Anspruch auf Entgelt bestand, maßgeblich.

(3) Für Beschäftigte, für die die Regelungen des Tarifgebiets Ost Anwendung finden, gilt Absatz 2 mit der Maßgabe, dass die Bemessungssätze für die Jahressonderzahlung 75 v.H. der dort genannten Vomhundertsätze betragen.

(4) [1]Der Anspruch nach den Absätzen 1 bis 3 vermindert sich um ein Zwölftel für jeden Kalendermonat, in dem Beschäftigte keinen Anspruch auf Entgelt oder Fortzahlung des Entgelts nach § 21 haben. [2]Die Verminderung unterbleibt für Kalendermonate,

1. für die Beschäftigte kein Tabellenentgelt erhalten haben wegen
   a) Ableistung von Grundwehrdienst oder Zivildienst, wenn sie diesen vor dem 1. Dezember beendet und die Beschäftigung unverzüglich wieder aufgenommen haben,
   b) Beschäftigungsverboten nach § 3 Abs. 2 und § 6 Abs. 1 MuSchG,
   c) Inanspruchnahme der Elternzeit nach dem Bundeselterngeld- und Elternzeitgesetz bis zum Ende des Kalenderjahres, in dem das Kind geboren ist, wenn am Tag vor Antritt der Elternzeit Entgeltanspruch bestanden hat;
2. in denen Beschäftigten Krankengeldzuschuss gezahlt wurde oder nur wegen der Höhe des zustehenden Krankengelds ein Krankengeldzuschuss nicht gezahlt worden ist.

(5) [1]Die Jahressonderzahlung wird mit dem Tabellenentgelt für November ausgezahlt. [2]Ein Teilbetrag der Jahressonderzahlung kann zu einem früheren Zeitpunkt ausgezahlt werden.

(6) [1]Beschäftigte, die bis zum 31. März 2005 Altersteilzeitarbeit vereinbart haben, erhalten die Jahressonderzahlung auch dann, wenn das Arbeitsverhältnis wegen Rentenbezugs vor dem 1. Dezember endet. [2]In diesem Falle treten an die Stelle des Bemessungszeitraums gemäß Absatz 2 die letzten drei Kalendermonate vor Beendigung des Arbeitsverhältnisses.

§ 20 Jahressonderzahlung (TV-L)

(1) Beschäftigte, die am 1. Dezember im Arbeitsverhältnis stehen, haben Anspruch auf eine Jahressonderzahlung.

(2) ¹Die Jahressonderzahlung beträgt bei Beschäftigten in den Entgeltgruppen

	Tarifgebiet West	Tarifgebiet Ost
E 1 bis E 8	95 v.H.	71,5 v.H.
E 9 bis E 11	80 v.H.	60 v.H.
E 12 bis E 13	50 v.H.	45 v.H.
E 14 bis E 15	35 v.H.	30 v.H.

der Bemessungsgrundlage nach Absatz 3. ²Für die Anwendung des Satzes 1 werden Beschäftigte der Entgeltgruppe 13 Ü bei einem Bezug des Tabellenentgelts aus den Stufen 2 und 3 der Entgeltgruppe 13, im Übrigen der Entgeltgruppe 14 zugeordnet.

Niederschriftserklärung zu § 20 Absatz 2 Satz 1:

Die Tarifvertragsparteien stimmen überein, dass die Beschäftigten der Entgeltgruppe 2 Ü zu den Entgeltgruppen 1 bis 8 und die Beschäftigten der Entgeltgruppe 15 Ü zu den Entgeltgruppen 14 bis 15 gehören.

(3) ¹Bemessungsgrundlage im Sinne des Absatzes 2 Satz 1 ist das monatliche Entgelt, das den Beschäftigten in den Kalendermonaten Juli, August und September durchschnittlich gezahlt wird; unberücksichtigt bleiben hierbei das zusätzlich für Überstunden und Mehrarbeit gezahlte Entgelt (mit Ausnahme der im Dienstplan vorgesehenen Mehrarbeits- oder Überstunden), Leistungszulagen, Leistungs- und Erfolgsprämien. ²Der Bemessungssatz bestimmt sich nach der Entgeltgruppe am 1. September. ³Bei Beschäftigten, deren Arbeitsverhältnis nach dem 31. August begonnen hat, tritt an die Stelle des Bemessungszeitraums der erste volle Kalendermonat des Arbeitsverhältnisses; anstelle des Bemessungssatzes der Entgeltgruppe am 1. September tritt die Entgeltgruppe des Einstellungstages. ⁴In den Fällen, in denen im Kalenderjahr der Geburt des Kindes während des Bemessungszeitraums eine elterngeldunschädliche Teilzeitbeschäftigung ausgeübt wird, bemisst sich die Jahressonderzahlung nach dem Beschäftigungsumfang am Tag vor dem Beginn der Elternzeit.

Protokollerklärung zu § 20 Absatz 3:

¹Bei der Berechnung des durchschnittlich gezahlten monatlichen Entgelts werden die gezahlten Entgelte der drei Monate addiert und durch drei geteilt; dies gilt auch bei einer Änderung des Beschäftigungsumfangs. ²Ist im Bemessungszeitraum nicht für alle Kalendertage Entgelt gezahlt worden, werden die gezahlten Entgelte der drei Monate addiert, durch die Zahl der Kalendertage mit Entgelt geteilt und sodann mit 30,67 multipliziert. ³Zeiträume, für die Krankengeldzuschuss gezahlt worden ist, bleiben hierbei unberücksichtigt. ⁴Besteht während des Bemessungszeitraums an weniger als 30 Kalendertagen Anspruch auf Entgelt, ist der letzte Kalendermonat, in dem für alle Kalendertage Anspruch auf Entgelt bestand, maßgeblich.

(4) ¹Der Anspruch nach den Absätzen 1 bis 3 vermindert sich um ein Zwölftel für jeden Kalendermonat, in dem Beschäftigte keinen Anspruch auf Entgelt oder Fortzahlung des Entgelts nach § 21 haben. ²Die Verminderung unterbleibt für Kalendermonate, für die Beschäftigte kein Tabellenentgelt erhalten haben wegen

a) Ableistung von Grundwehrdienst oder Zivildienst, wenn sie diesen vor dem 1. Dezember beendet und die Beschäftigung unverzüglich wieder aufgenommen haben,
b) Beschäftigungsverboten nach § 3 Absatz 2 und § 6 Absatz 1 Mutterschutzgesetz,
c) Inanspruchnahme der Elternzeit nach dem Bundeselterngeld- und Elternzeitgesetz bis zum Ende des Kalenderjahres, in dem das Kind geboren ist, wenn am Tag vor Antritt der Elternzeit Anspruch auf Entgelt oder auf Zuschuss zum Mutterschaftsgeld bestanden hat.

³Die Verminderung unterbleibt ferner für Kalendermonate, in denen Beschäftigten Krankengeldzuschuss gezahlt wurde oder nur wegen der Höhe des zustehenden Krankengelds oder einer entsprechenden gesetzlichen Leistung ein Krankengeldzuschuss nicht gezahlt worden ist.

(5) ¹Die Jahressonderzahlung wird mit dem Tabellenentgelt für November ausgezahlt. ²Ein Teilbetrag der Jahressonderzahlung kann zu einem früheren Zeitpunkt ausgezahlt werden.

(6) ¹Beschäftigte, die bis zum 20. Mai 2006 Altersteilzeitarbeit vereinbart haben, erhalten die Jahressonderzahlung auch dann, wenn das Arbeitsverhältnis wegen Rentenbezugs vor dem 1. Dezember endet. ²In diesem Falle treten an die Stelle des Bemessungszeitraums gemäß Absatz 3 die letzten drei Kalendermonate vor Beendigung des Arbeitsverhältnisses.

Protokollerklärungen zu § 20:

1. *Im Jahr 2006 bestimmt sich der Bemessungssatz im Sinne des Absatzes 2 nach der Entgeltgruppe am 1. November 2006. Die Bemessungsgrundlage im Sinne des Absatzes 3 bestimmt sich im Jahr 2006 nach der Urlaubsvergütung beziehungsweise nach dem Urlaubslohn des Monats September, die/der nach den bisherigen Zuwendungs-Tarifverträgen für die Höhe der Zuwendung maßgebend gewesen wäre.*
2. *Für Beschäftigte, deren Arbeitsverhältnis bis zum 31. Oktober 2006 hinsichtlich der Zuwendung der tariflichen Nachwirkung nicht unterlegen hat, sowie für nach dem 31. Oktober 2006 neu eingestellte Beschäftigte gelten in den Jahren 2006 und 2007 die Regelungen des § 21 TVÜ-Länder.*
3. *Beschäftigte, deren Arbeitsverhältnis im Laufe des Monats November 2006 wegen Erreichens der Altersgrenze, wegen verminderter Erwerbsfähigkeit oder wegen Erfüllung der Voraussetzungen zum Bezug einer Altersrente geendet hat, erhalten eine anteilige Jahressonderzahlung in entsprechender Anwendung der Absätze 1 bis 5.*

I. Normstruktur 1	2. Einzige Anspruchsvoraussetzung 6
II. Tarifliche Regelung 2	a) Bestehen des Arbeitsverhältnisses am
1. Rechtsnatur der Jahressonderzahlung 2	1. Dezember 6
a) Entgelt für geleistete Arbeit 2	b) Keine tatsächliche Arbeitsleistung am 1. Dezember erforderlich 7
b) Lohnsteuer und Sozialversicherung 3	c) Keine Rückzahlungsklausel 8
c) Zusatzversorgung 4	3. Höhe des Anspruchs 9
d) Pfändbarkeit 5	

a) Staffelung nach Entgeltgruppen	9	a) Regelfall	29
b) Bestimmung der maßgeblichen Entgeltgruppe	11	b) Zahlung eines Teilbetrages zu einem früheren Zeitpunkt	31
c) Bemessungszeitraum	12	6. Regelung bei Altersteilzeit	33
d) Sonderregelung bei Elternzeit	19	III. Sonderregelungen	37
e) Zu berücksichtigende Entgeltbestandteile	21	1. Höhe des Anspruchs nach TV-L	37
4. Verminderung wegen Zeiten ohne Bezüge	25	2. Stichtag für Altersteilzeit im TV-L	39
a) Verminderung jeweils um ein Zwölftel	25	3. Sparkassensonderzahlung nach § 44 TVöD-BT-S (§ 18.4 TVöD-S)	40
b) Ausnahmen von der Kürzung	28	4. Sonderregelung für Ärzte an Universitätskliniken (§ 41 Nr. 15 TV-L)	41
5. Fälligkeit des Anspruchs	29		

I. Normstruktur

1 Die Vorschrift fasst die Regelungen über das Urlaubsgeld und die jährliche Zuwendung, die früher in eigenen Tarifverträgen geregelt waren, zusammen. Die Anspruchsvoraussetzungen wurden dabei vereinfacht. Außerdem wurde eine Staffelung nach Entgeltgruppen eingeführt.

II. Tarifliche Regelung

2 **1. Rechtsnatur der Jahressonderzahlung. a) Entgelt für geleistete Arbeit.** Die Jahressonderzahlung ist zusätzliches Entgelt für die im vergangenen Jahr geleistete Arbeit.[1] Da sie nicht von einer bestimmten Dauer und auch nicht von einem ungekündigten Fortbestand des Arbeitsverhältnisses abhängt, stellt sie keine Belohnung für erbrachte oder erwartete Betriebstreue dar. Folgerichtig kann der Anspruch entfallen, soweit keine Arbeit geleistet wird.

3 **b) Lohnsteuer und Sozialversicherung.** Die Jahressonderzahlung ist als **Arbeitseinkommen** im Monat des Zuflusses voll zu versteuern. Sie ist auch Arbeitsentgelt im Sinne des § 14 Abs. 1 Satz 1 SGB IV. Gleichzeitig ist sie einmalig gezahltes Entgelt gemäß § 23 a SGB IV. Wird im Auszahlungsmonat November die Beitragsbemessungsgrenze überschritten, sind Beiträge nur aus dem Einkommen bis zu dieser Grenze zu entrichten.

4 **c) Zusatzversorgung.** Die Jahressonderzahlung ist auch bei der Berechnung der Zusatzversorgung zu berücksichtigen.

5 **d) Pfändbarkeit.** Als Arbeitseinkommen kann die Jahressonderzahlung gepfändet werden. Der pfändungsfreie Betrag erhöht sich aber gemäß § 850a Nr. 4 ZPO um 500 €, weil die Zahlung Weihnachtsvergütung im Sinne dieser Vorschrift ist. Soweit die Zahlung unpfändbar ist, kann auch nicht aufgerechnet werden (§ 394 BGB).

6 **2. Einzige Anspruchsvoraussetzung. a) Bestehen des Arbeitsverhältnisses am 1. Dezember.** Der Anspruch auf die Jahressonderzahlung setzt nur voraus, dass der Beschäftigte am 1. Dezember im Arbeitsverhältnis steht.[2] Eine Wartezeit gibt es nicht. Der Anspruch besteht auch, wenn der 1. Dezember der erste Arbeitstag

---

[1] BAG v. 10.11.2010, 5 AZR/09, ZTR 2011, 150.
[2] BAG v. 27.10.2010, 10 AZR 354/09, ZTR 2011, 99.

des neu eingestellten Beschäftigten ist. Es ist auch ohne Belang, ob das Arbeitsverhältnis zu diesem Zeitpunkt gekündigt ist oder ob seine Beendigung aufgrund einer Befristung zu einem späteren Zeitpunkt feststeht. Endet das Arbeitsverhältnis allerdings zum 30. November, besteht kein Anspruch. Die Jahressonderzahlung wird dann auch nicht anteilig gezahlt.

b) Keine tatsächliche Arbeitsleistung am 1. Dezember erforderlich. Unerheblich ist, ob am 1. Dezember tatsächlich gearbeitet wird oder ob für diesen Tag Anspruch auf Entgelt besteht. Es schadet somit nicht, wenn der Arbeitnehmer an diesem Tag Urlaub hat, krank ist, unentschuldigt fehlt oder wenn das Arbeitsverhältnis etwa wegen Elternzeit oder Ableistung des Wehr- oder Zivildienstes ruht.

c) Keine Rückzahlungsklausel. Die Regelung in § 20 enthält entgegen § 1 Abs. 1 Nr. 3 ZuwendungsTV **keine Rückzahlungsregelung** mehr für den Fall, dass der Beschäftigte nach der Zahlung bis zu einem gewissen Zeitpunkt, etwa bis zum 31. März des Folgejahres, ausscheidet. Gem. § 21 TVÜ-L galt dies im Bereich des TV-L auch bereits für das Jahr 2007.[3]

3. Höhe des Anspruchs. a) Staffelung nach Entgeltgruppen. Die Höhe der Jahressonderzahlung ist nach Entgeltgruppen gestaffelt. Die niedrigeren Gruppen erhalten einen höheren Prozentsatz ihres Monatseinkommens als die höheren Gruppen:

Tarifgebiet West, § 20 Abs. 2 TVöD

Entgeltgruppe	Bemessungssatz
1–8	90 v.H.
9–12	80 v.H.
13–15	60 v.H.

Im **Tarifgebiet Ost** beträgt der Bemessungssatz 75 v.H. des Satzes im Tarifgebiet West, wiederum nach Entgeltgruppen gestaffelt Die Auffassung, im Tarifgebiet Ost gelte ein einheitlicher Satz von 75 v.H. für alle Entgeltgruppen[4] lässt sich mit dem Wortlaut der Vorschrift nicht vereinbaren.

Tarifgebiet Ost, § 20 Abs. 3 TVöD

Entgeltgruppe	Bemessungssatz
1–8	67,5 v.H.
9–12	60 v.H.
13–15	45 v.H.

b) Bestimmung der maßgeblichen Entgeltgruppe. Der Bemessungssatz bestimmt sich nach der Entgeltgruppe am 1. September (§ 20 Abs. 2 Satz 2). Wird das Arbeitsverhältnis erst nach dem 1. September begründet, ist der die Entgeltgruppe am Tag der Einstellung maßgeblich.

c) Bemessungszeitraum. Maßgeblich für die Berechnung der Jahressonderzahlung ist das in den Kalendermonaten Juli, August und September durchschnitt-

---

3 LAG Köln v. 11.5.2009, 2 Sa 18/09, ZTR 2009, 498.
4 Dörring-Kutzki/Schwald, § 20 AT Rn 14.

lich gezahlte Entgelt. Nach der Protokollerklärung werden die in diesen drei Monaten gezahlten Entgelte addiert und durch drei geteilt. Dies gilt auch bei einer Änderung des Beschäftigungsumfangs.

13 **Beispiel:** Ein Beschäftigter arbeitete bis zum 31. August halbtags zu einem Tabellenentgelt von 1500 €. Ab dem 1. September arbeitete er wieder in Vollzeit für 3000 €. Das Gesamtentgelt im Bemessungszeitraum betrug 2 x 1500 € + 3000 €, also 6000 €, das Durchschnittsentgelt beträgt ein Drittel davon, also 2000 €.

14 Wird nicht an allen Tagen in den drei Monaten Entgelt gezahlt, so werden die gezahlten Entgelte addiert und durch die Tage mit Entgeltzahlung geteilt und sodann mit 30,67 multipliziert.

15 **Beispiel:** Eine Beschäftigte war im Juli noch in Elternzeit. Ab dem 1. August hat sie wieder gearbeitet und monatlich ein Tabellenentgelt von 2430 € bezogen. Das Gesamtentgelt für zwei Monate beträgt 2 x 2430 € = 4860 € Dieser Betrag wird durch 61 geteilt (31 Tage im August, 30 Tage im September) und mit 30,67 multipliziert. Das Durchschnittsentgelt beträgt also 2443,54 €.

16 Bestand in der Zeit von Juli bis September an weniger als 30 Tagen Anspruch auf Entgelt, so ist der letzte Monat maßgeblich, in dem für alle Kalendertage Anspruch auf Entgelt bestand. In der Freistellungsphase der Altersteilzeit ist die Sonderzuwendung in gleicher Höhe wie in der Arbeitsphase zu zahlen.[5]

17 Ist das Arbeitsverhältnis erst nach dem 30. September begründet worden, ist der erste volle Kalendermonat maßgeblich, in dem für alle Kalendertage Anspruch auf Entgelt besteht. Dies ergibt sich sinngemäß aus Satz 4 der Protokollerklärung. Gleiches muss bereits gelten, wenn das Arbeitsverhältnis nach dem 2. September begann, weil auch dann im Bemessungszeitraum für weniger als 30 Kalendertage Anspruch auf Entgelt bestand.

18 Zeiträume, für die Krankengeldzuschuss nach § 22 Abs. 2 oder § 13 TVÜ-Bund/VKA gezahlt wurde, bleiben unberücksichtigt, da dies sonst zu einer erheblichen Verminderung des Durchschnittsentgelts führen würde (Satz 3 der Protokollerklärung).

19 d) **Sonderregelung bei Elternzeit.** Wird im Bemessungszeitraum in Teilzeit gearbeitet, richtet sich auch die Jahressonderzahlung nach der entsprechend verminderten Vergütung. Dies gilt nach § 20 Abs. 3 Satz 4 nicht, wenn im Kalenderjahr der Geburt eines Kindes eine erziehungsgeldunschädliche Teilzeitbeschäftigung ausgeübt wird. In diesem Fall richtet sich das Entgelt im Krankheitsfall nach dem Beschäftigungsumfang vor Beginn der Elternzeit. Im Folgejahr wird die Jahressonderzahlung allerdings auf Basis der Vergütung für die Teilzeitbeschäftigung geleistet.

20 **Beispiel:** Eine Beschäftigte gebiert am 15.2. ein Kind. Sie war bis dahin in Vollzeit beschäftigt. Nach Ablauf der Mutterschutzfrist ist sie in Teilzeit 10 Stunden wöchentlich tätig. Am 30.11. hat sie Anspruch auf die volle Jahressonderzahlung auf Grundlage der Vollzeitbeschäftigung. Erst im nächsten Jahr verringert sich die Jahressonderzahlung.

21 e) **Zu berücksichtigende Entgeltbestandteile.** Bei der Bemessung der Jahressonderzahlung ist das durchschnittlich gezahlte monatliche Entgelt maßgeblich. Da-

---

5 LAG Köln v. 20.8.2008, 11 Sa 499/08, ZTR 2009, 145.

bei kommt es auf den Betrag an, der dem Beschäftigten rechtlich zustand. Wurde zu wenig gezahlt, etwa wegen fehlerhafter Eingruppierung, vermindert sich der Anspruch auf die Jahressonderzahlung dadurch nicht.[6] Eine irrtümliche Überzahlung, wirkt sich entsprechend nicht zugunsten des Beschäftigen aus.

Da auf das monatliche Entgelt abgestellt wird, sind einmalige Zahlungen, zB Abfindungen, und besondere Zahlungen (zB Jubiläumsgeld nach § 23 Abs. 2), nicht zu berücksichtigen. Einzelvertraglich vereinbarte übertarifliche Leistungen gehören aber zum monatlichen Entgelt. Nicht berücksichtigt werden als besondere Zahlungen iSd § 23 Abs. 1 auch die vermögenswirksamen Leistungen des Arbeitgebers.[7]

Ausdrücklich ausgenommen sind folgende Entgeltbestandteile:

- Das Entgelt für Überstunden (§ 7 Abs. 7 und 8), soweit diese nicht im Dienstplan vorgesehen sind,
- Leistungsprämien (§ 18 Abs. 4 Satz 2 VKA),
- Erfolgsprämien (§ 18 Abs. 4 Satz 3 VKA),
- Leistungszulagen (§ 18 Abs. 4 Satz 4 VKA).

Entgelte für Bereitschaftsdienste und Rufbereitschaften gehören zur Bemessungsgrundlage, auch wenn sie nach Überstundenentgelten bemessen werden.[8] Dies ergibt sich zum einen daraus, dass es sich hier nicht um Überstunden handelt, sondern um eine eigenständige Sonderform der Arbeit. Zum anderen werden diese Dienste nach Dienstplänen geleistet, so dass sie auch bei einer Einordnung als Überstunden zu berücksichtigen wären.

Zahlungen aufgrund des Strukturausgleichs gemäß § 12 Abs. 1 TVÜ-Bund, § 12 TVÜ-Abs. 1 TVÜ-VKA und § 12 Abs. 1 TVÜ-Länder bleiben bei der Berechnung der Jahressonderzahlung unberücksichtigt, weil diese „zusätzlich zum monatlichen Entgelt" gezahlt werden, also nicht Bestandteil des „monatlichen Entgelts" sind.

4. Verminderung wegen Zeiten ohne Bezüge. a) Verminderung jeweils um ein Zwölftel. Der Anspruch vermindert sich um ein Zwölftel für jeden Monat, in dem Beschäftigte keinen Anspruch auf Entgelt oder Fortzahlung des Entgelts nach § 21 haben. Dies gilt auch für Monate, in denen das Arbeitsverhältnis noch gar nicht bestand. Streitig ist, ob eine Kürzung auch erfolgt, wenn der Beschäftigte zuvor bei einem anderen Arbeitgeber beschäftigt war, für den der TVöD oder der TV-L gilt. Das BMI hatte sich im Rundschreiben vom 11.4.2007 auf den Standpunkt gestellt, in diesen Fällen erfolge keine Kürzung. Aus dem Wortlaut des § 20 Abs. 4 lässt sich das aber nicht herleiten. Die Fälle, in denen die Verminderung unterbleibt, sind in Abs. 4 Satz 2 abschließend aufgezählt. Wollte man den Anspruch auf Entgelt bei einem anderen Arbeitgeber genügen lassen, fände sich im Wortlaut kein Anhaltspunkt, weshalb zwischen öffentlichen und privaten Arbeitgebern differenziert werden soll. Die Beschäftigung bei einem anderen Arbeitgeber, der den TVöD oder den TV-L anwendet, hindert daher nicht die Kürzung.[9] Die Beschäftigung beim gleichen Arbeitgeber aufgrund eines

---

6 LAG Düsseldorf v. 13.10.2009, 3 Sa 800/09, ZTR 2010, 140.
7 BDKKL, TVöD § 20 Rn 8.
8 GKÖD-Fieberg, § 20 Rn 32.
9 GKÖD-Fieberg, § 20 Rn 53; aA Bepler/Böhle/Meerkamp/Stöhr, § 20 Rn 22.

anderen Arbeitsvertrages führt aber nicht zu einer Kürzung, auch wenn zwischen dem alten und dem neuen Arbeitsvertrag eine Unterbrechung lag.[10]

26 Beispiel: Ein Beschäftigter wurde am 27. Mai eingestellt. Seine Jahressonderzahlung vermindert sich um 4/12, weil er von Januar bis April keinen Anspruch auf Entgelt hatte. Für Mai erfolgt keine Kürzung, weil hier für die Zeit vom 27. bis zum 31. Anspruch auf Entgelt bestand.

27 Beispiel: Eine Beschäftigte befindet sich vom August 2008 bis Juli 2010 in Elternzeit. Im Jahre 2009 hat sie keinen Anspruch auf die Jahressonderzahlung, weil sie in keinem Monat Anspruch auf Entgelt hat.

28 **b) Ausnahmen von der Kürzung.** Keine Kürzung erfolgt in folgenden Fällen:
- Der Beschäftigte hat den Grundwehrdienst vor dem 1.12. beendet und die Beschäftigung unverzüglich wieder aufgenommen.
- Die Beschäftigte hatte wegen der Beschäftigungsverbote nach den §§ 3 Abs. 2 und 6 Abs. 1 MuSchG (Schutzfristen sechs Wochen vor und acht Wochen nach der Geburt) keinen Anspruch auf Entgelt.
- Bei Inanspruchnahme von Elternzeit in dem Jahr, in dem das Kind geboren wurde.
- Der Beschäftige hätte Anspruch auf Krankengeldzuschuss, der nur wegen der Höhe des zustehenden Krankengeldes nicht gezahlt wurde.

29 **5. Fälligkeit des Anspruchs. a) Regelfall.** Soweit nichts anderes bestimmt ist, wird die Jahressonderzahlung mit dem Tabellenentgelt für November, gemäß § 24 Abs. 1 Satz 2 also am 30.11. des Jahres ausgezahlt. Dies gilt auch dann, wenn dem Beschäftigten im November sonst keine Bezüge zustehen.

30 Beispiel: Die Beschäftigte befindet sich ab dem 3. Februar des Jahres in Elternzeit. Ab März erhält sie keine Bezüge mehr. Am 30.11. wird ihr die anteilige Jahressonderzahlung ausgezahlt.

31 **b) Zahlung eines Teilbetrages zu einem früheren Zeitpunkt.** Nach § 20 Abs. 5 Satz 2 kann ein Teilbetrag zu einem früheren Zeitpunkt ausgezahlt werden, etwa als „Urlaubsgeld" am 31.7. Hier besteht aber die Gefahr, dass die Zahlung erfolgt, obwohl das Arbeitsverhältnis später vor dem 1.12. endet und dann ein Anspruch nicht besteht. Der Betrag wäre dann gemäß § 812 ff BGB zurückzuzahlen. Der Beschäftigte kann sich aber nach § 818 Abs. 3 BGB auf den Wegfall der Bereicherung berufen, wenn er das Geld etwa für eine Urlaubsreise schon ausgegeben hat.

32 Beispiel: Die Beschäftigte kündigt ihr Arbeitsverhältnis am 20.7. zum 31.8. Am 31.7. wird ihr – wie in der Dienststelle üblich – die Hälfte der Jahressonderzahlung als „Urlaubsgeld" ausgezahlt. Der Betrag wäre gemäß § 812 BGB zurückzuzahlen. Hier kann aber § 814 BGB eingreifen. Danach besteht keine Pflicht zur Rückzahlung, wenn der Leistende gewusst hat, dass ein rechtlicher Grund für die Zahlung nicht besteht. Das könnte hier der Fall sein, weil durch die Kündigung schon am 20.7. ja fest stand, dass das Arbeitsverhältnis am 30.11. nicht mehr bestehen wird. Es kommt aber darauf an, ob die Dienststelle die Rechtslage

---

10 LAG Baden-Württemberg v. 30.9.2009, 3 Sa 11/09, ZTR 2009, 425, LAG Rheinland-Pfalz v. 10.2.2010, 8 Sa 579/09, aM LAG Berlin-Brandenburg v. 15.6.2011, 15 Sa 483/11.

richtig erkannt hat.[11] Bei versehentlicher Auszahlung findet § 814 BGB keine Anwendung.

6. Regelung bei Altersteilzeit. Von der Anspruchsvoraussetzung des § 20 Abs. 1, dass das Arbeitsverhältnis am 1.12. bestehen muss, gibt es eine Ausnahme für Beschäftigte, die bis zum 31.3.2005 Altersteilzeit vereinbart haben und deren Arbeitsverhältnis vor dem 1.12. wegen Rentenbezuges endet (§ 20 Abs. 6). In diesem Fall bemisst sich die Höhe der Jahressonderzahlung nach den letzten drei Monaten des Arbeitsverhältnisses. 33

Maßgeblich ist der Tag, an dem die Vereinbarung über die Altersteilzeit abgeschlossen wurde, nicht der tatsächliche Beginn der Altersteilzeit. 34

Beispiel: Der Beschäftigte hat am 15.12.2004 Altersteilzeit für die Zeit vom 1.8.2006 bis zum 30.7.2011 vereinbart. Er hat auch im Jahre 2011 noch Anspruch auf die Jahressonderzahlung. Diese bemisst sich nach dem Verdienst in den Monaten Mai, Juni und Juli. Die Sonderzahlung wird gemäß § 20 Abs. 4 auf 7/12 gekürzt, weil § 20 Abs. 6 nur eine Ausnahme von Abs. 1, nicht aber von der Zwölftelung des Abs. 4 vorsieht. 35

Die Formulierung, dass das Arbeitsverhältnis wegen Rentenbezuges enden muss, ist ungenau. Tatsächlich endet das Arbeitsverhältnis bei der Altersteilzeit nach Ablauf des vorgesehenen Zeitraums wegen Befristung. Ob der Beschäftigte nach Ablauf der Befristung tatsächlich eine Rente erhält, ist unerheblich.[12] Die Ausnahme des § 20 Abs. 6 greift immer ein, wenn die Altersteilzeit nach Ablauf der vorgesehenen Zeit endet. Sie gilt nicht bei vorzeitiger Beendigung, etwa wegen außerordentlicher Kündigung, wegen eines Aufhebungsvertrages oder beim Tod des Beschäftigten während der Altersteilzeit. 36

III. Sonderregelungen

1. Höhe des Anspruchs nach TV-L. Im Bereich des TV-L gelten **andere Prozentsätze**. Hier ist die Staffelung zwischen niedrigen und höheren Entgeltgruppen noch stärker ausgeprägt. Dafür erhalten die Beschäftigten der Entgeltgruppen 12–15 im Tarifgebiet Ost mehr als 75 v.H. der Sätze im Gebiet West. Die Regelung gilt seit dem 1.1.2008 für alle Beschäftigten. § 21 TVÜ-L sah für die Jahre 2006 und 2007 Übergangsregelungen vor. 37

Jahressonderzahlung nach § 20 Abs. 2 TV-L 38

Entgeltgruppe	Tarifgebiet West	Tarifgebiet Ost
1–8	95 v.H.	71,5 v.H.
9–11	80 v.H.	60 v.H.
12–13	50 v.H.	45 v.H.
14–15	35 v.H.	30 v.H.

2. Stichtag für Altersteilzeit im TV-L. Im Bereich des TV-L gilt die Sonderregelung des § 20 Abs. 6 für alle Beschäftigten, die bis zum 20.5.2006 Altersteilzeit vereinbart haben. 39

3. Sparkassensonderzahlung nach § 44 TVöD-BT-S (§ 18.4 TVöD-S). Für bankspezifisch Beschäftigte wird statt der Jahressonderzahlung eine Sparkas- 40

---

11 BGH v. 7.5.1997, IV ZR 35/96, NJW 1997, 2381.
12 Dörring/Kutzki-Schwald, § 20 Rn 5.

sensonderzahlung gezahlt. Diese sieht außer einem garantierten Anteil in Höhe eines Monatstabellenentgelts eine Leistungszulage oder Leistungsprämie sowie einen unternehmenserfolgsbezogenen Anteil an der Sonderzahlung vor, die entsprechend einer Dienstvereinbarung gezahlt werden. Bis zum Abschluss einer solchen Dienstvereinbarung werden jeweils 25 v.H. eines Monatstabellenentgelts, insgesamt somit 50 v.H., gezahlt (§ 44 Abs. 3 und 4 BT-S bzw § 18.4 TVöD-S). Anders als bei der Jahressonderzahlung nach § 20 TVöD wird hier nicht auf alle ständigen Entgeltbestandteile, sondern nur auf das Monatstabellenentgelt abgestellt. Eine Besitzstandszulage nach dem TVÜ-VKA bleibt daher bei der Berechnung der Sonderzahlung unberücksichtigt.[13]

41 **4. Sonderregelung für Ärzte an Universitätskliniken (§ 41 Nr. 15 TV-L).** Für Ärzte und Ärztinnen an Universitätskliniken gilt § 20 TV-L nicht. Weil sie ohnehin höhere Vergütungen nach den Vergütungsgruppen Ä 1 bis Ä 4 erhalten, entfällt die zusätzliche Jahressonderzahlung.

§ 21 Bemessungsgrundlage für die Entgeltfortzahlung (TVöD)

¹In den Fällen der Entgeltfortzahlung nach § 6 Abs. 3 Satz 1, § 22 Abs. 1, § 26, § 27 und § 29 werden das Tabellenentgelt sowie die sonstigen in Monatsbeträgen festgelegten Entgeltbestandteile weitergezahlt. ²Die nicht in Monatsbeträgen festgelegten Entgeltbestandteile werden als Durchschnitt auf Basis der dem maßgebenden Ereignis für die Entgeltfortzahlung vorhergehenden letzten drei vollen Kalendermonate (Berechnungszeitraum) gezahlt. ³Ausgenommen hiervon sind das zusätzlich für Überstunden und Mehrarbeit gezahlte Entgelt (mit Ausnahme der im Dienstplan vorgesehenen Überstunden und Mehrarbeit), Leistungsentgelte, Jahressonderzahlungen sowie besondere Zahlungen nach § 23 Abs. 2 und 3.

Protokollerklärungen zu den Sätzen 2 und 3:
1. *¹Volle Kalendermonate im Sinne der Durchschnittsberechnung nach Satz 2 sind Kalendermonate, in denen an allen Kalendertagen das Arbeitsverhältnis bestanden hat. ²Hat das Arbeitsverhältnis weniger als drei Kalendermonate bestanden, sind die vollen Kalendermonate, in denen das Arbeitsverhältnis bestanden hat, zugrunde zu legen. ³Bei Änderungen der individuellen Arbeitszeit werden die nach der Arbeitszeitänderung liegenden vollen Kalendermonate zugrunde gelegt.*
2. *¹Der Tagesdurchschnitt nach Satz 2 beträgt bei einer durchschnittlichen Verteilung der regelmäßigen wöchentlichen Arbeitszeit auf fünf Tage 1/65 aus der Summe der zu berücksichtigenden Entgeltbestandteile, die für den Berechnungszeitraum zugestanden haben. ²Maßgebend ist die Verteilung der Arbeitszeit zu Beginn des Berechnungszeitraums. ³Bei einer abweichenden Verteilung der Arbeitszeit ist der Tagesdurchschnitt entsprechend Satz 1 und 2 zu ermitteln. ⁴Sofern während des Berechnungszeitraums bereits Fortzahlungstatbestände vorlagen, bleiben die in diesem Zusammenhang auf Basis der Tagesdurchschnitte zustehenden Beträge bei der Ermittlung des Durchschnitts nach Satz 2 unberücksichtigt.*

---

13 BAG v. 11.2.2009, 10 AZR 264/08, ZTR 2009, 259.

3. *Tritt die Fortzahlung des Entgelts nach einer allgemeinen Entgeltanpassung ein, ist die/der Beschäftigte so zu stellen, als sei die Entgeltanpassung bereits mit Beginn des Berechnungszeitraums eingetreten.*

§ 21 Bemessungsgrundlage für die Entgeltfortzahlung (TV-L)

¹In den Fällen der Entgeltfortzahlung nach § 22 Absatz 1, § 26 und § 27 werden das Tabellenentgelt sowie die sonstigen in Monatsbeträgen festgelegten Entgeltbestandteile weitergezahlt. ²Nicht in Monatsbeträgen festgelegte Entgeltbestandteile werden als Durchschnitt auf Basis der letzten drei vollen Kalendermonate, die dem maßgebenden Ereignis für die Entgeltfortzahlung vorhergehen (Berechnungszeitraum), gezahlt. ³Ausgenommen hiervon sind das zusätzlich gezahlte Entgelt für Überstunden und Mehrarbeit (mit Ausnahme der im Dienstplan vorgesehenen Mehrarbeits- oder Überstunden sowie etwaiger Überstundenpauschalen), Leistungsentgelte, Jahressonderzahlungen sowie besondere Zahlungen nach § 23.

Protokollerklärungen zu § 21 Satz 2 und 3:
1. *Volle Kalendermonate im Sinne der Durchschnittsberechnung nach Satz 2 sind Kalendermonate, in denen an allen Kalendertagen das Arbeitsverhältnis bestanden hat. Hat das Arbeitsverhältnis weniger als drei Kalendermonate bestanden, sind die vollen Kalendermonate, in denen das Arbeitsverhältnis bestanden hat, zugrunde zu legen. Bei Änderungen der individuellen Arbeitszeit werden die nach der Arbeitszeitänderung liegenden vollen Kalendermonate zu Grunde gelegt.*
2. *Der Tagesdurchschnitt nach Satz 2 beträgt 1/65 aus der Summe der zu berücksichtigenden Entgeltbestandteile, die für den Berechnungszeitraum zugestanden haben, wenn die regelmäßige wöchentliche Arbeitszeit durchschnittlich auf fünf Tage verteilt ist. Maßgebend ist die Verteilung der Arbeitszeit zu Beginn des Berechnungszeitraums. Bei einer abweichenden Verteilung der Arbeitszeit ist der Tagesdurchschnitt entsprechend Satz 1 und 2 zu ermitteln. Sofern während des Berechnungszeitraums bereits Fortzahlungstatbestände vorlagen, bleiben bei der Ermittlung des Durchschnitts nach Satz 2 diejenigen Beträge unberücksichtigt, die während der Fortzahlungstatbestände auf Basis der Tagesdurchschnitte zustanden.*
3. *Tritt die Fortzahlung des Entgelts nach einer allgemeinen Entgeltanpassung ein, sind die berücksichtigungsfähigen Entgeltbestandteile, die vor der Entgeltanpassung zustanden, um 90 v.H. des Vomhundertsatzes für die allgemeine Entgeltanpassung zu erhöhen.*

I. Normstruktur 1	b) Nicht einzubeziehende Entgeltbestandteile 10
II. Tarifliche Regelung 3	4. Berechnungszeitraum 12
1. Anwendungsfälle 3	a) Regelfall 12
2. In Monatsbeträgen festgelegte Entgeltbestandteile 4	b) Verkürzter Bemessungszeitraum 16
3. Unregelmäßige Entgeltbestandteile 8	c) Auswirkung der Fälligkeit von unregelmäßigen Zahlungen auf die Entgeltfortzahlung 19
a) Einzubeziehende Entgeltbestandteile 8	

5. Berechnung des Tagesdurchschnitts 24
  a) Regelfall Fünf-Tage-
     Woche 24
  b) Abweichende Verteilung
     der Arbeitszeit 25
  c) Berechnung bei verkürz-
     tem Berechnungszeit-
     raum 26
  d) Berechnung bei stunden-
     weiser Abwesenheit 27
6. Berechnung bei Zeiten ohne
   Arbeitsleistung im Berechnungszeitraum 29
  a) Keine Berücksichtigung
     von fortgezahlten Entgelt-
     bestandteilen 29
  b) Änderung des Zeitfak-
     tors 31
7. Entgeltanpassung während
   der Entgeltfortzahlung 34
III. Sonderregelungen 38
1. Keine Anwendung von
   § 21 auf § 6 Abs. 3 und § 29
   im TV-L 38
2. Begrenzung der Dynamisierung im TV-L 39

I. Normstruktur

1 § 21 vereinheitlicht die Berechnung für die Entgeltfortzahlung im Krankheitsfall, im Erholungs- und Zusatzurlaub, bei Arbeitsbefreiung sowie bei einer Freistellung von der Arbeit am 24. und 31. Dezember. Dabei wendet die Vorschrift für die in Monatsbeträgen gezahlten Entgeltbestandteile das Lohnausfallprinzip an, im Übrigen das Referenzprinzip.

2 § 21 weicht dabei von den Regelungen der §§ 4 Abs. 1 EFZG und 11 Abs. 1 BUrlG ab. Dies ist nach §§ 4 Abs. 4 EFZG und 13 Abs. 1 BUrlG auch zulässig. Die Berechnungsweise in der vergleichbaren früheren Bestimmung des § 47 Abs. 2 BAT wurde vom BAG gebilligt.[1]

II. Tarifliche Regelung

3 **1. Anwendungsfälle.** Die Bestimmung gilt für die Entgeltfortzahlung bei Arbeitsbefreiung am 24. und 31. Dezember (§ 6 Abs. 3 Satz 1), im Krankheitsfall (§ 22), im Erholungsurlaub (§ 26), im Zusatzurlaub (§ 27) sowie bei Arbeitsbefreiung in den Fällen des § 29. Die Aufzählung ist abschließend. Die Vorschrift kann auf andere Fälle nicht entsprechend angewendet werden.

4 **2. In Monatsbeträgen festgelegte Entgeltbestandteile.** Fortzuzahlen nach dem Lohnausfallprinzip sind zB

- das Tabellenentgelt nach § 15,
- Besitzstandszulagen nach §§ 9–11 TVÜ Bund/VKA,
- Strukturausgleich nach § 12 TVÜ Bund/VKA,
- Zulagen für Techniker, Meister und Programmierer nach der Protokollerklärung zu § 5 Abs. 2 Satz 3 TVÜ-Bund/VKA,
- Monatspauschalen zB für Überstunden nach § 24 Abs. 6,
- Wechselschicht- und Schichtzulagen nach § 8 Abs. 5 und 6.[2]

Die Aufzählung ist nicht abschließend.

5 Die persönliche Zulage nach § 14 wegen der vorübergehenden Übertragung einer höherwertigen Tätigkeit ist nicht als „in Monatsbeträgen festgelegter Entgeltbestandteil" anzusehen, Diese Zulage wird nämlich nicht für volle Monate

---

1 BAG, Urteil v. 13.6.1991, 8 AZR 330/90, ZTR 92, 156.
2 BAG v. 24.3.2010, 10 AZR 570/09, ZTR 2010, 407.

gezahlt, sondern taggenau berechnet.³ Da während des Urlaubs, bei Krankheit und bei anderen Fehlzeiten die Zulage nicht weitergezahlt wird,⁴ ist es folgerichtig, sie auch nicht als ständigen Entgeltbestandteil in die Bemessungsgrundlage nach § 21 einzubeziehen. Die vermögenswirksamen Leistungen nach § 23 Abs. 1 sind kein nach § 21 fortzuzahlender Entgeltbestandteil, weil § 21 Satz 3 die besonderen Zahlungen nach § 23 ausdrücklich ausnimmt. Hier ordnet § 23 Abs. 1 Satz 4 gesondert an, dass diese Leistungen auch dann zu zahlen sind, wenn Anspruch auf Entgeltfortzahlung besteht. Diese Bestimmung wäre unnötig, wenn die vermögenswirksamen Leistungen ohnehin nach § 21 fortzuzahlen wären.⁵

Die Höhe der in Monatsbeträgen festgelegten Entgeltbestandteile kann sich während des Fortzahlungszeitraums ändern. 6

Beispiel: Ein Beschäftigter hat vom 24.7. bis zum 14.8. Erholungsurlaub. Ab dem 1.8. erreicht er nach dreijähriger Tätigkeit in der Stufe 3 seiner Vergütungsgruppe die Stufe 4. Sein fortzuzahlendes Tabellenentgelt erhöht sich entsprechend. 7

3. Unregelmäßige Entgeltbestandteile. a) Einzubeziehende Entgeltbestandteile. Die unregelmäßigen Entgeltbestandteile werden nach dem Referenzprinzip fortgezahlt. Hier kommt es also nicht darauf an, inwieweit diese Entgelte für den Fortzahlungszeitraum angefallen wären, sondern darauf, in welcher Höhe diese im Bemessungszeitraum tatsächlich angefallen sind. 8

Dazu gehören zB: 9

- im Dienstplan vorgesehene Überstunden (§ 7 Abs. 7 und Abs. 8 c),
- Zeitzuschläge nach § 8 Abs. 1 Satz 1 Buchstaben b–f,
- Entgelte für Rufbereitschaft nach § 8 Abs. 3,
- Zulagen für nicht ständige Wechselschicht- und Schichtarbeit nach § 8 Abs. 5 und 6,
- Entgelte für Bereitschaftsdienste nach § 9, § 46 BT-K,
- persönliche Zulagen nach § 14,
- Erschwernis- und Gefahrenzuschläge pro Stunde oder Tag nach § 19.

b) Nicht einzubeziehende Entgeltbestandteile. Nach § 21 Satz 3 fließen folgende Entgelte in die Berechnung nicht ein: 10

- nicht im Dienstplan vorgesehene Überstunden,
- das Leistungsentgelt nach § 18,
- die Jahressonderzahlung nach § 20,
- vermögenswirksame Leistungen nach § 23 Abs. 1,
- das Jubiläumsgeld nach § 23 Abs. 2.

Aufwandsentschädigungen wie zB Reisekosten als pauschalisierter Ersatz für besondere Aufwendungen sind kein Arbeitsentgelt.⁶ Sie fließen schon deswegen nicht in die Berechnung ein. 11

4. Berechnungszeitraum. a) Regelfall. Die nicht in Monatsbeträgen festgelegten Entgeltbestandteile werden als Durchschnitt auf Basis der letzten drei vollen Ka- 12

---

3 Dörring/Kutzki, § 21 Rn 9, aM ohne Begründung Breier/Dassau, § 21 Rn 3, Dassau/Wiesend-Rothbrust § 21 Rn 6.
4 Dassau/Wiesend-Rothbrust, § 14 Rn 29.
5 Dörring/Kutzki, § 21 Rn 6, aM Dassau/Wiesend-Rothbrust, § 21 Rn 6, Breier/Dassau, § 21 Rn 4.
6 BAG v. 12.12.2001, 5 AZR 257/00, NZA 2002, 1338.

lendermonate vor dem maßgebenden Ereignis gezahlt. Maßgebendes Ereignis ist der Beginn des Fortzahlungstatbestandes, also zB des Urlaubs oder der Arbeitsunfähigkeit.

13 Beispiel: Eine Beschäftigte ist vom 28.1. bis zum 13.3. arbeitsunfähig krank. Berechnungszeitraum sind die Monate von Oktober bis Dezember des Vorjahres.

14 Volle Kalendermonate sind nach der Protokollerklärung Nr. 1 Satz 1 alle Monate, in denen das Arbeitsverhältnis bestanden hat. Es kommt nicht darauf an, ob für diese Monate auch eine Vergütung gezahlt wurde.

15 Beispiel: Dieselbe Beschäftigte war bis zum 15.12. des Vorjahres im Erziehungsurlaub. Bemessungszeitraum sind gleichwohl die Monate von Oktober bis Dezember.

16 **b) Verkürzter Bemessungszeitraum.** Hat das Arbeitsverhältnis weniger als drei Kalendermonate bestanden, sind nur die (ein oder zwei) vollen Kalendermonate zugrunde zu legen, in denen das Arbeitsverhältnis bestanden hat (Protokollerklärung Nr. 1 Satz 2). Tritt eine Erkrankung schon im ersten Monat ein, ergibt sich kein Bemessungszeitraum. Dann gilt im Krankheitsfall nicht das Referenzprinzip, sondern das Entgeltausfallprinzip des § 4 Abs. 1 EFZG, weil der TVöD diesen Fall nicht klar regelt und deshalb von der gesetzlichen Regelung nicht abgewichen werden kann.[7] Bei der Berechnung des Urlaubsentgelts ordnet hingegen § 11 Abs. 1 S. 1 BUrlG selbst das Referenzprinzip an. Deswegen ist hier ein Bemessungszeitraum von weniger als einem Monat zugrunde zu legen, wenn bereits im ersten Monat nach einer Änderung der Arbeitszeit Urlaub genommen wird.[8]

17 Beispiel: Ein Beschäftigter wird am 2.1. eingestellt. Am 17.3. wird er arbeitsunfähig krank. Berechnungszeitraum ist der Februar als einziger voller Kalendermonat.

18 Der Bemessungszeitraum wird auch verkürzt, wenn sich die individuelle Arbeitszeit ändert. Dann werden nur die nach der Änderung liegenden Monate zugrunde gelegt (Protokollerklärung Nr. 1 Satz 3). Mit dieser Regelung wird die gesetzliche Regelung in § 11 BUrlG in zulässiger Weise abgeändert. Ist der Bemessungszeitraum nach Veränderung der Arbeitszeit kürzer als einen Monat, so werden hinsichtlich der nicht in Monatsbeträgen festgelegten Entgeltbestandteile aber die Monate vor der Änderung der Arbeitszeit herangezogen, weil sonst diese Entgeltbestandteile gar nicht berücksichtigt würden.[9]

19 **c) Auswirkung der Fälligkeit von unregelmäßigen Zahlungen auf die Entgeltfortzahlung.** Nach § 24 Abs. 1 Satz 3 sind Entgeltbestandteile, die nicht in Monatsbeträgen festgelegt sind, am Zahltag des zweiten Monats, der auf ihre Entstehung folgt, fällig. In § 21 ist nicht geregelt, ob für die Berechnung der Entgeltfortzahlung die im Berechnungszeitraum fälligen Beträge oder die in diesem Zeitraum erarbeiteten Beträge maßgeblich sind.

20 Aus dem Wortlaut der Vorschrift lässt sich die Antwort nicht herleiten. Satz 3 macht eine Ausnahme hinsichtlich des für Überstunden „gezahlten" Entgelts. Das könnte dafür sprechen, dass es auf die Fälligkeit ankommt. Die Protokollerklärung Nr. 2 Satz 1 nimmt aber auf die Entgeltbestandteile Bezug, die für den

---

[7] BAG v. 20.1.2010, 5 AZR 53/09, NZA 2010, 455.
[8] BAG v. 18.3.2010, 6 AZR 434/07, ZTR 2010, 367.
[9] BAG v. 23.2.2010, 9 AZR 52/09, ZTR 2010, 367.

Berechnungszeitraum „zugestanden" haben. Gemäß § 24 Abs. 1 S. 3 werden die unständigen Entgeltbestandteile zum Zahltag des zweiten Kalendermonats fällig, der auf ihre Entstehung folgt. Der Anspruch auf Überstundenvergütung entsteht somit schon in dem Monat, in diese Überstunden geleistet wurden. Es kommt somit darauf an, in welchem Monat die Überstunden geleistet wurden.[10] Diese Berechnungsweise wendet auch das BAG an.[11]

Der Zweck der Vorschrift spricht auch für diese Auffassung. Der Entgeltfortzahlung sollen die Verhältnisse im Berechnungszeitraum zugrunde gelegt werden, weil dieser unmittelbar vor dem Beginn der Entgeltfortzahlung liegt und somit eher angenommen werden kann, dass sich diese Verhältnisse nicht geändert hätten. Mit größerem zeitlichem Abstand wächst die Wahrscheinlichkeit, dass sich die Verhältnisse ändern und dass damit die Berechnung des fortgezahlten Entgelts „ungerechter" wird. 21

Beispiel: Einer Beschäftigten wird ab dem 2.2. eine höherwertige Tätigkeit übertragen. Außerdem leistet sie von da an zahlreiche dienstplanmäßige Überstunden und arbeitet nachts. Am 29.4. erkrankt sie. Die Zulagen nach §§ 8 Abs. 1 Satz 2 b, § 14 und die Vergütung für die Überstunden werden nach § 24 Abs. 1 Satz 3 erstmals am 30.4. fällig. Stellt man auf die Fälligkeit ab, würden alle Zulagen und die Vergütung für die Überstunden bei der Entgeltfortzahlung nicht berücksichtigt, obwohl bei der Erkrankung die geänderten Verhältnisse schon fast drei Monate angedauert haben. 22

Es ist daher der Auffassung zu folgen, dass es auf die im Berechnungszeitraum erarbeiteten Beträge ankommt, nicht auf die in diesem Zeitraum fälligen Beträge.[12] 23

5. Berechnung des Tagesdurchschnitts. a) Regelfall Fünf-Tage-Woche. Nach Satz 1 der Protokollnotiz Nr. 2 beträgt der Tagesdurchschnitt 1/65 der Summe der zu berücksichtigenden Entgeltbestandteile im Berechnungszeitraum von drei Monaten, weil auf drei Monate im Durchschnitt etwa 13 Wochen und damit bei einer Fünf-Tage-Woche 65 Arbeitstage entfallen. 24

b) Abweichende Verteilung der Arbeitszeit. Wird regelmäßig an mehr oder weniger Tagen in der Woche gearbeitet, verändert sich gemäß Satz 3 der Protokollnotiz Nr. 2 die Berechnung entsprechend: 25

Arbeitstage je Woche	Berechnungsfaktor
6	1/78
4	1/52
3	1/39
2	1/26
1	1/13

---

10 LAG Köln v. 18.3.2010, 7 Sa 978/09; Dörring-Kutzki, § 21 Rn 19; GKÖD-Fieberg, § 21 Rn 30.
11 BAG v. 23.2.2010, 9 AZR 52/09, ZTR 2010, 367; BAG v. 1.9.2010, 5 AZR 557/09, NZA 2010, 1360.
12 So auch Breier/Dassau, § 21 Rn 15 c; Durchführungshinweise des BMI zu Abschnitt III TVöD vom 8.12.2005, anders das Rundschreiben der VKA Nr. 6/2006 vom 5.1.2006.

26 c) **Berechnung bei verkürztem Berechnungszeitraum.** Die Berechnung ändert sich wiederum, wenn als Berechnungszeitraum nur ein oder zwei Monate zur Verfügung stehen:

Arbeitstage je Woche	2 Kalendermonate	1 Kalendermonat
6	1/52	1/26
5	**1/43**	**1/22**
4	1/34	1/17
3	1/26	1/13
2	1/17	1/9
1	1/9	1/4

27 d) **Berechnung bei stundenweiser Abwesenheit.** In manchen Fällen, zB bei Arztbesuchen (§ 29 Abs. 1 Buchstabe f) kann sich auch eine Entgeltfortzahlung für einzelne Stunden ergeben. In diesen Fällen sind die in Monatsbeträgen festgelegten Entgeltbestandteile nach § 24 Abs. 3 Satz 3 durch das 4,348-fache der regelmäßigen wöchentlichen Arbeitszeit zu teilen. Hinzu kommt die Summe der nicht ständigen Entgelte im Berechnungszeitraum, geteilt durch drei und wiederum durch das 4,348-fache der regelmäßigen wöchentlichen Arbeitszeit.

28 Beispiel: Eine Beschäftigte war zwei Stunden beim Arzt. Ihr Tabellenentgelt beträgt € 1910. Für zwei Stunden ist dieses bei einer wöchentlichen Arbeitszeit von 39 Stunden durch 169,6 zu teilen. Dies ergibt € 11,26. Sie hatte im Berechnungszeitraum nicht ständige Bezüge von € 355. Diese sind durch 3 mal 4,348 mal 39 zu teilen. Das ergibt € 0,70. Je Stunde sind somit € 11,96, für zwei Stunden € 23,92 fortzuzahlen.

29 **6. Berechnung bei Zeiten ohne Arbeitsleistung im Berechnungszeitraum. a) Keine Berücksichtigung von fortgezahlten Entgeltbestandteilen.** Wenn während des Berechnungszeitraums schon Fortzahlungsbestände vorlagen, zB wegen Krankheit oder Urlaubs, bleiben die insoweit zustehenden Beträge bei der Ermittlung des Tagesdurchschnitts der nicht in Monatsbeträgen festgelegten Entgelte unberücksichtigt (Satz 4 der Protokollerklärung Nr. 2).

30 Beispiel: Ein Beschäftigter hat vom 7.8. bis zum 26.8. Erholungsurlaub. Der Berechnungszeitraum für die Fortzahlung der nicht ständigen Bezüge während des Urlaubs sind die Monate Mai bis Juli. Im Monat Juni war der Beschäftigte arbeitsunfähig krank. In diesem Monat ist bei der Berechnung der fortgezahlten Bezüge berücksichtigt worden, dass er im März und April Nachtarbeit geleistet und entsprechende Zuschläge erhalten hatte, was seitdem nicht mehr vorgekommen war. Diese Zuschläge bleiben bei der Berechnung der fortgezahlten Vergütung für den Urlaub im August unberücksichtigt.

31 b) **Änderung des Zeitfaktors.** Neben dem Geldfaktor ist auch der Zeitfaktor bei der Berechnung des Tagesdurchschnitts anzupassen. Die nicht in Monatsbeträgen festgelegten Entgeltbestandteile sind „als Durchschnitt" zu zahlen. Deshalb ist die Bruttosumme durch die Zahl der Tage zu teilen, an denen diese Summe erarbeitet wurde.[13]

---

13 BAG v. 1.9.2010, 5 AZR 557/09, NZA 2010, 1360.

Beispiel: Eine Beschäftigte arbeitet im März an 5 Tagen. Im April an 20 Tagen 32
und im Mai an 15 Tagen. In den drei Monaten erhält sie 80,00 € unständiges
Entgelt. Dieser Betrag von € 12,50 ist daher nur durch 40 zu teilen, weil sie in
den drei Monaten an insgesamt 40 Tagen gearbeitet hat. Für jeden Ausfalltag
im Juni erhält sie Beschäftigte daher weitere 2,00 €.

Die Frage war zwischen BMI und VKA umstritten. In der Vorauflage war noch 33
die Auffassung vertreten worden, dass sich der Zeitfaktor nicht ändert.[14] Durch
die Entscheidung des BAG ist die Frage jetzt geklärt.

7. Entgeltanpassung während der Entgeltfortzahlung. Die Protokollerklärung 34
Nr. 3 sieht vor, dass bei einer allgemeinen Anpassung des Entgelts der Beschäftigte so zu stellen ist, als sei die Anpassung bereits zu Beginn des Berechnungszeitraums eingetreten. Tritt somit eine Tariferhöhung während oder auch nach dem Berechnungszeitraum, aber vor dem Beginn des Fortzahlungszeitraums in Kraft, so werden die nichtständigen Entgeltbestandteile bei der Berechnung nach § 21 entsprechend dem neuen Tarif berechnet.

Beispiel: Am 1.5. erhöhen sich alle tariflichen Bezüge um 2 %. Am 3.5. erkrankt 35
der Beschäftigte. Im Berechnungszeitraum von Februar bis April galt noch der
alte Tarif. Zum Zweck der Berechnung der Entgeltfortzahlung werden aber die
in dieser Zeit erarbeiteten nichtständigen Bezüge nach dem neuen Tarif errechnet. Anders wäre es, wenn der Beschäftigte schon am 30.4. erkrankt wäre, also
vor der allgemeinen Tariferhöhung. Dann bliebe die bisherige Berechnung maßgeblich, auch wenn die Krankheit über den 1.5. hinaus fortdauert.

Die Protokollerklärung Nr. 3 bezieht sich nur auf eine allgemeine Entgeltanpassung. 36
Dies bedeutet, dass bei einer individuellen Entgeltanpassung, etwa wegen
einer Höhergruppierung oder Stufenvorrückung nach dem Berechnungszeitraum, aber vor Beginn der Entgeltfortzahlung, die bisherigen Bezüge maßgeblich
bleiben.

Beispiel: Am 1.5. rückt die Beschäftigte in die Stufe 5 ihrer Entgeltgruppe vor. 37
Am 3.5. erkrankt sie. Die im Berechnungszeitraum Februar bis April erarbeiteten
nichtständigen Bezüge werden noch nach Stufe vier berechnet.

III. Sonderregelungen

1. Keine Anwendung von § 21 auf § 6 Abs. 3 und § 29 im TV-L. Nach § 21 TV- 38
L gilt diese Vorschrift nur für die Entgeltfortzahlung bei Krankheit und im Urlaub. Sie findet keine Anwendung auf die Arbeitsbefreiung am 24. und 31.12.
sowie auf die Arbeitsbefreiung nach § 29. In diesen Fällen werden im Bereich des
TV-L nur das Tabellenentgelt sowie die in Monatsbeträgen festgelegten Entgeltbestandteile fortgezahlt (§ 6 Abs. Abs. 3 Satz 1, § 29 Abs. 6 TV-L). Dadurch
werden im Bereich des TV-L umfangreiche Rechenarbeiten bei der Entgeltfortzahlung für kurze Zeiträume vermieden.

2. Begrenzung der Dynamisierung im TV-L. Nach der Protokollerklärung 39
Nr. 3 zu § 21 TV-L erhöhen sich die nichtständigen Entgeltbestandteile, die
während des Berechnungszeitraums vor einer allgemeinen Entgeltanpassung zustanden, nur um 90 v.H. des Vomhundertsatzes für diese Entgeltanpassung.

---

14 So auch noch das LAG Hamm v. 11.3.2009, 18 Sa 1295/07.

40 Beispiel: Am 1.5. erhöhen sich alle tariflichen Bezüge um 2 %. Am 3.5. erkrankt der Beschäftigte. Im Berechnungszeitraum von Februar bis April galt noch der alte Tarif. Zum Zweck der Berechnung der Entgeltfortzahlung werden die in dieser Zeit erarbeiteten nichtständigen Bezüge um 90 % von 2 %, also um 1,8 %, erhöht.

§ 22 Entgelt im Krankheitsfall (TVöD)

(1) ¹Werden Beschäftigte durch Arbeitsunfähigkeit infolge Krankheit an der Arbeitsleistung verhindert, ohne dass sie ein Verschulden trifft, erhalten sie bis zur Dauer von sechs Wochen das Entgelt nach § 21. ²Bei erneuter Arbeitsunfähigkeit infolge derselben Krankheit sowie bei Beendigung des Arbeitsverhältnisses gelten die gesetzlichen Bestimmungen. ³Als unverschuldete Arbeitsunfähigkeit im Sinne der Sätze 1 und 2 gilt auch die Arbeitsverhinderung infolge einer Maßnahme der medizinischen Vorsorge und Rehabilitation im Sinne von § 9 EFZG.

Protokollerklärung zu Absatz 1 Satz 1:

Ein Verschulden liegt nur dann vor, wenn die Arbeitsunfähigkeit vorsätzlich oder grob fahrlässig herbeigeführt wurde.

(2) ¹Nach Ablauf des Zeitraums gemäß Absatz 1 erhalten die Beschäftigten für die Zeit, für die ihnen Krankengeld oder entsprechende gesetzliche Leistungen gezahlt werden, einen Krankengeldzuschuss in Höhe des Unterschiedsbetrags zwischen den tatsächlichen Barleistungen des Sozialleistungsträgers und dem Nettoentgelt. ²Nettoentgelt ist das um die gesetzlichen Abzüge verminderte Entgelt im Sinne des § 21 (mit Ausnahme der Leistungen nach § 23 Abs. 1); bei freiwillig in der gesetzlichen Krankenversicherung versicherten Beschäftigten ist dabei deren Gesamtkranken- und Pflegeversicherungsbeitrag abzüglich Arbeitgeberzuschuss zu berücksichtigen. ³Für Beschäftigte, die nicht der Versicherungspflicht in der gesetzlichen Krankenversicherung unterliegen und bei einem privaten Krankenversicherungsunternehmen versichert sind, ist bei der Berechnung des Krankengeldzuschusses der Krankengeldhöchstsatz, der bei Pflichtversicherung in der gesetzlichen Krankenversicherung zustünde, zugrunde zu legen. ⁴Bei Teilzeitbeschäftigten ist das nach Satz 3 bestimmte fiktive Krankengeld entsprechend § 24 Abs. 2 zeitanteilig umzurechnen.

(3) ¹Der Krankengeldzuschuss wird bei einer Beschäftigungszeit (§ 34 Abs. 3)

- von mehr als einem Jahr längstens bis zum Ende der 13. Woche und
- von mehr als drei Jahren längstens bis zum Ende der 39. Woche

seit dem Beginn der Arbeitsunfähigkeit infolge derselben Krankheit gezahlt. ²Maßgeblich für die Berechnung der Fristen nach Satz 1 ist die Beschäftigungszeit, die im Laufe der krankheitsbedingten Arbeitsunfähigkeit vollendet wird.

(4) ¹Entgelt im Krankheitsfall wird nicht über das Ende des Arbeitsverhältnisses hinaus gezahlt; § 8 EFZG bleibt unberührt. ²Krankengeldzuschuss wird zudem nicht über den Zeitpunkt hinaus gezahlt, von dem an Beschäftigte eine Rente oder eine vergleichbare Leistung auf Grund eigener Versicherung aus der gesetzlichen Rentenversicherung, aus einer zusätzlichen Alters- und Hinterbliebenenversorgung oder aus einer sonstigen Versorgungseinrichtung erhalten, die nicht allein aus Mitteln der Beschäftigten finanziert ist. ³Innerhalb eines Kalenderjahres kann das Entgelt im Krankheitsfall nach Absatz 1 und 2 insgesamt

längstens bis zum Ende der in Absatz 3 Satz 1 genannten Fristen bezogen werden; bei jeder neuen Arbeitsunfähigkeit besteht jedoch mindestens der sich aus Absatz 1 ergebende Anspruch. ⁴Überzahlter Krankengeldzuschuss und sonstige Überzahlungen gelten als Vorschuss auf die in demselben Zeitraum zustehenden Leistungen nach Satz 2; die Ansprüche der Beschäftigten gehen insoweit auf den Arbeitgeber über. ⁵Der Arbeitgeber kann von der Rückforderung des Teils des überzahlten Betrags, der nicht durch die für den Zeitraum der Überzahlung zustehenden Bezüge im Sinne des Satzes 2 ausgeglichen worden ist, absehen, es sei denn, die/der Beschäftigte hat dem Arbeitgeber die Zustellung des Rentenbescheids schuldhaft verspätet mitgeteilt.

§ 22 Entgelt im Krankheitsfall (TV-L)

(1) ¹Werden Beschäftigte durch Arbeitsunfähigkeit infolge Krankheit an der Arbeitsleistung verhindert, ohne dass sie ein Verschulden trifft, erhalten sie bis zur Dauer von sechs Wochen das Entgelt nach § 21. ²Bei erneuter Arbeitsunfähigkeit infolge derselben Krankheit sowie bei Beendigung des Arbeitsverhältnisses gelten die gesetzlichen Bestimmungen. ³Als unverschuldete Arbeitsunfähigkeit im Sinne der Sätze 1 und 2 gilt auch die Arbeitsverhinderung im Sinne des § 3 Absatz 2 und des § 9 Entgeltfortzahlungsgesetz.

Protokollerklärung zu § 22 Absatz 1 Satz 1:
Ein Verschulden liegt nur dann vor, wenn die Arbeitsunfähigkeit vorsätzlich oder grob fahrlässig herbeigeführt wurde.

(2) ¹Nach Ablauf des Zeitraums gemäß Absatz 1 erhalten die Beschäftigten für die Zeit, für die ihnen Krankengeld oder entsprechende gesetzliche Leistungen gezahlt werden, einen Krankengeldzuschuss in Höhe des Unterschiedsbetrags zwischen den tatsächlichen Barleistungen des Sozialleistungsträgers und dem Nettoentgelt. ²Nettoentgelt ist das um die gesetzlichen Abzüge verminderte Entgelt im Sinne des § 21; bei freiwillig in der gesetzlichen Krankenversicherung versicherten Beschäftigten ist dabei deren Gesamtkranken- und Pflegeversicherungsbeitrag abzüglich Arbeitgeberzuschuss zu berücksichtigen. ³Bei Beschäftigten, die in der gesetzlichen Krankenversicherung versicherungsfrei oder die von der Versicherungspflicht in der gesetzlichen Krankenversicherung befreit sind, sind bei der Berechnung des Krankengeldzuschusses diejenigen Leistungen zu Grunde zu legen, die ihnen als Pflichtversicherte in der gesetzlichen Krankenversicherung zustünden.

(3) ¹Der Krankengeldzuschuss wird bei einer Beschäftigungszeit (§ 34 Absatz 3)
a) von mehr als einem Jahr längstens bis zum Ende der 13. Woche und
b) von mehr als drei Jahren längstens bis zum Ende der 39. Woche

seit dem Beginn der Arbeitsunfähigkeit infolge derselben Krankheit gezahlt. ²Maßgeblich für die Berechnung der Fristen nach Satz 1 ist die Beschäftigungszeit, die im Laufe der krankheitsbedingten Arbeitsunfähigkeit vollendet wird. ³Innerhalb eines Kalenderjahres kann das Entgelt im Krankheitsfall nach Absatz 1 und 2 insgesamt längstens bis zum Ende der in Absatz 3 Satz 1 genannten Fristen bezogen werden; bei jeder neuen Arbeitsunfähigkeit besteht jedoch mindestens der sich aus Absatz 1 ergebende Anspruch.

(4) ¹Entgelt im Krankheitsfall wird nicht über das Ende des Arbeitsverhältnisses hinaus gezahlt; § 8 Entgeltfortzahlungsgesetz bleibt unberührt. ²Krankengeldzuschuss wird zudem nicht über den Zeitpunkt hinaus gezahlt, von dem an Beschäftigte eine Rente oder eine vergleichbare Leistung auf Grund eigener Versicherung aus der gesetzlichen Rentenversicherung, aus einer zusätzlichen Alters- und Hinterbliebenenversorgung oder aus einer sonstigen Versorgungseinrichtung erhalten, die nicht allein aus Mitteln der Beschäftigten finanziert ist. ³Überzahlter Krankengeldzuschuss und sonstige Überzahlungen gelten als Vorschuss auf die in demselben Zeitraum zustehenden Leistungen nach Satz 2; die Ansprüche der Beschäftigten gehen insoweit auf den Arbeitgeber über. ⁴Der Arbeitgeber kann von der Rückforderung des Teils des überzahlten Betrags, der nicht durch die für den Zeitraum der Überzahlung zustehenden Bezüge im Sinne des Satzes 2 ausgeglichen worden ist, absehen, es sei denn, die/der Beschäftigte hat dem Arbeitgeber die Zustellung des Rentenbescheids schuldhaft verspätet mitgeteilt.

I. Normstruktur 1	5. Beginn, Dauer und Höhe des Anspruchs auf Entgeltfortzahlung 43
II. Gesetzliche und tarifliche Regelung 2	a) Beginn des Anspruchs 43
1. Voraussetzungen für den Anspruch auf Entgeltfortzahlung 2	b) Dauer des Anspruchs 44
a) Regelung im Entgeltfortzahlungsgesetz 2	c) Erneute Arbeitsunfähigkeit 47
b) Arbeitsunfähigkeit 3	d) Höhe des Anspruchs auf Entgeltfortzahlung 55
c) Krankheit 6	6. Anspruch auf Krankengeldzuschuss (§ 22 Abs. 2 und 3) 56
d) Einzelfälle der Krankheit 7	
e) Kausalität der Krankheit für die Arbeitsunfähigkeit 8	7. Berechnung des Krankengeldzuschusses 61
	a) Berechnungsmethode 61
f) Kausalität der Arbeitsunfähigkeit für den Verdienstausfall 10	b) Berechnung des Krankengeldes 62
g) Verschulden 15	c) Berechnung des Nettoentgelts 63
h) Einzelfälle des Verschuldens 17	d) Abzuziehende Barleistungen 68
2. Mitteilungs- und Nachweispflichten (§ 5 EFZG) 28	e) Berechnungsweise bei Abrechnung einzelner Tage 70
a) Erkrankung im Inland (§ 5 Abs. 1 EFZG) 28	
b) Pflichten bei Erkrankung im Ausland (§ 5 Abs. 2 EFZG) 35	f) Nettoentgelt bei freiwilliger Krankenversicherung (§ 22 Abs. 2 Satz 2 Hs 2) .. 72
3. Medizinische Vorsorge und Rehabilitation (§ 22 Abs. 1 Satz 3) 37	g) Nicht gesetzlich Krankenversicherte (§ 22 Abs. 2 Satz 3) 73
a) Begriffsbestimmung 37	8. Zahlungsdauer (§ 22 Abs. 3) 76
b) Mitteilungspflichten (§ 9 Abs. 2 EFZG) 40	9. Steuer und Sozialversicherung, Zusatzversorgung 86
4. Sterilisation und Schwangerschaftsabbruch (§ 3 Abs. 2 EFZG) 41	a) Entgeltfortzahlung im Krankheitsfall 86
	b) Krankengeldzuschuss 87

10. Ende des Arbeitsverhältnisses und Rentenbezug (§ 22 Abs. 4) 90
  a) Ende des Arbeitsverhältnisses 90
  b) Rentenbezug (§ 22 Abs. 4 Satz 2) 97
  c) Anspruchsübergang und Rückforderung bei Rentenbezug (§ 22 Abs. 4 Satz 3 und 4) .. 100
11. Forderungsübergang bei Haftung eines Dritten (§ 6 EFZG) 104
  a) Forderungsübergang 104
  b) Ausnahme bei häuslicher Gemeinschaft 106
  c) Schädigung durch Arbeitskollegen 111
III. Sonderregelungen 112
  1. Besitzstandswahrung für frühere BAT-Beschäftigte (§ 13 TVÜ-VKA/Bund) 112
  2. Besitzstandswahrung für frühere BAT-Beschäftigte (§ 13 TVÜ-Länder) 117

I. Normstruktur

Die Vorschrift regelt die Entgeltfortzahlung im Krankheitsfall weitgehend entsprechend den Vorschriften des Entgeltfortzahlungsgesetzes (EFZG). Darüber hinaus sieht sie einen Anspruch auf Zuschuss zum Krankengeld nach Ablauf der Entgeltfortzahlung vor. 1

II. Gesetzliche und tarifliche Regelung

1. Voraussetzungen für den Anspruch auf Entgeltfortzahlung. a) Regelung im Entgeltfortzahlungsgesetz. Der Anspruch auf Entgeltfortzahlung ist für alle Arbeitnehmer im EFZG festgelegt. Von dessen Vorschriften kann nach § 12 EFZG nicht zuungunsten der Arbeitnehmer abgewichen werden. Nur die Bemessungsgrundlage für das fortzuzahlende Entgelt kann gemäß § 4 Abs. 4 EFZG in Tarifverträgen abweichend festgelegt werden, wie dies in § 21 geschehen ist.[1] 2

b) Arbeitsunfähigkeit. Arbeitsunfähig ist, wer seine Arbeitsleistung nicht in vollem Umfang entsprechend dem Arbeitsvertrag erbringen kann. Es gibt keine teilweise Arbeitsunfähigkeit. Wer aufgrund seiner Krankheit noch drei Stunden am Tag statt acht Stunden arbeiten könnte, ist gleichwohl insgesamt arbeitsunfähig. Wer allerdings aufgrund eines Teilzeitvertrages nur drei Stunden am Tag arbeiten muss, wäre in diesem Fall noch arbeitsfähig. 3

Die Arbeitsunfähigkeit hängt von der arbeitsvertraglich geschuldeten Arbeitsleistung ab. Bei einer Knieverletzung kann eine Beschäftigte der Müllabfuhr arbeitsunfähig sein, während ein Beschäftigter der Rechtsabteilung noch arbeitsfähig ist. 4

Der Arbeitgeber kann die geschuldete Arbeitsleistung aufgrund seines Direktionsrechts konkretisieren. Wenn der Beschäftigte aufgrund seiner Krankheit Gewichte von mehr als 10 kg, die er üblicherweise heben muss, nicht mehr heben kann, der Arbeitgeber ihm aber Arbeit zuweist, bei der er nur 3 kg heben muss, ist der Beschäftigte nicht arbeitsunfähig krank. 5

c) Krankheit. Krankheit ist ein regelwidriger Körper- oder Geisteszustand, Vielfach wird die Definition noch dadurch ergänzt, dass eine Heilbehandlung erforderlich sein soll. Das mag zwar die Regel sein, ist aber nicht immer der Fall.[2] 6

---

[1] BAG v. 13.3.2002, 5 AZR 648/00, NZA 2002, 744.
[2] BDKLL, TVöD § 22, 15.

Auch die fiebrige Erkältung, die ohne Behandlung nach drei Tagen abklingt, ist eine Krankheit. Gleiches gilt für die unheilbare Krankheit, bei der nur noch Schmerzen gelindert werden können. Eine Behinderung ist keine Krankheit, ebenso wenig ein altersbedingtes Nachlassen der Kräfte. Keine Krankheit ist auch „Hässlichkeit", die durch eine Schönheitsoperation beseitigt werden soll.[3]

d) **Einzelfälle der Krankheit**

7
- Eine **Schwangerschaft** ist keine Krankheit, weil es sich nicht um einen regelwidrigen Körperzustand handelt. Natürlich kann auch eine Schwangere erkranken. Wird sie dadurch arbeitsunfähig, besteht Anspruch auf Entgeltfortzahlung. Wenn dagegen die Schwangere noch arbeitsfähig ist, durch die Weiterarbeit aber sich oder das Kind gefährdet, spricht der Arzt ein Beschäftigungsverbot nach § 3 Abs. 1 MuSchG aus. Dann besteht ein Anspruch auf Mutterschaftsgeld oder auf Entgeltfortzahlung nach § 11 MuSchG, nicht aber nach § 22. Im einzelnen ist abzugrenzen, ob Arbeitsunfähigkeit besteht oder ein Beschäftigungsverbot ausgesprochen werden muss[4]
- **Alkoholabhängigkeit** ist eine Krankheit.[5]
- Auch **Transsexualität** kann als Krankheit anzusehen sein.[6]
- Keine Krankheit ist die Teilnahme an einer **Organspende** als Spender. Hier wird vielmehr Krankenhilfe für eine andere Person geleistet. Der Verdienstausfall ist gegebenenfalls vom Versicherungsträger des Organempfängers zu erstatten.[7]

8 e) **Kausalität der Krankheit für die Arbeitsunfähigkeit.** Anspruch auf Entgeltfortzahlung hat nur, wer infolge der Krankheit arbeitsunfähig ist. Daran fehlt es, wenn die Krankheit die Arbeitsfähigkeit nicht beeinträchtigt. Ob dies der Fall ist, entscheidet in der Regel der Arzt.

Beispiel: Ein Beschäftigter leidet an einer vegetativen Dystonie. Der Arzt verschreibt ihm ein Medikament, stellt aber keine Arbeitsunfähigkeitsbescheinigung aus, weil die Tätigkeit als Sachbearbeiter dadurch nicht beeinträchtigt wird.

9 Die gleiche Krankheit kann bei einem Beruf zur Arbeitsunfähigkeit führen, bei einem anderen aber nicht.

Beispiel: Eine Schreibkraft bricht sich den rechten Zeigefinger. Sie ist arbeitsunfähig. Als Opernsängerin wäre sie noch arbeitsfähig. Bei Heiserkeit wäre es umgekehrt.

10 f) **Kausalität der Arbeitsunfähigkeit für den Verdienstausfall.** Der Anspruch auf Entgeltfortzahlung setzt auch voraus, dass der Verdienstausfall allein auf der Arbeitsunfähigkeit beruht. Es gilt das Lohnausfallprinzip. Beschäftigte sollen aufgrund der Erkrankung nicht besser gestellt werden, als wenn sie nicht erkrankt wären.

---

3 ErfK/Dörner, § 3 EFZG Rn 6.
4 BAG v. 1.10.1997, 5 AZR 685/96, NZA 1998, 194.
5 BAG v. 7.8.1991, 5 AZR 410/90, NZA 1992, 69, BAG v. 13.2.2002, 5 AZR 588/00, NZA 2002, 738.
6 Dörring/Kutzki, § 22 Rn 10.
7 BAG v. 6.8.1986, 5 AZR 607/85, AP Nr. 68 zu § 1 LFZG.

An der Kausalität fehlt es, wenn die Arbeitsleistung schon aus einem anderen Grund entfallen würde. Es kommt darauf an, ob die Arbeitsleistung ohne die Erkrankung erbracht worden wäre.[8]

Beispiel: Eine Pflegekraft hat nach dem Dienstplan von Dienstag bis Donnerstag frei. An diesen Tagen ist sie wegen einer Darmgrippe arbeitsunfähig krank. Sie erhält keine Entgeltfortzahlung, weil sie auch dann nicht arbeiten würde, wenn sie gesund wäre.

Wer während eines unbezahlten Sonderurlaubs erkrankt, hat keinen Anspruch auf Entgeltfortzahlung, weil auch ohne Erkrankung nicht gearbeitet worden wäre.[9] **11**

Hat ein Arbeitnehmer vor Beginn der Krankheit mehrere Tage unentschuldigt gefehlt und wird dann krank, so hat er Anspruch auf Entgeltfortzahlung nur, wenn er beweisen kann, dass er die Arbeit ohne die Erkrankung wieder aufgenommen hätte.[10] **12**

Wer während eines Arbeitskampfes erkrankt, hat nur dann Anspruch auf Entgeltfortzahlung, wenn er ohne die Erkrankung nicht am Streik teilgenommen hätte. Eine Streikteilnahme während der Krankheit kann nicht schon dann unterstellt werden, wenn ein Arbeitnehmer während eines Streiks aus dem Urlaub zurückkehrt, gleich danach erkrankt und nach der Genesung dann am Streik teilnimmt.[11] Während einer Aussperrung besteht kein Anspruch auf Entgeltfortzahlung, weil diese sich auf alle Arbeitnehmer bezieht und der einzelne Arbeitnehmer nicht trotz der Aussperrung weiterarbeiten könnte.[12] **13**

An der Kausalität der Krankheit für die Arbeitsunfähigkeit fehlt es auch, wenn der Arbeitnehmer ohne ärztliche Behandlung arbeitsfähig wäre und nur durch die Behandlung arbeitsunfähig wird. Wer sich eine Tätowierung entfernen lässt, hat keinen Anspruch auf Entgeltfortzahlung, wenn er durch den Eingriff arbeitsunfähig wird, weil er ja auch mit der Tätowierung arbeiten könnte.[13] **14**

g) Verschulden. Das Entgelt wird nur fortgezahlt, wenn den Beschäftigten an der Erkrankung kein Verschulden trifft. Als Verschulden gelten nach der Protokollerklärung aber nur Vorsatz oder grobe Fahrlässigkeit. **15**

Vorsätzlich handelt, wer die Arbeitsunfähigkeit will oder ihren Eintritt billigend in Kauf nimmt. Grob fahrlässig handelt, wer die erforderliche Sorgfalt in grobem Maße verletzt und dabei auch nahe liegende einfache Überlegungen nicht anstellt, die jedem einleuchten. **16**

h) Einzelfälle des Verschuldens. Zur Frage des Verschuldens gibt es eine umfangreiche Rechtsprechung. Nachfolgend werden wichtige Fallgruppen aufgeführt. Weitere Einzelfallbeispiele finden sich in den Kommentaren zum EFZG.[14] **17**

- **Alkoholabhängigkeit:** Es gibt keinen Erfahrungssatz, wonach eine Alkoholabhängigkeit immer selbst verschuldet ist. Es sind jeweils die Umstände des **18**

---

8 BAG v. 26.6.1996, 5 AZR 872/94, ZTR 96, 520.
9 BAG v. 25..5.1983, 5 AZR 236/80, AP Nr. 53 zu § 1 LFZG.
10 BAG v. 20 3 1985, 5 AZR 229/83, NZA 1986, 193.
11 BAG v. 1.10.1991, 1 AZR 147/91, NZA 1992, 163.
12 BAG v. 7.6.1988, 1 AZR 597/86, ZTR 1988, 467.
13 LAG Hamm v. 23.7.1986, 1(9) Sa 528/86, NJW 1986, 2906.
14 ZB Schmitt, EFZG, § 3 Rn 110 ff; Feichtinger/Malkmus, EFZG § 3 Rn 103 ff.

Einzelfalles zu berücksichtigen. Dabei muss der Arbeitnehmer aber an der Aufklärung der Umstände, die zu seiner Abhängigkeit geführt haben, mitwirken.[15] Bei einem Rückfall nach einer zunächst erfolgreichen Entziehungskur kann Verschulden angenommen werden.[16] Anders kann es bei einem Rückfall aber sein, wenn die vorangehende Langzeittherapie nicht erfolgreich war.[17]

19 ▪ **Alkoholmissbrauch:** Beruht der zur Arbeitsunfähigkeit führende Alkoholmissbrauch nicht auf einer Alkoholabhängigkeit, liegt regelmäßig grobes Verschulden vor, so dass kein Anspruch auf Entgeltfortzahlung besteht.[18] Wer während der Arbeit oder vor Arbeitsbeginn so viel Alkohol trinkt, dass er die Arbeit nicht verrichten kann, handelt zumindest grob fahrlässig.

20 ▪ **Drogenkonsum:** Hier dürften dieselben Grundsätze wie bei Alkoholabhängigkeit und Alkoholmissbrauch gelten. Es ist aber bei der Abwägung der Umstände zu berücksichtigen, wenn der Beschäftigte verbotene Betäubungsmittel konsumiert und sich damit über die durch das Verbot bezweckte Warnung hinweg gesetzt hat.

21 ▪ **Verkehrsunfall:** Hier kann zB grobe Fahrlässigkeit vorliegen bei Fahren unter Alkoholeinfluss,[19] Fahren ohne Sicherheitsgurt[20] oder Fahren auf dem Motorrad ohne Helm. Auf die Rechtsprechung zur groben Fahrlässigkeit im Versicherungsrecht kann Bezug genommen werden.

22 ▪ **Sportverletzung:** Das BAG nimmt hier Verschulden an, wenn die Sportart besonders gefährlich ist oder die Kräfte und Fähigkeiten des Arbeitnehmers deutlich übersteigt oder wenn der Arbeitnehmer besonders grob gegen die Regeln verstößt. Dies wird aber nur in Ausnahmefällen angenommen, zB beim Kickboxen.[21] Fußballspielen,[22] Amateurboxen unter ständiger Trainerbetreuung[23] und sogar Drachenfliegen[24] wurden bisher nicht als besonders gefährliche Sportarten angesehen.

23 ▪ **Suizidversuch:** Hier liegt kein Verschulden vor, wenn die Freiheit der Willensbestimmung erheblich eingeschränkt war – was in der Regel der Fall sein wird.[25]

24 ▪ **Arbeitsunfall:** Hier kann grobes Verschulden vorliegen, wenn der Arbeitnehmer gegen elementare Unfallverhütungsvorschriften verstoßen hat (zB Nichttragen eines vorgeschriebenen Schutzhelms) oder verbotswidrig an einem gefährlichen Gerät, zB einer Kreissäge,[26] gearbeitet hat.

---

15 BAG v. 7.8.1991, 5 AZR 410/90, NZA 1992, 69.
16 BAG v. 11.11.1987, 5 AZR 497/86, NZA 1988, 197.
17 BAG v. 27.5.1992, 5 AZR 297/91, EzA § 1 LFZG Nr. 123.
18 BAG v. 11.3.1987, 5 AZR 739/85, NZA 1987, 452.
19 BAG v. 30.3.1988, 5 AZR 42/98, NZA 1988, 537.
20 BAG v. 7.10.1981, 5 AZR 1113/79, AP Nr. 46 zu § 1 LFZG.
21 ArbG Hagen, 4 Ca 648/87, NZA 1990, 311.
22 BAG v. 21.1.1976, 5 AZR 593/74, AP Nr. 39 zu § 1 LFZG.
23 BAG v. 1.12.1976, 5 AZR 601/75, AP Nr. 42 zu § 1 LFZG.
24 BAG v. 7.10.1981,5 AZR 338/79, AP Nr. 45 zu § 1 LFZG.
25 BAG v. 28.2.1979, 5 AZR 61/77, AP Nr. 44 zu § 1 LFZG.
26 BAG v. 25.6.1964, 2 AZR 421/63, AP Nr. 38 zu § 1 ArbKrankhG.

- **Schlägerei:** Grobes Verschulden liegt vor, wenn der Gegner provoziert wurde.[27] 25

- **Privatunfall:** Es kommt auf die näheren Umstände an. Grobes Verschulden 26
hat das BAG bei einem Arbeitnehmer angenommen, der bei einem Gaststättenbesuch betrunken über einen Stuhl fiel und sich verletzte.[28]

Ein grobes Verschulden kann auch vorliegen, wenn ein Arbeitnehmer zwar unverschuldet erkrankte, die Genesung aber durch unvernünftiges Verhalten verzögert. 27

2. Mitteilungs- und Nachweispflichten (§ 5 EFZG). a) Erkrankung im Inland 28
(§ 5 Abs. 1 EFZG). Der Arbeitnehmer ist verpflichtet, dem Arbeitgeber die Arbeitsunfähigkeit und deren voraussichtliche Dauer unverzüglich mitzuteilen (§ 5 Abs. 1 Satz 1 EFZG). Dies kann formlos geschehen, üblicherweise durch Telefonanruf.[29] Unverzüglich bedeutet bei Arbeitsbeginn oder, wenn dies nicht möglich ist, sofort nach Wegfall des Hindernisses. Dauert die Arbeitsunfähigkeit länger als drei Kalendertage, muss der Beschäftigte spätestens am folgenden Arbeitstag eine ärztliche Bescheinigung über die Arbeitsunfähigkeit und deren voraussichtliche Dauer vorlegen (§ 5 Abs. 1 Satz 2 EFZG).

Beispiel: Eine Beschäftigte ist ab Freitag arbeitsunfähig krank. Der dritte Kalendertag ist der Sonntag. Dauert die Arbeitsunfähigkeit länger, muss die Beschäftigte spätestens am Montag die ärztliche Bescheinigung vorlegen. 29

Nach § 5 Abs. 1 Satz 3 EFZG ist der Arbeitgeber berechtigt, die Bescheinigung 30
früher zu verlangen. Dies darf aber nicht aus sachfremden Erwägungen geschehen. Ein Grund dafür wären zB Zweifel des Arbeitgebers an der Arbeitsunfähigkeit, wenn ständig Kurzerkrankungen am Freitag oder Montag oder im Anschluss an einen Urlaub auftreten. Verlangt der Arbeitgeber die Bescheinigung generell früher, so ist dies mitbestimmungspflichtig nach § 87 Abs. 1 Nr. 1 BetrVG[30] bzw § 75 Abs. 3 Nr. 15 BPersVG.

Solange der Beschäftigte die Bescheinigung nicht vorlegt, hat der Arbeitgeber ein 31
Leistungsverweigerungsrecht (§ 7 Abs. 1 Nr. 1 EFZG). Wird die Bescheinigung dann später vorgelegt, muss aber rückwirkend für die gesamte Dauer der nachgewiesenen Arbeitsunfähigkeit das Entgelt fortgezahlt werden.

Ungeachtet dessen ist die Verletzung der Anzeigepflichten nach § 5 Abs. 1 EFZG 32
ein selbstständiger Verstoß gegen den Arbeitsvertrag, der nach Abmahnung im Wiederholungsfall zu einer fristgerechten, unter Umständen sogar fristlosen Kündigung des Arbeitsverhältnisses führen kann.[31]

Dauert die Arbeitsunfähigkeit länger, als in der Bescheinigung angegeben, muss 33
der Beschäftigte eine neue Bescheinigung vorlegen (§ 5 Abs. 1 Satz 4 EFZG). Der Nachweis muss vom Beschäftigten auch dann erbracht werden, wenn nach Ablauf von sechs Wochen der Arbeitgeber keine Entgeltfortzahlung mehr leistet, da eine zeitliche Begrenzung im EFZG nicht vorgesehen ist. Dies wissen viele Ärzte nicht, die nach Ablauf von sechs Wochen nur noch die Krankenkasse informieren und dem Patienten keine Arbeitsunfähigkeitsbescheinigung mehr ausstellen.

---

27 Breier/Dassau, TVöD § 22 Rn 57.
28 BAG v. 11.3.1987, 5 AZR 739/85, NZA 1987, 452.
29 ErfK/Dörner, § 5 EFZG, Rn 6.
30 BAG v. 25.1.2000, 1 ABR 3/99, NZA 2000, 665.
31 BAG v. 15.1.1986, 5 AZR 237/84, NZA 1986, 93.

34 Die inländische ärztliche Bescheinigung der Arbeitsunfähigkeit begründet eine tatsächliche Vermutung, dass der Arbeitnehmer arbeitsunfähig krank ist. Der Arbeitgeber kann diese Vermutung dadurch erschüttern, dass er konkrete Tatsachen darlegt und beweist, die gegen eine Erkrankung sprechen. In Betracht kommen zB die Fälle der angekündigten Krankheit oder Tätigkeiten des Arbeitnehmer während der angeblichen Erkrankung, die mit dem Krankheitsbild nicht vereinbar wären. Dann muss der Arbeitnehmer vollen Beweis für die Erkrankung erbringen, zB durch den Arzt als Zeugen.[32]

35 **b) Pflichten bei Erkrankung im Ausland (§ 5 Abs. 2 EFZG).** Hält sich der Beschäftigte zu Beginn der Erkrankung im Ausland auf, sieht § 5 Abs. 2 EFZG vor, dass der Beschäftigte dem Arbeitgeber die Arbeitsunfähigkeit, deren voraussichtliche Dauer und seine Adresse am Aufenthaltsort in der schnellstmöglichen Art mitzuteilen hat, also per Telefon, Telefax oder E-Mail. Die Kosten der Übermittlung trägt nach Satz 2 der Arbeitgeber – eine überholte Bestimmung angesichts der heute möglichen preisgünstigen Kommunikation. Außerdem muss der Arbeitnehmer, wenn er Mitglied einer gesetzlichen Krankenkasse ist, dieser ebenfalls die Arbeitsunfähigkeit und deren voraussichtliche Dauer mitteilen. Daneben besteht auch die Pflicht zur Vorlage eines ärztlichen Attests gemäß § 5 Abs. 1 Satz 2 und 4 EFZG, weil Abs. 2 Satz 6 EFZG nur die Geltung von Abs. 1 Satz 5 EFZG ausschließt, nicht aber von Satz 2 und 4.

36 Der von einem Arzt in einem Land außerhalb der Europäischen Union ausgestellten Arbeitsunfähigkeitsbescheinigung kommt im Allgemeinen der gleiche Beweiswert wie der inländischen Bescheinigung zu. Das Attest muss aber erkennen lassen, dass der Arzt zwischen einer bloßen Erkrankung und einer mit Arbeitsunfähigkeit verbundenen Erkrankung unterschieden hat.[33] Der Beweiswert einer in einem Mitgliedsstaat der EU ausgestellten ärztlichen Bescheinigung ist höher als der Beweiswert einer inländischen Bescheinigung. Hier muss der Arbeitgeber beweisen, dass der Arbeitnehmer die Bescheinigung missbräuchlich oder betrügerisch verwendet. Der Arbeitgeber hat also die Beweislast dafür, dass der Arbeitnehmer nicht krank ist.[34]

37 **3. Medizinische Vorsorge und Rehabilitation (§ 22 Abs. 1 Satz 3). a) Begriffsbestimmung.** Maßnahmen der medizinischen Vorsorge sind erforderlich, um eine Schwächung der Gesundheit zu beseitigen, die in absehbarer Zeit voraussichtlich zu einer Krankheit führen würde (§ 23 SGB V).

38 Maßnahmen der medizinischen Rehabilitation sollen den Auswirkungen einer Krankheit oder einer körperlichen, geistigen oder seelischen Behinderung entgegenwirken oder sie überwinden und Beeinträchtigungen der Erwerbsfähigkeit oder das vorzeitige Ausscheiden aus dem Erwerbsleben verhindern oder möglichst dauerhaft eine Wiedereingliederung in das Erwerbsleben bewirken (§ 9 SGB VI).

39 Nach § 9 EFZG, auf den § 22 Abs. 1 Satz 3 verweist, besteht ein Anspruch auf Entgeltfortzahlung nur, wenn die Maßnahme von einem Träger der gesetzlichen Renten-, Kranken- oder Unfallversicherung, einer Verwaltungsbehörde der Kriegsopferversorgung oder einem sonstigen Sozialleistungsträger bewilligt wur-

---

32 ErfK-Dörner, § 5 EFZG Rn 14.
33 BAG v. 19.2.1997, 5 AZR 83/96, NZA 1997, 652.
34 BAG v. 19.2.1997, 5 AZR 747/93, NZA 1997, 705.

de und in einer Einrichtung der medizinischen Vorsorge oder Rehabilitation durchgeführt wird. Ist der Beschäftigte nicht Mitglied einer gesetzlichen Krankenkasse oder nicht in der gesetzlichen Rentenversicherung versichert, tritt an die Stelle der Bewilligung durch den Sozialleistungsträger die ärztliche Verordnung.

b) Mitteilungspflichten (§ 9 Abs. 2 EFZG). Die Mitteilungspflichten des Beschäftigten richten sich nach § 9 Abs. 2 EFZG. Danach muss unverzüglich der Zeitpunkt des Antritts der Maßnahme, deren voraussichtliche Dauer und gegebenenfalls eine Verlängerung angezeigt und die Bescheinigung über die Bewilligung durch den Sozialleistungsträger bzw die ärztliche Verordnung vorgelegt werden. 40

4. Sterilisation und Schwangerschaftsabbruch (§ 3 Abs. 2 EFZG). Als unverschuldete Arbeitsunfähigkeit gelten nach § 3 Abs. 2 EFZG auch die Arbeitsverhinderung infolge einer nicht rechtswidrigen Sterilisation oder eines nicht rechtswidrigen Abbruchs der Schwangerschaft. Die Rechtmäßigkeit der Sterilisation und des Abbruchs der Schwangerschaft richten sich nach den §§ 226a und 218a StGB. Ein Schwangerschaftsabbruch in den ersten zwölf Wochen der Schwangerschaft ist immer dann rechtmäßig, wenn der Eingriff auf Verlangen der Frau durch einen Arzt erfolgt ist und diesem die Beratung durch eine anerkannte Beratungsstelle mindestens drei Tage vor dem Eingriff nachgewiesen worden war. 41

In § 22 Abs. 1 Satz 3 TV-L wird ausdrücklich auf § 3 Abs. 2 EFZG verwiesen. Diese Verweisung fehlt im TVöD. Gleichwohl gilt hier für den Anspruch auf Entgeltfortzahlung nach § 22 Abs. 1 während der ersten sechs Wochen der Krankheit nichts anderes, da gemäß § 12 EFZG der gesetzliche Anspruch aus § 3 EFZG durch den Tarifvertrag nicht eingeschränkt und damit der Begriff der Krankheit nicht anders als in § 3 EFZG definiert werden sollte.[35] Der Anspruch auf Krankengeldzuschuss nach § 22 Abs. 2 besteht ebenfalls im Bereich des TVöD in gleicher Weise. Dieser Anspruch ist nämlich nicht vom Begriff der Krankheit abhängig, sondern davon, dass Krankengeld oder entsprechende gesetzliche Leistungen gezahlt werden.[36] Ein ausdrücklicher Ausschluss des Anspruchs wie in § 37 Abs. 3 Satz 2 b BAT ist nicht mehr vorgesehen. 42

5. Beginn, Dauer und Höhe des Anspruchs auf Entgeltfortzahlung. a) Beginn des Anspruchs. Das Entgelt ist vom ersten Tag der Krankheit an fortzuzahlen. Im Gegensatz zu § 3 Abs. 3 EFZG sieht § 22 keine vierwöchige Wartezeit nach dem Beginn des Arbeitsverhältnisses vor. Das Entgelt ist vielmehr auch dann fortzuzahlen, wenn der Beschäftigte bereits zu Beginn des Arbeitsverhältnisses arbeitsunfähig krank ist.[37] Der Anspruch ist aber ausgeschlossen, wenn der Arbeitnehmer bereits bei Abschluss des Arbeitsvertrages arbeitsunfähig krank war und die Arbeitsunfähigkeit bei Beginn des Arbeitsverhältnisses noch besteht.[38] 43

b) Dauer des Anspruchs. Die Entgeltfortzahlung wird bis zum letzten Tag der Arbeitsunfähigkeit, längstens aber bis zur Dauer von sechs Wochen geleistet. Die 44

---

35 Dassau/Wiesend-Rothbrust, § 22 Rn 33; Dörring/Kutzki, § 22 Rn 37; GKÖD-Fieberg, § 22 Rn 15.
36 Dassau/Wiesend-Rothbrust, § 22 Rn 72, aA GKÖD-Fieberg, § 22 Rn 15.
37 Bepler/Böhle/Martin/Stöhr, TVöD § 22 Rn 18; Dassau/Wiesend-Rothbrust, § 22 Rn 54; kritisch, aber im Ergebnis ebenso GKÖD-Fiebig, § 22 Rn 42.
38 BAG v. 26.7.1989, 5 AZR 491/88, NZA 1990, 141, aM Schmitt, EFZG § 3 Rn 191.

Begrenzung auf sechs Wochen gilt auch dann, wenn während der Arbeitsunfähigkeit eine zweite Krankheit auftritt und nur wegen dieser die Dauer von sechs Wochen überschritten wird.

45 **Beispiel:** Ein Beschäftigter ist wegen Mumps ab dem 1.3. für vier Wochen arbeitsunfähig krank. Nach drei Wochen bricht er sich das Wadenbein und ist deswegen weitere vier Wochen krank. Die Entgeltfortzahlung endet nach sechs Wochen mit Ablauf des 12.4.

46 Erkrankt der Beschäftigte, während das Arbeitsverhältnis ruht, beginnt der Zeitraum von sechs Wochen erst mit Beginn der vorgesehenen Arbeitsaufnahme.[39]

Beispiel: Eine Beschäftigte hatte Elternzeit bis zum 15.6. beantragt. Am 13.5. wird sie arbeitsunfähig krank. Die Krankheit dauert bis zum 3.8. Sie hat Anspruch auf Entgeltfortzahlung vom 16.6. bis zum 28.7., weil der Sechs-Wochen-Zeitraum erst mit der vorgesehenen Arbeitsaufnahme beginnt.

47 **c) Erneute Arbeitsunfähigkeit.** Eine erneute Arbeitsunfähigkeit kann eintreten, wenn der Beschäftigte nach der ersten Krankheit wieder arbeitsfähig war. Dabei muss der Beschäftigte nicht tatsächlich gearbeitet haben. Es reicht nach der Rechtsprechung des BAG aus, dass er zB am Wochenende oder sogar zwischen Arbeitsende am einen und Arbeitsbeginn am nächsten Tag arbeitsfähig war.[40] So liegt eine erneute Arbeitsunfähigkeit vor, wenn der Beschäftigte am Tag nach dem Ende der Arbeitsunfähigkeit nicht arbeitet, sondern sich in einem Krankenhaus untersuchen lässt und dort wegen einer anderen Krankheit krankgeschrieben wird.[41]

48 Bei einer erneuten Arbeitsunfähigkeit, die nicht auf derselben Krankheit beruht, entsteht der Anspruch auf Entgeltfortzahlung neu. Eine Höchstgrenze für den Zeitraum der Entgeltfortzahlung bei mehreren verschiedenen Krankheiten innerhalb eines Jahres ist in nicht vorgesehen.

49 Wird der Beschäftigte aber wegen derselben Krankheit erneut arbeitsunfähig, wird Entgeltfortzahlung nach § 3 Abs. 1 Satz 2 EFZG nur geleistet, wenn

- er vor der erneuten Arbeitsunfähigkeit mindestens sechs Monate nicht infolge derselben Krankheit arbeitsunfähig war oder
- seit Beginn der ersten Arbeitsunfähigkeit infolge derselben Krankheit eine Frist von zwölf Monaten abgelaufen ist.

50 **Beispiel:** Eine Beschäftigte war wegen rheumatischer Beschwerden vom 3.2. bis zum 27.6. arbeitsunfähig. Ab dem 17.12. des Jahres wird sie wegen dieser Beschwerden erneut arbeitsunfähig. Sie hat keinen neuen Anspruch auf Entgeltfortzahlung, weil seit dem Beginn der ersten Erkrankung noch nicht zwölf Monate und seit deren Ende noch nicht sechs Monate vergangen sind.

51 **Beispiel:** Ein Beschäftigter war vom 3.2. bis zum 9.3. arbeitsunfähig krank. Am 15.8. wird er wegen derselben Krankheit erneut arbeitsunfähig. Er hat Anspruch auf Entgeltfortzahlung für eine Woche. Die Fristen von 6 bzw 12 Monaten nach § 3 Abs. 1 Satz 2 EFZG sind zwar noch nicht abgelaufen. Die erste Krankheit dauerte aber nur fünf Wochen, so dass der Anspruch auf Entgeltfortzahlung von sechs Wochen noch nicht ausgeschöpft war.

---

39 BAG v. 29.9.2004, 5 AZR 558/03, NZA 2005, 225; Schmitt, EFZG § 3 Rn 175.
40 BAG v. 13.7.2005, 5 AZR 389/04, ZTR 2006, 34.
41 LAG Nürnberg v. 29.4.2008, 6 Sa 749/07, ZTR 2008, 441.

Ist ein Beschäftigter wegen mehrerer Krankheiten, die gleichzeitig auftreten, arbeitsunfähig, so gilt es als Arbeitsunfähigkeit wegen derselben Erkrankung, wenn er nachfolgend erneut wegen einer dieser Krankheiten arbeitsunfähig wird.[42] 52

Als Fortsetzungserkrankung gilt auch die Teilnahme an einer Maßnahme der Rehabilitation, die wegen einer Erkrankung erfolgt, die zuvor zur Arbeitsunfähigkeit geführt hatte.[43] 53

Der Arbeitnehmer muss darlegen, dass eine erneute Erkrankung keine Fortsetzungserkrankung ist. Dies kann geschehen durch Vorlage eines ärztlichen Attests bzw durch die Entbindung des Arztes und der Krankenkasse von der Schweigepflicht.[44] 54

d) Höhe des Anspruchs auf Entgeltfortzahlung. Die Höhe des fortgezahlten Entgelts richtet sich nach § 21. 55

6. Anspruch auf Krankengeldzuschuss (§ 22 Abs. 2 und 3). Beschäftigte können nach dem Ende der Entgeltfortzahlung Anspruch auf einen Zuschuss zum Krankengeld haben. Dieser Anspruch ergibt sich allein aus dem TVöD. Im EFZG ist er nicht vorgesehen. 56

Voraussetzung für den Anspruch ist, dass Beschäftigte 57
- seit mehr als einem Jahr beschäftigt sind und
- Krankengeld oder entsprechende gesetzliche Leistungen erhalten.

Der Anspruch auf Arbeitslosengeld ist keine entsprechende gesetzliche Leistung.[45]

Krankengeld erhalten Versicherte, die wegen Krankheit arbeitsunfähig sind oder auf Kosten der Krankenkasse stationär in einem Krankenhaus bzw einer Vorsorge- oder Rehabilitationseinrichtung behandelt werden (§ 44 Abs. 1 SGB V). Der Anspruch besteht ab dem Tag, der auf den Tag der ärztlichen Bescheinigung über die Arbeitsunfähigkeit folgt. Bei stationärer Behandlung entsteht der Anspruch bereits ab dem Tag der Aufnahme in das Krankenhaus oder die entsprechende Einrichtung (§ 46 SGB V). Das Krankengeld wird für höchstens 78 Wochen gezahlt. Der Anspruch ruht, solange der Versicherte noch Anspruch auf Entgeltfortzahlung gegen den Arbeitgeber hat. 58

Ein Anspruch auf Krankengeld besteht auch, wenn Versicherte wegen einer durch Krankheit erforderlichen Sterilisation oder wegen eines nicht rechtswidrigen Abbruchs der Schwangerschaft durch einen Arzt arbeitsunfähig werden (§ 24 b SGB V). Insofern besteht dann auch Anspruch auf den Zuschuss zum Krankengeld.[46] Nur wenn die Voraussetzungen des § 24 b SGB V nicht vorliegen, weil zB die Sterilisation nicht durch Krankheit erforderlich oder der Abbruch der Schwangerschaft rechtswidrig war, besteht auch kein Anspruch auf Zuschuss zum Krankengeld. 59

---

42 BAG v. 13.7.2005, 5 AZR 389/04, ZTR 2006, 34.
43 BAG v. 18.1.1995, 5 AZR 818/93, NZA 1995, 729.
44 BAG v. 19.3.1986, 5 AZR 86/85, AP Nr. 67 zu § 1 LFZG.
45 LAG Köln v. 1.7.2008, 9 Sa 383/08, ZTR 2009, 83.
46 Dassau/Wiesend-Rothbrust, § 22 Rn 72; aA BDKLL § 22 Rn 161, GKÖD-Fiebig, § 22 Rn 15.

60 Entsprechende gesetzliche Leistungen sind zB das Verletztengeld aus der Unfallversicherung nach § 45 SGB VII, das Übergangsgeld nach § 20 SGB VI oder das Versorgungskrankengeld nach § 16 BVG.

61 **7. Berechnung des Krankengeldzuschusses. a) Berechnungsmethode.** Der Krankengeldzuschuss wird in Höhe des Unterschiedsbetrages zwischen den tatsächlichen Barleistungen des Sozialleistungsträgers und dem Nettoentgelt gezahlt. Der Beschäftigte soll also auch während der Zahlung des Krankengeldzuschusses keine Einbußen aufgrund seiner Krankheit haben.

62 **b) Berechnung des Krankengeldes.** Das Krankengeld beträgt nach § 47 SGB V 70 v.H. des kalendertäglichen Regelentgelts.

Das Regelentgelt beträgt 1/30 des der monatlichen Vergütung in dem Monat vor Beginn der Arbeitsunfähigkeit, vermehrt um 1/360 der Einmalbezüge in dem vorausgegangenen Jahr. Es darf aber 90 v.H. des sich aus dem Regelentgelt ergebenden Nettoentgelts nicht übersteigen und auch nicht höher sein als das laufende Nettoentgelt ohne Einmalzahlungen. Außerdem darf das Regelentgelt die Beitragsbemessungsgrenze nicht übersteigen. Diese beläuft sich im Jahr 2012 auf 45.900 € entsprechend 127,50 € pro Tag. Das Bruttokrankengeld kann daher höchstens 89,25 € täglich betragen. Hiervon werden die Beiträge zur Renten- und Arbeitslosenversicherung abgeführt. Der verbleibende Betrag ist das Nettokrankengeld.

63 **c) Berechnung des Nettoentgelts.** Um das Nettoentgelt zu ermitteln, wird zunächst die Bemessungsgrundlage für die Entgeltfortzahlung nach § 21 als Bruttobetrag ermittelt. Hiervon werden fiktiv die gesetzlichen Abzüge, also Steuern und Sozialversicherungsbeträge, abgezogen.

64 Steuern sind derzeit die Lohnsteuer und der Solidaritätszuschlag sowie gegebenenfalls die Kirchensteuer. Als Sozialversicherungsbeiträge sind die Arbeitnehmeranteile für Renten-, Kranken-, Arbeitslosen- und Pflegeversicherung abzuziehen. Ist der Beschäftigte von der Pflicht zur Rentenversicherung befreit, sind auch freiwillig gezahlte Beträge abzuziehen.[47]

65 Die Arbeitnehmerbeiträge zur zusätzlichen Altersversorgung (VBL, ZVK) gehören nicht zu den gesetzlichen Abzügen, weil diese nicht auf gesetzlichen Grundlage, sondern aufgrund tariflicher Bestimmungen (Tarifvertrag Altersversorgung – ATV) vom Entgelt einbehalten werden.

66 Die Bemessungsgrundlage nach § 21 wird einheitlich für den gesamten Zeitraum der Zahlung des Krankengeldzuschusses ermittelt. Maßgebendes Ereignis ist dabei wiederum der Beginn der Arbeitsunfähigkeit, nicht etwa das Ende der Entgeltfortzahlung und damit der Beginn der Zahlung des Krankengeldzuschusses. Die Bemessungsgrundlage für den Krankengeldzuschuss ist somit dieselbe wie für die Berechnung der Entgeltfortzahlung zuvor, sie wird nicht etwa neu berechnet.

67 Während die Bemessungsgrundlage nach § 21 somit während des gesamten Zeitraums, in dem der Zuschuss gezahlt wird, gleich bleibt, können sich die gesetzlichen Abzüge ändern, etwa durch eine Gesetzesänderung hinsichtlich der Höhe von Steuern und Sozialversicherungsbeiträgen oder auch durch einen Wechsel der Steuerklasse bei dem Beschäftigten.[48]

---

47 BAG v. 5.11.2003, 5 AZR 682/02, NZA 2004, 989.
48 BAG v. 18.8.2004, 5 AZR 518/03, ZTR 2005, 165.

d) Abzuziehende Barleistungen. Als tatsächliche Barleistungen des Sozialleistungsträgers sind das festgesetzte Bruttokrankengeld bzw entsprechende Leistungen vor Abzug der Arbeitnehmerbeiträge zur Sozialversicherung zu verstehen.[49] Dies galt auch schon für die übereinstimmenden Bestimmungen der §§ 37 Abs. 8 BAT bzw 42 Abs. 8 MTArb.[50] Dass nicht das Nettokrankengeld gemeint ist, ergibt sich auch aus § 13 TVÜ-VKA, der für eine bestimmte Gruppe von Angestellten ausdrücklich auf den Unterschiedsbetrag zum Nettokrankengeld abstellt.

Der Begriff „Barleistungen" bezieht sich nicht auf einen Nettobetrag, der „bar" auszuzahlen wäre, sondern ist im Gegensatz zu den Sachleistungen der Leistungsträger wie zB Krankenhausbehandlung oder ärztliche Versorgung zu verstehen.

e) Berechnungsweise bei Abrechnung einzelner Tage. Zu beachten ist, dass das Krankengeld immer auf der Basis von 30 Kalendertagen ermittelt wird. Der Zuschuss zum Krankengeld wird hingegen auf Basis der tatsächlichen Kalendertage errechnet. Dies führt dazu, dass der Zuschuss in Monaten mit mehr Kalendertagen niedriger ist:

Beispiel (nach einer Berechnung im Rundschreiben des BMI): Bei einem Bruttoentgelt von 2.000 € beträgt das fiktive Nettoentgelt 1.248,26 €. Das monatliche Krankengeld beträgt 1.123,43 €. Bezieht ein Beschäftigter vom 18. Januar bis zum 17. Februar 2012 den Zuschuss zum Krankengeld, ergibt sich folgende Berechnung:

Januar: Nettoentgelt pro Tag (1.248,26 € : 31) 40,26 €
Krankengeld pro Tag (1.123,43 € : 30) 37,45 €
Zuschuss pro Tag 2,81 €

Februar Nettoentgelt pro Tag (1.248,26 € : 28) 44,58 €
Krankengeld pro Tag (1.123,43 € : 30) 37,45 €
Zuschuss pro Tag: 7,13 €

f) Nettoentgelt bei freiwilliger Krankenversicherung (§ 22 Abs. 2 Satz 2 Hs 2). Bei freiwillig versicherten Beschäftigten ist der Gesamtkranken- und Pflegeversicherungsbeitrag abzüglich Arbeitgeberzuschuss zu berücksichtigen. In diesen Fällen muss der Arbeitgeberzuschuss nicht genau halb so hoch sein wie der tatsächliche Beitrag. Es kommt daher auf die tatsächliche Höhe von Beitrag und Zuschuss an. Man kann nicht einfach die Hälfte des Versicherungsbeitrages als Arbeitnehmeranteil heranziehen.

g) Nicht gesetzlich Krankenversicherte (§ 22 Abs. 2 Satz 3). Bei Beschäftigten mit privater Krankenversicherung gibt es zwei Besonderheiten:

Zum einen kann je nach Vertragsgestaltung das Krankengeld höher oder niedriger als in der gesetzlichen Krankenversicherung liegen oder auch ganz entfallen. Je höher das Krankengeld, desto höher der Versicherungsbeitrag. Damit diese Beschäftigten durch diese Gestaltungsfreiheit weder Vor- noch Nachteile haben, wird für sie nach dem TVöD als fiktives Krankengeld einheitlich der Krankengeld-Höchstsatz zugrunde gelegt (monatlich 70 % des Höchstregelentgelts, im Jahr 2012 also täglich 89,25 €, monatlich 2.677,50 €). Der TV-L verweist hin-

---

49 LAG Köln v. 18.3.2010, 7 Sa 978/09.
50 BAG v. 4.12.2002, 5 AZR 494/01, ZTR 2003, 241.

gegen auf die Leistungen, die den Beschäftigten bei fiktiver Versicherung in der gesetzlichen Krankenversicherung zustünden. Am Ergebnis ändert die unterschiedliche Formulierung nichts, weil sich Beschäftigte nur dann privat versichern können, wenn ihr Einkommen die Beitragsbemessungsgrenze übersteigt.

75 Zum anderen müssen privat Versicherte ihre Versicherungsbeiträge auch während der Krankheit fortzahlen. Daher sind hier die Beiträge zur Kranken- und Pflegeversicherung bei der Berechnung des Nettoentgelts nicht vom Bruttoentgelt in Abzug zu bringen.

76 **8. Zahlungsdauer (§ 22 Abs. 3).** Der Anspruch auf einen Zuschuss zum Krankengeld entsteht nach einer Beschäftigungszeit von mehr als einem Jahr bis zum Ende der dreizehnten Woche seit dem Beginn der Arbeitsunfähigkeit. Bei einer Beschäftigungszeit von mehr als drei Jahren wird er bis zum Ende der dreizehnten Woche gezahlt.

77 Eine Bestimmung, wonach der Zuschuss zum Krankengeld länger gezahlt wird, wenn die Arbeitsunfähigkeit auf einem Arbeitsunfall oder einer Berufskrankheit beruht, sieht der TVöD nicht mehr vor. Nach § 37 Abs. 6 BAT und entsprechenden Bestimmungen im MTArb und BMT-G war hier eine Bezugsdauer von bis zu 26 Wochen ohne Rücksicht auf die Dauer des Beschäftigungsverhältnisses vorgesehen.

78 Da der Anspruch nach Abs. 2 erst nach Ablauf der Entgeltfortzahlung beginnt, dauert er somit von der 7. bis zur 13. bzw 39. Woche der Arbeitsunfähigkeit. Der Zuschuss zum Krankengeld wird somit für höchstens 7 bzw 33 Wochen gezahlt. Auf die Zeit der Arbeitsunfähigkeit sind auch Maßnahmen der Vorsorge und Rehabilitation voll anzurechnen. Die Bestimmung zB des § 37 Abs. 4 Satz 3 BAT, wonach solche Zeiten für bis zu zwei Wochen nicht anzurechnen waren, wurde nicht in den TVöD übernommen.

79 Der Begriff der Beschäftigungszeit ist in § 34 Abs. 3 bestimmt. Maßgeblich ist dabei gemäß § 22 Abs. 3 Satz 2 die Beschäftigungszeit, die im Laufe der Arbeitsunfähigkeit vollendet wird.

80 **Beispiel:** Eine Beschäftigte wurde zum 1.4.2011 eingestellt. Vom 14.1.2012 bis zum 8.4.2012 ist sie arbeitsunfähig krank. Sie hat für die Zeit vom 25.2. (Beginn der 7. Woche) bis zum 8.4. (Ende der Arbeitsunfähigkeit) Anspruch auf den Krankengeldzuschuss, weil sie während der Arbeitsunfähigkeit die Beschäftigungszeit von mehr als einem Jahr erreicht. Anders wäre es, wenn sie schon am 31.3. gesund geworden wäre.

81 Wird allerdings bei einer Fortsetzungserkrankung die erforderliche Beschäftigungszeit erst nach der ersten Erkrankung während einer Zeit der Arbeitsfähigkeit erreicht, so wird der Zuschuss zum Krankengeld nicht rückwirkend für die Zeit der ersten Erkrankung gezahlt.

82 **Beispiel:** Die Beschäftigte wurde zum 1.7.2009 eingestellt. Sie war seit dem 14.1.2012 bis zum 15.5. arbeitsunfähig krank. Sie hatte zunächst für die Zeit von der 7. bis zur 13. Woche (25.2. bis 13.4.) Anspruch auf den Zuschuss zum Krankengeld. Am 1.7.2012 erreicht sie eine Beschäftigungszeit von mehr als drei Jahren. Ab dem 13.7. wird sie wegen derselben Krankheit erneut arbeitsunfähig. Jetzt hat sie Anspruch auf Zuschuss zum Krankengeld für bis zu weitere 26 Wochen. Die längere Bezugsdauer wirkt aber nicht auf den Zeitraum der ersten

Erkrankung zurück, so dass für die Zeit vom 14.4. bis zum 15.5. der Zuschuss nicht nachträglich gezahlt wird.

War bei einer Fortsetzungserkrankung der Anspruch auf Entgeltfortzahlung bereits erloschen, besteht bei erneuter Arbeitsunfähigkeit nur der Anspruch auf den Zuschuss zum Krankengeld. Dieser setzt aber erst am Tag nach der ärztlichen Bescheinigung ein (§ 46 Abs. 1 SGB V). 83

Beispiel: Ein Beschäftigter, der wegen derselben Krankheit bereits acht Wochen krank war, wird einen Monat später am Mittwoch, dem 29.9. erneut arbeitsunfähig krank. Nach § 5 Abs. 1 EFZG holt er am ersten Arbeitstag, der dem dritten Tag der Arbeitsunfähigkeit folgt, eine ärztliche Bescheinigung ein. Das ist Dienstag, der 4.10., da Montag, der 3.10., ein Feiertag ist. Anspruch auf Krankengeld und damit auf den Zuschuss zum Krankengeld hat der Beschäftigte erst ab Mittwoch, dem 5.10. Wäre der Beschäftigte gleich am 29.9. zum Arzt gegangen, stünden ihm Krankengeld und Zuschuss bereits ab dem 30.9. zu, also für fünf Tage mehr. So hat er für die sechs Tag vom 29.9. bis zum 4.10 keinerlei Ansprüche. 84

Nach der Regelung in § 22 Abs. 3 Satz 3 TV-L wird der Krankengeldzuschuss innerhalb eines Kalenderjahres nur einmal bis zur Höchstdauer gezahlt, auch wenn eine zweite Krankheit mit der ersten nicht im Fortsetzungszusammenhang steht. 85

9. Steuer und Sozialversicherung, Zusatzversorgung. a) Entgeltfortzahlung im Krankheitsfall. Für die Entgeltfortzahlung im Krankheitsfall ergeben sich keine Besonderheiten gegenüber der Entgeltzahlung für gesunde Beschäftigte. 86

b) Krankengeldzuschuss. Der Krankengeldzuschuss ist lohnsteuerpflichtig (§ 19 Abs. 1 EStG, § 2 Abs. 2 Nr. 5 LStDV). 87

In der Sozialversicherung ist der Krankengeldzuschuss aber nicht beitragspflichtig, soweit er mit dem Krankengeld das Nettoarbeitsentgelt nicht übersteigt (§ 23c SGB IV). Beiträge müssen somit nur geleistet werden, soweit die Bezüge das Vergleichs-Nettoarbeitsentgelt übersteigen. Dabei sind die Verhältnisse zu Beginn des Krankengeldbezuges maßgeblich. Werden während des Bezuges von Krankengeld einmalige Zahlungen geleistet (zB die Jahressonderzahlung), sind diese gemäß § 23a SGB IV beitragspflichtig. 88

Der Zuschuss zum Krankengeld ist gemäß Nr. 8 der Anlage 3 zum ATV nicht zusatzversorgungspflichtig. 89

10. Ende des Arbeitsverhältnisses und Rentenbezug (§ 22 Abs. 4). a) Ende des Arbeitsverhältnisses. Die Entgeltfortzahlung und der Zuschuss zum Krankengeld werden nicht über das Ende des Arbeitsverhältnisses hinaus geleistet. 90

Bei der Entgeltfortzahlung ist aber § 8 EFZG zu beachten. Danach muss der Arbeitgeber das Entgelt weiter fortzahlen, wenn er das Arbeitsverhältnis aus Anlass der Arbeitsunfähigkeit kündigt. 91

Beispiel: Ein Beschäftigter wird bereits nach einmonatiger Dauer des Arbeitsverhältnisses für acht Wochen krank. Der Arbeitgeber kündigt darauf mit einer Frist von zwei Wochen zum Monatsschluss gemäß § 34 Abs. 1 Satz 1, weil er sich von diesem anfälligen Mitarbeiter nichts Gutes erwartet. Das Entgelt muss bis zur Dauer von sechs Wochen fortgezahlt werden, weil der Arbeitgeber aus Anlass der Krankheit gekündigt hat. 92

93 Der Arbeitnehmer muss beweisen, dass der Arbeitgeber aus Anlass der Krankheit gekündigt hat. Kündigt der Arbeitgeber das Arbeitsverhältnis kurz nach der Krankmeldung eines Arbeitnehmers, spricht aber der erste Anschein dafür, dass die Kündigung aus Anlass der Erkrankung erfolgte. Der Arbeitgeber muss dann seinerseits darlegen und beweisen, dass andere Gründe ihn zu der Kündigung bewogen haben.[51] Gleiches gilt auch, wenn der Arbeitgeber vor einer bereits bekannten Arbeitsunfähigkeit kündigt, etwa nach Bekanntgabe einer bevorstehenden Operation.[52]

94 Über den Wortlaut von § 8 EFZG hinaus gilt die Vorschrift auch, wenn der Arbeitgeber aus Anlass der Krankheit mit dem Beschäftigten einen Aufhebungsvertrag schließt.[53]

95 Nach § 8 Abs. 1 Satz 2 EFZG muss das Entgelt auch dann über das Ende des Arbeitsverhältnisses fortgezahlt werden, wenn der Arbeitnehmer aus einem wichtigen Grund iSd § 626 BGB gekündigt hatte, der vom Arbeitgeber zu vertreten ist. Dies kommt zB bei Tätlichkeiten oder groben Beleidigungen des Arbeitgebers gegen den Arbeitnehmer in Betracht.

96 § 8 EFZG gilt nicht für den Anspruch auf den Zuschuss zum Krankengeld, weil dieser im EFZG nicht geregelt ist. Der Zuschuss zum Krankengeld endet somit auch dann mit dem Ende des Arbeitsverhältnisses, wenn der Arbeitgeber aus Anlass der Krankheit gekündigt hatte.

97 **b) Rentenbezug (§ 22 Abs. 4 Satz 2).** Der Anspruch auf den Zuschuss zum Krankengeld endet zu dem Zeitpunkt, zu dem der Beschäftigte eine Rente oder eine vergleichbare Leistung aus der gesetzlichen Rentenversicherung, aus einer zusätzlichen Alters- und Hinterbliebenenversorgung oder aus einer sonstigen Versorgungseinrichtung erhalten, die nicht allein aus Mitteln des Beschäftigten finanziert ist. Hier kommen zB folgende Leistungen in Betracht:
- gesetzliche Altersrente,
- gesetzliche Rente wegen voller oder teilweise Erwerbsminderung,
- Rente aus einer zusätzlichen Alters- oder Hinterbliebenenversorgung,
- Übergangsgeld als Rentenersatz.[54]

98 Die Rente wird in der Regel erst nachträglich mit Rückwirkung zum Datum des Rentenantrags oder des festgestellten Beginns der Erwerbsunfähigkeit oder Erwerbsminderung bewilligt. Da der Zuschuss zum Krankengeld bis zur Bewilligung der Rente weitergezahlt wurde, entfällt mit der Bewilligung nachträglich der rechtliche Grund für die Zahlung des Zuschusses, so dass dieser zurück zu zahlen ist.

99 Der Zuschuss ist auch dann insgesamt für die Zeit ab Beginn des Rentenbezuges zurückzuzahlen, wenn der Beschäftigte zwischenzeitlich arbeitsfähig war.[55]

100 **c) Anspruchsübergang und Rückforderung bei Rentenbezug (§ 22 Abs. 4 Satz 3 und 4).** Nach § 22 Abs. 4 Satz 3 geht der Anspruch des Beschäftigten auf Nachzahlung der Rentenbeträge für die Zwischenzeit auf den Arbeitgeber über, soweit

---

51 BAG v. 2.12.1981, 5 AZR 953/79, AP Nr. 19 zu § 6 LFZG.
52 BAG v. 17.4.2002, 5 AZR 2/01, NZA 2002, 899.
53 BAG v. 20.8.1980, 5 AZR 227/79 und 589/79, AP Nr. 14 und 15 zu § 6 LFZG.
54 BAG v. 30.9.1999, 6 AZR 130/98, NZA 2000, 547.
55 BAG v. 29.6.2000, 6 AZR 50/99, NZA 2001, 670.

dieser Krankengeldzuschuss geleistet hat. Der Arbeitgeber kann den Rückzahlungsanspruch daher unmittelbar beim Rentenleistungsträger geltend machen.

Einen entsprechenden Forderungsübergang können allerdings auch die Krankenkassen wegen des während der Zwischenzeit gezahlten Krankengeldes geltend machen. Ist die Rente niedriger als Krankengeld und Zuschuss zusammen, wird der Rückforderungsanspruch des Arbeitgebers vom Forderungsübergang nicht mehr abgedeckt. Dann besteht auch ein Anspruch des Arbeitgebers gegen die Zusatzversorgungskasse (ZVK). 101

Reicht auch dieser Anspruch nicht aus, kann der Arbeitgeber den Zuschuss unmittelbar vom Beschäftigten zurückfordern. Der Rückforderungsanspruch nach § 22 Abs. 4 Satz 3 ist ein besonderer Anspruch, der den allgemeinen Bereicherungsanspruch nach § 812 BGB ausschließt. Der Beschäftigte kann sich daher auch nicht auf den Wegfall der Bereicherung nach § 818 Abs. 3 BGB berufen.[56] Der Rückforderungsanspruch entsteht erst mit Erlass des Rentenbescheides. Dies kann dagegen sprechen, dass er von der Abgeltungsklausel in einem zuvor abgeschlossenen Vergleich erfasst wird.[57] 102

Von der Rückforderung kann nach § 22 Abs. 4 Satz 4 abgesehen werden. Dabei kann der Arbeitgeber nach freiem Ermessen entscheiden, ob er den Rückforderungsanspruch geltend machen will (§ 315 BGB).Ein Grund, von der Rückforderung abzusehen, könnte die Vermeidung von Verwaltungsaufwand bei geringen Beträgen oder eine besondere Härte beim Beschäftigten wegen erhöhter Aufwendungen aufgrund seiner Krankheit sein. Der Arbeitgeber kann bei der Entscheidung aber auch zulasten des Beschäftigten berücksichtigen, dass er das Geld wegen einer angespannten Haushaltslage benötigt.[58] 103

Von der Rückforderung darf nicht abgesehen werden, wenn der Beschäftigte den Bescheid verspätet (oder gar nicht) mitteilt (§ 22 Abs. 4 Satz 4 Hs 2).

11. Forderungsübergang bei Haftung eines Dritten (§ 6 EFZG). a) Forderungsübergang. Die Arbeitsunfähigkeit kann durch das Verschulden eines Dritten verursacht worden sein, etwa bei einem Verkehrsunfall oder bei einer Schlägerei. Dann hätte der Beschäftigte einen Anspruch auf Ersatz seines Schadens, auch des entgangenen Verdienstes, gegen den Schädiger. In manchen Fällen hat der Beschäftigte auch ohne Verschulden des Dritten einen Anspruch gegen diesen aus Gefährdungshaftung, etwa bei einem Hundebiss (Tierhalterhaftung nach § 833 BGB) oder bei einem unverschuldeten Verkehrsunfall, der für den Unfallgegner kein unabwendbares Ereignis war (§ 7 StVG). Soweit der Arbeitgeber das Entgelt fortzahlt, hat der Beschäftigte aber keinen Verdienstausfall und damit keinen Schaden. Es wäre ungerecht, wenn dadurch der Schädiger entlastet würde. 104

Deshalb sieht § 6 EFZG vor, dass der Anspruch des Beschäftigten gegen den Schädiger auf den Arbeitgeber übergeht, soweit dieser das Entgelt fortzahlt. Der Anspruchsübergang erfolgt kraft Gesetzes. Eine besondere Forderungsabtretung ist nicht erforderlich. 105

---

56 BAG v. 30.9.1999, 6 AZR 130/98, NZA 2000, 547; BAG v. 25.2.1993, 6 AZR 334/91, NZA 1994, 705.
57 BAG v. 11.10.2006, 5 AZR 755/05, ZTR 2007, 145.
58 BAG v. 30.9.1999, 6 AZR 130/98, NZA 2000, 547.

106 **b) Ausnahme bei häuslicher Gemeinschaft.** Der Anspruchsübergang könnte den Beschäftigten wirtschaftlich selbst treffen, wenn die Schädigung durch einen Angehörigen seiner häuslichen Gemeinschaft begangen wurde.

107 **Beispiel:** Eine Beschäftigte erkrankt für zwei Wochen, weil ihr Ehemann für eine Champignoncremesuppe mit selbst gesammelten Pilzen versehentlich auch einen Knollenblätterpilz verwendet hatte. Der Anspruch der Beschäftigten auf Schadenersatz wegen fahrlässiger Körperverletzung (§ 823 Abs. 1 BGB) würde nach § 6 EFZG auf den Arbeitgeber übergehen. Dadurch würde sich das Familieneinkommen der Beschäftigten selbst verringern.

108 Um diese Härte zu vermeiden, wurde § 6 EFZG schon bisher gegen Familienangehörige entsprechend den vergleichbaren Regelungen in § 116 Abs. 6 Satz 1 SGB X und § 67 VVG aF nicht angewandt, wenn der Familienangehörige zum Zeitpunkt der Schädigung mit dem Beschäftigten in häuslicher Gemeinschaft lebte.[59]

109 Familienangehörige sind der Ehegatte und die Kinder sowie andere Verwandte des Beschäftigten. Partner einer nichtehelichen Lebensgemeinschaft oder andere Mitbewohner sind keine Familienangehörigen. Auch für Lebenspartner nach dem LPartG fehlte bisher eine entsprechende Regelung in § 116 Abs. 6 Abs. 1 SGB X und § 67 VVG aF, so dass diese Regelungen auch im Bereich des EFZG nicht analog für Lebenspartner angewandt werden konnten. Ein Anspruchsübergang gegen Lebenspartner war somit nicht ausgeschlossen. Entsprechendes galt für Partner einer nichtehelichen Lebensgemeinschaft.[60]

110 Nach § 86 Abs. 3 VVG in der ab dem 1.1.2008 geltenden Fassung ist der Anspruchsübergang aber immer dann ausgeschlossen, wenn der Schädiger mit dem Versicherten in häuslicher Gemeinschaft lebt. Diese Regelung wird dann entsprechend auch auf den Forderungsübergang nach § 6 EFZG anzuwenden sein, so dass auch Lebenspartner und Lebensgefährten geschützt sind, die mit dem Beschäftigten in häuslicher Gemeinschaft leben. Die bisherige Rechtsprechung ist insofern durch die geänderte Rechtslage im Versicherungsrecht überholt.

111 **c) Schädigung durch Arbeitskollegen.** Soweit die Arbeitsunfähigkeit durch Arbeitskollegen verursacht wurde, ist 105 SGB VII zu beachten. Danach haften Angehörige desselben Betriebes nur, wenn sie einen Betriebsangehörigen vorsätzlich geschädigt haben oder wenn die Schädigung bei der Teilnahme am allgemeinen Verkehr erfolgt ist. Andernfalls ist ein Anspruch des Beschäftigten gegen den Kollegen ausgeschlossen. Daher kann dieser auch nicht nach § 6 EFZG auf den Arbeitgeber übergehen.

III. Sonderregelungen

112 **1. Besitzstandswahrung für frühere BAT-Beschäftigte (§ 13 TVÜ-VKA/ Bund).** Für Angestellte, die schon am 30.6.1994 in einem Arbeitsverhältnis standen, das am 1.7.1994 zu demselben Arbeitgeber fortbestanden hat, galt nach § 71 BAT eine Sonderregelung für die Dauer der Entgeltfortzahlung und die Berechnung des Krankengeldzuschusses. Für diese Angestellten, deren Arbeitsverhältnis seither zu demselben Arbeitgeber fortbesteht, sieht auch § 13 TVÜ-VKA/ Bund eine Besitzstandswahrung vor.

---

59 BGH v. 4.3.1973, VI ZR 60/75, AP Nr. 2 zu § 4 LFZG; Schmitt, EFZG § 6 Rn 25.
60 BGH v. 1.12.1987, VI ZR 50/87, NJW 1988, 1091.

§ 71 BAT sicherte eine Entgeltfortzahlung im Krankheitsfall für die Dauer von bis zu 26 Wochen. Hier wurde in § 13 Abs. 2 TVÜ der Besitzstand nur für Krankheiten gewährt, die vor dem 30.9.2005 begonnen hatten. Infolge Zeitablaufs spielt diese Übergangsvorschrift jetzt keine Rolle mehr, da für Krankheiten, die nach den jeweiligen Stichtagen begonnen haben, § 22 Abs. 1 gilt. 113

§ 71 BAT sah weiter vor, dass der Zuschuss zum Krankengeld, der nach dem Ende der Entgeltfortzahlung gewährt wird, sich entgegen § 22 Abs. 2 aus der Differenz zwischen dem Nettoentgelt und dem Nettokrankengeld errechnet wird. Das Nettokrankengeld ist das um die Arbeitnehmeranteile zur Sozialversicherung reduzierte Krankengeld. Diese Regelung gilt gemäß § 13 Abs. 1 TVÜ-VKA/Bund weiter für Beschäftigte, für die bis zum 30.9.2005 § 71 BAT gegolten hatte. 114

Die Arbeitnehmerbeiträge betragen im Jahr 2012 12,280 % (12,571% für Kinderlose). Der Krankengeldzuschuss erhöht sich somit für die von dieser Regelung betroffenen Beschäftigten um diese Prozentsätze des täglichen Krankengeldbetrages. Das sind einem Krankengeldhöchstsatz von 89,25 € je Kalendertag im Jahre 2012 bis zu 10,96 € (11,21 € für Kinderlose) täglich. 115

Der TVöD sieht im Gegensatz zu § 40 BAT einen Anspruch auf Beihilfe nicht mehr vor. Nach der Protokollerklärung zu § 13 TVÜ-VKA/Bund bleiben aber die am 30.9.2005 bestehenden Regelungen für die Gewährung von Beihilfen unberührt. 116

2. Besitzstandswahrung für frühere BAT-Beschäftigte (§ 13 TVÜ-Länder). Für die Länder gilt § 13 entsprechend mit der Maßgabe, dass an die Stelle des Stichtages 30.9.2005 jeweils der 31.10.2006 tritt. 117

Darüber hinaus sieht § 13 Abs. 3 TVÜ-L vor, dass für privat versicherte Beschäftigte, für die § 71 BAT gegolten hatte, der Anspruch auf eine Entgeltfortzahlung von bis zu 26 Wochen erhalten bleibt. Voraussetzung ist, dass das Arbeitsverhältnis zu demselben Arbeitgeber weiter ununterbrochen besteht. 118

Grund für diese Regelung ist, dass die privaten Krankenversicherungen einen Anspruch auf Krankengeld erst ab der 27. Woche der Krankheit vorsahen. Die Beschäftigten des Bundes und der kommunalen Arbeitgeber, für welche eine dem § 13 Abs. 3 TVÜ-L entsprechende Regelung fehlt, mussten ihre Versicherungsverträge ändern und erhöhte Versicherungsbeiträge in Kauf nehmen. 119

§ 23 Besondere Zahlungen (TVöD)

(1) ¹Nach Maßgabe des Vermögensbildungsgesetzes in seiner jeweiligen Fassung haben Beschäftigte, deren Arbeitsverhältnis voraussichtlich mindestens sechs Monate dauert, einen Anspruch auf vermögenswirksame Leistungen. ²Für Vollbeschäftigte beträgt die vermögenswirksame Leistung für jeden vollen Kalendermonat 6,65 Euro. ³Der Anspruch entsteht frühestens für den Kalendermonat, in dem die/der Beschäftigte dem Arbeitgeber die erforderlichen Angaben schriftlich mitteilt, und für die beiden vorangegangenen Monate desselben Kalenderjahres; die Fälligkeit tritt nicht vor acht Wochen nach Zugang der Mitteilung beim Arbeitgeber ein. ⁴Die vermögenswirksame Leistung wird nur für Kalendermonate gewährt, für die den Beschäftigten Tabellenentgelt, Entgeltfortzahlung oder Krankengeldzuschuss zusteht. ⁵Für Zeiten, für die Krankengeldzu-

schuss zusteht, ist die vermögenswirksame Leistung Teil des Krankengeldzuschusses. ⁶Die vermögenswirksame Leistung ist kein zusatzversorgungspflichtiges Entgelt.

(2) ¹Beschäftigte erhalten ein Jubiläumsgeld bei Vollendung einer Beschäftigungszeit (§ 34 Abs. 3)

a) von 25 Jahren   in Höhe von   350 Euro,
b) von 40 Jahren   in Höhe von   500 Euro.

²Teilzeitbeschäftigte erhalten das Jubiläumsgeld in voller Höhe. ³Im Bereich der VKA können durch Betriebs-/Dienstvereinbarung günstigere Regelungen getroffen werden.

(3) ¹Beim Tod von Beschäftigten, deren Arbeitsverhältnis nicht geruht hat, wird der Ehegattin/dem Ehegatten oder der Lebenspartnerin/dem Lebenspartner im Sinne des Lebenspartnerschaftsgesetzes oder den Kindern ein Sterbegeld gewährt. ²Als Sterbegeld wird für die restlichen Tage des Sterbemonats und – in einer Summe – für zwei weitere Monate das Tabellenentgelt der/des Verstorbenen gezahlt. ³Die Zahlung des Sterbegeldes an einen der Berechtigten bringt den Anspruch der Übrigen gegenüber dem Arbeitgeber zum Erlöschen; die Zahlung auf das Gehaltskonto hat befreiende Wirkung. ⁴Für den Bereich der VKA können betrieblich eigene Regelungen getroffen werden.

§ 23 Besondere Zahlungen (TV-L)

(1) ¹Einen Anspruch auf vermögenswirksame Leistungen nach Maßgabe des Vermögensbildungsgesetzes in seiner jeweiligen Fassung haben Beschäftigte, deren Arbeitsverhältnis voraussichtlich mindestens sechs Monate dauert. ²Für Vollbeschäftigte beträgt die vermögenswirksame Leistung für jeden vollen Kalendermonat 6,65 Euro. ³Der Anspruch entsteht frühestens für den Kalendermonat, in dem die/der Beschäftigte dem Arbeitgeber die erforderlichen Angaben schriftlich mitteilt, und für die beiden vorangegangenen Monate desselben Kalenderjahres; die Fälligkeit tritt nicht vor acht Wochen nach Zugang der Mitteilung beim Arbeitgeber ein. ⁴Die vermögenswirksame Leistung wird nur für Kalendermonate gewährt, für die den Beschäftigten Tabellenentgelt, Entgeltfortzahlung oder Krankengeldzuschuss zusteht. ⁵Für Zeiten, für die Krankengeldzuschuss zusteht, ist die vermögenswirksame Leistung Teil des Krankengeldzuschusses. ⁶Die vermögenswirksame Leistung ist kein zusatzversorgungspflichtiges Entgelt.

(2) ¹Beschäftigte erhalten ein Jubiläumsgeld bei Vollendung einer Beschäftigungszeit (§ 34 Absatz 3)

a) von 25 Jahren   in Höhe von   350 Euro,
b) von 40 Jahren   in Höhe von   500 Euro.

²Teilzeitbeschäftigte erhalten das Jubiläumsgeld in voller Höhe.

(3) ¹Beim Tod von Beschäftigten, deren Arbeitsverhältnis nicht geruht hat, wird der Ehegattin/dem Ehegatten oder den Kindern ein Sterbegeld gewährt; der Ehegattin/dem Ehegatten steht die Lebenspartnerin/der Lebenspartner im Sinne des Lebenspartnerschaftsgesetzes gleich. ²Als Sterbegeld wird für die restlichen Tage des Sterbemonats und – in einer Summe – für zwei weitere Monate das Tabellenentgelt der/des Verstorbenen gezahlt. ³Die Zahlung des Sterbegeldes an einen

der Berechtigten bringt den Anspruch der Übrigen gegenüber dem Arbeitgeber zum Erlöschen; die Zahlung auf das Gehaltskonto hat befreiende Wirkung.

(4) Für die Erstattung von Reise- und Umzugskosten sowie Trennungsgeld finden die Bestimmungen, die für die Beamtinnen und Beamten des Arbeitgebers jeweils gelten, entsprechende Anwendung.

I. Normstruktur 1	b) Höhe des Jubiläums-
II. Tarifliche Regelung 2	geldes 30
1. Vermögenswirksame Leis-	c) Fälligkeit 34
tungen 2	d) Rechtsnatur 37
a) Begriff der vermögens-	3. Sterbegeld 39
wirksamen Leistungen 2	a) Anspruchsvoraussetzun-
b) Anspruchsvoraussetzun-	gen 39
gen 8	b) Anspruchsberechtigte 42
c) Wahl der Anlageform 14	c) Höhe des Sterbegeldes 50
d) Zahlung von Tabellenent-	d) Steuer- und Sozialversiche-
gelt, Entgeltfortzahlung	rung, Pfändbarkeit, Aus-
oder Krankengeldzu-	schlussfrist 57
schuss 15	e) Betriebliche Regelungen
e) Höhe des Anspruchs 17	im Bereich der VKA 61
f) Rechtsnatur des	III. Sonderregelungen: Erstattung
Anspruchs 23	von Reise- und Umzugskosten
2. Jubiläumsgeld 27	nach § 23 Abs. 4 TV-L 63
a) Anspruchsvoraus-	
setzungen 27	

I. Normstruktur

§ 23 fasst in einer Vorschrift drei unterschiedliche Leistungen zusammen, nämlich die vermögenswirksamen Leistungen, das Jubiläumsgeld und das Sterbegeld. Der Anspruch auf vermögenswirksame Leistungen war bisher in eigenen Tarifverträgen (Tarifverträge über vermögenswirksame Leistungen an Angestellte bzw Arbeiter) geregelt, Jubiläumsgeld und Sterbegeld zB in den §§ 39 und 41 BAT.

II. Tarifliche Regelung

1. Vermögenswirksame Leistungen. a) Begriff der vermögenswirksamen Leistungen. Vermögenswirksame Leistungen sind Geldleistungen, die der Arbeitgeber für den Arbeitnehmer anlegt. Der Arbeitnehmer kann immer verlangen, dass der Arbeitgeber einen Teil seiner Einkünfte, die ihm ohnehin zustehen, vermögenswirksam anlegt. § 23 Abs. 1 gibt den Beschäftigten darüber hinaus einen zusätzlichen Anspruch auf einen Beitrag des Arbeitgebers zur Vermögensbildung. Zusätzlich erhält der Arbeitnehmer, der einen Teil seines Einkommens vermögenswirksam anlegt, eine Arbeitnehmer-Sparzulage nach dem 5. VermBG oder eine Wohnungsbau-Prämie nach dem Wohnungsbau-PrämienG.

Zurzeit gilt das **5. Vermögensbildungsgesetz** (5. VermBG). Nach § 2 des 5. VermBG sind folgende Anlageformen zulässig:

- Sparbeiträge des Arbeitnehmers aufgrund eines Sparvertrages über Wertpapiere oder andere Vermögensbeteiligungen zum Erwerb von Aktien, Schuldverschreibungen, Anteilen an Investmentfonds, Genussscheinen, Genossen-

schaftsanteilen, Gesellschaftsanteilen, Begründung von Darlehensforderungen gegen den Arbeitgeber oder Erwerb eines Genussrechts am Unternehmen des Arbeitgebers (§ 4 5. VermBG).
- Aufwendungen aufgrund eines Wertpapier-Kaufvertrags (§ 5 5. VermBG).
- Aufwendungen aufgrund eines Beteiligungs-Vertrags oder eines Beteiligungs-Kaufvertrags (§ 6 und 7 5. VermBG).
- Aufwendungen nach den Vorschriften des Wohnungsbau-Prämiengesetzes (Bausparverträge).
- Aufwendungen zum Bau, zum Erwerb, zum Ausbau oder zur Erweiterung eines im Inland gelegenen Wohngebäudes oder einer im Inland gelegenen Eigentumswohnung oder zum Erwerb eines Dauerwohnrechts an einer im Inland gelegenen Wohnung.
- Aufwendungen zur Erfüllung von Verpflichtungen daraus (Entschuldung von Wohneigentum).
- Sparbeiträge aufgrund eines Sparvertrags (§ 8 5. VermBG).
- Beiträge aufgrund eines Kapitallebensversicherungsvertrags (§ 9 5. VermBG).
- Aufwendungen zur Erfüllungen von Verpflichtungen aus der gekündigten Mitgliedschaft bei einer Genossenschaft.

5 Nach § 3 5. VermBG können die Anlagen (außer nach §§ 5–7 5. VermBG) auch zugunsten des Ehegatten oder von Eltern zugunsten minderjähriger Kinder und von minderjährigen Kindern zugunsten der Eltern erfolgen.

6 Arbeitnehmer, deren Einkommen den Betrag von 17.900 € im Jahr (bei Ehegatten das doppelte) nicht überschreitet, haben je nach Anlageform Anspruch auf eine **Arbeitnehmer-Sparzulage** von 18 % oder 9 %. Für Spar- und Lebensversicherungsverträge wird allerdings keine Sparzulage gezahlt (§ 13 Abs. 1 und 2 5. VermBG).

7 Der Arbeitgeber muss die Sparbeträge selbst an das jeweilige Unternehmen oder Institut überweisen, als vermögenswirksame Leistung kennzeichnen und dabei die Konto oder Vertragsnummer angeben (§ 3 Abs. 2 5. VermBG).

8 **b) Anspruchsvoraussetzungen.** Der Anspruch des Arbeitnehmers setzt voraus, dass der Arbeitnehmer dem Arbeitgeber die erforderlichen Angaben schriftlich mitteilt. Dies sind:
- das Unternehmen oder Institut, bei dem die Anlage durchgeführt werden soll,
- die Anlageform,
- die Konto- oder Vertragsnummer,
- den monatlichen Sparbetrag,
- den Beginn der monatlichen Zahlung.

9 Der Anspruch besteht frühestens für den Kalendermonat, in dem die Mitteilung erfolgt, und für die beiden vorangegangenen Monate des laufenden Kalenderjahres. Die Fälligkeit tritt nicht früher als 8 Wochen vor Zugang der Mitteilung ein.

10 Beispiel: Der Beschäftigte wird zum 1.11.2011 eingestellt. Am 14.2.2012 macht er die erforderlichen Angaben. Er hat Anspruch auf die vermögenswirksamen Leistungen ab Januar 2012. Die Meldung begründet zwar Anspruch auf Leistungen für die beiden vorangegangenen Monate, aber nur im laufenden Kalenderjahr. Da der Dezember noch in das Jahr 2011 fiel, entfällt der Anspruch für

diesen Monat. Die Leistungen müssen dann erstmals zusammen mit der Entgeltzahlung für den April erbracht werden.

Einen Anspruch haben nur Beschäftigte, deren Arbeitsverhältnis voraussichtlich mindestens sechs Monate dauert. Dies gilt für alle Beschäftigte, die unbefristet eingestellt werden. Bei einer Befristung des Arbeitsverhältnisses für bis zu sechs Monate besteht kein Anspruch. Wird das Arbeitsverhältnis danach erneut befristet fortgesetzt, kommt es auf die voraussichtliche Dauer des Arbeitsverhältnisses zum Zeitpunkt der weiteren Befristung an. 11

Beispiel: Ein Beschäftigter wird zunächst für vier Monate befristet ab dem 1.12.2011 bis zum 31.3.2012 eingestellt. Am 15.2.2012 wird ein Verlängerungsvertrag für die Zeit vom 1.4. bis zum 30.11.2012 abgeschlossen. Ab März 2012 hat der Beschäftigte – rechtzeitige schriftliche Mitteilung der erforderlichen Angaben vorausgesetzt – Anspruch auf die vermögenswirksamen Leistungen, da jetzt erwartet werden kann, dass das Arbeitsverhältnis länger als sechs Monate dauert. 12

§ 23 gilt nicht für Auszubildende. Für diese sieht § 13 TVA-öD einen eigenen Anspruch vor. 13

c) Wahl der Anlageform. Der Beschäftigte kann die Anlageform frei wählen. Es wäre auch möglich, dass die vermögenswirksamen Leistungen auf mehrere Anlageformen verteilt werden. Dies würde aber zu einem erhöhten Verwaltungsaufwand beim Arbeitgeber führen. Die Bestimmung der Anlageform muss gemäß § 315 BGB nach billigem Ermessen erfolgen. Verteilt der Beschäftigte die vermögenswirksamen Leistungen auf mehrere Anlageformen, muss deshalb ein sachlicher Grund vorliegen – zB die optimale Ausnutzung staatlicher Zuschüsse. 14

d) Zahlung von Tabellenentgelt, Entgeltfortzahlung oder Krankengeldzuschuss. Für Monate, in denen Beschäftigte weder Anspruch auf Tabellenentgelt, Entgeltfortzahlung noch Krankengeldzuschuss haben, entfällt der Anspruch auf die vermögenswirksamen Leistungen. Bezüge müssen aber nicht für den gesamten Monat gezahlt werden. Auch wenn Bezüge nur für einen Tag gezahlt werden, besteht noch der volle Anspruch. 15

Vermögenswirksame Leistungen werden daher zB nicht gezahlt: 16
- bei Krankheit nach dem Ende des Krankengeldzuschusses (§ 22 Abs. 3),
- während des Mutterschutzes nach dem MuSchG,
- während der Elternzeit nach dem BEEG (sofern nicht in Teilzeit gearbeitet wird),
- bei Bezug von Kurzarbeitergeld,[1]
- während eines Arbeitskampfes,
- während eines unbezahlten Sonderurlaubs.

e) Höhe des Anspruchs. Der Anspruch beträgt für Vollbeschäftigte für jeden vollen Kalendermonat 6,65 €. **Teilzeitbeschäftigte** erhalten die Leistung anteilig entsprechend dem Verhältnis Ihrer Arbeitszeit zur regelmäßigen Arbeitszeit nach § 6. 17

Beispiel: Eine Beschäftigte des Bundes arbeitet wöchentlich 13 Stunden. Das ist ein Drittel der regelmäßigen Arbeitszeit nach § 6 Abs. 1 Satz 1 Alt. A). Sie erhält also vermögenswirksame Leistungen von 2,22 € im Monat. 18

---
1 BAG v. 15.11.1990, 6 AZR 119/89, NZA 1991, 315.

19 Wenn das Arbeitsverhältnis nicht den ganzen Kalendermonat über besteht, wird auch der Anspruch auf die vermögenswirksamen Leistungen anteilig gekürzt.

20 Beschäftigte im **Tarifgebiet Ost** erhalten die vermögenswirksamen Leistungen in voller Höhe (Protokollerklärung Nr. 3 zu § 15).

21 Während der Zeit, in der Anspruch auf den Krankengeldzuschuss nach § 22 Abs. 2 besteht, sind die vermögenswirksamen Leistungen Teil des Zuschusses zum Krankengeld (§ 23 Abs. 1 Satz 5). Das bedeutet, dass die vermögenswirksamen Leistungen nicht zusätzlich zu dem nach § 22 Abs. 2 errechneten Krankengeldzuschuss gezahlt werden. Die vermögenswirksamen Leistungen fließen aber in die Berechnungsgrundlage mit ein.

22 Für die Beschäftigten der Sparkassen betragen die vermögenswirksamen Leistungen 40 € im Monat (§ 49 TVöD-BT-S).

23 **f) Rechtsnatur des Anspruchs.** Der Anspruch auf vermögenswirksame Leistungen kann nicht abgetreten werden (§ 2 Abs. 7 Satz 2 5. VermBG) und ist deshalb auch **nicht pfändbar** (§ 851 ZPO).

24 Vermögenswirksame Leistungen sind zu versteuerndes Einkommen und sozialversicherungspflichtiges Arbeitsentgelt (§ 2 Abs. 6 5. VermBG).

25 Die vermögenswirksamen Leistungen sind kein zusatzversorgungspflichtiges Entgelt (§ 23 Abs. 1 Satz 6). Von dem Betrag werden somit keine Beiträge zur Zusatzversorgungskasse abgeführt.

26 Wenn der Beschäftigte die gezahlten Beträge nicht bestimmungsgemäß verwendet, hat der Arbeitgeber keinen Anspruch auf Rückzahlung.[2]

27 **2. Jubiläumsgeld. a) Anspruchsvoraussetzungen.** Das Jubiläumsgeld wird nach einer Beschäftigungszeit von 25 Jahren und von 40 Jahren gezahlt. Ein Jubiläumsgeld für eine 50-jährige Beschäftigungszeit ist entgegen zB § 39 Abs. 1 BAT nicht mehr vorgesehen, weil diese Dienstzeit kaum noch erreicht wird.

28 Der Begriff der Beschäftigungszeit ist in § 34 Abs. 3 definiert. Da § 23 Abs. 2 auf den ganzen § 34 Abs. 3 Bezug nimmt und nicht, wie zB § 34 Abs. 1, die Sätze 3 und 4 des § 34 Abs. 3 ausnimmt, werden auch Zeiten bei einem anderen öffentlichen Arbeitgeber anerkannt. Unterbrechungen der Beschäftigungszeit schaden nicht (§ 34 Abs. 3 Satz 1).

29 Das Jubiläumsgeld belohnt die bisherige Treue zum Arbeitgeber, nicht die Erwartung zukünftiger Treue. Es wird daher auch gezahlt, wenn das Arbeitsverhältnis im Zeitpunkt des Jubiläums gekündigt ist oder seine baldige Beendigung in einem Aufhebungsvertrag vereinbart ist.

30 **b) Höhe des Jubiläumsgeldes.** Das Jubiläumsgeld beträgt nach einer Beschäftigungszeit von 25 Jahren 350 €, nach 40 Jahren 500 €. Teilzeitbeschäftigte erhalten das Jubiläumsgeld in voller Höhe (§ 23 Abs. 2 Satz 2).

31 Diese Beträge gelten auch für das Tarifgebiet Ost (Protokollerklärung Nr. 3 zu § 15).

32 Außerdem besteht nach § 29 Abs. 1 d aus Anlass des 25- und 40-jährigen Arbeitsjubiläums Anspruch auf je einen Tag bezahlter **Arbeitsbefreiung**.

---

2 BAG v. 30.4.1975, 5 AZR 187/74, AP Nr. 1 zu § 1 TVG Tarifverträge vermögenswirksame Leistungen.

Im Bereich der VKA können durch **Betriebs- oder Dienstvereinbarungen** günstigere Regelungen getroffen werden (§ 23 Abs. 2 Satz 3). Diese können höhere Beträge für das Jubiläumsgeld, geringere Beschäftigungszeiten als Anspruchsvoraussetzung oder zusätzliche Beschäftigungszeiten, bei denen ebenfalls ein Jubiläumsgeld gezahlt wird, vorsehen. 33

c) Fälligkeit. Das Jubiläumsgeld ist fällig am Tag nach Vollendung der erforderlichen Beschäftigungszeit, nicht etwa erst mit der darauf folgenden regelmäßigen Gehaltszahlung.[3] Die Fristberechnung erfolgt nach § 188 Abs. 2 BGB. Danach endet die Frist mit Ablauf des Tages, der dem Tag vorhergeht, der durch seine Benennung dem Anfangstag der Frist entspricht. Für den Anspruch gilt die Verfallfrist des § 37. Macht ein Beschäftigter schriftlich den Anspruch auf Anerkennung von Beschäftigungszeiten geltend, ist damit auch die Ausschlussfrist für den Anspruch auf Zahlung des Jubiläumsgeldes gewahrt.[4] 34

Beispiel: Eine Beschäftigte wurde am 1.7.1969 eingestellt. Die Beschäftigungszeit von 40 Jahren ist mit Ablauf des 30.6.2009 vollendet. Der Anspruch auf Jubiläumsgeld für die 40-jährige Beschäftigungszeit ist am 1.7.2009 fällig. 35

Das Jubiläumsgeld wird auch ausgezahlt, während das Arbeitsverhältnis ruht.[5] 36

d) Rechtsnatur. Das Jubiläumsgeld ist nach § 850 a Nr. 2 ZPO als „Treugeld" **unpfändbar** und kann deswegen auch nicht abgetreten werden (§ 400 BGB). Wegen Unterhaltsforderungen kann das Jubiläumsgeld aber zur Hälfte gepfändet werden (§ 850 d ZPO). 37

Jubiläumsgelder sind seit dem 1.1.1999 als sonstiger Bezug **steuerpflichtig**. Dementsprechend sind sie gemäß § 1 ArEV auch **sozialversicherungspflichtig**. Nach Nr. 8 der Anlage 3 zum ATV sind Jubiläumsgelder aber nicht zusatzversorgungspflichtig. 38

3. Sterbegeld. a) Anspruchsvoraussetzungen. Der Anspruch setzt voraus, dass am Todestag des Beschäftigten das Arbeitsverhältnis bestanden hat. Kein Anspruch besteht, wenn das Arbeitsverhältnis zwar bestand, aber ruhte. 39

Das Arbeitsverhältnis ruht zB während des Sonderurlaubs (§ 28), während des Bezuges einer Rente auf Zeit (§ 33 Abs. 2 Satz 5 und 6), während der Elternzeit, soweit keine Teilzeittätigkeit geleistet wird (§ 15 BEEG), und während des Wehr- oder Ersatzdienstes (§ 1 ArbPlSchG). 40

Befand sich der Beschäftigte am Todestag in der Freistellungsphase der **Altersteilzeit**, wird das Sterbegeld gezahlt.[6] 41

b) Anspruchsberechtigte. Anspruch auf das Sterbegeld haben der Ehegatte, der Lebenspartner einer eingetragenen Lebenspartnerschaft nach dem LPartG oder die Kinder. Es kommt nicht darauf an, ob die Berechtigten auch Erben des verstorbenen Beschäftigten sind. Andere Personen haben keinen Anspruch, auch wenn sie als Erben eingesetzt sind und mit dem Beschäftigten in häuslicher Gemeinschaft gelebt hatten. Dies gilt auch für **Lebensgefährten**.[7] 42

Beispiel: Eine Beschäftigte hatte 30 Jahre mit ihrem Lebensgefährten zusammen gelebt. Beide haben sich gegenseitig als Alleinerben eingesetzt. Beim Tod der 43

---
3 LAG Düsseldorf v. 20.5.2011, 6 Sa 67/11, NRWE.
4 LAG Düsseldorf v. 20.5.2011, 6 Sa 67/11, NRWE.
5 BAG v. 5.4.2000, 10 AZR 178/99, NZA 2000, 842.
6 BAG v. 12.5.2005, 6 AZR 311/04, ZTR 2006, 86.
7 BAG v. 18.1.2001, 6 AZR 492/99, NZA 2002, 47.

Beschäftigten hat der Lebensgefährte keinen Anspruch auf Sterbegeld, weil er kein Ehegatte war.

44 Als Kinder gelten leibliche Kinder und adoptierte Kinder (§§ 1741 ff BGB). Stiefkinder und Pflegekinder fallen nicht darunter, auch nicht Enkelkinder.

45 Der Kreis der Anspruchsberechtigten wurde gegenüber den früheren Regelungen zB in § 41 Abs. 1 BAT oder § 47 MTArb stark eingeschränkt.

46 Die Zahlung an einen Berechtigten hat befreiende Wirkung. Sie sind also Gesamtgläubiger nach § 428 BGB. Ebenso hat die Zahlung auf das Gehaltskonto befreiende Wirkung. Dies gilt auch dann, wenn Kontoinhaber ein Nichtberechtigter ist.

47 **Beispiel:** Ein Beschäftigter lässt sein Gehalt auf das Konto seiner Lebensgefährtin überweisen. Als er stirbt, hinterlässt er zwei Kinder. Die Zahlung auf das Konto der Lebensgefährtin bringt den Anspruch zum Erlöschen, obwohl nicht diese Anspruchsberechtigt sind, sondern die Kinder.

48 Der Anspruch auf das Sterbegeld ist als tariflicher Anspruch zugunsten Dritter gemäß §§ 328, 331 BGB anzusehen.[8] Deswegen gehört der Anspruch auf Sterbegeld nicht zum Nachlass.[9] Wird das Sterbegeld auf das Gehaltskonto eines Nichtberechtigten überwiesen, kann der Berechtigte das Sterbegeld nach den Vorschriften über die ungerechtfertigte Bereicherung (§§ 812 ff BGB) vom Kontoinhaber heraus verlangen.

49 Keinen Anspruch auf Sterbegeld hat, wer den Tod des Beschäftigten vorsätzlich verursacht hat.

50 **c) Höhe des Sterbegeldes.** Als Sterbegeld wird das Tabellenentgelt für die restlichen Tage des Sterbemonats und die beiden folgenden Monate gezahlt. Stirbt der Beschäftigte am letzten Tag des Monats, wird nur das Tabellenentgelt für die beiden Folgemonate gezahlt, weil es keine restlichen Tage des Sterbemonats gibt. Andere Gehaltsbestandteile wie zB Zuschläge oder auch die vermögenswirksamen Leistungen wirken sich auf das Sterbegeld nicht aus.

51 Befand sich der Beschäftigte beim Tod in Altersteilzeit, wird das Sterbegeld auf Grundlage der verminderten Bezüge errechnet.[10]

52 Im Sterbemonat wird somit bis zum Todestag die Vergütung normal abgerechnet. Dieser Teil der Bezüge fällt in den Nachlass und steht dem oder den Erben zu. Für die restlichen Tage des Sterbemonats wird anteilig das Tabellenentgelt berechnet.

53 Sterbegeld wird auch gezahlt, wenn der Anspruch auf Entgeltfortzahlung im Krankheitsfall nach § 22 Abs. 1 bereits erschöpft war oder aus anderen Gründen kein Anspruch auf Entgelt bestand. § 23 Abs. 3 setzt nämlich nicht voraus, dass vor dem Tod ein solcher Anspruch bestand. Ein Ruhen des Arbeitsverhältnisses liegt in diesen Fällen nicht vor.

54 **Beispiel:** Eine Beschäftigte mit einem Tabellenentgelt von 4.530 € war seit zwei Jahren arbeitsunfähig krank. Sie verstirbt am 1.5. Das Sterbegeld setzt sich aus 30/31 des Tabellenentgelts für Mai und dem Entgelt für zwei weitere Monate

---

8 BAG v. 12.5.2005, 6 AZR 311/04, ZTR 2006, 86.
9 BGH v. 29.1.1964, V ZR 209/61, BGHZ 41, 95.
10 BAG v. 12.5.2005, 6 AZR 311/04, ZTR 2006, 86.

zusammen, beträgt also 13.443,87 €. Wäre sie am 30.4. verstorben, beliefe sich das Sterbegeld nur auf 9.060 €.

Das Sterbegeld ist **in einer Summe** beim Tod des Beschäftigten fällig. Es wird also nicht anteilig jeweils zum Monatsende fällig, sondern sofort nach dem Tod. Deswegen wirken sich auch Erhöhungen des Tabellenentgelts nach dem Todestag nicht mehr auf die Höhe des Anspruchs aus, soweit sie nicht rückwirkend auf einen Zeitpunkt vor dem Todestag erfolgen. 55

Ein zusätzliches Sterbegeld nach dem ATV entfällt ab dem Jahr 2008 (§ 35 ATV). 56

d) Steuer- und Sozialversicherung, Pfändbarkeit, Ausschlussfrist. Das Sterbegeld ist vom Berechtigten als sonstiger Bezug nach § 39 b Abs. 3 EStG zu versteuern. Der Berechtigte muss eine Lohnsteuerkarte vorlegen. Geschieht das nicht, ist die Steuerklasse VI anzuwenden (§ 39c Abs. 1 EStG). Das Sterbegeld ist steuerbegünstigt nach § 19 EStG, § 2 Abs. 2 Nr. 2 LStDV. 57

Das Sterbegeld ist nicht sozialversicherungspflichtig, weil es dem Berechtigten nicht aufgrund eines Arbeitsverhältnisses zufließt. Beiträge zur Sozialversicherung sind daher für den Sterbemonat nur anteilig bis zum Todestag zu entrichten. 58

Das Sterbegeld ist unpfändbar (§ 850 a Nr. 7 ZPO). 59

Die Ausschlussfrist des § 37 greift nicht ein, weil danach ein Verfall von Ansprüchen nur vorgesehen ist, wenn sie nicht vom Beschäftigten oder vom Arbeitgeber innerhalb der Frist geltend gemacht werden. Der Anspruch auf Sterbegeld kann aber nur von Dritten, nämlich den jeweils berechtigten Personen geltend gemacht werden.[11] Ein Verfall von Ansprüchen wäre hier auch nicht sachgerecht, weil von Dritten im Gegensatz zu den Beschäftigten nicht erwartet werden kann, dass sie mit den tariflichen Regelungen vertraut sind. 60

e) Betriebliche Regelungen im Bereich der VKA. Im Bereich der VKA können auf betrieblicher Ebene abweichende Regelungen getroffen werden – zugunsten oder zu Ungunsten der Beschäftigten. Die Abweichungen können sich auf die Höhe des Sterbegeldes, die Anspruchsvoraussetzungen oder auf die Anspruchsberechtigten beziehen. 61

Betriebliche Regelungen unterliegen der Mitbestimmung des Betriebsrates nach § 87 Abs. 1 Nr. 10 BetrVG oder des Personalrates entsprechend den Personalvertretungsgesetzen der Länder. 62

III. Sonderregelungen: Erstattung von Reise- und Umzugskosten nach § 23 Abs. 4 TV-L

Im Bereich des TV-L gelten für die Reise- und Umzugskosten sowie das Trennungsgeld die beamtenrechtlichen Bestimmungen der jeweiligen Arbeitgeber. Eine solche Verweisung ist in Tarifverträgen zulässig.[12] Besteht an der Benutzung eines Kraftwagens ein erhebliches dienstliches Interesse, haben die Beschäftigten nach § 5 Abs. 2 S. 1 BRKG Anspruch auf die große Wegstreckenentschädigung von derzeit 30 Cent je Kilometer zurückgelegte Strecke. Der Anspruch setzt nicht voraus, dass das besondere dienstliche Interesse vorher schriftlich festgestellt 63

---

11 Breier/Dassau, TVöD § 23 Rn 111; Sponer/Steinherr, § 23 Rn 121; vgl BAG v. 4.4.2001, 4 AZR 242/08, ZTR 2002, 86; aA GKÖD-Fieberg, § 23 Rn 71.
12 BAG v. 15.9.2009, 9 AZR 645/08, ZTR 2010, 158.

wurde.[13] Für die Länder gelten teils eigene Reise- und Umzugskostengesetze, teils wird auf das das Bundesreisekostengesetz (BRKG) verwiesen

64 Entsprechendes gilt im Bereich des TVöD für die Verwaltung gemäß § 44 TVöD-BT-V (Bund/VKA). Hier gelten im Bereich das BRKG und das Bundesumzugskostengesetz (BUKG) sowie die ergänzenden Verordnungen und Richtlinien.

65 Soweit Regelungen in anderen Bereichen fehlen, richtet sich der Anspruch nach einzelvertraglichen Regelungen oder nach § 670 BGB.[14] Außerdem gilt § 667 BGB. Danach muss der Auftragnehmer dem Auftraggeber aus dem Auftrag erlangte Vorteile herausgeben. Solche Vorteile sind zB Bonusmeilen bei Flugreisen, die der Beschäftigte an den Arbeitgeber herausgeben muss.[15]

§ 24 Berechnung und Auszahlung des Entgelts (TVöD und TV-L)

(1) ¹Bemessungszeitraum für das Tabellenentgelt und die sonstigen Entgeltbestandteile ist der Kalendermonat, soweit tarifvertraglich nicht ausdrücklich etwas Abweichendes geregelt ist. ²Die Zahlung erfolgt am letzten Tag des Monats (Zahltag) für den laufenden Kalendermonat auf ein von der/dem Beschäftigten benanntes Konto innerhalb eines Mitgliedstaats der Europäischen Union. ³Fällt der Zahltag auf einen Samstag, einen Wochenfeiertag oder den 31. Dezember, gilt der vorhergehende Werktag, fällt er auf einen Sonntag, gilt der zweite vorhergehende Werktag als Zahltag. ⁴Entgeltbestandteile, die nicht in Monatsbeträgen festgelegt sind, sowie der Tagesdurchschnitt nach § 21 sind am Zahltag des zweiten Kalendermonats, der auf ihre Entstehung folgt, fällig.

Protokollerklärungen zu Absatz 1:

1. *Teilen Beschäftigte ihrem Arbeitgeber die für eine kostenfreie bzw. kostengünstigere Überweisung in einen anderen Mitgliedstaat der Europäischen Union erforderlichen Angaben nicht rechtzeitig mit, so tragen sie die dadurch entstehenden zusätzlichen Überweisungskosten.*
2. *Soweit Arbeitgeber die Bezüge am 15. eines jeden Monats für den laufenden Monat zahlen, können sie jeweils im Dezember eines Kalenderjahres den Zahltag vom 15. auf den letzten Tag des Monats gemäß Absatz 1 Satz 1 verschieben.*

(2) Soweit tarifvertraglich nicht ausdrücklich etwas anderes geregelt ist, erhalten Teilzeitbeschäftigte das Tabellenentgelt (§ 15) und alle sonstigen Entgeltbestandteile in dem Umfang, der dem Anteil ihrer individuell vereinbarten durchschnittlichen Arbeitszeit an der regelmäßigen Arbeitszeit vergleichbarer Vollzeitbeschäftigter entspricht.

(3) ¹Besteht der Anspruch auf das Tabellenentgelt oder die sonstigen Entgeltbestandteile nicht für alle Tage eines Kalendermonats, wird nur der Teil gezahlt, der auf den Anspruchszeitraum entfällt. ²Besteht nur für einen Teil eines Kalendertags Anspruch auf Entgelt, wird für jede geleistete dienstplanmäßige oder betriebsübliche Arbeitsstunde der auf eine Stunde entfallende Anteil des Tabellenentgelts sowie der sonstigen in Monatsbeträgen festgelegten Entgeltbestandteile gezahlt. ³Zur Ermittlung des auf eine Stunde entfallenden Anteils sind die

---

13 BAG v. 15.9.2009, 9 AZR 645/08, ZTR 2010, 158.
14 BAG v. 14.10.2003, 9 AZR 657/02, ZTR 2004, 494.
15 BAG v. 11.4.2006, 9 AZR 500/05, NZA 2006, 1089.

in Monatsbeträgen festgelegten Entgeltbestandteile durch das 4,348-fache der regelmäßigen wöchentlichen Arbeitszeit (§ 6 Abs. 1 und entsprechende Sonderregelungen) zu teilen.

(4) ¹Ergibt sich bei der Berechnung von Beträgen ein Bruchteil eines Cents von mindestens 0,5, ist er aufzurunden; ein Bruchteil von weniger als 0,5 ist abzurunden. ²Zwischenrechnungen werden jeweils auf zwei Dezimalstellen durchgeführt. ³Jeder Entgeltbestandteil ist einzeln zu runden.

(5) Entfallen die Voraussetzungen für eine Zulage im Laufe eines Kalendermonats, gilt Absatz 3 entsprechend.

(6) Einzelvertraglich können neben dem Tabellenentgelt zustehende Entgeltbestandteile (z.B. Zeitzuschläge, Erschwerniszuschläge) pauschaliert werden.

I. Normzweck	1	VIII. Die Rundungsregelungen (Abs. 4)	18
II. Die Abrechnung	2	IX. Der Wegfall von Zulagen (Abs. 5)	19
III. Der Bemessungszeitraum (Abs. 1)	4	X. Die Pauschalierung von Zuschlägen (Abs. 6)	20
IV. Das Konto (Abs. 1)	5	XI. Die Mitbestimmung der Interessenvertretung	23
V. Der Zahltag (Abs. 1)	6	XII. Weitere Tarifverträge	26
VI. Die Berechnung bei Teilzeitbeschäftigten (Abs. 2)	10		
VII. Die zeitanteilige Berechnung (Abs. 3)	13		

I. Normzweck

§ 24 TVöD regelt allgemein, wie das Entgelt zu berechnen und wann es zu zahlen ist. Zum Entgelt gehören v.a. das Tabellenentgelt nach § 15 TVöD, die diversen Zulagen und die Entgeltbestandteile, die nicht in Monatsbeträgen festgelegt werden, wie zB Entgelt für Überstunden, Bereitschaftsdienste.

II. Die Abrechnung

Der TVöD enthält keine Regelung dazu, ob die Berechnung des Entgelts mitzuteilen ist, ob also eine **Abrechnung** zu erteilen ist. Das ist allgemein in § 108 GewO geregelt. Danach ist einem Arbeitnehmer bei Zahlung des Arbeitsentgelts eine Abrechnung in Textform (zu den Anforderungen § 126 b BGB) zu erteilen. Diese muss mindestens Angaben über **Abrechnungszeitraum** und **Zusammensetzung des Arbeitsentgelts** enthalten. Hinsichtlich der Zusammensetzung sind insbesondere Angaben über Art und Höhe der Zuschläge, Zulagen, sonstige Vergütungen, Art und Höhe der Abzüge, Abschlagszahlungen sowie Vorschüsse erforderlich. Die Verpflichtung zur Abrechnung entfällt, wenn sich die Angaben gegenüber der letzten ordnungsgemäßen Abrechnung nicht geändert haben. Ein Abrechnungsanspruch besteht nach § 108 GewO aber nur bei erfolgter Zahlung. § 108 GewO gewährt keinen selbstständigen Abrechnungsanspruch zur Vorbereitung eines Zahlungsanspruchs.[1] Unabhängig von dieser Vorschrift kann der Arbeitnehmer nach allgemeinen Grundsätzen Auskunft über die Grundlagen seines Vergütungsanspruchs verlangen, wenn er hierüber unverschuldet keine Kenntnis hat. Das schließt den Anspruch auf eine Abrechnung mit ein.[2] Schließ-

---

1 BAG v. 10.1.2007, 5 AZR 665/06, NZA 2007, 679.
2 BAG v. 12.7.2006, 5 AZR 646/05, NZA 2006, 1294.

lich hat ein Arbeitnehmer im Anwendungsbereich des Betriebsverfassungsgesetzes einen Anspruch auf Erläuterung der Entgeltberechnung nach § 82 Abs. 2 BetrVG. Der Anspruch auf Abrechnung unterliegt aber wie ein Zahlungsanspruch selbst der tariflichen Ausschlussfrist in § 37 TVöD sowie der Verjährung und ggf der Verwirkung (zu den Einzelheiten hierzu siehe die Anmerkungen zu § 37 TVöD, insbesondere Rn 19, 33, 34).

3 Die Abrechnung muss sowohl das Bruttoentgelt als auch das Nettoentgelt darstellen. Unter dem Bruttoentgelt versteht man das Entgelt, das aufgrund der tariflichen und arbeitsvertraglichen Regelungen geschuldet wird, unter dem Nettoentgelt das, was nach Abzug von Steuern und Sozialabgaben übrig bleibt und an den Arbeitnehmer zu zahlen ist.[3] Ist das Arbeitseinkommen gepfändet, dann ist der Arbeitgeber verpflichtet, die pfändbaren Lohnbestandteile (§ 850 c ZPO) an den Gläubiger und nicht an den Arbeitnehmer auszuzahlen.[4] Zahlt ein Arbeitgeber zuviel (Überzahlung), dann ist das grundsätzlich zurückzuzahlen (§ 812 BGB). Einzelheiten hierzu, insbesondere im Zusammenhang mit der Ausschlussfrist, siehe § 37 TVöD Rn 4, 14, 18, 33.

III. Der Bemessungszeitraum (Abs. 1)

4 Nach § 24 Abs. 1 S. 1 TVöD ist der Zeitraum, für den das Entgelt und die sonstigen Entgeltbestandteile berechnet werden soll, der Kalendermonat (Bemessungszeitraum). Die laufenden Zahlungen des Arbeitgebers werden damit für den jeweiligen Kalendermonat berechnet, soweit tarifvertraglich nicht ausdrücklich etwas anderes geregelt ist. Eine solche anders lautende Regelung findet sich zB in § 8 Abs. 1, Abs. 5 S. 2, Abs. 6 S. 2 TVöD.

IV. Das Konto (Abs. 1)

5 Die Zahlung erfolgt auf ein Konto, das vom Beschäftigten anzugeben ist. Wird kein Konto benannt, dann kann der Arbeitgeber die Zahlung bis zur Benennung zurückhalten,[5] Verzugszinsen (s. Rn 6) sind in diesem Fall dann nicht zu zahlen, wenn der Arbeitgeber den Arbeitnehmer aufgefordert hat, ein Konto anzugeben (§§ 293, 294, 295 S. 2, 301 BGB). Der Beschäftigte muss nicht Inhaber des Kontos sein. Er kann auch das Konto einer anderen Person, zum Beispiel seines Ehegatten, angeben.[6] Die Kosten der Überweisung werden vom Arbeitgeber getragen, etwaige Kosten für die Einrichtung und Führung des Kontos müssen vom Beschäftigten getragen werden, sofern keine gesonderte Regelung dazu getroffen ist. Das Konto muss nach dem Wortlaut der Regelung nicht bei einem Geldinstitut geführt werden, das in Deutschland ansässig ist. Es kann sich auch um ein Konto bei einem Geldinstitut handeln, das sich in einem anderen Mitgliedsstaat der EU befindet. In diesem Fall haben Beschäftigte dem Arbeitgeber allerdings die erforderlichen Angaben für eine kostenfreie bzw kostengünstige Überwei-

---

3 Siehe hierzu ausführlich Küttner, „252 Krankenversicherungsbeiträge", „276 Lohnabzugsverfahren" ff, „338 Pflegeversicherungsbeiträge" ff, „355 Rentenversicherungsbeiträge" ff, „386 Sozialversicherungsbeiträge".
4 Siehe hierzu ausführlich Küttner, „337 Pfändung".
5 Sponer in Sponer/Steinherr TVöD § 24 Rn 31.
6 Sponer in Sponer/Steinherr TVöD § 24 Rn 28, aA ohne Begründung Clemens/Scheuring/Steingen/Wiese TVöD § 24 Rn 12. Deren Auffassung findet aber im Wortlaut der Vorschrift keine Stütze; danach ist nur ein Konto zu benennen, Inhaberschaft wird nicht verlangt.

sung rechtzeitig (dh vorher) mitzuteilen (Protokollerklärung Nr. 1 zu Abs. 1),[7] derzeit die erforderlichen Angaben für eine „EU-Standardüberweisung" oder eine „Sepa-Überweisung[8]" im Auslandszahlungsverkehr. Dazu sind vom Beschäftigten die internationale Bank-Kontonummer (IBAN) und der S.W.I.F.T. – Bank-Identifier-Code (BIC) des Kreditinstitutes, bei dem sein Konto geführt wird, anzugeben. Bei nicht rechtzeitiger Angabe tragen die Beschäftigten die zusätzlichen Überweisungskosten.

V. Der Zahltag (Abs. 1)

Für in Monatsbeträgen festgelegte Entgeltbestandteile ist Zahltag wie bisher der **letzte Kalendertag eines Monats** (§ 24 Abs. 1 S. 2 TVöD). An diesem Tag wird daher das Entgelt fällig (§ 271 Abs. 2 BGB).[9] Der Arbeitgeber hat die Zahlung so rechtzeitig zu veranlassen, dass sie am Zahltag dem Konto gutgeschrieben wird. Allerdings muss der Arbeitgeber die Zahlung nicht mehr so rechtzeitig überweisen, dass der Angestellte am Zahltag über sie verfügen kann. Die dementsprechende Regelung im früheren § 36 Abs. 1 S. 2 BAT wurde nicht übernommen. Gelingt es dem Arbeitgeber nicht, die Zahlung so rechtzeitig zu veranlassen, dass sie am Zahltag dem Konto gutgeschrieben wird, dann gerät er automatisch in Verzug (§ 286 Abs. 2 Nr. 1 BGB), ohne dass es einer Mahnung durch den Arbeitnehmer bedarf. Arbeitnehmer haben in diesem Fall unter anderem Anspruch auf Verzugszinsen (§ 288 Abs. 1 BGB) in Höhe von 5 Prozentpunkten[10] über dem Basiszinssatz[11] (§ 247 BGB), berechnet aus dem Bruttoentgelt.[12] Entsteht ein höherer Schaden, zB durch erforderliche Kreditaufnahme, dann ist auch dieser auszugleichen. Vorschüsse sind tariflich nicht vorgesehen, allerdings auch nicht verboten.

Fällt der Zahltag auf einen Samstag oder auf einen Wochenfeiertag, ist der vorhergehende Werktag Zahltag, fällt er auf einen Sonntag, ist der zweite vorhergehende Werktag Zahltag. Mit § 4 Nr. 12 des Ä-TV wurde diese Regelung mit Wirkung ab 1.7.2008 eingefügt und damit der früheren Regelung in § 36 Abs. 1 S. 2 BAT wieder Geltung verschafft.[13] Mit der neuen Bestimmung ist die Fälligkeit wieder tarifvertraglich vorverlegt, so dass die Zahlung auf das Konto der Beschäftigten jetzt wieder vor dem Feiertag eingehen muss. Zum Teil erfolgte

---

7 Protokollerklärungen sind materielle Bestandteile des Tarifvertrags. Teilweise normieren sie selbständige Tatbestände, teilweise handelt es sich um authentische Interpretationen von Tarifnormen. Sie sind für die Gerichte verbindlich. Vgl BAG v. 17.9.2003, 4 AZR 540/02, ZTR 2004, 478, BAG v. 3.12.1996, 4 AZR 19/86, NZA 1987, 1987.
8 Die „Sepa-Überweisung" ist ebenso wie die EU-Standardüberweisung kostenlos, wenn IBAN und BIC angegeben werden. Dem Sepa-Raum gehören neben den 27 EU-Staaten Norwegen, Island, die Schweiz und Liechtenstein an.
9 LAG Mecklenburg-Vorpommern v. 24.1.2008, 1 Sa 168/07 n.v.
10 Arbeitnehmer sind Verbraucher iSd § 13 BGB (BAG v. 25.5.2005, 5 AZR 572/04, NZA 2005, 1111.
11 Der jeweils aktuelle Stand des Basiszinssatzes lässt sich der Internetseite der Bundesbank (§ 247 Abs. 2 BGB) entnehmen. S. auch „www.basiszinssatz.de", dort findet sich auch ein Zinsrechner.
12 BAG v. 7.3.2001, GS 1/00, NZA 2001, 1195. Das gilt zumindest dann, wenn der Arbeitgeber auch die Lohnsteuer und die Arbeitnehmeranteile an der Sozialversicherung nicht abführt.
13 Die bis dahin geltende Fassung des TVöD entsprach der allgemein bestehenden Fälligkeitsregel des § 193 BGB. Fällt danach der Zahltag auf einen Samstag, Sonntag oder einen Feiertag, dann ist Zahltag der nächste Werktag.

die Abrechnung bereits im Vorgriff auf die zu erwartende Änderung (wieder) nach der früheren Regelung, nach dem Tarifvertrag bestand aber kein Anspruch darauf. Wird das Entgelt noch nach der bis zum 31.12.2002 geltenden Regelung am 15. des laufenden Monats gezahlt, dann kann dieser Zahltag nach Nr. 2 der Protokollerklärung zu Abs. 1 nur im Dezember auf den jetzt geltenden letzten Kalendertag eines Monats verschoben werden.

8 Entgeltbestandteile, die nicht in Monatsbeträgen festgelegt sind (zB Zeitzuschläge in Stundensätzen oder Erschwerniszuschläge in Tagessätzen), sowie der Tagesdurchschnitt nach § 21 TVöD sind erst am Zahltag des zweiten Kalendermonats, der auf ihre Entstehung folgt, fällig. Ansprüche, die danach zum Beispiel im Januar entstanden sind, werden am Zahltag für den Monat März (in der Regel am letzten Kalendertag im März) fällig. Berechnungsgrundlage bilden aber immer die Verhältnisse im Entstehungsmonat, diesem sind sie auch zeitlich zuzuordnen. Da die Wechselschichtzulage in Monatsbeträgen gezahlt wird (§ 8 Abs. 5 TVöD), zählt sie zu den Entgeltbestandteilen, die nach § 24 Abs. 1 S. 2 TVöD am letzten Kalendertag des Monats fällig wird, nicht erst am Zahltag des zweiten Folgemonats. Stellt sich heraus, dass die tatsächlichen Voraussetzungen in dem Kalendermonat, in dem und für den die Zulage gezahlt wurde, entgegen der sich aus der ständigen Zuweisung von Schichtarbeit ergebenden Prognose nicht vorlagen, kann die Zulage zurückgefordert werden.[14]

9 **Beispiel:**[15] Eine Beschäftigte in der Entgeltgruppe 6 leistet fünf Nachtarbeitsstunden. Im Zahlmonat, zwei Kalendermonate nach dem Erbringen der Arbeitsleistung, ist die Beschäftigte in die Entgeltgruppe 7 höhergruppiert worden. Die Zeitzuschläge für die fünf Nachtarbeitsstunden sind auf Basis der Verhältnisse des Vorvormonats zu berechnen. Maßgeblich für die Höhe des Zeitzuschlags für Nachtarbeit ist somit das Stundenentgelt der Entgeltgruppe 6 in Stufe 3 (§ 8 Abs. 1 S. 2 Buchst. b in Verbindung mit § 24 Abs. 1 S. 3).

VI. Die Berechnung bei Teilzeitbeschäftigten (Abs. 2)

10 Teilzeitbeschäftigte erhalten das Tabellenentgelt (§ 15 TVöD) und alle sonstigen Entgeltbestandteile **grundsätzlich anteilig** in dem Umfang, der dem Anteil ihrer individuell vereinbarten durchschnittlichen Arbeitszeit an der regelmäßigen Arbeitszeit vergleichbarer Vollzeitbeschäftigter entspricht, soweit tarifvertraglich nicht ausdrücklich etwas anderes geregelt ist.[16] Teilzeitbeschäftigt ist ein Arbeitnehmer, dessen regelmäßige Wochenarbeitszeit kürzer ist als die eines vergleichbaren vollzeitbeschäftigten Arbeitnehmers (§ 2 Abs. 1 S. 1 TzBfG). Teilzeitbeschäftigt ist auch ein Arbeitnehmer, der eine geringfügige Beschäftigung nach § 8 Abs. 1 Nr. 1 SGB IV ausübt (§ 14 Abs. 2 TzBfG). Die regelmäßige Wochenarbeitszeit eines vollbeschäftigten Arbeitnehmers richtet sich nach § 6 TVöD. Die Berechnung hat für jeden Entgeltbestandteil einzeln zu erfolgen (vgl § 24 Abs. 4 S. 3 TVöD). Danach ergibt sich folgende Formel:

„**Vollzeitentgelt**" geteilt durch „**regelmäßige Arbeitszeit in Wochenstunden**" multipliziert mit „**individueller Arbeitszeit**".

---

14 BAG v. 24.3.2010, 10 AZR 570/09, ZTR 2010, 407.
15 Das Beispiel ist den Durchführungshinweisen des BMI entnommen, zitiert aus der Zusammenstellung: Bundesverwaltungsamt, PG EPOS/PG FAZIT; Stand 6.1.2006.
16 ZB für das Jubiläumsgeld nach § 23 Abs. 2 TVöD, das auch Teilzeitbeschäftigten in voller Höhe zusteht.

Beispiel: Bei einem Vollzeittabellenentgelt in Höhe von € 2.140,–, einer regel- 11
mäßigen Arbeitszeit von Vollzeitbeschäftigten von 39 Wochenstunden und einer
individuellen Arbeitszeit von 26 Wochenstunden ergibt sich ein anteiliges Tabellenentgelt von € 1.426,67 (Berechnung: € 2.140,00 : 39 h x 26 h).

Leistet ein Teilzeitbeschäftigter **Mehrarbeit**,[17] dann ist diese zu vergüten, wenn 12
kein Freizeitausgleich gewährt wird. Zeitzuschläge für Überstunden[18] fallen
nach der Rechtsprechung des BAG aber erst an, wenn die regelmäßige Arbeitszeit
nach § 6 TVöD, also die Arbeitszeit eines Vollzeitbeschäftigten, überschritten
wird.[19] Teilzeitbeschäftigte, die ständig im **Schichtdienst** eingesetzt sind, haben
nach der Rechtsprechung des Bundesarbeitsgerichts keinen Anspruch auf die
volle Zulagenpauschale nach § 8 Abs. 6 S. 1 TVöD.[20] Eine dem Umfang der
Teilzeitbeschäftigung entsprechende Kürzung der Zulagenpauschale stellt nach
dieser Entscheidung keine nach § 4 Abs. 1 TzBfG verbotene Ungleichbehandlung
von teilzeitbeschäftigten gegenüber vollzeitbeschäftigten Arbeitnehmern gerade
wegen der Teilzeitbeschäftigung dar.[21] Es liege auch keine Benachteiligung nach
§ 3 AGG vor.[22] Bei der Vereinbarung eines Altersteilzeitarbeitsverhältnisses im
Blockmodell wird während der Arbeitsphase die tarifliche Wechselschichtzulage
nicht aufgrund der Altersteilzeit vermindert. Während der Freistellungsphase
entsteht mangels tatsächlich geleisteter Tätigkeit kein Anspruch auf die tarifliche
Wechselschichtzulage.[23]

VII. Die zeitanteilige Berechnung (Abs. 3)

§ 24 Abs. 3 S. 1 TVöD regelt den Fall, dass ein Entgeltanspruch, der in Monats- 13
beträgen festgelegt wird, nicht für einen ganzen Monat besteht, sondern zB wegen Einstellung oder Beendigung während eines laufenden Monats nur anteilig
für einzelne Tage. Die Berechnung hat für jeden Entgeltbestandteil einzeln zu
erfolgen (vgl § 24 Abs. 4 S. 3 TVöD) und zwar auf der **Basis von Kalendertagen**, nicht von Arbeitstagen.[24] Zur Berechnung eignet sich folgende Formel:

„Entgelt" geteilt durch „**Kalendertage im Monat insgesamt**" multipliziert
mit „**Kalendertage mit Anspruch**"[25]

---

17 Zum Begriff s. § 7 Abs. 6 TVöD.
18 Zum Begriff s. § 7 Abs. 7, 8 TVöD.
19 BAG v. 25.7.1996, 6 AZR 138/94, NZA 1997, 774, Budrus in Bepler/Böhle § 24 TVöD
Rn 9 f, Hamer in Görg/Guth/Hamer/Pieper, § 24 TVöD Rn 14.
20 BAG v. 24.9.2008, 10 AZR 634/07, NZA 2008, 1422.
21 AA bisher LAG Schleswig-Holstein v. 27.3.2007, 5 Sa 557/06, ZTR 2007, 545, und
v. 30.5.2007, 5 Sa 59/07, EzTöD 100 § 8 TVöD-AT Schicht-/Wechselschichtzulage
Nr. 8, LAG Düsseldorf v. 2.8.2007, 5 Sa 682/07, EzTöD 100 § 8 TVöD-AT Schicht-/
Wechselschichtzulage Nr. 12, LAG Bremen v. 17.7.2007, 1 Sa 49/07, ZTR 2007, 614,
im Ergebnis wie oben LAG Hamm v. 10.5.2007, 17 Sa 1890/06, ZTR 2007, 543, Hessisches LAG 28.8.2007, 1 Sa 1872/06, EzTöD 100 § 8 TVöD-AT Schicht-/Wechsel-
schichtzulage Nr. 13, LAG Berlin-Brandenburg v. 22.6.2007, ZTR 2007, 615, 8 Sa
788/07; aA Neffke in Bredermeier/Neffke/Cerf/Weizenegger, TVöD/TV-L, § 24 Rn 12,
13; Budrus in Bepler/Böhle § 24 Rn 10.
22 BAG v. 24.9.2008, 10 AZR 638/07, n.v.
23 BAG v. 24.9.2008, 10 AZR 639/07, n.v.
24 Die bisherige Regelung nach § 30 Abs. 3 S. 1 Buchst. b MTArb/MTArb-O, die eine ar-
beitstägliche Berechnung vorsah, wurde nicht übernommen.
25 Da die Berechnung nicht nach Arbeitstagen, sondern nach Kalendertagen erfolgt, ist der
gesamte Anspruchszeitraum maßgeblich, auch wenn darin arbeitsfreie Tage enthalten
sind.

14 **Beispiel:** Bei einer Einstellung zum 15.3. besteht Anspruch auf 17/31 der Vergütung für diesen Monat, bei Beendigung zum 19.4. auf 19/30.

15 § 24 Abs. 3 S. 2 und 3 TVöD regeln den Fall, dass, zB wegen unentschuldigten Fehlens für einige Stunden, eine **stundengenaue Berechnung** eines in Monatsbeträgen festgelegten Entgeltbestandteils erfolgen muss. Formel für die Berechnung des Entgelts pro Stunde:

„Entgelt" geteilt durch „4,348" geteilt durch „**regelmäßige wöchentliche Arbeitszeit**" (§ 6 Abs. 1 TVöD)

16 **Beispiel:** Das Tabellenentgelt beträgt monatlich € 2.340,–. Das Entgelt, das danach auf eine Stunde bei einer regelmäßigen Arbeitszeit nach § 6 Abs. 1, Buchst. a von 39 Stunden entfällt, berechnet sich wie folgt: € 2.340,– dividiert durch 4,348 = € 538,17847, gerundet nach Abs. 4 auf € 538,18 (= Wochenentgelt), dividiert durch 39 Stunden = € 13,799487 gerundet nach Abs. 4 auf € 13,80.

17 **Beispiel:** Bei einem Beschäftigten in der Entgeltgruppe 9 Stufe 2 mit einem monatlichen Tabellenentgelt von € 2.290 (Tarifgebiet West) ist der Entgeltanspruch wegen Fernbleibens von der Arbeit ohne Zustimmung des Arbeitgebers an einem Kalendertag für drei Stunden zu kürzen. Auf Basis des individuellen Stundenentgelts von € 13,50 (€ 2.290 : 169,57 Stunden [= 39 Stunden x 4,348]) ergibt sich für drei Fehlstunden somit ein Kürzungsbetrag von € 40,50.[26]

VIII. Die Rundungsregelungen (Abs. 4)

18 Rundung beschreibt den mathematischen Vorgang, bei der meist eine Zahl mit Dezimalstellen (also eine Zahl mit Stellen hinter dem Komma) ersetzt wird durch eine Zahl mit weniger Dezimalstellen. § 24 Abs. 4 S. 1 TVöD regelt, wie zu runden ist, nämlich „auf volle Cent". Die Regelung entspricht der allgemein üblichen sogenannten „**kaufmännischen Rundung**". Nach § 24 Abs. 4 S. 2 TVöD ist bei jeder Zwischenrechnung auf zwei Dezimalstellen zu runden (siehe vorstehendes Beispiel), nach S. 3 ebenso jeder Entgeltbestandteil. Die Regelungen entsprechen denjenigen für Beamte in § 3 Abs. 7 BBesG.

IX. Der Wegfall von Zulagen (Abs. 5)

19 Nach § 24 Abs. 5 TVöD wird bei Wegfall der Voraussetzungen für die Gewährung einer Zulage im Laufe eines Kalendermonats nur der Teil gezahlt, der auf den Anspruchszeitraum entfällt. Zur Berechnung siehe die Hinweise zu § 24 Abs. 3 TVöD.

X. Die Pauschalierung von Zuschlägen (Abs. 6)

20 Nach § 24 Abs. 6 TVöD können Arbeitgeber und Arbeitnehmer eine **Pauschalierung** der Entgeltbestandteile **vereinbaren**, die über das Tabellenentgelt hinausgehen (zB Zeitzuschläge, Erschwerniszuschläge, §§ 8, 19 TVöD). Erfolgt keine Pauschalierung, dann müssen diese Zuschläge entsprechend der geleisteten Arbeit unter Verwirklichung der jeweiligen Tatbestandsvoraussetzungen abgerechnet und bezahlt werden (zB §§ 8 Abs. 1, 19 Abs. 4 TVöD, stundenweise). Wird eine Pauschalierung vereinbart, dann erfolgt die Bezahlung nicht in Ab-

---

26 Das Beispiel ist den Durchführungshinweisen des BMI entnommen, zitiert aus der Zusammenstellung: Bundesverwaltungsamt, PG EPOS/PG FAZIT; Stand 6.1.2006.

hängigkeit von der tatsächlich geleisteten Arbeit, sondern unabhängig hiervon zB mit einem monatlichen Festbetrag. Für beide hat das den Vorteil, dass das regelmäßige Entgelt kalkulierbarer und das Erstellen und Kontrollieren der Abrechnung einfacher wird. Der Nachteil besteht darin, dass die Pauschale (in einzelnen Monaten) ganz erheblich davon abweichen kann, was bei einer Abrechnung nach Arbeitsleistung herauskäme.

Die Vorschrift sieht lediglich dann die Möglichkeit der Pauschalierung vor, wenn sie ausdrücklich vereinbart wird. Ein Anspruch auf Abschluss einer solchen Pauschalierungsvereinbarung besteht nicht. Als arbeitsvertragliche Vereinbarung bedarf sie der (deklaratorischen) Schriftform (§ 2 Abs. 1 TVöD), diese ist aber nicht Wirksamkeitsvoraussetzung, da keine Nebenabrede iSd § 2 Abs. 3 TVöD vorliegt.[27] Die Regelung in § 35 Abs. 4 BAT, die eine Nebenabrede voraussetzte, wurde nicht in den TVöD übernommen. Eine einvernehmliche Änderung ist jederzeit möglich. Die Befristung einer solchen Pauschalierung durch Allgemeine Geschäftsbedingungen wird einer Inhaltskontrolle nach §§ 305 ff BGB unterzogen. Entscheidend für die Wirksamkeit einer solchen Befristung ist danach, ob der Arbeitnehmer durch sie entgegen den Geboten von Treu und Glauben unangemessen benachteiligt wird (ausführlich hierzu § 30 TVöD Rn 14 ff). Das gleiche gilt, wenn so eine Widerrufsmöglichkeit vereinbart wird. Eine Klausel, wonach dieser Lohnbestandteil jederzeit unbeschränkt widerrufen werden kann, ist gemäß § 308 Nr. 4 BGB unwirksam. Die Vereinbarung eines Widerrufsrechts ist nur zumutbar, wenn der Widerruf nicht grundlos erfolgen soll, sondern wegen der unsicheren Entwicklung der Verhältnisse als Instrument der Anpassung notwendig ist. Die widerrufliche Leistung muss nach Art und Höhe eindeutig sein, damit der Arbeitnehmer erkennen kann, was ggf "auf ihn zukommt". Voraussetzungen und Umfang der vorbehaltenen Änderungen müssen möglichst konkretisiert werden. Bei den Voraussetzungen der Änderung, also den Widerrufsgründen, muss zumindest die Richtung angegeben werden, aus der der Widerruf möglich sein soll (zB wirtschaftliche Gründe, Leistung oder Verhalten des Arbeitnehmers).[28] Werden keine Widerrufsgründe genannt, dann ist die Widerrufsklausel unwirksam. Sieht ein vom Arbeitgeber vorformulierter Arbeitsvertrag eine monatlich zu zahlende Pauschale unter Ausschluss jeden Rechtsanspruchs (Freiwilligkeitsklausel) vor, benachteiligt dies den Arbeitnehmer unangemessen. Die Klausel ist unwirksam.[29] Falls keine (wirksame) Widerrufsmöglichkeit vereinbart wurde, ist eine einseitige Änderung nur im Wege einer Änderungskündigung möglich und muss ggf den Anforderungen des § 2 KSchG entsprechen.

Für den Bundesbereich hat das Bundesministerium des Innern mit Rundschreiben[30] geregelt, dass durch Entscheidung der jeweiligen obersten Bundesbehörde

---

27 AA Sponer in Sponer/Steinherr TVöD § 24 Rn 79. Nach der ständigen Rechtsprechung des BAG liegt keine Nebenabrede, sondern eine Hauptabrede nach § 2 Abs. 1 TVöD vor, wenn sie die Hauptrechte und Hauptpflichten aus dem Arbeitsvertrag betrifft, insbesondere Arbeitsleistung und Arbeitsentgelt (BAG v. 4.6.2008, 4 AZR 421/07, NZA 2008, 1360). Letzteres ist hier strittig. Einzelheiten s. § 2 TVöD Rn 56 ff.
28 Vgl BAG v. 12.1.2002, 5 AZR 364/04, NZA 2005, 465 ebenso BAG v. 11.10.2006, 5 AZR 721/05, NZA 2007, 87.
29 Vgl BAG v. 25.4.2007, 5 AZR 627/06, NZA 2007, 853.
30 BMI-Rundschreiben vom 28.12.2005; D II 2 220 210 -2/0. Das Rundschreiben ist den Durchführungshinweisen des BMI entnommen, zitiert aus der Zusammenstellung: Bundesverwaltungsamt, PG EPOS/PG FAZIT; Stand 6.1.2006.

bzw mit deren Zustimmung von der Möglichkeit einer Pauschalierung mit folgenden Maßgaben Gebrauch gemacht werden kann (wobei die Regelung im 2. Spiegelstrich mit der oben dargestellten Rechtsprechung nicht zu vereinbaren ist):

- Bei begründetem Anlass kann einzelvertraglich eine Pauschalierung von Zeitzuschlägen einschließlich des Stundenentgelts für Überstunden nach § 8 TVöD vereinbart werden.
- Die Pauschalierung ist als jederzeit widerrufliche Nebenabrede zum Arbeitsvertrag zu gestalten. In der Nebenabrede ist klarzustellen, dass mit der Pauschalierung alle Ansprüche auf die pauschalierten Entgeltbestandteile abgegolten sind.
- Bei der Vereinbarung einer Pauschalierung insbesondere für Überstundenentgelte müssen die Grenzen des Arbeitszeitgesetzes (ArbZG) beachtet werden:
  - Die höchstzulässige Arbeitszeit pro Tag darf zehn Stunden nicht überschreiten, § 3 Satz 2 ArbZG. Im Durchschnitt von sechs Kalendermonaten / 24 Wochen darf die höchstzulässige Arbeitszeit 8 Stunden werktäglich (einschließlich der Samstage) nicht überschreiten, § 3 Satz 2 ArbZG.
  - Bei einer mehr als neunstündigen Arbeitszeit sind Ruhepausen von insgesamt mindestens 45 Minuten zu gewähren, § 4 ArbZG.

Die Möglichkeit des § 6 Abs. 4 TVöD bleibt unberührt. Auf § 43 TVöD – BT-V wird hingewiesen.

XI. Die Mitbestimmung der Interessenvertretung

23 Wird das Entgelt noch nach der bis zum 31.12.2002 geltenden Regelung am 15. des laufenden Monats gezahlt, dann kann dieser Zahltag nach Nr. 2 der Protokollerklärung zu Abs. 1 nur im Dezember auf den jetzt geltenden letzten Kalendertag eines Monats verschoben werden. Da der Zahltag abschließend tariflich geregelt ist, steht dem Betriebsrat beziehungsweise dem Personalrat bei einer Verschiebung wohl kein Mitbestimmungsrecht nach §§ 87 Abs. 1 Nr. 4 BetrVG, 75 Abs. 3 Nr. 2 BPersVG zu, wenn der Arbeitgeber tarifgebunden (also Mitglied der Tarifvertragspartei) ist.[31] Insbesondere die Protokollerklärung stellt wohl keine Öffnungsklausel, sondern nur eine Regelung zum allein möglichen Umstellungszeitpunkt dar. Eine freiwillige Betriebsvereinbarung nach § 88 BetrVG, die eine für Arbeitnehmer günstigere Reglung als den „Monatsletzten" festschreibt (§ 4 Abs. 3 TVG), ist aber jederzeit möglich, nur nicht erzwingbar.

24 Nach § 75 Abs. 2 Nr. 1 BPersVG und den entsprechenden landesgesetzlichen Regelungen hat der Personalrat u.a. bei der Gewährung von **Vorschüssen** mitzubestimmen. Hat ein Beschäftigter eine solche Leistung beantragt, wird der Personalrat nur auf seinen Antrag beteiligt; auf Verlangen des Antragstellers bestimmt nur der Vorstand des Personalrates mit.

---

[31] VG München v. 3.9.2003, M 20 PE 03.4007, ZTR 2003, 584 zu § 36 BAT, für das bayerische Personalvertretungsrecht. Ebenso Breier/Dassau TVöD § 24 Rn 11, Sponer in Sponer/Steinherr TVöD § 24 Rn 15, Clemens/Scheuring/Steingen/Wiese TVöD § 24 Rn 4. Dahingehend auch BVerwG v. 20.7.1998, 6 P 13/97, ZTR 1999, 141. Sofern in Landespersonalvertretungsgesetzen weitergehende Mitbestimmungsregelungen verankert sind, sind diese zu beachten.

Die **Pauschalierung** von Entgeltbestandteilen unterliegt grundsätzlich der Mitbestimmung nach §§ 87 Abs. 1 Nr. 10 BetrVG, 75 Abs. 3 Nr. 4 BPersVG sowie der Landespersonalvertretungsgesetze, wenn es um die Festlegung allgemeiner (kollektiver, genereller) Regelungen geht.[32] Das Mitbestimmungsrecht greift aber dann nicht ein, wenn es um die individuelle Lohngestaltung geht, also um Regelungen mit Rücksicht auf die besonderen Umstände des einzelnen Arbeitnehmers, bei denen ein innerer Zusammenhang zu ähnlichen Regelungen für andere Arbeitnehmer nicht besteht. Ob ein kollektiver Tatbestand vorliegt, kann nicht allein quantitativ bestimmt werden. Es sind generelle Regelungsfragen vorstellbar, die vorübergehend nur einen Arbeitnehmer betreffen, andererseits können individuelle Sonderregelungen auf Wunsch der betroffenen Arbeitnehmer gehäuft auftreten.[33] Die Zahl der betroffenen oder interessierten Arbeitnehmer ist aber zumindest in der Praxis ein brauchbares Indiz für das Vorliegen eines kollektiven Tatbestandes. 25

XII. Weitere Tarifverträge

§ 24 Abs. 1 S. 3 TV-L regelt den **Zahltag** wie bisher § 36 Abs. 1 S. 2 BAT. Fällt der Zahltag auf einen Samstag, Sonntag oder einen Feiertag, dann wird der Zahltag auf den vorhergehenden oder den zweiten vorhergehenden Werktag vorverlegt. 26

Für den Bereich der Verwaltung im Bereich der Vereinigung der kommunalen Arbeitgeberverbände (BT-V, VKA) gelten Sonderregelungen für Beschäftigte als Schulhausmeister. Durch landesbezirklichen Tarifvertrag können abweichend von § 24 Abs. 6 TVöD Rahmenregelungen zur **Pauschalierung** getroffen werden. Bei der Festsetzung der Pauschale kann ein geldwerter Vorteil aus der Gestellung einer Werkdienstwohnung berücksichtigt werden (§ 53 Abs. 1, 3 BT-V). 27

§ 41 Nr. 19 TV-L enthält Sonderregelungen für Ärztinnen und Ärzte an Universitätskliniken. Danach können durch Nebenabrede zum Arbeitsvertrag neben dem Tabellenentgelt zustehende Entgeltbestandteile (zum Beispiel Zeitzuschläge, Erschwerniszuschläge, Überstundenentgelte) pauschaliert werden. Die Nebenabrede ist mit einer Frist von drei Monaten jeweils zum Ende eines Kalenderhalbjahres kündbar. Dieselbe Regelung gilt auch für Ärztinnen und Ärzte außerhalb von Universitätskliniken (§ 42 Nr. 7 TV-L) und für Nichtärzte in Kliniken (§ 43 Nr. 6 TV-L). 28

§ 25 Betriebliche Altersversorgung (TVöD)

Die Beschäftigten haben Anspruch auf Versicherung unter eigener Beteiligung zum Zwecke einer zusätzlichen Alters- und Hinterbliebenenversorgung nach Maßgabe des Tarifvertrages über die betriebliche Altersversorgung der Beschäftigten des öffentlichen Dienstes (Tarifvertrag Altersversorgung – ATV) bzw. des Tarifvertrages über die zusätzliche Altersvorsorge der Beschäftigten des öffentlichen Dienstes – Altersvorsorge-TV-Kommunal – (ATV-K) in ihrer jeweils geltenden Fassung.

---

32 Vgl BAG v. 10.12.2002, 1 ABR 27/01, ZTR 2003, 584.
33 BAG v. 3.12.1991, GS 1/90, AP Nr. 52 zu § 87 BetrVG 1972 Lohngestaltung.

§ 25 Betriebliche Altersversorgung (TV-L)

¹Die Beschäftigten haben Anspruch auf eine zusätzliche Alters- und Hinterbliebenenversorgung unter Eigenbeteiligung. ²Einzelheiten bestimmt der Tarifvertrag über die betriebliche Altersversorgung der Beschäftigten des öffentlichen Dienstes (Tarifvertrag Altersversorgung – ATV) in seiner jeweils geltenden Fassung und für Beschäftigte der Freien und Hansestadt Hamburg das Hamburgische Zusatzversorgungsgesetz in seiner jeweils geltenden Fassung.

I. Normstruktur 1	VI. Verstoß gegen die Versicherungspflicht 13
II. Die Betriebsrente bei Verweisung im Arbeitsvertrag 4	VII. Die Informationspflichten des Arbeitgebers 15
III. Der Anspruch auf die Betriebsrente 5	VIII. Ausschlussfrist, Verjährung, Ausgleichsklauseln 18
IV. Die Höhe der Betriebsrente 7	IX. Weitere Tarifverträge 19
V. Die zusätzliche Altersversorgung 12	

I. Normstruktur

1   Mit § 25 TVöD wird die **gesetzliche Rentenversicherung** um Ansprüche auf eine betriebliche Altersversorgung **ergänzt**. Die Vorschrift regelt aber nicht selbst die betriebliche Altersversorgung, sondern verweist hierzu auf

- den Tarifvertrag über die betriebliche Altersversorgung der Beschäftigten des öffentlichen Dienstes (Tarifvertrag Altersversorgung – **ATV**) für den Bund-/ Länderbereich und für die bei der Versorgungsanstalt des Bundes und der Länder beteiligten kommunalen Arbeitgeber bzw auf
- den Tarifvertrag über die zusätzliche Altersvorsorge der Beschäftigten des öffentlichen Dienstes – Altersvorsorge-TV-Kommunal – (**ATV-K**) für den Bereich der kommunalen Arbeitgeber in der jeweils geltenden Fassung.[1]

2   Die genannten wortgleichen[2] Versorgungstarifverträge sind am 1.3.2002 abgeschlossen worden und gelten ab 1.1.2001. Bis zu diesem Zeitpunkt war die betriebliche Altersversorgung unter anderem im Tarifvertrag über die Versorgung der Arbeitnehmer des Bundes und der Länder sowie von Arbeitnehmern kommunaler Verwaltungen und Betriebe (Versorgungs-TV) und im Tarifvertrag für die Versorgung der Arbeitnehmer kommunaler Verwaltungen und Betriebe (VersTV-G) enthalten. Ziel der Neuregelung war es, die Finanzierung der Betriebsrenten auf Dauer zu sichern.[3] Dazu haben die Tarifvertragsparteien beschlossen,

- das bisherige Gesamtversorgungssystem zum 31.12.2000 zu schließen,
- dieses durch ein Versorgungspunktemodell zu ersetzen, das den Übergang in ein kapitalgedecktes System zum Ziel hat,
- die zum 31.12.2001 bestehenden Anwartschaften und Renten in das neue System zu überführen,
- die Bestandsrenten in unveränderter Höhe weiter zu bezahlen und

---

1   Vgl BAG v. 30.5.2006, 3 AZR 273/05, AP Nr. 65 zu § 1 BetrAVG Zusatzversorgungskassen.
2   Sie werden deshalb im Folgenden mit „ATV/ATV-K" zitiert.
3   Perreng/Schelter in Beppler § 25 TVöD Rn 1, Bredemeier in Bredemeier u.a. § 25 TVöD/ TV-L Rn 3.

- eine freiwillige Höherversicherung bei gleichzeitiger Möglichkeit staatlicher Förderungen einzuführen.

Darüber hinaus stellt die Regelung in § 25 TVöD klar, dass sich aus dem TVöD keine unmittelbaren Ansprüche auf Leistungen zur Altersversorgung gegenüber dem Arbeitgeber ergeben, sondern grundsätzlich nur ein **Anspruch auf eine Versicherung nach Maßgabe der genannten Tarifverträge**. Voraussetzungen und Umfang des Versicherungsanspruchs ergeben sich daher nicht aus dem TVöD, sondern aus den anderen Tarifverträgen. Besteht nach den anderen Tarifverträgen kein Versicherungsanspruch, dann besteht auch kein Anspruch aus § 25 TVöD.[4] Darüber hinaus richten sich die Ansprüche nach der Satzung oder den Versorgungsrichtlinien der Versorgungseinrichtung, da der Arbeitgeber nach den tariflichen Regelungen nur die Versicherung schuldet. Lassen Satzung und Versorgungsrichtlinien eine Versorgung des Arbeitnehmers nicht zu, dann kann der Arbeitnehmer sich wegen der ausgebliebenen Versorgung nicht an den Arbeitgeber halten. Lässt der Arbeitgeber in dem Arbeitnehmer aber das Vertrauen aufkommen, er werde mit Sicherheit Altersversorgung durch eine Versorgungseinrichtung erhalten, dann haftet der Arbeitgeber – ohne Rücksicht darauf, ob ihn ein Verschulden trifft – dem Arbeitnehmer für den Schaden, der diesem dadurch entsteht, dass die Versorgungseinrichtung die Versorgung nicht gewährt.[5] Das Betriebsrentengesetz findet auf die tarifliche Altersversorgung des öffentlichen Dienstes nur eingeschränkt Anwendung (Einzelheiten siehe § 18 BetrAVG).

3

II. Die Betriebsrente bei Verweisung im Arbeitsvertrag

Häufig ist der TVöD nicht aufgrund beidseitiger Verbandsmitgliedschaft (§§ 3, 4 TVG) anzuwenden, sondern deswegen, weil dies im Arbeitsvertrag so geregelt wurde. Bei einer **pauschalen Verweisung im Arbeitsvertrag auf den TVöD und die diesen ergänzenden Tarifverträge** handelt es sich um eine **Versorgungszusage**. Diese begründet einen **Anspruch, diese Zusatzversorgung** nach den tariflichen Voraussetzungen **zu verschaffen**. Das gilt vor allem, wenn die Einbeziehung der Tarifverträge durch Allgemeine Geschäftsbedingungen vorgenommen wird. Eine solche Vereinbarung kann im Zweifel nicht einschränkend dahin gehend ausgelegt werden, sie erfasse nicht die im öffentlichen Dienst gewährte Zusatzversorgung. Wer eine Regelung geschaffen hat, muss bei Unklarheiten die ihm ungünstigere Auslegungsmöglichkeit gegen sich gelten lassen (§ 305 c Abs. 2 BGB).[6] Der Erfüllungsanspruch aus dem arbeitsvertraglichen Versorgungsverhältnis kann auch nicht dadurch entfallen, dass im Einzelfall die im Tarifvertrag vorgesehene Versicherungsmöglichkeit nicht besteht und damit der tariflich vorgesehene Durchführungsweg nicht eingehalten werden kann. In diesem Fall hat der Arbeitgeber dem Arbeitnehmer eine gleichwertige Altersversorgung auf einem anderen Weg zu verschaffen.[7] Ist in einem Arbeitsvertrag neben einem pauschalen Verweis auf das Tarifrecht die Altersversorgung erkennbar abschließend geregelt, dann wird der speziellen Regelung im Wege der Auslegung wohl der

4

---

4 BAG v. 29.7.1986, 3 AZR 71/85, ZTR 1987, 91, BAG v. 23.2.1988, 3 AZR 300/86, NZA 1988, 614.
5 BAG v. 27.6.1969, 3 AZR 297/68, AP Nr. 2 zu § 242 BGB Ruhegehalt-VBL.
6 Vgl auch Sponer in Sponer/Steinherr TVöD § 25 Rn 27.1.
7 BAG v. 12.12.2006, 3 AZR 388/05, ZTR 2007, 573, vgl auch BAG v. 29.8.2000, 3 AZR 201/00, NZA 2001, 163.

Vorrang einzuräumen sein.[8] Dies kann zB durch Zusage einer betrieblichen Altersversorgung in Form einer Direktversicherung geschehen.[9] Wird lediglich **pauschal auf den TVöD verwiesen** (aber nicht auf die diesen ergänzenden Tarifverträge), dann liegt darin allein noch keine Versorgungszusage, da § 25 TVöD nur in Verbindung mit speziellen Versorgungstarifverträgen eine Zusatzversicherung vorsieht.[10] Unabhängig von den arbeitsvertraglichen Regelungen kann sich ein Anspruch auf Versicherung aus dem Gleichbehandlungsgrundsatz[11] ergeben, der dem Arbeitgeber eine sachfremde Schlechterstellung einzelner Arbeitnehmer gegenüber anderen Arbeitnehmern in vergleichbarer Lage verbietet.

III. Der Anspruch auf die Betriebsrente

5 Der **Anspruch auf eine Versicherung** ergibt sich aus den Tarifverträgen und richtet sich gegen den **Arbeitgeber**. Die **Ansprüche des Arbeitnehmers im Versicherungsfall** richten sich gegen die **Zusatzversorgungseinrichtung**, bei der die Versicherung erfolgt ist. Es handelt sich hierbei nicht um arbeitsvertragliche Ansprüche, sondern um Ansprüche aus einem Versicherungsverhältnis, die im Streitfall vor den ordentlichen Gerichten oder bei den bei der Versorgungsanstalt des Bundes und der Länder für die dort Versicherten eingerichteten Schiedsgerichten geltend gemacht werden müssen.[12]

6 Eine Versicherungspflicht besteht dann, wenn ein Arbeitsverhältnis unter den Geltungsbereich (§ 1 ATV/ATV-K) fällt und die in § 2 ATV/ATV-K weiterhin genannten Voraussetzungen erfüllt sind. Auch Teilzeitbeschäftigte haben grundsätzlich einen Anspruch auf Zusatzversorgung, sozialversicherungsfreie geringfügige Beschäftigungsverhältnisse nach § 8 Abs. 1 Nr. 2 SGB IV sind aber ausgenommen.[13] Der **Versicherungsfall** tritt ein, wenn **Anspruch auf eine gesetzliche Rente** wegen Alters als Vollrente bzw wegen teilweiser oder voller Erwerbsminderung besteht (§ 5 Abs. 1 ATV/ATV-K). Der Anspruch ist durch Bescheid des Trägers der gesetzlichen Rentenversicherung nachzuweisen. Voraussetzung ist die Erfüllung der **Wartezeit von 60 Monaten** (§ 6 Abs. 1 ATV/ATV-K). Die Wartezeit gilt als erfüllt, wenn der Versicherungsfall durch einen Arbeitsunfall eingetreten ist, der im Zusammenhang mit dem die Pflicht zur Versicherung begründenden Arbeitsverhältnis steht oder wenn die/der Versicherte infolge eines solchen Arbeitsunfalls gestorben ist. Die Hinterbliebenenrente richtet sich nach § 10 ATV/ATV-K.

IV. Die Höhe der Betriebsrente

7 **Bereits am 1. Januar 2002 gezahlte Renten** werden **unverändert fortgezahlt**; sie werden beginnend ab dem Jahr 2002 jeweils zum 1. Juli eines jeden Jahres mit 1,0 v.H. dynamisiert.

---

8 OLG Saarbrücken v. 21.11.2006, 4 Urt. 258/06 – 78, 4 Urt. 258/06, NZA-RR 2007, 140.
9 LAG Baden-Württemberg v. 8.7.2003, 14 Sa 27/03, n.v.
10 BAG v. 29.7.1986, 3 AZR 71/85, ZTR 1987, 91 zu § 46 BAT. Daran wird wohl auch nach Einbeziehung der Arbeitsverträge in die Inhaltskontrolle nach §§ 305 ff BGB festzuhalten sein. Vgl auch Hessisches LAG v. 4.2.1994, 9 Sa 832/93, EzBAT § 46 BAT Nr. 23.
11 Grundsätzlich hierzu BAG v. 27.5.2004, 6 AZR 129/03, NZA 2004, 1399.
12 Sponer in Sponer/Steinherr TVöD § 25 Rn 43.
13 BAG v. 13.5.1997, 3 AZR 66/96, NZA 1997, 1294.

In allen anderen Fällen wird seit 1.1.2002 die Höhe der Betriebsrente nach einem **Punktesystem** ermittelt. Die monatliche Betriebsrente errechnet sich dabei aus der Summe der bis zum Beginn der Betriebsrente erworbenen **Versorgungspunkte, multipliziert mit dem Messbetrag von vier Euro** (§ 7 Abs. 1 ATV/ATV-K). Daher ergibt sich folgende **Formel:**
Versorgungspunkte x Messbetrag (€ 4) = Betriebsrente
Die Anzahl der Versorgungspunkte ergibt sich aus den Nachweisen, die Arbeitnehmern jährlich übermittelt werden müssen. Bei 100 Versorgungspunkten ergibt sich eine Betriebsrente in Höhe von € 400,-. Die Betriebsrenten werden, beginnend ab dem Jahr 2002, zum 1. Juli eines jeden Jahres um 1,0 v.H. dynamisiert (§ 11 Abs. 1 ATV/ATV-K). Die Betriebsrente wegen teilweiser Erwerbsminderung beträgt die Hälfte der Betriebsrente, die sich bei voller Erwerbsminderung ergeben würde (§ 7 Abs. 2 ATV/ATV-K). Die im bisherigen Gesamtversorgungssystem bis zur Umstellung auf das Punktesystem erworbenen Anwartschaften werden in Punkte umgerechnet und als Startgutschrift behandelt (§§ 32 ff ATV/ATV-K).[14]

8

Die **Anzahl der erworbenen Versorgungspunkte** richtet sich nach der Höhe des **Einkommens** und dem **Alter** (Einzelheiten siehe § 8 ATV/ATV-K). Pflichtversicherte Arbeitnehmer erhalten jeweils nach Ablauf eines Kalenderjahres bzw bei Beendigung der Pflichtversicherung einen Nachweis über ihre bisher insgesamt erworbene Anwartschaft auf Betriebsrente (§ 21 ATV/ATV-K). Beanstandungen sind innerhalb einer **Ausschlussfrist von sechs Monaten** nach Zugang des Nachweises schriftlich zu erheben. Zeiten der **Kindererziehung** und Zeiten bei **Erwerbsminderung** werden in Form von zusätzlichen Versorgungspunkten berücksichtigt (Einzelheiten siehe § 9 ATV/ATV-K, „Soziale Komponenten"). **Altersteilzeit** findet durch die Regelungen in §§ 8 Abs. 2 S. 2, 15 Abs. 2 S. 2 ATV/ATV-K besondere Berücksichtigung. Für jeden Monat der **vorzeitigen Inanspruchnahme der Rente** werden **Abschläge** vorgenommen. Der Abschlag beträgt pro Monat 0,3 v.H., höchstens jedoch 10,8 v.H. (§ 7Abs. 3 ATV/ATV-K).

9

Die Versorgungspunkte sowie die zusätzlichen Versorgungspunkte aus sozialen Gründen werden jeweils zum Ende des Kalenderjahres bzw zum Zeitpunkt der Beendigung des Arbeitsverhältnisses festgestellt und dem **Versorgungskonto** gutgeschrieben; die Feststellung und Gutschrift der Bonuspunkte erfolgt zum Ende des folgenden Kalenderjahres (§ 9 Abs. 1 S. 2 ATV/ATV-K).

10

Darüber hinaus werden Überschüsse der Versorgungskasse in der Form von **Bonuspunkten** vergeben, um die Rente zu dynamisieren (§ 19 ATV/ATV-K). Hierzu wird eine fiktive versicherungstechnische Bilanz erstellt. Ergibt diese fiktive Bilanz einen Überschuss, wird dieser um den Aufwand für soziale Komponenten und um die Verwaltungskosten der Zusatzversorgungseinrichtung vermindert. Der verbleibende Überschuss steht für die Dynamisierung zur Verfügung.

11

---

14 Zu Rechtsfragen in diesem Zusammenhang: BGH v. 28.3.2007, IV ZR 145/06, ZTR 2007, 450, BGH v. 1.6.2005, IV ZR 100/02, NJW-RR 2005, 1161, OLG Karlsruhe v. 7.12.2006, 12 Urt. 91/05, ZTR 2007, 317.

V. Die zusätzliche Altersversorgung

12 Pflichtversicherte haben die Möglichkeit, durch Entrichtung eigener Beiträge unter Inanspruchnahme der steuerlichen Förderung („Riester-Förderung") bei der Zusatzversorgungseinrichtung nach deren Satzungsvorschriften eine **zusätzliche kapitalgedeckte Altersvorsorge** im Rahmen der betrieblichen Altersversorgung aufzubauen (§ 26 ATV/ATV-K, „Freiwillige Versicherung"). Mit dieser freiwilligen Höherversicherung können die Einrichtungen eine „Zusatzversorgung aus einer Hand" anbieten.

VI. Verstoß gegen die Versicherungspflicht

13 Unterlässt es ein Arbeitgeber tarifwidrig, einen Arbeitnehmer zu versichern, muss er – sofern möglich – **nachversichern oder selbst die Rentenzahlung übernehmen**.[15] Verspricht ein Arbeitgeber seinen Arbeitnehmern die gleiche Altersversorgung, wie sie vergleichbaren Angestellten des öffentlichen Dienstes zusteht, kann er jedoch nicht Mitglied der Versorgungseinrichtung werden, so muss der Arbeitgeber in diesem Fall für eine gleichwertige Zusatzversicherung bei anderen Versicherungsträgern sorgen oder selbst entsprechende Zusatzrenten zahlen.[16] Ein Arbeitgeber muss auch dann selbst leisten, wenn die Versorgungseinrichtung im Versicherungsfall den Abschluss einer wirksamen Versicherung leugnet. Ein Arbeitnehmer braucht sich in diesem Fall auch nicht auf eine Auseinandersetzung mit dem Versicherer einzulassen. Solange der Arbeitgeber diese Versicherungsansprüche verschaffen könnte, aber nicht verschafft, haftet er selbst. Ist ihm die Verschaffung endgültig unmöglich geworden, ist er zum Schadensersatz wegen Nichterfüllung verpflichtet. Ist unklar, ob die Unmöglichkeit der Leistung die Folge eines vom Arbeitgeber zu vertretenden Umstandes ist, so trifft diesen die Beweislast.[17]

14 Verlässt ein Betriebsteil mit seiner Veräußerung (§ 613a BGB) den Geltungsbereich eines Zusatzversorgungssystems, erlischt damit ein zuvor begründetes Recht auf Zusatzversorgung nicht. Der Betriebserwerber muss vielmehr dem weiterbeschäftigten Arbeitnehmer aus dem arbeitsrechtlichen Grundverhältnis im Versorgungsfall die Leistungen verschaffen, die er erhalten hätte, wenn er bei dem ursprünglichen Arbeitgeber geblieben und entsprechend den ursprünglich vereinbarten Bedingungen versichert worden wäre. Dieser Versorgungsverschaffungsanspruch wird erst mit Eintritt des Versorgungsfalles fällig. Er kann deshalb vorher weder verfallen noch verjähren oder verwirken.[18]

VII. Die Informationspflichten des Arbeitgebers

15 Der Arbeitgeber des öffentlichen Dienstes ist verpflichtet, den Arbeitnehmer bei der Begründung des Arbeitsverhältnisses über die bestehenden Zusatzversorgungsmöglichkeiten und die Mittel und Wege zu ihrer Ausschöpfung zu belehren.[19] Dieser **Hinweis- und Aufklärungspflicht** kann er in der Regel dadurch genügen, dass er die Vorschriften der Versorgungsregelung bei Beginn des Arbeitsverhältnisses dem Arbeitnehmer zur Kenntnis bringt, insbesondere ihm ein

---

15 BAG v. 12.3.1996, 3 AZR 993/94, NZA 1996, 939.
16 BAG v. 15.5.1975, 3 AZR 257/74, AP Nr. 7 zu § 242 BGB Ruhegehalt-VBL.
17 BAG v. 23.2.1988, 3 AZR 408/86, NZA 1989, 64.
18 BAG v. 18.9.2001, 3 AZR 689/00, NZA 2002, 1391.
19 BAG v. 22.11.1963, 1 AZR 17/63, AP Nr. 6 zu § 611 BGB Öffentlicher Dienst.

entsprechendes Satzungsexemplar ausgehändigt.[20] Über **erhebliche Vorteile**, die vom Arbeitgeber leichter zu erkennen sind als von einem Arbeitnehmer (zB einer rückwirkenden Versicherung), ist besonders zu belehren, ansonsten ist der Arbeitgeber zum Schadensersatz verpflichtet.[21] Tritt ein Arbeitnehmer an den Arbeitgeber mit der Bitte um Auskunft über eine Versorgungsregelung heran, so muss der Arbeitgeber die Auskunft erteilen, soweit er das zuverlässig vermag, und den Arbeitnehmer im Übrigen an eine dafür zuständige oder kompetente Stelle verweisen.[22]

Der Arbeitgeber ist aber grundsätzlich nicht verpflichtet, über die **Zweckmäßigkeit** unterschiedlicher Gestaltungsmöglichkeiten zu belehren.[23] Tut er dies dennoch, muss die Information richtig, eindeutig und vollständig sein.[24] Erteilt er Ratschläge, so haftet er für deren Richtigkeit und Vollständigkeit.[25] Ein Arbeitgeber, der einem Arbeitnehmer eine vergleichende Modellrechnung voraussichtlicher Versorgungsansprüche anbietet, um dessen Entscheidung zu unterstützen, haftet für eine etwaige Unrichtigkeit dieser Modellrechnung.[26]

Scheidet ein Arbeitnehmer aus, dann kann dies zu Nachteilen bei der Betriebsrente führen. In der Regel muss sich der Arbeitnehmer zB vor **Abschluss eines Aufhebungsvertrages** selbst Klarheit über die Folgen der Beendigung des Arbeitsverhältnisses verschaffen. Das gilt auch für die Ansprüche auf Betriebsrente.[27] Informationspflichten des Arbeitgebers können aber dadurch entstehen, dass der Arbeitgeber – unter Umständen auch durch das Angebot eines Aufhebungsvertrages – den Eindruck erweckt, er werde bei der vorzeitigen Beendigung des Arbeitsverhältnisses die Interessen des Arbeitnehmers berücksichtigen und ihn vor unbedachten versorgungsrechtlichen Nachteilen bewahren.[28] Den Arbeitgeber treffen dann erhöhte Hinweis- und Aufklärungspflichten, wenn er im betrieblichen Interesse den Abschluss eines Aufhebungsvertrages vorschlägt, der Arbeitnehmer offensichtlich mit den Besonderheiten der ihm zugesagten Zusatzversorgung des öffentlichen Dienstes nicht vertraut ist, sich der baldige Eintritt eines Versorgungsfalles bereits abzeichnet und durch die vorzeitige Beendigung des Arbeitsverhältnisses außergewöhnlich hohe Versorgungseinbußen drohen.[29]

VIII. Ausschlussfrist, Verjährung, Ausgleichsklauseln

Nach der ständigen Rechtsprechung des Bundesarbeitsgerichts gilt die **Ausschlussfrist** des § 37 TVöD (allgemein zu Ausschlussfristen siehe dort) nicht für Ansprüche der Arbeitnehmer auf Verschaffung einer Zusatzversorgung[30] und auch nicht für einen Schadensersatzanspruch wegen unterlassener Zusatzver-

---

20 BAG v. 17.12.1991, 3 AZR 44/91, NZA 1992, 973.
21 BAG v. 13.12.1988, 3 AZR 252/87, ZTR 1989, 234.
22 BAG v. 9.7.1991, 3 AZR 354/90, ZTR 1992, 116.
23 BAG v. 9.7.1991, 3 AZR 354/90, ZTR 1992, 116.
24 BAG v. 23.5.1989, 3 AZR 257/88, ZTR 1989, 402.
25 BAG v. 17.4.1984, 3 AZR 383/81, AP Nr. 2 zu § 1 BetrAVG Zusatzversorgungskassen.
26 BAG v. 21.11.2000, 3 AZR 13/00, ZTR 2001, 526.
27 BAG v. 11.12.2001, 3 AZR 339/00, NZA 2002, 1150.
28 BAG v. 23.5.1989, 3 AZR 257/88, ZTR 1989, 402.
29 BAG v. 17.10.2000, 3 AZR 605/99, NZA 2001, 206.
30 BAG v. 15.9.1992, 3 AZR 438/91, ZTR 1993, 161, BAG v. 17.4.1996, 3 AZR 774/94, n.v., BAG v. 13.12.1988, 3 AZR 252/87, ZTR 1989, 234, jeweils zu § 70 BAT. Für den inhaltsgleichen § 37 TVöD kann nichts anderes gelten.

sorgung. Nichts anderes gilt für laufende Versorgungsbezüge, wenn sie sich unmittelbar gegen den Arbeitgeber richten.[31] **Ausgleichsklauseln** in Aufhebungsverträgen[32] umfassen im Zweifel nicht Ansprüche auf betriebliche Altersversorgung. Das gilt auch für einen als Schadensersatz geschuldeten Versorgungsverschaffungsanspruch. Ein solcher Verzicht muss eindeutig und zweifelsfrei zum Ausdruck gebracht werden.[33] Das **Stammrecht** auf Leistungen aus der betrieblichen Altersversorgung **verjährt in 30 Jahren** (§ 18 a BetrAVG). Die Ansprüche auf die **monatliche Rentenleistung verjähren in drei Jahren** (§ 195 BGB).

IX. Weitere Tarifverträge

19 § 25 TV-L enthält eine Verweisung auf den ATV sowie für Beschäftigte der Freien Hansestadt Hamburg einen Verweis auf das Hamburgische Zusatzversorgungsgesetz.

Abschnitt IV Urlaub und Arbeitsbefreiung
§ 26 Erholungsurlaub (TVöD)

(1) ¹Beschäftigte haben in jedem Kalenderjahr Anspruch auf Erholungsurlaub unter Fortzahlung des Entgelts (§ 21). ²Bei Verteilung der wöchentlichen Arbeitszeit auf fünf Tage in der Kalenderwoche beträgt der Urlaubsanspruch in jedem Kalenderjahr 29 Arbeitstage und nach dem vollendeten 55. Lebensjahr 30 Arbeitstage.[1] ³Maßgebend für die Berechnung der Urlaubsdauer ist das Lebensjahr, das im Laufe des Kalenderjahres vollendet wird. ⁴Bei einer anderen Verteilung der wöchentlichen Arbeitszeit als auf fünf Tage in der Woche erhöht oder vermindert sich der Urlaubsanspruch entsprechend. ⁵Verbleibt bei der Berechnung des Urlaubs ein Bruchteil, der mindestens einen halben Urlaubstag ergibt, wird er auf einen vollen Urlaubstag aufgerundet; Bruchteile von weniger als einem halben Urlaubstag bleiben unberücksichtigt. ⁶Der Erholungsurlaub muss im laufenden Kalenderjahr gewährt und kann auch in Teilen genommen werden.

Protokollerklärung zu Absatz 1 Satz 6:

Der Urlaub soll grundsätzlich zusammenhängend gewährt werden; dabei soll ein Urlaubsteil von zwei Wochen Dauer angestrebt werden.

Niederschriftserklärung zu § 26 Abs. 1:

¹Die Tarifvertragsparteien sind bei der Neuregelung übereinstimmend davon ausgegangen, dass für Beschäftigte nach dem vollendeten 55. Lebensjahr ein

---

31 BAG v. 29.3.1983, 3 AZR 537/80, AP Nr. 11 zu § 70 BAT.
32 Also eine Klausel, wonach sich Arbeitgeber und Arbeitnehmer einig darüber sind, dass keine Ansprüche aus dem Arbeitsverhältnis mehr bestehen. Allgemein zu Ausgleichsklauseln siehe BAG v. 7.11.2007, 5 AZR 880/06, NZA 2008, 355. Zu Ausgleichsklauseln in allgemeinen Geschäftsbedingungen siehe BAG v. 23.2.2005, 4 AZR 139/04, NZA 2005, 1193.
33 BAG v. 17.10.2000, 3 AZR 69/99, NZA 2001, 203.
1 Die Änderung von Satz 2 ist zum 1.3.2012 in Kraft getreten. Bis dahin lautete Satz 2 wie folgt:
Bei Verteilung der wöchentlichen Arbeitszeit auf fünf Tage in der Kalenderwoche beträgt der Urlaubsanspruch in jedem Kalenderjahr bis zum vollendeten 30. Lebensjahr 26 Arbeitstage, bis zum vollendeten 40. Lebensjahr 29 Arbeitstage und nach dem vollendeten 40. Lebensjahr 30 Arbeitstage.

entsprechend höherer Erholungsbedarf besteht. ²*Deshalb ist für diese Beschäftigten ein zusätzlicher Urlaubstag gerechtfertigt.*

(2) Im Übrigen gilt das Bundesurlaubsgesetz mit folgenden Maßgaben:
a) Im Falle der Übertragung muss der Erholungsurlaub in den ersten drei Monaten des folgenden Kalenderjahres angetreten werden. Kann der Erholungsurlaub wegen Arbeitsunfähigkeit oder aus betrieblichen/dienstlichen Gründen nicht bis zum 31. März angetreten werden, ist er bis zum 31. Mai anzutreten.
b) Beginnt oder endet das Arbeitsverhältnis im Laufe eines Jahres, erhält die/der Beschäftigte als Erholungsurlaub für jeden vollen Monat des Arbeitsverhältnisses ein Zwölftel des Urlaubsanspruchs nach Absatz 1; § 5 BUrlG bleibt unberührt.
c) Ruht das Arbeitsverhältnis, so vermindert sich die Dauer des Erholungsurlaubs einschließlich eines etwaigen Zusatzurlaubs für jeden vollen Kalendermonat um ein Zwölftel.
d) Das nach Absatz 1 Satz 1 fort zu zahlende Entgelt wird zu dem in § 24 genannten Zeitpunkt gezahlt.

§ 26 Erholungsurlaub (TV-L)

(1) ¹Beschäftigte haben in jedem Kalenderjahr Anspruch auf Erholungsurlaub unter Fortzahlung des Entgelts (§ 21). ²Bei Verteilung der wöchentlichen Arbeitszeit auf fünf Tage in der Kalenderwoche beträgt der Urlaubsanspruch in jedem Kalenderjahr

bis zum vollendeten 30. Lebensjahr	26 Arbeitstage,
bis zum vollendeten 40. Lebensjahr	29 Arbeitstage und
nach dem vollendeten 40. Lebensjahr	30 Arbeitstage.

³Arbeitstage sind alle Kalendertage, an denen die Beschäftigten dienstplanmäßig oder betriebsüblich zu arbeiten haben oder zu arbeiten hätten, mit Ausnahme der auf Arbeitstage fallenden gesetzlichen Feiertage, für die kein Freizeitausgleich gewährt wird. ⁴Maßgebend für die Berechnung der Urlaubsdauer ist das Lebensjahr, das im Laufe des Kalenderjahres vollendet wird. ⁵Bei einer anderen Verteilung der wöchentlichen Arbeitszeit als auf fünf Tage in der Woche erhöht oder vermindert sich der Urlaubsanspruch entsprechend. ⁶Verbleibt bei der Berechnung des Urlaubs ein Bruchteil, der mindestens einen halben Urlaubstag ergibt, wird er auf einen vollen Urlaubstag aufgerundet; Bruchteile von weniger als einem halben Urlaubstag bleiben unberücksichtigt. ⁷Der Erholungsurlaub muss im laufenden Kalenderjahr gewährt werden; er kann auch in Teilen genommen werden.

Protokollerklärung zu § 26 Absatz 1 Satz 7:
Der Urlaub soll grundsätzlich zusammenhängend gewährt werden; dabei soll ein Urlaubsteil von zwei Wochen Dauer angestrebt werden.

(2) Im Übrigen gilt das Bundesurlaubsgesetz mit folgenden Maßgaben:
a) Im Falle der Übertragung muss der Erholungsurlaub in den ersten drei Monaten des folgenden Kalenderjahres angetreten werden. Kann der Erholungsurlaub wegen Arbeitsunfähigkeit oder aus betrieblichen/dienstlichen

Gründen nicht bis zum 31. März angetreten werden, ist er bis zum 31. Mai anzutreten.
b) Beginnt oder endet das Arbeitsverhältnis im Laufe eines Jahres, steht als Erholungsurlaub für jeden vollen Monat des Arbeitsverhältnisses ein Zwölftel des Urlaubsanspruchs nach Absatz 1 zu; § 5 Bundesurlaubsgesetz bleibt unberührt.
c) Ruht das Arbeitsverhältnis, so vermindert sich die Dauer des Erholungsurlaubs einschließlich eines etwaigen tariflichen Zusatzurlaubs für jeden vollen Kalendermonat um ein Zwölftel.
d) Das Entgelt nach Absatz 1 Satz 1 wird zu dem in § 24 genannten Zeitpunkt gezahlt.

I. Normstruktur 1	4. Unmöglichkeit der Urlaubsgewährung zum festgelegten Termin 37
II. Rechtsnatur und Inhalt des Urlaubsanspruchs 3	a) Arbeitsunfähigkeit während eines festgelegten Urlaubs 37
III. Entstehen des Anspruchs auf Erholungsurlaub 4	b) Wegfall der Verpflichtung zur Arbeitsleistung aus persönlichen Gründen 38
IV. Dauer des Erholungsurlaubs 10	
1. Bemessung nach dem Lebensalter 10	5. Freistellung von der Arbeit als Urlaubsgewährung 40
2. Begriff des Arbeitstages 13	6. Verbot der Erwerbstätigkeit im Urlaub 41
3. Dauer des Urlaubs bei Abweichen von einer 5-Tage-Woche 14	VII. Übertragung bzw Verfall des Urlaubs 42
a) Regelmäßige Verteilung der Arbeitszeit 14	1. Befristung und Teilbarkeit des Urlaubs 42
b) Unregelmäßige Verteilung der Arbeitszeit 16	2. Voraussetzungen der Übertragung des Urlaubs in das nächste Kalenderjahr 44
4. Teilurlaub (Abs. 2 b und c) .. 19	
a) Berechnung von Teilurlaub 19	3. Übertragungsfrist des Abs. 2 a 46
b) Gesetzlicher Mindesturlaub 21	4. Übertarifliche Übertragungsfrist für Angestellte des Bundes 47
c) Ruhen des Arbeitsverhältnisses (Abs. 2 c) 22	
5. Anrechnung von bereits erhaltenem Urlaub bei Arbeitgeberwechsel 27	5. Verfall des Urlaubs 48
	6. Sonderregelung für Mutterschutz und Elternzeit 50
V. Geltendmachung des Urlaubs ... 28	VIII. Ersatzanspruch bei erfolgloser Geltendmachung des Urlaubs ... 51
VI. Erfüllung des Urlaubsanspruchs durch den Arbeitgeber 31	
1. Berücksichtigung der Wünsche der Beschäftigten 31	IX. Urlaubsabgeltung 52
	X. Urlaubsentgelt gem. § 21 55
2. Möglichkeit zur einseitigen Festlegung des Urlaubs 34	XI. Mitbestimmung 56
3. Rechtsfolge der zeitlichen Festlegung des Urlaubs 36	XII. Streitigkeiten 57

I. Normstruktur

1   § 26 baut im Gegensatz zu den Vorgängertarifverträgen (etwa §§ 47 f BAT) stärker auf dem gesetzlichen Urlaubsrecht auf, enthält aber zugleich hinsichtlich der Dauer des Urlaubs, seiner anteiligen Gewährung, sowie der Übertragungsfristen

in das nächste Kalenderjahr abweichende und eigenständige Regelungen. Da § 13 Abs. 1 S. 1 BUrlG eine Öffnungsklausel für Tarifverträge vorsieht, kommt § 26 mit Ausnahme der zwingenden Regelungen der §§ 1, 2 und 3 Abs. 1 BUrlG **vorrangige Geltung** zu. Ein Rückgriff auf das BUrlG ist gem. Abs. 2 nur möglich, soweit keine abschließende tarifvertragliche Regelung besteht.

Infolge der Rechtsprechung des BAG zur diskriminierenden Wirkung der Altersstaffelung in § 26 Abs. 1 S. 2 wurde der Wortlaut des **TVöD** mit Wirkung zum 1.3.2012 angepasst. Der Wortlaut des **TV-L** war bei Drucklegung noch unverändert. Hierzu im Einzelnen Rn 10 ff.

Gegenüber dem früheren BAT haben sich die Regelungen für Beschäftigte mit 2 der Vergütungsgruppe I und I a für das 30. bis 40. Lebensjahr geändert. Die Übergangsregelung in § 15 Abs. 2 S. 1 TVÜ zur Besitzstandswahrung ist 2006 ausgelaufen.

II. Rechtsnatur und Inhalt des Urlaubsanspruchs

Abs. 1 regelt den Anspruch der Beschäftigten auf Erholungsurlaub. Der An- 3 spruch ergibt sich als gesetzlicher Mindestanspruch bereits aus § 1 BUrlG und richtet sich auf **bezahlte Freistellung** der Beschäftigten von der Arbeit, um ihnen Gelegenheit zur selbstbestimmten Erholung zu geben.[1] Der Urlaubsanspruch ist als gesetzlicher Anspruch gem. §§ 1,3 Abs. 1 BUrlG und als tariflicher Anspruch (bei beidseitiger Tarifbindung) gem. § 4 Abs. 3 TVG **unabdingbar** mit der Folge, dass Abweichungen von den bestehenden Vorschriften nur zugunsten der Beschäftigten möglich sind. Beschäftigte können daher rechtsgeschäftlich nicht auf ihren Urlaub verzichten. Der Urlaub ist weder abtretbar (§ 398, 400 BGB), noch pfändbar[2] oder aufrechenbar (394 BGB). Für den Anspruch auf Urlaubsgeltung gelten andere Regelungen.[3] Beschäftigte können über ihren Urlaubsanspruch auch nicht in einem gerichtlichen oder außergerichtlichen Vergleich verfügen oder diesbezüglich ein negatives Schuldanerkenntnis abgeben.[4] Eine Einigung ist nur insoweit möglich, als sie sich auf die dem Anspruch zugrunde liegenden Tatsachen bezieht, nicht aber den Rechtsanspruch auf Urlaub als solchen berührt.[5] Als höchstpersönlicher Anspruch, der mit der persönlichen Verpflichtung zur Arbeitsleistung gem. § 613 BGB korrespondiert, ist er im Gegensatz zum Anspruch auf Urlaubsvergütung oder Urlaubsabgeltung nicht vererbbar.[6]

III. Entstehen des Anspruchs auf Erholungsurlaub

Der Anspruch auf den vollen, auf ein Kalenderjahr bezogenen Urlaub entsteht 4 im laufenden Arbeitsverhältnis nach Abs. 1 **mit Beginn eines Kalenderjahres** (Urlaubsjahr = Kalenderjahr) und ist gem. § 271 Abs. 1 BGB in diesem Moment

---

1 Ständige Rechtsprechung; BAG 20.6.2000, 9 AZR 405/99, NZA 2001, 100.
2 GK-BUrlG-Bleistein, § 1 Rn 70, aA MünchArbR-Leinemann, § 89 Rn 17; Pfeifer, NZA 1996, 738: nur Pfändbarkeit eines einzelvertraglichen vereinbarten Urlaubsanspruchs, der den gesetzlichen und tariflichen Urlaubsanspruch übersteigt.
3 Pfändbarkeit der Urlaubsabgeltung wie Arbeitsentgelt: BAG v. 20.6.2000, 9 AZR 405/99, NZA 2001, 100, s. im Übrigen Rn 49.
4 BAG v. 20.1.1998, 9 AZR 812/96, NZA 1998, 816; BAG v. 9.6.1998, 9 AZR 43/97, NZA 1999, 80: durch Ausgleichsklausel kann nur ein Urlaubsanspruch erlöschen, der über den unabdingbaren gesetzlichen oder tariflichen Urlaubsanspruch hinausgeht.
5 BAG v. 31.7.1967, 5 AZR 112/67, DB 1967, 1859.
6 BAG v. 23.6.1992, 9 AZR 111/91, NZA 1992, 1088.

fällig.[7] Dies bedeutet, dass Beschäftigte bereits zu Jahresanfang ihren vollen Urlaub verlangen können auch wenn sie im Laufe des Kalenderjahres aus dem Arbeitsverhältnis ausscheiden. Wird daraufhin der Urlaub gem. § 7 Abs. 1 BUrlG gewährt, kann der im Verhältnis zur anteiligen Berechnung gem. Abs. 2 lit. b) iVm § 5 BUrlG gegebenenfalls zu viel gewährte Urlaub nicht zurückgefordert werden.

5 Bei einem **neu begründeten Arbeitsverhältnis** bleibt es gem. Abs. 2 bei der Regelung des § 4 BUrlG, so dass der Urlaubsanspruch erstmalig nach einer **Wartezeit** von sechs Monaten entsteht, die mit der Einstellung zu laufen beginnt. Für ihre Berechnung gelten §§ 187 Abs. 2, 188 Abs. 2 BGB. Die gleiche Wartezeit gilt gem. § 19 Abs. 3 JArbSchG für Jugendliche.

Beispiel: Bei einer Einstellung zum 10. Februar eines Jahres entsteht der volle Urlaubsanspruch mit dem 10. August (Abs. 2 iVm § 4 BUrlG).

6 Für den Ablauf der Wartefrist ist allein der **Bestand des Arbeitsverhältnisses** maßgebend, so dass weder Arbeitsunfähigkeit noch andere Formen der Arbeitsbefreiung wie Elternzeit etc. ihren Ablauf hindern. Erfolgt die Einstellung in der 2. Hälfte des Vorjahres, läuft die Wartefrist erst im folgenden Urlaubsjahr ab mit der Folge, dass mit Ablauf der Wartefrist für das Kalenderjahr der Einstellung ein Teilurlaubsanspruch gem. § 5 Abs. 1 a BUrlG entsteht und für das laufende Kalenderjahr der volle Urlaubsanspruch. Der Teilurlaubsanspruch muss in diesem Fall gem. § 7 Abs. 3 S. 4 BUrlG spätestens bis zu Ende des Urlaubsjahres genommen werden. Eine weitere Übertragungsmöglichkeit besteht insoweit nicht.

Beispiel: Erfolgt bei einem Urlaubsanspruch von 30 Tagen die Einstellung zum 1.11. eines Jahres, entstehen am 1.5. (Ablauf der Wartefrist) des Folgejahres ein Teilurlaubsanspruch für das Einstellungsjahr in Höhe von 30/12 x 2 = 5 Arbeitstagen (Abs. 2 iVm §§ 4, 5 Abs. 1 a BUrlG) sowie (gleichzeitig) der volle Urlaubsanspruch für das Folgejahr.

7 Steht fest, dass das Arbeitsverhältnis vor Ablauf der Wartefrist endet (Befristung, Kündigung etc.), kann der Urlaub gem. § 5 Abs. 1 b BUrlG auch schon während der Wartefrist genommen werden.

8 Der Urlaubsanspruch ist an das Kalenderjahr gebunden und soll den Beschäftigten eine jährliche Erholungszeit gewährleisten.[8] Deshalb sind zum einen der Übertragbarkeit des Urlaubs Grenzen gesetzt (s. Rn 42 ff). Zum anderen kann der Urlaub **nicht** schon vor Beginn des jeweiligen Urlaubsjahres **im Vorgriff** erfüllt werden. Erfolgt dennoch eine vorherige Urlaubsgewährung, bleibt der Urlaubsanspruch für das folgende Kalenderjahr in vollem Umfang erhalten.[9]

9 Für das Entstehen des Urlaubsanspruches kommt es auf die tatsächliche Erbringung einer Arbeitsleistung nicht an. Der Urlaubsanspruch entsteht also auch dann, wenn die oder der Beschäftigte arbeitsunfähig erkrankt ist und im Ur-

---

7 BAG v. 18.12.1986, 8 AZR 502/84, NZA 1987, 379: Fälligkeit des Urlaubs bereits mit dessen Entstehen; aA Neumann/Fenski, BUrlG § 7 Rn 1 ff: Fälligkeit des Urlaubs erst zu dem Zeitpunkt, zu dem er angetreten wird, mit Übersicht über den Meinungsstand.
8 BAG v. 28.11.1990, 8 AZR 570/89, NZA 1991, 423.
9 BAG v. 11.7.2006, 9 AZR 535/05, NZA 2006, 1008; BAG v. 16.3.1972, 5 AZR 357/71, DB 1972, 782.

laubsjahr nur eine geringe oder gar keine Arbeitsleistung erbringt.[10] Zur Frage des Urlaubsanspruchs im Fall eines ruhenden Arbeitsverhältnisses s. Rn 22.

IV. Dauer des Erholungsurlaubs

1. Bemessung nach dem Lebensalter. Gem. **Abs. 1 S. 2 und 3 TVöD** in der ab 1.3.2012 geltenden Fassung beträgt bei einer Verteilung der Arbeitszeit auf 5 Tage in der Woche die **Dauer** des kalenderjährlichen Urlaubsanspruchs 29 Arbeitstage bis zur Vollendung des 55. Lebensjahres und 30 Arbeitstage nach dem vollendeten 55. Lebensjahr. Der höhere Urlaubsanspruch besteht daher erstmals für das Urlaubsjahr, in das der Zeitpunkt nach Vollendung des 55. Lebensjahres fällt. Die Berechnung des Lebensalters erfolgt gem. §§ 187 Abs. 2, 188 Abs. 2, 2. Alt. BGB. Das Lebensjahr wird dementsprechend am Tag vor dem Geburtstag vollendet, so dass derjenige, der am Monatsersten geboren ist, sein Lebensjahr mit Ablauf des vorhergehenden Monats vollendet. Fällt der Geburtstag auf den 1.1. eines Jahres, wird das Lebensjahr jeweils am 31.12. und damit am letzten Tag des Kalenderjahres vollendet. Der höhere Urlaubsanspruch entsteht nach der Vollendung des 55. Lebensjahres, also in diesem Fall erstmals in dem Urlaubsjahr, in das der 56. Geburtstag fällt.[11]

Für das Jahr 2012 und für die Beschäftigten, die unter die Anwendung des **TV-L** fallen,[12] beträgt die **Dauer** des kalenderjährlichen Urlaubsanspruchs **unabhängig von dem Lebensalter 30 Arbeitstage.** Die Regelung, nach der gem. Abs. 1 S. 2 und 3 TVöD in der bis 29.2.2012 geltenden Fassung bzw Abs. 1 S. 2 TV-L bei einer Verteilung der Arbeitszeit auf 5 Tage in der Woche die Dauer des kalenderjährlichen Urlaubsanspruchs 26 Arbeitstage bis zur Vollendung des 30. Lebensjahres, 29 Arbeitstage nach der Vollendung des 30. Lebensjahres bis zur Vollendung des 40. Lebensjahres und 30 Arbeitstage nach dem vollendeten 40. Lebensjahr beträgt, ist unwirksam, weil sie eine rechtswidrige **Benachteiligung wegen des Alters** darstellt, und hat zur Folge, dass der Urlaubsanspruch für alle Beschäftigten nach oben auf 30 Tage angepasst wird.[13]

Dieser Rechtsprechung haben die Tarifvertragsparteien für die Beschäftigten des öffentlichen Dienstes von Bund und kommunalen Arbeitgebern Rechnung getragen und nicht nur die Altersstaffelung im **TVöD** auf das 55. Lebensjahr angehoben, sondern in § 38a TVöD-Bund bzw § 38a Abs. 1 TVöD-VKA eine **Übergansregelung** zur Besitzstandswahrung geschaffen. **Beschäftigte**, deren Arbeitsverhältnis über den 29. Februar 2012 hinaus fortbestanden hat und die vor dem 1. Januar 1973 geboren sind, die also **bis spätestens 31. Dezember 2012 das 40. Lebensjahr vollenden**, behalten nach der Übergangsregelung für die ununterbrochene Dauer ihres Arbeitsverhältnisses den ihnen nach der alten Regelung des TVöD zustehenden Urlaubsanspruch von 30 Arbeitstagen pro Kalenderjahr. Bei Arbeitsverhältnissen, die ab dem 1.3.2012 (Inkrafttreten der Tarifänderung) begonnen haben, gilt also keine Übergangsregelung, sondern unmittelbar der neue Tarifwortlaut. Eine Neubegründung des Arbeitsverhältnisses

---

10 BAG v. 28.1.1982, 6 AZR 571/79, DB 1982, 1065; BAG v. 14.5.1986, 8 AZR 604/84, NZA 1986, 834; BAG v. 18.3.2003, 9 AZR 691/01, ZTR 2004, 37.
11 So im Ergebnis auch Breier/Dassau/Kiefer/Lang/Langenbrinck, TVöD, § 26 Rn 67.
12 Jedenfalls bis zu einer eventuellen Tarifänderung, die bis Drucklegung (Stand: Juni 2012) nicht erfolgt war.
13 BAG v. 20.3.2012, 9 AZR 529/10 (die zum TVöD ergangene Entscheidung ist auch für die entsprechende Formulierung des TV-L einschlägig); s. im Einzelnen Rn 11.

liegt auch dann vor, wenn nach einer Befristung bis zum 29.2.2012 ab dem 1.3.2012 ein neues (befristetes oder unbefristetes) Arbeitsverhältnis mit demselben Arbeitgeber begründet wird, es sich also nicht nur um eine reine Verlängerung eines befristeten Arbeitsverhältnisses im Sinne des § 14 Abs. 2 S. 1, 2. Hs TzBfG handelt.[14]

Für das Jahr **2012** bleibt es darüberhinaus **für alle** bereits vor dem 29.2.2012 **Beschäftigten**, die erst nach dem 31.12.2012 das 40. Lebensjahr vollenden, gem. § 38a S. 2 TVöD-Bund bzw § 38a Abs. 1 S. 2 TVöD-VKA bei dem vom BAG zugesprochenen Urlaubsanspruch von **30 Tagen**. Für diese Beschäftigen greift daher die Neufassung erst ab dem Kalenderjahr 2013.

11   Die **Anknüpfung** eines erhöhten Erholungsurlaubs an die Vollendung des 55. Lebensjahres in Abs. 1 S. 2 TVöD **verstößt nicht gegen das Diskriminierungsverbot**. Die Gewährung eines längeren Erholungsurlaubs gem. S. 2 knüpft allein an das Lebensalter und damit an ein Merkmal des § 1 AGG an. Nach § 2 Abs. 1 Nr. 2 AGG gilt das Diskriminierungsverbot auch für die in kollektivrechtlichen Vereinbarungen geregelten Beschäftigungs- und Arbeitsbedingungen. § 10 Nr. 2 AGG erlaubt eine unterschiedliche Behandlung wegen des Alters durch Festlegung eines Mindestalters für bestimmte mit der Beschäftigung verbundene Vorteile, wenn dies objektiv und angemessen und durch ein legitimes Ziel gerechtfertigt ist. Aufgrund dieser gesetzlichen Regelung ist auch in Tarifverträgen eine Unterscheidung nach dem Alter grundsätzlich zulässig, wenn die gesetzlichen Voraussetzungen für eine Ungleichbehandlung erfüllt sind.[15] Maßstab der Rechtfertigung ist eine strenge Verhältnismäßigkeitsprüfung, die zunächst die Rechtfertigung der Ungleichbehandlung aufgrund objektiver, unabhängiger Erwägungen im Hinblick auf ein legitimes, im Allgemeininteresse liegendes Ziel fordert, das in Beziehung zur Beschäftigungspolitik und zum Arbeitsmarkt steht und in einem zweiten Schritt abwägt, ob der Grad der Ungleichbehandlung in einem angemessenem Verhältnis zu dem legitimen Zweck steht.[16]

Ganz allgemein gilt, dass den Tarifvertragsparteien für die von ihnen vereinbarten Regelungen eine Einschätzungsprärogative bezüglich der tatsächlichen Gegebenheiten und betroffenen Interessen zukommt: Sie sind nicht dazu verpflichtet, die jeweils zweckmäßigste, vernünftigste oder gerechteste Lösung zu wählen. Eine Ungleichbehandlung wird erst dann unzulässig, wenn „bei einer am allgemeinen Gerechtigkeitsdenken orientierten Betrachtungsweise" tatsächliche Gleichheiten oder Ungleichheiten hätten beachtet werden müssen, die Tarifregelung sich also „offensichtlich sachfremd und willkürlich" darstellt. Die Gewährung einer höheren Anzahl von Urlaubstagen bei fortschreitendem Alter kann daher grundsätzlich dem legitimen Ziel dienen, der mit dem Alter zunehmenden Erholungsbedürftigkeit der Beschäftigten Rechnung zu tragen, da bei längerer Beschäftigungszeit die körperliche und geistige Belastung einer Tätigkeit steigen kann und daher ein Grund für einen Ausgleich durch längere Ruhephasen vorliegt. Mit der **Neuregelung** im TVöD sind die Tarifvertragsparteien ausweis-

---

14   BAG v. 27.1.2011, 6 AZR 382/09, ZTR 2011, 214.
15   EuGH v. 16.10.2007, C-411/05 (Palacios), NZA 2007, 1219.
16   EuGH v. 22.11.2005, C-144/04 (Mangold/Helm), NZA 2005, 1345; EuGH v. 15.7.2004, C-365/02 (Lindfors), DB 2004, 1710; EuGH v. 16.10.2007, C-411/05 (Palacios), NZA 2007, 1219.

lich der Niederschriftserklärung zu § 26 Abs. 1 übereinstimmend zu der nachvollziehbaren Einschätzung gelangt, dass für Beschäftigte, die das 55. Lebensjahr vollendet haben, ein entsprechend höherer Erholungsbedarf besteht und deshalb für diese Beschäftigten ein zusätzlicher Urlaubstag gerechtfertigt ist.

Der vom BAG festgestellte Verstoß gegen das AGG betrifft die in der bis zum 29.2.2012 geltenden Fassung des TVöD getroffene Altersstaffelung. Die in Abs. 1 S. 2 TVöD aF und Abs. 1 S. 2 TV-L gewählte Differenzierung der Urlaubsdauer nach dem Lebensalter benachteiligt Beschäftigte, die das 40. Lebensjahr noch nicht vollendet haben, unmittelbar und verstößt gegen das Verbot der **Benachteiligung wegen des Alters** in § 7 Abs. 1, 2 iVm § 1 AGG. Sie verfolgt nicht das legitime Ziel, einem gesteigerten Erholungsbedürfnis älterer Menschen Rechnung zu tragen, da sie bereits ab dem 30. bzw 40. Lebensjahr differenziert und damit zu einem Zeitpunkt, in dem ein gesteigertes Erholungsbedürfnis noch nicht erkennbar ist. Der Verstoß gegen das Verbot der **Diskriminierung wegen des Alters** kann nur beseitigt werden, indem die Dauer des Urlaubs der wegen ihres Alters diskriminierten Beschäftigten in der Art und Weise „nach oben" angepasst wird, dass auch ihr Urlaubsanspruch in jedem Kalenderjahr 30 Arbeitstage beträgt.[17] Für den Bereich des TVöD gilt die in Rn 10 beschriebene Übergangsregelung. Für den Bereich des TV-L besteht solange für alle Beschäftigten ein Anspruch auf 30 Arbeitstage Urlaub, bis eine Neuregelung erfolgt. 12

2. Begriff des Arbeitstages. Die Urlaubsgewährung erfolgt für ganze Arbeitstage. **Arbeitstage** sind alle Kalendertage, an denen der Beschäftigte dienstplanmäßig oder betriebsüblich aufgrund der Verteilung seiner Arbeitszeit zu arbeiten hat, unabhängig davon, ob es sich um einen Sonntag oder gesetzlichen Feiertag handelt.[18] Nimmt der Beschäftigte Urlaub, sind solche Tage auf den Urlaubsanspruch anzurechnen. Tage hingegen, an denen üblicherweise nicht gearbeitet wird, zählen gem. § 6 Abs. 3 Satz 2 TVöD nicht als Urlaubstage. Mit der Neuregelung kommen Arbeitnehmer, die an Feiertagen auch ohne dieses Ereignis nicht hätten arbeiten müssen, ersatzweise in den Genuss einer dem Feiertag gleichwertigen bezahlten Freizeit. Für ihren Urlaubsanspruch bedeutet dies, dass sie für einen solchen Tag keinen Urlaub benötigen, da sie ohnehin nicht zur Arbeit verpflichtet sind.[19] 13

Beispiel: B arbeitet an zwei Tagen in der Woche, nämlich freitags und montags. Er nimmt in der Zeit ab dem Montag vor Ostern bis einschließlich Ostermontag Urlaub. Hätte B auch ohne die Inanspruchnahme von Urlaub weder am Karfreitag noch am Ostermontag arbeiten müssen, weil er an Feiertagen grundsätzlich keine Arbeit leistet, ist lediglich für den ersten, frei genommenen Montag ein Urlaubstag anzurechnen. Wäre umgekehrt dienstplanmäßig eine Arbeit an einem Feiertag vorgesehen gewesen, wäre zwar ein weiterer Urlaubstag anzu-

---

17 BAG v. 20.3.2012, 9 AZR 529/10 (die zum TVöD ergangene Entscheidung ist auch für die entsprechende Formulierung des TV-L einschlägig); LAG Düsseldorf v. 18.1.2011, 8 Sa 1274/10, ZTR 2011, 496; Hock/Kramer/Schwerdle, Ausgewählte Fragen zur Anwendung des TVöD in der Praxis, ZTR 2006, 622, 623.
18 BAG v. 15.3.2011, 9 AZR 799/09, DB 2011, 1814, abweichende Regelung von § 3 Abs. 2 BUrlG.
19 BAG v. 8.12.2010, 5 AZR 667/09, NZA 2011, 927; LAG Hamm v. 10.3.2011, 16 Sa 1677/10: die Sollarbeitszeit der Arbeitnehmer, die an gesetzlichen Feiertagen dienstplanmäßig frei haben und ihre Arbeitszeit an anderen Tagen erbringen müssen, verringert sich gem. § 6 Abs. 3 Satz 2 TVöD um die dienstplanmäßig ausgefallenen Stunden.

rechnen, aber gleichzeitig gem. § 11 Abs. 3 ArbZG ein Ersatzruhetag zu gewähren.

14 **3. Dauer des Urlaubs bei Abweichen von einer 5-Tage-Woche. a) Regelmäßige Verteilung der Arbeitszeit.** Bei einer regelmäßigen Verteilung der Wochenarbeitszeit auf **weniger oder mehr als fünf Tage** in der Woche, wird gem. Abs. 1 S. 4 der **Urlaubsanspruch** entsprechend **erhöht oder vermindert**. Je nach unterschiedlicher Arbeitspflicht und deren Verteilung ist diejenige Anzahl der Urlaubstage gesondert zu ermitteln, die zur gleichen Dauer eines zusammenhängenden gleichwertigen Urlaubs nötig ist. Da der TVöD für die Umrechnung keine eigenständigen Vorgaben enthält, ist folgende, vom BAG entwickelte Umrechnungsformel anzuwenden:[20]

$$\frac{(29/30) \text{ Gesamturlaubsdauer}}{5 \text{ Arbeitstage (= Fünf-Tage-Woche)}} \times \text{individuelle Anzahl Arbeitstage/Woche (im Durchschnitt)}$$

Die Urlaubsdauer reduziert sich dadurch bei Teilzeitbeschäftigten im Verhältnis zu Vollzeitbeschäftigten im Ergebnis nicht, weil entsprechend weniger Urlaubstage für eine Woche Urlaub ausreichen. Die Regelung in Abs. 1 S. 5 sieht vor, dass bei rechnerisch verbleibenden Bruchteilen ab einem halben Tag (0,50) der Urlaubsanspruch aufzurunden ist und kleinere Bruchteile unberücksichtigt bleiben.

Beispiel: Bei einer Aufteilung der Arbeitszeit auf zwei Tage in der Woche und einem Urlaubsanspruch von 29 Tagen besteht ein Urlaubsanspruch von 29/5 x 2 = 11,6 und aufgerundet 12 Arbeitstagen.

15 Ändert sich die regelmäßige Verteilung der Arbeitszeit während des Jahres, ist für die Bemessung des Urlaubsanspruchs auf den Zeitpunkt der Gewährung des Urlaubs und die dann bestehende Verteilung der Arbeitszeit abzustellen. Auch Resturlaubsansprüche aus dem Vorjahr sind gegebenenfalls umzurechnen, wenn sich die Verteilung der Arbeitszeit mit Beginn des neuen Kalenderjahres geändert hat.[21]

Beispiel: Im Jahr 2007 hat B an 3 Tagen in der Woche gearbeitet. Ab 2008 sind es 4 Tage in der Woche. Unter Zugrundelegung eines dem Alter entsprechenden Urlaubsanspruchs von 30 Tagen im Jahr bestand für 2007 ein anteiliger umgerechneter Gesamtanspruch für B von 30/5 x 3 = 18 Arbeitstagen. Bei einem Resturlaub von 9 Arbeitstagen, der gem. § 26 Abs. 2 a) auf das Jahr 2008 übertragen wurde, hat B nunmehr einen Urlaubsanspruch von 9/3 x 4 = 12 Arbeitstagen, die bei der für 2008 geltenden 4-Tage-Woche einem übertragenen Resturlaubsanspruch von drei Wochen entsprechen.

16 **b) Unregelmäßige Verteilung der Arbeitszeit.** Probleme treten auf, wenn die **Arbeitszeit unregelmäßig verteilt** wird. Die unregelmäßige Verteilung kann sich auf eine variierende Stundenzahl für verschiedene Wochentage (zB Arbeit mit einer verringerten Stundenzahl von 12 Wochenstunden und einer Aufteilung von 8 Stunden an Montagen und 4 Stunden an Freitagen) oder auf eine sich verändernde Menge an Arbeitstagen pro Zeitabschnitt beziehen (zB mal 10, mal 20 Tage im Monat).

---

20 BAG v. 30.10.2001, 9 AZR 314/00, NZA 2002, 815; BAG v. 14.2.1991, 8 AZR 97/90, NZA 1991, 777, angepasst an die neue Urlaubsdauer gem. Rn 10 ff.
21 BAG v. 28.4.1998, 9 AZR 314/97, NZA 1999, 156.

Ob an verschiedenen Tagen mit **unterschiedlicher Stundenzahl** gearbeitet wird, ist für die Berechnung des Urlaubsanspruchs nicht maßgeblich. Die Gewährung von Urlaub bedeutet, dass an diesem Tag eine Freistellung von der Arbeit erfolgt, unabhängig von der Stundenzahl, die die oder der Beschäftigte an diesem Tag zu leisten hat. Bei Teilzeitarbeit ist nach dem Wortlaut der Vorschrift allein auf die durchschnittlichen wöchentlichen Arbeitstage abzustellen, unabhängig von der Dauer der täglichen Arbeitszeit oder der Anzahl der an einem Tag zu leistenden Stunden. Teilzeitbeschäftigte haben deshalb, bezogen auf die Zahl der Arbeitstage, den gleichen Urlaubsanspruch, wie Vollzeitkräfte.

Ist die **Verteilung der Arbeitstage** über das Kalenderjahr **unregelmäßig** und fehlt es an einer regelmäßigen Anzahl von Arbeitstagen pro Woche, ist für die Urlaubsberechnung der Durchschnitt für einen repräsentativen Zeitraum maßgeblich. Für die Umrechnung ist die Anzahl der Arbeitstage mit Arbeitspflicht mit der Anzahl der Urlaubstage ins Verhältnis zu setzen. Dabei muss die Berechnungsmethode eine Gleichwertigkeit der Urlaubsdauer sicherstellen. Welcher Zeitraum als repräsentativ anzusehen ist, hängt von den Umständen des Einzelfalles ab und kann bei drei Monaten, einem halben oder ganzen Kalenderjahr liegen.[22] Der frühere § 48 Abs. 4 BAT/BAT-O bzw § 43 Abs. 1 S. 1 und Abs. 2 S. 1 BMT-G/BMT-G-O, der für die Bemessung des Urlaubs einen Faktor von 1/260 für jeden zusätzlichen Arbeitstag oder arbeitsfreien Tag vorsah, ist nicht mehr anzuwenden.

4. Teilurlaub (Abs. 2 b und c). a) Berechnung von Teilurlaub. Ein Anspruch auf Teilurlaub kommt in Betracht, wenn wegen Nichterfüllung der Wartezeit gem. §§ 4, 5 Abs. 1 und 1 b BUrlG ein voller Urlaubsanspruch nicht erworben wird, das Arbeitsverhältnis nicht das ganze Kalenderjahr über besteht (Abs. 2 b) oder für einen Teil des Kalenderjahres ruht (Abs. 2 c). In diesen Fällen beträgt der Urlaubsanspruch für jeden vollen Monat, in dem das Arbeitsverhältnis besteht, **ein Zwölftel** des tarifvertraglichen Anspruchs. Maßgebend für die Berechnung sind nicht volle Kalendermonate, sondern **volle Beschäftigungsmonate**. Fehlen an einem Monat nur solche Tage, an denen auch bei Fortbestehen des Arbeitsverhältnisses keine Arbeitspflicht bestanden hätte, sind diese hinzuzuzählen.[23] Ausgenommen von der Zwölftelung nach Abs. 2 b ist der Zusatzurlaub für schwerbehinderte Menschen gem. § 125 Abs. 2 S. 3 SGB IX, da bei dessen Berechnung bereits berücksichtigt wird, ob das Beschäftigungsverhältnis das ganze Kalenderjahr bestanden hat oder nicht.

Bei der Berechnung sind **Bruchteile** von Urlaubstagen gem. Abs. 1 S. 5 zu **runden**. Ab einem halben Urlaubstag erfolgt eine Aufrundung und bei darunter liegenden Bruchteilen eine Abrundung auf volle Urlaubstage. Satz 5 enthält einen allgemeinen Berechnungsgrundsatz, der sich auf alle Fälle der Urlaubsberechnung bezieht, in der rechnerisch Bruchteile von Urlaubstagen verbleiben, und trägt dem Grundsatz Rechnung, dass der Urlaub nicht in Urlaubsstunden zerstückelt werden soll. Die Rundungsregelung weicht von der Formulierung in § 5 Abs. 2 BUrlG ab, der nur eine Aufrundung ausdrücklich regelt. Nach stän-

---

[22] BAG v. 15.3.2011, 9 AZR 799/09, DB 2011, 1814: jahresbezogene Umrechnung bei einem unregelmäßigen Schichtrhythmus: Zugrundelegung von 365 Kalendertagen und 261 Arbeitstagen im Jahr (anders als im BUrlG, wo entsprechend § 11 Abs. 1 BUrlG von 52 Wochen und damit 364 Kalender- und 260 Soll-Arbeitstagen ausgegangen wird).
[23] BAG v. 26.1.1989, 8 AZR 730/87, NZA 1989, 756.

diger Rechtsprechung erfolgt deshalb für die Berechnung des gesetzlichen Urlaubs bei einem unter 0,5 liegenden Bruchteil keine Rundung nach unten, sondern eine stundenweise Gewährung bzw Abgeltung des Urlaubs.[24] Die im TVöD vorgesehene Abrundung darf deshalb nicht dazu führen, dass der gesetzliche Mindesturlaub unterschritten wird. Für den darüber hinausgehenden tariflichen Urlaub bleibt es bei der tariflichen Berechnung mit der Folge, dass nur ganze Urlaubstage beansprucht werden können.

21 **b) Gesetzlicher Mindesturlaub.** Eine Kürzung der Urlaubstage durch die Zwölftelung des Urlaubsanspruchs ist nur bis zu dem gesetzlich festgelegten **Mindesturlaubsanspruch** gem. §§ 1, 3, 5 Abs. 1 BUrlG möglich. Deshalb ist im Einzelfall eine Vergleichsberechnung vorzunehmen, um festzustellen, welche Regelung günstiger ist[25] Der Vergleich der tariflichen und gesetzlichen Regelung zeigt, dass es drei verschiedene Fallgruppen gibt, in denen das BUrlG abweichend von Abs. 2 b und 2 c der tariflichen Regelung keine anteilige Kürzung des Urlaubs vorsieht:

- Ausscheiden in der zweiten Jahreshälfte nach erfüllter Wartezeit (Abs. 2 b)
- Beginn eines Arbeitsverhältnisses im Laufe eines Jahres, wenn der Beginn in der ersten Jahreshälfte liegt und die Wartefrist im Urlaubsjahr erfüllt wird (Abs. 2 b).
- Ruhen des Arbeitsverhältnisses[26] (Abs. 2 c).

Auch in diesen Fällen muss trotz der tariflich vorgesehenen Zwölftelung der gesetzliche Mindesturlaubsanspruch von 20 Arbeitstagen bei Umrechnung auf eine 5-Tage-Woche erhalten bleiben.

Beispiel: B scheidet zum 31.8. aus dem seit zwei Jahren bestehenden Arbeitsverhältnis aus. Für das Kalenderjahr beträgt gem. Abs. 1 der volle Urlaubsanspruch 29 Urlaubstage bei einer 5-Tage-Woche. Die Zwölftelung nach Abs. 2 b ergibt einen Urlaubsanspruch von 8/12 und damit 19,33 Arbeitstagen. Weil § 5 Abs. 1 BUrlG keine Kürzung des Urlaubsanspruchs bei einem Ausscheiden in der zweiten Jahreshälfte vorsieht, bleibt es bei dem gesetzlichen Mindesturlaubsanspruch von 20 Arbeitstagen. Eine darüber hinausgehende Kürzung ist gem. §§ 1, 3 Abs. 1, 13 Abs. 1 BUrlG unzulässig.

Dabei ist zu beachten, dass im Falle eines Urlaubsabgeltungsanspruchs, der mit dem Ende des Arbeitsverhältnisses fällig wird, die tariflichen Verfallfristen auch die gesetzlichen Mindesturlaubsansprüche erfassen.[27]

22 **c) Ruhen des Arbeitsverhältnisses (Abs. 2 c).** Der tarifliche Urlaubsanspruch ist gem. Abs. 2 c bei einem **Ruhen des Arbeitsverhältnisses** anteilig zu kürzen. Das Arbeitsverhältnis kommt zum Ruhen, wenn die wechselseitigen Hauptleistungspflichten – Arbeitsleistung und Vergütung – „suspendiert" sind, während bestimmte davon unabhängige Nebenpflichten weiterbestehen.[28] Das Ruhen des Arbeitsverhältnisses kann aufgrund gesetzlicher oder tarifvertraglicher Regelungen oder sonstiger Vereinbarungen eintreten Aufgrund tarifvertraglicher Rege-

---

24 BAG v. 26.1.1989, 8 AZR 730/87, NZA 89, 756; BAG v. 31.5.1990, 8 AZR 296/89, NZA 1991, 105.
25 BAG v. 24.10.2000, 9 AZR 610/99, NZA 2001, 663.
26 BAG v. 30.7.1986, 8 AZR 475/84, NZA 1987, 13.
27 BAG v. 9.8.2011, 9 AZR 352/10, BB 2011, 2035 und 9 AZR 365/10, NZA 2011, 1421; s. auch Rn 54.
28 BAG v. 9.8.1995, 10 AZR 944/94, NZA 1996, 154.

lung ruht das Arbeitsverhältnis gem. § 28 bei der Inanspruchnahme von Sonderurlaub (s. § 28 Rn 10). auch wenn der TVöD anders als noch der BAT nicht mehr ausdrücklich das Ruhen für den Fall des Sonderurlaubs anordnet. Bei der Rente auf Zeit ruht das Arbeitsverhältnis gem. § 33 Abs. 2 S. 6. Außerdem gilt für den Fall, dass Beschäftigte bei fortbestehender Arbeitsunfähigkeit auf ihren Antrag hin nach Ablauf der Krankengeldzahlungen Arbeitslosengeld erhalten, die Vermutung, dass die Parteien zumindest stillschweigend das Ruhen des Arbeitsverhältnisses vereinbart haben.[29]

Auch bei einem ruhenden Arbeitsverhältnis entsteht grundsätzlich ein Urlaubsanspruch[30] unabhängig davon, ob das Arbeitsverhältnis bereits zu Beginn und während des gesamten Kalenderjahres oder erst ab einem späteren Zeitpunkt im Laufe des Kalenderjahres ruht.[31] Wegen der Unabdingbarkeit des gesetzlichen Mindesturlaubsanspruchs (§ 13 BUrlG) wirkt sich die Kürzungsregelung in Abs. 2 c in einem solchen Fall nur auf den weitergehenden tariflichen Urlaubsanspruch aus.[32] In einem nach § 33 Abs. 2 ruhenden Arbeitsverhältnis entsteht daher nach Abs. 2 c kein über den gesetzlichen Mindesturlaub hinausgehender Urlaubsanspruch.[33] **23**

Der gesetzliche Mindesturlaubsanspruch kann nur aufgrund einer gesetzlichen Regelung unterschritten werden. Gesetzliche Regelungen für die Minderung wegen Ruhen des Arbeitsverhältnisses bestehen für die **Elternzeit** (§ 17 Abs. 1 BEEG), den **Grundwehrdienst** (§ 4 Abs. 1 ArbPlSchG) und den **Zivildienst** (§ 78 Abs. 1 ZDG). Haben Beschäftigte vor Beginn der Elternzeit mehr Urlaub erhalten, als ihnen gem. Abs. 2 c iVm § 17 Abs. 1 BEEG zusteht, kann der Arbeitgeber nach § 17 Abs. 4 BEEG den nach dem Ende der Elternzeit zustehenden Erholungsurlaub um die zu viel gewährten Urlaubstage kürzen. Eine Kürzung des Urlaubsanspruchs unterbleibt, wenn während der Inanspruchnahme von Elternzeit eine Teilzeittätigkeit beim gleichen Arbeitgeber vereinbart wird. Eine anteilige Kürzung für Fehlzeiten aufgrund von Krankheit oder Beschäftigungsverboten nach dem MuSchG findet nicht statt. **24**

Für Beschäftigte, die **Altersteilzeit** im Blockmodell leisten, besteht gem. § 7 Satz 2 TV ATZ im Kalenderjahr des Übergangs von der Arbeits- in die Freistellungsphase ein Anspruch auf Erholungsurlaub in Höhe von einem Zwölftel des Jahresurlaubs je vollem Beschäftigungsmonat. Allerdings darf die tarifvertraglich vorgesehene Zwölftelung auch i.R. der Altersteilzeit nicht dazu führen, dass **25**

---

29 BAG v. 14.3.2006, 9 AZR 312/05, NZA 2006, 1232, mwN.
30 BAG v. 30.7.1986, 8 AZR 475/84, NZA 1987, 13, BAG v. 26.5.1988, 8 AZR 774/85, NZA 1989, 362, BAG v. 15.12.2009, 9 AZR 795/08, NZA 2010, 728; zT aA Fieberg: Urlaubsanspruch bei ruhendem Arbeitsverhältnis, NZA 2009, 929 (934 f), aA LAG Düsseldorf v. 1.10.2010, 9 Sa 1541/09, ArbuR 2011, 128 und v. 5.5.2010, 7 Sa 1571/09, NZA-RR 2010, 568: Kein Urlaubsanspruch im ruhenden Arbeitsverhältnis.
31 LAG Schleswig-Holstein v. 16.12.2010, 4 Sa 209/10, BB 2011, 372, LAG Baden-Württemberg v. 29.4.2010, 11 Sa 64/09, ZTR 2010, 415, aA LAG Düsseldorf v. 1.10.2010, 9 Sa 1541/09, ArbuR 2011, 128.
32 LAG Köln v. 17.9.2010, 4 Sa 584/10, NZA 2011, 480.
33 LAG Köln v. 16.11.2010, 12 Sa 375/10, ZTR 2011, 231; aA wohl LAG Nürnberg, 6.11.2011, 6 Sa 366/11, ZTR 2011, 735 ohne nähere Begründung.

der gesetzliche Mindesturlaub von vier Wochen im Kalenderjahr unterschritten wird[34] (s. zum gesetzlichen Mindesturlaub Rn 21).

26 Im Hinblick auf die Notwendigkeit einer europarechtskonformen Auslegung der Vorschriften zum Verfall von Urlaubsansprüchen (Abs. 2a und § 7 Abs. 3 BUrlG)[35] kommt der Tatsache, dass der gesetzliche Mindesturlaub nicht durch eine tarifliche Regelung gekürzt werden kann, eine neue Bedeutung zu, da bei einem aus personenbedingten Gründen ruhenden Arbeitsverhältnis (insbesondere im Fall einer Rente auf Zeit gem. § 33 Abs. 2 Satz 6 oder bei Erhalt von Arbeitslosengeld bei fortbestehender Arbeitsunfähigkeit nach Ablauf der Krankengeldzahlungen), ein Urlaubsanspruch ggf über mehrere Jahre akkumuliert werden kann.[36] Insoweit besteht kein Unterschied zwischen der Dauerarbeitsunfähigkeit und dem mehrjährigen Bezug einer Erwerbsunfähigkeitsrente.[37] Liegt kein personenbedingter Hinderungsgrund vor, den Urlaub im Laufe des Kalenderjahres in Anspruch zu nehmen, verfällt der Urlaub zum 31.12. des jeweiligen Jahres.[38]

27 **5. Anrechnung von bereits erhaltenem Urlaub bei Arbeitgeberwechsel.** Nach Abs. 2 bleibt es bei der in § 6 Abs. 1 BUrlG vorgesehenen Minderung bei einem vorangegangenen Beschäftigungsverhältnis, soweit der Urlaub bereits gewährt wurde. Nicht erfüllte Urlaubsansprüche sind nicht anzurechnen. Ein unmittelbares, ununterbrochenes Anschließen des Beschäftigungsverhältnisses an das vorhergehende ist nicht erforderlich. Die Kürzung gem. § 6 Abs. 1 BUrlG erfolgt mit dem Anteil von Zwölfteln, für den Doppelansprüche bestehen und darf höchstens den Anteil des Urlaubs erreichen, der nach dem neuen Arbeitsverhältnis auf diesen Zeitraum entfällt.[39]

---

34 LAG Niedersachsen v. 19.5.2005, 4 Sa 646/05; aA Rundschreiben des BMI v. 15.9.2005 – D II 2 – 220 770-1/18 mit der Auffassung, dass § 7 S. 2 TV ATZ nicht den Urlaubsanspruch, sondern nur die Urlaubsverteilung regele.
35 EuGH v. 20.1.2009, C-350/06 (Schultz-Hoff) und C-520/06 (Stringer), NZA 2009, 135, BAG v. 24.3.2009, 9 AZR 983/07, NZA 2009, 538.
36 Vorlagebeschluss des LAG Hamm v. 15.4.2010, 16 Sa 1176/09, ArbR 2010, 254 beim EuGH anhängig unter C-214/10 zur Frage des Ansammelns von Urlaubsansprüchen bei Erkrankung, Rente und Erwerbsminderung; weitergehend LAG Düsseldorf v. 31.3.2010, 12 Sa 1512/09, Rn 31, ArbR 2010, 248: nicht nur für den Fall einer Arbeitsunfähigkeit, sondern ganz allgemein für alle Fälle, in denen Arbeitnehmer tatsächlich nicht die Möglichkeit hatten, den Anspruch auszuüben, soll eine Befristung des Urlaubsanspruchs nicht mit EG-Recht vereinbar sein. Dann käme eine Akkumulation von Urlaubsansprüchen über mehrere Kalenderjahre ggf auch für die verschiedenen Konstellationen eines ruhenden Arbeitsverhältnisses in Betracht; LAG Düsseldorf v. 4.5.2011, 12 Sa 1832/10, ArbR 2011, 441, anhängig beim BAG unter 9 AZR 472/11, bejaht eine Anwendung der Verjährungsvorschriften.
37 LAG Schleswig-Holstein v. 16.12.2010, 4 Sa 209/10, BB 2011, 372, LAG Baden-Württemberg v. 29.4.2010, 11 Sa 64/09, ZTR 2010, 415; wird hingegen die Urlaubsregelung des TVöD nicht als eigenständig angesehen und die Ansicht vertreten, dass im Wege einer europarechtskonformen Auslegung auch der tarifliche Urlaub nicht aufgrund einer persönlichen Verhinderung gekürzt werden darf, würde für Zeiten des Ruhens des Arbeitsverhältnisses entgegen dem Wortlaut von Abs. 2c der volle tarifliche Urlaubsanspruch zustehen und sich ggf über mehrere Jahre akkumulieren.
38 LAG München v. 3.12.2009, 4 Sa 564/09, dbr 2011, Nr. 6, 41 Rn 26, 27 „minimalinvasiver Eingriff", Düwell dbr 2010, Nr. 11, 13, ErfK/Dörner, § 7 BUrlG Rn 391, 46a, aA LAG Düsseldorf v. 31.3.2010, 12 Sa 1512/09 mit Anmerkung Kamanabrou, SAE 2009, 121, 123.
39 Siehe zur Anrechnung im Einzelnen: Leinemann/Linck, Urlaubsrecht, § 6 BUrlG Rn 16 ff.

Beispiel: B hat im alten Arbeitsverhältnis, das bis 28.2. bestand, von 36 Arbeitstagen Gesamtjahresurlaubsanspruch bereits 4/12 = 12 Arbeitstage als Urlaub erhalten. Im neuen Arbeitsverhältnis erwirbt er ab 1.3. für das laufende Urlaubsjahr gem. Abs. 2 lit. b anteiligen Urlaub von 10/12 von 30 Arbeitstagen = 25 Arbeitstagen. Doppelansprüche sind für 2/12 des Jahres entstanden. 2/12 des neuen Urlaubsanspruchs entsprechen 5 Arbeitstagen Urlaub. Da B im alten Arbeitsverhältnis für diesen Zeitraum bereits 2/12 von 36 = 6 Tage Urlaub erhalten hat, ist ihm der Urlaub von 5 Tagen, der im neuen Arbeitsverhältnis 2/12 entspricht, abzuziehen.

Solange die oder der Beschäftigte, die nach § 6 Abs. 2 BUrlG auszustellende **Bescheinigung** über den vom früheren Arbeitgeber gewährten oder abgegoltenen Urlaub nicht vorlegt, kann der neue Arbeitgeber die Gewährung von Urlaub verweigern. § 8 Abs. 1 BUrlG gilt nur für den neuen Arbeitgeber und begründet keine Kürzungsbefugnis für den bisherigen Arbeitgeber.[40] Bestehen mehrere Arbeitsverhältnisse nebeneinander, entstehen die Urlaubsansprüche für jedes Arbeitsverhältnis unabhängig voneinander.

V. Geltendmachung des Urlaubs

Beschäftigte müssen gem. § 7 Abs. 1 S. 1 BUrlG gegenüber dem Arbeitgeber ihren Urlaubsanspruch geltend machen, damit dieser fällig und der Arbeitgeber zur Urlaubsgewährung verpflichtet wird. Ohne diese Mitwirkungshandlung der Beschäftigten tritt keine Fälligkeit ein, so dass der Arbeitgeber mit der Gewährung von Urlaub auch nicht in Verzug kommen kann. Die Geltendmachung kann **formlos** (zB mündlich oder schriftlich) erfolgen und gibt die Urlaubswünsche der oder des Beschäftigten gem. § 7 Abs. 1 S. 1 BUrlG wieder, die der Arbeitgeber bei der zeitlichen Festlegung des Urlaubs zu berücksichtigen hat. Allerdings macht es für die Beschäftigten Sinn, die Geltendmachung des Urlaubs als Urlaubsantrag schriftlich zu fixieren und den Zugang des Schreibens zu dokumentieren, weil die rechtzeitige Geltendmachung erforderlich ist, um einen Verfall des Urlaubsanspruchs gem. Abs. 2 a zu vermeiden (Rn 48). Beschäftigte haben einen Anspruch auf Urlaubserteilung, wenn sie den Urlaub geltend gemacht haben, aber **kein Recht zur Selbstbeurlaubung**.[41] Verweigert der Arbeitgeber die gewünschte Gewährung von Urlaub, muss die oder der betroffene Beschäftigte ggf gerichtlich vorgehen (s. Rn 52). Der Urlaub kann gem. Abs. 1 S. 6 in Teilen genommen werden. Allerdings darf die Aufteilung nur **tageweise** vorgenommen werden. Eine Aufteilung in Stunden ist unzulässig.[42]   28

Die Geltendmachung von Urlaub setzt voraus, dass eine **Verpflichtung zur Arbeitsleistung** besteht, von der eine Freistellung möglich ist. Urlaub kann deshalb nicht für Zeiten beansprucht werden, in denen Beschäftigte nicht zur Arbeitsleitung verpflichtet sind, oder diese wegen einer bestehenden Arbeitsunfähigkeit nicht erbringen können.[43] Bei begründeter Veranlassung kann der Arbeitgeber   29

---

40 BAG v. 28.2.1991, 8 AZR 196/90, NZA 1991, 944.
41 BAG v. 20.1.1994, 2 AZR 521/93, NZA 1994, 548;
 Achtung: BAG v. 16.3.2000, 2 AZR 75/99, NZA 2000, 1332: Die Selbstbeurlaubung stellt eine Verletzung der arbeitsvertraglichen Pflichten dar, die geeignet sein kann, eine Kündigung des Arbeitsverhältnisses zu rechtfertigen.
42 BAG v. 29.7.1965, 5 AZR 380, 64, DB 1965, 1524.
43 BAG v. 24.6.2003, 9 AZR 423/02, BB 2004, 276; LAG Köln v. 1.10.1998, 6 Sa 873/98, ZTR 99, 138.

in Streitfällen die oder den Beschäftigte gem. § 3 Abs. 4 verpflichten, ihre Arbeitsfähigkeit durch eine ärztliche Untersuchung nachzuweisen. Im Falle der Teilnahme an einem Streik muss die oder der Beschäftigte sich vorher zumindest vorübergehend zur Wiederaufnahme der Arbeit bereit erklären, um Urlaub beanspruchen zu können.[44] Der Umfang der Arbeitsverpflichtung ist nicht maßgebend.[45]

30 Unterbleibt eine rechtzeitige Geltendmachung, erlischt der Urlaub mit dem Ende des Kalenderjahres oder bei Vorliegen von Übertragungsgründen gem. Abs. 2a zum Ablauf der Übertragungsfristen (Rn 48). Eine Ausnahme hiervon besteht nur dann, wenn Beschäftigte aufgrund von Arbeitsunfähigkeit ihren Urlaub auch bis zum Ende der Übertragungsfrist nicht in Anspruch nehmen können. In diesem Fall kann der gesetzliche Mindesturlaub gem. § 7 der EU-Richtlinie 2003/88 nicht verfallen und wird zunächst in das folgende Urlaubsjahr übertragen.[46] Der Arbeitgeber kann bei bestehender Arbeitsfähigkeit auch ohne Urlaubsverlangen den Urlaub gewähren, wenn die oder der Betroffene nicht zeitnah einen anderen Urlaubswunsch äußert,[47] ist hierzu aber nicht verpflichtet.[48]

VI. Erfüllung des Urlaubsanspruchs durch den Arbeitgeber

31 **1. Berücksichtigung der Wünsche der Beschäftigten.** Der Arbeitgeber ist verpflichtet, Urlaub zu gewähren. Der Urlaub wird gewährt, indem er zeitlich konkret festgelegt wird. Hierin liegt eine **Willenserklärung** des Arbeitgebers, aus der für die Beschäftigten erkennbar sein muss, dass sie in Erfüllung der Pflicht zur Urlaubsgewährung von ihrer Arbeitspflicht befreit werden.[49] Die Gewährung von Urlaub kann aber auch durch konkludentes Verhalten erfolgen (§ 151 BGB). Dies kann beispielsweise der Fall sein, wenn die oder der Beschäftigte sich in eine Urlaubsliste einträgt und der Arbeitgeber dem geplanten Zeitraum nicht innerhalb einer angemessenen Zeit widerspricht.[50] Allerdings tritt die **Erfüllung** des Urlaubs erst ein, wenn mit der tatsächlichen Freistellung von der Arbeitsleistung und Zahlung der Urlaubsvergütung auch der Erfüllungserfolg eingetreten ist.[51] Die Gewährung des Urlaubs führt dazu, dass der Anspruch der Beschäftigten in dem entsprechenden Umfang erlischt (§ 362 Abs. 1 BGB). Eine nachträgliche Verrechnung mit Überstunden kommt daher nicht in Betracht.

32 Der Arbeitgeber hat gem. Abs. 2 iVm § 7 Abs. 1 S. 1 BUrlG die **Wünsche der Beschäftigten** für die zeitliche Lage des Urlaubs zu berücksichtigen. Er kann deshalb einen beantragten Urlaub nur dann versagen, wenn **dringende betriebliche Belange** oder die Urlaubswünsche anderer Beschäftigter der Urlaubsgewährung entgegenstehen. Die Entscheidung unterliegt nicht seinem billigen Ermessen gem. § 315 BGB.[52] Dringende betriebliche Belange können insbesondere für perso-

---

44 BAG v. 24.9.1996, 9 AZR 364/95, NZA 1997, 507.
45 BAG v. 13.2.1996, 9 AZR 79/95, NZA 1996, 1103.
46 EuGH v. 20.1.2009, C-350/06 (Schultz-Hoff) und C-520/06 (Stringer), NZA 2009, 135.
47 BAG v. 22.9.1992, 9 AZR 483/91, NZA 1993, 406.
48 BAG v. 23.6.1992, 9 AZR 57/91, AP Nr. 22 zu § 1 BUrlG.
49 BAG v. 31.5.1990, 8 AZR 132/89, NZA 1990, 935; BAG v. 9.8.1998, 9 AZR 43/97, NZA 1999, 80.
50 LAG Hessen v. 8.7.1996, 11 Sa 9666/95, ZTR 1997, 234: dies kann zur Folge haben, dass der Urlaubszeitraum bereits so festgelegt ist oder, dass der Arbeitgeber bei einem nachfolgenden förmlichen Urlaubsantrag in seiner Entscheidung gebunden ist.
51 BAG v. 21.1.1997, 9 AZR 791/95, NZA 1997, 889.
52 BAG v. 22.9.1992, 9 AZR 483/91, NZA 1993, 406.

nalintensive Zeiten (Saisonbetrieb), Personalausfall oder ähnliches geltend gemacht werden. **Urlaubswünsche anderer Beschäftigter** können bei einer notwendigen Verteilung des Urlaubs der Mitarbeiter auf das Kalenderjahr der Urlaubsgewährung entgegenstehen, wenn die anderen Mitarbeiter unter sozialen Gesichtspunkten vorrangig zu berücksichtigen sind. Hier kommen insbesondere die Schulferien bei schulpflichtigen Kindern, Urlaubsplanung des Partners oder eine besondere Erholungsbedürftigkeit in Betracht.[53] Liegen diese Voraussetzungen vor, hat der Arbeitgeber ein vorübergehendes **Leistungsverweigerungsrecht**, so dass er die Gewährung von Urlaub versagen kann. Das Leistungsverweigerungsrecht ist ausgeschlossen, wenn Beschäftigte gem. § 7 Abs. 1 S. 2 BUrlG im Anschluss an eine ärztlich verordnete Maßnahme der medizinischen Vorsorge oder Rehabilitation Urlaub verlangen. Für Berufsschüler soll gem. § 19 Abs. 3 JArbSchG der Urlaub in der Zeit der Berufsschulferien gewährt werden.

Die Beschäftigten sind für die Gewährung von Urlaub auf eine Festlegung durch den Arbeitgeber angewiesen. Sie haben auch dann **kein Recht zur Selbstbeurlaubung**, wenn der Arbeitgeber die Gewährung von Urlaub ohne einen gem. § 7 Abs. 1 BUrlG erforderlichen Grund abgelehnt hat.[54] Die Selbstbeurlaubung stellt in jedem Fall eine Verletzung der arbeitsvertraglichen Pflichten dar und ist – ggf nach Ausspruch einer Abmahnung – geeignet, die Kündigung des Arbeitsverhältnisses zu rechtfertigen.[55] Zu den Möglichkeiten einer gerichtlichen Geltendmachung der Urlaubsgewährung s. Rn 57. 33

2. Möglichkeit zur einseitigen Festlegung des Urlaubs. Nur dann, wenn kein erfüllbarer Urlaubswunsch vorliegt und eine einvernehmliche Regelung nicht zustande kommt, kann der Arbeitgeber den Urlaub i.R. seines Direktionsrechts nach billigem Ermessen gem. § 315 BGB **einseitig** festlegen. Dies kann insbesondere der Fall sein, wenn es keine andere Möglichkeit zur Urlaubsgewährung mehr gibt, wie zB bei der Gewährung von Urlaub während des Laufs einer Kündigungsfrist. In diesem Fall kann der Arbeitgeber den Urlaub auch entgegen dem Wunsch der oder des Beschäftigten festlegen.[56] War der Urlaub für einen Zeitraum nach Ablauf der Kündigungsfrist bereits festgelegt, kann eine wirksame Neufestlegung nur erfolgen, wenn die Kündigung das Arbeitsverhältnis wirksam beendet.[57] Etwas anderes gilt dann, wenn die Neufestlegung für die oder den betroffene Beschäftigte beispielsweise wegen einer bereits fest geplanten Urlaubsreise unzumutbar ist.[58] Auch dann, wenn Beschäftigte keine Urlaubswünsche anmelden, kann der Arbeitgeber den Urlaubszeitraum einseitig festlegen. Wird die Festlegung akzeptiert, erlischt dadurch der Urlaubsanspruch.[59] 34

Der Arbeitgeber hat die Möglichkeit, Beschäftigte, die in den Schulferien nicht tätig werden können (Lehrer, Hausmeister, Reinigungskräfte) dazu zu verpflich- 35

---

53 Leinemann/Linck, Urlaubsrecht, § 7 BUrlG, Rn 31.
54 BAG v. 22.1.1998, 2 ABR 19/97, NZA 1998, 708.
55 BAG v. 16.3.2000, 2 AZR 75/99, NZA 2000, 1332.
56 BAG v. 1.12.1983, 6 AZR 299/80, NZA 1984, 194; BAG v. 18.12.1986, 8 AZR 502/84, NZA 1987, 379.
57 BAG v. 10.1.1974, 5 AZR 208/73, DB 1974, 1023.
58 BAG v. 10.1.1974, 5 AZR 208/73, DB 1974, 1023.
59 BAG v. 22.9.1992, 9 AZR 483/91, NZA 1993, 406 für den Fall, dass der Arbeitnehmer nicht umgehend einen anderweitigen Urlaubswunsch äußert; BAG 19.9.2000, 9 AZR 504/99, NZA 2002, 221.

ten, in diesem Zeitraum ihren Urlaub zu nehmen.[60] Außerdem kann der Arbeitgeber durch die Einführung von **Betriebsurlaub** den Urlaub einheitlich für alle Arbeitnehmer festlegen, solange er sich in einem zulässigen Rahmen bewegt.[61] Hierbei ist die Mitbestimmung des Betriebsrats (§ 87 Abs. 1 Ziff. 4 BetrVG) oder Personalrats zu beachten (§ 87 Abs. 1 Ziff. 5 BPersVG).

36 **3. Rechtsfolge der zeitlichen Festlegung des Urlaubs.** Hat der Arbeitgeber mit dem Zugang der entsprechenden Willenserklärung beim Beschäftigten den Urlaub zeitlich festgelegt, kann er seine Erklärung nicht einseitig wieder zurücknehmen, soweit kein Grund zur Anfechtung gem. §§ 119, 123 BGB besteht. Ein Widderruf des Urlaubs oder ein Rückruf der oder des Beschäftigten aus dem Urlaub sind grundsätzlich ausgeschlossen, es sei denn, dass unvorhersehbare Ereignisse und Notfälle gem. § 242 BGB ausnahmsweise eine Verpflichtung der Beschäftigten aufgrund arbeitsvertraglicher Rücksichtnahme begründen.[62] Verlangt der Arbeitgeber dennoch die Erbringung der Arbeitsleistung, sind Beschäftigte nicht verpflichtet, dem Verlangen nachzukommen. Darüber hinaus können sie sich wegen der gesetzlichen und tariflichen Unabdingbarkeit des Mindesturlaubs auch nicht wirksam darauf verpflichten, ihren Urlaub trotz Urlaubsgewährung auf Wunsch des Arbeitgebers abzubrechen oder zu unterbrechen.[63] Auch die Beschäftigten können nach der wunschgemäßen Festlegung der Urlaubszeit keine Änderung mehr verlangen. Eine nachträgliche einvernehmliche Änderung ist jederzeit zulässig. Erfolgt die **einvernehmliche Änderung** auf Wunsch des Arbeitgebers, muss dieser eventuelle Kosten der oder des Beschäftigten für eine Änderung der Urlaubsplanung gem. § 670 BGB ersetzen.

37 **4. Unmöglichkeit der Urlaubsgewährung zum festgelegten Termin. a) Arbeitsunfähigkeit während eines festgelegten Urlaubs.** Urlaub und Arbeitsunfähigkeit schließen sich gegenseitig aus. Dies entspricht dem Grundsatz, dass Urlaub nur dann gewährt werden kann, wenn eine Verpflichtung zur Arbeitsleistung besteht, von der eine Freistellung möglich ist.[64] Erkrankt ein/e Beschäftigte im Urlaub oder bereits vor Beginn des festgelegten Urlaubs verschuldet oder unverschuldet, wird die Erfüllung des Urlaubsanspruchs zum festgelegten Termin unmöglich. In diesem Fall werden die Urlaubstage nicht verbraucht. Vielmehr ist der Urlaub neu festzulegen.[65] Gem. Abs. 2 iVm § 9 BUrlG werden bei einer Erkrankung während des Urlaubs nur die Tage, für die eine Arbeitsunfähigkeit durch ärztliches Zeugnis nachgewiesen ist, nicht auf den Jahresurlaub angerechnet. Bei einer Erkrankung vor dem Urlaubsbeginn reicht die Mitteilung von der Krankheit.[66] Bei einer Arbeitsunfähigkeit im Ausland gilt gem. § 5 Abs. 2 EFZG die Pflicht, nicht nur die Arbeitsunfähigkeit und deren voraussichtliche Dauer, sondern auch eine Urlaubsadresse mitzuteilen. Der Urlaub, der nicht an-

---

60 BAG v. 13.2.1996, 9 AZR 79/95, NZA 1996, 1103.
61 BAG v. 28.7.1981, 1 ABR 79/79, DB 1981, 2621.
62 Leinemann/Linck, Urlaubsrecht, § 7 Rn 37 ff.
63 So für den gesetzlichen Mindesturlaub BAG v. 20.6.2000, 9 AZR 405/99, NZA 2001, 100: eine entsprechende arbeitsvertragliche Vereinbarung ist unwirksam.
64 BAG v. 24.6.2003, 9 AZR 423/02, BB 2004, 276; BAG v. 13.11.1986, 6 Sa 873/98, ZTR 1999, 128.
65 Die bisherige – restriktive – Regelung in den Vorgängertarifverträgen (zB § 47 Abs. 6 Unterabs. 2 BAT), dass bei einer Erkrankung während des Urlaubs die nachgewiesenen Krankheitstage nur bei „unverzüglicher Anzeige" der Erkrankung nicht angerechnet werden, ist entfallen!
66 Neumann/Fenski, § 9 BUrlG, Rn 4.

getreten werden kann, bleibt erhalten und ist neu festzusetzen ist.[67] Beschäftigte dürfen den festgesetzten Urlaub nicht eigenmächtig um die Krankheitszeiten verlängern. Ebenso wenig kann der Arbeitgeber verlangen, dass die oder der Beschäftigte die restlichen Urlaubstage in Anspruch nimmt, wenn eine Wiederherstellung der Arbeitsfähigkeit vor Ablauf der geplanten Urlaubszeit erfolgt, Diese Zeiten sind deshalb ebenfalls nicht auf den Jahresurlaub anzurechnen und erneut als Urlaub festzusetzen.[68] Für den Anspruch auf Nachgewährung des Urlaubs kommt es nicht darauf an, ob die durch Krankheit bedingte Arbeitsunfähigkeit den Erholungszweck des Urlaubs vereitelt hat.[69]

b) Wegfall der Verpflichtung zur Arbeitsleistung aus persönlichen Gründen. Sind Beschäftigte aus sonstigen in ihrer Person liegenden Gründen zum festgelegten Urlaubstermin oder während des Urlaubs zB durch familiäre Ereignisse an der Arbeitsleistung verhindert, geht die Rechtsprechung von einer für den Arbeitgeber unverschuldeten Unmöglichkeit der Urlaubsgewährung aus, die dazu führt, dass der Arbeitgeber gem. § 275 BGB von der Verpflichtung von der Urlaubsgewährung frei wird. Solche urlaubsstörenden Ereignisse werden dem **Risikobereich der Beschäftigten** zugerechnet.[70] Der Urlaub ist dementsprechend auch nicht für solche Tage neu festzusetzen, für die ein tariflicher Anspruch auf Dienstbefreiung nach § 29 bestand. 38

Diesen Grundsätzen entsprechend hatte das BAG entschieden, dass ein **Beschäftigungsverbot**, das nach bereits erfolgter Gewährung von Urlaub für den gleichen Zeitraum ausgesprochen wird, die Erfüllung des Urlaubsanspruchs nicht hindert[71] Diese Rechtsprechung ist durch die Neufassung von § 17 Abs. 1 MuSchG[72] überholt, weil es nach dem Gesetzestext nicht darauf ankommt, ob der Urlaub bereits festgelegt war, sondern nur noch darauf, ob die Beschäftigte ihren Urlaub erhalten hat, er also tatsächlich genommen werden konnte. Nur in diesem Fall ist der Urlaubsanspruch erfüllt und insoweit erloschen. 39

5. Freistellung von der Arbeit als Urlaubsgewährung. Stellt der Arbeitgeber Beschäftigte von der Arbeit frei, liegt hierin nur dann eine Gewährung von Urlaub, wenn er dies ausdrücklich erklärt oder seine Absicht eindeutig erkennbar ist. Erfolgt eine Freistellung „unter Anrechnung bestehender Urlaubsansprüche", ist regelmäßig davon auszugehen, dass der Arbeitgeber den betroffenen Beschäftigten die zeitliche Festlegung des Urlaubs überlassen möchte, so dass es einer näheren zeitlichen Bestimmung des Urlaubs nicht mehr bedarf.[73] Eine Freistellung unter Anrechnung der Urlaubstage bis zum Ablauf der Kündigungsfrist ist problematisch, wenn sich die ausgesprochene Kündigung als rechtsunwirksam erweist, weil dann für Beschäftigte nicht erkennbar ist, ob der Arbeitgeber mit der Freistellung den vollen Jahresurlaub oder lediglich den Teilanspruch bis zum 40

---

67 BAG v. 10.2.1987, 8 AZR 529/84, NZA 1987, 675; BAG v. 9.6.1988, 8 AZR 755/85, NZA 1989, 137; BAG v. 29.7.2003, 9 AZR 270/02, NZA 2004, 385.
68 Neumann/Fenski, § 9 BUrlG, Rn 4.
69 Röller in Küttner, Urlaubsgewährung 427, Rn 18; aA Neumann/Fenski BUrlG, § 9, Rn 7 mwN.
70 BAG v. 11.1.1966, 5 AZR 383/65, DB 1966, 1275; BAG v. 9.8.1994, 9 AZR 384/92, NZA 1995, 174.
71 BAG v. 9.8.1994, 9 AZR 384/92, NZA 1995, 174 zum Beschäftigungsverbot in der Schwangerschaft vor der Neuregelung von § 17 MuSchG.
72 Zweites Gesetz zur Änderung des MuSchG vom 16.6.2002, BGBl. I, 1812.
73 BAG v. 6.9.2006, 5 AZR 703/05, NZA 2007, 36.

Ablauf der Kündigungsfrist erfüllen wollte.[74] Im Zweifel erfolgt keine Anrechnung auf den Urlaub, so dass der Urlaubsanspruch auch bei einer Freistellung von der Arbeitsleistung bis zur Beendigung des Arbeitsverhältnisses abzugelten ist.[75] Bei einer unwiderruflichen Freistellung von der Arbeitspflicht, ist regelmäßig erkennbar, dass hierdurch gleichzeitig der Urlaubsanspruch erfüllt werden soll.[76] Der Urlaubsanspruch bleibt als unabdingbarer Anspruch ebenfalls erhalten, wenn die Freistellung in einem Aufhebungsvertrag erfolgt, der gleichzeitig eine Abgeltungsklausel enthält.[77] Kann der Arbeitgeber einer Beschäftigten wegen eines gem. § 4 MuSchG bestehenden Beschäftigungsverbots keine adäquate Arbeit anbieten und stellt sie deswegen von der Arbeitsleistung frei, liegt auch in dieser Erklärung noch keine Urlaubsgewährung.[78]

41 **6. Verbot der Erwerbstätigkeit im Urlaub.** Während eines gewährten Urlaubs ist gem. Abs. 2 iVm § 8 BUrlG die Ausübung einer Erwerbstätigkeit, die dem Erholungszweck widerspricht, verboten. Gleichwohl erfüllt der Arbeitgeber durch die Gewährung von Urlaub den Urlaubsanspruch auch dann, wenn Beschäftigte gegen dieses Verbot verstoßen, so dass eine Rückforderung des Urlaubsentgelts wegen der verbotswidrigen Erwerbstätigkeit ausscheidet.[79] In einem Verstoß gegen das Erwerbstätigkeitsverbot liegt gleichzeitig ein Verstoß gegen die arbeitsvertraglichen Pflichten, der den Arbeitgeber zum Ausspruch einer Abmahnung und im Wiederholungsfall zu einer Kündigung berechtigen kann.

VII. Übertragung bzw Verfall des Urlaubs

42 **1. Befristung und Teilbarkeit des Urlaubs.** Der Erholungsurlaub ist gem. Abs. 1 S. 6, Abs. 2 a und § 7 Abs. 3 S. 1 BUrlG grundsätzlich im laufenden Kalenderjahr zu gewähren und zu nehmen. Die **Befristung** des Urlaubs betrifft zum einen die Verpflichtung des Arbeitgebers, den Urlaub innerhalb des Kalenderjahres zu gewähren. Der Arbeitgeber kann deshalb den Urlaub nicht von sich aus in das Folgejahr übertragen. Zum anderen bedeutet sie eine Verpflichtung für die Beschäftigten, den Urlaub grundsätzlich bis zum 31.12. eines Jahres zu nehmen, also den Urlaub dementsprechend so rechtzeitig zu verlangen und anzutreten, dass eine Erfüllung bis zu diesem Zeitpunkt möglich ist.[80] Die Ausschlussfrist des § 37 TVöD findet keine Anwendung, da das Urlaubsrecht mit den hier geltenden Befristungen eine vorrangige Sonderregelung darstellt.

43 Abweichend vom bisherigen Grundsatz der zusammenhängenden Urlaubsgewährung, enthält der TVöD nur noch eine Soll-Regelung, lässt aber eine **Teilung des Urlaubs** grundsätzlich zu. Dabei soll mit Blick auf den Erholungszweck ein Urlaubsanteil von jedenfalls zweiwöchiger Dauer angestrebt werden (Abs. 1 Satz 6 iVm der diesbezüglichen Protokollerklärung). Dies entspricht de Regelung in § 7 Abs. 2 S. 2 BUrlG.

44 **2. Voraussetzungen der Übertragung des Urlaubs in das nächste Kalenderjahr.** Eine Übertragung ist ausschließlich unter den **Voraussetzungen des** § 7

---

74 BAG v. 17.5.2011, 9 AZR 189/10, NZA 2011, 1033.
75 BAG v. 31.5.1990, 8 AZR 132/89, NZA 1990, 935.
76 BAG v. 14.3.2006, 9 AZR 11/05, NZA 2006, 1008.
77 BAG v. 9.6.1998, 9 AZR 43/97, NZA 1999, 80.
78 BAG v. 25.1.1994, 9 AZR 312/92, NZA 1994, 652.
79 BAG v. 25.2.1988, 8 AZR 596/85, NZA 1988, 607.
80 Breier/Dassau/Kiefer/Lang/Langenbrinck, TVöD, § 26 Rn 109.

Abs. 3 BUrlG möglich und nur dann statthaft, wenn dringende betriebliche oder in der Person der oder des Beschäftigten liegende Gründe dies rechtfertigen. Dringende betriebliche Belange (personalintensive Zeiten, Saisonbetrieb, Personalausfall) sind solche, die den Arbeitgeber nach § 7 Abs. 1 BUrlG berechtigen, die Gewährung von Urlaub zu verweigern. Persönliche Gründe liegen zB in der Arbeitsunfähigkeit der oder des Beschäftigten, der Erkrankung eines in demselben Haushalt lebenden Angehörigen oder in sonstigen sachlichen Gründen in der Person der Beschäftigten, die einer Erfüllung des Erholungszwecks entgegenstehen.[81]

Die Übertragung des Urlaubs ist **formlos**. Einer Handlung der Beschäftigten oder des Arbeitgebers bedarf es nicht. Vielmehr vollzieht sich die Übertragung bei Vorliegen der Gründe von selbst.[82] Entsteht wegen einer Neueinstellung im Urlaubsjahr nur ein Teilurlaubsanspruch gem. § 5 Abs. 1a BUrlG, ist gem. § 7 Abs. 3 S. 3 BUrlG der Urlaub auf Verlangen der oder des Beschäftigten auf das gesamte Folgejahr zu übertragen. Dazu reicht jede Handlung eines Beschäftigten aus, die dem Arbeitgeber deutlich macht, dass er den Teilurlaub erst im nächsten Jahr nehmen möchte. Bei einem bloßen Verzicht auf einen rechtzeitigen Urlaubsantrag im Urlaubsjahr ist dies noch nicht der Fall.[83] Fehlt es an diesen Voraussetzungen, verfällt der Urlaubsanspruch ganz oder teilweise bereits mit dem 31.12. des Urlaubsjahres. 45

Beispiel: B ist das ganze Kalenderjahr bis zum 15.12. arbeitsunfähig erkrankt. Sie macht nach ihrer Gesundung für das laufende Jahr keinen Urlaub geltend. Im März des Folgejahres verlangt sie ihren vollen Urlaubsanspruch des Vorjahres. Der Anspruch besteht hier nur noch für den Teil des Urlaubs, den B im Zeitraum vom 16.12. bis 31.12.2006 nicht mehr hätte einbringen können. Nur diese Urlaubstage wurden auf das Folgejahr übertragen und können von ihr noch beansprucht werden.

3. Übertragungsfrist des Abs. 2 a. Liegen die Übertragungsvoraussetzungen gem. § 7 Abs. 3 BUrlG vor, regelt – abweichend vom BUrlG – Abs. 2 lit. a die weiteren Verfallfristen. Der Urlaub muss danach bei einer Übertragung bis zum 31.3. des Folgejahres, bzw für den Fall, dass dies wegen einer bestehenden Arbeitsunfähigkeit oder aus betrieblichen/dienstlichen Gründen nicht möglich ist, bis zum 31.5. des Folgejahres **angetreten werden**, kann also noch in den Folgemonat hineinreichen. Die Regelung enthält eine Vergünstigung gegenüber den gesetzlichen Vorschriften, da gem. § 7 Abs. 3 BUrlG der Urlaub im Übertragungsfall bis zum 31.3. vollständig genommen sein muss. 46

4. Übertarifliche Übertragungsfrist für Angestellte des Bundes. Zugunsten der Beschäftigten des Bundes, die unter den Anwendungsbereich des TVöD fallen, gelten derzeit entsprechend einem Rundschreiben des BMI[84] von Abs. 2 a abweichende, großzügigere Übertragungsfristen. Der Urlaub kann danach, wie bei den Beamten, bis zum 30.9. des Folgejahres genommen, dh so angetreten werden, dass er bis Ende September eines Jahres eingebracht ist. Die Regelung ist jederzeit widerruflich. 47

---

81 Neumann/Fenski, § 7, Rn 84; Leinemann/Linck, § 7 Rn 120.
82 BAG v. 9.8.1994, 9 AZR 384/92, NZA 1995, 174.
83 BAG v. 29.7.2003, 9 AZR 270/02, NZA 2004, 385.
84 Rundschreiben des BMI v. 25.1.2006 – D II 2 – 220 210-2/26, GMBl. S. 240.

48 **5. Verfall des Urlaubs.** Wird der Urlaub nicht rechtzeitig im Kalenderjahr genommen oder innerhalb der Übertragungszeiträume angetreten, verfällt der Anspruch ersatzlos. Hat die oder der Beschäftigte den Arbeitgeber rechtzeitig mit der Gewährung des Urlaubs in Verzug gesetzt, ihn also vergeblich geltend gemacht (Rn 28), entsteht ein Urlaubsersatzanspruch (im Einzelnen: Rn 51). Anders liegt der Sachverhalt, wenn Beschäftigte aufgrund von **fortdauernder Arbeitsunfähigkeit** ihren Urlaub auch bis zum Ende der Übertragungsfrist nicht in Anspruch nehmen können. In diesem Fall kann der gesetzliche Mindesturlaub von 4 Wochen (§ 3 BUrlG) gem. § 7 der EU-Richtlinie 2003/88 nicht verfallen und wird aufgrund einer richtlinienkonformen Auslegung von § 7 Abs. 3 BUrlG in das nächste Kalenderjahr übertragen.[85] Etwas anderes gilt für den tariflichen Mehrurlaub: dieser verfällt auch bei Vorliegen einer fortdauernden Arbeitsunfähigkeit zum 31.5. des Folgejahres.[86] Bei Wiederaufnahme der Arbeit muss der wegen Krankheit übertragene Urlaubsanspruch bis zum Ablauf des tariflichen Übertragungszeitraums (spätestens 31. Mai des Folgejahres) genommen werden oder verfällt.[87] Keine Anwendung findet die neue Rechtsprechung, wenn vor Ablauf des Übertragungszeitraums die Arbeitsfähigkeit wieder eintritt und die Möglichkeit besteht, den Urlaub in Anspruch zu nehmen.[88]

Beispiel: G ist vom 15.10. eines Jahres bis 15.9. des Folgejahres arbeitsunfähig erkrankt und hatte für das Vorjahr noch keinen Urlaub genommen. Der Urlaubsanspruch wird in diesem Fall in voller Höhe in das Folgejahr übertragen und muss genauso wie der laufende Urlaub bis 31.12. bzw bei Vorliegen weiterer Übertragungsgründe bis spätestens 31.5. des auf die Genesung folgenden Kalenderjahres angetreten werden.

Die Rechtsprechung des EuGH lässt noch viele Fragen offen. Insbesondere ist unklar, ob eine richtlinienkonforme Auslegung nur in Fällen einer Arbeitsunfähigkeit geboten ist,[89] oder für alle Fälle, in denen Beschäftigte tatsächlich nicht die Möglichkeit hatten, ihren Urlaub in Anspruch zu nehmen.[90] Da auch in einem ruhenden Arbeitsverhältnis grundsätzlich ein Urlaubsanspruch entsteht,[91] stellt sich die Frage der Akkumulation von Urlaubsansprüchen ggf über mehrere Jahre nicht nur im Fall einer Erkrankung, sondern auch für die verschiedenen

---

85 EuGH vom 20.1.2009, C-350/06 (Schultz-Hoff) und C-520/06 (Stringer), NZA 2009, 135, BAG v. 24.3.2009, 9 AZR 983/07, NZA 2009, 538.
86 BAG 22.5.2012, 9 AZR 575/10.
87 BAG v. 9.8.2011, 9 AZR 425/10.
88 BAG v. 9.8.2011, 9 AZR 425/10.
89 So LAG München v. 3.12.2009, 4 Sa 564/09, dbr 2011, Nr. 6, 41 Rn 26, 27 „minimalinvasiver Eingriff", Düwell dbr 2010, Nr. 11, 13, ErfK/Dörner, § 7 BUrlG Rn 391, 46a, Fieberg: Urlaubsanspruch bei ruhendem Arbeitsverhältnis, NZA 2009, 929 (933).
90 So LAG Düsseldorf v. 31.3.2010, 12 Sa 1512/09, Rn 31, ArbR 2010, 248.
91 BAG v. 30.7.1986, 8 AZR 475/84, NZA 1987, 13; BAG v. 26.5.1988, 8 AZR 774/85, NZA 1989, 362, BAG v. 15.12.2009, 9 AZR 795/08, NZA 2010, 728; LAG Schleswig-Holstein v. 16.12.2010, 4 Sa 209/10, BB 2011, 372, LAG Baden-Württemberg v. 29.4.2010, 11 Sa 64/09, ZTR 2010, 415, aA LAG Düsseldorf v. 1.10.2010, 9 Sa 1541/09, ArbuR 2011, 128, und v. 5.5.2010, 7 Sa 1571/09, NZA-RR 2010, 568: Kein Urlaubsanspruch im ruhenden Arbeitsverhältnis.

Konstellationen eines Ruhens.[92] Der Arbeitgeber kann sich in solchen Fällen nicht auf Rechtsmissbrauch berufen. Beschäftigte sind nicht nach § 242 BGB verpflichtet, das Arbeitsverhältnis selbst zu kündigen, wenn feststeht, dass sie die vertraglich geschuldete Arbeitsleistung keinesfalls mehr erbringen können oder wollen.[93] Jedenfalls ist nach der Rechtsprechung des EuGH im Falle einer Beendigung des Arbeitsverhältnisses der Urlaub auch dann abzugelten, wenn die Arbeitsunfähigkeit fortbesteht.[94] Nach der Genesung unterliegt der über den Übertragungszeitraum hinaus übertragene Urlaub den allgemeinen Regeln zur Befristung gleich dem im laufenden Kalenderjahr entstehenden Urlaubsanspruch.[95] Vertragliche oder tarifliche Ausschlussfristen gelten nicht.[96]

Für den tariflichen Urlaub, der über den gesetzlichen Mindesturlaub hinaus geht, gilt die EU-Richtlinie 2003/88 nicht. Die Tarifvertragsparteien sind befugt, den übergesetzlichen tariflichen Mehrurlaub frei zu regeln. Durch Auslegung der tariflichen Bestimmungen ist zu ermitteln, ob der Tarifvertrag eigenständige Regelungen trifft.[97] Die Voraussetzung einer deutlichen Unterscheidung von gesetzlichen und übergesetzlichen Ansprüchen[98] ist gegeben. Die Urlaubsregelungen des TVöD stellen ein vom Gesetzesrecht abweichendes eigenständiges Urlaubsregime dar mit der Folge, dass die tariflichen Ansprüche nicht automatisch den Regeln folgen, die für den gesetzlichen Mindesturlaub gelten.[99] Ist ein Teil des Jahresurlaubs vor der Erkrankung bereits eingebracht worden, ist gem. § 366 Abs. 2 BGB davon auszugehen, dass es sich hierbei um den unverfallbaren gesetzlichen Urlaub gehandelt hat. Für den Arbeitgeber empfiehlt es sich, bei Urlaubsgewährung gem. § 366 Abs. 1 BGB eine Leistungsbestimmung vorzunehmen.[100]

49

6. Sonderregelung für Mutterschutz und Elternzeit. § 17 Abs. 2 BErzGG und § 17 Abs. 2 BEEG sehen für den Fall der Inanspruchnahme von **Elternzeit** vor, dass ein zum Zeitpunkt des Antritts der Elternzeit bestehender Urlaubsanspruch nach dem Ende der Elternzeit noch im laufenden oder im nächsten Urlaubsjahr zu gewähren und zu nehmen ist. **§ 17 Abs. 1 MuSchG** sieht eine entsprechende Regelung für Beschäftigte vor, die wegen eines **Beschäftigungsverbots** während der Schwangerschaft den ihnen zustehenden Urlaub nicht oder nicht vollständig erhalten haben. Die Übertragung vollzieht sich kraft Gesetzes, also automatisch

50

---

92 S. hierzu im Einzelnen Rn 22, Vorlagebeschluss des LAG Hamm v. 15.4.2010, 16 Sa 1176/09, ArbR 2010, 254 beim EuGH anhängig unter C-214/10 zur Frage des Ansammelns von Urlaubsansprüchen bei Erkrankung, Rente und Erwerbsminderung, LAG Düsseldorf v. 4.5.2011, 12 Sa 1832/10, ArbR 2011, 441, anhängig beim BAG unter 9 AZR 472/11, bejaht eine Anwendung der Verjährungsvorschriften.
93 LAG Niedersachsen v. 17.12.2010, 16 Sa 297/10, ArbRB 2011, 140.
94 Im Fall Schultz-Hoff (EuGH v. 20.1.2009, C-350/06, NZA 2009, 135) bestand bei Ausscheiden des Klägers unbefristete Erwerbsunfähigkeit mit Rentenbezug.
95 BAG v. 9.8.2011, 9 AZR 425/10.
96 ErfK/Dörner/Gallner, BUrlG, § 13 Rn 13 f. und 22; Gaul/Bonanni/Ludwig DB 2009, 1013, 1014.
97 BAG v. 12.4.2011, 9 AZR 80/10, NZA 2011, 1050.
98 BAG v. 23.3.2010, 9 AZR 128/09, NZA 2010, 810.
99 BAG v. 22.5.2012, 9 AZR 575/10; LAG Nürnberg v. 6.9.2011, 6 Sa 366/11, ZTR 2011, 735; LAG Rheinland-Pfalz v. 19.8.2010, 10 Sa 244/10, ZTR 2011, 98, LAG Düsseldorf v. 20.1.2011, 11 Sa 1493/10, ZTR 2011, 377; aA LAG München v. 29.7.2010, 3 Sa 217/10; LAG Hamm: Urteil vom 24.2.2011, 16 Sa 727/10, mit zustimmender Entscheidungsbesprechung Kunert in: öst 2011, 139.
100 ErfK/Dörner/Gallner, § 7 BUrlG, Rn 39 n.

ohne Antrag.[101] Die tariflichen Übertragungsfristen nach Abs. 2 lit. a finden wegen der gesetzlichen Sonderregelung keine Anwendung. Eine Nachgewährung ist jedoch nicht möglich, wenn der übertragene Erholungsurlaub aus dem Vorjahr vor Beginn der Elternzeit nicht mehr erfüllbar war.

Beispiel:[102] Eine Angestellte des Bundes kann bis zur Geburt ihres Kindes am 18. August 2008 ihren aus dem Urlaubsjahr 2007 übertragenen Erholungsurlaub wegen anhaltender Arbeitsunfähigkeit infolge Krankheit und wegen der Mutterschutzfrist nach § 3 Abs. 2 MuSchG nicht nehmen. Im Anschluss an die Mutterschutzfrist nach § 6 Abs. 1 MuSchG, die am 12. Oktober 2008 endet, nimmt sie ab 13. Oktober 2008 Elternzeit. Eine Übertragung des restlichen Erholungsurlaubs aus dem Urlaubsjahr 2007, der vor Beginn der Elternzeit nicht gewährt werden konnte, findet nach § 17 Abs. 2 BEEG nicht statt. Eine Nachgewährung nach dem Ende der Elternzeit ist nur für den nicht erhaltenen Urlaub aus dem Jahr 2008 möglich. Der restliche Erholungsurlaub aus dem Jahr 2007 ist bereits mit Ablauf des 30. September 2008 (Ende der übertariflichen Übertragungsfrist)[103] verfallen.

Diese Grundsätze gelten nicht, wenn während der Elternzeit eine elterngeldunschädliche Teilzeitbeschäftigung beim eigenen Arbeitgeber ausgeübt wird, weil in diesen Fällen Teilzeitbeschäftigte auch während der Elternzeit durch Urlaub von der reduzierten Arbeitsverpflichtung freigestellt werden können.

VIII. Ersatzanspruch bei erfolgloser Geltendmachung des Urlaubs

51 Kommt der Arbeitgeber durch den Antrag der oder des Beschäftigen auf Gewährung von Urlaub mit seiner Verpflichtung in Verzug und wird der Urlaub nicht rechtzeitig vor Ablauf der Übertragungsfristen gewährt (Rn 42 ff), wird die Erfüllung des Anspruchs unmöglich. Nach ständiger Rechtsprechung wandelt sich in diesem Falle der Urlaubsanspruch in einen **Schadensersatzanspruch** um, der sich als Urlaubsersatzanspruch **auf Freistellung von der Arbeit** in gleichem Umfang richtet, wie die Gewährung von Urlaub unmöglich geworden ist (§ 275 Abs. 1, Abs. 4, § 280 Abs. 1, § 283 S. 1, § 286 Abs. 1 S. 1, § 249 Abs. 1 BGB).[104] Für diesen Freistellungsanspruch gilt dann die regelmäßige dreijährige Verjährungsfrist des § 195 BGB.[105] Durch die rechtzeitige Geltendmachung des Urlaubs wird die erste Stufe einer tariflichen Ausschlussfrist auch für die Geltendmachung der erst nach Ablauf des Urlaubsjahres bzw des Übertragungszeitraumes entstehenden Schadensersatzansprüche gewahrt.[106] Kann eine Freistellung von der Arbeit wegen Beendigung des Arbeitsverhältnisses nicht mehr erfolgen, ist der Schadensersatz in Geld zu leisten.

---

101 BAG v. 23.4.1996, 9 AZR 165/95, NZA 1997, 44.
102 Beispiel aus den Durchführungshinweisen des BMI zum BEEG vom 10.7.2007 – D II 2 – 220 223-5/11.
103 Rundschreiben des BMI vom 25.1.2006 – D II 2 – 220 210-2/26, [GMBl. S. 240] zur außertariflichen, jederzeit widerruflichen Übertragung des Resturlaubs für Angestellte des Bundes bis zum 30.9. des Folgejahres.
104 BAG v. 21.2.1995, 9 AZR 166/94, NZA 1995, 839.
105 BAG v. 14.4.2006, 9 AZR 523/05, NZA 2007, 56.
106 BAG v. 16.3.1999, 9 AZR 428/98, ZTR 1999, 474.

IX. Urlaubsabgeltung

Kann der Urlaub wegen der Beendigung des Arbeitsverhältnisses ganz oder teilweise nicht mehr genommen werden, entsteht gem. § 7 Abs. 4 BUrlG ein Anspruch auf Urlaubsabgeltung, ohne dass es dazu irgendeiner Handlung oder Erklärung einer der Arbeitsvertragsparteien bedarf.[107] Voraussetzung für den Abgeltungsanspruch ist zunächst die **Beendigung des Arbeitsverhältnisses**. In diesem Zusammenhang ist es rechtlich unerheblich, durch wen oder aus welchem Grund es zu einer Beendigung des Arbeitsverhältnisses gekommen ist. Der Abgeltungsanspruch besteht deshalb gleichermaßen bei einer Beendigung aufgrund einer Befristung, Kündigung oder Anfechtung, einem Aufhebungsvertrag, der Gewährung einer Rente auf Dauer gem. § 33 Abs. 2 (Zeitpunkt der Zustellung des Bescheids) oder dem Erreichen der Altersgrenze gem. § 33 Abs. 1 a. (Zur Beendigung des Arbeitsverhältnisses s. die Kommentierung zu § 33). Hat der Arbeitgeber eine wirksame Kündigung ausgesprochen und gleichzeitig den für einen Zeitraum nach Ablauf der Kündigungsfrist bereits gewährten Urlaub widerrufen und neu in die Kündigungsfrist festgelegt, obwohl die oder der Beschäftigte für den ursprünglich geplanten Zeitraum eine Urlaubsreise bereits fest geplant hatte, war die Neufestlegung unzumutbar. Die Festsetzung des Urlaubs während der Kündigungsfrist gegen den Willen der oder des Beschäftigten ist in diesem Fall unzulässig gewesen, so dass der Urlaubsanspruch nicht erfüllt wurde und nunmehr abzugelten ist.[108]

52

Während des laufenden Arbeitsverhältnisses ist der Urlaub als **Freizeit** zu gewähren und darf nicht abgegolten werden. Entsprechende arbeitsvertragliche Vereinbarungen sind daher unwirksam.[109] Ist **Altersteilzeit** im Blockmodell vereinbart, entsteht mit dem Übergang in die Freistellungsphase kein Urlaubsabgeltungsanspruch, weil das Arbeitsverhältnis nicht beendet wird.[110] Das gleiche gilt für die Fälle eines Ruhens des Arbeitsverhältnisses wegen Elternzeit oder Wehr- und Ersatzdienst. Bei einem Ruhen des Arbeitsverhältnisses gem. § 28 verfällt der Urlaubsanspruch, wenn nicht rechtzeitig vor Ablauf der Übertragungsfristen die Arbeit wieder aufgenommen wird. Sind Beschäftigte arbeitsunfähig erkrankt und ist der Urlaubsanspruch deswegen nicht erfüllbar, wird der gesetzliche Mindesturlaub gem. § 7 der EU-Richtlinie 2003/88 zunächst in das folgende Urlaubsjahr übertragen und ist bei Beendigung abzugelten, auch wenn die oder der Beschäftigte auf Dauer arbeitsunfähig erkrankt sind[111] Für den tariflichen Urlaub, der über den gesetzlichen Mindesturlaub hinaus geht, gilt die EU-Richtlinie 2003/88 nicht. Deshalb ist davon auszugehen, dass es insoweit bei der alten Rechtsprechung bleibt und der Urlaubsanspruch erlischt, wenn er nicht noch innerhalb des Übertragungszeitraums erfüllt werden kann.[112] Geht das Arbeitsverhältnis gem. § 613 a BGB auf einen anderen Arbeitgeber über, besteht es ebenfalls fort, so dass keine Abgeltung in Betracht kommt.[113]

53

---

107 BAG v. 17.1.1995, 9 AZR 664/93, NZA 1995, 531.
108 BAG v. 10.1.1974, 5 AZR 208/73, DB 1974, 1023.
109 BAG v. 5.2.1970, 5 AZR 470/69, DB 1970, 690.
110 BAG v. 15.3.2005, 9 AZR 143/04, NZA 2005, 994.
111 Im Fall Schultz-Hoff (EuGH v. 20.1.2009, C-350/06, NZA 2009, 135) bestand bei Ausscheiden des Klägers unbefristete Erwerbsunfähigkeit mit Rentenbezug.
112 Ständige Rechtsprechung: BAG v. 20.1.1998, 9 AZR 812/96, NZA 1998, 816, mwN.
113 BAG v. 2.12.1999, 8 AZR 774/98, NZA 2000, 480.

54 Zur Abgeltung kommt nur der Urlaubsanspruch, der bei Beendigung des Arbeitsverhältnisses noch besteht, also **weder genommen noch verfallen** ist. Der Abgeltungsanspruch setzte nach der sog. Surrogatstheorie außerdem voraus, dass bei Fortbestehen des Arbeitsverhältnisses der Urlaub als Freizeitanspruch hätte eingebracht werden können. Der Anspruch auf Abgeltung wurde damit an die gleichen Voraussetzungen gebunden wie der Anspruch auf Urlaubsgewährung und seine Geltendmachung musste spätestens zu einem Zeitpunkt erfolgen, in dem die Arbeitstage bis zum Ende der Verfallfrist der Anzahl der abzugeltenden Urlaubstage entsprechen. Andernfalls verfiel der Abgeltungsanspruch ganz oder teilweise.[114] Zumindest für den Fall einer fortbestehenden Arbeitsunfähigkeit gelten die bisherigen Grundsätze nicht mehr. Vielmehr entsteht der Anspruch auf Urlaubsabgeltung für dauerhaft arbeitsunfähig aus dem Arbeitsverhältnis ausscheidende Beschäftigte mit der Beendigung des Arbeitsverhältnisses als Geldanspruch.[115] Diese Änderung der Rechtsprechung hat zur Folge, dass sich die Surrogatstheorie nicht aufrecht erhalten lässt und in allen Fällen, in denen bei Ausscheiden aus dem Arbeitsverhältnis Urlaub abzugelten ist, der Abgeltungsanspruch von den Voraussetzungen einer möglichen Urlaubsgewährung abgekoppelt ist. Dies betrifft insbesondere die bisherige Befristung des Urlaubsabgeltungsanspruchs.[116] Der bei Beendigung des Arbeitsverhältnisses entstehende Anspruch auf Abgeltung des gesetzlichen Vollurlaubs wird also unabhängig davon, ob der Arbeitnehmer arbeitsfähig ist, mit Beendigung des Arbeitsverhältnisses sofort fällig und ist auch erfüllbar.[117] Das gleiche gilt für den tariflichen Mehrurlaub: die tarifliche Urlaubsregelung knüpft den Anspruch des Beschäftigten auf Abgeltung des tariflichen Mehrurlaubs nicht daran, dass Beschäftigte zum Zeitpunkt der Beendigung des Arbeitsverhältnisses arbeitsfähig sind oder ihre Arbeitsfähigkeit während des tariflichen Übertragungszeitraums wieder erlangen.[118] Es handelt sich um einen reinen Geldanspruch, der nicht mehr an dieselben Voraussetzungen gebunden, wie der Urlaubsanspruch und dem allgemeinen Verjährungsrecht sowie einzelvertraglichen und tariflichen Ausschlussfristen unterliegt (hier der tarifvertraglichen Ausschlussfrist gem. § 37).[119] Der Anspruch ist übertragbar und nach § 851 Abs. 2 ZPO im Rahmen

---

114 Ständige Rechtsprechung: BAG v. 7.12.1993, 9 AZR 683/92, NZA 1994, 802; BAG v. 27.5.1997, 9 AZR 337/95, NZA 1998, 106; zur Kritik an dieser Auffassung vgl Rummel, NZA 1986, 383 ff.
115 BAG v. 9.8.2011, 9 AZR 365/10, Pressemitteilung Nr. 63/11; BAG v. 24.3.2009, 9 AZR 983/07, NZA 2009, 538; BAG v. 23.3.2010, 9 AZR 128/09, NZA 2010, 810; BAG v. 4.5.2010, 9 AZR 183/09, NZA 2010, 1011 im Anschluss an EuGH v. 20.1.2009, C-350/06 (Schultz-Hoff), NZA 2009, 135.
116 BAG v. 9.8.2011, 9 AZR 365/10, Pressemitteilung Nr. 63/11; Änderung der bisherigen Rspr des BAG und Bestätigung der neueren Rspr der Instanzgerichte; Hümmerich/Boecken/Düwell-Düwell, § 7 BUrlG Rn 133; Rummel, Konsequenzen aus der EuGH-Entscheidung Schultz-Hoff für die Urlaubsrechtsprechung in Deutschland, ArbuR 2009, 160, 164; aA ErfK/Dörner/Gallner § 7 BUrlG Rn 2 ff.
117 LAG Köln v. 20.4.2010, 12 Sa 1448/09, ArbuR 2010, 443; LAG Hamm v. 29.4.2009, 18 Sa 1594/08; MünchArbR-Düwell, § 80 Rn 67.
118 BAG v. 22.5.2012, 9 AZR 618/10, zur Urlaubsregelung im TV-L.
119 BAG v. 9.8.2011, 9 AZR 365/10, BB 2011, 2035 und 9 AZR 365/10, NZA 2011, 1421; Änderung der bisherigen Rspr des BAG und Bestätigung der neueren Rspr der Instanzgerichte; LAG Köln v. 20.4.2010, 12 Sa 1448/09, ArbuR 2010, 443; LAG Berlin-Brandenburg v. 7.10.2010, 2 Sa 1464/10, ArbRB 2011, 9, LAG Köln v. 16.11.2010, 12 Sa 375/10, ZTR 2011, 231, LAG Düsseldorf v. 23.4.2010, 10 Sa 203/10, EzA-SD 2010, Nr. 15, 13, LAG München v. 29 7.10, 3 Sa 217/10.

der gesetzlichen Regelungen der **Pfändung** unterworfen[120] Deshalb ist er auch **aufrechenbar** § 394 BGB und **abtretbar** § 400 BGB. Für die Arbeitstage, für die nach Beendigung des Arbeitsverhältnisses eine Urlaubsabgeltung verlangt werden kann, ruht gem. § 143 Abs. 2 SGB III der Anspruch auf Zahlung von Arbeitslosengeld.

X. Urlaubsentgelt gem. § 21

In Abs. 1 wird für die Berechnung des Urlaubsentgelts (der „Urlaubsvergütung") auf § 21 verwiesen. Der Anspruch auf Urlaubsentgelt besteht auch dann, wenn entgegen dem Verbot des § 8 BUrlG eine Erwerbstätigkeit während des Urlaubs ausgeübt wird[121] oder Beschäftigte bei Inanspruchnahme des Urlaubs während der Kündigungsfrist noch während des Urlaubs ein Ausbildungsverhältnis begründen.[122] Zum Zahlungszeitpunkt stellt Abs. 2 d klar, dass das Urlaubsentgelt wie die laufende monatliche Vergütung gem. § 24 zu zahlen ist und damit regelmäßig am letzten Tag des laufenden Kalendermonats. Die **Fälligkeit** entspricht der Fälligkeit des laufenden Entgelts. Für die Geltendmachung gilt die **Ausschlussfrist** des § 37. Ein tariflicher Anspruch auf Urlaubsgeld besteht neben der Jahressonderzahlung gem. § 20 nicht mehr.

55

XI. Mitbestimmung

Betriebsrat und Personalrat haben gem. § 87 Abs. 1 Nr. 5 BetrVG bzw § 75 Abs. 3 Nr. 3 BPersVG ein Mitbestimmungsrecht hinsichtlich der Festlegung der allgemeinen Urlaubsgrundsätze und des Urlaubsplans, sowie der Einführung von Betriebsferien.[123] Kommt keine Einigung mit dem Betriebsrat zustande, kann diese gem. § 87 Abs. 2 BetrVG durch Spruch der Einigungsstelle ersetzt werden. Ebenso ist eine vom Arbeitgeber freiwillig gewährte Verlängerung der Übertragungsfristen des Urlaubs mitbestimmungspflichtig.[124] Ein Mitbestimmungsrecht zur Festlegung der zeitlichen Lage des Urlaubs eines einzelnen Beschäftigten besteht gem. § 87 Abs. 1 Nr. 5 BetrVG nur dann, wenn zwischen Arbeitgeber und Arbeitnehmer kein Einverständnis erzielt werden kann.

56

XII. Streitigkeiten

Verweigert der Arbeitgeber die Erfüllung des Urlaubsanspruchs oder die Festlegung des Urlaubs entsprechend den geäußerten Wünschen, kann die oder der Beschäftigte eine **Leistungsklage** auf Abgabe einer entsprechenden Willenserklärung, mit der der Urlaub für bestimmte Daten gewährt wird, geltend machen.[125]

57

Musterantrag:

„Der Arbeitgeber wird verurteilt, den Urlaub in der Zeit vom 1. bis 15. Juni 2012 festzulegen."

Eine entsprechende Verurteilung wird nach § 894 ZPO wirksam, so dass der Urlaub durch das rechtskräftige Urteil festgelegt wird und die oder der Beschäf-

---

120 BAG v. 28.8.2001, 9 AZR 611/99, NZA 2002, 323.
121 BAG v. 25.2.1988, 8 AZR 596/85, NZA 1988, 607.
122 BAG v. 20.10.1983, 6 AZR 590/80, AP Nr. 5 zu § 47 BAT.
123 BAG v. 28.7.1981, 1 ABR 79/79, DB 1981, 2621.
124 Arbeitsgericht Bonn v. 5.6.1985, ArbuR 1986, 217.
125 BAG v. 8.5.2001, 9 AZR 179/00, NZA 2002, 160; BAG v. 18.12.1986, 8 AZR 502/84, NZA 1987, 379.

tigte den Urlaub antreten kann.[126] Bei einem Streit über den Umfang des zustehenden Urlaubs kommt außerdem eine Feststellungsklage in Betracht. Zulässig ist auch eine Leistungsklage auf Gewährung von Urlaub ohne Angabe eines Zeitpunktes.[127] Zuständig für solche Klagen ist gem. § 2 ArbGG das Arbeitsgericht.

58 Besteht ein Anspruch auf Urlaubsgewährung für einen konkreten Zeitraum und lässt sich dieser nicht auf anderem Wege rechtzeitig durchsetzen, insbesondere weil ein Hauptsacheverfahren zu lange Zeit in Anspruch nehmen würde, kann der Urlaub im Wege der **einstweiligen Verfügung** gem. §§ 935, 940 ZPO durchgesetzt werden auch wenn hierdurch im Ergebnis nicht nur eine Sicherung, sondern eine Befriedigung des Anspruchs erfolgt.[128] Hierfür besteht schon deshalb ein Bedürfnis, weil der Arbeitnehmer kein Selbstbeurlaubungsrecht hat und sich den Urlaub nicht selber nehmen kann. Voraussetzung ist aber, dass zum einen keine ernsthaften Zweifel am Bestehen des Urlaubsanspruchs vorhanden sind und zum anderen ausgeführt und glaubhaft gemacht wird, dass die oder der Beschäftigte bei Nichtgewährung des Urlaubs so erhebliche Nachteile erleiden würde, dass diese das Interesse des Arbeitgebers an der Erbringung der Arbeitsleistung überwiegen.[129]

§ 27 Zusatzurlaub (TVöD)

(1) Beschäftigte, die ständig Wechselschichtarbeit nach § 7 Abs. 1 oder ständig Schichtarbeit nach § 7 Abs. 2 leisten und denen die Zulage nach § 8 Abs. 5 Satz 1 oder Abs. 6 Satz 1 zusteht, erhalten

a) bei Wechselschichtarbeit für je zwei zusammenhängende Monate und
b) bei Schichtarbeit für je vier zusammenhängende Monate

einen Arbeitstag Zusatzurlaub.

(2) Im Falle nicht ständiger Wechselschicht- oder Schichtarbeit (z.B. ständige Vertreter) erhalten Beschäftigte des Bundes, denen die Zulage nach § 8 Abs. 5 Satz 2 oder Abs. 6 Satz 2 zusteht, einen Arbeitstag Zusatzurlaub für

a) je drei Monate im Jahr, in denen sie überwiegend Wechselschichtarbeit geleistet haben, und
b) je fünf Monate im Jahr, in denen sie überwiegend Schichtarbeit geleistet haben.

(3) Im Falle nicht ständiger Wechselschichtarbeit und nicht ständiger Schichtarbeit im Bereich der VKA soll bei annähernd gleicher Belastung die Gewährung zusätzlicher Urlaubstage durch Betriebs-/Dienstvereinbarung geregelt werden.

---

126 BAG v. 18.3.2003, 9 AZR 126/02, ZTR 2004, 143; BAG v. 19.1.1962, 5 AZR 195/61, DB 1962, 410.
127 BAG v. 25.11.1982, 6 AZR 1254/79, DB 1983, 1155; BAG v. 24.9.1996, 9 AZR 364/95, NZA 1997, 507.
128 BAG v. 22.1.1998, 2 ABR 19/97, NZA 1998, 708; LAG Hamm v. 9.6.2004, 18 Sa 981/04, Bibliothek BAG; LAG Köln v. 17.3.1995, 13 Sa 1282/94, NZA 1995, 1200; Corts, Einstweilige Verfügung auf Urlaubsgewährung, NZA 1998, 357; Fischer, Rechtswidrig verweigerte Urlaubsgewährung durch den Arbeitgeber – Handlungsmöglichkeiten des Arbeitnehmers, AuR 2003, 241 (243).
129 Walker, FS für Leinemann, Bewegtes Arbeitsrecht, 641 (642, 644), 2006.

(4) ¹Zusatzurlaub nach diesem Tarifvertrag und sonstigen Bestimmungen mit Ausnahme von § 125 SGB IX wird nur bis zu insgesamt sechs Arbeitstagen im Kalenderjahr gewährt. ²Erholungsurlaub und Zusatzurlaub (Gesamturlaub) dürfen im Kalenderjahr zusammen 35 Arbeitstage nicht überschreiten. ³Satz 2 ist für Zusatzurlaub nach den Absätzen 1 und 2 hierzu nicht anzuwenden. ⁴Bei Beschäftigten, die das 50. Lebensjahr vollendet haben, gilt abweichend von Satz 2 eine Höchstgrenze von 36 Arbeitstagen; § 26 Abs. 1 Satz 3 gilt entsprechend.

(5) Im Übrigen gilt § 26 mit Ausnahme von Absatz 2 Buchst. b entsprechend.

Protokollerklärung zu den Absätzen 1 und 2:

¹*Der Anspruch auf Zusatzurlaub bemisst sich nach der abgeleisteten Schicht- oder Wechselschichtarbeit und entsteht im laufenden Jahr, sobald die Voraussetzungen nach Absatz 1 oder 2 erfüllt sind.* ²*Für die Feststellung, ob ständige Wechselschichtarbeit oder ständige Schichtarbeit vorliegt, ist eine Unterbrechung durch Arbeitsbefreiung, Freizeitausgleich, bezahlten Urlaub oder Arbeitsunfähigkeit in den Grenzen des § 22 unschädlich.*

§ 27 Zusatzurlaub (TV-L)

(1) ¹Für die Gewährung eines Zusatzurlaubs gelten die für die Beamten des jeweiligen Landes jeweils maßgebenden Bestimmungen für Grund und Dauer sinngemäß. ²Die beamtrechtlichen Bestimmungen gelten nicht für den Zusatzurlaub für Wechselschichtarbeit, Schichtarbeit und Nachtarbeit.

(2) Beschäftigte, die ständig Wechselschichtarbeit nach § 7 Absatz 1 oder ständig Schichtarbeit nach § 7 Absatz 2 leisten und denen die Zulage nach § 8 Absatz 7 Satz 1 oder Absatz 8 Satz 1 zusteht, erhalten einen Arbeitstag Zusatzurlaub

a) bei Wechselschichtarbeit für je zwei zusammenhängende Monate und
b) bei Schichtarbeit für je vier zusammenhängende Monate.

(3) Im Falle nicht ständiger Wechselschicht- oder Schichtarbeit (zum Beispiel ständige Vertreter) erhalten Beschäftigte, denen die Zulage nach § 8 Absatz 7 Satz 2 oder Absatz 8 Satz 2 zusteht, einen Arbeitstag Zusatzurlaub für

a) je drei Monate im Jahr, in denen sie überwiegend Wechselschichtarbeit geleistet haben, und
b) je fünf Monate im Jahr, in denen sie überwiegend Schichtarbeit geleistet haben.

Protokollerklärung zu § 27 Absatz 2 und 3:

¹*Der Anspruch auf Zusatzurlaub bemisst sich nach der abgeleisteten Schicht- oder Wechselschichtarbeit und entsteht im laufenden Jahr, sobald die Voraussetzungen nach Absatz 2 oder 3 erfüllt sind.* ²*Für die Feststellung, ob ständige Wechselschichtarbeit oder ständige Schichtarbeit vorliegt, ist eine Unterbrechung durch Arbeitsbefreiung, Freizeitausgleich, bezahlten Urlaub oder Arbeitsunfähigkeit in den Grenzen des § 22 unschädlich.*

(4) ¹Zusatzurlaub nach diesem Tarifvertrag und sonstigen Bestimmungen mit Ausnahme von § 125 SGB IX wird nur bis zu insgesamt sechs Arbeitstagen im Kalenderjahr gewährt. ²Erholungsurlaub und Zusatzurlaub (Gesamturlaub) dürfen im Kalenderjahr zusammen 35 Arbeitstage nicht überschreiten. ³Satz 2 ist für Zusatzurlaub nach den Absätzen 2 und 3 hierzu nicht anzuwenden. ⁴Bei

Beschäftigten, die das 50. Lebensjahr vollendet haben, gilt abweichend von Satz 2 eine Höchstgrenze von 36 Arbeitstagen; § 26 Absatz 1 Satz 4 gilt entsprechend.

(5) Im Übrigen gilt § 26 mit Ausnahme von Absatz 2 Buchstabe b entsprechend.

I. Normstruktur 1	4. Nicht ständige Schichtarbeit 8
II. Dauer des Zusatzurlaubs 3	III. Entstehen des Zusatzurlaubs 9
1. Ständige Wechselschichtarbeit (Abs. 1 a) 4	IV. Kommunaler Bereich 10
2. Ständige Schichtarbeit (§ 27 Abs. 1 b) 6	V. Gesamturlaub 11
3. Nicht ständige Wechselschichtarbeit (§ 27 Abs. 2 a) 7	

I. Normstruktur

1 § 27 enthält eine im Vergleich zum BAT neue und wesentlich vereinfachte Regelung des Zusatzurlaubs für Wechselschichtarbeit und Schichtarbeit. Das Beamtenrecht findet keine entsprechende Anwendung mehr. Demgemäß ist ein Zusatzurlaub für gesundheitsgefährdende Tätigkeiten, bei Minderschwerbehinderung oder Winterzusatzurlaub weggefallen. Zusatzurlaub für Nachtarbeit besteht nur nach dem Besonderen Teil für Krankenhäuser (§ 53 BT-K), der für den Bereich der Bundeswehrkrankenhäuser keine Anwendung findet (§ 46 Nr. 18 BT-V). Die Weitergeltung von Zusatztarifverträgen auf landesbezirklicher Ebene ist nach TVöD-VKA und TVÜ-VKA nicht ausgeschlossen.[1]

2 Der Anspruch auf Zusatzurlaub folgt nach Abs. 5 dem Anspruch auf Erholungsurlaub und kann nur dann bestehen, wenn und soweit dem Grunde nach ein Anspruch auf „Haupturlaub" besteht oder bestanden hat. Mit Ausnahme von § 26 Abs. 2 b (Zwölftelung des Urlaubsanspruchs bei Beginn oder Ende des Arbeitsverhältnisses im Laufe eines Kalenderjahres) **gelten die allgemeinen urlaubsrechtlichen Vorschriften** des § 26 und damit auch die Vorschriften zur Wartezeit, zur Bruchteilsberechnung, zur Verfallsfrist, zur Urlaubsübertragung auf das folgende Kalenderjahr, zur Urlaubsabgeltung und zur Auszahlung und Berechnung des Urlaubsentgelts entsprechend (s. hierzu die Kommentierung zu § 26). Neben dem Anspruch auf Zusatzurlaub besteht kumulativ Anspruch auf Gewährung der entsprechenden Zulage nach § 8 Abs. 5 S. 1 oder Abs. 6 S. 1.

II. Dauer des Zusatzurlaubs

3 Die Dauer des Zusatzurlaubs ist nach dem Umfang der geleisteten Wechselschicht- oder Schichtarbeit gestaffelt. Der Anspruch auf Zusatzurlaub entsteht fortwährend im laufenden Jahr, sobald die Anspruchsvoraussetzungen nach § 27 Abs. 1 oder 2 erfüllt sind (S. 1 der Protokollerklärung zu § 27 Abs. 1 und 2). Für die Feststellung des Anspruchs ist zu unterscheiden, ob die Wechselschicht- oder Schichtarbeit ständig oder nicht ständig geleistet wird. Dabei wird im Er-

---

1 BAG v. 24.2.2010, 4 AZR 708/08, ZTR 2010, 408: Aus § 2 Abs. 2 TVöD-VKA iVm § 2 Abs. 1 TVÜ-VKA folgt, dass die tarifliche Zusatzurlaubsregelung wegen verminderter Erwerbsfähigkeit nach § 5 Abs. 1 des Bezirkszusatztarifvertrags Nr. 2 zum BMT-G 2 vom 29.11.1974 (Baden-Württemberg) fort gilt.

gebnis an die Höhe der Wechselschichtzulage bzw der Schichtzulage nach § 8 Abs. 5 und 6 angeknüpft. Eine Unterbrechung durch Arbeitsbefreiung, Freizeitausgleich, bezahlten Urlaub oder Arbeitsunfähigkeit in den Grenzen des § 22 ist für die Feststellung, ob ständige Wechselschichtarbeit oder ständige Schichtarbeit vorliegt, unschädlich (S. 2 der Protokollerklärung zu § 27 Abs. 1 und 2). Dem tatsächlichen Leisten von Wechselschichten steht es daher gleich, wenn der oder die Beschäftigte die tariflich geforderten Schichten geleistet hätte, wäre er oder sie nicht wegen Krankheit (§ 22 Abs. 1), Erholungsurlaub (§ 26), Zusatzurlaub (§ 27), Arbeitsbefreiung (§ 29) oder wegen des Vorliegens der Voraussetzungen des § 6 Abs. 3 Satz 1 unter Fortzahlung der Bezüge (§ 21) von der Erbringung der Arbeitsleistung freigestellt gewesen.[2] S. 2 der Protokollerklärung ist auch auf die Schichtarbeit des § 46 Nr. 4 Abs. 3 BT-V anzuwenden. Entfällt die Verpflichtung zur Arbeitsleistung aus den in S. 2 der Protokollerklärung genannten Gründen, sind diese Zeiten einer tatsächlichen Arbeitsleistung mit der Folge gleichzustellen, dass sie den Anspruch auf Zusatzurlaub des im Schichtdienst nach § 46 BT-V eingesetzten Feuerwehrpersonals nicht mindern.[3] Sind Beschäftigte nur in Vertretung oder als Springer in Wechselschichtarbeit eingesetzt, leisten sie „unständige" Wechselschicht.[4] Die neue Zusatzurlaubsregelung sieht dabei die folgenden vier Fallgestaltungen vor:

1. **Ständige Wechselschichtarbeit (Abs. 1 a).** Der Begriff der **Wechselschichtarbeit** ist in § 7 Abs. 1 definiert. Abs. 1 a setzt genauso, wie § 8 Abs. 5 (Wechselschichtzulage) voraus, dass die Wechselschichtarbeit „ständig" erfolgt. Eine nähere Abgrenzung, wann eine Wechselschichtarbeit „ständig" oder „unständig" ist, nimmt der Tarifvertrag nicht vor. „**Ständig**" bedeutet ausgehend vom Wortsinn und unter Heranziehung von S. 2 der Protokollerklärung zu § 27 Abs. 1 und 2 „so gut wie ununterbrochen", „fast ausschließlich"[5] „dauernd" und gem. Abs. 1 a über einen Zeitraum von zumindest zwei zusammenhängenden Monaten hinweg[6] (s. zur Definition von Wechselschichtarbeit die Kommentierung zu § 7 Rn 7 ff und zur Frage der „ständigen" Leistung § 8 Rn 75 ff). Mit „Monaten" sind hier keine Kalendermonate gemeint, sondern ein zusammenhängender Zeitraum, der nach § 188 Abs. 2 BGB berechnet wird. 4

Beschäftigte, die ständig Wechselschichtarbeit leisten und denen eine Wechselschichtzulage in Höhe von 105 € monatlich nach § 8 Abs. 5 S. 1 zusteht, erhalten bei Wechselschichtarbeit für je zwei zusammenhängende Monate einen Arbeitstag Zusatzurlaub. Bezogen auf einen Zeitraum von zwölf Monaten ergibt sich somit ein **Höchstanspruch** von bis zu **sechs Arbeitstagen** Zusatzurlaub.[7] 5

2. **Ständige Schichtarbeit (§ 27 Abs. 1 b).** Der Begriff der **Schichtarbeit** ergibt sich aus § 7 Abs. 2. Schichtarbeit wird „ständig" geleistet, wenn die Voraussetzungen in Rn 4 vorliegen und ihre Dauer gem. Abs. 1 b zumindest vier zusam- 6

---

[2] BAG v. 24.3.2010, 10 AZR 152/09, NZA 2010, 672.
[3] BAG v. 21.9.2010, 9 AZR 486/09, NZA 2011, 480; BAG v. 17.11.2009, 9 AZR 923/08, ZTR 2010, 311.
[4] Fritz, Neues Tarifrecht für den öffentlichen Dienst, Teil 3, ZTR 2006, 2 (5).
[5] BAG v. 12.11.1997, 10 AZR 27/97, ZTR 1998, 181 in Abgrenzung zu „überwiegend" in § 42 Abs. 1 BMT-G II als „mehr als die Hälfte der Gesamtarbeitszeit".
[6] Breier/Dassau/Kiefer/Langenbrinck, TVöD, § 27 Rn 14 und § 8 Rn 50.
[7] Die Vorgängerregelung in § 48 a BAT sah einen Zusatzurlaub von maximal vier Arbeitstagen vor.

menhängenden Monate beträgt[8] (s. hierzu die Kommentierung zu § 7 Rn 24 ff und zu § 8 Rn 75 ff). Beschäftigte, die ständig Schichtarbeit leisten und denen eine Schichtzulage in Höhe von 40 € nach § 8 Abs. 6 S. 1 zusteht, erhalten bei Schichtarbeit für je vier zusammenhängende Monate einen Arbeitstag Zusatzurlaub. Bezogen auf einen Zeitraum von zwölf Monaten ergibt sich somit ein **Höchstanspruch** von bis zu **drei Arbeitstagen** Zusatzurlaub.

7 **3. Nicht ständige Wechselschichtarbeit (§ 27 Abs. 2 a).** Beschäftigte des Bundes, die zwar nicht ständig Wechselschichtarbeit gem. § 7 Abs. 1 leisten, aber **überwiegend**, dh mit mehr als der Hälfte der Arbeitszeit eines vollbeschäftigten Mitarbeiters[9] (ständige Vertreter oder sog. „Springer") und denen eine Wechselschichtzulage in Höhe von 0,63 € pro Stunde nach § 8 Abs. 5 S. 2 zusteht (zu den Voraussetzungen s. § 8 Rn 75 ff, 79 f), erhalten für jeweils drei Monate in einem Jahreszeitraum (nicht Kalenderjahr) ihres überwiegenden Einsatzes in Wechselschichtarbeit einen Arbeitstag Zusatzurlaub. Maßgebend ist nicht das Kalenderjahr, sondern der Zeitraum von einem Jahr ab dem Beginn der nicht ständigen Wechselschichtarbeit, der nach § 188 Abs. 2 BGB berechnet wird. Sobald die Voraussetzungen für das Entstehen des Anspruchs auf einen Arbeitstag Zusatzurlaub erfüllt sind, beginnt mit dem ersten Tag des nächsten zusatzurlaubsrechtlich zu berücksichtigenden Monatszeitraums eine neue Jahresfrist zu laufen. Es handelt sich also um einen **rollierenden Jahreszeitraum**. Bezogen auf ein Kalenderjahr als Urlaubsjahr ergibt sich ein **Höchstanspruch** von bis zu **vier Arbeitstagen** Zusatzurlaub.

8 **4. Nicht ständige Schichtarbeit.** Beschäftigte, die nicht ständig Schichtarbeit gemäß § 7 Abs. 2 leisten und denen eine Wechselschichtzulage in Höhe von 0,24 € pro Stunde nach § 8 Abs. 6 S. 2 zusteht (zu den Voraussetzungen s. § 8 Rn 75 ff, 79 f), erhalten für jeweils fünf Monate in einem Jahreszeitraum in denen sie überwiegend (s. Rn 7) Schichtarbeit geleistet haben, einen Arbeitstag Zusatzurlaub. Somit ergibt sich ein **Höchstanspruch** von bis zu **zwei Arbeitstagen** Zusatzurlaub im Jahr.

Beispiel: S hat ab 15.3.2008 für die Dauer von sieben Wochen die Vertretung auf einem Arbeitsplatz, der in Wechselschichtarbeit organisiert ist. In der ersten und sechsten Woche wird S zu jeweils einer Nachtschicht gemäß § 7 Abs. 1 herangezogen. Auch die weiteren Voraussetzungen der Wechselschichtarbeit sind durchgehend erfüllt. S erhält für alle geleisteten Stunden jeweils 0,63 €. Außerdem ist S im Zeitraum 15.3. bis 15.5.2008 für zwei Monate überwiegend in Wechselschicht eingesetzt gewesen. Wird S bis 14.3.2009 einen weiteren Monat so in Wechselschicht eingesetzt, dass ihr die Zulage gem. § 8 Abs. 5 zusteht, erhält sie außerdem für die dann insgesamt drei Monate, in denen sie Wechselschicht gearbeitet hat, einen Tag Zusatzurlaub. Für einen erneuten oder fortdauernden Einsatz in Wechselschicht nach dem Zeitpunkt, in dem der Anspruch auf einen Tag Zusatzurlaub für die drei Monate gem. Abs. 2 a entstanden ist, beginnt der Jahreszeitraum neu zu laufen. Entsteht also durch einen Wechselschichteinsatz im gesamten Oktober 2008 der Anspruch auf Zusatzurlaub und wird S ab 1.2.2009 erneut zur Wechselschicht gem. § 7 Abs. 1 herangezogen,

---

8 BAG v. 16.8.2000, 10 AZR 512/99, ZTR 2001, 28 zur alten Rechtslage: mindestens zehn aufeinander folgenden Wochen.
9 BAG v. 19.3.2002, 9 AZR 109/01, ZTR 2002, 481, BAG v. 12.11.97, 10 AZR 27/97, ZTR 1998, 181.

erhält sie einen weiteren Tag Zusatzurlaub, wenn bis 31.1.2010 drei Monate Wechselschichteinsatz gem. § 7 Abs. 1, 8 Abs. 5 zustande kommen.

III. Entstehen des Zusatzurlaubs

Für die Zuordnung zu einem bestimmten Urlaubsjahr ist gem. S. 1 der Protokollerklärung maßgebend, wann der Urlaub entsteht. Sobald die Voraussetzungen nach Abs. 1 oder 2 erfüllt sind entsteht der Anspruch im laufenden Jahr. Damit ist er dem Kalenderjahr zuzuordnen, in das die Entstehung des Anspruchs fällt: Dieses Kalenderjahr ist auch für die Berechnung des Gesamturlaubs maßgebend.

Beispiel: A wird im Januar bis März und November/Dezember eines Jahres überwiegend in Schichtarbeit beschäftigt. B ist seit 1.11. in ständiger Wechselschicht beschäftigt. Mit Ablauf des 31.12. sind für beide jeweils die Voraussetzungen für einen Arbeitstag Zusatzurlaub gem. § 27 Abs. 2 b bzw Abs. 1 a gegeben. Damit ist der Zusatzurlaub noch im alten Jahr entstanden und diesem Urlaubsjahr zuzurechnen. Der Zusatzurlaub muss daher gem. § 26 Abs. 2 a bis 31.3. des Folgejahres genommen oder bis 31.5. übertragen werden. Für Beschäftigte des Bundes gelten längere Übertragungsfristen (s. § 26 Rn 43).

9

IV. Kommunaler Bereich

Abs. 3 sieht vor, dass für Beschäftigte im kommunalen Bereich bei einer annähernd gleichen Belastung durch nicht ständige Wechselschicht- oder Schichtarbeit die Gewährung von Zusatzurlaub durch Betriebs- oder Dienstvereinbarung geregelt werden soll. Eine Rahmenregelung hierfür gibt der TVöD nicht vor.

10

V. Gesamturlaub

Nach Abs. 4 S. 1 ist der Anspruch auf Zusatzurlaub nach dem TVöD und sonstigen Bestimmungen insgesamt auf höchstens 6 Tage im Kalenderjahr begrenzt, die zum Erholungsurlaub gem. § 26 hinzukommen können.[10] Von dieser Kappung ist der gesetzliche Zusatzurlaub für schwerbehinderte Menschen nach § 125 SGB IX ausgenommen, so dass sich für Schwerbehinderte auch ein höherer Zusatzurlaubsanspruch ergeben kann.

11

Abs. 4 S. 2 sieht außerdem eine **Kappungsgrenze** von 35 Tagen Gesamturlaub bezogen auf das Urlaubsjahr vor. Ab der Vollendung des 50. Lebensjahres im Laufe des Urlaubsjahres erhöht sich die Kappungsgrenze auf 36 Tage. Eine rechtswidrige Benachteiligung wegen des Alters ist in dieser Regelung nicht zu sehen (s. § 26 Rn 11). Von der Kappungsgrenze ist nach S. 3 der tarifvertragliche Zusatzurlaub für Wechselschicht- oder Schichtarbeit gem. Abs. 1 und 2 nicht betroffen. Diese Zusatzurlaubsansprüche können den Gesamturlaubsanspruch also auch auf mehr als 35 bzw 36 Tage im Jahr erhöhen. Gekappt werden insbesondere eventuelle Zusatzurlaubstage aus einer Betriebs-/Dienstvereinbarung gem. Abs. 3.

12

---

10 Die Regelung ist ähnlich der Vorgängerregelung in § 49 BAT.

§ 28 Sonderurlaub (TVöD und TV-L)

Beschäftigte können bei Vorliegen eines wichtigen Grundes unter Verzicht auf die Fortzahlung des Entgelts Sonderurlaub erhalten.

I. Normstruktur	1	IV. Vereinbarung	7
II. Wichtiger Grund	3	V. Folgen der Beurlaubung	10
III. Entscheidung des Arbeitgebers	6	VI. Streitigkeiten	17

I. Normstruktur

1 Die Vorschrift entspricht im wesentlichen der früheren Regelung in § 50 BAT/BAT-O bzw § 47a BMT-G/BMT-G-O, § 55 MTArb Bund, so dass insbesondere für die Feststellung eines wichtigen Grundes auf die hierzu ergangene Rechtsprechung zurückgegriffen werden kann. Im Unterschied zu den bisherigen Regelungen sieht § 28 keine Differenzierung nach dem Anlass der Beurlaubung (Sonderurlaub aus familienbedingten oder aus anderen Gründen) vor. Das fehlende Entgegenstehen (dringender) dienstlicher oder betrieblicher Belange/Verhältnisse gehört nicht mehr zum Tatbestand, sondern ist im Rahmen der Ermessensentscheidung zu berücksichtigen und mit der Wichtigkeit der betroffenen Belange der Beschäftigten ins Verhältnis zu setzen.

2 Ein genereller Anspruch auf Gewährung von unbezahltem Sonderurlaub besteht nicht („kann"-Vorschrift). Ein solcher kann auch nicht auf eine entsprechende Anwendung der beamtenrechtlichen Vorschriften über eine Beurlaubung aus familiären Gründen gestützt werden, da insoweit der arbeitsrechtliche Gleichbehandlungsgrundsatz keine Anwendung findet.[1] Allerdings darf der Arbeitgeber den aus wichtigem Grund beantragten Sonderurlaub nicht willkürlich oder aus sachfremden, persönlichen Gründen ablehnen und hat dabei im Hinblick auf Art. 6 GG auch familiäre Pflichten besonders zu beachten. Weitergehend und damit in ihrem Anwendungsbereich vorrangig sind **gesetzliche Freistellungsansprüche** (insbesondere **§ 15 BEEG** für den Zeitraum der Elternzeit, sowie ArbPlSchG, ZivildienstG und AltersteilzeitG). Für Beschäftigte mit Familienpflichten besteht auf Bundesebene gem. **§ 13 Abs. 1 BGleiG bzw auf der Ebene einzelner Bundesländer aufgrund der entsprechenden länderrechtlichen Regelungen**[2] ein Anspruch auf Erteilung des Sonderurlaubs, soweit nicht zwingende dienstliche Belange entgegenstehen.

II. Wichtiger Grund

3 Voraussetzung für die Gewährung von unbezahltem Sonderurlaub ist das Vorliegen eines **wichtigen Grundes**. Dieser kann sowohl in der Interessensphäre des Arbeitgebers, wie des Beschäftigten liegen. Ein wichtiger Grund auf Seiten des Arbeitgebers (wie zB die Wahrnehmung von Fortbildungen, Forschungsaufträgen oder Dienstleistung bei zwischenstaatlichen oder überstaatlichen Einrichtungen oder der Entwicklungshilfe)[3] darf nur dann Anlass zu der Gewährung von Sonderurlaub sein, wenn dies auch dem Wunsch der Beschäftigten ent-

---

1 BAG v. 12.1.1989, 8 AZR 251/88, ZTR 1989, 273.
2 Vgl die Auflistung in GKöD-Fieberg, Bd. IV, § 18 Rn 18.
3 Siehe hierzu die einschlägigen Entsendungs- und Beurlaubungsrichtlinien des Bundes und der Länder.

spricht.⁴ Ein wichtiger Grund wird durch die persönlichen Belange von Beschäftigten dann begründet, wenn das verfolgte Ziel auch bei objektiver Betrachtung hinreichend gewichtig und schutzwürdig ist.⁵ Ob ein wichtiger Grund vorliegt, richtet sich allein nach der Interessenlage der Beschäftigten und ist deshalb unabhängig von den Interessen des Arbeitgebers oder einem Zusammenhang mit der bisher ausgeübten Tätigkeit festzustellen.⁶ Die Belange des Arbeitgebers sind nicht für die Frage des wichtigen Grundes zu berücksichtigen, sondern bei der Ermessensentscheidung, bei der auch zu prüfen ist, ob die dienstlichen oder betrieblichen Verhältnisse die Abwesenheit der Beschäftigten gestatten. Im Streitfall müssen die Beschäftigten ihren wichtigen Grund darlegen (s. Rn 17 f).

Als „wichtiger Grund" kommen auf Seiten der Beschäftigten insbesondere **familiäre Gründe** in Betracht, wie sie in § 50 Abs. 1 BAT geregelt waren, also die Betreuung oder Pflege eines Kindes unter 18 Jahren oder eines nach ärztlichem Gutachten pflegebedürftigen sonstigen Angehörigen.⁷ Diese Gründe entsprechen den Voraussetzungen für einen Teilzeitanspruch nach § 11 Abs. 1 S. 1, so dass für die Definition der Begriffe „Kind", „Angehöriger" und die näheren Anforderungen an Betreuung oder Pflege auf die dortige Kommentierung Bezug genommen wird (§ 11 Rn 9 ff). Auch wenn keine besonders geregelte Einschränkung des Ermessens des Arbeitgebers bei Vorliegen der genannten familiären Gründe mehr besteht, gilt generell für die Ermessensentscheidung des Arbeitgebers, dass er, soweit möglich den persönlichen Bedürfnissen der Beschäftigten Rechnung zu tragen hat und deshalb nicht auf einer Lösung bestehen darf, die die Vereinbarkeit von Familie und Beruf in Frage stellt, wenn keine **betrieblich zwingenden Gründe** hierfür bestehen.⁸ Im Zusammenhang mit der Gewährung von Sonderurlaub aus familienbedingten Gründen zur Betreuung oder Pflege mindestens eines Kindes unter 18 Jahren oder einer/eines nach ärztlichem Gutachten pflegebedürftigen sonstigen Angehörigen sind für die Beschäftigten des Bundes und einzelner Bundesländer außerdem die Vorschriften des Bundesgleichstellungsgesetzes (§ 13 Abs. 1 BGleiG) sowie die entsprechenden Ländervorschriften⁹ zu beachten. Soweit die dortigen Regelungen zur Vereinbarkeit von Familie und Erwerbstätigkeit einen weitergehenden Anspruch auf Beurlaubung einräumen, haben sie Vorrang.

4

Der Vergleich zum Beamtenrecht (§§ 72 a, 79 a BBG; §§ 44 a, 48 a BRRG) und den entsprechenden Regelungen der Länder zeigt auf, dass zu den **sonstigen wichtigen Gründen** auch arbeitsmarktpolitische Interessen zählen. Ein sonstiger wichtiger Grund kann beispielsweise bestehen bei der beruflichen Aus- oder

5

---

4 Breier/Dassau/Kiefer/Lang/Langenbrinck, TVöD, § 28 Rn 18.
5 BAG v. 8.5.2001, 9 AZR 179/00, NZA 2002, 160; ArbG Berlin 3.1.2003, 86 Ga 35147/02, NZA-RR 2004, 51: Sonderurlaub für wissenschaftliche Tätigkeit für Bundestagsabgeordnete; LAG Schleswig-Holstein v. 10.5.2000, 2 Sa 485/99, ZTR 2000, 418.
6 BAG v. 30.10.2001, 9 AZR 426/00, ZTR 2002, 337; BAG v. 25.1.1994, 9 AZR 540/91, NZA 1994, 546.
7 ArbG Köln v. 19.7.2007, 22 Ca 2074/07, NZA-RR 2008, 49.
8 BAG v. 23.9.2004, 6 AZR 567/03, NZA 2005, 359; ArbG Hamburg v. 4.12.95, 21 Ca 290/95, BB 1996, 1668; einschränkend LAG Frankfurt aM v. 14.12.1990, 13 SaGa 1248/90, ZTR 1991, 424: kein wichtiger Grund bei Wunsch, die im Ausland aufwachsenden Kinder persönlich zu betreuen.
9 Vgl die Auflistung in GKöD-Fieberg, Bd. IV, § 18 Rn 18.

Fortbildung und Umschulung,[10] Maßnahmen der medizinischen Vorsorge und Rehabilitation, Kur- oder Heilverfahren außerhalb einer Freistellung gem. § 22 Abs. 1, Aufnahme eines Studiums,[11] Entsendung in öffentliche zwischenstaatliche oder überstaatliche Organisationen oder zur Übernahme von Aufgaben der Entwicklungshilfe, Wahl zum OB,[12] verkürzter Wehrdienst von 2 Monaten für türkische Beschäftigte[13] oder Teilnahme an einem Mobilitätstraining für Blinde.[14]

III. Entscheidung des Arbeitgebers

6   Auch, wenn ein wichtiger Grund vorliegt, gewährt § 28 **keinen generellen Anspruch** auf Erteilung des Sonderurlaubs und kein Selbstbeurlaubungsrecht. Den Sonderurlaub können Beschäftigte nicht „nehmen", sondern nur „erhalten". Die Entscheidung über den Antrag ist **nach billigem Ermessen** (§ 315 BGB) zu treffen, da es sich um eine „Kann-Regelung" handelt. Der Arbeitgeber hat dementsprechend eine Interessenabwägung vorzunehmen. Hierbei sind die im konkreten Konflikt berührten Grundrechtspositionen der Beschäftigten, insbesondere das Grundrecht auf freie Entfaltung der Persönlichkeit (Art. 2 Abs. 1 GG)[15] und der Gleichbehandlungsgrundsatz zu beachten.[16] Die Verweigerung der Zustimmung darf nicht willkürlich oder aus sachfremden, persönlichen Gründen erfolgen und ist auf eine Überschreitung des Ermessens hin auch gerichtlich überprüfbar.[17] Eine fehlende Ermessensausübung kann durch das Arbeitsgericht ersetzt werden.[18] Liegt für den Beschäftigten ein wichtiger Grund vor und stehen Interessen des Arbeitgebers einem Sonderurlaub nicht entgegen, kann ein Anspruch der Beschäftigten auf Erteilung der Zustimmung durch den Arbeitgeber bestehen. Unter Umständen muss der Arbeitgeber zustimmen, wenn der befristete Ausfall einer oder eines Beschäftigten durch eine befristete Einstellung einer Ersatzkraft kompensiert werden kann.[19]

---

10 LAG Bremen v. 15.8.2000, 1 Sa 94/00, ZTR 2001, 83: Umschulung für einen in der bisherigen Tätigkeit dauernd arbeitsunfähigen Beschäftigten unabhängig davon, ob die angestrebte Qualifikation eine Weiterbeschäftigung bei dem bisherigen Arbeitgeber ermöglicht; BAG v. 9.6.1998, 9 AZR 63/97, ZTR 1999, 35: Sonderurlaub für einen angestellten Grundschullehrer zur Durchführung des beamtenrechtlichen Vorbereitungsdienstes für die Laufbahn des Realschullehrers; demgegenüber verneint LAG Hamm v. 31.5.1990, 17 Sa 138/90, ZTR 1991, 203 einen wichtigen Grund für die Inanspruchnahme von Sonderurlaub bei einer zweijährigen Fortbildung, die der Arbeitnehmer allein im eigenen Interesse durchführen will.
11 BAG v. 25.1.1994, 9 AZR 540/91, ZTR 1994, 247; BAG v. 30.10.2001, 9 AZR 426/00, ZTR 2002, 337.
12 BAG v. 8.5.2001, 9 AZR 179/00, NZA 2002, 160.
13 BAG v. 22.12.1982, 2 AZR 282/82, DB 1983, 1602: Leistungsverweigerungsrecht; BAG v. 7.9.1983, 7 AZR 433/82, DB 1984, 132: Anspruch auf Freistellung gem. § 242 BGB; BAG v. 20.5.1988, 2 AZR 682/87, NZA 1989, 464 kein Leistungsverweigerungsrecht bei 12 Monate dauerndem Wehrdienst.
14 BAT-Kommission v. 27./28.10.1981: keine dagegen bestehenden Bedenken der Arbeitgebervertreter.
15 BVerfG v. 30.7.2003, 1 BvR 792/03, NZA 2003, 959; ArbG Berlin v. 5.5.2006, 28 Ca 6409/06, ArbuR 2007, 58.
16 BAG v. 12.1.1989, 8 AZR 251/88, ZTR 1989, 271.
17 BAG v. 12.1.1989, 8 AZR 251/88, ZTR 1989, 271.
18 BAG v. 25.1.1994, 9 AZR 540/91, NZA 1994, 546.
19 BAG v. 25.1.1994, 9 AZR 540/91, ZTR 1994, 247; BAG v. 30.10.2001, 9 AZR 426/00, ZTR 2002, 337.

IV. Vereinbarung

Die Gewährung von Sonderurlaub erfolgt auf Antrag des Beschäftigten, der ein Angebot auf Beurlaubung unter Verzicht auf die Bezüge darstellt. Da es sich bei der ansonsten geschuldeten Arbeitsleistung um eine Hauptpflicht aus dem Arbeitsverhältnis handelt, gilt auch für die Vereinbarung einer Beurlaubung § 2 Abs. 1, der Schriftform vorsieht. Anders als bei einer Nebenabrede (§ 2 Abs. 3) ist die Schriftform aber keine Wirksamkeitsvoraussetzung. Zur Möglichkeit einer Klage im Fall des Nichtzustandekommens einer Vereinbarung s. Rn 17 f. 7

Die Vereinbarung von Sonderurlaub gem. § 28 enthält einen Verzicht auf die Bezüge, der ausdrücklich im Tarifvertrag vorgesehen und daher im Hinblick auf § 4 Abs. 4 S. 1 TVG unproblematisch ist. Fraglich ist aber, ob der Arbeitgeber die Gewährung von Sonderurlaub an weitere **Bedingungen** knüpfen, also beispielsweise verlangen darf, dass Beschäftigte nach Beendigung des Sonderurlaubs eine Herabgruppierung hinnehmen oder ähnliches. Soweit es um einen Verzicht auf zwingend geltende, tarifliche Ansprüche geht, greift § 4 Abs. 4 S. 1 TVG mit der Folge, dass die Vereinbarung insoweit unwirksam ist. Sind die Nachteile anderer Art (zB Vereinbarung einer Tätigkeit mit geringeren Verdienstmöglichkeiten durch Wegfall von Nachtdienst), fällt dies grundsätzlich in den Bereich der Vertragsfreiheit. Die Grenze ist da zu sehen, wo betriebliche Interessen nicht geeignet sind, im Rahmen der Ermessensentscheidung eine solche Maßnahme zu rechtfertigen. 8

Besteht eine Vereinbarung über die Gewährung einer unbezahlten Freistellung für einen bestimmten Zeitraum, gibt es grundsätzlich keine Möglichkeit, diese wieder zu kündigen, um das Ruhen des Arbeitsverhältnisses zu beenden. So hat ein Beschäftigter bei zwischenzeitlich eingetretener Arbeitsunfähigkeit **keine Möglichkeit zum Rücktritt**, um einen Anspruch auf Entgeltfortzahlung und Krankengeldzuschuss zu erhalten.[20] Bei schwerwiegenden Veränderungen auf Seiten des Arbeitnehmers (Wegfall des wichtigen Grundes, erhebliche, negative Veränderung der wirtschaftlichen Verhältnisse) kommt aber eine Verpflichtung des Arbeitgebers in Betracht, alles ihm Zumutbare zu unternehmen, um das ruhende Arbeitsverhältnis in ein aktives Arbeitsverhältnis rückzuführen.[21] Auch die Unabdingbarkeit eines Anspruchs auf Inanspruchnahme von Elternzeit gem. § 15 Abs. 3 BEEG berührt die Wirksamkeit einer vor Beginn der Schwangerschaft abgeschlossenen Sonderurlaubsvereinbarung nicht. Da sowohl § 28 als auch § 15 Abs. 3 BEEG ein Ruhen des Arbeitsverhältnisses bewirken, kommt in diesem Fall aber gem. § 242 BGB ein Anspruch der Beschäftigten auf Zustimmung zu einer vorzeitigen Beendigung des Sonderurlaubs in Betracht, wenn stattdessen Elternzeit (nicht Arbeitsaufnahme) mit den für diese vorgesehenen Vergünstigungen (§ 20 Abs. 4 Nr. 1 c) begehrt wird.[22] 9

---

20 BAG v. 17.11.1977, 5 AZR 599/76, DB 1978, 499; BAG v. 25.5.1983, 5 AZR 236/80, DB 1983, 2526; aA Herschel, Erkrankung während unbezahlten Sonderurlaubs, DB 1981, 2431; Rzadkowski in Praxiskommentar zum BAT, § 50 Rn 31.
21 BAG v. 3.9.1963, 3 AZR 115/62, AP Nr. 1 zu § 611 BGB Ruhendes Arbeitsverhältnis; BAG v. 6.9.1994, 9 AZR 221/93, NZA 1995, 953.
22 BAG v. 16.7.1997, 5 AZR 309/96, NZA 1998, 104; vgl auch Görg/Guth/Hamer/Pieper, § 28 Rn 11: Ein Anspruch besteht nicht schon deshalb, weil während des Sonderurlaubs ein weiteres Kind geboren wird, sondern nur dann, wenn lediglich der Rechtsgrund für die Befreiung von der Verpflichtung zur Arbeitsleistung geändert werden soll.

Nollert-Borasio

V. Folgen der Beurlaubung

10 Die Vereinbarung von Sonderurlaub bewirkt ein Ruhen des Arbeitsverhältnisses hinsichtlich der Hauptpflichten. Daher entfällt sowohl die Pflicht des Beschäftigten zur Arbeitsleistung als auch die Pflicht des Arbeitgebers zur Zahlung der Bezüge. Vom **Wegfall des Vergütungsanspruchs** sind alle Bestandteile des Arbeitsentgelts betroffen. Der Anspruch auf die **Jahressonderzahlung** vermindert sich gem. § 20 Abs. 4 um ein Zwölftel für jeden Kalendermonat, in dem kein Anspruch auf Entgelt oder Entgeltfortzahlung besteht. Nebenpflichten wie zB die Verschwiegenheitspflicht bestehen weiter.

11 Die Zeiten eines unbezahlten Sonderurlaubs bleiben bei der Feststellung der **Beschäftigungszeit** unberücksichtigt, soweit der Arbeitgeber nicht vor Antritt des Sonderurlaubs schriftlich ein dienstliches Interesse anerkannt hat (§ 34 Abs. 3 Satz 2). Folglich finden Zeiten von Sonderurlaub auch keine Berücksichtigung für den **Stufenaufstieg** gem. § 16 Abs. 4 (Bund) bzw § 16 Abs. 3 (VKA), wenn keine schriftliche Anerkennung eines dienstlichen oder betrieblichen Interesses am Antritt des Sonderurlaubs vorliegt (§ 17 Abs. 3 d). Auch diese Entscheidung hat der Arbeitgeber gem. § 315 BGB nach billigem Ermessen zu entscheiden. Bei einer **Unterbrechung**, die **über drei Jahre** hinaus andauert (bei Elternzeit: fünf Jahre), kann es zu einer **Rückstufung** kommen, wenn ein dienstliches oder betriebliches Interesse nicht anerkannt wurde (§ 17 Abs. 3 Satz 2). Für einen Anspruch auf die Zulage nach § 9 TVÜ-Länder ist eine Unterbrechung durch Sonderurlaub unschädlich.[23]

12 Bewährungszeiten sind nach dem TVöD nicht mehr maßgeblich. Für Beschäftigte, für die insoweit Überleitungsregelungen bestehen, gilt, dass Zeiten von Sonderurlaub wegen der ruhenden Verpflichtung zur Erbringung der Arbeitsleistung nicht auf Bewährungszeiten anzurechnen sind.

13 Auch bei einem ruhenden Arbeitsverhältnis entsteht grundsätzlich ein Urlaubsanspruch[24] unabhängig davon, ob das Arbeitsverhältnis bereits zu Beginn und während des gesamten Kalenderjahres oder erst ab einem späteren Zeitpunkt im Laufe des Kalenderjahres ruht.[25] Der jährliche **Erholungsurlaub** vermindert sich gem. § 26 Abs. 2 c um 1/12 für jeden vollen Kalendermonat der Inanspruchnahme von Sonderurlaub. Wegen der Unabdingbarkeit des gesetzlichen Mindesturlaubsanspruchs (§ 13 BUrlG) wirkt sich die die Kürzungsregelung nur auf den weitergehenden tariflichen Urlaubsanspruch aus.[26]

14 Für **Krankenbezüge und Krankengeldzuschuss** gilt eine Besonderheit: Der Begriff der Arbeitsunfähigkeit setzt die Verpflichtung zur Erbringung der Arbeitsleistung voraus. Beginnt eine Erkrankung während des Zeitraums eines Sonderurlaubs und dauert sie über den vorgesehenen Termin der Wiederaufnahme der Tätigkeit an, läuft der Sechs-Wochen Zeitraum des § 22 Abs. 1 erst ab dem vorgesehenen Termin der Wiederaufnahme der Tätigkeit, weil erst ab diesem Zeit-

---

[23] BAG v. 24.5.2012, 6 AZR 586/10.
[24] BAG v. 30.7.1986, 8 AZR 475/84, NZA 1987, 13, BAG v, 26.5.1988, 8 AZR 774/85, NZA 1989, 362, BAG v. 15.12.2009, 9 AZR 7, 95/08, NZA 2010, 728; zT aA Fieberg: Urlaubsanspruch bei ruhenden Arbeitsverhältnis, NZA 2009, 929 (934 f), aA LAG Düsseldorf v. 1.10.2010, 9 Sa 1541/09, ArbuR 2011, 128 und v. 5.5.2010, 7 Sa 1571/09, NZA-RR 2010, 568: Kein Urlaubsanspruch im ruhenden Arbeitsverhältnis.
[25] LAG Schleswig-Holstein v. 16.12.2010, 4 Sa 209/10, BB 2011, 372, LAG Baden-Württemberg v. 29.4.2010, 11 Sa 64/09, ZTR 2010, 415.
[26] LAG Köln v. 17.9.2010, 4 Sa 584/10, NZA 2011, 480.

punkt eine Arbeitsunfähigkeit besteht.[27] Das Gleiche muss gem. § 22 Abs. 3 beim Anspruch auf Krankengeldzuschuss für den Zeitraum von 13 bzw 39 Wochen gelten. Umgekehrt endet ein Anspruch auf Entgeltfortzahlung und Krankengeldzuschuss mit dem vorgesehenen Beginn eines Sonderurlaubs, auch wenn der Zeitraum für Entgeltfortzahlung und Krankengeldzuschuss noch nicht abgelaufen ist („Lohnausfallprinzip").[28]

Für die **Sozialversicherung** bedeutet das Ruhen des Arbeitsverhältnisses das Ende der Versicherungs- und Beitragspflicht. Die gesetzliche Krankenversicherung bleibt für längstens einen Monat erhalten (§ 19 Abs. 2 SGB V). Auf Wunsch ist eine freiwillige Versicherung möglich. Für die **Zusatzversorgungskasse** werden keine Umlagen erhoben und die Zeiten des Sonderurlaubs finden keine Anrechnung auf die Wartezeit und die gesamtversorgungsfähige Zeit. Ein **Rentenanspruch** besteht bei Erwerbs- oder Berufsunfähigkeit nur, wenn bei erfüllter Wartezeit in den letzten 60 Kalendermonaten vor Antritt des Versicherungsfalles Pflichtbeiträge für mindestens 36 Kalendermonate entrichtet wurden. Bei einem **Sonderurlaub von mehr als zwei Jahren** können deshalb **erhebliche Nachteile** entstehen. 15

Der Arbeitgeber hat die Pflicht, die Beschäftigten über die Folgen der Vereinbarung eines Sonderurlaubs aufzuklären.[29] Eine Verletzung der **Aufklärungspflicht** kann über § 280 Abs. 1 BGB Schadensersatzansprüche auslösen. 16

VI. Streitigkeiten

Versagt der Arbeitgeber seine Zustimmung zur beantragten Gewährung von Sonderurlaub, können Beschäftigte unter konkreter Darlegung eines wichtigen Grundes eine **Leistungsklage** auf Gewährung von Sonderurlaub erheben und den Antrag dabei auch auf eine bestimmte Zeit konkretisieren.[30] Die Klage richtet sich auf Abgabe einer entsprechenden Willenserklärung; eine Verurteilung wird nach § 894 ZPO wirksam,[31] so dass der Sonderurlaub durch ein Urteil entsprechend festgelegt ist und angetreten werden kann. 17

Um Beschäftigten einen effektiven Rechtsschutz gegen den Arbeitgeber zu gewährleisten, ist bei Vorliegen einer besonderen Eilbedürftigkeit eine **einstweilige Verfügung** möglich, die den Arbeitgeber verpflichtet, für einen von der oder dem Beschäftigten gewünschten Zeitraum Sonderurlaub zu gewähren.[32] Für die einstweilige Verfügung besteht schon deshalb ein Bedürfnis, weil der Arbeitnehmer kein Selbstbeurlaubungsrecht hat und sich daher den Sonderurlaub nicht selber 18

---

27 BAG v. 29.9.2004, 5 AZR 558/03, NZA 2005, 225 bei Ruhen wegen Elternzeit.
28 BAG v. 22.6.1988, 5 AZR 526/87, NZA 1989, 13.
29 BAG v. 17.12.1991, 3 AZR 44/91, NZA 1992, 973, BAG v. 9.9.1966, 1 AZR 259/65, AP Nr. 76 zu § 611 BGB Fürsorgepflicht; BAG v. 23.5.1989, 3 AZR 257/88, ZTR 1989, 402.
30 BAG v. 8.5.2001, 9 AZR 179/00, NZA 2002, 160, BAG v. 18.12.1986, 8 AZR 502/84, NZA 1987, 379.
31 BAG v. 18.3.2003, 9 AZR 126/02, ZTR 2004, 143; BAG v. 19.1.1962, 5 AZR 195/61, DB 1962, 410.
32 BAG v. 22.1.1998, 2 ABR 19/97, NZA 1998, 708; LAG Hamm v. 9.6.2004, 18 Sa 981/04, Bibliothek BAG; LAG Köln v. 17.3.1995, 13 Sa 1282/94; NZA 1995, 1200; ArbG Berlin 3.1.2003, 86 Ga 35147/02, NZA-RR 2004, 51; Corts, Einstweilige Verfügung auf Urlaubsgewährung, NZA 1998, 357; Fischer, Rechtswidrig verweigerte Urlaubsgewährung durch den Arbeitgeber – Handlungsmöglichkeiten des Arbeitnehmers, AuR 2003, 241 (243).

nehmen kann.[33] Da mit der begehrten Urlaubsgewährung der Anspruch des Arbeitnehmer nicht nur gesichert, sondern durchgesetzt wird, gelten für den Verfügungsgrund gem. § 940 ZPO die strengen Voraussetzungen für Befriedigungs- (Leistungs-) verfügungen. Die Einstweilige Verfügung muss deshalb zur Abwendung wesentlicher Nachteile nötig erscheinen (zB wenn Familienangehörige dringend der Betreuung bedürfen oder die Gefahr eines endgültigen Rechtsverlustes bei der geplanten Wahrnehmung einer zeitlich gebundenen beruflichen Aus- oder Fortbildung oder bei einem aus medizinischer Sicht erforderlichen Kur- oder Heilverfahren außerhalb einer Freistellung gem. § 22 Abs. 1 besteht).

§ 29 Arbeitsbefreiung (TVöD)

(1) ¹Als Fälle nach § 616 BGB, in denen Beschäftigte unter Fortzahlung des Entgelts nach § 21 im nachstehend genannten Ausmaß von der Arbeit freigestellt werden, gelten nur die folgenden Anlässe:

a) Niederkunft der Ehefrau/der Lebenspartnerin im Sinne des Lebenspartnerschaftsgesetzes	ein Arbeitstag,
b) Tod der Ehegattin/des Ehegatten, der Lebenspartnerin/des Lebenspartners im Sinne des Lebenspartnerschaftsgesetzes, eines Kindes oder Elternteils	zwei Arbeitstage,
c) Umzug aus dienstlichem oder betrieblichem Grund an einen anderen Ort	ein Arbeitstag,
d) 25- und 40-jähriges Arbeitsjubiläum	ein Arbeitstag,
e) schwere Erkrankung	
aa) einer/eines Angehörigen, soweit sie/er in demselben Haushalt lebt,	ein Arbeitstag im Kalenderjahr,
bb) eines Kindes, das das 12. Lebensjahr noch nicht vollendet hat, wenn im laufenden Kalenderjahr kein Anspruch nach § 45 SGB V besteht oder bestanden hat,	bis zu vier Arbeitstage im Kalenderjahr,
cc) einer Betreuungsperson, wenn Beschäftigte deshalb die Betreuung ihres Kindes, das das 8. Lebensjahr noch nicht vollendet hat oder wegen körperlicher, geistiger oder seelischer Behinderung dauernd pflegebedürftig ist, übernehmen muss,	bis zu vier Arbeitstage im Kalenderjahr.

²Eine Freistellung erfolgt nur, soweit eine andere Person zur Pflege oder Betreuung nicht sofort zur Verfügung steht und die Ärztin/der Arzt in den Fällen der Doppelbuchstaben aa und bb die Notwendigkeit der Anwesenheit der/des Beschäftigten zur vorläufigen Pflege bescheinigt. ³Die Freistellung darf insgesamt fünf Arbeitstage im Kalenderjahr nicht überschreiten.

f) Ärztliche Behandlung von Beschäftigten, wenn diese während der Arbeitszeit erfolgen muss,	erforderliche nachgewiesene Abwesenheitszeit einschließlich erforderlicher Wegezeiten.

---

[33] Walker, FS für Leinemann, Bewegtes Arbeitsrecht, 641 (642, 644), 2006.

(2) ¹Bei Erfüllung allgemeiner staatsbürgerlicher Pflichten nach deutschem Recht, soweit die Arbeitsbefreiung gesetzlich vorgeschrieben ist und soweit die Pflichten nicht außerhalb der Arbeitszeit, gegebenenfalls nach ihrer Verlegung, wahrgenommen werden können, besteht der Anspruch auf Fortzahlung des Entgelts nach § 21 nur insoweit, als Beschäftigte nicht Ansprüche auf Ersatz des Entgelts geltend machen können. ²Das fortgezahlte Entgelt gilt in Höhe des Ersatzanspruchs als Vorschuss auf die Leistungen der Kostenträger. ³Die Beschäftigten haben den Ersatzanspruch geltend zu machen und die erhaltenen Beträge an den Arbeitgeber abzuführen.

(3) ¹Der Arbeitgeber kann in sonstigen dringenden Fällen Arbeitsbefreiung unter Fortzahlung des Entgelts nach § 21 bis zu drei Arbeitstagen gewähren. ²In begründeten Fällen kann bei Verzicht auf das Entgelt kurzfristige Arbeitsbefreiung gewährt werden, wenn die dienstlichen oder betrieblichen Verhältnisse es gestatten.

Protokollerklärung zu Absatz 3 Satz 2:
Zu den „begründeten Fällen" können auch solche Anlässe gehören, für die nach Absatz 1 kein Anspruch auf Arbeitsbefreiung besteht (z.B. Umzug aus persönlichen Gründen).

(4) ¹Zur Teilnahme an Tagungen kann den gewählten Vertreterinnen/Vertretern der Bezirksvorstände, der Landesbezirksvorstände, der Landesfachbereichsvorstände, der Bundesfachbereichsvorstände, der Bundesfachgruppenvorstände sowie des Gewerkschaftsrates bzw. entsprechender Gremien anderer vertragsschließender Gewerkschaften auf Anfordern der Gewerkschaften Arbeitsbefreiung bis zu acht Werktagen im Jahr unter Fortzahlung des Entgelts nach § 21 erteilt werden, sofern nicht dringende dienstliche oder betriebliche Interessen entgegenstehen. ²Zur Teilnahme an Tarifverhandlungen mit dem Bund und der VKA oder ihrer Mitgliedverbände kann auf Anfordern einer der vertragsschließenden Gewerkschaften Arbeitsbefreiung unter Fortzahlung des Entgelts nach § 21 ohne zeitliche Begrenzung erteilt werden.

(5) Zur Teilnahme an Sitzungen von Prüfungs- und von Berufsbildungsausschüssen nach dem Berufsbildungsgesetz sowie für eine Tätigkeit in Organen von Sozialversicherungsträgern kann den Mitgliedern Arbeitsbefreiung unter Fortzahlung des Entgelts nach § 21 gewährt werden, sofern nicht dringende dienstliche oder betriebliche Interessen entgegenstehen.

§ 29 Arbeitsbefreiung (TV-L)

(1) ¹Nur die nachstehend aufgeführten Anlässe gelten als Fälle nach § 616 BGB, in denen Beschäftigte unter Fortzahlung des Entgelts in dem angegebenen Ausmaß von der Arbeit freigestellt werden:

a) Niederkunft der Ehefrau/der Lebenspartnerin im Sinne des Lebenspartnerschaftsgesetzes — ein Arbeitstag,

b) Tod der Ehegattin/des Ehegatten, der Lebenspartnerin/des Lebenspartners im Sinne des Lebenspartnerschaftsgesetzes, eines Kindes oder Elternteils — zwei Arbeitstage,

c) Umzug aus dienstlichem oder betrieblichem Grund an einen anderen Ort — ein Arbeitstag,

d) 25- und 40-jähriges Arbeitsjubiläum	ein Arbeitstag,
e) schwere Erkrankung	
aa) einer/eines Angehörigen, soweit sie/er in demselben Haushalt lebt,	ein Arbeitstag im Kalenderjahr,
bb) eines Kindes, das das 12. Lebensjahr noch nicht vollendet hat, wenn im laufenden Kalenderjahr kein Anspruch nach § 45 SGB V besteht oder bestanden hat,	bis zu vier Arbeitstage im Kalenderjahr,
cc) einer Betreuungsperson, wenn Beschäftigte deshalb die Betreuung ihres Kindes, das das 8. Lebensjahr noch nicht vollendet hat oder wegen körperlicher, geistiger oder seelischer Behinderung dauernd pflegebedürftig ist, übernehmen müssen.	bis zu vier Arbeitstage im Kalenderjahr.

²Eine Freistellung nach Buchstabe e erfolgt nur, soweit eine andere Person zur Pflege oder Betreuung nicht sofort zur Verfügung steht und die Ärztin/der Arzt in den Fällen der Doppelbuchstaben aa und bb die Notwendigkeit der Anwesenheit der/des Beschäftigten zur vorläufigen Pflege bescheinigt. ³Die Freistellung darf insgesamt fünf Arbeitstage im Kalenderjahr nicht überschreiten.

f) Ärztliche Behandlung von Beschäftigten, wenn diese während der Arbeitszeit erfolgen muss,	erforderliche nachgewiesene Abwesenheitszeit einschließlich erforderlicher Wegezeiten.

Niederschriftserklärung zu § 29 Absatz 1 Buchstabe f:
Die ärztliche Behandlung erfasst auch die ärztliche Untersuchung und die ärztlich verordnete Behandlung.

(2) ¹Bei Erfüllung allgemeiner staatsbürgerlicher Pflichten nach deutschem Recht besteht der Anspruch auf Fortzahlung des Entgelts, wenn die Arbeitsbefreiung gesetzlich vorgeschrieben ist und soweit die Pflichten nicht außerhalb der Arbeitszeit, gegebenenfalls nach ihrer Verlegung, wahrgenommen werden können; soweit die Beschäftigten Anspruch auf Ersatz des Entgelts geltend machen können, besteht kein Anspruch auf Entgeltfortzahlung. ²Das fortgezahlte Entgelt gilt in Höhe des Ersatzanspruchs als Vorschuss auf die Leistungen der Kostenträger. ³Die Beschäftigten haben den Ersatzanspruch geltend zu machen und die erhaltenen Beträge an den Arbeitgeber abzuführen.

(3) ¹Der Arbeitgeber kann in sonstigen dringenden Fällen Arbeitsbefreiung unter Fortzahlung des Entgelts bis zu drei Arbeitstagen gewähren. ²In begründeten Fällen kann bei Verzicht auf das Entgelt kurzfristige Arbeitsbefreiung gewährt werden, wenn die dienstlichen oder betrieblichen Verhältnisse es gestatten.

Protokollerklärung zu § 29 Absatz 3 Satz 2:
Zu den „begründeten Fällen" können auch solche Anlässe gehören, für die kein Anspruch auf Arbeitsbefreiung besteht (zum Beispiel Umzug aus persönlichen Gründen).

(4) ¹Auf Antrag kann den gewählten Vertreterinnen/Vertretern der Bezirksvorstände, der Landesbezirksvorstände, der Landesbezirksfachbereichsvorstände, der Bundesfachbereichsvorstände, der Bundesfachgruppenvorstände sowie des Gewerkschaftsrates beziehungsweise entsprechender Gremien anderer vertragsschließender Gewerkschaften zur Teilnahme an Tagungen Arbeitsbefreiung bis

zu acht Werktagen im Jahr unter Fortzahlung des Entgelts erteilt werden; dringende dienstliche oder betriebliche Interessen dürfen der Arbeitsbefreiung nicht entgegenstehen. ²Zur Teilnahme an Tarifverhandlungen mit der TdL oder ihren Mitgliedern kann auf Anfordern einer der vertragsschließenden Gewerkschaften Arbeitsbefreiung unter Fortzahlung des Entgelts ohne zeitliche Begrenzung erteilt werden.

(5) Zur Teilnahme an Sitzungen von Prüfungs- und von Berufsbildungsausschüssen nach dem Berufsbildungsgesetz sowie für eine Tätigkeit in Organen von Sozialversicherungsträgern kann den Mitgliedern Arbeitsbefreiung unter Fortzahlung des Entgelts gewährt werden, sofern nicht dringende dienstliche oder betriebliche Interessen entgegenstehen.

(6) In den Fällen der Absätze 1 bis 5 werden das Tabellenentgelt sowie die sonstigen Entgeltbestandteile, die in Monatsbeträgen festgelegt sind, weitergezahlt.

I. Normstruktur 1	c) Einer Betreuungsperson ... 12
II. Freistellung aufgrund persönlicher Umstände (Abs. 1) 2	6. Ärztliche Behandlung von Beschäftigten (Abs. 1 f) 13
1. Niederkunft der Ehefrau/der Lebenspartnerin (Abs. 1 a) ... 5	III. Entgeltfortzahlung wegen der Erfüllung staatsbürgerlicher Pflichten (Abs. 2) 15
2. Tod eines Ehegatten, Lebenspartners/-partnerin, Kindes oder Elternteils (Abs. 1 b) 6	IV. Freistellung in sonstigen, dringenden Fällen (Abs. 3) 19
3. Umzug (Abs. 1 c) 7	1. Bezahlte Freistellung 19
4. Arbeitsjubiläum (Abs. 1 d) ... 8	2. Unbezahlte Freistellung 23
5. Vorläufige Pflege bei schwerer Erkrankung (Abs. 1 e) 9	V. Freistellung wegen gewerkschaftlicher Verpflichtungen (Abs. 4) .. 26
a) Eines in demselben Haushalt lebenden Angehörigen 10	VI. Tätigkeit in Ausschüssen nach dem BBiG und in Organen von Sozialversicherungsträgern (Abs. 5) 30
b) Eines Kindes unter 12 Jahren 11	VII. Streitigkeiten 31

I. Normstruktur

§ 29 regelt Ansprüche auf Freistellung von der Arbeit mit und ohne Fortzahlung **1** der Vergütung, die neben dem Urlaubsanspruch bestehen. Die Vorschrift zur Arbeitsbefreiung entspricht weitgehend der bisherigen Regelung des § 52 BAT/BAT-O bzw § 33 MTArb/MTArb-O (in deren nach mehreren Änderungen zuletzt geltenden Fassungen). Die hierzu ergangene Rechtsprechung kann deshalb im Wesentlichen herangezogen werden. Allerdings bemisst sich das während der Arbeitsbefreiung fortzuzahlende Entgelt nunmehr nach § 21, der Bemessungsgrundlage für die Entgeltfortzahlung. Neben § 29 bestehen andere gesetzliche Freistellungsansprüche fort (zB für Personal- oder Betriebsräte, Frauen- bzw Gleichstellungsbeauftragte nach den Gleichstellungsgesetzen, nach MuSchG, ArbPlSchG, im SGB IX und zur Arbeitsplatzsuche in § 629 BGB, § 2 SGB III). In den meisten Bundesländern sind darüber hinaus gesetzliche Freistellungsansprüche für Fort- und Weiterbildung (Bildungsurlaub) vorgesehen.

II. Freistellung aufgrund persönlicher Umstände (Abs. 1)

Abs. 1 enthält eine **abschließende Aufzählung** für einen Anspruch auf Freistel- **2** lung aus Gründen, die in der Person des Arbeitnehmers liegen. Hierdurch wird

§ 616 BGB, nach der ein Beschäftigter seinen Vergütungsanspruch nicht verliert, wenn er für eine verhältnismäßig nicht erhebliche Zeit aus einem in seiner Person liegenden Grund ohne sein Verschulden an der Arbeitsleistung verhindert ist, gleichzeitig konkretisiert und auf die genannten Anlässe **beschränkt**. Alle anderen denkbaren Fälle des § 616 BGB und ein etwaiger damit zusammenhängender Freistellungsanspruch von längerer Dauer sind durch Abs. 1 ausgeschlossen. § 616 BGB ist durch Tarifvertrag abdingbar[1] und kann daher auf die genannten Fälle reduziert werden.[2] Die Freistellung erfolgt gegen Fortzahlung des Entgelts gem. § 21. Der Anspruch ist **unbedingt**. Der Arbeitgeber kann die Freistellung nicht unter Verweis auf entgegenstehende betriebliche oder dienstliche Belange verweigern.

3 Eine Freistellung setzt voraus, dass einer der Tatbestände nach Abs. 1 a) – f) vorliegt und nicht bereits aus anderen Gründen (Arbeitsunfähigkeit oder Urlaub) in dem Zeitraum, in dem eine Freistellung nach Abs. 1 üblicherweise anfällt, eine Befreiung von der Pflicht zur Arbeitsleistung besteht.[3] Nicht erforderlich ist es, dass Beschäftigten aus einem der genannten Anlässe tatsächlich ein besonderer Zeitaufwand erwächst.[4]

4 Eine Freistellung von der Arbeitsleistung erfolgt für **volle Arbeitstage** ohne Unterscheidung zwischen Vollzeitbeschäftigten und Teilzeitbeschäftigten und ohne Rücksicht auf eine eventuelle unregelmäßige Verteilung der Arbeitszeit.[5] Der TVöD trifft keine Regelung für eine Arbeitsschicht, die sich über zwei Tage erstreckt. In einem solchen Fall ist davon auszugehen, dass als Arbeitstag die sich über zwei Tage erstreckende Schicht gilt.[6] Die Freistellung muss nicht genau an dem Tag genommen werden, auf den der Anlass fällt; es muss aber ein **naher zeitlicher Zusammenhang** zwischen Anlass und Freistellung bestehen.[7]

5 **1. Niederkunft der Ehefrau/der Lebenspartnerin (Abs. 1 a)**. Ein Beschäftigter hat anlässlich der Geburt seines Kindes Anspruch auf bezahlte Freistellung von **einem Tag**. Nach dem Wortlaut des Abs. 1 a besteht der Anspruch nur, wenn die Ehefrau oder die Lebenspartnerin im Sinne des Lebenspartnerschaftsgesetzes niederkommt. Maßgebend ist die **formale Voraussetzung** einer bestehenden Ehe oder einer eingetragenen Lebensgemeinschaft. eine häusliche Gemeinschaft ist nicht erforderlich, aber auch nicht ausreichend. Daher besteht nach Abs. 1 kein Anspruch bei der Niederkunft einer in häuslicher (nichtehelicher) Lebensgemeinschaft lebenden Lebensgefährtin.[8] Im Hinblick auf die gleichen Rechte

---

[1] BAG v. 20.6.1995, 3 AZR 857/94, NZA 1996, 383; BAG v. 18.1.2001, 6 AZR 492/99, NZA 2002, 47.
[2] BAG v. 18.1.2001, 6 AZR 492/99, NZA 2002, 47, BAG v. 13.12.2001, 6 AZR 30/01, NZA 2002, 1105.
[3] BAG v. 7.3.1990, 5 AZR 189/89, DB 1990, 1469; LAG Niedersachsen v. 24.8.1983, 5 Sa 61/83, BB 1984, 536.
[4] BAG v. 12.12.1973, 4 AZR 75/73, DB 1975, 1179: Freistellungsanspruch für einen Beschäftigten anlässlich der Niederkunft seiner weit entfernt lebenden Ehefrau, die er zu diesem Anlass nicht besucht hat.
[5] Breier/Dassau/Kiefer/Lang/Langenbrinck, TVöD, § 29, Rn 12, Görg in Görg/Guth/Hamer/Pieper, TVöD, 2007, § 29 Rn 7.
[6] Breier/Dassau/Kiefer/Lang/Langenbrinck, TVöD, § 29 Rn 9.
[7] BAG v. 27.4.1983, 4 AZR 506/80, DB 1983, 2201; Breier/Dassau/Kiefer/Lang/Langenbrinck, TVöD, § 29 Rn 10; Görg in Görg/Guth/Hamer/Pieper, TVöD, 2007, § 29 Rn 6.
[8] BAG v. 25.2.1987, 8 AZR 430/84, NZA 1987, 667; BAG v. 18.1.2001, 6 AZR 492/99, NZA 2002, 47.

nichtehelicher Kinder und seiner Eltern und das am 1.7.1998 in Kraft getretene Kindschaftsreformgesetz ist allerdings im Wege der verfassungskonformen Auslegung davon auszugehen, dass ein Anspruch auf unentgeltliche Freistellung gem. Abs. 3 S. 1 auch für den **Vater eines nichtehelichen** Kindes besteht und sich das Ermessen des Arbeitgeber für die Freistellung auf Null reduziert.[9] Das BVerfG hat eine Verfassungsbeschwerde gegen die gleichlautende Bestimmung in § 52 Abs. 1 BAT nicht angenommen, weil es die grundsätzliche Bedeutung der Frage zum damaligen Zeitpunkt verneint hat.[10]

2. Tod eines Ehegatten, Lebenspartners/-partnerin, Kindes oder Elternteils 6 (Abs. 1 b). Bei **Ehegatten und Lebenspartnern** kommt es auf die formale Voraussetzung einer bis zum Tod bestehenden Ehe oder eingetragenen Lebenspartnerschaft an. Kein Anspruch besteht bei Tod eines geschiedenen Ehepartners oder Lebensgefährten außerhalb einer eingetragenen Lebenspartnerschaft. Für die Definition, wer als „**Kind**" anzusehen ist, kann auf die Regelungen in §§ 32 und 64 EStG und § 10 Abs. 4 SGB V zurückgegriffen werden (s. § 11 Rn 9). Anlass für eine Freistellung ist daher neben dem Tod eines leiblichen Kindes auch der Tod eines Adoptivkindes (§ 1754 BGB), Stief- oder Pflegekindes und eines in den Haushalt aufgenommenen Enkels. Entgegen einer verbreiteten Meinung in der Literatur, die einen Anspruch nur beim Tod von leiblichen Kindern und Adoptivkindern sieht,[11] gibt es keinen Grund, den Begriff des „Kindes" in § 11 und in § 29 unterschiedlich zu interpretieren. Hierfür spricht auch, dass es sich für die betroffenen Beschäftigten beim Tod aller genannten Kinder um seltene Ausnahmesituationen handelt und zudem Abs. 1 e bb) ausdrücklich in Bezug zu § 45 SGB V steht, für den ebenfalls der weitere „Kindbegriff" des § 10 Abs. 4 SGB V zugrunde zu legen ist. Mit **Elternteil** sind nur leibliche Eltern und Adoptiveltern gemeint. Eine häusliche Gemeinschaft ist in allen genannten Fällen nicht erforderlich. Der Freistellungsanspruch beträgt **zwei Arbeitstage**. Eine Aufteilung ist zulässig (zB ein Tag in zeitlichem Zusammenhang mit dem Tod, ein Tag anlässlich der Beerdigung).

3. Umzug (Abs. 1 c). Umzug meint jeden Wechsel des Wohnorts, die Entfernung 7 ist unerheblich. Der Umzug muss in Abgrenzung zur privaten Veranlassung **aus dienstlichen oder betrieblichen Gründen** erfolgen. Anspruch auf bezahlte Freistellung besteht für **einen Arbeitstag** Ein Umzug aus persönlichen Gründen kann nach der Protokollerklärung zu den „begründeten Fällen" für eine unentgeltliche Freistellung gem. Abs. 3 S. 2 gehören.

4. Arbeitsjubiläum (Abs. 1 d). Aus Anlass des 25- und 40-jährigen Arbeitsjubi- 8 läums besteht ein Anspruch auf Arbeitsbefreiung für **einen Arbeitstag**. Neben dem Freistellungsanspruch besteht ein Anspruch auf Jubiläumsgeld gem. § 23 Abs. 2.

5. Vorläufige Pflege bei schwerer Erkrankung (Abs. 1 e). Eine schwere Erkran- 9 kung liegt immer dann vor, wenn Pflege unerlässlich ist, also **Pflegebedürftig-**

---

9 So ArbG Frankfurt/Oder v. 7.10.1998, 6 CA 1637/98, NZA-RR 1999, 89; aA LAG Brandenburg v. 31.3.1999, 6 Sa 794/98, AuA 2000, 449; BAG v. 18.1.2001, 6 AZR 492/99, NZA 2002, 47.
10 BVerfG v. 8.1.1998, 1 BvR 1872/94, NZA 1998, 547.
11 Breier/Dassau/Kiefer/Lang/Langenbrinck, TVöD, § 29 Rn 20 im Gegensatz zu § 11 Rn 22, Görg in Görg/Guth/Hamer/Pieper, TVöD, 2007, § 29 Rn 15 im Gegensatz zu § 11 Rn 9.

keit besteht.[12] Zum **Nachweis** der schweren Erkrankung ist eine ärztliche Bescheinigung erforderlich, aus der die Pflegebedürftigkeit und die Notwendigkeit der Anwesenheit der oder des Beschäftigten zur vorläufigen Pflege hervorgeht. Beschäftigte sollen so die Möglichkeit haben, bei nicht vorhersehbarem Betreuungsbedarf die Pflege vorübergehend bis zu einer anderweitigen Organisation der Betreuung selbst zu übernehmen. Daher ist außerdem die **Glaubhaftmachung** erforderlich, dass **keine andere Person** zur Pflege oder Betreuung sofort zur Verfügung steht. Kommen mehrere Personen für die Pflege in Betracht (zB Eltern, die beide beschäftigt sind), können diese selbst bestimmen, wer die Pflege übernehmen soll.[13] Jedenfalls bei Kindern unter acht Jahren können Beschäftigte für die ersten Tage der Erkrankung nicht darauf verwiesen werden, dass außerhalb des Haushalts lebende Personen das Kind pflegen oder betreuen könnten.[14] Aus der tarifvertraglichen Regelung ergibt sich die Verpflichtung für Beschäftigte, die Abwesenheit von der Arbeit möglichst zu vermeiden und sich dementsprechend – soweit und sobald als möglich – um eine andere Betreuungsmöglichkeit zu kümmern. Wollen Beschäftigte die Betreuung (insbesondere eines Kindes) keiner anderen Person überlassen, kann unbezahlte Freistellung nach Abs. 3 S. 2 in Betracht kommen. Die bezahlte Freistellung nach Abs. 1 e) ist auf **insgesamt fünf Arbeitstage im Kalenderjahr** beschränkt, unabhängig davon, welche und wie viele Personen im Geltungsbereich der Alternativen aa) bis cc) erkranken.

10 a) **Eines in demselben Haushalt lebenden Angehörigen.** Der Begriff des „Angehörigen" ist genauso zu verstehen, wie in § 11 (§ 11 Rn 9 und 10). Relevant sind nach Abs. 1 e) aa) nur Angehörige, die im Haushalt des Beschäftigten leben. Die Freistellung erfolgt für **einen Arbeitstag**.

11 b) **Eines Kindes unter 12 Jahren.** Bei der Erkrankung von Kindern unter 12 Jahren (zum Kindbegriff s. § 11 Rn 9) besteht unabhängig davon, ob das Kind im eigenen Haushalt lebt, ein Anspruch auf bezahlte Freistellung von **bis zu vier Arbeitstagen** im Kalenderjahr, wenn im laufenden Kalenderjahr kein Anspruch aus § 45 SGB V besteht oder bestanden hat. Der tarifliche Anspruch auf bezahlte Freistellung greift deshalb **nur** für **Beschäftigte, die nicht gesetzlich krankenversichert** oder deren erkrankte Kinder nicht gem. § 10 SGB V familienversichert sind und die deshalb keinen Anspruch auf Krankengeld gem. § 45 SGB V haben. Für die gesetzlich Krankenversicherten gewährt § 45 SGB V für im Haushalt lebende, unterhaltsberechtigte Kinder unter 12 Jahren, die gem. § 10 SGB V familienversichert sind, einen bezahlten Freistellungsanspruch bis zu 25 Arbeitstagen im Kalenderjahr (Alleinerziehende bis zu 50 Arbeitstagen) und längstens 10 Arbeitstagen für jedes Kind (Alleinerziehende 20 Arbeitstagen). Während dieser Zeit entfällt der Entgeltfortzahlungsanspruch gegenüber dem Arbeitgeber und die gesetzliche Krankenkasse zahlt Krankengeld. Für Beschäftigte, die privat oder nicht versichert sind, besteht gem. § 45 Abs. 5 SGB V im gleichen Umfang lediglich ein Anspruch auf unbezahlte Freistellung, der neben den tariflichen Anspruch auf bezahlte Freistellung tritt und beispielsweise im Anschluss daran in Anspruch genommen werden kann. Die Freistellung zur Pflege eines erkrankten Kindes ist eine **Spezialregelung zur Freistellung wegen der schweren Erkran-**

---

12 BAG v. 11.8.1982, 5 AZR 1082/79, DB 1982, 2472.
13 BAG 20.6.1979, 5 AZR 361/78, BB 1979, 1452.
14 BAG v. 19.4.1978, 5 AZR 834/76, DB 1978, 1595.

kung von Angehörigen, so dass die Ansprüche nicht nebeneinander für das gleiche Kind geltend gemacht werden können.

c) **Einer Betreuungsperson.** Bei schwerer Erkrankung einer Betreuungsperson besteht ein Anspruch auf Freistellung **bis zu vier Arbeitstagen** im Kalenderjahr, wenn Beschäftige deshalb die Betreuung ihres Kindes unter 8 Jahren oder (ohne Altersgrenze) eines Kindes, das wegen körperlicher, geistiger oder seelischer Behinderung dauernd pflegebedürftig ist, übernehmen müssen. **Betreuungspersonen** sind alle Personen, die das betroffene Kind regelmäßig betreuen, unabhängig davon, ob es sich um den Ehegatten, Lebenspartner, andere Familienangehörige oder bezahlte oder nicht bezahlte Dritte handelt. Die Erkrankung der Betreuungsperson muss glaubhaft gemacht werden. Eine ärztliche Bescheinigung ist nicht erforderlich.

12

6. Ärztliche Behandlung von Beschäftigten (Abs. 1 f). Ein Anspruch auf bezahlte Freistellung besteht, wenn und soweit eine ärztliche Behandlung während der Arbeitszeit erfolgen muss für die erforderliche nachgewiesene Abwesenheitszeit einschließlich erforderlicher Wegezeiten. **Ärztliche Behandlung** umfasst nach der Niederschriftserklärung die ärztliche Untersuchung und die ärztlich verordnete Behandlung. Die Behandlung selber muss nicht durch einen Arzt erfolgen. Hierunter fällt auch eine ambulante Reha-Maßnahme, für die insoweit aber der Entgeltfortzahlungsanspruch gem. § 9 Abs. 1 EFZG vorrangig ist. **Arbeitsunfähigkeit** schließt eine Freistellung von der Arbeit nach Abs. 1 aus, da eine solche nur erfolgen kann, wenn grundsätzlich eine Arbeitspflicht besteht.

13

Eine Freistellung erfolgt nur bei der zwingenden Notwendigkeit einer **Behandlung während der Arbeitszeit.** Dies kann beispielsweise aufgrund der Art der Erkrankung (akute Zahnschmerzen o.ä.), der Art der Untersuchung, aber auch aufgrund des Terminplans des Arztes[15] der Fall sein und muss ggf ärztlich bescheinigt werden. Findet der Arztbesuch während einer bestehenden Gleitzeit statt, kann keine Zeitgutschrift verlangt werden.[16]

14

III. Entgeltfortzahlung wegen der Erfüllung staatsbürgerlicher Pflichten (Abs. 2)

Abs. 2 regelt die **Entgeltfortzahlung** bei Erfüllung staatsbürgerlicher Pflichten und setzt einen Anspruch auf Freistellung von der Arbeit nach anderen gesetzlichen Regelungen voraus. Abs. 2 stellt damit **keine Anspruchsgrundlage** für eine Arbeitsbefreiung dar. Beschäftigte haben die Verpflichtung, die Versäumung der Arbeit möglichst zu vermeiden und – soweit realisierbar – die Pflichten außerhalb der Arbeitszeit, gegebenenfalls nach ihrer Verlegung, wahrzunehmen. Bei Gleitzeit sind also zunächst die vorhandenen Spielräume zu nutzen.[17] Ist eine Versäumung der Arbeit unvermeidbar, besteht keine Verpflichtung zur Nacharbeit.[18]

15

---

15 BAG v. 22.1.1986, 5 AZR 34/85, NZA 1986, 524.
16 LAG Köln v. 10.2.1993, 8 Sa 894/92, EzBAT § 52 Arztbesuch Nr. 2.
17 BAG v. 22.1.2009, 6 AZR 78/08, NZA 2009, 735: kein Anspruch auf Zeitgutschrift für als ehrenamtliche Richter tätige Beschäftigte; BAG v. 16.12.1993, 6 AZR 236/93, NZA 1994, 854.
18 Görg in Görg/Guth/Hamer/Pieper, TVöD, 2007, § 29 Rn 30.

16 **Staatsbürgerliche Pflichten** sind zu erfüllende Pflichten, die jeden Staatsbürger ohne Weiteres treffen können und nach allgemeiner Erfahrung auch treffen,[19] wie die Pflicht, als Zeuge vor Gericht auszusagen,[20] oder die Mitwirkung
- im Wahlausschuss/Wahlvorstand § 11 BWG,
- in entsprechenden Wahlorganen für Landtagswahlen und Kommunalwahlen,
- als Schöffe (§§ 31–56 GVG),
- als ehrenamtliche Richter in der Arbeits-, Verwaltungs- und Sozialgerichtsbarkeit (§§ 16, 20 ff, 35, 43 ArbGG, §§ 9, 30, 38 SGG und §§ 19 ff VwGO).

Von Abs. 2 wird nur die Entgeltfortzahlung für die Tätigkeit selbst umfasst, nicht aber für Fortbildungsveranstaltungen für diese Aufgaben. Hier kommt ggf ein Freistellungsanspruch gem. Abs. 3 in Betracht. Bei ehrenamtlichen Arbeitsrichtern besteht auch insoweit ein Freistellungsanspruch aus § 26 ArbGG jedoch ohne Entgeltfortzahlungsanspruch.[21]

17 **Keine** allgemeinen **staatsbürgerlichen Pflichten** sind:
- Ämter in Selbstverwaltungsorganen der gesetzlichen Sozialversicherungsträger (s. hierzu Abs. 5),
- Tätigkeit in Wahlorganen zur Durchführung der Sozialwahlen §§ 29 ff SGB IV,
- Tätigkeit der Versichertenältesten und Vertrauensmänner,
- Mitwirkung in Prüfungssauschüssen (IHK – BBiG – s. hierzu Abs. 5),
- Beteiligung an Notfalldiensten/Katastrophen und Brandschutz, wenn die Heranziehung nicht aufgrund landesrechtlicher Gesetze als allgemeine staatsbürgerliche Pflicht erfolgt,
- Abgeordnetenmandate, Mitglieder von Gemeinderäten,
- Tätigkeit in Organen öffentlich rechtlicher Körperschaften (Bundesanstalt für Arbeit, Berufskammern),
- Bestattungsdienst,
- Wahrnehmung amtlicher Termine (Gericht, Polizei): unabhängig ob privat oder dienstlich erfolgt die Wahrnehmung solcher Termine nicht als allgemeine staatsbürgerliche Pflicht. Ist die Wahrnehmung solcher Termine privat veranlasst, hat regelmäßig eine Freistellung ohne Entgeltfortzahlung nach Abs. 3 S. 2 zu erfolgen.

18 Für die Zeiten, für die eine Freistellung zur Erfüllung staatsbürgerlicher Pflichten zwingend erforderlich ist, besteht nach Abs. 2 ein Anspruch auf Zahlung des Entgelts gem. § 21. Die Entgeltfortzahlung erfolgt unter Anrechnung des für die Erfüllung der allgemeinen staatsbürgerlichen Pflichten aufgrund gesetzlicher Ersatzansprüche gezahlten Entgelts. Ist noch keine Zahlung erfolgt, gilt das vom Arbeitgeber geleistete Entgelt als Vorschuss auf den Ersatzanspruch der Beschäftigten. Diese sind verpflichtet, den Ersatzanspruch geltend zu machen und die erhaltenen Beträge an den Arbeitgeber abzuführen. Beschäftigte, die diese Pflicht verletzen, können vom Arbeitgeber auf Schadensersatz in Anspruch genommen werden.

---

19 BAG v. 7.11.1991, 6 AZR 496/89, NZA 1992, 464.
20 BAG v. 13.12.2001, 6 AZR 30/01, NZA 2002, 1105.
21 BAG v. 25.8.1982, 4 AZR 1147/79, BB 1984, 1362.

IV. Freistellung in sonstigen, dringenden Fällen (Abs. 3)

1. Bezahlte Freistellung. Abs. 3 S. 1 sieht vor, dass der Arbeitgeber nach seinem Ermessen in sonstigen dringenden Fällen eine bezahlte Freistellung von bis zu drei Tagen gewähren kann. Für die in Abs. 1 und 2 geregelten Fälle einer bezahlten Freistellung ist die Aufzählung abschließend. Abs. 3 S. 1 meint deshalb „sonstige dringende **Fälle**", die nicht bereits von Abs. 1 und 2 erfasst werden und bedeutet keine Erweiterung oder Ergänzung der Möglichkeiten zur Gewährung von Freistellung in den dort genannten Fällen. Besteht insbesondere bei Niederkunft, Tod, Umzug, Jubiläen, oder Erkrankung wegen der restriktiven Regelung nach Abs. 1 kein Anspruch auf bezahlte Freistellung, besteht auch kein Anspruch nach Abs. 3 S. 1. Dies folgt auch aus einem Umkehrschluss aus der Protokollerklärung zu Abs. 3 S. 2, nach der explizit die Möglichkeit einer unbezahlten Freistellung für die in Abs. 1 genannten Anlässe geschaffen werden soll, für die die strengen Voraussetzungen des Abs. 1 und damit ein Anspruch auf bezahlte Freistellung nicht vorliegen. 19

Abs. 1 enthält über die genannten Fälle hinaus eine insgesamt abschließende Regelung eines Anspruchs auf bezahlte Freistellung aus persönlichen Gründen, die unter § 616 BGB fallen. Damit ist auch ein Anspruch auf Freistellung aus persönlichen Anlässen, die nicht in Abs. 1 genannt sind, wirksam abbedungen. Deshalb wird vertreten, dass bei sonstigen dringenden persönlichen Anlässen keine bezahlte Freistellung nach Abs. 3 möglich sein soll.[22] Diese Auslegung des Tarifvertrages ist jedoch nicht zwingend. Anders als Abs. 1 sieht Abs. 3 S. 1 keinen Anspruch auf bezahlte Freistellung vor, so dass der Anspruch auf Freistellung nach § 616 BGB auch dann abbedungen bleibt, wenn daneben die Möglichkeit einer **Freistellung im Rahmen einer Ermessensentscheidung** nach Abs. 3 besteht. Überdies wäre anderenfalls nicht verständlich, welche sonstigen dringenden Fälle in Abs. 3 gemeint sein sollten, so dass die Vorschrift leer laufen würde. 20

Eine bezahlte Freistellung nach Abs. 3 kommt deshalb aus Anlässen in Betracht, die nicht bereits in Abs. 1 und 2 genannt sind, aber nach den Grundsätzen des § 616 BGB Berücksichtigung finden. Ein sonstiger **dringender Fall** ist daher anzunehmen, wenn ein anderer in der Person der oder des Beschäftigten liegender Grund für das Fernbleiben von der Arbeit vorliegt, der unverschuldet ist, wie zB ein Tätigkeitsverbot aufgrund des BSeuchenG.[23] Unverschuldet ist ein Fernbleiben auch dann, wenn Beschäftigten unter den bestehenden Umständen vorübergehend für einen verhältnismäßig nicht erheblichen Zeitraum die Erbringung der Arbeitsleistung nicht zumutbar ist, wie zB bei Eheschließung und Erfüllung religiöser Pflichten[24] oder Teilnahme an einer seltenen Familienfeier.[25] 21

Abs. 3 S. 1 ist als „Kann-Bestimmung" ausgestaltet und enthält daher keinen Anspruch der Beschäftigten auf bezahlte Freistellung. Der Arbeitgeber hat seine Entscheidung im Rahmen **billigen Ermessens** unter Abwägung der gegenseitigen Interessen zu treffen (§ 315 BGB). Hierbei ist auch abzuwägen, ob eine unbezahlte Freistellung ausreicht oder genügend Urlaub zur Verfügung steht, damit Beschäftigte ohne unzumutbaren Nachteil ihren persönlichen Verpflichtungen nachkommen können. Die Freistellung kann **bis zu drei Arbeitstage** umfassen. 22

---

22 Breier/Dassau/Kiefer/Lang/Langenbrinck, TVöD, § 11 Rn 70 f.
23 BGH v. 30.11.1978, III ZR 43/77, BB 1979, 213.
24 BAG v. 27.4.1983, 4 AZR 506/80, DB 1983, 2201.
25 BAG v. 25.10.1973, 5 AZR 156/73, BB 1974, 557.

Für einen längeren Zeitraum kommt nur unbezahlte Freistellung nach Abs. 3 S. 2 oder Sonderurlaub unter Verzicht auf die Fortzahlung des Entgelts nach § 28 in Betracht.

23 **2. Unbezahlte Freistellung.** Abs. 3 S. 2 regelt die im Ermessen des Arbeitgebers liegende Möglichkeit, in „begründeten Fällen" kurzfristig unbezahlte Freistellung zu gewähren und ergänzt die Möglichkeiten des Sonderurlaubs gem. § 28. „**Kurzfristig**" ist unter Heranziehung der zum BAT geltenden Grundsätze ein Zeitraum von bis zu vierzehn Tagen.[26]

24 Nach der Protokollerklärung können zu den „**begründeten Fällen**" für eine unentgeltliche Freistellung auch Anlässe gehören, die abschließend in Abs. 1 und 2 geregelt sind, für die aber die strengen Voraussetzungen für einen Anspruch auf bezahlte Freistellung nicht vorliegen. So ist beispielsweise der Anlass „Umzug" in Abs. 1 c geregelt. Bei einer privaten Veranlassung liegen die Voraussetzungen für eine bezahlte Freistellung nicht vor, so dass nur eine unbezahlte Freistellung in Betracht kommt. Andere begründete Fälle wie Sterbefälle naher Angehöriger, die nicht unter Abs. 1 fallen, oder andere religiöse und gesellschaftliche Verpflichtungen wie die Eheschließung eines Kindes, silberne Hochzeit, Teilnahme an Blutspendeaktionen oder an der Beisetzung von Angehörigen derselben Dienststelle waren bis 30.6.1996 im BAT ausdrücklich geregelt und sind ebenfalls für eine unentgeltliche Freistellung zu berücksichtigen.

25 Die Entscheidung des Arbeitgebers erfolgt nach billigem Ermessen gem. § 315 BGB unter Abwägung der gegenseitigen Interessen. Da der Arbeitgeber nicht zur Entgeltzahlung verpflichtet ist, hat er eine Freistellung regelmäßig dann zu gewähren, wenn nachvollziehbare dienstliche oder betriebliche Gründe der kurzfristigen Arbeitsbefreiung nicht entgegenstehen.[27]

V. Freistellung wegen gewerkschaftlicher Verpflichtungen (Abs. 4)

26 Für Vertreter der in Abs. 4 genannten Gewerkschaftsorgane besteht zur **Teilnahme an Tagungen** der entsprechenden Gewerkschaftsgremien ein Freistellungsanspruch von bis zu 8 Werktagen im Jahr. Die Arbeitsbefreiung für gewerkschaftliche Zwecke wurde gegenüber dem BAT um die Landesfachbereichsvorstände erweitert. Ansonsten gelten die bisherigen Grundsätze und die zum BAT ergangene Rechtsprechung fort. Die Arbeitsbefreiung richtet sich an **gewählte Funktionsträger**, nicht an einfache Mitglieder und bezieht sich auf die Teilnahme an Tagungen. Gewerkschaftliche Schulungsveranstaltungen werden hiervon nicht erfasst. Der Antrag auf Arbeitsbefreiung erfolgt durch den gewählten Vertreter regelmäßig unter Vorlage eines Einladungsschreibens der Gewerkschaft.

27 Die Dauer der Arbeitsbefreiung ist in Abs. 4 nach Werktagen bemessen und wie der gesetzliche Mindesturlaub nach dem BUrlG in Arbeitstage umzurechnen. Da der TVöD hierfür keine Berechnungsformel vorsieht, sind die zur Bestimmung der individuellen gesetzlichen Urlaubsdauer entwickelten Grundsätze entsprechend anzuwenden.[28] Bei einer Fünftagewoche beträgt die **Höchstdauer** der Arbeitsbefreiung für gewerkschaftliche Zwecke daher **6,67 Arbeitstage** (Freistel-

---

26 BAT-Kommission 24.6.1965 zu § 52 Abs. 3 Unterabs. 2 BAT.
27 Görg in Görg/Guth/Hamer/Pieper, TVöD, 2007, § 29 Rn 34.
28 BAG v. 14.1.1992, 9 AZR 148/91, NZA 1992, 759.

lungsanspruch von acht Werktagen geteilt durch sechs Werktage, multipliziert mit fünf Arbeitstagen). Mangels einer einschlägigen gesetzlichen oder tariflichen Rundungsvorschrift ist für gewerkschaftliche Zwecke ggf auch stundenweise Arbeitsbefreiung zu gewähren.[29]

Die Freistellung liegt im gebundenen Ermessen des Arbeitgebers (§ 315 BGB). Liegen die Voraussetzungen des Abs. 4 vor, kann eine Versagung der Freistellung daher nur erfolgen, wenn der Freistellung dringende dienstliche oder betriebliche Interessen entgegenstehen.[30] 28

Für die **Teilnahme an Tarifverhandlungen** besteht für die von der Gewerkschaft bestimmten Mitglieder der Tarif- und Verhandlungskommissionen ein zeitlich unbegrenzter Freistellungsanspruch. Die Gewerkschaft muss die oder den entsprechende(n) Beschäftigte(n) beim Arbeitgeber anfordern. Die Tarifverhandlungen müssen mit dem Bund, der VKA oder ihren Mitgliederverbänden angesetzt sein. Ein Freistellungsanspruch besteht nicht für interne gewerkschaftliche Beratungen, sondern nur für die mit dem Arbeitgeber vereinbarten Verhandlungstage einschließlich eventueller An- und Abreisezeiten. Sind Tarifverhandlungen anberaumt besteht im Rahmen der gebundenen Ermessensentscheidung des Arbeitgebers kaum ein denkbarer Grund für eine Versagung der Freistellung aus überwiegenden entgegenstehenden dringenden dienstlichen oder betrieblichen Interessen. 29

VI. Tätigkeit in Ausschüssen nach dem BBiG und in Organen von Sozialversicherungsträgern (Abs. 5)

Die Freistellung zur Teilnahme an Sitzungen von Prüfungsausschüssen und Berufsbildungsausschüssen ist in §§ 39, 40, 77, 92 BBiG geregelt. §§ 29 ff SGB IV sehen eine Freistellung für die Tätigkeit in Organen der Sozialversicherungsträger (Selbstverwaltungsorgane) und deren Aufgaben vor. Auch hier liegt die Entscheidung im gebundenen Ermessen des Arbeitgebers und kann nur versagt werden, wenn dringende dienstliche oder betriebliche Interessen entgegenstehen. 30

VII. Streitigkeiten

Der Anspruch auf bezahlte Freistellung nach Abs. 1 und 2 besteht ohne Weiteres und kann von Beschäftigten in Anspruch genommen werden, ohne dass es einer Zustimmung des Arbeitgebers bedarf. Sind die Voraussetzungen der Freistellung streitig, wird der Arbeitgeber gegebenenfalls Entgeltfortzahlung für die nicht gearbeiteten Zeiten verweigern, so dass Beschäftigte vor dem Arbeitsgericht ihre Vergütung im Wege einer **Forderungsklage** geltend machen können. Bei Abs. 2 ist von der Forderung der Betrag abzuziehen, der von den zuständigen Kostenträgern an die oder den Beschäftigten für die Erfüllung der staatsbürgerlichen Pflichten bereits gezahlt wurde. 31

Soweit nach Abs. 3, 4 und 5 eine Freistellung von einer Ermessensentscheidung des Arbeitgebers und daher von einer Willenserklärung abhängt, können die Beschäftigten im Wege der **Leistungsklage** die Abgabe einer entsprechenden Willenserklärung verlangen. 32

---

29 Durchführungshinweise des BMI vom 22.12.2005 – D II 2 – 220 210-2/0 – zu den Abschnitten I und II sowie IV, V und VI TVöD.
30 Görg in Görg/Guth/Hamer/Pieper, TVöD, 2007, § 29 Rn 35.

Musterantrag:

„Der Arbeitgeber wird verurteilt, den Beschäftigten B für den Tag der standesamtlichen Trauung seines Kindes am 15. Juni 2008 unentgeltlich von der Arbeit freizustellen."

Die zu treffende Ermessensentscheidung nach Abs. 3 S. 2, ob die dienstliche Situation das Fernbleiben zulässt, steht der gerichtlichen Nachprüfung uneingeschränkt offen.[31] Eine entsprechende Verurteilung des Arbeitgebers wird nach § 894 ZPO wirksam, denn die Zustimmung des Arbeitgebers gilt mit Rechtskraft des Urteils als abgegeben, ohne dass es einer weiteren Vollstreckung bedarf.[32]

33 Besteht ein Anspruch auf Freistellung für einen konkreten Anlass (beispielsweise bevorstehende Tarifverhandlungen) und lässt sich dieser Anspruch nicht auf anderem Wege rechtzeitig durchsetzen, insbesondere weil ein Hauptsacheverfahren zu lange Zeit in Anspruch nehmen würde, kann die Freistellung im Wege der **einstweiligen Verfügung** gem. §§ 935, 940 ZPO durchgesetzt werden, auch wenn hierdurch im Ergebnis nicht nur eine Sicherung, sondern eine Befriedigung des Anspruchs erfolgt.[33]

Abschnitt V Befristung und Beendigung des Arbeitsverhältnisses
§ 30 Befristete Arbeitsverträge (TVöD und TV-L)

(1 TVöD) ¹Befristete Arbeitsverträge sind nach Maßgabe des Teilzeit- und Befristungsgesetzes sowie anderer gesetzlicher Vorschriften über die Befristung von Arbeitsverträgen zulässig. ²Für Beschäftigte, auf die die Regelungen des Tarifgebiets West Anwendung finden und deren Tätigkeit vor dem 1. Januar 2005 der Rentenversicherung der Angestellten unterlegen hätte, gelten die in den Absätzen 2 bis 5 geregelten Besonderheiten; dies gilt nicht für Arbeitsverhältnisse, für die die §§ 57a ff. HRG, das Gesetz über befristete Arbeitsverträge in der Wissenschaft (Wissenschaftszeitvertragsgesetz) oder gesetzliche Nachfolgeregelung unmittelbar oder entsprechend gelten.

(1 TV-L) ¹Befristete Arbeitsverträge sind zulässig auf Grundlage des Teilzeit- und Befristungsgesetzes sowie anderer gesetzlicher Vorschriften über die Befristung von Arbeitsverträgen. ²Für Beschäftigte, auf welche die Regelungen des Tarifgebiets West Anwendung finden und deren Tätigkeit vor dem 1. Januar 2005 der Rentenversicherung der Angestellten unterlegen hätte, gelten die Besonderheiten in den Absätzen 2 bis 5; dies gilt nicht für Arbeitsverhältnisse, für welche die §§ 57a ff. Hochschulrahmengesetz beziehungsweise gesetzliche Nachfolgeregelungen unmittelbar oder entsprechend gelten.

(2) ¹Kalendermäßig befristete Arbeitsverträge mit sachlichem Grund sind nur zulässig, wenn die Dauer des einzelnen Vertrages fünf Jahre nicht übersteigt; weitergehende Regelungen im Sinne von § 23 TzBfG bleiben unberührt. ²Be-

---
31 BAG v. 8.7.1965, 5 AZR 330/64, DB 1965, 1564.
32 BAG v. 18.3.2003, 9 AZR 126/02, ZTR 2004, 143; BAG v. 19.1.1962, 5 AZR 195/61, DB 1962, 410.
33 BAG v. 22.1.1998, 2 ABR 19/97, NZA 1998, 708; LAG Hamm v. 9.6.2004, 18 Sa 981/04, Bibliothek BAG; LAG Köln v. 17.3.1995, 13 Sa 1282/94; NZA 1995, 1200; ArbG Berlin 3.1.2003, 86 Ga 35147/02, NZA-RR 2004, 51; Corts, Einstweilige Verfügung auf Urlaubsgewährung, NZA 1998, 357; Fischer, Rechtswidrig verweigerte Urlaubsgewährung durch den Arbeitgeber – Handlungsmöglichkeiten des Arbeitnehmers, AuR 2003, 241 (243).

schäftigte mit einem Arbeitsvertrag nach Satz 1 sind bei der Besetzung von Dauerarbeitsplätzen bevorzugt zu berücksichtigen, wenn die sachlichen und persönlichen Voraussetzungen erfüllt sind.

(3) ¹Ein befristeter Arbeitsvertrag ohne sachlichen Grund soll in der Regel zwölf Monate nicht unterschreiten; die Vertragsdauer muss mindestens sechs Monate betragen. ²Vor Ablauf des Arbeitsvertrages hat der Arbeitgeber zu prüfen, ob eine unbefristete oder befristete Weiterbeschäftigung möglich ist.

(4) ¹Bei befristeten Arbeitsverträgen ohne sachlichen Grund gelten die ersten sechs Wochen und bei befristeten Arbeitsverträgen mit sachlichem Grund die ersten sechs Monate als Probezeit. ²Innerhalb der Probezeit kann der Arbeitsvertrag mit einer Frist von zwei Wochen zum Monatsschluss gekündigt werden.

(5) ¹Eine ordentliche Kündigung nach Ablauf der Probezeit ist nur zulässig, wenn die Vertragsdauer mindestens zwölf Monate beträgt. ²Nach Ablauf der Probezeit beträgt die Kündigungsfrist in einem oder mehreren aneinandergereihten Arbeitsverhältnissen bei demselben Arbeitgeber

von insgesamt mehr als sechs Monaten	vier Wochen,
von insgesamt mehr als einem Jahr zum Schluss eines Kalendermonats,	sechs Wochen
von insgesamt mehr als zwei Jahren	drei Monate,
von insgesamt mehr als drei Jahren zum Schluss eines Kalendervierteljahres.	vier Monate

³Eine Unterbrechung bis zu drei Monaten ist unschädlich, es sei denn, dass das Ausscheiden von der/dem Beschäftigten verschuldet oder veranlasst war. ⁴Die Unterbrechungszeit bleibt unberücksichtigt.

Protokollerklärung zu Absatz 5:
Bei mehreren aneinandergereihten Arbeitsverhältnissen führen weitere vereinbarte Probezeiten nicht zu einer Verkürzung der Kündigungsfrist.

(6) Die §§ 31, 32 bleiben von den Regelungen der Absätze 3 bis 5 unberührt.

I. Allgemeines	1
1. Die Grundproblematik befristeter Arbeitsverträge	1
2. Die Grundbegriffe	3
3. Überblick	4
4. Die Beendigung eines befristeten Arbeitsverhältnisses	7
5. Der Weiterbeschäftigungsanspruch nach Treu und Glauben	13
6. Die Befristung einzelner Arbeitsbedingungen	14
II. Die Befristungsmöglichkeiten für Arbeiter und Angestellte Ost	18
1. Allgemeines	18
2. Die Befristung mit Sachgrund (§ 14 Abs. 1 TzBfG)	19
a) Der Sachgrund als Wirksamkeitsvoraussetzung	19
b) Die Mitteilung des Sachgrunds	20
c) Der maßgebliche Zeitpunkt	22
d) Die Befristungsdauer und Mehrfachbefristungen	23
e) Die nachträgliche Befristung eines unbefristeten Arbeitsvertrages	26
f) Die einzelnen Sachgründe	28
aa) Vorübergehender Bedarf an der Arbeitsleistung (§ 14 Abs. 1 S. 2 Nr. 1 TzBfG)	28
bb) Befristung im Anschluss an Ausbildung oder Studium (§ 14 Abs. 1 S. 2 Nr. 2 TzBfG)	31

cc) Vertretung eines anderen Arbeitnehmers (§ 14 Abs. 1 S. 2 Nr. 3 TzBfG) ... 34
dd) Eigenart der Arbeitsleistung (§ 14 Abs. 1 S. 2 Nr. 4 TzBfG) ... 38
ee) Erprobung (§ 14 Abs. 1 S. 2 Nr. 5 TzBfG) ... 39
ff) In der Person des Arbeitnehmers liegende Gründe (§ 14 Abs. 1 S. 2 Nr. 6 TzBfG) ... 42
gg) Befristete Haushaltsmittel (§ 14 Abs. 1 S. 2 Nr. 7 TzBfG) ... 43
hh) Gerichtlicher Vergleich (§ 14 Abs. 1 S. 2 Nr. 8 TzBfG) ... 47
3. Die Befristung ohne Sachgrund (§ 14 Abs. 2, 2 a, 3 TzBfG) ... 49
4. Die Schriftform der Befristung (§ 14 Abs. 4 TzBfG) ... 55
5. Die Kündigung befristeter Arbeitsverträge ... 58
6. Weitere gesetzliche Befristungsregelungen ... 60
   a) Die Befristung nach dem Bundeselterngeld- und Elternzeitgesetz und dem Bundeserziehungsgeldgesetz (§ 21 BEEG und § 21 BErzGG) sowie nach dem Pflegezeitgesetz (§ 6 PflegeZG) ... 61
   b) Die Befristung nach dem Wissenschaftszeitvertragsgesetz ... 62
   c) Die Befristung nach dem Altersteilzeitgesetz (§ 8 Abs. 3 AltersteilzeitG) ... 63
   d) Die Befristung nach dem Gesetz über befristete Arbeitsverträge mit Ärzten in der Weiterbildung ... 64
III. Die Befristungsmöglichkeiten für die Angestellten West ... 66
1. Allgemeines ... 66
2. Die Sonderregelungen für die Befristung mit Sachgrund (§ 30 Abs. 2 TVöD) ... 67
   a) Die zulässige Dauer der Befristung ... 67
   b) Die bevorzugte Berücksichtigung bei der Besetzung von Dauerarbeitsplätzen ... 69
3. Die Sonderregelungen für die Befristung ohne Sachgrund (§ 30 Abs. 3 TVöD) ... 75
   a) Die zulässige Dauer der Befristung ... 75
   b) Die Prüfung der Weiterbeschäftigungsmöglichkeit ... 77
4. Die Kündigungsmöglichkeiten (§ 30 Abs. 4, 5 TVöD) ... 78
   a) Die Probezeitkündigung (§ 30 Abs. 4 TVöD) ... 78
   b) Die ordentliche Kündigung nach Ablauf der Probezeit (§ 30 Abs. 5 TVöD) ... 83
IV. Das Verhältnis zu §§ 31, 32 TVöD ... 92
V. Die Mitbestimmung der Interessenvertretung ... 93
VI. Die gerichtliche Kontrolle einer Befristung ... 94
VII. Weitere Tarifverträge ... 98

I. Allgemeines

1 **1. Die Grundproblematik befristeter Arbeitsverträge.** Das Arbeitsrecht geht vom weithin üblichen **Leitbild des unbefristeten Arbeitsvertrags** aus, also von einem Vertrag, der v.a. über das Kündigungsschutzgesetz und über Kündigungsfristen mit einem gewissen Bestandsschutz versehen ist. Bei Abschluss eines befristeten Arbeitsvertrages wird auf diesen Bestandsschutz durch die bereits von Anfang an vereinbarte Beendigung zum großen Teil[1] verzichtet. Nach Ablauf der vereinbarten Dauer oder nach Erreichen des vereinbarten Zwecks ist das Arbeitsverhältnis beendet, ohne dass ein Kündigungsschutz, auch kein Sonderkün-

---

[1] Ein Bestandsschutz besteht nur für die vereinbarte Dauer des Arbeitsverhältnisses.

digungsschutz zB nach § 9 MuSchG, beachtet werden muss. Der Arbeitgeber ist damit in seiner Entscheidung grundsätzlich frei, ob und mit welchen Konditionen eine Weiterbeschäftigung angeboten wird.

Damit ist die grundlegende Problematik befristeter Arbeitsverhältnisse im Spannungsfeld zwischen Vertragsfreiheit und Bestandsschutz beschrieben. Parallel mit der Entwicklung des Bestandsschutzes v.a. nach dem 2. Weltkrieg musste sich deshalb die Frage aufdrängen, ob mit der in § 620 BGB verankerten Möglichkeit, befristete Verträge abzuschließen, nicht dieser Bestandsschutz unterlaufen wird.[2] Die Rechtsprechung hat dies dahin gehend aufgegriffen, dass befristete Arbeitsverhältnisse nicht generell unzulässig seien, sie müssen aber einen verständigen, die Befristung sachlich rechtfertigenden Grund haben.[3] Vor allem in den letzten Jahrzehnten hat die Zahl befristeter Arbeitsverhältnisse stark zugenommen.[4]

2. Die Grundbegriffe. Nach § 3 Abs. 1 S. 2 TzBfG liegt ein befristeter Arbeitsvertrag vor, wenn seine Dauer kalendermäßig bestimmt ist (**Zeitbefristung**) oder sich die Befristung aus Art, Zweck oder Beschaffenheit der Arbeitsleistung ergibt (**Zweckbefristung**). Die gesetzlichen und tariflichen Regelungen unterscheiden zwischen Befristungen mit Sachgrund und sachgrundlosen Befristungen und stellen für beide Bereiche einschränkende Voraussetzungen für die Wirksamkeit auf. Darüber hinaus regelt das TzBfG in § 21 die **auflösende Bedingung**, die manchmal nur schwer von der Zweckbefristung abzugrenzen ist. Nach der Rechtsprechung liegt eine Befristung vor, wenn ein zukünftiges Ereignis die Beendigung auslösen soll, dessen Eintritt fest steht und lediglich der Zeitpunkt des Eintritts ungewiss ist. Dem gegenüber ist bei einer auflösenden Bedingung bereits ungewiss, ob das zukünftige Ereignis, das zur Beendigung des Arbeitsverhältnisses führen soll, überhaupt eintreten wird.[5] So ist beispielsweise eine arbeitsvertragliche Vereinbarung über die Weiterbeschäftigung des Arbeitnehmers bis zum rechtskräftigen Abschluss eines anhängigen Rechtsstreits über die Wirksamkeit einer Kündigung ein zweckbefristeter Arbeitsvertrag, denn bei Abschluss der Weiterbeschäftigungsvereinbarung ist aus Sicht der Parteien die rechtskräftige Entscheidung über die Kündigungsschutzklage ein zukünftiges Ereignis, dessen Eintritt fest steht.[6] Die Rechtsfolgen einer auflösenden Bedingung sind durch § 21 TzBfG den Rechtsfolgen einer Befristung weitgehend angenähert, so dass der Unterscheidung mittlerweile kein großes Gewicht mehr beizumessen ist. Der TVöD enthält keine Sonderregelung für die auflösende Bedingung. Bei einer Beendigungsvereinbarung in einem **Aufhebungsvertrag** ist danach zu unterscheiden, ob eine nachträgliche Befristung eines unbefristeten Arbeitsvertrags vorliegt, oder ob die Vereinbarung nicht auf die befristete Fortsetzung des Arbeitsverhältnisses, sondern auf die Beendigung des Arbeitsverhältnisses abzielt und deshalb nicht einer Befristungskontrolle gem. § 14 TzBfG un-

---

2 Grundlegend BAG v. 12.10.1960, GS 1/59, NJW 1961, 798.
3 Ausführlich Dörner S. 4 ff.
4 Eingehend Dörner S. 1 Rn 1.
5 ZB Einstellung unter Vorbehalt der gesundheitlichen Eignung, vgl ArbG Düsseldorf v. 10.10.2007, 15 Ca 2355/07, n.v.
6 BAG v. 22.10.2003, 7 AZR 113/03, NZA 2004, 1275.

terliegt. Dafür ist die Vereinbarung auszulegen, wobei die gewählte Vertragsbezeichnung nicht entscheidend ist.[7]

4 **3. Überblick.** Für die Befristung von Arbeitsverträgen gelten auch im Anwendungsbereich des Tarifvertrags nach § 30 Abs. 1 S. 1 TVöD (zu den genannten Gesetzen s. eingehend Rn 18 ff und Rn 60 ff)
- generell das Teilzeit- und Befristungsgesetz (TzBfG) und soweit der jeweilige Anwendungsbereich eröffnet ist,
- das Bundeselterngeld- und Elternzeitgesetz (§ 21 BEEG) und das Bundeserziehungsgeldgesetz (§ 21 BErzGG),
- das Wissenschaftszeitvertragsgesetz,
- das Altersteilzeitgesetz (§ 8 Abs. 3 AltersteilzeitG) sowie
- das Gesetz über befristete Arbeitsverträge mit Ärzten in der Weiterbildung.

5 § 30 TVöD enthält letztlich drei grundlegende Regelungen, nämlich
- dass befristete Arbeitsverträge auch im Anwendungsbereich des Tarifvertrages nach den eben genannten gesetzlichen Vorschriften (§ 30 Abs. 1 S. 1 TVöD) zulässig sind (was die Arbeiterinnen und Arbeiter sowie die Angestellten des Tarifgebiets Ost[8] betrifft),
- dass hiervon abweichend für Angestellte des Tarifgebiets West, die nicht unter §§ 57 a ff HRG fallen, die in den Absätzen 2 bis 5 geregelten Besonderheiten gelten (§ 30 Abs. 1 S. 2 TVöD) und
- dass die besonderen Regelungen in § 30 Abs. 3 bis 5 TVöD auf die tariflichen Vorschriften zu Führung auf Probe (§ 31 TVöD) und Führung auf Zeit (§ 32 TVöD) keine Anwendung finden (§ 30 Abs. 6 TVöD).

6 Mit § 30 TVöD werden im Ergebnis die bisherigen Sonderregelungen (SR) 2 y BAT, die für Angestellte des Tarifgebiets West gegolten haben, für diesen Personenkreis fortgeführt, soweit sie in den Absätzen 2 bis 5 ausdrücklich Erwähnung finden. Das gilt sowohl für übergeleitete als auch für neu begründete Arbeitsverhältnisse. Für die Arbeiterinnen und Arbeiter sowie für die Angestellten des Tarifgebiets Ost gelten allein die eingangs dargestellten gesetzlichen Regelungen.

7 **4. Die Beendigung eines befristeten Arbeitsverhältnisses.** Ein kalendermäßig befristeter Arbeitsvertrag endet mit Ablauf der vereinbarten Zeit, ein zweckbefristeter Arbeitsvertrag mit Erreichen des Zwecks, frühestens jedoch zwei Wochen nach Zugang der schriftlichen Unterrichtung über den Zeitpunkt der Zweckerreichung (§ 15 Abs. 1 und 2 TzBfG). Wird das Arbeitsverhältnis nach Zeitablauf oder Zweckerreichung mit Wissen des Arbeitgebers fortgesetzt, so gilt es als auf unbestimmte Zeit verlängert, wenn der Arbeitgeber nicht unverzüglich widerspricht[9] oder dem Arbeitnehmer die Zweckerreichung nicht unverzüglich mitteilt (§ 15 Abs. 5 TzBfG). Es genügt also nicht jegliche tatsächliche vertragsgemäße Weiterarbeit des Arbeitnehmers. Diese muss mit Wissen des Arbeitgebers selbst (zB gesetzliches Vertretungsorgan) oder eines zum Abschluss von Arbeits-

---

7 BAG v. 15.2.2007, 6 AZR 286/06, NZA 2007, 614, BAG v. 12.1.2000, 7 AZR 48/99, NZA 2000, 718.
8 Zur Begriffsbestimmung siehe § 38 Abs. 1 und Abs. 5 TVöD.
9 Der Widerspruch ist eine rechtsgeschäftliche empfangsbedürftige Willenserklärung. Er kann ausdrücklich oder konkludent erfolgen. Der Widerspruch kann bereits vor dem Ende der Vertragslaufzeit eines befristeten Arbeitsverhältnisses erklärt werden (BAG v. 5.5.2004, 7 AZR 629/03, NZA 2004, 1346).

verträgen berechtigten Vertreters erfolgen.[10] Die Kenntnis zB eines sonstigen Vorgesetzten des Arbeitnehmers genügt nicht.[11]

Die Beendigungswirkung infolge der Befristung tritt unabhängig davon ein, ob ein Sachverhalt vorliegt, der einen **Sonderkündigungsschutz** zB wegen Schwangerschaft (§ 9 MuSchG) zur Folge hätte, da eine Kündigung zur Herbeiführung der Beendigungswirkung nicht erforderlich ist. Eine vorherige Mitbestimmung der Betriebsvertretung (insbesondere eine Beteiligung nach § 102 BetrVG) ist nicht erforderlich. 8

Eine Möglichkeit zur **ordentlichen Kündigung** sieht das TzBfG nur dann vor, wenn das Arbeitsverhältnis auf Lebenszeit oder für eine längere Zeit als fünf Jahre eingegangen wurde (§ 15 Abs. 4 S. 1 TzBfG). Die Kündigungsmöglichkeit wird aber nur dem Arbeitnehmer eingeräumt, die Kündigungsfrist beträgt in diesem Fall sechs Monate (§ 15 Abs. 4 S. 2 TzBfG). In allen anderen Fällen ist ein befristetes Arbeitsverhältnis nur dann ordentlich kündbar, wenn das einzelvertraglich oder im Tarifvertrag vereinbart wurde (§ 15 Abs. 3 TzBfG). Der TVöD enthält hierzu Regelungen für Angestellte des Tarifgebiets West, nicht aber für Arbeiterinnen und Arbeiter sowie Angestellte des Tarifgebiets Ost. Für die zuletzt genannten besteht daher nur ein ordentliches Kündigungsrecht, wenn das im Arbeitsvertrag ausdrücklich vereinbart wurde oder ein dahin gehender beiderseitiger Wille aus den Umständen eindeutig erkennbar wird. Dementsprechend hat das BAG entschieden, dass mit der Vereinbarung einer Probezeit auch eine Kündigungsmöglichkeit während der ersten sechs Monate des Bestehens des befristeten Arbeitsvertrags verbunden sein kann.[12] Allerdings sind solche Regelungen häufig in formularmäßigen Arbeitsverträgen enthalten und müssen, um Wirksamkeit zu erlangen, klar und verständlich sein (§ 307 Abs. 1 S. 1 BGB), bei der Auslegung verbleibende Unklarheiten gehen zulasten des Arbeitgebers (§ 305 c Abs. 2 BGB).[13] 9

Wird die Kündigung nach Erfüllen der sechsmonatigen Wartezeit des § 1 Abs. 1 KSchG ausgesprochen und wird die in § 23 Abs. 1 KSchG festgelegte Mindestbetriebsgröße (fünf bzw zehn Arbeitnehmer) überschritten, dann ist auch die ordentliche Kündigung nur möglich, wenn einer der in § 1 Abs. 2 KSchG genannten Gründe gegeben ist. 10

Ist die Befristung rechtsunwirksam, dann gilt der Arbeitsvertrag als auf unbestimmte Zeit geschlossen (§ 16 S. 1 Hs 1 TzBfG). Eine ordentliche Kündigung durch den Arbeitgeber ist dann frühestens zum vereinbarten Ende möglich, falls keine vereinbarte oder tarifliche Kündigungsmöglichkeit besteht (§ 16 S. 1 Hs 2 TzBfG).[14] Eine hiervon abweichende Sonderregelung besteht für den Fall, dass die Wirksamkeit der Befristung daran scheitert, dass die erforderliche Schriftform (§ 14 Abs. 4 TzBfG) nicht eingehalten wurde. Dann kann bereits vor dem vereinbarten Ende ordentlich gekündigt werden (§ 16 S. 2 TzBfG). Im Anwendungsbereich des TVöD gelten bei Unwirksamkeit der Befristung die Kündigungsfristen des § 34 TVöD. 11

---
10 BAG v. 11.7.2007, 7 AZR 501/06, AP Nr. 12 zu § 57a HRG.
11 BAG v. 21.2.2001, 7 AZR 98/00, NZA 2001, 1141.
12 BAG v. 4.7.2001, 2 AZR 88/00, ZTR 2002, 172.
13 BAG v. 4.8.2011, 6 AZR 436/10, DB 2011, 2552.
14 Vgl auch BAG v. 23.4.2009, 6 AZR 533/08, NZA 2009, 1260.

12 Eine **außerordentliche Kündigung** (ggf fristlose) ist auch ohne entsprechende Vereinbarung möglich, wenn Tatsachen vorliegen, aufgrund derer dem Kündigenden unter Berücksichtigung aller Umstände des Einzelfalles und unter Abwägung der Interessen beider Vertragspartner die Fortsetzung des Arbeitsverhältnisses bis zum Ablauf der vereinbarten Beendigung oder bis zum Ablauf einer eventuell vereinbarten Kündigungsfrist nicht zugemutet werden kann (§ 626 Abs. 1 BGB).

13 **5. Der Weiterbeschäftigungsanspruch nach Treu und Glauben.** Das Berufen auf eine wirksame Befristung verstößt dann gegen den Grundsatz von Treu und Glauben, wenn der befristet eingestellte Arbeitnehmer aufgrund des Verhaltens des Arbeitgebers damit rechnen konnte, im Anschluss an den befristeten Vertrag weiterbeschäftigt zu werden. Das setzt voraus, dass der Arbeitgeber bei Abschluss eines Vertrages oder in der Folge ein **schützenswertes Vertrauen** erweckt, er werde den Arbeitnehmer zB bei entsprechender Eignung und Bewährung anschließend unbefristet weiterbeschäftigen und/oder diese Vorstellungen auch noch während der Dauer des Arbeitsverhältnisses eindeutig bestärkt. An einer solchen Selbstbindung muss sich der Arbeitgeber aus Gründen des Vertrauensschutzes festhalten lassen.[15] Es besteht dann ein vertraglicher Anspruch des Arbeitnehmers auf Abschluss eines weiteren Arbeitsvertrags, wenn die Erklärungen oder Verhaltensweisen des Arbeitgebers als Zusage auf Fortsetzung des Arbeitsverhältnisses auszulegen sind.[16] Eine solche Bindung des Arbeitgebers kann sich auch aus dem arbeitsrechtlichen Gleichbehandlungsgrundsatz[17] ergeben, der es gebietet, Arbeitnehmer oder Gruppen von Arbeitnehmern, die sich in vergleichbarer Lage befinden, gleich zu behandeln. Aus dem arbeitsrechtlichen Gleichbehandlungsgrundsatz ergibt sich nach Ansicht des Bundesarbeitsgerichts aber keine Verpflichtung des Arbeitgebers zur Verlängerung eines wirksam sachgrundlos befristeten Arbeitsvertrags nach § 14 Abs. 2 TzBfG.[18] Die bloße Option auf Weiterbeschäftigung oder die bloße Hoffnung auf Weiterbeschäftigung genügt nicht.

14 **6. Die Befristung einzelner Arbeitsbedingungen.** Für den Anwendungsbereich des TzBfG ist geklärt, dass dieses nicht für die Befristung einzelner Arbeitsbedingungen gilt.[19] Das ergibt sich nach Ansicht des BAG bereits aus dem Wortlaut, aber auch aus dem Sinn und Zweck der Vorschrift sowie aus deren Entstehungsgeschichte. Nichts anderes kann für die Regelungen des TVöD gelten. Auch sie gelten nach dem Wortlaut für befristete Arbeitsverträge, also Verträge, die insgesamt befristet sind, von der Befristung einzelner Vertragsbedingungen ist darin nicht die Rede.[20] Für den Fall der vorübergehenden Übertragung einer höherwertigen Tätigkeit gilt § 14 TVöD.

---

15 BAG v. 26.4.1995, 7 AZR 936/94, NZA 1996, 87, BAG v. 28.11.1963, 2 AZR 140/63, NJW 1964, 567, vgl auch BAG v. 13.12.1962, 2 AZR 38/62, BB 1963, 310, BAG v. 26.4.1995, 7 AZR 936/94, NZA 1996, 87, BAG v. 26.4.1995, 7 AZR 936/94, NZA 1996, 87, BAG v. 16.3.1989, 2 AZR 325/88, BB 1989, 1823.
16 BAG v. 13.8.2008, 7 AZR 513/07, NZA 2009, 27.
17 Zum Streitstand siehe BAG v. 13.8.2008, 7 AZR 513/07, NZA 2009, 27, vgl auch BAG v. 11.10.2006, 4 AZR 354/05, ZTR 2007, 386.
18 BAG v. 13.8.2008, 7 AZR 513/07, NZA 2009, 27.
19 BAG v. 21.11.2006, 9 AZR 138/06, NZA 2007, 712, ebenso bereits BAG v. 14.1.2004, 7 AZR 213/03, NZA 2004, 719.
20 Nach BAG v. 15.4.1999, 7 AZR 734/97, NZA 1999, 1115 gelten die Tarifvorschriften der SR 2 y BAT nicht für die Befristung einzelner Vertragsbedingungen.

Dadurch, dass die Befristung einzelner Vertragsbedingungen von § 30 TVöD 15
nicht erfasst ist, wird eine solche Befristung aber nicht schrankenlos möglich.
Nach der früheren Rechtsprechung bedurfte die Befristung einzelner Vertragsbedingungen eines Sachgrunds, wenn durch sie der gesetzliche Änderungskündigungsschutz objektiv umgangen werden konnte.[21] Deshalb bedurfte zB die
Wirksamkeit der Befristung einer Arbeitszeiterhöhung eines Sachgrundes.

Diese Inhaltskontrolle mit dem Erfordernis eines Sachgrundes wurde mittlerweile abgelöst durch eine **Inhaltskontrolle nach §§ 305 ff BGB**, falls die Befristung einzelner Vertragsbedingungen durch Allgemeine Geschäftsbedingungen erfolgt ist.[22] Allgemeine Geschäftsbedingungen liegen vor, wenn sie für eine Vielzahl von Fällen vorformuliert sind (§ 305 Abs. 1 S. 1 BGB). Das ist der Fall, wenn sie für mindestens drei Fälle vorgesehen sind[23] oder wenn der Arbeitnehmer keine Einflussmöglichkeit auf den Vertragsinhalt nehmen konnte (§ 310 Abs. 3 Nr. 2 BGB).[24] Die vertraglichen Regelungen müssen danach, um Wirksamkeit zu erlangen, klar und verständlich sein (§ 307 Abs. 1 S. 1 BGB), bei der Auslegung verbleibende Unklarheiten gehen zulasten des Arbeitgebers (§ 305 c Abs. 2 BGB). Trotz des Transparenzgebots in § 307 Abs. 1 S. 2 BGB muss der Grund für die Befristung im Vertrag nicht ausdrücklich genannt werden.[25] Grundlage der inhaltlichen Kontrolle sind § 308 Nr. 4 BGB und § 307 BGB. Entscheidend für die Wirksamkeit einer Klausel ist danach, ob der Arbeitnehmer durch sie entgegen den Geboten von Treu und Glauben unangemessen benachteiligt wird. Eine befristete Arbeitszeiterhöhung ist deshalb nach § 307 Abs. 1 S. 1 BGB nur zulässig, wenn hierfür **billigenswerte Interessen des Arbeitgebers** vorhanden sind, wobei die Ungewissheit über den künftigen Arbeitskräftebedarf nicht ausreicht.[26] Sind solche billigenswerten Interessen des Arbeitgebers nicht vorhanden, dann ist die Befristung der Arbeitszeiterhöhung unwirksam, ein Arbeitnehmer muss sich dann auf eine Absenkung der Arbeitszeit nach Ablauf der Befristung nicht einlassen. Liegt der Befristung einer Arbeitszeiterhöhung ein Sachverhalt zugrunde, der die Befristung eines Arbeitsvertrags insgesamt mit dem Sachgrund der Vertretung nach § 14 Abs. 1 S. 2 Nr. 3 TzBfG rechtfertigen könnte, überwiegt in aller Regel das Interesse des Arbeitgebers an der nur befristeten Erhöhung der Arbeitszeit das Interesse des Arbeitnehmers an der unbefristeten Vereinbarung des Umfangs seiner Arbeitszeit.[27]

Im Umkehrschluss bedeutet diese Kontrolle der Befristung von einzelnen Vertragsbedingungen nach dem Recht der allgemeinen Geschäftsbedingungen, dass keine Inhaltskontrolle erfolgt, wenn die Befristung zwischen Arbeitnehmer und

---

21 BAG v. 14.1.2004, 7 AZR 213/03, NZA 2004, 719. In dem entschiedenen Fall war kein ausreichender Sachgrund für die Befristung vorhanden.
22 Seit dem 1.1.2002 ist das Recht der Allgemeinen Geschäftsbedingungen auch auf Arbeitsverträge anwendbar (§ 310 Abs. 4 S. 2 BGB). Grundlegend BAG v. 27.7.2005, 7 AZR 486/04, NZA 2006, 40. Diese Inhaltskontrolle gilt mittlerweile auch für Verträge, die vor dem 1.1.2002 abgeschlossen wurden, BAG v. 11.4.2006, 9 AZR 557/05, NZA 2006, 1149.
23 BAG v. 25.5.2005, 5 AZR 572/04, NZA 2005, 1111.
24 Da der Arbeitnehmer Verbraucher iSd § 13 BGB ist.
25 BAG v. 2.9.2009, 7 AZR 233/08, NZA 2009, 1253.
26 Ein Arbeitnehmer besitzt ein rechtlich anerkennenswertes Interesse an der unbefristeten Vereinbarung des Umfangs der Arbeitszeit. BAG v. 27.7.2005, 7 AZR 486/04, NZA 2006, 40.
27 BAG v. 2.9.2009, 7 AZR 233/08, NZA 2009, 1253.

Arbeitgeber tatsächlich in oben genanntem Sinn **frei ausgehandelt** wurde.[28] In diesem Fall wird auch nicht ergänzend eine Inhaltskontrolle anhand der früheren Rechtsprechung zum Sachgrunderfordernis durchgeführt.[29] Für ein wirkliches Aushandeln genügt es aber nicht, dass der Verwender die Klausel erläutert und/oder mit dem Arbeitnehmer erörtert und diese auch seinen Vorstellungen entspricht. Ausgehandelt ist eine Vertragsbedingung nur, wenn der Verwender die betreffende Klausel inhaltlich ernsthaft zur Disposition stellt und dem Vertragspartner Gestaltungsfreiheit zur Wahrung eigener Interessen einräumt mit der realen Möglichkeit, die inhaltliche Ausgestaltung der Vertragsbedingungen zu beeinflussen. Das setzt voraus, dass sich der Verwender deutlich und ernsthaft zu gewünschten Änderungen der zu treffenden Regelung bereit erklärt hat.[30] Solange die Rechtsprechung an dieser Hürde für das Vorhandensein eines freien Aushandelns festhält, ist der Verzicht auf eine Inhaltskontrolle nicht zu beanstanden.[31]

II. Die Befristungsmöglichkeiten für Arbeiter und Angestellte Ost

18 **1. Allgemeines.** Für die Arbeiterinnen und Arbeiter sowie für die Angestellten des Tarifgebiets Ost[32] gelten das TzBfG sowie die dargestellten (siehe Rn 4) anderen gesetzlichen Vorschriften in vollem Umfang (§ 30 Abs. 1 S. 1 TVöD). Es bestehen keine besonderen Regelungen für diese Personen im TVöD. Im Folgenden wird ein Überblick zu diesen Vorschriften gegeben.

19 **2. Die Befristung mit Sachgrund (§ 14 Abs. 1 TzBfG). a) Der Sachgrund als Wirksamkeitsvoraussetzung.** § 14 Abs. 1 S. 1 TzBfG verlangt einen Sachgrund, um wirksam eine Befristung vereinbaren zu können. Dieses Erfordernis gilt sowohl für die Zeit- als auch für die Zweckbefristung. In § 14 Abs. 1 S. 2 TzBfG wird ein Beispielskatalog von Sachgründen aufgestellt, bei deren Vorliegen eine Befristung gerechtfertigt ist. Dieser Katalog ist nicht abschließend zu verstehen („... insbesondere ..."), dh es sind auch weitere sachliche Gründe für eine Be-

---

28 Statt aller Thüsing S. 12 ff.
29 So eindeutig BAG v. 27.7.2005, 7 AZR 486/04, NZA 2006, 40. „Besteht für die Vertragspartner die Möglichkeit, die Vertragsbedingungen im Einzelnen auszuhandeln, ist im Grundsatz davon auszugehen, dass sie ihre Interessen selbst angemessen vertreten können." BAG v. 25.5.2005, 5 AZR 572/04, NZA 2005, 1111.
30 BAG v. 27.7.2005, 7 AZR 486/04, NZA 2006, 40. Die Darlegungs- und Beweislast für das Vorliegen von Allgemeinen Geschäftsbedingungen hat der Arbeitnehmer (abgestuft). Zu einer etwa nur einmaligen Verwendungsabsicht muss der Arbeitgeber näheren Vortrag leisten (BAG v. 25.5.2005, 5 AZR 572/04, NZA 2005, 1111). Auch kann die äußere Erscheinungsform eines Vertrags eine tatsächliche Vermutung dafür begründen, dass er vom Arbeitgeber vorformuliert war, so wenn er allgemein gefasst ist und nur wenige auf das Arbeitsverhältnis des Klägers bezogene Daten enthält oder wenn Klauseln nicht auf die zwischen den Parteien getroffene Vereinbarung eingehen (BAG v. 1.3.2006, 5 AZR 363/05, NZA 2006, 746).
31 Die Rechtsordnung kann frei gefassten Entschlüssen nur ausnahmsweise die Geltung versagen. Geltungsgrund und Umfang dieser Ausnahmen stellen einen zentralen Diskussionspunkt der Privatrechtswissenschaft dar. Weitgehende Akzeptanz haben folgende Ausnahmen: Entschlüsse, die einer allgemeinen Wertordnung widersprechen; Entschlüsse, die Ergebnis einer Informationsasymmetrie sind; Entschlüsse, die Ergebnis fehlender Verhandlungsmacht sind und Entschlüsse, die nicht den tatsächlichen Präferenzen und Wünschen entsprechen. Zum Ganzen vor dem Hintergrund der AGB-Kontrolle siehe Thüsing S. 1 ff.
32 Zur Begriffsbestimmung siehe § 38 Abs. 1 und Abs. 5 TVöD.

fristung denkbar.[33] Andere Sachgründe können die Befristung nur rechtfertigen, wenn sie den in § 14 Abs. 1 TzBfG zum Ausdruck kommenden Wertungsmaßstäben entsprechen. Das gilt auch für tariflich geregelte Sachgründe.[34] Ob ein Sachgrund vorliegt, kann von den Gerichten voll nachgeprüft werden. Der Arbeitnehmer kann vor oder bei Vereinbarung einer Befristung nicht auf die spätere Geltendmachung der Unwirksamkeit der Befristung verzichten.[35]

b) Die Mitteilung des Sachgrunds. Bei einer **Zeitbefristung** muss – soweit keine anders lautenden gesetzlichen oder tariflichen Vorschriften bestehen – der Sachgrund nicht ausdrücklich im Arbeitsvertrag erwähnt werden.[36] Die Wirksamkeit einer Befristung hängt auch nicht davon ab, ob der Sachgrund für die Befristung zum Gegenstand der vertraglichen Vereinbarungen gemacht oder dem Arbeitnehmer bei Vertragsschluss mitgeteilt wurde. Es reicht vielmehr aus, dass der **Sachgrund** für die Befristung bei Vertragsschluss **objektiv vorlag**. Daher kann der Arbeitgeber die Befristung grundsätzlich auch auf einen anderen als den im Arbeitsvertrag genannten Sachgrund stützen.[37] Auch ein „nachträgliches" Berufen auf eine sachgrundlose Befristung ist nicht ausgeschlossen.[38] Sogar die ausdrückliche Erwähnung eines Befristungsgrunds im Arbeitsvertrag rechtfertigt nicht ohne Weiteres die Annahme, dass die sachgrundlose Befristung ausgeschlossen werden soll.[39] Die Arbeitsvertragsparteien können aber die Möglichkeit zur sachgrundlosen Befristung vertraglich – auch konkludent – ausschließen. Allein die Benennung eines Sachgrunds reicht allerdings nicht aus, um dies anzunehmen.[40] Das Zitiergebot in der Protokollnotiz Nr. 6 Buchst. a zu Nr. 1 SR 2 y BAT wurde nicht in den TVöD übernommen.[41] Es genügt, wenn der Arbeitgeber die Sachgründe im Prozess vorträgt. Nach der neueren Rechtsprechung muss auch der Erprobungszweck nicht ausdrücklich vereinbart werden.[42] 20

Bei einer **Zweckbefristung** ist der Befristungsgrund wesentlicher Vertragsbestandteil, er ist deshalb im Arbeitsvertrag schriftlich festzuhalten.[43] Liegt ein sachlicher Grund vor, ist auch die nachträgliche Befristung eines unbefristeten Arbeitsverhältnisses möglich.[44] Insoweit gelten keine Besonderheiten. Insbesondere kann ein sachlicher Grund für die nachträgliche Befristung eines unbefristeten Arbeitsverhältnisses nicht allein darin liegen, dass der neue befristete Arbeitsvertrag für den Arbeitnehmer günstigere Arbeitsbedingungen vorsieht und 21

---

33 Boecken in Boecken/Joussen, § 14 TzBfG Rn 13 f, eingehend zu den sonstigen Sachgründen Rn 102 ff.
34 BAG v. 9.12.2009, 7 AZR 399/08, NZA 2010, 495.
35 BAG v. 19.1.2005, 7 AZR 115/04, AP Nr. 260 zu § 620 BGB Befristeter Arbeitsvertrag.
36 Vgl BAG v. 23.6.2004, 7 AZR 636/03, NZA 2004, 1333. Es bedarf keiner Einigung der Parteien darüber, welcher Befristungsgrund maßgeblich sein soll. Der sachliche Grund ist nur objektive Wirksamkeitsvoraussetzung für die Befristung eines Arbeitsverhältnisses.
37 BAG v. 22.10.2003, 7 AZR 666/02, ZTR 2004, 370.
38 Gräfl in Arnold/Gräfl § 14 Rn 26.
39 BAG v. 29.6.2011, 7 AZR 774/09, NZA 2011, 1151, BAG v. 12.8.2009, 7 AZR 270/08, AP Nr. 63 zu § 14 TzBfG.
40 BAG v. 12.8.2009, 7 AZR 270/08, USK 2009-153.
41 Zum Ausmaß des Zitiererfordernisses nach der Protokollnotiz Nr. 6 Buchst. a zu Nr. 1 SR 2 y BAT siehe BAG v. 17.6.2009, 7 AZR 193/08, EzTöD 100 § 30 Abs. 1 TVöD-AT Sachgrundlose Befristung Nr. 11.
42 BAG v. 23.6.2004, 7 AZR 636/03, NZA 2004, 1333. AA Breier/Dassau TVöD § 30 Rn 95.
43 Kuner in Bepler/Böhle § 30 TVöD Rn 20.
44 Gräfl in Arnold/Gräfl § 14 Rn 8, Müller-Glöge in Erfurter Kommentar § 14 TzBfG Rn 13.

der Arbeitnehmer zwischen diesem neuen Arbeitsvertrag und der Fortsetzung seines bisherigen unbefristeten Arbeitsverhältnisses frei wählen konnte.[45]

22 **c) Der maßgebliche Zeitpunkt.** Ob ein wirksamer Sachgrund für die Befristung vorliegt, bestimmt sich nach den Verhältnissen zum **Zeitpunkt des Vertragsschlusses**.[46] Dieser Grundsatz hat drei wesentliche Konsequenzen:

- Die Wirksamkeit der Befristung setzt voraus, dass im Zeitpunkt des Vertragsschlusses mit hinreichender Sicherheit zu erwarten ist, dass für die Beschäftigung des Arbeitnehmers über das vereinbarte Vertragsende hinaus kein Bedarf besteht. Hierzu muss der Arbeitgeber eine **Prognose** erstellen, der konkrete Anhaltspunkte zugrunde liegen.[47]
- Erweist sich die Prognose als falsch (zB wenn Änderungen während des Laufs des Arbeitsverhältnisses eintreten, die den Befristungsgrund entfallen lassen), dann hat das keine Auswirkungen auf die Wirksamkeit der Befristung. Das Arbeitsverhältnis wandelt sich weder in ein unbefristetes um, noch resultiert daraus ein Anspruch auf „Verlängerung" oder Wiedereinstellung.[48] Spätere Abweichungen können lediglich eine indizielle Bedeutung dafür haben, dass der Sachgrund für die Befristung bei Vertragsschluss in Wahrheit nicht vorlag, sondern lediglich vorgeschoben wurde.[49]
- Erweist sich die Prognose als richtig, besteht eine ausreichende Vermutung dafür, dass sie hinreichend fundiert erstellt worden ist. Es ist dann Aufgabe des Arbeitnehmers, Tatsachen vorzubringen, die die Richtigkeit der Prognose im Zeitpunkt des Abschlusses des Arbeitsvertrags in Frage stellen.[50]

23 **d) Die Befristungsdauer und Mehrfachbefristungen.** Nur die Befristung an sich muss durch einen Sachgrund gerechtfertigt sein, die vertraglich vereinbarte Befristungsdauer bedarf keiner eigenen sachlichen Rechtfertigung.[51] Befristungsgrund und Befristungsdauer müssen sich nicht entsprechen. So kann zB ein auf 2 Jahre befristetes Arbeitsverhältnis zur Vertretung eines voraussichtlich 4 Jahre fehlenden anderen Arbeitnehmers (§ 14 Abs. 1 S. 2 Nr. 3 TzBfG) zulässig sein. Der Befristungsdauer kommt nur insofern Bedeutung zu, als sie neben anderen Umständen darauf hinweisen kann, dass der Sachgrund für die Befristung nur vorgeschoben ist.[52]

---

45 BAG v. 26.8.1998, 7 AZR 349/97, NZA 1999, 476.
46 BAG v. 16.11.2005, 7 AZR 81/05, NZA 2006, 784, Boecken in Boecken/Joussen, § 14 TzBfG Rn 15, Kuner in Bepler/Böhle § 30 TVöD Rn 9.
47 BAG v. 16.11.2005, 7 AZR 81/05, NZA 2006, 784. Die tatsächlichen Grundlagen der Prognose hat der Arbeitgeber im Rechtsstreit darzulegen, damit der Arbeitnehmer die Möglichkeit erhält, deren Richtigkeit im Zeitpunkt des Vertragsschlusses zu überprüfen.
48 So ausdrücklich BAG v. 20.2.2002, 7 AZR 600/00, NZA 2002, 896. Zwar könne einem betriebsbedingt gekündigten Arbeitnehmer ein Wiedereinstellungsanspruch zustehen, wenn sich zwischen dem Ausspruch der Kündigung und dem Ablauf der Kündigungsfrist unvorhergesehen eine Weiterbeschäftigungsmöglichkeit ergibt, diese Grundsätze könnten aber nicht auf befristete Arbeitsverhältnisse übertragen werden, da diese einen geringeren arbeitsvertraglichen Bestandsschutz hätten.
49 BAG v. 16.11.2005, 7 AZR 81/05, NZA 2006, 784, Boecken in Boecken/Joussen, § 14 TzBfG Rn 16.
50 BAG v. 16.11.2005, 7 AZR 81/05, NZA 2006, 784.
51 BAG v. 20.2.2002, 7 AZR 600/00, NZA 2002, 896. Dem Arbeitgeber steht es frei, den Arbeitsausfall überhaupt zu überbrücken. Deshalb verbleibt ihm auch die Entscheidung, die Vertretung nur für kürzere Zeit zu regeln.
52 BAG v. 21.2.2001, 7 AZR 200/00, NZA 2001, 1382.

Ein Arbeitsverhältnis kann mehrmals aufeinander folgend befristet werden (sog. **Kettenbefristungen**).[53] In einem solchen Fall ist grundsätzlich nur die Befristung des letzten Arbeitsvertrags auf ihre Rechtfertigung zu prüfen (das letzte Glied in der Kette), nicht die vorangegangenen Befristungen.[54] Eine Ausnahme macht die Rechtsprechung nur dann, wenn ein sog. **unselbstständiger Annexvertrag** zum Arbeitsvertrag geschlossen wird. Ein unselbstständiger Annex zu einem vorhergehenden Vertrag liegt nur dann vor, wenn anzunehmen ist, dass die Parteien dem letzten Vertrag keine eigenständige Bedeutung beimessen, sondern durch ihn den bisherigen Vertrag nur hinsichtlich seines Endzeitpunktes modifizieren wollten. Zur Annahme eines solchen Parteiwillens müssen neben der Identität der Arbeitsaufgabe besondere Umstände hinzukommen, damit aus dem Abschluss des befristeten Anschlussvertrages nicht geschlossen werden kann, der alte Vertrag solle für die Zukunft nicht mehr gelten. Solche besonderen Umstände liegen vor, wenn es sich bei dem Anschlussvertrag lediglich um eine verhältnismäßig geringfügige Korrektur des in dem früheren Vertrag vereinbarten Endzeitpunktes handelt, diese Korrektur sich am Sachgrund für die Befristung des früheren Vertrages orientiert und allein in der Anpassung der ursprünglich vereinbarten Vertragszeit an später eingetretene, nicht vorhergesehene Umstände besteht.[55] Die Parteien können außerdem vereinbaren, dass dem Arbeitnehmer das Recht zur gerichtlichen Überprüfung einer vorangegangenen Befristung verbleibt. Ein einseitig vom Arbeitnehmer geäußerter Vorbehalt genügt nicht.[56] Bei Kettenbefristungen können die Häufigkeit der Befristungen und die Gesamtbefristungsdauer aber grundsätzlich Anhaltspunkte für das Fehlen eines Sachgrunds sein.[57]

24

Bei Abschluss eines Arbeitsvertrages mit Sachgrundbefristung können auch **mehrere Sachgründe** gleichzeitig vorliegen.[58] Es ist auch möglich, eine Zweckbefristung zusätzlich mit einer Höchstdauer (Zeitbefristung) zu kombinieren, zB „Das Arbeitsverhältnis endet mit der Rückkehr des erkrankten Arbeitnehmers ... an seinen Arbeitsplatz ..., spätestens aber am 31.3.2007."[59] Ebenso ist es möglich, einen Arbeitsvertrag doppelt zu befristen. Geschieht dies mit einem Formulararbeitsvertrag dergestalt, dass neben einer drucktechnisch hervorgehobenen Befristung für die Dauer eines Jahres im nachfolgenden Vertragstext ohne besondere Hervorhebung eine weitere Befristung zum Ablauf der sechsmonatigen Probezeit enthalten ist, wird die Probezeitbefristung als überraschende Klausel nach § 305 c Abs. 1 BGB nicht Vertragsbestandteil.[60]

25

---

53 Zur Vereinbarkeit mit europäischem Recht siehe EUGH v. 26.1.2012, C-586/10, DB 2012, 290.
54 BAG v. 16.11.2005, 7 AZR 81/05, NZA 2006, 784. Anders verhält es sich, wenn die Parteien in einem nachfolgenden befristeten Arbeitsvertrag dem Arbeitnehmer – ausdrücklich oder konkludent – das Recht vorbehalten, die Wirksamkeit der vorangegangenen Befristungen prüfen zu lassen.
55 BAG v. 24.4.1996, 7 AZR 605/95, NZA 1996, 1208, BAG v. 18.4.2007, 7 AZR 255/06, n.v.
56 BAG v. 4.6.2003, 7 AZR 523/02, ZTR 2004, 209.
57 BAG v. 20.2.2002, 7 AZR 600/00, NZA 2002, 896.
58 BAG v. 16.11.2005, 7 AZR 81/05, NZA 2006, 784.
59 Kuner in Bepler/Böhle § 30 TVöD Rn 7 d. Kritisch hierzu Joussen in Boecken/Joussen, § 15 TzBfG Rn 92 ff. Vgl auch BAG v. 16.7.2008, 7 AZR 322/07, n.v., BAG v. 29.6.2011, 7 AZR 6/10, NZA 2011, 1346.
60 BAG v. 16.4.2008, 7 AZR 132/07, NZA 2008, 876.

26 e) **Die nachträgliche Befristung eines unbefristeten Arbeitsvertrages.** § 14 Abs. 1 TzBfG erfasst auch die nachträgliche Befristung eines Arbeitsvertrages.[61] Sie ist daher nur möglich, wenn hierfür ein Sachgrund besteht. Reicht eine arbeitsvertragliche Probezeit im Rahmen eines unbefristeten Arbeitsverhältnisses nicht aus, um die Eignung festzustellen, dann kann auch an ein unbefristetes Arbeitsverhältnis ein befristetes Arbeitsverhältnis zur Erprobung angeschlossen werden.[62] Eine sachgrundlose nachträgliche Befristung nach § 14 Abs. 2, 2 a, 3 TzBfG ist ausgeschlossen, weil in einem solchen Fall vorher mit dem Arbeitgeber ein unbefristetes Arbeitsverhältnis bestanden hat (§ 14 Abs. 2 S. 2, Abs. 2 a S. 4, Abs. 3 S. 2 TzBfG). Ein Sachgrund ist auch erforderlich, wenn die geänderten Arbeitsbedingungen für den Arbeitnehmer günstiger sind und der Arbeitnehmer zwischen diesem neuen Arbeitsvertrag und der Fortsetzung seines bisherigen unbefristeten Arbeitsverhältnisses frei wählen konnte.[63] Die nachträgliche Befristung kann auch im Wege der Änderungskündigung erfolgen. Die Änderung der Arbeitsbedingungen ist allerdings unter anderem dann unwirksam, wenn die Befristung nicht aus sachlichen Gründen gerechtfertigt ist.[64]

27 Eine nachträgliche (schriftliche) Befristung ist aber in der Regel dann unwirksam, wenn die Arbeitsvertragsparteien zunächst nur mündlich und damit formnichtig eine Befristung vereinbart haben. Halten die Vertragsparteien die Befristungsabrede nach Arbeitsaufnahme durch den Arbeitnehmer in einem schriftlichen Arbeitsvertrag fest, liegt darin regelmäßig keine eigenständige Befristungsabrede über die nachträgliche Befristung des unbefristet entstandenen Arbeitsverhältnisses, sondern nur die befristungsrechtlich bedeutungslose Wiedergabe des bereits mündlich Vereinbarten.[65] Ein Verstoß gegen das Schriftformerfordernis ist nach Beginn des Arbeitsverhältnisses daher in aller Regel nicht „heilbar". Macht der Arbeitgeber aber den Abschluss eines befristeten Arbeitsvertrags von der Unterzeichnung der Vertragsurkunde abhängig, kann der Arbeitnehmer dieses Angebot nicht durch die Arbeitsaufnahme konkludent annehmen, sondern nur durch die Unterzeichnung der Vertragsurkunde.[66] Haben die Parteien hingegen vor der Unterzeichnung des schriftlichen Arbeitsvertrags mündlich keine Befristung vereinbart oder eine Befristungsabrede getroffen, die inhaltlich mit der in dem schriftlichen Vertrag enthaltenen Befristung nicht übereinstimmt, enthält der schriftliche Arbeitsvertrag eine eigenständige, dem Schriftformgebot genügende Befristung. Ist die Befristung daneben sachlich gerechtfertigt, so ist die Befristung insgesamt rechtens.[67]

28 f) **Die einzelnen Sachgründe. aa) Vorübergehender Bedarf an der Arbeitsleistung** (§ 14 Abs. 1 S. 2 Nr. 1 TzBfG). Dieser kann sich aus einem vorübergehenden **erhöhten** Bedarf an Arbeitsleistung ergeben (zB Saisonarbeit, Projektarbeit) oder bei **künftig wegfallendem Arbeitskräftebedarf** (zB bei (Teil-) Betriebsstilllegung).

---

61 Müller-Glöge in Erfurter Kommentar § 14 TzBfG Rn 13.
62 Vgl BAG v. 2.6.2010, 7 AZR 85/09, NZA 2010, 1293.
63 BAG v. 26.8.1998, 7 AZR 349/97, NZA 1999, 476.
64 BAG v. 25.4.1996, 2 AZR 609/95, NZA 1996, 1197.
65 BAG v. 1.12.2004, 7 AZR 198/04, NZA 2005, 575. Auch die Regelung des § 141 Abs. 2 BGB ist nicht anwendbar, ebenso wenig verstößt die Berufung auf den Formmangel in einem solchen Fall gegen § 242 BGB. BAG v. 16.3.2005, 7 AZR 289/04, NZA 2005, 923.
66 BAG v. 16.4.2008, 7 AZR 1048/06, NZA 2008, 1184.
67 BAG v. 13.6.2007, 7 AZR 700/06, NZA 2008, 108.

Nach der ständigen Rechtsprechung[68] ist eine Befristung wegen des vorübergehenden Mehrbedarfs an Arbeitskräften gerechtfertigt, wenn im Zeitpunkt des Vertragsschlusses mit hinreichender Sicherheit zu erwarten ist, dass für die Beschäftigung des befristet eingestellten Arbeitnehmers über das vorgesehene Vertragsende hinaus kein Bedarf besteht. Dazu muss der Arbeitgeber eine fundierte Prognose erstellen, der konkrete Anhaltspunkte zugrunde liegen. Die Prognose des Arbeitgebers muss sich nicht darauf beziehen, dass die Arbeitsmenge nach Ablauf des befristeten Arbeitsvertrags wieder mit dem nach dem Stellenplan verfügbaren Stammpersonal bewältigt werden kann.[69] Ein sachlicher Grund für die Befristung eines Arbeitsvertrags wegen eines nur vorübergehenden Bedarfs an der Arbeitsleistung liegt aber nicht vor, wenn dem Arbeitnehmer Daueraufgaben übertragen werden, die von dem in der Dienststelle beschäftigten Stammpersonal wegen einer von vornherein unzureichenden Personalausstattung nicht erledigt werden können.[70] Die tatsächlichen Grundlagen der Prognosen hat der Arbeitgeber im Rechtsstreit darzulegen, damit der Arbeitnehmer die Möglichkeit erhält, deren Richtigkeit zum Zeitpunkt des Vertragsschlusses zu überprüfen.

Die **allgemeine Unsicherheit** über den künftigen Arbeitskräftebedarf reicht aber nicht aus, um eine Befristung zu rechtfertigen. Der Arbeitgeber kann sich auch bei nicht oder nur schwer voraussehbarem quantitativen Bedarf nicht darauf berufen, mit befristeten Arbeitsverhältnissen könne er leichter und schneller auf Bedarfsschwankungen reagieren. Es genügt auch nicht, dass bei nur zeitlich begrenzter Auftragserteilung die künftige Auftragserteilung ungewiss ist. Die Unsicherheit der finanziellen Entwicklung gibt noch keinen sachlichen Grund für die Befristung ab.[71] Auch die für einen späteren Zeitpunkt geplante Besetzung eines Arbeitsplatzes mit einem Leiharbeitnehmer ist kein Sachgrund für die Befristung des Arbeitsvertrags mit einem vorübergehend auf diesem Arbeitsplatz eingesetzten Arbeitnehmer.[72] 29

Die Wirksamkeit einer Befristung wegen eines vorübergehenden Mehrbedarfs setzt außerdem voraus, dass der Arbeitnehmer gerade zur Deckung des Arbeitskräftemehrbedarfs eingestellt wird. Wird ein Arbeitnehmer für ein bestimmtes Projekt befristet beschäftigt und ist er tatsächlich überwiegend mit projektfremden Tätigkeiten befasst, spricht dies gegen das Vorliegen eines Sachgrunds.[73] Der Arbeitgeber darf einen zeitweiligen Mehrbedarf an Arbeitskräften nicht zum Anlass nehmen, beliebig viele Arbeitnehmer einzustellen. Die Zahl der befristet eingestellten Arbeitnehmer muss sich im Rahmen des vorübergehenden Mehrbedarfs halten und darf diesen nicht überschreiten.[74] 30

bb) Befristung im Anschluss an Ausbildung oder Studium (§ 14 Abs. 1 S. 2 Nr. 2 TzBfG). Mit dieser Befristungsmöglichkeit soll der Berufsstart erleichtert werden. Unter den Begriff der Ausbildung fallen Berufsausbildungsverhältnisse iSd § 10 BBiG, aber auch andere Vertragsverhältnisse, bei denen eine Einstellung 31

---

68 Zusammenfassend und mit weiteren Nachweisen BAG v. 11.2.2004, 7 AZR 362/03, NZA 2004, 978, BAG v. 20.2.2008, 7 AZR 950/06 ZTR 2008, 508.
69 BAG v. 7.5.2008, 7 AZR 198/07, NZA 2008, 880, vgl auch BAG v. 7.11.2007, 7 AZR 484/06, NZA 2008, 467.
70 BAG v. 17.3.2010, 7 AZR 640/08, NZA 2010, 633.
71 BAG v. 8.4.1992, 7 AZR 135/91, NZA 1993, 694.
72 BAG v. 17.1.2007, 7 AZR 20/06, NZA 2007, 566.
73 BAG v. 7.5.2008, 7 AZR 146/07, NJW-Spezial 2008, 595.
74 BAG v. 12.9.1996, 7 AZR 790/95, NZA 1997, 313.

erfolgte, um berufliche Fertigkeiten zu erwerben (§ 26 BBiG).[75] Die Ausbildung muss nicht beim selben Arbeitgeber erfolgt sein.[76] Betriebliche Fortbildungen und Umschulungen stellen keine Ausbildung dar und berechtigen deshalb nicht zur anschließenden Befristung.[77] Ein Studium ist ein geordneter Ausbildungsgang an einer Hochschule (zB Universität, Fachhochschule). Ausländische Hochschulen sind nicht ausgenommen. Ein erfolgreicher Abschluss des Studiums ist nicht Voraussetzung.[78]

32 Die befristete Tätigkeit muss zwar im Anschluss an die Ausbildung oder an das Studium aufgenommen werden, der Wortlaut verlangt aber keinen unmittelbaren Anschluss. Daraus folgt, dass eine Befristung nach dieser Regelung nicht daran scheitert, dass die Beschäftigung nicht nahtlos erfolgt (teilweise wird ein Zeitraum von 3 bis 4 Monaten für hinnehmbar gehalten).[79] Eine (auch kurzfristige) anderweitige Beschäftigung nach Abschluss der Ausbildung oder des Studiums schließt die Befristungsmöglichkeit nach der Vorschrift aber aus.[80] Eine **mehrfache Befristung** oder eine Verlängerung einer Befristung kann auf diese Vorschrift nicht gestützt werden.[81]

33 § 14 Abs. 1 Nr. 2 TzBfG sieht keine feste **Höchstbefristungsdauer** vor. Die maximal zulässige Befristungsdauer ist daher anhand des jeweiligen **Einzelfalles** festzustellen.[82] Zwar bedarf die Befristungsdauer selbst keines Sachgrundes,[83] reicht aber die Vertragslaufzeit erheblich über die voraussichtliche Dauer des Befristungsgrundes hinaus, so kann daraus regelmäßig geschlossen werden, dass der Sachgrund nur vorgeschoben ist.[84] Das bedeutet, dass die vereinbarte Vertragslaufzeit nur dann wirksam ist, wenn sie die Erwartung noch rechtfertigt, die Anschlussbeschäftigung werde so gefördert. Einen Hinweis hierzu gibt § 16 a TVAöD Besonderer Teil BBiG. Danach wirken die Tarifvertragsparteien darauf hin, dass Auszubildende nach erfolgreich bestandener Abschlussprüfung für mindestens zwölf Monate in ein Arbeitsverhältnis übernommen werden.[85]

34 cc) **Vertretung eines anderen Arbeitnehmers (§ 14 Abs. 1 S. 2 Nr. 3 TzBfG).** Diese Vorschrift erlaubt es, den **zeitlich begrenzten Ausfall** eines oder

---

75 Gräfl in Arnold/Gräfl § 14 Rn 70.
76 Müller-Glöge in Erfurter Kommentar § 14 TzBfG Rn 31, Breier/Dassau TVöD § 30 Rn 77.
77 Gräfl in Arnold/Gräfl § 14 Rn 71, Müller-Glöge in Erfurter Kommentar § 14 TzBfG Rn 31, aA Boecken Boecken/Joussen, § 14 TzBfG Rn 51 unter Berufung darauf, dass eine enge Auslegung im Wortlaut keinen Niederschlag gefunden habe und auch nach Fortbildung und Umschulung ein Bedürfnis bestehe, den Berufsstart zu erleichtern.
78 Gräfl in Arnold/Gräfl § 14 Rn 72, Müller-Glöge in Erfurter Kommentar § 14 TzBfG Rn 31.
79 Gräfl in Arnold/Gräfl § 14 Rn 73 ff mit weiteren Nachweisen, Boecken in Boecken/Joussen, § 14 TzBfG Rn 52.
80 BAG v. 10.10.2007, 7 AZR 795/06, BB 2007, 2814, BAG v. 24.8.2011, 7 AZR 368/10, BB 2012, 251, Müller-Glöge in Erfurter Kommentar § 14 TzBfG Rn 32. Die Auffassung, dass kurzfristige Gelegenheitsjobs unschädlich seien, ist damit für die Praxis vom Tisch.
81 BAG v. 10.10.2007, 7 AZR 795/06, BB 2007, 2814, Müller-Glöge in Erfurter Kommentar § 14 TzBfG Rn 32.
82 Gräfl in Arnold/Gräfl § 14 Rn 77, Müller-Glöge in Erfurter Kommentar § 14 TzBfG Rn 33, aA Boecken in Boecken/Joussen, § 14 TzBfG Rn 53 mwN, der sich an der Zweijahresgrenze des § 14 Abs. 2 S. 1 TzBfG orientiert.
83 BAG v. 20.2.2002, 7 AZR 600/00, NZA 2002, 896.
84 BAG v. 21.2.2001, 7 AZR 200/00, NZA 2001, 1382.
85 Breier/Dassau (TVöD § 30 Rn 78) empfehlen eine Orientierung an diesem Wert. Kuner, TVöD/TV-L, Rn 461, hält eine Befristung von maximal zwei Jahren für zulässig.

mehrerer anderer Mitarbeiter (zB wegen Krankheit, Urlaub, Mutterschutz, Elternzeit) durch befristet Beschäftigte zu überbrücken. Der Sachgrund der Vertretung rechtfertigt für sich allein in aller Regel aber nicht die Befristung des Arbeitsvertrags mit dem Vertreter bis zum Ausscheiden des Vertretenen aus seinem Beschäftigungsverhältnis, da dann keine Überbrückung bis zur Rückkehr erforderlich ist.[86] Vereinbart der Arbeitgeber mit einem zur Vertretung eingestellten Arbeitnehmer, dass das Arbeitsverhältnis mit der Wiederaufnahme der Arbeit durch den vertretenen Mitarbeiter enden soll, so liegt hierin in aller Regel nicht zugleich die Vereinbarung, dass das Arbeitsverhältnis auch dann enden soll, wenn der vertretene Mitarbeiter vor Wiederaufnahme seiner Tätigkeit aus dem Arbeitsverhältnis ausscheidet.[87] Ist der zu vertretende Arbeitnehmer im Zeitpunkt der Befristungsabrede bereits aus dem Arbeitsverhältnis mit dem Arbeitgeber ausgeschieden, dann ist eine Befristung nach dieser Vorschrift nicht mehr möglich. Allenfalls dann, wenn dem ausgeschiedenen Arbeitnehmer eine Wiedereinstellungszusage gemacht wurde, mit deren Geltendmachung in absehbarer Zeit ernsthaft zu rechnen ist und die befristete Einstellung einer Ersatzkraft geeignet ist, eine Beschäftigungsmöglichkeit für den Fall der Wiedereinstellung des ausgeschiedenen Arbeitnehmers freizuhalten, kommt eine Befristung aus dem Gesichtspunkt der „Vertretung" in Betracht.[88]

Die **Dauer der Befristung** muss nicht der voraussichtlichen Dauer des Ausfalls entsprechen.[89] Es ist daher keine Prognose über die voraussichtliche Vertretungsdauer und deren Harmonisierung mit der Befristungsdauer erforderlich.[90] Deshalb kann die **wiederholte Befristung** wegen einer sich mehrfach verlängernden Arbeitsunfähigkeit der zu vertretenden Stammkraft der Prognose des künftigen Wegfalls des Vertretungsbedarfs nur dann entgegenstehen, wenn sich erhebliche Zweifel daran aufdrängen müssen, ob die Stammkraft ihre Tätigkeit überhaupt wieder aufnehmen wird. Sofern nicht besondere Umstände vorliegen, kann der Arbeitgeber in Fällen der Krankheitsvertretung ebenso wie in Fällen der Urlaubsvertretung grundsätzlich davon ausgehen, dass die zu vertretende Stammkraft zurückkehren wird. Er muss daher vor Abschluss des befristeten Vertrags mit der Vertretungskraft nicht von sich aus Erkundigungen über die gesundheitliche Entwicklung des erkrankten oder über die Planungen des beurlaubten Arbeitnehmers einholen. Nur wenn der Arbeitgeber aufgrund der ihm vorliegenden Informationen erhebliche Zweifel daran haben muss, ob die zu vertretende Stammkraft überhaupt wieder zurückkehren wird, kann dies dafür sprechen, dass der Sachgrund der Vertretung nur vorgeschoben ist.[91] 35

Es ist auch nicht erforderlich, dass der befristet Beschäftigte auf dem **Arbeitsplatz des Vertretenen** beschäftigt wird, entscheidend ist nur, ob der befristet beschäftigte Arbeitnehmer gerade wegen des Arbeitskräftebedarfs eingestellt wird, der durch den zeitweiligen Ausfall des zu vertretenden Mitarbeiters entsteht (Kau- 36

---

86 BAG v. 24.9.1997, 7 AZR 669/96, NZA 1998, 419.
87 BAG v. 26.6.1996, 7 AZR 674/95, NZA 1997, 200.
88 BAG v. 2.6.2010, 7 AZR 136/09, NZA 2010, 1172.
89 BAG v. 20.2.2002, 7 AZR 600/00, NZA 2002, 896.
90 BAG v. 21.2.2001, 7 AZR 200/00, NZA 2001, 1382. Geht aber die Vertragslaufzeit wesentlich über die Dauer des Vertretungsfalls hinaus, dann spricht das dafür, dass der Sachgrund nur vorgeschoben ist.
91 BAG v. 21.2.2001, 7 AZR 200/00, NZA 2001, 1382.

salität zwischen Ausfall und Befristung).[92] So kann zB der Arbeitgeber die Aufgaben des zeitweilig ausgefallenen Mitarbeiters einem dritten Mitarbeiter und dessen bisherige Aufgaben der Ersatzkraft übertragen (mittelbare Vertretung).[93] Werden dem befristet beschäftigten Arbeitnehmer aber ohne tatsächliche Neuverteilung der Arbeitsaufgaben Tätigkeiten zugewiesen, die der vertretene Mitarbeiter zu keinem Zeitpunkt ausgeübt hat, besteht der erforderliche Kausalzusammenhang nur, wenn der Arbeitgeber tatsächlich und rechtlich in der Lage wäre, dem vorübergehend abwesenden Arbeitnehmer den Aufgabenbereich des Vertreters zu übertragen.[94]

37 Die Befristung kann zulässigerweise auch zur Vertretung eines Beamten oder eines freien Mitarbeiters vereinbart werden,[95] ebenso um den Zeitraum bis zur Arbeitsaufnahme eines anderen Arbeitnehmers zu überbrücken, wenn sich der Arbeitgeber bereits im Zeitpunkt des Abschlusses des befristeten Arbeitsvertrags gegenüber einem auf unbestimmte Zeit einzustellenden Arbeitnehmer vertraglich gebunden hat.[96]

38 **dd) Eigenart der Arbeitsleistung (§ 14 Abs. 1 S. 2 Nr. 4 TzBfG).** Nach dieser Vorschrift kann eine Befristung vereinbart werden, wenn die Eigenart der Arbeitsleistung die Befristung rechtfertigt. Damit wird ein gesteigertes Bedürfnis nach Personalwechsel anerkannt, wenn der Inhalt der Arbeitspflicht dies erfordert.[97] Typische Fälle sind Verträge mit Sportlern, Trainern, Künstlern, programmgestaltenden Redakteuren bei öffentlich-rechtlichen Rundfunkanstalten[98] und Mitarbeitern von Parlamentsfraktionen.

39 **ee) Erprobung (§ 14 Abs. 1 S. 2 Nr. 5 TzBfG).** Ein sachlicher Grund liegt auch vor, wenn die Befristung zur Erprobung erfolgt. Der **Erprobungszweck** muss nicht ausdrücklich vereinbart werden.[99] Eine Probezeitvereinbarung oder eine

---

92 BAG v. 10.3.2004, 7 AZR 397/03, ZTR 2004, 472; BAG v. 15.2.2006, 7 AZR 232/05, NZA 2006, 781, BAG v. 12.1.2011, 7 AZR 194/09, NZA 2011, 507. Eingehend Boecken in Boecken/Joussen, § 14 TzBfG Rn 58 ff mwN, Müller-Glöge in Erfurter Kommentar § 14 TzBfG Rn 37.
93 Ausführlich Mennemeyer/Keysers, Befristungen im öffentlichen Dienst – Die Klassiker, NZA 2008, 670, 671.
94 BAG v. 14.4.2010, 7 AZR 121/09, NZA 2010, 942.
95 BAG v. 25.3.2009, 7 AZR 34/08, NZA 2010, 34. Müller-Glöge in Erfurter Kommentar § 14 TzBfG Rn 39.
96 BAG v. 6.11.1996, 7 AZR 909/95, AP Nr. 188 zu § 620 BGB Befristeter Arbeitsvertrag.
97 Eingehend Boecken in Boecken/Joussen, § 14 TzBfG Rn 66 ff, Müller-Glöge in Erfurter Kommentar § 14 TzBfG Rn 44 ff.
98 BAG v. 26.7.2006, 7 AZR 495/05, NZA 2007, 147. Entgegen einer weit verbreiteten Ansicht gilt diese Befristungsmöglichkeit nicht allgemein für Redakteure in Medienunternehmen, da sie vor dem Hintergrund der grundgesetzlich geschützten Rundfunkfreiheit zu sehen ist, die einen anderen Schutzbereich als die ebenfalls grundgesetzlich geschützte Pressefreiheit hat (eingehend ArbG München v. 18.6.2008, 30 Ca 600/08). Sie kann auch nicht für sämtliche Rundfunkunternehmen Geltung beanspruchen, sondern nur für solche die zur Gewährleistung der Meinungsvielfalt verpflichtet sind und hierzu „nur" einen Beitrag zur Meinungsvielfalt leisten.
99 BAG v. 23.6.2004, 7 AZR 636/03, NZA 2004, 1333. Ebenso Kuner, TVöD/TV-L, Rn 465. AA Breier/Dassau TVöD (§ 30 Rn 95) unter Hinweis auf BAG v. 31.8.1994, 7 AZR 983/93, ZTR 1995, 166. Allerdings hat das BAG in der zuerst genannten Entscheidung ausdrücklich die bisherige Rechtsprechung zu diesem Punkt mit der Begründung aufgegeben, dass eine Sonderstellung der befristeten Probearbeitsverhältnisse im Verhältnis zu befristeten Arbeitsverhältnissen mit anderen sachlichen Gründen nicht mehr begründbar sei. Es bedürfe keiner Einigung der Parteien darüber, welcher Befristungsgrund maßgeblich sein soll.

tarifliche Regelung zur Probezeit (siehe § 2 Abs. 4 S. 1 TVöD, wonach die ersten sechs Monate als Probezeit gelten) sind im Zweifel nicht als Befristungsvereinbarung zu verstehen.[100] Die Befristungsmöglichkeit zur Erprobung entfällt, wenn der Arbeitnehmer bereits ausreichende Zeit bei dem Arbeitgeber mit den zu erfüllenden Aufgaben beschäftigt war und der Arbeitgeber die Fähigkeiten des Arbeitnehmers deshalb voll beurteilen konnte.[101] Ein vorangegangenes Ausbildungsverhältnis schließt eine Befristung zur Erprobung aber nicht grundsätzlich aus.[102]

Das Arbeitsverhältnis endet mit Ablauf der vereinbarten Zeit, auch wenn sich der Arbeitnehmer bewährt hat. Es besteht auch in diesem Fall grundsätzlich kein Anspruch auf Abschluss eines unbefristeten Arbeitsvertrages.[103] Eine Ausnahme ist dann zu machen, wenn der befristet eingestellte Arbeitnehmer aufgrund des Verhaltens des Arbeitgebers damit rechnen konnte, im Anschluss an den Zeitvertrag weiterbeschäftigt zu werden. Es besteht dann ein vertraglicher Anspruch des Arbeitnehmers auf Abschluss eines weiteren Arbeitsvertrags, wenn die Erklärungen oder Verhaltensweisen des Arbeitgebers als Zusage auf Fortsetzung des Arbeitsverhältnisses auszulegen sind.[104] Das setzt voraus, dass der Arbeitgeber bei Abschluss eines Zeitvertrages in Aussicht stellt, er werde den Arbeitnehmer bei entsprechender Eignung und **Bewährung** anschließend unbefristet weiterbeschäftigen oder diese Vorstellungen auch noch während der Dauer des Zeitvertrages eindeutig bestärkt. An einer solchen Selbstbindung muss sich der Arbeitgeber aus Gründen des Vertrauensschutzes festhalten lassen.[105] Die Berufung auf den Ablauf der Probezeit, während der eine Arbeitnehmerin sich voll bewährt hat, stellt eine unzulässige Rechtsausübung dar, wenn sie ausschließlich wegen einer im Laufe der Probezeit eingetretenen Schwangerschaft der Arbeitnehmerin erfolgt.[106] **40**

Eine **Höchstdauer** für die Befristung ist gesetzlich nicht vorgesehen. Sie muss sich aber am Befristungsgrund orientieren und mit ihm derart in Einklang stehen, dass sie nicht gegen das Vorliegen eines sachlichen Grundes spricht.[107] Nachdem die Tarifvertragsparteien in § 2 Abs. 4 S. 1 TVöD eine sechsmonatige Probezeit vorgesehen haben, ist eine Befristungsdauer von sechs Monaten zur Erprobung in der Regel unproblematisch möglich,[108] sie kann im Einzelfall (zB bei besonderen Anforderungen des Arbeitsplatzes) aber auch länger sein.[109] So wurde eine einjährige Befristung zur Erprobung eines Lehrers für zulässig erachtet.[110] Auch **41**

---

100 Vgl BAG v. 30.9.1981, 7 AZR 789/78, NJW 1982, 1173.
101 BAG v. 31.8.1994, 7 AZR 983/93, ZTR 1995, 166, BAG v. 23.6.2004, 7 AZR 636/03, NZA 2004, 1333.
102 Müller-Glöge in Erfurter Kommentar § 14 TzBfG Rn 50.
103 Boecken in Boecken/Joussen, § 14 TzBfG Rn 82.
104 BAG v. 13.8.2008, 7 AZR 513/07, NZA 2009, 27.
105 BAG v. 26.4.1995, 7 AZR 936/94, NZA 1996, 87.
106 BAG v. 28.11.1963, 2 AZR 140/63, NJW 1964, 567, vgl auch BAG v. 13.12.1962, 2 AZR 38/62, BB 1963, 310, BAG v. 26.4.1995, 7 AZR 936/94, NZA 1996, 87, BAG v. 26.4.1995, 7 AZR 936/94, NZA 1996, 87, BAG v. 16.3.1989, 2 AZR 325/88, BB 1989, 1823.
107 BAG v. 23.6.2004, 7 AZR 636/03, NZA 2004, 1333.
108 So auch Kuner, TVöD/TV-L, Rn 465.
109 BAG v. 28.11.1963, 2 AZR 140/63, NJW 1964, 567.
110 BAG v. 31.8.1994, 7 AZR 983/93, ZTR 1995, 166.

eine **Verlängerung** der Befristung ist möglich.[111] Sobald allerdings die Gesamtdauer der Befristung sechs Monate überschreitet, kann das ein Anhaltspunkt dafür sein, dass der Sachgrund der Erprobung nur vorgeschoben ist. Für Führungskräfte enthält § 31 TVöD eine Sonderregelung für eine Befristung bis zu zwei Jahren.

42 **ff) In der Person des Arbeitnehmers liegende Gründe (§ 14 Abs. 1 S. 2 Nr. 6 TzBfG).** Nach dieser Vorschrift kann eine Befristung sachlich gerechtfertigt sein, wenn es ohne den in der Person des Arbeitnehmers begründeten sozialen Zweck überhaupt nicht zum Abschluss eines Arbeitsvertrags, auch nicht eines befristeten Arbeitsvertrags, gekommen wäre.[112] Dieser Befristungsgrund umfasst ganz unterschiedliche Sachverhalte wie zB die Befristung

- im Rahmen von **Arbeitsbeschaffungsmaßnahmen**.[113] Im Hinblick darauf, dass die Dauer der Förderung von Arbeitsbeschaffungsmaßnahmen befristet ist (vgl § 267 SGB III), schließen Träger von Arbeitsbeschaffungsmaßnahmen in aller Regel nur befristete Arbeitsverträge mit ihnen zugewiesenen Arbeitnehmern. Ein sachlicher Grund liegt vor, wenn die vereinbarte Vertragsdauer mit der Dauer der Zuweisung übereinstimmt.[114] Das schließt es nicht aus, dass der Maßnahmeträger bei dem Arbeitnehmer die berechtigte Erwartung geweckt hat, mit ihm nach Abschluss der Arbeitsbeschaffungsmaßnahme das Arbeitsverhältnis unbefristet fortzusetzen. Hierzu kann er wegen eines von ihm geschaffenen Vertrauenstatbestandes verpflichtet sein.[115]
- wegen nur befristet erteilter **Aufenthaltserlaubnis**, wenn im Zeitpunkt des Vertragsschlusses eine hinreichend zuverlässige Prognose erstellt werden kann, eine Verlängerung der Aufenthaltserlaubnis werde nicht erfolgen.[116]
- zur Aus-, Fort- oder Weiter**bildung**, sofern keine Daueraufgaben übertragen werden.[117]
- auf eine **Altersgrenze**, auch auf ein früheres als das 65. Lebensjahr, wenn berufsspezifische Leistungsanforderungen es erforderlich machen, den mit zunehmendem Lebensalter steigenden Gefahren von Leistungsausfällen und den daraus resultierenden Risiken für Leben und Gesundheit entgegen zu wirken.[118]
- wegen eines **Studiums**, wenn der Student dadurch die Möglichkeit erhält, die Erfordernisse des Studiums mit denen des Arbeitsverhältnisses in Einklang zu bringen.[119]

---

111 BAG v. 12.9.1996, 7 AZR 31/96, NZA 1997, 841, BAG v. 2.6.2010, 7 AZR 85/09, NZA 2010, 1293.
112 BAG v. 21.1.2009, 7 AZR 630/07, NZA 2009, 727.
113 Die Förderung der Aus- und Weiterbildung schwerbehinderter Menschen nach § 235 a Abs. 1 SGB III ist allerdings keine Maßnahme der Arbeitsbeschaffung, vgl BAG v. 22.4.2009, 7 AZR 96/08, NZA 2009, 1099.
114 BAG v. 19.1.2005, 7 AZR 250/04, NZA 2005, 873.
115 BAG v. 26.4.1995, 7 AZR 936/94, NZA 1996, 87.
116 BAG v. 12.1.2000, 7 AZR 863/98, NZA 2000, 722.
117 Müller-Glöge in Erfurter Kommentar § 14 TzBfG Rn 53.
118 BAG v. 11.3.1998, 7 AZR 712/96, n.v., allgemein Müller-Glöge in Erfurter Kommentar § 14 TzBfG Rn 56 ff.
119 Wird diesem Interesse des Studenten aber bereits durch eine entsprechend flexible Ausgestaltung des Arbeitsverhältnisses Rechnung getragen, so kann die Befristung nicht auf den Gesichtspunkt der Anpassung der Erwerbstätigkeit an die Erfordernisse des Studiums gestützt werden. BAG v. 16.4.2003, 7 AZR 187/02, NZA 2004, 40.

- aus **sozialen Gründen**, wenn gerade die sozialen Belange des Arbeitnehmers und nicht die Interessen des Betriebes für den Abschluss des Arbeitsvertrages ausschlaggebend gewesen sind.[120]
- auf **Wunsch des Arbeitnehmers**. Dazu müssen im Zeitpunkt des Vertragsschlusses objektive Anhaltspunkte vorliegen, aus denen ein Interesse des Arbeitnehmers an einer befristeten Beschäftigung folgt. Entscheidend ist, ob der Arbeitnehmer auch bei einem Angebot des Arbeitgebers auf Abschluss eines unbefristeten Arbeitsvertrages nur ein befristetes Arbeitsverhältnis vereinbart hätte.[121]

gg) Befristete Haushaltsmittel (§ 14 Abs. 1 S. 2 Nr. 7 TzBfG). Dieser Befristungsgrund kann nur greifen, wenn der Haushaltsplangeber demokratisch legitimiert und mit dem Arbeitgeber nicht identisch ist.[122] Das ist bei der Bundesagentur für Arbeit nicht der Fall. Voraussetzung ist weiterhin, dass die Mittel haushaltsrechtlich für die befristete Beschäftigung bestimmt sind und der Arbeitnehmer zulasten dieser Haushaltsmittel eingestellt und beschäftigt wird.[123] Dazu ist es ausreichend, wenn beim Vertragsschluss die Prognose gerechtfertigt ist, dass die Vergütung des befristet beschäftigten Arbeitnehmers während der Vertragslaufzeit aus Haushaltsmitteln bestritten werden kann, die haushaltsrechtlich für eine befristete Beschäftigung bestimmt sind und der Arbeitnehmer entsprechend beschäftigt werden kann. Eine haushaltsjahrübergreifende Befristung ist nicht sachlich gerechtfertigt, wenn bei Vertragsschluss keine tatsächlichen Anhaltspunkte dafür vorliegen, dass der künftige Haushaltsplan erneut ausreichende Haushaltsmittel für die befristete Beschäftigung des Arbeitnehmers bereitstellen wird.[124] Es genügt auch nicht, wenn Haushaltsmittel lediglich allgemein für die Beschäftigung von Arbeitnehmern im Rahmen von befristeten Arbeitsverhältnissen bereitgestellt werden.[125] Der Sachgrund erfordert die Vergütung des Arbeitnehmers aus Haushaltsmitteln, die mit einer konkreten Sachregelung auf der Grundlage einer nachvollziehbaren Zwecksetzung für eine nur vorübergehende Beschäftigung versehen sind.[126] Stellt sich später heraus, dass der Arbeitnehmer tatsächlich nicht aus den Haushaltsmitteln vergütet oder entsprechend der Zwecksetzung der zur Verfügung stehenden Haushaltsmittel beschäftigt wird, führt das nicht zwingend zur Unwirksamkeit der Befristung, kann aber Indiz dafür sein, dass der Befristungsgrund in Wirklichkeit nicht gegeben, sondern nur vorgeschoben ist. Es obliegt in diesem Fall dem Arbeitgeber, die vom Vertrag abweichende Handhabung zu erklären.[127] Die Zuordnung des Arbeitnehmers zu einer konkreten vorübergehenden freien Planstelle ist nicht zu fordern, sofern nur sichergestellt ist, dass die Vergütung des befristet eingestell-

---

120 Hierfür ist der Arbeitgeber darlegungs- und beweispflichtig, was eine solche Befristung als sehr risikobehaftet erscheinen lässt. BAG v. 12.12.1985, 2 AZR 9/85, NZA 1986, 571.
121 BAG v. 6.11.1996, 7 AZR 909/95, NZA 1997, 1222, BAG v. 19.1.2005, 7 AZR 115/04, AP Nr. 260 zu § 620 BGB Befristeter Arbeitsvertrag. Es empfiehlt sich, die Voraussetzungen einer solchen Befristung genau zu dokumentieren.
122 BAG v. 9.3.2011, 7 AZR 728/09, ZTR 2011, 289.
123 Ausführlich Mennemeyer/Keysers, NZA 2008, 670, 672.
124 BAG v. 22.4.2009, 7 AZR 667/08, n.v.
125 BAG v. 7.11.2007, 7 AZR 488/06, n.v.
126 BAG v. 14.2.2007, 7 AZR 193/06, NZA 2007, 871, BAG v. 19.3.2008, 7 AZR 1099/06 n.v., BAG v. 7.5.2008, 7 AZR 198/07, NZA 2008, 880.
127 BAG v. 22.4.2009, 7 AZR 667/08, n.v.

44 Voraussetzung ist weiterhin, dass der öffentliche Arbeitgeber zum Zeitpunkt des Vertragsschlusses aufgrund konkreter Tatsachen die **Prognose** erstellen kann, dass für die Beschäftigung des Arbeitnehmers Haushaltsmittel nur vorübergehend zur Verfügung stehen.[129] Die vertraglich vereinbarte Befristungsdauer bedarf keiner eigenen sachlichen Rechtfertigung. Der Befristungsdauer kommt nur insofern Bedeutung zu, als sie neben anderen Umständen darauf hinweisen kann, dass der Sachgrund für die Befristung nur vorgeschoben ist.[130] Die Ungewissheit über die künftige haushaltsrechtliche Entwicklung genügt hierfür nicht, ebenso genügt es nicht, wenn der Mittelgeber bei Gewährung der Haushaltsmittel keine verbindliche Aussage über die Beendigung der Aufgabe macht.[131] Ausreichend für die Prognose des öffentlichen Arbeitgebers ist aber grundsätzlich, wenn die Vergütung des befristet eingestellten Arbeitnehmers aus einer konkreten Haushaltsstelle erfolgt, die von vornherein nur für eine bestimmte Zeitdauer bewilligt worden ist und anschließend fortfallen soll. Erforderlich ist der überwiegende Einsatz des befristet beschäftigten Arbeitnehmers entsprechend der Zwecksetzung der ausgebrachten Haushaltsmittel. Dabei sind die Umstände bei Vertragsschluss maßgeblich. Wird der Arbeitnehmer tatsächlich nicht entsprechend der Zwecksetzung der zur Verfügung stehenden Haushaltsmittel beschäftigt, kann dies ein Indiz dafür sein, dass der Befristungsgrund nur vorgeschoben ist. Die Voraussetzungen des § 14 Abs. 1 S. 2 Nr. 7 TzBfG liegen nicht vor, wenn die Haushaltsmittel lediglich allgemein für die Beschäftigung von Arbeitnehmern im Rahmen von befristeten Arbeitsverhältnissen bereitgestellt werden oder dem befristet beschäftigten Arbeitnehmer überwiegend Daueraufgaben des öffentlichen Arbeitgebers übertragen werden.[132]

45 Wird ein Arbeitnehmer des öffentlichen Dienstes auf einer Stelle eingestellt, die im Haushaltsplan mit einem auf ein künftiges Haushaltsjahr datierten **kw-Vermerk** (künftig wegfallend) versehen ist, so rechtfertigt dies nur dann die Befristung des Arbeitsvertrags, wenn aufgrund konkreter Anhaltspunkte mit einiger Sicherheit davon ausgegangen werden kann, dass die Stelle zu dem im kw-Vermerk genannten Zeitpunkt tatsächlich wegfallen wird. Allein der kw-Vermerk als solcher reicht zur sachlichen Rechtfertigung einer Befristung nicht aus.[133]

46 Wenn ein privater Träger mit der Durchführung von Aufgaben der öffentlichen Verwaltung betraut wird, rechtfertigt die Abhängigkeit sowohl von der künftigen Nachfrage als auch von den Haushaltsmitteln noch nicht die Befristung eines Arbeitsverhältnisses.[134] Es genügt auch nicht, dass bei nur zeitlich begrenzter Auftragserteilung die künftige Auftragserteilung ungewiss ist. Die Unsicherheit der finanziellen Entwicklung gibt noch keinen sachlichen Grund für die Befristung ab.[135]

---

128 BAG v. 27.2.1984, 7 AZR 376/85, ZTR 1988, 102.
129 BAG v. 24.10.2001, 7 AZR 542/00, NZA 2002, 443.
130 BAG v. 20.2.2008, 7 AZR 972/06, n.v.
131 BAG v. 16.10.2008, 7 AZR 360/07, NZA 2009, 676.
132 BAG v. 18.10.2006, 7 AZR 419/05, NZA 2007, 332.
133 BAG v. 2.9.2009, 7 AZR 162/08, NZA 2009, 1257, BAG v. 16.1.1987, 7 AZR 487/85, NZA 1988, 279.
134 Eingehend und kritisch hierzu Boecken in Boecken/Joussen, § 14 TzBfG Rn 97.
135 BAG v. 8.4.1992, 7 AZR 135/91, NZA 1993, 694.

hh) Gerichtlicher Vergleich (§ 14 Abs. 1 S. 2 Nr. 8 TzBfG). Nach § 14 Abs. 1 **47**
S. 2 Nr. 8 TzBfG liegt ein sachlicher Grund vor, wenn die Befristung auf einem
gerichtlichen Vergleich beruht. Der Sachgrund setzt neben der Mitwirkung des
Gerichts am Zustandekommen des befristeten Arbeitsverhältnisses das **Bestehen
eines offenen Streits** der Parteien über die Rechtslage hinsichtlich des zwischen
ihnen bestehenden Rechtsverhältnisses zum Zeitpunkt des Vergleichsschlusses
voraus.[136] Das BAG verengt aber diese Befristungsmöglichkeit auf der einen Seite
nicht auf einen Vergleich in Bestandsstreitigkeiten,[137] auf der anderen Seite lässt
es eine Bestandsstreitigkeit als „formale" Voraussetzung nicht genügen, wenn
die Parteien bis zur Absprache über den Abschluss des Prozessvergleichs keine
gegenteiligen Rechtsstandpunkte darüber eingenommen haben, ob und gegebenenfalls wie lange noch ein Arbeitsverhältnis zwischen ihnen bestand.[138] Mit
dem Merkmal des offenen Streits über die Beendigung oder Fortsetzung des laufenden Arbeitsverhältnisses soll die missbräuchliche Ausnutzung des durch § 14
Abs. 1 S. 2 Nr. 8 TzBfG eröffneten Sachgrunds verhindert werden. Es soll insbesondere gewährleisten, dass der gerichtliche Vergleich nicht nur zu einer Protokollierung einer von den Arbeitsvertragsparteien vor Rechtshängigkeit getroffenen Vereinbarung benutzt wird.[139]

Nach der bisherigen Rechtsprechung des Bundesarbeitsgerichts ist die in einem **48**
außergerichtlichen Vergleich vereinbarte Befristung jedenfalls dann sachlich gerechtfertigt, wenn der Vergleich zur Beilegung eines offenen Streits der Parteien
über den Fortbestand des Arbeitsverhältnisses geschlossen wird.[140] Diese Rechtsprechung, die sich vor Inkrafttreten des TzBfG entwickelt hat, kann nicht mehr
aufrechterhalten werden, weil der Wortlaut des § 14 Abs. 1 S. 2 Nr. 8 TzBfG
ausdrücklich einen gerichtlichen Vergleich als Voraussetzung für einen Sachgrund erfordert.[141]

3. Die Befristung ohne Sachgrund (§ 14 Abs. 2, 2 a, 3 TzBfG). § 14 Abs. 2 **49**
TzBfG erlaubt eine Befristung ohne Sachgrund für die Dauer von **bis zu zwei
Jahren**, wenn mit demselben Arbeitgeber zuvor noch kein befristetes oder unbefristetes Arbeitsverhältnis bestanden hat. Die zuletzt genannte Voraussetzung
wird als **Anschlussverbot** bezeichnet. Von entscheidender Bedeutung für die Zulässigkeit der sachgrundlosen Befristung ist daher, ob bereits vorher ein Arbeitsverhältnis zwischen den Parteien bestanden hat. Dabei ist nicht auf den Betrieb
oder die Dienststelle abzustellen, sondern auf die Arbeitgeberstellung.[142] Ist zB
Arbeitgeber der Freistaat Bayern, dann ist eine sachgrundlose Befristung ausgeschlossen, wenn bereits zuvor bei irgendeiner Landesbehörde ein Arbeitsverhältnis bestanden hat, unabhängig davon, ob die jetzt befristet einstellende Landesbehörde davon Kenntnis hat und unabhängig davon, ob das frühere Arbeitsverhältnis nur ein paar Tage oder längere Zeit gedauert hat. Unter ausdrücklicher

---

136 BAG v. 26.4.2006, 7 AZR 366/05, AP Nr. 1 zu § 14 TzBfG Vergleich.
137 Ausführlich hierzu Boecken in Boecken/Joussen, § 14 TzBfG Rn 99.
138 BAG v. 26.4.2006, 7 AZR 366/05, AP Nr. 1 zu § 14 TzBfG Vergleich.
139 So ausdrücklich BAG v. 26.4.2006, 7 AZR 366/05, AP Nr. 1 zu § 14 TzBfG Vergleich.
140 BAG v. 22.10.2003, 7 AZR 666/02, ZTR 2004, 370.
141 Ebenso Müller-Glöge in Erfurter Kommentar § 14 TzBfG Rn 77, Gräfl in Arnold/Gräfl § 14 Rn 223 mit weiteren Nachweisen. Das BAG konnte in seiner Entscheidung vom 22.10.2003 (7 AZR 666/02, ZTR 2004, 370) diese Frage noch offen lassen, weil im zu entscheidenden Fall das TzBfG noch keine Anwendung fand.
142 BAG v. 9.3.2011, 7 AZR 657/09, EzA-SD 2011, Nr. 14, 3.

Aufgabe seiner bisherigen Rechtsprechung[143] hat das BAG nunmehr entschieden, dass ein früheres Arbeitsverhältnis zwischen den Parteien nicht entgegen steht, wenn das Ende des vorangegangenen Arbeitsverhältnisses mehr als drei Jahre zurückliegt.[144] Den Arbeitsvertragsparteien steht es frei, vertraglich zu vereinbaren, dass die Beschäftigung bei einem anderen Arbeitgeber als Vorbeschäftigung iSv § 14 Abs. 2 S. 2 TzBfG behandelt werden soll.[145] Ob die Vereinbarung der Anrechnung einer bei einem anderen Arbeitgeber geleisteten Vordienstzeit eine solche Bedeutung hat, ist durch Auslegung zu ermitteln. Ausnutzung der durch das Teilzeit- und Befristungsgesetz vorgesehenen Gestaltungsmöglichkeiten kann rechtsmissbräuchlich sein, etwa wenn mehrere rechtlich und tatsächlich verbundene Vertragsarbeitgeber in bewusstem und gewolltem Zusammenwirken mit einem Arbeitnehmer aufeinanderfolgende befristete Arbeitsverträge ausschließlich deshalb schließen, um auf diese Weise über die nach § 14 Abs. 2 TzBfG vorgesehenen Befristungsmöglichkeiten hinaus sachgrundlose Befristungen aneinanderreihen zu können.[146]

50 Da bei unwirksamer Befristung das Arbeitsverhältnis als auf unbestimmte Dauer geschlossen gilt (§ 16 S. 1 TzBfG), ist dem Arbeitgeber ein **Fragerecht zu Vorbeschäftigungen** bei ihm einzuräumen. Eine genaue Dokumentation dieser Erkundigung ist zu empfehlen.[147] Bei unzutreffender Beantwortung durch den Arbeitnehmer kann der Arbeitsvertrag uU nach § 123 BGB angefochten werden.[148] Das Anschlussverbot betrifft aber nur frühere Arbeitsverhältnisse. Zuvor bestandene andere Vertragsverhältnisse wie zB die Tätigkeit als Praktikant, wenn mit diesem kein Arbeitsvertrag geschlossen wurde[149] oder ein Berufsausbildungsverhältnis[150] hindern die sachgrundlose Befristung nicht.

51 Im Falle eines Betriebsübergangs (§ 613 a Abs. 1 S. 1 BGB) unterliegen Arbeitsverhältnisse dem Anschlussverbot, wenn das frühere Arbeitsverhältnis zum Zeitpunkt des Betriebsübergangs noch bestanden hat, da es dann auf den Betriebserwerber überging. Wurde das Arbeitsverhältnis bereits vor dem Betriebsübergang beendet, ist eine sachgrundlose Befristung möglich.[151] Bei einer Verschmelzung nach § 2 Nr. 1 UmwG ist der erloschene übertragende Rechtsträger nicht derselbe Arbeitgeber wie der übernehmende Rechtsträger.[152]

52 Bis zur Gesamtdauer von zwei Jahren ist die höchstens **dreimalige Verlängerung** zulässig. Für den Beginn dieser Frist ist nicht der Abschluss des ersten Arbeitsvertrages maßgebend, sondern der Beginn des Arbeitsverhältnisses.[153] Eine

---

143 Grundlegend BAG v. 6.11.2003, 2 AZR 690/02, NZA 2005, 218.
144 BAG v. 6.4.2011, 7 AZR 716/09, DB 2011, 1811.
145 BAG v. 9.2.2011, 7 AZR 32/10, NZA 2011, 791.
146 BAG v. 9.3.2011, 7 AZR 657/09, EzA-SD 2011, Nr. 14, 3.
147 Vgl auch Kuner, TVöD/TV-L, Rn 474.
148 Boecken in Boecken/Joussen, § 14 TzBfG Rn 122, Kuner in Bepler/Böhle § 30 TVöD Rn 20.1.
149 BAG v. 19.10.2005, 7 AZR 31/05, NZA 2006, 154.
150 BAG v. 21.9.2011, 7 AZR 375/10, AuA 2011, 671; Müller-Glöge in Erfurter Kommentar § 14 TzBfG Rn 94, Boecken in Boecken/Joussen, § 14 TzBfG Rn 119, Gräfl in Arnold/Gräfl § 14 Rn 262, LAG Niedersachsen v. 4.7.2003, 16 Sa 193/03, NZA-RR 2004, 13, LAG Rheinland-Pfalz, 14.6.2006, 10 Sa 52/06 nV, Hessisches LAG, v. 12.9.2005, 10 Sa 1843/04, AE 2006, 108, aA Däubler in Kittner/Däubler/Zwanziger, KSchR, § 14 TzBfG, Rn 160.
151 BAG v. 18.8.2005, 8 AZR 523/04, NZA 2006, 145.
152 BAG v. 10.11.2004, 7 AZR 101/04, NZA 2005, 514.
153 Kuner in Bepler/Böhle § 30 TVöD Rn 24.

Verlängerung liegt vor, wenn einvernehmlich der Endtermin geändert wird.[154] Eine Verlängerung setzt voraus, dass sie noch **während der Laufzeit** des zu verlängernden Vertrags vereinbart und **nur die Vertragsdauer** geändert wird, nicht aber die übrigen Arbeitsbedingungen.[155] Andernfalls liegt der Neuabschluss eines befristeten Arbeitsvertrags vor, der ohne Sachgrund unzulässig ist, da zwischen den Parteien bereits ein Arbeitsverhältnis bestanden hat. Das gilt auch, wenn die geänderten Arbeitsbedingungen für den Arbeitnehmer günstiger sind.[156] Im Arbeitsvertrag können aber anlässlich der Verlängerung Anpassungen des Vertragstextes an die zum Zeitpunkt der Verlängerung geltende Rechtslage vorgenommen oder Arbeitsbedingungen vereinbart werden, auf die der befristet beschäftigte Arbeitnehmer einen Anspruch hat.[157] Dieses „Änderungsverbot" bei Verlängerung hat nicht zur Folge, dass der sonstige Vertragsinhalt während der Laufzeit nicht geändert werden kann, sondern nur, dass der im Zeitpunkt des Abschlusses der Verlängerungsvereinbarung bestehende Vertragsinhalt – abgesehen von der Vertragsdauer – nicht geändert werden darf. Eine einvernehmliche Änderung der Arbeitsbedingungen zu einem anderen Zeitpunkt ist befristungsrechtlich nicht von Bedeutung. Sie enthält keine erneute, die bereits bestehende Befristungsabrede ablösende Befristung, die ihrerseits auf ihre Wirksamkeit überprüft werden könnte.[158] Der arbeitsrechtliche Gleichbehandlungsgrundsatz begründet keinen Anspruch eines Arbeitnehmers auf Verlängerung.[159]

Nach § 42 TVöD BT-E (Besonderer Teil Entsorgung) ist die kalendermäßige Befristung eines Arbeitsvertrages ohne Vorliegen eines sachlichen Grundes bis zur Dauer von vier Jahren zulässig; bis zu dieser Gesamtdauer ist auch die höchstens dreimalige Verlängerung eines kalendermäßig befristeten Arbeitsvertrages möglich (siehe Rn 98). Nach § 14 Abs. 2a TzBfG ist in den ersten vier Jahren nach Gründung eines Unternehmens die sachgrundlose Befristung bis zur Dauer von vier Jahren zulässig. Im Rahmen dieser Gesamtdauer ist auch eine mehrfache Verlängerung möglich. 53

§ 14 Abs. 3 TzBfG wurde zum 1.5.2007 neu gefasst. Die bisherige Regelung verstieß nach einem Urteil des EuGH gegen Gemeinschaftsrecht, da sie eine Ungleichbehandlung wegen Alters darstellte.[160] Befristungen nach der bisherigen Regelung sind deshalb unwirksam. Es besteht auch kein Vertrauensschutz für Verträge, die vor dieser Entscheidung (22.11.2005) abgeschlossen wurden.[161] Die Neuregelung sieht eine Ausdehnung der sachgrundlosen Befristung bis zu einer Dauer von fünf Jahren ab Vollendung des 52. Lebensjahres u.a. dann vor, wenn dem befristeten Arbeitsverhältnis eine Arbeitslosigkeit von mindestens vier Monaten vorausging. Ob diese Neuregelung den europa- und verfassungsrechtlichen Vorgaben genügt, ist umstritten, da auch sie wiederum an das Alter an- 54

---

154 Müller-Glöge in Erfurter Kommentar § 14 TzBfG Rn 88.
155 BAG v. 19.10.2005, 7 AZR 31/05, NZA 2006, 154, BAG v. 12.8.2009, 7 AZR 270/08, USK 2009-153.
156 BAG v. 23.8.2006, 7 AZR 12/06, NZA 2007, 204.
157 BAG v. 20.2.2008, 7 AZR 786/06, NZA 2008, 883, BAG v. 16.1.2008, 7 AZR 603/06, NZA 2008, 701.
158 BAG v. 18.1.2006, 7 AZR 178/05, NZA 2006, 605.
159 BAG v. 13.8.2008, 7 AZR 513/07, NZA 2009, 27.
160 EuGH v. 22.11.2005, C-144/04 (Mangold), NZA 2005, 1345. Dem hat sich das BAG angeschlossen (BAG v. 26.4.2006, 7 AZR 500/04, NZA 2006, 1162).
161 BAG v. 26.4.2006, 7 AZR 500/04, NZA 2006, 1162.

knüpft.¹⁶² Bis zu einer Klärung kann zu einer solchen Befristung nicht geraten werden.

55 **4. Die Schriftform der Befristung (§ 14 Abs. 4 TzBfG).** Nach § 14 Abs. 4 TzBfG muss die Befristungsabrede schriftlich getroffen werden (zB bei der Zeitbefristung das Datum des Zeitablaufs oder die Vertragsdauer). Das Schriftformerfordernis gilt auch für sehr kurze befristete Arbeitsverhältnisse (zB für eine befristete Beschäftigung von nur einem Tag).¹⁶³ Das Schriftformerfordernis umfasst aber nicht die weiteren Vertragsbedingungen. Auch der Befristungsgrund muss nicht schriftlich fixiert werden, es sei denn, es liegt eine Zweckbefristung vor. Bei dieser ist der Befristungsgrund wesentlicher Vertragsbestandteil, er ist deshalb im Arbeitsvertrag schriftlich festzuhalten.¹⁶⁴ Ein „nachträgliches" Berufen auf eine sachgrundlose Befristung ist nicht ausgeschlossen.¹⁶⁵ Die Arbeitsvertragsparteien können aber die Möglichkeit zur sachgrundlosen Befristung vertraglich – auch konkludent – ausschließen. Allein die Benennung eines Sachgrunds reicht nicht aus, um dies anzunehmen.¹⁶⁶ Eine befristete Verlängerung eines Arbeitsverhältnisses muss ebenfalls schriftlich erfolgen.¹⁶⁷

56 Eine nur mündlich vereinbarte Befristung ist unwirksam (§ 125 S. 1 BGB), der Arbeitsvertrag gilt als auf unbestimmte Zeit geschlossen (§ 16 S. 1 TzBfG). Zur Wahrung der Schriftform müssen beide Parteien auf derselben Urkunde eigenhändig unterschreiben (§ 126 Abs. 2 S. 1 BGB). Werden mehrere gleichlautende Urkunden ausgestellt, so genügt es, wenn jede Partei die für die Gegenseite bestimmte Urkunde unterzeichnet (§ 126 Abs. 2 S. 2 BGB). Es genügt, wenn die eine Vertragspartei in einem von ihr unterzeichneten, an die andere Vertragspartei gerichteten Schreiben den Abschluss eines befristeten Arbeitsvertrags anbietet und die andere Vertragspartei das Vertragsangebot annimmt, indem sie das Schriftstück ebenfalls unterzeichnet.¹⁶⁸ Die elektronische Form nach § 126a BGB ist nicht ausgeschlossen. Fax genügt nicht. Enthält ein Formulararbeitsvertrag neben einer drucktechnisch hervorgehobenen Befristung für die Dauer eines Jahres im nachfolgenden Vertragstext ohne besondere Hervorhebung eine weitere Befristung zum Ablauf der sechsmonatigen Probezeit, wird die Probezeitbefristung als überraschende Klausel nach § 305c Abs. 1 BGB nicht Vertragsbestandteil.¹⁶⁹

57 Halten die Arbeitsvertragsparteien eine zunächst nur mündlich und damit formnichtig vereinbarte Befristung in einem nach Vertragsbeginn unterzeichneten Arbeitsvertrag schriftlich fest, führt dies nicht dazu, dass die Befristung rückwirkend wirksam wird. Dadurch wird das Arbeitsverhältnis auch nicht nachträglich wirksam befristet, da damit in der Regel keine neue, von der bisherigen

---

162 Hieran zweifelnd zB Mathias Kast, Rajko Herrmann, Altersdiskriminierung und erleichterte Befristung gemäß § 14 Abs. 3 TzBfG: ein Praxistest. In BB 2007, 1841, bejahend Müller-Glöge in Erfurter Kommentar § 14 TzBfG Rn 110a.
163 Müller-Glöge in Erfurter Kommentar § 14 TzBfG Rn 114. Für den Fall, dass tageweise Einsätze auf einer Rahmenvereinbarung beruhen siehe BAG v. 31.7.2002, 7 AZR 181/01, ZTR 2003, 198 und BAG v. 16.4.2003, 7 AZR 187/02, NZA 2004, 40.
164 Müller-Glöge in Erfurter Kommentar § 14 TzBfG Rn 118, Kuner in Bepler/Böhle § 30 TVöD Rn 20, Boecken in Boecken/Joussen, § 14 TzBfG Rn 157.
165 Gräfl in Arnold/Gräfl § 14 Rn 26.
166 BAG v. 12.8.2009, 7 AZR 270/08, USK 2009-153.
167 BAG v. 26.7.2006, 7 AZR 514/05, NZA 2006, 1402.
168 BAG v. 26.7.2006, 7 AZR 514/05, NZA 2006, 1402.
169 BAG v. 16.4.2008, 7 AZR 132/07, NZA 2008, 876.

unwirksamen Vereinbarung unabhängige Befristungsvereinbarung getroffen wird.[170] Ein Verstoß gegen das Schriftformerfordernis ist nach Beginn des Arbeitsverhältnisses daher in aller Regel nicht „heilbar". Macht der Arbeitgeber aber den Abschluss eines befristeten Arbeitsvertrags von der Unterzeichnung der Vertragsurkunde abhängig, kann der Arbeitnehmer dieses Angebot nicht durch die Arbeitsaufnahme konkludent annehmen, sondern nur durch die Unterzeichnung der Vertragsurkunde.[171] Haben die Parteien hingegen vor der Unterzeichnung des schriftlichen Arbeitsvertrags mündlich keine Befristung vereinbart oder eine Befristungsabrede getroffen, die inhaltlich mit der in dem schriftlichen Vertrag enthaltenen Befristung nicht übereinstimmt, enthält der schriftliche Arbeitsvertrag eine eigenständige, dem Schriftformgebot genügende Befristung. Ist die Befristung daneben sachlich gerechtfertigt, so ist die Befristung insgesamt rechtmäßig.[172]

5. Die Kündigung befristeter Arbeitsverträge. Ein befristetes Arbeitsverhältnis unterliegt nur dann der **ordentlichen Kündigung**, wenn dies einzelvertraglich oder im anwendbaren Tarifvertrag vereinbart ist (§ 15 Abs. 3 TzBfG). Letzteres ist nur der Fall für Angestellte im Tarifgebiet West gem. § 30 Abs. 4 und 5 TVöD (siehe Rn 78 ff). Für Arbeiter und Angestellte des Tarifgebiets Ost besteht eine ordentliche Kündigungsmöglichkeit daher nur, wenn das einzelvertraglich vereinbart wurde. Eine einzelvertragliche Vereinbarung eines Kündigungsrechts muss ausdrücklich erfolgen oder aus den Umständen eindeutig erkennbar sein.[173] Die Vereinbarung ist formlos, daher auch mündlich möglich. Wird das Kündigungsrecht – wie häufig – mittels allgemeiner Geschäftsbedingungen[174] in den Arbeitsvertrag eingeführt, dann muss die Regelung klar und verständlich sein (§ 307 Abs. 1 S. 1 BGB), bei der Auslegung verbleibende Unklarheiten gehen zulasten des Arbeitgebers (§ 305 c Abs. 2 BGB). Im Geltungsbereich des TVöD sind die Fristen des § 34 TVöD zu beachten, § 30 Abs. 4 und 5 TVöD gelten nicht für Arbeiterinnen und Arbeiter und Angestellte Ost.[175] Im Falle der Insolvenz gilt die Kündigungsmöglichkeit nach § 113 InsO. Arbeitsverhältnisse auf Lebenszeit sowie Arbeitsverhältnisse, die für längere Zeit als für fünf Jahre eingegangen wurden, können vom Arbeitnehmer nach Ablauf von fünf Jahren mit einer Frist von sechs Monaten gekündigt werden (§ 15 Abs. 4 TzBfG). 58

Eine **außerordentliche Kündigung** (ggf fristlos) ist auch ohne entsprechende Vereinbarung[176] möglich, wenn Tatsachen vorliegen, aufgrund derer dem Kündigenden unter Berücksichtigung aller Umstände des Einzelfalles und unter Ab- 59

---

170 BAG v. 1.12.2004, 7 AZR 198/04, NZA 2005, 575. Auch die Regelung des § 141 Abs. 2 BGB ist nicht anwendbar, ebenso wenig verstößt die Berufung auf den Formmangel in einem solchen Fall gegen § 242 BGB. BAG v. 16.3.2005, 7 AZR 289/04, NZA 2005, 923.
171 BAG v. 16.4.2008, 7 AZR 1048/06, NZA 2008, 1184.
172 BAG v. 13.6.2007, 7 AZR 700/06, n.v.
173 BAG v. 4.7.2001, 2 AZR 88/00, ZTR 2002, 172, LAG Berlin-Brandenburg v. 28.9.2010, 7 Sa 1275/10, ZTR 2011, 53.
174 Allgemeine Geschäftsbedingungen liegen vor, wenn sie für eine Vielzahl von Fällen vorformuliert sind (§ 305 Abs. 1 S. 1 BGB). Das ist der Fall, wenn sie für mindestens drei Fälle vorgesehen sind (BAG v. 25.5.2005, 5 AZR 572/04, NZA 2005, 1111) oder wenn der Arbeitnehmer keine Einflussmöglichkeit auf den Vertragsinhalt nehmen konnte (§ 310 Abs. 3 Nr. 2 BGB).
175 Kuner, TVöD/TV-L, Rn 481.
176 Joussen in Boecken/Joussen, § 15 TzBfG Rn 54.

wägung der Interessen beider Vertragspartner die Fortsetzung des Arbeitsverhältnisses bis zum Ablauf der vereinbarten Beendigung oder bis zum Ablauf einer eventuell vereinbarten Kündigungsfrist nicht zugemutet werden kann (§ 626 Abs. 1 BGB).

60 **6. Weitere gesetzliche Befristungsregelungen.** Befristungsmöglichkeiten sind nicht nur im TzBfG, sondern auch in weiteren Gesetzen enthalten. Diese gehen nach § 23 TzBfG den Vorschriften des TzBfG vor.

61 **a) Die Befristung nach dem Bundeselterngeld- und Elternzeitgesetz und dem Bundeserziehungsgeldgesetz (§ 21 BEEG und § 21 BerzGG) sowie nach dem Pflegezeitgesetz (§ 6 PflegeZG).** Nach diesen Vorschriften besteht ein sachlicher Grund für die Befristung eines Arbeitsverhältnisses, wenn ein Arbeitnehmer zur Vertretung eines anderen Arbeitnehmers für Zeiten eines Erziehungsurlaubs, einer kurzzeitigen Arbeitsverhinderung nach § 2 PflegeZG oder der Pflegezeit nach § 3 PflegeZG, eines Beschäftigungsverbots nach dem Mutterschutzgesetz, einer Elternzeit oder einer auf Tarifvertrag beruhenden Arbeitsfreistellung zur Betreuung eines Kindes eingestellt wird. Die Vorschriften des TzBfG finden ergänzend Anwendung,[177] insbesondere das Schriftformerfordernis des § 14 Abs. 4 TzBfG, die Klagefrist des § 17 TzBfG sowie §§ 15, 16 TzBfG. Von der Rückkehr des zu vertretenden Mitarbeiters kann grundsätzlich ausgegangen werden.[178] Der Arbeitgeber ist nicht gehalten, vor Abschluss des befristeten Vertrags mit der Vertretungskraft Erkundigungen über die Planungen des beurlaubten Arbeitnehmers einzuholen. Nur wenn der Arbeitgeber im Ausnahmefall aufgrund ihm vorliegender Informationen erhebliche Zweifel daran haben muss, dass die zu vertretende Stammkraft überhaupt wieder zurückkehren wird, kann dies dafür sprechen, dass der Sachgrund der Vertretung nur vorgeschoben ist. Eine unverbindliche Ankündigung des Vertretenen reicht nicht aus.[179] Für den Fall der vorzeitigen Beendigung der Elternzeit gelten die besonderen Kündigungsmöglichkeiten nach § 21 Abs. 4 BEEG bzw § 21 Abs. 4 BErzGG.

62 **b) Die Befristung nach dem Wissenschaftszeitvertragsgesetz.** Das Wissenschaftszeitvertragsgesetz ersetzt seit dem 18.4.2007 die bisherigen Vorschriften hierzu nach §§ 57 a HRG.[180] Mit diesen Vorschriften wird für künstlerisches und wissenschaftliches Personal einer Hochschule oder einer Forschungseinrichtung[181] die **sachgrundlose Befristung** in einem weiten Umfang zugelassen. Für nicht promovierte Mitarbeiter beträgt die zulässige Befristungsdauer bis zu sechs Jahre, für promovierte Mitarbeiter ebenso (im Bereich der Medizin bis zu neun Jahre),[182] für künstlerische und wissenschaftliche Hilfskräfte bis zu vier Jahre.[183] Für die Befristung wegen Drittmittelfinanzierung gilt § 2 Abs. 2 WissZeitVG. Im Rahmen der zulässigen Befristungsdauer sind Verlängerungen

---

177 Müller-Glöge in Erfurter Kommentar § 21 BEEG Rn 3. Eine Befristung wäre auch nach § 14 Abs. 1 S. 2 Nr. 3 TzBfG oder – falls die Voraussetzungen vorliegen – nach § 14 Abs. 2 oder Abs. 2 a TzBfG wirksam.
178 BAG v. 11.12.1991, 7 AZR 431/90, NZA 1992, 883.
179 BAG v. 2.7.2003, 7 AZR 529/02, NZA 2004, 1055.
180 Zum Übergangsrecht für bereits geschlossene Arbeitsverträge siehe § 6 WissZeitVG.
181 Hierzu § 5 WissZeitVG, BAG v. 19.3.2008, 7 AZR 1100/06, NZA 2009, 84.
182 Allerdings nur für wissenschaftliche Mitarbeiter der medizinischen Fachrichtungen, BAG v. 2.9.2009, 7 AZR 291/08, NZA 2009, 1407.
183 Zu den Einzelheiten siehe § 2 WissZeitVG; vgl auch BAG v. 24.8.2011, 7 AZR 228/10, EzA-SD 2012, Nr. 1, 3-4.

möglich. Eine wirksame Befristung nach diesen Vorschriften setzt aber voraus, dass der Arbeitsvertrag auf die Vorschriften verweist (Zitiergebot nach § 2 Abs. 4 S. 1, 2 WissZeitVG); fehlt ein solcher Verweis, kann die Befristung aber zB nach dem TzBfG wirksam sein, wenn die dortigen Voraussetzungen erfüllt sind (§ 2 Abs. 2 WissZeitVG). Die Befristungsmöglichkeiten nach dem WissZeitVG gehen dem TVöD vor, auch für die Angestellten des Tarifgebiets West.[184] Die Vorschriften des WissZeitVG sind zweiseitig zwingendes Recht und können damit nicht durch für den Arbeitnehmer günstigere Normen abbedungen werden.[185] Zulässig sind aber Tarifverträge für bestimmte Fachrichtungen und Forschungsbereiche, mit denen eine abweichende Befristungsdauer sowie Verlängerungsmöglichkeiten geregelt werden (§ 1 Abs. 1 S. 3, 4 WissZeitVG).

c) Die Befristung nach dem Altersteilzeitgesetz (§ 8 Abs. 3 AltersteilzeitG). Gemäß § 8 Abs. 3 AltersteilzeitG sind Vereinbarungen zulässig, nach denen der Altersteilzeitarbeitsvertrag auf den Tag befristet wird, an dem der Arbeitnehmer die Voraussetzungen für den Bezug von Altersrente nach Altersteilzeitarbeit (§ 237 SGB VI) erfüllt. Die Vorschrift stellt einen gesetzlichen Befristungsgrund dar. Die Vorschrift ist auf andere Altersrenten entsprechend anwendbar.[186] Die Befristungsmöglichkeit ist mit anderen gesetzlichen Befristungstatbeständen kombinierbar.[187]

63

d) Die Befristung nach dem Gesetz über befristete Arbeitsverträge mit Ärzten in der Weiterbildung. Nach § 1 Abs. 1 ÄrzteBefrG liegt ein Sachgrund für die Befristung vor, wenn die Beschäftigung des Arztes

64

- seiner zeitlich und inhaltlich strukturierten Weiterbildung zum Facharzt oder
- dem Erwerb einer Anerkennung für einen Schwerpunkt oder
- dem Erwerb einer Zusatzbezeichnung, eines Fachkundenachweises oder
- einer Bescheinigung über eine fakultative Weiterbildung dient.

Eine Befristung nach dieser Vorschrift setzt nicht voraus, dass der Arzt ausschließlich zu seiner Weiterbildung beschäftigt wird. Es genügt, dass die Beschäftigung diesen Zweck fördert. § 1 Abs. 4 ÄrzteBefrG sieht vor, dass im Einvernehmen mit dem Arbeitnehmer die dort näher beschriebenen Zeiten auf die Dauer des befristeten Arbeitsvertrages nicht anzurechnen sind. In einem solchen Fall besteht ein Anspruch auf Abschluss eines Arbeitsvertrages für die Dauer der nach dieser Vorschrift anrechenbaren Unterbrechungszeiten eines nach § 1 Abs. 3 ÄrzteBefrG befristeten Arbeitsverhältnisses. Dieser Anspruch kann auch dann bestehen, wenn der in der Weiterbildung stehende Arzt die nach der jeweiligen Weiterbildungsordnung vorgeschriebenen Beschäftigungszeiten bereits vor Beginn des Unterbrechungszeitraums zurückgelegt hat.[188]

Die **Höchstbefristungsdauer** beträgt **acht Jahre**, zu den Einzelheiten hierzu siehe § 1 Abs. 3, 4 ÄrzteBefrG. Die vereinbarte Befristung darf die Dauer der Weiterbildungsbefugnis des weiterbildenden Arztes nicht unterschreiten. Eine Verlängerung ist im Rahmen der Höchstbefristungsdauer möglich. Die Laufzeit des weiteren befristeten Arbeitsvertrags kann in diesem Fall kürzer bemessen sein als

65

---

184 Müller-Glöge in Erfurter Kommentar § 1 WissZeitVG Rn 5.
185 BAG v. 24.1.1996, 7 AZR 342/95, NZA 1996, 1036 noch zum HRG, Müller-Glöge in Erfurter Kommentar § 1 WissZeitVG Rn 18.
186 BAG v. 27.4.2004, 9 AZR 18/03, ZTR 2005, 22.
187 Rolfs in Erfurter Kommentar § 8 AltersteilzeitG Rn 8.
188 BAG v. 24.4.1996, 7 AZR 428/95, NZA 1997, 256.

die Dauer der Weiterbildungsbefugnis des weiterbildenden Arztes, wenn bei Vertragsschluss absehbar ist, dass der weiterzubildende Arzt das Weiterbildungsziel innerhalb der in Aussicht genommenen Vertragslaufzeit erreichen wird.[189] Das Gesetz gilt nicht für die Weiterbildung von Zahnärzten und Tierärzten und auch nicht für die Weiterbildung an Hochschulen. Für letztere gilt das Wissenschaftszeitvertragsgesetz (§ 1 Abs. 6 ÄrzteBefrG).[190] Es regelt daher v.a. die Weiterbildung von Ärzten an kommunalen, kirchlichen oder unter freier Trägerschaft stehenden Krankenhäusern. Die Befristungsmöglichkeiten nach dem ÄrzteBefrG gehen dem TVöD vor, auch für die Angestellten des Tarifgebiets West.[191] § 44 TVöD BT-K enthält Regelungen zur Qualifizierung, zB die Verpflichtung, einen Weiterbildungsplan aufzustellen.

III. Die Befristungsmöglichkeiten für die Angestellten West

66 1. **Allgemeines.** Auch für die Angestellten des Tarifgebiets West[192] gelten das TzBfG und die anderen gesetzlichen Vorschriften, da § 30 Abs. 1 S. 1 TVöD nicht zwischen Angestellten West und Arbeiterinnen und Arbeitern sowie Angestellten Ost unterscheidet. Mit § 30 Abs. 2 bis 5 TVöD werden aber im Ergebnis die bisherigen Sonderregelungen (SR) 2 y BAT, die für Angestellte des Tarifgebiets West gegolten haben, für diesen Personenkreis teilweise fortgeführt, allerdings nur soweit sie in den Absätzen 2 bis 5 ausdrücklich Erwähnung finden.[193] Die fortgeführten Sonderregelungen betreffen vor allem die zulässige Dauer der Befristung und die Kündigungsmöglichkeit. Die Absätze 2 bis 5 gelten sowohl für übergeleitete als auch für neu begründete Arbeitsverhältnisse; sie unterscheiden zwischen befristeten Arbeitsverträgen mit und ohne sachlichen Grund. Ergänzend gilt für die Angestellten West das allgemeine Befristungsrecht, insbesondere das TzBfG, zB zum Schriftformerfordernis (§ 14 Abs. 4 TzBfG). Die in den Abs. 2 bis 5 enthaltenen Reglungen gehen dem TzBfG vor, da sie für die Arbeitnehmer günstiger sind (§ 22 Abs. 1 TzBfG).[194] Befristete Arbeitsverträge, die unter die §§ 57 a ff HRG fallen, sind von den Sonderregelungen ausgenommen (§ 30 Abs. 1 S. 2 Hs 2 TVöD). Nachdem diese Vorschriften durch das Wissenschaftszeitvertragsgesetz abgelöst wurden, muss die Regelung so verstanden werden, dass diese Ausnahme jetzt für befristete Arbeitsverträge nach dem Wissenschaftszeitvertragsgesetzten soll. Für diese Verträge gelten allein die gesetzlichen, nicht die tariflichen Vorschriften.

67 2. **Die Sonderregelungen für die Befristung mit Sachgrund (§ 30 Abs. 2 TVöD). a) Die zulässige Dauer der Befristung.** Kalendermäßig befristete Arbeitsverträge **mit sachlichem Grund** dürfen nur auf **maximal fünf Jahre** befristet werden (§ 30 Abs. 2 S. 1 TVöD). Damit wird der zeitbefristete Arbeitsvertrag nach § 14 Abs. 1 TzBfG erfasst und besonders begrenzt. Diese Begrenzung gilt nicht für zweckbefristete Arbeitsverträge und auch nicht für Verträge auf der

---

189 BAG v. 13.6.2007, 7 AZR 700/06, NZA 2008, 108.
190 Müller-Glöge in Erfurter Kommentar ÄArbVtrG Rn 2 f.
191 Müller-Glöge in Erfurter Kommentar ÄArbVtrG Rn 5.
192 Zur Begriffsbestimmung siehe § 38 Abs. 1 und Abs. 5 TVöD.
193 Kuner in Bepler/Böhle § 30 TVöD vor Rn 3.
194 Kuner TVöD/TV-L Rn 453.

Grundlage von speziellen gesetzlichen Regelungen.[195] Nach § 30 Abs. 2 S. 1 Hs 2 TVöD bleiben nämlich weitergehende Reglungen nach § 23 TzBfG unberührt. Das betrifft die bereits dargestellten Regelungen (s. Rn 60 ff) zu Befristungsmöglichkeiten nach dem

- Bundeselterngeld- und Elternzeitgesetz (§ 21 BEEG) und dem Bundeserziehungsgeldgesetz (§ 21 BErzGG),
- Wissenschaftszeitvertragsgesetz (früher §§ 57 a ff HRG),
- Altersteilzeitgesetz (§ 8 Abs. 3 AltersteilzeitG) sowie
- Gesetz über befristete Arbeitsverträge mit Ärzten in der Weiterbildung.

Die Begrenzung gilt nach dem Wortlaut nur für jeden einzelnen Vertrag. Es ist daher **zulässig, mehrere zeitlich befristete** Arbeitsverträge aneinander zu reihen (zur Zulässigkeit von Kettenbefristungen siehe Rn 24), wenn die jeweilige Dauer von fünf Jahren nicht überschritten wird, auch wenn mit allen Verträgen insgesamt eine Gesamtdauer von fünf Jahren überschritten wird.[196] 68

b) Die bevorzugte Berücksichtigung bei der Besetzung von Dauerarbeitsplätzen. Nach § 30 Abs. 2 S. 2 TVöD sind befristet Beschäftigte bei der Besetzung von Dauerarbeitsplätzen bevorzugt zu berücksichtigen, wenn die sachlichen und persönlichen Voraussetzungen erfüllt sind. Die Verpflichtung zur bevorzugten Berücksichtigung gilt nach der ausdrücklichen Regelung nur für Arbeitnehmer mit **kalendermäßig befristeten Arbeitsverträgen mit sachlichem Grund**. Für Arbeitnehmer mit sachgrundlos befristeten Arbeitsverträgen besteht keine solche Verpflichtung. Vor Ablauf eines sachgrundlos befristeten Arbeitsvertrages hat der Arbeitgeber nur zu prüfen, ob eine unbefristete oder befristete Weiterbeschäftigung möglich ist (§ 30 Abs. 3 S. 2 TVöD). Zweckbefristete Arbeitsverhältnisse finden keine Erwähnung in den genannten Regelungen. Ein Grund für diese Schlechterstellung wird nicht ersichtlich, auch wenn der Grundsatz durchscheint, nur kalendermäßig befristete Arbeitsverhältnisse (abgestuft) zu bevorzugen. 69

Die Verpflichtung zur bevorzugten Berücksichtigung ist im Lichte von Art. 33 Abs. 2 GG zu sehen. Nach dieser Vorschrift hat jeder Deutsche nach seiner Eignung, Befähigung und fachlichen Leistung gleichen Zugang zu jedem öffentlichen Amt. Jeder kann verlangen, bei einer Bewerbung nach diesen Merkmalen beurteilt zu werden. Bei der Feststellung der Qualifikation steht dem Arbeitgeber aber ein weiter Beurteilungsspielraum zu. Die Entscheidung über die Einstellung eines Bewerbers und die Auswahl unter mehreren Bewerbern liegt im pflichtgemäßen Ermessen des Dienstherrn. Führt der Leistungsvergleich zu einer im Wesentlichen gleichen Eignung der Bewerber für das zu besetzende Amt, kann der Dienstherr grundsätzlich die Auswahl nach weiteren sachgerechten Merkmalen (wie zB hier die tarifliche Regelung zur bevorzugten Berücksichtigung befristet Beschäftigter) treffen.[197] Die Bestimmung begründet daher für den Arbeitgeber **kein allgemeines Anstellungsgebot**, sondern schränkt nur sein Ermessen bei der 70

---

195 Breier/Dassau TVöD § 30 Rn 54 f, Steinherr in Sponer/Steinherr TVöD § 30 Rn 7, vgl auch Fritz, Neues Tarifrecht für den öffentlichen Dienst – Teil 3, ZTR 2006, 2, 8, Clemens/Scheuring/Steingen/Wiese TVöD § 30 Rn 383.
196 BAG v. 22.11.1995, 7 AZR 252/95, NZA 1996, 878, zur Protokollnotiz Nr. 2 zu Nr. 1 SR 2 y BAT, Kuner, TVöD/TV-L, Rn 485, Steinherr in Sponer/Steinherr TVöD § 30 Rn 10, Fritz, ZTR 2006, 2, 8.
197 BAG v. 2.7.2003, 7 AZR 529/02, NZA 2004, 1055.

Auswahl der Bewerber für Dauerarbeitsplätze ein.[198] In der jüngeren Rechtsprechung lässt sich eine Tendenz zur stärkeren Berücksichtigung leistungsbezogener Kriterien vor weiteren Kriterien beobachten.[199] In der Praxis ist daher vor allem die Frage entscheidend, ob die Bewerber nach Eignung, Befähigung und fachlicher Leistung im Wesentlichen gleich beurteilt sind. Nur dann dürfte regelmäßig die Bevorzugung nach der tariflichen Vorschrift rechtmäßig sein.[200] Das engt den Anwendungsbereich von § 30 Abs. 2 S. 2 TVöD ein.

71 Zum Teil wird vertreten, dass der Anspruch auf bevorzugte Berücksichtigung nur dann zum Zuge kommen könne, wenn ein befristet Beschäftigter mit einem anderen befristet Beschäftigten oder einem externen Bewerber konkurriere.[201] Dieses Verständnis findet im Wortlaut keine Stütze. Die Vorschrift spricht nicht von „Einstellung" sondern von der „Besetzung von Dauerarbeitsplätzen" und verengt die Regelung damit gerade nicht auf die Einstellung. Da die Vorschrift keine Beschränkung auf einen Vorrang allein gegenüber externen Bewerbern enthält, ist ein befristet Beschäftigter bei gleicher Eignung auch gegenüber einem **internen Bewerber** grundsätzlich bevorzugt zu berücksichtigen.

72 Ungeklärt ist, ob sich die Verpflichtung zur bevorzugten Berücksichtigung nur auf gleichwertige Arbeitsplätze bezieht. Die Vorschrift selbst stellt nur auf die Erfüllung der sachlichen und persönlichen Voraussetzungen ab, die auch für einen höherwertigen Arbeitsplatz erfüllt sein können. Deshalb beschränkt sich die Verpflichtung zur bevorzugten Berücksichtigung **nicht nur auf gleichwertige Arbeitsplätze**.

73 Können sich zwei Bewerber mit gleicher Eignung auf § 30 Abs. 2 S. 2 TVöD berufen und ist eine Auswahl zwischen diesen Bewerbern zu treffen, dann ist die zu treffende Ermessensentscheidung nicht gebunden; die Auswahl ist nach (weiteren) sachgerechten Merkmalen zu treffen. Ebenso ist das Verhältnis zwischen § 30 Abs. 2 S. 2 und § 11 Abs. 3 TVöD zu beurteilen. Nach beiden Vorschriften sollen Beschäftigte bevorzugt berücksichtigt werden; nach § 11 Abs. 3 TVöD Teilzeitbeschäftigte, die früher Vollzeit beschäftigt waren bei der Besetzung eines Vollzeitarbeitsplatzes (bei gleicher Eignung im Rahmen der dienstlichen bzw. betrieblichen Möglichkeiten) und nach § 30 Abs. 2 S. 2 TVöD befristet Beschäftigte bei der Besetzung eines Dauerarbeitsplatzes (wenn die sachlichen und persönlichen Voraussetzungen erfüllt sind). Weder dem einen noch dem anderen Anspruch kann bei gleicher Eignung grundsätzlich der Vorrang eingeräumt werden, wenn sich zwei Bewerber um einen Arbeitsplatz jeweils auf eine der Vorschriften berufen können. Auch in diesem Fall ist daher die zu treffende Ermessensentscheidung nicht gebunden; die Auswahl ist nach (weiteren) sachgerechten Merkmalen zu treffen.

---

198 So schon BAG v. 31.10.1974, 2 AZR 483/73, AP BGB § 620 Befristeter Arbeitsvertrag Nr. 39.
199 ZB BVerwG v. 19.12.2002, 2 C 31/01, ZTR 2003, 419. Danach sind Auswahlentscheidungen zwar in erster Linie aufgrund aktueller dienstlicher Beurteilungen zu treffen. Ältere Beurteilungen können aber zusätzlich berücksichtigt werden. Als Erkenntnisse, die über Eignung, Befähigung und fachliche Leistung Aufschluss geben, sind sie vor Hilfskriterien heranzuziehen.
200 Instruktiv zB BAG v. 19.9.2001, 7 AZR 333/00, EzA § 620 BGB Nr. 181, vgl auch Steinherr in Sponer/Steinherr TVöD § 30 Rn 13, 14, Clemens/Scheuring/Steingen/Wiese TVöD § 30 Rn 388.
201 Breier/Dassau TVöD § 30 Rn 188, offen gelassen in BAG v. 14.11.2001, 7 AZR 568/00, NZA 2002, 392 und BAG v. 2.7.2003, 7 AZR 529/02, NZA 2004, 1055.

Der Anspruch auf bevorzugte Berücksichtigung bei der Besetzung eines Dauerarbeitsplatzes setzt voraus, dass zum Zeitpunkt der letzten mündlichen Tatsachenverhandlung ein freier zu besetzender Arbeitsplatz vorhanden ist. Ist dagegen die Stelle bereits mit einem anderen Bewerber besetzt, kommen grundsätzlich nur noch Schadensersatzansprüche in Betracht.[202] Bei der **befristeten Besetzung** von Arbeitsplätzen besteht keine Verpflichtung zur bevorzugten Berücksichtigung bereits befristet Beschäftigter. Die Vorschrift bezieht sich schon ihrem Wortlaut nach ausschließlich auf die Besetzung von Dauerarbeitsplätzen. Die Regelung stellt sowohl ihrem Inhalt nach als auch von ihrer systematischen Stellung her einen Ausnahmetatbestand dar, der eng auszulegen ist, so dass eine analoge Anwendung ausgeschlossen ist.[203] 74

3. Die Sonderregelungen für die Befristung ohne Sachgrund (§ 30 Abs. 3 TVöD). 75
a) Die zulässige Dauer der Befristung. Nach § 30 Abs. 3 S. 1 Hs 2 TVöD muss die Vertragsdauer **bei sachgrundloser Befristung mindestens sechs Monate** betragen. Eine kürzere Befristungsdauer ist nur wirksam, wenn ein Sachgrund vorliegt. Die sachgrundlose Befristung soll zwölf Monate nicht unterschreiten (§ 30 Abs. 3 S. 1 Hs 1TVöD). Da es sich um eine „Soll-Vorschrift" handelt, sind sachgrundlose Befristungen auch unter einer Dauer von zwölf Monaten möglich, solange die Mindestdauer von sechs Monaten nicht unterschritten wird.[204] Die „Soll-Regelung" zur Dauer von zwölf Monaten knüpft an die in den Absätzen 4 und 5 des § 30 TVöD verankerten Kündigungsmöglichkeiten an. Danach ist bei sachgrundlosen Befristungen eine **Probezeitkündigung** nur während der ersten sechs Wochen möglich (§ 30 Abs. 4 TVöD), eine ordentliche Kündigung nach Ablauf der Probezeit aber nur, wenn die Vertragsdauer mindestens zwölf Monate beträgt (§ 30 Abs. 4 TVöD). Mit dieser Einschränkung der Kündigungsmöglichkeit für Arbeitsverträge, die unterhalb der „Soll-Dauer" liegen, wird ein Anreiz dafür gesetzt, dass die Regelung nicht ins Leere läuft.

Unabhängig von diesen tariflichen Einschränkungen der Möglichkeit der sachgrundlosen Befristung gelten die in § 14 Abs. 2, 2 a und 3 TzBfG geregelten Grenzen, wonach die Befristung in der Regel nur bis zur Dauer von zwei Jahren möglich ist, bei bis zu dreimaliger Verlängerung im Rahmen dieser Gesamtdauer. Nach § 23 TzBfG bleiben aber weitergehende Regelungen unberührt.[205] 76

b) Die Prüfung der Weiterbeschäftigungsmöglichkeit. Vor Ablauf des **sachgrundlos befristeten Arbeitsvertrages** hat der Arbeitgeber zu prüfen, ob eine unbefristete oder befristete Weiterbeschäftigung möglich ist. Sofern keine Verlängerung (mehr) möglich ist, setzt eine befristete Weiterbeschäftigung im Anwendungsbereich des TzBfG wegen des Anschlussverbotes (siehe Rn 49) aber einen Sachgrund voraus. Eine bevorzugte Berücksichtigung bei der Besetzung von Dauerarbeitsplätzen ist bei sachgrundloser Befristung nicht vorgesehen. Eine Verletzung der Verpflichtung zur Überprüfung der Weiterbeschäftigungsmöglichkeit wird in aller Regel nicht zu einem Weiterbeschäftigungsanspruch führen,[206] kann aber insgesamt ins Gewicht fallen, wenn der befristet eingestellte 77

---

202 BAG v. 14.11.2001, 7 AZR 568/00, NZA 2002, 392.
203 BAG v. 26.6.1996, 7 AZR 662/95, RzK I 9 a Nr. 104.
204 Ebenso Kuner, TVöD/TV-L, Rn 489, Clemens/Scheuring/Steingen/Wiese TVöD § 30 Rn 391.
205 Siehe hierzu v.a. die Befristung nach dem Wissenschaftszeitvertragsgesetz, oben Rn 62.
206 Breier/Dassau TVöD § 30 Rn 189.

Arbeitnehmer aufgrund des Verhaltens des Arbeitgebers damit rechnen konnte, im Anschluss an den Zeitvertrag weiterbeschäftigt zu werden.[207]

78 **4. Die Kündigungsmöglichkeiten (§ 30 Abs. 4, 5 TVöD). a) Die Probezeitkündigung (§ 30 Abs. 4 TVöD).** § 30 Abs. 4 S. 1 TVöD enthält spezielle Regelungen zur Probezeit bei befristeten Arbeitsverträgen. Diese Regelungen gehen den allgemeinen Probezeitreglungen in § 2 Abs. 4 TVöD vor. Danach beträgt die **Probezeit**

- bei befristeten Arbeitsverträgen **ohne Sachgrund sechs Wochen,**
- bei befristeten Arbeitsverträgen **mit Sachgrund sechs Monate.**

Die Probezeit beginnt mit dem vereinbarten Vertragsbeginn, auch wenn die Tätigkeit tatsächlich erst später aufgenommen wird, zB wegen einer Erkrankung.

79 Innerhalb der Probezeit kann der Arbeitsvertrag mit einer **Frist von zwei Wochen zum Monatsschluss** gekündigt werden (§ 30 Abs. 4 S. 2 TVöD). Diese Regelung geht den allgemeinen Kündigungsfristen in § 34 TVöD grundsätzlich vor, weicht allerdings von der Kündigungsfrist im unbefristeten Arbeitsverhältnis während der ersten sechs Monate nicht ab.

80 Die Vereinbarung einer **längeren Probezeit** führt nicht dazu, dass auch noch nach Ablauf der tariflichen Probezeit die Probezeitkündigung nach § 30 Abs. 4 S. 2 TVöD möglich ist.[208] Ungeklärt ist bisher, ob bei beiderseitiger Tarifbindung eine längere Kündigungsfrist auch für den Arbeitnehmer vereinbart werden kann.[209] Das ist nach § 4 Abs. 3 TVG nur möglich, wenn diese längere Kündigungsfrist für den Arbeitnehmer günstiger ist. Das ist aber nicht der Fall, da der Arbeitnehmer mit der längeren Frist auch länger gebunden ist.[210] Bei beiderseitiger Tarifbindung ist daher eine Vereinbarung, die eine längere Kündigungsfrist auch für den Arbeitnehmer nach sich zieht, unwirksam. Das muss auch dann gelten, wenn dieses Ergebnis dadurch herbeigeführt wird, dass die **Probezeit verkürzt** wird.

81 Nach § 623 BGB muss die Kündigung schriftlich erfolgen. Entscheidend ist der **Zugang der Kündigung innerhalb der Probezeit** und nicht der sich unter Berücksichtigung der Kündigungsfrist ergebende Beendigungstermin, dieser kann nach Ablauf der Probezeit liegen. Eine Kündigung ist daher noch am letzten Tag der Probezeit möglich. Die Kündigung ist zugegangen, wenn der Gekündigte die Möglichkeit hat, von der Kündigung unter normalen Umständen Kenntnis zu nehmen. Bei einem **Einwurf in den Briefkasten** ist das der Fall, sobald nach der Verkehrsanschauung mit der nächsten Entnahme zu rechnen ist.[211] Da mittlerweile die Postzustellung nicht nur vormittags erfolgt und Berufstätige vielfach erst am späten Nachmittag nach Hause kommen, kann auch bei einem Einwurf in den Briefkasten häufig noch mit einem Zugang am gleichen Tag gerechnet

---

207 BAG v. 26.4.1995, 7 AZR 936/94, NZA 1996, 87.
208 Breier/Dassau TVöD § 30 Rn 137.
209 Bejahend zB Müller-Glöge in Erfurter Kommentar § 622 BGB Rn 38 unter Berufung auf BAG v. 29.8.2001, 4 AZR 337/00, NZA 2002, 1346. In dieser Entscheidung wurde aber gerade nicht darüber befunden, ob eine solche Regelung einem Günstigkeitsvergleich standhält. Differenzierend, im Ergebnis aber ablehnend zB Preis in Staudinger § 622 BGB Rn 88 f.
210 In diese Richtung gehend BAG v. 14.12.2004, 1 ABR 54/03, NZA 2005, 424.
211 BAG v. 8.12.1983, 2 AZR 337/82, NZA 1984, 31, Heinrichs in Palandt § 130 BGB Rn 5 f.

werden, in aller Regel aber spätestens am nächsten Tag. Nicht entscheidend ist, wenn der Kündigungsempfänger seinen Briefkasten erst sehr viel später leert.

Die Probezeitkündigung setzt keinen bestimmten Kündigungsgrund voraus, da das Kündigungsschutzgesetz mangels Erfüllung der sechsmonatigen Wartezeit in aller Regel keine Anwendung findet. Die allgemeinen Schranken der Rechtsausübung (zB Verbot widersprüchlichen Verhaltens, Sittenwidrigkeit nach § 138 BGB, Maßregelungsverbot nach § 612 a BGB) sind aber zu beachten,[212] ebenso ein eventueller Sonderkündigungsschutz (zB nach § 9 MuSchG). 82

b) Die ordentliche Kündigung nach Ablauf der Probezeit (§ 30 Abs. 5 TVöD). Eine **ordentliche Kündigung** nach Ablauf der Probezeit ist nur zulässig, wenn die **Vertragsdauer mindestens zwölf Monate** beträgt. Das gilt sowohl für die Befristung mit als auch ohne Sachgrund und für Arbeitnehmer und Arbeitgeber gleichermaßen. Sofern der TVöD wegen beiderseitiger Tarifbindung anwendbar ist, kann bei einer Vertragsdauer unter zwölf Monaten vertraglich kein zusätzliches Kündigungsrecht vereinbart werden (§ 4 Abs. 3 TVG). Eine außerordentliche (ggf fristlose) Kündigung ist auch ohne entsprechende Vereinbarung möglich, wenn Tatsachen vorliegen aufgrund derer dem Kündigenden unter Berücksichtigung aller Umstände des Einzelfalles und unter Abwägung der Interessen beider Vertragspartner die Fortsetzung des Arbeitsverhältnisses bis zum Ablauf der vereinbarten Beendigung oder bis zum Ablauf einer eventuell vereinbarten Kündigungsfrist nicht zugemutet werden kann (§ 626 Abs. 1 BGB). 83

Die erforderliche Vertragsdauer von zwölf Monaten beginnt mit dem vereinbarten Vertragsbeginn. Das gilt auch, wenn die Tätigkeit tatsächlich erst später aufgenommen wird, zB wegen einer Erkrankung. Bei **Zeitbefristungen** ist die vereinbarte, nicht die bisherige tatsächliche Vertragsdauer entscheidend.[213] Die vereinbarte Vertragsdauer ist von vornherein bekannt, so dass eine ordentliche Kündigung nach § 30 Abs. 5 TVöD auch zulässig ist, wenn das befristete Arbeitsverhältnis noch keine zwölf Monate bestanden hat, wenn nur die vereinbarte Vertragsdauer über zwölf Monaten liegt.[214] Der Tarifvertrag erwähnt die Vertragsdauer im Zusammenhang mit einer Befristung in § 30 Abs. 3 S. 1 TVöD, womit ebenfalls die vereinbarte Vertragsdauer gemeint ist; dort soll keine tatsächliche Mindestvertragsdauer festgelegt werden, wie der Blick auf die jederzeit mögliche Probezeitkündigung zeigt. § 30 Abs. 5 S. 1 TVöD setzt nur eine tatsächliche Vertragsdauer von mindestens sechs Wochen bei sachgrundlos befristeten Arbeitsverhältnisses und von sechs Monaten bei Sachgrundbefristungen voraus („Ablauf der Probezeit"). Ein zwingend erforderlicher weiterer Zeitablauf lässt sich der gewählten Formulierung nicht entnehmen. 84

Der Ausschluss der ordentlichen Kündigung bei einer Vertragsdauer bis zu zwölf Monaten gilt auch für **Zweckbefristungen**.[215] Bei Zweckbefristungen muss al- 85

---

212 Die Darlegungs- und Beweislast dafür, dass ein solcher Rechtsmissbrauch vorliegt, liegt aber bei demjenigen, der sich darauf beruft, also in aller Regel beim Arbeitnehmer.
213 Für die „Vorgängerregelung in Nr. 7 Abs. 3 SR 2 y BAT ergab sich das bereits eindeutig aus dem Wortlaut „… oder mit Ablauf einer längeren Frist als einem Jahr enden soll …".
214 So auch Breier/Dassau TVöD § 30 Rn 218.
215 Für § 15 Abs. 4 S. 1 TzBfG ist das einhellige Meinung, vgl Arnold in Arnold/Gräfl § 15 Rn 58, Müller-Glöge in Erfurter Kommentar § 15 TzBfG Rn 19. Für die „Vorgängerregelung in Nr. 7 Abs. 3 SR 2 y BAT ergab sich das bereits eindeutig aus dem Wortlaut „…Arbeitsverhältnis, das mit Eintritt des im Arbeitsvertrag bestimmten Ereignisses …".

lerdings die tatsächliche Vertragsdauer entscheidend sein, da auf eine „vereinbarte Vertragsdauer" nicht abgestellt werden kann. Bei Zweckbefristungen ist diese unbekannt, weil keine von vornherein bestimmte Zeit festgelegt wurde. Eine ordentliche Kündigungsmöglichkeit besteht daher erst, wenn der Vertrag seit über zwölf Monaten bestanden hat, der Zweck innerhalb dieses Zeitraums also nicht erreicht werden konnte.[216]

86 Wird im Anschluss an einen befristeten Vertrag bis zu zwölf Monaten ein weiterer befristeter Arbeitsvertrag bis zu zwölf Monaten abgeschlossen oder der Vertrag um einen Zeitraum bis zu zwölf Monaten verlängert, dann entsteht kein ordentliches Kündigungsrecht, auch wenn die Dauer insgesamt die zwölf Monate überschreitet.[217] Jeder Vertrag ist für sich zu betrachten. Normzweck ist, bei längerer Bindung eine Kündigungsmöglichkeit einzuräumen. Bei einem Neuabschluss oder einer Verlängerung, die für sich gesehen nicht die Grenze des § 30 Abs. 5 S. 1 TVöD überschreitet, entscheiden beide Vertragspartner nicht über eine über zwölf Monate hinausgehende Bindungsdauer.

87 Nach Ablauf der Probezeit beträgt die **Kündigungsfrist** in einem oder mehreren aneinandergereihten Arbeitsverhältnissen bei demselben Arbeitgeber

- von insgesamt mehr als sechs Monaten: vier Wochen,
- bei einer Dauer von insgesamt mehr als einem Jahr: sechs Wochen

jeweils zum Schluss eines Kalendermonats,

- bei einer Dauer von insgesamt mehr als zwei Jahren: drei Monate,
- bei einer Dauer von insgesamt mehr als drei Jahren: vier Monate

jeweils zum Schluss eines Kalendervierteljahres.

88 Eine **Unterbrechung** bis zu drei Monaten ist unschädlich (§ 30 Abs. 5 S. 3 TVöD), es sei denn, dass das Ausscheiden von der/dem Beschäftigten verschuldet oder veranlasst war. Unter dieser Voraussetzung zählen die Zeiten vor der Unterbrechung bei der Berechnung der Dauer mit, die Unterbrechungszeit selbst bleibt unberücksichtigt (§ 30 Abs. 5 S. 4 TVöD). Bei Unwirksamkeit der Befristung gelten die Kündigungsfristen des § 34 TVöD, da das Arbeitsverhältnis dann als auf unbestimmte Zeit geschlossen gilt (§ 16 S. 1 TzBfG).

89 Zum Teil wird vertreten, dass nach Ablauf der sechswöchigen Probezeit im sachgrundlos befristeten Arbeitsverhältnis die ordentliche Kündigung mit einer Frist von zwei Wochen zum Monatsschluss möglich sein soll. Es liege eine unbewusste Regelungslücke vor.[218] Das ist abzulehnen.[219] Es geht dabei zunächst nicht um die Frage, welche Frist herangezogen werden soll, sondern um die vorgreifliche Frage, ob überhaupt eine Kündigungsmöglichkeit nach § 30 Abs. 4 TVöD – also die Möglichkeit einer Probezeitkündigung – besteht. Der Tarifvertrag unterscheidet zwischen der Kündigungsmöglichkeit im Rahmen von § 30 Abs. 4 TVöD – der „Probezeitkündigung" – und der Kündigungsmöglichkeit nach § 30 Abs. 5 TVöD – der ordentlichen Kündigung nach Ablauf der Probezeit – und legt für jede dieser Kündigungsmöglichkeiten Fristen fest. Beide Kündi-

---

216 Ebenso Breier/Dassau TVöD § 30 Rn 219. Für § 15 Abs. 4 S. 1 TzBfG: Müller-Glöge in Erfurter Kommentar § 15 TzBfG Rn 19, Maschmann in Annuß/Thüsing § 15 TzBfG Rn 14, aA Dörner Rn 926.
217 Für § 15 Abs. 4 S. 1 TzBfG: Arnold in Arnold/Gräfl § 15 Rn 60, Müller-Glöge in Erfurter Kommentar § 15 TzBfG Rn 20.
218 Breier/Dassau TVöD § 30 Rn 221.
219 Im Ergebnis wie hier Thivessen/Kulok, S. 68.

gungsmöglichkeiten schließen ausweislich des Wortlauts in zeitlicher Hinsicht dergestalt nahtlos aneinander an, dass nach Ablauf der Probezeit – abgesehen von der Möglichkeit der außerordentlichen Kündigung – nur noch die ordentliche Kündigung nach § 30 Abs. 5 TVöD möglich ist. Eine Regelungslücke ist deshalb nicht ersichtlich. Nach Ablauf der Probezeit ist daher eine Kündigung nach § 30 Abs. 4 S. 2 TVöD nicht mehr möglich, nur noch die ordentliche Kündigung nach § 30 Abs. 5 TVöD mit den dort genannten Fristen, also mit einer Frist von mindestens vier Wochen zum Monatsende. Nur dieses Ergebnis lässt sich auch mit dem Sinn und Zweck der Protokollerklärung zu § 30 Abs. 5 TVöD vereinbaren.[220]

Nach der Protokollerklärung[221] zu Absatz 5 führen weitere vereinbarte Probezeiten bei **mehreren aneinandergereihten Arbeitsverhältnissen** nicht zu einer Verkürzung der Kündigungsfrist. Das bedeutet, dass bei einer Vereinbarung einer erneuten Probezeit die Gesamtdauer der aneinandergereihten Arbeitsverhältnisse maßgeblich ist und daher in der Regel nicht zu der kürzeren Kündigungsfrist des § 30 Abs. 4 TVöD führt.[222] Das gilt sowohl für die Befristung mit als auch ohne Sachgrund.

Für die Form und den Zugang der Kündigung gilt das oben zur Probezeitkündigung Gesagte ebenso. Wird die Kündigung nach Erfüllen der sechsmonatigen Wartezeit des § 1 Abs. 1 KSchG ausgesprochen und wird die in § 23 Abs. 1 KSchG festgelegte Mindestbetriebsgröße (fünf bzw zehn Arbeitnehmer) überschritten, dann ist die ordentliche Kündigung nur möglich, wenn einer der in § 1 Abs. 2 KSchG genannten Gründe gegeben ist.

IV. Das Verhältnis zu §§ 31, 32 TVöD

Nach § 30 Abs. 6 TVöD bleiben die §§ 31 (Führung auf Probe), 32 (Führung auf Zeit) TVöD von den Regelungen der Absätze 3 bis 5 unberührt. Das bedeutet, dass die in § 30 Abs. 3 bis 5 TVöD enthaltenen Regelungen für die speziellen Regelungen für Führungspositionen in §§ 31, 32 TVöD nicht gelten.[223] Durch die §§ 31, 32 TVöD sollen neue Handlungsmöglichkeiten eröffnet werden. Diese stehen neben den Befristungsmöglichkeiten, die in § 30 TVöD geregelt sind. Nachdem der TVöD kein Zitiergebot mehr enthält, reicht es aus, wenn objektiv eine der in Frage kommenden Befristungsmöglichkeiten gegeben ist. Es genügt, wenn der Arbeitgeber im Rahmen einer gerichtlichen Befristungskontrolle (erstmalig) zu den einzelnen Befristungsmöglichkeiten vorträgt.[224] Auch die Bezugnahme im Arbeitsvertrag auf einen bestimmten Befristungstatbestand schließt ein späteres Berufen auf einen anderen Befristungstatbestand nicht aus. Nur bei einer Zweckbefristung ist der Befristungsgrund wesentlicher Vertragsbestandteil und deshalb im Arbeitsvertrag schriftlich festzuhalten. Bei einer Zeitbefristungsabrede erfordert die Klarstellungs- und Warnfunktion des Schriftformerfordernisses nach § 14 Abs. 4 TzBfG nur die Festlegung der Befristungsabrede an sich

---

220 Vgl auch Clemens/Scheuring/Steingen/Wiese TVöD § 30 Rn 321.
221 Protokollerklärungen sind materielle Bestandteile des Tarifvertrags. Teilweise normieren sie selbständige Tatbestände, teilweise handelt es sich um authentische Interpretationen von Tarifnormen. Sie sind für die Gerichte verbindlich. Vgl BAG v. 17.9.2003, 4 AZR 540/02, ZTR 2004, 478, BAG v. 3.12.1996, 4 AZR 19/86, NZA 1987, 1987.
222 Breier/Dassau TVöD § 30 Rn 222.
223 Vgl auch Kuner TVöD/TV-L, Rn 502.
224 Beachte aber die Ausnahme in § 2 Abs. 4 WissZeitVG.

und die Dauer der Frist. Die Erwähnung oder Vereinbarung eines bestimmten Sachgrunds ist nicht erforderlich. Der Arbeitgeber kann sich auch auf mehrere Befristungsmöglichkeiten stützen. Schließlich können die einzelnen Befristungsmöglichkeiten aneinander anschließen.

V. Die Mitbestimmung der Interessenvertretung

93 Auch bei befristeter **Einstellung** ist die Interessenvertretung der Arbeitnehmer zu beteiligen (§§ 99 BetrVG, 75 Abs. 1 Nr. 1 BPersVG, für die Landespersonalvertretungsgesetze gilt Entsprechendes). Dasselbe gilt für die **Verlängerung** eines befristeten Arbeitsverhältnisses und für die **Umwandlung in ein unbefristetes Arbeitsverhältnis**.[225] Eine Beteiligung ist entbehrlich, wenn ein befristetes Probearbeitsverhältnis nach Ablauf der Probezeit in ein unbefristetes Arbeitsverhältnis umgewandelt wird, sofern dem Betriebsrat vor der Einstellung zur Probe mitgeteilt worden ist, der Arbeitnehmer solle bei Bewährung auf unbestimmte Zeit weiterbeschäftigt werden.[226] Sofern im Anwendungsbereich der Personalvertretungsgesetze einzelner Länder hierzu keine Sonderregelungen enthalten sind, bezieht sich das Beteiligungsrecht der Interessenvertretung auf die Einstellung selbst und damit auf die Wahrung der kollektiven Interessen bei der Eingliederung in den Betrieb. Ob der Arbeitsvertrag befristet oder unbefristet abgeschlossen wird, unterliegt in diesen Fällen **nicht** der Mitbestimmung.[227] Eine Zustimmungsverweigerung, die sich ausschließlich auf die Frage der Befristung beschränkt, ist deshalb unbeachtlich.[228] Ein Arbeitnehmer kann weder wirksam auf die Mitbestimmung des Personalrats noch auf die Geltendmachung der Unwirksamkeit der Befristung wegen der bei Vertragsschluss fehlenden Zustimmung des Personalrats verzichten.[229] Nach § 20 TzBfG hat der Arbeitgeber die Arbeitnehmervertretung über die Anzahl der befristet beschäftigten Arbeitnehmer und ihren Anteil an der Gesamtbelegschaft des Betriebes und des Unternehmens zu informieren.

VI. Die gerichtliche Kontrolle einer Befristung

94 Eine unwirksame Befristung führt dazu, dass der Arbeitsvertrag auf unbestimmte Zeit gilt. Das gilt auch dann, wenn eine bestimmte Befristungsdauer an das Lebensalter des Arbeitnehmers anknüpft, so dass eine unmittelbare Benachteiligung nach § 3 Abs. 1 S. 1 AGG vorliegt.[230] Will ein Arbeitnehmer geltend machen, dass die Befristung eines Arbeitsvertrages rechtsunwirksam ist, dann muss er **innerhalb von drei Wochen** nach dem vereinbarten Ende des befristeten Arbeitsvertrages **Klage** beim Arbeitsgericht erheben (§ 17 S. 1 TzBfG). Wird diese Frist versäumt, dann gilt die Befristung als von Anfang an wirksam (§§ 17 S. 2 TzBfG, 7 KSchG). Eine verspätete Klage kann nur innerhalb der sehr engen Grenzen des § 5 KSchG zugelassen werden (§ 17 S. 2 TzBfG). Die Klage kann bereits vor der vereinbarten Beendigung anhängig gemacht werden.[231] Bei zweckbefristeten Arbeitsverträgen ist zum Teil umstritten, wann die Frist zu lau-

---

225 BAG v. 11.11.1997, 1 ABR 29/97, NZA 1998, 319.
226 BAG v. 7.8.1990, 1 ABR 68/89, NZA 1991, 150.
227 BAG v. 5.5.2004, 7 AZR 629/03, NZA 2004, 1346.
228 BVerwG v. 15.11.1989, 6 P 2/87, ZTR 1990, 122.
229 BAG v. 18.6.2008, 7 AZR 214/07, NZA 2009, 35.
230 BAG v. 6.4.2011, 7 AZR 524/09, n.v.
231 BAG v. 13.10.2004, 7 AZR 654/03, NZA 2005, 469.

fen beginnt. Auszugehen ist auch hier vom Tag der Zweckerreichung. Problematisch sind die Fälle, in denen die Mitteilung nach § 15 Abs. 2 TzBfG zu einem Zeitpunkt zugeht, zu dem die Zweiwochenfrist des § 15 Abs. 2 TzBfG nicht mehr eingehalten werden kann. Die Meinungen in der Literatur hierzu gehen weit auseinander.[232] Eine Rechtsprechung, die zumindest Rechtssicherheit bieten kann, besteht nicht. Zur Vermeidung von Rechtsnachteilen sollte eine Klage deshalb unverzüglich nach Zugang der Mitteilung nach § 15 Abs. 2 TzBfG erfolgen.

Wird das Arbeitsverhältnis nach dem vereinbarten Ende fortgesetzt, dann beginnt die Dreiwochenfrist nach Zugang der schriftlichen Erklärung, dass das Arbeitsverhältnis aufgrund der Befristung beendet sei. Diese Vorschrift betrifft den Fall der Fortsetzung der Arbeitsleistung bei Unkenntnis des Arbeitgebers, ohne dass dadurch ein neues Arbeitsverhältnis begründet wird.[233] 95

Die **Darlegungs- und Beweislast**[234] für die Vereinbarung einer Befristung trägt derjenige, der sich darauf beruft, in der Regel der Arbeitgeber.[235] Nach der älteren **Rechtsprechung** des BAG muss der Arbeitnehmer darlegen und beweisen, dass für den Abschluss eines befristeten Arbeitsvertrages keine sachlichen Gründe vorgelegen haben oder die genannten Gründe nur vorgeschoben worden sind.[236] Nach den Grundsätzen des Anscheinsbeweises kann die Beweislast des Arbeitnehmers aber erleichtert sein. Das ist dann anzunehmen, wenn die besonderen Umstände des Falles dagegen sprechen, dass die Befristung sachlich gerechtfertigt ist.[237] An dieser Zuweisung der Darlegungs- und Beweislast kann nicht mehr festgehalten werden. Nachdem mittlerweile das Befristungsrecht mit dem Leitbild des unbefristeten Arbeitsverhältnisses kodifiziert ist[238] und nachdem sich der Arbeitgeber auf die für ihn günstige Ausnahme der Befristung beruft, muss die Darlegungs- und Beweislast für das Vorliegen eines Sachgrundes beim Arbeitgeber liegen.[239] Kommt es für das Vorliegen eines sachlichen Grunds auf eine Prognose an, dann hat der Arbeitgeber die tatsächlichen Grundlagen für die Prognose darzulegen.[240] Dafür, dass die Voraussetzungen des Anschlussverbots nach § 14 Abs. 2 Satz 2 TzBfG vorliegen, ist aber der Arbeitnehmer darlegungs- und beweispflichtig.[241] 96

---

232 Zum Meinungsstand Spinner in Arnold/Gräfl § 17 Rn 38, Müller-Glöge in Erfurter Kommentar § 17 TzBfG Rn 7.
233 Müller-Glöge in Erfurter Kommentar § 17 TzBfG Rn 10.
234 Ausführlich zur Darlegungs- und Beweislast siehe Dörner Rn 1013 ff.
235 Müller-Glöge in Erfurter Kommentar § 17 TzBfG Rn 13, Kuner in Bepler/Böhle § 30 TVöD Rn 69, Gräfl in Arnold/Gräfl § 14 Rn 47.
236 BAG v. 12.10.1960, GS 1/59, NJW 1961, 798.
237 BAG v. 26.4.1979, 2 AZR 431/77, AP Nr. 47 zu § 620 BGB Befristeter Arbeitsvertrag. Bereits in dieser Entscheidung hat das BAG aber ausdrücklich offen gelassen, ob daran für die Zukunft festzuhalten sein wird.
238 Das BAG betont dies an anderer Stelle, indem es unter Berufung auf BT-Drucks. 14/4374 S. 12 feststellt, dass nach dem Willen des Gesetzgebers nicht der befristete, sondern der unbefristete Arbeitsvertrag der sozialpolitisch erwünschte Normalfall ist. BAG v. 23.8.2006, 7 AZR 12/06, NZA 2007, 204.
239 So auch Dörner Rn 1027 mwN, vgl auch Kuner TVöD/TV-L, Rn 504, Gräfl in Arnold/Gräfl § 14 Rn 48.
240 BAG v. 30.10.2008, 8 AZR 855/07, NZA 2009, 723, BAG v. 12.9.1996, 7 AZR 790/95, NZA 1997, 313.
241 BAG v. 19.10.2005, 7 AZR 31/05, NZA 2006, 154.

97 Die Rechtsprechung hat einen Weiterbeschäftigungsanspruch über den Beendigungszeitpunkt hinaus bis zum rechtskräftigen Abschluss des Prozesses bei erfolgreicher Klage zur Befristungskontrolle anerkannt, wenn nicht überwiegende schutzwerte Interessen des Arbeitgebers entgegenstehen.[242] Wird die Wiedereinstellung verlangt, dann ist Klage auf Abgabe einer Willenserklärung zu erheben. [243]

VII. Weitere Tarifverträge

98 § 42 TVöD BT-E (Besonderer Teil **Entsorgung**) enthält eine Öffnungsregelung zu § 14 TzBfG. Danach ist die kalendermäßige Befristung eines Arbeitsvertrages ohne Vorliegen eines sachlichen Grundes bis zur Dauer von vier Jahren zulässig; bis zu dieser Gesamtdauer ist auch die höchstens dreimalige Verlängerung eines kalendermäßig befristeten Arbeitsvertrages möglich. Die sachgrundlose Befristung über die Dauer von zwei Jahren hinaus bedarf der vorherigen Zustimmung des Personalrats/Betriebsrats und ist unzulässig, wenn mit dem Abschluss des Arbeitsvertrages mehr als 40 v.H. der bei dem Arbeitgeber begründeten Arbeitsverhältnisse ohne Vorliegen eines sachlichen Grundes abgeschlossen wären.

99 Nach § 40 Nr. 8 TV-L gelten für die Beschäftigten der **Hochschulen und Forschungseinrichtungen der Länder** Sonderregelungen. Danach wird die Dauer eines kalendermäßig mit Sachgrund befristeten Arbeitsvertrages auf sieben Jahre begrenzt, soweit nicht nach anderen gesetzlichen Regelungen längere Befristungen möglich sind. Diese Beschäftigten sind bei der Besetzung von Dauerarbeitsplätzen bevorzugt zu berücksichtigen, wenn die sachlichen und persönlichen Voraussetzungen erfüllt sind.

100 § 41 Nr. 19 TV-L enthält Sonderregelungen für **Ärztinnen und Ärzte an Universitätskliniken**. Danach wird die Dauer eines kalendermäßig mit Sachgrund befristeten Arbeitsvertrages auf sieben Jahre begrenzt, soweit nicht nach anderen gesetzlichen Regelungen längere Befristungen möglich sind. Diese Beschäftigten sind bei der Besetzung von Dauerarbeitsplätzen bevorzugt zu berücksichtigen, wenn die sachlichen und persönlichen Voraussetzungen erfüllt sind. Zudem erhält § 30 TVöD folgenden Abs. 7: „Beim Abschluss von befristeten Arbeitsverträgen mit besonders kurzen Vertragslaufzeiten ist auch das Interesse der Beschäftigten an einer notwendigen Planungssicherheit zu berücksichtigen. Bei befristeten Beschäftigungen nach dem Hochschulrahmengesetz beziehungsweise einer gesetzlichen Nachfolgeregelung mit dem Zweck der Weiterbildung zur Fachärztin beziehungsweise zum Facharzt soll der erste Vertrag möglichst für eine Laufzeit von nicht weniger als zwei Jahren und der weitere Vertrag bis zum Ende der Mindestweiterbildungszeit geschlossen werden. Sachliche Gründe können eine kürzere Vertragslaufzeit erfordern." Mit dem zusätzlichen Absatz 7 sollen kurze Vertragslaufzeiten im Interesse der Arbeitnehmer zurückgedrängt werden.

101 § 44 Nr. 4 TV-L enthält eine Sonderregelung für **Lehrkräfte** an allgemeinbildenden und berufsbildenden Schulen (zum Beispiel Berufs-, Berufsfach- und Fachschulen). Danach endet das Arbeitsverhältnis, ohne dass es einer Kündigung bedarf, mit Ablauf des Schulhalbjahres (31. Januar bzw 31. Juli), in dem die Lehr-

---

242 BAG v. 13.6.1985, 2 AZR 410/84, NZA 1986, 562, BAG v. 26.6.1996, 7 AZR 674/95, NZA 1997, 200.
243 Müller-Glöge in Erfurter Kommentar § 17 TzBfG Rn 12.

kraft das gesetzlich festgelegte Alter zum Erreichen einer abschlagsfreien Regelaltersrente vollendet hat.

§ 31 Führung auf Probe (TVöD und TV-L)

(1) ¹Führungspositionen können als befristetes Arbeitsverhältnis bis zur Gesamtdauer von zwei Jahren vereinbart werden. ²Innerhalb dieser Gesamtdauer ist eine höchstens zweimalige Verlängerung des Arbeitsvertrages zulässig. ³Die beiderseitigen Kündigungsrechte bleiben unberührt.

(2 TVöD) Führungspositionen sind die ab Entgeltgruppe 10 zugewiesenen Tätigkeiten mit Weisungsbefugnis, die vor Übertragung vom Arbeitgeber ausdrücklich als Führungsposition auf Probe bezeichnet worden sind.

(2 TV-L) Führungspositionen sind die ab Entgeltgruppe 10 auszuübenden Tätigkeiten mit Weisungsbefugnis.

(3) ¹Besteht bereits ein Arbeitsverhältnis mit demselben Arbeitgeber, kann der/dem Beschäftigten vorübergehend eine Führungsposition bis zu der in Absatz 1 genannten Gesamtdauer übertragen werden. ²Der/Dem Beschäftigten wird für die Dauer der Übertragung eine Zulage in Höhe des Unterschiedsbetrags zwischen den Tabellenentgelten nach der bisherigen Entgeltgruppe und dem sich bei Höhergruppierung nach § 17 Abs. 4 Satz 1 bis 3 ergebenden Tabellenentgelt gewährt. ³Nach Fristablauf endet die Erprobung. ⁴Bei Bewährung wird die Führungsfunktion auf Dauer übertragen; ansonsten erhält die/der Beschäftigte eine der bisherigen Eingruppierung entsprechende Tätigkeit.

I. Allgemeines 1	1. Die Anforderungen an die Übertragung 16
II. Das Verhältnis zu §§ 30, 32 TVöD 4	2. Das Entgelt während der Probezeit (§ 31 Abs. 3 S. 2 TVöD) 22
III. Die Führungsposition (§ 31 Abs. 2 TVöD) 6	3. Die vorzeitige Beendigung der Probezeit 25
IV. Führung auf Probe bei Neueinstellung (§ 31 Abs. 1 TVöD) 9	4. Die Situation nach Ablauf der Probezeit 26
1. Allgemeines 9	VI. Die Dauer der Befristung und Verlängerung 31
2. Die Befristung ohne Sachgrund 10	VII. Die Mitbestimmung der Interessenvertretung 36
3. Die Befristung mit Sachgrund 12	VIII. Die gerichtliche Kontrolle 38
4. Die Situation nach Ablauf der Probezeit 13	IX. Weitere Tarifverträge 39
5. Die Kündigung (§ 31 Abs. 1 S. 3 TVöD) 14	
V. Führung auf Probe bei bestehendem Arbeitsverhältnis (§ 31 Abs. 3 TVöD) 15	

I. Allgemeines

Ziel der neu eingeführten Möglichkeiten der Führung auf Probe und der Führung auf Zeit ist, durch stärkere Flexibilisierung die **Führungsqualität zu erhöhen**.[1]

---

[1] Heitsch in Döring/Kutzki, § 31 TVöD Rn 1, Breier/Dassau TVöD § 31 Rn 1, Brediendiek/Fritz/Tewes, ZTR 2005, 242.

Das bisherige Tarifrecht kennt diese Instrumente nicht. Damit wurde eine Alternative zur bisherigen sofortigen und unbefristeten Übertragung von Führungspositionen eingeführt. Das Beamtenrecht sieht solche Regelungen bereits seit längerem vor.[2] Es besteht aber keine Verpflichtung, Führungspositionen künftig nur auf Probe oder/und nur auf Zeit zu besetzen.

2 Welche **Bedeutung** diese neuen tariflichen Möglichkeiten erlangen werden, ist derzeit noch nicht absehbar. Das hängt zum einen von der Bereitschaft der (potenziellen) Mitarbeiter ab, sich darauf einzulassen, zum anderen davon, in welchen Fällen überhaupt sinnvollerweise auch aus Sicht des Arbeitgebers zu diesem Instrument gegriffen werden soll. Den möglichen Vorteilen aufgrund der stärkeren Flexibilisierung stehen auch Nachteile v.a. bei der probeweisen Übertragung im bestehenden Arbeitsverhältnis gegenüber, die abgewogen werden sollten. So sollte bedacht werden, dass die Frage, ob sich jemand in einer Führungsposition bewährt hat, durchaus unterschiedlich von Arbeitnehmer und Arbeitgeber beurteilt werden kann. Die daran anknüpfenden Fragen der gerichtlichen Überprüfung sind völlig offen.

3 Der Tarifvertrag unterscheidet zwischen einer Neueinstellung (§ 31 Abs. 1 TVöD) und der befristeten Übertragung der Führungsposition im bestehenden Arbeitsverhältnis (§ 31 Abs. 3 TVöD) und trifft für beide Bereiche besondere Regelungen. Die Notwendigkeit dieser Unterscheidung ergibt sich aus der unterschiedlichen vertraglichen Ausgangsposition.

II. Das Verhältnis zu §§ 30, 32 TVöD

4 Das Instrument der **Führung auf Probe** hat vor allem die Personalentwicklung einzelner Beschäftigter im Auge.[3] Ziel ist, die Führungsposition bei Bewährung auf Dauer zu übertragen. Es soll damit die Möglichkeit geschaffen werden, Beschäftigte im Hinblick auf ihre Eignung als Führungskraft auf einer Führungsposition zu erproben. Deshalb ist bei Ablauf des Zeitraums eine Entscheidung über das Ergebnis der Erprobung und die Frage der dauerhaften Übertragung der Führungsposition zu treffen (§ 31 Abs. 3 S. 4 TVöD). Das Instrument der **Führung auf Zeit** (§ 32 TVöD) soll dagegen die passgenaue befristete Besetzung von Führungspositionen ermöglichen.[4] Die Übertragung der Führungsposition erfolgt in diesem Fall nur auf bestimmte Zeit, unabhängig von der Bewährung auf der Führungsposition.

5 Nach § 30 Abs. 6 TVöD bleibt § 31 TVöD von den Regelungen in § 30 Abs. 3 bis 5 TVöD. unberührt. Das bedeutet, dass die in § 30 Abs. 1 und Abs. 2 TVöD enthaltenen Regelungen Anwendung finden,[5] die in § 30 Abs. 3 bis 5 TVöD enthaltenen Regelungen gelten nicht (s. § 30 Rn 92).

III. Die Führungsposition (§ 31 Abs. 2 TVöD)

6 Nach § 31 Abs. 2 TVöD sind Führungspositionen die **ab Entgeltgruppe 10** zugewiesenen Tätigkeiten **mit Weisungsbefugnis**. Ist eines dieser beiden Merkmale

---

2 Vgl §§ 12 a, 12 b BRRG, § 24 a BBG, Art. 32 a, 32 b BayBG.
3 Breier/Dassau TVöD § 31 Rn 2.
4 Knut Bredendiek, Bernd Fritz, Iris Tewes, Neues Tarifrecht für den öffentlichen Dienst, ZTR 2005, 230, 242.
5 Wie zB die bevorzugte Berücksichtigung bei der Besetzung von Dauerarbeitsplätzen bei Angestellten des Tarifgebiets West (§ 30 Abs. 2 S. 2 TVöD).

nicht erfüllt (zB liegt eine Position unterhalb der Entgeltgruppe 10 vor), dann sind die besonderen Möglichkeiten des § 31 TVöD nicht gegeben. Die Bestimmung von Stellen für Führungspositionen ist durch § 4 Nr. 14 des Ä-TV mit Wirkung ab 1.7.2008 konkretisiert worden. § 31 Abs. 2 TVöD wurde um den Teilsatz ergänzt, nach der die Stelle vor Übertragung vom Arbeitgeber ausdrücklich[6] als Führungsposition auf Probe zu bezeichnen ist (der TV-L enthält diese Ergänzung nicht). Vor der Einnahme des Arbeitsplatzes durch den Beschäftigten, der Aufgabenübertragung oder Einweisung in den Arbeitsplatz muss nun klargestellt sein, dass es sich um eine Stelle handelt, die sowohl eine Führungsposition darstellt als auch zeitlich befristet ist. Diese Erklärung muss von dem zuständigen Organ des Arbeitgebers geäußert werden[7] und sie muss der Führungsperson nach § 130 BGB zugehen.[8] Der Wortlaut der Regelung ließe zwar auch ein anderes Verständnis zu, wonach die Übertragung des Weisungsrechts durch das zuständige Organ des Arbeitgebers erfolgen muss, während der Hinweis auf die nur probeweise Übertragung auch durch andere Personen erfolgen kann. Dieses Verständnis würde aber der jeweiligen Bedeutung der beiden Akte nicht gerecht. Von entscheidender Bedeutung ist, ob die Führungsposition auf Dauer oder nur probeweise übertragen wird und nicht der Vollzug vertraglich eingeräumter Rechte durch die tatsächliche Übertragung von Weisungsrechten. Die Bezeichnung als Führungsposition auf Probe muss nicht schriftlich erfolgen, da der Tarifvertrag und auch § 14 Abs. 4 TzBfG das nicht verlangen.

Das Merkmal der Weisungsbefugnis knüpft an § 106 GewO an.[9] Danach kann der Arbeitgeber Inhalt, Ort und Zeit der Arbeitsleistung nach billigem Ermessen näher bestimmen und Vorgaben hinsichtlich der Ordnung und des Verhaltens der Arbeitnehmer im Betrieb machen (Direktionsrecht). Deshalb ist weisungsbefugt derjenige, der das **Direktionsrecht über mindestens einen anderen Beschäftigten** ausüben darf.[10] Eine nur tatsächliche Wahrnehmung des Direktionsrechts ohne Ableitung aus der Arbeitgeberposition genügt nicht.[11] Es reicht aber aus, wenn sich das Direktionsrecht aus Dienstanweisungen, Verwaltungsverfügungen oder einem Geschäfts- bzw Organisationsplan ergibt. Die Erklärung, mit der die Weisungsbefugnis übertragen wird, muss der Führungsperson aber nach § 130 BGB zugehen, eine Benachrichtigung lediglich gegenüber den weisungsgebundenen Mitarbeitern genügt nicht.[12] Auf der anderen Seite ist es nicht erforderlich, dass den Weisungen Unterworfene in eine dem Weisungsbefugten zugeordnete Organisationsstruktur (zB ein Sachgebiet) fest eingebunden ist. Ein solches zusätzliches Erfordernis haben die Tarifvertragsparteien nicht festgelegt. Die **Person des Übertragenden** ist nicht näher bestimmt. Falls die Übertragung in Ausübung des Direktionsrechts geschieht, ist nicht Voraussetzung, dass der Übertragende befugt sein muss, mit dem Arbeitnehmer arbeitsvertragliche Vereinbarungen zu treffen. Die Übertragung kann auch durch

---

6 Schriftform ist nach dem Wortlaut nicht erforderlich, aber aus Beweisgründen empfehlenswert.
7 Vgl BAG v. 25.10.1995, 4 AZR 479/94, NZA 1996, 710.
8 Vgl BAG v. 12.3.2008, 4 AZR 67/07, ZTR 2008, 604.
9 Heitsch in Döring/Kutzki, § 31 TVöD Rn 4, Breier/Dassau TVöD § 31 Rn 3.1, Brediek/Fritz/Tewes, ZTR 2005, 230, 242.
10 Ebenso Clemens/Scheuring, TV-L § 31, Rn 10, Pawlak/Lüderitz, Führung auf Probe und Führung auf Zeit, ZTR 2008, 642, 644.
11 Brediek/Fritz/Tewes, ZTR 2005, 230, 242.
12 Vgl BAG v. 12.3.2008, 4 AZR 67/07, ZTR 2008, 604.

den Fachvorgesetzten erfolgen, auch wenn nur die für Personalangelegenheiten zuständige Stelle zur Änderung des Arbeitsvertrags befugt ist, sofern die Führungsposition vor der Übertragung vom zuständigen Organ des Arbeitgebers ausdrücklich als Führungsposition auf Probe bezeichnet wurde.[13]

8 § 31 Abs. 2 TVöD verlangt nicht, dass das Weisungsrecht unbeschränkt sein muss. Das ergibt sich bereits aus der Anknüpfung an § 106 GewO, wonach das Weisungsrecht nur nach billigem Ermessen und nur innerhalb der arbeitsvertraglichen Grenzen oder der Grenzen einer Betriebsvereinbarung oder eines Tarifvertrags besteht. Unproblematisch ist deshalb, wenn das **Weisungsrecht** durch Tarifvertrag, Betriebsvereinbarung, Dienstvereinbarung oder Arbeitsvertrag im Einzelfall **beschränkt** ist. Probleme treten aber auf, wenn das konkrete Weisungsrecht im Vergleich zum arbeitgeberseitigen Weisungsrecht innerhalb der skizzierten Grenzen stark eingeschränkt ist.[14] Würde man in diesem Fall bereits von einer Führungsposition ausgehen, könnte über die Einräumung minimaler Weisungsrechte die Möglichkeit der großzügigen sachgrundlosen Befristung nach § 32 TVöD herbeigeführt werden, ohne dass dies in der tatsächlich ausgeübten Tätigkeit sowie in der Zielrichtung der Regelung seine Rechtfertigung fände. Auf der anderen Seite lässt sich der Vorschrift nicht entnehmen, dass die Führungsperson berechtigt sein muss, Maßnahmen zu ergreifen, die sich auf den Status des Unterstellten auswirken[15] Eine Weisungsbefugnis setzt deshalb keine (selbstständige) Einstellungs- oder Entlassungsbefugnis voraus. Eine so enge Auslegung würde den Anwendungsbereich gegen Null tendieren lassen. Die Frage, ob im Einzelfall eine Führungsposition vorliegt, muss daher im Wege einer wertenden Betrachtung anhand des Zwecks der Vorschrift – der Steigerung der Führungsqualität – entschieden werden. Das Ausmaß der Führungsaufgabe muss von wesentlicher Bedeutung für das Arbeitsverhältnis sein. Der Zweck der Vorschrift kann im Einzelfall nur erreicht werden, wenn das Ausmaß der Führungsaufgabe nicht nur unwesentlich ist. Eine Erprobung in der Führungsaufgabe ist auch nur möglich, wenn diese für die Aufgabenerfüllung von wesentlicher Bedeutung ist.

IV. Führung auf Probe bei Neueinstellung (§ 31 Abs. 1 TVöD)

9 **1. Allgemeines.** § 31 Abs. 1 S. 1, 2 TVöD regelt die Befristung der Führungsposition bei einer **Neueinstellung**. Danach kann in diesem Fall die Führungsposition als **befristetes Arbeitsverhältnis** bis zur Gesamtdauer von zwei Jahren vereinbart werden. Innerhalb dieser Gesamtdauer ist eine höchstens zweimalige Verlängerung (s. § 30 Rn 52) des Arbeitsvertrags zulässig. Für die Bezahlung besteht keine Sonderregelung. Sie folgt daher der Eingruppierung. Da es sich um ein befristetes Arbeitsverhältnis handelt, gilt für diese Personen das allgemeine Befristungsrecht, insbesondere das TzBfG, zB zum Schriftformerfordernis (§ 14 Abs. 4 TzBfG). Die befristete Neueinstellung auf Probe muss sich an den Vorschriften des TzBfG messen lassen. Die in § 14 TzBfG enthaltene Unterscheidung zwischen einer Befristung mit und ohne Sachgrund ist deshalb auch im Rahmen von § 31 Abs. 1 TVöD von Bedeutung. Die tariflichen Beschränkungen des § 31 Abs. 1

---

13 Vgl BAG v. 25.10.1995, 4 AZR 479/94, NZA 1996, 710.
14 AA Clemens/Scheuring, TV-L § 31 Rn 10, Clemens/Scheuring/Steingen/Wiese TVöD § 31 Rn 10, wonach jegliches Weisungsrecht ausreichend sein soll.
15 So zutreffend Hamer, TVöD, § 32 Rn 3.

S. 1, 2 TVöD gehen dem TzBfG vor, da sie für die Arbeitnehmer günstiger sind (§ 22 Abs. 1 TzBfG).

2. Die Befristung ohne Sachgrund. Ein **sachgrundlos** befristeter Arbeitsvertrag nach § 31 Abs. 1 TVöD ist nur zulässig, wenn mit demselben Arbeitgeber zuvor noch kein befristetes oder unbefristetes Arbeitsverhältnis bestanden hat (§ 14 Abs. 2 S. 2 TzBfG). Da nicht auf den Betrieb oder die Dienststelle abzustellen ist, sondern auf die Arbeitgeberstellung, kann eine solche Befristung Risiken bergen(s. § 30 Rn 49). Das **Anschlussverbot** betrifft aber nur frühere Arbeitsverhältnisse. Zuvor bestandene andere Vertragsverhältnisse wie zB die Tätigkeit als Praktikant, wenn mit diesem kein Arbeitsvertrag geschlossen wurde,[16] oder ein Berufsausbildungsverhältnis hindern die sachgrundlose Befristung nicht.

10

Da § 30 Abs. 3 TVöD wegen § 30 Abs. 6 TVöD nicht anwendbar ist, gelten die besonderen Regelungen dort in zeitlicher Hinsicht, wonach die Befristung zwölf Monate nicht unterschreiten soll und mindestens sechs Monate betragen muss, für die Befristung einer Führungsposition nicht. Der Arbeitgeber hat auch nicht zu prüfen, ob eine befristete oder unbefristete Weiterbeschäftigung möglich ist (§ 30 Abs. 3 S. 2 TVöD).

11

3. Die Befristung mit Sachgrund. Es kommt vor allem der **Sachgrund der Erprobung** in Betracht (§ 14 Abs. 1 Nr. 5 TzBfG, s. § 30 Rn 39). Nach den gesetzlichen Vorschriften muss der Erprobungszweck nicht ausdrücklich vereinbart werden.[17] Auch § 31 Abs. 1 TVöD enthält kein Zitiergebot, so dass ein arbeitsvertraglicher Hinweis auf eine Befristung nach § 31 TVöD nicht zwingend erforderlich ist, solange die Befristungsvereinbarung klar und deutlich getroffen wird und die Übertragung ausdrücklich[18] probeweise erfolgt (§ 31 Abs. 2 TVöD). Es reicht dann aus, dass der Sachgrund für die Befristung bei Vertragsschluss objektiv vorlag. Daher kann der Arbeitgeber die Befristung grundsätzlich auch auf einen anderen als den im Arbeitsvertrag genannten Sachgrund stützen.[19] Auch ein „nachträgliches" Berufen auf eine sachgrundlose Befristung ist nicht ausgeschlossen.[20] Es genügt, wenn der Arbeitgeber die Sachgründe im Prozess vorträgt (s. § 30 Rn 20). Die Befristungsmöglichkeit zur Erprobung entfällt, wenn der Arbeitnehmer bereits ausreichende Zeit bei dem Arbeitgeber mit den zu erfüllenden Aufgaben – hier: Führungsaufgaben – beschäftigt war und der Arbeitgeber die Fähigkeiten des Arbeitnehmers deshalb voll beurteilen konnte.[21] Ein vorangegangenes Ausbildungsverhältnis schließt eine Befristung zur Erprobung nicht grundsätzlich aus.[22]

12

4. Die Situation nach Ablauf der Probezeit. Das Arbeitsverhältnis endet mit Ablauf der vereinbarten Zeit, auch wenn sich der Arbeitnehmer bewährt hat. Es besteht auch in diesem Fall grundsätzlich **kein Anspruch auf Abschluss eines**

13

---

16 BAG v. 19.10.2005, 7 AZR 31/05, NZA 2006, 154.
17 BAG v. 23.6.2004, 7 AZR 636/03, NZA 2004, 1333. AA Breier/Dassau TVöD (§ 31 Rn 7) unter Hinweis auf mittlerweile überholte Rechtsprechung.
18 Schriftform ist nach dem Wortlaut nicht erforderlich, aber aus Beweisgründen empfehlenswert.
19 BAG v. 22.10.2003, 7 AZR 666/02, ZTR 2004, 370.
20 Gräfl in Arnold/Gräfl § 14 Rn 241.
21 BAG v. 31.8.1994, 7 AZR 983/93, ZTR 1995, 166, BAG v. 23.6.2004, 7 AZR 636/03, NZA 2004, 1333.
22 Müller-Glöge in Erfurter Kommentar § 14 TzBfG Rn 50.

unbefristeten Arbeitsvertrages.[23] Eine dem § 31 Abs. 3 S. 4 TVöD entsprechende Regelung enthält § 31 Abs. 1 TVöD nicht. Eine Ausnahme ist dann zu machen, wenn der befristet eingestellte Arbeitnehmer aufgrund des Verhaltens des Arbeitgebers damit rechnen konnte, im Anschluss an den Zeitvertrag weiterbeschäftigt zu werden. Das setzt voraus, dass der Arbeitgeber bei Abschluss eines Zeitvertrages in Aussicht stellt, er werde den Arbeitnehmer bei entsprechender Eignung und Bewährung anschließend unbefristet weiterbeschäftigen oder diese Vorstellungen auch noch während der Dauer des Zeitvertrages eindeutig bestärkt. An einer solchen Selbstbindung muss sich der Arbeitgeber aus Gründen des Vertrauensschutzes festhalten lassen.[24] Es besteht dann ein vertraglicher Anspruch des Arbeitnehmers auf Abschluss eines weiteren Arbeitsvertrags, wenn die Erklärungen oder Verhaltensweisen des Arbeitgebers als Zusage auf Fortsetzung des Arbeitsverhältnisses auszulegen sind.[25]

14   **5. Die Kündigung (§ 31 Abs. 1 S. 3 TVöD).** Nach § 31 Abs. 1 S. 3 TVöD bleiben die beiderseitigen Kündigungsrechte unberührt. Das gilt unzweifelhaft für die außerordentliche Kündigung nach § 626 BGB. Zum Teil wird darüber hinaus vertreten, dass damit auch die Kündigungsmöglichkeiten nach § 30 Abs. 4, 5 TVöD gelten.[26] Dem kann nicht zugestimmt werden. Da nach § 30 Abs. 6 TVöD die §§ 31 (Führung auf Probe), 32 (Führung auf Zeit) TVöD von den Regelungen der Absätze 3 bis 5 unberührt bleiben, finden die in § 30 Abs. 4 und 5 TVöD enthaltenen Kündigungsmöglichkeiten keine Anwendung. § 34 Abs. 1 TVöD verankert keine Kündigungsmöglichkeit im befristeten Arbeitsverhältnis. Da eine tarifliche Kündigungsmöglichkeit für Arbeitsverhältnisse nach § 31 Abs. 1 TVöD nicht gegeben ist, besteht eine **Kündigungsmöglichkeit** während der Laufzeit des Vertrags nur, wenn dies **einzelvertraglich vereinbart** wurde (§ 15 Abs. 3 TzBfG).[27] Falls ein solches ordentliches Kündigungsrecht vereinbart wurde, gelten die Fristen des § 34 Abs. 1 TVöD.[28] Nichts anderes kann für die Probezeitkündigung gelten, da § 30 Abs. 4 TVöD nicht anwendbar ist. Daran ändert auch § 2 Abs. 4 S. 1 iVm § 34 TVöD nichts, weil dort nur die Probezeit bzw die Kündigungsfrist, aber keine daran anknüpfende Kündigungsmöglichkeit geregelt ist.[29]

V. Führung auf Probe bei bestehendem Arbeitsverhältnis (§ 31 Abs. 3 TVöD)

15   Besteht bereits ein Arbeitsverhältnis, mit demselben Arbeitgeber, kann vorübergehend eine Führungsposition bis zur Dauer von zwei Jahren übertragen werden (§ 31 Abs. 3 S. 1 TVöD). Auch hier ist nicht auf den Betrieb oder die Dienststelle abzustellen, sondern auf die Arbeitgeberstellung.

---

23 Boecken in Boecken/Joussen, § 14 TzBfG Rn 82, Fritz in Sponer/Steinherr TVöD § 31 Rn 18, aA Kuner TVöD/TV-L Rn 525 mit unklarer Begründung und ohne auf die Unterschiede im Tariftext zwischen einer Neueinstellung und einer Befristung im bestehenden Arbeitsverhältnis einzugehen.
24 BAG v. 26.4.1995, 7 AZR 936/94, NZA 1996, 87.
25 BAG v. 13.8.2008, 7 AZR 513/07, NZA 2009, 27.
26 So wohl Brediendiek/Fritz/Tewes, ZTR 2005, 230, 243, im Ergebnis auch Pawlak/Lüderitz, ZTR 2008, 642, 644, Clemens/Scheuring/Steingen/Wiese TVöD § 31 Rn 8.
27 Ebenso Heitsch in Döring/Kutzki, § 31 TVöD Rn 13, Breier/Dassau TVöD § 31 Rn 16, aA Clemens/Scheuring, TV-L, § 31 Rn 8.
28 Vgl Conze Rn 796.
29 AA Pawlak/Lüderitz, ZTR 2008, 642, 644, die diesen Aspekt übersehen.

1. Die Anforderungen an die Übertragung. Der Tarifvertrag lässt offen, auf 16
welche Art die Führungsposition im bestehenden Arbeitsverhältnis übertragen
wird. Zum Teil wird vertreten, dass die Übertragung eine Vertragsänderung
darstellt,[30] die einen neuen Arbeitsvertrag erforderlich mache, der den Vorgaben
des TzBfG entsprechen müsse. Das bisherige Arbeitsverhältnis ruhe während der
Zeit.[31] Das kann nicht überzeugen. Ob eine Vertragsänderung erforderlich ist,
bestimmt sich nach dem konkreten Arbeitsvertrag. Der Tarifvertrag sagt dazu
nichts aus. Allenfalls kann aus den gesonderten Regelungen für die Übertragung
bei Neueinstellung und bei bereits bestehendem Arbeitsverhältnis geschlossen
werden, dass auch die Tarifvertragsparteien davon ausgehen, dass die rechtlichen Voraussetzungen jeweils unterschiedlich sind. Träfe die Ansicht zu, dass
eine Vertragsänderung erforderlich wird, die am TzBfG zu messen ist, dann wäre
eine Trennung der beiden Regelungsbereiche weder erforderlich noch sinnvoll.
Unerklärlich wäre auch, aus welchen Gründen das bisherige Entgelt zuzüglich
einer Zulage gezahlt werden soll (§ 31 Abs. 3 S. 2 TVöD), wenn das Arbeitsverhältnis, auf das dies zurückgeht, ruhend sein soll. Schließlich spricht § 31
Abs. 3 S. 1 TVöD von „übertragen", was nach allgemeinem Sprachgebrauch
eher ein einseitiges Vorgehen nahelegt. Das TzBfG ist auf die vorübergehende
Übertragung einer Führungsposition bei bestehendem Arbeitsverhältnis deshalb
nicht anwendbar. Für die Übertragung besteht kein Schriftformerfordernis nach
§ 14 Abs. 4 TzBfG.

Sofern der konkrete Arbeitsvertrag keine Einschränkungen hinsichtlich einer 17
Versetzbarkeit enthält,[32] ist die befristete Übertragung einer Führungsposition
ebenso wie die vorübergehende **Übertragung** einer höherwertigen Tätigkeit
(§ 14 TVöD) grundsätzlich **im Rahmen des Direktionsrechts** möglich.[33] Das bedeutet, dass in diesen Fällen im Ergebnis eine Angemessenheitskontrolle nach
§ 307 Abs. 1 S. 1 BGB nicht greift.[34] Ob der Arbeitsvertrag die Versetzbarkeit
einschränkende Regelungen enthält, muss im Wege der Auslegung ermittelt werden. Dabei sind auch Vertragsklauseln einzubeziehen, die wie ein Versetzungsvorbehalt erscheinen. Ergibt die Auslegung, dass die Versetzbarkeit auf eine befristete Führungsposition nicht ausgeschlossen wurde, dann kommt es auf die
Zulässigkeit eines uU in Allgemeinen Geschäftsbedingungen enthaltenen Ver-

---

30 So zB ohne nähere Begründung Kuner TVöD/TV-L Rn 519,. Im Ergebnis ebenso Pawlak/
   Lüderitz, ZTR 2008, 642, 645, mit ausführlicher Begründung, die allerdings nicht auf
   das TzBfG abstellen.
31 Heitsch in Döring/Kutzki, § 31 TVöD Rn 18.
32 Diese Einschränkung ist zu machen, weil die Vorschrift das Direktionsrecht nicht erweitert, sondern voraussetzt.
33 Vgl Bredendiek/Fritz/Tewes, ZTR 2005, 230, 243, Conze Rn 797, Breier/Dassau TVöD
   § 31 Rn 8, Clemens/Scheuring, TV-L § 31 Rn 11, wo zutreffend darauf hingewiesen wird,
   dass die Führungsposition nicht notwendigerweise höherwertig ist. S. auch BAG
   v. 17.4.2002, 4 AZR 174/01, NZA 2003, 159.
34 Vgl zum Ganzen BAG v. 19.1.2011, 10 AZR 738/09, NZA 2011, 631. Es geht dann nicht
   um die Wirksamkeit einzelner Vertragsbedingungen, sondern um die Ausübungskontrolle vertraglicher Rechte. AA Kuner TVöD/TV-L Rn 521, der von einer erforderliche Vertragsänderung ausgeht, ebenso Hamer, TVöD, § 32 Rn 4. Eine andere Sichtweise würde
   sich im Einzelfall nur dann ergeben, wenn mittels Allgemeiner Geschäftsbedingungen ein
   nach § 106 GewO nicht bestehendes Direktionsrecht eingeräumt werden sollte. Zur Befristung einzelner Vertragsbedingungen durch Allgemeine Geschäftsbedingungen siehe
   § 30 Rn 14.

setzungsvorbehalts nicht an.[35] Für den Fall, dass es sich bei den Regelungen um Allgemeine Geschäftsbedingungen handelt, ist § 305 c BGB zu beachten. Die Ausübung des Direktionsrechts muss aber **billigem Ermessen** (§§ 106 GewO, 315 BGB) entsprechen. Das gilt sowohl für die Übertragung der Führungsaufgabe an sich als auch für deren Befristung.[36] Dabei ist die Wertung der Tarifvertragsparteien zu berücksichtigen, die einen Interessenausgleich zwischen Arbeitgeber- und Arbeitnehmerinteressen vorgenommen haben. Sie haben die Übertragung auf Probe grundsätzlich erlaubt. Die Grundsätze der Billigkeit sind gewahrt, wenn alle wesentlichen Umstände des Falles abgewogen und die beiderseitigen Interessen angemessen berücksichtigt sind.[37] Dabei ist unter Beachtung aller Umstände des Einzelfalls abzuwägen, ob das Interesse des Arbeitgebers daran, die Tätigkeit im Hinblick auf den Erprobungszweck nur vorübergehend zu übertragen, oder ob das Interesse des Arbeitnehmers daran, die Tätigkeit dauerhaft übertragen zu bekommen, überwiegt.[38] Ob die **Höchstfrist** ausgeschöpft werden kann, hängt nicht zuletzt von der konkreten Führungsaufgabe und deren Anforderungen ab.[39] Die nur befristete Übertragung ist unbillig, wenn der Arbeitnehmer bereits ausreichende Zeit bei dem Arbeitgeber mit den zu erfüllenden Aufgaben beschäftigt war und der Arbeitgeber die Fähigkeiten des Arbeitnehmers deshalb voll beurteilen konnte.

18 Zum Teil wird vertreten, dass vom Vorliegen billigen Ermessens auszugehen ist, wenn der **Arbeitnehmer** mit der Übertragung der Führungsposition auf Probe **einverstanden** ist.[40] Das ist mit dem Ausgangspunkt – der Übertragung durch Ausübung des Direktionsrechts – nicht vereinbar. Die Übertragung erfolgt in diesem Fall durch einseitige Willenserklärung. Ob und in welcher Form sich ein Arbeitnehmer dazu äußert, ist für die Rechtmäßigkeit der bereits einseitig erfolgten Leistungsbestimmung ohne Belang. Das gilt auch für eine Äußerung des Arbeitnehmers vor der Übertragung, da diese – ob zustimmend oder ablehnend – keinen Einfluss auf Inhalt und Grenzen des vertraglich festgelegten Direktionsrechts und die Interessenabwägung bei der Ausübungskontrolle hat. Das Einverständnis kann in der Regel auch nicht als Willenserklärung aufgefasst werden, sondern nur als Ausdruck der Hinnahme der einseitig getroffenen Entscheidung des Arbeitgebers.[41] Darüber hinaus ist die gegenteilige Auffassung mit Sinn und Zweck des § 315 BGB nicht vereinbar. Die Bindung des Leistungsbestimmungsrechts an das billige Ermessen soll den Vertragspartner schützen. Dieses Schutzbedürfnis wird durch ein etwaiges Einverständnis nicht ohne Weiteres beseitigt.[42] Diese Erkenntnis führt zB zur Inhaltskontrolle allgemeiner Geschäftsbedingungen. Ein ausdrückliches Einverständnis des Arbeitnehmers kann daher allenfalls bei der Frage von Bedeutung sein, ob ein Rechtsschutzbedürfnis oder ggf ein Feststellungsinteresse (§ 256 Abs. 1 ZPO) besteht, ob die gerichtliche

---

35 BAG v. 19.1.2011, 10 AZR 738/09, NZA 2011, 631.
36 Vgl zu § 24 BAT BAG v. 17.4.2002, 4 AZR 174/01, NZA 2003, 159.
37 So für den Fall der vorübergehenden Übertragung einer höherwertigen Tätigkeit nach § 24 BAT, BAG v. 17.4.2002, 4 AZR 174/01, NZA 2003, 159.
38 Vgl BAG v. 17.4.2002, 4 AZR 174/01, NZA 2003, 159.
39 AA wohl Kuner TVöD/TV-L, Rn 521, der ein regelmäßiges Ausschöpfen der Frist für zulässig hält, ebenso Fritz in Sponer/Steinherr TVöD § 31 Rn 7.
40 Breier/Dassau TVöD § 31 Rn 8.
41 Vgl LAG Hamm v. 12.12.2001, 18 (5) Sa 1081/01, EzBAT § 24 BAT Nr. 23 zu § 24 BAT.
42 Vgl nur BGH v. 29.10.1962, II ZR 31/61, BGHZ 38, 183.

Geltendmachung der Unbilligkeit verwirkt[43] ist oder ob ein Verstoß gegen das Verbot widersprüchlichen Verhaltens oder ein Rechtsmissbrauch vorliegt (§ 242 BGB).

Die vorübergehende **Übertragung** einer Führungsposition kann grundsätzlich auch **durch eine Vereinbarung** zwischen Arbeitgeber und Arbeitnehmer erfolgen. In diesem Fall muss die Vereinbarung mit dem zuständigen Organ des Arbeitgebers schriftlich (§ 2 Abs. 1 TVöD) getroffen werden.[44] Die befristete Übertragung stellt keine Nebenabrede nach § 2 Abs. 3 TVöD dar. Zum Teil wird eine schriftliche Vereinbarung generell empfohlen, um Beweisschwierigkeiten zu vermeiden. Geschieht dies durch allgemeine Geschäftsbedingungen, dann erfolgt eine Inhaltskontrolle nach §§ 305 ff BGB[45] (s. § 30 Rn 16), die ebenso wie die Billigkeitskontrolle bei Übertragung im Wege des Direktionsrechts eine umfassende Interessenabwägung zum Gegenstand hat. Entscheidend für die Wirksamkeit einer Klausel ist danach, ob der Arbeitnehmer durch sie entgegen den Geboten von Treu und Glauben unangemessen benachteiligt wird. Dabei ist die Wertung der Tarifvertragsparteien zu berücksichtigen, die einen Interessenausgleich zwischen Arbeitgeber- und Arbeitnehmerinteressen vorgenommen haben. Sie haben die Übertragung auf Probe grundsätzlich erlaubt und dafür im bestehenden Arbeitsverhältnis eine angemessene Erhöhung der Vergütung vereinbart. Bei einer Übertragung durch Vereinbarung können Probleme allerdings dann auftreten (abhängig von der Vertragsgestaltung), wenn die Übertragung vom Arbeitgeber vorzeitig beendet werden soll, oder wenn eine Versetzung[46] gewünscht wird. Zum einen stellt sich die Frage, ob überhaupt ein ordentliches (Änderungs-)Kündigungsrecht besteht, wenn ein solches nicht vereinbart wurde,[47] zum anderen könnte dann eine Änderungskündigung erforderlich werden, die sich bei Anwendbarkeit des Kündigungsschutzgesetzes an § 2 KSchG messen lassen muss. Diese Hürde dürfte wesentlich höher liegen als bei vorzeitiger Beendigung im Falle der Übertragung im Rahmen des Direktionsrechts (s. Rn 25). Ein Arbeitnehmer ist durch die vertragliche Regelung der vorübergehenden Übertragung daher bessergestellt, als bei einer Übertragung kraft Direktionsrechts. Für den Zeitraum bis Fristablauf hat er einen vertraglichen Anspruch auf die Führungsposition. Die bloße Anweisung begründet keine solche Mindestlaufzeit, weil der Arbeitgeber in Wahrnehmung des Direktionsrechts vorgenommene Festlegungen grundsätzlich einseitig abändern kann.[48] Abgrenzungsschwierigkeiten können auftreten, wenn der Arbeitnehmer sein Einverständnis mit der Übertragung erklärt. Der Inhalt der Erklärungen ist dann im Wege der Auslegung zu ermitteln (§§ 133, 157 BGB). In der Regel wird die Übertragungserklärung aber nicht als Vertragsangebot, sondern als einseitige Ausübung des Direktionsrechts durch den Arbeitgeber zu verstehen sein. Auch wenn der Arbeitnehmer mit der Übertragung einverstanden ist, kann der Arbeitgeber in der

---

43 Weitere Voraussetzung hierfür ist aber ein nicht unerheblicher Zeitablauf.
44 Vgl BAG v. 12.3.2008, 4 AZR 67/07, ZTR 2008, 604.
45 Vgl BAG v. 14.11.2007, 4 AZR 945/06, NZA-RR 2008, 358. Zur Befristung einzelner Vertragsbedingungen durch Allgemeine Geschäftsbedingungen s. § 30 Rn 14.
46 Falls die Vereinbarung eine Versetzungsklausel enthält. Zur Kontrolle einer Versetzungsklausel siehe BAG v. 9.5.2006, 9 AZR 424/05, ArbuR 2007, 57.
47 Verneinend Pawlak/Lüderitz, ZTR 2008, 642, 646, denen zuzustimmen ist, wenn kein Kündigungsrecht vereinbart wurde.
48 BAG v. 14.11.2007, 4 AZR 945/06, NZA-RR 2008, 358.

Regel dieses bloße Einverständnis nicht als rechtsgeschäftliche Erklärung werten, er folgt der Weisung des Arbeitgebers.[49]

20 Der Tarifvertrag enthält **kein besonderes Formerfordernis** für die vorübergehende Übertragung der Führungsposition im Wege des Direktionsrechts bei bestehendem Arbeitsverhältnis. Sie ist daher formfrei möglich.[50] Es muss aber bei der Übertragung klargestellt sein, dass die Übertragung nur zeitlich begrenzt und auf Probe sein soll.[51] Eine schriftliche Fixierung ist deshalb nicht unangebracht. Eine rückwirkende Festlegung, dass die Übertragung nur vorübergehend sein soll, ist nicht möglich.[52] Der Tarifvertrag verlangt nicht ausdrücklich, dass die **Zeitdauer** der vorübergehenden Übertragung bei Beginn schon festgelegt wird. Ein solches Erfordernis ergibt sich auch nicht aus § 31 Abs. 3 S. 3 TVöD durch Verwendung des Begriffs „Fristablauf", da darunter sowohl die Zeit- als auch die Zweckbefristung zu verstehen ist.[53] Nachdem Probezeitregelungen allgemein für eine bestimmte Zeit getroffen werden, ist das auch für die vorübergehende Übertragung einer Führungsposition sinnvoll, das dient der Klarheit für beide Parteien und schließt die Möglichkeit der Verlängerung nicht aus. Solange es sich aber um eine Übertragung im Rahmen der Ausübung des Direktionsrechts handelt, führt ein Unterlassen der zeitlichen Festlegung nicht dazu, dass von einer dauerhaften Übertragung ausgegangen werden kann, solange nur klargestellt wurde, dass die Übertragung vorübergehend sein soll.[54]

21 Die **Person des Übertragenden** ist nicht näher bestimmt. Nachdem die Übertragung in der Regel in Ausübung des Direktionsrechts geschieht, ist nicht Voraussetzung, dass der Übertragende befugt sein muss, mit dem Arbeitnehmer arbeitsvertragliche Vereinbarungen zu treffen. Die Übertragung kann auch durch den Fachvorgesetzten erfolgen, auch wenn nur die für Personalangelegenheiten zuständige Stelle zur Änderung des Arbeitsvertrags befugt ist, sofern die Führungsposition vor der Übertragung vom zuständigen Organ des Arbeitgebers ausdrücklich als Führungsposition auf Probe bezeichnet wurde.[55]

22 **2. Das Entgelt während der Probezeit (§ 31 Abs. 3 S. 2 TVöD).** Für die Dauer der Übertragung wird eine **Zulage** gezahlt. Es erfolgt keine Eingruppierung auf der Grundlage der Führungsposition, da die Übertragung der Führungsposition nicht auf Dauer angelegt ist. Es verbleibt bei der bisherigen Eingruppierung mit dem Anspruch auf die Zulage. Die Zulage ist steuer- und sozialversicherungspflichtiges Entgelt. Zur Ermittlung der **Höhe der Zulage** ist eine Vergleichsberechnung anzustellen. Sie entspricht dem Unterschiedsbetrag zwischen den Tabellenentgelten nach der bisherigen Entgeltgruppe und dem sich bei Höhergruppierung nach § 17 Abs. 4 S. 1 und 2 TVöD ergebenden Tabellenentgelt. Finanziell ist die Führungsposition zur Probe daher nicht schlechter gestellt. Bei Ein-

---

49 Vgl LAG Hamm v. 12.12.2001, 18 (5) Sa 1081/01, EzBAT § 24 BAT Nr. 23 zu § 24 BAT.
50 Im Ergebnis aA Bredemeier in Bredemeier u.a. § 31 TVöD/TV-L Rn 4, unter Hinweis auf § 14 Abs. 4 TzBfG, der freilich bei der probeweisen Übertragung einer Führungsposition im bestehenden Arbeitsverhältnis keine Anwendung findet. Vgl auch BAG v. 18.6.2008, 7 AZR 245/07, n.v.
51 BAG v. 19.3.1986, 4 AZR 642/84, AP Nr. 116 zu §§ 22, 23 BAT 1975, zu § 24 BAT. So jetzt auch die Klarstellung durch Neufassung des Wortlauts von § 31 Abs. 2 TVöD.
52 BAG v. 16.4.1986, 4 AZR 16/85, n.v.
53 Vgl §§ 3, 15 TzBfG.
54 Vgl im Ergebnis BAG v. 22.1.2003, 4 AZR 551/01, n.v. zu § 24 BAT.
55 Vgl BAG v. 25.10.1995, 4 AZR 479/94, NZA 1996, 710.

gruppierung in eine höhere Entgeltgruppe werden die Beschäftigten derjenigen Stufe zugeordnet, in der sie mindestens ihr bisheriges Tabellenentgelt erhalten, mindestens jedoch der Stufe 2 (§ 17 Abs. 4 S. 1 TVöD). Beträgt der Unterschiedsbetrag zwischen dem derzeitigen Tabellenentgelt und dem Tabellenentgelt nach § 17 Abs. 4 S. 1 TVöD weniger als € 25 in den Entgeltgruppen 1 bis 8 oder weniger als € 50 in den Entgeltgruppen 9 bis 15, dann wird anstelle des Unterschiedsbetrags ein Garantiebetrag in Höhe von € 25 für die Entgeltgruppen 1 bis 8 und in Höhe von € 50 für die Entgeltgruppen 9 bis 15 gezahlt (§ 17 Abs. 4 S. 2 TVöD). Mit dem Garantiebetrag soll ein Mindestgewinn erzielt werden. Beschäftigte der Entgeltgruppe 15, denen vorübergehend eine Führungsposition der Entgeltgruppe 15 übertragen wird, haben keinen Anspruch auf eine Zulage.[56]

Beispiel 1:[57] Eine Beschäftigte in der Entgeltgruppe (E) 9, Stufe 4 erhält ein Monatsentgelt in Höhe von 2.730 €. Bei einer Führungsposition auf Probe mit Wertigkeit E 10 bleibt sie weiterhin in E 9 Stufe 4, erhält 2.730 € und eine Zulage in Höhe von 70 € (Differenz zwischen E 10 Stufe 3 und E 9 Stufe 4 entsprechend einer Höhergruppierung), insgesamt also 2.800 €.

Beispiel 2: Ein Beschäftigter in der Entgeltgruppe (E) 11, Stufe 4 erhält ein Monatsentgelt in Höhe von 3.200 €. Bei einer Führungsposition auf Probe mit Wertigkeit E 12 bleibt er weiterhin in E 11 Stufe 4, erhält 3.200 € und eine Zulage in Höhe von 50 € (Differenz zwischen E 11 Stufe 4 und E 12 Stufe 3 entspricht 0 €, daher Garantiebetrag nach § 17 Abs. 4 S. 2 in Höhe von 50 €), insgesamt also 3.250 €.

3. Die vorzeitige Beendigung der Probezeit. Erfolgte die Übertragung der Führungsposition im Rahmen des Direktionsrechts, dann ist auch ein Beenden der Übertragung im Rahmen des Direktionsrechts und damit im Rahmen des billigen Ermessens möglich.[58] Dabei handelt es sich rechtlich nicht um einen Widerruf der Übertragung,[59] da die Konkretisierung des Leistungsinhalts durch einseitige empfangsbedürftige Willenserklärung grundsätzlich unwiderruflich ist.[60] Die vorübergehende Übertragung endet auch bei Ausscheiden aus dem Arbeitsverhältnis ohne Weiteres. Die Zulage entfällt mit dem Ende der Führungsposition. Zur Beendigung bei vertraglicher Vereinbarung s. Rn 19.

4. Die Situation nach Ablauf der Probezeit. Nach Ablauf der Probezeit endet die Erprobung; bei **Bewährung** wird die Führungsposition auf Dauer übertragen, ansonsten erfolgt eine Beschäftigung entsprechend der bisherigen Eingruppierung (§ 31 Abs. 3 S. 3, 4 TVöD). Zum Ende der Probezeit ist daher eine Entscheidung des Arbeitgebers erforderlich. Die Führungsposition wird also auch bei Bewährung nicht automatisch auf Dauer übertragen.[61] Der Tarifvertrag enthält kein besonderes Formerfordernis für die Entscheidung über die dauerhafte Übertragung der Führungsposition. Sie ist daher formfrei – auch konkludent – möglich. Wird die Führungstätigkeit nach Ablauf der Probezeit mit Wissen und

---

56 Heitsch in Döring/Kutzki, § 31 TVöD Rn 22, Breier/Dassau TVöD § 31 Rn 12.
57 Die Beispiele sind den Durchführungshinweisen des BMI entnommen, zitiert aus der Zusammenstellung des Bundesverwaltungsamts, PG EPOS/PG FAZIT; Stand 6.1.2006.
58 BAG v. 25.3.1981, 4 AZR 1037/78, AP Nr. 5 zu § 24 BAT, BAG v. 17.12.1997, 5 AZR 332/96, NZA 1998, 555.
59 Zumindest missverständlich Fritz in Sponer/Steinherr TVöD § 31 Rn 16.
60 BAG v. 11.3.1981, 4 AZR 1070/79, BAGE 35, 141.
61 Breier/Dassau TVöD § 31 Rn 15, Pawlak/Lüderitz, ZTR 2008, 642, 647.

Billigung der Vorgesetzten fortgeführt, kann darin die konkludente Übertragung dieser Tätigkeit auf Dauer gesehen werden.[62] Etwas anderes ergibt sich aber, wenn die Vorgesetzten nicht befugt sind, arbeitsvertragliche Vereinbarungen zu treffen, und die dauerhafte Übertragung einer Führungsposition vom bisherigen Arbeitsvertrag nicht abgedeckt ist. In einem solchen Fall kommt es auf die (stillschweigende) Zustimmung der für Personalangelegenheiten zuständigen Stelle an.[63]

27 Nach dem Wortlaut des Tarifvertrags besteht nach Ablauf der Probezeit nicht nur Anspruch auf eine Entscheidung über die dauerhafte Übertragung, sondern es besteht bei Bewährung ein Anspruch auf dauerhafte Übertragung („… wird … auf Dauer übertragen").[64] Der Begriff der Bewährung ist im Tarifvertrag nicht definiert, er ist den Tarifvertragsparteien aber auch nicht unbekannt. So war er in § 23 a Ziff. 1. BAT ausdrücklich im Zusammenhang mit dem Bewährungsaufstieg geregelt. Danach war das Erfordernis der Bewährung erfüllt, wenn der Angestellte während der vorgeschriebenen Bewährungszeit sich den in der ihm übertragenen Tätigkeit auftretenden Anforderungen gewachsen gezeigt hat. An dieses Verständnis des Begriffs kann auch für § 31 TVöD angeknüpft werden. Voraussetzung ist danach in zeitlicher Hinsicht, dass die Führungsaufgabe während der gesamten Probezeit wahrgenommen wurde.[65] Wurde die Führungsaufgabe vom Arbeitgeber (zeitweise) willkürlich, dh ohne sachlichen Grund entzogen, dann kann das aber nicht zulasten des Arbeitnehmers gehen.

28 Inhaltlich liegt eine Bewährung dann vor, wenn die Leistungen des Angestellten in der Zeit nicht zu beanstanden, also ordnungsgemäß waren.[66] Besonders gute Leistungen sind nicht zu fordern.[67] Bei der Beurteilung dieser Frage ist auf die Führungsaufgabe abzustellen, nicht auf etwaige andere, ebenfalls zu erledigende Tätigkeiten, die in keinem Zusammenhang mit der Führungsaufgabe stehen, da es ausschließlich um die dauerhafte Übertragung der Führungsposition im bestehenden Arbeitsverhältnis geht. Entscheidend ist daher wie der Angestellte die ihm übertragene Führungsaufgabe, erledigt hat, nicht ob er darüber hinaus generell ein beanstandungsfreies dienstliches Verhalten gezeigt hat. Es sind aber auch Verstöße gegen solche Nebenpflichten zu berücksichtigen, die mit der Führungsposition in unlösbarem Zusammenhang stehen (zB Beanstandungen wegen Nichteinhaltung der Arbeitszeit). Einmalige Verfehlungen, von der Ausnahme eines besonders schwerwiegenden einmaligen Versagens abgesehen, reichen in der Regel zum Ausschluss der Bewährung nicht aus. Es muss geprüft werden, ob ein Versagen des Arbeitnehmers als so schwerwiegend anzusehen ist, daß es den Verlust der Führungsposition rechtfertigt. Dabei sind sowohl das Gewicht einzelner Verfehlungen als auch eine Häufung von Pflichtverletzungen zu berücksichtigen. So können auch mehrere Verstöße für die Bewährung noch unschädlich sein, wenn sie jeweils für sich von geringem Gewicht sind und angesichts der Länge der Bewährungszeit auch in ihrer Gesamtheit nur als gelegentliche "Aus-

---

[62] BAG v. 10.3.1982, 4 AZR 541/79, AP Nr. 7 zu § 75 BPersVG.
[63] BAG v. 26.3.1997, 4 AZR 489/95, AP Nr. 223 zu §§ 22, 23 BAT 1975.
[64] Ebenso Kuner TVöD/TV-L Rn 525, Pawlak/Lüderitz, ZTR 2008, 642, 647. Erforderlich ist in diesem Fall eine Klage auf Abgabe einer Erklärung zur (dauerhaften) Übertragung der Führungsaufgabe.
[65] BAG v. 24.9.1997, 4 AZR 565/96, ZTR 1998, 85.
[66] AA ohne Begründung Pawlak/Lüderitz, ZTR 2008, 642, 647.
[67] BAG v. 17.2.1993, 4 AZR 153/92, NZA 1993, 663.

rutscher" zu bewerten sind.[68] Das außerdienstliche Verhalten ist im Regelfall nicht maßgeblich. Unzulässig ist es, die dauerhafte Übertragung der Führungsposition aus anderen Gründen als denen der Nichtbewährung abzulehnen.[69]

Bestehen unterschiedliche Auffassungen zwischen Arbeitnehmer und Arbeitgeber ob eine Bewährung in der Führungsposition erfolgt ist, dann hat nach allgemeinen Grundsätzen der Arbeitnehmer, der die dauerhafte Übertragung begehrt, im Prozess die Darlegungs- und Beweislast dafür, dass er sich bewährt hat. Behauptet ein Arbeitnehmer beanstandungslose Leistung, dann hat nach den Grundsätzen der abgestuften Darlegungslast der Arbeitgeber detailliert zu etwaigen Beanstandungen vorzutragen. Wird die Führungsposition auf Dauer übertragen, dann muss eine dementsprechende Eingruppierung erfolgen. Bei der Zuordnung der Stufe (§§ 16, 17 TVöD) ist die bereits zurückgelegte Probezeit einzubeziehen.[70]   29

Für den Fall, dass **keine Bewährung** auf der Führungsposition erfolgt ist, haben die Tarifvertragsparteien keinen Anspruch auf Rückkehr auf den früheren Arbeitsplatz normiert. Ein solcher Anspruch besteht daher nur dann, wenn dies im Einzelfall vereinbart wurde. Die Zulage entfällt mit dem Ende der Übertragung der Führungsposition.   30

VI. Die Dauer der Befristung und Verlängerung

Die Dauer der Befristung ist sowohl bei Neueinstellung als auch bei bereits bestehendem Arbeitsverhältnis **auf zwei Jahre beschränkt** (§ 31 Abs. 1 S. 1, Abs. 3 S. 1 TVöD). Die Führungsposition kann auch für eine kürzere Dauer übertragen werden. Falls bei einer Neueinstellung eine sachgrundlose Befristung möglich ist, dann kann der Zweijahreszeitraum ohne Weiteres voll ausgeschöpft werden (§ 14 Abs. 2 S. 1 TzBfG). In allen anderen Fällen muss sich die Dauer der Befristung innerhalb der grundsätzlichen Höchstdauer im Einzelfall am Befristungsgrund orientieren und im Falle der Neueinstellung mit ihm derart in Einklang stehen, dass sie nicht gegen das Vorliegen eines sachlichen Grundes spricht.[71] Nachdem die Tarifvertragsparteien in § 2 Abs. 4 S. 1 TVöD eine sechsmonatige Probezeit vorgesehen haben, ist eine Befristungsdauer von sechs Monaten zur Erprobung in der Regel unproblematisch möglich, sie kann im Einzelfall (zB bei besonderen Anforderungen der Führungsposition) aber auch länger sein. So wurde eine einjährige Befristung zur Erprobung eines Lehrers für zulässig erachtet.[72] Sobald allerdings die Gesamtdauer der Befristung sechs Monate überschreitet, kann das ein Anhaltspunkt dafür sein, dass der Sachgrund der Erprobung nur vorgeschoben ist. Die Begrenzung der Dauer durch den Erprobungszweck im Einzelfall fließt auch bei der Billigkeitskontrolle der vorübergehenden Übertragung im bestehenden Arbeitsverhältnis ein.[73] § 31 TVöD ist daher nicht so zu verstehen, dass in jedem Fall eine befristete Übertragung der   31

---

68 Vergleiche zum Ganzen BAG v. 17.2.1993, 4 AZR 153/92, NZA 1993, 663.
69 BAG v. 17.12.1997, 5 AZR 332/96, NZA 1998, 555.
70 Bredendiek/Fritz/Tewes, ZTR 2005, 230, 243, Clemens/Scheuring, TV-L § 31 Rn 16, Fritz in Sponer/Steinherr TVöD § 31 Rn 19.
71 BAG v. 23.6.2004, 7 AZR 636/03, NZA 2004, 1333. AA ohne Begründung Fritz in Sponer/Steinherr TVöD § 31 Rn 7, zurückhaltend Pawlak/Lüderitz, ZTR 2008, 642, 644, 646.
72 BAG v. 31.8.1994, 7 AZR 983/93, TR 1995, 166.
73 Vgl BAG v. 17.4.2002, 4 AZR 174/01, NZA 2003, 159.

Führungsposition bis zu zwei Jahren möglich ist. Die höchstens zulässige Befristungsdauer ist eine Frage des Einzelfalles und hängt von den Anforderungen der Stelle ab.[74] Unter Umständen können für Teilzeitbeschäftigte längere Bewährungszeiten vorgesehen werden, als für Vollzeitbeschäftigte.[75] Lediglich dann, wenn eine sachgrundlose Befristung im Rahmen einer Neueinstellung möglich ist, kann unreflektiert auf die Höchstdauer zurückgegriffen werden.[76]

32 Die **Verlängerung** der Probezeit ist bis zur Gesamtdauer von zwei Jahren zulässig. Bei einer Neueinstellung ist die Anzahl der Verlängerungen allerdings auf höchstens zwei beschränkt (§ 31 Abs. 1 S. 2 TVöD). Im bestehenden Arbeitsverhältnis fehlt eine solche ausdrückliche Regelung, die Verlängerung wird aber durch den Tarifvertrag auf der anderen Seite auch nicht ausgeschlossen. Es ist daher kein Grund ersichtlich, eine Verlängerung grundsätzlich als unzulässig zu betrachten.[77] Auch die Tarifvertragsparteien gehen wohl von einer Verlängerungsmöglichkeit aus, denn ansonsten ist die Verwendung des Begriffs „Gesamtdauer" auch bei § 31 Abs. 3 S. 1 TVöD nicht verständlich. Nachdem bei der Übertragung der Führungsposition im bestehenden Arbeitsverhältnis keine Begrenzung der Verlängerung auf zwei Mal festgelegt ist, ist auch eine häufigere Verlängerung nicht ausgeschlossen. Sowohl bei der Neueinstellung als auch im bestehenden Arbeitsverhältnis ist die Höchstdauer im Einzelfall durch den Erprobungszweck begrenzt. Die grundsätzliche Verlängerungsmöglichkeit ändert daran nichts.

33 Bei der Verlängerung der Befristung nach § 31 Abs. 1 TVöD (also bei vorhergehender befristeter Neueinstellung) sind allerdings die Vorgaben des TzBfG zu beachten, insbesondere das Schriftformerfordernis (§ 14 Abs. 4 TzBfG). Bei einer sachgrundlosen Befristung ist darauf zu achten, dass sie noch während der Laufzeit des zu verlängernden Vertrags vereinbart und nur die Vertragsdauer geändert wird, nicht aber die übrigen Arbeitsbedingungen.[78] Andernfalls liegt der Neuabschluss eines befristeten Arbeitsvertrags vor, der ohne Sachgrund unzulässig ist, da zwischen den Parteien bereits ein Arbeitsverhältnis bestanden hat (s. § 30 Rn 52).[79] Im Arbeitsvertrag können aber anlässlich der Verlängerung Anpassungen des Vertragstextes an die zum Zeitpunkt der Verlängerung geltende Rechtslage vorgenommen oder Arbeitsbedingungen vereinbart werden, auf die der befristet beschäftigte Arbeitnehmer einen Anspruch hat.[80] Bei der Verlängerung der Befristung nach § 31 Abs. 1 S. 2 TVöD ist grundsätzlich nur die Befristung des letzten Arbeitsvertrags auf ihre Rechtfertigung zu prüfen (das

---

74 Soweit das BAG eine Erprobung für zwei bis drei Jahre für zulässig erachtet hat (vgl BAG v. 17.12.1997, 5 AZR 332/96, NZA 1998, 555), war dies der besonderen Situation in der Folge der Wiedervereinigung geschuldet. Eine Verallgemeinerung erscheint deswegen als sehr gewagt.
75 EUGH v. 7.2.1991, C-184/89, ZTR 1991, 164, BAG v. 2.12.1992, 4 AZR 152/92, NZA 1993, 367.
76 Vgl auch Kuner (TVöD/TV-L Rn 514), der die Höchstdauer bei höherwertigen Tätigkeiten für zulässig hält.
77 AA Pawlak/Lüderitz, ZTR 2008, 642, 646.
78 BAG v. 19.10.2005, 7 AZR 31/05, NZA 2006, 154.
79 Vgl BAG v. 23.8.2006, 7 AZR 12/06, NZA 2007, 204 und BAG v. 18.1.2006, 7 AZR 178/05, NZA 2006, 605.
80 BAG v. 20.2.2008, 7 AZR 786/06, NZA 2008, 883, BAG v. 16.1.2008, 7 AZR 603/06, NZA 2008, 701.

letze Glied in der Kette), nicht die vorangegangenen Befristungen.[81] Eventuelle Fehler bei vorhergehenden Befristungen sind dann ohne Bedeutung. Sofern nur eine relativ geringfügige Änderung des Endzeitpunkts erfolgt, weil im bisherigen Erprobungszeitraum noch nicht festgestellt werden konnte, ob eine Bewährung erfolgt ist, dürfte in der Regel ein sog. unselbstständiger Annexvertrag zum Arbeitsvertrag vorliegen. Die Parteien bringen dann nur die Laufzeit des alten Vertrages mit dem Sachgrund der Erprobung in Einklang.[82] In diesem Fall bleibt die vorhergehende Befristung maßgeblich.

Bei der Verlängerung der Übertragung der Führungsposition im Rahmen eines bestehenden Arbeitsverhältnisses unterliegen die vorübergehende Übertragung und auch die Verlängerung der gerichtlichen Billigkeitskontrolle entsprechend § 315 BGB. Für die vorübergehende Übertragung höherwertiger Tätigkeiten hat das BAG entschieden, dass der Angestellte nicht gehalten ist, einen Vorbehalt hinsichtlich jeder einzelnen vorübergehenden Übertragung zu erklären. Ist bei auch nur einer von mehreren interimistischen Übertragungen billiges Ermessen hinsichtlich dessen, dass die Übertragung nicht auf Dauer erfolgte, nicht gewahrt, so kann dies zur Folge haben, dass diese Übertragung kraft richterlicher Entscheidung entsprechend § 315 Abs. 3 Satz 2 BGB als auf Dauer erfolgt anzusehen ist. Ob die zeitlich nachfolgenden interimistischen Übertragungen derselben oder einer gleichermaßen höherwertigen Tätigkeit ihrerseits billigem Ermessen genügen, ist rechtlich unerheblich, wenn die vorherige Übertragung als auf Dauer erfolgt anzusehen ist.[83] 34

Bei einer unwirksamen Befristung nach § 31 Abs. 1 TVöD gilt das Arbeitsverhältnis als auf unbestimmte Dauer geschlossen (§ 16 S. 1 TzBfG), was innerhalb von drei Wochen nach dem vereinbarten Ende gerichtlich geltend zu machen ist (§ 17 TzBfG, s. § 30 Rn 94). Bei **unbilliger Dauer** nach § 31 Abs. 3 TVöD ist eine andere Dauer festzulegen, wenn die Übertragung im Wege des Direktionsrechts erfolgte.[84] Erfolgte die befristete Übertragung durch Vereinbarung im Rahmen von Allgemeinen Geschäftsbedingungen, dann ist die Befristung unwirksam (§ 306 BGB); eine geltungserhaltende Reduktion auf eine angemessene Dauer findet nicht statt. 35

VII. Die Mitbestimmung der Interessenvertretung

Bei befristeter Neueinstellung ist die Interessenvertretung der Arbeitnehmer zu beteiligen (§§ 99 BetrVG, 75 Abs. 1 Nr. 1 BPersVG, für die Landespersonalvertretungsgesetze gilt Entsprechendes). Dasselbe gilt für die Verlängerung eines befristeten Arbeitsverhältnisses und für die Umwandlung in ein unbefristetes Arbeitsverhältnis.[85] Dies gilt nicht, wenn ein befristetes Probearbeitsverhältnis nach Ablauf der Probezeit in ein unbefristetes Arbeitsverhältnis umgewandelt wird, sofern dem Betriebsrat vor der Einstellung zur Probe mitgeteilt worden ist, 36

---

81 BAG v. 16.11.2005, 7 AZR 81/05, NZA 2006, 784. Anders verhält es sich, wenn die Parteien in einem nachfolgenden befristeten Arbeitsvertrag dem Arbeitnehmer – ausdrücklich oder konkludent – das Recht vorbehalten, die Wirksamkeit der vorangegangenen Befristungen prüfen zu lassen.
82 BAG v. 20.2.2002, 7 AZR 600/00, NZA 2002, 896.
83 BAG v. 17.4.2002, 4 AZR 174/01, NZA 2003, 159.
84 Vgl BAG v. 17.4.2002, 4 AZR 174/01, NZA 2003, 159.
85 BAG v. 11.11.1997, 1 ABR 29/97, NZA 1998, 319. Siehe hierzu ausführlicher oben § 30 Rn 93.

der Arbeitnehmer solle bei Bewährung auf unbestimmte Zeit weiterbeschäftigt werden.[86]

37 Erfolgt die vorübergehende Übertragung im Rahmen eines bestehenden Arbeitsverhältnisses durch Ausüben des Direktionsrechts, dann hat der Personalrat nach § 75 Abs. 1 Nr. 2 BPersVG mitzubestimmen, wenn einem Arbeitnehmer eine höher oder niedriger zu bewertende Tätigkeit auch nur vorübergehend übertragen wird.[87] Der Betriebsrat ist nach § 99 BetrVG zu beteiligen, da eine Versetzung nach § 95 Abs. 3 BetrVG vorliegt. Eine etwaige Verletzung des Mitbestimmungsrechts des Personalrats führt nicht dazu, von einer Übertragung der Tätigkeit auf Dauer auszugehen.[88] Aus der Verletzung des Mitbestimmungsrechts kann nur folgen, dass die Übertragung der Tätigkeit unwirksam war und sie vom Arbeitgeber wieder zu beseitigen ist. Dasselbe muss für die Verletzung der Mitbestimmungsrechte aus dem BetrVG gelten. Für die Verlängerung einer Übertragung und für die dauerhafte Übertragung muss erneut das Mitbestimmungsrecht beachtet werden. Der längere Verbleib in der Führungsposition kann Zustimmungsverweigerungsgründe im Sinne von §§ 99 Abs. 2 BetrVG, 77 Abs. 2 BPersVG auslösen, die bei der ersten Beteiligung nicht vorgelegen haben.

VIII. Die gerichtliche Kontrolle

38 Erfolgte die befristete Übertragung im Rahmen einer **Neueinstellung,** gilt für eine Befristungskontrolle das bereits zu § 30 TVöD Gesagte (s. § 30 Rn 94). Nachdem das TzBfG auf die vorübergehende Übertragung einer Führungsposition **bei bestehendem Arbeitsverhältnis** nicht anwendbar ist, ist keine Frist zur Anrufung des Arbeitsgerichts nach § 17 TzBfG einzuhalten. Entspricht die vorübergehende Übertragung der Führungsposition im Rahmen des Direktionsrechts nicht billigem Ermessen, so erfolgt die Bestimmung der "Leistung" entsprechend § 315 Abs. 3 Satz 2 BGB durch eine richterliche Entscheidung. Sie kann darin bestehen, dass die Übertragung der Tätigkeit nicht als nur vorübergehend, sondern als auf Dauer vorgenommen erklärt oder die zeitliche Dauer anders bestimmt wird. Die Beweislast dafür, dass die Ausübung des Direktionsrechts billigem Ermessen entspricht, trägt derjenige, der das Leistungsbestimmungsrecht ausübt, also der Arbeitgeber. Das Einverständnis des Arbeitnehmers mit der vorübergehenden Übertragung der Führungsposition führt nicht dazu, dass dieser nach den Grundsätzen von Treu und Glauben (§ 242 BGB) gehindert ist, die Unwirksamkeit der nur vorübergehenden Übertragung gerichtlich geltend zu machen.[89]

IX. Weitere Tarifverträge

39 § 41 Nr. 20 TV-L enthält Sonderregelungen für Ärztinnen und Ärzte an Universitätskliniken. Führungspositionen sind die ab Entgeltgruppe Ä 3 auszuübenden Tätigkeiten mit Weisungsbefugnis. Die Zulage bei befristeter Übertragung im bestehenden Arbeitsverhältnis bemisst sich nach der Höhe des Unterschiedsbetrags zu dem Tabellenentgelt, das sich bei dauerhafter Übertragung ergeben hätte. Die Notwendigkeit der Sonderregelung ergibt sich aus dem anderen Entgelt-

---

86 BAG v. 7.8.1990, 1 ABR 68/89, NZA 1991, 150.
87 BAG v. 28.1.1992, 1 ABR 56/90, NZA 1992, 805.
88 BAG v. 17.4.2002, 4 AZR 174/01, NZA 2003, 159 zu § 24 BAT.
89 Zum Ganzen vgl BAG v. 17.4.2002, 4 AZR 174/01, NZA 2003, 159.

gruppensystem für diese Personen. In der Sache ergeben sich ansonsten keine Besonderheiten.[90]

§ 32 Führung auf Zeit (TVöD)

(1) [1]Führungspositionen können als befristetes Arbeitsverhältnis bis zur Dauer von vier Jahren vereinbart werden. [2]Folgende Verlängerungen des Arbeitsvertrages sind zulässig:
a) in den Entgeltgruppen 10 bis 12 eine höchstens zweimalige Verlängerung bis zu einer Gesamtdauer von acht Jahren,
b) ab Entgeltgruppe 13 eine höchstens dreimalige Verlängerung bis zu einer Gesamtdauer von zwölf Jahren.

[3]Zeiten in einer Führungsposition nach Buchstabe a bei demselben Arbeitgeber können auf die Gesamtdauer nach Buchstabe b zur Hälfte angerechnet werden. [4]Die allgemeinen Vorschriften über die Probezeit (§ 2 Abs. 4) und die beiderseitigen Kündigungsrechte bleiben unberührt.

(2) Führungspositionen sind die ab Entgeltgruppe 10 zugewiesenen Tätigkeiten mit Weisungsbefugnis, die vor Übertragung vom Arbeitgeber ausdrücklich als Führungspositionen auf Zeit bezeichnet worden sind.

(3) [1]Besteht bereits ein Arbeitsverhältnis mit demselben Arbeitgeber, kann der/dem Beschäftigten vorübergehend eine Führungsposition bis zu den in Absatz 1 genannten Fristen übertragen werden. [2]Der/Dem Beschäftigten wird für die Dauer der Übertragung eine Zulage gewährt in Höhe des Unterschiedsbetrags zwischen den Tabellenentgelten nach der bisherigen Entgeltgruppe und dem sich bei Höhergruppierung nach § 17 Abs. 4 Satz 1 bis 3 ergebenden Tabellenentgelt, zuzüglich eines Zuschlags von 75 v.H. des Unterschiedsbetrags zwischen den Entgelten der Entgeltgruppe, die der übertragenen Funktion entspricht, zur nächsthöheren Entgeltgruppe nach § 17 Abs. 4 Satz 1 bis 3. [3]Nach Fristablauf erhält die/der Beschäftigte eine der bisherigen Eingruppierung entsprechende Tätigkeit; der Zuschlag entfällt.

§ 32 Führung auf Zeit (TV-L)

(1) [1]Führungspositionen können als befristetes Arbeitsverhältnis bis zur Dauer von vier Jahren vereinbart werden. [2]Folgende Verlängerungen des Arbeitsvertrages sind zulässig:
a) in den Entgeltgruppen 10 bis 12 eine höchstens zweimalige Verlängerung bis zu einer Gesamtdauer von acht Jahren,
b) ab Entgeltgruppe 13 eine höchstens dreimalige Verlängerung bis zu einer Gesamtdauer von zwölf Jahren.

[3]Zeiten in einer Führungsposition nach Buchstabe a bei demselben Arbeitgeber können auf die Gesamtdauer nach Buchstabe b zur Hälfte angerechnet werden. [4]Die allgemeinen Vorschriften über die Probezeit (§ 2 Absatz 4) und die beiderseitigen Kündigungsrechte bleiben unberührt.

---

90 Vgl Clemens/Scheuring, TVL, § 31 Rn 1 a.

(2) Führungspositionen sind die ab Entgeltgruppe 10 auszuübenden Tätigkeiten mit Weisungsbefugnis.

(3) ¹Besteht bereits ein Arbeitsverhältnis mit demselben Arbeitgeber, kann der/dem Beschäftigten vorübergehend eine Führungsposition bis zu den in Absatz 1 genannten Fristen übertragen werden. ²Der/Dem Beschäftigten wird für die Dauer der Übertragung eine Zulage gewährt in Höhe des Unterschiedsbetrags zwischen den Tabellenentgelten nach der bisherigen Entgeltgruppe und dem sich bei Höhergruppierung nach § 17 Absatz 4 Satz 1 und 2 ergebenden Tabellenentgelt, zuzüglich eines Zuschlags von 75 v.H. des Unterschiedsbetrags zwischen den Tabellenentgelten der Entgeltgruppe, die der übertragenen Funktion entspricht, zur nächsthöheren Entgeltgruppe nach § 17 Absatz 4 Satz 1 und 2. ³Nach Fristablauf erhält die/der Beschäftigte eine der bisherigen Eingruppierung entsprechende Tätigkeit; der Zuschlag und die Zulage entfallen.

I. Allgemeines 1	1. Die Anforderungen an die Übertragung 15
II. Das Verhältnis zu §§ 30, 31 TVöD 2	2. Das Entgelt während der Zeit der Übertragung (§ 32 Abs. 3 S. 2 TVöD) 18
III. Die Führungsposition (§ 32 Abs. 2 TVöD) 4	3. Die Beendigung der Übertragung 22
IV. Die Führung auf Zeit bei Neueinstellung (§ 32 Abs. 1 TVöD).... 5	VI. Die Dauer der Befristung und Verlängerung 24
1. Allgemeines 5	
2. Die sachgrundlose Befristung........................ 7	VII. Die Mitbestimmung der Interessenvertretung 28
3. Die Beendigung............. 11	VIII. Die gerichtliche Kontrolle 29
4. Die Probezeit 12	IX. Weitere Tarifverträge 30
5. Die Kündigung (§ 32 Abs. 1 S. 4 TVöD)..... 13	
V. Die Führung auf Zeit bei bestehendem Arbeitsverhältnis (§ 32 Abs. 3 TVöD) 14	

I. Allgemeines

1 Ziel der neu eingeführten Möglichkeiten der Führung auf Probe und der Führung auf Zeit ist, durch stärkere Flexibilisierung die **Führungsqualität** zu erhöhen.[1] Es besteht keine Verpflichtung, Führungspositionen künftig nur auf Probe oder/und nur auf Zeit zu besetzen.[2] Der Tarifvertrag unterscheidet zwischen einer Neueinstellung (§ 32 Abs. 1 TVöD) und der befristeten Übertragung der Führungsposition im bestehenden Arbeitsverhältnis (§ 32 Abs. 3 TVöD) und trifft für beide Bereiche besondere Regelungen. Die Notwendigkeit dieser Unterscheidung ergibt sich aus der unterschiedlichen vertraglichen Ausgangsposition.

II. Das Verhältnis zu §§ 30, 31 TVöD

2 Das Instrument der **Führung auf Probe** hat vor allem die Personalentwicklung einzelner Beschäftigter im Auge.[3] Ziel ist, die Führungsposition bei Bewährung

---

1 Heitsch in Döring/Kutzki, § 31 TVöD Rn 1, Breier/Dassau TVöD § 31 Rn 1, Knut Bredendiek, Bernd Fritz, Iris Tewes, Neues Traifrecht für den öffentlichen Dienst, ZTR 2005, 230, 242.
2 Ausführlich zur Bedeutung dieser Instrumente siehe § 31 Rn 2.
3 Breier/Dassau TVöD § 31 Rn 2.

auf Dauer zu übertragen. Es soll damit die Möglichkeit geschaffen werden, Beschäftigte im Hinblick auf ihre Eignung als Führungskraft auf einer Führungsposition zu erproben. Das Instrument der **Führung auf Zeit** soll dagegen die passgenaue befristete Besetzung von Führungspositionen ermöglichen.[4] Die Übertragung der Führungsposition erfolgt in diesem Fall nur auf bestimmte Zeit, unabhängig von der Bewährung auf der Führungsposition. Deshalb ist bei Ablauf des Zeitraums im Gegensatz zur Führung auf Probe keine Entscheidung über das Ergebnis der Erprobung und die Frage der dauerhaften Übertragung der Führungsposition zu treffen, die Person erhält nach Fristablauf eine der bisherigen Eingruppierung entsprechende Tätigkeit (§ 32 Abs. 3 S. 3 TVöD). Der Anlass für die Befristung kann zB eine zeitlich begrenzte Aufgabe oder ein Projekt sein. Voraussetzung für die Befristung ist das aber nicht. Es ist auch nicht ausgeschlossen, dass die Führungsposition zwar dauerhaft besetzt werden könnte, dies aber nicht gewollt ist.[5]

Nach § 30 Abs. 6 TVöD bleibt § 32 TVöD von den Regelungen in § 30 Abs. 3 bis 5 TVöD unberührt. Das bedeutet, dass die in § 30 Abs. 1 und Abs. 2 TVöD enthaltenen Regelungen Anwendung finden,[6] die in § 30 Abs. 3 bis 5 TVöD enthaltenen Regelungen gelten nicht (ausführlicher hierzu § 30 Rn 92). 3

III. Die Führungsposition (§ 32 Abs. 2 TVöD)

Nach § 32 Abs. 2 TVöD sind Führungspositionen die ab Entgeltgruppe 10 zugewiesenen Tätigkeiten mit **Weisungsbefugnis**. Ist eines dieser beiden Merkmale nicht erfüllt (zB liegt eine Position unterhalb der Entgeltgruppe 10 vor), dann liegt keine Führungsposition vor mit der Folge, dass die besonderen Möglichkeiten des § 32 TVöD nicht gegeben sind. Der Begriff der Führungsposition ist identisch geregelt wie in § 31 Abs. 2 TVöD. Auf die Kommentierung hierzu (s. § 31 Rn 6) wird verwiesen. Die Bestimmung von Stellen für Führungspositionen ist durch § 4 Nr. 14 des Ä-TV mit Wirkung zum 1.7.2008 konkretisiert worden. § 32 Abs. 2 TVöD wurde wie § 31 Abs. 2 TVöD um den Teilsatz ergänzt, nach der die Stelle vor Übertragung vom Arbeitgeber ausdrücklich als Führungsposition auf Zeit zu bezeichnen ist. Vor der Einnahme des Arbeitsplatzes durch den Beschäftigten, der Aufgabenübertragung oder Einweisung in den Arbeitsplatz muss nun klargestellt sein, dass es sich um eine Stelle handelt, die sowohl eine Führungsposition darstellt als auch zeitlich befristet ist. Diese Erklärung muss von dem zuständigen Organ des Arbeitgebers geäußert werden[7] und sie muss der Führungsperson nach § 130 BGB zugehen[8] (s. § 31 Rn 6). 4

IV. Die Führung auf Zeit bei Neueinstellung (§ 32 Abs. 1 TVöD)

1. Allgemeines. § 32 Abs. 1 S. 1 bis 3 TVöD regelt die Befristung der Führungsposition bei einer **Neueinstellung**. Danach kann in diesem Fall die Führungsposition als befristetes Arbeitsverhältnis bis zur Dauer von vier Jahren vereinbart werden. In den Entgeltgruppen 10 bis 12 ist eine höchstens zweimalige Verlän- 5

---

4 Bredendiek/Fritz/Tewes, ZTR 2005, 230, 242.
5 Bredendiek/Fritz/Tewes, ZTR 2005, 230, 243.
6 Wie zB die bevorzugte Berücksichtigung bei der Besetzung von Dauerarbeitsplätzen bei Angestellten des Tarifgebiets West (§ 30 Abs. 2 S. 2 TVöD).
7 Vgl BAG v. 25.10.1995, 4 AZR 479/94, NZA 1996, 710.
8 Vgl BAG v. 12.3.2008, 4 AZR 67/07, ZTR 2008, 604.

gerung bis zu einer Gesamtdauer von acht Jahren möglich (§ 32 Abs. 1 S. 2 a) TVöD). Ab Entgeltgruppe 13 ist eine höchstens dreimalige Verlängerung bis zu einer Gesamtdauer von zwölf Jahren möglich (§ 32 Abs. 1 S. 2 b TVöD).[9]

6 Für die Bezahlung besteht keine Sonderregelung. Sie folgt daher der Eingruppierung.[10] Da es sich um ein befristetes Arbeitsverhältnis handelt, gilt für diese Personen das **allgemeine Befristungsrecht**, insbesondere das TzBfG, zB zum Schriftformerfordernis (§ 14 Abs. 4 TzBfG). Die in § 14 TzBfG enthaltene Unterscheidung zwischen einer Befristung mit und ohne Sachgrund ist auch im Rahmen von § 32 Abs. 1 TVöD von Bedeutung. Die tariflichen Beschränkungen des § 32 Abs. 1 S. 1 bis 3 TVöD gehen dem TzBfG vor, da sie für die Arbeitnehmer günstiger sind (§ 22 Abs. 1 TzBfG).

7 **2. Die sachgrundlose Befristung.** Mit § 32 Abs. 1 TVöD haben die Tarifvertragsparteien die gesetzliche Möglichkeiten der sachgrundlosen Befristung für Führungskräfte im Hinblick auf die Dauer der Befristung und die Anzahl der Verlängerungsmöglichkeiten ausgeweitet.[11] Das ist nach § 14 Abs. 2 S. 3 TzBfG zulässig. Dem gegenüber ist *Hamer*[12] der Ansicht, dass ein solches Verständnis gegen Art. 12 GG verstoße. Durch die Möglichkeit einer sachgrundlosen Befristung bis zu 12 Jahren werde der verfassungsrechtlich erforderliche Mindestbestandsschutz nicht mehr gewährleistet.[13] Er will deshalb die Vorschrift als Regelung zur Befristung mit Sachgrund verstanden wissen. Allerdings findet sich für dieses Verständnis der Vorschrift kein Anhaltspunkt. Im Ergebnis würde bei diesem Verständnis die von den Tarifparteien gewollte Ausweitung der Befristungsmöglichkeiten für Führungskräfte in das Gegenteil verkehrt, nämlich in eine (zeitliche) Begrenzung der Befristungsmöglichkeiten mit Sachgrund gerade für diesen Personenkreis. Träfe die Kritik von *Hamer* zu, dann müsste zudem nicht das Verständnis der Vorschrift angepasst werden, sondern die Tarifvertragsparteien hätten mit diesen erheblichen Verlängerungsvorschriften ihre Regelungskompetenz überschritten, was zur Unwirksamkeit der Verlängerungsmöglichkeiten führen würde. Das ist aber nicht der Fall. Im Kern zutreffend ist jedoch, dass Arbeitnehmer durch die Verlängerungsmöglichkeiten nicht völlig schutzlos gestellt werden dürfen. Sie sind durch die zivilrechtlichen Generalklauseln vor einem sitten- oder treuwidrigen Ausnutzen der Verlängerungsmöglichkeiten des Arbeitgebers geschützt. Im Rahmen dieser Generalklauseln sind auch der objektive Gehalt der Grundrechte – vor allem aus Art. 12 GG – zu beachten[14] sowie die Grundsätze des Vertrauensschutzes, wenn der Arbeitgeber bei Abschluss eines Vertrages oder in der Folge ein schützenswertes Vertrauen erweckt, er werde den Arbeitnehmer anschließend unbefristet weiterbeschäftigen.[15]

---

9 Zur Zulässigkeit dieser Differenzierung siehe Pawlak/Lüderitz, ZTR 2008, 642, 648.
10 Breier/Dassau TVöD § 32 Rn 9, Heitsch in Döring/Kutzki, § 32 TVöD Rn 13.
11 Heitsch in Döring/Kutzki, § 32 TVöD Rn 8, Breier/Dassau TVöD § 32 Rn 6, Bredendiek/Fritz/Tewes, ZTR 2005, 230, 243, Fritz in Sponer/Steinherr TVöD § 32 Rn 3, Pawlak/Lüderitz, ZTR 2008, 642, 647.
12 Hamer, TVöD § 32 Rn 6.
13 Zur Vereinbarkeit mit dem Gemeinschaftsrecht siehe Gräfl in Gräfl/Arnold § 14 TzBfG Rn 280.
14 BVerfG v. 27.1.1998, 1 BvL 15/87, NZA 1998, 470 zum Schutz vor Kündigungen, falls das KSchG nicht anwendbar ist.
15 BAG v. 26.4.1995, 7 AZR 936/94, NZA 1996, 87, BAG v. 13.8.2008, 7 AZR 513/07, NZA 2009, 27.

Im Geltungsbereich des TVöD können auch nicht tarifgebundene Arbeitgeber und Arbeitnehmer die Anwendung dieser tariflichen Regelungen vereinbaren (§ 14 Abs. 2 S. 4 TzBfG). Diese Vereinbarung bedarf nicht der Schriftform und muss sich nicht auf die Anwendbarkeit des gesamten Tarifvertrags beziehen.[16] Soweit die Voraussetzungen des § 32 TVöD vorliegen, kann eine Befristung auch nach dieser Vorschrift erfolgen, insbesondere auch eine Befristung mit Sachgrund nach § 14 Abs. 1 TzBfG.

Ein sachgrundlos befristeter Arbeitsvertrag nach § 32 Abs. 1 TVöD ist nur zulässig, wenn mit demselben Arbeitgeber zuvor noch kein befristetes oder unbefristetes Arbeitsverhältnis bestanden hat (§ 14 Abs. 2 S. 2 TzBfG). Da nicht auf den Betrieb oder die Dienststelle abzustellen ist, sondern auf die Arbeitgeberstellung und auch nicht nur auf die jüngste Vergangenheit, sondern auch auf jedes irgendwann in der Vergangenheit liegende Arbeitsverhältnis, kann eine solche Befristung Risiken bergen (s. § 30 Rn 49). Das **Anschlussverbot** betrifft aber nur frühere Arbeitsverhältnisse. Zuvor bestandene andere Vertragsverhältnisse wie zB die Tätigkeit als Praktikant, wenn mit diesem kein Arbeitsvertrag geschlossen wurde[17] oder ein Berufsausbildungsverhältnis hindern die sachgrundlose Befristung nicht. Greift das Anschlussverbot, dann ist die Befristung nur mit Sachgrund möglich (s. auch § 30 Rn 20).

Da § 30 Abs. 3 TVöD wegen § 30 Abs. 6 TVöD nicht anwendbar ist, gelten die besonderen Regelungen dort in zeitlicher Hinsicht, wonach die Befristung zwölf Monate nicht unterschreiten soll und mindestens sechs Monate betragen muss, für die Befristung einer Führungsposition nicht. Der Arbeitgeber hat auch nicht zu prüfen, ob eine befristete oder unbefristete Weiterbeschäftigung möglich ist (§ 30 Abs. 3 S. 2 TVöD).

3. Die Beendigung. Das Arbeitsverhältnis endet mit Ablauf der vereinbarten Zeit. Es besteht grundsätzlich kein Anspruch auf Abschluss eines unbefristeten Arbeitsvertrages.[18] Eine dem § 31 Abs. 3 S. 4 TVöD entsprechende Regelung enthält § 32 Abs. 1 TVöD nicht. Eine Ausnahme ist dann zu machen, wenn der befristet eingestellte Arbeitnehmer aufgrund des Verhaltens des Arbeitgebers damit rechnen konnte, im Anschluss an den Zeitvertrag weiterbeschäftigt zu werden. Das setzt voraus, dass der Arbeitgeber bei Abschluss eines Zeitvertrages in Aussicht stellt, er werde den Arbeitnehmer bei entsprechender Eignung und Bewährung anschließend unbefristet weiterbeschäftigen oder diese Vorstellungen auch noch während der Dauer des Zeitvertrages eindeutig bestärkt. An einer solchen Selbstbindung muss sich der Arbeitgeber aus Gründen des Vertrauensschutzes festhalten lassen.[19]

4. Die Probezeit. Nach § 32 Abs. 1 S. 4 TVöD bleiben die allgemeinen Vorschriften zur Probezeit (§ 2 Abs. 4 TVöD) unberührt. Danach gelten die ersten sechs Monate als Probezeit, soweit nicht eine kürzere Probezeit vereinbart wurde. Bei Übernahme von Auszubildenden im unmittelbaren Anschluss an das Ausbildungsverhältnis in ein Arbeitsverhältnis entfällt die Probezeit (§ 2 Abs. 4

---

16 Gräfl in Gräfl/Arnold § 14 TzBfG Rn 278, Boecken in Boecken/Joussen, § 14 TzBfG Rn 127.
17 BAG v. 19.10.2005, 7 AZR 31/05, NZA 2006, 154.
18 Boecken in Boecken/Joussen, § 14 TzBfG Rn 82.
19 BAG v. 26.4.1995, 7 AZR 936/94, NZA 1996, 87, BAG v. 13.8.2008, 7 AZR 513/07, NZA 2009, 27.

S. 2 TVöD). Besondere Kündigungsmöglichkeiten oder -fristen während der Probezeit sind im Tarifvertrag aber nicht geregelt, es gilt § 34 Abs. 1 S. 1 TVöD. § 30 Abs. 4 TVöD gilt nicht (§ 30 Abs. 6 TVöD).

13 **5. Die Kündigung (§ 32 Abs. 1 S. 4 TVöD).** Nach § 32 Abs. 1 S. 4 TVöD bleiben die beiderseitigen Kündigungsrechte unberührt. Das gilt unzweifelhaft für die außerordentliche Kündigung nach § 626 BGB. Die Kündigungsmöglichkeiten nach § 30 Abs. 4, 5 TVöD gelten nicht (s. § 31 Rn 14). Da eine tarifliche Kündigungsmöglichkeit für Arbeitsverhältnisse nach § 32 Abs. 1 TVöD nicht gegeben ist, besteht eine Kündigungsmöglichkeit während der Laufzeit des Vertrags nur, wenn dies einzelvertraglich vereinbart wurde (§ 15 Abs. 3 TzBfG).[20] Falls ein solches ordentliches Kündigungsrecht vereinbart wurde, gelten die Fristen des § 34 Abs. 1 TVöD.[21]

V. Die Führung auf Zeit bei bestehendem Arbeitsverhältnis (§ 32 Abs. 3 TVöD)

14 Besteht bereits ein Arbeitsverhältnis mit demselben Arbeitgeber, kann vorübergehend eine Führungsposition bis zur Dauer von vier Jahren mit Verlängerungsmöglichkeit übertragen werden (§ 31 Abs. 3 S. 1 TVöD). Auch hier ist nicht auf den Betrieb oder die Dienststelle abzustellen, sondern auf die Arbeitgeberstellung.

15 **1. Die Anforderungen an die Übertragung.** Der Tarifvertrag lässt es ebenso wie bei dem Instrument der Führung auf Probe offen, auf welche Art die Führungsposition im bestehenden Arbeitsverhältnis übertragen wird. Auf die Kommentierung hierzu wird verwiesen (s. § 31 Rn 16). Sofern der konkrete Arbeitsvertrag keine Einschränkungen enthält, ist die befristete Übertragung einer Führungsposition ebenso wie die vorübergehende Übertragung einer höherwertigen Tätigkeit (§ 14 TVöD) grundsätzlich im Rahmen des **Direktionsrechts** möglich.[22] Die Ausübung des Direktionsrechts muss aber billigem Ermessen (§§ 106 GewO, 315 BGB) entsprechen (s. ausführlich § 31 Rn 17, 18). Der Anwendungsbereich ist durch die damit erforderlich werdende Interessenabwägung im Verhältnis zur Neueinstellung eingeschränkt. Das stellt keinen Wertungswiderspruch dar, da bei der Ausübung des Direktionsrechts einseitig gehandelt wird. Ein Einverständnis des Arbeitnehmers ist im Gegensatz zum Vorgehen bei einer Neueinstellung nicht erforderlich.

16 Die vorübergehende Übertragung einer Führungsposition kann grundsätzlich auch durch eine **Vereinbarung** zwischen Arbeitgeber und Arbeitnehmer erfolgen. Geschieht dies durch allgemeine Geschäftsbedingungen, dann erfolgt eine Inhaltskontrolle nach §§ 305 ff BGB (s. § 31 Rn 19). Ein Arbeitnehmer ist durch eine vertragliche Regelung besser gestellt als bei einer Übertragung kraft Direktionsrecht, da er für den Zeitraum einen vertraglichen Anspruch auf die Führungsposition hat. Auch bei Einverständnis des Arbeitnehmers wird in der Regel

---

20 Ebenso Heitsch in Döring/Kutzki, § 31 TVöD Rn 13, Breier/Dassau TVöD § 31 Rn 16, aA Clemens/Scheuring, TV-L § 32 Rn 11, zweifelnd Pawlak/Lüderitz, ZTR 2008, 642, 648.
21 Ebenso Kuner TVöD/TV-L Rn 531.
22 Vgl Bredendiek/Fritz/Tewes, ZTR 2005, 230, 244, Breier/Dassau TVöD § 32 Rn 7, AA Heitsch in Döring/Kutzki, § 32 TVöD Rn 21, Pawlak/Lüderitz, ZTR 2008, 642, 649.

aber nicht davon auszugehen sein, dass die Übertragung der Führungsposition auf gesonderter vertraglicher Grundlage erfolgen soll (s. 31 Rn 18).[23]

Der Tarifvertrag enthält kein besonderes **Formerfordernis** für die vorübergehende Übertragung der Führungsposition im Wege des Direktionsrechts. Sie ist daher formfrei möglich. Es muss aber klargestellt sein, dass die Übertragung nur zeitlich begrenzt ist (s. § 31 Rn 20).[24] Eine schriftliche Fixierung ist deshalb nicht unangebracht. Die Übertragung kann auch durch den Fachvorgesetzten erfolgen (s. § 31 Rn 7, 21). Der Tarifvertrag verlangt nicht ausdrücklich, dass die **Zeitdauer** der vorübergehenden Übertragung bei Beginn schon festgelegt wird (s. § 31 Rn 20). Zwar spricht § 32 Abs. 3 S. 1 TVöD von „Fristen" und nicht von „Gesamtdauer" wie § 31 Abs. 3 S. 1 TVöD. Allerdings bestünde ansonsten ein Wertungswiderspruch zu den Möglichkeiten, die §§ 14, 31 TVöD einräumen und bei vorübergehender Übertragung im Wege des Direktionsrechts keine vorherige Festlegung der Dauer fordern. Das Schutzbedürfnis bei den dort genannten Übertragungen ist kein anderes als bei der vorübergehenden Übertragung nach § 32 Abs. 3 TVöD; der durchaus notwendige Schutz des Arbeitnehmers erfolgt im Rahmen der Billigkeitskontrolle (vgl § 31 Rn 17). Dennoch erscheint es sinnvoll, die Frist vorher festzulegen, das dient der Klarheit für beide Seiten und schließt die Möglichkeit der Verlängerung nach hier vertretener Auffassung nicht aus. § 32 Abs. 3 S. 1 TVöD verweist nämlich auf sämtliche „Fristen" (Plural) des § 32 Abs. 1, nicht nur auf die Frist in S. 1 und damit auch auf die Verlängerungsmöglichkeiten des § 32 Abs. 1 S. 2 TVöD. Solange es sich um eine Übertragung im Rahmen der Ausübung des Direktionsrechts handelt, führt ein Unterlassen der zeitlichen Festlegung nicht dazu, dass von einer dauerhaften Übertragung ausgegangen werden kann, solange nur klargestellt wurde, dass die Übertragung vorübergehend sein soll.[25]

2. Das Entgelt während der Zeit der Übertragung (§ 32 Abs. 3 S. 2 TVöD). Für die Dauer der Übertragung wird eine **Zulage** gezahlt. Es erfolgt daher keine Eingruppierung auf der Grundlage der Führungsposition, da die Übertragung der Führungsposition nicht auf Dauer angelegt ist. Es verbleibt bei der bisherigen Eingruppierung mit dem Anspruch auf die Zulage. Die Zulage ist steuer- und sozialversicherungspflichtiges Entgelt.

Zur Ermittlung der **Höhe der Zulage** ist eine Vergleichsberechnung anzustellen. Sie entspricht dem Unterschiedsbetrag zwischen den Tabellenentgelten nach der bisherigen Entgeltgruppe und dem sich bei Höhergruppierung nach § 17 Abs. 4 S. 1 und 2 TVöD ergebenden Tabellenentgelt zuzüglich eines **Zuschlags von 75 v.H.** des Unterschiedsbetrags zwischen den Tabellenentgelten der Entgeltgruppe, die der übertragenen Funktion entspricht zur nächsthöheren Entgeltgruppe nach § 17 Abs. 4 S. 1 und 2 TVöD. Den zuletzt genannten zusätzlichen Zuschlag (in Höhe von 75 v.H.) erhalten Führungskräfte auf Probe (§ 31 Abs. 3 TVöD) nicht. Der zusätzliche Zuschlag soll einen finanziellen Anreiz dafür bieten, sich auf eine befristete Führungsposition einzulassen. Er ist nach dem Wortlaut auch zu zahlen, wenn die Führungsposition keine höhere Eingruppierung rechtfertigt.[26] Die-

---

23 Vgl auch LAG Hamm v. 12.12.2001, 18 (5) Sa 1081/01, EzBAT § 24 BAT Nr. 23 zu § 24 BAT.
24 BAG v. 19.3.1986, 4 AZR 642/84, AP Nr. 116 zu §§ 22, 23 BAT 1975, zu § 24 BAT.
25 Vgl im Ergebnis BAG v. 22.1.2003, 4 AZR 551/01, n.v. zu § 24 BAT.
26 Ebenso Clemes/Scheuring, TV-L § 32 Rn 21.

se Führungskräfte werden damit finanziell besser gestellt als bei dauerhafter Übertragung oder bei der Übertragung zur Probe, die ebenfalls in eine dauerhafte Übertragung bei Bewährung münden soll.[27] Im Übrigen wird auf die dortige Kommentierung verwiesen (s. § 31 Rn 22).

20 **Beispiel 1:**[28] Ein Beschäftigter (interner Bewerber) in Entgeltgruppe E 11, Stufe 4 erhält ein Monatsentgelt in Höhe von 3.200 €. Bei einer Führungsposition auf Zeit mit Wertigkeit E 12 bleibt er weiterhin in E 11 Stufe 4, erhält 3.200 € und eine Zulage in Höhe von 50 € (Garantiebetrag nach § 17 Abs. 4 Satz 2). Dazu kommen als Zuschlag 75 € (75% der Differenz zwischen E 12 Stufe 3 und E 13 Stufe 3, also 75 €). Insgesamt erhält der Beschäftigte also 3.325 €.

21 **Beispiel 2:** Eine Beschäftigte (interne Bewerberin) in E 14, Stufe 5 erhält ein Monatsentgelt in Höhe von 4.360 €. Bei einer Führungsposition auf Zeit mit Wertigkeit E 15 bleibt sie in E 14 Stufe 4, erhält 4.360 € und eine Zulage in Höhe von 50 € (Garantiebetrag nach § 17 Abs. 4 Satz 2). Der Zuschlag in Höhe von 75 % der Entgeltgruppe und Stufe aus der Führungsposition zu der nächsthöheren Entgeltgruppe entfällt, da es keine höhere Entgeltgruppe als E 15 gibt. Nach Ende der Führungsposition auf Zeit erhält die/der Beschäftigte eine der bisherigen Eingruppierung nach TVöD bzw TVÜ-Bund entsprechende Tätigkeit. Die Differenzzulage zu der höheren Führungsfunktion und der Zuschlag entfallen.

22 **3. Die Beendigung der Übertragung.** Erfolgte die Übertragung der Führungsposition im Rahmen des Direktionsrechts, dann ist auch ein Beenden der Übertragung im Rahmen des Direktionsrechts und damit im Rahmen des billigen Ermessens möglich.[29] Dabei handelt es sich rechtstechnisch nicht um einen Widerruf der Übertragung,[30] da die Konkretisierung des Leistungsinhalts durch einseitige empfangsbedürftige Willenserklärung grundsätzlich unwiderruflich ist.[31] Die vorübergehende Übertragung endet auch bei Ausscheiden aus dem Arbeitsverhältnis ohne Weiteres. Nach Fristablauf endet die Übertragung ohne Weiteres, es folgt eine Beschäftigung entsprechend der bisherigen Eingruppierung (§ 32 Abs. 3 S. 3 TVöD). Zur Beendigung bei vertraglicher Vereinbarung s. § 31 Rn 19.

23 Nach dem Wortlaut der tariflichen Regelung entfällt der Zuschlag mit dem Ende der Führungsposition (§ 32 Abs. 3 S. 3 Hs 2 TVöD). Nachdem der Tarifvertrag zwischen Zuschlag und Zulage in § 32 Abs. 3 S. 2 TVöD unterscheidet, ist nicht ganz klar, ob auch die Zulage mit dem Ende der Führungsposition entfällt. Nachdem § 32 Abs. 3 S. 2 TVöD den Anspruch auf die Zulage (nur) für die Dauer der Übertragung gewährt, entfällt auch die Zulage mit der Führungsposition.[32]

---

27 Eingehend Pawlak/Lüderitz, ZTR 2008, 642, 649.
28 Die Beispiele sind den Durchführungshinweisen des BMI entnommen, zitiert aus der Zusammenstellung des Bundesverwaltungsamts, PG EPOS/PG FAZIT; Stand 6.1.2006.
29 BAG v. 25.3.1981, 4 AZR 1037/78, AP Nr. 5 zu § 24 BAT.
30 Zumindest missverständlich Fritz in Sponer/Steinherr TVöD § 31 Rn 16.
31 BAG v. 11.3.1981, 4 AZR 1070/79, BAGE 35, 141.
32 Ebenso Heitsch in Döring/Kutzki, § 32 TVöD Rn 26, Breier/Dassau TVöD § 32 Rn 10, Kuner TVöD/TV-L Rn 540.

VI. Die Dauer der Befristung und Verlängerung

Die Dauer der Befristung ist sowohl bei Neueinstellung als auch bei bereits bestehendem Arbeitsverhältnis auf **vier Jahre** mit Verlängerungsmöglichkeit beschränkt (§ 32 Abs. 1 S. 1, Abs. 3 S. 1 TVöD). Die Führungsposition kann auch für eine kürzere Dauer übertragen werden. Bei Neueinstellungen bedarf die konkrete Dauer der Befristung keiner Rechtfertigung. Sie muss sich auch an keinem Sachgrund orientieren, da es sich regelmäßig um eine sachgrundlose Befristung handelt (für die Befristung mit Sachgrund s. § 30 Rn 23). Erfolgt die Übertragung der Führungsposition im bestehenden Arbeitsverhältnis im Wege des Direktionsrechts, dann muss sich auch die Dauer der Befristung in den Grenzen des billigen Ermessens halten. Dazu sind das Interesse des Arbeitnehmers, die Führungsposition auf Dauer zu erhalten, und das Interesse des Arbeitgebers, die Tätigkeit nicht auf Dauer zu übertragen, gegeneinander abzuwägen.[33] In diese Abwägung fließt zum einen die grundsätzliche Entscheidung der Tarifvertragsparteien ein, diese Möglichkeit zu eröffnen, zum anderen die höhere Vergütung durch den Zuschlag (s. Rn 19) bei nur befristeter Übertragung der Führungsposition. Sowohl die Entscheidung der nur vorübergehenden Übertragung als auch die Bestimmung der konkreten Dauer der vorübergehenden Übertragung bedürfen daher im bestehenden Arbeitsverhältnis eines Sachgrunds.[34] Das Einverständnis des Arbeitnehmers reicht nicht aus (s. ausführlich § 31 Rn 29). § 32 Abs. 3 TVöD ist daher nicht so zu verstehen, dass in jedem Fall eine befristete Übertragung der Führungsposition bis zu vier Jahren mit Verlängerungsmöglichkeit möglich ist. Die höchstens zulässige Befristungsdauer ist eine Frage des Einzelfalles. Das unterscheidet die befristete Übertragung im bestehenden Arbeitsverhältnis ganz wesentlich von einer Neueinstellung auf Zeit nach § 32 Abs. 1 TVöD. Dies stellt keinen Wertungswiderspruch dar, da bei der Ausübung des Direktionsrechts einseitig gehandelt wird. Ein Einverständnis des Arbeitnehmers ist im Gegensatz zum Vorgehen bei einer Neueinstellung nicht erforderlich. Bei einer befristeten vertraglichen Übertragung im bestehenden Arbeitsverhältnis mittels allgemeiner Geschäftsbedingungen erfolgt ebenfalls eine Kontrolle der Dauer (s. § 31 Rn 19, § 30 Rn 16, 17). Dieser hat der Arbeitnehmer zwar durch Abschluss der Änderungsvereinbarung ebenso wie bei einer Neueinstellung zugestimmt, allerdings erfolgt bei einer Neueinstellung nach den gesetzlichen Regelungen keine Inhaltskontrolle nach §§ 305 ff BGB[35] sondern eine Prüfung nach dem Maßstab des TzBfG bzw den dieses Gesetz abändernden oder ergänzenden Tarifverträgen.

24

In den Entgeltgruppen 10 bis 12 ist eine höchstens zweimalige **Verlängerung** bis zu einer Gesamtdauer von acht Jahren möglich (§ 32 Abs. 1 S. 2 a) TVöD). Ab Entgeltgruppe 13 ist eine höchstens dreimalige Verlängerung bis zu einer Ge-

25

---

33 Vgl BAG v. 17.4.2002, 4 AZR 174/01, NZA 2003, 159.
34 Das wird wohl häufig übersehen, wenn ausführlich darüber nachgedacht wird, ob die durch § 32 Abs. 3 TVöD eröffneten Möglichkeiten grundsätzlich noch gerichtsfest sind (vgl Pawlak/Lüderitz, ZTR 2008, 642, 649). Nach der hier vertretenen Auffassung ist das zu bejahen, die Kontrolle erfolgt am Einzelfall.
35 Nach § 307 Abs. 3 BGB sind nur solche allgemeinen Geschäftsbedingungen kontrollfähig, die von Rechtsvorschriften abweichen oder diese ergänzende Regelungen enthalten. Abreden über den unmittelbaren Gegenstand der Hauptleistung unterliegen aber aus Gründen der Vertragsfreiheit regelmäßig keiner Inhaltskontrolle (BAG v. 27.11.2003, 2 AZR 281/03, NZA 2004, 1295). Die Hauptleistungspflichten unterliegen aber der Transparenzkontrolle (§ 307 Abs. 3 S. 2 iVm Abs. 1 S. 2 BGB).

samtdauer von zwölf Jahren möglich (§ 32 Abs. 1 S. 2 b) TVöD). Zeiten in einer Führungsposition nach Buchstabe a) bei demselben Arbeitgeber können auf die Gesamtdauer nach Buchstabe b) zur Hälfte angerechnet werden. Die jeweilige Gesamtdauer gilt auch für die befristete Übertragung einer Führungsposition im bestehenden Arbeitsverhältnis (§ 32 Abs. 3 S. 1 TVöD). Eine ausdrückliche Regelung zur Verlängerung in diesem Fall enthält der Tarifvertrag nicht, die Verlängerung wird aber durch den Tarifvertrag auf der anderen Seite auch nicht ausgeschlossen. Es ist daher kein Grund ersichtlich, eine Verlängerung grundsätzlich als unzulässig zu betrachten. Nachdem bei der Übertragung der Führungsposition im bestehenden Arbeitsverhältnis keine Begrenzung der Anzahl der Verlängerungen festgelegt ist, ist auch eine häufigere Verlängerung nicht ausgeschlossen, solange die zulässige Höchstdauer nicht überschritten wird und solange die Gesamtdauer noch billigem Ermessen entspricht.

26 Bei der Verlängerung der Befristung nach § 32 Abs. 1 TVöD sind allerdings die Vorgaben des TzBfG zu beachten, insbesondere das Schriftformerfordernis (§ 14 Abs. 4 TzBfG). Es ist darauf zu achten, dass sie noch während der Laufzeit des zu verlängernden Vertrags vereinbart und nur die Vertragsdauer geändert wird, nicht aber die übrigen Arbeitsbedingungen, da es sich regelmäßig um eine sachgrundlose Befristung nach § 14 Abs. 2 TzBfG handelt.[36] Andernfalls liegt der Neuabschluss eines befristeten Arbeitsvertrags vor, der ohne Sachgrund unzulässig ist, da zwischen den Parteien bereits ein Arbeitsverhältnis bestanden hat (s. § 30 Rn 52).[37] Der Arbeitsvertrag kann aber anlässlich der Verlängerung Anpassungen des Vertragstextes an die zum Zeitpunkt der Verlängerung geltende Rechtslage vornehmen oder Arbeitsbedingungen vereinbaren, auf die der befristet beschäftigte Arbeitnehmer einen Anspruch hat.[38] Bei der Verlängerung der Befristung nach § 31 Abs. 1 S. 2 TVöD ist grundsätzlich nur die Befristung des letzten Arbeitsvertrags auf ihre Rechtfertigung zu prüfen (das letzte Glied in der Kette), nicht die vorangegangenen Befristungen.[39] Eventuelle Fehler bei vorhergehenden Befristungen sind dann ohne Bedeutung. Sofern nur eine relativ geringfügige Änderung des Endzeitpunkts erfolgt, kann ein sog. unselbstständiger Annexvertrag zum Arbeitsvertrag vorliegen (s. § 30 Rn 52).[40] In diesem Fall bleibt die vorhergehende Befristung maßgeblich.

27 Für die **gerichtliche Kontrolle** einer Übertragung der Führungsposition im Rahmen eines bestehenden Arbeitsverhältnisses gilt folgendes (s. ausführlicher § 31 Rn 34): Ist bei auch nur einer von mehreren interimistischen Übertragungen billiges Ermessen hinsichtlich dessen, dass die Übertragung nicht auf Dauer erfolgte, nicht gewahrt, so kann dies zur Folge haben, dass diese Übertragung kraft richterlicher Entscheidung entsprechend § 315 Abs. 3 S. 2 BGB als auf Dauer erfolgt anzusehen ist. Ob die zeitlich nachfolgenden interimistischen Übertragungen derselben oder einer gleichermaßen höherwertigen Tätigkeit ihrerseits billigem Ermessen genügen, ist rechtlich unerheblich, wenn die vorherige Über-

---

36 BAG v. 19.10.2005, 7 AZR 31/05, NZA 2006, 154.
37 BAG v. 23.8.2006, 7 AZR 12/06, NZA 2007, 204 und BAG v. 18.1.2006, 7 AZR 178/05, NZA 2006, 605.
38 BAG v. 20.2.2008, 7 AZR 786/06, NZA 2008, 883, BAG v. 16.1.2008, 7 AZR 603/06, NZA 2008, 701.
39 BAG v. 16.11.2005, 7 AZR 81/05, NZA 2006, 784.
40 BAG v. 20.2.2002, 7 AZR 600/00, NZA 2002, 896.

tragung als auf Dauer erfolgt anzusehen ist.[41] Bei einer unwirksamen Befristung nach § 32 Abs. 1 TVöD gilt das Arbeitsverhältnis als auf unbestimmte Dauer geschlossen (§ 16 S. 1 TzBfG), was innerhalb von drei Wochen nach dem vereinbarten Ende gerichtlich geltend zu machen ist (§ 17 TzBfG, s. § 31 Rn 35, § 30 Rn 94). Bei **unbilliger Dauer** nach § 32 Abs. 3 TVöD ist eine andere Dauer festzulegen (s. § 31 Rn 34).

VII. Die Mitbestimmung der Interessenvertretung

Die Interessenvertretung der Arbeitnehmer ist zu beteiligen (§§ 99 BetrVG, 75 Abs. 1 Nr. 1 BPersVG, für die Landespersonalvertretungsgesetze gilt Entsprechendes). Zu den Einzelheiten wird auf die Kommentierung zu § 31 TVöD verwiesen (s. § 31 Rn 36, 37).   28

VIII. Die gerichtliche Kontrolle

Für eine Befristungskontrolle der Übertragung einer Führungsposition nach § 32 TVöD gelten keine Besonderheiten im Vergleich zu § 31 TVöD. Es wird deshalb auf die dortige Kommentierung verwiesen (s. § 31 Rn 38).   29

IX. Weitere Tarifverträge

§ 41 Nr. 21 TV-L enthält Sonderregelungen für Ärztinnen und Ärzte an Universitätskliniken. Führungspositionen sind die ab Entgeltgruppe Ä 3 auszuübenden Tätigkeiten mit Weisungsbefugnis. Folgende Verlängerungen des Arbeitsvertrages sind zulässig: 30

a) in der Entgeltgruppe Ä 3 eine höchstens zweimalige Verlängerung bis zu einer Gesamtdauer von acht Jahren,
b) in der Entgeltgruppe Ä 4 eine höchstens dreimalige Verlängerung bis zu einer Gesamtdauer von zwölf Jahren.

Die Zulage bei befristeter Übertragung im bestehenden Arbeitsverhältnis bemisst sich nach der Höhe des Unterschiedsbetrags zu dem Tabellenentgelt, das sich bei dauerhafter Übertragung ergeben hätte. Die Notwendigkeit der Sonderregelung ergibt sich aus dem anderen Entgeltgruppensystem für diese Personen. In der Sache ergibt sich nur die Besonderheit, dass für diese Personen der zusätzliche Zuschlag iHv 75 % nicht vereinbart wurde.[42]

§ 33 Beendigung des Arbeitsverhältnisses ohne Kündigung (TVöD)

(1) Das Arbeitsverhältnis endet, ohne dass es einer Kündigung bedarf,

a) mit Ablauf des Monats, in dem die/der Beschäftigte das gesetzlich festgelegte Alter zum Erreichen der Regelaltersrente vollendet hat,
b) jederzeit im gegenseitigen Einvernehmen (Auflösungsvertrag).

(2) ¹Das Arbeitsverhältnis endet ferner mit Ablauf des Monats, in dem der Bescheid eines Rentenversicherungsträgers (Rentenbescheid) zugestellt wird, wonach die/der Beschäftigte voll oder teilweise erwerbsgemindert ist. ²Die/Der Beschäftigte hat den Arbeitgeber von der Zustellung des Rentenbescheids unver-

---

41 BAG v. 17.4.2002, 4 AZR 174/01, NZA 2003, 159.
42 Vgl Clemens/Scheuring, TV-L, § 32 Rn 1 a.

züglich zu unterrichten. ³Beginnt die Rente erst nach der Zustellung des Rentenbescheids, endet das Arbeitsverhältnis mit Ablauf des dem Rentenbeginn vorangehenden Tages. ⁴Liegt im Zeitpunkt der Beendigung des Arbeitsverhältnisses eine nach § 92 SGB IX erforderliche Zustimmung des Integrationsamtes noch nicht vor, endet das Arbeitsverhältnis mit Ablauf des Tages der Zustellung des Zustimmungsbescheids des Integrationsamtes. ⁵Das Arbeitsverhältnis endet nicht, wenn nach dem Bescheid des Rentenversicherungsträgers eine Rente auf Zeit gewährt wird. ⁶In diesem Fall ruht das Arbeitsverhältnis für den Zeitraum, für den eine Rente auf Zeit gewährt wird; beginnt die Rente rückwirkend, ruht das Arbeitsverhältnis ab dem ersten Tag des Monats, der auf den Monat der Zustellung des Rentenbescheids folgt.

(3) Im Falle teilweiser Erwerbsminderung endet bzw. ruht das Arbeitsverhältnis nicht, wenn der Beschäftigte nach seinem vom Rentenversicherungsträger festgestellten Leistungsvermögen auf seinem bisherigen oder einem anderen geeigneten und freien Arbeitsplatz weiterbeschäftigt werden könnte, soweit dringende dienstliche bzw. betriebliche Gründe nicht entgegenstehen, und der Beschäftigte innerhalb von zwei Wochen nach Zugang des Rentenbescheids seine Weiterbeschäftigung schriftlich beantragt.

(4) ¹Verzögert die/der Beschäftigte schuldhaft den Rentenantrag oder bezieht sie/er Altersrente nach § 236 oder § 236a SGB VI oder ist sie/er nicht in der gesetzlichen Rentenversicherung versichert, so tritt an die Stelle des Rentenbescheids das Gutachten einer Amtsärztin/eines Amtsarztes oder einer/eines nach § 3 Abs. 4 Satz 2 bestimmten Ärztin/Arztes. ²Das Arbeitsverhältnis endet in diesem Fall mit Ablauf des Monats, in dem der/dem Beschäftigten das Gutachten bekannt gegeben worden ist.

(5) ¹Soll die/der Beschäftigte, deren/dessen Arbeitsverhältnis nach Absatz 1 Buchst. a geendet hat, weiterbeschäftigt werden, ist ein neuer schriftlicher Arbeitsvertrag abzuschließen. ²Das Arbeitsverhältnis kann jederzeit mit einer Frist von vier Wochen zum Monatsende gekündigt werden, wenn im Arbeitsvertrag nichts anderes vereinbart ist.

§ 33 Beendigung des Arbeitsverhältnisses ohne Kündigung (TV-L)

(1) Das Arbeitsverhältnis endet ohne Kündigung
a) mit Ablauf des Monats, in dem die/der Beschäftigte das gesetzlich festgelegte Alter zum Erreichen einer abschlagsfreien Regelaltersrente vollendet hat,
b) jederzeit im gegenseitigen Einvernehmen (Auflösungsvertrag).

(2) ¹Das Arbeitsverhältnis endet ferner mit Ablauf des Monats, in dem der Bescheid eines Rentenversicherungsträgers (Rentenbescheid) zugestellt wird, wonach die/der Beschäftigte voll oder teilweise erwerbsgemindert ist. ²Die/Der Beschäftigte hat den Arbeitgeber von der Zustellung des Rentenbescheids unverzüglich zu unterrichten. ³Beginnt die Rente erst nach der Zustellung des Rentenbescheids, endet das Arbeitsverhältnis mit Ablauf des dem Rentenbeginn vorangehenden Tages. ⁴Liegt im Zeitpunkt der Beendigung des Arbeitsverhältnisses eine nach § 92 SGB IX erforderliche Zustimmung des Integrationsamtes noch nicht vor, endet das Arbeitsverhältnis mit Ablauf des Tages der Zustellung des Zustimmungsbescheids des Integrationsamtes. ⁵Das Arbeitsverhältnis endet nicht, wenn nach dem Bescheid des Rentenversicherungsträgers eine Rente auf

Zeit gewährt wird. ⁶In diesem Fall ruht das Arbeitsverhältnis für den Zeitraum, für den eine Rente auf Zeit gewährt wird; beginnt die Rente rückwirkend, ruht das Arbeitsverhältnis ab dem ersten Tag des Monats, der auf den Monat der Zustellung des Rentenbescheids folgt.

(3) Im Falle teilweiser Erwerbsminderung endet beziehungsweise ruht das Arbeitsverhältnis nicht, wenn die/der Beschäftigte nach ihrem/seinem vom Rentenversicherungsträger festgestellten Leistungsvermögen auf ihrem/seinem bisherigen oder einem anderen geeigneten und freien Arbeitsplatz weiterbeschäftigt werden könnte, soweit dringende dienstliche beziehungsweise betriebliche Gründe nicht entgegenstehen und die/der Beschäftigte innerhalb von zwei Wochen nach Zugang des Rentenbescheids ihre/seine Weiterbeschäftigung schriftlich beantragt.

(4) ¹Verzögert die/der Beschäftigte schuldhaft den Rentenantrag oder bezieht sie/er Altersrente nach § 236 oder § 236a SGB VI oder ist sie/er nicht in der gesetzlichen Rentenversicherung versichert, so tritt an die Stelle des Rentenbescheids das Gutachten einer Amtsärztin/eines Amtsarztes oder einer/eines nach § 3 Absatz 5 Satz 2 bestimmten Ärztin/Arztes. ²Das Arbeitsverhältnis endet in diesem Fall mit Ablauf des Monats, in dem der/dem Beschäftigten das Gutachten bekannt gegeben worden ist.

(5) ¹Soll die/der Beschäftigte, deren/dessen Arbeitsverhältnis nach Absatz 1 Buchstabe a geendet hat, weiterbeschäftigt werden, ist ein neuer schriftlicher Arbeitsvertrag abzuschließen. ²Das Arbeitsverhältnis kann jederzeit mit einer Frist von vier Wochen zum Monatsende gekündigt werden, wenn im Arbeitsvertrag nichts anderes vereinbart ist.

I. Vorläuferregelungen, Struktur der Vorschrift, geregelte Sachverhalte 1	4. Sozialrechtliche Fragen 20
	a) Sperrzeit nach § 144 SGB III 20
II. Altersgrenzenregelung und Weiterbeschäftigung darüber hinaus (Abs. 1, lit. a, Abs. 5) 3	b) Ruhen nach § 143a SGB III 21
1. Struktur der Normen 3	IV. Beendigung oder Ruhen des Arbeitsverhältnisses nach Bewilligung einer Rente wegen voller oder teilweiser Erwerbsminderung (Abs. 2–4) 23
2. Inhalt der Regelung von Abs. 1, lit. a 4	
a) Rechtliche Einordnung, Zulässigkeit 4	
b) Schriftform 6	1. Normstruktur, sozialrechtliche Anknüpfungstatbestände 23
c) Berechnung der Altersgrenze 7	
3. Weiterbeschäftigung nach Erreichen der Altersgrenze (Abs. 5) 8	a) Rente wegen voller Erwerbsminderung 24
	b) Rente wegen teilweiser Erwerbsminderung, sog. Arbeitsmarktrente 25
III. Auflösungsvertrag (Abs. 1, lit. b) 10	
1. Inhalt der Norm, Formerfordernis 10	c) Rente wegen teilweiser Erwerbsminderung bei Berufsunfähigkeit 26
2. Nichtigkeit, Widerruf und Anfechtbarkeit 12	
3. Andere Regelungen im Auflösungsvertrag als die Beendigung 18	d) Weitere rentenrechtlich bedeutsame Aspekte 27

2. Unterschiedliche tarifvertragliche Rechtsfolgen bei Rente auf Dauer und bei Rente auf Zeit 31	b) Weiterbeschäftigung auf dem bisherigen oder einem anderen Arbeitsplatz, entgegenstehende dienstliche oder betriebliche Gründe 39
a) Beendigung bei Dauerrente 31	c) Feststellung des verbliebenen Leistungsvermögens 40
b) Ruhen bei Zeitrente 32	
3. Die Bedeutung des Rentenbescheides 33	d) Beantragung der Weiterbeschäftigung, Frist 41
a) Zeitpunkt der Beendigung des Arbeitsverhältnisses ... 33	V. Amtsärztliches Gutachten (Abs. 4) 42
b) Zeitraum des Ruhens 36	1. Normstruktur 42
c) Vorherige Beteiligung des Integrationsamtes bei Schwerbehinderten 37	2. Anwendungsfälle 43
	3. Amtsärztliches Gutachten ... 44
4. Bewilligung einer Rente wegen teilweiser Erwerbsminderung und Rechtsfolgen 38	4. Beendigungszeitpunkt Bekanntgabe des Gutachtens 45
a) Regelungsinhalt des Abs. 3 38	VI. Regelungen im TV-L und in den Spartentarifverträgen 46

I. Vorläuferregelungen, Struktur der Vorschrift, geregelte Sachverhalte

1 § 33 TVöD regelt **mehrere Beendigungstatbestände**.[1] Die Gemeinsamkeit besteht darin, dass es jeweils **keiner Kündigung bedarf**. Dies drückt sich auch in der Überschrift der Norm und den Einleitungssätzen aus, wobei es lediglich einen Formulierungsunterschied zwischen dem TVöD und dem TV-L gibt. Allerdings haben die Tarifpartner nicht sämtliche Beendigungstatbestände, für die das Merkmal Ausscheiden ohne Kündigung gilt, hier erfasst. Gerade die in der Praxis häufige Beendigung eines Arbeitsverhältnisses durch **Befristungsabrede** ist nicht geregelt, siehe dazu § 30 TVöD, § 30 TV-L.

2 In der jetzigen **Zusammenfassung der Tatbestände** ist die Norm neu. Die Vorschriften der früheren Arbeitertarifverträge des Bundes, der Länder und der Gemeinden und der BAT enthielten zwar ebenso Tarifnormen mit den Regelungsgegenständen Auflösungsvertrag, Erreichen einer Altersgrenze und Beendigung wegen verminderter Erwerbsfähigkeit; diese waren aber auf mehrere Vorschriften aufgeteilt (zB § 58 BAT: Auflösungsvertrag, § 59 BAT: Beendigung des Arbeitsverhältnisses wegen verminderter Erwerbsfähigkeit, § 60 BAT: Beendigung des Arbeitsverhältnisses durch Erreichen der Altersgrenze, Weiterbeschäftigung, vgl auch zB §§ 56 Abs. 1, 62, 63 MTArb).[2]

Abs. 1 regelt in **lit. a)** die **Beendigung bei Vollendung des gesetzlich festgelegten Alters zum Erreichen einer abschlagsfreien Regelaltersrente.** Zwischen dieser Vorschrift und der Regelung in Abs. 5 (Anschlussarbeitsverhältnis nach Beendigung gem. Buchst. a) besteht ein enger Sinnzusammenhang, weswegen nachfolgend beide Vorschriften miteinander verbunden kommentiert werden.

Abs. 1 lit. b) enthält den Beendigungstatbestand **Auflösungsvertrag**.

---

1 Zum Überblick über die Norm vgl GKÖD-Künzl, E § 33 TVöD Rn 1 ff; Breier/Dassau, TVöD, § 33 TVöD Rn 2 ff.
2 Vgl ausführlichen Überblick bei Sponer/Steinherr, TVöD, § 33 TVöD, Vorbem. Ziff. 2.1–2.3.

Abs. 2 beschäftigt sich mit der **Erwerbsminderung**, wobei an rentenrechtliche Tatbestände sowohl die Rechtsfolge der **Beendigung** wie auch die Rechtsfolge des **Ruhens** geknüpft sein kann, was differenzierend geregelt ist.
Abs. 3 legt fest, dass auch bei voller oder teilweiser Erwerbsminderung unter bestimmten Voraussetzungen die Weiterbeschäftigung Vorrang hat.
Abs. 4 enthält eine verfahrensmäßige Ergänzung der Regelungen des Abs. 2. Diese stellen grundsätzlich auf das Vorliegen eines Bescheides eines Rentenversicherungsträgers ab. Für den Fall, dass es aus bestimmten in Abs. 4 geregelten Gründen nicht zu einem solchen Rentenbescheid kommt, tritt nach dieser Regelung ein amtsärztliches Gutachten an die Stelle des Bescheides.

II. Altersgrenzenregelung und Weiterbeschäftigung darüber hinaus (Abs. 1, lit. a, Abs. 5)

1. Struktur der Normen. § 33 Abs. 1 Buchst. a TVöD regelt als Beendigungstatbestand ohne Kündigung das **Erreichen einer Altersgrenze**. Diese ist festgelegt auf den Ablauf des Monats, in dem die/der Beschäftigte das gesetzlich festgelegte Alter zum Erreichen einer **abschlagsfreien Regelaltersrente** vollendet hat (nicht gemeint sind vorzeitige Altersrenten zB für Schwerbehinderte). Dass nur Renten ohne Abschläge gemeint sind, stellt der TV-L ausdrücklich klar, gilt aber auch zweifelsfrei im Geltungsbereich des TVöD. Diese Vorschrift hat Vorgänger in den früheren Angestellten- und Arbeitertarifverträgen im öffentlichen Dienst (zB § 60 Abs. 1 BAT, § 63 Abs. 1 MTArb und § 55 BMT-G). Zunächst beinhaltete der Tarifwortlaut hier eine ausdrückliche Nennung des 65. Lebensjahres. Für die Bereiche Bund und VKA wurde dies durch die Tarifänderungen in der ersten Jahreshälfte 2008 geändert und es wird nur auf das jeweils gesetzlich festgelegte Alter für das Erreichen einer abschlagsfreien Regelaltersrente verwiesen, im TV-L ist ebenfalls bereits eine dynamische Bestimmung enthalten. Die Regelung in § 33 Abs. 1, lit. a) TVöD **wird ergänzt** durch § 33 Abs. 5 TVöD, der bestimmt, dass im Falle einer Weiterbeschäftigung nach Erreichen des in Abs. 1 lit. a) festgelegten Beendigungszeitpunktes ein neuer Arbeitsvertrag zu schließen ist. Für diesen enthält § 33 Abs. 5 S. 2 TVöD eine eigenständige Kündigungsfrist (zum Inhalt von Abs. 5 im Einzelnen vgl Rn 8 f).

3

2. Inhalt der Regelung von Abs. 1, lit. a. a) Rechtliche Einordnung, Zulässigkeit. Das BAG hat sich mit den Vorläufervorschriften, die teilweise in Form der Bezugnahme auf die Erlangung von Ansprüchen auf laufende Bezüge aus der Rentenversicherung (vgl zB § 60 Abs. 2, Unterabs. 2 BAT) abweichende Regelungen enthielten, mehrfach beschäftigt.[3] Eine wichtige Rolle spielte bei früheren Entscheidungen § 41 SGB VI, nach der Neufassung von § 41 Abs. 4 SGB VI stellt sich dieses Problem nicht mehr.[4] Allerdings heißt dies noch nicht, dass tarifliche Altersgrenzen somit ohne Weiteres rechtlich zulässig sind. Auch hier gibt es eine längere Rechtsprechungsgeschichte mit unterschiedlichen rechtlichen Bewertungen (als auflösende Bedingung oder als Befristung).[5] In neuen Entscheidungen betont das BAG, dass **Altersgrenzenregelungen** in Einzelverträgen, aber auch in

4

---

[3] Vgl zB BAG v. 20.10.1993, 7 AZR 135/93, NZA 1994, 128, vgl auch Überblick bei Breier/Dassau, TVöD, § 33 TVöD Rn 8 ff; GKÖD/Künzl E § 33 TVöD/TV-L Rn 9 ff.
[4] BAG v. 20.10.1993, 7 AZR 135/93, ZTR 1994, 67; BAG v. 1.12.1993, 7 AZR 428/93, ZTR 1994, 156.
[5] Vgl zB BAG v. 20.11.1987, 2 AZR 284/86, NZA 1988, 617.

Tarifverträgen **Befristungen** darstellen und somit der Befristungskontrolle unter Zugrundelegung des TzBfG unterliegen. Der Unterschied zwischen der Einordnung als Befristung oder als auflösende Bedingung hat keine praktische Bedeutung, da in jedem Fall nach dem TzBfG (vgl § 21 TzBfG, der die auflösende Bedingung der Befristung gleichstellt) ein sachlich rechtfertigender Grund für die Altersgrenze gegeben sein muss. In einer früheren Entscheidung betont das BAG[6] unter Hinweis auf eine frühere Rechtsprechung, dass vertragliche **Altersgrenzenvereinbarungen**, die auf die **Vollendung des 65. Lebensjahres** bezogen sind, **sachlich gerechtfertigt** sein können. Es stellt dabei vor allem darauf ab, dass ein Arbeitsverhältnis grds. die wirtschaftliche Existenzgrundlage sichert und dass typischerweise mit Erreichen der genannten Altersgrenze diese wirtschaftliche Absicherung durch andere Weise, nämlich durch gesetzliche und/oder private Altersversorgung sowie ggf betriebliche Versorgungssysteme erreicht wird. Dies hat das BAG auch in seiner Entscheidung vom 27.7.2005[7] nochmals bestätigt, in der es ebenfalls einen Bezug zur **wirtschaftlichen Absicherung** durch **Leistungen** der **Altersversorgung** herstellt. Hierin sieht das BAG einen Sachgrund für die Befristung im Sinne des TzBfG. Bis zu den jetzt geltenden Fassungen der Regelungen im TVöD und im TV-L war problematisch, dass die Regelungen außer der Vollendung des 65. Lebensjahres gerade keine Bezugnahme auf die Absicherung der Altersversorgung enthielten. Gerade im Lichte **europarechtlicher Vorgaben** und des **AGG** setzte hieran eine zum Teil kritische Diskussion an.[8] Die nunmehr aufgenommene dynamische Regelung mit Bezugnahme auf das jeweils festgelegte Alter, das Voraussetzung für das Erreichen einer abschlagsfreien Regelaltersrente ist, stellt den vermissten Bezug zur sozialversicherungsrechtlichen Absicherung im Alter her. Damit wird insoweit den geäußerten Bedenken Rechnung getragen. Im Übrigen ist die Wahl einer dynamischen Verweisung auf die jeweilige Gesetzgebung auch erforderlich wegen der Aufgabe der starren Altersgrenze (Erreichen des 65. Lebensjahres) durch den Gesetzgeber. Im Ergebnis ist nach derzeitiger Rechtslage auch unter Berücksichtigung von Diskriminierungsverboten die Befristung des Arbeitsverhältnisses auf eine Altersgrenze dann als gerechtfertigt anzusehen, wenn weiterhin typischerweise von einer ausreichenden Absicherung der Existenzgrundlage durch Altersversorgungsansprüche ausgegangen werden kann. Auch die Entscheidung des BAG vom 18.6.2008 und die Rosenbladt-Entscheidung des EuGH bestätigen dies.[9]

5 Die vorstehenden Erwägungen sind auch auf **einzelvertragliche Altersgrenzen** abweichend von der Vollendung des gesetzlich festgelegten Alters zum Erreichen

---

6 BAG v. 19.11.2003, 7 AZR 296/03, ZTR 2004, 600 ff; in jüngster Zeit nochmals bestätigt durch BAG vom 8.12.2010, 7 AZR 438/09, ZTR 2011, 353 ff zur früheren Fassung von § 33 Abs. 1 a TVöD-V, siehe auch Fn 9.
7 BAG v. 27.7.2005, 7 AZR 443/04, ZTR 2006, 386 ff.
8 GKÖD/Künzl E § 33 TVöD/TV-L Rn 13 ff; Wulfers/Hecht, ZTR 2007, 475, 478 f; zur Zulässigkeit von Altersbefristungsregelungen unter europarechtlichen Gesichtspunkten vgl EuGH v. 22.11.2005 – Mangold – NZA 2005, 1345; vgl auch Ausblick auf Veränderungen bei Regelaltersgrenze in der gesetzlichen Rentenversicherung bei Berger-Delhey, ZTR 2007, 429; weitergehend wohl die Kritik bei v. Roetteken, ZTR 2008, 350 ff.
9 BAG v. 18.6.2008, 7 AZR 116/07, ZTR 2008, 661 ff; EuGH v. 12.10.2010 (Rosenbladt), ZTR 2010, 633 ff im Anschluss an EuGH v. 16.10.2007 (Palacios de la Villa), ZTR 2007, 672; zur früheren statischen Altersgrenze allerdings unter Verarbeitung der neuesten Entwicklung auch BAG v. 8.12.2010, 7 AZR 438/09, ZTR 2011, 353 ff für Wirksamkeit der früheren Regelung in § 33 Abs. 1 a TVöD-V.

einer abschlagsfreien Regelaltersrente zu übertragen. Das BAG hat sowohl den Arbeitsvertrag wie auch Betriebs- oder Dienstvereinbarungen als grundsätzlich taugliche Rechtsgrundlagen anerkannt. Deren Regelungen sind ebenso der Befristungskontrolle zu unterwerfen.[10] Nach zutreffender Ansicht ist bei tarifgebundenen Arbeitsvertragsparteien eine arbeitsvertragliche Festlegung einer früheren Altersgrenze mit dem tariflichen Günstigkeitsprinzip nicht vereinbar, anders bei einem vereinbarten Beendigungszeitpunkt nach dem 65. Lebensjahr bzw der jeweiligen Altersgrenze für eine abschlagsfreie Regelaltersrente.[11] Bei fehlender beidseitiger Tarifbindung ist ein früherer Beendigungszeitpunkt durch eine Altersgrenzenregelung dann zulässig, wenn ein sachlich rechtfertigender Grund für die Beendigung im Sinne der Befristungskontrolle vorliegt. Auch hierbei dürfte insbesondere auf die wirtschaftliche Absicherung im Alter abzustellen sein. Wichtig sind hier zudem die Fälle, in denen es um spezielle Leistungsanforderungen geht.[12] **Tarifliche Sonderregelungen** enthalten zB **§ 46 Nr. 4 Abs. 1 BT-V-VKA** für den **kommunalen feuerwehrtechnischen Dienst** und der **Altersteilzeit-Tarifvertrag (TV ATZ)**, der in § 9 Abs. 2 auf den Zeitpunkt des Rentenbezuges bzw der Möglichkeit eines abschlagsfreien Bezuges abstellt. Eine ebenfalls dynamische Verweisung auf das gesetzlich festgelegte Alter zum Erreichen einer abschlagsfreien Regelaltersrente mit Rücksichtnahme auf Besonderheiten bei **Lehrkräften** enthält zB § 51 Nr. 4 BT-V-VKA (Bezugnahme auf das Ende der Schulhalbjahre als Beendigungszeitpunkt).

b) Schriftform. Aus der Bewertung als Befristung folgt, dass die Schriftform erforderlich ist. Unproblematisch ist dies bei **beiderseitiger Tarifbindung**, hier ist der **Schriftform** durch den **Tarifvertrag** Genüge getan.[13] Kommen die tarifvertraglichen Regelungen jedoch nur durch **einzelvertragliche Bezugnahme** zur Anwendung, so wird dem **Schriftformerfordernis nach § 14 Abs. 4 TzBfG** nur entsprochen, wenn die **Regelung gem. § 33 Abs. 1, lit. a) TVöD** ausdrücklich im Arbeitsvertrag **vereinbart** ist. Eine der Schriftform genügende Vereinbarung der Geltung des Tarifvertrages als solchem ist nicht ausreichend, da der durch die gesetzliche Regelung beabsichtigte Übereilungsschutz nur dann wirksam sein kann, wenn den Unterzeichnern klar ist, dass eine Befristungsregelung vereinbart ist.[14] Für Altverträge aus der Zeit vor Inkrafttreten der Schriftformerfordernis dürfte allerdings die bloße Verweisung auf den Tarifvertrag als ausreichend angesehen werden können, da bis zum 1.5.2000 Befristungsabreden auch formlos getroffen werden konnten.[15]

6

---

10 GKÖD/Künzl E § 33 TVöD/TV-L Rn 19; BAG v. 20.2.2002, 7 AZR 748/00, ZTR 2002, 493; BAG v. 6.8.2003, 7 AZR 9/03, ZTR 2004, 95.
11 GKÖD/Künzl E § 33 TVöD/TV-L Rn 23 f und Rn 25.
12 ZB bei Piloten BAG v. 20.2.2002, 7 AZR 748/00, ZTR 2002, 493; vgl aber anders für Flugbegleiter BAG v. 23.6.2010, 7 AZR 1021/08, ZTR 2010, 581 f mit zahlreichen wN zu verschiedenen Regelungen; vgl auch LAG Düsseldorf vom 9.3.2011, 12 TaBV 81/10, ZTR 2011, 414 ff; gegen Zulässigkeit bei Piloten jetzt EuGH vom 13.9.2011, ZTR 2011 720 ff.
13 GKÖD/Künzl E § 33 TVöD/TV-L Rn 29 mwN; ErfK/Müller-Glöge, § 14 TzBfG Rn 144 mit Hinweis darauf, dass in § 14 Abs. 4 TzBfG von der Befristung des Arbeitsvertrages und nicht des Arbeitsverhältnisses die Rede ist.
14 Unklar insoweit Dassau/Wiesend-Rothbrust, § 33 TVöD Rn 6, wie hier GKÖD/Künzl E § 33 TVöD/TV-L Rn 30 f.
15 So auch GKÖD/Künzl E § 33 TVöD/TV-L Rn 32; BAG v. 27.7.2005, 7 AZR 443/04, ZTR 2006, 386.

7 **c) Berechnung der Altersgrenze.** Zur Berechnung des Erreichens der Altersgrenze ist grds. auf § **187 Abs. 2 BGB** zurückzugreifen, so dass der Tag vor dem Geburtstag mit seinem Ablauf das Fristende markiert, was bei an einem Monatsersten geborenen Beschäftigten von Bedeutung ist. Hier läuft die Frist beispielsweise am 30. des Vormonats bei einem 30-tägigen Monat ab, da Vollendung des Lebensjahres und Ablauf des Monats dieses Ereignisses zusammenfallen.[16]

8 **3. Weiterbeschäftigung nach Erreichen der Altersgrenze (Abs. 5).** Diese Vorschrift regelt hinsichtlich der Weiterbeschäftigung nur einen der Beendigungstatbestände in § 33 TVöD, nämlich den der Beendigung nach Abs. 1 lit. a) TVöD. Für diesen Fall wird ein praktisches Regelungsbedürfnis gesehen. Bei einer Auflösung durch Aufhebungsvertrag bzw infolge Erwerbsminderung auf Dauer dürfte sich die Frage einer Anschlussbeschäftigung in der Tat idR nicht stellen. § **33 Abs. 5 S. 1 TVöD** macht deutlich, dass bei einer **Weiterbeschäftigung nach Beendigung wegen Erreichen der Regelaltersgrenze** ein neues Arbeitsverhältnis beginnt. Wie bei § 2 Abs. 1 TVöD wird auch hier ein schriftlicher Vertrag verlangt, genauso wie dort wird allerdings allgemein nicht von konstitutiver, sondern von deklaratorischer Schriftform ausgegangen (vgl § 2 Rn 52). Aus dem Charakter als neues Arbeitsverhältnis folgt auch, dass sich die Stufenzuordnung zB nach § 16 Abs. 2 TVöD-VKA wie bei einer Neueinstellung gestaltet.[17] § **33 Abs. 5 TVöD** legt in S. 2 gesondert eine **Kündigungsfrist von vier Wochen zum Monatsende** fest. Allerdings ist die Regelung abdingbar, wobei hier § 622 BGB zu beachten ist. Damit wird durch diese Sonderregelung allerdings auch deutlich, dass durch den Arbeitsvertrag gem. § 33 Abs. 5 TVöD wiederum ein Arbeitsverhältnis begründet wird, auf das der TVöD Anwendung findet. Dies wird auch dadurch klargestellt, dass eine Öffnungsklausel, wie sie in § 60 Abs. 2 S. 2 BAT oder in § 63 Abs. 2 S. 4 MTArb enthalten war, fehlt.[18] Durch eigenständige tarifliche Regelung wird allerdings eine Ausnahme von der Versicherungspflicht in der Zusatzversorgung bewirkt (vgl Anlage 2, Nr. 6 zum ATV). Dem Wortlaut des § 33 Abs. 5 TVöD ist nicht zu entnehmen, ob der neue schriftliche Arbeitsvertrag nur unbefristet sein darf, wofür die ausdrückliche Aufnahme der Kündigungsfristenregelung ein Indiz sein könnte. Diese Regelung hat jedoch einen anderen Sinn, vgl oben.[19] Es dürfte daher bei Vorliegen eines sachlichen Grundes, der zB in der Weiterbeschäftigung eines besonders spezialisierten Arbeitnehmers für ein bestimmtes auslaufendes Projekt liegen kann, zulässig sein, den Arbeitsvertrag nach § 33 Abs. 5 TVöD zu befristen. In einem solchen Fall ist es auch denkbar, bereits vor Erreichen der Regelaltersgrenze § 33 Abs. 1 lit. a) TVöD abzubedingen und eine Befristung für einen nach Vollendung des gesetzlich festgelegten Alters liegenden Zeitraum zu vereinbaren. Hierin ist eine günstigere und tarifrechtlich zulässige Vereinbarung zu sehen (vgl oben Rn 5).[20] Auf

---

16 Vgl Dassau/Wiesend-Rothbrust, § 33 TVöD Rn 8 ff; GKÖD/Künzl E § 33 TVöD/TV-L Rn 20 mit Übersicht in Tabellenform.
17 Vgl Dassau/Wiesend-Rothbrust, § 33 TVöD Rn 16; GKÖD/Künzl E § 33 TVöD/TV-L Rn 33 ff; LAG Baden-Württemberg v. 30.4.2009, 3 Sa 11/09, ZTR 2009, 425 ff; insoweit bestätigt durch BAG v. 27.1.2011, 6 AZR 382/09, ZTR 2011, 214 ff.
18 Hierauf weist zutreffend GKÖD/Künzl E § 33 TVöD/TV-L Rn 33 hin.
19 Für eine Zulässigkeit eines befristeten Vertrages bei Vorliegen eines sachlichen Grundes auch Hamer § 33 TVöD Rn 5; Dassau/Wiesend-Rothbrust, § 33 TVöD Rn 18; Guth in Görg/Guth/Hamer/Pieper, § 33 TVöD-AT Rn 58.
20 Vgl in diesem Sinne auch GKÖD/Künzl E § 33 TVöD/TV-L Rn 36.

die Möglichkeit einer sog. Altersbefristung nach § 14 Abs. 3 TzBfG ist wegen der Neufassung dieser Vorschrift, nachdem die Vorgängervorschrift europarechtswidrig war, nicht näher einzugehen, da von den Sachverhalten her, auf die § 33 Abs. 5 TVöD zugeschnitten ist, eine Zulässigkeit einer Befristung nach § 14 Abs. 3 TzBfG in neuer Fassung praktisch ausscheidet.[21]

Wird **weder mündlich noch schriftlich ein neuer Arbeitsvertrag abgeschlossen** und kommt es stattdessen zu einer Fortsetzung des Arbeitsverhältnisses ohne vertragliche Übereinkunft, so gilt das **Arbeitsverhältnis als unbefristet** fortgesetzt, was aus § 15 Abs. 5 TzBfG folgt, da die Altersgrenzenregelung, wie oben ausgeführt, eine Befristungsregelung ist.[22] § 15 Abs. 5 TzBfG ist unabdingbar im Unterschied zu § 625 BGB, so dass es keiner Erörterung bedarf, ob die Inbezugnahme des TVöD und damit auch der Regelung des § 33 Abs. 5 TVöD ein Abbedingen von § 625 BGB darstellt. Auf Beschäftigte nach Vollendung des gesetzlich festgelegten Alters zum Erreichen einer abschlagsfreien Regelaltersrente, die erstmalig in den Dienst des vertragsschließenden Arbeitgebers treten, findet § 33 Abs. 5 TVöD keine Anwendung. Es gelten somit die Kündigungsfristen gem. § 34 TVöD.

III. Auflösungsvertrag (Abs. 1, lit. b)

1. Inhalt der Norm, Formerfordernis. § 33 Abs. 1 lit. b) TVöD ist an die Stelle der Vorschrift des § 58 BAT bzw der Regelungen über die einvernehmliche Beendigung des Arbeitsverhältnisses in den Arbeiter-Tarifverträgen des öffentlichen Dienstes (vgl zB § 56 Abs. 1 MTArb) getreten. Die **Zulässigkeit** einer **einvernehmlichen Beendigung des Arbeitsverhältnisses** bedarf keiner näheren Diskussion. Ebenso wie die Begründung eines Arbeitsverhältnisses durch übereinstimmende Willenserklärung ist auch die Beendigung durch Vertrag verfassungsrechtlich geschützt (sowohl durch Art. 2 Abs. 1 GG wie auch durch Art. 12 Abs. 1 GG).[23] Die im TVöD verwendete Bezeichnung **Auflösungsvertrag** steht für den gleichen Inhalt wie die in der Praxis zumindest ebenso häufige Benennung als **Aufhebungsvertrag**. Entscheidend ist für die Beurteilung der Art der Vereinbarung in Abgrenzung zB zum Abwicklungsvertrag, dass die übereinstimmend auf Beendigung gerichteten Willenserklärungen das Ende des Arbeitsverhältnisses herbeiführen. **§ 623 BGB** ordnet auch für diesen Beendigungstatbestand die **Schriftform** an. Einer eigenständigen tarifvertraglichen Regelung des Formerfordernisses bedurfte es somit nicht. Um der Vorschrift des § 623 BGB Genüge zu tun, muss der Aufhebungsvertrag aus einer von beiden Arbeitsvertragsparteien unterzeichneten Urkunde bestehen. In diese Urkunde müssen alle für die Beendigung wesentlichen Erklärungen festgehalten sein, darunter ist zB der Auflösungszeitpunkt zu verstehen. Andere Regelungen, die zB ausstehende Vergütung oder die Urlaubsabgeltung betreffen, müssen nicht Bestandteil dieser Ur-

---

21 Hamer weist zutreffend darauf hin, dass bei der Konstellation gem. § 33 Abs. 5 TVöD die wirtschaftliche Absicherung durch Altersrentenbezug allein einen Befristungsgrund nicht ausmacht, Hamer § 33 TVöD Rn 5.
22 Insoweit ist der in Teilen der Literatur anzutreffende Hinweis auf § 625 BGB unzutreffend, zB Dassau/Wiesend-Rothbrust, § 33 TVöD Rn 20; wie hier GKÖD/Künzl E 33 TVöD/TV-L Rn 38 b und Hamer § 33 TVöD Rn 4.
23 Vgl zB BAG v. 12.1.2000, 7 AZR 48/99, NZA 2000, 718; GKÖD/Künzl E 33 TVöD/TV-L Rn 40 mwN; Breier/Dassau, TVöD, § 33 TVöD Rn 27 ff.

kunde sein.[24] Der Auflösungsvertrag in elektronischer Form ist nach wie vor nicht wirksam. Bei einem Auflösungsvertrag im Rahmen eines gerichtlichen Vergleiches sind das Protokoll bzw der Beschluss gem. § 278 Abs. 6 ZPO ausreichend.[25] Praktisch weniger bedeutsam ist die ebenfalls wirksame notarielle Beurkundung.

11 Die Betonung, dass Auflösungs- oder Aufhebungsvertrag dadurch gekennzeichnet sind, dass die übereinstimmenden auf Beendigung gerichteten Willenserklärungen das Ende des Arbeitsverhältnisses zu einem bestimmten Zeitpunkt herbeiführen, ist deshalb erforderlich, weil zB auch bei einem **außergerichtlichen** oder **gerichtlichen Vergleich** nach einem Rechtsstreit um eine ausgesprochene Kündigung oder die Wirksamkeit einer Befristung am Ende Einvernehmen zwischen den Parteien herrscht. Gleiches gilt ebenso beim **sog. Abwicklungsvertrag**, der vor allem in Zusammenhang mit sozialrechtlichen Folgeproblemen diskutiert und zT auch propagiert wurde.[26] Bei diesen Verträgen sind für das Ende des Arbeitsverhältnisses jedoch gerade nicht die übereinstimmenden Willenserklärungen, die es auch dort gibt, konstitutiv, sondern ein anderer Beendigungstatbestand, nämlich eine vorher ausgesprochene Kündigung oder eine Befristungsabrede oder die Abrede einer auflösenden Bedingung. Die vertragliche Regelung beschränkt sich darauf, Bedingungen für die Beendigung des Streits um den Auflösungstatbestand festzulegen (typischerweise durch Vereinbarung einer Abfindungssumme, aber auch durch ergänzende Regelungen zur Freistellung von der Erbringung der Arbeitsleistung, zu Vergütungsansprüchen oder auch zu einem Zeugnisinhalt). Solche Regelungen sind allerdings zumeist auch in Auflösungsverträgen enthalten. Der Unterschied liegt also letztendlich darin, was als Auflösungstatbestand festgehalten und auch vom Sachverhalt her tatsächlich gegeben ist (zB Vorliegen einer formgerechten Kündigung, einer Befristungsabrede oder auf vertragliche Auflösung des Arbeitsverhältnisses gerichteter Willenserklärungen).[27] Der eigentliche **Inhalt der Auflösungsvereinbarung** ist die Einigung darüber, dass zu einem bestimmten Zeitpunkt das Arbeitsverhältnis einvernehmlich beendet wird. Dabei ist festzuhalten, wann diese Erklärungen abgegeben werden und zu welchem Zeitpunkt die Beendigung erfolgt. Grundsätzlich muss der **Auflösungszeitpunkt** in der **Gegenwart** oder in der **Zukunft** liegen. Einigt man sich auf einen in der Vergangenheit liegenden Auflösungszeitpunkt, so ist hierfür idR ein anderer wirksamer Ausscheidenstatbestand (zB eine nach § 623 BGB formgerechte Befristungsabrede oder Kündigung) erforderlich, dann liegt aber nach dem vorher Gesagten kein Auflösungsvertrag vor, sondern idR ein außergerichtlicher Vergleich. Eine **rückwirkende Aufhebung** wird für zulässig gehalten, wenn das Arbeitsverhältnis praktisch schon länger nicht mehr durchgeführt wurde.[28] Wegen der noch zu erörternden sozialrechtlichen Folgen ist es gerade aus der Sicht des Arbeitnehmers häufig von großer

---

24 Zum Schriftformerfordernis beim Aufhebungsvertrag vgl allgemein ErfK/Müller-Glöge § 623 BGB Rn 13 mwN; GKÖD/Künzl § 33 TVöD/TV-L E § 33 TVöD Rn 50 ff.
25 ErfK/Müller-Glöge § 623 BGB, aaO.
26 Vgl zB Hümmerich, Vertragsgestaltung/Prozessführung, 967 ff.
27 Klageverzichtsvereinbarungen in unmittelbarem zeitlichen und sachlichen Zusammenhang zu einer Kündigung werden vom BAG nach wie vor als Aufhebungsverträge angesehen und dem Formerfordernis nach § 623 BGB unterstellt, vgl auch ErfK/Müller-Glöge § 623 BGB Rn 8, vgl BAG v. 19.4.2007, 2 AZR 208/06, NZA 2007, 1227.
28 BAG v. 10.12.1998, 8 AZR 324/97, NZA 1999, 422; APS/Rolfs, Aufhebungsvertrag Rn 39; ErfK/Müller-Glöge § 620 BGB, Rn 10; GKÖD/Künzl E § 33 TVöD/TV-L Rn 45.

Bedeutung, dass die ordentliche Kündigungsfrist, die für eine arbeitgeberseitige Kündigung gelten würde, eingehalten wird (vgl dazu unten Rn 20 ff). Eine Datierung des Aufhebungsvertrages auf einen in der Vergangenheit liegenden Zeitpunkt, um bspw gegenüber der Agentur für Arbeit die Einhaltung einer Kündigungsfrist, die tatsächlich nicht gegeben ist, vorzutäuschen, kann strafrechtlich einen Betrugsversuch bzw einen vollendeten Betrug darstellen und führt sozialrechtlich dazu, dass der tatsächliche Abschluss als Auflösungszeitpunkt zugrundegelegt wird.[29]

2. Nichtigkeit, Widerruf und Anfechtbarkeit. Eine **Nichtigkeit** eines schriftlichen Auflösungsvertrages wird nur selten gegeben sein, diskutiert werden hier zB Fälle der Geschäftsunfähigkeit. Je nach den Umständen des Einzelfalls kann ein Aufhebungsvertrag im Falle eines Betriebsübergangs wegen Umgehung der Vorschrift des § 613 a Abs. 1 S. 1 iVm Abs. 4, § 134 BGB (Verbot der Kündigung wegen Betriebsübergang) nichtig sein.[30] Denkbar ist auch die **Sittenwidrigkeit** nach allgemeinen Maßstäben, die zur Nichtigkeit gem. § 138 BGB führt.[31] Die fehlende Einräumung einer Bedenkzeit führt idR nicht zur Unwirksamkeit unter dem Gesichtspunkt der Sittenwidrigkeit. Es greifen zumeist auch keine anderen Unwirksamkeitsgründe ein.[32]

12

Praktisch wichtiger ist die **Anfechtbarkeit** nach den §§ 119 ff BGB, wobei der **Irrtumsanfechtung** weniger Bedeutung zukommt als der Anfechtung wegen Täuschung und vor allem wegen Drohung. Ein Irrtum über die Folgen der einvernehmlichen Beendigung dürfte gerade auf Beschäftigtenseite nicht selten vorliegen. Dies gilt vor allem für sozialrechtliche Folgen wie Eintritt einer Sperrfrist und eines Ruhens (vgl dazu unten). Im Sinne des § 119 BGB begründen solche Fehlvorstellungen jedoch kein Anfechtungsrecht, da beim Arbeitnehmer in diesem Fall weder ein Irrtum über die Erklärung selbst noch über deren Inhalt vorlag.[33] Auch ein Eigenschaftsirrtum im Sinne des § 119 Abs. 2 BGB dürfte idR nicht vorliegen.[34]

13

Eine **Anfechtbarkeit** wegen **Täuschung** gem. § 123 BGB kommt eher in Frage. Insbesondere gilt dies dann, wenn eine Vertragspartei, idR der Arbeitnehmer, deutlich macht, dass er nur dann zu einer einvernehmlichen Aufhebung bereit ist, wenn bestimmte Folgen nicht eintreten und die andere Vertragspartei bewusst wahrheitswidrig, um das Ergebnis Beendigung zu erzielen, falsche Erklärungen abgibt (zB ausdrücklich erklärt, dass sicher mit der Agentur für Arbeit abgeklärt sei, dass eine Sperrfrist nicht eintritt). Wenn diese aktive Fehlinformation zumindest mitursächlich für den Abschluss der Vereinbarung wird, ist ein Anfechtungsrecht gegeben. Von einer Wirksamkeit der Auflösungsvereinbarung und lediglich der Möglichkeit, ggf Schadensersatzansprüche geltend zu machen, ist auszugehen, wenn der Arbeitgeber zB über Folgen in sozialrechtlicher und/oder steuerrechtlicher Hinsicht trotz einer entsprechenden Bitte des Arbeitnehmers nicht oder fahrlässig falsch informiert. Auch ohne eine entsprechende Bitte

14

---
29 ErfK/Müller-Glöge § 620 BGB Rn 7; Gagel/Gagel, § 143 a SGB III Rn 27.
30 Vgl APS/Rolfs, Aufhebungsvertrag Rn 72 ff mwN.
31 Vgl APS/Rolfs, Aufhebungsvertrag Rn 78 ff mwN.
32 Vgl APS/Rolfs, Aufhebungsvertrag Rn 79.
33 APS/Rolfs, Aufhebungsvertrag Rn 88 ff mwN; ErfK/Müller-Glöge § 620 BGB Rn 11; GKÖD/Künzl E § 33 TVöD/TV-L Rn 84.
34 Vgl GKÖD/Künzl aaO.

des Arbeitnehmers sollte der Arbeitgeber zumindest auf Informationsquellen, zB die Agentur für Arbeit, verweisen.[35]

15 Eine erhebliche Bedeutung in der Praxis hat die **Anfechtung nach § 123 BGB** wegen **widerrechtlicher Drohung**. Hier geht es vor allem um die Fälle, in denen ein Arbeitnehmer zu einem Auflösungsvertrag gedrängt wird, indem mit einer Kündigung (typischerweise einer fristlosen Kündigung) und/oder einer Strafanzeige wegen eines angeblichen Fehlverhaltens gedroht wird.[36] Diese Konstellation ist vergleichbar mit der Frage der Anfechtbarkeit einer Kündigung des Arbeitnehmers nach einer entsprechenden Drohung des Arbeitgebers. Entscheidend ist hier, dass grds. der Arbeitnehmer selbst dafür verantwortlich ist, welche Erklärung er abgibt, zumal auch das Schriftformerfordernis einen gewissen Schutz bietet. Andererseits ist nicht zu verkennen, dass durch solche Anschuldigungen Arbeitnehmer unverschuldet in eine Zwangslage gebracht werden. Dies ist zB gegeben bei Fällen, in denen gegenüber einer jugendlichen Arbeitnehmerin mit der Offenbarung einer Beziehung oder gar einer Schwangerschaft gegenüber den Eltern gedroht wird. Entscheidender Anknüpfungspunkt ist das Tatbestandsmerkmal der Widerrechtlichkeit in § 123 BGB. Im letztgenannten Beispiel ist dies ohne Weiteres zu bejahen. Bei den Fällen, in denen wegen eines angeblichen strafbaren Fehlverhaltens mit Strafanzeige gedroht wird, ist zu fragen, ob ein verständiger Arbeitgeber einen Kündigungsgrund grundsätzlich als in Betracht kommend ansehen durfte.[37] Im Prozess um eine Anfechtung ist von den Maßstäben her kein „hypothetischer Kündigungsschutzprozess" zu führen. Es kommt lediglich darauf an, dass ein sorgfältig ermittelnder und überlegender Arbeitgeber eine Kündigung ernsthaft erwägen durfte.

16 Anders als andere Tarifverträge (zB MTV des Bayer. Einzelhandels) räumt der TVöD kein **Widerrufsrecht** mit einer entsprechenden Frist ein. Nach der Modernisierung des Schuldrechts des BGB ist ein Widerrufsrecht aus § 312 Abs. 1 Nr. 1 BGB in die Diskussion gekommen. Das BAG lehnt die Anwendung der Regelungen für sog. Haustürgeschäfte ab und begründet dies vor allem auch damit, dass die §§ 312 ff BGB „besondere Vertriebsformen" erfassen. Dies steht einer Anwendung auf Beendigung von Arbeitsverträgen entgegen.[38]

17 Denkbar ist die Ausübung eines **Rücktrittsrechts** gem. § 323 BGB iVm § 320 BGB oder auch die Anwendung von Rechtsgedanken über die Störung der Geschäftsgrundlage.[39] Die Anwendungsbereiche dieser Institute können gegeben sein, wenn eine Seite ihre Verpflichtungen aus dem Auflösungsvertrag (zB Rückzahlung einer überzahlten Vergütung oder Zahlung einer Abfindungssumme) nicht erfüllt oder wenn zu Grunde gelegte Umstände sich unerwartet ändern (zB bei überraschend entstehender Möglichkeit eines adäquaten Einsatzes bei ge-

---

35 Zu den Beratungspflichten ausführlich GKÖD/Künzl E § 33 TVöD/TV-L Rn 55 ff.
36 Vgl zB APS/Rolfs, Aufhebungsvertrag Rn 97 ff mwN; ErfK/Müller-Glöge, § 620 BGB Rn 10.
37 Vgl zB BAG v. 23.9.1993, 2 AZR 268/93, NZA 94, 209; BAG v. 21.3.1996, 2 AZR 543/95, NZA 1996, 1030; Anfechtbarkeit bejahend zB BAG v. 6.12.2001, 2 AZR 396/00, NZA 2002, 732; APS/Rolfs, Aufhebungsvertrag Rn 102 mwN; GKÖD/Künzl E § 33 TVöD/TV-L Rn 89 ff.
38 BAG v. 22.4.2004, 2 AZR 281/03, NZA 2004, 1295, ErfK/Müller-Glöge § 620 BGB Rn 13 ff, GKÖD/Künzl E § 33 TVöD/TV-L Rn 63, 73 ff mwN zum Diskussionsstand.
39 ErfK/Müller-Glöge § 620 BGB Rn 13; sehr zurückhaltend APS/Rolfs, Aufhebungsvertrag Rn 105 ff.

sundheitlichen Einschränkungen, nachdem der Auflösungsvertrag unterschrieben wurde, die vereinbarte Frist bis zum Auflösungszeitpunkt jedoch noch nicht verstrichen ist). Beim letztgenannten Beispiel dürften die Grundsätze zum sog. Wiedereinstellungsanspruch übertragbar sein.[40]

3. Andere Regelungen im Auflösungsvertrag als die Beendigung. Auflösungsverträge enthalten typischerweise außer der Vereinbarung der Beendigung zu einem bestimmten Zeitpunkt, die das Wesen des Auflösungsvertrages wie gezeigt in Abgrenzung zB zum Abwicklungsvertrag ausmacht, weitere Regelungen, wie sie sich auch in außergerichtlichen oder gerichtlichen Vergleichen oder Abwicklungsvereinbarungen finden. Zu nennen ist hier vor allem die **Vereinbarung einer Abfindungssumme**. Die steuerrechtliche Bedeutung von Inhalt und Formulierung einer solchen Regelung ist durch die volle Versteuerungspflicht der Abfindungssumme geringer geworden. Wegen der weiterhin fortbestehenden Möglichkeit der sog. Fünftelungsregelung[41] in den §§ 34 Abs. 2 Nr. 2, § 24 Nr. 1 EStG empfiehlt es sich aber nach wie vor, wenn faktisch zutreffend, festzuhalten, dass der Aufhebungsvertrag auf Veranlassung des Arbeitgebers geschlossen wurde und die vereinbarte Zahlung erfolgen soll als Abfindung für den Verlust des Arbeitsplatzes. Dies ist auch notwendig, um zu verhindern, dass möglicherweise sozialversicherungsrechtlich die Zahlung unzutreffend als Entgelt angesehen wird.[42] Wird ein Aufhebungsvertrag geschlossen, der hinsichtlich des/der Beschäftigten einen Diskriminierungshintergrund hat, so ist denkbar, dass die Einigung auf eine **Schadensersatz- oder Entschädigungszahlung gem. § 15 Abs. 1, Abs. 2 AGG** erfolgt. Schadensersatzzahlungen, die ihrem Wesen nach einen Ausgleich für Vergütungseinbußen darstellen, sind dabei idR steuer- und sozialversicherungspflichtig. Bei Entschädigungszahlungen nach § 15 Abs. 2 AGG wird jedoch von Steuerfreiheit ausgegangen.[43] Entschädigungszahlungen nach § 15 Abs. 2 AGG werden auch als sozialversicherungsfrei angesehen. 18

Häufig enthalten **Aufhebungsvereinbarungen** gerade dann, wenn eine längere Kündigungsfrist beachtet wird, Regelungen über das **Einbringen von Erholungsurlaub**[44] sowie etwaiger **Freistellungsansprüche** zum **Ausgleich** von **Mehrarbeit oder Überstunden** (zu den Begriffen Mehrarbeit und Überstunden vgl § 7 Rn 85 ff, 90 ff). Soweit es sich nicht um die Verwirklichung solcher gesetzlicher oder tariflicher Freistellungsansprüche handelt, liegt bei einer **Freistellung** inhaltlich ein Verzicht des Arbeitgebers auf sein Direktionsrecht, also auf das Recht Arbeit zuzuweisen, vor. IdR soll sich die Freistellung nicht auf den Vergütungsanspruch auswirken, so dass kein Sonderurlaub gem. § 28 TVöD vorliegt (vgl § 28 Rn 10 ff). Das BSG vertritt seit langem die Auffassung, dass bei Beschäftigten, deren arbeitsvertragliche Bindung noch besteht, eine Direktionsrechtsausübung in Form der Zuweisung von Arbeit aber zB aus gesundheitlichen Gründen nicht mehr stattfindet, das sozialrechtliche Beschäftigungsverhältnis beendet ist.[45] Die Spitzenverbände der Krankenkassen, der Verband der Rentenversicherungsträger und die Bundesagentur für Arbeit zogen hieraus zeitweise die Kon- 19

---

40 Vgl dazu allgemein APS/Dörner, § 1 KSchG Rn 74 ff.
41 APS/Selder, SteuerR Rn 25 ff.
42 Vgl zB BSG v. 21.2.1990, 12 RK 20/88, NZA 1990, 751, APS/Rolfs, Aufhebungsvertrag Rn 114.
43 Vgl Küttner/Macher, Schlegel, 1046 ff.
44 Die tariflichen Bestimmungen zum Urlaub finden sich in § 26 TVöD.
45 ZB BSG v. 25.4.2002, B 11 AL 65/01 R, NZA-RR 2003, 105, 107.

sequenz auch für die **einvernehmliche Freistellung** zB im Rahmen von Aufhebungsverträgen und kamen auch in diesen Fällen zu einer **Beendigung des Beschäftigungsverhältnisses im sozialrechtlichen Sinn.** Dies sollte selbst dann gelten, wenn für den Freistellungszeitraum weiterhin Beiträge abgeführt wurden. IdR beabsichtigen die Vertragspartner eines Auflösungsverhältnisses bei Freistellungsregelungen unter Fortzahlung der Vergütung eine solche Wirkung nicht. Dies hat nun auch das BSG[46] klargestellt und nimmt bei einer unwiderruflichen Freistellung bis zur absehbaren Beendigung des Arbeitsverhältnisses idR ein sozialversicherungspflichtiges Beschäftigungsverhältnis an.[47] Sinnvoll ist es, in der Auflösungsvereinbarung **Regelungen** zu treffen über **streitige** Ansprüche zB hinsichtlich **Mehrarbeitsvergütung** oder **Sonderzahlungen.** Ist für die Vergangenheit eine **Eingruppierung** streitig, so sollte ebenfalls festgelegt werden, aus welcher Vergütungs- bzw Entgeltgruppe die Zahlung bis zum Ausscheiden erfolgt. Streitvermeidend können Regelungen wegen **Zuwendungen** sein, die erst noch während der Zeit ab Abschluss des Vertrages bis zum Ausscheiden möglicherweise verdient werden. Soweit sich **Rückzahlungsproblematiken** zB wegen Fortbildungskosten oder Gratifikationen stellen, sollten diese ebenfalls zur Vermeidung späterer Auseinandersetzungen geregelt werden. Üblich sind Regelungen in Bezug auf **Zwischenzeugnis** und **Zeugnis** und Regelungen zur betrieblichen Altersversorgung sowie sog. **Abgeltungs-** oder **Erledigungsklauseln.**[48]

20 **4. Sozialrechtliche Fragen. a) Sperrzeit nach § 144 SGB III.** Von besonderer Bedeutung ist die Feststellung einer **Sperrzeit** nach § 144 SGB III mit der Folge eines Ruhens des Anspruches auf Arbeitslosengeld. Bei einer Sperrzeit tritt als weitere Konsequenz eine Minderung der Anspruchsdauer nach § 128 Abs. 1 Nr. 4 SGB III ein. Auch krankenversicherungsrechtlich hat der Eintritt einer Sperrzeit Folgen (Ruhen des Krankengeldanspruchs nach § 49 Nr. 3 a SGB V und Wegfall des Krankenversicherungsschutzes für den ersten Monat der Sperrfrist nach § 5 Abs. 1 Nr. 2 SGB V, für diese Zeit greift allerdings der sog. nachgehende Leistungsanspruch nach § 19 Abs. 2 SGB V). Es ist also durchaus von Bedeutung, ob eine Sperrzeit, deren regelmäßige Dauer zwölf Wochen beträgt, vermieden werden kann. Anknüpfungspunkt für die Feststellung durch die Agentur für Arbeit ist das in § 144 Abs. 1 S. 1 SGB III genannte versicherungswidrige Verhalten, das beim Auflösungsvertrag gem. § 144 Abs. 1 S. 2 Ziff.1 SGB III in einem **Lösen des Beschäftigungsverhältnisses** durch den Arbeitslosen liegt. Es ist grds. nicht umstritten, dass die Einwilligung in eine einvernehmliche Beendigung ein Lösen des Beschäftigungsverhältnisses im Sinne des § 144 SGB III ist, auch wenn es bei der vertraglichen Beendigung anders als bei der eigenen Kündigung auf die Erklärungen beider Seiten ankommt. Der spätere Arbeitslose wirkt aber durch seine Willenserklärung entscheidend an der Herbeiführung der Beendigung und damit der späteren Arbeitslosigkeit mit. Allerdings stellt sich hier bereits die Frage, ob die Erklärung der/des Beschäftigten überhaupt kausal für die Herbeiführung der Arbeitslosigkeit ist. Dies kann verneint werden, wenn davon auszugehen ist, dass

---

46 Vgl www.vdr.de Bekanntmachung des Besprechungsergebnisses v. 5./6.7.2005, Durchführungsanweisungen der BA zur Sperrzeit mit Hinweisen zu sozialversicherungsrechtlichen Aspekten der Freistellung, Stand 10/2007, dann aber BSG v. 24.9.2008, B 12 KR 22/07 und 27/07, NZA 2009, 559.
47 Vgl zum Ganzen auch Bauer, „Spielregeln für die Freistellung", NZA 2007, 409 ff.
48 Vgl allgemein Hümmerich, Vertragsgestaltung, Prozessführung, 1026 ff; GKÖD/Künzl E § 33 TVöD/TV-L Rn 109 f.

bei Nichtabschluss des Auflösungsvertrages das Arbeitsverhältnis durch den Arbeitgeber in einer Weise hätte beendet werden können, bei der eine Sperrzeit nicht eingetreten wäre (zB bei Ausspruch einer sozial gerechtfertigten oder wegen Unanwendbarkeit des Kündigungsschutzgesetzes nach allgemeinen Regeln rechtmäßigen fristgerechten Kündigung). Diese Argumentation hat an Gewicht gewonnen durch die Einführung des § 1a KSchG, hinter dem erkennbar das gesetzgeberische Ziel steht, betriebsbedingte, fristgerechte Beendigungen bei Zahlung einer Abfindungssumme zu erleichtern. Dieses Ziel kann nicht erreicht werden, wenn der Arbeitnehmer sozialrechtlich negative Folgen zB durch Eintritt einer Sperrzeit befürchten müsste. Deshalb wird von den Agenturen für Arbeit ein rechtmäßiges Vorgehen nach § 1a KSchG **nicht als sperrzeitauslösend** angesehen.[49] Übertragen auf die Situation bei Aufhebungsverträgen, die eine fristgerechte personen- oder betriebsbedingte Kündigung ersetzen, heißt dies, dass das Verhalten des Beschäftigten dann nicht für die Sperrzeit kausal ist, indem viel für die Rechtmäßigkeit einer fiktiven Kündigung spricht. Ein anderer Ansatzpunkt ist die Frage, ob der Arbeitnehmer einen **wichtigen Grund** für sein Verhalten hatte.[50] Dies kann zB bei Konstellationen der Fall sein, in denen gesundheitlich angeschlagene Beschäftigte bereit sind, Aufhebungsverträge abzuschließen, wenn sie zuvor Opfer von Mobbingattacken waren und keine arbeitgeberseitige Abhilfemaßnahmen erfolgt sind oder diese wirkungslos blieben. Die Regelsperrzeit beträgt zwölf Wochen, eine Verkürzung kommt dann in Betracht, wenn das Arbeitsverhältnis beispielsweise durch eine wirksame Befristung ohnehin innerhalb von zwölf Wochen nach dem Ereignis, das die Sperrzeit begründet, ohne Sperrzeit geendet hätte (vgl § 144 Abs. 3 Ziff. 2 SGB III).

b) Ruhen nach § 143a SGB III. Eine weitere bedeutsame Norm ist **§ 143a SGB III**. Diese komplizierte und vielgliedrige Vorschrift ist bei Aufhebungsverträgen dann von Bedeutung, wenn bei ordentlich kündbaren Arbeitnehmern die **maßgebliche Kündigungsfrist** (also bspw die tarifliche Kündigungsfrist nach § 34 Abs. 1 TVöD) **nicht eingehalten** wird. Hinzu kommen muss für die Feststellung eines Ruhenstatbestandes die Zahlung einer **Entlassungsentschädigung**, in der Praxis idR als Abfindung bezeichnet. Der Begriff Entlassungsentschädigung erfasst neben den üblichen Abfindungen auch andere wegen der Beendigung des Arbeitsverhältnisses gezahlte Leistungen, dies kann zB auch der Erlass einer Darlehensrückzahlung anlässlich der Beendigung sein.[51] Ein Ruhen nach § 143a SGB III führt nicht zu einer Verkürzung des Bezugszeitraums von Arbeitslosengeld, wohl aber zum Verlust des Krankenversicherungsschutzes.[52] Das Funktionssystem des Ruhens für längstens ein Jahr ergibt sich aus § 143a Abs. 2 SGB III. Der exakte Zeitraum des Ruhens der Zahlung im konkreten Fall errechnet sich aus der Anrechnung der Abfindungssumme unter Zugrundelegung des während der letzten Beschäftigungszeit verdienten kalendertäglichen

---

49 Vgl APS/Ascheid, Hesse, § 1a KSchG Rn 13; zum Abfindungsanspruch gem. § 1a KSchG vgl auch BAG v. 19.6.2007, 1 AZR 340/06, NZA 2007, 1357; BAG v. 13.12.2007, 2 AZR 807/06, NZA 2008, 904; AP Nr. 6 zu § 1a KSchG; vgl auch BSG v. 12.7.2006, B 11a AL 47/05 R, NZA 2006, 1359; entsprechend angepasst wurden bereits die Durchführungsanweisungen der Bundesagentur für Arbeit zu § 144 SGB III, vgl Stand 10/07 und 12/07; ErfK/Rolfs § 144 SGB III Rn 34 mwN.
50 Vgl ErfK/Rolfs § 144 SGB Rn 27 ff.
51 Vgl auch Beispiele bei Gagel/Gagel § 143a SGB III Rn 32 f; ErfK/Rolfs § 143a SGB III Rn 8.
52 Küttner/Voelzke, 20 f.

Arbeitsentgelts für den Zeitraum, in dem die maßgebliche Kündigungsfrist verkürzt wurde. Gerade bei betriebsbedingten Beendigungen ist zu beachten, dass § 143a SGB III bei ordentlich unkündbaren Arbeitnehmern (vgl § 34 Abs. 2 TVöD) oder bei Arbeitnehmern, denen ordentlich nur im Zusammenhang mit einer tarifvertraglichen oder sich aus einem Sozialplan ergebenden Abfindungsregelung gekündigt werden kann, fiktive Kündigungsfristen von achtzehn Monaten bzw zwölf Monaten vorsieht. Es handelt sich dabei nicht um Kündigungsregelungen des arbeitsförderungsrechtlichen Gesetzgebers, die für das Arbeitsverhältnis Rechtswirkung haben, sondern um Fiktionen zur Bestimmung des Ruhenszeitraums.

22 Für den **öffentlichen Dienst** ist es von großer Bedeutung, dass ein Ruhen dann nicht eintritt, wenn bei einem **ordentlich nicht mehr kündbaren Beschäftigten eine Auflösung mit einer sog. sozialen Auslauffrist** erfolgt und dabei die Kündigungsfrist eingehalten wird, die tariflich gelten würde, wenn der Arbeitnehmer/die Arbeitnehmerin ordentlich kündbar wäre. Hinzu kommen muss allerdings, dass die Agentur für Arbeit zu dem Ergebnis kommt, dass für eine solche Beendigung auch tatsächlich ein **wichtiger Grund im Sinne des § 34 Abs. 2 S. 1 TVöD** und des **§ 626 BGB** vorliegt (vgl § 34 Rn 32 ff). Beschäftigte im öffentlichen Dienst, die noch kündbar sind, werden also idR bei Auflösungsverträgen, in denen auch die Zahlung einer Entlassungsentschädigung vorgesehen ist, darauf zu achten haben, dass die ordentliche Kündigungsfrist eingehalten wird. Bei ordentlich unkündbaren Beschäftigten können die Folgen des § 143a SGB III nur vermieden werden, wenn die Voraussetzungen für eine fristgebundene Kündigung aus wichtigem Grund zu bejahen sind und die tariflich längste Kündigungsfrist eingehalten wurde (vgl § 143a Abs. 1 S. 3 Ziff. 2 SGB III). Ein Ruhen tritt dann nicht ein, wenn das Arbeitsverhältnis ohne Einhaltung einer Kündigungsfrist fristlos beendet wird und für eine fristlose Kündigung dem Arbeitgeber ein wichtiger Grund zur Seite gestanden hätte. Diese Regelung des § 143a Abs. 2 Ziff. 3 SGB III ist praktisch wenig bedeutsam, weil bei solchen Konstellationen in aller Regel keine Entlassungsentschädigung gezahlt wird.

IV. Beendigung oder Ruhen des Arbeitsverhältnisses nach Bewilligung einer Rente wegen voller oder teilweiser Erwerbsminderung (Abs. 2–4)

23 1. **Normstruktur, sozialrechtliche Anknüpfungstatbestände.** Die differenziert geregelten Rechtsfolgen, die in den Abs. 2–4 vorgesehen sind, knüpfen an bestimmte im Recht der gesetzlichen Rentenversicherung geregelte Tatbestände an (**§ 43 SGB VI, Rente wegen Erwerbsminderung** und **§ 240 SGB VI, Rente wegen teilweiser Erwerbsminderung bei Berufsunfähigkeit**). Die einzelnen Rentenarten, um die es hier geht, sind die Rente wegen voller Erwerbsminderung, die Rente wegen teilweiser Erwerbsminderung und die Rente wegen teilweiser Erwerbsminderung bei Berufsunfähigkeit nach einer weiterhin geltenden Übergangsregelung, die seit 1.1.2001 gilt.[53] Mit der Einführung der Rente wegen Erwerbsminderung gem. § 43 SGB VI wurde die frühere Erwerbsunfähigkeitsrente Geschichte, es wurde jedoch ein sozialpolitisches Bedürfnis dafür gesehen, für Versicherte, die vor dem 2.1.1961 geboren sind, aufgrund einer Übergangsvorschrift

---

53 Vgl Überblick bei KSW/Kreikebohm, § 43 SGB VI Rn 3 ff, Rn 13 ff, § 240 SGB VI Rn 1 ff; Reinhardt/Reinhardt, LPK-SGB VI, § 43 SGB VI Rn 3; § 240 SGB VI Rn 3.

die Rente bei Berufsunfähigkeit weiter vorzusehen, auch wenn dieser Versicherungsfall erst nach dem 31.12.2000 eintritt.[54]

a) Rente wegen voller Erwerbsminderung. Die **Rente wegen voller Erwerbsminderung** ist in § 43 Abs. 2 SGB VI geregelt. Anspruch auf diese Rente haben Versicherte vor Vollendung des 65. Lebensjahres, wenn sie in den letzten fünf Jahren vor Eintritt der Erwerbsminderung drei Jahre Pflichtbeiträge für eine versicherte Beschäftigung oder Tätigkeit aufweisen können und die allgemeine Wartezeit gem. der §§ 50 ff SGB VI erfüllt haben. § 50 SGB VI enthält dabei eine gesetzliche Übersicht über die Wartezeitregelungen. Durch welche rentenrechtlich relevanten Vorgänge die Zeit erfüllt wird, regeln die §§ 51 ff SGB VI.[55] Der entscheidende Begriff ist **volle Erwerbsminderung**. Nach der Legaldefinition erfüllen diese Voraussetzungen Versicherte, die wegen Krankheit oder Behinderung auf nicht absehbare Zeit außerstande sind, unter den üblichen Bedingungen des allgemeinen Arbeitsmarkts mindestens drei Stunden täglich erwerbstätig zu sein. Diese Definition wird noch ergänzt durch spezielle Regelungen für Versicherte in Werkstätten für behinderte Menschen und für Versicherte im besonderen Fall eines erfolgreichen Eingliederungsversuches, wenn sie schon vor Erfüllung der allgemeinen Wartezeit voll erwerbsgemindert waren. Aus der Definition des Gesetzes geht bereits hervor, dass grundsätzlich bei der Erwerbsminderungsrente der Bezugspunkt für die Beurteilung der Leistungseinschränkung nicht die zuletzt ausgeübte Tätigkeit oder der erlernte Beruf ist, sondern der **allgemeine Arbeitsmarkt** einschließlich leichter und einfacher Tätigkeiten als Maßstab herangezogen wird. Die zeitlichen Grenzwerte sind auf die dort herrschenden üblichen Bedingungen bezogen.[56] Die **entscheidende Leistungsgrenze** bei der **vollen Erwerbsminderung** liegt grundsätzlich bei **drei Stunden täglich** (zur sog. Arbeitsmarktrente vgl Rn 25).

b) Rente wegen teilweiser Erwerbsminderung, sog. Arbeitsmarktrente. § 43 Abs. 1 SGB VI regelt die **Rente wegen teilweiser Erwerbsminderung**. Entscheidender Unterschied sind hier die Zeitgrenzen (**Leistungsfähigkeit** auf dem **allgemeinen Arbeitsmarkt** von **drei Stunden** und mehr, jedoch **unter sechs Stunden** täglich). Bei der Rente wegen teilweiser Erwerbsminderung ergibt sich der sog. Rentenartfaktor aus § 67 Nr. 2 SGB VI, dh die Rente ist nur halb so hoch wie die Rente wegen voller Erwerbsminderung, wobei bei beiden Renten noch ein Abschlag berechnet wird, (0,3 % für jeden Monat, für den die Rente vor dem 63. Lebensjahr beginnt, max. 10,8 %). Dies ergibt sich aus § 77 SGB VI.[57] Wenn der/die Versicherte auf eine Rente wegen teilweiser Erwerbsminderung angewiesen ist, sind erhebliche Einbußen gegenüber dem bisherigen Nettoverdienst hinzunehmen. Dies bildet den Hintergrund für die nachstehend zu erörternden tariflichen Regelungen zur Weiterbeschäftigungsverpflichtung und für die **sog.**

---

[54] Die Lohnersatzfunktion dieser Rentenart soll im Sinne einer Besitzstandswahrung zumindest dem Personenkreis erhalten bleiben, der bei Inkrafttreten bereits 40 Jahre alt war, vgl KSW/Roßbach, § 240 SGB VI Rn 1.
[55] Vgl Überblick bei Plagemann/Plagemann, MAH Sozialrecht, § 19 Rn 1.
[56] KSW/Kreikebohm, § 43 SGB VI Rn 3 ff; Reinhardt/Reinhardt, LPK-SGB VI, § 43 SGB VI Rn 5 ff.
[57] Schwer abschätzbar war längere Zeit die Entwicklung beim Bezug von Erwerbsminderungsrente vor dem 60. Lebensjahr, weil verschiedene Senate des BSG unterschiedliche Auffassungen vertreten haben, die Abschlagsregelung dürfte letztlich Bestand haben, vgl Reinhardt/Fischer LPK-SGB VI, § 264 SGB VI, Rn 19.

Arbeitsmarktrente. Das vorstehend aufgezeigte Problem gab es bereits bei der früheren Erwerbsunfähigkeitsrente dann, wenn bei einem/einer Versicherten das Leistungsvermögen bereits erheblich gesunken war, eine Erwerbsunfähigkeit nach der damaligen gesetzlichen Definition jedoch nicht vorlag.[58] Dies ist nun zu übertragen auf die Lage, in der sich ein Versicherter/eine Versicherte befindet, wenn das Leistungsvermögen zwischen drei und sechs Stunden liegt, ein geeigneter Teilzeitarbeitsplatz aber nicht vorhanden ist. Entscheidend für die Gewährung einer Rente wegen voller Erwerbsminderung, obwohl von den zeitlichen Grenzen her nur der Versicherungsfall der teilweisen Erwerbsminderung erfüllt ist, ist es, ob ein dem Leistungsvermögen entsprechender Arbeitsplatz tatsächlich besetzt wird oder zur Verfügung steht. Von praktischer Bedeutung ist diese Vorschrift auch dann, wenn ein Arbeitsverhältnis fortbesteht, keine rechtswirksame Kündigung vorliegt, aber auch kein geeigneter Arbeitsplatz zur Verfügung steht und andere Sozialleistungen wie Krankengeld oder Arbeitslosengeld nach der sog. Nahtlosigkeitsregelung (vgl § 125 SGB III) ausgeschöpft sind. In einem solchen Fall finden die Grundsätze der sog. Arbeitsmarktrente im Interesse des Versicherten/der Versicherten Anwendung. Zwar führt dann die Gewährung von Rente wegen voller Erwerbsminderung nach den tariflichen Vorschriften zu einer Beendigung des Arbeitsverhältnisses. Durch die Gewährung der vollen Erwerbsminderungsrente können aber die wirtschaftlichen Einbußen begrenzt werden (zu den Rechtsfolgen der Gewährung der Rente wegen voller Erwerbsminderung vgl Rn 31 f).

26 **c) Rente wegen teilweiser Erwerbsminderung bei Berufsunfähigkeit.** Wegen der fortgeltenden Übergangsregelung gem. § 240 SGB VI ist für den vor dem 2.1.1961 geborenen Personenkreis bei Vorliegen der versicherungsrechtlichen Voraussetzungen an die **Rente wegen Berufsunfähigkeit** zu denken. Bei der Berufsunfähigkeit ist nicht auf den allgemeinen Arbeitsmarkt abzustellen, sondern grundsätzlich auf den Beruf, der im rentenrechtlichen Sinne Berufsschutz genießt („**bisheriger Beruf**").[59] Allerdings geht die rentenrechtliche Betrachtung über den letzten Beruf hinaus und bezieht sog. „**Verweisungsberufe**" mit ein, wobei das BSG sowohl zu den Arbeiterberufen wie auch zu den Angestelltenberufen jeweils ein Verweisungsschema entwickelt hat.[60] Vereinfacht dargestellt ist so vorzugehen, dass zunächst die Tätigkeit einzuordnen ist in ein Schema, das bei Arbeitern mit Ungelernten beginnt und über Anlernberufe und Facharbeitertätigkeiten zu Vorarbeitertätigkeiten mit Leitungsfunktionen oder bei Angestellten über Ausbildungsberufe, Meistertätigkeiten bis hin zu Tätigkeiten nach Studium und mit Führungsfunktionen reicht. Verweisbar ist der Versicherte/die Versicherte dann innerhalb seiner Stufe und in die nächstniedrigere Stufe, jedoch nicht tiefer.[61]

Die **Übergangsregelung** bietet also die Möglichkeit, für Beschäftigte, die vor dem **2.1.1961 geboren** sind und deren Leistungsvermögen auf dem allgemeinen Arbeitsmarkt noch sechs Stunden beträgt, die jedoch zB den nervlichen Belastungen einer Vorarbeitertätigkeit und auch einer qualifizierten Facharbeitertätigkeit oh-

---

58 Grundlegend BSG Großer Senat 20.12.1976 BSGE 43, 75; Reinhardt/Reinhardt, LPK-SGB VI, § 43 SGB VI Rn 11; Plagemann/Plagemann, MAH Sozialrecht, § 19 Rn 70 ff, KSW/Kreikebohm, § 43 SGB VI, Rn 18.
59 Reinhardt/Reinhardt, LPK-SGB VI, § 240 SGB VI, Rn 7.
60 Vgl übersichtliche Darstellung bei Plagemann/Plagemann, MAH Sozialrecht, § 19 Rn 85 f und Rn 87.
61 Vgl KSW/Roßbach, § 240 SGB VI Rn 10.

ne Vorgesetztenfunktion nicht mehr gewachsen sind, zu einer Rente zu kommen. Es handelt sich hierbei allerdings auch nur um eine Rente wegen teilweiser Erwerbsminderung, also mit einem Rentenartfaktor von 0,5.[62] Die Grundsätze der Arbeitsmarktrente sind auf die Berufsunfähigkeit nicht zu übertragen.[63]

d) Weitere rentenrechtlich bedeutsame Aspekte. Die tarifvertraglichen Regelungen knüpfen daran an, dass im SGB VI zwischen Renten auf Zeit und Renten auf Dauer unterschieden wird. Die Vorschriften **für Beginn, Änderung und Ende von Renten** finden sich in den §§ 99 ff SGB VI. Grundsätzlich ist eine Rente zu leisten von dem Kalendermonat an, zu dessen Beginn die Anspruchsvoraussetzungen erfüllt sind (§ 99 Abs. 1 S. 1 SGB VI). Wenn also bspw der Versicherungsfall (zB die teilweise Erwerbsminderung) ärztlicherseits im Monat Juni eines Kalenderjahres festgestellt wird, ist die Rente zu zahlen ab dem Monat Juli. Dieses gilt selbst dann, wenn die ärztlichen Feststellungen am 1.6. erfolgen. Auch dann haben die rentenrechtlichen Voraussetzungen zu Beginn des Monats Juni noch nicht vorgelegen. Diese Regelung gilt allerdings nur, wenn der Antrag bis zum Ende des dritten Monats nach Ablauf des Monats, in dem der Versicherungsfall eintritt, gestellt wird (§ 99 Abs. 1 S. 1 SGB VI), ansonsten kommt es auf die Antragstellung an, vgl § 99 Abs. 1, S. 2 SGB VI.[64] 27

Für die **Dauer der Rentengewährung** ist für die hier interessierenden Renten wegen verminderter Erwerbsfähigkeit § 102 Abs. 2 S. 1 SGB VI von Bedeutung, der bestimmt, dass diese Renten auf Zeit geleistet werden. Die Vorschrift sieht ferner vor, dass die Befristung für drei Jahre erfolgt. Sie kann auch wiederholt werden. Eine **unbefristete Zahlung**, sei es gleich bei der ersten Bewilligung, sei es erst nach Ablauf eines befristeten Leistungszeitraums, hat nur dann zu erfolgen, wenn zum Zeitpunkt der Entscheidung des Rentenversicherungsträgers die Behebung der Leistungsminderung unwahrscheinlich ist. Bei **befristeten Gewährungen** über neun Jahre besteht die gesetzliche Vermutung (§ 102 Abs. 2 aE), dass dieser Zustand erreicht ist. Dies gilt allerdings nur für Renten wegen Erwerbsminderung, die nicht von der Arbeitsmarktlage abhängig sind. Erfasst wird also nicht die Rente wegen voller Erwerbsminderung bei Vorliegen teilweiser Erwerbsminderung und Verschlossenheit des Arbeitsmarktes, hier gilt stets ein Befristungszwang. Festzuhalten ist, dass bei allen Renten wegen Erwerbsminderung die befristete Rentengewährung der Regelfall ist.[65] 28

Hinzuweisen ist an dieser Stelle auf einen weiteren **wichtigen Grundsatz des Rentenrechts**: „Reha vor Rente", dieses Prinzip ist festgelegt in § 9 Abs. 1 S. 2 SGB VI iVm § 116 Abs. 2 SGB VI.[66] Die letztgenannte Vorschrift bestimmt, dass ein **Reha-Antrag als Rentenantrag** gilt, wenn von einer verminderten Erwerbsfähigkeit auszugehen ist und entweder bereits prognostisch Leistungen zur Rehabilitation und zur Teilhabe am Arbeitsleben keine Erfolgschance bieten oder durchgeführt wurden und keinen nachhaltigen Erfolg erbracht haben. Wegen der bei § 33 TVöD zu erörternden arbeitsrechtlichen Folgen ist es in der Praxis von Bedeutung, diesen Funktionsmechanismus zu kennen, da ein Antrag auf 29

---

62 Plagemann/Plagemann, MAH Sozialrecht § 19 Rn 82.
63 Reinhardt/Reinhardt, LPK-SGB VI, § 240 SGB VI Rn 6.
64 Zum Rentenbeginn bei § 99 SGB VI: Reinhardt/Stock LPK-SGB VI, § 99 SGB VI Rn 7 ff, KSW/Kreikebohm § 99 SGB VI Rn 3 ff.
65 Reinhardt/Stock LPK-SGB VI, § 102 SGB VI Rn 7 ff.
66 Reinhardt/Hirsch LPK-SGB VI, § 9 SGB VI Rn 5 und Reinhardt/Hirsch LPK-SGB VI, § 116 SGB VI Rn 2 ff.

Reha-Leistungen somit ohne Änderung der Antragstellung bei den entsprechenden Prognosen bzw Bewertungen über die Fiktion als Rentenantrag zu einem Rentenbescheid führen kann, der dann die tarifliche Wirkung auf das Arbeitsverhältnis auslöst. Es ist nicht zu übersehen, dass die Vorschrift des § 116 Abs. 2 SGB VI die Dispositionsbefugnis des Versicherten in der gesetzlichen Rentenversicherung einschränkt, andererseits hilft sie, Nachteile verspäteter Antragstellung zu verhindern. Grundsätzlich wird davon auszugehen sein, dass die Umdeutung eines Reha-Antrages in einen Rentenantrag nur mit Willen des Versicherten erfolgen darf, bei Veranlassung des Antrages auf Leistungen zur Teilhabe durch die Krankenkasse oder die Agentur für Arbeit wird aber die Dispositionsbefugnis des Versicherten als beschränkt angesehen und das Einverständnis des veranlassenden Sozialversicherungsträgers mit der Ausübung des Dispositionsrechts für erforderlich gehalten.[67]

30 In der Praxis ist in den Fällen der Beantragung von Renten wegen Erwerbsminderung die **medizinische Begutachtung** häufig von großer Bedeutung, wobei in den behördlichen Verfahren einschließlich des Widerspruchsverfahrens vom Sozialversicherungsträger häufig nach Aktenlage entschieden wird. Die Befundberichte der behandelnden Ärzte und Krankenhäuser werden zwar hinzugezogen und gewürdigt, Nachfragen nach den häufig aus den Berichten nicht ausreichend hervorgehenden Folgen der vorliegenden gesundheitlichen Probleme für die Fähigkeit, einer Erwerbstätigkeit auf dem allgemeinen Arbeitsmarkt nachzugehen, unterbleiben jedoch. Für den rechtlichen Berater eines Versicherten ist es daher sehr wichtig, medizinisch herausarbeiten zu lassen, welche Folgen sich für die Erwerbsfähigkeit ergeben. Dies gilt auch für das anschließende Gerichtsverfahren. Hier ist neben der Vorschrift des **§ 106 SGG**, der zentralen Norm für die Amtsermittlungspflicht des Sozialgerichts, auch **§ 109 SGG** zu beachten, mit dem der rechtliche Vertreter des Versicherten die gutachterliche Anhörung eines bestimmten Arztes herbeiführen kann. Es ist in diesem Fall allerdings zu bedenken, dass das Gericht einen Kostenvorschuss einholen kann und bei Erfolglosigkeit des Antrags auch endgültig die Kosten vom Versicherten oder seiner Rechtsschutzversicherung zu tragen sind.[68]

31 **2. Unterschiedliche tarifvertragliche Rechtsfolgen bei Rente auf Dauer und bei Rente auf Zeit. a) Beendigung bei Dauerrente.** Gemäß **§ 33 Abs. 2 S. 1 TVöD** löst die Feststellung einer vollen oder teilweisen Erwerbsminderung durch Bescheid eines Rentenversicherungsträgers die Rechtsfolge der **Beendigung** mit **Ablauf** des **Monats**, in dem die **Bescheidzustellung** erfolgt, aus. Dieser Grundsatz wird allerdings in den folgenden Regelungen, wie bereits angedeutet, modifiziert. Nach den Vorschriften des § 33 Abs. 2 S. 5, S. 6 TVöD tritt die Rechtsfolge der Beendigung nicht ein, wenn nur eine Zeitrente gewährt wird. Für die teilweise Erwerbsminderung enthält § 33 Abs. 3 TVöD abweichende Regelungen, die vom verbleibenden Leistungsvermögen der Beschäftigten/des Beschäftigten abhängen. Festzuhalten ist also, dass die Rechtsfolge Beendigung nur bei einer Rente wegen voller Erwerbsminderung auf Dauer eintritt. Arbeitsrechtlich ist diese durch Tarifvertrag angeordnete **Beendigung** zu bewerten als **auflösende Bedingung** (s. auch Rn 33), so dass die **Regelungen des TzBfG** über § 21 zur Anwen-

---

[67] Reinhardt/Hirsch LPK-SGB VI § 116 SGB VI Rn 4 ff.
[68] Zu Fragen der Begutachtung in Gerichtsverfahren vgl Plagemann/Plagemann MAH Sozialrecht § 41 zu § 109 SGG § 41 Rn 30 ff.

dung kommen (zB die Klagefrist nach § 17 TzBfG). Eine Klage führt also dazu, dass die tarifliche Beendigung auch an den Vorgaben des § 14 Abs. 1 TzBfG zu messen ist. Im Regelfall wird das Vorliegen eines Sachgrundes zu bejahen sein, da einerseits durch den Rentenversicherungsträger eine gravierende Einschränkung der Leistungsfähigkeit für den allgemeinen Arbeitsmarkt und damit auch in aller Regel eine Unfähigkeit, die geschuldete Arbeitsleistung zu erbringen, festgestellt wird und andererseits ein Leistungsanspruch aus dem Recht der gesetzlichen Rentenversicherung zugesprochen wird.[69]

b) Ruhen bei Zeitrente. Die Gewährung einer **Zeitrente**, gleich ob der Rentenbescheid die Feststellung der Berufsunfähigkeit, der teilweisen Erwerbsminderung oder der vollen Erwerbsminderung (mit oder ohne Berücksichtigung der Arbeitsmarktsituation) enthält, löst nach den tariflichen Regelungen die Rechtsfolge der Beendigung in keinem Fall aus. Stattdessen ordnet **§ 33 Abs. 2 S. 6** das **Ruhen des Arbeitsverhältnisses** für den Zeitraum, für den eine Rente auf Zeit gewährt wird, an. Bei der teilweisen Erwerbsminderung ist jedoch wiederum § 33 Abs. 3 TVöD zu beachten, in dem festgelegt ist, dass das Ruhen nicht eintritt, wenn eine Einsatzmöglichkeit im Rahmen des verbleibenden Leistungsvermögens besteht. Das Ruhen führt zum Entfallen der jeweiligen Hauptpflichten aus dem Arbeitsverhältnis (Vergütungspflicht und Pflicht zur Erbringung der Arbeitsleistung); Nebenpflichten bestehen weiterhin fort, die Ruhenszeiträume sind Beschäftigungszeit nach § 34 Abs. 3 TVöD; vgl zu den Nebenpflichten § 3 TVöD, zur Beschäftigungszeit nach § 34 TVöD s. § 34 Rn 52.

3. Die Bedeutung des Rentenbescheides. a) Zeitpunkt der Beendigung des Arbeitsverhältnisses. Beim **Rentenbescheid** hat nach der Tarifvorschrift die Zustellung die Wirkung, dass die Beendigung herbeigeführt wird, wenn es sich um einen Bescheid handelt, der eine Erwerbsminderung auf Dauer feststellt. Hinsichtlich des **Beendigungszeitpunkts** legt § 33 Abs. 2 S. 1 TVöD das Ende des Monats, in dem die Zustellung erfolgt, fest. Zu beachten ist allerdings, dass zu unterscheiden ist zwischen der Feststellung des Versicherungsfalls (zB Rente wegen voller Erwerbsminderung) und der Feststellung des Rentenbeginns, also der Aufnahme von Zahlungen. Dies kann wegen der vorstehend behandelten rentenrechtlichen Regelungen (vgl Rn 27 ff) auseinanderklaffen. Für solche Fälle bestimmt § 33 Abs. 2 S. 3 TVöD, dass die Beendigung des Arbeitsverhältnisses aufgeschoben ist auf den Ablauf des Tages, der dem **Rentenbeginn** vorangeht. Diese Konstellation folgt bei der Zeitrentengewährung aus § 101 Abs. 1 SGB VI, weil hier bestimmt ist, dass die Rente nicht vor Beginn des siebten Monats nach Eintritt des Versicherungsfalls zu gewähren ist.

Arbeitsrechtlich ist beim Beendigungszeitpunkt zu beachten, dass es sich bei der Regelung von § 33 Abs. 2 um eine auflösende Bedingung handelt (vgl auch Rn 31). Somit ist durch die Anordnung der entsprechenden Anwendung in § 21 TzBfG auch § 15 Abs. 2 TzBfG in die Betrachtungen einzubeziehen, was vom BAG auch für § 59 BAT so gesehen wurde. Die Anwendung einer Mindestfrist ist hier jedoch anders als bei der gesetzlich geregelten Konstellation der Zweckbefristung nicht sachgerecht, da der Auflösungstatbestand hier aus der Sphäre des Arbeitnehmers stammt und dieser eines Schutzes gegen einen überraschenden

---

[69] BAG v. 23.2.2000, 7 AZR 891/98, ZTR 2000, 462; vgl auch die ausführlichen Darlegungen zur Zulässigkeit der „tarifautomatischen" Beendigung in GKÖD/Künzl E § 33 TVöD/TV-L Rn 128 ff.

Eintritt der Beendigung nicht bedarf. Arbeitgebern im Geltungsbereich von TVöD und TV-L wird man derzeit jedoch noch raten müssen, die Mitteilungspflicht zu erfüllen, mit der Folge, dass die Zwei-Wochen-Frist anzuwenden ist.[70]

34 Durch die Verknüpfung der arbeitsrechtlichen Folgen mit einem sozialrechtlichen Verwaltungsakt stellt sich die Frage, wie sich etwaige **spätere Änderungen** dieses Verwaltungsaktes auswirken. Der Tarifvertrag verlangt keinen bestandskräftigen Verwaltungsakt. Es ist jedoch weithin anerkannt, dass bis zum Eintritt der Bestandskraft, also dem Ablauf der Widerspruchsfrist, der **Arbeitnehmer voll dispositionsbefugt bleibt** und durch Widerspruchseinlegung, Rücknahme des Antrages und dadurch bewirktem Wegfall des Rentenbescheides gem. § 40 Abs. 1 SGB X der Eintritt der tariflichen Rechtsfolgen Beendigung bzw Beginn des Ruhens verhindert werden kann.[71] Gleiches gilt, wenn infolge eines Widerspruchs des Arbeitnehmers statt einer Rente voller Erwerbsminderung auf Dauer eine Rente auf Zeit oder eine Rente wegen teilweiser Erwerbsminderung in Abänderung des bisherigen Rentenbescheides bewilligt wird. Dann tritt statt der ursprünglichen Rechtsfolge Beendigung nur die Rechtsfolge Ruhen ein. Bei teilweiser Erwerbsminderung und Vorhandensein eines leidensgerechten Arbeitsplatzes ergibt sich gem. § 33 Abs. 3 TVöD bei entsprechendem Vorgehen des Beschäftigten keine der beiden Rechtsfolgen.

35 Die zitierte Auffassung des BAG wird verschiedentlich problematisiert. So wird darauf hingewiesen, dass es letztendlich der Beschäftigte selbst ist, der durch seinen Rentenantrag die sozialrechtlichen Feststellungen veranlasst hat. Mit einem Widerspruch und einer Rücknahme des Antrags setzt er sich in Widerspruch zu diesem eigenen Tun.[72] Es sind aber dabei mehrere andere Aspekte zu beachten. Durch die noch zu diskutierende Regelung des § 33 Abs. 4 TVöD stehen die Beschäftigten im Geltungsbereich des TVöD unter einem erheblichen Druck, Rentenanträge stellen zu müssen, wenn der Arbeitgeber das Vorliegen der Voraussetzungen einer Rentengewährung wegen Erwerbsminderung für gegeben erachtet. Die Antragstellung bleibt zwar dennoch eine Handlung des Beschäftigten, geschieht aber nicht immer ohne faktische Zwänge im Arbeitsverhältnis. Ferner ist zu beachten, dass der Beschäftigte zur Antragstellung dadurch motiviert war, dass er es angesichts seiner gesundheitlichen Einschränkungen als erstrebenswertes Ziel ansah, eine Rente wegen teilweiser Erwerbsminderung zugesprochen zu bekommen, auch um zusätzliche soziale Absicherung für den Fall zu erhalten, dass ihm der Arbeitgeber einen leidensgerechten Teilzeitarbeitsplatz zuweist. Bekommt er dann wider Erwarten einen Rentenbescheid mit der Feststellung einer vollen Erwerbsminderungsrente, so muss ihm die Möglichkeit bleiben, durch Widerspruchseinlegung eine Änderung oder ggf durch Antragsrücknahme eine Aufhebung des Rentenbescheides zu bewirken. Zu diesen Aspekten kommt hinzu, dass, wie oben (vgl Rn 29) gezeigt, Anträge auf Rehabilitationsmaßnahmen als Rentenanträge im Nachhinein gewertet werden. Diese Regelung des

---

70 Zu sozialrechtlichen Beendungsaspekten vgl Reinhardt/Stock, LPK-SGB IV, § 101 SGB VI Rn 5 ff; KSW/Kreikebohm, § 101 SGB VI Rn 3; zu arbeitsrechtlichen Beendigungsaspekten GKÖD/Künzl E § 33 TVöD/TV-L Rn 155 ff, zur Anwendbarkeit von § 15 Abs. 2 TzBfG, insb. Rn 161 ff.
71 BAG v. 11.3.1998, 7 AZR 101/97, ZTR 1998, 465; BAG v. 23.2.2000, 7 AZR 126/99, ZTR 2000, 378.
72 Vgl GKÖD/Künzl E § 33 TVöD/TV-L Rn 149 ff (151).

§ 116 Abs. 2 SGB VI lässt es ebenfalls als geboten erscheinen, dem Arbeitnehmer in der Zeit bis zum Eintritt der Bestandskraft des Rentenbescheides Dispositionsbefugnisse zuzugestehen.[73] Somit ist es nach der hier vertretenen Ansicht hinzunehmen, dass ein Arbeitsverhältnis, das nach Zustellung eines entsprechenden Rentenbescheides bereits beendet wurde, rückwirkend „wiederbelebt" wird und die nach dem zunächst als Beendigungszeitpunkt zu Grunde gelegten Datum zurückgelegte Zeit als Zeitraum des Fortbestandes (bei Feststellung einer Zeitrente als Ruhenszeitraum) anzusehen ist.[74] Führt ein Rechtsbehelf gegen einen Zeitrentenbescheid zur Bewilligung einer Dauerrente durch einen entsprechenden neuen Bescheid, so sind die Rechtswirkungen des § 33 Abs. 2 TVöD an diesen neuen Bescheid zu knüpfen.[75]

b) Zeitraum des Ruhens. Der Beginn des Ruhens war in § 33 Abs. 2 TVöD zunächst nicht gesondert geregelt, so dass grundsätzlich die Vorschriften des § 33 Abs. 2 S. 1 und S. 3 TVöD anzuwenden waren. Durch Änderungstarifvertrag mit Wirkung ab 1.1.2008 wurde durch Anfügung eines Teilsatzes an den bisherigen S. 6 eine Klarstellung für die Fälle der rückwirkenden Rentenbewilligung eingefügt. Die **Länge des Ruhenszeitraums** richtet sich nach dem **Bewilligungszeitraum im Rentenbescheid**. Mit Ablauf des Tages, an dem die Zeitrente endet, endet der Ruhenszeitraum, so dass am folgenden Tag die Rechte und Pflichten aus dem Arbeitsverhältnis beidseits wieder zu beachten sind. Da es in den Fällen, in denen die tariflichen Regelungen das Ruhen anordnen, eben nicht zu einer Beendigung des Arbeitsverhältnisses kommt, ist zu erörtern, ob der Arbeitgeber durch eine personenbedingte Kündigung in diesen Fällen die Beendigung herbeiführen kann. Dies ist nach den Maßstäben des Kündigungsschutzgesetzes bzw auch nach ggf eingreifenden Regelungen des besonderen Kündigungsschutzes (zB nach dem SGB IX) und nach § 34 Abs. 2 TVöD zu beurteilen. Einerseits ist dabei die Frage der Prognose zu beachten und andererseits ist zu prüfen, ob dem Arbeitgeber nach dem ultima-ratio-Prinzip das Abwarten des Ruhenszeitraums zuzumuten ist.[76]

Nicht absehbar ist derzeit, ob sich die Rechtsprechung des Europäischen Gerichtshofs und seine Wirkungen im Geltungsbereich des Bundesurlaubsgesetzes dahin gehend auswirken, dass sich Arbeitgeber zur Vermeidung der Folgen dieser Rechtsprechung verstärkt dazu entschließen, in Fällen des Ruhens von Arbeitsverhältnissen zu kündigen. Dies hängt letztendlich davon ab, wie sich diese Rechtsprechung auf die Anwendung von § 26 Abs. 2 c des TVöD und des TV-L auswirkt, wenn einer der Fälle des § 33 Abs. 2 TVöD Grund des Ruhens ist (vgl § 26 Rn 26, 48 ff).

c) Vorherige Beteiligung des Integrationsamtes bei Schwerbehinderten. § 33 Abs. 2 S. 4 TVöD trägt durch seine Verweisung auf § 92 SGB IX der gesetzlichen Vorgabe Rechnung, dass bei einem **schwerbehinderten Menschen** die Beendigung auch in solchen Fällen ohne Vorliegen einer Kündigung der **Zustimmung des Integrationsamtes** bedarf. Der Beendigungszeitraum wird durch die tarifliche

---

73 Zur Dispositionsfreiheit und deren Einschränkungen, vgl auch Reinhardt/Hirsch, LPK-SGB VI, § 116 SGB VI Rn 5.
74 Im Ergebnis wie hier Hamer, TVöD, § 33 TVöD Rn 17, vgl auch Guth in Görg/Guth/Hamer/Pieper, TVöD, § 33 TVöD-AT Rn 22 ff.
75 GKÖD/Künzl E § 33 TVöD/TV-L Rn 153.
76 Zur Auswirkung auf die Prognose und zur Interessenabwägung in diesem Zusammenhang vgl zB APS/Dörner, § 1 KSchG Rn 191, 193 ff; Hamer, § 33 TVöD Rn 20.

Regelung hinausgeschoben auf den Ablauf des Tages der Zustellung des Zustimmungsbescheides des Integrationsamts. Es kommt dabei nicht auf die Bestandskraft an, insoweit gilt das gleiche wie bei der Zustimmung zu einer Kündigung durch das Integrationsamt. In diesem Fall kann der Arbeitgeber zunächst die Kündigung aussprechen, ohne die Bestandskraft abzuwarten, ein Widerspruch hat keine aufschiebende Wirkung. Wird rechtskräftig im Verwaltungsgerichtswege festgestellt, dass die Zustimmung rechtswidrig war, so entfällt rückwirkend die Wirkung der Kündigung bzw der festgestellten Beendigung.[77] Das Integrationsamt entscheidet gem. § 92 SGB IX nach pflichtgemäßem Ermessen.[78] Zentrale Aspekte sind dabei die Möglichkeit der Schaffung von Einsatzmöglichkeiten, die zeitliche Dimension einer Rückkehrperspektive nach Zeitrentengewährung und die Zumutbarkeit von Überbrückungsmaßnahmen durch den Arbeitgeber.

38 **4. Bewilligung einer Rente wegen teilweiser Erwerbsminderung und Rechtsfolgen. a) Regelungsinhalt des Abs. 3.** Hier ist festgelegt, dass bei teilweiser Erwerbsminderung weder ein Ruhen (bei befristeter Rentenbewilligung) noch eine Beendigung (bei Dauerrente) eintritt, wenn eine **teilweise Erwerbsminderung** vom Rentenversicherungsträger festgestellt wurde und das dieser Feststellung zugrunde liegende Leistungsvermögen einen **weiteren Einsatz** der Beschäftigten/des Beschäftigten auf dem **bisherigen oder einem anderen geeigneten oder freien Arbeitsplatz** zulässt. Weitere Voraussetzung ist das **schriftliche Beantragen der Weiterbeschäftigung** innerhalb von zwei Wochen nach Zugang des Rentenbescheides durch den Beschäftigten beim Arbeitgeber. Die Vorschrift trägt dem in weiten Teilen des Bestandsschutzrechtes verankerten Grundsatz des Vorrangs der Weiterbeschäftigung (ggf zu geänderten Bedingungen) vor der Beendigung Rechnung. Im Zusammenhang mit früheren tariflichen Regelungen und der Beendigung wegen Berufsunfähigkeit hatte das BAG bereits 1973 und auch in späteren Entscheidungen deutlich gemacht, dass das ultima-ratio-Prinzip auch bei solchen tariflichen Regelungen zur Anwendung zu bringen ist.[79]

39 **b) Weiterbeschäftigung auf dem bisherigen oder einem anderen Arbeitsplatz, entgegenstehende dienstliche oder betriebliche Gründe.** Die Weiterbeschäftigung hat zu erfolgen, wenn ein **dem Leistungsvermögen entsprechender freier Arbeitsplatz zur Verfügung steht**. Dies kann der bisherige aber auch ein anderer Arbeitsplatz sein, wenn der Arbeitnehmer von seinen Qualifikationen und seinem Leistungsvermögen unter Berücksichtigung der gesundheitlichen Einschränkungen diesem Arbeitsplatz gerecht wird. Es muss, um dem ultima-ratio-Prinzip, das in der Vorschrift verkörpert ist, gerecht zu werden, verlangt werden, dass der Arbeitgeber zB die Möglichkeit der Einrichtung eines Teilzeitarbeitsplatzes durch Teilung des bisherigen vom Arbeitnehmer innegehabten Arbeitsplatzes prüft.[80] Frei im Sinne der Vorschrift ist ein **Arbeitsplatz** auch dann, wenn er mit zumutbarem Aufwand **freimachbar** ist (zB durch Tausch und Umsetzung anderer Arbeitnehmer), ein Freikündigen ist nicht zu verlangen.[81] Die Tarifpartner ma-

---

77 Vgl APS/Vossen, § 88 SGB IX Rn 11, 14; GKÖD/Künzl E § 33 TVöD/TV-L Rn 156 ff.
78 APS/Vossen § 92 SGB IX Rn 13 mit Hinweis auf Komm. zu § 89 SGB IX.
79 BAG v. 8.11.1973, 2 AZR 550/72, AP BAT § 59 Nr. 3; BAG v. 9.8.2000, 7 AZR 214/99, ZTR 2000, 558; GKÖD/Künzl E § 33 TVöD/TV-L Rn 184 f.
80 Vgl dazu GKÖD/Künzl E § 33 TVöD/TV-L Rn 189.
81 Vgl grundsätzlich APS/Dörner, § 1 KSchG Rn 167; KR-Griebeling, § 1 KSchG Rn 272 mwN.

chen durch Verwendung des Begriffs „dringend" deutlich, dass an entgegenstehende dienstliche oder betriebliche Gründe erhebliche Anforderungen zu stellen sind.[82]

c) Feststellung des verbliebenen Leistungsvermögens. Das verbliebene Leistungsvermögen ist dem **Rentenbescheid** des Sozialversicherungsträgers zu entnehmen, wobei zu beachten ist, dass wie oben bereits ausgeführt (vgl Rn 24 ff) der Maßstab der rentenversicherungspflichtigen Feststellung das Leistungsvermögen auf dem allgemeinen Arbeitsmarkt ist. Die getroffenen Feststellungen müssen also in Bezug gesetzt werden zu den Anforderungen des bisherigen Arbeitsplatzes des Arbeitnehmers bzw den Arbeitsplätzen, die nach der zweiten Alternative von § 33 Abs. 4 S. 1 TVöD als Weiterbeschäftigungsmöglichkeiten in Frage kommen. Dies ist ggf im Streit durch ein medizinisches Sachverständigengutachten zu klären. 40

d) Beantragung der Weiterbeschäftigung, Frist. In der Praxis problematisch ist das in § 33 Abs. 3 aE enthaltene Erfordernis einer schriftlichen **Beantragung der Weiterbeschäftigung** innerhalb von **zwei Wochen nach Zugang des Rentenbescheides**. Verglichen mit der Dreiwochenfrist des Kündigungsschutzgesetzes bzw des Teilzeit- und Befristungsgesetzes und auch verglichen mit den Rechtsmittelfristen gegen die zugrunde liegenden sozialrechtlichen Bescheide haben die Tarifpartner hier eine sehr kurze und auch strukturell überraschende Frist gesetzt. Sie beginnt nicht mit dem Bekanntwerden des Rentenbescheides beim Arbeitgeber, sondern mit dem Zugang beim Arbeitnehmer. Dieser muss in weniger als der Hälfte der Zeit, die ihm zur Verfügung steht, sich sein weiteres rentenrechtliches Vorgehen zu überlegen und sich entsprechend beraten zu lassen und ohne insoweit eine „Rechtsmittelbelehrung" bekommen zu haben, innerhalb von 14 Tagen schriftlich gegenüber dem Arbeitgeber ggf mit weitreichenden Folgen reagieren. Es ist allerdings zur Kenntnis zu nehmen, dass das BAG diese Regelung als sachgerecht zur Schaffung von Rechtssicherheit und Rechtsklarheit ansieht.[83] Das BAG hält das Schriftformerfordernis für konstitutiv. Es verneint eine Pflicht des Arbeitgebers zur Belehrung über diese Frist, wobei dieser zunächst vom Fristbeginn keine Kenntnis hat. Darüber hinaus sieht das BAG aber auch keine Pflicht des Arbeitgebers, über die Formvorschrift zu belehren und argumentiert an dieser Stelle wiederum damit, dass der Arbeitnehmer durch seinen Rentenantrag den in § 33 Abs. 2 und Abs. 3 TVöD geregelten Mechanismus selbst in Gang setzt,[84] was, wie oben ausgeführt (vgl Rn 34 f), nicht in vollem Umfang als zutreffend akzeptiert werden kann. Angesichts der tariflichen Regelung und der Rechtsprechung des BAG dazu ist es bei der rechtlichen Beratung von Beschäftigten des öffentlichen Dienstes erforderlich, im Zusammenhang mit gesundheitlichen Einschränkungen und Rentenanträgen darauf aufmerksam zu machen, dass nach Zustellung eines Rentenbescheides schnell und den Formerfordernissen entsprechend gehandelt werden muss, um Rechtsnachteile zu vermeiden. 41

---

82 GKÖD/Künzl E § 33 TVöD/TV-L Rn 188 verlangt generell kein Freimachen, ohne zu diskutieren, warum nicht zB ein Tausch anders als ein Freikündigen für den Arbeitgeber zumutbar sein kann.
83 BAG v. 1.12.2004, 7 AZR 135/04, ZTR 2005, 372.
84 BAG aaO.

V. Amtsärztliches Gutachten (Abs. 4)

42 **1. Normstruktur.** § 33 Abs. 4 TVöD regelt Fälle, in denen der Anknüpfungspunkt der Abs. 2 und 3 (zunächst) fehlt. Liegt **kein Rentenbescheid** vor und ist auch ein solcher nicht zu erwarten, ist der Arbeitgeber berechtigt, ein **amtsärztliches Gutachten** oder ein **Gutachten eines Arztes oder einer Ärztin gem. § 3 Abs. 4 S. 2 TVöD** (vgl § 3 Rn 43 ff) zu veranlassen. Der Arbeitnehmer hat die Verpflichtung, sich von einem der genannten Ärzte untersuchen zu lassen und mitzuwirken (zB durch Schweigepflichtentbindung seiner behandelnden Ärzte gegenüber den genannten Ärzten), dass ein Gutachten erstellt werden kann, das die Beurteilung des Leistungsvermögens ebenso ermöglicht wie der grundsätzlich in den Abs. 2, 3 vorgesehene Rentenbescheid.

43 **2. Anwendungsfälle.** Das Gesetz nennt drei Anwendungsfälle, wobei gesetzlich nicht versicherte Beschäftigte und Beschäftigte, die bereits eine vorgezogene Altersrente beziehen und aus einem dieser Gründen keinen Bescheid der gesetzlichen Rentenversicherung mit Feststellungen zur Erwerbsminderung erhalten können, in der Praxis selten sein dürften. Der **Hauptanwendungsfall** ist die **verschuldete Verzögerung des Rentenantrags**. Voraussetzung ist dabei, dass der Beschäftigte in der Lage ist zu erkennen, dass bei ihm Leistungsminderungen vorliegen, die eine Rentenantragstellung wegen verminderter Erwerbsfähigkeit als erfolgversprechend erscheinen lassen. Dies ist dann zu verneinen, wenn der Beschäftigte selbst von einer Wiedererlangung seiner Leistungsfähigkeit im rentenrechtlichen Sinne (Leistungsvermögen von mindestens sechs Stunden täglich auf dem allgemeinen Arbeitsmarkt einschließlich leichterer Tätigkeiten) überzeugt ist und beispielsweise auch durch geeignete therapeutische Maßnahmen hieran arbeitet. Hier ist zu verlangen, dass der Arbeitgeber zunächst den Arbeitnehmer von seiner Einschätzung der Leistungsfähigkeit in Kenntnis setzt und zur Antragstellung auffordert. Die eigene Antragstellung des Beschäftigten ist der vom Tarifvertrag vorgezeichnete und zunächst zu wählende Weg. Erst dann, wenn der Arbeitnehmer sich weigert, einen Antrag zu stellen und gleichzeitig selbst Anhaltungspunkte als gegeben akzeptieren muss, die für eine erhebliche Einschränkung des Leistungsvermögens sprechen, ist von verschuldeter Verzögerung auszugehen. Dann hat der Arbeitgeber das Recht, eine ärztliche Untersuchung gem. Abs. 4 zu verlangen und der Beschäftigte muss dies zulassen und hieran mitwirken. Tut er dies nicht, kann dies (allerdings idR erst nach Abmahnung) einen Kündigungsgrund darstellen.[85]

44 **3. Amtsärztliches Gutachten.** Das Gutachten tritt an die Stelle des Rentenbescheides, seine Aussagen haben sich also auf die Erwerbsminderung im rentenrechtlichen Sinne zu beziehen und ggf ein Restleistungsvermögen festzustellen. Hieraus ist auch abzuleiten, dass zB im Rahmen eines Arbeitsgerichtsverfahrens, wenn Klage auf Feststellung, dass das Arbeitsverhältnis nicht beendet ist, erhoben wurde, das **Gutachten gerichtlich in vollem Umfang nachprüfbar** ist.[86] Geht es in einem Rechtsstreit um die Rechtsfolge der Beendigung, so ist eine Klagefrist von drei Wochen ab dem Beendigungszeitpunkt zu beachten, §§ 21, 17 TzBfG. Da aus dem Gutachten auch andere Rechtsfolgen als die Beendigung ableitbar

---

[85] BAG v. 6.11.1997, 2 AZR 801/96, ZTR 1998, 184; BAG v. 7.11.2002, 2 AZR 475/01, ZTR 2003, 341; Dassau/Wiesend-Rothbrust, § 33 TVöD Rn 68.
[86] BAG v. 8.5.1969, 2 AZR 348/68, AP BAT § 59 Nr. 1 und GKÖD/Künzl E § 33 TVöD/TV-L Rn 171.

sein können (zB Ruhen oder Umsetzungsmöglichkeiten), ist es auch im Rahmen eines arbeitsgerichtlichen Verfahrens nach Erhebung einer allgemeinen Feststellungsklage nach § 256 ZPO überprüfbar (ggf auch implizit bei einer Klage auf Vergütung oder gegen eine Umsetzung). Neben diesen Vorgehensweisen steht der Beschäftigten/dem Beschäftigten bei Sozialversicherungspflicht in der gesetzlichen Rentenversicherung der Weg offen, durch einen **später gestellten Rentenantrag zu Feststellungen des Rentenversicherungsträgers** zu erlangen. Diese gehen dem Gutachten vor, weil dieses von den Tarifpartnern als nachrangige Erkenntnisquelle vorgesehen ist.[87]

4. Beendigungszeitpunkt Bekanntgabe des Gutachtens. § 33 Abs. 4 S. 2 TVöD 45 bestimmt, dass das **Arbeitsverhältnis** mit **Ablauf des Monats endet**, in dem der/dem Beschäftigten das **Gutachten bekanntgegeben** worden ist (zur möglichen Anwendbarkeit von § 15 Abs. 2 TzBfG vgl Rn 33). Ohne dass dies im Wortlaut ausdrücklich verankert ist, kann diese Rechtswirkung des Gutachtens nur eintreten, wenn das Gutachten **volle Erwerbsminderung** auf Dauer feststellt. Wird allerdings mit der vollen Erwerbsminderung die Wahrscheinlichkeit einer Änderung auf absehbare Zeit prognostiziert, ist davon auszugehen, dass das Gutachten nur die Rechtsfolge des Ruhens auslöst.[88]

Kommt der Gutachter zum Ergebnis der **teilweisen Erwerbsminderung**, so ist, ohne dass dies die Tarifpartner ausdrücklich geregelt haben, der Weg gem. § 33 Abs. 3 TVöD für die Beschäftigten offen.[89]

VI. Regelungen im TV-L und in den Spartentarifverträgen

Der **TV-L** enthält eine inhaltsgleiche Regelung, mit geringfügigen sprachlichen 46 Unterschieden.

Sonderregelungen gibt es in verschiedenen **Spartentarifverträgen**, zB in § 46 Nr. 4 BT-V-VKA für den kommunalen feuerwehrtechnischen Dienst. Durch Verweisung auf Landesbeamtengesetze gilt hier eine Altersgrenze bezogen auf das 60. Lebensjahr.[90] § 51 Nr. 4 BT-V-VKA enthält für Lehrer eine auf Schulhalbjahre bezogene Bestimmung der Beendigungszeitpunkte (ebenso § 44 Nr. 4 TV-L).

§ 34 Kündigung des Arbeitsverhältnisses (TVöD)

(1) ¹Bis zum Ende des sechsten Monats seit Beginn des Arbeitsverhältnisses beträgt die Kündigungsfrist zwei Wochen zum Monatsschluss. ²Im Übrigen beträgt die Kündigungsfrist bei einer Beschäftigungszeit (Absatz 3 Satz 1 und 2)

bis zu einem Jahr	ein Monat zum Monatsschluss,
von mehr als einem Jahr	6 Wochen,
von mindestens 5 Jahren	3 Monate,

---

87 BAG v. 1.10.1970, AP Nr. 2 zu § 59 BAT; GKÖD/Künzl E § 33 TVöD/TV-L Rn 171.
88 Wie hier wohl Hamer, § 33 TVöD, Rn 21; vgl auch LAG Rheinland-Pfalz v. 29.5.1998, 3 Sa 1165/97, AuR 1999, 111.
89 Dassau/Wiesend-Rothbrust § 33 TVöD Rn 71 leiten dies zu Recht aus dem Gleichbehandlungsgrundsatz her.
90 Vgl Überblick bei Sponer/Steinherr, TVöD, § 33 TVöD, Vorbem. Ziff. 3; Sponer/Steinherr, TV-L, § 33 TV-L Vorbem. Ziff. 3.

von mindestens 8 Jahren	4 Monate,
von mindestens 10 Jahren	5 Monate,
von mindestens 12 Jahren	6 Monate

zum Schluss eines Kalendervierteljahres.

(2) ¹Arbeitsverhältnisse von Beschäftigten, die das 40. Lebensjahr vollendet haben und für die die Regelungen des Tarifgebiets West Anwendung finden, können nach einer Beschäftigungszeit (Absatz 3 Satz 1 und 2) von mehr als 15 Jahren durch den Arbeitgeber nur aus einem wichtigen Grund gekündigt werden. ²Soweit Beschäftigte nach den bis zum 30. September 2005 geltenden Tarifregelungen unkündbar waren, verbleibt es dabei.

(3) ¹Beschäftigungszeit ist die bei demselben Arbeitgeber im Arbeitsverhältnis zurückgelegte Zeit, auch wenn sie unterbrochen ist. ²Unberücksichtigt bleibt die Zeit eines Sonderurlaubs gemäß § 28, es sei denn, der Arbeitgeber hat vor Antritt des Sonderurlaubs schriftlich ein dienstliches oder betriebliches Interesse anerkannt. ³Wechseln Beschäftigte zwischen Arbeitgebern, die vom Geltungsbereich dieses Tarifvertrages erfasst werden, werden die Zeiten bei dem anderen Arbeitgeber als Beschäftigungszeit anerkannt. ⁴Satz 3 gilt entsprechend bei einem Wechsel von einem anderen öffentlich-rechtlichen Arbeitgeber.

§ 34 Kündigung des Arbeitsverhältnisses (TV-L)

(1) ¹Die Kündigungsfrist beträgt bis zum Ende des sechsten Monats seit Beginn des Arbeitsverhältnisses zwei Wochen zum Monatsschluss. ²Im Übrigen beträgt die Kündigungsfrist bei einer Beschäftigungszeit (Absatz 3 Satz 1 und 2)

bis zu einem Jahr	ein Monat zum Monatsschluss,
von mehr als einem Jahr	6 Wochen,
von mindestens 5 Jahren	3 Monate,
von mindestens 8 Jahren	4 Monate,
von mindestens 10 Jahren	5 Monate,
von mindestens 12 Jahren	6 Monate

zum Schluss eines Kalendervierteljahres.

(2) ¹Arbeitsverhältnisse von Beschäftigten, die das 40. Lebensjahr vollendet haben und unter die Regelungen des Tarifgebiets West fallen, können nach einer Beschäftigungszeit (Absatz 3 Satz 1 und 2) von mehr als 15 Jahren durch den Arbeitgeber nur aus einem wichtigen Grund gekündigt werden. ²Soweit Beschäftigte nach den bis zum 31. Oktober 2006 geltenden Tarifregelungen unkündbar waren, bleiben sie unkündbar.

(3) ¹Beschäftigungszeit ist die Zeit, die bei demselben Arbeitgeber im Arbeitsverhältnis zurückgelegt wurde, auch wenn sie unterbrochen ist. ²Unberücksichtigt bleibt die Zeit eines Sonderurlaubs gemäß § 28, es sei denn, der Arbeitgeber hat vor Antritt des Sonderurlaubs schriftlich ein dienstliches oder betriebliches Interesse anerkannt. ³Wechseln Beschäftigte zwischen Arbeitgebern, die vom Geltungsbereich dieses Tarifvertrages erfasst werden, werden die Zeiten bei dem anderen Arbeitgeber als Beschäftigungszeit anerkannt. ⁴Satz 3 gilt entsprechend bei einem Wechsel von einem anderen öffentlich-rechtlichen Arbeitgeber.

I. Normstruktur 1	d) Außerordentliche betriebsbedingte Kündigung 39
II. Gesetzliche und tarifliche Regelung 2	e) Änderung gegenüber § 55 BAT 40
1. Begriff der Kündigung 2	f) Ausschlussfrist des § 626 Abs. 2 BGB 43
a) Beendigungskündigung... 2	g) Anhörung des Betriebs- oder Personalrats 44
b) Änderungskündigung..... 6	8. Beschäftigungszeit (Abs. 3).. 45
c) Teilkündigung 7	a) Bedeutung, Rechtsschutz 45
d) Ordentliche und außerordentliche Kündigung 8	b) Zeit im Arbeitsverhältnis 48
2. Wirksamkeit der Kündigung 9	c) Zurückgelegte Zeit 52
a) Schriftform 9	aa) Ruhendes Arbeitsverhältnis 52
b) Zugang der Kündigung... 11	bb) Unterbrechung des Arbeitsverhältnisses 53
3. Besonderer Kündigungsschutz 13	cc) Sonderurlaub 54
a) Schutz für Schwangere, Mütter und Eltern 13	d) Anrechenbare Zeiten kraft Gesetzes 56
b) Schutz für schwerbehinderte Menschen 14	e) Wechsel des Arbeitgebers 57
c) Schutz für Personal- und Betriebsratsmitglieder 15	aa) Begriff desselben Arbeitgebers 57
4. Kündigungsschutzgesetz 16	bb) Anrechnung von Zeiten bei einem anderen öffentlich-rechtlichen Arbeitgeber 60
5. Kündigungsfristen (Abs. 1).. 19	
a) Begriff 19	
b) Fristberechnung 20	III. Sonderregelungen 61
c) Tarifliche Kündigungsfristen 23	1. Übergangsregelung bei Beschäftigungszeiten (§ 14 TVÜ-Bund/VKA) 61
aa) Regelung des TVöD 23	a) Berücksichtigung von Beschäftigungszeiten 61
bb) Kündigung in den ersten sechs Monaten 24	b) Regelung für das Jubiläumsgeld (§ 14 Abs. 2 TVÜ-Bund/VKA) 66
cc) Verlängerte Kündigungsfristen 25	
dd) Folgen bei Nichteinhaltung der Kündigungsfrist 27	c) Stichtag nach dem TVÜ-Länder 69
6. Unkündbarkeit (Abs. 2) 29	2. Übergangsregelung für die Unkündbarkeit von Arbeitern (§ 14 Abs. 3 TVÜ-VKA) 70
a) Voraussetzungen 29	
b) Geltung nur für das Tarifgebiet West 31	
7. Kündigung aus wichtigem Grund 32	
a) Begriff 32	
b) Außerordentliche Kündigung aus Gründen im Verhalten des Arbeitnehmers 34	
c) Außerordentliche Kündigung aus Gründen in der Person des Arbeitnehmers 38	

I. Normstruktur

Der erste Absatz sieht Kündigungsfristen vor, die von § 622 BGB abweichen. **1**
Der zweite Absatz regelt die Unkündbarkeit älterer Beschäftigter mit einer Be-

schäftigungszeit von mehr als 15 Jahren. Der dritte Absatz definiert den Begriff der Beschäftigungszeit.

II. Gesetzliche und tarifliche Regelung

2 **1. Begriff der Kündigung. a) Beendigungskündigung.** Die Kündigung ist eine einseitige Willenserklärung, die zur Beendigung des Arbeitsverhältnisses führen soll. Als einseitige Willenserklärung muss die Kündigung vom Erklärungsempfänger nicht „angenommen" werden. Sie muss ihm nur zugehen.

3 Der Wille, das Arbeitsverhältnis zu beenden, muss für den Empfänger **eindeutig** aus der Erklärung hervorgehen. Das Wort „Kündigung" muss zwar nicht ausdrücklich enthalten sein. Unmutsäußerungen wie „unter diesen Umständen halte ich eine Zusammenarbeit nicht mehr für sinnvoll" sind aber keine Kündigung.

4 Es muss auch deutlich werden, dass die Beendigung des Arbeitsverhältnisses gerade durch dieses Schreiben herbeigeführt werden soll.

Beispiel: Der Arbeitgeber schreibt: „Nachdem Sie bereits seit zwei Wochen unentschuldigt fehlen, betrachten wir das Arbeitsverhältnis als erloschen". Das ist keine Kündigung, weil der Arbeitgeber davon ausgeht, das Arbeitsverhältnis sei schon vor Abgabe der Erklärung erloschen – was nicht zutrifft.[1]

5 Die Kündigung darf nicht unter einer **Bedingung** stehen, sonst ist sie unwirksam. Die Erklärung eines Arbeitnehmers: „Hiermit kündige ich zum 30.6., vorausgesetzt, dass ich bis dahin eine andere Arbeit gefunden habe." ist deswegen nicht wirksam. Anders ist es nur, wenn der Eintritt der Bedingung eindeutig vom Erklärungsempfänger herbeigeführt werden kann. Die Kündigung unter der Bedingung, dass der unentschuldigt fehlende Arbeitnehmer nicht bis spätestens zum Folgetag seine Arbeit wieder aufnimmt, ist daher wirksam.

6 **b) Änderungskündigung.** Die Kündigung kann mit dem Angebot verbunden werden, das Arbeitsverhältnis unter geänderten Bedingungen fortzusetzen. Wird das Angebot angenommen, ändern sich die Arbeitsbedingungen mit Ablauf der Kündigungsfrist. Wird das Angebot abgelehnt, endet das Arbeitsverhältnis. Der Erklärungsgegner hat die Wahl, ob er sich auf die geänderten Bedingungen einlässt oder das Arbeitsverhältnis enden lässt. Wer als Arbeitnehmer eine Änderungskündigung ausspricht, riskiert den Verlust des Arbeitsplatzes.

7 **c) Teilkündigung.** Das Arbeitsverhältnis kann nur insgesamt gekündigt werden. Die Erklärung „hiermit kündige ich mein Arbeitsverhältnis insoweit, als ich auch am Freitag arbeiten muss" ist deshalb als Teilkündigung unwirksam.

8 **d) Ordentliche und außerordentliche Kündigung.** Die ordentliche Kündigung wird erst nach Ablauf einer Kündigungsfrist wirksam. Sie kann vom Arbeitnehmer jederzeit ohne Begründung erklärt werden, vom Arbeitgeber nach Maßgabe des KSchG, wenn dieses Anwendung findet. Die außerordentliche Kündigung wirkt in der Regel fristlos und beendet das Arbeitsverhältnis mit dem Zugang. Sie kann nur aus wichtigem Grund erklärt werden (§ 626 BGB).

9 **2. Wirksamkeit der Kündigung. a) Schriftform.** Die Kündigung des Arbeitsverhältnisses muss **schriftlich** erklärt werden (§ 623 BGB). Das setzt voraus, dass

---

1 Ein solches Schreiben ist eine Wissenserklärung, keine – rechtsgestaltende – Willenserklärung.

das Kündigungsschreiben eigenhändig vom Aussteller mit seinem Namen unterschrieben wird (§ 126 Abs. 1 BGB). Ein Stempel oder eine maschinenschriftliche Unterschrift reichen nicht. Auch die Kündigung per Telefax oder E-Mail ist unwirksam.

Eine **Begründung** muss die Kündigung nicht enthalten. Die Vorschrift der §§ 57 BAT, 61 MTArb und 54 Abs. 2 BMT-G, wonach der Arbeitgeber den Kündigungsgrund angeben soll, wurde nicht in den TVöD übernommen. Anders ist dies bei der Kündigung des Berufsausbildungsverhältnisses. Nach § 22 Abs. 3 BBiG ist die Kündigung des Ausbildungsverhältnisses nach Ablauf der Probezeit unwirksam, wenn der Grund im Kündigungsschreiben nicht angegeben wird. **10**

b) **Zugang der Kündigung.** Die Kündigung muss dem Empfänger zugehen (§ 130 BGB). Sie kann entweder persönlich übergeben werden, durch Boten überbracht oder mit der Post geschickt werden. Eine Kenntnisnahme ist nicht erforderlich, die Möglichkeit der Kenntnisnahme genügt. Die Kündigung muss nur so in den Machtbereich des Empfängers gelangen, dass mit einer Kenntnisnahme gerechnet werden kann. Bei Einwurf in den Briefkasten gilt die Kündigung als zugegangen, sobald der Briefkasten üblicherweise geleert wird, bei Einwurf am Abend also am nächsten Morgen. Dies gilt auch dann, wenn der Empfänger wegen Urlaubs oder Krankheit wochenlang abwesend ist. **11**

Wer sich auf den **Zugang** einer Kündigung beruft, muss dies auch **beweisen** können. Die Absendung eines Briefes beweist nicht, dass dieser auch angekommen ist. Der Beweis kann durch den Rückschein beim Einschreiben mit Rückschein geführt werden. Wird ein solches Einschreiben aber auf der Post niedergelegt und nicht abgeholt, gilt es nicht als zugegangen. Dieses Problem stellt sich beim Einwurf-Einschreiben nicht. Hier ist der Beweis des Zugangs aber schwieriger, weil die Bestätigung auf der Internetseite der Post nicht ausreicht und im Bestreitensfall der zustellende Postangestellte ermittelt werden muss. **12**

3. **Besonderer Kündigungsschutz. a) Schutz für Schwangere, Mütter und Eltern.** Die Kündigung einer Schwangeren oder einer Mutter bis zum Ablauf von vier Monaten nach der Entbindung (§ 9 Abs. 1 MuSchG) oder die Kündigung eines Elternteils, der Elternzeit beantragt hat oder sich darin befindet (§ 18 BEEG), ist nur mit Genehmigung der für den Arbeitsschutz zuständigen obersten Landesbehörde zulässig. **13**

b) **Schutz für schwerbehinderte Menschen.** Der Kündigung eines schwerbehinderten Menschen bedarf der Zustimmung des Integrationsamts (§ 85 SGB IX). Dieser Schutz setzt erst ein, wenn das Arbeitsverhältnis sechs Monate bestanden hat (§ 90 Abs. 1 Nr. 1 SGB IX). **14**

c) **Schutz für Personal- und Betriebsratsmitglieder.** Personal- und Betriebsratsmitglieder dürfen während ihrer Amtszeit und auch ein Jahr danach nicht ordentlich gekündigt werden (§ 15 Abs. 1 und 2 KSchG). Die außerordentliche Kündigung aus wichtigem Grund ist nur mit Zustimmung des Personal- oder Betriebsrates möglich, die gegebenenfalls gerichtlich ersetzt werden kann. **15**

4. **Kündigungsschutzgesetz.** Nach § 1 KSchG ist eine Kündigung durch den Arbeitgeber nur wirksam, wenn die Kündigung durch Gründe in der Person oder im Verhalten des Arbeitnehmers oder durch dringende betriebliche Erfordernisse gerechtfertigt ist. Dies gilt nur, wenn das Arbeitsverhältnis länger als sechs Monate bestanden hat. Das KSchG findet keine Anwendung in Betrieben und Verwaltungen, die nicht mehr als zehn Arbeitnehmer (bei Arbeitnehmern, die vor **16**

dem 1.1.2004 eingestellt wurden, nicht mehr als fünf) beschäftigt (§ 23 Abs. 1 KSchG).

17 Das Kündigungsschutzgesetz kann hier nicht kommentiert werden. Auf die im Literaturverzeichnis angegebenen Kommentierungen wird verwiesen.

18 Die Unwirksamkeit einer Kündigung kann nur durch Einreichung einer Klage beim Arbeitsgericht innerhalb vom drei Wochen nach Zugang der Kündigung geltend gemacht werden (§§ 4, 13 KSchG). Wird keine fristgerechte Klage erhoben, gilt die Kündigung als wirksam, auch wenn Gründe für ihre Unwirksamkeit vorliegen sollten (§ 7 KSchG).

19 5. **Kündigungsfristen (Abs. 1). a) Begriff.** Die ordentliche Kündigung des Arbeitsverhältnisses wirkt nicht sofort, sondern erst mit Ablauf der Kündigungsfrist.

Beispiel: Die Kündigung wird am 13.2. mit einer Frist von sechs Monaten zum Quartalsende erklärt. Sie wirkt zum 30.9. Bis dahin besteht das Arbeitsverhältnis mit allen Rechten und Pflichten fort.

20 b) **Fristberechnung.** Die Kündigungsfrist wird vom Tag des Zugangs an berechnet. Dieser Tag wird bei der Berechnung der Frist nicht mit berechnet (§ 187 Abs. 1 BGB).

Beispiel: Die Kündigungsfrist beträgt drei Monate zum Quartalsende. Der Arbeitgeber wirft das Kündigungsschreiben am 31.3. in den Postbriefkasten. Es geht dem Arbeitnehmer am 1.4. zu. Die Kündigung wirkt zum 30.9, da der Tag des Zugangs bei der Fristberechnung nicht mit berechnet wird. Hätte der Arbeitgeber das Arbeitsverhältnis zum 30.6. beenden wollen, hätte er für einen Zugang bis spätestens am 31.3. sorgen müssen.

21 Die Kündigung kann nur zu bestimmten Terminen erklärt werden. Wird die Kündigungsfrist auch nur einen Tag nicht eingehalten, wirkt die Kündigung erst zum nächsten Termin.

22 Die Kündigungsfrist wird auch durch Zugang der Kündigung an einem Sonn- oder Feiertag in Lauf gesetzt. Das Arbeitsverhältnis verlängert sich auch nicht bis zum folgenden Termin, wenn der letzte Tag der Kündigungsfrist ein Sonntag ist. § 193 BGB findet keine Anwendung.[2]

23 c) **Tarifliche Kündigungsfristen. aa) Regelung des TVöD.** Der TVöD sieht Kündigungsfristen- und Termine vor, die von der Regelung des § 622 BGB abweichen. Anders als nach § 622 Abs. 2 BGB gelten die **verlängerten Kündigungsfristen auch für die Kündigung durch den Beschäftigten.**

24 bb) **Kündigung in den ersten sechs Monaten.** Bis zum Ende des sechsten Monats seit Beginn des Arbeitsverhältnisses beträgt die Kündigungsfrist zwei Wochen zum Monatsschluss. Die kurze Frist gilt unabhängig davon, ob eine Probezeit vereinbart wurde. Sie gilt auch dann, wenn die Kündigung vor Ablauf der sechs Monate erklärt wird, aber erst danach wirksam wird.[3]

Beispiel: Das Arbeitsverhältnis hat am 15.5. begonnen. Die Kündigung geht am 14.11. zu. Sie wirkt zum 30.11.

25 cc) **Verlängerte Kündigungsfristen.** Besteht das Arbeitsverhältnis länger als sechs Monate, gelten im unbefristeten Arbeitsverhältnis für beide Seiten verlän-

---

2 BAG v. 5.3.1970, 2 AZR 112/69, AP Nr. 1 zu § 193 BGB.
3 BAG v. 21.4.1966, 2 AZR 264/65, AP Nr. 1 zu § 53 BAT.

gerte Kündigungsfristen, die sich in sechs Stufen bis auf sechs Monate erhöhen. Nach einer Dauer des Arbeitsverhältnisses von mehr als einem Jahr ist eine Kündigung nur noch zum Schluss eines Kalendervierteljahres (Quartals) möglich.

Maßgeblich für die Kündigungsfrist ist jeweils die Dauer des Arbeitsverhältnisses an dem Tag, an dem die Kündigung zugeht. Es zählt nur die bei demselben Arbeitgeber zurückgelegte Zeit, weil § 34 Abs. 1 Satz 2 nur auf Abs. 3 Satz 1 und 2 verweist, nicht auf die Sätze 3 und 4, die die Anrechnung von Beschäftigungszeiten bei anderen Arbeitgebern des öffentlichen Dienstes vorsehen.

dd) Folgen bei Nichteinhaltung der Kündigungsfrist. Wird die Kündigungsfrist nicht eingehalten, so macht dies die Kündigungsfrist nicht unwirksam. Die Erklärung wird vielmehr umgedeutet (§ 140 BGB) und wirkt zum nächst zulässigen Termin.[4] Anderes könnte gelten, wenn sich aus den Umständen ergibt, dass der Kündigende an einer späteren Beendigung des Arbeitsverhältnisses kein Interesse hat. Das wird aber sehr selten sein.

Beispiel: Der Arbeitgeber kündigt das Arbeitsverhältnis nach sieben Jahren am 2.6. zum 30.9. Die Frist von drei Monaten zum Ende des Quartals ist nicht eingehalten. Die Kündigung wirkt zum 31.12.

Die Nichteinhaltung der Kündigungsfrist kann auch dann noch geltend gemacht werden, wenn die Klagefrist von drei Wochen der §§ 4, 13 KSchG verstrichen ist.[5] Dies soll allerdings nur gelten, wenn sich aus der Kündigung Anhaltspunkte dafür ergeben, dass sie hilfsweise mit zutreffender Frist ausgesprochen wird.[6]

6. Unkündbarkeit (Abs. 2). a) Voraussetzungen. Die ordentliche Kündigung des Arbeitsverhältnisses durch den Arbeitgeber ist ausgeschlossen, wenn das Arbeitsverhältnis 15 Jahre bestanden hat und der Beschäftigte das 40. Lebensjahr vollendet hat. Beschäftigungszeit ist nur die bei demselben Arbeitgeber zurückgelegte Zeit. Auch die ordentliche Änderungskündigung wird durch die Vorschrift ausgeschlossen.[7] Die Unkündbarkeit nach § 34 Abs. 2 wird im Kündigungsschutzprozess gem. § 6 KSchG nur berücksichtigt, wenn sich der Arbeitnehmer bis spätestens zur letzten mündlichen Verhandlung in erster Instanz darauf berufen hat.[8]

Durch das Mindestalter von 40 Jahren werden jüngere Arbeitnehmer benachteiligt, die trotz gleicher Beschäftigungszeit noch keine Unkündbarkeit erlangen können. Nach Art. 6 Abs. 1 der Richtlinie 2000/78 EG können Ungleichbehandlungen wegen des Alters zulässig sein, wenn sie durch ein legitimes Ziel gerechtfertigt sind. Dies könnte der Schutz vor Entlassung von älteren Arbeitnehmern sein. Ein 40-jähriger ist aber noch kein „älterer" Arbeitnehmer. Es ist nicht einzusehen, dass er nach einer Beschäftigungszeit von 15 Jahren vor einer ordentlichen Kündigung geschützt ist, ein 38-jähriger nach 20-jähriger Beschäftigung

---

4 BAG v. 18.4.1985, 2 AZR 197/84, NZA 1986, 229.
5 BAG v. 6.7.2006, 2 AZR 215/05, NZA 2006, 1405.
6 BAG v. 1.9.2010, 5 AZR 700/09, NZA 2010, 1409.
7 BAG v. 28.10.2010, 2 AZR 688/09, NZA-RR 2011, 155.
8 BAG v. 8.11.2007, 2 AZR 314/06, NZA 2008, 936.

aber nicht. Die Regelung des § 34 Abs. 2 dürfte somit gegen das Benachteiligungsverbot der Richtlinie und des § 7 Abs. 1 AGG verstoßen.[9]

31 **b) Geltung nur für das Tarifgebiet West.** Unkündbar werden nur die Beschäftigten, auf welche die Regelungen des **Tarifgebiets West** Anwendung finden. Maßgeblich ist die Rechtslage am Tag des Zugangs der Kündigung.
Beispiel: Ein Verwaltungsangestellter wurde als 26-jähriger am 1.10.1992 beim Zoll in Görlitz eingestellt. Zum 1.9.2007 wird er nach Aachen versetzt und tritt dort seinen Dienst an. Ab dem 1.10.2007 ist er unkündbar. Die Zeit in Görlitz wird angerechnet, weil der Arbeitgeber – die Bundesrepublik Deutschland – derselbe ist. Es kommt nicht darauf an, in welchem Tarifgebiet frühere Zeiten zurückgelegt wurden.

32 **7. Kündigung aus wichtigem Grund. a) Begriff.** Der Ausschluss der ordentlichen Kündigung in § 34 Abs. 2 lässt die Möglichkeit der außerordentlichen Kündigung offen. Bei der Kündigung aus Gründen in der Person des Arbeitnehmers oder aus betrieblichen Gründen kommt auch die außerordentliche Kündigung mit einer sozialen Auslauffrist in Betracht, die der Kündigungsfrist bei einer ordentlichen Kündigung entspricht. Wurde eine außerordentliche Kündigung ohne Auslauffrist rechtskräftig für unwirksam erklärt, steht dies einer neuen Kündigung mit sozialer Auslauffrist nicht entgegen.[10]

33 Gemäß § 626 BGB kann das Arbeitsverhältnis aus wichtigem Grund ohne Einhaltung einer Kündigungsfrist gekündigt werden, wenn Tatsachen vorliegen, aufgrund derer dem Kündigenden unter Berücksichtigung aller Umstände des Einzelfalles und unter Abwägung der Interessen beider Vertragsteile die Fortsetzung des Arbeitsverhältnisses bis zum Ablauf der Kündigungsfrist nicht zugemutet werden kann. Die Anforderungen sind somit strenger als bei der sozial gerechtfertigten Kündigung nach § 1 KSchG, weil bei dieser ja die Einhaltung der Kündigungsfrist zumutbar ist.

34 **b) Außerordentliche Kündigung aus Gründen im Verhalten des Arbeitnehmers.** Die außerordentliche Kündigung aus Gründen im Verhalten des Beschäftigten ist möglich, wenn auch bei einem nicht unkündbaren Beschäftigten die Einhaltung der Kündigungsfrist nicht zumutbar wäre. Insoweit kann auf die Kommentierungen zu § 626 Bezug genommen werden.[11] Als fiktive Kündigungsfrist, deren Einhaltung unzumutbar sein muss, sind insoweit sechs Monate anzunehmen. Die Kündigung mit einer Auslauffrist kommt grundsätzlich nicht in Betracht. Dadurch würde der Arbeitgeber ja gerade zeigen, dass die Einhaltung der Kündigungsfrist nicht unzumutbar ist.

35 Bei der Berücksichtigung der Umstände des Einzelfalls ist von Bedeutung, ob das Ansehen des öffentlichen Arbeitgebers durch das Verhalten des Beschäftigten beeinträchtigt werden kann. Dabei kommt es nicht darauf an, ob tatsächlich schon ein Ansehensverlust eingetreten ist.[12] Auch die mehrfache Annahme von Geschenken in Bezug auf die dienstliche Tätigkeit kommt als Grund für die au-

---

9 So auch ErfK/Müller-Glöge, § 626 BGB Rn 52; Lingemann/Gotham, AGG – Benachteiligungen wegen Alters in kollektivrechtlichen Regelungen, NZA 2007, 665; Wulfers/Hecht, Altersdiskriminierung durch Tarifbestimmungen – Eine Analyse des TVöD und TV-L, ZTZR 2007, 475; aM Bepler/Eylert, TVöD § 34 Rn 25.
10 BAG v. 26.11.2009, 2 AZR 272/08, NZA-RR 2010, 5.
11 ErfK/Müller-Glöge, § 626 BGB Rn 61–177.
12 BAG v. 8.6.2000, 2 AZR 638/99, NZA 2000, 1283.

ßerordentliche Kündigung in Betracht.[13] Bei der Kündigung wegen außerdienstlichen Straftaten ist aber zu berücksichtigen, dass § 41 S. 1 BT-V für die nicht hoheitlich tätigen Arbeitnehmer des öffentlichen Dienstes keine weitergehenden Verhaltenspflichten begründet als diese auch für die Beschäftigten in der Privatwirtschaft gelten. Straftaten rechtfertigen eine Kündigung nur, wenn sie einen Bezug zur Tätigkeit des Arbeitnehmers haben. So rechtfertigt die Verurteilung des Mitarbeiters eines Bauhofs zu einer Freiheitsstrafe wegen Verstößen gegen das BtMG nicht die Kündigung.[14] Die Kündigung eines Menschenhändlers ist aber gerechtfertigt, wenn dieser im Verfahren seine Straftaten im Verfahren damit erklärt, dass er im öffentlichen Dienst zu wenig verdient, um damit seine Familie zu ernähren, und damit den öffentlichen Arbeitgeber mit seinen Straftaten in Verbindung bringt.[15]

36 Im Fall einer außerordentlichen Kündigung wegen genesungswidrigen Verhaltens – Teilnahme an einem Skikurs während der Arbeitsunfähigkeit aufgrund einer Hirnhautentzündung – kann auch berücksichtigt werden, dass der Beschäftigte als Arzt im Medizinischen Dienst der Krankenkassen gerade die Aufgabe hatte, ärztliche Bescheinigungen über Arbeitsunfähigkeit zu überprüfen.[16] Missbraucht ein Krankenpfleger in einer psychiatrischen Klinik eine Patientin sexuell, ist auch die Wertung des § 174 StGB heranzuziehen, der den Missbrauch von Schutzbefohlenen unter Strafe stellt.[17]

37 Bei der Prüfung der Frage, ob eine außerordentliche Kündigung unter Abwägung aller Umstände des Einzelfalls gerechtfertigt ist, kann sich die Unkündbarkeit auch zulasten des Beschäftigten auswirken. Ist dies der Fall, muss ausnahmsweise zur Vermeidung von Wertungswidersprüchen außerordentlich mit einer der tariflichen Kündigungsfrist entsprechenden Auslauffrist gekündigt werden.[18] Werden Verspätungen wiederholt abgemahnt, kann die außerordentliche Kündigung daran scheitern, dass die Warnfunktion der Abmahnungen durch deren Vielzahl abgeschwächt war und die letzte Abmahnung nicht besonders eindringlich gestaltet war.[19]

38 c) **Außerordentliche Kündigung aus Gründen in der Person des Arbeitnehmers.** Als Kündigungsgrund kommt insbesondere in Betracht das dauernde Unvermögen des Beschäftigten, seine vertragsgemäße Leistung zu erbringen.[20] Einen Grund für die außerordentliche Kündigung hat das BAG auch angenommen, wenn der Beschäftigte vor einer Kündigung am 4.8.2000 im Jahre 1997 an 166, 1998 an 337, 1999 an 233 und 2000 bis zur Kündigung an 82 Kalendertagen arbeitsunfähig krank war[21] oder wenn der Beschäftigte in den letzten sechs Jahren vor Ausspruch der Kündigung jährlich durchschnittlich 116 Tage gefehlt hat[22] oder wenn auch zukünftig mit Krankheitszeiten von jährlich ¾ bis 4/5 der

---

13 BAG v. 15.11.2001, 2 AZR 605/00, ZTR 2002, 339.
14 BAG v. 10.9.2009, 2 AZR 257/08, NZA 2010, 220.
15 BAG v. 28.10.2010, 2 AZR 293/09, NZA 2011, 112.
16 BAG v. 2.3.2006, 2 AZR 53/05, DB 2006, 2183.
17 BAG v. 12.3.2010, 2 ABR 24/08, NZA-RR 2010, 180.
18 BAG v. 15.11.2001, 2 AZR 605/00, ZTR 2002, 339.
19 LAG Rheinland-Pfalz v. 23.4.2009, 10 Sa 52/09, ZTR 2009, 443.
20 BAG v. 25.3.2004, 2 AZR 399/03, NZA 2004, 1216.
21 BAG v. 27.11.2003, 2 AZR 601/02, ZTR 2004, 536.
22 BAG v. 9.9.1992, 2 AZR 190/92, NZA 1993, 598.

etwa 200 Arbeitstage zu rechnen ist.[23] Die dauernde krankheitsbedingte Minderung der Leistungsfähigkeit rechtfertigt in der Regel nicht die außerordentliche Kündigung. Jedenfalls reicht der Umstand, dass eine Mitarbeiterin statt bisher bis zu 30 kg nur noch bis zu 10 kg heben kann, dafür nicht aus.[24] Ein Schwimmmeister, der wegen chronischer Erkrankungen und Fettleibigkeit Ertrinkende nicht mehr retten kann, muss eine außerordentliche Änderungskündigung hinnehmen, auch wenn diese mit einer Verringerung der Vergütung verbunden ist.[25]

39 **d) Außerordentliche betriebsbedingte Kündigung.** Die außerordentliche betriebsbedingte Kündigung kann unter Einhaltung der ordentlichen Kündigungsfrist ausnahmsweise zulässig sein, wenn der Arbeitsplatz des Arbeitnehmers weggefallen ist und der Arbeitnehmer auch unter Einsatz aller zumutbaren Mittel, auch durch Umorganisation des Betriebes oder der Dienststelle, nicht weiterbeschäftigt werden kann. Dies gilt auch dann, wenn der Arbeitnehmer zuvor einem Betriebsübergang widersprochen hatte.[26] Die Kündigung muss die einzige Möglichkeit sein, die jahrelange Fortsetzung eines sinnentleerten Arbeitsverhältnisses zu vermeiden, bei dem der Verpflichtung des Arbeitgebers zur Zahlung des Entgelts keine Möglichkeit der Tätigkeit mehr gegenübersteht.[27] Im Gegensatz zum Kündigungsschutz nach dem KSchG ist der Arbeitgeber bei seiner Unternehmerentscheidung nicht frei, sondern muss auch diese daran ausrichten, dass im Rahmen des Zumutbaren das Arbeitsverhältnis mit dem unkündbaren Beschäftigten fortgeführt werden kann. Legt der Arbeitnehmer dar, wie er sich eine Beschäftigung vorstellt, muss der Arbeitgeber darlegen, weshalb eine solche Beschäftigung durch Umorganisation nicht ermöglicht werden kann. Der Vortrag des Arbeitgebers, eine Weiterbeschäftigung sei nicht möglich, reicht nicht aus. Der Arbeitgeber darf nicht kündigen, wenn in absehbarer Zeit ein Arbeitsplatz durch Fluktuation frei wird.[28] Gegebenenfalls muss auch ein Arbeitsplatz mit einer schlechteren Vergütung angeboten werden.[29] Der Arbeitgeber muss auch eine Umschulung des Beschäftigten und sogar seine Unterbringung bei einem anderen Arbeitgeber, notfalls gegen geringere Vergütung bei Zuzahlung des Differenzbetrages, in Betracht ziehen.[30] Auch eine außerordentliche Änderungskündigung ist trotz tariflicher Unkündbarkeit möglich.[31]

40 **e) Änderung gegenüber § 55 BAT.** § 55 Abs. 2 BAT hatte die außerordentliche Kündigung aus betriebsbedingten Gründen ausgeschlossen und nur die Änderungskündigung zum Zweck der Herabgruppierung um eine Vergütungsgruppe aus dienstlichen Gründen zugelassen. Diese Vorschrift wurde in § 34 Abs. 2 nicht übernommen, so dass eine außerordentliche Kündigung aus betrieblichen Gründen jetzt möglich ist.

41 § 34 Abs. 2 Satz 2 sieht vor, dass Beschäftigte ihren Kündigungsschutz behalten, wenn sie nach den am 30.9.2005 (31.10.2008 im Bereich des TV-L) geltenden

---

23 BAG v. 18.1.2001, 2 AZR 616/99, NZA 2002, 455.
24 BAG v. 12.7.1995, 2 AZR, NZA 1993, 1100.
25 BAG v. 28.10.2010, 2 AZR 688/09, NZA-RR 2011, 155.
26 BAG v. 29.3.2007, 8 AZR 538/06, NZA 2008, 48.
27 BAG v. 5.2.1998, 2 AZR 227/97, NZA 1998, 771.
28 BAG v. 17.9.1998, 2 AZR 419/97, NZA 1999, 258.
29 BAG v. 13.6.2002, 2 AZR 391/01, NZA 2003, 44.
30 BAG v. 27.6.2002, 2 AZR 367/01, ZTR 2003, 140.
31 LAG Schleswig-Holstein v. 4.9.2007, 5 Sa 61/07, ZTR 2007, 684.

Tarifregelungen unkündbar waren. Dies gilt für Arbeiter im Bereich der VKA, die gemäß § 52 Abs. 1 BMT-G nach einer Beschäftigungszeit von 15 Jahren unkündbar waren, auch wenn sie das 40. Lebensjahr noch nicht vollendet hatten. Diese wahren ihren Besitzstand auch dann schon, wenn sie zum Stichtag zehn Jahre beschäftigt waren und die Unkündbarkeit noch gar nicht erreicht hatten (s. Rn 70).

§ 34 Abs. 2 Satz 2 betrifft aber schon nach seinem Wortlaut nur die Voraussetzungen der Unkündbarkeit, nicht deren nähere Ausgestaltung. Beschäftigte, die bereits bei Inkrafttreten des TVöD unkündbar waren, haben daher keinen Anspruch auf Wahrung ihres Besitzstandes dergestalt, dass alle Einschränkungen für die außerordentliche betriebsbedingte Kündigung nach § 55 Abs. 2 BAT weiter gelten würden. Das folgt im Umkehrschluss auch aus Satz 4 der Protokollerklärung zum 3. Abschnitt des TVÜ-VKA bzw Satz 3 der Protokollerklärung zum 3. Abschnitt des TVÜ-Bund, welche die vorläufige Fortgeltung des Kündigungsschutzes nach § 55 BAT nur bei Leistungsminderung anordnen, nicht aber in sonstigen Fällen. Es war auch die Absicht der Tarifparteien, das Tarifrecht der Angestellten vom Beamtenrecht zu lösen. Dem entspricht es, das Kündigungsrecht nach § 626 BGB nicht weiter einzuschränken.[32] 42

f) Ausschlussfrist des § 626 Abs. 2 BGB. Bei der außerordentlichen Kündigung wegen Gründen in der Person und aus betrieblichen Gründen ist zu beachten, dass es sich bei der krankheitsbedingten Leistungsunfähigkeit[33] und beim Wegfall der Beschäftigungsmöglichkeit[34] um Dauertatbestände handelt, so dass die 14-Tages-Frist des § 626 Abs. 2 BGB nicht eingreift. 43

g) Anhörung des Betriebs- oder Personalrats. Bei Ausspruch einer außerordentlichen Kündigung mit Auslauffrist muss der Betriebs- oder Personalrat wie bei einer ordentlichen Kündigung angehört werden.[35] Die verkürzte Anhörungsfrist nach § 102 Abs. 2 Satz 3 BetrVG gilt nicht. 44

8. Beschäftigungszeit (Abs. 3). a) Bedeutung, Rechtsschutz. Nach der Beschäftigungszeit richten sich die Kündigungsfristen des Abs. 1 und der Eintritt der Unkündbarkeit nach Abs. 2. Außerdem hängen davon ab der Anspruch auf den Krankengeldzuschuss nach § 22 Abs. 3 und das Jubiläumsgeld nach § 23 Abs. 2. Der TVöD unterscheidet nicht mehr zwischen Beschäftigungs- und Dienstzeit (zB §§ 19 und 20 BAT). 45

Der Kündigungsschutzes nach § 1 Abs. 1 KSchG und der besondere Kündigungsschutz für schwerbehinderte Menschen nach §§ 85, 90 Abs. 1 Nr. 1 SGB IX setzen einen ununterbrochenen Bestand des Arbeitsverhältnisses von mehr als sechs Monaten voraus. Hierfür ist die Berechnung nach § 34 Abs. 3 nicht maßgeblich. Auch bei der sozialen Auswahl nach § 1 Abs. 3 Satz 1 KSchG ist die Beschäftigungszeit nach § 34 Abs. 3 nicht mit der Dauer der Betriebszugehörigkeit gleichzusetzen.[36] 46

Die Beschäftigungszeit wird nach Jahren und Tagen berechnet. Ihre Festsetzung hat nur deklaratorische Bedeutung und kann jederzeit mit Wirkung für die Zu- 47

---

32 BAG v. 27.11.2008, 2 AZR 757/09, NZA 2009, 481; BAG v. 28.10.2010, 2 AZR 688/09, NZA-RR 2011, 155.
33 BAG v. 18.10.2000, 2 AZR 627/99, NZA 2001, 219.
34 BAG v. 5.2.1998, 2 AZR 227/97, NZA 1998, 771.
35 BAG v. 25.3.2004, 2 AZR 399/03, NZA 2004, 1216, st. Rspr.
36 BAG v. 6.2.2003, 2 AZR 623/01, ZTR 2003, 507.

kunft berichtigt werden.[37] Bei einer unrichtigen Festsetzung der Beschäftigungszeit kann Feststellungsklage erhoben werden. Der Beschäftigte muss nicht warten, bis sich die falsche Berechnung auswirkt.[38]

48 **b) Zeit im Arbeitsverhältnis.** Beschäftigungszeit ist nur die Zeit, die der Beschäftigte als **Arbeitnehmer** zurückgelegt hat. Dazu gehören auch Zeiten in einem Berufsausbildungsverhältnis.[39]

49 Die entgegenstehende überwiegende Auffassung in der Kommentarliteratur, auch bisher schon zu § 19 BAT, steht in Widerspruch zur Rechtsprechung des BAG. Danach zählt beim Begriff der ununterbrochenen Dauer des Arbeitsverhältnisses nach § 1 KSchG[40] und nach § 622 Abs. 2 BGB[41] die Ausbildungszeit mit. Höchstrichterliche Rechtsprechung zur Berücksichtigung der Ausbildungszeit im Bereich des TVöD liegt nicht vor. Die von *Breier/Dassau* angeführte Entscheidung des BAG[42] befasst sich mit einem Schadenersatzanspruch des Ausbildenden.

50 Beamte sind keine Arbeitnehmer. Die in einem Beamtenverhältnis zurückgelegte Zeit wird daher nicht mitgerechnet.[43]

51 Anders als nach § 19 BAT wird auch die Zeit vor der Vollendung des 18. Lebensjahres mitgerechnet. Auch Zeiten in Teilzeit oder in geringfügiger Beschäftigung nach § 8 Abs. 1 Nr. 1 SGB IV rechnen bei der Beschäftigungszeit mit, auch wenn sie vor dem 1.1.2002 zurückgelegt wurden.[44]

52 **c) Zurückgelegte Zeit. aa) Ruhendes Arbeitsverhältnis.** Zur Beschäftigungszeit zählen auch Zeiten, in denen das Arbeitsverhältnis ruht. Hier kommen insbesondere in Betracht:
- Zeiten eines Beschäftigungsverbots nach §§ 3, 4 und 6 MuSchG,
- die Elternzeit nach § 15 BEEG,
- Zeiten des Grundwehrdienstes und von Wehrübungen (§§ 1, 6 Abs. 2 ArbPlSchG),
- Zeiten, die ein ausländischer Arbeitnehmer als Staatsangehöriger eines EU-Staates seine Wehrpflicht erfüllt hat, nicht aber die Zeit des Grundwehrdienstes bei den Grenztruppen der ehemaligen DDR,[45]
- dies gilt auch bei ausländischen Arbeitnehmern aus Nicht-EU-Staaten,[46]
- Zeiten des Zivildienstes (§ 78 ZDG, der auf das ArbPlSchG verweist),
- Zeiten als Abgeordneter im Bundestag oder dem Parlament eines Landes (zB § 7 Abs. 5 AbgG),
- Zeiten, in denen Rente wegen verminderter Erwerbsfähigkeit auf Zeit gewährt wurde.[47]

---

37 BAG v. 14.10.2004, 6 AZR 501/03, ZTR 2005, 146.
38 BAG v. 16.12.2004, 6 AZR 663/03, ZTR 2005, 364.
39 GKöD-Fieberg, § 34 Rn 409, aA Dassau/Wiesend-Rothbrust, § 34 Rn 76; Breier/Dassau, TVöD § 34 Rn 46, Bepler/Böhle/Martin/ Stöhr, § 34 Rn 68.
40 BAG v. 18.11.1999, 2 AZR 89/99, NZA 2000, 529.
41 BAG v. 2.12.1999, 2 AZR 139/99, NZA 2000, 720.
42 BAG v. 17.8.2000, 8 AZR 578/99, NZA 2001, 150.
43 Dassau/Wiesend-Rothbrust, § 34 Rn 78.
44 BAG v. 25.4.2007, 6 AZR 746/06, ZTR 2007, 482.
45 BAG v. 27.1.2000, 6 AZR 429/98, NZA 2000, 41.
46 BAG v. 22.12.1982, 2 AZR 282/82, AP Nr. 23 zu § 123 BGB.
47 BAG v. 25.10.2001, 6 AZR 718/00, NZA 2002, 1052.

bb) Unterbrechung des Arbeitsverhältnisses. Endet das Arbeitsverhältnis und 53
stellt der Arbeitgeber den Beschäftigten wieder ein, so wird die frühere Beschäftigungszeit angerechnet, weil § 34 Abs. 3 – im Gegensatz zB zu § 1 KSchG – dies vorsieht, auch wenn die zurückgelegte Zeit unterbrochen ist.

cc) Sonderurlaub. Zeiten des unbezahlten Sonderurlaubs, der nach § 28 aus 54
wichtigem Grund erteilt werden kann, werden nur anerkannt, wenn der Arbeitgeber zuvor schriftlich ein dienstliches oder betriebliches Interesse anerkannt hat (Abs. 3 Satz 2). In Betracht kommen zB eine Fortbildung im dienstlichen Interesse oder die Tätigkeit bei einem anderen Arbeitgeber, wenn der eigene Arbeitgeber vorübergehend keine Verwendung hat. Sonderurlaub kann auch erteilt werden für die Tätigkeit in internationalen Organisationen.

Zeiten des unentschuldigten Fehlens werden angerechnet, weil während der 55
Fehlzeit das Arbeitsverhältnis besteht und die Ausnahmevorschrift des Sonderurlaubs dann nicht eingreift.[48] Nicht als Sonderurlaub zählen auch Zeiten, in denen der Beschäftigte Anspruch auf unbezahlte Freistellung nach § 45 Abs. 2 Abs. 1 SGB V wegen der Pflege eines erkrankten Kindes hat. Diese Zeiten sind anzurechnen.[49]

d) Anrechenbare Zeiten kraft Gesetzes. Zeiten des Grundwehrdienstes (§§ 12, 13 56
ArbPlSchG), des Zivildienstes (§ 78 ZDG), des Grenzschutzdienstes (§ 59 BGrenzSchG) und teilweise des Wehrdienstes von Soldaten auf Zeit (§ 8 SVG) werden auf die Beschäftigungszeit angerechnet, wenn nach dem Ende dieser Zeiten das Arbeitsverhältnis begründet wird. Die Anrechnung kann nur im ersten Arbeitsverhältnis erfolgen, das danach begründet wird.[50]

e) Wechsel des Arbeitgebers. aa) Begriff desselben Arbeitgebers. Die Beschäfti- 57
gungszeit nach Abs. 3 Satz 1 setzt Tätigkeit **bei demselben Arbeitgeber** voraus. Arbeitgeber ist die juristische Person, mit der der Beschäftigte den Arbeitsvertrag abgeschlossen hat, zB die Bundesrepublik Deutschland, ein Bundesland, eine Gemeinde oder Gemeindeverband, rechtlich selbstständige Körperschaften oder Anstalten sowie privatrechtlich organisierte Unternehmen (zB GmbH, AG). Wechselt der Beschäftigte nur von einer Behörde eines Arbeitgebers zu einer anderen, bleibt er bei demselben Arbeitgeber.

Beispiel: Ein Beschäftigter wechselt vom Bundesministerium des Innern in Berlin 58
zum Bundesamt für Migration und Flüchtlinge in Nürnberg. Arbeitgeber bleibt die Bundesrepublik Deutschland, weil das Bundesamt keine rechtlich selbstständige Körperschaft ist.

Wechselt der Arbeitgeber, so beginnt die Berechnung der Beschäftigungszeit neu. 59

Beispiel: Eine 42-jährige Beschäftigte wechselt nach 16-jähriger Beschäftigung von der Stadt Bochum zur Stadt Essen. Der Arbeitgeber wechselt, weil beide Städte rechtlich selbstständig sind. Die Unkündbarkeit nach Abs. 2 tritt in Essen erst wieder nach 15 Jahren ein.

bb) Anrechnung von Zeiten bei einem anderen öffentlich-rechtlichen Arbeitge- 60
ber. Nach Abs. 3 Satz 3 und 4 werden Zeiten bei einem anderen öffentlich-rechtlichen Arbeitgeber zwar anerkannt. Dies wirkt sich auf die Kündigungsfrist nach Abs. 1 und die Unkündbarkeit nach Abs. 2 aber nicht aus, weil beide Be-

---

48 BAG v. 25.10.2001, 6 AZR 718/00, NZA 2002, 1052.
49 BAG v. 16.12.2004, 6 AZR 663/03, ZTR 2005, 364.
50 BAG v. 29.9.1976, 5 AZR 460/75, AP Nr. 2 zu § 8 SVG.

stimmungen ausdrücklich nur auf die Sätze 1 und 2 des Abs. 3 verweisen. Nur hinsichtlich der Dauer des Krankengeldzuschusses nach § 22 Abs. 3 und des Jubiläumsgeldes nach § 23 Abs. 2 kommen dem Beschäftigten die Vordienstzeiten bei dem anderen öffentlich-rechtlichen Arbeitgeber zugute. Kündigt aber eine Lehrkraft bei einem Arbeitgeber zum Schuljahresende und wird einen Monat später bei einem anderen Arbeitgeber eingestellt, sollen die Zeiten beim bisherigen Arbeitgeber nicht anerkannt werden, weil kein „Wechsel" vorliege.[51]

Beispiel: Bereits nach 9 Jahren erhält die Beschäftigte, die zur Stadt Essen gewechselt war, dort ein Jubiläumsgeld von € 350,00, weil ihr insofern die Beschäftigungszeit von 16 Jahren in Bochum anerkannt wird.

III. Sonderregelungen

61 1. **Übergangsregelung bei Beschäftigungszeiten (§ 14 TVÜ-Bund/VKA). a) Berücksichtigung von Beschäftigungszeiten.** Für Arbeitsverhältnisse, die über den 30.9.2005 hinaus fortbestehen, werden die bis dahin nach Maßgabe der jeweiligen tarifrechtlichen Vorschriften anerkannten Beschäftigungszeiten im Sinne des § 34 Abs. 3 TVöD berücksichtigt (§ 14 Abs. 1 TVÜ-Bund/VKA). Dadurch kann sich eine höhere Beschäftigungszeit ergeben, die sich auch bei der Berechnung der Berechnung der Kündigungsfristen und beim Eintritt der Unkündbarkeit auswirkt.

62 Insbesondere bleiben danach Beschäftigungszeiten bei einem anderen Arbeitgeber anerkannt, der den BAT, den MTArb oder den BMT-G oder einen Tarifvertrag wesentlich gleichen Inhalts angewandt hatte, wenn der neue Arbeitgeber die Dienststelle oder geschlossene Teile davon übernommen hatte (zB § 19 Abs. 2 BAT, § 6 Abs. 2 MTArb).

63 Nach zB § 19 Abs. 3 BAT, § 6 Abs. Abs. 3 MTArb wurden auch Beschäftigungszeiten anerkannt die vor Begründung des Arbeitsverhältnisses im Beamtenverhältnis zurückgelegt worden waren. Auch für diese gilt der Bestandsschutz.

64 Darüber hinaus bleiben Beschäftigungszeiten erhalten, die gemäß § 19 Abs. 4 BAT durch Entscheidung der obersten Dienstbehörde als Beschäftigungszeiten angerechnet wurden, zB bei einem Wechsel zwischen einer Gemeinde und ihrem in privater Rechtsform geführten Betrieb.

65 Nicht berücksichtigt werden Beschäftigungszeiten, die vor dem 3.10.1990 in der ehemaligen DDR zurückgelegt wurden.

66 b) **Regelung für das Jubiläumsgeld (§ 14 Abs. 2 TVÜ-Bund/VKA).** Für das Jubiläumsgeld nach § 23 Abs. 2 TVöD werden auch die nach den Vorschriften des BAT anerkannte Dienstzeit und die nach BAT/O, BMT-G/BMT-G-O anerkannte Beschäftigungszeit berücksichtigt. (§ 14 Abs. 2 TVÜ-VKA). Der Begriff der Dienstzeit nach § 20 BAT war weiter als der Begriff der Beschäftigungszeit nach § 19 BAT. Er umfasste auch Beschäftigungen bei anderen deutschen Gebietskörperschaften und öffentlich-rechtlichen Arbeitgebern, die den BAT oder einen Tarifvertrag wesentlich gleichen Inhalts anwendeten, sowie bei volksdeutschen Vertriebenen und Umsiedlern sogar Tätigkeiten bei öffentlichen Arbeitgebern im Herkunftsland (§ 20 Abs. 2 BAT). Anzurechnen war ferner die Dienstzeit in der Bundeswehr, im Zivildienst oder als Entwicklungshelfer sowie im dienst der Stationierungsstreitkräfte (§ 20 Abs. 5 BAT).

---

51 LAG Rheinland-Pfalz v. 4.3.2010, 11 Sa 571/09, ZTR 2010, 420, n.rkr.

Diese Zeiten bleiben für die Jubiläumszeit auch weiterhin maßgeblich, soweit sie **67** nicht wegen der Versäumung der Ausschlussfrist nach § 21 BAT auch nach bisherigem Recht nicht anerkannt worden wären.

Der durch diese Regelung erhaltene Besitzstand geht beim Wechsel zu einem **68** anderen Arbeitgeber verloren.[52]

c) **Stichtag nach dem TVÜ-Länder.** § 14 TVÜ-Länder sieht eine entsprechende **69** Regelung vor. Abgestellt wird hier aber auf den Besitzstand am 31.10.2006, weil der TV-L erst am 1.11.2006 in Kraft trat.

2. Übergangsregelung für die Unkündbarkeit von Arbeitern (§ 14 Abs. 3 TVÜ- 70 VKA). Nach § 52 Abs. 1 BMT-G wurden Arbeiter ohne Rücksicht auf ihr Lebensalter unkündbar, wenn sie eine Beschäftigungszeit von 15 Jahren zurückgelegt hatten. Diese Möglichkeit bleibt den Beschäftigten erhalten, die am 30.9.2005 bereits eine Beschäftigungszeit von 10 Jahren zurückgelegt hatten.

Beispiel: Ein Beschäftigter wurde an seinem 18. Geburtstag am 1.9.1995 einge- **71** stellt. Für ihn galt der BMT-G. Da er am 30.9.2005 bereits eine Beschäftigungszeit von 10 Jahren zurückgelegt hatte, wird er bereits an seinem 33. Geburtstag unkündbar. Das Mindestalter von 40 Jahren gilt für ihn nicht. Anders wäre es, wenn er zwei Monate später eingestellt worden wäre.

Für den Bereich des Bundes und der Länder fehlt eine entsprechende Regelung, **72** weil § 58 MTArb bereits ein Mindestalter von 40 Jahren für den Eintritt der Unkündbarkeit vorsah.

§ 35 Zeugnis (TVöD und TV-L)

(1) Bei Beendigung des Arbeitsverhältnisses haben die Beschäftigten Anspruch auf ein schriftliches Zeugnis über Art und Dauer ihrer Tätigkeit, das sich auch auf Führung und Leistung erstrecken muss (Endzeugnis).

(2) Aus triftigen Gründen können Beschäftigte auch während des Arbeitsverhältnisses ein Zeugnis verlangen (Zwischenzeugnis).

(3) Bei bevorstehender Beendigung des Arbeitsverhältnisses können die Beschäftigten ein Zeugnis über Art und Dauer ihrer Tätigkeit verlangen (vorläufiges Zeugnis).

(4) Die Zeugnisse gemäß den Absätzen 1 bis 3 sind unverzüglich auszustellen.

I. Allgemeines	1
II. Zeugnisarten	4
1. Überblick	4
2. Das Endzeugnis (Abs. 1)	5
a) Allgemeines	5
b) Die Tätigkeitsbeschreibung	8
c) Die Leistungsbeurteilung	11
d) Die Führungsbeurteilung	13
e) Die Schlussformulierung	14
3. Das Zwischenzeugnis (Abs. 2)	16
4. Das vorläufige Zeugnis (Abs. 3)	20
5. Das Verhältnis der Zeugnisse zueinander	22
III. Die Form des Zeugnisses	23
IV. Das Ausstellen des Zeugnisses (Abs. 4)	28
1. Unverzügliches Ausstellen	28

---

[52] Bepler/Böhle/Martin/Stöhr, § 14 TVÜ/Bund Rn 14.

2. Abholen oder Zusenden 29	5. Zurückbehaltungsrecht 34
V. Das Erlöschen des Zeugnisanspruchs 30	VI. Der Zeugnisberichtigungsanspruch 35
1. Erfüllung 30	VII. Auskünfte des Arbeitgebers an
2. Ausschlussfrist 31	Dritte 40
3. Verwirkung und Verjährung 32	VIII. Schadensersatzansprüche 41
4. Ausgleichsklauseln 33	IX. Weitere Tarifverträge 42

I. Allgemeines

1 Zeugnissen kommt eine große Bedeutung bei der beruflichen Entwicklung zu. Ein Zeugnis ist die „Visitenkarte" eines Arbeitnehmers – und dient damit seinen Interessen bei der Stellensuche. Aus diesem Grund darf ein Zeugnis Arbeitnehmer nicht zu schlecht bewerten. Ein Arbeitgeber muss deshalb ein **Zeugnis so formulieren**, dass es der beruflichen Entwicklung förderlich ist, also **wohlwollend**. Darüber hinaus soll das Zeugnis einem Arbeitgeber, der eine Einstellung in Betracht zieht, eine verlässliche Entscheidungsgrundlage (zumindest für eine Vorauswahl der Bewerber) bieten. Deshalb darf ein Zeugnis Arbeitnehmer nicht zu gut beurteilen, es muss **wahr und vollständig** sein. Zwischen diesen beiden Grundsätzen – es muss wahr sein aber wohlwollend[1] – besteht ein Spannungsfeld, das in der Praxis so manchen Spagat erforderlich macht. Im Gegensatz zu einem Zeugnis, das v.a. nach außen wirkt, ist die Beurteilung dazu bestimmt, Verwendungsmöglichkeiten festzustellen und Beförderungsentscheidungen oder Entscheidungen zu Leistungsentgelten vorzubereiten. Die Beurteilung ist im TVöD nicht geregelt.[2]

2 Gesetzlich ist ein Zeugnisanspruch für Arbeitnehmer in § 109 GewO geregelt (allgemein für Dienstverträge in § 630 BGB). Danach hat jeder Arbeitnehmer bei Beendigung eines Arbeitsverhältnisses Anspruch auf ein Zeugnis, das mindestens **Angaben zu Art und Dauer der Tätigkeit (sogenanntes einfaches Zeugnis)** enthalten muss (§ 109 Abs. 1 S. 1, 2 GewO). Ein Arbeitnehmer kann darüber hinaus verlangen, dass sich das **Zeugnis auch auf Leistung und Verhalten im Arbeitsverhältnis erstreckt (sogenanntes qualifiziertes Zeugnis, § 109** Abs. 1 S. 3 GewO). Nach den gesetzlichen Vorschriften hat daher ein Arbeitnehmer die Wahl zwischen einem einfachen und einem qualifizierten Zeugnis. Zusätzlich haben Arbeitnehmer im Geltungsbereich des TVöD/TV-L einen **Anspruch auf ein Zeugnis** nach § 35 TVöD/TV-L. Der tarifvertragliche Zeugnisanspruch geht über den gesetzlichen Anspruch hinaus, indem dort auch **ohne ausdrückliches Verlangen** des Arbeitnehmers ein Anspruch auf ein **qualifiziertes Zeugnis** festgeschrieben wird. Das Erteilen eines ordnungsgemäßen Zeugnisses ist aber in jedem Fall keine Gefälligkeit, sondern einklagbares Recht. Die Zwangsvollstreckung erfolgt nach § 888 ZPO.

3 Für **Auszubildende** ergibt sich der Zeugnisanspruch aus § 16 BBiG, ggf aus § 18 TVAöD-BBiG. Auch dieses Zeugnis muss sich auf Verlangen auf Verhalten und Leistung erstrecken. Die Bescheinigung nach § 34 d ÄApprO über die **Tätigkeit**

---

[1] BAG v. 3.3.1993, 5 AZR 182/92, NZA 1993, 219.
[2] Zum Rechtsschutz bei Beurteilungen s. BAG v. 18.8.2009, 9 AZR 617/08, NZA 2010, 115.

als Arzt im Praktikum ist kein Zeugnis iSd § 630 BGB, § 109 GewO oder § 16 BBiG.[3]

II. Zeugnisarten

1. Überblick. § 35 TVöD/TV-L unterscheidet zwischen einem

- **Endzeugnis**, auf das ein Anspruch bei Beendigung eines Arbeitsverhältnisses besteht und das sich auch auf Führung und Leistung erstrecken muss (§ 35 Abs. 1, sogenanntes qualifiziertes Zeugnis), einem
- **Zwischenzeugnis**, das **aus triftigen Gründen** verlangt werden kann (§ 35 Abs. 2) und einem
- **vorläufigen Zeugnis**, das **bei bevorstehender Beendigung** verlangt werden kann und sich nur auf Art und Dauer der Tätigkeit erstrecken muss (§ 35 Abs. 3, sogenanntes **einfaches Zeugnis**).

2. Das Endzeugnis (Abs. 1). a) Allgemeines. Der Anspruch auf ein Endzeugnis setzt voraus, dass das Arbeitsverhältnis beendet wurde. Die Beendigungsgründe (zB Kündigung, Befristung, Erreichen der Altersgrenze usw) spielen keine Rolle. Das Zeugnis muss die **gesamte Dauer des Arbeitsverhältnisses** widerspiegeln, nicht nur und auch nicht vor allem die letzte Zeit. Grundlage ist das Verhalten, das für den Arbeitnehmer kennzeichnend ist. **Einmalige Vorfälle** oder Umstände, die für den Arbeitnehmer, seine Führung und Leistung nicht charakteristisch sind, gehören nicht in das Zeugnis.[4] Name und Vorname des Arbeitnehmers müssen fehlerfrei geschrieben sein, auch das Beendigungsdatum muss korrekt sein.[5]

Die Formulierungen in einem Zeugnis müssen **klar und verständlich** sein (§ 109 Abs. 2 GewO). In diesem Rahmen ist der Arbeitgeber grundsätzlich in der Formulierung frei, solange das Zeugnis nichts Falsches enthält. Der Arbeitgeber entscheidet auch darüber, welche positiven oder negativen Leistungen er stärker hervorheben will als andere. Maßstab ist der eines wohlwollenden verständigen Arbeitgebers.[6] Weder Wortwahl noch Auslassungen dürfen dazu führen, dass bei den Lesern des Zeugnisses der Wahrheit nicht entsprechende Vorstellungen entstehen können.[7] Es kommt nicht darauf an, welche Vorstellungen der Zeugnisverfasser mit seiner Wortwahl verbindet, sondern auf die Sicht des Zeugnislesers.[8] Dasselbe gilt für sogenannte Geheimzeichen oder -formulierungen, die eine nachteilige Aussage enthalten sollen.[9] Soweit für eine Berufsgruppe oder in einer Branche der allgemeine Brauch besteht, bestimmte Leistungen oder Eigenschaften des Arbeitnehmers im Zeugnis zu erwähnen, ist deren Auslassung regelmäßig ein (versteckter) Hinweis für den Zeugnisleser, der Arbeitnehmer sei in diesem Merkmal unterdurchschnittlich oder allenfalls durchschnittlich zu be-

---

3 BAG v. 9.5.2006, 9 AZR 182/05, ZTR 2007, 100. Einwendungen gegen den Inhalt einer solchen Bescheinigung können im Verwaltungsverfahren über die Erteilung der Approbation geltend gemacht werden.
4 BAG v. 23.6.1960, 5 AZR 560/58, DB 1960, 1042.
5 LAG Hessen v. 23.9.2008, 12 Ta 250/08, n.v.
6 BAG v. 12.8.2008, 9 AZR 632/07, NZA 2008, 1349.
7 BAG v. 23.6.1960, 5 AZR 560/58, DB 1960, 1042. § 109 Abs. 2 S. 2 GewO.
8 BAG v. 20.2.2001, 9 AZR 44/00, NZA 2001, 843.
9 BAG v. 12.8.2008, 9 AZR 632/07, NZA 2008, 1349. Ob solche geheimen Codes wirklich existieren, ist aber umstritten. Siehe dazu Huber/Großblotekamp, S. 242, Braun, Checkliste Arbeitszeugnis, ZTR 2002, 106, 107.

werten (beredtes Schweigen). Der Arbeitnehmer hat dann Anspruch darauf, dass ihm ein ergänztes Zeugnis erteilt wird. Dies gebieten die Grundsätze von Zeugnisklarheit und Zeugniswahrheit.[10]

7 Im Interesse des beruflichen Fortkommens ist das Zeugnis **wohlwollend** zu fassen.[11] Der Arbeitgeber ist aber frei in der Wahl seiner Formulierungen. Um dem nachzukommen und um Konflikte über den Zeugnisinhalt zu vermeiden, werden meist wohlklingende Formulierungen auch für äußerst nachteilige Bewertungen verwandt.[12] Wurde ein Zwischenzeugnis erteilt, ist der Arbeitgeber für den Zeitraum, den das Zwischenzeugnis erfasst, grundsätzlich auch hinsichtlich des Inhalts des Endzeugnisses gebunden. Er kann vom Zwischenzeugnis nur abweichen, wenn die späteren Leistungen und das spätere Verhalten des Arbeitnehmers das rechtfertigen.[13] Nach einer Entscheidung des LAG Hamm[14] lässt aber die Beurteilung in einem Zeugnis aus einem Ausbildungsverhältnis nicht den Schluss zu, dass die in der Ausbildung erbrachten Leistungen in derselben Qualität und Leistungsstufe auch sofort im anschließenden Arbeitsverhältnis erbracht wurden.

8 **b) Die Tätigkeitsbeschreibung.** Das Zeugnis muss die Tätigkeiten eines Arbeitnehmers so **vollständig und genau** angeben, dass sich ein künftiger Arbeitgeber ein klares und wahrheitsgemäßes Bild darüber machen kann.[15] Eine allein schlagwortartige Tätigkeitsbeschreibung wie zB „Sachbearbeiter" genügt nicht. Auf der anderen Seite muss nicht jeder Einzelaspekt eines Tätigkeitsspektrums Erwähnung finden.[16] Der Erwerb besonderer Kenntnisse durch Fortbildungsmaßnahmen ist anzuführen, ebenso besondere Leitungsbefugnisse oder Prokura. War ein Arbeitnehmer nicht nur auf einem Arbeitsplatz beschäftigt, dann ist die berufliche Entwicklung (chronologisch) aufzuführen. Fallen das Ende der tatsächlichen Beschäftigung und das Datum der rechtlichen Beendigung des Arbeitsverhältnisses auseinander, ist im Regelfall auf die rechtliche Vertragsdauer abzustellen.[17]

9 Die Wahrnehmung eines **personalvertretungsrechtlichen Ehrenamts** rechtfertigt im Regelfall nicht die Erwähnung. Ausnahmsweise wird jedoch die Erwähnung als statthaft angesehen, wenn wegen des Ausmaßes der Ausfallzeit eine die Gesamtdauer des Beurteilungszeitraums umfassende Beurteilung nicht möglich wäre.[18] Auf Wunsch des Arbeitnehmers sind Tätigkeiten im Betriebs- oder Personalrat zu erwähnen.

10 Der Arbeitgeber darf in einem Zeugnis die **Elternzeit** eines Arbeitnehmers nur erwähnen, sofern sich die Ausfallzeit als eine wesentliche tatsächliche Unterbrechung der Beschäftigung darstellt. Das ist dann der Fall, wenn diese nach Lage

---

10 BAG v. 12.8.2008, 9 AZR 632/07, NZA 2008, 1349. ZB keine Aussage zur Ehrlichkeit bei einer Kassenkraft oder keine Aussage zur Belastbarkeit in Führungspositionen.
11 BAG v. 3.3.1993, 5 AZR 182/92, NZA 1993, 219.
12 ZB „Er bildete sich eine eigene Meinung, die er mit Engagement vertrat." Für „rechthaberisch".
13 BAG v. 16.10.2007, 9 AZR 248/07, NZA 2008, 298, vgl auch LAG Schleswig-Holstein v. 23.6.2010, 6 Sa 391/09, AuA 2010, 675.
14 V. 14.1.2011, 7 Sa 1615/10, n.v.
15 BAG v. 29.9.1989, 3 AZR 132/79, n.v.
16 BAG v. 12.8.2008, 9 AZR 632/07, NZA 2008, 1349.
17 LAG Köln v. 4.3.2009, 3 Sa 1419/08, n.v.
18 BAG v. 10.5.2005, 9 AZR 261/04, NZA 2005, 1237, BAG v. 19.8.1992, 7 AZR 262/91, NZA 1993, 222.

und Dauer erheblich ist und wenn bei ihrer Nichterwähnung für Dritte der falsche Eindruck entstünde, die Beurteilung des Arbeitnehmers beruhe auf einer der Dauer des rechtlichen Bestands des Arbeitsverhältnisses entsprechenden tatsächlichen Arbeitsleistung.[19]

c) Die Leistungsbeurteilung. In der Leistungsbeurteilung werden die Kenntnisse und Fähigkeiten sowie Arbeitsweise und Erfolg beurteilt. Merkmale, die keinen Bezug zu der geschuldeten Leistung haben, dürfen nicht erwähnt werden. Ein Zeugnis muss in sich widerspruchsfrei sein. Das ist nicht mehr der Fall, wenn sich eine Gesamtbeurteilung nicht mit den Einzelbeurteilungen vereinbaren lässt.[20] Häufig beschränkt sich die Leistungsbeurteilung im Wesentlichen auf eine **zusammenfassende Bewertung** anhand von gebräuchlichen Formulierungen. Abhängig von Qualifikation und Stellung im Unternehmen sind Ausführungen zu weiteren Leistungskriterien üblich, so zB zu Fachwissen, Auffassungsgabe und Problemlösungsfähigkeit, Leistungsbereitschaft und Eigeninitiative, Belastbarkeit, Denk- und Urteilsvermögen, Zuverlässigkeit, Fachkönnen und ggf Führungsfähigkeit.[21] Ein Zeugnis darf dort keine Auslassungen enthalten, wo der verständige Leser eine positive Hervorhebung erwartet.[22] Im Folgenden werden die gebräuchlichsten Formulierungen dargestellt im Vergleich zu gebräuchlichen Schulnoten:[23]

Note	Zeugnisformulierung	Alternative Zeugnisformulierung
Sehr gut (weit überdurchschnittliche Leistungen)	Herr/Frau ... hat die ihm/ihr übertragenen Aufgaben **stets zu unserer vollsten Zufriedenheit** erledigt.	Wir waren mit seinen/ihren Leistungen **außerordentlich zufrieden**.
Gut (überdurchschnittliche Leistungen)	Herr/Frau ... hat die ihm/ihr übertragenen Aufgaben **stets zu unserer vollen Zufriedenheit** erledigt.	Wir waren mit seinen/ihren Leistungen **voll und ganz zufrieden**.
Befriedigend (durchschnittliche Leistungen)	Herr/Frau ... hat die ihm/ihr übertragenen Aufgaben **zu unserer vollen Zufriedenheit** erledigt. Oder: ... stets zu unserer Zufriedenheit ...	Wir waren mit seinen/ihren Leistungen **voll zufrieden**.

---

19 BAG v. 10.5.2005, 9 AZR 261/04, NZA 2005, 1237. Im entschiedenen Fall durfte eine Ausfallzeit von 33,5 Monaten bei einer Dauer des Arbeitsverhältnisses von 50 Monaten erwähnt werden.
20 BAG v. 23.9.1992, 5 AZR 573/91, PersR 1993, 329.
21 BAG v. 12.8.2008, 9 AZR 632/07, NZA 2008, 1349, Huber/Großblotekamp, S. 56 ff mit Beispielen.
22 BAG v. 12.8.2008, 9 AZR 632/07, NZA 2008, 1349.
23 Braun, ZTR 2002, 106, 109, Steinherr in Sponer/Steinherr, TVöD, § 35 Rn 33.

Note	Zeugnisformulierung	Alternative Zeugnisformulierung
Ausreichend (unterdurchschnittliche Leistungen)	Herr/Frau ... hat die ihm/ihr übertragenen Aufgaben **zu unserer Zufriedenheit** erledigt.	Wir waren mit seinen/ihren Leistungen **zufrieden**.
Mangelhaft (weit unterdurchschnittliche Leistungen)	Herr/Frau ... hat die ihm/ihr übertragenen Aufgaben **im Großen und Ganzen** (oder: überwiegend, im Wesentlichen) **zu unserer Zufriedenheit** erledigt.	Er/Sie hat unsere **Erwartungen größtenteils erfüllt**.
Ungenügend	Herr/Frau... **bemühte sich** die ihm/ihr übertragenen Aufgaben (stets zu unserer vollsten) Zufriedenheit zu erledigen.	Er/Sie **hatte Gelegenheit**, die ihm/ihr übertragenen Aufgaben zu erledigen.

13 d) **Die Führungsbeurteilung.** Mit der Führungs- oder Verhaltensbeurteilung wird das **Verhältnis zu Vorgesetzten, Kollegen, nachgeordneten Mitarbeitern, Kunden und Geschäftspartnern** bewertet.[24] In der Praxis hat sich eine der zusammenfassenden Bewertung zur Leistungsbeurteilung vergleichbare einheitliche Notenskala nicht herausgebildet.[25] Es gibt zwar auch in diesem Bereich häufig verwandte Formulierungen, denen eine typische Bedeutung zugesprochen wird, ein durchgestuftes, allgemein anerkanntes System besteht trotz dementsprechenden etlichen Darstellungen in der Literatur nicht.[26] So wird zum Beispiel die sehr gebräuchliche Formulierung „Sein/Ihr Verhalten war stets (jederzeit) einwandfrei." zum Teil als „sehr gute" Bewertung,[27] nur als „gute" Bewertung,[28] als „voll befriedigende" Bewertung[29] oder sogar nur als „Note 3"[30] interpretiert.

Typische positive Formulierungen zum Verhalten sind: vorbildlich, einwandfrei, hervorragend, höflich, korrekt, freundlich, zuvorkommend, lobenswert. Zur positiven Verstärkung werden sie gerne mit Zusätzen wie „immer", „stets", „jederzeit", „durchweg", „ausnahmslos" versehen, zur Herabsetzung mit Einschränkungen wie „ in der Regel", „durchaus", „im Allgemeinen", „ im Großen und Ganzen" oder „zumeist". Fehlen die Elemente der positiven Verstärkung, dann kann nicht von einer einschränkungslos positiven (sehr guten) Verhaltens-

---

24 Ob die Reihenfolge der Erwähnung eine Rolle spielt, ist umstritten, vgl Schleßmann, S. 156. Nach LAG Köln v. 30.8.2007, 10 Sa 482/07, AE 2008, 276 ist die Reihenfolge nicht entscheidend. Die hier gewählte Reihenfolge dürfte unproblematisch sein.
25 So auch Schulz, S. 184.
26 ZB Huber/Großblotekamp S. 70 ff, Schleßmann, S. 156 ff, Steinherr in Sponer/Steinherr, TVöD, § 35 Rn 33.
27 Weuster/Scheer, S. 88.
28 Huber/Großblothekamp S. 71.
29 Martens in Sponer/Steinherr, TVöD, § 35 Rn 34.
30 Schleßmann, S. 158, ähnlich Knobbe/Leis/Umnuß, S. 77.

beurteilung gesprochen werden.[31] Gab das Verhalten eines Arbeitnehmers keinerlei Anlass zu Beanstandungen, muss sich das im Zeugnistext niederschlagen, zB mit der Formulierung, das Verhalten sei "**stets einwandfrei**" gewesen.[32] Auch eine sehr gute Leistungsbeurteilung vermittelt keinen „Anspruch" auf eine sehr gute Führungsbeurteilung; beide Bereiche müssen unabhängig voneinander bewertet werden.[33]

e) Die Schlussformulierung. In vielen Zeugnissen finden sich am Schluss Formulierungen, mit denen das Ausscheiden bedauert, für die Mitwirkung im Unternehmen gedankt, weiterhin viel Erfolg und persönlich alles Gute gewünscht wird (**Bedauerns- und Bedankensformel**). Solche Formulierungen sind sicherlich geeignet, ein positives Zeugnis nochmals zu bestätigen und zu unterstreichen. Fehlt eine solche Formulierung, dann wird zum Teil vertreten, dass dadurch ein positives Zeugnis entwertet wird („beredtes Schweigen").[34] Nach Ansicht des Bundesarbeitsgerichts ist der Arbeitgeber trotzdem gesetzlich nicht verpflichtet, das Arbeitszeugnis mit Formulierungen abzuschließen, in denen er dem Arbeitnehmer für die gute Zusammenarbeit dankt und ihm für die Zukunft alles Gute wünscht.[35] Dieser Rechtsprechung des Bundesarbeitsgerichts wird von den Gerichten nicht immer gefolgt.[36] Jedenfalls bei "guten Zeugnissen" sollte nicht auf eine Bedauerns- und Bedankensklausel verzichtet werden. Aber auch dann, wenn man dieser Rechtsprechung des BAG folgen wollte, bedeutet dies nur, dass der Arbeitgeber insgesamt nicht verpflichtet ist, eine Schlussformulierung aufzunehmen. Nimmt er hingegen eine Schlussformulierung auf, darf diese nicht im Widerspruch zum sonstigen Zeugnisinhalt stehen und diesen nicht relativieren. Sie darf insbesondere nicht wie ein geheimes Zeichen den zuvor stehenden Text konterkarieren. Nach einem Urteil des LAG Köln[37] ist das bei einem ansonsten überdurchschnittlichen Zeugnis der Fall, wenn einem Arbeitnehmer bei im Übrigen überdurchschnittlichem Zeugnisinhalt (nur) für die "Zukunft alles Gute" gewünscht wird, ohne dass Dank für die vergangene Zusammenarbeit ausgesprochen wird. 14

Der Grund für die Beendigung des Arbeitsverhältnisses ist im Zeugnis grundsätzlich nicht zu erwähnen. Der Hinweis im Zeugnis, dass das Arbeitsverhältnis einvernehmlich oder im gegenseitigen Einvernehmen beendet wurde, bedeutet nach weit verbreiteter Auffassung, dass es zu Differenzen gekommen ist.[38] Unbedenklich sind Formulierungen, wonach ein Ausscheiden auf eigenen Wunsch erfolgte (Eigenkündigung) oder aus betriebsbedingten Gründen. Auf Verlangen des Arbeitnehmers sind Angaben über **Grund und Art des Ausscheidens** (zB „auf eigenen Wunsch ausgeschieden") in das Zeugnis aufzunehmen.[39] 15

---

31 Vgl BAG v. 21.6.2005, 9 AZR 352/04, NZA 2006, 104.
32 BAG v. 21.6.2005, 9 AZR 352/04, NZA 2006, 104.
33 LAG Rheinland-Pfalz v. 14.5.2009, 10 Sa 183/09, NZA-RR 2010, 69.
34 Huber/Großblotekamp, S. 73 ff mit Beispielen für Schlussformulierungen.
35 BAG v. 20.2.2001, 9 AZR 44/00, NZA 2001, 843.
36 Ausführlich ArbG Berlin v. 7.3.2003, AR-Blattei ES 1850 Nr. 45.
37 V. 29.2.2008, 4 Sa 1315/07, dbr 2008, Nr. 11, 40, vgl auch LAG Düsseldorf v. 3.11.2010, 12 Sa 974/10, NZA-RR 2011, 123, aA LAG Baden-Württemberg v. 3.2.2011, 21 Sa 74/10, AuA 2011, 371.
38 Huber/Großblotekamp, S. 80.
39 BAG v. 23.6.1960, NJW 1960, 1973.

16 3. **Das Zwischenzeugnis (Abs. 2).** Nach § 35 Abs. 2 TVöD haben Arbeitnehmer einen Anspruch auf ein Zwischenzeugnis, wenn hierfür **triftige Gründe** bestehen. Damit geht der TVöD (wie bereits vorher der fast wortgleiche BAT) über die gesetzlichen Regelungen in §§ 109 GewO, 630 BGB, 16 BBiG hinaus, da ein solcher Anspruch dort nicht vorgesehen ist. Allerdings hat die Rechtsprechung auch außerhalb des Anwendungsbereiches des Tarifvertrages einen Anspruch auf ein Zwischenzeugnis anerkannt, wenn Arbeitnehmer einen triftigen Grund geltend machen konnten, warum während des Bestehens eines Arbeitsverhältnisses eine Beurteilung benötigt wird.[40] Besteht ein solcher triftiger Grund, dann sollte der Anspruch auf ein Zwischenzeugnis zeitnah geltend gemacht werden. Bemerkt ein Arbeitnehmer erst nach längerer Zeit, dass es bei einem Vorgesetztenwechsel klüger gewesen wäre, ein Zwischenzeugnis zu verlangen, zB weil der neue Vorgesetzte ihn nicht ebenso schätzt wie sein Vorgänger, dann könnte der Anspruch von der tariflichen Ausschlussfrist erfasst oder verwirkt sein (s. Rn 31, 32).

17 Bei der Beurteilung, ob ein „triftiger Grund" vorliegt, ist nicht kleinlich vorzugehen. Ein triftiger Grund für die Erteilung eines Zwischenzeugnisses liegt aber nicht vor, wenn ein Zeugnis allein deshalb verlangt wird, um es in einem Rechtsstreit zur Höhergruppierung als Beweismittel zu verwenden.[41] Als triftige Gründe werden allgemein anerkannt:
- Bewerbung um eine neue Stelle,
- Vorlage bei Behörden und Gerichten oder
- Stellen eines Kreditantrages,
- Wechsel eines langjährigen Vorgesetzten,[42]
- strukturelle Änderungen innerhalb des Betriebsgefüges, zB Betriebsübernahme durch neuen Arbeitgeber oder Insolvenz sowie
- bevorstehende persönliche Veränderungen des Arbeitnehmers, zB Versetzung, Fort- und Weiterbildung oder geplante längere Arbeitsunterbrechungen (etwa ab einem Jahr) oder auch Wehr- oder Zivildienst.[43]

18 Das Zwischenzeugnis muss ebenso wie das Endzeugnis Angaben zu Leistung und Führung enthalten. Form und Inhalt entsprechen daher dem Endzeugnis.[44] Ein Arbeitgeber muss ein Zwischenzeugnis nur erstellen, wenn dies ausdrücklich verlangt wird. Ein Zwischenzeugnis sollte als solches bezeichnet werden.

19 Der Arbeitgeber ist an den Inhalt eines erteilten Zeugnisses (auch eines Zwischenzeugnisses) grundsätzlich gebunden. Er kann von den Zeugnisinhalten eines Zwischenzeugnisses nur dann abrücken, wenn ihm nachträglich Umstände bekannt werden, die eine abweichende Beurteilung rechtfertigen[45] oder wenn sich Veränderungen seit Erteilen des Zwischenzeugnisses ergeben haben. Es spricht aber eine Vermutung dafür, dass die Beurteilungsgrundlage die gleiche geblieben ist, wenn zwischen Erteilung von Endzeugnis und Zwischenzeugnis nur wenige Monate vergangen sind.[46] Ein Zeugnis, das der Arbeitgeber über

---

40 Hessisches LAG v. 28.3.2003, 12 SaGa 1744/02, AR-Blattei ES 1850 Nr. 46.
41 BAG v. 21.1.1993, 6 AZR 171/92, NZA 1993, 1031.
42 BAG v. 1.10.1998, 6 AZR 176/97, NZA 1999, 894.
43 Vgl Guth in Bepler/Böhle, § 35 TVöD Rn 23.
44 Vgl ArbG Köln v. 17.2.2009, 14 Ca 5366/08, AE 2009, 192.
45 BAG v. 21.6.2005, 9 AZR 352/04, NZA 2006, 104.
46 LAG Köln v. 22.8.1997, 11 Sa 235/97, NZA 1999, 771.

Leistung und Verhalten während einer Aus- und Fortbildung erteilt, führt zu keiner ähnlichen Bindungswirkung im Hinblick auf ein Zeugnis für ein anschließendes Arbeitsverhältnis.[47]

4. Das vorläufige Zeugnis (Abs. 3). Ein vorläufiges Zeugnis kann bei **bevorstehender Beendigung** verlangt werden. Ebenso wie beim Endzeugnis spielen die Beendigungsgründe (zB Kündigung, Befristung, Erreichen der Altersgrenze usw) keine Rolle. Es muss keine Ausführungen zu Leistung und Führung enthalten, es kann sich auf Angaben zu Art und Dauer der Tätigkeit beschränken (§ 35 Abs. 3, sogenanntes einfaches Zeugnis). Ein Arbeitgeber muss ein vorläufiges Zeugnis nur erstellen, wenn dies ausdrücklich verlangt wird. Ein Arbeitnehmer kann sowohl ein Zwischenzeugnis nach § 35 Abs. 2 (das Angaben zu Leistung und Führung enthält) verlangen als auch ein einfaches vorläufiges Zeugnis, wenn die Beendigung des Arbeitsverhältnisses bevorsteht. Die Ansprüche auf beide Zeugnisse stehen nebeneinander, sie schließen sich nicht aus.[48] 20

Ein vorläufiges Zeugnis sollte als solches bezeichnet werden. Für die Form des Zeugnisses gilt das bereits oben zum Endzeugnis Dargestellte entsprechend, ebenso das zur Tätigkeitsbeschreibung. Das Zeugnis muss die Tätigkeiten eines Arbeitnehmers so vollständig und genau angeben, dass sich ein künftiger Arbeitgeber ein klares und wahrheitsgemäßes Bild darüber machen kann,[49] eine allein schlagwortartige Tätigkeitsbeschreibung wie zB „Sachbearbeiter" genügt nicht. 21

5. Das Verhältnis der Zeugnisse zueinander. Mit Erteilen eines Zeugnisses wird der Anspruch erfüllt, er erlischt (§ 362 BGB). Beide Zeugnisansprüche, der gesetzliche und der tarifvertragliche, stehen nebeneinander. Mit Erteilen eines qualifizierten Zeugnisses nach § 35 wird gleichzeitig der gesetzliche Anspruch auf ein qualifiziertes Zeugnis erfüllt. Mit Erteilen eines qualifizierten Zeugnisses nach § 35 wird der gesetzliche Anspruch auf ein einfaches Zeugnis aber nicht erfüllt, weil es sich um inhaltlich verschiedene Ansprüche handelt, die nebeneinander stehen. § 35 will das gesetzliche Wahlrecht zwischen einfachem und qualifiziertem Zeugnis nicht beschneiden. Das kann dann von Bedeutung werden, wenn ein Arbeitnehmer zB wegen schlechter Bewertung im erteilten Zeugnis nur ein einfaches Zeugnis will.[50] Falls der Arbeitnehmer daher sein Wahlrecht noch nicht ausgeübt hat, besteht nach wie vor der Anspruch auf ein einfaches Zeugnis, auch wenn bereits ein qualifiziertes Zeugnis erteilt wurde. Hat aber der Arbeitnehmer bereits ein qualifiziertes Zeugnis verlangt (und damit sein Wahlrecht ausgeübt), dann ist ein Wechsel vom erteilten zutreffenden qualifizierten Zeugnis zum einfachen Zeugnis ausgeschlossen.[51] Hat ein Arbeitnehmer nur ein einfaches Zeugnis erhalten, dann ist der Anspruch auf ein qualifiziertes Zeugnis 22

---

47 LAG Hamm, 14.1.2011, 7 Sa 1615/10, n.v.
48 Guth in Bepler/Böhle, § 35 TVöD Rn 24.
49 BAG v. 29.9.1989, 3 AZR 132/79, n.v.
50 Der Anspruch auf ein vorläufiges Zeugnis (§ 35 Abs. 3) hilft in aller Regel hier nicht weiter, da es als solches bezeichnet werden kann und sollte, und da der Anspruch nach Beendigung ausgeschlossen sein dürfte.
51 Müller-Glöge in Erfurter Kommentar, § 109 GewO Rn 18.

nach § 35 noch nicht erfüllt. Das gilt grundsätzlich auch dann, wenn der Arbeitnehmer zuvor ein einfaches Zeugnis verlangt und erhalten hat.[52]

III. Die Form des Zeugnisses

23 Das Zeugnis muss **schriftlich** abgefasst sein.[53] Die Schriftform bei der Zeugnisausstellung verlangt den **eigenhändig geschriebenen Namen** des Unterzeichners unter seiner Erklärung (§ 126 Abs. 1 BGB). Zur Erfüllung der Schriftform genügen weder ein Faksimile noch eine kopierte Unterschrift. Auch eine Zeugniserteilung per E-Mail oder per Telefax oder durch Übergabe einer Kopie ist für die gesetzliche Schriftform[54] nicht ausreichend. Eine Paraphe[55] reicht als Unterschrift ebenso nicht aus. Da die bloße Unterschrift häufig nicht entzifferbar ist und das Zeugnis nicht anonym ausgestellt werden soll, muss die Unterschrift des Ausstellers außerdem regelmäßig eine maschinenschriftliche Namensangabe aufweisen.[56]

24 Es ist aber nicht unbedingt erforderlich, dass das Zeugnis vom bisherigen Arbeitgeber selbst oder seinem gesetzlichen Vertretungsorgan gefertigt und unterzeichnet wird. Der Arbeitgeber kann einen **unternehmensangehörigen Vertreter** beauftragen, das Zeugnis in seinem Namen zu erstellen. In einem solchen Fall sind aber das **Vertretungsverhältnis und die Funktion des Unterzeichners** anzugeben. Der Vertreter des Arbeitgebers muss dem Arbeitnehmer gegenüber **weisungsbefugt** gewesen sein.[57] Auch im öffentlichen Dienst ist der Zeugnisanspruch eines Angestellten regelmäßig nur dann erfüllt, wenn das Zeugnis von einem **ranghöheren Bediensteten** unterschrieben ist. Eine von diesem Grundsatz abweichende behördeninterne Regelung der Zeichnungsbefugnis rechtfertigt keine Ausnahme.[58] Im Falle eines Betriebsübergangs wird ab diesem Zeitpunkt der Übernehmer Schuldner des Zeugnisanspruchs (§ 613a Abs. 1 S. 1 BGB). Er schuldet dann ein Zeugnis über die Gesamtdauer des Arbeitsverhältnisses unabhängig davon, wie lange das Arbeitsverhältnis nach dem Betriebsübergang fortgesetzt wurde. Die persönlichen Kenntnisse des Übernehmers sind nicht entscheidend. Auch in größeren Betrieben kennen der Arbeitgeber, sein gesetzlicher

---

52 Mit Erteilen eines einfachen Zeugnisses nach Verlangen eines Arbeitnehmers wird zwar der gesetzliche Zeugnisanspruch vollständig erfüllt, nicht aber der weitergehende tarifvertragliche Zeugnisanspruch. Im Einzelfall könnte das Verlangen eines einfachen Zeugnisses möglicherweise aber als Verzicht auf ein qualifiziertes Zeugnis verstanden werden. Darüber hinaus können die Grundsätze der Verwirkung greifen.
53 Ausdrücklich geregelt ist dies zwar nur in § 35 Abs. 1, aus der Verpflichtung in § 35 Abs. 4, das Zeugnis unverzüglich auszustellen, sowie aus der Funktion des Zeugnisses, einen Nachweis über die Leistungen zu erbringen, folgt jedoch, dass auch das Zwischenzeugnis und das vorläufige Zeugnis schriftlich sein müssen. Ein nicht unterschriebenes Zeugnis würde nirgends akzeptiert werden.
54 Wegen § 109 GewO ist die gesetzliche Schriftform zu fordern, so dass § 127 BGB hier im Ergebnis nicht greift, auch wenn der TVöD nur durch arbeitsvertragliche Bezugnahme gilt.
55 Dh ein Namensstempel oder verkürztes Namenszeichen, das nicht genug Merkmale aufweist, um als sicheres Authentifizierungsmerkmal zu dienen.
56 LAG Hamm, 28.3.2000, 4 Sa 1588/99, PflR 2001, 359.
57 BAG v. 26.6.2001, 9 AZR 392/00, NZA 2002, 33.
58 BAG v. 4.10.2005, 9 AZR 507/04, NZA 2006, 436. War der Angestellte als wissenschaftlicher Mitarbeiter tätig, ist das Zeugnis zumindest auch von einem der ihm vorgesetzten Wissenschaftler zu unterzeichnen.

Vertreter oder die für ihn handelnden Personen den Arbeitnehmer nicht immer persönlich und müssen sich auf die Beurteilungen Dritter stützen.[59]

Das Arbeitszeugnis muss auch **seiner äußeren Form nach gehörig** sein. Es muss in formeller Hinsicht die im Geschäftsleben üblichen Mindestanforderungen erfüllen. Dazu zählt jedenfalls, dass das Arbeitszeugnis mit einem **ordnungsgemäßen Briefkopf** ausgestattet sein muss, aus dem der Name und die Anschrift des Ausstellers erkennbar sind.[60] Ein Arbeitnehmer kann auch beanspruchen, dass das **Zeugnis in einheitlicher Maschinenschrift** abgefasst wird.[61] 25

Entgegen einer häufig anzutreffenden Ansicht[62] hat das Bundesarbeitsgericht entschieden, dass der Arbeitgeber den Anspruch des Arbeitnehmers auf Erteilung eines Arbeitszeugnisses auch mit einem Zeugnis erfüllt, das er zweimal **faltet**, um den Zeugnisbogen in einen Geschäftsumschlag üblicher Größe unterzubringen, wenn das **Originalzeugnis kopierfähig** ist und die Knicke im Zeugnisbogen sich nicht auf den Kopien abzeichnen, zB durch Schwärzungen.[63] 26

Ein Zeugnis muss ein **Ausstellungsdatum** enthalten. Ein fehlendes Ausstellungsdatum kann ein Zeugnis entwerten, da der Eindruck erweckt wird, es sei möglicherweise nicht unmittelbar bei Beendigung ausgestellt worden, sondern erst nach einer längeren Auseinandersetzung. Genau der gleiche Eindruck wird erweckt, wenn das Ausstellungsdatum und das Beendigungsdatum erheblich auseinander fallen.[64] Das Datum ist daher zu korrigieren, wenn eine verspätete Zeugniserteilung nicht auf ein Verschulden des Arbeitnehmers zurückzuführen ist.[65] Ebenso bei der Zeugnisberichtigung: Wird das bereits erteilte Zeugnis berichtigt, trägt das geänderte Zeugnis das Datum des erstmals erteilten Zeugnisses.[66] Grundsätzlich unterliegt aber auch das Ausstellungsdatum der Wahrheitspflicht, muss also dem tatsächlichen Ausstellungsdatum entsprechen. 27

IV. Das Ausstellen des Zeugnisses (Abs. 4)

1. Unverzügliches Ausstellen. Nach § 35 Abs. 4 TVöD sind Zeugnisse **unverzüglich**, dh ohne schuldhaftes Zögern (vgl § 121 Abs. 1 S. 1 BGB) auszustellen. Das bedeutet für das Endzeugnis, dass es ohne weitere Aufforderung spätestens mit Ablauf der Kündigungsfrist oder bei tatsächlichem Ausscheiden erteilt werden muss (Fälligkeit).[67] Das gilt auch dann, wenn die Parteien in einem Kündigungsschutzprozess über die Rechtmäßigkeit der Kündigung streiten.[68] Im Gegensatz zum Zeugnisanspruch nach § 109 Abs. 1 GewO muss der Arbeitnehmer beim Zeugnisanspruch nach dem TVöD vor Ausstellung kein Wahlrecht ausüben, da das hier nicht vorgesehen ist. 28

Das **Zwischenzeugnis und das vorläufige Zeugnis** müssen **nur nach Aufforderung** durch den Arbeitnehmer erteilt werden. Dem Arbeitgeber ist hierzu eine

---

59 BAG v. 16.10.2007, 9 AZR 248/07, NZA 2008, 298.
60 BAG v. 3.3.1993, 5 AZR 182/92, NZA 1993, 219.
61 BAG v. 3.3.1993, 5 AZR 182/92, NZA 1993, 219.
62 ZB Steinherr in Sponer/Steinherr, TVöD, § 35 Rn 77.
63 BAG v. 21.9.1999, 9 AZR 893/98, NZA 2000, 257.
64 Vgl LAG Hamm v. 4.10.2010, 1 Ta 310/10.
65 ZT aA Steinherr in Sponer/Steinherr, TVöD, § 35 Rn 81, danach sei nur bei „erheblichen" Abweichungen zu korrigieren.
66 BAG v. 9.9.1992, 5 AZR 509/91, NZA 1993, 698.
67 BAG v. 27.2.1987, 5 AZR 710/85, NZA 1987, 628.
68 BAG v. 27.2.1987, 5 AZR 710/85, NZA 1987, 628.

angemessene Überlegungs- und **Bearbeitungszeit** einzuräumen. Die Bearbeitungszeit hängt von den Umständen des Einzelfalls ab und dürfte für ein einfaches Zeugnis geringer sein als für ein qualifiziertes Zeugnis. Im Hinblick darauf, dass die Zeugnisse zur Stellensuche benötigt werden, dürfte im Regelfall allenfalls ein Zeitraum von 1–2 Wochen nach Aufforderung als angemessen erscheinen.[69]

29 **2. Abholen oder Zusenden.** Grundsätzlich muss der Arbeitnehmer seine Arbeitspapiere, zu denen auch das Arbeitszeugnis gehört, beim Arbeitgeber abholen (Holschuld). Erfahrungsgemäß bestehen die meisten Arbeitgeber aber nicht darauf, dass das Zeugnis abgeholt wird, und sind auch bereit, dieses zuzusenden. Nach einer Entscheidung des LAG Köln[70] ist das Zeugnis auf Kosten und Gefahr des Arbeitgebers zu versenden, wenn bei Beendigung des Arbeitsverhältnisses kein Zeugnis zur Abholung durch den Arbeitnehmer bereit liegt. Ein Arbeitnehmer muss in einem solchen Fall aber damit rechnen, dass dann das Zeugnis gefaltet wird, um den Zeugnisbogen in einem Geschäftsumschlag üblicher Größe unterzubringen. Das ist nach der Rechtsprechung des Bundesarbeitsgerichts zulässig, wenn das **Originalzeugnis kopierfähig** ist und die Knicke im Zeugnisbogen sich nicht auf den Kopien abzeichnen.[71] Der Arbeitgeber kann im Einzelfall auch gehalten sein, das Arbeitszeugnis nachzuschicken,[72] zB falls ein Abholen mit einem unverhältnismäßigen Aufwand (Umzug des Arbeitnehmers nach Beendigung des Arbeitsverhältnisses) verbunden wäre.

V. Das Erlöschen des Zeugnisanspruchs

30 **1. Erfüllung.** Mit Erteilen eines ordnungsgemäßen Zeugnisses erlischt der Anspruch (§ 362 Abs. 1 BGB). Bei Verlust oder Beschädigung kann ein Arbeitgeber aber verpflichtet sein, das Zeugnis nochmals auszufertigen, wenn ihm das möglich und zumutbar ist.[73]

31 **2. Ausschlussfrist.** Der Anspruch auf Erteilung eines qualifizierten Zeugnisses unterliegt der Ausschlussfrist des § 37 TVöD/TV-L.[74] Nach dieser Vorschrift sind Ansprüche aus dem Arbeitsverhältnis binnen **sechs Monaten nach Fälligkeit** schriftlich geltend zu machen. Die Frist beginnt mit Ablauf des Tages zu laufen, an dem das Zeugnis erstmals verlangt werden konnte, für das Endzeugnis ist das der Beendigungszeitpunkt. Eine **Kündigungsschutzklage** wahrt die Ausschlussfrist nicht. Verlangt ein Arbeitnehmer die **Berichtigung** eines Zeugnisses, dann beginnt die Frist mit der Übergabe des Zeugnisses. Erst nach Kenntniserlangung vom Inhalt des Zeugnisses, kann der Arbeitnehmer beurteilen, ob der Arbeitgeber ein den gesetzlichen Erfordernissen entsprechendes Zeugnis ausgestellt hat.[75] Zur Wahrung der Ausschlussfrist genügt die **schriftliche Beanstandung** des erhaltenen Zeugnisses und die Forderung der Neuausstellung. Die

---

69 Weuster/Scheer, S. 16. Das LAG Schleswig-Holstein hält im Einzelfall einen Zeitraum bis zu 3 Wochen noch für angemessen (v. 1.4.2009, 1 Sa 370/08, n.v.).
70 V. 26.4.2010, 2 Ta 24/10, AA 2010, 162.
71 BAG v. 21.9.1999, 9 AZR 893/98, NZA 2000, 257.
72 BAG v. 8.3.1995, 5 AZR 848/93, NZA 1995, 671.
73 LAG Hamm v. 15.7.1986, 13 Sa 2289/85, LAGE § 630 BGB Nr. 5, LAG Hessen v. 7.2.2011, 16 Sa 1195/10, LAGE § 109 GewO 2003 Nr. 8.
74 BAG v. 23.2.1983, 5 AZR 515/80, BAGE 42, 41–48. Die Entscheidung betraf noch die ebenfalls 6-monatige Ausschlussfrist des § 70 BAT.
75 BAG v. 8.2.1984, 5 AZR 58/82, n.v.

Punkte, deren Änderung begehrt wird, müssen nicht innerhalb der Frist im Einzelnen benannt werden. Soweit prozessrechtlich zulässig, ist der Arbeitnehmer nicht daran gehindert, im laufenden Zeugnisrechtsstreit den ursprünglich verlangten Zeugnisinhalt zu ändern oder zu ergänzen.[76]

3. Verwirkung und Verjährung. Der Anspruch auf ein Zeugnis unterliegt den allgemeinen Grundsätzen der Verwirkung,[77] sofern der TVöD nicht normativ gilt.[78] Verwirkung wird angenommen, wenn der Arbeitnehmer sein **Recht über längere Zeit hin nicht ausgeübt** hat (Zeitmoment) und durch weitere Umstände (Umstandsmoment) beim Arbeitgeber die Überzeugung hervorgerufen hat, er werde sein Recht nicht mehr geltend machen.[79] Ein Untätigbleiben über zehn Monate kann ausreichen, um die erste Voraussetzung der Verwirkung, das sogenannte Zeitmoment, zu erfüllen.[80] Sind Arbeitgeber und Arbeitnehmer tarifgebunden, ist eine Verwirkung aber ausgeschlossen (§ 4 Abs. 4 S. 2 TVG). Der Anspruch auf Zeugniserteilung verjährt nach drei Jahren (§ 195 BGB). Auf den Zeugnisanspruch kann nur in einem von den Tarifvertragsparteien gebilligten Vergleich wirksam verzichtet werden, wenn der TVöD normativ wirkt (§ 4 Abs. 4 S. 1 TVG). 32

4. Ausgleichsklauseln. Bei einer einvernehmlichen Beendigung, bei gerichtlichen Vergleichen über eine Beendigung oder in sogenannten Abwicklungsvereinbarungen findet sich häufig die Regelung, dass sämtliche gegenseitigen Ansprüche damit erledigt sein sollen (Ausgleichsklausel). Sofern eine solche Vereinbarung vom Arbeitgeber für eine Vielzahl von Verträgen vorformuliert wurde (Allgemeine Geschäftsbedingungen nach § 305 BGB), hält sie einer Inhaltskontrolle nach §§ 305 ff nur Stand, wenn sie nicht überraschend (§ 305 c Abs. 1 BGB) und hinreichend klar (§ 305 c Abs. 2, 307 Abs. 1 S. 2 BGB) ist. Außerdem dürfte eine Verzichtserklärung im Rahmen einer formularmäßigen Ausgleichsquittung nur dann Bestand haben, wenn dem Verzicht eine Gegenleistung gegenüber steht.[81] Unabhängig davon können jedenfalls allgemein gehaltene Ausgleichsklauseln nicht ohne Weiteres dahin ausgelegt werden, dass sie auch einen Verzicht auf ein qualifiziertes Zeugnis enthalten.[82] In der Praxis dürfte damit eine Ausgleichsklausel nur in den seltensten Fällen den Zeugnisanspruch erfassen. 33

5. Zurückbehaltungsrecht. Ein Arbeitgeber kann die Zeugniserteilung nicht mit der Begründung (vorläufig) verweigern, er werde das Zeugnis erst erteilen, wenn der Arbeitnehmer seinerseits noch geschuldete Leistungen erbracht hat (zB Rückzahlung von Vorschüssen, Rückgabe von Dienstkleidung) weil dadurch das berufliche Fortkommen übermäßig erschwert würde.[83] 34

---

76 BAG v. 4.10.2005, 9 AZR 507/04, NZA 2006, 436.
77 BAG v. 16.10.2007, 9 AZR 248/07, NZA 2008, 298, BAG v. 15.2.1988, 5 AZR 638/86, NZA 1988, 427.
78 Nach § 4 Abs. 4 S. 2 TVG ist die Verwirkung tariflicher Rechte ausgeschlossen.
79 BAG v. 26.6.2001, 9 AZR 392/00, NZA 2002, 33–36. Nach nur 2 Monaten ist noch keine Verwirkung möglich.
80 BAG v. 15.2.1988, 5 AZR 638/86, NZA 1988, 427.
81 Preis in Erfurter Kommentar §§ 305–310 BGB, Rn 74 b.
82 BAG v. 16.9.1974, 5 AZR 255/74, NJW 1975, 407.
83 Müller-Glöge in Erfurter Kommentar § 109 GewO Rn 97.

VI. Der Zeugnisberichtigungsanspruch

35 Nachdem ein Zeugnis wahr und vollständig sein muss, kann ein Arbeitnehmer Berichtigung verlangen, wenn es **unzutreffend oder unvollständig** sein sollte. Dringt der Arbeitnehmer mit dem Berichtigungsanspruch durch, dann hat der Arbeitgeber das Zeugnis unter Vermeidung der bisherigen Fehler neu auszustellen. Falls keine Einigung mit dem Arbeitgeber über den zutreffenden Zeugnisinhalt erzielt werden kann, besteht die Möglichkeit der Klage vor dem Arbeitsgericht. Der begehrte Zeugnisinhalt muss im Klageantrag genau bezeichnet werden.[84]

36 Ein Arbeitgeber, der auf das berechtigte Verlangen des Arbeitnehmers nach einer Berichtigung des Zeugnisses dem Arbeitnehmer ein "neues" Zeugnis zu erteilen hat, ist an seine bisherige Verhaltensbeurteilung gebunden, soweit keine neuen Umstände eine schlechtere Beurteilung rechtfertigen.[85] Ein vom Arbeitgeber berichtigtes Zeugnis ist auf das ursprüngliche Ausstellungsdatum zurückzudatieren, wenn die verspätete Ausstellung nicht vom Arbeitnehmer zu vertreten ist.[86] Muss der Arbeitgeber ein von ihm zuvor selbst unterzeichnetes Zeugnis aufgrund eines arbeitsgerichtlichen Urteils oder Vergleichs berichtigen, kann er sich bei der Neuausstellung grundsätzlich durch einen Bevollmächtigten vertreten lassen, der im Rang höher ist als der beurteilte Arbeitnehmer.[87]

37 In Prozessen über den Zeugnisinhalt ist oft von entscheidender Bedeutung, wer die **Darlegungs- und Beweislast** für eine getroffene Bewertung trägt. Liegt sie beim Arbeitgeber, dann hat dieser zu beweisen, dass eine konkrete Aussage in einem Zeugnis richtig ist, dass zB die Leistung unterdurchschnittlich war. Dazu muss er Tatsachen darlegen, welche die Ermittlung eines durchschnittlichen Leistungsniveaus ermöglichen und weitere Tatsachen, die es erlauben, vor diesem Hintergrund die Leistung des Arbeitnehmers zu bewerten. Gelingt ihm das nicht, dann muss das Zeugnis berichtigt werden. Liegt die Darlegungs- und Beweislast beim Arbeitnehmer, dann hat dieser zB anhand derselben Kriterien darzulegen, dass eine überdurchschnittliche Leistung erbracht wurde.

38 Das Bundesarbeitsgericht geht bei der Verteilung der Darlegungs- und Beweislast von folgenden **Grundsätzen** aus.

- Ein Arbeitnehmer hat einen Erfüllungsanspruch auf Erteilung eines richtigen Zeugnisses. Wenn der Arbeitgeber gegen einen erhobenen Berichtigungsanspruch einwendet, das erteilte Zeugnis sei inhaltlich richtig und er habe demgemäß den Zeugnisanspruch erfüllt, so ist er als Schuldner dafür darlegungs- und beweispflichtig.[88]
- Verwendet der Arbeitgeber bei der **Leistungsbeurteilung** die oben dargestellt übliche Notenskala (s. Rn 12), dann ist er darlegungs- und beweispflichtig dafür, dass eine **unterdurchschnittliche Bewertung** leistungsgerecht sein soll.
- Erstrebt ein Arbeitnehmer eine **überdurchschnittliche Leistungsbeurteilung**, verbleibt es bei der allgemeinen Regel, dass der Arbeitnehmer als derjenige,

---

84 BAG v. 14.3.2000, 9 AZR 246/99, ArbuR 2000, 360.
85 BAG v. 21.6.2005, 9 AZR 352/04, NZA 2006, 104.
86 BAG v. 9.9.1992, 5 AZR 509/91, NZA 1993, 698.
87 LAG Hamm v. 21.12.1993, 4 Sa 880/93, n.v.
88 BAG v. 23.9.1992, 5 AZR 573/91, PersR 1993, 329.

der einen Anspruch auf eine konkrete Zeugnisformulierung geltend macht, die hierfür erforderlichen Tatsachen vorzutragen hat.[89]
- Bei mangelndem Vortrag oder bei Beweisfälligkeit von beiden, muss ein Prozess mit einer **durchschnittlichen Leistungsbewertung** enden.

Nachdem sich bei der **Führungsbeurteilung** kein vergleichbares Notensystem herausgebildet hat (s. Rn 13), kann diese an eine über- und unterdurchschnittliche Leistungsbeurteilung anknüpfende Verteilung der Darlegungs- und Beweislast nicht auf die Führungsbeurteilung übertragen werden. Sofern ein Arbeitgeber im Zeugnis keine einschränkungslos positive Beurteilung getroffen hat (zB nur „einwandfrei" statt „stets einwandfrei"), ist es an ihm, die Tatsachen, die diese Einschränkung rechtfertigen sollen, darzulegen und zu beweisen. 39

VII. Auskünfte des Arbeitgebers an Dritte

Ein Arbeitgeber muss aufgrund der nachwirkenden Fürsorgepflicht Auskünfte über einen ausgeschiedenen Arbeitnehmer jedenfalls an solche Personen erteilen, mit denen der Arbeitnehmer in Verhandlungen über den Abschluss eines Arbeitsvertrages steht. Nach einer schon etwas älteren Rechtsprechung des Bundesarbeitsgerichts soll der Arbeitgeber auch ohne Zustimmung und selbst gegen den Wunsch des Arbeitnehmers grundsätzlich berechtigt sein, Auskünfte über die Person und das während des Arbeitsverhältnisses gezeigte Verhalten des Arbeitnehmers zu erteilen.[90] Träfe das zu, könnte ein Arbeitnehmer nicht verhindern, dass ein Arbeitgeber trotz eines wohlwollenden Zeugnisses, (informell) negative Auskünfte gibt, was den Zeugnisanspruch entwertet. Vor dem Hintergrund der Entwicklung des **Persönlichkeitsschutzes** und des Rechts auf informationelle Selbstbestimmung muss dieser kaum eingeschränkte Auskunftsanspruch jedenfalls heute abgelehnt werden.[91] In der Praxis dürfte aber der Nachweis einer unzutreffenden Auskunft äußerst schwierig sein. 40

VIII. Schadensersatzansprüche

Ein Arbeitgeber, der schuldhaft seine Zeugnispflicht (nicht gehörig oder verspätet) verletzt, schuldet dem Arbeitnehmer Ersatz des dadurch entstehenden Schadens.[92] Nach der Rechtsprechung gibt es aber keinen allgemeinen Erfahrungssatz, dass allein das Fehlen eines Zeugnisses für erfolglose Bewerbungen ursächlich gewesen sei.[93] In der Praxis dürfte daher ein Schadensersatzanspruch häufig ins Leere laufen.[94] 41

IX. Weitere Tarifverträge

§ 41 Nr. 23 TV-L enthält Sonderregelungen für Ärztinnen und Ärzte an Universitätskliniken. Wortgleich ist die Regelung in § 42 Nr. 10 TV-L für Ärztinnen 42

---

[89] BAG v. 14.10.2003, 9 AZR 12/03, NZA 2004, 843.
[90] BAG v. 18.8.1981, 3 AZR 792/78, n.v., BAG v. 25.10.1957, 1 AZR 434/55, DB 1958, 659.
[91] Vgl BAG v. 4.4.1990, 5 AZR 299/89, NZA 1990, 933, wo eine Güter- und Interessenabwägung im Einzelfall gefordert wird, um zu klären, ob dem Persönlichkeitsrecht des einen gleichwertige und schutzwürdige Interessen anderer gegenüberstehen.
[92] BAG v. 25.10.1967, 3 AZR 456/66, BB 1968, 545.
[93] BAG v. 16.11.1995, 8 AZR 983/94, ArbuR 1996, 195.
[94] Vgl zB LAG Schleswig-Holstein v. 1.4.2009, 1 Sa 370/08, AuA 2010, 553.

und Ärzte außerhalb von Universitätskliniken. Danach wird das Zeugnis vom leitenden Arzt und vom Arbeitgeber ausgestellt.

43 § 18 des Tarifvertrags für Auszubildende des öffentlichen Dienstes, Besonderer Teil (TVAöD BBiG) enthält Sonderregelungen für diesen Personenkreis (zum Geltungsbereich siehe § 1 a TVAöD-BBiG). § 21 des Tarifvertrags für Auszubildende der Länder in Ausbildungsberufen nach dem Berufsbildungsgesetz (TVA-L BBiG) entspricht wörtlich § 18 TVöD BBiG. Als Besonderheit dieser Vorschriften gegenüber § 35 TVöD ergibt sich danach, dass

- zusätzlich das Ziel der Ausbildung zu benennen ist,
- ebenso die erworbenen Fertigkeiten und Kenntnisse, und dass
- das Zeugnis nur auf Verlangen Angaben über Führung, Leistung und besondere fachliche Fähigkeiten enthalten muss.

Die Auszubildenden haben daher ein Wahlrecht, ob ein einfaches Zeugnis nach Satz 1 der Vorschrift erteilt werden soll oder ein qualifiziertes Zeugnis nach Satz 2. Im Hinblick auf die allgemeinen Anforderungen an ein Zeugnis wird auf die Kommentierung zu § 35 TVöD verwiesen.

Abschnitt VI Übergangs- und Schlussvorschriften

§ 36 Anwendung weiterer Tarifverträge (VKA)

(1) Neben diesem Tarifvertrag sind die nachfolgend aufgeführten Tarifverträge in ihrer jeweils geltenden Fassung anzuwenden:
a) Tarifverträge über die Bewertung der Personalunterkünfte vom 16. März 1974,
b) Tarifverträge über den Rationalisierungsschutz vom 9. Januar 1987,
c) Tarifvertrag zur sozialen Absicherung (TVsA) vom 13. September 2005,
d) Tarifvertrag zur Regelung der Altersteilzeitarbeit (TV ATZ) vom 5. Mai 1998,
e) Tarifvertrag zu flexiblen Arbeitszeitregelungen für ältere Beschäftigte – TV FlexAZ – vom 27. Februar 2010,
f) Tarifvertrag zur Regelung des Übergangs in den Ruhestand für Angestellte im Flugverkehrskontrolldienst durch Altersteilzeitarbeit vom 26. März 1999,
g) Tarifvertrag zur Entgeltumwandlung für Arbeitnehmer/-innen im kommunalen öffentlichen Dienst (TV-EUmw/VKA) vom 18. Februar 2003,
h) Rahmentarifvertrag zur Regelung der Arbeitszeit der Beschäftigten des Feuerwehr- und Sanitätspersonals an Flughäfen vom 8. September 2004.

(2) Auf Beschäftigte im Sozial- und Erziehungsdienst finden die Regelungen des § 1 der Anlage zu Abschnitt VIII Sonderregelungen (VKA) § 56 BT-V auch dann Anwendung, wenn sie außerhalb des Geltungsbereichs des BT-V oder des BT-B tätig sind.

Protokollerklärung:

(aufgehoben)

§ 36 Anwendung weiterer Tarifverträge (TV-L)

¹Die in der Anlage 1 TVÜ-Länder Teil C aufgeführten Tarifverträge und Tarifvertragsregelungen gelten fort, soweit im TVÜ-Länder, in seinen Anlagen oder in diesem Tarifvertrag nicht ausdrücklich etwas anderes bestimmt ist. ²Die Fortgeltung dieser Tarifverträge beschränkt sich auf den bisherigen Geltungsbereich (zum Beispiel Arbeiter/Angestellte; Tarifgebiet Ost/Tarifgebiet West).

Nach § 2 Abs. 1 S. 1 TVÜ-VKA ersetzt der TVöD den 1
- Bundes-Angestelltentarifvertrag (BAT) vom 23. Februar 1961,
- Tarifvertrag zur Anpassung des Tarifrechts (BAT-O) vom 10. Dezember 1990,
- Tarifvertrag zur Anpassung des Tarifrechts (BAT-Ostdeutsche Sparkassen) vom 21. Januar 1991,
- Bundesmanteltarifvertrag für Arbeiter gemeindlicher Verwaltungen und Betriebe (BMT-G) vom 31. Januar 1962,
- Tarifvertrag zur Anpassung des Tarifrechts für Arbeiter gemeindlicher Verwaltungen und Betriebe – (BMT-G-O) vom 10. Dezember 1990,
- Tarifvertrag über die Anwendung von Tarifverträgen auf Arbeiter (TV Arbeiter Ostdeutsche Sparkassen) vom 25. Oktober 1990,
- sowie die diese Tarifverträge ergänzenden Tarifverträge der VKA,

soweit in diesem Tarifvertrag oder im TVöD nicht ausdrücklich etwas anderes bestimmt ist. Mit der jetzt erfolgten Auflistung in § 36 TVöD ist die Anwendung der im Einzelnen unter a) bis h) genannten Tarifverträge geklärt. Eine Weitergeltung anderer Tarifverträge ist möglich, wenn dies an anderer Stelle festgelegt ist. Die Protokollerklärung zu § 36 wurde gestrichen. Mit der Protokollerklärung hatten sich die Tarifvertragsparteien verpflichtet, Altregelungen für den Bereich der VKA bis zum 30.6.2006 zu verhandeln.

Auf Bundesebene ist diese Regelung wegen des Streits um die Arbeitszeit nicht durchgeführt worden. Die in Satz 2 der ursprünglichen Protokollerklärung enthaltene pauschale Fortgeltung ist ebenso beendet.

§ 1 der Anlage zu Abschnitt VIII Sonderregelungen (VKA) § 56 legt fest, dass bis zum Inkrafttreten der Eingruppierungsvorschriften des TVöD einschließlich Entgeltordnung sich die Eingruppierung der Beschäftigten im Sozial- und Erziehungsdienst nach den Merkmalen des Anhangs zur Anlage C (VKA) zum TVöD mit dort genannten Änderungen richtet. Sie erhalten abweichend von § 15 Abs. 2 S. 2 Entgelt nach der Anlage C (VKA). § 36 Abs. 2 bestimmt, dass dies auch außerhalb des Geltungsbereichs des BT-V oder des BT-B gilt.

Mit § 36 TV-L wird die Weitergeltung für den TV-L festgelegt. Damit ist geklärt, 2
dass die in der genannten Anlage aufgeführten Tarifverträge im Rahmen des bisherigen Geltungsbereichs fort gelten.

§ 37 Ausschlussfrist (TVöD und TV-L)

(1) ¹Ansprüche aus dem Arbeitsverhältnis verfallen, wenn sie nicht innerhalb einer Ausschlussfrist von sechs Monaten nach Fälligkeit von der/dem Beschäftigten oder vom Arbeitgeber schriftlich geltend gemacht werden. ²Für denselben

Sachverhalt reicht die einmalige Geltendmachung des Anspruchs auch für später fällige Leistungen aus.
(2) Absatz 1 gilt nicht für Ansprüche aus einem Sozialplan.

I. Allgemeines	1	VI. Das Schriftformerfordernis	28
II. Der Anwendungsbereich	6	VII. Das Erfordernis einer wiederholten Geltendmachung	29
III. Die erfassten Ansprüche	12		
IV. Der Fristenlauf	17	VIII. Die Ausnahmen	32
V. Die Geltendmachung	22	IX. Weitere Tarifverträge	35

I. Allgemeines

1 Wer einen Anspruch hat, diesen aber über einen längeren Zeitraum hinweg nicht geltend macht, riskiert, dass er diesen Anspruch nicht mehr durchsetzen kann. Diese Rechtsfolge kann sich aus den Vorschriften zur **Verjährung**, einer **Ausschlussfrist** oder aus den Grundsätzen der **Verwirkung** ergeben.

2 Alle Ansprüche aus einem Arbeitsverhältnis unterliegen der **regelmäßigen Verjährungsfrist von drei Jahren** (§§ 194, 195 BGB), falls nicht ausnahmsweise die dreißigjährige Verjährung nach § 197 BGB eingreift. Der Ablauf der Verjährungsfrist hat zur Folge, dass derjenige, der sich auf die Verjährung beruft, berechtigt ist, die Leistung dauerhaft zu verweigern (§ 214 Abs. 1 BGB).[1] Die Verjährung wird im Prozess nur dann berücksichtigt, wenn sich derjenige, der zur Leistung verpflichtet ist, ausdrücklich auf sie beruft (Einrede der Verjährung), da die Forderung mit der Verjährung nicht erlischt, sondern weiterhin bestehen bleibt. Sie kann auch nach Zeitablauf (freiwillig) erfüllt werden, sie muss es aber nicht mehr. Wird eine schon verjährte Forderung erfüllt, kann das Geleistete nicht zurückgefordert werden, auch wenn die Verjährung nicht bekannt war (§ 214 Abs. 2 S. 1 BGB).

3 Diese vergleichsweise langen Verjährungsfristen werden im Arbeitsleben durch weit verbreitete sogenannte Ausschluss- oder Verfallfristen im Ergebnis stark abgekürzt. Viele Tarifverträge enthalten solche Fristen (der überschlägige Durchschnitt dürfte bei drei Monaten liegen), häufig auch die Arbeitsverträge selbst. Diese kurzen Fristen haben den Zweck, Arbeitnehmern und Arbeitgebern möglichst schnell Klarheit darüber zu verschaffen, ob noch Forderungen geltend gemacht werden. Da die Fristen häufig sehr kurz sind, sind sie nicht unproblematisch, sie sind dennoch weitestgehend anerkannt und akzeptiert.

4 In § 37 haben die Tarifvertragsparteien die Ausschlussfrist des früheren § 70 BAT fast wörtlich übernommen. Auf die bisher zu § 70 BAT ergangene Rechtsprechung kann daher zurückgegriffen werden. Nach § 37 müssen Ansprüche innerhalb von **sechs Monaten nach Fälligkeit** schriftlich geltend gemacht werden, ansonsten sind sie verfallen, dh erloschen. Ausschlussfristen sind im Anwendungsbereich des Tarifvertrags (anders als die Verjährung) von Amts wegen (nicht nur „auf Einrede"), also auch in einem Prozess zu berücksichtigen, wenn

---

[1] Zu Aufrechnung und Zurückbehaltungsrecht nach Eintritt der Verjährung siehe § 215 BGB.

sich ein Schuldner nicht ausdrücklich darauf beruft.[2] Mit verfallenen Ansprüchen kann daher nicht aufgerechnet werden, auch wenn die Aufrechnungslage schon bestanden hat, als die Forderung noch nicht verfallen war,[3] dasselbe gilt für das Zurückbehaltungsrecht. Ob eine Leistung auf eine verfallene Forderung zurückgefordert werden kann (§ 812 BGB), ist in der Rechtsprechung bisher nicht geklärt. Der Sinn und Zweck einer Ausschlussfrist, die schnelle Klärung, spricht für ein Rückforderungsverbot analog § 214 Abs. 2 BGB, da mit der Leistung durchaus Klarheit geschaffen wird.[45] Für Beschäftigte, die nach Abschluss eines Arbeitsvertrages zur Dienstleistung in das Ausland entsandt wurden,[6] gilt nach § 45 Nr. 15 TVöD BT-V eine Ausschlussfrist von 9 Monaten.

Schließlich kann die Durchsetzung von Ansprüchen unabhängig von Verjährung und Ausschlussfristen auch daran scheitern, dass diese **verwirkt** sind. Das setzt voraus, dass ein Vertragspartner sein Recht über längere Zeit hin nicht ausgeübt hat (Zeitmoment) und beim anderen Vertragspartner die Überzeugung hervorgerufen hat, er werde sein Recht nicht mehr geltend machen (Umstandsmoment) mit der Folge, dass die Erfüllung des Rechts nach Treu und Glauben unter Berücksichtigung aller Umstände des Falles nicht zumutbar ist (Zumutbarkeitsmoment, § 242 BGB). Das Erfordernis des Vertrauensschutzes muss auf Seiten des Verpflichteten das Interesse des Berechtigten derart überwiegen, dass ihm die Erfüllung des Anspruchs nicht mehr zuzumuten ist.[7] Sind Arbeitgeber und Arbeitnehmer tarifgebunden, ist eine Verwirkung von tariflichen Rechten aber ausgeschlossen (§ 4 Abs. 4 S. 2 TVG). 5

II. Der Anwendungsbereich

Die Ausschlussfrist greift zum einen dann ein, wenn beide Vertragspartner tarifgebunden sind, also der Arbeitnehmer Gewerkschaftsmitglied und der Arbeitgeber Mitglied im tarifschließenden Arbeitgeberverband ist (§§ 3 Abs. 1, 4 Abs. 1 S. 1 TVG, **normative Geltung**).[8] Eine unmittelbare Inhaltskontrolle nach §§ 305 ff BGB findet in diesem Fall nicht statt (§ 310 Abs. 4 S. 1 BGB).[9] 6

Falls nicht beide Vertragspartner tarifgebunden sind, kann die Geltung des TVöD im Arbeitsvertrag ganz oder teilweise vereinbart werden. Dies kann schriftlich, mündlich oder auch konkludent erfolgen, aber auch Ergebnis einer betrieblichen Übung[10] sein.[11] Die Vorschriften gelten dann nicht normativ nach dem TVG, sondern allein wegen der einzelvertraglichen **Bezugnahme im Arbeitsvertrag**. An diese Unterscheidung sind uU weitreichende Konsequenzen ge- 7

---

2 BAG v. 9.7.1987, 6 AZR 542/84, n.v., BAG v. 13.11.1986, 6 AZR 529/83, ZTR 1987, 276. Das Gericht ist aber nicht gehalten, in jedem Fall Nachforschungen anzustellen, ob auf das Arbeitsverhältnis der Tarifvertrag anzuwenden ist, vgl Schaub, Arbeitsrechts-Handbuch, § 209 Rn 68.
3 BAG v. 30.3.1973, 4 AZR 259/72, AP Nr. 4 zu § 390 BGB. § 215 BGB gilt nicht.
4 AA Steinherr in Sponer/Steinherr, TVöD, § 37 Rn 5.
5 Ähnlich Bepler in Bepler/Böhle, § 37 TVöD Rn 7, der betont, dass der Leistende dem Schutz der kurzen Ausschlussfrist nicht bedarf.
6 Zum Anwendungsbereich dieser Regelung siehe § 45 Nr. 1 TVöD BT-V.
7 BAG v. 15.2.2007, 8 AZR 431/06, ArbuR 2007, 94.
8 Der TVöD ist nicht nach § 5 TVG für allgemeinverbindlich erklärt.
9 BAG v. 1.2.2006, 5 AZR 187/05, NZA 2006, 563.
10 Allgemein zur betrieblichen Übung siehe Preis in Erfurter Kommentar § 611 BGB Rn 220 ff.
11 BAG v. 19.1.1999, 1 AZR 606/98, NZA 1999, 879.

knüpft. Bei normativer Geltung dürfte ein Abweichen von der Ausschlussfrist zulasten des Arbeitnehmers, zB durch Verkürzung oder Verzicht auf die Ausschlussfrist, unwirksam sein (§ 4 Abs. 3 TVG). Ebenso dürfte in diesem Fall eine arbeitsvertragliche Vereinbarung einer weiteren Frist, innerhalb der Klage erhoben werden muss (sogenannte zweistufige Ausschlussfrist) unwirksam sein, da sie für den Arbeitnehmer ungünstiger ist.[12] Gilt der Tarifvertrag nicht normativ, sondern allein wegen der arbeitsvertraglichen Bezugnahme, dann ist ein Abweichen von § 37 auch zulasten des Arbeitnehmers möglich.

8 Wenn im Arbeitsvertrag – wie im öffentlichen Dienst üblich – auf den **gesamten Tarifvertrag** verwiesen wird, dann findet ebenso wie bei einer normativen Geltung keine Inhaltskontrolle nach §§ 305 ff BGB statt.[13] Falls nur auf einzelne Vorschriften des TVöD verwiesen wird und falls die Verwendung der tariflichen Vorschriften für eine Vielzahl von Fällen[14] einseitig vom Arbeitgeber vorformuliert wurde (§ 305 Abs. 1 S. 1 BGB), findet eine Inhaltskontrolle statt.[15] Die Inhaltskontrolle einer Ausschlussklausel konzentriert sich vor allem darauf, ob ein ungewöhnlicher äußerer Zuschnitt der Klausel oder ihre Unterbringung an unerwarteter Stelle die Bestimmung zu einer ungewöhnlichen und damit überraschenden Klausel machen (§ 305 c Abs. 1 BGB)[16] oder ob die vereinbarte Frist als noch ausreichend erscheint (§ 307 BGB). Eine Frist für die erstmalige Geltendmachung von weniger als drei Monaten ist unangemessen kurz,[17] bei einer zweistufigen Ausschlussfrist muss die Mindestfrist für die gerichtliche Geltendmachung der Ansprüche drei Monate betragen.[18] Außerdem benachteiligt eine Ausschlussfrist, die nur den Arbeitnehmer trifft, diesen in der Regel unangemessen.[19]

9 Die Ausschlussfrist greift auch dann ein, wenn der Anspruchsberechtigte von ihr keine **Kenntnis** hatte,[20] und sie kann auch einem Rechtsnachfolger entgegen gehalten werden.[21] Jeder Vertragspartner hat für die Wahrnehmung seiner Ver-

---

12 Ebenso Bepler in Bepler/Böhle, § 37 TVöD Rn 12 unter Berufung auf BAG v. 5.12.2001, 10 AZR 197/01, NZA 2002, 640, wo allerdings über den umgekehrten Fall entschieden wurde, dass die einzelvertragliche Ausschlussklausel kein gerichtliches Geltendmachen verlangte und somit für den Arbeitnehmer günstiger war.
13 BAG v. 23.9.2004, 6 AZR 442/03, NZA 2005, 475, BAG v. 26.4.2006, 5 AZR 403/05, NZA 2006, 845.
14 Die Verweisung ist dann für eine Vielzahl von Fällen vorgesehen, wenn sie für mindestens drei Fälle vorgesehen ist. BAG v. 25.5.2005, 5 AZR 572/04, NZA 2005, 1111.
15 Die Entscheidung des BAG v. 11.1.1995 (10 AZR 5/94, ZTR 1995, 277) wonach es zulässig sein soll, auf eine einzelne, genau bezeichnete Tarifbestimmung Bezug zu nehmen, auch wenn es sich um eine tarifliche Ausschlussfrist handelt, ist mittlerweile überholt, nachdem jetzt auch im Arbeitsrecht eine Inhaltskontrolle von Allgemeinen Geschäftsbedingungen erfolgt.
16 Unter der Überschrift „Schlussbestimmungen" muss ein verständiger Arbeitnehmer bei einem detaillierten Vertrag nicht mit einer Klausel rechnen, durch die der Verfall von Ansprüchen bei nicht rechtzeitiger Geltendmachung herbeigeführt werden soll (BAG v. 31.8.2005, 5 AZR 545/04, NZA 2006, 443.
17 BAG v. 28.9.2005, 5 AZR 52/05, NZA 2006, 149.
18 BAG v. 25.5.2005, 5 AZR 572/04, NZA 2005, 1111.
19 BAG v. 2.3.2004, 1 AZR 271/03, NZA 2004, 852, BAG v. 31.8.2005, 5 AZR 545/04, NZA 2006, 443.
20 BAG v. 23.1.2002, 4 AZR 56/01, NZA 2002, 800. Nach dieser Entscheidung greift die Ausschlussfrist auch dann ein, wenn ein Arbeitgeber entgegen § 8 TVG den Tarifvertrag nicht im Betrieb ausgelegt hatte. Auch ein Schadensersatzanspruch wegen dieser Pflichtverletzung wurde ausgeschlossen.
21 Schaub, Arbeitsrechts-Handbuch, § 209 Rn 27.

mögensinteressen grundsätzlich selbst zu sorgen.[22] Die Ausschlussfrist wirkt auch unabhängig von der Erteilung einer Abrechnung, da sie an die Fälligkeit eines Anspruches und nicht an die Abrechnung anknüpft.[23] Die Wirkungen einer tariflichen Ausschlussfrist treten grundsätzlich auch dann ein, wenn ein Arbeitnehmer erst später infolge einer Entscheidung des Bundesverfassungsgerichts Kenntnis von dem Bestehen seines Anspruchs erlangt. Hat der Arbeitgeber einen vertretbaren Rechtsstandpunkt eingenommen, darf er sich ohne Verstoß gegen den Grundsatz von Treu und Glauben (§ 242 BGB) auf die Ausschlussfrist berufen.[24] Hat der Arbeitgeber aber durch Abrechnung eine Forderung des Arbeitnehmers vorbehaltlos ausgewiesen, so braucht der Arbeitnehmer diese Forderung nicht mehr geltend zu machen, um eine Ausschlußfrist zu wahren.[25]

Falls ein Arbeitnehmer keine Kenntnis von der Ausschlussfrist hatte und falls das darauf zurückzuführen ist, dass der Arbeitgeber seine Nachweispflicht nach dem **Nachweisgesetz** (NachwG) verletzt hat, entsteht mit dem Erlöschen einer Forderung mit Ablauf der Ausschlussfrist ein Schadensersatzanspruch. Der Arbeitgeber ist nämlich verpflichtet, spätestens einen Monat nach dem vereinbarten Beginn des Arbeitsverhältnisses die wesentlichen Vertragsbedingungen schriftlich niederzulegen, dies zu unterzeichnen und dem Arbeitnehmer auszuhändigen (§ 2 Abs. 1 S. 1 NachwG). Abgesehen bei Aushilfskräften, die höchstens für einen Monat eingestellt werden (§ 1 NachwG), ist ein solcher Nachweis nur entbehrlich, wenn ein schriftlicher Arbeitsvertrag die wesentlichen Vertragsbedingungen enthält (§ 2 Abs. 4 NachwG). Nach § 2 Abs. 1 S. 2 Nr. 10 NachwG muss in der Niederschrift auch ein in allgemeiner Form gehaltener **Hinweis auf die anwendbaren Tarifverträge** enthalten sein. Ein ausdrücklicher Hinweis auf die im Tarifvertrag enthaltene Ausschlussfrist ist aber nicht erforderlich.[26] Verletzt der Arbeitgeber diese Nachweispflicht, und erlöschen Ansprüche, weil es ein Arbeitnehmer aus Unkenntnis der Ausschlussfrist versäumt hat, die Ansprüche rechtzeitig schriftlich geltend zu machen, dann haftet er dem Arbeitnehmer gemäß §§ 286, 284, 249 BGB auf Schadensersatz. Der Arbeitnehmer kann verlangen, so gestellt zu werden, als sei der Anspruch nicht untergegangen.[27] 10

Der Anspruchsgegner trägt die **Darlegungs- und Beweislast** dafür, dass der TVöD anwendbar ist, da ihm die Vorteile der Ausschlussfrist zugute kommen. 11

III. Die erfassten Ansprüche

Von der Ausschlussfrist werden alle „Ansprüche aus dem Arbeitsverhältnis" erfasst. Das dem laufend neu entstehenden Anspruch zugrunde liegende Recht unterliegt dagegen nicht der Ausschlussfrist.[28] So verfallen zB eventuelle Zulagenansprüche nach Ablauf der Frist, das hindert aber nicht daran, für noch nicht verfallene Zeiträume die Leistung geltend zu machen. Die Ausschlussfrist betrifft 12

---

22 BAG v. 7.11.2007, 5 AZR 910/06, DB 2008, 301.
23 BAG v. 16.11.1989, 6 AZR 168/89, ZTR 1990, 339. Falls ein Anspruchsgläubiger aber eine Abrechnung benötigt, um seine Ansprüche berechnen zu können, kann der Lauf der Ausschlussfrist gehemmt sein.
24 BAG v. 13.12.2007, 6 AZR 222/07, n.v.
25 BAG v. 10.10.2002, 8 AZR 8/02, NZA 2003, 329, BAG v. 21.4.1993, 5 AZR 399/92, NZA 1993, 1091, BAG v. 28.7.2010, 5 AZR 521/09, NZA 2010, 1241.
26 BAG v. 23.1.2002, 4 AZR 56/01, NZA 2002, 800.
27 BAG v. 17.4.2002, 5 AZR 89/01, NZA 2002, 1096.
28 BAG v. 25.6.2009, 6 AZR 384/08, ZTR 2009, 578.

damit alle Ansprüche, die die Arbeitsvertragsparteien aufgrund ihrer durch den Arbeitsvertrag begründeten Rechtsstellung gegeneinander haben. Dabei kommt es nicht auf die materiellrechtliche Anspruchsgrundlage, sondern auf den Entstehungsbereich des Anspruchs an.[29] Unter dieser Voraussetzung werden auch Ansprüche aus ungerechtfertigter Bereicherung erfasst[30] sowie Ansprüche aus unerlaubten Handlungen,[31] auch die Rückzahlung eines Arbeitgeberdarlehens zur Finanzierung der Mitarbeiterbeteiligung kann darunter fallen.[32] Entscheidend für die Einbeziehung eines Anspruchs in die tarifliche Ausschlussklausel ist die **enge Verknüpfung eines Lebensvorgangs mit dem Arbeitsverhältnis**, denn nach dem maßgeblichen Zweck einer derartigen Ausschlussklausel soll über die Ansprüche der Arbeitsvertragsparteien innerhalb eines Zeitraums, in dem alles noch übersehbar und deshalb ohne besondere Schwierigkeiten zu bereinigen ist, Klarheit geschaffen werden und Gewissheit darüber eintreten, mit welchen Ansprüchen die jeweilige Gegenseite noch zu rechnen hat.[33] Der Schuldner soll sich darauf verlassen können, nach Ablauf der tariflichen Verfallfristen nicht mehr weiter in Anspruch genommen zu werden.[34] Nach dem Wortlaut und dem Zweck der Tarifbestimmung erfasst die Ausschlussfrist alle Ansprüche, unabhängig davon, ob die Parteien von ihnen **Kenntnis** haben.[35]

13 Erfasst werden nach dem Wortlaut nur Ansprüche aus dem Arbeitsverhältnis. **Absolute Rechte** (wie zB der Anspruch auf Herausgabe des Eigentums) fallen deshalb nicht unter die tarifliche Ausschlussklausel, ebensowenig Ansprüche, die auf dem allgemeinen Persönlichkeitsrecht beruhen, da auch diesem Recht der Schutz der absoluten Rechte zuerkannt wird.[36] Die Abgrenzung im Einzelfall ist allerdings schwierig, da der Schutz des Persönlichkeitsrechts viele Verbindungen zu arbeitsvertraglichen (und damit verfallbaren) Ansprüchen aus der Fürsorgepflicht des Arbeitgebers aufweist.[37] Der Anspruch auf Zahlung von Kindergeld wird nicht von der tariflichen Ausschlussfrist erfasst, da er ein öffentlich rechtlicher Anspruch ist, selbst wenn das Kindergeld von dem öffentlichen Arbeitgeber unmittelbar ausgezahlt wird, der kinderbezogene Teil des Ortszuschlags ist dagegen ein tariflicher Gehaltsanspruch, der der tariflichen Ausschlussfrist unterliegt.[38]

14 In **zeitlicher Hinsicht** kann es sich auch dann noch um „Ansprüche aus dem Arbeitsverhältnis" handeln, wenn der Arbeitgeber nach Beendigung des Arbeitsverhältnisses Vergütung für Zeiträume zahlt, in denen zwischen den Parteien kein Arbeitsverhältnis mehr bestand, und diese Überzahlung dann zurückverlangt.[39] Nach einer anderen Entscheidung des BAG werden Ansprüche, die nach beendetem Arbeitsverhältnis (zB im Ruhestand) entstanden sind, nicht von der

---

29 BAG v. 26.2.1992, 7 AZR 201/91, NZA 1993, 423.
30 BAG v. 17.7.1984, 3 AZR 416/81, n.v.
31 BAG v. 5.3.1981, 3 AZR 559/78, AP Nr. 9 zu § 70 BAT.
32 BAG v. 21.1.2010, 6 AZR 556/07, ZTR 2010, 252.
33 BAG v. 26.2.1992, 7 AZR 201/91, NZA 1993, 423.
34 BAG v. 21.4.1993, 5 AZR 399/92, NZA 1993, 1091.
35 BAG v. 31.7.1984, 3 AZR 205/84, n.v.
36 BAG v. 15.7.1987, 5 AZR 215/86, NZA 1988, 53.
37 Allgemein zur Fürsorgepflicht des Arbeitgebers und zum Persönlichkeitsschutz siehe Preis in Erfurter Kommentar § 611 BGB Rn 615 ff.
38 LAG Schleswig-Holstein, v. 23.1.2008, 3 Sa 333/07 n.v.
39 BAG v. 11.6.1980, 4 AZR 443/78, AP Nr. 7 zu § 70 BAT.

Ausschlussfrist erfasst.[40] Wenn die Tarifbindung beider Parteien eines Arbeitsverhältnisses erst zu einem bestimmten Zeitpunkt nach Vertragsabschluss eintritt (zB durch Eintritt in die Gewerkschaft), dann fallen die bis zu diesem Zeitpunkt entstandenen Ansprüche aus dem bis dahin nicht tariflich erfassten Arbeitsverhältnis nicht unter die Ausschlussklausel des erst später wirksam gewordenen Tarifvertrages.[41]

Von der Ausschlussfrist werden **erfasst** (nicht abschließend): 15
- Entgeltansprüche aus dem Gesichtspunkt des Annahmeverzugs,[42]
- Entgeltfortzahlungsansprüche im Krankheitsfall,[43]
- Urlaubsabgeltungsansprüche für tarifvertraglichen oder arbeitsvertraglichen Urlaub, der den gesetzlichen Mindesturlaub übersteigt,[44] und nach neuer Rechtsprechung auch Urlaubsabgeltungsansprüche für den gesetzlichen Mindesturlaub,[45]
- Anspruch auf Urlaubsentgelt, der sich auf den während des Urlaubs weiter bestehenden Anspruch auf Arbeitsentgelt richtet,[46]
- Ansprüche wegen der Verletzung der Gesundheit,[47]
- Schadensersatzansprüche des Arbeitgebers gegen einen Arbeitnehmer,[48] ebenso Schmerzensgeldansprüche, auch wenn sie auf einer Verletzung des allgemeinen Persönlichkeitsrechts beruhen, wie zB bei Mobbing,[49]
- Zeugnisanspruch,[50]
- Anspruch des Personalratsmitglieds auf Freizeitausgleich nach § 46 Abs. 2 Satz 2 BPersVG,[51]
- Ansprüche auf Gehaltsanpassung nach § 37 Abs. 4 BetrVG.[52]

Von der Ausschlussfrist werden **nicht erfasst** (nicht abschließend): 16
- Ansprüche aus einem Sozialplan nach § 112 BetrVG (§ 37 Abs. 2 TVöD),[53]
- Ansprüche der Arbeitnehmer auf Verschaffung einer Zusatzversorgung,[54]
- Schadensersatzansprüche wegen Verursachung eines Rentennachteils,[55]

---

40 BAG v. 20.1.2004, 9 AZR 43/03, ZTR 2004, 203.
41 BAG v. 26.9.1990, 5 AZR 220/90, n.v.
42 BAG v. 13.3.1987, 7 AZR 792/85, n.v.
43 BAG v. 25.5.2005, 5 AZR 572/04, NZA 2005, 1111, BAG v. 16.1.2002, 5 AZR 430/00, ZTR 2002, 341, BAG v. 22.4.1987, 5 AZR 96/86, n.v.
44 BAG v. 23.4.1996, 9 AZR 165/95, NZA 1997, 44.
45 BAG v. 9.8.2011, 9 AZR 365/10, NZA 2011, 1421.
46 BAG v. 19.4.2005, 9 AZR 160/04 ZTR 2006, 138.
47 BAG v. 14.12.2006, 8 AZR 628/05, NZA 2007, 262, BAG v. 27.4.1993, 8 AZR 582/94, ZTR 1995, 520.
48 BAG v. 12.8.1986, 8 AZR 528/84, NVwZ 1988, 191.
49 BAG v. 16.5.2007, 8 AZR 709/06, NZA 2007, 1154, LAG Köln v. 2.3.2011, 1 Ta 375/10, öAT 2011, 119. In Mobbing-Fällen beginnt die Ausschlussfrist wegen der systematischen, sich aus mehreren einzelnen Handlungen zusammensetzenden Verletzungshandlung regelmäßig erst mit der zeitlich letzten Mobbing-Handlung.
50 BAG v. 4.10.2005, 9 AZR 507/04, NZA 2006, 436 Zur Wahrung der Ausschlussfrist genügt die Beanstandung des Zeugnisses und die Forderung der Neuausstellung. Sofern das Zeugnis vor Fristablauf beanstandet wurde, können einzelne Zeugnismängel auch nach Fristablauf ergänzend geltend gemacht werden.
51 BAG v. 26.2.1992, 7 AZR 201/91, NZA 1993, 423.
52 BAG v. 19.1.2005, 7 AZR 208/04, AuA 2005, 436.
53 Ohne diese ausdrückliche Regelung würden solche Ansprüche von der Ausschlussfrist erfasst, vgl BAG v. 19.1.1999, 1 AZR 606/98, NZA 1999, 879.
54 BAG v. 26.1.1999, 3 AZR 381/97, NZA 2000, 95.
55 BAG v. 18.9.1984, 3 AZR 118/82, AP Nr. 6 zu § 1 BetrAVG Zusatzversorgungskassen.

- Ansprüche wegen einer zusätzlichen Altersversorgung,[56]
- Recht, den Vertragspartner abzumahnen,[57]
- Anspruch auf Entfernung einer Abmahnung aus der Personalakte,[58]
- Ansprüche des Krankenhausträgers gegen einen nachgeordneten Arzt auf Rückzahlung überzahlter Anteile an einem Sonderfonds, der zur Beteiligung der nachgeordneten Ärzte an den Privatliquidationen des Chefarztes eingerichtet wurde,[59]
- Ansprüche der Hinterbliebenen eines Arbeitnehmers auf Sterbegeld,[60]
- Anspruch auf eine Abfindung nach §§ 9, 10 KSchG, der in einem gerichtlichen Vergleich vereinbart wird,[61]
- nach § 717 Abs. 3 ZPO zu erstattende Beträge, wenn aufgrund eines Urteils zur Abwendung der Zwangsvollstreckung geleistet und dieses Urteil aufgehoben wurde.[62]

IV. Der Fristenlauf

17 Die sechsmonatige Ausschlussfrist beginnt ab „**Fälligkeit**". Mit dem Begriff der Fälligkeit wird der Zeitpunkt bezeichnet, zu dem der Gläubiger die Leistung verlangen kann, zB ein Arbeitnehmer den Lohn. Dieser Zeitpunkt kann einzelvertraglich, tariflich oder gesetzlich festgelegt sein. So ist zB das Entgelt nach § 24 Abs. 1 S. 2 TVöD am letzten des Monats für den laufenden Monat fällig (Zahltag). Besteht keine ausdrückliche Regelung, so ist der Anspruch sofort mit seinem Entstehen fällig (§ 271 Abs. 1 BGB). Falls seitens des Arbeitgebers eine Überzahlung zurück gefordert wird, dann ist diese Rückforderung jeweils mit der Überzahlung fällig geworden, da der Rückforderungsanspruch mit Zahlung entstanden ist.[63] Dieser Zeitpunkt kann vom Arbeitgeber nicht durch einseitige Erklärung, er zahle „unter Vorbehalt", hinausgeschoben werden.[64] Die Wirkungen einer tariflichen Ausschlussfrist treten grundsätzlich auch dann ein, wenn ein Arbeitnehmer erst später infolge einer Entscheidung des Bundesverfassungsgerichts Kenntnis von dem Bestehen seines Anspruchs erlangt. Hat der Arbeitgeber einen vertretbaren Rechtsstandpunkt eingenommen, darf er sich ohne Verstoß gegen den Grundsatz von Treu und Glauben (§ 242 BGB) auf die Ausschlussfrist berufen.[65]

18 Dieser Grundsatz der Fälligkeit mit Entstehen einer Forderung ist problematisch, wenn zum Zeitpunkt des Entstehens der Grund und die Höhe eines Anspruchs noch nicht klar erkennbar sind. Um hieraus resultierende Härten infolge der kurzen Ausschlussfrist zu vermeiden, verlangt die Rechtsprechung für den Fristbeginn außerdem, dass der Gläubiger objektiv in der Lage sein muss, die An-

---

56 BAG v. 29.3.1983, 3 AZR 537/80, AP Nr. 11 zu § 70 BAT.
57 BAG v. 14.12.1994, 5 AZR 137/94, NZA 1995, 676.
58 BAG v. 14.12.1994, 5 AZR 137/94, NZA 1995, 676. Überholt daher BAG v. 8.2.1989, 5 AZR 47/88, ZTR 1989, 314.
59 BAG v. 19.10.1983, 5 AZR 64/81, AP Nr. 37 zu § 611 BGB Ärzte, Gehaltsansprüche.
60 BAG v. 4.4.2001, 4 AZR 242/00, ZTR 2002, 86.
61 BAG v. 13.1.1982, 5 AZR 546/79, AP Nr. 7 zu § 9 KSchG 1969.
62 BAG v. 19.3.2003, 10 AZR 597/01, ZTR 2003, 567, entgegen BAG v. 19.1.1999, 9 AZR 405/97, NZA 1999, 1040.
63 BAG v. 6.9.2006, 5 AZR 684/05, NZA 2007, 526.
64 BAG v. 27.3.1996, 5 AZR 336/94, NZA 1997, 45.
65 BAG v. 13.12.2007, 6 AZR 222/07, n.v.

spruchshöhe wenigstens ungefähr zu beziffern.[66] So tritt die Fälligkeit bei **Schadensersatzansprüchen** ein, wenn der Schaden für den Gläubiger feststellbar ist und geltend gemacht werden kann. Feststellbar ist der Schaden, sobald der Gläubiger vom Schadensereignis Kenntnis erlangt oder bei Beachtung der gebotenen Sorgfalt hätte erlangen können. Geltend gemacht werden können Schadensersatzforderungen, sobald der Gläubiger in der Lage ist, sich den erforderlichen Überblick ohne schuldhaftes Zögern zu verschaffen und seine Forderungen wenigstens annähernd zu beziffern. Zur Fälligkeit der Forderungen reicht es aus, dass der Arbeitnehmer die Ansprüche so deutlich bezeichnen kann, dass der Arbeitgeber erkennen kann, aus welchem Sachverhalt und in welcher ungefähren Höhe er in Anspruch genommen werden soll. Dementsprechend ist der Gläubiger grundsätzlich verpflichtet, bei der Geltendmachung auch **zumindest die ungefähre Höhe** seiner Forderung zu nennen.[67] Ergibt sich eine **Überzahlung** durch den Arbeitgeber allein daraus, dass ein Arbeitnehmer erforderliche Mitteilungen zu den persönlichen Verhältnissen unterlässt (zB Mitteilung über eine Veränderung des Familienstandes), beginnt die Verfallfrist erst zu laufen, wenn der Arbeitgeber hiervon erfährt oder wenn er es durch schuldhaftes Zögern versäumt hat, sich Kenntnis von den Voraussetzungen zu verschaffen, die er für die Geltendmachung benötigt.[68] Macht ein Arbeitnehmer seinen Arbeitnehmerstatus (rückwirkend) geltend, sollen im Sinne einer tarifvertraglichen Ausschlussfrist Rückzahlungsansprüche des Arbeitgebers wegen Überzahlungen erst fällig werden, wenn feststeht, dass das Vertragsverhältnis ein Arbeitsverhältnis ist; bei einer gerichtlichen Feststellungsklage ist das der Zeitpunkt der Rechtskraft der Entscheidung.[69] Das ist wenig konsequent, da das BAG auch ansonsten darauf abstellt, wann die Umstände erkennbar waren. Macht der Arbeitgeber **Steuererstattungsforderungen** gegen den Arbeitnehmer geltend, weil er vom Finanzamt zur Haftung herangezogen worden ist, so beginnt die Ausschlussfrist frühestens mit Erlass des Haftungsbescheides und der Abführung der Steuern.[70] Für einen **Zeugnisberichtigungsanspruch** beginnt die Ausschlussfrist mit Zeugniserteilung zu laufen.[71] Der Freistellungsanspruch eines Arbeitnehmers gegen seinen Arbeitgeber wegen Schädigung eines Dritten wird fällig, wenn feststeht, dass der schädigende Arbeitnehmer von dem Geschädigten mit Erfolg in Anspruch genommen werden kann.[72]

Da die Fälligkeit in aller Regel keine vorhergehende **Abrechnung** durch den Arbeitgeber voraussetzt, beginnt der Lauf der Ausschlussfrist in der Regel unabhängig von der Erteilung einer Abrechnung.[73] Ist jedoch der Anspruchsberechtigte nach Treu und Glauben daran gehindert, seine Ansprüche zu erkennen und zu erheben, weil der Anspruchsschuldner keine Abrechnung erteilt oder diese verzögert, ist der Lauf einer Verfallfrist für Zahlungsansprüche durch die Nichterteilung einer Abrechnung solange gehemmt, wie die fehlende Abrechnung noch verlangt werden kann. Dies gilt jedenfalls dann, wenn der Anspruchsgläubiger

19

---

66 BAG v. 28.9.2005, 5 AZR 52/05 NZA 2006, 149.
67 BAG v. 14.12.2006, 8 AZR 628/05, NZA 2007, 262.
68 BAG v. 19.2.2004, 6 AZR 664/02, NZA 2004, 1120.
69 BAG v. 14.3.2001, 4 AZR 152/00, NZA 2002, 155.
70 BAG v. 30.3.1984, 3 AZR 124/82, AP Nr. 22 zu § 670 BGB.
71 BAG v. 4.10.2005, 9 AZR 507/04, NZA 2006, 436.
72 BAG v. 25.6.2009, 8 AZR 236/08, ZTR 2009, 649.
73 Der Anspruch auf eine Abrechnung ergibt sich aus § 108 GewO.

eine Abrechnung benötigt, um seine Ansprüche berechnen zu können.[74] Ist der Anspruch auf die Abrechnung verfallen, dann beginnt mit diesem Zeitpunkt die Ausschlussfrist für die daran anknüpfende Leistung zu laufen (siehe auch Rn 34).[75]

20 Zum Teil wird vertreten, dass **vor Fälligkeit** des Anspruchs eine Geltendmachung nicht rechtswirksam erfolgen könne.[76] Dem kann nicht zugestimmt werden.[77] Dem Wortlaut der Vorschrift lässt sich eine solche Einschränkung nicht entnehmen. § 37 TVöD regelt nur, wann spätestens ein Anspruch geltend gemacht werden muss, nämlich 6 Monate nach Fälligkeit; wann dies frühestens erfolgen kann, ist nicht geregelt. Es besteht daher keine Rechtsgrundlage, die ein wirksames Geltendmachen vor Fälligkeit ausschließt. Allein entscheidend muss sein, ob der Anspruchsinhaber die Art des Anspruchs, die Tatbestände, für die der Anspruch erhoben werden soll, und die ungefähre Höhe der Forderung für ein wirksames Geltendmachen bezeichnen kann. Das BAG verlangt häufig, dass der Anspruch zum Zeitpunkt der Geltendmachung bereits entstanden sein muss,[78] ist aber grundsätzlich bereit, im Einzelfall hiervon Ausnahmen zuzulassen.[79]

21 Der Fristlauf selbst bestimmt sich nach §§ 187, 188 BGB. Die Frist beginnt mit der Fälligkeit (s.o.) zu laufen und endet mit Ablauf des entsprechenden Monatstages 6 Monate später.

Beispiel: Tritt die Fälligkeit am 10. April ein, dann endet die Ausschlussfrist am 10. Oktober 24:00 Uhr. Fällt das Fristende auf einen Samstag, Sonntag oder gesetzlichen Feiertag, dann verlängert sich die Frist bis zum Ablauf des nächsten Werktages (§ 193 BGB).[80]

Ungeklärt ist, ob die Vorschriften zur **Hemmung** des Verjährungsablaufs (§§ 203 ff BGB) entsprechend heranzuziehen sind.[81] Dagegen spricht grundsätzlich, dass diese Ausnahmevorschriften nur in engen Grenzen der Analogie zugänglich sind. Außerdem haben die Tarifvertragsparteien mit der Vereinbarung von Ausschlussfristen der schnellen Rechtssicherheit den Vorrang vor der materiellen Gerechtigkeit eingeräumt, ohne Regelungen über die Hemmung der Ausschlussfrist zu verankern. Eine analoge Anwendung der gesetzlichen Vorschriften zur Verjährungshemmung würde dieser Zielsetzung widersprechen. Der gleiche Befund ergibt sich, wenn man von einer einzelvertraglichen Bezug-

---

74 BAG v. 16.11.1989, 6 AZR 168/89, ZTR 1990, 339, BAG v. 24.3.2010, 10 AZR 152/09, DB 2010, 1407.
75 BAG v. 6.11.1985, 4 AZR 233/84, NZA 1986, 429.
76 BAG v. 24.10.1990, 6 AZR 37/89, NZA 1991, 378, BAG v. 23.9.1981, 5 AZR 468/79, n.v., BAG v. 17.5.2001, 8 AZR 366/00, NZA 2002, 910.
77 Ebenso Bepler in Bepler/Böhle, § 37 TVöD Rn 47, vgl auch BAG v. 16.12.2009, 5 AZR 888/08, NZA 2010, 401. Wie hier BAG v. 27.3.1996, 10 AZR 668/95, NZA 1996, 986, BAG v. 28.4.2004, 10 AZR 481/03, NZA 2005, 599, BAG v. 13.2.2003, 8 AZR 236/02, NZA 2003, 1295; BAG v. 9.7.2008, 5 AZR 518/07, EzA § 249 ZPO 2002 Nr. 1; aA BAG v. 16.6.2010, 4 AZR 925/08, n.v., mwN.
78 ZB BAG v. 22.1.2009, 6 AZR 5/08, ZTR 2009, 318.
79 BAG v. 28.4.2004, 10 AZR 481/03, ZTR 2004, 540. Vor Entstehen eines Anspruchs sei ungewiss, ob, wann und in welchem Umfang der Arbeitgeber überhaupt zur Zahlung verpflichtet sein wird. Ausschlussfristen sollen zur raschen Klärung von Ansprüchen beitragen. Dieser Zweck könne nicht erfüllt werden, wenn Ansprüche vor ihrer Entstehung geltend gemacht werden und damit letztlich nur als möglich angekündigt werden.
80 Ebenso Bepler in Bepler/Böhle, § 37 TVöD Rn 50.
81 Dafür: Bepler in Bepler/Böhle, § 37 TVöD Rn 51. Dagegen: Preis in Erfurter Kommentar, §§ 194–218 BGB Rn 57.

nahme auf § 37 TVöD ausgeht. Trotz der einschneidenden Folgen der Ausschlussfrist sind daher die gesetzlichen Regelungen zur Hemmung der Verjährung nicht entsprechend heranzuziehen. Eine Hemmung wird allerdings anerkannt, solange der Berechtigte innerhalb der letzten sechs Monate der Frist durch höhere Gewalt an der Rechtsverfolgung gehindert ist.[82] Eine Grenze kann aber dann gezogen werden, wenn der Vertragspartner aktiv von der Einhaltung der Ausschlussfrist abgehalten wird oder wenn pflichtwidrig die Mitteilung von Umständen unterlassen wird, die den Vertragspartner zur Einhaltung der Ausschlussfrist veranlassen würde (s. auch Rn 32).[83] Auch § 233 ZPO, der im Falle unverschuldeter Fristversäumung Wiedereinsetzung in den vorigen Stand ermöglicht, ist auf die Versäumung einer Ausschlussfrist nicht analog anwendbar.[84]

V. Die Geltendmachung

§ 37 TVöD verlangt, dass Ansprüche aus dem Arbeitsverhältnis innerhalb von **6 Monaten** beim Vertragspartner **schriftlich**[85] geltend gemacht werden müssen (einstufige Ausschlussfrist). Für eine gerichtliche Geltendmachung eines Anspruches nach Ablehnung durch den Vertragspartner sind keine weiteren Fristen vorgesehen, es liegt keine zweistufige Ausschlussfrist vor. Der Anspruchsinhaber muss im Falle des Bestreitens darlegen und beweisen, wie er die Ausschlussfrist gewahrt hat. Zur Geltendmachung vor Fälligkeit s. Rn 20.

22

Die wirksame Geltendmachung erfordert, dass dem Schuldner die **Art des Anspruchs** und die Tatbestände, für die der Anspruch erhoben werden soll, erkennbar sind. Eine rechtliche Begründung ist nicht erforderlich.[86] Zur Geltendmachung gehört grundsätzlich auch, dass die **Forderung mindestens annähernd der Höhe nach bezeichnet** wird. Die genaue und abschließende Höhe der Forderung muss jedoch nicht angegeben werden. Es genügt vielmehr, wenn die Forderung so deutlich bezeichnet wird, dass der Schuldner erkennen kann, aus welchem Sachverhalt und in welcher ungefähren Höhe er in Anspruch genommen werden soll. Ein Beziffern erübrigt sich, wenn der Schuldner jedenfalls über die ungefähre Höhe der gegen ihn erhobenen Forderung unterrichtet ist[87] oder wenn diese ohne Weiteres errechenbar ist.[88] Die an den Arbeitgeber gerichtete schriftliche Bitte „um Prüfung", ob die Voraussetzungen eines näher bezeichneten Anspruchs vorliegen, erfüllt nicht das Tatbestandsmerkmal der Geltendmachung dieses Anspruchs.[89] Es reicht auch nicht aus, mit dem Arbeitgeber einen – unvollständig – ausgefüllten Leistungsantrag im Einzelnen zu besprechen, wenn der Antrag anschließend vom Arbeitnehmer komplett wieder mitgenommen wird, ohne dass hierüber ein Vorgang angelegt wird. Um das Erfordernis der schriftlichen Geltendmachung zu erfüllen, muss dem Arbeitgeber mindestens ein ur-

23

---

82 BAG v. 9.8.2011, 9 AZR 352/10, ZTR 2011, 540.
83 BAG v. 22.1.1997, 10 AZR 459/96, NZA 1997, 445.
84 BAG 18.11.2004, 6 AZR 651/03, NZA 2005, 516.
85 Eine sofortige Klage ohne vorheriges schriftliches Geltendmachen ist möglich. Das wahrt die Ausschlussfrist, wenn sie vor Fristablauf an den Prozessgegner zugestellt wird (vgl Neffke in Bredemeier § 37 TVöD/TV-L Rn 16).
86 BAG v. 17.5.2001, 8 AZR 366/00, NZA 2002, 910.
87 BAG v. 29.6.2000, 6 AZR 50/99, NZA 2001, 670.
88 BAG v. 30.3.1989, 6 AZR 769/85, EzA § 4 TVG Ausschlussfristen Nr. 79.
89 BAG v. 10.12.1997, 4 AZR 228/96, ZTR 1998, 274, BAG v. 23.9.2009, 4 AZR 308/08, ZTR 2010, 243.

heberrechtlich dem Anspruchsteller zuzuordnendes anspruchsbegründendes Schriftstück vorgelegen haben und beim Arbeitgeber in irgendeiner Form verbleiben.[90] Anders wäre die Sache aber zu beurteilen, wenn der Arbeitgeber die Annahme des Schriftstücks verweigern würde. Reisekostenrechnungen können den Anforderungen an schriftliche Geltendmachungen genügen.[91]

24 Wenn ein Arbeitnehmer einen Anspruch auf Vergütung entsprechend einer bestimmten **Vergütungsgruppe** innerhalb einer tariflichen Ausschlussfrist gegenüber seinem Arbeitgeber geltend macht und er nicht zugleich hilfsweise Vergütung nach einer anderen, niedrigeren Vergütungsgruppe verlangt, ist die tarifliche Ausschlussfrist für den Anspruch auf Vergütung nach der niedrigeren Vergütungsgruppe nicht gewahrt. Das gilt jedenfalls dann, wenn die Begründetheit des Anspruchs nach der höheren Vergütungsgruppe nicht denknotwendig die Erfüllung der Voraussetzungen der niedrigeren Vergütungsgruppe erfordert, die höhere Vergütungsgruppe also keine echte Aufbaufallgruppe ist.[92] Das Geltendmachen von Urlaub wahrt die Ausschlussfrist auch für einen Schadensersatzanspruch, wenn der Urlaub wegen Zeitablaufs verfallen ist.[93]

25 Die Geltendmachung eines Anspruchs ist keine Willenserklärung, sondern eine einseitige geschäftsähnliche Handlung, auf die die Vorschriften des Bürgerlichen Gesetzbuches nur entsprechend ihrer Eigenart analog Anwendung finden.[94] Da die Geltendmachung eines Anspruchs den Schuldner an seine Leistungspflicht erinnern soll, ist der **Zugang** des Geltendmachungsschreibens beim Schuldner Voraussetzung zur Wahrung der Ausschlussfrist. Ein Geltendmachungsschreiben geht dem Schuldner zu, wenn es so in den Bereich des Empfängers gelangt ist, dass dieser unter normalen Verhältnissen die Möglichkeit hat, vom Inhalt des Schreibens Kenntnis zu nehmen.[95] Dabei genügt es, wenn der Brief an eine Person ausgehändigt wird, die nach der Verkehrsauffassung als ermächtigt anzusehen ist, den Empfänger in der Empfangnahme zu vertreten. Es ist nicht erforderlich, dass dem Dritten, der die schriftliche Willenserklärung für den Empfänger entgegennimmt, eine besondere Vollmacht oder Ermächtigung erteilt worden ist. Abzustellen ist auf die Verkehrssitte, so dass die Grundsätze über die sog. Duldungsvollmacht nicht herangezogen zu werden brauchen. Bei einem Geschäftsinhaber wird der Zugang angenommen, wenn das Schreiben in den Geschäftsräumen einem Büroangestellten übergeben wird. Nach Auffassung des BGH sind kaufmännische Angestellte kraft Verkehrsanschauung regelmäßig als Empfangsboten des Empfängers anzusehen. Erklärungen an einen Empfangsboten gehen in dem Zeitpunkt zu, in dem nach dem regelmäßigen Verlauf der Dinge die Weiterleitung an den Adressaten zu erwarten war.[96]

26 Sofern jemand einen anderen dazu **bevollmächtigt**, Ansprüche in seinem Namen geltend zu machen, ist es nicht erforderlich, dem Geltendmachungsschreiben eine

---

90 LAG Schleswig-Holstein v. 8.11.2007, 3 Sa 272/07, ZTR 2008, 164.
91 BAG v. 15.9.2009, 9 AZR 645/08, ZTR 2010, 158.
92 BAG v. 3.8.2005, 10 AZR 559/04, ZTR 2006, 81, BAG v. 9.4.2008, 4 AZR 104/07 NZA-RR 2009, 79.
93 BAG v. 24.9.2008, 10 AZR 669/07, NZA 2009, 45, BAG v. 17.11.2009, 9 AZR 923/08, ZTR 2010, 311.
94 BAG v. 11.10.2000, 5 AZR 313/99, NZA 2001, 231.
95 BAG v. 14.8.2002, 5 AZR 169/01, NZA 2003, 158. § 130 Abs. 1 BGB ist auf die Geltendmachung tariflicher Ausschlussfristen entsprechend anzuwenden.
96 Zum Ganzen zusammenfassend BAG v. 9.4.2008, 4 AZR 104/07 NZA-RR 2009, 79.

Originalvollmacht beizulegen. § 174 BGB findet keine entsprechende Anwendung.[97] Die Geltendmachung des Anspruchs muss allerdings durch einen bevollmächtigten Vertreter erfolgen. Entsprechend § 180 Satz 1 BGB ist ein Handeln eines Vertreters ohne Vertretungsmacht unzulässig. Eine Genehmigung nach § 180 S. 2 BGB kommt nach der Rechtsprechung des BAG nicht in Betracht, weil dies der mit den Ausschlussfristen bezweckten Rechtssicherheit entgegenstünde.[98] Im Bestreitensfall hat der Gläubiger die Bevollmächtigung des Vertreters zur Zeit der Geltendmachung des Anspruchs darzulegen und ggf zu beweisen.

Das Erheben einer **Kündigungsschutzklage** beinhaltet die wirksame Geltendmachung von Ansprüchen aus Annahmeverzug (dh des fortlaufenden Lohns nach dem Beendigungszeitpunkt). Das Gesamtziel der Kündigungsschutzklage ist in der Regel nicht auf den Erhalt des Arbeitsplatzes beschränkt, sondern zugleich auch auf die Sicherung der Ansprüche gerichtet, die durch den Verlust der Arbeitsstelle möglicherweise verlorengehen. Mit Erheben einer Kündigungsschutzklage ist der Arbeitgeber ausreichend vom Willen des Arbeitnehmers unterrichtet, die durch die Kündigung bedrohten Einzelansprüche aus dem Arbeitsverhältnis aufrechtzuerhalten.[99] Das gilt auch für den öffentlichen Dienst. Der öffentliche Dienstherr muss sich wie jeder andere Arbeitgeber darauf einstellen, dass mit der Erhebung der Kündigungsschutzklage die zukünftigen Lohnforderungen angemeldet werden.[100] In einer Kündigungsschutzklage ist aber nicht die Geltendmachung von Urlaubsansprüchen oder Urlaubsabgeltungsansprüchen enthalten.[101] Wird keine bezifferte Leistungsklage bezüglich einer Forderung erhoben, sondern zulässigerweise eine Feststellungsklage, dann wahrt das jedenfalls dann die Ausschlussfrist, wenn sie geeignet ist, den gesamten Streitstoff abschließend zu klären.[102]

VI. Das Schriftformerfordernis

Eine schriftliche Geltendmachung einer Forderung liegt vor, wenn sie in einem Schriftstück, das vom Aussteller mit **Namensunterschrift** versehen ist (Urkunde), erfolgt.[103] Ein Anspruch wird auch dann im Sinne einer tariflichen Ausschlussklausel schriftlich erhoben, wenn dies in Form eines **Telefaxschreibens** geschieht, obwohl in diesem Fall nicht das Orginaldokument, sondern nur eine Kopie davon zugeht.[104] Für den Nachweis des Zugangs per Fax genügt aber die Vorlage eines Sendeberichts mit dem „OK-Vermerk" nicht. Einem solchen Sendebericht kommt auch nicht der Wert eines Anscheinsbeweises zu.[105] Das Schriftformerfordernis für die Geltendmachung führt nicht dazu, dass eine Aufrechnungserklärung mit einer Gegenforderung formbedürftig wird. Die Aufrechnung bleibt formlos möglich.[106] Eine E-Mail dürfte jedenfalls dann genügen, wenn der Ta-

---

97 BAG v. 14.8.2002, 5 AZR 341/01, NZA 2002, 1344.
98 BAG v. 14.8.2002, 5 AZR 341/01, NZA 2002, 1344.
99 BAG v. 26.4.2006, 5 AZR 403/05, NZA 2006, 845.
100 BAG v. 26.2.2003, 5 AZN 757/02, ZTR 2003, 293.
101 BAG v. 26.4.2006, 5 AZR 403/05, NZA 2006, 845.
102 BAG v. 13.8.2009, 6 AZR 330/08, ZTR 2010, 87, vgl auch LAG Rheinland-Pfalz v. 11.6.2010, 9 Sa 66/10, ZTR 2011, 103.
103 BAG v. 16.11.1989, 6 AZR 168/89, ZTR 1990, 339.
104 BAG v. 11.10.2000, 5 AZR 313/99, NZA 2001, 231.
105 BAG v. 14.8.2002, 5 AZR 169/01, NZA 2003, 158.
106 BAG v. 1.2.2006, 5 AZR 395/05, NZA 2006, 1064.

rifvertrag kraft arbeitsvertraglicher Regelung gilt, da dann § 127 Abs. 2 BGB in analoger Anwendung greift.[107] Nichts anderes kann im Ergebnis bei normativ wirkendem Tarifvertrag gelten, da es sich letztlich nicht um eine gesetzliche Schriftform (§ 126 BGB) handelt. Normzweck und Interessenlage verlangen nicht nach einer eigenhändigen Unterzeichnung der schriftlichen Erklärung durch Namensunterschrift des Beschäftigten.[108] Inhalt der Erklärung und Aussteller müssen allerdings für den Adressaten zweifelsfrei erkennbar sein. Der Nachweis des Zugangs einer E-Mail kann aber Schwierigkeiten bereiten. Entsprechend der oben angeführten Rechtsprechung zum Faxsendebericht dürfte ein Ausdruck der gesendeten E-Mail hierfür nicht genügen, da die Absendung keinerlei Gewähr dafür bietet, dass die Nachricht den Empfänger auch wirklich erreichte.[109] Höchstrichterlich noch nicht geklärt ist, ob der Ausdruck einer Lesebestätigung den Anscheinsbeweis für einen Zugang vermittelt.

VII. Das Erfordernis einer wiederholten Geltendmachung

29 Nach § 37 Abs. 1 S. 2 reicht die **einmalige Geltendmachung** eines Anspruchs auch für später fällige Leistungen aus. Ansonsten müsste jeder Anspruch für sich fristwahrend geltend gemacht werden. Eine zeitliche Beschränkung besteht insoweit nicht. Die (erneute) Geltendmachung eines Anspruchs ist aber nur entbehrlich, wenn es sich um „**denselben Sachverhalt**" handelt. Ein solcher liegt vor, wenn bei unveränderter rechtlicher oder tatsächlicher Lage aus einem bestimmten Tatbestand Ansprüche herzuleiten sind.[110] So genügt zB die einmalige Geltendmachung, wenn mehrmals dieselben Entgeltbestandteile vorenthalten werden. Hat etwa der Arbeitnehmer den Anspruch auf Vergütung nach einer bestimmten höheren Vergütungsgruppe unter Hinweis auf Erfüllung der tariflichen Voraussetzungen geltend gemacht, so bedarf es keiner Geltendmachung der später fällig werdenden höheren Vergütungsbeträge. Die Geltendmachung eines Anspruchs auf Vergütung nach einer bestimmten höheren Vergütungsgruppe unter Hinweis auf Erfüllung der tariflichen Voraussetzungen, macht es nicht entbehrlich, erneut höhere Vergütungsbeträge geltend zu machen, wenn diese auf einer anderen Vergütungsgruppe beruhen. Diese Erleichterung für den Gläubiger setzt aber stets die wirksame (erstmalige) Geltendmachung „des Anspruchs" voraus.[111] Die schriftliche Geltendmachung eines Anspruchs auf Entgeltfortzahlung im Krankheitsfall genügt zur Wahrung der Ausschlussfrist für eine erneute Zeit krankheitsbedingter Arbeitsunfähigkeit nicht, wenn dazwischen eine Zeit ohne krankheitsbedingte Arbeitsunfähigkeit liegt. Es handelt sich dann nicht mehr um denselben Sachverhalt.[112]

30 Macht der Arbeitgeber die Rückzahlung überzahlter Bezüge (eingehend Rn 33) unter Hinweis auf eine fehlerhafte Eingruppierung geltend, so soll dadurch nicht die tarifliche Ausschlussfrist für Rückzahlungsansprüche aus künftigen Über-

---

107 Vgl BAG v. 16.12.2009, 5 AZR 888/08, NZA 2010, 401.
108 BAG v. 7.7.2010, 4 AZR 549/08, NZA 2010, 1068.
109 Auch eine etwaige Beweiserleichterung nach den Grundsätzen des Anscheinsbeweises dürfte nicht in Betracht kommen, auch nicht, wenn die E-Mail nicht als unzustellbar zurückgesandt wurde.
110 BAG v. 7.9.1994, 10 AZR 766/93, NZA 1995, 586.
111 BAG v. 17.5.2001, 8 AZR 366/00, NZA 2002, 910.
112 BAG v. 26.10.1994, 5 AZR 404/93, NZA 1995, 858, vgl auch BAG v. 15.7.2009, 5 AZR 867/08, ZTR 2010, 35.

zahlungen gewahrt sein, weil zu dem Zeitpunkt künftige Rückzahlungsansprüche weder entstanden noch fällig sind und deshalb nicht wirksam geltend gemacht werden können.[113]

Ein **Betriebsübergang** führt nicht dazu, dass ein Anspruch erneut gegenüber dem neuen Arbeitgeber geltend gemacht werden muss. Der vollständige Eintritt des Betriebsübernehmers in die Rechte und Pflichten des bisherigen Arbeitgebers (§ 613a Abs. 1 S. 1 BGB) bedeutet nicht nur eine Nachfolge in den rechtlichen Beziehungen, der Übernehmer muss sich auch Gegebenheiten zurechnen lassen, die als Tatbestandsmerkmale für spätere Rechtsfolgen von Bedeutung sind.[114]

31

VIII. Die Ausnahmen

Dem Verfall der Ansprüche infolge der Ausschlussfrist kann der Grundsatz von **Treu und Glauben** (§ 242 BGB) entgegenstehen, wenn der Vertragspartner aktiv von der Einhaltung der Ausschlussfrist abgehalten wird. Dazu genügt es nach der Rechtsprechung nicht, wenn ein Arbeitgeber einem Arbeitnehmer eine falsche Auskunft über das Bestehen seines Anspruchs gegeben hat. Es ist Sache des Arbeitnehmers, sich Gewissheit darüber zu verschaffen, welche Ansprüche bestehen und in welchen Formen und Fristen er diese geltend zu machen hat.[115] Falls der Arbeitgeber ausdrücklich[116] oder konkludent[117] auf die Anwendung der Ausschlussfrist verzichtet, ist ein späteres Berufen auf die Ausschlussfrist rechtsmissbräuchlich.

32

Der Ausschlussfrist kann auch entgegenstehen, wenn pflichtwidrig die Mitteilung von Umständen unterlassen wird, die den Vertragspartner zur Einhaltung der Ausschlussfrist veranlassen würde.[118] Eine pflichtwidrige Unterlassung ist zB anzunehmen, wenn ein Arbeitnehmer eine erhebliche **Überzahlung** nicht anzeigt, obwohl er erkennt, dass dem Arbeitgeber bei der Berechnung der Vergütung ein Irrtum unterlaufen ist oder er eine gegenüber sonst ungewöhnlich hohe Zahlung erhalten hat, deren Grund er sich nicht erklären kann,[119] ebenso, wenn es ein Arbeitnehmer unterlässt, Änderungen im Familienstand mitzuteilen, die Auswirkungen auf die Vergütungshöhe haben.[120] Die Anwendung von Treu und Glauben gegenüber der Ausschlusswirkung der Verfallklausel setzt aber voraus, dass das pflichtwidrige Unterlassen für das Untätigbleiben des Vertragspartners ursächlich wird. Das ist nur so lange der Fall, wie der Vertragspartner nicht anderweitig von seiner Forderung Kenntnis erlangt. Abzustellen ist auf die Kenntnis des gesetzlichen Vertreters der Klägerin, eines Mitarbeiters mit Personalverantwortung oder einer sonstigen Person, die nach der Arbeitsorganisation der Klägerin dazu berufen ist, die Vergütungsangelegenheiten der Beklagten in

33

---

113 BAG v. 17.5.2001, 8 AZR 366/00, NZA 2002, 910.
114 BAG v. 21.3.1991, 2 AZR 577/90, NZA 1991, 726.
115 BAG v. 22.1.1997, 10 AZR 459/96, NZA 1997, 445.
116 BAG v. 25.1.2006, 4 AZR 622/04, NZA 2007, 472, BAG v. 23.11.1993, 1 AZR 441/93, n.v. Dagegen dürfte ein Verzicht durch den Arbeitnehmer bei normativer Geltung des Tarifvertrages wegen § 4 Abs. 3 TVG nicht wirksam sein.
117 BAG v. 15.7.2009, 5 AZR 867/08, ZTR 2010, 35.
118 Den öffentlichen Arbeitgeber trifft aber keine allgemeine Fürsorgepflicht, seine Arbeitnehmer über etwaige Ansprüche zu belehren (BAG v. 13.12.1983, 3 AZR 453/80, n.v.).
119 BAG v. 6.9.2006, 5 AZR 684/05, NZA 2007, 526. Es besteht aber keine Verpflichtung des Arbeitnehmers, die durch den Arbeitgeber erstellte Vergütungsabrechnung zu überprüfen. So bereits BAG v. 29.4.1982, 5 AZR 1229/79, n.v.
120 BAG v. 17.7.1985, 5 AZR 131/84, n.v.

eigener Verantwortung zu erledigen.[121] Ab Kenntniserlangung muss der Anspruchsinhaber den Anspruch kurzfristig geltend machen, wobei eine Geltendmachung nach über zwei Monaten nicht mehr kurzfristig ist, wenn hierfür keine sachlichen Gründe vorliegen.[122] Es läuft insoweit nicht eine neue Ausschlussfrist.

34 In aller Regel hängt der Lauf einer Ausschlussfrist nicht davon ab, ob der Arbeitgeber eine **Abrechnung** erteilt hat.[123] Nur wenn der Anspruchsberechtigte nach Treu und Glauben objektiv daran gehindert ist, seine Ansprüche zu erkennen und zu erheben, weil der Anspruchsschuldner keine Abrechnung erteilt oder diese verzögert, ist der Lauf einer Verfallfrist für Zahlungsansprüche durch die Nichterteilung einer Abrechnung solange gehemmt, wie die fehlende Abrechnung noch verlangt werden kann.[124] Ist der Anspruch auf die Abrechnung verfallen, dann beginnt aber mit diesem Zeitpunkt die Ausschlussfrist für die daran anknüpfende Leistung zu laufen.[125] Hat der Arbeitgeber durch Abrechnung eine Forderung des Arbeitnehmers vorbehaltlos ausgewiesen, so braucht der Arbeitnehmer diese Forderung nicht mehr geltend zu machen, um eine Ausschlußfrist zu wahren.[126]

IX. Weitere Tarifverträge

35 Für Beschäftigte, die nach Abschluss eines Arbeitsvertrages zur Dienstleistung in das **Ausland** entsandt wurden,[127] gilt nach § 45 Nr. 15 TVöD BT-V eine Ausschlussfrist von 9 Monaten.

36 Ansprüche aus dem **Ausbildungsverhältnis** verfallen, wenn sie nicht innerhalb einer Ausschlussfrist von sechs Monaten nach Fälligkeit von den Auszubildenden oder vom Ausbildenden schriftlich geltend gemacht werden (§ 19 TVAöD). Nach § 22 des Tarifvertrags für Auszubildende der Länder in Ausbildungsberufen nach dem Berufsbildungsgesetz (TVA-L BBiG) verfallen Ansprüche aus dem Ausbildungsverhältnis, wenn sie nicht innerhalb einer Ausschlussfrist von sechs Monaten nach Fälligkeit von den Auszubildenden oder vom Ausbildenden schriftlich geltend gemacht werden. Für denselben Sachverhalt reicht die einmalige Geltendmachung des Anspruchs auch für später fällige Leistungen aus. Eine identische Regelung enthält § 20 des Tarifvertrags für Auszubildende der Länder in Pflegeberufen (TVA-L Pflege).

§ 38 Begriffsbestimmungen (TVöD)

(1) Sofern auf die Tarifgebiete Ost und West Bezug genommen wird, gilt Folgendes:

a) Die Regelungen für das Tarifgebiet Ost gelten für die Beschäftigen, deren Arbeitsverhältnis in dem in Art. 3 des Einigungsvertrages genannten Gebiet

---

121 BAG v. 6.9.2006, 5 AZR 684/05, NZA 2007, 526.
122 BAG v. 10.3.2005, 6 AZR 217/04, NZA 2005, 812.
123 BAG v. 22.9.1992, 9 AZR 521/91, n.v. Der Anspruch auf eine Abrechnung ergibt sich aus § 108 GewO.
124 BAG v. 16.11.1989, 6 AZR 168/89, ZTR 1990, 339.
125 BAG v. 6.11.1985, 4 AZR 233/84, NZA 1986, 429.
126 BAG v. 10.10.2002, 8 AZR 8/02, NZA 2003, 329, BAG v. 21.4.1993, 5 AZR 399/92, NZA 1993, 1091.
127 Zum Anwendungsbereich dieser Regelung siehe § 45 Nr. 1 TVöD BT-V.

begründet worden ist und bei denen der Bezug des Arbeitsverhältnisses zu diesem Gebiet fortbesteht.

b) Für die übrigen Beschäftigten gelten die Regelungen für das Tarifgebiet West.

(2) Sofern auf die Begriffe „Betrieb", „betrieblich" oder „Betriebspartei" Bezug genommen wird, gilt die Regelung für Verwaltungen sowie für Parteien nach dem Personalvertretungsrecht entsprechend, es sei denn, es ist etwas anderes bestimmt.

(3) Eine einvernehmliche Dienstvereinbarung liegt nur ohne Entscheidung der Einigungsstelle vor.

(4) Leistungsgeminderte Beschäftigte sind Beschäftigte, die ausweislich einer Bescheinigung des beauftragten Arztes (§ 3 Abs. 4) nicht mehr in der Lage sind, auf Dauer die vertraglich geschuldete Arbeitsleistung in vollem Umfang zu erbringen, ohne deswegen zugleich teilweise oder in vollem Umfang erwerbsgemindert im Sinne des SGB VI zu sein.

(5) ¹Die Regelungen für Angestellte finden Anwendung auf Beschäftigte, deren Tätigkeit vor dem 1. Januar 2005 der Rentenversicherung der Angestellten unterlegen hätte. ²Die Regelungen für Arbeiterinnen und Arbeiter finden Anwendung auf Beschäftigte, deren Tätigkeit vor dem 1. Januar 2005 der Rentenversicherung der Arbeiter unterlegen hätte.

§ 38 Begriffsbestimmungen (TV-L)

(1) Sofern auf die Tarifgebiete Ost oder West Bezug genommen wird, gilt Folgendes:

a) Die Regelungen für das Tarifgebiet Ost gelten für die Beschäftigten, deren Arbeitsverhältnis in dem in Artikel 3 des Einigungsvertrages genannten Gebiet begründet worden ist und bei denen der Bezug des Arbeitsverhältnisses zu diesem Gebiet fortbesteht.

b) Für die übrigen Beschäftigten gelten die Regelungen für das Tarifgebiet West.

(2) Sofern auf die Begriffe „Betrieb", „betrieblich" oder „Betriebspartei" Bezug genommen wird, gilt die Regelung für Verwaltungen sowie für Parteien nach dem Personalvertretungsrecht entsprechend; es sei denn, es ist etwas anderes bestimmt.

(3) Eine einvernehmliche Dienstvereinbarung liegt nur ohne Entscheidung der Einigungsstelle vor.

(4) Leistungsgeminderte Beschäftigte sind Beschäftigte, die ausweislich einer Bescheinigung des beauftragten Arztes (§ 3 Absatz 5) nicht mehr in der Lage sind, auf Dauer die vertraglich geschuldete Arbeitsleistung in vollem Umfang zu erbringen, ohne deswegen zugleich teilweise oder in vollem Umfang erwerbsgemindert im Sinne des SGB VI zu sein.

(5) ¹Die Regelungen für Angestellte finden Anwendung auf Beschäftigte, deren Tätigkeit vor dem 1. Januar 2005 der Rentenversicherung der Angestellten unterlegen hätte. ²Die Regelungen für Arbeiterinnen und Arbeiter finden Anwendung auf Beschäftigte, deren Tätigkeit vor dem 1. Januar 2005 der Rentenversicherung der Arbeiter unterlegen hätte.

I. Normstruktur	1	V. Leistungsgeminderte Beschäftigte, § 38 Abs. 4 TVöD,	
II. Tarifgebiete Ost und West, Abs. 1	2	§ 38 Abs. 4 TV-L	9
III. Betriebsbegriff, § 38 Abs. 2 TVöD, § 38 Abs. 2 TV-L	5	VI. Angestellte und Arbeiter, § 38 Abs. 5 TVöD, § 38 Abs. 5 TV-L	10
IV. Einvernehmliche Dienstvereinbarung, § 38 Abs. 3 TVöD, § 38 Abs. 3 TV-L	8		

I. Normstruktur

1 § 38 klärt verschiedene, im TVöD und im TV-L verstreut enthaltene Begriffe zum Zwecke einer einheitlichen Anwendung. Eine Definition des Angestellten und des Arbeiters, Begriffe, die der TVöD/der TV-L zugunsten der Sammelbezeichnung „Beschäftigter" aufgegeben hat, ist lediglich im Hinblick auf § 30 notwendig.

§ 38 TVöD und § 38 TV-L sind **inhaltsgleich**.

II. Tarifgebiete Ost und West, Abs. 1

2 Zwar erstreckt sich der räumliche Geltungsbereich des TVöD gem. § 1 auf die gesamte Bundesrepublik Deutschland. Die Unterscheidung nach den Tarifgebieten „Ost" und „West" wird jedoch vorläufig noch für folgende Regelungsbereiche aufrechterhalten:

- Regelungen zur Arbeitszeit für Beschäftigte im kommunalen Bereich (§ 6 Abs. 1 b),
- Unkündbarkeit (§ 34 Abs. 2),
- Befristete Arbeitsverträge (§ 30).

§ 38 Abs. 1 regelt, wer als Beschäftigter des „Tarifgebiets Ost" anzusehen ist. Die übrigen Beschäftigten sind solche des „Tarifgebiets West".

Entsprechendes gilt für den Geltungsbereich des TV-L, welcher eine Unterscheidung nach Bundesländern im Tarifgebiet West und Tarifgebiet Ost trifft.

3 Für den Bereich des TVöD gilt:

Die Regelungen für das **Tarifgebiet Ost** gelten unter folgenden Voraussetzungen:

a) Das Arbeitsverhältnis muss in dem in Art. 3 des Einigungsvertrages genannten Gebiet – das ist das Gebiet der neuen Bundesländer sowie des ehemaligen Ost-Berlin – **begründet** worden sein.

Es kommt nicht darauf an, wo der Arbeitsvertrag (ggf zufällig) abgeschlossen wurde. Maßgebend ist vielmehr, wo das Arbeitsverhältnis seinen Mittelpunkt hat.[1]

b) Der **Bezug zu diesem Gebiet muss noch bestehen**. Der TVöD nimmt hier die Rechtsprechung zu § 1 BAT/BAT-O auf, wonach der fortdauernde Bezug zum jeweiligen Tarifgebiet bereits Merkmal der „Begründung" des Arbeitsverhältnisses sei.[2] Wird das im Tarifgebiet Ost begründete Arbeitsverhältnis im Tarifgebiet West fortgesetzt, gelten deshalb ab diesem Zeitpunkt die für das Tarifgebiet West maßgebenden Vorschriften. Nach Rückkehr auf einen

---

1 BAG v. 24.2.1994, 6 AZR 588/93, NZA 1995, 133.
2 BAG v. 20.8.2000, 6 AZR 84/99, n.v.

Arbeitsplatz im Beitrittsgebiet unterfällt das Arbeitsverhältnis wieder dem Tarifgebiet Ost.³

Umgekehrt gilt dies nicht. Ist also das Arbeitsverhältnis im **Tarifgebiet West** begründet worden und hatte dort somit (zunächst) seinen Mittelpunkt, verbleibt es bei dessen Regelungen auch dann, wenn das Arbeitsverhältnis im Tarifgebiet Ost fortgesetzt wird. 4

III. Betriebsbegriff, § 38 Abs. 2 TVöD, § 38 Abs. 2 TV-L

Abs. 2 enthält für die im TVöD/im TV-L verwendeten Begriffe „Betrieb", „betrieblich", „Betriebspartei" keine eigenständige Definition des Betriebsbegriffs. Bezweckt ist lediglich (im Sinne von „pars pro toto") eine Straffung und sprachliche Klärung. Nimmt der TVöD/der TV-L auf diese Begriffe Bezug, so sind auch die Verwaltungen oder die Parteien nach dem Personalvertretungsrecht gemeint, soweit nicht ausdrücklich etwas anderes bestimmt ist. 5

Der Tarifvertrag setzt den Betriebsbegriff voraus. Gemeint ist der von der Rechtsprechung entwickelte **betriebsverfassungsrechtliche Betriebsbegriff**.⁴ Betrieb ist danach die „organisatorische Einheit, innerhalb derer ein Arbeitgeber allein oder mit seinen Arbeitnehmern mithilfe von technischen und immateriellen Mitteln bestimmte arbeitstechnische Zwecke fortgesetzt verfolgt, die sich nicht in der Befriedigung von Eigenbedarf erschöpfen". 6

Zentraler Begriff der Personalvertretungsgesetze ist die "**Dienststelle**". Nach der Rechtsprechung des BVerwG zum BPersVG, die auch für entsprechende Regelungen der Landespersonalvertretungsgesetze anwendbar ist, handelt es sich um eine „organisatorische Einheit, die einen eigenständigen Aufgabenbereich hat und die innerhalb einer Verwaltungsorganisation verselbstständigt ist".⁵ Auf die Wahrnehmung hoheitlicher Aufgaben kommt es nicht an. 7

IV. Einvernehmliche Dienstvereinbarung, § 38 Abs. 3 TVöD, § 38 Abs. 3 TV-L

TVöD und TV-L enthalten gelegentlich Öffnungsklauseln zugunsten einvernehmlicher Dienstvereinbarungen, so in den §§ 6 (regelmäßige Arbeitszeit, s. dort Abs. 9), 9 Abs. 2 (Bereitschaftszeiten im VKA-Bereich und im Bereich der Länder), 18 Abs. 6 TVöD VKA (Leistungsentgelt). Abs. 3 stellt klar, dass eine Dienstvereinbarung nur dann einvernehmlich zustande gekommen ist, wenn sie **nicht auf einem Spruch der Einigungsstelle** beruht. Die Parteien des Personalvertretungsrechts können zwar auch noch vor der Einigungsstelle eine einvernehmliche Vereinbarung treffen. Gelingt ihnen das nicht und kommt es zu einer Entscheidung, so ist diese tarifrechtlich unwirksam. 8

V. Leistungsgeminderte Beschäftigte, § 38 Abs. 4 TVöD, § 38 Abs. 4 TV-L

Der Begriff des leistungsgeminderten Beschäftigten hat Bedeutung v.a. im Zusammenhang mit dem **Leistungsentgelt** gem. § 18 TVöD (vgl dort die Protokollerklärung Nr. 2 zu § 18). Vorläuferregelungen finden sich im jeweiligen § 37 9

---

3 Vgl auch die Rspr des BAG zu § 1 BAT-O, zB BAG v. 15.7.1999, 6 AZR 699/97, ZTR 2000, 169.
4 BAG v. 22.6.2005, 7 ABR 57/04, NZA 2005, 1248; v. 31.5.2000, 7 ABR 78/98, NZA 2000, 1350; v. 9.2.2000, 7 ABR 21/98, n.v; v. 14.12.1994, 7 ABR 26/94, NZA 1995, 906; vgl auch Fitting, § 1, Rn 62 ff.
5 BVerwG v. 29.3.2001, 6 P 7/00, ZTR 2001, 334; v. 13.8.1986, 6 P 7/85, PersR 1987, 20.

MTArb und MTArb-O, jedoch mit abweichenden Voraussetzungen und Rechtsfolgen.

Die Berücksichtigung der Leistungsminderung kommt nach der Definition des Abs. 4 nur in Betracht, wenn der Beschäftigte durch eine Bescheinigung des beauftragten Arztes iSd § 3 Abs. 4 TVöD/§ 3 Abs. 5 TV-L nachweist, nicht mehr in der Lage zu sein, **auf Dauer** die vertraglich geschuldete Arbeitsleistung in vollem Umfang zu erbringen. Eine auch nur teilweise Erwerbsminderung iSd SGB VI muss nicht vorliegen.

Bei dem „**beauftragten Arzt**" muss es sich, wie sich aus der Verweisung auf § 3 Abs. 4 TVöD bzw § 3 Abs. 5 TV-L ergibt, um den Betriebsarzt oder einen anderen Arzt, auf den sich die Betriebsparteien (Personalrat/Betriebsrat und Arbeitgeber) geeinigt haben, handeln.

VI. Angestellte und Arbeiter, § 38 Abs. 5 TVöD, § 38 Abs. 5 TV-L

10 Zwar unterscheiden der TVöD und der TV-L nicht mehr zwischen Arbeitern und Angestellten, sondern kennen nur den einheitlichen Begriff des Beschäftigten. Jedoch enthalten § 30 TVöD, § 30 TV-L (Zulässigkeit befristeter Arbeitsverträge) Sonderregelungen für Beschäftigte des Tarifgebiets West, die nach bisherigem Recht als Angestellte einzustufen waren.[6] Abs. 5 knüpft, wie bereits § 1 Abs. 1 BAT/BAT-O an die Definitionen des Rentenversicherungsrechts vor 2005 an. Stichdatum ist der 1.1.2005, da die Rentenversicherung noch bis 31.12.2004 nach Arbeitern und Angestellten unterschieden hatte.

11 Die Abgrenzung zwischen Angestellten und Arbeitern hatte, da eine umfassende gesetzliche Regelung nicht vorhanden war, bereits das BAG[7] in ständiger Rechtsprechung in Anlehnung an die (bis 31.12.2004 notwendige) rentenversicherungsrechtliche Einordnung des BSG[8] vorgenommen. Danach war zunächst zu prüfen, ob der Beschäftigte zu einer der in **§ 133 Abs. 2 SGB VI aF** genannten Gruppen gehört. War dies nicht der Fall, so war in einem zweiten Schritt zu untersuchen, ob die Tätigkeit im sog. **Berufsgruppenkatalog** des Reichsarbeitsministers vom 8.3.1924 (RGBl. I S. 274, 410) idF der Verordnungen vom 4.2.1927 und 15.7.1927 (RGBl. I S. 58, 222) aufgeführt ist. Fand sich die Tätigkeit auch nicht in diesem Katalog, so konnte die **Verkehrsanschauung** berücksichtigt werden. Erst in einer vierten Prüfungsstufe war die traditionelle, inzwischen weitgehend überholte, Unterscheidung nach einer **überwiegend geistigen** oder überwiegend körperlichen Prägung der Arbeit ergänzend heranzuziehen. Schließlich wäre, konnte bis hierher kein Ergebnis gefunden werden, auf den übereinstimmenden **Willen der Vertragspartner** abzustellen.

12 Lässt sich der Beschäftigte nicht als Angestellter einordnen, so ist er Arbeiter. Eine **überwiegend körperliche Tätigkeit** kann heute kaum noch als Maßstab dienen.

---

6 Für diese galt im Gegensatz zu den Angestellten des Tarifgebiets Ost die SR 2 y zum BAT.
7 BAG v. 21.8.2003, 8 AZR 430/02, AP Nr. 185 zu § 1 TVG Tarifverträge: Metallindustrie.
8 BSG v. 11.12.1987, 12 RK 6/86, SozR 2400 § 3 Nr. 6; BSG v. 24.10.1978, 12 RK 60/76, SozR 2200 § 165 b Nr. 3.

§ 38 a Übergangsvorschriften (Bund)

¹Der Urlaubsanspruch für Beschäftigte, deren Arbeitsverhältnis über den 29. Februar 2012 hinaus fortbestanden hat und die vor dem 1. Januar 1973 geboren sind, beträgt 30 Arbeitstage für die Dauer des rechtlich ununterbrochen fortbestehenden Arbeitsverhältnisses. ²Für das Jahr 2012 über den Wortlaut des § 26 Abs. 1 Satz 2 in der bis zum 29. Februar 2012 geltenden Fassung hinaus zustehende Urlaubsansprüche bleiben für das Jahr 2012 für die nicht von Satz 1 erfassten Beschäftigten durch die Neuregelung des § 26 Abs. 1 Satz 2 unberührt.

§ 38 a Übergangsvorschriften (VKA)

(1) ¹Der Urlaubsanspruch für Beschäftigte, deren Arbeitsverhältnis über den 29. Februar 2012 hinaus fortbestanden hat und die vor dem 1. Januar 1973 geboren sind, beträgt 30 Arbeitstage für die Dauer des rechtlich ununterbrochen fortbestehenden Arbeitsverhältnisses. ²Für das Jahr 2012 über den Wortlaut des § 26 Abs. 1 Satz 2 in der bis zum 29. Februar 2012 geltenden Fassung hinaus zustehende Urlaubsansprüche bleiben für das Jahr 2012 für die nicht von Satz 1 erfassten Beschäftigten durch die Neuregelung des § 26 Abs. 1 Satz 2 unberührt.

(2) Für Beschäftigte, die sich in einem Altersteilzeitarbeitsverhältnis befinden oder deren Altersteilzeitarbeitsverhältnis spätestens am 1. Juli 2008 beginnt, gilt § 6 Abs. 1 Satz 1 Buchst. b 1. Halbsatz in der bis zum 30. Juni 2008 geltenden Fassung bei der Berechnung des Tabellenentgelts und von in Monatsbeträgen zustehenden Zulagen.

Protokollerklärung zu Absatz 2:
Dem Tabellenentgelt stehen individuelle Zwischen- und Endstufen gleich.

Kommentierung der Übergangsregelungen zum Urlaubsanspruch in § 38 a TVöD Bund und § 38 a Abs. 1 TVöD VKA s. § 26 Rn 10.

§ 39 Inkrafttreten, Laufzeit (TVöD)

(1) ¹Dieser Tarifvertrag tritt am 1. Oktober 2005 in Kraft. ²Abweichend von Satz 1 treten
a) § 20 am 1. Januar 2007,
b) § 26 Abs. 1 und Abs. 2 Buchst. b und c sowie § 27 am 1. Januar 2006
in Kraft.

(2) Dieser Tarifvertrag kann von jeder Tarifvertragspartei mit einer Frist von drei Monaten zum Schluss eines Kalenderhalbjahres schriftlich gekündigt werden.

(3) (aufgehoben)

(4) Abweichend von Absatz 2 können schriftlich gekündigt werden
a) die Vorschriften des Abschnitts II einschließlich des Anhangs zu § 9 mit einer Frist von einem Monat zum Schluss eines Kalendermonats;

b) unabhängig von Buchst. a § 8 Abs. 1 mit einer Frist von drei Monaten zum Schluss eines Kalendervierteljahres;
c) die jeweiligen Anlagen A (Bund bzw VKA) zu § 15 ohne Einhaltung einer Frist, frühestens jedoch zum 28. Februar 2014;
d) § 20 zum 31. Dezember eines jeden Jahres;
e) § 23 Abs. 1 mit einer Frist von einem Monat zum Schluss eines Kalendermonats;
f) § 26 Abs. 1 mit einer Frist von drei Monaten zum Schluss eines Kalenderjahres.

Protokollerklärung zu Absatz 4:
¹Die Tarifvertragsparteien werden prüfen, ob die getroffenen Kündigungsregelungen den beiderseitigen Interessen hinreichend Rechnung tragen oder gegebenenfalls einer Änderung oder Ergänzung bedürfen. ²Sollten bis zum 30. Juni 2006 keine Änderungen vereinbart worden sein, bleibt Absatz 4 unverändert in Kraft. ³Die Tarifvertragsparteien werden im Zusammenhang mit den Verhandlungen zur neuen Entgeltordnung gesonderte Kündigungsregelungen zu den §§ 12, 13 und der Anlage [Entgeltordnung] vereinbaren.

§ 39 In-Kraft-Treten, Laufzeit (TV-L)

(1) ¹Dieser Tarifvertrag tritt am 1. November 2006 in Kraft. ²Abweichend von Satz 1 treten § 26 Absatz 1 und Absatz 2 Buchstabe b und c sowie § 27 am 1. Januar 2007 in Kraft.

(2) Dieser Tarifvertrag kann von jeder Tarifvertragspartei mit einer Frist von drei Monaten zum Schluss eines Kalenderhalbjahres schriftlich gekündigt werden, frühestens jedoch zum 31. Dezember 2009.

(3) ¹Abweichend von Absatz 2 kann von jeder Tarifvertragspartei auf landesbezirklicher Ebene schriftlich gekündigt werden
a) § 6 Absatz 1 mit einer Frist von einem Monat zum Schluss eines Kalendermonats, frühestens jedoch zum 31. Dezember 2007. Eine solche Kündigung erfasst zugleich auch abweichende Regelungen der tariflichen regelmäßigen wöchentlichen Arbeitszeit für besondere Beschäftigtengruppen in den Sonderregelungen,
b) § 20 mit einer Frist von drei Monaten zum 31. Dezember eines Kalenderjahres, frühestens jedoch zum 31. Dezember desjenigen Jahres, in dem die volle Angleichung nach § 21 Absatz 2 TVÜ-Länder auf Landesebene erreicht ist,
c) § 23 Absatz 2 mit einer Frist von einem Monat zum Schluss eines Kalendermonats, frühestens jedoch zum 31. Dezember 2007.

(4) Abweichend von Absatz 2 können ferner schriftlich gekündigt werden
a) die Vorschriften des Abschnitts II mit einer Frist von einem Monat zum Schluss eines Kalendermonats, frühestens jedoch zum 31. Dezember 2007,
b) unabhängig von Buchstabe a § 8 Absatz 1 mit einer Frist von drei Monaten zum Schluss eines Kalendervierteljahres, frühestens jedoch zum 31. Dezember 2007,

c) die §§ 12 bis 14 und die Entgeltordnung (Anlage A) insgesamt und ohne Nachwirkung mit einer Frist von drei Monaten zum Schluss eines Kalenderhalbjahres, frühestens jedoch zum 31. Dezember 2014,
d) § 23 Absatz 1 mit einer Frist von einem Monat zum Schluss eines Kalendermonats, frühestens jedoch zum 31. Dezember 2007,
e) § 26 Absatz 1 mit einer Frist von drei Monaten zum Schluss eines Kalenderjahres, frühestens jedoch zum 31. Dezember 2007,
f) die Abschnitte 10, 18 und 25 des Teils II der Entgeltordnung gemeinsam mit einer Frist von drei Monaten zum Schluss eines Kalenderhalbjahres, frühestens jedoch zum 30. Juni 2012; die Nachwirkung dieser Vorschriften wird ausgeschlossen,
g) die Entgelttabellen (Anlagen B, C und D) mit einer Frist von einem Monat zum Schluss eines Kalendermonats, frühestens jedoch zum 31. Dezember 2012; eine Kündigung nach Absatz 2 umfasst nicht die Entgelttabellen.

Protokollerklärung zu § 39 Absatz 4:
[aufgehoben]

I. Normstruktur 1	c) Entgelttabellen 8
II. Inkrafttreten 2	d) Jahressonderzahlung 9
III. Kündigungsregelungen und -fristen 3	e) Vermögenswirksame Leistung 10
1. Normstruktur 4	f) Urlaubshöhe 11
2. Besondere Kündigungsfristen 5	g) Besondere Teile 12
a) Wochenarbeitszeit 6	3. Protokollerklärungen 13
b) Arbeitszeitregelung, Zeitzuschläge 7	4. Schriftform von Kündigungen 14
	5. Nachwirkung 15

I. Normstruktur

Die abschließende Norm enthält gestaffelte – mittlerweile überholte – Regelungen zum In-Kraft-Treten des Tarifvertrages sowie differenzierte Kündigungs- und Kündigungsfristenbestimmungen.   1

II. Inkrafttreten

Absatz 1 enthält eine, mittlerweile gegenstandslose, Staffelung der Zeitpunkte des abweichenden Inkrafttretens einzelner Bestimmungen, wobei die Regelungen zum Urlaub und Zusatzurlaub bei Wechselschicht- und Schichtarbeit in den §§ 26 und 27 an das Urlaubsjahr angepasst wurden und deshalb erst mit dem 1.1.2006 in Kraft getreten sind, die Regelung zu den Jahressonderzahlung sogar erst mit 15-monatiger Verzögerung zum 1.1.2007.   2

III. Kündigungsregelungen und -fristen

Die weiteren Regelungen dieser Bestimmung enthalten sehr differenzierte Kündigungsfristen.   3

1. Normstruktur. Die Grundkündigungsfrist des TVöD/TV-L insgesamt beträgt drei Monate zum Halbjahresschluss, mit Kündigungsmöglichkeit erstmals zum 31.12.2009 (Abs. 2). Damit wurde eine mindestens vierjährige Mindestlaufzeit des TVöD/TV-L in dieser Form festgeschrieben.   4

5 **2. Besondere Kündigungsfristen.** Besondere Kündigungsmöglichkeiten und Kündigungsfristen gelten für Einzelbestimmungen insbesondere zur Arbeitszeit und zur Vergütung.[1]

6 a) **Wochenarbeitszeit.** Die Wochenarbeitszeitregelung des § 6 Abs. 1 – auch besondere Wochenarbeitszeitregelungen für besondere Beschäftigtengruppen – konnten im Bereich der Kommunalen Arbeitgeberverbände im Tarifgebiet West mit Monatsfrist zum Kalendermonatsende, bereits zum 30.11.2005, gekündigt werden (Abs. 3 TVöD).

7 b) **Arbeitszeitregelung, Zeitzuschläge.** Die gesamte **Arbeitszeitregelung** in den §§ 6 bis 11 (Abschnitt II) kann nunmehr ebenfalls mit Monatsfrist zum Kalendermonatsende gekündigt werden (Abs. 4 lit. a TVÖD/TV-L) – die Regelung zu den **Zeitzuschlägen** in § 8 Abs. 1 TVöD sogar isoliert mit einer dreimonatigen Frist zum Quartalsende gesondert (Abs. 4 lit. a und b TVöD/TV-L).

8 c) **Entgelttabellen.** Die **Entgelttabellen** in den Anlagen A und B zu § 15 können ohne Kündigungsfrist frühestens zum 28.2.2014 gekündigt werden (Abs. 4 lit. c TVöD).

9 d) **Jahressonderzahlung.** Die **Jahressonderzahlungs**regelung in § 20 kann – im TVöD ohne normierte Frist,[2] im TV-L mit einer Frist von drei Monaten zum Jahresende – zum Jahresende gekündigt werden (Abs. 4 lit. d TVöD).

10 e) **Vermögenswirksame Leistung.** Die Regelung zu den **vermögenswirksamen Leistungen** in § 23 Abs. 1 kann/konnte wiederum mit kurzer Kündigungsfrist von einem Monat zum Monatsende gekündigt werden (Abs. 4 lit. e TVöD/Abs. 3 lit. c und Abs. 4 lit. c TV-L).

11 f) **Urlaubshöhe.** Die Regelung zur **Höhe des Erholungsurlaubs** in § 26 Abs. 1 kann/konnte mit Kündigungsfrist von drei Monaten zum Kalenderjahresende gekündigt werden (Abs. 4 lit. f TVöD/Abs. 4 lit. d TV-L).

12 g) **Besondere Teile.** In den **Besonderen Teilen** gibt es eine Reihe von **gesonderten Kündigungsfristen** für die Besonderen Teile oder einzelne Bestimmungen dort (zB § 56 BT-V, § 54 BT-K (Bund) und § 58 BT-K (VKA), § 55 BT-B).

13 **3. Protokollerklärungen.** Die **Protokollerklärungen** zu den abweichenden Einzelkündigungsregelungen zum TVöD und zum TV-L halten fest, dass die Tarifvertragsparteien die festgelegten Kündigungsfristen überprüfen und ggf neu verhandeln wollen.

14 **4. Schriftform von Kündigungen. Kündigungen** haben jeweils **schriftlich** (damit in der Form des § 126 BGB) zu erfolgen.

15 **5. Nachwirkung.** Nach Kündigung und Ablauf der Kündigungsfrist wirken die gekündigten Bestimmungen nach den Vorschriften des Tarifvertragsgesetzes (TVG) nach (§ 4 Abs. 5 TVG), gelten also bis zu einer tariflichen Neuregelung im bisherigen Zustand statisch weiter.[3] Allerdings findet während dieses **Nach-**

---

1 Die (Teil)Kündigung einzelner Bestimmungen/Abschnitte des Tarifvertrages ist zulässig, wenn dies im Tarifvertrag selbst so vereinbart ist; BAG v. 16.8.1990, 8 AZR 439/89, NZA 1991, 353.
2 Görg in Görg/Guth/Hamer/Pieper, Rn 10, meint, dass damit jedenfalls die Dreimonatsfrist des Abs. 2 gelten müsste.
3 Die Nachwirkung kann durch den Tarifvertrag selbst ausgeschlossen werden: BAG v. 8.10.1997, 4 AZR 87/96, NZA 1998, 492/854; hier ist eine solche Regelung nicht erfolgt.

wirkungszeitraums der Schutzmechanismus des Tarifvertrages – Günstigkeitsprinzip/Sperrwirkung gemäß § 4 Abs. 3 TVG und Verzichtsverbot nach § 4 Abs. 4 TVG – für tarifgebundene (gewerkschaftlich organisierte) Beschäftigte keine Anwendung. Deshalb können hier gegenüber den Tarifbedingungen für den Beschäftigten schlechtere Einzelvereinbarungen getroffen werden. Der nachwirkende Tarifvertrag erfasst auch nicht erst während des Nachwirkungszeitraums neu begründete Arbeitsverhältnisse. Deshalb können im Nachwirkungszeitraum sowohl bei dort stattfindenden Neueinstellungen als auch im Rahmen bereits bestehender Arbeitsverhältnisse andere, im Vergleich zu den gekündigten Tarifvertragsregelungen schlechtere, arbeitsvertragliche Vereinbarungen getroffen werden.[4]

---

[4] Vgl etwa BAG v. 3.4.2007, 9 AZR 867/06, NZA 2007, 1045, und v. 22.7.1998, 4 AZR 403/97, NZA 1998, 1287, v. 10.12.1997, 4 AZR 247/96, AP Nr. 20 zu § 3 TVG.

Anlage A (Bund)
Tabelle TVöD/Bund
gültig vom 1. März 2012 bis zum 31. Dezember 2012
(monatlich in Euro)

Entgeltgruppe	Grundentgelt		Entwicklungsstufen			
	Stufe 1	Stufe 2	Stufe 3	Stufe 4	Stufe 5	Stufe 6
15	3.854,22	4.276,25	4.433,37	4.994,56	5.421,05	
14	3.490,57	3.872,17	4.096,65	4.433,37	4.949,66	
13	3.217,84	3.569,14	3.759,95	4.130,31	4.646,61	
12	2.884,50	3.198,76	3.647,70	4.040,54	4.545,61	
11	2.783,48	3.086,54	3.311,00	3.647,70	4.135,94	
10	2.682,46	2.974,28	3.198,76	3.423,24	3.849,73	
9	2.369,33	2.626,34	2.761,04	3.120,19	3.400,79	
8	2.217,81	2.457,99	2.570,24	2.671,25	2.783,48	2.854,19
7	2.076,40	2.300,86	2.446,77	2.559,01	2.643,19	2.721,76
6	2.035,98	2.255,96	2.368,20	2.474,83	2.547,79	2.620,75
5	1.950,67	2.160,57	2.267,19	2.373,82	2.452,39	2.508,51
4	1.854,15	2.053,94	2.188,62	2.267,19	2.345,76	2.391,77
3	1.823,87	2.020,26	2.076,40	2.166,18	2.233,53	2.295,26
2	1.682,43	1.863,13	1.919,25	1.975,38	2.098,82	2.227,91
1		1.499,50	1.526,43	1.560,11	1.591,52	1.672,33

Gültig vom 1. Januar 2013 bis zum 31. Juli 2013
(monatlich in Euro)

Entgeltgruppe	Grundentgelt		Entwicklungsstufen			
	Stufe 1	Stufe 2	Stufe 3	Stufe 4	Stufe 5	Stufe 6
15	3.908,18	4.336,12	4.495,44	5.064,48	5.496,94	
14	3.539,44	3.926,38	4.154,00	4.495,44	5.018,96	
13	3.262,89	3.619,11	3.812,59	4.188,13	4.711,66	
12	2.924,88	3.243,54	3.698,77	4.097,11	4.609,25	
11	2.822,45	3.129,75	3.357,35	3.698,77	4.193,84	
10	2.720,01	3.015,92	3.243,54	3.471,17	3.903,63	
9	2.402,50	2.663,11	2.799,69	3.163,87	3.448,40	
8	2.248,86	2.492,40	2.606,22	2.708,65	2.822,45	2.894,15
7	2.105,47	2.333,07	2.481,02	2.594,84	2.680,19	2.759,86
6	2.064,48	2.287,54	2.401,35	2.509,48	2.583,46	2.657,44
5	1.977,98	2.190,82	2.298,93	2.407,05	2.486,72	2.543,63
4	1.880,11	2.082,70	2.219,26	2.298,93	2.378,60	2.425,25
3	1.849,40	2.048,54	2.105,47	2.196,51	2.264,80	2.327,39
2	1.705,98	1.889,21	1.946,12	2.003,04	2.128,20	2.259,10
1		1.520,49	1.547,80	1.581,95	1.613,80	1.695,74

Anlage A TVöD/VKA

Gültig ab 1. August 2013
(monatlich in Euro)

Entgeltgruppe	Grundentgelt		Entwicklungsstufen			
	Stufe 1	Stufe 2	Stufe 3	Stufe 4	Stufe 5	Stufe 6
15	3.962,89	4.396,83	4.558,38	5.135,38	5.573,90	
14	3.588,99	3.981,35	4.212,16	4.558,38	5.089,23	
13	3.308,57	3.669,78	3.865,97	4.246,76	4.777,62	
12	2.965,83	3.288,95	3.750,55	4.154,47	4.673,78	
11	2.861,96	3.173,57	3.404,35	3.750,55	4.252,55	
10	2.758,09	3.058,14	3.288,95	3.519,77	3.958,28	
9	2.436,14	2.700,39	2.838,89	3.208,16	3.496,68	
8	2.280,34	2.527,29	2.642,71	2.746,57	2.861,96	2.934,67
7	2.134,95	2.365,73	2.515,75	2.631,17	2.717,71	2.798,50
6	2.093,38	2.319,57	2.434,97	2.544,61	2.619,63	2.694,64
5	2.005,67	2.221,49	2.331,12	2.440,75	2.521,53	2.579,24
4	1.906,43	2.111,86	2.250,33	2.331,12	2.411,90	2.459,20
3	1.875,29	2.077,22	2.134,95	2.227,26	2.296,51	2.359,97
2	1.729,86	1.915,66	1.973,37	2.031,08	2.157,99	2.290,73
1		1.541,78	1.569,47	1.604,10	1.636,39	1.719,48

Anlage A (VKA)
Tabelle TVöD/VKA

Gültig vom 1. März 2012 bis zum 31. Dezember 2012
(monatlich in Euro)

Entgeltgruppe	Grundentgelt		Entwicklungsstufen			
	Stufe 1	Stufe 2	Stufe 3	Stufe 4	Stufe 5	Stufe 6
15	3.854,22	4.276,25	4.433,37	4.994,56	5.421,05	5.701,65[1)]
14	3.490,57	3.872,17	4.096,65	4.433,37	4.949,66	5.230,25
13	3.217,84	3.569,14	3.759,95	4.130,31	4.646,61	4.859,87
12	2.884,50	3.198,76	3.647,70	4.040,54	4.545,61	4.770,08
11	2.783,48	3.086,54	3.311,00	3.647,70	4.135,94	4.360,41
10	2.682,46	2.974,28	3.198,76	3.423,24	3.849,73	3.950,75
9[2)]	2.369,33	2.626,34	2.761,04	3.120,19	3.400,79	3.625,26
8	2.217,81	2.457,99	2.570,24	2.671,25	2.783,48	2.854,19[3)]
7	2.076,40[4)]	2.300,86	2.446,77	2.559,01	2.643,19	2.721,76
6	2.035,98	2.255,96	2.368,20	2.474,83	2.547,79	2.620,75[5)]
5	1.950,67	2.160,57	2.267,19	2.373,82	2.452,39	2.508,51
4	1.854,15[6)]	2.053,94	2.188,62	2.267,19	2.345,76	2.391,77
3	1.823,87	2.020,26	2.076,40	2.166,18	2.233,53	2.295,26
2	1.682,43	1.863,13	1.919,25	1.975,38	2.098,82	2.227,91
1		1.499,50	1.526,43	1.560,11	1.591,52	1.672,33

Anlage A TVöD/VKA

Für Ärztinnen und Ärzte, die unter den Besonderen Teil Pflege- und Betreuungseinrichtungen fallen:
1)   5.780,21

Für Beschäftigte im Pflegedienst:

2)

E 9 b	Stufe 3	Stufe 4	Stufe 5	Stufe 6
	2.856,44	3.030,41	3.243,66	3.445,68

3)   2.899,09
4)   2.132,51
5)   2.682,46
6)   1.910,27

Gültig vom 1. Januar 2013 bis zum 31. Juli 2013
(monatlich in Euro)

Entgeltgruppe	Grundentgelt		Entwicklungsstufen			
	Stufe 1	Stufe 2	Stufe 3	Stufe 4	Stufe 5	Stufe 6
15	3.908,18	4.336,12	4.495,44	5.064,48	5.496,94	5.781,47[1]
14	3.539,44	3.926,38	4.154,00	4.495,44	5.018,96	5.303,47
13	3.262,89	3.619,11	3.812,59	4.188,13	4.711,66	4.927,91
12	2.924,88	3.243,54	3.698,77	4.097,11	4.609,25	4.836,86
11	2.822,45	3.129,75	3.357,35	3.698,77	4.193,84	4.421,46
10	2.720,01	3.015,92	3.243,54	3.471,17	3.903,63	4.006,06
9[2]	2.402,50	2.663,11	2.799,69	3.163,87	3.448,40	3.676,01
8	2.248,86	2.492,40	2.606,22	2.708,65	2.822,45	2.894,15[3]
7	2.105,47[4]	2.333,07	2.481,02	2.594,84	2.680,19	2.759,86
6	2.064,48	2.287,54	2.401,35	2.509,48	2.583,46	2.657,44[5]
5	1.977,98	2.190,82	2.298,93	2.407,05	2.486,72	2.543,63
4	1.880,11[6]	2.082,70	2.219,26	2.298,93	2.378,60	2.425,25
3	1.849,40	2.048,54	2.105,47	2.196,51	2.264,80	2.327,39
2	1.705,98	1.889,21	1.946,12	2.003,04	2.128,20	2.259,10
1		1.520,49	1.547,80	1.581,95	1.613,80	1.695,74

Für Ärztinnen und Ärzte, die unter den Besonderen Teil Pflege- und Betreuungseinrichtungen fallen:
1)   5.861,13

Für Beschäftigte im Pflegedienst:

2)

E 9 b	Stufe 3	Stufe 4	Stufe 5	Stufe 6
	2.896,43	3.072,84	3.289,07	3.493,92

3)   2.939,68
4)   2.162,37
5)   2.720,01
6)   1.937,01

Anlage A TVöD/VKA

Gültig ab 1. August 2013
(monatlich in Euro)

Entgeltgruppe	Grundentgelt		Entwicklungsstufen			
	Stufe 1	Stufe 2	Stufe 3	Stufe 4	Stufe 5	Stufe 6
15	3.962,89	4.396,83	4.558,38	5.135,38	5.573,90	5.862,41[1]
14	3.588,99	3.981,35	4.212,16	4.558,38	5.089,23	5.377,72
13	3.308,57	3.669,78	3.865,97	4.246,76	4.777,62	4.996,90
12	2.965,83	3.288,95	3.750,55	4.154,47	4.673,78	4.904,58
11	2.861,96	3.173,57	3.404,35	3.750,55	4.252,55	4.483,36
10	2.758,09	3.058,14	3.288,95	3.519,77	3.958,28	4.062,14
9[2]	2.436,14	2.700,39	2.838,89	3.208,16	3.496,68	3.727,47
8	2.280,34	2.527,29	2.642,71	2.746,57	2.861,96	2.934,67[3]
7	2.134,95[4]	2.365,73	2.515,75	2.631,17	2.717,71	2.798,50
6	2.093,38	2.319,57	2.434,97	2.544,61	2.619,63	2.694,64[5]
5	2.005,67	2.221,49	2.331,12	2.440,75	2.521,53	2.579,24
4	1.906,43[6]	2.111,86	2.250,33	2.331,12	2.411,90	2.459,20
3	1.875,29	2.077,22	2.134,95	2.227,26	2.296,51	2.359,97
2	1.729,86	1.915,66	1.973,37	2.031,08	2.157,99	2.290,73
1		1.541,78	1.569,47	1.604,10	1.636,39	1.719,48

Für Ärztinnen und Ärzte, die unter den Besonderen Teil Pflege- und Betreuungseinrichtungen fallen:
[1]   5.943,19

Für Beschäftigte im Pflegedienst:

[2]

E 9 b	Stufe 3	Stufe 4	Stufe 5	Stufe 6
	2.936,98	3.115,86	3.335,12	3.542,83

[3]   2.980,84

[4]   2.192,64

[5]   2.758,09

[6]   1.964,13

Anhang zu der Anlage A (VKA)
I. Beschäftigte im Pflegedienst

Abweichend von § 15 Abs. 2 Satz 1 erhalten die Beschäftigten im Pflegedienst (Anlage 1 b zum BAT/BAT-O)

a) in der Entgeltgruppe 7 bei Tätigkeiten entsprechend den Vergütungsgruppen Kr. Va mit Aufstieg nach Kr. VI, Kr. V mit Aufstieg nach Kr. Va und weiterem Aufstieg nach Kr. VI
   – in der Stufe 2 den Tabellenwert der Stufe 3,
   – in der Stufe 3 den Tabellenwert der Entgeltgruppe 8 Stufe 3,
   – in der Stufe 4 den Tabellenwert der Entgeltgruppe 8 Stufe 4,
   – in der Stufe 5 den Tabellenwert der Entgeltgruppe 9 b Stufe 3,
   – in der Stufe 6 den Tabellenwert der Entgeltgruppe 9 b Stufe 4,
b) in der Entgeltgruppe 7 bei Tätigkeiten entsprechend den Vergütungsgruppen Kr. V mit Aufstieg nach Kr. VI
   – in der Stufe 1 den Tabellenwert der Stufe 2,
   – in der Stufe 2 den Tabellenwert der Stufe 3,
   – in der Stufe 3 den Tabellenwert der Entgeltgruppe 8 Stufe 3,
   – in der Stufe 4 den Tabellenwert der Entgeltgruppe 8 Stufe 4,
   – in der Stufe 5 den Tabellenwert der Entgeltgruppe 9 b Stufe 3,
   – in der Stufe 6 den Tabellenwert der Entgeltgruppe 9 b Stufe 4,
c) in der Entgeltgruppe 7 bei Tätigkeiten entsprechend der Vergütungsgruppe Kr. V mit Aufstieg nach Kr. Va
   – in der Stufe 4 den Tabellenwert der Entgeltgruppe 8 Stufe 4,
   – in der Stufe 5 den Tabellenwert der Entgeltgruppe 8 Stufe 5,
   – in der Stufe 6 den Tabellenwert der Entgeltgruppe 8 Stufe 6,
d) in der Entgeltgruppe 7 bei Tätigkeiten entsprechend der Vergütungsgruppe Kr. IV mit Aufstieg nach Kr. V und weiterem Aufstieg nach Kr. Va
   – in der Stufe 4 den Tabellenwert der Entgeltgruppe 8 Stufe 4,
   – in der Stufe 5 den Tabellenwert der Entgeltgruppe 8 Stufe 5,
   – in der Stufe 6 den Tabellenwert der Entgeltgruppe 8 Stufe 6,
e) in der Entgeltgruppe 7 bei Tätigkeiten entsprechend der Vergütungsgruppe Kr. IV mit Aufstieg nach Kr. V
   – in der Stufe 4 den Tabellenwert der Entgeltgruppe 8 Stufe 4,
   – in der Stufe 5 den Tabellenwert der Entgeltgruppe 8 Stufe 5,
f) in der Entgeltgruppe 4 bei Tätigkeiten entsprechend den Vergütungsgruppen Kr. II mit Aufstieg nach Kr. III und weiterem Aufstieg nach Kr. IV sowie Kr. III mit Aufstieg nach Kr. IV
   – in der Stufe 4 den Tabellenwert der Entgeltgruppe 6 Stufe 4,
   – in der Stufe 5 den Tabellenwert der Entgeltgruppe 6 Stufe 5,
   – in der Stufe 6 den Tabellenwert der Entgeltgruppe 6 Stufe 6,
g) in der Entgeltgruppe 3 bei Tätigkeiten entsprechend der Vergütungsgruppe Kr. I mit Aufstieg nach Kr. II
   – in der Stufe 6 den Tabellenwert der Entgeltgruppe 4 Stufe 6.

II. Ärztinnen und Ärzte

Abweichend von § 15 Absatz 2 Satz 1 erhalten die Ärztinnen und Ärzte, die unter den Geltungsbereich des Besonderen Teils Pflege- und Betreuungseinrichtungen fallen, in der Entgeltgruppe 14
– in der Stufe 3 den Tabellenwert der Stufe 4 und
– in der Stufe 4 den Tabellenwert der Stufe 5.

Tarifvertrag für den öffentlichen Dienst (TVöD)
– Besonderer Teil Pflege- und Betreuungseinrichtungen – (BT-B) –

Vom 1. August 2006
zuletzt geändert durch ÄndTV Nr. 7 vom 31. März 2012

§ 40 Geltungsbereich

(1) Dieser Besondere Teil gilt für Beschäftigte, die in einem Arbeitsverhältnis zu einem Arbeitgeber stehen, der Mitglied eines Mitgliedverbandes der VKA ist, wenn sie in
a) Heil-, Pflege- und Entbindungseinrichtungen,
b) medizinischen Instituten von Kranken-, Heil- und Pflegeeinrichtungen,
c) sonstigen Einrichtungen und Heimen, in denen die betreuten Personen in ärztlicher Behandlung stehen, wenn die Behandlung durch nicht in den Einrichtungen selbst beschäftigte Ärztinnen oder Ärzte stattfindet, oder in
d) Einrichtungen und Heimen, die der Förderung der Gesundheit, der Erziehung, Fürsorge oder Betreuung von Kindern und Jugendlichen, der Fürsorge oder Betreuung von obdachlosen, alten, gebrechlichen, erwerbsbeschränkten oder sonstigen hilfsbedürftigen Personen dienen, auch wenn diese Einrichtungen nicht der ärztlichen Behandlung der betreuten Personen dienen,

beschäftigt sind, soweit die Einrichtungen nicht vom Geltungsbereich des Besonderen Teils Krankenhäuser (BT-K) erfasst werden.

(2) Soweit in den nachfolgenden Bestimmungen auf die §§ 1 bis 39 verwiesen wird, handelt es sich um die Regelungen des TVöD – Allgemeiner Teil –.

Protokollerklärung zu Absatz 1:
Auf Lehrkräfte findet § 51 Besonderer Teil Verwaltung (BT-V) Anwendung.

§ 41 Besondere Regelung zum Geltungsbereich TVöD

[1]§ 1 Abs. 2 Buchst. b findet auf
a) Ärztinnen und Ärzte als ständige Vertreterinnen/Vertreter der/des leitenden Ärztin/Arztes,
b) Ärztinnen und Ärzte, die einen selbständigen Funktionsbereich innerhalb einer Fachabteilung oder innerhalb eines Fachbereichs mit mindestens 10 Mitarbeiter/-innen leiten oder
c) Ärztinnen und Ärzte, denen mindestens 5 Ärzte unterstellt sind, sowie
d) ständige Vertreterinnen und Vertreter von leitenden Zahnärztinnen und Zahnärzten mit fünf unterstellten Zahnärztinnen und Zahnärzten

keine Anwendung. [2]Eine abweichende einzelvertragliche Regelung ist zulässig.

§ 42 Allgemeine Pflichten der Ärztinnen und Ärzte

(1) [1]Zu den den Ärztinnen und Ärzten obliegenden ärztlichen Pflichten gehört es auch, ärztliche Bescheinigungen auszustellen. [2]Die Ärztinnen und Ärzte können vom Arbeitgeber auch verpflichtet werden, im Rahmen einer zugelassenen Nebentätigkeit von leitenden Ärztinnen und Ärzten oder für Belegärztinnen und Belegärzte innerhalb der Einrichtung ärztlich tätig zu werden.

(2) [1]Zu den aus der Haupttätigkeit obliegenden Pflichten der Ärztinnen und Ärzte gehört es ferner, am Rettungsdienst in Notarztwagen und Hubschraubern teilzunehmen. [2]Für jeden Einsatz in diesem Rettungsdienst erhalten Ärztinnen und Ärzte einen nicht zusatzversorgungspflichtigen Einsatzzuschlag ab 1. März 2012 in Höhe von 17,26 Euro, ab 1. Januar 2013 in Höhe von 17,50 Euro und ab 1. August 2013 in Höhe von 17,75 Euro. [3]Dieser Betrag

verändert sich zu demselben Zeitpunkt und in dem gleichen Ausmaß wie das Tabellenentgelt der Entgeltgruppe 14 Stufe 3 (Ärztinnen/Ärzte).

Protokollerklärungen zu Absatz 2:
1. *Eine Ärztin/ein Arzt, die/der nach der Approbation noch nicht mindestens ein Jahr klinisch tätig war, ist grundsätzlich nicht zum Einsatz im Rettungsdienst heranzuziehen.*
2. *Eine Ärztin/ein Arzt, der/dem aus persönlichen oder fachlichen Gründen (z.B. Vorliegen einer anerkannten Minderung der Erwerbsfähigkeit, die dem Einsatz im Rettungsdienst entgegensteht, Flugunverträglichkeit, langjährige Tätigkeit als Bakteriologin) die Teilnahme am Rettungsdienst nicht zumutbar ist, darf grundsätzlich nicht zum Einsatz im Rettungsdienst herangezogen werden.*
3. *In Fällen, in denen kein grob fahrlässiges und kein vorsätzliches Handeln der Ärztin/des Arztes vorliegt, ist die Ärztin/der Arzt von etwaigen Haftungsansprüchen freizustellen.*
4. ¹*Der Einsatzzuschlag steht nicht zu, wenn der Ärztin/dem Arzt wegen der Teilnahme am Rettungsdienst außer den tariflichen Bezügen sonstige Leistungen vom Arbeitgeber oder von einem Dritten (z.B. private Unfallversicherung, für die der Arbeitgeber oder ein Träger des Rettungsdienstes die Beiträge ganz oder teilweise trägt, Liquidationsansprüche usw.) zustehen.* ²*Die Ärztin/Der Arzt kann auf die sonstigen Leistungen verzichten.*

(3) Die Erstellung von Gutachten, gutachtlichen Äußerungen und wissenschaftlichen Ausarbeitungen, die nicht von einem Dritten angefordert und vergütet werden, gehört zu den den Ärztinnen und Ärzten obliegenden Pflichten aus der Haupttätigkeit.

§ 43 Nebentätigkeit von Ärztinnen und Ärzten

Ärztinnen und Ärzte können vom Arbeitgeber verpflichtet werden, als Nebentätigkeit Unterricht zu erteilen.

§ 44 Zu § 5 Qualifizierung

(1) Für Beschäftigte, die sich in Facharzt-, Schwerpunktweiterbildung oder Zusatzausbildung nach dem Gesetz über befristete Arbeitsverträge mit Ärzten in der Weiterbildung befinden, ist ein Weiterbildungsplan aufzustellen, der unter Berücksichtigung des Standes der Weiterbildung die zu vermittelnden Ziele und Inhalte der Weiterbildungsabschnitte sachlich und zeitlich gegliedert festlegt.

(2) Die Weiterbildung ist vom Betrieb im Rahmen seines Versorgungsauftrags bei wirtschaftlicher Betriebsführung so zu organisieren, dass die/der Beschäftigte die festgelegten Weiterbildungsziele in der nach der jeweiligen Weiterbildungsordnung vorgesehenen Zeit erreichen kann.

(3) ¹Können Weiterbildungsziele aus Gründen, die der Arbeitgeber zu vertreten hat, in der vereinbarten Dauer des Arbeitsverhältnisses nicht erreicht werden, so ist die Dauer des Arbeitsvertrages entsprechend zu verlängern. ²Die Regelungen des Gesetzes über befristete Arbeitsverträge mit Ärzten in der Weiterbildung bleiben hiervon unberührt und sind für den Fall lang andauernder Arbeitsunfähigkeit sinngemäß anzuwenden. ³Absatz 2 bleibt unberührt.

(4) ¹Bei Beschäftigten im Erziehungsdienst im Tarifgebiet West werden – soweit gesetzliche Regelungen bestehen, zusätzlich zu diesen gesetzlichen Regelungen – im Rahmen der regelmäßigen durchschnittlichen wöchentlichen Arbeitszeit im Kalenderjahr 19,5 Stunden für Zwecke der Vorbereitung und Qualifizierung verwendet. ²Bei Teilzeitbeschäftigten gilt Satz 1 entsprechend mit der Maßgabe, dass sich die Stundenzahl nach Satz 1 in dem Umfang, der dem Verhältnis ihrer individuell vereinbarten durchschnittlichen Arbeitszeit zu der regelmäßigen Arbeitszeit vergleichbarer Vollzeitbeschäftigter entspricht, reduziert. ³Im Erziehungsdienst tätig sind insbesondere Beschäftigte als Kinderpflegerin/Kinderpfleger bzw. Sozialassistentin/Sozialassistent, Heilerziehungspflegehelferin/Heilerziehungspflegehelfer, Erzieherin/Erzieher, Heilerziehungspflegerin/Heilerziehungspfleger, im handwerklichen Erziehungsdienst, als Leiterinnen/Leiter oder ständige Vertreterinnen/Vertreter von Leiterinnen/

Leiter von Kindertagesstätten oder Erziehungsheimen sowie andere Beschäftigte mit erzieherischer Tätigkeit in der Erziehungs- oder Eingliederungshilfe.

Protokollerklärung zu Absatz 4 Satz 3:
Soweit Berufsbezeichnungen aufgeführt sind, werden auch Beschäftigte erfasst, die eine entsprechende Tätigkeit ohne staatliche Anerkennung oder staatliche Prüfung ausüben.

§ 45 Bereitschaftsdienst und Rufbereitschaft

(1) [1]Bereitschaftsdienst leisten die Beschäftigten, die sich auf Anordnung des Arbeitgebers außerhalb der regelmäßigen Arbeitszeit an einer vom Arbeitgeber bestimmten Stelle aufhalten, um im Bedarfsfall die Arbeit aufzunehmen. [2]Der Arbeitgeber darf Bereitschaftsdienst nur anordnen, wenn zu erwarten ist, dass zwar Arbeit anfällt, erfahrungsgemäß aber die Zeit ohne Arbeitsleistung überwiegt.

(2) Abweichend von den §§ 3, 5 und 6 Abs. 2 ArbZG kann im Rahmen des § 7 ArbZG die tägliche Arbeitszeit im Sinne des Arbeitszeitgesetzes über acht Stunden hinaus verlängert werden, wenn mindestens die acht Stunden überschreitende Zeit im Rahmen von Bereitschaftsdienst geleistet wird, und zwar wie folgt:

a) bei Bereitschaftsdiensten der Stufen A und B bis zu insgesamt maximal 16 Stunden täglich; die gesetzlich vorgeschriebene Pause verlängert diesen Zeitraum nicht,
b) bei Bereitschaftsdiensten der Stufen C und D bis zu insgesamt maximal 13 Stunden täglich; gesetzlich vorgeschriebene Pause verlängert diesen Zeitraum nicht.

(3) [1]Im Rahmen des § 7 ArbZG kann unter den Voraussetzungen
a) einer Prüfung alternativer Arbeitszeitmodelle,
b) einer Belastungsanalyse gemäß § 5 ArbSchG und
c) ggf. daraus resultierender Maßnahmen zur Gewährleistung des Gesundheitsschutzes

aufgrund einer Betriebs-/Dienstvereinbarung von den Regelungen des Arbeitszeitgesetzes abgewichen werden. [2]Für einen Betrieb/eine Verwaltung, in dem/der ein Personalvertretungsgesetz Anwendung findet, kann eine Regelung nach Satz 1 in einem landesbezirklichen Tarifvertrag getroffen werden, wenn eine Dienstvereinbarung nicht einvernehmlich zustande kommt (§ 38 Abs. 3) und der Arbeitgeber ein Letztentscheidungsrecht hat. [3]Abweichend von den §§ 3, 5 und 6 Abs. 2 ArbZG kann die tägliche Arbeitszeit im Sinne des Arbeitszeitgesetzes über acht Stunden hinaus verlängert werden, wenn in die Arbeitszeit regelmäßig und in erheblichem Umfang Bereitschaftsdienst fällt. [4]Hierbei darf die tägliche Arbeitszeit ausschließlich der Pausen maximal 24 Stunden betragen.

(4) Unter den Voraussetzungen des Absatzes 3 Satz 1 und 2 kann die tägliche Arbeitszeit gemäß § 7 Abs. 2a ArbZG ohne Ausgleich verlängert werden, wobei
a) bei Bereitschaftsdiensten der Stufen A und B eine wöchentliche Arbeitszeit von bis zu maximal durchschnittlich 58 Stunden,
b) bei Bereitschaftsdiensten der Stufen C und D eine wöchentliche Arbeitszeit von bis zu maximal durchschnittlich 54 Stunden

zulässig ist.

(5) Für den Ausgleichszeitraum nach den Absätzen 2 bis 4 gilt § 6 Abs. 2 Satz 1.

(6) Bei Aufnahme von Verhandlungen über eine Betriebs-/Dienstvereinbarung nach den Absätzen 3 und 4 sind die Tarifvertragsparteien auf landesbezirklicher Ebene zu informieren.

(7) [1]In den Fällen, in denen Beschäftigte Teilzeitarbeit gemäß § 11 vereinbart haben, verringern sich die Höchstgrenzen der wöchentlichen Arbeitszeit nach den Absätzen 2 bis 4 in demselben Verhältnis wie die Arbeitszeit dieser Beschäftigten zu der regelmäßigen Arbeitszeit der Vollbeschäftigten. [2]Mit Zustimmung der/des Beschäftigten oder aufgrund von dringenden dienstlichen oder betrieblichen Belangen kann hiervon abgewichen werden.

(8) [1]Der Arbeitgeber darf Rufbereitschaft nur anordnen, wenn erfahrungsgemäß lediglich in Ausnahmefällen Arbeit anfällt. [2]Durch tatsächliche Arbeitsleistung innerhalb der Rufbereit-

schaft kann die tägliche Höchstarbeitszeit von zehn Stunden (§ 3 ArbZG) überschritten werden (§ 7 ArbZG).

(9) § 6 Abs. 4 bleibt im Übrigen unberührt.

(10) ¹Für Beschäftigte gemäß § 40 Abs. 1 Buchst. d gelten die Absätze 1 bis 9 mit der Maßgabe, dass die Grenzen für die Stufen A und B einzuhalten sind. ²Dazu gehören auch die Beschäftigten in Einrichtungen, in denen die betreuten Personen nicht regelmäßig ärztlich behandelt und beaufsichtigt werden (Erholungsheime).

(11) Für die Ärztinnen und die Ärzte in Einrichtungen nach Absatz 10 gelten die Absätze 1 bis 9 ohne Einschränkungen.

§ 46 Bereitschaftsdienstentgelt

(1) Zum Zwecke der Entgeltberechnung wird die Zeit des Bereitschaftsdienstes einschließlich der geleisteten Arbeit wie folgt als Arbeitszeit gewertet:

a) Nach dem Maß der während des Bereitschaftsdienstes erfahrungsgemäß durchschnittlich anfallenden Arbeitsleistungen wird die Zeit des Bereitschaftsdienstes wie folgt als Arbeitszeit gewertet:

Stufe	Arbeitsleistung innerhalb des Bereitschaftsdienstes	Bewertung als Arbeitszeit
A	0 bis 10 v.H.	15 v.H.
B	mehr als 10 bis 25 v.H.	25 v.H.
C	mehr als 25 bis 40 v.H.	40 v.H.
D	mehr als 40 bis 49 v.H.	55 v.H.

Ein hiernach der Stufe A zugeordneter Bereitschaftsdienst wird der Stufe B zugeteilt, wenn der Beschäftigte während des Bereitschaftsdienstes in der Zeit von 22 bis 6 Uhr erfahrungsgemäß durchschnittlich mehr als dreimal dienstlich in Anspruch genommen wird.

b) Entsprechend der Zahl der vom Beschäftigten je Kalendermonat abgeleisteten Bereitschaftsdienste wird die Zeit eines jeden Bereitschaftsdienstes zusätzlich wie folgt als Arbeitszeit gewertet:

Zahl der Bereitschaftsdienste im Kalendermonat	Bewertung als Arbeitszeit
1. bis 8. Bereitschaftsdienst	25 v.H.
9. bis 12. Bereitschaftsdienst	35 v.H.
13. und folgende Bereitschaftsdienste	45 v.H.

(2) Die Zuweisung zu den einzelnen Stufen des Bereitschaftsdienstes erfolgt durch die Betriebsparteien.

(3) ¹Für die Beschäftigten gemäß § 45 Abs. 10 wird zum Zwecke der Entgeltberechnung die Zeit des Bereitschaftsdienstes einschließlich der geleisteten Arbeit mit 25 v.H. als Arbeitszeit bewertet. ²Leistet die/der Beschäftigte in einem Kalendermonat mehr als acht Bereitschaftsdienste, wird die Zeit eines jeden über acht Bereitschaftsdienste hinausgehenden Bereitschaftsdienstes zusätzlich mit 15 v.H. als Arbeitszeit gewertet.

(4) ¹Das Entgelt für die nach den Absätzen 1 und 3 zum Zwecke der Entgeltberechnung als Arbeitszeit gewertete Bereitschaftsdienstzeit bestimmt sich für übergeleitete Beschäftigte auf der Basis ihrer Eingruppierung am 30. September 2005, für nach dem 30. September 2005 eingestellte Beschäftigte und in den Fällen der Übertragung einer höher oder niedriger bewerteten Tätigkeit nach der Vergütungs- bzw. Lohngruppe, die sich zum Zeitpunkt der Einstellung bzw. der Höher- oder Herabgruppierung bei Fortgeltung des bisherigen Tarifrechts ergeben hätte, nach der Anlage G. ²Die Beträge der Anlage G verändern sich ab dem 1. März 2012 bei allgemeinen Entgeltanpassungen um den von den Tarifvertragsparteien für die jeweilige Entgeltgruppe festgelegten Vomhundertsatz. ³Für die Zeit des Bereitschaftsdienstes einschließlich der geleisteten Arbeit und für die Zeit der Rufbereitschaft werden Zeitzuschläge nach § 8 nicht gezahlt.

(5) ¹Die Beschäftigten erhalten zusätzlich zu dem Entgelt nach Absatz 4 für die Zeit des Bereitschaftsdienstes in den Nachtstunden (§ 7 Abs. 5) je Stunde einen Zeitzuschlag in Höhe von 15 v.H. des Entgelts nach Absatz 4. ²Absatz 4 Satz 3 gilt entsprechend.

(6) Das Bereitschaftsdienstentgelt nach den Absätzen 4 und 5 kann im Falle der Faktorisierung nach § 10 Abs. 3 im Verhältnis 1:1 in Freizeit abgegolten werden.

§ 47 Sonderkündigungsrecht der Bereitschaftsdienst- und Rufbereitschaftsregelung

¹Die §§ 45 und 46 können mit einer Frist von drei Monaten gekündigt werden, wenn infolge einer Änderung des Arbeitszeitgesetzes sich materiellrechtliche Auswirkungen ergeben oder weitere Regelungsmöglichkeiten für die Tarifvertragsparteien eröffnet werden. ²Rein formelle Änderungen berechtigen nicht zu einer Ausübung des Sonderkündigungsrechts.

§ 48 Wechselschichtarbeit

(1) Abweichend von § 6 Abs. 1 Satz 2 werden die gesetzlichen Pausen bei Wechselschichtarbeit nicht in die Arbeitszeit eingerechnet.

(2) Abweichend von § 7 Abs. 1 Satz 1 ist Wechselschichtarbeit die Arbeit nach einem Schichtplan/Dienstplan, der einen regelmäßigen Wechsel der täglichen Arbeitszeit in Wechselschichten vorsieht, bei denen die/der Beschäftigte längstens nach Ablauf eines Monats erneut zu mindestens zwei Nachtschichten herangezogen wird.

§ 49 Arbeit an Sonn- und Feiertagen

Abweichend von § 6 Abs. 3 Satz 3 und in Ergänzung zu § 6 Abs. 5 gilt für Sonn- und Feiertage Folgendes:

(1) ¹Die Arbeitszeit an einem gesetzlichen Feiertag, der auf einen Werktag fällt, wird durch eine entsprechende Freistellung an einem anderen Werktag bis zum Ende des dritten Kalendermonats – möglichst aber schon bis zum Ende des nächsten Kalendermonats – ausgeglichen, wenn es die betrieblichen Verhältnisse zulassen. ²Kann ein Freizeitausgleich nicht gewährt werden, erhält die/der Beschäftigte je Stunde 100 v.H. des auf eine Stunde entfallenden Anteils des monatlichen Entgelts der jeweiligen Entgeltgruppe und Stufe nach Maßgabe der Entgelttabelle. ³Ist ein Arbeitszeitkonto eingerichtet, ist eine Buchung gemäß § 10 Abs. 3 zulässig. ⁴§ 8 Abs. 1 Satz 2 Buchst. d bleibt unberührt.

(2) ¹Für Beschäftigte, die regelmäßig nach einem Dienstplan eingesetzt werden, der Wechselschicht- oder Schichtdienst an sieben Tagen in der Woche vorsieht, vermindert sich die regelmäßige Wochenarbeitszeit um ein Fünftel der arbeitsvertraglich vereinbarten durchschnittlichen Wochenarbeitszeit, wenn sie an einem gesetzlichen Feiertag, der auf einen Werktag fällt,
a) Arbeitsleistung zu erbringen haben oder
b) nicht wegen des Feiertags, sondern dienstplanmäßig nicht zur Arbeit eingeteilt sind und deswegen an anderen Tagen der Woche ihre regelmäßige Arbeitszeit erbringen müssen.
²Absatz 1 gilt in diesen Fällen nicht. ³§ 8 Abs. 1 Satz 2 Buchst. d bleibt unberührt.

(3) ¹Beschäftigte, die regelmäßig an Sonn- und Feiertagen arbeiten müssen, erhalten innerhalb von zwei Wochen zwei arbeitsfreie Tage. ²Hiervon soll ein freier Tag auf einen Sonntag fallen.

§ 50 (nicht besetzt)
§ 51 Eingruppierung der Ärztinnen und Ärzte

(1) ¹Ärztinnen und Ärzte sind mit folgender besonderer Stufenzuordnung wie folgt eingruppiert:
a) Entgeltgruppe 14 Stufe 1:
Ärztinnen und Ärzte ohne Berufserfahrung mit entsprechender Tätigkeit

b) Entgeltgruppe 14 Stufe 2:
   Ärztinnen und Ärzte mit entsprechender Tätigkeit nach einjähriger Berufserfahrung
c) Entgeltgruppe 14 Stufe 3:[1]
   Fachärztinnen und Fachärzte mit entsprechender Tätigkeit
d) Entgeltgruppe 14 Stufe 4:[2]
   Fachärztinnen und Fachärzte nach fünfjähriger entsprechender Tätigkeit
e) Entgeltgruppe 15 Stufe 5:
   Fachärztinnen und Fachärzte nach neunjähriger entsprechender Tätigkeit
f) Entgeltgruppe 15 Stufe 6:[3]
   Fachärztinnen und Fachärzte nach dreizehnjähriger entsprechender Tätigkeit.

[2]§§ 16 und 17 bleiben unberührt.

(2) Ärztinnen und Ärzte, die als ständige Vertreter der/des leitenden Ärztin/Arztes durch ausdrückliche Anordnung bestellt sind, erhalten für die Dauer der Bestellung eine Funktionszulage ab 1. März 2012 von monatlich 391,82 Euro, ab 1. Januar 2013 von monatlich 397,31 Euro und ab 1. August 2013 von monatlich 402,87 Euro.

(3) Ärztinnen und Ärzte, die aufgrund ausdrücklicher Anordnung innerhalb einer Fachabteilung oder eines Fachbereichs einen selbständigen Funktionsbereich mit mindestens zehn Beschäftigten leiten, erhalten für die Dauer der Anordnung eine Funktionszulage ab 1. März 2012 von monatlich 280,63 Euro, ab 1. Januar 2013 von monatlich 284,56 Euro und ab 1. August 2013 von monatlich 288,54 Euro.

(4) Ärztinnen und Ärzte, denen aufgrund ausdrücklicher Anordnung mindestens fünf Ärzte unterstellt sind, erhalten für die Dauer der Anordnung eine Funktionszulage ab 1. März 2012 von monatlich 280,63 Euro, ab 1. Januar 2013 von monatlich 284,56 Euro und ab 1. August 2013 von monatlich 288,54 Euro.

(5) [1]Die Funktionszulagen nach den Absätzen 2 bis 4 sind dynamisch und entfallen mit dem Wegfall der Funktion. [2]Sind die Voraussetzungen für mehr als eine Funktionszulage erfüllt, besteht nur Anspruch auf eine Funktionszulage. [3]Bei unterschiedlicher Höhe der Funktionszulagen wird die höhere gezahlt.

(6) Die Absätze 1 bis 5 finden auf Zahnärztinnen/Zahnärzte, Apothekerinnen/Apotheker und Tierärztinnen/Tierärzte keine Anwendung.

Protokollerklärungen zu § 51:

1. [1]*Ständige Vertreterinnen/Vertreter im Sinne des Tätigkeitsmerkmals ist nur die/der Ärztin/Arzt, der die/den leitende/n Ärztin/Arzt in der Gesamtheit seiner Dienstaufgaben vertritt.* [2]*Das Tätigkeitsmerkmal kann daher innerhalb einer Abteilung (Klinik) nur von einer/einem Ärztin/Arzt erfüllt werden.*
2. *Ist der Anspruch auf Zahlung der Funktionszulage nach den Absätzen 2 bis 5 von der Zahl der unterstellten Ärztinnen/Ärzte abhängig, gilt folgendes:*
   a) *Für den Anspruch auf Zahlung der Funktionszulage nach den Absätzen 2 bis 5 ist es unschädlich, wenn im Organisations- und Stellenplan zur Besetzung ausgewiesene Stellen nicht besetzt sind.*
   b) *Bei der Zahl der unterstellten Ärztinnen/Ärzte zählen nur diejenigen unterstellten Ärzte mit, die in einem Arbeits- oder Beamtenverhältnis zu demselben Arbeitgeber (Dienstherrn) stehen oder im Krankenhaus von einem sonstigen öffentlichen Arbeitgeber (Dienstherrn) zur Krankenversorgung eingesetzt werden.*
   c) *Teilbeschäftigte zählen entsprechend dem Verhältnis der mit ihnen im Arbeitsvertrag vereinbarten Arbeitszeit zur regelmäßigen Arbeitszeit eines Vollbeschäftigten.*

---

1 Tabellenwert entspricht Entgeltgruppe 14 Stufe 4.
2 Tabellenwert entspricht Entgeltgruppe 14 Stufe 5.
3 Die Stufe 6 der Entgeltgruppe 15 weist einen besonderen Tabellenwert gemäß der Anlage A (VKA) TVöD aus.

3. *Funktionsbereiche sind wissenschaftlich anerkannte Spezialgebiete innerhalb eines ärztlichen Fachgebietes, z.b. Nephrologie, Handchirurgie, Neuroradiologie, Elektroencephalographie, Herzkatheterisierung.*

§ 52 Eingruppierung und Entgelt der Beschäftigten im Sozial- und Erziehungsdienst

(1) ¹Bis zum Inkrafttreten der Eingruppierungsvorschriften des TVöD einschließlich Entgeltordnung richtet sich die Eingruppierung der Beschäftigten im Sozial- und Erziehungsdienst nach den Merkmalen des Anhangs zur Anlage C (VKA) zum TVöD. ²Sie erhalten abweichend von § 15 Abs. 2 Satz Entgelt nach der Anlage C (VKA).

(2) Anstelle des § 16 (VKA) gilt Folgendes:
¹Die Entgeltgruppen S 2 bis S 18 umfassen sechs Stufen. ²Bei Einstellung werden die Beschäftigten der Stufe 1 zugeordnet, sofern keine einschlägige Berufserfahrung vorliegt. ³Verfügt die/der Beschäftigte über eine einschlägige Berufserfahrung von mindestens einem Jahr, erfolgt die Einstellung in die Stufe 2; verfügt sie/er über eine einschlägige Berufserfahrung von mindestens vier Jahren, erfolgt in der Regel eine Zuordnung zur Stufe 3. ⁴Unabhängig davon kann der Arbeitgeber bei Neueinstellungen zur Deckung des Personalbedarfs Zeiten einer vorherigen beruflichen Tätigkeit ganz oder teilweise für die Stufenzuordnung berücksichtigen, wenn diese Tätigkeit für die vorgesehene Tätigkeit förderlich ist. ⁵Bei Einstellung von Beschäftigten in unmittelbarem Anschluss an ein Arbeitsverhältnis im öffentlichen Dienst (§ 34 Abs. 3 Satz 3 und 4) oder zu einem Arbeitgeber, der einen dem TVöD vergleichbaren Tarifvertrag anwendet, kann die in dem vorhergehenden Arbeitsverhältnis erworbene Stufe bei der Stufenzuordnung ganz oder teilweise berücksichtigt werden; Satz 4 bleibt unberührt. ⁶Die Beschäftigten erreichen die jeweils nächste Stufe – von Stufe 3 an in Abhängigkeit von ihrer Leistung gemäß § 17 Abs. 2 – nach folgenden Zeiten einer ununterbrochenen Tätigkeit innerhalb derselben Entgeltgruppe bei ihrem Arbeitgeber (Stufenlaufzeit):

– Stufe 2 nach einem Jahr in Stufe 1,
– Stufe 3 nach drei Jahren in Stufe 2,
– Stufe 4 nach vier Jahren in Stufe 3,
– Stufe 5 nach vier Jahren in Stufe 4 und
– Stufe 6 nach fünf Jahren in Stufe 5.

⁷Abweichend von Satz 1 ist Endstufe die Stufe 4
a) in der Entgeltgruppe S 4 bei Tätigkeiten der Fallgruppe 3 und
b) in der Entgeltgruppe S 8 bei Tätigkeiten der Fallgruppe 5.

⁸Abweichend von Satz 6 erreichen Beschäftigte, die nach den Tätigkeitsmerkmalen des Anhangs zu der Anlage C (VKA) zum TVöD in der Entgeltgruppe S 8 eingruppiert sind, die Stufe 5 nach acht Jahren in Stufe 4 und die Stufe 6 nach zehn Jahren in Stufe 5.

Protokollerklärung zu § 52 Absatz 2 Satz 3:
Ein Berufspraktikum nach dem Tarifvertrag für Praktikantinnen/Praktikanten des öffentlichen Dienstes (TVPöD) vom 27. Oktober 2009 gilt grundsätzlich als Erwerb einschlägiger Berufserfahrung.

(3) Soweit im Allgemeinen Teil auf bestimmte Entgeltgruppen Bezug genommen wird, entspricht

die Entgeltgruppe	der Entgeltgruppe
2	S 2
4	S 3
5	S 4
6	S 5
8	S 6 bis S 8
9	S 9 bis S 14
10	S 15 und S 16

11 S 17
12 S 18.

§ 53 Betrieblicher Gesundheitsschutz/Betriebliche Gesundheitsförderung der Beschäftigten im Sozial- und Erziehungsdienst

(1) Die nachfolgenden Regelungen gelten für die Beschäftigten des Sozial- und Erziehungsdienstes, soweit sie nach Maßgabe des Anhangs zur Anlage C (VKA) zum TVöD eingruppiert sind.

(2) ¹Betriebliche Gesundheitsförderung zielt darauf ab, die Arbeit und die Arbeitsbedingungen so zu organisieren, dass diese nicht Ursache von Erkrankungen oder Gesundheitsschädigungen sind. ²Sie fördert die Erhaltung bzw. Herstellung gesundheitsgerechter Verhältnisse am Arbeitsplatz sowie gesundheitsbewusstes Verhalten. ³Zugleich werden damit die Motivation der Beschäftigten und die Qualitätsstandards der Verwaltungen und Betriebe verbessert. ⁴Die betriebliche Gesundheitsförderung basiert auf einem aktiv betriebenen Arbeits- und Gesundheitsschutz. ⁵Dieser reduziert Arbeitsunfälle, Berufskrankheiten sowie arbeitsbedingte Gesundheitsgefahren und verbessert durch den Abbau von Fehlzeiten und die Vermeidung von Betriebsstörungen die Wettbewerbsfähigkeit der Verwaltungen und Betriebe. ⁶Der Arbeits- und Gesundheitsschutz sowie die betriebliche Gesundheitsförderung gehören zu einem zeitgemäßen Gesundheitsmanagement.

(3) ¹Die Beschäftigten haben einen individuellen Anspruch auf die Durchführung einer Gefährdungsbeurteilung. ²Die Durchführung erfolgt nach Maßgabe des Gesetzes über die Durchführung von Maßnahmen des Arbeitsschutzes zur Verbesserung der Sicherheit und des Gesundheitsschutzes der Beschäftigten bei der Arbeit (Arbeitsschutzgesetz). ³Die Beschäftigten sind in die Durchführung der Gefährdungsbeurteilung einzubeziehen. ⁴Sie sind über das Ergebnis von Gefährdungsbeurteilungen zu unterrichten. ⁵Vorgesehene Maßnahmen sind mit ihnen zu erörtern. ⁶Widersprechen betroffene Beschäftigte den vorgesehenen Maßnahmen, ist die betriebliche Kommission zu befassen. ⁷Die Beschäftigten können verlangen, dass eine erneute Gefährdungsbeurteilung durchgeführt wird, wenn sich die Umstände, unter denen die Tätigkeiten zu verrichten sind, wesentlich ändern, neu entstandene wesentliche Gefährdungen auftreten oder eine Gefährdung auf Grund veränderter arbeitswissenschaftlicher Erkenntnisse erkannt wird. ⁸Die Wirksamkeit der Maßnahmen ist in angemessenen Abständen zu überprüfen.

(4) ¹Beim Arbeitgeber wird auf Antrag des Personalrats/Betriebsrats eine betriebliche Kommission gebildet, deren Mitglieder je zur Hälfte vom Arbeitgeber und vom Personal- bzw. Betriebsrat benannt werden. ²Die Mitglieder müssen Beschäftigte des Arbeitgebers sein. ³Soweit ein Arbeitsschutzausschuss gebildet ist, können Mitglieder dieses Ausschusses auch in der betrieblichen Kommission tätig werden. ⁴Im Falle des Absatzes 3 Satz 6 berät die betriebliche Kommission über die erforderlichen Maßnahmen und kann Vorschläge zu den zu treffenden Maßnahmen machen. ⁵Der Arbeitgeber führt die Maßnahmen durch, wenn die Mehrheit der vom Arbeitgeber benannten Mitglieder der betrieblichen Kommission im Einvernehmen mit dem Arbeitgeber dem Beschluss zugestimmt hat. ⁶Gesetzliche Rechte der kommunalen Beschlussorgane bleiben unberührt. ⁷Wird ein Vorschlag nur von den vom Personalrat/Betriebsrat benannten Mitgliedern gemacht und folgt der Arbeitgeber diesem Vorschlag nicht, sind die Gründe darzulegen. ⁸Die betriebliche Kommission ist auch für die Beratung von schriftlich begründeten Beschwerden zuständig, wenn der Arbeitgeber eine erneute Gefährdungsbeurteilung ablehnt. ⁹Der Arbeitgeber entscheidet auf Vorschlag des Arbeitsschutzausschusses bzw. der betrieblichen Kommission, ob und in welchem Umfang der Beschwerde im Einzelfall abgeholfen wird. ¹⁰Wird dem Vorschlag nicht gefolgt, sind die Gründe darzulegen.

(5) ¹Die betriebliche Kommission kann zeitlich befristet Gesundheitszirkel zur Gesundheitsförderung einrichten, deren Aufgabe es ist, Belastungen am Arbeitsplatz und deren Ursachen zu analysieren und Lösungsansätze zur Verbesserung der Arbeitssituation zu erarbeiten. ²Sie berät über Vorschläge der Gesundheitszirkel und unterbreitet, wenn ein Arbeitsschutzausschuss gebildet ist, diesem, ansonsten dem Arbeitgeber Vorschläge. ³Die Ablehnung eines

Vorschlags ist durch den Arbeitgeber zu begründen. ⁴Näheres regelt die Geschäftsordnung der betrieblichen Kommission.

(6) ¹Zur Durchführung ihrer Aufgaben sind der betrieblichen Kommission die erforderlichen, zur Verfügung stehenden Unterlagen zugänglich zu machen. ²Die betriebliche Kommission gibt sich eine Geschäftsordnung, in der auch Regelungen über die Beteiligung der Beschäftigten bei der Gefährdungsbeurteilung, deren Bekanntgabe und Erörterung sowie über die Qualifizierung der Mitglieder der betrieblichen Kommission und von Gesundheitszirkeln zu treffen sind.

(7) Gesetzliche Bestimmungen, günstigere betriebliche Regelungen und die Rechte des Personal- bzw. Betriebsrats bleiben unberührt.

Protokollerklärungen:
1. *Sollte sich aufgrund gerichtlicher Entscheidungen erweisen, dass die über die Zusammensetzung der betrieblichen Kommission oder die Berufung ihrer Mitglieder getroffenen Regelungen mit geltendem Recht unvereinbar sind, werden die Tarifvertragsparteien Verhandlungen aufnehmen und eine ersetzende Regelung treffen, die mit geltendem Recht vereinbar ist und dem von den Tarifvertragsparteien Gewollten möglichst nahe kommt.*
2. *Die Tarifvertragsparteien stimmen darin überein, dass mit dieser Regelung außerhalb seines Geltungsbereichs der betriebliche Gesundheitsschutz/die betriebliche Gesundheitsförderung im BT-V und BT-B nicht abschließend tariflich geregelt sind und die übrigen Besonderen Teile des TVöD von der hier getroffenen Regelung unberührt bleiben.*

§ 54 Erholungsurlaub

¹Die Beschäftigten an Heimschulen und Internaten haben den Urlaub in der Regel während der Schulferien zu nehmen. ²Die Sonderregelungen für Lehrkräfte bleiben unberührt.

§ 55 Zusatzurlaub

(1) ¹Beschäftigte erhalten bei einer Leistung im Kalenderjahr von mindestens

150 Nachtarbeitsstunden	1 Arbeitstag
300 Nachtarbeitsstunden	2 Arbeitstage
450 Nachtarbeitsstunden	3 Arbeitstage
600 Nachtarbeitsstunden	4 Arbeitstage

Zusatzurlaub im Kalenderjahr. ²Nachtarbeitsstunden, die in Zeiträumen geleistet werden, für die Zusatzurlaub für Wechselschicht- oder Schichtarbeit zusteht, bleiben unberücksichtigt. ³§ 27 Abs. 4 findet mit der Maßgabe Anwendung, dass Erholungsurlaub und Zusatzurlaub insgesamt im Kalenderjahr 35 Tage, bei Zusatzurlaub wegen Wechselschichtarbeit 36 Tage, nicht überschreiten. ⁴§ 27 Abs. 5 findet Anwendung.

(2) Bei Anwendung des Absatzes 1 werden nur die im Rahmen der regelmäßigen Arbeitszeit (§ 6) in der Zeit zwischen 21 Uhr und 6 Uhr dienstplanmäßig bzw. betriebsüblich geleisteten Nachtarbeitsstunden berücksichtigt.

(3) ¹Bei Teilzeitbeschäftigten ist die Zahl der nach Absatz 1 geforderten Nachtarbeitsstunden entsprechend dem Verhältnis ihrer individuell vereinbarten durchschnittlichen regelmäßigen Arbeitszeit zur regelmäßigen Arbeitszeit vergleichbarer Vollzeitbeschäftigter zu kürzen. ²Ist die vereinbarte Arbeitszeit im Durchschnitt des Urlaubsjahres auf weniger als fünf Arbeitstage in der Kalenderwoche verteilt, ist der Zusatzurlaub in entsprechender Anwendung des § 26 Abs. 1 Sätze 4 und 5 zu ermitteln.

(4) ¹Die Beschäftigten erhalten für die Zeit der Bereitschaftsdienste in den Nachtstunden (§ 7 Abs. 5) einen Zusatzurlaub in Höhe von zwei Arbeitstagen pro Kalenderjahr, sofern mindestens 288 Stunden der Bereitschaftsdienste kalenderjährlich in die Zeit zwischen 21.00 bis 6.00 Uhr fallen. ²Absatz 1 Sätze 2 und 3 und Absatz 3 gelten entsprechend.

Protokollerklärung zu § 55 Absatz 1:
Der Anspruch auf Zusatzurlaub bemisst sich nach den abgeleisteten Nachtarbeitsstunden und entsteht im laufenden Jahr, sobald die Voraussetzungen nach Satz 1 erfüllt sind.

§ 56 Reise und Umzugskosten

[1]Die Erstattung von Reise- und ggf. Umzugskosten richtet sich nach den beim Arbeitgeber geltenden Grundsätzen. [2]Für Arbeitgeber, die öffentlichem Haushaltsrecht unterliegen, finden, wenn diese nicht nach eigenen Grundsätzen verfahren, die für Beamtinnen und Beamte geltenden Bestimmungen Anwendung.

§ 57 In-Kraft-Treten, Laufzeit

[1]Dieser Tarifvertrag tritt am 1. Oktober 2005 in Kraft. [2]Die Bestimmungen dieses Tarifvertrages sind mit der Kündigung der entsprechenden Vorschriften des Besonderen Teils Krankenhäuser (BT-K) zum gleichen Zeitpunkt gekündigt. [3]Abweichend von Satz 2 können die §§ 52 und 53 sowie der Anhang zu der Anlage C (VKA) zum TVöD mit einer Frist von drei Monaten zum Schluss eines Kalendervierteljahres, frühestens jedoch zum 31. Dezember 2014, schriftlich gekündigt werden. [4]Für die Kündigung der Anlage C (VKA) zum TVöD, ausgenommen der Anhang zu der Anlage C (VKA) zum TVöD, gilt § 39 Abs. 4 Buchst. c entsprechend.

Anlage G zu § 46 Abs. 4 (Bereitschaftsdienstentgelt)

I. Beschäftigte, deren Eingruppierung sich nach der Anlage 1a zum BAT richtet

Vergütungsgruppe	Stundenentgelt gültig ab 1. März 2012	Stundenentgelt gültig ab 1. Januar 2013	Stundenentgelt gültig ab 1. August 2013
Vergr. I	31,97 €	32,42 €	32,87 €
Vergr. I a	29,31 €	29,72 €	30,14 €
Vergr. I b	26,96 €	27,34 €	27,72 €
Vergr. II	24,70 €	25,05 €	25,40 €
Vergr. III	22,30 €	22,61 €	22,93 €
Vergr. IV a	20,52 €	20,81 €	21,10 €
Vergr. IV b	18,89 €	19,15 €	19,42 €
Vergr. V b	18,22 €	18,48 €	18,74 €
Vergr. V c	17,33 €	17,57 €	17,82 €
Vergr. VI b	16,08 €	16,31 €	16,54 €
Vergr. VII	15,09 €	15,30 €	15,51 €
Vergr. VIII	14,18 €	14,38 €	14,58 €
Vergr. IX a	13,65 €	13,84 €	14,03 €
Vergr. IX	13,39 €	13,58 €	13,77 €
Vergr. X	12,71 €	12,89 €	13,07 €

Für Beschäftigte, die nach dem Anhang zu der Anlage C (VKA) zum TVöD eingruppiert sind, gilt die vorstehende Tabelle in der Weise, wie sie bei Weiteranwendung der Anlage 1a zum BAT gegolten hätte.

II. Beschäftigte, deren Eingruppierung sich nach der Anlage 1b zum BAT richtet

Vergütungsgruppe	Stundenentgelt gültig ab 1. März 2012	Stundenentgelt gültig ab 1. Januar 2013	Stundenentgelt gültig ab 1. August 2013
Kr. XIII	26,55 €	26,92 €	27,30 €
Kr. XII	24,47 €	24,81 €	25,16 €
Kr. XI	23,07 €	23,39 €	23,72 €
Kr. X	21,69 €	21,99 €	22,30 €
Kr. IX	20,43 €	20,72 €	21,01 €
Kr. VIII	20,08 €	20,36 €	20,65 €
Kr. VII	18,93 €	19,20 €	19,47 €
Kr. VI	18,37 €	18,63 €	18,89 €
Kr. V a	17,69 €	17,94 €	18,19 €
Kr. V	17,21 €	17,45 €	17,69 €
Kr. IV	16,35 €	16,58 €	16,81 €
Kr. III	15,50 €	15,72 €	15,94 €
Kr. II	14,75 €	14,96 €	15,17 €
Kr. I	14,09 €	14,29 €	14,49 €

III. Beschäftigte, deren Eingruppierung sich nach dem BMT-G/BMT-G-O richtet

Vergütungsgruppe	Stundenentgelt gültig ab 1. März 2012	Stundenentgelt gültig ab 1. Januar 2013	Stundenentgelt gültig ab 1. August 2013
Lgr. 9	18,67 €	18,93 €	19,20 €
Lgr. 8 a	18,26 €	18,52 €	18,78 €
Lgr. 8	17,85 €	18,10 €	18,35 €
Lgr. 7 a	17,47 €	17,71 €	17,96 €
Lgr. 7	17,08 €	17,32 €	17,56 €
Lgr. 6 a	16,74 €	16,97 €	17,21 €
Lgr. 6	16,35 €	16,58 €	16,81 €
Lgr. 5 a	16,00 €	16,22 €	16,45 €
Lgr. 5	15,66 €	15,88 €	16,10 €
Lgr. 4 a	15,31 €	15,52 €	15,74 €
Lgr. 4	14,98 €	15,19 €	15,40 €
Lgr. 3 a	14,65 €	14,86 €	15,07 €
Lgr. 3	14,32 €	14,52 €	14,72 €
Lgr. 2 a	14,03 €	14,23 €	14,43 €
Lgr. 2	13,72 €	13,91 €	14,10 €
Lgr. 1 a	13,42 €	13,61 €	13,80 €
Lgr. 1	13,12 €	13,30 €	13,49 €

Anlage zu § 52 Abs. 1 BT-B
Anlage C (VKA)
Tabelle TVöD/VKA
Beschäftigte im Sozial- und Erziehungsdienst

Gültig vom 1. März 2012 bis zum 31. Dezember 2012
(monatlich in Euro)

Entgeltgruppe	Grundentgelt		Entwicklungsstufen			
	Stufe 1	Stufe 2	Stufe 3	Stufe 4	Stufe 5	Stufe 6
S 18	3.176,92	3.282,81	3.706,41	4.024,09	4.500,64	4.791,85
S 17	2.859,22	3.150,44	3.494,62	3.706,41	4.129,99	4.378,86
S 16	2.785,10	3.081,61	3.314,59	3.600,51	3.918,20	4.108,82
S 15	2.679,20	2.965,12	3.176,92	3.420,48	3.812,31	3.981,74
S 14	2.647,44	2.859,22	3.123,97	3.335,76	3.600,51	3.785,83
S 13	2.647,44	2.859,22	3.123,97	3.335,76	3.600,51	3.732,87
S 12	2.541,54	2.806,28	3.060,43	3.282,81	3.558,14	3.674,63
S 11	2.435,64	2.753,33	2.891,00	3.229,87	3.494,62	3.653,46
S 10	2.372,10	2.626,25	2.753,33	3.123,97	3.420,48	3.664,04
S 9	2.361,51	2.541,54	2.700,38	2.991,60	3.229,87	3.457,55
S 8	2.266,19	2.435,64	2.647,44	2.949,24	3.224,57	3.441,65
S 7	2.197,37	2.409,16	2.578,61	2.748,04	2.875,12	3.060,43
S 6	2.160,30	2.372,10	2.541,54	2.710,97	2.864,52	3.032,90
S 5	2.160,30	2.372,10	2.530,95	2.615,66	2.732,15	2.933,36
S 4	1.959,10	2.223,84	2.361,51	2.478,00	2.552,12	2.647,44
S 3	1.853,21	2.075,59	2.223,84	2.372,10	2.414,46	2.456,82
S 2	1.773,78	1.874,39	1.948,51	2.033,23	2.117,94	2.202,67

Gültig vom 1. Januar 2013 bis zum 31. Juli 2013
(monatlich in Euro)

Entgeltgruppe	Grundentgelt		Entwicklungsstufen			
	Stufe 1	Stufe 2	Stufe 3	Stufe 4	Stufe 5	Stufe 6
S 18	3.221,40	3.328,77	3.758,30	4.080,43	4.563,65	4.858,94
S 17	2.899,25	3.194,55	3.543,54	3.758,30	4.187,81	4.440,16
S 16	2.824,09	3.124,75	3.360,99	3.650,92	3.973,05	4.166,34
S 15	2.716,71	3.006,63	3.221,40	3.468,37	3.865,68	4.037,48
S 14	2.684,50	2.899,25	3.167,71	3.382,46	3.650,92	3.838,83
S 13	2.684,50	2.899,25	3.167,71	3.382,46	3.650,92	3.785,13
S 12	2.577,12	2.845,57	3.103,28	3.328,77	3.607,95	3.726,07
S 11	2.469,74	2.791,88	2.931,47	3.275,09	3.543,54	3.704,61
S 10	2.405,31	2.663,02	2.791,88	3.167,71	3.468,37	3.715,34
S 9	2.394,57	2.577,12	2.738,19	3.033,48	3.275,09	3.505,96
S 8	2.297,92	2.469,74	2.684,50	2.990,53	3.269,71	3.489,83
S 7	2.228,13	2.442,89	2.614,71	2.786,51	2.915,37	3.103,28
S 6	2.190,54	2.405,31	2.577,12	2.748,92	2.904,62	3.075,36

Besonderer Teil Betreuungseinrichtungen (BT-B) Anl. zu § 52 Abs. 1 TVöD – BT-B

Entgeltgruppe	Grundentgelt		Entwicklungsstufen			
	Stufe 1	Stufe 2	Stufe 3	Stufe 4	Stufe 5	Stufe 6
S 5	2.190,54	2.405,31	2.566,38	2.652,28	2.770,40	2.974,43
S 4	1.986,53	2.254,97	2.394,57	2.512,69	2.587,85	2.684,50
S 3	1.879,15	2.104,65	2.254,97	2.405,31	2.448,26	2.491,22
S 2	1.798,61	1.900,63	1.975,79	2.061,70	2.147,59	2.233,51

Gültig ab 1. August 2013
(monatlich in Euro)

Entgeltgruppe	Grundentgelt		Entwicklungsstufen			
	Stufe 1	Stufe 2	Stufe 3	Stufe 4	Stufe 5	Stufe 6
S 18	3.266,50	3.375,37	3.810,92	4.137,56	4.627,54	4.926,97
S 17	2.939,84	3.239,27	3.593,15	3.810,92	4.246,44	4.502,32
S 16	2.863,63	3.168,50	3.408,04	3.702,03	4.028,67	4.224,67
S 15	2.754,74	3.048,72	3.266,50	3.516,93	3.919,80	4.094,00
S 14	2.722,08	2.939,84	3.212,06	3.429,81	3.702,03	3.892,57
S 13	2.722,08	2.939,84	3.212,06	3.429,81	3.702,03	3.838,12
S 12	2.613,20	2.885,41	3.146,73	3.375,37	3.658,46	3.778,23
S 11	2.504,32	2.830,97	2.972,51	3.320,94	3.593,15	3.756,47
S 10	2.438,98	2.700,30	2.830,97	3.212,06	3.516,93	3.767,35
S 9	2.428,09	2.613,20	2.776,52	3.075,95	3.320,94	3.555,04
S 8	2.330,09	2.504,32	2.722,08	3.032,40	3.315,49	3.538,69
S 7	2.259,32	2.477,09	2.651,32	2.825,52	2.956,19	3.146,73
S 6	2.221,21	2.438,98	2.613,20	2.787,40	2.945,28	3.118,42
S 5	2.221,21	2.438,98	2.602,31	2.689,41	2.809,19	3.016,07
S 4	2.014,34	2.286,54	2.428,09	2.547,87	2.624,08	2.722,08
S 3	1.905,46	2.134,12	2.286,54	2.438,98	2.482,54	2.526,10
S 2	1.823,79	1.927,24	2.003,45	2.090,56	2.177,66	2.264,78

Anhang zu der Anlage C (VKA)

S 2

Beschäftigte in der Tätigkeit von Kinderpflegerinnen/Kinderpflegern mit staatlicher Anerkennung.
(Hierzu Protokollerklärung Nr. 1)

S 3

Kinderpflegerinnen/Kinderpfleger mit staatlicher Anerkennung oder mit staatlicher Prüfung und entsprechender Tätigkeit sowie sonstige Beschäftigte, die aufgrund gleichwertiger Fähigkeiten und ihrer Erfahrungen entsprechende Tätigkeiten ausüben.
(Hierzu Protokollerklärung Nr. 1)

S 4

1. Kinderpflegerinnen/Kinderpfleger mit staatlicher Anerkennung oder mit staatlicher Prüfung und entsprechender Tätigkeit sowie sonstige Beschäftigte, die aufgrund gleichwer-

tiger Fähigkeiten und ihrer Erfahrungen entsprechende Tätigkeiten ausüben, mit schwierigen fachlichen Tätigkeiten.
(Hierzu Protokollerklärungen Nrn. 1 und 2)
2. Beschäftigte im handwerklichen Erziehungsdienst mit abgeschlossener Berufsausbildung.
(Hierzu Protokollerklärung Nr. 1)
3. Beschäftigte in der Tätigkeit von Erzieherinnen/Erziehern mit staatlicher Anerkennung.
(Hierzu Protokollerklärungen Nrn. 1 und 3)

S 5

1. Beschäftigte im handwerklichen Erziehungsdienst mit abgeschlossener Berufsausbildung als Leiterinnen/Leiter von Ausbildungs- oder Berufsförderungswerkstätten oder Werkstätten für behinderte Menschen.
(Hierzu Protokollerklärung Nr. 1)
2. Beschäftigte im handwerklichen Erziehungsdienst mit abgeschlossener Berufsausbildung, die durch ausdrückliche Anordnung als ständige Vertreterinnen/Vertreter von Leiterinnen/Leitern von Ausbildungs- oder Berufsförderungswerkstätten oder Werkstätten für behinderte Menschen der Entgeltgruppe S 10 Fallgruppe 3 bestellt sind.
(Hierzu Protokollerklärungen Nrn. 1 und 4)

S 6

Erzieherinnen/Erzieher mit staatlicher Anerkennung und entsprechender Tätigkeit sowie sonstige Beschäftigte, die aufgrund gleichwertiger Fähigkeiten und ihrer Erfahrungen entsprechende Tätigkeiten ausüben.
(Hierzu Protokollerklärungen Nrn. 1, 3 und 5)

S 7

1. Beschäftigte als Leiterinnen/Leiter von Kindertagesstätten.
(Hierzu Protokollerklärung Nr. 8)
2. Beschäftigte, die durch ausdrückliche Anordnung als ständige Vertreterinnen/Vertreter von Leiterinnen/Leitern von Kindertagesstätten mit einer Durchschnittsbelegung von mindestens 40 Plätzen bestellt sind.
(Hierzu Protokollerklärungen Nrn. 4, 8 und 9)

S 8

1. Erzieherinnen/Erzieher mit staatlicher Anerkennung und entsprechender Tätigkeit sowie sonstige Beschäftigte, die aufgrund gleichwertiger Fähigkeiten und ihrer Erfahrungen entsprechende Tätigkeiten ausüben, mit besonders schwierigen fachlichen Tätigkeiten.
(Hierzu Protokollerklärungen Nrn. 1, 3, 5 und 6)
2. Heilpädagoginnen/Heilpädagogen mit staatlicher Anerkennung und entsprechender Tätigkeit.
(Hierzu Protokollerklärungen Nrn. 1 und 7)
3. Handwerksmeisterinnen/Handwerksmeister, Industriemeisterinnen/Industriemeister oder Gärtnermeisterinnen/Gärtnermeister im handwerklichen Erziehungsdienst als Leiterinnen/Leiter von Ausbildungs- oder Berufsförderungswerkstätten oder Werkstätten für behinderte Menschen.
(Hierzu Protokollerklärung Nr. 1)
4. Handwerksmeisterinnen/Handwerksmeister, Industriemeisterinnen/Industriemeister oder Gärtnermeisterinnen/Gärtnermeister im handwerklichen Erziehungsdienst, die durch ausdrückliche Anordnung als ständige Vertreterin/Vertreter von Leiterinnen/Lei-

tern von Ausbildungs- oder Berufsförderungswerkstätten oder Werkstätten für behinderte Menschen der Entgeltgruppe S 13 Fallgruppe 6 bestellt sind.
(Hierzu Protokollerklärungen Nrn. 1 und 4)
5. Beschäftigte in der Tätigkeit von Sozialarbeiterinnen/Sozialarbeitern bzw. Sozialpädagoginnen/Sozialpädagogen mit staatlicher Anerkennung.
(Hierzu Protokollerklärung Nr. 1)

S 9

1. Erzieherinnen/Erzieher mit staatlicher Anerkennung und entsprechender Tätigkeit sowie sonstige Beschäftigte, die aufgrund gleichwertiger Fähigkeiten und ihrer Erfahrungen entsprechende Tätigkeiten ausüben, mit fachlich koordinierenden Aufgaben für mindestens drei Beschäftigte mindestens der Entgeltgruppe S 8 Fallgruppe 1.
(Hierzu Protokollerklärungen Nrn. 1, 3 und 5)
2. Beschäftigte, die durch ausdrückliche Anordnung als ständige Vertreterinnen/Vertreter von Leiterinnen/Leitern von Kindertagesstätten für behinderte Menschen im Sinne von § 2 SGB IX oder für Kinder und Jugendliche mit wesentlichen Erziehungsschwierigkeiten bestellt sind.
(Hierzu Protokollerklärungen Nrn. 4 und 8)

S 10

1. Beschäftigte als Leiterinnen/Leiter von Kindertagesstätten mit einer Durchschnittsbelegung von mindestens 40 Plätzen.
(Hierzu Protokollerklärungen Nrn. 8 und 9)
2. Beschäftigte, die durch ausdrückliche Anordnung als ständige Vertreterinnen/Vertreter von Leiterinnen/Leitern von Kindertagesstätten mit einer Durchschnittsbelegung von mindestens 70 Plätzen bestellt sind.
(Hierzu Protokollerklärungen Nrn. 4, 8 und 9)
3. Handwerksmeisterinnen/Handwerksmeister, Industriemeisterinnen/Industriemeister oder Gärtnermeisterinnen/Gärtnermeister im handwerklichen Erziehungsdienst als Leiterinnen/Leiter von großen Ausbildungs- oder Berufsförderungswerkstätten oder Werkstätten für behinderte Menschen.
(Hierzu Protokollerklärung Nr. 1)

S 11

Sozialarbeiterinnen/Sozialarbeiter und Sozialpädagoginnen/Sozialpädagogen mit staatlicher Anerkennung und entsprechender Tätigkeit sowie sonstige Beschäftigte, die aufgrund gleichwertiger Fähigkeiten und ihrer Erfahrungen entsprechende Tätigkeiten ausüben.
(Hierzu Protokollerklärung Nr. 1)

S 12

Sozialarbeiterinnen/Sozialarbeiter und Sozialpädagoginnen/Sozialpädagogen mit staatlicher Anerkennung und entsprechender Tätigkeit sowie sonstige Beschäftigte, die aufgrund gleichwertiger Fähigkeiten und ihrer Erfahrungen entsprechende Tätigkeiten ausüben, mit schwierigen Tätigkeiten.
(Hierzu Protokollerklärungen Nrn. 1 und 11)

S 13

1. Beschäftigte als Leiterinnen/Leiter von Kindertagesstätten mit einer Durchschnittsbelegung von mindestens 70 Plätzen.
(Hierzu Protokollerklärungen Nrn. 8 und 9)

2. Beschäftigte, die durch ausdrückliche Anordnung als ständige Vertreterinnen/Vertreter von Leiterinnen/Leitern von Kindertagesstätten mit einer Durchschnittsbelegung von mindestens 100 Plätzen bestellt sind.
(Hierzu Protokollerklärungen Nrn. 4, 8 und 9)
3. Beschäftigte als Leiterinnen/Leiter von Kindertagesstätten für behinderte Menschen im Sinne von § 2 SGB IX oder für Kinder und Jugendliche mit wesentlichen Erziehungsschwierigkeiten.
(Hierzu Protokollerklärung Nr. 8)
4. Beschäftigte, die durch ausdrückliche Anordnung als ständige Vertreterinnen/Vertreter von Leiterinnen/Leitern von Kindertagesstätten für behinderte Menschen im Sinne von § 2 SGB IX oder für Kinder und Jugendliche mit wesentlichen Erziehungsschwierigkeiten mit einer Durchschnittsbelegung von mindestens 40 Plätzen bestellt sind.
(Hierzu Protokollerklärungen Nrn. 4, 8 und 9)
5. Beschäftigte, die durch ausdrückliche Anordnung als ständige Vertreterinnen/Vertreter von Leiterinnen/Leitern von Erziehungsheimen bestellt sind.
(Hierzu Protokollerklärungen Nrn. 1, 4 und 10)
6. Handwerksmeisterinnen/Handwerksmeister, Industriemeisterinnen/Industriemeister oder Gärtnermeisterinnen/Gärtnermeister im handwerklichen Erziehungsdienst als Leiterinnen/Leiter von Ausbildungs- oder Berufsförderungswerkstätten oder Werkstätten für behinderte Menschen, die sich durch den Umfang und die Bedeutung ihres Aufgabengebietes wesentlich aus der Entgeltgruppe S 10 Fallgruppe 3 herausheben.
(Hierzu Protokollerklärung Nr. 1)

S 14

Sozialarbeiterinnen/Sozialarbeiter und Sozialpädagoginnen/Sozialpädagogen mit staatlicher Anerkennung und entsprechender Tätigkeit, die Entscheidungen zur Vermeidung der Gefährdung des Kindeswohls treffen und in Zusammenarbeit mit dem Familiengericht bzw. Vormundschaftsgericht Maßnahmen einleiten, welche zur Gefahrenabwehr erforderlich sind, oder mit gleichwertigen Tätigkeiten, die für die Entscheidung zur zwangsweisen Unterbringung von Menschen mit psychischen Krankheiten erforderlich sind (z.B. Sozialpsychiatrischer Dienst der örtlichen Stellen der Städte, Gemeinden und Landkreise).
(Hierzu Protokollerklärungen Nrn. 12 und 13)

S 15

1. Beschäftigte als Leiterinnen/Leiter von Kindertagesstätten mit einer Durchschnittsbelegung von mindestens 100 Plätzen.
(Hierzu Protokollerklärungen Nrn. 8 und 9)
2. Beschäftigte, die durch ausdrückliche Anordnung als ständige Vertreterinnen/Vertreter von Leiterinnen/Leitern von Kindertagesstätten mit einer Durchschnittsbelegung von mindestens 130 Plätzen bestellt sind.
(Hierzu Protokollerklärungen Nrn. 4, 8 und 9)
3. Beschäftigte als Leiterinnen/Leiter von Kindertagesstätten für behinderte Menschen im Sinne von § 2 SGB IX oder für Kinder und Jugendliche mit wesentlichen Erziehungsschwierigkeiten mit einer Durchschnittsbelegung von mindestens 40 Plätzen.
(Hierzu Protokollerklärungen Nrn. 8 und 9)
4. Beschäftigte, die durch ausdrückliche Anordnung als ständige Vertreterinnen/Vertreter von Leiterinnen/Leitern von Kindertagesstätten für behinderte Menschen im Sinne von § 2 SGB IX oder für Kinder- und Jugendliche mit wesentlichen Erziehungsschwierigkeiten mit einer Durchschnittsbelegung von mindestens 70 Plätzen bestellt sind.
(Hierzu Protokollerklärungen Nrn. 4, 8 und 9)

5. Beschäftigte als Leiterin/Leiter von Erziehungsheimen.
   (Hierzu Protokollerklärungen Nrn. 1 und 10)
6. Beschäftigte, die durch ausdrückliche Anordnung als ständige Vertreterinnen/Vertreter von Leiterinnen/Leitern von Erziehungsheimen mit einer Durchschnittsbelegung von mindestens 50 Plätzen bestellt sind.
   (Hierzu Protokollerklärungen Nrn. 1, 4, 9 und 10)
7. Sozialarbeiterinnen/Sozialarbeiter und Sozialpädagoginnen/Sozialpädagogen mit staatlicher Anerkennung und entsprechender Tätigkeit sowie sonstige Beschäftigte, die aufgrund gleichwertiger Fähigkeiten und ihrer Erfahrungen entsprechende Tätigkeiten ausüben, deren Tätigkeit sich mindestens zu einem Drittel durch besondere Schwierigkeit und Bedeutung aus der Entgeltgruppe S 12 heraushebt.
   (Hierzu Protokollerklärung Nr. 1)

S 16

1. Beschäftigte als Leiterinnen/Leiter von Kindertagesstätten mit einer Durchschnittsbelegung von mindestens 130 Plätzen.
   (Hierzu Protokollerklärungen Nrn. 8 und 9)
2. Beschäftigte, die durch ausdrückliche Anordnung als ständige Vertreterinnen/Vertreter von Leiterinnen/Leitern von Kindertagesstätten mit einer Durchschnittsbelegung von mindestens 180 Plätzen bestellt sind.
   (Hierzu Protokollerklärungen Nrn. 4, 8 und 9)
3. Beschäftigte als Leiterinnen/Leiter von Kindertagesstätten für behinderte Menschen im Sinne von § 2 SGB IX oder für Kinder- und Jugendliche mit wesentlichen Erziehungsschwierigkeiten mit einer Durchschnittsbelegung von mindestens 70 Plätzen.
   (Hierzu Protokollerklärungen Nrn. 8 und 9)
4. Beschäftigte, die durch ausdrückliche Anordnung als ständige Vertreterinnen/Vertreter von Leiterinnen/Leitern von Kindertagesstätten für behinderte Menschen im Sinne von § 2 SGB IX oder für Kinder- und Jugendliche mit wesentlichen Erziehungsschwierigkeiten mit einer Durchschnittsbelegung von mindestens 90 Plätzen bestellt sind.
   (Hierzu Protokollerklärungen Nrn. 4, 8 und 9)

S 17

1. Beschäftigte als Leiterinnen/Leiter von Kindertagesstätten mit einer Durchschnittsbelegung von mindestens 180 Plätzen.
   (Hierzu Protokollerklärungen Nrn. 8 und 9)
2. Beschäftigte als Leiterinnen/Leiter von Kindertagesstätten für behinderte Menschen im Sinne von § 2 SGB IX oder für Kinder und Jugendliche mit wesentlichen Erziehungsschwierigkeiten mit einer Durchschnittsbelegung von mindestens 90 Plätzen.
   (Hierzu Protokollerklärungen Nrn. 8 und 9)
3. Beschäftigte als Leiterinnen/Leiter von Erziehungsheimen mit einer Durchschnittsbelegung von mindestens 50 Plätzen.
   (Hierzu Protokollerklärungen Nrn. 1, 9 und 10)
4. Beschäftigte, die durch ausdrückliche Anordnung als ständige Vertreterinnen/Vertreter von Leiterinnen/Leitern von Erziehungsheimen mit einer Durchschnittsbelegung von mindestens 90 Plätzen bestellt sind.
   (Hierzu Protokollerklärungen Nrn. 1, 4, 9 und 10)
5. Sozialarbeiterinnen/Sozialarbeiter und Sozialpädagoginnen/Sozialpädagogen mit staatlicher Anerkennung und entsprechender Tätigkeit sowie sonstige Beschäftigte, die aufgrund gleichwertiger Fähigkeiten und ihrer Erfahrungen entsprechende Tätigkeiten aus-

üben, deren Tätigkeit sich durch besondere Schwierigkeit und Bedeutung aus der Entgeltgruppe S 12 heraushebt.
(Hierzu Protokollerklärung Nr. 1)
6. Kinder- und Jugendlichenpsychotherapeutinnen/Kinder- und Jugendlichenpsychotherapeuten und Psychagoginnen/Psychagogen mit staatlicher Anerkennung oder staatlich anerkannter Prüfung und entsprechender Tätigkeit.

S 18

1. Beschäftigte als Leiterinnen/Leiter von Erziehungsheimen mit einer Durchschnittsbelegung von mindestens 90 Plätzen.
(Hierzu Protokollerklärungen Nrn. 1, 9 und 10)
2. Sozialarbeiterinnen/Sozialarbeiter und Sozialpädagoginnen/Sozialpädagogen mit staatlicher Anerkennung und entsprechender Tätigkeit sowie sonstige Beschäftigte, die aufgrund gleichwertiger Fähigkeiten und ihrer Erfahrungen entsprechende Tätigkeiten ausüben, deren Tätigkeit sich durch das Maß der damit verbundenen Verantwortung erheblich aus der Entgeltgruppe S 17 Fallgruppe 5 heraushebt.
(Hierzu Protokollerklärung Nr. 1)

Protokollerklärungen
1. ¹Die/Der Beschäftigte – ausgenommen die/der Beschäftigte bzw. Meisterin/Meister im handwerklichen Erziehungsdienst – erhält für die Dauer der Tätigkeit in einem Erziehungsheim, einem Kinder- oder einem Jugendwohnheim oder einer vergleichbaren Einrichtung (Heim) eine Zulage in Höhe von 61,36 Euro monatlich, wenn in dem Heim überwiegend behinderte Menschen im Sinne des § 2 SGB IX oder Kinder und Jugendliche mit wesentlichen Erziehungsschwierigkeiten zum Zwecke der Erziehung, Ausbildung oder Pflege ständig untergebracht sind; sind nicht überwiegend solche Personen ständig untergebracht, beträgt die Zulage 30,68 Euro monatlich. ²Für die/den Beschäftigte/n bzw. Meisterin/Meister im handwerklichen Erziehungsdienst in einem Heim im Sinne des Satzes 1 erster Halbsatz beträgt die Zulage 40,90 Euro monatlich. ³Die Zulage wird nur für Zeiträume gezahlt, in denen Beschäftigte einen Anspruch auf Entgelt oder Fortzahlung des Entgelts nach § 21 haben. ⁴Sie ist bei der Bemessung des Sterbegeldes (§ 23 Abs. 3) zu berücksichtigen.
2. Schwierige fachliche Tätigkeiten sind z.B.
   a) Tätigkeiten in Einrichtungen für behinderte Menschen im Sinne des § 2 SGB IX und in psychiatrischen Kliniken,
   b) alleinverantwortliche Betreuung von Gruppen z.B. in Randzeiten,
   c) Tätigkeiten in Integrationsgruppen (Erziehungsgruppen, denen besondere Aufgaben in der gemeinsamen Förderung behinderter und nicht behinderter Kinder zugewiesen sind) mit einem Anteil von mindestens einem Drittel von behinderten Menschen im Sinne des § 2 SGB IX in Einrichtungen der Kindertagesbetreuung,
   d) Tätigkeiten in Gruppen von behinderten Menschen im Sinne des § 2 SGB IX oder in Gruppen von Kindern und Jugendlichen mit wesentlichen Erziehungsschwierigkeiten,
   e) Tätigkeiten in geschlossenen (gesicherten) Gruppen.
3. Als entsprechende Tätigkeit von Erzieherinnen/Erziehern gilt auch die Tätigkeit in Schulkindergärten, Vorklassen oder Vermittlungsgruppen für nicht schulpflichtige Kinder und die Betreuung von über 18jährigen Personen (z.B. in Einrichtungen für behinderte Menschen im Sinne des § 2 SGB IX oder für Obdachlose).
4. Ständige Vertreterinnen/Vertreter sind nicht Vertreterinnen/Vertreter in Urlaubs- und sonstigen Abwesenheitsfällen.

5. Nach diesem Tätigkeitsmerkmal sind auch
   a) Kindergärtnerinnen/Kindergärtner und Hortnerinnen/Hortner mit staatlicher Anerkennung oder staatlicher Prüfung,
   b) Kinderkrankenschwestern/Kinderkrankenpfleger, die in Kinderkrippen tätig sind, eingruppiert.
6. Besonders schwierige fachliche Tätigkeiten sind z.B. die
   a) Tätigkeiten in Integrationsgruppen (Erziehungsgruppen, denen besondere Aufgaben in der gemeinsamen Förderung behinderter und nicht behinderter Kinder zugewiesen sind) mit einem Anteil von mindestens einem Drittel von behinderten Menschen im Sinne des § 2 SGB IX in Einrichtungen der Kindertagesbetreuung,
   b) Tätigkeiten in Gruppen von behinderten Menschen im Sinne des § 2 SGB IX oder von Kindern und Jugendlichen mit wesentlichen Erziehungsschwierigkeiten,
   c) Tätigkeiten in Jugendzentren/Häusern der offenen Tür,
   d) Tätigkeiten in geschlossenen (gesicherten) Gruppen,
   e) fachlichen Koordinierungstätigkeiten für mindestens vier Beschäftigte mindestens der Entgeltgruppe S 6,
   f) Tätigkeiten einer Facherzieherin/eines Facherziehers mit einrichtungsübergreifenden Aufgaben.
7. Unter Heilpädagoginnen/Heilpädagogen mit staatlicher Anerkennung sind Beschäftigte zu verstehen, die einen nach Maßgabe der Rahmenvereinbarung über die Ausbildung und Prüfung an Fachschulen (Beschluss der Kultusministerkonferenz vom 7. November 2002) gestalteten Ausbildungsgang für Heilpädagoginnen/Heilpädagogen mit der vorgeschriebenen Prüfung erfolgreich abgeschlossen und die Berechtigung zur Führung der Berufsbezeichnung „staatlich anerkannte Heilpädagogin/staatlich anerkannter Heilpädagoge" erworben haben.
8. Kindertagesstätten im Sinne dieses Tarifmerkmals sind Krippen, Kindergärten, Horte, Kinderbetreuungsstuben, Kinderhäuser und Kindertageseinrichtungen der örtlichen Kindererholungsfürsorge.
9. ¹Der Ermittlung der Durchschnittsbelegung ist für das jeweilige Kalenderjahr grundsätzlich die Zahl der vom 1. Oktober bis 31. Dezember des vorangegangenen Kalenderjahres vergebenen, je Tag gleichzeitig belegbaren Plätze zugrunde zu legen. ²Eine Unterschreitung der maßgeblichen je Tag gleichzeitig belegbaren Plätze von nicht mehr als 5 v.H. führt nicht zur Herabgruppierung. ³Eine Unterschreitung auf Grund vom Arbeitgeber verantworteter Maßnahmen (z.B. Qualitätsverbesserungen) führt ebenfalls nicht zur Herabgruppierung. ⁴Hiervon bleiben organisatorische Maßnahmen infolge demografischer Handlungsnotwendigkeiten unberührt.
10. Erziehungsheime sind Heime, in denen überwiegend behinderte Kinder oder Jugendliche im Sinne des § 2 SGB IX oder Kinder oder Jugendliche mit wesentlichen Erziehungsschwierigkeiten ständig untergebracht sind.
11. Schwierige Tätigkeiten sind z.B. die
    a) Beratung von Suchtmittel-Abhängigen,
    b) Beratung von HIV-Infizierten oder an AIDS erkrankten Personen,
    c) begleitende Fürsorge für Heimbewohnerinnen/Heimbewohner und nachgehende Fürsorge für ehemalige Heimbewohnerinnen/Heimbewohner,
    d) begleitende Fürsorge für Strafgefangene und nachgehende Fürsorge für ehemalige Strafgefangene,
    e) Koordinierung der Arbeiten mehrerer Beschäftigter mindestens der Entgeltgruppe S 9.
12. Unter die Entgeltgruppe S 14 fallen auch Beschäftigte mit dem Abschluss Diplompädagogin/Diplompädagoge, die aufgrund gleichwertiger Fähigkeiten und ihrer Erfahrungen entsprechende Tätigkeiten von Sozialarbeiterinnen/Sozialarbeitern bzw. Sozialpädagoginnen/Sozialpädagogen mit staatlicher Anerkennung ausüben, denen Tätigkeiten der Entgeltgruppe S 14 übertragen sind.

13. ¹Das „Treffen von Entscheidungen zur Vermeidung der Gefährdung des Kindeswohls und die Einleitung von Maßnahmen in Zusammenarbeit mit dem Familiengericht bzw. Vormundschaftsgericht, welche zur Gefahrenabwehr erforderlich sind", sind im Allgemeinen Sozialen Dienst bei Tätigkeiten im Rahmen der Fallverantwortung bei
    - Hilfen zur Erziehung nach § 27 SGB VIII,
    - der Hilfeplanung nach § 36 SGB VIII,
    - der Inobhutnahme von Kindern und Jugendlichen (§ 42 SGB VIII),
    - der Mitwirkung in Verfahren vor den Familiengerichten (§ 50 SGB VIII)

    einschließlich der damit in Zusammenhang stehenden Tätigkeiten erfüllt. ²Die Durchführung der Hilfen nach den getroffenen Entscheidungen (z.b. Erziehung in einer Tagesgruppe, Vollzeitpflege oder Heimerziehung) fällt nicht unter die Entgeltgruppe S 14. ³Die in Aufgabengebieten außerhalb des Allgemeinen Sozialen Dienstes wie z.B. Erziehungsbeistandschaft, Pflegekinderdienst, Adoptionsvermittlung, Jugendgerichtshilfe, Vormundschaft, Pflegschaft auszuübenden Tätigkeiten fallen nicht unter die Entgeltgruppe S 14, es sei denn, dass durch Organisationsentscheidung des Arbeitgebers im Rahmen dieser Aufgabengebiete ebenfalls Tätigkeiten auszuüben sind, die die Voraussetzungen von Satz 1 erfüllen.

Niederschriftserklärungen zu dem BT-B

1. Niederschriftserklärung zur Protokollerklärung zu § 40 Abs. 1

¹Vom Geltungsbereich des BT-B nicht erfasst werden insbesondere Lehrkräfte an Heim- und Internatsschulen. ²Für diese gelten die Sonderregelungen des § 51 BT-V. ³Lehrkräfte an Krankenpflegeschulen und ähnlichen der Ausbildung dienenden Einrichtungen fallen unter den BT-B, soweit diese nicht unter den BT-K fallen.

2. Niederschriftserklärung zur Protokollerklärung zu § 44 Abs. 4 Satz 3

Beschäftigte im handwerklichen Erziehungsdienst müssen in Einrichtungen tätig sein, in denen auch Kinder oder Jugendliche mit wesentlichen Erziehungsschwierigkeiten zum Zwecke der Erziehung, Ausbildung oder Pflege betreut werden, und für Kinder oder Jugendliche erzieherisch tätig sein.

3. Niederschriftserklärung zu § 48 Abs. 2

Der Anspruch auf die Wechselschichtzulage ist auch erfüllt, wenn unter Einhaltung der Monatsfrist zwei Nachtdienste geleistet wurden, die nicht zwingend unmittelbar aufeinander folgen müssen.

4. Niederschriftserklärung zu den §§ 6 bis 10 i.V.m. §§ 45 bis 50

¹Die Dokumentation der Arbeitszeit, der Mehrarbeit, der Überstunden, der Bereitschaftsdienste etc. ist nicht mit dem Arbeitszeitkonto gem. § 10 TVöD gleichzusetzen. ²Arbeitszeitkonten können nur auf der Grundlage des § 10 TVöD durch Betriebs- bzw. einvernehmliche Dienstvereinbarungen eingerichtet und geführt werden.

5. Niederschriftserklärung zu § 51 Abs. 6

Für die in Absatz 6 genannten Beschäftigten gelten die Regelungen des Allgemeinen Teils sowie die entsprechenden Regelungen des TVÜ-VKA.

6. Niederschriftserklärung zu der Protokollerklärung Nr. 13 im Anhang zu der Anlage C (VKA)

¹Allgemeiner Sozialer Dienst (ASD) ist eine Organisationsbezeichnung, die auch durch andere Begriffe wie z.B. Kommunaler Sozialer Dienst (KSD) ersetzt sein kann. ²Der Begriff bezeichnet hier die Aufgabenstellung des Allgemeinen Sozialen Dienstes und muss nicht mit der Benennung der Organisationsform bei dem einzelnen Arbeitgeber übereinstimmen.

Tarifvertrag für den öffentlichen Dienst (TVöD) – Besonderer Teil Entsorgung – (BT-E) –

13. September 2005

§ 40 Geltungsbereich

(1) ¹Dieser Tarifvertrag gilt für Beschäftigte der Entsorgungsbetriebe, unabhängig von deren Rechtsform. ²Er bildet im Zusammenhang mit dem Allgemeinen Teil des Tarifvertrages für den öffentlichen Dienst (TVöD) den Tarifvertrag für die Sparte Entsorgung (TV-E).

(2) Soweit in den nachfolgenden Bestimmungen auf die §§ 1 bis 39 verwiesen wird, handelt es sich um die Regelungen des TVöD – Allgemeiner Teil –.

§ 41 Tägliche Rahmenzeit

Die tägliche Rahmenzeit kann auf bis zu zwölf Stunden in der Zeitspanne von 6 bis 22 Uhr vereinbart werden.

§ 42 Öffnungsregelung zu § 14 TzBfG

(1) Die kalendermäßige Befristung eines Arbeitsvertrages ohne Vorliegen eines sachlichen Grundes ist nach Maßgabe der Absätze 2 bis 4 bis zur Dauer von vier Jahren zulässig; bis zu dieser Gesamtdauer ist auch die höchstens dreimalige Verlängerung eines kalendermäßig befristeten Arbeitsvertrages möglich.

(2) Die Befristung nach Absatz 1 über die Dauer von zwei Jahren hinaus bedarf der vorherigen Zustimmung des Personalrats/Betriebsrats.

(3) Die Befristung nach Absatz 1 über die Dauer von zwei Jahren hinaus ist unzulässig, wenn mit dem Abschluss des Arbeitsvertrages mehr als 40 v.H. der bei dem Arbeitgeber begründeten Arbeitsverhältnisse ohne Vorliegen eines sachlichen Grundes abgeschlossen wären.

(4) ¹Soweit von der Befristung nach Absatz 1 über die Dauer von zwei Jahren hinaus Gebrauch gemacht wird, ist die Beschäftigung von Leiharbeitnehmerinnen/Leiharbeitnehmern nicht zulässig. ²In begründeten Einzelfällen kann mit Zustimmung des Personalrats/Betriebsrats von Satz 1 abgewichen werden.

(5) Beschäftigte, mit denen eine Befristung nach Absatz 1 über die Dauer von zwei Jahren hinaus vereinbart ist, sind nach Ablauf der vereinbarten Zeit in ein Arbeitsverhältnis von unbestimmter Dauer zu übernehmen, sofern im Falle des Ausscheidens dieser Beschäftigten für den betreffenden Funktionsbereich ein befristetes Arbeitsverhältnis mit anderen Beschäftigten begründet würde.

(6) Beim Abschluss von nach Absatz 1 befristeten Arbeitsverträgen über die Dauer von zwei Jahren hinaus sind Auszubildende, die bei demselben Arbeitgeber ausgebildet worden sind, nach erfolgreich abgeschlossener Abschlussprüfung bei gleicher Eignung und Befähigung vorrangig zu berücksichtigen.

§ 43 Betrieblicher Gesundheits- und Arbeitsschutz

(1) Arbeiten in der Abfall- und Entsorgungswirtschaft verpflichten Arbeitgeber und Beschäftigte in besonders hohem Maße zur Einhaltung aller einschlägigen Arbeitsschutz- und Sicherheitsvorschriften.

(2) Es sind ein sicherheitsgerechter Arbeitsplatz und eine Arbeitsumgebung zur Verfügung zu stellen, die eine Gefährdung nach Möglichkeit ausschließen, wobei gesicherte arbeitswissenschaftliche Erkenntnisse über menschengerechte Arbeitsplatzgestaltung berücksichtigt werden.

(3) ¹Neben den allgemeinen Bestimmungen der gesetzlichen Unfallversicherungsträger, den Rechten und Pflichten, die sich aus dem Betriebsverfassungsgesetz und den Personalvertretungsgesetzen sowie dem Arbeitssicherheitsgesetz ergeben, hat der Arbeitgeber dafür Sorge zu tragen, dass

1. die Beschäftigten mindestens im Turnus von einem Jahr über die zu beachtenden Gesetze, Verordnungen und Unfallverhütungsvorschriften unterrichtet werden sowie bei Einführung neuer Arbeitsverfahren und neuer Arbeitsstoffe bzw. vor der Arbeitsaufnahme an einem neuen Arbeitsplatz. ²Bei Bedarf sind Unterweisungen öfter durchzuführen. ³Beschäftigte, die der deutschen Sprache nicht ausreichend mächtig sind, müssen in einer ihnen verständlichen Sprache unterwiesen werden. ⁴Dieses kann auch in schriftlicher Form in der jeweiligen Landessprache erfolgen,
2. die für die Beschäftigten und die Ausführung der Arbeiten erforderlichen Schutzausrüstungen, Werkzeuge, Maschinen und Fahrzeuge im betriebssicheren Zustand zur Verfügung gestellt werden,
3. Arbeits- und Schutzkleidung den Witterungsbedingungen entsprechend zur Verfügung gestellt, gereinigt und instand gesetzt wird.

(4) ¹Die Beschäftigten sind verpflichtet, die sicherheitstechnischen Vorschriften und die turnusmäßigen betrieblichen Belehrungen zu beachten. ²Sie sind ferner dazu verpflichtet, die ihnen vom Betrieb gestellten Schutzausrüstungen, Werkzeuge, Maschinen und Fahrzeuge zur Herstellung der Arbeitssicherheit zu verwenden und sich vor dem Einsatz von dem ordnungsgemäßen Zustand zu überzeugen. ³Weitergehende Arbeitsschutzvorschriften der jeweiligen Arbeitgeber sind vorrangig einzuhalten.

(5) Beschäftigte, die sich über die Arbeitssicherheit zur Ausführung eines bestimmten Auftrages nicht ausreichend belehrt fühlen, haben das Recht und die Pflicht, dies dem betrieblich Verantwortlichen vor der Arbeitsaufnahme zu melden.

(6) In den Betriebsstätten und festen Baustellen haben die allgemeinen und für die jeweilige Arbeit speziellen Unfallverhütungsvorschriften der gesetzlichen Unfallversicherungsträger den Beschäftigten während der Arbeitszeit zugänglich zu sein.

(7) Näheres soll durch Betriebs-/Dienstvereinbarung zum betrieblichen Arbeits- und Gesundheitsschutz geregelt werden.

§ 44 Erfolgsbeteiligung

¹Die Beschäftigten können an einem auf ihrer Mehrleistung beruhenden Betriebsergebnis im Abrechnungszeitraum beteiligt werden. ²Qualität und Menge der erbrachten Mehrleistung sind nachzuweisen. ³Die Kriterien für diese Erfolgsbeteiligung und das Verfahren werden in einem betrieblich zu vereinbarenden System festgelegt. ⁴Die Erfolgsbeteiligung ist kein zusatzversorgungspflichtiges Entgelt.

§ 45 Qualifizierung

(1) ¹Ein hohes Qualifikationsniveau und lebenslanges Lernen liegen im gemeinsamen Interesse von Beschäftigten und Arbeitgebern. ²Qualifizierung dient der Steigerung von Effektivität und Effizienz des Betriebes, der Nachwuchsförderung und der Steigerung von beschäftigungsbezogenen Kompetenzen. ³Die Tarifvertragsparteien verstehen Qualifizierung auch als Teil der Personalentwicklung.

(2) ¹Vor diesem Hintergrund stellt Qualifizierung nach diesem Tarifvertrag ein Angebot dar, aus dem für die Beschäftigten kein individueller Anspruch außer nach Absatz 4 abgeleitet werden kann. ²Das Angebot kann durch freiwillige Betriebsvereinbarung/Dienstvereinbarung wahrgenommen und näher ausgestaltet werden. ³Weitergehende Mitbestimmungsrechte werden dadurch nicht berührt.

(3) ¹Qualifizierungsmaßnahmen sind
a) die Fortentwicklung der fachlichen, methodischen und sozialen Kompetenzen für die übertragenen Tätigkeiten (Erhaltungsqualifizierung),
b) der Erwerb zusätzlicher Qualifikationen (Fort- und Weiterbildung),
c) die Qualifizierung zur Arbeitsplatzsicherung (Qualifizierung für eine andere Tätigkeit; Umschulung),
d) die Einarbeitung bei längerer Abwesenheit (Wiedereinstiegsqualifizierung).

²Die Teilnahme an einer Qualifizierungsmaßnahme wird dokumentiert und den Beschäftigten schriftlich bestätigt.

(4) ¹Beschäftigte haben – auch in den Fällen des Absatzes 3 Satz 1 Buchst. d – Anspruch auf ein regelmäßiges Gespräch mit der jeweiligen Führungskraft, in dem festgestellt wird, ob und welcher Qualifizierungsbedarf besteht. ²Dieses Gespräch kann auch als Gruppengespräch geführt werden. ³Wird nichts anderes geregelt, ist das Gespräch jährlich zu führen.

(5) ¹Die Kosten einer vom Arbeitgeber veranlassten Qualifizierungsmaßnahme – einschließlich Reisekosten – werden, soweit sie nicht von Dritten übernommen werden, grundsätzlich vom Arbeitgeber getragen. ²Ein möglicher Eigenbeitrag und eventuelle Rückzahlungspflichten bei vorzeitigem Ausscheiden werden in einer Qualifizierungsvereinbarung geregelt. ³Die Betriebsparteien sind gehalten, die Grundsätze einer fairen Kostenverteilung unter Berücksichtigung des betrieblichen und individuellen Nutzens zu regeln. ⁴Ein Eigenbeitrag der/des Beschäftigten kann in Geld und/oder Zeit erfolgen.

(6) ¹Zeiten von vereinbarten Qualifizierungsmaßnahmen gelten als Arbeitszeit. ²Absatz 5 Sätze 2 bis 4 bleiben unberührt.

(7) Gesetzliche Förderungsmöglichkeiten können in die Qualifizierungsplanung einbezogen werden.

(8) Für Beschäftigte mit individuellen Arbeitszeiten sollen Qualifizierungsmaßnahmen so angeboten werden, dass ihnen eine gleichberechtigte Teilnahme ermöglicht werden kann.

§ 46 Reise- und Umzugskosten

¹Die Erstattung von Reise- und Umzugskosten richtet sich nach den beim Arbeitgeber geltenden Grundsätzen. ²Für Arbeitgeber, die dem öffentlichen Haushaltsrecht unterliegen, finden, wenn diese nicht nach eigenen Grundsätzen verfahren, die für Beamtinnen und Beamten geltenden Bestimmungen Anwendung.

§ 47 In-Kraft-Treten, Laufzeit

¹Dieser Tarifvertrag tritt am 1. Oktober 2005 in Kraft. ²Er kann mit einer Frist von drei Monaten zum Schluss eines Kalenderhalbjahres schriftlich gekündigt werden, frühestens jedoch zum 31. Dezember 2009.

Tarifvertrag für den öffentlichen Dienst (TVöD) – Besonderer Teil Flughäfen – (BT-F) –

13. September 2005

§ 40 Geltungsbereich

(1) [1]Dieser Tarifvertrag gilt für Beschäftigte der Verkehrsflughäfen. [2]Er bildet im Zusammenhang mit dem Allgemeinen Teil des Tarifvertrages für den öffentlichen Dienst (TVöD) den Tarifvertrag für die Sparte Flughäfen (TV-F).

(2) Soweit in den nachfolgenden Bestimmungen auf die §§ 1 bis 39 verwiesen wird, handelt es sich um die Regelungen des TVöD – Allgemeiner Teil –.

§ 41 Wechselschichtarbeit

Durch landesbezirklichen Tarifvertrag kann bestimmt werden, dass abweichend von
a) § 6 Abs. 1 Satz 2 die gesetzlichen Pausen bei Wechselschichtarbeit nicht in die Arbeitszeit einzurechnen sind und
b) § 7 Abs. 1 Satz 1 Wechselschichtarbeit erst dann vorliegt, wenn die/der Beschäftigte längstens nach Ablauf eines Monats erneut zu mindestens zwei Nachtschichten herangezogen wird.

§ 42 Rampendienst

(1) [1]Beschäftigten im Rampendienst wird für je sechs Arbeitstage ein freier Arbeitstag gewährt. [2]Im Jahresdurchschnitt soll mindestens jeder dritte freie Tag auf einen Sonntag fallen.

(2) [1]Als freier Tag gilt in der Regel eine arbeitsfreie Zeit von 36 Stunden. [2]Diese kann in Ausnahmefällen auf 32 Stunden verringert werden, wenn die Betriebsverhältnisse es erfordern. [3]Werden zwei zusammenhängende freie Tage gewährt, gilt in der Regel eine arbeitsfreie Zeit von 60 Stunden, die in Ausnahmefällen auf 56 Stunden verringert werden kann, als zwei freie Tage. [4]Für weitere freie Tage erhöhen sich die Zeiten um jeweils 24 Stunden für einen Tag.

(3) Die Zeitzuschläge nach § 8 Abs. 1 werden pauschal mit einem Zuschlag von 12 v.H. des auf eine Stunde entfallenden Anteils des monatlichen Entgelts der Stufe 3 der jeweiligen Entgeltgruppe nach Maßgabe der Entgelttabelle abgegolten.

§ 43 Feuerwehr- und Sanitätspersonal

(1) Für das Feuerwehr- und Sanitätspersonal wird – unter Einbeziehung der Zeitzuschläge nach § 8 Abs. 1 – das monatliche Entgelt landesbezirklich oder betrieblich geregelt.

(2) Wenn das Feuerwehr- und Sanitätspersonal in Ausnahmefällen aus der zusammenhängenden Ruhezeit zur Arbeit gerufen wird, ist diese – einschließlich etwaiger Zeitzuschläge – neben dem Tabellenentgelt besonders zu vergüten.

§ 44 Reise- und Umzugskosten

Die Erstattung von Reise- und Umzugskosten richtet sich nach den beim Arbeitgeber geltenden Grundsätzen.

§ 45 In-Kraft-Treten, Laufzeit

[1]Dieser Tarifvertrag tritt am 1. Oktober 2005 in Kraft. [2]Er kann mit einer Frist von drei Monaten zum Schluss eines Kalenderhalbjahres schriftlich gekündigt werden, frühestens jedoch zum 31. Dezember 2009.

Tarifvertrag für den öffentlichen Dienst (TVöD) – Besonderer Teil Krankenhäuser – (BT-K) –

Vom 1. August 2006
zuletzt geändert durch ÄndTV Nr. 5 vom 31. März 2012

§ 40 Geltungsbereich

(1) Dieser Besondere Teil gilt für Beschäftigte, die in einem Arbeitsverhältnis zu einem Arbeitgeber stehen, der Mitglied eines Mitgliedverbandes der VKA ist, wenn sie in
a) Krankenhäusern, einschließlich psychiatrischen Fachkrankenhäusern,
b) medizinischen Instituten von Krankenhäusern oder
c) sonstigen Einrichtungen (z.b. Reha-Einrichtungen, Kureinrichtungen), in denen die betreuten Personen in ärztlicher Behandlung stehen, wenn die Behandlung durch in den Einrichtungen selbst beschäftigte Ärztinnen oder Ärzte stattfindet,
beschäftigt sind.

Protokollerklärung zu Absatz 1:
¹Von dem Geltungsbereich werden auch Fachabteilungen (z.B. Pflege-, Altenpflege- und Betreuungseinrichtungen) in psychiatrischen Zentren bzw. Rehabilitations- oder Kureinrichtungen erfasst, soweit diese mit einem psychiatrischen Fachkrankenhaus bzw. einem Krankenhaus desselben Trägers einen Betrieb bilden. ²Von Satz 1 erfasste Einrichtungen können durch landesbezirkliche Anwendungsvereinbarung von dem Geltungsbereich ausgenommen werden. ³Im Übrigen werden Altenpflegeeinrichtungen eines Krankenhauses von dem Geltungsbereich des BT-K nicht erfasst, auch soweit sie mit einem Krankenhaus desselben Trägers einen Betrieb bilden. ⁴Vom Geltungsbereich des BT-B erfasste Einrichtungen können durch landesbezirkliche Anwendungsvereinbarung in diesen Tarifvertrag einbezogen werden.

(2) Soweit in den nachfolgenden Bestimmungen auf die §§ 1 bis 39 verwiesen wird, handelt es sich um die Regelungen des TVöD – Allgemeiner Teil –.

§ 41 Besondere Regelung zum Geltungsbereich TVöD

¹§ 1 Abs. 2 Buchst. b findet auf Ärztinnen und Ärzte keine Anwendung. ²Eine abweichende einzelvertragliche Regelung für Oberärztinnen und Oberärzte im Sinne des § 51 Abs. 3 und 4 ist zulässig.

Protokollerklärungen zu § 41:
1. *Ärztinnen und Ärzte nach diesem Tarifvertrag sind auch Zahnärztinnen und Zahnärzte.*
2. *¹Für Ärztinnen und Ärzte, die sich am 1. August 2006 in der Altersteilzeit befinden, verbleibt es bei der Anwendung des BT-K in der bis zum 31. Juli 2006 geltenden Fassung. ²Mit Ärztinnen und Ärzten, die Altersteilzeit vor dem 1. August 2006 vereinbart, diese aber am 1. August 2006 noch nicht begonnen haben, ist auf Verlangen die Aufhebung der Altersteilzeitvereinbarung zu prüfen. ³Satz 2 gilt entsprechend in den Fällen des Satzes 1,*
    a) *bei Altersteilzeit im Blockmodell, wenn am 1. August 2006 ein Zeitraum von nicht mehr als einem Drittel der Arbeitsphase,*
    b) *bei Altersteilzeit im Teilzeitmodell, wenn am 1. August 2006 ein Zeitraum von nicht mehr als einem Drittel der Altersteilzeit*
    zurückgelegt ist.

§ 42 Allgemeine Pflichten der Ärztinnen und Ärzte

(1) ¹Zu den den Ärztinnen und Ärzten obliegenden ärztlichen Pflichten gehört es auch, ärztliche Bescheinigungen auszustellen. ²Die Ärztinnen und Ärzte können vom Arbeitgeber auch verpflichtet werden, im Rahmen einer zugelassenen Nebentätigkeit von leitenden Ärztinnen

und Ärzten oder für Belegärztinnen und Belegärzte innerhalb der Einrichtung ärztlich tätig zu werden.

(2) ¹Zu den aus der Haupttätigkeit obliegenden Pflichten der Ärztinnen und Ärzte gehört es ferner, am Rettungsdienst in Notarztwagen und Hubschraubern teilzunehmen. ²Für jeden Einsatz in diesem Rettungsdienst erhalten Ärztinnen und Ärzte einen nicht zusatzversorgungspflichtigen Einsatzzuschlag ab 1. März 2012 in Höhe von 22,24 Euro, ab 1. Januar 2013 in Höhe von 22,55 Euro und ab 1. August 2013 in Höhe von 22,87 Euro. ³Dieser Betrag verändert sich zu demselben Zeitpunkt und in dem gleichen Ausmaß wie das Tabellenentgelt der Entgeltgruppe II Stufe 1 (Ärztinnen/Ärzte).

Protokollerklärungen zu Absatz 2:

1. *Eine Ärztin/ein Arzt, die/der nach der Approbation noch nicht mindestens ein Jahr klinisch tätig war, ist grundsätzlich nicht zum Einsatz im Rettungsdienst heranzuziehen.*
2. *Eine Ärztin/ein Arzt, der/dem aus persönlichen oder fachlichen Gründen (z.B. Vorliegen einer anerkannten Minderung der Erwerbsfähigkeit, die dem Einsatz im Rettungsdienst entgegensteht, Flugunverträglichkeit) die Teilnahme am Rettungsdienst nicht zumutbar ist, darf grundsätzlich nicht zum Einsatz im Rettungsdienst herangezogen werden.*

(3) ¹Die Erstellung von Gutachten, gutachtlichen Äußerungen und wissenschaftlichen Ausarbeitungen, die nicht von einem Dritten angefordert und vergütet werden, gehört zu den den Ärztinnen und Ärzten obliegenden Pflichten aus der Haupttätigkeit.

(4) ¹Ärztinnen und Ärzte können vom Arbeitgeber verpflichtet werden, als Nebentätigkeit Unterricht zu erteilen sowie Gutachten, gutachtliche Äußerungen und wissenschaftliche Ausarbeitungen, die von einem Dritten angefordert und vergütet werden, zu erstellen, und zwar auch im Rahmen einer zugelassenen Nebentätigkeit der leitenden Ärztin/des leitenden Arztes. ²Steht die Vergütung für das Gutachten, die gutachtliche Äußerung oder wissenschaftliche Ausarbeitung ausschließlich dem Arbeitgeber zu, haben Ärztinnen und Ärzte nach Maßgabe ihrer Beteiligung einen Anspruch auf einen Teil dieser Vergütung. ³In allen anderen Fällen sind Ärztinnen und Ärzte berechtigt, für die Nebentätigkeit einen Anteil der von dem Dritten zu zahlenden Vergütung anzunehmen. ⁴Ärztinnen und Ärzte können die Übernahme der Nebentätigkeit verweigern, wenn die angebotene Vergütung offenbar nicht dem Maß ihrer Beteiligung entspricht; im Übrigen kann die Übernahme der Nebentätigkeit nur in besonders begründeten Ausnahmefällen verweigert werden.

§ 43 Zu § 5 Qualifizierung – Ärztinnen/Ärzte

(1) Für Beschäftigte, die sich in Facharzt-, Schwerpunktweiterbildung oder Zusatzausbildung nach dem Gesetz über befristete Arbeitsverträge mit Ärzten in der Weiterbildung befinden, ist ein Weiterbildungsplan aufzustellen, der unter Berücksichtigung des Standes der Weiterbildung die zu vermittelnden Ziele und Inhalte der Weiterbildungsabschnitte sachlich und zeitlich gegliedert festlegt.

(2) Die Weiterbildung ist vom Betrieb im Rahmen seines Versorgungsauftrags bei wirtschaftlicher Betriebsführung so zu organisieren, dass die/der Beschäftigte die festgelegten Weiterbildungsziele in der nach der jeweiligen Weiterbildungsordnung vorgesehenen Zeit erreichen kann.

(3) ¹Können Weiterbildungsziele aus Gründen, die der Arbeitgeber zu vertreten hat, in der vereinbarten Dauer des Arbeitsverhältnisses nicht erreicht werden, so ist die Dauer des Arbeitsvertrages entsprechend zu verlängern. ²Die Regelungen des Gesetzes über befristete Arbeitsverträge mit Ärzten in der Weiterbildung bleiben hiervon unberührt und sind für den Fall lang andauernder Arbeitsunfähigkeit sinngemäß anzuwenden. ³Absatz 2 bleibt unberührt.

(4) ¹Zur Teilnahme an Arztkongressen, Fachtagungen und ähnlichen Veranstaltungen ist der Ärztin/dem Arzt Arbeitsbefreiung bis zu drei Arbeitstagen im Kalenderjahr unter Fortzahlung des Entgelts zu gewähren. ²Die Arbeitsbefreiung wird auf einen Anspruch nach den Weiterbildungsgesetzen der Länder angerechnet. ³Bei Kostenerstattung durch Dritte kann eine Freistellung für bis zu fünf Arbeitstage erfolgen.

§ 44 Zu § 6 Regelmäßige Arbeitszeit

(1) ¹Die regelmäßige Arbeitszeit beträgt für Beschäftigte der Mitglieder eines Mitgliedverbandes der VKA ausschließlich der Pausen
a) im Tarifgebiet West abweichend von § 6 Abs. 1 Satz 1 Buchst. b durchschnittlich 38,5 Stunden wöchentlich,
b) im Tarifgebiet Ost durchschnittlich 40 Stunden wöchentlich.

²Für Beschäftigte der Mitglieder des Kommunalen Arbeitgeberverbandes Baden-Württemberg beträgt die regelmäßige Arbeitszeit ausschließlich der Pausen abweichend von Satz 1 Buchst. a durchschnittlich 39 Stunden wöchentlich. ³Satz 2 gilt nicht für Auszubildende, Schülerinnen/Schüler sowie Praktikantinnen/Praktikanten der Mitglieder des Kommunalen Arbeitgeberverbandes Baden-Württemberg; für sie beträgt die regelmäßige Arbeitszeit ausschließlich der Pausen durchschnittlich 38,5 Stunden wöchentlich.

(2) Für Ärztinnen und Ärzte beträgt die regelmäßige Arbeitszeit ausschließlich der Pausen durchschnittlich 40 Stunden wöchentlich.

(3) Die Arbeitszeiten der Ärztinnen und Ärzte sind durch elektronische Zeiterfassung oder auf andere Art und Weise zu dokumentieren.

(4) ¹Unter den Voraussetzungen des Arbeitszeitgesetzes und des Arbeitsschutzgesetzes, insbesondere des § 5 ArbSchG, kann die tägliche Arbeitszeit der Ärztinnen und Ärzte im Schichtdienst auf bis zu zwölf Stunden ausschließlich der Pausen ausgedehnt werden. ²In unmittelbarer Folge dürfen nicht mehr als vier Zwölf-Stunden-Schichten und innerhalb von zwei Kalenderwochen nicht mehr als acht Zwölf-Stunden-Schichten geleistet werden. ³Solche Schichten können nicht mit Bereitschaftsdienst kombiniert werden.

§ 45 Bereitschaftsdienst und Rufbereitschaft

(1) ¹Bereitschaftsdienst leisten die Beschäftigten, die sich auf Anordnung des Arbeitgebers außerhalb der regelmäßigen Arbeitszeit an einer vom Arbeitgeber bestimmten Stelle aufhalten, um im Bedarfsfall die Arbeit aufzunehmen. ²Der Arbeitgeber darf Bereitschaftsdienst nur anordnen, wenn zu erwarten ist, dass zwar Arbeit anfällt, erfahrungsgemäß aber die Zeit ohne Arbeitsleistung überwiegt.

(2) Abweichend von den §§ 3, 5 und 6 Abs. 2 ArbZG kann im Rahmen des § 7 ArbZG die tägliche Arbeitszeit im Sinne des Arbeitszeitgesetzes über acht Stunden hinaus verlängert werden, wenn mindestens die acht Stunden überschreitende Zeit im Rahmen von Bereitschaftsdienst geleistet wird, und zwar wie folgt:
a) bei Bereitschaftsdiensten der Stufe I bis zu insgesamt maximal 16 Stunden täglich; die gesetzlich vorgeschriebene Pause verlängert diesen Zeitraum nicht,
b) bei Bereitschaftsdiensten der Stufen II und III bis zu insgesamt maximal 13 Stunden täglich; die gesetzlich vorgeschriebene Pause verlängert diesen Zeitraum nicht.

(3) ¹Im Rahmen des § 7 ArbZG kann unter den Voraussetzungen
a) einer Prüfung alternativer Arbeitszeitmodelle,
b) einer Belastungsanalyse gemäß § 5 ArbSchG und
c) ggf. daraus resultierender Maßnahmen zur Gewährleistung des Gesundheitsschutzes

aufgrund einer Betriebs-/Dienstvereinbarung von den Regelungen des Arbeitszeitgesetzes abgewichen werden. ²Für einen Betrieb/eine Verwaltung, in dem/der ein Personalvertretungsgesetz Anwendung findet, kann eine Regelung nach Satz 1 in einem landesbezirklichen Tarifvertrag getroffen werden, wenn eine Dienstvereinbarung nicht einvernehmlich zustande kommt (§ 38 Abs. 3) und der Arbeitgeber ein Letztentscheidungsrecht hat. ³Abweichend von den §§ 3, 5 und 6 Abs. 2 ArbZG kann die tägliche Arbeitszeit im Sinne des Arbeitszeitgesetzes über acht Stunden hinaus verlängert werden, wenn in die Arbeitszeit regelmäßig und in erheblichem Umfang Bereitschaftsdienst fällt. ⁴Hierbei darf die tägliche Arbeitszeit ausschließlich der Pausen maximal 24 Stunden betragen.

(4) Unter den Voraussetzungen des Absatzes 3 Satz 1 und 2 kann die tägliche Arbeitszeit gemäß § 7 Abs. 2a ArbZG ohne Ausgleich verlängert werden, wobei
a) bei Bereitschaftsdiensten der Stufe I eine wöchentliche Arbeitszeit von bis zu maximal durchschnittlich 58 Stunden,
b) bei Bereitschaftsdiensten der Stufen II und III eine wöchentliche Arbeitszeit von bis zu maximal durchschnittlich 54 Stunden
zulässig ist.

(5) Für den Ausgleichszeitraum nach den Absätzen 2 bis 4 gilt § 6 Abs. 2 Satz 1.

(6) Bei Aufnahme von Verhandlungen über eine Betriebs-/Dienstvereinbarung nach den Absätzen 3 und 4 sind die Tarifvertragsparteien auf landesbezirklicher Ebene zu informieren.

(7) [1]In den Fällen, in denen Beschäftigte Teilzeitarbeit gemäß § 11 vereinbart haben, verringern sich die Höchstgrenzen der wöchentlichen Arbeitszeit nach den Absätzen 2 bis 4 in demselben Verhältnis wie die Arbeitszeit dieser Beschäftigten zu der regelmäßigen Arbeitszeit der Vollbeschäftigten. [2]Mit Zustimmung der/des Beschäftigten oder aufgrund von dringenden dienstlichen oder betrieblichen Belangen kann hiervon abgewichen werden.

(8) [1]Der Arbeitgeber darf Rufbereitschaft nur anordnen, wenn erfahrungsgemäß lediglich in Ausnahmefällen Arbeit anfällt. [2]Durch tatsächliche Arbeitsleistung innerhalb der Rufbereitschaft kann die tägliche Höchstarbeitszeit von zehn Stunden (§ 3 ArbZG) überschritten werden (§ 7 ArbZG).

(9) § 6 Abs. 4 bleibt im Übrigen unberührt.

(10) [1]Für Beschäftigte in Einrichtungen und Heimen, die der Förderung der Gesundheit, Erziehung, Fürsorge oder Betreuung von Kindern und Jugendlichen, der Fürsorge und Betreuung von obdachlosen, alten, gebrechlichen, erwerbsbeschränkten oder sonstigen hilfsbedürftigen Personen dienen, auch wenn diese Einrichtungen nicht der ärztlichen Behandlung der betreuten Personen dienen, gelten die Absätze 1 bis 9 mit der Maßgabe, dass die Grenzen für die Stufe I einzuhalten sind. [2]Dazu gehören auch die Beschäftigten in Einrichtungen, in denen die betreuten Personen nicht regelmäßig ärztlich behandelt und beaufsichtigt werden (Erholungsheime).

§ 46 Bereitschaftsdienstentgelt

(1) Zum Zwecke der Entgeltberechnung wird nach dem Maß der während des Bereitschaftsdienstes erfahrungsgemäß durchschnittlich anfallenden Arbeitsleistungen die Zeit des Bereitschaftsdienstes einschließlich der geleisteten Arbeit wie folgt als Arbeitszeit gewertet:

Stufe	Arbeitsleistung innerhalb des Bereitschaftsdienstes	Bewertung als Arbeitszeit
I	bis zu 25 v.H.	60 v.H.
II	mehr als 25 bis 40 v.H.	75 v.H.
III	mehr als 40 bis 49 v.H.	90 v.H.

(2) [1]Die Zuweisung zu den einzelnen Stufen des Bereitschaftsdienstes erfolgt durch die Betriebsparteien. [2]Bei Ärztinnen und Ärzten erfolgt die Zuweisung zu den einzelnen Stufen des Bereitschaftsdienstes als Nebenabrede (§ 2 Abs. 3) zum Arbeitsvertrag. [3]Die Nebenabrede ist mit einer Frist von drei Monaten jeweils zum Ende eines Kalenderhalbjahres kündbar.

(3) Für die Beschäftigten gemäß § 45 Abs. 10 wird zum Zwecke der Entgeltberechnung die Zeit des Bereitschaftsdienstes einschließlich der geleisteten Arbeit mit 28,5 v.H. als Arbeitszeit gewertet.

(4) [1]Das Entgelt für die nach den Absätzen 1 und 3 zum Zwecke der Entgeltberechnung als Arbeitszeit gewertete Bereitschaftsdienstzeit bestimmt sich nach der Anlage G. [2]Die Beträge der Anlage G verändern sich ab dem 1. März 2012 bei allgemeinen Entgeltanpassungen um den von den Tarifvertragsparteien für die jeweilige Entgeltgruppe festgelegten Vomhundertsatz.

(5) [1]Die Beschäftigten erhalten zusätzlich zu dem Entgelt nach Absatz 4 für jede nach den Absätzen 1 und 3 als Arbeitszeit gewertete Stunde, die an einem Feiertag geleistet worden ist,

einen Zeitzuschlag in Höhe von 25 v.H. des Stundenentgelts ihrer jeweiligen Entgeltgruppe nach der Anlage C. ²Im Übrigen werden für die Zeit des Bereitschaftsdienstes einschließlich der geleisteten Arbeit und für die Zeit der Rufbereitschaft Zeitzuschläge nach § 8 nicht gezahlt.

(6) ¹Die Beschäftigten erhalten zusätzlich zu dem Entgelt nach Absatz 4 für die Zeit des Bereitschaftsdienstes in den Nachtstunden (§ 7 Abs. 5) je Stunde einen Zeitzuschlag in Höhe von 15 v.H. des Entgelts nach Absatz 4. ²Absatz 5 Satz 2 gilt entsprechend.

(7) ¹Anstelle der Auszahlung des Entgelts nach Absatz 4 für die nach den Absätzen 1 und 3 gewertete Arbeitszeit kann diese bei Ärztinnen und Ärzten bis zum Ende des dritten Kalendermonats auch durch entsprechende Freizeit abgegolten werden (Freizeitausgleich). ²Die Möglichkeit zum Freizeitausgleich nach Satz 1 umfasst auch die den Zeitzuschlägen nach Absätzen 5 und 6 im Verhältnis 1:1 entsprechende Arbeitszeit. ³Für die Zeit des Freizeitausgleichs werden das Entgelt (§ 15) und die in Monatsbeträgen festgelegten Zulagen fortgezahlt. ⁴Nach Ablauf der drei Monate wird das Bereitschaftsdienstentgelt am Zahltag des folgenden Kalendermonats fällig.

(8) ¹An Beschäftigte, die nicht von Absatz 7 erfasst werden, wird das Bereitschaftsdienstentgelt gezahlt (§ 24 Abs. 1 Satz 3), es sei denn, dass ein Freizeitausgleich zur Einhaltung der Vorschriften des Arbeitszeitgesetzes erforderlich ist oder eine entsprechende Regelung in einer Betriebs- oder einvernehmlichen Dienstvereinbarung getroffen wird oder die/der Beschäftigte dem Freizeitausgleich zustimmt. ²In diesem Fall gilt Absatz 7 entsprechend.

(9) ¹Das Bereitschaftsdienstentgelt nach den Absätzen 1, 3, 4, 5 und 6 kann im Falle der Faktorisierung nach § 10 Abs. 3 in Freizeit abgegolten werden. ²Dabei entspricht eine Stunde Bereitschaftsdienst

a)	nach Absatz 1		
	aa)	in der Stufe I	37 Minuten,
	bb)	in der Stufe II	46 Minuten und
	cc)	in der Stufe III	55 Minuten,
b)	nach Absatz 3		17,5 Minuten und
c)	bei Feiertagsarbeit nach Absatz 5		
	jeweils zuzüglich		15 Minuten sowie
d)	bei Nachtarbeit nach Absatz 6		
	jeweils zuzüglich		9 Minuten.

§ 47 Sonderkündigungsrecht der Bereitschaftsdienst- und Rufbereitschaftsregelung

¹Die §§ 45 und 46 können mit einer Frist von drei Monaten gekündigt werden, wenn infolge einer Änderung des Arbeitszeitgesetzes sich materiellrechtliche Auswirkungen ergeben oder weitere Regelungsmöglichkeiten für die Tarifvertragsparteien eröffnet werden. ²Rein formelle Änderungen berechtigen nicht zu einer Ausübung des Sonderkündigungsrechts.

§ 48 Wechselschichtarbeit

(1) Abweichend von § 6 Abs. 1 Satz 2 werden die gesetzlichen Pausen bei Wechselschichtarbeit nicht in die Arbeitszeit eingerechnet.

(2) Abweichend von § 7 Abs. 1 Satz 1 ist Wechselschichtarbeit die Arbeit nach einem Schichtplan/Dienstplan, der einen regelmäßigen Wechsel der täglichen Arbeitszeit in Wechselschichten vorsieht, bei denen die/der Beschäftigte längstens nach Ablauf eines Monats erneut zu mindestens zwei Nachtschichten herangezogen wird.

§ 49 Arbeit an Sonn- und Feiertagen

Abweichend von § 6 Abs. 3 Satz 3 und in Ergänzung zu § 6 Abs. 5 gilt für Sonn- und Feiertage Folgendes:

(1) ¹Die Arbeitszeit an einem gesetzlichen Feiertag, der auf einen Werktag fällt, wird durch eine entsprechende Freistellung an einem anderen Werktag bis zum Ende des dritten Kalendermonats – möglichst aber schon bis zum Ende des nächsten Kalendermonats – ausgeglichen, wenn es die betrieblichen Verhältnisse zulassen. ²Kann ein Freizeitausgleich nicht gewährt werden, erhält die/der Beschäftigte je Stunde 100 v.H. des auf eine Stunde entfallenden Anteils des monatlichen Entgelts der jeweiligen Entgeltgruppe und Stufe nach Maßgabe der Entgelttabelle. ³Ist ein Arbeitszeitkonto eingerichtet, ist eine Buchung gemäß § 10 Abs. 3 zulässig. ⁴§ 8 Abs. 1 Satz 2 Buchst. d bleibt unberührt.

(2) ¹Für Beschäftigte, die regelmäßig nach einem Dienstplan eingesetzt werden, der Wechselschicht- oder Schichtdienst an sieben Tagen in der Woche vorsieht, vermindert sich die regelmäßige Wochenarbeitszeit um ein Fünftel der arbeitsvertraglich vereinbarten durchschnittlichen Wochenarbeitszeit, wenn sie an einem gesetzlichen Feiertag, der auf einen Werktag fällt,
a) Arbeitsleistung zu erbringen haben oder
b) nicht wegen des Feiertags, sondern dienstplanmäßig nicht zur Arbeit eingeteilt sind und deswegen an anderen Tagen der Woche ihre regelmäßige Arbeitszeit erbringen müssen.

²Absatz 1 gilt in diesen Fällen nicht. ³§ 8 Abs. 1 Satz 2 Buchst. d bleibt unberührt.

(3) ¹Beschäftigte, die regelmäßig an Sonn- und Feiertagen arbeiten müssen, erhalten innerhalb von zwei Wochen zwei arbeitsfreie Tage. ²Hiervon soll ein freier Tag auf einen Sonntag fallen.

§ 50 Ausgleich für Sonderformen der Arbeit

Die Zeitzuschläge betragen für Beschäftigte nach § 38 Abs. 5 Satz 1 abweichend von § 8 Abs. 1 Satz 2 Buchst. b und f für
a) Nachtarbeit 15 v.H. des auf eine Stunde entfallenden Anteils des Tabellenentgelts der Stufe 3 der jeweiligen Entgeltgruppe,
b) Arbeit an Samstagen von 13 bis 21 Uhr 0,64 Euro.

§ 51 Eingruppierung der Ärztinnen und Ärzte

(1) ¹Ärztinnen und Ärzte sind mit folgender besonderer Stufenzuordnung wie folgt eingruppiert:
a) Entgeltgruppe I:

    Ärztinnen und Ärzte mit entsprechender Tätigkeit, und zwar in

    Stufe 1: mit weniger als einjähriger ärztlicher Berufserfahrung,
    Stufe 2: nach einjähriger ärztlicher Berufserfahrung,
    Stufe 3: nach dreijähriger ärztlicher Berufserfahrung,
    Stufe 4: nach fünfjähriger ärztlicher Berufserfahrung,
    Stufe 5: nach neunjähriger ärztlicher Berufserfahrung;

b) Entgeltgruppe II:

    Fachärztinnen und Fachärzte mit entsprechender Tätigkeit, und zwar in

    Stufe 1: mit weniger als vierjähriger fachärztlicher Berufserfahrung,
    Stufe 2: nach vierjähriger fachärztlicher Berufserfahrung,
    Stufe 3: nach achtjähriger fachärztlicher Berufserfahrung,
    Stufe 4: nach zwölfjähriger fachärztlicher Berufserfahrung.

²§ 17 bleibt im Übrigen unberührt.

Protokollerklärung zu Absatz 1:

Fachärztinnen und Fachärzte nach diesem Tarifvertrag sind auch Fachzahnärztinnen und Fachzahnärzte.

Besonderer Teil Krankenhäuser (BT-K) § 52 TVöD – BT-K

(2) ¹Bei Einstellung von Ärztinnen und Ärzten der Entgeltgruppe I werden Zeiten ärztlicher Berufserfahrung bei der Stufenzuordnung angerechnet. ²Eine Tätigkeit als Arzt im Praktikum gilt als ärztliche Berufserfahrung. ³Bei der Einstellung von Fachärztinnen und Fachärzten der Entgeltgruppe II werden Zeiten fachärztlicher Berufserfahrung in der Regel angerechnet. ⁴Unabhängig davon kann der Arbeitgeber bei Neueinstellungen zur Deckung des Personalbedarfs Zeiten einer vorherigen beruflichen Tätigkeit ganz oder teilweise für die Stufenzuordnung berücksichtigen, wenn diese Tätigkeit für die vorgesehene Tätigkeit förderlich ist.

Protokollerklärungen zu Absatz 2:

Zeiten ärztlicher Tätigkeit sind nur solche, die von einem gemäß § 10 BÄO oder einer vergleichbaren Qualifikation eines EU-Mitgliedstaates approbierten Beschäftigten geleistet worden sind.

(3) Fachärztinnen und Fachärzte, die als ständige Vertreter der/des leitenden Ärztin/Arztes (Chefärztin/Chefarzt) durch ausdrückliche Anordnung bestellt sind (Leitende Oberärztin/Leitender Oberarzt), erhalten für die Dauer der Bestellung eine Funktionszulage ab 1. März 2012 in Höhe von monatlich 847,18 Euro, ab 1. Januar 2013 in Höhe von monatlich 859,04 Euro und ab 1. August 2013 in Höhe von monatlich 871,07 Euro.

Protokollerklärung zu Absatz 3:

¹Leitende Oberärztin/leitender Oberarzt im Sinne des Tätigkeitsmerkmals ist nur die/der Ärztin/Arzt, der die/den leitende/n Ärztin/Arzt in der Gesamtheit seiner Dienstaufgaben vertritt. ²Das Tätigkeitsmerkmal kann daher innerhalb einer Abteilung (Klinik) nur von einer/einem Ärztin/Arzt erfüllt werden.

(4) Ärztinnen und Ärzte, denen aufgrund ausdrücklicher Anordnung die medizinische Verantwortung für einen selbstständigen Funktionsbereich innerhalb einer Fachabteilung oder eines Fachbereichs seit dem 1. September 2006 übertragen worden ist, erhalten für die Dauer der Anordnung eine Funktionszulage ab 1. März 2012 in Höhe von monatlich 566,55 Euro, ab 1. Januar 2013 in Höhe von monatlich 574,48 Euro und ab 1. August 2013 in Höhe von monatlich 582,52 Euro.

Protokollerklärung zu Absatz 4:

Funktionsbereiche sind wissenschaftlich anerkannte Spezialgebiete innerhalb eines ärztlichen Fachgebietes, z.B. Kardiologie, Unfallchirurgie, Neuroradiologie, Intensivmedizin, oder sonstige vom Arbeitgeber ausdrücklich definierte Funktionsbereiche.

(5) ¹Die Funktionszulagen nach den Absätzen 3 und 4 sind dynamisch und entfallen mit dem Wegfall der Funktion. ²Sind die Voraussetzungen für mehr als eine Funktionszulage erfüllt, besteht nur Anspruch auf eine Funktionszulage. ³Bei unterschiedlicher Höhe der Funktionszulagen wird die höhere gezahlt.

(6) Die Absätze 1 bis 5 finden auf Apothekerinnen/Apotheker und Tierärztinnen/Tierärzte keine Anwendung.

§ 52 Zu § 15 Tabellenentgelt

(1) (aufgehoben)

(2) Ärztinnen und Ärzte erhalten Entgelt nach Anlage C.

Protokollerklärung zu Absatz 2:

(aufgehoben)

(3) ¹Beschäftigte, die in eine der Entgeltgruppen 5 bis 15 eingruppiert sind, erhalten zuzüglich zu dem Tabellenentgelt gemäß § 15 Abs. 1 eine nicht dynamische Zulage ab 1. Juli 2008 in Höhe von monatlich 25,00 Euro. ²§ 24 Abs. 2 findet Anwendung.

(4) ¹Beschäftigte, denen die Leitung einer Station übertragen worden ist, erhalten für die Dauer der Übertragung der Stationsleitung eine Funktionszulage in Höhe von monatlich 30,00 Euro, soweit diesen Beschäftigten im gleichen Zeitraum keine anderweitige Funktionszulage gezahlt wird. ²§ 24 Abs. 2 findet Anwendung. ³Diese Regelung gilt nicht für Ärztinnen und Ärzte.

(5) ¹Beschäftigte, die in eine der Entgeltgruppen 1 bis 4 eingruppiert sind, erhalten zuzüglich zu dem Tabellenentgelt gemäß § 15 Abs. 1 einmalig im Kalenderjahr eine Einmalzahlung ab 1. 1. 2009 in Höhe von 8,4 v.H. der Stufe 2 ihrer jeweiligen Entgeltgruppe im Auszahlungsmonat. ²Die Einmalzahlung nach Satz 1 wird mit dem Tabellenentgelt für den Monat Juli ausgezahlt. ³§ 24 Abs. 2 findet Anwendung.

Protokollerklärungen zu den Absätzen 3 und 5
1. *Abweichend von den Absätzen 3 und 5 beträgt bei Beschäftigten der Mitglieder des Kommunalen Arbeitgeberverbandes Baden-Württemberg und im Tarifgebiet Ost die Zulage nach Absatz 3 Satz 1 monatlich 35,00 Euro und die Einmalzahlung nach Absatz 5 Satz 1 12 v.H.*
2. *Für Krankenpflegehelferinnen und Krankenpflegehelfer bzw. Gesundheits- und Krankenpflegehelferinnen und Gesundheits- und Krankenpflegehelfer gelten die Regelungen des Absatzes 3; die Protokollerklärung Nr. 1 gilt entsprechend.*

§ 53 Zu § 17 Allgemeine Regelungen zu den Stufen

¹Soweit es zur regionalen Differenzierung, zur Deckung des Personalbedarfs oder zur Bindung von qualifizierten Fachkräften erforderlich ist, kann Beschäftigten im Einzelfall, abweichend von dem sich aus der nach § 16 einschließlich des Anhangs zu § 16, § 17 Abs. 4 sowie § 51 Abs. 1 und 2 ergebenden Stufe ihrer jeweiligen Entgeltgruppe zustehenden Entgelt, ein um bis zu zwei Stufen höheres Entgelt ganz oder teilweise vorweggewährt werden. ²Haben Beschäftigte bereits die Endstufe ihrer jeweiligen Entgeltgruppe erreicht, kann ihnen unter den Voraussetzungen des Satzes 1 ein bis zu 20 v.H. der Stufe 2 ihrer jeweiligen Entgeltgruppe höheres Entgelt gezahlt werden. ³Im Übrigen bleibt § 17 TVöD unberührt.

§ 53 a Zu § 18 (VKA) Leistungsentgelt

¹Das für das Leistungsentgelt zur Verfügung stehende Gesamtvolumen nach § 18 Abs. 3 Satz 1 reduziert sich um einen Prozentpunkt. ²Satz 1 gilt nicht für Ärztinnen und Ärzte, für Beschäftigte der Mitglieder des Kommunalen Arbeitgeberverbandes Baden-Württemberg und im Tarifgebiet Ost.

Protokollerklärung zu § 53 a:
¹*Abweichend von Satz 1 beträgt das für das Leistungsentgelt zur Verfügung stehende Gesamtvolumen nach § 18 Abs. 3 Satz 1 im Kalenderjahr 2010 0,00 v.H. und im Kalenderjahr 2011 0,75 v.H.* ²*Bestehende betriebliche Systeme bleiben unberührt.*

§ 54 Zu § 20 Jahressonderzahlung

(1) ¹Beschäftigte erhalten die Jahressonderzahlung auch dann, wenn ihr Arbeitsverhältnis vor dem 1. Dezember endet. ²Bei Beschäftigten, deren Arbeitsverhältnis vor dem 1. Dezember geendet hat, tritt an die Stelle des Bemessungszeitraums nach § 20 Abs. 2 der letzte volle Kalendermonat des Arbeitsverhältnisses mit der Maßgabe, dass Bemessungsgrundlage für die Jahressonderzahlung nur das Tabellenentgelt und die in Monatsbeträgen festgelegten Zulagen sind.

(2) § 20 findet auf Ärztinnen und Ärzte keine Anwendung.

(3) Auf Beschäftigte nach Abschnitt II Abs. 1 Buchst. b letzter Spiegelstrich und Abs. 2 vorletzter Spiegelstrich des Anhangs zu § 16 findet der in § 20 Abs. 2 Satz 1 für die Entgeltgruppen 1 bis 8 ausgewiesene Prozentsatz Anwendung.

§ 55 Zusatzurlaub

(1) ¹Beschäftigte erhalten bei einer Leistung im Kalenderjahr von mindestens

150 Nachtarbeitsstunden	1 Arbeitstag,
300 Nachtarbeitsstunden	2 Arbeitstage,

| 450 Nachtarbeitsstunden | 3 Arbeitstage, |
| 600 Nachtarbeitsstunden | 4 Arbeitstage |

Zusatzurlaub im Kalenderjahr. ²Nachtarbeitsstunden, die in Zeiträumen geleistet werden, für die Zusatzurlaub für Wechselschicht- oder Schichtarbeit zusteht, bleiben unberücksichtigt. ³§ 27 Abs. 4 findet mit der Maßgabe Anwendung, dass Erholungsurlaub und Zusatzurlaub insgesamt im Kalenderjahr 35 Tage, bei Zusatzurlaub wegen Wechselschichtarbeit 36 Tage, nicht überschreiten. ⁴§ 27 Abs. 5 findet Anwendung.

Protokollerklärung zu Absatz 1:

Der Anspruch auf Zusatzurlaub bemisst sich nach den abgeleisteten Nachtarbeitsstunden und entsteht im laufenden Jahr, sobald die Voraussetzungen nach Satz 1 erfüllt sind.

(2) Bei Anwendung des Absatzes 1 werden nur die im Rahmen der regelmäßigen Arbeitszeit (§ 6) in der Zeit zwischen 21 Uhr und 6 Uhr dienstplanmäßig bzw. betriebsüblich geleisteten Nachtarbeitsstunden berücksichtigt.

(3) ¹Bei Teilzeitbeschäftigten ist die Zahl der nach Absatz 1 geforderten Nachtarbeitsstunden entsprechend dem Verhältnis ihrer individuell vereinbarten durchschnittlichen regelmäßigen Arbeitszeit zur regelmäßigen Arbeitszeit vergleichbarer Vollzeitbeschäftigter zu kürzen. ²Ist die vereinbarte Arbeitszeit im Durchschnitt des Urlaubsjahres auf weniger als fünf Arbeitstage in der Kalenderwoche verteilt, ist der Zusatzurlaub in entsprechender Anwendung des § 26 Abs. 1 Sätze 4 und 5 zu ermitteln.

(4) ¹Die Beschäftigten erhalten für die Zeit der Bereitschaftsdienste in den Nachtstunden (§ 7 Abs. 5) einen Zusatzurlaub in Höhe von zwei Arbeitstagen pro Kalenderjahr, sofern mindestens 288 Stunden der Bereitschaftsdienste kalenderjährlich in die Zeit zwischen 21.00 bis 6.00 Uhr fallen. ²Absatz 1 Sätze 2 und 3 und Absatz 3 gelten entsprechend.

§ 56 Haftung

Die Haftung der Beschäftigten bei betrieblich veranlassten Tätigkeiten ist auf Vorsatz und grobe Fahrlässigkeit beschränkt.

§ 57 Reise- und Umzugskosten

¹Die Erstattung von Reise- und ggf. Umzugskosten richtet sich nach den beim Arbeitgeber geltenden Grundsätzen. ²Für Arbeitgeber, die öffentlichem Haushaltsrecht unterliegen, finden, wenn diese nicht nach eigenen Grundsätzen verfahren, die für Beamtinnen und Beamte geltenden Bestimmungen Anwendung.

§ 58 In-Kraft-Treten, Laufzeit

(1) ¹Dieser Tarifvertrag tritt am 1. August 2006 in Kraft. ²Er kann mit einer Frist von drei Monaten zum Schluss eines Kalenderhalbjahres schriftlich gekündigt werden. ³§ 47 bleibt unberührt. ⁴Abweichend von Satz 2 kann § 50 Buchst. a ohne Einhaltung einer Frist schriftlich gekündigt werden und gilt für die Anlage C zu § 52 Abs. 2 sowie für die Anlage G zu § 46 Abs. 4 die Regelung in § 39 Abs. 4 Buchst. c entsprechend.

(2) ¹Bei abgeschlossenen Sanierungs- und Notlagentarifverträgen sowie Tarifverträgen zur Zukunftssicherung und anderweitigen Tarifverträgen zur Beschäftigungssicherung, einschließlich Tarifverträge nach dem TVsA, treten die Regelungen dieses Tarifvertrages erst mit Ablauf der zum Zeitpunkt des Abschlusses des jeweiligen Tarifvertrages geltenden Laufzeit bzw. im Falle einer Kündigung des jeweiligen Tarifvertrages mit Ablauf der Kündigungsfrist in Kraft. ²Die Tarifvertragsparteien können durch landesbezirklichen Tarifvertrag ein früheres In-Kraft-Treten der Regelungen dieses Tarifvertrages ganz oder teilweise vereinbaren.

Anlage A und B zu § 52 Abs. 1 BT-K

(aufgehoben)

Anlage C zu § 52 Abs. 2 BT-K
Tabelle TVöD
Ärztinnen und Ärzte

(gültig vom 1. März 2012 bis 31. Dezember 2012)
(monatlich in Euro)

Entgeltgruppe	Grundentgelt	Entwicklungsstufen			
	Stufe 1	Stufe 2	Stufe 3	Stufe 4	Stufe 5
II	4.881,48	5.386,47	5.835,34	6.340,33	
I	3.871,52	4.174,52	4.376,50	4.544,84	4.657,05

(gültig vom 1. Januar 2013 bis 31. Juli 2013)
(monatlich in Euro)

Entgeltgruppe	Grundentgelt	Entwicklungsstufen			
	Stufe 1	Stufe 2	Stufe 3	Stufe 4	Stufe 5
II	4.949,82	5.461,88	5.917,03	6.429,09	
I	3.925,72	4.232,96	4.437,77	4.608,47	4.722,25

(gültig ab 1. August 2013)
(monatlich in Euro)

Entgeltgruppe	Grundentgelt	Entwicklungsstufen			
	Stufe 1	Stufe 2	Stufe 3	Stufe 4	Stufe 5
II	5.019,12	5.538,35	5.999,87	6.519,10	
I	3.980,68	4.292,22	4.499,90	4.672,99	4.788,36

Anlage G zu § 46 Abs. 4 BT-K
I. Anlage A zum TVöD

Entgeltgruppe	Stundenentgelt gültig ab 1. März 2012	Stundenentgelt gültig ab 1. Januar 2013	Stundenentgelt gültig ab 1. August 2013
EG 15 Ü	28,59 €	28,99 €	29,40 €
EG 15	25,09 €	25,44 €	25,80 €
EG 14	23,08 €	23,40 €	23,73 €
EG 13	22,04 €	22,35 €	22,66 €
EG 12	20,92 €	21,21 €	21,51 €
EG 11	19,06 €	19,33 €	19,60 €
EG 10	17,57 €	17,82 €	18,07 €
EG 9	16,58 €	16,81 €	17,05 €
EG 8	15,78 €	16,00 €	16,22 €
EG 7	15,14 €	15,35 €	15,56 €
EG 6	14,45 €	14,65 €	14,86 €
EG 5	13,88 €	14,07 €	14,27 €
EG 4	13,24 €	13,43 €	13,62 €
EG 3	12,70 €	12,88 €	13,06 €

Entgeltgruppe	Stundenentgelt gültig ab 1. März 2012	Stundenentgelt gültig ab 1. Januar 2013	Stundenentgelt gültig ab 1. August 2013
EG 2 Ü	12,18 €	12,35 €	12,52 €
EG 2	11,86 €	12,03 €	12,20 €
EG 1	9,65 €	9,79 €	9,93 €

II. Ärztinnen und Ärzte

Entgeltgruppe	Stundenentgelt gültig ab 1. März 2012	Stundenentgelt gültig ab 1. Januar 2013	Stundenentgelt gültig ab 1. August 2013
Ärztinnen und Ärzte gem. § 51 Abs. 3 BT-K	33,88 €	34,35 €	34,83 €
Ärztinnen und Ärzte gem. § 51 Abs. 4 BT-K	31,76 €	32,20 €	32,65 €
II	28,70 €	29,10 €	29,51 €
I	23,62 €	23,95 €	24,29 €

III. Anlage 4 zum TVÜ-VKA

Entgeltgruppe	Stundenentgelt gültig ab 1. März 2012	Stundenentgelt gültig ab 1. Januar 2013	Stundenentgelt gültig ab 1. August 2013
Kr. 12 a	22,67 €	22,99 €	23,31 €
Kr. 11 b	21,18 €	21,48 €	21,78 €
Kr. 11 a	20,02 €	20,30 €	20,58 €
Kr. 10 a	18,74 €	19,00 €	19,27 €
Kr. 9 d	18,05 €	18,30 €	18,56 €
Kr. 9 c	17,42 €	17,66 €	17,91 €
Kr. 9 b	16,63 €	16,86 €	17,10 €
Kr. 9 a	16,36 €	16,59 €	16,82 €
Kr. 8 a	15,63 €[1]	15,85 €[2]	16,07 €[3]

---

1 Für Beschäftigte, die Entgelt nach der Entgeltgruppe 8 a Stufen 5 und 6 sowie einer individuellen Zwischen- oder Endstufe oberhalb der Stufe 5 der Anlage 4 zum TVÜ-VKA erhalten, richtet sich das Bereitschaftsdienstentgelt nach der Entgeltgruppe 9 a.
2 Für Beschäftigte, die Entgelt nach der Entgeltgruppe 8 a Stufen 5 und 6 sowie einer individuellen Zwischen- oder Endstufe oberhalb der Stufe 5 der Anlage 4 zum TVÜ-VKA erhalten, richtet sich das Bereitschaftsdienstentgelt nach der Entgeltgruppe 9 a.
3 Für Beschäftigte, die Entgelt nach der Entgeltgruppe 8 a Stufen 5 und 6 sowie einer individuellen Zwischen- oder Endstufe oberhalb der Stufe 5 der Anlage 4 zum TVÜ-VKA erhalten, richtet sich das Bereitschaftsdienstentgelt nach der Entgeltgruppe 9 a.

Entgeltgruppe	Stundenentgelt gültig ab 1. März 2012	Stundenentgelt gültig ab 1. Januar 2013	Stundenentgelt gültig ab 1. August 2013
Kr. 7a	14,99 €[4]	15,20 €[5]	15,41 €[6]
Kr. 4a	13,88 €	14,07 €	14,27 €
Kr. 3a	12,87 €	13,05 €	13,23 €

---

[4] Für Beschäftigte, die Entgelt nach der Entgeltgruppe 7a Stufen 4 bis 6 sowie einer individuellen Zwischen- oder Endstufe oberhalb der Stufe 4 der Anlage 4 zum TVÜ-VKA erhalten, richtet sich das Bereitschaftsdienstentgelt nach der Entgeltgruppe 8a.

[5] Für Beschäftigte, die Entgelt nach der Entgeltgruppe 7a Stufen 4 bis 6 sowie einer individuellen Zwischen- oder Endstufe oberhalb der Stufe 4 der Anlage 4 zum TVÜ-VKA erhalten, richtet sich das Bereitschaftsdienstentgelt nach der Entgeltgruppe 8a.

[6] Für Beschäftigte, die Entgelt nach der Entgeltgruppe 7a Stufen 4 bis 6 sowie einer individuellen Zwischen- oder Endstufe oberhalb der Stufe 4 der Anlage 4 zum TVÜ-VKA erhalten, richtet sich das Bereitschaftsdienstentgelt nach der Entgeltgruppe 8a.

Tarifvertrag für den öffentlichen Dienst (TVöD)
– Besonderer Teil Sparkassen – (BT-S) –

Vom 13. September 2005

§ 40 Geltungsbereich

(1) ¹Dieser Tarifvertrag gilt für Beschäftigte der Sparkassen. ²Er bildet im Zusammenhang mit dem Allgemeinen Teil des Tarifvertrages für den öffentlichen Dienst (TVöD) den Tarifvertrag für die Sparte Sparkassen (TV-S).

(2) Soweit in den nachfolgenden Bestimmungen auf die §§ 1 bis 39 verwiesen wird, handelt es sich um die Regelungen des TVöD – Allgemeiner Teil –.

§ 41 Grundsätze für leistungs- und erfolgsorientierte variable Entgelte

(1) ¹Durch einvernehmliche Dienstvereinbarung (befristet, unter Ausschluss der Nachwirkung) können individuelle und/oder teambezogene leistungs- und/oder erfolgsorientierte Prämien und/oder Zulagen als betriebliches Entgeltsystem eingeführt werden. ²Bemessungsmethoden sind die Zielvereinbarung (§ 42) und die systematische Leistungsbewertung (§ 43).

(2) Bei der Entwicklung, Einführung und dem Controlling der betrieblichen Systeme (Kriterien und Verfahren einschl. Weiterentwicklung/Plausibilitätsprüfung) nach Absatz 1 und § 44 wirkt ein Gemeinsamer Ausschuss mit, dessen Mitglieder je zur Hälfte vom Arbeitgeber und vom Personalrat aus dem Betrieb benannt werden.

(3) ¹Der Gemeinsame Ausschuss ist auch für die Beratung von schriftlich begründeten Beschwerden zuständig, die sich auf Mängel des Systems bzw. seiner Anwendung beziehen. ²Der Arbeitgeber entscheidet auf Vorschlag des Gemeinsamen Ausschusses darüber, ob und in welchem Umfang der Beschwerde im Wege der Korrektur des Systems bzw. von Systembestandteilen oder auch von einzelnen konkreten Anwendungsfällen abgeholfen werden soll. ³Die Rechte der betrieblichen Mitbestimmung bleiben unberührt.

§ 42 Zielvereinbarung

(1) ¹In Zielvereinbarungen legen Arbeitgeber und Beschäftigte gemeinsam für einen bestimmten Zeitraum die anzustrebenden Ergebnisse fest, welche insbesondere mit Leistungsprämien honoriert werden. ²Pro Zielvereinbarungszeitraum sollten mehrere Ziele vereinbart werden. ³Quantitative und qualitative Ziele sind möglich. ⁴Sie können unterschiedlich gewichtet werden. ⁵Für einzelne Ziele können Zielerreichungsstufen festgelegt werden. ⁶Die Ziele und die Kriterien der Zielerreichung müssen sich auf den Arbeitsplatz/das Team und die damit verbundenen Arbeitsaufgaben beziehen. ⁷Die Erfüllung der Ziele muss in der vertraglich geschuldeten Arbeitszeit möglich sein.

(2) Im Ausnahmefall sind Korrekturen der Zielvereinbarung einvernehmlich dann möglich, wenn sich maßgebliche Rahmenbedingungen gravierend geändert haben.

(3) ¹Die jeweilige Zielerreichung wird auf der Grundlage eines Soll-Ist-Vergleichs festgestellt und auf Wunsch den Beschäftigten erläutert. ²Die Feststellung, dass Ziele nicht erreicht wurden, darf für sich allein nicht zu arbeitsrechtlichen Maßnahmen führen. ³Umgekehrt schließt die Teilnahme an einer Zielvereinbarung arbeitsrechtliche Maßnahmen nicht aus.

§ 43 Systematische Leistungsbewertung

(1) Die Leistungsbewertung knüpft im Rahmen eines Systems an konkrete Tatsachen und Verhaltensweisen an; sie begründet insbesondere Leistungszulagen.

(2) ¹Bewertungskriterien (z.b. Arbeitsquantität, Arbeitsqualität, Kundenorientierung, Teamfähigkeit, Führungsverhalten) sowie deren ggf. unterschiedlich gewichtete Abstufung werden in einer einvernehmlichen Dienstvereinbarung festgelegt. ²Es können nur Kriterien herange-

zogen werden, die für den Arbeitsplatz relevant und von der/dem Beschäftigten beeinflussbar sind. ³Die Leistungsbewertung nimmt die zuständige Führungskraft vor. ⁴Der Bewertungsentwurf wird mit der/dem Beschäftigten besprochen, von der Führungskraft begründet und entschieden.

Niederschriftserklärung:
Regelbeurteilungen sind für die Feststellung von Leistungszulagen ausgeschlossen.

§ 44 Sparkassensonderzahlung

(1) ¹Bankspezifisch Beschäftigte haben in jedem Kalenderjahr Anspruch auf eine Sparkassensonderzahlung (SSZ). ²Sie besteht aus einem garantierten und einem variablen Anteil. ³Der garantierte Anteil in Höhe eines Monatstabellenentgelts steht jedem Beschäftigten zu. ⁴Der variable Anteil ist individuell-leistungsbezogen und unternehmenserfolgsbezogen. ⁵Er bestimmt sich nach den Absätzen 3 und 4. ⁶Alle ausgezahlten Anteile sind zusatzversorgungspflichtiges Entgelt. ⁷Voraussetzung für die SSZ ist, dass der Beschäftigte am 1. Dezember des jeweiligen Kalenderjahres im Arbeitsverhältnis steht. ⁸Die SSZ vermindert sich um ein Zwölftel für jeden Kalendermonat, in dem Beschäftigte keinen Anspruch auf Entgelt, Entgelt im Krankheitsfall (§ 22) oder Fortzahlung des Entgelts während des Erholungsurlaubs (§ 26) haben. ⁹Die Verminderung unterbleibt für Kalendermonate,

1. für die Beschäftigte kein Entgelt erhalten haben wegen
    a) Ableistung von Grundwehrdienst oder Zivildienst, wenn sie diesen vor dem 1. Dezember beendet und die Beschäftigung unverzüglich wieder aufgenommen haben,
    b) Beschäftigungsverboten nach § 3 Abs. 2 und § 6 Abs. 1 des Mutterschutzgesetzes,
    c) Inanspruchnahme der Elternzeit nach dem Bundeselterngeld- und Elternzeitgesetz bis zum Ende des Kalenderjahres, in dem das Kind geboren ist, wenn am Tag vor Antritt der Elternzeit Entgeltanspruch bestanden hat,
2. in denen Beschäftigten Krankengeldzuschuss gezahlt wurde oder nur wegen der Höhe des zustehenden Krankengeldes ein Krankengeldzuschuss nicht gezahlt worden ist.

Protokollerklärungen zu § 44 Abs. 1:
1. ¹*Bankspezifisch Beschäftigte im Sinne von § 44 Abs. 1 Satz 1 sind Beschäftige gemäß § 38 Abs. 5 Satz 1.* ²*Die übrigen Beschäftigten haben Anspruch auf den garantierten Anteil der SSZ gemäß Absatz 1 Sätze 2 und 3; eigene leistungsdifferenzierende Systeme für diese Beschäftigten sind nicht ausgeschlossen.*
2. *Der variable Anteil der SSZ wird abhängig von der Ausweitung der Leistungsbezahlung im TVöD – Allgemeiner Teil – wie folgt wachsen (Grundlage: 14 Monatstabellenentgelte pro Jahr):*
    a) *Solange bis der Zuwachs der Variabilität in der SSZ 1,36 v.H. (= 8,5 v.H. insgesamt) nicht erreicht, wird dieser dem individuell-leistungsbezogenen Anteil der SSZ zugeschlagen.*
    b) *Hat der Zuwachs 1,36 v.H. erreicht, werden darüber hinaus gehende Zuwächse jeweils zur Hälfte dem garantierten Anteil und zur Hälfte dem variablen Anteil zugeordnet (14 individuell-leistungsbezogen, 14 unternehmenserfolgsbezogen).*
    c) *Eine ggf. andere Verteilung der Anteile bleibt späteren Tarifverhandlungen vorbehalten.*
3. ¹*Beschäftigte, die bis zum 31. März 2005 Altersteilzeitarbeit vereinbart haben, erhalten die SSZ auch dann, wenn das Arbeitsverhältnis wegen Rentenbezugs vor dem 1. Dezember endet.* ²*In diesem Fall tritt an die Stelle des Bemessungsmonats Oktober der letzte Kalendermonat vor Beendigung des Arbeitsverhältnisses.*

(2) Das Monatstabellenentgelt gemäß Absatz 1 Satz 3 ist das Entgelt des Beschäftigten für den Monat Oktober, das sich aufgrund der individuell für diesen Monat vereinbarten durchschnittlichen regelmäßigen Arbeitszeit ergibt.

(3) ¹Der individuell-leistungsbezogene Teil des variablen Anteils der SSZ bestimmt sich wie folgt:

²Für jeden Beschäftigten wird
- für das Jahr 2010 ein Betrag in Höhe von 53,5 v.H.
- für das Jahr 2011 ein Betrag in Höhe von 57 v.H.
- für das Jahr 2012 ein Betrag in Höhe von 60,5 v.H.
- ab dem Jahr 2013 jährlich ein Betrag in Höhe von 64 v.H.

eines Monatstabellenentgelts (Absatz 2) in ein Leistungsbudget eingestellt.

Niederschriftserklärungen zu § 44 Abs. 3:
1. ¹*Wann immer praktizierbar und zweckmäßig, sind Zielvereinbarungen abzuschließen.* ²*Ansonsten werden systematische Leistungsbewertungen durchgeführt.* ³*Mischformen sind möglich.*
2. *Bei noch ausstehender Dienstvereinbarung werden die vorerst nicht auszuzahlenden 25 v.H. eines Monatstabellenentgelts gestundet.*

(4) ¹Der unternehmenserfolgsbezogene Teil des variablen Anteils der SSZ bestimmt sich wie folgt:

²Für jeden Beschäftigten wird jährlich ein Betrag in Höhe eines halben Monatstabellenentgelts (Absatz 2) in ein Unternehmenserfolgsbudget eingestellt. ³Die Höhe des Ausschüttungsvolumens bestimmt sich nach der Erreichung von institutsindividuellen Geschäftszielen der Sparkasse. ⁴Die Definition der Geschäftsziele erfolgt vor Beginn des Kalenderjahres durch den Arbeitgeber im Rahmen der Unternehmensplanung. ⁵Die für den unternehmenserfolgsabhängigen Anteil relevanten Ziele müssen den definierten Geschäftszielen entsprechen. ⁶Die weiteren Einzelheiten, insbesondere der/ein Katalog relevanter Ziele und Kriterien für die Geschäftszielerreichung und die Fälligkeit (in der Regel im Monat nach der Schlussbesprechung), werden in einer einvernehmlichen Dienstvereinbarung geregelt. ⁷Bei Zielerreichung ist jeder/m Beschäftigten das halbe Monatstabellenentgelt auszuzahlen. ⁸Eine teilweise Zielerreichung kann nach den Maßgaben der Dienstvereinbarung zur anteiligen Ausschüttung führen. ⁹Zielübererfüllungen können zu einer höheren Ausschüttung führen. ¹⁰Kommt bis zum Ende des zu bewertenden Kalenderjahres keine Einigung über die Dienstvereinbarung zustande, besteht abweichend von Satz 2 nur Anspruch auf 25 v.H. eines Monatstabellenentgelts; der restliche Anteil verfällt.

Niederschriftserklärung zu § 44 Abs. 4:

¹*Zeichnet sich ab, dass keine Dienstvereinbarung zu dem unternehmenserfolgsbezogenen Teil der SSZ zustande kommt, wird auf Antrag einer Betriebspartei der Gemeinsame Ausschuss um jeweils einen Vertreter der Landesbezirkstarifvertragsparteien ergänzt.* ²*Der ergänzte Gemeinsame Ausschuss unterbreitet den für die Vereinbarung zuständigen Betriebsparteien einen Konsensvorschlag spätestens bis zum 30. Juni.*

(5) Der garantierte Anteil der SSZ wird mit dem Entgelt des Monats November, der variable Anteil gemäß Absatz 3 wird spätestens mit dem Entgelt für den Monat April des folgenden Kalenderjahres ausgezahlt.

(6) Im Übergangsjahr – in der Regel im Jahr 2006 – ist sicherzustellen, dass durch Abschlagszahlung auf die nach Absatz 1 Sätze 2 bis 4 zustehenden Anteile der SSZ 1,75 Monatstabellenentgelte (= 87,5 v.H. der SSZ) zur Ausschüttung kommen; die Einzelheiten werden in der Dienstvereinbarung geregelt.

(7) Die Beschäftigten haben keinen tarifvertraglichen Anspruch auf weitere Jahressonder- bzw. mantelrechtliche Einmalzahlungen.

Niederschriftserklärungen zu § 44:
1. ¹*Die Tarifvertragsparteien gehen davon aus, dass es aus Anlass der Einführung dieser neuen Regelungen nicht zu einer Verrechnung von bestehenden Hausregelungen kommt.* ²*Sie erheben keine Bedenken gegen eine Volumen erhöhende Einbeziehung in die SSZ gemäß den Absätzen 3 und 4.*
2. *Die Vereinbarung der SSZ dient nicht zur Einsparung von Personalkosten.*

3. *Um insbesondere eine ausreichende Einführungs- oder Übergangsphase für die SSZ zu ermöglichen, können – das Einvernehmen der Betriebsparteien vorausgesetzt – die betrieblichen Systeme auch eine undifferenzierte Verteilung der variablen Entgeltbestandteile vorsehen.*
4. *Die Tarifvertragsparteien gehen davon aus, dass die Sparkassensonderzahlungsentgelte Bezüge im Sinne des § 4 TV ATZ sind.*

§ 45 Beschäftigte der Entgeltgruppe 15

Mit Beschäftigten der Entgeltgruppe 15 können einzelarbeitsvertraglich vom Tarifrecht abweichende Regelungen zum Entgelt und zur Arbeitszeit getroffen werden.

§ 46 Bankgeheimnis, Schweigepflicht

[1]Die Beschäftigten haben über Angelegenheiten, deren Geheimhaltung durch gesetzliche Vorschriften vorgesehen oder vom Arbeitgeber angeordnet worden ist, Verschwiegenheit zu wahren; dies gilt auch über die Beendigung des Arbeitsverhältnisses hinaus. [2]Der Beschäftigte hat das Bankgeheimnis auch dann zu wahren, wenn dies nicht ausdrücklich vom Arbeitgeber angeordnet ist.

Niederschriftserklärung zu Beihilfen in Krankheitsfällen:

Der TVöD bzw. der TV-S greift in bei dem Arbeitgeber geltende Bestimmungen nicht ein, wenn Beschäftigte vor der Überleitung Beihilfe in Krankheitsfällen wie Beamte erhalten hätten.

§ 47 Qualifizierung

(1) [1]Ein hohes Qualifikationsniveau und lebenslanges Lernen liegen im gemeinsamen Interesse von Beschäftigten und Arbeitgebern. [2]Qualifizierung dient der Steigerung von Effektivität und Effizienz der Sparkassen, der Nachwuchsförderung und der Steigerung von beschäftigungsbezogenen Kompetenzen. [3]Die Tarifvertragsparteien verstehen Qualifizierung auch als Teil der Personalentwicklung.

(2) [1]Vor diesem Hintergrund stellt Qualifizierung nach diesem Tarifvertrag ein Angebot dar, aus dem für die Beschäftigten kein individueller Anspruch außer nach Absatz 4 abgeleitet werden kann. [2]Das Angebot kann durch einvernehmliche Dienstvereinbarung wahrgenommen und näher ausgestaltet werden. [3]Weitergehende Mitbestimmungsrechte werden dadurch nicht berührt.

(3) [1]Qualifizierungsmaßnahmen sind
a) die Fortentwicklung der fachlichen, methodischen und sozialen Kompetenzen für die übertragenen Tätigkeiten (Erhaltungsqualifizierung),
b) der Erwerb zusätzlicher Qualifikationen (Fort- und Weiterbildung),
c) die Qualifizierung zur Arbeitsplatzsicherung (Qualifizierung für eine andere Tätigkeit; Umschulung),
d) die Einarbeitung bei längerer Abwesenheit (Wiedereinstiegsqualifizierung).

[2]Die Teilnahme an einer Qualifizierungsmaßnahme wird dokumentiert und den Beschäftigten schriftlich bestätigt.

(4) [1]Beschäftigte haben – auch in den Fällen des Absatzes 3 Satz 1 Buchst. d – Anspruch auf ein regelmäßiges Gespräch mit der jeweiligen Führungskraft, in dem festgestellt wird, ob und welcher Qualifizierungsbedarf besteht. [2]Dieses Gespräch kann auch als Gruppengespräch geführt werden. [3]Wird nichts anderes geregelt, ist das Gespräch jährlich zu führen.

(5) [1]Die Kosten einer vom Arbeitgeber veranlassten Qualifizierungsmaßnahme – einschließlich Reisekosten – werden, soweit sie nicht von Dritten übernommen werden, grundsätzlich vom Arbeitgeber getragen. [2]Ein möglicher Eigenbeitrag und eventuelle Rückzahlungspflichten bei vorzeitigem Ausscheiden werden in einer Qualifizierungsvereinbarung geregelt. [3]Die Be-

triebsparteien sind gehalten, die Grundsätze einer fairen Kostenverteilung unter Berücksichtigung des betrieblichen und individuellen Nutzens zu regeln. ⁴Ein Eigenbeitrag der/des Beschäftigten kann in Geld und/oder Zeit erfolgen.

(6) ¹Zeiten von vereinbarten Qualifizierungsmaßnahmen gelten als Arbeitszeit. ²Absatz 5 Sätze 2 bis 4 bleiben unberührt.

(7) Gesetzliche Förderungsmöglichkeiten können in die Qualifizierungsplanung einbezogen werden.

(8) Für Beschäftigte mit individuellen Arbeitszeiten sollen Qualifizierungsmaßnahmen so angeboten werden, dass ihnen eine gleichberechtigte Teilnahme ermöglicht wird.

§ 48 Entgelt für Auszubildende

Die unter den Tarifvertrag für Auszubildende des öffentlichen Dienstes (TVAöD) vom 13. September 2005 fallenden Auszubildenden der Sparkassen erhalten im ersten, zweiten und dritten Ausbildungsjahr das nach dem TVAöD maßgebende Ausbildungsentgelt für das zweite, dritte bzw. vierte Ausbildungsjahr.

§ 49 Vermögenswirksame Leistungen

(1) ¹Nach Maßgabe des Vermögensbildungsgesetzes in seiner jeweiligen Fassung haben Beschäftigte, deren Arbeitsverhältnis voraussichtlich mindestens sechs Monate dauert, einen Anspruch auf vermögenswirksame Leistungen. ²Für Vollbeschäftigte beträgt die vermögenswirksame Leistung für jeden vollen Kalendermonat 40 Euro. ³Der Anspruch entsteht frühestens für den Kalendermonat, in dem Beschäftigte dem Arbeitgeber die erforderlichen Angaben schriftlich mitteilen, und für die beiden vorangegangenen Monate desselben Kalenderjahres; die Fälligkeit tritt nicht vor acht Wochen nach Zugang der Mitteilung beim Arbeitgeber ein. ⁴Die vermögenswirksame Leistung wird nur für Kalendermonate gewährt, für die den Beschäftigten Tabellenentgelt, Entgeltfortzahlung oder Krankengeldzuschuss zusteht. ⁵Für Zeiten, für die Krankengeldzuschuss zusteht, ist die vermögenswirksame Leistung Teil des Krankengeldzuschusses. ⁶Die vermögenswirksame Leistung ist kein zusatzversorgungspflichtiges Entgelt.

(2) Absatz 1 gilt auch für die Auszubildenden der Sparkassen.

Protokollerklärung:
Die Protokollerklärung Nr. 2 zu § 15 Abs. 1 TVöD gilt nicht.

§ 50 Reise- und Umzugskosten

Die Erstattung von Reise- und Umzugskosten richtet sich nach den beim Arbeitgeber geltenden Grundsätzen.

§ 51 In-Kraft-Treten, Laufzeit

(1) ¹Dieser Tarifvertrag tritt am 1. Oktober 2005 in Kraft. ²Er kann mit einer Frist von drei Monaten zum Schluss eines Kalenderhalbjahres schriftlich gekündigt werden, frühestens jedoch zum 31. Dezember 2009.

(2) Abweichend von Absatz 1 kann § 49 mit einer Frist von einem Monat zum Schluss eines Kalendermonats, frühestens jedoch zum 31. Dezember 2007, schriftlich gekündigt werden.

Tarifvertrag für den öffentlichen Dienst (TVöD) Besonderer Teil Verwaltung (BT-V)

13. September 2005

Abschnitt VII. Allgemeine Vorschriften

§ 40 Geltungsbereich

(1) ¹Dieser Tarifvertrag gilt für alle Beschäftigten, die unter § 1 des Tarifvertrages für den öffentlichen Dienst (TVöD) fallen, soweit sie nicht von anderen Besonderen Teilen des TVöD erfasst sind. ²Der Tarifvertrag für den öffentlichen Dienst (TVöD) – Besonderer Teil Verwaltung (BT-V) bildet im Zusammenhang mit dem Tarifvertrag für den öffentlichen Dienst – Allgemeiner Teil – den Tarifvertrag für die Sparte Verwaltung.

(2) Soweit in den nachfolgenden Bestimmungen auf die §§ 1 bis 39 verwiesen wird, handelt es sich um die Regelungen des TVöD – Allgemeiner Teil –.

§ 41 Allgemeine Pflichten

¹Die im Rahmen des Arbeitsvertrages geschuldete Leistung ist gewissenhaft und ordnungsgemäß auszuführen. ²Beschäftigte des Bundes und anderer Arbeitgeber, in deren Aufgabenbereichen auch hoheitliche Tätigkeiten wahrgenommen werden, müssen sich durch ihr gesamtes Verhalten zur freiheitlich demokratischen Grundordnung im Sinne des Grundgesetzes bekennen.

§ 42 Saisonaler Ausgleich

In Verwaltungen und Betrieben, in denen auf Grund spezieller Aufgaben (z.B. Ausgrabungen, Expeditionen, Schifffahrt) oder saisonbedingt erheblich verstärkte Tätigkeiten anfallen, kann für diese Tätigkeiten die regelmäßige Arbeitszeit auf bis zu 60 Stunden in einem Zeitraum von bis zu sieben Tagen verlängert werden, wenn durch Verkürzung der regelmäßigen wöchentlichen Arbeitszeit bis zum Ende des Ausgleichszeitraums nach § 6 Abs. 2 Satz 1 ein entsprechender Zeitausgleich durchgeführt wird.

§ 43 Überstunden

(1) ¹Überstunden sind grundsätzlich durch entsprechende Freizeit auszugleichen. ²Sofern kein Arbeitszeitkonto nach § 10 eingerichtet ist, oder wenn ein solches besteht, die/der Beschäftigte jedoch keine Faktorisierung nach § 8 Abs. 1 geltend macht, erhält die/der Beschäftigte für Überstunden (§ 7 Abs. 7), die nicht bis zum Ende des dritten Kalendermonats – möglichst aber schon bis zum Ende des nächsten Kalendermonats – nach deren Entstehen mit Freizeit ausgeglichen worden sind, je Stunde 100 v.H. des auf die Stunde entfallenden Anteils des Tabellenentgelts der jeweiligen Entgeltgruppe und Stufe, höchstens jedoch nach der Stufe 4. ³Der Anspruch auf den Zeitzuschlag für Überstunden nach § 8 Abs. 1 besteht unabhängig von einem Freizeitausgleich.

(2) ¹Für Beschäftigte der Entgeltgruppe 15 bei obersten Bundesbehörden sind Mehrarbeit und Überstunden durch das Tabellenentgelt abgegolten. ²Beschäftigte der Entgeltgruppen 13 und 14 bei obersten Bundesbehörden erhalten nur dann ein Überstundenentgelt, wenn die Leistung der Mehrarbeit oder der Überstunden für sämtliche Beschäftigte der Behörde angeordnet ist; im Übrigen ist über die regelmäßige Arbeitszeit hinaus geleistete Arbeit dieser Beschäftigten durch das Tabellenentgelt abgegolten. ³Satz 1 gilt auch für Leiterinnen/Leiter von Dienststellen und deren ständige Vertreterinnen/Vertreter, die in die Entgeltgruppen 14 und 15 eingruppiert sind.

§ 44 Reise- und Umzugskosten, Trennungsgeld

(1) Für die Erstattung von Reise- und Umzugskosten sowie Trennungsgeld finden die für die Beamtinnen und Beamten jeweils geltenden Bestimmungen entsprechende Anwendung.

(2) ¹Bei Dienstreisen gilt nur die Zeit der dienstlichen Inanspruchnahme am auswärtigen Geschäftsort als Arbeitszeit. ²Für jeden Tag einschließlich der Reisetage wird jedoch mindestens die auf ihn entfallende regelmäßige, durchschnittliche oder dienstplanmäßige Arbeitszeit berücksichtigt, wenn diese bei Nichtberücksichtigung der Reisezeit nicht erreicht würde. ³Überschreiten nicht anrechenbare Reisezeiten insgesamt 15 Stunden im Monat, so werden auf Antrag 25 v.H. dieser überschreitenden Zeiten bei fester Arbeitszeit als Freizeitausgleich gewährt und bei gleitender Arbeitszeit im Rahmen der jeweils geltenden Vorschriften auf die Arbeitszeit angerechnet. ⁴Der besonderen Situation von Teilzeitbeschäftigten ist Rechnung zu tragen.

(3) Soweit Einrichtungen in privater Rechtsform oder andere Arbeitgeber nach eigenen Grundsätzen verfahren, sind diese abweichend von den Absätzen 1 und 2 maßgebend.

Abschnitt VIII. Sonderregelungen (Bund)[1]

§ 45 Sonderregelungen für Beschäftigte, die zu Auslandsdienststellen des Bundes entsandt sind

Zu Abschnitt I. Allgemeine Vorschriften

Nr. 1: Zu § 1 – Geltungsbereich –

(1) Diese Sonderregelungen gelten für Beschäftigte mit deutscher Staatsangehörigkeit (Deutsche im Sinne des Artikels 116 GG) oder einer Staatsangehörigkeit eines anderen Mitgliedsstaates der europäischen Union bei den diplomatischen und berufskonsularischen Vertretungen sowie bei anderen Dienststellen der Bundesrepublik im Ausland (Auslandsdienststellen), die nach Abschluss eines Arbeitsvertrages nach Bundestarifrecht von ihrer obersten Bundesbehörde zur Dienstleistung in das Ausland entsandt worden sind (entsandte Kräfte) oder denen die gleiche Rechtsstellung durch einen mit der obersten Bundesbehörde geschlossenen Arbeitsvertrag erworben worden ist.

(2) Die Nrn. 3, 4 und 12 gelten auch für Beschäftigte des Bundes, die bei einer Inlandsdienststelle tätig sind, dem Inhalt ihres Arbeitsvertrages nach jedoch auch zu Auslandsdienststellen entsandt werden können.

(3) Diese Sonderregelungen gelten nicht für Beschäftigte, die Einheiten der Bundeswehr bei deren vorübergehender Verlegung zu Ausbildungszwecken in das Ausland folgen.

Nr. 2:

¹Für Beschäftigte bei Auslandsvertretungen (§ 3 Abs. 1 des Gesetzes über den Auswärtigen Dienst – GAD) gelten die §§ 14, 15, 19, 20, 21, 23, 24, 27 GAD entsprechend. ²Die §§ 16, 22, 26 GAD gelten für diese Beschäftigte entsprechend, soweit keine Leistungen nach anderen Vorschriften gewährt werden.

Nr. 3: Zu § 3 – Allgemeine Arbeitsbedingungen –

Der Arbeitgeber kann auch Untersuchungen auf Tropentauglichkeit anordnen.

Nr. 4: Zu § 4 – Versetzung, Abordnung, Zuweisung, Personalgestellung –

§ 4 Abs. 1 Satz 2 gilt nicht.

---

[1] Zuletzt geändert durch ÄndTV Nr. 12 vom 31. März 2012.

Zu Abschnitt II. Arbeitszeit

Nr. 5: Zu § 6 – Regelmäßige Arbeitszeit –

[1]Eine Verkürzung der regelmäßigen Arbeitszeit für die Beamten an einer Auslandsdienststelle nach § 7 Abs. 2 Satz 1 des Gesetzes über den Auswärtigen Dienst bzw. nach § 5 der Arbeitszeitverordnung gilt auch für die entsprechenden Beschäftigten an dieser Dienststelle. [2]In diesen Fällen findet ein Ausgleich für Überstunden (Nr. 6 Satz 1) nur statt, wenn die verkürzte regelmäßige Arbeitszeit um mehr als fünf Stunden im Monat überschritten wird.

Nr. 6: Zu § 8 – Ausgleich für Sonderformen der Arbeit –

[1]Überstundenentgelt, Zeitzuschläge und Zulagen nach § 8 werden nicht gezahlt. [2]Alle Überstunden sind bis zum Ende des sechsten Kalendermonats nach Ableistung der Überstunden durch entsprechende bezahlte Arbeitsbefreiung auszugleichen. [3]Rufbereitschaft und Arbeitsleistung innerhalb der Rufbereitschaft werden nicht bezahlt, sondern unter Berücksichtigung des Satzes 1 auf der Berechnungsgrundlage des § 8 Abs. 3 in Freizeit ausgeglichen; § 8 Abs. 2 gilt entsprechend.

Protokollerklärung:

Das Entgelt für die tatsächliche Arbeitsleistung zuzüglich der Zeitzuschläge für Überstunden ist das Überstundenentgelt.

Zu Abschnitt III. Eingruppierung, Entgelt und sonstige Leistungen

Nr. 7: Zu § 14 – Vorübergehende Übertragung einer höherwertigen Tätigkeit –

[1]Die persönliche Zulage nach § 14 Abs. 3 wird auch dann nicht gezahlt, wenn die Beschäftigten andere Beschäftigte oder Beamte während deren Heimaturlaubs länger als einen Monat oder im Fall des § 14 Abs. 2 länger als drei Tage vertreten. [2]Zeiten einer höherwertigen Heimaturlaubsvertretung werden bei einer anschließenden höherwertigen Vertretung aus anderen Gründen auf die in § 14 Abs. 1 genannte Frist von einem Monat angerechnet.

Protokollerklärung:

[1]*Dem Beschäftigten darf innerhalb eines Jahres eine Heimaturlaubsvertretung nur einmal übertragen werden.* [2]*Die Regelung für Beschäftigte gemäß § 38 Abs. 5 Satz 2 tritt erst bei In-Kraft-Treten eines Tarifvertrags nach § 14 Abs. 2 in Kraft.*

Nr. 8: Zu § 15 – Tabellenentgelt –

(1) [1]Beschäftigten mit dienstlichem und tatsächlichem Wohnsitz im Ausland werden zu dem Tabellenentgelt (§ 15) Auslandsbezüge in entsprechender Anwendung der §§ 15 und 52 bis 55 des Bundesbesoldungsgesetzes gezahlt. [2]Die Auslandsbezüge bleiben bei der Jahressonderzahlung (§ 20) unberücksichtigt.

(2) [1]Die Tabelle Auslandszuschlag der Anlage VI.1 Bundesbesoldungsgesetz findet mit der Maßgabe Anwendung, dass anstelle der Zeilen des Tabellenkopfes „Grundgehaltsspanne von – bis" der Tabellenkopf nach Anlage B (Bund) Anwendung findet. [2]Die Beträge der Anlage A (Bund) nehmen an allgemeinen Entgeltanpassungen teil. [3]Teilzeitbeschäftigten steht der Auslandszuschlag anteilig gemäß § 24 Abs. 2 zu.

Protokollerklärung:

Die Tarifvertragsparteien überprüfen Ende 2015, ob die Entwicklung der Zuschlagstabellen für Tarifbeschäftigte und Beamtinnen und Beamte kohärent verläuft oder Anpassungsbedarf besteht.

(3) [1]Zulagen und Zuschläge werden mit Ausnahme der in Absatz 1 geregelten Entgeltbestandteile den bei Auslandsdienststellen tätigen Beschäftigten nicht gezahlt. [2]Aufwandsentschädigungen werden nach den für die entsprechenden Beamtinnen und Beamten geltenden Bestimmungen gezahlt.

Nr. 9: Zu § 22 – Entgelt im Krankheitsfall –

(1) ¹Bei einer durch Krankheit oder Arbeitsunfall verursachten Arbeitsunfähigkeit im Ausland werden das Tabellenentgelt und die Auslandsbezüge (Nr. 8) ohne Rücksicht auf die Beschäftigungszeit bis zum Tage vor der Rückreise vom Auslandsdienstort in das Inland gewährt. ²Die im § 22 Abs. 3 festgesetzten Fristen für die Gewährung eines Krankengeldzuschusses beginnen mit dem Tage der Abreise des Beschäftigten vom Auslandsdienstort zu laufen.

(2) Beschäftigte, die bei einer Auslandsdienststelle tätig sind, sollen den Nachweis der Arbeitsunfähigkeit durch eine Bescheinigung des Vertrauensarztes der Auslandsdienststelle erbringen; Beschäftigte bei einer diplomatischen oder konsularischen Vertretung sollen den Nachweis in der Weise erbringen, wie er durch die Geschäftsordnung für die Auslandsvertretung vorgesehen ist.

Nr. 10: Zu § 23 Abs. 3 – Sterbegeld –

Der Berechnung des Sterbegeldes für die Hinterbliebenen von Beschäftigten gemäß § 23 Abs. 3, die zur Zeit ihres Todes Auslandsbezüge erhielten, sind diese Auslandsbezüge, jedoch ausschließlich einer Aufwandsentschädigung, zugrunde zu legen.

Zu Abschnitt IV. Urlaub und Arbeitsbefreiung
Nr. 11: Zu § 26 – Erholungsurlaub –

(1) Für den Erholungsurlaub gelten neben den tariflichen Vorschriften die jeweiligen Bestimmungen für die im Ausland tätigen Bundesbeamten entsprechend.

(2) ¹Wird das Arbeitsverhältnis während oder mit Ablauf eines Urlaubs im Inland, für den Fahrkostenzuschuss gewährt wurde, aus einem vom Beschäftigten zu vertretenden Grunde gelöst, so werden die niedrigsten Fahrkosten (vgl. § 4 Abs. 2 der Heimaturlaubsverordnung) nur der Reise vom Dienstort in das Inland erstattet. ²Wird das Arbeitsverhältnis innerhalb eines Jahres nach Beendigung eines Urlaubs im Inland aus einem vom Beschäftigten zu vertretenden Grunde gelöst, so hat der Beschäftigte die Hälfte der dafür erstatteten Fahrkosten zurückzuzahlen, es sei denn, das er im Anschluss an den Urlaub an einen anderen Dienstort versetzt worden war und den Dienst dort angetreten hatte.

Zu Abschnitt V. Befristung und Beendigung des Arbeitsverhältnisses
Nr. 12: § 33 – Beendigung des Arbeitsverhältnisses ohne Kündigung –

(1) ¹Im Wirtschaftsdienst Beschäftigte der Entgeltgruppen 9 bis 15 bedürfen in den ersten zwei Jahren nach Beendigung des Arbeitsverhältnisses zur Aufnahme einer entgeltlichen Beschäftigung in einem der ausländischen Staaten, in dem sie während ihres Arbeitsverhältnisses tätig waren, der Genehmigung des Arbeitgebers. ²Wird eine entgeltliche Beschäftigung ohne die erforderliche Genehmigung aufgenommen, so hat der Beschäftigte eine Vertragsstrafe in Höhe von drei Monatsbezügen seiner letzten Auslandsvergütung zu entrichten. ³Die Geltendmachung von Schadensersatzansprüchen bleibt unberührt.

(2) Beschäftigte, die auf Kosten des Arbeitgebers eine besondere Ausbildung in einer Fremdsprache erhalten haben, sind verpflichtet, dem Arbeitgeber die Kosten dieser Ausbildung zu erstatten, wenn das Arbeitsverhältnis aus einem von dem Beschäftigten zu vertretenden Grunde vor Ablauf von drei Jahren nach Abschluss der Sprachausbildung endet.

Zu Abschnitt VII. Allgemeine Vorschriften
Nr. 13: Zu § 44 – Reise- und Umzugskosten, Trennungsgeld –

Für die Gewährung von Umzugskostenvergütung bei Auslandsumzügen sind die für die Beamtinnen/Beamten des Arbeitgebers jeweils geltenden Bestimmungen mit folgenden Maßgaben sinngemäß anzuwenden:

1. ¹Im Falle des Ausscheidens eines Beschäftigten aus dem Arbeitsverhältnis an einem Auslandsdienstort wird eine Umzugskostenvergütung nur gewährt, wenn für den Umzug an den Auslandsdienstort Umzugskostenvergütung gewährt und nicht zurückgefordert worden ist. ²§ 19 Abs. 4 der Auslandsumzugskostenverordnung – AUV – bleibt unberührt.
2. ¹Der Beschäftigte, dessen Arbeitsverhältnis aus einem von ihm nicht zu vertretenden Grunde im Ausland beendet worden ist, hat für sich und die in § 1 Abs. 1 Nr. 2 AUV bezeichneten Personen Anspruch auf eine Umzugskostenvergütung nach §§ 2 bis 5 und 10 AUV sowie § 9 Abs. 1 BUKG. ²Die Umzugskostenvergütung wird nur gewährt, wenn der Beschäftigte spätestens sechs Monate nach Beendigung des Arbeitsverhältnisses nach einem frei gewählten Wohnort im Inland umzieht. ³§ 19 Abs. 1 bis 3 AUV bleibt unberührt. ⁴§ 19 Abs. 1 bis 3 AUV gilt entsprechend, wenn der Beschäftigte wegen Bezugs eines vorgezogenen oder flexiblen Altersruhegeldes oder einer entsprechenden Versorgungsrente aus der zusätzlichen Alters- und Hinterbliebenenversorgung im Ausland aus dem Arbeitsverhältnis ausgeschieden ist.
3. In dem Falle der Nr. 11 Abs. 2 Satz 1 werden Auslagen für eine Umzugsreise nicht erstattet.
4. ¹Endet das Arbeitsverhältnis aus einem von dem Beschäftigte zu vertretenden Grunde vor Ablauf von zwei Jahren nach einem Umzug, für den Umzugskostenvergütung nach § 3 Abs. 1 Nr. 1, § 4 Abs. 1 Nr. 1 oder Abs. 2 Nr. 3 und 4 des Bundesumzugskostengesetzes – BUKG – zugesagt worden war, so hat der Beschäftigte die Umzugskostenvergütung zurückzuzahlen. ²War die Umzugskostenvergütung nach § 3 Abs. 1 Nr. 1 BUKG zugesagt worden, ist nur der nach § 12 AUV gewährten Ausstattungsbeitrag zurückzuzahlen, wenn der Beschäftigte insgesamt mehr als zwei Jahre bei Auslandsdienststellen tätig war. ³Sätze 1 und 2 gelten nicht für eine nach § 3 Abs. 1 Nr. 1 BUKG zugesagte Umzugskostenvergütung, wenn das Arbeitsverhältnis aufgrund einer Kündigung durch den Beschäftigten endet. ⁴§ 19 Abs. 4 AUV bleibt unberührt.

Nr. 14:

Für Bundeswohnungen, die Beschäftigte an Auslandsdienststellen aus dienstlichen oder sonstigen im Interesse des Bundes liegenden Gründen zugewiesen werden, gilt sinngemäß die Allgemeine Verwaltungsvorschrift über die Bundesdienstwohnungen (Dienstwohnungsvorschriften – DWV –) vom 16. Februar 1970 (GMBl. S. 99) in ihrer jeweils geltenden Fassung und in Verbindung mit der Allgemeinen Verwaltungsvorschrift über die Bundesdienstwohnungen im Ausland (Dienstwohnungsvorschriften Ausland – DWVA) vom 1. Februar 1973 (GMBl. S. 82) in der jeweils geltenden Fassung.

Zu Abschnitt VI. Übergangs- und Schlussvorschriften

Nr. 15: Zu § 37 – Ausschlussfrist –

Die Ausschlussfrist (§ 37) beträgt 9 Monate.

§ 46 Sonderregelungen für Beschäftigte im Bereich des Bundesministeriums der Verteidigung

Kapitel I. Beschäftigte im Bereich des Bundesministeriums der Verteidigung

Zu Abschnitt I. Allgemeine Vorschriften

Nr. 1: Zu § 1 – Geltungsbereich –

Die Regelungen dieses Abschnitts gelten für die Beschäftigten des Bundesministeriums der Verteidigung, soweit sie nicht unter Kapitel II oder die Sonderregelung für ins Ausland entsandte Beschäftigte (§ 45) fallen.

Nr. 2: Zu § 3 – Allgemeine Arbeitsbedingungen –

(1) Beschäftigte haben sich unter Fortzahlung des Entgelts nach § 21 einer Ausbildung im Selbstschutz sowie in der Hilfeleistung und Schadensbekämpfung bei Katastrophen zu unterziehen.

(2) [1]Beschäftigte haben jede ärztlich festgestellte und ihnen vom Arzt mitgeteilte übertragbare Krankheit innerhalb ihres Hausstandes unverzüglich dem Dienststellenleiter zu melden. [2]Zur Wahrung der ärztlichen Schweigepflicht kann der Meldung durch Übergabe eines verschlossenen Umschlages genügt werden, der nur vom Arzt zu öffnen ist.

(3) Beschäftigte können an den für die Bundeswehr angeordneten medizinischen Schutzmaßnahmen, insbesondere Schutzimpfungen, auf Kosten des Arbeitgebers teilnehmen.

(4) Beschäftigte haben vor Beginn und Ende einer größeren militärischen Unternehmung Anspruch auf eine ärztliche Untersuchung auf Kosten des Arbeitgebers.

Zu Abschnitt II. Arbeitszeit

Nr. 3: Zu § 6 – Regelmäßige Arbeitszeit –

(1) Kann die Arbeitsstelle nur mit einem vom Arbeitgeber gestellten Fahrzeug erreicht werden und trifft das Fahrzeug infolge höherer Gewalt nicht rechtzeitig an der Arbeitsstelle ein, wird die Zeit ab dem Zeitpunkt des auf der Arbeitsstelle angeordneten Arbeitsbeginns als Arbeitszeit gewertet.

(2) [1]Für Beschäftigte in Versorgungs- und Instandsetzungseinrichtungen sowie auf Flug-, Schieß- und Übungsplätzen beginnt und endet die Arbeitszeit am jeweils vorgeschriebenen Arbeitsplatz, soweit nicht ein Sammelplatz bestimmt wird. [2]Stellt der Arbeitgeber bei Entfernungen von der Grenze der Arbeitsstelle (z.B. Eingangstor) bis zum Arbeitsplatz von mehr als einem Kilometer für diese Strecke eine kostenlose Beförderungsmöglichkeit nicht zur Verfügung, gilt die über die bei Gestellung eines Fahrzeugs üblicherweise benötigte Beförderungszeit hinausgehende Zeit als Arbeitszeit.

Protokollerklärung

Der Begriff der Arbeitsstelle ist weiter als der Begriff des Arbeitsplatzes. Er umfasst z.B. den Verwaltungs-/Betriebsbereich in dem Gebäude/Gebäudeteil, in dem gearbeitet wird.

Nr. 4: Zu §§ 7, 8 – Sonderformen der Arbeit und Ausgleich für Sonderformen der Arbeit –

(1) Die Zeit des Bereitschaftsdienstes einschließlich der geleisteten Arbeit wird bei der Bemessung des Entgelts mit 50 v.H. als Arbeitszeit gewertet.

(2) [1]Rufbereitschaft darf bis zu höchstens zehn Tagen im Monat, in Ausnahmefällen bis zu höchstens 30 Tagen im Vierteljahr, angeordnet werden. [2]Diese zeitliche Einschränkung gilt nicht für Zeiten erhöhter Bereitschaft für den Bereich der gesamten Bundeswehr.

(3) [1]Die Arbeitszeitdauer des Feuerwehrpersonals und des Wachpersonals beträgt, wenn in erheblichem Umfang Bereitschaftsdienst vorliegt, 24 Stunden je Schicht, sofern der Gesundheitsschutz der Beschäftigten durch Gewährung gleichwertiger Ausgleichsruhezeiten in unmittelbarem Anschluss an die verlängerten Arbeitszeiten gewährleistet wird. [2]Aus dienstlichen Gründen kann ein kürzerer Schichtturnus festgelegt werden. [3]Durch entsprechende Schichteinteilung soll sichergestellt werden, dass die regelmäßige wöchentliche Arbeitszeit bis zum Ende des Ausgleichszeitraums nach § 6 Abs. 2 im Durchschnitt nicht überschritten wird. [4]Zeitzuschläge nach § 8 Abs. 1 Satz 1 Buchst. b, c, d, e werden zu 50 v.H. gezahlt. [5]Zeitzuschläge nach § 8 Abs. 1 Satz 1 Buchst. f, sowie Zulagen nach Abs. 5 und 6 werden nicht gezahlt. [6]Die über 168 Stunden hinausgehende Zeit wird bei der Bemessung des Entgelts mit 50 v.H. als Arbeitszeit gewertet und mit dem Überstundenentgelt vergütet.

(3 a) Unter Beachtung der allgemeinen Grundsätze der Sicherheit und des Gesundheitsschutzes kann die Arbeitszeit des Feuerwehrpersonals, sofern in die Arbeitszeit regelmäßig und in erheblichem Umfang Bereitschaftsdienst fällt, auf bis zu 54 Stunden im Siebentageszeitraum

ohne Ausgleich verlängert werden, wenn dienstliche Gründe bestehen und der oder die Beschäftigte schriftlich eingewilligt hat.

(3 b) Unter Beachtung der allgemeinen Grundsätze der Sicherheit und des Gesundheitsschutzes kann die Arbeitszeit des Wachpersonals, sofern in die Arbeitszeit regelmäßig und in erheblichem Umfang Bereitschaftsdienst fällt, auf bis zu 65 Stunden im Siebentageszeitraum ohne Ausgleich verlängert werden, wenn dienstliche Gründe bestehen und der oder die Beschäftigte schriftlich eingewilligt hat.

Protokollerklärung zu den Absätzen 3 a und 3 b:
Bei den Stundenzahlen handelt es sich um Durchschnittswerte, bezogen auf einen Ausgleichszeitraum von einem Jahr.

(3 c) [1]Beschäftigten, die die Einwilligung zur Verlängerung der Arbeitszeit nicht erklären oder die Einwilligung widerrufen, dürfen daraus keine Nachteile entstehen. [2]Die Einwilligung kann mit einer Frist von sechs Monaten schriftlich widerrufen werden. [3]Die Beschäftigten sind auf die Widerrufsmöglichkeit schriftlich hinzuweisen.

(4) [1]Für Beschäftigte, die an Manövern und ähnlichen Übungen teilnehmen, gilt Anhang zu § 46. [2]In den Fällen der Hilfeleistung und der Schadensbekämpfung bei Katastrophen gilt Abs. 1 Nr. 3 des Anhangs zu § 46 entsprechend.

(5) Zuschläge – außer Zeitzuschläge nach § 8 – sowie Zulagen können im Einvernehmen mit den vertragsschließenden Gewerkschaften auch durch Verwaltungsanordnungen allgemein oder für den Einzelfall gewährt werden.

Zu Abschnitt III. Eingruppierung, Entgelt und sonstige Leistungen
Nr. 5:

Beschäftigte, die für eine andere Tätigkeit qualifiziert werden, erhalten während der Qualifizierungszeit ihr bisheriges Tabellenentgelt und sonstige Entgeltbestandteile.

Zu Abschnitt IV. Urlaub und Arbeitsbefreiung
Nr. 6: Zu § 26 – Erholungsurlaub –

Bei der Berechnung nach § 21 werden die leistungsabhängigen Entgeltbestandteile aus dem Leistungslohnverfahren nach dem Tarifvertrag über die Ausführung von Arbeiten im Leistungslohnverfahren im Bereich der SR 2 a des Abschnitts A der Anlage 2 MTArb (Gedingerichtlinien) berücksichtigt.

Nr. 7: Zu § 27 – Zusatzurlaub –

Für Beschäftigte, die unter Nr. 4 Abs. 3 fallen, beträgt der Zusatzurlaub für je vier Monate der Arbeitsleistung im Kalenderjahr einen Arbeitstag.

Kapitel II. Besatzungen von Binnen- und Seefahrzeugen und von schwimmenden Geräten im Bereich des Bundesministeriums der Verteidigung
Zu Abschnitt I. Allgemeine Vorschriften
Nr. 8: Zu § 1 – Geltungsbereich –

[1]Die Regelungen dieses Abschnitts gelten für die im Bereich des Bundesministeriums der Verteidigung beschäftigten Besatzungen von Schiffen und schwimmenden Geräten. [2]Zur Besatzung eines Schiffes gehören nur diejenigen Beschäftigten, die mit Rücksicht auf Schifffahrt und Betrieb an Bord, gegebenenfalls in mehreren Schichten, tätig sein müssen und deren Tätigkeit in dem Stellen- und Ausrüstungsnachweis (STAN) aufgeführt ist. *Protokollerklärung zu Satz 2:*

Die Eintragung in dem STAN berührt die Eingruppierung in die Entgeltgruppen nicht.

Nr. 9: Zu § 3 – Allgemeine Arbeitsbedingungen –

(1) Beschäftigte können an den für die Bundeswehr angeordneten medizinischen Schutzmaßnahmen, insbesondere Schutzimpfungen, auf Kosten des Arbeitgebers teilnehmen.

(2) Beschäftigte haben vor Beginn und Ende einer größeren militärischen Unternehmung Anspruch auf eine ärztliche Untersuchung auf Kosten des Arbeitgebers.

(3) [1]Als Besatzungsmitglied von Schiffen und schwimmenden Geräten darf nur beschäftigt werden, wer von einem Betriebsarzt auf Seediensttauglichkeit untersucht sowie von ihr/ihm als seediensttauglich erklärt worden ist und wenn hierüber ein gültiges Zeugnis dieses Arztes vorliegt. [2]Wird in dem Zeugnis keine Seediensttauglichkeit festgestellt, ist dem Besatzungsmitglied grundsätzlich eine geeignete gleichwertige Beschäftigung an anderer Stelle zuzuweisen. [3]Ist dies nicht möglich, erhält der Beschäftigte eine Ausgleichszulage in Höhe des Unterschiedsbetrages zwischen seinem bisherigen und neuen Tabellenentgelt.

(4) [1]Beschäftigte haben jede ärztlich festgestellte und ihnen vom Arzt mitgeteilte übertragbare Krankheit innerhalb ihres Hausstandes unverzüglich dem Dienststellenleiter zu melden. [2]Zur Wahrung der ärztlichen Schweigepflicht kann der Meldung durch Übergabe eines verschlossenen Umschlages genügt werden, der nur vom Arzt zu öffnen ist.

(5) Beschäftigte haben sich unter Zahlung des Urlaubsentgelts einer Ausbildung im Selbstschutz sowie in der Hilfeleistung und Schadensbekämpfung bei Katastrophen zu unterziehen.

(6) Zu den allgemeinen Pflichten gehört auch das Ableisten von Wachdienst.

(7) Besatzungsmitglieder von Schiffen oder schwimmenden Geräten, die mit Schiffsküchen versehen sind, können verpflichtet werden, an der Bordverpflegung teilzunehmen.

Zu Abschnitt II. Arbeitszeit

Nr. 10: Zu § 6 – Regelmäßige Arbeitszeit –

(1) [1]Die regelmäßige Arbeitszeit kann aus notwendigen betrieblichen/dienstlichen Gründen auf sieben Tage verteilt werden. [2]Die gesetzlich vorgeschriebene Ruhezeit darf nur in höchstens zwei Zeiträume aufgeteilt werden, wenn einer in einer Mindestdauer von 6 Stunden hat. [3]Bei Fahrten von Schiffen in See können die gesetzlich vorgeschriebenen Ersatzruhetage für Sonn- und Feiertagsarbeit bis zum Ablauf des Ausgleichszeitraums nach § 8 Abs. 2 zusammenhängend gewährt werden.

(2) Die regelmäßige Arbeitszeit beträgt

a) für Hafendiensttage auf Drei-, Zwei- und Einwachenschiffen acht Stunden arbeitstäglich oder 39 Stunden wöchentlich,

b) für Seediensttage auf Dreiwachenschiffen acht Stunden täglich, auf Zwei- und Einwachenschiffen neun Stunden täglich.

Protokollerklärung zu Absatz 2:

Seediensttage sind alle Tage, an denen sich das Schiff mindestens 112 Stunden außerhalb der jeweiligen seewärtigen Zollgrenze des Hafens aufhält. Geht ein Schiff außerhalb des Heimathafens in einem fremden Hafen vor Anker oder wird es dort festgemacht, gelten die dort verbrachten Zeiten erst nach Ablauf des dritten Tages als Hafendiensttage. Vorher sind auch die im fremden Hafen verbrachten Tage als Seediensttage zu bewerten. Geht das Schiff auf außerdeutschen Liegeplätzen vor Anker oder wird es dort festgemacht, sind die dort verbrachten Zeiten immer als Seediensttage zu bewerten.

(3) Die regelmäßige Arbeitszeit während der Seedienst- und Hafendiensttage gilt durch das Tabellenentgelt (§ 15) als abgegolten.

(4) [1]Die Arbeitszeit beginnt und endet an der Arbeitsstelle. [2]Kann die Arbeitsstelle nur mit einem vom Arbeitgeber gestellten schwimmenden Fahrzeug erreicht werden, so wird die Transportzeit für den Hin- und Rückfahrt jeweils mit 50 v.H. als Arbeitszeit gewertet. [3]Die regelmäßige Arbeitszeit kann entsprechend verlängert werden. [4]Trifft das Fahrzeug infolge höherer Gewalt nicht rechtzeitig an der Arbeitsstelle ein, wird – unbeschadet des Satzes 2 –

die Zeit ab dem Zeitpunkt des auf der Arbeitsstelle angeordneten Arbeitsbeginns als Arbeitszeit gewertet.

Nr. 11: Zu § 7 – Sonderformen der Arbeit –

(1) ¹Rufbereitschaft darf bis zu höchstens 10 Tagen im Monat, in Ausnahmefällen bis zu höchstens 30 Tagen im Vierteljahr, angeordnet werden. ²Diese zeitliche Einschränkung gilt nicht für Zeiten erhöhter Bereitschaft für den Bereich der gesamten Bundeswehr.

(2) Außerhalb der regelmäßigen Arbeitszeit angeordnete Anwesenheit an Bord wird bei der Bemessung des Entgelts zu 50 v.H. als Arbeitszeit gewertet, es sei denn, dass Freiwache gewährt wird oder dass Arbeit angeordnet ist.

(3) ¹Für Beschäftigte, die über 10 Stunden hinaus zum Wachdienst herangezogen werden, können Wachschichten bis zu zwölf Stunden festgesetzt werden, wenn in den Wachdienst in erheblichem Umfang Bereitschaftsdienst im Sinne des § 7 Abs. 1 Nr. 1 Buchst. a Arbeitszeitgesetz fällt. ²Für die Bemessung des Entgelts während der Wachdienste gelten folgende Vorschriften:

1. Bei folgenden Wachschichten wird für jede Wachstunde das volle Entgelt gezahlt:
   a) Durchgehende Wachdienste, bei denen Pausen oder inaktive Zeiten während des Bereitschaftsdienstes weniger als ein Drittel der Gesamtwachzeit ausmachen.
   b) Wachdienste, die ausschließlich im Freien abgeleistet werden oder bei denen auf Anordnung oder infolge besonderer Umstände eine Bindung an einen vorgeschriebenen Platz besteht (z.B. Decks-, Maschinen-, Brücken- oder Ankerwachen).
2. Anwesenheitswachdienste, die nicht den in Nr. 1 genannten Einschränkungen unterliegen, werden wie folgt bewertet:
   a) Bei einer Tageswachschicht wird je eineinhalb Wachstunden das Entgelt für eine Arbeitsstunde gezahlt.
   b) Bei einer Nachtwachschicht bis zu zwölf Stunden wird eine Stundengarantie von drei Arbeitsstunden angesetzt, wenn beim Wachdienst nur Anwesenheit verlangt und eine Schlafgelegenheit gestellt wird. Soweit die Voraussetzungen nach Satz 1 nicht vorliegen, gilt Buchstabe a entsprechend.

(4) Bei sämtlichen Arten der Anwesenheitswachdienste wird für kleine Arbeiten während der Wache, die insgesamt weniger als zwei Stunden betragen, keine besondere Vergütung gezahlt.

(5) ¹Im Seebetrieb kann die tägliche Arbeitszeit für Besatzungsmitglieder
– auf Ein- und Zwei-Wachen-Schiffen auf bis zu 12 Stunden und
– auf Ein-, Zwei- oder Drei-Wachen-Schiffen, wenn hierfür dringende betriebliche/dienstliche Gründe vorliegen, auf bis zu 13 Stunden verlängert werden. ²Der Gesundheitsschutz der Besatzungsmitglieder ist durch einen entsprechenden Ausgleich durch Freizeit zu gewährleisten, so dass bis zum Ende des Ausgleichszeitraums nach § 6 Abs. 2 im Durchschnitt möglichst die regelmäßige wöchentliche Arbeitszeit, zumindest aber die gesetzlich nach dem Arbeitszeitgesetz oder tarifvertraglich im Anwendungsbereich des Absatzes 6 vorgesehene Höchstarbeitszeit nicht überschritten wird.

Protokollerklärung zu Absatz 5:

Seebetrieb liegt ab dem Zeitpunkt vor, in dem das Schiff zum Antritt oder zur Fortsetzung der Fahrt in See seinen Liegeplatz im Hafen zu verlassen beginnt und endet mit dem Zeitpunkt, in dem das Schiff im Hafen ordnungsgemäß festgemacht hat. Liegt das Schiff in der Werft, liegt kein Seebetrieb vor.

(6) ¹Unter Beachtung der allgemeinen Grundsätze der Sicherheit und des Gesundheitsschutzes kann die Arbeitszeit der Besatzungsmitglieder der Drei-Wachen-Schiffe sowie der Zwei-Wachen-Schiffe des Trossgeschwaders der Einsatzflottille 2, sofern in die Arbeitszeit regelmäßig und in erheblichem Umfang Bereitschaftsdienst fällt, auf bis zu 65 Stunden im Siebentageszeitraum ohne Ausgleich verlängert werden, wenn dienstliche Gründe bestehen und der oder die Beschäftigte schriftlich einwilligt. ²Beschäftigten, die die Einwilligung zur Verlängerung der Arbeitszeit nicht erklären oder die Einwilligung widerrufen, dürfen daraus keine Nachteile

entstehen. ³Die Einwilligung kann mit einer Frist von sechs Monaten schriftlich widerrufen werden. ⁴Die Beschäftigten sind auf die Widerrufsmöglichkeit schriftlich hinzuweisen.

Protokollerklärung zu Absatz 6:
Bei der Stundenzahl handelt es sich um einen Durchschnittswert, bezogen auf einen Ausgleichszeitraum von einem Jahr.

Nr. 12: Zu § 8 – Ausgleich für Sonderformen der Arbeit –

(1) Bei Seediensttagen werden die über acht Stunden täglich – höchstens 48 Stunden in der Woche – hinaus geleisteten Stunden als Überstunden bezahlt.

(2) Fallen in einer Kalenderwoche nur Hafendiensttage an, ist § 7 Abs. 7 anzuwenden.

(3) ¹Fallen in einer Kalenderwoche Hafen- und Seediensttage an, gelten die über 48 Stunden hinaus geleisteten Arbeitsstunden als Überstunden. ²Zeiten, die nach Nr. 10 Abs. 1 Satz 3 auszugleichen sind, bleiben unberücksichtigt. ³Wird die regelmäßige wöchentliche Arbeitszeit nach § 6 Abs. 1 um mindestens zwei Stunden überschritten, gelten bei der Berechnung des Entgelts zusätzlich zwei Arbeitsstunden als Überstunden.

(4) Für Seediensttage betragen die Zeitzuschläge nach § 8 Abs. 1 Satz 1 Buchst. b, c, f 50 v.H. des Zeitzuschlages nach § 8 Abs. 1 Satz 1 Buchst. f; die Zeitzuschläge nach § 8 Abs. 1 Satz 1 Buchst. d und e werden in Höhe von 50 v.H. gezahlt.

(5) Bei angeordneter Anwesenheit an Bord nach Nr. 11 Abs. 1 werden Zeitzuschläge nach § 8 Abs. 1 Buchst. b bis f nicht gezahlt.

(6) Bei allen Formen des Wachdienstes im Sinne der Nr. 11 Abs. 3 Satz 2 Nr. 2 wird der Zeitzuschlag nach § 8 Abs. 1 Buchst. b und Buchst. f nicht gezahlt.

Zu Abschnitt III. Eingruppierung, Entgelt und sonstige Leistungen

Nr. 13:

Beschäftigte, die für eine andere Tätigkeit qualifiziert werden, erhalten während der Qualifizierungszeit ihr bisheriges Tabellenentgelt und sonstige Entgeltbestandteile.

Nr. 14: Zu § 19 – Erschwerniszuschläge –

¹Bei Bergungen und Hilfeleistungen sowie Havariearbeiten und mit diesen zusammenhängenden Arbeiten werden Zuschläge in Höhe von 25 v.H. des auf eine Stunde entfallenden Anteils des monatlichen Entgelts der Stufe 2 der Entgeltgruppe 2 gezahlt. ²Dies gilt auch bei Bergungen von Fahrzeugen und Gegenständen der eigenen Verwaltung sowie Hilfeleistungen für solche Fahrzeuge und Gegenstände, sofern die Leistungen besonders schwierig oder mit erheblicher Gefahr verbunden waren.

Zu Abschnitt IV. Urlaub und Arbeitsbefreiung

Nr. 15: Zu § 27 – Zusatzurlaub –

Die Regelungen über Zusatzurlaub nach § 27 finden keine Anwendung.

Nr. 16: Zu Anhang zu § 46 – Regelung für die Teilnahme an Manövern und ähnlichen Übungen –

Der Anhang zu § 46 gilt auch für Besatzungsmitglieder von Binnenfahrzeugen bei Teilnahme an Manövern und ähnlichen Übungen in Binnengewässern.

Nr. 17: Zu Abschnitt VI – Übergangs- und Schlussvorschriften –

Beschäftigten, die auf einem Fahrzeug oder schwimmenden Gerät tätig sind, wird der bei Havarie oder Sinken des Fahrzeuges oder schwimmenden Gerätes, durch Brand, Explosion oder Einbruchsdiebstahl oder durch ähnliche Ursachen auf dem Fahrzeug oder Gerät nachweisbar entstandene Schäden an persönlichen Gegenständen bis zum Höchstbetrag von 1500 Euro im Einzelfall ersetzt.

Kapitel III. Beschäftigte gemäß § 38 Abs. 5 Satz 1 einschließlich Ärztinnen/Ärzten und Zahnärztinnen/Zahnärzten in Bundeswehrkrankenhäusern

Zu Abschnitt I. Allgemeine Vorschriften

Nr. 18: Zu § 1 – Geltungsbereich –

Für Beschäftigte gemäß § 38 Abs. 5 Satz 1 einschließlich Ärztinnen/Ärzten und Zahnärztinnen/Zahnärzten in Bundeswehrkrankenhäusern gelten die Regelungen der §§ 41 bis 52 des Tarifvertrages für den öffentlichen Dienst – Besonderer Teil Krankenhäuser – (BT-K) vom 13. September 2005, in der Fassung vom 24. November 2005, entsprechend, soweit im Folgenden nicht etwas anderes bestimmt ist.

Nr. 19: Zu § 42 BT-K – Allgemeine Pflichten der Ärztinnen und Ärzte –

§ 42 Allgemeine Pflichten der Ärztinnen und Ärzte wird für alle Beschäftigten nach Nr. 18 wie folgt ergänzt:

1. Beschäftigte können an den für die Bundeswehr angeordneten medizinischen Schutzmaßnahmen, insbesondere Schutzimpfungen, auf Kosten des Arbeitgebers teilnehmen.
2. Beschäftigte haben sich unter Fortzahlung des Entgelts nach § 21 einer Ausbildung im Selbstschutz sowie in der Hilfeleistung und Schadensbekämpfung bei Katastrophen zu unterziehen.
3. Beschäftigte haben jede festgestellte und ihnen vom Arzt mitgeteilte übertragbare Krankheit innerhalb ihrer Hausstände unverzüglich der Dienststellenleitung zu melden. Zur Wahrung der ärztlichen Schweigepflicht kann die Meldung in einem verschlossenen Umschlag übergeben werden, der nur von einer Ärztin/einem Arzt zu öffnen ist.

Zu Abschnitt II. Arbeitszeit

Nr. 20: Zu § 45 BT-K – Bereitschaftsdienst und Rufbereitschaft –

Die in Absatz 3 Satz 1 eröffnete Möglichkeit einer Umsetzung durch eine Betriebs-/Dienstvereinbarung kann für den Bund auch durch einen Bundestarifvertrag erfolgen.

Nr. 21: Zu § 46 BT-K – Bereitschaftsdienstentgelt –

Absatz 4 gilt mit der Maßgabe, dass an Stelle der Anlage C BT-K die Anlage C (Bund) Anwendung findet und dass sich die Bereitschaftsdienstentgelte bei allgemeinen Entgeltanpassungen um den von den Tarifvertragsparteien für die jeweilige Entgeltgruppe festgelegten Vomhundertsatz verändern.

Nr. 21a Zu § 50 BT-K – Ausgleich für Sonderformen der Arbeit –

Buchstabe a gilt mit der Maßgabe, dass der Zeitzuschlag für Nachtarbeit 15 v.H. des auf eine Stunde entfallenden Anteils des Tabellenentgelts der Stufe 3 der jeweiligen Entgeltgruppe beträgt.

Zu Abschnitt III. Eingruppierung, Entgelt und sonstige Leistungen

Nr. 22: Zu § 15 – Tabellenentgelt –

(1) ¹Für die Beschäftigten im Pflegedienst, Ärztinnen/Ärzte bestimmen sich das Tabellenentgelt und die sonstigen Entgeltbestandteile – mit Ausnahme der Bereitschaftsdienstentgelte (Anlage C) und des Zeitzuschlags für Nachtarbeit – nach den für die Beschäftigten nach § 40 BT-K (vom 13. September 2005 in der Fassung vom 24. November 2005) geltenden Regelungen des Allgemeinen Teils (vom 13. September 2005 in der Fassung vom 24. November 2005) bzw. des TVÜ-VKA (vom 13. September 2005 in der Fassung vom 24. November 2005) mit

der Maßgabe, dass sich die Tabellenentgelte ab dem 1. Januar 2008 um 50 Euro sowie anschließend um 3,1 v. H., ab dem 1. Januar 2009 um weitere 2,8 v. H., ab dem 1. Januar 2010 um weitere 1,2 v. H., ab dem 1. Januar 2011 um weitere 0,6 v. H., ab dem 1. August 2011 um weitere 0,5 v. H., ab dem 1. März 2012 um weitere 3,5 v. H., ab dem 1. Januar 2013 um weitere 1,4 v. H. und ab dem 1. August 2013 um weitere 1,4 v. H. erhöhen. ²Die übrigen Beschäftigten erhalten das Tabellenentgelt und die sonstigen Entgeltbestandteile – mit Ausnahme der Bereitschaftsdienstentgelte – nach den für den Bund geltenden Regelungen des Allgemeinen Teils und des TVÜ-Bund.

(2) ¹Beschäftigte, die für eine andere Tätigkeit qualifiziert werden, erhalten während der Qualifizierungszeit ihr bisheriges Tabellenentgelt und sonstige Entgeltbestandteile. ²Für Beschäftigte im Pflegedienst gilt § 22 Abs. 2 TVÜ-VKA.

§ 47 Sonderregelungen für Beschäftigte des Bundesministeriums für Verkehr, Bau- und Stadtentwicklung

Kapitel I. Allgemeine Bestimmungen für Beschäftigte der Wasser- und Schifffahrtsverwaltung des Bundes und des Bundesamtes für Seeschifffahrt und Hydrographie

Zu Abschnitt I. Allgemeine Vorschriften

Nr. 1: Zu § 1 – Geltungsbereich –

(1) ¹Diese Sonderregelungen gelten für die Beschäftigten der Wasser- und Schifffahrtsverwaltung des Bundes, die beim Bau, der Unterhaltung und dem Betrieb von wasserbaulichen Einrichtungen und wasserwirtschaftlichen Anlagen eingesetzt sind einschließlich der Besatzungen von Schiffen und von schwimmenden Geräten, soweit die Schiffe und schwimmenden Geräte in den von der Verwaltung aufzustellenden Schiffslisten aufgeführt sind. ²Zur Besatzung eines Schiffes oder schwimmenden Gerätes gehören nur diejenigen Beschäftigten, die mit Rücksicht auf Schifffahrt und Betrieb an Bord, gegebenenfalls in mehreren Schichten, tätig sein müssen und in der von der Verwaltung aufzustellenden Bordliste aufgeführt sind. ³Beschäftigte, die an Bord Arbeiten verrichten, ohne selbst in der Bordliste aufgeführt zu sein, werden für die Dauer dieser Tätigkeit wie Besatzungsmitglieder behandelt. ⁴Die Regelungen gelten auch für Beschäftigte der Wasser- und Schifffahrtsverwaltung des Bundes, die auf nicht bundeseigenen Schiffen und schwimmenden Geräten eingesetzt sind.

(2) ¹Diese Sonderregelungen gelten auch für die Besatzungen der seegehenden Schiffe des Bundesamtes für Seeschifffahrt und Hydrographie (BSH); Nr. 8 und Kapitel III gelten auch für vorübergehend an Bord eingesetzte Beschäftigte des BSH. ²Zur Besatzung eines Schiffes gehören nur diejenigen Beschäftigten, die mit Rücksicht auf Schifffahrt und Betrieb an Bord, gegebenenfalls in mehreren Schichten, tätig sein müssen und in der von der Verwaltung aufzustellenden Bordliste aufgeführt sind.

Protokollerklärung:

Die Eintragung in die Bordliste berührt die tarifliche Eingruppierung in die Entgeltgruppen nicht.

Nr. 2: Zu § 3 – Allgemeine Arbeitsbedingungen –

Zu den allgemeinen Pflichten gehört auch das Ableisten von Wachdienst.

Zu Abschnitt II. Arbeitszeit

Nr. 3: Zu § 6 – Regelmäßige Arbeitszeit –

(1) Außerhalb der regelmäßigen Arbeitszeit angeordnete Anwesenheit an Bord wird bei der Bemessung des Entgelts zu 50 v.H. als Arbeitszeit gewertet, es sei denn, dass Freiwache gewährt wird oder dass Arbeit angeordnet ist.

(2) ¹Für Beschäftigte, die über 10 Stunden hinaus zum Wachdienst herangezogen werden, können Wachschichten bis zu zwölf Stunden festgesetzt werden, wenn in den Wachdienst in erheblichem Umfang Bereitschaftsdienst im Sinne des § 7 Abs. 1 Nr. 1 Buchst. a Arbeitszeitgesetz fällt. ²Für die Bemessung des Entgelts während der Wachdienste gelten folgende Vorschriften:
1. Bei folgenden Wachschichten wird für jede Wachstunde das volle Entgelt gezahlt:
   a) Durchgehende Wachdienste, bei denen Pausen oder inaktive Zeiten während des Bereitschaftsdienstes weniger als ein Drittel der Gesamtwachzeit ausmachen.
   b) Wachdienste, die ausschließlich im Freien abgeleistet werden oder bei denen auf Anordnung oder infolge besonderer Umstände eine Bindung an einen vorgeschriebenen Platz besteht (z.B. Decks-, Maschinen-, Brücken- oder Ankerwachen).
2. Anwesenheitswachdienste, die nicht den in Nr. 1 genannten Einschränkungen unterliegen, werden wie folgt bewertet:
   a) Bei einer Tageswachschicht wird je eineinhalb Wachstunden das Entgelt für eine Arbeitsstunde gezahlt.
   b) Bei einer Nachtwachschicht bis zu zwölf Stunden wird eine Stundengarantie von drei Arbeitsstunden angesetzt, wenn beim Wachdienst nur Anwesenheit verlangt und eine Schlafgelegenheit gestellt wird. Soweit die Voraussetzungen nach Satz 1 nicht vorliegen, gilt Buchstabe a entsprechend.

(3) Bei sämtlichen Arten der Anwesenheitswachdienste wird für kleine Arbeiten während der Wache, die insgesamt weniger als zwei Stunden betragen, keine besondere Vergütung gezahlt.

Nr. 4: Zu § 8 – Ausgleich für Sonderformen der Arbeit –

(1) Bei angeordneter Anwesenheit an Bord nach Nr. 3 Abs. 1 werden Zeitzuschläge nach § 8 Buchst. b bis f nicht gezahlt.

(2) Bei allen Formen des Wachdienstes im Sinne der Nr. 3 Abs. 2 Satz 2 Nr. 2 wird der Zeitzuschlag nach § 8 Abs. 1 Buchst. b und Buchst. f nicht gezahlt.

Zu Abschnitt III. Eingruppierung, Entgelt und sonstige Leistungen
Nr. 5:

Beschäftigte, die für eine andere Tätigkeit qualifiziert werden, erhalten während der Qualifizierungszeit ihr bisheriges Tabellenentgelt und sonstige Entgeltbestandteile.

Nr. 6: Zu § 19 – Erschwerniszuschläge –

(1) ¹Bei Bergungen und Hilfeleistungen sowie Havariearbeiten und mit diesen zusammenhängenden Arbeiten werden Zuschläge in Höhe von 25 v.H. des auf eine Stunde entfallenden Anteils des monatlichen Entgelts der Stufe 2 der Entgeltgruppe 2 gezahlt. ²Dies gilt auch bei Bergungen von Fahrzeugen und Gegenständen der eigenen Verwaltung sowie Hilfeleistungen für solche Fahrzeuge und Gegenstände, sofern die Leistungen besonders schwierig oder mit erheblicher Gefahr verbunden waren.

(2) ¹Auf Schadstoffunfallbekämpfungsschiffen und auf dem Laderaumsaugbagger wird für Einsätze zum Feuerschutz bzw. zur Bekämpfung von Schadstoffen, Öl oder Chemikalien je Einsatztag ein Zuschlag in Höhe von 50 Euro gezahlt und die Verpflegung vom Arbeitgeber unentgeltlich bereitgestellt; dies gilt nicht für Übungseinsätze. ²Absatz 1 findet keine Anwendung.

Zu Abschnitt IV. Urlaub und Arbeitsbefreiung
Nr. 7: Zu § 27 – Zusatzurlaub –

Die Regelungen über Zusatzurlaub nach § 27 gelten nicht bei Tätigkeiten nach Nr. 3.

Besonderer Teil Verwaltung (BT-V) § 47 TVöD/Bund – BT-V

Zu Abschnitt VI. Übergangs- und Schlussvorschriften
Nr. 8:
Beschäftigten, die auf einem Fahrzeug oder schwimmenden Gerät tätig sind, wird der bei Havarie oder Sinken des Fahrzeuges oder schwimmenden Gerätes, durch Brand, Explosion oder Einbruchsdiebstahl oder durch ähnliche Ursachen auf dem Fahrzeug oder Gerät nachweisbar entstandene Schäden an persönlichen Gegenständen bis zum Höchstbetrag von 1500 Euro im Einzelfall ersetzt.

Kapitel II. Besondere Bestimmungen für Beschäftigte der Wasser- und Schifffahrtsverwaltung des Bundes

Für die in Kapitel I Nr. 1 Abs. 1 aufgeführten Beschäftigten der Wasser- und Schifffahrtsverwaltung des Bundes finden ergänzend folgende besondere Bestimmungen Anwendung:

Zu Abschnitt II. Arbeitszeit
Nr. 9: Zu § 6 – Regelmäßige Arbeitszeit –

(1) ¹Die Arbeitszeit beginnt und endet an der Arbeitsstelle. ²Im Tidebetrieb richten sich Beginn und Ende der Arbeitszeit nach den Gezeiten. ³Kann die Arbeitsstelle nur mit einem vom Arbeitgeber gestellten Fahrzeug erreicht werden und trifft das Fahrzeug infolge höherer Gewalt nicht rechtzeitig an der Arbeitsstelle ein, wird die Zeit ab dem Zeitpunkt des auf der Arbeitsstelle angeordneten Arbeitsbeginns als Arbeitszeit gewertet.

(2) ¹Kann die Arbeitsstelle auf Schiffen und schwimmenden Geräten nur mit einem vom Arbeitgeber gestellten schwimmenden Fahrzeug erreicht werden, so wird die Transportzeit bei der Hin- und Rückfahrt jeweils mit 50 v.H. als Arbeitszeit gewertet. ²Die regelmäßige Arbeitszeit kann entsprechend verlängert werden. ³Für Maschinisten auf Schiffen, schwimmenden Geräten und sonstigen Motorgeräten kann die regelmäßige Arbeitszeit für Vor- und Abschlussarbeiten um täglich bis zu einer Stunde verlängert werden.

(3) ¹Sofern die Einsatzkonzeption von seegehenden Schiffen und schwimmenden Geräten dies erfordert (z.B. 24-Stunden-Betrieb) kann die Arbeitszeit in einem Zeitraum von 24 Stunden auf bis zu 12 Stunden verlängert und auf einen Zeitraum von 168 Stunden verteilt werden, wenn im unmittelbaren Anschluss an den verlängerten Arbeitszeitraum ein Ausgleich durch Freizeit erfolgt, der dem Umfang der regelmäßigen Arbeitszeit nach § 6 Abs. 1 Satz 1 entspricht. ²Im Rahmen der Wechselschichten nach Satz 1 geleistete Arbeitsstunden, die über das Doppelte der regelmäßigen wöchentlichen Arbeitszeit nach § 6 Abs. 1 Satz 1 hinausgehen, sind Überstunden im Sinne des § 7 Abs. 7.

(4) Die Regelungen der Absätze 1 bis 3 gelten auch für Beschäftigte der Wasser- und Schifffahrtsverwaltung des Bundes, die auf nicht bundeseigenen Schiffen und schwimmenden Geräten eingesetzt sind.

(5) Bei Beschäftigten der Wasser- und Schifffahrtsverwaltung des Bundes, die nicht auf Schiffen und schwimmenden Geräten eingesetzt sind,
a) bildet die durchgehende Arbeitszeit die Regel und
b) kann bei Arbeit im Schichtbetrieb die gesetzlich vorgeschriebene Gesamtdauer der Ruhepausen auf Kurzpausen von angemessener Dauer aufgeteilt werden, sofern wegen des zu erwartenden kontinuierlichen Arbeitsanfalls mangels Vertretung die Gewährung von Ruhepausen in Zeitabschnitten von jeweils mindestens 15 Minuten nicht gewährleistet werden kann.

(6) ¹Besatzungsmitglieder auf Schadstoffunfallbekämpfungsschiffen und auf dem Laderaumsaugbagger, deren Arbeitszeit sich nach Absatz 3 richtet, erhalten pro Einsatztag einen Zuschlag in Höhe von 25 Euro. ²Überstunden sind bis zu zwei Stunden täglich abgegolten (z.B. für kleinere Reparaturen); dies gilt nicht im Falle von Havarien, Bergungsarbeiten oder angeordneten Reparaturen. ³Der Zuschlag nach Satz 1 ist von der Durchschnittsberechnung nach § 21 Satz 2 ausgenommen.

693

Nr. 10: Zu § 44 – Reise- und Umzugskosten, Trennungsgeld –

(1) ¹Für Dienstreisen im Außendienst werden die entstandenen notwendigen Fahrtkosten nach Maßgabe der §§ 4 und 5 BRKG erstattet, sofern sie die Fahrtkosten zu der Arbeitsstätte, der der/die Beschäftigte dauerhaft personell zugeordnet ist, übersteigen. ²An Stelle des Tagegeldes im Sinne des § 6 BRKG wird nachfolgende Aufwandsvergütung gezahlt:
– bei einer Abwesenheit ab acht Stunden in Höhe von 3 Euro,
– bei einer Abwesenheit ab 14 Stunden in Höhe von 5 Euro,
– bei einer Abwesenheit ab 24 Stunden in Höhe von 8 Euro.

³Beträgt hierbei die Entfernung zwischen der Arbeitsstätte, der der bzw. die Beschäftigte dauerhaft personell zugeordnet ist und der Stelle, an der das Dienstgeschäft erledigt wird, weniger als zwei km, wird Aufwandsvergütung nach Satz 2 nicht gewährt. ⁴Notwendige Übernachtungskosten werden gemäß § 7 BRKG erstattet.

(2) Abweichend von Absatz 1 Satz 2 wird bei Abwesenheit von 3 bis zu 8 Stunden eine Pauschale in Höhe von 2 Euro gezahlt.

(3) ¹Für Beschäftigte auf Schiffen oder schwimmenden Geräten ist Absatz 1 mit folgenden Maßgaben anzuwenden:
1. Für die Berechnung des Tagegeldes nach Absatz 1 Satz 2 ist maßgebend, dass sich das Schiff nicht am ständigen Liegeplatz (Heimathafen) befindet.
2. Bei Übernachtungen auf Schiffen oder schwimmenden Geräten, die nicht den erlassenen Mindestbestimmungen entsprechen, wird ein Übernachtungsgeld in Höhe von 8 Euro gezahlt.

²Reisebeihilfen für Familienheimfahrten werden nach Maßgabe des § 8 Sätze 3 und 4 BRKG gezahlt. ³Satz 2 gilt nicht für Trennungsgeldempfänger nach der Trennungsgeldverordnung.

(4) Die Regelungen in Absatz 1 und 3 ersetzen die Vorschriften über die Erstattung von Reisekosten des § 44 Abs. 1.

(5) Abweichend von § 44 Abs. 2 Satz 3 werden nicht anrechenbare Reisezeiten bei fester Arbeitszeit zu 50 v.H. als Freizeitausgleich gewährt und bei gleitender Arbeitszeit im Rahmen der jeweils geltenden Vorschriften als Arbeitszeit angerechnet.

Kapitel III. Besondere Bestimmungen für Besatzungen der seegehenden Schiffe des Bundesamtes für Seeschifffahrt und Hydrographie

Für die in Kapitel I Nr. 1 Abs. 2 aufgeführten Beschäftigten des Bundesamtes für Seeschifffahrt und Hydrographie finden ergänzend folgende besondere Bestimmungen Anwendung:

Zu Abschnitt I. Allgemeine Vorschriften

Nr. 11: Zu § 3 – Allgemeine Arbeitsbedingungen –

Beschäftigte, die dienstlich an Bord eingesetzt sind, müssen an der Bordverpflegung teilnehmen.

Zu Abschnitt II. Arbeitszeit

Nr. 12: Zu § 6 – Regelmäßige Arbeitszeit –

(1) ¹Die regelmäßige Arbeitszeit kann aus notwendigen betrieblichen/dienstlichen Gründen auf sieben Tage verteilt werden. ²Bei Fahrten von Schiffen in See können die gesetzlich vorgeschriebenen Ersatzruhetage für Sonn- und Feiertagsarbeit bis zum Ablauf des Ausgleichszeitraums nach § 6 Abs. 2 zusammenhängend gewährt werden.

(2) ¹Die Ruhezeit beträgt für die Besatzungsmitglieder pro 24-Stunden-Zeitraum mindestens elf Stunden. ²Diese Ruhezeit darf nur in höchstens zwei Zeiträume aufgeteilt werden, wenn einer eine Mindestdauer von sechs Stunden hat. ³Für die Berechnung des Durchschnitts der regelmäßigen wöchentlichen Arbeitszeit ist ein Zeitraum von sechs Monaten zugrunde zu legen. ⁴Es ist sicherzustellen, dass die durchschnittliche regelmäßige wöchentliche Arbeitszeit

bei Fahrten in See durch eine ungleichmäßige Verteilung der Arbeitszeit nicht unterschritten wird. ⁵§ 7 Abs. 7 bleibt unberührt.

(3) Soweit dienstplanmäßig eine Mittagspause vorgesehen ist, darf sie eine Stunde nicht überschreiten.

(4) Werden Besatzungsmitglieder einer Wache zugeteilt, gilt diese Zeit als regelmäßige Arbeitszeit.

(5) Dienstlicher Aufenthalt außerhalb des Schiffes auf Sandbänken oder im Wattgebiet sowie in den Beibooten rechnet durchgehend als Arbeitszeit.

(6) Für Köche und Stewards richten sich Beginn und Ende der Arbeitszeit sowie die Arbeitspausen nach den festgelegten Mahlzeiten der Besatzung.

Zu Abschnitt VII. Allgemeine Vorschriften
Nr. 13: Zu § 44 – Reise- und Umzugskosten, Trennungsgeld –

(1) ¹Für Dienstreisen werden den Beschäftigten die Reisekosten nach Maßgabe des BRKG in der jeweils gültigen Fassung gezahlt. ²Abweichend von Satz 1 werden für Dienstreisen auf Schiffen die entstandenen notwendigen Fahrtkosten nach Maßgabe der §§ 4 und 5 BRKG erstattet. ³An Stelle des Tagegeldes im Sinne des § 6 BRKG wird Beschäftigten, die an Bord eingesetzt sind, ein Bordtagegeld von 7,50 Euro täglich gezahlt, wenn eine unentgeltliche Unterkunft bereitgestellt wird und die Beschäftigten mindestens acht Stunden dienstlich an Bord eingesetzt sind. ⁴Für die Berechnung des Bordtagegeldes ist maßgeblich, dass sich das Schiff nicht am ständigen Liegeplatz (Heimathafen) befindet. ⁵Bei Einsätzen in fremdländischen Gewässern kann bei nachgewiesenen notwendigen Mehrkosten das Bordtagegeld entsprechend erhöht werden. ⁶Besatzungsmitglieder erhalten einmal monatlich Reisebeihilfen für Familienheimfahrten nach Maßgabe des § 8 Sätze 3 und 4 BRKG. ⁷Satz 6 gilt nicht für Trennungsgeldempfänger nach der Trennungsgeldverordnung.

(2) Soweit die Voraussetzungen für ein Bordtagegeld nach Absatz 1 Sätze 3 und 4 nicht vorliegen, wird bei dienstlichen Einsätzen dieser Beschäftigten von mindestens acht Stunden an Bord im Heimathafen (ständiger Liegeplatz) eine tägliche Pauschale in Höhe von 7,50 Euro gezahlt.

(3) Die Regelung in Absatz 1 Sätze 2 bis 7 ersetzen die Vorschriften über die Erstattung von Reisekosten des § 44 Absatz 1.

§ 48 Sonderregelungen für Beschäftigte im forstlichen Außendienst
Zu Abschnitt I. Allgemeine Vorschriften
Nr. 1: Zu § 1 – Geltungsbereich –

Diese Sonderregelung gilt für Beschäftigte im forstlichen Außendienst, die nicht von § 1 Abs. 2 Buchst. g erfasst werden.

Zu Abschnitt II. Arbeitszeit
Nr. 2:

(1) ¹Der tarifliche wöchentliche Arbeitszeitkorridor beträgt 48 Stunden. ²Abweichend von § 7 Abs. 7 sind nur die Arbeitsstunden Überstunden, die über den Arbeitszeitkorridor nach Satz 1 hinaus auf Anordnung geleistet worden sind. ³§ 10 Abs. 1 Satz 3 findet keine Anwendung, auf Antrag der/des Beschäftigten kann ein Arbeitszeitkonto in vereinfachter Form durch Selbstaufschreibung geführt werden.

(2) Absatz 1 gilt nicht, wenn Dienstvereinbarungen zur Gleitzeit bestehen oder vereinbart werden.

§ 49 Sonderregelungen für Beschäftigte als Lehrkräfte

Zu Abschnitt I. Allgemeine Vorschriften

Nr. 1: Zu § 1 – Geltungsbereich –

¹Diese Sonderregelungen gelten für Beschäftigte als Lehrkräfte an allgemein bildenden Schulen und berufsbildenden Schulen (Berufs-, Berufsfach- und Fachschulen). ²Sie gelten nicht für Lehrkräfte an Schulen und Einrichtungen der Verwaltung, die der Ausbildung oder Fortbildung von Angehörigen des öffentlichen Dienstes dienen, an Krankenpflegeschulen und ähnlichen der Ausbildung dienenden Einrichtungen.

Protokollerklärung:

Lehrkräfte im Sinne dieser Sonderregelungen sind Personen, bei denen die Vermittlung von Kenntnissen und Fertigkeiten im Rahmen eines Schulbetriebes der Tätigkeit das Gepräge gibt.

Zu Abschnitt II. Arbeitszeit

Nr. 2:

¹Die §§ 6 bis 10 finden keine Anwendung. ²Es gelten die Bestimmungen für die entsprechenden Beamtinnen und Beamten des Bundes in der jeweils geltenden Fassung. ³Sind entsprechende Beamtinnen und Beamte nicht vorhanden, so ist die Arbeitszeit im Arbeitsvertrag zu regeln.

Zu Abschnitt III. Eingruppierung, Entgelt und sonstige Leistungen

Nr. 2 a: Zu § 16 (Bund) – Stufen der Entgelttabelle –

Bei Anwendung des § 16 Abs. 4 Satz 1 gilt: Für ab 1. Januar 2011 neubegründete Arbeitsverhältnisse von Lehrkräften wird die zur Vorbereitung auf den Lehrerberuf abgeleistete Zeit des Referendariats oder des Vorbereitungsdienstes im Umfang von sechs Monaten auf die Stufenlaufzeit der Stufe 1 angerechnet.

Zu Abschnitt IV. Urlaub und Arbeitsbefreiung

Nr. 3:

(1) ¹Der Urlaub ist in den Schulferien zu nehmen. ²Wird die Lehrkraft während der Schulferien durch Unfall oder Krankheit arbeitsunfähig, so hat sie dies unverzüglich anzuzeigen. ³Die Lehrkraft hat sich nach Ende der Schulferien oder, wenn die Krankheit länger dauert, nach Wiederherstellung der Arbeitsfähigkeit zur Arbeitsleistung zur Verfügung zu stellen.

(2) ¹Für eine Inanspruchnahme der Lehrkraft während der den Urlaub in den Schulferien übersteigenden Zeit gelten die Bestimmungen für die entsprechenden Beamtinnen und Beamten des Bundes. ²Sind entsprechende Beamtinnen und Beamte nicht vorhanden, erfolgt die Regelung durch Dienst- oder Betriebsvereinbarung.

Zu Abschnitt V. Befristung und Beendigung des Arbeitsverhältnisses

Nr. 4:

Das Arbeitsverhältnis endet, ohne dass es einer Kündigung bedarf, mit Ablauf des Schulhalbjahres (31. Januar beziehungsweise 31. Juli), in dem die Lehrkraft das gesetzlich festgelegte Alter zum Erreichen einer Regelaltersrente vollendet hat.

Abschnitt IX. Übergangs- und Schlussvorschriften (Bund)

§ 50 In-Kraft-Treten, Laufzeit

(1) ¹Dieser Tarifvertrag tritt am 1. Oktober 2005 in Kraft. ²Er kann mit einer Frist von drei Monaten zum Schluss eines Kalenderhalbjahres schriftlich gekündigt werden.

(2) ¹Abweichend von Absatz 1 können schriftlich gesondert gekündigt werden
a) § 45 Nr. 6 und 8, soweit sich die entsprechenden besoldungsrechtlichen Grundlagen der Auslandsbezahlung für Beamte ändern. ²Die Kündigungsfrist beträgt einen Kalendermonat zum Schluss des Monats der Verkündung der Neuregelungen im Bundesgesetzblatt folgenden Kalendermonats,
b) § 46 Nr. 19 bis 21 (Kapitel III) mit einer Frist von einem Monat zum Monatsende. ²Das Sonderkündigungsrecht in § 47 Sonderkündigungsrecht der Bereitschafts- und Rufbereitschaftsregelung BT-K bleibt unberührt,
c) Anlage C (Bund) ohne Einhaltung einer Frist.

(3) § 45 Nr. 6 Satz 3 gilt bis zum Inkrafttreten der Eingruppierungsvorschriften des TVöD (Entgeltordnung).

(4) Unbeschadet von Absatz 1 Satz 2 treten außer Kraft

§ 46 Nr. 4 Abs. 3 b mit Ablauf des 30. November 2010,

§ 46 Nr. 4 Abs. 3 a und 3 c mit Ablauf des 30. September 2012.

(5) Unbeschadet von Absatz 1 Satz 2 tritt § 46 Nr. 11 Abs. 6 mit Ablauf des 30. November 2010 außer Kraft.

Anhang zu § 46 (Bund)
Teilnahme an Manövern und Übungen

(1) Nehmen Beschäftigte aus dringenden dienstlichen Gründen an Übungen im Sinne des § 46 Nr. 4 Abs. 4 teil, so gilt nachstehende Regelung:
1. Die tägliche Arbeitszeit der Beschäftigten kann während der Teilnahme an der Übung abweichend geregelt werden.
2. ¹Die Beschäftigten erhalten für die Dauer ihrer Teilnahme als Abgeltung ihrer zusätzlichen Arbeitsleistung neben ihrem Tabellenentgelt und dem in Monatsbeträgen festgelegten Entgeltbestandteilen einen täglichen Pauschbetrag in Höhe des Entgelts für fünf Überstunden. ²Dieser Pauschbetrag schließt das Entgelt für Überstunden, für Bereitschaftsdienst und die Zulagen für Wechselschicht- und Schichtarbeit sowie die Zeitzuschläge nach § 8 Abs. 1 ein. ³Der Pauschbetrag wird auch für die Tage des Beginns und der Beendigung der Übung gezahlt, an denen die Beschäftigten mehr als acht Stunden von ihrem Beschäftigungsort bzw. von ihrem Wohnort abwesend sind. ⁴Die Sätze 1 und 2 gelten nicht, wenn Beschäftigte täglich an ihren Beschäftigungsort zurückkehren. ⁵Beschäftigte, die unter § 43 Abs. 2 fallen, erhalten den Pauschbetrag nicht. ⁶Auf Antrag kann den Beschäftigten, die Anspruch auf den Pauschbetrag haben, ganz oder teilweise Arbeitsbefreiung an Stelle des Pauschbetrages gewährt werden, soweit die dienstlichen Verhältnisse dies zulassen. ⁷Dabei tritt an die Stelle des Entgelts für eine Überstunde eine Stunde Arbeitsbefreiung sowie ein Betrag in Höhe des Zeitzuschlages nach § 8 Abs. 1 Satz 2 Buchst. a.
3. ¹Die Beschäftigten erhalten während der Übung unentgeltlich Gemeinschaftsverpflegung und unentgeltliche amtliche Unterkunft. ²Nehmen die Beschäftigten die Gemeinschaftsverpflegung oder die amtliche Unterkunft nicht in Anspruch, so erhalten sie dafür keine Entschädigung. ³Kann in Einzelfällen die Gemeinschaftsverpflegung aus Übungsgründen nicht gewährt werden, so erhalten die Beschäftigten Ersatz nach den für die Beamtinnen/ Beamten jeweils geltenden Bestimmungen. ⁴Den Beschäftigten ist, soweit erforderlich, vom Arbeitgeber Schutzkleidung gegen Witterungseinflüsse unentgeltlich zur Verfügung zu stellen. ⁵Die Beschäftigten sind verpflichtet, diese zu tragen. ⁶§ 44 gilt nicht.
4. ¹Bei Arbeitsunfähigkeit durch Erkrankung oder Arbeitsunfall während der Übung werden der Pauschbetrag und die Pauschalentschädigung nach der Nummern 2 und 3 bis zur Wiedererlangung der Arbeitsfähigkeit, längstens jedoch bis zu den in Satz 2 genannten Zeitpunkten, gezahlt. ²Die Teilnahme von erkrankten Beschäftigten an der Übung endet mit der Rückkehr an den Beschäftigungsort bzw. an den Wohnort oder mit Ablauf des Tages der Einweisung in ein außerhalb des Beschäftigungsortes des Wohnortes gelegenes Krankenhaus. ³Für die der Beendigung der Übung folgende Zeit des Krankenhausauf-

enthaltes bei Abwesenheit von dienstlichem Wohnsitz bzw. Wohnort sowie für die anschließende Rückreise haben die Beschäftigten Anspruch auf Reisekostenerstattung. [4]Auf die Fristen für die Bezugsdauer des Tagegeldes und des Übernachtungsgeldes bzw. für das Einsetzen der Beschäftigungsvergütung wird die Zeit ab Beginn der Übung der Beschäftigten mitgerechnet. [5]Hierbei wird die Teilnahme an der Übung – ohne Rücksicht darauf, ob der tatsächliche Aufenthaltsort der Beschäftigten ständig gleich geblieben oder ob er gewechselt hat – insgesamt als „Aufenthalt an ein und demselben auswärtigen Beschäftigungsort" gerechnet.

5. [1]Wird den Beschäftigten Arbeitsbefreiung nach § 29 gewährt, so sind ihnen die Reisekosten für die Rückreise zum Dienstort nach den Reisekostenvorschriften zu erstatten. [2]Die Zahlung des Pauschbetrages nach Nummer 2 und der Pauschalentschädigung nach Nummer 3 endet mit Ablauf des Tages, an den die Rückreise angetreten wird. [3]Wird für den Rückreisetag ein volles Tagegeld gewährt, so entfällt die Pauschalentschädigung nach Nummer 3.

(2) Diese Anlage gilt nicht für die Beschäftigten, für die § 46 Kapitel II – Besatzungen von Binnen- und Seefahrzeugen und von schwimmenden Geräten im Bereich des Bundesministeriums der Verteidigung –, § 47 Kapitel II – Besondere Bestimmungen für Beschäftigte der Wasser- und Schifffahrtsverwaltung des Bundes – und Kapitel III Besondere Bestimmungen für Besatzungen der seegehenden Schiffe des Bundesamtes für Seeschifffahrt und Hydrographie anwendbar ist.

Anlage B (Bund)

Gültig vom 1. März 2012 bis 31. Dezember 2012
(monatlich in Euro)

Spanne Tabellen-entgelt	1	2	3	4	5	6	7	8	9	10	11
von		1.945,65	2.202,85	2.495,09	2.827,14	3.204,41	3.633,09	4.120,16	4.673,57	5.302,37	6.016,82
bis	1.945,64	2.202,84	2.495,08	2.827,13	3.204,40	3.633,08	4.120,15	4.673,56	5.302,36	6.016,81	

Gültig vom 1. Januar 2013 bis 31. Juli 2013
(monatlich in Euro)

Spanne Tabellen-entgelt	1	2	3	4	5	6	7	8	9	10	11
von		1.972,89	2.233,69	2.530,02	2.866,72	3.249,27	3.683,95	4.177,84	4.739,00	5.376,60	6.101,06
bis	1.972,88	2.233,68	2.530,01	2.866,71	3.249,26	3.683,94	4.177,83	4.738,99	5.376,59	6.101,05	

Gültig ab 1. August 2013
(monatlich in Euro)

Spanne Tabellen-entgelt	1	2	3	4	5	6	7	8	9	10	11
von		2.000,51	2.264,96	2.565,44	2.906,85	3.294,76	3.735,53	4.236,33	4.805,35	5.451,87	6.186,47
bis	2.000,50	2.264,95	2.565,43	2.906,84	3.294,75	3.735,52	4.236,32	4.805,34	5.451,86	6.186,46	

Anlage C (Bund)

Gültig vom 1. März 2012 bis 31. Dezember 2012

A. Beschäftigte, deren Eingruppierung sich nach der Anlage 1 a zum BAT richtet	
Vergütungsgruppe	€
VergGr. I	31,97
VergGr. I a	29,31
VergGr. I b	26,96
VergGr. II a	24,70
VergGr. III	22,30
VergGr. IV a	20,52
VergGr. IV b	18,89
VergGr. V b	18,22
VergGr. V c	17,33
VergGr. VI b	16,08
VergGr. VII	15,09
VergGr. VIII	14,18
VergGr. IX a	13,65
VergGr. IX b	13,39
VergGr. X	12,71

B. Beschäftigte, deren Eingruppierung sich nach der Anlage 1 b zum BAT richtet	
Vergütungsgruppe	€
Kr. XIII	26,55
Kr. XII	24,47
Kr. XI	23,07
Kr. X	21,69
Kr. IX	20,43
Kr. VIII	20,08
Kr. VII	18,93
Kr. VI	18,37
Kr. V a	17,69
Kr. V	17,21
Kr. IV	16,35
Kr. III	15,50
Kr. II	14,75
Kr. I	14,09

Gültig vom 1. Januar 2013 bis 31. Juli 2013

A. Beschäftigte, deren Eingruppierung sich nach der Anlage 1 a zum BAT richtet	
Vergütungsgruppe	€
VergGr. I	32,42
VergGr. I a	29,72
VergGr. I b	27,34

A. Beschäftigte, deren Eingruppierung sich nach der Anlage 1 a zum BAT richtet	
Vergütungsgruppe	€
VergGr. II a	25,05
VergGr. III	22,61
VergGr. IV a	20,81
VergGr. IV b	19,15
VergGr. V b	18,48
VergGr. V c	17,57
VergGr. VI b	16,31
VergGr. VII	15,30
VergGr. VIII	14,38
VergGr. IX a	13,84
VergGr. IX b	13,58
VergGr. X	12,89
B. Beschäftigte, deren Eingruppierung sich nach der Anlage 1 b zum BAT richtet	
Vergütungsgruppe	€
Kr. XIII	26,92
Kr. XII	24,81
Kr. XI	23,39
Kr. X	21,99
Kr. IX	20,72
Kr. VIII	20,36
Kr. VII	19,20
Kr. VI	18,63
Kr. V a	17,94
Kr. V	17,45
Kr. IV	16,58
Kr. III	15,72
Kr. II	14,96
Kr. I	14,29

Gültig ab 1. August 2013

A. Beschäftigte, deren Eingruppierung sich nach der Anlage 1 a zum BAT richtet	
Vergütungsgruppe	€
VergGr. I	32,87
VergGr. I a	30,14
VergGr. I b	27,72
VergGr. II a	25,40
VergGr. III	22,93
VergGr. IV a	21,10
VergGr. IV b	19,42
VergGr. V b	18,74

A. Beschäftigte, deren Eingruppierung sich nach der Anlage 1a zum BAT richtet	
Vergütungsgruppe	€
VergGr. V c	17,82
VergGr. VI b	16,54
VergGr. VII	15,51
VergGr. VIII	14,58
VergGr. IX a	14,03
VergGr. IX b	13,77
VergGr. X	13,07
B. Beschäftigte, deren Eingruppierung sich nach der Anlage 1b zum BAT richtet	
Vergütungsgruppe	€
Kr. XIII	27,30
Kr. XII	25,16
Kr. XI	23,72
Kr. X	22,30
Kr. IX	21,01
Kr. VIII	20,65
Kr. VII	19,47
Kr. VI	18,89
Kr. V a	18,19
Kr. V	17,69
Kr. IV	16,81
Kr. III	15,94
Kr. II	15,17
Kr. I	14,49

Niederschriftserklärungen zu Abschnitt VIII
Sonderregelungen (Bund)

1. Zu § 45 Nr. 8:

Die Tarifvertragsparteien stimmen überein, dass der Auslandszuschlag, der nach Maßgabe des § 45 (Bund) Nr. 8 Abs. 2 TVöD-BT-V in entsprechender Anwendung der Tabelle Auslandszuschlag der Anlage VI.1 Bundesbesoldungsgesetz auf der Grundlage einer/eines Vollzeitbeschäftigten ermittelt wurde, anschließend nach § 24 Abs. 2 TVöD zeitratierlich zu berechnen ist.

2. Zu § 49 Nr. 2a:

Die Tarifvertragsparteien sind sich einig, dass der Vorbereitungsdienst/das Referendariat der Lehrkräfte wegen des dortigen Ausmaßes der eigenverantwortlichen Tätigkeit (im Vollbild der Berufstätigkeit) eine teilweise Anrechnung auf die Stufenlaufzeit der Stufe 1 rechtfertigt und deshalb mit Ausbildungsgängen anderer Berufe nicht vergleichbar ist.

Niederschriftserklärungen zu Abschnitt IX
Übergangs- und Schlussvorschriften (Bund) § 50 Absatz 4 Buchst. b

[1]Der Zeitpunkt des Außerkrafttretens wurde im Einklang mit dem Zeitpunkt des Außerkrafttretens des § 13 Absatz 2 der Arbeitszeitverordnung für die Beamtinnen und Beamten des Bundes (AZV) festgelegt. [2]Falls der Geltungszeitraum für die in § 13 Absatz 2 AZV enthaltene

Opt-out-Regelung verlängert wird, werden die Tarifvertragsparteien Gespräche über eine Verlängerung des Geltungszeitraums der tariflichen Opt-out-Regelung für das Feuerwehrpersonal führen.

Abschnitt VIII. Sonderregelungen (VKA)[2]

§ 45 Sonderregelungen für Beschäftigte im Betriebs- und Verkehrsdienst von nichtbundeseigenen Eisenbahnen und deren Nebenbetrieben

Für Beschäftigte im Betriebs- und Verkehrsdienst von nichtbundeseigenen Eisenbahnen und deren Nebenbetrieben können landesbezirklich besondere Vereinbarungen abgeschlossen werden.

§ 46 Sonderregelungen für Beschäftigte im kommunalen feuerwehrtechnischen Dienst

Zu Abschnitt I. Allgemeine Vorschriften

Nr. 1: Zu § 1 Abs. 1 – Geltungsbereich –

Diese Sonderregelungen gelten für Beschäftigte, die hauptamtlich im kommunalen feuerwehrtechnischen Dienst beschäftigt sind.

Zu Abschnitt II. Arbeitszeit und zu Abschnitt III. Eingruppierung, Entgelt und sonstige Leistungen

Nr. 2:

(1) ¹Die §§ 6 bis 9 und 19 finden keine Anwendung. ²Es gelten die Bestimmungen für die entsprechenden Beamten. ³§ 27 findet unbeschadet der Sätze 1 und 2 Anwendung.

(2) Beschäftigte im Einsatzdienst erhalten eine monatliche Zulage (Feuerwehrzulage) in Höhe von
- 63,69 Euro nach einem Jahr Beschäftigungszeit und
- 127,38 Euro nach zwei Jahren Beschäftigungszeit.

(3) ¹Die Feuerwehrzulage wird nur für Zeiträume gezahlt, für die Entgelt, Urlaubsentgelt oder Entgelt im Krankheitsfall zusteht. ²Sie ist bei der Bemessung des Sterbegeldes (§ 23 Abs. 3) zu berücksichtigen. ³Die Feuerwehrzulage ist kein zusatzversorgungspflichtiges Entgelt.

Zu Abschnitt V. Befristung und Beendigung des Arbeitsverhältnisses

Nr. 3: Feuerwehrdienstuntauglichkeit

(derzeit nicht belegt)

Nr. 4: Übergangsversorgung für Beschäftigte im Einsatzdienst

(1) ¹Das Arbeitsverhältnis von Beschäftigen im Einsatzdienst endet auf schriftliches Verlangen vor Vollendung des gesetzlich festgelegten Alters zum Erreichen der Regelaltersrente zu dem Zeitpunkt, zu dem vergleichbare Beamtinnen und Beamte im Einsatzdienst der Berufsfeuerwehr in den gesetzlichen Ruhestand treten. ²Die/Der Beschäftigte hat das Verlangen mindestens drei Monate vor Erreichen dieses Zeitpunktes zu erklären.

(2) ¹Beschäftigte, deren Arbeitsverhältnis nach Absatz 1 geendet hat, erhalten für jedes volle Beschäftigungsjahr im Einsatzdienst bei demselben Arbeitgeber oder bei einem anderen Arbeitgeber, der einem Mitgliedverband der VKA angehört, eine Übergangszahlung in Höhe von 45 v.H. des monatlichen Tabellenentgelts der Entgeltgruppe 6 Stufe 6, höchstens das 35-fache

---

[2] Zuletzt geändert durch ÄndTV Nr. 12 vom 31. März 2012.

dieses Betrages. ²Die Übergangszahlung erfolgt in einer Summe mit dem Ausscheiden der/des Beschäftigten.

(3) ¹Der Anspruch auf Übergangszahlung besteht nur dann, wenn Beschäftigte den Abschluss einer auf eine Kapitalleistung gerichtete Versicherung und die Entrichtung der Beiträge mit einer garantierten Ablaufleistung zum voraussichtlichen Zeitpunkt der Beendigungsmöglichkeit des Arbeitsverhältnisses nach Absatz 1, mindestens in Höhe von 30 v.H. des monatlichen Tabellenentgelts der Entgeltgruppe 6 Stufe 6, multipliziert mit 35 nachweisen. ²Ist die/der Beschäftigte bei erstmaliger Tätigkeit im Einsatzdienst älter als 25 Jahre, verringert sich die garantierte Ablaufleistung, auf die die Versicherung nach Satz 1 mindestens abzuschließen ist, um 135 für jedes übersteigende Jahr. ³Von der Entrichtung der Beiträge kann vorübergehend bei einer wirtschaftlichen Notlage der/des Beschäftigten abgesehen werden.

(4) ¹Beschäftigte, die am 30. September 2005 schon und am 1. Oktober 2005 noch im Einsatzdienst beschäftigt sind, erhalten

a) eine Übergangszahlung in Höhe von 100 v.H., wenn sie am Stichtag das 55. Lebensjahr vollendet haben,
b) eine Übergangszahlung in Höhe von 95 v.H., wenn sie am Stichtag das 50. Lebensjahr vollendet haben,
c) eine Übergangszahlung in Höhe von 87,5 v.H., wenn sie am Stichtag das 45. Lebensjahr vollendet haben,
d) eine Übergangszahlung in Höhe von 77,5 v.H., wenn sie am Stichtag das 40. Lebensjahr vollendet haben,
e) eine Übergangszahlung in Höhe von 62,5 v.H., wenn sie am Stichtag das 37. Lebensjahr vollendet haben,

des 26,3-fachen des monatlichen Tabellenentgelts der Entgeltgruppe 6 Stufe 6, wenn sie zum Zeitpunkt der Beendigung des Arbeitsverhältnisses nach Absatz 1 mindestens 35 Jahre im Einsatzdienst bei demselben Arbeitgeber oder einem anderen Arbeitgeber, der einem Mitgliedverband der VKA angehört, tätig waren. ²Bei einer kürzeren Beschäftigung im Einsatzdienst verringert sich die Übergangszahlung um 135 für jedes fehlende Jahr. ³In den Fällen der Buchstaben c bis e besteht der Anspruch auf Übergangszahlung nur dann, wenn Beschäftigte den Abschluss einer auf eine Kapitalleistung gerichteten Versicherung und die Entrichtung der Beiträge mit einer garantierten Ablaufleistung zum voraussichtlichen Zeitpunkt der Beendigungsmöglichkeit des Arbeitsverhältnisses nach Absatz 1 mindestens in Höhe der Differenz zu einer Übergangszahlung in Höhe von 100 v.H. nachweisen.

(5) ¹Einem Antrag von Beschäftigten im Einsatzdienst auf Vereinbarung von Altersteilzeitarbeit nach dem Tarifvertrag zur Regelung der Altersteilzeitarbeit (TV ATZ) soll auch schon vor der Vollendung des 60. Lebensjahres entsprochen werden. ²§ 5 Abs. 7 TV ATZ gilt in diesen Fällen mit der Maßgabe, dass an die Stelle des Vomhundertsatzes von 5 v.H. ein Vomhundertsatz von 8,33 v.H. tritt.

(6) ¹Im Tarifgebiet Ost findet abweichend von den Absätzen 2 bis 4 bis zum 31. Dezember 2009 die Nr. 5 SR 2 x BAT-O weiterhin Anwendung. ²Ab dem 1. Januar 2010 findet Absatz 4 mit der Maßgabe Anwendung, dass für die Altersgrenze nach Abs. 4 Satz 1 Buchst. a bis e die Vollendung des Lebensjahres am 1. Januar 2010 maßgebend ist.

§ 47 Sonderregelungen für Beschäftigte in Forschungseinrichtungen mit kerntechnischen Forschungsanlagen

Zu Abschnitt I. Allgemeine Vorschriften

Nr. 1: Zu § 1 Abs. 1 – Geltungsbereich –

Diese Sonderregelungen gelten für Beschäftigte in Forschungseinrichtungen mit kerntechnischen Forschungsanlagen, wie Reaktoren sowie Hochenergiebeschleuniger- und Plasmaforschungsanlagen und ihre hiermit räumlich oder funktionell verbundenen Institute und Einrichtungen.

Protokollerklärung:

[1]Hochenergiebeschleunigeranlagen im Sinne dieser Sonderregelungen sind solche, deren Endenergie bei der Beschleunigung von Elektronen 100 Mill. Elektronenvolt (MeV), bei Protonen, Deuteronen und sonstigen schweren Teilchen 20 MeV überschreitet. [2]Plasmaforschungsanlagen i.S. dieser Sonderregelungen sind solche Anlagen, deren Energiespeicher mindestens 1 Million Joule aufnimmt und mindestens 1 Million VA als Impulsleistung abgibt oder die für länger als 1 msec mit Magnetfeldern von mindestens 50 000 Gauss arbeiten und in denen eine kontrollierte Kernfusion angestrebt wird.

Nr. 2: Zu § 3 – Allgemeine Arbeitsbedingungen –

(1) Der Beschäftigte hat sich auch – unbeschadet seiner Verpflichtung, sich einer aufgrund von Strahlenschutzvorschriften behördlich angeordneten Untersuchung zu unterziehen – auf Verlangen des Arbeitgebers im Rahmen von Vorschriften des Strahlenschutzrechts ärztlich untersuchen zu lassen.

(2) Der Beschäftigte ist verpflichtet, die zum Schutz Einzelner oder der Allgemeinheit vor Strahlenschäden an Leben, Gesundheit und Sachgütern getroffenen Anordnungen zu befolgen.

(3) Zur Vermeidung oder Beseitigung einer erheblichen Störung des Betriebsablaufs oder einer Gefährdung von Personen hat der Beschäftigte vorübergehend jede ihm aufgetragene Arbeit zu verrichten, auch wenn sie nicht in sein Arbeitsgebiet fällt; er hat sich – innerhalb der regelmäßigen Arbeitszeit unter Fortzahlung des Entgelts, außerhalb der regelmäßigen Arbeitszeit unter Zahlung von Überstundenentgelt – einer seinen Kräften und Fähigkeiten entsprechenden Ausbildung in der Hilfeleistung und Schadensbekämpfung zu unterziehen.

(4) [1]Ist nach den Strahlenschutzvorschriften eine Weiterbeschäftigung des Beschäftigten, durch die er ionisierenden Strahlen oder der Gefahr einer Aufnahme radioaktiver Stoffe in den Körper ausgesetzt wäre, nicht zulässig, so kann er auch dann zu anderen Aufgaben herangezogen werden, wenn der Arbeitsvertrag nur eine bestimmte Beschäftigung vorsieht. [2]Dem Beschäftigten dürfen jedoch keine Arbeiten übertragen werden, die mit Rücksicht auf seine bisherige Tätigkeit ihm nicht zugemutet werden können.

Zu Abschnitt II. Arbeitszeit

Nr. 3: Zu §§ 7, 8 – Sonderformen der Arbeit und Ausgleich für Sonderformen der Arbeit –

(1) Die Zeit des Bereitschaftsdienstes einschließlich der geleisteten Arbeit wird bei der Bemessung des Entgelts mit 50 v.H. als Arbeitszeit gewertet.

(2) Rufbereitschaft darf bis zu höchstens zwölf Tagen im Monat, in Ausnahmefällen bis zu höchstens 30 Tagen im Vierteljahr angeordnet werden.

(3) Die Arbeitszeitdauer des Feuerwehrpersonals beträgt, wenn in erheblichem Umfang Bereitschaftsdienst vorliegt, 24 Stunden je Dienst, sofern der Gesundheitsschutz der Beschäftigten durch Gewährung gleichwertiger Ausgleichsruhezeiten in unmittelbarem Anschluss an die verlängerten Arbeitszeiten gewährleistet wird.

(4) Unter Beachtung des allgemeinen Gesundheitsschutzes kann die Arbeitszeit des Feuerwehrpersonals, sofern in die Arbeitszeit regelmäßig und in erheblichem Umfang Bereitschaftsdienst fällt, auf bis zu 65 Stunden im Siebentagezeitraum ohne Ausgleich verlängert werden, wenn dienstliche Gründe bestehen und der/die Beschäftigte schriftlich eingewilligt hat.

(5) [1]Beschäftigten, die die Einwilligung zur Verlängerung der Arbeitszeit nicht erklären oder die Einwilligung widerrufen, dürfen daraus keine Nachteile entstehen. [2]Die Einwilligung kann mit einer Frist von sechs Monaten schriftlich widerrufen werden. [3]Die Beschäftigten sind auf die Widerrufsmöglichkeit schriftlich hinzuweisen.

(6) Beschäftigte im Feuerwehrdienst erhalten eine monatliche zusatzversorgungspflichtige Zulage (Feuerwehrzulage) in Höhe von 80 Euro.

Zu Abschnitt III. Eingruppierung, Entgelt und sonstige Leistungen
Nr. 4:

(1) ¹Beschäftigten, die in Absatz 2 aufgeführt sind, kann im Einzelfall zum jeweiligen Entgelt eine jederzeit widerrufliche Zulage bis zu höchstens 14 v.H. in den Entgeltgruppen 3 bis 8 und 16 v.H. in den Entgeltgruppen 9 bis 15 des Betrages der Stufe 2 der Anlage A der Entgelttabelle zu § 15 Abs. 2 gewährt werden; die jeweils tariflich zustehende letzte Entwicklungsstufe der Entgelttabelle darf hierdurch nicht überschritten werden. ²Die Zulage vermindert sich jeweils um den Betrag, um den sich bei einer Stufensteigerung das Entgelt erhöht, es sei denn, dass der Arbeitgeber die Zulage zu diesem Zeitpunkt anderweitig festsetzt. ³Der Widerruf wird mit Ablauf des zweiten auf den Zugang folgenden Kalendermonats wirksam, es sei denn, die Zulage wird deswegen widerrufen, weil der Beschäftigte in eine andere Entgeltgruppe eingruppiert wird oder eine Zulage nach § 14 erhält.

(2) ¹Im Einzelfall kann eine jederzeit widerrufliche Zulage außerhalb des Absatz 1
a) an Beschäftigte mit abgeschlossener naturwissenschaftlicher, technischer oder medizinischer Hochschulbildung sowie sonstige Beschäftigte der Entgeltgruppen 13 bis 15, die aufgrund gleichwertiger Fähigkeiten und Erfahrungen entsprechende Tätigkeiten wie Beschäftigte mit abgeschlossener naturwissenschaftlicher, technischer oder medizinischer Hochschulbildung ausüben,
b) an technische Beschäftigte der Entgeltgruppen 3 bis 12, Beschäftigte im Dokumentationsdienst, im Programmierdienst, Übersetzerinnen und Übersetzer sowie Laborantinnen und Laboranten

gewährt werden, wenn sie Forschungsaufgaben vorbereiten, durchführen oder auswerten. ²Die Zulage darf in den Entgeltgruppen 3 bis 8 14 v.H., in den Entgeltgruppen 9 bis 15 16 v.H. des Betrages der Stufe 2 der Anlage A zu § 15 Abs. 2 nicht übersteigen. ³Der Widerruf wird mit Ablauf des zweiten auf den Zugang des Widerrufs folgenden Kalendermonats wirksam, es sei denn, die Zulage wird deswegen widerrufen, weil der Beschäftigte in eine andere Entgeltgruppe eingruppiert werden oder eine Zulage nach § 14 erhalten.

(3) ¹Die Zulagen einschließlich der Abgeltung nach Nr. 3 können durch Nebenabreden zum Arbeitsvertrag ganz oder teilweise pauschaliert werden. ²Die Nebenabrede ist mit einer Frist von zwei Wochen zum Monatsende kündbar.

§ 48 Sonderregelungen für Beschäftigte im forstlichen Außendienst
Zu Abschnitt I. Allgemeine Vorschriften
Nr. 1: Zu § 1 – Geltungsbereich –

Diese Sonderregelungen gelten für Beschäftigte im forstlichen Außendienst, die nicht von § 1 Abs. 2 Buchst. g erfasst werden.

Zu Abschnitt II. Arbeitszeit
Nr. 2:

(1) ¹Der tarifliche wöchentliche Arbeitszeitkorridor beträgt 48 Stunden. ²Abweichend von § 7 Abs. 7 sind nur die Arbeitsstunden Überstunden, die über den Arbeitszeitkorridor nach Satz 1 hinaus auf Anordnung geleistet worden sind. ³§ 10 Abs. 1 Satz 3 findet keine Anwendung; auf Antrag können Beschäftigte ein Arbeitszeitkonto in vereinfachter Form durch Selbstaufschreibung führen.

(2) Absatz 1 gilt nicht, wenn Dienstvereinbarungen zur Gleitzeit bestehen oder vereinbart werden.

§ 49 Sonderregelungen für Beschäftige in Hafenbetrieben, Hafenbahnbetrieben und deren Nebenbetrieben

Für Beschäftigte in Hafenbetrieben, Hafenbahnbetrieben und deren Nebenbetrieben können landesbezirklich besondere Vereinbarungen abgeschlossen werden.

§ 50 Sonderregelungen für Beschäftige in landwirtschaftlichen Verwaltungen und Betrieben, Weinbau- und Obstanbaubetrieben

Zu Abschnitt I. Allgemeine Vorschriften

Nr. 1:   Zu § 1 Abs. 1 – Geltungsbereich –

Diese Sonderregelungen gelten für Beschäftigte in landwirtschaftlichen Verwaltungen und Betrieben, Weinbau- und Obstanbaubetrieben.

Nr. 2:   Zu § 6 – Regelmäßige Arbeitszeit –

^{1}Die regelmäßige Arbeitszeit kann in vier Monaten bis auf 50 und weiteren vier Monaten des Jahres auf bis zu 56 Stunden festgesetzt werden. ^{2}Sie darf aber 2214 Stunden im Jahr nicht übersteigen. ^{3}Dies gilt nicht für Beschäftigte im Sinne des § 38 Abs. 5 Satz 1, denen Arbeiten übertragen sind, deren Erfüllung zeitlich nicht von der Eigenart der Verwaltung oder des Betriebes abhängig ist.

§ 51 Sonderregelungen für Beschäftigte als Lehrkräfte

Zu Abschnitt I. Allgemeine Vorschriften

Nr. 1:   Zu § 1 Abs. 1 – Geltungsbereich –

^{1}Diese Sonderregelungen gelten für Beschäftigte als Lehrkräfte an allgemeinbildenden Schulen und berufsbildenden Schulen (Berufs-, Berufsfach- und Fachschulen). ^{2}Sie gelten nicht für Lehrkräfte an Schulen und Einrichtungen der Verwaltung, die der Ausbildung oder Fortbildung von Angehörigen des öffentlichen Dienstes dienen, sowie an Krankenpflegeschulen und ähnlichen der Ausbildung dienenden Einrichtungen.

Protokollerklärung:

Lehrkräfte im Sinne dieser Sonderregelungen sind Personen, bei denen die Vermittlung von Kenntnissen und Fertigkeiten im Rahmen eines Schulbetriebes der Tätigkeit das Gepräge gibt.

Zu Abschnitt II. Arbeitszeit

Nr. 2:

^{1}Die §§ 6 bis 10 finden keine Anwendung. ^{2}Es gelten die Bestimmungen für die entsprechenden Beamten. ^{3}Sind entsprechende Beamte nicht vorhanden, so ist die Arbeitszeit im Arbeitsvertrag zu regeln.

Zu Abschnitt III. Eingruppierung, Entgelt und sonstige Leistungen

Nr. 2 a:

Bei Anwendung des § 16 Abs. 3 Satz 1 gilt: Für ab 1. Januar 2011 neu begründete Arbeitsverhältnisse von Lehrkräften wird die zur Vorbereitung auf den Lehrerberuf abgeleistete Zeit des Referendariats oder des Vorbereitungsdienstes im Umfang von sechs Monaten auf die Stufenlaufzeit der Stufe 1 angerechnet.

Zu Abschnitt IV. Urlaub und Arbeitsbefreiung
Nr. 3:

(1) ¹Der Urlaub ist in den Schulferien zu nehmen. ²Wird die Lehrkraft während der Schulferien durch Unfall oder Krankheit arbeitsunfähig, so hat sie dies unverzüglich anzuzeigen. ³Die Lehrkraft hat sich nach Ende der Schulferien oder, wenn die Krankheit länger dauert, nach Wiederherstellung der Arbeitsfähigkeit zur Arbeitsleistung zur Verfügung zu stellen.

(2) ¹Für eine Inanspruchnahme der Lehrkraft während der den Urlaub in den Schulferien übersteigenden Zeit gelten die Bestimmungen für die entsprechenden Beamten. ²Sind entsprechende Beamte nicht vorhanden, regeln dies die Betriebsparteien.

Zu Abschnitt V. Befristung und Beendigung des Arbeitsverhältnisses
Nr. 4:

Das Arbeitsverhältnis endet, ohne dass es einer Kündigung bedarf, mit Ablauf des Schulhalbjahres (31. Januar bzw. 31. Juli), in dem die Lehrkraft das gesetzlich festgelegte Alter zum Erreichen der Regelaltersgrenze vollendet hat.

§ 52 Sonderregelungen für Beschäftigte als Lehrkräfte an Musikschulen
Zu Abschnitt I. Allgemeine Vorschriften
Nr. 1: Zu § 1 – Geltungsbereich –

¹Diese Sonderregelungen gelten für Beschäftigte als Musikschullehrerinnen und Musikschullehrer an Musikschulen. ²Musikschulen sind Bildungseinrichtungen, die die Aufgabe haben, ihre Schüler an die Musik heranzuführen, ihre Begabungen frühzeitig zu erkennen, sie individuell zu fördern und bei entsprechender Begabung ihnen gegebenenfalls eine studienvorbereitende Ausbildung zu erteilen.

Zu Abschnitt II. Arbeitszeit
Nr. 2: Zu § 6 – Regelmäßige Arbeitszeit –

(1) ¹Vollbeschäftigt sind Musikschullehrerinnen und Musikschullehrer, wenn die arbeitsvertraglich vereinbarte durchschnittliche regelmäßige wöchentliche Arbeitszeit 30 Unterrichtsstunden zu je 45 Minuten (= 1350 Unterrichtsminuten) beträgt. ²Ist die Dauer einer Unterrichtsstunde auf mehr oder weniger als 45 Minuten festgesetzt, tritt an die Stelle der 30 Unterrichtsstunden die entsprechende Zahl von Unterrichtsstunden.

Protokollerklärung zu Absatz 1

¹Bei der Festlegung der Zahl der Unterrichtsstunden ist berücksichtigt worden, dass Musikschullehrer neben der Erteilung von Unterricht insbesondere folgende Aufgaben zu erledigen haben:

a) Vor- und Nachbereitung des Unterrichts (Vorbereitungszeiten),
b) Abhaltung von Sprechstunden,
c) Teilnahme an Schulkonferenzen und Elternabenden,
d) Teilnahme am Vorspiel der Schülerinnen und Schüler, soweit dieses außerhalb des Unterrichts stattfindet,
e) Mitwirkung an Veranstaltungen der Musikschule sowie Mitwirkung im Rahmen der Beteiligung der Musikschule an musikalischen Veranstaltungen (z.B. Orchesteraufführungen, Musikwochen und ähnliche Veranstaltungen), die der Arbeitgeber, einer seiner wirtschaftlichen Träger oder ein Dritter, dessen wirtschaftlicher Träger der Arbeitgeber ist, durchführt,
f) Mitwirkung an Musikwettbewerben und ähnlichen Veranstaltungen,
g) Teilnahme an Musikschulfreizeiten an Wochenenden und in den Ferien.

²Durch Nebenabrede kann vereinbart werden, dass Musikschullehrerinnen und Musikschullehrern Aufgaben übertragen werden, die nicht durch diese Protokollerklärung erfasst sind. ³In der Vereinbarung kann ein Zeitausgleich durch Reduzierung der arbeitsvertraglich geschuldeten Unterrichtszeiten getroffen werden. ⁴Satz 3 gilt entsprechend für Unterricht in den Grundfächern (z.B. musikalische Früherziehung, musikalische Grundausbildung, Singklassen). ⁵Die Nebenabrede ist mit einer Frist von 14 Tagen zum Monatsende kündbar.

(2) Für die unter Nr. 1 fallenden Beschäftigten, die seit dem 28. Februar 1987 in einem Arbeitsverhältnis zu demselben Arbeitgeber stehen, wird eine günstigere einzelvertragliche Regelung zur Arbeitszeit durch das In-Kraft-Treten dieser Regelung nicht berührt.

Zu Abschnitt IV. Urlaub und Arbeitsbefreiung
Nr. 3: Zu § 26 – Erholungsurlaub –

Musikschullehrerinnen und Musikschullehrer sind verpflichtet, den Urlaub während der unterrichtsfreien Zeit zu nehmen; außerhalb des Urlaubs können sie während der unterrichtsfreien Zeit zur Arbeit herangezogen werden.

§ 53 Sonderregelungen für Beschäftigte als Schulhausmeister
Zu Abschnitt I. Allgemeine Vorschriften
Nr. 1: Zu § 1 – Geltungsbereich –

Diese Sonderregelungen gelten für Beschäftigte als Schulhausmeister.

Nr. 2:

Durch landesbezirklichen Tarifvertrag können nähere Regelungen über die den Schulhausmeistern obliegenden Aufgaben unter Anwendung des Abschnitts A des Anhangs zu § 9 getroffen werden.

Protokollerklärung:
Landesbezirkliche Regelungen weitergehenden Inhalts bleiben, ungeachtet § 24 TVÜ-VKA, unberührt.

Zu Abschnitt III. Eingruppierung, Entgelt und sonstige Leistungen
Nr. 3:

(1) Durch landesbezirklichen Tarifvertrag können abweichend von § 24 Abs. 6 Rahmenregelungen zur Pauschalierung getroffen werden.

(2) ¹Soweit sich die Arbeitszeit nicht nach dem Anhang zu § 9 bestimmt, kann durch landesbezirklichen Tarifvertrag für Arbeiten außerhalb der regelmäßigen Arbeitszeit (§ 6 Abs. 1) im Zusammenhang mit der Beanspruchung der Räumlichkeiten für nichtschulische Zwecke ein Entgelt vereinbart werden. ²Solange ein landesbezirklicher Tarifvertrag nicht abgeschlossen ist, ist das Entgelt arbeitsvertraglich oder betrieblich zu regeln.

(3) Bei der Festsetzung der Pauschale nach Absatz 1 kann ein geldwerter Vorteil aus der Gestellung einer Werkdienstwohnung berücksichtigt werden.

§ 54 Sonderregelungen für Beschäftigte beim Bau und Unterhaltung von Straßen
Zu Abschnitt I. Allgemeine Vorschriften
Nr. 1: Zu § 1 – Geltungsbereich –

Diese Sonderregelungen gelten für Beschäftigte beim Bau und bei der Unterhaltung von Straßen der Landkreise und der Kommunalverbände höherer Ordnung.

Nr. 2: Zu § 44 – Reise- und Umzugskosten, Trennungsgeld –

Durch landesbezirklichen Tarifvertrag sind abweichend von § 44 nähere Regelungen zur Ausgestaltung zu treffen.

Protokollerklärung:
Landesbezirkliche Regelungen weitergehenden Inhalts bleiben unberührt.

§ 55 Sonderregelungen für Beschäftigte an Theatern und Bühnen

Zu Abschnitt I. Allgemeine Vorschriften

Nr. 1: Zu § 1 – Geltungsbereich –

(1) ¹Diese Sonderregelungen gelten für die Beschäftigten in Theatern und Bühnen, die nicht von § 1 Abs. 2 Buchst. n erfasst werden. ²Unter diese Sonderregelung fallen Beschäftigte in der Verwaltung und Orchesterwarte, ferner Beschäftigte mit mechanischen, handwerklichen oder technischen Tätigkeiten, einschließlich Meisterinnen und Meister, insbesondere in den Bereichen

- Licht-, Ton- und Bühnentechnik,
- handwerkliche Bühnengestaltung (z.B. Dekorationsabteilung, Requisite),
- Vorderhaus,
- Garderobe,
- Kostüm und Maske.

(2) Unter diese Sonderregelungen fallen auch die folgenden Beschäftigten:

- technische Oberinspektorin und Oberinspektor, Inspektorin und Inspektor, soweit nicht technische Leiterin oder Leiter,
- Theater- und Kostümmalerin und Theater- und Kostümmaler,
- Maskenbildnerin und Maskenbildner,
- Kascheurin und Kascheur (Theaterplastikerin und Theaterplastiker),
- Gewandmeisterin und Gewandmeister,

es sei denn, sie sind überwiegend künstlerisch tätig.

Nr. 2: Zu § 2 – Arbeitsvertrag, Nebenabreden, Probezeit –

Im Arbeitsvertrag kann eine Probezeit bis zur Dauer einer Spielzeit vereinbart werden.

Nr. 3: Zu § 3 – Allgemeine Arbeitsbedingungen –

Beschäftigte sind verpflichtet, an Abstechern und Gastspielreisen teilzunehmen.

Protokollerklärung:
Bei Abstechern und Gastspielreisen ist die Zeit einer aus betrieblichen Gründen angeordneten Mitfahrt auf dem Wagen, der Geräte oder Kulissen befördert, als Arbeitszeit zu bewerten.

Zu Abschnitt II. Arbeitszeit

Nr. 4:

(1) ¹Beschäftigte sind an Sonn- und Feiertagen ebenso zu Arbeitsleistungen verpflichtet wie an Werktagen. ²Zum Ausgleich für die Arbeit an Sonntagen wird jede Woche ein ungeteilter freier Tag gewährt. ³Dieser soll mindestens in jeder siebenten Woche auf einen Sonn- oder Feiertag fallen.

(2) Die regelmäßige Arbeitszeit der Beschäftigten, die eine Theaterbetriebszulage (Absatz 5) erhalten, kann um sechs Stunden wöchentlich verlängert werden.

(3) Beschäftigte erhalten für jede Arbeitsstunde, um die die allgemeine regelmäßige Arbeitszeit (§ 6 Abs. 1) nach Absatz 2 verlängert worden ist, 100 v.H. des auf eine Stunde entfallenden Anteils des monatlichen Entgelts der jeweiligen Entgeltgruppe und Stufe nach Maßgabe der Entgelttabelle.

Besonderer Teil Verwaltung (BT-V)   Anl. TVöD/VKA – BT-V

(4) ¹Überstunden dürfen nur angeordnet werden, wenn ein außerordentliches dringendes betriebliches Bedürfnis besteht oder die besonderen Verhältnisse des Theaterbetriebes es erfordern. ²Für Überstunden ist neben dem Entgelt für die tatsächliche Arbeitsleistung der Zeitzuschlag nach § 8 Abs. 1 Satz 2 Buchst. a zu zahlen. ³Die Protokollerklärung zu § 8 Abs. 1 Satz 1 findet Anwendung.

(5) ¹§ 8 Abs. 1 und § 8 Abs. 5 und 6 gelten nicht für Beschäftigte, die eine Theaterbetriebszulage nach einem landesbezirklichen Tarifvertrag erhalten. ²Landesbezirklich kann Abweichendes geregelt werden.

Nr. 5: Zu § 44 – Reise- und Umzugskosten, Trennungsgeld –

Die Abfindung bei Abstechern und Gastspielen kann im Rahmen des für die Beamten des Arbeitgebers jeweils geltenden Reisekostenrechts landesbezirklich vereinbart werden.

Zu Abschnitt IV. Urlaub und Arbeitsbefreiung
Nr. 6:

Der Urlaub ist in der Regel während der Theaterferien zu gewähren und zu nehmen.

§ 56 Sonderregelungen für Beschäftigte im Sozial- und Erziehungsdienst

Für die Beschäftigten im Sozial- und Erziehungsdienst gelten die in der Anlage aufgeführten besonderen Regelungen.

Abschnitt IX. Übergangs- und Schlussvorschriften (VKA)
§ 57 In-Kraft-Treten, Laufzeit

(1) ¹Dieser Tarifvertrag tritt am 1. Oktober 2005 in Kraft. ²Er kann mit einer Frist von drei Monaten zum Schluss eines Kalenderhalbjahres schriftlich gekündigt werden.

(2) ¹Abweichend von Absatz 1 können schriftlich gekündigt werden
a) auf landesbezirklicher Ebene im Tarifgebiet West § 46 Nr. 2 Abs. 1, § 51 Nr. 2 und § 52 Nr. 2 Abs. 1 gesondert mit einer Frist von einem Monat zum Ende eines Kalendermonats,
b) § 1 und § 2 der Anlage zu § 56 sowie der Anhang zu der Anlage C (VKA) zum TVöD mit einer Frist von drei Monaten zum Schluss eines Kalendervierteljahres, frühestens jedoch zum 31. Dezember 2014.

²Für die Kündigung der Anlage C (VKA) zum TVöD, ausgenommen der Anhang zu der Anlage C (VKA) zum TVöD, gilt § 39 Abs. 4 Buchst. c entsprechend.

Anlage zu Abschnitt VIII Sonderregelungen (VKA) § 56
§ 1 Eingruppierung, Entgelt

(1) ¹Bis zum Inkrafttreten der Eingruppierungsvorschriften des TVöD einschließlich Entgeltordnung richtet sich die Eingruppierung der Beschäftigten im Sozial- und Erziehungsdienst nach den Merkmalen des Anhangs zur Anlage C (VKA) zum TVöD. ²Sie erhalten abweichend von § 15 Abs. 2 Satz 2 Entgelt nach der Anlage C (VKA).

(2) Anstelle des § 16 (VKA) gilt Folgendes:

¹Die Entgeltgruppen S 2 bis S 18 umfassen sechs Stufen. ²Bei Einstellung werden die Beschäftigten der Stufe 1 zugeordnet, sofern keine einschlägige Berufserfahrung vorliegt. ³Verfügt die/ der Beschäftigte über eine einschlägige Berufserfahrung von mindestens einem Jahr, erfolgt die Einstellung in die Stufe 2; verfügt sie/er über eine einschlägige Berufserfahrung von mindestens vier Jahren, erfolgt in der Regel eine Zuordnung zur Stufe 3. ⁴Unabhängig davon kann der Arbeitgeber bei Neueinstellungen zur Deckung des Personalbedarfs Zeiten einer vorheri-

gen beruflichen Tätigkeit ganz oder teilweise für die Stufenzuordnung berücksichtigen, wenn diese Tätigkeit für die vorgesehene Tätigkeit förderlich ist. ⁵Bei Einstellung von Beschäftigten in unmittelbarem Anschluss an ein Arbeitsverhältnis im öffentlichen Dienst (§ 34 Abs. 3 Satz 3 und 4) oder zu einem Arbeitgeber, der einen dem TVöD vergleichbaren Tarifvertrag anwendet, kann die in dem vorhergehenden Arbeitsverhältnis erworbene Stufe bei der Stufenzuordnung ganz oder teilweise berücksichtigt werden; Satz 4 bleibt unberührt. ⁶Die Beschäftigten erreichen die jeweils nächste Stufe – von Stufe 3 an in Abhängigkeit von ihrer Leistung gemäß § 17 Abs. 2 – nach folgenden Zeiten einer ununterbrochenen Tätigkeit innerhalb derselben Entgeltgruppe bei ihrem Arbeitgeber (Stufenlaufzeit):

- Stufe 2 nach einem Jahr in Stufe 1,
- Stufe 3 nach drei Jahren in Stufe 2,
- Stufe 4 nach vier Jahren in Stufe 3,
- Stufe 5 nach vier Jahren in Stufe 4 und
- Stufe 6 nach fünf Jahren in Stufe 5.

⁷Abweichend von Satz 1 ist Endstufe die Stufe 4
a) in der Entgeltgruppe S 4 bei Tätigkeiten der Fallgruppe 3 und
b) in der Entgeltgruppe S 8 bei Tätigkeiten der Fallgruppe 5.

⁸Abweichend von Satz 6 erreichen Beschäftigte, die nach den Tätigkeitsmerkmalen des Anhangs zu der Anlage C (VKA) in der Entgeltgruppe S 8 eingruppiert sind, die Stufe 5 nach acht Jahren in Stufe 4 und die Stufe 6 nach zehn Jahren in Stufe 5.

Protokollerklärung zu Absatz 2 Satz 3:

Ein Berufspraktikum nach dem Tarifvertrag für Praktikantinnen/Praktikanten des öffentlichen Dienstes (TVPöD) vom 27. Oktober 2009 gilt grundsätzlich als Erwerb einschlägiger Berufserfahrung.

(3) Soweit im Allgemeinen Teil auf bestimmte Entgeltgruppen Bezug genommen wird, entspricht

die Entgeltgruppe	der Entgeltgruppe
2	S 2
4	S 3
5	S 4
6	S 5
8	S 6 bis S 8
9	S 9 bis S 14
10	S 15 und S 16
11	S 17
12	S 18.

§ 2 Betrieblicher Gesundheitsschutz/Betriebliche Gesundheitsförderung

(1) Die nachfolgenden Regelungen gelten für die Beschäftigten des Sozial- und Erziehungsdienstes, soweit sie nach Maßgabe des Anhangs zur Anlage C (VKA) zum TVöD eingruppiert sind.

(2) ¹Betriebliche Gesundheitsförderung zielt darauf ab, die Arbeit und die Arbeitsbedingungen so zu organisieren, dass diese nicht Ursache von Erkrankungen oder Gesundheitsschädigungen sind. ²Sie fördert die Erhaltung bzw. Herstellung gesundheitsgerechter Verhältnisse am Arbeitsplatz sowie gesundheitsbewusstes Verhalten. ³Zugleich werden damit die Motivation der Beschäftigten und die Qualitätsstandards der Verwaltungen und Betriebe verbessert. ⁴Die betriebliche Gesundheitsförderung basiert auf einem aktiv betriebenen Arbeits- und Gesundheitsschutz. ⁵Dieser reduziert Arbeitsunfälle, Berufskrankheiten sowie arbeitsbedingte Gesundheitsgefahren und verbessert durch den Abbau von Fehlzeiten und die Vermeidung von Betriebsstörungen die Wettbewerbsfähigkeit der Verwaltungen und Betriebe. ⁶Der Arbeits- und Gesundheitsschutz sowie die betriebliche Gesundheitsförderung gehören zu einem zeitgemäßen Gesundheitsmanagement.

(3) ¹Die Beschäftigten haben einen individuellen Anspruch auf die Durchführung einer Gefährdungsbeurteilung. ²Die Durchführung erfolgt nach Maßgabe des Gesetzes über die Durchführung von Maßnahmen des Arbeitsschutzes zur Verbesserung der Sicherheit und des Gesundheitsschutzes der Beschäftigten bei der Arbeit (Arbeitsschutzgesetz). ³Die Beschäftigten sind in die Durchführung der Gefährdungsbeurteilung einzubeziehen. ⁴Sie sind über das Ergebnis von Gefährdungsbeurteilungen zu unterrichten. ⁵Vorgesehene Maßnahmen sind mit ihnen zu erörtern. ⁶Widersprechen betroffene Beschäftigte den vorgesehenen Maßnahmen, ist die betriebliche Kommission zu befassen. ⁷Die Beschäftigten können verlangen, dass eine erneute Gefährdungsbeurteilung durchgeführt wird, wenn sich die Umstände, unter denen die Tätigkeiten zu verrichten sind, wesentlich ändern, neu entstandene wesentliche Gefährdungen auftreten oder eine Gefährdung auf Grund veränderter arbeitswissenschaftlicher Erkenntnisse erkannt wird. ⁸Die Wirksamkeit der Maßnahmen ist in angemessenen Abständen zu überprüfen.

(4) ¹Beim Arbeitgeber wird auf Antrag des Personalrats/Betriebsrats eine betriebliche Kommission gebildet, deren Mitglieder je zur Hälfte vom Arbeitgeber und vom Personal- bzw. Betriebsrat benannt werden. ²Die Mitglieder müssen Beschäftigte des Arbeitgebers sein. ³Soweit ein Arbeitsschutzausschuss gebildet ist, können Mitglieder dieses Ausschusses auch in der betrieblichen Kommission tätig werden. ⁴Im Falle des Absatzes 3 Satz 6 berät die betriebliche Kommission über die erforderlichen Maßnahmen und kann Vorschläge zu den zu treffenden Maßnahmen machen. ⁵Der Arbeitgeber führt die Maßnahmen durch, wenn die Mehrheit der vom Arbeitgeber benannten Mitglieder der betrieblichen Kommission im Einvernehmen mit dem Arbeitgeber dem Beschluss zugestimmt hat. ⁶Gesetzliche Rechte der kommunalen Beschlussorgane bleiben unberührt. ⁷Wird ein Vorschlag nur von den vom Personalrat/Betriebsrat benannten Mitgliedern gemacht und folgt der Arbeitgeber diesem Vorschlag nicht, sind die Gründe darzulegen. ⁸Die betriebliche Kommission ist auch für die Beratung von schriftlich begründeten Beschwerden zuständig, wenn der Arbeitgeber eine erneute Gefährdungsbeurteilung ablehnt. ⁹Der Arbeitgeber entscheidet auf Vorschlag des Arbeitsschutzausschusses bzw. der betrieblichen Kommission, ob und in welchem Umfang der Beschwerde im Einzelfall abgeholfen wird. ¹⁰Wird dem Vorschlag nicht gefolgt, sind die Gründe darzulegen.

(5) ¹Die betriebliche Kommission kann zeitlich befristet Gesundheitszirkel zur Gesundheitsförderung einrichten, deren Aufgabe es ist, Belastungen am Arbeitsplatz und deren Ursachen zu analysieren und Lösungsansätze zur Verbesserung der Arbeitssituation zu erarbeiten. ²Sie berät über Vorschläge der Gesundheitszirkel und unterbreitet, wenn ein Arbeitsschutzausschuss gebildet ist, diesem, ansonsten dem Arbeitgeber Vorschläge. ³Die Ablehnung eines Vorschlags ist durch den Arbeitgeber zu begründen. ⁴Näheres regelt die Geschäftsordnung der betrieblichen Kommission.

(6) ¹Zur Durchführung ihrer Aufgaben sind der betrieblichen Kommission die erforderlichen, zur Verfügung stehenden Unterlagen zugänglich zu machen. ²Die betriebliche Kommission gibt sich eine Geschäftsordnung, in der auch Regelungen über die Beteiligung der Beschäftigten bei der Gefährdungsbeurteilung, deren Bekanntgabe und Erörterung sowie über die Qualifizierung der Mitglieder der betrieblichen Kommission und von Gesundheitszirkeln zu treffen sind.

(7) Gesetzliche Bestimmungen, günstigere betriebliche Regelungen und die Rechte des Personal- bzw. Betriebsrats bleiben unberührt.

Protokollerklärungen:

1. *Sollte sich aufgrund gerichtlicher Entscheidungen erweisen, dass die über die Zusammensetzung der betrieblichen Kommission oder die Berufung ihrer Mitglieder getroffenen Regelungen mit geltendem Recht unvereinbar sind, werden die Tarifvertragsparteien Verhandlungen aufnehmen und eine ersetzende Regelung treffen, die mit geltendem Recht vereinbar ist und dem von den Tarifvertragsparteien Gewollten möglichst nahe kommt.*
2. *Die Tarifvertragsparteien stimmen darin überein, dass mit dieser Regelung außerhalb seines Geltungsbereichs der betriebliche Gesundheitsschutz/die betriebliche Gesundheits-*

förderung im BT-V und BT-B nicht abschließend tariflich geregelt sind und die übrigen Besonderen Teile des TVöD von der hier getroffenen Regelung unberührt bleiben.

§ 3 Beschäftigte im Erziehungsdienst Tarifgebiet West

¹Bei Beschäftigten im Erziehungsdienst im Tarifgebiet West werden – soweit gesetzliche Regelungen bestehen, zusätzlich zu diesen gesetzlichen Regelungen – im Rahmen der regelmäßigen durchschnittlichen wöchentlichen Arbeitszeit im Kalenderjahr 19,5 Stunden für Zwecke der Vorbereitung und Qualifizierung verwendet. ²Bei Teilzeitbeschäftigten gilt Satz 1 entsprechend mit der Maßgabe, dass sich die Stundenzahl nach Satz 1 in dem Umfang, der dem Verhältnis ihrer individuell vereinbarten durchschnittlichen Arbeitszeit zu der regelmäßigen Arbeitszeit vergleichbarer Vollzeitbeschäftigter entspricht, reduziert. ³Im Erziehungsdienst tätig sind insbesondere Beschäftigte als Kinderpflegerin/Kinderpfleger bzw. Sozialassistentin/Sozialassistent, Heilerziehungspflegehelferin/Heilerziehungspflegehelfer, Erzieherin/Erzieher, Heilerziehungspflegerin/Heilerziehungspfleger, im handwerklichen Erziehungsdienst, als Leiterinnen/Leiter oder ständige Vertreterinnen/Vertreter von Leiterinnen/Leitern von Kindertagesstätten oder Erziehungsheimen sowie andere Beschäftigte mit erzieherischer Tätigkeit in der Erziehungs- oder Eingliederungshilfe.

Protokollerklärung zu Satz 3:

Soweit Berufsbezeichnungen aufgeführt sind, werden auch Beschäftigte erfasst, die eine entsprechende Tätigkeit ohne staatliche Anerkennung oder staatliche Prüfung ausüben.

Anlage zu § 1 Abs. 1 der Anlage zu Abschnitt VIII Sonderregelungen (VKA) § 56 Anlage C (VKA)

Entspricht der Anlage zu § 52 Abs. 1 BT-B, abgedruckt auf Seite 650 ff.

Niederschriftserklärungen zu Abschnitt VIII Sonderregelungen (VKA)

1. Zu § 46 Nr. 4:

a) Die Tarifvertragsparteien (VKA und ver.di/dbb tarifunion) verpflichten sich, bei Anhebung der Altersgrenze für das Ausscheiden vergleichbarer Beamtinnen und Beamter und bei einem Wegfall der Möglichkeit der Altersteilzeitarbeit vor dem 31. Dezember 2009 in Gespräche über die sich dadurch ergebende Situation einzutreten.

b) Der Arbeitgeber hat dem Beschäftigten die Höhe der garantierten Ablaufleistung nach Absätzen 3 und 4, auf die die Versicherung abzuschließen ist, mitzuteilen.

2. Zu § 51 Nr. 2 a:

Die Tarifvertragsparteien sind sich einig, dass der Vorbereitungsdienst/das Referendariat der Lehrkräfte wegen des dortigen Ausmaßes der eigenverantwortlichen Tätigkeit (im Vollbild der Berufstätigkeit) eine teilweise Anrechnung auf die Stufenlaufzeit der Stufe 1 rechtfertigt und deshalb mit Ausbildungsgängen anderer Berufe nicht vergleichbar ist.

3. Zu § 3 Satz 3 der Anlage zu Abschnitt VIII Sonderregelungen (VKA) § 56:

Beschäftigte im handwerklichen Erziehungsdienst müssen in Einrichtungen tätig sein, in denen auch Kinder oder Jugendliche mit wesentlichen Erziehungsschwierigkeiten zum Zwecke der Erziehung, Ausbildung oder Pflege betreut werden, und für Kinder oder Jugendliche erzieherisch tätig sein.

Tarifvertrag zur Überleitung der Beschäftigten des Bundes in den TVöD und zur Regelung des Übergangsrechts (TVÜ-Bund)

Vom 13. September 2005
zuletzt geändert durch ÄndTV Nr. 6 vom 31. März 2012

1. Abschnitt Allgemeine Vorschriften

§ 1 Geltungsbereich

(1) [1]Dieser Tarifvertrag gilt für Angestellte, Arbeiterinnen und Arbeiter, deren Arbeitsverhältnis zum Bund über den 30. September 2005 hinaus fortbesteht, und die am 1. Oktober 2005 unter den Geltungsbereich des Tarifvertrages für den öffentlichen Dienst (TVöD) fallen, für die Dauer des ununterbrochen fortbestehenden Arbeitsverhältnisses. [2]Dieser Tarifvertrag gilt ferner für die unter § 19 Abs. 2 fallenden Beschäftigten.

Protokollerklärung zu Absatz 1 Satz 1:
Unterbrechungen von bis zu einem Monat sind unschädlich.

(2) Nur soweit nachfolgend ausdrücklich bestimmt, gelten die Vorschriften dieses Tarifvertrages auch für Beschäftigte, deren Arbeitsverhältnis zum Bund nach dem 30. September 2005 beginnt und die unter den Geltungsbereich des TVöD fallen.

(3) Für geringfügig Beschäftigte im Sinne des § 8 Abs. 1 Nr. 2 SGB IV, die am 30. September 2005 unter den Geltungsbereich des BAT/BAT-O/MTArb/MTArb-O fallen, finden die bisher jeweils einschlägigen tarifvertraglichen Regelungen für die Dauer ihres ununterbrochen fortbestehenden Arbeitsverhältnisses weiterhin Anwendung.

(4) Die Bestimmungen des TVöD gelten, soweit dieser Tarifvertrag keine abweichenden Regelungen trifft.

§ 2 Ersetzung bisheriger Tarifverträge durch den TVöD

(1) [1]Der TVöD ersetzt in Verbindung mit diesem Tarifvertrag für den Bereich des Bundes die in Anlage 1 TVÜ-Bund Teil A und Anlage 1 TVÜ-Bund Teil B aufgeführten Tarifverträge (einschließlich Anlagen) bzw. Tarifvertragsregelungen, soweit im TVöD, in diesem Tarifvertrag oder in den Anlagen nicht ausdrücklich etwas anderes bestimmt ist. [2]Die Ersetzung erfolgt mit Wirkung vom 1. Oktober 2005, soweit kein abweichender Termin bestimmt ist.

Protokollerklärung zu Absatz 1:
[1]*Die noch abschließend zu verhandelnde Anlage 1 TVÜ-Bund Teil B (Negativliste) enthält – über die Anlage 1 TVÜ-Bund Teil A hinaus – die Tarifverträge bzw. die Tarifvertragsregelungen, die am 1. Oktober 2005 ohne Nachwirkung außer Kraft treten.* [2]*Ist für diese Tarifvorschriften in der Negativliste ein abweichender Zeitpunkt für das Außerkrafttreten bzw. eine vorübergehende Fortgeltung vereinbart, beschränkt sich die Fortgeltung dieser Tarifverträge auf deren bisherigen Geltungsbereich (Arbeiter/Angestellte; Tarifgebiet Ost/Tarifgebiet West usw.).*

(2) Im Übrigen werden solche Tarifvertragsregelungen mit Wirkung vom 1. Oktober 2005 ersetzt, die
- materiell in Widerspruch zu Regelungen des TVöD bzw. dieses Tarifvertrages stehen,
- einen Regelungsinhalt haben, der nach dem Willen der Tarifvertragsparteien durch den TVöD bzw. diesen Tarifvertrag ersetzt oder aufgehoben worden ist, oder
- zusammen mit dem TVöD bzw. diesem Tarifvertrag zu Doppelleistungen führen würden.

(3) [1]Die in der Anlage 1 TVÜ-Bund Teil C aufgeführten Tarifverträge und Tarifvertragsregelungen gelten fort, soweit im TVöD, in diesem Tarifvertrag oder in den Anlagen nicht ausdrücklich etwas anderes bestimmt ist. [2]Die Fortgeltung erfasst auch Beschäftigte im Sinne des § 1 Abs. 2.

Protokollerklärung zu Absatz 3:
Die Fortgeltung dieser Tarifverträge beschränkt sich auf den bisherigen Geltungsbereich (Arbeiter/Angestellte; Tarifgebiet Ost/Tarifgebiet West usw.).

(4) Soweit in nicht ersetzten Tarifverträgen und Tarifvertragsregelungen auf Vorschriften verwiesen wird, die aufgehoben oder ersetzt worden sind, gelten an deren Stelle bis zu einer redaktionellen Anpassung die Regelungen des TVöD bzw. dieses Tarifvertrages entsprechend.

2. Abschnitt Überleitungsregelungen

§ 3 Überleitung in den TVöD

Die von § 1 Abs. 1 erfassten Beschäftigten werden am 1. Oktober 2005 gemäß den nachfolgenden Regelungen in den TVöD übergeleitet.

§ 4 Zuordnung der Vergütungs- und Lohngruppen

(1) Für die Überleitung der Beschäftigten wird ihre Vergütungs- bzw. Lohngruppe (§ 22 BAT/BAT-O bzw. entsprechende Regelungen für Arbeiterinnen und Arbeiter bzw. besondere tarifvertragliche Vorschriften für bestimmte Berufsgruppen) nach der Anlage 2 TVÜ-Bund den Entgeltgruppen des TVöD zugeordnet.

(2) Beschäftigte, die im Oktober 2005 bei Fortgeltung des bisherigen Tarifrechts die Voraussetzungen für einen Bewährungs-, Fallgruppen- oder Tätigkeitsaufstieg erfüllt hätten, werden für die Überleitung so behandelt, als wären sie bereits im September 2005 höhergruppiert bzw. höher eingereiht worden.

(3) Beschäftigte, die im Oktober 2005 bei Fortgeltung des bisherigen Tarifrechts in eine niedrigere Vergütungs- bzw. Lohngruppe eingruppiert bzw. eingereiht worden wären, werden für die Überleitung so behandelt, als wären sie bereits im September 2005 herabgruppiert bzw. niedriger eingereiht worden.

§ 5 Vergleichsentgelt

(1) Für die Zuordnung zu den Stufen der Entgelttabelle des TVöD wird für die Beschäftigten nach § 4 ein Vergleichsentgelt auf der Grundlage der im September 2005 erhaltenen Bezüge gemäß den Absätzen 2 bis 7 gebildet.

(2) [1]Bei Beschäftigten aus dem Geltungsbereich des BAT/BAT-O setzt sich das Vergleichsentgelt aus Grundvergütung, allgemeiner Zulage und Ortszuschlag der Stufe 1 oder 2 zusammen. [2]Ist auch eine andere Person im Sinne von § 29 Abschn. B Abs. 5 BAT/BAT-O ortszuschlagsberechtigt oder nach beamtenrechtlichen Grundsätzen familienzuschlagsberechtigt, wird nur die Stufe 1 zugrunde gelegt; findet der TVöD am 1. Oktober 2005 auch auf die andere Person Anwendung, geht der jeweils individuell zustehende Teil des Unterschiedsbetrages zwischen den Stufen 1 und 2 des Ortszuschlags in das Vergleichsentgelt ein. [3]Ferner fließen im September 2005 tarifvertraglich zustehende Funktionszulagen insoweit in das Vergleichsentgelt ein, als sie nach dem TVöD nicht mehr vorgesehen sind. [4]Erhalten Beschäftigte eine Gesamtvergütung (§ 30 BAT/BAT-O), bildet diese das Vergleichsentgelt. [5]Bei Lehrkräften im Sinne der Vorbemerkung Nr. 5 zu allen Vergütungsgruppen der Anlage 1a zum BAT/BAT-O wird die Zulage nach § 2 Absatz 3 des Tarifvertrages über Zulagen an Angestellte in das Vergleichsentgelt eingerechnet. [6]Abweichend von Satz 5 wird bei Lehrkräften, die am 30. September 2005 einen Anspruch auf die Zulage nach dem Erlass des Bundesministeriums der Verteidigung vom 31. März 1998 – PSZ II 4 (S II 3) – Az 18-20-02 haben, die Zulage nach § 2 Abs. 2 Buchst. c des Tarifvertrages über Zulagen an Angestellte, und bei Lehrkräften, die im arbeitsvertraglichen Anspruch auf Zahlung einer allgemeinen Zulage wie die unter die Anlage 1a zum BAT/BAT-O fallenden Angestellten haben, diese Zulage in das Vergleichsentgelt eingerechnet.

2. Abschnitt Überleitungsregelungen § 5 TVÜ-Bund

Protokollerklärung zu Absatz 2 Satz 2:
1. Findet der TVöD am 1. Oktober 2005 für beide Beschäftigte Anwendung und hat einer der beiden im September 2005 keine Bezüge erhalten wegen Elternzeit, Wehr- oder Zivildienstes, unbezahlten Sonderurlaubs aufgrund von Familienpflichten im Sinne des § 4 Abs. 2 BGleiG, Sonderurlaubs, bei dem der Arbeitgeber vor Antritt ein dienstliches oder betriebliches Interesse an der Beurlaubung anerkannt hat, Bezuges einer Rente auf Zeit wegen verminderter Erwerbsfähigkeit oder wegen Ablaufs der Krankenbezugsfristen, erhält die/der andere Beschäftigte zusätzlich zu ihrem/seinem Entgelt den Differenzbetrag zwischen dem ihr/ihm im September 2005 individuell zustehenden Teil des Unterschiedsbetrages zwischen der Stufe 1 und 2 des Ortszuschlags und dem vollen Unterschiedsbetrag als Besitzstandszulage.
2. Hat die andere ortszuschlagsberechtigte oder nach beamtenrechtlichen Grundsätzen familienzuschlagsberechtigte Person im September 2005 aus den in Nr. 1 genannten Gründen keine Bezüge erhalten, erhält die/der in den TVöD übergeleitete Beschäftigte zusätzlich zu ihrem/seinem Entgelt den vollen Unterschiedsbetrag zwischen der Stufe 1 und der Stufe 2 des Ortszuschlags als Besitzstandszulage.
3. [1]Ist die andere ortszuschlagsberechtigte oder familienzuschlagsberechtigte Person im September 2005 aus dem öffentlichen Dienst ausgeschieden, ist das Tabellenentgelt ab dem 1. Juli 2008 auf Antrag neu zu ermitteln. [2]Basis ist dabei die Stufenzuordnung nach § 6 Abs. 1 Satz 2, die sich zum 1. Oktober 2007 ergeben hätte, wenn das Vergleichsentgelt unter Berücksichtigung der Stufe 2 des Ortszuschlags gebildet worden wäre.
4. [1]Die Besitzstandszulage nach den Nrn. 1 und 2 oder das neu ermittelte Tabellenentgelt nach Nr. 3 wird auf einen bis zum 30. September 2008 zu stellenden schriftlichen Antrag (Ausschlussfrist) vom 1. Juli 2008 an gezahlt. [2]Ist eine entsprechende Leistung bis zum 31. März 2008 schriftlich geltend gemacht worden, erfolgt die Zahlung vom 1. Juni 2008 an.
5. [1]In den Fällen der Nrn. 1 und 2 wird bei Stufensteigerungen und Höhergruppierungen der Unterschiedsbetrag zum bisherigen Entgelt auf die Besitzstandszulage angerechnet. [2]Die/Der Beschäftigte hat das Vorliegen der Voraussetzungen der Nrn. 1 und 2 nachzuweisen und Änderungen anzuzeigen. [3]Die Besitzstandszulage nach den Nrn. 1 und 2 entfällt mit Ablauf des Monats, in dem die/der andere Beschäftigte die Arbeit wieder aufnimmt.

Protokollerklärung zu Absatz 2 Satz 3:
Vorhandene Beschäftigte erhalten bis zum In-Kraft-Treten der neuen Entgeltordnung ihre Techniker-, Meister- und Programmiererzulagen unter den bisherigen Voraussetzungen als persönliche Besitzstandszulage.

(3) [1]Bei Beschäftigten aus dem Geltungsbereich des MTArb/MTArb-O wird der Monatstabellenlohn als Vergleichsentgelt zugrunde gelegt. [2]Absatz 2 Satz 3 gilt entsprechend. [3]Erhalten Beschäftigte Lohn nach § 23 Abs. 1 MTArb/MTArb-O, bildet dieser das Vergleichsentgelt.

(4) [1]Beschäftigte, die im Oktober 2005 bei Fortgeltung des bisherigen Rechts die Grundvergütung bzw. den Monatstabellenlohn der nächsthöheren Lebensalters- bzw. Lohnstufe erhalten hätten, werden für die Bemessung des Vergleichsentgelts so behandelt, als wäre der Stufenaufstieg bereits im September 2005 erfolgt. [2]§ 4 Abs. 2 und 3 gilt bei der Bemessung des Vergleichsentgelts entsprechend.

(5) [1]Bei Teilzeitbeschäftigten wird das Vergleichsentgelt auf der Grundlage eines vergleichbaren Vollzeitbeschäftigten bestimmt. [2]Satz 1 gilt für Beschäftigte, deren Arbeitszeit nach § 3 des Tarifvertrages zur sozialen Absicherung vom 6. Juli 1992 herabgesetzt ist, entsprechend.

Protokollerklärung zu § 5 Abs. 5:
[1]Lediglich das Vergleichsentgelt wird auf der Grundlage eines entsprechenden Vollzeitbeschäftigten ermittelt; sodann wird nach der Stufenzuordnung das zustehende Entgelt zeitratierlich berechnet. [2]Diese zeitratierliche Kürzung des auf den Ehegattenanteil im Ortszuschlag entfallenden Betrages (§ 5 Abs. 2 Satz 2 2. Halbsatz) unterbleibt nach Maßgabe des § 29 Abschn. B Abs. 5 Satz 2 BAT/BAT-O.

(6) Für Beschäftigte, die nicht für alle Tage im September 2005 oder für keinen Tag dieses Monats Bezüge erhalten, wird das Vergleichsentgelt so bestimmt, als hätten sie für alle Tage dieses Monats Bezüge erhalten; in den Fällen des § 27 Abschn. A Abs. 7 und Abschn. B Abs. 3 Unterabs. 4 BAT/BAT-O bzw. der entsprechenden Regelungen für Arbeiterinnen und Arbeiter werden die Beschäftigten für das Vergleichsentgelt so gestellt, als hätten sie am 1. September 2005 die Arbeit wieder aufgenommen.

(7) Abweichend von den Absätzen 2 bis 6 wird bei Beschäftigten, die gemäß § 27 Abschn. A Abs. 8 oder Abschn. B Abs. 7 BAT/BAT-O bzw. den entsprechenden Regelungen für Arbeiterinnen und Arbeiter den Unterschiedsbetrag zwischen der Grundvergütung bzw. dem Monatstabellenlohn ihrer bisherigen zur nächsthöheren Lebensalters- bzw. Lohnstufe im September 2005 nur zur Hälfte erhalten, für die Bestimmung des Vergleichsentgelts die volle Grundvergütung bzw. der volle Monatstabellenlohn aus der nächsthöheren Lebensalters- bzw. Lohnstufe zugrunde gelegt.

§ 6 Stufenzuordnung der Angestellten

(1) ¹Beschäftigte aus dem Geltungsbereich des BAT/BAT-O werden einer ihrem Vergleichsentgelt entsprechenden individuellen Zwischenstufe der gemäß § 4 bestimmten Entgeltgruppe zugeordnet. ²Zum 1. Oktober 2007 steigen diese Beschäftigten in die dem Betrag nach nächsthöhere reguläre Stufe ihrer Entgeltgruppe auf. ³Der weitere Stufenaufstieg richtet sich nach den Regelungen des TVöD. ⁴Für die Stufenzuordnung der Lehrkräfte im Sinne der Vorbemerkung Nr. 5 zu allen Vergütungsgruppen der Anlage 1 a zum BAT/BAT-O gilt die Entgelttabelle des TVöD (Bund) mit den Maßgaben des § 19 Abs. 2 a.

(2) ¹Werden Beschäftigte vor dem 1. Oktober 2007 höhergruppiert (nach § 8 Abs. 1 und 3 1. Alternative, § 9 Abs. 3 Buchst. a oder aufgrund Übertragung einer mit einer höheren Entgeltgruppe bewerteten Tätigkeit), so erhalten sie in der höheren Entgeltgruppe Tabellenentgelt nach der regulären Stufe, deren Betrag mindestens der individuellen Zwischenstufe entspricht, jedoch nicht weniger als das Tabellenentgelt der Stufe 2; der weitere Stufenaufstieg richtet sich nach den Regelungen des TVöD. ²In den Fällen des Satzes 1 gilt § 17 Abs. 4 Satz 2 TVöD entsprechend. ³Werden Beschäftigte vor dem 1. Oktober 2007 herabgruppiert, werden sie in der niedrigeren Entgeltgruppe derjenigen individuellen Zwischenstufe zugeordnet, die sich bei Herabgruppierung im September 2005 ergeben hätte; der weitere Stufenaufstieg richtet sich nach Absatz 1 Satz 2 und 3.

(3) ¹Liegt das Vergleichsentgelt über der höchsten Stufe der gemäß § 4 bestimmten Entgeltgruppe, werden die Beschäftigten abweichend von Absatz 1 einer dem Vergleichsentgelt entsprechenden individuellen Endstufe zugeordnet; bei Lehrkräften im Sinne der Vorbemerkung Nr. 5 zu allen Vergütungsgruppen der Anlage 1 a zum BAT/BAT-O gilt dabei die Entgelttabelle des TVöD (Bund) mit den Maßgaben des § 19 Abs. 2 a. ²Werden Beschäftigte aus einer individuellen Endstufe höhergruppiert, so erhalten sie in der höheren Entgeltgruppe mindestens den Betrag, der ihrer bisherigen individuellen Endstufe entspricht. ³Im Übrigen gilt Absatz 2 entsprechend. ⁴Die individuelle Endstufe verändert sich um denselben Vomhundertsatz bzw. in demselben Umfang wie die höchste Stufe der jeweiligen Entgeltgruppe.

Protokollerklärung zu Absatz 3:

¹*Am 1. Januar 2008 wird das Entgelt der individuellen Endstufe für Beschäftigte der Entgeltgruppen 1 bis 9, für die die Regelungen des Tarifgebiets Ost Anwendung finden, um den Faktor 1,08108 erhöht.* ²*Der Berechnungsschritt für allgemeine Tariferhöhungen zum 1. Januar 2008 ist erst im Anschluss an die Faktorisierung nach Satz 1 zu vollziehen.* ³*Am 1. April 2008 wird das Entgelt der individuellen Endstufe für Beschäftigte der Entgeltgruppen 10 und höher, für die die Regelungen des Tarifgebiets Ost Anwendung finden, um den Faktor 1,08108 erhöht.*

(4) ¹Beschäftigte, deren Vergleichsentgelt niedriger ist als das Tabellenentgelt in der Stufe 2, werden abweichend von Absatz 1 der Stufe 2 zugeordnet. ²Der weitere Stufenaufstieg richtet sich nach den Regelungen des TVöD. ³Abweichend von Satz 1 werden Beschäftigte, denen am

30. September 2005 eine in der Allgemeinen Vergütungsordnung (Anlage 1 a) durch die Eingruppierung in Vergütungsgruppe Va BAT/BAT-O mit Aufstieg nach IVb und IVa BAT/BAT-O abgebildete Tätigkeit übertragen ist, der Stufe 1 der Entgeltgruppe 10 zugeordnet.

§ 7 Stufenzuordnung der Arbeiterinnen und Arbeiter

(1) [1]Beschäftigte aus dem Geltungsbereich des MTArb/MTArb-O werden entsprechend ihrer Beschäftigungszeit nach § 6 MTArb/MTArb-O der Stufe der gemäß § 4 bestimmten Entgeltgruppe zugeordnet, die sie erreicht hätten, wenn die Entgelttabelle des TVöD bereits seit Beginn ihrer Beschäftigungszeit gegolten hätte; Stufe 1 ist hierbei ausnahmslos mit einem Jahr zu berücksichtigen. [2]Der weitere Stufenaufstieg richtet sich nach den Regelungen des TVöD.

(2) § 6 Abs. 3 und Abs. 4 Satz 1 und 2 gilt für Beschäftigte gemäß Absatz 1 entsprechend.

(3) [1]Ist das Tabellenentgelt nach Absatz 1 Satz 1 niedriger als das Vergleichsentgelt, werden die Beschäftigten einer dem Vergleichsentgelt entsprechenden individuellen Zwischenstufe zugeordnet. [2]Der Aufstieg aus der individuellen Zwischenstufe in die dem Betrag nach nächsthöhere reguläre Stufe ihrer Entgeltgruppe findet zu dem Zeitpunkt statt, zu dem sie gemäß Absatz 1 Satz 1 die Voraussetzungen für diesen Stufenaufstieg aufgrund der Beschäftigungszeit erfüllt haben. [3]§ 6 Abs. 3 Satz 4 gilt entsprechend.

(4) [1]Werden Beschäftigte während ihrer Verweildauer in der individuellen Zwischenstufe höhergruppiert, erhalten sie in der höheren Entgeltgruppe Tabellenentgelt nach der regulären Stufe, deren Betrag mindestens der individuellen Zwischenstufe entspricht, jedoch nicht weniger als das Tabellenentgelt der Stufe 2; der weitere Stufenaufstieg richtet sich nach den Regelungen des TVöD. [2]§ 17 Abs. 4 Satz 2 TVöD gilt entsprechend. [3]Werden Beschäftigte während ihrer Verweildauer in der individuellen Zwischenstufe herabgruppiert, erfolgt die Stufenzuordnung in der niedrigeren Entgeltgruppe, als sei die niedrigere Einreihung bereits im September 2005 erfolgt; der weitere Stufenaufstieg richtet sich bei Zuordnung zu einer individuellen Zwischenstufe nach Absatz 3 Satz 2, ansonsten nach Absatz 1 Satz 2.

Protokollerklärung zu den Absätzen 3 und 4:

[1]*Am 1. Januar 2008 wird das Entgelt der individuellen Zwischenstufe für Beschäftigte der Entgeltgruppen 1 bis 9, für die die Regelungen des Tarifgebiets Ost Anwendung finden, um den Faktor 1,08108 erhöht.* [2]*Der Berechnungsschritt für allgemeine Tariferhöhungen zum 1. Januar 2008 ist erst im Anschluss an die Faktorisierung nach Satz 1 zu vollziehen.*

3. Abschnitt Besitzstandsregelungen

§ 8 Bewährungs- und Fallgruppenaufstiege

(1) [1]Aus dem Geltungsbereich des BAT/BAT-O in eine der Entgeltgruppen 3, 5, 6 oder 8 übergeleitete Beschäftigte, die am 1. Oktober 2005 bei Fortgeltung des bisherigen Tarifrechts die für eine Höhergruppierung erforderliche Zeit der Bewährung oder Tätigkeit zur Hälfte erfüllt haben, sind zu dem Zeitpunkt, zu dem sie nach bisherigem Recht höhergruppiert wären, in die nächsthöhere Entgeltgruppe des TVöD eingruppiert. [2]Abweichend von Satz 1 erfolgt die Höhergruppierung in die Entgeltgruppe 5, wenn die Beschäftigten aus der Vergütungsgruppe VIII BAT/BAT-O mit ausstehendem Aufstieg nach Vergütungsgruppe VII BAT/BAT-O übergeleitet worden sind; sie erfolgt in die Entgeltgruppe 8, wenn die Beschäftigten aus der Vergütungsgruppe VIb BAT/BAT-O mit ausstehendem Aufstieg nach Vergütungsgruppe Vc BAT/BAT-O übergeleitet worden sind. [3]Voraussetzung für die Höhergruppierung nach Satz 1 und 2 ist, dass

- zum individuellen Aufstiegszeitpunkt keine Anhaltspunkte vorliegen, die bei Fortgeltung des bisherigen Rechts einer Höhergruppierung entgegengestanden hätten, und
- bis zum individuellen Aufstiegszeitpunkt nach Satz 1 weiterhin eine Tätigkeit auszuüben ist, die diesen Aufstieg ermöglicht hätte.

⁴Die Sätze 1 bis 3 gelten nicht in den Fällen des § 4 Abs. 2. ⁵Erfolgt die Höhergruppierung vor dem 1. Oktober 2007, gilt – gegebenenfalls unter Berücksichtigung des Satzes 2 – § 6 Abs. 2 Satz 1 und 2 entsprechend.

(2) ¹Aus dem Geltungsbereich des BAT/BAT-O in eine der Entgeltgruppen 2 sowie 9 bis 15 übergeleitete Beschäftigte, die am 1. Oktober 2005 bei Fortgeltung des bisherigen Tarifrechts die für eine Höhergruppierung erforderliche Zeit der Bewährung oder Tätigkeit zur Hälfte erfüllt haben und in der Zeit zwischen dem 1. November 2005 und dem 30. September 2007 höhergruppiert wären, erhalten ab dem Zeitpunkt, zu dem sie nach bisherigem Recht höhergruppiert wären, in ihrer bisherigen Entgeltgruppe Entgelt nach derjenigen individuellen Zwischen- bzw. Endstufe, die sich ergeben hätte, wenn sich ihr Vergleichsentgelt (§ 5) nach der Vergütung aufgrund der Höhergruppierung bestimmt hätte. ²Voraussetzung für diesen Stufenaufstieg ist, dass

– zum individuellen Aufstiegszeitpunkt keine Anhaltspunkte vorliegen, die bei Fortgeltung des bisherigen Rechts einer Höhergruppierung entgegengestanden hätten, und
– bis zum individuellen Aufstiegszeitpunkt nach Satz 1 weiterhin eine Tätigkeit auszuüben ist, die diesen Aufstieg ermöglicht hätte.

³Ein etwaiger Strukturausgleich wird ab dem individuellen Aufstiegszeitpunkt nicht mehr gezahlt. ⁴Der weitere Stufenaufstieg richtet sich bei Zuordnung zu einer individuellen Zwischenstufe nach § 6 Abs. 1. ⁵§ 4 Abs. 2 bleibt unberührt.

(3) ¹Abweichend von Absatz 1 Satz 1 und Absatz 2 Satz 1 gelten die Absätze 1 bzw. 2 auf schriftlichen Antrag entsprechend für übergeleitete Beschäftigte, die bei Fortgeltung des BAT/BAT-O bis spätestens zum 29. Februar 2012 wegen Erfüllung der erforderlichen Zeit der Bewährung oder Tätigkeit höhergruppiert worden wären, unabhängig davon, ob die Hälfte der erforderlichen Bewährungs- oder Tätigkeitszeit am Stichtag erfüllt ist. ²In den Fällen des Absatzes 2 Satz 1 erhalten Beschäftigte, die in der Zeit zwischen dem 1. Oktober 2007 und dem 29. Februar 2012 bei Fortgeltung des BAT/BAT-O höhergruppiert worden wären, in ihrer bisherigen Entgeltgruppe Entgelt nach derjenigen individuellen Zwischen- oder Endstufe, die sich aus der Summe des bisherigen Tabellenentgelts und dem nach Absatz 2 ermittelten Höhergruppierungsgewinn nach bisherigem Recht ergibt; die Stufenlaufzeit bleibt hiervon unberührt. ³Bei Beschäftigten mit individueller Endstufe erhöht sich in diesen Fällen ihre individuelle Endstufe um den nach bisherigem Recht ermittelten Höhergruppierungsgewinn. ⁴Der Höhergruppierungsgewinn nach Satz 2 oder 3 wird für Beschäftigte, auf die die Regelungen des Tarifgebiets Ost Anwendung fanden, um den Faktor 1,08108 erhöht. ⁵§ 6 Abs. 3 Satz 4 gilt entsprechend.

Protokollerklärungen zu Absatz 3:

1. *Wäre die/der Beschäftigte bei Fortgeltung des BAT/BAT-O in der Zeit vom 1. Oktober 2007 bis 31. Dezember 2007 wegen Erfüllung der Voraussetzungen des Absatzes 3 höhergruppiert worden, findet Absatz 3 auf schriftlichen Antrag vom 1. Januar 2008 an Anwendung.*
2. *Die individuelle Zwischenstufe verändert sich bei allgemeinen Entgeltanpassungen nach dem 31. Dezember 2009 um den von den Tarifvertragsparteien für die jeweilige Entgeltgruppe festgelegten Vomhundertsatz.*

(4) ¹Ist bei einer Lehrkraft, die gemäß Nr. 5 der Vorbemerkungen zu allen Vergütungsgruppen nicht unter die Anlage 1a zum BAT fällt, eine Höhergruppierung nur vom Ablauf einer Bewährungszeit und von der Bewährung abhängig und ist am Stichtag die Hälfte der Mindestzeitdauer für einen solchen Aufstieg erfüllt oder wäre unabhängig von der Erfüllung der Hälfte der Mindestzeitdauer am Stichtag die Lehrkraft bei Fortgeltung des BAT/BAT-O bis spätestens zum 31. Dezember 2009 wegen Erfüllung der erforderlichen Zeit der Bewährung höhergruppiert, erfolgt in den Fällen der Absätze 1 und 3 unter den weiteren dort genannten Voraussetzungen zum individuellen Aufstiegszeitpunkt der Aufstieg in die nächsthöhere Entgeltgruppe. ²Absatz 1 Satz 2 und Höhergruppierungsmöglichkeiten durch entsprechende Anwendung beamtenrechtlicher Regelungen bleiben unberührt. ³Im Fall der Absätze 2 und 3 gilt Satz 1 mit der Maßgabe, dass anstelle der Höhergruppierung eine Neuberechnung des Ver-

gleichsentgelts/Entgelts der individuellen Zwischen- bzw. Endstufe nach Absatz 2 beziehungsweise Absatz 3 Satz 2 und 3 erfolgt.

§ 9 Vergütungsgruppenzulagen

(1) Aus dem Geltungsbereich des BAT/BAT-O übergeleitete Beschäftigte, denen am 30. September 2005 nach der Vergütungsordnung zum BAT/BAT-O eine Vergütungsgruppenzulage zusteht, erhalten in der Entgeltgruppe, in die sie übergeleitet werden, eine Besitzstandszulage in Höhe ihrer bisherigen Vergütungsgruppenzulage.

(2) [1]Aus dem Geltungsbereich des BAT/BAT-O übergeleitete Beschäftigte, die bei Fortgeltung des bisherigen Rechts nach dem 30. September 2005 eine Vergütungsgruppenzulage ohne vorausgehenden Fallgruppenaufstieg erreicht hätten, erhalten ab dem Zeitpunkt, zu dem ihnen die Zulage nach bisherigem Recht zugestanden hätte, eine Besitzstandszulage. [2]Die Höhe der Besitzstandszulage bemisst sich nach dem Betrag, der als Vergütungsgruppenzulage zu zahlen gewesen wäre, wenn diese bereits am 30. September 2005 zugestanden hätte. [3]Voraussetzung ist, dass

– am 1. Oktober 2005 die für die Vergütungsgruppenzulage erforderliche Zeit der Bewährung oder Tätigkeit nach Maßgabe des § 23 b Abschn. A BAT/BAT-O zur Hälfte erfüllt ist,
– zu diesem Zeitpunkt keine Anhaltspunkte vorliegen, die bei Fortgeltung des bisherigen Rechts der Vergütungsgruppenzulage entgegengestanden hätten und
– bis zum individuellen Zeitpunkt nach Satz 1 weiterhin eine Tätigkeit auszuüben ist, die zu der Vergütungsgruppenzulage geführt hätte.

(2 a) [1]Absatz 2 gilt auf schriftlichen Antrag entsprechend für übergeleitete Beschäftigte, die bei Fortgeltung des BAT/BAT-O bis spätestens zum 29. Februar 2012 wegen Erfüllung der erforderlichen Zeit der Bewährung oder Tätigkeit die Voraussetzungen der Vergütungsgruppenzulage erfüllt hätten, unabhängig davon, ob die Hälfte der erforderlichen Zeit der Bewährung oder Tätigkeit am Stichtag erfüllt ist. [2]Die Protokollerklärung zu § 8 Abs. 3 gilt entsprechend.

(3) [1]Für aus dem Geltungsbereich des BAT/BAT-O übergeleitete Beschäftigte, die bei Fortgeltung des bisherigen Rechts nach dem 30. September 2005 im Anschluss an einen Fallgruppenaufstieg eine Vergütungsgruppenzulage erreicht hätten, gilt Folgendes:

a) [1]In eine der Entgeltgruppen 3, 5, 6 oder 8 übergeleitete Beschäftigte, die den Fallgruppenaufstieg am 30. September 2005 noch nicht erreicht haben, sind zu dem Zeitpunkt, zu dem sie nach bisherigem Recht höhergruppiert worden wären, in die nächsthöhere Entgeltgruppe des TVöD eingruppiert; § 8 Abs. 1 Satz 2 bis 5 gilt entsprechend. [2]Eine Besitzstandszulage für eine Vergütungsgruppenzulage steht nicht zu.

b) [1]Ist ein der Vergütungsgruppenzulage vorausgehender Fallgruppenaufstieg am 30. September 2005 bereits erfolgt, gilt Absatz 2 mit der Maßgabe, dass am 1. Oktober 2005 die Hälfte der Gesamtzeit für den Anspruch auf die Vergütungsgruppenzulage einschließlich der Zeit für den vorausgehenden Aufstieg zurückgelegt sein muss oder die Vergütungsgruppenzulage bei Fortgeltung des bisherigen Rechts bis zum 29. Februar 2012 erworben worden wäre. [2]Im Fall des Satzes 1 2. Alternative wird die Vergütungsgruppenzulage auf schriftlichen Antrag gewährt. [3]Die Protokollerklärung zu § 8 Abs. 3 gilt entsprechend.

c) [1]Wäre im Fall des Buchstaben a nach bisherigem Recht der Fallgruppenaufstieg spätestens am 30. September 2007 erreicht worden, gilt Absatz 2 mit der Maßgabe, dass am 1. Oktober 2007 die Hälfte der Gesamtzeit für den Anspruch auf die Vergütungsgruppenzulage einschließlich der Zeit für den vorausgehenden Aufstieg erreicht worden sein muss und die Vergütungsgruppenzulage bei Fortgeltung des bisherigen Rechts bis zum 29. Februar 2012 erworben worden wäre. [2]Die Protokollerklärung zu § 8 Abs. 3 gilt entsprechend.

(4) ¹Die Besitzstandszulage nach den Absätzen 1, 2 und 3 Buchst. b wird so lange gezahlt, wie die anspruchsbegründende Tätigkeit ununterbrochen ausgeübt wird und die sonstigen Voraussetzungen für die Vergütungsgruppenzulage nach bisherigem Recht weiterhin bestehen. ²Sie verändert sich bei allgemeinen Entgeltanpassungen um den von den Tarifvertragsparteien für die jeweilige Entgeltgruppe festgelegten Vomhundertsatz.

Protokollerklärung zu Absatz 4 Satz 1:

¹Unterbrechungen wegen Elternzeit, Wehr- oder Zivildienstes, unbezahlten Sonderurlaubs aufgrund von Familienpflichten im Sinne des § 4 Abs. 2 BGleiG, Sonderurlaubs, bei dem der Arbeitgeber vor Antritt ein dienstliches oder betriebliches Interesse an der Beurlaubung anerkannt hat, Bezuges einer Rente auf Zeit wegen verminderter Erwerbsfähigkeit oder wegen Ablaufs der Krankenbezugsfristen sowie wegen vorübergehender Übertragung einer höherwertigen Tätigkeit sind unschädlich. ²In den Fällen, in denen eine Unterbrechung aus den in Satz 1 genannten Gründen nach dem 30. September 2005 und vor dem 1. Juli 2008 endet, wird eine Besitzstandszulage nach § 9 Abs. 1, 2 oder 3 Buchst. b oder c vom 1. Juli 2008 an gezahlt, wenn bis zum 30. September 2008 ein entsprechender schriftlicher Antrag (Ausschlussfrist) gestellt worden ist. ³Ist eine entsprechende Leistung bis zum 31. März 2008 schriftlich geltend gemacht worden, erfolgt die Zahlung vom 1. Juni 2008 an.

Protokollerklärung zu Absatz 4 Satz 2:

(aufgehoben)

§ 10 Fortführung vorübergehend übertragener höherwertiger Tätigkeit

¹Beschäftigte, denen am 30. September 2005 eine Zulage nach § 24 BAT/BAT-O zusteht, erhalten nach Überleitung in den TVöD eine Besitzstandszulage in Höhe ihrer bisherigen Zulage, solange sie die anspruchsbegründende Tätigkeit weiterhin ausüben und die Zulage nach bisherigem Recht zu zahlen wäre. ²Wird die anspruchsbegründende Tätigkeit über den 30. September 2007 hinaus beibehalten, finden mit Wirkung ab dem 1. Oktober 2007 die Regelungen des TVöD über die vorübergehende Übertragung einer höherwertigen Tätigkeit Anwendung. ³Für eine vor dem 1. Oktober 2005 vorübergehend übertragene höherwertige Tätigkeit, für die am 30. September 2005 wegen der zeitlichen Voraussetzungen des § 24 Abs. 1 bzw. 2 BAT/BAT-O noch keine Zulage gezahlt wird, gilt Satz 1 und 2 ab dem Zeitpunkt entsprechend, zu dem nach bisherigem Recht die Zulage zu zahlen gewesen wäre. ⁴Sätze 1 bis 3 gelten in den Fällen des § 9 MTArb/MTArb-O entsprechend; bei Vertretung einer Arbeiterin/eines Arbeiters bemisst sich die Zulage nach dem Unterschiedsbetrag zwischen dem Lohn nach § 9 Abs. 2 Buchst. a MTArb/MTArb-O und dem im September 2005 ohne Zulage zustehenden Lohn. ⁵Sätze 1 bis 4 gelten bei besonderen tarifvertraglichen Vorschriften über die vorübergehende Übertragung höherwertiger Tätigkeiten entsprechend. ⁶Ist Beschäftigten, die eine Besitzstandszulage nach Satz 1 erhalten, die anspruchsbegründende Tätigkeit bis zum 30. September 2007 dauerhaft übertragen worden, erhalten sie eine persönliche Zulage. ⁷Die Zulage nach Satz 6 wird für die Dauer der Wahrnehmung dieser Tätigkeit auf einen bis zum 30. September 2008 zu stellenden schriftlichen Antrag (Ausschlussfrist) der/des Beschäftigten vom 1. Juli 2008 an gezahlt. ⁸Die Höhe der Zulage bemisst sich nach dem Unterschiedsbetrag zwischen dem am 1. Oktober 2005 nach § 6 oder § 7 zustehenden Tabellenentgelt oder Entgelt nach einer individuellen Zwischen- oder Endstufe einschließlich der Besitzstandszulage nach Satz 1 und dem Tabellenentgelt nach der Höhergruppierung. ⁹Allgemeine Entgeltanpassungen, Erhöhungen des Entgelts durch Stufenaufstiege und Höhergruppierungen sowie Zulagen gemäß § 14 Abs. 3 TVöD sind auf die persönliche Zulage in voller Höhe anzurechnen.

Protokollerklärung zu Satz 9:

Die Anrechnung umfasst auch entsprechende Entgeltsteigerungen, die nach dem 30. September 2005 und vor dem 1. Juli 2008 erfolgt sind.

§ 11 Kinderbezogene Entgeltbestandteile

(1) ¹Für im September 2005 zu berücksichtigende Kinder werden die kinderbezogenen Entgeltbestandteile des BAT/BAT-O oder MTArb/MTArb-O in der für September 2005 zustehenden Höhe als Besitzstandszulage fortgezahlt, solange für diese Kinder Kindergeld nach dem Einkommensteuergesetz (EStG) oder nach dem Bundeskindergeldgesetz (BKGG) ununterbrochen gezahlt wird oder ohne Berücksichtigung des § 64 oder § 65 EStG oder des § 3 oder § 4 BKGG gezahlt würde. ²Die Besitzstandszulage entfällt ab dem Zeitpunkt, zu dem einer anderen Person, die im öffentlichen Dienst steht oder auf Grund einer Tätigkeit im öffentlichen Dienst nach beamtenrechtlichen Grundsätzen oder nach einer Ruhelohnordnung versorgungsberechtigt ist, für ein Kind, für welches die Besitzstandszulage gewährt wird, das Kindergeld gezahlt wird; die Änderung der Kindergeldberechtigung hat die/der Beschäftigte dem Arbeitgeber unverzüglich schriftlich anzuzeigen. ³Unterbrechungen wegen Ableistung von Grundwehrdienst, Zivildienst oder Wehrübungen sowie die Ableistung eines freiwilligen sozialen oder ökologischen Jahres sind unschädlich; soweit die unschädliche Unterbrechung bereits im Monat September 2005 vorliegt, wird die Besitzstandszulage ab dem Zeitpunkt des Wiederauflebens der Kindergeldzahlung gewährt.

Protokollerklärung zu Absatz 1:

1. ¹*Die Unterbrechung der Entgeltzahlung im September 2005 wegen Elternzeit, Wehr- oder Zivildienstes, unbezahlten Sonderurlaubs aufgrund von Familienpflichten im Sinne des § 4 Abs. 2 BGleiG, Sonderurlaubs, bei dem der Arbeitgeber vor Antritt ein dienstliches oder betriebliches Interesse an der Beurlaubung anerkannt hat, Bezuges einer Rente auf Zeit wegen verminderter Erwerbsfähigkeit oder wegen des Ablaufs der Krankenbezugsfristen ist für das Entstehen des Anspruchs auf die Besitzstandszulage unschädlich.* ²*Für die Höhe der Besitzstandszulage nach Satz 1 gilt § 5 Abs. 6 entsprechend.*
2. *Ist die andere Person im September 2005 aus dem öffentlichen Dienst ausgeschieden und entfiel aus diesem Grund der kinderbezogene Entgeltbestandteil, entsteht der Anspruch auf die Besitzstandszulage bei dem in den TVöD übergeleiteten Beschäftigten.*
3. ¹*Beschäftigte mit mehr als zwei Kindern, die im September 2005 für das dritte und jedes weitere Kind keinen kinderbezogenen Entgeltanteil erhalten haben, weil sie nicht zum Kindergeldberechtigten bestimmt waren, haben Anspruch auf die Besitzstandszulage für das dritte und jedes weitere Kind, sofern und solange sie für diese Kinder Kindergeld erhalten, wenn sie bis zum 30. September 2008 einen Berechtigtenwechsel beim Kindergeld zu ihren Gunsten vornehmen und der Beschäftigungsumfang der kindergeldberechtigten anderen Person am 30. September 2005 30 Wochenstunden nicht überstieg.* ²*Die Höhe der Besitzstandszulage ist so zu bemessen, als hätte die/der Beschäftigte bereits im September 2005 Anspruch auf Kindergeld gehabt.*
4. ¹*Bei Tod des Kindergeldberechtigten wird ein Anspruch nach Absatz 1 für den anderen in den TVöD übergeleiteten Beschäftigten auch nach dem 1. Oktober 2005 begründet.* ²*Die Höhe der Besitzstandszulage ist so zu bemessen, als hätte sie/er bereits im September 2005 Anspruch auf Kindergeld gehabt.*
5. ¹*Endet eine Unterbrechung aus den in Nr. 1 Satz 1 genannten Gründen vor dem 1. Juli 2008, wird die Besitzstandszulage vom 1. Juli 2008 an gezahlt, wenn bis zum 30. September 2008 ein entsprechender schriftlicher Antrag (Ausschlussfrist) gestellt worden ist.* ²*Wird die Arbeit nach dem 30. Juni 2008 wieder aufgenommen und erfolgt die Unterbrechung aus den in Nr. 1 Satz 1 genannten Gründen nach dem 30. Juni 2008, wird die Besitzstandszulage nach Wiederaufnahme der Arbeit auf schriftlichen Antrag gezahlt.* ³*In den Fällen der Nrn. 2 und 3 wird die Besitzstandszulage auf einen bis zum 30. September 2008 zu stellenden schriftlichen Antrag (Ausschlussfrist) vom 1. Juli 2008 an gezahlt.* ⁴*Ist eine den Nrn. 1 bis 3 entsprechende Leistung bis zum 31. März 2008 schriftlich geltend gemacht worden, erfolgt die Zahlung vom 1. Juni 2008 an.* ⁵*In den Fällen der Nr. 4 wird die Besitzstandszulage auf schriftlichen Antrag ab dem ersten Tag des Monats, der dem Sterbemonat folgt, frühestens jedoch ab dem 1. Juli 2008, gezahlt.* ⁶*Die/der Beschäftigte hat das Vorliegen der Voraussetzungen der Nrn. 1 bis 4 nachzuweisen und Änderungen anzuzeigen.*

(2) ¹§ 24 Abs. 2 TVöD ist anzuwenden. ²Die Besitzstandszulage nach Absatz 1 Satz 1 verändert sich bei allgemeinen Entgeltanpassungen um den von den Tarifvertragsparteien für die jeweilige Entgeltgruppe festgelegten Vomhundertsatz. ³Ansprüche nach Absatz 1 können für Kinder ab dem vollendeten 16. Lebensjahr durch Vereinbarung mit der/dem Beschäftigten abgefunden werden.

Protokollerklärung zu Absatz 2 Satz 2:
(aufgehoben)

(3) Die Absätze 1 und 2 gelten entsprechend für

a) zwischen dem 1. Oktober 2005 und dem 31. Dezember 2005 geborene Kinder der übergeleiteten Beschäftigten,

b) die Kinder von bis zum 31. Dezember 2005 in ein Arbeitsverhältnis übernommenen Auszubildenden, Schülerinnen/Schüler in der Gesundheits- und Krankenpflege, Gesundheits- und Kinderkrankenpflege und in der Entbindungspflege sowie Praktikantinnen und Praktikanten aus tarifvertraglich geregelten Beschäftigungsverhältnissen, soweit diese Kinder vor dem 1. Januar 2006 geboren sind.

§ 12 Strukturausgleich

(1) ¹Aus dem Geltungsbereich des BAT/BAT-O übergeleitete Beschäftigte erhalten ausschließlich in den in Anlage 3 TVÜ-Bund aufgeführten Fällen zusätzlich zu ihrem monatlichen Entgelt einen nicht dynamischen Strukturausgleich. ²Maßgeblicher Stichtag für die anspruchsbegründenden Voraussetzungen (Vergütungsgruppe, Lebensaltersstufe, Ortszuschlag, Aufstiegszeiten) ist der 1. Oktober 2005, sofern in Anlage 3 TVÜ-Bund nicht ausdrücklich etwas anderes geregelt ist.

(2) Die Zahlung des Strukturausgleichs beginnt im Oktober 2007, sofern in Anlage 3 TVÜ-Bund nicht etwas anderes bestimmt ist.

(3) (aufgehoben)

(4) ¹Bei Teilzeitbeschäftigung steht der Strukturausgleich anteilig zu (§ 24 Abs. 2 TVöD). ²§ 5 Abs. 5 Satz 2 gilt entsprechend.

Protokollerklärung zu Absatz 4:
Bei späteren Veränderungen der individuellen regelmäßigen wöchentlichen Arbeitszeit der/ des Beschäftigten ändert sich der Strukturausgleich entsprechend.

(5) Bei Höhergruppierungen wird der Unterschiedsbetrag zum bisherigen Entgelt auf den Strukturausgleich angerechnet.

(6) Einzelvertraglich kann der Strukturausgleich abgefunden werden.

Protokollerklärung zu § 12:
Aus dem Geltungsbereich des BAT/BAT-O übergeleitete Lehrkräfte des Bundes erhalten rückwirkend (ab dem 1. Oktober 2007 beziehungsweise den Zeitpunkten der Anlage 3 TVÜ-Bund) entsprechend den Voraussetzungen und Bedingungen des § 12 i.V.m. der Anlage 3 TVÜ-Bund einen Strukturausgleich. Aufgrund des rückwirkenden Überleitungszeitpunkts zum 1. Oktober 2005 kommt es damit für Spalte 2 der Anlage 3 TVÜ-Bund auf den Zeitpunkt des In-Kraft-Tretens des TVÜ-Bund an.

§ 13 Entgeltfortzahlung im Krankheitsfall

(1) ¹Bei Beschäftigten, für die bis zum 30. September 2005 § 71 BAT gegolten hat, wird abweichend von § 22 Abs. 2 TVöD für die Dauer des über den 30. September 2005 hinaus ununterbrochen fortbestehenden Arbeitsverhältnisses der Krankengeldzuschuss in Höhe des Unterschiedsbetrages zwischen dem festgesetzten Nettokrankengeld oder der entsprechenden gesetzlichen Nettoleistung und dem Nettoentgelt (§ 22 Abs. 2 Satz 2 und 3 TVöD) gezahlt. ²Nettokrankengeld ist das um die Arbeitnehmeranteile zur Sozialversicherung reduzierte Krankengeld. ³Für Beschäftigte, die nicht der Versicherungspflicht in der gesetzlichen Kran-

kenversicherung unterliegen, ist bei der Berechnung des Krankengeldzuschusses der Höchstsatz des Nettokrankengeldes, der bei Pflichtversicherung in der gesetzlichen Krankenversicherung zustünde, zugrunde zu legen.

(2) ¹Beschäftigte im Sinne des Absatzes 1 erhalten längstens bis zum Ende der 26. Woche seit dem Beginn ihrer über den 30. September 2005 hinaus ununterbrochen fortbestehenden Arbeitsunfähigkeit infolge derselben Krankheit oder Arbeitsverhinderung infolge einer Maßnahme der medizinischen Vorsorge oder Rehabilitation ihr Entgelt nach § 21 TVöD fortgezahlt. ²Tritt nach dem 1. Oktober 2005 Arbeitsunfähigkeit infolge derselben Krankheit ein, werden die Zeiten der Entgeltfortzahlung nach Satz 1 auf die Fristen gemäß § 22 TVöD angerechnet.

Protokollerklärung zu § 13:
¹Soweit Beschäftigte, deren Arbeitsverhältnis mit dem Bund vor dem 1. August 1998 begründet worden ist, Anspruch auf Beihilfe im Krankheitsfall haben, besteht dieser nach den bisher geltenden Regelungen des Bundes zur Gewährung von Beihilfen an Arbeitnehmerinnen und Arbeitnehmer fort. ²Änderungen der Beihilfevorschriften für die Beamtinnen und Beamten des Bundes kommen zur Anwendung.

§ 14 Beschäftigungszeit

(1) ¹Für die Dauer des über den 30. September 2005 hinaus fortbestehenden Arbeitsverhältnisses werden die vor dem 1. Oktober 2005 nach Maßgabe der jeweiligen tarifrechtlichen Vorschriften anerkannten Beschäftigungszeiten als Beschäftigungszeit im Sinne des § 34 Abs. 3 TVöD berücksichtigt. ²Abweichend von Satz 1 bleiben bei § 34 Abs. 2 TVöD für Beschäftigte Zeiten, die vor dem 3. Oktober 1990 im Beitrittsgebiet (Art. 3 des Einigungsvertrages vom 31. August 1990) zurückgelegt worden sind, bei der Beschäftigungszeit unberücksichtigt.

(2) Für die Anwendung des § 23 Abs. 2 TVöD werden die bis zum 30. September 2005 zurückgelegten Zeiten, die nach Maßgabe
– des BAT anerkannte Dienstzeit,
– des BAT-O bzw. MTArb-O anerkannte Beschäftigungszeit,
– des MTArb anerkannte Jubiläumszeit
sind, als Beschäftigungszeit im Sinne des § 34 Abs. 3 TVöD berücksichtigt.

§ 15 Urlaub

(1) ¹Für die Dauer und die Bewilligung des Erholungsurlaubs bzw. von Zusatzurlaub für das Urlaubsjahr 2005 gelten die im September 2005 jeweils maßgebenden Vorschriften bis zum 31. Dezember 2005 fort. ²Die Regelungen des TVöD gelten für die Bemessung des Urlaubsentgelts sowie für eine Übertragung von Urlaub auf das Kalenderjahr 2006.

(2) ¹Aus dem Geltungsbereich des BAT/BAT-O übergeleitete Beschäftigte der Vergütungsgruppen I und I a, die für das Urlaubsjahr 2005 einen Anspruch auf 30 Arbeitstage Erholungsurlaub erworben haben, behalten bei einer Fünftagewoche diesen Anspruch für die Dauer des über den 30. September 2005 hinaus ununterbrochen fortbestehenden Arbeitsverhältnisses. ²Die Urlaubsregelungen des TVöD bei abweichender Verteilung der Arbeitszeit gelten entsprechend.

(3) § 49 Abs. 1 und 2 MTArb/MTArb-O i.V.m. dem Tarifvertrag über Zusatzurlaub für gesundheitsgefährdende Arbeiten für Arbeiter des Bundes gelten bis zum In-Kraft-Treten eines entsprechenden Tarifvertrags des Bundes fort; im Übrigen gilt Absatz 1 entsprechend.

(4) ¹In den Fällen des § 48a BAT/BAT-O oder § 48a MTArb/MTArb-O wird der nach der Arbeitsleistung im Kalenderjahr 2005 zu bemessende Zusatzurlaub im Kalenderjahr 2006 gewährt. ²Die nach Satz 1 zustehenden Urlaubstage werden auf den nach den Bestimmungen des TVöD im Kalenderjahr 2006 zustehenden Zusatzurlaub für Wechselschichtarbeit und Schichtarbeit angerechnet. ³Absatz 1 Satz 2 gilt entsprechend.

§ 16 Abgeltung

[1]Durch Vereinbarung mit der/dem Beschäftigten können Entgeltbestandteile aus Besitzständen, ausgenommen für Vergütungsgruppenzulagen, pauschaliert bzw. abgefunden werden.
[2]§ 11 Abs. 2 Satz 3 und § 12 Abs. 6 bleiben unberührt.

Protokollerklärung zum 3. Abschnitt:

[1]*Einvernehmlich werden die Verhandlungen zur Überleitung der Entgeltsicherung bei Leistungsminderung zurückgestellt.* [2]*Da damit die fristgerechte Überleitung bei Beschäftigten, die eine Zahlung nach §§ 25, 37 MTArb/MTArb-O bzw. § 56 BAT/BAT-O erhalten, nicht sichergestellt ist, erfolgt am 1. Oktober 2005 eine Fortzahlung der bisherigen Bezüge als zu verrechnender Abschlag auf das Entgelt, das diesen Beschäftigten nach dem noch zu erzielenden künftigen Verhandlungsergebnis zusteht.* [3]*Die in Satz 2 genannten Bestimmungen – einschließlich etwaiger Sonderregelungen – finden in ihrem jeweiligen Geltungsbereich bis zum In-Kraft-Treten einer Neuregelung weiterhin Anwendung, und zwar auch für Beschäftigte im Sinne des § 1 Abs. 2.* [4]*§ 55 Abs. 2 Unterabs. 2 Satz 2 BAT bleibt in seinem bisherigen Geltungsbereich unberührt.* [5]*Sollte das künftige Verhandlungsergebnis geringer als bis dahin gewährte Leistungen ausfallen, ist eine Rückforderung ausgeschlossen.*

4. Abschnitt Sonstige vom TVöD abweichende oder ihn ergänzende Bestimmungen

§ 17 Eingruppierung

(1) [1]Bis zum In-Kraft-Treten der Eingruppierungsvorschriften des TVöD (mit Entgeltordnung) gelten die §§ 22, 23 BAT/BAT-O einschließlich der Vergütungsordnung, die §§ 1, 2 Absätze 1 und 2 und § 5 des Tarifvertrages über das Lohngruppenverzeichnis des Bundes zum MTArb (TVLohngrV) einschließlich des Lohngruppenverzeichnisses mit Anlagen 1 und 2 sowie die entsprechenden Regelungen für das Tarifgebiet Ost über den 30. September 2005 hinaus fort. [2]Diese Regelungen finden auf übergeleitete und ab dem 1. Oktober 2005 neu eingestellte Beschäftigte im jeweiligen bisherigen Geltungsbereich nach Maßgabe dieses Tarifvertrages Anwendung. [3]An die Stelle der Begriffe Vergütung und Lohn tritt der Begriff Entgelt.

(2) Abweichend von Absatz 1

– gelten Vergütungsordnung und Lohngruppenverzeichnis nicht für ab dem 1. Oktober 2005 in Entgeltgruppe 1 TVöD neu eingestellte Beschäftigte,

– gilt die Vergütungsgruppe I der Vergütungsordnung zum BAT/BAT-O ab dem 1. Oktober 2005 nicht fort; die Ausgestaltung entsprechender Arbeitsverhältnisse erfolgt außertariflich.

(3) [1]Mit Ausnahme der Eingruppierung in die Entgeltgruppe 1 sind alle zwischen dem 1. Oktober 2005 und dem In-Kraft-Treten der neuen Entgeltordnung stattfindenden Eingruppierungsvorgänge (Neueinstellungen und Umgruppierungen) vorläufig und begründen keinen Vertrauensschutz und keinen Besitzstand. [2]Dies gilt nicht für Aufstiege gemäß § 8 Abs. 1 Satz 1 und 2 und Abs. 3.

(4) [1]Anpassungen der Eingruppierung aufgrund des In-Kraft-Tretens der neuen Entgeltordnung erfolgen mit Wirkung für die Zukunft. [2]Bei Rückgruppierungen, die in diesem Zusammenhang erfolgen, sind finanzielle Nachteile im Wege einer nicht dynamischen Besitzstandszulage auszugleichen, solange die Tätigkeit ausgeübt wird. [3]Die Besitzstandszulage vermindert sich nach dem 30. September 2008 bei jedem Stufenaufstieg um die Hälfte des Unterschiedsbetrages zwischen der bisherigen und der neuen Stufe; bei Neueinstellungen (§ 1 Abs. 2) vermindert sich die Besitzstandszulage jeweils um den vollen Unterschiedsbetrag. [4]Die Grundsätze korrigierender Rückgruppierung bleiben unberührt.

(5) [1]Bewährungs-, Fallgruppen- und Tätigkeitsaufstiege gibt es ab dem 1. Oktober 2005 nicht mehr; §§ 8 und 9 bleiben unberührt. [2]Satz 1 gilt auch für Vergütungsgruppenzulagen, es sei denn, dem Tätigkeitsmerkmal einer Vergütungsgruppe der Allgemeinen Vergütungsordnung

(Anlage 1 a) ist eine Vergütungsgruppenzulage zugeordnet, die unmittelbar mit Übertragung der Tätigkeit zusteht; bei Übertragung einer entsprechenden Tätigkeit wird diese bis zum In-Kraft-Treten der neuen Entgeltordnung unter den Voraussetzungen des bisherigen Tarifrechts als Besitzstandszulage in der bisherigen Höhe gezahlt; § 9 Abs. 4 gilt entsprechend.

(6) In der Zeit zwischen dem 1. Oktober 2005 und dem In-Kraft-Treten der neuen Entgeltordnung erhalten Beschäftigte, denen ab dem 1. Oktober 2005 eine anspruchsbegründende Tätigkeit übertragen wird, eine persönliche Zulage, die sich betragsmäßig nach der entfallenen Techniker-, Meister- und Programmiererzulage bemisst, soweit die Anspruchsvoraussetzungen nach bisherigem Tarifrecht erfüllt sind.

(7) [1]Für Eingruppierungen zwischen dem 1. Oktober 2005 und dem In-Kraft-Treten der neuen Entgeltordnung werden die Vergütungsgruppen der Allgemeinen Vergütungsordnung (Anlage 1 a) und die Lohngruppen des Lohngruppenverzeichnisses gemäß Anlage 4 TVÜ-Bund den Entgeltgruppen des TVöD zugeordnet. [2]In den Fällen des § 16 (Bund) Abs. 3 a TVöD kann die Eingruppierung unter Anwendung der Anlage 2 TVÜ-Bund in die in dem unmittelbar vorhergehenden Arbeitsverhältnis gem. § 4 Abs. 1 i.V.m. Anlage 2 TVÜ-Bund, § 8 Abs. 1 und 3 oder durch vergleichbare Regelungen erworbene Entgeltgruppe erfolgen, sofern das unmittelbar vorhergehende Arbeitsverhältnis vor dem 1. Oktober 2005 begründet worden ist. [3]Absatz 1 Satz 2 bleibt unberührt.

Protokollerklärung zu Absatz 7 Satz 2:
Im vorhergehenden Arbeitsverhältnis noch nicht vollzogene Bewährungs-, Tätigkeits- oder Zeitaufstiege werden in dem neuen Arbeitsverhältnis nicht weitergeführt.

(8) [1]Beschäftigte, die zwischen dem 1. Oktober 2005 und dem In-Kraft-Treten der neuen Entgeltordnung in Entgeltgruppe 13 eingruppiert werden und nach der Allgemeinen Vergütungsordnung (Anlage 1 a) in Vergütungsgruppe IIa BAT/BAT-O mit fünf- bzw. sechsjährigem Aufstieg nach Vergütungsgruppe Ib BAT/BAT-O eingruppiert wären, erhalten bis zum In-Kraft-Treten der neuen Entgeltordnung eine persönliche Zulage in Höhe des Unterschiedsbetrages zwischen dem Entgelt ihrer Stufe nach Entgeltgruppe 13 und der entsprechenden Stufe der Entgeltgruppe 14. [2]Von Satz 1 werden auch Fallgruppen der Vergütungsgruppe Ib BAT/BAT-O erfasst, deren Tätigkeitsmerkmale eine bestimmte Tätigkeitsdauer voraussetzen. [3]Die Sätze 1 und 2 gelten auch für Beschäftigte im Sinne des § 1 Abs. 2.

(9) [1]Bis zum In-Kraft-Treten der Eingruppierungsvorschriften des TVöD gelten die bisherigen Regelungen für Vorarbeiter/innen und für Vorhandwerker/innen im bisherigen Geltungsbereich fort; dies gilt auch für Beschäftigte im Sinne des § 1 Abs. 2. [2]Satz 1 gilt für Lehrgesellen entsprechend. [3]Ist anlässlich der vorübergehenden Übertragung einer höherwertigen Tätigkeit im Sinne des § 14 TVöD zusätzlich eine Tätigkeit auszuüben, für die nach bisherigem Recht ein Anspruch auf Zahlung einer Zulage für Vorarbeiter/innen, Vorhandwerker/innen oder Lehrgesellen besteht, erhält die/der Beschäftigte bis zum In-Kraft-Treten der neuen Entgeltordnung abweichend von den Sätzen 1 und 2 sowie von § 14 Abs. 3 TVöD anstelle der Zulage nach § 14 TVöD für die Dauer der Ausübung sowohl der höherwertigen als auch der zulagenberechtigenden Tätigkeit eine persönliche Zulage in Höhe von insgesamt 10 v.H. ihres/ seines Tabellenentgelts.

Protokollerklärung zu Absatz 9 Satz 1 und 2:
Die Zulage für Vorarbeiter/innen und Vorhandwerker/innen sowie Lehrgesellen/innen verändert sich bei allgemeinen Entgeltanpassungen nach dem 31. Dezember 2009 um den von den Tarifvertragsparteien für die jeweilige Entgeltgruppe festgelegten Vomhundertsatz.

(10) [1]Beschäftigte mit Tätigkeiten nach Teil II Abschnitt G der Vergütungsordnung (Sozial- und Erziehungsdienst) erhalten bis zum Inkrafttreten der neuen Entgeltordnung für die Dauer der Ausübung ihrer Tätigkeit eine Zulage in Höhe von 130,00 Euro monatlich. [2]§ 24 Abs. 2 TVöD gilt entsprechend. [3]Satz 1 gilt auch für Beschäftigte im Sinne des § 1 Abs. 2.

(11) Die Absätze 1 bis 9 gelten für besondere tarifvertragliche Vorschriften über die Eingruppierungen entsprechend.

Protokollerklärung zu § 17:
Die Tarifvertragsparteien sind sich darin einig, dass in der noch zu verhandelnden Entgeltordnung die bisherigen unterschiedlichen materiellen Wertigkeiten aus Fachhochschulabschlüssen (einschließlich Sozialpädagogen/innen und Ingenieuren/innen) auf das Niveau der vereinbarten Entgeltwerte der Entgeltgruppe 9 ohne Mehrkosten (unter Berücksichtigung der Kosten für den Personenkreis, der nach der Übergangsphase nicht mehr in eine höhere bzw. niedrigere Entgeltgruppe eingruppiert ist) zusammengeführt werden; die Abbildung von Heraushebungsmerkmalen oberhalb der Entgeltgruppe 9 bleibt davon unberührt.

§ 18 Vorübergehende Übertragung einer höherwertigen Tätigkeit nach dem 30. September 2005

(1) ¹Wird aus dem Geltungsbereich des BAT/BAT-O übergeleiteten Beschäftigten in der Zeit zwischen dem 1. Oktober 2005 und dem 30. September 2007 erstmalig außerhalb von § 10 eine höherwertige Tätigkeit vorübergehend übertragen, findet der TVöD Anwendung. ²Ist die/der Beschäftigte in eine individuelle Zwischenstufe übergeleitet worden, gilt für die Bemessung der persönlichen Zulage § 6 Abs. 2 Satz 1 und 2 entsprechend. ³Bei Überleitung in eine individuelle Endstufe gilt § 6 Abs. 3 Satz 2 entsprechend. ⁴In den Fällen des § 6 Abs. 4 bestimmt sich die Höhe der Zulage nach den Vorschriften des TVöD über die vorübergehende Übertragung einer höherwertigen Tätigkeit.

(2) Wird aus dem Geltungsbereich des MTArb/MTArb-O übergeleiteten Beschäftigten nach dem 30. September 2005 erstmalig außerhalb von § 10 eine höherwertige Tätigkeit vorübergehend übertragen, gelten bis zum In-Kraft-Treten eines Tarifvertrages über eine persönliche Zulage die bisherigen Regelungen des MTArb/MTArb-O mit der Maßgabe entsprechend, dass sich die Höhe der Zulage nach dem TVöD richtet, soweit sich aus § 17 Abs. 9 Satz 3 nichts anderes ergibt.

(3) Bis zum In-Kraft-Treten der Eingruppierungsvorschriften des TVöD gilt – auch für Beschäftigte im Sinne des § 1 Abs. 2 – die Regelung des § 14 TVöD zur vorübergehenden Übertragung einer höherwertigen Tätigkeit mit der Maßgabe, dass sich die Voraussetzungen für die übertragene höherwertige Tätigkeit nach § 22 Abs. 2 BAT/BAT-O bzw. den entsprechenden Regelungen für Arbeiter bestimmen.

§ 19 Entgeltgruppen 2 Ü und 15 Ü

(1) Zwischen dem 1. Oktober 2005 und dem Inkrafttreten der neuen Entgeltordnung gelten für Beschäftigte, die in die Entgeltgruppe 2 Ü übergeleitet worden sind oder in die Lohngruppen 1 mit Aufstieg nach 2 und 2 a oder in die Lohngruppe 2 mit Aufstieg nach 2 a eingestellt worden sind oder werden, folgende Tabellenwerte:

ab 1. März 2012

Stufe 1	Stufe 2	Stufe 3	Stufe 4	Stufe 5	Stufe 6
1.743,03	1.930,48	1.997,83	2.087,61	2.149,34	2.195,37

ab 1. Januar 2013

Stufe 1	Stufe 2	Stufe 3	Stufe 4	Stufe 5	Stufe 6
1.767,43	1.957,51	2.025,80	2.116,84	2.179,43	2.226,11

ab 1. August 2013

Stufe 1	Stufe 2	Stufe 3	Stufe 4	Stufe 5	Stufe 6
1.792,17	1.984,92	2.054,16	2.146,48	2.209,94	2.257,28

(2) ¹Übergeleitete Beschäftigte der Vergütungsgruppe I zum BAT/BAT-O unterliegen dem TVöD. ²Sie werden in die Entgeltgruppe 15 Ü übergeleitet. ³Für sie gelten folgende Tabellenwerte:

ab 1. März 2012

Stufe 1	Stufe 2	Stufe 3	Stufe 4	Stufe 5
4.854,25	5.387,39	5.892,45	6.229,17	6.307,74

ab 1. Januar 2013

Stufe 1	Stufe 2	Stufe 3	Stufe 4	Stufe 5
4.922,21	5.462,81	5.974,94	6.316,38	6.396,05

ab 1. August 2013

Stufe 1	Stufe 2	Stufe 3	Stufe 4	Stufe 5
4.991,12	5.539,29	6.058,59	6.404,81	6.485,59

[4]Die Verweildauer in den Stufen 2 bis 5 beträgt jeweils fünf Jahre. [5]§ 6 Abs. 4 findet keine Anwendung.

(2 a) [1]Für übergeleitete und für ab dem 1. Oktober 2005 neu eingestellte Lehrkräfte, die gemäß Nr. 5 der Vorbemerkungen zu allen Vergütungsgruppen nicht unter die Anlage 1 a zum BAT/BAT-O fallen, gilt die Entgelttabelle des TVöD (Bund) mit der Maßgabe, dass die Tabellenwerte
- der Entgeltgruppen 5 bis 8 um 64,00 Euro und
- der Entgeltgruppen 9 bis 13 um 72,00 Euro

vermindert werden; die verminderten Tabellenwerte sind auch maßgebend für die Zuordnung der Lehrkräfte in die individuelle Zwischenstufe beziehungsweise individuelle Endstufe am 1. Oktober 2005 und in die individuelle Zwischenstufe beziehungsweise individuelle Endstufe, die sich in Anwendung des § 8 Abs. 3 TVÜ-Bund ergibt. [2]Satz 1 gilt nicht für Lehrkräfte, die die fachlichen und pädagogischen Voraussetzungen für die Einstellung als Studienrat nach der Besoldungsgruppe A 13 BBesG erfüllen, und für übergeleitete Lehrkräfte, die einen arbeitsvertraglichen Anspruch auf Zahlung einer allgemeinen Zulage wie die unter die Anlage 1 a zum BAT/BAT-O fallenden Angestellten haben. [3]Die Beträge nach Satz 1 vermindern sich bei jeder nach dem 31. Dezember 2008 wirksam werdenden allgemeinen Tabellenanpassung in
- der Entgeltgruppen 5 bis 8 um 6,40 Euro und
- der Entgeltgruppen 9 bis 13 um 7,20 Euro.

(3) (aufgehoben)

§§ 20, 21 (aufgehoben)
§ 22 Bereitschaftszeiten

[1]Nr. 3 SR 2 r BAT/BAT-O für Hausmeister und entsprechende Tarifregelungen für Beschäftigtengruppen mit Bereitschaftszeiten innerhalb ihrer regelmäßigen Arbeitszeit gelten fort. [2]Dem Anhang zu § 9 TVöD widersprechende Regelungen zur Arbeitszeit sind bis zum 31. Dezember 2005 entsprechend anzupassen.

§ 23 Sonderregelungen für besondere Berufsgruppen

Die Überleitungs-, Übergangs- und Besitzstandsregelungen für besondere Berufsgruppen im Bereich des Bundes ergeben sich aus der Anlage 5 TVÜ-Bund.

5. Abschnitt Übergangs- und Schlussvorschrift
§ 24 In-Kraft-Treten, Laufzeit

(1) Dieser Tarifvertrag tritt am 1. Oktober 2005 in Kraft.

(2) ¹Der Tarifvertrag kann ohne Einhaltung einer Frist jederzeit schriftlich gekündigt werden. ²Die §§ 17 bis 19 einschließlich Anlagen können ohne Einhaltung einer Frist, jedoch nur insgesamt, schriftlich gekündigt werden; die Nachwirkung dieser Vorschriften wird ausgeschlossen.

Niederschriftserklärungen

1. *zu § 2 Abs. 1:*

    Die Tarifvertragsparteien gehen davon aus, dass der TVöD und der diesen ergänzende TVÜ-Bund das bisherige Tarifrecht auch dann ersetzen, wenn arbeitsvertragliche Bezugnahmen nicht ausdrücklich den Fall der ersetzenden Regelung beinhalten.

2. *zu § 2 Abs. 2:*

    Mit Abschluss der Verhandlungen über die Anlage 1 TVÜ-Bund Teil B heben die Tarifvertragsparteien § 2 Absatz 2 auf.

3. *zu § 8 Abs. 2:*

    Die Neuberechnung des Vergleichsentgelts führt nicht zu einem Wechsel der Entgeltgruppe.

4. *zu § 8 Abs. 1 Satz 3 und Abs. 2 Satz 2 sowie § 9 Abs. 2 bis 4:*

    Eine missbräuchliche Entziehung der Tätigkeit mit dem ausschließlichen Ziel, eine Höhergruppierung bzw. eine Besitzstandszulage zu verhindern, ist nicht zulässig.

5. *zu § 10:*

    Die Tarifvertragsparteien stellen klar, dass die vertretungsweise Übertragung einer höherwertigen Tätigkeit ein Unterfall der vorübergehenden Übertragung einer höherwertigen Tätigkeit ist.

6. *zu § 12:*

    1. *¹Die Tarifvertragsparteien sind sich angesichts der Fülle der denkbaren Fallgestaltungen bewusst, dass die Festlegung der Strukturausgleiche je nach individueller Fallgestaltung in Einzelfällen sowohl zu überproportional positiven Folgen als auch zu Härten führen kann. ²Sie nehmen diese Verwerfungen im Interesse einer für eine Vielzahl von Fallgestaltungen angestrebten Abmilderung von Exspektanzverlusten hin.*

    2. *¹Die Tarifvertragsparteien erkennen unbeschadet der Niederschriftserklärung Nr. 1 an, dass die Strukturausgleiche in einem Zusammenhang mit der zukünftigen Entgeltordnung stehen. ²Die Tarifvertragsparteien werden nach einer Vereinbarung der Entgeltordnung zum TVöD, rechtzeitig vor Ablauf des 30. September 2007 prüfen, ob und in welchem Umfang sie neben den bereits verbindlich vereinbarten Fällen, in denen Strukturausgleichsbeträge festgelegt sind, für einen Zeitraum bis längstens Ende 2014 in weiteren Fällen Regelungen, die auch in der Begrenzung der Zuwächse aus Strukturausgleichen bestehen können, vornehmen müssen. ³Sollten zusätzliche Strukturausgleiche vereinbart werden, sind die sich daraus ergebenden Kostenwirkungen in der Entgeltrunde 2008 zu berücksichtigen.*

7. *zu § 17 Abs. 8:*

    Mit dieser Regelung ist keine Entscheidung über Zuordnung und Fortbestand/Besitzstand der Zulage im Rahmen der neuen Entgeltordnung verbunden.

8. *zu § 18:*

    1. *¹Abweichend von der Grundsatzregelung des TVöD über eine persönliche Zulage bei vorübergehender Übertragung einer höherwertigen Tätigkeit ist durch einen Tarifvertrag für den Bund im Rahmen eines Katalogs, der die hierfür in Frage kommenden Tätigkeiten auflistet, zu bestimmen, dass die Voraussetzung für die Zahlung einer persönlichen Zulage bereits erfüllt ist, wenn die vorübergehend übertragene Tätigkeit mindestens drei Arbeitstage angedauert hat und die/der Beschäftigte ab dem*

ersten Tag der Vertretung in Anspruch genommen ist. ²*Der Tarifvertrag soll spätestens am 1. Juli 2007 in Kraft treten.*
2. *Die Niederschriftserklärung zu § 10 gilt entsprechend.*
9. *zu § 19Abs. 2a:*

   Eine Lehrkraft, die in eine individuelle Endstufe übergeleitet wurde, erhält nach einem Harmonisierungsschritt mindestens den Tabellenwert der für ihre Entgeltgruppe maßgebenden letzten Tabellenstufe, wenn dieser den Betrag der neuen individuellen Endstufe übersteigt.
10. *zu § 20:*

    Die Tarifvertragsparteien sind sich einig:
    1. *Beschäftigte, deren Arbeitsverhältnis mit dem Bund nach dem 31. Juli 2003 begründet worden ist, erhalten im Jahr 2005 mit den Bezügen für den Monat November 2005 eine Zuwendung in gleicher Weise (Anspruchsgrund und Anspruchshöhe) wie im Jahr 2004.*
    2. *Beschäftigte, deren Arbeitsverhältnis mit dem Bund vor dem 1. August 2003 begründet worden ist, erhalten im Jahr 2005 eine Jahressonderzahlung, bestehend aus Urlaubsgeld und Zuwendung nach Maßgabe der nachwirkenden Tarifverträge über ein Urlaubsgeld sowie über eine Zuwendung.*
11. *zu § 24 Abs. 1:*

    ¹*Im Hinblick auf die notwendigen personalwirtschaftlichen, organisatorischen und technischen Vorarbeiten für die Überleitung der vorhandenen Beschäftigten in den TVöD sehen die Tarifvertragsparteien die Problematik einer fristgerechten Umsetzung der neuen Tarifregelungen zum 1. Oktober 2005.* ²*Sie bitten die personalverwaltenden und bezügezahlenden Stellen, im Interesse der Beschäftigten gleichwohl eine terminnahe Überleitung zu ermöglichen und die Zwischenzeit mit zu verrechnenden Abschlagszahlungen zu überbrücken.*

Anlage 1 TVÜ-Bund

Teil A

1. Bundes-Angestelltentarifvertrag (BAT) vom 23. Februar 1961, zuletzt geändert durch den 78. Tarifvertrag zur Änderung des Bundes-Angestelltentarifvertrages vom 31. Januar 2003
2. Tarifvertrag zur Anpassung des Tarifrechts – Manteltarifliche Vorschriften – (BAT-O) vom 10. Dezember 1990, zuletzt geändert durch den Änderungstarifvertrag Nr. 13 vom 31. Januar 2003 zum Tarifvertrag zur Anpassung des Tarifrechts – Manteltarifliche Vorschriften – (BAT-O)
3. Manteltarifvertrag für Arbeiterinnen und Arbeiter des Bundes und der Länder (MTArb) vom 6. Dezember 1995, zuletzt geändert durch den Änderungstarifvertrag Nr. 4 vom 31. Januar 2003 zum Manteltarifvertrag für Arbeiterinnen und Arbeiter des Bundes und der Länder (MTArb)
4. Tarifvertrag zur Anpassung des Tarifrechts für Arbeiter an den MTArb – (MTArb-O) vom 10. Dezember 1990, zuletzt geändert durch den Änderungstarifvertrag Nr. 11 vom 31. Januar 2003 zum Tarifvertrag zur Anpassung des Tarifrechts für Arbeiter an den MTArb – (MTArb-O)

Teil B

Vorbemerkungen:
1. Die nachfolgende Liste ist noch nicht abschließend. Sobald die Verhandlungen der Tarifvertragsparteien zu Anlage 1 TVÜ-Bund Teil B abgeschlossen sind, ersetzt die Neufassung diese Anlage.
2. Soweit einzelne Tarifvertragsregelungen vorübergehend fortgelten, erstreckt sich die Fortgeltung auch auf Beschäftigte i.S.d. § 1 Abs. 2 TVÜ-Bund.

TVÜ-Bund Anlage 1

1.	Tarifvertrag zu § 71 BAT betreffend Besitzstandswahrung vom 23. Februar 1961
2.	Tarifvertrag über die Regelung der Arbeitsbedingungen der Kapitäne und der Besatzungsmitglieder der Fischereischutzboote und der Fischereiforschungsschiffe des Bundes vom 11. Januar 1972
3.	Tarifvertrag über eine Zuwendung für Kapitäne und Besatzungsmitglieder der Fischereischutzboote und Fischereiforschungsschiffe des Bundes vom 31. Januar 1974
4.	Tarifvertrag für die Angestellten der Wasser- und Schifffahrtsverwaltung des Bundes auf Laderaumsaugbaggern vom 22. März 1978
5.	Tarifvertrag für die Arbeiter der Wasser- und Schifffahrtsverwaltung des Bundes auf Laderaumsaugbaggern vom 22. März 1978
6.	Festlegung des Gerichtsstandes bei Arbeitsrechtsstreitigkeiten zwischen dem Bund und den Angestellten des Deutschen Wetterdienstes, Tarifvertrag vom 2. September 1964
7.	Vergütungstarifvertrag Nr. 35 zum BAT für den Bereich des Bundes vom 31. Januar 2003
8.	Vergütungstarifvertrag Nr. 7 zum BAT-O für den Bereich des Bundes vom 31. Januar 2003, mit Ausnahme des § 3 Abs. 1 der für die Tabellenentgelte der Anlage B – Bund nach § 15 Abs. 2 Satz 2 TVöD i.V.m. der Anlage 2 zu § 4 Abs. 1 und der Anlage 4 zu § 17 Abs. 7 TVÜ-Bund fortgilt
9.	Monatslohntarifvertrag Nr. 5 zum MTArb vom 31. Januar 2003
10.	Monatslohntarifvertrag Nr. 7 zum MTArb-O vom 31. Januar 2003, mit Ausnahme des § 3 Abs. 1, der für die Tabellenentgelte der Anlage B – Bund nach § 15 Abs. 2 Satz 2 TVöD i.V.m. der Anlage 2 zu § 4 Abs. 1 und der Anlage 4 zu § 17 Abs. 7 TVÜ-Bund fortgilt
11.	Tarifvertrag über das Lohngruppenverzeichnis des Bundes zum MTArb (TV LohngrV) vom 11. Juli 1966
12.	Tarifvertrag über das Lohngruppenverzeichnis des Bundes zum MTArb-O (TV Lohngruppen-O-Bund) vom 8. Mai 1991
13.	Tarifvertrag über die Ausführung von Arbeiten im Leistungslohnverfahren im Bereich der SR 2 g des Abschnitts A der Anlage 2 MTArb vom 16. November 1971
14.	Tarifvertrag zur Überleitung der Arbeiter der Zoll- und Verbrauchssteuerverwaltung und der Bundesvermögensverwaltung der Oberfinanzdirektion Berlin sowie der Bundesmonopolverwaltung für Branntwein in das Tarifrecht des Bundes vom 18. September 1991
15.	Tarifvertrag über die Eingruppierung der Angestellten in den Warenfachabteilungen und bei den Außenstellen der Einfuhr- und Vorratsstellen, der Einfuhrstelle für Zucker und der Mühlenstelle vom 8. Dezember 1966
16.	Tarifvertrag über Zusatzurlaub für gesundheitsgefährdende Arbeiten für Arbeiter des Bundes vom 26. Juli 1960
17.	Tarifvertrag über Zulagen an Angestellte (Bund) vom 17. Mai 1982, mit Ausnahme der §§ 5 bis 10, die bis zum Inkrafttreten der Entgeltordnung fortgelten
18.	Tarifvertrag über Zulagen an Angestellte (TV Zulagen Ang-O) (Bund) vom 8. Mai 1991, mit Ausnahme – des Eingangssatzes des § 1 Abs. 1, – des § 1 Abs. 1 Nr. 1, 1. Halbsatz entsprechend Nr. 20, – des § 1 Abs. 1 Nr. 2 entsprechend Nr. 17 und – des § 1 Abs. 1 Nr. 4, 5 und 7
19.	Tarifvertrag über die Gewährung von Zulagen gemäß § 33 Abs. 1 Buchst. c BAT vom 11. Januar 1962 – Fortgeltung bis zum Inkrafttreten einer tariflichen Neuregelung der Erschwerniszuschläge gemäß § 19 TVöD

Anlage 1 TVÜ-Bund

20.	Tarifvertrag über die Gewährung von Zulagen gemäß § 33 Abs. 1 Buchst. c BAT-O (TV Zulagen zu § 33 BAT-O) vom 8. Mai 1991 – Fortgeltung bis zum Inkrafttreten einer tariflichen Neuregelung der Erschwerniszuschläge gemäß § 19 TVöD
21.	Tarifvertrag über Lohnzuschläge gemäß § 29 MTArb für Arbeiter des Bundes (LohnzuschlagsTV) vom 9. Mai 1969 – Fortgeltung bis zum Inkrafttreten einer tariflichen Neuregelung der Erschwerniszuschläge gemäß § 19 TVöD
22.	Tarifvertrag über Taucherzuschläge für Arbeiter des Bundes vom 13. September 1973 – Fortgeltung bis zum Inkrafttreten einer tariflichen Neuregelung der Erschwerniszuschläge gemäß § 19 TVöD
23.	Tarifvertrag über Lohnzuschläge gemäß § 29 MTArb-O und über Taucherzuschläge für Arbeiter des Bundes im Geltungsbereich des MTArb-O (TV Lohnzuschläge-O-Bund) vom 8. Mai 1991 – Fortgeltung bis zum Inkrafttreten einer tariflichen Neuregelung der Erschwerniszuschläge gemäß § 19 TVöD
24.	Tarifvertrag über vermögenswirksame Leistungen an Angestellte vom 17. Dezember 1970
25.	Tarifvertrag über vermögenswirksame Leistungen an Angestellte (TV VL Ang-O) vom 8. Mai 1991
26.	Tarifvertrag über vermögenswirksame Leistungen an Arbeiter (Bund) vom 17. Dezember 1970
27.	Tarifvertrag über vermögenswirksame Leistungen an Arbeiter (TV VL Arb-O) vom 8. Mai 1991
28.	Tarifvertrag über eine Zuwendung für Angestellte vom 12. Oktober 1973
29.	Tarifvertrag über eine Zuwendung für Angestellte (TV Zuwendung Ang-O) vom 10. Dezember 1990
30.	Tarifvertrag über eine Zuwendung für Arbeiter des Bundes und der Länder vom 12. Oktober 1973
31.	Tarifvertrag über eine Zuwendung für Arbeiter (TV Zuwendung Arb-O) vom 10. Dezember 1990
32.	Tarifvertrag über ein Urlaubsgeld für Angestellte vom 16. März 1977
33.	Tarifvertrag über ein Urlaubsgeld für Angestellte (TV Urlaubsgeld Ang-O) vom 10. Dezember 1990
34.	Tarifvertrag über ein Urlaubsgeld für Arbeiter vom 16. März 1977
35.	Tarifvertrag über ein Urlaubsgeld für Arbeiter (TV Urlaubsgeld Arb-O) vom 10. Dezember 1990
36.	Beihilfetarifvertrag, TV vom 15. Juni 1959
37.	Tarifvertrag über die Gewährung von Beihilfen an Arbeiter, Lehrlinge und Anlernlinge des Bundes vom 15. Juni 1959
38.	Tarifvertrag zur Regelung der Rechtsverhältnisse der Ärzte/Ärztinnen im Praktikum vom 10. April 1987
39.	Tarifvertrag zur Regelung der Rechtsverhältnisse der Ärzte/Ärztinnen im Praktikum (Mantel-TV AiP-O) vom 5. März 1991
40.	Entgelttarifvertrag Nr. 12 für Ärzte/Ärztinnen im Praktikum vom 31. Januar 2003
41.	Entgelttarifvertrag Nr. 7 für Ärzte/Ärztinnen im Praktikum (Ost) vom 31. Januar 2003
42.	Tarifvertrag über vermögenswirksame Leistungen an Ärzte/Ärztinnen im Praktikum vom 10. April 1987

43.	Tarifvertrag über eine Zuwendung für Ärzte/Ärztinnen im Praktikum vom 10. April 1987
44.	Tarifvertrag über eine Zuwendung für Ärzte/Ärztinnen im Praktikum (TV Zuwendung AiP-O) vom 5. März 1991
45.	Tarifvertrag über ein Urlaubsgeld für Ärzte/Ärztinnen im Praktikum vom 10. April 1987
46.	Tarifvertrag über ein Urlaubsgeld für Ärzte/Ärztinnen im Praktikum (TV Urlaubsgeld AiP-O) vom 5. März 1991
47.	Tarifvertrag über die Erhöhung der Löhne und Gehälter für Beschäftigte im öffentlichen Dienst vom 4. September 1990
48.	Tarifvertrag über die Eingruppierung der Angestellten des Bundesverbandes für den Selbstschutz vom 15. November 1978
49.	Tarifvertrag über eine Zulage an Arbeiter bei der Bundesanstalt für Flugsicherung vom 20. September 1990
50.	Tarifvertrag über eine Zulage an Arbeiter beim Bundesausfuhramt vom 15. April 1992
51.	Tarifvertrag über eine Zulage für Angestellte mit Aufgaben nach dem Asylverfahrensgesetz (TV Zulage Asyl Ang-O) vom 3. Mai 1993
52.	Tarifvertrag über eine Zulage an Auszubildende (TV-Zulage Azubi-O) vom 5. März 1991
53.	Vereinbarung über die Schaffung zusätzlicher Ausbildungsplätze im öffentlichen Dienst vom 17. Juli 1996
54.	Tarifvertrag über die Versorgung der Arbeitnehmer des Bundes und der Länder sowie von Arbeitnehmern kommunaler Verwaltungen und Betriebe (Versorgungs-TV) vom 4. November 1966

Teil C

Vorbemerkung:

Die in dieser Anlage aufgeführten Tarifverträge sind in der jeweils geltenden Fassung zitiert.

1.	Tarifvertrag für Arbeitnehmer des Bundes über die Arbeitsbedingungen bei besonderen Verwendungen im Ausland (AuslandsV-TV) vom 9. November 1993
2.	Tarifvertrag zur Regelung der Arbeitsbedingungen der bei Auslandsvertretungen der Bundesrepublik Deutschland beschäftigten nicht entsandten Arbeitnehmer – Tarifvertrag Arbeitnehmer Ausland (TV AN Ausland) vom 30. November 2001
3.	Tarifvertrag zur Regelung der Arbeitsbedingungen der bei Auslandsvertretungen der Bundesrepublik Deutschland beschäftigten deutschen nicht entsandten Angestellten (TV Ang Ausland) vom 28. September 1973
4.	Tarifvertrag zur Regelung der Arbeitsbedingungen der bei Auslandsvertretungen der Bundesrepublik Deutschland beschäftigten deutschen nicht entsandten Arbeiter (TV Arb Ausland) vom 28. 9. 1973
5.	Tarifvertrag über den Rationalisierungsschutz für Angestellte (RatSchTV Ang) vom 9. Januar 1987
6.	Tarifvertrag über den Rationalisierungsschutz für Arbeiter des Bundes und der Länder (RatSchTV Arb) vom 9. Januar 1987
7.	Tarifvertrag zur Ergänzung der Lohn- und Vergütungssicherung in bestimmten Bereichen des Bundes vom 9. Januar 1987
8.	Tarifvertrag zur sozialen Absicherung vom 6. Juli 1992
9.	Tarifvertrag über sozialverträgliche Begleitmaßnahmen im Zusammenhang mit der Umgestaltung der Bundeswehr vom 18. Juli 2001

Anlage 2 TVÜ-Bund

10.	Tarifvertrag über die Geltung des Tarifvertrages über sozialverträgliche Begleitmaßnahmen im Zusammenhang mit der Umgestaltung der Bundeswehr vom 18. Juli für die Fernleitungs-Betriebsgesellschaft mbH vom 15. Januar 2002
11.	Tarifvertrag über Begleitmaßnahmen im Zusammenhang mit dem Beschluss des deutschen Bundestages vom 20. Juni 1991 zur Vollendung der Einheit Deutschlands (UmzugsTV) vom 24. Juni 1996
12.	Tarifvertrag zur Regelung der Altersteilzeitarbeit (TV ATZ) vom 5. Mai 1998
13.	Tarifvertrag über die betriebliche Altersversorgung der Beschäftigten des öffentlichen Dienstes (Tarifvertrag Altersversorgung – ATV) vom 1. März 2002
14.	Tarifvertrag über den Geltungsbereich der für den öffentlichen Dienst in der Bundesrepublik Deutschland bestehenden Tarifverträge vom 1. August 1990
15.	Tarifvertrag zur Übernahme von Tarifverträgen vom 12. Mai 1975
16.	Tarifvertrag über Zulagen an Angestellte bei obersten Bundesbehörden vom 4. November 1971
17.	Tarifvertrag über Zulagen an Arbeiter bei obersten Bundesbehörden oder bei obersten Landesbehörden vom 4. November 1971
18.	Tarifvertrag über Zulagen an Angestellte bei den Sicherheitsdiensten des Bundes vom 21. Juni 1977
19.	Tarifvertrag über eine Zulage für Angestellte beim Bundesamt für Sicherheit in der Informationstechnik vom 14. Dezember 1990
20.	Tarifvertrag über Zulagen an Arbeiter bei den Sicherheitsdiensten des Bundes vom 21. Juni 1977
21.	Tarifvertrag über eine Zulage für Arbeiter beim Bundesamt für Sicherheit in der Informationstechnik vom 14. Dezember 1990
22.	Tarifvertrag über Zulagen an Arbeiter des Bundes im Geltungsbereich des MT Arb-O (TV Zulagen Arb-O-Bund) vom 8. Mai 1991; gilt bis zum Inkrafttreten einer neuen Entgeltordnung fort
23.	Tarifvertrag über die Ausführung von Arbeiten im Leistungslohnverfahren im Bereich der SR 2 a des Abschnitts A der Anlage 2 MTArb (Gedingerichtlinien) vom 1. April 1964
24.	Tarifvertrag über die Eingruppierung der im Kontrolldienst und Prüfdienst beschäftigten Angestellten des Bundesamtes für Güterverkehr vom 18. Januar 2005, mit den Maßgaben der Anlage 5 zu § 23 TVÜ-Bund

Ferner gelten bis zum Inkrafttreten einer neuen Entgeltordnung diejenigen Tarifregelungen fort, die Eingruppierungsregelungen enthalten.

Anlage 2 TVÜ-Bund
Zuordnung der Vergütungs- und Lohngruppen zu den Entgeltgruppen zu den am 30. September/1. Oktober 2005 vorhandene Beschäftigte für die Überleitung (Bund)

Entgeltgruppe	Vergütungsgruppe	Lohngruppe
15 Ü	I	Keine
15	Keine Stufe 6 I a I a nach Aufstieg aus I b I b mit ausstehendem Aufstieg nach I a	Keine
14	Keine Stufe 6 I b ohne Aufstieg nach I a I b nach Aufstieg aus II a II a mit ausstehendem Aufstieg nach I b	Keine
13	Keine Stufe 6 II a ohne Aufstieg nach I b	Keine

Entgeltgruppe	Vergütungsgruppe	Lohngruppe
12	Keine Stufe 6 IIa nach Aufstieg aus III III mit ausstehendem Aufstieg nach II a	Keine
11	Keine Stufe 6 II b ohne Aufstieg nach II a III ohne Aufstieg nach II a III nach Aufstieg aus IV a IVa mit ausstehendem Aufstieg nach III	Keine
10	Keine Stufe 6 IV a ohne Aufstieg nach III IV a nach Aufstieg aus IV b IV b mit ausstehendem Aufstieg nach IV a V a in den ersten sechs Monaten der Berufsausübung, wenn danach IV b mit Aufstieg nach IV a (Zuordnung zu Stufe 1) V b in den ersten sechs Monaten der Einarbeitungszeit, wenn danach IV b mit Aufstieg nach IV a (Zuordnung zu Stufe 1)	Keine
9	IV b ohne Aufstieg nach IV a (keine Stufe 6) IV b nach Aufstieg aus V a ohne weiteren Aufstieg nach IV a (keine Stufe 6) IV b nach Aufstieg aus V b (keine Stufe 6) V a mit ausstehendem Aufstieg nach IV b ohne weiteren Aufstieg nach IV a (keine Stufe 6) V a ohne Aufstieg nach IV b (Stufe 3 nach 5 Jahren in Stufe 2, Stufe 4 nach 9 Jahren in Stufe 3, keine Stufen 5 und 6) V b mit ausstehendem Aufstieg nach IV b (keine Stufe 6) V b ohne Aufstieg nach IV b (Stufe 3 nach 5 Jahren in Stufe 2, Stufe 4 nach 9 Jahren in der Stufe 3, keine Stufen 5 und 6) V b nach Aufstieg aus V c (Stufe 3 nach 5 Jahren in Stufe 2, Stufe 4 nach 9 Jahren in Stufe 3, keine Stufen 5 und 6) V b nach Aufstieg aus VI b (Stufe 3 nach 5 Jahren in Stufe 2, Stufe 4 nach 9 Jahren in Stufe 3, keine Stufe 5)	9 (Stufe 4 nach 7 Jahren in Stufe 3, keine Stufen 5 und 6)
8	V c mit ausstehendem Aufstieg nach V b V c ohne Aufstieg nach V b V c nach Aufstieg aus VI b	8 a 8 mit ausstehendem Aufstieg nach 8 a
7	Keine	7 a 7 mit ausstehendem Aufstieg nach 7 a 7 nach Aufstieg aus 6 6 mit ausstehendem Aufstieg nach 7 und 7 a
6	VI b mit ausstehendem Aufstieg nach V b VI b mit ausstehendem Aufstieg nach V c VI b ohne Aufstieg nach V c VI b nach Aufstieg aus VII	6 a 6 mit ausstehendem Aufstieg nach 6 a 6 nach Aufstieg aus 5 5 mit ausstehendem Aufstieg nach 6 und 6 a

Anlage 2 TVÜ-Bund

Entgeltgruppe	Vergütungsgruppe	Lohngruppe
5	VII mit ausstehendem Aufstieg nach VI b VII ohne Aufstieg nach VI b VII nach Aufstieg aus VIII	5 a 5 mit ausstehendem Aufstieg nach 5 a 5 nach Aufstieg aus 4 4 mit ausstehendem Aufstieg nach 5 und 5 a
4	Keine	4 a 4 mit ausstehendem Aufstieg nach 4 a 4 nach Aufstieg aus 3 3 mit ausstehendem Aufstieg nach 4 und 4 a
3	Keine Stufe 6 VIII mit ausstehendem Aufstieg nach VII VIII ohne Aufstieg nach VII VIII nach Aufstieg aus IX b	3 a 3 mit ausstehendem Aufstieg nach 3 a 3 nach Aufstieg aus 2 und 2 a mit ausstehendem Aufstieg nach 3 a 3 nach Aufstieg aus 2 a mit ausstehendem Aufstieg nach 3 a 3 nach Aufstieg aus 2 und 2 a (keine Stufe 6) 2 a nach Aufstieg aus 2 mit ausstehendem Aufstieg nach 3 und 3 a 2 a mit ausstehendem Aufstieg nach 3 und 3 a 2 a nach Aufstieg aus 2 (keine Stufe 6) 2 mit ausstehendem Aufstieg nach 2 a, 3 und 3 a 2 mit ausstehendem Aufstieg nach 2 a und 3 (keine Stufe 6)
2 Ü	Keine	2 a 2 mit ausstehendem Aufstieg nach 2 a 2 nach Aufstieg aus 1 1 mit ausstehendem Aufstieg nach 2 und 2 a
2	IX a IX b mit ausstehendem Aufstieg nach VIII IX b mit ausstehendem Aufstieg nach IX a IX b nach Aufstieg aus X (keine Stufe 6) X (keine Stufe 6)	1 a (keine Stufe 6) 1 mit ausstehendem Aufstieg nach 1 a (keine Stufe 6)
1	Keine	Keine

Anlage 3 TVÜ-Bund
Strukturausgleiche für Angestellte (Bund)

Angestellte, deren Ortszuschlag sich nach § 29 Abschnitt B Abs. 5 BAT/BAT-O bemisst, erhalten den entsprechenden Anteil, in jedem Fall aber die Hälfte des Strukturausgleichs für Verheiratete.

Soweit nicht anders ausgewiesen, beginnt die Zahlung des Strukturausgleichs am 1. Oktober 2007. Die Angabe „nach ... Jahren" bedeutet, dass die Zahlung nach den genannten Jahren ab dem In-Kraft-Treten des TVöD beginnt; so wird z.b. bei dem Merkmal „nach 4 Jahren" der Zahlungsbeginn auf den 1. Oktober 2009 festgelegt, wobei die Auszahlung eines Strukturausgleichs mit den jeweiligen Monatsbezügen erfolgt. Die Dauer der Zahlung ist ebenfalls angegeben; dabei bedeutet „dauerhaft" die Zahlung während der Zeit des Arbeitsverhältnisses.

Ist die Zahlung „für" eine bestimmte Zahl von Jahren angegeben, ist der Bezug auf diesen Zeitraum begrenzt (z.B. „für 5 Jahre" bedeutet Beginn der Zahlung im Oktober 2007 und Ende der Zahlung mit Ablauf September 2012). Eine Ausnahme besteht dann, wenn das Ende des Zahlungszeitraumes nicht mit einem Stufenaufstieg in der jeweiligen Entgeltgruppe zeitlich zusammenfällt; in diesen Fällen wird der Strukturausgleich bis zum nächsten Stufenaufstieg fortgezahlt. Diese Ausnahmeregelung gilt nicht, wenn der Stufenaufstieg in die Endstufe erfolgt; in diesen Fällen bleibt es bei der festgelegten Dauer.

Entgelt-gruppe	Vergütungsgruppe bei In-Kraft-Treten TVÜ	Aufstieg	Ortszuschlag Stufe 1, 2	Lebensaltersstufe	Höhe Ausgleichsbetrag	Dauer
			bei In-Kraft-Treten TVÜ			
2	X	IX b nach 2 Jahren	OZ 2	23	40 €	für 4 Jahre
2	X	IX b nach 2 Jahren	OZ 2	29	30 €	dauerhaft
2	X	IX b nach 2 Jahren	OZ 2	31	30 €	dauerhaft
2	X	IX b nach 2 Jahren	OZ 2	33	30 €	dauerhaft
2	X	IX b nach 2 Jahren	OZ 2	35	20 €	dauerhaft
3	VIII	ohne	OZ 2	25	35 €	nach 4 Jahren dauerhaft
3	VIII	ohne	OZ 2	27	35 €	dauerhaft
3	VIII	ohne	OZ 2	29	35 €	nach 4 Jahren dauerhaft
3	VIII	ohne	OZ 2	31	35 €	dauerhaft
3	VIII	ohne	OZ 2	33	35 €	dauerhaft
3	VIII	ohne	OZ 2	35	35 €	dauerhaft
3	VIII	ohne	OZ 2	37	20 €	dauerhaft
6	VI b	ohne	OZ 2	29	50 €	dauerhaft
6	VI b	ohne	OZ 2	31	50 €	dauerhaft
6	VI b	ohne	OZ 2	33	50 €	dauerhaft
6	VI b	ohne	OZ 2	35	50 €	dauerhaft
6	VI b	ohne	OZ 2	37	50 €	dauerhaft

Anlage 3 TVÜ-Bund

Entgelt-gruppe	Vergü-tungsgrup-pe bei In-Kraft-Tre-ten TVÜ	Aufstieg	Ortszu-schlag Stufe 1, 2 bei In-Kraft-Treten TVÜ	Lebens altersstufe	Höhe Ausgleichs-betrag	Dauer
6	VI b	ohne	OZ 2	39	50 €	dauerhaft
8	V c	ohne	OZ 2	37	40 €	dauerhaft
8	V c	ohne	OZ 2	39	40 €	dauerhaft
9	V b	ohne	OZ 1	29	60 €	für 12 Jahre
9	V b	ohne	OZ 1	31	60 €	nach 4 Jahren für 7 Jahre
9	V b	ohne	OZ 1	33	60 €	für 7 Jahre
9	V b	ohne	OZ 2	27	90 €	nach 4 Jahren für 7 Jahre
9	V b	ohne	OZ 2	29	90 €	für 7 Jahre
9	V b	ohne	OZ 2	35	20 €	nach 4 Jahren dauerhaft
9	V b	ohne	OZ 2	37	40 €	nach 4 Jahren dauerhaft
9	V b	ohne	OZ 2	39	40 €	dauerhaft
9	V b	ohne	OZ 2	41	40 €	dauerhaft
9	V b	IV b nach 6 Jahren	OZ 1	29	50 €	für 3 Jahre
9	V b	IV b nach 2, 3, 4, 6 Jahren	OZ 1	35	60 €	für 4 Jahre
9	V b	IV b nach 2, 3, 4, 6 Jahren	OZ 2	31	50 €	für 4 Jahre
9	V b	IV b nach 2, 3, 4, 6 Jahren	OZ 2	37	60 €	dauerhaft
9	V b	IV b nach 2, 3, 4, 6 Jahren	OZ 2	39	60 €	dauerhaft
9	V b	IV b nach 2, 3, 4, 6 Jahren	OZ 2	41	60 €	dauerhaft
9	IV b	ohne	OZ 1	35	60 €	für 4 Jahre
9	IV b	ohne	OZ 2	31	50 €	für 4 Jahre
9	IV b	ohne	OZ 2	37	60 €	dauerhaft

Entgelt-gruppe	Vergütungsgruppe bei In-Kraft-Treten TVÜ	Aufstieg	Ortszuschlag Stufe 1, 2	Lebensaltersstufe	Höhe Ausgleichsbetrag	Dauer
			bei In-Kraft-Treten TVÜ			
9	IV b	ohne	OZ 2	39	60 €	dauerhaft
9	IV b	ohne	OZ 2	41	60 €	dauerhaft
10	IV b	IV a nach 2, 4, 6 Jahren	OZ 1	35	40 €	für 4 Jahre
10	IV b	IV a nach 2, 4, 6 Jahren	OZ 1	41	30 €	dauerhaft
10	IV b	IV a nach 2, 4, 6 Jahren	OZ 1	43	30 €	dauerhaft
10	IV b	IV a nach 6 Jahren	OZ 2	29	70 €	für 7 Jahre
10	IV b	IV a nach 2, 4, 6 Jahren	OZ 2	37	60 €	nach 4 Jahren dauerhaft
10	IV b	IV a nach 2, 4, 6 Jahren	OZ 2	39	60 €	dauerhaft
10	IV b	IV a nach 2, 4, 6 Jahren	OZ 2	41	85 €	dauerhaft
10	IV b	IV a nach 2, 4, 6 Jahren	OZ 2	43	60 €	dauerhaft
10	IV a	ohne	OZ 1	35	40 €	für 4 Jahre
10	IV a	ohne	OZ 1	41	30 €	dauerhaft
10	IV a	ohne	OZ 1	43	30 €	dauerhaft
10	IV a	ohne	OZ 2	37	60 €	nach 4 Jahren dauerhaft
10	IV a	ohne	OZ 2	39	60 €	dauerhaft
10	IV a	ohne	OZ 2	41	85 €	dauerhaft
10	IV a	ohne	OZ 2	43	60 €	dauerhaft
11	IV a	III nach 4, 6, 8 Jahren	OZ 1	41	40 €	dauerhaft
11	IV a	III nach 4, 6, 8 Jahren	OZ 1	43	40 €	dauerhaft
11	IV a	III nach 4, 6, 8 Jahren	OZ 2	37	70 €	nach 4 Jahren dauerhaft
11	IV a	III nach 4, 6, 8 Jahren	OZ 2	39	70 €	dauerhaft
11	IV a	III nach 4, 6, 8 Jahren	OZ 2	41	85 €	dauerhaft
11	IV a	III nach 4, 6, 8 Jahren	OZ 2	43	70 €	dauerhaft
11	III	ohne	OZ 1	41	40 €	nach 4 Jahren dauerhaft

Anlage 3 TVÜ-Bund

Entgelt-gruppe	Vergü-tungsgrup-pe bei In-Kraft-Tre-ten TVÜ	Aufstieg	Ortszu-schlag Stufe 1, 2 bei In-Kraft-Treten TVÜ	Lebens altersstufe	Höhe Ausgleichs-betrag	Dauer
11	III	ohne	OZ 1	43	40 €	dauerhaft
11	III	ohne	OZ 2	37	70 €	nach 4 Jahren dauerhaft
11	III	ohne	OZ 2	39	70 €	dauerhaft
11	III	ohne	OZ 2	41	85 €	dauerhaft
11	III	ohne	OZ 2	43	70 €	dauerhaft
11	II b	ohne	OZ 1	31	60 €	nach 4 Jahren für 2 Jahre[1]
11	II b	ohne	OZ 1	39	60 €	nach 4 Jahren dauer-haft[2]
11	II b	ohne	OZ 1	41	80 €	dauer-haft[3]
11	II b	ohne	OZ 2	29	60 €	nach 4 Jahren für 2 Jahre[4]
11	II b	ohne	OZ 2	35	80 €	nach 4 Jahren dauer-haft[5]
11	II b	ohne	OZ 2	37	100 €	nach 4 Jahren dauer-haft[6]
11	II b	ohne	OZ 2	39	110 €	dauer-haft[7]
11	II b	ohne	OZ 2	41	80 €	dauer-haft[8]

---

1 **Amtl. Anm.:** Der Strukturausgleich wird rückwirkend, jedoch frühestens ab dem 1. Februar 2008 geleistet.
2 **Amtl. Anm.:** Der Strukturausgleich wird rückwirkend, jedoch frühestens ab dem 1. Februar 2008 geleistet.
3 **Amtl. Anm.:** Der Strukturausgleich wird rückwirkend, jedoch frühestens ab dem 1. Februar 2008 geleistet.
4 **Amtl. Anm.:** Der Strukturausgleich wird rückwirkend, jedoch frühestens ab dem 1. Februar 2008 geleistet.
5 **Amtl. Anm.:** Der Strukturausgleich wird rückwirkend, jedoch frühestens ab dem 1. Februar 2008 geleistet.
6 **Amtl. Anm.:** Der Strukturausgleich wird rückwirkend, jedoch frühestens ab dem 1. Februar 2008 geleistet.
7 **Amtl. Anm.:** Der Strukturausgleich wird rückwirkend, jedoch frühestens ab dem 1. Februar 2008 geleistet.
8 **Amtl. Anm.:** Der Strukturausgleich wird rückwirkend, jedoch frühestens ab dem 1. Februar 2008 geleistet.

Entgelt-gruppe	Vergütungsgruppe bei In-Kraft-Treten TVÜ	Aufstieg	Ortszuschlag Stufe 1, 2 bei In-Kraft-Treten TVÜ	Lebensaltersstufe	Höhe Ausgleichsbetrag	Dauer
12	III	II a nach 10 Jahren	OZ 1	33	95 €	für 5 Jahre
12	III	II a nach 10 Jahren	OZ 1	35	95 €	für 4 Jahre
12	III	II a nach 10 Jahren	OZ 1	39	50 €	nach 4 Jahren dauerhaft
12	III	II a nach 10 Jahren	OZ 1	41	50 €	dauerhaft
12	III	II a nach 10 Jahren	OZ 1	43	50 €	dauerhaft
12	III	II a nach 10 Jahren	OZ 2	33	100 €	für 4 Jahre
12	III	II a nach 10 Jahren	OZ 2	37	100 €	nach 4 Jahren dauerhaft
12	III	II a nach 10 Jahren	OZ 2	39	100 €	dauerhaft
12	III	II a nach 10 Jahren	OZ 2	41	100 €	dauerhaft
12	III	II a nach 10 Jahren	OZ 2	43	85 €	dauerhaft
12	III	II a nach 8 Jahren	OZ 1	35	95 €	für 4 Jahre
12	III	II a nach 8 Jahren	OZ 1	39	50 €	nach 4 Jahren dauerhaft
12	III	II a nach 8 Jahren	OZ 1	41	50 €	dauerhaft
12	III	II a nach 8 Jahren	OZ 1	43	50 €	dauerhaft
12	III	II a nach 8 Jahren	OZ 2	31	100 €	für 5 Jahre
12	III	II a nach 8 Jahren	OZ 2	33	100 €	für 4 Jahre
12	III	II a nach 8 Jahren	OZ 2	37	100 €	nach 4 Jahren dauerhaft
12	III	II a nach 8 Jahren	OZ 2	39	100 €	dauerhaft
12	III	II a nach 8 Jahren	OZ 2	41	100 €	dauerhaft
12	III	II a nach 8 Jahren	OZ 2	43	85 €	dauerhaft
12	III	II a nach 5 Jahren	OZ 1	29	100 €	für 3 Jahre

Anlage 3 TVÜ-Bund

Entgelt-gruppe	Vergü-tungsgrup-pe bei In-Kraft-Tre-ten TVÜ	Aufstieg	Ortszu-schlag Stufe 1, 2 bei In-Kraft-Treten TVÜ	Lebens altersstufe	Höhe Ausgleichs-betrag	Dauer
12	III	II a nach 5 u. 6 Jahren	OZ 1	35	95 €	für 4 Jahre
12	III	II a nach 5 u. 6 Jahren	OZ 1	39	50 €	nach 4 Jahren dauerhaft
12	III	II a nach 5 u. 6 Jahren	OZ 1	41	50 €	dauerhaft
12	III	II a nach 5 u. 6 Jahren	OZ 1	43	50 €	dauerhaft
12	III	II a nach 5 u. 6 Jahren	OZ 2	33	100 €	für 4 Jahre
12	III	II a nach 5 u. 6 Jahren	OZ 2	37	100 €	nach 4 Jahren dauerhaft
12	III	II a nach 5 u. 6 Jahren	OZ 2	39	100 €	dauerhaft
12	III	II a nach 5 u. 6 Jahren	OZ 2	41	100 €	dauerhaft
12	III	II a nach 5 u. 6 Jahren	OZ 2	43	85 €	dauerhaft
13	II a	ohne	OZ 2	39	60 €	nach 4 Jahren dauerhaft
13	II a	ohne	OZ 2	41	60 €	dauerhaft
13	II a	ohne	OZ 2	43	60 €	dauerhaft
14	II a	I b nach 15 Jahren	OZ 1	39	80 €	dauerhaft
14	II a	I b nach 15 Jahren	OZ 1	41	80 €	dauerhaft
14	II a	I b nach 15 Jahren	OZ 1	43	80 €	dauerhaft
14	II a	I b nach 15 Jahren	OZ 1	45	60 €	dauerhaft
14	II a	I b nach 15 Jahren	OZ 2	37	110 €	dauerhaft
14	II a	I b nach 15 Jahren	OZ 2	39	110 €	dauerhaft
14	II a	I b nach 15 Jahren	OZ 2	41	110 €	dauerhaft

Entgelt-gruppe	Vergütungsgruppe bei In-Kraft-Treten TVÜ	Aufstieg	Ortszuschlag Stufe 1, 2 bei In-Kraft-Treten TVÜ	Lebensaltersstufe	Höhe Ausgleichsbetrag	Dauer
14	II a	I b nach 15 Jahren	OZ 2	43	110 €	dauerhaft
14	II a	I b nach 15 Jahren	OZ 2	45	60 €	dauerhaft
14	II a	I b nach 5 u. 6 Jahren	OZ 1	31	100 €	für 3 Jahre
14	II a	I b nach 5 u. 6 Jahren	OZ 1	35	100 €	für 4 Jahre
14	II a	I b nach 5 u. 6 Jahren	OZ 1	41	80 €	nach 4 Jahren dauerhaft
14	II a	I b nach 5 u. 6 Jahren	OZ 1	43	80 €	dauerhaft
14	II a	I b nach 5 u. 6 Jahren	OZ 1	45	60 €	dauerhaft
14	II a	I b nach 5 u. 6 Jahren	OZ 2	31	110 €	für 7 Jahre
14	II a	I b nach 5 u. 6 Jahren	OZ 2	33	50 €	für 4 Jahre
14	II a	I b nach 5 u. 6 Jahren	OZ 2	39	110 €	nach 4 Jahren dauerhaft
14	II a	I b nach 5 u. 6 Jahren	OZ 2	41	110 €	dauerhaft
14	II a	I b nach 5 u. 6 Jahren	OZ 2	43	110 €	dauerhaft
14	II a	I b nach 5 u. 6 Jahren	OZ 2	45	60 €	dauerhaft
14	II a	I b nach 11 Jahren	OZ 1	33	50 €	nach 4 Jahren für 5 Jahre
14	II a	I b nach 11 Jahren	OZ 1	35	50 €	für 5 Jahre
14	II a	I b nach 11 Jahren	OZ 1	37	80 €	für 4 Jahre
14	II a	I b nach 11 Jahren	OZ 1	41	80 €	nach 4 Jahren dauerhaft
14	II a	I b nach 11 Jahren	OZ 1	43	80 €	dauerhaft
14	II a	I b nach 11 Jahren	OZ 1	45	60 €	dauerhaft
14	II a	I b nach 11 Jahren	OZ 2	35	110 €	nach 3 Jahren für 3 Jahre

Anlage 3 TVÜ-Bund

Entgelt-gruppe	Vergü-tungsgrup-pe bei In-Kraft-Tre-ten TVÜ	Aufstieg	Ortszu-schlag Stufe 1, 2	Lebens altersstufe	Höhe Ausgleichs-betrag	Dauer
			bei In-Kraft-Treten TVÜ			
14	II a	I b nach 11 Jahren	OZ 2	37	110 €	dauerhaft
14	II a	I b nach 11 Jahren	OZ 2	39	110 €	nach 4 Jahren dauerhaft
14	II a	I b nach 11 Jahren	OZ 2	41	110 €	dauerhaft
14	II a	I b nach 11 Jahren	OZ 2	43	110 €	dauerhaft
14	II a	I b nach 11 Jahren	OZ 2	45	60 €	dauerhaft
14	I b	ohne	OZ 1	35	100 €	für 4 Jahre
14	I b	ohne	OZ 1	41	80 €	nach 4 Jahren dauerhaft
14	I b	ohne	OZ 1	43	80 €	dauerhaft
14	I b	ohne	OZ 1	45	60 €	dauerhaft
14	I b	ohne	OZ 2	33	50 €	für 4 Jahre
14	I b	ohne	OZ 2	39	110 €	nach 4 Jahren dauerhaft
14	I b	ohne	OZ 2	41	110 €	dauerhaft
14	I b	ohne	OZ 2	43	110 €	dauerhaft
14	I b	ohne	OZ 2	45	60 €	dauerhaft
15	I a	ohne	OZ 1	39	110 €	für 4 Jahre
15	I a	ohne	OZ 1	43	50 €	dauerhaft
15	I a	ohne	OZ 1	45	50 €	dauerhaft
15	I a	ohne	OZ 2	37	110 €	für 4 Jahre
15	I a	ohne	OZ 2	41	50 €	dauerhaft
15	I a	ohne	OZ 2	43	50 €	dauerhaft
15	I a	ohne	OZ 2	45	50 €	dauerhaft
15	I b	I a nach 8 Jahren	OZ 1	39	110 €	für 4 Jahre
15	I b	I a nach 8 Jahren	OZ 1	43	50 €	dauerhaft
15	I b	I a nach 8 Jahren	OZ 1	45	50 €	dauerhaft
15	I b	I a nach 8 Jahren	OZ 2	37	110 €	für 4 Jahre
15	I b	I a nach 8 Jahren	OZ 2	41	50 €	dauerhaft

Entgelt-gruppe	Vergü-tungsgrup-pe bei In-Kraft-Tre-ten TVÜ	Aufstieg	Ortszu-schlag Stufe 1, 2 bei In-Kraft-Treten TVÜ	Lebens altersstufe	Höhe Ausgleichs-betrag	Dauer
15	I b	I a nach 8 Jahren	OZ 2	43	50 €	dauerhaft
15	I b	I a nach 8 Jahren	OZ 2	45	50 €	dauerhaft
15	I b	I a nach 4 Jahren	OZ 1	39	110 €	für 4 Jahre
15	I b	I a nach 4 Jahren	OZ 1	43	50 €	dauerhaft
15	I b	I a nach 4 Jahren	OZ 1	45	50 €	dauerhaft
15	I b	I a nach 4 Jahren	OZ 2	37	110 €	für 4 Jahre
15	I b	I a nach 4 Jahren	OZ 2	41	50 €	dauerhaft
15	I b	I a nach 4 Jahren	OZ 2	43	50 €	dauerhaft
15	I b	I a nach 4 Jahren	OZ 2	45	50 €	dauerhaft
15 Ü	I	ohne	OZ 2	43	50 €	dauerhaft
15 Ü	I	ohne	OZ 2	45	50 €	dauerhaft

Anlage 4 TVÜ-Bund
Vorläufige Zuordnung der Vergütungs- und Lohngruppen zu den Entgeltgruppen für zwischen dem 1. Oktober 2005 und dem In-Kraft-Treten der neuen Entgeltordnung stattfindende Eingruppierungsvorgänge (Bund)

Entgeltgruppe	Vergütungsgruppe	Lohngruppe
15	Zwingend Stufe 1, keine Stufe 6 I a I b mit Aufstieg nach I a	–
14	Zwingend Stufe 1, keine Stufe 6 I b ohne Aufstieg nach I a	–
13	Zwingend Stufe 1, keine Stufe 6 Beschäftigte mit Tätigkeiten, die eine abgeschlossene wissenschaftliche Hochschulausbildung vorausset-zen (II a mit und ohne Aufstieg nach I b) [ggf. Zulage nach § 17 Abs. 8 TVÜ] sowie Beschäf-tigte, die nach der Vergütungsordnung zum BAT/BAT-O originär in IIa (ohne Aufstieg) eingruppiert sind.	–
12	Zwingend Stufe 1, keine Stufe 6 III mit Aufstieg nach II a	–
11	Zwingend Stufe 1, keine Stufe 6 II b ohne Aufstieg nach II a III ohne Aufstieg nach II a IV a mit Aufstieg nach III	–

Anlage 4 TVÜ-Bund

Entgeltgruppe	Vergütungsgruppe	Lohngruppe
10	Zwingend Stufe 1, keine Stufe 6 IV a ohne Aufstieg nach III IV b mit Aufstieg nach IV a V a in den ersten sechs Monaten der Berufsausübung, wenn danach IV b mit Aufstieg nach IV a V b in den ersten sechs Monaten der Einarbeitungszeit, wenn danach IV b mit Aufstieg nach IV a	–
9	IV b ohne Aufstieg nach IV a (zwingend Stufe 1, keine Stufe 6) V a mit Aufstieg nach IV b ohne weiteren Aufstieg nach IV a (zwingend Stufe 1, keine Stufe 6) V a ohne Aufstieg nach IV b (zwingend Stufe 1, Stufe 3 nach 5 Jahren in Stufe 2, Stufe 4 nach 9 Jahren in Stufe 3, keine Stufen 5 und 6) V b mit Aufstieg nach IV b (zwingend Stufe 1, keine Stufe 6) V b ohne Aufstieg nach IV b (zwingend Stufe 1, Stufe 3 nach 5 Jahren in Stufe 2, Stufe 4 nach 9 Jahren in Stufe 3, keine Stufen 5 und 6)	9 (zwingend Stufe 1, Stufe 4 nach 7 Jahren in Stufe 3, keine Stufen 5 und 6)
8	V c mit Aufstieg nach V b V c ohne Aufstieg nach V b	8 mit Aufstieg nach 8 a
7	Keine	7 mit Aufstieg nach 7 a 6 mit Aufstieg nach 7 und 7 a
6	VI b mit Aufstieg nach V b VI b mit Aufstieg nach V c VI b ohne Aufstieg nach V c	6 mit Aufstieg nach 6 a 5 mit Aufstieg nach 6 und 6 a
5	VII mit Aufstieg nach VI b VII ohne Aufstieg nach VI b	5 mit Aufstieg nach 5 a 4 mit Aufstieg nach 5 und 5 a
4	Keine	4 mit Aufstieg nach 4 a 3 mit Aufstieg nach 4 und 4 a
3	Keine Stufe 6 VIII mit Aufstieg nach VII VIII ohne Aufstieg nach VII	3 mit Aufstieg nach 3 a 2 a mit Aufstieg nach 3 und 3 a 2 mit Aufstieg nach 2 a, 3 und 3 a 2 mit Aufstieg nach 2 a und 3 (keine Stufe 6)
2 Ü	Keine	2 mit Aufstieg nach 2 a 1 mit Aufstieg nach 2 und 2 a
2	IX b mit Aufstieg nach VIII IX b mit Aufstieg nach IX a X mit Aufstieg nach IX b (keine Stufe 6)	1 mit Aufstieg nach 1 a (keine Stufe 6)

Entgeltgruppe	Vergütungsgruppe	Lohngruppe
1	Beschäftigte mit einfachsten Tätigkeiten, zum Beispiel – Essens- und Getränkeausgeber/innen – Garderobenpersonal – Spülen und Gemüseputzen und sonstige Tätigkeiten im Haus- und Küchenbereich – Reiniger/innen in Außenbereichen wie Höfe, Wege, Grünanlagen, Parks – Wärter/innen von Bedürfnisanstalten – Servierer/innen – Hausarbeiter/innen – Hausgehilfe/Hausgehilfin – Bote/Botin (ohne Aufsichtsfunktion) Ergänzungen können durch Tarifvertrag auf Bundesebene geregelt werden. Hinweis: Diese Zuordnung gilt unabhängig von bisherigen tariflichen Zuordnungen zu Vergütungs-/Lohngruppen.	

Anlage 5 zu § 23 TVÜ-Bund

1. Übergangsregelung zu § 45 Nr. 7 TVöD und TVAng Ausland/TV Arb Ausland:
   a) [1]Bis zum In-Kraft-Treten eines Tarifvertrags über eine persönliche Zulage nach § 14 gilt die in § 18 Abs. 2 i.V.m. § 9 Abs. 1 MTArb/MTArb-O genannte Frist von 30 Tagen nicht für zu einer Auslandsdienststelle entsandten Beschäftigte, die vor dem 1. Januar 2005 der Rentenversicherung der Arbeiter unterlegen hätten. [2]Diese Beschäftigten sind verpflichtet,
   – während des Heimaturlaubs,
   – in anderen Fällen Beschäftigte oder Beamtinnen/Beamte bis zur Dauer von drei Monaten

   zu vertreten. [3]§ 18 Abs. 2 i.V.m. § 9 Abs. 2 MTArb/MTArb-O finden für diesen Zeitraum keine Anwendung.

   b) [1]Bei Änderungen infolge der Zuordnung zu den neuen Entgeltgruppen bei ins Ausland entsandten Beschäftigten, die unter
   – die Sonderregelungen für Beschäftigte, die zu Auslandsdienstorten des Bundes entsandt sind oder
   – den TV Ang Ausland und TV Arb Ausland,

   bemisst sich die Höhe der Auslandsbezüge bis zur nächsten Versetzung nach der bis zum 30. September 2005 geltenden Rechtslage. [2]Ergeben sich nach altem Recht höhere Auslandsbezüge als nach neuem Recht, erhalten Beschäftigte eine abbaubare persönliche Zulage in Höhe des Unterschiedsbetrags zwischen den Auslandsbezügen, die sich nach dem bis zum 30. September 2005 geltenden Recht ergeben hätten, und dem ab 1. Oktober 2005 zu zahlenden Auslandsentgelt. [3]Die persönliche Zulage entfällt bei einer Höhergruppierung. [4]Allgemeine Entgeltanpassungen werden auf die persönliche Zulage angerechnet.

2. Übergangsregelung für Personen, denen am 30. September 2005 nach den Sonderregelungen für die Angestellten im Bereich des Bundesministeriums der Verteidigung (SR 2 e I BAT) sowie nach dem Tarifvertrag über einen sozialverträglichen Personalabbau im Bereich des Bundesministers der Verteidigung vom 30. November 1991 (SOPA) eine Übergangsversorgung zugestanden hat:

   Nr. 9 a der SR 2 e I BAT gilt weiter.

3. Übergangs- und Überleitungsregelung zu § 46 Sonderregelungen für die Beschäftigten im Bereich des Bundesministeriums der Verteidigung:

Anlage 5 TVÜ-Bund

a) Die SR 2 b Nr. 10 Abs. 3 MTArb/MTArb-O und SR 2 e II Nr. 9 Abs. 1 und 3 BAT/BAT-O gelten bis zum In-Kraft-Treten einer ablösenden tarifvertraglichen Regelung fort.
b) Für die Überleitung vorhandener Beschäftigter im Sinne des § 1 Abs. 1 TVÜ-Bund, deren Eingruppierung sich am 30. September 2005 nach der Vergütungsordnung für Angestellte im Pflegedienst (Anlage 1 b) richtet, gelten ergänzend zu §§ 3 ff. TVÜ-Bund die Sonderregelungen des TVÜ-VKA für diese Beschäftigtengruppe (Protokollerklärungen zu § 4 Abs. 1 und zu §§ 4 und 6 TVÜ-VKA einschließlich der dort in Bezug genommenen Anlagen 4 und 5 TVÜ-VKA); die Strukturausgleichsbeträge für diese Beschäftigten ergeben sich aus Anlage 2 Abschnitt II TVÜ-VKA; im Übrigen gilt § 12 TVÜ-Bund.
c) Für Beschäftigte im Pflegedienst im Sinne von § 1 Abs. 1 und 2 TVÜ-Bund richten sich Eingruppierungsvorgänge im Sinne des § 17 Abs. 7 TVÜ-Bund, die zwischen dem 1. Oktober 2005 und dem In-Kraft-Treten der neuen Entgeltordnung stattfinden, nach der Zuordnung der Vergütungsgruppen der Vergütungsordnung für Angestellte im Pflegedienst (Anlage 1 b) gemäß Protokollerklärung zu § 4 Abs. 1 in Verbindung mit Anlagen 4 und 5 TVÜ-VKA.

4. Übergangsregelung für ehemalige Beschäftigte des Luftfahrtbundesamtes im Bereich des Bundesministeriums für Verkehr, Bau und Wohnungswesen (SR 2 h BAT):

¹Für Beschäftigte des Luftfahrt-Bundesamtes, die auf Grund von § 1 des Gesetzes zur Übernahme der Beamten und Arbeitnehmer bei der Bundesanstalt für Flugsicherung (Artikel 7 des Zehnten Gesetzes zur Änderung des Luftverkehrsgesetzes vom 23. Juli 1992) Aufgaben der Flugsicherung wahrnehmen, gelten die Sonderregelungen 2 h BAT für den Bereich des Bundes in der bis zum 31. Dezember 2001 geltenden Fassung für die Dauer des fortbestehenden Arbeitsverhältnisses weiter. ²Teil III Abschn. C der Anlage 1 a zum BAT gilt bis zum In-Kraft-Treten von Eingruppierungsvorschriften des TVöD nebst Entgeltordnung weiter. ³§ 18 Abs. 3 gilt entsprechend.

5. Übergangsregelung für die Beschäftigten auf Fischereischutzbooten und Fischereiforschungsfahrzeugen einschließlich der Ärzte und Heilgehilfen im Bereich des Bundesministeriums für Verbraucherschutz, Ernährung und Landwirtschaft:

¹Beschäftigte auf Fischereischutzbooten und Fischereiforschungsfahrzeugen einschließlich der Ärzte und Heilgehilfen, jedoch ohne die auf diesen Fahrzeugen eingesetzten Beschäftigten des Deutschen Wetterdienstes, werden vom Geltungsbereich des TVöD und TVÜ-Bund vorläufig ausgenommen. ²Für die Beschäftigten, für die die Regelungen des Tarifgebiets West Anwendung finden, gelten der Tarifvertrag zur Regelung der Arbeitsbedingungen und der Besatzungsmitglieder der Fischereischutzboote und Fischereiforschungsfahrzeuge vom 11. Januar 1972 in der Fassung vom 13. März 1987 und der Tarifvertrag über eine Zuwendung für Kapitäne und Besatzungsmitglieder der Fischereischutzboote und Fischereiforschungsschiffe des Bundes vom 31. Januar 1974 vorläufig weiter. ³Die Tarifvertragsparteien stimmen darüber ein, dass die Beschäftigten nach Satz 1 in den TVöD übergeleitet werden sollen. ⁴Die Tarifverhandlungen sollen spätestens nach In-Kraft-Treten der Entgeltordnung aufgenommen werden.

6. Übergangsregelung für Beschäftigte im Bereich des Bundesministeriums der Finanzen:
a) Für Arbeiterinnen und Arbeiter des Bundes bei der Bundesmonopolverwaltung für Branntwein, deren dortiges Arbeitsverhältnis über den 30. September 2005 hinaus fortbesteht, und die zum 1. Oktober 2005 unter den Geltungsbereich des TVöD fallen, gelten für die Dauer des ununterbrochen fortbestehenden Arbeitsverhältnisses die tarifvertraglichen Bestimmungen der Nr. 5 und 7 der Sonderregelung 2 g MTArb/MTArb-O sowie der Tarifvertrag über die Ausführung von Arbeiten im Leistungslohnverfahren im Bereich der SR 2 g des Abschnitts A der Anlage 2 MTArb vom 16. November 1971 weiter.
b) Für Arbeiterinnen und Arbeiter des Bundes im Geltungsbereich des Tarifvertrags zur Überleitung der Arbeiter der Zoll- und Verbrauchssteuerverwaltung und der Bundesvermögensverwaltung der Oberfinanzdirektion Berlin sowie der Bundesmono-

polverwaltung für Branntwein in das Tarifrecht des Bundes vom 18. September 1991, deren Arbeitsverhältnis zum Bund über den 30. September 2005 hinaus fortbesteht, und die zum 1. Oktober 2005 unter den Geltungsbereich des TVöD fallen, gelten für die Dauer des ununterbrochen fortbestehenden Arbeitsverhältnisses die tarifvertraglichen Bestimmungen des vorgenannten Überleitungstarifvertrags weiter.
7. Für im Kontroll- und Prüfdienst beschäftigte Angestellte des Bundesamtes für Güterverkehr erfolgt am 1. Oktober 2005 vorerst die Fortzahlung der bisherigen Bezüge als zu verrechnender Abschlag auf das Entgelt, das diesen Beschäftigten nach der Überleitung zusteht.

Niederschriftserklärung zu Nr. 7 der Anlage 5 TVÜ-Bund:
Es besteht Einvernehmen zwischen den Tarifvertragsparteien, baldmöglichst Verhandlungen über besondere Überleitungsregelungen für im Kontroll- und Prüfdienst beschäftigte Angestellte des Bundesamtes für Güterverkehr aufzunehmen.

8. Für Lehrkräfte des Bundes erfolgt am 1. Oktober 2005 vorerst die Fortzahlung der bisherigen Bezüge als zu verrechnender Abschlag auf das Entgelt, das diesen Beschäftigten nach der Überleitung zusteht.

Niederschriftserklärung zu Nr. 8 der Anlage 5 TVÜ-Bund:
Es besteht Einvernehmen zwischen den Tarifvertragsparteien, baldmöglichst Verhandlungen über besondere Überleitungsregelungen für Lehrkräfte des Bundes aufzunehmen.

9. Übergangsregelung zu § 65 BAT/BAT-O, § 69 MTArb/MTArb-O, § 5 Ausbildungs-VergTV:

§ 65 BAT/BAT-O, § 69 MTArb/MTArb-O, § 5 Ausbildungs-VergTV gelten für bestehende Dienstwohnungsverhältnisse bis zum 30. September 2007 weiter.

Tarifvertrag zur Überleitung der Beschäftigten der kommunalen Arbeitgeber in den TVöD und zur Regelung des Übergangsrechts (TVÜ-VKA)

Vom 13. September 2005
zuletzt geändert durch ÄndTV Nr. 7 vom 31. März 2012

Abschnitt I. Allgemeine Vorschriften

§ 1 Geltungsbereich

(1) ¹Dieser Tarifvertrag gilt für Angestellte, Arbeiterinnen und Arbeiter, deren Arbeitsverhältnis zu einem tarifgebundenen Arbeitgeber, der Mitglied eines Mitgliedverbandes der Vereinigung der kommunalen Arbeitgeberverbände (VKA) ist, über den 30. September 2005 hinaus fortbesteht, und die am 1. Oktober 2005 unter den Geltungsbereich des Tarifvertrages für den öffentlichen Dienst (TVöD) fallen, für die Dauer des ununterbrochen fortbestehenden Arbeitsverhältnisses. ²Dieser Tarifvertrag gilt ferner für die unter § 19 Abs. 2 fallenden sowie für die von § 2 Abs. 6 erfassten Beschäftigten hinsichtlich § 21 Abs. 5.

Protokollerklärung zu Absatz 1 Satz 1:
Unterbrechungen von bis zu einem Monat sind unschädlich.

Protokollerklärung zu Absatz 1:
Tritt ein Arbeitgeber erst nach dem 30. September 2005 einem der Mitgliedverbände der VKA als ordentliches Mitglied bei und hat derselbe Arbeitgeber vor dem 1. September 2002 einem Mitgliedverband der VKA als ordentliches Mitglied angehört, so ist Absatz 1 mit der Maßgabe anzuwenden, dass an die Stelle des 30. September 2005 das Datum tritt, welches dem Tag der Wiederbegründung der Verbandsmitgliedschaft vorausgeht, während das Datum des Wirksamwerdens der Verbandsmitgliedschaft den 1. Oktober 2005 ersetzt.

(2) Nur soweit nachfolgend ausdrücklich bestimmt, gelten die Vorschriften dieses Tarifvertrages auch für Beschäftigte, deren Arbeitsverhältnis zu einem Arbeitgeber im Sinne des Absatzes 1 nach dem 30. September 2005 beginnt und die unter den Geltungsbereich des TVöD fallen.

(3) Für geringfügig Beschäftigte im Sinne des § 8 Abs. 1 Nr. 2 SGB IV, die am 30. September 2005 unter den Geltungsbereich des BAT/BAT-O/BAT-Ostdeutsche Sparkassen/BMT-G/BMT-G-O fallen, finden die bisher jeweils einschlägigen tarifvertraglichen Regelungen für die Dauer ihres ununterbrochen fortbestehenden Arbeitsverhältnisses weiterhin Anwendung.

(4) Die Bestimmungen des TVöD gelten, soweit dieser Tarifvertrag keine abweichenden Regelungen trifft.

§ 2 Ablösung bisheriger Tarifverträge durch den TVöD

(1) ¹Der TVöD ersetzt in Verbindung mit diesem Tarifvertrag bei tarifgebundenen Arbeitgebern, die Mitglied eines Mitgliedverbandes der VKA sind, den
- Bundes-Angestelltentarifvertrag (BAT) vom 23. Februar 1961,
- Tarifvertrag zur Anpassung des Tarifrechts – Manteltarifliche Vorschriften – (BAT-O) vom 10. Dezember 1990,
- Tarifvertrag zur Anpassung des Tarifrechts – Manteltarifliche Vorschriften – (BAT-Ostdeutsche Sparkassen) vom 21. Januar 1991,
- Bundesmanteltarifvertrag für Arbeiter gemeindlicher Verwaltungen und Betriebe – BMT-G II – vom 31. Januar 1962,
- Tarifvertrag zur Anpassung des Tarifrechts – Manteltarifliche Vorschriften für Arbeiter gemeindlicher Verwaltungen und Betriebe – (BMT-G-O) vom 10. Dezember 1990,

– Tarifvertrag über die Anwendung von Tarifverträgen auf Arbeiter (TV Arbeiter-Ostdeutsche Sparkassen) vom 25. Oktober 1990

sowie die diese Tarifverträge ergänzenden Tarifverträge der VKA, soweit in diesem Tarifvertrag oder im TVöD nicht ausdrücklich etwas anderes bestimmt ist. ²Die Ersetzung erfolgt mit Wirkung vom 1. Oktober 2005, soweit kein abweichender Termin bestimmt ist.

Protokollerklärung zu Absatz 1:

Von der ersetzenden Wirkung werden von der VKA abgeschlossene ergänzende Tarifverträge nicht erfasst, soweit diese anstelle landesbezirklicher Regelungen vereinbart sind.

(2) ¹Die von den Mitgliedverbänden der VKA abgeschlossenen Tarifverträge sind durch die landesbezirklichen Tarifvertragsparteien hinsichtlich ihrer Weitergeltung zu prüfen und bei Bedarf bis zum 31. Dezember 2006 an den TVöD anzupassen; die landesbezirklichen Tarifvertragsparteien können diese Frist verlängern. ²Das Recht zur Kündigung der in Satz 1 genannten Tarifverträge bleibt unberührt.

Protokollerklärung zu Absatz 2:

Entsprechendes gilt hinsichtlich der von der VKA abgeschlossenen Tarifverträge, soweit diese anstelle landesbezirklicher Regelungen vereinbart sind.

(3) ¹Sind in Tarifverträgen nach Absatz 2 Satz 1 Vereinbarungen zur Beschäftigungssicherung/Sanierung und/oder Steigerung der Wettbewerbsfähigkeit getroffen, findet ab dem 1. Oktober 2005 der TVöD unter Berücksichtigung der materiellen Wirkungsgleichheit dieser Tarifverträge Anwendung. ²In diesen Fällen ist durch die landesbezirklichen Tarifvertragsparteien baldmöglichst die redaktionelle Anpassung der in Satz 1 genannten Tarifverträge vorzunehmen. ³Bis dahin wird auf der Grundlage der bis zum 30. September 2005 gültigen Tarifregelungen weiter gezahlt. ⁴Die Überleitung in den TVöD erfolgt auf der Grundlage des Rechtsstandes vom 30. September 2005. ⁵Familienbezogene Entgeltbestandteile richten sich ab 1. Oktober 2005 nach diesem Tarifvertrag.

Protokollerklärung zu Absatz 3:

¹Der Rahmentarifvertrag vom 13. Oktober 1998 zur Erhaltung der Wettbewerbsfähigkeit der deutschen Verkehrsflughäfen und zur Sicherung der Arbeitsplätze (Fassung vom 28. November 2002) wird in seinen Wirkungen nicht verändert. ²Er bleibt mit gleichem materiellen Inhalt und gleichen Laufzeiten als Rechtsgrundlage bestehen. ³Beschäftigte in Unternehmen, für die Anwendungstarifverträge zum Rahmentarifvertrag nach Satz 1 vereinbart worden sind, werden zum 1. Oktober 2005 übergeleitet. ⁴Die tatsächliche personalwirtschaftliche Überleitung – einschließlich individueller Nachberechnungen – erfolgt zu dem Zeitpunkt, zu dem die Verständigung über den angepassten Anwendungstarifvertrag erzielt ist.

(4) Unabhängig von den Absätzen 1 und 2 gelten Tarifverträge gemäß § 3 des Tarifvertrages zur sozialen Absicherung fort und sind bei Bedarf an den TVöD anzupassen.

(5) Absatz 1 gilt nicht für Beschäftigte in Versorgungsbetrieben, Nahverkehrsbetrieben und für Beschäftigte in Wasserwirtschaftsverbänden in Nordrhein-Westfalen, die gemäß § 1 Abs. 2 Buchst. d und e TVöD vom Geltungsbereich des TVöD ausgenommen sind, es sei denn, Betriebe oder Betriebsteile, die dem fachlichen Geltungsbereich des TV-V, eines TV-N oder des TV-WW/NW entsprechen, werden in begründeten Einzelfällen durch landesbezirklichen Tarifvertrag in den Geltungsbereich des TVöD und dieses Tarifvertrages einbezogen.

Protokollerklärung zu Absatz 5:

Die Möglichkeit, Betriebsteile, die dem Geltungsbereich eines TV-N entsprechen, in den Geltungsbereich eines anderen Spartentarifvertrages (TV-V, TV-WW/NW) einzubeziehen, bleibt unberührt.

(6) ¹Absatz 1 gilt längstens bis zum 31. Dezember 2007 nicht für Beschäftigte von Arbeitgebern, wenn die Anwendung des TV-V, eines TV-N oder des TV-WW/NW auf diese Beschäftigten beabsichtigt ist und vor dem 1. Oktober 2005 Tarifverhandlungen zur Einführung eines dieser Tarifverträge aufgenommen worden sind. ²Dies gilt auch dann, wenn die Tarifver-

handlungen erst nach dem 1. Oktober 2005, aber spätestens mit Ablauf des 31. Dezember 2007 zu der Überleitung in diese Tarifverträge führen.

Protokollerklärung zu Absatz 6:

[1]Tarifverhandlungen zur – ggf. teilbetrieblichen – Einführung der genannten Spartentarifverträge sind auch dann aufgenommen, wenn auf landesbezirklicher Ebene die jeweils andere Tarifvertragspartei zum Abschluss eines Tarifvertrages zur Einbeziehung aufgefordert worden ist. [2]Kommt bis zum 31. Dezember 2007 eine Vereinbarung über die Anwendung eines der genannten Spartentarifverträge nicht zustande, findet ab dem 1. Januar 2008 der TVöD und dieser Tarifvertrag auf Beschäftigte Anwendung, die nicht im Geltungsbereich des BAT/BAT-O/BMT-G/BMT-G-O verbleiben. [3]Absatz 5 bleibt unberührt.

Abschnitt II. Überleitungsregelungen

§ 3 Überleitung in den TVöD

Die von § 1 Abs. 1 erfassten Beschäftigten werden am 1. Oktober 2005 gemäß den nachfolgenden Regelungen in den TVöD übergeleitet.

§ 4 Zuordnung der Vergütungs- und Lohngruppen

(1) [1]Für die Überleitung der Beschäftigten wird ihre Vergütungs- bzw. Lohngruppe (§ 22 BAT/BAT-O/BAT-Ostdeutsche Sparkassen bzw. entsprechende Regelungen für Arbeiterinnen und Arbeiter bzw. besondere tarifvertragliche Vorschriften für bestimmte Berufsgruppen) nach der Anlage 1 den Entgeltgruppen des TVöD zugeordnet. [2]Abweichend von Satz 1 gilt für Ärztinnen und Ärzte die Entgeltordnung gemäß § 51 Besonderer Teil Krankenhäuser (BT-K), soweit sie unter den BT-K fallen bzw. gemäß § 51 Besonderer Teil Pflege- und Betreuungseinrichtungen (BT-B), soweit sie unter den BT-K bzw. den BT-B fallen.

Protokollerklärung zu Absatz 1:

[1]Bis zum Inkrafttreten der neuen Entgeltordnung verständigen sich die Tarifvertragsparteien zwecks besserer Übersichtlichkeit für die Zuordnung der Beschäftigten gemäß Anlage 1 b zum BAT auf folgende Anwendungstabelle:Anlage 4: Beschäftigte, die dem Geltungsbereich nach § 40 BT-K bzw. § 40 BT-B unterfallen;dies gilt auch für Beschäftigte im Sinne des § 1 Abs. 2. [2]Die Tarifvertragsparteien sind sich einig, dass diese Anwendungstabelle – insbesondere die Bezeichnung der Entgeltgruppen – keinen Vorgriff auf die Verhandlungen zur neuen Entgeltordnung darstellt.

(2) Beschäftigte, die im Oktober 2005 bei Fortgeltung des bisherigen Tarifrechts die Voraussetzungen für einen Bewährungs-, Fallgruppen- oder Tätigkeitsaufstieg erfüllt hätten, werden für die Überleitung so behandelt, als wären sie bereits im September 2005 höhergruppiert worden.

(3) Beschäftigte, die im Oktober 2005 bei Fortgeltung des bisherigen Tarifrechts in eine niedrigere Vergütungs- bzw. Lohngruppe eingruppiert worden wären, werden für die Überleitung so behandelt, als wären sie bereits im September 2005 herabgruppiert worden.

§ 5 Vergleichsentgelt

(1) Für die Zuordnung zu den Stufen der Entgelttabelle des TVöD wird für die Beschäftigten nach § 4 ein Vergleichsentgelt auf der Grundlage der im September 2005 erhaltenen Bezüge gemäß den Absätzen 2 bis 7 gebildet.

(2) [1]Bei Beschäftigten aus dem Geltungsbereich des BAT/BAT-O/BAT-Ostdeutsche Sparkassen setzt sich das Vergleichsentgelt aus der Grundvergütung, der allgemeinen Zulage und dem Ortszuschlag der Stufe 1 oder 2 zusammen. [2]Ist auch eine andere Person im Sinne von § 29 Abschn. B Abs. 5 BAT/BAT-O/BAT-Ostdeutsche Sparkassen ortszuschlagsberechtigt oder nach beamtenrechtlichen Grundsätzen familienzuschlagsberechtigt, wird nur die Stufe 1 zu-

grunde gelegt; findet der TVöD am 1. Oktober 2005 auch auf die andere Person Anwendung, geht der jeweils individuell zustehende Teil des Unterschiedsbetrages zwischen den Stufen 1 und 2 des Ortszuschlages in das Vergleichsentgelt ein. ³Ferner fließen im September 2005 tarifvertraglich zustehende Funktionszulagen insoweit in das Vergleichsentgelt ein, als sie nach dem TVöD nicht mehr vorgesehen sind. ⁴Erhalten Beschäftigte eine Gesamtvergütung (§ 30 BAT/BAT-O/BAT-Ostdeutsche Sparkassen), bildet diese das Vergleichsentgelt. ⁵Bei Lehrkräften, die die Zulage nach Abschnitt A Unterabschnitt II der Lehrer-Richtlinien der VKA erhalten, wird diese Zulage und bei Lehrkräften, die am 30. September 2005 einen arbeitsvertraglichen Anspruch auf Zahlung einer allgemeinen Zulage wie die unter die Anlage 1a zum BAT/BAT-O fallenden Angestellten haben, wird dieser Betrag in das Vergleichsentgelt eingerechnet.

Protokollerklärung zu Absatz 2 Satz 2:
1. *Findet der TVöD am 1. Oktober 2005 für beide Beschäftigte Anwendung und hat einer der beiden im September 2005 keine Bezüge erhalten wegen Elternzeit, Wehr- oder Zivildienstes, Sonderurlaubs, bei dem der Arbeitgeber vor Antritt ein dienstliches oder betriebliches Interesse an der Beurlaubung anerkannt hat, Bezuges einer Rente auf Zeit wegen verminderter Erwerbsfähigkeit oder wegen Ablaufs der Krankenbezugsfristen, erhält die/der andere Beschäftigte zusätzlich zu ihrem/seinem Entgelt den Differenzbetrag zwischen dem ihr/ihm im September 2005 individuell zustehenden Teil des Unterschiedsbetrages zwischen der Stufe 1 und 2 des Ortszuschlags und dem vollen Unterschiedsbetrag als Besitzstandszulage.*
2. *Hat die andere ortszuschlagsberechtigte oder nach beamtenrechtlichen Grundsätzen familienzuschlagsberechtigte Person im September 2005 aus den in Nr. 1 genannten Gründen keine Bezüge erhalten, erhält die/der in den TVöD übergeleitete Beschäftigte zusätzlich zu ihrem/seinem Entgelt den vollen Unterschiedsbetrag zwischen der Stufe 1 und der Stufe 2 des Ortszuschlags als Besitzstandszulage.*
3. *¹Ist die andere ortszuschlagsberechtigte oder familienzuschlagsberechtigte Person im September 2005 aus dem öffentlichen Dienst ausgeschieden, ist das Tabellenentgelt neu zu ermitteln. ²Basis ist dabei die Stufenzuordnung nach § 6 Abs. 1 Satz 2, die sich zum 1. Oktober 2007 ergeben hätte, wenn das Vergleichsentgelt unter Berücksichtigung der Stufe 2 des Ortszuschlags gebildet worden wäre.*
4. *¹Die Besitzstandszulage nach den Nrn. 1 und 2 oder das neu ermittelte Tabellenentgelt nach Nr. 3 wird auf einen bis zum 30. September 2008 zu stellenden schriftlichen Antrag (Ausschlussfrist) vom 1. Juli 2008 an gezahlt. ²Ist eine entsprechende Leistung bis zum 31. März 2008 schriftlich geltend gemacht worden, erfolgt die Zahlung vom 1. Juni 2008 an.*
5. *¹In den Fällen der Nrn. 1 und 2 wird bei Stufensteigerungen und Höhergruppierungen der Unterschiedsbetrag zum bisherigen Entgelt auf die Besitzstandszulage angerechnet. ²Die/Der Beschäftigte hat das Vorliegen der Voraussetzungen der Nrn. 1 und 2 nachzuweisen und Änderungen anzuzeigen. ³Die Besitzstandszulage nach den Nrn. 1 und 2 entfällt mit Ablauf des Monats, in dem die/der andere Beschäftigte die Arbeit wieder aufnimmt.*

Protokollerklärung zu Absatz 2 Satz 3:
Vorhandene Beschäftigte erhalten bis zum In-Kraft-Treten der neuen Entgeltordnung ihre Techniker-, Meister- und Programmiererzulage unter den bisherigen Voraussetzungen als persönliche Besitzstandszulage.

(3) ¹Bei Beschäftigten aus dem Geltungsbereich des BMT-G/BMT-G-O/TV Arbeiter-Ostdeutsche Sparkassen wird der Monatstabellenlohn als Vergleichsentgelt zugrunde gelegt. ²Absatz 2 Satz 3 gilt entsprechend. ³Erhalten Beschäftigte nicht den Volllohn (§ 21 Abs. 1 Buchst. a BMT-G/BMT-G-O), gilt Absatz 2 Satz 4 entsprechend.

(4) ¹Beschäftigte, die im Oktober 2005 bei Fortgeltung des bisherigen Rechts die Grundvergütung bzw. den Monatstabellenlohn der nächsthöheren Stufe erhalten hätten, werden für die Bemessung des Vergleichsentgelts so behandelt, als wäre der Stufenaufstieg bereits im Sep-

tember 2005 erfolgt. ²§ 4 Abs. 2 und 3 gilt bei der Bemessung des Vergleichsentgelts entsprechend.

Protokollerklärung zu Absatz 4:

Fällt bei Beschäftigten aus dem Geltungsbereich des BAT/BAT-O/BAT-Ostdeutsche Sparkassen, bei denen sich bisher die Grundvergütung nach § 27 Abschn. A BAT/BAT-O/BAT-Ostdeutsche Sparkassen bestimmt, im Oktober 2005 eine Stufensteigerung mit einer Höhergruppierung zusammen, ist zunächst die Stufensteigerung in der bisherigen Vergütungsgruppe und danach die Höhergruppierung durchzuführen.

(5) ¹Bei Teilzeitbeschäftigten wird das Vergleichsentgelt auf der Grundlage eines vergleichbaren Vollzeitbeschäftigten bestimmt. ²Satz 1 gilt für Beschäftigte, deren Arbeitszeit nach § 3 des Tarifvertrages zur sozialen Absicherung vom 6. Juli 1992 herabgesetzt ist, entsprechend.

Protokollerklärung zu Absatz 5:

¹Lediglich das Vergleichsentgelt wird auf der Grundlage eines entsprechenden Vollzeitbeschäftigten ermittelt; sodann wird nach der Stufenzuordnung das zustehende Entgelt zeitratierlich berechnet. ²Diese zeitratierliche Kürzung des auf den Ehegattenanteil im Ortszuschlag entfallenden Betrag unterbleibt nach Maßgabe des § 29 Abschn. B Abs. 5 Satz 2 BAT/BAT-O/BAT-Ostdeutsche Sparkassen. ³Neue Ansprüche entstehen hierdurch nicht.

(6) Für Beschäftigte, die nicht für alle Tage im September 2005 oder für keinen Tag dieses Monats Bezüge erhalten, wird das Vergleichsentgelt so bestimmt, als hätten sie für alle Tage dieses Monats Bezüge erhalten; in den Fällen des § 27 Abschn. A Abs. 3 Unterabs. 6 und Abschn. B Abs. 3 Unterabs. 4 BAT/BAT-O/BAT-Ostdeutsche Sparkassen bzw. der entsprechenden Regelungen für Arbeiterinnen und Arbeiter werden die Beschäftigten für das Vergleichsentgelt so gestellt, als hätten sie am 1. September 2005 die Arbeit wieder aufgenommen.

(7) Abweichend von den Absätzen 2 bis 6 wird bei Beschäftigten, die gemäß § 27 Abschn. A Abs. 6 oder Abschn. B Abs. 7 BAT/BAT-O/BAT-Ostdeutsche Sparkassen bzw. den entsprechenden Regelungen für Arbeiterinnen und Arbeiter den Unterschiedsbetrag zwischen der Grundvergütung bzw. dem Monatstabellenlohn ihrer bisherigen zur nächsthöheren Stufe im September 2005 nur zur Hälfte erhalten, für die Bestimmung des Vergleichsentgelts die volle Grundvergütung bzw. der volle Monatstabellenlohn aus der nächsthöheren Stufe zugrunde gelegt.

§ 6 Stufenzuordnung der Angestellten

(1) ¹Beschäftigte aus dem Geltungsbereich des BAT/BAT-O/BAT-Ostdeutsche Sparkassen werden einer ihrem Vergleichsentgelt entsprechenden individuellen Zwischenstufe der gemäß § 4 bestimmten Entgeltgruppe zugeordnet. ²Zum 1. Oktober 2007 steigen diese Beschäftigten in die dem Betrag nach nächsthöhere reguläre Stufe ihrer Entgeltgruppe auf. ³Der weitere Stufenaufstieg richtet sich nach den Regelungen des TVöD.

(2) ¹Werden Beschäftigte vor dem 1. Oktober 2007 höhergruppiert (nach § 8 Abs. 1 und 3 1. Alt., § 9 Abs. 3 Buchst. a oder aufgrund Übertragung einer mit einer höheren Entgeltgruppe bewerteten Tätigkeit), so erhalten sie in der höheren Entgeltgruppe Entgelt nach der regulären Stufe, deren Betrag mindestens der individuellen Zwischenstufe entspricht, jedoch nicht weniger als das Entgelt der Stufe 2; der weitere Stufenaufstieg richtet sich nach den Regelungen des TVöD. ²In den Fällen des Satzes 1 gilt § 17 Abs. 4 Satz 2 TVöD entsprechend. ³Werden Beschäftigte vor dem 1. Oktober 2007 herabgruppiert, werden sie in der niedrigeren Entgeltgruppe derjenigen individuellen Zwischenstufe zugeordnet, die sich bei Herabgruppierung im September 2005 ergeben hätte; der weitere Stufenaufstieg richtet sich nach Absatz 1 Satz 2 und 3.

(3) ¹Ist bei Beschäftigten, deren Eingruppierung sich nach der Vergütungsordnung für Angestellte im Pflegedienst (Anlage 1 b zum BAT) richtet, das Vergleichsentgelt niedriger als das Entgelt der Stufe 3, entspricht es aber mindestens dem Mittelwert aus den Beträgen der Stufen 2 und 3 und ist die/der Beschäftigte am Stichtag mindestens drei Jahre in einem Arbeitsverhältnis bei dem selben Arbeitgeber beschäftigt, wird sie/er abweichend von Absatz 1 bereits

zum 1. Oktober 2005 in die Stufe 3 übergeleitet. ²Der weitere Stufenaufstieg richtet sich nach den Regelungen des TVöD.

(4) ¹Liegt das Vergleichsentgelt über der höchsten Stufe der gemäß § 4 bestimmten Entgeltgruppe, werden Beschäftigte abweichend von Absatz 1 einer dem Vergleichsentgelt entsprechenden individuellen Endstufe zugeordnet. ²Werden Beschäftigte aus einer individuellen Endstufe höhergruppiert, so erhalten sie in der höheren Entgeltgruppe mindestens den Betrag, der ihrer bisherigen individuellen Endstufe entspricht. ³Im Übrigen gilt Absatz 2 entsprechend. ⁴Die individuelle Endstufe verändert sich um denselben Vomhundertsatz bzw. in demselben Umfang wie die höchste Stufe der jeweiligen Entgeltgruppe.

(5) ¹Beschäftigte, deren Vergleichsentgelt niedriger ist als das Entgelt in der Stufe 2, werden abweichend von Absatz 1 der Stufe 2 zugeordnet. ²Der weitere Stufenaufstieg richtet sich nach den Regelungen des TVöD. ³Abweichend von Satz 1 werden Beschäftigte, denen am 30. September 2005 eine in der Vergütungsordnung (Anlage 1 a zum BAT) durch die Eingruppierung in Vergütungsgruppe V b BAT/BAT-O/BAT-Ostdeutsche Sparkassen mit Aufstieg nach IV b und IV a abgebildete Tätigkeit übertragen ist, der Stufe 1 der Entgeltgruppe 10 zugeordnet.

(6) ¹Für unter § 51 Abs. 1 bis 5 BT-B fallende Ärztinnen und Ärzte gelten die Absätze 1 bis 5, soweit nicht im Folgenden etwas Abweichendes geregelt ist. ²Ärztinnen und Ärzte ohne Facharztanerkennung, die in der Entgeltgruppe 14 einer individuellen Zwischenstufe zwischen Stufe 1 und Stufe 2 zugeordnet werden, steigen nach einem Jahr in die Stufe 2 auf. ³Ärztinnen und Ärzte ohne Facharztanerkennung, die in der Entgeltgruppe 14 einer individuellen Zwischenstufe zwischen Stufe 2 und Stufe 3 zugeordnet werden, steigen mit der Facharztanerkennung in die Stufe 3 auf. ⁴Ärztinnen und Ärzte mit Facharztanerkennung am 30. September 2005 steigen zum 1. Oktober 2006 in die Stufe 3 auf, wenn sie in eine individuelle Zwischenstufe unterhalb der Stufe 3 übergeleitet worden sind. ⁵Ärztinnen und Ärzte mit Facharztanerkennung am 30. September 2005, die in eine individuelle Zwischenstufe oberhalb der Stufe 3 übergeleitet worden sind, steigen in die nächsthöhere Stufe nach den Regelungen des § 51 BT-B auf, frühestens zum 1. Oktober 2006. ⁶Die weiteren Stufenaufstiege richten sich jeweils nach dem § 51 BT-B. ⁷Zeiten als Fachärztin oder Facharzt mit entsprechender Tätigkeit bei anderen Arbeitgebern werden abweichend von § 51 BT-B i.V.m. § 16 Abs. 3 Satz 1 TVöD auf den weiteren Stufenverlauf angerechnet.

Protokollerklärung zu Absatz 6:

¹Die Überleitungsregelungen für Ärztinnen und Ärzte folgen den Regelungen in § 51 BT-B, wonach Ärztinnen und Ärzte bis zur Facharztanerkennung und der Übertragung entsprechender Tätigkeiten in der Stufe 2 verbleiben. ²Übergeleitete Ärztinnen und Ärzte ohne Facharztanerkennung und mit einem Vergleichsentgelt oberhalb der Stufe 2 verbleiben in ihrer individuellen Zwischenstufe bis zur Facharztanerkennung und der Übertragung entsprechender Tätigkeiten.

(7) ¹Die Funktionszulagen gemäß § 51 Abs. 2 bis 5 BT-B stehen bei Erfüllung der Voraussetzungen auch übergeleiteten Ärztinnen und Ärzten zu und werden zusätzlich zu dem jeweiligen Vergleichsentgelt bzw. zum jeweiligen Tabellenentgelt gezahlt. ²Der Zahlbetrag aus Vergleichsentgelt und Funktionszulage ist auf die Summe aus dem Tabellenentgelt der Entgeltgruppe 15 Stufe 6 und der jeweiligen Zulage nach § 51 Abs. 2 bis 5 BT-B begrenzt. ³Übersteigt das Vergleichsentgelt die Summe aus dem Tabellenentgelt der Entgeltgruppe 15 Stufe 6 und der jeweiligen Zulage nach § 51 Abs. 2 bis 5 BT-B, werden auf den Differenzbetrag zukünftige allgemeine Entgelterhöhungen jeweils zur Hälfte angerechnet.

Protokollerklärung zu §§ 4 und 6:

Für die Überleitung in die Entgeltgruppe 8 a gemäß Anlage 4 TVÜ-VKA gilt für übergeleitete Beschäftigte

- *der Vergütungsgruppe Kr. V vier Jahre, Kr. V a zwei Jahre Kr. VI*
- *der Vergütungsgruppe Kr. V a drei Jahre Kr. VI*
- *der Vergütungsgruppe Kr. V a fünf Jahre Kr. VI*
- *der Vergütungsgruppe Kr. V sechs Jahre Kr. VI*

mit Ortszuschlag der Stufe 2 Folgendes:
1. *Zunächst erfolgt die Überleitung nach den allgemeinen Grundsätzen.*
2. *Die Verweildauer in Stufe 3 wird von drei Jahren auf zwei Jahre verkürzt.*
3. *Der Tabellenwert der Stufe 4 wird nach der Überleitung um 100 Euro erhöht.*

§ 7 Stufenzuordnung der Arbeiterinnen und Arbeiter

(1) ¹Beschäftigte aus dem Geltungsbereich des BMT-G/BMT-G-O/TV Arbeiter-Ostdeutsche Sparkassen werden entsprechend ihrer Beschäftigungszeit nach § 6 BMT-G/BMT-G-O der Stufe der gemäß § 4 bestimmten Entgeltgruppe zugeordnet, die sie erreicht hätten, wenn die Entgelttabelle des TVöD bereits seit Beginn ihrer Beschäftigungszeit gegolten hätte; Stufe 1 ist hierbei ausnahmslos mit einem Jahr zu berücksichtigen. ²Der weitere Stufenaufstieg richtet sich nach den Regelungen des TVöD.

(2) § 6 Abs. 4 und Abs. 5 Satz 1 und 2 gilt für Beschäftigte gemäß Absatz 1 entsprechend.

(3) ¹Ist das Entgelt nach Absatz 1 Satz 1 niedriger als das Vergleichsentgelt, werden Beschäftigte einer dem Vergleichsentgelt entsprechenden individuellen Zwischenstufe zugeordnet. ²Der Aufstieg aus der individuellen Zwischenstufe in die dem Betrag nach nächsthöhere reguläre Stufe ihrer Entgeltgruppe findet zu dem Zeitpunkt statt, zu dem sie gemäß Absatz 1 Satz 1 die Voraussetzungen für diesen Stufenaufstieg aufgrund der Beschäftigungszeit erfüllt haben. ³§ 6 Abs. 4 Satz 4 gilt entsprechend.

(4) ¹Werden Beschäftigte während ihrer Verweildauer in der individuellen Zwischenstufe höhergruppiert, erhalten sie in der höheren Entgeltgruppe Entgelt nach der regulären Stufe, deren Betrag mindestens der individuellen Zwischenstufe entspricht, jedoch nicht weniger als das Entgelt der Stufe 2; der weitere Stufenaufstieg richtet sich nach den Regelungen des TVöD. ²§ 17 Abs. 4 Satz 2 TVöD gilt entsprechend. ³Werden Beschäftigte während ihrer Verweildauer in der individuellen Zwischenstufe herabgruppiert, erfolgt die Stufenzuordnung in der niedrigeren Entgeltgruppe, als sei die niedrigere Eingruppierung bereits im September 2005 erfolgt; der weitere Stufenaufstieg richtet sich bei Zuordnung zu einer individuellen Zwischenstufe nach Absatz 3 Satz 2, ansonsten nach Absatz 1 Satz 2.

Protokollerklärung zu den Absätzen 2 bis 4:

Am 1. Januar 2010 wird das Entgelt der individuellen Zwischenstufe für Beschäftigte der Entgeltgruppen 10 und höher, auf die die Regelungen des Tarifgebiets Ost Anwendung finden, um den Faktor 1,03093 erhöht.

Abschnitt III. Besitzstandsregelungen

§ 8 Bewährungs- und Fallgruppenaufstiege

(1) ¹Aus dem Geltungsbereich des BAT/BAT-O/BAT-Ostdeutsche Sparkassen in eine der Entgeltgruppen 3, 5, 6 oder 8 übergeleitete Beschäftigte, die am 1. Oktober 2005 bei Fortgeltung des bisherigen Tarifrechts die für eine Höhergruppierung erforderliche Zeit der Bewährung oder Tätigkeit zur Hälfte erfüllt haben, sind zu dem Zeitpunkt, zu dem sie nach bisherigem Recht höhergruppiert wären, in die nächsthöhere Entgeltgruppe des TVöD eingruppiert. ²Abweichend von Satz 1 erfolgt die Höhergruppierung in die Entgeltgruppe 5, wenn die Beschäftigten aus der Vergütungsgruppe VIII BAT/BAT-O/BAT-Ostdeutsche Sparkassen mit ausstehendem Aufstieg nach Vergütungsgruppe VII BAT/BAT-O/BAT-Ostdeutsche Sparkassen übergeleitet worden sind; sie erfolgt in die Entgeltgruppe 8, wenn die Beschäftigten aus der Vergütungsgruppe VI b BAT/BAT-O/BAT-Ostdeutsche Sparkassen mit ausstehendem Aufstieg nach Vergütungsgruppe V c BAT/BAT-O/BAT-Ostdeutsche Sparkassen übergeleitet worden sind. ³Voraussetzung für die Höhergruppierung nach Satz 1 und 2 ist, dass

– zum individuellen Aufstiegszeitpunkt keine Anhaltspunkte vorliegen, die bei Fortgeltung des bisherigen Rechts einer Höhergruppierung entgegengestanden hätten, und

- bis zum individuellen Aufstiegszeitpunkt nach Satz 1 weiterhin eine Tätigkeit auszuüben ist, die diesen Aufstieg ermöglicht hätte.

[4]Die Sätze 1 bis 3 gelten nicht in den Fällen des § 4 Abs. 2. [5]Erfolgt die Höhergruppierung vor dem 1. Oktober 2007, gilt – gegebenenfalls unter Berücksichtigung des Satzes 2 – § 6 Abs. 2 Satz 1 und 2 entsprechend.

(2) [1]Aus dem Geltungsbereich des BAT/BAT-O/BAT-Ostdeutsche Sparkassen in eine der Entgeltgruppen 2 sowie 9 bis 15 übergeleitete Beschäftigte, die am 1. Oktober 2005 bei Fortgeltung des bisherigen Tarifrechts die für eine Höhergruppierung erforderliche Zeit der Bewährung oder Tätigkeit zur Hälfte erfüllt haben und in der Zeit zwischen dem 1. November 2005 und dem 30. September 2007 höhergruppiert wären, erhalten ab dem Zeitpunkt, zu dem sie nach bisherigem Recht höhergruppiert wären, in ihrer bisherigen Entgeltgruppe Entgelt nach derjenigen individuellen Zwischen- bzw. Endstufe, die sich ergeben hätte, wenn sich ihr Vergleichsentgelt (§ 5) nach der Vergütung aufgrund der Höhergruppierung bestimmt hätte. [2]Voraussetzung für diesen Stufenaufstieg ist, dass

- zum individuellen Aufstiegszeitpunkt keine Anhaltspunkte vorliegen, die bei Fortgeltung des bisherigen Rechts einer Höhergruppierung entgegengestanden hätten, und
- bis zum individuellen Aufstiegszeitpunkt nach Satz 1 weiterhin eine Tätigkeit auszuüben ist, die diesen Aufstieg ermöglicht hätte.

[3]Ein etwaiger Strukturausgleich wird ab dem individuellen Aufstiegszeitpunkt nicht mehr gezahlt. [4]Der weitere Stufenaufstieg richtet sich bei Zuordnung zu einer individuellen Zwischenstufe nach § 6 Abs. 1. [5]§ 4 Abs. 2 bleibt unberührt. [6]Zur Ermittlung einer neuen individuellen Zwischenstufe gemäß Satz 1 ist für Beschäftigte, für die die Regelungen des Tarifgebiets Ost Anwendung finden, das auf den Rechtsstand vom 30. September 2005 festgestellte neue Vergleichsentgelt um den Faktor 1,01596 zu erhöhen, wenn die Neuberechnung des Vergleichsentgelts in der Zeit vom 1. Juli 2006 bis 30. Juni 2007, und um den Faktor 1,03191, wenn die Neuberechnung des Vergleichsentgelts nach dem 30. Juni 2007 zu erfolgen hat.

Protokollerklärung zu Absatz 2:

Erfolgt die Neuberechnung des Vergleichsentgelts nach dem 30. Juni 2006, aber vor dem 1. Juli 2007, ist das Vergleichsentgelt gemäß § 6 Abs. 1 Satz 4 am 1. Juli 2007 um den Faktor 1,01571 zu erhöhen.

(3) [1]Abweichend von Absatz 1 Satz 1 und Absatz 2 Satz 1 gelten die Absätze 1 bzw. 2 auf schriftlichen Antrag entsprechend für übergeleitete Beschäftigte, die bei Fortgeltung des BAT/BAT-O/BAT-Ostdeutsche Sparkassen bis spätestens zum 28. Februar 2014 wegen Erfüllung der erforderlichen Zeit der Bewährung oder Tätigkeit höhergruppiert worden wären, unabhängig davon, ob die Hälfte der erforderlichen Bewährungs- oder Tätigkeitszeit am Stichtag erfüllt ist. [2]In den Fällen des Absatzes 2 Satz 1 erhalten Beschäftigte, die in der Zeit zwischen dem 1. Oktober 2007 und dem 28. Februar 2014 bei Fortgeltung des BAT/BAT-O/BAT-Ostdeutsche Sparkassen höhergruppiert worden wären, in ihrer bisherigen Entgeltgruppe Entgelt nach derjenigen individuellen Zwischen- oder Endstufe, die sich aus der Summe des bisherigen Tabellenentgelts und dem nach Absatz 2 ermittelten Höhergruppierungsgewinn nach bisherigem Recht ergibt; die Stufenlaufzeit bleibt hiervon unberührt. [3]Bei Beschäftigten mit individueller Endstufe erhöht sich in diesen Fällen ihre individuelle Endstufe um den nach bisherigem Recht ermittelten Höhergruppierungsgewinn. [4]Der Höhergruppierungsgewinn nach Satz 2 oder 3 wird für Beschäftigte, auf die die Regelungen des Tarifgebiets Ost Anwendung finden, um den Faktor 1,06383 erhöht. [5]§ 6 Abs. 4 Satz 4 gilt entsprechend.

Protokollerklärungen zu Absatz 3:

1. *Wäre die/der Beschäftigte bei Fortgeltung des BAT/BAT-O/BAT-Ostdeutsche Sparkassen in der Zeit vom 1. Oktober 2007 bis 31. Dezember 2007 wegen Erfüllung der Voraussetzungen des Absatzes 3 höhergruppiert worden, findet Absatz 3 auf schriftlichen Antrag vom 1. Januar 2008 an Anwendung.*
2. *Die individuelle Zwischenstufe verändert sich bei allgemeinen Entgeltanpassungen nach dem 31. Dezember 2009 um den von den Tarifvertragsparteien für die jeweilige Entgeltgruppe festgelegten Vomhundertsatz.*

3. *Tritt die Entgeltordnung zum TVöD vor dem 1. März 2014 in Kraft, tritt in Satz 1 und 2 jeweils an die Stelle des Datums „28. Februar 2014" das Datum des Tages vor dem Inkrafttreten der Entgeltordnung.*

(4) Die Absätze 1 bis 3 finden auf übergeleitete Beschäftigte, deren Eingruppierung sich nach der Vergütungsordnung für Angestellte im Pflegedienst (Anlage 1 b zum BAT) richtet, und auf unter § 51 Abs. 1 bis 5 BT-B bzw. § 51 Abs. 1 bis 5 BT-K fallende Ärztinnen und Ärzte keine Anwendung.

(5) [1]Ist bei einer Lehrkraft, die gemäß Nr. 5 der Bemerkung zu allen Vergütungsgruppen nicht unter die Anlage 1 a zum BAT fällt, eine Höhergruppierung nur vom Ablauf einer Bewährungszeit und von der Bewährung abhängig und ist am Stichtag die Hälfte der Mindestzeitdauer für einen solchen Aufstieg erfüllt, erfolgt in den Fällen des Absatzes 1 unter den weiteren dort genannten Voraussetzungen zum individuellen Aufstiegszeitpunkt der Aufstieg in die nächsthöhere Entgeltgruppe. [2]Absatz 1 Satz 2 und Höhergruppierungsmöglichkeiten durch entsprechende Anwendung beamtenrechtlicher Regelungen bleiben unberührt. [3]Im Fall des Absatzes 2 gilt Satz 1 mit der Maßgabe, dass anstelle der Höhergruppierung eine Neuberechnung des Vergleichsentgelts nach Absatz 2 erfolgt.

§ 9 Vergütungsgruppenzulagen

(1) Aus dem Geltungsbereich des BAT/BAT-O/BAT-Ostdeutsche Sparkassen übergeleitete Beschäftigte, denen am 30. September 2005 nach der Vergütungsordnung zum BAT eine Vergütungsgruppenzulage zusteht, erhalten in der Entgeltgruppe, in die sie übergeleitet werden, eine Besitzstandszulage in Höhe ihrer bisherigen Vergütungsgruppenzulage.

(2) [1]Aus dem Geltungsbereich des BAT/BAT-O/BAT-Ostdeutsche Sparkassen übergeleitete Beschäftigte, die bei Fortgeltung des bisherigen Rechts nach dem 30. September 2005 eine Vergütungsgruppenzulage ohne vorausgehenden Bewährungs- oder Fallgruppenaufstieg erreicht hätten, erhalten ab dem Zeitpunkt, von dem ihnen die Zulage nach bisherigem Recht zugestanden hätte, eine Besitzstandszulage. [2]Die Höhe der Besitzstandszulage bemisst sich nach dem Betrag, der als Vergütungsgruppenzulage zu zahlen gewesen wäre, wenn diese bereits am 30. September 2005 zugestanden hätte. [3]Voraussetzung ist, dass

– am 1. Oktober 2005 die für die Vergütungsgruppenzulage erforderliche Zeit der Bewährung oder Tätigkeit nach Maßgabe des § 23 b Abschn. B BAT/BAT-O/BAT-Ostdeutsche Sparkassen zur Hälfte erfüllt ist,
– zu diesem Zeitpunkt keine Anhaltspunkte vorliegen, die bei Fortgeltung des bisherigen Rechts der Vergütungsgruppenzulage entgegengestanden hätten und
– bis zum individuellen Zeitpunkt nach Satz 1 weiterhin eine Tätigkeit auszuüben ist, die zu der Vergütungsgruppenzulage geführt hätte.

(2 a) [1]Absatz 2 gilt auf schriftlichen Antrag entsprechend für übergeleitete Beschäftigte, die bei Fortgeltung des BAT/BAT-O/BAT-Ostdeutsche Sparkassen bis spätestens zum 28. Februar 2014 wegen Erfüllung der erforderlichen Zeit der Bewährung oder Tätigkeit die Voraussetzungen der Vergütungsgruppenzulage erfüllt hätten, unabhängig davon, ob die Hälfte der erforderlichen Zeit der Bewährung oder Tätigkeit am Stichtag nicht erfüllt ist. [2]Die Protokollerklärung Nr. 1 zu § 8 Abs. 3 gilt entsprechend.

(3) Für aus dem Geltungsbereich des BAT/BAT-O/BAT-Ostdeutsche Sparkassen übergeleitete Beschäftigte, die bei Fortgeltung des bisherigen Rechts nach dem 30. September 2005 im Anschluss an einen Fallgruppenaufstieg eine Vergütungsgruppenzulage erreicht hätten, gilt Folgendes:

a) [1]In eine der Entgeltgruppen 3, 5, 6 oder 8 übergeleitete Beschäftigte, die den Fallgruppenaufstieg am 30. September 2005 noch nicht erreicht haben, sind zu dem Zeitpunkt, zu dem sie nach bisherigem Recht höhergruppiert worden wären, in die nächsthöhere Entgeltgruppe des TVöD eingruppiert; § 8 Abs. 1 Satz 2 bis 5 gilt entsprechend. [2]Eine Besitzstandszulage für eine Vergütungsgruppenzulage steht nicht zu.

b) ¹Ist ein der Vergütungsgruppenzulage vorausgehender Fallgruppenaufstieg am 30. September 2005 bereits erfolgt, gilt Absatz 2 mit der Maßgabe, dass am 1. Oktober 2005 die Hälfte der Gesamtzeit für den Anspruch auf die Vergütungsgruppenzulage einschließlich der Zeit für den vorausgehenden Aufstieg zurückgelegt sein muss oder die Vergütungsgruppenzulage bei Fortgeltung des bisherigen Rechts bis zum 28. Februar 2014 erworben worden wäre. ²Im Fall des Satzes 1 2. Alternative wird die Vergütungsgruppenzulage auf schriftlichen Antrag gewährt. ³Die Protokollerklärung zu § 8 Abs. 3 gilt entsprechend.

c) ¹Wäre im Fall des Buchstaben a nach bisherigem Recht der Fallgruppenaufstieg spätestens am 30. September 2007 erreicht worden, gilt Absatz 2 mit der Maßgabe, dass am 1. Oktober 2007 die Hälfte der Gesamtzeit für den Anspruch auf die Vergütungsgruppenzulage einschließlich der Zeit für den vorausgehenden Aufstieg erreicht worden sein muss und die Vergütungsgruppenzulage bei Fortgeltung des bisherigen Rechts bis zum 28. Februar 2014 erworben worden wäre. ²Die Protokollerklärung zu § 8 Abs. 3 gilt entsprechend.

Protokollerklärung zu den Absätzen 2a und 3:

Tritt die Entgeltordnung zum TVöD vor dem 1. März 2014 in Kraft, tritt in Absatz 2a Satz 1 und Absatz 3 Buchst. b Satz 1 und Buchst. c Satz 1 jeweils an die Stelle des Datums „28. Februar 2014" das Datum des Tages vor dem Inkrafttreten der Entgeltordnung.

(4) ¹Die Besitzstandszulage nach den Absätzen 1, 2 und 3 Buchst. b wird so lange gezahlt, wie die anspruchsbegründende Tätigkeit ununterbrochen ausgeübt wird und die sonstigen Voraussetzungen für die Vergütungsgruppenzulage nach bisherigem Recht weiterhin bestehen. ²Sie verändert sich bei allgemeinen Entgeltanpassungen um den von den Tarifvertragsparteien für die jeweilige Entgeltgruppe festgelegten Vomhundertsatz.

Protokollerklärung zu Absatz 4 Satz 1:

¹Unterbrechungen wegen Elternzeit, Wehr- oder Zivildienstes, Sonderurlaubs, bei dem der Arbeitgeber vor Antritt ein dienstliches oder betriebliches Interesse an der Beurlaubung anerkannt hat, Bezuges einer Rente auf Zeit wegen verminderter Erwerbsfähigkeit oder wegen Ablaufs der Krankenbezugsfristen sowie wegen vorübergehender Übertragung einer höherwertigen Tätigkeit sind unschädlich. ²In den Fällen, in denen eine Unterbrechung aus den in Satz 1 genannten Gründen nach dem 30. September 2005 und vor dem 1. Juli 2008 endet, wird eine Besitzstandszulage nach § 9 Abs. 1, 2 oder 3 Buchst. b oder c vom 1. Juli 2008 an gezahlt, wenn bis zum 30. September 2008 ein entsprechender schriftlicher Antrag (Ausschlussfrist) gestellt worden ist. ³Ist eine entsprechende Leistung bis zum 31. März 2008 schriftlich geltend gemacht worden, erfolgt die Zahlung vom 1. Juni 2008 an.

Protokollerklärung zu Absatz 4 Satz 2:

(aufgehoben)

§ 10 Fortführung vorübergehend übertragener höherwertiger Tätigkeit

(1) ¹Beschäftigte, denen am 30. September 2005 eine Zulage nach § 24 BAT/BAT-O/BAT-Ostdeutsche Sparkassen zusteht, erhalten nach Überleitung in den TVöD eine Besitzstandszulage in Höhe ihrer bisherigen Zulage, solange sie die anspruchsbegründende Tätigkeit weiterhin ausüben und die Zulage nach bisherigem Recht zu zahlen wäre. ²Wird die anspruchsbegründende Tätigkeit über den 30. September 2007 hinaus beibehalten, finden mit Wirkung ab dem 1. Oktober 2007 die Regelungen des TVöD über die vorübergehende Übertragung einer höherwertigen Tätigkeit Anwendung. ³Für eine vor dem 1. Oktober 2005 vorübergehend übertragene höherwertige Tätigkeit, für die am 30. September 2005 wegen der zeitlichen Voraussetzungen des § 24 Abs. 1 bzw. 2 BAT/BAT-O/BAT-Ostdeutsche Sparkassen noch keine Zulage gezahlt wird, gilt Satz 1 und 2 ab dem Zeitpunkt entsprechend, zu dem nach bisherigem Recht die Zulage zu zahlen gewesen wäre. ⁴Sätze 1 bis 3 gelten für landesbezirkliche Regelungen gemäß § 9 Abs. 3 BMT-G und nach Abschnitt I. der Anlage 3 des Tarifvertrages zu § 20 Abs. 1 BMT-G-O (Lohngruppenverzeichnis) entsprechend. ⁵Sätze 1 bis 4 gelten bei

Abschnitt III. Besitzstandsregelungen § 11 TVÜ-VKA

besonderen tarifvertraglichen Vorschriften über die vorübergehende Übertragung höherwertiger Tätigkeiten entsprechend. [6]Ist Beschäftigten, die eine Besitzstandszulage nach Satz 1 erhalten, die anspruchsbegründende Tätigkeit bis zum 30. September 2007 dauerhaft übertragen worden, erhalten sie eine persönliche Zulage. [7]Die Zulage nach Satz 6 wird für die Dauer der Wahrnehmung dieser Tätigkeit auf einen bis zum 30. September 2008 zu stellenden schriftlichen Antrag (Ausschlussfrist) der/des Beschäftigten vom 1. Juli 2008 an gezahlt. [8]Die Höhe der Zulage bemisst sich nach dem Unterschiedsbetrag zwischen dem am 1. Oktober 2005 nach § 6 oder § 7 zustehenden Tabellenentgelt oder Entgelt nach einer individuellen Zwischen- oder Endstufe einschließlich der Besitzstandszulage nach Satz 1 und dem Tabellenentgelt nach der Höhergruppierung. [9]Allgemeine Entgeltanpassungen, Erhöhungen des Entgelts durch Stufenaufstiege und Höhergruppierungen sowie Zulagen gemäß § 14 Abs. 3 TVöD und gemäß § 18 Abs. 4 Satz 1 sind auf die persönliche Zulage in voller Höhe anzurechnen.

Protokollerklärung zu Absatz 1 Satz 9:

Die Anrechnung umfasst auch entsprechende Entgeltsteigerungen, die nach dem 30. September 2005 und vor dem 1. Juli 2008 erfolgt sind.

(2) [1]Beschäftigte, denen am 30. September 2005 eine Zulage nach § 2 der Anlage 3 zum BAT zustand, erhalten eine Besitzstandszulage in Höhe ihrer bisherigen Zulage, solange sie die anspruchsbegründende Tätigkeit weiterhin ausüben und die Zulage nach bisherigem Recht zu zahlen wäre. [2]Soweit sich bei entsprechender Anwendung von Absatz 1 Satz 2 eine Zulage ergäbe, die höher ist als die Besitzstandszulage nach Satz 1, wird die höhere Zulage gezahlt. [3]Absatz 1 Satz 3 gilt entsprechend.

§ 11 Kinderbezogene Entgeltbestandteile

(1) [1]Für im September 2005 zu berücksichtigende Kinder werden die kinderbezogenen Entgeltbestandteile des BAT/BAT-O/BAT-Ostdeutsche Sparkassen oder BMT-G/BMT-G-O in der für September 2005 zustehenden Höhe als Besitzstandszulage fortgezahlt, solange für diese Kinder Kindergeld nach dem Einkommensteuergesetz (EStG) oder nach dem Bundeskindergeldgesetz (BKGG) ununterbrochen gezahlt wird oder ohne Berücksichtigung des § 64 oder § 65 EStG oder des § 3 oder § 4 BKGG gezahlt würde. [2]Die Besitzstandszulage entfällt ab dem Zeitpunkt, zu dem einer anderen Person, die im öffentlichen Dienst steht oder auf Grund einer Tätigkeit im öffentlichen Dienst nach beamtenrechtlichen Grundsätzen oder nach einer Ruhelohnordnung versorgungsberechtigt ist, für ein Kind, für welches die Besitzstandszulage gewährt wird, das Kindergeld gezahlt wird; die Änderung der Kindergeldberechtigung hat die/der Beschäftigte dem Arbeitgeber unverzüglich schriftlich anzuzeigen. [3]Unterbrechungen wegen der Ableistung von Grundwehrdienst, Zivildienst oder Wehrübungen sowie die Ableistung eines freiwilligen sozialen oder ökologischen Jahres sind unschädlich; soweit die unschädliche Unterbrechung bereits im Monat September 2005 vorliegt, wird die Besitzstandszulage ab dem Zeitpunkt des Wiederauflebens der Kindergeldzahlung gewährt.

Protokollerklärungen zu Absatz 1:

1. *[1]Die Unterbrechung der Entgeltzahlung im September 2005 wegen Elternzeit, Wehr- oder Zivildienstes, Sonderurlaubs, bei dem der Arbeitgeber vor Antritt ein dienstliches oder betriebliches Interesse an der Beurlaubung anerkannt hat, Bezuges einer Rente auf Zeit wegen verminderter Erwerbsfähigkeit oder wegen des Ablaufs der Krankenbezugsfristen ist für das Entstehen des Anspruchs auf die Besitzstandszulage unschädlich. [2]Für die Höhe der Besitzstandszulage nach Satz 1 gilt § 5 Abs. 6 entsprechend.*

2. *Ist die andere Person im September 2005 aus dem öffentlichen Dienst ausgeschieden und entfiel aus diesem Grund der kinderbezogene Entgeltbestandteil, entsteht der Anspruch auf die Besitzstandszulage bei dem in den TVöD übergeleiteten Beschäftigten.*

3. *[1]Beschäftigte mit mehr als zwei Kindern, die im September 2005 für das dritte und jedes weitere Kind keinen kinderbezogenen Entgeltanteil erhalten haben, weil sie nicht zum Kindergeldberechtigten bestimmt waren, haben Anspruch auf die Besitzstandszulage für das dritte und jedes weitere Kind, sofern und solange sie für diese Kinder Kindergeld*

erhalten, wenn sie bis zum 30. September 2008 einen Berechtigtenwechsel beim Kindergeld zu ihren Gunsten vornehmen und der Beschäftigungsumfang der kindergeldberechtigten anderen Person am 30. September 2005 30 Wochenstunden nicht überstieg. [2]*Die Höhe der Besitzstandszulage ist so zu bemessen, als hätte die/der Beschäftigte bereits im September 2005 Anspruch auf Kindergeld gehabt.*
4. [1]*Bei Tod der/des Kindergeldberechtigten wird ein Anspruch nach Absatz 1 für den anderen in den TVöD übergeleiteten Beschäftigten auch nach dem 1. Oktober 2005 begründet.* [2]*Die Höhe der Besitzstandszulage ist so zu bemessen, als hätte sie/er bereits im September 2005 Anspruch auf Kindergeld gehabt.*
5. [1]*Endet eine Unterbrechung aus den in Nr. 1 Satz 1 genannten Gründen vor dem 1. Juli 2008, wird die Besitzstandszulage vom 1. Juli 2008 an gezahlt, wenn bis zum 30. September 2008 ein entsprechender schriftlicher Antrag (Ausschlussfrist) gestellt worden ist.* [2]*Wird die Arbeit nach dem 30. Juni 2008 wieder aufgenommen oder erfolgt die Unterbrechung aus den in Nr. 1 Satz 1 genannten Gründen nach dem 30. Juni 2008, wird die Besitzstandszulage nach Wiederaufnahme der Arbeit auf schriftlichen Antrag gezahlt.* [3]*In den Fällen der Nrn. 2 und 3 wird die Besitzstandszulage auf einen bis zum 30. September 2008 zu stellenden schriftlichen Antrag (Ausschlussfrist) vom 1. Juli 2008 an gezahlt.* [4]*Ist eine den Nr. 1 bis 3 entsprechende Leistung bis zum 31. März 2008 schriftlich geltend gemacht worden, erfolgt die Zahlung vom 1. Juni 2008 an.* [5]*In den Fällen der Nr. 4 wird die Besitzstandszulage auf schriftlichen Antrag ab dem ersten Tag des Monats, der dem Sterbemonat folgt, frühestens jedoch ab dem 1. Juli 2008, gezahlt.* [6]*Die/der Beschäftigte hat das Vorliegen der Voraussetzungen der Nrn. 1 bis 4 nachzuweisen und Änderungen anzuzeigen.*

(2) [1]§ 24 Abs. 2 TVöD ist anzuwenden. [2]Die Besitzstandszulage nach Absatz 1 Satz 1 verändert sich bei allgemeinen Entgeltanpassungen um den von den Tarifvertragsparteien für die jeweilige Entgeltgruppe festgelegten Vomhundertsatz. [3]Ansprüche nach Absatz 1 können für Kinder ab dem vollendeten 16. Lebensjahr durch Vereinbarung mit der/dem Beschäftigten abgefunden werden. [4]§ 6 Abs. 1 Satz 4 findet entsprechende Anwendung.

Protokollerklärung zu Absatz 2 Satz 1:

Die tarifliche Arbeitszeitverlängerung zum 1. Juli 2008 führt nicht zu einer Veränderung der Besitzstandszulage, sofern als Besitzstandszulage die kinderbezogenen Entgeltbestandteile aufgrund vor dem 1. Oktober 2005 anzuwendender Konkurrenzregelungen (§ 29 Abschn. B Abs. 6 BAT/BAT-O/BAT-Ostdeutsche Sparkassen und entsprechende Arbeiterregelungen) in ungekürzter Höhe zustehen.

Protokollerklärung zu Absatz 2 Satz 2:

(aufgehoben)

(3) Die Absätze 1 und 2 gelten entsprechend für
a) zwischen dem 1. Oktober 2005 und dem 31. Dezember 2005 geborene Kinder der übergeleiteten Beschäftigten,
b) die Kinder von bis zum 31. Dezember 2005 in ein Arbeitsverhältnis übernommenen Auszubildenden, Schülerinnen/Schüler in der Gesundheits- und Krankenpflege, Gesundheits- und Kinderkrankenpflege und in der Entbindungspflege sowie Praktikantinnen und Praktikanten aus tarifvertraglich geregelten Beschäftigungsverhältnissen, soweit diese Kinder vor dem 1. Januar 2006 geboren sind.

§ 12 Strukturausgleich

(1) [1]Aus dem Geltungsbereich des BAT/BAT-O/BAT-Ostdeutsche Sparkassen übergeleitete Beschäftigte erhalten ausschließlich in den in Anlage 2 aufgeführten Fällen zusätzlich zu ihrem monatlichen Entgelt einen nicht dynamischen Strukturausgleich. [2]Für alle Beschäftigten, auf die die Regelungen des Tarifgebiets Ost Anwendung finden, bestimmt sich der Strukturausgleich ab 1. Januar 2010 nach den für das Tarifgebiet West ausgewiesenen Beträgen. [3]Maßgeblicher Stichtag für die anspruchsbegründenden Voraussetzungen (Vergütungsgruppe, Stu-

fe, Ortszuschlag, Aufstiegszeiten) ist der 1. Oktober 2005, sofern in Anlage 2 nicht ausdrücklich etwas anderes geregelt ist.

(2) Die Zahlung des Strukturausgleichs beginnt im Oktober 2007, sofern in Anlage 2 nicht etwas anderes bestimmt ist.

(3) ¹Bei Teilzeitbeschäftigung steht der Strukturausgleich anteilig zu (§ 24 Abs. 2 TVöD). ²§ 5 Abs. 5 Satz 2 gilt entsprechend.

Protokollerklärung zu Absatz 3:
Bei späteren Veränderungen der individuellen regelmäßigen Arbeitszeit der/des Beschäftigten ändert sich der Strukturausgleich entsprechend.

(4) Bei Höhergruppierungen wird der Unterschiedsbetrag zum bisherigen Entgelt auf den Strukturausgleich angerechnet.

(5) Einzelvertraglich kann der Strukturausgleich abgefunden werden.

(6) Die Absätze 1 bis 5 finden auf Ärztinnen und Ärzte, die unter § 51 BT-K bzw. § 51 BT-B fallen, keine Anwendung.

§ 13 Entgeltfortzahlung im Krankheitsfall

(1) ¹Bei Beschäftigten, für die bis zum 30. September 2005 § 71 BAT gegolten hat, wird abweichend von § 22 Abs. 2 TVöD für die Dauer des über den 30. September 2005 hinaus ununterbrochen fortbestehenden Arbeitsverhältnisses der Krankengeldzuschuss in Höhe des Unterschiedsbetrages zwischen dem festgesetzten Nettokrankengeld oder der entsprechenden gesetzlichen Nettoleistung und dem Nettoentgelt (§ 22 Abs. 2 Satz 2 und 3 TVöD) gezahlt. ²Nettokrankengeld ist das um die Arbeitnehmeranteile zur Sozialversicherung reduzierte Krankengeld. ³Für Beschäftigte, die nicht der Versicherungspflicht in der gesetzlichen Krankenversicherung unterliegen, ist bei der Berechnung des Krankengeldzuschusses der Höchstsatz des Nettokrankengeldes, der bei Pflichtversicherung in der gesetzlichen Krankenversicherung zustünde, zugrunde zu legen.

(2) ¹Beschäftigte im Sinne des Absatzes 1 erhalten längstens bis zum Ende der 26. Woche seit dem Beginn ihrer über den 30. September 2005 hinaus ununterbrochen fortbestehenden Arbeitsunfähigkeit infolge derselben Krankheit oder Arbeitsverhinderung infolge einer Maßnahme der medizinischen Vorsorge oder Rehabilitation ihr Entgelt nach § 21 TVöD fortgezahlt. ²Tritt nach dem 1. Oktober 2005 Arbeitsunfähigkeit infolge derselben Krankheit ein, werden die Zeiten der Entgeltfortzahlung nach Satz 1 auf die Fristen gemäß § 22 TVöD angerechnet.

Protokollerklärung zu § 13:
Ansprüche aufgrund von beim Arbeitgeber am 30. September 2005 geltenden Regelungen für die Gewährung von Beihilfen an Arbeitnehmerinnen und Arbeitnehmer im Krankheitsfall bleiben für die von § 1 Abs. 1 erfassten Beschäftigten unberührt. Änderungen von Beihilfevorschriften für Beamte kommen zur Anwendung, soweit auf Landes- bzw. Bundesvorschriften Bezug genommen wird.

§ 14 Beschäftigungszeit

(1) Für die Dauer des über den 30. September 2005 hinaus fortbestehenden Arbeitsverhältnisses werden die vor dem 1. Oktober 2005 nach Maßgabe der jeweiligen tarifrechtlichen Vorschriften anerkannten Beschäftigungszeiten als Beschäftigungszeit im Sinne des § 34 Abs. 3 TVöD berücksichtigt.

(2) Für die Anwendung des § 23 Abs. 2 TVöD werden die bis zum 30. September 2005 zurückgelegten Zeiten, die nach Maßgabe

- des BAT anerkannte Dienstzeit,
- des BAT-O/BAT-Ostdeutsche Sparkassen, BMT-G/BMT-G-O anerkannte Beschäftigungszeit

sind, als Beschäftigungszeit im Sinne des § 34 Abs. 3 TVöD berücksichtigt.

(3) Aus dem Geltungsbereich des BMT-G übergeleitete Beschäftigte, die am 30. September 2005 eine Beschäftigungszeit (§ 6 BMT-G ohne die nach § 68 a BMT-G berücksichtigten Zeiten) von mindestens zehn Jahren zurückgelegt haben, erwerben abweichend von § 34 Abs. 2 Satz 1 TVöD den besonderen Kündigungsschutz nach Maßgabe des § 52 Abs. 1 BMT-G.

§ 15 Urlaub

(1) [1]Für die Dauer und die Bewilligung des Erholungsurlaubs bzw. von Zusatzurlaub für das Urlaubsjahr 2005 gelten die im September 2005 jeweils maßgebenden Vorschriften bis zum 31. Dezember 2005 fort. [2]Die Regelungen des TVöD gelten für die Bemessung des Urlaubsentgelts sowie für eine Übertragung von Urlaub auf das Kalenderjahr 2006.

(2) [1]Aus dem Geltungsbereich des BAT/BAT-O/BAT-Ostdeutsche Sparkassen übergeleitete Beschäftigte der Vergütungsgruppen I und I a, die für das Urlaubsjahr 2005 einen Anspruch auf 30 Arbeitstage Erholungsurlaub erworben haben, behalten bei einer Fünftagewoche diesen Anspruch für die Dauer des über den 30. September 2005 hinaus ununterbrochen fortbestehenden Arbeitsverhältnisses. [2]Die Urlaubsregelungen des TVöD bei abweichender Verteilung der Arbeitszeit gelten entsprechend.

(3) § 42 Abs. 1 BMT-G/BMT-G-O i.V.m. bezirklichen Tarifverträgen zu § 42 Abs. 2 BMT-G und der Tarifvertrag zu § 42 Abs. 2 BMT-G-O (Zusatzurlaub für Arbeiter) gelten bis zum In-Kraft-Treten entsprechender landesbezirklicher Tarifverträge fort; im Übrigen gilt Absatz 1 entsprechend.

(4) [1]In den Fällen des § 48 a BAT/BAT-O/BAT-Ostdeutsche Sparkassen oder § 41 a BMT-G/BMT-G-O wird der nach der Arbeitsleistung im Kalenderjahr 2005 zu bemessende Zusatzurlaub im Kalenderjahr 2006 gewährt. [2]Die nach Satz 1 zustehenden Urlaubstage werden auf den nach den Bestimmungen des TVöD im Kalenderjahr 2006 zustehenden Zusatzurlaub für Wechselschichtarbeit und Schichtarbeit angerechnet. [3]Absatz 1 Satz 2 gilt entsprechend.

§ 16 Abgeltung

[1]Durch Vereinbarungen mit der/dem Beschäftigten können Entgeltbestandteile aus Besitzständen, ausgenommen für Vergütungsgruppenzulagen, pauschaliert bzw. abgefunden werden. [2]§ 11 Abs. 2 Satz 3 und § 12 Abs. 5 bleiben unberührt.

Protokollerklärung zu Abschnitt III:

[1]*Einvernehmlich werden die Verhandlungen zur Überleitung der Entgeltsicherung bei Leistungsminderung zurückgestellt.* [2]*Da damit die fristgerechte Überleitung bei Beschäftigten, die eine Zahlung nach §§ 25 Abs. 4, 28 Abs. 1 und 2, 28 a BMT-G/BMT-G-O bzw. § 56 BAT/ BAT-O erhalten, nicht sichergestellt ist, erfolgt am 1. Oktober 2005 eine Fortzahlung der bisherigen Bezüge als zu verrechnender Abschlag auf das Entgelt, das diesen Beschäftigten nach dem noch zu erzielenden künftigen Verhandlungsergebnis zusteht.* [3]*Die in Satz 2 genannten Bestimmungen finden in ihrem jeweiligen Geltungsbereich bis zum In-Kraft-Treten einer Neuregelung weiterhin Anwendung, und zwar auch für Beschäftigte im Sinne des § 1 Abs. 2.* [4]*§ 55 Abs. 2 Unterabs. 2 Satz 2 BAT, Nrn. 7 und 10 SR 2 o BAT, Nr. 3 SR 2 BAT/ BAT-O bleiben in ihrem bisherigen Geltungsbereich unberührt.* [5]*Sollte das künftige Verhandlungsergebnis geringer als bis dahin gewährte Leistungen ausfallen, ist eine Rückforderung ausgeschlossen.*

Abschnitt IV. Sonstige vom TVöD abweichende oder ihn ergänzende Bestimmungen

§ 17 Eingruppierung

(1) [1]Bis zum In-Kraft-Treten der Eingruppierungsvorschriften des TVöD (mit Entgeltordnung) gelten die §§ 22, 23, 25 BAT und Anlage 3 zum BAT, §§ 22, 23 BAT-O/BAT-Ostdeutsche Sparkassen einschließlich der Vergütungsordnung sowie die landesbezirklichen Lohngruppenverzeichnisse gemäß Rahmentarifvertrag zu § 20 BMT-G und des Tarifvertrages zu § 20 Abs. 1 BMT-G-O (Lohngruppenverzeichnis) über den 30. September 2005 hinaus fort. [2]In gleicher Weise gilt Nr. 2 a SR 2 x i.V.m. § 11 Satz 2 BAT/BAT-O fort. [3]Diese Regelungen finden auf übergeleitete und ab dem 1. Oktober 2005 neu eingestellte Beschäftigte im jeweiligen bisherigen Geltungsbereich nach Maßgabe dieses Tarifvertrages Anwendung. [4]An die Stelle der Begriffe Vergütung und Lohn tritt der Begriff Entgelt.

(2) Abweichend von Absatz 1

- gelten Vergütungsordnungen und Lohngruppenverzeichnisse nicht für ab dem 1. Oktober 2005 in Entgeltgruppe 1 TVöD neu eingestellte Beschäftigte,
- gilt die Vergütungsgruppe I der Vergütungsordnung zum BAT/BAT-O/BAT-Ostdeutsche Sparkassen ab dem 1. Oktober 2005 nicht fort; die Ausgestaltung entsprechender Arbeitsverhältnisse erfolgt außertariflich,
- gilt die Vergütungsordnung nicht für Beschäftigte, die nach dem Anhang zu der Anlage C (VKA) zum TVöD eingruppiert sind,
- gilt die Entgeltordnung für Ärztinnen und Ärzte gemäß § 51 BT-K bzw. § 51 BT-B.

(3) [1]Mit Ausnahme der Eingruppierung in die Entgeltgruppe 1 und der Eingruppierung der Ärztinnen und Ärzte sind alle zwischen dem 1. Oktober 2005 und dem In-Kraft-Treten der neuen Entgeltordnung stattfindenden Eingruppierungsvorgänge (Neueinstellungen und Umgruppierungen) vorläufig und begründen keinen Vertrauensschutz und keinen Besitzstand. [2]Dies gilt nicht für Aufstiege gemäß § 8 Abs. 1 Satz 1 und 2 und Abs. 3 1. Alternative.

(4) [1]Anpassungen der Eingruppierung aufgrund des In-Kraft-Tretens der neuen Entgeltordnung erfolgen mit Wirkung für die Zukunft. [2]Bei Rückgruppierungen, die in diesem Zusammenhang erfolgen, sind finanzielle Nachteile im Wege einer nicht dynamischen Besitzstandszulage auszugleichen, solange die Tätigkeit ausgeübt wird. [3]Die Besitzstandszulage vermindert sich nach dem 30. September 2008 bei jedem Stufenaufstieg um die Hälfte des Unterschiedsbetrages zwischen der bisherigen und der neuen Stufe; bei Neueinstellungen (§ 1 Abs. 2) vermindert sich die Besitzstandszulage jeweils um den vollen Unterschiedsbetrag. [4]Die Grundsätze korrigierender Rückgruppierung bleiben unberührt.

Protokollerklärung zu Absatz 4:

Dies gilt auch im Hinblick auf die Problematik des § 2 Abs. 4 des Rahmentarifvertrages zu § 20 Abs. 1 BMT-G (Eckeingruppierung in Lohngruppe 5 Fallgruppe 1 im Bereich des Kommunalen Arbeitgeberverbandes Nordrhein-Westfalen) mit folgenden Maßgaben:

- *Neueinstellungen werden anstelle der Entgeltgruppe 5 zunächst der Entgeltgruppe 6 zugeordnet.*
- *Über deren endgültige Zuordnung wird im Rahmen der Verhandlungen über die neue Entgeltordnung entschieden, die insoweit zunächst auf landesbezirklicher Ebene geführt werden.*

(5) [1]Bewährungs-, Fallgruppen- und Tätigkeitsaufstiege gibt es ab dem 1. Oktober 2005 nicht mehr; §§ 8 und 9 bleiben unberührt. [2]Satz 1 gilt auch für Vergütungsgruppenzulagen, es sei denn, dem Tätigkeitsmerkmal einer Vergütungsgruppe der Vergütungsordnung (Anlage 1 a zum BAT) ist eine Vergütungsgruppenzulage zugeordnet, die unmittelbar mit Übertragung der Tätigkeit zusteht; bei Übertragung einer entsprechenden Tätigkeit wird diese bis zum In-Kraft-Treten der neuen Entgeltordnung unter den Voraussetzungen des bisherigen Tarifrechts als Besitzstandszulage in der bisherigen Höhe gezahlt; § 9 Abs. 4 gilt entsprechend.

(6) In der Zeit zwischen dem 1. Oktober 2005 und dem In-Kraft-Treten der neuen Entgeltordnung erhalten Beschäftigte, denen ab dem 1. Oktober 2005 eine anspruchsbegründende Tätigkeit übertragen wird, eine persönliche Zulage, die sich betragsmäßig nach der entfallenen Techniker-, Meister- und Programmiererzulage bemisst, soweit die Anspruchsvoraussetzungen nach bisherigem Tarifrecht erfüllt sind.

(7) [1]Für Eingruppierungen zwischen dem 1. Oktober 2005 und dem In-Kraft-Treten der neuen Entgeltordnung werden die Vergütungsgruppen der Vergütungsordnung (Anlage 1 a) und die Lohngruppen der Lohngruppenverzeichnisse gemäß Anlage 3 den Entgeltgruppen des TVöD zugeordnet. [2]In den Fällen des § 16 (VKA) Abs. 2 a TVöD kann die Eingruppierung unter Anwendung der Anlage 1 in die in dem unmittelbar vorhergehenden Arbeitsverhältnis gemäß § 4 Abs. 1 i.V.m. Anlage 1 TVÜ-VKA, § 8 Abs. 1 und 3 oder durch vergleichbare Regelungen erworbene Entgeltgruppe erfolgen, sofern das unmittelbar vorhergehende Arbeitsverhältnis vor dem 1. Oktober 2005 begründet worden ist. [3]Absatz 1 Satz 2 bleibt unberührt.

Protokollerklärung zu Absatz 7:

Die Protokollerklärung zu § 4 Abs. 1 gilt entsprechend für übergeleitete und ab dem 1. Oktober 2005 neu eingestellte Pflegekräfte.

Protokollerklärung zu Abs. 7 Satz 2:

Im vorhergehenden Arbeitsverhältnis noch nicht vollzogene Bewährungs-, Tätigkeits- oder Zeitaufstiege werden in dem neuen Arbeitsverhältnis nicht weitergeführt.

(8) [1]Beschäftigte, die zwischen dem 1. Oktober 2005 und dem In-Kraft-Treten der neuen Entgeltordnung in Entgeltgruppe 13 eingruppiert werden und die nach der Vergütungsordnung (Anlage 1 a) in Vergütungsgruppe II BAT/BAT-O/BAT-Ostdeutsche Sparkassen mit fünf- bzw. sechsjährigem Aufstieg nach Vergütungsgruppe I b BAT/BAT-O/BAT-Ostdeutsche Sparkassen eingruppiert wären, erhalten bis zum In-Kraft-Treten der neuen Entgeltordnung eine persönliche Zulage in Höhe des Unterschiedsbetrages zwischen dem Entgelt ihrer Stufe nach Entgeltgruppe 13 und der entsprechenden Stufe der Entgeltgruppe 14. [2]Von Satz 1 werden auch Fallgruppen der Vergütungsgruppe I b BAT/BAT-O/BAT-Ostdeutsche Sparkassen erfasst, deren Tätigkeitsmerkmale eine bestimmte Tätigkeitsdauer voraussetzen. [3]Die Sätze 1 und 2 gelten auch für Beschäftigte im Sinne des § 1 Abs. 2.

(9) [1]Bis zum In-Kraft-Treten der Eingruppierungsvorschriften des TVöD gelten für Vorarbeiter/innen und Vorhandwerker/innen, Fachvorarbeiter/innen und vergleichbare Beschäftigte die bisherigen landesbezirklichen Regelungen und die Regelungen in Anlage 3 Teil I des Tarifvertrages zu § 20 Abs. 1 BMT-G-O (Lohngruppenverzeichnis) im bisherigen Geltungsbereich fort; dies gilt auch für Beschäftigte im Sinne des § 1 Abs. 2. [2]Satz 1 gilt für Lehrgesellen/innen entsprechend, soweit hierfür besondere tarifliche Regelungen vereinbart sind. [3]Ist anlässlich der vorübergehenden Übertragung einer höherwertigen Tätigkeit im Sinne des § 14 TVöD zusätzlich eine Tätigkeit auszuüben, für die nach bisherigem Recht ein Anspruch auf Zahlung einer Zulage für Vorarbeiter/innen und Vorhandwerker/innen, Fachvorarbeiter/innen und vergleichbare Beschäftigte oder Lehrgesellen/innen besteht, erhält die/der Beschäftigte abweichend von den Sätzen 1 und 2 sowie von § 14 Abs. 3 TVöD anstelle der Zulage nach § 14 TVöD für die Dauer der Ausübung sowohl der höherwertigen als auch der zulagenberechtigenden Tätigkeit eine persönliche Zulage in Höhe von 10 v.H. ihres/seines Tabellenentgelts.

Protokollerklärung zu Absatz 9 Satz 1 und 2:[1]

[1]Die Zulage für Vorarbeiter/innen und Vorhandwerker/innen, Fachvorarbeiter/innen und vergleichbare Beschäftigte oder Lehrgesellen/innen erhöht sich ab 1. Januar 2009 um 2,8 v.H. [2]Für Beschäftigte, die unter den Geltungsbereich des BT-K fallen, gelten ab 1. Januar 2009 die für die übrigen Beschäftigten geltenden Beträge. [3]Abweichende Regelungen in landesbezirklichen Tarifverträgen bleiben unberührt.

---

1 In der ab 1.1.2009 geltenden Fassung.

(10) Die Absätze 1 bis 9 gelten für besondere tarifvertragliche Vorschriften über die Eingruppierungen entsprechend.

Protokollerklärung zu § 17:
Die Tarifvertragsparteien sind sich darin einig, dass in der noch zu verhandelnden Entgeltordnung die bisherigen unterschiedlichen materiellen Wertigkeiten aus Fachhochschulabschlüssen (einschließlich Sozialpädagogen/innen und Ingenieuren/innen) auf das Niveau der vereinbarten Entgeltwerte der Entgeltgruppe 9 ohne Mehrkosten (unter Berücksichtigung der Kosten für den Personenkreis, der nach der Übergangsphase nicht mehr in eine höhere bzw. niedrigere Entgeltgruppe eingruppiert ist) zusammengeführt werden; die Abbildung von Heraushebungsmerkmalen oberhalb der Entgeltgruppe 9 bleibt davon unberührt.

§ 18 Vorübergehende Übertragung einer höherwertigen Tätigkeit nach dem 30. September 2005

(1) ¹Wird aus dem Geltungsbereich des BAT/BAT-O/BAT-Ostdeutsche Sparkassen übergeleiteten Beschäftigten in der Zeit zwischen dem 1. Oktober 2005 und dem 30. September 2007 erstmalig außerhalb von § 10 eine höherwertige Tätigkeit vorübergehend übertragen, findet der TVöD Anwendung. ²Ist die/der Beschäftigte in eine individuelle Zwischenstufe übergeleitet worden, gilt für die Bemessung der persönlichen Zulage § 6 Abs. 2 Satz 1 und 2 entsprechend. ³Bei Überleitung in eine individuelle Endstufe gilt § 6 Abs. 4 Satz 2 entsprechend. ⁴In den Fällen des § 6 Abs. 5 bestimmt sich die Höhe der Zulage nach § 14 TVöD.

(2) Wird aus dem Geltungsbereich des BMT-G/BMT-G-O übergeleiteten Beschäftigten nach dem 30. September 2005 erstmalig außerhalb von § 10 eine höherwertige Tätigkeit vorübergehend übertragen, gelten bis zum In-Kraft-Treten eines Tarifvertrages über eine persönliche Zulage die bisherigen bezirklichen Regelungen gemäß § 9 Abs. 3 BMT-G und nach Anlage 3 Teil I des Tarifvertrages zu § 20 Abs. 1 BMT-G-O (Lohngruppenverzeichnis) im bisherigen Geltungsbereich mit der Maßgabe entsprechend, dass sich die Höhe der Zulage nach dem TVöD richtet, soweit sich aus § 17 Abs. 9 Satz 3 nichts anderes ergibt.

(3) Bis zum In-Kraft-Treten der Eingruppierungsvorschriften des TVöD gilt – auch für Beschäftigte im Sinne des § 1 Abs. 2 – § 14 TVöD mit der Maßgabe, dass sich die Voraussetzungen für die übertragene höherwertige Tätigkeit nach § 22 Abs. 2 BAT/BAT-O bzw. den entsprechenden Regelungen für Arbeiter bestimmen.

(4) ¹Die Absätze 1 und 3 gelten in Fällen des § 2 der Anlage 3 zum BAT entsprechend. ²An die Stelle der Begriffe Grundvergütung, Vergütungsgruppe und Vergütung treten die Begriffe Entgelt und Entgeltgruppe.

§ 19 Entgeltgruppe 2 Ü und 15 Ü, Anwendung der Entgelttabelle auf Lehrkräfte

(1) ¹Zwischen dem 1. Oktober 2005 und dem Inkrafttreten der neuen Entgeltordnung gelten für Beschäftigte, die in die Entgeltgruppe 2 Ü übergeleitet worden sind oder die in die Lohngruppe 1 mit Aufstieg nach 2 und 2 a oder in die Lohngruppe 2 mit Aufstieg nach 2 a eingestellt worden sind oder werden, folgende Tabellenwerte:

gültig ab 1. März 2012

Stufe 1	Stufe 2	Stufe 3	Stufe 4	Stufe 5	Stufe 6
1.743,03	1.930,48	1.997,83	2.087,61	2.149,34	2.195,37

gültig ab 1. Januar 2013

Stufe 1	Stufe 2	Stufe 3	Stufe 4	Stufe 5	Stufe 6
1.767,43	1.957,51	2.025,80	2.116,84	2.179,43	2.226,11

gültig ab 1. August 2013

Stufe 1	Stufe 2	Stufe 3	Stufe 4	Stufe 5	Stufe 6
1.792,17	1.984,92	2.054,16	2.146,48	2.209,94	2.257,28

(2) ¹Übergeleitete Beschäftigte der Vergütungsgruppe I BAT/BAT-O/BAT-Ostdeutsche Sparkassen unterliegen dem TVöD. ²Sie werden in die Entgeltgruppe 15 Ü übergeleitet. ³Für sie gelten folgende Tabellenwerte:

gültig ab 1. März 2012

Stufe 2	Stufe 3	Stufe 4	Stufe 5	Stufe 6
4.915,99	5.449,11	5.954,18	6.290,91	6.369,47

gültig ab 1. Januar 2013

Stufe 2	Stufe 3	Stufe 4	Stufe 5	Stufe 6
4.984,81	5.525,40	6.037,54	6.378,98	6.458,64

gültig ab 1. August 2013

Stufe 2	Stufe 3	Stufe 4	Stufe 5	Stufe 6
5.054,60	5.602,76	6.122,07	6.468,29	6.549,06

⁴Die Verweildauer in den Stufen 2 bis 5 beträgt jeweils fünf Jahre.

(3) ¹Für übergeleitete und für ab 1. Oktober 2005 neu eingestellte Lehrkräfte, die gemäß Nr. 5 der Bemerkung zu allen Vergütungsgruppen nicht unter die Anlage 1 a zum BAT fallen, gilt die Entgelttabelle zum TVöD mit der Maßgabe, dass die Tabellenwerte

– der Entgeltgruppen 5 bis 8 um 64,00 Euro und
– der Entgeltgruppen 9 bis 13 um 72,00 Euro

vermindert werden. ²Satz 1 gilt nicht für Lehrkräfte nach § 1 Abs. 1 und 2, die die fachlichen und pädagogischen Voraussetzungen für die Einstellung als Studienrat nach der Besoldungsgruppe A 13 BBesG erfüllen, und für übergeleitete Lehrkräfte, die einen arbeitsvertraglichen Anspruch auf eine allgemeine Zulage wie die unter die Anlage 1 a zum BAT fallenden Angestellten haben. ³Die Beträge nach Satz 1 vermindern sich bei jeder nach dem 31. Dezember 2008 wirksam werdenden allgemeinen Tabellenanpassung in

– den Entgeltgruppen 5 bis 8 um 6,40 Euro und
– den Entgeltgruppen 9 bis 13 um 7,20 Euro.

(4) (aufgehoben)

§§ 20, 21 (aufgehoben)

§ 22 Sonderregelungen für Beschäftigte im bisherigen Geltungsbereich der SR 2 a, SR 2 b und SR 2 c zum BAT/BAT-O

(1) Im bisherigen Geltungsbereich der SR 2 a, 2 b und 2 c BAT/BAT-O gilt für Beschäftigte gemäß § 1 Abs. 1 und 2 folgendes:

1. ¹Die Regelungen der §§ 45 bis 47 BT-K treten am 1. Januar 2006 in Kraft. ²Bis zum In-Kraft-Treten dieser Regelungen gelten die für Bereitschaftsdienst und Rufbereitschaft einschlägigen tarifvertraglichen Regelungen des BAT/BAT-O abweichend von § 2 fort.
2. Aufgrund einer Betriebs- oder Dienstvereinbarung können bereits vor dem 1. Januar 2006 die Regelungen der §§ 45 bis 47 BT-K angewendet werden.
3. Abweichend von Nr. 1 tritt § 45 Abs. 7 BT-K für die von § 1 Abs. 1 erfassten Beschäftigten erst zum 1. Juli 2006 in Kraft, sofern dessen Anwendung zu Veränderungen führt.

(2) Nr. 7 SR 2 a BAT/BAT-O gilt im bisherigen Geltungsbereich bis zum In-Kraft-Treten einer Neuregelung fort.

(3) Nr. 5 SR 2 c BAT/BAT-O gilt für übergeleitete Ärztinnen und Ärzte bis zu einer arbeitsvertraglichen Neuregelung deren Nebentätigkeit fort.
(4) Bestehende Regelungen zur Anrechnung von Wege- und Umkleidezeiten auf die Arbeitszeit bleiben durch das In-Kraft-Treten des TVöD unberührt.

§ 23 Erschwerniszuschläge, Schichtzulagen

(1) ¹Bis zur Regelung in einem landesbezirklichen Tarifvertrag gelten für die von § 1 Abs. 1 und 2 erfassten Beschäftigten im jeweiligen bisherigen Geltungsbereich
- die jeweils geltenden bezirklichen Regelungen zu Erschwerniszuschlägen gemäß § 23 Abs. 3 BMT-G,
- der Tarifvertrag zu § 23 Abs. 3 BMT-G-O vom 14. Mai 1991,
- der Tarifvertrag über die Gewährung von Zulagen gemäß § 33 Abs. 1 Buchst. c BAT vom 11. Januar 1962 und
- der Tarifvertrag über die Gewährung von Zulagen gemäß § 33 Abs. 1 Buchst. c BAT-O

fort. ²Sind die Tarifverhandlungen nach Satz 1 nicht bis zum 31. Dezember 2007 abgeschlossen, gelten die landesbezirklichen Tarifverträge ab 1. Januar 2008 mit der Maßgabe fort, dass die Grenzen und die Bemessungsgrundlagen des § 19 Abs. 4 TVöD zu beachten sind.

Protokollerklärung zu Absatz 1:
Bis zum Inkrafttreten der Eingruppierungsvorschriften des TVöD (mit Entgeltordnung) regeln abweichend von § 19 Abs. 4 TVöD die Tarifvertragsparteien auf landesbezirklicher Ebene die Anpassung der Erschwerniszuschläge bei allgemeinen Entgelterhöhungen.

(2) ¹Bis zum In-Kraft-Treten der Entgeltordnung gelten für Beschäftigte gemäß § 1 Abs. 1, auf die bis zum 30. September 2005 der Tarifvertrag betreffend Wechselschicht- und Schichtzulagen für Angestellte vom 1. Juli 1981, der Tarifvertrag betreffend Wechselschicht- und Schichtzulagen für Angestellte (TV Schichtzulagen Ang-O) vom 8. Mai 1991, der Tarifvertrag zu § 24 BMT-G (Schichtlohnzuschlag) vom 1. Juli 1981 oder der Tarifvertrag zu § 24 Abs. 4 Unterabs. 1 BMT-G-O (TV Schichtlohnzuschlag Arb-O) vom 8. Mai 1991 Anwendung gefunden hat, diese Tarifverträge einschließlich der bis zum 30. September 2005 zu ihrer Anwendung maßgebenden Begriffsbestimmungen des BAT/BAT-O/BMT-G/BMT-G-O weiter.
²Für alle übrigen Beschäftigten gelten bis zum In-Kraft-Treten der Entgeltordnung die Regelungen des § 8 Abs. 5 und 6 in Verbindung mit § 7 Abs. 1 und 2 TVöD. ³Satz 1 gilt nicht für § 4 Nrn. 2, 3, 8 und 10 des Tarifvertrages zu § 24 BMT-G (Schichtlohnzuschlag) vom 1. Juli 1981; insoweit findet § 2 Abs. 2 Anwendung.

Niederschriftserklärung zu § 23 Abs. 2 TVÜ-VKA
¹Die Höhe der aufgrund der weiter anzuwendenden Tarifverträgen zustehenden Zulagen und Zuschläge bemisst sich nach dem Betrag, der zu zahlen gewesen wäre, wenn diese bereits am 30. September 2005 zugestanden hätten. ²Die Weitergeltung der genannten Tarifverträge lässt den Anspruch auf Zusatzurlaub nach § 27 TVöD unberührt. ³Anstelle der Zulagen nach § 8 Abs. 5 Satz 1 und Abs. 6 Satz 1 TVöD treten die nach den weiter anzuwendenden Tarifverträgen zustehenden Zulagen und Zuschläge.

§ 24 Bereitschaftszeiten

¹Die landesbezirklich für Hausmeister und Beschäftigtengruppen mit Bereitschaftszeiten innerhalb ihrer regelmäßigen Arbeitszeit getroffenen Tarifverträge und Tarifregelungen sowie Nr. 3 SR 2 r BAT-O gelten fort. ²Dem Anhang zu § 9 TVöD widersprechende Regelungen zur Arbeitszeit sind bis zum 31. Dezember 2005 entsprechend anzupassen.

§ 25 Übergangsregelung zur Zusatzversorgungspflicht der Feuerwehrzulage

¹Abweichend von der allgemeinen Regelung, dass die Feuerwehrzulage für Beschäftigte im feuerwehrtechnischen Dienst nicht zusatzversorgungspflichtig ist, ist diese Zulage bei Be-

schäftigten, die eine Zulage nach Nr. 2 Abs. 2 SR 2 x BAT/BAT-O bereits vor dem 1. Januar 1999 erhalten haben und bis zum 30. September 2005 nach Vergütungsgruppen X bis V a/b eingruppiert waren (§ 4 Abs. 1 Satz 1 i.V.m. der Anlage 1), zusatzversorgungspflichtiges Entgelt nach Ablauf des Kalendermonats, in dem sie sieben Jahre lang bezogen worden ist, längstens jedoch bis zum 31. Dezember 2007. [2]Auf die Mindestzeit werden auch solche Zeiträume angerechnet, während derer die Feuerwehrzulage nur wegen Ablaufs der Krankenbezugsfristen nicht zugestanden hat. [3]Sätze 1 und 2 gelten nicht, wenn der Beschäftigte bis zum 31. Dezember 2007 bei Fortgeltung des BAT/BAT-O oberhalb der Vergütungsgruppe V a/b eingruppiert wäre.

§ 26 Angestellte als Lehrkräfte an Musikschulen

Für die bis zum 30. September 2005 unter den Geltungsbereich der Nr. 1 SR 2 I II BAT fallenden Angestellten, die am 28. Februar 1987 in einem Arbeitsverhältnis standen, das am 1. März 1987 zu demselben Arbeitgeber bis zum 30. September 2005 fortbestanden hat, wird eine günstigere einzelarbeitsvertragliche Regelung zur Arbeitszeit durch das In-Kraft-Treten des TVöD nicht berührt.

§ 27 Angestellte im Bibliotheksdienst

Regelungen gemäß Nr. 2 SR 2 m BAT/BAT-O bleiben durch das In-Kraft-Treten des TVöD unberührt.

§ 28 (aufgehoben)

Abschnitt IVa. Besondere Regelungen für Beschäftigte im Sozial- und Erziehungsdienst

§ 28 a Überleitung der Beschäftigten in die Anlage C (VKA) zum TVöD und weitere Regelungen

(1) [1]Die unter den Anhang zu der Anlage C (VKA) zum TVöD fallenden Beschäftigten (§ 1 Abs. 1 und 2) werden am 1. November 2009 in die Entgeltgruppe, in der sie nach dem Anhang zu der Anlage C (VKA) zum TVöD eingruppiert sind, übergeleitet. [2]Die Stufenzuordnung in der neuen Entgeltgruppe bestimmt sich nach Absatz 2, das der/dem Beschäftigten in der neuen Entgeltgruppe und Stufe zustehende Entgelt nach den Absätzen 3 und 4. [3]Die Absätze 5 bis 10 bleiben unberührt.

(2) [1]Die Beschäftigten werden wie folgt einer Stufe und innerhalb dieser Stufe dem Jahr der Stufenlaufzeit ihrer Entgeltgruppe, in der sie gemäß dem Anhang zu der Anlage C (VKA) zum TVöD eingruppiert sind, zugeordnet:

bisherige Stufe und Jahr innerhalb der Stufe	neue Stufe und Jahr
1	1
2/1	2/1
2/2	2/2
3/1	2/3
3/2	3/1
3/3	3/2
4/1	3/3
4/2	3/4
4/3	4/1
4/4	4/2

Abschnitt IVa. Besondere Regelungen für Sozial-/Erziehungsdienst § 28 a TVÜ-VKA

bisherige Stufe und Jahr innerhalb der Stufe	neue Stufe und Jahr
5/1	4/3
5/2	4/4
5/3	5/1
5/4	5/2
5/5	5/3
6/1	5/4
6/2	5/5.

²Beschäftigte, die in ihrer bisherigen Entgeltgruppe in der Stufe 6 mindestens zwei Jahre zurückgelegt haben, werden der Stufe 6 zugeordnet. ³§ 1 Abs. 2 Satz 7 der Anlage zu Abschnitt VIII Sonderregelungen (VKA) § 56 BT-V bzw. § 52 Abs. 2 Satz 7 BT-B bleibt unberührt. ⁴Für Beschäftigte der bisherigen Entgeltgruppe 8, die in der Entgeltgruppe S 8 eingruppiert sind, gilt Satz 1 mit der Maßgabe, dass die verlängerte Stufenlaufzeit in den Stufen 4 und 5 gemäß § 1 Abs. 2 Satz 8 der Anlage zu Abschnitt VIII Sonderregelungen (VKA) § 56 BT-V bzw. § 52 Abs. 2 Satz 8 BT-B bei der Stufenzuordnung zu berücksichtigen ist. ⁵Abweichend von Satz 1 werden Beschäftigte der bisherigen Entgeltgruppe 9, die in der Entgeltgruppe S 8 eingruppiert sind, wie folgt einer Stufe und innerhalb dieser Stufe dem Jahr der Stufenlaufzeit ihrer Entgeltgruppe zugeordnet:

bisherige Stufe und Jahr innerhalb der Stufe	neue Stufe und Jahr
1	1
2/1	2/1
2/2	2/2
3/1	2/3
3/2	3/1
3/3	3/2
4/1	3/3
4/2	3/4
4/3	4/1
4/4	4/2
4/5	4/3
4/6	4/4
4/7	4/5
4/8	4/6
4/9	4/7
5/1	4/8
5/2	5/1
5/3	5/2
5/4	5/3
5/5	5/4
5/6	5/5
5/7	5/6
5/8	5/7

bisherige Stufe und Jahr innerhalb der Stufe	neue Stufe und Jahr
5/9	5/8
5/10	5/9
5/11	5/10.

⁶Beschäftigte, die in ihrer bisherigen Entgeltgruppe in der Stufe 5 mindestens elf Jahre zurückgelegt haben, werden der Stufe 6 zugeordnet. ⁷Für Beschäftigte der bisherigen Entgeltgruppe 9, die in der Entgeltgruppe S 9 eingruppiert sind, gilt Satz 4 mit der Maßgabe, dass die Stufenlaufzeiten gemäß § 1 Abs. 2 Satz 6 der Anlage zu Abschnitt VIII Sonderregelungen (VKA) § 56 BT-V bzw. § 52 Abs. 2 Satz 6 BT-B bei der Stufenzuordnung zu berücksichtigen sind. ⁸Maßgeblich sind dabei ausschließlich die in der bisherigen Entgeltgruppe erreichte Stufe und die in dieser Stufe zurückgelegte Laufzeit. ⁹Innerhalb des nach Satz 1, Satz 5 oder Satz 7 zugeordneten Jahres der Stufenlaufzeit ist die in der bisherigen Stufe unterhalb eines vollen Jahres zurückgelegte Zeit für den Aufstieg in das nächste Jahr der Stufenlaufzeit bzw. in eine höhere Stufe zu berücksichtigen. ¹⁰Der weitere Stufenaufstieg richtet sich nach § 1 Abs. 2 Satz 6 bis 8 der Anlage zu Abschnitt VIII Sonderregelungen (VKA) § 56 BT-V bzw. § 52 Abs. 2 Satz 6 bis 8 BT-B.

(3) ¹Es wird ein Vergleichsentgelt gebildet, das sich aus dem am 31. Oktober 2009 zustehenden Tabellenentgelt oder aus dem Entgelt einer individuellen Endstufe einschließlich eines nach § 17 Abs. 4 Satz 2 TVöD gegebenenfalls zustehenden Garantiebetrages sowie einer am 31. Oktober 2009 nach § 9 oder § 17 Abs. 5 Satz 2 zustehenden Besitzstandszulage zusammensetzt. ²In den Fällen des § 8 Abs. 3 Satz 2 tritt an die Stelle des Tabellenentgelts das Entgelt aus der individuellen Zwischenstufe. ³Bei Teilzeitbeschäftigten wird das Vergleichsentgelt auf der Grundlage eines vergleichbaren Vollzeitbeschäftigten bestimmt, anschließend wird das zustehende Entgelt nach § 24 Abs. 2 TVöD berechnet. ⁴Satz 3 gilt für Beschäftigte, deren Arbeitszeit nach § 3 des Tarifvertrages zur sozialen Absicherung (TVsA) vom 13. September 2005 herabgesetzt ist, entsprechend. ⁵Für Beschäftigte, die nicht für alle Tage im Oktober 2009 oder für keinen Tag dieses Monats Entgelt erhalten haben, wird das Vergleichsentgelt so bestimmt, als hätten sie für alle Tage dieses Monats Entgelt erhalten. ⁶Beschäftigte, die im November 2009 in ihrer bisherigen Entgeltgruppe bei Fortgeltung des bisherigen Rechts einen Stufenaufstieg gehabt hätten, werden für die Bemessung des Vergleichsentgelts so behandelt, als wäre der Stufenaufstieg bereits im Oktober 2009 erfolgt. ⁷Bei am 1. Oktober 2005 vom BAT/BAT-O in den TVöD übergeleiteten Beschäftigten, die aus den Stufen 2 bis 5 ihrer Entgeltgruppe, in der sie am 31. Oktober 2009 eingruppiert sind, übergeleitet werden, wird das Vergleichsentgelt um 2,65 v.H. erhöht. ⁸Bei Beschäftigten, die am 1. Oktober 2005 vom BAT/BAT-O in den TVöD übergeleitet wurden und die nach dem Anhang zu der Anlage C (VKA) zum TVöD in Entgeltgruppe S 8 oder S 9 eingruppiert sind, erfolgt abweichend von Satz 7 eine Erhöhung des Vergleichsentgelts um 2,65 v.H., wenn sie aus den Stufen 2 bis 4 der Entgeltgruppe 9 übergeleitet werden. ⁹Bei Beschäftigten, auf die die Regelungen des Tarifgebiets Ost Anwendung finden und die aus den Entgeltgruppen 10 bis 12 in die Anlage C (VKA) zum TVöD in die Entgeltgruppen S 15 bis S 18 übergeleitet sind, erhöht sich das Vergleichsentgelt am 1. Januar 2010 um den Faktor 1,03093.

(4) ¹Ist das Vergleichsentgelt niedriger als das Tabellenentgelt der sich nach Absatz 2 ergebenden Stufe der Entgeltgruppe, in der die/der Beschäftigte am 1. November 2009 eingruppiert ist, erhält die/der Beschäftigte das entsprechende Tabellenentgelt ihrer/seiner Entgeltgruppe. ²Übersteigt das Vergleichsentgelt das Tabellenentgelt der sich nach Absatz 2 ergebenden Stufe, erhält die/der Beschäftigte so lange das Vergleichsentgelt, bis das Tabellenentgelt unter Berücksichtigung der Stufenlaufzeiten nach § 1 Abs. 2 Satz 6 bis 8 der Anlage zu Abschnitt VIII Sonderregelungen (VKA) § 56 BT-V bzw. § 52 Abs. 2 Satz 6 bis 8 BT-B das Vergleichsentgelt erreicht bzw. übersteigt. ³Liegt das Vergleichsentgelt über der höchsten Stufe der Entgeltgruppe, in der die/der Beschäftigte nach dem Anhang zu der Anlage C (VKA) zum TVöD eingruppiert ist, wird die/der Beschäftigte einer dem Vergleichsentgelt entsprechenden individuellen Endstufe zugeordnet. ⁴Erhält die/der Beschäftigte am 31. Oktober 2009 Entgelt

Abschnitt IVa. Besondere Regelungen für Sozial-/Erziehungsdienst § 28 a TVÜ-VKA

nach einer individuellen Endstufe, wird sie/er in der Entgeltgruppe, in der sie/er nach dem Anhang zu der Anlage C (VKA) zum TVöD eingruppiert ist, derjenigen Stufe zugeordnet, deren Betrag mindestens der individuellen Endstufe entspricht. [5]Steht der/dem Beschäftigten am 31. Oktober 2009 eine Besitzstandszulage nach § 9 oder § 17 Abs. 5 Satz 2 zu, ist diese bei Anwendung des Satzes 4 dem Betrag der individuellen Endstufe hinzuzurechnen. [6]Liegt der Betrag der individuellen Endstufe – bei Anwendung des Satzes 5 erhöht um die Besitzstandszulage – über der höchsten Stufe, wird die/der Beschäftigte erneut einer dem Betrag der bisherigen individuellen Endstufe – bei Anwendung des Satzes 5 erhöht um die Besitzstandszulage – entsprechenden individuellen Endstufe zugeordnet. [7]Das Vergleichsentgelt verändert sich um denselben Vomhundertsatz bzw. in demselben Umfang wie die nächsthöhere Stufe; eine individuelle Endstufe nach Satz 3 und 6 verändert sich um denselben Vomhundertsatz bzw. in demselben Umfang wie die höchste Stufe der jeweiligen Entgeltgruppe. [8]Absatz 3 Satz 9 gilt entsprechend.

(5) [1]Werden Beschäftigte, die nach dem 31. Oktober 2009 das Vergleichsentgelt erhalten, höhergruppiert, erhalten sie in der höheren Entgeltgruppe Entgelt nach der regulären Stufe, deren Betrag mindestens dem Vergleichsentgelt entspricht, jedoch nicht weniger als das Entgelt der Stufe 2. [2]Werden Beschäftigte aus einer individuellen Endstufe höhergruppiert, erhalten sie in der höheren Entgeltgruppe mindestens den Betrag, der ihrer bisherigen individuellen Endstufe entspricht. [3]Werden Beschäftigte, die das Vergleichsentgelt oder Entgelt aus einer individuellen Endstufe erhalten, herabgruppiert, erhalten sie in der niedrigeren Entgeltgruppe Entgelt nach der regulären Stufe, deren Betrag unterhalb des Vergleichsentgelts bzw. der individuellen Endstufe liegt, jedoch nicht weniger als das Entgelt der Stufe 2. [4]In den Fällen von Satz 1 bis 3 gilt Absatz 2 Satz 10 und in den Fällen von Satz 1 und Satz 2 gilt § 17 Abs. 4 Satz 2 TVöD entsprechend.

(6) Das Vergleichsentgelt steht dem Tabellenentgelt im Sinne des § 15 Abs. 1 TVöD gleich.

(7) [1]Auf am 1. Oktober 2005 aus dem BAT/BAT-O in den TVöD übergeleitete Beschäftigte, die nach dem Anhang zu der Anlage C (VKA) zum TVöD in der Entgeltgruppe S 8 oder S 9 eingruppiert wären, finden mit Ausnahme der Beschäftigten in der Tätigkeit von Sozialarbeiterinnen/Sozialarbeitern bzw. Sozialpädagoginnen/Sozialpädagogen mit staatlicher Anerkennung die Absätze 1 bis 6 nur Anwendung, wenn sie bis zum 31. Dezember 2009 (Ausschlussfrist) ihre Eingruppierung nach dem Anhang zu der Anlage C (VKA) zum TVöD schriftlich geltend machen. [2]§ 2 der Anlage zu Abschnitt VIII Sonderregelungen (VKA) § 56 BT-V bzw. § 53 BT-B findet auch dann Anwendung, wenn keine Geltendmachung nach Satz 1 erfolgt.

(8) [1]Abweichend von § 15 Abs. 2 Satz 2 TVöD gelten für am 1. Oktober 2005 aus dem BAT/BAT-O übergeleitete Beschäftigte, denen am 31. Oktober 2009 eine Besitzstandszulage nach § 9 zusteht und die

a) nach dem Anhang zu der Anlage C (VKA) zum TVöD in der Entgeltgruppe S 11 eingruppiert sind, folgende Tabellenwerte der Entgeltgruppe S 11 Ü:

gültig ab 1. März 2012

Stufe 1	Stufe 2	Stufe 3	Stufe 4	Stufe 5	Stufe 6
2.491,41	2.809,09	2.946,76	3.285,63	3.550,38	3.709,22

gültig ab 1. Januar 2013

Stufe 1	Stufe 2	Stufe 3	Stufe 4	Stufe 5	Stufe 6
2.526,29	2.848,42	2.988,01	3.331,63	3.600,09	3.761,15

gültig ab 1. August 2013

Stufe 1	Stufe 2	Stufe 3	Stufe 4	Stufe 5	Stufe 6
2.561,66	2.888,30	3.029,84	3.378,27	3.650,49	3.813,81

b) nach dem Anhang zu der Anlage C (VKA) zum TVöDin der Entgeltgruppe S 12 eingruppiert sind, folgende Tabellenwerte der Entgeltgruppe S 12 Ü:

gültig ab 1. März 2012

Stufe 1	Stufe 2	Stufe 3	Stufe 4	Stufe 5	Stufe 6
2.586,14	2.850,89	3.105,04	3.327,42	3.602,76	3.719,25

gültig ab 1. Januar 2013

Stufe 1	Stufe 2	Stufe 3	Stufe 4	Stufe 5	Stufe 6
2.622,35	2.890,80	3.148,51	3.374,00	3.653,20	3.771,32

gültig ab 1. August 2013

Stufe 1	Stufe 2	Stufe 3	Stufe 4	Stufe 5	Stufe 6
2.659,06	2.931,27	3.192,59	3.421,24	3.704,34	3.824,12

c) nach dem Anhang zu der Anlage C (VKA) zum TVöD in der Entgeltgruppe S 13 eingruppiert sind, folgende Tabellenwerte der Entgeltgruppe S 13 Ü:

gültig ab 1. März 2012

Stufe 1	Stufe 2	Stufe 3	Stufe 4	Stufe 5	Stufe 6
2.692,05	2.903,84	3.168,58	3.380,37	3.645,11	3.777,49

gültig ab 1. Januar 2013

Stufe 1	Stufe 2	Stufe 3	Stufe 4	Stufe 5	Stufe 6
2.729,74	2.944,49	3.212,94	3.427,70	3.696,14	3.830,37

gültig ab 1. August 2013

Stufe 1	Stufe 2	Stufe 3	Stufe 4	Stufe 5	Stufe 6
2.767,96	2.985,71	3.257,92	3.475,69	3.747,89	3.884,00

[2]Im Übrigen gelten die Regelungen der Absätze 1 bis 6 mit Ausnahme von Absatz 3 Satz 7 entsprechend.

(9) [1]Abweichend von § 15 Abs. 2 Satz 2 TVöD gelten für am 1. Oktober 2005 aus dem BAT/BAT-O übergeleitete Beschäftigte, denen am 31. Oktober 2009 eine Besitzstandszulage nach § 9 zusteht und die nach Absatz 2 aus den Stufen 3 oder 4 ihrer bisherigen Entgeltgruppe übergeleitet werden und nach dem Anhang zu der Anlage C (VKA) zum TVöD in der Entgeltgruppe S 16 eingruppiert sind, in den Stufen 3, 4 und 5 folgende Tabellenwerte der Entgeltgruppe S 16 Ü:

gültig ab 1. März 2012

Stufe 3	Stufe 4	Stufe 5
3.436,37	3.812,31	4.045,29

gültig ab 1. Januar 2013

Stufe 3	Stufe 4	Stufe 5
3.484,48	3.865,68	4.101,92

gültig ab 1. August 2013

Stufe 3	Stufe 4	Stufe 5
3.533,26	3.919,80	4.159,35

[2]Im Übrigen gelten die Regelungen der Absätze 1 bis 6 mit Ausnahme von Absatz 3 Satz 7 entsprechend. [3]Mit Erreichen der Stufe 6 gilt der Tabellenwert der Stufe 6.

(10) §§ 8, 9 und § 17 Abs. 7 sowie die Anlagen 1 und 3 finden auf Beschäftigte, die nach dem Anhang zu der Anlage C (VKA) zum TVöD eingruppiert sind, keine Anwendung.

(11) ¹Ein am 31. Oktober 2009 zustehender Strukturausgleich steht nach den Regelungen des § 12 auch nach der Überleitung in eine Entgeltgruppe nach dem Anhang zu der Anlage C zum TVöD zu; die Anrechnung des Unterschiedsbetrages bei Höhergruppierungen nach § 12 Abs. 4 bleibt unberührt. ²Ein am 1. November 2009 noch nicht zustehender Strukturausgleich, der nach Überleitung aus dem BAT/BAT-O aus der Ortszuschlagsstufe 2 zu zahlen ist, wird um den Betrag gekürzt, der bei Überleitung aus dem BAT/BAT-O aus derselben Vergütungsgruppe und der derselben Stufe aus der Ortszuschlagsstufe 1 in der Anlage 2 ausgewiesen ist. ³Die Kürzung erfolgt unabhängig davon, ab welchem Zeitpunkt und für welche Dauer der Strukturausgleich den aus Ortszuschlagsstufe 1 übergeleiteten Beschäftigten zusteht. ⁴Am 1. November 2009 noch nicht zustehende Strukturausgleiche für aus Ortszuschlagsstufe 1 übergeleitete Beschäftigte entfallen.

(12) Die sich aus der Eingruppierung der Beschäftigten nach dem Anhang zu der Anlage C (VKA) zum TVöD bzw. nach Absatz 8 und 9 ergebenden Entgeltsteigerungen gelten als allgemeine Entgeltanpassung im Sinne von § 10 Abs. 1 Satz 9.

Abschnitt V. Besondere Regelungen für einzelne Mitgliedverbände der VKA

§ 29 (nicht besetzt)

§ 30 KAV Berlin

(1) Auf Beschäftigte, die unter den Geltungsbereich des § 2 Abs. 1 bis 6 und 8 des Tarifvertrages über die Geltung des VKA-Tarifrechts für die Angestellten und angestelltenversicherungspflichtigen Auszubildenden der Mitglieder des Kommunalen Arbeitgeberverbandes Berlin (KAV Berlin) – Überleitungs-TV KAV Berlin – vom 9. Dezember 1999 in der jeweils geltenden Fassung fallen und auf deren Arbeitsverhältnis § 27 Abschnitt A BAT/BAT-O in der für den Bund und die Tarifgemeinschaft deutscher Länder geltenden Fassung sowie der Vergütungstarifvertrag für den Bereich des Bundes und der Länder Anwendung findet, findet der TVöD und dieser Tarifvertrag Anwendung, soweit nachfolgend nichts Besonderes bestimmt ist.

(2) ¹Auf überzuleitende Beschäftigte aus dem Geltungsbereich des BAT/BAT-O finden anstelle der §§ 4 bis 6, §§ 12, 17 und 19 Abs. 2 und 3 sowie der Anlagen 1 bis 3 dieses Tarifvertrages die §§ 4 bis 6, §§ 12, 17 und 19 Abs. 2 sowie die Anlagen 2 bis 4 des Tarifvertrages zur Überleitung der Beschäftigten des Bundes in den TVöD und zur Regelung des Übergangsrechts (TVÜ-Bund) vom 13. September 2005 Anwendung. ²Abweichend von Anlage 2 TVÜ-Bund und von § 16 (VKA) TVöD wird ab Entgeltgruppe 9 die Stufe 6 wie folgt erreicht:

a) Stufe 5a nach fünf Jahren in Stufe 5,
b) Stufe 6 nach fünf Jahren in Stufe 5a, frühestens ab 1. Oktober 2015.

³Die Entgeltgruppe 15 Ü wird um die Stufe 6 mit einem Tabellenwert ab 1. März 2012 in Höhe von 6.369,47 Euro, ab 1. Januar 2013 in Höhe von 6.458,64 Euro und ab 1. August 2013 in Höhe von 6.549,06 Euro erweitert. ⁴Die Entgeltstufe 5a entspricht dem Tabellenwert der Stufe 5 zuzüglich des halben Differenzbetrages zwischen den Stufen 5 und 6, kaufmännisch auf volle Eurobeträge gerundet. ⁵Mit Erreichen der Stufe 5a entfällt ein etwaiger Strukturausgleich. ⁶Mit Erreichen der Stufe 6 findet uneingeschränkt das VKA-Tarifrecht Anwendung.

(3) ¹Beschäftigte gem. § 38 Abs. 5 TVöD, für die die Tarifregelungen des Tarifgebiets West Anwendung finden, erhalten für das Kalenderjahr 2005 eine Einmalzahlung in Höhe von 100 €, zahlbar mit dem Oktoberentgelt (31. Oktober 2005). ²Der Tarifvertrag über eine Einmalzahlung im Jahr 2005 für den Bereich der VKA – Tarifbereich West – vom 9. Februar 2005 gilt entsprechend. ³Für die Jahre 2006 und 2007 gilt § 21 dieses Tarifvertrages. ⁴Be-

schäftigte, auf die die Tarifregelungen des Tarifgebiets Ost Anwendung finden, erhalten keine Einmalzahlung.

(4) Für Beschäftigte der Gemeinnützige Siedlungs- und Wohnungsbaugesellschaft Berlin mbH gilt bis zum 31. Dezember 2007 das bis zum 30. September 2005 geltende Tarifrecht weiter, wenn nicht vorher ein neuer Tarifvertrag zu Stande kommt.

(5) Der Tarifvertrag über die Fortgeltung des TdL-Tarifrechts für die Angestellten und angestelltenrentenversicherungspflichtigen Auszubildenden der NET-GE Kliniken Berlin GmbH (jetzt Vivantes Netzwerk für Gesundheit GmbH) vom 17. Januar 2001 gilt uneingeschränkt fort; die vorstehenden Absätze 1 bis 4 gelten nicht.

§ 31 KAV Bremen

(1) Der Tarifvertrag über die Geltung des VKA-Tarifrechts für die Beschäftigten der Mitglieder des KAV Bremen vom 17. Februar 1995 bleibt durch das In-Kraft-Treten des TVöD und dieses Tarifvertrages unberührt und gilt uneingeschränkt fort.

(2) Der Tarifvertrag über die Geltung des VKA-Tarifrechts für die Arbeiter und die arbeiterrentenversicherungspflichtigen Auszubildenden des Landes und der Stadtgemeinde Bremen sowie der Stadt Bremerhaven (Überleitungs-TV Bremen) vom 17. Februar 1995 in der Fassung des Änderungstarifvertrages Nr. 8 vom 31. Januar 2003 gilt mit folgenden Maßgaben weiter:
1. Der TVöD und dieser Tarifvertrag treten an die Stelle der in § 2 Abs. 2 vereinbarten Geltung des BMT-G II.
2. § 2 Abs. 3 treten mit Wirkung vom 1. Oktober 2005 außer Kraft.
3. In § 2 Abs. 4 bis 7 und 9 wird die Bezugnahme auf den BMT-G II ersetzt durch die Bezugnahme auf den TVöD.
4. In den Anlagen 3 bis 6 wird die Bezugnahme auf den BMT-G II ersetzt durch die inhaltliche Bezugnahme auf die entsprechenden Regelungen des TVöD. Diese Anlagen sind bis zum 31. Dezember 2006 an den TVöD und diesen Tarifvertrag anzupassen.

(3) In Ergänzung der Anlagen 1 und 3 dieses Tarifvertrages werden der Entgeltgruppe 3 ferner folgende für den Bereich des KAV Bremen nach dem Rahmentarifvertrag zu § 20 Abs. 1 BMT-G II vorgesehene und im bremischen Lohngruppenverzeichnis vom 17. Februar 1995 vereinbarte Lohngruppen zugeordnet:
– Lgr. 2 mit Aufstieg nach 2 a und 3
– Lgr. 2 a mit Aufstieg nach 3 und 3 a
– Lgr. 2 a mit Aufstieg nach 3

(4) Der Tarifvertrag über die Geltung des VKA-Tarifrechts für die Angestellten und Arbeiter und die angestellten- und arbeiterrentenversicherungspflichtigen Auszubildenden der Entsorgung Nord GmbH Bremen, der Abfallbehandlung Nord GmbH Bremen, der Schadstoffentsorgung Nord GmbH Bremen, der Kompostierung Nord GmbH Bremen sowie der Abwasser Bremen GmbH vom 5. Juni 1998 gilt mit folgender Maßgabe fort:
Der TVöD und dieser Tarifvertrag treten mit folgenden Maßgaben an die Stelle der in § 2 Abs. 2 und 3 vereinbarten Geltung des BAT und BMT-G II:
1. Zu § 17 dieses Tarifvertrages: § 25 BAT findet keine Anwendung.
2. Eine nach § 2 Abs. 2 Nr. 3 Buchst. a bzw. Buchst. b des Tarifvertrages vom 5. Juni 1998 im September 2005 gezahlte Besitzstandszulage fließt in das Vergleichsentgelt gemäß § 5 Abs. 2 dieses Tarifvertrages ein.
3. Übergeleitete Beschäftigte, die am 1. Oktober 2005 bei Fortgeltung des bisherigen Tarifrechts gemäß § 2 Abs. 2 Nr. 3 Buchst. b des Tarifvertrages vom 5. Juni 1998 die für die Zahlung einer persönlichen Zulage erforderliche Zeit der Bewährung zur Hälfte erfüllt haben, erhalten einen Zeitpunkt, zu dem sie nach bisherigem Recht die persönliche Zulage erhalten würden, in ihrer Entgeltgruppe Entgelt nach derjenigen individuellen Zwischenstufe, Stufe bzw. Endstufe, die sich ergeben hätte, wenn in das Vergleichsentgelt (§ 5 Abs. 2) die persönliche Zulage eingerechnet worden wäre. § 8 Abs. 2 Sätze 2 bis 5 sowie Absatz 3 gelten entsprechend.

4. Gegenüber den zum Zeitpunkt der Rechtsformänderung (Betriebsübergang) der Bremer Entsorgungsbetriebe auf die Gesellschaften übergegangenen und unbefristet beschäftigten kündbaren Beschäftigten sind betriebsbedingte Kündigungen ausgeschlossen.

§ 32 AV Hamburg

(1) Der als Protokollerklärung bezeichnete Tarifvertrag aus Anlass des Beitritts der Arbeitsrechtlichen Vereinigung Hamburg e.V. (AV Hamburg) zur Vereinigung der kommunalen Arbeitgeberverbände (VKA) am 1. Juli 1955 vom 5. August 1955 bleibt durch das In-Kraft-Treten des TVöD und dieses Tarifvertrages unberührt und gilt uneingeschränkt fort.

(2) ¹Auf überzuleitende Beschäftigte aus dem Geltungsbereich des BAT finden anstelle der §§ 4 bis 6, §§ 12, 17 und 19 Abs. 2 und 3 sowie der Anlagen 1 bis 3 dieses Tarifvertrages die §§ 4 bis 6, §§ 12, 17 und 19 Abs. 2 und 3 sowie die Anlagen 2 bis 4 des Tarifvertrages zur Überleitung der Beschäftigten des Bundes in den TVöD und zur Regelung des Übergangsrechts (TVÜ-Bund) vom 13. September 2005 Anwendung. ²Abweichend von Anlage 2 TVÜ-Bund und von § 16 (VKA) TVöD wird ab Entgeltgruppe 9 die Stufe 6 wie folgt erreicht:
a) Stufe 5 a nach 5 Jahren in Stufe 5,
b) Stufe 6 nach 5 Jahren in Stufe 5 a, frühestens ab 1. Oktober 2015.
³Die Entgeltgruppe 15 Ü wird um die Stufe 6 mit einem Tabellenwert ab 1. März 2012 in Höhe von 6.369,47 Euro, ab 1. Januar 2013 in Höhe von 6.458,64 Euro und ab 1. August 2013 in Höhe von 6.549,06 Euro erweitert. ⁴Die Entgeltstufe 5 a entspricht dem Tabellenwert der Stufe 5 zuzüglich des halben Differenzbetrages zwischen den Stufen 5 und 6, kaufmännisch auf volle Eurobeträge gerundet. ⁵Mit Erreichen der Stufe 5 a entfällt ein etwaiger Strukturausgleich. ⁶Mit Erreichen der Stufe 6 findet uneingeschränkt das VKA-Tarifrecht Anwendung.

(3) In Ergänzung der Anlagen 1 und 3 dieses Tarifvertrages werden der Entgeltgruppe 3 ferner folgende für die Flughafen Hamburg GmbH nach dem Tarifvertrag über die Einreihung der Arbeiter der Flughafen Hamburg GmbH in die Lohngruppen und über die Gewährung von Erschwerniszuschlägen (§ 23 BMT-G) vereinbarte Lohngruppen zugeordnet:
– Lgr. 2 mit Aufstieg nach 2 a und 3
– Lgr. 2 a mit Aufstieg nach 3 und 3 a
– Lgr. 2 a mit Aufstieg nach 3

§ 33 Gemeinsame Regelung

(1) ¹Soweit in (landes-)bezirklichen Lohngruppenverzeichnissen bei den Aufstiegen andere Verweildauern als drei Jahre bzw. – für die Eingruppierung in eine a-Gruppe – als vier Jahre vereinbart sind, haben die landesbezirklichen Tarifvertragsparteien die Zuordnung der Lohngruppen zu den Entgeltgruppen gemäß Anlagen 1 und 3 nach den zu Grunde liegenden Grundsätzen bis zum 31. Dezember 2005 vorzunehmen. ²Für Beschäftigte, die dem Gehaltstarifvertrag für Angestellte in Versorgungs- und Verkehrsbetrieben im Lande Hessen (HGTAV) unterfallen, werden die landesbezirklichen Tarifvertragsparteien über die Fortgeltung des HGTAV bzw. dessen Anpassung an den TVöD spätestens bis zum 30. Juni 2006 eine Regelung vereinbaren. ³Soweit besondere Lohngruppen vereinbart sind, hat eine entsprechende Zuordnung zu den Entgeltgruppen landesbezirklich zu erfolgen. ⁴Am 1. Oktober 2005 erfolgt in den Fällen der Sätze 1 bis 3 die Fortzahlung der bisherigen Bezüge als zu verrechnender Abschlag auf das Entgelt, das den Beschäftigten nach der Überleitung zusteht.

(2) ¹Soweit auf das Arbeitsverhältnis von aus dem Geltungsbereich des BAT/BAT-O/BAT-Ostdeutsche Sparkassen überzuleitende Beschäftigten bei sonstigen Arbeitgebern von Mitgliedern der Mitgliedverbände der VKA nach § 27 Abschn. A BAT/BAT-O in der für den Bund und die Tarifgemeinschaft deutscher Länder geltenden Fassung sowie der Vergütungstarifvertrag für den Bereich des Bundes und der Länder Anwendung finden, haben die landesbezirklichen Tarifvertragsparteien die für die Überleitung notwendigen Regelungen zu vereinbaren. ²Am 1. Oktober 2005 erfolgt die Fortzahlung der bisherigen Bezüge als zu verrechnender Abschlag auf das Entgelt, das diesen Beschäftigten nach der Überleitung zusteht.

³Kommt auf landesbezirklicher Ebene bis zum 31. Dezember 2005 – ggf. nach einer einvernehmlichen Verlängerung – keine tarifliche Regelung zustande, treffen die Tarifvertragsparteien dieses Tarifvertrages die notwendigen Regelungen.

Abschnitt VI. Übergangs- und Schlussvorschriften

§ 34 In-Kraft-Treten, Laufzeit

(1) Dieser Tarifvertrag tritt am 1. Oktober 2005 in Kraft.

(2) ¹Der Tarifvertrag kann ohne Einhaltung einer Frist jederzeit schriftlich gekündigt werden. ²Die §§ 17 bis 19 einschließlich Anlagen können ohne Einhaltung einer Frist, jedoch nur insgesamt, schriftlich gekündigt werden; die Nachwirkung dieser Vorschriften wird ausgeschlossen. ³Abweichend von Satz 1 kann § 28a mit einer Frist von drei Monaten zum Schluss eines Kalendervierteljahres, frühestens jedoch zum 31. Dezember 2014, schriftlich gekündigt werden.

Liste der Niederschriftserklärungen zu dem TVÜ-VKA

Niederschriftserklärung zur Protokollerklärung zu § 2 Abs. 1:

Landesbezirkliche Regelungen sind auch Regelungen, die von der dbb tarifunion und ihren Mitgliedsgewerkschaften im Tarifrecht als bezirkliche Regelungen bezeichnet sind.

Niederschriftserklärung zu § 2:

¹Die Tarifvertragsparteien gehen davon aus, dass der TVöD und dieser Tarifvertrag bei tarifgebundenen Arbeitgebern das bisherige Tarifrecht auch dann ersetzen, wenn arbeitsvertragliche Bezugnahmen nicht ausdrücklich den Fall der ersetzenden Regelung beinhalten. ²Die Geltungsbereichsregelungen des TV-V, der TV-N und des TV-WW/NW bleiben hiervon unberührt.

Niederschriftserklärung zu § 2 Abs. 1:

¹Werden Beschäftigte nach dem 1. Oktober 2005 in den TVöD übergeleitet, wird der Stichtag „30. September 2005" durch das Datum des Tages vor der Überleitung und, soweit der 1. Oktober 2005 als Stichtag genannt ist, dieser durch das Datum des Tages der Überleitung ersetzt. ²Beginn- und Endzeitpunkt von Fristen im TVÜ-VKA verschieben sich in diesen Fällen um den Zeitraum der späteren Überleitung in den TVöD.

Niederschriftserklärungen zu § 4 Abs. 1:

1. *¹Die Tarifvertragsparteien stimmen darin überein, dass die Ergebnisse der unterschiedlichen Überleitung (ohne bzw. mit vollzogenem Aufstieg) der Lehrkräfte im Rahmen der Tarifverhandlungen zu einer neuen Entgeltordnung einer Lösung nach den Grundsätzen der neuen Entgeltordnung zuzuführen sind. ²Die Vertreter der VKA erklären, dass damit keine Verhandlungszusage zur Einbeziehung der Lehrkräfte in die neue Entgeltordnung verbunden ist.*
2. *Lehrkräfte, die ihre Lehrbefähigung nach dem Recht der DDR erworben haben und zur Anerkennung als Lehrkräfte nach Abschnitt A der Lehrer-Richtlinien der VKA auf Grund beamtenrechtlicher Regelungen unterschiedlich lange Bewährungszeiten durchlaufen mussten bzw. müssen, gehören nicht zur Gruppe der Lehrkräfte nach Abschnitt B der Lehrer-Richtlinien der VKA.*

Niederschriftserklärung zu § 8 Abs. 2:

Die Neuberechnung des Vergleichsentgelts führt nicht zu einem Wechsel der Entgeltgruppe.

Niederschriftserklärung zu § 8 Abs. 1 Satz 3 und Abs. 2 Satz 2 sowie § 9 Abs. 2 bis 4:

Eine missbräuchliche Entziehung der Tätigkeit mit dem ausschließlichen Ziel, eine Höhergruppierung bzw. eine Besitzstandszulage zu verhindern, ist nicht zulässig.

Abschnitt VI. Übergangs- und Schlussvorschriften § 34 TVÜ-VKA

Niederschriftserklärung zu § 10 Abs. 1 und 2:
¹Die Tarifvertragsparteien stellen klar, dass die vertretungsweise Übertragung einer höherwertigen Tätigkeit ein Unterfall der vorübergehenden Übertragung einer höherwertigen Tätigkeit ist. ²Gleiches gilt für die Zulage nach § 2 der Anlage 3 zum BAT.

Niederschriftserklärungen zu § 12:
1. ¹Die Tarifvertragsparteien sind sich angesichts der Fülle der denkbaren Fallgestaltungen bewusst, dass die Festlegung der Strukturausgleiche je nach individueller Fallgestaltung in Einzelfällen sowohl zu überproportional positiven Wirkungen als auch zu Härten führen kann. ²Sie nehmen diese Verwerfungen im Interesse einer für eine Vielzahl von Fallgestaltungen angestrebten Abmilderung von Exspektanzverlusten hin.
2. ¹Die Tarifvertragsparteien erkennen unbeschadet der Niederschriftserklärung Nr. 1 zu § 12 an, dass die Strukturausgleiche in einem Zusammenhang mit der zukünftigen Entgeltordnung stehen. ²Die Tarifvertragsparteien werden nach einer Vereinbarung der Entgeltordnung zum TVöD, rechtzeitig vor Ablauf des 30. September 2007, prüfen, ob und in welchem Umfang sie neben den bereits verbindlich vereinbarten Fällen, in denen Strukturausgleichsbeträge festgelegt sind, für einen Zeitraum bis längstens Ende 2014 in weiteren Fällen Regelungen, die auch in der Begrenzung der Zuwächse aus Strukturausgleichen bestehen können, vornehmen müssen. ³Sollten zusätzliche Strukturausgleiche vereinbart werden, sind die sich daraus ergebenden Kostenwirkungen in der Entgeltrunde 2008 zu berücksichtigen.

Niederschriftserklärung zu § 17 Abs. 8:
Mit dieser Regelung ist keine Entscheidung über die Zuordnung und Fortbestand/Besitzstand der Zulage im Rahmen der neuen Entgeltordnung verbunden.

Niederschriftserklärungen zu § 18:
1. ¹Abweichend von der Grundsatzregelung des TVöD über eine persönliche Zulage bei vorübergehender Übertragung einer höherwertigen Tätigkeit ist durch einen landesbezirklichen Tarifvertrag im Rahmen eines Katalogs, der die hierfür in Frage kommenden Tätigkeiten aufführt, zu bestimmen, dass die Voraussetzung für die Zahlung einer persönlichen Zulage bereits erfüllt ist, wenn die vorübergehende übertragene Tätigkeit mindestens drei Arbeitstage angedauert hat und die/der Beschäftigte ab dem ersten Tag der Vertretung in Anspruch genommen ist. ²Die landesbezirklichen Tarifverträge sollen spätestens am 1. Juli 2007 in Kraft treten.
2. Die Niederschriftserklärung zu § 10 Abs. 1 und 2 gilt entsprechend.

Niederschriftserklärung zu § 19 Abs. 3:
Die Tarifvertragsparteien streben für die Zeit nach dem 31. Dezember 2007 eine Harmonisierung mit den Tabellenwerten für die übrigen Beschäftigten an.

Niederschriftserklärung zu § 28 a Abs. 2:
Zur Erläuterung von § 28a Abs. 2 Satz 1, Satz 4, Satz 5 und Satz 7 sind sich die Tarifvertragsparteien über folgende Beispiele einig:
a) Eine Beschäftigte, die am 31. Oktober 2009 in ihrer Entgeltgruppe der Stufe 3 zugeordnet ist und in dieser Stufe mit Ablauf des 31. Oktober 2009 zwei Jahre und einen Monat zurückgelegt hat, wird mit ihrer Überleitung in die Entgeltgruppe S, in der sie nach dem Anhang zu der Anlage C (VKA) zum TVöD eingruppiert ist, der Stufe 3 zweites Jahr mit einer zurückgelegten Stufenlaufzeit im zweiten Jahr von einem Monat zugeordnet. Bei Durchlaufen der Regelstufenlaufzeit steigt die Beschäftigte am 1. Oktober 2012 in die Stufe 4 auf.
b) Ein Beschäftigter, der im Wege des vorgezogenen Stufenaufstiegs (§ 17 Abs. 2 TVöD) am 1. Juli 2009 in seiner Entgeltgruppe in die Stufe 3 aufgestiegen ist und in dieser Stufe mit Ablauf des 31. Oktober 2009 vier Monate zurückgelegt hat, wird mit seiner Überleitung in der Entgeltgruppe S, in der er gemäß dem Anhang zu der Anlage C (VKA) zum TVöD eingruppiert ist, der Stufe 2 drittes Jahr mit einer zurückgelegten Stufenlaufzeit im dritten

Jahr von vier Monaten zugeordnet. Bei Durchlaufen der Regelstufenlaufzeit steigt der Beschäftigte am 1. Juli 2010 in die Stufe 3 auf.

Niederschriftserklärung zu § 30 Abs. 2:

Der Tabellenwert von 5625 Euro verändert sich zu demselben Zeitpunkt und in derselben Höhe wie der Tabellenwert der Stufe 6 der Entgeltgruppe 15 Ü gemäß § 19 Abs. 2.

Niederschriftserklärung zu § 30 Abs. 3 Satz 4:

[1]Der KAV Berlin erhebt keine Einwendungen, wenn eine Einmalzahlung in dem vereinbarten Umfang gewährt wird. [2]Dies gilt auch hinsichtlich der Mitglieder, die auf die Angestellten die Vergütungstabelle der VKA anwenden.

Niederschriftserklärung zu § 30 Abs. 3:

[1]Die Tarifvertragsparteien gehen davon aus, dass die Einmalzahlungen 2005 bis 2007 im Rahmen der ZTV-Verhandlungen für die Berliner Stadtreinigungsbetriebe auf landesbezirklicher Ebene geregelt werden. [2]Kommt eine Einigung mindestens für 2005 nicht bis zum 30. November 2005 zustande, wird die Zahlung des Einmalbetrages durch die Tarifvertragsparteien auf Bundesebene verhandelt. 3 4

Niederschriftserklärung zu § 30 Abs. 5:

Die Entscheidung, ob und in welcher Höhe Arbeitern, auf die die Tarifregelungen des Tarifgebiets Ost Anwendung finden, eine Einmalzahlung erhalten, bleibt den Tarifvertragsparteien auf landesbezirklicher Ebene vorbehalten.

Niederschriftserklärung zu § 30:

Von den Tarifvertragsparteien auf der landesbezirklichen Ebene ist in Tarifverhandlungen über Hilfestellungen einzutreten, wenn die Überführung der Beschäftigten in die VKA-Entgelttabelle bei einzelnen Mitgliedern des KAV Berlin ab 1. Oktober 2010 zu finanziellen Problemen führt.

Niederschriftserklärung zu § 32 Abs. 2:

Der Tabellenwert von 5625 Euro verändert sich zu demselben Zeitpunkt und in derselben Höhe wie der Tabellenwert der Stufe 6 der Entgeltgruppe 15 Ü gemäß § 19 Abs. 2.

Niederschriftserklärung zu § 34 Abs. 1:

[1]Im Hinblick auf die notwendigen personalwirtschaftlichen, organisatorischen und technischen Vorbeiten für die Überleitung der vorhandenen Beschäftigten in den TVöD sehen die Tarifvertragsparteien die Problematik einer fristgerechten Umsetzung der neuen Tarifregelungen zum 1. Oktober 2005. [2]Sie bitten die Personal verwaltenden und Bezüge zahlenden Stellen, im Interesse der Beschäftigten gleichwohl eine zeitnahe Überleitung zu ermöglichen und die Zwischenzeit mit zu verrechnenden Abschlagszahlungen zu überbrücken.

Anlage 1

Zuordnung der Vergütungs- und Lohngruppen zu den Entgeltgruppen für am 30. September/1. Oktober 2005 vorhandene Beschäftigte für die Überleitung (VKA)

Entgeltgruppe	Vergütungsgruppe	Lohngruppe
15 Ü	I	–
15	I a I a nach Aufstieg aus I b I b mit ausstehendem Aufstieg nach I a (keine Stufe 6)	–
14	I b ohne Aufstieg nach I a I b nach Aufstieg aus II II mit ausstehendem Aufstieg nach I b	–
13	II ohne Aufstieg nach I b	–

Anlage 1 TVÜ-VKA

Entgeltgruppe	Vergütungsgruppe	Lohngruppe
12	II nach Aufstieg aus III III mit ausstehendem Aufstieg nach II	–
11	III ohne Aufstieg nach II III nach Aufstieg aus IV a IV a mit ausstehendem Aufstieg nach III	–
10	IV a ohne Aufstieg nach III IV a nach Aufstieg aus IV b IV b mit ausstehendem Aufstieg nach IV a V b in den ersten sechs Monaten der Berufsausübung, wenn danach IV b mit Aufstieg nach IV a (Zuordnung zur Stufe 1)	–
9	IV b ohne Aufstieg nach IV a IV b nach Aufstieg aus V b V b mit ausstehendem Aufstieg nach IV b V b ohne Aufstieg nach IV b (Stufe 5 nach 9 Jahren in Stufe 4, keine Stufe 6) V b nach Aufstieg aus V c (Stufe 5 nach 9 Jahren in Stufe 4, keine Stufe 6) V b nach Aufstieg aus VI b (nur Lehrkräfte) (Stufe 5 nach 9 Jahren in Stufe 4, keine Stufe 6)	9 (Stufe 4 nach 7 Jahren in Stufe 3, keine Stufen 5 und 6)
8	V c mit ausstehendem Aufstieg nach V b V c ohne Aufstieg nach V b V c nach Aufstieg aus VI b	8 a 8 mit ausstehendem Aufstieg nach 8 a 8 nach Aufstieg aus 7 7 mit ausstehendem Aufstieg nach 8 und 8 a
7	–	7 a 7 mit ausstehendem Aufstieg nach 7 a 7 nach Aufstieg aus 6 6 mit ausstehendem Aufstieg nach 7 und 7 a
6	VI b mit ausstehendem Aufstieg nach V b (nur Lehrkräfte) VI b mit ausstehendem Aufstieg nach V c VI b ohne Aufstieg nach V c VI b nach Aufstieg aus VII	6 a 6 mit ausstehendem Aufstieg nach 6 a 6 nach Aufstieg aus 5 5 mit ausstehendem Aufstieg nach 6 und 6 a
5	VII mit ausstehendem Aufstieg nach VI b VII ohne Aufstieg nach VI b VII nach Aufstieg aus VIII	5 a 5 mit ausstehendem Aufstieg nach 5 a 5 nach Aufstieg aus 4 4 mit ausstehendem Aufstieg nach 5 und 5 a
4	–	4 a 4 mit ausstehendem Aufstieg nach 4 a 4 nach Aufstieg aus 3 3 mit ausstehendem Aufstieg nach 4 und 4 a

TVÜ-VKA Anlage 2

Entgeltgruppe	Vergütungsgruppe	Lohngruppe
3	VIII nach Aufstieg aus IX a VIII mit ausstehendem Aufstieg nach VII VIII ohne Aufstieg nach VII	3 a 3 mit ausstehendem Aufstieg nach 3 a 3 nach Aufstieg aus 2 2 mit ausstehendem Aufstieg nach 3 und 3 a
2 Ü	–	2 a 2 mit ausstehendem Aufstieg nach 2 a 2 nach Aufstieg aus 1 1 mit ausstehendem Aufstieg nach 2 und 2 a
2	IX a IX mit ausstehendem Aufstieg nach IX a oder VIII IX nach Aufstieg aus X (keine Stufe 6) X (keine Stufe 6)	1 a (keine Stufe 6) 1 mit ausstehendem Aufstieg nach 1 a (keine Stufe 6)
1	–	–

Anlage 2
Strukturausgleiche für Angestellte (VKA)

Angestellte, deren Ortszuschlag sich nach § 29 Abschnitt B Abs. 5 BAT/BAT-O/BAT-Ostdeutsche Sparkassen bemisst, erhalten den entsprechenden Anteil, in jedem Fall aber die Hälfte des Strukturausgleichs für Verheiratete.

Soweit nicht anders ausgewiesen, beginnt die Zahlung des Strukturausgleichs am 1. Oktober 2007. Die Angabe „nach ... Jahren" bedeutet, dass die Zahlung nach den genannten Jahren ab dem In-Kraft-Treten des TVöD beginnt; so wird z.B. bei dem Merkmal „nach 4 Jahren" der Zahlungsbeginn auf den 1. Oktober 2009 festgelegt, wobei die Auszahlung eines Strukturausgleichs mit den jeweiligen Monatsbezügen erfolgt. Die Dauer der Zahlung ist ebenfalls angegeben; dabei bedeutet „dauerhaft" die Zahlung während der Zeit des Arbeitsverhältnisses.

Ist die Zahlung „für" eine bestimmte Zahl von Jahren angegeben, ist der Bezug auf diesen Zeitraum begrenzt (z.B. „für 5 Jahre" bedeutet Beginn der Zahlung im Oktober 2007 und Ende der Zahlung mit Ablauf September 2012). Eine Ausnahme besteht dann, wenn das Ende des Zahlungszeitraumes nicht mit einem Stufenaufstieg in der jeweiligen Entgeltgruppe zeitlich zusammenfällt; in diesen Fällen wird der Strukturausgleich bis zum nächsten Stufenaufstieg fortgezahlt. Diese Ausnahmeregelung gilt nicht, wenn der Stufenaufstieg in die Endstufe erfolgt; in diesen Fällen bleibt es bei der festgelegten Dauer.

Betrifft die Zahlung eines Strukturausgleichs eine Vergütungsgruppe (Fallgruppe) mit Bewährungs- bzw. Zeitaufstieg, wird dies ebenfalls angegeben. Soweit keine Aufstiegszeiten angegeben sind, gelten die Ausgleichsbeträge für alle Aufstiege.

I. Angestellte (einschl. Lehrkräfte) mit Ausnahme des Pflegepersonals im Sinne der Anlage 1 b zum BAT/BAT-O

EG	Vergütungsgruppe	Ortszuschlag Stufe 1/2	Überleitung aus Stufe	nach	für	Betrag Tarifgebiet West	Betrag Tarifgebiet Ost
15 Ü	I	OZ 1	9	2 Jahren	5 Jahre	130,- €	126,- €
	I	OZ 2	8	2 Jahren	dauerhaft	50,- €	48,- €
	I	OZ 2	10	2 Jahren	dauerhaft	50,- €	48,- €

Anlage 2 TVÜ-VKA

EG	Vergütungsgruppe	Ortszuschlag Stufe 1/2	Überleitung aus Stufe	nach	für	Betrag Tarifgebiet West	Betrag Tarifgebiet Ost
	I	OZ 2	11	2 Jahren	dauerhaft	50,- €	48,- €
15	I a	OZ 1	6	2 Jahren	4 Jahre	60,- €	58,- €
	I a	OZ 1	8	4 Jahren	dauerhaft	30,- €	29,- €
	I a	OZ 1	9	2 Jahren	für 5 Jahre danach	90,- € 30,- €	87,- € 29,- €
	I a	OZ 1	10	4 Jahren	dauerhaft	30,- €	29,- €
	I a	OZ 1	11	2 Jahren	dauerhaft	30,- €	29,- €
	I a	OZ 2	6	2 Jahren	für 4 Jahre danach	110,- € 60,- €	106,- € 58,- €
	I a	OZ 2	7	4 Jahren	dauerhaft	50,- €	48,- €
	I a	OZ 2	8	2 Jahren	dauerhaft	80,- €	77,- €
	I a	OZ 2	9	4 Jahren	dauerhaft	80,- €	77,- €
	I a	OZ 2	10	2 Jahren	dauerhaft	80,- €	77,- €
14	I b	OZ 1	5	2 Jahren	4 Jahre	50,- €	48,- €
	I b	OZ 1	8	2 Jahren	5 Jahre	50,- €	48,- €
	I b	OZ 2	5	2 Jahren	4 Jahre danach	130,- € 20,- €	126,- € 19,- €
	I b	OZ 2	7	2 Jahren	5 Jahre danach	90,- € 40,- €	87,- € 38,- €
	I b	OZ 2	8	2 Jahren	5 Jahre danach	110,- € 40,- €	106,- € 38,- €
	I b	OZ 2	9	2 Jahren	dauerhaft	30,- €	29,- €
14	II/5 J. I b	OZ 1	4	1 Jahr	8 Jahre	110,- €	106,- €
	II/5 J. I b	OZ 1	5	2 Jahren	4 Jahre	50,- €	48,- €
	II/5 J. I b	OZ 1	8	2 Jahren	5 Jahre	50,- €	48,- €
	II/5 J. I b	OZ 2	4	2 Jahren	5 Jahre	90,- €	87,- €
	II/5 J. I b	OZ 2	5	2 Jahren	4 Jahre danach	130,- € 20,- €	126,- € 19,- €
	II/5 J. I b	OZ 2	7	4 Jahren	3 Jahre danach	90,- € 40,- €	87,- € 38,- €
	II/5 J. I b	OZ 2	8	2 Jahren	5 Jahre danach	110,- € 40,- €	106,- € 38,- €
	II/5 J. I b	OZ 2	9	2 Jahren	dauerhaft	30,- €	29,- €
14	II/6 J. I b	OZ 1	4	2 Jahren	7 Jahre	110,- €	106,- €
	II/6 J. I b	OZ 1	5	2 Jahren	4 Jahre	50,- €	48,- €
	II/6 J. I b	OZ 1	8	2 Jahren	5 Jahre	50,- €	48,- €
	II/6 J. I b	OZ 2	4	2 Jahren	5 Jahre	90,- €	87,- €
	II/6 J. I b	OZ 2	5	2 Jahren	4 Jahre danach	130,- € 20,- €	126,- € 19,- €
	II/6 J. I b	OZ 2	7	4 Jahren	3 Jahre danach	90,- € 40,- €	87,- € 38,- €

TVÜ-VKA Anlage 2

EG	Vergütungsgruppe	Ortszuschlag Stufe 1/2	Überleitung aus Stufe	nach	für	Betrag Tarifgebiet West	Betrag Tarifgebiet Ost
	II/6 J. I b	OZ 2	8	2 Jahren	5 Jahre danach	110,- € 40,- €	106,- € 38,- €
	II/6 J. I b	OZ 2	9	2 Jahren	dauerhaft	30,- €	29,- €
13	II	OZ 1	9	2 Jahren	5 Jahre	50,- €	48,- €
	II	OZ 2	8	2 Jahren	5 Jahre	80,- €	77,- €
12	III/5 J. II	OZ 1	5	2 Jahren	4 Jahre	90,- €	87,- €
	III/5 J. II	OZ 1	8	2 Jahren	5 Jahre	80,- €	77,- €
	III/5 J. II	OZ 2	4 (aus III)	1 Jahr	2 Jahre	110,- €	106,- €
	III/5 J. II	OZ 2	4 (aus II)	2 Jahren	4 Jahre	90,- €	87,- €
	III/5 J. II	OZ 2	6	4 Jahren	dauerhaft	30,- €	29,- €
	III/5 J. II	OZ 2	7	4 Jahren	dauerhaft	60,- €	58,- €
	III/5 J. II	OZ 2	8	4 Jahren	dauerhaft	50,- €	48,- €
	III/5 J. II	OZ 2	9	2 Jahren	dauerhaft	50,- €	48,- €
	III/5 J. II	OZ 2	10	2 Jahren	dauerhaft	30,- €	29,- €
12	III/6 J. II	OZ 1	5	2 Jahren	4 Jahre	90,- €	87,- €
	III/6 J. II	OZ 1	8	2 Jahren	5 Jahre	70,- €	67,- €
	III/6 J. II	OZ 2	4 (aus III)	2 Jahren	5 Jahre	70,- €	67,- €
	III/6 J. II	OZ 2	4 (aus II)	2 Jahren	für 4 Jahre	90,- €	87,- €
	III/6 J. II	OZ 2	6	4 Jahren	dauerhaft	30,- €	29,- €
	III/6 J. II	OZ 2	7	4 Jahren	dauerhaft	60,- €	58,- €
	III/6 J. II	OZ 2	8	4 Jahren	dauerhaft	50,- €	48,- €
	III/6 J. II	OZ 2	9	2 Jahren	dauerhaft	50,- €	48,- €
	III/6 J. II	OZ 2	10	2 Jahren	dauerhaft	30,- €	29,- €
12	III/8 J. II	OZ 1	5 (aus III)	2 Jahren	5 Jahre	70,- €	67,- €
	III/8 J. II	OZ 1	5 (aus II)	2 Jahren	4 Jahre	90,- €	87,- €
	III/8 J. II	OZ 1	8	2 Jahren	5 Jahre	70,- €	67,- €
	III/8 J. II	OZ 2	5 (aus III)	2 Jahren	4 Jahre	130,- €	126,- €
	III/8 J. II	OZ 2	6	4 Jahren	dauerhaft	30,- €	29,- €
	III/8 J. II	OZ 2	7	4 Jahren	dauerhaft	60,- €	58,- €
	III/8 J. II	OZ 2	8	4 Jahren	dauerhaft	50,- €	48,- €
	III/8 J. II	OZ 2	9	2 Jahren	dauerhaft	50,- €	48,- €
	III/8 J. II	OZ 2	10	2 Jahren	dauerhaft	30,- €	29,- €
12	III/10 J. II	OZ 1	6 (aus III)	2 Jahren	4 Jahre	90,- €	87,- €
	III/10 J. II	OZ 1	8	2 Jahren	5 Jahre	70,- €	67,- €

Anlage 2 TVÜ-VKA

EG	Vergütungsgruppe	Ortszuschlag	Überleitung aus Stufe 1/2 Stufe	nach	für	Betrag Tarifgebiet West	Betrag Tarifgebiet Ost
	III/10 J. II	OZ 2	6 (aus III)	2 Jahren	4 Jahre danach	110,- € 60,- €	106,- € 58,- €
	III/10 J. II	OZ 2	6 (aus II)	4 Jahren	dauerhaft	30,- €	29,- €
	III/10 J. II	OZ 2	7	4 Jahren	dauerhaft	60,- €	58,- €
	III/10 J. II	OZ 2	8	4 Jahren	dauerhaft	50,- €	48,- €
	III/10 J. II	OZ 2	9	2 Jahren	dauerhaft	50,- €	48,- €
	III/10 J. II	OZ 2	10	2 Jahren	dauerhaft	30,- €	29,- €
11	III	OZ 1	5	2 Jahren	4 Jahre	90,- €	87,- €
	III	OZ 1	9	2 Jahren	5 Jahre	60,- €	58,- €
	III	OZ 2	4	2 Jahren	4 Jahre	90,- €	87,- €
	III	OZ 2	7	4 Jahren	3 Jahre	90,- €	87,- €
	III	OZ 2	8	2 Jahren	5 Jahre	90,- €	87,- €
11	IV a/4 J. III	OZ 1	5	2 Jahren	4 Jahre	90,- €	87,- €
	IV a/4 J. III	OZ 1	9	2 Jahren	5 Jahre	60,- €	58,- €
	IV a/4 J. III	OZ 2	4	2 Jahren	4 Jahre	90,- €	87,- €
	IV a/4 J. III	OZ 2	7	4 Jahren	3 Jahre	90,- €	87,- €
	IV a/4 J. III	OZ 2	8	2 Jahren	5 Jahre	90,- €	87,- €
	IV a/6 J. III	OZ 1	5	2 Jahren	4 Jahre	90,- €	87,- €
	IV a/6 J. III	OZ 1	9	2 Jahren	5 Jahre	60,- €	58,- €
	IV a/6 J. III	OZ 2	4	2 Jahren	4 Jahre	90,- €	87,- €
	IV a/6 J. III	OZ 2	7	4 Jahren	3 Jahre	90,- €	87,- €
	IV a/6 J. III	OZ 2	8	2 Jahren	5 Jahre	100,- €	97,- €
11	IV a/8 J. III	OZ 1	5	2 Jahren	4 Jahre	90,- €	87,- €
	IV a/8 J. III	OZ 1	9	2 Jahren	5 Jahre	60,- €	58,- €
	IV a/8 J. III	OZ 2	5	2 Jahren	9 Jahre	110,- €	106,- €
	IV a/8 J. III	OZ 2	7	4 Jahren	3 Jahre	90,- €	87,- €
	IV a/8 J. III	OZ 2	8	2 Jahren	5 Jahre	90,- €	87,- €
10	IV a	OZ 2	4	2 Jahren	4 Jahre	30,- €	29,- €
	IV a	OZ 2	7	4 Jahren	dauerhaft	25,- €	24,- €
	IV a	OZ 2	8	2 Jahren	5 Jahre danach	50,- € 25,- €	48,- € 24,- €
	IV a	OZ 2	9	2 Jahren	dauerhaft	25,- €	24,- €
10	IV b/ 2 J. IV a	OZ 2	4	2 Jahren	4 Jahre	30,- €	29,- €
	IV b/ 2 J. IV a	OZ 2	7	4 Jahren	dauerhaft	25,- €	24,- €
	IV b/ 2 J. IV a	OZ 2	8	2 Jahren	5 Jahre danach	50,- € 25,- €	48,- € 24,- €
	IV b/ 2 J. IV a	OZ 2	9	2 Jahren	dauerhaft	25,- €	24,- €

TVÜ-VKA Anlage 2

EG	Vergütungsgruppe	Ortszuschlag Stufe 1/2	Überleitung aus Stufe	nach	für	Betrag Tarifgebiet West	Betrag Tarifgebiet Ost
10	IV b/ 4 J. IV a	OZ 2	4	2 Jahren	4 Jahre	30,- €	29,- €
	IV b/ 4 J. IV a	OZ 2	7	4 Jahren	dauerhaft	25,- €	24,- €
	IV b/ 4 J. IV a	OZ 2	8	2 Jahren	5 Jahre danach	50,- € 25,- €	48,- € 24,- €
	IV b/ 4 J. IV a	OZ 2	9	2 Jahren	dauerhaft	25,- €	24,- €
10	IV b/ 5 J. IV a	OZ 1	4	1 Jahr	8 Jahre	90,- €	87,- €
	IV b/ 5 J. IV a	OZ 2	4	1 Jahr	6 Jahre	90,- €	87,- €
	IV b/ 5 J. IV a	OZ 2	7	4 Jahren	dauerhaft	25,- €	24,- €
	IV b/ 5 J. IV a	OZ 2	8	2 Jahren	5 Jahre danach	50,- € 25,- €	48,- € 24,- €
	IV b/ 5 J. IV a	OZ 2	9	2 Jahren	dauerhaft	25,- €	24,- €
10	IV b/ 6 J. IV a	OZ 1	4	2 Jahren	7 Jahre	90,- €	87,- €
	IV b/ 6 J. IV a	OZ 2	4	2 Jahren	5 Jahre	90,- €	87,- €
	IV b/ 6 J. IV a	OZ 2	7	4 Jahren	dauerhaft	25,- €	24,- €
	IV b/ 6 J. IV a	OZ 2	8	2 Jahren	5 Jahre danach	50,- € 25,- €	48,- € 24,- €
	IV b/ 6 J. IV a	OZ 2	9	2 Jahren	dauerhaft	25,- €	24,- €
10	IV b/ 8 J. IV a	OZ 1	4	4 Jahren	5 Jahre	90,- €	87,- €
	IV b/ 8 J. IV a	OZ 1	5	2 Jahren	7 Jahre	180,- €	174,- €
	IV b/ 8 J. IV a	OZ 2	5	2 Jahren	5 Jahre danach	115,- € 25,- €	111,- € 24,- €
	IV b/ 8 J. IV a	OZ 2	7	4 Jahren	dauerhaft	25,- €	24,- €
	IV b/ 8 J. IV a	OZ 2	8	2 Jahren	5 Jahre danach	50,- € 25,- €	48,- € 24,- €
	IV b/ 8 J. IV a	OZ 2	9	2 Jahren	dauerhaft	25,- €	24,- €
9	IV b	OZ 1	5	2 Jahren	4 Jahre	50,- €	48,- €
	IV b	OZ 1	8	2 Jahren	5 Jahre	50,- €	48,- €
	IV b	OZ 2	4	2 Jahren	4 Jahre	80,- €	77,- €
	IV b	OZ 2	6	2 Jahren	5 Jahre	25,- €	24,- €
	IV b	OZ 2	7	2 Jahren	5 Jahre	90,- €	87,- €

Anlage 2 TVÜ-VKA

EG	Vergü-tungs-gruppe	Ortszu-schlag Stufe 1/2	Überlei-tung aus Stufe	nach	für	Betrag Tarifgebiet West	Betrag Tarifgebiet Ost
9	V b/ 2 J. IV b	OZ 1	5	2 Jahren	4 Jahre	50,- €	48,- €
	V b/ 2 J. IV b	OZ 1	8	2 Jahren	5 Jahre	50,- €	48,- €
	V b/ 2 J. IV b	OZ 2	4	2 Jahren	4 Jahre	80,- €	77,- €
	V b/ 2 J. IV b	OZ 2	6	2 Jahren	5 Jahre	25,- €	24,- €
	V b/ 2 J. IV b	OZ 2	7	2 Jahren	5 Jahre	90,- €	87,- €
9	V b/ 4 J. IV b	OZ 1	5	2 Jahren	4 Jahre	50,- €	48,- €
	V b/ 4 J. IV b	OZ 1	8	2 Jahren	5 Jahre	50,- €	48,- €
	V b/ 4 J. IV b	OZ 2	4	2 Jahren	4 Jahre	80,- €	77,- €
	V b/ 4 J. IV b	OZ 2	6	2 Jahren	5 Jahre	25,- €	24,- €
	V b/ 4 J. IV b	OZ 2	7	2 Jahren	5 Jahre	90,- €	87,- €
9	V b/ 5 J. IV b	OZ 1	4	1 Jahr	2 Jahre	110,- €	106,- €
	V b/ 5 J. IV b	OZ 1	5	2 Jahren	4 Jahre	50,- €	48,- €
	V b/ 5 J. IV b	OZ 1	8	2 Jahren	5 Jahre	50,- €	48,- €
	V b/ 5 J. IV b	OZ 2	4	1 Jahr	5 Jahre	80,- €	77,- €
	V b/ 5 J. IV b	OZ 2	6	2 Jahren	5 Jahre	25,- €	24,- €
	V b/ 5 J. IV b	OZ 2	7	2 Jahren	5 Jahre	90,- €	87,- €
9	V b/ 6 J. IV b	OZ 1	5	2 Jahren	4 Jahre	50,- €	48,- €
	V b/ 6 J. IV b	OZ 1	8	2 Jahren	5 Jahre	50,- €	48,- €
	V b/ 6 J. IV b	OZ 2	4	2 Jahren	4 Jahre	80,- €	77,- €
	V b/ 6 J. IV b	OZ 2	6	2 Jahren	5 Jahre	25,- €	24,- €
	V b/ 6 J. IV b	OZ 2	7	2 Jahren	5 Jahre	90,- €	87,- €
9	V b	OZ 2	6	2 Jahren	9 Jahre	50,- €	48,- €
8	V c	OZ 1	2	9 Jahren	dauerhaft	55,- €	53,- €
	V c	OZ 1	3	9 Jahren	dauerhaft	55,- €	53,- €
	V c	OZ 1	4	7 Jahren	dauerhaft	55,- €	53,- €

TVÜ-VKA Anlage 2

EG	Vergütungsgruppe	Ortszuschlag Stufe 1/2	Überleitung aus Stufe	nach	für	Betrag Tarifgebiet West	Betrag Tarifgebiet Ost
	V c	OZ 1	5	6 Jahren	dauerhaft	55,- €	53,- €
	V c	OZ 1	6	2 Jahren	dauerhaft	55,- €	53,- €
	V c	OZ 1	7	2 Jahren	dauerhaft	55,- €	53,- €
	V c	OZ 1	8	2 Jahren	dauerhaft	55,- €	53,- €
	V c	OZ 2	2	5 Jahren	dauerhaft	55,- €	53,- €
	V c	OZ 2	3	3 Jahren	dauerhaft	120,- €	116,- €
	V c	OZ 2	4	2 Jahren	dauerhaft	120,- €	116,- €
	V c	OZ 2	5	2 Jahren	dauerhaft	120,- €	116,- €
	V c	OZ 2	6	2 Jahren	dauerhaft	120,- €	116,- €
	V c	OZ 2	7	2 Jahren	dauerhaft	120,- €	116,- €
	V c	OZ 2	8	2 Jahren	dauerhaft	55,- €	53,- €
6	VI b	OZ 1	2	9 Jahren	dauerhaft	50,- €	48,- €
	VI b	OZ 1	3	9 Jahren	dauerhaft	50,- €	48,- €
	VI b	OZ 1	4	7 Jahren	dauerhaft	50,- €	48,- €
	VI b	OZ 1	5	6 Jahren	dauerhaft	50,- €	48,- €
	VI b	OZ 1	6	6 Jahren	dauerhaft	50,- €	48,- €
	VI b	OZ 1	7	2 Jahren	dauerhaft	50,- €	48,- €
	VI b	OZ 1	8	2 Jahren	dauerhaft	50,- €	48,- €
	VI b	OZ 1	9	2 Jahren	dauerhaft	50,- €	48,- €
	VI b	OZ 2	2	7 Jahren	dauerhaft	90,- €	87,- €
	VI b	OZ 2	3	6 Jahren	dauerhaft	90,- €	87,- €
	VI b	OZ 2	4	6 Jahren	dauerhaft	90,- €	87,- €
	VI b	OZ 2	5	2 Jahren	dauerhaft	90,- €	87,- €
	VI b	OZ 2	6	2 Jahren	dauerhaft	90,- €	87,- €
	VI b	OZ 2	7	2 Jahren	dauerhaft	90,- €	87,- €
	VI b	OZ 2	8	2 Jahren	dauerhaft	50,- €	48,- €
	VI b	OZ 2	9	2 Jahren	dauerhaft	50,- €	48,- €
5	VII	OZ 2	4	4 Jahren	dauerhaft	20,- €	19,- €
	VII	OZ 2	5	2 Jahren	dauerhaft	20,- €	19,- €
	VII	OZ 2	6	2 Jahren	dauerhaft	20,- €	19,- €
	VII	OZ 2	7	2 Jahren	dauerhaft	20,- €	19,- €
	VII	OZ 2	8	2 Jahren	dauerhaft	20,- €	19,- €
3	VIII	OZ 1	7	2 Jahren	4 Jahre	30,- €	29,- €
	VIII	OZ 1	9	2 Jahren	5 Jahre	20,- €	19,- €
	VIII	OZ 2	3	2 Jahren	9 Jahre	40,- €	38,- €
	VIII	OZ 2	4	4 Jahren	3 Jahre	25,- €	24,- €
	VIII	OZ 2	5	2 Jahren	dauerhaft	50,- €	48,- €

EG	Vergütungsgruppe	Ortszuschlag Stufe 1/2	Überleitung aus Stufe	nach	für	Betrag Tarifgebiet West	Betrag Tarifgebiet Ost
3	VIII	OZ 2	6	2 Jahren	dauerhaft	50,- €	48,- €
	VIII	OZ 2	7	2 Jahren	dauerhaft	50,- €	48,- €
	VIII	OZ 2	8	2 Jahren	dauerhaft	50,- €	48,- €
	VIII	OZ 2	9	2 Jahren	dauerhaft	35,- €	33,- €
	VIII	OZ 2	10	2 Jahren	dauerhaft	25,- €	24,- €
2	IX 2 J. IX a	OZ 2	4	2 Jahren	5 Jahre	45,- €	43,- €
2	X 2 J. IX	OZ 1	5	2 Jahren	4 Jahre	25,- €	24,- €
	X 2 J. IX	OZ 2	3	4 Jahren	dauerhaft	40,- €	38,- €
	X 2 J. IX	OZ 2	4	4 Jahren	dauerhaft	40,- €	38,- €
	X 2 J. IX	OZ 2	5	2 Jahren	dauerhaft	40,- €	38,- €
	X 2 J. IX	OZ 2	6	2 Jahren	daucrhaft	40,- €	38,- €
	X 2 J. IX	OZ 2	7	2 Jahren	dauerhaft	25,- €	24,- €

II. Angestellte, die aus der Anlage 1b zum BAT/BAT-O übergeleitet werden

EG	Vergütungsgruppe	Ortszuschlag Stufe 1/2	Überleitung aus Stufe	nach	für	Betrag Tarifgebiet West	Betrag Tarifgebiet Ost
12 a	Kr. XII 5 Jahre Kr. XIII	OZ 2	6	1 Jahr	6 Jahre	90,- €	87,- €
11 b	Kr. XI 5 Jahre Kr. XII	OZ 2	6	1 Jahr	6 Jahre	150,- €	145,- €
		OZ 1	6	1 Jahr	6 Jahre	90,- €	87,- €
			7	2 Jahren	5 Jahre	130,- €	126,- €
11 a	Kr. X 5 Jahre Kr. XI	OZ 2	4	5 Jahren	2 Jahre	220,- €	213,- €
			5	3 Jahren	4 Jahre	300,- €	291,- €
		OZ 1	5	3 Jahren	4 Jahre	190,- €	184,- €
			6	1 Jahr	6 Jahre	260,- €	252,- €
10 a	Kr. IX 5 Jahre Kr. X	OZ 2	5	3 Jahren	2 Jahre, danach dauerhaft	270,- € 20,- €	261,- € 19,- €
			6	4 Jahren	dauerhaft	35,- €	33,- €
			7	2 Jahren	dauerhaft	35,- €	33,- €
			8	2 Jahren	dauerhaft	35,- €	33,- €
		OZ 1	5	3 Jahren	2 Jahre	170,- €	164,- €
			6	1 Jahr	4 Jahre	240,- €	232,- €

TVÜ-VKA Anlage 2

EG	Vergütungsgruppe	Ortszuschlag Stufe 1/2	Überleitung aus Stufe	nach	für	Betrag Tarifgebiet West	Betrag Tarifgebiet Ost
9 d	Kr. VIII 5 Jahre Kr. IX	OZ 2	5	6 Jahren	dauerhaft	15,- €	14,- €
			6	1 Jahr	3 Jahre, danach dauerhaft	140,- € 15,- €	135,- € 14,- €
			7	2 Jahren	dauerhaft	30,- €	29,- €
			8	2 Jahren	dauerhaft	20,- €	19,- €
		OZ 1	6	1 Jahr	1 Jahr, danach für 2 Jahre	200,- € 60,- €	194,- € 58,- €
9 b	Kr. VII	OZ 2	5	4 Jahren	3 Jahre	45,- €	43,- €
			6	2 Jahren	2 Jahre, danach für 3 Jahre	40,- € 100,- €	38,- € 97,- €
			7	2 Jahren	dauerhaft	10,- €	9,- €
			8	2 Jahren	dauerhaft	10,- €	9,- €
		OZ 1	6	6 Jahren	1 Jahr	60,- €	58,- €
			7	4 Jahren	3 Jahre	60,- €	58,- €
9 c	Kr. VII 5 Jahre Kr. VIII	OZ 2	4	4 Jahren	2 Jahre, danach für 4 Jahre	55,- € 110,- €	53,- € 106,- €
			5	4 Jahren	3 Jahre	80,- €	77,- €
			6	1 Jahr	6 Jahre	140,- €	135,- €
		OZ 1	5	3 Jahren	2 Jahre, danach für 5 Jahre	150,- € 60,- €	145,- € 58,- €
			6	1 Jahr	9 Jahre	150,- €	145,- €
			7	2 Jahren	5 Jahre	100,- €	97,- €
9 b	Kr. VI 5 Jahre Kr. VII	OZ 2	6	1 Jahr	6 Jahre	90,- €	87,- €
			7	2 Jahren	dauerhaft	10,- €	9,- €
			8	2 Jahren	dauerhaft	10,- €	9,- €
		OZ 1	5	3 Jahren	2 Jahre	240,- €	232,- €
			6	1 Jahr	1 Jahr	200,- €	194,- €
			7	4 Jahren	3 Jahre	65,- €	63,- €
9 b	Kr. VI 7 Jahre Kr. VII	OZ 2	6	4 Jahren	3 Jahre	90,- €	87,- €
			7	1 Jahr	1 Jahr, danach für 5 Jahre	200,- € 120,- €	194,- € 116,- €
			8	2 Jahren	dauerhaft	10,- €	9,- €

Anlage 2 TVÜ-VKA

EG	Vergütungsgruppe	Ortszuschlag Stufe 1/2	Überleitung aus Stufe	nach	für	Betrag Tarifgebiet West	Betrag Tarifgebiet Ost
		OZ 1	5	4 Jahren	4 Jahre	50,- €	48,- €
			7	1 Jahr	1 Jahr, danach für 5 Jahre	190,- € 20,- €	184,- € 19,- €
9 a	Kr. VI	OZ 2	4	4 Jahren	3 Jahre	30,- €	29,- €
			5	2 Jahren	5 Jahre	75,- €	72,- €
		OZ 1	5	2 Jahren	8 Jahre	50,- €	48,- €
			6	4 Jahren	3 Jahre	40,- €	38,- €
			7	2 Jahren	5 Jahre	60,- €	58,- €
8 a	Kr. V a 3 Jahre Kr. VI	OZ 2	3	4 Jahren	7 Jahre	45,- €	43,- €
			5	2 Jahren	5 Jahre	60,- €	58,- €
		OZ 1	4	2 Jahren	9 Jahre	55,- €	53,- €
			7	2 Jahren	5 Jahre	60,- €	58,- €
8 a	Kr. V a 5 Jahre Kr. VI	OZ 2	3	4 Jahren	7 Jahre	45,- €	43,- €
			5	2 Jahren	5 Jahre	60,- €	58,- €
		OZ 1	3	4 Jahren	3 Jahre	55,- €	53,- €
			4	2 Jahren	9 Jahre	55,- €	53,- €
			7	2 Jahren	5 Jahre	60,- €	58,- €
8 a	Kr. V 6 Jahre Kr. VI	OZ 2	2	6 Jahren	7 Jahre	30,- €	29,- €
			3	4 Jahren	7 Jahre	35,- €	33,- €
			5	2 Jahren	5 Jahre	60,- €	58,- €
		OZ 1	3	2 Jahren	7 Jahre	120,- €	116,- €
			4	2 Jahren	9 Jahre	55,- €	53,- €
			7	2 Jahren	5 Jahre	60,- €	58,- €
8 a	Kr. V 4 Jahre, Kr. V a 2 Jahre, Kr. VI	OZ 2	2	6 Jahren	7 Jahre	60,- €	58,- €
			3	4 Jahren	7 Jahre	60,- €	58,- €
			4	3 Jahren	4 Jahre	25,- €	24,- €
			5	1 Jahr	2 Jahre, danach für 4 Jahre	25,- € 80,- €	24,- € 77,- €
			7	1 Jahr	1 Jahr	40,- €	38,- €
			8	1 Jahr	1 Jahr	40,- €	38,- €

TVÜ-VKA Anlage 2

EG	Vergütungsgruppe	Ortszuschlag Stufe 1/2	Überleitung aus Stufe	nach	für	Betrag Tarifgebiet West	Betrag Tarifgebiet Ost
		OZ 1	3	2 Jahren	5 Jahre	55,- €	53,- €
			4	2 Jahren	4 Jahre, danach für 5 Jahre	70,- € 20,- €	67,- € 19,- €
			7	2 Jahren	5 Jahre	55,- €	53,- €
7 a	Kr. V 4 Jahre Kr. V a	OZ 2	3	4 Jahren	7 Jahre	55,- €	53,- €
			5	4 Jahren	3 Jahre	70,- €	67,- €
			7	2 Jahren	dauerhaft	25,- €	24,- €
			8	2 Jahren	dauerhaft	20,- €	19,- €
		OZ 1	5	2 Jahren	9 Jahre	45,- €	43,- €
			7	2 Jahren	5 Jahre	40,- €	38,- €
7 a	Kr. V 5 Jahre Kr. V a	OZ 2	3	4 Jahren	7 Jahre	45,- €	43,- €
			4	2 Jahren	9 Jahre	100,- €	97,- €
			5	4 Jahren	3 Jahre	90,- €	87,- €
			7	2 Jahren	dauerhaft	25,- €	24,- €
			8	2 Jahren	dauerhaft	20,- €	19,- €
		OZ 1	5	2 Jahren	9 Jahre	45,- €	43,- €
			7	2 Jahren	5 Jahre	40,- €	38,- €
7 a	Kr. IV 2 Jahre (Hebammen 1 Jahr, Altenpflegerinnen 3 Jahre) Kr. V 4 Jahre Kr. V a	OZ 2	3	2 Jahren (Altenpflegerinnen nach 3 Jahren)	9 Jahre (Altenpflegerinnen für 8 Jahre)	50,- €	48,- €
			5	2 Jahren	5 Jahre	55,- €	53,- €
			7	2 Jahren	dauerhaft	25,- €	24,- €
			8	2 Jahren	dauerhaft	20,- €	19,- €
		OZ 1	4	4 Jahren	2 Jahre	20,- €	19,- €
			5	2 Jahren	9 Jahre	55,- €	53,- €
			6	4 Jahren	3 Jahre	10,- €	9,- €
			7	2 Jahren	5 Jahre	60,- €	58,- €
7 a	Kr. IV 4 Jahre Kr. V	OZ 2	4	4 Jahren	dauerhaft	25,- €	24,- €

Anlage 2 TVÜ-VKA

EG	Vergü-tungs-gruppe	Orts zuschlag Stufe 1/2	Über-leitung aus Stufe	nach	für	Betrag Tarifgebiet West	Betrag Tarifgebiet Ost
			5	6 Jahren	dauerhaft	25,- €	24,- €
			6	4 Jahren	dauerhaft	35,- €	33,- €
			7	2 Jahren	dauerhaft	65,- €	63,- €
			8	2 Jahren	dauerhaft	40,- €	38,- €
		OZ 1	3	2 Jahren	3 Jahre	100,- €	97,- €
			6	2 Jahren	4 Jahre	40,- €	38,- €
			7	2 Jahren	4 Jahre	90,- €	87,- €
4 a	Kr. III 4 Jahre Kr. IV	OZ 2	3	2 Jahren	2 Jahre, danach für 7 Jahre	20,- € 60,- €	19,- € 58,- €
			4	4 Jahren	3 Jahre	40,- €	38,- €
			5	2 Jahren	5 Jahre	60,- €	58,- €
			7	2 Jahren	dauerhaft	25,- €	24,- €
			8	2 Jahren	dauerhaft	35,- €	33,- €
		OZ 1	5	2 Jahren	9 Jahre	55,- €	53,- €
			7	2 Jahren	5 Jahre	40,- €	38,- €
4 a	Kr. II 2 Jahre Kr. III 4 Jahre Kr. IV	OZ 2	3	2 Jahren	9 Jahre	40,- €	38,- €
			4	4 Jahren	3 Jahre	40,- €	38,- €
			5	2 Jahren	5 Jahre	60,- €	58,- €
			7	2 Jahren	dauerhaft	25,- €	24,- €
			8	2 Jahren	dauerhaft	35,- €	33,- €
		OZ 1	5	2 Jahren	9 Jahre	55,- €	53,- €
			7	2 Jahren	5 Jahre	40,- €	38,- €
3 a	Kr. I 3 Jahre Kr. II	OZ 2	2	1 Jahr	10 Jahre	55,- €	53,- €
			7	4 Jahren	dauerhaft	15,- €	14,- €
			8	2 Jahren	dauerhaft	25,- €	24,- €
		OZ 1	2	1 Jahr	3 Jahre	30,- €	29,- €
			4	2 Jahren	9 Jahre	35,- €	33,- €

Anlage 3
Vorläufige Zuordnung der Vergütungs- und Lohngruppen zu den Entgeltgruppen für zwischen dem 1. Oktober 2005 und dem In-Kraft-Treten der neuen Entgeltordnung stattfindende Eingruppierungsvorgänge (VKA)

Entgeltgruppe	Vergütungsgruppe	Lohngruppe
15	I a	–
	I b mit Aufstieg nach I a (zwingend Stufe 1, keine Stufe 6)	
14	I b ohne Aufstieg nach I a	–
13	Beschäftigte mit Tätigkeiten, die eine abgeschlossene wissenschaftliche Hochschulausbildung voraussetzen (II mit und ohne Aufstieg nach I b)	–
	[ggf. mit Zulagenregelung nach § 17 Abs. 8 TVÜ-VKA] und weitere Beschäftigte, die nach der Vergütungsordnung zum BAT/BAT-O/BAT-Ostdeutsche Sparkassen unmittelbar in Verg. Gr. II eingruppiert sind	
12	III mit Aufstieg nach II	–
11	III ohne Aufstieg nach II	
	IV a mit Aufstieg nach III	
10	IV a ohne Aufstieg nach III	–
	IV b mit Aufstieg nach IV a	
	V b in den ersten sechs Monaten der Berufsausübung, wenn danach IV b mit Aufstieg nach IV a	
9	IV b ohne Aufstieg nach IV a	9 (zwingend Stufe 1, Stufe 4 nach 7 Jahren in Stufe 3, keine Stufen 5 und 6)
	V b mit Aufstieg nach IV b	
	V b ohne Aufstieg nach IV b (Stufe 5 nach 9 Jahren in Stufe 4, keine Stufe 6)	
8	V c mit Aufstieg nach V b	7 mit Aufstieg nach 8 und 8 a
	V c ohne Aufstieg nach V b	
7	Keine	7 mit Aufstieg nach 7 a
		6 mit Aufstieg nach 7 und 7 a
6	VI b mit Aufstieg nach V c	6 mit Aufstieg nach 6 a
	VI b ohne Aufstieg nach V c	5 mit Aufstieg nach 6 und 6 a
5	VII mit Aufstieg nach VI b	5 mit Aufstieg nach 5 a
	VII ohne Aufstieg nach VI b	4 mit Aufstieg nach 5 und 5 a
4	Keine	4 mit Aufstieg nach 4 a
		3 mit Aufstieg nach 4 und 4 a
3	VIII mit Aufstieg nach VII	3 mit Aufstieg nach 3 a
	VIII ohne Aufstieg nach VII	2 mit Aufstieg nach 3 und 3 a

Entgelt-gruppe	Vergütungsgruppe	Lohngruppe
2 Ü	Keine	2 mit Aufstieg nach 2 a
		1 mit Aufstieg nach 2 und 2 a
2	IX a mit Aufstieg nach VIII	1 mit Aufstieg nach 1 a (keine Stufe 6)
	IX mit Aufstieg nach IX a oder VIII	
	X (keine Stufe 6)	
1	Beschäftigte mit einfachsten Tätigkeiten, zum Beispiel – Essens- und Getränkeausgeber/innen – Garderobenpersonal – Spülen und Gemüseputzen und sonstige Tätigkeiten im Haus- und Küchenbereich – Reiniger/innen in Außenbereichen wie Höfe, Wege, Grünanlagen, Parks – Wärter/innen von Bedürfnisanstalten – Servierer/innen – Hausarbeiter/innen – Hausgehilfe/Hausgehilfin – Bote/Botin (ohne Aufsichtsfunktion) Ergänzungen können durch landesbezirklichen Tarifvertrag geregelt werden. Hinweis: Diese Zuordnung gilt unabhängig von bisherigen tariflichen Zuordnungen zu Vergütungs-/Lohngruppen.	

Anlage 4
Kr-Anwendungstabelle
– Geltungsbereich § 40 BT-K bzw. § 40 BT-B –

Gültig vom 1. März 2012 bis zum 31. Dezember 2012
(monatlich in Euro)

Werte aus Entgeltgruppe allg. Tabelle	Entgeltgruppe KR	Zuordnungen Vergütungsgruppen KR/KR-Verläufe	Grundentgelt		Entwicklungsstufen			
			Stufe 1	Stufe 2	Stufe 3	Stufe 4	Stufe 5	Stufe 6
EG 12	12 a	XII mit Aufstieg nach XIII	–	–	3.647,70	4.040,54 nach 2 J. St. 3	4.545,61 nach 3 J. St. 4	4.770,08
	11 b	XI mit Aufstieg nach XII	–	–	–	3.647,70	4.135,94	4.360,41
EG 11	11 a	X mit Aufstieg nach XI	–	–	3.311,00	3.647,70 nach 2 J. St. 3	4.135,94 nach 5 J. St. 4	–
EG 10	10 a	IX mit Aufstieg nach X	–	–	3.198,76	3.423,24 nach 2 J. St. 3	3.849,73 nach 3 J. St. 4	–
	9 d	VIII mit Aufstieg nach IX	–	–	3.120,19	3.400,79 nach 4 J. St. 3	3.625,26 nach 2 J. St. 4	–
	9 c	VII mit Aufstieg nach VIII	–	–	3.030,41	3.243,66 nach 5 J. St. 3	3.445,68 nach 5 J. St. 4	–
EG 9, EG 9 b	9 b	VI mit Aufstieg nach VII	–	–	2.761,04	3.120,19 nach 5 J. St. 3	3.243,66 nach 5 J. St. 4	–
		VII ohne Aufstieg						
	9 a	VI ohne Aufstieg	–	–	2.761,04	2.856,44 nach 5 J. St. 3	3.030,41 nach 5 J. St. 4	–

Anlage 4 TVÜ-VKA

Werte aus Entgelt-gruppe allg. Tabelle	Entgeltgruppe KR	Zuordnungen Vergütungs-gruppen KR/KR-Verläufe	Grundentgelt		Entwicklungsstufen			
			Stufe 1	Stufe 2	Stufe 3	Stufe 4	Stufe 5	Stufe 6
EG 7, EG 8, EG 9 b	8 a	V a mit Aufstieg nach VI	-	2.446,77	2.570,24	2.671,25	2.856,44	3.030,41
		V mit Aufstieg nach V a und VI	2.300,86					
		V mit Aufstieg nach VI						
		V mit Aufstieg nach V a	-					
EG 7, EG 8	7 a	IV mit Aufstieg nach V und V a	2.132,51	2.300,86	2.446,77	2.671,25	2.783,48	2.899,09
		IV mit Aufstieg nach V						-
EG 4, EG 6	4 a	II mit Aufstieg nach III und IV	1.910,27	2.053,94	2.188,62	2.474,83	2.547,79	2.682,46
		III mit Aufstieg nach IV						
EG 3, EG 4	3 a	I mit Aufstieg nach II	1.823,87	2.020,26	2.076,40	2.166,18	2.233,53	2.391,77

Gültig vom 1. Januar 2013 bis zum 31. Juli 2013
(monatlich in Euro)

Werte aus Entgelt-gruppe allg. Tabelle	Entgeltgruppe KR	Zuordnungen Vergütungs-gruppen KR/KR-Verläufe	Grundentgelt		Entwicklungsstufen			
			Stufe 1	Stufe 2	Stufe 3	Stufe 4	Stufe 5	Stufe 6
EG 12	12 a	XII mit Aufstieg nach XIII	-	-	3.698,77	4.097,11 nach 2 J. St. 3	4.609,25 nach 3 J. St. 4	4.836,86
EG 11	11 b	XI mit Aufstieg nach XII	-	-	-	3.698,77	4.193,84	4.421,46
	11 a	X mit Aufstieg nach XI	-	-	3.357,35	3.698,77 nach 2 J. St. 3	4.193,84 nach 5 J. St. 4	-

TVÜ-VKA Anlage 4

Werte aus Entgeltgruppe allg. Tabelle	Entgeltgruppe KR	Zuordnungen Vergütungsgruppen KR/KR-Verläufe	Grundentgelt		Entwicklungsstufen			
			Stufe 1	Stufe 2	Stufe 3	Stufe 4	Stufe 5	Stufe 6
EG 10	10 a	IX mit Aufstieg nach X	-	-	3.243,54	3.471,17 nach 2 J. St. 3	3.903,63 nach 3 J. St. 4	-
	9 d	VIII mit Aufstieg nach IX	-	-	3.163,87	3.448,40 nach 4 J. St. 3	3.676,01 nach 2 J. St. 4	-
	9 c	VII mit Aufstieg nach VIII	-	-	3.072,84	3.289,07 nach 5 J. St. 3	3.493,92 nach 5 J. St. 4	-
EG 9, EG 9 b	9 b	VI mit Aufstieg nach VII	-	-	2.799,69	3.163,87 nach 5 J. St. 3	3.289,07 nach 5 J. St. 4	-
		VII ohne Aufstieg						
	9 a	VI ohne Aufstieg	-	-	2.799,69	2.896,43 nach 5 J. St. 3	3.072,84 nach 5 J. St. 4	-
EG 7, EG 8, EG 9 b	8 a	V a mit Aufstieg nach VI	-					
		V mit Aufstieg nach V a und VI		2.481,02	2.606,22	2.708,65	2.896,43	3.072,84
		V mit Aufstieg nach VI	2.333,07					
		V mit Aufstieg nach V a	-					
EG 7, EG 8	7 a	IV mit Aufstieg nach V und V a	2.162,37	2.333,07	2.481,02	2.708,65	2.822,45	2.939,68
		IV mit Aufstieg nach V						
EG 4, EG 6	4 a	II mit Aufstieg nach III und IV	1.937,01	2.082,70	2.219,26	2.509,48	2.583,46	2.720,01
		III mit Aufstieg nach IV						-
EG 3, EG 4	3 a	I mit Aufstieg nach II	1.849,40	2.048,54	2.105,47	2.196,51	2.264,80	2.425,25

Anlage 4 TVÜ-VKA

Gültig ab 1. August 2013
(monatlich in Euro)

Werte aus Entgeltgruppe allg. Tabelle	Entgeltgruppe KR	Zuordnungen Vergütungsgruppen KR/KR-Verläufe	Grundentgelt		Entwicklungsstufen			
			Stufe 1	Stufe 2	Stufe 3	Stufe 4	Stufe 5	Stufe 6
EG 12	12 a	XII mit Aufstieg nach XIII	-	-	3.750,55	4.154,47 nach 2 J. St. 3	4.673,78 nach 3 J. St. 4	4.904,58
EG 11	11 b	XI mit Aufstieg nach XII	-	-	-	3.750,55	4.252,55	4.483,36
	11 a	X mit Aufstieg nach XI	-	-	3.404,35	3.750,55 nach 2 J. St. 3	4.252,55 nach 5 J. St. 4	-
EG 10	10 a	IX mit Aufstieg nach X	-	-	3.288,95	3.519,77 nach 2 J. St. 3	3.958,28 nach 3 J. St. 4	-
	9 d	VIII mit Aufstieg nach IX	-	-	3.208,16	3.496,68 nach 4 J. St. 3	3.727,47 nach 2 J. St. 4	-
	9 c	VII mit Aufstieg nach VIII	-	-	3.115,86	3.335,12 nach 5 J. St. 3	3.542,83 nach 5 J. St. 4	-
EG 9, EG 9 b	9 b	VI mit Aufstieg nach VII	-	-	2.838,89	3.208,16 nach 5 J. St. 3	3.335,12 nach 5 J. St. 4	-
		VII ohne Aufstieg						
	9 a	VI ohne Aufstieg	-	-	2.838,89	2.936,98 nach 5 J. St. 3	3.115,86 nach 5 J. St. 4	-
EG 7, EG 8, EG 9 b	8 a	V a mit Aufstieg nach VI	-	2.515,75	2.642,71	2.746,57	2.936,98	3.115,86
		V mit Aufstieg nach V a und VI						
		V mit Aufstieg nach VI	2.365,73					

TVÜ-VKA Anlage 4

Werte aus Entgelt-gruppe allg. Tabelle	Entgeltgruppe KR	Zuordnungen Vergütungs-gruppen KR/KR-Verläufe	Grundentgelt		Entwicklungsstufen			
			Stufe 1	Stufe 2	Stufe 3	Stufe 4	Stufe 5	Stufe 6
EG 7, EG 8	7 a	V mit Aufstieg nach V a	-	2.365,73	2.515,75	2.746,57	2.861,96	2.980,84
		IV mit Aufstieg nach V und V a	2.192,64					
		IV mit Aufstieg nach V						-
EG 4, EG 6	4 a	II mit Aufstieg nach III und IV	1.964,13	2.111,86	2.250,33	2.544,61	2.619,63	2.758,09
		III mit Aufstieg nach IV						
EG 3, EG 4	3 a	I mit Aufstieg nach II	1.875,29	2.077,22	2.134,95	2.227,26	2.296,51	2.459,20

Tarifvertrag zur Überleitung der Beschäftigten der Länder in den TV-L und zur Regelung des Übergangsrechts (TVÜ-Länder)

Vom 12. Oktober 2006
zuletzt geändert durch ÄndTV Nr. 4 vom 2. Januar 2012

1. Abschnitt Allgemeine Vorschriften

§ 1 Geltungsbereich

(1) [1]Dieser Tarifvertrag gilt für Angestellte, Arbeiterinnen und Arbeiter (Beschäftigte),
- deren Arbeitsverhältnis zu einem Arbeitgeber, der Mitglied der Tarifgemeinschaft deutscher Länder (TdL) oder eines Mitgliedverbandes der TdL ist, über den 31. Oktober 2006 hinaus fortbesteht, und
- die am 1. November 2006 unter den Geltungsbereich des Tarifvertrages für den öffentlichen Dienst der Länder (TV-L) fallen,

für die Dauer des ununterbrochen fortbestehenden Arbeitsverhältnisses.
[2]Dieser Tarifvertrag gilt ferner für die unter § 19 Absatz 3 fallenden Beschäftigten der Entgeltgruppe 15 Ü.

Protokollerklärungen zu § 1 Absatz 1 Satz 1:

1.Unterbrechungen von bis zu einem Monat sind unschädlich; bei Lehrkräften im Sinne der Nr. 4 der Vorbemerkungen zu allen Teilen der Entgeltordnung zum TV-L tritt bei Unterbrechungen während der Sommerferien an die Stelle des Zeitraums von einem Monat die Dauer der Sommerferien.

2. [1]Auf Beschäftigte, die seit mindestens fünf Jahren für eine jahreszeitlich begrenzte regelmäßig wiederkehrende Tätigkeit in einem Arbeitsverhältnis standen oder stehen (Saisonbeschäftigte), werden die §§ 2 bis 8, 11, 14, 17, 18, 19 Absatz 1, § 29 a auch dann angewandt, wenn das Arbeitsverhältnis am 31. Oktober beziehungsweise 1. November 2006 nicht bestanden hat. [2]Für die Überleitung, insbesondere für die Berechnung des Vergleichsentgelts, finden die Regelungen für Beschäftigte, die im Oktober 2006 beurlaubt waren, sinngemäß Anwendung. [3]Die Anwendung dieses Tarifvertrages endet, wenn der Saisonbeschäftigte in einer neuen Saison nicht wieder eingestellt wird. [4]Dieser Tarifvertrag gilt uneingeschränkt für Saisonarbeitnehmer, deren Arbeitsverhältnis am 31. Oktober 2006 besteht, bis zum Ende dieses Saisonarbeitsverhältnisses. [5]Bestand mit den Saisonbeschäftigten am 31. Oktober beziehungsweise 1. November 2006 ein Arbeitsverhältnis, finden die in Satz 1 angeführten Vorschriften dieses Tarifvertrages auf nachfolgende Saisonbeschäftigungen unter den Voraussetzungen der Sätze 1 und 3 Anwendung.

3.Hat das Arbeitsverhältnis nur wegen des Feiertages am 31. Oktober oder 1. November 2006 nicht bestanden, ist dies für die Anwendung dieses Tarifvertrages unschädlich.

(2) Nur soweit nachfolgend ausdrücklich bestimmt, gelten die Vorschriften dieses Tarifvertrages auch für Beschäftigte, deren Arbeitsverhältnis zu einem Arbeitgeber im Sinne des Absatzes 1 nach dem 31. Oktober 2006 beginnt und die unter den Geltungsbereich des TV-L fallen.

(3) Für geringfügig Beschäftigte im Sinne des § 8 Absatz 1 Nr. 2 SGB IV, die am 31. Oktober 2006 unter den Geltungsbereich des BAT/BAT-O/MTArb/MTArb-O fallen, finden die bisher jeweils einschlägigen tarifvertraglichen Regelungen für die Dauer ihres ununterbrochen fortbestehenden Arbeitsverhältnisses weiterhin Anwendung.

(4) Die Bestimmungen des TV-L gelten, soweit dieser Tarifvertrag keine abweichenden Regelungen trifft.

Niederschriftserklärung zu § 1:

Für den Fall des Wiedereintritts eines Landes in die Tarifgemeinschaft deutscher Länder (TdL) verpflichtet sich die TdL zur Aufnahme von Tarifverhandlungen über die Überleitung in den TV-L.

§ 2 Ersetzung bisheriger Tarifverträge durch den TV-L

(1) ¹Der TV-L ersetzt in Verbindung mit diesem Tarifvertrag für den Bereich der Tarifgemeinschaft deutscher Länder (TdL) die in Anlage 1 TVÜ-Länder Teil A und Teil B aufgeführten Tarifverträge (einschließlich deren Anlagen) beziehungsweise Tarifvertragsregelungen, soweit im TV-L, in diesem Tarifvertrag oder in den Anlagen nicht ausdrücklich etwas anderes bestimmt ist. ²Die Ersetzung erfolgt mit Wirkung vom 1. November 2006, soweit kein abweichender Termin bestimmt ist.

Protokollerklärungen zu § 2 Absatz 1:

1. ¹Die Anlage 1 TVÜ-Länder Teil B (Liste der ersetzten Tarifverträge beziehungsweise Tarifvertragsregelungen) enthält – über die Anlage 1 TVÜ-Länder Teil A hinaus – die Tarifverträge beziehungsweise die Tarifvertragsregelungen, die am 1. November 2006 ohne Nachwirkung außer Kraft treten. ²Ist für diese Tarifvorschriften in der Liste ein abweichender Zeitpunkt für das Außerkrafttreten beziehungsweise eine vorübergehende Fortgeltung vereinbart, beschränkt sich die Fortgeltung dieser Tarifverträge auf deren bisherigen Geltungsbereich (Arbeiter/Angestellte; Tarifgebiet Ost/Tarifgebiet West usw.).

2. Von der ersetzenden Wirkung werden ergänzende Tarifverträge, die von der TdL abgeschlossen sind, nicht erfasst, soweit diese anstelle landesbezirklicher Regelungen oder für das Tarifgebiet Ost vereinbart sind.

Niederschriftserklärung zu § 2 Absatz 1:

Die Tarifvertragsparteien gehen davon aus, dass der TV-L und der TVÜ-Länder das bisherige Tarifrecht auch dann ersetzen, wenn arbeitsvertragliche Bezugnahmen nicht ausdrücklich den Fall der ersetzenden Regelung beinhalten.

(2) ¹Tarifverträge, die von einzelnen Mitgliedern der TdL abgeschlossen wurden, sind durch die landesbezirklichen Tarifvertragsparteien hinsichtlich ihrer Weitergeltung zu prüfen und bei Bedarf an den TV-L anzupassen. ²Das Recht zur Kündigung der in Satz 1 genannten Tarifverträge bleibt unberührt.

Protokollerklärung zu § 2 Absatz 2:

Entsprechendes gilt für Tarifverträge, die von der TdL abgeschlossen sind, soweit diese anstelle landesbezirklicher Regelungen oder für das Tarifgebiet Ost vereinbart sind.

(3) Unabhängig von den Absätzen 1 und 2 gelten Tarifverträge gemäß § 3 des Tarifvertrages zur sozialen Absicherung fort und sind bei Bedarf an den TV-L anzupassen.

(4) Im Übrigen werden solche Tarifvertragsregelungen mit Wirkung vom 1. November 2006 ersetzt, die
- materiell in Widerspruch zu Regelungen des TV-L beziehungsweise dieses Tarifvertrages stehen,
- einen Regelungsinhalt haben, der nach dem Willen der Tarifvertragsparteien durch den TV-L beziehungsweise diesen Tarifvertrag ersetzt oder aufgehoben worden ist, oder
- zusammen mit dem TV-L beziehungsweise diesem Tarifvertrag zu Doppelleistungen führen würden.

Niederschriftserklärung zu § 2 Absatz 4:

Mit Abschluss der Verhandlungen über die Anlage 1 TVÜ-Länder Teil B heben die Tarifvertragsparteien § 2 Absatz 4 auf.

(5) ¹Die in der Anlage 1 TVÜ-Länder Teil C aufgeführten Tarifverträge und Tarifvertragsregelungen gelten fort, soweit im TV-L, in diesem Tarifvertrag oder in den Anlagen nicht aus-

drücklich etwas anderes bestimmt ist. ²Die Fortgeltung erfasst auch Beschäftigte im Sinne des § 1 Absatz 2.

Protokollerklärung zu § 2 Absatz 5:
Die Fortgeltung dieser Tarifverträge beschränkt sich auf den bisherigen Geltungsbereich (zum Beispiel Arbeiter/Angestellte; Tarifgebiet Ost/Tarifgebiet West).

(6) Soweit in nicht ersetzten Tarifverträgen und Tarifvertragsregelungen auf Vorschriften verwiesen wird, die aufgehoben oder ersetzt worden sind, gelten an deren Stelle bis zu einer redaktionellen Anpassung die Regelungen des TV-L beziehungsweise dieses Tarifvertrages entsprechend.

2. Abschnitt Überleitungsregelungen

§ 3 Überleitung in den TV-L

Die von § 1 Absatz 1 erfassten Beschäftigten werden am 1. November 2006 nach den folgenden Regelungen in den TV-L übergeleitet.

§ 4 Zuordnung der Vergütungs- und Lohngruppen

(1) ¹Für die Überleitung der Beschäftigten wird ihre Vergütungs- beziehungsweise Lohngruppe (§ 22 BAT/BAT-O beziehungsweise entsprechende Regelungen für Arbeiterinnen und Arbeiter beziehungsweise besondere tarifvertragliche Vorschriften für bestimmte Berufsgruppen) nach der Anlage 2 TVÜ-Länder Teil A und B beziehungsweise den Anlagen 5A und 5B den Entgeltgruppen des TV-L zugeordnet. ²Für Ärztinnen und Ärzte, einschließlich Ärztinnen und Ärzte in ärztlichen Servicebereichen, Zahnärztinnen und Zahnärzte, die an einer Universitätsklinik überwiegend Aufgaben in der Patientenversorgung wahrnehmen, gilt die Entgeltordnung gemäß Anlage 2 TVÜ-Länder Teil C. ³Satz 2 gilt entsprechend für sonstige Ärztinnen und Ärzte, soweit für sie die Anwendung dieser Entgeltordnung vereinbart ist.

Protokollerklärungen zu § 4 Absatz 1:
1. ¹Bis zum In-Kraft-Treten einer neuen Entgeltordnung verständigen sich die Tarifvertragsparteien zur besseren Übersichtlichkeit für die Zuordnung der Beschäftigten gemäß Anlage 1 b zum BAT/BAT-O auf eine Anwendungstabelle gemäß Anlage 5 A und Anlage 5 B; dies gilt auch für Beschäftigte im Sinne des § 1 Absatz 2. ²In den Entgeltgruppen KR 11 b und KR 12 a erhöht sich der Tabellenwert nach 5 Jahren in Stufe 5 um 200,– Euro, § 9 Absatz 4 Satz 2 gilt entsprechend; ist bei übergeleiteten Beschäftigten das Vergleichsentgelt höher als das Entgelt der Stufe 5, erhalten sie den erhöhten Tabellenwert ab dem 1. November 2008. ³Die Tarifvertragsparteien sind sich einig, dass diese Anwendungstabelle – insbesondere die Bezeichnung der Entgeltgruppen – keinen Vorgriff auf die Verhandlungen zu einer neuen Entgeltordnung darstellt. ⁴Die Regelungen des TV-L über die Bezahlung im Tarifgebiet Ost gelten entsprechend.
2. Lehrkräfte, die ihre Lehrbefähigung nach dem Recht der DDR erworben haben und deren Ämter in den Landesbesoldungsgesetzen der neuen Bundesländer beziehungsweise deren Tätigkeitsmerkmale in den Richtlinien des Freistaates Sachsen zur Eingruppierung der angestellten Lehrkräfte an öffentlichen Schulen ausgebracht wurden, sind „Erfüller" im Sinne der Überleitung der Lehrkräfte.
3. Zu den ärztlichen Servicebereichen in der Patientenversorgung zählen zum Beispiel Pathologie, Labor, Krankenhaushygiene.

(2) Beschäftigte, die im November 2006 bei Fortgeltung des bisherigen Tarifrechts die Voraussetzungen für eine Höhergruppierung, einen Bewährungs-, Fallgruppen- oder Tätigkeitsaufstieg erfüllt hätten, werden für die Überleitung so behandelt, als wären sie bereits im Oktober 2006 höhergruppiert beziehungsweise höher eingereiht worden.

(3) Beschäftigte, die im November 2006 bei Fortgeltung des bisherigen Tarifrechts in eine niedrigere Vergütungs- beziehungsweise Lohngruppe eingruppiert beziehungsweise eingereiht

worden wären, werden für die Überleitung so behandelt, als wären sie bereits im Oktober 2006 herabgruppiert beziehungsweise niedriger eingereiht worden.

§ 5 Vergleichsentgelt

(1) Für die Zuordnung zu den Stufen der Entgelttabelle des TV-L wird für die Beschäftigten nach § 4 ein Vergleichsentgelt auf der Grundlage der Bezüge, die im Oktober 2006 zustehen, nach den Absätzen 2 bis 6 gebildet.

(2) [1]Bei Beschäftigten aus dem Geltungsbereich des BAT/BAT-O setzt sich das Vergleichsentgelt aus Grundvergütung, allgemeiner Zulage und Ortszuschlag der Stufe 1 oder 2 zusammen. [2]Ist auch eine andere Person im Sinne von § 29 Abschnitt B Absatz 5 BAT/BAT-O ortszuschlagsberechtigt oder nach beamtenrechtlichen Grundsätzen familienzuschlagsberechtigt, wird die Stufe 1 und der jeweilige Anteil des Unterschiedsbetrages der Ortszuschlagsstufe 1 und 2 beziehungsweise des Familienzuschlags der Stufe 1, den die andere Person aufgrund von Teilzeitbeschäftigung nicht mehr erhält, zugrunde gelegt; findet der TV-L am 1. November 2006 auch auf die andere Person Anwendung, geht der jeweils individuell zustehende Teil des Unterschiedsbetrages zwischen den Stufen 1 und 2 des Ortszuschlags in das Vergleichsentgelt ein. [3]Ferner fließen im Oktober 2006 tarifvertraglich zustehende Funktionszulagen insoweit in das Vergleichsentgelt ein, als sie nach dem TV-L nicht mehr vorgesehen sind. [4]Erhalten Beschäftigte eine Gesamtvergütung (§ 30 BAT/BAT-O), bildet diese das Vergleichsentgelt. [5]Bei Lehrkräften im Sinne der Vorbemerkung Nr. 5 zu allen Vergütungsgruppen der Anlage 1 a zum BAT/BAT-O wird die Zulage nach § 2 Absatz 3 des Tarifvertrages über Zulagen an Angestellte in das Vergleichsentgelt eingerechnet. [6]Abweichend von Satz 5 wird bei Lehrkräften, die am 31. Oktober 2006 einen Anspruch auf die Zulage nach Abschnitt A Nr. 2 der Lehrer-Richtlinien der TdL beziehungsweise der Lehrer-Richtlinien-O der TdL haben, die Zulage nach § 2 Absatz 2 Buchstabe c des Tarifvertrages über Zulagen an Angestellte, und bei Lehrkräften, die einen arbeitsvertraglichen Anspruch auf Zahlung einer allgemeinen Zulage wie die unter die Anlage 1 a zum BAT/BAT-O fallenden Angestellten haben, diese Zulage in das Vergleichsentgelt eingerechnet.

Protokollerklärung zu § 5 Absatz 2 Satz 3:

[1]*Vorhandene Beschäftigte erhalten bis zu einer Überarbeitung oder Neuregelung der entsprechenden Abschnitte der Entgeltordnung zum TV-L ihre Techniker-, Meister- und Programmiererzulagen unter den bisherigen Voraussetzungen als persönliche Besitzstandszulage.* [2]*Die Protokollerklärung zu § 6 Absatz 1 gilt entsprechend.*

(3) [1]Bei Beschäftigten aus dem Geltungsbereich des MTArb/MTArb-O wird der Monatstabellenlohn als Vergleichsentgelt zugrunde gelegt. [2]Absatz 2 Satz 3 gilt entsprechend. [3]Erhalten Beschäftigte den Lohn nach § 23 Absatz 1 MTArb/MTArb-O, bildet dieser das Vergleichsentgelt.

(4) [1]Beschäftigte, die im November 2006 bei Fortgeltung des bisherigen Rechts die Grundvergütung beziehungsweise den Monatstabellenlohn der nächsthöheren Lebensalters- beziehungsweise Lohnstufe erhalten hätten, werden für die Bemessung des Vergleichsentgelts so behandelt, als wäre der Stufenaufstieg bereits im Oktober 2006 erfolgt. [2]§ 4 Absatz 2 und 3 gilt bei der Bemessung des Vergleichsentgelts entsprechend.

(5) [1]Bei Teilzeitbeschäftigten wird das Vergleichsentgelt auf der Grundlage eines entsprechenden Vollzeitbeschäftigten bestimmt. [2]Satz 1 gilt für Beschäftigte, deren Arbeitszeit nach § 3 des Tarifvertrages zur sozialen Absicherung vom 6. Juli 1992 herabgesetzt ist, entsprechend.

Protokollerklärung zu § 5 Absatz 5:

[1]Lediglich das Vergleichsentgelt wird auf der Grundlage eines entsprechenden Vollzeitbeschäftigten ermittelt; sodann wird nach der Stufenzuordnung das zustehende Entgelt zeitanteilig berechnet. [2]Die zeitanteilige Kürzung des auf den Ehegattenanteil im Ortszuschlag entfallenden Betrages (§ 5 Absatz 2 Satz 2 2. Halbsatz) unterbleibt nach Maßgabe des § 29 Abschnitt B Absatz 5 Satz 2 BAT/BAT-O. [3]Neue Ansprüche entstehen hierdurch nicht.

2. Abschnitt Überleitungsregelungen § 6 TVÜ-Länder

(6) Für Beschäftigte, die nicht für alle Tage im Oktober 2006 oder für keinen Tag dieses Monats Bezüge erhalten, wird das Vergleichsentgelt so bestimmt, als hätten sie für alle Tage dieses Monats Bezüge erhalten; in den Fällen des § 27 Abschnitt A Absatz 7 BAT/BAT-O und § 27 Abschnitt B Absatz 3 Unterabsatz 4 BAT/Unterabsatz 3 BAT-O beziehungsweise der entsprechenden Regelungen für Arbeiterinnen und Arbeiter werden die Beschäftigten für das Vergleichsentgelt so gestellt, als hätten sie am 1. Oktober 2006 die Arbeit wieder aufgenommen.

§ 6 Stufenzuordnung der Angestellten

(1) [1]Beschäftigte aus dem Geltungsbereich des BAT/BAT-O – mit Ausnahme der Ärztinnen und Ärzte im Sinne des § 4 Absatz 1 Satz 2 und 3 – werden einer ihrem Vergleichsentgelt entsprechenden individuellen Zwischenstufe der Entgeltgruppe (§ 4) zugeordnet. [2]Das Entgelt der individuellen Zwischenstufe nach Satz 1 wird zum 1. Januar 2008 im Tarifgebiet West um 2,9 v.H. erhöht und auf volle fünf Euro aufgerundet. [3]Die Erhöhung einschließlich Aufrundung gilt im Tarifgebiet Ost ab 1. Mai 2008. [4]Zum 1. November 2008 steigen diese Beschäftigten in die betragsmäßig nächsthöhere reguläre Stufe ihrer Entgeltgruppe auf. [5]Der weitere Stufenaufstieg richtet sich nach den Regelungen des TV-L. [6]Für die Stufenzuordnung der Lehrkräfte im Sinne der Vorbemerkung Nr. 5 zu allen Vergütungsgruppen der Anlage 1 a zum BAT/BAT-O gilt die Entgelttabelle zum TV-L mit den Maßgaben des § 20.

Protokollerklärung zu § 6 Absatz 1:

Das Entgelt der individuellen Zwischenstufe nach Satz 1 wird für Beschäftigte, auf die die Regelungen des Tarifgebietes Ost Anwendung finden und die nach dem BAT-O (einschließlich des § 2 Nr. 3 des Änderungstarifvertrages Nr. 1 zum BAT-O vom 8. Mai 1991) in die Vergütungsgruppen X bis Vb, Kr. I bis Kr. VIII eingruppiert oder nach dem MTArb-O in die Lohngruppen 1 bis 9 eingereiht wären, am 1. Januar 2008 um den Faktor 1,081081 erhöht.

(2) [1]Werden Beschäftigte vor dem 1. November 2008 höhergruppiert (nach § 8 Absatz 1 und 3, § 9 Absatz 3 Buchstabe a oder aufgrund Übertragung einer mit einer höheren Entgeltgruppe bewerteten Tätigkeit), so erhalten sie in der höheren Entgeltgruppe Tabellenentgelt nach der regulären Stufe, deren Betrag mindestens der individuellen Zwischenstufe entspricht, jedoch nicht weniger als das Tabellenentgelt der Stufe 2; der weitere Stufenaufstieg richtet sich nach den Regelungen des TV-L. [2]In den Fällen des Satzes 1 gilt § 17 Absatz 4 Satz 2 TV-L entsprechend. [3]Werden Beschäftigte vor dem 1. November 2008 herabgruppiert, werden sie in der niedrigeren Entgeltgruppe derjenigen individuellen Zwischenstufe zugeordnet, die sich bei Herabgruppierung im Oktober 2006 ergeben hätte; der weitere Stufenaufstieg richtet sich nach Absatz 1 Satz 4 und 5.

(3) [1]Ist bei Beschäftigten, deren Eingruppierung sich nach der Vergütungsordnung für Angestellte im Pflegedienst (Anlage 1 b zum BAT/BAT-O) richtet, das Vergleichsentgelt niedriger als das Entgelt der Stufe 3, entspricht es aber mindestens dem Mittelwert aus den Beträgen der Stufen 2 und 3 und ist die/der Beschäftigte am Stichtag mindestens drei Jahre in einem Arbeitsverhältnis bei demselben Arbeitgeber beschäftigt, wird sie/er abweichend von Absatz 1 bereits zum 1. November 2006 in die Stufe 3 übergeleitet. [2]Der weitere Stufenaufstieg richtet sich nach den Regelungen des TV-L.

(4) [1]Liegt das Vergleichsentgelt über der höchsten Stufe der nach § 4 bestimmten Entgeltgruppe, werden die Beschäftigten abweichend von Absatz 1 einer dem Vergleichsentgelt entsprechenden individuellen Endstufe zugeordnet; bei Lehrkräften im Sinne der Vorbemerkung Nr. 5 zu allen Vergütungsgruppen der Anlage 1 a zum BAT/BAT-O gilt dabei die Entgelttabelle zum TV-L mit den Maßgaben des § 20. [2]Absatz 1 Sätze 2 und 3 gelten entsprechend. [3]Werden Beschäftigte aus einer individuellen Endstufe höhergruppiert, so erhalten sie in der höheren Entgeltgruppe mindestens den Betrag, der ihrer bisherigen individuellen Endstufe entspricht. [4]Im Übrigen gilt Absatz 2 entsprechend. [5]Die individuelle Endstufe verändert sich um denselben Vomhundertsatz beziehungsweise in demselben Umfang wie die höchste Stufe der jeweiligen Entgeltgruppe.

Protokollerklärung zu § 6 Absatz 4:
¹*Die Protokollerklärung zu § 6 Absatz 1 gilt entsprechend.* ²*Sie findet am 1. Januar 2010 entsprechende Anwendung auf Beschäftigte im Tarifgebiet Ost, für deren Entgelt am 31. Dezember 2009 noch ein Bemessungssatz von 92,5 v.H. gilt.*

(5) ¹Beschäftigte, deren Vergleichsentgelt niedriger ist als das Tabellenentgelt in der Stufe 2, werden abweichend von Absatz 1 der Stufe 2 zugeordnet. ²Der weitere Stufenaufstieg richtet sich nach den Regelungen des TV-L. ³Abweichend von Satz 1 werden Beschäftigte, denen am 31. Oktober 2006 eine in der Allgemeinen Vergütungsordnung (Anlage 1a zum BAT/BAT-O) durch die Eingruppierung in Vergütungsgruppe V a BAT/BAT-O mit Aufstieg nach IVb und IVa BAT/BAT-O abgebildete Tätigkeit übertragen ist, der Stufe 1 der Entgeltgruppe 10 zugeordnet.

(6) ¹Ärztinnen und Ärzte im Sinne des § 4 Absatz 1 Satz 2 und 3 werden derjenigen Stufe der Entgeltgruppe (§ 4) zugeordnet, die sie erreicht hätten, wenn die Entgelttabelle für Ärztinnen und Ärzte bereits seit Beginn ihrer Zugehörigkeit zu der für sie maßgebenden Entgeltgruppe gegolten hätte. ²Für die Stufenfindung bei der Überleitung zählen die Zeiten im jetzigen Arbeitsverhältnis zu demselben Arbeitgeber. ³Für die Berücksichtigung von Vorzeiten ärztlicher Tätigkeit bei der Stufenfindung gilt § 16 Absatz 2 in Verbindung mit § 41 Nr. 11 TV-L. ⁴Ist das Vergleichsentgelt höher als das nach den Sätzen 1 bis 3 maßgebende Tabellenentgelt, wird das Vergleichsentgelt so lange gezahlt, bis das Tabellenentgelt das Vergleichsentgelt erreicht; Absatz 1 Sätze 2 und 3 gelten entsprechend.

Protokollerklärungen zu §§ 4 und 6:
Für die Überleitung in die Entgeltgruppe 8a gemäß Anlagen 5 A und 5 B TVÜ-Länder gilt für übergeleitete Beschäftigte
– *der Vergütungsgruppe Kr. V vier Jahre Kr. Va zwei Jahre Kr. VI*
– *der Vergütungsgruppe Kr. Va drei Jahre Kr. VI*
– *der Vergütungsgruppe Kr. Va fünf Jahre Kr. VI*
– *der Vergütungsgruppe Kr. V sechs Jahre Kr. VI*

mit Ortszuschlag der Stufe 2:
1. *Zunächst erfolgt die Überleitung nach den allgemeinen Grundsätzen.*
2. *Die Verweildauer in Stufe 3 wird von drei Jahren auf zwei Jahre verkürzt.*
3. *Der Tabellenwert der Stufe 4 wird nach der Überleitung um 100 Euro erhöht.*

§ 7 Stufenzuordnung der Arbeiterinnen und Arbeiter

(1) ¹Beschäftigte aus dem Geltungsbereich des MTArb/MTArb-O werden entsprechend ihrer Beschäftigungszeit nach § 6 MTArb/MTArb-O – mit Ausnahme der Übergangsvorschrift Nr. 3 zu § 6 MTArb-O – der Stufe der gemäß § 4 bestimmten Entgeltgruppe zugeordnet, die sie erreicht hätten, wenn die Entgelttabelle des TV-L bereits seit Beginn ihrer Beschäftigungszeit gegolten hätte; Stufe 1 ist hierbei ausnahmslos mit einem Jahr zu berücksichtigen. ²Der weitere Stufenaufstieg richtet sich nach den Regelungen des TV-L.

(2) § 6 Absatz 4 und Absatz 5 Satz 1 und 2 gilt für Beschäftigte gemäß Absatz 1 entsprechend.

(3) ¹Ist das Tabellenentgelt nach Absatz 1 Satz 1 niedriger als das Vergleichsentgelt, werden die Beschäftigten einer dem Vergleichsentgelt entsprechenden individuellen Zwischenstufe zugeordnet; § 6 Absatz 1 Satz 2 und 3 gilt entsprechend. ²Der Aufstieg aus der individuellen Zwischenstufe in die betragsmäßig nächsthöhere reguläre Stufe ihrer Entgeltgruppe findet zu dem Zeitpunkt statt, zu dem sie gemäß Absatz 1 Satz 1 die Voraussetzungen für diesen Stufenaufstieg aufgrund der Beschäftigungszeit erfüllt haben. ³§ 6 Absatz 4 Satz 5 gilt entsprechend.

(4) ¹Werden Beschäftigte während ihrer Verweildauer in der individuellen Zwischenstufe höhergruppiert, erhalten sie in der höheren Entgeltgruppe Tabellenentgelt nach der regulären Stufe, deren Betrag mindestens der individuellen Zwischenstufe entspricht, jedoch nicht weniger als das Entgelt der Stufe 2; der weitere Stufenaufstieg richtet sich nach den Regelungen

des TV-L. ²§ 17 Absatz 4 Satz 2 TV-L gilt entsprechend. ³Werden Beschäftigte während ihrer Verweildauer in der individuellen Zwischenstufe herabgruppiert, erfolgt die Stufenzuordnung in der niedrigeren Entgeltgruppe, als sei die niedrigere Einreihung bereits im Oktober 2006 erfolgt; der weitere Stufenaufstieg richtet sich bei Zuordnung zu einer individuellen Zwischenstufe nach Absatz 3 Satz 2, ansonsten nach Absatz 1 Satz 2.
Protokollerklärung zu den Absätzen 2 bis 4:
Die Protokollerklärung zu § 6 Absatz 1 gilt entsprechend.

3. Abschnitt Besitzstandsregelungen
§ 8 Bewährungs- und Fallgruppenaufstiege

(1) ¹Beschäftigte, die aus dem Geltungsbereich des BAT/BAT-O in eine der Entgeltgruppen 3, 5, 6 oder 8 übergeleitet werden und
– die am 1. November 2006 bei Fortgeltung des bisherigen Tarifrechts die für eine Höhergruppierung erforderliche Zeit der Bewährung oder Tätigkeit zur Hälfte erfüllt haben,
– bis zum individuellen Aufstiegszeitpunkt weiterhin eine Tätigkeit auszuüben haben, die diesen Aufstieg ermöglicht hätte, und
– bei denen zum individuellen Aufstiegszeitpunkt keine Anhaltspunkte vorliegen, die bei Fortgeltung des bisherigen Rechts einer Höhergruppierung entgegengestanden hätten,

sind zu dem Zeitpunkt, zu dem sie nach bisherigem Recht höhergruppiert wären, in die nächsthöhere Entgeltgruppe des TV-L eingruppiert. ²Abweichend von Satz 1 erfolgt die Höhergruppierung in die Entgeltgruppe 5, wenn die Beschäftigten aus der Vergütungsgruppe VIII BAT/BAT-O mit ausstehendem Aufstieg nach Vergütungsgruppe VII BAT/BAT-O in die Entgeltgruppe 3 übergeleitet worden sind; sie erfolgt in die Entgeltgruppe 8, wenn die Beschäftigten aus der Vergütungsgruppe VIb BAT/BAT-O mit ausstehendem Aufstieg nach Vergütungsgruppe Vc BAT/BAT-O in die Entgeltgruppe 6 übergeleitet worden sind. ³Die Sätze 1 und 2 gelten nicht in den Fällen des § 4 Absatz 2. ⁴Erfolgt die Höhergruppierung vor dem 1. November 2008, gilt – gegebenenfalls unter Berücksichtigung des Satzes 2 – § 6 Absatz 2 Satz 1 und 2 entsprechend.

(2) ¹Beschäftigte, die aus dem Geltungsbereich des BAT/BAT-O in eine der Entgeltgruppen 2 sowie 9 bis 15 übergeleitet werden und
– die am 1. November 2006 bei Fortgeltung des bisherigen Tarifrechts die für eine Höhergruppierung erforderliche Zeit der Bewährung oder Tätigkeit zur Hälfte erfüllt haben,
– in der Zeit zwischen dem 1. Dezember 2006 und dem 31. Oktober 2008 höhergruppiert wären,
– bis zum individuellen Aufstiegszeitpunkt weiterhin eine Tätigkeit auszuüben haben, die diesen Aufstieg ermöglicht hätte, und
– bei denen zum individuellen Aufstiegszeitpunkt keine Anhaltspunkte vorliegen, die bei Fortgeltung des bisherigen Rechts einer Höhergruppierung entgegengestanden hätten,

erhalten ab dem Zeitpunkt, zu dem sie nach bisherigem Recht höhergruppiert wären, in ihrer bisherigen Entgeltgruppe Entgelt nach derjenigen individuellen Zwischen- beziehungsweise Endstufe, die sich ergeben hätte, wenn sich ihr Vergleichsentgelt (§ 5) nach der Vergütung aufgrund der Höhergruppierung bestimmt hätte. ²Ein etwaiger Strukturausgleich wird ab dem individuellen Aufstiegszeitpunkt nicht mehr gezahlt. ³Der weitere Stufenaufstieg richtet sich bei Zuordnung zu einer individuellen Zwischenstufe nach Absatz 1. ⁴§ 4 Absatz 2 bleibt unberührt. ⁵Zur Ermittlung einer neuen individuellen Zwischenstufe gemäß Satz 1 ist für Beschäftigte im Tarifgebiet Ost, die unter die Protokollerklärung zu § 6 Absatz 1 fallen, das auf den Rechtsstand vom 31. Oktober 2006 festgestellte neue Vergleichsentgelt um den Faktor 1,081081 zu erhöhen, wenn die Neuberechnung des Vergleichsentgelts in der Zeit nach dem 31. Dezember 2007 zu erfolgen hat. ⁶Darüber hinaus ist das Vergleichsentgelt um 2,9 v.H. zu erhöhen und auf volle fünf Euro aufzurunden, wenn die Neuberechnung des Vergleichsentgelts für Beschäftigte im Tarifgebiet West nach dem 31. Dezember 2007 und für Beschäftigte im Tarifgebiet Ost nach dem 30. April 2008 zu erfolgen hat.

Niederschriftserklärung zu § 8 Absatz 2:
Die Neuberechnung des Vergleichsentgelts führt nicht zu einem Wechsel der Entgeltgruppe.

Niederschriftserklärung zu § 8 Absatz 1 Satz 3 und Absatz 2 Satz 2 sowie § 9 Absatz 2 bis 4:
Eine missbräuchliche Entziehung der Tätigkeit mit dem ausschließlichen Ziel, eine Höhergruppierung bzw. eine Besitzstandszulage zu verhindern, ist nicht zulässig.

(3) [1]Abweichend von Absatz 1 Satz 1 und Absatz 2 Satz 1 gelten die Absätze 1 beziehungsweise 2 auf schriftlichen Antrag entsprechend für übergeleitete Beschäftigte, die bei Fortgeltung des BAT/BAT-O bis spätestens zum 31. Oktober 2012 wegen Erfüllung der erforderlichen Zeit der Bewährung oder Tätigkeit höhergruppiert worden wären, unabhängig davon, ob die Hälfte der erforderlichen Bewährungs- oder Tätigkeitszeit am Stichtag erfüllt ist. [2]In den Fällen des Absatzes 2 Satz 1 erhalten Beschäftigte, die in der Zeit zwischen dem 1. November 2008 und dem 31. Oktober 2012 bei Fortgeltung des BAT/BAT-O höhergruppiert worden wären, in ihrer bisherigen Entgeltgruppe Entgelt nach derjenigen individuellen Zwischen- oder Endstufe, die sich aus der Summe des bisherigen Tabellenentgelts und dem nach Absatz 2 ermittelten Höhergruppierungsgewinn nach bisherigem Recht ergibt; die Stufenlaufzeit bleibt hiervon unberührt. [3]Bei Beschäftigten mit individueller Endstufe erhöht sich in diesen Fällen ihre individuelle Endstufe um den nach bisherigem Recht ermittelten Höhergruppierungsgewinn. [4]Im Tarifgebiet Ost sind Anpassungen des Bemessungssatzes bei der Ermittlung des Höhergruppierungsgewinns zu berücksichtigen; ab 1. Januar 2010 werden in den Fällen, in denen noch keine Bemessungssatzanhebung stattgefunden hat, die Höhergruppierungsgewinne um den Faktor 1,081081 erhöht. [5]§ 6 Absatz 4 Satz 5 gilt – auch bei Zuordnung zu einer individuellen Zwischenstufe – entsprechend.

Protokollerklärung zu § 8 Absatz 3:
Wäre die/der Beschäftigte bei Fortgeltung des BAT/BAT-O in der Zeit vom 1. Januar 2011 bis 31. März 2011 wegen Erfüllung der Voraussetzungen des Absatzes 3 höhergruppiert worden, findet Absatz 3 auf schriftlichen Antrag vom 1. April 2011 an Anwendung.

(4) [1]Die Absätze 1 bis 3 finden auf übergeleitete Beschäftigte, deren Eingruppierung sich bis zum 31. Dezember 2011 nach der Vergütungsordnung für Angestellte im Pflegedienst (Anlage 1 b zum BAT/BAT-O) richtet, und die zum 1. Januar 2012 in den Teil IV der Entgeltordnung zum TV-L übergeleitet werden, sowie auf übergeleitete Ärztinnen und Ärzte im Sinne des § 4 Absatz 1 Satz 2 und 3 keine Anwendung. [2]Satz 1 gilt nicht für die gemäß Anlagen 5 A und 5 B in die Entgeltgruppen 9 a bis 9 d übergeleiteten Beschäftigten.

(5) [1]Ist bei einer Lehrkraft, die bis zum 31. Dezember 2011 gemäß Nr. 5 der Vorbemerkungen zu allen Vergütungsgruppen nicht unter die Anlage 1 a zum BAT/BAT-O und ab 1. Januar 2012 gemäß Nr. 4 der Vorbemerkungen zu allen Teilen der Entgeltordnung nicht unter die Entgeltordnung zum TV-L fällt, eine Höhergruppierung nur vom Ablauf einer Bewährungszeit und von der Bewährung abhängig und ist am 1. November 2006 die Hälfte der Mindestzeitdauer für einen solchen Aufstieg erfüllt, erfolgt in den Fällen des Absatzes 1 unter den weiteren dort genannten Voraussetzungen zum individuellen Aufstiegszeitpunkt der Aufstieg in die nächsthöhere Entgeltgruppe. [2]Absatz 1 Satz 2 und Höhergruppierungsmöglichkeiten durch entsprechende Anwendung beamtenrechtlicher Regelungen bleiben unberührt. [3]In den Fällen des Absatzes 2 gilt Satz 1 mit der Maßgabe, dass anstelle der Höhergruppierung eine Neuberechnung des Vergleichsentgelts nach Absatz 2 erfolgt. [4]Absatz 3 gilt entsprechend.

§ 9 Vergütungsgruppenzulagen

(1) Aus dem Geltungsbereich des BAT/BAT-O übergeleitete Beschäftigte, denen am 31. Oktober 2006 nach der Vergütungsordnung zum BAT/BAT-O eine Vergütungsgruppenzulage zusteht, erhalten in der Entgeltgruppe, in die sie übergeleitet werden, eine Besitzstandszulage in Höhe ihrer bisherigen Vergütungsgruppenzulage.

3. Abschnitt Besitzstandsregelungen § 9 TVÜ-Länder

(2) ¹Aus dem Geltungsbereich des BAT/BAT-O übergeleitete Beschäftigte, die bei Fortgeltung des bisherigen Rechts nach dem 31. Oktober 2006 eine Vergütungsgruppenzulage ohne vorausgehenden Fallgruppenaufstieg erreicht hätten, erhalten ab dem Zeitpunkt, zu dem ihnen die Zulage nach bisherigem Recht zugestanden hätte, eine Besitzstandszulage. ²Die Höhe der Besitzstandszulage bemisst sich nach dem Betrag, der als Vergütungsgruppenzulage zu zahlen gewesen wäre, wenn diese bereits am 31. Oktober 2006 zugestanden hätte. ³Voraussetzung ist, dass

- am 1. November 2006 die für die Vergütungsgruppenzulage erforderliche Zeit der Bewährung oder Tätigkeit nach Maßgabe des § 23 b Abschnitt A BAT/BAT-O zur Hälfte erfüllt ist,
- zu diesem Zeitpunkt keine Anhaltspunkte vorliegen, die bei Fortgeltung des bisherigen Rechts der Vergütungsgruppenzulage entgegengestanden hätten und
- bis zum individuellen Zeitpunkt nach Satz 1 weiterhin eine Tätigkeit auszuüben ist, die zu der Vergütungsgruppenzulage geführt hätte.

(2 a) ¹Absatz 2 gilt auf schriftlichen Antrag entsprechend für übergeleitete Beschäftigte, die bei Fortgeltung des BAT/BAT-O bis spätestens zum 31. Oktober 2012 wegen Erfüllung der erforderlichen Zeit der Bewährung oder Tätigkeit die Voraussetzungen der Vergütungsgruppenzulage erfüllt hätten, unabhängig davon, ob die Hälfte der erforderlichen Zeit der Bewährung oder Tätigkeit am Stichtag erfüllt ist. ²Die Protokollerklärung zu § 8 Absatz 3 gilt entsprechend.

(3) Für aus dem Geltungsbereich des BAT/BAT-O übergeleitete Beschäftigte, die bei Fortgeltung des bisherigen Rechts nach dem 31. Oktober 2006 im Anschluss an einen Fallgruppenaufstieg eine Vergütungsgruppenzulage erreicht hätten, gilt Folgendes:

a) In eine der Entgeltgruppen 3, 5, 6 oder 8 übergeleitete Beschäftigte, die den Fallgruppenaufstieg am 31. Oktober 2006 noch nicht erreicht haben, sind zu dem Zeitpunkt, zu dem sie nach bisherigem Recht höhergruppiert worden wären, in die nächsthöhere Entgeltgruppe des TV-L eingruppiert; § 8 Absatz 1 Satz 2 bis 4 gilt entsprechend. Eine Besitzstandszulage für eine Vergütungsgruppenzulage steht nicht zu.

b) Ist ein der Vergütungsgruppenzulage vorausgehender Fallgruppenaufstieg am 31. Oktober 2006 bereits erfolgt, gilt Absatz 2 mit der Maßgabe, dass am 1. November 2006 die Hälfte der Gesamtzeit für den Anspruch auf die Vergütungsgruppenzulage einschließlich der Zeit für den vorausgehenden Aufstieg zurückgelegt sein muss oder die Vergütungsgruppenzulage bei Fortgeltung des bisherigen Rechts bis zum 31. Oktober 2012 erworben worden wäre. Im Fall des Satzes 1 2. Alternative wird die Besitzstandszulage auf schriftlichen Antrag gewährt. Die Protokollerklärung zu § 8 Absatz 3 gilt entsprechend.

c) Wäre im Fall des Buchstaben a nach bisherigem Recht der Fallgruppenaufstieg spätestens am 31. Oktober 2008 erreicht worden, gilt Absatz 2 auf schriftlichen Antrag mit der Maßgabe, dass am 1. November 2008 die Hälfte der Gesamtzeit für den Anspruch auf die Vergütungsgruppenzulage einschließlich der Zeit für den vorausgehenden Aufstieg erreicht worden sein muss und die Vergütungsgruppenzulage bei Fortgeltung des bisherigen Rechts bis zum 31. Oktober 2012 erworben worden wäre. Die Protokollerklärung zu § 8 Absatz 3 gilt entsprechend.

(4) ¹Die Besitzstandszulage nach den Absätzen 1, 2 und 3 Buchstabe b und c wird so lange gezahlt, wie die anspruchsbegründende Tätigkeit ununterbrochen ausgeübt wird und die sonstigen Voraussetzungen für die Vergütungsgruppenzulage nach bisherigem Recht weiterhin bestehen. ²Sie verändert sich bei allgemeinen Entgeltanpassungen um den von den Tarifvertragsparteien für die jeweilige Entgeltgruppe vereinbarten Vomhundertsatz. ³Daneben steht ein weiterer Anspruch auf eine Entgeltgruppenzulage nach der Entgeltordnung zum TV-L nicht zu.

Protokollerklärungen zu § 9 Absatz 4:

1. *Unterbrechungen wegen Mutterschutz, Elternzeit, Krankheit und Urlaub sind unschädlich.*
2. *Die Protokollerklärung zu § 6 Absatz 4 gilt entsprechend.*

Protokollerklärung zu § 9 Absatz 4 Satz 2:
Die Besitzstandszulage erhöht sich ab 1. April 2011 um 1,5 v.H. und ab 1. Januar 2012 um 1,9 v.h.

Niederschriftserklärung zu § 8 Absatz 1 Satz 3 und Absatz 2 Satz 2 sowie § 9 Absatz 2 bis 4:
Eine missbräuchliche Entziehung der Tätigkeit mit dem ausschließlichen Ziel, eine Höhergruppierung bzw. eine Besitzstandszulage zu verhindern, ist nicht zulässig.

§ 10 Fortführung vorübergehend übertragener höherwertiger Tätigkeit

[1]Beschäftigte, denen am 31. Oktober 2006 eine Zulage nach § 24 BAT/BAT-O zusteht, erhalten nach Überleitung in den TV-L eine Besitzstandszulage in Höhe ihrer bisherigen Zulage, solange sie die anspruchsbegründende Tätigkeit weiterhin ausüben und die Zulage nach bisherigem Recht zu zahlen wäre. [2]Wird die anspruchsbegründende Tätigkeit über den 31. Oktober 2008 hinaus beibehalten, finden mit Wirkung ab dem 1. November 2008 die Regelungen des TV-L über die vorübergehende Übertragung einer höherwertigen Tätigkeit Anwendung. [3]Für eine vor dem 1. November 2006 vorübergehend übertragene höherwertige Tätigkeit, für die am 31. Oktober 2006 wegen der zeitlichen Voraussetzungen des § 24 Absatz 1 beziehungsweise 2 BAT/BAT-O noch keine Zulage gezahlt wird, gilt Satz 1 und 2 ab dem Zeitpunkt entsprechend, zu dem nach bisherigem Recht die Zulage zu zahlen gewesen wäre. [4]Sätze 1 bis 3 gelten in den Fällen des § 9 MTArb/MTArb-O entsprechend; bei Vertretung einer Arbeiterin/eines Arbeiters bemisst sich die Zulage nach dem Unterschiedsbetrag zwischen dem Lohn nach § 9 Absatz 2 Buchstabe a MTArb/MTArb-O und dem im Oktober 2006 ohne Zulage zustehenden Lohn. [5]Sätze 1 bis 4 gelten bei besonderen tarifvertraglichen Vorschriften über die vorübergehende Übertragung höherwertiger Tätigkeiten entsprechend. [6]Die Zulage nach Satz 1 verändert sich bei allgemeinen Entgeltanpassungen um den von den Tarifvertragsparteien für die jeweilige Entgeltgruppe vereinbarten Vomhundertsatz. [7]Ist Beschäftigten, die eine Besitzstandszulage nach Satz 1 erhalten, die anspruchsbegründende Tätigkeit bis zum 31. Oktober 2008 dauerhaft übertragen worden, erhalten sie eine persönliche Zulage, wenn sich die Bezüge dadurch verringert haben. [8]Die Zulage nach Satz 7 wird für die Dauer der Wahrnehmung dieser Tätigkeit auf einen bis zum 31. Dezember 2009 zu stellenden schriftlichen Antrag (Ausschlussfrist) der/des Beschäftigten vom 1. März 2009 an gezahlt. [9]Die Höhe der Zulage bemisst sich nach dem Unterschiedsbetrag zwischen dem am 1. November 2006 nach § 6 oder § 7 zustehenden Tabellenentgelt oder Entgelt nach einer individuellen Zwischen- oder Endstufe einschließlich der Besitzstandszulage nach Satz 1 und dem Tabellenentgelt nach der Höhergruppierung. [10]Nach der Höhergruppierung erfolgte Entgelterhöhungen durch allgemeine Entgeltanpassungen, durch Stufenaufstiege und Höhergruppierungen und durch Zulagen gemäß § 14 Absatz 3 TV-L sind auf die persönliche Zulage in voller Höhe anzurechnen.

Protokollerklärung zu § 10 Satz 10:
Die Anrechnung umfasst auch entsprechende Entgeltsteigerungen, die nach dem 31. Oktober 2006 erfolgt sind.

Niederschriftserklärung zu § 10:
Die Tarifvertragsparteien stellen klar, dass die vertretungsweise Übertragung einer höherwertigen Tätigkeit ein Unterfall der vorübergehenden Übertragung einer höherwertigen Tätigkeit ist.

§ 11 Kinderbezogene Entgeltbestandteile

(1) [1]Für im Oktober 2006 zu berücksichtigende Kinder werden die kinderbezogenen Entgeltbestandteile des BAT/BAT-O oder MTArb/MTArb-O in der für Oktober 2006 zustehenden Höhe als Besitzstandszulage fortgezahlt, solange für diese Kinder Kindergeld nach dem Einkommensteuergesetz (EStG) oder nach dem Bundeskindergeldgesetz (BKGG) ununterbrochen gezahlt wird oder ohne Berücksichtigung des § 64 oder § 65 EStG oder des § 3 oder § 4 BKGG

gezahlt würde. ²Die Besitzstandszulage entfällt ab dem Zeitpunkt, zu dem einer anderen Person, die im öffentlichen Dienst steht oder auf Grund einer Tätigkeit im öffentlichen Dienst nach beamtenrechtlichen Grundsätzen oder nach einer Ruhelohnordnung versorgungsberechtigt ist, für ein Kind, für welches die Besitzstandszulage gewährt wird, das Kindergeld gezahlt wird; die Änderung der Kindergeldberechtigung hat die/der Beschäftigte dem Arbeitgeber unverzüglich schriftlich anzuzeigen. ³Unterbrechungen der Kindergeldzahlung wegen Ableistung von Grundwehrdienst, Zivildienst oder Wehrübungen sowie die Ableistung eines freiwilligen sozialen oder ökologischen Jahres sind unschädlich; soweit die unschädliche Unterbrechung bereits im Monat Oktober 2006 vorliegt, wird die Besitzstandszulage ab dem Zeitpunkt des Wiederauflebens der Kindergeldzahlung gewährt.

Protokollerklärung zu § 11 Absatz 1:

1. ¹Die Unterbrechung der Entgeltzahlung im Oktober 2006 bei Ruhen des Arbeitsverhältnisses wegen Elternzeit, Rente auf Zeit oder Ablauf der Krankenbezugsfristen ist für das Entstehen des Anspruchs auf die Besitzstandszulage unschädlich. ²Bei späteren Unterbrechungen der Entgeltzahlung in den Fällen von Satz 1 wird die Besitzstandszulage nach Wiederaufnahme der Beschäftigung weiter gezahlt. ³Die Höhe der Besitzstandszulage nach Satz 1 richtet sich nach § 5 Absatz 6. ⁴Diejenigen Beschäftigten, die im Oktober 2006 nicht kindergeldberechtigt waren und deshalb keinen kinderbezogenen Ortszuschlagsanteil erhalten haben und bis zum 31. Dezember 2006 einen Berechtigtenwechsel beim Kindergeld vornehmen, haben Anspruch auf die Besitzstandszulage nach Satz 1. ⁵Die Höhe der Besitzstandszulage ist so zu bemessen, als hätte die/der Beschäftigte bereits im Oktober 2006 Anspruch auf Kindergeld gehabt.

2. ¹Nr. 1 gilt entsprechend auf schriftlichen Antrag bei Ruhen des Arbeitsverhältnisses wegen eines Sonderurlaubs aufgrund von Familienpflichten oder eines Sonderurlaubs, für den der Arbeitgeber vor dessen Antritt ein dienstliches oder betriebliches Interesse an der Beurlaubung schriftlich anerkannt hat. ²Familienpflichten im Sinne des Satzes 1 liegen vor, wenn die/der Beschäftigte mindestens ein Kind unter 18 Jahren oder einen nach ärztlichem Gutachten pflegebedürftigen Angehörigen tatsächlich betreut oder pflegt. ³Die/Der Beschäftigte hat das Vorliegen der Voraussetzungen nachzuweisen und Änderungen anzuzeigen.

3. ¹Bei Tod der/des Kindergeldberechtigten wird ein Anspruch nach Absatz 1 für den anderen in den TV-L übergeleiteten Beschäftigten auf schriftlichen Antrag auch nach dem 1. November 2006 begründet. ²Der Anspruch auf die kinderbezogenen Entgeltbestandteile muss bei der verstorbenen Person unbeschadet der sonstigen Voraussetzungen des Absatzes 1 bis zum Todestag bestanden haben. ³Die Höhe der Besitzstandszulage ist so zu bemessen, als hätte die/der Beschäftigte bereits im Oktober 2006 Anspruch auf Kindergeld gehabt. ⁴Die Besitzstandszulage wird ab dem ersten Tag des Monats, der dem Sterbemonat folgt, frühestens jedoch ab 1. März 2009, gezahlt. ⁵Satz 3 der Nr. 2 gilt entsprechend.

(2) ¹§ 24 Absatz 2 TV-L ist anzuwenden. ²Die Besitzstandszulage nach Absatz 1 Satz 1 verändert sich bei allgemeinen Entgeltanpassungen um den von den Tarifvertragsparteien für die jeweilige Entgeltgruppe vereinbarten Vomhundertsatz. ³Ansprüche nach Absatz 1 können für Kinder ab dem vollendeten 16. Lebensjahr durch Vereinbarung mit der/dem Beschäftigten abgefunden werden.

Protokollerklärung zu § 11 Absatz 2:

Die Protokollerklärungen zu § 6 Absatz 4 und zu § 9 Absatz 4 Satz 2 gelten entsprechend.

(3) Die Absätze 1 und 2 gelten entsprechend für
a) zwischen dem 1. November 2006 und dem 31. Dezember 2006 geborene Kinder der übergeleiteten Beschäftigten,
b) die Kinder von bis zum 31. Dezember 2006 in ein Arbeitsverhältnis übernommenen Auszubildenden, Schülerinnen/Schüler in der Gesundheits- und Krankenpflege, Gesundheits- und Kinderkrankenpflege und in der Entbindungspflege sowie Praktikantinnen und Praktikanten aus tarifvertraglich geregelten Beschäftigungsverhältnissen, soweit diese Kinder vor dem 1. Januar 2007 geboren sind.

§ 12 Strukturausgleich

(1) [1]Aus dem Geltungsbereich des BAT/BAT-O übergeleitete Beschäftigte erhalten einen nicht dynamischen Strukturausgleich ausschließlich in den in Anlage 3 aufgeführten Fällen zusätzlich zu ihrem monatlichen Entgelt. [2]Maßgeblicher Stichtag für die anspruchsbegründenden Voraussetzungen (Vergütungsgruppe, Lebensalterstufe, Ortszuschlag, Aufstiegszeiten) ist der 1. November 2006, sofern in Anlage 3 nicht ausdrücklich etwas anderes geregelt ist.

Protokollerklärung zu § 12 Absatz 1:

[1]Bei aus dem Geltungsbereich des BAT-O übergeleiteten „Erfüller"-Lehrkräften mit einer Ausbildung nach dem Recht der ehemaligen DDR wird, sofern sie nach dem 1. Juli 1995 im Wege der Höhergruppierung eine Vergütungsgruppe erreicht haben, die für vergleichbare Lehrkräfte mit einer Ausbildung nach bundesdeutschem Recht das Eingangsamt darstellt, diese Vergütungsgruppe als für den Strukturausgleich maßgebliche Vergütungsgruppe angesehen. [2]Für Beschäftigte im Sinne des Satzes 1, die noch nicht im Wege des Aufstiegs höhergruppiert wurden, ist die zum Zeitpunkt der Überleitung maßgebende Vergütungsgruppe die für den Strukturausgleich maßgebliche Vergütungsgruppe. [3]Maßgeblich ist jeweils in der Spalte „Aufstieg" der Anlage 3 die Bezeichnung „ohne" zu der jeweiligen Vergütungsgruppe. [4]Werden Beschäftigte im Sinne des Satzes 2, die bereits einen Strukturausgleich nach der Anlage 3 Teil A erhalten, nach dem 31. Oktober 2006 in eine Entgeltgruppe höhergruppiert, in die vergleichbare Lehrkräfte mit einer Ausbildung nach bundesdeutschem Recht im Eingangsamt eingruppiert werden, findet § 12 Absatz 5 Anwendung. [5]Zahlungen werden frühestens ab dem 1. März 2009 geleistet.

(2) Die Zahlung des Strukturausgleichs beginnt im November 2008, sofern in Anlage 3 nicht etwas anderes bestimmt ist.

(3) Für Beschäftigte, für die nach dem TV-L die Regelungen des Tarifgebiets Ost Anwendung finden, gilt der jeweilige Bemessungssatz.

(4) [1]Bei Teilzeitbeschäftigung steht der Strukturausgleich anteilig zu (§ 24 Absatz 2 TV-L). [2]Satz 1 gilt für Beschäftigte, deren Arbeitszeit nach § 3 des Tarifvertrages zur sozialen Absicherung vom 6. Juli 1992 bzw. vom 12. Oktober 2006 herabgesetzt ist, entsprechend.

Protokollerklärung zu § 12 Absatz 4:

Bei späteren Veränderungen der individuellen regelmäßigen wöchentlichen Arbeitszeit der/ des Beschäftigten ändert sich der Strukturausgleich entsprechend.

(5) [1]Bei Höhergruppierungen wird der Unterschiedsbetrag zum bisherigen Entgelt auf Strukturausgleich angerechnet. [2]Dies gilt auch, wenn die Höhergruppierung aufgrund der Überleitung von Beschäftigten in die Entgeltordnung zum TV-L gemäß § 29 a Absatz 3 erfolgt.

Protokollerklärung zu § 12 Absatz 5:

Die Überleitung in die Entgeltgruppe 14 gemäß § 29 a Absatz 5 gilt nicht als Höhergruppierung.

(6) Einzelvertraglich kann der Strukturausgleich abgefunden werden.

(7) Die Absätze 1 bis 6 finden auf Ärztinnen und Ärzte im Sinne des § 4 Absatz 1 Satz 2 und 3 keine Anwendung.

Niederschriftserklärung zu § 12:

[1]Die Tarifvertragsparteien erkennen an, dass die Strukturausgleiche in einem Zusammenhang mit einer zukünftigen Entgeltordnung stehen. [2]Die Tarifvertragsparteien werden nach einer Vereinbarung einer neuen Entgeltordnung zum TV-L prüfen, ob und in welchem Umfang sie neben den bereits verbindlich vereinbarten Fällen, in denen Strukturausgleichsbeträge festgelegt sind, für einen Zeitraum bis längstens Ende 2015 in weiteren Fällen Regelungen, die auch in der Begrenzung der Zuwächse aus Strukturausgleichen bestehen können, vornehmen müssen. [3]Sollten zusätzliche Strukturausgleiche vereinbart werden, sind die sich daraus ergebenden Kostenwirkungen in der Entgeltrunde 2009 zu berücksichtigen.

§ 13 Entgeltfortzahlung im Krankheitsfall

(1) [1]Bei Beschäftigten, für die bis zum 31. Oktober 2006 § 71 BAT gegolten hat und die nicht in der privaten Krankenversicherung versichert sind, wird abweichend von § 22 Absatz 2 TV-L für die Dauer des über den 31. Oktober 2006 hinaus ununterbrochen fortbestehenden Arbeitsverhältnisses der Krankengeldzuschuss in Höhe des Unterschiedsbetrages zwischen dem festgesetzten Nettokrankengeld oder der entsprechenden gesetzlichen Nettoleistung und dem Nettoentgelt (§ 22 Absatz 2 Satz 2 und 3 TV-L) gezahlt. [2]Nettokrankengeld ist das um die Arbeitnehmeranteile zur Sozialversicherung reduzierte Krankengeld. [3]Bei Beschäftigten, die in der gesetzlichen Krankenversicherung versicherungsfrei oder die von der Versicherungspflicht in der gesetzlichen Krankenversicherung befreit sind, werden bei der Berechnung des Krankengeldzuschusses diejenigen Leistungen zu Grunde gelegt, die ihnen als Pflichtversicherte in der gesetzlichen Krankenversicherung zustünden.

(2) [1]Beschäftigte im Sinne des Absatzes 1 erhalten längstens bis zum Ende der 26. Woche seit dem Beginn ihrer über den 31. Oktober 2006 hinaus ununterbrochen fortbestehenden Arbeitsunfähigkeit infolge derselben Krankheit oder Arbeitsverhinderung infolge einer Maßnahme der medizinischen Vorsorge oder Rehabilitation ihr Entgelt nach § 21 TV-L fortgezahlt. [2]Tritt nach dem 1. November 2006 Arbeitsunfähigkeit infolge derselben Krankheit ein, werden die Zeiten der Entgeltfortzahlung nach Satz 1 auf die Fristen gemäß § 22 TV-L angerechnet.

(3) [1]Bei Beschäftigten, für die bis zum 31. Oktober 2006 § 71 BAT gegolten hat und die in der privaten Krankenversicherung versichert sind, wird anstelle des Krankengeldzuschusses nach § 22 Absatz 2 und 3 TV-L für die Dauer des über den 31. Oktober 2006 hinaus ununterbrochen fortbestehenden Arbeitsverhältnisses das Entgelt nach § 21 TV-L bis zur Dauer von 26 Wochen gezahlt. [2]§ 22 Absatz 4 TV-L findet auf die Entgeltfortzahlung nach Satz 1 entsprechende Anwendung. [3]Die Sätze 1 und 2 gelten auf Antrag entsprechend für bisher unter § 71 BAT fallende Beschäftigte, die freiwillig in der gesetzlichen Krankenversicherung versichert sind und am 19. Mai 2006 (Stichtag) einen Anspruch auf Krankengeld erst ab der 27. Woche der Arbeitsunfähigkeit hatten; der Antrag ist bis zum 31. Dezember 2006 zu stellen.

Protokollerklärung zu § 13:

[1]*Ansprüche aufgrund von Regelungen für die Gewährung von Beihilfen an Arbeitnehmerinnen und Arbeitnehmer im Krankheitsfall bleiben für übergeleitete Beschäftigte, die am 31. Oktober 2006 noch Anspruch auf Beihilfe haben, unberührt.* [2]*Änderungen von Beihilfevorschriften für Beamte kommen zur Anwendung, soweit auf Landes- beziehungsweise Bundesvorschriften Bezug genommen wird.*

§ 14 Beschäftigungszeit

(1) Für die Dauer des über den 31. Oktober 2006 hinaus fortbestehenden Arbeitsverhältnisses werden die vor dem 1. November 2006 nach Maßgabe der jeweiligen tarifrechtlichen Vorschriften anerkannten Beschäftigungszeiten – mit Ausnahme der Zeiten im Sinne der Übergangsvorschrift Nr. 3 zu § 19 BAT-O/§ 6 MTArb-O – als Beschäftigungszeit im Sinne des § 34 Absatz 3 TV-L berücksichtigt.

(2) Für die Anwendung des § 23 Absatz 2 TV-L werden die bis zum 31. Oktober 2006 zurückgelegten Zeiten, die nach Maßgabe

- des § 39 BAT anerkannte Dienstzeit,
- des § 39 BAT-O beziehungsweise § 45 MTArb-O anerkannte Beschäftigungszeit,
- des § 45 MTArb anerkannte Jubiläumszeit

sind, als Beschäftigungszeit im Sinne des § 34 Absatz 3 TV-L berücksichtigt.

§ 15 Urlaub

(1) [1]Für die Dauer und die Bewilligung des Erholungsurlaubs beziehungsweise von Zusatzurlaub für das Urlaubsjahr 2006 sowie für dessen Übertragung auf das Urlaubsjahr 2007

gelten die im Oktober 2006 jeweils maßgebenden Vorschriften bis zum 31. Dezember 2006 fort. ²Die Regelungen des TV-L gelten für die Bemessung des Urlaubsentgelts.

(2) ¹Aus dem Geltungsbereich des BAT/BAT-O übergeleitete Beschäftigte der Vergütungsgruppen I a, die für das Urlaubsjahr 2006 einen Anspruch auf 30 Arbeitstage Erholungsurlaub erworben haben, behalten bei einer Fünftagewoche diesen Anspruch für die Dauer des über den 31. Oktober 2006 hinaus ununterbrochen fortbestehenden Arbeitsverhältnisses. ²Die Urlaubsregelungen des TV-L bei abweichender Verteilung der Arbeitszeit gelten entsprechend.

(3) ¹§ 49 Absatz 1 und 2 MTArb/MTArb-O i.V.m. dem Tarifvertrag über Zusatzurlaub für gesundheitsgefährdende Arbeiten für Arbeiter der Länder gelten bis zum In-Kraft-Treten eines entsprechenden Tarifvertrags der Länder fort; im Übrigen gilt Absatz 1 entsprechend. ²Aus dem Geltungsbereich des MTArb übergeleiteten Beschäftigten, die am 31. Oktober 2006 Anspruch auf einen Zusatzurlaub nach § 49 Absatz 4 MTArb haben, behalten diesen Anspruch, solange wie die Anspruchsvoraussetzungen in dem über den 31. Oktober 2006 hinaus ununterbrochen fortbestehenden Arbeitsverhältnis weiterhin erfüllen.

(4) ¹In den Fällen des § 48 a BAT/BAT-O oder § 48 a MTArb/MTArb-O wird der nach der Arbeitsleistung im Kalenderjahr 2006 zu bemessende Zusatzurlaub im Kalenderjahr 2007 gewährt. ²Die nach Satz 1 zustehenden Urlaubstage werden auf den nach den Bestimmungen des TV-L im Kalenderjahr 2007 zustehenden Zusatzurlaub für Wechselschichtarbeit und Schichtarbeit angerechnet. ³Absatz 1 Satz 2 gilt entsprechend.

§ 16 Abgeltung

¹Durch Vereinbarung mit der/dem Beschäftigten können Entgeltbestandteile aus Besitzständen, ausgenommen für Vergütungsgruppenzulagen, pauschaliert beziehungsweise abgefunden werden. ²§ 11 Absatz 2 Satz 3 und § 12 Absatz 6 bleiben unberührt.

Protokollerklärung zum 3. Abschnitt:

¹Einvernehmlich werden die Verhandlungen zur Überleitung der Entgeltsicherung bei Leistungsminderung zurückgestellt. ²Da damit die fristgerechte Überleitung bei Beschäftigten, die eine Zahlung nach §§ 25, 37 MTArb/MTArb-O beziehungsweise § 56 BAT/BAT-O erhalten, nicht sichergestellt ist, erfolgt am 1. November 2006 eine Fortzahlung der bisherigen Bezüge als zu verrechnender Abschlag auf das Entgelt, das diesen Beschäftigten nach dem noch zu erzielenden künftigen Verhandlungsergebnis zusteht; § 6 Absatz 1 Sätze 2 und 3 sowie die Protokollerklärung zu § 6 Absatz 1 gelten entsprechend. ³Die in Satz 2 genannten Bestimmungen – einschließlich etwaiger Sonderregelungen – finden in ihrem jeweiligen Geltungsbereich bis zum In-Kraft-Treten einer Neuregelung weiterhin Anwendung, und zwar auch für Beschäftigte im Sinne des § 1 Absatz 2. ⁴§ 55 Absatz 2 Unterabsatz 2 Satz 2 BAT bleibt in seinem bisherigen Geltungsbereich unberührt. ⁵Sollte das künftige Verhandlungsergebnis geringer als bis dahin gewährte Leistungen ausfallen, ist eine Rückforderung ausgeschlossen.

4. Abschnitt Sonstige vom TV-L abweichende oder ihn ergänzende Bestimmungen

§ 17 Eingruppierung

(1) ¹Die §§ 22, 23 BAT/BAT-O einschließlich der Vergütungsordnung, die §§ 1, 2 Absatz 1 und § 5 des Tarifvertrages über das Lohngruppenverzeichnis der Länder zum MTArb (TV Lohngruppen TdL) einschließlich des Lohngruppenverzeichnisses mit Anlagen 1 und 2 sowie die entsprechenden Regelungen für das Tarifgebiet Ost einschließlich § 2 Nr. 3 des Änderungstarifvertrages Nr. 1 zum BAT-O vom 8. Mai 1991 gelten über den 31. Oktober 2006 hinaus bis zum 31. Dezember 2011 fort. ²Für Beschäftigte, die gemäß Teil II Abschnitt B der Anlage 1 a zum BAT/BAT-O eingruppiert sind, und für Beschäftigte, die unter § 2 Nr. 3 des

Änderungstarifvertrages Nr. 1 zum BAT-O vom 8. Mai 1991 fallen, gelten die entsprechenden Vorschriften des Satzes 1 auch über den 31. Dezember 2011 hinaus fort; dies gilt entsprechend für Beschäftigte, die unter Absatz 10 fallen. ³Dies über den 31. Dezember 2011 hinaus fortgeltenden Regelungen finden auf übergeleitete und ab dem 1. November 2006 neu eingestellte Beschäftigte im jeweiligen bisherigen Geltungsbereich nach Maßgabe dieses Tarifvertrages Anwendung. ⁴An die Stelle der Begriffe Vergütung und Lohn tritt der Begriff Entgelt.

Niederschriftserklärung zu § 17 Absatz 1:
Die Tarifvertragsparteien sind sich einig, die bisherigen Tätigkeitsmerkmale in Teil II Abschnitt B der Anlage 1 a zum BAT/BAT-O spätestens bis zum 31. März 2012 entsprechend den Grundsätzen der Tarifeinigung vom 10. März 2011 zu überarbeiten und rückwirkend zum 1. Januar 2012 in Kraft zu setzen.

(2) Abweichend von Absatz 1
– gelten Vergütungsordnung und Lohngruppenverzeichnis nicht für ab dem 1. November 2006 in Entgeltgruppe 1 TV-L neu eingestellte Beschäftigte,
– gilt die Vergütungsgruppe I der Vergütungsordnung zum BAT/BAT-O ab dem 1. November 2006 nicht fort; die Ausgestaltung entsprechender Arbeitsverhältnisse erfolgt außertariflich,
– gilt für übergeleitete und ab dem 1. November 2006 neu eingestellte Ärztinnen und Ärzte im Sinne des § 4 Absatz 1 Satz 2 und 3 die Entgeltordnung gemäß Anlage 2 TVÜ-Länder Teil C.

(3) ¹Mit Ausnahme der Eingruppierung in die Entgeltgruppe 1 sind für Beschäftigte, die gemäß Teil II Abschnitt B der Anlage 1 a zum BAT/BAT-O eingruppiert sind, für Beschäftigte, die unter § 2 Nr. 3 des Änderungstarifvertrages Nr. 1 zum BAT-O vom 8. Mai 1991 fallen sowie für Beschäftigte, die unter Absatz 10 fallen, alle zwischen dem 1. Januar 2012 und dem In-Kraft-Treten entsprechender neuer Eingruppierungsregelungen stattfindenden Eingruppierungsvorgänge (Neueinstellungen und Umgruppierungen) vorläufig und begründen keinen Vertrauensschutz und keinen Besitzstand. ²Dies gilt nicht für Aufstiege gemäß § 8 Absatz 1 Satz 1 und 2 und Absatz 3.

(4) (aufgehoben)

(5) ¹Bewährungs-, Fallgruppen- und Tätigkeitsaufstiege gibt es ab dem 1. November 2006 nicht mehr; §§ 8 und 9 bleiben unberührt. ²Satz 1 gilt auch für Vergütungsgruppenzulagen, es sei denn, dem Tätigkeitsmerkmal einer Vergütungsgruppe der Allgemeinen Vergütungsordnung (Anlage 1 a zum BAT) ist eine Vergütungsgruppenzulage zugeordnet, die unmittelbar mit Übertragung der Tätigkeit zusteht; bei Übertragung einer entsprechenden Tätigkeit bis zum 31. Dezember 2011 wird diese unter den Voraussetzungen des bisherigen Tarifrechts als Besitzstandszulage in der bisherigen Höhe gezahlt; § 9 Absatz 4 gilt entsprechend.

(6) Eine persönliche Zulage, die sich betragsmäßig nach der entfallenen Techniker-, Meister- und Programmiererzulage bemisst, erhalten diejenigen Beschäftigten, denen ab dem 1. November 2006 eine anspruchsbegründende Tätigkeit übertragen wird, soweit die Anspruchsvoraussetzungen nach bisherigem Tarifrecht erfüllt wären; die Zahlung erfolgt längstens bis zu einer Überarbeitung bzw. Neuregelung der entsprechenden Abschnitte der Entgeltordnung zum TV-L.

Protokollerklärung zu § 17 Absatz 6:
Die Protokollerklärung zu § 6 Absatz 4 gilt entsprechend.

(7) ¹Für Eingruppierungen ab dem 1. November 2006 bis zum 31. Dezember 2011 werden die Vergütungsgruppen der Allgemeinen Vergütungsordnung (Anlage 1 a zum BAT) und die Lohngruppen des Lohngruppenverzeichnisses gemäß Anlage 4 den Entgeltgruppen des TV-L, zugeordnet. ²Für Beschäftigte, die gemäß Teil II Abschnitt B der Anlage 1 a zum BAT/BAT-O eingruppiert sind, für Beschäftigte, die unter § 2 Nr. 3 des Änderungstarifvertrages Nr. 1 zum BAT-O vom 8. Mai 1991 fallen sowie für Beschäftigte, die unter Absatz 10 fallen, gilt Satz 1 auch für Eingruppierungen nach dem 31. Dezember 2011 fort. ³In den Fällen des § 16 Absatz 2 a TV-L kann die Eingruppierung auch über den 31. Dezember 2011 hinaus unter Anwen-

dung der Anlage 2 in die im unmittelbar vorhergehenden Arbeitsverhältnis gemäß § 4 Absatz 1 in Verbindung mit Anlage 2, § 8 Absatz 1 und 3, § 9 Absatz 3 Buchstabe a oder durch vergleichbare Regelungen erworbene Entgeltgruppe erfolgen, sofern das unmittelbar vorhergehende Arbeitsverhältnis vor dem 1. November 2006 begründet worden ist und derselben Ausgangsvergütungsgruppe zugeordnet war; im vorhergehenden Arbeitsverhältnis noch nicht vollzogene Bewährungs-, Tätigkeits- oder Zeitaufstiege werden in dem neuen Arbeitsverhältnis nicht weitergeführt. [4]Absatz 1 Satz 3 bleibt unberührt.

Protokollerklärung zu § 17 Absatz 7:

Die Protokollerklärung Nr. 1 zu § 4 Absatz 1 gilt entsprechend für übergeleitete und ab dem 1. November 2006 neueingestellte Pflegekräfte.

(8) [1]Beschäftigte, die ab dem 1. November 2006 in die Entgeltgruppe 13 eingruppiert sind und die nach der Allgemeinen Vergütungsordnung (Anlage 1a zum BAT/BAT-O) in Vergütungsgruppe IIa BAT/BAT-O mit fünf- beziehungsweise sechsjährigem Aufstieg nach Vergütungsgruppe Ib BAT/BAT-O eingruppiert wären, erhalten bis zum 31. Dezember 2011 eine persönliche Zulage in Höhe des Unterschiedsbetrages zwischen dem Entgelt ihrer Stufe nach Entgeltgruppe 13 und der entsprechenden Stufe der Entgeltgruppe 14. [2]Von Satz 1 werden auch Fallgruppen der Vergütungsgruppe Ib BAT/BAT-O erfasst, deren Tätigkeitsmerkmale eine bestimmte Tätigkeitsdauer voraussetzen. [3]Die Sätze 1 und 2 gelten auch für Beschäftigte im Sinne des § 1 Absatz 2. [4]Sie gelten nicht für Ärztinnen und Ärzte im Sinne des § 4 Absatz 1 Satz 2 und 3.

Niederschriftserklärung zu § 17 Absatz 8:

Mit dieser Regelung ist keine Entscheidung über Zuordnung und Fortbestand/Besitzstand der Zulage im Rahmen einer neuen Entgeltordnung verbunden.

(9) [1]Die bisherigen Regelungen für Vorarbeiterinnen und Vorarbeiter gelten bis zum 31. Dezember 2011 im bisherigen Geltungsbereich fort; dies gilt auch für Beschäftigte im Sinne des § 1 Absatz 2. [2]Ist anlässlich der vorübergehenden Übertragung einer höherwertigen Tätigkeit im Sinne des § 14 TV-L zusätzlich eine Tätigkeit auszuüben, für die nach bisherigem Recht ein Anspruch auf Zahlung einer Zulage für Vorarbeiterinnen und Vorarbeiter besteht, erhält die/der Beschäftigte bis zum 31. Dezember 2011 abweichend von Satz 1 sowie von § 14 Absatz 3 TV-L anstelle der Zulage nach § 14 TV-L für die Dauer der Ausübung sowohl der höherwertigen als auch der zulagenberechtigenden Tätigkeit eine persönliche Zulage in Höhe von insgesamt 10 v.H. ihres/seines Tabellenentgelts. [3]Für Beschäftigte, die unter Absatz 10 fallen, gelten Satz 1 und 2 auch über den 31. Dezember 2011 hinaus fort.

Protokollerklärung zu § 17 Absatz 9 Satz 1:

[1]*Die Zulage für Vorarbeiterinnen und Vorarbeiter verändert sich bei allgemeinen Entgeltanpassungen nach dem 31. Dezember 2010 um den von den Tarifvertragsparteien für die jeweilige Entgeltgruppe festgelegten Vomhundertsatz.* [2]*Sie erhöht sich ab 1. April 2011 um 1,5 v. H. und ab 1. Januar 2012 um 1,9 v.H.*

(10) Die Absätze 1 bis 9 gelten für besondere tarifvertragliche Vorschriften über die Eingruppierungen entsprechend.

Protokollerklärung zu § 17:

[1]*Die Tarifvertragsparteien sind sich darin einig, dass im Falle einer neuen Entgeltordnung die bisherigen unterschiedlichen materiellen Wertigkeiten aus Fachhochschulabschlüssen (einschließlich Sozialpädagogen/innen und Ingenieuren/innen) auf das Niveau der vereinbarten Entgeltwerte der Entgeltgruppe 9 ohne Mehrkosten (unter Berücksichtigung der Kosten für den Personenkreis, der nach der Übergangsphase nicht mehr in eine höhere beziehungsweise niedrigere Entgeltgruppe eingruppiert ist) zusammengeführt werden; die Abbildung von Heraushebungsmerkmalen oberhalb der Entgeltgruppe 9 bleibt davon unberührt.* [2]*Sollte hierüber bis zum 31. Dezember 2008 keine einvernehmliche Lösung vereinbart werden, so erfolgt ab dem 1. Januar 2009 bis zum In-Kraft-Treten einer neuen Entgeltordnung die einheitliche Eingruppierung aller ab dem 1. Januar 2009 neu einzugruppierenden Beschäftigten mit Fach-*

hochschulabschluss nach den jeweiligen Regeln der Entgeltgruppe 9 zu „V b BAT/BAT-O ohne Aufstieg nach IV b (mit und ohne FH-Abschluss)".

§ 18 Vorübergehende Übertragung einer höherwertigen Tätigkeit nach dem 31. Oktober 2006

(1) ¹Wird aus dem Geltungsbereich des BAT/BAT-O übergeleiteten Beschäftigten in der Zeit zwischen dem 1. November 2006 und dem 31. Oktober 2008 erstmalig außerhalb von § 10 eine höherwertige Tätigkeit vorübergehend übertragen, findet der TV-L Anwendung. ²Ist die/der Beschäftigte in eine individuelle Zwischenstufe übergeleitet worden, gilt für die Bemessung der persönlichen Zulage § 6 Absatz 2 Satz 1 und 2 entsprechend. ³Bei Überleitung in eine individuelle Endstufe gilt § 6 Absatz 4 Satz 3 entsprechend. ⁴In den Fällen des § 6 Absatz 5 bestimmt sich die Höhe der Zulage nach den Vorschriften des TV-L über die vorübergehende Übertragung einer höherwertigen Tätigkeit.

(2) Wird aus dem Geltungsbereich des MTArb/MTArb-O übergeleiteten Beschäftigten nach dem 31. Oktober 2006 erstmalig außerhalb von § 10 eine höherwertige Tätigkeit vorübergehend übertragen, gelten bis zum In-Kraft-Treten eines Tarifvertrages über eine persönliche Zulage die bisherigen Regelungen des MTArb/MTArb-O mit der Maßgabe entsprechend, dass sich die Höhe der Zulage nach dem TV-L richtet, soweit sich aus § 17 Absatz 9 Satz 2 und 3 nichts anderes ergibt.

(3) ¹Bis zum 31. Dezember 2011 gilt – auch für Beschäftigte im Sinne des § 1 Absatz 2 – die Regelung des § 14 TV-L zur vorübergehenden Übertragung einer höherwertigen Tätigkeit mit der Maßgabe, dass sich die Voraussetzungen für die übertragene höherwertige Tätigkeit nach § 22 Absatz 2 BAT/BAT-O beziehungsweise den entsprechenden Regelungen für Arbeiter bestimmen. ²Für Beschäftigte, die gemäß Teil II Abschnitt B der Anlage 1 a zum BAT/BAT-O eingruppiert sind, sowie für Beschäftigte, die unter § 17 Absatz 10 fallen, gilt Satz 1 bis zum In-Kraft-Treten entsprechender Eingruppierungsvorschriften über den 31. Dezember 2011 hinaus fort.

§ 19 Entgeltgruppen 2 Ü, 13 Ü und 15 Ü

(1) ¹Für Beschäftigte, die in die Entgeltgruppe 2 Ü übergeleitet worden sind, oder ab dem 1. November 2006 in die Lohngruppe 1 mit Aufstieg nach 2 und 2 a oder in die Lohngruppe 2 mit Aufstieg nach 2 a eingestellt und gemäß § 17 Absatz 7 der Entgeltgruppe 2 Ü zugeordnet worden sind, gelten besondere Tabellenwerte, soweit sich aus § 29 a nichts anderes ergibt. ²Die besonderen Tabellenwerte betragen ab 1. Januar 2012

Stufe 1	Stufe 2	Stufe 3	Stufe 4	Stufe 5	Stufe 6
1.731,17	1.914,45	1.984,53	2.070,78	2.130,08	2.178,58

(2) ¹Für Beschäftigte, die in die Entgeltgruppe 13 Ü übergeleitet worden sind, gelten folgende Tabellenwerte:
a) in der Zeit vom 1. April 2011 bis 31. Dezember 2011

	Stufe 2	Stufe 3	Stufe 4 a	Stufe 4 b	Stufe 5
			Nach 2 Jahren in Stufe 2	Nach 4 Jahren in Stufe 3	Nach 3 Jahren in Stufe 4 a	Nach 3 Jahren in Stufe 4 b
Beträge aus	(E 13/2)	(E 13/3)	(E 14/3)	(E 14/4)	(E 14/5)
E 13 Ü	3454,36	3639,51	3962,19	4290,17	4792,72

b) ab 1. Januar 2012

	Stufe 2	Stufe 3	Stufe 4a	Stufe 4b	Stufe 5
		Nach 2 Jahren in Stufe 2	Nach 4 Jahren in Stufe 3	Nach 3 Jahren in Stufe 4a	Nach 3 Jahren in Stufe 4b
Beträge aus	(E 13/2)	(E 13/3)	(E 14/3)	(E 14/4)	(E 14/5)
E 13 Ü	3536,99	3725,66	4054,47	4388,68	4900,78

²Bei Beschäftigten im Sinne des § 53 Hochschulrahmengesetz, die in die Entgeltgruppe 13 Ü übergeleitet werden und bei denen das Vergleichsentgelt im Zeitpunkt der Überleitung den Betrag von 3300 Euro nicht erreicht, erhöht sich der Tabellenwert in der Stufe 5 nach fünf Jahren der Zugehörigkeit zur Stufe 5 um 200 Euro. ³Dasselbe gilt bei Neueinstellungen von Beschäftigten im Sinne des § 53 Hochschulrahmengesetz in die Stufen 1 oder 2 der Entgeltgruppe 13 für die Erhöhung des Tabellenwertes der Stufe 5 der Entgeltgruppe 13.

(3) ¹Übergeleitete Beschäftigte der Vergütungsgruppe I BAT/BAT-O unterliegen dem TV-L. ²Sie werden in die Entgeltgruppe 15 Ü übergeleitet. ³Für sie gelten folgende Tabellenwerte:

a) in der Zeit vom 1. April 2011 bis 31. Dezember 2011

Stufe 1	Stufe 2	Stufe 3	Stufe 4	Stufe 5
4697,50	5215,91	5707,88	6030,57	6109,92

b) ab 1. Januar 2012

Stufe 1	Stufe 2	Stufe 3	Stufe 4	Stufe 5
4803,75	5332,01	5833,33	6162,15	6243,01

⁴Die Verweildauer in den Stufen 1 bis 4 beträgt jeweils fünf Jahre. ⁵§ 6 Absatz 5 findet keine Anwendung.

(4) Die Regelungen des TV-L über die Bezahlung im Tarifgebiet Ost gelten entsprechend.

§ 20 Anwendung der Entgelttabelle auf Lehrkräfte

(1) ¹Für übergeleitete und für ab 1. November 2006 neu eingestellte Lehrkräfte, die bis zum 31. Dezember 2011 gemäß Nr. 5 der Vorbemerkungen zu allen Vergütungsgruppen nicht unter die Anlage 1a zum BAT/BAT-O und/oder ab 1. Januar 2012 gemäß Nr. 4 der Vorbemerkungen zu allen Teilen der Entgeltordnung nicht unter die Entgeltordnung zum TV-L fallen, gilt die Entgelttabelle mit der Maßgabe, dass die Tabellenwerte
- der Entgeltgruppen 5 bis 8 um 64,00 Euro und
- der Entgeltgruppen 9 bis 13 um 72,00 Euro

vermindert werden; die verminderten Tabellenwerte sind auch maßgebend für die Zuordnung der Lehrkräfte in die individuelle Zwischenstufe beziehungsweise individuelle Endstufe am 1. November 2006. ²Satz 1 gilt nicht für Lehrkräfte, die die fachlichen und pädagogischen Voraussetzungen für die Einstellung als Studienrat nach der Besoldungsgruppe A 13 BBesG oder eines entsprechenden Landesbesoldungsgesetzes erfüllen, und für übergeleitete Lehrkräfte, die einen arbeitsvertraglichen Anspruch auf Zahlung einer allgemeinen Zulage wie die unter die Anlage 1a zum BAT/BAT-O fallenden Angestellten haben.

(2) Im Tarifgebiet West vermindern sich die Beträge nach Absatz 1 Satz 1 bei jeder nach dem 1. November 2006 wirksam werdenden allgemeinen Tabellenanpassung in
- den Entgeltgruppen 5 bis 8 um 6,40 Euro und
- den Entgeltgruppen 9 bis 13 um 7,20 Euro.

Protokollerklärung zu § 20 Absatz 2:

Eine Lehrkraft, die in eine individuelle Endstufe übergeleitet wurde, erhält nach einem Harmonisierungsschritt mindestens den Tabellenwert der für ihre Entgeltgruppe maßgebenden letzten Tabellenstufe, wenn dieser den Betrag der neuen individuellen Endstufe übersteigt.

(3) ¹Die Regelungen des TV-L über die Bezahlung im Tarifgebiet Ost gelten entsprechend. ²Im Tarifgebiet Ost findet der Bemessungssatz für die Entgelte auch auf die Beträge nach Absatz 1 Satz 1 Halbsatz 1 und Absatz 2 Anwendung. ³Die Verminderung nach Absatz 2 erfolgt mit jeder nach dem 1. November 2006 wirksam werdenden allgemeinen Tabellenanpassung im Tarifgebiet Ost.

Protokollerklärung zu § 20:
Die Verminderungsbeträge nach Absatz 1 betragen

in den Entgeltgruppen	vom 1. 4. 2011 bis 31. 12. 2011	ab 1. 1. 2012
	Euro	Euro
5 bis 8	38,40	32,00
9 bis 13	43,20	36,00

§ 21 Jahressonderzahlung in den Jahren 2006 und 2007

(1) Für Beschäftigte, deren Arbeitsverhältnis bereits am 30. Juni 2003 bestanden hat und die bis zum 31. Oktober 2006 für die Zuwendung der tariflichen Nachwirkung unterliegen, richtet sich die Jahressonderzahlung nach § 20 TV-L.

(2) ¹Für die Beschäftigten, mit denen arbeitsvertraglich vor dem 31. Oktober 2006 abweichende Vereinbarungen zur Zuwendung und zum Urlaubsgeld getroffen worden sind, gilt:

a) Im Jahr 2006 richtet sich der Anspruch auf Zuwendung und Urlaubsgeld nach den am 19. Mai 2006 geltenden Landesregelungen.
b) Im Jahr 2007 wird die nach den jeweiligen arbeitsvertraglichen Vereinbarungen zustehende Summe aus Zuwendung und Urlaubsgeld um 50 v.H. des Differenzbetrages zu der Jahressonderzahlung nach § 20 TV-L erhöht, sofern die Jahressonderzahlung nach § 20 TV-L höher wäre.
c) Ab dem Jahr 2008 gilt § 20 TV-L.

²Der Arbeitgeber kann die Angleichungsschritte hinsichtlich des Umfangs und/oder der Zeitfolge schneller vollziehen.

(3) Nach dem 31. Oktober 2006 neu eingestellte Beschäftigte erhalten die Jahressonderzahlung in den Jahren 2006 und 2007 in Höhe des Betrages, der ihnen nach Absatz 2 zustehen würde, wenn das Arbeitsverhältnis am 31. Oktober 2006 bestanden hätte.

(4) Soweit nach den Absätzen 2 und 3 Urlaubsgeld gezahlt wird, ist dieser Teil der Jahressonderzahlung nicht zusatzversorgungspflichtig.

(5) Die Absätze 1 bis 4 finden auf Ärztinnen und Ärzte im Sinne des § 4 Absatz 1 Satz 2 und 3 keine Anwendung.

§ 22 Abrechnung unständiger Bezügebestandteile

Bezüge im Sinne des § 36 Absatz 1 Unterabsatz 2 BAT/BAT-O, § 31 Absatz 2 Unterabsatz 2 MTArb/MTArb-O für Arbeitsleistungen bis zum 31. Oktober 2006 werden nach den bis dahin jeweils geltenden Regelungen abgerechnet, als ob das Arbeitsverhältnis mit Ablauf des 31. Oktober 2006 beendet worden wäre.

§ 23 Bereitschaftszeiten

¹Nr. 3 SR 2 r BAT/BAT-O für Hausmeister und entsprechende Tarifregelungen für Beschäftigtengruppen mit Bereitschaftszeiten innerhalb ihrer regelmäßigen Arbeitszeit gelten fort. ²Dem § 9 TV-L widersprechende Regelungen zur Arbeitszeit sind bis zum 31. Dezember 2006 entsprechend anzupassen.

§ 24 Nebentätigkeiten

Für bis zum 31. Oktober 2006 genehmigte Nebentätigkeiten der übergeleiteten Beschäftigten gelten die bisher anzuwendenden Bestimmungen weiter; eine arbeitsvertragliche Neuregelung bleibt unberührt.

§ 25 Sonderregelungen für Beschäftigte im bisherigen Geltungsbereich der SR 2 a, SR 2 b, SR 2 m und SR 2 o BAT/BAT-O und der SR 2 a, SR 2 b, SR 2 i und SR 2 l der Anlage 2 Abschnitt B MTArb/MTArb-O

(1) Nr. 7 SR 2 a BAT/BAT-O gilt im bisherigen Geltungsbereich für Maßnahmen, die vor dem 1. November 2006 bewilligt worden sind, fort.

(2) Bestehende Regelungen zur Anrechnung von Wege- und Umkleidezeiten auf die Arbeitszeit bleiben durch das In-Kraft-Treten des TV-L unberührt.

(3) Regelungen gemäß Nr. 2 SR 2 m BAT/BAT-O bleiben durch das In-Kraft-Treten des TV-L unberührt.

(4) Übergeleiteten Beschäftigten, die am 31. Oktober 2006 Zulagen nach Nr. 5 a und Nr. 6 Absatz 3 SR 2 o BAT/BAT-O beziehungsweise nach Nr. 7 SR 2 l der Anlage 2 Abschnitt B MTArb/Nr. 6 SR 2 l der Anlage 2 Abschnitt B MTArb-O erhalten haben, wird diese Zulage unter den bisherigen Voraussetzungen als weiterhin widerrufliche Zulage fortgezahlt.

(5) [1]Für die von § 1 Absatz 1 und 2 erfassten Beschäftigten gelten im bisherigen Geltungsbereich fort:
– Nr. 8 und Nr. 10 SR 2 a der Anlage 2 Abschnitt B MTArb/Nr. 7 und Nr. 11 SR 2 a der Anlage 2 Abschnitt B MTArb-O,
– Nr. 6 Absatz 2, Nr. 8 und Nr. 9 SR 2 b der Anlage 2 Abschnitt B MTArb/Nr. 7 Absatz 2, Nr. 10 und Nr. 13 SR 2 b der Anlage 2 Abschnitt B MTArb-O und
– Nr. 4 SR 2 i der Anlage 2 Abschnitt B MTArb.

[2]Sie können durch landesbezirklichen Tarifvertrag geändert werden.

§ 26 Beschäftigte im Vollstreckungsdienst

§ 33 Absatz 1 Buchstabe b BAT/BAT-O gilt für übergeleitete und neueingestellte Beschäftigte im Vollstreckungsdienst fort.

§ 27 Übergangsregelungen für bestehende Dienstwohnungsverhältnisse

Für bestehende Dienstwohnungsverhältnisse gelten § 65 BAT/BAT-O, § 69 MTArb/MTArb-O und § 5 Abschnitt A der Ausbildungsvergütungstarifverträge weiter.

§ 28 Änderung des Beschäftigungsumfangs im Zuge der Arbeitszeitverlängerung

(1) [1]Bei Teilzeitbeschäftigten, mit denen am 31. Oktober 2006 im Arbeitsvertrag eine feste Stundenzahl vereinbart ist und bei denen sich am 1. November 2006 das Entgelt wegen einer anderen Relation von ermäßigter zur vollen Arbeitszeit vermindert, ist auf Antrag der/des Beschäftigten die Stundenzahl so aufzustocken, dass die Höhe ihres bisherigen regelmäßigen Brutto-Entgelts erreicht wird. [2]Der Antrag ist bis zum 31. Januar 2007 zu stellen. [3]Satz 1 gilt nicht für Beschäftigte in Altersteilzeit.

(2) Die/Der Beschäftigte, die/der unter § 41 TV-L fällt, erhält das Recht auf Beibehaltung der regelmäßigen wöchentlichen Arbeitszeit von 38,5 Stunden (Tarifgebiet West) beziehungsweise 40 Stunden (Tarifgebiet Ost); in diesem Fall wird das entsprechende zeitanteilige Tabellenentgelt gezahlt.

§ 29 Arbeiterinnen und Arbeiter der Freien und Hansestadt Hamburg

(1) Der Tarifvertrag über die Einreihung der Arbeiter der Freien und Hansestadt Hamburg in die Lohngruppen (4. Lohngruppenverzeichnis Hamburg) vom 2. Mai 1991 in der Fassung des Änderungstarifvertrages Nr. 6 vom 15. Oktober 1998 gilt als in Anlage 1 Teil B aufgeführter Tarifvertrag, als entsprechende Regelung im Sinne des § 4 Absatz 1 Satz 1 und als besondere tarifvertragliche Vorschrift im Sinne des § 17 Absatz 10.

Anlagen 2 und 4 gelten mit folgenden Ergänzungen:

Anlage 2

E 3 – Lohngruppe 3 nach Aufstieg aus 2 mit ausstehendem Aufstieg nach 3 a
– Lohngruppe 2 mit ausstehendem Aufstieg nach 3 und 3 a
E 6 – Lohngruppe 5 mit ausstehendem Aufstieg nach 6 und 6 a
(nach Einstellung in 4, Fallgruppe 1.1)

Anlage 4

E 3 – Lohngruppe 2 mit Aufstieg nach 3 und 3 a
E 6 – Lohngruppe 5 mit ausstehendem Aufstieg nach 6 und 6 a
(nach Einstellung in 4, Fallgruppe 1.1)

(2) Der Hamburger Monatslohntarifvertrag Nr. 28 zum MTArb, MTV Arbeiter II, BMT-G (HMTV) vom 31. Januar 2003 gilt als in Anlage 1 Teil B aufgeführter Tarifvertrag.

(3) [1]Der Tarifvertrag über die Gewährung von Schmutz-, Gefahren- und Erschwerniszuschlägen an die Arbeiter der Freien und Hansestadt Hamburg vom 4. Dezember 1975 in der Fassung des 4. Änderungstarifvertrages vom 17. Juli 1996 gilt als in Anlage 1 Teil B Nr. 12 aufgeführter Tarifvertrag. [2]Ausgenommen von der dort genannten Fortgeltung sind seine Kennziffern 17, 33, 51, 57, 61 bis 66 und 70 bis 117.

§ 29 a Überleitung in die Entgeltordnung zum TV-L am 1. Januar 2012

(1) [1]Für in den TV-L übergeleitete und für zwischen dem 1. November 2006 und dem 31. Dezember 2011 neu eingestellte Beschäftigte gelten für Eingruppierungen ab dem 1. Januar 2012 die §§ 12, 13 TV-L sowie die Entgeltordnung zum TV-L. [2]Hängt die Eingruppierung nach den §§ 12, 13 TV-L von der Zeit einer Tätigkeit oder Berufsausübung ab, wird die vor dem 1. Januar 2012 zurückgelegte Zeit so berücksichtigt, wie sie zu berücksichtigen wäre, wenn die Entgeltordnung zum TV-L bereits seit dem Beginn des Arbeitsverhältnisses gegolten hätte.

(2) [1]In den TV-L übergeleitete und ab dem 1. November 2006 neu eingestellte Beschäftigte,
– deren Arbeitsverhältnis zu einem Arbeitgeber, der Mitglied der TdL oder eines Mitgliedsverbandes der TdL ist, über den 31. Dezember 2011 hinaus fortbesteht, und
– die am 1. Januar 2012 unter den Geltungsbereich des TV-L fallen,

sind – jedoch unter Beibehaltung der bisherigen Entgeltgruppe für die Dauer der unverändert auszuübenden Tätigkeit – zum 1. Januar 2012 in die Entgeltordnung zum TV-L übergeleitet; Absatz 3 bleibt unberührt. [2]Soweit an die Tätigkeit in der bisherigen Entgeltgruppe in Abweichung von § 16 Absatz 1 Satz 1 und Absatz 3 Satz 1 TV-L besondere Stufenregelungen nach den Anlagen 2, 4 oder 5 geknüpft waren, gelten diese für die Dauer der unverändert auszuübenden Tätigkeit fort. [3]Soweit an die Tätigkeit in der bisherigen Entgeltgruppe besondere Entgeltbestandteile geknüpft waren und diese in der Entgeltordnung zum TV-L in geringerer Höhe entsprechend vereinbart sind, wird die hieraus am 1. Januar 2012 bestehende Differenz unter den bisherigen Voraussetzungen als Besitzstandszulage so lange gezahlt, wie die anspruchsbegründende Tätigkeit unverändert ausgeübt wird und die sonstigen Voraussetzungen für den besonderen Entgeltbestandteil nach bisherigem Recht weiterhin bestehen; § 9 Absatz 4 bleibt unberührt. [4]Satz 3 gilt entsprechend, wenn besondere Entgeltbestandteile in der Entgeltordnung zum TV-L nicht mehr vereinbart sind.

Protokollerklärung zu § 29 a Absatz 2:

¹Die vorläufige Zuordnung zu der Entgeltgruppe des TV-L nach der Anlage 2 oder 4 gilt als Eingruppierung. ²Eine Überprüfung und Neufeststellung der Eingruppierungen findet aufgrund der Überleitung in die Entgeltordnung zum TV-L nicht statt.

(3) ¹Ergibt sich in den Fällen des Absatzes 2 Satz 1 nach der Entgeltordnung zum TV-L eine höhere Entgeltgruppe, sind die Beschäftigten auf Antrag in die Entgeltgruppe eingruppiert, die sich nach § 12 TV-L ergibt. ²Die Stufenzuordnung in der höheren Entgeltgruppe richtet sich nach den Regelungen für Höhergruppierungen (§ 17 Absatz 4 TV-L). ³War die/der Beschäftigte in der bisherigen Entgeltgruppe der Stufe 1 zugeordnet, wird sie/er abweichend von Satz 2 der Stufe 1 der höheren Entgeltgruppe zugeordnet; die bisher in Stufe 1 verbrachte Zeit wird angerechnet. ⁴Bei Beschäftigten im Sinne von Teil II Abschnitt 22 Unterabschnitt 1 der Entgeltordnung zum TV-L werden übertariflich gewährte Leistungen auf den Höhergruppierungsgewinn angerechnet. ⁵Satz 1 gilt für den erstmaligen Anspruch auf eine Entgeltgruppenzulage entsprechend, sofern bei Eingruppierungen zwischen dem 1. November 2006 und dem 31. Dezember 2011 die vergleichbare Vergütungsgruppenzulage aufgrund von § 17 Absatz 5 nicht mehr gezahlt wurde.

Niederschriftserklärung zu § 29 a Absatz 3 Satz 4:

Die Tarifvertragsparteien stimmen darin überein, dass die Frage, inwieweit sich übertariflich gewährte Leistungen vermindern, von der arbeitsvertraglichen Regelung abhängt.

(4) ¹Der Antrag nach Absatz 3 Satz 1 und/oder nach Absatz 3 Satz 5 kann nur bis zum 31. Dezember 2012 gestellt werden (Ausschlussfrist) und wirkt auf den 1. Januar 2012 zurück; nach dem Inkrafttreten der Entgeltordnung zum TV-L eingetretene Änderungen der Stufenzuordnung in der bisherigen Entgeltgruppe bleiben bei der Stufenzuordnung nach Absatz 3 Satz 2 und 3 unberücksichtigt. ²Ruht das Arbeitsverhältnis am 1. Januar 2012, beginnt die Frist von einem Jahr mit der Wiederaufnahme der Tätigkeit; der Antrag wirkt auf den 1. Januar 2012 zurück.

(5) Abweichend von den Absätzen 2 und 3 sind Beschäftigte mit einem Anspruch auf die bisherige Zulage nach § 17 Absatz 8 stufengleich und unter Beibehaltung der in ihrer Stufe zurückgelegten Stufenlaufzeit in die Entgeltgruppe 14 übergeleitet.

(6) Die Absätze 1 bis 5 gelten nicht für Beschäftigte, die gemäß Teil II Abschnitt B der Anlage 1 a zum BAT/BAT-O eingruppiert sind, für Beschäftigte, die unter § 2 Nr. 3 des Änderungstarifvertrages Nr. 1 zum BAT-O vom 8. Mai 1991 fallen, sowie für Beschäftigte, die unter § 17 Absatz 10 fallen.

Niederschriftserklärung zu § 29 a Absatz 6:

Die Tarifvertragsparteien sind sich einig, die bisherigen Tätigkeitsmerkmale in Teil II Abschnitt B der Anlage 1 a zum BAT/BAT-O spätestens bis zum 31. März 2012 entsprechend den Grundsätzen der Tarifeinigung vom 10. März 2011 zu überarbeiten und rückwirkend zum 1. Januar 2012 in Kraft zu setzen.Niederschriftserklärung zu § 29 a:1Die Tarifvertragsparteien erkennen die Komplexität der Verhandlungsmaterie an. 2Sie werden gegebenenfalls nicht erkannte Regelungsmaterie auf der Basis der bisherigen Verhandlungsgrundlage (keine strukturellen Veränderungen) lösen.

5. Abschnitt Übergangs- und Schlussvorschrift

§ 30 In-Kraft-Treten, Laufzeit

(1) Dieser Tarifvertrag tritt am 1. November 2006 in Kraft.

(2) Dieser Tarifvertrag kann ohne Einhaltung einer Frist jederzeit schriftlich gekündigt werden, frühestens zum 31. Dezember 2009.

(3) § 21 Absätze 1 bis 4 können auf landesbezirklicher Ebene mit einer Frist von drei Kalendermonaten zum 31. Dezember jeden Kalenderjahres gekündigt werden, frühestens jedoch

zum 31. Dezember desjenigen Jahres, in dem die volle Angleichung nach § 21 Absatz 2 erreicht ist.

(4) Die §§ 17 und 18 einschließlich Anlagen können ohne Einhaltung einer Frist, jedoch nur insgesamt, schriftlich gekündigt werden, frühestens zum 31. Dezember 2012; die Nachwirkung dieser Vorschriften wird ausgeschlossen.

(5) [1]Die nach § 25 Absatz 5 fortgeltenden Regelungen können – auch einzeln – von jeder Tarifvertragspartei auf landesbezirklicher Ebene mit einer Frist von einem Monat zum Ende eines Kalendermonats schriftlich gekündigt werden. [2]Die Nachwirkung (§ 4 Absatz 5 Tarifvertragsgesetz) wird nicht ausgeschlossen.

(6) [1]Unabhängig von Absatz 4 kann § 2 Nr. 3 des Änderungstarifvertrages Nr. 1 zum BAT-O vom 8. Mai 1991 gesondert gekündigt werden, frühestens jedoch zum Tag des Inkrafttretens der neuen Entgeltordnung. [2]Die Nachwirkung ist ausgeschlossen.

Niederschriftserklärung zu § 30 Absatz 1:

[1]*Im Hinblick auf die notwendigen personalwirtschaftlichen, organisatorischen und technischen Vorarbeiten für die Überleitung der vorhandenen Beschäftigten in den TV-L sehen die Tarifvertragsparteien die Problematik einer fristgerechten Umsetzung der neuen Tarifregelungen zum 1. November 2006.* [2]*Sie bitten die personalverwaltenden und bezügezahlenden Stellen, im Interesse der Beschäftigten gleichwohl eine terminnahe Überleitung zu ermöglichen und die Zwischenzeit mit zu verrechnenden Abschlagszahlungen zu überbrücken.*

Anlage 1 TVÜ-Länder
Teil A Ersetzte Tarifverträge

1. Bundes-Angestelltentarifvertrag (BAT) vom 23. Februar 1961, zuletzt geändert durch den 78. Tarifvertrag zur Änderung des Bundes-Angestelltentarifvertrages vom 31. Januar 2003.
2. Tarifvertrag zur Anpassung des Tarifrechts – Manteltarifliche Vorschriften – (BAT-O) vom 10. Dezember 1990, zuletzt geändert durch den Änderungstarifvertrag Nr. 13 vom 31. Januar 2003 zum Tarifvertrag zur Anpassung des Tarifrechts – Manteltarifliche Vorschriften – (BAT-O).
3. Manteltarifvertrag für Arbeiterinnen und Arbeiter des Bundes und der Länder (MTArb) vom 6. Dezember 1995, zuletzt geändert durch den Änderungstarifvertrag Nr. 4 vom 31. Januar 2003 zum Manteltarifvertrag für Arbeiterinnen und Arbeiter des Bundes und der Länder (MTArb).
4. Tarifvertrag zur Anpassung des Tarifrechts für Arbeiter an den MTArb – (MTArb-O) vom 10. Dezember 1990, zuletzt geändert durch den Änderungstarifvertrag Nr. 11 vom 31. Januar 2003 zum Tarifvertrag zur Anpassung des Tarifrechts für Arbeiter an den MTArb – (MTArb-O).

Teil B Ersetzte Tarifverträge bzw. Tarifvertragsregelungen

Vorbemerkungen:
1. Die nachfolgende Liste ist noch nicht abschließend. Sobald die Verhandlungen der Tarifvertragsparteien zu Anlage 1 TVÜ-Länder Teil B abgeschlossen sind, ersetzt die Neufassung diese Anlage.
2. Soweit einzelne Tarifvertragsregelungen vorübergehend fortgelten, erstreckt sich die Fortgeltung auch auf Beschäftigte i.S.d. § 1 Abs. 2 TVÜ-Länder.

1.	Tarifvertrag zu § 71 BAT betreffend Besitzstandswahrung vom 23. Februar 1961
2.	Vergütungstarifvertrag Nr. 35 zum BAT für den Bereich der Länder vom 31. Januar 2003

3.	Vergütungstarifvertrag Nr. 7 zum BAT-O für den Bereich der Länder vom 31. Januar 2003, mit Ausnahme des § 3 Abs. 1, der für die Tabellenentgelte der zu § 15 Abs. 2 TV-L vereinbarten Anlage B – nach § 15 Abs. 2 Satz 2 TV-L i.V.m. der Anlage 2 zu § 4 Abs. 1 und der Anlage 4 zu § 17 Abs. 7 TVÜ-Länder – fortgilt
4.	Monatslohntarifvertrag Nr. 5 zum MTArb vom 31. Januar 2003
5.	Monatslohntarifvertrag Nr. 7 zum MTArb-O vom 31. Januar 2003, mit Ausnahme des § 3 Abs. 1, der für die Tabellenentgelte der zu § 15 Abs. 2 TV-L vereinbarten Anlage B – nach § 15 Abs. 2 Satz 2 TV-L i.V.m. der Anlage 2 zu § 4 Abs. 1 und der Anlage 4 zu § 17 Abs. 7 TVÜ-Länder – fortgilt
6.	Tarifvertrag über das Lohngruppenverzeichnis der Länder zum MTArb (TV Lohngruppen-TdL) vom 11. Juli 1966
7.	Tarifvertrag über das Lohngruppenverzeichnis der Länder zum MTArb-O (TV Lohngruppen-O-TdL) vom 8. Mai 1991
8.	Tarifvertrag über Zusatzurlaub für gesundheitsgefährdende Arbeiten für Arbeiter der Länder vom 17. Dezember
9.	Tarifvertrag über Zulagen an Angestellte (Länder) vom 17. Mai 1982, mit Ausnahme der §§ 5, 6, 7 bis 10, die bis zu einer Überarbeitung beziehungsweise Neuregelung der entsprechenden Abschnitte der Entgeltordnung zum TV-L fortgelten
10.	Tarifvertrag über Zulagen an Angestellte (TV Zulagen Ang-O) (Länder) vom 8. Mai 1991, mit Ausnahme – des Eingangssatzes des § 1 Abs. 1, – des § 1 Abs. 1 Nr. 1, 1. Halbsatz entsprechend Nr. 11, – des § 1 Abs. 1 Nr. 2 entsprechend Nr. 9 und – des § 1 Abs. 1 Nr. 6
11.	Tarifvertrag über die Gewährung von Zulagen gemäß § 33 Abs. 1 Buchst. c BAT vom 11. Januar 1962 – Fortgeltung bis zum In-Kraft-Treten einer tariflichen Neuregelung der Erschwerniszuschläge gemäß § 19 TV-L
12.	Tarifvertrag über die Lohnzuschläge gemäß § 29 MTL II (TVZ zum MTL) vom 9. Oktober 1963 – Fortgeltung bis zum In-Kraft-Treten einer tariflichen Neuregelung der Erschwerniszuschläge gemäß § 19 TV-L
13.	Tarifvertrag über die Lohnzuschläge gemäß § 29 MTArb-O für Arbeiter der Länder (TVZ zum MTArb-O-TdL) vom 8. Mai 1991 – Fortgeltung bis zum In-Kraft-Treten einer tariflichen Neuregelung der Erschwerniszuschläge gemäß § 19 TV-L
14.	Tarifvertrag über vermögenswirksame Leistungen an Angestellte vom 17. Dezember 1970
15.	Tarifvertrag über vermögenswirksame Leistungen an Angestellte (TV VL Ang-O) vom 8. Mai 1991
16.	Tarifvertrag über vermögenswirksame Leistungen an Arbeiter (Länder) vom 17. Dezember 1970
17.	Tarifvertrag über vermögenswirksame Leistungen an Arbeiter (TV VL Arb-O) vom 8. Mai 1991
18.	Tarifvertrag über eine Zuwendung für Angestellte vom 12. Oktober 1973
19.	Tarifvertrag über eine Zuwendung für Angestellte (TV Zuwendung Ang-O) vom 10. Dezember 1990
20.	Tarifvertrag über eine Zuwendung für Arbeiter des Bundes und der Länder vom 12. Oktober 1973
21.	Tarifvertrag über eine Zuwendung für Arbeiter (TV Zuwendung Arb-O) vom 10. Dezember 1990

Anlage 1 TVÜ-Länder

22.	Tarifvertrag über ein Urlaubsgeld für Angestellte vom 16. März 1977
23.	Tarifvertrag über ein Urlaubsgeld für Angestellte (TV Urlaubsgeld Ang-O) vom 10. Dezember 1990
24.	Tarifvertrag über ein Urlaubsgeld für Arbeiter vom 16. März 1977
25.	Tarifvertrag über ein Urlaubsgeld für Arbeiter (TV Urlaubsgeld Arb-O) vom 10. Dezember 1990
26.	Tarifvertrag zur Regelung der Rechtsverhältnisse der Ärzte/Ärztinnen im Praktikum vom 10. April 1987
27.	Tarifvertrag zur Regelung der Rechtsverhältnisse der Ärzte/Ärztinnen im Praktikum (Mantel-TV AiP-O) vom 5. März 1991
28.	Entgelttarifvertrag Nr. 12 für Ärzte/Ärztinnen im Praktikum vom 31. Januar 2003
29.	Entgelttarifvertrag Nr. 7 für Ärzte/Ärztinnen im Praktikum (Ost) vom 31. Januar 2003
30.	Tarifvertrag über vermögenswirksame Leistungen an Ärzte/Ärztinnen im Praktikum vom 10. April 1987
31.	Tarifvertrag über eine Zuwendung für Ärzte/Ärztinnen im Praktikum vom 10. April 1987
32.	Tarifvertrag über eine Zuwendung für Ärzte/Ärztinnen im Praktikum (TV Zuwendung AiP-O) vom 5. März 1991
33.	Tarifvertrag über ein Urlaubsgeld für Ärzte/Ärztinnen im Praktikum vom 10. April 1987
34.	Tarifvertrag über ein Urlaubsgeld für Ärzte/Ärztinnen im Praktikum (TV Urlaubsgeld AiP-O) vom 5. März 1991
35.	Tarifvertrag über die Erhöhung der Löhne und Gehälter für Beschäftigte im öffentlichen Dienst vom 4. September 1990
36.	Vereinbarung über die Schaffung zusätzlicher Ausbildungsplätze im öffentlichen Dienst vom 17. Juli 1996
37.	Tarifvertrag über die Versorgung der Arbeitnehmer des Bundes und der Länder sowie von Arbeitnehmern kommunaler Verwaltungen und Betriebe (Versorgungs-TV) vom 4. November 1966
38.	Tarifvertrag über die Versorgung der Arbeitnehmer des Saarlandes und der Mitglieder des Kommunalen Arbeitgeberverbandes Saar e.V. (VersTV-Saar) vom 15. November 1966
39.	Tarifvertrag über Zulagen an Arbeiter bei obersten Landesbehörden (Ost) vom 12. November 1991
40.	Tarifvertrag vom 26. Mai 1964 betreffend Beihilfe für Angestellte und Lehrlinge des Landes Baden-Württemberg
41.	Tarifvertrag vom 26. Mai 1964 betreffend Beihilfe für Arbeiter und Lehrlinge des Landes Baden-Württemberg
42.	Tarifvertrag vom 26. Mai 1964 betreffend Beihilfe für Angestellte und Lehrlinge des Landes Bremen
43.	Tarifvertrag vom 26. Mai 1964 betreffend Beihilfe für Arbeiter und Lehrlinge des Landes Bremen
44.	Tarifvertrag vom 26. Mai 1964 betreffend Beihilfe für Angestellte und Lehrlinge des Landes Hamburg
45.	Tarifvertrag vom 26. Mai 1964 betreffend Beihilfe für Arbeiter und Lehrlinge des Landes Hamburg
46.	Tarifvertrag vom 26. Mai 1964 betreffend Beihilfe für Angestellte und Lehrlinge des Landes Niedersachsen

47.	Tarifvertrag vom 26. Mai 1964 betreffend Beihilfe für Arbeiter und Lehrlinge des Landes Niedersachsen
48.	Tarifvertrag vom 26. Mai 1964 betreffend Beihilfe für Angestellte, Arbeiter und Lehrlinge des Landes Rheinland-Pfalz
49.	Tarifvertrag vom 26. Mai 1964 betreffend Beihilfe für Angestellte, Arbeiter und Lehrlinge des Saarlandes
50.	Tarifvertrag vom 26. Mai 1964 betreffend Beihilfe für Angestellte und Lehrlinge des Landes Schleswig-Holstein
51.	Tarifvertrag vom 26. Mai 1964 betreffend Beihilfe für Arbeiter und Lehrlinge des Landes Schleswig-Holstein

Teil C Fortgeltende Tarifverträge

Vorbemerkung:
1. Die nachfolgende Liste ist noch nicht abschließend. Sobald die Verhandlungen der Tarifvertragsparteien zu Anlage 1 TVÜ-Länder Teil C abgeschlossen sind, ersetzt die Neufassung diese Anlage.
2. Die in dieser Anlage aufgeführten Tarifverträge sind in der jeweils geltenden Fassung zitiert.

1.	Tarifvertrag über den Rationalisierungsschutz für Angestellte (RatSchTV Ang) vom 9. Januar 1987
2.	Tarifvertrag über den Rationalisierungsschutz für Arbeiter des Bundes und der Länder (RatSchTV Arb) vom 9. Januar 1987
3.	Tarifvertrag zur sozialen Absicherung vom 6. Juli 1992
4.	Tarifvertrag zur Regelung der Altersteilzeitarbeit (TV ATZ) vom 5. Mai 1998
5.	Tarifvertrag zur Regelung des Übergangs in den Ruhestand für Angestellte im Flugverkehrskontrolldienst durch Altersteilzeitarbeit vom 26. März 1999
6.	Tarifvertrag über die betriebliche Altersversorgung der Beschäftigten des öffentlichen Dienstes (Tarifvertrag Altersversorgung – ATV) vom 1. März 2002
7.	Tarifvertrag über die betriebliche Altersversorgung der Waldarbeiter der Länder und Gemeinden sowie der Arbeiter in den landwirtschaftlichen Betrieben und in den Weinbaubetrieben der Länder (Tarifvertrag Altersversorgung- Wald – ATV-W) vom 18. November 2002
8.	Tarifvertrag über den Geltungsbereich der für den öffentlichen Dienst in der Bundesrepublik Deutschland bestehenden Tarifverträge vom 1. August 1990
9.	Tarifvertrag über Zulagen an Angestellte bei obersten Bundesbehörden oder bei obersten Landesbehörden vom 4. November 1971
10.	Tarifvertrag über Zulagen an Arbeiter bei obersten Bundesbehörden oder bei obersten Landesbehörden vom 4. November 1971
11.	Tarifvertrag über Zulagen an Angestellte bei den Sicherheitsdiensten der Länder vom 9. Februar 1978
12.	Tarifvertrag über Zulagen an Arbeiter bei den Sicherheitsdiensten der Länder vom 9. Februar 1978
13.	Tarifvertrag über Zulagen an Arbeiter bei den Sicherheitsdiensten der Länder (Ost) vom 8. Mai 1991
14.	Tarifvertrag über Zulagen für Arbeiter bei Justizvollzugseinrichtungen und Psychiatrischen Krankenanstalten vom 27. November 1975
15.	Tarifvertrag über Zulagen für Arbeiter bei Justizvollzugseinrichtungen und Psychiatrischen Krankenanstalten der Länder (Ost) vom 8. Mai 1991

16.	Tarifvertrag über die Ausführung von Arbeiten im Gedingeverfahren im Bereich der SR 2b des Abschnitts B der Anlage 2 MTArb (Gedingerichtlinien) vom 15. Mai 1962
17.	Tarifvertrag über die Bewertung der Personalunterkünfte für Angestellte vom 16. März 1974
18.	Tarifvertrag über die Bewertung der Personalunterkünfte für Arbeiter vom 16. März 1974
19.	Tarifvertrag zur Regelung der Arbeitsbedingungen der im Kampfmittelbeseitigungsdienst beschäftigten Arbeitnehmer des Landes Baden-Württemberg (TV-Mun-BW) vom 24. Februar 1972
20.	Tarifvertrag zur Regelung der Arbeitsbedingungen der im Kampfmittelbeseitigungsdienst beschäftigten Arbeitnehmer der Behörde für Inneres – Feuerwehr – der Freien und Hansestadt Hamburg (TV-Mun-Hmb) vom 24. Juni 1974
21.	Tarifvertrag zur Regelung der Arbeitsbedingungen der im Kampfmittelbeseitigungsdienst beschäftigten Arbeitnehmer des Landes Niedersachsen (TV-Mun-Nds) vom 5. März 1991
22.	Tarifvertrag zur Regelung der Arbeitsbedingungen der mit der Räumung der Kampfmittel beschäftigten Angestellten des Landes Nordrhein-Westfalen (TV Ang-Mun-NW) vom 11. September 1979
23.	Tarifvertrag zur Regelung der Arbeitsbedingungen der mit der Räumung der Kampfmittel beschäftigten Arbeiter des Landes Nordrhein-Westfalen (TV Arb-Mun-NW) vom 11. September 1979
24.	Tarifvertrag zur Regelung der Arbeitsbedingungen der im Kampfmittelbeseitigungsdienst beschäftigten Arbeitnehmer des Landes Rheinland-Pfalz (TV-Mun-RP) vom 24. Februar 1972
25.	Tarifvertrag zur Regelung der Arbeitsbedingungen der im Kampfmittelbeseitigungsdienst beschäftigten Arbeitnehmer des Saarlandes (TV-Mun-Saar) vom 1. März 1996
26.	Tarifvertrag zur Regelung der Arbeitsbedingungen der im Kampfmittelbeseitigungsdienst beschäftigten Arbeitnehmer des Landes Schleswig-Holstein (TV-Mun-SH) vom 24. Februar 1972
27.	Tarifvertrag zur Regelung der Arbeitsbedingungen der im Kampfmittelbeseitigungsdienst beschäftigten Arbeitnehmer (Ost) – TV-Mun-O vom 14. Dezember 1993
28.	Tarifvertrag über die Regelung der Arbeitsbedingungen über das ständig beschäftigte Abendpersonal an Theatern und Bühnen vom 25. Juni 1991
29.	Tarifvertrag vom 25. Juni 1991 über die Theaterbetriebszulage für Angestellte (Ost)
30.	Tarifvertrag vom 25. Juni 1991 über den Theaterbetriebszuschlag für Arbeiter (Ost)

Ferner gelten bis zu einer Neuregelung diejenigen Tarifregelungen fort, die Eingruppierungsregelungen enthalten.

Anlage 2 Zuordnung der Vergütungs- und Lohngruppen zu den Entgeltgruppen für am 31. Oktober 2006/1. November 2006 vorhandene Beschäftigte für die Überleitung (Länder)

Teil A Beschäftigte mit Ausnahme der Lehrkräfte im Sinne des Teils B und der Ärztinnen und Ärzte im Sinne des Teils C

Entgelt-gruppe	Vergütungsgruppe	Lohngruppe
15 Ü	I	Keine
15	Keine Stufe 6 Ia Ia nach Aufstieg aus Ib Ib mit ausstehendem Aufstieg nach Ia	Keine
14	Keine Stufe 6 Ib ohne Aufstieg nach Ia Ib nach Aufstieg aus IIa IIa mit ausstehendem Aufstieg nach Ib nach 5 oder 6 Jahren	Keine
13 Ü	Keine Stufe 6 IIa mit ausstehendem Aufstieg nach Ib nach 11 oder 15 Jahren	Keine
13	Keine Stufe 6 IIa ohne Aufstieg nach Ib	Keine
12	Keine Stufe 6 IIa nach Aufstieg aus III III mit ausstehendem Aufstieg nach IIa	Keine
11	Keine Stufe 6 III ohne Aufstieg nach IIa III nach Aufstieg aus IVa IVa mit ausstehendem Aufstieg nach III	Keine
10	Keine Stufe 6 IVa ohne Aufstieg nach III IVa nach Aufstieg aus IVb IVb mit ausstehendem Aufstieg nach IVa Va in den ersten sechs Monaten der Berufsausübung, wenn danach IVb mit Aufstieg nach IVa (Zuordnung zu Stufe 1)	Keine
9	IVb ohne Aufstieg nach IVa (keine Stufe 6) IVb nach Aufstieg aus Va ohne weiteren Aufstieg nach IVa (keine Stufe 6) IVb nach Aufstieg aus Vb (keine Stufe 6) Va mit ausstehendem Aufstieg nach IVb ohne weiteren Aufstieg nach IVa (keine Stufe 6) Va ohne Aufstieg nach IVb (Stufe 3 nach 5 Jahren in Stufe 2, Stufe 4 nach 9 Jahren in Stufe 3, keine Stufen 5 und 6) Vb mit ausstehendem Aufstieg nach IVb (keine Stufe 6) Vb ohne Aufstieg nach IVb (Stufe 3 nach 5 Jahren in Stufe 2, Stufe 4 nach 9 Jahren in der Stufe 3, keine Stufen 5 und 6) Vb nach Aufstieg aus Vc (Stufe 3 nach 5 Jahren in Stufe 2, Stufe 4 nach 9 Jahren in Stufe 3, keine Stufen 5 und 6)	9 (Stufe 4 nach 7 Jahren in Stufe 3, keine Stufen 5 und 6)

Anlage 2 TVÜ-Länder

Entgelt-gruppe	Vergütungsgruppe	Lohngruppe
8	Vc mit ausstehendem Aufstieg nach Vb Vc ohne Aufstieg nach Vb Vc nach Aufstieg aus VIb	8 a 8 mit ausstehendem Aufstieg nach 8 a 7 mit ausstehendem Aufstieg nach 8 und 8 a
7	Keine	7 a 7 mit ausstehendem Aufstieg nach 7 a 7 nach Aufstieg aus 6 6 mit ausstehendem Aufstieg nach 7 und 7 a
6	VIb mit ausstehendem Aufstieg nach Vc VIb ohne Aufstieg nach Vc VIb nach Aufstieg aus VII	6 a 6 mit ausstehendem Aufstieg nach 6 a 6 nach Aufstieg aus 5 5 mit ausstehendem Aufstieg nach 6 und 6 a
5	VII mit ausstehendem Aufstieg nach VIb VII ohne Aufstieg nach VIb VII nach Aufstieg aus VIII	5 a 5 mit ausstehendem Aufstieg nach 5 a 5 nach Aufstieg aus 4 4 mit ausstehendem Aufstieg nach 5 und 5 a
4	Keine	4 a 4 mit ausstehendem Aufstieg nach 4 a 4 nach Aufstieg aus 3 3 mit ausstehendem Aufstieg nach 4 und 4 a
3	Keine Stufe 6 VIII mit ausstehendem Aufstieg nach VII VIII ohne Aufstieg nach VII VIII nach Aufstieg aus IXb	3 a 3 mit ausstehendem Aufstieg nach 3 a 3 nach Aufstieg aus 2 und 2 a mit ausstehendem Aufstieg nach 3 a 3 nach Aufstieg aus 2 a mit ausstehendem Aufstieg nach 3 a 3 nach Aufstieg aus 2 und 2 a (keine Stufe 6) 2 a nach Aufstieg aus 2 mit ausstehendem Aufstieg nach 3 und 3 a 2 a mit ausstehendem Aufstieg nach 3 und 3 a 2 a nach Aufstieg aus 2 mit ausstehendem Aufstieg nach 3 (keine Stufe 6) 2 mit ausstehendem Aufstieg nach 2 a, 3 und 3 a 2 mit ausstehendem Aufstieg nach 2 a und 3 (keine Stufe 6)

Entgelt-gruppe	Vergütungsgruppe	Lohngruppe
2 Ü	Keine	2 a 2 mit ausstehendem Aufstieg nach 2 a 2 nach Aufstieg aus 1 1 mit ausstehendem Aufstieg nach 2 und 2 a
2	IXa IXb mit ausstehendem Aufstieg nach VIII IXb mit ausstehendem Aufstieg nach IXa IXb nach Aufstieg aus X (keine Stufe 6) X (keine Stufe 6)	1 a (keine Stufe 6) 1 mit ausstehendem Aufstieg nach 1 a (keine Stufe 6)
1	Keine	Keine

Teil B Lehrkräfte, für die nach Nr. 5 der Vorbemerkungen zu allen Vergütungsgruppen die Anlage 1a zum BAT/BAT-O nicht gilt

Entgelt-gruppe	Überleitung Lehrkräfte „Erfüller" Vergütungsgruppe	Überleitung Lehrkräfte „Nichterfüller" Vergütungsgruppe
15 Ü	I	–
15	Ia	–
14	Ib	Ib nach Aufstieg aus IIa
13	IIa	IIa ohne Aufstieg nach Ib IIa mit ausstehendem Aufstieg nach Ib
12	–	IIa nach Aufstieg aus III IIa nach Aufstieg aus IIb III mit ausstehendem Aufstieg nach IIa IIb mit ausstehendem Aufstieg nach IIa
11	III	IIb ohne Aufstieg nach IIa III ohne Aufstieg nach IIa III nach Aufstieg aus IVa IVa mit ausstehendem Aufstieg nach III
10	IVa	IVa ohne Aufstieg nach III IVa nach Aufstieg aus IVb IVb mit ausstehendem Aufstieg nach IVa
9	IVb Vb (Stufe 3 nach 5 Jahren in Stufe 2, Stufe 4 nach 9 Jahren in Stufe 3, keine Stufe 5)	IVb ohne Aufstieg nach IVa IVb nach Aufstieg aus Vb Vb mit ausstehendem Aufstieg nach IVb Vb ohne Aufstieg nach IVb (Stufe 3 nach 5 Jahren in Stufe 2, Stufe 4 nach 9 Jahren in Stufe 3, keine Stufe 5) Vb nach Aufstieg aus Vc (Stufe 3 nach 5 Jahren in Stufe 2, Stufe 4 nach 9 Jahren in Stufe 3, keine Stufe 5) Vb nach Aufstieg aus VIb (Stufe 3 nach 5 Jahren in Stufe 2, Stufe 4 nach 9 Jahren in Stufe 3, keine Stufe 5)

Entgelt-gruppe	Überleitung Lehrkräfte „Erfüller" Vergütungsgruppe	Überleitung Lehrkräfte „Nichterfüller" Vergütungsgruppe
8	Vc	Vc ohne Aufstieg Vc nach Aufstieg aus VIb Vc mit ausstehendem Aufstieg nach Vb
7	–	–
6	–	VIb ohne Aufstieg VIb mit ausstehendem Aufstieg nach Vc VIb mit ausstehendem Aufstieg nach Vb

Teil C   Ärztinnen und Ärzte im Sinne des § 4 Abs. 1 Satz 2 und 3

Entgeltgruppe	Bezeichnung
Ä 1	Arzt mit entsprechender Tätigkeit
Ä 2	Facharzt mit entsprechender Tätigkeit
Ä 3	Oberarzt: – Oberarzt ist derjenige Arzt, dem die medizinische Verantwortung für Teil- oder Funktionsbereiche der Klinik bzw. Abteilung vom Arbeitgeber übertragen worden ist. – Facharzt in einer durch den Arbeitgeber übertragenen Spezialfunktion, für die dieser eine erfolgreich abgeschlossene Schwerpunkt- oder Zusatzweiterbildung nach der Weiterbildungsordnung fordert.
Ä 4	Facharzt, dem die ständige Vertretung des leitenden Arztes (Chefarzt) vom Arbeitgeber übertragen worden ist. *(Protokollerklärung: Ständiger Vertreter ist nur der Arzt, der den leitenden Arzt in der Gesamtheit seiner Dienstaufgaben vertritt. Das Tätigkeitsmerkmal kann daher innerhalb einer Klinik nur von einem Arzt erfüllt werden.)*

Anlage 3   Strukturausgleiche für Angestellte

Angestellte, deren Ortszuschlag sich nach § 29 Abschn. B Abs. 5 BAT/BAT-O bemisst, erhalten den entsprechenden Anteil, in jedem Fall aber die Hälfte des Strukturausgleichs für Verheiratete.

[1]Soweit nicht anders ausgewiesen, beginnt die Zahlung des Strukturausgleichs am 1. November 2008. [2]Die Angabe „nach ... Jahren" bedeutet, dass die Zahlung nach den genannten Jahren ab dem In-Kraft-Treten des TV-L beginnt; so wird z.B. bei dem Merkmal „nach 4 Jahren" der Zahlungsbeginn auf den 1. November 2010 festgelegt, wobei die Auszahlung eines Strukturausgleichs mit den jeweiligen Monatsbezügen erfolgt. [3]Die Dauer der Zahlung ist ebenfalls angegeben; dabei bedeutet „dauerhaft" die Zahlung während der Zeit des Arbeitsverhältnisses.

[1]Ist die Zahlung „für" eine bestimmte Zahl von Jahren angegeben, ist der Bezug auf diesen Zeitraum begrenzt (z.B. „für 5 Jahre" bedeutet Beginn der Zahlung im November 2008 und Ende der Zahlung mit Ablauf Oktober 2013). [2]Eine Ausnahme besteht dann, wenn das Ende des Zahlungszeitraumes nicht mit einem Stufenaufstieg in der jeweiligen Entgeltgruppe zeitlich zusammenfällt; in diesen Fällen wird der Strukturausgleich bis zum nächsten Stufenaufstieg fortgezahlt. [3]Diese Ausnahmeregelung gilt nicht, wenn der Stufenaufstieg in die Endstufe erfolgt; in diesen Fällen bleibt es bei der festgelegten Dauer.

A. Angestellte (einschl. Lehrkräfte), mit Ausnahme des Pflegepersonals im Sinne der Anlage 1b zum BAT/BAT-O

Entgeltgruppe	Vergütungsgruppe bei In-Kraft-Treten TVÜ	Aufstieg	Orts-Zuschlag Stufe 1, 2	Lebensaltersstufe	Höhe Ausgleichsbetrag	Dauer
				bei In-Kraft-Treten TVÜ		
2	X	IXb nach 2 Jahren	OZ 2	23	40 €	für 4 Jahre
2	X	IXb nach 2 Jahren	OZ 2	29	30 €	dauerhaft
2	X	IXb nach 2 Jahren	OZ 2	31	30 €	dauerhaft
2	X	IXb nach 2 Jahren	OZ 2	33	30 €	dauerhaft
2	X	IXb nach 2 Jahren	OZ 2	35	20 €	dauerhaft
3	VIII	ohne	OZ 2	25	35 €	nach 4 Jahren dauerhaft
3	VIII	ohne	OZ 2	27	35 €	dauerhaft
3	VIII	ohne	OZ 2	29	35 €	nach 4 Jahren dauerhaft
3	VIII	ohne	OZ 2	31	35 €	dauerhaft
3	VIII	ohne	OZ 2	33	35 €	dauerhaft
3	VIII	ohne	OZ 2	35	35 €	dauerhaft
3	VIII	ohne	OZ 2	37	20 €	dauerhaft
6	VIb	ohne	OZ 2	29	50 €	dauerhaft
6	VIb	ohne	OZ 2	31	50 €	dauerhaft
6	VIb	ohne	OZ 2	33	50 €	dauerhaft
6	VIb	ohne	OZ 2	35	50 €	dauerhaft
6	VIb	ohne	OZ 2	37	50 €	dauerhaft
6	VIb	ohne	OZ 2	39	50 €	dauerhaft
8	Vc	ohne	OZ 2	37	40 €	dauerhaft
8	Vc	ohne	OZ 2	39	40 €	dauerhaft
9	Vb	ohne	OZ 1	29	60 €	für 12 Jahre
9	Vb	ohne	OZ 1	31	60 €	nach 4 Jahren für 7 Jahre
9	Vb	ohne	OZ 1	33	60 €	für 7 Jahre
9	Vb	ohne	OZ 2	27	90 €	nach 4 Jahren für 7 Jahre
9	Vb	ohne	OZ 2	29	90 €	für 7 Jahre
9	Vb	ohne	OZ 2	35	20 €	nach 4 Jahren dauerhaft
9	Vb	ohne	OZ 2	37	40 €	nach 4 Jahren dauerhaft
9	Vb	ohne	OZ 2	39	40 €	dauerhaft
9	Vb	ohne	OZ 2	41	40 €	dauerhaft
9	Vb	IVb nach 6 Jahren	OZ 1	29	50 €	für 3 Jahre

Anlage 3 TVÜ-Länder

Entgeltgruppe	Vergütungsgruppe bei In-Kraft-Treten TVÜ	Aufstieg	Orts-Zuschlag Stufe 1, 2	Lebensaltersstufe	Höhe Ausgleichsbetrag	Dauer
			bei In-Kraft-Treten TVÜ			
9	Vb	IVb nach 2, 3, 4, 6 Jahren	OZ 1	35	60 €	für 4 Jahre
9	Vb	IVb nach 2, 3, 4, 6 Jahren	OZ 2	31	50 €	für 4 Jahre
9	Vb	IVb nach 2, 3, 4, 6 Jahren	OZ 2	37	60 €	dauerhaft
9	Vb	IVb nach 2, 3, 4, 6 Jahren	OZ 2	39	60 €	dauerhaft
9	Vb	IVb nach 2, 3, 4, 6 Jahren	OZ 2	41	60 €	dauerhaft
9	IVb	ohne	OZ 1	35	60 €	für 4 Jahre
9	IVb	ohne	OZ 2	31	50 €	für 4 Jahre
9	IVb	ohne	OZ 2	37	60 €	dauerhaft
9	IVb	ohne	OZ 2	39	60 €	dauerhaft
9	IVb	ohne	OZ 2	41	60 €	dauerhaft
10	IVb	IVa nach 2, 4, 6 Jahren	OZ 1	35	40 €	für 4 Jahre
10	IVb	IVa nach 2, 4, 6 Jahren	OZ 1	41	30 €	dauerhaft
10	IVb	IVa nach 2, 4, 6 Jahren	OZ 1	43	30 €	dauerhaft
10	IVb	IVa nach 6 Jahren	OZ 2	29	70 €	für 7 Jahre
10	IVb	IVa nach 2, 4, 6 Jahren	OZ 2	37	60 €	nach 4 Jahren dauerhaft
10	IVb	IVa nach 2, 4, 6 Jahren	OZ 2	39	60 €	dauerhaft
10	IVb	IVa nach 2, 4, 4, 6 Jahren	OZ 2	41	85 €	dauerhaft
10	IVb	IVa nach 2, 4, 4, 6 Jahren	OZ 2	43	60 €	dauerhaft
10	IVa	ohne	OZ 1	35	40 €	für 4 Jahre
10	IVa	ohne	OZ 1	41	30 €	dauerhaft
10	IVa	ohne	OZ 1	43	30 €	dauerhaft
10	IVa	ohne	OZ 2	37	60 €	nach 4 Jahren dauerhaft
10	IVa	ohne	OZ 2	39	60 €	dauerhaft
10	IVa	ohne	OZ 2	41	85 €	dauerhaft
10	IVa	ohne	OZ 2	43	60 €	dauerhaft
11	IVa	III nach 4, 6, 8 Jahren	OZ 1	41	40 €	dauerhaft

Entgeltgruppe	Vergütungsgruppe bei In-Kraft-Treten TVÜ	Aufstieg	Orts-Zuschlag Stufe 1, 2	Lebensaltersstufe	Höhe Ausgleichsbetrag	Dauer
			bei In-Kraft-Treten TVÜ			
11	IVa	III nach 4, 6, 8 Jahren	OZ 1	43	40 €	dauerhaft
11	IVa	III nach 4, 6, 8 Jahren	OZ 2	37	70 €	nach 4 Jahren dauerhaft
11	IVa	III nach 4, 6, 8 Jahren	OZ 2	39	70 €	dauerhaft
11	IVa	III nach 4, 6, 8 Jahren	OZ 2	41	85 €	dauerhaft
11	IVa	III nach 4, 6, 8 Jahren	OZ 2	43	70 €	dauerhaft
11	III	ohne	OZ 1	41	40 €	nach 4 Jahren dauerhaft
11	III	ohne	OZ 1	43	40 €	dauerhaft
11	III	ohne	OZ 2	37	70 €	nach 4 Jahren dauerhaft
11	III	ohne	OZ 2	39	70 €	dauerhaft
11	III	ohne	OZ 2	41	85 €	dauerhaft
11	III	ohne	OZ 2	43	70 €	dauerhaft
11	IIb	ohne	OZ 1	31	60 €	nach 4 Jahren für 2 Jahre
11	IIb	ohne	OZ 1	39	60 €	nach 4 Jahren dauerhaft
11	IIb	ohne	OZ 1	41	80 €	dauerhaft[1]
11	IIb	ohne	OZ 2	29	60 €	nach 4 Jahren für 2 Jahre
11	IIb	ohne	OZ 2	35	80 €	nach 4 Jahren dauerhaft
11	IIb	ohne	OZ 2	37	100 €	nach 4 Jahren dauerhaft
11	IIb	ohne	OZ 2	39	110 €	dauerhaft[2]
11	IIb	ohne	OZ 2	41	80 €	dauerhaft[3]
12	III	IIa nach 10 Jahren	OZ 1	33	95 €	für 5 Jahre
12	III	IIa nach 10 Jahren	OZ 1	35	95 €	für 4 Jahre
12	III	IIa nach 10 Jahren	OZ 1	39	50 €	nach 4 Jahren dauerhaft
12	III	IIa nach 10 Jahren	OZ 1	41	50 €	dauerhaft
12	III	IIa nach 10 Jahren	OZ 1	43	50 €	dauerhaft

1 **Amtl. Anm.:** Der Strukturausgleich wird frühestens ab dem 1. März 2009 geleistet.
2 **Amtl. Anm.:** Der Strukturausgleich wird frühestens ab dem 1. März 2009 geleistet.
3 **Amtl. Anm.:** Der Strukturausgleich wird frühestens ab dem 1. März 2009 geleistet.

Anlage 3 TVÜ-Länder

Entgeltgruppe	Vergütungsgruppe bei In-Kraft-Treten TVÜ	Aufstieg	Orts-Zuschlag Stufe 1, 2	Lebensaltersstufe	Höhe Ausgleichsbetrag	Dauer
			bei In-Kraft-Treten TVÜ			
12	III	IIa nach 10 Jahren	OZ 2	33	100 €	für 4 Jahre
12	III	IIa nach 10 Jahren	OZ 2	37	100 €	nach 4 Jahren dauerhaft
12	III	IIa nach 10 Jahren	OZ 2	39	100 €	dauerhaft
12	III	IIa nach 10 Jahren	OZ 2	41	100 €	dauerhaft
12	III	IIa nach 10 Jahren	OZ 2	43	85 €	dauerhaft
12	III	IIa nach 8 Jahren	OZ 1	35	95 €	für 4 Jahre
12	III	IIa nach 8 Jahren	OZ 1	39	50 €	nach 4 Jahren dauerhaft
12	III	IIa nach 8 Jahren	OZ 1	41	50 €	dauerhaft
12	III	IIa nach 8 Jahren	OZ 1	43	50 €	dauerhaft
12	III	IIa nach 8 Jahren	OZ 2	31	100 €	für 5 Jahre
12	III	IIa nach 8 Jahren	OZ 2	33	100 €	für 4 Jahre
12	III	IIa nach 8 Jahren	OZ 2	37	100 €	nach 4 Jahren dauerhaft
12	III	IIa nach 8 Jahren	OZ 2	39	100 €	dauerhaft
12	III	IIa nach 8 Jahren	OZ 2	41	100 €	dauerhaft
12	III	IIa nach 8 Jahren	OZ 2	43	85 €	dauerhaft
12	III	IIa nach 5 Jahren	OZ 1	29	100 €	für 3 Jahre
12	III	IIa nach 5 u. 6 Jahren	OZ 1	35	95 €	für 4 Jahre
12	III	IIa nach 5 u. 6 Jahren	OZ 1	39	50 €	nach 4 Jahren dauerhaft
12	III	IIa nach 5 u. 6 Jahren	OZ 1	41	50 €	dauerhaft
12	III	IIa nach 5 u. 6 Jahren	OZ 1	43	50 €	dauerhaft
12	III	IIa nach 5 u. 6 Jahren	OZ 2	33	100 €	für 4 Jahre
12	III	IIa nach 5 u. 6 Jahren	OZ 2	37	100 €	nach 4 Jahren dauerhaft
12	III	IIa nach 5 u. 6 Jahren	OZ 2	39	100 €	dauerhaft
12	III	IIa nach 5 u. 6 Jahren	OZ 2	41	100 €	dauerhaft
12	III	IIa nach 5 u. 6 Jahren	OZ 2	43	85 €	dauerhaft
13	IIa	ohne	OZ 2	39	60 €	nach 4 Jahren dauerhaft
13	IIa	ohne	OZ 2	41	60 €	dauerhaft

TVÜ-Länder Anlage 3

Entgelt gruppe	Vergütungsgruppe bei In-Kraft-Treten TVÜ	Aufstieg	Orts-Zuschlag Stufe 1, 2	Lebensalterstufe	Höhe Ausgleichsbetrag	Dauer
				bei In-Kraft-Treten TVÜ		
13	IIa	ohne	OZ 2	43	60 €	dauerhaft
13 Ü	IIa	Ib nach 15 Jahren	OZ 1	27	20 €	nach 4 Jahren für 2 Jahre
13 Ü	IIa	Ib nach 15 Jahren	OZ 1	29	20 €	nach 2 Jahren für 2 Jahre
13 Ü	IIa	Ib nach 15 Jahren	OZ 1	29	130 €	nach 4 Jahren für 2 Jahre
13 Ü	IIa	Ib nach 15 Jahren	OZ 1	39	80 €	dauerhaft
13 Ü	IIa	Ib nach 15 Jahren	OZ 1	41	80 €	dauerhaft
13 Ü	IIa	Ib nach 15 Jahren	OZ 1	43	80 €	dauerhaft
13 Ü	IIa	Ib nach 15 Jahren	OZ 1	45	60 €	dauerhaft
13 Ü	IIa	Ib nach 15 Jahren	OZ 2	27	100 €	nach 4 Jahren für 2 Jahre
13 Ü	IIa	Ib nach 15 Jahren	OZ 2	37	110 €	dauerhaft
13 Ü	IIa	Ib nach 15 Jahren	OZ 2	39	110 €	dauerhaft
13 Ü	IIa	Ib nach 15 Jahren	OZ 2	41	110 €	dauerhaft
13 Ü	IIa	Ib nach 15 Jahren	OZ 2	43	110 €	dauerhaft
13 Ü	IIa	Ib nach 15 Jahren	OZ 2	45	60 €	dauerhaft
13 Ü	IIa	Ib nach 11 Jahren	OZ 1	27	20 €	nach 4 Jahren für 2 Jahre
13 Ü	IIa	Ib nach 11 Jahren	OZ 1	29	20 €	nach 2 Jahren für 2 Jahre
13 Ü	IIa	Ib nach 11 Jahren	OZ 1	29	130 €	nach 4 Jahren für 2 Jahre
13 Ü	IIa	Ib nach 11 Jahren	OZ 1	33	60 €	nach 4 Jahren für 4 Jahre
13 Ü	IIa	Ib nach 11 Jahren	OZ 1	35	50 €	für 5 Jahre
13 Ü	IIa	Ib nach 11 Jahren	OZ 1	37	110 €	nach 2 Jahren für 3 Jahre
13 Ü	IIa	Ib nach 11 Jahren	OZ 1	41	80 €	nach 4 Jahren dauerhaft
13 Ü	IIa	Ib nach 11 Jahren	OZ 1	43	80 €	dauerhaft
13 Ü	IIa	Ib nach 11 Jahren	OZ 1	45	60 €	dauerhaft
13 Ü	IIa	Ib nach 11 Jahren	OZ 2	27	100 €	nach 4 Jahren für 2 Jahre
13 Ü	IIa	Ib nach 11 Jahren	OZ 2	35	165 €	nach 3 Jahren für 2 Jahre
13 Ü	IIa	Ib nach 11 Jahren	OZ 2	37	110 €	dauerhaft
13 Ü	IIa	Ib nach 11 Jahren	OZ 2	39	110 €	nach 4 Jahren dauerhaft

Anlage 3 TVÜ-Länder

Entgeltgruppe	Vergütungsgruppe bei In-Kraft-Treten TVÜ	Aufstieg	Orts-Zuschlag Stufe 1, 2	Lebensaltersstufe	Höhe Ausgleichsbetrag	Dauer
			bei In-Kraft-Treten TVÜ			
13 Ü	IIa	Ib nach 11 Jahren	OZ 2	41	110 €	dauerhaft
13 Ü	IIa	Ib nach 11 Jahren	OZ 2	43	110 €	dauerhaft
13 Ü	IIa	Ib nach 11 Jahren	OZ 2	45	60 €	dauerhaft
14	IIa	Ib nach 5 u. 6 Jahren	OZ 1	31	100 €	für 3 Jahre
14	IIa	Ib nach 5 u. 6 Jahren	OZ 1	35	100 €	für 4 Jahre
14	IIa	Ib nach 5 u. 6 Jahren	OZ 1	41	80 €	nach 4 Jahren dauerhaft
14	IIa	Ib nach 5 u. 6 Jahren	OZ 1	43	80 €	dauerhaft
14	IIa	Ib nach 5 u. 6 Jahren	OZ 1	45	60 €	dauerhaft
14	IIa	Ib nach 5 u. 6 Jahren	OZ 2	31	110 €	für 7 Jahre
14	IIa	Ib nach 5 u. 6 Jahren	OZ 2	33	50 €	für 4 Jahre
14	IIa	Ib nach 5 u. 6 Jahren	OZ 2	39	110 €	nach 4 Jahren dauerhaft
14	IIa	Ib nach 5 u. 6 Jahren	OZ 2	41	110 €	dauerhaft
14	IIa	Ib nach 5 u. 6 Jahren	OZ 2	43	110 €	dauerhaft
14	IIa	Ib nach 5 u. 6 Jahren	OZ 2	45	60 €	dauerhaft
14	Ib	ohne	OZ 1	35	100 €	für 4 Jahre
14	Ib	ohne	OZ 1	41	80 €	nach 4 Jahren dauerhaft
14	Ib	ohne	OZ 1	43	80 €	dauerhaft
14	Ib	ohne	OZ 1	45	60 €	dauerhaft
14	Ib	ohne	OZ 2	33	50 €	für 4 Jahre
14	Ib	ohne	OZ 2	39	110 €	nach 4 Jahren dauerhaft
14	Ib	ohne	OZ 2	41	110 €	dauerhaft
14	Ib	ohne	OZ 2	43	110 €	dauerhaft
14	Ib	ohne	OZ 2	45	60 €	dauerhaft
15	Ia	ohne	OZ 1	39	110 €	für 4 Jahre
15	Ia	ohne	OZ 1	43	50 €	dauerhaft
15	Ia	ohne	OZ 1	45	50 €	dauerhaft
15	Ia	ohne	OZ 2	37	110 €	für 4 Jahre

TVÜ-Länder Anlage 3

Entgeltgruppe	Vergütungsgruppe bei In-Kraft-Treten TVÜ	Aufstieg	Orts-Zuschlag Stufe 1, 2	Lebensaltersstufe	Höhe Ausgleichsbetrag	Dauer
			bei In-Kraft-Treten TVÜ			
15	Ia	ohne	OZ 2	41	50 €	dauerhaft
15	Ia	ohne	OZ 2	43	50 €	dauerhaft
15	Ia	ohne	OZ 2	45	50 €	dauerhaft
15	Ib	Ia nach 8 Jahren	OZ 1	39	110 €	für 4 Jahre
15	Ib	Ia nach 8 Jahren	OZ 1	43	50 €	dauerhaft
15	Ib	Ia nach 8 Jahren	OZ 1	45	50 €	dauerhaft
15	Ib	Ia nach 8 Jahren	OZ 2	37	110 €	für 4 Jahre
15	Ib	Ia nach 8 Jahren	OZ 2	41	50 €	dauerhaft
15	Ib	Ia nach 8 Jahren	OZ 2	43	50 €	dauerhaft
15	Ib	Ia nach 8 Jahren	OZ 2	45	50 €	dauerhaft
15	Ib	Ia nach 4 Jahren	OZ 1	39	110 €	für 4 Jahre
15	Ib	Ia nach 4 Jahren	OZ 1	43	50 €	dauerhaft
15	Ib	Ia nach 4 Jahren	OZ 1	45	50 €	dauerhaft
15	Ib	Ia nach 4 Jahren	OZ 2	37	110 €	für 4 Jahre
15	Ib	Ia nach 4 Jahren	OZ 2	41	50 €	dauerhaft
15	Ib	Ia nach 4 Jahren	OZ 2	43	50 €	dauerhaft
15	Ib	Ia nach 4 Jahren	OZ 2	45	50 €	dauerhaft
15 Ü	I	ohne	OZ 2	43	50 €	dauerhaft
15 Ü	I	ohne	OZ 2	45	50 €	dauerhaft

Anlage 3 TVÜ-Länder

B. Pflegepersonal im Sinne der Anlage 1b zum BAT/BAT-O

EG	Vergütungsgruppe	Ortszuschlag Stufe 1/2	Überleitung aus VergGr.		nach	für	Betrag Tarifgebiet West Stufe
12 a	Kr. XII 5 Jahre Kr. XIII	OZ 2	Kr. XII	6	1 Jahr	6 Jahre	90,– €
11 b	Kr. XI 5 Jahre Kr. XII	OZ 2	Kr. XI	6	1 Jahr	6 Jahre	150,– €
		OZ 1	Kr. XI	6	1 Jahr	6 Jahre	90,– €
			Kr. XI	7	2 Jahren	5 Jahre	130,– €
11 a	Kr. X 5 Jahre Kr. XI	OZ 2	Kr. X	4	5 Jahren	2 Jahre	220,– €
			Kr. X	5	3 Jahren	4 Jahre	300,– €
		OZ 1	Kr. X	5	3 Jahren	4 Jahre	190,– €
			Kr. X	6	1 Jahr	6 Jahre	260,– €
10 a	Kr. IX 5 Jahre Kr. X	OZ 2	Kr. IX	5	3 Jahren	2 Jahre, danach dauerhaft	270,– € 20,– €
			Kr. IX	6	4 Jahren	dauerhaft	35,– €
			Kr. X	7	2 Jahren	dauerhaft	35,– €
			Kr. X	8	2 Jahren	dauerhaft	35,– €
		OZ 1	Kr. IX	5	3 Jahren	2 Jahre	170,– €
			Kr. IX	6	1 Jahr	4 Jahre	240,– €
9 d	Kr. VIII 5 Jahre Kr. IX	OZ 2	Kr. VIII	5	6 Jahren	dauerhaft	15,– €

TVÜ-Länder Anlage 3

EG	Vergütungsgruppe	Ortszuschlag Stufe 1/2	Überleitung aus VergGr.		nach	für	Betrag Tarifgebiet West Stufe
			Kr. VIII	6	1 Jahr	3 Jahre, danach dauerhaft	140,– € 15,– €
			Kr. IX	7	2 Jahren	dauerhaft	30,– €
			Kr. IX	8	2 Jahren	dauerhaft	20,– €
		OZ 1	Kr. VIII	6	1 Jahr	1 Jahr, danach für 2 Jahre	200,– € 60,– €
9 c	Kr. VII 5 Jahre Kr. VIII	OZ 2	Kr. VII	4	4 Jahren	2 Jahre, danach für 4 Jahre	55,– € 110,– €
			Kr. VII	5	4 Jahren	3 Jahre	80,– €
			Kr. VII	6	1 Jahr	6 Jahre	140,– €
		OZ 1	Kr. VII	5	3 Jahren	2 Jahre, danach für 5 Jahre	150,– € 60,– €
			Kr. VIII	6	1 Jahr	9 Jahre	150,– €
			Kr. VIII	7	2 Jahren	5 Jahre	100,– €
		OZ 2	Kr. VII	5	4 Jahren	3 Jahre	45,– €
9 b	Kr. VII		Kr. VII	6	2 Jahren	2 Jahre, danach für 3 Jahre	40,– € 100,– €
			Kr. VII	7	2 Jahren	dauerhaft	10,– €
			Kr. VII	8	2 Jahren	dauerhaft	10,– €
		OZ 1	Kr. VII	6	6 Jahren	1 Jahr	60,– €

Anlage 3 TVÜ-Länder

EG	Vergütungsgruppe	Ortszuschlag Stufe 1/2	Überleitung aus		nach	für	Betrag Tarifgebiet West Stufe
			VergGr.				
			Kr. VII	7	4 Jahren	3 Jahre	60,– €
9 b	Kr. VI 5 Jahre Kr. VII	OZ 2	Kr. VI	6	1 Jahr	6 Jahre	90,– €
			Kr. VII	6	1 Jahr	4 Jahre	90,– €
			Kr. VII	7	2 Jahren	dauerhaft	10,– €
			Kr. VII	8	2 Jahren	dauerhaft	10,– €
		OZ 1	Kr. VI	5	3 Jahren	2 Jahre	240,– €
			Kr. VI	6	1 Jahr	1 Jahr	200,– €
			Kr. VII	7	4 Jahren	3 Jahre	65,– €
9 b	Kr. VI 7 Jahre Kr. VII	OZ 2	Kr. VI	6	4 Jahren	3 Jahre	90,– €
			Kr. VI	7	1 Jahr	1 Jahr, danach für 5 Jahre	200,– € 120,– €
			Kr. VII	8	2 Jahren	dauerhaft	10,– €
		OZ 1	Kr. VI	5	4 Jahren	4 Jahre	50,– €
			Kr. VI	7	1 Jahr	1 Jahr, danach für 5 Jahre	190,– € 20,– €
9 a	Kr. VI	OZ 2	Kr. VI	4	4 Jahren	3 Jahre	30,– €
			Kr. VI	5	2 Jahren	5 Jahre	75,– €
		OZ 1	Kr. VI	5	2 Jahren	8 Jahre	50,– €
			Kr. VI	6	4 Jahren	3 Jahre	40,– €

TVÜ-Länder Anlage 3

EG	Vergütungsgruppe	Ortszuschlag Stufe 1/2	Überleitung aus VergGr.		nach	für	Betrag Tarifgebiet West Stufe
8 a			Kr. VI	7	2 Jahren	5 Jahre	60,- €
	Kr. Va 3 Jahre, Kr. VI	OZ 2	Kr. Va	3	4 Jahren	7 Jahre	45,- €
			Kr. VI	5	2 Jahren	5 Jahre	60,- €
		OZ 1	Kr. VI	4	2 Jahren	9 Jahre	55,- €
			Kr. VI	7	2 Jahren	5 Jahre	60,- €
8 a	Kr. Va 5 Jahre Kr. VI	OZ 2	Kr. Va	3	4 Jahren	7 Jahre	45,- €
			Kr. VI	5	2 Jahren	5 Jahre	60,- €
		OZ 1	Kr. Va	3	4 Jahren	3 Jahre	55,- €
			Kr. Va	4	2 Jahren	9 Jahre	55,- €
			Kr. VI	4	2 Jahren	8 Jahre	55,- €
			Kr. VI	7	2 Jahren	5 Jahre	60,- €
8 a	Kr. V 6 Jahre Kr. VI	OZ 2	Kr. V	2	6 Jahren	7 Jahre	30,- €
			Kr. V	3	4 Jahren	7 Jahre	35,- €
			Kr. VI	5	2 Jahren	5 Jahre	60,- €
		OZ 1	Kr. V	3	2 Jahren	7 Jahre	120,- €
			Kr. VI	4	2 Jahren	9 Jahre	55,- €
			Kr. VI	7	2 Jahren	5 Jahre	60,- €
8 a	Kr. V 4 Jahre, Kr. Va 2 Jahre, Kr. VI	OZ 2	Kr. V	2	6 Jahren	7 Jahre	60,- €

Anlage 3 TVÜ-Länder

EG	Vergütungsgruppe	Ortszuschlag Stufe 1/2	Überleitung aus VergGr.	Stufe	nach	für	Betrag Tarifgebiet West
			Kr. Va	3	4 Jahren	7 Jahre	60,- €
			Kr. VI	4	3 Jahren	4 Jahre	25,- €
			Kr. VI	5	1 Jahr	2 Jahre, danach für 4 Jahre	25,- € 80,- €
			Kr. VI	7	1 Jahr	1 Jahr	40,- €
			Kr. VI	8	1 Jahr	1 Jahr	40,- €
		OZ 1	Kr. Va	3	2 Jahren	5 Jahre	55,- €
			Kr. VI	4	2 Jahren	4 Jahre, danach für 5 Jahre	70,- € 20,- €
			Kr. VI	7	2 Jahren	5 Jahre	55,- €
7 a	Kr. V 4 Jahre Kr. Va	OZ 2	Kr. V	3	4 Jahren	7 Jahre	55,- €
			Kr. Va	5	4 Jahren	3 Jahre	70,- €
			Kr. Va	7	2 Jahren	dauerhaft	25,- €
			Kr. Va	8	2 Jahren	dauerhaft	20,- €
		OZ 1	Kr. Va	5	2 Jahren	9 Jahre	45,- €
			Kr. Va	7	2 Jahren	5 Jahre	40,- €
7 a	Kr. V 5 Jahre Kr. Va	OZ 2	Kr. V	3	4 Jahren	7 Jahre	45,- €
			Kr. V	4	2 Jahren	9 Jahre	100,- €
			Kr. Va	5	4 Jahren	3 Jahre	90,- €

TVÜ-Länder Anlage 3

EG	Vergütungsgruppe	Ortszuschlag Stufe 1/2	Überleitung aus VergGr.		nach	für	Betrag Tarifgebiet West Stufe
			Kr. Va	7	2 Jahren	dauerhaft	25,- €
			Kr. Va	8	2 Jahren	dauerhaft	20,- €
		OZ 1	Kr. Va	5	2 Jahren	9 Jahre	45,- €
			Kr. Va	7	2 Jahren	5 Jahre	40,- €
7 a	Kr. IV 2 Jahre (Hebammen 1 Jahr, Altenpflegerinnen 3 Jahre) Kr. V 4 Jahre Kr. Va	OZ 2	Kr. V	3	2 Jahren (Altenpflegerinnen nach 3 Jahren)	9 Jahre (Altenpflegerinnen für 8 Jahre)	50,- €
			Kr. Va	5	2 Jahren	5 Jahre	55,- €
			Kr. Va	7	2 Jahren	dauerhaft	25,- €
			Kr. Va	8	2 Jahren	dauerhaft	20,- €
		OZ 1	Kr. V	4	4 Jahren	2 Jahre	20,- €
			Kr. Va	5	2 Jahren	9 Jahre	55,- €
			Kr. Va	6	4 Jahren	3 Jahre	10,- €
			Kr. Va	7	2 Jahren	5 Jahre	60,- €
7 a	Kr. IV 4 Jahre Kr. V	OZ 2	Kr. V	4	4 Jahren	dauerhaft	25,- €
			Kr. V	5	6 Jahren	dauerhaft	25,- €
			Kr. V	6	4 Jahren	dauerhaft	35,- €
			Kr. V	7	2 Jahren	dauerhaft	65,- €
			Kr. V	8	2 Jahren	dauerhaft	40,- €
		OZ 1	Kr. IV	3	2 Jahren	3 Jahre	100,- €

Anlage 3 TVÜ-Länder

EG	Vergütungsgruppe	Ortszuschlag Stufe 1/2	Überleitung aus VergGr.		nach	für	Betrag Tarifgebiet West Stufe
			Kr. V	6	2 Jahren	4 Jahre	40,– €
			Kr. V	7	2 Jahren	4 Jahre	90,– €
4 a	Kr. III 4 Jahre Kr. IV	OZ 2	Kr. IV	3	2 Jahren	2 Jahre, danach für 7 Jahre	20,– € 60,– €
			Kr. IV	4	4 Jahren	3 Jahre	40,– €
			Kr. IV	5	2 Jahren	5 Jahre	60,– €
			Kr. IV	7	2 Jahren	dauerhaft	25,– €
			Kr. IV	8	2 Jahren	dauerhaft	35,– €
		OZ 1	Kr. IV	5	2 Jahren	9 Jahre	55,– €
			Kr. IV	7	2 Jahren	5 Jahre	40,– €
4 a	Kr. II 2 Jahre Kr. III 4 Jahre Kr. IV	OZ 2	Kr. III	3	2 Jahren	9 Jahre	40,– €
			Kr. IV	4	4 Jahren	3 Jahre	40,– €
			Kr. IV	5	2 Jahren	5 Jahre	60,– €
			Kr. IV	7	2 Jahren	dauerhaft	25,– €
			Kr. IV	8	2 Jahren	dauerhaft	35,– €
		OZ 1	Kr. IV	5	2 Jahren	9 Jahre	55,– €
			Kr. IV	7	2 Jahren	5 Jahre	40,– €
3 a	Kr. I 3 Jahre Kr. II	OZ 2	Kr. I	2	1 Jahr	10 Jahre	55,– €
			Kr. II	2	1 Jahr	1 Jahr	40,– €

TVÜ-Länder Anlage 3

EG	Vergütungsgruppe	Ortszuschlag Stufe 1/2	Überleitung aus		nach	für	Betrag Tarifgebiet West	
			VergGr.				Stufe	
			Kr. II	7	4 Jahren	dauerhaft		15,- €
			Kr. II	8	2 Jahren	dauerhaft		25,- €
		OZ 1	Kr. I	2	1 Jahr	3 Jahre		30,- €
			Kr. II	2	1 Jahr	3 Jahre		30,- €
			Kr. II	4	2 Jahren	9 Jahre		35,- €

Anlage 4 Vorläufige Zuordnung der Vergütungs- und Lohngruppen zu den Entgeltgruppen für ab dem 1. November 2006 stattfindende Eingruppierungsvorgänge (Länder)

Teil A. Beschäftigte mit Ausnahme der Lehrkräfte im Sinne des Teils B

Entgeltgruppe	Vergütungsgruppe	Lohngruppe
15	keine Stufe 6 Ia Ib mit Aufstieg nach Ia	–
14	keine Stufe 6 Ib ohne Aufstieg nach Ia	–
13	keine Stufe 6 Beschäftigte mit Tätigkeiten, die eine abgeschlossene wissenschaftliche Hochschulausbildung voraussetzen (IIa mit und ohne Aufstieg nach Ib) [ggf. Zulage nach § 17 Abs. 8 TVÜ] und weitere Beschäftigte, die nach der Vergütungsordnung zum BAT/BAT-O unmittelbar in IIa eingruppiert sind.	–
12	keine Stufe 6 III mit Aufstieg nach IIa	
11	keine Stufe 6 III ohne Aufstieg nach IIa IVa mit Aufstieg nach III	–
10	keine Stufe 6 IVa ohne Aufstieg nach III IVb mit Aufstieg nach IVa Va in den ersten sechs Monaten der Berufsausübung, wenn danach IVb mit Aufstieg nach IVa	–
9	IVb ohne Aufstieg nach IVa, (keine Stufe 6) Va mit Aufstieg nach IVb ohne weiteren Aufstieg nach IVa, (keine Stufe 6) Va ohne Aufstieg nach IVb, (Stufe 3 nach 5 Jahren in Stufe 2, Stufe 4 nach 9 Jahren in Stufe 3, keine Stufen 5 und 6) Vb mit Aufstieg nach IVb (keine Stufe 6) Vb ohne Aufstieg nach IVb (Stufe 3 nach 5 Jahren in Stufe 2, Stufe 4 nach 9 Jahren in Stufe 3, keine Stufen 5 und 6)	9 (Stufe 4 nach 7 Jahren in Stufe 3, keine Stufen 5 und 6)
8	Vc mit Aufstieg nach Vb Vc ohne Aufstieg nach Vb	8 mit Aufstieg nach 8 a 7 mit Aufstieg nach 8 und 8 a
7	Keine	7 mit Aufstieg nach 7 a 6 mit Aufstieg nach 7 und 7 a
6	VIb mit Aufstieg nach Vc VIb ohne Aufstieg nach Vc	6 mit Aufstieg nach 6 a 5 mit Aufstieg nach 6 und 6 a
5	VII mit Aufstieg nach VIb VII ohne Aufstieg nach VIb	5 mit Aufstieg nach 5 a 4 mit Aufstieg nach 5 und 5 a

Entgeltgruppe	Vergütungsgruppe	Lohngruppe
4	Keine	4 mit Aufstieg nach 4a 3 mit Aufstieg nach 4 und 4a
3	Keine Stufe 6 VIII mit Aufstieg nach VII VIII ohne Aufstieg nach VII	3 mit Aufstieg nach 3a 2a mit Aufstieg nach 3 und 3a 2 mit Aufstieg nach 2a, 3 und 3a 2 mit Aufstieg nach 2a und 3 (keine Stufe 6)
2 Ü	Keine	2 mit Aufstieg nach 2a 1 mit Aufstieg nach 2 und 2a
2	IXb mit Aufstieg nach VIII IXb mit Aufstieg nach IXa X mit Aufstieg nach IXb (keine Stufe 6)	1 mit Aufstieg nach 1a (keine Stufe 6)
1	Beschäftigte mit einfachsten Tätigkeiten, zum Beispiel – Essens- und Getränkeausgeber/innen – Garderobenpersonal – Spülen und Gemüseputzen und sonstige Tätigkeiten im Haus- und Küchenbereich – Reiniger/innen in Außenbereichen wie Höfe, Wege, Grünanlagen, Parks – Wärter/innen von Bedürfnisanstalten – Hausarbeiter/innen – Hausgehilfe/Hausgehilfin – Bote/Botin (ohne Aufsichtsfunktion) Ergänzungen können durch landesbezirklichen Tarifvertrag geregelt werden. **Hinweis:** Diese Zuordnung gilt unabhängig von bisherigen tariflichen Zuordnungen zu Vergütungs-/Lohngruppen.	

Teil B. Lehrkräfte, für die nach Nr. 5 der Vorbemerkungen zu allen Vergütungsgruppen die Anlage 1a zum BAT/BAT-O nicht gilt

Entgeltgruppe	Eingruppierung Lehrkräfte „Erfüller" Vergütungsgruppe	Eingruppierung Lehrkräfte „Nichterfüller" Vergütungsgruppe
15	Ia	–
14	Ib	–
13	IIa	IIa mit und ohne Aufstieg nach Ib
12	–	III mit Aufstieg nach IIa IIb mit Aufstieg nach IIa
11	III	IIb ohne Aufstieg nach IIa III ohne Aufstieg nach IIa IVa mit Aufstieg nach III
10	IVa	IVa ohne Aufstieg nach III IVb mit Aufstieg nach IVa

Entgeltgruppe	Eingruppierung Lehrkräfte „Erfüller" Vergütungsgruppe	Eingruppierung Lehrkräfte „Nichterfüller" Vergütungsgruppe
9	IVb Vb (Stufe 3 nach 5 Jahren in Stufe 2, Stufe 4 nach 9 Jahren in Stufe 3, keine Stufe 5)	IVb ohne Aufstieg nach IVa Vb mit Aufstieg nach IVb Vb ohne Aufstieg nach IVb (Stufe 3 nach 5 Jahren in Stufe 2, Stufe 4 nach 9 Jahren in Stufe 3, keine Stufe 5)
8	Vc	Vc ohne Aufstieg Vc mit Aufstieg nach Vb
7	–	–
6	–	VIb ohne Aufstieg VIb mit Aufstieg nach Vc VIb mit Aufstieg nach Vb

Anlage 5 (A/B) TVÜ-Länder[4]
KR-Anwendungstabelle

Gültig vom …

Werte aus Entgeltgruppe allg. Tabelle	Entgeltgruppe KR	Zuordnungen Vergütungsgruppen KR/KR-Verläufe	Grundentgelt		Entwicklungsstufen			
			Stufe 1	Stufe 2	Stufe 3	Stufe 4	Stufe 5	Stufe 6
EG 12	12 a	XII mit Aufstieg nach XIII	–	–	…	… nach 2 J. St. 3	… nach 3 J. St. 4	–
EG 11	11 b	XI mit Aufstieg nach XII	–	–	…	…	–	
EG 11	11 a	X mit Aufstieg nach XI	–	–	…	… nach 2 J. St. 3	… nach 5 J. St. 4	–
EG 10	10 a	IX mit Aufstieg nach X	–	–	…	… nach 2 J. St. 3	… nach 3 J. St. 4	–

---

4 **Anmerkung:** Die aktuellen Tabellenentgelte für Pflegekräfte sind ab 1. Januar 2012 in Anlage C zum TV-L geregelt

TVÜ-Länder Anlage 5

Werte aus Entgeltgruppe allg. Tabelle	Entgeltgruppe KR	Zuordnungen Vergütungsgruppen KR/KR-Verläufe	Grundentgelt		Entwicklungsstufen			
			Stufe 1	Stufe 2	Stufe 3	Stufe 4	Stufe 5	Stufe 6
EG 9, EG 9 b	9 d	VIII mit Aufstieg nach IX	–	–	...	... nach 4 J. St. 3	... nach 2 J. St. 4	–
	9 c	VII mit Aufstieg nach VIII	–	–	...	... nach 5 J. St. 3	... nach 5 J. St. 4	–
	9 b	VI mit Aufstieg nach VII	–	–	...	... nach 5 J. St. 3	... nach 5 J. St. 4	–
		VII ohne Aufstieg						
	9 a	VI ohne Aufstieg	–	–	...	... nach 5 J. St. 3	... nach 5 J. St. 4	–
EG 7, EG 8, EG 9 b	8 a	V a mit Aufstieg nach VI	–	...	...	...	...	...
		V mit Aufstieg nach V a und VI						
		V mit Aufstieg nach VI	...					
EG 7, EG 8	7 a	V mit Aufstieg nach V a	–	...	...	...	...	...
		IV mit Aufstieg nach V und V a						
		IV mit Aufstieg nach V	...	–				
EG 4, EG 6	4 a	II mit Aufstieg nach III und IV	...	...	...	...	...	...
		III mit Aufstieg nach IV						
EG 3, EG 4	3 a	I mit Aufstieg nach II	...	...	...	...	...	...

In den Entgeltgruppen KR 11 b und KR 12 a erhöht sich der Tabellenwert nach 5 Jahren in Stufe 5 um ... Euro.

Tarifvertrag für den öffentlichen Dienst der Länder (TV-L)

Vom 12. Oktober 2006
zuletzt geändert durch ÄndTV Nr. 4 vom 2. Januar 2012

B. Sonderregelungen

§ 40 Sonderregelungen für Beschäftigte an Hochschulen und Forschungseinrichtungen

Nr. 1. Zu § 1 – Geltungsbereich –

Diese Sonderregelungen gelten für die Beschäftigten der Hochschulen und Forschungseinrichtungen der Länder, soweit nachfolgend nichts anderes bestimmt ist.

Niederschriftserklärung zu § 40 Nr. 1 (betreffend § 1 TV-L):

Hochschulen im Sinne von § 40 Nr. 1 sind die Hochschulen nach dem jeweiligen Landesrecht.

Nr. 2. Zu § 3 – Allgemeine Arbeitsbedingungen –

1. § 3 Absatz 1 gilt in folgender Fassung: „(1) ¹Die arbeitsvertraglich geschuldete Leistung ist gewissenhaft und ordnungsgemäß in Übereinstimmung mit der Zielsetzung der Einrichtung, insbesondere der spezifischen Aufgaben in Forschung, Lehre und Weiterbildung auszuführen. ²Die Beschäftigten müssen sich durch ihr gesamtes Verhalten zur freiheitlich demokratischen Grundordnung im Sinne des Grundgesetzes bekennen."

2. § 3 Absatz 4 gilt in folgender Fassung:

„(4) ¹Nebentätigkeiten haben die Beschäftigten ihrem Arbeitgeber rechtzeitig vorher schriftlich anzuzeigen. ²Der Arbeitgeber kann die Nebentätigkeit untersagen oder mit Auflagen versehen, wenn diese geeignet ist, die Erfüllung der arbeitsvertraglichen Pflichten der Beschäftigten oder berechtigte Interessen des Arbeitgebers zu beeinträchtigen. ³Für Nebentätigkeiten im öffentlichen Dienst kann eine Ablieferungspflicht nach den Bestimmungen, die beim Arbeitgeber gelten, zur Auflage gemacht werden."

3. In § 3 werden folgende Absätze 8 und 9 angefügt:

„(8) ¹Der Arbeitgeber hat bei der Wahrnehmung des Direktionsrechts die Grundrechte der Wissenschaftsfreiheit und der Kunstfreiheit sowie das Grundrecht der Gewissensfreiheit zu beachten. ²Für Konfliktfälle wird eine Ombudsperson oder eine Schlichtungskommission durch die Betriebsparteien bestimmt, die Empfehlungen zur Konfliktlösung aussprechen kann. ³Gesetzliche Ansprüche bleiben von den Empfehlungen der Schlichtung unberührt.

(9) Soweit in § 53 Abs. 2 Hochschulrahmengesetz genannten befristet Beschäftigten Aufgaben übertragen werden, die auch der Vorbereitung einer Promotion oder der Erbringung zusätzlicher wissenschaftlicher Leistungen förderlich sind, soll ihnen im Rahmen ihrer Dienstaufgaben ausreichend Gelegenheit zu eigener wissenschaftlicher Arbeit gegeben werden."

Nr. 3. Zu § 6 – Regelmäßige Arbeitszeit –

1. § 6 Absatz 2 gilt in folgender Fassung:

„(2) ¹Für die Berechnung des Durchschnitts der regelmäßigen wöchentlichen Arbeitszeit ist ein Zeitraum von einem Jahr zugrunde zu legen. ²Abweichend von Satz 1 kann bei Beschäftigten, die ständig Wechselschicht- oder Schichtarbeit zu leisten haben sowie für die Durchführung so genannter Sabbatjahrmodelle, ein längerer Zeitraum zugrunde gelegt werden."

2. § 6 Absatz 6 gilt in folgender Fassung:

„(6) ¹Durch Betriebs-/Dienstvereinbarung kann für bestimmte Beschäftigtengruppen oder Beschäftigtenbereiche ein wöchentlicher Arbeitszeitkorridor von bis zu 48 Stunden eingerichtet werden. ²Die innerhalb eines Arbeitszeitkorridors geleisteten zusätzlichen Arbeitsstunden werden innerhalb eines Jahres ausgeglichen. ³§ 6 Absatz 2 Satz 2 bleibt unberührt."

3. Es wird folgender Absatz 12 angefügt:

„(12) Durch Betriebs-/Dienstvereinbarung kann für bestimmte Beschäftigtengruppen oder Beschäftigtenbereiche vereinbart werden, dass die Verteilung der Arbeitszeit unter Berücksichtigung betrieblicher Belange vom Beschäftigten selbstverantwortlich festgelegt werden kann."

Nr. 4. Zu § 7 – Sonderformen der Arbeit –

§ 7 Absatz 8 gilt in folgender Fassung:

„(8) Abweichend von Absatz 7 sind nur die Arbeitsstunden Überstunden, die

a) im Falle der Festlegung eines Arbeitszeitkorridors nach § 6 Absatz 6 über 48 Stunden oder über die vereinbarte Obergrenze hinaus,
b) im Falle der Einführung einer täglichen Rahmenzeit nach § 6 Absatz 7 außerhalb der Rahmenzeit,
c) im Falle von Wechselschicht- oder Schichtarbeit über die im Schichtplan festgelegten täglichen Arbeitsstunden einschließlich der im Schichtplan vorgesehenen Arbeitsstunden, die bezogen auf die regelmäßige wöchentliche Arbeitszeit im Schichtplanturnus nicht ausgeglichen werden,

angeordnet worden sind."

Nr. 5. Zu § 16 – Stufen der Entgelttabelle –

1. § 16 Absatz 2 gilt in folgender Fassung:

„(2) [1]Bei der Einstellung werden die Beschäftigten der Stufe 1 zugeordnet, sofern keine einschlägige Berufserfahrung vorliegt. [2]Verfügen Beschäftigte über eine einschlägige Berufserfahrung von mindestens einem Jahr aus einem vorherigen befristeten oder unbefristeten Arbeitsverhältnis zum selben Arbeitgeber, erfolgt die Stufenzuordnung unter Anrechnung der Zeiten der einschlägigen Berufserfahrung aus diesem vorherigen Arbeitsverhältnis. [3]Ist die einschlägige Berufserfahrung von mindestens einem Jahr in einem Arbeitsverhältnis zu einem anderen Arbeitgeber erworben worden, erfolgt die Einstellung in die Stufe 2, beziehungsweise – bei Einstellung nach dem 31. Januar 2010 und Vorliegen einer einschlägigen Berufserfahrung von mindestens drei Jahren – in Stufe 3. [4]Werden Beschäftigte in den Entgeltgruppen 13 bis 15 eingestellt, gilt ergänzend: Zeiten mit einschlägiger Berufserfahrung an anderen Hochschulen oder außeruniversitären Forschungseinrichtungen werden grundsätzlich anerkannt. [5]Dasselbe gilt für Beschäftigte in den Entgeltgruppen 9 bis 12, wenn sie im Rahmen der Planung, Vorbereitung, Durchführung, Aus- und/oder Bewertung von wissenschaftlichen Vorhaben einen wesentlichen Beitrag leisten. [6]Unabhängig davon kann der Arbeitgeber bei Neueinstellungen zur Deckung des Personalbedarfs Zeiten einer vorherigen beruflichen Tätigkeit ganz oder teilweise für die Stufenzuordnung berücksichtigen, wenn diese Tätigkeit für die vorgesehene Tätigkeit förderlich ist."

1a. § 16 Absatz 2a gilt in folgender Fassung:

„(2a) Der Arbeitgeber kann bei Einstellung von Beschäftigten im unmittelbaren Anschluss an ein Arbeitsverhältnis im öffentlichen Dienst (§ 34 Absatz 3 Satz 3 und 4) die beim vorherigen Arbeitgeber nach den Regelungen des TV-L, des TVÜ-Länder oder eines vergleichbaren Tarifvertrages erworbene Stufe bei der Stufenzuordnung ganz oder teilweise berücksichtigen; Absatz 2 Satz 6 bleibt unberührt."

2. § 16 Absatz 5 gilt in folgender Fassung:

„(5) [1]Zur regionalen Differenzierung, zur Deckung des Personalbedarfs, zur Bindung von qualifizierten Fachkräften oder zum Ausgleich höherer Lebenshaltungskosten kann Beschäftigten abweichend von der tarifvertraglichen Einstufung ein bis zu zwei Stufen höheres Entgelt ganz oder teilweise vorweg gewährt werden. [2]Beschäftigte mit einem Entgelt der Endstufe können bis zu 20 v.H. der Stufe 2 zusätzlich erhalten. [3]Wissenschaftlerinnen und Wissen-

schaftler mit einem Entgelt der Endstufe können bis zu 2,5 v.H. der Stufe 2 zusätzlich erhalten. ⁴Dies gilt jedoch nur, wenn
a) sie aufgrund ihrer fachlichen Qualifikation besondere projektbezogene Anforderungen erfüllen oder
b) eine besondere Personalbindung beziehungsweise Personalgewinnung erreicht werden soll.

⁵Die Zulage kann befristet werden. ⁶Sie ist auch als befristete Zulage widerruflich."

Nr. 6. Zu § 18

§ 18 gilt in folgender Fassung:

„§ 18 Besondere Zahlungen im Drittmittelbereich, Leistungszulage und -prämie

(1) ¹Beschäftigte im Drittmittelbereich können vom Arbeitgeber eine Sonderzahlung erhalten. ²Voraussetzung ist, dass nach Deckung der Einzel- und Gemeinkosten des Drittmittelvorhabens entsprechende Erträge aus Mitteln privater Dritter verbleiben. ³Die Beschäftigten müssen zudem durch besondere Leistungen bei der Einwerbung der Mittel oder der Erstellung einer für die eingeworbenen Mittel zu erbringenden beziehungsweise erbrachten Leistung beigetragen haben. ⁴Die Sonderzahlung kann bis zu 10 v.H. ihres Jahrestabellenentgelts betragen. ⁵Sie ist nicht zusatzversorgungspflichtig.

(2) ¹Der Arbeitgeber kann Beschäftigten unabhängig von den Absätzen 1 bis 6 eine Leistungszulage zahlen, wenn sie dauerhaft oder projektbezogen besondere Leistungen erbringen. ²Die Zulage kann befristet werden. ³Sie ist auch als befristete Zulage widerruflich.

(3) Der Arbeitgeber kann Beschäftigten unabhängig von Absatz 1 eine einmalige Leistungsprämie zahlen, wenn sie besondere Leistungen erbracht haben."

Nr. 7. Zu § 26 – Erholungsurlaub –

§ 26 Absatz 2 gilt in folgender Fassung:

„(2) Im Übrigen gilt das Bundesurlaubsgesetz mit folgenden Maßgaben:
a) Im Falle der Übertragung muss der Erholungsurlaub bis zum 30. September des folgenden Jahres genommen sein.
b) Beginnt oder endet das Arbeitsverhältnis im Laufe eines Jahres, steht als Erholungsurlaub für jeden vollen Monat des Arbeitsverhältnisses ein Zwölftel des Urlaubsanspruchs nach Absatz 1 zu; § 5 Bundesurlaubsgesetz bleibt unberührt.
c) Ruht das Arbeitsverhältnis, so vermindert sich die Dauer des Erholungsurlaubs einschließlich eines etwaigen tariflichen Zusatzurlaubs für jeden vollen Kalendermonat um ein Zwölftel.
d) Das Entgelt nach Absatz 1 Satz 1 wird zu dem in § 24 genannten Zeitpunkt gezahlt."

Nr. 8. Zu § 30 – Befristete Arbeitsverträge –

§ 30 Absatz 2 gilt in folgender Fassung:

„(2) ¹Kalendermäßig befristete Arbeitsverträge mit sachlichem Grund sind nur zulässig, wenn die Dauer des einzelnen Vertrages sieben Jahre nicht übersteigt; weitergehende Regelungen im Sinne von § 23 Teilzeit- und Befristungsgesetz bleiben unberührt. ²Beschäftigte mit einem Arbeitsvertrag nach Satz 1 sind bei der Besetzung von Dauerarbeitsplätzen bevorzugt zu berücksichtigen, wenn die sachlichen und persönlichen Voraussetzungen erfüllt sind."

Niederschriftserklärung zu § 40 Nr. 8 (betreffend § 30 TV-L):
Die Tarifvertragsparteien werden bis zum 30. September 2007 prüfen, ob und inwieweit aufgrund der erhöhten Mobilitätsanforderungen bei wissenschaftlichen Beschäftigten in Befristungsfällen, die nicht aufgrund des Hochschulrahmengesetzes beziehungsweise der gesetzlichen Nachfolgeregelungen oder im Rahmen einer Vertretungsregelung erfolgen, eine Über-

brückungsleistung im Sinne einer Härtefallregelung gezahlt werden kann, wenn im Anschluss an eine befristete Beschäftigung keine zeitnahe Anschlussbeschäftigung erfolgt.
Niederschriftserklärung zu § 40 Nr. 8 und § 41 Nr. 19 (betreffend § 30 TV-L):
Die Tarifvertragsparteien erwarten eine verantwortungsbewusste Handhabung der Befristungen im Wissenschaftsbereich.
Niederschriftserklärung zu § 1 Abs. 3 und § 40:
Soweit es vereinbart ist, gilt dieser Tarifvertrag auch an außeruniversitären Forschungseinrichten, die nicht unter den Geltungsbereich des TV-L fallen.

Nr. 9. – Künstlerische Lehrkräfte an Kunst- und Musikhochschulen in Baden-Württemberg und Bayern –

¹Für künstlerische Lehrkräfte an Kunst- und Musikhochschulen in Baden-Württemberg und Bayern gelten § 44 Nummern 2 und 3 entsprechend. ²An die Stelle der Schulferien treten dabei die Semesterferien.

§ 41 Sonderregelungen für Ärztinnen und Ärzte an Universitätskliniken

Nr. 1. Zu § 1 – Geltungsbereich –

(1) ¹Diese Sonderregelungen gelten für Ärztinnen und Ärzte einschließlich Zahnärztinnen und Zahnärzte (Beschäftigte), die an einer Universitätsklinik überwiegend Aufgaben in der Patientenversorgung wahrnehmen. ²Sie gelten auch für Ärztinnen und Ärzte, die in ärztlichen Servicebereichen in der Patientenversorgung eingesetzt sind.

(2) Ob und inwieweit diese Sonderregelungen auf andere Ärztinnen und Ärzte im Landesdienst (zum Beispiel an psychiatrischen Krankenhäusern) übertragen werden, ist auf Landesebene zu verhandeln.

(3) Soweit in § 40 geregelte Tatbestände auch für Ärztinnen und Ärzte an Universitätskliniken einschlägig sein könnten, sind sie in die Regelungen dieses § 41 vollständig aufgenommen worden.

Protokollerklärungen zu Nr. 1 Absatz 1:
1. *Zu den ärztlichen Servicebereichen in der Patientenversorgung zählen zum Beispiel Pathologie, Labor und Krankenhaushygiene.*
2. *Der Tarifvertrag für das Universitätsklinikum Schleswig-Holstein (Beschäftigungspakt) vom 20. Oktober 2004 bleibt unberührt.*

Nr. 2. Zu § 3 – Allgemeine Arbeitsbedingungen –

§ 3 gilt in folgender Fassung:
„§ 3 Allgemeine Arbeitsbedingungen

(1) ¹Die arbeitsvertraglich geschuldete Leistung ist gewissenhaft und ordnungsgemäß auszuführen; dabei sind die Ziele der Hochschule und die spezifischen Aufgaben in Forschung, Lehre und Weiterbildung zu beachten. ²Die Beschäftigten müssen sich durch ihr gesamtes Verhalten zur freiheitlich demokratischen Grundordnung im Sinne des Grundgesetzes bekennen.

(2) Die Beschäftigten haben über Angelegenheiten, deren Geheimhaltung durch gesetzliche Vorschriften vorgesehen oder vom Arbeitgeber angeordnet ist, Verschwiegenheit zu wahren; dies gilt auch über die Beendigung des Arbeitsverhältnisses hinaus.

(3) ¹Die Beschäftigten dürfen von Dritten Belohnungen, Geschenke, Provisionen oder sonstige Vergünstigungen mit Bezug auf ihre Tätigkeit nicht annehmen. ²Ausnahmen sind nur mit Zustimmung des Arbeitgebers möglich. ³Werden den Beschäftigten derartige Vergünstigungen angeboten, haben sie dies dem Arbeitgeber unverzüglich anzuzeigen.

(4) ¹Eine Beteiligung der Beschäftigten an Poolgeldern hat nach transparenten Grundsätzen, insbesondere unter Berücksichtigung von Verantwortung, Leistung und Erfahrung zu erfolgen. ²Sie richtet sich nach den landesrechtlichen Bestimmungen. ³Soweit keine landesrechtlichen Bestimmungen erlassen sind, soll ein Poolvolumen gemäß den Grundsätzen des Satzes 1 verteilt werden; die Klinik kann weitere Kriterien bestimmen. ⁴Die Beteiligung an Poolgeldern ist kein zusatzversorgungspflichtiges Entgelt.

(5) ¹Der Arbeitgeber ist bei begründeter Veranlassung berechtigt, Beschäftigte zu verpflichten, durch ärztliche Bescheinigung nachzuweisen, dass sie zur Leistung der arbeitsvertraglich geschuldeten Tätigkeit in der Lage sind. ²Bei dem beauftragten Arzt kann es sich um einen Amtsarzt handeln, soweit sich die Betriebsparteien nicht auf einen anderen Arzt geeinigt haben. ³Die Kosten dieser Untersuchung trägt der Arbeitgeber. ⁴Der Arbeitgeber kann die Beschäftigten auch bei Beendigung des Arbeitsverhältnisses untersuchen lassen. ⁵Auf Verlangen der Beschäftigten ist er hierzu verpflichtet. ⁶Beschäftigte, die besonderen Ansteckungsgefahren ausgesetzt oder in gesundheitsgefährdenden Bereichen beschäftigt sind, sind in regelmäßigen Zeitabständen ärztlich zu untersuchen.

(6) ¹Die Beschäftigten haben ein Recht auf Einsicht in ihre vollständigen Personalakten. ²Sie können das Recht auf Einsicht auch durch eine/n hierzu schriftlich Bevollmächtigte/n ausüben lassen. ³Sie können Auszüge oder Kopien aus ihren Personalakten erhalten. ⁴Die Beschäftigten müssen über Beschwerden und Behauptungen tatsächlicher Art, die für sie ungünstig sind oder ihnen nachteilig werden können, vor Aufnahme in die Personalakten gehört werden. ⁵Ihre Äußerung ist zu den Personalakten zu nehmen.

(7) Für die Schadenshaftung der Beschäftigten finden die Bestimmungen, die für die Beamten des jeweiligen Landes jeweils gelten, entsprechende Anwendung.

(8) ¹Der Arbeitgeber hat bei der Wahrnehmung des Direktionsrechts die Grundrechte der Wissenschaftsfreiheit und das Grundrecht der Gewissensfreiheit zu beachten. ²Für Konfliktfälle wird eine Ombudsperson oder eine Schlichtungskommission durch die Betriebsparteien bestimmt, die Empfehlungen zur Konfliktlösung aussprechen kann. ³Gesetzliche Ansprüche bleiben von den Empfehlungen der Schlichtung unberührt.

(9) ¹Zu den Pflichten der Beschäftigten gehört es auch, ärztliche Bescheinigungen auszustellen. ²Die Beschäftigten können vom Arbeitgeber verpflichtet werden, im Rahmen einer zugelassenen Nebentätigkeit von leitenden Ärztinnen und Ärzten oder für Belegärztinnen und Belegärzte innerhalb der Einrichtung ärztlich tätig zu werden.

(10) ¹Zu den Pflichten der Beschäftigten aus der Haupttätigkeit gehört es, am Rettungsdienst in Notarztwagen und Hubschraubern teilzunehmen. ²Für jeden Einsatz in diesem Rettungsdienst erhalten die Beschäftigten einen nicht zusatzversorgungspflichtigen Einsatzzuschlag in Höhe von 15,41 Euro. ³Dieser Betrag verändert sich zu demselben Zeitpunkt und in dem gleichen Ausmaß wie das Tabellenentgelt der Entgeltgruppe Ä 1 Stufe 2.

Protokollerklärungen zu § 3 Absatz 10:

1. *Beschäftigte, denen aus persönlichen Gründen (zum Beispiel Vorliegen einer anerkannten Minderung der Erwerbsfähigkeit, die dem Einsatz im Rettungsdienst entgegensteht, Flugunverträglichkeit) oder aus fachlichen Gründen die Teilnahme am Rettungsdienst nicht zumutbar beziehungsweise untersagt ist, dürfen nicht zum Einsatz im Rettungsdienst herangezogen werden.*
2. *Der Einsatzzuschlag steht nicht zu, wenn den Beschäftigten wegen der Teilnahme am Rettungsdienst außer den tariflichen Bezügen sonstige Leistungen vom Arbeitgeber oder von einem Dritten (zum Beispiel private Unfallversicherung, für die der Arbeitgeber oder ein Träger des Rettungsdienstes die Beiträge ganz oder teilweise trägt, Liquidationsansprüche) zustehen. Die Beschäftigten können auf die sonstigen Leistungen verzichten.*
3. *Der Einsatzzuschlag beträgt:*
   – *16,97 Euro ab 1. April 2011*
   – *17,36 Euro ab 1. Januar 2012.*

(11) Zu den Pflichten der Beschäftigten aus der Haupttätigkeit gehören auch die Erstellung von Gutachten, gutachtlichen Äußerungen und wissenschaftlichen Ausarbeitungen, die nicht von einem Dritten angefordert und vergütet werden.

(12) ¹Für die Nebentätigkeiten der Beschäftigten finden die Bestimmungen, die für die Beamten des jeweiligen Landes jeweils gelten, sinngemäß Anwendung.

²Die Beschäftigten können vom Arbeitgeber verpflichtet werden, als Nebentätigkeit Unterricht zu erteilen sowie Gutachten, gutachtliche Äußerungen und wissenschaftliche Ausarbeitungen zu erstellen, die von einem Dritten angefordert und vergütet werden. ³Dies gilt auch im Rahmen einer zugelassenen Nebentätigkeit des leitenden Arztes.

⁴Steht die Vergütung für das Gutachten, die gutachtliche Äußerung oder wissenschaftliche Ausarbeitung ausschließlich dem Arbeitgeber zu, so haben die Beschäftigten entsprechend ihrer Beteiligung einen Anspruch auf einen Teil dieser Vergütung.

⁵In allen anderen Fällen sind die Beschäftigten berechtigt, für die Nebentätigkeit einen Anteil der Vergütung anzunehmen, die von dem Dritten zu zahlen ist. ⁶Die Beschäftigten können die Übernahme der Nebentätigkeit verweigern, wenn die angebotene Vergütung offenbar nicht dem Umfang ihrer Beteiligung entspricht.

⁷Im Übrigen kann die Übernahme der Nebentätigkeit nur in besonders begründeten Ausnahmefällen verweigert werden.

(13) Auch die Ausübung einer unentgeltlichen Nebentätigkeit bedarf der vorherigen Genehmigung des Arbeitgebers, wenn für sie Räume, Einrichtungen, Personal oder Material des Arbeitgebers in Anspruch genommen werden.

(14) ¹Werden für eine Nebentätigkeit Räume, Einrichtungen, Personal oder Material des Arbeitgebers in Anspruch genommen, so haben die Beschäftigten dem Arbeitgeber die Kosten hierfür zu erstatten, soweit sie nicht von anderer Seite zu erstatten sind. ²Die Kosten können in einer Nebenabrede zum Arbeitsvertrag pauschaliert werden."

Nr. 3. Zu § 6 – Regelmäßige Arbeitszeit –

1. § 6 Absatz 1 bis 5 gelten in folgender Fassung:

„(1) ¹Die durchschnittliche regelmäßige wöchentliche Arbeitszeit ausschließlich der Pausen beträgt 42 Stunden. ²Die regelmäßige Arbeitszeit kann auf fünf Tage, aus notwendigen betrieblichen/dienstlichen Gründen auch auf sechs Tage verteilt werden.

(2) ¹Für die Berechnung des Durchschnitts der regelmäßigen wöchentlichen Arbeitszeit ist ein Zeitraum von einem Jahr zugrunde zu legen. ²Abweichend kann bei Beschäftigten, die ständig Wechselschicht- oder Schichtarbeit zu leisten haben, sowie für die Durchführung so genannter Sabbatjahrmodelle, ein längerer Zeitraum zugrunde gelegt werden.

(3)
¹Soweit es die betrieblichen/dienstlichen Verhältnisse zulassen, werden Beschäftigte am 24. Dezember und am 31. Dezember unter Fortzahlung des Tabellenentgelts und der sonstigen in Monatsbeträgen festgelegten Entgeltbestandteile von der Arbeit freigestellt. ²Kann die Freistellung nach Satz 1 aus betrieblichen/dienstlichen Gründen nicht erfolgen, ist entsprechender Freizeitausgleich innerhalb von drei Monaten zu gewähren. ³Die regelmäßige Arbeitszeit vermindert sich für den 24. Dezember und 31. Dezember, sofern sie auf einen Werktag fallen, um die dienstplanmäßig ausgefallenen Stunden.

⁴Die Arbeitszeit an einem gesetzlichen Feiertag, der auf einen Werktag fällt, wird durch eine entsprechende Freistellung an einem anderen Werktag bis zum Ende des dritten Kalendermonats ausgeglichen, wenn es die betrieblichen Verhältnisse zulassen; der Ausgleich soll möglichst aber schon bis zum Ende des nächsten Kalendermonats erfolgen. ⁵Kann ein Freizeitausgleich nicht gewährt werden, erhalten die Beschäftigten je Stunde 100 v.H. des Stundenentgelts; Stundenentgelt ist der auf eine Stunde entfallende Anteil des monatlichen Entgelts der jeweiligen Entgeltgruppe und Stufe nach der Entgelttabelle. ⁶Ist ein Arbeitszeitkonto ein-

gerichtet, ist eine Buchung gemäß § 10 Absatz 3 zulässig. ⁷In den Fällen des Satzes 4 steht der Zeitzuschlag von 35 v.H. (§ 8 Absatz 1 Satz 2 Buchstabe d) zu.

⁸Für Beschäftigte, die regelmäßig nach einem Dienstplan eingesetzt werden, der Wechselschicht- oder Schichtdienst an sieben Tagen in der Woche vorsieht, vermindert sich die regelmäßige Wochenarbeitszeit um ein Fünftel der arbeitsvertraglich vereinbarten durchschnittlichen Wochenarbeitszeit, wenn sie an einem gesetzlichen Feiertag, der auf einen Werktag fällt, nicht wegen des Feiertags, sondern dienstplanmäßig nicht zur Arbeit eingeteilt sind und deswegen an anderen Tagen der Woche ihre regelmäßige Arbeitszeit erbringen müssen. ⁹In den Fällen des Satzes 8 gelten die Sätze 4 bis 7 nicht.

Protokollerklärung zu § 6 Absatz 3 Satz 3:
Die Verminderung der regelmäßigen Arbeitszeit betrifft die Beschäftigten, die wegen des Dienstplans frei haben und deshalb ohne diese Regelung nacharbeiten müssten.

(4) Aus dringenden betrieblichen/dienstlichen Gründen kann auf der Grundlage einer Betriebs-/Dienstvereinbarung im Rahmen des § 7 Absatz 1, 2 und des § 12 Arbeitszeitgesetz von den Vorschriften des Arbeitszeitgesetzes abgewichen werden.

(5) ¹Die Beschäftigten sind im Rahmen begründeter betrieblicher/dienstlicher Notwendigkeiten verpflichtet, Sonntags-, Feiertags-, Nacht-, Wechselschicht-, Schichtarbeit sowie – bei Teilzeitbeschäftigung aufgrund arbeitsvertraglicher Regelung oder mit ihrer Zustimmung – Bereitschaftsdienst, Rufbereitschaft, Überstunden und Mehrarbeit zu leisten. ²Beschäftigte, die regelmäßig an Sonn- und Feiertagen arbeiten müssen, erhalten innerhalb von zwei Wochen zwei arbeitsfreie Tage. ³Hiervon soll ein freier Tag auf einen Sonntag fallen."

2. § 6 Absatz 10 gilt in folgender Fassung:

„(10) ¹Unter den Voraussetzungen des Arbeitszeit- und Arbeitsschutzgesetzes, insbesondere des § 5 Arbeitsschutzgesetz, kann die tägliche Arbeitszeit im Schichtdienst auf bis zu 12 Stunden ausschließlich der Pausen ausgedehnt werden, um längere Freizeitintervalle zu schaffen oder die Zahl der Wochenenddienste zu vermindern. ²In unmittelbarer Folge dürfen nicht mehr als vier Zwölf-Stunden-Schichten und innerhalb von zwei Kalenderwochen nicht mehr als acht Zwölf-Stunden-Schichten geleistet werden. ³Solche Schichten können nicht mit Bereitschaftsdienst (§ 7 Absatz 3) kombiniert werden.

3. Nach § 6 Absatz 11 wird folgender Absatz 12 eingefügt:

„(12) Wird den Beschäftigten durch ausdrückliche Anordnung des Arbeitgebers eine Sonderfunktion innerhalb der Klinik übertragen (zum Beispiel Transplantationsbeauftragte/Transplantationsbeauftragter, Strahlenschutzbeauftragte/Strahlenschutzbeauftragter), sind sie für diese Tätigkeit und die Fortbildung hierzu in erforderlichem Umfang von ihren sonstigen Aufgaben freizustellen."

4. Zu § 6 gelten folgende Protokollerklärungen:
„Protokollerklärungen zu § 6:
1. *Die Tarifvertragsparteien erwarten, dass den Beschäftigten bei der Festlegung der Arbeitszeit ein angemessener zeitlicher Anteil der Arbeitszeit für ihre wissenschaftliche Tätigkeit in Forschung und Lehre zugestanden wird. Die in den Hochschulgesetzen der Länder geregelten Mindestzeiten für die Ausübung wissenschaftlicher Tätigkeit bleiben unberührt.*
2. *Die Tarifvertragsparteien erwarten, dass die Kliniken zusammen mit den Beschäftigten nach Wegen suchen, die Beschäftigten von bürokratischen, patientenfernen Aufgaben zu entlasten und deren Arbeitsabläufe besser zu organisieren.*
3. *Die Tarifvertragsparteien erwarten, dass in den Kliniken unter Einbeziehung der Beschäftigten intensiv alternative Arbeitszeitmodelle entwickelt werden, die sowohl den gesetzlichen Anforderungen als auch veränderten betrieblichen Anforderungen entsprechen.*
4. *Die Arbeitszeiten der Beschäftigten sollen objektiv dokumentiert werden. Die konkrete Anwendung wird durch Pilotprojekte geprüft."*

Nr. 4. Zu § 7 – Sonderformen der Arbeit –

1. § 7 Absatz 1 gilt in folgender Fassung:

„(1) ¹Wechselschichtarbeit ist die Arbeit nach einem Schichtplan, der einen regelmäßigen Wechsel der täglichen Arbeitszeit in Wechselschichten vorsieht, bei denen die/der Beschäftigte durchschnittlich längstens nach Ablauf eines Monats erneut zu mindestens zwei Nachtschichten herangezogen wird. ²Wechselschichten sind wechselnde Arbeitsschichten, in denen ununterbrochen bei Tag und Nacht, werktags, sonntags und feiertags gearbeitet wird. ³Nachtschichten sind Arbeitsschichten, die mindestens zwei Stunden Nachtarbeit umfassen."

Niederschriftserklärung zu § 41 Nr. 4, § 42 Nr. 5 und § 43 Nr. 4
(betreffend § 7 Absatz 1 TV-L):
Der Anspruch auf die Wechselschichtzulage ist auch erfüllt, wenn unter Einhaltung der Monatsfrist zwei Nachtdienste geleistet werden, die nicht zwingend unmittelbar aufeinander folgen müssen.

2. § 7 Absätze 3 und 4 gelten in folgender Fassung:

„(3) ¹Beschäftigte sind verpflichtet, sich auf Anordnung des Arbeitgebers außerhalb der regelmäßigen Arbeitszeit an einer vom Arbeitgeber bestimmten Stelle aufzuhalten, um im Bedarfsfall die Arbeit aufzunehmen (Bereitschaftsdienst). ²Der Arbeitgeber darf Bereitschaftsdienst nur anordnen, wenn zu erwarten ist, dass zwar Arbeit anfällt, erfahrungsgemäß aber die Zeit ohne Arbeitsleistung überwiegt.

(4) ¹Rufbereitschaft leisten Beschäftigte, die sich auf Anordnung des Arbeitgebers außerhalb der regelmäßigen Arbeitszeit an einer dem Arbeitgeber anzuzeigenden Stelle aufhalten, um auf Abruf die Arbeit aufzunehmen. ²Der Arbeitgeber darf Rufbereitschaft nur anordnen, wenn erfahrungsgemäß lediglich in Ausnahmefällen Arbeit anfällt. ³Rufbereitschaft wird nicht dadurch ausgeschlossen, dass Beschäftigte vom Arbeitgeber mit einem Mobiltelefon oder einem vergleichbaren technischen Hilfsmittel ausgestattet sind. ⁴Durch tatsächliche Arbeitsleistung innerhalb der Rufbereitschaft kann die tägliche Höchstarbeitszeit von zehn Stunden überschritten werden (§§ 3, 7 Absatz 1 Nr. 1 und Nr. 4 Arbeitszeitgesetz)."

3. § 7 erhält folgende Absätze 9 bis 11:

„(9) ¹Wenn in die Arbeitszeit regelmäßig und in erheblichem Umfang Bereitschaftsdienst fällt, kann im Rahmen des § 7 Absatz 1 Nr. 1 und Nr. 4 Arbeitszeitgesetz die tägliche Arbeitszeit im Sinne des Arbeitszeitgesetzes abweichend von den §§ 3 und 6 Absatz 2 Arbeitszeitgesetz über acht Stunden hinaus auf bis zu 24 Stunden (8 Stunden Volldienst und 16 Stunden Bereitschaftsdienst) verlängert werden, wenn mindestens die Zeit über acht Stunden als Bereitschaftsdienst abgeleistet wird. ²Die Verlängerung setzt voraus:

a) eine Prüfung alternativer Arbeitszeitmodelle,
b) eine Belastungsanalyse gemäß § 5 Arbeitsschutzgesetz und
c) gegebenenfalls daraus resultierende Maßnahmen zur Gewährleistung des Gesundheitsschutzes.

³Die tägliche Arbeitszeit darf bei Ableistung ausschließlich von Bereitschaftsdienst an Samstagen, Sonn- und Feiertagen maximal 24 Stunden betragen, wenn dadurch für den Einzelnen mehr Wochenenden und Feiertage frei sind.

(10) ¹Unter den Voraussetzungen des Absatzes 9 Satz 2 Buchstabe a bis c und bei Einhaltung der Grenzwerte des Absatzes 9 kann im Rahmen des § 7 Absatz 2 a Arbeitszeitgesetz eine Verlängerung der täglichen Arbeitszeit über acht Stunden hinaus auch ohne Ausgleich erfolgen. ²Dabei ist eine wöchentliche Arbeitszeit von bis zu maximal durchschnittlich 58 Stunden in der Bereitschaftsdienststufe I und von bis zu maximal durchschnittlich 54 Stunden in der Bereitschaftsdienststufe II zulässig. ³Durch Tarifvertrag auf Landesebene kann in begründeten Einzelfällen eine durchschnittliche wöchentliche Höchstarbeitszeit von bis zu 66 Stunden vereinbart werden. ⁴Für die Berechnung des Durchschnitts der wöchentlichen Arbeitszeit ist ein Zeitraum von einem Jahr zugrunde zu legen.

B. Sonderregelungen § 41 TV-L

Niederschriftserklärung zu § 41 Nr. 4 (betreffend § 7 Absatz 10 TV-L):
Die Tarifvertragsparteien gehen davon aus, dass es für die Vereinbarung einer durchschnittlichen wöchentlichen Höchstarbeitszeit von bis zu 66 Stunden einen Bedarf geben kann.

(11) ^{1}In den Fällen, in denen Teilzeitarbeit (§ 11) vereinbart wurde, verringern sich die Höchstgrenzen der wöchentlichen Arbeitszeit in Absatz 10 – beziehungsweise in den Fällen, in denen Absatz 10 nicht zur Anwendung kommt, die Höchstgrenze von 48 Stunden – in demselben Verhältnis wie die Arbeitszeit dieser Teilzeitbeschäftigten zu der regelmäßigen Arbeitszeit der Vollbeschäftigten verringert worden ist. ^{2}Mit Zustimmung der/des Beschäftigten oder aufgrund von dringenden dienstlichen oder betrieblichen Belangen kann hiervon abgewichen werden."

Nr. 5. Zu § 8 – Ausgleich für Sonderformen der Arbeit –

1. § 8 Absatz 1 gilt in folgender Fassung:

„(1) ^{1}Beschäftigte erhalten neben dem Entgelt für die tatsächliche Arbeitsleistung Zeitzuschläge. ^{2}Die Zeitzuschläge betragen – auch bei Teilzeitbeschäftigten – je Stunde

a) für Überstunden 15 v.H.,
b) für Nachtarbeit 1,28 €,
c) für Sonntagsarbeit 25 v.H.,
d) bei Feiertagsarbeit
 – ohne Freizeitausgleich 135 v.H.,
 – mit Freizeitausgleich 35 v.H.,
e) für Arbeit am 24. Dezember und am 31. Dezember jeweils ab 6 Uhr 35 v.H.,
f) für Arbeit an Samstagen von 13 bis 21 Uhr 0,64 €;

in den Fällen der Buchstaben a und c bis e beziehen sich die Werte bei Ärzten der Entgeltgruppe Ä 1 auf den Anteil des Tabellenentgelts der Stufe 3 und bei Ärzten der Entgeltgruppen Ä 2 bis Ä 4 auf den Anteil des Tabellenentgelts der Stufe 1 der jeweiligen Entgeltgruppe, der auf eine Stunde entfällt. ^{3}Beim Zusammentreffen von Zeitzuschlägen nach Satz 2 Buchstabe c bis f wird nur der höchste Zeitzuschlag gezahlt. ^{4}Auf Wunsch der Beschäftigten können, soweit ein Arbeitszeitkonto (§ 10) eingerichtet ist und die betrieblichen/dienstlichen Verhältnisse es zulassen, die nach Satz 2 zu zahlenden Zeitzuschläge entsprechend dem jeweiligen Vomhundertsatz einer Stunde in Zeit umgewandelt und ausgeglichen werden. ^{5}Dies gilt entsprechend für Überstunden als solche.

Protokollerklärung zu § 8 Absatz 1 Satz 2:
Bei Überstunden richtet sich das Entgelt für die tatsächliche Arbeitsleistung nach der jeweiligen Entgeltgruppe und der individuellen Stufe, höchstens jedoch nach der Stufe 2.

Protokollerklärung zu § 8 Absatz 1 Satz 2 Buchstabe d:
^{1}Der Freizeitausgleich muss im Dienstplan besonders ausgewiesen und bezeichnet werden.
^{2}Falls kein Freizeitausgleich gewährt wird, werden als Entgelt einschließlich des Zeitzuschlags und des auf den Feiertag entfallenden Tabellenentgelts höchstens 235 v.H. gezahlt."

2. § 8 Abs. 2 gilt in folgender Fassung:

„(2) ^{1}Überstunden sind grundsätzlich durch entsprechende Freizeit auszugleichen; für die Zeit des Freizeitausgleichs werden das Tabellenentgelt sowie die sonstigen, in Monatsbeträgen festgelegten Entgeltbestandteile weitergezahlt. ^{2}Sofern kein Arbeitszeitkonto nach § 10 eingerichtet ist, oder wenn ein solches besteht, die/der Beschäftigte jedoch keine Faktorisierung nach Absatz 1 geltend macht, erhält die/der Beschäftigte für Überstunden (§ 7 Absatz 7), die nicht bis zum Ende des dritten Kalendermonats – möglichst aber schon bis zum Ende des nächsten Kalendermonats – nach deren Entstehen mit Freizeit ausgeglichen worden sind, je Stunde 100 v.H. des auf die Stunde entfallenden Anteils des Tabellenentgelts der jeweiligen Entgeltgruppe und Stufe, höchstens jedoch nach der Stufe 2. ^{3}Der Anspruch auf den Zeitzuschlag für Überstunden nach Absatz 1 besteht unabhängig von einem Freizeitausgleich."

3. § 8 Absatz 3 gilt nicht.

4. § 8 Absatz 6 gilt in folgender Fassung:

„(6) ¹Zur Berechnung des Entgelts wird die Zeit des Bereitschaftsdienstes einschließlich der geleisteten Arbeit in zwei Stufen als Arbeitszeit gewertet. ²Ausschlaggebend sind die Arbeitsleistungen, die während des Bereitschaftsdienstes erfahrungsgemäß durchschnittlich anfallen:

Bereitschaftsdienststufe	Arbeitsleistung innerhalb des Bereitschaftsdienstes	Bewertung als Arbeitszeit
I	0 bis zu 25 v.H.	60 v.H.
II	mehr als 25 v.H. bis 49 v.H.	95 v.H.

³Für die Zeit des Bereitschaftsdienstes an gesetzlichen Feiertagen erhöht sich die Bewertung um 25 Prozentpunkte. ⁴Im Übrigen werden Zeitzuschläge (Absatz 1) für die Zeit des Bereitschaftsdienstes einschließlich der geleisteten Arbeit nicht gezahlt.

⁵Für die Zeit des Bereitschaftsdienstes, die als Arbeitszeit gewertet wird, wird das tarifliche Stundenentgelt der jeweiligen Entgeltgruppe und Stufe (individuelles Stundenentgelt) gezahlt. ⁶Das Bereitschaftsdienstentgelt kann im Verhältnis 1:1 in Freizeit abgegolten werden (Freizeitausgleich). ⁷Für die Zeit des Freizeitausgleichs werden das Entgelt und die in Monatsbeträgen festgelegten Zulagen fortgezahlt. ⁸Die Zuweisung zu den Stufen des Bereitschaftsdienstes erfolgt durch schriftliche Nebenabrede zum Arbeitsvertrag. ⁹Die Nebenabrede ist mit einer Frist von drei Monaten jeweils zum Ende eines Kalenderhalbjahres kündbar."

Nr. 6. Zu § 9 – Bereitschaftszeiten –

§ 9 gilt nicht.

Niederschriftserklärung zu § 41 Nr. 6, § 42 Nr. 6 und § 43 Nr. 5
(betreffend §§ 6 bis 10 TV-L):

¹Die Dokumentation der Arbeitszeit, der Mehrarbeit, der Überstunden, der Bereitschaftsdienste usw. ist nicht mit dem Arbeitszeitkonto (§ 10 TV-L) gleichzusetzen. ²Arbeitszeitkonten können nur auf der Grundlage des § 10 TV-L durch Betriebs- bzw. Dienstvereinbarung eingerichtet und geführt werden.

Nr. 7. Zu § 12 – Eingruppierung –

§ 12 gilt in folgender Fassung:

„§ 12 Eingruppierung

Die Beschäftigten sind entsprechend ihrer nicht nur vorübergehend und zeitlich mindestens zur Hälfte auszuübenden Tätigkeit wie folgt eingruppiert:

Entgeltgruppe	Bezeichnung
Ä 1	Ärztin/Arzt mit entsprechender Tätigkeit
Ä 2	Fachärztin/Facharzt mit entsprechender Tätigkeit
Ä 3	Oberärztin/Oberarzt Oberarzt ist derjenige Arzt, dem die medizinische Verantwortung für Teil- oder Funktionsbereiche der Klinik beziehungsweise Abteilung vom Arbeitgeber übertragen worden ist. Oberarzt ist ferner der Facharzt in einer durch den Arbeitgeber übertragenen Spezialfunktion, für die dieser eine erfolgreich abgeschlossene Schwerpunkt- oder Zusatzweiterbildung nach der Weiterbildungsordnung fordert.

B. Sonderregelungen § 41 TV-L

Entgeltgruppe	Bezeichnung
Ä 4	Fachärztin/Facharzt, der/dem die ständige Vertretung des leitenden Arztes (Chefarzt) vom Arbeitgeber übertragen worden ist. (*Protokollerklärung: Ständiger Vertreter ist nur der Arzt, der den leitenden Arzt in der Gesamtheit seiner Dienstaufgaben vertritt. Das Tätigkeitsmerkmal kann daher innerhalb einer Klinik nur von einer Ärztin/einem Arzt erfüllt werden.)*"

Nr. 8. Zu § 13

§ 13 gilt in folgender Fassung:

„§ 13 Zulage bei Überschreiten der Mindestweiterbildungszeit

Ärztinnen/Ärzte der Entgeltgruppe Ä 1 in der Weiterbildung zur Fachärztin beziehungsweise zum Facharzt erhalten eine monatliche Zulage in Höhe der Differenz zur Stufe 1 der Entgeltgruppe Ä 2, sobald sie die Mindestweiterbildungszeit nach der Weiterbildungsordnung um mehr als ein Jahr überschritten haben, ohne dass sie dies zu vertreten haben."

Nr. 9. Zu § 14 – Vorübergehende Übertragung einer höherwertigen Tätigkeit –

§ 14 gilt in folgender Fassung:

„§ 14 Vorübergehende Übertragung einer höherwertigen Tätigkeit

(1) Wird Beschäftigten vorübergehend eine andere Tätigkeit übertragen, die den Tätigkeitsmerkmalen einer höheren Entgeltgruppe entspricht, und wurde diese Tätigkeit mindestens einen Monat ausgeübt, erhalten sie für die Dauer der Ausübung eine persönliche Zulage rückwirkend ab dem ersten Tag der Übertragung der Tätigkeit.

(2) Die persönliche Zulage bemisst sich bei Beschäftigten, die in eine der Entgeltgruppen Ä 1 bis Ä 3 eingruppiert sind, aus dem Unterschiedsbetrag zu dem Tabellenentgelt, das sich bei dauerhafter Übertragung ergeben hätte."

Nr. 10. Zu § 15 – Tabellenentgelt –

§ 15 gilt in folgender Fassung:

„§ 15 Tabellenentgelt

(1) ¹Die/Der Beschäftigte erhält monatlich ein Tabellenentgelt. ²Die Höhe bestimmt sich nach der Entgeltgruppe, in die sie/er eingruppiert ist, und nach der für sie/ihn geltenden Stufe.

Protokollerklärung zu § 15 Absatz 1:

¹Für Beschäftigte, bei denen die Regelungen des Tarifgebiets Ost Anwendung finden, beträgt der Bemessungssatz für die sonstigen Entgeltbestandteile in diesem Tarifvertrag sowie in den ergänzenden Tarifverträgen und Tarifvertragsregelungen 92,5 v.H. ²Der Bemessungssatz nach Satz 1 erhöht sich am 1. Januar 2010 auf 100 v.H. ³Satz 1 gilt nicht für Ansprüche aus § 23 Absatz 1 und 2.

(2) Die Höhe der Tabellenentgelte ist in Anlage D festgelegt."

Nr. 11. Zu § 16 – Stufen der Entgelttabelle –

§ 16 gilt in folgender Fassung:

„§ 16 Stufen der Entgelttabelle

(1) ¹Die Entgeltgruppe Ä 1 umfasst fünf Stufen; die Entgeltgruppen Ä 2 bis Ä 4 umfassen drei Stufen. ²Die Beschäftigten erreichen die jeweils nächste Stufe nach den Zeiten ärztlicher (Ä 1), fachärztlicher (Ä 2), oberärztlicher (Ä 3) Tätigkeit beziehungsweise der Tätigkeit als ständiger Vertreter des leitenden Arztes (Chefarztes), die in den Tabellen (Anlage D) angegeben sind.

(2) ¹Für die Anrechnung von Vorzeiten ärztlicher Tätigkeit gilt Folgendes: Bei der Einstellung werden Zeiten mit einschlägiger Berufserfahrung als förderliche Zeiten für die Stufenzuordnung berücksichtigt. ²Zeiten von Berufserfahrung aus nichtärztlicher Tätigkeit können berücksichtigt werden.

(3) ¹Zur regionalen Differenzierung, zur Deckung des Personalbedarfs, zur Bindung von qualifizierten Fachkräften oder zum Ausgleich höherer Lebenshaltungskosten kann abweichend von der tarifvertraglichen Einstufung ein bis zu zwei Stufen höheres Entgelt ganz oder teilweise vorweg gewährt werden. ²Beschäftigte mit einem Entgelt der Endstufe können bis zu 20 v.H. der Stufe 2 zusätzlich erhalten. ³Die Zulage kann befristet werden. ⁴Sie ist auch als befristete Zulage widerruflich.

(4) ¹Bei Wissenschaftlerinnen und Wissenschaftlern tritt bei Anwendung des Absatzes 3 an die Stelle des Wertes von 20 v.H. der Wert 25 v.H. ²Dies gilt jedoch nur, wenn
a) sie aufgrund ihrer fachlichen Qualifikation besondere projektbezogene Anforderungen erfüllen oder
b) eine besondere Personalbindung beziehungsweise Personalgewinnung erreicht werden soll."

Nr. 12. Zu § 17 – Allgemeine Regelungen zu den Stufen –

§ 17 gilt in folgender Fassung:

„§ 17 Allgemeine Regelungen zu den Stufen

(1) Die Beschäftigten erhalten das Tabellenentgelt nach der neuen Stufe vom Beginn des Monats an, in dem die nächste Stufe erreicht wird.

(2) ¹Den Zeiten einer ununterbrochenen Tätigkeit im Sinne des § 16 Absatz 1 Satz 2 stehen gleich:
a) Schutzfristen nach dem Mutterschutzgesetz,
b) Zeiten einer Arbeitsunfähigkeit nach § 22 bis zu 39 Wochen,
c) Zeiten eines bezahlten Urlaubs,
d) Zeiten eines Sonderurlaubs, bei denen der Arbeitgeber vor dem Antritt schriftlich ein dienstliches beziehungsweise betriebliches Interesse anerkannt hat,
e) Zeiten einer sonstigen Unterbrechung von weniger als einem Monat im Kalenderjahr,
f) Zeiten der vorübergehenden Übertragung einer höherwertigen Tätigkeit.

²Zeiten der Unterbrechung bis zu einer Dauer von jeweils drei Jahren, die nicht von Satz 1 erfasst werden, und Elternzeit sind unschädlich; sie werden aber nicht auf die Stufenlaufzeit angerechnet. ³Zeiten, in denen eine Beschäftigung mit einer kürzeren als der regelmäßigen wöchentlichen Arbeitszeit eines entsprechenden Vollbeschäftigten erfolgt ist, werden voll angerechnet."

Nr. 13. Zu § 18

§ 18 gilt in folgender Fassung:

„§ 18 Besondere Zahlung im Drittmittelbereich

¹Die Beschäftigten im Drittmittelbereich können vom Arbeitgeber eine Sonderzahlung erhalten. ²Voraussetzung ist, dass nach Deckung der Einzel- und Gemeinkosten des Drittmittelvorhabens entsprechende Erträge aus Mitteln privater Dritter verbleiben. ³Die Beschäftigten müssen zudem durch besondere Leistungen bei der Einwerbung der Mittel oder der Erstellung einer für die eingeworbenen Mittel zu erbringenden beziehungsweise erbrachten Leistung beigetragen haben. ⁴Die Sonderzahlung kann bis zu 10 v.H. ihres Jahrestabellenentgelts betragen. ⁵Sie ist nicht zusatzversorgungspflichtig."

Nr. 14. Zu § 19 – Erschwerniszuschläge –

§ 19 gilt nicht.

Nr. 15. Zu § 20 – Jahressonderzahlungen –

§ 20 gilt nicht.

Nr. 16. Zu § 24 – Berechnung und Auszahlung des Entgelts –

§ 24 Absatz 6 gilt in folgender Fassung:

„(6) ¹Durch Nebenabrede zum Arbeitsvertrag können neben dem Tabellenentgelt zustehende Entgeltbestandteile (zum Beispiel Zeitzuschläge, Erschwerniszuschläge, Überstundenentgelte) pauschaliert werden. ²Die Nebenabrede ist mit einer Frist von drei Monaten jeweils zum Ende eines Kalenderhalbjahres kündbar."

Nr. 17. Zu § 27 – Zusatzurlaub –

§ 27 erhält folgenden Absatz 6:

„(6) ¹Beschäftigte erhalten Zusatzurlaub im Kalenderjahr bei einer Leistung im Kalenderjahr von mindestens

150 Nachtarbeitsstunden	1 Arbeitstag
300 Nachtarbeitsstunden	2 Arbeitstage
450 Nachtarbeitsstunden	3 Arbeitstage
600 Nachtarbeitsstunden	4 Arbeitstage.

²Bei Teilzeitkräften ist die Zahl der in Satz 1 geforderten Nachtarbeitsstunden entsprechend dem Verhältnis der vereinbarten durchschnittlichen regelmäßigen Arbeitszeit zur regelmäßigen Arbeitszeit von entsprechenden Vollzeitkräften zu kürzen. ³Nachtarbeitsstunden, die in Zeiträumen geleistet werden, für die Zusatzurlaub für Wechselschicht- oder Schichtarbeit zusteht, bleiben unberücksichtigt. ⁴Bei Anwendung des Satzes 1 werden nur die im Rahmen der regelmäßigen Arbeitszeit in der Zeit zwischen 21 Uhr und 6 Uhr dienstplanmäßig beziehungsweise betriebsüblich geleisteten Nachtarbeitsstunden berücksichtigt. ⁵Absatz 4 und Absatz 5 finden Anwendung.

Protokollerklärung zu Absatz 6:

Der Anspruch auf Zusatzurlaub bemisst sich nach den abgeleisteten Nachtarbeitsstunden und entsteht im laufenden Jahr, sobald die Voraussetzungen nach Absatz 6 Satz 1 erfüllt sind."

Nr. 18. Zu § 29 – Arbeitsbefreiung –

§ 29 Absatz 6 gilt in folgender Fassung, ergänzt um Absatz 7:

„(6) ¹Zur Teilnahme an Arztkongressen, Fachtagungen und vergleichbaren Veranstaltungen ist den Beschäftigten Arbeitsbefreiung bis zu drei Arbeitstage im Kalenderjahr zu gewähren. ²Die Arbeitsbefreiung wird auf einen Anspruch nach den Weiterbildungsgesetzen der Länder angerechnet. ³Bei Personalkostenerstattung durch Dritte erfolgt eine Freistellung für bis zu fünf Tage.

(7) In den Fällen der Absätze 1 bis 6 werden das Tabellenentgelt sowie die sonstigen Entgeltbestandteile, die in Monatsbeträgen festgelegt sind, weitergezahlt."

Nr. 19. Zu § 30 – Befristete Arbeitsverträge –

1. § 30 Absatz 2 gilt in folgender Fassung:

„(2) ¹Kalendermäßig befristete Arbeitsverträge mit sachlichem Grund sind nur zulässig, wenn die Dauer des einzelnen Vertrages sieben Jahre nicht übersteigt; weitergehende Regelungen im Sinne von § 23 Teilzeit- und Befristungsgesetz bleiben unberührt. ²Beschäftigte mit einem Arbeitsvertrag nach Satz 1 sind bei der Besetzung von Dauerarbeitsplätzen bevorzugt zu berücksichtigen, wenn die sachlichen und persönlichen Voraussetzungen erfüllt sind."

2. § 30 erhält folgenden Absatz 7:

„(7) ¹Beim Abschluss von befristeten Arbeitsverträgen mit besonders kurzen Vertragslaufzeiten ist auch das Interesse der Beschäftigten an einer notwendigen Planungssicherheit zu berücksichtigen. ²Bei befristeten Beschäftigungen nach dem Hochschulrahmengesetz beziehungsweise einer gesetzlichen Nachfolgeregelung mit dem Zweck der Weiterbildung zur Fachärztin beziehungsweise zum Facharzt soll der erste Vertrag möglichst für eine Laufzeit von nicht weniger als zwei Jahren und der weitere Vertrag bis zum Ende der Mindestweiterbildungszeit geschlossen werden. ³Sachliche Gründe können eine kürzere Vertragslaufzeit erfordern."

Niederschriftserklärung zu § 40 Nr. 8 und § 41 Nr. 19 (betreffend § 30 TV-L):
Die Tarifvertragsparteien erwarten eine verantwortungsbewusste Handhabung der Befristungen im Wissenschaftsbereich.

Nr. 20. Zu § 31 – Führung auf Probe –

§ 31 gilt in folgender Fassung:

„**§ 31 Führung auf Probe**

(1) ¹Führungspositionen können als befristetes Arbeitsverhältnis bis zur Gesamtdauer von zwei Jahren vereinbart werden. ²Innerhalb dieser Gesamtdauer ist eine höchstens zweimalige Verlängerung des Arbeitsvertrages zulässig. ³Die beiderseitigen Kündigungsrechte bleiben unberührt.

(2) Führungspositionen sind die ab Entgeltgruppe Ä 3 auszuübenden Tätigkeiten mit Weisungsbefugnis.

(3) ¹Besteht bereits ein Arbeitsverhältnis mit demselben Arbeitgeber, kann der/dem Beschäftigten vorübergehend eine Führungsposition bis zu der in Absatz 1 genannten Gesamtdauer übertragen werden. ²Der/Dem Beschäftigten wird für die Dauer der Übertragung eine Zulage in Höhe des Unterschiedsbetrags zu dem Tabellenentgelt, das sich bei dauerhafter Übertragung ergeben hätte, gewährt. ³Nach Fristablauf endet die Erprobung. ⁴Bei Bewährung wird die Führungsfunktion auf Dauer übertragen; ansonsten erhält die/der Beschäftigte eine der bisherigen Eingruppierung entsprechende Tätigkeit."

Nr. 21. Zu § 32 – Führung auf Zeit –

§ 32 gilt in folgender Fassung:

„**§ 32 Führung auf Zeit**

(1) ¹Führungspositionen können als befristetes Arbeitsverhältnis bis zur Dauer von vier Jahren vereinbart werden. ²Folgende Verlängerungen des Arbeitsvertrages sind zulässig:
a) in der Entgeltgruppe Ä 3 eine höchstens zweimalige Verlängerung bis zu einer Gesamtdauer von acht Jahren,
b) in der Entgeltgruppe Ä 4 eine höchstens dreimalige Verlängerung bis zu einer Gesamtdauer von zwölf Jahren.

³Zeiten in einer Führungsposition nach Buchstabe a bei demselben Arbeitgeber können auf die Gesamtdauer nach Buchstabe b zur Hälfte angerechnet werden. ⁴Die allgemeinen Vorschriften über die Probezeit (§ 2 Absatz 4) und die beiderseitigen Kündigungsrechte bleiben unberührt.

(2) Führungspositionen sind die ab Entgeltgruppe Ä 3 auszuübenden Tätigkeiten mit Weisungsbefugnis.

(3) ¹Besteht bereits ein Arbeitsverhältnis mit demselben Arbeitgeber, kann der/dem Beschäftigten vorübergehend eine Führungsposition bis zu den in Absatz 1 genannten Fristen übertragen werden. ²Der/Dem Beschäftigten wird für die Dauer der Übertragung eine Zulage in Höhe des Unterschiedsbetrags zu dem Tabellenentgelt, das sich bei dauerhafter Übertragung ergeben hätte, gewährt. ³Nach Fristablauf erhält die/der Beschäftigte eine der bisherigen Eingruppierung entsprechende Tätigkeit."

Nr. 22. Zu § 33 – Beendigung des Arbeitsverhältnisses ohne Kündigung –

1. § 33 Absatz 4 gilt in folgender Fassung:
„(4) ¹Verzögert die/der Beschäftigte schuldhaft den Rentenantrag oder bezieht sie/er Altersrente nach § 236 oder § 236 a SGB VI oder ist sie/er nicht in der gesetzlichen Rentenversicherung oder in einem berufsständischen Versorgungswerk versichert, so tritt an die Stelle des Rentenbescheids das Gutachten einer Amtsärztin/eines Amtsarztes oder einer/eines nach § 3 Absatz 5 Satz 2 bestimmten Ärztin/Arztes. ²Das Arbeitsverhältnis endet in diesem Fall mit Ablauf des Monats, in dem der/dem Beschäftigten das Gutachten bekannt gegeben worden ist."

2. Dem § 33 wird folgende Protokollerklärung angefügt:
„*Protokollerklärung zu § 33 Absatz 2 und 3:*
Als Rentenversicherungsträger im Sinne der Absätze 2 und 3 gelten auch berufsständische Versorgungswerke."

Nr. 23. Zu § 35 – Zeugnis –

Dem § 35 wird folgender Absatz 5 angefügt:
„(5) Das Zeugnis wird vom leitenden Arzt und vom Arbeitgeber ausgestellt."

Nr. 24. Zu § 39 – In-Kraft-Treten, Laufzeit –

§ 39 Absatz 3 gilt in folgender Fassung:
„(3) Abweichend von Absatz 2 kann von jeder Tarifvertragspartei auf landesbezirklicher Ebene schriftlich gekündigt werden
a) § 6 Absatz 1 mit einer Frist von einem Monat zum Schluss eines Kalendermonats, frühestens jedoch zum 31. Dezember 2007,
b) § 23 Absatz 2 mit einer Frist von einem Monat zum Schluss eines Kalendermonats, frühestens jedoch zum 31. Dezember 2007."

Nr. 25. Zu § 12 TVÜ-Länder

(1) ¹Abweichend von § 12 Absatz 7 TVÜ-Länder erhalten übergeleitete Fachärztinnen und Fachärzte, die
- am 31. Oktober 2006 Grundvergütung aus den Lebensaltersstufen 45 oder 47 der Vergütungsgruppe I a BAT/BAT-O beziehen und
- ab 1. November 2006 in die Entgeltgruppe Ä 2 eingruppiert sind,

ab November 2006 einen nicht dynamischen Strukturausgleich zusätzlich zu ihrem monatlichen Entgelt. ²Der Strukturausgleich beträgt monatlich bei Anspruch auf Grundvergütung am 31. Oktober 2006 aus

Lebensaltersstufe	Tarifgebiet West	Tarifgebiet Ost
45	90,00 Euro	83,25 Euro
47	190,00 Euro	175,75 Euro

(2) ¹Bei Höhergruppierungen und allgemeinen Entgelterhöhungen wird der Unterschiedsbetrag zum bisherigen Entgelt auf den Strukturausgleich angerechnet. ²Dasselbe gilt für die Zahlung von Zulagen nach §§ 14 und 16 Absatz 3 und 4. ³Im Tarifgebiet Ost wird auch die Angleichung zum 1. Januar 2010 angerechnet.

§ 42 Sonderregelungen für Ärztinnen und Ärzte außerhalb von Universitätskliniken

Nr. 1. Zu § 1 – Geltungsbereich –

Diese Sonderregelungen gelten für Ärztinnen und Ärzte einschließlich Zahnärztinnen und Zahnärzte (Beschäftigte), die nicht unter den Geltungsbereich des § 41 fallen und in Krankenhäusern oder Einrichtungen, in denen die betreuten Personen in ärztlicher Behandlung stehen, beschäftigt werden.

Nr. 2. Zu § 3 – Allgemeine Arbeitsbedingungen –

§ 3 gilt in folgender Fassung:

„§ 3 Allgemeine Arbeitsbedingungen

(1) ^{1}Die arbeitsvertraglich geschuldete Leistung ist gewissenhaft und ordnungsgemäß auszuführen. ^{2}Die Beschäftigten müssen sich durch ihr gesamtes Verhalten zur freiheitlich demokratischen Grundordnung im Sinne des Grundgesetzes bekennen.

(2) Die Beschäftigten haben über Angelegenheiten, deren Geheimhaltung durch gesetzliche Vorschriften vorgesehen oder vom Arbeitgeber angeordnet ist, Verschwiegenheit zu wahren; dies gilt auch über die Beendigung des Arbeitsverhältnisses hinaus.

(3) ^{1}Die Beschäftigten dürfen von Dritten Belohnungen, Geschenke, Provisionen oder sonstige Vergünstigungen mit Bezug auf ihre Tätigkeit nicht annehmen. ^{2}Ausnahmen sind nur mit Zustimmung des Arbeitgebers möglich. ^{3}Werden den Beschäftigten derartige Vergünstigungen angeboten, haben sie dies dem Arbeitgeber unverzüglich anzuzeigen.

(4) ^{1}Eine Beteiligung der Beschäftigten an Poolgeldern hat nach transparenten Grundsätzen, insbesondere unter Berücksichtigung von Verantwortung, Leistung und Erfahrung zu erfolgen. ^{2}Sie richtet sich nach den landesrechtlichen Bestimmungen. ^{3}Soweit keine landesrechtlichen Bestimmungen erlassen sind, soll ein Poolvolumen gemäß den Grundsätzen des Satzes 1 verteilt werden; die Klinik kann weitere Kriterien bestimmen. ^{4}Die Beteiligung an Poolgeldern ist kein zusatzversorgungspflichtiges Entgelt.

(5) ^{1}Der Arbeitgeber ist bei begründeter Veranlassung berechtigt, Beschäftigte zu verpflichten, durch ärztliche Bescheinigung nachzuweisen, dass sie zur Leistung der arbeitsvertraglich geschuldeten Tätigkeit in der Lage sind. ^{2}Bei dem beauftragten Arzt kann es sich um einen Amtsarzt handeln, soweit sich die Betriebsparteien nicht auf einen anderen Arzt geeinigt haben. ^{3}Die Kosten dieser Untersuchung trägt der Arbeitgeber. ^{4}Der Arbeitgeber kann die Beschäftigten auch bei Beendigung des Arbeitsverhältnisses untersuchen lassen. ^{5}Auf Verlangen der Beschäftigten ist er hierzu verpflichtet. ^{6}Beschäftigte, die besonderen Ansteckungsgefahren ausgesetzt oder in gesundheitsgefährdenden Bereichen beschäftigt sind, sind in regelmäßigen Zeitabständen ärztlich zu untersuchen.

(6) ^{1}Die Beschäftigten haben ein Recht auf Einsicht in ihre vollständigen Personalakten. ^{2}Sie können das Recht auf Einsicht auch durch eine/n hierzu schriftlich Bevollmächtigte/n ausüben lassen. ^{3}Sie können Auszüge oder Kopien aus ihren Personalakten erhalten. ^{4}Die Beschäftigten müssen über Beschwerden und Behauptungen tatsächlicher Art, die für sie ungünstig sind oder ihnen nachteilig werden können, vor Aufnahme in die Personalakten gehört werden. ^{5}Ihre Äußerung ist zu den Personalakten zu nehmen.

(7) Für die Schadenshaftung der Beschäftigten finden die Bestimmungen, die für die Beamten des jeweiligen Landes jeweils gelten, entsprechende Anwendung.

(8) (nicht besetzt)

(9) ^{1}Zu den Pflichten der Beschäftigten gehört es auch, ärztliche Bescheinigungen auszustellen. ^{2}Die Beschäftigten können vom Arbeitgeber verpflichtet werden, im Rahmen einer zugelassenen Nebentätigkeit von leitenden Ärztinnen und Ärzten oder für Belegärztinnen und Belegärzte innerhalb der Einrichtung ärztlich tätig zu werden.

B. Sonderregelungen § 42 TV-L

(10) ¹Zu den Pflichten der Beschäftigten aus der Haupttätigkeit gehört es, am Rettungsdienst in Notarztwagen und Hubschraubern teilzunehmen. ²Für jeden Einsatz in diesem Rettungsdienst erhalten die Beschäftigten einen nicht zusatzversorgungspflichtigen Einsatzzuschlag in Höhe von 15,41 Euro. ³Dieser Betrag verändert sich zu demselben Zeitpunkt und in dem gleichen Ausmaß wie das Tabellenentgelt der Entgeltgruppe 14 Stufe 3.

Protokollerklärungen zu § 3 Absatz 10:
1. *Beschäftigte, denen aus persönlichen Gründen (zum Beispiel Vorliegen einer anerkannten Minderung der Erwerbsfähigkeit, die dem Einsatz im Rettungsdienst entgegensteht, Flugunverträglichkeit) oder aus fachlichen Gründen die Teilnahme am Rettungsdienst nicht zumutbar beziehungsweise untersagt ist, dürfen nicht zum Einsatz im Rettungsdienst herangezogen werden.*
2. *Der Einsatzzuschlag steht nicht zu, wenn den Beschäftigten wegen der Teilnahme am Rettungsdienst außer den tariflichen Bezügen sonstige Leistungen vom Arbeitgeber oder von einem Dritten (zum Beispiel private Unfallversicherung, für die der Arbeitgeber oder ein Träger des Rettungsdienstes die Beiträge ganz oder teilweise trägt, Liquidationsansprüche) zustehen. Die Beschäftigten können auf die sonstigen Leistungen verzichten.*
3. *Der Einsatzzuschlag beträgt*
   - *16,96 Euro ab 1. April 2011*
   - *17,36 Euro ab 1. Januar 2012.*

(11) Zu den Pflichten der Beschäftigten aus der Haupttätigkeit gehören auch die Erstellung von Gutachten, gutachtlichen Äußerungen und wissenschaftlichen Ausarbeitungen, die nicht von einem Dritten angefordert und vergütet werden.

(12)
¹Für die Nebentätigkeiten der Beschäftigten finden die Bestimmungen, die für die Beamten des jeweiligen Landes jeweils gelten, sinngemäß Anwendung.

²Die Beschäftigten können vom Arbeitgeber verpflichtet werden, als Nebentätigkeit Unterricht zu erteilen sowie Gutachten, gutachtliche Äußerungen und wissenschaftliche Ausarbeitungen zu erstellen, die von einem Dritten angefordert und vergütet werden. ³Dies gilt auch im Rahmen einer zugelassenen Nebentätigkeit des leitenden Arztes.

⁴Steht die Vergütung für das Gutachten, die gutachtliche Äußerung oder wissenschaftliche Ausarbeitung ausschließlich dem Arbeitgeber zu, so haben die Beschäftigten entsprechend ihrer Beteiligung einen Anspruch auf einen Teil dieser Vergütung.

⁵In allen anderen Fällen sind die Beschäftigten berechtigt, für die Nebentätigkeit einen Anteil der Vergütung anzunehmen, die von dem Dritten zu zahlen ist. ⁶Die Beschäftigten können die Übernahme der Nebentätigkeit verweigern, wenn die angebotene Vergütung offenbar nicht dem Umfang ihrer Beteiligung entspricht.

⁷Im Übrigen kann die Übernahme der Nebentätigkeit nur in besonders begründeten Ausnahmefällen verweigert werden.

(13) Auch die Ausübung einer unentgeltlichen Nebentätigkeit bedarf der vorherigen Genehmigung des Arbeitgebers, wenn für sie Räume, Einrichtungen, Personal oder Material des Arbeitgebers in Anspruch genommen werden.

(14) ¹Werden für eine Nebentätigkeit Räume, Einrichtungen, Personal oder Material des Arbeitgebers in Anspruch genommen, so haben die Beschäftigten dem Arbeitgeber die Kosten hierfür zu erstatten, soweit sie nicht von anderer Seite zu erstatten sind. ²Die Kosten können in einer Nebenabrede zum Arbeitsvertrag pauschaliert werden."

Nr. 3. Zu § 5 – Qualifizierung –

§ 5 erhält folgende Absätze 10 bis 12:

„(10) Für Beschäftigte, die sich in Facharztweiterbildung, Schwerpunktweiterbildung oder Zusatzausbildung nach dem Gesetz über befristete Arbeitsverträge mit Ärzten in der Weiterbildung befinden, ist ein Weiterbildungsplan aufzustellen, der unter Berücksichtigung des

Standes der Weiterbildung die zu vermittelnden Ziele und Inhalte der Weiterbildungsabschnitte sachlich und zeitlich gegliedert festlegt.

(11) Die Weiterbildung ist vom Betrieb im Rahmen seines Versorgungsauftrags bei wirtschaftlicher Betriebsführung so zu organisieren, dass die/der Beschäftigte die festgelegten Weiterbildungsziele in der nach der jeweiligen Weiterbildungsordnung vorgesehenen Zeit erreichen kann.

(12) ¹Können Weiterbildungsziele aus Gründen, die der Arbeitgeber zu vertreten hat, in der vereinbarten Dauer des Arbeitsverhältnisses nicht erreicht werden, so ist die Dauer des Arbeitsvertrages entsprechend zu verlängern. ²Die Regelungen des Gesetzes über befristete Arbeitsverträge mit Ärzten in der Weiterbildung bleiben hiervon unberührt und sind für den Fall lang andauernder Arbeitsunfähigkeit sinngemäß anzuwenden. ³Absatz 2 bleibt unberührt."

Nr. 4. Zu § 6 – Regelmäßige Arbeitszeit –

1. § 6 Absatz 1 Satz 2 gilt nicht.

2. § 6 Absatz 3 gilt in folgender Fassung:

„(3) ¹Soweit es die betrieblichen/dienstlichen Verhältnisse zulassen, werden Beschäftigte am 24. Dezember und am 31. Dezember unter Fortzahlung des Tabellenentgelts und der sonstigen in Monatsbeträgen festgelegten Entgeltbestandteile von der Arbeit freigestellt. ²Kann die Freistellung aus betrieblichen/dienstlichen Gründen nicht erfolgen, ist entsprechender Freizeitausgleich innerhalb von drei Monaten zu gewähren. ³Die regelmäßige Arbeitszeit vermindert sich für den 24. Dezember und 31. Dezember, sofern sie auf einen Werktag fallen, um die dienstplanmäßig ausgefallenen Stunden.

⁴Die Arbeitszeit an einem gesetzlichen Feiertag, der auf einen Werktag fällt, wird durch eine entsprechende Freistellung an einem anderen Werktag bis zum Ende des dritten Kalendermonats ausgeglichen, wenn es die betrieblichen Verhältnisse zulassen; der Ausgleich soll möglichst aber schon bis zum Ende des nächsten Kalendermonats erfolgen. ⁵Kann ein Freizeitausgleich nicht gewährt werden, erhält die/der Beschäftigte je Stunde 100 v.H. des Stundenentgelts; Stundenentgelt ist der auf eine Stunde entfallende Anteil des monatlichen Entgelts der jeweiligen Entgeltgruppe und Stufe nach der Entgelttabelle. ⁶Ist ein Arbeitszeitkonto eingerichtet, ist eine Buchung gemäß § 10 Absatz 3 zulässig. ⁷In den Fällen des Satzes 4 steht der Zeitzuschlag von 35 v.H. (§ 8 Absatz 1 Satz 2 Buchstabe d) zu.

⁸Für Beschäftigte, die regelmäßig nach einem Dienstplan eingesetzt werden, der Wechselschicht- oder Schichtdienst an sieben Tagen in der Woche vorsieht, vermindert sich die regelmäßige Wochenarbeitszeit um ein Fünftel der arbeitsvertraglich vereinbarten durchschnittlichen Wochenarbeitszeit, wenn sie an einem gesetzlichen Feiertag, der auf einen Werktag fällt, nicht wegen des Feiertags, sondern dienstplanmäßig nicht zur Arbeit eingeteilt sind und deswegen an anderen Tagen der Woche ihre regelmäßige Arbeitszeit erbringen müssen. ⁹In den Fällen des Satzes 8 gelten die Sätze 4 bis 7 nicht.

Protokollerklärung zu § 6 Absatz 3 Satz 3:

Die Verminderung der regelmäßigen Arbeitszeit betrifft die Beschäftigten, die wegen des Dienstplans frei haben und deshalb ohne diese Regelung nacharbeiten müssten."

3. § 6 Absatz 5 gilt in folgender Fassung:

„(5) ¹Die Beschäftigten sind im Rahmen begründeter betrieblicher/dienstlicher Notwendigkeiten verpflichtet, Sonntags-, Feiertags-, Nacht-, Wechselschicht-, Schichtarbeit sowie – bei Teilzeitbeschäftigung aufgrund arbeitsvertraglicher Regelung oder mit ihrer Zustimmung – Bereitschaftsdienst, Rufbereitschaft, Überstunden und Mehrarbeit zu leisten. ²Beschäftigte, die regelmäßig an Sonn- und Feiertagen arbeiten müssen, erhalten innerhalb von zwei Wochen zwei arbeitsfreie Tage. ³Hiervon soll ein freier Tag auf einen Sonntag fallen."

4. § 6 Absatz 10 gilt nicht.

Nr. 5. Zu § 7 – Sonderformen der Arbeit –

1. § 7 Absatz 1 gilt in folgender Fassung:

„(1) ¹Wechselschichtarbeit ist die Arbeit nach einem Schichtplan, der einen regelmäßigen Wechsel der täglichen Arbeitszeit in Wechselschichten vorsieht, bei denen die/der Beschäftigte durchschnittlich längstens nach Ablauf eines Monats erneut zu mindestens zwei Nachtschichten herangezogen wird. ²Wechselschichten sind wechselnde Arbeitsschichten, in denen ununterbrochen bei Tag und Nacht, werktags, sonntags und feiertags gearbeitet wird. ³Nachtschichten sind Arbeitsschichten, die mindestens zwei Stunden Nachtarbeit umfassen."

Niederschriftserklärung zu § 41 Nr. 4, § 42 Nr. 5 und § 43 Nr. 4 (betreffend § 7 Absatz 1 TV-L):
Der Anspruch auf die Wechselschichtzulage ist auch erfüllt, wenn unter Einhaltung der Monatsfrist zwei Nachtdienste geleistet werden, die nicht zwingend unmittelbar aufeinander folgen müssen.

2. § 7 Absätze 3 und 4 gelten in folgender Fassung:

„(3) ¹Beschäftigte sind verpflichtet, sich auf Anordnung des Arbeitgebers außerhalb der regelmäßigen Arbeitszeit an einer vom Arbeitgeber bestimmten Stelle aufzuhalten, um im Bedarfsfall die Arbeit aufzunehmen (Bereitschaftsdienst). ²Der Arbeitgeber darf Bereitschaftsdienst nur anordnen, wenn zu erwarten ist, dass zwar Arbeit anfällt, erfahrungsgemäß aber die Zeit ohne Arbeitsleistung überwiegt.

(4) ¹Rufbereitschaft leisten Beschäftigte, die sich auf Anordnung des Arbeitgebers außerhalb der regelmäßigen Arbeitszeit an einer dem Arbeitgeber anzuzeigenden Stelle aufhalten, um auf Abruf die Arbeit aufzunehmen. ²Der Arbeitgeber darf Rufbereitschaft nur anordnen, wenn erfahrungsgemäß lediglich in Ausnahmefällen Arbeit anfällt. ³Rufbereitschaft wird nicht dadurch ausgeschlossen, dass Beschäftigte vom Arbeitgeber mit einem Mobiltelefon oder einem vergleichbaren technischen Hilfsmittel ausgestattet sind. ⁴Durch tatsächliche Arbeitsleistung innerhalb der Rufbereitschaft kann die tägliche Höchstarbeitszeit von zehn Stunden überschritten werden (§§ 3, 7 Absatz 1 Nr. 1 und Nr. 4 Arbeitszeitgesetz)."

3. § 7 erhält folgende Absätze 9 bis 12:

„(9) Abweichend von den §§ 3, 5 und 6 Absatz 2 Arbeitszeitgesetz kann im Rahmen des § 7 Arbeitszeitgesetz die tägliche Arbeitszeit im Sinne des Arbeitszeitgesetzes über acht Stunden hinaus verlängert werden, wenn mindestens die acht Stunden überschreitende Zeit im Rahmen von Bereitschaftsdienst geleistet wird, und zwar wie folgt:
a) bei Bereitschaftsdiensten der Stufen A und B bis zu insgesamt maximal 16 Stunden täglich; die gesetzlich vorgeschriebene Pause verlängert diesen Zeitraum nicht,
b) bei Bereitschaftsdiensten der Stufen C und D bis zu insgesamt maximal 13 Stunden täglich; die gesetzlich vorgeschriebene Pause verlängert diesen Zeitraum nicht.

(10) ¹Auf Grund einer Dienst-/Betriebsvereinbarung kann im Rahmen des § 7 Absatz 1 Nr. 1 und Nr. 4 Arbeitszeitgesetz die tägliche Arbeitszeit im Sinne des Arbeitszeitgesetzes abweichend von den §§ 3 und 6 Absatz 2 Arbeitszeitgesetz über acht Stunden hinaus auf bis zu 24 Stunden ausschließlich der Pausen verlängert werden, wenn in die Arbeitszeit regelmäßig und in erheblichem Umfang Bereitschaftsdienst fällt. ²Die Verlängerung setzt voraus:
a) eine Prüfung alternativer Arbeitszeitmodelle,
b) eine Belastungsanalyse gemäß § 5 Arbeitsschutzgesetz und
c) gegebenenfalls daraus resultierende Maßnahmen zur Gewährleistung des Gesundheitsschutzes.

³Für einen Betrieb/eine Verwaltung, in dem/der ein Personalvertretungsgesetz Anwendung findet, kann eine Regelung nach Satz 1 in einem landesbezirklichen Tarifvertrag getroffen werden, wenn eine Dienstvereinbarung nicht einvernehmlich zustande kommt und der Arbeitgeber ein Letztentscheidungsrecht hat.

(11) ¹Unter den Voraussetzungen des Absatzes 10 Satz 2 kann im Rahmen des § 7 Absatz 2 a Arbeitszeitgesetz eine Verlängerung der täglichen Arbeitszeit über acht Stunden hinaus

auch ohne Ausgleich erfolgen. ²Dabei ist eine wöchentliche Arbeitszeit von bis zu maximal durchschnittlich 58 Stunden in den Bereitschaftsdienststufen A und B und von bis zu maximal durchschnittlich 54 Stunden in den Bereitschaftsdienststufen C und D zulässig. ³Für die Berechnung des Durchschnitts der wöchentlichen Arbeitszeit gilt § 6 Absatz 2 Satz 1.

Protokollerklärung zu § 7 Absatz 11:
¹Die Tarifvertragsparteien sind sich einig: Das In-Kraft-Treten des Tarifvertrages kann nicht der Anlass sein, die bestehenden betrieblichen und für die Beschäftigten günstigeren Regelungen zur Arbeitszeit zu kündigen und zu verändern. ²Ziel ist es, die Belastungen durch eine entsprechende Arbeitszeitgestaltung zu verringern. ³Für jede Änderung der betrieblichen Regelungen, die zu einer längeren Arbeitszeit führen, ist zwingende Voraussetzung: Im Rahmen des § 7 Absatz 2a Arbeitszeitgesetz
- *muss eine Prüfung alternativer Arbeitszeitmodelle erfolgen,*
- *muss eine Belastungsanalyse gemäß § 5 Arbeitsschutzgesetz vorliegen und*
- *müssen gegebenenfalls daraus resultierende Maßnahmen zur Gewährleistung des Gesundheitsschutzes umgesetzt werden*

und für diese Maßnahme müssen dringende dienstliche oder betriebliche Gründe vorliegen. 4Mit dem Personal- oder Betriebsrat soll eine einvernehmliche Regelung getroffen werden.

(12) ¹In den Fällen, in denen Teilzeitarbeit (§ 11) vereinbart wurde, verringern sich die Höchstgrenzen der wöchentlichen Arbeitszeit in Absatz 11 – beziehungsweise in den Fällen, in denen Absatz 11 nicht zur Anwendung kommt, die Höchstgrenze von 48 Stunden – in demselben Verhältnis wie die Arbeitszeit dieser Teilzeitbeschäftigten zu der regelmäßigen Arbeitszeit der Vollbeschäftigten verringert worden ist. ²Mit Zustimmung der/des Beschäftigten oder aufgrund von dringenden dienstlichen oder betrieblichen Belangen kann hiervon abgewichen werden."

Nr. 6. Zu § 8 – Ausgleich für Sonderformen der Arbeit –

1. § 8 Absatz 1 gilt in folgender Fassung:

„(1) ¹Beschäftigte erhalten neben dem Entgelt für die tatsächliche Arbeitsleistung Zeitzuschläge. ²Die Zeitzuschläge betragen – auch bei Teilzeitbeschäftigten – je Stunde

a)	für Überstunden	15 v.H.,
b)	für Nachtarbeit	1,28 €,
c)	für Sonntagsarbeit	25 v.H.,
d)	bei Feiertagsarbeit	
	– ohne Freizeitausgleich	135 v.H.,
	– mit Freizeitausgleich	35 v.H.,
e)	für Arbeit am 24. Dezember und am 31. Dezember jeweils ab 6 Uhr	35 v.H.,
f)	für Arbeit an Samstagen von 13 bis 21 Uhr	0,64 €;

in den Fällen der Buchstaben a, c und b beziehen sich die Werte auf den Anteil des Tabellenentgelts der Stufe 3 der jeweiligen Entgeltgruppe, der auf eine Stunde entfällt. ³Beim Zusammentreffen von Zeitzuschlägen nach Satz 2 Buchstabe c bis f wird nur der höchste Zeitzuschlag gezahlt. ⁴Auf Wunsch der Beschäftigten können, soweit ein Arbeitszeitkonto (§ 10) eingerichtet ist und die betrieblichen/dienstlichen Verhältnisse es zulassen, die nach Satz 2 zu zahlenden Zeitzuschläge entsprechend dem jeweiligen Vomhundertsatz einer Stunde in Zeit umgewandelt und ausgeglichen werden. ⁵Dies gilt entsprechend für Überstunden als solche.

Protokollerklärung zu § 8 Absatz 1 Satz 1:
Bei Überstunden richtet sich das Entgelt für die tatsächliche Arbeitsleistung nach der jeweiligen Entgeltgruppe und der individuellen Stufe, höchstens jedoch nach der Stufe 4.

Protokollerklärung zu § 8 Absatz 1 Satz 2 Buchstabe d:
*¹Der Freizeitausgleich muss im Dienstplan besonders ausgewiesen und bezeichnet werden. ²Falls kein Freizeitausgleich gewährt wird, werden als Entgelt einschließlich des Zeitzuschlags und des auf den Feiertag entfallenden Tabellenentgelts höchstens 235 v.H. gezahlt."

2. § 8 Absatz 3 gilt nicht.
3. § 8 Absatz 6 gilt in folgender Fassung:
„(6) Zur Berechnung des Entgelts wird die Zeit des Bereitschaftsdienstes einschließlich der geleisteten Arbeit wie folgt als Arbeitszeit gewertet und bezahlt:
a) Ausschlaggebend sind die Arbeitsleistungen, die während des Bereitschaftsdienstes erfahrungsgemäß durchschnittlich anfallen:

Stufe	Arbeitsleistung innerhalb des Bereitschaftsdienstes	Bewertung als Arbeitszeit
A	0 bis 10 v.H.	15 v.H.
B	mehr als 10 bis 25 v.H.	25 v.H.
C	mehr als 25 bis 40 v.H.	40 v.H.
D	mehr als 40 bis 49 v.H.	55 v.H.

Ein der Stufe A zugeordneter Bereitschaftsdienst wird der Stufe B zugeteilt, wenn die/der Beschäftigte während des Bereitschaftsdienstes in der Zeit von 22 bis 6 Uhr erfahrungsgemäß durchschnittlich mehr als dreimal dienstlich in Anspruch genommen wird.

b) Entsprechend der Zahl der Bereitschaftsdienste je Kalendermonat, die vom Beschäftigten abgeleistet werden, wird die Zeit eines jeden Bereitschaftsdienstes zusätzlich wie folgt als Arbeitszeit gewertet:

Zahl der Bereitschaftsdienste im Kalendermonat	Bewertung als Arbeitszeit
1. bis 8. Bereitschaftsdienst	25 v.H.
9. bis 12. Bereitschaftsdienst	35 v.H.
13. und folgende Bereitschaftsdienste	45 v.H.

c) ¹Für die Zeit des Bereitschaftsdienstes an gesetzlichen Feiertagen erhöht sich die Bewertung nach Buchstabe a um 25 Prozentpunkte. ²Im Übrigen werden Zeitzuschläge (Absatz 1) für die Zeit des Bereitschaftsdienstes einschließlich der geleisteten Arbeit nicht gezahlt.

d) ¹Die Zuweisung zu den Stufen des Bereitschaftsdienstes erfolgt durch schriftliche Nebenabrede zum Arbeitsvertrag. ²Die Nebenabrede ist mit einer Frist von drei Monaten jeweils zum Ende eines Kalenderhalbjahres kündbar.

e) ¹Das Entgelt für die gewertete Bereitschaftsdienstzeit nach den Buchstaben a bis c bestimmt sich für übergeleitete Beschäftigte auf der Basis ihrer Eingruppierung am 31. Oktober 2006 nach der Anlage E. ²Für Beschäftigte, die nach dem 31. Oktober 2006 eingestellt werden und in den Fällen der Übertragung einer höher oder niedriger bewerteten Tätigkeit ist die Vergütungsgruppe maßgebend, die sich zum Zeitpunkt der Einstellung beziehungsweise der Höher- oder Herabgruppierung bei Fortgeltung des bisherigen Tarifrechts ergeben hätte.

f) ¹Das Bereitschaftsdienstentgelt kann, soweit ein Arbeitszeitkonto (§ 10) eingerichtet ist und die betrieblichen/dienstlichen Verhältnisse es zulassen (Absatz 1 Satz 4), im Einvernehmen mit der/dem Beschäftigten im Verhältnis 1:1 in Freizeit (faktorisiert) abgegolten werden. ²Weitere Faktorisierungsregelungen können in einer einvernehmlichen Dienst- oder Betriebsvereinbarung getroffen werden.

Protokollerklärung zu § 8 Absatz 6 Buchstabe f:
Unabhängig von den Vorgaben des Absatzes 6 Buchstabe f kann der Arbeitgeber einen Freizeitausgleich anordnen, wenn dies zur Einhaltung der Vorschriften des Arbeitszeitgesetzes erforderlich ist."

Nr. 7. Zu § 24 – Berechnung und Auszahlung des Entgelts –

§ 24 Absatz 6 gilt in folgender Fassung:

„(6) ¹Durch Nebenabrede zum Arbeitsvertrag können neben dem Tabellenentgelt zustehende Entgeltbestandteile (zum Beispiel Zeitzuschläge, Erschwerniszuschläge, Überstundenentgelte) pauschaliert werden. ²Die Nebenabrede ist mit einer Frist von drei Monaten jeweils zum Ende eines Kalenderhalbjahres kündbar."

Nr. 8. Zu § 27 – Zusatzurlaub –

§ 27 erhält folgenden Absatz 6:

„(6) ¹Beschäftigte erhalten Zusatzurlaub im Kalenderjahr bei einer Leistung im Kalenderjahr von mindestens

150 Nachtarbeitsstunden	1 Arbeitstag
300 Nachtarbeitsstunden	2 Arbeitstage
450 Nachtarbeitsstunden	3 Arbeitstage
600 Nachtarbeitsstunden	4 Arbeitstage.

²Bei Teilzeitkräften ist die Zahl der in Satz 1 geforderten Nachtarbeitsstunden entsprechend dem Verhältnis der vereinbarten durchschnittlichen regelmäßigen Arbeitszeit zur regelmäßigen Arbeitszeit von entsprechenden Vollzeitkräften zu kürzen. ³Nachtarbeitsstunden, die in Zeiträumen geleistet werden, für die Zusatzurlaub für Wechselschicht- oder Schichtarbeit zusteht, bleiben unberücksichtigt. ⁴Bei Anwendung des Satzes 1 werden nur die im Rahmen der regelmäßigen Arbeitszeit in der Zeit zwischen 21 Uhr und 6 Uhr dienstplanmäßig beziehungsweise betriebsüblich geleisteten Nachtarbeitsstunden berücksichtigt. ⁵Absatz 4 und Absatz 5 finden Anwendung.

Protokollerklärung zu Absatz 6:

Der Anspruch auf Zusatzurlaub bemisst sich nach den abgeleisteten Nachtarbeitsstunden und entsteht im laufenden Jahr, sobald die Voraussetzungen nach Absatz 6 Satz 1 erfüllt sind."

Nr. 9. Zu § 33 – Beendigung des Arbeitsverhältnisses ohne Kündigung –

1. § 33 Absatz 4 gilt in folgender Fassung:

„(4) ¹Verzögert die/der Beschäftigte schuldhaft den Rentenantrag oder bezieht sie/er Altersrente nach § 236 oder § 236 a SGB VI oder ist sie/er nicht in der gesetzlichen Rentenversicherung oder in einem berufsständischen Versorgungswerk versichert, so tritt an die Stelle des Rentenbescheids das Gutachten einer Amtsärztin/eines Amtsarztes oder einer/eines nach § 3 Absatz 5 Satz 2 bestimmten Ärztin/Arztes. ²Das Arbeitsverhältnis endet in diesem Fall mit Ablauf des Monats, in dem der/dem Beschäftigten das Gutachten bekannt gegeben worden ist."

2. Dem § 33 wird folgende Protokollerklärung angefügt:

„Protokollerklärung zu § 33 Absatz 2 und 3:

Als Rentenversicherungsträger im Sinne der Absätze 2 und 3 gelten auch berufsständische Versorgungswerke."

Nr. 10. Zu § 35 – Zeugnis –

Dem § 35 wird folgender Absatz 5 angefügt:

„(5) Das Zeugnis wird vom leitenden Arzt und vom Arbeitgeber ausgestellt."

§ 43 Sonderregelungen für die nichtärztlichen Beschäftigten in Universitätskliniken und Krankenhäusern
Nr. 1. Zu § 1 – Geltungsbereich –

Diese Sonderregelungen gelten für Beschäftigte (mit Ausnahme der Ärztinnen und Ärzte, Zahnärztinnen und Zahnärzte, die unter § 41 oder § 42 fallen), wenn sie in Universitätskliniken, Krankenhäusern oder sonstigen Einrichtungen und Heimen, in denen die betreuten Personen in ärztlicher Behandlung stehen, beschäftigt werden.

Nr. 2. Zu § 3 – Allgemeine Arbeitsbedingungen –

§ 3 Absatz 5 gilt in folgender Fassung:

„(5) Der Arbeitgeber ist bei begründeter Veranlassung berechtigt, Beschäftigte zu verpflichten, durch ärztliche Bescheinigung nachzuweisen, dass sie zur Leistung der arbeitsvertraglich geschuldeten Tätigkeit in der Lage sind. ²Bei dem beauftragten Arzt kann es sich um einen Amtsarzt handeln, soweit sich die Betriebsparteien nicht auf einen anderen Arzt geeinigt haben. ³Die Kosten dieser Untersuchung trägt der Arbeitgeber. ⁴Der Arbeitgeber kann die Beschäftigten auch bei Beendigung des Arbeitsverhältnisses untersuchen lassen. ⁵Auf Verlangen der Beschäftigten ist er hierzu verpflichtet. ⁶Beschäftigte, die besonderen Ansteckungsgefahren ausgesetzt oder in gesundheitsgefährdenden Bereichen beschäftigt sind, sind in regelmäßigen Zeitabständen ärztlich zu untersuchen."

Nr. 3. Zu § 6 – Regelmäßige Arbeitszeit –

1. § 6 Absatz 1 Satz 2 gilt nicht.

2. § 6 Absatz 3 gilt in folgender Fassung:

„(3)

¹Soweit es die betrieblichen/dienstlichen Verhältnisse zulassen, werden Beschäftigte am 24. Dezember und am 31. Dezember unter Fortzahlung des Tabellenentgelts und der sonstigen in Monatsbeträgen festgelegten Entgeltbestandteile von der Arbeit freigestellt. ²Kann die Freistellung aus betrieblichen/dienstlichen Gründen nicht erfolgen, ist entsprechender Freizeitausgleich innerhalb von drei Monaten zu gewähren. ³Die regelmäßige Arbeitszeit vermindert sich für den 24. Dezember und 31. Dezember, sofern sie auf einen Werktag fallen, um die dienstplanmäßig ausgefallenen Stunden.

⁴Die Arbeitszeit an einem gesetzlichen Feiertag, der auf einen Werktag fällt, wird durch eine entsprechende Freistellung an einem anderen Werktag bis zum Ende des dritten Kalendermonats ausgeglichen, wenn es die betrieblichen Verhältnisse zulassen; der Ausgleich soll möglichst aber schon bis zum Ende des nächsten Kalendermonats erfolgen. ⁵Kann ein Freizeitausgleich nicht gewährt werden, erhält die/der Beschäftigte je Stunde 100 v.H. des Stundenentgelts; Stundenentgelt ist der auf eine Stunde entfallende Anteil des monatlichen Entgelts der jeweiligen Entgeltgruppe und Stufe nach der Entgelttabelle. ⁶Ist ein Arbeitszeitkonto eingerichtet, ist eine Buchung gemäß § 10 Absatz 3 zulässig. ⁷In den Fällen des Satzes 4 steht der Zeitzuschlag von 35 v.H. (§ 8 Absatz 1 Satz 2 Buchstabe d) zu.

⁸Für Beschäftigte, die regelmäßig nach einem Dienstplan eingesetzt werden, der Wechselschicht- oder Schichtdienst an sieben Tagen in der Woche vorsieht, vermindert sich die regelmäßige Wochenarbeitszeit um ein Fünftel der arbeitsvertraglich vereinbarten durchschnittlichen Wochenarbeitszeit, wenn sie an einem gesetzlichen Feiertag, der auf einen Werktag fällt, nicht wegen des Feiertags, sondern dienstplanmäßig nicht zur Arbeit eingeteilt sind und deswegen an anderen Tagen der Woche ihre regelmäßige Arbeitszeit erbringen müssen. ⁹In den Fällen des Satzes 8 gelten die Sätze 4 bis 7 nicht.

Protokollerklärung zu § 6 Absatz 3 Satz 3:
Die Verminderung der regelmäßigen Arbeitszeit betrifft die Beschäftigten, die wegen des Dienstplans frei haben und deshalb ohne diese Regelung nacharbeiten müssten."

3. § 6 Absatz 5 gilt in folgender Fassung:

„(5) ¹Die Beschäftigten sind im Rahmen begründeter betrieblicher/dienstlicher Notwendigkeiten verpflichtet, Sonntags-, Feiertags-, Nacht-, Wechselschicht-, Schichtarbeit sowie – bei Teilzeitbeschäftigung aufgrund arbeitsvertraglicher Regelung oder mit ihrer Zustimmung – Bereitschaftsdienst, Rufbereitschaft, Überstunden und Mehrarbeit zu leisten. ²Beschäftigte, die regelmäßig an Sonn- und Feiertagen arbeiten müssen, erhalten innerhalb von zwei Wochen zwei arbeitsfreie Tage. ³Hiervon soll ein freier Tag auf einen Sonntag fallen."

4. § 6 Absatz 10 gilt nicht.

Nr. 4. Zu § 7 – Sonderformen der Arbeit –

1. § 7 Absatz 1 gilt in folgender Fassung:
„(1) ¹Wechselschichtarbeit ist die Arbeit nach einem Schichtplan, der einen regelmäßigen Wechsel der täglichen Arbeitszeit in Wechselschichten vorsieht, bei denen die/der Beschäftigte durchschnittlich längstens nach Ablauf eines Monats erneut zu mindestens zwei Nachtschichten herangezogen wird. ²Wechselschichten sind wechselnde Arbeitsschichten, in denen ununterbrochen bei Tag und Nacht, werktags, sonntags und feiertags gearbeitet wird. ³Nachtschichten sind Arbeitsschichten, die mindestens zwei Stunden Nachtarbeit umfassen."
Niederschriftserklärung zu § 41 Nr. 4, § 42 Nr. 5 und § 43 Nr. 4 (betreffend § 7 Absatz 1 TV-L):
Der Anspruch auf die Wechselschichtzulage ist auch erfüllt, wenn unter Einhaltung der Monatsfrist zwei Nachtdienste geleistet werden, die nicht zwingend unmittelbar aufeinander folgen müssen.

2. § 7 Absätze 3 und 4 gelten in folgender Fassung:
„(3) ¹Beschäftigte sind verpflichtet, sich auf Anordnung des Arbeitgebers außerhalb der regelmäßigen Arbeitszeit an einer vom Arbeitgeber bestimmten Stelle aufzuhalten, um im Bedarfsfall die Arbeit aufzunehmen (Bereitschaftsdienst). ²Der Arbeitgeber darf Bereitschaftsdienst nur anordnen, wenn zu erwarten ist, dass zwar Arbeit anfällt, erfahrungsgemäß aber die Zeit ohne Arbeitsleistung überwiegt.

(4) ¹Rufbereitschaft leisten Beschäftigte, die sich auf Anordnung des Arbeitgebers außerhalb der regelmäßigen Arbeitszeit an einer vom Arbeitgeber anzuzeigenden Stelle aufhalten, um auf Abruf die Arbeit aufzunehmen. ²Der Arbeitgeber darf Rufbereitschaft nur anordnen, wenn erfahrungsgemäß lediglich in Ausnahmefällen Arbeit anfällt. ³Rufbereitschaft wird nicht dadurch ausgeschlossen, dass Beschäftigte vom Arbeitgeber mit einem Mobiltelefon oder einem vergleichbaren technischen Hilfsmittel ausgestattet sind. ⁴Durch tatsächliche Arbeitsleistung innerhalb der Rufbereitschaft kann die tägliche Höchstarbeitszeit von zehn Stunden überschritten werden (§§ 3, 7 Absatz 1 Nr. 1 und Nr. 4 Arbeitszeitgesetz)."

3. § 7 erhält folgende Absätze 9 bis 12:
„(9) Abweichend von den §§ 3, 5 und 6 Absatz 2 Arbeitszeitgesetz kann im Rahmen des § 7 Arbeitszeitgesetz die tägliche Arbeitszeit im Sinne des Arbeitszeitgesetzes über acht Stunden hinaus verlängert werden, wenn mindestens die acht Stunden überschreitende Zeit im Rahmen von Bereitschaftsdienst geleistet wird, und zwar wie folgt:
a) bei Bereitschaftsdiensten der Stufen A und B bis zu insgesamt maximal 16 Stunden täglich; die gesetzlich vorgeschriebene Pause verlängert diesen Zeitraum nicht,
b) bei Bereitschaftsdiensten der Stufen C und D bis zu insgesamt maximal 13 Stunden täglich; die gesetzlich vorgeschriebene Pause verlängert diesen Zeitraum nicht.

(10) ¹Auf Grund einer Dienst-/Betriebsvereinbarung kann im Rahmen des § 7 Absatz 1 Nr. 1 und Nr. 4 Arbeitszeitgesetz die tägliche Arbeitszeit im Sinne des Arbeitszeitgesetzes abweichend von den §§ 3 und 6 Absatz 2 Arbeitszeitgesetz über acht Stunden hinaus auf bis zu 24 Stunden ausschließlich der Pausen verlängert werden, wenn in die Arbeitszeit regelmäßig und in erheblichem Umfang Bereitschaftsdienst fällt. ²Die Verlängerung setzt voraus:
a) eine Prüfung alternativer Arbeitszeitmodelle,
b) eine Belastungsanalyse gemäß § 5 Arbeitsschutzgesetz und
c) gegebenenfalls daraus resultierende Maßnahmen zur Gewährleistung des Gesundheitsschutzes.
³Für einen Betrieb/eine Verwaltung, in dem/der ein Personalvertretungsgesetz Anwendung findet, kann eine Regelung nach Satz 1 in einem landesbezirklichen Tarifvertrag getroffen werden, wenn eine Dienstvereinbarung nicht einvernehmlich zustande kommt und der Arbeitgeber ein Letztentscheidungsrecht hat.

(11) ¹Unter den Voraussetzungen des Absatzes 10 Satz 2 kann im Rahmen des § 7 Absatz 2 a Arbeitszeitgesetz eine Verlängerung der täglichen Arbeitszeit über acht Stunden hinaus

auch ohne Ausgleich erfolgen. ²Dabei ist eine wöchentliche Arbeitszeit von bis zu maximal durchschnittlich 58 Stunden in den Bereitschaftsdienststufen A und B und von bis zu maximal durchschnittlich 54 Stunden in den Bereitschaftsdienststufen C und D zulässig. ³Für die Berechnung des Durchschnitts der wöchentlichen Arbeitszeit gilt § 6 Absatz 2 Satz 1.

Protokollerklärung zu § 7 Absatz 11:
¹*Die Tarifvertragsparteien sind sich einig: Das In-Kraft-Treten des Tarifvertrages kann nicht der Anlass sein, die bestehenden betrieblichen und für die Beschäftigten günstigeren Regelungen zur Arbeitszeit zu kündigen und zu verändern.* ²*Ziel ist es, die Belastungen durch eine entsprechende Arbeitszeitgestaltung zu verringern.* ³*Für jede Änderung der betrieblichen Regelungen, die zu einer längeren Arbeitszeit führen, ist zwingende Voraussetzung: Im Rahmen des § 7 Absatz 2 a Arbeitszeitgesetz*
– *muss eine Prüfung alternativer Arbeitszeitmodelle erfolgen,*
– *muss eine Belastungsanalyse gemäß § 5 Arbeitsschutzgesetz vorliegen und*
– *müssen gegebenenfalls daraus resultierende Maßnahmen zur Gewährleistung des Gesundheitsschutzes umgesetzt werden*

und für diese Maßnahme müssen dringende dienstliche oder betriebliche Gründe vorliegen. ⁴*Mit dem Personal- oder Betriebsrat soll eine einvernehmliche Regelung getroffen werden.*

(12) ¹In den Fällen, in denen Teilzeitarbeit (§ 11) vereinbart wurde, verringern sich die Höchstgrenzen der wöchentlichen Arbeitszeit in Absatz 11 beziehungsweise in den Fällen, in denen Absatz 11 nicht zur Anwendung kommt, die Höchstgrenze von 48 Stunden – in demselben Verhältnis wie die Arbeitszeit dieser Teilzeitbeschäftigten zu der regelmäßigen Arbeitszeit der Vollbeschäftigten verringert worden ist. ²Mit Zustimmung der/des Beschäftigten oder aufgrund von dringenden dienstlichen oder betrieblichen Belangen kann hiervon abgewichen werden."

Nr. 5. Zu § 8 – Ausgleich für Sonderformen der Arbeit –

1. § 8 Absatz 1 gilt in folgender Fassung:

„(1) ¹Beschäftigte erhalten neben dem Entgelt für die tatsächliche Arbeitsleistung Zeitzuschläge. ²Die Zeitzuschläge betragen – auch bei Teilzeitbeschäftigten – je Stunde

a) für Überstunden	
– in den Entgeltgruppen 1 bis 9	30 v.H.,
– in den Entgeltgruppen 10 bis 15	15 v.H.,
b) für Nachtarbeit	
– für Beschäftigte nach § 38 Absatz 5 Satz 1	1,28 €,
– für die übrigen Beschäftigten	20 v.H.,
c) für Sonntagsarbeit	25 v.H.,
d) bei Feiertagsarbeit	
– ohne Freizeitausgleich	135 v.H.,
– mit Freizeitausgleich	35 v.H.,
e) für Arbeit am 24. Dezember und am 31. Dezember jeweils ab 6 Uhr	35 v.H.,
f) für Arbeit an Samstagen von 13 bis 21 Uhr	
– für Beschäftigte nach § 38 Absatz 5 Satz 1	0,64 €,
– für die übrigen Beschäftigten, soweit die Samstagsarbeit nicht im Rahmen von Wechselschicht- oder Schichtarbeit anfällt,	20 v.H.;

in den Fällen der Buchstaben a, b 2. Alternative und c bis e sowie Buchstabe f 2. Alternative beziehen sich die Werte auf den Anteil des Tabellenentgelts der Stufe 3 der jeweiligen Entgeltgruppe, der auf eine Stunde entfällt. ³Beim Zusammentreffen von Zeitzuschlägen nach Satz 2 Buchstabe c bis f wird nur der höchste Zeitzuschlag gezahlt. ⁴Auf Wunsch der Beschäftigten können, soweit ein Arbeitszeitkonto (§ 10) eingerichtet ist und die betrieblichen/dienstlichen Verhältnisse es zulassen, die nach Satz 2 zu zahlenden Zeitzuschläge entsprechend dem jeweiligen Vomhundertsatz einer Stunde in Zeit umgewandelt und ausgeglichen werden. ⁵Dies gilt entsprechend für Überstunden als solche.

Protokollerklärung zu § 8 Absatz 1 Satz 1:
Bei Überstunden richtet sich das Entgelt für die tatsächliche Arbeitsleistung nach der jeweiligen Entgeltgruppe und der individuellen Stufe, höchstens jedoch nach der Stufe 4.

Protokollerklärung zu § 8 Absatz 1 Satz 2 Buchstabe d:
¹Der Freizeitausgleich muss im Dienstplan besonders ausgewiesen und bezeichnet werden.
²Falls kein Freizeitausgleich gewährt wird, werden als Entgelt einschließlich des Zeitzuschlags und des auf den Feiertag entfallenden Tabellenentgelts höchstens 235 v.H. gezahlt."

2. § 8 Absatz 6 gilt in folgender Fassung:

„(6) Zur Berechnung des Entgelts wird die Zeit des Bereitschaftsdienstes einschließlich der geleisteten Arbeit wie folgt als Arbeitszeit gewertet und bezahlt:

a) Ausschlaggebend sind die Arbeitsleistungen, die während des Bereitschaftsdienstes erfahrungsgemäß durchschnittlich anfallen:

Stufe	Arbeitsleistung innerhalb des Bereitschaftsdienstes	Bewertung als Arbeitszeit
A	0 bis 10 v.H.	15 v.H.
B	mehr als 10 bis 25 v.H.	25 v.H.
C	mehr als 25 bis 40 v.H.	40 v.H.
D	mehr als 40 bis 49 v.H.	55 v.H.

Ein der Stufe A zugeordneter Bereitschaftsdienst wird der Stufe B zugeteilt, wenn die/der Beschäftigte während des Bereitschaftsdienstes in der Zeit von 22 bis 6 Uhr erfahrungsgemäß durchschnittlich mehr als dreimal dienstlich in Anspruch genommen wird.

b) Entsprechend der Zahl der Bereitschaftsdienste je Kalendermonat, die vom Beschäftigten abgeleistet werden, wird die Zeit eines jeden Bereitschaftsdienstes zusätzlich wie folgt als Arbeitszeit gewertet:

Zahl der Bereitschaftsdienste im Kalendermonat	Bewertung als Arbeitszeit
1. bis 8. Bereitschaftsdienst	25 v.H.
9. bis 12. Bereitschaftsdienst	35 v.H.
13. und folgende Bereitschaftsdienste	45 v.H.

c) Für die Zeit des Bereitschaftsdienstes an gesetzlichen Feiertagen erhöht sich die Bewertung nach Buchstabe a um 25 Prozentpunkte. Im Übrigen werden Zeitzuschläge (Absatz 1) für die Zeit des Bereitschaftsdienstes einschließlich der geleisteten Arbeit nicht gezahlt.

d) Die Zuweisung zu den Stufen des Bereitschaftsdienstes erfolgt durch die Betriebsparteien.

e) Das Entgelt für die gewertete Bereitschaftsdienstzeit nach den Buchstaben a bis c bestimmt sich für übergeleitete Beschäftigte auf der Basis ihrer Eingruppierung am 31. Oktober 2006 nach der Anlage E. Für Beschäftigte, die nach dem 31. Oktober 2006 eingestellt werden und in den Fällen der Übertragung einer höher oder niedriger bewerteten Tätigkeit ist die Vergütungs- beziehungsweise Lohngruppe maßgebend, die sich zum Zeitpunkt der Einstellung beziehungsweise der Höher- oder Herabgruppierung bei Fortgeltung des bisherigen Tarifrechts ergeben hätte.

f) ¹Das Bereitschaftsdienstentgelt kann, soweit ein Arbeitszeitkonto (§ 10) eingerichtet ist und die betrieblichen/dienstlichen Verhältnisse es zulassen (Absatz 1 Satz 4), im Einvernehmen mit der/dem Beschäftigten im Verhältnis 1:1 in Freizeit (faktorisiert) abgegolten werden. ²Weitere Faktorisierungsregelungen können in einer einvernehmlichen Dienst- oder Betriebsvereinbarung getroffen werden.

B. Sonderregelungen § 43 TV-L

Protokollerklärung zu § 8 Absatz 6 Buchstabe f:
Unabhängig von den Vorgaben des Absatzes 6 Buchstabe f kann der Arbeitgeber einen Freizeitausgleich anordnen, wenn dies zur Einhaltung der Vorschriften des Arbeitszeitgesetzes erforderlich ist."
**Niederschriftserklärung zu § 41 Nr. 6, § 42 Nr. 6 und § 43 Nr. 5
(betreffend §§ 6 bis 10 TV-L):**
[1]*Die Dokumentation der Arbeitszeit, der Mehrarbeit, der Überstunden, der Bereitschaftsdienste usw. ist nicht mit dem Arbeitszeitkonto (§ 10 TV-L) gleichzusetzen.* [2]*Arbeitszeitkonten können nur auf der Grundlage des § 10 TV-L durch Betriebs- bzw. Dienstvereinbarung eingerichtet und geführt werden.*

Nr. 6. Zu § 24 – Berechnung und Auszahlung des Entgelts –

§ 24 Absatz 6 gilt in folgender Fassung:

„(6) [1]Durch Nebenabrede zum Arbeitsvertrag können neben dem Tabellenentgelt zustehende Entgeltbestandteile (zum Beispiel Zeitzuschläge, Erschwerniszuschläge, Überstundenentgelte) pauschaliert werden. [2]Die Nebenabrede ist mit einer Frist von drei Monaten jeweils zum Ende eines Kalenderhalbjahres kündbar."

Nr. 7. Zu § 27 – Zusatzurlaub –

§ 27 erhält folgenden Absatz 6:

„(6) [1]Beschäftigte erhalten Zusatzurlaub im Kalenderjahr bei einer Leistung im Kalenderjahr von mindestens

150 Nachtarbeitsstunden	1 Arbeitstag
300 Nachtarbeitsstunden	2 Arbeitstage
450 Nachtarbeitsstunden	3 Arbeitstage
600 Nachtarbeitsstunden	4 Arbeitstage.

[2]Bei Teilzeitkräften ist die Zahl der in Satz 1 geforderten Nachtarbeitsstunden entsprechend dem Verhältnis der vereinbarten durchschnittlichen regelmäßigen Arbeitszeit zur regelmäßigen Arbeitszeit von entsprechenden Vollzeitkräften zu kürzen. [3]Nachtarbeitsstunden, die in Zeiträumen geleistet werden, für die Zusatzurlaub für Wechselschicht- oder Schichtarbeit zusteht, bleiben unberücksichtigt. [4]Bei Anwendung des Satzes 1 werden nur die im Rahmen der regelmäßigen Arbeitszeit in der Zeit zwischen 21 Uhr und 6 Uhr dienstplanmäßig beziehungsweise betriebsüblich geleisteten Nachtarbeitsstunden berücksichtigt. [5]Absatz 4 und Absatz 5 finden Anwendung.

Protokollerklärung zu Absatz 6:
Der Anspruch auf Zusatzurlaub bemisst sich nach den abgeleisteten Nachtarbeitsstunden und entsteht im laufenden Jahr, sobald die Voraussetzungen nach Absatz 6 Satz 1 erfüllt sind."

Nr. 8. Regelungen zur Anwendung der Anlage 1b zum BAT/BAT-O bis zum 31. Dezember 2011 und zur Anwendung des Teils IV der Entgeltordnung ab 1. Januar 2012

(1) [1]Bis zum 31. Dezember 2011 wird der Betrag nach der Protokollerklärung Nr. 1 Absatz 1 und Absatz 1a zu Abschnitt A der Anlage 1b zum BAT/BAT-O von 46,02 Euro auf 90,00 Euro erhöht. [2]Die Zulage steht auch bei Erfüllung mehrerer Tatbestände nur einmal zu.

(2) [1]Pflegepersonen im Sinne des Abschnitts A der Anlage 1b zum BAT/BAT-O beziehungsweise ab 1. Januar 2012 im Sinne von Teil IV der Entgeltordnung, denen die Leitung einer Station übertragen ist, erhalten für die Dauer dieser Tätigkeit eine monatliche Zulage von 45,00 Euro, soweit diesen Beschäftigten in demselben Zeitraum keine Zulage nach der Protokollerklärung Nr. 1 Absatz 1 oder Absatz 1a zu Abschnitt A der Anlage 1b zum BAT/BAT-O beziehungsweise ab 1. Januar 2012 nach Nr. 5 Absatz 1, 2 oder 3 der Vorbemerkungen zu

Teil IV der Entgeltordnung gezahlt wird. ²Dasselbe gilt für Beschäftigte in der Funktionsdiagnostik, in der Endoskopie, im Operationsdienst und im Anästhesiedienst.

Niederschriftserklärung zu § 43 Nr. 8:
Die Tarifparteien sind sich darin einig, dass durch die Änderung des § 43 Nr. 8 im Hinblick auf die zwischen den Tarifvertragsparteien strittige und beim BAG anhängige Frage des Geltungsbereichs des § 43 Nr. 8 Absatz 2 Satz 2 keine Änderung der vom BAG abschließend zu beurteilenden Rechtslage herbeigeführt wird.

§ 44 Sonderregelungen für Beschäftigte als Lehrkräfte
Nr. 1. Zu § 1 – Geltungsbereich –

¹Diese Sonderregelungen gelten für Beschäftigte als Lehrkräfte an allgemein bildenden Schulen und berufsbildenden Schulen (zum Beispiel Berufs-, Berufsfach- und Fachschulen). ²Sie gelten nicht für Lehrkräfte an Schulen und Einrichtungen der Verwaltung, die der Ausbildung oder Fortbildung von Angehörigen des öffentlichen Dienstes dienen, sowie an Krankenpflegeschulen und ähnlichen der Ausbildung dienenden Einrichtungen.

Protokollerklärung:
Lehrkräfte im Sinne dieser Sonderregelungen sind Personen, bei denen die Vermittlung von Kenntnissen und Fertigkeiten im Rahmen eines Schulbetriebes der Tätigkeit das Gepräge gibt.

Nr. 2. Zu Abschnitt II – Arbeitszeit –

¹Die §§ 6 bis 10 finden keine Anwendung. ²Es gelten die Bestimmungen für die entsprechenden Beamten in der jeweils geltenden Fassung. ³Sind entsprechende Beamte nicht vorhanden, so ist die Arbeitszeit im Arbeitsvertrag zu regeln.

Nr. 2 a. Zu § 16 – Stufen der Entgelttabelle –

1. Bei Anwendung des § 16 Absatz 2 Satz 2 gilt:¹Für ab 1. April 2011 neu zu begründende Arbeitsverhältnisse von Lehrkräften werden im Rahmen des § 16 Absatz 2 Satz 2 Zeiten einschlägiger Berufserfahrung aus mehreren Arbeitsverhältnissen zum selben Arbeitgeber, zuzüglich einer einmaligen Berücksichtigung der nach Ziffer 2 angerechneten Zeit des Referendariats oder Vorbereitungsdienstes, zusammengerechnet. ²Die Nr. 3 der Protokollerklärungen zu § 16 Absatz 2 bleibt unberührt.

2. Bei Anwendung des § 16 Absatz 3 Satz 1 gilt:Für ab 1. März 2009 neu zu begründende Arbeitsverhältnisse von Lehrkräften wird die zur Vorbereitung auf den Lehrerberuf abgeleistete Zeit des Referendariats oder des Vorbereitungsdienstes im Umfang von sechs Monaten auf die Stufenlaufzeit der Stufe 1 angerechnet.

Niederschriftserklärung zu § 44 Nr. 2 a Ziffern 1 und 2:
Zur Erläuterung von § 44 Nr. 2 a Ziffern 1 und 2 sind sich die Tarifvertragsparteien über folgende Beispiele einig:

Beispiel 1:
Eine Lehrkraft war im Anschluss an den festgesetzten Vorbereitungsdienst in folgenden befristeten Arbeitsverhältnissen beim selben Arbeitgeber beschäftigt:
1. vom 1. September 2009 bis zum 30. Juni 2010 (zehn Monate),
2. vom 1. August 2010 bis zum 31. Mai 2011 (zehn Monate).
Zum 1. September 2011 wird die Lehrkraft beim selben Arbeitgeber in ein unbefristetes Arbeitsverhältnis übernommen.
In dem zum 1. September 2011 begründeten Arbeitsverhältnis werden zu den Zeiten einschlägiger Berufserfahrung aus den beiden Fristarbeitsverhältnissen (10 Monate + 10 Monate = 20 Monate) einmalig sechs Monate des Vorbereitungsdienstes, die im ersten Arbeitsverhältnis nach § 44 Nr. 2 a TV-L in der bis zum 31. März 2011 geltenden Fassung auf die Stu-

fenlaufzeit der Stufe 1 angerechnet wurden, hinzugerechnet (20 Monate + 6 Monate = 26 Monate). Die Einstellung am 1. September 2011 erfolgt in Stufe 2.
Beispiel 2:
Eine Lehrkraft war im Anschluss an den festgesetzten Vorbereitungsdienst in folgenden befristeten Arbeitsverhältnissen beim selben Arbeitgeber beschäftigt:
1. vom 1. März 2009 bis zum 28. Februar 2010 (zwölf Monate),
2. vom 1. März 2010 bis zum 31. Dezember 2010 (zehn Monate),
3. vom 1. Februar 2011 bis zum 30. September 2011 (acht Monate).

Danach wird die Lehrkraft beim selben Arbeitgeber vom 1. März 2012 bis zum 31. Juli 2012 für fünf Monate befristet weiterbeschäftigt und ab 1. August 2012 in ein unbefristetes Arbeitsverhältnis übernommen.

Für das am 1. März 2012 beginnende Arbeitsverhältnis werden gemäß § 44 Nr. 2 a Ziffer 1 TV-L für die Stufenfestsetzung zu den Zeiten einschlägiger Berufserfahrung aus den vorangegangenen drei Fristarbeitsverhältnissen (12 Monate + 10 Monate + 8 Monate = 30 Monate) einmalig sechs Monate des Vorbereitungsdienstes, die im ersten Arbeitsverhältnis nach § 44 Nr. 2 a TV-L in der bis zum 31. März 2011 geltenden Fassung auf die Stufenlaufzeit der Stufe 1 angerechnet wurden, hinzugerechnet (30 Monate + 6 Monate = 36 Monate). Die Einstellung am 1. März 2012 erfolgt in Stufe 3.

Ebenso erfolgt die Stufenfestsetzung für das zum 1. August 2012 beginnende Arbeitsverhältnis. Zu den Zeiten einschlägiger Berufserfahrung aus den vier Fristarbeitsverhältnissen (12 Monate + 10 Monate + 8 Monate + 5 Monate = 35 Monate) werden einmalig sechs Monate des Vorbereitungsdienstes, die im ersten Arbeitsverhältnis nach § 44 Nr. 2 a TV-L in der bis zum 31. März 2011 geltenden Fassung auf die Stufenlaufzeit der Stufe 1 angerechnet wurden, hinzugerechnet (35 Monate + 6 Monate = 41 Monate). Die Einstellung am 1. August 2012 erfolgt in Stufe 3.

Nr. 3. Zu Abschnitt IV – Urlaub und Arbeitsbefreiung –

(1) [1]Der Urlaub ist in den Schulferien zu nehmen. [2]Wird die Lehrkraft während der Schulferien durch Unfall oder Krankheit arbeitsunfähig, so hat sie dies unverzüglich anzuzeigen. [3]Die Lehrkraft hat sich nach Ende der Schulferien oder, wenn die Krankheit länger dauert, nach Wiederherstellung der Arbeitsfähigkeit zur Arbeitsleistung zur Verfügung zu stellen.

(2) [1]Für eine Inanspruchnahme der Lehrkraft während der den Urlaub in den Schulferien übersteigenden Zeit gelten die Bestimmungen für die entsprechenden Beamten. [2]Sind entsprechende Beamte nicht vorhanden, regeln dies die Betriebsparteien.

Nr. 4. Zu Abschnitt V – Befristung und Beendigung des Arbeitsverhältnisses –

Das Arbeitsverhältnis endet, ohne dass es einer Kündigung bedarf, mit Ablauf des Schulhalbjahres (31. Januar beziehungsweise 31. Juli), in dem die Lehrkraft das gesetzlich festgelegte Alter zum Erreichen einer abschlagsfreien Regelaltersrente vollendet hat.

§ 45 Sonderregelungen für Beschäftigte an Theatern und Bühnen
Nr. 1. Zu § 1 – Geltungsbereich –

(1) [1]Diese Sonderregelungen gelten für die Beschäftigten in Theatern und Bühnen, soweit sie nicht von der Ausnahmeregelung in § 1 Absatz 2 Buchstabe j erfasst werden. [2]Unter diese Sonderregelungen fallen Beschäftigte in der Verwaltung und Orchesterwarte, ferner Beschäftigte mit mechanischen, handwerklichen oder technischen Tätigkeiten, einschließlich Meisterinnen und Meister, insbesondere in den Bereichen
– Licht-, Ton- und Bühnentechnik,
– handwerkliche Bühnengestaltung (zum Beispiel Dekorationsabteilung, Requisite),

- Vorderhaus,
- Kostüm und Maske.

(2) Unter diese Sonderregelungen fallen auch die folgenden Beschäftigten:
- technische Oberinspektorin und Oberinspektor, Inspektorin und Inspektor, soweit nicht technische Leiterin oder Leiter,
- Theater- und Kostümmalerin und Theater- und Kostümmaler,
- Maskenbildnerin und Maskenbildner,
- Kascheurin und Kascheur (Theaterplastikerin und Theaterplastiker),
- Gewandmeisterin und Gewandmeister,

es sei denn, sie sind überwiegend künstlerisch tätig.

(3) Die Arbeitsbedingungen des Abendpersonals (insbesondere Platzanweiser, Logenschließer, Garderobenpersonal, Toilettenpersonal, Aushilfen) werden gesondert vereinbart.

Nr. 2. Zu § 2 – Arbeitsvertrag, Nebenabreden, Probezeit –

Im Arbeitsvertrag kann eine Probezeit bis zur Dauer einer Spielzeit vereinbart werden.

Nr. 3. Zu § 3 – Allgemeine Arbeitsbedingungen –

Beschäftigte sind verpflichtet, an Reisen zu auswärtigen Aufführungen teilzunehmen.

Protokollerklärung:

Bei Reisen zu auswärtigen Aufführungen ist die Zeit einer aus betrieblichen Gründen angeordneten Mitfahrt auf dem Wagen, der Geräte oder Kulissen befördert, als Arbeitszeit zu bewerten.

Nr. 4. Zu Abschnitt II – Arbeitszeit –

(1) ¹Beschäftigte sind an Sonn- und Feiertagen ebenso zu Arbeitsleistungen verpflichtet wie an Werktagen. ²Zum Ausgleich für die Arbeit an Sonntagen wird jede Woche ein ungeteilter freier Tag gewährt. ³Dieser soll mindestens in jeder siebenten Woche auf einen Sonn- oder Feiertag fallen.

(2) Die regelmäßige Arbeitszeit der Beschäftigten, die eine Theaterbetriebszulage (Absatz 5) erhalten, kann um sechs Stunden wöchentlich verlängert werden.

(3) Beschäftigte erhalten für jede Arbeitsstunde, um die die allgemeine regelmäßige Arbeitszeit (§ 6 Absatz 1) nach Absatz 2 verlängert worden ist, 100 v.H. des auf eine Stunde entfallenden Anteils des monatlichen Entgelts der jeweiligen Entgeltgruppe und Stufe nach Maßgabe der Entgelttabelle.

(4) ¹Überstunden dürfen nur angeordnet werden, wenn ein außerordentliches dringendes betriebliches Bedürfnis besteht oder die besonderen Verhältnisse des Theaterbetriebes es erfordern. ²Für Überstunden ist neben dem Entgelt für die tatsächliche Arbeitsleistung der Zeitzuschlag nach § 8 Absatz 1 Satz 2 Buchstabe a zu zahlen. ³Die Protokollerklärung zu § 8 Absatz 1 Satz 1 über die Berechnung des Entgelts für die tatsächliche Arbeitsleistung findet Anwendung.

(5) ¹Die Regelungen über Zeitzuschläge und über die Wechselschichtzulage und Schichtzulage (§ 8 Absätze 1, 7 und 8) gelten nicht für Beschäftigte, die eine Theaterbetriebszulage oder einen Theaterbetriebszuschlag nach einem landesbezirklichen Tarifvertrag erhalten. ²Landesbezirklich kann Abweichendes geregelt werden.

Protokollerklärung zu Nr. 4 Absatz 5:

Am 31. Oktober 2006 bestehende Tarifverträge über eine Theaterbetriebszulage oder einen Theaterbetriebszuschlag können nach den jeweils vereinbarten Kündigungsfristen von den Tarifvertragsparteien auf landesbezirklicher Ebene gekündigt werden; dies gilt auch für die von der TdL für das Tarifgebiet Ost geschlossenen Tarifverträge.

(6) Die Arbeitszeit darf nur in Ausnahmefällen, wenn es der Betrieb erfordert, auf mehr als zwei Zeitabschnitte des Tages verteilt werden.

§ 46 Sonderregelungen für Beschäftigte auf Schiffen und schwimmenden Geräten

Nr. 1. Zu § 1 – Geltungsbereich –

¹Diese Sonderregelungen gelten für die Besatzungsmitglieder auf Schiffen und schwimmenden Geräten, soweit die Schiffe und schwimmenden Geräte in den Schiffslisten der Verwaltung aufgeführt sind. ²Zur Besatzung eines Schiffes oder schwimmenden Gerätes gehören nur diejenigen Beschäftigten, die mit Rücksicht auf Schifffahrt und Betrieb an Bord, gegebenenfalls in mehreren Schichten, tätig sein müssen und in der von der Verwaltung aufzustellenden Bordliste aufgeführt sind. ³Beschäftigte, die an Bord dieselben Arbeiten verrichten, ohne selbst in der Bordliste aufgeführt zu sein, werden für die Dauer dieser Tätigkeit wie Besatzungsmitglieder behandelt. ⁴Die Regelungen gelten auch für Beschäftigte der Länder, die auf nicht landeseigenen Schiffen und schwimmenden Geräten eingesetzt sind.

Protokollerklärung:

Die Eintragung in die Bordliste berührt die tarifliche Eingruppierung in die Entgeltgruppen nicht.

Nr. 2. Zu § 3 – Allgemeine Arbeitsbedingungen –

Zu den allgemeinen Pflichten gehört auch das Ableisten von Wachdienst.

Nr. 3. Zu § 6 – Regelmäßige Arbeitszeit –

(1) ¹Die Arbeitszeit beginnt und endet an der Arbeitsstelle. ²Im Tidebetrieb richten sich Beginn und Ende der Arbeitszeit nach den Gezeiten. ³Kann die Arbeitsstelle nur mit einem vom Arbeitgeber gestellten Fahrzeug erreicht werden und trifft das Fahrzeug infolge höherer Gewalt nicht rechtzeitig an der Arbeitsstelle ein, wird die Zeit ab dem Zeitpunkt des auf der Arbeitsstelle angeordneten Arbeitsbeginns als Arbeitszeit gewertet.

(2) ¹Kann die Arbeitsstelle auf Schiffen und schwimmenden Geräten nur mit einem vom Arbeitgeber gestellten schwimmenden Fahrzeug erreicht werden, so wird die Transportzeit bei der Hin- und Rückfahrt jeweils mit 50 v.H. als Arbeitszeit gewertet. ²Die regelmäßige Arbeitszeit kann entsprechend verlängert werden. ³Für Maschinisten auf Schiffen, schwimmenden Geräten und sonstigen Motorgeräten kann die regelmäßige Arbeitszeit für Vor- und Abschlussarbeiten um täglich bis zu einer Stunde verlängert werden.

(3) ¹Sofern die Einsatzkonzeption von seegehenden Schiffen und schwimmenden Geräten dies erfordert (zum Beispiel 24-Stunden-Betrieb), kann die Arbeitszeit in einem Zeitraum von 24 Stunden auf bis zu 12 Stunden verlängert und auf einen Zeitraum von 168 Stunden verteilt werden, wenn im unmittelbaren Anschluss an den verlängerten Arbeitszeitraum ein Ausgleich durch Freizeit erfolgt, der dem Umfang der regelmäßigen Arbeitszeit nach § 6 Absatz 1 entspricht. ²Im Rahmen der Wechselschichten nach Satz 1 geleistete Arbeitsstunden, die über das Doppelte der regelmäßigen wöchentlichen Arbeitszeit nach § 6 Absatz 1 hinausgehen, sind Überstunden im Sinne des § 7 Absatz 7.

(4) Außerhalb der regelmäßigen Arbeitszeit angeordnete Anwesenheit an Bord wird bei der Bemessung des Entgelts zu 50 v.H. als Arbeitszeit gewertet, es sei denn, dass Freiwache gewährt wird oder dass Arbeit angeordnet ist.

(5) ¹Für Beschäftigte, die über 10 Stunden hinaus zum Wachdienst herangezogen werden, können Wachschichten bis zu zwölf Stunden festgesetzt werden, wenn in den Wachdienst in erheblichem Umfang Bereitschaftsdienst im Sinne des § 7 Absatz 1 Nr. 1 Buchstabe a Arbeitszeitgesetz fällt. ²Für die Bemessung des Entgelts während der Wachdienste gelten folgende Vorschriften:

1. Bei folgenden Wachschichten wird für jede Wachstunde das volle Entgelt gezahlt:
   a) Durchgehende Wachdienste, bei denen Pausen oder inaktive Zeiten während des Bereitschaftsdienstes weniger als ein Drittel der Gesamtwachzeit ausmachen.
   b) Wachdienste, die ausschließlich im Freien abgeleistet werden oder bei denen auf Anordnung oder infolge besonderer Umstände eine Bindung an einen vorgeschriebenen Platz besteht (zum Beispiel Decks-, Maschinen-, Brücken- oder Ankerwachen).
2. Anwesenheitswachdienste, die nicht den in Nr. 1 genannten Einschränkungen unterliegen, werden wie folgt bewertet:
   a) Bei einer Tageswachschicht wird je eineinhalb Wachstunden das Entgelt für eine Arbeitsstunde gezahlt.
   b) Bei einer Nachtwachschicht bis zu zwölf Stunden wird eine Stundengarantie von drei Arbeitsstunden angesetzt, wenn beim Wachdienst nur Anwesenheit verlangt und eine Schlafgelegenheit gestellt wird. Soweit die Voraussetzungen nach Satz 1 nicht vorliegen, gilt Buchstabe a entsprechend.

(6) Bei sämtlichen Arten der Anwesenheitswachdienste wird für kleine Arbeiten während der Wache, die insgesamt weniger als zwei Stunden betragen, keine besondere Vergütung gezahlt.

(7) [1]Besatzungsmitglieder auf Schadstoffunfallbekämpfungsschiffen und auf Laderaumsaugbaggern, deren Arbeitszeit sich nach Absatz 3 richtet, erhalten pro Einsatztag einen Zuschlag in Höhe von 25 Euro. [2]Überstunden sind bis zu zwei Stunden täglich abgegolten (zum Beispiel für kleinere Reparaturen); dies gilt nicht im Falle von Havarien, Bergungsarbeiten oder angeordneten Reparaturen. [3]Der Zuschlag nach Satz 1 ist von der Durchschnittsberechnung nach § 21 Satz 2 ausgenommen.

Nr. 4. Zu § 8 – Ausgleich für Sonderformen der Arbeit –

(1) Bei angeordneter Anwesenheit an Bord nach Nr. 3 Absatz 4 werden Zeitzuschläge nach § 8 Absatz 1 Satz 2 Buchstabe b bis f nicht gezahlt.

(2) Bei allen Formen des Wachdienstes im Sinne der Nr. 3 Absatz 5 Satz 2 Nr. 2 wird der Zeitzuschlag nach § 8 Absatz 1 Satz 2 Buchstabe b und Buchstabe f nicht gezahlt.

Nr. 5. Zu Abschnitt III – Eingruppierung, Entgelt und sonstige Leistungen –

Beschäftigte, die für eine andere Tätigkeit qualifiziert werden, erhalten während der Qualifizierungszeit ihr bisheriges Tabellenentgelt und sonstige Entgeltbestandteile.

Nr. 6. Zu § 19 – Erschwerniszuschläge –

(1) [1]Bei Bergungen und Hilfeleistungen sowie Havariearbeiten und mit diesen zusammenhängenden Arbeiten werden Zuschläge in Höhe von 25 v.H. des auf eine Stunde entfallenden Anteils des monatlichen Entgelts der Stufe 2 der Entgeltgruppe 2 gezahlt. [2]Dies gilt auch bei Bergungen von Fahrzeugen und Gegenständen der eigenen Verwaltung sowie Hilfeleistungen für solche Fahrzeuge und Gegenstände, sofern die Leistungen besonders schwierig oder mit erheblicher Gefahr verbunden waren.

(2) [1]Auf Schadstoffunfallbekämpfungsschiffen und Laderaumsaugbaggern wird für Einsätze zum Feuerschutz beziehungsweise zur Bekämpfung von Schadstoffen, Öl oder Chemikalien je Einsatztag ein Zuschlag in Höhe von 50 Euro gezahlt und die Verpflegung vom Arbeitgeber unentgeltlich bereitgestellt; dies gilt nicht für Übungseinsätze. [2]Absatz 1 findet keine Anwendung.

(3) Beschäftigten, die auf einem Fahrzeug oder schwimmenden Gerät tätig sind, wird der bei Havarie oder Sinken des Fahrzeuges oder schwimmenden Gerätes, durch Brand, Explosion oder Einbruchsdiebstahl oder durch ähnliche Ursachen auf dem Fahrzeug oder Gerät nachweisbar entstandene Schaden an persönlichen Gegenständen bis zum Höchstbetrag von 1500 Euro im Einzelfall ersetzt.

Nr. 7. Zu § 23 Absatz 4 – Reise- und Umzugskosten, Trennungsgeld –

(1) ¹Für Fahrten zur Arbeitsstelle werden die entstandenen notwendigen Fahrtkosten nach Maßgabe der §§ 4 und 5 Bundesreisekostengesetz beziehungsweise entsprechender landesrechtlicher Vorschriften erstattet, sofern sie die Fahrtkosten zu der Arbeitsstätte, der die/der Beschäftigte dauerhaft personell zugeordnet ist, übersteigen. ²An Stelle des Tagegeldes (§ 6 Bundesreisekostengesetz beziehungsweise entsprechende landesrechtliche Vorschriften) wird nachfolgende Aufwandsvergütung gezahlt:
– bei einer Abwesenheit ab 8 Stunden in Höhe von 3 Euro,
– bei einer Abwesenheit ab 14 Stunden in Höhe von 5 Euro,
– bei einer Abwesenheit ab 24 Stunden für je 24 Stunden in Höhe von 8 Euro.

³Beträgt hierbei die Entfernung zwischen der Arbeitsstätte, der die/der Beschäftigte dauerhaft personell zugeordnet ist und der Stelle, an der das Dienstgeschäft erledigt wird, weniger als 2 km, wird Aufwandsvergütung nach Satz 2 nicht gewährt. ⁴Notwendige Übernachtungskosten werden gemäß § 7 Bundesreisekostengesetz beziehungsweise entsprechenden landesrechtlichen Vorschriften erstattet.

(2) Abweichend von Absatz 1 Satz 2 wird bei Abwesenheit von 3 bis zu 8 Stunden eine Pauschale in Höhe von 2 Euro gezahlt.

(3) ¹Für Beschäftigte auf Schiffen oder schwimmenden Geräten – mit Ausnahme der Besatzungsmitglieder auf Fähren der Länder Bremen, Niedersachsen und Schleswig-Holstein – ist Absatz 1 mit folgenden Maßgaben anzuwenden:
1. Für die Berechnung des Tagegeldes nach Absatz 1 Satz 2 ist maßgebend, dass sich das Schiff nicht am ständigen Liegeplatz (Heimathafen) befindet.
2. Bei Übernachtungen auf Schiffen oder schwimmenden Geräten, die nicht den erlassenen Mindestbestimmungen entsprechen, wird ein Übernachtungsgeld in Höhe von 8 Euro gezahlt.

²Reisebeihilfen für Familienheimfahrten werden nach Maßgabe des § 8 Sätze 3 und 4 Bundesreisekostengesetz beziehungsweise entsprechender landesrechtlicher Vorschriften gezahlt.
³Satz 2 gilt nicht für Trennungsgeldempfänger.

(4) Die Regelungen in den Absätzen 1 und 3 ersetzen die Vorschriften über die Erstattung von Reisekosten in § 23 Absatz 4.

(5) Abweichend von § 6 Absatz 11 Satz 3 werden nicht anrechenbare Reisezeiten bei fester Arbeitszeit zu 50 v.H. als Freizeitausgleich gewährt und bei gleitender Arbeitszeit im Rahmen der jeweils geltenden Vorschriften als Arbeitszeit angerechnet.

Nr. 8. Zu § 27 – Zusatzurlaub –

Die Regelungen über Zusatzurlaub nach § 27 gelten nicht bei Tätigkeiten nach Nr. 3 Absatz 4 bis 6.

§ 47 Sonderregelungen für Beschäftigte im Justizvollzugsdienst der Länder sowie im feuerwehrtechnischen Dienst der Freien und Hansestadt Hamburg

Nr. 1. Zu § 1 – Geltungsbereich –

(1) Diese Sonderregelungen gelten für Beschäftigte des Justizvollzugsdienstes, die im Aufsichtsdienst, im Werkdienst oder im Sanitätsdienst tätig sind sowie für Beschäftigte im feuerwehrtechnischen Dienst der Freien und Hansestadt Hamburg.

(2) Nr. 2 gilt nur für Beschäftigte im feuerwehrtechnischen Dienst der Freien und Hansestadt Hamburg.

(3) Diese Sonderregelungen gelten nur im Tarifgebiet West.

Nr. 2. Zu Abschnitt II – Arbeitszeit – und zu Abschnitt III – Eingruppierung, Entgelt –

(1) ¹Die §§ 6 bis 9 und 19 finden auf Beschäftigte im feuerwehrtechnischen Dienst der Freien und Hansestadt Hamburg keine Anwendung. ²Es gelten die Bestimmungen für die entsprechenden Beamten. ³§ 27 Absätze 2 und 3 finden unbeschadet der Sätze 1 und 2 mit der Maßgabe Anwendung, dass an die Stelle der Zulagen nach § 8 Absätze 7 und 8 die entsprechenden besoldungsrechtlichen Zulagen treten.

(2) Beschäftige im Einsatzdienst erhalten eine monatliche Zulage (Feuerwehrzulage) in Höhe von

- 63,69 Euro nach einem Jahr Beschäftigungszeit und
- 127,38 Euro nach zwei Jahren Beschäftigungszeit.

(3) ¹Die Feuerwehrzulage wird nur für Zeiträume gezahlt, für die Entgelt, Urlaubsentgelt oder Entgelt im Krankheitsfall zusteht. ²Sie ist bei der Bemessung des Sterbegeldes (§ 23 Absatz 3) zu berücksichtigen.

Nr. 3. Zu Abschnitt V – Befristung und Beendigung des Arbeitsverhältnisses – Übergangszahlung

(1) ¹Das Arbeitsverhältnis endet auf schriftliches Verlangen vor Vollendung des für das Erreichen einer abschlagsfreien Regelaltersrente gesetzlich festgelegten Alters zu dem Zeitpunkt, zu dem vergleichbare Beamtinnen und Beamte des Arbeitgebers im Aufsichtsdienst beziehungsweise im Einsatzdienst der Berufsfeuerwehr in den gesetzlichen Ruhestand treten. ²Die/ Der Beschäftigte hat das Verlangen mindestens drei Monate vor Erreichen dieses Zeitpunktes zu erklären.

(2) ¹Beschäftigte, deren Arbeitsverhältnis nach Absatz 1 geendet hat, erhalten für jedes volle Beschäftigungsjahr im Aufsichts-, Werk- oder Sanitätsdienst beziehungsweise Einsatzdienst eine Übergangszahlung in Höhe von 45 v.H. des monatlichen Tabellenentgelts der Entgeltgruppe 6 Stufe 6, höchstens das 35-fache dieses Betrages. ²Die Übergangszahlung erfolgt in einer Summe mit dem Ausscheiden der/des Beschäftigten. ³Auf Wunsch des Beschäftigten kann die Übergangszahlung auch in Teilbeträgen ausgezahlt werden.

Niederschriftserklärung zu § 47 Nr. 3 Absatz 2:

Der Arbeitgeber hat dem Beschäftigten die Höhe der garantierten Ablaufleistung, auf welche die Versicherung abzuschließen ist, mitzuteilen.

(3) ¹Der Anspruch auf Übergangszahlung besteht nur dann, wenn Beschäftigte den Abschluss einer auf eine Kapitalleistung gerichteten Versicherung und die Entrichtung der Beiträge mit einer garantierten Ablaufleistung zum voraussichtlichen Zeitpunkt der Beendigungsmöglichkeit des Arbeitsverhältnisses nach Absatz 1, mindestens in Höhe von 30 v.H. des monatlichen Tabellenentgelts der Entgeltgruppe 6 Stufe 6, multipliziert mit 35 nachweisen. ²Ist die/der Beschäftigte bei erstmaliger Tätigkeit im Aufsichts-, Werk- oder Sanitätsdienst beziehungsweise Einsatzdienst älter als 25 Jahre, verringert sich die garantierte Ablaufleistung, auf die die Versicherung nach Satz 1 mindestens abzuschließen ist, um 135 für jedes übersteigende Jahr. ³Von der Entrichtung der Beiträge kann vorübergehend bei einer wirtschaftlichen Notlage der/des Beschäftigten abgesehen werden.

(4) ¹Beschäftigte, die am 31. Oktober 2006 schon und am 1. November 2006 noch im Aufsichts-, Werk- oder Sanitätsdienst beziehungsweise Einsatzdienst beschäftigt sind, erhalten – in den Fällen der Buchstaben c bis e unter der Voraussetzung des Absatzes 3 –

a) eine Übergangszahlung in Höhe von 100 v.H., wenn sie am Stichtag das 55. Lebensjahr vollendet haben,

b) eine Übergangszahlung in Höhe von 95 v.H., wenn sie am Stichtag das 50. Lebensjahr vollendet haben,

c) eine Übergangszahlung in Höhe von 87,5 v.H., wenn sie am Stichtag das 45. Lebensjahr vollendet haben,

d) eine Übergangszahlung in Höhe von 77,5 v.H., wenn sie am Stichtag das 40. Lebensjahr vollendet haben,
e) eine Übergangszahlung in Höhe von 62,5 v.H., wenn sie am Stichtag das 37. Lebensjahr vollendet haben,

des 26,3-fachen des monatlichen Tabellenentgelts der Entgeltgruppe 6 Stufe 6, wenn sie zum Zeitpunkt der Beendigung des Arbeitsverhältnisses nach Absatz 1 mindestens 35 Jahre im Aufsichts-, Werk- oder Sanitätsdienst beziehungsweise Einsatzdienst bei demselben Arbeitgeber tätig waren. ²Bei einer kürzeren Beschäftigung verringert sich die Übergangszahlung um 1/35 für jedes fehlende Jahr.

(5) ¹Einem Antrag von Beschäftigten auf Vereinbarung von Altersteilzeitarbeit nach dem Tarifvertrag zur Regelung der Altersteilzeitarbeit (TV ATZ) soll auch schon vor der Vollendung des 60. Lebensjahres entsprochen werden. ²§ 5 Absatz 7 TV ATZ gilt in diesen Fällen mit der Maßgabe, dass an die Stelle des Vomhundertsatzes von 5 v.H. ein Vomhundertsatz von 8,33 v.H. tritt.

§ 48 Sonderregelungen für Beschäftigte im forstlichen Außendienst
Nr. 1. Zu § 1 – Geltungsbereich –

Diese Sonderregelungen gelten für Beschäftigte im forstlichen Außendienst, die nicht von § 1 Absatz 2 Buchstabe d erfasst werden.

Nr. 2. Zu Abschnitt II – Arbeitszeit –

(1) ¹Der tarifliche wöchentliche Arbeitszeitkorridor beträgt 48 Stunden. ²Abweichend von § 7 Absatz 7 sind nur die Arbeitsstunden Überstunden, die über den Arbeitszeitkorridor nach Satz 1 hinaus auf Anordnung geleistet worden sind. ³§ 10 Absatz 1 Satz 3 findet keine Anwendung, auf Antrag der/des Beschäftigten kann ein Arbeitszeitkonto in vereinfachter Form durch Selbstaufschreibung geführt werden.

(2) Absatz 1 gilt nicht, wenn Dienstvereinbarungen zur Gleitzeit bestehen oder vereinbart werden.

§ 49 Sonderregelungen für Beschäftigte in landwirtschaftlichen Verwaltungen und Betrieben, Weinbau- und Obstanbaubetrieben
Nr. 1. Zu § 1 Absatz 1 – Geltungsbereich –

Diese Sonderregelungen gelten für Beschäftigte in landwirtschaftlichen Verwaltungen und Betrieben, Weinbau- und Obstanbaubetrieben.

Nr. 2. Zu § 6 – Regelmäßige Arbeitszeit –

¹Die regelmäßige Arbeitszeit kann in vier Monaten bis auf 50 und weiteren vier Monaten des Jahres auf bis zu 56 Stunden wöchentlich festgesetzt werden. ²Sie darf im Jahr aber 2188 Stunden im Tarifgebiet West und 2214 Stunden im Tarifgebiet Ost nicht übersteigen. ³Dies gilt nicht für Beschäftigte im Sinne des § 38 Absatz 5 Satz 1, denen Arbeiten übertragen sind, deren Erfüllung zeitlich nicht von der Eigenart der Verwaltung oder des Betriebes abhängig ist.

TV-L Anlage A C. Anlagen

C. Anlagen
Anlage A Entgeltordnung zum Tarifvertrag für den öffentlichen Dienst der Länder (TV-L)

Vom 2. Januar 2012

– Auszug –

Gliederung

Vorbemerkungen zu allen Teilen der Entgeltordnung
Teil I
Allgemeine Tätigkeitsmerkmale für den Verwaltungsdienst
Teil II
Tätigkeitsmerkmale für bestimmte Beschäftigtengruppen
1. Beschäftigte in Archiven, Bibliotheken, Büchereien und Museen
2. Ärzte, Apotheker, Tierärzte und Zahnärzte
2.1 Apotheker
2.2 Ärzte und Zahnärzte
2.3 Tierärzte
3. Beschäftigte in Bäderbetrieben
4. Berechner von Dienst- und Versorgungsbezügen sowie von Entgelten, Beschäftigte in Landesversorgungsämtern
5. Beschäftigte im fernmeldetechnischen Dienst und im Fernmeldebetriebsdienst
5.1 Beschäftigte im fernmeldetechnischen Dienst
5.2 Beschäftigte im Fernmeldebetriebsdienst
6. Beschäftigte in der Forschung
7. Beschäftigte in der Forstverwaltung
8. Beschäftigte im Fremdsprachendienst
8.1 Konferenzdolmetscher
8.2 Überprüfer und Übersetzer
8.3 Fremdsprachenassistenten (Fremdsprachensekretäre)
9. Beschäftigte im Gartenbau, in der Landwirtschaft und im Weinbau
9.1 Gartenbau-, landwirtschafts- und weinbautechnische Beschäftigte
9.2 Pflanzenbeschauer und staatliche Fischereiaufseher
9.3 Leiter von landwirtschaftlichen Betrieben
10. Beschäftigte in Gesundheitsberufen
10.1 Lehrkräfte in Gesundheitsberufen
10.2 Audiologie-Assistenten
10.3 Amtliche Fachassistenten, Desinfektoren, Gesundheitsaufseher, Seehafengesundheitsaufseher
10.4 Diätassistentinnen
10.5 Ergotherapeuten
10.6 Logopäden
10.7 Masseure und medizinische Bademeister
10.8 Medizinische Fachangestellte, zahnmedizinische Fachangestellte
10.9 Präparationstechnische Assistenten, Sektionsgehilfen
10.10 Medizinisch-technische Assistentinnen, medizinisch-technische Gehilfinnen
10.11 Orthoptistinnen
10.12 Pharmazeutisch-kaufmännische Angestellte
10.13 Pharmazeutisch-technische Assistenten
10.14 Physiotherapeuten
10.15 Zahntechniker
11. Beschäftigte in der Informationstechnik

Entgeltordnung — Anlage A TV-L

12. **Beschäftigte im Justizdienst**
12.1 Beschäftigte bei Gerichten und Staatsanwaltschaften
12.2 Beschäftigte im allgemeinen Justizvollzugsdienst
13. **Beschäftigte im Kanzleidienst**
14. **Beschäftigte im Kassendienst**
15. **Meister, technische Beschäftigte mit besonderen Aufgaben, Grubenkontrolleure**
15.1 Technische Beschäftigte mit besonderen Aufgaben, Grubenkontrolleure
15.2 Handwerksmeister, Industriemeister und Meister mit Sonderausbildung
15.3 Maschinenmeister
15.4 Gärtnermeister, Meister im gärtnerischen oder landwirtschaftlichen Betrieb
15.5 Meister
16. **Beschäftigte in Registraturen**
17. **Beschäftigte mit Restaurierungs-, Präparierungs- und Konservierungsarbeiten**
18. **Beschäftigte im Rettungsdienst**
19. **Beschäftigte in der Schifffahrt**
20. **Beschäftigte im Sozial- und Erziehungsdienst**
20.1 Leiter von Erziehungsheimen
20.2 Leiter von Kindertagesstätten
20.3 Leiter von Kindertagesstätten für behinderte Menschen
20.4 Sozialarbeiter/Sozialpädagogen, Kinder- und Jugendlichenpsychotherapeuten/Psychagogen, Bewährungshelfer, Heilpädagogen
20.5 Beschäftigte im handwerklichen Erziehungsdienst
20.6 Erzieherinnen, Kinderpflegerinnen
21. **Beschäftigte in der Steuerverwaltung**
22. **Ingenieure, Beschäftigte in technischen Berufen**
22.1 Ingenieure
22.2 Techniker
22.3 Technische Assistenten
22.4 Laboranten
22.5 Zeichner
22.6 Baustellenaufseher (Bauaufseher)
22.7 Modelleure
22.8 Vermessungstechniker, Landkartentechniker, Planungstechniker
22.9 Reproduktionstechnische Beschäftigte
22.10 Operateure, Strahlenschutztechniker und Strahlenschutzlaboranten in Kernforschungseinrichtungen
22.11 Fotografen
22.12 Fotolaboranten
23. **Technische Beschäftigte im Eichdienst**
24. **Beschäftigte an Theatern und Bühnen**
24.1 Beschäftigte im Kartenverkauf
24.2 Beschäftigte in den Bereichen Beleuchtung, Technik und Ton
24.3 Beschäftigte in den Bereichen Kostüme, Maske und Requisite
24.4 Beschäftigte in Theaterbibliotheken, Orchesterwarte
25. **Wirtschaftspersonal**
25.1 Beschäftigte im Küchenwirtschaftsdienst in Einrichtungen im Sinne des § 43
25.2 Beschäftigte im Wäschereidienst in Einrichtungen im Sinne des § 43
25.3 Leiter der Hauswirtschaft und Beschäftigte im Wirtschaftsdienst mit Teilaufgaben in Einrichtungen im Sinne des § 43
25.4 Beschäftigte in Einrichtungen, die nicht unter § 43 fallen

Teil III
Beschäftigte mit körperlich/handwerklich geprägten Tätigkeiten
Vorbemerkungen zu Teil III der Entgeltordnung
1. **Allgemeine Tätigkeitsmerkmale**
2. **Besondere Tätigkeitsmerkmale für sämtliche Bereiche**
2.1 Facharbeiter
2.2 Fahrer, Maschinenführer, Tankwarte und Wagenpfleger
2.3 Hausmeister, Sportplatzmeister, Pförtner, Reinigungs- und Wachpersonal
2.4 Beschäftigte in der Entsorgung
2.5 Kesselwärter (Heizer), Maschinisten, Turbinenmaschinisten und Schichtführer an Hochdruckkesselanlagen
2.6 Taucher
2.7 Tierwärter
3. **Besondere Tätigkeitsmerkmale für einzelne Bereiche**
3.1 Beschäftigte in Galerien, Museen, Schlössern
3.2 Beschäftigte im Gartenbau
3.3 Beschäftigte im Gesundheitswesen
3.4 Beschäftigte in der Landwirtschaft
3.5 Beschäftigte in Lehr-, Forschungs- und Materialprüfungseinrichtungen
3.6 Beschäftigte in der Polizeiverwaltung
3.7 Beschäftigte im Straßenbetriebsdienst und Straßenbau
3.8 Beschäftigte im Vermessungswesen
3.9 Beschäftigte im Wasserbau in den Ländern Baden-Württemberg und Bayern
3.10 Beschäftigte im Wasserbau in den übrigen Ländern (gilt nicht für die Freie und Hansestadt Hamburg)
3.11 Beschäftigte im Weinbau
3.12 Beschäftigte in Gestüten
3.13 Beschäftigte in Münzen
3.14 Beschäftigte in der Wilhelma
3.15 Beschäftigte in Häfen im Land Niedersachsen
3.16 Beschäftigte bei der Feuerwehr Bremen

Anhang zu Teil III der Entgeltordnung
 Richtlinien für verwaltungseigene Prüfungen

Teil IV
Beschäftigte im Pflegedienst
Vorbemerkungen zu Teil IV der Entgeltordnung
1. **Gesundheits- und Krankenpflegerinnen, Gesundheits- und Krankenpflegehelferinnen sowie Pflegehelferinnen**
1.1 Leitende Gesundheits- und Krankenpflegerinnen in Einrichtungen im Sinne von § 43
1.2 Gesundheits- und Krankenpflegerinnen als Stations- oder Gruppenleiterinnen in Einrichtungen im Sinne von § 43
1.3 Lehrkräfte für Gesundheits- und Krankenpflege in Einrichtungen im Sinne von § 43
1.4 Gesundheits- und Krankenpflegerinnen, die in Einrichtungen im Sinne von § 43 dem Operations- oder Anästhesiedienst, Dialyseeinheiten, Einheiten für Intensivmedizin, Milchküchen oder Frauenmilchsammelstellen oder zentralen Sterilisationsdiensten vorstehen
1.5 Gesundheits- und Krankenpflegerinnen in Einrichtungen im Sinne von § 43, denen Beschäftigte unterstellt sind
1.6 Gesundheits- und Krankenpflegerinnen, Gesundheits- und Krankenpflegehelferinnen und Pflegehelferinnen in Einrichtungen im Sinne von § 43
1.7 Gesundheits- und Krankenpflegerinnen in Einrichtungen, die nicht von § 43 erfasst sind, denen Beschäftigte unterstellt sind

1.8	Gesundheits- und Krankenpflegerinnen, Gesundheits- und Krankenpflegehelferinnen und Pflegehelferinnen in Einrichtungen, die nicht von § 43 erfasst sind
2.	**Hebammen in Einrichtungen im Sinne von § 43**
2.1	Leitende Hebammen
2.2	Lehrkräfte für Hebammen
2.3	Hebammen
3.	**Altenpflegerinnen und Altenpflegehelferinnen**
3.1	Leitende Altenpflegerinnen in Einrichtungen im Sinne von § 43
3.2	Lehrkräfte für Altenpflege in Einrichtungen im Sinne von § 43
3.3	Altenpflegerinnen als Stationspflegerinnen in Einrichtungen im Sinne von § 43
3.4	Altenpflegerinnen und Altenpflegehelferinnen in Einrichtungen im Sinne von § 43
3.5	Altenpflegerinnen und Altenpflegehelferinnen in Einrichtungen, die nicht von § 43 erfasst sind

Niederschriftserklärungen

Vorbemerkungen zu allen Teilen der Entgeltordnung

1. Für das Verhältnis der Teile I und II zueinander gelten die Regelungen der Absätze 2 bis 4.

(2)[1]Für Beschäftigte, deren Tätigkeit in besonderen Tätigkeitsmerkmalen des Teils II aufgeführt ist, gelten nur die Tätigkeitsmerkmale dieses Teils. [2]Die Tätigkeitsmerkmale des Teils I gelten für diese Beschäftigten weder in der Entgeltgruppe, in der ihre Tätigkeit in Teil II aufgeführt ist, noch in einer höheren Entgeltgruppe. [3]Die Sätze 1 und 2 gelten nicht für sonstige Beschäftigte der Entgeltgruppen 13 bis 15 des Teils I die aufgrund gleichwertiger Fähigkeiten und ihrer Erfahrungen entsprechende Tätigkeiten im Sinne des Teils I ausüben, es sei denn, dass ihre Tätigkeit in besonderen Tätigkeitsmerkmalen des Teils II aufgeführt ist. [4]Abweichend von Satz 1 gelten die Tätigkeitsmerkmale der Entgeltgruppen 14 und 15 des Teils I auch für Ärzte, Apotheker und Zahnärzte, die außerhalb von Krankenhäusern oder Einrichtungen, in denen die betreuten Personen in ärztlicher Behandlung stehen, beschäftigt werden, sowie ferner für Tierärzte.

(3)[1]Für Beschäftigte, deren Tätigkeit nicht in Teil II aufgeführt ist, gelten die Tätigkeitsmerkmale des Teils I, sofern in Satz 2 nicht etwas anderes geregelt ist. [2]Die Tätigkeitsmerkmale der Entgeltgruppen 2 bis 12 des Teils I gelten nur, sofern die auszuübende Tätigkeit einen unmittelbaren Bezug zu den eigentlichen Aufgaben der betreffenden Verwaltungsdienststellen, -behörden oder -institutionen hat.

(4)[1]Ist in einem Tätigkeitsmerkmal des Teils I oder II eine Vorbildung oder Ausbildung als Anforderung bestimmt, ohne dass sonstige Beschäftigte, die aufgrund gleichwertiger Fähigkeiten und ihrer Erfahrungen entsprechende Tätigkeiten ausüben, davon erfasst werden, sind Beschäftigte, die die geforderte Vorbildung oder Ausbildung nicht besitzen, bei Erfüllung der sonstigen Anforderungen des Tätigkeitsmerkmals in der nächst niedrigeren Entgeltgruppe eingruppiert. [2]Dies gilt entsprechend für Tätigkeitsmerkmale, die bei Erfüllung qualifizierter Anforderungen eine höhere Eingruppierung vorsehen. [3]Gegenüber den Entgeltgruppen 14 und 13 Ü gilt hierbei die Entgeltgruppe 13 als nächst niedrigere Entgeltgruppe. [4]Für Tätigkeitsmerkmale in der Entgeltgruppe 9 ohne Zusatz gilt die Entgeltgrupp 9 mit dem Zusatz „Stufe 3 nach 5 Jahren in Stufe 2, Stufe 4 nach 9 Jahren in Stufe 3, keine Stufen 5 und 6" als nächst niedrigere Entgeltgruppe.

2. Für Beschäftigte mit körperlich/handwerklich geprägten Tätigkeiten gelten nur die Tätigkeitsmerkmale des Teils III.
   Protokollerklärung:
   In Teil III sind nur die Beschäftigten eingruppiert, die bei Fortgeltung des alten Rechts im Lohngruppenverzeichnis des MTArb/MTArb-O eingereiht gewesen wären.
3. Für Beschäftigte im Pflegedienst gelten nur die Tätigkeitsmerkmale des Teils IV.

4. Die Entgeltordnung gilt nicht für Beschäftigte, die als Lehrkräfte – auch wenn sie nicht unter § 44 TV-L fallen – beschäftigt sind, soweit nicht ein besonderes Tätigkeitsmerkmal vereinbart ist.
5. Das Tätigkeitsmerkmal der Entgeltgruppe 1 des Teils I gilt unabhängig von den Nummern 1 und 3 für Tätigkeiten der Teile II und IV.
6. [1]Soweit die Eingruppierung von der Zahl der unterstellten Beschäftigten abhängig ist, rechnen hierzu auch Angehörige der vergleichbaren Besoldungsgruppen. [2]Bei der Zahl der unterstellten bzw. beaufsichtigten oder der in dem betreffenden Bereich beschäftigten Personen zählen Teilzeitbeschäftigte entsprechend dem Verhältnis der mit ihnen im Arbeitsvertrag vereinbarten Arbeitszeit zur regelmäßigen Arbeitszeit eines Vollzeitbeschäftigten. [3]Für die Eingruppierung ist es unschädlich, wenn im Organisations- und Stellenplan zur Besetzung ausgewiesene Stellen nicht besetzt sind.
7. Ständige Vertreter sind nicht die Vertreter in Urlaubs- und sonstigen Abwesenheitsfällen.
8. (1)[1]Aufgrund des Artikels 37 des Einigungsvertrages und der Vorschriften hierzu als gleichwertig festgestellte Abschlüsse, Prüfungen und Befähigungsnachweise stehen ab dem Zeitpunkt ihres Erwerbs den in den Tätigkeitsmerkmalen geforderten entsprechenden Anforderungen gleich. [2]Ist die Gleichwertigkeit erst nach Erfüllung zusätzlicher Erfordernisse festgestellt worden, gilt die Gleichstellung ab der Feststellung.

(2) Facharbeiter mit einem im Beitrittsgebiet erworbenen Facharbeiterzeugnis, das nach Artikel 37 des Einigungsvertrages und der Vorschriften hierzu dem Prüfungszeugnis in einem anerkannten Ausbildungsberuf mit einer Ausbildungsdauer von mindestens drei Jahren bzw. einer kürzeren Ausbildungsdauer gleichgestellt ist, werden bei entsprechender Tätigkeit wie Beschäftigte mit erfolgreich abgeschlossener Ausbildung in einem solchen Ausbildungsberuf eingruppiert.
9. Entgeltgruppenzulagen gelten, soweit tarifvertraglich nichts anderes vereinbart ist, bei der Bemessung des Sterbegeldes (§ 23 Absatz 3) als Bestandteil des Tabellenentgelts.

Teil I Allgemeine Tätigkeitsmerkmale für den Verwaltungsdienst
Entgeltgruppe 15

1. Beschäftigte mit abgeschlossener wissenschaftlicher Hochschulbildung und entsprechender Tätigkeit sowie sonstige Beschäftigte, die aufgrund gleichwertiger Fähigkeiten und ihrer Erfahrungen entsprechende Tätigkeiten ausüben,

   deren Tätigkeit sich durch das Maß der damit verbundenen Verantwortung erheblich aus der Entgeltgruppe 14 Fallgruppe 1 heraushebt.

   (Hierzu Protokollerklärung Nr. 1)
2. Beschäftigte mit abgeschlossener wissenschaftlicher Hochschulbildung und entsprechender Tätigkeit sowie sonstige Beschäftigte, die aufgrund gleichwertiger Fähigkeiten und ihrer Erfahrungen entsprechende Tätigkeiten ausüben,

   denen mindestens fünf Beschäftigte mindestens der Entgeltgruppe 13 durch ausdrückliche Anordnung ständig unterstellt sind.

   (Hierzu Protokollerklärungen Nrn. 1 und 2)

Entgeltgruppe 14

1. Beschäftigte mit abgeschlossener wissenschaftlicher Hochschulbildung und entsprechender Tätigkeit sowie sonstige Beschäftigte, die aufgrund gleichwertiger Fähigkeiten und ihrer Erfahrungen entsprechende Tätigkeiten ausüben,

   deren Tätigkeit sich durch besondere Schwierigkeit und Bedeutung aus der Entgeltgruppe 13 heraushebt.

   (Hierzu Protokollerklärung Nr. 1)
2. Beschäftigte mit abgeschlossener wissenschaftlicher Hochschulbildung und entsprechender Tätigkeit sowie sonstige Beschäftigte, die aufgrund gleichwertiger Fähigkeiten und ihrer Erfahrungen entsprechende Tätigkeiten ausüben,

deren Tätigkeit sich mindestens zu einem Drittel durch besondere Schwierigkeit und Bedeutung aus der Entgeltgruppe 13 heraushebt.
(Hierzu Protokollerklärung Nr. 1)
3. Beschäftigte mit abgeschlossener wissenschaftlicher Hochschulbildung und entsprechender Tätigkeit sowie sonstige Beschäftigte, die aufgrund gleichwertiger Fähigkeiten und ihrer Erfahrungen entsprechende Tätigkeiten ausüben,

   deren Tätigkeit sich dadurch aus der Entgeltgruppe 13 heraushebt, dass sie mindestens zu einem Drittel hochwertige Leistungen bei besonders schwierigen Aufgaben erfordert.
   (Hierzu Protokollerklärung Nr. 1)
4. Beschäftigte mit abgeschlossener wissenschaftlicher Hochschulbildung und entsprechender Tätigkeit sowie sonstige Beschäftigte, die aufgrund gleichwertiger Fähigkeiten und ihrer Erfahrungen entsprechende Tätigkeiten ausüben,

   denen mindestens drei Beschäftigte mindestens der Entgeltgruppe 13 durch ausdrückliche Anordnung ständig unterstellt sind.
   (Hierzu Protokollerklärungen Nrn. 1 und 2)

Entgeltgruppe 13

Beschäftigte mit abgeschlossener wissenschaftlicher Hochschulbildung und entsprechender Tätigkeit sowie sonstige Beschäftigte, die aufgrund gleichwertiger Fähigkeiten und ihrer Erfahrungen entsprechende Tätigkeiten ausüben.
(Hierzu Protokollerklärung Nr. 1)

Entgeltgruppe 12

Beschäftigte im Büro-, Buchhalterei-, sonstigen Innendienst und im Außendienst,
deren Tätigkeit sich durch das Maß der damit verbundenen Verantwortung erheblich aus der Entgeltgruppe 11 heraushebt.
(Hierzu Protokollerklärung Nr. 3)

Entgeltgruppe 11

Beschäftigte im Büro-, Buchhalterei-, sonstigen Innendienst und im Außendienst,
deren Tätigkeit sich durch besondere Schwierigkeit und Bedeutung aus der Entgeltgruppe 9 Fallgruppe 1 heraushebt.
(Hierzu Protokollerklärung Nr. 3)

Entgeltgruppe 10

Beschäftigte im Büro-, Buchhalterei-, sonstigen Innendienst und im Außendienst,
deren Tätigkeit sich mindestens zu einem Drittel durch besondere Schwierigkeit und Bedeutung aus der Entgeltgruppe 9 Fallgruppe 1 heraushebt.
(Hierzu Protokollerklärung Nr. 3)

Entgeltgruppe 9

1. Beschäftigte im Büro-, Buchhalterei-, sonstigen Innendienst und im Außendienst,

   deren Tätigkeit sich dadurch aus der Entgeltgruppe 9 Fallgruppe 2 heraushebt, dass sie besonders verantwortungsvoll ist.
   (Hierzu Protokollerklärung Nr. 3)
2. Beschäftigte im Büro-, Buchhalterei-, sonstigen Innendienst und im Außendienst,

deren Tätigkeit gründliche, umfassende Fachkenntnisse und selbständige Leistungen erfordert.
(Hierzu Protokollerklärungen Nrn. 3, 4 und 5)
3. Beschäftigte im Büro-, Buchhalterei-, sonstigen Innendienst und im Außendienst, deren Tätigkeit gründliche und vielseitige Fachkenntnisse und selbständige Leistungen erfordert.
(Stufe 3 nach 5 Jahren in Stufe 2, Stufe 4 nach 9 Jahren in Stufe 3, keine Stufen 5 und 6)
(Hierzu Protokollerklärungen Nrn. 3, 5 und 6)

Entgeltgruppe 8

Beschäftigte im Büro-, Buchhalterei-, sonstigen Innendienst und im Außendienst, deren Tätigkeit gründliche und vielseitige Fachkenntnisse und mindestens zu einem Drittel selbständige Leistungen erfordert.
(Hierzu Protokollerklärungen Nrn. 3, 5 und 6)

Entgeltgruppe 6

Beschäftigte im Büro-, Buchhalterei-, sonstigen Innendienst und im Außendienst, deren Tätigkeit gründliche und vielseitige Fachkenntnisse erfordert.
(Hierzu Protokollerklärungen Nrn. 3 und 6)

Entgeltgruppe 5

Beschäftigte im Büro-, Buchhalterei-, sonstigen Innendienst und im Außendienst, deren Tätigkeit gründliche Fachkenntnisse erfordert.
(Hierzu Protokollerklärungen Nrn. 3 und 7)

Entgeltgruppe 4

1. Beschäftigte im Büro-, Buchhalterei-, sonstigen Innendienst und im Außendienst mit schwierigen Tätigkeiten.
(Hierzu Protokollerklärungen Nrn. 3 und 8)
2. Beschäftigte im Büro-, Buchhalterei-, sonstigen Innendienst und im Außendienst, deren Tätigkeit sich dadurch aus der Entgeltgruppe 3 heraushebt, dass sie mindestens zu einem Viertel gründliche Fachkenntnisse erfordert.
(Hierzu Protokollerklärungen Nrn. 3 und 7)

Entgeltgruppe 3

Beschäftigte im Büro-, Buchhalterei-, sonstigen Innendienst und im Außendienst mit Tätigkeiten, für die eine eingehende Einarbeitung bzw. eine fachliche Anlernung erforderlich ist, die über eine Einarbeitung im Sinne der Entgeltgruppe 2 hinausgeht.
(Hierzu Protokollerklärung Nr. 3)

Entgeltgruppe 2

Beschäftigte im Büro-, Buchhalterei-, sonstigen Innendienst und im Außendienst mit einfachen Tätigkeiten.
(Hierzu Protokollerklärungen Nrn. 3 und 9)

Entgeltgruppe 1

Beschäftigte mit einfachsten Tätigkeiten.
(Hierzu Protokollerklärung Nr. 10)

Protokollerklärungen:

1. *(1) Wissenschaftliche Hochschulen sind Universitäten, Technische Hochschulen sowie andere Hochschulen, die nach Landesrecht als wissenschaftliche Hochschulen anerkannt sind.*

    (2) ¹Eine abgeschlossene wissenschaftliche Hochschulbildung liegt vor, wenn das Studium mit einer ersten Staatsprüfung oder mit einer Diplomprüfung oder mit einer Masterprüfung beendet worden ist. ²Diesen Prüfungen steht eine Promotion oder die Akademische Abschlussprüfung (Magisterprüfung) einer Philosophischen Fakultät nur in den Fällen gleich, in denen die Ablegung einer ersten Staatsprüfung oder einer Diplomprüfung oder einer Masterprüfung nach den einschlägigen Ausbildungsvorschriften nicht vorgesehen ist. ³Eine abgeschlossene wissenschaftliche Hochschulbildung liegt auch vor, wenn der Master an einer Fachhochschule erlangt wurde und den Zugang zur Laufbahn des höheren Dienstes bzw. zur entsprechenden Qualifikationsebene eröffnet; dies setzt voraus, dass der Masterstudiengang das Akkreditierungsverfahren erfolgreich durchlaufen hat, solange dies nach dem jeweils geltenden Landesbeamtenrecht für den Zugang zur Laufbahn des höheren Dienstes bzw. zur entsprechenden Qualifikationsebene gefordert ist.

    (3) ¹Eine abgeschlossene wissenschaftliche Hochschulbildung setzt voraus, dass die Abschlussprüfung in einem Studiengang abgelegt wird, der seinerseits mindestens das Zeugnis der Hochschulreife (allgemeine Hochschulreife oder einschlägige fachgebundene Hochschulreife) oder eine andere landesrechtliche Hochschulzugangsberechtigung als Zugangsvoraussetzung erfordert, und für den Abschluss eine Mindeststudienzeit von mehr als sechs Semestern – ohne etwaige Praxissemester, Prüfungssemester o.Ä. – vorgeschrieben ist. ²Ein Bachelorstudiengang erfüllt diese Voraussetzung auch dann nicht, wenn mehr als sechs Semester für den Abschluss vorgeschrieben sind.

    (4) Ein Abschluss an einer ausländischen Hochschule gilt als abgeschlossene wissenschaftliche Hochschulbildung, wenn er von der zuständigen Landesbehörde dem deutschen Hochschulabschluss gleichgestellt ist.

2. *(1) Im Sinne der Nr. 6 der Vorbemerkungen zu allen Teilen der Entgeltordnung ist vergleichbar die Entgeltgruppe 13 der Besoldungsgruppe A 13.*

    (2) Bei der Zahl der Unterstellten zählen nicht mit:
    a) *Beschäftigte, die nach Teil II Abschnitt 9 (Gartenbau, Landwirtschaft und Weinbau) eingruppiert sind,*
    b) *Beschäftigte, die nach Teil II Abschnitt 22 (Ingenieure, technische Berufe) eingruppiert sind,*
    c) *Beamte der Besoldungsgruppe A 13, soweit sie der Laufbahn des gehobenen Dienstes bzw. der entsprechenden Qualifikationsebene angehören.*

3. *Buchhaltereidienst im Sinne dieses Tätigkeitsmerkmals bezieht sich nur auf Tätigkeiten von Beschäftigten, die mit kaufmännischer Buchführung beschäftigt sind.*

4. *Gründliche, umfassende Fachkenntnisse bedeuten gegenüber den in den Entgeltgruppen 6 und 8 sowie in Entgeltgruppe 9 Fallgruppe 3 geforderten gründlichen und vielseitigen Fachkenntnissen eine Steigerung der Tiefe und der Breite nach.*

5. *Selbständige Leistungen erfordern ein den vorausgesetzten Fachkenntnissen entsprechendes selbständiges Erarbeiten eines Ergebnisses unter Entwicklung einer eigenen geistigen Initiative; eine leichte geistige Arbeit kann diese Anforderung nicht erfüllen.*

6. *¹Die gründlichen und vielseitigen Fachkenntnisse brauchen sich nicht auf das gesamte Gebiet der Verwaltung/des Betriebes, in der/dem der Beschäftigte tätig ist, zu beziehen. ²Der Aufgabenkreis des Beschäftigten muss aber so gestaltet sein, dass er nur beim Vor-*

handensein gründlicher und vielseitiger Fachkenntnisse ordnungsgemäß bearbeitet werden kann.
7. *Erforderlich sind nähere Kenntnisse von Gesetzen, Verwaltungsvorschriften und Tarifbestimmungen usw. des Aufgabenkreises.*
8. *Schwierige Tätigkeiten sind solche, die mehr als eine eingehende Einarbeitung bzw. mehr als eine fachliche Anlernung i.S. der Entgeltgruppe 3 erfordern, z.b. durch einen höheren Aufwand an gedanklicher Arbeit.*
9. ¹*Einfache Tätigkeiten sind Tätigkeiten, die weder eine Vor- noch eine Ausbildung, aber eine Einarbeitung erfordern, die über eine sehr kurze Einweisung oder Anlernphase hinausgeht.* ²*Die Einarbeitung dient dem Erwerb derjenigen Kenntnisse und Fertigkeiten, die für die Beherrschung der Arbeitsabläufe als solche erforderlich sind.*
10. ¹*Einfachste Tätigkeiten üben z.B. aus*
    - *Essens- und Getränkeausgeber,*
    - *Garderobenpersonal,*
    - *Beschäftigte, die spülen, Gemüse putzen oder sonstige Tätigkeiten im Haus- und Küchenbereich ausüben,*
    - *Reiniger in Außenbereichen wie Höfen, Wegen, Grünanlagen, Parks,*
    - *Wärter von Bedürfnisanstalten,*
    - *Servierer,*
    - *Hausarbeiter und*
    - *Hausgehilfen.*

    ²*Ergänzungen können durch landesbezirklichen Tarifvertrag geregelt werden.*

Teil II Tätigkeitsmerkmale für bestimmte Beschäftigtengruppen

[...]

20. Beschäftigte im Sozial- und Erziehungsdienst

Vorbemerkung

¹Die – im Unterschied zu dem Teil II Abschnitt G der Anlage 1a zum BAT erfolgte – Untergliederung dieses Abschnitts dient ausschließlich der besseren Übersichtlichkeit und nicht einer Veränderung des rechtlichen Verhältnisses der Tätigkeitsmerkmale zueinander. ²Insbesondere stellen die Tätigkeitsmerkmale dieses Abschnitts insgesamt, nicht aber die Zusammenfassung von Tätigkeitsmerkmalen in den jeweiligen Unterabschnitten für sich eine abschließende spezielle Eingruppierungsregelung im Sinne der Rechtsprechung des BAG (z.B. Urt. vom 5. Juli 2006 – 4 AZR 555/05) dar. ³So können z.B. Erzieherinnen mit staatlicher Anerkennung bei Erfüllen der Voraussetzungen als „sonstige Beschäftigte" nach den in Unterabschnitt 4 aufgeführten Tätigkeitsmerkmalen eingruppiert sein, obwohl Erzieherinnen mit staatlicher Anerkennung nur in Tätigkeitsmerkmalen des Unterabschnitts 6 benannt sind.

20.1 Leiter von Erziehungsheimen

Vorbemerkungen

1. ¹Beschäftigte, die nach diesem Unterabschnitt eingruppiert sind, erhalten für die Dauer der Tätigkeit in einem Erziehungsheim, einem Kinder- oder einem Jugendwohnheim oder einer vergleichbaren Einrichtung (Heim)
   a) eine monatliche Zulage in Höhe von 61,36 Euro, wenn in dem Heim überwiegend behinderte Menschen im Sinne des § 2 SGB IX oder Kinder und/oder Jugendliche mit wesentlichen Erziehungsschwierigkeiten zum Zwecke der Erziehung, Ausbildung oder Pflege ständig untergebracht sind;
   b) eine monatliche Zulage in Höhe von 30,68 Euro, wenn nicht überwiegend solche Personen ständig untergebracht sind.

²Die Zulage wird nur für Zeiträume gezahlt, in denen Beschäftigte einen Anspruch auf Entgelt oder Entgeltfortzahlung nach § 21 haben. ³Sie ist bei der Bemessung des Sterbegeldes (§ 23 Absatz 3) zu berücksichtigen.
2. Erziehungsheime sind Heime, in denen überwiegend behinderte Kinder und/oder Jugendliche im Sinne des § 2 SGB IX oder Kinder und/oder Jugendliche mit wesentlichen Erziehungsschwierigkeiten ständig untergebracht sind.
3. Der Ermittlung der Durchschnittsbelegung ist für das jeweilige Kalenderjahr grundsätzlich die Zahl der vom 1. Oktober bis 31. Dezember des vorangegangenen Kalenderjahres vergebenen, je Tag gleichzeitig belegbaren Plätze zugrunde zu legen.

Entgeltgruppe 12

Leiter von Erziehungsheimen

mit einer Durchschnittsbelegung von mindestens 90 Plätzen.

Entgeltgruppe 11

1. Leiter von Erziehungsheimen
   mit einer Durchschnittsbelegung von mindestens 50 Plätzen.
2. Beschäftigte, die durch ausdrückliche Anordnung als ständige Vertreter von Leitern von Erziehungsheimen
   mit einer Durchschnittsbelegung von mindestens 90 Plätzen bestellt sind.

Entgeltgruppe 10

1. Leiter von Erziehungsheimen.
2. Beschäftigte, die durch ausdrückliche Anordnung als ständige Vertreter von Leitern von Erziehungsheimen
   mit einer Durchschnittsbelegung von mindestens 50 Plätzen bestellt sind.

Entgeltgruppe 9

Beschäftigte, die durch ausdrückliche Anordnung als ständige Vertreter von Leitern von Erziehungsheimen bestellt sind.
(Beschäftigte in dieser Fallgruppe erhalten eine monatliche Entgeltgruppenzulage gemäß Anlage F Abschnitt I Nr. 5.)

20.2 Leiter von Kindertagesstätten

Vorbemerkungen

1. Kindertagesstätten im Sinne der Tätigkeitsmerkmale dieses Unterabschnitts sind Krippen, Kindergärten, Horte, Kinderbetreuungsstuben und Kinderhäuser.
2. Der Ermittlung der Durchschnittsbelegung ist für das jeweilige Kalenderjahr grundsätzlich die Zahl der vom 1. Oktober bis 31. Dezember des vorangegangenen Kalenderjahres vergebenen, je Tag gleichzeitig belegbaren Plätze zugrunde zu legen.

Entgeltgruppe 11

Leiter von Kindertagesstätten

mit einer Durchschnittsbelegung von mindestens 180 Plätzen.

Entgeltgruppe 10

1. Leiter von Kindertagesstätten
   mit einer Durchschnittsbelegung von mindestens 130 Plätzen.

(Beschäftigte in dieser Fallgruppe erhalten eine monatliche Entgeltgruppenzulage gemäß Anlage F Abschnitt I Nr. 3.)
2. Beschäftigte, die durch ausdrückliche Anordnung als ständige Vertreter von Leitern von Kindertagesstätten

   mit einer Durchschnittsbelegung von mindestens 180 Plätzen bestellt sind.

   (Beschäftigte in dieser Fallgruppe erhalten eine monatliche Entgeltgruppenzulage gemäß Anlage F Abschnitt I Nr. 3.)
3. Leiter von Kindertagesstätten

   mit einer Durchschnittsbelegung von mindestens 100 Plätzen.
4. Beschäftigte, die durch ausdrückliche Anordnung als ständige Vertreter von Leitern von Kindertagesstätten

   mit einer Durchschnittsbelegung von mindestens 130 Plätzen bestellt sind.

Entgeltgruppe 9

1. Leiter von Kindertagesstätten

   mit einer Durchschnittsbelegung von mindestens 70 Plätzen.

   (Beschäftigte in dieser Fallgruppe erhalten eine monatliche Entgeltgruppenzulage gemäß Anlage F Abschnitt I Nr. 5.)
2. Beschäftigte, die durch ausdrückliche Anordnung als ständige Vertreter von Leitern von Kindertagesstätten

   mit einer Durchschnittsbelegung von mindestens 100 Plätzen bestellt sind.

   (Beschäftigte in dieser Fallgruppe erhalten eine monatliche Entgeltgruppenzulage gemäß Anlage F Abschnitt I Nr. 5.)
3. Leiter von Kindertagesstätten

   mit einer Durchschnittsbelegung von mindestens 40 Plätzen.
4. Beschäftigte, die durch ausdrückliche Anordnung als ständige Vertreter von Leitern von Kindertagesstätten

   mit einer Durchschnittsbelegung von mindestens 70 Plätzen bestellt sind.

Entgeltgruppe 8

1. Leiter von Kindertagesstätten.

   (Beschäftigte in dieser Fallgruppe erhalten eine monatliche Entgeltgruppenzulage gemäß Anlage F Abschnitt I Nr. 6.)
2. Beschäftigte, die durch ausdrückliche Anordnung als ständige Vertreter von Leitern von Kindertagesstätten

   mit einer Durchschnittsbelegung von mindestens 40 Plätzen bestellt sind.

   (Beschäftigte in dieser Fallgruppe erhalten eine monatliche Entgeltgruppenzulage gemäß Anlage F Abschnitt I Nr. 6.)

20.3 Leiter von Kindertagesstätten für behinderte Menschen

Vorbemerkungen

1. Kindertagesstätten im Sinne der Tätigkeitsmerkmale dieses Unterabschnitts sind Krippen, Kindergärten, Horte, Kinderbetreuungsstuben und Kinderhäuser.
2. Der Ermittlung der Durchschnittsbelegung ist für das jeweilige Kalenderjahr grundsätzlich die Zahl der vom 1. Oktober bis 31. Dezember des vorangegangenen Kalenderjahres vergebenen, je Tag gleichzeitig belegbaren Plätze zugrunde zu legen.

Entgeltgruppe 11

Leiter von Kindertagesstätten für behinderte Menschen im Sinne des § 2 SGB IX oder für Kinder und/oder Jugendliche mit wesentlichen Erziehungsschwierigkeiten

mit einer Durchschnittsbelegung von mindestens 90 Plätzen.

Entgeltgruppe 10

1. Leiter von Kindertagesstätten für behinderte Menschen im Sinne des § 2 SGB IX oder für Kinder und/oder Jugendliche mit wesentlichen Erziehungsschwierigkeiten

    mit einer Durchschnittsbelegung von mindestens 70 Plätzen.

    (Beschäftigte in dieser Fallgruppe erhalten eine monatliche Entgeltgruppenzulage gemäß Anlage F Abschnitt I Nr. 3.)

2. Beschäftigte, die durch ausdrückliche Anordnung als ständige Vertreter von Leitern von Kindertagesstätten für behinderte Menschen im Sinne des § 2 SGB IX oder für Kinder und/oder Jugendliche mit wesentlichen Erziehungsschwierigkeiten

    mit einer Durchschnittsbelegung von mindestens 90 Plätzen bestellt sind.

    (Beschäftigte in dieser Fallgruppe erhalten eine monatliche Entgeltgruppenzulage gemäß Anlage F Abschnitt I Nr. 3.)

3. Leiter von Kindertagesstätten für behinderte Menschen im Sinne des § 2 SGB IX oder für Kinder und/oder Jugendliche mit wesentlichen Erziehungsschwierigkeiten

    mit einer Durchschnittsbelegung von mindestens 40 Plätzen.

4. Beschäftigte, die durch ausdrückliche Anordnung als ständige Vertreter von Leitern von Kindertagesstätten für behinderte Menschen im Sinne des § 2 SGB IX oder für Kinder und/oder Jugendliche mit wesentlichen Erziehungsschwierigkeiten

    mit einer Durchschnittsbelegung von mindestens 70 Plätzen bestellt sind.

Entgeltgruppe 9

1. Leiter von Kindertagesstätten für behinderte Menschen im Sinne des § 2 SGB IX oder für Kinder und/oder Jugendliche mit wesentlichen Erziehungsschwierigkeiten.

    (Beschäftigte in dieser Fallgruppe erhalten eine monatliche Entgeltgruppenzulage gemäß Anlage F Abschnitt I Nr. 5.)

2. Beschäftigte, die durch ausdrückliche Anordnung als ständige Vertreter von Leitern von Kindertagesstätten für behinderte Menschen im Sinne des § 2 SGB IX oder für Kinder und/oder Jugendliche mit wesentlichen Erziehungsschwierigkeiten

    mit einer Durchschnittsbelegung von mindestens 40 Plätzen bestellt sind.

    (Beschäftigte in dieser Fallgruppe erhalten eine monatliche Entgeltgruppenzulage gemäß Anlage F Abschnitt I Nr. 5.)

3. Beschäftigte, die durch ausdrückliche Anordnung als ständige Vertreter von Leitern von Kindertagesstätten für behinderte Menschen im Sinne des § 2 SGB IX oder für Kinder und/oder Jugendliche mit wesentlichen Erziehungsschwierigkeiten bestellt sind.

    (Stufe 3 nach 5 Jahren in Stufe 2, Stufe 4 nach 9 Jahren in Stufe 3, keine Stufen 5 und 6)

    (Beschäftigte in dieser Fallgruppe erhalten eine monatliche Entgeltgruppenzulage gemäß Anlage F Abschnitt I Nr. 7.)

20.4 Sozialarbeiter/Sozialpädagogen, Kinder- und Jugendlichenpsychotherapeuten/ Psychagogen, Bewährungshelfer, Heilpädagogen

Vorbemerkung

(1) [1]Beschäftigte, die nach diesem Unterabschnitt eingruppiert sind, erhalten für die Dauer der Tätigkeit in einem Erziehungsheim, einem Kinder- oder einem Jugendwohnheim oder einer vergleichbaren Einrichtung (Heim)

a) eine monatliche Zulage in Höhe von 61,36 Euro, wenn in dem Heim überwiegend behinderte Menschen im Sinne des § 2 SGB IX oder Kinder und/oder Jugendliche mit wesentlichen Erziehungsschwierigkeiten zum Zwecke der Erziehung, Ausbildung oder Pflege ständig untergebracht sind;
b) eine monatliche Zulage in Höhe von 30,68 Euro, wenn nicht überwiegend solche Personen ständig untergebracht sind.

²Die Zulage wird nur für Zeiträume gezahlt, in denen Beschäftigte einen Anspruch auf Entgelt oder Entgeltfortzahlung nach § 21 haben. ³Sie ist bei der Bemessung des Sterbegeldes (§ 23 Absatz 3) zu berücksichtigen.

(2) Absatz 1 gilt nicht für Beschäftigte der Entgeltgruppe 11 Fallgruppe 1 sowie Beschäftigte der Entgeltgruppe 10 Fallgruppe 2.

Entgeltgruppe 12

Sozialarbeiter/Sozialpädagogen mit staatlicher Anerkennung und entsprechender Tätigkeit sowie sonstige Beschäftigte, die aufgrund gleichwertiger Fähigkeiten und ihrer Erfahrungen entsprechende Tätigkeiten ausüben,

deren Tätigkeit sich durch das Maß der damit verbundenen Verantwortung erheblich aus der Entgeltgruppe 11 Fallgruppe 2 heraushebt.

Entgeltgruppe 11

1. Kinder- und Jugendlichenpsychotherapeuten/Psychagogen mit staatlicher Anerkennung oder staatlich anerkannter Prüfung und entsprechender Tätigkeit.
2. Sozialarbeiter/Sozialpädagogen mit staatlicher Anerkennung und entsprechender Tätigkeit sowie sonstige Beschäftigte, die aufgrund gleichwertiger Fähigkeiten und ihrer Erfahrungen entsprechende Tätigkeiten ausüben,

   deren Tätigkeit sich durch besondere Schwierigkeit und Bedeutung aus der Entgeltgruppe 9 Fallgruppe 1 heraushebt.

Entgeltgruppe 10

1. Sozialarbeiter/Sozialpädagogen mit staatlicher Anerkennung und entsprechender Tätigkeit sowie sonstige Beschäftigte, die aufgrund gleichwertiger Fähigkeiten und ihrer Erfahrungen entsprechende Tätigkeiten ausüben,

   deren Tätigkeit sich mindestens zu einem Drittel durch besondere Schwierigkeit und Bedeutung aus der Entgeltgruppe 9 Fallgruppe 1 heraushebt.
2. Bewährungshelfer.

Entgeltgruppe 9

1. Sozialarbeiter/Sozialpädagogen mit staatlicher Anerkennung und entsprechender Tätigkeit sowie sonstige Beschäftigte, die aufgrund gleichwertiger Fähigkeiten und ihrer Erfahrungen entsprechende Tätigkeiten ausüben,

   mit schwierigen Tätigkeiten.

   (Beschäftigte in dieser Fallgruppe erhalten eine monatliche Entgeltgruppenzulage gemäß Anlage F Abschnitt I Nr. 5.)

   (Hierzu Protokollerklärung)
2. Sozialarbeiter/Sozialpädagogen mit staatlicher Anerkennung und entsprechender Tätigkeit sowie sonstige Beschäftigte, die aufgrund gleichwertiger Fähigkeiten und ihrer Erfahrungen entsprechende Tätigkeiten ausüben.
3. Heilpädagogen mit staatlicher Anerkennung und entsprechender Tätigkeit.

   (Stufe 3 nach 5 Jahren in Stufe 2, Stufe 4 nach 9 Jahren in Stufe 3, keine Stufen 5 und 6)

Entgeltgruppe 8

Beschäftigte in der Tätigkeit von Sozialarbeitern/Sozialpädagogen mit staatlicher Anerkennung.

Protokollerklärung:

Schwierige Tätigkeiten sind z.B. die
a) Beratung von Suchtmittel-Abhängigen,
b) Beratung von HIV-Infizierten oder an AIDS erkrankten Personen,
c) begleitende Fürsorge für Heimbewohner und nachgehende Fürsorge für ehemalige Heimbewohner,
d) begleitende Fürsorge für Strafgefangene und nachgehende Fürsorge für ehemalige Strafgefangene,
e) Koordinierung der Arbeiten mehrerer Beschäftigter mindestens der Entgeltgruppe 9.

20.5 Beschäftigte im handwerklichen Erziehungsdienst

Vorbemerkung

[1]Beschäftigte, die nach diesem Unterabschnitt eingruppiert sind, erhalten für die Dauer der Tätigkeit in einem Erziehungsheim, einem Kinder- oder einem Jugendwohnheim oder einer vergleichbaren Einrichtung (Heim) eine monatliche Zulage in Höhe von 40,90 Euro, wenn in dem Heim überwiegend behinderte Menschen im Sinne des § 2 SGB IX oder Kinder und/oder Jugendliche mit wesentlichen Erziehungsschwierigkeiten zum Zwecke der Erziehung, Ausbildung oder Pflege ständig untergebracht sind. [2]Die Zulage wird nur für Zeiträume gezahlt, in denen Beschäftigte einen Anspruch auf Entgelt oder Entgeltfortzahlung nach § 21 haben. [3]Sie ist bei der Bemessung des Sterbegeldes (§ 23 Absatz 3) zu berücksichtigen.

Entgeltgruppe 9

1. Handwerksmeister, Industriemeister oder Gärtnermeister im handwerklichen Erziehungsdienst

   als Leiter von Ausbildungs- oder Berufsförderungswerkstätten oder Werkstätten für behinderte Menschen,

   deren Tätigkeit sich durch den Umfang und die Bedeutung ihres Aufgabengebietes wesentlich aus der Fallgruppe 2 heraushebt.

   (Beschäftigte in dieser Fallgruppe erhalten eine monatliche Entgeltgruppenzulage gemäß Anlage F Abschnitt I Nr. 5.)

2. Handwerksmeister, Industriemeister oder Gärtnermeister im handwerklichen Erziehungsdienst

   als Leiter von großen Ausbildungs- oder Berufsförderungswerkstätten oder Werkstätten für behinderte Menschen.

3. Handwerksmeister, Industriemeister oder Gärtnermeister im handwerklichen Erziehungsdienst

   als Leiter von Ausbildungs- oder Berufsförderungswerkstätten oder Werkstätten für behinderte Menschen.

   (Stufe 3 nach 5 Jahren in Stufe 2, Stufe 4 nach 9 Jahren in Stufe 3, keine Stufen 5 und 6)

4. Handwerksmeister, Industriemeister oder Gärtnermeister im handwerklichen Erziehungsdienst,

   die durch ausdrückliche Anordnung als ständige Vertreter von Leitern von Ausbildungs- oder Berufsförderungswerkstätten oder Werkstätten für behinderte Menschen der Fallgruppe 1 bestellt sind.

   (Stufe 3 nach 5 Jahren in Stufe 2, Stufe 4 nach 9 Jahren in Stufe 3, keine Stufen 5 und 6)

Entgeltgruppe 8

1. Beschäftigte im handwerklichen Erziehungsdienst mit abgeschlossener Berufsausbildung als Leiter von Ausbildungs- oder Berufsförderungswerkstätten oder Werkstätten für behinderte Menschen.
2. Beschäftigte im handwerklichen Erziehungsdienst mit abgeschlossener Berufsausbildung, die durch ausdrückliche Anordnung als ständige Vertreter von Leitern von großen Ausbildungs- oder Berufsförderungswerkstätten oder Werkstätten für behinderte Menschen bestellt sind.

Entgeltgruppe 6

Beschäftigte im handwerklichen Erziehungsdienst mit abgeschlossener Berufsausbildung.

Entgeltgruppe 3

Beschäftigte im handwerklichen Erziehungsdienst
mit Tätigkeiten, für die eine eingehende Einarbeitung bzw. eine fachliche Anlernung erforderlich ist, die über eine Einarbeitung im Sinne der Entgeltgruppe 2 hinausgeht.

Entgeltgruppe 2

Beschäftigte im handwerklichen Erziehungsdienst
mit einfachen Tätigkeiten.
(Hierzu Protokollerklärung)

Protokollerklärung:

[1]*Einfache Tätigkeiten sind Tätigkeiten, die weder eine Vor- noch eine Ausbildung, aber eine Einarbeitung erfordern, die über eine sehr kurze Einweisung oder Anlernphase hinausgeht.*
[2]*Die Einarbeitung dient dem Erwerb derjenigen Kenntnisse und Fertigkeiten, die für die Beherrschung der Arbeitsabläufe als solche erforderlich sind.*

20.6 Erzieherinnen, Kinderpflegerinnen

Vorbemerkung

(1) [1]Beschäftigte, die nach diesem Unterabschnitt eingruppiert sind, erhalten für die Dauer der Tätigkeit in einem Erziehungsheim, einem Kinder- oder einem Jugendwohnheim oder einer vergleichbaren Einrichtung (Heim)

a) eine monatliche Zulage in Höhe von 61,36 Euro, wenn in dem Heim überwiegend behinderte Menschen im Sinne des § 2 SGB IX oder Kinder und/oder Jugendliche mit wesentlichen Erziehungsschwierigkeiten zum Zwecke der Erziehung, Ausbildung oder Pflege ständig untergebracht sind;
b) eine monatliche Zulage in Höhe von 30,68 Euro, wenn nicht überwiegend solche Personen ständig untergebracht sind.

[2]Die Zulage wird nur für Zeiträume gezahlt, in denen Beschäftigte einen Anspruch auf Entgelt oder Entgeltfortzahlung nach § 21 haben. [3]Sie ist bei der Bemessung des Sterbegeldes (§ 23 Absatz 3) zu berücksichtigen.

(2) Absatz 1 gilt nicht für Beschäftigte der Entgeltgruppe 8 Fallgruppe 1.

Entgeltgruppe 9

1. Erzieherinnen mit staatlicher Anerkennung und entsprechender Tätigkeit sowie sonstige Beschäftigte, die aufgrund gleichwertiger Fähigkeiten und ihrer Erfahrungen entsprechende Tätigkeiten ausüben,

mit fachlich koordinierenden Aufgaben für mindestens drei Beschäftigte mindestens der Fallgruppe 2.

(Stufe 3 nach 5 Jahren in Stufe 2, Stufe 4 nach 9 Jahren in Stufe 3, keine Stufen 5 und 6)

(Beschäftigte in dieser Fallgruppe erhalten eine monatliche Entgeltgruppenzulage gemäß Anlage F Abschnitt I Nr. 7.)

(Hierzu Protokollerklärungen Nrn. 1 und 2)

2. Erzieherinnen mit staatlicher Anerkennung und entsprechender Tätigkeit sowie sonstige Beschäftigte, die aufgrund gleichwertiger Fähigkeiten und ihrer Erfahrungen entsprechende Tätigkeiten ausüben,

mit besonders schwierigen fachlichen Tätigkeiten.

(Stufe 3 nach 5 Jahren in Stufe 2, Stufe 4 nach 9 Jahren in Stufe 3, keine Stufen 5 und 6)

(Hierzu Protokollerklärungen Nrn. 1, 2 und 3)

Entgeltgruppe 8

1. Erzieherinnen mit staatlicher Anerkennung und entsprechender Tätigkeit sowie sonstige Beschäftigte, die aufgrund gleichwertiger Fähigkeiten und ihrer Erfahrungen entsprechende Tätigkeiten ausüben,

   in Schulkindergärten, Vorklassen oder Vermittlungsgruppen für nicht schulpflichtige Kinder.

   (Beschäftigte in dieser Fallgruppe erhalten eine monatliche Entgeltgruppenzulage gemäß Anlage F Abschnitt I Nr. 10.)

   (Hierzu Protokollerklärungen Nrn. 2 und 4)

2. Erzieherinnen mit staatlicher Anerkennung und entsprechender Tätigkeit sowie sonstige Beschäftigte, die aufgrund gleichwertiger Fähigkeiten und ihrer Erfahrungen entsprechende Tätigkeiten ausüben.

   (Hierzu Protokollerklärungen Nrn. 1 und 2)

Entgeltgruppe 6

Kinderpflegerinnen mit staatlicher Anerkennung oder mit staatlicher Prüfung und entsprechender Tätigkeit sowie sonstige Beschäftigte, die aufgrund gleichwertiger Fähigkeiten und ihrer Erfahrungen entsprechende Tätigkeiten ausüben,

mit schwierigen fachlichen Tätigkeiten.

(Hierzu Protokollerklärung Nr. 5)

Entgeltgruppe 5

1. Beschäftigte in der Tätigkeit von Erzieherinnen mit staatlicher Anerkennung.

   (Hierzu Protokollerklärung Nr. 1)

2. Kinderpflegerinnen mit staatlicher Anerkennung oder mit staatlicher Prüfung und entsprechender Tätigkeit sowie sonstige Beschäftigte, die aufgrund gleichwertiger Fähigkeiten und ihrer Erfahrungen entsprechende Tätigkeiten ausüben.

Entgeltgruppe 3

Beschäftigte in der Tätigkeit von Kinderpflegerinnen mit staatlicher Anerkennung.

Protokollerklärungen:

1. *Als entsprechende Tätigkeit von Erzieherinnen gilt auch die Betreuung von über 18-jährigen Personen (z.B. in Einrichtungen für behinderte Menschen im Sinne des § 2 SGB IX oder für Obdachlose).*

2. Nach diesem Tätigkeitsmerkmal eingruppiert sind auch
   a) Kindergärtnerinnen und Hortnerinnen mit staatlicher Anerkennung oder staatlicher Prüfung,
   b) Gesundheits- und Kinderkrankenpflegerinnen, die in Kinderkrippen tätig sind.
3. Besonders schwierige fachliche Tätigkeiten sind z.b. die
   a) Tätigkeiten in Integrationsgruppen (Erziehungsgruppen, denen besondere Aufgaben in der gemeinsamen Förderung behinderter und nicht behinderter Kinder zugewiesen sind) mit einem Anteil von mindestens einem Drittel von behinderten Kindern im Sinne des § 2 SGB IX in Einrichtungen der Kindertagesbetreuung,
   b) Tätigkeiten in Gruppen von behinderten Menschen im Sinne des § 2 SGB IX oder von Kindern und/oder Jugendlichen mit wesentlichen Erziehungsschwierigkeiten,
   c) Tätigkeiten in Jugendzentren/Häusern der offenen Tür,
   d) Tätigkeiten in geschlossenen (gesicherten) Gruppen,
   e) fachlichen Koordinierungstätigkeiten für mindestens vier Beschäftigte mindestens der Entgeltgruppe 6,
   f) Tätigkeiten einer Facherzieherin mit einrichtungsübergreifenden Aufgaben.
4. Die Tätigkeit setzt voraus, dass überwiegend Kinder, die im nächsten Schuljahr schulpflichtig werden, nach einem speziellen pädagogischen Konzept gezielt auf die Schule vorbereitet werden.
5. Schwierige fachliche Tätigkeiten sind z.B.
   a) Tätigkeiten in Einrichtungen für behinderte Menschen im Sinne des § 2 SGB IX und in psychiatrischen Kliniken,
   b) allein verantwortliche Betreuung von Gruppen z.B. in Randzeiten,
   c) Tätigkeiten in Integrationsgruppen (Erziehungsgruppen, denen besondere Aufgaben in der gemeinsamen Förderung behinderter und nicht behinderter Kinder zugewiesen sind) mit einem Anteil von mindestens einem Drittel von behinderten Kindern im Sinne des § 2 SGB IX in Einrichtungen der Kindertagesbetreuung,
   d) Tätigkeiten in Gruppen von behinderten Menschen im Sinne des § 2 SGB IX oder in Gruppen von Kindern und/oder Jugendlichen mit wesentlichen Erziehungsschwierigkeiten,
   e) Tätigkeiten in geschlossenen (gesicherten) Gruppen.

[…]

22. Ingenieure, Beschäftigte in technischen Berufen

22.1 Ingenieure

Vorbemerkung

Unter „technischer Ausbildung" ist der erfolgreiche Besuch einer Schule zu verstehen, deren Abschlusszeugnisse zum Eintritt in die Laufbahn des gehobenen technischen Dienstes bzw. zur entsprechenden Qualifikationsebene berechtigen.

Entgeltgruppe 13

1. Technische Beschäftigte mit technischer Ausbildung sowie sonstige Beschäftigte, die aufgrund gleichwertiger Fähigkeiten und ihrer Erfahrungen entsprechende Tätigkeiten ausüben,

   deren Tätigkeit sich zu mindestens einem Drittel durch das Maß der Verantwortung erheblich aus der Entgeltgruppe 12 Fallgruppe 1 heraushebt.
2. Vermessungstechnische und landkartentechnische Beschäftigte mit technischer Ausbildung sowie sonstige Beschäftigte, die aufgrund gleichwertiger Fähigkeiten und ihrer Erfahrungen entsprechende Tätigkeiten ausüben,

Entgeltordnung

deren Tätigkeit sich zu mindestens einem Drittel durch das Maß der Verantwortung erheblich aus der Entgeltgruppe 12 Fallgruppe 3 heraushebt.

(Hierzu Protokollerklärung Nr. 1)

Entgeltgruppe 12

1. Technische Beschäftigte mit technischer Ausbildung und langjähriger praktischer Erfahrung sowie sonstige Beschäftigte, die aufgrund gleichwertiger Fähigkeiten und ihrer Erfahrungen entsprechende Tätigkeiten ausüben, mit langjähriger praktischer Erfahrung,

    deren Tätigkeit sich durch besondere Schwierigkeit und Bedeutung oder durch künstlerische oder Spezialaufgaben aus der Entgeltgruppe 11 Fallgruppe 1 heraushebt.

2. Technische Beschäftigte mit technischer Ausbildung und langjähriger praktischer Erfahrung sowie sonstige Beschäftigte, die aufgrund gleichwertiger Fähigkeiten und ihrer Erfahrungen entsprechende Tätigkeiten ausüben, mit langjähriger praktischer Erfahrung,

    deren Tätigkeit sich zu mindestens einem Drittel durch besondere Schwierigkeit und Bedeutung oder durch künstlerische oder Spezialaufgaben aus der Entgeltgruppe 11 Fallgruppe 1 heraushebt.

3. Vermessungstechnische und landkartentechnische Beschäftigte mit technischer Ausbildung und langjähriger praktischer Erfahrung sowie sonstige Beschäftigte, die aufgrund gleichwertiger Fähigkeiten und ihrer Erfahrungen entsprechende Tätigkeiten ausüben, mit langjähriger praktischer Erfahrung,

    deren Tätigkeit sich durch besondere Schwierigkeit und Bedeutung oder durch schöpferische oder Spezialaufgaben aus der Entgeltgruppe 11 Fallgruppe 3 heraushebt.

    (Hierzu Protokollerklärungen Nrn. 1 und 2)

4. Vermessungstechnische und landkartentechnische Beschäftigte mit technischer Ausbildung und langjähriger praktischer Erfahrung sowie sonstige Beschäftigte, die aufgrund gleichwertiger Fähigkeiten und ihrer Erfahrungen entsprechende Tätigkeiten ausüben, mit langjähriger praktischer Erfahrung,

    deren Tätigkeit sich zu mindestens einem Drittel durch besondere Schwierigkeit und Bedeutung oder durch schöpferische oder Spezialaufgaben aus der Entgeltgruppe 11 Fallgruppe 3 heraushebt.

    (Hierzu Protokollerklärungen Nrn. 1 und 2)

Entgeltgruppe 11

1. Technische Beschäftigte mit technischer Ausbildung sowie sonstige Beschäftigte, die aufgrund gleichwertiger Fähigkeiten und ihrer Erfahrungen entsprechende Tätigkeiten ausüben,

    deren Tätigkeit sich durch besondere Leistungen aus der Entgeltgruppe 10 Fallgruppe 1 heraushebt.

    (Hierzu Protokollerklärung Nr. 3)

2. Technische Beschäftigte mit technischer Ausbildung sowie sonstige Beschäftigte, die aufgrund gleichwertiger Fähigkeiten und ihrer Erfahrungen entsprechende Tätigkeiten ausüben,

    deren Tätigkeit sich zu mindestens einem Drittel durch besondere Leistungen aus der Entgeltgruppe 10 Fallgruppe 1 heraushebt.

    (Hierzu Protokollerklärung Nr. 3)

3. Vermessungstechnische und landkartentechnische Beschäftigte mit technischer Ausbildung in selbständiger Tätigkeit sowie sonstige Beschäftigte in selbständiger Tätigkeit, die aufgrund gleichwertiger Fähigkeiten und ihrer Erfahrungen entsprechende Tätigkeiten ausüben,

deren Tätigkeit sich durch besondere Leistungen aus der Entgeltgruppe 10 Fallgruppe 2 heraushebt.
(Hierzu Protokollerklärung Nr. 1)
4. Vermessungstechnische und landkartentechnische Beschäftigte mit technischer Ausbildung in selbständiger Tätigkeit sowie sonstige Beschäftigte in selbständiger Tätigkeit, die aufgrund gleichwertiger Fähigkeiten und ihrer Erfahrungen entsprechende Tätigkeiten ausüben,

deren Tätigkeit sich zu mindestens einem Drittel durch besondere Leistungen aus der Entgeltgruppe 10 Fallgruppe 2 heraushebt.
(Hierzu Protokollerklärung Nr. 1)

Entgeltgruppe 10

1. Technische Beschäftigte mit technischer Ausbildung und entsprechender Tätigkeit sowie sonstige Beschäftigte, die aufgrund gleichwertiger Fähigkeiten und ihrer Erfahrungen entsprechende Tätigkeiten ausüben.
(Hierzu Protokollerklärung Nr. 4)
2. Vermessungstechnische und landkartentechnische Beschäftigte mit technischer Ausbildung und entsprechender Tätigkeit sowie sonstige Beschäftigte, die aufgrund gleichwertiger Fähigkeiten und ihrer Erfahrungen entsprechende Tätigkeiten ausüben.
(Hierzu Protokollerklärungen Nrn. 1 und 5)

Protokollerklärungen:

1. *(1) [1]Vermessungstechnische und landkartentechnische Beschäftigte, die vor dem 1. Juli 1972 eine der technischen Ausbildung nach der Vorbemerkung zu diesem Unterabschnitt gleichwertige behördliche Prüfung abgelegt haben, werden den vermessungstechnischen und landkartentechnischen Beschäftigten mit technischer Ausbildung nach der Vorbemerkung zu diesem Unterabschnitt gleichgestellt. [2]Das gleiche gilt, wenn die behördliche Prüfung nach dem 30. Juni 1972 abgelegt worden ist, die Ausbildung jedoch vor dem 1. Juli 1972 begonnen hat.*

   (2) [1]Den vermessungstechnischen Angestellten mit einer vor dem 1. Juli 1972 abgelegten gleichwertigen behördlichen Prüfung stehen die behördlich geprüften Kulturbautechniker gleich, die vor dem 1. Juli 1972 die behördliche Prüfung nach der hessischen Ausbildungs- und Prüfungsordnung für kulturbau-technische Angestellte der Wasserwirtschaftsverwaltung vom 21. Januar 1958 (Staats-Anzeiger für das Land Hessen S. 134) erfolgreich abgelegt haben. [2]Absatz 1 Satz 2 gilt entsprechend.

2. *Besonders schwierige Tätigkeiten und bedeutende Aufgaben im Sinne dieses Tätigkeitsmerkmals sind z.B.:*

   a) *Ausführung von umfangreichen Vermessungen zur Fortführung oder Neueinrichtung des Liegenschaftskatasters (Katastervermessungen) mit widersprüchlichen Unterlagen oder von umfangreichen Katastervermessungen mit gleichem Schwierigkeitsgrad (z.B. in Grubensenkungsgebieten);*

   b) *Absteckungen für umfangreiche Ingenieurbauten, z.B. Brücken-, Hochstraßen-, Tunnelabsteckungen oder Absteckungen anderer vergleichbarer Verkehrsbauten, ggf. einschließlich der Vor- und Folgearbeiten;*

   c) *Lagefestpunktvermessungen (Erkundung bzw. Erkundung und Messung) in engbebauten Gebieten oder unter gleich schwierigen Verhältnissen (Lagefestpunkte sind trigonometrische Polygon- und gleichwertige Punkte);*

   d) *Ausführung oder Auswertung von Präzisionsvermessungen in übergeordneten Netzen des Lage- oder Höhenfestpunktfeldes;*

   e) *Aufsichts- und Prüftätigkeit bei der Auswertung von Katastervermessungen mit widersprüchlichen Unterlagen oder bei kartografischen, nivellitischen, fotogrammetrischen, typografischen oder trigonometrischen Arbeiten oder bei Bodenordnungsver-*

fahren mit gleichem Schwierigkeitsgrad. (Das Fehlen der Aufsichtstätigkeit ist unerheblich, wenn dem Beschäftigten besonders schwierige Prüfungen übertragen sind, z.B. Prüftätigkeit zur Übernahme von Messungsschriften bei umfangreichen Fortführungs- oder Neuvermessungen auf Grund neuer Aufnahmenetze);
  f) Aufsichts- und Prüftätigkeit bei der Prüfung fertiger Arbeitsergebnisse der Flurbereinigung, ggf. einschließlich der Herstellung der Unterlagen für die Berichtigung des Grundbuches und der vermessungstechnischen Unterlagen für die Berichtigung des Liegenschaftskatasters, oder beim Ausbau der gemeinschaftlichen Anlagen in allen Verfahren eines Flurbereinigungsamtes. (Bei größeren Flurbereinigungsämtern kann dieses Merkmal auch von mehreren Beschäftigten erfüllt werden);
  g) Verantwortliche Ausführung der vermessungstechnischen Ingenieurarbeiten eines Flurbereinigungsverfahrens (ausführender vermessungstechnischer Sachbearbeiter oder erster technischer Sachbearbeiter);
  h) Vermessungstechnische Auswertung von Bauleitplänen unter besonderen technischen Schwierigkeiten.
3. *Besondere Leistungen sind z.B.: Aufstellung oder Prüfung von Entwürfen, deren Bearbeitung besondere Fachkenntnisse und besondere praktische Erfahrung oder künstlerische Begabung voraussetzt, sowie örtliche Leitung bzw. Mitwirkung bei der Leitung von schwierigen Bauten und Bauabschnitten sowie deren Abrechnung.*
4. *Entsprechende Tätigkeiten sind z.B.:*
  a) Aufstellung oder Prüfung von Entwürfen nicht nur einfacher Art einschließlich Massen-, Kosten- und statischen Berechnungen und Verdingungsunterlagen, Bearbeitung der damit zusammenhängenden laufenden technischen Angelegenheiten – auch im technischen Rechnungswesen –, örtliche Leitung oder Mitwirkung bei der Leitung von Bauten und Bauabschnitten sowie deren Abrechnung;
  b) Ausführung besonders schwieriger Analysen, Schiedsanalysen oder selbständige Erledigung neuartiger Versuche nach kurzer Weisung in Versuchslaboratorien, Versuchsanstalten und Versuchswerkstätten.
5. *Entsprechende Tätigkeiten sind z.B.:*
  – Ausführung oder Auswertung von trigonometrischen oder topografischen Messungen nach Lage und Höhe nicht nur einfacher Art, von Katastermessungen oder von bautechnischen Messungen nicht nur einfacher Art; fotogrammetrische Auswertungen und Entzerrungen,
  – kartografische Entwurfs- und Fortführungsarbeiten.

22.2 Techniker

Vorbemerkungen

1. (1) Die Tätigkeitsmerkmale dieses Unterabschnitts gelten auch für Kerntechniker, Reaktortechniker, Rechenmaschinentechniker, Synchrotrontechniker, Tieftemperaturtechniker und Vakuumtechniker in Kernforschungseinrichtungen.

    (2) Kernforschungseinrichtungen sind Reaktoren sowie Hochenergiebeschleuniger- und Plasmaforschungsanlagen und ihre hiermit räumlich oder funktionell verbundenen Institute und Einrichtungen.

    (3) Hochenergiebeschleunigeranlagen im Sinne dieser Regelung sind solche, deren Endenergie bei der Beschleunigung von Elektronen 100 Mill. Elektronenvolt (MeV), bei Protonen, Deuteronen und sonstigen schweren Teilchen 20 MeV überschreitet.

    (4) Plasmaforschungsanlagen im Sinne dieser Regelung sind solche Anlagen, deren Energiespeicher mindestens 1 Million Joule aufnimmt und mindestens 1 Million VA als Impulsleistung abgibt oder die für länger als 1 msec mit Magnetfeldern von mindestens 50.000 Gauß arbeiten und in denen eine kontrollierte Kernfusion angestrebt wird.

2. Die Tätigkeitsmerkmale dieses Unterabschnitts gelten auch für Beschäftigte, die diese Tätigkeiten unter der Bezeichnung „Baustellenaufseher (Bauaufseher)" oder unter der Bezeichnung „Zeichner" ausüben.

3. Für Beschäftigte mit einer Ausbildung als Chemotechniker im Sinne der Rahmenordnung der staatlichen Prüfung für Chemotechniker vom 14./15. Mai 1964 bzw. vom 31. 7. 1970 gelten die Tätigkeitsmerkmale des Unterabschnitts 3 (Technische Assistenten).

Entgeltgruppe 9
1. Staatlich geprüfte Techniker sowie sonstige Beschäftigte, die aufgrund gleichwertiger Fähigkeiten und ihrer Erfahrungen entsprechende Tätigkeiten ausüben,
   in einer Tätigkeit der Fallgruppe 2, die schwierige Aufgaben erfüllen.
   (Stufe 3 nach 5 Jahren in Stufe 2, Stufe 4 nach 9 Jahren in Stufe 3, keine Stufen 5 und 6)
   (Beschäftigte in dieser Fallgruppe erhalten eine monatliche Entgeltgruppenzulage gemäß Anlage F Abschnitt I Nr. 9.)
2. Staatlich geprüfte Techniker mit entsprechender Tätigkeit sowie sonstige Beschäftigte, die aufgrund gleichwertiger Fähigkeiten und ihrer Erfahrungen entsprechende Tätigkeiten ausüben,
   die selbständig tätig sind.
   (Stufe 3 nach 5 Jahren in Stufe 2, Stufe 4 nach 9 Jahren in Stufe 3, keine Stufen 5 und 6)

Entgeltgruppe 7
Staatlich geprüfte Techniker mit entsprechender Tätigkeit sowie sonstige Beschäftigte, die aufgrund gleichwertiger Fähigkeiten und ihrer Erfahrungen entsprechende Tätigkeiten ausüben.

22.3 Technische Assistenten
Vorbemerkung

Technische Assistenten mit staatlicher Anerkennung im Sinne der Tätigkeitsmerkmale dieses Unterabschnitts sind z.B. chemisch-technische Assistenten, physikalisch-technische Assistenten oder landwirtschaftlich-technische Assistenten jeweils mit staatlicher Anerkennung.

Entgeltgruppe 10

Technische Assistenten mit staatlicher Anerkennung mit entsprechender Tätigkeit,
die als Lehrkräfte an staatlich anerkannten Schulen für technische Assistenten eingesetzt sind und
deren Tätigkeit besondere Kenntnisse und Erfahrungen erfordert.

Entgeltgruppe 9
1. Technische Assistenten mit staatlicher Anerkennung mit entsprechender Tätigkeit,
   die als Lehrkräfte an staatlich anerkannten Schulen für technische Assistenten eingesetzt sind.
2. Technische Assistenten mit staatlicher Anerkennung mit entsprechender Tätigkeit,
   die schwierige Aufgaben erfüllen, die ein besonders hohes Maß an Verantwortlichkeit erfordern.
3. Technische Assistenten mit staatlicher Anerkennung mit entsprechender Tätigkeit,
   die schwierige Aufgaben erfüllen und in nicht unerheblichem Umfang verantwortlichere Tätigkeiten verrichten, sowie
   Laboranten mit Abschlussprüfung, die aufgrund gleichwertiger Fähigkeiten und ihrer Erfahrungen entsprechende Tätigkeiten ausüben.
   (Stufe 3 nach 5 Jahren in Stufe 2, Stufe 4 nach 9 Jahren in Stufe 3, keine Stufen 5 und 6)
   (Hierzu Protokollerklärung)

Entgeltgruppe 7

Technische Assistenten mit staatlicher Anerkennung mit entsprechender Tätigkeit sowie sonstige Beschäftigte, die aufgrund gleichwertiger Fähigkeiten und ihrer Erfahrungen entsprechende Tätigkeiten ausüben,
die schwierige Aufgaben erfüllen.

Entgeltgruppe 6

Technische Assistenten mit staatlicher Anerkennung mit entsprechender Tätigkeit sowie sonstige Beschäftigte, die aufgrund gleichwertiger Fähigkeiten und ihrer Erfahrungen entsprechende Tätigkeiten ausüben.

Protokollerklärung:

Der Umfang der verantwortlicheren Tätigkeiten ist nicht mehr unerheblich, wenn er etwa ein Viertel der gesamten Tätigkeit ausmacht.

22.4 Laboranten

Entgeltgruppe 7

Laboranten und Werkstoffprüfer mit Abschlussprüfung,
die sich in Entgeltgruppe 6 besonders bewährt haben, und deren Tätigkeit sich durch selbständige Leistungen aus der Entgeltgruppe 6 heraushebt.

Entgeltgruppe 6

Laboranten und Werkstoffprüfer mit Abschlussprüfung,
deren Tätigkeit sich durch besondere Leistungen aus der Entgeltgruppe 5 heraushebt.

Entgeltgruppe 5

Laboranten und Werkstoffprüfer mit Abschlussprüfung und entsprechender Tätigkeit.

Entgeltgruppe 4

Beschäftigte in der Tätigkeit von Laboranten oder Werkstoffprüfern,
deren Tätigkeit sich dadurch aus der Entgeltgruppe 3 heraushebt, dass sie schwierig ist.

Entgeltgruppe 3

Beschäftigte in der Tätigkeit von Laboranten oder Werkstoffprüfern.
(keine Stufe 6)

22.5 Zeichner

Entgeltgruppe 6

Zeichner mit entsprechender Abschlussprüfung (z.B. als Bauzeichner oder technischer Systemplaner) sowie sonstige Beschäftigte, die aufgrund gleichwertiger Fähigkeiten und ihrer Erfahrungen entsprechende Tätigkeiten ausüben,
die Tätigkeiten ausüben, die besondere Leistungen erfordern.
(Hierzu Protokollerklärung Nr. 1)

Entgeltgruppe 5

Zeichner mit entsprechender Abschlussprüfung (z.b. als Bauzeichner oder technischer Systemplaner) und entsprechender Tätigkeit sowie sonstige Beschäftigte, die aufgrund gleichwertiger Fähigkeiten und ihrer Erfahrungen entsprechende Tätigkeiten ausüben.

Entgeltgruppe 2

Zeichner mit einfacher Tätigkeit.
(Hierzu Protokollerklärung Nr. 2)

Protokollerklärungen:

1. *Besondere Leistungen sind z.B.: Anfertigung schwieriger Zeichnungen und Pläne nach nur groben Angaben oder nach Unterlagen ohne Anleitung sowie Erstellung der sich daraus ergebenden Detailzeichnungen, Ausführung der hiermit zusammenhängenden technischen Berechnungen wie Massenermittlungen bzw. Aufstellung von Stücklisten, selbständige Ermittlung technischer Daten und Werte und ihre Auswertung bei der Anfertigung von Plänen.*
2. *Einfache Tätigkeiten sind z.B.: Pausarbeiten, Ausziehen und Anlegen von Zeichnungen einfacherer Art, Übertragung von Zeichnungen einfacher Art im gleichen Maßstab oder mittels des Pantografen, Herstellung von Schaltungsskizzen usw. einfacherer Art nach Entwürfen oder nach besonderer Anleitung.*

22.6 Baustellenaufseher (Bauaufseher)

Entgeltgruppe 6

Baustellenaufseher (Bauaufseher),
deren Tätigkeit sich dadurch aus der Entgeltgruppe 4 heraushebt, dass schwierige Kontrollarbeiten zu verrichten sind.
(Hierzu Protokollerklärung)

Entgeltgruppe 4

Beschäftigte, die die vorgeschriebene Ausführung von Bauarbeiten und das Baumaterial nach Menge und Güte kontrollieren (Baustellenaufseher, Bauaufseher).

Entgeltgruppe 3

Beschäftigte in der Baustellen- bzw. Bauaufsicht
mit Tätigkeiten, für die eine eingehende Einarbeitung bzw. eine fachliche Anlernung erforderlich ist, die mehr als eine über eine sehr kurze Einweisung oder Anlernphase hinausgehende Einarbeitung erfordert.

Protokollerklärung:

Schwierige Kontrollarbeiten sind z.B.:
- *Festhalten von Zwischenaufmaßen, die während der Bauausführung erforderlich werden;*
- *Fertigen von einfacheren Aufmaßskizzen sowie einfacheren Flächen- und Massenberechnungen;*
- *Überwachen von Erdarbeiten in schwierigem Gelände;*
- *Kontrolle des Gefälles bei Gräben und Rohrleitungen;*
- *Kontrolle der Materialeinbringung für Stahlbetonarbeiten;*
- *Überwachen der Arbeiten zahlreicher Baugewerke auf größeren Baustellen.*

22.7 Modelleure

Vorbemerkung

Modelleure sind Beschäftigte, die zeichnerisch dargestellte Planaussagen – ggf. ergänzt durch eigene Feststellungen – unter Berücksichtigung der topografischen Verhältnisse in maßstäblich-wirklichkeitsgetreue dreidimensionale Anschauungsobjekte umsetzen, wenn für diese Tätigkeit eine besondere technische und künstlerische Befähigung erforderlich ist.

Entgeltgruppe 9

Modelleure im Bereich des Bau- und Planungswesens,
deren Tätigkeit sich dadurch aus der Entgeltgruppe 7 heraushebt, dass sie hochwertige Leistungen erfordert.
(Stufe 3 nach 5 Jahren in Stufe 2, Stufe 4 nach 9 Jahren in Stufe 3, keine Stufen 5 und 6)

Entgeltgruppe 7

Modelleure im Bereich des Bau- und Planungswesens,
deren Tätigkeit sich dadurch aus der Entgeltgruppe 6 heraushebt, dass sie besondere Leistungen erfordert.

Entgeltgruppe 6

Modelleure im Bereich des Bau- und Planungswesens.

Entgeltgruppe 3

Beschäftigte im Modellbau (Bereich Bau- und Planungswesen)
mit Tätigkeiten, für die eine eingehende Einarbeitung bzw. eine fachliche Anlernung erforderlich ist, die über eine Einarbeitung im Sinne der Entgeltgruppe 2 hinausgeht.

Entgeltgruppe 2

Beschäftigte im Modellbau (Bereich Bau- und Planungswesen)
mit einfachen Tätigkeiten.
(Hierzu Protokollerklärung)

Protokollerklärung:

[1]*Einfache Tätigkeiten sind Tätigkeiten, die weder eine Vor- noch eine Ausbildung, aber eine Einarbeitung erfordern, die über eine sehr kurze Einweisung oder Anlernphase hinausgeht.*
[2]*Die Einarbeitung dient dem Erwerb derjenigen Kenntnisse und Fertigkeiten, die für die Beherrschung der Arbeitsabläufe als solche erforderlich sind.*

22.8 Vermessungstechniker, Landkartentechniker, Planungstechniker

Vorbemerkung

Den Vermessungstechnikern mit Abschlussprüfung werden die nach der hessischen Ausbildungs- und Prüfungsordnung für kulturbautechnische Angestellte der Wasserwirtschaftsverwaltung vom 21. Januar 1958 (Staats-Anzeiger für das Land Hessen S. 134) ausgebildeten Kulturbautechniker mit verwaltungseigener Lehrabschlussprüfung gleichgestellt.

Entgeltgruppe 9

Vermessungstechniker und Geomatiker mit Abschlussprüfung sowie Landkartentechniker, Flurbereinigungstechniker, Katastertechniker und Planungstechniker mit verwaltungseigener

Abschlussprüfung sowie sonstige Beschäftigte, die aufgrund gleichwertiger Fähigkeiten und ihrer Erfahrungen entsprechende Tätigkeiten ausüben,

deren Tätigkeit sich dadurch aus der Entgeltgruppe 6 heraushebt, dass schwierige Aufgaben zu erfüllen sind.

(Stufe 3 nach 5 Jahren in Stufe 2, Stufe 4 nach 9 Jahren in Stufe 3, keine Stufen 5 und 6)

(Hierzu Protokollerklärung Nr. 1)

Entgeltgruppe 8

Vermessungstechniker und Geomatiker mit Abschlussprüfung sowie Landkartentechniker, Flurbereinigungstechniker, Katastertechniker und Planungstechniker mit verwaltungseigener Abschlussprüfung sowie sonstige Beschäftigte, die aufgrund gleichwertiger Fähigkeiten und ihrer Erfahrungen entsprechende Tätigkeiten ausüben,

deren Tätigkeit sich dadurch aus der Entgeltgruppe 6 heraushebt, dass mindestens zu einem Drittel schwierige Aufgaben zu erfüllen sind.

(Hierzu Protokollerklärung Nr. 1)

Entgeltgruppe 7

Vermessungstechniker und Geomatiker mit Abschlussprüfung sowie Landkartentechniker, Flurbereinigungstechniker, Katastertechniker und Planungstechniker mit verwaltungseigener Abschlussprüfung sowie sonstige Beschäftigte, die aufgrund gleichwertiger Fähigkeiten und ihrer Erfahrungen entsprechende Tätigkeiten ausüben,

deren Tätigkeit sich dadurch aus der Entgeltgruppe 6 heraushebt, dass in nicht unerheblichem Umfang schwierige Aufgaben zu erfüllen sind.

(Hierzu Protokollerklärungen Nrn. 1 und 2)

Entgeltgruppe 6

Vermessungstechniker und Geomatiker mit Abschlussprüfung sowie Landkartentechniker, Flurbereinigungstechniker, Katastertechniker und Planungstechniker mit verwaltungseigener Abschlussprüfung sowie sonstige Beschäftigte, die aufgrund gleichwertiger Fähigkeiten und ihrer Erfahrungen entsprechende Tätigkeiten ausüben,

deren Tätigkeit sich durch besondere Leistungen aus der Entgeltgruppe 5 heraushebt.

Entgeltgruppe 5

Vermessungstechniker und Geomatiker mit Abschlussprüfung sowie Landkartentechniker, Flurbereinigungstechniker, Katastertechniker und Planungstechniker mit verwaltungseigener Abschlussprüfung und entsprechender Tätigkeit sowie sonstige Beschäftigte, die aufgrund gleichwertiger Fähigkeiten und ihrer Erfahrungen entsprechende Tätigkeiten ausüben.

Protokollerklärungen:

1. *Schwierige Aufgaben im Sinne dieses Tätigkeitsmerkmals sind z.B.:*
   a) *Schwierige Einmessungen der Grenzen von Nutzungsarten oder Bodenklassen;*
   b) *Führung von Schätzungsrissen in Flurbereinigungsverfahren;*
   c) *Anpassen der Schätzungsgrenzen an die neuen Grenzen der Flurbereinigung sowie schwieriges Ausarbeiten der Schätzungsunterlagen (z.B. Rahmenkarten);*
   d) *Herstellen der Betriebskarte der Bewertungsstützpunkte bei schwierigen Verhältnissen (z.B. Teilzupachtungen);*
   e) *Gebäudeeinmessungen oder Lageplanvermessungen in bebauten Ortslagen, wenn die Messung behindert ist, oder bei gleich schwierigen Verhältnissen;*
   f) *einfachere Lagepasspunktbestimmungen;*
   g) *Nivellements zur Bestimmung von Höhenpasspunkten;*

EntgeltordnungAnlage A TV-L

h) Bearbeiten von schwierigeren Vermessungssachen im Innendienst (wie Bearbeiten von Fortführungsvermessungen bei einer größeren Zahl von Nachweisen);
i) in der Luftbildvermessung:
Vorbereiten der Kartenunterlagen für den Bildflug; Passpunktbestimmung; schwierige Einpassungen von Luftbildern in Kartengrundrisse unter gleichzeitiger topografischer Auswertung; selbständige fotogrammetrische Auswertungen an Geräten niederer Ordnung (z.B. Stereotop, Luftbildumzeichner); Radialschlitztriangulationen; Entzerrungen einfacherer Art;
j) schwierige Kartierungen zur Kartenneuherstellung und Kartenfortführung (wie Kartierung von Altstadtgebieten, von schwierigen Straßen- und Wasserlaufvermessungen);
k) schwieriges Einpassen vor Kartenteilen;
l) Generalisierung von Situation (ohne Ortsteile) und Gelände (Höhenlinien);
m) besonders schwierige Herstellung und Fortführung von Kartenoriginalen nach Entwurfsvorlagen – einschließlich Randbearbeitung und Ausführung von Korrekturen – in der Kartografie oder für das Liegenschaftskataster;
n) besonders schwierige Montagen bei inhaltsreichen Karten im Maßstab 1:25 000 und kleiner;
o) schwierige Übertragung und Generalisierung von Fachplanungen für das Raumordnungskataster (z.B. Neueintragung von Fachplanungen mit Maßstabsumstellung und Neudarstellung);
p) Ausarbeitung von Raumordnungsskizzen im Maßstab 1:25 000 für landesplanerische Rahmenprogramme;
q) besonders schwierige Fortführung der Kartenoriginale des Raumordnungskatasters;
r) besonders schwierige Ausarbeitungen in Kataster- und Umlegungsverfahren;
s) Führen von Fischwasser- und Jagdkataster.
2. Der Umfang der schwierigen Aufgaben ist nicht mehr unerheblich, wenn er etwa ein Viertel der gesamten Tätigkeit ausmacht.

22.9 Reproduktionstechnische Beschäftigte

Entgeltgruppe 9

Beschäftigte im Vermessungs- und Kartenwesen mit Abschlussprüfung in einem reproduktionstechnischen Beruf sowie sonstige Beschäftigte, die aufgrund gleichwertiger Fähigkeiten und ihrer Erfahrungen entsprechende Tätigkeiten ausüben,

die schwierige Aufgaben besonderer Art erfüllen.

(Stufe 3 nach 5 Jahren in Stufe 2, Stufe 4 nach 9 Jahren in Stufe 3, keine Stufen 5 und 6)

(Hierzu Protokollerklärungen Nrn. 1 und 2)

Entgeltgruppe 8

Beschäftigte im Vermessungs- und Kartenwesen mit Abschlussprüfung in einem reproduktionstechnischen Beruf sowie sonstige Beschäftigte, die aufgrund gleichwertiger Fähigkeiten und ihrer Erfahrungen entsprechende Tätigkeiten ausüben,

deren Tätigkeit sich dadurch aus der Entgeltgruppe 6 heraushebt, dass schwierige Aufgaben zu erfüllen sind.

(Hierzu Protokollerklärungen Nrn. 1 und 3)

Entgeltgruppe 7

Beschäftigte im Vermessungs- und Kartenwesen mit Abschlussprüfung in einem reproduktionstechnischen Beruf sowie sonstige Beschäftigte, die aufgrund gleichwertiger Fähigkeiten und ihrer Erfahrungen entsprechende Tätigkeiten ausüben,

deren Tätigkeit sich dadurch aus der Entgeltgruppe 6 heraushebt, dass in nicht unerheblichem Umfang schwierige Aufgaben zu erfüllen sind.
(Hierzu Protokollerklärungen Nrn. 1, 3 und 4)

Entgeltgruppe 6

Beschäftigte im Vermessungs- und Kartenwesen mit Abschlussprüfung in einem reproduktionstechnischen Beruf sowie sonstige Beschäftigte, die aufgrund gleichwertiger Fähigkeiten und ihrer Erfahrungen entsprechende Tätigkeiten ausüben,

deren Tätigkeit sich durch besondere Leistungen aus der Entgeltgruppe 5 heraushebt.
(Hierzu Protokollerklärung Nr. 1)

Entgeltgruppe 5

Beschäftigte im Vermessungs- und Kartenwesen mit Abschlussprüfung in einem reproduktionstechnischen Beruf und entsprechender Tätigkeit sowie sonstige Beschäftigte, die aufgrund gleichwertiger Fähigkeiten und ihrer Erfahrungen entsprechende Tätigkeiten ausüben.
(Hierzu Protokollerklärung Nr. 1)

Entgeltgruppe 4

1. Beschäftigte an Bürooffsetmaschinen.
2. Beschäftigte in Druckereien als Maschinenhelfer im Buch- oder Flachdruck oder als Anleger für großformatigen Mehrfarbendruck oder als Anleger beim Druck mehrfarbiger Landkarten.

Entgeltgruppe 3

Beschäftigte an Bürovervielfältigungsmaschinen und in der Mikroverfilmung.
(keine Stufe 6)

Entgeltgruppe 2

Beschäftigte in der Tätigkeit eines reproduktionstechnischen Berufs
mit einfachen Tätigkeiten.
(Hierzu Protokollerklärungen Nrn. 1 und 5)

Protokollerklärungen:

1. *Reproduktionstechnische Berufe sind:*
   Fotograf,
   Mediengestalter Digital und Print.
2. *Schwierige Aufgaben besonderer Art im Sinne dieses Tätigkeitsmerkmals sind z.B.:*
   – *schwieriges Einpassen von Kartenteilen;*
   – *besonders schwierige Montagen bei inhaltsreichen Karten im Maßstab 1:25 000 und kleiner.*
3. *Schwierige Aufgaben im Sinne dieses Tätigkeitsmerkmals sind z.B.:*
   – *Strichaufnahmen oder Halbtonaufnahmen nach Sollmaß und jeden Formats; Maßausgleich auf gegebenes Sollmaß; Herstellen von Rasterfilmen ein- und mehrfarbig, von Schummerungsvorlagen über Halbtonaufnahmen; selbständige Versuchs- und Entwicklungsarbeiten bei der Einführung neuer technischer Verfahren;*
   – *Zusammenkopie von einzelnen Kartenteilen mit Kartenrahmen bei der Neuherstellung sowie Einkopierung von Fortführungen in vorhandene Originale auf Folie und Glas mit kartografischer Passgenauigkeit.*

4. Der Umfang der schwierigen Aufgaben ist nicht mehr unerheblich, wenn er etwa ein Viertel der gesamten Tätigkeit ausmacht.
5. ¹Einfache Tätigkeiten sind Tätigkeiten, die weder eine Vor- noch eine Ausbildung, aber eine Einarbeitung erfordern, die über eine sehr kurze Einweisung oder Anlernphase hinausgeht. ²Die Einarbeitung dient dem Erwerb derjenigen Kenntnisse und Fertigkeiten, die für die Beherrschung der Arbeitsabläufe als solche erforderlich sind.

22.10 Operateure, Strahlenschutztechniker und Strahlenschutzlaboranten in Kernforschungseinrichtungen

Entgeltgruppe 9

1. Operateure,

    deren Tätigkeit sich dadurch aus der Entgeltgruppe 8 oder der Entgeltgruppe 6 heraushebt, dass sie aufgrund schwieriger Arbeitsabläufe besonders hohe Anforderungen stellt.
2. Strahlenschutztechniker,

    deren Tätigkeit sich durch ein hohes Maß an Verantwortung oder dadurch aus der Entgeltgruppe 7 heraushebt, dass schwierige Aufgaben zu erfüllen sind.

(Stufe 3 nach 5 Jahren in Stufe 2, Stufe 4 nach 9 Jahren in Stufe 3, keine Stufen 5 und 6)

(Hierzu Protokollerklärung)

Entgeltgruppe 8

Operateure,

deren Tätigkeit sich dadurch aus der Entgeltgruppe 6 heraushebt, dass sie besondere Zuverlässigkeit erfordert.

Entgeltgruppe 7

Beschäftigte im Strahlenschutz, die Kontrollbereiche selbständig überwachen oder Abschirmungs- und Dosisberechnungen durchführen (Strahlenschutztechniker).

(Hierzu Protokollerklärung)

Entgeltgruppe 6

Beschäftigte an Reaktoren, Beschleunigeranlagen, Tieftemperaturanlagen, heißen Zellen und vergleichbaren Experimentieranlagen, die eine oder mehrere der nachstehenden Aufgaben erfüllen:

a) Bedienung des Steuerpults eines Reaktors oder Beschleunigers und der Betriebskreisläufe,
b) Kontrolle und Bedienung von Experimentieranlagen und -kreisläufen,
c) Kontrolle und Bedienung der zu den in den Buchstaben a und b genannten Anlagen gehörenden Maschinenanlagen und Behebung von Störungen

(Operateure).

Entgeltgruppe 5

1. Beschäftigte während der Ausbildungszeit zum Operator.
2. Beschäftigte, die einfache Operateuraufgaben selbständig erledigen.
3. Strahlenschutzlaboranten,

    deren Tätigkeit sich dadurch aus der Entgeltgruppe 3 heraushebt, dass sie Strahlungsmessungen beurteilen und Empfehlungen für strahlenschutzgerechtes Verhalten geben.

Entgeltgruppe 3

Beschäftigte, die Strahlungsmessungen durchführen und protokollieren (Strahlenschutzlaboranten).

(keine Stufe 6)

Protokollerklärung:

Nach diesem Tätigkeitsmerkmal sind auch die Beschäftigten bei den Strahlenschutzmessstellen einzugruppieren.

22.11 Fotografen

Entgeltgruppe 9

1. Fotografen mit Abschlussprüfung sowie sonstige Beschäftigte, die aufgrund gleichwertiger Fähigkeiten und ihrer Erfahrungen entsprechende Tätigkeiten ausüben,

    deren Tätigkeit sich dadurch aus der Fallgruppe 4 heraushebt, dass in nicht unerheblichem Umfang selbständig neue Arbeitsverfahren zu entwickeln und zu erproben sind.

    (Hierzu Protokollerklärung Nr. 1)
2. Fotografen mit Abschlussprüfung und entsprechender Tätigkeit sowie sonstige Beschäftigte, die aufgrund gleichwertiger Fähigkeiten und ihrer Erfahrungen entsprechende Tätigkeiten ausüben,

    denen mindestens acht Beschäftigte dieses Unterabschnitts durch ausdrückliche Anordnung ständig unterstellt sind.

    (Stufe 3 nach 5 Jahren in Stufe 2, Stufe 4 nach 9 Jahren in Stufe 3, keine Stufen 5 und 6)
3. Fotografen mit Abschlussprüfung und entsprechender Tätigkeit sowie sonstige Beschäftigte, die aufgrund gleichwertiger Fähigkeiten und ihrer Erfahrungen entsprechende Tätigkeiten ausüben,

    denen mindestens vier Beschäftigte dieses Unterabschnitts mindestens der Entgeltgruppe 8 durch ausdrückliche Anordnung ständig unterstellt sind.

    (Stufe 3 nach 5 Jahren in Stufe 2, Stufe 4 nach 9 Jahren in Stufe 3, keine Stufen 5 und 6)
4. Fotografen mit Abschlussprüfung sowie sonstige Beschäftigte, die aufgrund gleichwertiger Fähigkeiten und ihrer Erfahrungen entsprechende Tätigkeiten ausüben,

    deren Tätigkeit sich dadurch aus der Entgeltgruppe 8 Fallgruppe 1 heraushebt, dass sie in Forschungseinrichtungen auszuüben ist und hohen wissenschaftlichen Ansprüchen genügende Arbeitsergebnisse zu erbringen sind.

    (Stufe 3 nach 5 Jahren in Stufe 2, Stufe 4 nach 9 Jahren in Stufe 3, keine Stufen 5 und 6)

Entgeltgruppe 8

1. Fotografen mit Abschlussprüfung sowie sonstige Beschäftigte, die aufgrund gleichwertiger Fähigkeiten und ihrer Erfahrungen entsprechende Tätigkeiten ausüben,

    deren Tätigkeit sich dadurch aus der Entgeltgruppe 6 heraushebt, dass sie besonders schwierig ist.

    (Hierzu Protokollerklärung Nr. 2)
2. Fotografen mit Abschlussprüfung und entsprechender Tätigkeit sowie sonstige Beschäftigte, die aufgrund gleichwertiger Fähigkeiten und ihrer Erfahrungen entsprechende Tätigkeiten ausüben,

    denen mindestens vier Beschäftigte dieses Unterabschnitts durch ausdrückliche Anordnung ständig unterstellt sind.

Entgeltordnung

Anlage A TV-L

Entgeltgruppe 6

Fotografen mit Abschlussprüfung sowie sonstige Beschäftigte, die aufgrund gleichwertiger Fähigkeiten und ihrer Erfahrungen entsprechende Tätigkeiten ausüben,
mit schwieriger Tätigkeit.
(Hierzu Protokollerklärung Nr. 3)

Entgeltgruppe 5

Fotografen mit Abschlussprüfung und entsprechender Tätigkeit sowie sonstige Beschäftigte, die aufgrund gleichwertiger Fähigkeiten und ihrer Erfahrungen entsprechende Tätigkeiten ausüben.

Entgeltgruppe 3

Beschäftigte mit fotografischen Tätigkeiten, für die eine eingehende Einarbeitung bzw. eine fachliche Anlernung erforderlich ist, die über eine Einarbeitung im Sinne der Entgeltgruppe 2 hinausgeht.

Entgeltgruppe 2

Beschäftigte mit einfachen fotografischen Tätigkeiten.
(Hierzu Protokollerklärung Nr. 4)

Protokollerklärungen:

1. *Der Umfang der Tätigkeit ist nicht mehr unerheblich, wenn er etwa ein Viertel der gesamten Tätigkeit ausmacht.*
2. *Besonders schwierige Tätigkeit ist das selbständige Herstellen objektgerechter fotografischer Aufnahmen unter Berücksichtigung der jeweiligen fachlichen Anforderungen bei besonders erschwerten fototechnischen Aufnahmebedingungen, z.B.*
   – *Aufnahmen von schlecht sichtbaren Spuren im Polizeidienst;*
   – *Intraoralaufnahmen, Aufnahme eines Lehrfilmes bei einer Shuntoperation im medizinischen Bereich;*
   – *Aufnahmen, die die besondere Herausarbeitung bestimmter für die wissenschaftliche Bearbeitung notwendiger Merkmale erfordern, in der Forschung und in der Materialprüfung.*
3. *Schwierige Tätigkeit ist das selbständige Herstellen objektgerechter fotografischer Aufnahmen unter Berücksichtigung der jeweiligen fachlichen Anforderungen, z.B.*
   – *Aufnahmen zur Beweissicherung an Tat- und Unfallorten im Polizeidienst;*
   – *Operationsaufnahmen im medizinischen Bereich;*
   – *Aufnahmen bei der Durchführung von Forschungsaufgaben, für Lehrzwecke oder bei Versuchen zur Materialprüfung in den Bereichen der Forschung, der wissenschaftlichen Lehre und der Materialprüfung.*
4. [1]*Einfache Tätigkeiten sind Tätigkeiten, die weder eine Vor- noch eine Ausbildung, aber eine Einarbeitung erfordern, die über eine sehr kurze Einweisung oder Anlernphase hinausgeht.* [2]*Die Einarbeitung dient dem Erwerb derjenigen Kenntnisse und Fertigkeiten, die für die Beherrschung der Arbeitsabläufe als solche erforderlich sind.*

22.12 Fotolaboranten

Entgeltgruppe 6

Fotolaboranten mit Abschlussprüfung,
deren Tätigkeit sich dadurch aus der Entgeltgruppe 4 heraushebt, dass bei Colorentwicklungsarbeiten selbständig Filterbestimmungen zur Erzielung höchster Farbgenauigkeit oder besonderer Farbdarstellung vorzunehmen sind.

Entgeltgruppe 4
Fotolaboranten mit Abschlussprüfung und entsprechender Tätigkeit.

Entgeltgruppe 3
Beschäftigte in der Tätigkeit von Fotolaboranten mit Abschlussprüfung.

Entgeltgruppe 2
Beschäftigte in Fotolaboren
mit einfachen Tätigkeiten.
(Hierzu Protokollerklärung)

Protokollerklärung:

[1]Einfache Tätigkeiten sind Tätigkeiten, die weder eine Vor- noch eine Ausbildung, aber eine Einarbeitung erfordern, die über eine sehr kurze Einweisung oder Anlernphase hinausgeht.
[2]Die Einarbeitung dient dem Erwerb derjenigen Kenntnisse und Fertigkeiten, die für die Beherrschung der Arbeitsabläufe als solche erforderlich sind.

[...]

Teil III Beschäftigte mit körperlich/handwerklich geprägten Tätigkeiten
Vorbemerkungen zu Teil III der Entgeltordnung

1. [1]Die Fallgruppen des Abschnitts 1 (Allgemeine Tätigkeitsmerkmale) gelten, sofern die Tätigkeit nicht in besonderen Tätigkeitsmerkmalen der Abschnitte 2 und 3 aufgeführt ist. [2]Dies gilt nicht für Beschäftigte der Entgeltgruppe 2, die überwiegend Arbeiten zu verrichten haben, die die Körperkräfte außerordentlich beanspruchen.
2. (1) [1]Die besonderen Tätigkeitsmerkmale des Abschnitts 3, die für bestimmte Verwaltungen, Ämter und Betriebe (z.B. für die Polizeiverwaltung) vorgesehen sind, gelten nur für die Beschäftigten in diesen Verwaltungen, Ämtern und Betrieben. [2]Das schließt nicht aus, dass Beschäftigte außerhalb dieser Verwaltungen, Ämter und Betriebe, die gleichartige Tätigkeiten zu verrichten haben, bei Erfüllung der allgemeinen Tätigkeitsmerkmale in dieselbe Entgeltgruppe eingruppiert sind.

    (2) Die Tätigkeitsmerkmale, die für ein bestimmtes Fachgebiet (z.B. für das Vermessungswesen) vorgesehen sind, gelten für alle Beschäftigten in diesem Fachgebiet ohne Rücksicht darauf, in welcher Verwaltung, welchem Amt oder Betrieb sie tätig sind.
3. Erfolgt eine Eingruppierung nach einem besonderen Tätigkeitsmerkmal, kommt es auf die berufliche Vorbildung nicht an, es sei denn, das Tätigkeitsmerkmal fordert eine bestimmte Ausbildung oder eine andere berufliche Qualifikation.
4. (1) [1]Anerkannte Ausbildungsberufe sind die nach dem Berufsbildungsgesetz staatlich anerkannten oder als staatlich anerkannt geltenden Ausbildungsberufe. [2]In besonderen Tätigkeitsmerkmalen genannte Ausbildungsberufe umfassen auch die entsprechenden früheren Ausbildungsberufe.

    (2) Der Besitz eines Handwerksmeisterbriefs, eines Industriemeisterbriefs oder eines Meisterbriefs in einem anderen anerkannten Ausbildungsberuf hat keinen Einfluss auf die Eingruppierung, soweit dieser nicht ausdrücklich in einem Tätigkeitsmerkmal gefordert ist.

    (3) Zu den Beschäftigten mit erfolgreich abgeschlossener Ausbildung in einem einschlägigen anerkannten Ausbildungsberuf mit einer Ausbildungsdauer von mindestens drei Jahren gehören auch die Beschäftigten der Entgeltgruppe 5 Fallgruppe 2 mit verwaltungseigener Prüfung.

5. Die Besatzungen von Wasserfahrzeugen der Polizeiverwaltungen sind wie die entsprechenden Beschäftigten in der Binnen- bzw. Seeschifffahrt (Teil II Abschnitt 19) eingruppiert.
6. Für die Beschäftigten der Häfen des Landes Niedersachsen gelten auch die Tätigkeitsmerkmale für die Beschäftigten im Wasserbau.
7. Die Richtlinien für die verwaltungseigenen Prüfungen, deren Ablegung die Voraussetzung für die Eingruppierung in bestimmte Entgeltgruppen bildet, sind im Anhang zu Teil III festgelegt.
8. (1) [1]Beschäftigte, die zu Vorarbeitern von Beschäftigten der Entgeltgruppen 1 bis 4 bestellt worden sind, erhalten für die Dauer der Tätigkeit als solche eine monatliche Zulage gemäß Anlage F Abschnitt III Nr. 1. [2]Beschäftigte, die zu Vorarbeitern von Beschäftigten mindestens der Entgeltgruppe 5 bestellt worden sind, erhalten für die Dauer der Tätigkeit als solche eine monatliche Zulage gemäß Anlage F Abschnitt III Nr. 2. [3]Die Vorarbeiterzulage verändert sich bei allgemeinen Entgeltanpassungen um den von den Tarifvertragsparteien für die jeweilige Entgeltgruppe festgelegten Vomhundertsatz; Sockelbeträge, Mindestbeträge und vergleichbare nichtlineare Steigerungen bleiben unberücksichtigt.

(2) [1]Sofern ein Anspruch auf die Vorarbeiterzulage nicht für alle Tage eines Kalendermonats besteht, gilt § 24 Absatz 3. [2]Wird die Bestellung zum Vorarbeiter widerrufen, so wird die Vorarbeiterzulage für die Dauer von zwei Wochen weitergezahlt, es sei denn, dass die Bestellung von vornherein für eine bestimmte Zeit erfolgt ist.

(3) [1]Vorarbeiter sind Beschäftigte, die durch schriftliche Verfügung zu Gruppenführern von Beschäftigten bestellt worden sind und selbst mitarbeiten. [2]Die Gruppe muss außer dem Vorarbeiter aus mindestens zwei Beschäftigten bestehen. [3]Zur Arbeit zugeteilte Insassen von psychiatrischen Krankenanstalten, Justizvollzugsanstalten, Landesblindenanstalten, Landesjugendheimen und Beschäftigte von Firmen rechnen wie entsprechende Beschäftigte. [4]Auszubildende nach dem Tarifvertrag für Auszubildende der Länder nach dem Berufsbildungsgesetz (TVA-L BBiG) vom 12. Oktober 2006 in der jeweils geltenden Fassung ab dem dritten Ausbildungsjahr als Beschäftigte der Entgeltgruppe 5 Fallgruppe 1 gerechnet werden.

(4) Beschäftigte, bei denen die Aufsichtsfunktion zum Inhalt ihrer Tätigkeit gehört, sind nicht Vorarbeiter im Sinne dieser Vorschrift.

(5) Bei der Sicherung des Lohnstandes nach der Protokollerklärung zum 3. Abschnitt des TVÜ-Länder gilt die Vorarbeiterzulage als Bestandteil des Monatstabellenlohnes.

1. Allgemeine Tätigkeitsmerkmale
Entgeltgruppe 7

Beschäftigte der Entgeltgruppe 5 Fallgruppen 1 und 2,
die besonders hochwertige Arbeiten verrichten.
(Hierzu Protokollerklärung Nr. 1)

Entgeltgruppe 6

Beschäftigte der Entgeltgruppe 5 Fallgruppen 1 und 2,
die hochwertige Arbeiten verrichten.
(Hierzu Protokollerklärung Nr. 2)

Entgeltgruppe 5

1. Beschäftigte mit erfolgreich abgeschlossener Ausbildung in einem anerkannten Ausbildungsberuf
   mit einer Ausbildungsdauer von mindestens drei Jahren,
   die in ihrem oder einem diesem verwandten Beruf beschäftigt werden.

2. Beschäftigte,
   die nach einer mindestens dreijährigen ununterbrochenen Beschäftigung in einem anerkannten Ausbildungsberuf mit einer Ausbildungsdauer von mindestens drei Jahren eine verwaltungseigene Prüfung erfolgreich abgelegt haben und
   eine entsprechende Tätigkeit ausüben.

Entgeltgruppe 4

Beschäftigte mit erfolgreich abgeschlossener Ausbildung in einem anerkannten Ausbildungsberuf
mit einer Ausbildungsdauer von weniger als drei Jahren,
die in ihrem oder einem diesem verwandten Beruf beschäftigt werden.

Entgeltgruppe 3

1. Beschäftigte
   mit Tätigkeiten, für die eine eingehende Einarbeitung erforderlich ist.
   (Keine Stufe 6)
2. Angelernte Beschäftigte.
   (Hierzu Protokollerklärung Nr. 3)
3. Beschäftigte
   mit Tätigkeiten der Entgeltgruppe 2,
   die die Körperkräfte außerordentlich beanspruchen oder mit besonderer Verantwortung verbunden sind.

Entgeltgruppe 2

Beschäftigte
mit einfachen Tätigkeiten.
(Hierzu Protokollerklärung Nr. 4)

Entgeltgruppe 1

Beschäftigte
mit einfachsten Tätigkeiten.
(Hierzu Protokollerklärung Nr. 5)

Protokollerklärungen:

1. *Besonders hochwertige Arbeiten sind Arbeiten, die neben vielseitigem hochwertigem fachlichen Können besondere Umsicht und Zuverlässigkeit erfordern.*
2. *Hochwertige Arbeiten sind Arbeiten, die an das Überlegungsvermögen und das fachliche Geschick des Beschäftigten Anforderungen stellen, die über das Maß dessen hinausgehen, das von einem solchen Beschäftigten üblicherweise verlangt werden kann.*
3. *Das sind Beschäftigte mit Tätigkeiten, die eine handwerkliche oder fachliche Anlernung erfordern.*
4. *[1]Einfache Tätigkeiten sind Tätigkeiten, die weder eine Vor- noch eine Ausbildung, aber eine Einarbeitung erfordern, die über eine sehr kurze Einweisung oder Anlernphase hinausgeht. [2]Die Einarbeitung dient dem Erwerb derjenigen Kenntnisse und Fertigkeiten, die für die Beherrschung der Arbeitsabläufe als solche erforderlich sind.*
5. *[1]Einfachste Tätigkeiten üben z.B. aus*
   – *Essens- und Getränkeausgeber,*
   – *Garderobenpersonal,*

- Beschäftigte, die spülen, Gemüse putzen oder sonstige Tätigkeiten im Haus- und Küchenbereich ausüben,
- Reiniger in Außenbereichen wie Höfen, Wegen, Grünanlagen, Parks,
- Wärter von Bedürfnisanstalten,
- Servierer,
- Hausarbeiter und
- Hausgehilfen.

[2]*Ergänzungen können durch landesbezirklichen Tarifvertrag geregelt werden.*

2. Besondere Tätigkeitsmerkmale für sämtliche Bereiche

2.1 Facharbeiter

Entgeltgruppe 9

1. Beschäftigte der Entgeltgruppe 5 Fallgruppe 1 des Abschnitts 1

    mit erfolgreich abgeschlossener Ausbildung in einem einschlägigen anerkannten Ausbildungsberuf mit einer Ausbildungsdauer von dreieinhalb Jahren,

    die als Bediener von CNC-gesteuerten Maschinen komplizierte Werkstücke aus unterschiedlichen Materialien herstellen und dafür selbständig nach Fertigungsunterlagen Arbeitsablaufprogramme ergänzen, Maschinenprogramme eingeben, testen und fahren sowie Programmfehler feststellen und beseitigen.

    (Stufe 4 nach 7 Jahren in Stufe 3, keine Stufen 5 und 6)

2. Beschäftigte der Entgeltgruppe 5 Fallgruppe 1 des Abschnitts 1

    mit erfolgreich abgeschlossener Ausbildung in einem einschlägigen anerkannten Ausbildungsberuf mit einer Ausbildungsdauer von dreieinhalb Jahren,

    die bei Einsatz von Laserschneidtechnik und Lasergraviertechnik selbständig Arbeitsablaufprogramme ergänzen, eingeben, testen und fahren sowie Programmfehler feststellen und beseitigen.

    (Stufe 4 nach 7 Jahren in Stufe 3, keine Stufen 5 und 6)

3. Beschäftigte der Entgeltgruppe 5 Fallgruppe 1 des Abschnitts 1

    mit erfolgreich abgeschlossener Ausbildung in einem einschlägigen anerkannten Ausbildungsberuf mit einer Ausbildungsdauer von mindestens drei Jahren

    mit Meisterbrief,

    die in großen Arbeitsstätten mit zentraler Haus- und Betriebstechnik komplizierte Anlagen warten, instand setzen, die Betriebsbereitschaft gewährleisten und in der Lage sind, die Regelung und Steuerung der Anlagen technischen Änderungen anzupassen.

    (Stufe 4 nach 7 Jahren in Stufe 3, keine Stufen 5 und 6)

    (Hierzu Protokollerklärungen Nrn. 1 und 2)

Entgeltgruppe 8

Aufzugsmonteure

mit einschlägiger Ausbildung nach Entgeltgruppe 5 Fallgruppe 1 des Abschnitts 1,

die elektrisch gesteuerte Aufzüge oder sonstige komplizierte Aufzugsanlagen mit Befehlsspeicherung unter Einbeziehung des eigentlichen Steuerteils warten und instand setzen.

Entgeltgruppe 7

Aufzugsmonteure.

Protokollerklärungen:

1. *Einschlägige anerkannte Ausbildungsberufe im Sinne dieses Tätigkeitsmerkmals sind z.B. Systemelektroniker, Elektroniker für Betriebstechnik, Mechatroniker für Kältetechnik,*

Anlagenmechaniker für Sanitär-, Heizungs- und Klimatechnik, Elektroniker für Automatisierungstechnik.
2. *Komplizierte Anlagen im Sinne dieses Tätigkeitsmerkmals sind z.b. zentrale Mess-, Steuer- und Regelanlagen für Heiz-, Klima-, Sanitär- und Elektrotechnik.*

2.2 Fahrer, Maschinenführer, Tankwarte und Wagenpfleger

Entgeltgruppe 5

1. Führer von Baugeräten und Erdbewegungsmaschinen (z.b. Bagger, Krane, Planierraupen, Straßenhobel, Walzen).
2. Fahrer von Lastkraftwagen oder Lastkraftwagenzügen
   mit einem Ladegewicht von mehr als 5 t.
   (Hierzu Protokollerklärung Nr. 1)
3. Fahrer von Mehrzweckfahrzeugen (Unimog u.a.)
   bei regelmäßiger Verwendung verschiedener Anbaugeräte.
   (Hierzu Protokollerklärungen Nrn. 2 und 3)
4. Fahrer von Omnibussen
   mit mindestens 14 Fahrgastsitzen.

Entgeltgruppe 4

1. Fahrer von Elektrofahrzeugen oder Elektrokarren,
   die nach der Straßenverkehrszulassungsordnung mit amtlichen Kennzeichen zum Verkehr zugelassen sind und überwiegend im öffentlichen Verkehr eingesetzt sind.
2. Fahrer von Gabelstaplern,
   die nach der Straßenverkehrszulassungsordnung mit amtlichen Kennzeichen zum Verkehr zugelassen sind und überwiegend im öffentlichen Verkehr eingesetzt sind.
3. Fahrer von Gabelstaplern
   mit einer Hubkraft von mehr als 1 t, die nicht zum öffentlichen Verkehr zugelassen sind.
4. Kraftwagenfahrer.

Entgeltgruppe 3

1. Fahrer von Elektrofahrzeugen oder Elektrokarren.
2. Fahrer von Gabelstaplern,
   die nicht zum öffentlichen Verkehr zugelassen sind.
3. Tankwarte ohne abgeschlossene Ausbildung als Tankwart.
4. Wagenpfleger.

Protokollerklärungen:

1. *Bei Verringerung des Ladegewichts durch Anbringen von Ladegeräten oder anderen Geräten ist vom Ladegewicht ohne Geräte auszugehen.*
2. *Eine regelmäßige Verwendung verschiedener Anbaugeräte liegt vor, wenn verschiedene Anbaugeräte in ständiger Wiederkehr, jedoch nicht nur gelegentlich verwendet werden.*
3. *Durch die Eingruppierung sind die Zuschläge nach § 29 MTArb – ausgenommen die Zuschläge nach Nr. A 20 Buchst. c) und d), Nrn. A 25 bis 28 und A 82 sowie Nrn. M 7 und 8 TVZ zum MTL II – im Zusammenhang mit der Verwendung der Anbaugeräte abgegolten.*

2.3 Hausmeister, Sportplatzmeister, Pförtner, Reinigungs- und Wachpersonal

Vorbemerkung

Abweichend von der Protokollerklärung zu Nr. 2 der Vorbemerkungen zu allen Teilen der Entgeltordnung sind in diesem Unterabschnitt auch Beschäftigte eingruppiert, die bei Fortgeltung des alten Rechts

– in Vergütungsgruppe IXb Fallgruppe 1 oder in Vergütungsgruppe VIII Fallgruppe 2 des Teils II Abschnitt H (Hausmeister an Theatern und Bühnen) oder
– in Teil II Abschnitt O (Schulhausmeister und Hausmeister in Verwaltungsgebäuden)

der Anlage 1a zum BAT/BAT-O eingruppiert gewesen wären.

Entgeltgruppe 5

1. Hausmeister mit erfolgreich abgeschlossener Ausbildung in einem einschlägigen anerkannten Ausbildungsberuf mit einer Ausbildungsdauer von mindestens drei Jahren.
2. Sportplatzwarte (Sportplatzmeister) mit erfolgreich abgeschlossener Ausbildung in einem einschlägigen anerkannten Ausbildungsberuf mit einer Ausbildungsdauer von mindestens drei Jahren.

Entgeltgruppe 4

1. Hausmeister.
2. Sportplatzwarte (Sportplatzmeister).

Entgeltgruppe 3

1. Pförtner
    a) an verkehrsreichen Eingängen,
    b) mit einfachem Fernsprechvermittlungsdienst,
    c) die in nicht unerheblichem Umfang mit schriftlichen Arbeiten beschäftigt werden oder
    d) mit Fernsprechvermittlungsdienst mit mehr als einem Amtsanschluss.
    (Hierzu Protokollerklärung)
2. Wächter mit Dienstwaffen, Begleithunden oder im Freien.
3. Pförtner.
    (keine Stufe 6)
4. Reiniger von Werkstätten und Maschinenhallen.
    (keine Stufe 6)

Entgeltgruppe 2

1. Reiniger auf selbst fahrenden Reinigungsmaschinen, die diese Maschinen auch warten.
2. Wächter.
3. Reiniger, soweit nicht in Entgeltgruppe 1 eingruppiert.
    (keine Stufe 6)

Protokollerklärung:

Zu den schriftlichen Arbeiten gehört nicht das Ausfüllen von Besucherzetteln.

2.4 Beschäftigte in der Entsorgung
Entgeltgruppe 4
1. Tierkörperverwerter ohne abgeschlossene Ausbildung in einem anerkannten Ausbildungsberuf in Tierkörperbeseitigungsanstalten.
2. Geprüfte Klärwärter.

Entgeltgruppe 3
Klärarbeiter.

2.5 Kesselwärter (Heizer), Maschinisten, Turbinenmaschinisten und Schichtführer an Hochdruckkesselanlagen
Entgeltgruppe 8
1. Kesselwärter (Heizer)
   a) mit erfolgreich abgeschlossener Ausbildung als Anlagenmechaniker für Sanitär-, Heizungs- und Klimatechnik oder in einem artverwandten anerkannten metallverarbeitenden oder in einem anerkannten elektrotechnischen Ausbildungsberuf mit einer Ausbildungsdauer von mindestens drei Jahren oder
   b) mit Kesselwärterprüfung,

   die eine Heizungsanlage mit mindestens 29,308 Mio. kJ/h oder mehrere Heizungsanlagen mit zusammen mindestens 29,308 Mio. kJ/h verantwortlich betreiben,

   wenn ihnen mindestens drei Kesselwärter (Heizer) mit Ausbildung nach Buchstabe a) oder Buchstabe b) unterstellt sind.
2. Kesselwärter (Heizer)
   a) mit erfolgreich abgeschlossener Ausbildung als Anlagenmechaniker für Sanitär-, Heizungs- und Klimatechnik oder in einem artverwandten anerkannten metallverarbeitenden oder in einem anerkannten elektrotechnischen Ausbildungsberuf mit einer Ausbildungsdauer von mindestens drei Jahren oder
   b) mit Kesselwärterprüfung,

   deren Tätigkeit sich dadurch aus der Entgeltgruppe 7 heraushebt, dass besonders schwierige Instandsetzungen oder Instandhaltungen neben der Beaufsichtigung oder Wartung von Regelanlagen zur Steuerung angeschlossener Unterzentralen zu erledigen sind.
3. Beschäftigte der Entgeltgruppe 5 Fallgruppe 1 des Abschnitts 1,

   deren Tätigkeit sich dadurch aus der Entgeltgruppe 7 heraushebt, dass besonders schwierige Instandsetzungsarbeiten an komplizierten elektrischen Mess- und Regelanlagen selbständig und verantwortlich auszuführen sind.
4. Kesselwärter (Heizer)
   a) mit erfolgreich abgeschlossener Ausbildung als Anlagenmechaniker für Sanitär-, Heizungs- und Klimatechnik oder in einem artverwandten anerkannten metallverarbeitenden oder in einem anerkannten elektrotechnischen Ausbildungsberuf mit einer Ausbildungsdauer von mindestens drei Jahren oder
   b) mit Kesselwärterprüfung

   an Hochdruckkesselanlagen,

   die zugleich Schalttafelwärter sind.
5. Kesselwärter (Heizer)
   a) mit erfolgreich abgeschlossener Ausbildung als Anlagenmechaniker für Sanitär-, Heizungs- und Klimatechnik oder in einem artverwandten anerkannten metallver-

arbeitenden oder in einem anerkannten elektrotechnischen Ausbildungsberuf mit einer Ausbildungsdauer von mindestens drei Jahren oder
b) mit Kesselwärterprüfung

an Hochdruckkesselanlagen,

die zugleich Schichtführer sind.

(Hierzu Protokollerklärungen Nrn. 1 und 2)
6. Schichtführer an Hochdruckkesselanlagen.
(Hierzu Protokollerklärungen Nrn. 1 und 2)
7. Turbinenmaschinisten mit erfolgreich abgeschlossener Ausbildung in einem einschlägigen anerkannten Ausbildungsberuf mit einer Ausbildungsdauer von mindestens drei Jahren, die zugleich auch Schalttafelwärter sind.
(Hierzu Protokollerklärung Nr. 3)

Entgeltgruppe 7

1. Kesselwärter (Heizer)
   a) mit erfolgreich abgeschlossener Ausbildung als Anlagenmechaniker für Sanitär-, Heizungs- und Klimatechnik oder in einem artverwandten anerkannten metallverarbeitenden oder in einem anerkannten elektrotechnischen Ausbildungsberuf mit einer Ausbildungsdauer von mindestens drei Jahren oder
   b) mit Kesselwärterprüfung,

   die eine Heizungsanlage mit mindestens 12,560 Mio. kJ/h oder mehrere Heizungsanlagen mit zusammen mindestens 12,560 Mio. kJ/h verantwortlich betreiben,

   wenn ihnen mindestens drei Kesselwärter (Heizer) unterstellt sind.
2. Kesselwärter (Heizer)
   a) mit erfolgreich abgeschlossener Ausbildung als Anlagenmechaniker für Sanitär-, Heizungs- und Klimatechnik oder in einem artverwandten anerkannten metallverarbeitenden oder in einem anerkannten elektrotechnischen Ausbildungsberuf mit einer Ausbildungsdauer von mindestens drei Jahren oder
   b) mit Kesselwärterprüfung,

   die eine Heizungsanlage mit mindestens 29,308 Mio. kJ/h oder mehrere Heizungsanlagen mit zusammen mindestens 29,308 Mio. kJ/h verantwortlich betreiben.
3. Kesselwärter (Heizer)
   a) mit erfolgreich abgeschlossener Ausbildung als Anlagenmechaniker für Sanitär-, Heizungs- und Klimatechnik oder in einem artverwandten anerkannten metallverarbeitenden oder in einem anerkannten elektrotechnischen Ausbildungsberuf mit einer Ausbildungsdauer von mindestens drei Jahren oder
   b) mit Kesselwärterprüfung

   an Hochdruckkesselanlagen.
4. Schalttafelwärter

   in Heizkraftwerken.
5. Turbinenmaschinisten mit erfolgreich abgeschlossener Ausbildung in einem einschlägigen anerkannten Ausbildungsberuf mit einer Ausbildungsdauer von mindestens drei Jahren

   in Heizkraftwerken.

Entgeltgruppe 6

1. Kesselwärter (Heizer)
   a) mit erfolgreich abgeschlossener Ausbildung als Anlagenmechaniker für Sanitär-, Heizungs- und Klimatechnik oder in einem artverwandten anerkannten metallver-

arbeitenden oder in einem anerkannten elektrotechnischen Ausbildungsberuf mit einer Ausbildungsdauer von mindestens drei Jahren oder
b) mit Kesselwärterprüfung,

die eine Heizungsanlage mit mindestens 12,560 Mio. kJ/h oder mehrere Heizungsanlagen mit zusammen mindestens 12,560 Mio. kJ/h verantwortlich betreiben.

2. Kesselwärter (Heizer)
   a) mit erfolgreich abgeschlossener Ausbildung als Anlagenmechaniker für Sanitär-, Heizungs- und Klimatechnik oder in einem artverwandten anerkannten metallverarbeitenden oder in einem anerkannten elektrotechnischen Ausbildungsberuf mit einer Ausbildungsdauer von mindestens drei Jahren oder
   b) mit Kesselwärterprüfung,

   die eine Heizungsanlage mit mindestens 8,374 Mio. kJ/h oder mehrere Heizungsanlagen mit zusammen mindestens 8,374 Mio. kJ/h verantwortlich betreiben,

   wenn ihnen mindestens zwei Kesselwärter (Heizer) unterstellt sind.

3. Maschinisten mit erfolgreich abgeschlossener Ausbildung in einem einschlägigen anerkannten Ausbildungsberuf mit einer Ausbildungsdauer von mindestens drei Jahren für die Wärmeverteilung.

Entgeltgruppe 5

1. Kesselwärter (Heizer) mit erfolgreich abgeschlossener Ausbildung als Anlagenmechaniker für Sanitär-, Heizungs- und Klimatechnik oder in einem artverwandten anerkannten metallverarbeitenden oder in einem anerkannten elektrotechnischen Ausbildungsberuf mit einer Ausbildungsdauer von mindestens drei Jahren an
   a) Anlagen, die der amtlichen Überwachung unterliegen,
   b) einer Warmwasserheizungsanlage mit mindestens 2,093 Mio. kJ/h oder mehreren Warmwasserheizungsanlagen mit zusammen mindestens 2,093 Mio. kJ/h oder
   c) einer Warmwasserheizungsanlage mit mindestens 2,093 Mio. kJ/h oder mehreren Warmwasserheizungsanlagen mit zusammen mindestens 2,093 Mio. kJ/h oder
2. Maschinisten mit erfolgreich abgeschlossener Ausbildung in einem einschlägigen anerkannten Ausbildungsberuf mit einer Ausbildungsdauer von mindestens drei Jahren

   an Bekohlungs- und Entaschungsanlagen, an Entgasungs-, Speisepumpen- und Wasseraufbereitungsanlagen von Hochdruckkesselanlagen.
3. Maschinisten für die Wärmeverteilung.

Entgeltgruppe 4

1. Kesselwärter (Heizer) mit Kesselwärterprüfung an
   a) Anlagen, die der amtlichen Überwachung unterliegen,
   b) einer Warmwasserheizungsanlage mit mindestens 2,093 Mio. kJ/h oder mehreren Warmwasserheizungsanlagen mit zusammen mindestens 2,093 Mio. kJ/h oder
   c) einer Dampfheizungsanlage mit mindestens 1,465 Mio. kJ/h oder mehreren Dampfheizungsanlagen mit zusammen mindestens 1,465 Mio. kJ/h.
2. Beschäftigte als Maschinisten ohne abgeschlossene Ausbildung in einem einschlägigen anerkannten Ausbildungsberuf

   an Bekohlungs- und Entaschungsanlagen, an Entgasungs-, Speisepumpen- und Wasseraufbereitungsanlagen von Hochdruckkesselanlagen.

Entgeltgruppe 3

1. Beschäftigte als Helfer an Heizungsanlagen.
2. Kesselwärter (Heizer).
3. Beschäftigte als Bekohler oder Entschlacker an Hochdruckkesselanlagen.

Entgeltordnung — Anlage A TV-L

Protokollerklärungen:

1. *Schichtführer an Hochdruckkesselanlagen sind die für die Kesselanlagen neben dem aufsichtführenden Schichtmeister verantwortlichen Beschäftigten.*
2. *Nr. 8 Absatz 4 der Vorbemerkungen zu Teil III gilt nicht.*
3. *Dieses Tätigkeitsmerkmal gilt auch für das Kraftwerk am Sylvensteinsee.*

2.6 Taucher

Entgeltgruppe 8

Tauchermeister,

a) die selbst hochwertige Arbeiten ausführen, oder gleichwertige Taucheraufseher, die selbst hochwertige Arbeiten verrichten oder denen mindestens ein Handwerker unterstellt ist, der hochwertige Arbeiten verrichtet, oder
b) von denen die Tauchermeisterprüfung der Industrie- und Handelskammer verlangt wird.

Entgeltgruppe 7

Taucher mit erfolgreich abgeschlossener Ausbildung in einem einschlägigen anerkannten Ausbildungsberuf mit einer Ausbildungsdauer von mindestens drei Jahren.

Entgeltgruppe 6

Taucher.

2.7 Tierwärter

Entgeltgruppe 5

Tierwärter
in wissenschaftlichen Anstalten, Lehr- und Versuchsanstalten, Untersuchungsanstalten,
wenn sie kranke oder zu medizinischen Zwecken infizierte Tiere pflegen.

Entgeltgruppe 3

Tierwärter
in wissenschaftlichen Anstalten, Lehr- und Versuchsanstalten, Untersuchungsanstalten und Tiergärten.

3. Besondere Tätigkeitsmerkmale für einzelne Bereiche

[...]

Anhang zu Teil III der Entgeltordnung
Richtlinien für verwaltungseigene Prüfungen

Bis zu einer Neuregelung findet die Anlage 2 des Tarifvertrages über das Lohngruppenverzeichnis der Länder zum MTArb entsprechende Anwendung.

Teil IV Beschäftigte im Pflegedienst
Vorbemerkungen zu Teil IV der Entgeltordnung

1. (1) Die Bezeichnung „Gesundheits- und Krankenpflegerin" umfasst auch die Bezeichnung „Gesundheits- und Kinderkrankenpflegerin".
(2) Die Bezeichnung „Gesundheits- und Krankenpflegehelferin" umfasst auch vergleichbare landesrechtlich geregelte Ausbildungen in der Gesundheits- und Krankenpflegehilfe.

2. Die Bezeichnungen „Hebamme" bzw. „Lehrhebamme" umfassen auch die männlichen Bezeichnungen „Entbindungspfleger" bzw. „Lehrentbindungspfleger".

3. (1) Gesundheits- und Krankenpflegerinnen, die Tätigkeiten von Gesundheits- und Kinderkrankenpflegerinnen bzw. Altenpflegerinnen ausüben, sind als Gesundheits- und Kinderkrankenpflegerinnen bzw. Altenpflegerinnen eingruppiert.

   (2) Gesundheits- und Kinderkrankenpflegerinnen, die Tätigkeiten von Gesundheits- und Krankenpflegerinnen bzw. Altenpflegerinnen ausüben, sind als Gesundheits- und Krankenpflegerinnen bzw. Altenpflegerinnen eingruppiert.

   (3) Altenpflegerinnen, die Tätigkeiten von Gesundheits- und Krankenpflegerinnen ausüben, sind als Gesundheits- und Krankenpflegerinnen eingruppiert.

4. Nr. 6 der Vorbemerkungen zu allen Teilen der Entgeltordnung gilt mit folgenden Maßgaben:

   a) Personen, die zu einem Teil ihrer Arbeitszeit unterstellt oder zu einem Teil ihrer Arbeitszeit in einem Bereich beschäftigt sind, zählen entsprechend dem Verhältnis dieses Anteils zur regelmäßigen Arbeitszeit eines entsprechenden Vollbeschäftigten.

   b) [1]Schülerinnen in der Gesundheits- und Krankenpflege, Gesundheits- und Kinderkrankenpflege, Gesundheits- und Krankenpflegehilfe und Entbindungspflege sowie Personen, die sich in einer Ausbildung in der Altenpflege befinden, bleiben außer Betracht. [2]Für die Berücksichtigung von Stellen, auf die Schülerinnen angerechnet werden, gilt Satz 3 der Nr. 6 der Vorbemerkungen zu allen Teilen der Entgeltordnung.

5. (1) [1]Pflegepersonen der Entgeltgruppen KR 3 a bis KR 9 c, die die Grund- und Behandlungspflege zeitlich überwiegend bei

   a) an schweren Infektionskrankheiten erkrankten Patienten (z.B. Tuberkulose-Patienten), die wegen der Ansteckungsgefahr in besonderen Infektionsabteilungen oder Infektionsstationen untergebracht sind,
   b) Kranken in geschlossenen oder halb geschlossenen (Open-door-system) psychiatrischen Abteilungen oder Stationen,
   c) Kranken in geriatrischen Abteilungen oder Stationen,
   d) gelähmten oder an multipler Sklerose erkrankten Patienten,
   e) Patienten nach Transplantationen innerer Organe oder von Knochenmark,
   f) an AIDS (Vollbild) erkrankten Patienten,
   g) Patienten, bei denen Chemotherapien durchgeführt oder die mit Strahlen oder mit inkorporierten radioaktiven Stoffen behandelt werden,

   ausüben, erhalten für die Dauer dieser Tätigkeit eine monatliche Zulage. [2]Sie beträgt
   – 90,00 Euro für Pflegepersonen, soweit sie nicht nach Abschnitt 1 Unterabschnitt 7 oder 8 oder nach Abschnitt 3 Unterabschnitt 5 eingruppiert sind,
   – 46,02 Euro für Pflegepersonen, die nach Abschnitt 1 Unterabschnitt 7 oder 8 oder nach Abschnitt 3 Unterabschnitt 5 eingruppiert sind.

   [3]Die Zulage steht auch bei Erfüllung mehrerer Tatbestände nur einmal zu.

   (2) [1]Pflegepersonen der Entgeltgruppen KR 3 a bis KR 9 c, die zeitlich überwiegend in Einheiten für Intensivmedizin Patienten pflegen, erhalten für die Dauer dieser Tätigkeit eine monatliche Zulage von 90,00 Euro. [2]Die Zulage steht nicht neben einer Zulage nach Absatz 1 zu.

   (3) [1]Gesundheits- und Krankenpflegern bzw. Altenpflegern
   – der Entgeltgruppen KR 8 a bis KR 9 c sowie
   – der Entgeltgruppe KR 7 a in Abschnitt 1 Unterabschnitt 7 oder 8 oder Abschnitt 3 Unterabschnitt 5,

   die als
   – Stationsleiter, Gruppenleiter, Stationspfleger oder
   – Gesundheits- und Krankenpfleger bzw. Altenpfleger in anderen Tätigkeiten mit unterstellten Pflegepersonen

eingesetzt sind, erhalten die Zulage nach Absatz 1 oder 2, wenn alle ihnen durch ausdrückliche Anordnung ständig unterstellten Pflegepersonen Anspruch auf eine Zulage nach Absatz 1 oder 2 haben. ²Die Zulage steht auch Gesundheits- und Krankenpflegern bzw. Altenpflegern zu, die durch ausdrückliche Anordnung als ständige Vertreter eines in Satz 1 genannten Anspruchsberechtigten bestellt sind.

(4) ¹Pflegepersonen der Entgeltgruppen KR 3 a bis KR 9 c, welche die Grund- und Behandlungspflege bei schwer brandverletzten Patienten ausüben in Einheiten für schwer Brandverletzte, denen durch die Zentrale Anlaufstelle für die Vermittlung von Betten für Schwerbrandverletzte in der Bundesrepublik Deutschland bei der Einsatzzentrale/Rettungsleitstelle der Feuerwehr Hamburg Schwerbrandverletzte vermittelt werden, erhalten eine Zulage gemäß Anlage F Abschnitt IV Nr. 1 für jede volle Arbeitsstunde dieser Pflegetätigkeit. ²Die Zulage verändert sich bei allgemeinen Entgeltanpassungen um den von den Tarifvertragsparteien für die jeweilige Entgeltgruppe festgelegten Vomhundertsatz; Sockelbeträge, Mindestbeträge und vergleichbare nichtlineare Steigerungen bleiben unberücksichtigt. ³Eine nach Absatz 1, 2 oder 3 zustehende Zulage vermindert sich um den Betrag, der in demselben Kalendermonat nach Satz 1 zusteht.

1. Gesundheits- und Krankenpflegerinnen, Gesundheits- und Krankenpflegehelferinnen sowie Pflegehelferinnen

1.1 Leitende Gesundheits- und Krankenpflegerinnen in Einrichtungen im Sinne von § 43

Vorbemerkungen

1. ¹Leitende Gesundheits- und Krankenpflegerinnen sind Gesundheits- und Krankenpflegerinnen, die die Gesamtverantwortung für den Pflegedienst des Krankenhauses bzw. des zugeteilten Pflegebereiches haben. ²Dies setzt voraus, dass ihnen gegenüber keine weitere Leitende Gesundheits- und Krankenpflegerin und keine Leitende Hebamme hinsichtlich des Pflegedienstes weisungsbefugt sind.
2. (1) ¹Leitende Gesundheits- und Krankenpflegerinnen, die durch ausdrückliche schriftliche Anordnung zu Mitgliedern der Krankenhausbetriebsleitung bestellt worden sind, erhalten für die Dauer dieser Tätigkeit eine Zulage

in Entgeltgruppe	gemäß Anlage F Abschnitt IV
KR 12 a	Nr. 2
KR 11 b	Nr. 3
KR 11 a	Nr. 4
KR 10 a	Nr. 5
KR 9 d	Nr. 6
KR 9 c	Nr. 7

²Die Zulage verändert sich bei allgemeinen Entgeltanpassungen um den von den Tarifvertragsparteien für die jeweilige Entgeltgruppe festgelegten Vomhundertsatz; Sockelbeträge, Mindestbeträge und vergleichbare nichtlineare Steigerungen bleiben unberücksichtigt.

(2) ¹Die Zulage wird nur für die Zeiträume gezahlt, in denen Beschäftigte einen Anspruch auf Entgelt oder Entgeltfortzahlung nach § 21 haben. ²Sie ist bei der Bemessung des Sterbegeldes (§ 23 Absatz 3) zu berücksichtigen.

Entgeltgruppe KR 12 a

Leitende Gesundheits- und Krankenpflegerinnen
in Krankenhäusern bzw. Pflegebereichen,
in denen mindestens 900 Pflegepersonen beschäftigt sind.

(keine Stufen 1 und 2, Stufe 4 nach 2 Jahren in Stufe 3, Stufe 5 nach 3 Jahren in Stufe 4, keine Stufe 6)

Entgeltgruppe KR 11 b

1. Leitende Gesundheits- und Krankenpflegerinnen
   in Krankenhäusern bzw. Pflegebereichen,
   in denen mindestens 600 Pflegepersonen beschäftigt sind.
   (keine Stufen 1, 2, 3 und 6)
2. Gesundheits- und Krankenpflegerinnen,
   die durch ausdrückliche Anordnung als ständige Vertreterinnen von Leitenden Gesundheits- und Krankenpflegerinnen bestellt sind,
   in Krankenhäusern bzw. Pflegebereichen,
   in denen mindestens 900 Pflegepersonen beschäftigt sind.
   (keine Stufen 1, 2, 3 und 6)

Entgeltgruppe KR 11 a

1. Leitende Gesundheits- und Krankenpflegerinnen
   in Krankenhäusern bzw. Pflegebereichen,
   in denen mindestens 300 Pflegepersonen beschäftigt sind.
   (keine Stufen 1 und 2, Stufe 4 nach 2 Jahren in Stufe 3, Stufe 5 nach 5 Jahren in Stufe 4, keine Stufe 6)
2. Gesundheits- und Krankenpflegerinnen,
   die durch ausdrückliche Anordnung als ständige Vertreterinnen von Leitenden Gesundheits- und Krankenpflegerinnen bestellt sind,
   in Krankenhäusern bzw. Pflegebereichen,
   in denen mindestens 600 Pflegepersonen beschäftigt sind.
   (keine Stufen 1 und 2, Stufe 4 nach 2 Jahren in Stufe 3, Stufe 5 nach 5 Jahren in Stufe 4, keine Stufe 6)

Entgeltgruppe KR 10 a

1. Leitende Gesundheits- und Krankenpflegerinnen
   in Krankenhäusern bzw. Pflegebereichen,
   in denen mindestens 150 Pflegepersonen beschäftigt sind.
   (keine Stufen 1 und 2, Stufe 4 nach 2 Jahren in Stufe 3, Stufe 5 nach 3 Jahren in Stufe 4, keine Stufe 6)
2. Gesundheits- und Krankenpflegerinnen,
   die durch ausdrückliche Anordnung als ständige Vertreterinnen von Leitenden Gesundheits- und Krankenpflegerinnen bestellt sind,
   in Krankenhäusern bzw. Pflegebereichen,
   in denen mindestens 300 Pflegepersonen beschäftigt sind.
   (keine Stufen 1 und 2, Stufe 4 nach 2 Jahren in Stufe 3, Stufe 5 nach 3 Jahren in Stufe 4, keine Stufe 6)

Entgeltgruppe KR 9 d

1. Leitende Gesundheits- und Krankenpflegerinnen
   in Krankenhäusern bzw. Pflegebereichen,
   in denen mindestens 75 Pflegepersonen beschäftigt sind.

(keine Stufen 1 und 2, Stufe 4 nach 4 Jahren in Stufe 3, Stufe 5 nach 2 Jahren in Stufe 4, keine Stufe 6)

2. Gesundheits- und Krankenpflegerinnen,

   die durch ausdrückliche Anordnung als ständige Vertreterinnen von Leitenden Gesundheits- und Krankenpflegerinnen bestellt sind,

   in Krankenhäusern bzw. Pflegebereichen,

   in denen mindestens 150 Pflegepersonen beschäftigt sind.

   (keine Stufen 1 und 2, Stufe 4 nach 4 Jahren in Stufe 3, Stufe 5 nach 2 Jahren in Stufe 4, keine Stufe 6)

Entgeltgruppe KR 9 c

1. Leitende Gesundheits- und Krankenpflegerinnen.

   (keine Stufen 1 und 2, Stufe 4 nach 5 Jahren in Stufe 3, Stufe 5 nach 5 Jahren in Stufe 4, keine Stufe 6)

2. Gesundheits- und Krankenpflegerinnen,

   die durch ausdrückliche Anordnung als ständige Vertreterinnen von Leitenden Gesundheits- und Krankenpflegerinnen bestellt sind,

   in Krankenhäusern bzw. Pflegebereichen,

   in denen mindestens 75 Pflegepersonen beschäftigt sind.

   (keine Stufen 1 und 2, Stufe 4 nach 5 Jahren in Stufe 3, Stufe 5 nach 5 Jahren in Stufe 4, keine Stufe 6)

Entgeltgruppe KR 9 b

Gesundheits- und Krankenpflegerinnen,

die durch ausdrückliche Anordnung als ständige Vertreterinnen von Leitenden Gesundheits- und Krankenpflegerinnen bestellt sind.

(keine Stufen 1 und 2, Stufe 4 nach 5 Jahren in Stufe 3, Stufe 5 nach 5 Jahren in Stufe 4, keine Stufe 6)

1.2 Gesundheits- und Krankenpflegerinnen als Stations- oder Gruppenleiterinnen in Einrichtungen im Sinne von § 43

Vorbemerkungen

1. [1]Die Tätigkeitsmerkmale, die auf das Gruppenpflegesystem abgestellt sind, gelten nur in den Krankenhäusern, in denen der Krankenhausträger das Gruppenpflegesystem eingeführt hat. [2]Unter Gruppenleiterinnen sind die Pflegepersonen zu verstehen, die dem Pflegedienst einer Gruppe vorstehen. [3]Es handelt sich um das sachliche Vorstehen.
2. Wenn in den Funktionsbereichen außer Pflegepersonen auch sonstige Be-schäftigte unterstellt sind, werden sie bei der Zahl der unterstellten Pflegekräfte berücksichtigt.

Entgeltgruppe KR 11 a

Gesundheits- und Krankenpflegerinnen,

denen durch ausdrückliche Anordnung mehrere Stationen, Pflegegruppen oder abgegrenzte Funktionsbereiche

mit insgesamt mindestens 192 Pflegepersonen ständig unterstellt sind.

(keine Stufen 1 und 2, Stufe 4 nach 2 Jahren in Stufe 3, Stufe 5 nach 5 Jahren in Stufe 4, keine Stufe 6)

Entgeltgruppe KR 10 a

Gesundheits- und Krankenpflegerinnen,

denen durch ausdrückliche Anordnung mehrere Stationen, Pflegegruppen oder abgegrenzte Funktionsbereiche

mit insgesamt mindestens 96 Pflegepersonen ständig unterstellt sind.

(keine Stufen 1 und 2, Stufe 4 nach 2 Jahren in Stufe 3, Stufe 5 nach 3 Jahren in Stufe 4, keine Stufe 6)

Entgeltgruppe KR 9 d

Gesundheits- und Krankenpflegerinnen,

denen durch ausdrückliche Anordnung mehrere Stationen, Pflegegruppen oder abgegrenzte Funktionsbereiche

mit insgesamt mindestens 48 Pflegepersonen ständig unterstellt sind.

(keine Stufen 1 und 2, Stufe 4 nach 4 Jahren in Stufe 3, Stufe 5 nach 2 Jahren in Stufe 4, keine Stufe 6)

Entgeltgruppe KR 9 c

1. Gesundheits- und Krankenpflegerinnen,

    denen durch ausdrückliche Anordnung mehrere Stationen, Pflegegruppen oder abgegrenzte Funktionsbereiche

    mit insgesamt mindestens 24 Pflegepersonen ständig unterstellt sind.

    (keine Stufen 1 und 2, Stufe 4 nach 5 Jahren in Stufe 3, Stufe 5 nach 5 Jahren in Stufe 4, keine Stufe 6)

2. Gesundheits- und Krankenpflegerinnen

    als Stationsleiterinnen oder Gruppenleiterinnen,

    denen durch ausdrückliche Anordnung mindestens zwölf Pflegepersonen ständig unterstellt sind.

    (keine Stufen 1 und 2, Stufe 4 nach 5 Jahren in Stufe 3, Stufe 5 nach 5 Jahren in Stufe 4, keine Stufe 6)

    (Hierzu Protokollerklärung)

Entgeltgruppe KR 9 b

1. Gesundheits- und Krankenpflegerinnen,

    denen durch ausdrückliche Anordnung mehrere Stationen, Pflegegruppen oder abgegrenzte Funktionsbereiche

    mit insgesamt mindestens zwölf Pflegepersonen ständig unterstellt sind.

    (keine Stufen 1 und 2, Stufe 4 nach 5 Jahren in Stufe 3, Stufe 5 nach 5 Jahren in Stufe 4, keine Stufe 6)

2. Gesundheits- und Krankenpflegerinnen

    als Stationsleiterinnen oder Gruppenleiterinnen,

    denen durch ausdrückliche Anordnung mindestens fünf Pflegepersonen ständig unterstellt sind.

    (keine Stufen 1 und 2, Stufe 4 nach 5 Jahren in Stufe 3, Stufe 5 nach 5 Jahren in Stufe 4, keine Stufe 6)

    (Hierzu Protokollerklärung)

3. Gesundheits- und Krankenpflegerinnen,

    die durch ausdrückliche Anordnung als ständige Vertreterinnen von Stationsleiterinnen oder Gruppenleiterinnen bestellt sind

denen durch ausdrückliche Anordnung mindestens zwölf Pflegepersonen ständig unterstellt sind.
(keine Stufen 1 und 2, Stufe 4 nach 5 Jahren in Stufe 3, Stufe 5 nach 5 Jahren in Stufe 4, keine Stufe 6)
(Hierzu Protokollerklärung)

Entgeltgruppe KR 8 a

1. Gesundheits- und Krankenpflegerinnen,
   die durch ausdrückliche Anordnung als Stationsleiterinnen oder Gruppenleiterinnen bestellt sind.
   (keine Stufe 1)
   (Hierzu Protokollerklärung)
2. Gesundheits- und Krankenpflegerinnen,
   die durch ausdrückliche Anordnung als ständige Vertreterinnen von Stationsleiterinnen oder Gruppenleiterinnen bestellt sind,
   denen durch ausdrückliche Anordnung mindestens fünf Pflegepersonen ständig unterstellt sind.
   (keine Stufe 1)
   (Hierzu Protokollerklärung)

Protokollerklärung:

[1]*Unter Stationsleiterinnen sind Pflegepersonen zu verstehen, die dem Pflegedienst auf der Station vorstehen.* [2]*Es handelt sich um das sachliche Vorstehen.* [3]*In psychiatrischen Krankenhäusern entspricht im Allgemeinen eine Abteilung der Station in allgemeinen Krankenhäusern.*

1.3 Lehrkräfte für Gesundheits- und Krankenpflege in Einrichtungen im Sinne von § 43

Entgeltgruppe KR 11 a

Gesundheits- und Krankenpflegerinnen
mit mindestens einjähriger erfolgreich abgeschlossener Fachausbildung an Schulen für Lehrkräfte in der Gesundheits- und Krankenpflege,
die als Leitende Lehrkräfte an Krankenpflegeschulen oder Schulen für Krankenpflegehilfe
mit durchschnittlich mindestens 160 Lehrgangsteilnehmern tätig sind.
(keine Stufen 1 und 2, Stufe 4 nach 2 Jahren in Stufe 3, Stufe 5 nach 5 Jahren in Stufe 4, keine Stufe 6)
(Hierzu Protokollerklärung)

Entgeltgruppe KR 10 a

1. Gesundheits- und Krankenpflegerinnen
   mit mindestens einjähriger erfolgreich abgeschlossener Fachausbildung an Schulen für Lehrkräfte in der Gesundheits- und Krankenpflege,
   die als Leitende Lehrkräfte an Krankenpflegeschulen oder Schulen für Krankenpflegehilfe
   mit durchschnittlich mindestens 80 Lehrgangsteilnehmern tätig sind.
   (keine Stufen 1 und 2, Stufe 4 nach 2 Jahren in Stufe 3, Stufe 5 nach 3 Jahren in Stufe 4, keine Stufe 6)
   (Hierzu Protokollerklärung)

2. Gesundheits- und Krankenpflegerinnen

mit mindestens einjähriger erfolgreich abgeschlossener Fachausbildung an Schulen für Lehrkräfte in der Gesundheits- und Krankenpflege,

die als Lehrkräfte an Krankenpflegeschulen oder Schulen für Krankenpflegehilfe

mit durchschnittlich mindestens 160 Lehrgangsteilnehmern tätig

und durch ausdrückliche Anordnung als ständige Vertreter von Leitenden Lehrkräften bestellt sind.

(keine Stufen 1 und 2, Stufe 4 nach 2 Jahren in Stufe 3, Stufe 5 nach 3 Jahren in Stufe 4, keine Stufe 6)

(Hierzu Protokollerklärung)

Entgeltgruppe KR 9 d

1. Gesundheits- und Krankenpflegerinnen

mit mindestens einjähriger erfolgreich abgeschlossener Fachausbildung an Schulen für Lehrkräfte in der Gesundheits- und Krankenpflege,

die als Lehrkräfte an Fortbildungsstätten für Leitende Gesundheits- und Krankenpfleger, Lehrkräfte in der Gesundheits- und Krankenpflege und Stationspfleger tätig sind.

(keine Stufen 1 und 2, Stufe 4 nach 4 Jahren in Stufe 3, Stufe 5 nach 2 Jahren in Stufe 4, keine Stufe 6)

2. Gesundheits- und Krankenpflegerinnen

mit mindestens einjähriger erfolgreich abgeschlossener Fachausbildung an Schulen für Lehrkräfte in der Gesundheits- und Krankenpflege,

die als Leitende Lehrkräfte an Krankenpflegeschulen oder Schulen für Krankenpflegehilfe

mit durchschnittlich mindestens 40 Lehrgangsteilnehmern tätig sind.

(keine Stufen 1 und 2, Stufe 4 nach 4 Jahren in Stufe 3, Stufe 5 nach 2 Jahren in Stufe 4, keine Stufe 6)

(Hierzu Protokollerklärung)

3. Gesundheits- und Krankenpflegerinnen

mit mindestens einjähriger erfolgreich abgeschlossener Fachausbildung an Schulen für Lehrkräfte in der Gesundheits- und Krankenpflege,

die als Lehrkräfte an Krankenpflegeschulen oder Schulen für Krankenpflegehilfe

mit durchschnittlich mindestens 80 Lehrgangsteilnehmern tätig und

durch ausdrückliche Anordnung als ständige Vertreter von Leitenden Lehrkräften bestellt sind.

(keine Stufen 1 und 2, Stufe 4 nach 4 Jahren in Stufe 3, Stufe 5 nach 2 Jahren in Stufe 4, keine Stufe 6)

Entgeltgruppe KR 9 c

1. Gesundheits- und Krankenpflegerinnen

mit mindestens einjähriger erfolgreich abgeschlossener Fachausbildung an Schulen für Lehrkräfte in der Gesundheits- und Krankenpflege,

die als Lehrkräfte an Krankenpflegeschulen oder Schulen für Krankenpflegehilfe tätig sind.

(keine Stufen 1 und 2, Stufe 4 nach 5 Jahren in Stufe 3, Stufe 5 nach 5 Jahren in Stufe 4, keine Stufe 6)

2. Gesundheits- und Krankenpflegerinnen

mit mindestens einjähriger erfolgreich abgeschlossener Fachausbildung an Schulen für Lehrkräfte in der Gesundheits- und Krankenpflege,

Entgeltordnung — Anlage A TV-L

die als Lehrkräfte an Krankenpflegeschulen oder Schulen für Krankenpflegehilfe mit durchschnittlich mindestens 40 Lehrgangsteilnehmern tätig und durch ausdrückliche Anordnung als ständige Vertreter von Leitenden Lehrkräften bestellt sind.
(keine Stufen 1 und 2, Stufe 4 nach 5 Jahren in Stufe 3, Stufe 5 nach 5 Jahren in Stufe 4, keine Stufe 6)

Entgeltgruppe KR 9 b

Gesundheits- und Krankenpflegerinnen
die als Lehrkräfte an Krankenpflegeschulen oder Schulen für Krankenpflegehilfe tätig sind.
(keine Stufen 1 und 2, Stufe 4 nach 5 Jahren in Stufe 3, Stufe 5 nach 5 Jahren in Stufe 4, keine Stufe 6)

Protokollerklärung:

Leitende Lehrkräfte an Krankenpflegeschulen oder Schulen für Krankenpflegehilfe sind Lehrkräfte an Krankenpflegeschulen oder Schulen für Krankenpflegehilfe, die eine Krankenpflegeschule oder Schule für Krankenpflegehilfe allein oder gemeinsam mit einer Ärztin/einem Arzt oder einer Leitenden Gesundheits- und Krankenpflegerin leiten.

1.4 Gesundheits- und Krankenpflegerinnen, die in Einrichtungen im Sinne von § 43 dem Operations- oder Anästhesiedienst, Dialyseeinheiten, Einheiten für Intensivmedizin, Milchküchen oder Frauenmilchsammelstellen oder zentralen Sterilisationsdiensten vorstehen

Entgeltgruppe KR 10 a

Gesundheits- und Krankenpflegerinnen,
a) die dem Operationsdienst oder Anästhesiedienst vorstehen und
denen durch ausdrückliche Anordnung mindestens 40 Pflegepersonen ständig unterstellt sind oder
b) die einer Einheit für Intensivmedizin vorstehen und
denen durch ausdrückliche Anordnung mindestens 48 Pflegepersonen ständig unterstellt sind.
(keine Stufen 1 und 2, Stufe 4 nach 2 Jahren in Stufe 3, Stufe 5 nach 3 Jahren in Stufe 4, keine Stufe 6)
(Hierzu Protokollerklärung Nr. 1)

Entgeltgruppe KR 9 d

1. Gesundheits- und Krankenpflegerinnen,
   a) die dem Operationsdienst oder Anästhesiedienst vorstehen und
   denen durch ausdrückliche Anordnung mindestens 20 Pflegepersonen ständig unterstellt sind oder
   b) die einer Einheit für Intensivmedizin vorstehen und
   denen durch ausdrückliche Anordnung mindestens 24 Pflegepersonen ständig unterstellt sind.
   (keine Stufen 1 und 2, Stufe 4 nach 4 Jahren in Stufe 3, Stufe 5 nach 2 Jahren in Stufe 4, keine Stufe 6)
   (Hierzu Protokollerklärung Nr. 1)
2. Gesundheits- und Krankenpflegerinnen,

die durch ausdrückliche Anordnung als ständige Vertreterinnen von Gesundheits- und Krankenpflegerinnen bestellt sind,
- a) die dem Operationsdienst oder Anästhesiedienst vorstehen und
  denen durch ausdrückliche Anordnung mindestens 40 Pflegepersonen ständig unterstellt sind, oder
- b) die einer Einheit für Intensivmedizin vorstehen und
  denen durch ausdrückliche Anordnung mindestens 48 Pflegepersonen ständig unterstellt sind.

(keine Stufen 1 und 2, Stufe 4 nach 4 Jahren in Stufe 3, Stufe 5 nach 2 Jahren in Stufe 4, keine Stufe 6)

(Hierzu Protokollerklärung Nr. 1)

Entgeltgruppe KR 9 c

1. Gesundheits- und Krankenpflegerinnen,
   - a) die dem Operationsdienst oder Anästhesiedienst vorstehen und
     denen durch ausdrückliche Anordnung mindestens zehn Pflegepersonen ständig unterstellt sind oder
   - b) die einer Einheit für Intensivmedizin vorstehen und
     denen durch ausdrückliche Anordnung mindestens zwölf Pflegepersonen ständig unterstellt sind.

   (keine Stufen 1 und 2, Stufe 4 nach 5 Jahren in Stufe 3, Stufe 5 nach 5 Jahren in Stufe 4, keine Stufe 6)

   (Hierzu Protokollerklärung Nr. 1)

2. Gesundheits- und Krankenpflegerinnen,
   die einer Dialyseeinheit vorstehen und
   denen durch ausdrückliche Anordnung mindestens 48 Pflegepersonen ständig unterstellt sind.

   (keine Stufen 1 und 2, Stufe 4 nach 5 Jahren in Stufe 3, Stufe 5 nach 5 Jahren in Stufe 4, keine Stufe 6)

3. Gesundheits- und Krankenpflegerinnen,
   die durch ausdrückliche Anordnung als ständige Vertreterinnen von Gesundheits- und Krankenpflegerinnen bestellt sind,
   - a) die dem Operationsdienst oder Anästhesiedienst vorstehen und
     denen durch ausdrückliche Anordnung mindestens 20 Pflegepersonen ständig unterstellt sind, oder
   - b) die einer Einheit für Intensivmedizin vorstehen und
     denen durch ausdrückliche Anordnung mindestens 24 Pflegepersonen ständig unterstellt sind.

   (keine Stufen 1 und 2, Stufe 4 nach 5 Jahren in Stufe 3, Stufe 5 nach 5 Jahren in Stufe 4, keine Stufe 6)

   (Hierzu Protokollerklärung Nr. 1)

Entgeltgruppe KR 9 b

1. Gesundheits- und Krankenpflegerinnen,
   - a) die dem Operationsdienst oder Anästhesiedienst vorstehen und
     denen durch ausdrückliche Anordnung mindestens vier Pflegepersonen ständig unterstellt sind oder
   - b) die in der Intensivpflege/-medizin einer Einheit für Intensivmedizin vorstehen.

(keine Stufen 1 und 2, Stufe 4 nach 5 Jahren in Stufe 3, Stufe 5 nach 5 Jahren in Stufe 4, keine Stufe 6)

(Hierzu Protokollerklärung Nr. 1)

2. Gesundheits- und Krankenpflegerinnen,

    die einer Dialyseeinheit vorstehen und

    denen durch ausdrückliche Anordnung mindestens 24 Pflegepersonen ständig unterstellt sind.

    (keine Stufen 1 und 2, Stufe 4 nach 5 Jahren in Stufe 3, Stufe 5 nach 5 Jahren in Stufe 4, keine Stufe 6)

3. Gesundheits- und Krankenpflegerinnen,

    die dem zentralen Sterilisationsdienst vorstehen und

    denen durch ausdrückliche Anordnung mindestens 36 Beschäftigte ständig unterstellt sind.

    (keine Stufen 1 und 2, Stufe 4 nach 5 Jahren in Stufe 3, Stufe 5 nach 5 Jahren in Stufe 4, keine Stufe 6)

4. Gesundheits- und Krankenpflegerinnen,

    die durch ausdrückliche Anordnung als ständige Vertreterinnen von Gesundheits- und Krankenpflegerinnen bestellt sind,

    a) die dem Operationsdienst oder Anästhesiedienst vorstehen und

        denen durch ausdrückliche Anordnung mindestens zehn Pflegepersonen ständig unterstellt sind, oder

    b) die einer Einheit für Intensivmedizin vorstehen und

        denen durch ausdrückliche Anordnung mindestens zwölf Pflegepersonen ständig unterstellt sind.

    (keine Stufen 1 und 2, Stufe 4 nach 5 Jahren in Stufe 3, Stufe 5 nach 5 Jahren in Stufe 4, keine Stufe 6)

    (Hierzu Protokollerklärung Nr. 1)

Entgeltgruppe KR 9 a

Gesundheits- und Krankenpflegerinnen,

die dem zentralen Sterilisationsdienst vorstehen und

denen durch ausdrückliche Anordnung mindestens acht Beschäftigte ständig unterstellt sind.

(keine Stufen 1 und 2, Stufe 4 nach 5 Jahren in Stufe 3, Stufe 5 nach 5 Jahren in Stufe 4, keine Stufe 6)

Entgeltgruppe KR 8 a

Gesundheits- und Krankenpflegerinnen,

die einer Dialyseeinheit vorstehen und

denen durch ausdrückliche Anordnung mindestens zwölf Pflegepersonen ständig unterstellt sind.

(keine Stufe 1)

Entgeltgruppe KR 7 a

1. Gesundheits- und Krankenpflegerinnen,

    die in Kinderkrankenhäusern oder Kinderfachabteilungen der Milchküche oder der Frauenmilchsammelstelle vorstehen.

    (keine Stufe 1)

    (Hierzu Protokollerklärung Nr. 2)

2. Gesundheits- und Krankenpflegerinnen,
die dem zentralen Sterilisationsdienst vorstehen.
(keine Stufe 1)
(Hierzu Protokollerklärung Nr. 2)
3. Gesundheits- und Krankenpflegerinnen,
die durch ausdrückliche Anordnung als ständige Vertreterinnen von Gesundheits- und Krankenpflegerinnen bestellt sind,
die dem zentralen Sterilisationsdienst vorstehen und
denen durch ausdrückliche Anordnung mindestens 36 Beschäftigte ständig unterstellt sind.
(keine Stufe 1)

Protokollerklärungen:

1. *¹Einheiten für Intensivmedizin sind Stationen für Intensivbehandlung und Intensivüberwachung. ²Dazu gehören auch Wachstationen, die für Intensivbehandlung und Intensivüberwachung eingerichtet sind.*
2. *Dieses Tätigkeitsmerkmal setzt nicht voraus, dass den vorstehenden Gesundheits- und Krankenpflegerinnen weitere Personen unterstellt sind.*

1.5 Gesundheits- und Krankenpflegerinnen in Einrichtungen im Sinne von § 43, denen Beschäftigte unterstellt sind

Entgeltgruppe KR 9 b

1. Gesundheits- und Krankenpflegerinnen
in Blutzentralen,
denen durch ausdrückliche Anordnung mindestens 20 Pflegepersonen ständig unterstellt sind.
(keine Stufen 1 und 2, Stufe 4 nach 5 Jahren in Stufe 3, Stufe 5 nach 5 Jahren in Stufe 4, keine Stufe 6)
(Hierzu Protokollerklärung)
2. Gesundheits- und Krankenpflegerinnen
in Polikliniken (Ambulanzbereichen) oder Ambulanzen/Nothilfen,
denen durch ausdrückliche Anordnung mindestens 20 Pflegepersonen ständig unterstellt sind.
(keine Stufen 1 und 2, Stufe 4 nach 5 Jahren in Stufe 3, Stufe 5 nach 5 Jahren in Stufe 4, keine Stufe 6)
3. Gesundheits- und Krankenpflegerinnen,
denen durch ausdrückliche Anordnung mindestens 30 im Krankentransportdienst tätige Pflegepersonen ständig unterstellt sind.
(keine Stufen 1 und 2, Stufe 4 nach 5 Jahren in Stufe 3, Stufe 5 nach 5 Jahren in Stufe 4, keine Stufe 6)

Entgeltgruppe KR 9 a

1. Gesundheits- und Krankenpflegerinnen,
die die Herz-Lungen-Maschine vorbereiten und während der Operation zur Bedienung der Maschine herangezogen werden,
denen durch ausdrückliche Anordnung mindestens vier Beschäftigte ständig unterstellt sind.

(keine Stufen 1 und 2, Stufe 4 nach 5 Jahren in Stufe 3, Stufe 5 nach 5 Jahren in Stufe 4, keine Stufe 6)
2. Gesundheits- und Krankenpflegerinnen
in Blutzentralen,
denen durch ausdrückliche Anordnung mindestens vier Pflegepersonen ständig unterstellt sind.
(keine Stufen 1 und 2, Stufe 4 nach 5 Jahren in Stufe 3, Stufe 5 nach 5 Jahren in Stufe 4, keine Stufe 6)
(Hierzu Protokollerklärung)
3. Gesundheits- und Krankenpflegerinnen,
die in besonderen Behandlungs- und Untersuchungsräumen in mindestens zwei Teilgebieten der Endoskopie tätig sind,
denen durch ausdrückliche Anordnung mindestens vier Pflegepersonen ständig unterstellt sind.
(keine Stufen 1 und 2, Stufe 4 nach 5 Jahren in Stufe 3, Stufe 5 nach 5 Jahren in Stufe 4, keine Stufe 6)
4. Gesundheits- und Krankenpflegerinnen
in Polikliniken (Ambulanzbereichen) oder Ambulanzen/Nothilfen,
denen durch ausdrückliche Anordnung mindestens sechs Pflegepersonen ständig unterstellt sind.
(keine Stufen 1 und 2, Stufe 4 nach 5 Jahren in Stufe 3, Stufe 5 nach 5 Jahren in Stufe 4, keine Stufe 6)
5. Gesundheits- und Krankenpflegerinnen,
die Gipsverbände in Gipsräumen anlegen,
denen durch ausdrückliche Anordnung mindestens fünf Pflegepersonen ständig unterstellt sind.
(keine Stufen 1 und 2, Stufe 4 nach 5 Jahren in Stufe 3, Stufe 5 nach 5 Jahren in Stufe 4, keine Stufe 6)
6. Gesundheits- und Krankenpflegerinnen,
denen durch ausdrückliche Anordnung mindestens zehn im Krankentransportdienst tätige Pflegepersonen ständig unterstellt sind.
(keine Stufen 1 und 2, Stufe 4 nach 5 Jahren in Stufe 3, Stufe 5 nach 5 Jahren in Stufe 4, keine Stufe 6)

Entgeltgruppe KR 7a

Gesundheits- und Krankenpflegerinnen,
denen durch ausdrückliche Anordnung mindestens fünf im Krankentransportdienst tätige Pflegepersonen ständig unterstellt sind.
(keine Stufe 1)

Protokollerklärung:
Als Blutzentralen gelten Einrichtungen, in denen Blut abgenommen, konserviert und verteilt wird.

1.6 Gesundheits- und Krankenpflegerinnen, Gesundheits- und Krankenpflegehelferinnen und Pflegehelferinnen in Einrichtungen im Sinne von § 43

Entgeltgruppe KR 9 a

1. Gesundheits- und Krankenpflegerinnen

   mit erfolgreich abgeschlossener Weiterbildung für den Operationsdienst bzw. für den Anästhesiedienst,

   die im Operationsdienst als Operationskrankenpflegerinnen oder als Anästhesiekrankenpflegerinnen tätig sind.

   (keine Stufen 1 und 2, Stufe 4 nach 5 Jahren in Stufe 3, Stufe 5 nach 5 Jahren in Stufe 4, keine Stufe 6)

   (Hierzu Protokollerklärung Nr. 1)

2. Gesundheits- und Krankenpflegerinnen
   a) mit erfolgreich abgeschlossener Weiterbildung in der Intensivpflege/-medizin in Einheiten für Intensivmedizin,
   b) mit erfolgreich abgeschlossener Weiterbildung in der Psychiatrie oder
   c) mit erfolgreich abgeschlossener sozial-psychiatrischer Zusatzausbildung

   mit entsprechender Tätigkeit.

   (keine Stufen 1 und 2, Stufe 4 nach 5 Jahren in Stufe 3, Stufe 5 nach 5 Jahren in Stufe 4, keine Stufe 6)

   (Hierzu Protokollerklärungen Nrn. 1, 2 und 3)

Entgeltgruppe KR 8 a

1. Gesundheits- und Krankenpflegerinnen,
   a) die im Operationsdienst als Operationskrankenpfleger oder als Anästhesiekrankenpfleger tätig sind,
   b) die in der großen Chirurgie für die fachgerechte Lagerung verantwortlich sind,
   c) die die Herz-Lungen-Maschine vorbereiten und während der Operation zur Bedienung der Maschine herangezogen werden,
   d) die in Einheiten für Intensivmedizin tätig sind oder
   e) die dem Arzt in erheblichem Umfang bei Herzkatheterisierungen, Dilatationen oder Angiografien unmittelbar assistieren.

   (keine Stufe 1)

   (Hierzu Protokollerklärung Nr. 3)

2. Gesundheits- und Krankenpflegerinnen

   mit erfolgreich abgeschlossener Fortbildung in der Krankenhaushygiene mit entsprechender Tätigkeit,

   die stationsübergreifend und verantwortlich eingesetzt sind.

   (keine Stufe 1)

Entgeltgruppe KR 7 a

1. Gesundheits- und Krankenpflegerinnen mit entsprechender Tätigkeit
   a) in Blutzentralen,
   b) in Polikliniken (Ambulanzbereichen) oder Ambulanzen/Nothilfen oder
   c) in besonderen Behandlungs- und Untersuchungsräumen in mindestens zwei Teilgebieten der Endoskopie.

   (keine Stufe 1)

2. Gesundheits- und Krankenpflegerinnen,
   a) die in Dialyseeinheiten Kranke pflegen sowie die Geräte bedienen und überwachen,

b) die im EEG-Dienst tätig sind oder
c) die Gipsverbände in Gipsräumen anlegen.
(keine Stufe 1)
3. Gesundheits- und Krankenpflegerinnen,
   a) die Pflegeaufgaben an Patienten von psychiatrischen oder neurologischen Krankenhäusern, die nicht in diesen Krankenhäusern untergebracht sind, erfüllen oder
   b) die in psychiatrischen oder neurologischen Krankenhäusern psychisch kranke Patienten bei der Arbeitstherapie betreuen.
(keine Stufe 1)
4. Gesundheits- und Krankenpflegerinnen mit entsprechender Tätigkeit.

Entgeltgruppe KR 4 a

1. Gesundheits- und Krankenpflegehelferinnen mit entsprechender Tätigkeit
   a) im Anästhesiedienst,
   b) in Dialyseeinheiten,
   c) in mindestens zwei Teilgebieten der Endoskopie,
   d) in Gipsräumen,
   e) in Einheiten für Intensivmedizin,
   f) an der Herz-Lungen-Maschine,
   g) im Operationsdienst oder
   h) in Polikliniken (Ambulanzbereichen) oder Ambulanzen/Nothilfen.
(keine Stufe 1)
(Hierzu Protokollerklärung Nr. 3)
2. Gesundheits- und Krankenpflegehelferinnen mit entsprechender Tätigkeit.

Entgeltgruppe KR 3 a

Pflegehelferinnen mit entsprechender Tätigkeit.

Protokollerklärungen:

1. Die Weiterbildung setzt voraus, dass mindestens 720 Stunden zu mindestens je 45 Unterrichtsminuten theoretischer und praktischer Unterricht bei Vollzeitausbildung innerhalb eines Jahres und bei berufsbegleitender Ausbildung innerhalb von zwei Jahren vermittelt werden.

2. Eine Zusatzausbildung im Sinne dieses Tätigkeitsmerkmals liegt nur dann vor, wenn sie durch einen mindestens einjährigen Lehrgang oder in mindestens zwei Jahren berufsbegleitend vermittelt wird.

3. ¹Einheiten für Intensivmedizin sind Stationen für Intensivbehandlung und Intensivüberwachung. ²Dazu gehören auch Wachstationen, die für Intensivbehandlung und Intensivüberwachung eingerichtet sind.

1.7 Gesundheits- und Krankenpflegerinnen in Einrichtungen, die nicht von § 43 erfasst sind, denen Beschäftigte unterstellt sind

Vorbemerkung

Gesundheits- und Krankenpflegerinnen sind nach den Tätigkeitsmerkmalen der Entgeltgruppe KR 8 a oder einer höheren Entgeltgruppe der Unterabschnitte 1 bis 6 eingruppiert, wenn sie eine diesen Tätigkeitsmerkmalen entsprechende Tätigkeit ausüben und der Unterabschnitt 7 ein Tätigkeitsmerkmal für diese Tätigkeit nicht enthält.

Entgeltgruppe KR 11 a

Gesundheits- und Krankenpflegerinnen,

denen durch ausdrückliche Anordnung mindestens 200 Pflegepersonen ständig unterstellt sind.

(keine Stufen 1 und 2, Stufe 4 nach 2 Jahren in Stufe 3, Stufe 5 nach 5 Jahren in Stufe 4, keine Stufe 6)

Entgeltgruppe KR 10 a

1. Gesundheits- und Krankenpflegerinnen,

    denen durch ausdrückliche Anordnung mindestens 100 Pflegepersonen ständig unterstellt sind.

    (keine Stufen 1 und 2, Stufe 4 nach 2 Jahren in Stufe 3, Stufe 5 nach 3 Jahren in Stufe 4, keine Stufe 6)

2. Gesundheits- und Krankenpflegerinnen,

    die durch ausdrückliche Anordnung als ständige Vertreterinnen von Gesundheits- und Krankenpflegerinnen bestellt sind,

    denen durch ausdrückliche Anordnung mindestens 200 Pflegepersonen ständig unterstellt sind.

    (keine Stufen 1 und 2, Stufe 4 nach 2 Jahren in Stufe 3, Stufe 5 nach 3 Jahren in Stufe 4, keine Stufe 6)

Entgeltgruppe KR 9 d

1. Gesundheits- und Krankenpflegerinnen,

    denen durch ausdrückliche Anordnung mindestens 50 Pflegepersonen ständig unterstellt sind.

    (keine Stufen 1 und 2, Stufe 4 nach 4 Jahren in Stufe 3, Stufe 5 nach 2 Jahren in Stufe 4, keine Stufe 6)

2. Gesundheits- und Krankenpflegerinnen,

    die durch ausdrückliche Anordnung als ständige Vertreterinnen von Gesundheits- und Krankenpflegerinnen bestellt sind,

    denen durch ausdrückliche Anordnung mindestens 100 Pflegepersonen ständig unterstellt sind.

    (keine Stufen 1 und 2, Stufe 4 nach 4 Jahren in Stufe 3, Stufe 5 nach 2 Jahren in Stufe 4, keine Stufe 6)

Entgeltgruppe KR 9 c

1. Gesundheits- und Krankenpflegerinnen,

    denen durch ausdrückliche Anordnung mindestens 25 Pflegepersonen ständig unterstellt sind.

    (keine Stufen 1 und 2, Stufe 4 nach 5 Jahren in Stufe 3, Stufe 5 nach 5 Jahren in Stufe 4, keine Stufe 6)

2. Gesundheits- und Krankenpflegerinnen,

    die durch ausdrückliche Anordnung als ständige Vertreterinnen von Gesundheits- und Krankenpflegerinnen bestellt sind,

    denen durch ausdrückliche Anordnung mindestens 50 Pflegepersonen ständig unterstellt sind.

    (keine Stufen 1 und 2, Stufe 4 nach 5 Jahren in Stufe 3, Stufe 5 nach 5 Jahren in Stufe 4, keine Stufe 6)

Entgeltgruppe KR 9 b

Gesundheits- und Krankenpflegerinnen,

denen durch ausdrückliche Anordnung mindestens zehn Pflegepersonen ständig unterstellt sind.
(keine Stufen 1 und 2, Stufe 4 nach 5 Jahren in Stufe 3, Stufe 5 nach 5 Jahren in Stufe 4, keine Stufe 6)

1.8 Gesundheits- und Krankenpflegerinnen, Gesundheits- und Krankenpflegehelferinnen und Pflegehelferinnen in Einrichtungen, die nicht von § 43 erfasst sind

Entgeltgruppe KR 7 a

1. Gesundheits- und Krankenpflegerinnen mit entsprechender Tätigkeit.
2. Gesundheits- und Krankenpflegehelferinnen,
denen durch ausdrückliche Anordnung mindestens vier Pflegepersonen ständig unterstellt sind.

(keine Stufe 6)

Entgeltgruppe KR 4 a

Gesundheits- und Krankenpflegehelferinnen mit entsprechender Tätigkeit.

Entgeltgruppe KR 3 a

Pflegehelferinnen mit entsprechender Tätigkeit.

2. Hebammen in Einrichtungen im Sinne von § 43

2.1 Leitende Hebammen

Vorbemerkungen

1. ¹Leitende Hebammen sind Hebammen, die die Gesamtverantwortung für den Pflegedienst des Krankenhauses bzw. des zugeteilten Pflegebereiches haben. ²Dies setzt voraus, dass ihnen gegenüber keine weitere Leitende Hebamme und keine Leitende Gesundheits- und Krankenpflegerin hinsichtlich des Pflegedienstes weisungsbefugt ist.
2. (1) Leitende Hebammen, die durch ausdrückliche schriftliche Anordnung zu Mitgliedern der Krankenhausbetriebsleitung bestellt worden sind, erhalten für die Dauer dieser Tätigkeit eine Zulage

in Entgeltgruppe	gemäß Anlage F Abschnitt IV
KR 10 a	Nr. 5
KR 9 d	Nr. 6
KR 9 c	Nr. 7

(2) ¹Die Zulage wird nur für die Zeiträume gezahlt, in denen Beschäftigte einen Anspruch auf Entgelt oder Entgeltfortzahlung nach § 21 haben. ²Sie ist bei der Bemessung des Sterbegeldes (§ 23 Absatz 3) zu berücksichtigen. ³Die Zulage verändert sich bei allgemeinen Entgeltanpassungen um den von den Tarifvertragsparteien für die jeweilige Entgeltgruppe festgelegten Vomhundertsatz; Sockelbeträge, Mindestbeträge und vergleichbare nichtlineare Steigerungen bleiben unberücksichtigt.

Entgeltgruppe KR 10 a

Leitende Hebammen
in Frauenkliniken mit Hebammenschule,

denen durch ausdrückliche Anordnung mindestens 150 Pflegepersonen ständig unterstellt sind.

(keine Stufen 1 und 2, Stufe 4 nach 2 Jahren in Stufe 3, Stufe 5 nach 3 Jahren in Stufe 4, keine Stufe 6)

Entgeltgruppe KR 9 d

1. Leitende Hebammen

    in Frauenkliniken mit Hebammenschule,

    denen durch ausdrückliche Anordnung mindestens 75 Pflegepersonen ständig unterstellt sind.

    (keine Stufen 1 und 2, Stufe 4 nach 4 Jahren in Stufe 3, Stufe 5 nach 2 Jahren in Stufe 4, keine Stufe 6)

2. Hebammen,

    die durch ausdrückliche Anordnung als ständige Vertreterinnen von Leitenden Hebammen in Frauenkliniken mit Hebammenschule bestellt sind,

    denen durch ausdrückliche Anordnung mindestens 150 Pflegepersonen ständig unterstellt sind.

    (keine Stufen 1 und 2, Stufe 4 nach 4 Jahren in Stufe 3, Stufe 5 nach 2 Jahren in Stufe 4, keine Stufe 6)

Entgeltgruppe KR 9 c

1. Leitende Hebammen

    in Frauenkliniken mit Hebammenschule.

    (keine Stufen 1 und 2, Stufe 4 nach 5 Jahren in Stufe 3, Stufe 5 nach 5 Jahren in Stufe 4, keine Stufe 6)

2. Hebammen,

    die durch ausdrückliche Anordnung als ständige Vertreterinnen von Leitenden Hebammen in Frauenkliniken mit Hebammenschule bestellt sind,

    denen durch ausdrückliche Anordnung mindestens 75 Pflegepersonen ständig unterstellt sind.

    (keine Stufen 1 und 2, Stufe 4 nach 5 Jahren in Stufe 3, Stufe 5 nach 5 Jahren in Stufe 4, keine Stufe 6)

Entgeltgruppe KR 9 b

Hebammen,

die durch ausdrückliche Anordnung als ständige Vertreterinnen von Leitenden Hebammen in Frauenkliniken mit Hebammenschule bestellt sind.

(keine Stufen 1 und 2, Stufe 4 nach 5 Jahren in Stufe 3, Stufe 5 nach 5 Jahren in Stufe 4, keine Stufe 6)

2.2 Lehrkräfte für Hebammen

Entgeltgruppe KR 9 d

Hebammen

mit mindestens einjähriger erfolgreich abgeschlossener Fachausbildung an Schulen für Lehrhebammen,

die als Erste Lehrhebamme an Hebammenschulen

mit durchschnittlich mindestens 40 Lehrgangsteilnehmern tätig sind.

(keine Stufen 1 und 2, Stufe 4 nach 4 Jahren in Stufe 3, Stufe 5 nach 2 Jahren in Stufe 4, keine Stufe 6)

(Hierzu Protokollerklärungen Nrn. 1 und 2)

Entgeltgruppe KR 9 c

1. Hebammen

    mit mindestens einjähriger erfolgreich abgeschlossener Fachausbildung an Schulen für Lehrhebammen,

    die als Lehrhebammen an Hebammenschulen tätig sind.

    (keine Stufen 1 und 2, Stufe 4 nach 5 Jahren in Stufe 3, Stufe 5 nach 5 Jahren in Stufe 4, keine Stufe 6)

    (Hierzu Protokollerklärung Nr. 1)

2. Hebammen

    mit mindestens einjähriger erfolgreich abgeschlossener Fachausbildung an Schulen für Lehrhebammen,

    die als Lehrkräfte an Hebammenschulen

    mit durchschnittlich mindestens 40 Lehrgangsteilnehmern tätig und

    durch ausdrückliche Anordnung als ständige Vertreterinnen von Ersten Lehrhebammen bestellt sind.

    (keine Stufen 1 und 2, Stufe 4 nach 5 Jahren in Stufe 3, Stufe 5 nach 5 Jahren in Stufe 4, keine Stufe 6)

    (Hierzu Protokollerklärungen Nrn. 1 und 2)

Entgeltgruppe KR 9 b

Hebammen,

die als Lehrhebammen an Hebammenschulen tätig sind.

(keine Stufen 1 und 2, Stufe 4 nach 5 Jahren in Stufe 3, Stufe 5 nach 5 Jahren in Stufe 4, keine Stufe 6)

Protokollerklärungen:

1. *(1) Die Fachausbildung setzt voraus, dass mindestens 900 Stunden zu mindestens je 45 Unterrichtsminuten theoretischer Unterricht innerhalb von 18 Monaten vermittelt werden.*

    (2) Eine einjährige Fachausbildung an Schulen für Lehrkräfte in der Gesundheits- und Krankenpflege gilt als einjährige Fachausbildung an Schulen für Lehrhebammen.

2. *Erste Lehrhebammen sind Lehrhebammen, die eine Hebammenschule allein oder gemeinsam mit einer Ärztin/einem Arzt leiten (§ 6 Absatz 2 Nr. 1 des Hebammengesetzes).*

2.3 Hebammen

Entgeltgruppe KR 9 c

Hebammen,

denen durch ausdrückliche Anordnung mindestens zehn Hebammen ständig unterstellt sind.

(keine Stufen 1 und 2, Stufe 4 nach 5 Jahren in Stufe 3, Stufe 5 nach 5 Jahren in Stufe 4, keine Stufe 6)

Entgeltgruppe KR 9 b

Hebammen,

denen durch ausdrückliche Anordnung mindestens fünf Hebammen ständig unterstellt sind.

(keine Stufen 1 und 2, Stufe 4 nach 5 Jahren in Stufe 3, Stufe 5 nach 5 Jahren in Stufe 4, keine Stufe 6)

Entgeltgruppe KR 7 a

1. Hebammen,
   die durch ausdrückliche Anordnung zur Vorsteherin des Kreißsaals bestellt sind.
   (keine Stufe 1, Stufe 3 nach 1 Jahr in Stufe 2)
2. Hebammen mit entsprechender Tätigkeit.

3. Altenpflegerinnen und Altenpflegehelferinnen

3.1 Leitende Altenpflegerinnen in Einrichtungen im Sinne von § 43

Vorbemerkung

[1]Leitende Altenpflegerinnen sind Altenpflegerinnen, die die Gesamtverantwortung für den Pflegedienst der Einrichtung haben. [2]Dies setzt voraus, dass ihnen gegenüber keine weitere Leitende Altenpflegerin und keine Leitende Gesundheits- und Krankenpflegerin weisungsbefugt sind.

Entgeltgruppe KR 10 a

Leitende Altenpflegerinnen

in Einrichtungen,

in denen mindestens 150 Pflegepersonen beschäftigt sind.

(keine Stufen 1 und 2, Stufe 4 nach 2 Jahren in Stufe 3, Stufe 5 nach 3 Jahren in Stufe 4, keine Stufe 6)

Entgeltgruppe KR 9 d

1. Leitende Altenpflegerinnen
   in Einrichtungen,
   in denen mindestens 75 Pflegepersonen beschäftigt sind.
   (keine Stufen 1 und 2, Stufe 4 nach 4 Jahren in Stufe 3, Stufe 5 nach 2 Jahren in Stufe 4, keine Stufe 6)
2. Altenpflegerinnen,
   die durch ausdrückliche Anordnung als ständige Vertreterinnen von Leitenden Altenpflegerinnen bestellt sind,
   in Einrichtungen,
   in denen mindestens 150 Pflegepersonen beschäftigt sind.
   (keine Stufen 1 und 2, Stufe 4 nach 4 Jahren in Stufe 3, Stufe 5 nach 2 Jahren in Stufe 4, keine Stufe 6)

Entgeltgruppe KR 9 c

1. Leitende Altenpflegerinnen.
   (keine Stufen 1 und 2, Stufe 4 nach 5 Jahren in Stufe 3, Stufe 5 nach 5 Jahren in Stufe 4, keine Stufe 6)
2. Altenpflegerinnen,
   die durch ausdrückliche Anordnung als ständige Vertreterinnen von Leitenden Altenpflegerinnen bestellt sind,
   in Einrichtungen,
   in denen mindestens 75 Pflegepersonen beschäftigt sind.

(keine Stufen 1 und 2, Stufe 4 nach 5 Jahren in Stufe 3, Stufe 5 nach 5 Jahren in Stufe 4, keine Stufe 6

Entgeltgruppe KR 9 b

Altenpflegerinnen,

die durch ausdrückliche Anordnung als ständige Vertreterinnen von Leitenden Altenpflegerinnen bestellt sind.

(keine Stufen 1 und 2, Stufe 4 nach 5 Jahren in Stufe 3, Stufe 5 nach 5 Jahren in Stufe 4, keine Stufe 6)

3.2 Lehrkräfte für Altenpflege in Einrichtungen im Sinne von § 43

Entgeltgruppe KR 10 a

Altenpflegerinnen

mit mindestens einjähriger erfolgreich abgeschlossener Fachausbildung an Schulen für Lehrkräfte in der Altenpflege,

die als Leitende Lehrkräfte an Schulen für Altenpflege

mit durchschnittlich mindestens 80 Lehrgangsteilnehmern tätig sind.

(keine Stufen 1 und 2, Stufe 4 nach 2 Jahren in Stufe 3, Stufe 5 nach 3 Jahren in Stufe 4, keine Stufe 6)

(Hierzu Protokollerklärungen Nrn. 1 und 2)

Entgeltgruppe KR 9 d

1. Altenpflegerinnen

    mit mindestens einjähriger erfolgreich abgeschlossener Fachausbildung an Schulen für Lehrkräfte in der Altenpflege,

    die als Leitende Lehrkräfte an Schulen für Altenpflege

    mit durchschnittlich mindestens 40 Lehrgangsteilnehmern tätig sind.

    (keine Stufen 1 und 2, Stufe 4 nach 4 Jahren in Stufe 3, Stufe 5 nach 2 Jahren in Stufe 4, keine Stufe 6)

    (Hierzu Protokollerklärungen Nrn. 1 und 2)

2. Altenpflegerinnen

    mit mindestens einjähriger erfolgreich abgeschlossener Fachausbildung an Schulen für Lehrkräfte in der Altenpflege,

    die als Lehrkräfte an Schulen für Altenpflege

    mit durchschnittlich mindestens 80 Lehrgangsteilnehmern tätig und

    durch ausdrückliche Anordnung als ständige Vertreterinnen von Leitenden Lehrkräften bestellt sind.

    (keine Stufen 1 und 2, Stufe 4 nach 4 Jahren in Stufe 3, Stufe 5 nach 2 Jahren in Stufe 4, keine Stufe 6)

    (Hierzu Protokollerklärung Nr. 1)

Entgeltgruppe KR 9 c

1. Altenpflegerinnen

    mit mindestens einjähriger erfolgreich abgeschlossener Fachausbildung an Schulen für Lehrkräfte in der Altenpflege,

    die als Lehrkräfte an Schulen für Altenpflege tätig sind.

(keine Stufen 1 und 2, Stufe 4 nach 5 Jahren in Stufe 3, Stufe 5 nach 5 Jahren in Stufe 4, keine Stufe 6)

(Hierzu Protokollerklärung Nr. 1)

2. Altenpflegerinnen

mit mindestens einjähriger erfolgreich abgeschlossener Fachausbildung an Schulen für Lehrkräfte in der Altenpflege,

die als Lehrkräfte an Schulen für Altenpflege

mit durchschnittlich mindestens 40 Lehrgangsteilnehmern tätig und

durch ausdrückliche Anordnung als ständige Vertreterinnen von Leitenden Lehrkräften bestellt sind.

(keine Stufen 1 und 2, Stufe 4 nach 5 Jahren in Stufe 3, Stufe 5 nach 5 Jahren in Stufe 4, keine Stufe 6)

(Hierzu Protokollerklärung Nr. 1)

Entgeltgruppe KR 9 b

Altenpflegerinnen,

die als Lehrkräfte an Schulen für Altenpflege tätig sind.

(keine Stufen 1 und 2, Stufe 4 nach 5 Jahren in Stufe 3, Stufe 5 nach 5 Jahren in Stufe 4, keine Stufe 6)

Protokollerklärungen:

1. *(1) Die Fachausbildung setzt voraus, dass mindestens 900 Stunden zu mindestens je 45 Unterrichtsminuten theoretischer Unterricht innerhalb von 18 Monaten vermittelt werden.*

   (2) Eine einjährige Fachausbildung an Schulen für Lehrkräfte in der Gesundheits- und Krankenpflege gilt als einjährige Fachausbildung an Schulen für Lehrkräfte in der Altenpflege.
2. *Leitende Lehrkräfte in der Altenpflege sind Lehrkräfte in der Altenpflege, die eine Schule für Altenpflege allein oder als Mitglied der Schulleitung leiten.*

3.3 Altenpflegerinnen als Stationspflegerinnen in Einrichtungen im Sinne von § 43

Vorbemerkung

[1]Unter Stationspflegerinnen sind Pflegepersonen zu verstehen, die dem Pflegedienst auf der Station/Abteilung vorstehen. [2]Es handelt sich um das sachliche Vorstehen.

Entgeltgruppe KR 9 c

Altenpflegerinnen,

die durch ausdrückliche Anordnung als Stationspflegerinnen bestellt sind und

denen durch ausdrückliche Anordnung mindestens zwölf Pflegepersonen ständig unterstellt sind.

(keine Stufen 1 und 2, Stufe 4 nach 5 Jahren in Stufe 3, Stufe 5 nach 5 Jahren in Stufe 4, keine Stufe 6)

Entgeltgruppe KR 9 b

1. Altenpflegerinnen,

   die durch ausdrückliche Anordnung als Stationspflegerinnen bestellt sind, und

   denen durch ausdrückliche Anordnung mindestens fünf Pflegepersonen ständig unterstellt sind.

(keine Stufen 1 und 2, Stufe 4 nach 5 Jahren in Stufe 3, Stufe 5 nach 5 Jahren in Stufe 4, keine Stufe 6)

2. Altenpflegerinnen,

die durch ausdrückliche Anordnung als ständige Vertreterinnen von Stationspflegerinnen bestellt sind,

denen durch ausdrückliche Anordnung mindestens zwölf Pflegepersonen ständig unterstellt sind.

(keine Stufen 1 und 2, Stufe 4 nach 5 Jahren in Stufe 3, Stufe 5 nach 5 Jahren in Stufe 4, keine Stufe 6)

Entgeltgruppe KR 8 a

Altenpflegerinnen,

die durch ausdrückliche Anordnung als ständige Vertreterinnen von Stationspflegerinnen bestellt sind,

denen durch ausdrückliche Anordnung mindestens fünf Pflegepersonen ständig unterstellt sind.

(keine Stufe 1)

Entgeltgruppe KR 7 a

Altenpflegerinnen,

die durch ausdrückliche Anordnung als Stationspflegerinnen bestellt sind.

(keine Stufe 1, Stufe 3 nach 1 Jahr in Stufe 2)

3.4 Altenpflegerinnen und Altenpflegehelferinnen in Einrichtungen im Sinne von § 43

Entgeltgruppe KR 7 a

Altenpflegerinnen mit entsprechender Tätigkeit.

Entgeltgruppe KR 4 a

Altenpflegehelferinnen mit mindestens einjähriger Ausbildung und Abschlussprüfung mit entsprechender Tätigkeit.

Entgeltgruppe KR 3 a

Altenpflegehelferinnen mit entsprechender Tätigkeit.

3.5 Altenpflegerinnen und Altenpflegehelferinnen in Einrichtungen, die nicht von § 43 erfasst sind

Vorbemerkung

Altenpflegerinnen sind nach den Tätigkeitsmerkmalen der Entgeltgruppe KR 8 a oder einer höheren Entgeltgruppe der Unterabschnitte 1 bis 4 eingruppiert, wenn sie eine diesen Tätigkeitsmerkmalen entsprechende Tätigkeit ausüben und der Unterabschnitt 5 ein Tätigkeitsmerkmal für diese Tätigkeit nicht enthält.

Entgeltgruppe KR 9 b

Altenpflegerinnen,

denen durch ausdrückliche Anordnung mindestens zehn Pflegepersonen ständig unterstellt sind.

(keine Stufen 1 und 2, Stufe 4 nach 5 Jahren in Stufe 3, Stufe 5 nach 5 Jahren in Stufe 4, keine Stufe 6)

Entgeltgruppe KR 8 a

Altenpflegerinnen,

die durch ausdrückliche Anordnung als ständige Vertreterinnen von Altenpflegern bestellt sind,

denen durch ausdrückliche Anordnung mindestens zehn Pflegepersonen ständig unterstellt sind.

(keine Stufe 1)

Entgeltgruppe KR 7 a

1. Altenpflegerinnen mit entsprechender Tätigkeit.
2. Altenpflegehelferinnen mit mindestens einjähriger Ausbildung und Abschlussprüfung, denen durch ausdrückliche Anordnung mindestens vier Pflegepersonen ständig unterstellt sind.

(keine Stufe 6)

Entgeltgruppe KR 4 a

Altenpflegehelferinnen mit mindestens einjähriger Ausbildung und Abschlussprüfung mit entsprechender Tätigkeit.

Entgeltgruppe KR 3 a

Altenpflegehelferinnen mit entsprechender Tätigkeit.

Niederschriftserklärungen zur Entgeltordnung zum TV-L

1. Zu Vorbemerkungen zu allen Teilen der Entgeltordnung

[1]Soweit in der Entgeltordnung Berufs- und Tätigkeitsbezeichnungen usw. in der weiblichen oder in der männlichen Form verwendet werden, entspricht dies der Bezeichnung in den früheren Tätigkeitsmerkmalen. [2]Die Tarifvertragsparteien sind sich selbstverständlich einig, dass sie auch für das jeweils andere Geschlecht gelten.

2. Zu Nr. 1 Abs. 3 der Vorbemerkungen zu allen Teilen der Entgeltordnung

Die Tarifvertragsparteien sind sich einig, dass die allgemeinen Merkmale für den Verwaltungsdienst (Teil I der Entgeltordnung) eine Auffangfunktion in dem gleichen Umfang besitzen wie – bestätigt durch die st. Rspr. des BAG – die bisherigen ersten Fallgruppen des allgemeinen Teils der Anlage 1a zum BAT/BAT-O.

3. Zu Nr. 6 der Vorbemerkungen zu allen Teilen der Entgeltordnung

Die Tarifvertragsparteien sind sich einig, dass bei etwaigen Veränderungen in der Ämterstruktur durch Landesbeamtenrecht die Zuordnung geprüft und gegebenenfalls geändert wird.

4. Zu Teil I und II

[1]In einzelnen Abschnitten des alten Rechts unterschiedlich gefasste Tätigkeitsmerkmale, insbesondere Merkmale mit „sonstigen Beschäftigten" und tätigkeitsbezogenen Heraushebungen, werden in der Entgeltordnung zum TV-L in einem nunmehr einheitlichen Aufbau aufgeführt. [2]Die Tarifvertragsparteien sind sich darin einig, dass durch diese Vereinheitlichung keine materiellen Änderungen beabsichtigt sind.

5. Zu Teil I, Entgeltgruppe 4 Fallgruppe 1

¹Die Tarifvertragsparteien haben sich in der Entgeltgruppe 4 Fallgruppe 1 auf das neue Heraushebungsmerkmal „schwierige" Tätigkeiten verständigt. ²Im Hinblick auf die Neustrukturierung der Tätigkeitsmerkmale in den Entgeltgruppen 3 und 4 (Allgemeiner Teil) im Rahmen der neuen Entgeltordnung waren sie sich darüber einig, dass die bisher unter das Heraushebungsmerkmal „schwierigere" Tätigkeiten (ehemals Vergütungsgruppe VIII Fallgruppe 1 a in Teil I der Anlage 1 a zum BAT/BAT-O und Beispielkatalog hierzu) fallenden Tätigkeiten in Abhängigkeit ihrer jeweiligen konkreten Anforderungen der Entgeltgruppe 3 oder der Entgeltgruppe 4 zugeordnet werden sollen. ³Unter Bezugnahme auf den o.g. Beispielkatalog werden die Tätigkeiten „Mitwirkung bei der Bearbeitung laufender oder gleichartiger Geschäfte nach Anleitung", „Entwerfen von dabei zu erledigenden Schreiben nach skizzierten Angaben", „Erledigung ständig wiederkehrender Arbeiten in Anlehnung an ähnliche Vorgänge – auch ohne Anleitung –" der Entgeltgruppe 3 zugeordnet. ⁴Die Tätigkeiten „Führung von Karteien oder elektronischen Dateien, die nach technischen oder wissenschaftlichen Merkmalen geordnet sind oder deren Führung die Kenntnis fremder Sprachen voraussetzt", werden der Entgeltgruppe 4 zugeordnet.

6. Zu Teil II Abschnitt 2

Soweit für Ärztinnen und Ärzte im Sinne des § 42 gemäß § 41 Nr. 1 Abs. 2 die Geltung des § 41 insgesamt vereinbart ist, gelten die Tätigkeitsmerkmale des § 41 Nr. 7.

7. Zu Teil II Abschnitt 14, Entgeltgruppe 4 sowie Abschnitt 16, Entgeltgruppe 4

Die Niederschriftserklärung zu Teil I, Entgeltgruppe 4 Fallgruppe 1 gilt entsprechend.

8. Zu Teil II Abschnitte 22 und 23

¹Die Tarifvertragsparteien halten eine Neuvereinbarung der bisherigen Vorbemerkungen Nrn. 3 und 4 zu allen Vergütungsgruppen der Anlage 1 a zum BAT/BAT-O für entbehrlich. ²Es besteht Einvernehmen, dass – wie bisher – unter „staatlich geprüften Technikern" sowie unter „technischen Assistenten mit staatlicher Anerkennung" diejenigen Personen zu verstehen sind, die nach dem Berufsordnungsrecht berechtigt sind, diese Berufsbezeichnungen zu führen.

Anlage B Entgelttabelle für die Entgeltgruppen 1 bis 15

– Gültig ab 1. Januar 2012 –

Entgeltgruppe	Grundentgelt			Entwicklungsstufen		
	Stufe 1	Stufe 2	Stufe 3	Stufe 4	Stufe 5	Stufe 6
15	3817,29	4232,36	4388,68	4943,91	5364,37	
14	3456,14	3833,46	4054,47	4388,68	4900,78	
13	3186,61	3536,99	3725,66	4092,21	4598,91	
12	2857,79	3170,43	3612,45	4000,57	4501,88	
11	2760,76	3057,24	3278,25	3612,45	4097,60	
10	2658,34	2949,43	3170,43	3391,45	3811,91	
9[1)]	2351,08	2604,42	2733,81	3089,58	3369,89	[2)]
8	2200,15	2437,33	2545,13	2647,56	2760,76	2830,84[3)]
7	2059,99[4)]	2281,00	2426,55	2534,36	2620,61	2696,06
6	2022,26	2237,88	2345,69	2453,50	2523,58	2599,04[5)]
5	1936,01	2140,85	2248,67	2351,08	2431,94	2485,84

4	1838,98[6]	2038,44	2173,19	2248,67	2324,13	2372,64
3	1812,03	2006,09	2059,99	2146,24	2216,32	2275,61
2	1671,88	1849,76	1903,67	1957,57	2081,56	2210,93
1	Je 4 Jahre	1488,60	1515,55	1547,89	1580,24	1661,10

Für Beschäftigte im Pflegedienst, die unter § 43 fallen:

[1]

	Stufe 3	Stufe 4	Stufe 5	Stufe 6
E 9 b	2830,84	3003,33	3213,56	3413,00

[2] 3590,89
[3] 2873,95
[4] 2113,90
[5] 2658,34
[6] 1892,90

Anlage C Entgelttabelle für Pflegekräfte

– Gültig ab 1. Januar 2012 –

Entgeltgruppe KR	Grundentgelt			Entwicklungsstufen		
	Stufe 1	Stufe 2	Stufe 3	Stufe 4	Stufe 5	Stufe 6
12 a			3.612,45	4.000,57	4.501,88	
11 b				3.612,45	4.097,60	
11 a			3.278,25	3.612,45	4.097,60	
10 a			3.170,43	3.391,45	3.811,91	
9 d			3.089,58	3.369,89	3.590,89	
9 c			3.003,33	3.213,56	3.413,00	
9 b			2.733,81	3.089,58	3.213,56	
9 a			2.733,81	2.830,84	3.003,33	
8 a	2.281,00	2.426,55	2.545,13	2.647,56	2.830,84	3.003,33
7 a	2.113,90	2.281,00	2.426,55	2.647,56	2.760,76	2.873,95
4 a	1.892,90	2.038,44	2.173,19	2.453,50	2.523,58	2.658,34
3 a	1.812,03	2.006,09	2.059,99	2.146,24	2.216,32	2.372,64

In den Entgeltgruppen KR 11 b und KR 12 a erhöht sich der Tabellenwert nach 5 Jahren in Stufe 5 um 221,87 Euro.

Anlage D Entgelttabelle für Ärztinnen und Ärzte im Geltungsbereich des § 41 TV-L

Monatsbeträge in Euro bei 42 Wochenstunden
– Gültig ab 1. Januar 2012 –

Entgeltgruppe	Stufe 1	Stufe 2	Stufe 3	Stufe 4	Stufe 5
Ä 1	4054,07 im 1. Jahr	4280,87 im 2. Jahr	4442,59 im 3. Jahr	4722,89 im 4. Jahr	5057,11 ab dem 5. Jahr
Ä 2	5332,01 ab dem 1. Jahr	5774,03 ab dem 4. Jahr	6162,15 ab dem 7. Jahr		
Ä 3	6663,47 ab dem 1. Jahr	7051,58 ab dem 4. Jahr	7606,80 ab dem 7. Jahr		
Ä 4	7827,82 ab dem 1. Jahr	8383,03 ab dem 4. Jahr	8825,05 ab dem 7. Jahr		

Anlage E Anlage zu § 8 Abs. 6 Buchstabe e Satz 1 in der Fassung des § 42 Nr. 6 und des § 43 Nr. 5 (Bereitschaftsdienstentgelt)

A. Beschäftigte, deren Eingruppierung sich nach der Anlage 1a zum BAT/BAT-O richtet

Vergütungsgruppe	Tarifgebiet West EUR		Tarifgebiet Ost EUR	
	Ab 1. 4. 2011	Ab 1. 1. 2012	Ab 1. 4. 2011	Ab 1. 1. 2012
VergGr. I	32,88	33,50	31,64	32,24
VergGr. Ia	30,13	30,70	28,99	29,54
VergGr. Ib	27,72	28,25	26,68	27,19
VergGr. IIa	25,40	25,88	24,42	24,88
VergGr. III	22,93	23,37	22,05	22,47
VergGr. IVa	21,10	21,50	20,29	20,68
VergGr. IVb	19,43	19,80	18,68	19,03
VergGr. Va/b	18,73	19,09	18,01	18,35
VergGr. Vc	17,80	18,14	17,14	17,47
VergGr. VIb	16,53	16,84	15,91	16,21
VergGr. VII	15,51	15,80	14,93	15,21
VergGr. VIII	14,58	14,86	14,02	14,29
VergGr. IXa	14,03	14,30	13,51	13,77
VergGr. IXb	13,77	14,03	13,25	13,50
VergGr. X	13,07	13,32	12,60	12,84

B. Beschäftigte, deren Eingruppierung sich nach der Anlage 1b zum BAT/BAT-O richtet

Vergütungsgruppe	Tarifgebiet West EUR		Tarifgebiet Ost EUR	
	Ab 1. 4. 2011	Ab 1. 1. 2012	Ab 1. 4. 2011	Ab 1. 1. 2012
Kr. XIII	27,29	27,81	26,27	26,77
Kr. XII	25,14	25,62	24,20	24,66
Kr. XI	23,72	24,17	22,84	23,27
Kr. X	22,30	22,72	21,46	21,87
Kr. IX	21,01	21,41	20,20	20,58
Kr. VIII	20,63	21,02	19,84	20,22
Kr. VII	19,47	19,84	18,73	19,09
Kr. VI	18,88	19,24	18,17	18,52
Kr. Va	18,18	18,53	17,49	17,82
Kr. V	17,69	18,03	17,01	17,33
Kr. IV	16,82	17,14	16,17	16,48
Kr. III	15,94	16,24	15,35	15,64
Kr. II	15,16	15,45	14,60	14,88
Kr. I	14,48	14,76	13,94	14,20

C. Beschäftigte, deren Eingruppierung sich nach dem MTArb/MTArb-O richtet

Lohngruppe	Tarifgebiet West EUR		Tarifgebiet Ost EUR	
	Ab 1. 4. 2011	Ab 1. 1. 2012	Ab 1. 4. 2011	Ab 1. 1. 2012
Lgr. 9	18,45	18,80	17,74	18,08
Lgr. 8a	18,05	18,39	17,36	17,69
Lgr. 8	17,65	17,99	16,98	17,30
Lgr. 7a	17,27	17,60	16,63	16,95
Lgr. 7	16,89	17,21	16,25	16,56
Lgr. 6a	16,53	16,84	15,91	16,21
Lgr. 6	16,17	16,48	15,54	15,84
Lgr. 5a	15,81	16,11	15,23	15,52
Lgr. 5	15,47	15,76	14,89	15,17
Lgr. 4a	15,13	15,42	14,57	14,85
Lgr. 4	14,80	15,08	14,24	14,51
Lgr. 3a	14,48	14,76	13,94	14,20
Lgr. 3	14,17	14,44	13,63	13,89
Lgr. 2a	13,86	14,12	13,35	13,60
Lgr. 2	13,55	13,81	13,04	13,29

Lohngruppe	Tarifgebiet West EUR		Tarifgebiet Ost EUR	
Lgr. 1 a	13,28	13,53	12,76	13,00
Lgr. 1	12,97	13,22	12,47	12,71

Anlage F Beträge der in der Entgeltordnung (Anlage A zum TV-L) geregelten Zulagen
– Gültig ab 1. Januar 2012 –

I. Entgeltgruppenzulagen gemäß Teil II der Entgeltordnung

[1]Die Entgeltgruppenzulagen gemäß Teil II der Entgeltordnung verändern sich bei allgemeinen Entgeltanpassungen um den von den Tarifvertragsparteien für die jeweilige Entgeltgruppe festgelegten Vomhundertsatz; Sockelbeträge, Mindestbeträge und vergleichbare nichtlineare Steigerungen bleiben unberücksichtigt. [2]Sie betragen ab 1. Januar 2012

Nr. der Entgeltgruppenzulage	Euro/Monat
1	134,06
2	126,45
3	117,30
4	110,63
5	107,26
6	104,59
7	94,85
8	94,14
9	82,98
10	71,72
11	49,52

II. Funktionszulagen gemäß Teil II Abschnitte 5 und 8 der Entgeltordnung

[1]Die Funktionszulagen
- für Beschäftigte im Fernmeldebetriebsdienst gemäß Nr. 3 der Protokollerklärungen zu Abschnitt 5 Unterabschnitt 2 des Teils II der Entgeltordnung sowie
- für Fremdsprachenassistenten (Fremdsprachensekretäre) gemäß Nr. 1 der Vorbemerkungen zu Abschnitt 8 Unterabschnitt 3 des Teils II der Entgeltordnung

verändern sich bei allgemeinen Entgeltanpassungen um den von den Tarifvertragsparteien für die jeweilige Entgeltgruppe festgelegten Vomhundertsatz; Sockelbeträge, Mindestbeträge und vergleichbare nichtlineare Steigerungen bleiben unberücksichtigt.
[2]Sie betragen ab 1. Januar 2012

Nr. der Funktionszulage	Euro/Monat
1	94,53
2	81,98
3	128,91
4	113,98
5	107,75
6	102,03

TV-L Anlage F   C. Anlagen

III. Vorarbeiterzulagen gemäß Nr. 8 der Vorbemerkungen zu Teil III der Entgeltordnung

Die Vorarbeiterzulagen gemäß Nr. 8 der Vorbemerkungen zu Teil III der Entgeltordnung betragen ab 1. Januar 2012

Nr. der Vorarbeiterzulage	Euro/Monat
1	138,47
2	237,03

IV. Zulagen für Beschäftigte im Pflegedienst gemäß Teil IV der Entgeltordnung

Die Zulagen für Beschäftigte im Pflegedienst

- gemäß Nr. 5 Absatz 4 der Vorbemerkungen zu Teil IV der Entgeltordnung,
- gemäß Nr. 2 der Vorbemerkungen zu Abschnitt 1 Unterabschnitt 1 des Teils IV der Entgeltordnung sowie
- gemäß Nr. 2 der Vorbemerkungen zu Abschnitt 2 Unterabschnitt 1 des Teils IV der Entgeltordnung

betragen ab 1. Januar 2012

Nr. der Zulage	Euro/Monat	Euro/Stunde
1		1,30
2	443,95	
3	411,95	
4	382,02	
5	354,25	
6	328,69	
7	305,03	

Stichwortverzeichnis

Fette Zahlen bezeichnen die Paragraphen, magere die Randnummern.

Abmahnung **3** 70
- Entfernungsanspruch **3** 71 f
- Entfernungsanspruch nach Beendigung des Arbeitsverhältnisses **3** 75
- mehrere Vertragsverstöße **3** 74
- Tilgungsfrist **3** 76
- Widerruf, Rücknahme **3** 73

Abordnung
- Abwägung persönlicher Gründe **4** 16
- anderer Arbeitgeber **4** 10
- Anhörung des Beschäftigten **4** 13
- Begriff **4** 9
- Betriebsrat **4** 37
- Dauer **4** 11
- dienstliche oder betriebliche Gründe **4** 12
- Inhalt der Anhörung **4** 15
- Klage gegen **4** 17

Abrechnung
- Anspruch **24** 2
- Brutto-/Nettoberechnung **24** 3
- Rundung **24** 18
- zeitanteilig **24** 13

Altersdiskriminierung **15** 9, **16** 14

Altersgrenze
- Berechnung **33** 7
- Schriftform **33** 6
- tarifliche Regelung **33** 3 ff
- Weiterbeschäftigung nach Erreichen der Altersgrenze **33** 8 f
- Zulässigkeit **33** 4 f

Altersrente **30** 63

Altersteilzeit **18** 28, **26** 22
- Sterbegeld **23** 41
- Urlaub **26** 53

Altersteilzeitgesetz **30** 63

Amtsärztliches Gutachten
- Erwerbsminderung ohne Rentenbescheid **33** 42 ff

Änderungskündigung **34** 6
- korrigierende Rückgruppierung **12, 13** 37 f

Änderungsvertrag **2** 54

Angehöriger **11** 9 f, **28** 4, **29** 10

Angestellter **38** 11

Annahme von Vergünstigungen **3** 13
- Anzeigepflicht **3** 19
- nach Ende des Arbeitsverhältnisses **3** 14
- Vertragspflichtverletzung **3** 20

Anschlussverbot **30** 49, **31** 10, **32** 9

Arbeiter **38** 12

Arbeitnehmerbegriff **1** 9

Arbeitnehmerhaftung **3** 2

Arbeitnehmerüberlassung **4** 27

Arbeitsbefreiung **29** 1 f; s. auch Freistellung

Arbeitsbereitschaft **9** 1

Arbeitsbeschaffungsmaßnahmen, Befristung **30** 42

Arbeitsinhalt, Konkretisierung **4** 4

Arbeitsjubiläum, Freistellung **29** 8

Arbeitsort **4** 14

Arbeitsschichten **7** 4

Arbeitsstelle **6** 8

Arbeitstage **26** 13
- Maximalzahl von Arbeitstagen hintereinander **8** 20

Arbeitsunfähigkeit
- geplanter Urlaub **26** 37

Arbeitsvertrag
- Abschluss, Inhalt **2** 40
- Angabe der Vergütungsgruppe **12, 13** 34 ff
- Arbeitsentgelt **2** 44
- Arbeitszeit **2** 45
- Befristung **2** 41
- beschränkt Geschäftsfähige **2** 50
- Bevollmächtigung **2** 51

- Bezugnahme auf BAT 2 47
- Bezugnahme auf Tarifvertrag 2 46
- Ort, Dienststelle 2 42
- Schriftform 2 52
- Tätigkeit 2 43
- Zustandekommen 2 49

Arbeitsvorgang 12, 13 15 ff
- Aufspaltungsverbot 12, 13 18
- zeitliche Erfassung der Tätigkeit 12, 13 20

Arbeitszeit 6 2
- Arbeitsperioden 6 15
- Arbeitsunfähigkeit 6 34
- Ärzte 6 2
- Ausgleichszeitraum 6 17, 22, 27 f
- Berechnung Urlaub und Krankheit 6 29
- Bereitschaftsdienst 6 2
- Bund 6 2
- Durchschnittsberechnung 6 17
- Entgeltfortzahlung bei Krankheit 6 33
- Jahresausgleichszeitraum 6 19
- Kommunen 6 2
- Krankenhäuser 6 16
- Krankheit: Arbeitsstunden 6 32
- Krankheit: Vergütung 6 30
- längere: Schätzung 6 34
- Mitbestimmung 6 21
- Mitbestimmung: Betriebsverfassungsgesetz 6 82
- Mitbestimmung: Personalvertretungsgesetz 6 82
- Pflege- und Betreuungseinrichtungen 6 16
- Sonn- und Feiertagsarbeit 6 12
- Teilzeitbeschäftigte 6 28
- Überstunden 6 27
- Urlaub 6 30, 32
- Urlaubsvergütung 6 32
- Verteilung 6 10
- Vollzeitbeschäftigte 6 2
- Wechselschicht-/Schichtarbeit 6 22
- werktäglich 6 57

Arbeitszeitgesetz 6 55

Arbeitszeitguthaben 8 40 ff, 10 14 ff
- Abgeltung 8 42 ff
- Ausschlussfrist 8 42 ff
- Auszahlung 8 40, 42 ff
- Entgeltänderung 8 48
- Fälligkeit 8 42 ff
- Krankheit 10 24
- langfristige Guthaben 8 46
- Mehrarbeit 10 18
- Überstunden 10 17

Arbeitszeitkonto 6 68
- Buchungszeitraum 10 22
- Girokonto 10 6
- Langzeitkonto 10 33
- Lohnausfallprinzip 10 24
- Mehrarbeit 10 18
- Mitbestimmung nach BetrVG 10 9
- Mitbestimmung nach Personalvertretungsrecht 10 10
- Rufbereitschaft/Bereitschaftsdienstentgelte 10 20
- Wechselschicht-/Schichtzulagen 10 21
- Zeitzuschläge 10 19

Arbeitszeitkorridor 6 68
- Arbeitszeitkonto 10 13
- Personalvertretungsgesetz 6 72
- Wechselschicht- und Schichtarbeit 6 80

Arbeitszeitmodelle, alternative 7 51, 58

Arzt 30 64, 100

Arztbesuch, Freistellung 29 13 f

Ärztliche Untersuchung 3 42
- Betriebsarzt 3 43
- Kostentragung 3 45
- Personalvertretung 3 44
- Sonderregelungen 3 48
- Vergütung 3 46
- Weigerung des Beschäftigten 3 47

Aufenthaltserlaubnis
- Befristung 30 42

Aufhebungsvertrag 30 3

Aufklärungspflicht 28 16

Auflösende Bedingung 30 3
Auflösungsvertrag
- Abgrenzung 33 11
- Abwicklungsvertrag 33 11
- Anfechtbarkeit 33 13 ff
- Entlassungsentschädigung 33 21
- Formerfordernis 33 10 f
- Nichtigkeit 33 12
- Rücktritt 33 17
- sozialrechtliche Folgen 33 20 ff
- Sperrzeit 33 20
- tarifliche Regelung 33 10 ff
- Widerrufsrecht 33 16

Ausgleichsklausel
- Zeugnis 35 33

Ausgleichszeitraum 6 17
Auslandsbeschäftigte 1 16
Aussagegenehmigung 3 8
Ausschlussfrist
- Abrechnung 37 19, 34
- absolute Rechte 37 13
- Anwendungsbereich 37 11
- Aufrechnung 37 4
- Beginn 37 17
- Darlegungs- und Beweislast 37 11, 22
- Eingruppierung 12, 13 31 f, 37 24
- Einzelfälle 37 18
- erfasste Ansprüche 37 15
- Fälligkeit 37 18
- Fristlauf 37 21
- Geltendmachung 37 22 f
- Geltendmachung durch Fax 37 28
- Geltendmachung durch Kündigungsschutzklage 37 27
- Geltendmachung vor Fälligkeit 37 20
- Hemmung 37 21
- Inhaltskontrolle 37 8
- Kenntnis 37 9
- nach Beendigung 37 14
- Nachweisgesetz 37 10
- nicht erfasste Ansprüche 37 16
- Rückforderung 37 4
- schriftliche Geltendmachung 37 28
- Sterbegeld 23 60
- Überzahlung 37 33
- Vollmacht 37 26
- wiederholte Geltendmachung 37 29
- Zeugnis 35 31

Ausschreibung
- Betriebe in privater Rechtsform 2 2
- Öffentlicher Dienst 2 3

Ausschüttungspflicht 18 7
Außerordentliche Kündigung
- Ausschlussfrist 34 43
- betriebsbedingte Gründe 34 39
- personenbedingte Gründe 34 38
- verhaltensbedingte Gründe 34 34

Auswahlgrundsätze 2 23
- Öffentlicher Dienst 2 24

Bedingung, auflösende 2 21
Beendigung des Arbeitsverhältnisses ohne Kündigung
- Altersgrenzenregelung 33 3 ff; s. auch dort
- bei Rente wegen Erwerbsminderung 33 23 ff; s. auch dort
- in gegenseitigem Einvernehmen 33 10 ff; s. auch Auflösungsvertrag

Befristete Teilzeittätigkeit 11 22
Befristung
- Altersgrenze 30 42
- Altersteilzeitgesetz 30 63
- Angestellte West 30 66
- Annexvertrag 30 24
- Anschlussverbot 30 49
- Arbeiter und Angestellte Ost 30 18
- Arbeitsbeschaffungsmaßnahmen 30 42
- Ärzte 30 64, 100
- Aufenthaltserlaubnis 30 42
- auflösende Bedingung 30 3
- Aus-, Fort-, Weiterbildung 30 42
- außerordentliche Kündigung 30 12

- befristete Haushaltsmittel 30 43
- Befristungsdauer 30 23, 67, 75
- bei Führungspositionen 30 92
- Beteiligung der Interessenvertretung 30 93
- Bevorzugung bei Dauerarbeitsplätzen 30 69
- Darlegungs- und Beweislast 30 96
- Durchführung öffentlicher Aufgaben 30 46
- Eigenart der Arbeitsleistung 30 38
- einzelne Arbeitsbedingungen 30 14
- Elternzeit 30 61
- Entsorgung 30 98
- Erprobung 30 39
- Fortsetzung 30 7
- Fragerecht zu Vorbeschäftigungen 30 50
- gerichtliche Kontrolle 30 94
- Gründe in der Person des Arbeitnehmers 30 42
- Hochschulen 30 99
- Inhaltskontrolle 30 16
- Kettenbefristungen 30 24
- Klagefrist 30 94
- Kündigung 30 78
- kw-Vermerk 30 45
- Lehrkräfte 30 101
- mehrere Sachgründe 30 25
- Mehrfachbefristungen 30 24
- mit Sachgrund 30 49
- Mitteilung des Sachgrunds 30 20
- nach Ausbildung/Schule 30 31
- nachträgliche Befristung 30 26
- ordentliche Kündigung 30 9, 83
- Probezeit 30 78
- Probezeitkündigung 30 79
- Prognose des Beschäftigungsbedarfs 30 22
- Prüfung der Weiterbeschäftigungsmöglichkeit 30 77
- Sachgrund 30 19
- Schriftform 30 55
- Sonderkündigungsschutz 30 8
- soziale Gründe 30 42
- Studium 30 42
- Unwirksamkeit 30 11
- Vertretung 30 34
- vorübergehender Bedarf 30 28
- Weiterbeschäftigungsanspruch 30 13, 97
- wissenschaftliche Mitarbeiter 30 62
- Wunsch des Arbeitnehmers 30 42
- Zeitbefristung 30 3
- Zweckbefristung 30 3
- Zweckerreichung 30 7

Beginn und Ende Arbeitszeit 6 5
- Übergangsregelung 6 7

Belastungsanalyse 7 51, 58

Bemessungsgrundlage für die Entgeltfortzahlung 21 1 ff
- Berechnungszeitraum 21 12 ff
- Entgeltbestandteile 21 4 ff

Bemessungszeitraum 24 4

Benachteiligung wegen Alters 26 10 f

Bereitschaftsdienst 7 31
- Anordnung 7 46
- Arbeitszeit 7 39
- Arbeitszeitgesetz 7 40, 47
- Aufenthaltbestimmungsrecht 7 38
- Betriebs-, Dienstvereinbarung 7 62
- Bundesarbeitsgericht 7 39
- Einwilligung, schriftlich 7 58
- erheblicher Umfang 7 52
- Europäischer Gerichtshof 7 39
- Krankenhäuser 7 45
- Opt-Out-Regelung 7 58 f
- Pflege- und Betreuungseinrichtungen 7 45
- regelmäßig 7 52
- Ruhezeit 7 49
- Tageshöchstarbeitszeit 7 49
- Vergütung 7 42, 63, 8 65 ff
- Vergütung, Übergangsregelung/bisherige Bestimmungen 8 66 f
- Vergütung in Altenheimen 8 70 ff
- Vergütung in Kliniken 8 69

- Vergütung in Pflege- und Betreuungseinrichtungen 8 74
- Vergütung von Ärzten 8 70 ff
- Verlängerung der Tageshöchstarbeitszeit 7 52
- Verlängerung der Wochenarbeitszeit 7 61
- Weisungsrecht 7 33
- Wochenarbeitszeit 7 57
- Zeitzuschläge 7 63

Bereitschaftszeiten 9 1
- Arbeitsaufnahme, auf Abruf 9 8
- Arbeitsaufnahme, selbstständig 9 8
- Arbeitsentgelt 9 21
- Arbeitszeitverrechnung 9 15
- Begriff 9 7, 9
- Bund 9 4
- Hausmeister 9 23
- Mitbestimmung 9 26 ff
- Mitbestimmung, Bund 9 29
- Mitbestimmung, Länder und kommunaler Bereich 9 30
- Mitbestimmung, privatrechtliche Einrichtungen 9 31
- Organisationsmaßnahme 9 11
- regelmäßig 9 12
- Rettungsdienst 9 23
- Teilzeitbeschäftigte 9 5
- Umfang 9 13, 15
- Verlängerung der Grundarbeitszeit 9 10
- Wochenhöchstarbeitszeit 9 18

Beschäftigtenbegriff 1 8

Beschäftigungszeit
- Arbeitgeberwechsel 34 57
- Bedeutung 34 45
- Berechnung 34 47
- Bestandsschutz 34 61
- ehemalige DDR 34 65
- Jubiläumsgeld 34 66
- ruhendes Arbeitsverhältnis 34 52
- Teilzeit 34 51
- unterbrochenes Arbeitsverhältnis 34 53

Besitzstand
- Absicherung und Eingruppierung 12, 13 6

Beteiligungsrechte von Betriebs- und Personalräten bei vorübergehender Übertragung einer höherwertigen Tätigkeit 14 11 ff

Betreuung 11 12

Betreuungsperson, Freistellung 29 12

Betrieb, Begriff 4 7, 38 6

Betriebliche Altersversorgung
- Ausgleichsklauseln 25 18
- Ausschlussfrist 25 18
- Betriebsrentengesetz 25 3
- Betriebsübergang 25 14
- Hamburgisches Zusatzversorgungsgesetz 25 19
- Informationspflichten 25 15
- Punktesystem 25 8
- Rentenhöhe 25 7
- Schadensersatz 25 13
- Verjährung 25 18
- Versicherungsanspruch 25 3
- Versicherungspflicht 25 6
- Versorgungspunkte 25 8
- Versorgungstarifverträge 25 2
- Versorgungszusage 25 4
- Verweisung im Arbeitsvertrag 25 4
- Wartezeit 25 6
- Zusatzversorgung 25 12

Betriebliche Belange 11 13 f

Betriebliche Kommission
- Aufgabe 18 37
- Beschwerderecht 17 10
- Entscheidungsrecht 17 11
- Geschäftsordnung 18 39
- leistungsorientierte Vergütung 18 37 ff
- Stufenaufstieg 17 10
- Zusammensetzung 17 11, 18 38

Betriebliche Übung
- Begriff 2 64
- Nebenabrede 2 66
- Öffentlicher Dienst 2 65

Betriebs-/Dienstvereinbarung 10 8

Betriebsarzt 3 43
Betriebsrat
- Beteiligung bei Eingruppierung 12, 13 38 ff
- Leiharbeit 4 37
- personelle Maßnahmen 4 36

Betriebsrente 25 1; s. auch betriebliche Altersversorgung
Betriebsurlaub 26 35
Betriebsvereinbarung 6 56
Bewährungsaufstieg 12, 13 7
Bewerberauswahl
- Beteiligungsrecht des Personalrats 2 28

Bildungsurlaub 5 30

Chefärzte 1 14
Cheffahrer(innen)
- Arbeitszeiten und Ruhezeiten 6 86

Datenschutz
- Geheimhaltungspflicht 3 79
- Personalvertretung 3 78
- Speicherung von Arbeitnehmerdaten 3 77

Dienstplan 7 8
Dienststelle, Begriff 4 6, 38 7
Dienstvereinbarung 6 56
- einvernehmliche 38 8

Direktionsrecht 6 61, 31 7
- allgemein 4 1
- Arbeitsinhalt 4 3
- Ausübung, vorübergehende Übertragung höherwertiger Aufgaben 14 5 f
- Eingruppierung und Direktionsrecht 12, 13 28
- Ermessen, billiges 6 61
- Ort der Arbeitsleistung 4 2
- Teilzeitbeschäftigte 6 63

Diskriminierung wegen Alters, Urlaub 26 10 ff
Durchschnitt, Arbeitszeit 6 17

Eignungsuntersuchung 2 20
Einbeziehung in den TVöD 1 34

Eingangsstufen 16 4
Eingruppierung 12, 13 1 ff, 23 ff
- Arbeitsvorgang 12, 13 15 ff
- Ausschlussfrist 12, 13 31
- auszuübende Tätigkeit 12, 13 12 f
- besondere Fälle gem. § 13 TV-L 12, 13 13
- Beteiligungsrechte von Betriebs- und Personalräten 12, 13 38 ff
- Bewährungs-, Fallgruppen- und Tätigkeitsaufstiege (BAT und Überleitungsvorschriften) 12, 13 7; s. auch dort
- Direktionsrechtsausübung 12, 13 28
- einfachste Tätigkeiten 12, 13 24 f
- Eingruppierungsfeststellungsklage 12, 13 32 f
- Eingruppierungsgrundsätze 12, 13 8 ff
- Entgeltgruppe 1 12, 13 24 f
- Entgeltordnung zum TV-L 12, 13 8 ff
- Heraushebungsmerkmale 12, 13 19, 26 f
- Höhergruppierung 12, 13 28 ff
- korrigierende Rückgruppierung 12, 13 34 ff
- Mitbestimmungsrechte 12, 13 38 ff
- Obermerkmale und Beispielsmerkmale 12, 13 24
- Prozessuales 12, 13 29 ff
- sonstige Beschäftigte 12, 13 27
- Tabellenentgelt 15 3 ff
- Tarifautomatik 12, 13 12 f
- Tarifmerkmale 12, 13 26 f
- Tätigkeitsmerkmale 12, 13 21
- Überleitungsvorschriften 12, 13 4 ff
- Übertragung der Tätigkeit 12, 13 12 ff
- Verfahren bei der Mitbestimmung von Betriebsrat oder Personalrat 12, 13 42
- Vergütungsgruppe und Arbeitsvertrag 12, 13 34 ff

- zeitliche Erfassung der Tätigkeit **12, 13** 20
- Zuweisung höherwertiger Aufgaben **12, 13** 28
- Zuweisung unterwertiger Aufgaben **12, 13** 28

Eingruppierungsfeststellungsklage **12, 13** 29 f; s. auch Eingruppierung

Einigungsstelle **2** 35

Einschlägige Berufserfahrung, Definition **16** 7

Einstellung
- Ausländer **2** 39
- Genehmigung **2** 38
- im Personalvertretungsrecht **2** 29
- Schwerbehinderte **2** 48

Einstellungstests
- Genomanalyse, graphologisches Gutachten, Assessment-Center **2** 22

Einstellungsuntersuchung **3** 40
- Entbindung von der Schweigepflicht **3** 41

Einstellungszusage **2** 6

Einstweilige Verfügung
- Arbeitsbefreiung **29** 33
- Sonderurlaub **28** 18

Elternteil **29** 6

Elternzeit **11** 5 f, **26** 22
- Befristung **30** 61

Endstufe **16** 14

Entgeltbestandteile
- in Monatsbeträgen festgelegte **21** 4 ff

Entgeltfortzahlung
- Bemessungsgrundlage **21** 1 ff

Entgelt im Krankheitsfall **22** 1 ff
- Anspruch auf Entgeltfortzahlung **22** 43 ff
- Arbeitsunfähigkeit **22** 3 ff
- Besitzstandswahrung **22** 112 ff
- Entgeltfortzahlungsgesetz **22** 2
- Krankengeldzuschuss **22** 56 ff
- Krankheit **22** 6 ff

- Medizinische Vorsorge und Rehabilitation **22** 37 f
- Mitteilungs- und Nachweispflichten **22** 28 ff

Entgeltordnung **12, 13** 21 ff, **15** 5
- im TV-L **15** 7
- körperlich/handwerklich geprägte Tätigkeiten **12, 13** 23

Entwicklungsstufen **16** 18

Erfolgsprämie **18** 13
- Mitbestimmung **18** 14

Erheblicher Umfang **7** 54

Erheblich über-/unterdurchschnittliche Leistung **17** 5
- Beweislast **17** 7
- Bewertungskriterien **17** 6

Erheblich unterdurchschnittliche Leistung, Prüfungspflicht **17** 8

Erprobung
- Befristung **30** 39
- Führung **31** 1

Erschwerniszuschläge
- außergewöhnliche Erschwernisse **19** 2
- Berechnung **19** 7
- Regelung durch Tarifvertrag **19** 10
- Übergangsregelung **19** 13

EU-Angehörige **2** 25

Faktorisierung **8** 39

Fälligkeit, Zahltag **24** 6

Feiertage
- Arbeitsausfall **6** 46
- arbeitsfrei **6** 46, 53
- Arbeitsleistung **6** 42
- Dienstplan **6** 46
- Ersatzruhetag **6** 44
- Feiertagsarbeit **6** 51
- Freizeitausgleich **6** 42
- Kausalität **6** 46
- Krankenhäuser **6** 49 ff
- Pflege- und Betreuungseinrichtungen **6** 49 ff
- Vergütung **6** 45
- Vorwegabzug **6** 49
- Zeitzuschlag **6** 42, 51 f

Feiertagsarbeitszeitzuschlag
- Freizeitausgleich 8 28 ff

Feiertagsarbeit und Sonntagsarbeit
- Zeitzuschläge 8 31 ff

Förderliche Berufserfahrung 16 11

Formen der Leistungsfeststellung 18 15

Formen des Leistungsentgelts
- TVöD Bund 18 10
- TVöD VKA 18 9

Formnichtigkeit, rechtsmissbräuchliche Berufung auf 2 62

Fragerecht 2 7
- AIDS, HIV 2 16
- beruflicher Werdegang 2 8
- Gewerkschaftszugehörigkeit 2 12
- Krankheit 2 15
- MfS 2 14
- Parteizugehörigkeit 2 13
- Religionszugehörigkeit 2 11
- Schwangerschaft 2 18
- Schwerbehinderteneigenschaft 2 17
- Scientology 2 11
- Vermögensverhältnisse 2 10
- Vorbeschäftigungen 30 50
- Vorstrafen 2 9

Freie Mitarbeiter 1 11

Freistellung 29 1, 19
- Arbeitsjubiläum 29 8
- aus persönlichen Gründen 29 2 f
- bei Schichtarbeit 29 3 f
- bei Todesfall 29 6
- einstweiliger Rechtsschutz 29 33
- Ermessensentscheidung 29 22, 28 f
- Geburt eines Kindes 29 5
- Leistungsklage 29 32
- nichteheliches Kind 29 5
- sonstige dringende Fälle 29 20 f
- staatsbürgerliche Pflichten 29 15 f, 18
- Tätigkeit in Ausschüssen 29 30
- Teilnahme an Tarifverhandlungen 29 29
- Umzug 29 7

- unbezahlt 29 23 ff
- wegen gewerkschaftlicher Verpflichtungen 29 26 ff
- Zeitraum 29 4
- zur ärztlichen Behandlung 29 13 f
- zur vorläufigen Pflege 29 9 ff

Führung auf Probe
- Anschlussverbot 31 10
- Ärzte 31 39
- Befristungsdauer 31 31
- Bewährung 31 26
- Einverständnis 31 18
- Führungsposition 31 6
- gerichtliche Kontrolle 31 38
- Kündigung 31 14
- Mitbestimmung 31 36
- Neueinstellung 31 9
- Übertragung 31 16
- Verlängerung 31 32
- vorzeitige Beendigung 31 25
- Weisungsrecht 31 6
- Weiterbeschäftigungsanspruch 31 13
- Zulage 31 22

Führung auf Zeit
- Anschlussverbot 32 9
- Ärzte 32 30
- Beendigung 32 22
- Befristungsdauer 32 24
- Einverständnis 32 16
- Führungsposition 32 4
- gerichtliche Kontrolle 32 29
- Kündigung 32 13
- Mitbestimmung 32 28
- Neueinstellung 32 5
- Probezeit 32 12
- Übertragung 32 15
- Verlängerung 32 25
- Weisungsrecht 32 4
- Weiterbeschäftigungsanspruch 32 11
- Zulage 32 18
- Zuschlag 32 19

Führungsposition, Befristung 31 6, 32 4

Geburt eines Kindes, Freistellung 29 5

Gefährdungsbeurteilung 7 51, 58
Geltungsbereich
- ABM-Kräfte 1 24
- Ausnahmen im VKA-Bereich 1 17
- Ausnahmen Nahverkehr 1 18
- Auszubildende, Pflegeschüler, Volontäre 1 21
- Beschäftigte an Theatern und in Orchestern 1 27
- betrieblicher 1 5
- Bundeseisenbahnvermögen 1 33
- Eingliederungszuschuss 1 23
- Gaststätten 1 31
- geringfügig Beschäftigte 1 26
- Haus- und Liegenschaftswarte 1 29
- Herausnahme von hochbezahlten Beschäftigten 1 15
- Hochschulpersonal 1 32
- Landwirtschaftsbetriebe 1 30
- Leiharbeitnehmer 1 25
- Praktikanten 1 22
- räumlicher 1 4
- Schlachthöfe 1 19
- Seelsorger bei der Bundespolizei 1 28
- Waldarbeiter 1 20
Geringfügige Beschäftigung 11 6
Gesundheitsuntersuchung
- Anordnung 3 38
- sachlicher Grund 3 39
- vertragliche Vereinbarung 3 37
- Vorschriften 3 36
Gesundheitswesen 6 58
- Ärzte 6 58
- Nachtschichten 7 13
- Spielräume für Abweichungen 6 58
- Wechselschichtarbeit 7 13
Gewerkschaftliche Verpflichtungen, Freistellung 29 26 ff
Gründe
- betriebliche 6 56
- dienstliche 6 56
Grundstufen 16 17
Grundwehrdienst 26 22

Hauptabrede 2 57
- Beispiele 2 58
Herabgruppierung, Stufenzuordnung 17 18
Hintergrunddienst 7 32
Höhergruppierung
- Garantiebeträge 17 17
- Stufenzuordnung 17 16
Höherwertige Tätigkeit
- Beteiligungsrechte von Betriebs- und Personalrat 14 11 ff
- persönliche Zulage 14 16 ff
- tarifliche Wertigkeit 14 3 f
- Überbrückungsmaßnahmen 14 10
- Übertragung durch Direktionsrechtsausübung 14 5 f
- vertretungsweise Übertragung 14 9
- vorübergehende Ausübung 14 7 ff
Inhaltskontrolle, Befristung 30 16
Ist-Konto und Plan-Konto 10 2
Jahresarbeitszeit 6 19
Jahressonderzahlung
- Altersteilzeit 20 33
- Anspruchsvoraussetzung 20 6
- Bemessungssatz 20 9
- Bemessungszeitraum 20 12
- Berechnung 20 21
- Elternzeit 20 19
- Fälligkeit 20 29
- Lohnsteuer und Sozialversicherung 20 3
- Rechtsnatur 20 2
- Rückzahlung 20 9
- Teilzeit 20 12, 19
- TV-L 20 37
- Zeiten ohne Bezüge 20 25
- Zusatzversorgung 20 4
Jubiläumsgeld
- Anspruchsvoraussetzungen 23 27
- Betriebs- oder Dienstvereinbarungen 23 33
- Fälligkeit 23 34

- Höhe 23 30
- Pfändbarkeit 23 37
- Steuer und Sozialversicherung 23 38
- Tarifgebiet Ost 23 31

Kappungsgrenzen, Unzulässigkeit 10 23

Kind 11 9, 28 4, 29 6

Konto 24 5

Korrigierende Rückgruppierung 12, 13 34 ff
- Änderungskündigung 12, 13 37
- Beteiligung von Betriebsrat oder Personalrat 12, 13 40 ff
- Darlegungs- und Beweislast 12, 13 35 f
- Rechtscharakter 12, 13 35 ff

Krankengeld 29 11

Krankengeldzuschuss
- vermögenswirksame Leistungen 23 21

Kündigung
- außerordentliche Kündigung 34 33
- Begriff 34 2
- Begründung 34 10
- Schriftform 34 9
- Zugang 34 11

Kündigungsfrist
- Begriff 34 19
- Berechnung 34 20
- Regelung im TVöD 34 23

Kündigungsschutz
- Kündigungsschutzgesetz 34 16
- Personal- und Betriebsräte 34 15
- Schwangere und Mütter 34 13
- schwerbehinderte Menschen 34 14

Leistungsabhängiger Stufenaufstieg
- Betriebliche Kommission 17 10
- Beweislast 17 7
- Leistungsbewertung 17 6
- Verlängerung/Verkürzung der Stufenlaufzeit 17 4

Leistungsfeststellung
- arbeitsrechtliche Sanktionen 18 16

Leistungsgeminderte Beschäftigte 38 9

Leistungsorientierte Vergütung
- Anhebung des Volumens 18 5
- Ausgestaltung 18 30
- besondere Beschäftigtengruppen 18 22
- betriebliche Kommission 18 37 ff
- Formen der Leistungsfeststellung 18 15 ff
- Formen des Leistungsentgelts 18 8 ff
- Mitbestimmung 18 21 ff
- Musterdienst/-betriebsvereinbarung 18 40
- persönlicher Anwendungsbereich 18 22
- Verteilungsgrundsätze 18 31
- Volumen 18 4

Leistungsprämie 18 12

Leistungszulage 18 11

Leitende Angestellte 1 13

Lohnausfallprinzip 10 24

Mehrarbeit 7 85 ff
- Schwerbehinderte 7 88
- Teilzeit 11 31
- Teilzeitbeschäftigte 7 85 ff
- Vergütung 7 89

Mehrere Arbeitsverhältnisse 2 55

Mindesturlaub 26 49
- Arbeitsunfähigkeit 26 48
- Unverfallbarkeit 26 48

Mitbestimmung, Wirksamkeitsvoraussetzung 6 85

Mitbestimmung bei Eingruppierung
- des Betriebsrats 2 36
- des Personalrats 2 34
- Schwerbehindertenvertretung Gleichstellungbeauftragter 2 37

Mitbestimmung bei Einstellung
- Bewerbungsunterlagen 2 31
- des Betriebsrats 2 36

- des Personalrats 2 26
- Fremdpersonen, Leiharbeitnehmer 2 27
- Schwerbehindertenvertretung Gleichstellungsbeauftragter 2 37
- Wechsel der Beschäftigtengruppe, Ein-Euro-Jobs 2 30
- Wirksamkeitsvoraussetzung 2 33
- Zustimmungsverweigerung des Personalrats 2 32

Nachtarbeit 7 84

Nachtarbeitszeitzuschlag 8 13 ff

Nachträgliche Befristung 30 26

Nachtschichten 7 6

Nachweis 2 53

Nebenabrede 2 56, 6 64
- Beispiele 2 59
- Kündigung 2 63
- Schriftform 2 60
- Teilzeitbeschäftigte 6 64

Nebentätigkeit 3 21
- Anzeigepflicht 3 22, 25
- Arbeitgeberinteressen 3 31
- Auflagen 3 32
- Begriff 3 23
- Form der Anzeige 3 26
- Frist zur Abwicklung 3 34
- gegen Entgelt 3 24
- Mitbestimmungsrecht 3 35
- Untersagung, Auflagen 3 29
- Untersagungsgründe 3 30
- Untersagung während der 3 33
- Vertragspflichtverletzung 3 28
- Zeitpunkt der Anzeige 3 27

Nicht ständige Schichtarbeit 27 8

Nicht ständige Wechselschichtarbeit 27 7

Opt-Out-Regelung 7 59

Pauschalierung
- Mitbestimmung 24 25
- Zuschläge 24 20

Pause 6 3
- Wechselschichtarbeit 6 4

Personalakte
- Anhörungsrecht des Beschäftigten 3 67
- ärztliche Untersuchungen 3 51
- Aufnahme von Stellungnahmen des Beschäftigten 3 68
- Begriff 3 49
- Datei 3 54
- Einblicksrecht Dritter 3 64
- Einsicht durch Bevollmächtigte 3 61
- Einsichtsrecht 3 56
- Einsichtsrecht, Antrag 3 58
- Einsichtsrecht, Kosten 3 59
- Einsichtsrecht, Umfang 3 60
- Einsichtsrecht, Zeitpunkt 3 57
- Einsichtsrecht der Personalvertretung 3 65
- Entfernungsanspruch 3 69
- formelle 3 53
- keine Bestandteile 3 52
- Kopien 3 62
- materielle Personalakte, Bestandteile 3 50
- Personalnebenakten 3 55
- Schutz der Akte 3 63
- Vollständigkeit 3 53
- Vorlage an Gericht 3 66

Personalfragebogen 2 19

Personalgestellung
- Arbeitnehmerüberlassung 4 27
- auf Dauer 4 31
- Begriff 4 25
- Betriebsrat 4 37
- Betriebsübergang, Kündigung 4 30
- Direktionsrecht 4 29
- Dritter 4 28
- Personalrat 4 34
- Verlagerung von Aufgaben 4 26

Personalnebenakten 3 55

Personalrat 4 32
- Beteiligung bei Eingruppierung **12, 13** 38 ff
- Mitbestimmungsverfahren 4 35

Personelle Maßnahmen
- Rechte des Betriebsrats 4 38

965

Persönliche Zulage
- bei vorübergehender Übertragung 14 14 ff
- Bemessung   14 17 ff

Pflege   11 12

Pflegebedürftiger Angehöriger 11 9, 28 4

Pflegebedürftigkeit   11 11
- Freistellung   29 9

Probezeit   2 67
- befristetes Arbeitsverhältnis 2 73
- Fristberechnung   2 70
- Kündigung   2 72
- Übernahme Auszubildender 2 69
- Verlängerung   2 71
- Wiedereinstellung   2 68

Qualifizierung
- Arbeitszeit   5 31
- Begriff   5 2
- Betriebsrat   5 5
- Eigenbeteiligung   5 22
- Entwicklung   5 1
- Erhaltungsqualifizierung   5 9
- Fortbildung, andere Rechtsgrundlagen   5 3
- Fort- und Weiterbildungsqualifizierung   5 10
- Inhalt von Dienst- und Betriebsvereinbarungen   5 7
- Kostenverteilung   5 24
- Mitbestimmungsrechte   5 23
- Personalrat   5 6
- Rahmenregelung   5 4
- Sondervorschriften   5 33
- Teilnahmebestätigung, Dokumentation   5 13
- Teilzeitbeschäftigte   5 32
- Umschulungsqualifizierung   5 11
- Wiedereinstiegsqualifizierung 5 12

Qualifizierungsgespräch   5 15
- Gruppengespräch   5 16
- Informationsbeschaffung, Betriebsrat, Personalrat   5 18
- Kostentragung   5 20

- und Kündigung   5 17
- Veranlassung der Maßnahme 5 21

Qualifizierungskosten, Rückzahlungspflicht   5 28

Qualifizierungsmaßnahme, Rückzahlungsklausel   5 25

Rahmenzeit   6 73
- Arbeitszeitkonto   6 73, 10 13
- Personalvertretungsgesetze   6 79
- Wechselschicht- und Schichtarbeit   6 80

Regelmäßig   7 53

Regelstufen   16 2

Reise- und Umzugskosten
- Auftragsrecht   23 65
- TV-L   23 63
- TVöD Verwaltung   23 64

Rente wegen Erwerbsminderung
- amtsärztliches Gutachten 33 42 ff; s. auch dort
- Beendigung nach tariflichen Vorschriften   33 23 ff
- Dauerrente   33 31
- Rentenbescheid   33 33 ff
- Ruhen des Arbeitsverhältnisses 33 23 ff
- Weiterbeschäftigungsmöglichkeit 33 39 ff
- Zeitrente   33 32

Rot-Kreuz-Schwestern   1 10

Rückzahlungsklausel   5 25
- Bindungsdauer   5 27
- Kontrolle   5 26

Rufbereitschaft   7 64 ff
- Anordnung   7 66
- Arbeitsbereitschaft   7 75
- Arbeitsleistung   8 58 ff, 62 ff
- Arbeitszeit   7 71 ff
- Arbeitszeitgesetz   7 72 ff
- Arbeitszeitkonto   8 64
- Aufenthaltsort   7 71, 74 f
- Ausnahmefälle   7 66, 78 ff
- Bereitschaftsdienst   7 81 ff
- Krankenhäuser   7 76 ff
- maximale Zahl von Rufbereitschaften   7 83 ff

- Mehrarbeit 7 69
- Mobiltelefon 7 67 f
- regelmäßige Arbeitszeit 7 70
- Schwerbehinderte 7 69
- Sockelvergütung 8 50 ff
- Sockelvergütung, Arbeitszeitkonto 8 57
- Sockelvergütung ab 12 Stunden 8 54 ff
- Sockelvergütung unter 12 Stunden 8 52 f
- Teilzeit 11 31
- TV-L-Regelung 8 62 ff
- Vergütung 7 82 ff, 8 49 ff, 58 ff
- Wegezeit 8 59
- Wohnung 7 74 f
- Zeitvorgabe 7 73 ff
- Zeitzuschläge 8 58 ff

Ruhen des Arbeitsverhältnisses
- Altersteilzeit 26 22 f, 25
- Arbeitsunfähigkeit 26 26
- Elternzeit 26 22 ff
- Mindesturlaub 26 23 ff
- Rente auf Zeit 26 22 f, 26
- Wehrdienst 26 22 ff
- Zivildienst 26 22 ff

Ruhepausen, Gesamtdauer 6 57

Ruhezeit
- Rufbereitschaft 6 56
- Verkürzung 6 56

Samstagsarbeit 8 35 ff
Schichtarbeit 7 23
- Beginnzeiten 7 26
- nicht ständige 27 8
- Schichtwechsel 7 27
- ständige 27 6
- Zeitspanne 7 28

Schichtbetriebe 6 57
Schichtplan 7 8
- längstens 7 10
- Regelmäßigkeit 7 9

Schichtzulage 7 30
Schriftform 2 52
- Befristung 30 55
- elektronische Form 2 61

Schwerbehinderte 2 48, 7 35
- Bereitschaftsdienst 7 35
- Mehrarbeit 7 35

Schwerbehinderung
- Beendigung bei Rente wegen Erwerbsminderung 33 37

Selbstbeurlaubung 26 28, 33

Sonderurlaub
- Anrechnung bei Beschäftigungszeit 28 11
- Anspruch 28 2
- arbeitsmarktpolitische Interessen 28 5
- Arbeitsunfähigkeit 28 14
- Aufklärungspflicht 28 16
- Aus- oder Fortbildung und Umschulung 28 5
- Bewährungszeiten 28 12
- einstweiliger Rechtsschutz 28 18
- Ermessensentscheidung 28 6
- familiäre Gründe 28 4
- Kürzung von Erholungsurlaub 28 13
- Sozialversicherung 28 15
- Stufenaufstieg 28 11
- Vereinbarung 28 7 ff
- Vergütung 28 10
- wichtiger Grund 28 3 f
- Zulage 28 11

Sonntag
- Begriff 8 18
- Kalendersonntag 8 18

Sonntagsarbeit 8 18 ff
- Kliniken etc. 8 19

Sonntagsarbeitszeitzuschlag 8 17 ff

Sonn- und Feiertage
- Ersatzruhetage 6 56
- vollkontinuierliche Schichtbetriebe 6 56

Sozial- und Erziehungsdienst 15 6

Sozialversicherung
- Ruhen des Arbeitsverhältnisses 28 15

Sparkassensonderzahlung 20 40
Staatsbürgerliche Pflichten 29 16
- Entgeltfortzahlung 29 15, 18
- Freistellung 29 15, 18

Ständige Monatsentgelte 18 6

Ständige Schichtarbeit 27 6
Ständige Wechselschichtarbeit 27 4 f
Startvolumen 18 4
Sterbegeld
- Altersteilzeit 23 41
- Anspruchsberechtigte 23 42
- Anspruchsvoraussetzung 23 39
- Ausschlussfrist 23 60
- Fälligkeit 23 55
- Höhe 23 50
- Lohnsteuer 23 57
- Nachlass 23 48
- Sozialversicherung 23 58
Stufenänderung, Zeitpunkt 17 2
Stufenaufstieg 16 15
- Entwicklungsstufen 16 18
- Grundstufen 16 17
- leistungsabhängiger Stufenaufstieg 17 3 ff
- Teilzeitbeschäftigung 17 14
- Unterbrechung 16 20
Stufenzuordnung 15 8, 16 1 ff, 17 1 ff
- Eingangsstufen 16 4 ff
- Einstellung mit einschlägiger Berufserfahrung 16 6 ff
- Einstellung ohne Berufserfahrung 16 5
- förderliche Berufserfahrung 16 9 ff
- Höher-/Herabgruppierung 17 15
- Neueinstellung 16 4
- Zeitpunkt 17 19
Systematische Leistungsbewertung 18 20

Tabellenentgelt 15 3
- Bundestarifvertrag 15 16
- Entgeltordnung 15 5
- landesbezirkliche Tarifverträge 15 15
- Stufenzuordnung 15 8
- Tarifgebiet Ost 15 4
Tageshöchstarbeitszeit, Verlängerung 7 52

Tarifautomatik 12, 13 12 ff; s. auch Eingruppierung
Tarifgebiet Ost 38 3
Tarifgebiet West 38 4
Tariföffnungsklauseln 6 55
- Betriebsvereinbarung 6 55
Tarifverhandlungen, Freistellung 29 29
Tarifvertrag
- Kündigung 39 1 ff
- Kündigungsfrist 39 4 ff
Tarifvertrag, Kündigung des
- Entgelttabellen 39 8
- Erholungsurlaub 39 11
- Jahressonderzahlung 39 9
- Nachwirkung 39 15
- Schriftform 39 14
- TVöD – Besondere Teile 39 12
- Vermögenswirksame Leistungen 39 10
- Wochenarbeitszeit 39 7
- Zeitzuschläge 39 7
Tätigkeitsaufstieg 12, 13 7
Teilurlaub 26 6, 19 ff
- Mindesturlaub 26 21
- Ruhen des Arbeitsverhältnisses 26 22 ff
- Sonderurlaub 26 22 ff
Teilzeit
- Anspruch 11 1, 20
- Antragserfordernis 11 17
- auf Wunsch des Arbeitgebers 11 8
- aus familiären Gründen 11 9
- Befristung 11 22
- Bereitschaftsdienst 11 31
- Diskriminierung bei der Vergütung 11 28
- Diskriminierungsverbot 11 32
- Elternzeit 11 5, 30
- entgegenstehende Belange des Arbeitgebers 11 13
- Entgelt 11 27
- Erhöhung der Arbeitszeit 11 26
- geringfügige Beschäftigung 11 6
- Interessenabwägung 11 15
- Klageantrag 11 37

Stichwortverzeichnis

- Krankenhäuser 11 34
- Mehrarbeit 11 31
- Mitbestimmung 11 21
- Normalarbeitszeit 11 8
- Prämie 11 27
- Rückkehr zur Vollbeschäftigung 11 25
- Rufbereitschaft 11 31
- Schichtzulage 11 27
- Sonderformen der Arbeit 11 19
- TzBfG 11 4
- Überstunden 11 19, 31
- Umfang 11 16
- Urlaub 11 29
- Urlaubsdauer 26 17
- Vereinbarung 11 1 f
- Verhältnis zu anderen Regelungen 11 3
- Verlängerung 11 23
- Vollstreckung 11 37
- vorzeitige Beendigung 11 23
- Wechselschichtzulage 11 27
- zeitliche Lage 11 16, 18

Teilzeitbeschäftigte
- Bereitschaftsdienst 6 63
- Diskriminierung 7 86 f
- Entgeltberechnung 24 10
- Europäischer Gerichtshof 7 86 f
- Mehrarbeit 6 63
- Nebenabrede 6 64
- Rufbereitschaft 6 63
- Überstunden 6 63

Teilzeitbeschäftigung 17 14
Todesfall, Freistellung 29 6

Überleitungstarifverträge
- Eingruppierung 12, 13 4 ff; s. auch dort

Überstunden 7 90 ff
- Anordnung 7 92 ff
- Anordnung, arbeitsfrei 7 96
- Anordnung, Duldung der 7 94 f
- Arbeitnehmerschutzbestimmungen 7 97
- Arbeitszeitkorridor 7 105
- Ausgleich 7 114 ff
- Dienstplanturnus 7 111 ff
- Dienstplan-Wochenarbeitszeit 7 103 ff
- Freizeitausgleich 7 115 ff
- Freizeitausgleich und Krankheit 7 116
- Jugendliche 7 97
- Rahmenzeit 7 105
- Schwangere 7 97
- Schwerbehinderte 7 97
- Tageshöchstarbeitszeit 7 97
- Teilzeit 11 31
- TV-L 7 118
- ungeplant 7 91
- Vollzeitbeschäftigte 7 90 ff
- Wechselschicht- und Schichtarbeit 7 106 ff, 111
- Wochenarbeitszeit, Überschreitung der 7 98 ff

Überstundenvergütung 7 115 ff
- Dienststellenleiter 7 118
- höhere Entgeltgruppen 7 118
- im TV-L 7 118
- Pauschalierung 7 117

Umzug, Freistellung 29 7
Unbezahlte Freistellung 29 23 ff
Unkündbarkeit
- Besitzstandswahrung 34 41
- Bestandsschutz für Arbeiter 34 70
- Geltungsbereich 34 31
- Voraussetzungen 34 29

Unterbrechungen, schädliche und unschädliche 17 13

Urlaub
- Abtretung 26 3
- Akkumulation 26 48
- Akkumulation bei Arbeitsunfähigkeit 26 26
- Altersteilzeit 26 53
- Arbeitgeberwechsel 26 27
- Arbeitsfähigkeit 26 29
- Arbeitstag 26 13
- Arbeitsunfähigkeit 26 9, 37
- Aufrechnung 26 3
- Befristung 26 48 f
- Befristung auf das Kalenderjahr 26 42
- Beschäftigungsverbot 26 39
- Betriebsurlaub 26 35

- Bindung an das Kalenderjahr 26 8
- Dauer 26 10, 14 ff
- Diskriminierung wegen des Alters 26 10 ff
- Erwerbstätigkeitsverbot 26 41
- Fälligkeit 26 4
- Geltendmachung 26 28 ff
- Gewährung durch den Arbeitgeber 26 31
- Gewährung nach Kündigung 26 34
- Krankheit 26 48
- Mindesturlaub 26 21, 48
- Mitbestimmung 26 56
- Neuregelung 26 11
- Pfändbarkeit 26 3
- Rücknahme durch den Arbeitgeber 26 36
- Ruhen des Arbeitsverhältnisses 26 9, 22 ff
- Selbstbeurlaubung 26 28, 33
- tariflicher Urlaub 26 49
- Teilbarkeit 26 42
- Teilurlaub 26 19 ff
- Teilzeit 26 17
- Übergangsregelung 26 10
- Übertragung auf das Folgejahr 26 44 ff
- Unabdingbarkeit 26 3
- Unverfallbarkeit 26 48
- Vererbbarkeit 26 3
- Versagung 26 32
- Verteilung der Wochenarbeitszeit 26 14 ff
- Wartezeit 26 5 f
- zeitliche Festlegung 26 32

Urlaubsabgeltung 26 52, 54

Urlaubsentgelt
- Anspruchsvoraussetzungen 26 55
- Fälligkeit 26 55

Urlaubsersatzanspruch 26 51

Vereinheitlichung der Entgeltstruktur 15 1

Verfallfrist 37 3

Vergünstigungen
- Annahme 3 16
- Begriff 3 15
- Bezug zur dienstlichen Tätigkeit 3 17
- Gestattung 3 18

Verjährung 37 2

Verkehrsbetriebe 6 57

Vermögenswirksame Leistungen
- Anlageformen 23 3
- Anspruch 23 2
- Anspruchsbeginn 23 9
- befristetes Arbeitsverhältnis 23 11
- Höhe 23 17
- Krankengeldzuschuss 23 21
- Steuer und Sozialversicherung 23 24
- Tarifgebiet Ost 23 20
- Wahl der Anlageform 23 14

Verpflichtungsgesetz 3 3

Verringerung der Arbeitszeit 11 1

Verschwiegenheitspflicht
- Allgemeines 3 4
- Anordnung des Arbeitgebers 3 6
- Aussagegenehmigung 3 8
- Entbindung 3 10
- Gesetzesverstöße 3 12
- gesetzliche Vorschriften 3 5
- nachvertragliche 3 11
- Sicherungsmaßnahmen 3 7
- Verletzung 3 12
- Zeugnisverweigerungsrecht 3 9

Versetzung
- Abwägung persönlicher Gründe 4 16
- Anhörung des Beschäftigten 4 13
- Begriff 4 5
- dienstliche oder betriebliche Gründe 4 12
- Inhalt der Anhörung 4 15
- Klage gegen 4 17
- Ortswechsel 4 8
- Personalrat der aufnehmenden Dienststelle 4 33

Vertragsverhandlungen 2 4

Verwirkung 37 5
Verzug, Zinsen 24 6
Vorfesttage 8 34 ff
– Arbeitsfreistellung 6 36
– ausgefallene Arbeitszeit 6 38
– Freizeitausgleich 6 40
– Vergütung 6 37
– Zeitgutschrift 6 38
– Zeitzuschlag 6 40
Vorfesttagsarbeit 8 34 ff
Vorschuss 24 24
Vorvertrag 2 5
Wechselschichtarbeit 7 2
– nicht ständige 27 7
– ständige 27 4 f
Wechselschichten 7 3
– Arbeitsausfall durch Krankheit 7 12
– Arbeitsausfall durch Urlaub 7 12
– Zulage 7 21
Wechselschicht- und Schichtzulagen 8 77 ff
– nicht ständige Leistung: Stundenzuschlag 8 83
– ständige Wechselschicht- oder Schichtarbeit 8 80 ff
– Teilzeitbeschäftigte 8 85
– Vollzeitbeschäftigte 8 79 ff
Wegfall der Alimentation 15 2
Wehrdienst 26 22
Weisungsrecht 6 61
– Ermessen, billiges 6 61
– Teilzeitbeschäftigte 6 63
– Vollzeitbeschäftigte 6 62
Weitergeltung von Tarifverträgen 36 1
Wissenschaftliche Mitarbeiter 30 62
Woche 6 12
– Begriff 7 101
– Begriff der Kalenderwoche 7 101
Wochenfeiertag 8 21
– Kalenderfeiertag 8 23

Zahltag 24 6
Zeitgutschrift bei Krankheit
– Voraussetzungen 10 25
Zeitzuschläge 8 4 ff
– Arbeitszeitkonto 8 6
– Ausschlussfrist 8 9
– Faktorisierung 8 6
– Fälligkeit 8 9
– Feiertagsarbeitszeitzuschlag, Freizeitausgleich und Krankheit 8 30
– Feiertagsarbeit und Sonntagsarbeit, Zusammenfallen 8 31 f
– Feiertagszeitzuschlag 8 22
– Feiertagszeitzuschlag, Freizeitausgleich 8 24 ff
– Feiertagszeitzuschlag, Vergütung 8 24 ff
– Nachtarbeit 8 13 ff
– Nachtarbeit, Kliniken etc. 8 14 f
– Nachtarbeit, Kumulierung 8 16
– Pauschalierung 8 8
– Samstagarbeit – Kliniken etc. 8 37
– Samstagsarbeit 8 35 ff
– Samstagsarbeit – Wechselschicht- und Schichtarbeit 8 36
– Sonntagsarbeit 8 17 ff
– Überstunden 8 11 ff
– Vorfesttagsarbeit 8 34
– Zusammentreffen mehrerer Zeitzuschläge 8 5
Zeugnis
– Abholen 35 29
– Ausgleichsklausel 35 33
– Auskünfte an Dritte 35 40
– Ausschlussfrist 35 31
– Ausstellungsdatum 35 27
– Bedauerns- und Bedankensklausel 35 14
– Berichtigung 35 35
– Bindung an Zwischenzeugnis 35 19
– Briefkopf 35 25
– Darlegungs- und Beweislast 35 37
– Elternzeit 35 10
– Endzeugnis 35 5

- Erfüllung 35 22
- Form 35 23
- Führungsbeurteilung 35 13
- gefaltet 35 26
- Geheimcodes 35 6
- gesetzlicher Anspruch 35 2
- Grund des Ausscheidens 35 15
- Klageantrag 35 35
- Leistungsbeurteilung 35 11
- Schadensersatz 35 41
- Schlussformulierung 35 14
- Tätigkeitsbeschreibung 35 8
- Unterschrift 35 23
- unverzügliches Ausstellen 35 28
- Verlust 35 30
- Verwirkung 35 32
- vorläufiges Zeugnis 35 20
- Wohlwollen 35 7
- Zurückbehaltungsrecht 35 34
- Zwischenzeugnis 35 16

Zeugnisverweigerungsrecht 3 9
Zielvereinbarung 18 17
- Anspruch 18 18
- Vorgaben und Inhalte 18 19

Zivildienst 26 22
Zusatzurlaub
- Dauer 27 3
- Entstehen 27 9
- Kappungsgrenze 27 11 f
- kommunaler Bereich 27 10
- nicht ständige Schichtarbeit 27 8
- nicht ständige Wechselschichtarbeit 27 7
- Regeln für Erholungsurlaub 27 2
- ständige Schichtarbeit 27 6
- ständige Wechselschichtarbeit 27 5
- Wechselschichtarbeit 27 4

Zuweisung
- Anrechnung 4 24
- Begriff 4 18
- Betriebsrat 4 37
- dienstlich/betriebliches oder öffentliches Interesse 4 19
- Folgen der Zustimmungsverweigerung 4 22
- Tätigkeit 4 23
- Zustimmung des Beschäftigten 4 20
- Zustimmungsverweigerung 4 21

Zwischenstufe 16 14
Zwischenstufen 16 19